EUROPE
A HISTORY

유럽
하나의 역사

노먼 데이비스 지음 | 왕수민 옮김 | 박흥식 감수

예경

추천의 글

지구촌이 하나의 생활권으로 자리 잡았지만, 이웃 세계에 대한 우리의 지식은 오히려 빈곤해지고 있다. 독서나 사색 대신 단순한 검색이 그 자리를 대체하고 있고, 해외여행이 인기를 끌고 있지만, 체험이나 휴식의 성격이 두드러지면서 감성을 자극하는 가벼운 여행책자들만 주목을 끌고 있다. 결과적으로 대다수 시민들은 영국의 EU 탈퇴나 우크라이나 전쟁과 같이 세계적으로 영향력이 큰 사건들조차 그 일이 왜 발생했고, 향후 어떤 결과를 초래하게 될지 추측조차 못하기 십상이다. 이와 같은 상황에서 유럽, 나아가 서양의 진면모를 드러내주는 노먼 데이비스의 걸작 《유럽: 하나의 역사》의 출판은 매우 반가운 일이 아닐 수 없다. 이 책은 한 개인의 작업이라고 생각하기 어려울 정도로 거대하고 야심만만한 시도인데, 그 결과는 놀라우리만큼 탁월하다. 1996년 이 책이 옥스퍼드대학출판부에서 출간되던 당시 수많은 매체와 학자들로부터 받았던 여러 찬사들이 이를 확인시켜준다.

《유럽: 하나의역사》는 유럽 반도에 그 이름조차 없던 시기부터 유럽공동체의 확대와 통합이 한참 추진되던 20세기 말까지 시간의 흐름에 따라 유럽사의 전환점이 됐던 주요 사건 및 이슈들을 모두 망라한다. 시대마다 새로이 부상하는 세력들에게 주목하며 서유럽은 물론 유럽 전체를 균형 잡힌 시각으로 살폈고, 특히 유럽사 서술에서 배제되기 일쑤인 동유럽과 슬라브 국가들의 역할도 상세하게 다루었다. 신대륙 발견 이전에 서양은 곧 유럽을 의미했고, 그 후에도 유럽이 외부 세계와 관계를 맺으며 세계사가 전개돼온 측면을 감안하면, 이 책은 사실상 서양문명 대부분을 포괄한다. 저자 특유의 탁월한 구성력과 논리 정연 하고 깊이 있는 분석은 특히 정치와 문화의 영역에서 더 빛을 발한다.

시각적으로 이 책의 가장 두드러진 특징은 그 엄청난 두께다. 압축적인 역사지식에 익숙해 있는 독자들의 성향을 감안하면 이런 책을 출판하려는 시도가 무모하게까지 여겨진다. 그런데 막상 책을 펼치고 읽기 시작하면 풍부한 읽을거리와 서사의 매력에 빠져들어 손에서 책을 떼어놓기 어렵다. 베르니니와 성베드로대성당의 서술에서 볼 수 있듯이 저사는 문화의 모든 방면에 걸친 해박한 지식을 토대로 유럽 문화의 숨은 이야기들을 파헤치고, 시공간을 유기적으로 연결해 풍성하게 채웠다. 각 장 첫 쪽에 배치된 서쪽이 지도의 위를 향하는 유럽 지도는 유럽의 역사와 문화를 새로운 시각으로 보려는 상징과도 같고, 책 곳곳에 위치한 301개의 캡슐은 본문을 보완하는 성격을 넘어서 유럽사에 대한 광범위한 지식을 제공한다. 또한 한 지성인의 자기 문화에 대한 고백적 성찰도 접할 수 있다. 이 책은 문화와 고급 교양에 관심이 있는 시민들은 물론이고, 모든 역사학도들과 역사교사들에게도 유럽 역사에 대한 훌륭한 길잡이가 될 것이다.

유럽은 다양한 매력을 지니고 있다. 하지만 유럽의 피상적인 아름다움을 넘어 그 문화의 깊은 원천 혹은 맨얼굴을 만나기란 쉽지 않은데, 가장 효과적인 방법은 잘 서술된 역사책을 펼치는 것이다.

노먼 데이비스의 《유럽: 하나의 역사》는 유럽의 진면모를 종합적인 안목으로 볼 수 있게 해준다. 독자들은 이 책을 통해 유럽의 시공간을 두루 여행하는 즐거움을 누릴 수 있을 것이고, 세계에 대한 새로운 통찰을 얻을 수 있게 될 것이다. "한 문명이 외부 세계를 똑바로 볼 수 없다면 자신의 역사 또한 제대로 볼 수 없다"는 말처럼, 유럽사에 대한 균형 잡힌 인식은 궁극적으로 우리의 역사는 물론 세계를 바로 보기 위한 기반이 될 수 있을 것이다.

박흥식(서울대학교 서양사학과 교수)
2023년 5월 13일

일러두기

- 이 책은 Norman Davies의 *EUROPE: A History*(The Bodley Head, 2014)를 우리말로 옮긴 것이다.
- 본문의 ( )와 [ ]는 원서의 내용이고, 〔 〕는 옮긴이의 내용이다.
- 외국 인명·용어는 해당 국가의 원어로 표기하기도 했다.
- 외국 인명·지명 등의 한글 표기는 주로 국립국어원의 외래어표기법을 따르되 일부는 통용되는 표기를 따르기도 했다.

서문

　이 책에는 독창적이라고 할 게 거의 없다. 유럽의 역사라는 주제는 이미 그 대부분의 측면들을 이전 역사학자들이 치밀하게 연구해놓은 터라, 1차 연구는 거의 필요하지 않았다. 이 책이 변변찮게나마 독창성이 있다고 하면, 그것은 오로지 관련 내용을 선별하고 재배치하고 제시한 방식에 있다. 그 주목적은 유럽의 역사를 바라보는 시간과 공간의 틀을 짜되, 그 틀 안에 충분히 포괄적인 범위의 주제들을 끌어다 넣어 웬만해서는 잘 잡히지 않는 유럽의 역사 전체의 인상을 전달해내는 것이다.

　학술적 장치는 최소한으로 줄였다. 역사적 사실이나 진술의 경우, 세간의 인정을 받는 참고문헌에서 찾아볼 수 있는 것에는 주를 달지 않았다. 다만 그런 참고문헌과 관련해 내가, 이후에 나온 판들보다 훨씬 빼어난, 21권짜리 《브리태니커백과사전 The Encyclopaedia Britannica》(제11판, 1910~1911)을 소장하고 있음은 특별히 밝혀야만 하겠다. 미주는 다소 생경할 인용문과, 표준 교과서 범위 밖 정보의 출처를 밝히는 근거로만 제공된다. 그런 만큼 해당 텍스트가 인용 문헌의 해석에 반드시 동의한다고 가정해서는 안 될 것이다. "On ne s'étonnera pas que la doctrine exposée dans le texte ne soit toujours d'accord avec les travaux auxquels il est renvoyé en note."*

　내가 학문적으로 어떤 생각을 품고 이 책을 집필하게 됐는지는 서론에 밝혀두었다. 그런데 책의 구성에 대해서도 약간의 설명이 필요할 수 있겠다.

　텍스트는 여러 다양한 차원을 바탕으로 구성했다. 서사 위주로 전개되는 12개 장에서는 선사시대부터 현재까지의 유럽의 역사 전체를 죽 훑는다. 각 장은 최초 500만 년의 시간을 다루는 먼 시기에 초점을 맞춘 1장을 필두로 해서 대략 1쪽에 1년의 시간을 다루는 비교적 가까운 시기에 초점을 맞춘 11~12장으로 넘어가며 서서히 역사를 클로즈업해 들어간다. 각 장에서는,

---

* "독자들은 텍스트에 표명된 신조가 주에서 참조하는 내용과 매번 일치하지는 않을지라도 그렇게 놀라지는 말아야 할 것이다." Ferdinand Lot, *La Fin du monde antique et le début du Moyen Âge* (Paris, 1927), 3.

망원사진 격인 '캡슐capsule'을 선별해 연대순 흐름 사이사이를 관통하는 더 협소한 범위의 주제들을 구체적으로 그려낸다. 각 장의 말미는, 하나의 특정 시점에서 대륙 전체를 조망하는 일종의 광각 '스냅숏'으로 마무리했다. 이런 구성 덕에 전반적으로 책은 역사적 풍경 중간중간 세세한 종류별 삽화와 클로즈업 장면이 배치된 역사 사진첩 비슷한 것이 됐다. 다만 이처럼 다양한 차원에서는 그 정밀도가 저마다 상당히 차이 날 수밖에 없다는 사실을 독자들이 이해해주었으면 한다. 생각해보면, 종합이라는 작업은 애초 염두에 둔 목적지부터가 서로 다른 만큼 과학 전공 논문에 적용되는 수준의 기준을 기대할 수는 없을 것이다.

12개 장은, 책의 주된 부분으로, 유럽의 역사를 다루는 통례적 틀을 그대로 따르고 있다. 여기서는 그간 모든 논제와 주제에 들어맞아온 기본적인 연대 및 지리학 틀을 만날 수 있다. 각 장은 주로 '사건 기반의 역사'에 초점을 맞추어 중요한 정치적 분열, 문화적 운동, 사회-경제적 추세에 집중하는바, 역사학자는 이런 것들이 있어야만 비로소 하염없이 많은 정보를 손쉽게 다루기 쉬운 (인위적일지언정) 단위로 나눌 수 있다. 연대순에서도 중세와 근대를 강조하는바, 이 시기에 들어서야 유럽이라는 공동체가 뚜렷이 모습을 드러내고 활동을 해나가는 것을 볼 수 있기 때문이다. 지리적으로는 대서양에서 우랄산맥에 이르기까지 유럽 반도의 전체—북부, 동부, 서부, 남부, 중부—를 골고루 다루는 것을 목표로 삼았다.

단계마다 이른바 '유럽중심주의'와 '서구 문명'의 편견을 깨기 위해서도 노력했다(서론 45~49, 49~66쪽 참조). 이토록 광범위한 부분을 아울러야 했던 터라 서사를 유럽 고유의 경계선 너머까지 확장하기는 가능하지 않았다. 그래도 이슬람, 식민주의, 유럽의 해외영토처럼 유럽의 역사에 딸린 주제들이 매우 막중한 중요성을 갖는다는 사실만큼은 시의적절하게 드러냈다. 동유럽의 정세도 상황에 맞게 적절히 부각했다. 맥락에 들어맞는 경우, 유럽 대륙 전체에 영향을 끼친 주된 테마 속에 동유럽의 이야기도 함께 넣었다. 게르만족의 침략, 르네상스, 또는 프랑스혁명과 같이 지금껏 유럽 서쪽에만 의미 있는 것으로 설명될 때가 많아온 내용을 다룰 때에도 이 책은 동쪽의 요소를 배제하지 않았다. 슬라브족에게 지면을 꽤 할애하는 것은 그들이 유럽 최대의 민족이라는 점에서나. 국가들의 역사도 주기석으로 요약·정리했지만, 단순히 국민국가(민족국가)만이 아니라 국가 없는 민족들에게도 관심을 기울였다. 이교도 및 나병환자부터 유대인, 집시, 무슬림에 이르기까지의 소수 공동체들도 잊지 않았다.

책 말미의 장들은 이른바 '연합국의 역사 도식'이 내세우는 우선 사항들을 따르지 않았다(서론 76~83쪽 참조). 그렇다고 그것을 문제 삼아 치열하게 논쟁을 전개하지도 않았다. 두 차례의 세계대전은 '하나의 극 속에서 연이어 상연되는 두 개의 막幕' 정도로 다뤘고 주로 유럽 대륙 한가운데서 독일과 러시아가 벌인 대결을 위주로 이야기를 풀어나갔다. 맨 마지막 장에서는 전후戰後 유럽을 다루되 1989~1991년에 일어난 사건들 및 소비에트연방 해체의 방향으로 서사를 이끌었다. 여기서 주장하려는 바는 '대大삼각' 구도라고도 일컬어진 지정학적 무대가 완전히 막을 내리게 됐다는 것으로, 그 기원은 20세기 전환기까지 거슬러 올라가며(부록 1654쪽 참조) 이 영역이 종언을 고함으로써 그간 줄기차게 이어져온 이야기 하나도 마침 숨 돌릴 틈을 갖게 된다. 21세기를 향해 다가가는 지금은 새 유럽을 설계할 새 기회의 때이기도 하다.

캡슐은 301개이며 다양한 목표를 수행해낸다(16~17쪽 '캡슐 지도'와 1549쪽 참조). 캡슐들을 통해 독자들은, 이런 식이 아니면 종합적 역사 서술의 일반화 및 단순화 작업에서는 영 자리를 찾지 못할, 무척이나 다양한 세부적 이야기에 관심을 가질 수 있다. 캡슐에서는 장별 주된 내용의 경계를 넘어서는 주제가 소개되는가 하면, 지나치게 심각한 역사학자들이 곧잘 지나치는 온갖 종류의 신기하고, 엉뚱하고, 시시콜콜한 여담이 삽화처럼 곁들여지기도 한다. 무엇보다, 캡슐의 내용을 선별하면서 독자들이 최근 연구의 '새로운 방법, 새로운 학문, 새로운 분야'를 되도록 많이 일별할 수 있게끔 했다. 독자들은 캡슐에서 60여 개 지식 범주의 표본지식들을 접할 수 있으며, 책은 그것들을 최대한 광범위하게 모든 장에 시대·장소·주제 별로 나누어 배치해놓았다. 캡슐의 목록은 원래 이보다 더 길었으나 책의 분량, 발행인의 인내심, 그리고 저자의 기력이라는 자의적 구실로 마지못해 줄일 수밖에 없었다. 그럼에도 전반적으로 점묘화법을 택해 그린 이 그림이, 점의 개수는 적어졌을지언정, 여전히 그럴싸한 인상을 만들어냈으면 하는 바람이다.

각 캡슐은 특정 시간 및 특정 공간을 기준으로 텍스트와 맞물려 있으며, 캡슐별로 그 내용을 요약해주는 표제어를 달아놓았다. 캡슐은 저마다 개별적 내용을 담고 있어 그것만 따로 떼어 음미할 수도 있고, 캡슐이 삽입돼 있는 해당 서사와 함께 연계해 읽을 수도 있다.

스냅숏 부분은 총 12개이며, 변화하는 유럽의 지도 곳곳을 일련의 파노라마처럼 개괄해 보여준다. 이 스냅숏들에서는 연대순 서사라는 틀이 보통은 매우 상징적인 의미를 갖는 순간들에서 딱 빙점에 이른 듯, 광활하게 펼쳐진 시간과 영토를 종횡무진으로 내달리던 것을 잠시 멈춘다. 이 장면들을 만나면 독자들은 잠시 숨을 고르고, 특정한 시점에 다양한 지점에서 동시적으로 진행된 갖가지의 변모를 찬찬히 살펴봐야 할 것이다. 스냅숏에서는 일부러 하나의 시점에 초점을 맞추었으며, 필시 존재할 각양각색의 의견이나 대안적 관점은 일절 염두에 두지 않았다. 그만큼 주관적이고 인상주의적이라는 얘기다. 몇몇 사례는 '팩션faction'이라고 일컬어지는, 기존의 알려진 사건들을 사료에는 없는 추정이나 추론과 결합하는 논쟁적 장르의 경계에 있기도 하다. 그런 부분은, 책의 다른 요소들처럼, 학술적 주장과 분석의 통례적 경계를 넘어서는 것으로 여겨질 수도 있다. 설령 그렇다 해도 해당 내용을 통해 독자들은 단순히 유럽의 과거가 가진 풍성한 다양성에 더해 그 역사를 바라볼 수 있는 프리즘이 가진 풍성한 다양성에도 관심을 갖게 될 것이다.

이 책은 대체로 옥스퍼드에 있을 때 썼다. 집필하면서 보들리도서관(영국 옥스퍼드대학 중앙도서관)의 풍성하고 유서 깊은 자료 및 서비스에 많은 빚을 졌다. 빈 소재 인문과학연구소와 하버드대학 우크라이나연구소에서 마련해준 학술 지원금도 도움이 됐다. 집필하는 동안 유럽 본토 땅을 여러 차례 밟아본 것은 책에 생기를 입혀주었는바, 벨라루스와 우크라이나를 비롯해 바이에른에서 볼로냐로 통하는 길, 프랑스와 스위스의 알프스, 네덜란드, 헝가리, 방데 지역(프랑스 서부)에서 받은 인상이 특히 그랬다.

이 자리를 빌려, 대체 강의 비용은 민간 자금을 통해 마련한다는 조건하에 나에게 1년의 연구 휴가를 준 런던대학 슬라브·동유럽학부에 감사를 전하고 싶다. 이런 식으로 따로 휴가를 낼 수 없을 때에는, 영감이 떠오르는 곳이면 장소를 가리지 않고 ─기차, 구내식당, 병원 내기실, 하와이 해변, 다른 사람의 세미나 뒷자리, 심지어는 화장터 주차장에서까지─ 글쓰기를 훈련한 것이 책이 나오는 데 꽤 유용하지 않았나 한다. 책의 부차적 내용을 준비하는 데 박차를 가하도록 특별 지원을 제공해준 하이네만출판사와 만다린출판사에도 감사를 전한다.

개별 장과 섹션들을 독자 입장에서 읽어준 여러 동료와 친구인 배리 컨리프Barry Cunliffe, 스테파니 웨스트Stephanie West, 리엣 판 브레멘Riet van Bremen, 데이비드 모건David Morgan, 데이비드 엘티스David Eltis, 파니아 오즈-잘츠부르커Fania Oz-Salzburger, 마크 아몬드Mark Almond, 티모시 가턴 애시Timothy Garton Ash에게 감사를 표하고 싶다. 더불어 내 곁에서 도움과 조언을 준 이도 수없이 많았으니 토니 암스트롱Tony Armstrong, 실비아 애슬Sylvia Astle, 알렉스 보이드Alex Boyd, 마이클 브랜치Michael Branch, 로런스 브로클리스Lawrence Brockliss, 캐럴라인 브라운스톤Caroline Brownstone, 고든 크레이그Gordon Craig, 리처드 크램턴Richard Crampton, 짐 컷살Jim Cutsall, 리스 데이비스Rees Davies, 리자이나 데비Regina Davy, 데니스 델레탄트Dennis Deletant, 제프리 엘리스Geoffrey Ellis, 로저 그린Roger Greene, 휴고 그린Hugo Gryn, 마이클 허스트Michael Hurst, 제레인트 젱킨스Geraint Jenkins, 마무드 칸Mahmud Khan, 마리아 코르체니비치Maria Korzeniewicz, 그제고시 크룰Grzegorz Król, 이언 매캘런Ian McKellen, 디미트리 오블렌스키Dimitri Obolensky, 라슬로 피터Laszlo Peter, 로버트 핀센트Robert Pynsent, 마틴 래디Martyn Rady, 메리 세턴-왓슨Mary Seton-Watson, 헤이드런 스피디Heidrun Speedy, 크리스틴 스톤Christine Stone, 아테나 시리아투Athena Syriatou, 에바 트래버스Eva Travers, 루크 트레드웰Luke Treadwell, 피터 배리Peter Varey, 마리아 위도슨Maria Widowson, 세르게이 야코벤코Sergei Yakovenko 같은 이들이 그렇다. '킹슬리Kingsley'의 진두지휘를 받아 비서 업무를 도와준 팀원들, 교열을 맡아준 세라 배럿Sarah Barrett, 디자인을 해준 샐리 켄들Sally Kendall, 사진을 찾아준 질 멧커프Gill Metcalfe, 색인 작업을 해준 로저 무어하우스Roger Moorhouse, 지도를 만들어준 켄 와스Ken Wass와 팀 애스펀Tim Aspen, 도해圖解 작업을 해준 앤드루 보그Andrew Boag,

책을 맡아 작업해준 옥스퍼드대학출판부와 만다린출판사의 편집자들에게 감사하고, 특히 나의 아내에게 고마움을 느끼는 바다. 아내의 지원과 인내가 없었다면 이 프로젝트는 절대 결실을 맺지 못했을 것이다. 물론 어디엔가 숨은 검정고양이를 찾아내는 게 뭐 그리 대단히 상 받을 일까지는 아니지만.

유럽의 역사가 하나의 어엿한 학문적 주제로 손색이 없다고 믿을 근거는 강력한데, 그것이 지난 과거에서 실제로 일어났던 일들을 기반으로 하고 있기 때문이다. 하지만 유럽의 지난 과거를 되살릴 때 우리가 의지할 수 있는 것은 고작해야 일순의 경험, 부분적 연구, 선별적 의견 정도가 전부다. 역사 전체를 오롯이 복원해내기는 절대적으로 불가능하다. 따라서 이 책도 누군가의 손으로 쓰일 수 있는 거의 무진장한 유럽의 역사 가운데 하나일 뿐이다. 한 인간이 세상을 한 쌍의 눈으로 바라보고, 하나의 두뇌로 여과하고, 하나의 펜으로 번역해 내놓은 내 나름의 견해에 지나지 않는다.

노먼 데이비스
옥스퍼드, 블룸스데이Bloomsday, 1993년

["블룸스데이"는 6월 16일로, 아일랜드 소설가 제임스 조이스의 소설
《율리시스》(1922)의 시간적 배경이 되는 1904년 6월 16일을 기념하는 날이다.
소설 속 주인공 레오폴드 블룸의 이름을 딴 것이다.]

《유럽: 하나의 역사》의 징징본을 준비하는 동안에는, 사실fact, 고유명사, 철자법과 관련한 오류를 바로잡는 선으로만 손보았다. 역사적 해석의 영역에 다시 발 들이려는 노력은 전혀 하지 않았다. 대부분 재차 의견을 준 먼저의 조언자들과, 다음의 분들에게 특별히 감사드리고 싶다.

J. S. 애덤스J. S. Adams, 앤 암스트롱Ann Armstrong, 닐 애셔슨Neal Ascherson, 티머시 베인브리지Timothy Bainbridge, 팀 블래닝Tim Blanning, 팀 보일Tim Boyle, 레이먼드 카Raymond Carr 경, 제임스 코니시James Cornish, J. 크레모나J. Cremona, M. F. 컬리스M. F. Cullis, I. D. 데이비슨I. D. Davidson, 핀란드 대사님, 이탈리아 대사님, 펠리페 페르난데스-아메스토Felipe Fernandez-Armesto, J. M. 포레스터J. M. Forrester, 로버트 프로스트Robert Frost, 마이클 풋렐Michael Futrell, 그레이엄 글래드웰Graham Gladwell, 리처드 호프턴Richard Hofton, 휴 커니Hugh Kearney, 노엘 맬컴Noel Malcolm, 벨리보르 밀로바니비치Velibor Milovanović, B. C. 모벌리B. C. Moberly, 얀 모리스Jan Morris, W. 슐테 노르돌트W. Schulte Nordolt, 로빈 오즈번Robin Osborne, 스티븐 팔피Steven Pálffy, 로이 포터Roy Porter, 폴 프레스턴Paul Preston, 짐 리드Jim Reed, 도널드 러셀Donald Russell, 데이비드 셸버른David Selbourne, 앤드루 L. 시몬Andrew L. Simon, N. C. W. 스펜스N. C. W. Spence, 노먼 스톤Norman Stone, 앨런 H. 스트랫퍼드Alan H. Stratford, 리처드 틴도프Richard Tyndorf, 존 웨거John Wagar, 마이클 웨스트Michael West, B. K. 워크먼B. K. Workman, 필립 윈Philip Wynn, 배질 야미Basil Yamey.

노먼 데이비스
1997년 5월 3일

차례

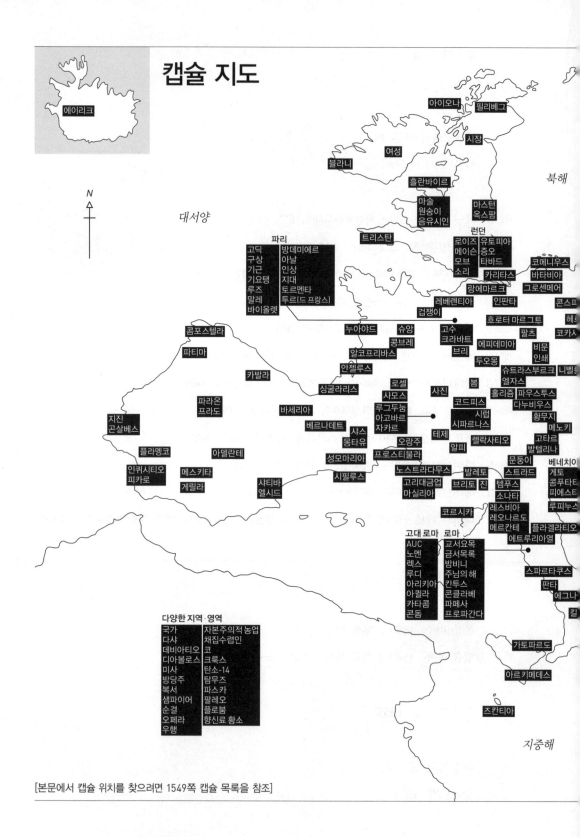

캡슐 지도

에이리크

아이오나　필리베그

시장

여성

블라니

북해

대서양

흘란바이르

마술
원숭이
음유시인

마스턴
옥스팜

트리스탄

런던

로이즈　유토피아
메이슨　증오
모브　타바드
소리

코메니우스

바타비아
카리타스　그로센메어
랑에마르크　인판타　콘스피

N

레베렌티아

헤

겁쟁이

흐로터 마르크트

코카스

고덕　방데미에르
구상　아날
기근　인상
기요탱　지대
루즈　토르멘타
말레　투르 드 프랑스)
바이올렛

파리

누아야드　슈앙

고수
크라바트　에피데미아
브리

팔츠

비문
인쇄

두오몽

슈트라스부르크　니벨룽

엘자스

콩브레

알코프리바스

콤포스텔라

파티마

안젤루스

카발라

싱굴라리스

로셸
사모스
루그두눔
아고바르
자카르

사진

봄

코드피스

홀리즘　파우스투스
다누비우스

시럽
시파르나스

황무지

메노키

파라온
프라도

바세리아

베르나데트

샤스
몽타유

오랑주

테제

알피

렐락사티오

고타르
발텔리나

문둥이

베네치아

지진
곤살베스

성모마리아

프로스티불라

노스트라다무스

발레토

스트라드

게토

스파르타쿠스

플라멩코

아델란테

시필루스

고리대금업
마실리아

브리토　진

소나타

템푸스

콤푸타
피에스타

판타

인퀴시티오
피카로

메스키타
게릴라

사티바
엘시드

레스비아
레오나르도
메르칸테

코르시카

루피누스

플라겔라티오
에트루리아열

에그나

킬

다양한 지역·영역

고대 로마

AUC
노멘
렉스
루디
아리키아
아퀼라
카타콤
콘돔

로마

교서요목
금서목록
밤비니
주님의 해
칸투스
콘클라베
파페샤
프로파간다

가토파르도

아르키메데스

즈칸티아

지중해

국가
다샤
데비아티오
디아볼로스
미사
방당주
복서
샘파이어
순결
오페라
우행

자본주의적 농업
채집수렵인
코
크룩스
탄소-14
탐무즈
파스카
팔레오
플로룸
향신료 황소

[본문에서 캡슐 위치를 찾으려면 1549쪽 캡슐 목록을 참조]

로

노르게
푸타르크
비블리아
칼레발라
보르쿠타

딩
엘드루프트
노벨
소키알리스
페테르부르크
루스
소브키노
엘리멘타
오일러
페트로그라드

톨룬
한자
단네브로
에스티

분

베스비
비경찰대대

레틀란트
노브고로드

베를린
$E=MC^2$
구스스텝
벤츠
오일렌부르크
유럽통화동맹
토르
호스바흐
발트해
레투바

게누크
된호프
레스폰사
미르

크랄
게장
칸타타
벨라루스인민공화국
카틴
스몰렌스크
스파시텔
수사닌
테렘

이데
알트마르크트
달러
릴리
메트리카
에로스

꿈술
코노피슈테
아우슈비츠
사니타스
디르함

일렌슈타인
기
슬라스코프
유전자
세균
슐라호타
헤이나우

빈의 세계
음조
위차쿠프
체르노빌

베스
라노
코르비나
부더
아쿠인쿰
샤먼
처버
비노
부차치
우크라이나
추수
코나르미야
푸가초프

코크
리아
체르노비츠
블라드
포툠킨
포그롬
하자리아

릴리쿰
라예보
트리모니오
플로라
모아르테
가가우즈
몰도바

니코폴리스
케르소네소스

자드루가
보고밀
흑해

슈치퍼리아
마케돈
파피루스
압하지야

부불리나
게프타니소스
아토스
이콘
탁시드
테이코스

약탈
계시록
고대 그리스
노미스마
데모스
무시케
바르바로스
블랙 아테나
서사시
스콜라스티코스
에코
엘렉트론
오이디푸스
옴팔로스
운동선수
제우스
카드모스
케드로스
히스테리
제노사이드

로마니

그레코
스로노스

캡슐 지도 17

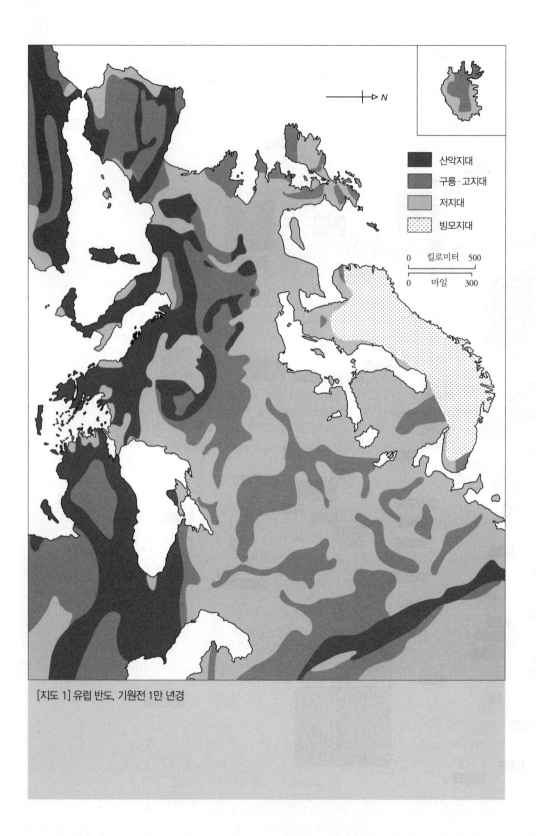

산악지대

구릉·고지대

저지대

빙모지대

0 킬로미터 500

0 마일 300

N

[지도 1] 유럽 반도, 기원전 1만 년경

에우로페의 전설

태초에 유럽은 존재하지 않았다. 500만 년 동안 존재했던 것은 이름도 갖지 못한 기다랗고 구불구불한 반도가 세상에서 제일 덩치 큰 땅덩어리에 선수상船首像처럼 달려 있는 게 전부였다〔"선수상"은 배의 앞머리에 장식으로 붙이는 사람이나 동물의 상을 말한다〕. 서쪽으로는 그때까지 그 누구도 건너본 적 없는 대양이 펼쳐져 있었다. 남쪽으로는 사방이 에워싸인 채 고리처럼 얽혀 있는 바다가 펼쳐져 있었으며, 그 바다에는 섬·만·반도들이 흩뿌린 듯 자리 잡고 있었다. 북쪽으로는 거대한 극지방 빙하가 펼쳐져 있어 무시무시한 해파리라도 되듯 시대가 바뀔 때마다 촉수를 한껏 늘어뜨렸다가 거둬들이길 반복했다. 동쪽에는 이곳을 나머지 세상과 연결해주는 육지 다리가 놓여 있었으니, 향후 사람이란 사람과 문명이란 문명은 모두 이곳을 오가게 된다.

유럽 반도가 최초로 인류 정착민들을 맞아들인 것은 빙하기의 휴지기 사이사이였다. 현생인류에 가까웠던 네안데르탈인도, 동굴인 크로마뇽인도 다들 이름·얼굴·생각을 가지고 있었을 게 분명하다. 그러나 당시 이들이 정말 어떤 모습이었는지는 알 도리가 없다. 그저 그들이 남긴 그림, 유물artefact, 뼈를 통해 상황을 희미하게나마 파악해볼 수 있을 뿐이다.

지금으로부터 불과 1만 2000년 전에 빙하가 마지막으로 물러간 것과 함께, 유럽 반도는 새 이주민의 물결을 맞아들였다. 칭송받아 마땅하나 세상에 알려지지 않은 당대 개척자들과 탐사자들은 반도의 서쪽을 향해 천천히 움직여, 해안가를 빙 돌고, 땅과 바다를 가로질러, 끝내는 유럽 반도에서 가장 멀찌감치 자리한 섬들에까지 발을 들였다. 석기시대가 끝나고 청동기시대에 접어든 그즈음 만들어진 걸작품은 지금도 살아남아 외딴 반도 연안의 섬에 서 있다. 하지만 현대식 사고로는 아무리 머리를 굴려도 당대 대大석공들이 과연 무엇에 영감을 받아 이것들을 만들었고, 이 거대한 스톤서클stone circle이 뭐라고 불렸는지는 밝혀낼 재간이 없다〔"스톤서클"은 거대한 선돌이 둥글게 줄지어 놓인 유구遺構다. 유럽 대서양 해안의 유적지에 많으며, "환상열석環狀列石"이라고도 한다〕.[1]

유럽 반도의 저 맞은편 끝에서는, 이제 막 청동기시대를 맞은 또 한 패의 먼 옛날 사람들이 오늘날까지도 그 영향력이 이어지는 공동체를 하나 일으켜 세우고 있었다. 전승에 의하면, 이 헬레네스Hellenes는 세 갈래의 큰 물결을 이뤄 유럽 대륙 내지로 흘러들어와, 기원전 제1천년기 (기원전 1000~기원전 1)가 끝날 무렵 에게해 해안가를 자기들 세력권으로 장악하기 시작했다고 한다(그리스인들은 자신들을 "헬레네스(헬렌족)", 자신들의 나라를 "헬라스Hellas"로 불렀다. "그리스"는 후대에 로마인들이 명명한 것이다). 헬레네스는 그곳에 원래 살고 있던 주민들을 정복해 그들과 섞여 살았다. 이들은 펠로폰네소스와 소小아시아Asia Minor 해안가 사이 바다 여기저기의 수많은 섬에도 세력을 뻗어나갔다. 그러면서 유럽 본토의 널리 퍼져 있던 문화에다 그보다 훨씬 오래된 크레타의 문화까지 흡수했다. 자신들이 썼던 언어 덕에 헬레네스는 이른바 '야만인들(야만족)barbarians'—'알아들을 수 없게 옹알거리는 자'—과 구별될 수 있었다. 이들이 바로 고대 그리스를 탄생시킨 사람들이다. [바르바로스]

뒤에, 고대 그리스·로마 시대 아이들이 인류가 어떻게 세상에 나게 됐는지를 물었을 때 돌아오는 대답은 정체 모를 어떤 오피펙스 레룸opifex rerum(신성한 조물주)이 이 세상을 창조했다는 것이었다. 아이들은 대홍수와 에우로페Europe 이야기도 듣는다.

에우로페(에우로파Europa) 이야기는 고전 세계(곧 고대 그리스·로마 세계) 사람들이 제일 귀중하게 여긴 전설의 하나였다. 에우로페는 크레타의 왕 미노스Minos의 어머니였고, 따라서 지중해 문명 중에서도 가장 연륜 깊은 일족의 시조였다. 호메로스도 여담식으로 에우로페에 대해 언급한 적이 있다. 그러나 에우로페가 신들의 아버지에게서 유혹을 받는 순진무구한 공주로 후세에 길이길이 전해지게 되는 것은 시라쿠사의 모스코스Moschus of Syracuse의 작품으로 보이는 《에우로페와 수소Europa and the Bull》와 무엇보다도 로마 시인 오비디우스의 《변신 이야기》를 통해서다. 어느 날 에우로페는 시녀들을 대동하고 고향 땅 페니키아의 해안가를 거닐다 눈처럼 새하얀 수소로 위장한 제우스에게 꾀인다.

그렇게 차츰차츰 에우로페가 두려움을 내려놓자, 제우스는
제 가슴을 내보여 처녀의 손길로 어루만지게 하고
화관을 양 뿔에 얹어도 가만히 있었다.
마침내 공주가, 그가 누구인지도 모르는 채,
귀엽게만 보였을 소의 등 위에 겁 없이 올라탈 때까지.
그리고 나서 —넓게 펼쳐진 메마른 해변을 느릿느릿 움직여—
처음에는 위대한 신께서 내놓으신 가느다란 물줄기를 따르던
그의 가짜 발굽은 나중에는 어슬렁어슬렁 더 먼 데까지 나아가
끝내 자신의 전리품을 실은 채 탁 트인 바다로 나섰다.
문득 뒤돌아본 순간 바닷가 모래가 재빨리 뒤로 멀어지는 것을 알자
에우로페의 마음속에는 두려움이 가득 차올랐다. 그녀는 오른손으로
뿔 하나를 부여잡고, 다른 한 손은 소 등에 내려놓았다.
미풍에 옷자락을 나부끼며.[2]

이것이 그 친숙한 에우로페의 전설로, 에우로페의 전설은 고대 그리스인들의 화병과 폼페이의 가옥을(1457쪽 도판 1 참조) 장식했던 것은 물론, 현대 들어서는 티치아노 베첼리오, 하르먼스 판 레인 렘브란트, 페테르 파울 루벤스, 파올로 베로네세, 클로드 로랭 같은 화가들의 작품 소재가 됐다.

기원전 5세기의 역사가 헤로도토스는 에우로페의 전설에서 별 감흥을 받지 못했다. 그가 보기에 에우로페 납치는 여인 강탈로 빚어진 해묵은 전쟁 속의 한 사건에 불과했다. 티레 출신의 페니키아인 일당도 아르고스 왕의 딸 이오Io를 끌고 간 일이 있었고, 그러자 크레타 출신의 그리스인 일당이 배를 타고 페니키아로 건너가 티레 왕의 딸을 끌고 온 적이 있었다. 한마디로 대갚음이었다.[3]

에우로페의 전설에는 수없는 함의가 담겨 있다. 그렇지만 페니키아의 해변(지금의 레바논 남부)에서 크레타로 공주를 싣고 갈 때에, 제우스가 더 오랜 동쪽의 아시아 문명이 맺은 결실들을 에게해의 새 식민시 섬들로 옮기고 있었음은 분명했다. 에우로페가 소 등에 올라탐으로써 고대 이집트와 고대 그리스는 신화 속에서 하나로 연결될 수 있었다. 에우로페의 오빠 카드모스는, 누이동생을 찾아 방방곡곡을 헤매 다닌 오르베 페레라토orbe pererrato〔세계의 방랑자〕로, 그리스에 글 쓰는 방법〔페니키아문자〕을 전수해준 이로 알려져 있다. 〔카드모스〕

에우로페가 소 등에 올라탄 것에는 이후 그녀의 발자취를 추적했던 이들이 품을 수밖에 없었던 본질적 불안감도 담겨 있다. 나일, 인더스, 메소포타미아, 중국〔황허〕 등 거대한 강 유역에서 일어난 문명들은 수명은 길었지만 지리적·지적 발전에서는 무기력을 벗지 못했는데, 이와는 달리, 지중해 문명은 시종 끝없는 이동에 자극을 받았다. 이동은 불확실성과 불안을 불러왔다. 불확실성은 사상들이 끊임없이 발효돼 나오는 자양분의 역할을 했다. 불안은 애써 무언가를 하게끔 동기를 부여해주었다. 당시 미노스는 그가 가진 배들로 이름이 났다. 크레타는 역사상 최초의 해양 강국이었다. 배들은 사람·물품·문화를 실어 나르면서 그것이 가닿는 땅들과 그야말로 갖가지의 교류를 증진했다. 에우로페의 옷자락처럼 고대 뱃사람들의 마음은 늘 "미풍에 옷자락을 나부끼며tremulae sinuantur flamine vestes."[4]

에우로페가 소 등에 올라타 밟은 여정은 동쪽에서 서쪽을 향해 가는 태양의 길이었다. 또 다른 전설에 의하면, 태양은 불을 실은 전차로, 보이지 않는 말들이 이것을 해 뜨는 곳 뒤편의 비밀 마구간에서 해 지는 곳 위쪽의 쉼터로 끌고 갔다. 아닌 게 아니라, 여러 가지의 그럴 법한 어원 가운데 하나에서는 아시아를 '해가 뜨는 땅'으로, 에우로페를 '해가 지는 땅'[5]으로 대비하기도 한다. 헬레네스가 "유럽Europe"이라는 말을 사용할 때 그것은 소아시아의 더 오랜 땅과는 확실히 구별되는, 에게해 서쪽의 자기네 강역을 가리키는 이름이었다.

유럽의 역사가 동트기 시작할 무렵, 사람들이 익히 알고 있던 세계는 동쪽에 펼쳐져 있었다. 한편 아직 알려져 있지 않은 세계는, 여전히 사람들이 끝내 다다를 데가 어디인지 모르는 채, 서쪽에서 기다리고 있었다. 에우로페는 애초 호기심을 갖지 말아야 했던 것인지 모른다. 그러나 에우로페의 호기심은 새 문명의 출현으로 이어졌고, 종국에 이 문명은 그녀의 이름을 따 그 영역을 반도 전체로 퍼져나가게 된다.

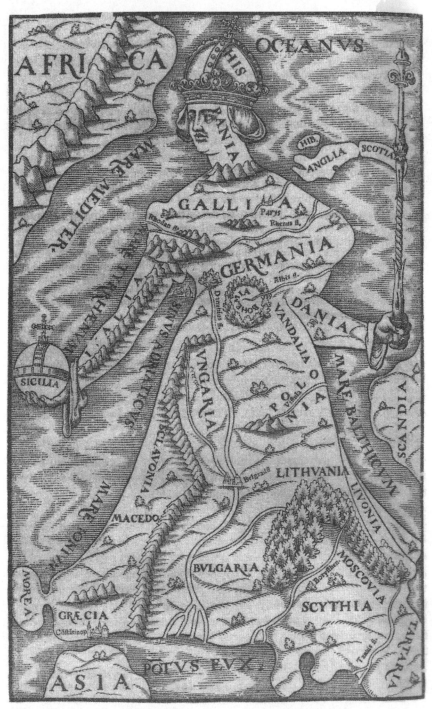

[지도 2] 유럽 여제女帝(에우로파 레지나Europa regina)
제바스티안 뮌처Sebastian Münzer의 《천지학天地學, Cosmography》에 실린 판화
(*Cosmographia Universalis lib.* vi; Basel 1550-4) courtesy of Bodleian Library

서론

오늘의 역사

역사는 그 어떤 배율倍率로도 쓰일 수 있다. 우주의 역사를 단 1쪽 분량으로 써낼 수도 있고, 하루살이가 나서 죽기까지를 40권 분량으로 담아낼 수도 있다. 1930년대의 외교를 전문 분야 삼아 무척 오랜 기간 연구해온 한 저명한 역사학자(폴란드의 헨리크 바토프스키)는 일단은 뮌헨위기와 그 결과(1938~1939)를 주제로 책을 한 권 써내더니, "평화의 마지막 한 주The Last Week of Peace"라는 제목으로 두 번째 책을 냈고, 세 번째 책에는 "1939년 8월 31일31 August 1939"이라는 제목을 달았다. 동료들은 "자정 1분 전One Minute to Midnight"이라는 제목의 책이 나와 시리즈의 대미를 장식하기를 기다렸지만 그렇게 되지는 않았다.[1] 점점 더 미세한 부분에 대해 점점 더 많은 것을 알고자 하는 현대의 강박을 예시해주는 사례인 셈이다.

유럽의 역사도 마찬가지로 그 규모를 얼마든 늘리고 줄일 수 있다. 프랑스어로 쓰인 《인류의 진화L'Évolution de l'humanité》 시리즈는 유럽에 관한 내용이 90퍼센트 이상을 이루되, 제1차 세계대전이 끝나고 난 이후 본권 110권과 함께 증보판을 몇 권 추가해 발간한다는 취지로 기획됐다.[2] 이 책은, 그와는 반대로, 그것과 동일한 내용과 추가 부분까지 다루되 이를 단 권에 담아달라는 요청을 받았다.

그러나 사고의 경제성 면에서 시인과 겨룰 수 있는 역사학자는 아무도 없다.

유럽을 님프라고 하면,
나폴리는 그녀의 새파란 눈동자,
바르샤바는 그녀의 심장이겠네.
세바스토폴, 아조프,
페테르부르크, 미타우, 오데사,
이들은 그녀 발에 박힌 가시들.
파리는 그녀의 머리요,

런던은 풀 먹인 깃,

그리고 로마는―스카풀라리오라네.[3] ('스카풀라리오'는 수도사가 몸에 걸치는 겉옷이다.)

어떤 까닭에서인지, 역사학 논문들은 갈수록 그 범위가 협소해지는 반면, 역사 개론서들은 1세기를 몇백 쪽 분량으로 다루는 것이 통례적 비율로 굳어져가고 있다. 예를 들어, (영어로 쓰인) 《케임브리지 중세사The Cambridge Medieval History》(1936~1939)는 콘스탄티누스 대제부터 토머스 모어에 이르기까지의 시기를 총 8권으로 다룬다.[4] 독일어로 쓰인 《유럽사 개론Handbuch der europäischen Geschichte》(1968~1979)은 샤를마뉴(카롤루스) 대제부터 그리스 대령들에 이르기까지의 총 12세기의 역사를 그만큼 비슷하게 두툼한 총 7권으로 다룬다.[5] 고대나 중세보다는 당대에 더 많은 지면을 할애하는 것도 오늘날의 통례로 통한다. 영어권 독자들을 위해서는, 리빙턴Rivington 출판사에서 총 8권짜리의 "유럽 역사 시대Periods of European History" 같은 선구적 선집들이 나와 먼 옛날에서 근래로 옮겨올수록 배율이 점점 높아지는 기법을 선보였다. 찰스 오만Charles Oman의 《암흑시대, 476~918년Dark Ages, 476~918》(1919)는 442년의 이야기를 1쪽당 1.16년꼴로 다룬 한편, A. H. 존슨A. H. Johnson의 《16세기의 유럽Europe in the Sixteenth Century》(1897)은 104년의 이야기를 1년당 4.57쪽꼴로, W. 앨리슨 필립스W. Alison Phillipps의 《근대 유럽, 1815~1899년Modern Europe, 1815~1899》(1905)은 84년의 이야기를 1년당 6.59쪽꼴로 다룬다.[6] 더 최근에 나온 시리즈도 마찬가지의 패턴을 따르고 있다.[7]

대부분의 독자들은 자신이 실제 살아가는 시대의 역사에 가장 흥미를 느끼게 마련이다. 하지만 모든 역사학자가 선뜻 당대의 역사를 파고들려 하는 것은 아니다. 누군가가 밝힌 견해에 의하면, "'시사時事, Current Affairs'는, 적어도 반세기가 흘러가기 전까지는, '역사歷史, History'가 될 수 없다"라고 하니, 그 정도 시간은 지나야 "문서 사료를 이용할 수 있게 되고, 뒤돌아 생각해보는 사이 사람들의 마음이 깨끗이 비워진다는 것이다."[8] 타당한 견해다. 그러나 이 말이 맞는다면 일반 개론서는 그 내용이 어느 때보다 흥미진진해지려 하는 바로 그 시점에서 얘기를 멈춰야 한다는 뜻이 된다. 당대사는 온갖 종류의 정치적 압박에 취약하다. 그렇다고 해서 교육받은 성인이 당대의 여러 문제가 비롯된 배경조차 잘 모른 채 사회에서 제구실을 능력껏 해내리라 바랄 수도 없는 노릇이다.[9] 400년 전, 월터 롤리Walter Raleigh 경도 사형을 선고받고 (옥중에서) 책을 쓰면서 이와 같은 위험성을 완벽하게 이해하고 있었다. 그는 이렇게 썼다. "현대사(곧 롤리 경 당대의 역사)를 쓰면서 진실을 바짝 뒤따르다가는 누구든 그 발뒤꿈치에 채여 이가 나갈 수도 있다."[10]

이러한 복잡성을 감안하면, '유럽'이나 '유럽 문명'의 연구 소재가 엄청나게 다양하다는 사실에 그다지 놀라지 말아야 한다. 유럽의 역사 전체를 개관하려는 시도가 그 내용을 여러 권에 담거나 저자를 여럿 섭외하는 방법을 동원하지 않고 성공한 경우는 그야말로 가뭄에 콩 나듯 한다. H. A. L. 피셔H. A. L. Fisher의 《유럽의 역사A History of Europe》(1936)[11]나 유진 웨버 Eugene Weber의 《유럽 근대사A Modern History of Europe》(1971)[12] 정도를 보기 드문 사례로 꼽을 수 있다. 그나마 이 두 저작도 모두 '서구 문명'이라는 미심쩍은 개념을 확장한 면이 있다(뒤의 내용 참조). 십중팔구 방대한 유럽사를 훌륭하게 개관하는 작업을 가장 효율적으로 해낸 것은, 미술과 회화라는 프리즘을 통해 유럽의 과거를 바라본 케네스 클라크Kenneth Clark의 《문명Civilisation》(1969)[13]과 과학 및 기술의 역사를 통해 유럽의 역사에 접근한 제이콥 브로노우스키Jacob Bronowski의 《인간 등정의 발자취The Ascent of Man》(1973)[14]처럼, 외려 특정 주제를 하나 택해 거기에 집중한 저작들이겠다. 둘 다 대규모 제작비를 들인 텔레비전 시리즈물의 내용을 책으로 펴낸 것이다. 더 근래에 나온 어떤 글은 지질학과 경제적 자원을 기반으로 한 물질주의적 견지에서 유럽의 역사에 접근했다.[15]

여러 권으로 된 역사 개론서가 갖는 가치에 대해서는 새삼 물을 것도 없다. 하지만 이런 책들이 참고용이나 찾아보기용으로만 활용될 뿐 정작 읽히지 못한다면 책들은 비난을 면치 못한다. 정식 역사학도와 일반 독자 모두 자신이 흥미 있어 하는 주제로 들어가겠다고 10권, 20권, 혹은 110권에 달하는 유럽의 역사 전반의 종합서를 읽어내지는 않을 것이다. 안타까운 일이다. 전체적 틀은 거기 담길 내용의 한도와 제반 가정을 미리 설정해버리고, 그것들은 부분들을 다룬 세부 연구에서는 별도의 논의 없이 재등장하곤 한다.

최근 들어서는, 지극히 전문화된, 그야말로 고배율의 연구가 유행하는 만큼 하루빨리 유럽의 역사의 전반적 틀을 개관해야 한다는 목소리도 커져왔다. 페르낭 브로델Fernand Braudel의 저작을 비롯해[16] 몇몇 훌륭한 예외가 이러한 원칙을 증명해주는 역할을 하는 것으로 보인다. 그러나 지금까지는 '점점 더 미세한 것을 점점 더 많이' 알고자 하는 경향에 이끌리는 역사학자와 역사학도가 많아 급기야는 더 폭넓은 시야를 아예 잊고 마는 지경에까지 이르렀다. 그러나 인문학에는 모든 종류의 배율이 다 필요하다. 역사도 우주를 도는 행성을 바라보는 것과 같은 시각이 필요하다. 렌즈의 배율을 확대해 지상의 사람들을 관찰하는 작업도 필요하고, 사람들의 피부 아래 그리고 발밑까지 파고 들어가는 작업도 필요하다. 역사학자도 망원경, 현미경, 뇌주사腦走査 장치brain-scanner, 지질 탐사 장비에 준하는 도구를 사용할 필요가 있다.

최근 들어 새로운 방법, 새로운 학문 분과, 새로운 영역이 생겨나 역사 연구 내용이 전에 비해 훨씬 풍성해졌다는 데에는 이론의 여지가 없다. 컴퓨터가 출현한 덕분에 이제껏 역사학자가 도무지 손대본 적 없던, 전 범위를 망라하는 양적 연구의 길이 열렸다. [지대地代] 이와 함께 사회과학 및 인문과학에서 생겨난 여러 기법 및 개념을 역사 연구가 이용하게 된 것도 커다란 혜택으로 작용했다. [아리키아] [케드로스] [샤스] [콘돔] [서사시] [피에스타] [유전자] [고타르] [레오나르도] [레투바] [노브고로드] [플로룸] [프로파간다] [샘파이어] [방당주] 1929년 이후 줄곧 프랑스 아날학파가 선구에 서서 개척해온 역사학의 한 조류는 이제는 거의 전 세계에 걸쳐 찬사를 받고 있다. [아날] 구술사oral history, 역사학적정신의학historical psychiatry(혹은 '심리사학psycho-history'), 가족사family history, 풍속의 역사history of manners 같은 새 학문 영역들도 이제는 확실하게 자리매김을 했다. [보기] [모레스] [소리] [자드루가] 이와 동시에, 오늘날의 관심사를 반영하는 여러 문제에도 참신한 역사적 측면이 가미되고 있다. 반反인종주의, 환경, 젠더, 성性, 유대주의, 계급, 평화 같은 주제는 오늘날의 글이나 토론에서 제법 큰 비중을 차지한다. 비록 그 밑바탕에 '정치적 올바름political correctness'을 깔고 있기는 하나, 이 주제들 모두 전체 내용을 더욱 풍성하게 해준다. [블랙 아테나] [코카시아] [에코] [여성] [노벨] [포그롬] [스파르타쿠스]

그렇기는 하지만, 영역들이 다양하게 늘어나고 그에 상응해 전문 학식이 담긴 출판물이 증가하면서 심각한 압박이 생겨나는 것은 피할 수 없었다. 전문 역사학자들도 '문헌들을 다 따라잡지' 못해 자포자기의 심정에 빠지곤 한다. 그래서 극도의 전문화라는 협로를 기필코 더 깊이 파고들어야겠다는, 그 결과 대중과 소통하는 능력은 잃게 되더라도 어쩔 수 없다는 생각을 떨치지 못한다. 전문화가 상당히 진행되면서 서사 중심의 역사가 점차 허물어져왔다. 일부 전문가들은 광범위한 틀은 재차 수정할 필요가 없다는 가정하에 연구를 진행해오기도 했으니, 그 말은 곧 새 발견에 이르는 길은 오로지 협소한 영역에 천착하는 데 있다는 뜻이었다. 또 다른 일부 전문가들은 '심층 구조'를 탐험해야 한다는 데에 뜻을 두고 역사의 '표층'에는 완전히 등을 돌리기도 했다. 그 대신 이들은 '장기적이고, 기저를 흐르는 조류들'을 분석하는 데 집중한다. 일부 역사가들은, 텍스트가 지닌 문자 그대로의 의미는 별 가치가 없다고 보는 문학비평 분야의 일부 동료들처럼, 통례적 '사실fact'에 대한 공부는 내팽개치는 편이 낫다는 견해를 보여왔다. 이런 학자 아래서는 무슨 일이, 어디서, 어떻게, 왜 일어났는지는 일절 공부하지 않으려 하는 학생들이 배출된다.

사실에 입각한 역사의 퇴조로, 특히 교육 현장에서, '감정이입empathy' 즉 역사적 상상력을 자극하게끔 고안된 훈련이 위세를 떨치는 현상이 대두했다. 상상력 또한 역사를 공부하는 데서 필수 요소임은 두말할 나위도 없다. 그러나 감정이입 훈련은 지식이 얼마쯤 동반돼야만 비로소 정당화될 수 있다. 허구 문학까지도 신빙성 있는 역사 정보원으로서의 입지가 위태해지는 세상에서는 학생들은 때로 과거에 대한 인식을 구축할 때 오로지 자신을 가르치는 선생님의 편견에 의지하는 것 외에는 다른 방도가 없는 위험에 처한다.[17]

역사와 문학이 서로 결별한 것은 특히나 유감스러운 일이다. 인문학에서 '구조주의'의 위세가 꺾이고 그 분야의 일부를 '해체주의'가 점령하게 되자, 역사학자와 문학비평가는 일체의 통례적 지식을 배격했을 뿐만 아니라 서로에 대해서도 배격했다. 다행히도, 그나마 심하게 과격했던 해체주의의 양상이 무너지면서, 이와 같은 난해한 균열이 치유될 수 있다는 희망이 생겼다.[18] 분별 있는 역사학자가 —비판적으로 검토한— 문학 텍스트를 사용하지 말아야 할 하등의 이유가 없고, 문학비평가가 역사적 지식을 사용하지 말아야 할 하등의 이유가 없다. [가토파르도] [코나르미야]

따라서 지금으로서는 전문가들이 섣불리 제 깜냥만 믿었다가 일만 그르친 것처럼 보이게 될 판이다. 원래 역사 연구의 업에서는, 부지런한 일꾼 일벌이 하는 일과 벌집 안에서 이뤄지는 노동에 일정한 질서를 부여하는 단순화의 대가로 여왕벌이 하는 일이 늘 공평하게 나뉘어왔다. 일벌들이 벌집을 독차지해버리면 꿀은 단 한 방울도 나오지 못하게 될 것이다. 이와 함께 일반사general history에 내재한 광범위한 틀이 항시 고정돼 있다는 것도 받아들일 수 없는 이야기다. 그런 틀도 시류에 따라 순식간에 뒤바뀌는 터라, 50년 전 혹은 100년 전에 설정된 틀이라면 다시 손 볼 때가 된 것이라 할 수 있다(뒤의 내용 참조). 이와 동등한 맥락에서, 역사라는 지질층에 대한 연구 역시 지상에서 일어나는 일들과 절대 연을 끊어서는 안 된다. 역사 안에서 갖가지 '조류' '사회' '경제' '문화'를 찾아내는 작업들을 할 때에도 실제 그 안에서 살아가는 남자들, 여자들, 그리고 아이들에게서 눈을 떼서는 안 된다는 이야기다.

전문화는 파렴치한 정치적 이해관계를 뒤쫓을 기회를 만들어준 면도 있다. 다들 저만 아는 특정 갱도에 처박힌 채 그걸 벗어나는 견해를 개진할 줄 아는 사람은 하나도 없다고 여겨지다 보니, 늘 먹잇감을 노리는 맹수들이 대평원을 자기 세상인양 활보하게 됐다. 선별 의도가 노골적으로 드러나는 주제는 그 주제들 자체가 관련 사실을 빠짐없이 살피는 작업을 사전에 배제해버리는바, 그러한 주제를 정밀한 문서 작업과 결합하는 것은 특히나 악독한 짓거리다. A. J. P. 테일러A. J. P. Taylor는 그런 식으로 쓰인 저작 하나를 겨냥해 다음과 같이 말한 것으로 유명하다. "그 저작은 90퍼센트는 진실을 담고 있으면서 100퍼센트 무용하다."[19]

이와 같은 식의 사태 전개에 신중하게 대응하는 방법이 있다면, 해석의 다양성 및 이른바 '다수多數의 안전성safety in numbers'을 주장하는 것 즉 특별한 견해가 폭넓은 면에서 다양하게 표명될 수 있게 해 각자 그리고 모두가 자신이 가진 한계에 맞서는 것이다. 단 하나의 견해에는 위험이 따른다. 하지만 50개, 60개 —혹은 300개— 정도 되는 견해가 한데 모인다면 그로부터 제법 괜찮은 하나의 구성물이 나올 수도 있다. "진리는 세상에 하나만 있는 게 아니라 인식의 수만큼 존재한다."[20]

2장에서는 아르키메데스가 파이π의 문제 즉 원둘레와 지름의 비比(원주율) 계산을 해결한 유명한 일화가 나온다. 아르키메데스는 원둘레의 길이는 반드시 원에 외접하는 사각형의 네 변을 합한 값과 원에 내접하는 사각형의 네 변을 합한 값 사이에 있을 수밖에 없다는 사실을 알고 있었다. 이 문제를 직접적으로 해결할 수 없었던 아르키메데스는 한 가지 아이디어를 냈바, 원 안에 정96각형을 그려서 그 변의 길이를 모두 더해 근사치를 구하기로 한 것이었다. 이 다각형에 변을 더할수록 그것은 원의 모양에도 점점 더 가까워질 것이었다. 이와 마찬가지로, 역사에서도 조명할 수 있는 자료의 규모가 커질수록 과거의 실제 모습과 그것을 재건해내려 역사학자가 들이는 노력 사이의 간극도 점점 줄어들지 않을까 하는 생각이다.

역사학자의 불가능한 과업을 사진가의 작업에 비유하기도 했으니, 사진가가 찍은 정적 2차원 사진으로는 움직임이 있는 3차원의 세계를 정확히 담아내 보여주는 것이 절대 불가능하다. "역사학자도, 카메라와 마찬가지로, 늘 거짓말을 한다."[21] 사진가의 비유를 좀 더 발전시켜보면, 그의 경우 똑같은 대상을 놓고 사진을 몇 배나 많이 찍는 방법을 통해 자신의 작품을 실제에 훨씬 부합하게 ─핍진성逼眞性, verisimilitude이 작품의 목표라고 한다면─ 만드는 것이 가능하다고 말할 수 있을지 모르겠다. 다양한 각도, 렌즈, 필터, 필름으로 찍은 많은 사진을 한데 모으면 단 한 장의 사진에 담긴 임의적 선별성을 줄일 수 있다. 영화제작자들이 발견했듯, 순차적으로 찍힌 여러 프레임은 정말로 시간이 흐르고 움직임이 일어나는 듯한 느낌을 만들어낸다. 마찬가지의 맥락에서, 역사학자도 최대한 광범위한 차원의 사료에서 나온 결과들을 한데 그러모을 때에 그야말로 '사방에서 본 역사'가 재건될 수 있다. 그 결과물은 결코 완벽할 수는 없을 것이다. 하지만 제각기 다른 각도 하나하나, 제각기 다른 기법 하나하나는 한데 모였을 때 전체를 구성하게 되는 부분 부분에 일일이 빛을 던져준다.

왜곡은 정보의 모든 원천에서 불가피하게 나타나는 특성이다. 절대적 객관성은 절대 얻어질 수 없다. 또 모든 기법은 장점과 단점을 동시에 갖고 있게 마련이다. 중요한 것은 각각의 기법이 어디에서 가치를 낳고 어디에서 왜곡을 일으키는지를 이해하고, 이를 바탕으로 합리적 근사치에 도달하는 일이다. 역사학자가 시, 사회학, 점성술, 또는 그 비슷한 무언가를 활용하면, 비평가는 그 내용이 "주관적"이니 "편파적"이니 하는 이유로 반대를 표명하고는 하는데 그들 입장에서는 지극히 당연한 이야기다. 그러나 이는 엑스레이나 초음파로 사람의 얼굴을 찍으면 지독하게 흉한 이미지가 나온다는 이유로 그것들로 찍은 사람의 골격 사진이나 자궁 사진은 믿을 것이 못 된다고 반대하는 꼴이다. 의학박사들은 세상에 알려진 모든 기구를 동원해 사람의 마음과 몸을 비집어 보고 그 안의 비밀을 밝혀낸다. 과거가 품고 있는 미스터리들을 꿰뚫어 보기 위해서는 역사학자도 그와 비슷한 차원의 기구들이 필요하다.

자료주의적 역사documentary history는, 그간 오랜 수명을 누려왔지만, 역사에 접근하는 노선 중 가장 가치 있는 것인 동시에 가장 위험한 것이기도 하다. 사료를 부주의하게 다뤘다간 역사의 그릇된 모습만 잔뜩 담긴 형태가 나오기 십상이다. 이와 함께 과거의 경험 중에는 기록 자체가 불가능한 영역도 방대하게 존재한다. 그럼에도 역사적 사료가 여전히 가장 많은 것을 쏟아

내는 지식의 광맥이라는 사실은 아무도 부인하지 못하겠지만. [호스바흐] [메트리카] [스몰렌스크]

케임브리지 역사학파를 창시한 존 달버그-액턴은 언젠가 자료주의적 역사가 지독한 해를 끼칠 수 있음을 예언한 바 있었다. 자료주의적 역사는 역사학자가 증거를 해석하기보다 쌓는 데에 더 치중하는 경향이 있다는 것이다. 약 90년 전에 액턴 경은 [우리가] "사료의 시대 속에" 살고 있다고 쓴 적이 있다. "이는 역사를 역사학자와는 무관한 것으로 만들고, 역사 서술은 뒷전에 둔 채 학습만을 발달시키는 경향을 보일 것이다."²²

일반적으로 말해, 역사학자는 그들의 책을 붙들고 있어야 하는 독자들이 맞닥뜨리는 고충보다 자기네끼리 벌이는 토론을 더 염두에 두어왔다. 과학적 객관성의 추구는 과거에 공상의 나래를 펴던 행태를 줄이고 사실과 허구를 엄연히 구분하는 데에 크게 한몫했다. 동시에 역사학자는 자신들이 발견할 것을 사람들에게 전달할 수 있는 수단을 얼마쯤은 잃은 셈이다. 훌륭한 역사학자에게는 단순히 사실을 확립하고 증거를 끌어모으는 것만으로는 충분치 않다는 점에서다. 역사학자에게 나머지 절반의 과업은 다름 아닌 독자들의 마음을 꿰뚫는 것이자, 역사를 소화하고자 하는 사람이라면 누구에게나 장착된 왜곡을 일으키는 인식 장치들과 싸움을 벌이는 것이다. 이 감지기에는 신체의 오감만 아니라 미리 설정돼 있는 일군의 지적 회로도 포함되며, 그것은 언어적 전문용어, 지리적 명칭, 상징적 부호에서부터 정치적 견해, 사회적 통념, 정서적 기질, 종교적 믿음, 시각적 기억, 전통적 역사 지식에 이르기까지 광범하다. 역사를 소화하는 이라면 누구나 자기 안에 예전의 경험을 일정량 쌓아두고 있고, 반드시 그 경험을 통해 지난 옛일과 관련해 자신에게 들어오는 모든 정보를 여과하게 돼 있다.

바로 이와 같은 이유로, 실력 있는 역사학자라면 정보를 수집해 그 모양을 가다듬는 일 못지 않게 자신이 가진 정보를 잘 전달하는 데에도 반드시 많은 신경을 쏟아야 한다. 이 부분에서 역사학자가 몰두하는 문제는 시인, 작가, 예술가가 몰두하는 문제와 크게 다르지 않다. 이와 함께 역사학자는 과거가 가진 인상印象들의 틀을 잡고 그것이 잘 전달되게 도와주는 다른 이들—미술사학자, 음악학자, 박물학자, 기록관리자, 삽화가, 지도제작자, 일기작가, 전기작가, 음향기록자, 영화제작자, 역사소설가, 심지어는 '병에 담긴 중세의 공기' 조달업자들까지—의 작업에서도 눈을 떼서는 안 된다. 그리고 이러한 작업의 매 단계에서 발휘돼야 할 가장 핵심적인 자질이 바로, 잠바티스타 비코가 맨 처음 정의 내린 바에 따른, '창의적인 역사적 상상력'이다. 이런 상상력이 없으면 역사학자의 작품은 시종 죽은 글, 사람들에게 가닿지 못하는 메시지로 남고 만다. [프라도] [소나타] [소브키노]

과학의 시대로 여겨지는 이 시대에, 역사학이라는 전문 영역에서 상상력의 측면은 분명 가치절하 됐다. 그 대신 그 뜻을 종잡을 수 없는 학술 문서들과 소화하기 어려운 연구 자료들은 가치가 부풀려져 있다. 생각해보면, 토머스 칼라일처럼 상상력을 발휘했던 역사학자들이 단순히 과도한 시적 허용으로 비난받은 것은 아니었다. 그들은 그저 잊혔다. 하지만 칼라일이 역사와 시의 관계에 대해 갖고 있던 확신은 오늘날에도 한번쯤은 고려해볼 가치가 있다.[23] 칼라일은 더러 그러지 못했으나, 역사에서 사실을 확인하고 검증하는 일은 중요하다. 그러나 그 사실을 '제대로 말할 줄 아는 것' 역시 중요하다. 모든 역사학자는 자신의 이야기를 사람들이 납득할 수 있게 전달해야 하지, 안 그랬다간 외면당하고 만다.

'포스트모더니즘postmodernism'은 과거보다는 역사학자들에 대한 공부에 주안점을 둔 사람들에게 근 몇 년 동안 오락거리 노릇을 해온 사조였다. 포스트모더니즘은 두 프랑스 대가인 미셸 푸코와 자크 데리다가 걸어간 길을 좇아, 경전처럼 받들어진 역사적 지식과 통례적 방법론의 여러 원칙을 싸잡아 공격했다. 그중 한 노선에서는, 문학 텍스트의 '의미'를 허물기 위해 문학의 해체주의가 했던 것처럼, 사료에 담긴 의미의 가치를 무너뜨리려 애썼다. 또 다른 노선에서는 모든 정보의 군집 뒤에는 '사실의 폭정'과 '권위주의적 이데올로기'가 도사리고 있는 것으로 볼 수 있다며 그 둘을 매도했다. 극단적 노선에서는, 과거 실재와 관계된 모든 진술이 '강압적'이라 여긴다. 이뿐만 아니라 '인간적 가치를 위해 헌신'해야 한다고 주장하는 모든 역사학자가 바로 그런 강압을 전파하는 장본인에 포함된다. 비평가들이 보기에, 포스트모더니즘은 역사를 '역사학자의 유희'로 전락시켰거니와 자신들만의 독자적 현안을 쥔 정치화한 급진파의 수단일 뿐이었다. 포스트모더니즘은 소정의 사료들에 경멸감을 드러낸바, 뭔가를 아는 것이 전혀 모르는 편보다 더 위험하다는 얘기였다.[24]

그러나 포스트모더니즘이라는 현상은 문제들을 해결하기보다 더 많은 문제를 불거지게 했다. 포스트모더니즘의 열렬한 주창자들은 고작해야 정작 자기는 농담 한마디 못하면서 학술적인 방대한 유머 분석서를 써낸 애처로운 학자에 다름없다. 아울러 포스트모더니즘이 옳다면 통례를 따르는 진보적 역사서술liberal historiography(을 하는 사람)은 과연 '모더니스트modernist'로 정의돼야 하는지와, 또 '포스트모더니스트post-modernist'라는 명칭은 옛것과 새것 사이에서 절묘한 균형을 찾으려는 이들에게는 붙여서는 안 되는지 궁금하지 않을 수 없다. 모든 권위란 권위는 다 조롱하는 게 뭐 나쁜 일이겠는가. 하지만 이런 식의 포스트모더니즘은 종국에 데리다에 대한 조롱으로 이어질 뿐이다. 해체주의가 바로 자신들의 기법에 의해 해체당하는 것은 시간문제다. "우리는 '신의 죽음'이 닥쳐도 살아남았고, '인간의 죽음'이 닥쳐도 살아남았다. 따라서 (우리는) '역사의 죽음'이 닥치고 […] 나중엔 포스트모더니즘의 죽음이 닥쳐도 살아남을 게 분명하다."[25]

이제 다시 배율의 문제로 돌아가보자. 오랜 기간에 걸친 역사의 행진을 연대순으로 정리한 서사는 어떤 것이든 간에 특정 단계 및 순간과 관련 있는 모든 특성을 한데 망라한 파노라마와는 그 구성이 다를 수밖에 없다. 전자에 해당하는 연대기적chronological 접근법은 그 특성상 그것이 출현할 당시에는 전형적이지 않지만 나중에 가면 전면에 부각될 여러 획기적 사건과 운동을 강조해야 한다. 후자에 해당하는 공시적共時的, synchronic 접근법은 혁신적인 것과 전통적인 것은 물론 둘 사이 상호작용까지 한데 접목시키는 특징이 있다. 전자는 시대착오성anachronism의 위험이 있고, 후자는 부동성不動性, immobility의 위험이 있다.

이러한 문제들과 관련해 근대 초기 유럽은 일종의 실험실 역할을 해왔다. 근대 초기 유럽이라는 주제와 관련해서는 한때 인문주의, 프로테스탄티즘, 자본주의, 과학, 국민국가(민족국가)의 근원을 찾으려는 역사학자들이 주류를 이뤘지만, 나중에는 중세 세계 및 이교도 세계가 어떻게 살아남고 또 번성할 수 있었는지 그 과정을, 꽤나 정확하게, 보여주려 한 전문가들이 주류를 이뤘다. 종합을 업으로 하는 역사학자라면 어떻게 해서든 이 둘 사이에서 균형을 잡아야 한다. 예를 들어, 16세기 역사를 설명하면서 마녀, 연금술사, 요정에 대해서만 서술한다면 한때 역사학자들이 마르틴 루터, 니콜라우스 코페르니쿠스, 잉글랜드 의회의 세력 부상만을 다뤘던 것처럼 독자를 오도하는 일이다. 종합을 추구하는 역사학자는 전문가들이 벌이는 토론을 눈여겨봐야 하는 것이 당연한 의무지만, 순간 일어났다 사라지는 관심사들을 넘어설 방법을 찾는 것 또한 마찬가지로 중요하다.

유럽이라는 개념

'유럽Europe'은 비교적 근대에 생겨난 착상이다. 이것은 14세기부터 18세기까지에 일어난 복잡한 지적 과정을 거치며 원래 있던 '기독교왕국Christendom'이라는 개념을 서서히 대체해갔다. 하지만 그 결정적 시점은 수 세대의 종교적 갈등을 거친 다음인 1700년대 전후 수십 년이었다. 계몽주의 초기 단계 당시(8장 참조), 여러 민족으로 구성된 채 사분오열돼 있던 공동체는 자신들이 하나의 공통된 기독교 정체성Christian identity을 갖는다는 사실이 당혹스러웠다. 이와 같은 상황에서, 더 중립적인 함의의 필요성을 충족시켜준 것이 바로 '유럽'이라는 말이었다. 이 무렵 서쪽에서는 루이 14세에 맞서 수차례 전쟁을 치르게 되면서 수많은 공론가空論家가 공동 행동을 취해 작금의 분열을 매듭짓자고 호소했다. 수차례 투옥된 퀘이커파 윌리엄 펜William Penn(1644~1718)은, 잉글랜드인과 네덜란드인 부모 사이에서 태어났으며 펜실베이니아를 건설한 인물로, 독보적 견해를 표명하며 보편적 관용과 유럽 의회를 모두 옹호했다. 반체제 인사인 프랑스인 사제 샤를 카스텔 드 생피에르Charles Castel de St Pierre(1658~1743)는,《영원한 평화를 위한 계획Projet d'une paix perpétuelle》(1713)의 저자로, 유럽의 강국들이 연맹을 결성해 지속적 평화를 보장해야 한다고 주장했다. 동쪽에서는 표트르 대제가 다스리는 러시아제국(제정러시아)의 등장으로 국제관계의 틀에 대한 대대적 인식 전환이 요구됐다. 1713년 위트레흐트조약을 마지막으로 레스푸블리카 크리스티아나Respublica Christiana(기독교공화국Christian Commonwealth)는 이제 주요 사건에서 공적으로 언급되는 일이 없어졌다.

이후로, 기독교 공동체와는 상반된 성격으로서 유럽에 대한 인식이 우세해졌다. 1751년에 쓴 글에서 볼테르는 유럽을 다음과 같이 설명했다.

> 여러 개 국가로 나뉜 일종의 거대한 공화정체로, 군주국을 비롯해 여타 형태의 통치 체제가 혼재해 있으나 […] 모든 곳이 서로 빠짐없이 교류를 해나간다. 종파는 여러 가지일지언정, 이들은 모두 동일한 종교적 기반을 갖는다. 또 공적 법률 및 정치에서도, 세계의 다른 지역들에는 알려져 있지 않은, 동일한 원칙을 지닌다.[26]

20년 뒤 장-자크 루소는 이렇게 언명했다. "이제는 더 이상 프랑스인, 독일인, 스페인인, 잉글랜드인은 없으며, 오로지 유럽인만 있을 뿐이다." 누군가의 판단에 따르면, 사람들이 마침내 '유럽이라는 착상'을 깨닫기 시작한 것은 1796년, 에드먼드 버크가 이런 글을 썼을 때였다. "이제 그 어떤 유럽인도 유럽 영내에서는 완벽한 망명자가 될 수 없다."[27] 그렇다고는 해도 이와 같은 유럽 공동체의 지리적, 문화적, 정치적 한계와 관련해서는 늘 논쟁의 여지가 남아 있었다. 1794년 윌리엄 블레이크는 자신의 시 가운데서도 가장 난해하다고 꼽히는 《유럽: 하나의 예언 Europe: A Prophecy》을 펴내면서 전능한 하느님이 한 손에 컴퍼스를 든 채 천국에서 고개를 빼꼼히 내밀고 있는 삽화를 통해 그러한 한계를 묘사했다.[28]

유럽의 윤곽선은 대부분 넓게 뻗은 해안가들을 따라가며 결정된다. 그러나 유럽 땅의 경계가 어디에서부터 어디까지라고 세세하게 그려내기까지는 오랜 시간이 걸렸다. 고대인들은 헬레스폰트(지금의 다르다넬스해협)에서부터 돈강으로 이어지는 선이 유럽과 아시아를 가르는 경계라고 보았고, 이 인식은 중세에도 여전했다. 14세기의 한 백과사전 편찬자는 유럽에 대해 꽤 정확한 정의를 내놓을 수 있었다.

> 유럽은 전 세계 땅의 3분의 1을 차지한다고 하며, 유럽이라는 이름은 리비아(페니키아)의 왕 아게노르Agenor의 딸 에우로페에게서 따온 것이다. 유피테르(제우스)가 에우로페를 혹하게 만들어 크레타로 데려왔는데 이후로는 그 땅 대부분을 그녀의 이름을 따 에우로페라 부르게 됐다. […] 유럽 땅은 타나이(돈강)에서 시작해 북쪽 대양을 따라 뻗어나간 뒤 스페인 끝자락에까지 이른다. 동쪽과 남쪽은 폰토스라 불리는 바다(흑해)에서부터 솟아오르며, 모든 곳이 위대

한 바다[지중해]에서 하나로 연결돼, 종국에는 카디스제도[지브롤터]에서 끝난다. [···]²⁹

교황 비오 2세Pius II(속명 에네아 피콜로미니Enea Piccolomini)는 자신의 초기 저작인 《유럽국가론Treatise on the State of Europe》(1458)의 서두를 헝가리·트란실바니아·트라키아에 대한 이야기로 시작하는데, 마침 이 지역들은 튀르크족의 위협을 받고 있었다.

고대인이나 중세인이나 유럽대평원의 동쪽 외곽과 관련해서는 면밀한 지식이 전혀 없었고, 이 동쪽 외곽의 몇몇 지역은 18세기에나 들어서야 영구 정착이 이뤄졌다. 따라서 러시아 공관에서 일하던 필리프 요한 폰 스트랄렌베리Philip Johan von Strahlenberg라는 한 스웨덴 장교가 유럽의 경계선을 돈강에서 더 뒤쪽의 우랄산맥 및 우랄강까지 밀어야 한다는 주장이 나온 것도 1730년의 일이었다. 18세기 후반의 어느 시점엔가는 러시아 정부가 유럽과 아시아 사이의 경계를 표시하겠다며 예카테린부르크와 튜멘 사이의 길에 경계표지를 하나 세웠다. 이후로 차르 치하의 유형자들이 족쇄가 채워진 채 시베리아로 끌려갈 때, 경계표지 옆에 무릎을 꿇고 마지막으로 유럽 땅의 흙을 한 줌 퍼가는 관습이 생겨났다. 한 관찰자는 다음과 같이 썼다. "온 세상을 통틀어 [···] 이토록 많은 사람의 가슴을 저미게 한 영토 경계표지는 또 없다."³⁰ 1833년에 빌헬름 프리드리히 폴거Wilhelm Friedrich Volger가 지은 《지리 편람Handbuch der Geographie》이 나왔을 때에는, '유럽 땅이 대서양에서 우랄산맥에까지 이른다'는 생각이 이미 일반적으로 받아들여지고 있었다.³¹

그러나 제아무리 널리 퍼진 통념이라 해도 그것이 신성하게 떠받들어질 무언가는 아니다. 유럽이 우랄산맥까지 뻗어 있다는 생각은 러시아제국이 흥기한 결과로 받아들여졌다. 하지만 이 관습은 널리 비판받기도 했으니, 특히 분석적 지리학자들에 의해서였다. 환경적 요소를 우선시한 해퍼드 매킨더와 아널드 토인비를 비롯해, "러시아는 지리적으로 유럽의 반대에 해당한다"라고 썼던 스위스 지리학자 J. 레이놀트J. Reynold가 보기에 유럽의 경계를 우랄산맥에 두어야 한다는 주장에는 거의 아무 정당성도 없었다. 러시아의 힘이 쇠하는 날이 온다면 유럽의 경계도 얼마든 수정이 이뤄질 것이었다─그렇게 된다면, 러시아 태생의 한 옥스퍼드 교수가 표명한 "조수潮水"처럼 움직이는 유럽의 견해 곧 유럽의 경계선은 밀물과 썰물처럼 들고 나며 변동을 보인다는 것이 얼마간 그 타당성을 입증받을지도 모른다.³²

지리적 유럽은 항상 문화적 공동체로서 유럽이라는 관념과 각축을 벌여야 했다. 공통된 정치적 구조를 찾아볼 수 없었던 만큼, 유럽 문명을 정의해줄 수 있는 것은 오로지 문화적 기준뿐이었다. 상황이 이렇다 보니 보통은 기독교가 맡았던 중차대한 역할에 방점을 찍을 수밖에 없었는데, 이와 같은 역할은 기독교왕국이라는 말을 사람들이 입에 올리지 않게 될 때에두 멈추지 않았다.

　시인 T. S. 엘리엇은 1945년 방송을 통해 패전국 독일에 자신의 견해를 표명했는바, 기독교의 중추가 자꾸만 힘이 약해진 결과 유럽 문명이 생존을 위협받는 지경에 처하게 됐다는 것이었다. 그는 "유럽의 정신적 경계선들의 폐쇄"를 묘사하면서 국민국가〔민족국가〕들이 자신들을 끝까지 주창한 몇 년 동안에 이런 일들이 벌어졌다고 설명했다. "정치적·경제적 아우타르키 autarchy〔절대주권, 자족성〕에는 부득이하게 일종의 문화적 아우타르키가 뒤따를 수밖에 없었다." 그러면서 그는 문화가 가진 유기적 본성을 강조했다. "문화는 성장해나가야만 하는 어떤 것이다. 나무는 우리가 지을 수 있는 게 아니다. 나무는 심고, 돌보고, 그런 다음에 열매 맺기를 기다려야 한다. […]." 그는 유럽이라는 계통 안에 자리한 여러 하위문화 사이의 상호의존성도 강조했다. 그가 일명 문화적 "교역trade"이라 부른 것이 유기체 안에서 생혈生血 노릇을 했다. 그는 문인들이 해야 할 특별한 역할도 강조했다. 그러나 엘리엇은 무엇보다 기독교 전통이 가진 중심적 위치를 강조했으니 그 안에는 '그리스, 로마, 그리고 이스라엘의 유산'까지도 포괄돼 있었다.

> 각자 고유한 문화를 가진 민족들이 함께 공통의 문화를 탄생시킬 때 그 안에서 주를 이루는 특징이 바로 종교다. […] 그러니까 내 말은 현재의 유럽을 있게 한 공통의 기독교 전통이 있고, 이 공통의 기독교 신앙이 가져다준 공통의 문화적 요소들이 있다는 이야기다. […] 그간 우리 예술이 발달해 나온 곳이 바로 기독교 안이었고, 유럽의 법률들이 —최근까지— 뿌리를 두고 있던 곳도 기독교 안이었다. 우리의 모든 사상이 그 나름의 의미를 지니게 되는 것도 바로 기독교를 배경으로 삼을 때다. 유럽인이 한 개인으로서 기독교 신앙이 옳지 않다고 믿을 수는 있다. 하지만 그가 말하고, 만들고, 행하는 것 모두 그 의미를 〔기독교 유산에〕 의지할 것이다. 오로지 기독교 문화만이 볼테르나 니체를 배출할 수 있었다. 나는 기독교 신앙이 완전히 종적을 감춘 상태에서도 유럽 문화가 계속 살아남을 수 있으리라고 생각지 않는다.[33]

　이러한 인식은, 어느 모로 보나, 전통적인 것이다. 그것은 이 주제와 관련한 모든 변형, 일탈, 번뜩이는 착상에 대한 기본 척도다. 그것은 마담 드 스탈이 외친 "유럽을 생각하라penser à l'européenne"라는 모토의 출발점이기도 하다.

　유럽의 문화사학자에게 가장 근본적인 과업은 기독교 전통 안에서 각축을 벌이던 수많은 흐름을 찾아내는 것, 나아가 그것들이 다양한 비非기독교 및 반反기독교 요소들과 관련해 얼마큼의 비중을 가졌었는지 가늠하는 것이다. 이때 꼭 필요한 것이 바로 다원주의pluralism다. 20세기 중반까지만 해도 기독교 신앙이 우월한 듯 보였음에도, 고대에 대한 르네상스의 열정에서부터 자연에 대한 낭만주의의 강박에 이르기까지, 근대에 가장 풍성한 결실을 맺은 많은 자극은 본질적 측면에서 이교도적 특징이 있음을 부인할 수 없다. 이와 비슷한 맥락에서, 오늘날 찾아볼 수 있는 모더니즘, 에로티시즘, 경제학, 스포츠, 대중문화에 대한 숭배 역시 기독교 유산과는 그다지 많은 관련을 맺고 있다고 하기 어렵다. 오늘날의 주된 문제는, 이러한 20세기의 원심력들이 과연 기독교의 유산을 아무 의미도 없는 잡동사니로 전락시켰는가 여부를 따지는 것이다. 이제는 유럽 문화를 통으로 아우르는 하나의 거대 단일체가 존재했었다고 말할 분석가는 거의 없을 것이다. 한 가지 흥미로운 해법은, 유럽의 문화적 유산이 4~5개 서로 겹치고 얽혀 있는 원들로 구성돼 있다고 보는 것이다(부록 1580쪽 참조).34 소설가 알베르토 모라비아Alberto Moravia에 따르면, 유럽만의 고유한 문화적 정체성은 "뒤집어 걸칠 수 있는 천으로, 한쪽은 얼룩덜룩 다채로운 색으로 [⋯] 다른 한쪽은 선명하고 짙은 단일한 색으로 입혀져 있다."35

그러나 '유럽'이라는 개념에 정치적 내용물이 전혀 담겨 있지 않다고 생각한다면 오산이다. 오히려 유럽은 늘 부족하기는 했어도 조화 및 통일과 동의어로 여겨질 때가 많았다. '유럽'은 도달할 수 없는 이상으로서, 모든 훌륭한 유럽인은 이 목표에 다다르려 무던히 애를 썼다.

유럽에 대해 이와 같은 메시아적이고 유토피아적인 견해가 처음 나타난 때는 베스트팔렌조약(1648) 이전의 논의로까지 거슬러 올라갈 수 있다. 루이 14세에 대항해 동맹들을 결성한 빌럼 3세 판 오라녀와 그 동지들이 내건 프로파간다(선전) 안에 바로 그런 목소리가 크게 울려 퍼지고 있었고, 나폴레옹에 반대하는 사람들도 그러기는 마찬가지였다. 차르 알렉산드르 1세는 다음과 같이 말했다. "유럽은 곧 우리다." 그 이상ideal은 18세기의 세력균형Balance of Power이라는 수사修辭에서도, 19세기의 공조정책Concert에서도 찾아볼 수 있었다. 또한 그 이상은 1914년의 대大전쟁Great War of 1914으로 풍비박산 나기 전까지 유럽을 전 세계 연방의 본거지로 여겼던 평화로운 제국주의 시대Age of Imperialism의 본질적 특성이기도 했다.

그러다 20세기에 들어, 두 차례의 세계대전에서 생긴 상처를 반드시 치유하겠다고 결심한 정치인들이 유럽이라는 이상을 되살려냈다. 제1차 세계대전 종전 이후 1920년대 들어 유럽의 이상이 소비에트연방 바깥의 유럽 대륙 전역에서 대대적으로 선전되면서, 국제연맹(1920년 창설)과 특히 아리스티드 브리앙이 추진한 작업 속에 유럽의 이상이 표명됐다(1216~1219쪽 참조). 이런 이상은 동유럽 신생국에 특히나 매력적으로 비쳤는데, 이들 나라는 유럽 지역 외 제국들에 별다른 구속을 당하지 않은 데다 강대국들에 맞서 공동의 보호망을 모색하고 있었기 때문이다. 1940년대 후반에, 철의장막이 생겨난 이후, 서쪽에 소小유럽Little Europe을 세우려 한 사람들이 유럽이라는 이상을 적극 활용했으니, 이들은 프랑스와 독일을 구심점 삼아 일련의 동심원 형태로 그 건설을 상상했다. 하지만 유럽의 이상은 다른 이들 즉 동쪽에서 압제적 공산주의 통치로 뜻을 좌절당했던 사람들에게도 희망의 등불 노릇을 했다(41쪽 이하 참조). 그러다 1989~1991년 소비에트제국이 붕괴되면서, 어쩌면 유럽 대륙 전역으로 확장될 수 있을 범유럽 공동체가 탄생할 조짐이 처음으로 엿보였다.

그러나 이와 같은 유럽의 이상이 깨지기 쉽다는 점은 그 이상에 대한 반대자와 옹호자 모두가 인정하는 사실이었다. 1876년에 오톤 폰 비스마르크는, 한때 클레멘스 폰 메테르니히가 이탈리아를 두고 그랬듯이, 유럽은 그저 '지리적 개념'에 불과하다고 일축했다. 그로부터 70년이 흐른 뒤 "유럽(유럽 통합)의 아버지"로 일컬어진 장 모네마저 비스마르크의 무시가 이유 있는 것임을 알게 됐다. "유럽은 역사상 단 한 번도 존재한 적이 없다"라고 그는 말했다. "우리는 진정으로 유럽을 새로 만들어내야 한다."[36]

500년 넘는 동안, 유럽을 정의하는 데서 가장 근본적인 문제는 러시아를 유럽에 포함할 것인가 제외할 것인가 하는 것이었다. 근대 역사 내내 러시아는 종교적으로는 정교회를 신봉하고, 정치적으로는 전제專制를 하고, 경제적으로는 낙후됐던 만큼 유럽과는 아귀가 영 맞지 않는 면이 있었다. 러시아의 서쪽 이웃국들은 이 나라를 유럽에서 배제하는 데에 필요한 여러 근거를 열심히 찾아내려 할 때가 많았다. 정작 러시아인들은 자신이 유럽에 속하고 싶어 하는지 아닌지 확신하지 못했다.

일례로, 1517년 크라쿠프의 야기에우워대학 총장 마치에이 미에호비타Maciej Miechowita는 지리학 논문에서 전통적인 클라우디오스 프톨레마이오스의 방식에 따라 돈강the Don을 경계로 사르마티아 에우로파이아Sarmatia europaea(유럽의 사르마티아)와 사르마티아 아시아티카Sarmatia asiatica(아시아의 사르마티아)를 구분했다. 이 구분법에 따르면, 폴란드-리투아니아는 유럽 안으로 들어오는 반면, 러시아의 모스크바대공국은 유럽 밖에 자리했다.[37] 3세기 뒤에는 상황이 그렇게 명확하지가 못했다. 폴란드-리투아니아는 막 분할된 참이었고, 러시아의 경계는 서쪽으로 급격히 옮아가 있던 터였다. 프랑스인 루이-필리프 드 세구르Louis-Philippe de Ségur(1753~1830)는 프랑스혁명 직전에 폴란드를 지날 일이 있었는데, 그때 그는 폴란드가 더는 유럽 땅이 아니라는 사실을 믿어 의심치 않았다. 그는 폴란드 땅에 발을 들이고 나서 감회를 다음과 같이 썼다. "사람들은 자신이 유럽을 완전히 벗어났다고 믿게 된다. 모든 게 10세기 전으로 퇴보한 것처럼 보일 수 있으니 말이다." 경제 발전을 그 나라가 유럽에 속할 수 있는가의 주된 기준으로 삼았다는 점에서 그는 지극히 현대적인 사람이었다.[38]

그런데 이때는 러시아 정부가 자국이 유럽의 일원임을 줄기차게 주장한 시기이기도 했다. 자국의 영토가 아시아에서부터 북아메리카에까지 걸쳐 있음에도 예카테리나 여제(예카테리나 2세)는 1767년에 딱 잘라 '러시아는 유럽 국가'임을 선언했다. 상트페테르부르크와 통상을 원하는 사람들이라면 염두에 두지 않을 수 없는 선언이었다. 어쨌거나 모스크바대공국도 10세기 이후로 기독교왕국의 필요불가결한 일부를 구성한 적이 있었고, 당시 러시아제국은 각국의 외교전에서 그 가치를 존중받는 일원이었다. 제아무리 사람들이 '불곰국'을 두려워한다 한들, 러시아가 유럽의 일원이라는 일반적 합의가 점차 세를 얻어가는 것까지 막을 수는 없었다. 이런 인식은 러시아가 나폴레옹의 패퇴에 일익을 담당하고, 레프 톨스토이, 표트르 일리치 차이콥스키, 안톤 체호프의 시대를 맞아 러시아 문화가 장려하게 꽃을 피우면서 훨씬 강화됐다.

러시아의 지식인들은, 서방주의자Westernizers와 슬라브주의자Slavophiles로 분열된 채, 러시아가 얼마큼이나 유럽성을 갖는지 확신하지 못하고 있었다(10장 1046~1047쪽 참조). 슬라브주의자 니콜라이 야코블레비치 다닐렙스키Николáй Яковлевич Данилéвский(1822~1885)는 《러시아와 유럽Россия и Европа》(1869)에서 러시아는 유럽과 아시아의 중간쯤인 독자적인 고유한 슬라브 문명을 갖고 있다고 주장했다. 이와 반대로, 표도르 도스토옙스키는 시인 알렉산드르 푸시킨 동상 제막식 연설을 계기로 유럽에 대한 찬사를 입에 담기 시작했다. "유럽의 민족들은 우리가 그들을 얼마나 소중히 여기는지를 잘 모릅니다." 소수의 보스토츠니키vostochniki(동방주의자)만이 러시아가 전적으로 비유럽적 특성을 가지며, 오히려 중국과 가장 많은 공통점을 갖는다고 주장했다.[39]

1917년 이후 볼셰비키의 활동으로, 러시아가 가졌던 해묵은 의구심과 모호함이 상당 부분 되살아났다. 볼셰비키 당원들은 해외에서 야만인들로 ─윈스턴 처칠은 "개코원숭이 같은 족속a baboonery"으로 표현하기도 했다─ 널리 인식됐는바, 이 과격한 아시아인 패거리가 아틸라나 칭기즈 칸처럼 죽음과 파괴의 씨앗을 뿌리고 다닌다는 뜻이었다. 정작 소비에트러시아 안에서는 마르크스주의 혁명파가 서쪽이 심은 세력 즉 유대인에 지배받고, 서쪽의 자금을 지원받으며, 독일 첩보부에 조종당하는 조직으로 인식됐다. 이와 동시에, 볼셰비키 혁명 덕에 '퇴폐적인' 유럽과 모든 연결을 끊을 수 있었다는 공식적 견해도 강하게 형성돼 있었다. 수많은 러시아인은 자신들이 고립당한 것에 굴욕을 느끼면서도, 조만간 러시아가 재기해 아무 믿음도 없는 서쪽을 제압해버릴 거라 떠벌리곤 했다. 1918년 초반, 혁명의 시대에 일류로 손꼽히던 한 러시아 시인(알렉산드르 블로크)은 "스키타이인"이라는 제목으로 도전적인 시를 써내기도 했다.

> 너희는 수백 만, 그러나 우리가 주인이 돼 맞아주마
> 우리에게 맞붙어라, 그렇게 우리의 씨를 증명해라!
> 우리는 해안가에서 온 스키타이인이자, 또 아시아인
> 탐욕을 드러내는 찢어진 눈을 가진 자들
>
> 러시아는 스핑크스! 고통 속에서도 위풍당당하지

흘러가는 검붉은 핏물에 사지를 씻네

그 눈들이 너를 노려본다 ―노려보고 또 노려본다―

한 번의 매서운 눈길에 증오와 사랑을 함께 담아서

오래된 세계 ―다시 한 번― 깨어나라! 너희 형제들은

힘들게 걸어 평화에 곧 불의 향연에 이르겠노라 맹약했나니

다시 한 번! 너희 형제들이 벌인 축제의 빛에 함께하라!

야만인의 리라가 부르는 소리에 따르라.[40]

이번이 처음은 아니었지만, 러시아인들은 당장 두 진영으로 패가 갈렸다.

볼셰비키 지도부 블라디미르 일리치 레닌 및 그의 동패는 유럽을 자신들과 가까운 관계로 여기며 동일시했다. 이 부류는 자신들을 프랑스혁명을 시초로 이어져온 전통의 계승자라 여겼고, 자신들의 가장 가까운 뿌리는 독일의 사회주의 운동에 있다고 보았다. 또한 그들은 향후 서쪽 선진 자본주의 국가들의 혁명과 연대한다는 전략도 세워두었다. 1920년대 초반에는 코민테른에서 아예 (공산주의자가 주도하는) 유럽합중국United States of Europe의 탄생 가능성을 제기하기도 했다. 소비에트연방은 구세력이 된 볼셰비키 당원들을 모조리 숙청한 스탈린 치하에 들어서야 유럽과 정신적으로 거리를 두겠다고 택했다. 그리고 바로 이 몇십 년 동안 니콜라이 세르게예비치 트루베츠코이Николай Сергеевич Трубецкой 대공, 표트르 니콜라예비치 사비츠키 Петр Николаевич Савицкий, 게오르기 블라디미로비치 베르나츠키Гео́ргий Влади́мирович Верна́дский 등 영향력 있는 러시아의 망명 지식인 그룹은 러시아의 문화적 혼합물의 기저에 깔린 아시아적 요소를 다시금 강조하게 된다. 예브라지치Yevraziytsy(유라시안Eurasians)로 알려진 이들은 근본적으로 볼셰비즘에 반대하는 동시에 서유럽의 미덕에도 회의적이었다.

물론 소비에트의 전체주의적 통치가 70년 동안 이어지면서, 유럽 전역에는 물리적 장막에다 거대한 정신적 장막까지 드리워졌다. 소비에트 정권의 공식적 얼굴에서는 외국인 혐오가 점점 더 노골적으로 배어났다―이 입장은 제2차 세계대전을 겪는 동안 큰 힘을 얻었고 스탈린주의자들이 열성을 다해 구축하려 애쓴 것이기도 했다. 하지만 많은 러시아인 개개인은 내심으로는, 소비에트 블록Soviet bloc의 비러시아인 거의 대부분이 그랬듯이, 유럽인의 정체성을 더욱 고취해나가고 있었다. 그들에게는 이 정체성이 공산주의에 정신적으로 맞서 버티게 해주는 생명줄이나 다름없었다. 이런 정체성이 있었기에 사람들은 공산주의 사슬이 사라졌을 때, 바츨라프 하벨의 표현대로, "유럽으로의 귀환"을 반가이 맞이할 수 있었다.

그렇긴 했지만 러시아의 유럽 일원 자격에 대해서는 여전히 러시아 안팎에서 회의주의가 감

돌고 있었다. 러시아 민족주의자들의 견해는 '서쪽'을 진심으로 싫어하고 질시한 경향이 있어서 스탈린주의 조직체를 하나로 결집시켜주는 구심점 노릇을 한바, 그들로서는 소비에트의 권력 붕괴가 굴욕적으로 느껴졌고 따라서 러시아제국이 옛 위상을 되찾기만을 간절히 바랐다. 러시아 민족주의자들과 개혁에 실패한 공산주의자들은 추잡한 동맹을 맺고, 포스트공산주의Post-communism 민주 체제를 이루려는 숙원에 반대하는 핵심 세력이 돼, 모스크바가 워싱턴 및 서유럽과 점차 라프로슈망rapprochement〔화해·협력〕의 분위기를 조성해나가는 것을 미심쩍은 눈초리로 바라보았다.

서쪽의 지도자들 입장에서는 안정의 필요성이 가장 절실하다고 느껴졌다. 미하일 고르바초프가 이끄는 인본주의 노선의 소비에트사회주의공화국연방USSR과는 이제 지속적 협력관계를 구축하지 못하게 된 만큼, 서쪽 지도자들은 앞뒤 볼 것도 없이 러시아연방Russian Federation의 토대를 튼튼히 다지는 일에 달려들었다. 그들은 모스크바의 경제적 지원 요구와, 모스크바가 북대서양조약기구〔나토〕NATO 및 유럽공동체European Community, EC와 유대를 맺겠다고 하는 요청에도 호의적으로 화답했다. 그런데 서쪽 지도자 일부가 문제점을 보기 시작했다. 어쨌거나 러시아연방은 하나로 잘 융화한 국민국가〔민족국가〕가 아니었고, 자유민주주의를 시행할 만큼 성숙한 곳도 아니었다. 러시아는 여전히 유라시아에 걸쳐 있는 다민족 집합체였고, 여전히 군사화가 고강도로 진행된 곳이었으며, 자국 안보에서도 여전히 제국주의적 행태를 반사적으로 보이고 있었다. 러시아는 이웃들이 알아서 독자적 노선을 걷게끔 하려는 노력을 확실히 보이고 있지도 않았다. 러시아는, 유럽의 과거 모든 제국주의 국가들이 그러했던 것처럼, 제국주의의 유산을 버릴 방법을 찾지 못하는 한 어떤 식이든 유럽 공동체의 적당한 후보가 되리라 기대할 수 없을 것이었다. 적어도, 유럽의회European Parliament의 한 원로가 1993년 9월에 행한 연설에서 강력하게 표방한 견해에 의하면 그러했다. 〔에스티〕

일부 논평가는 영국의 유럽 일원 자격 여부도 러시아만큼이나 모호하다는 주장을 펼쳐왔다. 잉글랜드왕국의 경우 노르만정복부터 백년전쟁 시기까지 유럽 대륙의 정세에 깊이 얽혀 있었다. 하지만 근대사에서 대체로 영국은 유럽 이외 지역들에서 성공의 길을 찾았다. 영국제도의 이웃들을 하나둘 복속시키고 흡수한 뒤로는 바다 건너 타지에 제국을 세운 것이다. 영국인들도, 러시아인들과 마찬가지로 분명 유럽인이었지만, 이들이 제일차적 이해관계를 갖고 있던 곳은 유럽 외 지역들이었다. 아닌 게 아니라, 영국인들은 유럽과 반쯤은 거리를 두고 있었다. '유럽 대륙'을 무척 먼 데에 있는 곳처럼 바라보는 영국인들의 습관은 자신들이 세운 제국이 종적을 감추고 나서야 수그러들기 시작했다. 이뿐 아니라 제국주의적 경험에 따라 영국은 주로 서쪽에 자리한 유럽은 '위대한 강국'으로 바라보았고, 주로 동쪽에 자리한 '군소 민족'은 대수롭지 않게 여겼다. 런던의 앨버트기념비Albert Memorial(1876)를 둘러싸고 있는 조각상들 중에는 이른바

'유럽'을 상징하는 일단의 인물상이 있다. 그런데 이 유럽을 구성하는 국가는 단 네 개―영국, 독일, 프랑스, 이탈리아―뿐이다. 이 모든 이유로, 역사학자들은 영국을 '특별한 경우'로 취급할 때가 많았다.[41] 1920년대에 사상가들이 범유럽 운동을 처음으로 주창했을 때(1209, 1358쪽 참조) 그들은 영국도 러시아도 자신들의 운동에는 동참할 리가 없다고 여겼다.

그러는 동안 유럽의 문화적 구획을 정의하려는 노력도 다양하게 이뤄졌다. 19세기 후반에는, 독일의 지배하에 있는 [비스마르크의] 미텔오이로파Mitteleuropa(중부유럽)의 개념이 마침 [제1차 세계대전의] 동맹국Central Powers의 정치적 영역과 겹치게 됐다. 또 양차 대전 사이 전간기戰間期에는, "중동부유럽East Central Europe"이라 불리는 영역이 생겨나 새로 독립한 '계승국(승계국)successor state'―핀란드에서 폴란드, 유고슬라비아까지―의 영역과 겹치게 됐다. 이러한 현상은 1945년 이후 다시 활발히 일어나는데, 소비에트 블록 안에 갇혀 있던 비슷한 유형의 명목상 독립국가들에도 붙이기 편리한 이름이었기 때문이다. 이쯤 이르러서는 나토와 유럽경제공동체European Economic Community, EEC가 지배적 위세를 떨치는 '서유럽'과 소비에트의 공산주의가 지배적 위세를 떨치는 '동유럽' 사이의 큰 분열이 고착된 듯 보였다. 그러다 1980년대 들어서서 체코의 소설가 밀란 쿤데라Milan Kundera를 필두로 일군의 작가가 '중부유럽Central Europe'을 새 방식으로 선보이며 당대에 막강한 위력을 떨치고 있던 장벽을 허물어뜨렸다. 바로 이 대목에서 또 하나의 세력 구도, 또 하나의 진정한 '영혼의 왕국'의 탄생하게 된 것이었다.[42]

"유럽의 심장부Heart of Europe"는 지리적 측면과 감정적 측면 모두에서 그 나름의 함의를 지니는 매력적 착상이다. 하지만 그곳이 어디인가는 도무지 답이 찾아지지 않는 특히나 난감한 문제다. 그 위치를 어떤 저자는 벨기에로 잡은 적이 있는가 하면, 다른 저자는 폴란드에, 다음 저자는 보헤미아에, 그다음 저자는 헝가리에, 또 그다음 저자는 독일문학권에 두었다.[43] 유럽의 심장부가 과연 어디든, 1991년에는 영국 총리가 자신이 거기에 한번 가보겠다고 선언하기도 했다. 그 심장부가 정중앙에 있다고 여기는 사람들에게는, 그곳은 EC의 정중앙인 생클레망(알리에)이거나, 갖은 방법으로 계산한, 유럽의 지리적 정중앙인 바르샤바의 어느 교외나 리투아니아의 어느 오지일 것이다.

유럽이 역사상 가장 오랜 내전으로 분열돼 있던 75년 동안, 유럽 단일체라는 개념이 계속 살아 숨쉴 수 있었던 것은 오로지 그 누구보다 폭넓은 문화적·역사적 지평을 가진 사람들 덕분이었다. 특히 40년의 냉전 동안 끈질긴 민족주의뿐만 아니라 부유한 서쪽의 입장만 대변한 유럽을 보는 편협한 시각에 대항하는 데는 그 어느 때보다 대단한 지적 용기와 활력이 필요했다. 다행인 것은, 그에 필요한 위상을 지닌 인물들이 몇몇 실재했다는 점, 더불어 이들이 조만간 낭랑한 예언으로 울려 퍼질 글들에 자신들의 유산을 남겼다는 점이었다.

그러한 인물들 중 한 사람이, 영국의 동유럽 연구 개척자인 로버트 W. 시턴-왓슨Robert W. Seton-Watson(1879~1951)의 장남 휴 시턴-왓슨Hugh Seton-Watson(1916~1984)이었다. 어렸을 적 시턴-왓슨은 토마시 가리구에 마사리크〔체코슬로바키아의 초대 대통령이자, 철학자, 교육학자, 언론인〕의 무릎 위에 앉아 놀곤 했으며, 세르보-크로아트어·헝가리어·루마니아를 프랑스어·독일어·이탈리아어만큼이나 별 힘 안 들이고 구사했다. 그는 런던에서 태어나 〔런던대학〕 슬라브·동유럽학부에서 러시아사를 가르치는 교수가 됐으며, 보통은 자신을 스코틀랜드인이라고 설명했다. 그는 당대의 통념에 절대 굴복하지 않았다. 유럽 개념에 대한 시턴-왓슨의 증명은 그의 사후 발간된 논문에 정리돼 있다. 그가 강조한 근본적 논점은 세 가지였다─유럽이라는 이상의 필요성, 동유럽과 서유럽 민족들의 상호보완적 역할, 유럽의 문화적 전통이 지닌 다원주의가 그것이었다. 그 주제 하나하나는 지면을 얼마씩 할애해 그 내용을 인용할 만하다.

휴 시턴-왓슨이 첫 번째 벼락을 메어꽂은 데는 저 아래쪽, 유럽 단일체의 기반은 나토의 안보적 이해관계 및 EEC의 경제적 이해관계에만 있을 뿐 그 이상의 것에 존재하지 않는다고 본 사람들이었다.

> 우리에게는 긍정적 공동의 대의가 필요함을 과소평가하지 말도록 하자. 단순히 버터값 문제보다 우리를 더 들뜨게 하고, 단순한 방위 계약 할당 문제보다 더 건설적인 어떤 것이 필요함을 말이다─한마디로 우리에게는 유럽이라는 어떤 신비한 힘mystique이 필요하다.44

휴 시턴-왓슨의 두 번째 벼락은 서구 문명이라는 이름으로 동유럽인들을 배제하려는 사람들을 겨냥했다.

> 유럽의 문화 공동체에는 독일과 이탈리아 그 너머에서 살아가는 사람들도 포함된다. […] 그들이 오늘날 전소 유럽이 참여한 경제 혹은 정치 공동체에 속하지 못한다 해서 이러한 사실이 의미를 잃게 되는 일은 절대 없다. […] EEC와 소비에트연방 사이에 놓인 국가들만큼 유럽이라는 문화 공동체의 실재성과 중요성을 광범위하게 믿은 곳도 또 없다. […] 이 사람들에게 유럽이라는 이상은 각각의 특정한 문화나 하위문화가 속해 있는 문화 공동체의 그것〔이상〕이다. 이들 그 누구도 유럽 없이는 살아남을 수 없고, 유럽 역시 이들 없이는 살아남을 수 없다. 물론 이것은 신화이기는 하다. […] 진실과 공상으로 구성된 일종의 화학적 결합물이다. 그러나 공상의 부조리함이 반드시 진실을 흐리는 것은 아니다.45

휴 시턴-왓슨의 세 번째 벼락은 유럽 문화가 극도로 단순하거나 획일적이라고 생각하는 사람들을 겨냥했다.

유럽과 기독교왕국의 개념이 서로 섞여 있다는 사실은 제아무리 기막힌 능변을 구사할 줄 아는 사람도 해체할 수 없는 엄연한 역사적 사실이다. [⋯] 하지만 유럽의 문화에는 기독교적이라 할 수 없는 흐름들 즉 로마 문화, 헬레니즘 문화, 페르시아 문화, 아울러 근대 수 세기에는 유대인 문화가 존재했다는 것 역시 그에 못지않은 진실을 담고 있다. 유럽 문화에 무슬림 문화가 존재하는지 여부는 잘라 말하기 어려운 문제지만.46

휴 시턴-왓슨은 결론에서 유럽 문화가 가진 목적과 가치를 다음과 같이 정의한다.

[유럽 문화는] 자본주의나 사회주의의 수단이 아니다. 또한 그것은 EEC의 관료들이나 혹은 그 외에 다른 누구의 독점적 소유물도 아니다. 유럽 문화에 충실하다는 것이 곧 다른 문화들에 대해 [유럽 문화의] 우월성을 주장해도 좋다는 뜻은 아니다. [⋯] 유럽 문화의 결속성은 다양했던 우리 선조들이 3000년에 걸쳐 고생스레 내놓은 최종 결과물이다. 위태로운 지경에 빠지면 우리는 이 유산을 아무것도 아닌 양 취급하지만, 그것은 우리의 나이 어린 세대로부터, 이에 더해 미래 세대들로부터 이 유산을 강탈하는 범죄나 다름없다. 이 유산을 지켜가고 또 새로이 가다듬는 것이 오히려 우리에게 주어진 과업이다.47

휴 시턴-왓슨은 유럽 단일체라는 봉화를 손에 든 채 유럽 쇠락기의 기나긴 밤을 쓸쓸하게 달려야 했던 특별히 엄선된 주자 중 한 사람이었다. 또한 그는 동쪽과 서쪽 사이 장벽들에 다리를 하나씩 걸쳤던, 나아가 소비에트 공산주의를 있는 그대로 바라보았던 몇 안 되는 서구 학자 중 한 사람이기도 했다. 수많은 자신의 판단이 옳았음을 정당화해주는 사건들을 목전에 둔 채 그는 눈을 감았다. 이 책이 휴 시턴-왓슨의 지적 유산을 가장 엄밀히 뒤따르게 된다면 그 또한 영광이다.48

유럽의 역사 집필 작업은 유럽이라는 개념이 안정적으로 자리 잡고 역사학자의 기술이 분석적 경향을 띠고 나서야 제대로 진척을 보았다. 그러나 역사 집필 작업은 19세기 초반 몇십 년 동안에도 분명 꽤나 잘 진행되고 있었다. 종합이라는 측면에서 최초로 실질적 시도를 한 인물은 프랑스 작가이자 정치가 프랑수아 기조François Guizot(1787~1874)다. 기조의 《유럽문명사 Histoire de la civilisation en Europe》(1828~1830)는 그가 소르본대학(파리대학)에서 한 강의를 바탕으로 구성한 것이었다.

그 정의 자체에 여러 어려움이 있는 까닭에, 역사학자들이라면 대부분 유럽이 그간 위대한 시기를 맞으며 겪은 공통된 경험들을 유럽의 역사의 주 내용으로 삼아 집중적으로 다뤄야 한다고 입을 모아 말할 것이다. 또한 유럽의 역사가 유럽 반도라는 주어진 환경에서 서로 관계없는 사건들이 마구잡이로 쌓인 단계로부터, 더 일관된 문명화 과정의 특징을 보이기 시작한 것이 고대 후기late antiquity라는 데에도 학자 대부분이 동의할 것이다. 이 과정에서 핵심적으로 꼽히는 것이 고전 세계와 야만족 세계의 융합이었고, 그 결과로 기독교적 의식을 가진 공동체가 확고히 자리 잡았다—달리 말하면, 기독교왕국이 창건될 수 있었다. 나중에 가서는 종파 분열, 반란, 세력 확장, 진화, 분열 번식의 온갖 변화가 일어나, 종국에는 오늘날 유럽의 모습이라 할 지극히 다채롭고 다원주의적인 현상이 탄생했다. 어느 누 사람에게 유럽 문명을 구성하는 주요 요소를 나열해보라고 했을 때, 그 목록이 일치하는 일은 절대 없을 것이다. 하지만 유럽 문명에서 늘 두각을 나타냈던 항목들은 있었다. 그리스, 로마, 유대교에 뿌리를 둔 기독교에서부터 시작해, 계몽주의, 근대화, 낭만주의, 민족주의, 자유주의, 제국주의, 전체주의 같은 현대의 현상들이 그러하다. 유감스럽게도 그 이야기가 펼쳐지는 단계마다 늘 수차례의 전쟁과 갈등과 박해가 있었다는 사실도 잊어서는 안 될 것이다. 아마도 여기서 가장 적절한 비유는 음악일 것이다. 유럽사학자들은 단순한 구도의 오페라 줄거리를 따라가지 않는다. 그보다는 복잡한 악보를 탈환하려 나섰다는 표현이 맞는데, 악보에는 갖가지 소리가 한꺼번에 울리며 내는 불협화음과 함께 다른 데선 들을 수 없는 고유한 의사전달 코드도 들어 있다. "유럽은 […] 오케스트라에 비유되곤 한다. 오케스트라가 연주를 하다 보면 특정 악기들은 별 역할을 하지 않는 순간이 혹은 아예 가만히 있어야 하는 순간이 있게 마련이다. 그러나 그런 순간에도 분명 앙상블은 존재한다."⁴⁹ 이와 함께, 유럽에서 만들어져 나온 언어를 통해 유럽의 전통에서도 가장 보편적인 흐름이 형성됐다는 주장에 대해서는 나중에 이야기하게 될 것이다. [무시케]

그럼에도 유럽은 정치적으로 하나가 된 적이 단 번도 없었던 만큼, 다양성diversity이야말로 지금껏 유럽 안에서 가장 줄기차게 지속된 특성이었던 것은 분명하다. 유럽 문명 전체에 지속되는 국민국가와 국가문화 내에는 지속적 다양성이 있다. 권력과 쇠락의 다채로운 리듬 속에서도 다양성을 찾아볼 수 있다. 개척자 프랑수아 기조만이 다양성이야말로 유럽의 첫째가는 특성이라고 생각한 것은 아니었다.

유럽중심주의

유럽의 역사 집필이 유럽중심주의Eurocentrism로 비난받는 까닭은 단순히 그것이 유럽의 정세에만 관심을 집중해서가 즉 유럽에서 벌어지는 일들만 파고들어서가 아니다. 유럽중심주의는 내용이 아닌 태도의 문제다. 유럽중심주의란 유럽인 저자들이 자기네 문명은 우월하고 모든 것을 갖추고 있으며, 비유럽 지역의 관점들은 따로 고려할 필요가 없다고 여기는 것을 말한다. 유럽의 역사가 유럽인에 의해, 유럽인을 위해 쓰인다는 사실에도 우리는 그렇게 놀라거나 유감을 느끼지 말아야 할 것이다. 자신의 뿌리를 알고 싶어 하는 강한 충동을 갖고 있기는 누구나 마찬가지다. 그러나 안타깝게도 그간 유럽인 역사학자들은 역사라는 주제에 접근하면서 연못으로 가는 나르키소스 같은 모습일 경우가 곧 물에 비친 제 아름다움의 반영反影만을 찾으려드는 경우가 많았다. 프랑수아 기조만 해도 그러했는바, 그가 유럽 문명을 전능한 신의 뜻과 동일시한 이래, 그를 그대로 흉내 낸 이들이 한둘이 아니었다. "유럽 문명은 […] 영원한 진리, 신의 섭리에 따르는 계획 속으로 발을 들였다"라는 식으로 기조는 반영을 제시한다. "유럽 문명은 하느님이 뜻하시는 바에 따라 한 발짝 한 발짝 앞으로 나아간다."[50] 기조에게, 그리고 그와 비슷한 유의 수많은 사람에게, 유럽은 약속받은 땅이었고 유럽인은 선택받은 민족이었다.

많은 역사학자가 이와 같은 자화자찬식의 태도를 계속 밀고 나갔으며, 이에 더해, 곧잘 꽤나 노골적으로, 유럽이 남긴 기록이 다른 모든 이가 따라야 할 본보기가 돼준다고 주장해왔다. 최근까지만 해도 이들은 유럽 문화가 아프리카, 인도, 혹은 이슬람의 이웃들과 나눈 상호작용에 대해서는 이렇다 할 관심을 기울이지 않았다. 1898년에 글을 쓴 한 저명한 미국인 학자(조지 버턴 애덤스)는 "튜턴족"이 이룩한 업적을 통해 유럽 문명의 내력을 밝히면서, 유럽이 전 세계의 본보기라는 사실을 자명한 이치로 받아들였다.

> 고대 세계를 계승한 자들은 튜턴족이니, 이들은 […] 〔고대 그리스·로마〕 고전시대의 토대 위에 〔고대 그리스·로마의〕 고전문화를 토대로 새롭고도 일관된 문명을 서서히 형성해나갔으며, 근래 들어서는 이것이 전 세계적으로 퍼져 지구 위에서 살아가는 모든 주민과 밀접한 관계를 맺는 것과 함께 그들 모두에게 공통적 영향력을 끼치기 시작했다.[51]

옥스퍼드대학출판부에서 유럽의 역사를 단권으로 출간하겠다는 당찬 작업에 나섰을 때, 그 저자들도 위와 비슷한 식의 선택받은 사람들의 정서로 서문을 열었다.

> 이러저러한 시대에 장대한 문명이 여럿 존재했으나, 가장 깊고 또 가장 광범위한 인상을 남긴 곳은, 더불어 바로 지금 시점에 (대서양 양안에서 잘 발달해) 이 지구 위 모든 사람에게 표준을 설정해주는 것은 바로 유럽 문명이다.[52]

그러나 이런 식으로 사고하고 역사를 설명하는 방식은 점차, 특히 비유럽인들에게, 그 매력을 잃어가고 있다.

조지프 러디어드 키플링Joseph Rudyard Kipling(1865~1936)은 때로 유럽중심주의 전통을 주창한 핵심 일원, 심지어는 '영국의 식민지 확장이라는 문명화 사명의 옹호자'로 여겨진다. 하지만 그의 유명한 (시) 〈동과 서의 발라드The Ballad of East and West〉는 인도를 염두에 두고 쓴 것이었다.

> 오, 동방은 동방이요 서방은 서방이로다, 둘은 절대 서로 만날 일이 없으리니
> 이윽고 하느님이 마련하신 그 위대한 심판대에 땅과 하늘이 함께 서게 되기 전까지는.
> 하지만 거기엔 동도 없고 서도 없고, 국경도 없고, 인종도 태생도 없으리니,
> 두 강인한 자가 얼굴을 맞대고 섰을 때는, 비록 그들이 지구의 반대편 끝에서 왔더라도.[53]

키플링에게서는 당대 유럽인들의 태도에서 으레 연상되던 거만함을 거의 찾아볼 수 없었다. 그가 "야자수와 소나무 숲에까지 뻗은 우리의 연방" "법도 갖지 못한 하찮은 족속" 같은 당대의 어법을 거침없이 구사했던 것은 사실이다. 그러나 키플링은 인도의 문화에 강하게 매료됐던 사람이었거니와—그의 멋진 작품 《정글북Jungle Books》도 그 덕분에 탄생했다—신앙심 깊고 지극히 겸손한 사람이었다. (빅토리아 여왕의 취임 60주년을 맞아 1897년 《타임스》에 발표된 키플링의 시 〈퇴장성가Recessional〉다. "퇴장성가"는 예배 후 목사와 합창대가 퇴장하는 동안 부르는 노래다.)

> 소란과 고함이 죽은 듯 잦아들고—
> 선장과 왕들이 자리를 떠나도—
> 그대들의 먼 옛날 희생은 그대로 있을지니
> 초라해지는 또 한없이 뉘우치는 마음이여,
> 군단을 거느리신 주군 하느님, 부디 우리 곁에 머무소서,
> 우리가 잊지 않도록, 우리가 잊지 않도록.[54]

누가 됐든 '서구의 제국주의자들'을 다 똑같이 거만한 무리로 싸잡으려 할 때, 이 글귀들이 어느 때고 그들에 대한 반박이 될 수 있을 것이다.

유럽중심주의에 반발하는 반대 기류가 나오는 원천으로 현재 크게 네 가지를 꼽는다. 우선 북아메리카의 흑인 공동체Black community 일부 및 정치적으로 이들에게 동조하는 세력으로, 이 부류는 이른바 '백인 지상주의 가치관'을 표방하는, 다시 말해 유럽 문화를 찬미하는 혐의가 있다고 여겨지는 교육 체제에 저항한다. 이는 흑인무슬림운동Black Muslim movement과, 학

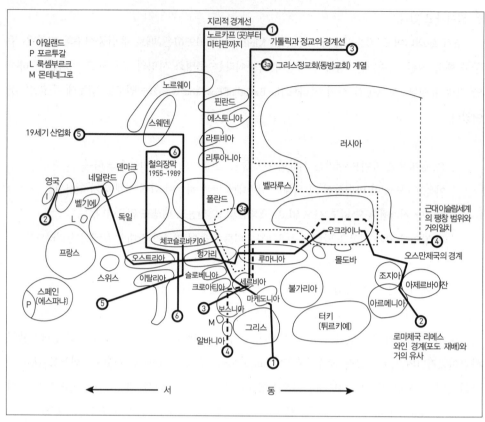

지리적 경계선

노르카프 (곶)부터
마타판까지 ①

가톨릭과 정교의 경계선 ③

③a 그리스정교회(동방교회) 계열

I 아일랜드
P 포르투갈
L 룩셈부르크
M 몬테네그로

노르웨이

노르웨이

핀란드
에스토니아
라트비아
리투아니아

러시아

스웨덴

19세기 산업화 ⑤

⑥

덴마크

철의장막
1955-1989

영국

네덜란드

벨라루스

벨기에

독일

폴란드

③a

① L

②

체코슬로바키아

프랑스

오스트리아

헝가리

근대이슬람세계
의 팽창 범위와
거의일치 ④

우크라이나

루마니아

몰도바

오스만제국의 경계

스위스

이탈리아

슬로베니아

조지아

아제르바이잔

스페인
P (에스파냐)

⑤

크로아티아

세르비아

⑥

③

M
알바니아 ①

보스니아

마케도니아

불가리아

④

그리스

터키
(튀르키예)

아르메니아

②

로마제국 리메스
와인 경계(포도 재배)와
거의 유사

①

← 서   동 →

[지도 3] 유럽의 동-서 단층선

계에서는 종래의 미국학계에 반발하는 다양한 흑인 연구들(아프리카학Afrology)로 표현됐다.[55] 개중에서도 가장 전투적인 양상을 보이는 것에서는 아예 유럽중심주의를 아프리카중심주의 Afrocentricity—'탈근대post-modern의 역사에서 아프리카인들이 중심을 점하고 있다는 믿음'— 로 대체하려는 목표를 내세운다.[56] 이는 유럽 문명이 인류, 특히 아프리카인들로부터 그들이 가진 생득적 권리를 '훔쳤다'는 주장을 근거로 내세운다.[57] 이슬람 세계(특히 이란)에서도 종교 근본주의자들을 통해 비슷한 반발이 제기되는 상황인데, 이들에게 '서쪽'은 '사탄의 땅'이나 다름없다. 제3세계의 여러 지역에서는 이와 같은 조류가 지식인들로부터 지지를 받으며, 곧잘 마르크스주의 경향을 보이는 이 지식인들은 유럽중심주의 관점이 자본주의 이데올로기의 핵심을 이룬다고 본다.[58] 이런 조류는, 비록 늘 뚜렷하게 표명되는 것은 아니지만, 유럽 안에서도 볼 수 있어서, 곰곰 생각해보면 윗세대 어른들의 숱한 사고방식을 뼈저리게 부끄러워하는 세대에서 두루 나타난다.

여기서 역사학자들이 나아갈 길이 하나 있다면 유럽인과 비유럽인 사이 상호작용에 더 많은 관심을 기울이는 것이다. **[곤살베스]** 또 한 가지 방법으로는 유럽이 그런 문제들을 안게 된 까닭을 규명하는 데에 비유럽에서 비롯한 요소들을 잘 활용하는 것이다. **[루스]** 세 번째 방법은 유럽의 이웃들과의 사이에서 솔직한 비교—여러 측면과 사례로 보아 유럽에 그렇게 유리하지만은 않은—를 끈질기게 해보는 것이다. 그러나 무엇보다 본질적인 측면은 톤을 잘 가다듬는 문제일 것이다. 지난 100년 동안 '튜턴족'을 비롯해 다른 유럽인들이 행한 일들 중 자랑스럽게 떠벌일 것은 그다지 많지 않다.

결국, 인간이 벌이는 모든 활동이 그렇듯, 유럽이 남긴 행적 역시 오롯이 그 자체의 성과로만 평가받아야만 할 것이다. 가장 흡족한 사건들만 골라 담고 그 부스러기들은 무시하는 '명저 Great Books'로는 유럽의 행석을 공평하게 재현해낼 수가 없다(뒤의 내용 참조). 우리는 유럽의 행적을 경탄 어린 관점으로도, 넌더리나는 관점으로도, 혹은 이 두 감정이 교차하는 관점으로도 바라볼 수 있다. 한 프랑스인은 다음과 같은 낙관적 논조를 펼친 바 있다. "어찌 됐건 범죄와 서쪽의 역사를 똑같이 치부할 수는 없다. [서쪽이] 다양한 사회와 개개인에게 못할 짓을 하기는 했지만, 지금까지 서쪽이 이 세상에 해준 것이 그것보다는 훨씬 많지 않은가."[59] 모두가 여기에 동의하지는 않을 것이다.

서구 문명

족히 200년 동안 유럽 역사는 곧잘 '서구 문명Western civilization'의 유산과 혼동되곤 했다. 아닌 게 아니라 그간 '서구적'인 모든 것은 문명화한 것이고, 문명화한 모든 것은 서구적인 것이라는 인상이 생겨났다. 한 발 더 나아가, 아니 어쩌면 그냥 자연스럽게, 동양적Eastern 혹은 '동방적Oriental'인 것은 무엇이든 후진적이거나 열등한 것이며, 따라서 그런 것들은 무시해도 좋다는 인식이 있다. 이러한 징후가 어떤 식으로 작동하는지는 유럽인들이 이슬람 세계 및 아라비아 세계, 다시 말하면 '동방풍東方風, Orientialism'의 전통에 보인 태도들에서 잘 드러난다.[60] 하지만 그러한 태도가 유럽에 속한 일부 지역, 특히 동쪽과 관련해서도 똑같은 강도로 작동하고 있음을 입증하기란 어렵지 않다. 일반적으로 말해, 서구 문명은 유럽 전체를 포괄하는 것으로 여겨지지 않는다(유럽을 훨씬 넘어 지구상의 먼 데에 적용될지 몰라도).

스스로를 '서구' 출신으로 —그 가운데서도 잉글랜드, 프랑스, 독일, 북아메리카— 인식하는 버릇이 가장 심한 역사학자들은 유럽의 과거를 하나의 전체 안에 담아낼 필요성을 거의 느끼지 못한다. 이들은 서유럽에서도 더 서쪽에 있는 지역들에 대해 숙고를 했으면 했지 동유럽을 고려해야 할 까닭은 별로 없다고 여긴다. '유럽'이나 혹은 '기독교왕국'의 역사를 가장무도회의 가면처럼 제목으로 달고 있지만 정작 내용은 그렇지 않은 책들이 수두룩하다. '서구 문명'을 개관한 책들도 유럽 반도 내에서 저자가 고른 단편적 지역들과 관련한 주제들에만 한정된 경우가 허다하다. 더구나 서구 문명을 이야기한다고 하면서도 정작 폴란드, 헝가리, 보헤미아, 비잔티움, 발칸반도, 발트해 국가, 벨라루스, 우크라이나, 크름반도〔크림반도〕혹은 캅카스, 심지어는 포르투갈, 아일랜드, 스코틀랜드, 웨일스, 스칸디나비아까지도 빠뜨린 책들도 무척 많다. 러시아도 더러는 다루기도 하고 다루지 않기도 한다. 따라서 서구 문명은, 그것이 과연 무엇이건 간에, 유럽사를 요약하려는 성의 있는 시도를 담지 못한다. '서구'는, 그것이 과연 무엇이든, 서유럽과 동의어가 되지 못한다.[61] 이는 아주 기이한 현상이다. 유럽 역사학자들은 자신들도 구멍이 많은 치즈를 만드는 그뤼예르치즈 제조업자들처럼 행동할 수 있다고 생각하는 것 같다〔그뤼예르치즈는 기포 구멍이 많을수록 상급이다.〕

그 예는 무수하지만 여기서는 3~4개 정도면 필시 충분할 것이다. 우선《펠리컨 중세유럽사 The Pelican History of Medieval Europe》(1969)는 저명한 옥스퍼드대학 모리스 킨 교수가 쓴 책으로 오랫동안 중세 유럽과 관련해 표준 입문서 노릇을 해왔다. 그런 만큼 서문을 읽는 독자들은 거기부터 이미 책의 내용이 제목과 상응하지 않는 것에 놀라움을 금치 못할 수 있다.

> 이 책의 주제의 맥이 끊기지 않았으면 하는 바람에서 적건대 […] 집필하면서 나는 십중팔구 과도한 단순화의 우를 범했을 가능성이 크다. […] 중세 비잔티움의 역사는 그 전반적 분위기나 취지에서 서유럽의 역사와는 판이한 만큼 그것을 어떤 식으로든 체계적으로 개관하려 시도하지 않는 편이 더 지혜로운 일로 보였다. 설령 그렇지 않다 해도, 나 자신이 그런 체계적 개관을 제대로 해낼 자질을 갖추고 있지도 못하다. 중세의 러시아 역사에 관해서도 일절 밝히지 않은 것이, 〔그것이〕 내가 파고들고자 하는 주제들과는 다소 동떨어진 부분이기 때문이다. 스페인에 대해서도 응당 그래야 하는 것보다 덜 논의했을 가능성이 있다.[62]

아닌 게 아니라, 위 책의 주제는 '서유럽Western Europe(라틴 기독교왕국Latin Christendom)'으로 정의되는 내용을 담고 있는데, 두 용어는 다소 유사하다.[63] 그렇다고 하면 처음부터 책의 내용에 걸맞은 제목을 달았다면 아무 문제가 없지 않았을까 하는 생각을 할 수 있다. "중세 서유럽의 역사"나 "중세 라틴 기독교왕국의 역사" 정도면 무방하지 않았을까. 하지만 그런 제목이라 해도 독자들은 이내 책의 내용이 기독교왕국마저도 그 전체를 빠짐없이 다루려는 노력을 거의 하지 않았다는 사실을 알게 될 것이다. 일례로, 위 책에서는 아일랜드는 물론 웨일스에 대해서도 일절 언급하지 않는다. 폴란드와 리투아니아의 야기에우워왕조의 영역도, 이곳은 해당 시기 후반부에 라틴 기독교왕국 안에서 절대적으로 가장 규모가 큰 국가였는데도, 딱 두 번 지나가듯 언급할 뿐이다〔"야기에우워왕조"는 1386년에 브와디스와프 2세 야기에우워가 폴란드와 리투아니아를 연합해 세운 폴란드 최전성기의 왕조다). 독일 황제 오토 3세의 정책과 관련해 한 번, 튜턴기사단〔독일기사단〕이 처했던 곤경과 관련해 한 번 언급한 게 전부다. 아울러 비잔티움과 그리스인들이라는 주제는 지나치게 역점을 두어 다루면서도, 거대한 다민족 국가로 아드리아해에서 시작해 트란실바니아에까지 뻗어 있던 헝가리에 대해서는 상대적으로 별 관심을 기울이지 않고 있다. 책이 가진 장점도 많다. 그러나 이 책 역시, 꽤나 많은 다른 책이 그렇듯, 유럽 어느 한 부분에서 저자가 선호하는 지역과 관련한 몇 가지 선별적 주제들만 개관하는 데 그치고 있다.

세간에 꽤 영향을 끼친《서구 문명의 역사: 개론History of Western Civilization: A Handbook》〔제6판, 1986. 제1판, 1949〕 역시 유사한 이상한 틀을 바탕으로하고 있다. 3부로 구성된 책에서 가장 많은 분량을 차지하는 〔3부〕'유럽 문명(약 기원후 900~현재)'은 '유럽 문명의 지리적 배경'으로 서두를 열어, "동방 문명에서 고전 문명으로, 고전 문명에서 유럽 문명으로의 이행 시기마다 어떻게 구舊 사회의 주변부로 급격한 중심 이동이 함께 이뤄졌는지"를 설명한다. 책에서는 "유럽 문명의 애초 고향"은 "피레네산맥에서 뻗어 나와 […] 러시아 내지로 이어지는" 평원이었고, 이 지대가 "불규칙하게 자리 잡은 산의 장벽"에 막혀 "지중해의 땅들"과 분리됐다는 식으로 서술한다. 그러나 이어지는 장 어디에서도 이 고향 땅의 역사를 구체적으로 그려내려는 노력은 전혀 찾아볼 수 없다. 로마제국의 과거 땅들이 "세 가지 문명—이슬람, 정교 기독교, 라틴 기독교—으로 나뉘게 됐다"라고도 한다. 하지만 유럽을 이렇게 세 구역으로 나눈 것과 관련해서도 어떤 식이든 체계적 방법론은 전혀 제시되지 않는다. 이교 신봉 지역이었던 스칸디나비아에는 한 문장을 할애했을 뿐이고, 나중에 기독교를 신봉하게 된 다른 이교도 땅들은 아예 언급이 없다. 초기의 "서유럽 민족들"과 관련해서는 구체적으로 명시하지 않은 '인도-유럽제족'을 포함해 소절에서 다루지만, 동유럽에 살았던 민족들에 대해서는 시기를 막론하고 일언반구 언급이 없다. '슬라브족'이나 '슬라브어파를 사용하는' 민족들은 드문드문 등장하지만, 이들이 인도-유럽인에서 가장 많은 비중을 차지했다는 사실은 어디에도 드러나 있지 않다. "서쪽의 기독교왕국 900~1500년" 절도 적지 않은 분량의 소절들로 구성돼 있지만, 동쪽의 기독교왕국에 관한 장은 없다. '유럽의 확장'을 다룬 단락들에서는 독일의 식민화 혹은 유럽 바깥을 향한 대양 항해들에 대한 이야기는 빠짐없이 등장한다. 그러다 갑자기 딱 두 문장으로 14세기의 서방 기독교왕국에 "스칸디나비아, 발트해 국가들, 폴란드, 리투아니아, 헝가리"도 포함돼 있었다고만 언급하고 지나간다. 세부 설명은 없다. 가장 분량이 많은 "근대 세계, 1500년~현재"에서는 동유럽은 내내 쏙 빼놓고 논의를 전개하다, 표트르 대제 통치기의 러시아가, 그것도 러시아 홀로, 이미 모든 구색을 다 갖춘 국가의 모습으로 등장한다. 이후 러시아는 온전한 자격을 갖추고 서쪽의 일원으로서 역할을 해온 것으로 서술된다. 저자〔윌리엄 H. 맥닐〕는 본격적 논의에 들어가기에 앞서 자신이 "내용을 배열하고 선정하는 작업에서 자의적 원칙들"을 사용한 데 일종의 양해를 구한다. 유감스러운 점은, 그 자의적 원

칙이란 게 무언지 저자 자신이 명쾌히 밝히지 않는다는 것이다.[64]

"명저기획Great Books Scheme" 역시 시카고학파의 또 다른 산물이었다. 이 기획은 서양문명을 이해하기 위해 반드시 알고 읽어두어야 할 핵심 저자 및 작품들을 선정한다는 취지로 시작됐다. 맨 처음 이 시리즈를 만든 것은 1921년 콜롬비아대학으로, 시리즈는 1930년부터 시카고대학에서 활용하기 시작하면서 이후 미국 전역에서 대학 교과과정의 모델로 자리 잡았다. 이런 기획 안에 유럽의 모든 지역과 문화가 정확하게 고루 안배되리라고 기대하는 사람은 아무도 없을 것이다. 그래도 이 안에는 편견과 편애가 너무도 역력하다. 수정본 목록에 있는 총 151명의 저자 가운데 잉글랜드인과 미국인 49명, 프랑스인 27명, 독일인 20명, 고전기 그리스인 15명, 고전기 라티움인(라틴인) 9명, 러시아인 6명, 스칸디나비아인 4명, 스페인인 3명, 초기 이탈리아인 3명, 아일랜드인 3명, 스코틀랜드인 3명, 동유럽인 3명이다(부록 1572쪽 참조).[65]

이와 똑같은 편향성을 드러내기는 정치이론가들도 마찬가지다. 예를 들어 유럽의 민족주의를 상반되는 두 유형으로 —즉 '동구Eastern'의 민족주의와 '서구Western'의 민족주의로— 따로 구분 짓는 것은 매우 흔한 일이다. 옥스퍼드대학의 한 저명한 학자는, 민족주의가 가진 문화적 뿌리를 강조하면서, 그 기획에 대한 자신의 생각을 밝혔다.

> 내가 동구의 민족주의라 일컫는 것은 아프리카와 아시아 […] 그리고 라틴아메리카는 물론이고 슬라브족 사이에서도 흥성한 바 있다. 이 민족주의를 비유럽적인 것이라 부를 수는 없겠고, 애초에 서유럽 동쪽에서 출현했으니 동구의 민족주의라 부르는 것이 가장 좋겠다고 생각해왔다.[66]

그런 다음 그는 독일인과 이탈리아인을 언급하면서 서구의 민족주의에 대한 자신의 견해를 명확히 밝히는데, 그에 의하면, 독일인과 이탈리아인은 18세기 후반 민족주의가 막 태동할 무렵 이미 '문화적 측면에서 제 여건을 잘 구비하고' 있었다.

> 이들은 진보를 의식적으로 표방하는 문명에 속해 있었고 […] 그런 문명에 적합한 언어를 갖고 있었다. 또 그런 문명에서 귀하게 여기는 기술들을 전수해주는 대학과 학교가 곳곳에 세워져 있었다. 이들에게는 이른바 '세계적' 명성을 자랑하는 […] 철학자, 과학자, 예술가, 시인도 […] 있었다. 그뿐 아니라 법률과 의학을 비롯한 여타 영역에는 고도의 전문적 수준을 갖춘 전문직도 마련돼 있었다. […] 이들은 스스로를 잉글랜드인이나 프랑스인과 같은 수준에 놓기 위해, 생경하게만 느껴지는 것을 자기 것으로 만드는 식으로 그 나름의 문화적 채비를 할 필요가 거의 없었다. […] 오히려 가장 화급한 일은 자신들의 국민국가(민족국가)를 탄생시

키는 것이었고, 그들의 눈에도 그런 것처럼 보였다. […]

슬라브족은, 그리고 이후 아프리카인과 아시아인은, 이와는 꽤나 상이한 모습을 보여왔다.[67]

유럽 문화사의 지리적, 연대적 측면과 관련해 이보다 더 삐딱한 시각을 갖기도 어려울 것이다. '슬라브족'에 대한 이와 같은 분석은 오로지 체코인, 슬로바키아인, 슬로베니아인, 세르비아인, 크로아티아인과 관련된 사항들만을 근거로 삼고 있다. 슬라브족에서 가장 큰 비중을 차지하는 세 민족 즉 러시아인·우크라이나인·폴란드인들에 대해서는 한 마디 언급도 없으며, 이들 민족이 겪은 일들도 이 분석과는 단적으로 상반된다. 그렇다면 〔"옥스포드 대학의 한 저명한 학자"〕 존 플라메니츠John Plamenatz 교수는 슬라브족이 누구고 어떤 민족이며 또 어디에 산다고 추정했을까? 그의 말대로라면 폴란드인이나 체코인 혹은 세르비아인은 국가 형성의 필요를 화급하게 느끼지 않았다는 뜻인가? 또 폴란드어만 해도 독일어보다 먼저 통치와 상류층 문화의 언어로 발달했었건만, 그런 일은 없었다는 것인가? 프라하대학(1348)과 크라쿠프대학(1364)은 '동구'에 속하지 않았던가? 코페르니쿠스가 공부한 곳이 옥스퍼드대학이었던가? 〔코페르니쿠스는 크라쿠프대학에서 수학했다.〕

말이 나왔으니 하는 얘기지만, 민족주의 유형분류와 관련해서는 그것이 밑바탕으로 삼고 있는 기준 곧 때에 따라 천차만별로 달라지는 문화적 발전 정도 및 제각각인 민족과 국가 사이 상호관계에 대해 많은 논의가 뒤따라야 한다. 그러나 민족주의에 '동구'와 '서구' 같은 분류표를 붙이는 것에 대해서는 더 논의할 것조차 없다. 그런 분류표를 누군가 붙이려 한다면, 동구 유형의 민족주의에 가장 잘 맞는 후보는 서유럽에서도 저 멀리 서쪽에 자리한 아일랜드에서나 찾을 수 있을 것이다. 다들 아는 사실이지만 아일랜드인이야말로 전형적 동유럽의 산물이니까 말이다(1058~1059, 1069~1071쪽 참조).

따라서 유럽사를 논의할 때 가장 자주 활용되는 틀에 대해 묻는 것이 반드시 위에서 언급한 책에 담긴 내용이 얼마나 훌륭한가를 따지고 드는 것은 아닐 수도 있다. 여기서 우리가 질문을 던지는 목적은, 도대체 그 책이 왜 그렇게 이상하게 구성된 틀을 따르는지 파헤치는 데 있다. 만에 하나 인체 해부를 다룬 교과서들이 위에서 예시한 책들만큼이나 구조에 신경을 안 쓴다면, 독자들은 뇌·눈·팔·폐·다리를 각기 하나씩만 가진 생물체에 관해 머리 아프게 공부하는 셈이 될 것이다.

이 주제를 연대순으로 살펴보는 것도 그 나름으로 유익한 데가 있다. '서쪽' 개념은 사실 그리스인들만큼이나 연륜이 깊고, 당대 그리스인들은 자유로운 헬라스를 페르시아인들이 다스리는 동쪽의 전제정과 대립되는 것으로 보았다. 근대 들어서는 정치적 이해를 가진 부류가 이 서쪽의 개념을 오랫동안 줄기차게 채택해왔는바, 이들 부류는 서쪽의 개념을 통해 자신의 정체성은 강화하는 한편으로 주변의 이웃은 자신과는 별 상관 없는 존재로 치부하고 싶어 했다. 그 결과 '서구 문명'에는 수백 년 동안 축적된 갖가지 뜻과 함축적 의미가 여러 번 층층이 덧입혀왔다. 그렇게 변형된 서구 문명의 의미 가운데 주요한 것을 추려보면 다음과 같다.

로마제국은 유럽 반도 훨씬 너머에까지 강역이 뻗어 있었지만, 그럼에도 유럽의 발전에 지속적 인상을 남겼다. 오늘날까지도 프랑스와 스페인처럼 로마제국에 필수 불가결했던 지역들과 폴란드와 스웨덴처럼 로마인의 발길이 한 번도 닿지 않은 지역들 사이에 명확한 구분이 존재한다. 이러한 맥락에서 '서구'는 로마의 유산을 얼마쯤 나눠 가졌다고 주장하는 지역들로, 그렇지 못한 지역들과는 확실히 구별된다(48쪽 지도 3 참조).

기독교 문명은 유럽이 그 본산이었고, 7세기 이후로는 줄곧 이슬람과 함께 종교적 경계 차원에서 주로 그 정의가 이뤄졌다(4장 참조). 기독교왕국은 서방이었고, 이슬람은 동방이었다.

가톨릭 세계는, 특히 1054년의 〔동서교회〕 대분열이후, 로마교회와 그리스정교회의 분기하는 전통들과, 라티움어〔라틴어〕라는 보편언어의 사용에 기초해 세워졌다. 이 틀에서 보면, 서방은 곧 가톨릭교와 같은 것이며, 가톨릭 안에서는 교회 권력과 세속 권력이 수시로 결별하며 잇따른 비순응 운동non-conformist movement을 일으키는 촉매제 역할을 했으니 르네상스, 종교개혁, 과학혁명, 계몽주의가 특히 그러했다(7장 참조). 그러나 이 핵심적 운동들 중 그 어떤 것도 초기에는 정교회 세계에 이렇다 할 영향을 끼치지 못했다.

프로테스탄티즘은 일군의 북유럽 국가에 새 구심점을 마련해주었고, 16세기에는 이 국가들이 프로테스탄티즘을 원동력 삼아 가톨릭교의 통제를 박차고 나왔다. 스페인이나 폴란드처럼 가톨릭을 신봉한 주요 강국들이 급격히 쇠락한 데 이어 연합주〔이후의 네덜란드〕, 잉글랜드, 스웨덴, 나중에는 프로이센의 세가 일어나니, 이들 국가는 경제적·기술적 측면의 위용을 토대로 해군 및 군사 방면에서 발군의 기량을 갖추었다.

서구 문명의 프랑스식 변형은 17세기와 18세기에 두각을 나타냈다. 그것이 구체적으로 표명된 사례로는 계몽주의 같은 세속 철학 및 1789년의 혁명 당시의 여러 이상을 들 수 있다―이 둘은 지금까지도 지속적 영향력을 끼치고 있다. 이때에는 독일 및 동유럽의 교양 있는 엘리트층이 프랑스어를 채택해 쓰면서, 프랑스어가 과거 유럽을 풍미한 라틴어보다 훨씬 더 보편적인 언어로 자리매김했다.

서구 문명의 제국주의식 변형은 1914년 이전까지의 오랜 유럽 평화기에 다른 나라들을 제치고 선봉에 선 제국주의 강국들의 끝 모르는 자신감에 근거를 두었다. 여기에 '제국 인종'에는 하느님께서 다른 인종을 통치할 권리를 주셨다는 믿음, 문화·경제·헌법 면에서 자신들이 다른 데보다 뛰어난 발전을 이룩했다고 본 믿음이 이런 기조에 불을 붙였다. 독일·잉글랜드·프랑스가 이 기조의 확실한 선두 주자로, 이들 나라가 가진 편견들은 나머지 주자들에게까지 각인됐을 수 있다. 포르투갈이나 네덜란드 같은 여타 주요 제국들은 유럽의 경계 안에서는 미미한 역할을 하는 데 그쳤다. 러시아와 오스트리아도 제국주의 강국으로서 선명한 인상을 남겼지만, 그 외 다른 면에서는 자격 미달이었다. 서쪽의 부유한 제국주의 강국들은 발달한 산업 경제와 정교한 행정 체제가 특징이었다. 반면 동쪽의 국가들은 농민 사회, 국가 없는 민족, 노골적인 전체정치가 특징이었다.

서구 문명의 **마르크스주의식 변형**은 제국주의식 변형의 판박이였다. 카를 마르크스와 프리드리히 엥겔스도 시유럽 제국주의 국가들이 우월한 발전 수준에 이르렀다는 전제는 받아들였다. 그러나 서유럽의 그 조숙함으로 인해 그곳에는 곧 타락과 혁명이 일어날 것이라 믿었다. 이 둘의 견해는 거의 주목받지 못하다가 마르크스-레닌주의가 예기치 않게 소비에트제국의 공식 이데올로기로 채택되면서 한동안 대단히 큰 비중을 가졌다.

서구 문명의 **첫 번째 독일식 변형**은 제1차 세계대전의 시작으로 고무됐다. 이 기조가 일어나게 된 토대로는 독일의 미텔오이로파(중부유럽) 지배, 그중에서도 오스트리아에 대한 장악, 프랑스와 러시아를 군사적으로 제패하겠다는 숙원, 나아가 향후 앵글로-색슨족 강국들과 나란히 위대한 강국의 반열에 서겠다는 포부를 들 수 있다. 이 독일식 변형의 옹호자들은 독일이 동유럽을 문명화할 사명을 짊어졌음을 추호도 의심하지 않았으며, 이들이 프랑스와 경쟁을 벌이며 자유주의와 '1789년의 이념들'을 거부한 것은 아벤트리히Abendlich의(서양의Occidental) 문명과 베스트리히Westlich의(서구의Western) 문명이 분리되는 결과를 낳았다. 이 도식의 정치적 공식화는 프리드리히 나우만Friedrich Naumann(독일의 정치가,《미텔오이로파 Mitteleuropa》(1915) 저자(1860~1919))과 가장 관련이 깊다. 1918년 독일이 패배하면서 이 도식은 확실히 종식됐는데, 이를 애석해하며 나온 저작이 오스발트 슈펭글러Oswald Spengler의《서구의 몰락Der Untergang des Abendlandes》(1918~1922)이었다. 세속 문화의 영역에서 강력한 유대인 세력의 유입이 미텔오이로파의 기조 형성에 많은 역할을 했는바, 유대인들이 동쪽 지방에 대한 미련을 버리고 독일의 삶과 언어에 동화된 이 시점에 독일이 제국으로서 품은 야심 또한 마침 절정에 이르러 있었다.[68] **[빈의 세계]**

서구 문명의 **WASP식 변형***은 미국과 영국 제국이 공동의 이해관계를 맺으면서 결실을 맺었으며, 제1차 세계대전 동안 그 모습을 확연히 드러냈다. 이 기조가 성립된 토대로는

---

* WASP 곧 백인 앵글로-색슨족 프로테스탄트White Anglo-Saxon Protestant는 미국이 형성되는 중대한 시기에 지배 세력을 이룬 사회적, 문화적 집단이었다.

미국을 주름잡은 엘리트층에 영국애호 anglophile 성향이 있었던 점, 미국과 영국이 프로테스탄티즘, 의회정치, 관습법의 전통을 공유하고 있었던 점, 양국 모두 유럽에서 독일의 패권에 반발했던 점, 향후 양국 사이에는 특별한 전략적 협력관계가 맺어질 전망이 높았다는 점, 영어가 주요한 국제 의사 소통수단으로 자리 잡은 상황에서 양국 모두 영어권에서 단연 최고의 위치에 있었다는 점을 들 수 있다. 전통적 형태의 제국주의를 경멸하긴 했으나, 자국이 유럽의 제국주의 강국들과 동등한 위치에 있다는 사실은 미국도 당연하게 생각하는 바였다. 이것을 가장 명백히 드러낸 문화적 움직임들로는 '명저기획'(1921)과, 미국이 《브리태니커백과사전》을 인수한 일(1901) 등을 꼽을 수 있다. 이 기조의 전략적 함의를 공식화한 대표적 인물은 "지정학의 아버지"라 불린 해퍼드 매킨더 경이었으며,[69] 그 초기 사례로는 1922년의 워싱턴회의를 들 수 있다. 이 기조가 완전히 되살아난 것은 1941년 미국이 유럽으로 다시 시선을 돌리면서 대동맹을 확증해준 이후였다. 그러다 영국제국이 몰락하고 미국이 태평양에 더 커다란 이해관계를 두게 되면서, 이 기조도 퇴조할 수밖에 없었다. 그러나 WASP 덕분에 영국은 이후로도 모종의 '특별한 협력관계'를 지속적으로 보장받을 수 있었으며, 이 점이 나토에는 유리하게 작용했던 반면 유럽 통합에는 걸림돌로 작용했다. WASP는, 남은 20세기 내내 막강한 위력을 떨친, 그 특유의 '연합국의 역사 도식'이 탄생하는 계기가 되기도 했다(뒤의 내용 참조).

서구 문명의 두 번째 독일식 변형은 나치가 구상한 것으로, 첫 번째 독일식 변형에서 물려받은 특성도 많지만 독자적으로 부가한 특성도 몇 있었다. 두 번째 변형에서는 군사적·전략적 측면들을 애초부터 고려했던 것과 더불어 '아리아' 인종주의'Aryan' racism, 대大게르만 Greater German 민족주의, 이교도 신화, 반反볼셰비즘이 추가됐다. 독일은 이 기조를 바탕으로 유럽의 패권에 대한 두 번째 도전장을 던졌고, 1933년에 시작된 도전은 1945년의 폐허 속에서 막을 내렸다. 이 기조는 무엇보다도 유대인을 배척한 것이 특징이었다.

서구 문명의 미국식 변형은 제2차 세계대전 이후, 미국의 주도권을 받아들이고 미국식 민주주의 및 자본주의 개념에 아첨한 일군의 나라를 중심으로 큰 흐름을 형성했다. 이것은 과거 앵글로-색슨족 변형에서 탄생했지만 유럽의 뿌리를 완전히 벗어나 있었다. 미국식 변형은 WASP가 미국 사회에서 가진 패권에도, 영국이 미국의 중개인으로서 유럽 내에서 행하는 중추적 역할에도 더는 의존하지 않았다. 아닌 게 아니라, 무게 중심은 대서양 중부를 벗어나 '환태평양 지역Pacific Rim'으로 옮겨가게 됐다. 서유럽의 나토 회원국들과 함께, 이제는 한국·일본·필리핀·오스트레일리아·남아프리카공화국·이스라엘, 이뿐 아니라 이집트·시리아·사우디아라비아 같은 '서방식' 국가들까지 이러한 기조를 지지하고 있다. 40년의 냉전 동안, 공산주의의 위협이 전 세계에 퍼져 있다는 인식 속에서 이러한 기조는 더욱 불타올랐다. 이쯤 되면 이 미국식 변형이 언제까지 스스로를 '서쪽'이라 칭할 수 있을까 의문이 들지 않을 수 없다.

서구 문명의 유럽식 변형은 1940년대 후반, 새로운 (서)유럽 공동체를 벼려내려는 노력이 한창이던 때에 등장했다. 이것의 밑바탕이 된 근거로는 철의장막의 존재, 프랑스-독일 간의 화해, 해외 영토를 가진 제국들에 대한 거부, EEC의 물질적 번영, '앵글로-색슨족'의 영향력을 제한하려는 바람을 들 수 있었다. 이 기조는 과거로 눈을 돌려서는 샤를마뉴 통치기를 지향하고, 앞으로 눈을 두어서는 창립 회원국들의 주도하에 하나로 통일된 연방 유럽을 지향했다. 그러나 이 공동체가 주된 활동을 경제 영역에만 국한했을 때에는 이 기조가 미국의 서쪽에 대한 대안적 비전과도 혹은, 그 비전을 방어할 힘을 제공해준, 미국 주도의 나토와도 양립하지 못했다. 그러나 영국이 국제기구 등에 가입하고, 철의장막이 무너지고, 더욱 밀접한 정치적 통합 및 통화 동맹을 위한 계획들이 마련되고, 거기에 향후 회원국의 범위가 동쪽으로 더 확대될 것이라는 전망까지 겹치면서 유럽 공동체의 정체성과 취지는 근본적 위기를 맞기도 했다.

이 모든 사례로 봤을 때, 서구 문명은 본질적으로 그 개념을 만든 사람들이 자신들의 이해 증진을 위해 고안한 마구잡이식의 지적 구성물이나 다름없다. 그것은 이데올로기의 복잡한 실행, 수많은 정체성 추구, 문화 프로파간다의 정교한 논문들이 만들어낸 산물인 셈이다. 이 개념의 옹호자들은 어떤 식이든 걸맞다고만 생각하면 그것을 통해 서구 문명의 개념을 정의할 수 있다. 서구 문명의 지역적 범위가 자꾸 늘었다 줄었던 하는 것은 종교의 분포, 자유주의 및 제국주의의 요구, 불평등한 근대화의 발전 정도, 양차 세계대전 및 러시아혁명의 분열적 영향에서 그 원인을 찾을 수 있다. 이와 함께 프랑스 필로조프들(계몽사상가들), 프로이센 역사학자들, 영국·미국의 정치가와 교육자들이 품고 있던 자기중심적 비전도 한몫했으니 이들은 각자 그 나름의 이유를 갖고 '동쪽'을 무시하거나 경멸하는 태도를 보였다. 가장 최근 단계에서 서구 문명 개념은 1947~1948년에 시작돼 1991년까지 지속된 유럽의 물리적 분열로 무척 공고해졌다. 21세기 초엽을 목전에 둔 지금(이 책은 1996년 처음 출간됐다), 향후에는 과연 어떤 부류가 자신들의 이익을 위해 서구 문명의 개념을 써먹을지 우리는 묻지 않을 수 없다.

여기서 일련의 가정이 연거푸 등장하는 것을 볼 수 있다. 그 첫 번째 가정에서는 서쪽과 동쪽은, 그 정의를 어떻게 하건, 공통된 부분이 거의 혹은 전혀 없다고 이야기한다. 두 번째 가정에서는 유럽은 극복이 안 되는 자연스러운 차이를 안고 있는 만큼 유럽의 분열은 당연하다는 식의 의중을 내비친다. 세 번째 가정은 서쪽이 더 우월하다는 것이며, 네 번째 가정에서는 오로지 서쪽만이 유럽으로 불릴 자격이 있다고 말한다. 이와 함께 정치적 성격이 더 짙은 고의적 구상에 따라 생겨난 지리적 가정들도 있다. 서구 문명의 변형들은 어떤 것이건 중요한 핵심부와 덜 중요한 주변부가 따로 있다고 본다. 또 막강한 강국들이 세간의 주목을 받는다고 여긴다. 전체 지형에서 꽤 많은 비중을 차지하더라도, 그 국가가 쇠락하는 강국이거나, 다른 데 비해 작거나, 국가 없는 민족이거나, 비주류 문화거나, 혹은 경제력이 약할 경우는 고려하지 않아도 된다고 여긴다.

지금껏 역사는 총 네 가지 방법을 활용해 자신에게 필요한 효과를 내왔다. 우선 축소의 방법을 통해서는 오늘날의 관심사와 제일 깊게 관련된 주제들이 비롯한 연원을 밝히며 유럽사를 간결하게 응축해버린다. 삭제의 방법을 통해서는 자신이 이야기하려는 것과 상충하는 내용은 싹 제거해버릴 수 있다. 시대착오의 방법을 통해서는 사실들을 여러 범주로 나누어 제시하되 그 분류가 역사의 장면을 담는 고정불변의 틀이라는 식으로 말할 수 있다. 언어적 강조 및 열광을 통해서는 역사에서 우리가 칭송해야 할 것과 개탄해야 할것을 쿡 찔러 알려준다. 이것들은 사실 프로파간다의 일반적 기제들이기도 하다. 이런 기제들 속에서는 유럽사의 다양성과 변화무쌍한 패턴은 평가절하 되고, 온전한 역사 기록에 담겨 있는 해석들도 배제되며, 독자들은 자신도 모르는 새 책이 말하는 이야기를 그저 옳거니 여기기 바쁜 패가 돼버린다.

시대착오(아나크로니즘anachronism)는 특히나 음흉한 구석이 있다. '서쪽'이나 '동쪽' 같은 고정된 정의를 사용할 때에도 그렇지만, 철의장막처럼 순식간에 종적을 감추는 당대의 분열을 고정된 틀로 받아들이면 역사학자는 과거 다양한 시기에 존재한 유럽의 모습을 왜곡할 수밖에 없다. 르네상스에서 폴란드의, 종교개혁에서 헝가리의, 산업화에서 보헤미아의, 오스만 지배에서 그리스의 이야기를 찾아볼 수 없게 되는 이유가 여기에 있다. 더욱 심각한 것은 그럴 경우 유럽 안에서 자신의 참된 역사적 특성을 빼앗기는 지역이 많아지고, 그 결과 그것은 외교관·사업가·학자들이 오해를 품게끔 막대한 영향을 끼친다는 점이다.

서구 문명의 프로파간디스트(선전가)들이 가장 열심히 강조하는 것으로서, 유럽의 역사가 낳은 산물이 무엇인가에 관해서는 사람들마다 의견이 갈릴 것이다. 20세기 후반에는 종교적 관용, 인권, 민주정부, 법의 통치, 과학적 전통, 사회적 근대화, 문화적 다원주의, 자유시장경제, 기독교의 우월한 미덕(자비, 자선, 개인 존중 등) 같은 것들을 목록으로 꼽는 사례가 많았다. 과연 이런 것이 유럽의 지난 과거를 얼마나 참되게 보여주는지는 여전히 논쟁거리지만 말이다. 이에 짝해 종교적 박해에서부터 인간 목숨에 대한 전체주의적 경멸에 이르기까지의 일들이 적힌 목록을 유럽의 역사가 낳은 산물로 적어 내려가기는 그리 어렵지 않을 것이다.

유럽의 패권을 주장하는 주류의 입장이 서쪽에 그 연원을 두고 있다는 사실이 의심할 나위가 없다고 해도, 우리는 동쪽에서도 그에 못지않은 반론들이 나왔음을 잊어서는 안 된다. 독일에서 한때 프랑스 계몽주의에 반발하는 움직임이 일어났던 것과 똑같이, 정교회, 러시아제국, 범슬라브 운동, 소비에트연방은 하나같이 더욱 막강한 힘을 가진 서쪽에 반발하는 움직임을 보이며 진실과 미래는 자신들 편에 있다는 이론들을 내놓곤 했다. 이 부류가 거듭 주장해온 바에 의하면, 서쪽이 부유하고 막강한 힘은 가졌을지 몰라도 도덕적·이념적 부패에 물들지 않은 곳은 동쪽이다.

동유럽에서 공산주의 통치 막바지에, 반反체제 지식인들은 이 주제와 관련해 자신들만의 변형을 내놓기도 했다. 이 부류는 소비에트 블록이라는 정치 체제와 〔그 체제에서 살아가는〕 사람들의 확신 사이에는 근본적 차이가 있다고 보았다. 그 주장에 의하면, 자신들은 서쪽의 무분별한 물질주의에 덜 오염돼 있으며, 공산주의자의 압제가 오히려 유럽의 전통 문화에 대한 자신들의 애착을 한층 강화해주었다는 것이다. 이들은 언젠가 유럽이 다시금 하나가 되기를, 그리고 그 안에서 자신들이 지닌 '유럽성Europeanness'을 전하고 그에 대해 서쪽의 식량 및 첨단기술을 받을 수 있기를 간절히 바랐다. 희망에 들떠 엄연한 현실은 보지 못한 또 하나의 사례인 셈이었다.

서구 문명과 유럽사가 어떻게 다른지 결정하는 데서 현실과 미망迷妄을 걸러낸다는 것은 절대 쉬운 작업이 아니다. 서구 문명에 대한 왜곡이 어디에서 비롯했는지를 알게 된 만큼, 이제 역사학자가 할 일은 뭔가를 제자리에 잘 놓는 일일 것이다. 그 답은 종합의 목표를 이루는 데에 있지 않을까 한다. 다시 말해, 유럽 북부·동부·서부·남부의 이야기를 모두 집필하고, 인간 삶의 모든 측면을 염두에 두며, 칭송해야 할 일과 개탄해야 할 일, 이에 더해 시시한 일들까지 모두 담아내야 할 것이다.

그렇기는 하나 지금껏 유럽을 '서'와 '동'으로 나누는 데 도움이 됐던 실질적이고도 중요한 경계가 상당히 많았다는 사실은 그 어떤 역사학자도 부인하지 못할 것이다. 십중팔구 그 가장 오래 지속되는 것은 가톨릭 (라틴) 기독교와 정교 (그리스) 기독교 사이의 경계다. 그것은 20세기 가장 초기부터 있어왔다. 이 경계는, 유고슬라비아의 붕괴 과정 중의 사건들을 통해서도 잘 드러났듯, 이 경계는 1990년대 정세에도 여전히 막강한 요소로 작용했다. 물론 다른 경계 또한 많다. 로마 시대의 리메스limes도 그중 하나로, 이에 따라 유럽은 로마의 과거를 간직한 지역과 그렇지 않은 지역으로 나뉜다("리메스"는 라틴어의 "도로" "경계(경계선)" "국경"을 뜻하는 말로, 로마제국과 이민족 사이의 '경계' 혹은 '국경'을 말한다). 서로마제국과 동로마제국을 가르는 경계도 존재한다. 더 근대에 들어서는 오스만제국의 경계도 생겨났는바, 그러면서 수 세기 동안 무슬림의 통치를 받은 발칸반도 땅들이 따로 구분됐다. 더 최근 들어서는, 1989년까지 철의장막도 존재했다(48쪽 지도 3 참조).

확실성은 덜하지만, 사회학자들이 자신의 연구 학과 기준에 따라 만들어낸 구분선도 있다. 예를 들어, 경제사학자들은 서쪽의 산업국가와 동쪽의 농민 사회가 구분되는 선이 존재한다고 본다. [자본주의적 농업] 역사인류학자들은 레닌그라드-트리에스테선Leningrad-Trieste line을 찾아냈는데, 핵가족 지대와 확대가족 지대를 나눠주는 선이라고 본다. [자드루가] 법률사학자들은 과거 로마법을 채택했던 땅과 그렇지 않았던 땅을 구분하는 선을 추적하기도 한다. 헌정사憲政史학자들은 자유롭고 민주적인 전통을 가진 나라들과 그렇지 않은 나라들을 구분하는 경계를 강조한다. 앞서도 잠깐 언급했듯, 정치학자들은 민족주의를 '서방적' 형태와 '비서방적' 형태로 나누는 경계를 찾아내기도 했다.[70]

더러는 실재하고 더러는 상상된 이 모든 경계는, 지금껏 유럽의 역사라는 개념이 생겨나고 유럽의 역사에 관한 글이 쓰이도록 하는 기본 틀에 심대한 영향을 끼쳐왔다. 여전히 그 힘은 꽤 막강해 몇몇 논평가들은 경멸하듯 서쪽의 '흰 유럽White Europe'이나 동쪽의 '검은 유럽Black Europe' 같은 말을 입에 담기도 한다. 유럽 땅을 상반되는 특성을 가진 두 덩어리로 쪼개는 것이 순전히 공상에 머무는 것만은 아닌 셈이다. 그렇더라도 우리는 서쪽-동쪽의 구분이 절대 고정적이지도 또 항구적이지도 않다고 주장해야 한다. 그뿐만 아니라, 이 구분은 자신만큼이나 중요성을 지닌 수많은 다른 경계를 업신여기는 경향이 있다. 이 구분법에서는 유럽 서쪽 지역들 사이에서는 물론이요 동쪽 지역들 사이에서 나타나는 상당한 차이들을 무시하거니와 유럽 북쪽과 남쪽 사이에 존재하는 강력한 역사적 구분까지도 무시한다. 누가 됐든 실력 있는 역사학자 혹은 지리학자가 있어 모든 요소를 망라해 종합해낼 수 있다면, 그는 아마 유럽이 2개 권역이 아니라 5~6개 권역으로 나뉜다는 결론에 도달할 수밖에 없을 것이다.

비슷한 맥락에서, 실력 있는 역사학자라면 유럽이 외양은 제각각이어도 늘 핵심부와 일련의 팽창하는 주변부가 있었음을 부인하지 못할 것이다. 지금까지 유럽의 민족들은 이주를 통해 자꾸만 지평을 넓혀왔고, 따라서 유럽의 주변부는 샌프란시스코, 부에노스아이레스, 케이프타운, 시드니, 블라디보스토크를 연결하는 선을 따라 자리하고 있다는 주장도 무리는 아니었다. 그러나 여기서 다시 제기되는 문제가 유럽의 핵심부를 이루는 것이 무엇인지 단적으로 정의할 수 없다는 점이다. 서로 다른 학문은 서로 다른 분석을 제시한다. 자신들이 찾아낸 유럽의 핵심부의 근거를 지리상의 유럽 반도에 두는 부류가 있는가 하면, 인도-유럽인에서 갈라져 나온 유럽인의 인종적 유산에 근거를 두는 부류도 있고, 기독교왕국이라는 문화적 유산에 근거를 두는 부류 또한 있다. 또 '유럽의 협조 체제the Concert of Europe'에서 생겨난 정치 공동체가 그 근거가 되는가 하면, 경제학자들의 손에서는 세계 경제의 성장이 그 근거가 되기도 한다.

그러나 종합적 서술이라는 목표에서, 이 모든 정의와 관련해 중요한 것은 각각의 정의가 가지각색의 지역적 측면을 내포하고 있다는 점이다. 핵심부의 정의가 무엇이고 또 어디라고 여겨지건 간에, 그곳은 론강 및 라인강과 연결된 만큼 에브로강 및 도나우강과도 연결돼 있다. 또 대서양 및 지중해와 연결된 만큼 발트해 및 흑해와도 연결돼 있으며, 게르만족 및 켈트족과 연결된 만큼 발트족 및 슬라브족과도 연결돼 있고, 라틴인과 연결된 만큼 그리스인들과도 연결돼 있고, 프롤레타리아와 연결된 만큼 농민들과도 연결돼 있다. 유럽의 모든 지역은, 그 모습은 제 각기 다르지만, 공통점도 무척 많다. 유럽 지역에 터 잡고 살아간 민족들은 대다수가 인도-유럽 인 문화나 인도-유럽인 친족의 문화를 갖고 있었다. 또한 이들은 기독교왕국의 공동상속자이기 도 하다. 또한 정치적, 경제적, 문화적으로 온갖 공통분모를 갖고 상호작용을 해나가면서 하나 로 연결돼 있다. 서로 적대하기도 하지만, 바깥세상으로부터의 ─그것이 미국이든, 아프리카든, 혹은 아시아든─ 힘들에는 다 같이 두려움과 불안함을 공유한다. 유럽 사람들은, 서로 간에 다 양성이 확연한 만큼, 근본적인 여러 면에서 통일성도 분명 가지고 있다.

유럽의 패권이 서쪽에 있다는 것은 유럽의 역사에서도 때에 따라 옳기도 하고 그르기도 하 다. 예를 들어 유럽의 역사 전반부 몇 세기 동안에는, 비잔티움제국이 샤를마뉴의 제국보다 훨 씬 더 발전해 있었던 만큼 서쪽이 패권을 쥐었다는 말은 적용되지 않는다(역사학자들이 종종 비 잔티움을 논의하지 않고 넘어가는 일이 많은 것도 이 때문이다). 한편 최근 들어서는 서쪽이 동쪽에 비해 더 부유하고 더 막강해진 게 분명한 만큼 많은 영역에서 서쪽의 패권이 인정돼왔다. 그러 나 이 대목에서 수많은 이가 입을 모아 지적하듯, 20세기 들어서면 서쪽 사람들이 갖가지 범죄 를 저지르면서 그간 나온 모든 주장의 도덕적 기반을 허물어뜨렸다.

따라서 더 예전에 사용된 '기독교왕국'이라는 명칭과 마찬가지로, '유럽'이라는 표제는 유럽 을 구성하는 여러 지역 중 어느 하나가 마음대로 가져다 쓰기 곤란한 것이다. 가난하고, 미개발 되고, 독재자가 다스리는 곳이라 해도 동유럽 역시 유럽이다. 오히려 여러 측면에서 봤을 때, 이 와 같은 박탈로 동유럽은 더 유럽적이게 됐고, 많은 것을 가진 서쪽 사람들이 으레 당연시하는 여러 가치를 더욱 소중히 여기게 됐다. 단순히 '다르다'는 이유로 동유럽을 거부하는 일은 있을 수 없다. 유럽 국가들은 원래 다 다르기 때문이다. '서쪽'의 유럽 국가들도 제각기 다 다르다. 우 리는 이러한 구분을 두루 관통하는 중요한 유사성도 찾아볼 수 있다. 폴란드 같은 나라는 분명 독일이나 영국과는 매우 달라 보일 수 있다. 하지만 폴란드가 과거 겪은 일들은, [지척의] 서유럽 국가들이 자기들끼리 공유하는 경험보다도 더 밀접한 유사성을 [멀리 떨어진] 아일랜드나 스페 인과 보이고 있다. 그리스의 경우에도 호메로스나 아리스토텔레스 같은 인물들 덕분에 일각에 서 서구의 특성을 가진 나라라고 여겨져 EC에 별 어려움 없이 가입할 수 있었다. 그러나 근대 들어 국가가 형성될 때 그리스는 오스만인의 통치를 받으며 정교회를 믿는 세계에 속해 있었다. 그리스는 어쩌다 철의장막의 엉뚱한 편에 서게 된 여러 국가와 가까웠지 서유럽 국가들과는 한 참 거리가 멀었다.

'서구 문명'에 관한 거의 모든 서술이 공통적으로 갖는 진정 악독한 특징은 그 서술이 과거 의 실재에 대해 이상화된, 따라서 본질적으로는 전혀 그릇된 상을 제시한다는 것이다. 이와 같은 서술들은 듣기 좋거나 대단하다고 여겨지는 내용은 모조리 뽑아내고, 시시하거나 혐오스럽게 보이는 내용은 죄다 걸러내려 할 것이다. 긍정적인 것들은 모두 '서쪽'의 것으로 치는 데 반해 '동쪽'의 것은 모두 깎아내린다. 그뿐인가, 이런 내용 속에서 서구는 정직하게 서술하고 있지도 않다. 교과서를 몇 개 골라 읽어보면, '서구' 사람들은 다들 천재, 철학자, 선구자, 민주주의자, 혹은 성인이거니와 서구에는 플라톤이나 마리 퀴리 같은 사람들만 살았다는 인상이 강하게 풍긴다. 더는 믿을 게 못 되는 위인전이다. 유럽 문화를 담았다는 기존의 정본定本은 수정을 거쳐야 할 필요가 절실하다. '서구 문명'을 부풀려 이야기하는 것은, 아직 좋게 이야기할 수 있는 부분이 많은, 유럽 문명에 오히려 나쁜 평판이 붙도록 위협하는 것이나 다름없다.

미국에서 서구 문명을 둘러싼 논쟁은 미국 교육의 변화하는 요건을 중심으로 진행돼왔다. 최근 들어서는 다인종 및 다문화 사회에서 제기되는 여러 필요성을 비롯해, 유럽이나 유럽의 기독교 기반 문화에 기원을 두지 않은 미국인들의 관심사가 이런 논쟁을 움직여온 것처럼 보인다. 일반적으로 말해, 미국의 이 논쟁에서는 유럽 유산을 '명저기획' 같은 것들에서 마케팅하는 대로 바라보지도 않아왔고, 유럽인의 후손 격인 미국인들로부터 유럽을 더 근사하게 소개해달라는 요구에 얽매이지도 않아왔다. 서구 문명에 관한 강좌들이 없어진 학교들의 경우, 강좌들이 유럽중심주의를 보여서 거부당한 것이었지 강좌들이 유럽에 제한적 시각을 보여서는 아니었다. 미국에서는 서구 문명 강좌들이 세계사 강좌로 대체되는 경우가 많았는바, 미국이 '서쪽'에 대해 현대적 이해를 갖기에는 세계사가 더 알맞다고 판단됐기 때문이다.

'서구 문명' 강좌가 가진 결점에 대한 반발 중 사람들의 입에 가장 많이 오르내린 조치는 바로 폐강이었다. 1989년 미국 캘리포니아 스탠퍼드대학이 그 선봉에 섰는데, 학부 예비과정으로 모든 신입생이 필수 과목으로 수강해야 했던 〈서구 문화〉 강좌 대신 〈문화, 사상, 가치〉 강좌를 신설한 것이다. 당시 기사에 따르면, "헤이-호, 헤이-호, 서구 문화 물러가라!"라는 학생들의 연호에 대학 당국자들이 무릎을 꿇었다고 한다. 이제 학생들은 베르길리우스, 키케로, 타키투스, 단테, 루터, 아퀴나스, 모어, 갈릴레오, 로크, 밀의 글을 읽는 대신 리고베르타 멘추Rigoberta Menchú, 프란츠 파농Frantz Fanon, 후안 룰포Juan Rulfo, 샌드라 시스네로스Sandra Cisneros, 조라 닐 허스턴Zora Neale Hurston 같은 이들(이 중 "세상을 떠난 백인 유럽 남성들Dead White European Males"이라는 낙인이 찍힌 이는 아무도 없다)이 남긴 작품들의 발췌문을 읽어야 했다("Dead White European Male, DWEM"은 '소크라테스·플라톤·아리스토텔레스·셰익스피어 등 유럽의 지적 문화의 전통적 규범을 형성한 인물' '단지 남성이거나 백인이거나 상류층 출신이라는 이유로 과대평가 받은 작가·과학자 등의 유명인'을 가리킨다).[71] 이 사건은 세간에서 지나치다 싶을 만큼 조롱거리가 됐다. 스탠퍼드대학으로서는 문제를 파악하고 어떻게든 바로잡으려 노력했다는 점에서는 얼마간 자부심을 가질 만하다. 그러나 병폐 자체보다 치유책이 상황을 더 악화시킬 수도 있다는 게 문제다. 이론상으로야 미국 학계에 '다문화주의'와 '인종적 다양성'을 도입하겠다는 것은 충분히 일리 있는 말이었다. 안타까운 점은 정작 현실에서는 학생들이 붙잡고 공부할 만한 티베트의 타키투스, 아프리카의 토마스 아퀴나스, 멕시코의 존 스튜어트 밀 같은 인물들이 없다는 것이다. 아닌 게 아니라 기록으로 남겨진 비유럽 문화 가운데 미국이 가진 자유주의적이라 할 여러 전통의 뿌리를 속 시원히 밝혀줄 만한 것은 그다지 찾아볼 수 없다.[72]

스탠퍼드대학의 〈서구 문화〉 강좌를 두고 한바탕 소란이 일었을 때, 함께 개설돼 있던 유럽사 강좌들은 집중 조명을 당하는 일을 면했다. 그러나 이 강좌들두 판에 박은 듯 똑같은 틀이 담겨 있기는 마찬가지였다. 일례로, 〈유럽 I〉〈유럽 II〉〈유럽 III〉 과목의 도서 목록 39가지를 선정한 것만 봐도 막대한 함의를 가지는 선별성 기준이 그대로 드러났다. 조지프 콘래드Joseph Conrad(본명 유제프 테오도르 콘라트 코제니오프스키Józef Teodor Konrad Korzeniowski)를 제외하면, 목록에서 동유럽 출신 저자는 단 한 명도 찾아볼 수 없다. (콘래드가 포함된 것도 그가 아프리카를 주제로 〈암흑의 핵심Heart of Darkness〉이라는 소설을 써서였지 동유럽에 관한 글들을 써서는 아니었다.) 또 매슈 아널드Matthew Arnold를 제외하면, 켈트족 세계와 어떤 식이든 연관이 있는 저자는 단 한 명도 찾아볼 수 없다. (아널드가 포함된 것도 그가 잉글랜드인 비평가이자 시인으로서였지 켈트 문학을 가르치는 교수여서는 아니었다.) 아울러 이탈리아 작가 중에는 발다사레 카스틸리오네(1528년 몰)보다 더 근대에 활동한 인물을 단 한 사람도 볼 수 없다. 남아프리카공화국 출신 소설가는 한 명뿐이며, 아일랜드 출신 소설가나 스칸디나비아 출신 소설가는 단 한 명도 없고, 독일인 말고는 중부 유럽 출신의 작가도 없으며, 발칸반도 국가 출신 작가도, 러시아 출신 작가도 없다. 가장 의아한 대목은, 이것이 역사학과에서 개설한 과목인데도, 헤로도토스의 저작 한 권을 끝으로 그보다 시대가 더 근대에 가까운 역사 문헌은 하나도 찾아볼 수 없다는 점이다.[73]

바른 대로 말하면, 선별 작업은 늘 부득이하고, 늘 어려우며, 늘 만족스럽지 못하다. 유독 스탠퍼드대학만 궁지에 몰리는 것은 아니다. 그러나 수업료가 세계에서 가장 비싼 대학에서 특별히 고르고 고른 게 이런 식이라는 사실은 걱정스러운 부분을 훨씬 많이 드러낸다. 교과목의 원래 취지는 '유럽'을 소개한다는 것인데, 정작 유럽 대륙에 대해서는 한 귀퉁이만 조금 소개하고 있을 뿐이다. 또 〈서구의 유산〉을 소개한다고 하면서 —교과서 제목이 그렇게 달려 있다— 정작 서구의 많은 부분은 건드리지 않은 채 그냥 넘어간다. 유럽이 가진 '문학적, 철학적 측면들'을 강조하는 게 목표라고 하면서, 자신이 특별히 좋아하는 유럽 어느 한 부분에 대해서만 강조한다. 조이스·예이츠는 물론 안데르센·입센·키르케고르에 대한 언급은 일절 없으며, 카프카·케스틀러·쿤데라는 물론 솔제니친에 대해서도, 심지어는 도스토옙스키에 대해서도 일언반구 언급하지 않는다. 성분 표시 목록에 기본 항목이 이렇게나 많이 빠져 있다면 그 상품이 심사를 통과

할 리 만무하다.

　동물원이라고 해서 모든 동물을 다 데려다 놓을 수 있는 것은 아니다. 그러나 마찬가지의 맥락에서, 자부심을 가지고 선보일 수 있는 동물원이라면 고작 원숭이, 독수리, 뱀 몇 마리만 모아놓는 수준에 그칠 수는 없을 것이다. 동물학자가 불편부당한 이라면 겉으로는 사파리 공원인 척하지만 동물이라곤 악어 열두 마리(암수 모두 합해), 도마뱀 열한 마리, 도도새 한 마리, 나무늘보 열다섯 마리가 고작인 파충류 우리를 보고 제대로 된 동물원이라 하지는 못할 것이다. 어쨌든 간에 이것이 스탠퍼드 한 곳만의 문제라고 하기는 어렵다. 1991년 무렵에 미국 국립인문재단National Endowment for the Humanities이 내놓은 자료에 의하면, 미국 전체 대학에서 서구 문명 관련 강좌를 한 번도 듣지 않고도 졸업할 수 있었던 학생이 전체 학생의 78퍼센트에 달했다.[74] 따지고 보면 정작 문제는 유럽 연구가 담고 있는 실질적 내용보다 그 내용을 제시하는 이들의 관점에 있다고 하겠다. '명저기획'에서 보듯, 미국에 개설된 수많은 강좌는 특정 세대의 미국 젊은이들을 겨냥한 것이었고, 이들은 자신의 이민자 선조들이 미국으로 건너오며 잃은 유산이 무엇인지를 간명한 형태로 이해하고자 하는 열의가 대단했었다. 그런 만큼 미국의 강좌들도 이제는 종전과는 다른 인식을 갖게 된 새 세대를 맞이해 그 내용이 수정될 필요가 있음이 분명하다. 유럽과 관련한 읽을거리들이 만족스러운 풍미가 덜한 것들로 장식돼 있다면 차라리 화가 덜 치밀지도 모르겠다. 똑똑한 학생들은 어떤 꿍꿍이가 숨겨져 있는 것 같다 싶은 순간을 즉 자신에게 그 꿍꿍이를 이해시키려는 게 아니라 칭송하게 만들려는 의도가 있다 싶은 순간을 늘 알아채는 법이다.

　미국 내 소수민족 일부는 실제로 유럽중심주의에 이의를 제기할 수 있다. 그런데 그렇다고 하면 유럽에 기원을 두고 있는 경우가 압도적으로 많은 미국의 다수집단도 그들 나름대로 '서구 문명'에 이의를 제기하게 될 수 있다. 미국에서 그 수가 제일 많은 공동체 상당수—아일랜드인, 스페인인, 폴란드인, 우크라이나인, 이탈리아인, 그리스인, 유대인 공동체—도 그들이 유래한 유럽의 지역들에 대해서는 기존의 '서구 문명' 개론서에서는 관련 내용을 거의 찾아볼 수 없다. 따라서 이들 역시 뭔가 개선돼야 하지 않을까 생각할 근거가 충분하다.

　그러나 오늘날 미국의 지성계가 당면한 커다란 역설은, 과거 미국식의 서구 문명이 가장 소중히 해온 미덕들—관용, 사상의 자유, 문화적 다원주의—이 그 미덕들로부터 가장 큰 혜택을 입은 바로 그 사람들로부터 한창 공격을 당하고 있는 것처럼 보인다는 점이다. 비평가들은 "미국 지성의 종말 The Closing of the American Mind"에 대해 평하고 있다.[75] 자칭 '자유주의자들'은 "자유롭지 못한 교육Illiberal Education"을 추구하는 듯한 행보를 보이고 있다.[76] '명저기획'을 만든 이는 60년 동안 줄기차게 이 기획이 "미국 정신의 개막 The Opening of the American Mind"이라며 여전히 자부심을 보이지만, 정작 본인은 자신이 내린 처방을 수정하기보다는 시카고대학의 동료들을 매섭게 몰아대기에 바쁘다.[77] 미국의 이와 같은 언쟁들이 다소 과장되게 보도되는 것일 수도 있다. 그러나 통일된 언어와 문화를 향해 달려온 미국의 역사적 노력들이 갖가지 로비와 제일 목소리 큰 압력단체들에 밀리는 듯 보이는 것은 사실이다.

그간 '서구 문명'의 신봉자들이 염원해온 바에 따라 역사가 돌아간 면이 별로 없었다고 하면 이 또한 실상에는 못 미치는 이야기일 것이다. 서방 문명 신봉자들은 이런저런 형태로 유럽의 우세를 믿은 사람들이었다. 오스발트 슈펭글러는 서구의 쇠락을 역사 기록으로 남긴 데서는 옳았지만 장차 러시아가 패권을 쥘 것이라 믿었던 데서는 과오를 범했다. 그러나 유럽이 우세하다는 생각들은 여전히 맴돌고 있고, 유럽이 최종 패퇴당하는 일도 아직은 일어나지 않았다. 대부분의 유럽인은 자신들은 지금 과거의 활력을 잃었다고 느낀다. 두 차례의 세계대전을 겪고 해외 제국들을 상실하면서 자신들이 크게 망가졌다고 여기는 것이다. 그런 만큼 유럽인들이 미국을 장차 최후 보루로 삼을 것임은 분명한 사실이다.

그 까닭은 '서구 문명'의 진정한 샘물이 여전히 흘러나오는 곳은 이제 미국뿐이기 때문이다. 1991년 소비에트제국이 붕괴된 이래, 유럽식 제국주의의 후계자로서 유럽 제국의 사고관을 상당 부분 계승한 곳으로는 미국 한 곳밖에 남아 있지 않다. 미국을 옛날식 제국이라 할 수는 없겠으나, 이로써 미국이 이른바 '백인의 짐the white man's burden'을 떠안게 됐다. 이전에 제국주의 유럽이 그랬듯, 오늘날 미국은 세계의 경찰 노릇을 하는 동시에 자국 안에서는 민족 및 인종 갈등을 타파하느라 사투를 벌이고 있다. 또 오늘날 유럽이 그러듯, 미국도 단순히 민주주의와 소비주의만으로는 점점 매력이 쇠하는 만큼 그것을 넘어서는 무언가 신비한 통합의 힘이 하루바삐 필요하다. 그래도 미국은, 유럽과 달리, 태어나서 이제껏 전쟁이 자신의 얼굴을 호되게 후려치고 간 기억은 갖고 있지 않다.

미국인들은 절대 다수가 유럽에 뿌리를 두고 있다. 미국인들은 자신들의 건국 시조들이 사용했던 영어와 유럽 문화를 채택해, 곧잘 창의적 방식으로, 거기에 적응해왔다. 앞으로도 이들 유럽계 미국인은 중요한 착상을 떠올릴 때 결코 아시아나 아프리카, 혹은 보편적 세계사 공부에 의지하지는 않을 것이다. 자신들의 문제를 극복하기 위해서라도 이들은 지금 유럽의 유산과 원만한 관계를 맺어야 할 중대한 필요가 있다. 아울러 그 성공을 위해서는 시야를 틔워 예전의 제약들에 얽매이지 말고 유럽의 과거를 바라볼 수 있어야만 한다. 이와 관련해 유럽에서 어떤 식이든 본보기를 찾자면, '서구 문명'과 같이 분열을 초래하는 신조들을 고수해서는 도리어 확실히 재앙에 이르게 될 것이라는 점이다.

유럽의 과거에 살았던 가장 위대했던 지성들은 동쪽과 서쪽을 인위적으로 떼어놓는 일은 전혀 하지 않았다.

Gottes ist der Orient!

Gottes ist der Okzident!

Nord-und südliches Gelände

Ruht im Frieden seiner Hände.

동쪽도 하느님의 땅!

서쪽도 하느님의 땅!

북쪽과 남쪽 땅은 편히 쉬노니.

하느님의 그 양손이 평화로운 가운데.[78]

민족사

근대 들어서는 유럽의 거의 모든 국가가 유럽을 전체적으로 바라보는 연구보다는 자기 민족만
의 역사를 연구하는 데에 더 커다란 에너지와 자원을 쏟아부었다. 무척이나 그럴싸한 여러 이유
로, 이제는 하나의 전체보다 각각의 부분이 더 큰 의미를 가지는 것처럼 보이게 됐다. 여기에 언
어적 장벽, 정치적 이해관계, 가장 편한 방법 같은 것들이 꿈쩍하지 않는 일국적 역사서술의 성
채와 이에 수반하는 사고방식들을 영구불변의 것으로 만드는 데에 한몫했다.

이 문제가 특히 첨예하게 드러나는 곳은 영국으로, 이 나라에서는 정치적 몰락이나 국가 차
원의 패배를 당하는 한이 있어도 종래의 구태의연한 통념들이 사라지는 법이 절대 없었다. 최근
까지도 영국사는 유럽사와는 전혀 별개의 과목으로 ─즉 별개의 전문지식, 별개의 강좌, 별개
의 교사, 별개의 교과서가 필요한 과목으로─ 여겨졌다. 이와 함께 전통적으로 내려오는 섬나라
특유의 편협성이 장단을 맞추면서 영국사는 곧 잉글랜드사라는 통념이 널리 퍼져 있다. (자신의
《잉글랜드사 1914~1915English History 1914~1915》는 오직 잉글랜드만 다루고 있다고 굳이 짚고 넘어갈 사
람은 가장 짓궂은 역사학자 한 사람(A. J. P. 테일러)밖에 없을 것이다.)[79] 그간 정치인들은 이 잘못된
등식을 별 생각 없이 받아들였다. 1962년에 영국의 EEC 가입을 반대할 때에도, 영국의 제1야당
대표(노동당 대표 휴 게이츠켈)는 EEC 가입이 결국 "1000년에 이르는 영국사에 종지부"를 찍게
할 것이라는 망발을 대수롭지 않게 입에 담았다.[80] 잉글랜드인들은 단순히 섬나라 특유의 편협
함만 지닌 게 아니다. 잉글랜드인 대다수는 자기 조국의 섬들에 대한 기본적 역사조차 단 한 번
도 제대로 배운 적이 없다.

대학에서도 이와 비슷한 사고방식이 만연해 있기는 마찬가지다. 훌륭하다고 할 예외들도 분
명 있다. 그러나 영국에서 규모가 가장 큰 역사학부만 해도 1974년에 들어서야 비로소 '영국

사 British history' 교육을 시작했다. 이때에도 강좌 내용은 잉글랜드 관련 일색이었다. 영국사 수업을 들어도 학생들은 아일랜드, 스코틀랜드, 웨일스에 관해서는 배우게 되는 것이 거의 없다. '유럽사Europen History' 과목 시험들을 치를 때에도 동유럽에 관해서는 선택 문항을 몇 개 골라 풀게 돼 있지만, 영국에 관한 것은 단 하나도 없다. 상황이 이렇다 보니 잉글랜드의 범위를 벗어난 것은 모두 생소하게만 느껴지는 세계관이 생겨나는 게 당연하다.[81] 한 반대자(조너선 이스라엘)가 쓴 바에 의하면, 여기서 밑바탕을 이루는 잘못된 가정은 바로 "영국사에서 일어난 중요한 일들은 모두 영국에서 빚어진 원인들로 충분히 설명이 가능하다"는 것이다. 다시 말해 "'영국'(실질적으로는 '잉글랜드')사를 유럽사로부터의 분리해내려는, 세간에 깊이 뿌리박혀 좀체 사라질 줄 모르는 이린 태도는 […] 협소한 시각을 만들어내고 이는 강력한 구속력이 있는 문화적 요소로 자리 잡게 된다."[82] 또 다른 매서운 비평가(데이비드 케너딘)의 말에 따르면, 종래의 체제들과 난해한 연구, 과도한 전문화가 결합된 결과 영국사는 오히려 "지리멸렬한 내용"이 돼버리고 말았다. "학교에서와 마찬가지로 이제 대학에서도 역사가 가르침을 준다는 믿음은 […] 거의 사라져버렸다." 이 비평가는 이 글을 쓰고 나서 다 생각해두었다는 듯 영국 밖으로 이주했다.[83]

영국 대학들에서 가르치는 문화사도 협소한, 민족적 초점에만 매달릴 때가 많다. 폭넓게 국제적 차원의 비교작업을 하는 대신, 옛날식대로 민족의 뿌리들을 밝혀내기를 선호하는 경향이 뚜렷하다. 일례로, 옥스퍼드대학에서는 영어영문학부English Faculty 학생들의 유일한 필수 수강 과목이 지금까지도 앵글로-색슨족 문헌인 《베오울프Beowulf》다.[84] 또 아주 최근까지 옥스퍼드 대학의 근대사학부Faculty of Modern History에서 학부생들이 필수로 읽어야 할 유일한 필독서로 지정했던 책도 다름 아닌 8세기 초반에 가경자可敬者 비드(베다 베네라빌리스)가 쓴 라틴어 문헌 《앵글족 교회사Historia ecclesiastica gentis Anglorum》였다.[85]

이런 식의 의아한 일들이 있기는 어느 나라나 마찬가지임은 두말할 나위도 없다. 예를 들어, 독일은 대학들이 '학문의 자유'라는 훔볼트 학파의 원칙으로 시달려왔다. 오늘날 독일의 역사학 교수들은 어떤 내용이든 자신의 구미에 맞는 것을 자유롭게 가르칠 수 있는 것으로 유명하다. 독일의 역사학과 학생들 역시 교수들이 내놓은 메뉴 중 무엇이건 골라 자유롭게 배울 수 있다. 대부분의 대학에서 유일하게 지켜야 할 규칙 하나는 각 학생이 고대사, 중세사, 근대사 별로 최소한 강좌를 하나씩은 반드시 선택해 들어야 한다는 것이다. 따라서 독일이 국가 차원의 압박을 가하던 시기에는, 국가의 공식적 이데올로기에 동조하는 교수들이 독일 민족사와 관련한 내용을 자신들이 원하는 만큼 얼마든지 잔뜩 집어넣을 수 있었다. (다시 한 번, 튜턴족 이야기가 넘쳐나는 시대로 돌아간 것이다.) 그러다 국가의 개입을 질색하는 최근 들어, 학생에게 그럴 마음만 있으면 얼마든 독일의 민족사는 일절 듣지 않아도 되는 메뉴를 자유롭게 선보이고 있다.

민족적 편향성의 문제가 가장 잘 드러나는 곳은 십중팔구 학교의 교과서와 대중 역사서일 것이다. 역사학자들이 자신들의 연구 내용을 더 압축하고 더 단순화할수록 그들이 가진 편견을 덮어 가리기도 더 어려운 법이다. 이와 관련해서는 몇 가지 따로 언급이 필요하겠다.

첫째로, 대부분의 유럽 국가들에서는 역사교육에 민족주의적 분위기가 강하게 배어 있는 것을 당연하게 여길 수 있다. 역사교수敎授, history-teaching는, 기원을 19세기에 두고 있는 만큼, 원래 애국심을 고취하기 위해 동원된 수단이었다고 할 수 있었다. 역사교수는 가장 원시적인 형태였을 때는, 통치 왕조를 구성한 이들의 이름, 연대, 직함 따위를 나열해주는 것에 지나지 않았다. 여기서 좀 더 발전한 형태가 민족이 낳은 영웅들 및 민족이 일군 승리와 성취들을 칭송하는 것이었다. [부불리나] 역사교수가 가장 극단적인 형태를 띨 때는, 학교에서 아이들에게 역사를 가르쳐 아이들이 장차 민족이 일으킨 전쟁에서 살인자이자 동시에 희생자의 역할을 떠맡도록 몰아간다.[86] 그러나 한편으로 보면, 민족주의적 역사교수가 그동안 아무 도전을 받지 않았다고 하면 그것 역시 옳지 않다. 더 넓은 지평에 대한 인식을 불어넣고자 노력했던 반대 조류도 오랫동안 일어왔다. 아울러 적어도 서유럽 안에서만큼은, 1945년 이후로 역사교수의 관행이 급변하기도 했다.[87]

1889년 오스트리아의 갈리치아에서 출판된 한 놀라운 교과서는 민족주의 시대에 나온 제반 가정들에 정면으로 맞섰다. 이 책은 폴란드어를 사용하는 중등학생용으로 만들어진 것이었다. 저자는 바르샤바 출신의 역사학자[타데우시 코르존]로, 당시는 폴란드가 러시아의 통치를 받던 시기라 자신의 고향 도시에서는 자유롭게 책을 출간할 수 없었는데, 역사교수에서 가장 우선해야 할 점들을 다음처럼 설명했다.

> 근대 들어서 일어난 갖가지 다툼과 성취 속에서, 제 민족은 각자 독자적으로 행동하기보다 집합적으로 행동했다. 이러저러한 종류의 이합집산과 동맹들 속에서 각 민족은 서로 연결돼 있었다. 우리가 이른바 '공시적 방법' 즉 특정 시점에 일어난 사건들에 참여한 민족 모두를 다루는 방법을 활용해야 하는 이유가 바로 여기에 있다. 이런 식의 보편사는 당시 일에 결부된 모든 민족의 그림을 오롯이 전해줄 수는 없을 것이다. 이와 함께 […] 이들 민족의 개별 역사는 […] 특정한 민족(별) 역사를 다루는 해당 범주에 맡겨져야만 할 것이다.[88]

그렇게 해서 나온 것이 제1권에서는 르네상스부터 1648년까지를 다루되 합스부르크와 폴란드에서 벌어진 사태들에 대한 내용이 정확히 71쪽과 510쪽 분량을 차지하고 있다. 이 책에서 저자는 '폴란드'와 '폴란드-리투아니아-루테니아-프로이센 국가'도 신중을 기해 구분하고 있다. 이 책을 읽는 학생이라면, '가톨릭교와 마르틴 루터의 종교개혁'만큼이나, 이슬람교와 오스만인들에 대해서도 얼마간 상세한 지식을 접할 수 있을 것으로 보인다. 책의 지리적 범위는 포르투갈의 신대륙 발견 항해(15세기 초반)에서부터 이반 4세의 카잔칸국汗國 정복(1552)에 이르기까지, 에든버러에서 있었던 메리 스튜어트Mary Stuart(재위 1542~1567)의 왕실 전복부터 카를 5세의 튀니스 원정(1535)에 이르기까지 폭넓게 걸쳐 있다.[89] 비非민족주의적 잣대로 보자면, EC 회원국들 안에서 지금까지도 쏟아져 나오는 수많은 책보다 오히려 이 책이 더 높은 평가를 받지 않을까 한다.[90]

이와 함께 최근 들어 유럽에서는 여러 공조 노력을 통해 다소 추잡한 형태의 잘못된 정보들로 구성된 교육 내용들을 말끔히 정리하려는 작업이 진행돼왔다고 말해야 공평할 것이다. 양국이 참여하는 교과서 위원회들이 구성돼 군국주의, 지명, 역사 지도책, 일방적 해석과 관련된 문제들을 해결하는 작업을 오랜 시간 열심히 신행해왔다. 학자들과 교사들도 이 문제들에 대해 전보다 더 확실히 인식하게 됐을 것으로 보인다.[91] 최근의 분석에서, 역사교수와 관련해서는 두 형태의 극단이 나타나는 걸 볼 수 있다. 한 극단에서는 우주적 접근법을 취하는데, 세상의 모든 지역의 모든 시대 이야기를 역사학자들이 책에 담고 학생들은 그걸 공부해야 한다고 여긴다. 다른 극단은 지역주의적 접근법으로, 단기간 특정 시기의 한 나라에만 관심을 보인다. 우주적 접근법은 폭은 있으나 깊이는 결여한다. 지역주의적 접근은 깊이의 확률은 있으나 폭은 결여한다. 여기서 이상적 방법은 폭과 깊이 '양쪽' 사이에서 균형을 잡는 것일 게 틀림없다.

이 점과 관련해 우리가 한 가지 인정해야 할 사실은, 소비에트 블록 국가들에서 중앙정부의 계획하에 만들어진 수업 계획서 및 교과서들이 더러 서구 국가들에서 만들어진 것들보다 더 성과를 거두기도 한다는 점이다. 거기 담긴 실제 내용들은 끔찍할 만큼 쇼비니즘과 특정 이데올로기가 짙게 배어 있긴 하지만, 연대적·지리적 틀은 감탄을 자아낼 만큼 포괄적일 때가 많다. 소비에트의 학생들은 학교를 다니는 동안 역사 발전의 다섯 단계를 확실히 익혀야 하기 때문에, 원시사회, 고전고대classical antiquity, '봉건주의', '자본주의', 1917년 이후의 이른바 '사회주의'에 대해 얼마간의 지식을 습득할 수밖에 없다. 소련의 역사 강좌들은 러시아와 러시아인들이 역사에서 맡은 주도적 역할을 시종 무엇보다 강조해왔다. 하지만 그와 동시에 소비에트에서 나온 모든 표준 교과서는, 스탈린주의가 주창되던 최악의 시기에도, 고대 그리스인, 스키타이인, 로마인은 물론이고 캅카스인의 역사, 칭기스 칸과 태멀레인Tamerlane의 제국, 나아가서는 무슬림의 카잔칸국 혹은 크림칸국에 관해서도 선뜻 지면을 할애했다("태멀레인(티무르Timur)"은 페르시아어로 "절름발이 티무르"란 뜻의 "티무리랑Tīmūr-i Lang"이 변형돼 유럽인들에게 알려진 이름이다). 유럽의 일반사를 다룬 대부분의 책들에서는 이와 같은 내용을 찾으려고 아무리 들여다봐도 헛수고다.

이와 대조적으로 잉글랜드에서는 —역사교과 교수요목syllabus은 대체로 개별 학교 및 교사 손에 맡긴다— 역사교수의 연대적·지리적 틀이 지극히 협소한 데 한정되는 경향이 있다. 심지어 상급 수준에서 역사를 공부하는 고학년 학생들조차도 〈튜더왕조와 스튜어트왕조〉 혹은 〈19

세기의 영국〉 같은 표준 강좌만 듣는 게 고작일 때가 많다.[92]

지방사地方史, local history는 이와 같은 딜레마를 풀어줄 흥미로운 해법을 제시한다. 지방사는 친숙하고 피부로 와닿는 내용이 주를 이루고, 개별적 탐사와 연구를 장려하며, 민족주의나 이념의 압박에 대해서도 비교적 저항하는 태도를 보인다. 따라서 지방사는 가족이라는 주제처럼 학생들이 얼른 이해할 수 있는 내용을 다루기에 제격인 동시에, 광범위한 지역에 걸쳐 국제적 차원의 이론화를 행하는 전문가들에게도 기초 자료로 활용될 수 있다.[93] 지방사와 정반대 편에서는, 학교와 대학 모두에서, 세계사world history가 함께 발달해가는 것을 볼 수 있었다. 오늘날 세대는 '지구촌'에서 발 디디고 살아가야 하는 만큼 세계사 교육을 받는 게 유리하다는 것이 이런 조류를 지지하는 강력한 근거가 된다.[94] 이를 비판하는 사람들은, 유럽사에 대한 일각의 주장과 마찬가지로, 세계사의 방대한 양에 눌려 가장 유능한 역사학도들을 제외한 모든 이가 별 쓸모 없는 일반화 작업에만 매달리게 된다고 주장한다.

당연한 얘기지만, 무언가 하나를 협소하게 만들면 다른 하나는 폭을 넓힐 기회가 생긴다. 연대와 지리의 한계를 협소하게 설정하면, 교사들은 자신이 택한 부문을 탐구할 때 쓸 수 있는 기법과 관점을 더욱 다양하게 늘릴 수 있다. 일반적으로 말해, 잉글랜드의 학생들은 사료 연구, 인과 문제, 정치, 사회-경제적, 문화적 요소 사이의 연관성을 따지는 면에서, 그리고 스스로 사고하는 기술을 발휘하는 면에서 비교적 기본 훈련을 잘 받고 있다. 잉글랜드 역사교육의 강점도 바로 여기에 있다. 그러나 한편으로, 잉글랜드인이 공부하는 내용이 세계에서 가장 작은 대륙을 구성하는 38개 주권국가 중 단 하나의 국가, 그 국가 중에서도 단 3분의 1, 그중에서도 5~10퍼센트의 역사에만 한정돼 있다면, 거기엔 진정으로 뭔가 잘못이 있는 게 틀림없다.

민족적 편향성의 문제는 역사학자들과 교육자들이 더는 역사를 국가 정치의 수단으로 여기지 않을 때에야 비로소 사라질 것이다. 지금으로부터 1800년 전에 그리스인 작가 루키아노스 Lucianos(120~180)는 조언하길, "모름지기 역사가〔역사학자〕란 책에 둘러싸여 있을 때에는 자신이 어느 민족인지는 잊어야 한다"라고 했다. 새겨들어야 할 말이다. 더 장기적인 관점에서 보자면, 십중팔구 완벽에 가까운 유럽사는 중국인이나, 페르시아인, 혹은 아프리카인의 손에서 쓰여 나올지 모른다. 실제로도 훌륭한 선례를 몇몇 찾아볼 수 있다. 빅토리아시대의 잉글랜드와 관련해 최고의 소개서를 쓴 사람은 프랑스인이었고, 현재 이탈리아 연구를 선봉에서 이끄는 역사학자로서 입지를 굳힌 사람은 잉글랜드인이며, 네 개 민족 모두를 적절히 안배한 유일한 영국사 개론을 쓴 사람은 미국에 체류하는 망명자였다.[95]

'유럽인의 관점'에서 역사를 집필한다는 목표로 수차례의 실험이 시도됐지만, 지금까지는 그 어떤 시도도 세간에서 두루 환호를 받지 못했다. 크리스토퍼 도슨Christopher Dawson〔영국 문화사학자, 1889~1970〕 같은 이들처럼 유럽의 기독교 토대에 호소하는 방식을 통해 유럽인의 관점에서 역사를 집필하려는 시도가 있기는 했다.[96] 그러나 가톨릭교를 내세운 도슨의 논지는 최근 수 세기 동안의 다원주의를 반영하지 못했을뿐더러 그의 주된 독자층이라 할 WASP도 납득시키지 못했다. 이와 달리 유럽 단일체를 향한 동력의 연원을 추적해온 이들도 있다.[97] 이 작업에서의 문제점은 책의 목차가 지나치게 짧다는 점이다. 역사가 하나의 체계적 학문의 내용으로 집필되기 시작한 이래, 국민국가(민족국가)와 민족의식은 내내 지배적 현상이었다. 대체로, 민족사 national history가 그간 지배적 위세를 떨칠 수 있던 것은 대안적 역사가 없기 때문이기도 했다. 이는 유감스러운 일일 수 있다. 그러나 여기에는 최근 수 세기 동안 심하게 분열돼 있었던 유럽의 현실이 그대로 반영돼 있기도 하다. 르네상스와 종교개혁 기간 동안 기독교왕국이 사분오열된 이후, 유럽은 그 어떤 통합의 이상도 가져본 적이 없었다. 최근 미국과 관련해 일부 분석가들이 깨달았듯, 유럽이라는 모자이크 역시 (미국이라는) 도가니 melting-pot만큼이나 중요하다.

따라서 만족스러운 유럽의 종합은 아직 그것을 구상하기도 받아들이기도 너무나 시기상조일 개연성이 크다. 아직도 유럽에는 민족적 감성이 만연해 있다. 민족사들을 그냥 폐기할 수 있는 것도 아니다. 유럽 민족들 사이에 나타나는 여러 차이를 '모종의 밍밍한 유로히스토리 안에' 억지로 담아버리고 만다면, 그 또한 꼴사나운 왜곡일 것이다.

> 유럽사는 부분들의 총합 그 이상의 무엇일 것이다. 그렇다고 해도 각 부분이 가진 특이점을 오롯이 연구하지 않고 유럽사를 구축할 수도 없다. […] 아마도 우리는 단순한 민족사만으로는 만족할 수는 […] 없을 것으로 보인다. 그러나 '범유럽사 pan-European history' 역시 쉽게 이룩되지는 않을 것이다.[98]

현명한 조언이 아닐 수 없다. 여기 담긴 함의는 결국 유럽의 역사를 재정립하는 일은 더욱 폭넓은 유럽 공동체를 점진적으로 건설해내는 일과 반드시 병행해 진행돼야 한다는 것이리라. 둘 중 어느 것도 하루아침에 이뤄지지는 않을 것이다.

안타까운 일이지만, 민족적 편향성은 더디게 사그라진다. 1605년, 잉글랜드와 스코틀랜드가 동군연합同君聯合, personal union(한 군주 밑에 둘 이상의 나라가 결합된 정치 형태)을 이뤘을 때 프랜시스 베이컨 경은 대법관Lord Chancellor에게 "양국의 역사를 한데 엮은 공명정대하고 완전한 역사를 만들 것"을 권했다. 베이컨 경의 바람은 아직도 실현되지 못하고 있다. 영국의 정체성 문제를 거듭 제기하려 노력하는 극소수 영국인 역사학자의 말마따나, "영국의 본성이 무엇인지에 대해 근본적 질문을 던지길 꺼리는 성향은 우리 안에 깊이 뿌리박힌 채 변할 줄 모르고 남아있다."[99]

실패한 두 개의 시각

20세기에 민족주의(내셔널리즘)가 득세하면서 국제주의적 역사는 별반 맥을 추지 못했다. 그러나 두 번의 강력한 시도가 있으면서, 유럽에 팽배한 분열을 극복하고 유럽의 과거를 새롭고도 보편적인 시각에서 바라보는 이념적 틀을 제공하려는 움직임이 일어났다. 이 두 시도는 모두 실패로 돌아갔는데, 그럴 만했다.

이 두 가지 시도 중, 마르크스-레닌주의 혹은 공산주의로 유럽 역사를 바라보는 시각은 가장 먼저 등장해 가장 오래 지속됐다. 이와 같은 시각은 마르크스주의에서 성장해 나왔고, 그럼에도 마르크스주의의 정신과 취지는 무시했지만, 볼셰비키 당원들의 손에 들어가 강압적 국가정책의 수단으로 자리 잡았다. 1917~1934년의 초기 단계에서는, 미하일 니콜라예비치 포크롭스키Михаи́л Никола́евич Покро́вский(1868~1932) 같은 열성파가 이 시각을 택하면서 국제주의적 색채를 농후하게 띠었다. 포크롭스키는 역사란 '과거를 향하고 있는 정치'나 마찬가지라는 사실을 전적으로 받아들였고, 나아가 쇼비니즘chauvinism과의 일전에도 몸소 거침없이 뛰어들었다. "대大러시아Great Russia는 비러시아 민족들의 유골을 바닥에 깔고 세워졌다"라고 그는 썼다. "과거에, 우리 러시아인들은 이 지구상에서 제일 커다란 도적떼였다." 그러나 러시아의 여러 제국적 전통을 거부하는 이런 태도를 스탈린은 무엇보다 질색했다. 그러다 1934년에 역사교수教授와 관련해 스탈린이 만든 여러 법령이 효력을 발하면서 돌연 방향이 전환됐다. 포크롭스키는 세상을 떠났고, 굽힐 줄 모르던 그의 동료들도 대부분 총살을 당했다. 이들이 만든 교과서도 금지 처분을 당했다. 이들이 떠난 자리에는 이윽고 천박한 마르크스주의와 러시아 제국주의를 한데 우려낸 지독한 사상이 그 모습을 드러냈고, 이후 50년 동안 소련의 모든 이데올로기 기관은 그 사상을 세상에 선보였다.[100]

하나의 짝이 돼 공산주의식 역사를 구성한 두 요소(마르크스주의와 러시아 제국주의)는 사실 그 기저에서는 모순을 보이고 있었다. 두 요소가 그나마 함께 지탱될 수 있었던 것은 하나의 이데올로기가 세상을 구할 것이라는 메시아적 신조가 자리 잡고 있었기 때문이다. 당시엔 그 누구도 여기에 공개적으로 의문을 제기하지 못했다. 사이비-마르크스주의의 요소는, 선사시대부터 1917년의 혁명까지를 아우른 그 유명한 역사 발전 5단계설에 포함돼 있었다. 한편 러시아라는 요소는 러시아 민족이 부여받은 특별한 사명 즉 그들이 소비에트 제 민족의 '맏형'이자 전 세계 프롤레타리아의 '선봉'에 있음을 밑바탕으로 했다. 레닌 자신도 인정했듯, 소비에트러시아는 아직 독일이나 다른 산업화한 국가들만큼 발전하지는 못한 상태였다. 그러나 '세계 최초의 사회주의국가'로 탄생한 소비에트러시아는 전 세계에 혁명의 씨앗을 뿌리고, 자본주의가 끝내 쇠락을 향해가는 동안에도 굳건히 요새를 지켜, 종국에는 이 땅 전체를 손에 넣게 될 것이었다. 그러는 동안, 소비에트가 채택한 사회주의 조직 및 경제계획이라는 우월한 방법들로 조만간 자본주의 세계는 순식간에 추월당할 것이 분명했다. 교과서들의 맨 마지막 장에서 늘 강조하듯, 소비에트연방은 군사력에서부터 생활수준, 기술, 환경보호에 이르기까지의 모든 면에서 거침없이 앞으로 치고 나가는 중이었다. 사회주의의 최종 승리는(공산주의는 늘 이처럼 일컬어졌다) 과학적으로 확실히 증명돼, 결국엔 '피할 수 없는' 일로 여겨지게 될 것이었다.

이렇듯 말로는 '사회주의 국제주의socialist internationalism'에 대한 찬사를 늘어놓았지만, 정작 소비에트인들의 역사적 사고방식은 '유럽중심주의'와, 우회적 방식으로, '서구 문명'에 경의를 표하고 있었다. 유럽중심주의가 표명되는 모습은 마르크스-레닌주의의 주장이 근거로 삼는 풍부한 유럽의 선례 속에서, 그리고 유럽식의 산업화에 대한 열광 속에서 찾아볼 수 있었다. 유럽중심주의가 특히 노골적으로 모습을 드러낸 것은 러시아인의 역사적 운명을 강조하는 부분이었다. 이 역사적 운명에 대한 소비에트의 제 가정은 제국의 유럽 구성국들을 불쾌하게 했고, 제3세계 공산주의 운동의 동지들에게도 심란한 영향을 끼쳤으며, 결국 중소분열의 주원인이 됐다. 중국인들이 보기에, 1950년대에 중국에 모습을 드러낸 소비에트의 자문단 및 기술자 일당은 유럽의 오만함(과 함께 질 나쁜 기계들)을 내보일 때 과거 자신들에게 들이닥쳤던 그 어떤 '외국의 악마들'보다 불량했다. 중국인들 입장에서는, 발트족, 폴란드인, 그루지야인(조지아인)이 그랬듯이, 러시아인들이 자신들을 우월한 존재라고 믿는 것이 기이하게 여겨질 뿐이었다. 러시아인들이 중국인과 비교해 스스로를 '서구인'답다고 여기는 게 익숙한 일이라 쳐도, 유럽인 태반과 비교해 러시아인들은 분명히 '동구인'이었으니까.

소비에트 공산주의가 '서쪽'을 이념상의 적으로 규정했다는 것에는 의심의 여지가 없다. 이와 함께 소비에트 공산주의는 그 자신의 뿌리도 유럽에 있다는 사실, 나아가 러시아혁명을 장차 독일에서 일어날 혁명과 연결하는 것이 레닌의 가장 간절한 소망이었다는 사실도 부인하지 않았다. 따라서 소비에트 공산주의의 입장에서 '서구 문명'은 다 나쁜 것만은 아니었다. 오히려 서구의 저명한 인물들에 대해서도, 그가 이미 세상을 떠나기만 했으면, 얼마든 칭송하겠다는 태도였다. 요는 이것이었다. 유럽의 서쪽은 이미 타락해버린 반면, 동쪽은 영웅적 투지를 발휘한 프롤레타리아가 차지한 덕에 다행히 활기와 건강을 잃지 않을 수 있었다. 조만간 자본주의 체제들은 그 세가 이울 것이고, 사회주의의 조국이 최후의 압박을 가하면 그 경계선들은 허물어질 것이다. 그러면 동쪽은 형제처럼 결속한 새롭고도 혁명적인 체제 속에서 소비에트러시아의 영도 아래 서쪽과 다시 하나가 될 수 있을 것이다. 이것이 바로 레닌이 꿈꾸었던 바이자, 레오니트 브레즈네프가 "유럽 공동의 집common European home"을 이야기할 때 염두에 둔 바이기도 했다.[101] 공산주의자들의 이런 메시아적 사명의 관점은, 지역별로 여러 변형을 거쳐 당시 소련이 장악하고 있던 국가들에 빠짐없이 수출됐다. 엄격한 역사적 측면에서 이 사상이 주입하려 한 신조는 크게 두 가지였다―첫째는 '사회-경제적 힘'들이 무엇보다 우선한다는 것, 그리고 [둘째는] 러시아의 영역 확장은 악의적이지 않다는 것이었다. 이 신조는 1941~1945년에 소비에트가 독일을 패퇴시키면서 크게 진작됐으며, 1980년대 후반까지도 수천만 명에 달하는 유럽 학생들에게 교육되고 있었다. 공산주의가 그들의 노정에 종지부를 찍던 바로 그 순간, 소련공산당CPSU 총서기 미하일 고르바초프가 되살렸던 슬로건도 바로 "유럽 공동의 집"이었다.[102] 해외의 수많은 논평가가 득달같이 달려들어 이 슬로건을 인용했고 도처에서 슬로건에 환영의 뜻을 표했다. 하지만 정작 고르바초프에게는 "유럽 공동의 집"이 과연 무슨 의미였는지 설명할 시간이 주어지지 않았다. 그는 칼리닌그라드에서 캄차카반도─이 반도는 러시아에 이웃한 알래스카만큼이나 동떨어진 데다 유럽적 특성도 거의 없었다─에 이르는 지역에 세워진 제국을 다스리는 독재자였다. 고르바초프는 정말로 그보다도 대大유럽Greater Europe 즉 지구를 완전히 한 바퀴 휘감는 그런 유럽을 꿈꾸었던 것일까?

소비에트 역사관과 각축을 벌인 파시스트 역사관은 더 나중에 등장해 더 짧게 꽃피웠다. 이 역사관은 어느 정도는 공산주의에 대한 반발로 성장했다고 할 수 있으며, 나치당원들의 수중에 들어가서는 그들의 '신질서New Order' 구축을 위한 하나의 수단으로 자리 잡았다. 그 초기 단계인 1922~1934년 동안, 파시스트 역사관은 독일과 이탈리아 양국 모두에서 어느 정도는 사회주의 색채를 띠었으나 이내 이탈리아식 변형과 로마제국을 복원하겠다는 베니토 무솔리니의 꿈을 주된 특징으로 띠게 됐다. 그러다 1934년 이후, 아돌프 히틀러의 독일 개조 작업이 시작되면서 이 기조는 돌연 방향을 틀었다. 이제 국가사회주의National Socialism에서 사회주의의 요소는 싹 사라졌다. 그 대신 파시즘의 독일식 변형이 주도권을 쥐었고, 인종주의를 공공연히 드러내는 이론들이 전면에 부상했다. 그 결과, 인종주의와 독일의 제국주의를 함께 우려낸 치명적 사상이 등장했고, 나치제국Nazi Reich의 모든 이데올로기 기관은 제국이 존속하는 내내 이 사상을 세상에 선보였다.[103]

나치와 소비에트는 서로에 대한 적의가 팽배했지만, 나치의 이데올로기는 사실 스탈린주의와 완전히 다른 것은 아니었다. 우선 인종주의 요소는 독일 민족이 백인 아리아인종 중 가장 활력 있고 건강한 지파인 만큼 그들에게 특별한 사명이 부여됐다는 내용에서 찾아볼 수 있었다. 독일 제국주의적 요소는 베르사유의 '디크타트Diktat'("명령" "강권")라 한 것(독일은 자국을 배제한 채 승전국들끼리 합의한 내용을 독일에 최후통첩의 형태로 강요했다는 이유로 베르사유조약을 이렇게 칭했다), 그리고 독일이 자국의 주도적 위치를 되찾아올 권리를 주장한 것에서 찾아볼 수 있었다. 이 둘을 밑바탕으로 한 계획에는 나치의 힘이 조만간 유럽 전역, 종국에는 유럽 너머로까지 뻗어나갈 것이란 가정이 깔려 있었다. 나치의 이 기조는 유럽 내 다른 지역들의(특히 이탈리아의) 파시스트 이데올로기와 첨예하게 대립했는바, 이들 국가의 민족주의에는 항상 반反게르만 정서가 짙게 배어 있었다. 그러나 이들 국가의 기조들은 숙성될 시간을 미처 갖지 못했다.

나치의 역사적 사고에는 이제껏 등장한 것 중에서도 가장 극단적인 형태의 '유럽중심주의'와 '서구 문명'에 대한 생각이 들어 있었다. 나치가 말한 '지배 인종Master Race'이란, 그들이 어디에서 살건 간에, 아리아인계 유럽인을 뜻했다. 나치의 역사적 사고에 따르면 이들이야말로 유일하게 참된 인간존재들로, 과거에 이룩된 가장 중요한 성취들은 모두 이들의 공로라 할 수 있었다. 모든 비非아리안(비백인 및 비유럽인)은 유전적으로 열등한 계층으로 분류됐고, 운테르멘셴Untermenschen(열등인종)이라는 하위 범주에 들어갔다. 이와 함께 유럽 안에도 생물학적 장점에 따라 비슷한 위계가 만들어져, 키가 크고, 호리호리하고, 금발이고, 북방계에 속하는 —괴벨스만큼 키가 크고, 괴링만큼 호리호리하며, 히틀러만큼 금발인— 사람들이 가장 우월하다고 여겨졌다. 인종적 하위집단으로 잘못 분류된 동쪽의 슬라브족(폴란드인, 러시아인, 세르비아인 등)은 서쪽의 지배적인 게르만 민족과 견주어 열등하다고 공언됐고, 비非아리안은 열등인종과 동등하게 취급받았다. 유럽 주민 가운데 가장 하위 범주는 비유럽인들—주로 집시와 유대인—로 이들은 유럽 역사에서 벌어진 온갖 사악한 일의 원흉으로 여겨졌고 삶을 살아갈 권리마저 박탈당했다.

　나치의 전략은 대체로 이런 부조리 위에 세워졌으니, 그중에서도 가장 압권은 '서쪽'과 '동쪽' 사이 구분이었다. 히틀러는 서유럽 안에서는 단연 자신이 최고라 여겼기 때문에 자신에게 저항하는 정부들은 제거해버리면 그만이라는 생각 외에는 거의 아무런 구상이 없었다. 그는 프랑스인을 경멸했지만, 이때에는 프랑스인의 프랑크족다운 특징이 상당히 옅어진 뒤였고 따라서 프랑스인이 오랜 기간 독일에 품고 있던 원한도 얼마간은 풀어져야 한다고 여겼다. 히틀러는 이탈리아인을 비롯해 그들이 로마와 맺고 있는 연고도 싫어했으니, 히틀러가 느끼기에 이탈리아인들은 신뢰할 협력자가 못 됐다. 히틀러는 스페인인들에 대해 그들이 한때 흑인들로부터 유럽을 구해준 적이 있는 만큼 존경심을 갖고 있었는데, 정작 프란시스코 프랑코가 자신과 협력하길 꺼리는 것이 히틀러로서는 도통 이해가 가지 않았다. 타락한 특정 인물 몇몇 말고 히틀러는 '앵글로-색슨족'에 대해 찬사를 아끼지 않았으며, 그들이 자신에게 시종 적의를 드러내는 것이 히틀러로서는 가슴 아플 뿐이었다. 히틀러 자신의 말을 빌리면, 당시 앵글로-색슨족이 취한 행동은 동료 게르만계가 지배 인종의 세계 지배 과업을 완수하기 위해 펼친 노력일 뿐이었다. 히틀러가 앵글로-색슨족에게 바란 바는 오로지 자신을 그냥 내버려두는 것이었다.

　당시 나치가 품고 있던 가장 급진적인 야욕은 전부 동쪽을 향해 있었다. 《나의 투쟁》에서는 동유럽이 독일의 레벤스라움Lebensraum(생활권)임을 즉 장차 자신들의 '생활권'임을 명확히 밝혔다. 동유럽은 열등한 슬라브족과 유대인이 마구잡이로 섞여 살아가는 곳이었다. 이곳은 독일인의 대규모 식민이주를 통해 그 유전적 조성을 개선해야만 했다. 또한 '병 든 부분'은 살을 도려내야 했는바 곧 제거해야 한다는 뜻이었다. 동유럽은 소비에트의 힘이 미치는 영역이었으므로, 그 안에 있는 '유대인 볼셰비즘의 보금자리'도 끝장내야 했다. 나치가 처음에는 폴란드를 향해 나중에는 소련을 향해 독일군의 동유럽 침공을 개시했을 때, 그들은 자신들 나름의 '십자군의 성전'에 돌입한 것이라고 여겼다. 실제로도 나치는 그런 말들을 공공연히 입에 담았다. 나치의 역사서에서는 이 전쟁이 매사냥꾼왕 하인리히[하인리히 1세], 독일기사단, 프리드리히 대왕[프리드리히 2세]의 영광스러운 발자취를 따르는 것이라 했다. 나치는 자신들은 '1000년 역사'의 끝에서 벌일 최후 결전을 향해 속도를 붙이는 것이라 주장했다.

나치즘에는, 공산주의와는 달리, 자신의 이론과 실제를 세상에 선보일 75년의 시간이 주어지지 않았다. 대大제국Greater Reich이 미처 강화되기도 전에, 주변의 이웃들이 의기투합해 나치를 일망타진해버렸다. 따라서 나치가 이끌어가는 유럽이 세상의 다른 대륙들을 향해 자기 입지를 명료하게 설명해야 하는 상황이 온 적은 단 한 번도 없었다. 그러나 소비에트가 항복하는 일이 일어났더라면, 1941~1942년에 거의 그럴 뻔했는데, 나치즘은 엄청나게 커진 유럽의 힘을 이끌어가는 원동력으로 자리 잡았을 것이다. 이뿐 아니라 미국과 일본에 세워진 경쟁 중심지들을 상대로 전 지구적 차원에서 대치를 벌일 상황에 대비하지 않으면 안 됐을 것이다. 그랬다면 이윽고 충돌이 벌어졌을 것이 확실하고 말이다. 하지만 나치왕국은 유럽의 경계 밖을 벗어나지 않았다. 히틀러에게는 동료 아리아인들의 세계를 벗어난 곳에서 군사행동을 벌일 기회가 주어지지 않았다. 이론가인 동시에 정치지도자이기도 했던 히틀러는 끝까지 유럽인으로 남아 있었다.

나치왕국Nazidom[나치 영역]은 한때 대서양에서 볼가강까지 뻗어 있었지만, 나치의 역사관이 활개를 폈던 때는 매우 짧은 막간에 불과했다. 독일에서조차 이 역사관은 단 12년에 그쳤다—이 정도면 학생들이 학교에 다니며 공부하는 시간에도 채 못 미친다. 독일 이외의 다른 곳에서는, 몇 주 혹은 몇 달 동안 그 안에 담긴 독소를 좀 심을 수 있었던 게 전부였다. 이 역사관의 기세는 맹렬했지만 지극히 순식간이었다. 1944~1945년에 나치의 역사관이 치욕스럽게 무너졌을 때, 그 자리에는 덩그러니 공백이 생겼고 그 빈틈을 메울 수 있었던 것은 승전국들의 역사 인식뿐이었다. 1944~1945년 사이 소비에트 군대에 점령당한 동유럽에서는 막무가내로 소비에트의 역사관이 강요됐다. 앵글로-색슨계 미국인Anglo-American에 의해 해방을 맞은 서유럽에는 '연합국의 역사 도식Allied Scheme of History'이 들어설 자리가 마련돼 있었다.

연합국의 역사 도식

유럽을 바라보는 현대의 관점들에 지금껏 강력한 영향을 끼친 것으로는 두 차례의 세계대전을 겪으며 갖게 된 정서와 경험, 특히 '대동맹Great Alliance'의 승리를 꼽을 수 있다. 1918년과 1945년에 승리를 거두고, 1989년에는 냉전까지 종식된 덕에, 서방의 강국들은 갖가지 사건들에 대한 자신들의 해석을 전 세계에 전할 수 있었다. 이와 관련해서는 특히 독일이 성공적이었는바, 자국민의 죄의식과 연합국의 재교육 정책들이 결합해 이 역사관을 선뜻 수용하려는 의식이 높아져 있었기 때문이다.

전시戰時 연합국의 태도에서 도출된 우선사항 및 전제는 20세기를 서술하는 데서 아주 흔히 찾아볼 수 있으며, 때로는 더 먼 시기로까지 투영된다. 그 내용을 임시가설로서나마 정리해 보면 다음과 같다.

- 서구 문명이라는 독특하고 세속적인 성격에 대한 믿음. 이 믿음 속에서는 '대서양 공동체 the Atlantic Community'가 인류 진보의 정점으로 제시된다. 앵글로-색슨족의 민수주의, 마그나카르타(대헌장)의 법치 전통, 자본주의, 자유시장 경제는 선善의 최고 형태로 간주된다. 이와 같은 인식에는 토머스 우드로 윌슨의 민족자결주의(1917), 대서양헌장(1941) 역시 핵심 원칙으로 포함돼 있다

- '반反파시즘anti-fascism' 이데올로기. 이 이데올로기에서는 1939~1945년의 제2차 세계대전을 '파시즘과 대결한 전쟁'이자 선이 악을 누르고 승리한 결정적 사건이라고 인식한다. 파시즘에 저항하거나 파시즘에 희생당한 것은 그 무엇보다 숭고한 일이다. 파시스트에게 저항하거나 희생당한 이들은 가장 큰 숭앙과 공감을 받을 만하다.

- 두 차례나 패전한 적국 독일을 악마로 몰아가는 태도. 독일은 악의적 제국주의를 통해 제1차 세계대전을 일으킨 동시에 극악한 파시즘으로 제2차 세계대전까지 촉발한 장본으로서 규탄을 받아야 마땅하다. 1939~1945년에 특히, 독일의 편에 서서 싸운 개인들이나 민족들은 '부역자collaboration'라는 낙인이 찍혔다. (주의. 여기서 독일 문화를 독일의 정치와 혼동하지는 말아야 할 것이다.)

- 동쪽의 전략적 동맹이자 흔히 '러시아'라고 불리는 차르 제국 및 소비에트연방을 관대하고 낭만적으로 바라보는 시각. 이 시각에 따르면, 러시아는 명백한 잘못들을 저질렀지만 그것들을 절대 적敵이 저지른 잘못들과 똑같이 분류해서는 안 된다. 러시아는 지금 꾸준히 서쪽과 하나로 합쳐지는 중이기 때문이다. 러시아의 전적前績에는 부끄러운 면도 많지만, 파시즘이 결국 무릎을 꿇은 것은 러시아의 엄청난 희생이 있었던 덕인바, 러시아가 '반反파시스트'의 파트너로서 갖는 커다란 미덕은 그 모든 결점을 능가한다.

- 유럽을 동쪽과 서쪽으로 나누는 데 대한 무언의 용인. 더 선진화한 서쪽에서는 '대서양의 가치들'이 우위를 보일 것으로 예상되는 한편, 후진적 동쪽은 안보에 대한 자연스러운 욕구에 따라 러시아가 지배하는 것이 옳다고 본다. 서쪽 강국들은 러시아의 추가 확장 위협으로부터 당연히 스스로를 보호해야겠지만, 그렇다 해도 러시아가 가진 적법한 힘의 영

역을 침범해서는 안 될 것이다.

- 위에서 말한 내용에 신빙성을 더해주지 않는 사실들은 알아도 모두 무시한다.

이와 같은 연합국의 역사 도식은 양차 세계대전의 정치학과 공감대 속에서 자연스레 성장한 것으로, 이 체계를 정립하기 위해 의식적 혹은 엄밀한 노력이 이뤄진 적은 전혀 없었다. 갖가지 의견으로 떠들썩한 자유 사회 안에서는 이 역사 도식이 독점을 이룰 리 없었을뿐더러 다른 역사관과 체계적으로 경쟁을 벌인 일 또한 없었다. 그럼에도 제2차 세계대전이 끝나고 반세기만에 이 역사 도식 체계는, 학계의 논의에서는 물론이고, 아마도 사람들은 잘 몰랐겠지만, 각국 정부의 정책 결정 방향이 드러나는 개념적 틀을 통해 도처에서 그 모습을 드러냈다. 당시 연합국의 병사들은 히틀러와 스탈린 "둘 다 똑같이 사악하다"라는 말을 했다간 정식으로 체포를 당할 수도 있는 정세였으므로 이런 잔재가 생겨나는 게 당연한 일이기도 했다.[104]

학문의 영역에서는, 특정 이슈에 관한 토론에서도 그렇지만, 제도상의 우선순위 및 제도적 구조 속에서 연합국의 도식 체계가 작동하는 것을 볼 수 있다. 역사학 및 정치학에서 나치 혹은 나치 관련 주제들을 다루는 연구들이 압도적으로 많은 것도, 특히 미국에서, 독일 연구가 유난히 눈에 띄는 것도 연합국의 역사 도식 체계가 일조한 것이라 할 수 있다. 이와 함께 동유럽의 정세 분석을 왜 계속 '소비에트' 아니면 '슬라브족'을 연구하는 별도의 기관에서 정리해 내놓는지도, 또 소비에트 연구는 왜 소비에트 삶의 실상을 온전하게 드러내길 꺼려 하는 것으로 악명 높은지도 이 연합국의 역사 도식 체계를 통해 설명된다.[105] 부분적이나마 그 까닭은 이 역사 도식이 소비에트 및 슬라브족의 영역 안에서 러시아의 요소만 지나치게 강조하고, 비러시아적 문화들은 완전히 배제할 때가 많기 때문이다. 그러나 무엇보다도 연합국의 역사 도식 체계가 가장 잘 드러난 부분은 제2차 세계대전과 관련한 견해들을 둘러싼 여러 전제와 망상이었다. 제2차 세계대전이 치러지고 반세기가 지난 뒤에도, 연합국의 근거 없는 믿음과 모순되는 에피소드들은 대다수가 그 내용이 최소로 줄여지거나 아예 무시당하는 일이 계속됐다. [알트마르크트] [카틴] [킬홀]

전시에 생겨난 수많은 고정관념은, 특히 동유럽과 관련해, 끝없이 그 힘을 발휘하고 있다. 지금도 우리는 다양한 나라가 연합국의 대의에 얼마나 순수히 동참하느냐로 서열이 매겨지는 모종의 도식 체계가 작동하는 모습을 볼 수 있다. 일례로 체코인과 세르비아인은 오랜 기간 러시아에 협력하고 독일에 적의를 드러내온 만큼 연합국의 도식 체계에 잘 들어맞는 경우였다. 따라서 이들은 '용감하고' '호의적이고' '민주적인' 민족으로 칭송을 받았다—적어도 보스니아에서 전쟁이 벌어지기 전까지는 그랬다. 이에 반해, 슬로바키아인, 크로아티아인, 발트해의 제 민족은 서쪽 친구들의 호의를 거절하거나 혹은 적과 협력했다고 여겨져 그러한 찬사를 일절 받지 못했다. 폴란드인은 늘 그랬듯 이번에도 어떤 도식에도 들어맞지 않았다. 독일의 공격에 저항했다는 면에서는 폴란드인도 민주주의를 위해 대차게 싸움을 벌였던 게 분명했다. 그러나 소련의 공격에 저항했다는 면에서 폴란드인은 '배반자이자' '파시스트'이자 '무책임하고' '반민주적인' 사람들이었다. 우크라이나인 역시 그 어떤 범주화를 허용하지 않았다. 우크라이나인이야말로, 제2차 세계대전으로 유럽의 그 어느 민족보다 민간인이 대규모로 죽거나 다치는 피해를 입었을 것임에도, 소비에트 및 러시아의 지배를 벗어나는 것을 주된 정치적 목표로 삼고 있었다. 이처럼 황당한 민족들이 있을 때 가장 좋은 대처법은 이런 나라는 아예 존재하지 않는 척하면서, 과거 차르제 지지자들이 믿었던 것처럼 그들을 '소小러시아인Little Russians'이라 여기는 것이었다. 그러나 '소러시아인'은 전혀 작지도 않았고 또 러시아인도 아니었다. [우크라이나]

정치적 영역에서는, 이 연합국의 노식 체계가 미국과 영국 사이에 맺어진 것처럼 보이는 모종의 '특별한 관계'에 주춧돌 역할을 한 동시에, 민주제의 독일과 일본이 유엔 안전보장이사회UN Security Council 같은 기구들에서 배제되는 한 근거가 되기도 했다. 또 영국의 총리가 마그나카르타와 '인간의 권리Rights of Man'의 상대적 장점들을 논하며 프랑스 대통령을 힐책하거나, 혹은 유럽의 '초강대국superstate'에 대한 전망이 윌리엄 피트(소小피트)나 윈스턴 처칠을 연상시키는 논조로 거세게 일었을 때에도 이 연합국의 역사 도식 체계가 명백히 드러나는 것을 볼 수 있었다. 영국 하원에서 전쟁범죄법안War Crimes Bill을 발의해, ―마치 그 외 지역의 다른 전쟁범죄들은 별로 중요하지 않다는 듯― '독일 국내 및 독일 관할 영토에서' 벌어지는 범법행위들만 전쟁범죄로 한정한다는 법안이 가결됐을 때 그 밑바탕이 됐던 것도 연합국의 역사 도식 체계였다. 워싱턴에 국립 홀로코스트기념박물관Holocaust Memorial Museum이 문을 열었을 때 이 역사 도식 체계가 나타난 것은 두말할 것도 없다.[106]

그러나 연합국의 도식 체계를 고수하는 태도가 가장 강하게 드러났던 것은 아마 1989년 이후 공산주의 몰락에 대한 반응에서였을 것이다. 이 무렵에 '고르비열풍Gorbymania'이 거세게 일어나고, 전시 동맹(처음에는 소련, 나중에는 유고슬라비아)의 진정성을 무엇보다 중시하고, 동유럽에서 민족주의를 애국주의와 의도적으로 혼동한 것은 모두 사전에 설정된 역사관에서 자동적으로 나온 반사반응으로만 설명할 수 있다. 서방의 여론은 더디기만 한 조정 기간을 거친 뒤에야 비로소 알 수 있었다. '러시아'와 '소련연방'은 같은 것이 아니고, 고르바초프가 이끄는 체제는 사람들로부터 뿌리 깊은 원성을 사고 있으며, 유고슬라비아연방Yugoslav Federation은 공산주의의 비밀활동조직(위장단체)front organization이며, 가장 극단적인 형태의 민족주의는 세르비아의 공산주의 지도층이 표방하고 있으며, 리투아니아·슬로베니아·우크라이나·크로아티아는 독자적 유럽의 민족들로서 저마다 합법적 방법으로 국가 창설을 모색하고 있다는 것을 말이다. '서쪽'이 지금껏 너무나 많은 기본적 이슈와 관련해 오해를 안고 있었다는 인식이 들자, 유럽의 역사를 다시 매만져야 한다는 요구는 당연히 봇물을 이룰 수밖에 없었다.

유로히스토리

1945년 이후 서유럽에서 일어난 유럽 단일체 운동에 불을 지핀 것은 중요한 역사적 차원을 내포하는 이상주의였다. 그 목표는 과거 수많은 분쟁의 도화선이 된 숱한 초민족주의적ultra-nationalistic(국수주의적) 사고관을 타파하는 데 목적이 있었다. 원래 모든 공동체는 자신이 어떤 현재의 정체성을 가지며 어떤 과거의 공유된 감정을 가졌는지 알아야 한다고 느끼는 법이다. 따라서 당시만 해도 역사 수정은 당연한 선결 과제였다. 1단계에서는 유럽의 모든 국가에 확산돼 있던 잘못된 역사적 사실과 오해들을 완전히 뿌리 뽑고자 했다. 2단계에서는 이른바 새로운 '유로히스토리Eurohistory'라는 긍정적 내용으로 유럽 국가들 사이에 공감대를 형성하고자 했다.

이와 관련해 가장 초창기의 논의는 유럽평의회Council of Europe가 주관한 포럼에서 이뤄졌다. 유럽평의회는 서유럽의 24개국 정부가 지지하는 조직인 만큼 EEC나 나토와는 달리 정치적 한계에 얽매일 일이 없었다. 아울러 문화 영역에서도 소비에트 블록 4개 비회원국인 폴란드, 체코슬로바키아, 헝가리, 소련의 협조를 얻을 수 있었다. 바티칸부터 크렘린에 이르기까지의 다양한 곳에서도 자문역을 맡아주었다. 〈역사교수에서의 유럽의 착상The European Idea in History-Teaching〉이라는 주제로 개최된 첫 번째 전문가회의를 시작으로, 유럽평의회는 40년 동안 매년 역사 문제를 주제로 대규모 국제회의를 최소한 한 번씩은 개최했다. 엘시노어에서 열린 1965년의 〈역사 가르치기Teaching History〉 심포지엄과 1968년의 〈바이킹 시대The Viking Age〉 세미나에서는 광범위한 기반의 주제들을 다루고 지리와 연대의 범위를 확장하는 것이 바람직하다고 강조했다.

어떤 교수법이 좋을지, 어떤 숙련된 기반을 바탕으로 한 '새로운 역사'를 학교 교육에 도입할지의 문제도 중요했지만, 당시 초점은 주로 유럽의 교육에서 민족적 편향성 및 종교적 편견을 걷어내는 데 맞춰져 있었다. 민족사 교과서들의 여러 결점을 각별히 눈여겨보는 작업들이 진행됐다. 수많은 양자 간 위원회가 설립돼, 유럽의 교육자들이 자국의 과거와 이웃국의 과거를 설명하면서 누락이나 과실의 죄를 어떤 식으로 범했는지를 면밀히 살폈다. 이와 관련해서는 서독의 브라운슈바이크에 설립된 게오르크에케르트연구소Georg-Eckert-Institut(라이프니츠국제교과서연구소Leibniz-Institut für internationale Schulbuchforschung)가 선구적 역할을 수행했다.[107]

유럽의 역사에 관해 합의를 이끌어내는 데는 장애물이 수두룩했다. 우선 맨 앞에는 외로프데 파트리Europe des patries(조국들의 유럽)라는 드골주의자Gaullist들이 버티고 있었으니, 이 부류는 여러 민족의 역사를 혼합하되 주변국과 마찰을 일으킬 소지가 있는 것들은 모두 빼버리는 식의 서술이면 충분할 것이라 여겼다. 다른 일각에서는 더 일관적인 전체적 역사 속에 민족적 요소를 불어넣는 방법을 모색해온 파들이 버티고 있었다. 그러나 무엇보다 커다란 걸림돌은 정치 현실이 계속 뒤바뀌고, (서)유럽공동체EC 회원국이 계속 늘어난다는 데에 있었다. 회원국이

'6개국'일 때만 해도 국가들 사이에서 역사적 인식을 조율하는 것은 충분히 생각해 봄직한 일이었다. 하지만 회원국이 12개국, 19개국, 더 많아져 35개국에 달했을 때에는 나라들이 예민하게 받아들일 사안을 예측하는 것이 훨씬 엄청난 작업이 됐다. 1990년대에 들어서 이제 유럽 단일체의 개념은 더는 서유럽에만 한정되는 것이 아니게 됐다. "현대사 수업 내용이 모든 것을 끌어안는 개념을 지향한다면, 두 군데에만 초점을 두는 종래의 관점은 반드시 폐기돼야만 할 것이다."[108] 그러는 사이 일부 용기 있는 이들은 이런저런 사정에 얽매이지 않고 이미 새로운 종합을 위한 시도들을 한 참이었다.

브뤼셀의 유럽집행위원회로부터 자금 지원을 받는 (위원회가 창안한 것은 아니지만) 한 역사 프로젝트는 1989~1991년의 정치적 대격변 이전부터 구상된 계획이었다. "이해의 모험An Adventure in Understanding"이라는 명칭이 붙은 이 프로젝트는 총 3단계로 계획됐다. 500쪽짜리 유럽사 개론서를 만들고, 10부작짜리 텔레비전 시리즈를 제작하며, 학교 교과서를 한 권 만들어 EC 8개 회원국 각국의 언어로 출간을 한다는 것이었다. 이 프로젝트의 입안자들은 자신들이 '정치적 탐색의 여정'에 올라 있음을 허심탄회하게 밝혔다. 그들의 목표는 기존의 주권 국민국가(민족국가)의 기조에 따라 쓰인 역사를 대체할 것을 만드는 데 있었다.

> 민족주의, 그리고 유럽이 국민국가(민족국가)로 사분오열된 상황은 비교적 최근 현상이다. 이는 아마도 일시적 현상이겠지만, 이제는 이를 되돌릴 수 없다는 것도 분명하다. 제국이 종말을 맞고 민족주의로 인한 파멸과 함께 전체주의는 패배하고, 서유럽의 자유민주주의liberal democracy가 승리하는 과정이 1974~1975년에 마무리됐다. 이로써 이제 사람들이 자신의 민족주의 본능을 넘어설 수 있는 단계에 진입할 여건이 마련된 셈이다.[109]

"민족주의 본능nationalistic instincts"은 사실 썩 좋은 표현은 아니었다. 하지만 이 책의 주요 저자는, 이 책을 내기 전에는 초기 기독교에 대한 책과 함께 《역사에서 유럽의 이념L'Idée d'Europe dans l'histoire》(1965)을 펴낸 바 있었는데, 유럽이 기본적으로 '다양성 속의 통일성'을 가진다고 굳게 믿었다. "여러 가지의 확실한 역사적 이유가 있는 만큼 유럽은 단순히 여러 문화의 모자이크가 아닌 하나의 유기적 전체로 봐야 한다." (이 책은 국내에서는 《유럽의 탄생: '유럽' 이념의 역사》(2003)으로 번역·출판됐다.)

그러나 이 모험은 시기를 잘못 만났다고 해야 했는데, 《역사에서 유럽의 이념》이 나온 때가 하필 책이 다루는 지리적 틀이 막 허물어진 시점이었기 때문이다. 책에서는 '유럽'을 EC 회원국의 영토로 정의하면서, 거기에 스칸디나비아·오스트리아·스위스를 추가한 참이었다. 핀란드·폴란드·헝가리·보헤미아도 책에 넌지시 언급은 되지만 그 지위가 명확히 규정되지는 않았다. 여기서도 또 한 번 서구 문명이라는 개념이 영향력을 행사한 것이었다. 이 작업에 호의적이지 않았던 비평가들은 한둘이 아니었다. 책을 읽어본 한 사람은 그 안의 도덕적 논조가 마치 "소비에트 블록의 역사서술을 […] 연상시키는 것 같다"라는 비유를 하기도 했다. 그런가 하면 책의 접근방식을 정리하며 "절반의 유럽에 대한 절반의 진실"이라는 제목을 단 곳도 있었다.[110]

특히나 그리스인들이 《역사에서 유럽의 이념》에 격앙했다. 그리스는 1981년 이래 줄곧 EC 회원국이었음에도, [저자] 장-바티스트 뒤로젤Jean-Baptiste Duroselle은 고대 그리스 및 비잔티움의 기여를 상당 부분 빼버린 채 책을 냈다. 이에 다수의 유럽의회 의원, 아테네 대주교, 이런저런 사람들이 유럽집행위원회로 항의 서한을 보냈다. 사람들은 이 책을 "사탄의 시Satanic Verses"에 비유하기도 했다. 프랑스인 역사학자 에르네스트 르낭Ernest Renan의 견해도 세간의 이목을 끌었다. "유럽은 사상과 예술에서는 그리스요, 법에서는 로마요, 종교에서는 유대-기독교다." 한 영국 특파원은 에우로파Europa[유럽]와 이스토리아Istoria[역사]라는 말의 어원이 그리스어에 있음을 환기시키기도 했다. 유럽 역사에 그리스가 기여한 바가 없다고 부정해버리면, 이 책은 과연 무슨 말로 불러야 옳겠는지 그 기자는 물었다. 얼마 안 가 유럽집행위원회는, 자신들은 이 프로젝트와는 직접적 관계가 없다고 선을 긋지 않으면 안 됐다.[111]

그중 단연 압권이었던 논평은 아테네 아카데메이아Academy of Athens에서 비롯한 언급들에서 찾아볼 수 있었다. 이 논평은 뒤로젤의 "유럽의 유럽사" 개념에 문제가 있다고 우려했다. 서유럽 외의 것은 거의 논하지 않는 연구를 "유럽적"이라는 범주에 넣는다면, 유럽의 나머지 지역은 어떻게든 유럽적이지 않다는 이야기가 될 것이었다. "비서구적"인 것이 곧 "비유럽적인" 것을 의미한다면, 단순한 지리를 제한 모든 것에서 "유럽"은 "서구"라는 등식이 성립된다.[112] 동유럽은 ―그것이 비잔티움 유럽이든, 정교회 유럽이든, 슬라브족 유럽이든, 오스만제국 유럽이든, 발칸반도 유럽이든, 소비에트 유럽이든 간에― 이제 유럽의 울타리 밖으로 영영 밀려나게 될 것이었다. 바로 이런 근본적 오류를 안고 있었기에 뒤로젤은 "유럽의 고대인들"을 논하면서 그리스인도 슬라브족도 언급하지 않았다는 것이다. 저자는 자신의 입장을 변호하려 했지만 늘 절묘하게 방어만 해낸 것은 아니었다. 책에 마라톤(평원)전투[기원전 490]를 언급하지 않았다는 혐의를 쓰게 되자, 뒤로젤은 자신의 책에는 베르됭전투[1916, 제1차 세계대전]도 빠져 있다며 자기 나름대로 반격을 가했다―그러나 정말로 그렇다면 이 책은 유럽사 전반은 물론이고 서유럽사 책으로서도 내용이 부실하다고 여겨질 수밖에 없었다.[113]

이 프로젝트의 교과서는 12개국 출신의 역사학자 12명에 의해 1992년에 출판됐다. 교과서 내용은 상호 논의를 통해 확정됐다. 예를 들어, 프랑스 저자가 쓴 꼭지 〈야만족의 침입〉은 〈게르만족의 침입〉으로 바뀌었다. 스페인 저자가 프랜시스 드레이크에게 썼던 "해적"이라는 표현은 반대에 부딪혀 교과서에 실리지 못했다. 교과서 표지 사진의 드골 장군 얼굴은 빅토리아 여왕 얼굴로 대체됐다. 어떤 이유에서인지는 모르겠지만, 영국에서는 이《유럽 역사책The European History Book》(원제는 "Histoire de l'Europe")을 펴내겠다는 출판사를 찾을 수 없었고, 독일의 16개 주Länder에서도 당국의 엄격한 승인 기준에 부합하지 못할 것이라고 평가했다.[114]

그러나 유로히스토리가 가볍게 생각하고 벌인 일은 아니었다. 이 프로젝트가 무엇보다 역점을 두었던 것은, 유럽 공동체의 역동적 비전, 자신만의 신비한 힘을 만들어낼 비전을 찾자는 것이었다. 막 형태를 갖춰가던 초기였던 만큼, 그 비전이 제대로 커나가지 못한 것은 당연한 일이었다. 어쨌거나 이 비전이 생겨난 시점도 세계가 한창 냉전 중일 때였고 말이다. 하지만 그것은 어떤 본질적 진실을 파악하고 있을 가능성이 있었다―즉 오직 주권을 가진 국민국가(민족국가)만 우리에게 건실한 정치 공동체의 유일한 형태를 제시해주지는 않는다는 사실 말이다. 국민국가(민족국가)들은 원래 그 자체가 '상상된 공동체imagined communities'다. 이 국민국가들은 강력한 신화들을 비롯해 정치적 역사 재집필을 토대로 구축되는 법이다.

> 서로가 일일이 얼굴을 알고 지낸 원시 촌락보다 규모가 큰 모든 공동체는 (어쩌면 이들 공동체 또한) 상상된 산물이다. […] 제 아무리 작은 국가(민족)도 그 안의 성원들이 함께 살아가는 동료 성원들을 다 알게 될 리는 없다. […] 하지만 그들 각자의 마음속에는 자신들이 서로 친교를 맺고 살아간다는 이미지가 살아 있다.[115]

유럽인에게는 이와 동일한 상상이 필요하다. 조만간 유럽의 미래를 향한 새 포부와 함께할, 유럽의 지나온 과거를 설득력 있게 그린 새 그림이 구상돼야 하겠다.

1990년대의 이와 같은 유럽 운동은 성공할 수도 있고 실패할 수도 있다. 이 운동이 성공한다면, 그러기까지 유럽에 일종의 공동체 의식을 심어준 역사학자들이 많은 노고를 기울인 셈이 될 것이다. 그때까지 그들은 이루 헤아릴 수 없이 많은 유럽인, 다중적 정체성multiple identities과 다중적 충의multiple loyalties를 나타내며 이미 종래의 경계선을 넘어선 수많은 사람에게 그 나름의 정신적 고향을 마련해준 게 될 것이다.

유럽사

'유럽사European History'가 무엇이냐고 질문을 하면 전문 역사학자들도 명확히 대답을 못하는 경우가 많다. 보통 전문 역사학자들은 이런 문제를 별로 염두에 두지 않는다. 그래도 끝까지 재우쳐 묻는다면 아마 대부분의 역사학자들이 과거엔 유럽사와 관련한 여러 전제가 그 나름 확실

했는데 지금은 혼란스러울 뿐이라고들 할 것이다. 1986년 어떤 역사 학술지가 진행한 설문에서
는 학자들이 유럽이 무엇이냐는 질문에 몇몇 의미심장한 답변을 내놓다. 한 저명한 학자는 다음
처럼 말했다.

> 1930년대에 내가 프랑스에서 학교에 다닐 때만 해도, '유럽사란 무엇인가?'에 대한 답은 […]
> 간단하고 명확해 보였다. […] 어떤 장소, 어떤 사건, 어떤 인물이건 프랑스와 관계가 있기만
> 하면 다 유럽사에 속했다. (아니, 그런 것들이 그냥 역사였다.) […] [하지만 지금은] 단일한 유럽
> 사보다는 수많은 유럽사가 있다.[116]

두 번째 응답자는 유럽의 전통적 지방주의parochialism를 못마땅해 하면서 전 세계적 지평
이 필요하다는 의견을 내놓았다.

> 과거에 유럽의 역사라는 개념은 유럽의 눈으로 본 역사, 역사에 대해 유럽적 시각을 가진 역
> 사에 지나지 않았다. […] 이런 식의 설명 방식은 오늘날에는 더 이상 설 자리가 없다.[117]

이 답변에는 그릇된 이해를 가진 선대 학자들의 유럽중심주의로 말미암아 역사학이라는 전
체 학과가 얼마쯤은 정당성을 잃게 됐다는 뜻이 함축돼 있는 것처럼 보인다.

헝가리 출신의 한 기고자는 영국 학계가 '유럽의' 역사를 '영국의' 역사와 분리하는 별난 습
관에 대해 지적했다.[118] 이러한 구분으로, '유럽적European'이라는 말은 곧 '대륙적Continental'인
것을 뜻하게 됐고 영국이란 지역은 완전히 독특한 특성을 가진 곳이 됐다는 것이다.

또 한 기고자는 유럽사에 세 가지 각기 다른 분석을 내놓다. 그가 열거한 바에 따르면, 유럽
사는 '지리적 차원'과 '문화적 혹은 문명적 차원', 그리고 그가 말한 '16세기 이래 발달한 자본
주의 세계 경제의 핵심 지대를 일컫는 편의상 약칭convenient shorthand'이라는 범주로 정의될 수
있었다.[119]

모들린칼리지에서는 한 학자가 더 예리한 의견을 개진했다. A. J. P. 테일러는 그 역사 학술
지 설문의 취지에 독보적 표본을 내놓았다.

> 유럽사는 역사학자가 이런 것이 유럽사였으면 하고 바라는 것이다. 유럽사는 정치적이든 종
> 교적이든, 군사적이든 평화적이든, 심각성의 것이든 낭만성의 것이든, 지척에 있든 멀리에 있
> 든, 비극적이든 희극적이든, 중요한 것이든 하찮은 것이든 온갖 방식으로 일어난 갖가지 사
> 건 및 사상과 그 외 우리가 유럽사였으면 하는 것들을 한데 정리해놓은 것이다. 유럽사를 제

한하는 요소는 딱 한 가지다. 즉 그 일이나 사상이 반드시 우리가 유럽이라 부르는 지역에서 일어나거나 유래해야 한다는 것이다. 하지만 나는 우리가 유럽이라 부르는 곳이 정확히 어디인지 잘 모르겠고, 마찬가지로 유럽 외 지역이 또 어디인지도 영 갈피를 못 잡겠다.[120]

늘 그랬듯, 연륜 깊은 내 은사의 말은 절반 이상의 진실을 담고 있었고, 더할 나위 없는 즐거움을 주었다. 그러나 내 은사 역시 스스로는 유럽사는, 설령 그런 것이 정말 존재한다 해도, 별 신경 쓰지 않아도 되는 주제라고 내심 생각하는 축에 속한다고 여겼다.

따라서 요는, 머리로 내린 정의들은 답을 주기보다 더 많은 질문만 나오게 한다는 것이다. 유럽사를 잘 다루는 문제는 낙타를 잘 타고자 할 때와 똑같다. 애써 그것을 정의하려 하기보다 그 내용을 우선 서술해내는 게 실질적 방법이다.

페닌술라 PENINSULA

환경과 선사시대

1

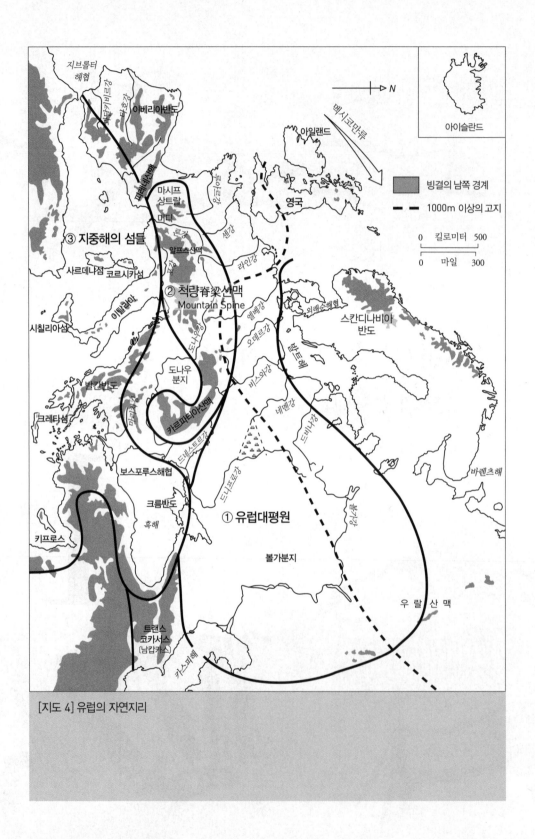

지브롤터
해협

아베리아반도

아일랜드

영국

빡시코만류

빙결의 남쪽 경계

1000m 이상의 고지

0   킬로미터   500

0   마일   300

피레네산맥

마시프
상트랄
미디

③ 지중해의 섬들

론강

알프스산맥

센강

라인강

사르데냐섬 코르시카섬

② 척량脊梁산맥
Mountain Spine

엘베강

오데르강

외래순해협

스칸디나비아
반도

이탈리아

시칠리아섬

도나우강

도나우
분지

비스와강

발칸반도

크레타섬

키르파티아산맥

마리차강

네멘강

드비나강

바렌츠해

데스트르강

보스포루스해협

드니프로강

네바강

크름반도

흑해

① 유럽대평원

돈강

키프로스

볼가분지

우 랄 산 맥

트랜스
코카서스
(남캅카스)

카스피해

[지도 4] 유럽의 자연지리

유 럽의 환경의 역사를 다룬 많은 글에선 결정본이 뚜렷이 드러난다. 많은 유럽인이 자기네 '대륙'은 그야말로 막대한 것을 부여받아서 자신들이 세계의 패권을 차지하게 되는 것은 자연이 정한 운명이라는 투로 당연시해왔다. 아울러 많은 유럽인이 여차한 일에도 유럽은 끄떡없이 영원히 행운을 누리겠거니 여겨왔다. 몽테스키외만 해도 1748년에 이렇게 썼다. "기후의 제국이 모든 제국을 통틀어 으뜸이다." 그러고는 유럽의 기후를 따를 곳은 세상 어디에도 없다는 사실을 입증하는 식으로 논의를 전개했다. 몽테스키외에게 유럽은, 그의 수많은 후계자에게도 그랬지만, 곧 진보와 동의어였다.[1]

애국적 논조의 지방주의 또한 상당 부분 있어왔다. 인문지리학human geography의 창시자인, 아날학파 형성 초기에 지적 토대를 닦은 인물로 손꼽히기도 하는, 폴 비달 드 라 블라슈Paul Vidal de la Blache(1845~1918)까지도 프랑스인 특유의 쇼비니즘을 털어내지 못했다. 그가 강조한 바에 따르면, 다양성이야말로 프랑스의 지형에서 가장 밑바탕이 되는 특징이었다. 그는 "엄습해오는 다양성에도 굴하지 않고, 프랑스는 포르스 다시밀라시옹force d'assimilation(동화同化의 힘)을 발휘했다. 이 나라는 자신이 받아들이는 모든 것을 종전과는 전혀 다른 무언가로 탈바꿈시켜버린다"라고 썼다. 이에 반해 영국에 대해서는 삼류 시를 인용하며 "쥐꼬리만 한 섬,/ 고작 몇 뙈기 땅에 날씨만 고약한 곳"이라고 적어놓았다. 100년 뒤 페르낭 브로델이 한 일도 알고 보면 별반 다르지 않다.[2] 다양성이 프랑스가 가진 제일의 특성인 것은 사실이다. 그러나 다양성을 프랑스 혼자 독차지하고 있는 것은 아니다. 다양성은 어디 한 곳이 아닌 유럽 땅 전체에서 뚜렷이 나타나는 특징이다.

사실, 유럽 반도Peninsula of Europe는 엄밀하게 말해 '대륙continent'이라 할 수 없다. 독자적인 땅덩이는 아니라는 얘기다. 약 930만 제곱킬로미터(360만 제곱마일)에 달하는 유럽 땅은 그 크기가 아시아의 4분의 1, 아프리카의 3분의 1, 남아메리카나 북아메리카의 2분의 1에도 못 미친다. 현대 지리학자들도 유럽을, 인도와 마찬가지로, 유라시아에 속한 아亞대륙subcontinent으로 분류해 "구대륙 한쪽에 붙은 곳으로, 아시아 서편으로 툭 비어져 나온 땅"이라고 정의한다. 그렇기는 해도 물리적 특성 면에서 유럽이라는 곳간에는 처음부터 갖가지 장점이 그득했다는 것도 부인할 수 없다. 유럽에서는 지형, 기후, 지질, 동물상動物相, fauna의 요소가 잘 맞물려 아늑한 환경이 조성됐으며, 이 점은 유럽의 발달을 이해하고자 할 때 반드시 알아두어야 할 사실이다.

;

유럽의 지형은 세상의 그 어떤 대륙 혹은 아대륙과도 닮은 데가 없다. 북쪽과 남쪽의 침하된 지반 위로 바닷물이 범람해, 내륙 안쪽 깊숙이까지 침입해온 사슴 모양의 바다 두 개가 나란히 위아래에 자리 잡고 있다. 북쪽 바다는, 북해에서 발트해로 이어지는 해안선이 대서양에서 시작해 러시아에 닿기까지 2500킬로미터에 걸쳐 뻗어 있다. 남쪽 바다는, 지중해와 흑해를 잇는 해역이 지브롤터해협에서 캅카스산맥에 닿기까지 총 3900킬로미터에 걸쳐 뻗어 있다. 이들 바다 안쪽으로는 작달만한 만들이 큰 바다를 보호막 삼아 광활하게 군집을 이루고, 큼지막한 섬들이 군데군데 보석처럼 박혀 있다. 그래서 유럽은 땅덩이 대 해안선 비율이 유난히 높은 편이다. 3만 7000킬로미터 즉 2만 3000마일 이상에 달하는 유럽의 해안선 길이는 거의 지구의 적도 길이와 맞먹는다. 고대인에게는 이 점이 아마 유럽을 발들이기 쉬운 땅이라고 생각한 가장 중요한 척도였으리라.

이뿐만 아니라 유럽 반도는 해안이 유라시아 서쪽 맨 끝자락의 온대 기후대에 걸쳐 있어 사람들이 생활하기에 우호적인 기후를 접할 수 있다는 점에서도 고대인의 발길을 재촉했다. 대양에서는 탁월풍卓越風, prevailing wind(어느 지역에서 시기나 계절에 따라 특정 방향에서부터 가장 자주 부는 바람)이 서쪽에서 동쪽으로 불어와, 바다 공기를 잔뜩 머금은 바람의 덕을 제일 많이 보는 곳도 커다란 대륙의 서쪽 해안가들이다. 그러나 다른 서향 대륙의 해안 중에는 그렇게 바다 공기의 덕을 보는 곳을 찾아보기 힘들다. 유럽 이외의 곳들에서는 우뚝 솟은 산봉우리나 얼음장과 같이 차가운 해류에 의해 가로막히지 않을 경우, 사하라·칼라하리·아타카마 같은 사막들이 해안가에 줄지어 있기 일쑤다.

이런 지형으로 유럽은 그 위도치고는 기후가 유달리 온화한 편이다. 일반적으로 정리하면, 북유럽은 멕시코만류(걸프스트림)의 영향을 받아 날씨가 온난하고 습윤하다. 남유럽은 비교적 따뜻하고, 건조하며, 화창하다. 대륙성기후의 진가는 중부 및 동부 유럽에서 나타나는데, 겨울철은 청명하고 추우며 여름철은 찌는 듯 덥다. 물론 날씨란 어딜 가나 변덕이 심한 법이지만. 유럽에서 극단적 날씨는 찾아보기 힘들다. 유럽권의 러시아조차 1월과 7월의 평균 기온 차가 45도로 벌어지지만, 이는 시베리아 기온 차의 절반밖에 안 되는 수치다. 유럽에서 가장 습한 지역은 노르웨이 서부로, 연평균 강수량이 3500밀리미터(138인치)에 이른다. 가장 건조한 지역은 카스피해 일대가 꼽히며, 1년 강수량이 250밀리미터(9인치)에 못 미친다. 유럽에서 가장 추운 곳인 보르쿠타(러시아)는 한창 추운 1월의 평균 기온이 영하 20도에 이른다. 유럽에서 가장 더운 곳이 어디냐를 두고는 세비야(스페인)와 아스트라한(러시아) 사이에 각축이 벌어지곤 하는데, 두 곳 모두 찌는 듯한 7월에 평균 기온이 29도까지 올라간다. 이 정도는 동일 위도의 아시아, 아프리카, 남북아메리카 지역의 극단적 날씨에 비하면 아무것도 아니다.

유럽의 온화한 기후는 원시 농경의 여러 요건이 갖추어지는 데도 유리했다. 유럽 반도는 땅 대부분이 경작용 풀이 자라나는 자연 지대에 자리 잡고 있다. 삼림지대도 풍부해 사람들에게 땔감이나 은신처를 제공해주었다. 유럽에서는 고지의 목초지가 비옥한 계곡에 바싹 붙어 생겨나는 경우가 많다. 유럽 서부 및 남부에서는 가축들이 탁 트인 평원에서 한겨울을 나기도 한다. 지방별로 여건에 따라 특유의 적응이 잘 이뤄진 사례도 이따금 찾아볼 수 있다. 해안선이 끝없이 이어지고 대륙붕까지 드넓게 펼쳐진 덕에 이곳 어부들은 바다에 나가면 수확물을 풍성하게 얻을 수 있었다. 도나우분지 같은 탁 트인 평원에서는 유목민의 말 사육과 유라시아 스텝지대의 소 방목 방식이 옛날 방식 그대로 보전되기도 했다. 알프스 산지에서는—알프스라는 이름은 수목한계선 이북에 자리한 고지의 목초지에서 따온 것이다— 고대부터 꾸준히 이동 방목이 행해졌다.

유럽의 기후는 이곳의 인간 동물상의 우세한 피부색에도 영향을 끼치지 않았을까 한다. 중간 정도의 햇빛과 그에 해당하는 자외선이 내려 쪼인 결과 중간 정도의 착색 유전 부호가 이 반도 사람들의 유전자 풀 안에 각인됐을 것이다. 확실히 역사시대에 들어서는, 북방의 금빛 머리칼 및 푸른 눈과 창백한 얼굴이 유럽인의 주된 특징으로 자리 잡은 듯하다. 유럽인 태반과 유럽인에게서 갈라져 나온 후손들은 그런 외양을 통해 쉬 유럽인으로 분간되고는 한다.

지극히 피상적인 인종적 특성들을 가져다 논의 대상으로 삼는다는 것은 최근까지만 해도 어이없는 일이었다. 예를 들어, 혈액형, 체조직體組織, DNA 각인DNA imprint 분석은 20세기 후반에야 인류가 알게 된 기술이다. 더욱이 최근까지는 과연 얼마큼의 유전물질이 인간 모두에게 공통되게 들어 있는지 알아내지 못했다. 그래서 인종이론가들은 피부색, 키, 두개골 모양 같은 외적 기준으로 이런저런 결론을 도출해내기 십상이었다. 그런데 알고 보면 지금까지 유럽 인구는 인종 구성 면에서 항상 꽤 많은 다양성을 보여왔다. 스칸디나비아반도에 터 잡고 살았던, 훤칠한 키에 푸른 눈동자, 하얀 피부와 백금빛 모발의 노르딕인종Nordic race(북유럽인종, 북방인종)은 그 먼 땅에서 유일하게 '백인white'의 이름표를 달 자격을 갖춘 집단이었다. 한때 유럽 남부 태반을 지배했던 '지중해인Mediterranean' 혹은 '인도-지중해인종Indo-Mediterranean Race'은, 땅딸막한 체구에 갈색 눈동자이고 거무스름한 피부에 흑발로, 그들과 닮은 데가 전혀 없었다. 북쪽과 남쪽의 이 양극단 사이에도 수많은 피부색이 다양한 층위를 이뤘다. 유럽 반도 사람들은 대부분 몽골족·인도인·흑인과는 확실히 구분되지만, 근동Near East과 북아프리카를 지배하는 다른 집단들과는 그와 같은 구분을 찾기 어렵다.

선사시대 분야에서 가장 획기적인 진전 중 일부에 대해서는 현재 현대적 기법의 유전자 연구가 진행되고 있다. 혈청학血淸學serology(항원 항체 반응을 연구하는 학문, 면역학의 한 분야)의 정교화, DNA의 (이중나선 구조의) 발견(1953), 그 뒤를 이은 인간 유전자에 적힌 30억 개 '글자letters' 지도의 작성으로 성격이 매우 정교한 심층 연구가 가능해졌다. 유전자 기록과 언어 기록 사이 상관관계에 따르면, 생물학적 진화와 문화적 진화 패턴은 우리가 상상한 것보다 훨씬 밀접할 수 있다. 최근 연구를 통해서는 선사시대에 유럽으로 유전물질이 이동한 것이 당시 병존한 문화 추세의 움직임과 일치한다는 사실이 드러나기도 했다. "유전자, 민족, 언어는 제각기 갈라지되 […] 보조를 맞추어 각자의 길을 갔다"라고 한 저명한 학자(루이지 루카 카발라-스포르자)는 썼다.[3] 각 지방의 연구에서도 고립된 문화 공동체, 예컨대 비非인도-유럽인인 바스크족은 뚜렷이 식별되는 고유한 유전적 흔적을 가지는 것으로 나타난다. 이 부분과 관련해 일반적 결론이 나와 있는 것은 아니다. 다만 유럽의 유전적 유산은 한때 사이비과학으로 치부됐으나 지금은 끝까지 파헤쳐볼 가치가 있는 것으로 여겨지고 있다는 점은 알아야 할 것이다. 마침내 "우리는 먼 조상이 우리에게 남겨준 메시지를 하나둘 읽어나가기 시작한 참이다."[4] [코카시아] [탐무즈]

심리학적 견지에서는, 유럽 반도가 기회와 도전을 한데 버무려 선사하며 고대인을 자극했다. 유럽 땅에서 살기란 기개 없이는 안 될 만큼 스트레스를 받는 일이었지만 아주 못 견딜 정도는 아니었다. 삶은 혹독했지만 보상도 따랐다. 리듬을 타듯 규칙적으로 바뀌는 계절 속에서 사람들은 소소한 일과들을 정해두고 앞날에 착실히 대비하는 활동들을 챙겨나갔다. 변덕스러운 날씨는 사람들에게 융통성을 키워주는 자극제 역할을 했다. 유럽에는 고난을 무릅쓰고 이겨내야 할 자연재해—바다의 강풍, 겨울철의 폭설, 여름철의 가뭄, 질병 등—도 숱하게 많았다. 그래도 건강과 생존 전망은 나쁘지 않은 편이었다. 위태한 지경에 처했다는 생각은 수천 년 뒤 북아메리카 동부 연안에 정착하는 그들의 후손들이 더했지, 선사시대 유럽의 원시 정착민들은 그렇게까지 큰 위기는 못 느꼈다 해도 과언이 아닐 것이다.

지금은 예전 같지 않아서 유럽 대륙 말고는 인간 문명이 발달해 나올 만한 곳이 없었을 거라고 말했다간 섣부른 일이 될 것이다. 하지만 문명이 발달한 다른 지역들 대부분은 저마다 그 나름의 결점들을 안고 있었다. 인류가 최초로 흥성한 아열대의 강 유역들과 비교할 때, 유럽 반도의 주기적 사계절과 적당히 아늑한 환경은 지속적 발달에 보다 유리한 배경이 됐다. 유럽에는 각종 지질학적·생물학적 환경이 풍요롭고 다채롭다. '유년기의' 산맥이 우뚝 솟아 있는가 하면, 고대에 요충지로 역할을 한 언덕도 있고, 활화산도 자리한다. 깊은 협곡과 드넓은 평원이 있고, 내리닫듯 고지에서 흘러내리는 급류가 있는가 하면, 드넓은 강줄기와 수천개의 호수가 있기도 한다. 아북극에서는 툰드라, 영구동토층, 빙하, 바위투성이 해안가, 모래사장, 강어귀 삼각주도 만날 수 있다. 여기에 탁 트인 초원, 드넓은 활엽수림, 우중충한 빛의 송림松林, 아열대의 야자수도 있다. 거기에 물이 빠져나간 반半사막의 토양, 널따란 늪지, 심층의 황토 및 '흑토' 지대도 있다. 식물상 및 동물상의 범위 또한 광범위하다. 유럽의 야생은 지금까지도 충분히 살아남아 태고의 서식지가 어떤 모습이었을지 짐작케 해준다.

그러나 중요한 사실은 유럽의 지형은 그 거리나 높이가 다른 지역의 그것보다 훨씬 덜 험악하다는 점이다. 유럽 각지는 자연이 만든 오솔길로 군데군데 잘 연결돼 있다. 원시의 인간들이 장애물로 여기기보단 성큼 발을 들여보았을 것이 분명한 길들로 말이다. 유럽에서는 통나무배 한 척이 있으면 노를 저어 내륙의 바다 연안을 돌아다닐 수 있었듯, 여기저기 수없이 흐르는 강물을 타고 거의 어느 방향으로든 가볼 수 있었다. 북쪽으로는 센강·라인강·엘베강·오데르강·비스와강(비스툴라강)·네만강드·비나강이 하나같이 흘러들고, 남쪽으로는 에브로강·론강·마리차강·드니프로강(드네프르강)·볼가강이, 서쪽으로는 타호강(타구스강)·루아르강·세번강이, 동쪽으로는 템스강·도나우강·포강·드네스트르강이 흐른다. 강들 사이사이에는 또 걷거나 탈것을 이용해 다닐 수 있는 지름길들이 잇따라 끝없이 이어져 있다. 일례로, 부르고뉴 상부 오수아(프랑스) 지방에선 물길 사이사이를 몇 시간 걸어 지중해, 대서양, 영국해협에 가닿을 수 있다. 알프스산맥의 중앙부 안데르마트(스위스) 근방에서는 라인강과 론강이 발원지에서 나란히 솟아올라 이내 남과 북을 향해 제각기 흘러간다. 비쳅스크(벨라루스) 인근의 드비나강-드니프로강 운송로는 스웨덴에서부터 배를 끌고 오기 쉬운 위치에 있으며 어느 지점에서는 이 길이 단번에 이집트로도 통한다.

유럽 곳곳에 공공도로와 샛길이 뚫려 인간을 이동시키고 정착시키기까지 얼마나 장구한 과정이 이어졌는지는 이루 다 말할 수 없을 것이다. 그렇다 해도 유럽 내에서의 이동이 비교적 손쉽다는 사실은 더 커다란 다른 대륙 내에서의 이동을 생각하면 비교 자체가 안 된다. 먼 옛날 대상隊商 행렬이 비단길을 따라 중국을 떠나올 때에는 아시아대륙의 몸통을 건너는 데에만 1년 넘게 걸렸다. 하지만 태곳적부터 유럽에서는 신체 건장 하고 의기 깨나 있는 나그네면 누구나, 며칠까지는 아니더라도, 불과 몇 주 새에 땅 이편에서 저편으로 이동해갈 수 있었다.

유럽을 이런저런 '자연적' 혹은 '역사적' 권역으로 나누는 일은 오랫동안 지성 연마 차원에서 우리를 즐겁게 하는 작업이자 도무지 결론이 안 나는 문제였다. '서유럽'을 '동유럽'과 별개의 지역으로 정의하려는 시도는, 두 지역의 경계를 못 박는 기준만큼이나, 숱하게 많았다(48쪽 지도 3, 53~57쪽 참조). '북유럽'과 '남유럽'은 유럽 반도 중앙부 알프스산맥을 경계로 두 지역이 뚜렷이 그리고 영구적으로 나뉜다. 그러나 이베리아반도에 해당하는 유럽 극서와, 흑해 배후지에 해당하는 유럽 극동의 경우는 문제가 간단치 않다. '중부유럽' 혹은 '중동부유럽' 지역은 그곳의 유구한 역사를 입증하겠다며 여러 주장이 개진되지만 독창성이 뛰어난 만큼 왜곡된 면들도 있다.[5] 아무래도 유럽의 지역들을 나누는 데는 물리적, 지리적 특성에 근거하는 편이 더 안전한 발판일 것이다.

유럽 반도를 구성하는 자연 요소로는 다섯 가지를 꼽는다. 이 지리적 단위는 역사시대 내내 대체로 한결같은 모습으로 남아 있었고, 반면 그 위에 걸터앉았던 정치 단위들은 툭하면 나타 났다 사라지곤 했다. '지구의 자랑스러운 제국들'은 늘 하루하루 죽을 날을 향해 가고 있는 셈이 다. 그러나 평원, 산맥, 바다, 반도, 섬들은 우리 눈엔 그 모습 그대로 영원할 것만 같다.

1. **유럽대평원**은 대서양에서 우랄산맥까지 3800킬로미터가 넘는 땅이 막힘없이 쭉 뻗어 있 는 곳이다. 유럽대평원이야말로 유럽 영토의 가장 지배적인 특성이다. 일각에서는, 유럽대평원 동쪽의 우랄산맥은 양쪽 사이에 긴 건너기 좋은 가교일 뿐이므로, 이보다 훨씬 큰 땅덩이 즉 시 베리아 동부 베르호얀스크산맥까지 뻗어 있는 저지대가 중간에 잠깐 멈췄다 아래까지 더 뻗어 나온 지역을 유럽대평원으로 보기도 한다. 우랄산맥의 경도를 기준으로, 유럽대평원은 그 범위 가 바렌츠해에서 카스피해까지 2000킬로미터를 아우른다. 그러던 것이 저지대 국가들의 해안 과 언덕들 사이에 오면 너비가 200킬로미터 미만으로 줄어든다. 평원에서는 큰 강들이 거의 다 남북의 축을 따라 흐르는데, 덕분에 동-서 교통의 사이사이에 자연적인 틈이 만들어져 유럽대 평원을 6~7개 단계로 나누어 손쉽게 횡단할 수 있다. 유럽대평원의 길이 두 개로 갈리는 지점 은 비스와강 동쪽, 사람의 발길이 닿지 못하는 프리퍄치습지(핀스크습지) 부근이다—여기서 북 쪽 길을 따라가면 발트해의 호수 지방을 빙 둘러 지나게 되고, 남쪽 길로 들어서면 스텝지대로 통하는 고속도로를 타는 셈이 된다.[우크라이나]

유럽대평원의 기세가 제일 많이 침범당하는 곳은 라인강과 오데르강 사이이다. 이 부근에서는 평원 대신 울창한 숲이 자리해 사람이 발들이기 어려운 언덕들이 주된 경관을 이룬다. 아르덴, 토이토부르크숲, 하르츠산지는 오늘날까지도 사람들에게 통과하기 힘든 만만찮은 장벽으로 남 아 있다. 이 장벽은 대평원이 횡으로 가로지르는 것은 물론 알프스를 향해 종으로 가로지르는 것까지 막아선다. 오늘날 독일 지도를 보면, 국가의 발전이 거의 다 대평원을 향하거나 아니면 라인·마인·네카어·도나우의 4개 강 분지로 들어가는 것을 알 수 있다.

유럽대평원에 정착한 사람들에겐 시종 그들을 괴롭힌 장애가 하나 있었다. 이쯤서 눌러살 아야겠다고 선택한 땅에 어떤 식의 자연적 경계도 쳐져 있지 않았던 것이다. 땅을 지키려면 사 람들 자신이 팔을 걷어붙이고 싸우는 수밖에 없었다. 오늘날 유럽의 저지대 주민들은 자신들을 땅이나 일구고 사는 심성 착한 농부라고, 그러니 언덕배기에 사는 포악한 맹수 같은 자들과 자 신들은 정반대 부류라고 생각하는 경향이 있다. 그러나 실제로 체계 잡힌 군사 조직이나 군사

우크라이나 UKRAINA

■
■ 우크라이나는 유럽에 정착한 사람들이 가장 많이 거쳐간 지역이다. 고대에 이곳은 슬라브족이 들어오기 오래전 흑해 초원Pontic steppes 지역에 거주한 민족들의 이름을 따서 스키타이Scythai 또는 사르마티아Sarmatia(사르마트Sarmart)로 불렸다. [케르소네소스] 볼가강과 카르파티아산맥 사이에 위치한 우크라이나는 남유럽 평원에서 가상 큰 부문을 자지하며 아시아와 유럽을 잇는 주요 육로에 해당한다. "우크라이나"는 슬라브어로 "끝자락에 있는On the Edge"이라는 뜻인데, 이는 미국의 '변경the Frontier' 개념과 가깝다. 중요한 교역 항로인 드니프로강이 관통할뿐더러 서쪽의 정착 지대와 동쪽의 광활한 스텝지대를 잇는 거점이 되는 우크라이니 중심지를 두고 역사적으로 늘 쟁탈 경쟁이 벌어졌다. 우크라이나는 광물 자원이 풍부하다. 돈바스의 석탄, 크리보이로크의 철광석이 대표적이다. 비옥한 흑토黑土, black earth가 풍부해 유럽 최대의 곡창지대인 우크라이나는 1914년 이전에 유럽의 주요 곡물 수출 지역이었다. 그러나 크름반도(크림반도)와 주요 강 유역—하자리아와 최초의 동슬라브족 국가(부록 1591쪽 참조)의 중심지였던 드네스트르강, 드니프로강, 돈강—을 제외하고, [하자리아] 우크라이나의 많은 지역은 근대에 와서야 체계적 정착이 이뤄졌다. 그 이전까지 이 '원야原野' 지역은 여러 이민족과 유목민의 침입에 시달렸고, 코사크족(카자크족)과 타타르족의 싸움터였다. 오스만제국의 지배를 받은 15~18세기에는 우크라이나의 경계선이 흑해와 이슬람 세계에 더 가까워졌다. 1569년 이후 폴란드의 지배가 시작되면서 많은 폴란드 지주와 유대인이 우크라이나로 이주했다. 러시아의 우크라이나 지배는, 1654~1945년 동안 단계적으로 확장되면서, 러시아인의 우크라이나 유입 및 우크라이나의 러시아화의 계기가 됐다. 드니프로강의 섬에 자포로제 코사크족이 만든 준準자치 공동체 '시치Sich'는 1775년에, 타타르족의 크림칸국은 1783년에 러시아에 정복당했다. 차르제국 지배하에 우크라이나 일대는 공식석으로 '소러시아Little Russia'(말로로시야)가 됐다. 러시아가 새로 정복해 식민화한 남부 지방은 '신新러시아New Russia'(노보로시야)로 불렸다.

수많은 우여곡절의 역사를 가진 만큼 우크라이나 사람들은 고국과 땅에 대한 애착심이 유달리 강하다. 이는 다음과 같은 처연한 시에도 잘 드러난다.

ЗАПОВІТ

Як умру, то поховайте
Мене на могилі,
Серед степу широкого,
На Вкраїні милій,
Щоб лани широкополі,
І Дніпро, і кручі
Було видно, було чути,
Як реве ревучий.
Як понесе з України

유언

나 죽거든 오래된 언덕 위에
무덤 하나 만들어주오
내 사랑하는 우크라이나의
넓디넓은 초원에
끝없이 펼쳐진 밀밭과
비탈진 드니프로강 기슭이
바라다보이는 그곳
성난 강물의
우렁찬 포효가 들려오는 그곳

У синє море
Кров ворожу... отоді я
І лани і гори —
Все покину і полину
До самого бога
Молитися... а до того
Я не знаю бога.
Поховайте та вставайте,
Кайдани порвіте
І вражою злою кров'ю
Волю окропіте.
І мене в сім'ї великій,
В сім'ї вольній, новій,
Не забудьте пом'янути
Незлим тихим словом.

그 강물이 우리를 박해하는 자들의 피를
머나먼 푸른 바다로 싣고 가면
나는 이 산과 들판을 영영 떠나
전능하신 신 앞에 서서
기도하며 평화를 찾겠네
그전까지는 신은 모르고 사는 것이
나의 운명이라네
먼저 내 무덤을 만들어주오 그런 후 들고일어나
당신을 묶은 사슬을 찢고
당신의 자유를 축복하기를
사악한 적들의 피의 물결 속에서!
마침내 그 위대한 민족
젊고 자유로운 민족 안에서
부디 잊지 말고 선한 마음으로
조용히 나에 대해 이야기해주오.[1]

그러나 우크라이나 평원(유럽대평원의 동유럽평원)은 항상 영토와 패권을 놓고 다투는 세력들 간의 격전지였기 때문에 이곳 사람들은 자신들의 운명에 대한 통제권을 가져본 적이 거의 없으며 20세기에도 끊임없는 탄압을 겪었다. 러시아혁명 후 우크라이나에 잠시 독립 공화국(우크라이나인민공화국)이 들어섰으나 1918~1920년 러시아의 적군赤軍과 백군白軍이 벌인 내전의 주요 전장이 돼버렸고, 이 공화국은 러시아내전의 승자인 적군에 의해 무너졌다(1190~1192쪽 참조). 우크라이나인들은 유럽의 가장 끔찍한 인위적 재앙들과 대규모 제노사이드의 희생양이었다. 1918~1920년의 전쟁, 1930년대의 집단농장화, 1932~1933년의 대기근, 제2차 세계대전 기간에 발생한 사상자는 총 2000만 명에 이를 것으로 추산된다. [체르노빌] [추수] 러시아, 폴란드, 독일의 세력에 직면한 우크라이나의 무력감과 실제 그 탄압의 근원에 대한 어찌할 수 없음은 이웃을 향한 극단적 폭력으로 표출되기도 했다. [부차치] [포그롬] 우크라이나의 인구는 잉글랜드 또는 프랑스의 인구와 비슷하며 중요한 소수민족들을 포함하고 있다. 그러나 역사책에서 우크라이나인이 다뤄지는 비중은 매우 미미하다. 오랜 기간 이들은 대개 세상 사람들에게 칭송받는 상황에서는 '러시아인' 또는 '소련인'으로 불렸고, 비난받는 상황에서만 '우크라이나인'이라고 불렸다. [레틀란트] 우크라이나인들은 1990년대에 와서야 자유의 목소리를 회복했다. 우크라이나공화국은 1991년 12월(소비에이트연방을 탈퇴하고) 마침내 독립을 되찾았지만 앞날은 불확실하다.[2] (우크라이나는 친유럽 정책과 민주주의 등을 요구하는 '예우로마이단 시위'(2013.11~2014.2)로 친러시아 정권이 탄핵된 이후 친서방 정권이 집권하고 이에 러시아가 크름반도에 군대를 파병하는 등의 상황에서 2014년 3월 러시아와의 합병을 묻는 주민투표의 결과에 따라 크름반도는 러시아에 합병됐다. 이후 친러시아 성향의 우크라이나 동부 돈바스 2개 주(도네츠크, 루간스크)의 분리주의 무장세력과 정부군 사이에 교전이 지속됐다. 크름반도의 우크라이나는 2022년 2월 러시아가 침공해오면서 다시 한 번 전쟁을 겪고 있다.)

직무와 관련한 기술을 익혀야 했던 것은 외려 대평원 사람들이었다. 내가 먼저 나서서 치지 못하면, 언제 상대에게 내가 타격을 당할지 모르는 것이 대평원에서의 삶이었다. 사람들이 발붙이지 못하게 대평원이 그토록 오랜 기간 저항한 것도 그저 우연의 일치는 아닐 것이다. 아울러 대평원에서 유럽 역사상 가장 무시무시한 군사강국이 키워진 것도 어쩌면 당연한 일이었다. 프랑스·프로이센러시아 같은 나라들은 모두 대평원에서 쉴 새 없이 전쟁을 치르며 힘을 키워나갔고, 군사적 전통을 발달시켜 자신들이 처한 곤경에 대항해나갔다. 저지대의 땅들은 유럽 역사상 가장 어마어마한 결전이 치러진 배경이기도 했으니, 쿠너스도르프(지금의 쿠노비체), 쿠르스크, 라이프치히, 타넨베르크(스텡바르크), 워털루, 스탈린그라드(볼고그라드) 등이 그렇다.

유럽대평원의 땅 자체는 두 방향으로 경사져 있다―우선 알프스산맥에서 북쪽 바다 해안에 이르는 방향으로 경사가 져 있고, 동에서 서로도 즉 우랄산맥 정상에서 프랑스의 대서양 해안을 향해서도 경사가 져 있다. 동―서로 기운 주요 지역을 토대로 평균을 내보면, 4800킬로미터에 걸쳐 총 1.8킬로미터가 낮아지니까 1.6킬로미터 마다 0.7미터씩 땅이 낮아지는 꼴이다―땅 자체의 경사도는 0.04퍼센트밖에 되지 않는 것이다.

유럽에는 유럽 특유의 정착 패턴 및 정치발전 패턴에 따라 '문화경사cultural gradient'라는 개념도 발달해 있으며, 이는 땅의 물리적 기울기와 정반대 방향을 띠는 게 특징이다. 이 개념이 발달하게 된 사정은 유럽에서는 영구 정착이 처음에는 남부와 서부에서, 이어 북부와 중부에서, 마지막으로 동부에서 이뤄졌다는 데서 찾을 수 있다. 그 까닭에 지난 4000년 동안 유럽에서는 산맥을 출발해 평원을 건너 지중해 쪽으로 내려가는 것이 실질적 측면에서는 '문화적 상승'으로 통했다. 비슷한 맥락에서, 현대 들어 유럽대평원을 따라 서쪽에서 동쪽으로 나아가는 것은 '문화적 하강'으로 널리 받아들여졌다.

이 '쿨투르게펠레Kulturgefälle'(문화경사) 개념은 독일의 민족주의에도 알게 모르게 배어 있었으니, 당시 독일은 서쪽의 문화적 지배에 반기를 들면서 동쪽 땅을 차지할 주인은 자신들이라고 주장했다. 이와 같은 정서는 프랑스가 벨기에와 독일을 대하는 태도나, 독일이 슬라브족을 대하는 태도, 폴란드인이 러시아와 우크라이나를 대하는 태도, 러시아인이 중앙아시아의 제 민족을 대하는 태도에서도 찾아볼 수 있다. 무릇 인간이란 그 본성상, 자신들은 드높은 문화의 고지高地에 살고 자기 이웃은 저 아래 스틱스Styx(그리스 신화에서 지상과 저승의 경계를 가르는 강)쯤에 산다고 여기는 법이다. 일례로 섬나라 영국만 해도, 옥스퍼드나 하이드파크코너Hyde Park Corner를 히말라야 정상쯤으로 여기고 거기서부터 '켈트인의 변두리 땅Celtic fringe'(켈트인 문화를 공유하는 지역을 가리키는 영어 표현이다), '스코틀랜드의 안개비 지역Scotch mist'(스코틀랜드는 옷이 축축해질 정도의 차가운 안개비가 내리는 것으로 유명하다), '아일랜드의 늪지대Irish bogs'(아일랜드 땅은 습지가 전체 국토의 17퍼센트에 달할 만큼 유럽의 그 어느 나라보다 습지가 많다), '영국해협의 안개지대Channel fog'(영국해협은 영국과 프랑스 사이에 있다)로 갈수록 문화의 수준이 점점 떨어진다고 생각하는 잉글랜드인이 태반이다. 잉글랜드 속담 중에는 "와그wog(영어에서 유럽의 비백인을 가리키는 아주 모욕적인 뉘앙스의 말)는 칼레(도버해협에 면한 프랑스의 항만도시)에서 나오기 시작한다"라는 말이 있는데, 그와 아주 유사한 정서를 우리는 프랑스에서 사용되는 이스트와르 벨주histoires belges(벨가이족 역사)라는 말에서도, 누가 빈 사람이 아니랄까 "아시아는 란트슈트라세에서 시작된다(동쪽 땅에 대한 빈 곧 오스트리아의 야욕을 드러낸 표현. 란트슈트라세는 오스트리아 빈의 제3구區를 지칭한다)"라던 클레멘스 폰 메테르니히(오스트리아의 정치가이자 외교가(1773~1859))의 말에서도, 혹은 "나 루시 시에 무시Na Rusi się musi"("그것은 러시아에 있어야 한다"("러시아, 우리가 마땅히 있어야 할 땅")라는 폴란드 속담에서도 마찬가지로 느낄 수 있다. 이렇듯 제멋대로 높아지고 낮아지는 문화 지형 속에 갖은 편견이 내재해 있는 것은 분명, 사람들이 유럽대평원에서의 불안정한 삶에 그만큼 두려움을 느껴왔다는 뜻이리라.

유럽대평원에서 잔가지처럼 뻗어 나온 지대 중 접근 경로의 형세 때문에 예로부터 특히 중요성을 지녀온 곳이 있다. 오늘날 헝가리 땅에 속하는 판노니아평원은, 유럽 반도의 산맥 남쪽에 드넓게 펼쳐진 유일한 초원지대다. 북쪽에서는 카르파티아산맥 중심부 산자락이 이 초지를 엄호하듯 싸고돌며, 남쪽에서는 도나우강 중류의 물줄기가 목초지를 막아서며 땅의 경계를 이룬다. 판노니아평원에는 자연 관문이 3개가 뚫려 있다. 서쪽에서 통하는 문이 빈에 하나 있고, 일명 철문Iron Gates이라고 동쪽에서 들어오는 문이 하나 있으며, 세 번째 문은 북쪽에서부터 통하는 모라비아협곡이다. 이곳 목초지는 샘이 솟는 땅이어서 예로부터 동에서 서로 이동하는 유목민들에게는 자연스레 종착지의 역할을 했고, 동시에 로마제국 침략을 노렸던 수많은 야만 부족에게는 편리한 발판의 노릇을 했다. 게피드족을 필두로, 훈족Huns(헝가리Hungary의 국호는 이들의 이름을 딴 것이다), 아바르족, 쿠만족, 슬라브족, 마지막에 가서는 마자르족까지 차례로 이곳을 고향으로 삼았다. 마자르족은 이곳을 "알푈트Alföld"(저지대)라 칭하기도 하고, 때로는 슬라브어가 어원인 "푸스타puszta"(황무지, 황야)라 칭하기도 했다.

2. 산맥. 유럽 반도의 주된 특징은 장엄하게 우뚝 솟은 산맥으로, 프로방스의 마리팀알프스(알프마리팀)에서부터 카르파티아알프스에 이르기까지 산들이 굽이치며 우아하게 두 개의 호를 그리는 것을 볼 수 있다. 감탄이 절로 나는 이 장벽은 유럽 반도의 등뼈를 이루며, 북부 평원지대와 지중해 일대를 갈라놓는 분수령의 역할을 한다. 높이로는 서쪽 산맥 최고봉들—몽블랑(4807미터), 마터호른(4478미터), 그란파라디소(4061미터)이 동쪽 산자락 봉우리들—줄리안알프스의 트리글라우산(2863미터), 타트라산지의 게르라호프스키봉(2655미터), 루마니아의 몰도베아누봉(2543미터)—에 비해 훨씬 우뚝 솟아 있다. 그렇다 해도 남사면南斜面의 '양지陽地 사

면Sonnenseite' 3200미터 고지 이상이나 북사면의 2500미터 등고선 위쪽에 해당하는 산 윗부분은 만년설로 덮여 있어 통행이 거의 불가능하다. 유럽에서 가장 커다란 빙하로는 베른 알프스산맥의 융프라우산 아래를 내달리는 알레치빙하를 꼽으며, 동쪽 땅에서는 이 정도의 빙하를 찾아볼 수 없다. 하지만 산맥 어디가 됐든 겨울철 몇 달은 산 정상에 난 길들이 모조리 눈에 덮여 길이 끊겨버린다. 알프스산맥은 그 길이만 1900킬로미터가 족히 넘지만, 산맥 안으로 뚫린 제법 큰 통로는 딱 세 군데뿐이다—바이에른 지방의 도나우협곡, 보헤미아의 엘베협곡, 실레지아(슐레지엔)과 헝가리를 연결해주는 모라비아협곡이다.

당연한 이유로, 고지대 계곡에 정착한 사람들은 저지대에서 벌어지는 소란은 다른 세상인 양 시종 초연한 태도로 살았다. 산악지대의 자기들 고향을 은신처 겸 요새로 여기고 그 안에서 침입자란 침입자는 죄다 막아냈다. 13세기에 산악지대 주州, canton(529쪽 참조)들의 연맹을 결성하며 등장한 스위스는 오늘날까지도 이런 세계관을 얼마간 지켜오고 있다. [알피]

그러나 유럽의 산맥은 유럽을 분할하기도 하거니와 각지를 통합하는 구실도 함께 해왔다. 유럽에서는 산맥을 가로지르는 임계거리 critical distance가 그리 길지 않다. 이제르주州(프랑스)의 부르생모리스와 론강의 마르티니(스위스)만 해도 각각 이탈리아의 아오스타와 62킬로미터, 88킬로미터 밖에 떨어져 있지 않다. 오스트리아 인스부르크와 사우스티롤의 브레사노네(독일어명 브릭센) 사이 거리는 68킬로미터다("사우스티롤"은 북쪽으로 오스트리아와 국경을 접하는, 이탈리아 최북단의 지역이다. 1918년까지 오스트리아-헝가리제국의 영토였다. 이탈리아어 명칭은 "알토아디제", 독일어 명칭은 "쥐트티롤"이다). 드네스트르강의 삼비르는 도나우강의 지류에 면한 우주고로트와 105킬로미터 거리에 있다(두 도시 모두 우크라이나에 속해 있다). 알프스산맥 고지에 사람의 발길이 닿아 일단 길이 트이자, 산맥 양쪽 사면의 땅들에는 공통의 연결망 및 공통의 이해관계와 함께 공통의 문화가 폭넓게 형성됐다. 일례로 이탈리아의 토리노는 로마보다 프랑스의 리옹 및 스위스의 제네바와 훨씬 긴밀한 관계에 있다. 밀라노와 베네치아도 저 멀리의 시칠리아보다는 취리히·뮌헨·빈과 훨씬 더 강한 유대를 맺어왔다. 바이에른 지방은 독일 중부의 드넓은 산림과 언덕들로 오래도록 북쪽 지역과 단절돼 있었고, 그래서 인근의 롬바르디아와 훨씬 많은 것을 공유해왔다. 카르파티아산맥 북사면의 오래된 행정구역 갈리치아도 산등성이 너머 남쪽 지방보다는 헝가리와 훨씬 돈독한 관계를 맺어왔다. 해당 지역을 여행해본 사람은 누구나 알 테지만, 현대 들어 국가가 여럿 생겨나며 장벽들이 형성됐음에도 알펜라움Alpenraum 즉 카르파티아산맥의 세계는 지금까지도 명맥을 이어오고 있다. [고타르]

이처럼 산맥들이 유럽 반도 중앙에 버티고 있다 보니, 산맥 사이 세 군데의 커다란 협곡이 각별한 중요성을 띠었다. 바이에른협곡은, 도나우강 중류의 회랑지대를 따라 파사우(독일)에서 크렘스(오스트리아)로 통하는 길로, 산맥 북쪽과 남쪽 사이 가장 중요한 연결 통로로 통한다. 엘베협곡은 독일의 영향력이 보헤미아 지방까지 쉬 미치게끔 길을 터주는 역할을 한바, 아마도 이 협곡이 없었다면 독일은 보헤미아숲에 막혀 변변히 힘을 행사하지 못했을 것이다. 엘베협곡만큼, 특히 더 고릿적에, 중요성이 컸던 데가 모라비아협곡이다. 자연이 뚫어놓은 이 깔때기를 타고 스텝지대의 숱한 민족이 남쪽으로 밀고 내려왔다. 중세 초기에는 최초의 슬라브족 국가인 대大모라비아제국이 이곳에 터를 잡기도 했다(4장 참조). 역사시대에도 이 길은 수많은 군대가 지나다닌 통로여서, 얀 3세 소비에스키〔폴란드 왕, 재위 1674~1696〕가 튀르크족과의 일전을 위해 이 길을 지났는가 하면, 나폴레옹도 아우스터리츠전투(1805)를 치르려 이 길을 지났다. 길의 끄트머리는 종국에, 바이에른에 뚫린 길들이나 엘베협곡과 마찬가지로, '유럽의 심장에서도 가장 심장부'인 빈 근방의 도나우강에 가닿는다. [슬라프코프]

유럽에는 중앙에서 척추를 이루는 산맥 말고도 위용을 자랑하는 산이 한둘이 아니다. 시에라네바다산맥의 물라센산(3487미터), 피레네산맥의 아네토산(3404미터), 시칠리아의 에트나산(3323미터), 아펜니노산맥의 몬테코르노산(2912미터), 불가리아의 무살라산(2,925미터), 알바니아의 코라브산(2764미터), 〔그리스의〕 올림포스산(2917미터) 할 것 없이 모두 높은 산악지대의 최고봉 축에 들어간다. 그러나 제아무리 유럽인이라도, 유럽 반도 최고 높이의 산정상이 몽블랑산이 아닌 볼쇼이캅카스산맥〔대大캅카스산맥〕의 엘브루스산(5642미터)에 자리한다는 사실은 미처 모를 때도 있다.

3. **지중해.** 유럽 남부 해안을 싸고도는, 신기하리만치 외따로 떨어진 이 바다는 유럽에서 독자적으로 기능하는 지리 단위의 근간이다. 지중해에 난 해로는 사람들 사이에 쉽사리 문화적, 경제적, 정치적 교류의 길을 터준다. 고전 세계는 지중해를 요람 삼아 자라났으며, 로마 황제 재위 때에는 지중해가 사실상 로마의 호수나 다름없었다. 르네상스 시대 및 그 이후로 지중해는 다양한 문화의 면면과 중대한 물자를 한데 갖추고, 얽히고설킨 여러 문명에서 구심점 역할을 했다.[6] 그러나 의미심장한 사실은, 로마의 힘이 이운 이래로 지중해 지역이 단 한 번도 정치적 통일을 이룬 적이 없다는 것이다. 단순히 해군력으로만 무장해서는, 지중해 주변부에 단단히 세를 형성하고 뭍을 기지로 삼은 제국을 당해내기가 여간 어려운 것이 아니었다. 아닌 게 아니라, 무슬림 국가들이 레반트와 아프리카에 한번 뿌리 내린 뒤로 지중해는 시종 정치적 분열이 끊이지 않는 지역이 됐다. 베네치아 같은 해상 및 상업 강국들마저 지중해 전체를 통합하기엔 역부족이었다. 19세기에 유럽 열강이 시리아에서 모로코에 이르는 지역에 식민지를 건설하기는 했으나, 이들도 경쟁에 밀려 〔오늘날의〕 튀르키예〔터키〕를 근거로 한 무슬림 제일의 보루는 허물지 못했고, 그 결과 지중해를 두루 아우르는 패권 확립에도 실패했다.

지중해에서 국경을 넘나들면서까지 나타나는 문화적 통일성은 얼마간 정치적 분열에서 기인한다고 생각해도 좋을 것이다. '병존하는 권력들' 사이에서는, 이탈리아 남부를 장악하고 있

알피 ALPI

■ 알프스의 고지대 계곡 지방은, 의외로, 초기 이
■ 주와 원시 농경에 매우 훌륭한 환경을 제공했다.
일조량, 담수, 연료, 건축 재료, 목초지가 풍부했고 무
엇보다도 외부로부터 보호되는 안전한 지리적 특성이
있었기 때문이다. 이곳의 원격성遠隔性, remoteness은
오히려 큰 자산이 됐다. 알프스 고지대에는 아주 먼 옛
날부터 사람이 살았으며, 기원전 4세기에 한니발에게
발견됐을 때에는, 외부 침입자를 치열하게 막아냈다.
스위스의 타미나계곡 2445미터 고지에 위치한 드라헨
로흐 동굴에서 발견된 인간 거주의 흔적은 리스-뷔름
Riss-Würm 간빙기(신생대 제4기 마지막 간빙기) 때의 것
이다. 또한 1만 2000년 전에 이동 방목이 행해진 증거
가 존재한다. 고대 로마 시대에는 특히 노리쿰의 광산
지역과 발레다오스타에 상당한 수준의 건축물과 부락
이 형성됐다.[1] 마리팀알프스와 오트프로방스 같은 마을
들은 난공불락의 암석지대 사이에 위치해 산적, 침입자,
세금징수관의 접근으로부터 자유로웠다.("알피"는 이탈리
아어로 "알프스산맥"이라는 뜻이다.)

중세에 스위스의 주canton뿐 아니라 알프스의 많은 공
동체가 정치적 독립을 이뤘다. 브리앙송의 52개 코뮌
commune(프랑스 중세 주민자치체)은 1343년 자유헌장을
획득한바, 이것은 비에누아의 도팽dauphin de Viennois
(욍베르 2세Humbert II)이 자신이 갖고 있던 나머지 세습영
지patrimony와 도팽 작위를 프랑스 왕에게 매각한 1349
년보다 6년 앞서는 일이었다. 이 지역은 프랑스혁명 때까
지 자치를 유지했다.

알프스의 다른 지역들은 낮은 접근성 때문에 외부 세
력의 직접적 지배를 피했다. 프로방스 백작과 바르셀
로나 백작에 의해 만들어진 바르셀로네트는 위트레흐
트조약(1713~1715)에 따라 위바예 지역과 함께 프랑
스에 양도됐다. 그러나 1883년 제대로 된 길이 닦이
기 전까지는 외부에서 바르셀로네트로 들어가려면 노
새로 산길을 15시간 가야 했다. 베르됭협곡의 마을들
은 1947년에 와서야 외부 세계와 연결됐다. 서부 알프
스에서 가장 고도가 낮은 고개인 콜드레셀에는 지금도
전 구간에 포장도로가 건설돼 있지는 않다.

알프스산맥의 많은 길은 전략적 목적으로 닦였다. 고
개 몽주네브르(높이 1854미터) 꼭대기에 세워진 방첨탑
에는 이 길이 "나폴레옹 황제가 오데르강과 비스와강
연안에서 적군을 상대로 승리를 거둔 1807년에 마차
들의 통행을 위해 뚫었다는 설명이 프랑스어, 라틴어,
이탈리아어, 스페인어로 적혀 있다. 고개 콜뒤갈리비에
(해발 3242미터)를 지나는, 유럽에서 가장 고도가 높은
도로는 프랑스 국경 방어 계획의 일환으로 1930년대
에 건설됐다.

알펜라움은 19세기 후반 가장 집중적으로 개발됐으며
이 시기에 고지대에 (농작물 재배와 목축을 겸하는) 혼합농
경이 시작되고 농촌 인구가 급증했다. 그러나 현대적 통
신 및 운송 수단이 등장하면서 대규모 인구 이탈이 일어
났다. 한 나이 든 사부아 사람은 이렇게 푸념한다. "염소
는 늘 산 위로 올라가고 마누라는 산 아래로 내려가네."
1945년 이후 수력발전과 대규모 관광업(특히 겨울철 스키)
이 성장하기 전까지 인구 이탈 추세는 여러 인근 지역에
서 위기 상황에 이르렀다.[2] ("사부아"는 프랑스 동남부에서
이탈리아 서북부까지 이르는 지방의 옛 지명으로, 이탈리아어
로는 "사보이아", 영어로는 "사보이"라 한다.)

알프스의 유구한 역사와 독특한 특성은 이 지역의 특
화된 박물관을 다수 탄생시켰다. 일찍이 1874년 토
리노에 세워진 산악박물관Museo della Montagna
이 대표적이다. 제네바의 민족지박물관Ethnographic
Museum에는 알프스 지방의 공동체들에서 사용했던
다양한 도구, 건축 모형, 화로, 민속 공예품 등이 전시
돼 있다.

는 마피아의 경우처럼, 줄곧 한 가지의 뿌리 깊은 특성이 나타났고 이런 특성은 지금도 아무리 애써도 억눌러지지 않는다.7 기록역사 시대에는 대체로 지중해 북쪽 해안의 거주민 이 지중해 남쪽의 이웃들 보다 그 수가 최소 2배 이상 많았으며, 이 지대를 주름 잡은 것도 북쪽 사람들이 었었다. 중간에 북아프리카 인구가 폭발적으로 늘면서 종래의 균형이 뒤집히지만 말이다. 여하간, '지중해의 땅'이라고 해서 절대 해안가에 바싹 붙어 있는 나라들만 포함되는 건 아니었다. 유럽 에서는 지중해의 분수령이 저 북쪽에 자리 잡고 있어서, 바이에른·트란실바니아·우크라이나까 지도 지중해 땅에 포함됐다. 그리고 그 어떤 세력이나 문화, 심지어는 로마까지도, 지중해 전 지 역을 하나로 아우른 적은 없었다.

이와 비슷한 양상은 육지에 둘러싸인 유럽의 다른 바다들—발트해와 흑해—에서도 찾아볼 수 있다. 발트해가 역사적으로 두각을 나타낸 것은 상대적으로 늦은 시기의 일이었다. 독일의 상업 이 확장되며 한자동맹이 맹위를 떨치던 때, 그리고 스웨덴이 전성기를 구가하려 매진하던 17세기 에 그 구심점 역할을 한 곳이 발트해였다. 그럼에도 도미니움 마리스dominium maris(바다의 지배)라 는 오랜 숙원은 발트해의 강국 그 어느 한 곳도 이룩하지 못했다. 발트해는 독일, 덴마크, 폴란드, 러시아 사이의 경쟁에 치여 오늘날까지도 사분오열된 상황을 면치 못하고 있다.8 [한자]

흑해는 —이 바다는 처음에 고대인들에게 "황량한" 바다라는 뜻의 악세노스Axenos로 통했고, 이후에 "살기 좋은" 바다라는 뜻의 에욱시네Euxine로 바뀌었으며, 나중엔 폰투스Pontus로 알려지 게 된다—지중해와 샴쌍둥이처럼 붙어 있는 바다다. 흑해는 그리스, 로마, 비잔티움, 오스만제국 의 지배를 모두 다 겪은 바다이기도 하다. 그러나 이 바다에서도, 러시아에서 육상 세력이 크게 부 상하면서 기나긴 분열이 이어졌다. 1990년대까지도 소비에트연방과 그 위성국가들은 적대적인 바 다 건너로 터키라는 나토의 남쪽 날개를 마주 봐야 했다(흑해에서 지중해를 경유해 중동과 북아프리 카 등으로 진출하려는 소련의 팽창을 저지한 국가가, 1952년에 나토에 가입한 흑해 밑자락의 터키였다). 그 러나 더 심각하게 여겨지는 일은, 흑해에 무無산소 수역이 많다는 사실이 아닐까 한다—즉 흑해 에는 황화수소 H_2S가 잔뜩 배어 있어서, "흑해 심층이야말로 세계에서 생명체가 없는 가장 커다란 바다"인 것이다. 만에 하나 바다 지층이 "뒤집히는" 일이 발생하는 날에는, "마지막 빙하기 이후 가 장 처참한 자연의 대재앙이 지구를 강타하는" 일이 벌어질지도 모른다.9

이와 같은 유럽의 바다들을 어느 한 지역이 어떤 실랑이도 벌이지 않고 확실하게 장악하기 는 불가능한 일로 드러난 만큼, 유럽의 바다들에 난 세 군데 전략적 관문이 그간 특별한 관심을 받아온 것은 당연한 일이었다. 지브롤터해협, 다르다넬스해협, 외레순해협은 이곳을 장악하는 국가들에 과하다 싶은 힘과 영향력을 실어주곤 했다. [순]

4. 유럽 반도의 **본토를 이루는 몸통.** 유럽 반도에는 주변 바다를 향해 돌출한 큼지막한 아亞

고타르 GOTTHARD

■ 생고타르고개St Gotthard Pass(스위스)는 중부
■ 알프스를 가로지르는 최단 통로로서 유럽의 가
장 중요한 동맥이라 할 만하다. 북쪽으로 흘러 라인강
과 합류하는 로이스강의 계곡과 남쪽으로 흘러 포강과
합류하는 티치노강의 계곡을 끼고 있는 생고타르는 독
일 남부와 이탈리아 북부를 가장 단거리로 이어주는
고개다. 높이 2108미터인 생고타르 고개는, 겨울절이
나 악천후 때 상대적으로 더 오랜 기간 길이 폐쇄되는
주변의 다른 주요 고개들보다 훨씬 고도가 낮다(부록
1561쪽 참조).[1]

생고타르가 비교적 최근에 와서야 주요 통로가 됐다는
사실은 흥미롭다. 고대 로마인들도 이 길을 개척하지
않았는데 그들은 서쪽 고개들, 특히 그레이트세인트버
나드(콜뒤그랑생베르나르)인 몬스요비스Mons Jovis(유피
테르산山)를 더 선호했기 때문이다. 서로마제국 멸망 후
북쪽에서 남쪽으로 꾸준히 인구가 이동한 수 세기 동
안에도 이 길은 이용되지 않았다. 생고타르고개가 쉽
사리 개척되지 못한 것은 로이스강 상류 즉 오늘날의
안데르마트 북쪽으로 약 5킬로미터에 걸쳐 가파르고
험준한 협곡이 버티고 있었던 탓이다. 이 쇨레넨협곡
Schöllenen Gorge은 진입 구간부터 깎아지른 절벽이
즐비해 대규모 토목공사 전까지는 그 어떤 교통수단도
무용지물이었다. 이곳의 토목공사는 기원후 1200년
이후에야 시작됐다. 협곡 초입에 웅장한 아치형 다리인
'악마의 다리Devil's Bridge'가 골짜기 중간에 걸쳐 만
들어졌다. 이 위치에 그런 거대한 구조물을 세우는 일
은 고딕 양식 성당의 둥근 천장을 만드는 일 못지않게
힘든 작업이었을 것이다. 골짜기의 가장 가파른 길에는
암석을 깎아내 스칼리오네스scaliones("s"는 복수형) 또
는 쇨렌Schollen이라는 돌계단을 만들었고, 암벽 돌출
부를 따라 설치된 목재 발판을 떠받치는 지지대도 만
들었다. 1300년 무렵 생고타르고개 정상에 힐데스하
임(독일)의 주교 성 고트하르트St Gotthard에게 바치는

여행자 숙소가 만들어진 것을 보면('생고타르'라는 이름
은 1131년 시성된 이 성인의 이름을 딴 것이다. 고개의 독일어
명은 "고트하르트고개"다), 그즈음엔 이미 이 고개를 정기
적으로 넘는 사람들이 생겨났음을 알 수 있다.

생고타르고개는 약 600년 동안 6월부터 11월까지 알프
스의 북쪽과 남쪽을 잇는 가장 중요한 통로 역할을 했다.
루체른호湖 인근 알트도르프와 레벤티나계곡 끝자락 비
아스카 사이의 구간에서는 수많은 순례자, 상인, 병사가
96킬로미터에 걸쳐 4~5개 구간 이상의 험한 산길을 올
라야 했다. 무시무시한 발레트레몰라Valle Tremola 곧
'전율의 계곡Valley of Trembling'을 통과해야 하는 남쪽
진입로는 악마의 다리 못지않게 여행자들의 오금을 저리
게 했다. 이 계곡은 트레몰라이트tremolite(투섬석透閃石)
라는 반투명 광물이 산출되는 곳이기도 하다. 계곡의 구
불구불한 산길을 다닐 수 있는 것은 짐노새, 가마, 또는
도보 여행자뿐이었다. 1830년 넓은 길이 만들어지기 전
에 바퀴 달린 이동수단을 타고 생고타르를 넘은 유일한
사람은 찰스 그레빌Charles Greville이라는 영국인뿐이
었다. 그레빌은 1775년 스위스 짐꾼들에게 삯을 주고 자
신의 사륜마차를 어깨에 지고 가게 함으로써 친구와의
내기에서 이겼다.

생고타르고개가 열린 것은 전략적으로 중요한 결과들을
낳았다. 특히 고개를 끼고 있는 스위스의 우리Uri주, 그
리고 결과적으로 스위스연방 전체의 발전을 자극했다. 고
개를 통해 독일에서 이탈리아 북부 롬바르디아로 신속한
병력 이동이 가능해졌다. 여러 황제가 생고타르고개를 전
략적으로 활용했으며, 1799년 알렉산드르 바실리예비치
수보로프Алекса́ндр Васи́льевич Суво́ров(1729~1800) 장
군이 러시아 군대를 이끌고 이 고개를 통해 알프스를 넘
은 것도 대표적 사례다.

1882년 생고타르 철로의 개통은 도로의 개통에 버금
가는 기념비적 사건이었다. 철로의 완성에는 정상 아래
쪽을 통과하는 15킬로미터의 주 터널과 80여 개 터널
이 필요했다. 괴셰넨 북쪽에 있는 유명한 파펜스프룽
Pfaffensprung 터널(파펜스프룽은 "성직자의 도약"이라

는 뜻이다)에서는 기차가 나선형 선로를 따라 들어간 뒤 수백 피트(100피트는 30.48미터) 더 높은 곳에서 바깥으로 빠져나온다. 철로 건설 과정에서 인부가 목숨을 잃었는데, 그중에는 철로 설계자도 있었다. 이후 1980년에는 날씨와 계절에 상관없이 통행이 가능한 16.5킬로미터의 6차선 자동차 터널이 개통됐다. 오토바이족들은 자기 애마에 딱 달라붙고 뒷좌석의 가죽옷 차림 여자 친구는 그의 등에 찰싹 달라붙은 채 몇 분 만에 고개를 넘으며 비명을 내지른다.

오늘날의 여행자들은 악마의 다리에 들르면 다리 아래쪽에 암벽을 깎아 만든 흥미로운 기념물을 볼 수 있다. 여기에는 제정러시아 때의 키릴문자로 다음과 같은 문구가 새겨져 있다. "1799년 알프스를 넘으며 목숨을 잃은 병사들인 림닉스키 백작이자 이탈리아 공작이었던 대원수 수로보프의 용맹한 동지들을 추모하며."[2] 알프스 행군 100주년 해에 만들어진 이 기념물은 사람들에게 유럽의 통합과 알프스산맥의 장대함을 상기시킨다.

반도sub-peninsula도 몇 개 더 딸려 있다. 그런 갑 중 하나인 스칸디나비아반도는 산이 많고 발트해에 면해 있다. 나머지 반도 세 개—이베리아, 이탈리아, 발칸 대산괴—는 지중해에 면해 있고, 그 외 두 개—크림, 캅카스—는 흑해에 면해 있다. 다들 하나같이 땅 자체는 대륙에 붙어 있으나 그동안 육지보다는 바다를 통해 오가기가 더 수월했다.

스칸디나비아반도는 한때 극지방을 향해 물러가던 유럽 빙모氷帽, ice-cap가 자리했던 곳으로, 대규모 인구가 살아가기엔 마땅하지 않은 곳이었다. 그래도 멕시코만류가 반도 서쪽의 황량한 피오르(의 날씨)를 온화하게 누그러뜨리고, 산들에는 각종 광물이 풍부하며, 빙하가 남기고 간 빙퇴석 호수에는 물고기들이 그득하다. 스칸디나비아인들은 썩 좋지 못한 기후의 부족함을 든든한 본거지의 힘으로 메워나갔다. (“피오르fjord” 또는 “피오르해안”은 빙하의 침식으로 만들어진 골짜기에 빙하가 없어진 후 바닷물이 들어와서 생긴 좁고 긴 만을 말한다.)

이베리아반도는 대부분 높이 솟은 탁상지卓上地, tableland(표면이 평탄하고 주위보다 한 단 높으며 한쪽 내지 사방이 절벽으로 둘러쳐진 대臺 모양의 지형)로 이뤄져 있으며, 피레네산맥에 우뚝 솟은 봉우리들이 반도를 유럽 대륙의 나머지 부분과 떼어놓는다. 이베리아반도 동쪽 해안은 지중해 세계에 속하는 만큼, 고대에는 이곳이 차례로 카르타고, 로마, 무슬림의 영역에 편입되곤 했다. 그러나 메마른 내륙지대는 도루강(두에로강), 타호강, 과달키비르강 유역을 통과해 종국에는 대서양을 향해 뻗어나간다. 그 까닭에 근대 들어 아라곤이 동쪽으로 세를 넓혀 지중해 쪽으로 나아가는 사이, 포르투갈과 카스티야는 당당히 서쪽 대양을 향해 나아갔다. 두 나라는 유럽 최초의 식민 열강으로 자리 잡으니, 한때는 둘 사이에서 세계가 양분됐다.

이탈리아반도는 가장 완전한 지형의 반도다. 북쪽에는 알프스산맥이 장벽이 돼 반도를 틈 하나 없이 에워싼다. 포Po평원은 자연이 선사한 풍부한 식량 저장고나 다름없다. 사람의 다리와 발 모양으로 길게 뻗은 이 바위투성이 반도에는 비옥한 난공불락의 계곡도 상당히 많으며, 육지

순SUND

■ 덴마크의 외레순해협Øresund도, 남쪽의 지브롤
■ 터해협과 마찬가지로, 유럽의 경정맥頸靜脈이라
고 불려왔다("순/순드"는 덴마크어/스웨덴어로 "해협"이란
뜻이다. 외레순해협은 스웨덴어로는 "Öresund(외레순드)", 영
어로는 "해협"을 가리키는 "the Sound(더 사운드)"로 표시한
다. 이곳 원문의 표기는 "Danish Sound"다). 발트해에서 큰
바다로 나가는 길목에 있는 이 해협은 전략적으로나
상업적으로나 대단히 중요한 통로였다.[1] 1200년 덴마
크 왕 크누드 6세Knud VI가 발트해의 청어 어장으로
가는 통행료를 내지 않는 뤼베크 상인들을 감옥에 가
둔 것을 봐도 알 수 있는 사실이다. 이후 덴마크인들은
상당히 오랫동안 이 해협을 지나는 선박들에 외레순
통행료Sound Dues(덴마크어 외레순스돌덴Øresundstolden)
를 부과했다. 중세 발트해 주변의 주요 세력이었던 폴
란드, 튜턴기사단국(독일기사단국), 한자동맹도 외레순
통행료를 지불했으며, 17세기 덴마크의 도전 속에서도
이 통행료만큼은 명맥을 유지했다. 외레순 통행료는
1732년 이후 그 중요도가 감소했지만 계속 유지되다
가 1857년 상환조약이 발효되면서 폐지됐다. 이 조약
으로 영국은 마침내 덴마크를 설득해 그들이 아득한 옛
날부터 갖고 있던 이권을 줄일 수 있었다. 그때만 해도
외레순해협은 여전히 중요한 해상로였으나, 프러시아가
1866년 독일 북부의 항구도시 킬을 합병하고 빌헬름황
제운하Kaiser-Wilhelm-Kanal(1895)를 완공해 외레순해
협을 통하지 않고도 발트해와 대서양을 오갈 수 있게 됐
다("빌헬름황제운하"는 1948년까지의 명칭이고 지금은 킬운
하Kiel Canal, 노르트오스트제운하Nord-Ostsee-Kanal로 불
린다). 이후 하늘길이 열리자 영국해협을 비롯한 모든
해협의 전략적 중요도가 상당히 낮아졌다. 이제 외레
순해협에 남아 있는 것은 과거의 영광에 대한 추억과
이곳을 지나다니는 페리들, 헬싱외르(영어명 엘시노어)의
성벽 주변을 떠도는 햄릿의 혼령뿐이다(헬싱괴르의 크론
보르성城은 셰익스피어가 쓴《햄릿》의 배경이다).

에서 바다로 나가기도 수월하다. 이탈리아반도의 지방 도시 중에는 넉넉한 부와 외향성을 자랑
한 곳들도 있어서, 그중 하나인 로마에서는 고대 세계에서 가장 큰 제국을 탄생시키기도 했다.
그러나 로마의 쇠락 이후 이탈리아의 도시들은 자기네 독립을 지지해, 거의 2000년 동안 이탈
리아는 다시 통일되지 못했다.

발칸반도는 이탈리아반도와 견주면 사람들이 발들일 데가 훨씬 못 된다. 발칸반도 내륙에
는 불모지도 더 많거니와 디나르알프스산맥에서 로도피산맥에 이르기까지의 산악지대는 더 심
한 바위투성이다. 계곡들도 더 외진 데에 자리하며, 바다로 나가기도 이탈리아반도만큼 수월하
지 않다. 역사에서 발칸반도는 주로 그곳에 터 잡은 고집스러운 공동체를 지켜내는 구실을 한
바, 이들은 자신들의 땅에 강한 애착을 가지고 지중해와 도나우분지가 직접 통하는 길을 중간
에서 가로막고는 했다.

크름반도—예전에는 타우리카로 통했다—는 우크라이나 스텝지대의 배후지로서 성격이 더
두드러졌지만, 이곳에 영구정착이 이뤄진 것은 근래에 들어서다. 크름반도는 바다, 태양, 남쪽을
바라보는 형세이며, 1783년에 러시아제국에 정복당하기 전까지 잇따라 동東지중해 문명의 일부

를 구성했다. [케르소네소스]

캅카스 지역도 반도의 특성을 여럿 가지고 있다. 캅카스는 북쪽은 유럽과 남쪽은 아시아와 면해 있는 등 양끝 모두 육지와 물리적으로 연결돼 있지만 육지 쪽에서 빙 에워싼 산들의 덩치가 너무나도 엄청나서, 캅카스 사람들은 바다로 뚫린 길들을 통해 활동을 하는 수밖에 다른 도리가 없었다. 캅카스는 최고봉의 높이가 5486미터에 달하는 만큼, 알프스산맥이나 카르파티아산맥과 견주어도 상당히 높은 편이다. 남쪽의 소小캅카스산맥(말리캅카스산맥)도 아라라트산(5165미터)과 비슷한 고도를 형성한다. 캅카스 주민들은 여러모로 유럽인이라기보다 유라시아인이라 해야 옳을 것이다. [코카시아]

5. 유럽에는 자연으로부터 선사받은 섬들만 1만 개에 달한다. 그중 제일 큰 섬들—아이슬란드, 아일랜드, 그레이트브리튼, 코르시카, 사르데냐, 시칠리아, 크레타—은 여러 시기에 고유한 문화와 정치체를 발달시켰다. 왕의 홀笏을 쥔 한 섬은, 지극히 예외적인 상황에서 아주 단기간이나마 지구 구석구석에 땅을 차지하고 세계 역사상 가장 커다란 제국을 이루기도 했다. 이 섬들은 모두 유럽에 속하면서도 물리적으로나 심리적으로는 대륙과 분리돼 있다. 메시나와 시라쿠사의 우체통을 보면 —'시칠리아'와 '대륙'의 우편물을 넣는— 구멍이 두 개씩 나 있듯, 이들 섬에는 엄연히 다른 두 개의 세상이 존재한다.

스피츠베르겐에서 몰타에 이르기까지의 보다 작은 섬들은 외로운 바다를 지키는 파수꾼처럼 서 있는 경우가 많다. 하지만 개중에는 서로를 보듬듯 군집을 형성하고 공동의 이해관계와 정체성을 지탱해가는 곳들도 있다. 그레이트브리튼 연안의 셰틀랜드제도, 오크니제도, 헤브리디스제도와 카탈루냐의 발레리아스제도가 그렇고, 특히 그리스 연안의 이오니아제도, 스포라데스제도, 키클라데스제도, 도데카네스제도(도데카니소스제도)는 개별적 특성과 함께 섬들 전체의 집단적 특성도 가지고 있다. [페로]

그러나 요즘 들어 섬나라의 특성은 빠르게 사라지는 추세다. 일례로, 그레이트브리튼만 해도 해외 제국을 건설하던 시대에는 막강한 해군력을 바탕으로 유럽 대륙의 사건들에서 손을 뗄 수 있었다. 그러나 더는 대륙과 분리된 채 지낼 수 없게 됐다. 해군 전력은 항공기가 대신하고, 항공기는 다시 ICBM(대륙간탄도미사일)이 대신하게 된 상황에서, 영국해협 같은 표면적 특성들은 이제 별 의미를 갖지 못하고 있다. 영국제국은 자취를 감추었고, 그 결과 대륙의 이웃들에 대한 영국의 의존도는 더욱 커진 실정이다. 1994년 채널터널(영불해협터널) 개통은 단순히 상징적 차원에서만 중요한 게 아니었다. 이를 기점으로 섬나라 영국의 역사는 막을 내렸다.

유럽 반도가 몇 개 주요 부분으로 나뉘는 과정에서 특히 중요한 기능을 떠맡게 된 소지역들이 세 곳 있으니 미디, 도나우분지, 볼가강 회랑지대다.

페로 FAROE

■ 유럽의 많은 섬 중 페로제도만큼 쓸쓸한 장엄함
■ 을 풍기는 곳도 없다. 아이슬란드·노르웨이와 스코틀랜드의 중간쯤에 위치한 페로제도에서는 높게 솟은 검은 현무암 절벽이 험한 북대서양 바다를 내려다보고 있다. 제1의 항구도시 토르스하운이 있는 스트뢰뫼섬(스트레이모이섬)이 중심 섬이다. 주요 산업은 어업이다. 8세기에 정착한 노르느인의 후손인 페로인들은 과거 노르웨이 서부의 의회 굴라팅 Gulating의 통제를 받는 동시에 페로제도의 자치 의회 뢰팅 Løgting도 갖고 있었다. [딩] 페로어는 고대 노르웨이어에서 유래했다. 그러나 페로인들에게는 자신들만의 사가saga와 시인·예술가들이 있으며 독자적 문화도 형성돼 있다(있다("사기"는 중세에 북유럽에서 성행한 신문제 이야기다. 영웅적 주인공의 모험 이야기 또는 무용담이 주 내용이다. 특히 아이슬란드에서 성행했다). 하지만 노르웨이가 덴마크에 합병된 1814년 이후 이 '유럽의 가장 작은 민주국가'는 덴마크령이 됐다.

자연히 페로인들은 스칸디나비아 국가 중 '자신들과 공통점이 가장 적은' 덴마크에 저항하는 민족주의 운동을 벌였다.[1] 페로인들은 덴마크로부터 독립한 아이슬란드의 선례를 따라 무엇보다도 자신들의 정체성을 지키고자 애썼다. 페로인들의 독립적 정체성에 힘을 실어주는 일도 있었다. 덴마크가 나치에 점령당해 있던 1940년 6월 영국 군함이 토르스하운의 선장에게 덴마크 국기 대신 페로제도의 기를 게양하라고 명령한 것이다. 1946년 주민투표가 실시돼 무제한적 주권이 채택된 데 이어, 1948년 타협안이 마련돼 덴마크자치령이 됐다. 1970년에 페로제도는 북유럽이사회 Nordic Council의 독립 회원이 됐다. 토르스하운에 있는 [문화시설] 노르뒤르란다후시드 Norðurlandahúsið(노르딕하우스Nordic House)는 스웨넨산 목재, 노르웨이산 석판, 덴마크산 유리, 아이슬란드산 지붕 재료로 건축됐으며 내부는 핀란드산 가구로 채워졌다.

오늘날 프랑스 '남부'지방에 해당하는 미디Midi는 피레네산맥과 알프스산맥 사이에서 지중해와 접해 있는 지역을 말한다. 누가 됐든 배를 타고 지중해를 누비다 큰 고생 없이 유럽대평원 북부로 가고자 한다면, 이 미디 지역을 경유하는 것 말고는 다른 길이 없다. 미디에 발을 디디는 순간 유럽 대륙 주요부를 손쉽게 여행할 방도가 마련된다. 고대의 마르세유, 혹은 론강 어귀의 아를에서 시작해 랑그도크의 저지대를 곧장 가로질러 대서양으로 나아갈 수도 있고, 마시프상트랄 Massif Central(프랑스어로 "중앙고원") 측면을 빙 둘러 루아르강이나 센강 상류에 닿을 수도 있다. 론강의 큰 지류인 수아송강은 곧장 벨포르협곡으로 통하고, 거기서 완만하게 물줄기가 낮아져 라인강으로 들어간다. 고대에 북쪽으로 길을 잡았던 나그네는 지브롤터해협과 다르다넬스해협 사이의 땅들을 지날 때면, 반드시 두 번에 한 번꼴로 아득히 높은 산길, 막다른 길, 길고 긴 우회로를 만나야 했을 것이다.

미디의 절묘한 입지 곧 지중해와 유럽대평원을 잇는 교량으로서의 위치는 여러 중요한 결과를 불러오게 된다. 이곳은 남부의 고대 문명과 북부의 '야만족' 문화가 융합되는 데서 그 어디보다 효과적인 배경이 됐다. 로마인들에게 미디 지방은 갈리아 키살피나 Cisalpine Gaul[라틴어 Gallia

Cisalpina, 로마에서 보아 "알프스 이쪽(남쪽)의 갈리아")는 이탈리아 너머의 로마제국 최초의 주요 속주였다. 프랑크족은 야만족으로서는 처음으로 세상에 자신들만의 대제국을 건설했는데 이들에게 이 땅은 태양과 수준 높은 문화를 약속해준 곳이었다. 기원후 537년, 로마가 쇠락하고 1세기 후 프랑크족은 여기에 발판을 세웠고, 이후 단 한 번도 그 발판을 잃지 않았다. 그렇게 해서 탄생한 프랑스왕국은 일부는 북쪽에 일부는 지중해에 기반을 두며 유럽 대륙에서 가장 막강하고 가장 보편적인 문화를 발달시켜 나갔다.

도나우분지도, 미디와 마찬가지로, 유럽대평원을 지중해와 연결해준다. 도나우분지는 서–동을 연결해준다는 점이 다를 뿐이다. 독일의 슈바르츠발트(검은 숲)에서 발원한 도나우강은 파사우의 바이에른협곡에서 산맥을 관통해 흑해까지 동쪽으로 2400킬로미터를 흘러간다. 동쪽에서 서쪽을 향해 다가오는 사람에게는 도나우강이 내륙으로 통하는 가장 간단한 길이었고, 유럽대평원 사람들에게는 남쪽의 바다로 나갈 때 도나우강을 타는 것이 가장 맘에 드는 여정이었다. 로마제국 시기에는 대체로 도나우강 강줄기를 기준으로 제국의 영토선, 나아가 '문명'과 그 외 지역을 가르는 경계선이 그어졌다. 근대 들어서는 도나우강 집수 구역을 영토 기반으로 삼아 합스부르크라는 거대한 다국적 제국이 들어섰는가 하면, 유럽에서 기독교와 이슬람교 사이 주요 대결이 무대가 된 곳도 도나우분지였다. [다누비우스]

그러나 땅과 땅 사이를 잇는 그 많은 교량 지대 중에서도 볼가강 물줄기를 따라가는 것이 제일 중요한 길이다. 오늘날에는 유럽 대륙의 경계가 우랄산맥 및 우랄강을 따라 자리한다고 보는 것이 관례다. 그에 따른다면, 우랄강의 서쪽 볼가분지에 있는 사람은 유럽 땅에 발을 딛고 있는 것이 된다. 하지만 우랄강 동쪽 시베리아나 카자흐스탄에 들어선다면, 그는 아시아에 발을 딛고 있는 것이다. 따라서 볼가강 둑에 자리한 사라토프 혹은 차리친(볼고그라드의 제정러시아 때 이름)에 있는 사람은 그야말로 딱 유럽과 아시아 사이 관문에 발들 딛고 있다고 할 수 있다. 스텝지대를 가르는 대로 중간에서 맨 처음 만나는 유럽 땅 정거장이 바로 볼가강이기 때문에도 그렇고, 발트해와 카스피해를 연결하는 회랑지대를 메우는 것이 볼가강이기 때문에도 그렇다. 17세기까지는 마침 이 볼가강의 물줄기와 기독교 정착지의 한계선이 일치했고, 그래서 볼가강은 주요 문화의 경계선이기도 했다. 볼가강은 유럽 최대의 강으로, '대서양에서 우랄산맥까지' 뻗어나가며 유럽 반도를 지키는 든든한 수호자다.

환경의 변화는 지리적 특성과 관련한 모든 면에서 당연한 일로 여겨진다. 다만, 지질학 같은 전통적 학과에서는, 인간의 시간으로는 미미하다고 여길 만큼 환경 변화 속도가 매우 더디다는 인상을 주곤 한다. 오늘날 환경이 사람들이 한때 가정했던 것보다 훨씬 고정적이지 않다고 인식하게 된 것은 최근 들어서다.

다누비우스 DANUVIUS

■ 고대에 다뉴브Danube강은 유럽 반도를 나누는
■ 거대한 경계선의 하나였다. 라틴어로 다누비우스
Danuvius, 그리스어로 이스테르Ister인 이 강은 기원후
1세기 로마제국의 영토선이자 문명 세계와 야만 세계
를 가르는 경계선이었다.

그러나 시간이 흐르면서 다뉴브강은 유럽에서 서쪽과
동쪽을 연결하는 주요 통행로의 하나로 이용되기 시작
했다.[1] 로마의 나보나광장에 있는, 잔로렌초 베르니니
가 만든 유명한 4대강江분수(콰트로피우미분수)에서 유
럽을 상징하는 강이 다뉴브강이다. 나머지 셋은 아프
리카의 나일강, 아시아의 갠지스강, 아메리카대륙의 라
플라타강이다.

이제 강 상류 줄기는 도나우Donau강이 돼 게르만
족 세계의 한가운데를 뚫고 흘러간다. 슈바르츠발트
의 도나우에싱겐에 있는 퓌르스텐베르크공원에 설
치된 명판은 "도나우강은 이곳에서 발원한다HIER
ENTSPRINGT DIE DONAU"라는 말로 이곳이 도나우
강의 수원水源임을 밝히고 있다. 도나우강은 호엔촐레
른가家의 근거지였던 지그마링겐성城을 끼고 돌아 신
성로마제국의 중심 도시였던 울름과 레겐스부르크를
거쳐 파사우를 지나 동쪽의 외스터라이히(오스트리아의
독일어명)로 흘러들어간다. 오스트리아에서 이 강은 전
설 속 니벨룽 여정의 배경이었다. [니벨룽] 이 강은 신
성로마제국 황제 프리드리히 3세가 자신이 만든 모토
'A-E-I-O-U'Austria erit in orbe ultima("오스트리아는 세
계의 마지막이 될 것이다") 아래에 묻혀 있는 도시인 린츠
를 지난 후, 프란츠 페르디난트(1914년 사라예보에서 암
살된 오스트리아 대공)가 묻혀 있는 암슈테텐, 프란츠 카
프카의 사망지인 키얼링, 프란츠 요제프 하이든의 유
해가 안장돼 있는 아이젠슈타트 근처를 흘러간다.

Himmel habe Dank!
Ein harmonischer Gesang

War mein Lebenslauf

하늘이여, 우리의 감사함을 받으소서!
내 생애 자체가
하나의 조화로운 찬가였나니.
(하이든이 만든 합창곡 〈노인Der Greis〉의
가사 일부다.)

빈은, 클레멘스 폰 메테르니히가 말했듯, '유럽'과 '아시
아'가 만나는 곳이다.

강은 이제 중류에 이르러 두너강Duna이 돼 그 폭이 넓
어지면서 양쪽의 슬라브족 나라들 사이에 쐐기처럼 박
혀 있는 마자르족의 나라 헝가리로 들어간다. 그리고
한때 '상上헝가리 왕국'의 수도였으며 현재 슬로바키아
공화국의 수도인 브라티슬라바(헝가리어로 포조니, 독일
어로 프레스부르크)를 감싸고 돌아 흐른다. 강 인근의 페
르퇴드에는 '제2의 베르사유'라 불리는 에스테르하지
가家 궁전이 위치하며, 에스테르곰에는 헝가리 가톨릭
교회의 대大주교좌가 있다. 한때 세르비아인 망명자들
의 피신처였던 센텐드레(세인트앤드루)는 현재 보헤미안
예술가들의 메카 역할을 하는 도시다. 두너강은 부다
페스트(헝가리 발음 부더페슈트)를 관통해 흐르는데, 강
을 사이에 두고 서쪽인 부더(부다)에는 터키 스타일의
성이, 동쪽인 페슈트(퍼스트)에는 잉글랜드 스타일의 의
사당이 서 있다. [부더]

하류에 가까워지면서 철문Iron Gates으로 불리는 협곡
을 지나는 강은 이제 가톨릭 세계를 벗어나 정교회 세
계를 흐른다. 그리스의 니코폴리스는 불필라Wulfila(울
필라스Ulfilas. 4세기 서고트족 사제)가 그리스어 성경을
고트어로 번역한 곳이며 이 고트어 성경은 '게르만 문
학의 출발점'이다. [니코폴리스] [비블리아] 강 북쪽의 루
마니아 사람들은 자신들을 로마의 트라야누스 황제(재
위 98~117)가 정복했던 다키아 속주의 후손으로 여긴
다. 오랫동안 오스만제국(이들은 도나우를 '투나the Tuna'
라고 불렀다)의 지배를 받은, 강 이남의 세르비아와 불가

리아는 과거 동로마제국의 땅에 세워졌다. 킬레아베케는 한때 제노바의 전초 기지였다. 강 줄기의 마지막 부두는 강 하구 삼각주의 술리나(루마니아)로, 유럽 최대의 조류 보호구역이며 문명이 아닌 영원한 자연의 세계다.[2]

강은 지리학자들에게 퇴적물과 교역품에 대한 이야기를 전해주는 존재다. 역사학자들에게는 문화, 사상, 때로는 분쟁에 대한 이야기를 전해주고 말이다.[3] 강은 생명 그 자체와도 같다. 도나우강은 도나우에싱겐에서 삼각주에 닿기까지 장장 2888킬로미터를 쉼 없이 흐른다.

예를 들면, 기후만 해도 끊임없이 변화한다. 미국 학자 엘스워스 헌팅턴Ellsworth Huntington은 미국 캘리포니아의 대규모 삼나무 숲을 독창적으로 연구하고 거기서 얻은 성과들을 《문명과 기후Civilization and Climate》(1915)에 담아낸 바 있다(국내에도 동일한 제목으로 번역·출간됐다). 역사기후학historical climatology이 생겨난 출발점이 바로 이 책이었다. 삼나무는 수령樹齡이 3000년 이상인 데다, 나무가 어느 정도의 온기와 습도를 겪느냐에 따라 몸통에 새겨지는 나이테의 크기가 해마다 달라진다. 그래서 삼나무 몸통의 단면을 잘라보면, 지난 3000년간 어떤 식으로 기후변화가 이뤄졌는지 그 체계적 기록을 살필 수 있다. 지금은 연륜연대학dendrochronology이라 일컬어지는 헌팅턴의 이 연구기법은 기후가 일정 주기로 교차한다는 '맥동이론pulsatory theory'에 영감을 주었다. 이 기후변화 이론은 지구상 모든 대륙의 지나온 과거에 일괄적으로 적용될 수 있었다. 여기서 특정 종류의 환경결정론environmental determinism이 탄생한다. 일례로, 지중해에서 고전문명이 성장한 것은 습윤기가 시작돼 북아프리카에서 밀 경작이 가능해진 때문이었으며, 그사이 북유럽은 주체 못 할 만큼 많은 비·안개·서리에 갇혀 쩔쩔맸다는 주장이 그렇다. 아울러 고대 세계의 쇠락은 이와는 정반대의 기후변화 즉 지중해의 햇빛이 알프스산맥 이북에 내리쬐이며 일어나게 된 일이라 볼 수도 있었다. 중국과 유럽의 역사 양쪽에 직접적 영향을 끼친 몽골족의 이동은(480~482쪽 참조) 중앙아시아 오아시스지대에 가뭄이 장기간 지속된 결과일지도 모른다. 헌팅턴은 나중에 《문명의 원동력Mainsprings of Civilisation》(1945)도 펴낸 바, 섭식과 질병 등 물리적 환경의 여타 요소를 탐구함과 동시에 그것들과 인간 유전 사이 상호작용을 연구했다.[10] 과거 어설픈 상호 관련성을 내세웠다가 이 학문이 오명을 쓴 만큼, 이후로는 초창기 연구 결과들을 보다 정교하게 가다듬는 일들이 시도되고 있다.

그럼에도 주기성periodicity 이론에는 여전히 그 옹호자들이 남아 있다. 이른바 '사이클로마니아Cyclomania' 세력이 아직 건재한 것인데, 이들은 문명의 발생과 멸망을 태양흑점에서 메뚜기 떼에 이르기까지 모든 것과 연관시켜왔다. 학자가 환경 변화라는 현상과 나아가 그것이 세상사에 끼치는 영향에 관심을 갖게 되는 것은, 학자 개인이 특별히 어떤 요소를 선호하든 간에, 지극히 당연한 일이다. 따지고 보면, 이는 결국 기후가 '정말' 다양한 변화 양상을 보인다는 단순한 사실의 문제다. 한때 수많은 인구가 함께 번성한 터전이었던 로마 세계의 일부 지역은 어느

덧 불모지의 사막으로 변해 있다. 아이슬란드와 그린란드에서도 한때는 작게나마 땅을 파내 바이킹의 무덤들을 만들었으나, 지금 두 곳은 영구동토층이 돼 곡괭이와 삽날조차 들어가지 않는 땅이 됐다. 17세기만 해도 겨울이면 런던 템스강을 뒤덮은 눈 위에서 해마다 박람회가 열렸고, 병사들은 꽁꽁 얼어붙은 발트해를 건너 행군을 했으나, 지금은 호기로라도 그런 일을 벌였다간 스스로 목숨을 내던지는 꼴이 되고 만다. 유럽의 환경은 어떤 고정된 실체가 아니다. 거기 내재한 한층 미묘한 리듬을 우리가 정확히 측정해낸다는 것은 늘 불가능한 일이라 해도. [방당주]

아널드 토인비Arnold Toynbee가 쓴 《역사의 연구A Study of History》(1933~1939)는 문명의 성장·붕괴·해체라는 포괄적 이론을 담은 책이나 동시에 환경 역사를 다룬 최고의 걸작이기도 하다(국내에도 동일한 세목으로 여러 번역본이 출산됐다). 그는 '환경의 도전'에 인류가 대응해나가는 차원에서 문명이 탄생했음을 논하고 나서 '역경의 미덕'과 관련해 자신이 세운 법칙을 제시한다. 그는 로마의 캄파냐, 유다왕국의 반半사막, 브란덴부르크의 모래투성이 불모지, 사람들이 살기에 부적합한 뉴잉글랜드의 해안가를 모두 척박한 환경으로 꼽으며, 이런 곳들에선 사람들의 치열한 노력이 펼쳐질 수밖에 없었다고 이야기한다. 어쩌면 모스크바의 산간벽지도 그 사이에 낄 수 있을지 모르겠다. 토인비는 "여러 가지의 타격, 압박, 징벌 등의 자극"을 개괄한 뒤, [황금의] 중용中庸, golden mean"의 개념에 이른다. 동유럽의 슬라브족은 초창기 자극이 부족해 고생을 했고, 켈트인과 스칸디나비아인들은 극단적 역경을 겪었다. 토인비에 따르면, 개중에서도 이상에 가장 가까운 경험을 한 것은 고대 그리스의 헬레니즘 문명이었다―이 문명은 "인간 종족이 피워낸 가장 화사한 꽃"이었다.[11]

환경이 인간에게 끼치는 영향도 결코 무시할 수 없겠으나, 요즘에는 인간이 환경에 끼치는 영향에도 특별히 주의를 기울이지 않을 수 없다. [에코] 역사생태학historical ecology은, '온실효과greenhouse effect'로 모든 사람이 그 중요성을 인식하기 훨씬 전부터 이미 학문적 주제로 등장해 있었다. 더구나 지금은 역사생태학에 첨단기술의 신기한 힘까지 동원되는 상황이다. 항공고고학aerial archaeology은 우리가 알고 있던 선사시대의 경관을 획기적으로 전환시켜주고 있다. 하천 침전물의 양상을 연구하는 퇴적학sedimentology, 빙하 안에서 얼음이 형성되는 양상을 연구하는 빙하학glaciology은 지난 수 세기, 나아가 1000년 동안 지구 환경에 정확히 어떤 변화가 있었는지를 새롭게 일깨워주고 있다. 고대 서식지의 토양에 함유된 인산염의 흔적을 측정하는 지구화학적 분석geochemical analysis도 고고학자들에게 또 하나의 막강한 연장이 돼주고 있다. 아울러 흙 속에 보존된 고대의 곡물 낱알을 분석하는 화분학花粉學, palynology 또는 꽃가루 분석pollen analysis으로 과거 식물 생태의 스펙트럼을 복원할 수 있게 됐다. 전문가들은 '대규모의 느릅나무 감소elm decline', 선사시대 농경 작물, 산림 개간 연대기 등의 증거를 놓고 논쟁을 벌이곤 한다. 토탄土炭분석peat analysis은 그간 쌓인 토탄 늪의 축적 성분과 비율을 근거로 하는 연구로, 이에 따르면 기원전 3000년에서 기원후 1000년 사이에 총 다섯 차례에 걸쳐 기후 여건의 '악화'가 있었다고 한다. 고고학자들이 땅속에서 갖가지 물품을 파내 그것들을 고대 문헌 속 단편적 사실들과 어렵사리 끼워 맞춰야 했을 때와 비교하면, 선사시대 연구는 장족의 발전을 한 셈이다. [탄소-14]

오늘날 선사시대연구가들은 선사시대의 사회적 변화 과정도 대단히 중요하게 여긴다. 옛날에는 새 문화 현상을 거의 어김없이 인류의 이동이라는 맥락에서 설명하곤 했다. 새 매장 관습, 새 의례, 새 언어 집단이 나타났다는 것은 자동적으로 새 민족이 도래한 것으로 여겨지곤 했다. 선사시대의 이동도 무시할 수 없는 요소겠으나, 지금은 물질적·문화적 변화가 기존 인구집단 내의 진화라는 관점에서도 충분히 설명되고는 한다. 기술적 진보, 종교적 전향, 언어적 진화도 모두 함께 고려돼야만 하는 요소다.

유럽의 선사시대를 이해하려면 규모의 급이 완전히 다른 두 가지 연대표가 필요하다. 지질시대는 그 주기가 줄잡아 지구 형성 이래 45억 5000만 년 정도로, 무생대無生代에서 홀로세(현세)까지 여러 대代, 기期, 세世로 나뉜다. 그에 반해 인간의 삶은 지질시대의 맨 끝단만을 조금 차지하고 있을 뿐이다. 인류가 처음 출현한 시기는 플라이오세 중엽이었다. 인류가 유럽에 다다른 것은 플라이스토세(홍적세) 중엽이었고, "문명" 단계에 진입하는 것은 제4기가 끝나고서야 가능했다. 유럽이 오늘날의 형태를 갖춘 것은 500만 년에 지나지 않으며, 인류가 유럽에 발붙이고 지낸 기간도 고작해야 100만 년밖에 되지 않는다(부록 1557쪽 참조).

지질시대의 규모에 비춰보면, 유럽 반도의 형성은 최근에 일어난 일이라 해도 틀림이 없을 것이다. 지금으로부터 8000만 년 전, 오늘날의 유럽을 구성하게 되는 땅덩이 대부분은 바다 한 가운데에 섬들이 여기저기 군집을 형성한 채 절반쯤은 물에 잠겨 있었다. 그러다 대서양이 최대한 열렸을 때, 이동하던 아프리카판African plate이 남쪽 방향에서 대양의 물이 흘러드는 틈새를 막았다. 지금으로부터 500만 년 전에는 아프리카가 여전히 유라시아 대륙과 직접 연결돼 있었으며, 말라붙은 지중해 해구 양편으로 알프스산맥과 아틀라스산맥이 높이 솟아올랐다. 그런데 이때 "자연이 지브롤터에 쌓은 댐이 무너졌다." "빅토리아폭포의 100배에 달하는 엄청난 양의 바닷물이 폭포수"가 쏟아지듯 밀려 들어왔고, 오늘날 유럽 반도 지형의 윤곽과 유사한 모습이 온전히 갖춰졌다.[12] 그리고 나서 지금으로부터 1만 년도 채 안 되는 사이에 생각지도 않은 지각 변동이 마지막으로 두 차례 더 일어나 영국해협과 외레순해협이 생겨났고, 그때 차례로 영국 제도와 발트해가 탄생했다.

지난 100만 년 동안, 젊은 유럽 반도는 빙하기를 총 17차례 겪었다. 가장 대규모의 빙하기에는 노스데번(잉글랜드), 하노버(독일), 크라크푸(폴란드), 키이우(크이우, 우크라이나)를 죽 연결하

방당주 VENDANGE

■ 역사기후학은 인간이 책에 보존한 기록과 자연
■ 이 스스로 보존한 기록에 의존한다. 전자에는 토
지 관리인, 곡물상, 포도 재배 및 포도주 양조업자가
남긴 일지, 여행자 이야기, 날씨 정보 등이 포함된다.
후자는 나이테, 화석, 퇴적물, 종유석, 빙하 등에 대한
연구로 알아낼 수 있다.[1] ("방당주"는 프랑스어로 "포도의
수확" "수확한 포도" "포도 수확기" 등을 뜻한다.)
자연이 기록한 정보는 유사시대에도 놀랄 만큼 정확하
다. 크름반도에 있는 소금호수의 가장 오래된 퇴적층의
생성 연대는 기원전 2294년까지 올라간다. 쥐라산맥
의 아벤도르냐크 동굴 등의 일부 거대한 석순들은 연
령이 7000년도 더 됐다. 이러한 석순을 구성하는 방해
석方解石 침전물의 밀도 변화를 분석하면 시간 흐름에
따른 강우량 양상을 알 수 있다.

생물계절학phenology은 생물의 생애주기와 계절별 기
후변화 사이 관계를 연구하는 학문으로, 포도주 생산
을 위한 포도 수확과 관련해 널리 이용돼왔다. 수 세기
동안 프랑스의 많은 포도 농장에서는 해마다 포도 수
확 시작 날짜를 공개적으로 발표했다. 날짜가 이르면
그해 일조량이 풍부했다는 의미였고, 날짜가 늦으면 날
씨가 선선했다는 의미였다. 역사학자들은 특정 농장에
서 해마다 프리미에르 퀴베première cuvée 즉 첫 번째
압착으로 얻은 최고급 포도즙이 생산된 날짜들을 정리
해 장기간에 걸친 '생물계절학적 연속 자료들'을 완성할
수 있다. 서로 다른 여러 농장의 생물계절학적 연속자
료들을 수집해 분석하면 각 지역의 포도 수확 평균 날
짜를 산출할 수 있다. 이렇게 작성된 쿠르베 드 방당주
courbes de vendanges 즉 '포도수확 곡선'은 기후변화
양상을 정확히 보여준다(부록 1562쪽 참조).[2]
빙하의 움직임도 또 다른 정보의 원천이다. 빙하는 추
운 기간에는 커져서 전진하고 상대적으로 따뜻한 기간

에는 녹아서 후퇴한다. 더욱이 유럽 알프스에 있는 빙
하들의 크기는 목격자 증언, 오래된 그림, 공식적 기록
으로 확인되곤 한다. 사부아 회계회의소Chambre des
Comptes de Savoie의 기록 자료에는 점점 커진 빙하
가 마을을 파괴했다거나 빙하 때문에 주민들이 십일조
와 세금을 낼 수 없었다는 등의 세금감독관 보고 내용
이 담겨 있다. 예컨대 1600년에는 샤모니의 빙하가 위
협적 수준으로 확대돼 각각 프랑스와 이탈리아로 이
어지는 몽블랑 양쪽 산기슭 주민들이 두려움에 떨어
야 했다. 메르 드 글라스Mer de Glace, (스위스) 발레
주州의 론글레처Rhonegletscher, 티롤의 베르나그트
Vernagt 빙하에 대한 심층적 연구는 유럽에 '소빙기
Little Ice Age'가 있었음을 보여준다. 16세기 후반에
이 빙하들의 말단末端은 현재 위치보다 수 킬로미터
아래쪽이었다. 빙하가 특히 커진 때는 1599~1600년,
1640~1650년, 1680년, 1716~1720년, 1770년이었
다. 1653년 (발레주의) 알레치글레처Aletschgletscher
(알레치빙하) 인근의 주민들은 빙하가 더는 커지지 않
기를 기도하면서 계곡 아랫자락에 성 이그나티우스St
Ignatius의 동상을 세웠고 이후 빙하는 전진을 멈췄다.
현재 이곳 빙하의 후퇴는 1850년 이래로 계속되고 있
다.[3]
가장 신빙성 높은 기후 데이터는 서로 다른 지역의 증
거들이 동일한 결과를 가리킬 때 얻어진다. 일례로
1530년대에 유난히 날씨가 변덕스러웠다는 사실은 독
일 수목들의 나이테와 프랑스 및 스위스의 방당주 자
료를 통해 확인된다(부록 1562쪽 참조). 유럽의 포도 농
장들에 가장 추웠던 해는 1816년이었다. 작황이 나빴
던 이해에 프랑스 동부에서는 모든성인대축일(만성절)
All Saints Day(11월 1일)에 포도 수확이 시작됐다. 스
위스 인근에서 휴가를 보내고 있던 메리 셸리Mary
Shelley는 산책조차 나가기 힘들어 실내에 머물면서
《프랑켄슈타인Frankenstein》을 구상했다.

는 선까지 빙판이 밀고 내려오기도 했다. 인간 비슷한 타지의 방문객들은 날씨가 더 따뜻해지는 간빙기나 돼야 모습을 드러낼 수 있었다. 유럽에서 가장 오래된 인류의 흔적은 헝가리 베르테쉴레시 근방의 유적지와 이탈리아의 이세르니아 유적지에서 발견되는데, 둘 다 연대가 기원전 85만 년~기원전 70만 년으로 거슬러 올라간다. 이세르니아에서는 호모에렉투스가 사바나 유형의 전원지대 생물상으로부터 이런저런 먹을 것을 섭취했다. 프랑스 니스 근방의 해안에 위치한 테라아마타에서는 불에 달궈져 딱딱해진 난롯가의 점토에서 40만 년 전에 찍힌 인간 발자국이 발견되기도 했다. 1987년에는 스페인 부르고스 근방 아타푸에르카의 동굴 방 깊숙이에서 화석화된 인간 유골의 은닉처가 발견됐다.

빙하기가 지나는 동안, 인류는 호모에렉투스, 호모사피엔스, 호모사피엔스사피엔스의 단계를 거치며 진화했다. 1856년에는 뒤셀도르프 근방 네안데르탈계곡 채석장에서 과도기 생물체의 유골이 발견됐는데, 인간의 기원을 둘러싼 공개 논쟁이 이때 불붙어 지금까지도 계속되고 있다. [원숭이] 장대한 골격과 짧은 팔다리를 지닌 네안데르탈인은, 빙하기라는 조건에 적응한 특정 종류의 유럽 변종이었을 것으로 여겨진다. 이들은 부싯돌 도구들을 활용했고, 불의 비밀을 알았으며, 죽은 이를 묻고, 산 자를 보살필 줄 알았다. 네안데르탈인의 고유 특징으로 통하는 '무스티에Moustier' 석기는 도르도뉴 지방(프랑스) 유적지의 이름을 딴 것이다. 이들은, 저지섬(프랑스 노르망디해안)의 라코트드생브렐라드 유적지나 보다 최근에는 폴란드의 즈볼렌 유적지에서 찾아볼 수 있듯, 무리를 지어 조직적으로 사냥했으며 떼 지어 다니는 말이나 매머드를 잡는 사냥용 함정을 수천 년 동안 이용했다. 네안데르탈인이 종적을 감춘 것은 마지막 간빙기 동안인 4만~3만 5000년 전의 일이었다. 생세제르(프랑스)에서 최근 발견된 바에 따르면, 아프리카와 중동에서부터 새 이주민이 들어왔을 때 네안데르탈인도 한동안은 그들과 섞여 생활했을 것으로 보인다.[13]

새 이주민들은 체구는 왜소했으나 손재주가 네안데르탈인과 비교해 훨씬 뛰어났고, 손가락 굵기도 선대 조상들의 절반밖에 되지 않았다. 이 이주민들은, 숭기르 유적(러시아)에서 알수 있듯, 매우 가느다란 뼈바늘에 실을 꿰어 그걸로 옷을 지어 입을 줄 알았다. 세간에서는 이 이주민들이 널리 '동굴인(혈거인穴居人)caveman'으로 통하지만, 사실 동굴은 이들의 여러 거주지의 하나에 불과했다. 이들은 평원들을 여기저기 배회하며, 들소와 매머드를 잡았고 야생식물도 채집했다. 우크라이나의 메지리치에는 빙하기의 야영촌 하나가 온전히 남아 있다. 야영촌의 널찍한 움막은 매머드 뼈 수백 개로 기둥을 세우고 가죽으로 그 위를 덮어 만든 것이었다. [채집수렵인]

마지막 빙하기가 채 끝나기 전, 모든 화산 폭발의 시조로 여겨질 일이 일어난다. 아프리카판의 압력 때문에 지중해 하상河床을 따라 단층선斷層線이 형성됐다. 이에 따라 형성된 일련의 화산대는 현재도 있다. 지금으로부터 3만 6000년 전, 그중 제일 큰 화산이 폭발해 원뿔 모양의

탄소-14 C-14

■ 방사성동위원소放射性同位元素 탄소-14Carbon
■ 14에 측정가능한 방사성이 남아 있는 기간은 4
만 년이다. 따라서 방사성탄소연대측정radiocarbon
dating은 후기 구석기시대부터 가까운 과거 시기의 유
기물질에 사용할 수 있다. 기원전 3만 5000년 무렵은
네안데르탈인이 멸종하고 현생인류가 크로마뇽 동굴
에 살았던 시기나.

탄소-14의 가치는 그 자연적이고 일정한 붕괴 비율
에 있으며, 1960년 노벨화학상은 이 점에 착안해 방사
성탄소연대측정법을 개발한 과학자(윌러드 프랭크 리비
Willard Frank Libby)에게 돌아갔다. 탄소-14는 탄소 동
위원소 3가지(탄소-12, 탄소-13, 탄소-14) 중 유일하게 방
시성을 띠며, 우주선宇宙線, cosmic ray의 작용에 의해
대기 중에 생성되므로 자연히 모든 생물의 내부에 축
적된다("우주선"은 우주에서 끊임없이 지구로 내려오는 매
우 높은 에너지의 각종 입자선을 통틀어 이르는 말이다). 탄
소-14는 고고학 발굴 현장에서 발견되는 뼈, 체體조직,
조개껍데기, 동물의 살·털·밧줄·천·목재 등 많은 물질
에 존재한다. 생물체가 죽으면 체내에 축적된 탄소-14
가 붕괴하기 시작하며, 탄소-14의 반감기半減期는 5730
년이고 평균수명은 약 8033년이다. 탄소-14가 1퍼센트
감소했다면 80년이 흐른 것으로 헤아릴 수 있다.

방사성탄소를 통한 연대 측정에 영향을 끼칠 수 있는
변수는 매우 많다. 그러나 최근 들어 비교값을 제공하
는 보완적 기법들이 개발되면서 측정법이 크게 개선됐
다. 예컨대 열발광연대측정Thermoluminescence, TL
과 전자스핀공명electron spin resonance, ESR은 자연
방사능이 광물의 결정격자crystal lattice에 만들어놓
은 미세한 변화를 감지하며, 특히 토기나 도기의 연대
측정에 효과적이다. 가속기질량분석Accelerator Mass
Spectrometry, AMS을 통한 탄소 동위원소 분석은 연
대 측정 범위를 약 10만 년까지로 확대함으로써, 최고
最古 원인류猿人類의 유물에 대한 기존의 연대 추정치
를 재고하게 했다.[1]

그동안 방사성탄소연대측정법을 통해 의미 있는 자료
들이 상당량 축적됐다. 일례로 중석기시대를 연구하는
고고학자들은 유럽 각지에서 나온 유물들의 연대를 목
록화한 자료를 참고할 수 있다. 독일 니더작센주 아이
츰에서 발굴된 구슬 문양 선형線形 토기 조각의 연대
측정값은 6480±210년이고(지금으로부터 6480년 전의
것이고 오차 범위가 ±210년이라는 뜻), 세르비아의 블라사
즈 유적지에서 나온 목탄은 7930±77년, 폴란드 바르
샤바 근처 차워바녜에서 나온 검게 탄 소나무 가지는
10030±120이년이다.[2] 새 측정값이 나올 때마다 전체
적 그림이 보강되곤 한다.

이 측정법과 관련된 가장 떠들썩한 도전은 '토리노의
수의壽衣'의 연대 추정이었다. 14세기에 팔레스타인에
서 유럽으로 옮겨진 것으로 추정되는 수의에는 죽은
사람의 얼굴과 신체의 희미한 형상이 나타나 있으며,
수의는 그동안 십자가에 못 박힌 예수의 시신을 감쌌
던 유물로 숭배돼왔다. 1988~1989년에 실시한 방사
성탄소연대측정으로 이 수의의 천이 1260~1390년
사이에 제작된 것이라는 결과가 나왔다. 그러나 방사성
탄소연대측정법으로 죽은 사람의 형상에 관한 미스터
리가 풀리지는 않았다.[3]

산 정상부를 날려버렸고, 화산재는 저 멀리 볼가강에까지 날아가 앉았다. 나폴리 근처의 포추
올리에는 너비 약 11킬로미터의 칼데라caldera(원형 띠 모양의 분화구)가 생겨났다. 이때를 필두로
역사시대에도 대폭발은 숱하게 일어났다—기원전 1628년 티라섬 화산(141~143 참조), 기원후
79년 베수비오화산, [판타] 1669년 에트나화산이 그렇다. 지질학적 유산으로, 언제 깨질지 모르

는 이 얇은 표피 위를 인류가 얼음 지치듯 다니고 있다는 생각을 하면 순간 정신이 번쩍 들기도 한다.

유럽 선사시대에서 인류 부분을 논할 때는 보통 석기, 청동기, 철기의 '세 시대 체계Tree-Age System'와 관련시키는 것이 관례다. 1836년에 이 체계를 가지고 맨 처음 논의를 전개한 사람은 덴마크 골동품연구가 크리스티안 톰센Christian Thomsen이었다. 이러한 시대 구분의 틀은 원시시대 인간들이 썼던 도구들의 변화에 근거하는 것이 특징이다. 이에 따르면, 구석기시대는 빙하기가 끝나기 전 인류가 뗀석기를 사용한 방대한 시기를 가리킨다. 중석기시대는 구석기시대보다 한참 이후로서 마지막 빙하기에 이어지는 기원전 8000~기원전 3000년경의 시기를 말한다. 우리[서양인, 혹은 유럽인]만의 자의적 연대 체계[주님의 해]인 기독교 연대Christian era 혹은 공통 연대Common era에 선행한 2000년 동안에는 신석기시대, 청동기시대, 철기시대가 차례로 이어진다. 기술수준에 따라 나뉘는 이들 '시대'도 저마다 전기, 중기, 후기로 다시 세분화할 수 있다. 그러나 이 세 시대 체계가 절대적 시간 단위가 '아니라는' 사실을 우리는 반드시 기억할 필요가 있다. 아무 때고 선사시대 역사의 어느 지점을 짚었을 때, 한 지역은 여전히 신석기시대에 머물러 있는데 다른 지역은 이미 철기시대에 진입한 경우도 있을 수 있기 때문이다. 또 어디고 한 지역을 짚었을 때, 그곳에 사는 사람들이 서로 다른 발달 단계를 보이고 있거나, 서로 다른 형태의 기술을 동시에 이용하고 있을 가능성도 충분히 있다.

구석기시대는 100만 년까지 거슬러 올라간다. 구석기시대는 지질시대 맨 마지막에서 두 번째 시대인 신생대 제4기의 플라이스토세와 겹치며, 마지막 대빙하 형성기와도 ―각각 민델, 리스, 뷔름 빙기로 통한다― 그 시기가 겹친다. 구석기시대 유적지로는 네안데르탈 및 르무스티에 지방도 유명하지만, 크로마뇽(1868), 그리말디(1874), 콤카펠(1909), 샹슬라드(1888)에서도 진귀한 발견들이 있었고, 아브빌과 오이추프 사이에도 특정 인간 유형, 시기, 문화와 연관시킬 수 있는 곳들이 도처에 자리 잡고 있다. 오리냐크, 솔뤼트레, 아브리드라마들렌에서는 '빌렌도르프의 비너스Venus of Willendorf' 혹은 '로셀의 비너스' 같은, 인간 형태의 작은 조각상이 처음 모습을 드러냈다. 구석기시대 맨 마지막에 해당하는 마들렌기는, 골각기가 두루 이용되고 마지막 빙모氷母의 한파가 아직 기승을 부리던 때로, 동굴예술이 절정을 구가한 시기이기도 했다. 스페인의 알타미라(1879)와 도르도뉴의 라스코(1940)에는 지하 동굴에 대규모 화랑이 남아 있는데, 그 빼어난 실력을 보고 일부 해설가들은 그림들에 '프랑코-칸타브리아파Franco-Cantabrian School'라는 말을 붙일 정도였다("프랑코-칸타브리아미술"은 서남 프랑스와 북부 스페인의 칸타브리아 지방에서, 오리냐크기부터 마드렌기까지의 신생 인류에 의해 발달한 원시미술을 통틀어 이르는 말이다). 프랑스 리베이라 망통 근방의 한 동굴에서는 카시스 루파Cassis rufa라는 조개더미가 발견된 바 있다. 조개껍데기는 생명력을 불어넣는 힘이 있다고 여겨진 만큼, 조개더미가 발견됐다는 것은 당시에 정

채집수렵인 GAT-HUNTER

■
■ 체계화된 정치 공동체 즉 '국가state'의 기원을 신석기시대 이전에서 찾는 경우는 거의 없었다. 마르크스주의자들을 비롯한 일부 이론가들은 국가의 원형을 찾을 때 청동기시대와 철기시대의 부족과 부족장 지위에 주목했다. 또 어떤 이론가들은 신석기혁명 Neolithic Revolution으로 농경의 시작과 이에 따라 정주지가 늘어난 것에 주목했다. 비어 고든 자일드는 친족관계가 아닌 거주지를 토대로 세워지는 국가의 전제조건을 영토에 대한 권위, 잉여 자본, 상징적 기념물, 원거리 교역, 노동 전문화, 계층화 사회. 과학적 지식, 기록문화등으로 보았다. 이러한 전제조건들이 처음 충족된 것은 이집트와 메소포타미아였고, 유럽에서는 고대 그리스의 도시국기였다(2장 참조).

그러나 수렵채집인의 복잡한 사회에 대한 분석은 이주제를 그보다 훨씬 더 오래전으로 이끈다. 수렵채집인hunter-gather 혹은 채집수렵인gather-hunter은 농경의 출현 덕분에 멸종의 위험을 벗어난 것이 아닌 듯하다. 오히려 그들은 수천 년간 '넘치는 여가와 풍요로움'을 누렸다. 그들은 농경을 알고 있었으면서도 그것을 거부했으며 단지 부차적이거나 보충적인 활동으로 여겼다.

더욱이 선사시대 후반에 수렵채집인은 차별화된 전문화가 가능한 사회구조를 발전시켰다. 먼 곳을 돌아다니는 수렵 전사, 거주지 주변에서 활동하는 채집인이 있는가 하면, 고기잡이나 해산물 채취, 야생초 및 견과류 채집, 덫으로 새 잡기 등의 노동집약적 활동을 전담하는 그룹도 있었다. 또한 무리나 지역 사이 동맹을 추진하거나 협상하는 일을 전담하는 그룹도 있었다. 다시 말해, 수렵채집인 집단에는 초기 형태의 대표제 및 정치 계급이 존재했다. 이와 같은 역사적 문제는 북아메리카, 오스트레일리아, 뉴기니의 원주민과 수렵채집인의 유사점을 통해 접근해볼 수 있다.

그렇다면 수렵채집인과 관련해 우리가 던져야 할 중요한 질문은 "그들은 어떻게 해서 더 높은 수준의 농경사회 및 정치화된 사회로 발전하게 됐는가?"가 아니라 "어째서 그들은 안정되고 풍요로우며 심리적으로 자유로운 원시적 라이프스타일의 장점들을 포기하게 됐는가?"일 듯하다.[1]

교한 신앙체계와 원거리 교역망이 존재했다는 사실을 입증해주는 근거로도 볼 수 있다.[14] [로셀]

중석기시대는 빠르게 나아지는 기후 여건에 인류가 차츰 적응해간 과도기를 말한다. 마지막 페노스칸디나비아Fenno-Scandinavia[페노스칸디아 Fennoscandia] 빙상의 말단퇴석未端堆石, terminal moraine은 그 연대가 기원전 7300년으로 거슬러 올라간다("페노스칸디나비아" 또는 "페노스칸디아"는 지리학·지질학 용어로 스칸디나비아반도, 콜라반도, 핀란드 본토, 카렐리야(러시아 서북부) 지역을 말한다. "말단퇴석" 또는 "종퇴석終堆石"은 빙하가 운반한 자갈·모래·진흙 따위가 빙하의 말단에 퇴적된 것을 말한다). 기술상 발전의 주된 특징으로는 세석기細石器[잔석기], microlith—매우 작고, 끝이 뾰족하거나 날이 달린 부싯돌—의 등장을 꼽을 수 있다. 이 시기에는 물고기와 조개 공급량이 대폭 늘면서, 호수·강·연안을 따라 정착촌이 더 쉽게 자리 잡을 수 있었다. 초창기 문화들은 피레네산맥의 마다질 같은 남부지방에서 찾아볼 수 있으며, 셸란섬의 마글레모제나 유틀란트의 에르테뵐레 같은 보다 북쪽에 자리한 지역들이(이곳에선 심해어업도 등장했다) 이들 문화를 보완해주는 역할을 했다. 아울러 역사상 처음으로, 중석기시대의 도끼가 어마어마한 덩치의 나무들을 베어 넘어뜨리는 위용을 발휘했다.

신석기시대는 식량 채집에서 식량 생산으로 전환된 점이 주된 특징이다. 식물 재배 및 동물 사육과 함께(이를 농경이라 달리 말할 수 있겠다) 석기 기술이 한층 발달해 갈고, 다듬고, 구멍을 내는 과정에서 훨씬 월등한 품질의 도구들이 만들어졌다. 이 '신석기혁명'은 기원전 제8천년기〔기원전 8000~기원전 7001〕에 중동에서 시작됐으며, 유럽 북부에서는 기원전 제2천년기〔기원전 2000~기원전 1001〕의 일이었다. 이 시기 들어 소·양·돼지를 가축으로 처음 기르기 시작했고, 말 사육, 품종 교배를 통한 노새 생산도 처음 이뤄졌고, 체계적 곡물 생산을 비롯해 쟁기질, 직조, 도기 제작, 광물 채굴도 처음 이뤄졌다. 또 그전까지만 해도 유럽의 정주지는 듬성듬성 흩어져 있었으나, 이 시기 들면서 어떤 커다란 동력에 이끌리듯 유럽 전역으로 폭넓게 사람들이 이주했다.

신석기시대 발전의 진행 방향은 지금까지 크게 두 갈래가 확인된다. 그 하나는 '선형줄무늬토기Linearbandkeramik'와 연관되는 것으로, 도나우계곡을 향해 빠른 속도로 올라갔다가 중부 유럽으로 진출하는 흐름이다. 이 움직임은 기원전 제5천년기〔기원전 5000~기원전 4001〕의 700년 동안 분출하듯 재빠르게 일어나 루마니아와 네덜란드 사이에 긴 2400킬로미터의 지대를 관통하며 나아간다. 이 흐름에서 개척민의 정주지는, 갓 개간한 산림에서 제일 큰 나무들을 골라 지은 장방형의 대규모 공동주택longhouse을 중심으로 군집을 형성했다. 이 첫 번째 흐름은 농경문화에 내재한 과잉 착취 및 인력 부족의 문제로 일순 주춤했다가, 이후 정주민들이 버리고 떠난 지역에 다시 사람들이 들어와 사는 특유의 현상을 보였다. 두 번째 주된 흐름은 '도장무늬토기stamped-pottery'와 연관되는 것으로, 서쪽을 향해 나아가며 지중해 연안을 빙 도는 움직임을 보인다. 기원전 제4천년기〔기원전 4000~기원전 3001〕에 들어서면 유럽 반도의 서단西端 및 북단까지 ─즉 이베리아, 프랑스, 스위스, 영국제도, 스칸디나비아, 유럽대평원의 동부까지도─ 농경 정주지가 추가로 들어서게 된다. 기원전 3200년경에는, 북위 62도선 이남의 유럽 반도 전역을 다양한 형태의 식량생산 경제가 점령한다.[15] [채집수렵인] [탐무즈] [비노]

그르노블 근방의 샤라빈 마을, 쥐라의 샬랭〔이상 프랑스〕, 뷔르템베르크〔독일〕의 페더제, 취리히호湖〔스위스〕 등에 자리한 호수 촌락도 이즈음 생겨난 것들이다. 고고학자들은 이들 촌락을 각별히 소중하게 여길 수밖에 없는데, 주방용품들에서부터 반쯤 먹다 버린 사과의 심까지 온갖 것을 호수의 진흙이 거의 원상태 그대로 보존해주고 있어서다. [톨룬]

전반적으로 신석기시대 주요 지역은 총 여섯 군데라는 게 정설로 굳어 있다. 첫 번째는 지중해 동부 및 발칸 지역으로, 레반트의 강한 영향을 받았다는 특징이 있다. 두 번째는 우크라이나 스텝지대의 트리폴리예-쿠쿠테니 지역이며, 세 번째로는 새끼줄무늬 도기와 '전투도끼battle-axe'가 특징인 발트해-흑해 지대. 네 번째는 줄무늬 도기가 출토되는 중부지방으로, 보헤미아를 중심지로 삼되 라인강 서쪽 및 비스와강 동쪽을 전초기지로 삼았다. 다섯 번째는 유럽대평

로셀 LAUSSEL

■
■ '로셀의 비너스Venus of Laussel'는 기원전 1만 9000년경에 제작됐다. 프랑스 도르도뉴에 있는 동굴의 안쪽 벽에 얕은 돋을새김으로 조각돼 있었고 붉은 황토가 칠해져 있었다. 앉아 있는 여성의 형상이며 이목구비는 남아 있지 않다. 한쪽 어깨 뒤로 내려간 긴 머리와 늘어진 유방을 갖고 있으며, 다리 사이로 생식기 부분이 드러나 있다. 왼손은 임신한 배에 올린 채 오른팔은 구부려 초승달 모양의 들소 뿔을 든 모습이다. (「로셀」은 프랑스 남서부 도르도뉴에 있는 지명이자 구석기시대의 암굴부조 유적명이다.)

인류 역사의 90퍼센트 이상에 해당하는 원시시대의 유럽 예술에 등장하는 인간 형상 대부분에서 그렇듯이, 예술품에서 여성성이 부각되는 것은 인상적인 동시에 많은 함의를 갖는다. 이것은 구석기시대의 신성神性, godhead 즉 일종의 '위대한 우주의 어머니Great Cosmic Mother'를 표현한 조각상으로 널리 알려져 있다. 여신 숭배는 모계 중심 공동체 의식儀式의 핵심이었다. 일각에서는 여자, 남자, 아이들이 동물 영혼과의 신비로운 영적 교감을 시도하면서 가면을 쓰고 춤추는 종교의식을 행할 때 이 조각상이 가장 중요한 위치를 차지했을 것이라고 설명한다. 그렇게 확실치는 않으나, 이 조각물은 동굴 생활 이미지의 절정이기도 했으니, 당시에 동굴은 "위대한 대지의 어머니Great Earth Mother의 자궁-무덤-미궁"이자 피-여성-달-들소 뿔-탄생-생명 주기를 통해 신성한 힘들의 지속적 공명 즉 조화를 유추할 수 있는 공간이었다.[1]

카를 마르크스와 프리드리히 엥겔스를 비롯해 이후의 이론가 대부분은 선사시대 공동체의 모계사회 특성을 인정해왔다. 그러나 모계사회가 가장 '원시적인' 단계에서만 존재했다는 가정은 현재 타당하지 않은 것으로 여겨진다. 시인 로버트 그레이브스Robert Graves는 신화를 주제로 한 저작에서 유럽 모계문화의 기원 및 운명을 탐구하면서 여성의 지위가 고대의 신성한 존재에서 고전적 노예로 하락한 과정을 추적한 바 있다.[2]

일부 학자들은 여성이 언어의 탄생에, 나아가 의식적 문화의 형성에 결정적 역할을 했다고 보았다. 인간은 다른 동물에 비해 양육 기간이 길고, 남성이 멀리 사냥을 나간 동안에 여성과 아이들은 말하는 법을 깨우쳤을 것이라고 생각해볼 수 있다. 그렇다고 해도 성별 차이는 그저 정도의 차이였을 수 있으니, 당시에도 남자 아이들은 분명 처음 말하는 법을 배울 땐 여자 형제들이 곁에 있었을 것이기 때문이다.

더 설득력 있는 것은 모계사회와 가부장제사회가 동시에 공존하면서 다양한 종류의 혼합된 사회 형태를 낳았을 가능성이 높다는 점이다. 마리야 김부타스의 가설이 옳다면(130~132쪽 참조), 신석기시대 후기 '쿠르간 사람들'은 흑해 북부 스텝지대로 진출하면서 인도-유럽인의 조상만 등장시킨 것이 아니라 호전적이고 가부장적인 문화도 가져왔다. 한편 이후 사우로마티아인들—이란계와 사르마트(사르마티아인) 연맹의 첫 번째 이동 물결—이 들어온 이후, 모계문화를 갖고 있던 이들이 기원전 3000년경 가부장적 문화의 쿠르간 사람들과 섞여 살기 시작했다. 이와 관련해 헤로도토스는 아마존 여전사들이 흑해 남부 연안을 떠나 스키타이 전사들과 짝을 지은 후 "마이오티스호(지금의 아조프해)로부터 걸어서 사흘 걸리는 지역"에 새 정주지를 형성했다고 기록했다. 이 이야기는 허구의 전설이라고 여겨졌으나 최근 고고학자들이 사우로마티아인의 무덤에서 여전사들의 유골을 발견하기 시작했다. 돈강 유역 콜비아코프에서 발견된 무덤에서 나온 한 사르마트 공주는 전투용 도끼와 함께 매장돼 있었다.[3]

선사시대에 대한 여성중심적 접근법에는, 열정적으로 옹호되는 학설이 으레 그렇듯, 과장된 면이 있다. 하지만 그런 접근법을 터무니없는 관점이라고 할 수는 없다. 한 학자의 글을 읽어보자.

우리는 인간과 자연을, 주체와 객체를 […] 대학 universities과 우주 universe를 분리해서 생각하기 때문에, 시인이나 신비주의자를 제외하고는 누구라도 빙하기 인간의 전체론적이고 신화적인 사고를 이해하기가 대단히 어렵다. 우리가 사용하는 언어에서는 […] 도구, 사냥꾼, 남성을 언급한다. 우리가 발견하는 모든 조각상과 그림이 이 빙하기 인류를 특징짓는 것이 미술문화, 동물 사랑, 여성이었다고 외치고 있는데도 말이다. […] 채집 활동도 수렵 활동과 똑같이 중요하지만 우리는 수렵에 대해서만 이야기한다. 스토리텔링에 대해 이야기하지만 그 스토리의 화자는 나이든 달의 여사제가 아니라 사냥꾼이다. 성년식을 상상할 때 그 주인공은 달과 혼인을 앞둔 초경하는 소녀가 아니라 위대한 사냥꾼이 될 소년이다. [4]

어떤 식으로 정의하건 간에 서구 문명은 일반적으로 유대-기독교 전통과 고전 세계에 뿌리를 둔 것으로 여겨진다. 여호와(야훼)와 제우스-유피테르가 등장하는 이 양대 뿌리의 문화를 지배한 것은 남신들이었다. 그러나 그 이전 기나긴 시간 동안 신은 여성이었다는 사실을 잊어서는 안 된다. 인간은 작고 연약한 종種이기에, 살상과 죽음을 상징하는 남성보다는 번식과 출생을 상징하는 여성을 더 신성하게 여겼던 게 아닐까.

온갖 유형의 사람들이 머나먼 과거 속의 오래전 잃어버린 낙원을 꿈꾸곤 했다. 낭만주의자도, 민족주의자도, 마르크스주의자도 각자의 이상화된 에덴동산을, 반半 신화적 황금기를 꿈꿨다. 이제 페미니스트들이 그 꿈을 꾸고 있다. [5] 적어도 한 가지는 확실하다. 로셀의 비너스를 비롯한 고대 여신들은 남성의 만족을 위한 성적 대상이 아니었다는 점 말이다. 사실 그 여신들은 결코 비너스가 아니었다.

탐무즈 TAMMUZ

■ 탐무즈는, 우주의 어머니Mother of the Universe
■ 이슈타르Ishtar의 아들로, 고대 바빌로니아의 곡물(또는 식물)의 신이었다. 사람들은 수확기가 끝날 때 마지막 곡물 다발의 대를 꼬아서 짚으로 키나 우리 모양의 공예품을 만들었다. 곡물의 신이 그 안에 기거하며 겨울을 날 수 있도록 말이다.

이런 곡물 우상corn idol 또는 '콘 돌리corn dolly'(고대에 추수의 상징으로 만든 짚 인형)는 밀 경작 지역이면 어디서든 제작해왔다. 발칸반도에서는 나일강 유역에서 제작되던 것의 모양을 본뜬 '몬테네그로 부채Montenegrin Fan'를 지금도 만든다. 독일과 스칸디나비아에서는 짚으로 만든 별과 천사가 크리스마스 장식으로 애용된다.

잉글랜드에서는 1950년대에 이 공예품이 점차 사라졌지만 농촌보존운동가들 덕분에 방대한 종류의 콘 돌리가 살아남았다. 넥Neck(곡식 수확 때의 마지막 단 모양), 호스슈Horseshoe(편자 모양), 노트Knot(매듭 모양), 캣츠 포Cat's Paw(고양이 발 모양), 벨Bell(종 모양), 랜턴 Lantern(등롱燈籠 모양) 같은 단순한 형태의 콘 돌리들은 밀을 재배하는 주라면 어디서나 발견할 수 있다. 지역 특유의 콘 돌리로는 슈롭셔 메어Shropshire Mare(암말 모양), 더비셔 크라운Derbyshire Crown(왕관 또는 화관 모양), 케임브리지 엄브렐러Cambridge Umbrella(우산 모양) 등이 대표적이다. 노섬벌랜드의 컨 배비Kern Babby(추수 아가씨)와 켄트의 아이비 걸Ivy Girl(담쟁이덩굴 아가씨)은 '대지의 여신Mother Earth'의 현대 버전이라 할 수 있다. 즉 이집트의 이슈타르 여신, 그리스 신화의 데메테르, 로마 신화의 케레스의 먼 후손쯤 되는 셈이다. [1]

인류의 3대 주요 곡물은 쌀, 옥수수, 밀이다. 유럽이 선택한 곡물은 밀이었다. 밀은 메소포타미아에서 유럽으로 전파됐다. 유럽인들은 어느 곳에 가서 대규모 정주를 할 때 즉 신석기시대 유럽 북서부의 황량한 땅에 정착할 때, 훗날 아메리카와 오스트레일리아, 남부 시베리아의 대초원으로 이주할 때 항상 밀과 함께했다. 최종적으로 밀을 선택하기까지는 수천 년이 걸친 끊임없는 시도와 실험이 있었다. 호밀, 보리, 귀리, 메밀, 기장

등 다른 곡물도 유럽에서 계속 재배돼왔지만, 밀이 최종 승자라는 사실에는 이론의 여지가 없다.[2]

밀은 벼과科 밀속屬 식물로 품종이 1000가지가 넘는다. 밀의 낟알은 영양가가 매우 높다. 평균적 성분 구성은 탄수화물 70퍼센트, 단백질 12퍼센트, 지방 2퍼센트, 미네랄 1.8퍼센트다. 밀은 단백질 함량이 쌀보다 훨씬 높아서, 450그램당 최고 1500칼로리의 열량을 낸다. 밀의 영양분 구성은 대부분의 유럽인이 쌀이나 옥수수를 주식으로 삼는 사람들과 비교해 신장 면에서 우위를 갖게 된 요인 중 하나다. 밀은 절기 재배 작물로, 봄 파종기와 가을 수확기에만 집중적 노동력이 필요하다. 밀 경작민은, 연중 내내 숙련된 노동력을 동원해 논을 보살펴야 하는 쌀 경작민과 달리, 새 일을 도모하고, 2차 작물을 재배하고, 땅을 개척하고, 구조물을 짓고, 싸우고, 정치적 활동을 할 수 있는 자유시간이 더 많았다. 이는 유럽의 사회적·정치적 역사의 많은 특징 즉 봉건 제도, 개인주의, 전쟁 도발, 제국주의 등을 출현시키는 데 중요한 역할을 했을 것이다. 하지만 밀은 지력을 빠르게 고갈시키는 작물이다. 고대에는 밀 경작지를 정기적으로 휴경하고 가축 배설물로 거름을 뿌려야 땅의 비옥함을 유지할 수 있었다. 그러면서 자연히 유럽의 전통적 농경 형태인 농작물 재배와 목축을 겸하는 혼합농경이 생겨났고, 곡류·채소류·육류가 다양하게 포함된 식단이 등장했다.

빵 제조 과정에서 밀의 단백질은 반죽 단계에서 물과 섞이면 글루텐을 형성시키는 독특한 특성이 있다. 글루텐은 이스트 발효 시 생기는 이산화탄소를 붙잡아둔다. 이런 특성 때문에 밀가루 빵은 다른 어떤 곡물 빵보다 가볍고 부드러우며 소화가 잘된다.[3] "오늘날 우리에게 일용할 빵을 주옵시고Give us this day our daily bread"라는 기도 문구는 유럽인과 일부 중동 사람들에게는 자연스럽게 여겨졌으나 인도인, 중국인, 아즈텍족, 잉카족에게는 그렇지 않았다.

비노 VINO

■
■   와인 즉 포도주는 결코 평범한 마실 것이 아니다. 예로부터 포도주는 사랑이나 종교와 연관돼 있었다. '와인wine'이라는 이름도, 비너스Venus와 마찬가지로, '사랑하는'이라는 뜻의 산스크리트어 베나vêna에서 유래했다. 포도주는 캅카스 지방에서 만들어지기 시작해 고대 사람들의 일상적 식사와 종교의식 모두에서 사용됐다. 성경에서 포도나무를 처음 심은 것으로 등장하는 이는 노아다(《창세기》 9장 20절). 포도주는 이교도들의 주신酒神 바쿠스를 기리는 바카날리아Bacchanalia 축제에서도 또 기독교의 성찬식에서도 중요한 역할을 했다.[1] ("비노"는, 라틴어에서 유래한 말로, 이탈리아어(와 스페인어)로 "포도주"란 뜻이다.)

도나우강 인근의 사바리아(오늘날 헝가리의 솜버트헤이) 태생인 (4세기) 투르의 성 마르티누스Saint Martinus는 포도주 마시는 사람들의 첫 번째 수호성인이었다. (4세기 랑그르의) 성 우르바누스Saint Urbanus와 (3세기 후반 사라고사의) 생뱅상St Vincent(이 이름은 '포도주 냄새가 나는reeking of wine'이라는 어구와 연관된다)은 포도주 양조업자와 상인들의 중요한 수호성인이 됐다.

중세 유럽에서 상업적 포도주 생산의 선구자는 보르도 지방 샤토프리외르의 베네딕트회수도원과, 부르고뉴 지방 코트드뉘의 클로부조(클로드부조) 등이었다. 마콩 인근에 위치한 코트도르의 클뤼니수도원, 뉘 생조르주의 시토회수도원도 포도 재배 및 포도주 제조를 크게 발전시켰다. 장 프루아사르가 기록한 바에 따르면, 잉글랜드는 보르도를 지배할 당시 이 지역에서 생산된 와인을 자국으로 실어가는 데 배 300척이 필요했다고 한다. 페캉수도원에서 만든 베네딕틴Bénédictine(1534)과 도피네 지방의 카르투지오회수도원에서 만든 샤르트뢰즈Chartreuse(1604)는 (알코올 도수를 높인) 주정 강화 와인fortified wine의 선구 격이다. 유럽의 와인 생산 지역은 유럽 반도를 둘로 나눈다. 대략 프랑스 루아르강에서 시작해 샹파뉴 지방, 모젤강, 독일 라인란트를 지나 동쪽의 도나우강 유역을 거쳐 몰도바와 크름반도까지를 잇는 선을 기준으로 그 이남이 와인 생산 지역이다. 와인 생산 지역 대부분은 한때 로마제국에 속했던 곳이다. 발칸반도에서는 오스만제국 통치기에는 금주 원칙으로 술이 금지되기도 했지만, 세르비아·루마니아·불가리아·그리스의 와인은 스페인·이탈리아·프랑스의 와인만큼이나 역사가 오래다. 와인 소비는 인간 사회에서 사회적, 심리적, 의학적으로 꽤 폭넓은 영향을 끼쳤다. 와인은 종교적 또는 정치적 집단 형성에 영향을 준 한 가지 요인으로 언급돼왔다. 예컨대 독일에서는 프로테스탄트와 가톨릭 지역이 각각 맥주를 마시는 지역과 와인을 마시는 지역에 일치했다. 와인은 전투의 운명을 논할 때도 언급된다. "워털루의 전장에서 서로 맞붙어 싸운 것은 와인(프랑스)과 맥주(프로이센)였다. 와인의 붉은색 맹위는 맥주의 아들들이 만든 요지부동의 벽을 뚫는 데 번번이 실패했다."[2]

성 마르티누스의 고향 헝가리는 뛰어난 와인 생산지로서의 명성을 지금도 유지하고 있다. 토커이 지역의 화산토火山土, 헝가리대평원의 무더운 여름, 보드로크강의 적절한 습도, 고귀하게 부패한nobly rotten(노블 롯noble rot, 귀부貴腐 곧 당도를 높이는 특정한 곰팡이 균에 감염된 것을 뜻한다) '어수Aszu' 포도 등이 최상의 와인을 위한 독특한 조건을 형성한다. 톡 쏘면서도 부드럽고 복숭아 맛이 나는 황금빛 토커이인 에센치아essencia는 누구나 취향에 맞을 술은 아니고 최근 수십 년간은 그리 활발하게 생산되지 못했다. 그러나 이 술은 과거 폴란드의 최고급 와인 저장고에서 200년간 보관됐으며 군주들의 임종 시에 준비되기도 했다. 프란츠 요제프 1세 황제 시대(오스트리아-헝가리제국, 재위 1848~1916)의 '임페리얼 토커이Imperial Tokay'는 지금도 와인감정가들이 가장 맛보고 싶어 하는 와인 중 하나다.[3]

원 남부지대로, 목이 깔때기처럼 생긴 비커 모양 도기가 흔히 발견된다. 마지막으로 '벨 비커bell beaker'(거꾸로 된 종 모양의 도기)를 쓰는 부류가 살았던 서쪽 지대가 스페인 남부에서부터 영국 제도를 거쳐 스칸디나비아에까지 뻗어 있었다. 신석기시대 후기 문화는 흔히 대규모 거석 건축물과 연관되곤 하는데, 이들 건축물은 단순한 돌멘dolmen(고인돌)이나 멘히르menhir(선돌)에서부터 대형 석실 무덤, 석재 도로, 스톤서클까지 형태가 다양하다. 그 주요 유적지로는 뉴그레인지(아일랜드)와 오크니제도의 매스하우(스코틀랜드), 부르타뉴의 카르나크(프랑스), 월트셔의 에이브버리와 스톤헨지(잉글랜드)가 꼽힌다. 때로는 거석문화가 국제적 차원의 공조 덕에 발달하지 않았을까 하는 과감한 의견도 개진됐는데, 이집트나 미노아 출신의 금속시굴자까지 이 문화와 연관되곤 한다. [즈간티야] [다샤]

금석병용기金石竝用期, Chalcolithic Age란 선사시대 연구가 일부가 사용하는 용어로 석기시대와 청동기시대 사이에 걸쳐 있는 긴 과도기를 가리킨다(곧 금석병용기는 동기銅器와 석기石器가 함께 쓰인 시대로 석금기石金期라고도 한다).

청동기시대는 구리와 주석을 섞어 새 합금을 만들었다는 것이 주된 특징이다. 청동기시대는 기원전 3000년경 중동에서 처음으로. 북부 유럽에서는 그보다 1000년 더 뒤에 시작된 것으로 보인다. 청동기시대에 접어들면서 특히 지중해 일대에서 도시문화가 성장해, 문자 기록, 전문 수공예 기술, 광범위한 교역 등이 발달한다. 청동기시대의 가장 대단한 업적을 찾아볼 수 있는 곳은 미케

즈간티야 ĠGATIJA

■
■ 섬나라 몰타는 두 가지 역사적 수수께끼를 품고 있
다. 언어와 거석巨石 신전이 그것이다. 몰타어는 셈
어족에 속하며 중세 아라비아어에 기원을 둔다. 몰타어는
셈어족 중 유일하게 라틴문자를 사용한다. (한때 낭만주의
언어학자들은 몰타어와 고대 페니키아어의 연관성을 주장했다.)
몰타의 거석 구조물은 언어보다 훨씬 더 오래됐다. 고조
섬(몰디어명 아우데시섬)에 있는 즈간티야 신전과 지하의 독
특한 '집단 묘실墓室'인 할사플리에니의 히포게움
hypogeum은 기원전 2400년경에 만들어졌다. 가장 오래
된 암석 구조물들은 연대가 그보다도 1000년 앞선다.[1]
("즈간티야"는 몰타어로 "여성거인giantess"이라는 뜻이다.)
몰타를 거쳐간 문명 세력을 나열해보면 유럽 역사의
축약 연표를 보는 듯하다.[2] 거석 신전을 만든 신석기시
대의 혈거인들과 청동기시대의 비커족Beaker Folk 이

후 이 섬에 카르타고인들이(기원전 7세기부터), 뒤이어 로
마인들이(기원전 218년부터) 들어와 점령했다("비커족"은
거꾸로 된 종 모양의 비커Bell-Beaker 도기를 쓴 데서 이름
이 유래했고 그들의 문화는 벨비커문화Bell-Beaker culture
로 알려져 있다). 종종 고조섬은 오디세우스Odysseus가
조난을 당했을 때 머물렀던(그리스 신화의 님프 칼립소가
오디세우스를 7년간 붙잡아두었던) '칼립소의 섬Calypso's
Isle'으로 여겨진다. 성 바울(사도 바울)St Paul은 기원
후 60년 발레타 북쪽의 만灣에 좌초됐는데, 이후 그곳
에 그의 이름이 붙었다(세인트폴스베이, 몰타어 산파울일
바하르. 사도행전 28장에서는 "멜리데"라고 나온다). 몰타는
395년 비잔티움제국(동로마제국)의 지배하에 들어갔고
이후 아라비아인(870년부터), 노르만인(1091년부터), 구
호기사단Knights Hospitallers(1530년부터), 프랑스인
(1798년부터), 영국인(1802년부터)의 지배를 받았다. 몰
타는 1964년에 영국연방의 일원으로 독립했다.

다샤 DASA

■
■ 수학의 일반사에서는 비커족이 신석기시대 유럽에
퍼질 때 인도-유럽어와 십진법 체계가 함께 퍼졌다
고 본다. 이런 관점은 여러 인도-유럽어족에서 숫자를 나
타내는 단어들이 10을 기수基數로 쓰는 십진법 체계를 사
용한다는 사실에 의해 뒷받침된다. 이는 선사시대 유럽 사
람들이 십진법 체계가 문자 형태로 기록되기 3000년 전에
이미 이 체계를 알고 있었음을 의미한다.[1] ("다샤"는 산스크

리트어로 "10"을 의미한다.)

물론 문자도 없던 먼 옛날 사회의 셈 체계를 복원하는
것은 결코 쉬운 작업이 아니다. 그러나 선사시대에도
오늘날 우리가 쓰는 수 체계를 사용했다고 확신할 수
있는 근거는 없다. 가장 유의미한 언어들을 살펴봄으
로써 그런 가설을 신중하게 검증해야 한다.

"완벽한 언어"라는 뜻을 가진 산스크리트어는 기록된
인도-유럽어족 중 두 번째로 오래된 언어다. 산스크리
트어는 고대 인도의 언어였으며 힌두교 전통에서 신들

	켈트어파(웨일스어)	독일어	라틴어		고대 그리스어	슬라브어파(러시아어)	산스크리트어
1	un	eins	I	unus	heis	odin	eka
2	dau	zwei	II	duo	duo	dva	dvi
3	tri	drei	III	tres	treis	tri	tri
4	pedwar	vier	IV	quattuor	tessares	chetyre	katur
5	pump	fünf	V	quinque	pente	piat'	panka
6	chwech	sechs	VI	sex	hex	shest'	shash
7	saith	sieben	VII	septem	hepta	syem'	sapta
8	wyth	acht	VIII	octo	octo	vosyem'	ashta
9	naw	neun	IX	novem	ennea	devyat'	nava
10	deg	zehn	X	decem	deka	decyat'	dasa

의 언어였다. 기원전 1500년경 베다 경전도 산스크리트어로 쓰였다. 산스크리트어의 전성기는 십진 체계가 사용됐던 인더스문명이 몰락한 직후에 찾아왔다.

산스크리트어 숫자는 확실히 십진법 체계를 바탕으로 했다. 다른 인도-유럽어족처럼 산스크리트어도 1에서 10까지는 각각의 수 단위를 사용했다. 10에서 19까지는 그 수 단위와 10을 나타내는 말을 조합해 표현했다. 예컨대 'ekadasa'(1+10=11), 'navadasa'(9+10=19)로 쓰는 식이다. 10의 배수의 수는 1의 자리 수와 '10의 배수'를 나타는 집합수사 'dasat(i)'를 조합했다. 예컨대 'vimsati' 또는 'dvimdesati'(2x10=20), 'trimsati'(3x10=30)라고 썼다. 1000을 나타내는 말로는 'dasasata'('10의 100배'라는 뜻)와 'sa-hasra'가 있었으며, 후자는 그보다 훨씬 큰 숫자들을 표현할 때도 사용됐다. 'crore'는 1000만을, 'satam'은 100을 뜻했다.[2] 라틴어 숫자 역시 기본적으로 십진법 체계다. 그러나 그 구조는 1, 5, 10을 기본으로 조합해 표기하는 로마 숫자와는 아무런 관련성도 보이지 않는다.

켈트어파 중에서 현재까지 남아 있는 대표적 언어는 웨일스어다. 켈트어파는 한때 유럽 대부분의 지역에서 사용됐다. 켈트어파는 서양에서 가장 오래된 인도-유럽어족에 속한다. 하지만 켈트어파 숫자에는 5와 10을 기수로 하는, 특히 20을 기수로 하는 기수법을 유지하고 있다. 현대 웨일스어는 산스크리트어와 마찬가지로 1에서 10까지의 십진법을 사용한다. 그러나 10에서 20 사이를 나타낼 때는 구조상 로마 숫자와 유사한 방식을 사용한다. 예컨데 16은 'un ar bymtheg'로 '5와 10에 1을 더함'을 뜻하고(XVI), 19는 'pedwar ar bymtheg'로 '5+10에 4를 더함'을 뜻한다. 19보다 큰 숫자들에서는 20을 기수로 쓰는 방식이 사용된다. 즉 20은 'ugain'이고 20의 배수인 40, 60, 80은 각각 'deugain' 'trigain' 'pedwar ugain'이다. 30, 70, 90은 20의 배수에 '10을 더함'을 뜻하는 표현을 쓴다. 50에 해당하는 'hanner cant'는 '100의 절반'을 뜻한다. 이십진법은 손가락에 발가락까지 동원함으로써 시작된 것으로 영어 단어 "score'에 남아 있으며, 이 단어는 수를 세는 막대기에 칼로 눈금을 표시한 데서 유래했다. 또한 그 흔적은 80을 뜻하는 프랑스어 'quatre-vingts'(20의 4배)에서도 엿보이는데, 이는 아마도 켈트어파의 갈리아인이 남긴 자취일 것이다.

그러므로 옛 유럽 사람들은 필요에 따라 2, 5, 10, 12, 20을 기본으로 하는 셈법을 사용했을 가능성이 매우 높다. 또 어느 시점에는 시간의 분과 초를 나타내는 데 사용된 바빌로니아의 60진법도 접했을 것이다. 인도-유럽어족이, 또는 비커족이 처음부터 십진법을 사용했다고 가정할 수 있는 근거는 거의 없다.

사실, 유럽에 10을 기수로 하는 숫자가 널리 도입된 것은 기원후 13세기였다. 십진법 발전에 핵심 역할을 한 것은 '0'이었다. '아무것도 없음'을 뜻하는 '0'이라는 기호를 처음 사용한 곳은 인도다. 이후 십진법은 이슬람 세계로, 그리고 아라비아인이 지배했던 스페인을 거쳐 기독교왕국으로 퍼져나갔다. 수백 년간 십진법 체계는

	웨일스어		라틴어	산스크리트어
11	un ar ddeg	XI	undecim	ekadasa
20	ugain	XX	viginti	vimsati
30	deg ar hugain	XXX	triginta	trimsati
40	deugain	XL	quadraginta	katvarimsati
50	hanner cant	L	quinquaginta	pankasati
60	trigain	LX	sexaginta	shashti
70	deg â thrigain	LXX	septuaginta	septati
80	pedwar ugain	LXXX	octoginta	ashiti
90	deg â phedwar hugain	XC	nonaginta	navati
100	cant	C	centum	sata
1000	mil	M	mille	dasasata/sa-hasra

덧셈이나 곱셈에조차 사용하기 힘들었던 훨씬 불편한 로마 숫자와 함께 사용됐다. 십진법 체계가 마침내 최종 승리를 거뒀을 때, 많은 유럽인은 자신들이 쓰는 숫자가 유럽에서 만들어진 것이 아니라는 사실을 알지 못했다(부록 1584쪽 참조).[3]

네로, 하인리히 슐리만Heinrich Schliemann이 1876년부터 크레타의 크노소스에서 발굴 작업을 벌였고, 1899~1930년에는 아서 에번스Arthur Evans 경의 주도로 발굴이 이뤄졌다. 이들 유적지의 연대는 대략 스톤헨지 환상열석의 연대와 일치하며, 총 3단계의 건설이 맨 처음 시작된 것이 기원전 2600년경의 일이었다. 방사성탄소연대측정 결과, 스톤헨지 건설 1단계 때 만들어진 '오브리 홀Aubrey Holes'은 연대가 기원전 1848±275년인 것으로 밝혀졌고, 건설 3단계의 돌구멍에서 나온 사슴뿔 곡괭이는 연대가 기원전 1710±150년의 것으로 밝혀졌다('오브리 홀'은 1666년 영국의 골동품 연구가이자 고고학자 존 오브리에 의해 발견된 구덩이(56개)다). 이 사실을 놓고 보면, 중동에 나타난 것과 흡사한 고도의 문명이 에게해에 한창 발달하는 동안, 북서쪽 사람들은 신석기시대에서 청동기시대로 넘어가는 과도기를 지나는 중이었다는 이야기가 된다. [샘파이어]

그러나 막상 스톤헨지를 건설한 기술자들의 솜씨를 보면, '선진적' 또는 '후진적' 문화라는 말을 입에 담기 어려우리라. 이들은 개당 50톤이 넘는 청석靑石, bluestone 80개를 저 멀리 사우스웨일스의 프레셀리산맥에서부터 운반해왔거니와 그 돌들을 한 치의 오차도 없이 얼마나 정확한 위치에 세워놨는지 그 광경을 보고 감탄하는 사람들은 그 돌들이 태양 컴퓨터의 부품이 아니었을까 상상하게 될 정도다.[16] 아닌 게 아니라, 스톤헨지의 도끼 및 단도 조각은 미케네의 수갱식垂坑式/竪坑式 분묘에서 발견되는 물품들과도 닮아 있어, 스톤헨지 건설자들이 정말 지중해 지역과도 직접 교류했던 것이 아닐까 하는 생각을 다시 한 번 들게 한다.

유럽의 청동기시대에는 지역 간 교역이, 그중에서도 광물 교역이 주요 특징의 하나로 꼽힌다. 유럽 반도의 광물자원은 양이 넉넉하고 종류도 다양했지만 분포는 고르지 못했다. 그래서 이 불균형을 해소하려 곳곳에 광범위한 교역망이 형성됐다. 소금은 역사의 가장 초창기부터 사람들이 구하고자 애쓴 것으로, 암염을 채굴하거나 바닷가 염전에서 소금물을 증발시켜 얻곤 했다. 카탈루냐 카르도나에서부터 오스트리아의 잘츠카머구트 혹은 폴란드의 비엘리치카에 이르기까지 유럽 곳곳에는 거대한 암염 산이 자연적으로 솟아 있다. 론강에서 드니프로강 지대에 이르기까지, 남부의 뜨거운 해안가를 따라 원시 단계의 염전이 자리 잡고 있었다. 상설 '소금길salt road'이 생겨나 제 역할을 하기 시작한 것도 이즈음이었다. 그중에서도 로마와 아드리아해 해안의 염전을 연결해주는 고대의 '비아 살라리아Via Salaria'(소금 운송도로)가 가장 유명한 길이었다. 호박琥珀은 유틀란트반도 서쪽 해안과 비스와강 동쪽 발트해 연안 모두에서 났으며, 진귀한 보석으로 그 값어치가 대단했다. 고대에는 일명 '호박길amber road'도 뚫려 있었으니, 이 길은 오데르강 계곡을 따라 내려가 모라비아협곡을 통해 도나우강으로 들어간 뒤 브렌네르고개를 넘어 아드리아해에 닿았다. 흑요석과 청금석 역시 수요가 많았다. 구리와 주석도 기본 물자로 통했다. 구리는 처음에는 키프로스(사이프러스)Cyprus—"구리copper"라는 말은 이곳의 이름을 딴 것이다—에서, 나중에는 돌로미티산맥에서도 채굴됐으나, 카아파티아산맥이 가장 주된 산지였다. 카르파티아산 구리는 이른 옛날부터 북쪽 길을 따라 스칸디나비아까지 운반됐으며 나중에는 에게해까지 전해졌다. 고대인들이 이따금 납과 헷갈리던 주석은 멀리 떨어진 콘월에서부터 가져다 썼다. 나중에는 사람들이 철鐵도 찾아 나서지만, 발견이 훨씬 용이했던 철보다는 오히려 구리와 주석이 대륙 간 교류를 훨씬 효과적으로 촉진시켰다고 볼 수 있다.

사람들이 원하는 필수품이 바로 지척에서 한꺼번에 구해지는 지역 몇 곳에 차차 특별한 명성이 쌓여갔다. 잘츠카머구트(노리쿰)도 그중 하나로, 이슐과 하슈탈트의 소금 산을 따라 노리아이의 금속 광산과 나란히 자리 잡고 있었다. 크라쿠프 근방도 그와 비슷해, 비스와강 상류에서는 지척에서 은, 납, 철, 소금을 모두 구할 수 있었다. 하지만 제일 높은 생산성은 역시 에게해의 섬들이었다. 멜로스섬에서는 흑요석, 파로스에서는 흰색 대리석, 키토노스섬에서는 구리, 시프노스와 아타카해 연안 라우리온에서는 인과 납이 산출됐다. 크레타가, 후대에 가서는 미케네가 부와 권력을 손에 쥘 수 있었던 것도 이 섬들이 에게해의 자원을 장악하고 대륙 간 무역로의 종착지 역할을 한 것과 관련이 있음이 분명하다. 청동기시대의 '국제적 기조'에서 이들이 구심점 역할을 담당했던 셈이다.

크레타나 미케네 둘 다 우리에게 고대 세계에 대한 관점을 처음으로 형성시켜준 초창기 고전학자들에게는 그 존재가 전혀 알려져 있지 않았었다. 그러나 지금은 크레타의 미노아 문화와 그리스 본토의 미케네 문화가 '유럽 최초의 문명'에서 쌍둥이 봉우리로 우뚝 솟아 있었다는 사실이 널리 받아들여지고 있다. 하인리히 슐리만이 미케네의 갱도형 왕릉에서 황금 데스마스크death mask를 발견하고 부리나케 전보를 쳐 "오늘 내 두 눈으로 아가멤논Agamemnon(그리스 신화에 나오는 미케네 왕)의 얼굴을 확인했소"라며 잘못된 소식을 전한 바로 그날부터, 그가 막 열려 하는 것은 단순히 유물만 풍부하게 매장된 또 하나의 선사시대 무덤이 아니라 그보다 훨씬 큰 의미를 지닌 것임이 분명했다. [약탈] 크레타섬의 크노소스·파이스토스·말리아의 궁전 유적지에서도, 미케네·티린스·필로스의 본토 유적지에서도 과거 그 어느 때보다 훨씬 정교한 형태의 예술, 종교, 기술, 사회 조직이 존재했다는 증거가 숱하게 쏟아져 나왔다. 그 증거들에 따르면, 미노아인의 삶에서 황금시대로 통한 '궁전시기palatial period'가 시작된 것은 기원전 1900년경이었다. 미노아인보다 더 호전적이고 그 요새가 아르고스평원과 코린트만 일대를 장악하고 있던 미케네인의 시대는 그보다 3~4세기 뒤에 시작됐다. 다르다넬스해협을 호령했던 트로이인들도 그랬지만, 유럽의 역사가 얼굴 없는 고고학의 세계에서 비로소 벗어날 수 있었던 것은 미노아인

샘파이어 SAMPHIRE

■
■ **삶은 샘파이어:** [...] 7~8월 간조干潮 때에 습지에서 샘파이어를 채취한다. 채취한 직후 조심스럽게 씻어 가장 신선할 때 먹어야 맛이 최고다. 샘파이어를 뿌리째 씻어 다발로 묶은 후 소금을 넣지 않은 물에 8~10분 삶는다. 묶었던 끈을 잘라낸 후 녹인 버터와 함께 식탁에 낸다. 한 줄기씩 뿌리 쪽을 잡고 가볍게 물어뜯어, 단단한 심 부분에서 통통한 줄기 부분을 떼어내며 먹는다.[1] [("샘파이어"는 유럽산 미나릿과의 식물이다.]

선사시대 음식은 이미 사라진 지 오래라 연구하기 쉽지 않다. 오늘날 신석기시대의 음식 및 조리법을 재현하려면 여섯 가지 정보원에 의존해야 한다. 선사시대 쓰레기장의 유적은 고고학자들에게 다량의 고기 뼈, 알 껍데기, 조개류를 제공해준다. 움막 터의 부엌 공간에서는 종종 종류를 파악·분석할 수 있는 씨앗과 화분립花粉粒, pollen grain이 발견된다. 낚시 및 사냥 도구, 음식을 조리하고 먹는 데 쓰인 도구도 꽤 많은 양이 지금까지 남아 있다. (뭔가를 끓이는 가마솥은 흔하게 사용됐고 굽는 화덕은 흔치 않았다.) 다양한 식용식물 및 야생동물 목록에서 현대적 항목—예컨대 이스트, 포도주, 양파 등—만 빼면 과거의 식량 자원을 가늠할 수 있다. 선사시대 사람들은 요즘의 우리는 먹지 않는 온갖 종류의 별미를 먹었던 것으로 알려져 있다. 바다오리, 갯배추, 고슴도치, 너도밤나무 열매, 슬로(야생자두) 등이 그것이다. 전前 산업화 시기 원시사회의 음식 기술에서 유추하면 많은 것을 배울 수 있을지도 모른다. 당시 사람들은 필요에 의해 야생약초, 바람을 이용한 건조법, 염장, 보존 등에 관한 상당한 기술을 가질 수밖에 없었다는 점에서다. 아울러 현대 기술은 선사시대 시신의 위에 남아 있는 속 내용물을 분석할 수 있게 해준다. 일례로 톨룬맨Tollund Man은 아마씨, 보리, 여러 야생식물을 먹은 것으로 분석됐다. [톨룬] [비노]

결국 신석기시대의 식사를 그대로 재현할 수 있는가는 논쟁의 여지가 있는 문제다. 다만 이왕이면 샘파이어만 아니라 버파를 곁들인 뼈 요리도 함께 먹으면서 생각해보면 어떨까.

골수가 든 뼈Marrow-Bones: (재료: 골수가 든 뼈 8온스/225그램, 밀가루, 소금, 아무것도 바르지 않은 구운 빵) [...] 뼈의 표면을 긁어 깨끗이 씻은 후 둥근 단면이 보이도록 반으로 자른다. 밀가루와 물을 섞어 되게 반죽한 다음 반죽을 밀어서 편다. 골수가 빠져나오지 못하게 뼈 양쪽 끝을 밀가루 반죽으로 막고, 뼈들을 밀가루 바른 천으로 묶는다. 끓는 소금물이 담긴 냄비에 세워서 넣고 약 2시간 뭉근히 끓인다. 다 되면 천을 풀고 뼈에서 밀가루 반죽을 떼어낸다. 각각의 뼈를 종이 냅킨으로 감싸고 구운 빵과 함께 식탁에 올린다.[2]

소완즈Sowans, 또는 버파Virpa: (재료: 빻은 오트밀 1파운드/450그램, 밀기울이 섞인 밀가루 3파운드, 물 16파인트/9리터) 오트밀과 밀가루를 돌냄비에 넣는다. 미지근한 물 약 14파인트 또는 8리터를 붓고 저은 후 시큼해질 때까지 5~8일간 그대로 둔다. 맑은 액체를 따라낸다. [...] 이것이 스와츠swats인데 청량음료처럼 마셔도 된다. 스와츠를 따라내고 나면 아래쪽에 녹말 같은 잔여물이 남는다. 여기에 물 약 2파인트 또는 1리터를 부어 크림처럼 걸쭉하게 만든다. 이것을 면포를 깐 체에 거른다. 이렇게 걸러진 액체에는 오트밀의 풍부한 영양 성분이 들어 있다. [...] 나무숟가락으로 부드럽게 문지르고 마지막에 면포를 꼭 짜준다. [...] 좀 더 빨리 결과물을 얻을 수 있다.[3]

과거를 재현하는 일은 어찌 보면 시를 번역하는 일과 비슷하다. 즉 할 수는 있지만 완벽하게 하기는 불가능하다. 그 대상이 선사시대 음식 조리법이든 식민지 정착 생활이든 또는 중세 음악이든, 멋없는 사실성과 무지한 공감이라는 두 가지 위험에 빠지지 않으려면 풍부한 상상력과 자제가 동시에 필요하다. 신석기시대 사람들은 조리한 동물 뼈를 종이 냅킨 같은 것과 함께 그릇에 담았을까? 또 는 버파를 면포에 걸렀을까? 선사시대에도 샘파이어를 채취하는 최적 시기가 따로 있었을까?

과 미케네인 덕분이었다. [스로노스]

중부 유럽의 청동기시대 후기에 일단의 '언필드문화Urnfield cultures'도 널리 퍼져나갔는바, 화장한 유골을 뼈단지 urn(골호骨壺)에 담아 장지葬地에 묻었다는 것이 특징이었다. 청동기시대의 주요 유적지는 테라마레(이탈리아), 엘아르가르(스페인), 로이빙겐·부차우·아들러베르크(독일), 체코슬로바키아 프라하 근방의 우네티체, 루마니아의 오토마니에서 발견된다.

기원전 제2천년기의 마지막 사분기인 기원전 12000년경에는 청동기시대 유럽이 별 이유 없이 무너져 다시는 재건되지 못하는 고난을 맞았다. 고고학자들이 '총체적 체제 붕괴general systems collapse'라고 서술하는 일이 일어난 것이다. 교역은 끊기고, 도시는 버려졌으며, 정치 체제도 허물어졌다. 그나마 남아 있던 것들에는 침략자의 물결이 덮쳐들었다. 잇따라 터진 처참한 자연 재앙을 간신히 견뎌내고 있던 크레타는 미케네의 그리스인에게 진작 멸망당한 뒤였고, 이후 미케네도 파멸당한다. 불과 1세기가 채 흐르기도 전에, 군건히 서 있던 수많은 중심지가 역사의 뒤안길로 사라졌다. 에게해에는 내륙에서 들이닥친 부족들에게 점령당했다. 소아시아의 히타이트제국도 멸망의 길로 들어섰다. 이집트 역시 바다민족(바다의 사람들)sea peoples이라는 정체 불명의 세력에 포위당하는 신세가 됐다. 언필드문화 사람들이 살아남아 중부유럽Central Europe에서 명맥을 이어갔으나, 이들도 오랜 침체기를 겪다 켈트인이 등장하면서 종말을 맞았다. 이렇게 해서 그리스는 고대의 암흑시대로 빠져드니, 이 시기가 트로이전쟁Trojan Wars의 전설상의 시대와 후대 도시국가의 기록역사상의 시대를 가르는 기준이 됐다.

철기시대는 선사시대를 정식 사료의 범위 안으로 포함시켜준 시기다. 철 제련술은 일반적으로 소아시아의 히타이트에 의해 처음으로 활용됐다고 보는 것이 통례다. 알라자휘위크의 왕릉에서 철제 날에 황금 자루가 달린 단도가 발굴됐는데, 기원전 제3천년기(기원전 3000~기원전 2001) 말쯤 만들어진 것으로 보인다. 이곳에서부터 시작된 철의 사용은 기원전 1200년경에 먼저 이집트로, 기원전 1000년경에는 에게해로, 기원전 750년경에는 도나우분지로까지 전파됐다. [톨룬]

유럽 반도 본토에서는 선사 철기시대를 잇따른 두 시기—할슈타트기(기원전 750~기원전 400년경)와 라텐기(기원전 400~기원전 50년경)—로 나누는 게 관례다. 할슈타트Hallstatt는 1846년 잘츠카머구트에서 처음 발굴된 유적지 이름으로, 이 지명을 딴 할슈타트기 및 할슈타트문화는 기존의 언필드문화 전통에 동쪽에서 갓 전래된 영향력을 융합한 것이 특징이었다. 라텐La Tène은 1858년에 발견된 스위스 뇌샤텔호湖의 유적지로, 이곳 이름을 딴 제2기에는 철 제련술이 매우

스로노스 THRONOS

■
■ 　크레타섬에 있는 크노소스궁전의 왕좌는 '유럽에서 가장 오래된 의자'로 여겨져왔다. 이는 사실이 아닐 가능성이 높다. 다만 한 가지 확실한 것은, 고대에 등받이가 높고 팔걸이가 달린 의자(스로노스)는 중요한 의식 때만 사용했다는 점이다. 통치자나 제사장은 그런 의자에 앉음으로써 편안한 자세로 위엄과 높은 지위를 드러냈고, 나머지 사람들은 서 있었다. 왕이 앉는 자리에서 시작해, 권위의 상징물로서의 의자라는 개념은 이후 주교좌主教座, cathedra로, 그리고 교수를 'Chair'라는 단어로 표현하는 것으로 이어졌다. ('스로노스θρόνος"는 고대 그리스어로 "왕좌" "보좌"라는 뜻이다. 영어의 "throne(왕좌·옥좌, 교황좌·주교좌)"이 여기에서 유래했다.)

일상생활에서 앉는 데 쓰는 가구는 유럽에서 비교적 근래에 만들어졌다. 고대인들은 서 있지 않을 때는 바닥에 앉거나, 쪼그리고 앉거나, 또는 누웠다. 일본을 비롯한 많은 아시아 나라는 지금도 그런 생활방식을 선호한다. 고대 그리스와 로마 사람들은 긴 의자에 비스듬하게 기대어 눕곤 했다. 중세 사람들은 투박하게 만든 벤치형 의자를 사용했다. 개인용 의자는 수도사의 방에서 처음 사용됐다. 아마도 더 편안한 독서를 위해서였을 것이다. 의자는 16세기가 돼서야 일반 가정의 가구 목록에 들어갔고, 18세기가 돼서야 아름다운 디자인에 신경 쓰기 시작했다. 의자가 학교와 일터에서 널리 사용된 것은 19세기 후반부터다.

안타깝지만 바닥이 평평한 의자는 신체의 해부학적 구조가 원하는 것과는 거리가 있다. 말안장에 앉으면 사람 몸무게의 상당량이 등자로 분산돼 척추의 자연스러운 곡선이 유지되는 것과 달리, 의자에 앉으면 허벅다리와 몸통이 직각이 돼 뼈대가 안정된 균형 상태를 유지하기 힘들다. 그래서 고정된 골반, 엉덩이, 요추에 비정상적 압력이 가해진다. 만성 요통은 현대 문명의 발전이 자초한 많은 고통 중 하나다.1

높은 수준에 도달했다. 이때 만들어진 장검長劍은 언덕 위 대규모 요새에서 살던 전사사회의 표상으로서, 강철로 심을 박고 연철로 날을 써서 섬뜩할 만큼 날카로워지게 칼을 무척 공들여 벼려냈다. 이들 전사는 도공의 물레바퀴, 말이 끄는 전차, 동전 주조법은 물론 그 지방 토박이 문화에 지중해와 유목민 문화의 요소까지 결합한 고도로 세련된 형태의 예술 양식도 익히 알고 있었다. 폴란드 남부 크라쿠프 근방 성십자가산맥(시비엔토크시스키에산맥)에 자리한 루트키에 가면, 이들이 철 제련술을 통해 선사시대 유럽에서 가장 대규모의 흔적을 남겨놓은 것을 볼 수 있다. 전사들은 활발한 교역업자들이기도 해서, 이들을 지배한 제후들의 무덤에는 켈트 양식의 보석을 비롯해 에트루리아 양식의 화병, 그리스 양식의 항아리, 로마 양식의 공예품이 다 들어있었다. 이견이 전혀 없는 것은 아니지만, 이 전사들을 '알프스 이북 역사상 최초의 대大국가'를 이룩한 켈트인으로 보는 것이 통설이다. 라텐 이외에 프로방스의 앙트르몽, 부르고뉴의 알레시아, 에밀리아로마냐의 빌라노바 역시 주요 유적지가 자리한 곳이다.

그런데 켈트인의 등장으로, 유럽의 선사시대는 더없이 복잡하게 뒤얽힌 문제를 만나게 되다

곧 고고학자들이 규정한 이런저런 물질문화를, 여타 사료에 등장하는 인종 집단 및 언어 집단과 맞춰보는 작업이다. 우선 선사시대연구가 대부분은, 라텐기의 철 제련공들은 켈트인이었고, 이들 세력은 기원전 제1천년기에 켈트계 제 부족이 형성되거나 유입될 때 파생됐으며, 그리스나 로마의 문헌 자료에 등장하는 '켈토이Keltoi' 혹은 '켈타이Celtae'와 동일한 집단이라는 점에 대체로 동의한다. 그런데 이 문제를 다룬 최근의 연구를 보면, 켈트인 언어의 기원이 종전에 생각하던 것보다 훨씬 이전인 신석기시대에 있을 수도 있다는 주장이 나온다.[17] 이 대목에서 다음의 한 가지 사실만은 분명하다. 오늘날 언어학 연구 결과, 켈트인 언어는 라틴어 및 그리스어와 같은 어족이며 현대 유럽 대부분의 언어와도 같은 어족임이 입증됐다는 것이다. 역사를 들여다보면 고고학상의 선사시대 공동체보다 더욱 명확하게 규정되는 언어 공동체들이 나타나는바, 그 선두 주자가 켈트인이었다. 이는 인도-유럽어족 현상의 중심에 켈트인이 서 있다는 이야기이기도 하다.

오래전인 1786년, 캘커타(지금의 인도 콜카타)에서 영국 법관 윌리엄 존스William Jones경이 획기적 사실을 발견하게 된다. 바로 유럽의 주요 언어들이 인도의 주요 언어들과 밀접한 관련이 있다는 사실이었다. 존스의 눈에는 고전 라틴어 및 고전 그리스어와 고대 산스크리트어 사이에 연관성이 있었다. 나중에 가서는 인도의 수많은 현대 언어가 유럽의 수많은 현대 언어 즉 로망스어파, 켈트어파, 게르만어파, 발트어파, 슬라브어파와 동일한 계통의 것으로 밝혀졌다(부록 1574쪽 참조).

이때만 해도 이 '인도-유럽'어족 언어들이 어떻게 각자 길을 찾아 유라시아 전역으로 퍼지게 됐는지에 대해서는, 이주민들에 의해 서쪽으로 전파됐을 것이라는 추측이 있긴 했지만, 아무도 감을 잡지 못했다. 그런데 1902년, 독일 고고학자 구스타프 코시나Gustav Kossinna가 이 인도-유럽어족을 독일 북부 전역에 널리 흩어져 있던 특정 유형의 새끼줄무늬토기corded ware pottery와 연관시키게 된다. 코시나의 결론에 의하면, '인도-유럽어족의 고향'은 북유럽의 철기시대 때 존재했을 가능성이 어느 정도 있었다. 이 생각은 오스트레일리아의 저명한 고고학자 비어 고든 차일드Vere Gorden Childe(1892~1957)가 더 발전시키게 되며, 그의 연구가 집대성된 《유럽 문명의 여명 The Dawn of European Civilisation》(1925)은 당대를 풍미한 가장 막강한 책 중 하나였다. 최근에는 리투아니아계 미국인 고고학자 마리야 김부타스Marija Gimbutas가 인도-유럽어족의 고향이 우크라이나의 스텝지대에 자리했다는 차일드의 주장을 확증하는데, 그곳에 광범위하게 나타나는 쿠르간Kurgan 무덤-매장 문화가 인도-유럽어족의 본향이라고 밝힌 것이다("쿠르간"은 청동기시대부터 철기시대에 이르는 동안 남부 러시아 초원지대에 이주한 기마민족이 6~9세기에 쌓은, 일반적으로 봉토를 한 고분을 말한다).

고고학적 발견이 끊임없이 축적된 결과, 인도-유럽어족의 본향과 관련한 종전의 이론들은 사

톨룬 TOLLUND

■
■ 톨룬은 덴마크 오르후스(중부 유틀란트반도 동쪽 기슭의 항구도시) 근처 늪지의 이름이다. 1950년 이곳에서 놀랄 만큼 잘 보존된 선사시대 남성의 시신이 발견됐다. 이 미라는 현재 실케보르박물관(덴마크)에 전시돼 있다. 토탄 속의 타닌산이 시체의 부패를 막아 완벽하게 보존된 미라가 만들어져, 섬세한 얼굴 모양이 그대로 남아 있고 위장의 내용물도 확인이 가능했다. 고깔 모양의 가죽모자와 허리띠를 제외하고는 몸에 아무것도 걸치지 않았으며, 가죽을 꼬아 만든 줄이 목에 감겨 있는 것으로 보아 약 2000년 전 신에게 제물로 바쳐진 희생자였을 것으로 추측된다. 지금도 그의 기묘한 운명은 깊은 연민을 불러일으킨다.

> 처형지로 끌려가면서
> 그가 느꼈을 슬픈 자유가
> 내게도 올 것이니
> 이름들을 불러본다
> 톨룬, 그라우발레, 네벨가르
> 나는 어딘가를 가리키는
> 사람들의 손가락을 보지만
> 그들의 말은 알지 못한다
> 저 머나먼 유틀란트반도
> 살인이 일어나는 오래된 교구들에서
> 나는 갈 곳 잃은 기분이리라
> 슬프고도 편안하리라. [1]

톨룬맨뿐만이 아니다. 약 30년 후 이와 비슷한 미라가 잉글랜드 체셔주 린도모스에서 발견됐다. 1991년 9월에는 사우스티롤의 외츠탈알프스산맥에 있는 지밀라운능선의 빙하지대에서 매우 흥미로운 시체가 발견됐다. 옷을 제대로 갖춰 입고 무기를 소지한 이 남성은 청동기시대 이전의 사냥꾼으로 추정됐다(발견된 곳의 이름을 따 "외치Ötzi"라고 한다. "아이스맨Iceman"이라고도 불린다). 미라는 키 152센티미터, 몸무게 54.4킬로그램, 푸른 눈동자와 수염을 깎은 얼굴을 한 20세 남성으로 분석됐으며 온전한 뇌까지 있었다. 그의 의상은 무두질한 가죽으로 만든 튜닉과 각반, 샤모아(또는 섀미) 모피로 만든 모자, 자작나무 껍질로 만든 장갑, 마른 풀로 속을 채우고 밑창이 두꺼운 신발이었다. 피부 여러 곳에 부족을 표시하는 무늬인 푸른색 문신이 새겨져 있었고 태양광선 모양의 20가닥의 끈과 1개의 돌 구슬로 만든 목걸이도 발견됐다. 그는 나무로 틀을 잡은 빈 배낭, 약 32인치(81센티미터) 길이의 부러진 활, 동물 뼈로 촉을 만든 화살 14개가 든 화살통, 끝에 구리 날이 달린 돌도끼, 짤막한 부싯돌 칼, 부싯돌과 부싯깃을 넣는 주머니가 달린 허리띠를 소지했다. 그는 눈보라 속에서 산을 넘다가 동사한 것으로 보였다(사인과 관련해서는 왼쪽 쇄골 뼈 아래에 화살을 맞고 사망했다는 설, 화살을 맞은 이후 머리에 가해진 충격으로 사망했다는 설 등 여러 가설이 제기되고 있다). 눈을 가려 보호하려고 얼굴 근처로 올려 죽 뻗은 한쪽 팔이 사후 경직 때문에 그 상태로 굳었다. 연대가 기원전 2731±125년인 이 남자는 약 5000년이 지나서야 마침내 (오스트리아) 인스부르크대학교 냉동보존실에 도착했다.[2] (현재 "외치"는 이탈리아 남티롤 볼차노의 사우스티롤고고학박물관에 보존돼 있다.)

선사시대 인간의 시신은 과학적 정보를 전해주는 귀중한 원천자료다. 최근 '선사병리학prehistoric pathology'의 발달 덕분에 시신의 신체 조직, 질병, 박테리아, 섭취 음식 등에 대한 상세한 분석이 가능해졌다. 그러나 1908년 잉글랜드 서식스주 돌산에서 유골이 발견됐다고 보고된 필트다운맨Piltdown Man의 사례를 잊어서는 안 된다. 톨룬맨이 발견된 바로 그해에 필트다운맨은 아주 정교하게 조작된 가짜였음이 드러났다.

실상 폐기됐다. [⋯] 지금은 쿠르간문화만이 인도-유럽조어Proto-Indo-European의 유일한 후보로 남아 있는 것처럼 보인다. 일상어를 통해 재구축해볼 때, 신석기시대 및 금석병용기에는 인도-유럽어족의 이론상 모母문화라 할 다른 문화가 존재하지 않았다. 나아가 가장 초창기의 사료나 문화적 연속성을 통해 인도유럽어족 사용자가 존재했다고 입증되는 곳에 대해서도, 해당 지방 전체에 영향을 끼친 다른 대규모의 영토 확장이나 정복 활동이 존재하지 않았다.[18]

여기서 반드시 짚고 넘어가야 할 점이 있다. 고든 차일드나 그의 후계자들은 '문화culture'라는 용어를 사용하면서 물질과 언어의 양 측면 모두에서 정의되는 인간 집단을 관련시키고 있다는 점이다. 그러나 잘 헤아려보면, 고고학에 나타나는 문화들을 이런 식으로 반드시 언어 집단과 연관시켜야 할 이유는 딱히 없는 것처럼 보인다. 인도-유럽어족은 지금도 완전히 해결되지 못한 수수께끼다. 다만 살아 있는 유기체가 그러하듯, 언어도 끊임없는 변이變異를 통해 진화한다는 사실을 알면 흥분을 감추기가 어렵다. 이와 관련해, 인도-유럽어족의 경우에는 유럽에서 일어난 언어 변화의 연대를 유전자 변화 연대와 관련짓는 것이 가능할 수도 있겠다. '언어시계linguistic clock'에 새겨진 시간의 흔적을 '분자시계分子時計, molecular clock'(계통상의 기원이나 발생, 진화, 분화 시기 등을 추적하는 방법)에 새겨진 것과 비교해보면, 언젠가는 유럽인들과 그들 언어의 기원과 관련한 이야기가 우리 앞에 속 시원히 펼쳐지는 날이 올지도 모른다.[19]

유럽의 지명은 수천 년에 걸쳐 만들어졌다. 깊숙이 파고들면 지명들도 유럽의 과거를 이해하는 데서 훌륭한 자료가 돼준다. 강, 구릉지, 마을, 지방, 나라 이름들은 지나간 옛 시대가 남겨놓은 유물일 때가 많다. 사료의 얇은 표피를 뚫고 심층까지 파헤쳐 내려가는 것이 고유명사학onomastics이다.[20] 누구나 인정하겠지만, 강 이름들은 가장 아득한 옛날부터 가장 변함없이 이어져왔다. 그것들은 앞선 시대를 살다 간 사람들과 지금의 우리 사이에 살아남아 있는 유일한 연결고리일 때가 많다. 강에는 많은 것이 시간과 함께 한 층 한 층 쌓인다는 점에서, 잇따른 정착 물결의 기록들이 강둑 위에 고스란히 남기도 한다. 예를 들면, '에이번강River Avon'은 똑같은 뜻을 가진 두 개의 말(하나는 영어, 다른 하나는 웨일스 고어古語)이 합쳐진 경우다. 물과 관련되는 켈트어파 어원 다섯 개—afon, dwr, uisge, rhe, 그리고 아마도 don—는 유럽 도처의 강 이름에서 흔하디흔하게 나타난다. 이는 학자들 사이에 이견이 끊이지 않는 지점이기도 하다. 하지만 그 사례로 꼽을 수 있는 가장 유명한 강들만 해도 인Inn과 욘Yonne, 로다누스Rhodanus(오늘날의 론)의 아비뇽("물살이 센 강"의 "물의 마을"라는 뜻), 에스크Esk, 에치Etsch(혹은 아디제Adige), 어스크Usk, 도나우Danube 등 다양하다.

켈트어파 지명들은 포르투갈부터 폴란드에 걸쳐 있는 지역들에서 숱하게 찾아볼 수 있다. 일례로, 현대 웨일스어의 dŵr(물)은 디Dee, 도루Douro(두에로Duero), 도르도뉴Dordogne, 더웬 트Derwent(깨끗한 물), 뒤랑스Durance, 오데르/오드라 Oder/Odra 강 등에 그 어원이 들어 있다. Pen은, "머리"와 더 나아가 "산"을 의미하는 말로, 페나인Pennine, 아펜니노Apennine, 피에니니 Pieniny, 핀두스Pindus 같은 말들에 그 흔적이 나타나며, "높은"을 뜻하는 ard는 아든Arden(숲), 아르덴Ardennes(고지), 리저드Lizard(높은 곳), 오베르뉴Auvergne(Ar Fearann, "고지High Country") 에 그 흔적이 드러난다. dun은, "요새"를 뜻하는 말로, 던켈드Dunkeld(켈트인 요새), 던개넌 Dungannon, 런던London, 베르됭Verdun, 아우구스토두눔Augustodunum(아우구스투스 요새, 오툉 Autun), 루그두눔 Lugdunum(리옹Lyons), 뤼흐뒤뷈Lugodinum(레이던Leyden), 스위스의 툰 Thun, 크 라쿠프 근방의 티니에츠Tynice에서 그 흔적을 찾아볼 수 있다. 하나같이 켈트인의 세력이 넓은 데까지 두루 미쳤음을 입증하는 증거들이다. [흘란바이르] [루그두눔]

이 비슷한 작업은 고대 노르드어 어원, 게르만어 어원, 슬라브어 어원, 심지어는 페니키아어 어원이나 아라비아어 어원을 갖고도 해볼 수 있다. etna는 "용광로"라는 뜻을 가지므로 더없이 좋은 페니키아어 명칭이라 하겠다(이탈리아 시칠리아섬의 활화산인 에트나산을 말한다). 역시 시칠 리아에 자리한 한 도시에는 marsala라는 이름이 붙어 있는데, "신의 항구"라는 뜻의 단순한 아 라비아어다(이탈리아 시칠리아섬의 항구도시 마르살라를 말한다). 스페인의 타호강 상류를 가로지르 는 트라야누스의 다리는 오늘날 El puente de Alcántara(엘푸엔테데알칸타라)라는 이름으로 알려져 있다 여기서 "알칸타라"는 라틴어 pons(폰스, "다리")를 가리키는 아라비아어다("알칸타라다리"를 말한다. "푸엔테"는 "다리"를 뜻하는 스페인어이므로, "엘푸엔테데알칸타라"는 "다리"라는 뜻의 말이 겹쳐 져 있는 셈이다).

슬라브어파 지명 역시 오늘날 슬라브 주민들의 거주지로부터 훨씬 서쪽까지 뻗어 나와 있다. 예를 들어 독일 북부 하노버 지역에서 슬라브어파 지명을 흔히 찾아볼 수 있다. 오스트리아에 서는 빈에서 티롤에 이르기까지의 여러 지대에서 츠베틀Zwettl(스베틀리Světlý, "밝은 지점"), 되블 링Doebling(더브Dub, "작은 오크나무"), 파이스트리츠Feiistritz(비스트르지체Bystřice, "빠른 하천") 같 은 슬라브어파 지명을 만날 수 있다. 이탈리아의 프리울리 지방에서도 슬라브어파 지명과 이탈 리아어 지명이 중첩되는 양상이 나타난다.

마을과 촌락 이름에는 해당 지역의 기원에 대한 기록이 녹아들어 있는 경우도 많다. 한때 에든버러 Edinburgh는 "에드윈의 성채Edwin's fort"였으며, 파리는 파리시Parisii족의 도시였다. 투 린Turin(토리노Torino)은 타우리니Taurini족의 도시였고, 괴팅겐Göttingen은 "고딩Goding족의 본 가"였으며, [폴란드의] 크라쿠프Kraków(크라코우Cracow)는 [전설상의] 선한 왕 크라크Krak 왕의 보좌가 자리한 곳이었다. 그 외 해당 지역의 특징이나 기능이 기록된 지명도 있다. 리스보아/ 리스본Lisboa/Lisbon은 '좋은 입지'라는 뜻이고, 트론헤임Trondheim은 "왕좌의 고향"이라는 뜻이며, 뮌헨Munich/München은 "수도사들의 자리", 레드루스Redruth는 "드루이드교도Druid들의 자리", (러시아의) 노브고로드Новгород는 "새 도시New City"라는 뜻이었다. 더러 아득한 과거의 재앙을 떠올리게 하는 지명도 있다. 토스카나의 오사이아Ossaia는 "인골人骨의 자리"라는 뜻으로, 기원전 217년 한니발이 트라시메노호湖에서 승리를 거둔 격전지에 자리한다. 프로방스 프리에르Pourrières의 원래 이름은 '캄피 푸트리디Campi Putridi(썩은 시체들의 들판)로, 기원전 102년 가이우스 마리우스가 튜턴인을 학살한 자리가 여기였다. 바이에른의 레히펠트Lechfeld는 "시체들의 들판"이라는 뜻으로, 기원후 955년 마자르족이 궤멸당한 현장이었다.

아울러 국가 이름에는 그 나라 국민이 스스로를 바라보는 방식, 혹은 외부인들이 그들을 바라보는 방식이 반영되고는 한다. 앵글로-색슨족의 서쪽 이웃 켈트인은 자기들을 "동포Compatriots"라는 뜻의 "킴리Cymry"라고 칭했지만, 게르만족 침략자들이 켈트인에게 붙여준 별명은 "이방인Foreigners"이라는 뜻의 "웰시Welsh"(웨일스인)였다. 마찬가지의 맥락에서, 프랑스어를 쓰는 왈론족(벨기에 동남부 사람들)은 같은 나라 사람인데도 플라망인(플라망어를 쓰는 벨기에 플랑드르 지역 등의 사람들)에게 왈시Waalsch라는 말을 쓰고는 한다. 게르만 민족들은 스스로를 도이치Deutsch 혹은 더치Dutch(가까운 사이인(게르만의), 동류의)라고 칭할 때가 많지만, 이웃의 슬라브족은 그들을 "벙어리(멍청이)Dumb"라는 뜻의 니엠치Niemtsy라는 말로 부르곤 한다. 슬라브족은 서로를 슬로보Slovo(같은 말), 혹은 세르브Serb(한 피를 나는 사람들)라고 여긴다. 그러면서 라틴인들에게는 곧잘 블라치Vlachy, 발라흐Wallachs, 혹은 브워치Włochy라는 말을 쓰고는 한다—말만 다르지 게르만족이 '웰시Welsh'라는 말을 쓰는 것과 똑같다. 발칸반도에서 살아가는 각양각색의 블라키아인과 왈라키아인은 스스로를 로마니Romani, 루메니Rumeni, 아로마니Aromani(로마인)이라고 부르는 경향이 있다.

나라나 지방의 명칭에는 한때 그곳을 통치했던 사람들의 이름이 곧잘 기록돼 있기도 하다. 켈트어가 어원인 갤-Gal-은 '게일 사람, 혹은 골 사람들의 땅'이라는 뜻으로, 포르투갈Portugal, 스페인 갈리시아Galicia, 갈리아Gaillia(골), 페이드갈Pays de Galles(웨일스), 콘월Cornwall(스코틀랜드), 도니골Donegal(아일랜드), 칼레도니아Caledonia(이후의 스코틀랜드), 갤러웨이Galloway(스코틀랜드), 칼레Calais(프랑스), 폴란드 남부의 갈리치아Galicia, 저 멀리 소아시아의 갈라티아Galatia에까지 그 흔적이 남아 있다.

그러나 지명은 끊임없이 변한다. 시간의 흐름에 따라 변하기도 하고, 그걸 사용하는 사람들의 언어나 관점에 따라 형태가 바뀌기도 한다. 지명은 그 사용자들에게는 지적 재산 같은 것이라 그간 끝없는 분쟁이 일어나는 빌미가 되기도 했다. 지명을 갖고 프로파간다, 과격한 언쟁, 엄격한 검열이 이뤄지는가 하면, 심지어는 전쟁이 터지기도 한다. 변형된 말이 존재하는 한, 어떤 지명을 똑바로 쓴다거나 잘못 쓴다거나 하는 일은 사실 있을 수 없다. 그저 특정 시간, 특정 장소, 특정 용법에 맞게 각자가 적절하다고 생각되는 변형을 쓰는 것일 뿐이다. 이와 마찬가지로, 역사학자들 역시 큰 범위에 걸쳐 있는 시간과 공간의 일들에 대해 언급할 때는 피차 부적절하기는 매한가지인 여러 대안 사이에서 부득이하게 선택을 해야 할 때가 많다.

그렇다 해도 역사학자라면 지명에 내포된 의미에 항상 민감해야 한다. '스페인' '프랑스' '잉글랜드' '독일' '폴란드' '러시아' 같은 말은 상대적으로 최근에 붙여진 이름들로, 자칫 시대와 어긋나게 쓰이기 십상이라는 사실을 사람들은 쉽게 잊곤 한다. 로마 시대에는 '골〔갈리아〕' 대신 '프랑스'라는 말을 써서는 명백히 틀린 것이 되고, 모스크바대공국이 세워지기 이전 시기에 '러시아'라는 말을 쓰는 것도 무리다. 영국인들을 영어로 글을 쓰며 별 생각 없이 영국해협English Channel이라는 말을 쓰곤 하지만, 이는 '라망슈La Manche'〔영국해협의 프랑스어 명칭〕가 적어도 절반은 프랑스 것이라는 사실을 무시하는 처사이기도 하다. 폴란드인들도 글을 쓰면서 아무렇지 않게 라이프치히Leipzig〔독일 작센주의 최대 도시〕를 '리프스크Lipsk'라고 적곤 하지만, 그렇다고 이것이 작센 지방에 폴란드의 특성이 강하다는 주장을 내세우자는 것은 아니다. 그러기는 독일인들도 피차일반이니, 그단스크Gdańsk를 '단치히Danzig', 브로츠와프Wrocław를 '브레슬라우Breslau'라 말해도 포메라니아Pomerania나 실레지아Silesia가 꼭 자기들 땅이라는 뜻으로 그러는 것은 아니다〔20세기 중반에 독일과 폴란드 사이에 작센주州의 영토를 둘러싸고 실랑이가 있었다는 점을 사실을 인식해서 하는 이야기다〕. 공식 지명은, 대개 통치층의 관료들이 선호하는 형태를 사용하기 마련인바, 현지 주민들이 실제로 사용하는 말들과는 항상 일치하지는 않는다는 사실 역시 사람들은 잊곤 한다. 개중 특히 잘 잊는 사실이, 사람들에게는 어떤 곳의 지명을 제각각 다른 방식으로 생각할 이유가 다 그 나름대로 있는 만큼 지명의 어떤 한 형태가 옳다고 고집할 권리는 누구에게도 없다는 것이다. 어떤 사람에게는 데리Derry로 통하는 곳이 다른 사람에게는 런던데리Londonderry〔"데리"의 공식 명칭. 북아일랜드 항구도시〕다. 이 사람에게는 안트베르펜Antwerpen〔벨기에 제1의 무역항〕이 저 사람에게는 앙베르Anvers다. 사람들에게 동갈리치아East Galicia 또는 동소小폴란드Eastern Little Poland〔과거 폴란드의 마워폴스카Małopolska〕로 통한 땅이 지금은 '서西우크라이나Західна Україна'로 통한다. 고대인들에게 보리스테네스Borysthenes였던 강은 지금 현대인들에게는 드니프로Дніпро〔우크라이나인〕, 드네프르Днепр〔러시아인〕, 드냐프로Дняпро〔벨라루스인〕로 불리고 있다. 사람들이 옥스퍼드Oxford라 부르는 땅은 누군가에게는 뉴진牛津〔옥스퍼드의 중국어 음역어〕으로도 통하지만, 우리에게는, 영원히 리디혼Rhydychen으로 통한다.

"유럽의 역사"는 늘 모호하기만 한 개념이었다. 엄밀히 말하면, "유럽"과 "역사" 모두 모호한 개념이다. 유럽은 단순히 유럽 반도를 가리키는 것일 수 있지만 그 내륙의 경계가 뚜렷이 정해지지 않은 채 오랜 시간을 보냈다—이럴 경우, 역사학자들은 자기 연구의 임의적 경계를 어디에 둘지 저 스스로 선택하는 수밖에 다른 도리가 없다. 그런데 또 '유럽적European'이라는 말은 유럽 반도에 기원을 둔 사람 및 문화 모두에 동등하게 적용될 수 있는 표현이다―이럴 경우, 역사학자들은 '유럽 문명'이란 과연 무엇인가 하는 세계 전역에서 두루 제기되는 문제를 붙들고 씨름을 하게 된다. 역사라는 말은 일반적으로 과거를 가리킨다고 봐야 할 것이다. 아니면, 선사先史와 확실히 구분하는 차원에서, 온전한 범위의 사료가 존재하는 과거라고 그 의미를 한정할 수도 있겠다. 선사를 논할 때 주로 다루게 되는 것은 신화, 언어, 그리고 무엇보다도 고고학이다. 한편 좁은 의미의 역사를 논할 때 주로 다루게 되는 것은 기록, 문서, 그리고 무엇보다 이전 역사학자들이 남긴 작품들이다. 이 중 어느 쪽에 서 있든 즉 선사시대의 끝자락에 자리하든 본격적 역사시대의 초입에 있든, 이 대목에서 우리가 다다르게 되는 곳은 소로 변한 제우스에게 납치당한 에우로페가 마침내 다다른 땅, 크레타섬이다.

;

기원전 1628년, 크노소스, 크레타. 궁전 저 위의 북쪽 테라스에 서서, 미노스의 조신朝臣들이 햇빛에 반짝거리는 올리브나무와 사이프러스 관목 숲 너머로 먼 바다를 내다보고 있었다. 이들은 위대한 사제 왕의 종복들이자 세계 최초 해상제국thalassocratia 크레타의 선장들이었다. 배를 타고 먼 바다를 누비며 교역을 한 덕에, 이들은 안락한 삶을 영위하고, 의례를 모시고, 행정 조직을 갖출 수 있었다. 이들의 거처에는 상시로 물이 흘렀고, 배수 시설과 함께 다량의 물이 쏟아지는 하수관까지 갖춰져 있었다. 담장은 프레스코화로 장식돼 있었다―진청색과 황금색의 화사한 바탕에 그리핀, 돌고래, 꽃 등의 각종 그림들로 말이다. 널찍한 마당은 정기적으로 경기장으로 변모해, 황소 뛰어넘기bull-leaping 같은 의례용 스포츠가 진행되곤 했다. 지하 곳간에는 돌로 만든 커다란 통에 4000명이 먹고 마실 수 있는 옥수수, 포도주, 기름이 가득 담겨 있었다. 미노아인은 갖가지 집안일을 무른 점토판에 무엇 하나 빼놓지 않고 꼼꼼히 기록해두었는데, 여기 쓰인 문자는 이후 수 세기에 걸쳐 신성문자神聖文字〔히에로글리프〕hieroglyph, 필기체, 선線문자 형태로 발전해나가게 된다. 직인職人들은 보석, 철제품, 도자기, 파이앙스faïence〔주석 성분을 함유한 불투명 유약을 바른 도기〕제작에 뛰어난 재주를 보였다. 미노아인은 자신들의 권력과 부유함을 얼마나 믿었던지 궁전 주변에 따로 요새를 조성한 곳이 없을 정도였다(부록 1559쪽 참조).

미노아인의 삶에서는 종교의 역할이 무엇보다 중요했다. 숭배의 중심 대상은 제우스의 어머니이자 훗날 레아로 알려지는 위대한 땅의 여신이었다. 레아Rhea는 삶의 면면에 갖가지 모습으로 등장했으며, 그녀 곁에는 품계가 낮은 일단의 하급 신들이 함께했다. 여신을 모시는 성소는 산꼭대기에도 있었고, 동굴 안, 궁전 내부에서도 찾아볼 수 있었다. 오늘날까지 남아 있는 인장석印章石, sealstone에는 나신의 여인들이 신성한 바위를 끌어안고 황홀경에 빠져든 모습이 묘사돼 있기도 하다. 미노아인은 제단 상床, 피받이 물통, 다산의 여신을 상징하는 잘록한 허리의 작은 조상彫像을 마련하고는 희생 제물을 바치고 황소 숭배 의식과 주신제酒神祭를 올렸다. 줄지어 세워진 장대 위에는 미노아에 흔했던 황소 뿔과 양날도끼〔라브리스〕labrys가 높이 걸려 있었다. 위험이나 재앙이 닥쳤을 때는 동물 제물에 그치지 않고 야만적 식인축제를 열어서 인간의 아이들까지 잡아 함께 제물로 바쳤다. (레아의 남편 크로노스도 어쨌거나 아이들을 집어삼킨 신으로 전해졌으니, 때맞춰 책략을 쓰지 못했다면 아마 젖먹이 제우스도 제 아버지에게 잡아먹히고 말았을 것이다.) 따라서 미노아의 의례는 격한 면이 있었다. 그러나 그런 의례가 사회 여기저기를 이어 붙이는 중요한 요소였고, 그렇게 해서 수백 년 동안 평화로운 사회가 하나로 뭉쳐져 있을 수 있었다. 그간 일각에서는 미노아의 남성들을 묘사한 그림들을 보고 오늘날 같은 남성성은 찾아보기 힘들다는 이야기가 나오기도 했다.[21] 그 말이 맞는다면, '원시 모권제母權制, matriarchy'〔가모장제家母長制〕를 벗어나던 과도기에, 아울러 '가부장적patriarchal 전쟁행위'가 막 시작될 때, 크레타섬이 과연 어떤 역할을 했는가 하는 질문이 고개를 들지 않을 수 없다(1458쪽 도판 3, 4 참조).

크레타섬의 미노아 문명은 1000년 가까이 번성해나갔다. 크노소스 유적을 발굴한 아서 에번스 경에 따르면, 미노아 문명은 총 9단계로 구분되며, 초기 미노아 문명 1기부터 〔중기를 거쳐〕 후기 미노아 문명 3기까지 단계마다 특정 종류의 도기 양식이 발견된다고 한다. 미노아 문명의 절정기는 미노아 문명 2기의 중기인, 기원전 제2천년기〔기원전 2000~기원전 1001〕의 두 번째 사분기에 해당한다. 그런데 절정기에 접어든 이즈음, 궁전 테라스의 조신들은 미처 생각지도 못한 첫 번째 '대재앙'이 덮쳐왔다.

미노아인의 종족정체성ethnic identity은 논쟁의 여지가 많은 문제다. 과거에는 미노아인을 그리스인으로 봤으나, 이 가정은 더는 널리 받아들여지지 않는다. 선문자 A를 잘 연구하면 초창기 언어들의 비밀이 밝혀질 법도 한데, 이 문자는 아직 해독되지 않았다. 선문자 B는 1952년에 확실히 그리스어라고 밝혀졌으나, 말기 단계에나 사용된 언어임이 밝혀졌다〔'선문자'는 에번스가 크노소스를 발굴하면서 발견한 그리스 최고最古의 문자인 크레타 문자의 하나로, 그림문자에 대해 선線의 형태로 된 데서 이름이 유래했다. 선형線形문자라고도 한다〕. 에번스는 크레타섬에 이집트의 영향이 강하게 끼쳤다고 확신했을 뿐 아니라 크레타가 이집트의 식민 지배를 받았을 수 있다고 생각했다. "이런 질문을 던지는 것도 충분히 가능하리라. 나일강 유역에 왕조의 성격이 굳건히 자리매김한 […] 시기에는, 옛 주민 일부가 […] 크레타 땅에 실질적으로 정착하지 못한 것이 아닐까 하는."[22] 그러나 그보다는 기원전 제2천년기에 이주민의 물결이 수차례 크레타섬을 침략했던 것으로 보인다. 따라서 '대재앙'이 있고 얼마 뒤 일어난 이 이주 물결의 어느 순간에 크레타섬에서 그리스화가 시작됐다고 보는 것도 충분히 일리 있는 이야기다.

또 다른 가능성은 중기 미노아인이 혹시 소아시아의 히타이트는 아니었을까 하는 것이다

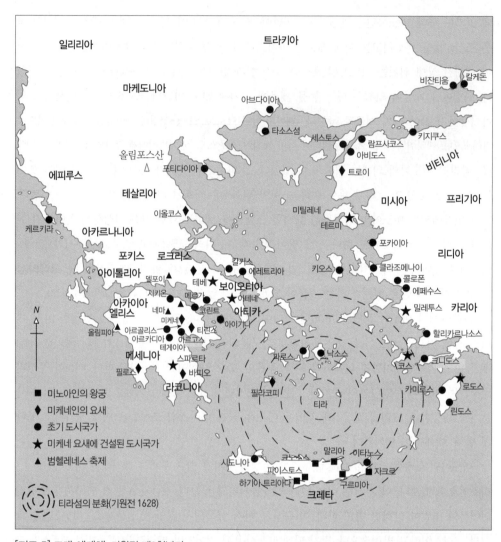

일리리아
트라키아
마케도니아
비잔티움
칼케돈
아브다이아
타소스섬
세스토스
람프사코스
키지쿠스
올림포스산
아비도스
비티니아
에피루스
포티다이아
트로이
테살리아
프리기아
미시아
이올코스
미틸레네
테르미
리디아
케르키라
아카르나니아
포카이아
포키스
로크리스
칼키스
키오스
클라조메나이
아이톨리아
델포이
에레트리아
콜로폰
테베
에페수스
아카이아
메가라
보이오티아
지키온
아테네
엘리스
네마
코린트
아티카
밀레투스
카리아
미케네
아이기나
N
아르골리스
티린스
올림피아
아르카디아
아르고스
할리카르나소스
테게이아
파로스
낙소스
메세니아
스파르타
코스
크니도스
필로스
바피오
라코니아
카미로스
로도스
필라코피
티라
린도스

■ 미노아인의 왕궁
◆ 미케네인의 요새
● 초기 도시국가
★ 미케네 요새에 건설된 도시국가
▲ 범헬레네스 축제

시도니아
코노소스
말리아
이타노스
파이스토스
자크로
하기아트리아다
구르니아
크레타

티라섬의 분화(기원전 1628)

[지도 5] 고대 에게해, 기원전 제2천년기

히타이트는 인도-유럽어족으로 카네시어(네샤어)를 사용했다. 히타이트의 대규모 연맹체는 오늘날 아나톨리아의 하투샤 지방을 중심지로 삼고, 메소포타미아와 이집트 양쪽 모두에 만만찮게 실력 과시를 하곤 했다. 기원전 14세기에는 히타이트의 가장 위대한 통치자 수필룰리우마시 Suppiluliumash(혹은 슈빌룰리우마Shubbiluliuma, 재위 기원전 1380~기원전 1347)가 그 위세를 멀리 예루살렘까지 뻗쳤다("수필룰리우마시"는 "수필룰리우마 Suppiluliuma" "수필룰리우마스 Suppiluliumas" 등으로도 쓴다). 기원전 1269년에는 히타이트와 이집트 사이에 화친 조약도 맺어졌다. (당시 일을 두 나라 말로 기록한 점토판은 현존하는 최고最古의 외교 문서로 꼽히며, 현재 뉴욕에 자리한 유엔빌딩의 로비에 그 실물이 전시돼 있다.) 기원전 1256년에는 히타이트의 왕 하투실리시(하투실리) 3세

Khattushilish III가 자신의 딸이 파라오 람세스 2세Ramses II와 올리는 결혼식을 보기 위해 이집트까지 여행을 하기도 했다. 히타이트의 영향력이 이렇듯 중동 너머에 닿을 만큼 광범위했다면, 그리스 본토부터 크레타까지도 그 영향력이 미쳤으리라 생각하는 것도 얼마든 가능한 일이다. 더 구체적으로 말하면, 히타이트의 세력 중심지였던 아나톨리아의 차탈휘위크에서 황소 제식의 흔적이 발견되는 것을 보면, 히타이트와 크레타 둘 사이에는 훨씬 커다란 상관관계가 있었으리라고 여겨진다. 그러나 그 어떤 것도 확실치는 않다.

후대의 그리스 전설에 따르면, 크레타는 제우스와 그 무시무시한 미노타우로스가 태어난 섬이기도 했다. 제우스가 에우로페를 납치한 뒤 그녀를 무작정 데려간 곳도 자신의 고향 섬이었다. 지금도 크레타 섬에서는 이곳이 제우스가 태어난 곳이라며 관광객들에게 이다산山의 한 동굴을 보여주곤 한다. 그에 반해 미노타우로스는 다소 별난 욕정 때문에 세상에 나게 된 존재였다. 전하는 이야기에 따르면, 〔크레타섬〕 미노스 왕의 왕비 파시파에는 어쩌다 바다의 신 포세이돈의 희생 제물로 낙점된 소에게 애정을 느끼게 됐고, 크노소스의 건축가 다이달로스의 도움을 받아 그 소와 기어이 성교를 했다고 한다. 왕비의 소원을 들어주기 위해 다이달로스는 나무를 깎아 속이 빈 소 형상을 만들었고, 짐작하건대 여왕은 겁도 없이 그 안에 들어가 적절한 자세를 취했으리라. 그러고 얼마 뒤 그녀가 자식으로 얻은 것이 괴물처럼 끔찍한 모습의 미노타우로스였다―이 반인반수半人半獸는 인파미아 디 크레테l'infamia di Creti〔크레타의 수치〕로도 통했다. 다이달로스는 미노타우로스를 가두어놓기 위해 미궁까지 만들지 않으면 안 됐다.

그런데 이 대목에서 아테네의 영웅 테세우스가 크레타섬에 발을 들이며 이야기가 한층 복잡해진다. 테세우스는 미노타우로스를 기필코 죽이겠다고 별렀는데, 그 역시 소와 놀아났던 여자의 자식이었던 걸 생각하면 충분히 그럴 만했다. 어쨌거나 테세우스는 아테네가 미노스에게 매년 공물로 바치던 일곱 쌍의 젊은 남녀 사이에 끼어 간신히 크노소스에 도착한다. 그 뒤 파시파에의 딸 아리아드네가 건네준 실타래에 의지해 미궁 속을 무사히 헤쳐나갔고, 그렇게 해서 미노타우로스를 죽인 후 미궁을 빠져나온다. 그러고는 아리아드네를 데리고 낙소스로 도망쳤으나, 이 섬에서 그녀를 버리고 떠난다. 테세우스가 저지른 후회막심의 실수는 여기서 그치지 않으니, 일을 무사히 마치고 귀향할 때 배의 돛을 검은색에서 흰색으로 바꿔달기로 해놓고는 그만 그것을 잊은 것이다. 테세우스의 아버지 아이게우스Aegeus는 배에 검은 돛이 달린 것을 보고 절망에 빠져 스스로 바다에 몸을 던졌고, 이후 바다는 그의 이름을 따 에게해the Aegean로 불리게 됐다. 이들 이야기는 크레타가 막강한 강국이고, 본토의 그리스 공동체들은 크레타의 속국이던 시기에 만들어진 것이 분명하다.

다이달로스는 인류가 맨 처음 하늘을 날았다는 전설의 주인공이기도 하다. 다이달로스는 미노스 왕이 붙드는 통에 크레타를 떠날 수 없게 되자, 밀랍과 깃털로 두 쌍의 날개를 만들어 아들이카로스와 함께 이다 산자락에 올라 하늘을 향해 날아올랐다. 이카로스는 태양 너무 가까이까지 날았다가 제 명을 재촉하고 만다. 그래도 다이달로스는 굴하지 않고 비행을 계속해 끝내 본토의 땅으로 무사히 도망쳐 들어갈 수 있었다. 오비디우스는 이렇게 썼다. "미노스는 모든 것을 다 가졌을지 모르나, 단 한 가지 하늘만은 가지지 못했다 Omnia possideat, non possidet aera Minos"

이다산은 해수면 위로 2434미터 솟아 있으니까, 다이달로스와 이카로스 두 사람이 뜨거운 기류를 타고 새처럼 하늘을 날아 높은 데까지 올랐다면 에게해 문명 전체가 지도처럼 눈 아래 쫙 펼쳐졌으리라 쉽게 상상이 간다. 우선 210킬로미터 길이로 길게 뻗은 띠 모양의 바위투성이 섬 크레타가 남쪽으로는 아프리카 해안을 마주 보고 북쪽으로는 에게해를 바라보며 자리했다. 크레타섬의 세력권은 서쪽으로는 시칠리아, 동쪽으로는 키프로스까지 뻗어 있었다. 크레타섬 북서쪽의 펠로폰네소스반도는, '벌집' 모양의 왕릉과 함께 사자의 문을 조성할 줄 알았던 미케네가 지배하고 있었다. 북동쪽의 소아시아 땅 한 귀퉁이에는 고대 도시 트로이가 서 있었다. 그리고 지도 한가운데에 크레타가 맨 처음 식민시로 삼았던 키클라데스제도의 섬들이 뿔뿔이 자리 잡고 있었다. 그중 크레타와 가장 가까웠던 곳이 완벽한 원뿔 모양으로 솟아 있던 티라는 깊고 푸른 바다에 새까만 다이아몬드 알처럼 박혀 있던 섬으로 그 모습이 아름다우면서도 왠지 불길했다.

미노아인이 자기들 배가 오가던 지역 너머에 대해서까지 많은 것을 알고 있었는지는 불분명하다. 북아프리카, 특히 이집트는 그들이 더불어 교역을 한 곳인 만큼 당연히 잘 알고 지냈다. 이 점은 테베의 신전 벽에 크레타인 사절들의 모습이 그려져 있는 것에서도 잘 드러난다. 크노소스는 후기 미노아 2기에 그 장엄함이 절정에 이르는바, 이 시기에 이집트는 제18왕조로 아멘호테프 3세Amenhotep III의 통치가 막을 내리고 이후 [몇몇 왕을 거쳐] 왕조 말[기원전 14세기]의 투탕카멘Tutankhamen이 왕위에 올랐다. 미노아인은 이미 고대도시로 전락한 레반트의 도시들—시돈, 티레, 예리코—에 대해서도 알았고, 이곳들을 통해 근동에 자리한 나라들까지도 알 수 있었다. 기원전 17세기에도 히브리인들은 여전히 이집트의 포로로 붙잡혀 있던 중이었다. 아시리아인은 이제 막 페르시아에서 인도로 이주한 참이었다. 바빌로니아인은 두 강 사이의 땅을 다스리며, 입법왕 함무라비Hammurabi 재위[기원전 1792년경~기원전 1750년경]에 통일을 이룩했다. "눈에는 눈, 이에는 이" 원칙에 기초한 함무라비법전Code of Hammurabi은 이 시대 문명이 이룩한 최고의 성취로 손꼽힌다. 아시리아인이 바빌론의 속국이 된 것이 이 무렵의 일이었다. 한편 서아시아에서 가장 강력한 나라를 이룩했던 히타이트는 막 팔레스타인으로 밀고 들어가려는 중이었다(부록 1558쪽 참조).

미노아인은 라틴인 정착 이전의 이탈리아 주민들과도 충분히 알고 지냈을 법하다. 배에만 올라타면 도중에 막히는 일 없이 서西지중해까지 순항해 들어갈 수 있었으니까. 아울러 미노아인은 벨비커문화 주민들이나, 몰타 및 스페인 남부의 거석건축가들도 아마 알고 있었을 것이며, 배를 타고 흑해까지 들어가 트리폴리예 주민들과 만나기도 했을 것이다. 당시 유럽 내륙에서는 우네티체Unětice 및 투물루스Tumulus(둘 다 '봉분문화'에 속한다) 주민들이 위세를 떨치며 남쪽으로 향하는 교역로를 터놓았는데, 이 교역로는 아마도 트리폴리예 주민들이 다리 모양의 그 길 맨 끝단에서 중개인 노릇을 했던 것 같다. 주요 교역품은 구리로, 돌로미티산맥과 카르파티아산맥의 광산이 그 주산지였다.

미노아인이 트리폴리예 너머 지역까지 직접 알았는지는 단단히 베일에 싸인 문제라고 할 수밖에 없다. 미노아인이 한창 청동기시대에 접어들어 있을 무렵, 북쪽 지방은 여전히 신석기시대의 후기 단계를 벗어나지 못하고 있었다. 이쯤에는 서쪽을 향한 인도-유럽어속의 움직임도 이미 시작됐을 게 틀림없다. 때로는 인도-유럽어족의 이동이 시작되면서 남자가 군림하는 전사문화가 함께 나타났다고도 여겨지는바, 전사들은 평화로웠던 앞 세대는 물론이고 자신들 무리의 여자들까지 정복한 이들이었다. 이 이동 대열의 전위前衛에 선 켈트인은 이미 중부 유럽의 한 지점에 다다른 상태였다. 대열의 후방에 서 있던 게르만족, 발트족, 슬라브족은 어딘가에서 한숨을 돌리는 중이었다. '경계선' 너머에서 온 최초의 북방 지역의 덫 사냥꾼들과 상인들은 이때쯤이면 에게해에 발을 들이고도 남았을 것이다. 호박과 옥 모두 이미 크레타섬에 들어오고 있었으니까 말이다.

티라섬(산토리니섬) 화산 폭발은 유럽 선사시대에서 최대 사건으로 손꼽힐 일이었다. 현대 들어 크라카타우 화산이 폭발했을 때처럼, 파멸을 부르듯 땅이 쩍 갈라지더니 30세제곱킬로미터의 바위, 불, 황산이 32킬로미터를 치솟아 성층권을 뚫고 올라갔다. 그 구름 기둥이며 번쩍번쩍하는 빛, 나중에는 불기둥까지 티라섬 화산의 폭발 광경은 160킬로미터밖에 안 떨어진 크노소스 사람들의 육안으로도 분명히 식별이 됐을 것이다. 9분 뒤에는 "우르르 꽝" 하는 요란한 굉음이 귀에 들려왔을 테고 말이다. 바닷물이 해저에 난 틈으로 쓸려나가다가 언제 그랬냐는 듯 무서운 기세로 되돌아와, 족히 30미터는 되는 소금물 밑으로 크레타 해안을 집어삼키는 광경도 사람들은 두 눈으로 목격할 수 있었으리라.

크노소스궁전에서 한참 위로 올라간 유크타스산 북쪽 자락, 산 신전의 사제들이 바삐 움직이고 있었다. 그들 머릿속엔 인간 제물을 바쳐서라도 재앙을 막아야 한다는 생각뿐이었다. 이런 재앙이 닥쳤을 때는, 과일·씨앗·포도주 같은 일상적 공물, 심지어는 최고의 황소를 도살해 바쳐도 충분하지 않았을 것이다. 그래서 어두컴컴한 신전 중앙 제실 안쪽에서 한 남자가 하얀 돋을새김의 황소 조각이 장식된 피받이 물통을 꺼내 준비하고 있엇다. 서쪽 제실 안쪽 끝에는 젊은 여자가 얼굴은 바닥에 묻고 두 다리를 벌린 채 엎드려 있었다. 낮은 탁자 위에는 젊은 남자가 두 발이 묶인 채 누워 있었다—수퇘지 머리가 조각된 청동날 검 한 자루를 가슴 위에 올려 놓은 채였다. 그 옆에는 막강한 권력의 고관 하나가 버티고 서 있었다. 보석반지와 함께 그가 차고 있는 인장석에는 배를 삿대로 젓는 신의 모습이 조각돼 있었다. 그러나 제의를 다 치르기도 전, 티라섬 화산 폭발에 따른 지진이 크레타를 덮쳤다. 신전 지붕이 와르르 무너져 내렸다. 희생제는 영영 마무리되지 못했다. 그렇게 해서 제의에 참석한 이들의 시신은 그대로 땅에 묻혔다가 3500년 지나 세상의 빛을 보았다.[23]

티라섬 화산 폭발은 대체로 연륜연대학을 통해 그 시기를 확정지어왔다. 저 멀리 캘리포니아의 브리슬콘 소나무 및 아일랜드의 매목埋木을 살펴보면, 기원전 1628년에 들어서면서 나이테가 왜소생장矮小生長, stunted growth 한 흔적이 나타난다. 이는 이 무렵 북반구 전역의 기온이 급격히 떨어졌다는 증거로서, 화산재가 공중 위를 떠다니며 생겨난 이른바 '베일효과 veil effect'로 기온이 급격히 떨어졌을 가능성이 있다. 그린란드에서 해당 시기 빙판에 포함된 황산을 분석한 결과에서는 기원전 1645±20년의 시기에 세계적 재앙이 일어났다는 사실이 확인되고 있다. 티라섬에서 실시한 최근의 탄소연대측정을 살펴봐도, 폭발 시기가 첫 추정치인 기원전 1500년보다 적어도 1세기 일렀을 것으로 보인다. 여기에도 아직 과학적 의심의 여지는 있다. 그러나 이런 상황에서도 우리가 기원전 1628년을 '최선의 작업가설the best working hypothesis'로 삼을 수 있는 것만은 분명하다.[24]

그래도 크노소스는 훗날 폼페이나 헤르쿨라네움의 운명만은 면할 수 있었다(폼페이와 헤르쿨라네움은 79년 베수비오산 대분화로 매몰된 고대 도시다). 폭발 당일에 마침 서풍이 불어, 화산재의 가장 무거운 성분들이 죄다 소아시안 해안으로 날아가 떨어진 것이다. 하지만 지진으로 크노소스 역시 담장이며 기둥들이 무너져내렸다. 미노아의 핵심 전력인 해군도 초토화까지는 아니더라도 막대한 피해를 입었을 것이 틀림없다. 원뿔 모양이었던 티라섬은 불과 몇 시간 새 온데간데없이 사라지고 유황이 끓는 으스스한 호수가 생겨나 새까맣게 그을린 현무암 벼랑이 그 주변을 빙 에워쌌다. 이후 크레타는, 호수 한가운데 덩그러니 남은 바위기둥처럼, 폭발로 만신창이가 된 제국 한가운데에 그렇게 내내 홀로 남겨져 있어야 했을 것이다.

크레타 동부에 쌓인 고고학 층層을 보면, 티라섬 화산 폭발과, 그에 이어진, 아직도 명쾌히 해명되지 않는 재앙 사이에는 확실히 얼마쯤의 시간 간격이 있었다. 크노소스의 궁전은 후자의 재앙 때 무너져 내린 것으로, 이때 점토판들이 불에 얼마나 딱딱하게 구워졌는지 오늘날까지도 그 내용들을 다 읽을 수 있을 정도다. 한때 추측했던 것과 달리, 크노소스를 파괴한 것은 티라섬 화산이 아니었다. 물론 연달아 미노아 문명을 강타해 결국 문명을 주저앉힌 사건 중 맨 처음 일격이 티라섬 화산 폭발인 것은 분명하지만 말이다. 이로 인해 미노아 문명은 엄청난 물질적 파괴와 인명 손실을 입고, 교역도 더는 손 쓸 수 없을 지경으로 망가졌을 게 틀림없다. 약해진 크레타는 그대로 도리스인[도리아인] 전사들의 수중에 들어갔고 이후 철저하게 헬레네스화됐다.

유럽 최초의 문명이 삽시간에 무너져 내린 것을 보노라면, 당연히 문명의 흥망성쇠에 관한 일반론이 고개를 들게 마련이다. 그래서 어떤 이는, 살아남은 미노아 생존자들이 그런 불행이 닥친 걸 자신들의 과오 탓으로 돌리며 스스로를 책망하지 않았을까 생각하기도 한다. 또 어떤 이는 물리학의 여러 분야에 적용되는 파국이론Catastrophe Theory이 인간사의 장기간 패턴에도 마찬가지로 적용되는 게 아닐까 여긴다. 또 다른 어떤 이는 오랜 기간 조용히 잘 성장하고 발달하던 곳에 난데없이 혼돈과 무질서의 기간이 끼어든 이유를 수학의 혼돈이론Theory of Chaos으로 설명할 수 있지 않을까 여기기도 한다. 정말 선사시대 나비 한 마리의 날갯짓이 티라섬 화산을 폭발시킬 수 있었을까?

고고학자와 선사시대연구가들은 역사를 큼지막한 시간 단위로 쪼개서 생각한다. 그들이 보기에, 크노소스 및 미케네와 함께 종말을 맞은 선사시대 청동기 문명은, 유럽의 역사를 이루는 커다란 세 주기 중 첫 번째 주기에 불과하다. 두 번째 주기는 고전 세계인 그리스와 로마 세계와 일치했다. 로마제국의 종말이라는 '체제 붕괴'와 함께 시작된 세 번째 주기는 근대 유럽의 출현기와 일치한다. 이 세 번째 주기는 우리가 사는 지금이기도 하다.

크노소스가 파괴된 지도 이제 거의 3500년이 돼간다. 그동안, 유럽의 얼굴은 벌써 수차례 바뀌었다. 크레타라는 영광을 계승해 그리스가 일어섰던 것과 꼭 마찬가지로, 그리스의 토대 위에 로마가 건설됐고, 로마가 남긴 유산 위에 '유럽'이 세워졌다. 사람들 각자의 인생사도 그렇지만, 정치적·문화적 공동체의 역사에는 활기에 찬 청춘, 자신감 충만한 장년, 늙고 힘없는 노년이 다 새겨져 있는 듯하다. 유럽은 크레타가 겪었던 운명—이 섬의 나라들은 한때는 강성했지만 지금은 쇠약하다—을 그대로 뒤따를 가능성이 충분하다. 유럽 자신부터가, 한때는 막강했지만 지금은 하루하루 쇠약해져가고 있으니까. 1986년 4월 [소비에트연방 우크라이나소비에트사회주의공화국의] 체르노빌에서 일어났던 핵폭발은 사람들에게 언제 유럽 대륙도 티라섬 화산 정도의 대재난을 맞을지 모른다는 경각심을 불러일으켰다. 1989년에는 동유럽 국가들이 우후죽순 독립해 나오며 유럽에 더 커다란 평화와 통일이 이룩될지 모른다는 희망이 일기도 했다. 유럽 제3기 후기를 지켜보는 사람들의 마음엔, 어떤 낯모를 야만족이 또 유럽을 침입해, 혹은 만에 하나라도 파괴적 재난이 유럽에 닥쳐, 유럽이 마침내 쇠락을 맞지 않을까 근심이 가득하다. 아니면 혹시 또 모를 일이다. 현 유럽인들의 살아생전에 유럽 제4기 후기의 눈부신 황금빛 여름을 맞이할 수 있을지도.

헬라스 HELLAS
고대 그리스

2

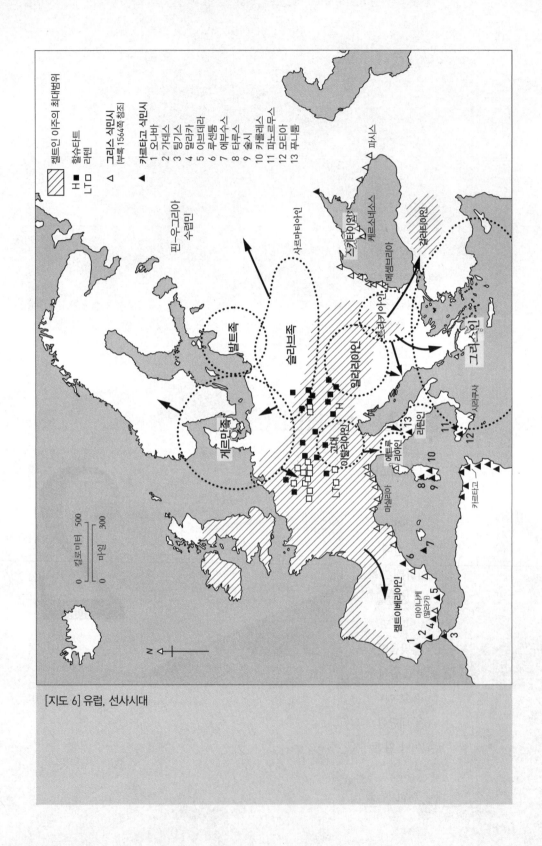

[지도 6] 유럽, 선사시대

고대 그리스에는 웬만해선 비교 자체를 용납시 않는 탁월한 우수성이 있다. 그리스에 내리쬐이는 빛 덕분에 이곳 화가들이 사물의 형태와 색깔을 육안으로도 유난히 정밀하고 집중적으로 바라볼 수 있었던 것처럼, 인간이 발달하게끔 그리스에 형성된 조건들은 인류의 외적 환경과 내적 삶 모두에 확실히 유리한 면이 있었다. 아닌 게 아니라, 강렬한 햇볕은 사람들의 이목을 잡아끄는 뛰어난 성과들이 그리스에서 나오는 데 충분히 한몫했을 가능성이 있다―정말 그렇다고 하면, 호메로스·플라톤·아르키메데스도 타고난 천재성에 광화학光化學이 결합한 산물로 봐야 하지 않을까.

당연한 얘기지만, 이 그리스적 현상을 설명해내기 위해서는 이런저런 요인이 특별하게 맞물린 상황을 조심스레 따져보지 않으면 안 된다. 그중 하나는 그리스는 햇볕은 따갑지만 때맞춰 철이 바뀌는 기후 지역이라는 것으로, 그래서 활기찬 야외 활동을 즐기기에 최상의 여건이 그리스에 조성됐다는 점을 들어야 할 것이다. 두 번째 요인은 에게해로, 그래서 그 곳곳에 자리 잡은 섬들과 해협들을 보금자리 삼아 그리스의 항해, 상업, 식민시 건설 기술이 발달해 나왔다는 점이다. 세 번째 요인은 한때 군건히 자리 잡았던 옛날 문명들 가까이에 그리스가 위치했다는 것으로, 그래서 그 성취를 그리스가 언제든 수입·이용할 수 있었다는 점을 들 수 있겠다. 그리스 말고도 당시 세상엔 오늘날의 캘리포니아나 오스트레일리아 남부처럼 살기 좋은 기후를 가진 곳이 여러 군데 있었다. 또 에게해 말고도 발트해나 북아메리카의 오대호처럼 사방이 막혀 있어 원시 항해에 안성맞춤인 곳도 더러 찾아볼 수 있었다. 사람들이 살기에 더할 나위 없이 좋은 대하大河 인근 지역도 숱하게 많았다. 그러나 동東지중해의 경우와 같이, 이 세 요소 모두가 한꺼번에 맞물린 곳은 그 어디서도 찾아볼 수 없었다. 많은 이가 그리스의 흥기를 경외심 어린 눈으로 바라보며 마치 대단한 기적이라도 일어난 것처럼 여기곤 한다. 그러나 그리스의 흥성은 그저 운이 좋아서 일어난 일만은 아니었을 것이다.

그리스 시대를 흔히 '인류 역사상 가장 놀라운 시대'로 평하지만, 그런 평을 내리기에 앞서 우리는 얼마쯤 더 주의를 기울여야만 한다. 그리스를 보는 오늘날의 견해에는 그곳을 특별히 잘 봐주길 바라는 계몽주의와 낭만주의 두 사조의 주장이 너무 짙게 배어 있어서, 그리스를 과거 모습 그대로 바라보기가 어려울 때가 많다. 일명 "발견자The Discoverer"라 불리는 [독일 미술사학자] 요한 요아힘 빙켈만Johann Joachim Winckelmann(1717~1768, 로마에서 일정 기간 고미술 보존과 관련해 일했다)이 그 나름의 미적 체계를 창안한 이래, 그것은 그리스를 바라보는 유럽인들의 태도에 줄곧 깊은 영향을 끼쳐왔다. 빙켈만은 《그리스 미술 모방론Gedanken über die Nachahmung der griechischen Werke in der Malerei und Bildhauerkunst》(1755)이나 《고대 미술사Geschichte der Kunst des Altertums》(1764) 등을 통해, 그리스의 모든 것에는 "격조 높은 소박함 및 고요한 위대함"과 "완벽한 예술 법칙"이 녹아들어 있는 것처럼 보인다고 썼다.[1] "그 어떤 것도 과하지 않게" 즉 "모든 것에 절제를 담아"라는 것이 당시 사람들이 지향한 모토였다. 그런데 지금 와서 보면, 과거 고전시대 학자들은 확실히 그리스 시대를 해석하며 자신도 미처 모를 만큼 빙켈만 시대의 합리주의와 제약에 많이 얽매인 면이 있지 않았나 한다. 그리스인의 삶에 내재한 비합리적 요소, 혹은 그리스가 간직한 순수한 삶의 환희joie de vivre를 강조하는 것은 당시 대세로 여겨지지 않았다. 그리스를 애호한 19세기 낭만주의자들에게는 그들 나름대로 중시했던 것들이 따로 있었다. 맨 처음 그것을 선보인 이는 존 키츠John Keats로, 〈그리스 항아리에 부치는 노래Ode on a Grecian Urn〉(1819)라는 시가 있다.

> 오 아티카의 형상이여! 그 아름다운 자태여! 그 장식
> 장정들과 처녀들을 대리석으로 조각해 한껏 멋 부렸네
> 숲의 나뭇가지들이며 지르밟은 풀들도 보이나니
> 너 말 없는 형태여! 생각이 미치지 못하게 우리를 괴롭히는구나
> 꼭 영원함이 그러하듯. 차가운 목가여!
> 옛 시대는 지나가며 이 세대를 버릴지라도
> 너는 그대로 남아, 다른 이들의 경탄에 둘러싸일지니
> 우리보다 더 네가 사람의 친구로다, 그들에게 너는 말하리니
> "아름다움이 곧 진리, 진리가 곧 아름다움—그것이
> 너희가 이 땅에서 아는 전부이자, 알아야 할 전부"라고.

그 뒤를 이어 퍼시 비시 셸리Percy Bysshe Shelley는 〈헬라스Hellas〉(1821)를 찬양한다.

> 세상의 위대한 시대가 새롭게 시작되도다

황금시대가 돌아오도다

흙이 뱀처럼 허물을 벗어 새로워지네

겨울의 잡초는 낡아 못 입게 된 옷

하늘이 미소 짓고, 신앙과 제국이 빛을 발한다

마치 흩어지는 꿈의 잔해와도 같이.

그러나 그 누구보다 〈그리스의 섬들The Isles of Greece〉을 꿈꾼 젊은 날의 바이런 경(조지 고든 바이런)을 빼놓을 수 없다. (연작시집 《돈후안Don Juan》(1819 1824) 제3부의 시다.)

수니움Sunium의 대리석 비탈에 나를 놓아주오

파도와 나 말고는 아무것도 없는 그곳으로

주고받는 우리의 웅얼거림 휩쓸리는 소리 내 귀에 들려주오

그곳에서, 마치 백조처럼, 노래 부르고 죽게 해주오.[2]

그리스를 노래한 낭만주의자들은 홀리듯 글을 쓰는 재주가 빼어나기에, 그들이 "생각이 미치치 못하게 우리를 괴롭히는구나"라고 해도 놀랄 일은 아니다(앞의 세 인물 모두 영국의 대표적 낭만주의 시인이다). 가장 걸출한 비평가들조차 자신들의 비판력을 다 잃을 정도니까. 일례로, 그리스 문학을 논한 다음과 같은 글이 그렇다. "그리스가 낳은 작품들은 그 형식이 대단히 만족스럽고 내용도 눈을 떼지 못할 만큼 대단히 흥미진진해 완벽함의 전형으로 꼽힐 때가 많다." 그런가 하면 발굴 작업에 대한 열광도 찾아볼 수 있으니, "그리스 세계에 자리한 고전문화 혹은 하위고전 문화 유적지에서는 [...] 어떤 것을 발견하든 거의 다 아름다운 모습을 하고 있을 것이다." 또 이런 글도 있다. "고대 그리스의 정신은 [...] 지극히 활기 넘치는 우주의 본성을 담고 있어서, 바위 덩어리들과 나무들, 정신없이 굽이치는 파도와 거친 황야에서조차 그 활기가 튀어나올 정도다." 이 정도로까지 된 것은 아마 세상이 아직 젊던 시절을 그리는 향수병에 현대인들의 마음이 불타올라서, 아니면 고대 그리스의 독특함을 증명해야 한다는 잘못된 바람에 그만 마음이 동해서일 터다. 아니면, 살아남은 걸작들에 넋을 놓고 감탄한 나머지, 살아남지 못한 작품들 중엔 더러 허섭스레기도 있었으리란 사실을 까맣게 잊고 말았거나. 아테네의 한 대중 역사학자는 다음처럼 쓰기도 했다. "그 경이로운 도시의 길거리를 거니는 것만으로도, 도시의 웅장한 신전들에 들어가 경배하고, 선대船隊를 꾸려 지중해를 항해하는 것만으로도 일종의 교양 교육이 된다."[3]

사실, 찾으려고만 들면 그리스에서도 얼마든지 부정적 측면들을 발견할 수 있다. 그 고상한 그리스인들, 그토록 숭앙받는 그들 주변에서도 "격이 떨어지는 미신, 비정상적 악덕, 인간 제물

노예" 같은 것들을 어렵지 않게 찾아볼 수 있었다.4 그리스가 초반에는 기개가 높았으나 후반의 몇 세기 동안은 폭력과 퇴폐로 물들었다고 말하는 평론가들도 많다. 그럼에도 변치 않는 사실들이 있다. 고대 그리스가 처음으로 문명의 구심점으로 자리 잡았을 당시, 이곳이 이집트나 메소포타미아 같은 구세계와 맺고 있던 연결고리는 당장이라도 끊어질 듯 약했다. [블랙 아테나] [카드모스] [서사시] 그런데 300~400년밖에 걸리지 않아 그리스는 인간의 노고가 들어가는 거의 모든 영역에서 숨 막힐 만큼 놀라운 성취를 이룩해냈다. 르네상스 시대 이전까지는, 유럽사에서 이렇게나 역동적인 에너지가 분출한 경우는 찾아볼 수 없다. 그리스는, 분명, 천천히 그리고 착실히 발전해나간 곳은 아니었다. 화르르 불붙듯 순식간에 일어난 곳이 그리스다.

;

고대 그리스의 정치사는 1000년이 넘는 시간에 걸쳐져 있으며, 이 또한 여러 시대로 뚜렷이 나뉜다. 미노아와 미케네 두 쌍둥이 문명이 중심지 노릇을 한 초기 선사시대는 기원전 12세기 들어 막을 내린다. 이어지는 선사시대 후반기는 대체로 이른바 '영웅시대Heroic Age'와 상당 부분 겹치는바, 트로이전쟁으로 막을 내리는 당시는 헤라클레스·아이아스·아킬레우스·아가멤논 같은 후대 그리스어 문학작품을 빼곡히 메운 전설적 이름들이 생겨난 시기이기도 하다. 트로이는 에게해 한쪽의 소아시아 땅에 건설됐던 나라로, 이곳의 이오니아 지방은 특히 수 세기에 걸쳐 그리스인의 정착에서 주요 근거지 노릇을 했다. 트로이가 멸망한 것은 기원전 1184년이라고 전한다. 지금까지의 유적 발굴 결과에 의하면, 이들 전설을 뒷받침하는 역사적 근거가 과거 생각했던 바보다 꽤 강한 것으로 나타나고 있다.

그 이후로 장기간에 걸쳐 '암흑시대Dark Age'가 이어지는데, 이 시대와 관련해서는 역사 기록은 물론이고 고고학 기록조차 변변찮다.

그리스 도시국가city-state의 '황금시대Golden Age'는 기원전 8세기에서 기원전 4세기까지 이어지며, 몇 개 시기로 뚜렷이 나뉜다. 그리스가 역사 기록에 도달한 것은 상고기上古期, Archaic period의 일로, 이때 처음 올림피아드가 개최되고 그 전승상 연대인 기원전 776년이 그리스 연대의 임의 출발점으로 채택되곤 했다. 그리스가 가장 위대한 영광을 이룩한 핵심 시대는 기원전 5세기에 시작돼 기원전 338년에 끝나는데, 이해에 그리스인들이 마케도니아인에게 어쩔 수 없이 항복했다. 이후로 그리스는 예속의 시대에 접어드니, 그리스 도시들은 처음에는 마케도니아의, 나중에는 로마 같은 외세의 통치 아래서 힘든 나날을 보내야 했다. [에코] [노미스마]

이 황금시대의 커다란 충돌은 주로 제국 페르시아와의 일전에서 불거졌으며, 페르시아제국은 키루스 대왕Cyrus the Great(재위 기원전 558~기원전 529) 시기에 그리스 세계의 동쪽 절반을 흡수했다. 나중에는 펠로폰네소스전쟁Peloponnesian War(기원전 431~기원전 404)이 일어나 그리

에코 ECO

■ 생태계 파괴는 일찍이 기원전 6세기 초반에 그리
■ 스 통치자들이 관심을 가진 사안이었다. 입법자
솔론Solon은 토양 침식을 막기 위해 경사지의 경작을
금지할 것을 제안했다. 피시스트라투스Pisistratus(페
이시스트라토스Peisistratos)는 올리브나무를 심는 농민
들에게 보조금을 지급해 삼림 파괴와 과도한 방목을
막았다. 200년 후 플라톤은 황폐해진 아티카 지역의
땅에 대해 다음과 같이 적었다.

> 과거와 견주어 현재의 모습은 피골이 상접한 병자와
> 도 같아서, 기름지고 부드러운 흙이 모조리 없어진
> 상태다. […] 이제는 꿀벌들의 먹이밖에 남아 있지 않
> 은 산들도 얼마 진까지는 나무가 무성했던 곳이다.
> […] 드넓은 목초지도 있었다. 게다가 과거에 이 땅은
> 지금처럼 빗물이 유실되지 않고 제우스 신이 연중 내
> 려주는 비로 풍요로웠다. […] 풍부한 샘물과 시내가
> 있었으며, 지금도 남아 있는 성지聖地들은 분수가 있
> 었던 곳이다.[1]

생태적 관점에서, '농경의 시작은 인류의 역사에서
가장 중요한 변화'였다. 그것은 '제1차 전환점First
Transition'이었다. 경작지를 중심으로 최초의 인위적
거주지가 형성됐다는 점에서다. 유럽은, 그 과정에서,
일찍부터 농경이 크게 발달한 서남아시아보다는 출발
이 뒤늦어 부속 지역 정도의 역할을 한 곳으로서 중
국이나 메소아메리카Mesoamerica(중앙아메리카에 해당
하며 마야·톨텍·아스테카 문명 등이 이에 속한다)와 나란한
속도로 발전해나가는 모습을 보였다. 그러나 농경이 가
져온 결과들은 똑같이 경험했다. 끊임없는 여분의 식
량 생산 및 그에 인구 성장 가능성, 질서정연한 계급
사회, 노동력 및 전투력 동원에서 사회적 강제의 증가,
도시 및 체계적 교역, 문자 기록 문화의 출현 등이 그
것이다. 그리고 생태적 재앙도 경험했다.

무엇보다도 인간과 자연의 관계를 바라보는 특정한 관
점들이 생겨났다. 유럽을 지배하게 된 유대-기독교 전
통의 세계관은 '제1차 전환점'의 시대에서 유래했다. 이
세계관은 인간이 나머지 모든 피조물을 다스리는 우월
한 존재라고 강조했다.

> 생육하고 번성하여 땅에 충만하라. 땅의 모든 짐승과
> 공중의 모든 새와 땅에 기는 모든 것과 바다의 모든
> 고기가 너희를 두려워하며 너희를 무서워하리니 이들
> 은 너희 손에 붙이웠음이라. 무릇 산 동물은 너희의
> 식물이 될지라. 채소같이 내가 이것을 다 너희에게 주
> 노라. (창세기 9장)

> 그를 하나님보다 조금 못하게 하시고 영화와 존귀로
> 관을 씌우셨나이다. 주의 손으로 만드신 것을 다스리
> 게 하시고 만물을 그의 발 아래 두셨으니 […].
> (시편 8편)

> 하늘은 여호와의 하늘이라도 땅은 사람에게 주셨도
> 다. (시편 115편)[2]

자연을 착취 대상으로 보는 이런 관점에 반대한 마이
모니데스Maimonides(유대 철학자·신학자)나 산프란체스
코 다시시(아시시의 성 프란체스코)(이탈리아 수도사·성인)
같은 이들은 분명히 소수에 불과했다.

르네상스와 과학혁명을 거치며 비종교적 사상이 출현하
고 발달한 후에도 인간중심적 태도는 변하지 않았다(7
장 참조). 프랜시스 베이컨은 "우리가 목적인目的因, final
cause에 눈을 돌린다면 인간이 마땅히 세상의 중심으
로 여겨져야 한다"라고 썼다. 끝없는 물질적 진보를 포함
한 인간의 진보는 계몽주의가 추구한 이상의 하나였다.
인류는 특히 경제학이라는 새 학문을 활용해 인류가 완
벽해질 수 있다고 여겨졌다. 그러나 진정한 생태학자가
보기에 "경제학은 인간의 가장 바람직하지 못한 성향들
을 숭상했다. 물질적 욕심, 경쟁심, 탐닉, 자만, 이기심,

근시안적 사고, 탐욕 등이다.”[3] [시장]

계몽주의 시대 무렵 세계는 '제2차 전환점'의 시대로 접어들고 있었다. 자연 개발의 공식은 '자연 파괴' 즉 재생가능한 동식물 자원을 약탈하는 것에서 재생불가능한 자원, 특히 석탄·석유 같은 화석연료를 무절제하게 소비하는 것으로 옮겨갔다. 이 단계에서 유럽은 분명히 선두 주자였다. 산업혁명은 인구를 크게 증가시켰고, 도시 범위의 확대를 촉진했으며, 풍족함에 대한 기대치를 높였고 아울러 소비, 오염, 자원 고갈을 가속화했다. 무엇보다도 산업혁명 이후 인류는 솔론이나 플라톤은 결코 상상하지 못했을 규모로 생태계의 외상을 유발하는 주범이 됐다.

사람들이 환경 파괴의 영향을 진지하게 받아들이기까지는 오랜 시간이 걸렸다. 유배된 나폴레옹이 1821년 세인트헬레나섬의 롱우드하우스Longwood House에서

죽음을 앞뒀을 때, 그를 끝내 죽음에 이르게 한 병을 두고 이런저런 말이 많았다. 검시관은 나폴레옹의 사망 원인이 복부의 암이라고 밝혔다. 그러나 이장을 위해 나폴레옹의 시신이 프랑스로 옮겨진 1840년에 시신을 분석한 결과, 그의 머리카락에서 비소가 검출됐다. 그동안 제기됐던 독살 의혹이 사실로 확인되는 듯했다. 나폴레옹의 측근 가운데 여럿이 범인으로 거론됐다. 그런데 100년이 더 지난 후, 새로운 의혹이 등장했다. 19세기 초반에는 직물이나 벽지의 색깔을 내는 데 비소 화합물을 종종 사용했다. 그리고 롱우드하우스를 면밀히 조사한 결과, 나폴레옹이 최후의 나날을 보낸 방들의 벽지에 강한 비소 성분이 함유된 것으로 드러났다. 나폴레옹의 정확한 사인은 여전히 논란의 대상이다. 하지만 나폴레옹이 독살된 것이 아니라 환경오염 때문에 사망했을 가능성이 전혀 없다고는 할 수 없다(988~989쪽 참조).[4]

노미스마-NOMISMA

■ 노미스마 즉 '주화鑄貨'는 그리스인과 로마인 모
■ 두 사용했다. 오늘날의 영어 단어 'money'는 동전주조소를 뜻하는 라틴어 moneta(모네타)에서 유래했다. 이 단어가 프랑스어 monnaie(모네)를 거쳐 영어의 'money'가 됐다. (과거 로마에서 동전주조소는drachma 카피톨리누스언덕의 유노 모네타Juno Moneta 신전에 있었다.) ("노미스마"는 라틴어로 "주화" "고전古錢"이라는 뜻이다.) 주화 형태의 돈은 기원전 7세기 초반 에게해 지역에서 사용되기 시작했다. 헤로도토스에 따르면, 최초의 주화를 주조한 곳은 고대 왕국 리디아였다. 리디아와 이오니아에서 금과 은의 합금으로 만든 스타테르stater는(1스타테르=2드라크마drachma) 세계에서 가장 오래된 동전으로 여겨지곤 한다.[1] 프리기아의 왕들 즉 손으로 만지는 모든 것이 황금으로 변했다는 전설 속의 미다스Midas와 그 이름이 "큰 부자"와 동의어였던 크로이소스Croesus(재위 기원전 561~기원전 546)는 돈의 기원과 밀접히 연관돼 있었다. 그들은 리디아의 수도 사르

디스 근처 팍톨로스강의 '사금沙金 지대'를 소유했다. 아이기나섬도 주화의 초기 역사에서 한몫을 담당했다. 기원전 670년 도입된 아이기나의 은화는 유럽 최초의 은화였다. 바다거북의 형상이 새겨진 은화로, 주변 일대에 널리 보급된 "아이기나식" 도량형 체계의 시작점이자 동전 주조술의 출발점이었다.[2] 이후 생겨난 주조소들도 주화에 이런저런 상징 문양을 채택했다. 아테네에서는 주화에 올빼미나 올리브나무 가지를, 코린토스에서는 페가수스(날개 돋친 천마天馬)를, 시라쿠사에서는 님프 아레투사를 넣었다. 일찍부터 주화에 신들의 얼굴, 또는 주조소나 통치권력을 상징하는 문양을 넣는 일 역시 흔했다. 주화에 통치자 얼굴을 넣는 것은 헬레니즘 시대에 들어 유행하기 시작했으나 로마제국에서는 일반적인 일이 됐다.

고전학古錢學, numismatics은 역사를 보조하는 학문의 하나다. 고전학은 고대에 대한 가장 영속성 있는 증거들의 일부를 연구하며, 특히 고고학 유적 발굴 시 문화층들의 연대를 추정할 때 진가를 발휘한다. 금속 주화

는 그것이 사용된 시공간에 대해 꽤 정확한 정보를 알려준다. 당시의 물질적 조건들뿐만 아니라 나라 간 교역 및 문화적 접촉의 결과도 증언해준다.

기원전 7세기 이후 에게해의 주화들은 세계 곳곳으로 퍼졌다. 주화는 대부분의 화폐 제도와 상업적 교류에서 기본이 된다. 조폐권은 정치적 주권을 나타내는 징표의 하나다. 고대 그리스에만 1500곳이 넘는 동전주조소가 있었다. 로마와 기독교 유럽, 그리고 오늘날 모든 국가의 주화들은 리디아에서 만들었던 스타테르의 후기 형태다. 아이기나의 은화 드라크마처럼 일부 주화는 원래의 시대와 지역을 뛰어넘어 널리 통용됐다. 사실 사람들을 휘어잡는 돈의 매력은 너무나 강력해서 많은 이가 돈을 두려워하게 됐다. 기원후 65년 마케도니아에 머물다 로마로 온 사도 바울은 "돈을 사랑하는 것은 모든 악의 뿌리다"라고 적었다. [달러]

스의 도시들 사이에 골육상생이 벌어지며 그리스 세계가 한바탕 곤욕을 치르기도 했다. 그리스 세계가 자신들을 향해 침공해 들어오는 페르시아를 저지하고 격퇴한 전투들, 예컨대 마라톤평원(기원전 490)과 테르모필레고개와 살라미스만(기원전 480)에서 벌어진 전투들은 사람들로부터 끝없는 찬사를 받아왔다. 반대로, 기원전 404년 스파르타가 아테네인을 상대로 페르시아의 지원을 받아 거둔 치욕스러운 승리나, 혹은 테베가 스파르타를 무자비하게 제압한 사실은 역사에서 별달리 관심을 끌지 못했다.

페르시아의 지배를 가까스로 면한 그리스인들은 그리스-페르시아전쟁Persian Wars(기원전 492~기원전 479)을 통해 자신들이 영원한 정체성을 함께 지닌다는 인식을 품게 된다. 자유 헬라스는 '영광의 서쪽'이자, '자유의 땅'이자, 미美와 지혜의 본고장으로 여겨졌다. 동쪽은 노예제, 잔혹함, 무지의 온상이었다. 아이스킬로스Aeschylus는 이런 정서를 페르시아 여왕의 입에 담기까지 했다. 수사Susa의 왕실을 묘사한 장면으로, 여왕의 아들이 살라미스에서 패전했다는 소식이 방금 날아든 대목이다. [아이스킬로스의 비극 〈페르시아인들Persai〉에 나오는 내용이다.]

> 여왕: 벗들이여, 이 아테네인들은 어디에 있는 자들이라더냐?
> 코러스: 저 멀리 태양의 빛이 꺼져가는 쪽에 삽니다.
> 여왕: 그런데도 내 아들은 그곳을 짓밟지 못해 안달이구나.
> 코러스: 그렇게 되면 헬라스 전체가 왕의 수중에 들어오니까요.
> 여왕: 그들이 그렇게도 많으냐?
> 코러스: 페르시아인들한테 많은 고민거리를 안겨줄 만큼 엄청납니다.
> 여왕: 이끄는 자는 누구냐? 누가 그들 무리의 목자더냐?
> 코러스: 그들은 그 누구의 노예도 아니고, 그 누구에게도 예속돼 있지 않습니다.[5]

그리스에서는 어딜 가나 자유를 누리고 페르시아에서는 어딜 가나 압제가 행해진다는 생각은 지극히 주관적 관점이다. 그러나 바로 이런 생각에서부터 '문명'을 '유럽' 및 '서쪽'과만 끈질기게 연관시키는 전통의 토대가 마련됐다(53쪽 이하 참조). [바르바로스]

마케도니아는 그리스 북쪽에서 헬레니즘화한 나라로, 그 위세가 절정에 이른 것은 필리포스 2세Philip II of Macedon(재위 기원전 359~기원전 336)와 그의 아들 알렉산드로스 대왕Alexander the Great(재위 기원전 336~기원전 323) 때였다. 마케도니아는 바빌론에서 알렉산드로스가 열병에 걸려 사망할 때까지 더없이 기막힌 역량을 보이며 잇따라 전투를 벌여 페르시아의 광대한 영토를 짓밟는 동시에 그리스 세계를 인더스강 연안까지 넓혀놓았다. 알렉산드로스를 찬탄해 마지않는 한 견해에 의하면, 그는 기지旣知의 전全 세계the whole known world 곧 그리스어로 오이쿠메네oikoumene를 하나의 나라로 볼 줄 알았던 최초의 인물이었다. 그러나 그리스를 연구하는 한 연륜 있는 영국 역사학자(조지 그로트(1794~1871))가 보기에(그의 전집 제12권 96장에 들어 있는 내용이다), 우리는 여기서 알렉산드로스를 추켜세우기보다 '자유 헬라스Free Hellas'가 끝내 소멸한 것을 훨씬 애석해 해야 한다. "역사학자라면 이 대목에 이른 순간 자기 글에서 생명력이 빠져나가버렸음을 느낄 것이다"라고 그는 썼다. "비탄과 굴욕감에 젖은 그는 자신이 풀어온 이야기를 여기서 그만 접는다."[6] 정치적 측면에서 보면, 마케도니아의 패권 확립과 함께 시작된 헬레니즘 시대는 이후 얼마간 지속되다 알렉산드로스의 후계자들이 로마의 국력 신장으로 하나둘 제거되면서 종말을 맞았다. [마케돈]

이 시대에 일어난 그리스의 지리적 확장은 과연 대단했다. 에게해의 바위투성이 해안가에 고리 모양으로 자리 잡은 작달막한 도서국가와 도시국가들은 점점 늘어나는 인구를 먹여 살리기엔 자원이 부족할 때가 많았다. 거기다 경작가능한 토지는 금값이었다. 그 결과, 그리스에서는 오늘날 같은 회사가 없는 상태에서도 전문적 상업 직판점들이 성장해나갔다. 대륙의 내지와 효과적으로 접촉하려면 우호적 분위기의 교역거래소가 꼭 필요했던 것이다. 이 세 가지 이유로, 그리스 섬들로서는 복제 식민시clone colony를 세우는 것이 여러모로 매력적이었다. 그리하여 8세기 이후로 줄곧 그리스 본토에서 가장 오랜 몇몇 도시―칼키스, 에레트리아, 코린토스, 메가라, 포카이아, 특히 밀레투스―가 적극적으로 식민시 건설에 뛰어들었다. 가장 빈번하게 식민시가 건설된 지역으로는 시칠리아, 이탈리아 남부, 트라키아, "살기 좋은" 바다라는 뜻의 에욱시네의 연안을 꼽을 수 있었다―"에욱시네"라는 이름이 붙은 것은 태평양Pacific("평화로운")과 마찬가지로 이 바다가 타고난 불리함을 이름이 메워주길 바라는 마음에서였다. [케르소네소스]

이윽고 초창기 식민시들까지 그 나름대로 추가 식민시 건설에 나서면서 곳곳에 커다란 사슬 혹은 일족과 같은 도시들이 생겨났고, 그렇게 생겨난 식민시들은 각자 자신들의 모시母市에 시종 헌신적 태도를 보였다. 그중 가장 대규모의 도시 일족을 이뤘던 곳은 밀레투스로, 가장 많은 때는 여러 세대 동안 총 80개 도시가 그 안에 포함되기도 했다. 칼키스가 서쪽의 시칠리아

바르바로스 BARBAROS

■
■ 모든 역사 교과서는 페르시아전쟁이 '자유 헬라스' 사람들을 단결시키고 그들의 그리스적 정체성을 공고히 하는 결과를 가져왔다고 강조한다(그리스인은 페르시아인을 "바르바로스" 곧 "야만족"이라고 불렀다). 그리스-페르시아전쟁이 그리스인들이 외부 세계를 '야만족(야만인)barbarian'의 세계로 정의하게 될 프로세스를 작동시켰는지는 사실 확실치 않다. 그러나 '헬레네스의 창조'와 '야만족의 창조'는 분명 동시에 진행됐고, 기원전 5세기 아테네의 연극은 그 소기의 효과를 얻는 조건이 됐다.[1]

마라톤평원전투(기원전 490)와 살라미스해전(기원전 480) 이전에는 그리스인들도 이웃을 적으로 느끼는 감정이 강하지 않았던 것으로 보인다. 그리스의 싱고기 시詩들에서는 티탄이나 아마존 같은 초자연적 힘을 가진 외부자를 영웅으로 묘사하곤 했다. 호메로스는 그리스인과 트로이인을 동등하게 취급했다. 흑해 연안의 그리스 식민시들은 스텝지대의 스키타이와 생산적 협력 및 교류를 하며 살았다. [케르소네소스]

하지만 기원전 5세기에 그리스인들은 훨씬 더 자기만족적이 됐고 외부인 혐오 정서가 강해졌다. 일각에서는 헤로도토스(기원전 484년생)가 고양시킨 민족적 요소도 지적하는바, 그는 옛 문명사회들(특히 이집트)을 인정하면서도 헬레네스의 '공통된 핏줄'과 공통된 언어를 대단히 중시했다.

그러나 그리스인의 태도 변화를 가장 효과적으로 자극한 것은 바로 비극작가들이었으니, 특히 마라톤전투에 참전하기도 한 아이스킬로스(기원전 525년생)가 대표적이다. 아이스킬로스는 희곡 〈페르시아인들〉에서 페르시아인에 대한 정형화된 이미지를 창조해냈다.

이 이미지에 따르면, 문명화한 페르시아인은 비굴하고, 과시욕 넘치며, 오만하고, 잔인하며, 나약하고, 제멋대로 날뛰는 이방인일 뿐이었다.

그 이후로 그리스에서 모든 외부인은 야만스러운 존재로 펌하됐다. 그 어떤 민족도 현명하고, 용맹하고, 분별력 있고, 자유를 사랑하는 그리스인과 비교될 수 없었다. 트라키아 사람은 천박하고 부정직했다. 마케도니아 사람은 에히테 헬레니슈echte hellenisch(진정한 헬레니슈)가 아니었다. 플라톤 시대에는 그리스인과 모든 외부인을 구분하는 단단한 장벽이 세워졌다. 오로지 그리스인만이 세상을 다스릴 권리와 타고난 자질을 지녔다고 여겨진 것이다. 아테네에서는, 다른 나라 폭군의 행동을 감히 아테네인이 그들의 신민들을 대하는 방식에 비유하는 일 따위는 있을 수 없었다.

고대 그리스인의 '우월 콤플렉스'는 이후 유럽에서 표면화하는 그와 유사한 자민족 중심주의와 외국인 혐오에 여러 의구심을 갖지 않을 수 없게 한다. 그리스인이 우월하다는 인식은 분명 로마인들에게도 받아들여졌고, '서구 문명'의 이러저러한 조달자들이 로마인들과 마찬가지로 고대 그리스에 깊은 동경이 있었음을 고려할 때 반드시 간주돼야 하는 부분이다. 또 그러한 우월감은 '서구 문명'을 비판하면서 고전(고대 그리스·로마)에 대한 특정 종류의 수정주의를 제시하는 이들의 분노와도 무관하지 않다. [블랙 아테나] 일부 논객은 고대 그리스인들이 이질적 타자 문화를 접촉하고서 내린 결론이 유럽의 전통에 고스란히 스며들었다고 본다.

> 이 특정한 접촉을 통해 '유럽'이라는 것이 즉 오만하고 스스로 우월하다고 자부하는 유럽이, 유구한 역사와 우위를 가졌다고 상정하며 세상을 지배할 권리를 타고났다고 자처하는 유럽이 생겨났다.[2]

에 처음 세운 식민시인 낙소스와 메사나(메시나(이탈리아))는 그 연대가 기원전 735년으로 거슬러 올라간다. 이렇게나 초창기에 건설되기는 이베리아반도의 엠포리온(암푸리아스(스페인)), 마실

리아(프랑스 마르세유), 네아폴리스(나폴리), 시라쿠사이(시라쿠사(이상 이탈리아)), 보스포루스의 비잔티움, 북아프리카의 키레네, 에욱시네 남쪽 해안의 시노페 모두 마찬가지다. 얼마 뒤에, 알렉산드로스 대왕의 정복을 뒤따라 그리스 도시들이 아시아 내지 깊숙한 곳에까지 속속 세워졌다. 그중이 마케도니아인 정복자의 이름이 들어간 곳들로는 세상 끝의 알렉산드리아(알렉산드리아 에스카테Alexandria Eschate, "가장 멀리 있는 알렉산드리아")(타지키스탄의 호젠트), 아레이아의 알렉산드리아(혜라트), 아라코시아의 알렉산드리아(칸다하르(이상 아프카니스탄)), 시리아의 알렉산드리아, 그리고 무엇보다 이집트의 알렉산드리아(기원전 332)를 꼽을 수 있다. 사슬처럼 연결된 이 그리스 도시들은, 저 멀리 서쪽(스페인)의 사군툼(발렌시아 근방의 사군토)에서 동쪽 맨 끝 펀자브 지방(파키스탄)의 부케팔라(젤룸, 알렉산드로스를 충직하게 따랐던 군마軍馬의 이름을 딴 도시였다)까지 거의 7200킬로미터에 걸쳐 뻗어 있었다. 7200킬로미터이면 북아메리카대륙 횡단거리의 거의 두 배에 맞먹는다(부록 1564쪽 참조). [마실리아]

이들 식민시 사이에서 특별한 역할을 떠맡았던 곳이 시칠리아와 남부 이탈리아(당시에는 '대大그리스Greater Greece'라는 뜻의 마그나 그라이키아Magna Graecia로 통했다)였다. 두 곳은 그리스 본토와의 사이에서, 나중에 아메리카대륙이 유럽과 맺게 되는 똑같은 관계를 발달시켜나가게 된다. 기원전 6세기에 페르시아가 소아시아를 정복하기 전까지만 해도, 이 세계의 구심점은 여전히 에게해에 매우 단단히 자리 잡고 있었다. 당시엔 밀레투스가 아테네보다 훨씬 컸거니와 더 부유했다. 하지만 '에우로페'가 처음에는 페르시아로부터, 나중에는 마케도니아와 로마로부터 위협을 받고 나서부터는 마그나 그라이키아의 중요성이 새삼 커졌다. 사치품도 넘쳤고 폭군도 넘쳤던 시칠리아는 주변의 페니키아 세계와의 특별한 공생관계를 통해 나날이 번창했다. 한때 뉴욕이 런던에 그랬던 것처럼, 당시 아테네에는 시라쿠사의 존재가 중요했다. 쥘 미슐레Jules Michelet(프랑스 역사학자)는 그리스 시대의 시칠리아 및 그곳에서 벌어진 식민시들 사이의 투쟁에 관해 논하며 특별히 그 필력을 드러냈다.

그곳은 어마어마한 크기로 성장해나갔다. 우뚝 서 있는 화산 에트나와 견주면 베수비오는 이제 자랑거리도 못 됐다. […] 주변의 도시들도 그 웅장함에 화답했다. 아크라가스(아그리겐툼)의 유적, 포시도니아(포세이도니아)(파이스툼)의 기둥들, 셀리논테라는 하얀 유령을 보노라면 도리스인의 손이 실로 대단한 힘을 가졌었다는 생각이 절로 든다. […] 그러나 이들 도시의 힘이 아무리 어마어마하고, 부가 굉장하고, 해군력이 막강했어도 […] 그 파멸을 늦추는데는 아무 소용이 없었다. 마그나 그라이키아의 역사에서는 한 번의 패배가 단번에 대재앙으로 이어졌다. 그렇게 해서 시바리스와 아그리겐툼이 세상에서 흔적도 없이 사라졌다. 티레와 서쪽의 바빌론이 그랬듯이.7

케르소네소스 CHERSONESOS

■
■ '반도의 도시Peninsular City' 케르소네소스는 기원전 422~기원전 421년 헤라클레아 폰티카 출신의 도리스인(도리아인)들에 의해 건설된 식민도시다. 케르소네소스는 타우리카반도* 서쪽 해안의 돌출부에서 즉 현재의 (우크라이나 크름반도 서남쪽의 항구도시) 세바스토폴에서 3킬로미터쯤 떨어진 곳에 있었으며, 흑해 북부 해안에 세워진 여러 그리스 식민도시의 하나였다. 올비아(번영), 킴메리아 보스포루스(지금의 케르치해협)의 판티카파이움, 돈강 유역의 타나이스, 파나고리아 등 이 지역의 식민도시 대부분은 밀레투스가 건설한 것이었다. 케르소네소스가 건설된 시기는, 흑해 스텝지대의 스키타이와 타우리족("스키티아"와 "타우로이인")에 대해 최초로 기록한 역사가 헤로도토스가 인근의 올비아를 방문했던 시기와 거의 일치한다. 주변 도시들과 마찬가지로 케르소네소스도 내륙 부족들과의 교역 및 해상무역으로 먹고살았으며, 주요 품목은 밀, 포도주, 동물 가죽, 염장한 생선이었다. 주민은 약 2만 명이었고 석조 도로의 전형적 격자형 도시에 아고라, 아크로폴리스, 극장, 항구가 갖춰져 있었다.[1]

놀랍게도 케르소네소스는 이후 1700년간 그리스, 사르마티아, 로마, 비잔티움제국의 지배를 거치며 역사의 소용돌이를 견뎌냈다. 초기에 변경의 그리스 식민도시였던 케르소네소스는 기원전 2세기에 판티카파이움을 근거지로 성장한 '보스포루스왕국Kingdom of the Bosphorus'에 흡수됐다. 보스포루스는 특히 아테네와의 곡물 무역으로 큰 부를 쌓았으며, 스텝지대에서 온 이주민들인 이란계 사르마트의 지배를 받았다. 이들은 먼저 있던 그리스 문명에 동화돼 높은 수준의 새로운 통합적 문화를 만들어냈다. 보스포루스의 금세공인들은 내륙의 스키타이 족장들에게 판매할 제품을 만들었

는데, 이것들은 고대 금세공품 중에서도 예술미가 대단히 뛰어난 것으로 손꼽힌다. 보스포루스왕국의 스파르토쿠스왕조Spartocid dynasty(이들은 그리스인이 아니었다) 나중에 결국 폰토스왕국의 미트리다테스 6세 Mithridates VI의 지배하에 들어갔다. 미트리다테스 6세는 기원전 63년 판티카파이움에서 사망했다. 볼프강 아마데우스 모차르트의 초기 오페라 〈폰토의 왕, 미트리다테Mitridate, Re di Ponto〉(1770)는 그를 주인공으로 한 작품이다(케르치의 아크로폴리스가 있던 곳은 지금도 '미트리다테스산'으로 불린다). 당시 보스포루스에는 로마인 수비대가 주둔하고 있었으나, 거의 200년 머물렀음에도 완전한 제국식 통치가 강제되지는 않았다.

고트족, 훈족, 하자르족 등 외세의 거듭된 침략에도 케르소네소스에는 고대 로마 말기 또는 비잔티움제국 초기에 50여 개 기독교 교회가 지어졌다. 그중 한 곳에서 988년(또는 991년)에 최후의 야만족 방문자인 키이우루스의 대공 볼로디미르는 비잔티움제국 황제(바실리우스 2세)의 누이와 결혼하기에 앞서 대리석으로 만든 세례용 수조에 발을 담가 기독교(그리스정교)로 개종했다. 그 무렵 하자르왕국은 세력이 기운 상태였고, 비잔티움제국은 케르소네소스를 클리마타 테마theme(군관구 軍管區)의 수도로 삼을 수 있었다.[2] '반도의 도시' 케르소네소스는 1299년 크름반도(크림반도) 정복을 한창 진행 중이던 몽골 타타르족에 의해 파괴됐다. 크림반도가 15세기 오스만제국에 정복당했을 때도, 1783년 러시아에 넘어갔을 때도 이제 케르소네소스라는 도시는 존재하지 않았다.

케르소네소스 유적 발굴은 1829년부터 시작됐다. 활발히 진행되던 발굴 작업은 제1차 세계대전으로 중단됐다가 1920년대에 소비에트고고학위원회Soviet Archaeological Commission에 의해 재개됐다. 제정러시아는 유적을 발굴하면서 성 볼로디미르가 세례를 받

---

* 타우리카반도의 현재 명칭인 크름Krym 또는 크리미아Crimea는 "요새"를 뜻하는 튀르키예어(터키어) 케림kerim에서 유래했으며 15세기에 와서야 쓰이기 시작했다.

은 증거를 찾는 데 주력했다. 1891년 제정러시아는 지금은 파괴된 거대한 돔형 성당을 엉뚱한 위치에 건설했다. 소비에트 시기에는 노예 소유 사회가 누렸던 물질문화의 흔적을 찾는 데 주력했다.[3]

고대 그리스의 역사와 얽혀 있는 흑해 인근 지역을 소유한 후대인들은 역사적 자부심이 강했다. 케르소네소스 유적지 근처에 건설된 군항 세바스토폴은 그리스어 이름이며 "영광의 도시"라는 뜻이다. 크름반도를 정복한 포툠킨 공을 위해 지어진 상트페테르부르크의 타우리드궁전Tauride Palace은 '고대 그리스 양식의 러시아 토착화'의 출발점이 됐다. 크름반도는 1854~1856년 영국과 프랑스의 공격을 받았지만 러시아가 대단한 결의로 지켜냈고, 이후로 크름반도 해안은 제정러시아나 소련의 권력자들의 여름 별장이 있는 휴양지로 애용됐다. 그들은 하나같이 러시아 역사가 성 볼로디미르의 키이우루스에서 시작된다는 다소 미심쩍은 주장을 하면서 자신들의 크름반도 상주를 정당화했다. 1941~1942년 세바스토폴공성전Siege of Sevastopol 이후 크름반도는 잠시 나치에 점령당했다. 나치가 구상했던 '고틀란드프로젝트Gotland Project'대로라면 크름반도는 독일인 이주민들의 손에 들어갔을 것이다. 1954년 소련 정부는 러시아와 우크라이나 합병 300주년을 기념한다는 명분으로 크름반도를 우크라이나에 선물했다. 이는 크름반도 및 우크라이나와 러시아가 서로 뗄 수 없는 관계임을 상징적으로 보여주려는 행보였다. 그러나 이후 소련의 해체는 그 정반대의 결과를 낳았다. 1991년 8월 소련의 마지막 서기장이 세바스토폴 부근 해안에 위치한 포로스의 별장에서 휴가를 보내던 중 공산당 보수파의 쿠데타 세력에 의해 감금당했다. 쿠데타는 실패로 돌아갔으나 결국 소련의 해체를 앞당기는 계기가 됐다(1441쪽 참조).[4]

시간이 흐르면서 크름반도 주민들의 민족적 다양성은 거의 사라졌다. 고대의 타우리족과 타우리계 스키타이인은 이미 사라진 지 오래다. 크림 고트족은 내륙 근거지 만구프를 방어했지만 1475년 몰락했다. 크름반도에 살던 타타르족은 1942년 스탈린에 의해 대규모 강제 이주를 당했다.[5] 이곳에 살던 흑해 연안의 그리스인들 역시 1949년에 강제 이주 됐다. 나치를 피해 도망쳐온 소수의 유대인들은 1980년대에 이스라엘로 떠났다. 이로써 러시아인과 우크라이나인이 크름반도 인구의 절대 다수를 차지하게 됐다.

1992년, 흑해 함대의 주둔지 세바스토폴에서 근무하는 구소련 병사들의 가족들은 관광객과 섞여 케르소네소스 유적지 언덕을 올려다보며 해변에서 선탠을 즐기는 동안에도, 타타르족의 귀환을, 흑해 함대에 대한 우크라이나의 소유권 주장을, 크림자치공화국의 독립을 원하는 러시아계 주민들을 불안하게 지켜봐야 했다. 그들에게는 크름반도만큼 찬란한 시기의 덧없음을 상기시키는 곳도 없었다.

마그나 그라이키아는 전략적으로 대단히 중요한 전략적 요지를 장악하고 있었고, 따라서 그리스 세계도 여기에 와서야 경쟁 세력들을 직접 접할 수 있었으니 처음에는 페니키아였고 나중에는 로마였다.

에우로페의 고향땅이기도 한 페니키아는 그리스와 나란히 번성했으며 번성 방식도 그리스와 비슷했다. 알고 보면 페니키아 도시국가들은, 그 식민시들이 그러했듯, 그리스 도시국가들보다 역사가 상당히 더 깊었다. 시돈과 티레는 크레타가 막바지 쇠락을 맞았을 무렵 이미 그 명성을 자랑하고 있었다. 북아프리카에 카르트-하드샤트Kart-hadshat 즉 신도시(카르티곤Kartigon, 카

마실리아 MASSILIA

■ 마실리아(마르세유)는 기원전 600년경 소아시아
■ 포카이아 출신의 그리스인들에 의해 건설됐다.
전해오는 이야기에 따르면, 그들을 이끈 지도자 포티스
Photis가 배를 타고 항구에 도착했을 때 그곳의 선주
민先住民 리구리아족의 족장이 사랑하는 딸의 약혼식
을 거행하고 있었다. 전사들 중 한 명에게 약혼식 잔을
건네는 순서가 뇌사 족장의 딸은 부족의 전사가 아니
라 늠름한 그리스인 포티스에게 잔을 건넸다. 그리스
식민시 중 가장 부유하고 역동적인 도시의 하나인 마
실리아는 그렇게 시작됐다.

마실리아는 백색 암석의 높고 험한 바위산에 둘러싸
이고 연안의 섬 하나를 마주한 아름다운 고대 항구도
시였으며 2500년이 넘도록 지중해에서 상업과 문화
의 중심지 역할을 해왔다. 마실리아의 통치 체제는 상
인들이 중심이 된 과두제였다. 종신직 시민 600인으로
구성된 대의회에서 15인 의회의 구성원을 뽑았고 이들
이 도시 지배층을 형성했다. 마실리아 사람들의 교역
과 탐험 범위는 상당히 먼 지역에까지 이르렀다. 이들
은 토스카나 지방의 루나에서 이베리아반도 남부까지
의 해역을 호령했으며, 니카이아(니스), 안티폴리스(앙티
브), 로다(아를), 그리고 저 멀리 엠포리온에도 교역 거
점을 마련했다. 이들 교역소는 모두 그들의 수호여신
인 에페수스의 아르테미스에게 바쳐졌다. 마실리아 뱃
사람들은 지브롤터해협의 헤라클레스의 기둥Pillars of
Hercules 너머에 있는 바다를 두려워하지 않았으며,
북쪽으로는 아이슬란드, 남쪽으로는 지금의 세네갈에
해당하는 지역까지 항해했다고 알려져 있다. 기원전 4
세기에 마실리아의 피테아스Pytheas는 대담하게도 '주
석朱錫제도Tin Islands'(헤로도토스는 브리튼섬(그레이트브
리튼)을 이렇게(카시테리데스Kassiterides) 불렀다)를 비롯
해 유럽의 북부 해안 지역을 탐험했다. 그가 쓴 《지구
답사기Survey of the Earth》는 현재 남아 있지 않지만
고대 그리스 지리학자 스트라본과 역사가 폴리비오스

는 이 기록물에 대해 알고 있었다.

마실리아는 경쟁 세력인 페니키아인과 카르타고인 때
문에 종종 로마에 도움을 요청했다. 그러나 그 빈도
가 너무 잦았다는 게 문제였다. 기원전 125년 마실리
아가 갈리아인들에 대항하고자 로마에 군사 지원을 요
청했을 때, 로마 군단은 이 지역 전체를 점령하고 이후
갈리아 트란살피나Transalpine Gaul(알프스 저쪽(너머)
의 갈리아) 속주를 만들었다(오늘날의 프로방스). 이때부
터 이 지역에서 그리스어, 라틴어, 켈트어파의 세 언어
가 함께 사용됐다. 그 후 마실리아의 운명은 지중해 정
치의 변화무쌍한 풍경을 그대로 보여줬다. 마실리아는
아라비아인, 비잔티움인, 제노바인의 침략을 겪었으며
1481년 프랑스에 통합됐다. 마르세유의 최대 번성기는
프랑스가 레반트 지역에 눈을 돌리기 시작한 19세기에
찾아왔다. 이와 관련된 주요 사건은 나폴레옹의 이집
트 원정(1798~1801), 페르디낭 드 레셉스Ferdinand de
Lesseps(프랑스 외교관)에 의한 수에즈운하 건설(1869)
이다.

오늘날의 마르세유도, 고대의 마실리아처럼, 여전히 바
다와 떼려야 뗄 수 없는 관계다. 마르셀 파뇰Marcel
Pagnol(1895~1974)의 희곡 3부작을 통해 사람들의
가슴에 깊이 남은 마르세유의 옛 항구는 이제 거대한
자치 항만 시스템으로 대체됐다. 하지만 파뇰의 마르
세유 3부작의 등장인물인 파니, 마리우스, 세자르(3부
작 각각의 제목이기도 하다)가 배들의 슬픈 출항과 도착에
속절없이 무너지며 느꼈던 격렬한 감정은 지금도 누군
가의 마음속에 계속 일고 있다.

> 파니: 마리우스, 날 사랑하지 않아?
> 마리우스: 파니, 이미 말했잖아. 난 너와 결혼할 수 없어.
> 파니: 아, 알겠다. 구시가지의 그 형편없는 여자들 한
>   명 때문이구나……. 어서 말해.
> 마리우스: 아냐. 내가 믿는 사람은 너뿐이야, 파니. 안
>   그래도 말하려던 참이야. 난 여길 떠나고 싶어.[1]

그리스 신전이 있던 높은 언덕에 자리 잡은 노트르담드라가르드성당의 테라스에서 내려다보면, 그 옛날 포티스의 배가 그랬듯 마르세유 항구로 들어오는 배들의 풍경을 눈에 담을 수 있다. 또는 샤토디프에 갇혔던 몬테크리스토 백작이나 마리우스처럼 바다 건너 먼 곳으로 탈출하는 상상도 해볼 수 있다.[2]

르타고Carthago, 카르타지Carthage)가 건설된 것도 기원전 810년으로, 페니키아인 식민시 개척자 피그말리온Pygmalion과 그의 누이 디도Dido가 주도해 도시를 건설한 것으로 유명하다. 바로 이웃한 우티카는 카르타고보다도 훨씬 오래전에 세워진 도시였다. 노쇠해진 페니키아가 나중에 소아시아와 마찬가지로 페르시아인들에게 짓밟혔을 때도, 카르타고와 우티카는 그리스 본토의 도시들과 마찬가지로 그대로 남아 자기들 힘으로 계속해서 번성해나갔다.

카르타고는 해군력, 무역, 식민 활동을 통해 거대한 제국을 건설해나갔다. 카르타고의 자매 식민시들은 가데스(카디스)의 헤라클레스의 기둥 위쪽부터 팅기스(탕혜르)를 거쳐 시칠리아의 파노르무스(팔레르모)까지 뻗어 있었다. 전성기 때는 카르타고가 도시국가들을 통틀어 가장 번성해 서지중해 섬들과 일대 해안을 전부 호령한 것으로 보인다. 5세기 이후로는 시칠리아의 그리스 도시들과 줄기차게 싸움을 벌여 그곳들을 무너뜨려나갔으니, 카르타고의 야욕은 로마의 힘이 뻗치고서야 꺾였다.

페니키아인과 카르타고인도, 유대인과 아라비아인과 마찬가지로, 셈족이었다. 지중해 패권 다툼에서 종국에 패배한 탓에 페니키아인은 그리스인이나 로마인의 동정을 얻지 못했다. 더구나 페니키아인은 지엄한 바알 신을 숭배해서, 종국에 그리스-로마 세계가 채택하게 되는 유대교-기독교 전통의 추종자들에게도 유독 경멸의 대상이 되지 않을 수 없었다. 에우로페의 페니키아 일족은 당시 무려 1000년도 넘게 위세를 떨쳤으나, 페니키아 문명에 대해서는 알려진 것도 연구된 것도 지극히 적다. 페니키아인의 이야기도 반反셈족주의anti-semitism로 고통 받은 또 하나의 사례라 해야 할지 모른다.

그리스의 종교는 초창기엔 애니미즘animism과 페티시즘fetishism(물신숭배, 주물숭배)의 양상을 띠었으나 차차 이 세상을 '신과 인간이 살아가는 하나의 거대한 도시'로 보는 단계로 나아갔다. 올림포스의 신들은 선사시대 후기부터 이미 존재한다고 믿겼다. 신들의 아버지 제우스가 아내 헤라와 함께, 그의 고집불통 가족들—아폴론, 아르테미스, 팔라스, 아테나, 아레스, 포세이돈, 헤르메스, 디오니소스, 데메테르, 플루토, 페르세포네—을 올림포스산에서 다스려나간다고 그리스인들은 믿었다. 신들의 거처는 올림포스산 꼭대기에 자리했는데, 대체로 그리스 본국의 북쪽 경계 어디쯤이라고 여겨졌다. 올림포스 신들이 자리한 곳에는 각 지방의 신들이며, 사티로스, 그림자(그리스인들은 죽은 이의 허상인 그림자도 지상에 존재한다고 믿었다), 님프, 퓨리(복수復讐의 여신들), 시빌(무녀), 뮤즈도 수두룩하게 따라다녔고, 이 모든 신에게 그리스인들은 희생제물을 바쳤다. 제사에 쓰이는 제물은 동물을 잡아 바치는 것이 그리스에서는 통례였다. 그리스의 신들은 그것이 특권이라도 되듯 변덕이 죽 끓듯 하고 더러 복수심에 맹렬히 불타기도 했으나, 전쟁의 신 아레스나 바다의 신 포세이돈처럼, 당시엔 악마도 없었고, 인간 마음 더 깊은 곳의 두려움을 이용하는 어둠의 힘이나 죄악도 존재하지 않았다. 인간이 저지를 수 있는 최대의 과오라고 해야 휴브리스hubris(우쭐대는 교만) 정도였고, 그럴 때면 신들이 네메시스nemesis(신들의 분노)를 내려 인간을 응징하곤 했다. [향신료 황소]

당시 그리스에서는 수없이 많은 신화와 함께, 신들을 광적으로 추종하고 신들의 뜻을 풀이하는 신기한 제식 및 신탁 방식이 널리 퍼져나갔다. 이런 제식들을 통해 그리스인들은 삶에서 용기와 진취성을 한껏 발휘하면, 한편으로는 신을 잘 받드는 것으로 절제도 해야겠지만, 건강과 복을 누릴 수 있다는 인생관을 키워나갔다. 제우스 제식은 올림픽 경기가 열리는 올림피아를 중심지로 그리스 전역에서 보편적으로 행해졌으며, 신을 경건히 받드는 신앙심과 경쟁에서 누군가를 이기게 해달라는 소망이 결합돼 있었다. 빛의 신인 아폴론의 제식도 두루 행해졌는바, 아폴론의 출생지인 델로스섬과 델포이가 그 중심지였다. 땅의 여신인 데메테르의 비의秘儀, Mysteries of Demeter는 엘레우시스를 중심으로 행해졌고, 사람들이 황홀경에 훨씬 흠뻑 빠져 임했던 디오니소스 비의Mysteries of Dionysus는 고대의 다산 기원제에서 발달한 것이었다. 죽은 연인을 따라 저승까지 내려갔던 가인 오르페우스를 기리는 제식은 영혼이 존재하며 그것이 깨끗이 정화될 수 있다는 믿음을 일깨우는 역할을 했다. 오르페우스교Orphism는 기원전 7세기에 시작돼 후기 로마 시대까지 그 명맥을 이었으며, 플라톤부터 베르길리우스에 이르기까지 수많은 이가 거기서 영감을 얻어 그에 대해 이야기했다. (독일 시인 라이너 마리아 릴케의 〈오르페우스에게 바치는 소네트Die Sonette an Orpheus〉다)

그림자 중에서도
리라 들고 노래한 자만이
무한한 찬사를
지어낼 수 있나니.

사자死者들과
그들의 양귀비를 먹은 자만이
그토록 감미로운 가락을
영원토록 잃지 않으리니.

연못에 비친 잔영이

우리 눈앞에서 흩어지더라도

그 모습 똑똑히 알고 있을지어다.

오로지 이 두 개의 세상에서만

그 목소리들

길이 이어지고 상냥하리니.[8]

헬레니즘 시대의 미트라Mithra교와 이시스Isis교도 그랬지만, 이러한 신에 대한 제사는 200회의 올림피아드가 개최되고 나서 기독교가 본격 도래한 뒤에도 그리스 전역에서 여전히 활발히 행해지고 있었다. [옴팔로스]

그리스의 철학pilosophy(지혜에 대한 사랑)은 종교의 인습적 태도를 정면으로 거스르며 성장해나갔다. 소크라테스Socrates(기원전 469~기원전 399)는 석공의 아들이었으나, 아테네에서 "기이한 신들을 불러들이고" "젊은이들을 타락시킨다"는 죄목으로 유죄를 선고받고 독배를 마셔야 했다. 그러나 정곡을 찌르는 소크라테스의 질문법 즉 내가 아는 것이 정말 맞는지 그 기저에 깔린 근본 가정을 따져보게 하는 방식은 이후 모든 합리적 사고의 밑바탕이 됐다. 소크라테스는 이 방법을 통해 '현인賢人, sage'을 뜻했던 초창기 소피스트Sophist들의 허울 좋은 주장을 여지없이 깨뜨리곤 했다. 그가 내건 모토도 "탐구하지 않는 삶은 살 가치가 없다"는 것이었다. 제자 플라톤에 따르면, 소크라테스는 이렇게도 말했다고 한다. "내가 아무것도 모른다는 것이 내가 아는 유일한 사실이다." 이는 인식론이 탄생하기에 더없이 완벽한 출발점이었다.

여기에 플라톤Plato(기원전 429년경~기원전 347)과 그의 제자 아리스토텔레스Aristotle(기원전 384~기원전 322)가 나타나 사변철학思辨哲學, speculative philosophy과 자연철학natural philosophy의 여러 분과에 대부분의 초석을 마련해주었다. 플라톤의 아카데메이아Acadêmeia('그로브Grove〔작은숲〕)와 아리스토텔레스의 리케움Lyceum(소요학파逍遙學派, Peripatetic School)은 오늘날로 치면 고대 세계의 옥스퍼드대학과 케임브리지대학(혹은 하버드대학과 예일대학)과 다를 바 없었다. 이들의 공을 충분히 인정한다는 듯, 세간에서는 한때 다음과 같은 말이 나오기도 했다. "그리스인들이 서양철학에 남겨준 유산은 서양철학 그 자체였다."[9] 둘 중에서도 플라톤은 이상주의자였다. 그는 사상 최초로 가상 유토피아를 건설하는가 하면, 형상 및 불멸성에 관한 기본 이론은 물론이요 후세에까지 막강한 영향력을 끼친 우주 생성론, 광범위한 범위를 아우르는 지식비평, 나아가 유명한 사랑 분석까지 내놓았다. 또 플라톤의 동굴의 비유만큼 지성사에 강력한 영향력을 끼

향신료 황소 SPICE-OX

■ 피타고라스(활약 기원전 530년경)는 두 가지 유명한
■ 격언을 남겼다. "모든 것은 숫자다" "콩을 먹는 것
은 자기 부모의 머리를 먹는 것과 다름없는 죄악이다." 근
대 학문의 기원에 관심 있는 학자들은 피타고라스의 수학
을 연구한다. 그리스인의 정신세계에 관심 있는 학자들은
그들의 미식美食, gastronomy 사상을 연구한다(부록
1563쪽 참조).

피타고라스도, 후대에 아메리카대륙에 정착한 '필그림
파더스Pilgrim Fathers'처럼, 주류 종교에서 벗어나 있
는 사람이었다.("필그림파더스"는 1620년 범선 메이플라워호
를 타고 종교적 자유와 더 나은 삶을 찾아 북아메리카 플리머
스(지금의 미국 매사추세츠주 동쪽)에 이주·정착한 영국 청
교도 일단을 지칭한다). 그는 고향 시모스섬을 떠나 마그
나 그라이키아로 가서 종교적 성격을 띤 공동체를 만
들었다. 그곳에서 피타고라스는 자신의 종교적 교리를
자유롭게 실천하고 전파했는데 특히 자신만의 독특한
식습관 원칙을 정립했다. 그의 중심 사상은 사람이 죽
으면 영혼이 다른 사람에게나 동물에게 들어가 환생한
다고 믿는 '영혼 윤회the transmigration of souls'였다.
따라서 그는 동물을 제물로 바치는 관습에 원칙적으
로 반대했으며, 동물을 불에 태워 고약한 냄새를 풍기
는 것보다 약초나 향신료를 가열해 나오는 향을 신에
게 바치는 게 더 바람직하다고 생각했다.

그런데 향신료가 천국과의 연결고리였다면 콩은 지옥
과의 연결고리였다. 마디 없는 새싹이 햇빛을 향해 저
돌적으로 자라나는 모습 때문에, 누에콩broad bean
은 지옥에 있는 '인간 영혼을 빠져나오게 하는 사다리'

의 역할을 한다고 여겨졌다. 밀폐된 항아리 안에서 번
식한 콩들은 생식기나 유산된 태아를 연상시키는 흉측
한 형태를 만들어냈다. 지체 높게 여겨지는 육류, 특히
소고기를 먹는 것도 금기시됐다. 여기저기 헤집고 다
니며 자연을 망가뜨리는 돼지와 염소 같은 동물은 해
롭다고 여겨져 먹는 것이 허락됐다. 반면 털을 얻을 수
있는 양과, 인간에게 가장 충직한 가축인 '일하는 소'는
유용한 동물이므로 먹어서는 안 됐다. 필요하다면 천
한 동물의 관절 부위는 먹어도 되지만 심장이나 뇌 같
은 주요 기관은 먹을 수 없었다. 타렌툼의 아리스토크
세노스Aristoxenos of Tarentum가 남긴 기록에 따르
면, 그 결과 피타고라스가 권장한 식단은 마자maza(보
릿가루), 포도주, 과일, 아욱, 아스포델asphodel, 아르
토스artos(밀빵), 생채소나 조리한 채소, 고대 그리스식
진미 양념opson seasoning, 특별한 날 먹는 새끼 돼지
로 구성됐다. 한번은 피타고라스가 콩밭에 있던 소를
구했고 이 소는 근처의 헤라신전에서 평생 보릿가루를
먹으며 살았다고 한다.

더 알려진 일화도 있다. 피타고라스의 제자 아크라가
스의 엠페도클레스Empedocles of Acragas는 기원전
496년 올림피아 전차경주에서 우승했을 때 소를 태워
희생 제물로 바치는 관례를 거부했다. 소 대신 그는 기
름과 향신료로 만든 소의 형상을 태우면서, 유향과 몰
약이 피워 올리는 자욱한 연기 속에서 신들에게 경의
를 표했다. 피타고라스학파는 음식과 관련된 규칙이 윤
리학의 핵심 부분이라 믿었다. 피타고라스는 다음과 같
이 말했다. "인간은 동물을 도살하는 한 같은 인간을
죽이는 일도 멈추지 않을 것이다."[1][코노피슈테]

옴팔로스 OMPHALOS

■ 그리스인들에게 델포이는 세계의 중심이었다. 델
■ 포이의 '배꼽 돌navel stone' 즉 옴팔로스는 제우
스가 각각 동쪽과 서쪽에서 날려 보낸 독수리 두 마리

가 만난 위치를 표시한 돌이었다. 바로 이곳 델포이에
있는 파르나소스산의 짙은 소나무 숲과 붉은색 절벽에
둘러싸인 계곡에서 아폴론이 뱀의 신 피톤을 죽인 후,
땅의 갈라진 틈에서 나오는 연기와 증기로 가득한 동
굴에 가장 유명한 신탁소를 세웠다. 아폴론신전 주변

에는 극장과 피티아제전Pythian Games이 열리는 경기장, 많은 보물창고도 함께 지어졌다. 기원전 331년 아리스토텔레스와 그의 조카는 피티아제전의 역대 우승자 명단을 작성했다. 그들이 조사한 내용이 새겨진 4개 석판이 현대 고고학자들에 의해 발견됐다.[1]

신탁이 내려지는 과정에는 특별한 의식이 따랐다. 매달 일곱 번째 날 카스탈리아샘에서 몸을 씻은 여사제 피티아가 틈이 갈라진 바닥에 놓인 신성한 삼족의자(트리포우스, 트리포도스)에 앉아 뿌연 증기에 휩싸인 황홀경 상태에서 사람들의 질문을 기다리곤 했다. 신탁을 들으러 찾아간 사람들은 염소 희생 제의를 지켜본 후 모호하기로 유명했던 피티아의 예언을 기다렸다. 그녀의 예언은 6보격 시어로 전달됐다.[2]

괴물 미노타우로스를 물리친 전설 속 왕이자 아테네의 건국 영웅 테세우스는 신탁을 통해 위로의 말을 들었다.

"아이게우스의 아들 테세우스여 […] 괴로워 말라. 너는 가죽부대와도 같아서 사납게 몰아치는 바다에서도 파도를 올라탈 수 있을 것이니."

티라 사람들은 아프리카 연안의 섬에 세운 식민시가 제대로 번성하지 못하는 것을 걱정하던 중 식민시 위치를 옮기라는 신탁을 들었다.

"너희가 가축이 번성하는 땅 리비아를 나보다 더 잘 안다면 좋으련만. 너희는 그곳에 가본 적이 없으니 […] 나는 너희의 지혜를 존경한다."

근해의 섬에서 아프리카 본토로 옮긴 후 세운 식민도시 키레네는 융성했다.

전쟁을 할지 말지 알고 싶었던 리디아의 크로이소스 왕은 이런 신탁을 받았다. "전쟁을 벌여 출병하라. 그러면 큰 제국이 무너지리라." 그는 신탁대로 전쟁을 시작했고 '그 자신의' 왕국인 리디아가 몰락했다.

기원전 480년 살라미스해전이 일어나기 전, 페르시아 침략자들에 맞서던 아테네인들은 아폴론 신의 조언을 간청해 신탁을 받았다.

"팔라스 여신은 제우스를 달랠 수 없다. […] 그러나 모든 것이 함락된다고 해도 […] 넓은 하늘의 제우스께서 트리톤에게서 난 자Triton-born(전쟁의 여신 아테나의 별칭)에게 나무 벽을 주어 […] 너희와 너희 자식들을 도울 것이다."

이에 아테네 사령관 테미스토클레스Themistocles는 승리의 결정적 열쇠는 목조 군선이라고 해석했고, 결국 아테네는 살라미스해전에서 페르시아를 격파했다.

펠로폰네소스전쟁 후반기에 승리를 거두고 아테네에 입성한 스파르타의 장군 리산드로스Lysander는 경고를 들었다.

"대지의 영리한 아들이여, 등 뒤에서 공격하는 성난 호플라이트hoplite(중무장보병)와 뱀을 조심하라."

리산드로스는 뱀 문장의 방패를 든 병사에게 죽임을 당했다.

돈으로 상대를 회유하는 능력으로 유명했던 마케도니아의 필리포스 2세는 "은으로 만든 창을 들고 싸우라"는 조언을 들었다고 알려져 있다. 페르시아 원정을 준비할 때는 이런 신탁을 들었다.

"황소 머리에 화관이 씌워진다. 곧 끝이 온다. 희생시키는 자가 가까이 있다."

얼마 후 필리포스 2세는 암살당했다.

로마의 루키우스 유니우스 브루투스Lucius Junius Brutus는 동행 두 명과 함께 신탁소에 찾아가 자신들의 미래에 대해 물었다. 신탁이 내렸다.

"젊은이들이여, 너희 가운데 어머니에게 제일 먼저 입맞추는 자가 로마에서 가장 높은 권력을 차지할 것이다."

동행 둘은 이 말을 문자 그대로 받아들였지만 브루투스는 몸을 굽히고 앉아 땅에 입을 맞추었다. 기원전 509년 그는 로마의 초대 집정관(콘술)이 됐다.

4세기 후 키케로는 인간이 가장 높은 명성을 얻을 수 있는 방법을 물었고, 신탁을 들었다.

> "무리의 의견을 따르지 말고 네 자신의 천성을 삶의 길잡이로 삼아라."

죽음을 두려워하던 네로 황제는 다음과 같은 신탁을 들었다.

> "73이라는 숫자가 당신의 몰락을 알린다."

네로는 자신이 73세까지 산다는 뜻으로 이해했다. 하지만 결국 그는 제위에서 쫓겨나 31세에 자살로 생을 마감했다. 73은 그의 뒤를 이어 황제에 즉위한 갈바의 나이였다.

그러나 가장 유명한 일화는, 아마도, 알렉산드로스 대왕이 찾아갔을 때 신탁이 잠자코 입을 닫고 있었던 일일 것이다.[3]

일부 광신적 현대인들은 미신에 사로잡혔던 고대 그리스인만큼이나 델포이신탁의 전지적 힘을 굳게 믿는다. 그러나 학자들에게 문제는 신탁이 실제로 이룬 성과와 그것이 누린 끝없는 명성을 어떻게 구별하는가 하는 점이다. 회의론자들은 신탁의 예언이 해당 사건의 발생 전에 기록된 경우가 없다고 지적한다. 따라서 신탁의 놀라운 예지력을 결코 검증할 수가 없었다고 이야기한다. 열렬한 숭배, 효율적 홍보 메커니즘, 쉬 현혹되는 대중, 이 모든 것이 신탁의 운영을 뒷받침한 핵심 요소였다.

아폴론신전의 벽에는 여러 유명한 신탁 메시지가 새겨져 있었다. 대표적인 것이 "만사에 지나침이 없게 하라"와 "너 자신을 알라"다.[4] 그리스 문명의 좌우명이 된 말들이다.

친 것도 없었으니, 그의 말대로라면 우리는 이 세상을 오로지 간접적으로만 인식할 수 있다. 우리가 실재를 본다고 해도, 그것은 불빛에 비친 그림자가 동굴 벽면에 어른거리는 모습일 뿐이다. 아리스토텔레스는, 플라톤과 반대로, '일반 상식에서 영감을 얻는 현실주의자'이자 체계화에 능했다. 백과사전을 방불케 하는 그의 저작은 형이상학 및 윤리학에서부터, 정치학, 문학비평, 논리학, 물리학, 생물학, 천문학 등 실로 폭넓다.

그리스의 문학은 초창기엔 주로 서사시의 형태를 띠었으며, 세상에 나온 순간 이미 완숙의 경지를 보여주어 사람들 사이에서 경이로운 유산의 하나로 꼽혔다. 호메로스Homer는 기원전 8세기 주로 글을 썼던 것으로 짐작되는데 아득히 오래전부터 이어져 내려온 구전 전통을 십분 활용해 글을 쓰는 방식을 택했다. 오늘날 호메로스가 썼다고 알려진 여러 작품을 그가 정말 혼자 썼는지 여부는 분명하지 않다. 그럼에도 유럽 최초의 이 시인이 이제껏 나온 그 어떤 시인보다 막강한 영향력을 떨쳤다는 것은 어디서나 두루 인정하는 사실이다. 〈일리아스〉나 〈오디세이아〉와 어깨를 나란히 하는 작품은 그나마 몇 개 꼽을 수 있어도 그것을 뛰어넘는 작품은 찾을 수 없다. 고전학자들이 "장엄하다sublime"라고 평하는 호메로스의 언어는 한없이 유연하고 표현력이 풍부하기로 정평이 나 있었다. [서사시]

기록문학은 문해력이 관건으로, 이 문해력도 기원전 8세기의 알파벳 도입에서 그 기원을 찾을 수 있다. 그리스인의 생활은 도시적 성격이 강했고 그래서 글자를 활용하는 분위기가 널리 조성되기는 했지만, 그런 분위기가 얼마나 다양한 사회계층에까지 침투할 수 있었는가 하는 점은 다소 논쟁의 소지가 있는 문제다. [카드모스]

호메로스의 계승자들—그의 동료 서사시인 헤시오도스Hesiod(활약 기원전 700년경)부터 '호메로스식 찬가'를 지은 무명의 저자들에 이르기까지, 예컨대 애가시인으로는 에페수스의 칼리누스Callinus of Ephesus(활약 기원전 690년 이후)부터 콜로폰의 크노파네스Xenophanes of Colophon(기원전 570년경~기원전 480), 서정시인으로는 사포Sappo(출생 기원전 612)부터 핀다로스Pindar(기원전 518~기원전 438), 아나크레온Anacreon(활약 기원전 530년경)부터 케오스의 시모니데스Simonides of Ceos(기원전 566~기원전 468)에 이르기까지—에게 매료된 모방자와 번역자도 한둘이 아니었다. 시라쿠사의 테오크리토스Theocritus of Syracusan(기원전 300년경~기원전 260)는, 님프들과 염소치기가 함께 노니는 정경을 노래해 베르길리우스의 전원시부터 〈뜻대로 하세요As You Like It〉(윌리엄 셰익스피어의 희곡)에 이르기까지 누대에 걸친 목가시 전통에 본보기로 자리 잡았다. 하지만 레스보스의 '열 번째 무사'(예술의 여신인 무사Mousa는 총 아홉 명으로, "열 번째 무사"는 레스보스섬 출신의 사포를 지칭한다)만큼 달콤한 노래를 읊조릴 줄 알았던 이는 또 없었다.

누군가는 말하지 어두컴컴한 이 지상에서 제일 아름다운 건
줄지어 늘어선 기병대라고. 그러면 또 누군가가 말하지
그건 열 맞춰 선 보병부대라고, 또 다른 누군가는 바다의 함선이라고
하지만 나는 말하네, 그것은 다름 아닌 바로 당신이 사랑하는 이라고.[10]

이 시대에 시 낭송은 음악과 단짝이라도 되듯 긴밀하게 얽혀 있었다. 그래서 누군가 낭랑하게 6보격 시를 낭송할 때면 일곱 줄 리라의 선율이 기다렸다는 듯 함께 울려 퍼지는 일이 예사였다. 그리스어 무시케musike에는, 말이 됐든 음音이 됐든, 선율이 있는 모든 소리가 다 포함되는 것으로 여겨졌다. [무시케] 당시에는 가장 단순한 형태의 명문銘文에서까지 경구警句, epigram이라는 어디서나 두루 발견되는 예술 형태를 띠고 각종 시구가 발견되고는 했다.

πάντα γέλῶς καὶ πάντα κόντα τὸ μηδέν·
πάντα γὰρ ἐξ ἀλόγων ἐστὶ τὰ γιγνόμενα.

모든 것이 웃음거리요, 모든 것이 한낱 먼지요, 모든 것이 아무것도 아니로다.
아무 이유도 없는 데서 존재하는 모든 것이 나오나니.[11]

서사시 EPIC

■ 호메로스의 〈일리아스Iliad〉와 〈오디세이아
■ Odyssey〉는 유럽 문학의 효시인 동시에 세계를
통틀어 세련된 문학작품의 가장 오래된 형태라고 여겨
졌다. 그러다 1872년 고대 아시리아 수도 니네베의 아
슈르바니팔Assurbanipal 왕궁 도서관 터에서 점토판
들이 출토되면서 〈길가메시 서사시Epic of Gilgamesh〉
가 세상에 알려졌다.

호메로스의 서사시들이 완성될 무렵 〈길가메시 서사시〉
는 이미 오래된 작품이었다. 실제로 이 이야기의 근원은
메소포타미아 문학 전통을 거쳐 기원전 3000년까지 거
슬러 올라간다. 〈길가메시 서사시〉는 이렇게 시작된다.

> 모든 것을 발견한 [자에게] 대지에 대해 말해줄 것이다.
> 모든 것을 경험한 [자에게] 모든 것을 가르쳐줄 것이다.
> 그는 어디에서나 대지를 찾았다.
> 그는 모든 것을 경험했고 완전한 지혜를 얻었다.
> 그는 숨겨진 것을 알아냈고 감추어진 것을 드러냈다.
> 그는 대홍수 이전의 이야기로 거슬러 올라갔다.
> 그는 멀리 여행을 떠났고, 지쳤고, 결국엔 그만두었다.
> 그는 자신의 모든 수고를 석판에 새겼다.[1]

초반에 이 바빌로니아 서사시에 대한 관심은 성경 내
용과 유사한 지점들에 집중됐다. 대홍수와 방주, 천지
창조에 대한 이야기가 대표적이다. 그러나 머지않아 학
자들은 이 서사시와 호메로스 작품에 비슷한 요소들
이 있음을 알아챘다. 어쨌거나 둘과 관련된 연대의 시
기는 상당히 근접했다. 아슈르바니팔 왕은 기원전 7세
기 후반에 니네베에 도서관을 짓고 있었고, 니네베는
기원전 612년에 파괴됐다. 호메로스의 서사시들은 그

와 비슷한 시기에 최종 형태로 완성됐을 것으로 추정
된다(부록 1558쪽 참조).

내용상의 여러 유사점은 고대 서사시들이 구전됐다는
사실에 의해 설명될 수 있다. 그러나 쉬 설명되지 않는
부분도 많다. 〈길가메시 서사시〉의 첫 부분과 아래 〈오디
세이아〉의 시작 부분은 그 분위기와 정서가 닮아 있다.

> 뮤즈 여신이여, 그 영웅의 이야기를 들려주소서. 트
> 로이의 신성한 도시를 무너뜨린 뒤 참으로 많은 곳을
> 떠돌아다닌 지략이 뛰어난 그 사나이의 이야기를. 그
> 는 수많은 사람의 도시를 보았고, 그들의 정신을 배
> 웠으며, 마음속으로 숱하게 고통을 겪었습니다. […]
> 여신이여, 제우스의 따님이여, 어느 대목부터라도 좋
> 으니 이제 그 모든 이야기를 들려주십시오.[2]

〈길가메시 서사시〉가 〈일리아스〉에 끼친 영향은 훨씬
더 뚜렷하다. 두 서사시 모두에서 절친한 두 친구 중
한 명이 죽음을 맞이함으로써 이야기가 예상 밖의 극
적 방향으로 전개된다. 즉 길가메시는 엔키두의 죽음
을, 아킬레우스는 파트로클로스의 죽음을 비통해한
다. 신들이 제비뽑기로 땅, 바다, 하늘 중 각자의 구역
을 정했다는 내용을 비롯한 다른 에피소드들도 상당히
유사하다. 한때는 "그리스가 아시리아에 빚을 졌을지
도 모른다"라고들 했지만 이제는 "그랬을 가능성이 높
다"라고 바꿔 표현해야 마땅할 것이다.[3] 이 추측이 옳
다면, 호메로스의 서사시들은 아득한 옛날부터 있었던
수많은 문맹의 음유시인 즉 아오이도스aoidos와 고대
그리스 문학을 이어주는 연결고리에 해당한다. 또한
그 서사시들은 전통적 유럽 문학 목록과 비유럽권 먼
옛날의 문학작품들 사이의 틈을 잇는 역할도 한다.

카드모스 CADMUS

■ 카드모스는 페니키아 왕 아게노르의 아들이며
■

에우로페와 남매지간으로 그리스 신화의 여러 이야기
에 등장한다. 그는 보이오티아 지방의 테베를 건설한
영웅이자 알파벳을 그리스에 들여온 자였다. 납치된

누이동생 에우로페를 찾으러 길을 떠난 카드모스는 델포이에 신탁을 받으러 간다. "암소가 누워 쉬는 곳"에 새 도시를 세우라는 신탁을 듣고 암소를 따라 포키스에서 보이오티아의 평원까지 간다. 마침내 암소가 작은 언덕 옆에 눕자 그는 그 위치를 표시하고 테베의 타원형 아크로폴리스인 카드미아Cadmea를 짓기 시작한다. 아테나 여신의 조언에 따라 카드모스가 죽인 용의 이빨들에서 나온 사람들이 그의 테베 건설을 돕는다. 아테나는 카드모스를 테베의 지배자로 만들고, 제우스는 카드모스에게 하르모니아를 아내로 맞게 한다.

디오니소스와 헤라클레스, 예언자 티레시아스, 신비로운 능력을 지닌 음악가 암피온의 고향인 테베는 비극 〈오이디푸스Oedipus〉와 〈테베를 공격한 일곱 장수 Seven Against Thebes〉의 배경이기도 했다. 테베는 이웃 아테네와 경쟁관계였고, 스파르타와 한때 동맹이었으나 결국 스파르타를 몰락시켰다. 테베는 알렉산드로스 대왕에 의해 몰락했다. [오이디푸스]

카드모스가 그리스에 전파했다고 알려진 페니키아 알파벳은 표음문자였지만 자음뿐이었다. 기본 형태는 기원전 1200년 이전에 만들어졌다. 페니키아 알파벳은 친척 격인 히브리어와 마찬가지로 기존의 신성문자(히레로글리프)를 대체하면서 등장했다. 아이들도 쉽게 익힐 수 있는 간단한 체계의 문자로, 이전 중동 문명의 사제 계급이 수천 년간 비밀스러운 기록 방식을 독점하던 것을 깨트렸다. 페니키아 알파벳의 문자 이름은 거의 그대로 그리스어로 옮겨갔다. 예컨대 알파벳의 첫 네 문자 이름이 페니키아어로는 '알레프'(황소), '베트'(집), '기멜'(낙타), '달레트'(문)고 그리스어로는 '알파'

'베타' '감마' '델타'다. 고대 그리스 알파벳은 원래의 페니키아어 자음 16개에 모음 5개를 추가해 만들어졌다. 숫자를 나타내는 사용법 또한 배로 늘어났다. 이 그리스 문자는 유럽 문자 주요 가지의 원형이 됐다—현대 그리스문자, 에트루리아문자, 라틴문자, 글라골문자, 키릴문자 등이다(부록 1560쪽 참조).[1]

라틴어 자모가 처음 출현한 것은 기원전 6세기다. 이 알파벳은 마그나 그라이키아에 건설된 쿠마이 같은 칼키스의 식민시들에서 발견된 문자를 기초로 했다. 이후 라틴문자는 아일랜드에서 핀란드에 이르기까지 유럽의 모든 기독교왕국의 언어에서 채택하고 변형해 사용했으며, 최근에 와서는 튀르키예어(터키어)를 비롯한 여러 비유럽 언어도 라틴문자를 채택했다.

글라골문자와 키릴문자는 슬라브어를 기록하기 위한 목적으로 비잔티움 시대에 그리스문자를 변형해 만들었다. 정교회의 나라 세르비아에서는 '세르보-크로아트어'를 키릴문자로 적는다. 크로아티아에서는 세르보-크로아트어를 라틴문자로 적는다. [일리리아]

페니키아, 그리스, 로마 문자의 각이 진 글자체는 돌을 깎아 새기는 방식의 결과물이었다. 이후 밀랍 서판에 첨필尖筆로, 또는 양피지에 깃펜으로 적으면서 점차 필기체 스타일이 가능해졌다.

오늘날 사용하는 '소문자'의 기초가 되는 라틴어 소문자 서체는 기원후 600년경에 등장했다. 라틴어 '대문자' 또한 사라지지 않고 지금까지 유지되고 있다. [팔레오]

문자와 기록물은 유럽 문명이 가장 자랑스러워하는 자산의 하나다. 카드모스의 이야기는 그 자산의 뿌리가 아시아였다는 사실을 암시한다.

무시케 MOUSIKE

■
■
그리스어 "무시케"는 인위적 소리를 만드는 기술과 시詩를 모두 포괄하는 말이었다. 이 둘 모두 역사가 오래다.

고대 그리스 음악의 기초는 '선법旋法, mode'이었다. 선법은, 음계와 마찬가지로, 선율의 기초가 되는 음정을 가진 음을 나열한 체계다. 그리스인들은 6가지 선법을 사용했다. 피타고라스학파 수학자들은 기본음 component tone과 반음, 사분음의 기초가 되는 진동수를 정확히 계산했다. 그러나 선법 체계의 작동 방식은 조調와 음계를 중심으로 하는 후대의 체계와 다르다. 선법이 바뀌면 선율의 음정 구성이 달라지지만, 조가 바뀌면 음의 높낮이만 달라진다.

기원후 4세기에 성 암브로시우스는 교회음악을 위해 '정격 선법正格旋法, authentic mode' 4가지를 선택했고 이후 교황 그레고리오 1세(재위 590~604)가 '변격 선법變格旋法, plagal mode' 4가지를 추가해 8가지 '교회 선법church modes'이 완성됐다. 이 8선법은 단선율單旋律 성가plainsong(또는 평성가平聖歌)의 기본이 됐다. [칸투스] 16세기에 스위스 수사 헨리쿠스 글라레아누스 Henricus Glareanus는 총 12선법을 정리했는데, 그가 선법에 붙인 이름들은 1개만 빼고 나머지는 그리스에서 사용한 이름들과 일치하지 않았다(아래 참조).

근대 화성악의 발전으로 그리스 선법의 대부분이 불필요해졌다. 그러나 두 가지 즉 XI 리디아 선법과 IX 에올리아 선법은 살아남았다. 리디아 선법과 에올리아 선법의 명맥이 이어져 17세기에 장조와 단조 체계가 성립됐다. 이 두 선법의 선율 구조는 '밝고 경쾌한' 느낌과 '어둡고 슬픈' 느낌이며, 이런 장단조 체계는 대부분의 유럽 고전음악에서 기본이 된다. 박자, 화성, 음계는 음악 언어의 3가지 기본 문법요소에 들어가며 유럽 음악을 아시아 음악이나 아프리카 음악과 구별지어주는 특징이기도 하다.

유럽이 보편적 언어 즉 공통된 언어적 무시케를 가져본 적이 없다는 사실을 감안하면, 유럽이 사용한 음악이라는 언어 즉 비언어적 무시케는 유럽의 공통적 문화를 묶어주는 가장 길고 단단한 끈이라 봐야 한다. 실제로 유럽은 스페인에서 러시아까지 뻗어 있지만 인도나 이슬람 세계까지는 이르지 않으므로, 음악이 범유럽적 커뮤니케이션을 위한 유일한 보편적 수단이라고 말해도 무리가 아닐 것이다.

번호	글라레아누스	그리스명	음역	마침음	지배음
I	도리아	프리기아	D—D	D	A
II	히포도리아	——	A—A	D	F
III	프리기아	도리아	E—E	E	C
IV	히포프리기아	——	B—B	E	A
V	리디아	신토노리디아	F—F	F	C
VI	히포리디아		C—C	F	A
VII	믹솔리디아	이오니아	G—G	G	D
VIII	히포믹솔리디아		D—D	G	C
IX	에올리아	에올리아	A—A	A	E
X	히포에올리아	——	E—E	A	G
XI	이오니아	리디아	C—C	C	C
XII	히포이오니아	——	G—G	C	E[1]

다음과 같은 묘비명도 있다.

ὦ ξεῖν', ἄγγειλον Λακεδαιμονίοις ὅτι τῇδε
κείμεθα τοῖς κείνων ῥήμασι πειθόμενοι.

행인이여, 라케다이몬 사람들에게 전해주오.

우리는 끝까지 원칙을 지켰고, 이 악물고 싸우다 죽었노라고.[12]

그리스의 극劇은 종교 축제에서 발전해 나왔다. 트라고디아tragodia(축자적 의미로, "염소의 노래") 개념도 그 기원을 더듬어보면 희생제의와 관련 있음을 알 수 있다. 아테네식 드라마가 처음으로 상연된 것도 디오니소스 축제에서였다. 이들 드라마는, 올림픽경기를 치를 때처럼, 작품끼리 경합을 벌이며 무대에 올려졌다. 배우들이 일정한 틀에 따라 코러스와 나누는 대화를 통해, 사람들은 인간들 틈에서 벌어지는 가장 끔찍한 형태의 심리적·영적 갈등들을 깊숙이까지 파고들 수 있었다. 비극작가로는 많은 이가 있지만, 그중에서도 아이스킬로스(기원전 525~기원전 456), 소포클레스Sophocles(기원전 496년경~기원전 406), 에우리피데스Euripides(기원전 480년경~기원전 406) 3인이 부족 단계의 신화와 전설을 세계 문학작품의 초석으로 탈바꿈시켰다고 평가받는다. 대표 작품들로는 〈테베를 공격한 일곱 장수〉〈오레스테이아Oresteia〉〈결박된 프로메테우스Prometheus Bound〉〈오이디푸스왕Oedipus the King〉〈엘렉트라Electra〉〈안티고네Antigone〉, 타우리케의 이피게네이아Iphigenia among the Taurians〉〈메데이아Medea〉〈히폴리토스Hippolytus〉가 꼽히나, 그리스 비극으로 선보일 수 있는 작품들은 이외에도 수두룩하다. [오이디푸스]

그리스 비극 중 현재까지 전하는 것은 총 32편에 불과하지만, 이들 극작품들은 지금도 전 세계 극장에서 거듭 상연되고 있다. 공포라면 사족을 못 쓰는 20세기에는 사람들이 비극을 유난히 더 찾는 경향이 있다. "비극의 힘은, 참을 수 없는 것들을 묵묵히 견디며 살아나가게 해준다는 데 있다." "최고의 그리스 비극들은 늘 악몽의 가능성을 우리에게 가르쳐준다. [⋯] 종국엔 우리도 칠흑 같은 어둠과 절망에 빠져 스스로 목숨을 끊게 될지 모른다는 그 가능성을." "인간 본성의 잔혹함에 대해서는 물론이요, 이른바 세계사의 파괴성을 겁도 없이 두 눈 똑바로 뜨고 직시했기에, 그리스는 스스로 위안을 가질 만하다. [⋯] 그리스를 구한 것은 예술이요, 예술을 통해 그리스는 살아난다."13

한편 그리스 희극작가들은, 아리스토파네스Aristophanes(기원전 450년경~기원전 385)를 필두로, 당대의 철학자부터 정치가들까지 그야말로 모든 사람을 신나게 조롱거리로 삼았다. 〈기사The Knights〉〈새The Birds〉〈구름The Clouds〉〈말벌Wasp〉〈개구리The Frogs〉 등 기막힌 구성 속에 외설적·성적 유머가 잡다하게 섞여 있는 것이 특징으로, 이와 같은 희극작품들이 상연될 때면 아직도 전 세계 관객들 사이에서 폭소가 터져 나오곤 한다. 아리스토파네스는 뇌리에 박히는 기막힌 구절들을 만드는 데에도 일가견이 있었다. 네펠로코크쿠기아Nephelokokkugia(구름뻐꾹나라. 영어로는 "Cloudcuckooland"로, 현실성이 없는 "몽상의 나라"를 가리키는 말이다)라는 그리스어 단어를 처음 만든 것도 아리스토파네스였다. [스콜라스티코스]

그리스어 글자가 인문주의 전통이 발달하는 데 도약대 역할을 했다는 것은 결코 과언이 아니다. 소포클레스는 다음과 같이 썼다. "이 세상에는 경이로운 일이 많지만 인간보다 더 경이로운 것은 없다."

오이디푸스 OEDIPUS

■
■ '부은 발' 오이디푸스는 테베의 왕으로 고대 그리스 신화와 문학에서 가장 빈번히 등장하는 인물 중 한 명이다. 또한 그리스 신화 및 문학을 바탕으로 하는 고전적 전통을 상징적으로 대표하는 주제이기도 하다.

오이디푸스의 이야기는 부모인 왕과 왕비에게 버림받은 후 가장 비극적인 복수를 결심할 운명에 처하는 한 테베 사람에 관한 이야기나. 라이오스 왕은 아들에 대한 불길한 예언을 듣고 갓난아이를 내다 버린다. 죽을 뻔했던 갓난아이는 한 양치기에게 발견돼 목숨을 건지고 인근의 코린토스에서 그의 출생 신분을 모르는 사람들에 의해 키워진다. 이 아이 즉 오이디푸스는 델포이 신탁에서 "너는 아버지를 죽이고 어머니와 혼인한다"라는 예언을 듣는다. 이 신탁에 그는 코린토스를 떠나 다시 테베에 다다르게 된다. 오이디푸스는 길에서 우연히 라이오스 왕을 만나 그를 죽이고 이후 스핑크스의 수수께끼를 풀어 테베를 스핑크스의 저주에서 벗어나게 한다. 오이디푸스는 그 보상으로 라이오스의 미망인이며 사실은 자신의 친모인 이오카스테를 아내로 맞는다. 자기도 모르는 새에 근친혼을 하고 자녀까지 넷이나 낳은 후 그는 결국 진실을 알게 되고, 절망에 빠진 이오카스테가 목을 매달아 죽은 것을 목격한다. 이후 오이디푸스는 스스로 눈을 찔러 실명하고 테베에서 추방당한 뒤 딸 안티고네의 도움을 받으며 떠돌아다닌다. 오이디푸스는 아티카의 콜로누스에서 최후를 맞는다. 그의 비극적 방랑은 콜로누스의 성스러운 숲에서 마침표를 찍는다.

호메로스는 〈일리아스〉와 〈오디세이아〉에서 오이디푸스를 언급한다. 그러나 나중에 만들어진 이야기의 주요 원천으로 추정되는 것은 현재 전하지 않는 서사시 〈테바이스Thebais〉다. 이후 오이디푸스 이야기는 소포클레스가 쓴 테베 3부작의 주제가 되고, 아이스킬로스의 〈테베를 공격한 일곱 장수〉와 에우리피데스의 〈탄원하는 여인들Suppliants〉 〈포이니케 여인들Phoenician Women〉의 배경 역할을 하게 된다.

오이디푸스는 후대의 유럽 문학에서도 계속 등장한다. 로마 시인 스타티우스Statius는 서사시 〈테바이스Thebaid〉를 썼고, 이 작품은 장 라신의 첫 희곡 〈라 테바이드La Thébaïde〉(1664)의 모델이 됐다. 로마의 비극작가 루키우스 안나이우스 세네카Lucius Annaeus Seneca(소小세네카)는 소포클레스의 〈오이디푸스왕〉을 약간 변형한 작품을 썼으며, 이는 피에르 코르네유(1659)와 앙드레 지드André Gide(1950)의 작품에 영감을 주었고, 현대 시인 테드 휴스Ted Hughes도 세네카의 희곡을 각색했다. 소포클레스의 〈콜로노스의 오이디푸스Oedipus at Colonus〉는 T. S. 엘리엇의 시극 〈원로 정치인The Elder Statesman〉(1952)과 장 콕토Jean Cocteau의 〈지옥의 기계Infernal Machine〉(1934)에 영감을 제공했다. 소포클레스의 〈안티고네Antigone〉는 콕토, 장 아누이Jean Anouilh(1944), 베르톨트 브레히트(1947)가 쓴 동명의 희곡들로 새롭게 탄생했다. 앤서니 버지스Anthony Burgess는 오이디푸스 이야기에서 영감을 받아 소설 〈MF〉(1971)를 썼다. 화가 장 오귀스크 도미니크 앵그르Jean Auguste Dominique Ingres는 〈오이디푸스와 스핑크스Oedipus and the Sphinx〉(1808)라는 제목의 회화 두 점을 남겼다. 이고리 스트라빈스키의 오페라 오라토리오 〈오이디푸스왕Oedipus Rex〉(1927)은 콕토의 대본 작업으로 완성됐으며, 피에르 파올로 파솔리니Pier Paolo Pasolini 감독은 영화 〈오이디푸스왕Oedipus Rex〉(1967)을 제작했다.[1]

그러나 오이디푸스 이야기가 채택된 가장 유명한 사례는 지크문트 프로이트가 남자아이가 아버지에게 품는 억압된 적대감을 '오이디푸스 콤플렉스Oedipus Complex'로 명명한 일일 것이다. 이 이론에 따르면, 아들은 어머니의 사랑을 독차지하려고 아버지와 경쟁관계에 놓이며 이후 어머니에 대한 병적 집착에 빠질 수 있다.

고대의 테마들을 현대적 목적에 맞게 창의적으로

재해석하는 활동이라 정의할 수 있는 '고전적 전통 Classical Tradition'은 여기 언급한 것들을 비롯한 수많은 작품을 통해 구현된다. 르네상스 이후 500년간 이어진 그리스 및 로마 탐구를 자양분 삼아 성장한 고전적 전통은, 교육받은 모든 유럽인이 친숙하게 느끼는 일단의 지식 체계를 형성해왔다. 고전적 전통은 기독교와 더불어 '유럽 문화라는 혈류' 내에 흐르는 하나의 물줄기이자 '즉각적 인정을 받는 코드'로 기능한다. 20세기 후반에 오면서 고전적 전통이 쇠퇴한 것은 사회적, 교육적 우선순위들이 변화했기 때문이다. 고전적 전통의 옹호자들은 유럽 문명이 과거와의 단절로 인해 시들지 않으려면 반드시 그 전통을 지켜내야 한다고 주장한다.

> 코러스.
> 이 세상에 경이로운 일 많지만, 제일 대단한 것은
> 바로 인간이라네, 파도를 타고 대양을 누비는 자들 […]
> 그가 늙지 않는 땅의 주인이되 그 자신의 뜻에 따라
> 신들이라는 불멸의 어머니에게 굽히니 […]
> 그가 살아 있는 모든 것의 왕이로다 […]
> 언어를 쓰고, 바람처럼 재빨리 머리를 굴려
> 그는 배웠으니, 도시 안에서 함께 살아가는 법칙을 깨우쳤도다 […]
> 이 세상에 인간의 힘을 뛰어넘는 것은 그 어디에도 없도다. […][14]

그리스의 웅변술은 연극과 법정 공개방청 및 정치 집회를 통해 발전했다. 수사학은 시라쿠사의 코락스Corax of Syracuse(활약 기원전 465년경)가 《말의 기예The Art of Words》에서 처음으로 자세히 다뤘으며, 그리스인들은 이를 정식 학문으로 삼아 공부할 정도였다. '아티카의 10대 웅변가'라고 해서 안티폰Antiphon부터 코린토스의 디나르코스Dinarchus of Corinth에 이르기까지의 여러 인물이 활약했어도, 데모스테네스Demosthenes(기원전 384~기원전 322)의 웅변 기술을 따를 자는 아무도 없었다. 어린 시절 고아에다 말까지 더듬었던 데모스테네스는 온갖 역경을 극복하고 자신의 최대 경쟁자로 손꼽히던 아이스키네스Aeschines(기원전 389~기원전 314)를 타지로 유배 보낸 뒤 대중 연설에서나 산문 문체에서나 명실공히 최고의 경지에 올랐다고 인정받았다. 〈필립픽스Philippics〉(〈필리포스 탄핵〉 또는 〈필리피카이〉) 연작을 펴내, 그리스인들이 마케도니아의 필리포스 왕에게 맞서 들고일어나야 한다고 웅변조로 열렬히 주장한 것도 그였다. 〈왕관에 관하여On the Crown〉는 데모스테네스가 기원전 330년의 재판에서 스스로를 변호하며 한 연설로, 이 작품에 대해 캐서린 매콜리Catharine Macaulay(영국 역사학자)는 최대한 감정을 자제하고도 "인간이 구사할 수 있는 기예의 극치"라 평했다.

스콜라스티코스 SCHOLASTIKOS

■ "웃음에 대한 사랑"이라는 뜻을 가진 《필로겔로
■ 스Philogelos》는 고대 그리스의 재담을 모아놓
은 유머집으로, 기원후 5세기에 알렉산드리아의 필라
그리우스Philagrius of Alexandria가 정리했다고 한때
여겨졌다. 유머집에는 "멍청한 교수absent-minded
professor"("정신나간 교수"라는 뜻의 스콜라스티코스,
그리고 아브데라와 구마이 사람들이 등장한다. 이들은
초기 형태의 아일랜드(또는 폴란드) 농담의 대상이었던
셈이다.

– 잠잘 때 자기 모습이 어떤지 궁금했던 한 스콜라스
티코스가 두 눈을 감고서 거울 앞에 서 있었다.

– 한 스콜라스티코스가 친구를 만나 말했다. "듣자하
니 자네는 죽었다던데." "보다시피 이렇게 멀쩡히 살
아 있잖나." "그래, 하지만 나한테 그 소식을 전해준
사람이 자네보다 훨씬 더 믿을 만했다고."

– 한 쿠마이 사람이 돌아가신 자기 아버지의 시신을
찾으러 방부처리사에게 갔다. 방부처리사는 어떤 시
신이 맞는지 찾아보다가, 그의 아버지에게 뭐든 눈

에 띌 만한 특징이 있었느냐고 물었다. "기침을 심하
게 하셨어요."

– 한 쿠마이 사람이 꿀을 팔고 있었다. 행인이 맛을 보
더니 굉장히 맛있다고 말했다. 그러자 쿠마이 사람
이 대꾸했다. "당연하죠. 이 꿀에 쥐가 빠져 죽지 않
았다면 애초에 팔지도 않았을 테니까요."

– 스코틀랜드 출신인 스콜라스티코스가 자기 당나귀
에게 먹지 않는 방법을 훈련시켜 돈을 아끼기로 작
심하고는 먹이를 주지 않았다. 당나귀가 굶어 죽자
스콜라스티코스는 이렇게 푸념했다. "허 참, 먹이를
안 먹고도 사는 법을 이제 막 깨치기 시작한 참이었
는데."[1]

이 마지막 이야기의 경우, 민담수집가들이 에스토니아어,
라트비아어, 리투아니아어, 스웨덴어, 영어, 스페인어, 카
탈루냐어, 왈론어, 독일어, 이탈리아어, 슬로베니아어, 세르
보–크로아트어, 러시아어, 그리스어 등으로 된 다양한 버
전을 기록해왔다. 영국 작가 맬컴 브래드버리Malcolm
Bradbury는 소설 《레이츠 오브 익스체인지Rates of
Exchange》(1983)에서 가상의 동유럽 국가 '슬라카
Slaka'가 지닌 유산의 일부로 이 이야기를 활용했다.[2]

그리스의 미술 또한 대大각성을 경험했다—한 저명한 학자(에른스트 곰브리치)는 당대를 감
히 "미술사 전체를 통틀어 가장 위대하고 놀라운 혁신이 일어난 시기"라고 표현했다.[15] 그리스
미술에 대한 현대의 평가는 오늘날 최상의 상태로 살아남아 일어난 작품들, 특히 석재 조각, 건
축물, 도자기 화병 위의 인물상 등에 영향을 받지 않을 수 없는 게 사실이다. 그렇다 해도, 그리
스 미술이 고릿적의 딱딱하고 우울한 스타일에서 벗어나 순식간에 비약적 발전을 이룬 것 즉
기원전 6세기와 5세기 들어 폭발하듯 꽃을 피워낸 사실에는 확실히 주목하지 않을 수 없다. 그
리스 예술가들은 영적·종교적 모티브에 영감을 받아 인간의 몸에 각별한 관심을 기울였으니, 인
간 내면의 감정들이 신체에 어떤 식으로 작용하는지를 관찰해, 소크라테스가 일갈했던 것처럼,
'영혼이 작용하는 모습을 드러내고자' 열심히 노력했다. 페이디아스Pheidias(기원전 490년경~기원
전 415)가 만든 것 중 가장 청송이 자자했던 두 조각상은 오늘날 후대의 복제품으로만 그 모습

을 알 수 있을 뿐이다. 제7대 엘긴Elgin 백작 토머스 브루스Thomas Bruce 경에 의해 수상쩍게 지켜진 파르테논 프리즈frieze(건축물의 외면이나 내면, 기구의 외면에 붙인 띠 모양의 장식물)만 봐도 그 존재감이 단번에 드러난다. [약탈] ("엘긴 마블스Elgin Marbles" 또는 그 주요한 일부분인 "파르테논 프리즈Parthenon Frieze"는 고전 그리스의 대리석 조각들로 그 대부분이 파르테논신전의 것인 데서 이름이 붙었다. 당시 오스만 주재 영국 대사 엘긴 경이 1801~1812년에 영국으로 반입해간 것으로, 현재 그 대부분이 영국박물관에 소장돼 있다. 엘긴의 반입이 "약탈"이었다는 그리스와 "계약"에 따른 것이었다는 영국 사이에 문화재 환수를 두고 갈등이 빚어지고 있다.) 100년 뒤 거의 천상의 편안함과 우아함을 표현한 조각가 프락시텔레스Praxiteles(활약 기원전 350년경)도 걸작이 살아남는 문제에서는 페이디아스만큼이나 운이 없었으나, 올림피아의 헤르메스나 아를의 아프로디테 조각상만 봐도 그의 빼어난 재능을 알아볼 수 있다. 두 조각상은, 벨베데레의 아폴론 혹은 멜로스의 아프로디테(밀로의 비너스로 더 많이 알려져 있다) 같은 후대 작품들과 더불어, 지금껏 남성과 여성의 아름다움을 표현한 이상적 모델로 흔히 여겨져왔다. 알렉산드로스 대왕 시기에는, 그리스인들의 손에서 '이 세상 절반의 그림언어'가 만들어져 나왔다고 해도 좋을 정도였다.[16]

그리스의 건축은 엄청난 전문 기술을 정교한 감수성에 접목해냈다. 건축 기술은 메소포타미아와 이집트만 해도 압도적 크기의 건축물을 지어 위압적 인상을 주는 게 주된 목적이었으나, 이제는 규모보다 영적 가치에 주안점을 두게 됐다. 도리스 양식 신전들은 미묘하게 가늘어지는 콜로네이드colonnade(주랑柱廊)와 플린스plinth(주추)와 페디먼트pediment(박공牔栱)에 조각을 새긴 것이 특징으로, 그 안의 섬세하게 균형 잡힌 조화를 보고 있노라면, 포시도니아(파이스툼)의 포세이돈신전처럼, 중량重量을 너끈히 버텨낸 강인한 근력과, 아테네 파르테논신전의 새하얀 펜텔리코스 대리석처럼, 꾸미지 않은 우아함을 동시에 느낄 수 있었다. 신전의 분위기 및 양식은 우뚝 선 기둥들 뒤쪽 사방이 막힌 켈라cella(성소)에 사는 신이 누구냐에 따라, 그 신이 가진 특별한 성격이 무엇이냐에 따라 적절하게 조정됐다. 시돈의 안티파테르Antipater of Sidon는 기원전 2세기에 고전 세계 여행자 제1세대를 위해 이른바 '세계의 7대 불가사의'를 꼽은 바 있는데, 그중 다섯 개가 그리스의 건축물이었다. 이집트의 피라미드, 바빌론의 세미라미스 공중정원에 이어 당대 최고의 볼거리로 꼽힌 것들은, 올림피아의 제우스 신상, 에페수스의 (세 번째) 아르테미스신전, 할리카르나소스의 마우솔로스 영묘靈廟(마우솔레움), 로도스의 거상, 알렉산드리아의 파로스(등대)였다. [제우스]

그리스의 과학은 일반 철학에서 자연스레 갈라져 나와 발전해나갔다. 당시 철학자들은 대부분이 물리과학과 추상과학에도 적잖이 관심을 갖고 있었다. 밀레투스의 탈레스Thales of Miletus(기원전 636년경~기원전 546)는 만물은 물에서 비롯된다고 주장한 이로, 자신의 신념이 무색하지 않게 우물에 빠져 목숨을 잃었다. 탈레스는 나일강의 홍수 수위, 선박 사이의 거리, 산의 고도를 측정하기도 했으며 일식을 예측해 명성을 얻기도 했다. 반면 에페수스의 헤라클레이토스Heraclitus of Ephesus(활약 기원전 500년경)는 불이야말로 만물의 근원이며, 만물은 끊임없이 변화한다고 믿었다. 클라조메나이의 아낙사고라스Anaxagoras of Clazomenae(기원전 500년경~기원전 428)는 페리클레스의 스승으로, 세상에는 최고의 정신 즉 누스nous가 존재하며 그것이 살아 있는 생명체에 활력을 불어넣는다고 주장했다. 무한정 쪼개지는 '씨앗들'에 이 누스의 힘이 작용해 씨앗들이 결합할 수 있으며 그렇게 해서 물질의 모든 형태가 만들어진다는 것이었다. 그는 행성은 지구에서 떨어져나간 돌덩이라고 하면서, 태양도 바삐 움직이는 탓에 시뻘겋게 달궈진 것이라는 견해를 내세웠다.

아크라가스의 엠페도클레스Empedocles of Acragas(기원전 493년경~기원전 433)는 지구가 불·흙·공기·물 네 '원소element'로 이뤄져 있다고, 나아가 이 원소들이 사랑과 충돌이라는 상반되는 압력 속에서 결합과 분리를 반복한다고 여겼다. 그는 자신이 죽어도 다시 살아날 수 있다는 사실을 시험하려 에트나 화산의 분화구 속에 스스로 몸을 던진 것으로도 유명하다. 화산은 엠페도클레스를 그대로 집어삼켰지만 그래도 그가 신고 있던 끈신발 한 짝만은 돌려보내주었다. 아브데라의 데모크리토스Democritus of Abdera(기원전 460년경~기원전 361)는 레우키포스Leucippus의 원자이론을 한층 정교하게 다듬어, 모든 물리적 물질은 아토마atoma(그 이상 쪼개지지 않는 것)라는 미세 입자의 임의적 충돌로 설명할 수 있다고 주장했다. 데모크리토스는 웃는 철학자로도 세간에 널리 알려져 있었는바, 그가 인간의 어리석음을 그토록 우습게 여긴 때문이었다.

코스의 히포크라테스Hippocrates of Cos(기원전 460년경~기원전 357)는 의학을 종교와 마술의 영역 밖으로 끌어낸 인물이었다. 공중보건, 위생, 환자 간호, 수술과 관련해 숱한 논문이 나왔는데 그 저자가 히포크라테스라고 알려져 있다. 일명 히포크라테스 선서는 의사가 환자의 건강한 삶을 위해 목숨 바쳐 일할 것을 다짐하는 내용으로 지금까지도 의료행위의 초석 노릇을 하고 있다. 갖가지 아포리즘을 담은 그의 책은 다음과 같은 말로 서두를 연다. "인생은 짧고, 예술은 길다." [히스테리]

크니도스의 에우독소스Eudoxus of Cnidus(활약 기원전 350)는 태양 주위를 도는 행성의 움직임을 가르쳤고, 해시계를 발명했다. 아리스토텔레스는 물리학과 생물학 분야 모두에서 체계적 저술을 써냈다. 아리스토텔레스가 이때 사용한 동물 종種 분류법은 차후 모든 동물학 연구의 기초가 됐다. 그의 《정치학Politics》은 독보적인 말로 그 서두가 시작된다. "인간은 무엇보다 정치적 동물이다." 아리스토텔레스의 제자 레스보스의 테오프라스토스Theophrastus of Lesbos(기원전 370년경~기원전 288)는 스승의 동물 분류법을 식물학에도 동일하게 적용했다. 그의 《성격론 Characters》은 분석심리학의 기본 토대를 놓은 문헌이라 해도 좋을 것이다.

역사학자의 관점에서, 이들 선구자 가운데서 가장 중요한 인물은 아마도 헤라클레이토스 Heraclitus일 것이다. 헤라클레이토스의 추론에 의하면, 이 세상 만물은 끊임없이 변하며 또 쇠락하게 마련이었다. 아울러 그 변화는 서로 대립하는 것들의 필연적 충돌로 ─다시 말해 변증법적 원리를 통해─ 일어났다. 헤라클레이토스는 이런 주장을 통해, 역사 공부를 업으로 삼은 사람들이 기본적으로 유념해야 할 두 가지도 명확히 드러낸 셈이었다. 역사에서는 시간의 흐름에 따른 변화와 인과관계를 살피는 일이 무엇보다 중요하다는 점 말이다. 헤라클레이토스가 가장 즐겨 사용한 아포리즘도 "같은 강물에 두 번 발을 담글 수는 없다"라는 것이었다. [엘렉트론]

그리스의 수학은 사변思辨적 사고와 종교적 신비주의의 힘에 함께 영향을 받아 발달했다. 확실치는 않으나 밀레투스 탈레스도 이집트에 머물며 산술과 기하학의 기본 원리를 배웠던 것으로 보인다. 그러나 선대 수학자들의 연구 성과를 한데 엮는 작업과 함께, 갖가지 독창적 발전을 이룬 인물은 바로 사모스의 피타고라스Pythagoras of Samos(기원전 572년경~기원전 497)였다. 피타고라스는 정수론整數論, Theory of Number을 제창하는가 하면 직각삼각형 빗변 제곱 정리에 관한 공식을 만들기도 했지만, 그의 작업에서 가장 흥미로운 부분은 음악의 화성和聲에 대한 수학적 기초를 세웠다는 것이다. '구球의 음악music of spheres'이라는, 내용은 아름다우나 결국엔 오류로 판명 난 이론을 만든 것도 피타고라스인 것으로 보인다. 크니소스의 에우독소스는 비례론Theory of Proportions과, 곡선으로 둘러싸인 도형의 넓이를 측정하는 실진법悉盡法, method of exhaustion을 발견했으며, 그의 제자 메나이크모스Menaechmus는 원뿔곡선을 발견했다.

이 모든 연구가 쌓인 끝에 마침내 알렉산드리아의 유클리드Euclid of Alexandria(활약 기원전 300년경)가 등장할 길이 트이니, 그의 《원론Elements》(《기하학 원론幾何學原論》)은 성경을 제하면 그토록 오랜 기간 막강한 힘을 떨친 책은 없었다고 평할 정도다. 유클리드(에우클레이데스)는 수학적 체계를 세우는 능력이 대단했으며, 기존의 모든 지식에 영구불변의 증거를 제시하는 것을 자신의 목표로 삼았다. 이집트의 통치자가 기하학이 좀 더 단순해질 수는 없겠느냐고 물었을 때, 그가 한 대답이 바로 "왕도王道는 없다"는 것이었다. 그다음 세대를 주름잡은 수학자들로는 시라쿠사의 아르키메데스Archimedes of Syracuse와 키레네의 에라토스테네스Eratosthenes of Cyrene(기원전 276~기원전 196)를 꼽는바, 당시 에라토스테네스가 측정한 25만 2000스타디온(12633킬로미터)이라는 지구 둘레의 길이는 실제와 오차가 1퍼센트도 채 나지 않는다. 그리스의 맨 마지막 수학자로는 페르게의 아폴로니오스Apollonius of Perge(활약 기원전 220년경)를 꼽는바, 그는 원뿔 곡선론과 관련해 총 8권짜리 연구서를 써냈는가 하면, '파이'값을 아르키메데스보다 더 근사近似하게 계산해냈다. [아르키메데스]

히스테리 HYSTERIA

■ 히포크라테스의 여러 의학 논문에 따르면, 히스
■ 테리는 자궁의 기능 이상과 관련된 질환으로 여성에게만 나타나는 병이었다. 그리스어 히스테라 hystera는 "자궁womb"을 뜻했다. 이 신경증적 흥분 상태의 원인은 월경혈이 체외로 빠져나가지 못한 것이라고 여겨졌다.

월경이 억제되거나 그 피가 몸 밖으로 빠져나가지 못하면 병이 생긴다. 자궁 입구가 막히거나 질벽의 일부가 밖으로 탈출하면 이런 현상이 일어난다. [⋯] 두 달 분량의 월경혈이 자궁 안에 쌓이면 이 피는 폐로 이동해 결국 빠져나가지 못한다. [1]

또는 자궁 자체가 원래의 자리에서 이탈해 체강體腔, body cavity을 돌아다닌다고 여겨졌다. 그렇게 체내를 돌아다니는 자궁이 심장이나 뇌를 압박하면 불안증을 야기하고 통제불가능한 공황 상태를 가져온다는 것이었다. 당시에는 종교적 이유로 인체 해부가 금지됐다. 여성(그리고 남성) 몸의 내부적 작동 원리는 근대에 와서야 밝혀지기 시작했다. 그러나 한 분석가의 말에 따르면, 고대의 해부학적 이론이 그 가치를 잃고 나서도 여성의 몸에 대한 고대적 관점은 사라지지 않고 존속했다.

"여성의 생식관生殖管, reproductive tract이 여성의 정신에 부정적 영향을 끼칠 수 있다는 생각이 지속됐다." [2]

여성 몸의 역사는 꽤 복잡한 주제다. 오랜 시간이 흐르는 동안 여성의 신체 크기, 몸무게, 근육 발달, 월경, 출산 능력, 성숙과 노화 양상, 질병 패턴은 크게 변화해왔다. 이뿐만 아니라 여성의 상징성, 종교적 의미, 여성 몸의 미학적 감상, 여성의 장식품과 의복, 여성이 자신을 표현하는 방식도 변화했다. 여성은 자신의 신체적 잠재력에 대한 인식에 특히 제약을 받아왔다. 그렇기 때문에 여성의 신체를 주제로 한 책에서 "1900년 이전에 과연 여성이 섹스를 즐길 수 있었는가?"라고 진지하게 묻는 것이다. [3] 남성 몸에 대한 역사에서는 그런 질문을 던지지 않는다.

자궁의 놀라운 작동 원리와 관련해, 현대의 연구는 여성의 신경계와 생식계가 매우 복잡한 상호의존적 관계에 있음을 보여준다. 일례로 1944~1945년 부다페스트공방전 시기에 여성들의 건강을 조사한 결과 무월경 amenorrhea을 겪는 여성이 이례적으로 많았음이 드러났다. 월경은 히스테리가 아니라 충분한 이유가 있는 불안감 때문에 멈춘 것이다. 심각한 위험의 시대에는 출산율이 낮아지는 것이 지극히 당연하다는 사실을 자궁은 이미 스스로 잘 안다.

엘렉트론 ELEKTRON

■ "빛나는 돌"이라는 뜻의 엘렉트론은 고대 그리스
■ 어로 호박琥珀을 의미했다. 그리스인들은 호박을 문지르면 깃털과 같은 물체를 끌어당기는 힘이 생긴다는 사실을 알고 있었다. 밀레투스의 탈레스는 호박에 '영혼'이 깃들어 있다고 말했다. 그리스 신화에는 엘렉트라(빛나는 사람)라는 이름의 여성이 둘이었다. 하나는 아틀라스의 딸 엘렉트라로 제우스가 아끼는 애인이었다. 다른 한 명은 아가멤논과 클리타임네스트라의 딸이자 오레스테스와 남매지간인 엘렉트라이며·아이스킬

로스·소포클레스·에우리피데스의 비극에 등장한다. 물체를 밀어내거나 끌어당기는 보이지 않는 물리적 힘은 명칭이 없다가, '자기학磁氣學의 아버지'인 윌리엄 길버트William Gilbert가 저작 《자석에 관하여De Magnete》(1600)에서 "일렉트릭electric"이라는 이름을 붙였다. 그는 "지구는 거대한 자석이다"라고 썼다.

전기와 자성磁性에 관한 연구는 앙드레-마리 앙페르, 한스 크리스티안 외르스테드Hans Christian Örsted, 마이클 패러데이에 의해 큰 진전을 이뤘으며, 이후 제임스 클러크 맥스웰(1831~1879)은 그 둘을 통합해 전자기력 이론을 확립했다. 하인리히 루돌프 헤르츠

(1857~1894)는 다양한 진동수를 갖는 전자기파의 존재를 증명했다. 전기가 응용되는 영역은 발전기 전동기, 라디오, 엑스선에 등으로 계속 늘어났다. 1891년 (아일랜드 출신의) 영국 물리학자 조지 존스톤 스토니George Johnstone Stoney는 물질을 구성하는 가장 작은 입자인 동시에, 양전하를 띠는 양성자proton(프로톤)와 전하가 없는 중성자neutron(뉴트론)로 이뤄진 원자핵의 주변을 도는 음전하의 입자에 붙일 이름이 필요했다. 그는 이 입자에 "전자electron(일렉트론)"라는 이름을 붙였다(부록 1614쪽 참조).[1]

그리스의 도덕철학moral philosophy—여기서 몇 개의 경쟁 학파가 나뉘게 되는 것은 후대의 일이다—은 당시 전통 종교의 가르침에 대폭 수정을 가했다. 회의주의학파the Sceptics는, 엘리스의 피론Pyrrho of Elis(연도 불명)이 창시한 학파로, 인간이 무엇에 대해서든 확실한 지식을 얻는다는 것은 불가능하고 따라서 덕을 기르는 것이 인간의 유일한 목표가 돼야 한다고 주장했다. 그는 사변에 반대한 사변철학자로, 플라톤이 세상을 떠난 이후 아테네의 아카데메이아에 중대한 영향력을 끼쳤다.

견유학파犬儒學派, the Cynics는 시노페의 디오게네스Diogenes of Sinope(기원전 412년경~기원전 323)가 창시한 학파로, 그는 인간이 욕망에서 자유로워지는 것이 얼마나 가치 있는 일인지를 믿었다는 점에서 레프 니콜라예비치 톨스토이의 금욕주의를 연상시키는 인물이었다. 견유학파라는 명칭은 글자 그대로 "개들the dogs"의 모임이라는 뜻이었다. 디오게네스는 기벽이 강하기로 조명이 나서 세상의 안락을 끊겠다는 것을 몸소 행동으로 보이려 커다란 통 안에서 생활하는가 하면, "정직한 사람을 찾아내겠다"며 대낮에 등을 켜 들고 아테네 거리를 활보하기도 했다. 코린토스에서 알렉산드로스 대왕을 만났을 때는 "당신이 내 햇빛을 가리고 있으니 좀 비키시오"라고 말했다는 이야기가 전한다.

에피쿠로스학파the Epicureans는, 그 창시자인 사모스의 에피쿠로스Epicurus of Samos(기원전 342~기원전 270)의 이름을 딴 학파로, 죽음도 신도 두려워 말고 행복 추구에 전념을 다해야 한다는 것이 주된 가르침이었다. (나중에 미국의 헌법 속에 자연스레 표명되는 것도 바로 이런 사상이다). 에피쿠로스학파는 쾌락만을 쫓는다고 여겨져 쾌락주의자의 이름을 얻었지만, 이는 사실 온당치 않다. 알고 보면 에피쿠로스학파는 자제, 고요, 금욕 속에 행복에 이르는 길이 있다고 여겼기 때문이다.

스토아학파the Stoics는 키프로스의 제논Zenon of Cyprus(기원전 335~기원전 263)이 창시한 학파로, 자신들이 처음으로 만남을 가진 아테네의 스토아 포이킬레Stoa poikile(채색 주랑柱廊)에서 그 이름을 따왔다. 스토아학파가 따른 신념은 인간의 열정은 이성으로 제어돼야 한다는 것, 나아가 (회의주의학파와 마찬가지로) 인간의 삶은 덕의 추구가 전부라는 것이었다. 스토아학파가 견지한 인류의 보편적 형제애에 대한 비전, 의무감에 대한 중시, 기강 잡힌 훈련은 괴로움과 고통으로부터 스스로를 든든히 준비시키기 위해 필요한 것으로서, 특히 이후 로마인들을 매료시켰다. [운동선수]

아르키메데스 ARCHIMEDES

■
■ 시라쿠사의 아르키메데스(기원전 287~기원전 212)
는 수학자들이 존경하는 수학자였다. 그는 문제
푸는 과정 자체를 순수하게 즐기는 사람이었다. 그렇다
고 그가 현실적 문제들을 기피했다는 얘기는 아니다.
아르키메데스는 알렉산드리아에서 공부한 후 시칠리아
로 돌아가 시라쿠사의 왕 히에론 2세의 고문 역할을
했다. 그는 물을 퍼 올리는 (양수기인) '나선Screw'를 발
명했고, 나중에 로마인들이 가져간, 천체 모형을 만들
었다. 또한 시라쿠사를 공격해오는 로마 군대를 물리
치는 데 사용된 투석기와 갈고리 모양의 기계를 설계
했다(200~202쪽 참조). 아르키메데스는 유체정역학流
體靜力學, hydrostatics 을 처음으로 연구했으며, 욕조
안에서 '아르키메데스의 원리'를 깨달은 후 에우레카,
에우레카heureka, heureka ("찾아냈다")라고 외치며 벌
거벗은 채 뛰쳐나간 일화로 유명하다. 이 원리는 어떤
물체를 물에 담그면 물이 빠져나가는 만큼 그 무게가
줄어든다는 것이었다. 이를 이용해 해당 물체의 부피를
쉽게 계산할 수 있다. 아르키메데스는 지렛대 원리에
대해 이렇게 말했다. "나에게 설 장소와 충분히 긴 지
렛대만 준다면 지구도 움직여 보일 수 있다."
아르키메데스는 그러나 무엇보다도 다분히 사변적인
문제들에 엄청난 열정을 쏟았다.

1. 모래알 세는 사람: 아르키메데스는 우주를 모두 채
   우는 데 필요한 모래알의 개수를 계산했다. 이를
   위해서는 매우 큰 수가 필요했고 당시는 십진법 개
   념도 아직 존재하지 않았기 때문에, 그는 '미리어드
   미리어드a myriad myriad' 즉 10,000x10,000
   에 해당하는 $10,000^2$라는 기본 단위를 고안했다.
   아르키메데스가 상정한 우주가 태양계가 속한 은
   하였음을 감안하면 그가 도출한 $10,000^{37}$이라는
   모래알 개수는 꽤 그럴듯한 결론이었다.

2. 원 측정: 아르키메데스는 정96각형이 원에 외접하
   는 경우와 내접하는 경우의 둘레를 이용해 원주
   율을 계산했다. 그는 이미 알고 있는 특정 근삿값
   들을 출발점으로 삼아, 자신이 구하려는 일곱 자
   리 숫자의 제곱근의 근삿값을 찾아냈다. 아르키메
   데스는 알파벳을 이용한 수 체계로 상당히 불편하
   게 작업해야 했다. 그러나 오늘날 파이로 부르는 원
   주율을 그가 계산해낸 결과는 $3^{1/7}$(=3.1428571)과
   $3^{10/71}$(3.140845) 사이였다. (오늘날 쓰이는 원주율은
   3.14159265……다).

3. 소의 문제: 아르키메데스는 아폴론 신이 소유한 소
   떼에 관한 얼핏 간단해 보이는 수수께끼를 만들었
   다. 이 소 떼에는 수소와 암소가 섞여 있고 색깔은
   흑색, 흰색, 갈색, 얼룩무늬가 있다. 수소들 중에서,
   흰색 수소 수는 흑색 수소의 1/2과 1/3의 합에 갈색
   수소를 더한 합보다 많다. 암소들 중에서, 흰색 암
   소 수는 전체 흑색 소의 1/3과 1/4의 합과 같다. […]
   이런 식의 몇 가지 힌트가 제시된 뒤 소 떼가 전부
   몇 마리인지 묻는 수수께끼다. 그 답은 총 790억
   마리 이상이 나온다. 시칠리아섬 전체에 세울 수
   있는 소의 수보다 훨씬 더 많은 수다. (시칠리아는 면
   적이 2만 5000제곱킬로미터이므로 소 1마리당 2제곱미
   터가 필요하다고 가정하면 총 127억 5000만 마리의 소
   를 세울 수 있다. 이는 에트나 화산의 뜨거운 분화구 위에
   까지 빼곡히 소들을 세운다고 가정했을 경우의 얘기다.)[1]

그리스의 성性, sexuality은 유행을 앞서는 연구라면 단락 정도가 아니라 논문을 써서 다루
고 싶어 할 주제다. 연륜 오랜 학자에겐 '부자연스러운 악덕'으로 치부됐던 일이 지금은 그 지위
가 격상돼 개인적 '지향' 혹은 '취향'로 여겨지고 있다. 아울러 동성애homosexuality는 지금은 고
대 사회의 예의범절 안에서 중심적 위치를 점했다는 생각도 널리 받아들여지고 있다. 물론 오늘

날 이런 생각이 제시될 때는, 그 안에 동성애에 대한 현대의 뉘앙스가 매우 짙게 가미돼 있다는 사실을 부인할 수 없다. 당대에 이 '그리스인의 악덕'은 사람들에게 죄책감을 안겨주지 않았다. 남자가 나이 어린 아가씨를 당연히 따라다니듯 당시엔 남자가 나이 어린 사내의 뒤꽁무니를 쫓아다니는 것이 그다지 눈꼴사나운 일로 여겨지지 않았다. 젊은 그리스인 남자들은, 오늘날 잉글랜드의 공립학교 남학생들이 그러듯, 남색男色쯤이야 으레 있는 일이거니 하고 지내야 했다. 부모들도 딸아이를 보호하는 것과 똑같이 자기들 아들내미를 보호하려 무던 애썼다. 당시 그리스에서는 남자 동성애와 함께 여자 동성애도 분명히 찾아볼 수 있었으나, 이때만 해도 여성시인 사포와 그 일파의 본거지인 레스보스Lesbos섬을 딴 여자 동성애자의 명칭(레즈비언lesbian)은 아직 생겨나지 않은 상태였다. 근친상간도 당시에 큰 논쟁거리였던 게 분명하다. 전설 속에서 오이디푸스는 어쩌다 자신의 아버지를 살해하고 자기 어머니와 혼인한 인물로, 그가 비극적 운명을 맞아야 했던 것은 이런 일들이 신의 노여움을 샀다는 증거였다. 일반적으로 말해, 그리스인들은 방종하지도 않고 금욕적이지도 않은, 그저 현실적이고 개방적인 성향의 사람들일 뿐이었다. 그리스인들의 세계에는 노골적 성애의 요소가 가득했고, 그것들 앞에서 그리스인들은 우아하리만치 당황스러워하지 않았다.[17]

그러나 성에 대해 그리스인들이 품었던 가정이 오늘날 캘리포니아 사람들의 생각과 비슷하다고 상상하는 일이 있어서는 안 된다. 예를 들면, 당시 노예제 사회에서는 비자유민의 몸을 자유민이 사용·학대하는 일이 얼마든 가능했다. 따라서 성적 활동도 차차 사회적 지위가 작용하는 면모를 띠게 됐다. 성관계를 맺는 데서 쌍방의 의사가 합치했는가는 고려할 필요가 없는 일이었으니, 서로 감정을 나누는 일은 더더욱 말할 것도 없었다. 만족을 느낀다는 것은 행위의 주체인 남성이, 그를 수동적으로 받아들이는 사람에게 자신의 존재 혹은 자신의 신체기관을 들이밀 때 느끼는 남근의 쾌락과 연관될 때가 많았다. 법적 제재가 있었음에도, 당대 그리스에서는 우월한 지위의 남성들이 뜻만 있으면 얼마든 자기보다 열등한 사람들의 몸에 자기 몸을 밀어넣을 수 있다고 믿었다. 여성, 사내아이, 하인, 외국인이 이런 열등한 사람들에 포함됐다. 이와 같은 가정에 따르게 되면, 그 뜻을 올바로 파악해야겠지만, 오늘날처럼 동성애와 이성애를 구분하는 것은 대체로 별 의미가 없어진다. 비슷한 맥락에서, 페데라스트pederast와 필레라스트philerast를 구분하는 것에서도 당사자의 개인 성향보다는 오히려 성장기 남성이 자기주장을 확실히 할 수 있는 나이인가 아닌가가 더 관건이었다.[18] (페데라스트(소년애)와 필레라스트 모두 연장자 남성과 그보다 훨씬 어린 남성(때로는 사춘기 소년) 사이의 애정관계를 뜻하나, 전자는 연장자가 우위에 있고 젊은 남성은 수동적으로 그의 요구를 받아들이는 관계인 반면, 후자는 젊은 남성도 연장자에게 진심어린 연모를 품는 관계다. 플라톤의 〈향연〉에서 관련 내용을 찾아볼 수 있다.)

이런 문제를 다룬 고전 문헌―플라톤의 《향연Symposium》 속 아리스토파네스의 신화―을

운동선수 ATHLETES

■ 운동경기 대회는 그리스인들에게 삶의 중요한
일부였다. 자부심을 갖는 그리스의 도시라면 어
느 곳이든 경기장이 있었다. 올림피아에서 열린 범헬레
네스 제전은 100가지 이상의 유사한 축제 가운데 가
장 권위 있는 행사였다.[1] 운동경기에 대한 열정을 공유
하고 신들을 기리는 이 행사는 여러 도시국가로 나뉘
어 있던 그리스 세계의 사람들에게 강한 문화석 동일
감을 심어주었다. 남성만 경기에 참가할 수 있었고 선
수들은 잘 확립된 10개 종목에서 기량을 겨뤘다. 기원
전 7세기에 한 선수가 우연히 반바지를 잃어버려 알몸
으로 달렸는데, 그 이후부터는 선수들이 벌거벗은 채
경기하는 것이 관례가 됐다. 선수들은 아마추어가 아
니었다. 그들은 고된 훈련에 익숙했고 우승에 따르는
커다란 보상을 기대하며 경기를 치렀다. 예컨대 기원전
1세기 아프로디시아스에서 개최된 소규모 제전에서 주
어진 상금(단위. 데나리우스)들을 보면 각 경기 종목의
위상을 알 수 있다.

> 장거리달리기: 750 / 5종경기: 500 / 중무장경주:
> 500 / 단거리달리기(1스타디온): 1250 / 판크라티온:
> 3000 / 레슬링: 2000 / 도보경주(2스타디온): 1000
> / 복싱: 2000

경기장 길이에 해당하는 단위인 스타데stade(스타디온
stadion)는 약 212미터였다. 달리기 선수들은 출발선의
맞은편 끝에 세워진 기둥을 돌았다. 5종경기인 펜타틀
론pentathlon은 멀리뛰기, 원반던지기, 창던지기, 달리
기, 레슬링 종목으로 구성됐다. 일종의 종합격투기인
판크라티온pankration에서는 유도처럼 상대방을 항복
하게 만드는 것이 목표였다. 고리던지기와 전차경주도
중요한 종목이었다.[2]
올림피아드에서 우승한 선수들과 그 출신 도시는 큰
명성을 얻었다. 스파르타가 특히 두각을 나타냈다. 번

영기의 아네테는 183차례 제전에 참가해 4회 우승했
을 뿐이었다. 그러나 가장 큰 성과를 거둔 도시국가는
기원전 776년 올림피아제전의 첫 우승자로 기록된 코
로이보스Coroebus의 고향이자 올림피아가 위치한 펠
로폰네소스반도의 엘리스였다.
최고의 챔피언은 누가 뭐래도 크로톤의 밀론Milo of
Croton이었다. 그는 기원전 536년에서 520년 사이에
올림피아드에서 5회 연속 레슬링 종목에서 우승을 차
지했다. 마지막 우승 때 그는 제물로 바쳐진 황소를 어
깨에 들쳐 메고 경기장을 돈 뒤 바닥에 앉아 그 황소
를 먹었다. [향신료 황소]
핀다로스의 현존하는 시 대부분은 그리스의 제전에 바
치는 시다.

> 인간와 신은 하나
> 하나의 종족
> 우리에게 숨을 불어 넣는 한 어머니에게서 왔으므로
> 그러나 만사에서 그 둘의 능력이 달라
> 둘은 구별된다
> 인간은 하찮은 존재. 그러나 저 황동색 하늘이
> 언제까지고 안정된 거처가 돼준다
> 인간은 위대한 정신이나 육체를 가져
> 신들을 닮을 수 있다
> 허나 우리는 모른다 어떤 목표에 이르려
> 우리가 낮이고 밤이고 달리도록
> 운명 지어져 있는지를.[3]

그리스 세계의 제전이 지닌 정신은 기독교 시대까지도
이어졌다. 사도 바울은 시합 참가자는 아니었을지라도
분명 열성적 지지자였다. 그는 다음과 같이 적었다 "나
는 선한 싸움을 싸우고 나의 달려갈 길을 마치고 믿음
을 지켰으니."[4] 이 말에 담긴 정서는 본질적으로 그리
스적인 것이었다.
마지막 올림피아제전은 기원후 389년 또는 393년에
열렸다. 마지막 빅터 루도럼victor ludorum(경기의 승자)

으로 알려진 사람은 385년의 아르메니아인이었다. 로마 황제 테오도시우스 1세(재위 379~395)가 이 행사를 공식적으로 금지했다는 정확한 증거는 없다. 테오도시우스 1세가 올림피아제전을 폐지했다기보다는, 기독교에서는 모든 종류의 이교도 관습을 배척했으므로 395년 서고트족의 그리스 침략 이후에는 올림피아제전을 부활시키기가 불가능했을 가능성이 높다. 그리스의 제전과 유사한 경기 대회가 소아시아의 안티오크에서 530년까지 열렸다.[5]

고대 올림픽은 1500년도 넘게 흐르고 난 1896년 4월 6~15일 아테네에서 부활했다(하계올림픽). IOC(국제올림픽위원회) 창립자는 스포츠에 남다른 열정을 지녔던 프랑스인 피에르 드 쿠베르탱Pierre de Coubertin(1863~1937) 남작이었다. 올림픽은 전시戰時를 제외하고 20세기 동안 세계 다양한 도시에서 4년에 한 번씩 개최돼왔다. 여성의 참가가 허용된 것은 1900년부터였다(제2회 대회(파리)). 첫 동계올림픽은 1924년 프랑스 샤모니에서 열렸다. 올림픽의 발원지답게, 1896년 아테네에서 열린 첫 근대 올림픽의 마라톤 우승자는 스피리돈 루이스Spyridon Louis라는 그리스 선수였다.

보면, 오늘날 익숙한 성애 구별의 범주를 엿보게 해주는 성행위를 몇 가지 접할 수 있다. 그런데 그 내용을 좀 더 면밀히 살피다 보면, 당시 그리스인들은 지금의 우리에겐 매우 생경한 가치 체계를 따랐던 게 아닌가 하는 생각이 든다. 그 신화에 따르면, 인간은 원래 팔다리가 여덟 개, 얼굴은 두 개, 생식기도 앞뒤로 두 개 달린 생물체였다. 이 생물체는 그 종류가 남성male, 여성female, 남녀양성androgynous의 셋으로 나뉘었다. 이랬던 생물체를 나중에 제우스가 반으로 쪼갰고, 그렇게 갈라진 반쪽들을 위해 성교라는 것을 만들어냈다. 사람들은 자신의 윗대가 어떤 유형이었느냐에 따라 다양한 성적 욕구를 가지게 됐다. 따라서 이런 가치 체제에서는 사람을 남성과 여성이라는 반대되는 둘로 구별해서는 뭔가가 빠진 것처럼 보였을 것이다. 이 시기 그리스에서는 개개인에 따라 다 다르게 나타나는 성적 다원성pluralist sexuality을 기본 요건으로 여겼던 것 같다. 안타까운 사실은, 성적 다원성만이 아니라 그와 관련한 학자들의 의견까지도 그만큼 엇갈리고 있다는 것이다.[19]

그리스의 사회구조는 그렇게 단순한 그림으로 드러나지 않는다. 도시국가의 사회와 펠로폰네소스반도의 아르카디아 같은 더 외진 산악 지역의 사회 사이에는 차이가 있었는바, 후자는 목축지대로 그리스 시대 이전에 생겨난 부족들이 로마 시대까지 명맥을 이어간 곳이었다. 노예제는, 일부 역사학자들이 믿고 싶어 하듯 반드시 모든 사회적·경제적 제도의 토대를 이룬 것은 아니었지만, 그리스 사회 전반에 걸쳐 나타난 특징이었다. (마르크스-레닌주의의 '역사발전 5단계설'에서는 고전시대 노예 소유가 모든 사회사를 설명하는 필연적 출발점으로 간주되곤 한다.) 아테네의 경우, 그 주민들이 노예, 메틱metic(외국인 거주민), 시민 셋으로 나뉘었다. 안드라포다andrapoda(축자적 의미로 "인간의 발")라고 불린 노예들은 (가축과 같이) 그 집안의 가재家財, chattel로 취급받왔고, 그래서 설령 이들을 죽인다 해도 아무 책임이 따르지 않았다. 노예들은 군복무도 허락되지 않았다. 해방 노예는 자동적으로 메틱의 신분으로 올라갔고, 그럴 경우 세금과 군복무 의무를 모두 질 수 있었다. 시민들은(유일하게 스스로를 "아테네인"이라 칭할 수 있는 신분이었다) 부동산을 소유할 권리와 함께 군복무의 의무를 졌다. 시민들은 총 열 개의 필레phyle(부족)로 나뉘었고, 필레는 다시 트리티스trittys(한 부족의 3분의 1)와 데메deme(행정구역)라 불린 더 작은 집단으로 나뉘었다. 각 단위는 저마다 협동 생활을 하되, 시민 조직과 군사 조직 양면에서 일정한 역할을 수행했다.

그리스의 정치 조직의 주된 특징은 다양성과 실험이었다. 모든 폴리스polis(도시국가)는, 적어도 이론상으로는, 제 힘으로 통치를 해나갔고 따라서 폴리스마다 제각기 그 나름의 변형·파생·모방을 거치며 광범위한 종류의 정치 전통이 발달해 나왔다. 해적왕 폴리크라테스Polycrates 치하의 사모스처럼 군주정이 이뤄지는 곳이 있었는가 하면, 페르시아의 선례에 영향을 받은 소아시아 도시들 사이에서 특히 많이 찾아볼 수 있던 전제정이 이뤄지는 곳들도 있었다. 코린토스, 스파르타, 마실리아처럼 다양한 유형의 과두정이 행해진 곳들도 있었고, 전성기의 아테네처럼 민주정이 실시되는 곳들도 있었다. 전쟁, 동맹, 연합으로 폴리스 사이에 상호 작용이 끊임없이 일어났다. 그 결과, 상이한 도시들이 종전과는 전혀 다른 모습으로 진화하기도 쉬웠다.

아테네 체제만 해도, 기원전 7세기에 "드라코니언(가혹한)draconian" 법률(엄벌주의)을 처음 입안한 드라콘Draco 때 가장 초창기의 변화 징후들이 나타났다고 알려져 있으며, 기원전 6세기에는 솔론Soion의 개혁과 함께 페이시스트라토스의 자비로운 전제정이 행해졌다. 드라콘으로부터 200년 뒤에는, 아테네가 펠로폰네소스전투에서 패하면서 '30인 참주Thirty Tyrants'라는 일시적 시기와 페리클레스의 주요 비판자로 급진파인 클레온Cleon의 통치에 접어들었다. 한편 시민의 참여가 실제로 어느 정도였는가에 대해서는, 아테네 민주정의 핵심 시기로 여겨지는 기원전 5세기 몇십 년 기간에 대해서조차 현대 학자들 사이에서 의견이 도무지 합치되지 않는 실정이다. 정교한 논쟁이 지금도 벌어지고 있기는, 아테네의 노예 인구, 도시 군중의 역할, 시민들 사이에서의 토지 보유 정도, 시민-농민citizen-peasant의 지위, 그리고 무엇보다 다양한 시의회—불레Boule('500인회'), 에클레시아Ecclesia 등 입법 기능을 담당한 주요 회의들—의 기능 같은 문제들에 대해서도 마찬가지다. 자유민 남성만으로 구성된 집단으로 최대 5만 명에 육박했다고 여겨지는 데모스demos(민중) 역시 민주주의만큼이나 정의하기 쉽지 않은 문제다. 이뿐만 아니라 아테네의 위대한 민주주의자로 통하는 페리클레스나 데모스테네스가 (워싱턴이나 토머스 제퍼슨처럼) 노예 소유주였다는 사실, 또 민주주의 체제였던 아테네가 자신보다 약소한 종속국들에는 압제적 지배력을 행사했다는 사실 역시 받아들이기 쉽지 않다. [데모스]

어쩌면 당연한 얘기지만, 지극히 복잡한 양상을 띠었던 그리스의 정치 관행은 정치이론이 성장해 나오는 비옥한 토양을 마련해주기도 했다. 이른바 "수호자Guardian"—철학자왕philosopher king이라고도 일컬어졌으며 전제정치자의 특성을 다소 가지고 있었다—의 통치를 옹호한 플라톤의 《국가론Republic》과, 인간을 조온 폴리티콘zoon politikon(정치적 동물)으로 규정한 아리스토텔레스의 《정치학》은 정치라는 화두와 관련해 두 가지 상반된 접근법을 보여준다. 오늘날 사용되는 기본 정치학 용어들도, "무정부anarchy"에서 "정치학politics"이라는 말 자체까지, 대체로 그리스인들이 만들어냈다.

그리스의 역사서술에서도, 극작품의 경우와 마찬가지로, 내로라하는 3대 거물이 있었다. 할리카르나소스의 헤로도토스Herodotus of Halicarnassus(기원전 484~기원전 420)는, 흔히 "역사학의 아버지"로 통하나, 외국 땅에 대한 관심이 워낙 각별했던 탓에 조국을 더 맹목적으로 사랑했던 그의 동포들로부터 "거짓말의 아버지"라는 호칭을 얻었다. 그는 현장답사 보고와 함께, 자신이 먼 거리를 두루 여행하고 관찰한 결과를 토대로 삼아 글을 썼다. 헤로도토스는 유럽과 아시아 사이에서 벌어지는 대규모 일전의 맥락에서 과거를 보았으며, 그래서 아홉 권에 달하는 그의 책도 그리스-페르시아 전쟁을 다룬 부분에서 절정에 이른다. 투키디데스Thucydides(기원전 455~기원전 401년경)는 아테네인으로, 토머스 홉스를 비롯한 많은 이의 견해에 따르면, 두말할 나위 없이 "지금껏 글을 쓴 역사서술가 중 가장 정치적인 인물"이었다. 역사를 서술하면서 원인과 결과를 따지는 체계적 분석을 도입한 사람이 투키디데스였다. 그는 각종 문서와 논문을 길게 인용하기도 하고, 주요 인물의 정형화된 연설을 통해 어느 한쪽에도 절대 치우치지 않는 자신의 내러티브에 주관적 견해를 불어넣는 놀라운 방법을 발견하기도 했다. 펠로폰네소스전쟁을 다룬 투키디데스의 여덟 권짜리 책(《펠로폰네소스 전쟁사》)은 "눈앞 대중의 취향을 맞추기 위해서가 아니라 역사에 길이길이 남기려는 목적에서" 집필한 것이라고 적었다. 크세노폰Xenophon(기원전 428년경~기원전 354) 역시 아테네인으로, 《헬레니카Hellenica》와 《아나바시스Anabasis》를 써낸 인물이다. 《헬레니카》는, 투키디데스가 얼마쯤 헤로도토스의 작업을 이어받아 역사를 집필한 것과 마찬가지로, 투키디데스가 갑작스레 절필한 그 시점부터 그리스 역사를 이어가는 책이다. "페르시아 원정"이라고 번역되는 《아나바시스》는 크세노폰 자신을 포함해 1만 명에 이르는 그리스인 용병들이 겪은 장기간의 행군을 그린 책으로, 용병들이 메소포타미아까지 갔다가 페르시아인 왕위 주창자 밑에서 다시 복무하기까지의 여정을 담고 있다. 몇 달에 걸친 행군 끝에, 크세노폰과 그의 동료들이 트레비존드(트라페주스)가 보이는 언덕에 올라서서 눈앞에 바닷가가 펼쳐져 있는 것을 보고는 "탈라사! 탈라사! Thalassa! Thalassa!"("바다다! 바다!")라고 외친 대목은 군대 연대기에서 가장 감정이 북받치는 순간으로 꼽히기도 한다.

데모스 DEMOS

■
■ 　어떤 사람들은 기원전 507년 알크마이온 가문의 클레이스테네스Cleisthenes가 인민주권popular sovereignty의 전통을 처음 세웠다고 생각한다. 그들은 1993년에 '민주주의 탄생 2500주년'을 기념하기로 했다. 런던 길드홀에서 열린 성대한 만찬회에서 고전학회Classical Society 회장이 연설을 했다.[1] 사실 아테네 민주주의의 씨앗은 클레이스테네스 이전에 이미 뿌려졌다. 그보다 앞서 솔론이 아크로폴리스 근처의 프닉스Pnyx 언덕에 시민들이 모여 여는 민회民會인 에클레시아Ecclesia를 확립했다. 그러나 에클레시아는 페이시스트라토스(피시스트라토스)와 그의 아들들 같은 귀족 지도자들에게 조종당하곤 했다. 페이시스트라토스와 그의 두 아들은 기원전 560~기원전 510년 50년간의 참주정僭主政, tyranny을 강화하는 데 에클레시아를 이용했다.

클레이스테네스가 속한 부유한 알크마이온 가문은 한때 페이시스트라토스와 정치적 협력을 시도했다가 이후 망명길에 오른 일가였다. 클레이스테네스는 자신의 친족이 저지른 대학살을 속죄하려 파로스섬의 대리석으로 델포이의 제우스신전을 새로 단장했던 것으로 추정된다. 그는 기원전 513년 아티카를 공격하지만 패퇴했는데 이 과정에서 페르시아에 원조를 요청했던 것 같다. 하지만 3년 후, 페이시스트라토스부터 시작된 참주정의 세 통치자 중 마지막 참주를 축출한 것은 클레이스테네스가 아니라 사실상 스파르타인들이었다.

클레이스테네스는 전임 통치자들이 의존했던 기존의 부족 행정체제를 약화시키려 시민들의 힘을 끌어내는 체제를 확립한 것으로 알려져 있다. 그는 에클레시아의 주권을 강조함으로써 한층 광범위한 개혁을 추진할 수 있는 권위를 획득했다. 기존의 4부족 중심의 행정체제를 해체하고 각자 고유의 신전과 숭배 영웅을 가진 10부족 체제로 개편했다. 또한 각 부족을 구성하는 최소 행정단위인 데메deme의 역할을 강화했으며 참

정권을 아테네에 거주하는 모든 시민에게로 확대했다('데모스'는 데메의 구성원이다). 무엇보다 그는 에클레시아에서 결의되는 안건들을 처리하는 일종의 운영위원회인 불레Boule를 새롭게 재편했으며 도편陶片추방제ostracism를 도입했다. 클레이스테네스는 '민중의 소리를 체계적으로 반영하는 기술의 창시자'로 불려왔다. 185년 동안 지속된 아테네의 민주정은 결코 완벽한 형태가 아니었다. 불레 구성원들의 권모술수, 데메의 불안정성, 부유한 후원자들과 대중 선동 정치꾼들의 지속적 영향력 때문에 시민들의 주권이 제한됐다. 에클레시아의 의결 정족수 6000명을 채우기 위해 거리의 시민들을 어떻게든 설득해 에클레시아에 참여시켜야 해서 붉은색 물감이 칠해진 '밧줄을 둘러쳐' 참여를 유도했다. 중앙의 체제에서든 지역의 체제에서든 당시 시민들이 이런 식의 정치에 어느 정도 참여했는가에 대해서는 학자들 사이에 의견이 분분하다.[2] 그러나 고대 아테네에서 시민들이 통치에서 중요한 역할을 한 것만은 분명하다. 아테네 시민들은 법 앞에서 평등한 권리를 가졌다. 그들은 고위 공직자인 스트라테고스Strategos 10명을 선거로 선출했고, 1년 임기의 여러 행정 관리직에 앉을 사람들을 추첨으로 뽑았다. 무엇보다 중요한 점은 공직자에게 책임을 묻는 제도를 두었다는 사실이다. 부정직하거나 무능력한 관리는 공직에서 내쫓기거나 심지어 처형당할 수도 있었다.

모두가 아테네의 민주주의에 찬동했던 것은 아니다. 플라톤은 민주주의가 무능한 자들이 다스리는 체제라고 생각했다. 아리스토파네스는 "화가 가득하고 괴팍한 고집불통의 늙은 남자들, 프닉스의 민중"이라는 말로 민주주의를 조롱했다. 한번은 다음과 같이 묻기도 했다. "그렇다면 해결책이 무엇인가?" 그러고는 이렇게 답했다. "여자들."

안타깝게도, 고대 아테네의 민주주의와 오늘날 유럽의 민주주의 사이 연결고리는 희미하다. 민주주의는 그 탄생지에서 끝까지 번영을 구가하지 못했다. 민주주

는 로마인들에게 선호되지 않았고 1000년 넘게 거의 잊혔다. 오늘날 유럽의 민주주의 체제의 기원이 될 만한 흔적은 바이킹이 만들었던 민중의회 [딩], 봉건 군주들이 소집한 의회, 중세의 도시국가들에서도 찾을 수 있다. 아테네식의 모든 자격 있는 시민으로 구성된, 주권을 가진 민회 개념에 상응하는 것들은 중세의 노브고로드, 헝가리, 폴란드에서나 찾아볼 수 있었다—세 곳 모두 정치체제 측면의 대를 잇는 후계자는 낳지 못했다. 계몽주의 이론가들은 고전시대의 지식과 헌법 개혁에 대한 지식을 한데 섞었다. 아울러 고대 그리스에 대한 낭만주의적 관점도 고전교육을 받은 자유주의 지식인들 사이에서 일정 역할을 담당했다. 그러나 진보적 지식인들 자신도 때로 비판적 관점을 드러냈다. 알렉시 드 토크빌은 "다수의 전제(폭정)the tyranny of the majority"가 지닌 위험성을 강하게 경고했다. 에드먼드 버크는 프랑스식 모델에 기초한 민주주의를 "세상에서 가장 추잡한 것"이라고 했다. 역사 속에서 민주주의가 표준적 정치체제였던 적은 거의 없었다.

오늘날 민주주의의 본질에 대한 합의는 거의 형성돼 있지 않다. 이론적으로 민주주의는 자유, 정의, 평등, 법치주의, 인권 존중이라는 가치를 증진하고 정치적 다원주의와 시민사회의 발전을 추구하는 체제다. 그러나 현실적으로 '인민에 의한 지배'는 불가능하다. 같은 민주 정체라도 인민주권 원칙을 가진 유럽 대륙 나라들과 의회주권parliamentary sovereignty 원칙을 가진 영국은 서로 다른 점이 많다(825쪽 참조). 또 각 나라의 민주주의는 그만의 단점이 있다. 윈스턴 처칠은 "민주주의는 그동안 시도된 모든 형태의 통치체제를 제외하면 최악의 통치체제다"라고 말했다. 한 가지 공통점이 있다면, 역사 속에서도 늘 그랬듯, 거의 모든 사람이 독재를 혐오한다는 사실이다. 그리고 그것은 각기 역사적 상황은 다를지라도 독재나 전제정치에서 벗어난 국가들을 하나같이 민주주의로 나아가게 추동하는 힘이다. 1918년 신생 체코슬로바키아공화국의 대통령(토마시 가리구에 마사리크)은 "우리의 역사가 우리를 민주주의의 힘으로 향하게 했다"라고 선언했다.[3] 이와 유사한 정서는 1989~1991년 붕괴한 동유럽 공산주의 블록의 지도자들에게서도 목격됐다.

민주주의에도, 모든 운동이나 사조가 그렇듯, 설립 신화가 필요할 것이다. 민주주의도 유서 깊은 기원과 인정받을 만한 영웅이 필요하다. 그렇다면 민주주의와 관련해 알크마이온 가문의 클레이스테네스보다 더 유서 깊고 더 인정받을 만한 인물이 또 있을까?

흔히 동의하듯, 그리스 문명의 절정은 아테네의 페리클레스 시대였다. 아테네가 페르시아의 침공에서 살아남은 기원전 480년과 스파르타와 파국적 전쟁을 벌이기 시작한 기원전 431년 사이, 아테네의 정치적·지적·문화적 에너지는 최고조에 달했다. 장군이자 정치가 페리클레스Pericles(기원전 495년경~기원전 429)는 당시 민주 체제의 온건한 당파를 이끌고 있었다. 그는 약탈당한 아크로폴리스의 재건 계획을 마련해 진행시켰으며 예술가들과 철학자들의 벗이기도 했다. 펠로폰네소스전쟁 첫해에 사망한 이들을 위해 행한 장례식 연설을 보면, 그가 자신이 나고 자란 도시의 자유와 수준 높은 문화에 대한 자부심이 심장 고동치듯 전해온다.

우리는 아름다운 것을 사랑하지만 그렇다고 사치를 부리지 않습니다. 우리는 머리에서 나온 것들을 사랑하지만 그 때문에 유약해지지도 않습니다. 우리는 재물이란 올바로 써야 할 무언가라고 생각하지 남들 앞에 자랑스레 떠벌릴 무언가라 생각하지 않습니다. […] 여기 모이신 분들은 저마다 중히 돌보는 일들이 있지만, 그와 함께 우리는 나랏일에도 신경을 씁니다. 정치에 일절 관심 없는 사람들을 우리는 개인 용무에 신경 쓰느라 바쁜 사람이라 말하지 않습니다. 그런 사람은 그저 이곳 아테네와는 아무 볼일이 없는 사람입니다. […] 또 무식하기에 용감한 이들도 있으니, 그런 사람들은 머리로 생각하기 시작하는 순간 가슴에 두려움이 생겨납니다. 하지만 우리가 더없이 진실로 용감하다 여기는 이는 우리의 삶에서 무엇이 달콤하고 또 무엇이 끔찍한지를 아는 사람, 그것을 알고 자신 앞에 닥쳐오는 일에 굴하지 않고 맞서는 사람입니다.[20]

동시대 인물들을 보면 페리클레스가 이런 자부심을 가질 이유가 충분했다. 아낙사고라스와 소크라테스, 에우리피데스와 아이스킬로스, 핀다로스와 페이디아스, 안티폰과 아리스토파네스, 데모크리토스와 히포크라테스, 헤로도토스와 투키디데스 이 모든 인물이 아테네의 한 거리를 걸어 다녔고, 이 모든 인물이 차차 형태를 갖추어가던 파르테논신전이 기원전 438년에 마침내 그 문을 연 모습을 지켜보았으니까. "그리스의 눈, 예술과 웅변술의 어머니"였던 아테네는 "너는 항상 구름 사이를 나는 독수리가 되리라"던 신탁을 정말 실현시킨 셈이었다. 아테네에 대한 가장 적절한 표현은 아마도 핀다로스의 작품에 들어 있는 다음과 같은 시구일 것이다.

Αἴ τε λιπαραὶ καὶ ἰοστέφανοι καὶ ἀοίδιμοι,
Ἑλλάδος ἔρεισμα, κλειναὶ Ἀθᾶναι, δαιμόνιον προλίεθρον.

보랏빛 왕관 쓰고 반짝이며 노래로 칭송받으리,
그리스의 방벽, 유명한 아테네, 신성한 도시여.[21]

스파르타는, 라케다이몬Lacedaemon이라는 다른 이름으로도 통하는데, 당대 아테네의 경쟁 상대였던 동시에 아테네를 곁에서 더욱 돋보이게 해준 곳이었다. 그리스가 오늘날의 감수성에 매력적으로 비친다면, 스파르타는 그만큼 추한 곳이었다. 스파르타는 그리스의 폴리스 사이에서도 유별나게 육지에만 둘러싸인 도시국가로, 펠로폰네소스반도 한가운데 라코니아의 평원에 세워져 있었다. 스파르타는 따로 자국 해군을 갖추지 않고, 오로지 상무정신을 다지는 데에만 전력을 다해 그것을 밑바탕으로 근방의 모든 이웃—메세니아인, 아르고스인, 아르카디아인—과 맞붙었다. 스파르타의 정치체제는, 신처럼 추앙받던 리쿠르고스Lycurgus(고대 스파르타의 전설적인 입법자)가 스파르타를 위해 특별히 만들어준 것이었는바, 전제정 형태의 참주제, 참주제 형태의 전제 등 다양한 말로 표현됐다. 스파르타에서 독재적 권력을 휘두른 것은 에포르ephor(정무관)의 회의였다. 에포르들이 세습을 통해 왕위에 오른 두 명의 스파르타인 '왕'에게 지시를 내렸고, 왕들은 고위 사제와 군사령관 노릇을 겸했다. 당시 스파르타는 보유하고 있던 식민시가 거의 없었고, 따라서 인구과잉의 문제도 자국에서 태어난 남자 젖먹이를 도태시키는 식으로 해결했다. 약골로 태어난 아기들을 한데에 내다 버려 그대로 죽게 한 것이다. 살아남은 사내아이들은 일곱 살이 되면 나라에서 데려가 신체 기량을 발달시키고 군기를 다지는 훈련을 시켰다. 20세가 되면 총 40년 기한인 시민병으로서 군복무를 했다. 나라에서는 시민들이 무역이나 수공업에 손 대지 못하게 했고, 헬롯helot(헤일로타이Heilotai)이라고 불린 하위계층이 뼈 빠지게 일해 이들을 부양해야 했다. 그 결과 스파르타에서 나타난 문화는 예술이나 품위에는 신경 쓸 여유라곤 없는 것이었고, 스파르타가 헬라스(그리스)의 나머지 국가들과 연대를 맺는 일도 거의 없었다. 아리스토텔레스에 따르면, 스파르타는 또한 남자의 수가 어느 순간 걱정스러울 만큼 뚝 떨어진 사회이기도 해서 결국에는 토지 상당 부분을 여자들이 차지했다. 한편 "라코니식laconic"이라는 말은 곧 구구절절 말을 늘어놓지 않는다는 의미였다(〔라코니아Laconia"는 "라케다이몬"과 같은 말이다). 한번은 마케도니아의 필리포스 2세가 스파르타에 위협조의 서한을 보냈다. "언젠가 라케다이몬에 발을 들이면, 그곳을 완전히 쑥대밭으로 만들어버리겠다." 스파르타의 에포르들이 보낸 답신은 딱 한마디였다. "해보든지." [마케돈]

헬레니즘 시대—즉 그리스 도시국가 세계가, 영역은 더 광대했으나 본질적으로 비非그리스에 속했던 알렉산드로스 및 그 후계자들이 이룩한 세계와 통합된 시대—는 퇴폐적이었다는 이유로 종종 사람들의 경멸을 사곤 한다. 정치적 측면에서 봐도, 제각각 쪼개진 알렉산드로스의 제국을 왕조들이 저마다 하나씩 틀어쥐고 자기네끼리 실랑이를 벌인 것은 확실히 감화받을 이야기는 아니다. 그러나 달리 보면, 그리스 문화는 옹골찬 힘을 가졌다는 점에서 수 세기 동안 다양한 지역에 두루 쌓인 공통의 전통을 가벼이 여길 수는 없을 것이다. 인더스강 유역만 해도, 그나마 헬레니즘의 장막이 가장 얇게 드리워진 곳이었는데, 그리스인들의 통치가 기원전 1세기 중반까지 이어졌다. 마케도니아에서는, 알렉산드로스 휘하에서 전장을 누빈 외눈박이 장수 안티고노스Antigonus(기원전 382~기원전 301)가 창건한 안티고노스왕조가 로마인들에게 패배당하는 기원전 168년까지 통치를 이어갔다. 시리아와 한동안 페르시아 및 소아시아에서는, 셀레우코스 1세 니카토르Seleucus I Nicator(재위 기원전 280~기원전 261)가 창건한 셀레우코스왕조가 세를 확립해 확연히 줄고는 있었으나 여전히 광대하게 펼쳐진 아시아의 영토들을 장악했다. 셀레우코스왕조는 헬레니즘 문화 전파에도 앞장서서, 아시아의 새로운 그리스 식민시들을 하나의 망으로 엮겠다던 알렉산드로스의 계획을 실행하려 의식적으로 노력했다. 셀레우코스왕조가 로마에 항복한 것은 기원전 69년이었다. 셀레우코스왕조는 기원전 250년에 동쪽 땅 절반을 파르티아

마케돈 MAKEDON

■ 마케도니아가 그리스인의 나라냐고 묻는 것은
■ 프로이센이 독일인의 나라냐고 묻는 것과 일면
비슷하다. 머나먼 기원을 따진다면 두 경우 모두 답은
'아니다'이기 때문이다. 고대 마케도니아의 초기 역사는
일리리아 또는 트라키아 문명의 영향권 내에 있었다.
그러나 왕가 무덤들에서 발굴된 유물이 보여주듯, 마
케도니아 필리포스 2세가 그리스를 정복하기 전에
고도의 헬레니즘화가 진행됐다.[1] [파피루스] (신화에 의하
면, 마케도니아인은 제우스와 티아아Thyia 사이에 태어난 마케
돈의 후예로 알려져 있다.)

로마의 속주 마케도니아는 아드리아해까지 뻗어 있었
고[에그나티아] 6세기 이후에는 이 지역에 슬라브족이
이주해 대기 정착했다. 일설에 따르면, 이 슬라브족이
그곳에 아직 남아 있던 선사시대 그리스어 사용자들
과 섞여 살다가 새로운 비非그리스계 마케도니아 국가
를 세웠다고 한다. 비잔티움제국은 그리스 문화와 깊이
연결돼 있었던 터라 때로 "마케도니아Macedonia"라
는 별칭으로 불렸다. 그러나 마케도니아의 속주였던 지
역과 펠로폰네소스반도의 상당 부분은 '스클라보니아
Sclavonia'로 흡수됐다.

중세에 마케도니아는 한때 불가리아제국에 병합됐고
이후 불가리아정교회의 총대주교 대리구에 속하게 된
다. 이는 훗날 불가리아가 마케도니아의 영유권을 주
장하는 근거가 됐다. 14세기에 마케도니아는 세르비아
의 지배하에 들어갔다. 1346년 스테판 우로시 4세 두
샨이 스코페에서 대관식을 치르고 '세르비아인, 그리스
인, 불가리아인, 알바니아인의 차르'가 됐다. 이를 근거
로 세르비아는 마케도니아의 영유권을 주장했다. 이후
마케도니아는 오스만제국이 점령했다.

19세기 후반 오스만제국 치하의 마케도니아는 여러 종
교와 민족이 섞인 전형적 발칸 지방이었다. 정교회 신
도들이 무슬림과 함께 살았고 그리스인과 슬라브족이
알바니아인, 터키인과 섞여 살았다. 모든 정교회 신도

는 콘스탄티노폴리스의 총대주교를 교회의 수장으로
모신다는 점에서 관습상 '그리스인'으로 간주됐다.

발칸전쟁(1124쪽 참조) 때 그리스, 불가리아, 세르비아
가 마케도니아를 놓고 싸웠다. 마케도니아는 세 부분
으로 분할됐다(부록 1651쪽 참조). 테살로니키를 중심
으로 한 남부 마케도니아 지방은 그리스로 넘어갔다.
1922년 그리스와 터키[지금의 튀르키예] 사이 인구 교환,
1949년 그리스내전으로 인한 슬라브족들의 대탈출이
있은 후, 애국심 강한 그리스인들이 남부 마케도니아
를 다스리게 된바, 그 대부분이 '알렉산드로스 대왕의
후예'로 터키에서 이주해온 사람들이었다. 동부 마케도
니아는 어느 새엔가 스스로를 불가리아의 일부로 여겼
고, 불가리아는 마케도니아를 '서쪽의 불가리아'로 간
주했다. 스코페와 상上바르다르계곡을 포함한 북부 마
케도니아에는 세르비아의 알바니아인과 슬라브족들이
섞여 거주했다.

북부 마케도니아가 1945년 유고슬라비아연방 내의 '마
케도니아Makedonija'라는 자치공화국으로 재편된 후,
역사를 단순화하고 전 국민의 정체성을 개조하는 적극
적 운동이 전개됐다. 유고슬라비아연방 정부는 제2차
세계대전 중 불가리아의 점령 기간이 가져왔던 영향들
을 없애고 고대 그리스의 문화적 매력을 격퇴하는 데
주력했다. 마케도니아 정치 엘리트층의 슬라브어 방언
이 독립된 개별 언어로 공표됐고, 고대 교회 슬라브어
가 '고대 마케도니아어'와 동일한 것으로 간주됐으며,
모든 국민이 4세기 전으로 거슬러 올라가는 슬라브 마
케도니아의 '위대한 사상'에 따라 교육받았다.[2]

사정이 이렇다 보니, 1991년 스코페 정부가 유고연방
으로부터 독립을 선언했을 때 이 새 공화국의 명칭을
어떻게 정할지를 두고 그리스와 갈등이 빚어졌다. 한
그리스 학자는 봉쇄된 그리스 북부 국경 지대의 그리
스쪽 땅에 슬라브어를 사용하는 소수민족이 살고 있
다는 사실을 세간에 공개했다는 이유로 수차례 살해
협박을 받았다고 한다.[3] (유엔 등) 중립적 입장의 국제
사회는 구舊 유고슬라비아 마케도니아공화국Former

Yugoslav Republic of Macedonia'을 뜻하는 FYROM 이라는 두문자어를 사용했다. 마케도니아의 지나온 역사를 꼬치꼬치 다 캐는 국호 FOPITGROBBSOSY 가 제안되기도 했는데, '구 일리리아, 트라키아, 그리스, 로마, 비잔티움, 불가리아, 세르비아, 오스만 제국, 세르비아, 유고슬라비아 속주Former Province of Illyria, Tharce, Greece, Rome, Byzantium, Bulgaria, Serbia, the Ottoman Empire, Serbia, and Yugoslavia'의 약자다. (1991년 유고연방이 해체되면서 분리·독립한 마케도니아공화국Republic of Macedonia은 그 국명을 둘러싸고 마케도니아에 대한 역사적 정통성이 자국에 있다고 주장하는 그리스와 오랜 갈등을 벌여왔다. 마침내 양국 사이에 2019년 2월 합의가 이뤄져 마케도니아공화국은 북마케도니아공화국Republic of North Macedonia으로 국명이 바뀌었다. 북마케도니아공화국은 2020년에 그간 그리스의 반대로 가입을 하지 못하고 있던 나토에 가입하게 됐다.)

인 아르사케스Arsaces(기원전 248년 몰)에게 빼앗기게 되며, 아르사케스가 세운 아르사케스왕조는 페르시아 땅에 토착 제국이 재탄생하는 기원후 226년까지 500년 가까이 페르시아 땅을 다스렸다. 이집트에서는, 사생아이자 알렉산드로스의 이복형제 프톨레마이오스 소테르Ptolemaeus Soter("소테르"는 '구원자'라는 뜻이다. 기원전 285년 몰)가 창건한 프톨레마이오스왕조가 기원전 31년까지 그곳을 다스렸다.

프톨레마이오스왕조는, 예술과 학문에 후원을 아끼지 않은 것으로 유명한 한편으로, 프톨레마이오스 8세 피스콘(배불뚝이)Ptolemy VIII Physcon처럼 때로 생각만 해도 역겨운 도착적 일들을 벌인 것으로도 유명하다. 피스콘은 상식에 어긋나는 혼인만 수차례 했으며, 처음엔 갖은 수를 써 자기 누이와 혼인했다가(그녀는 형의 미망인이기도 했으니까, 혼인 이후 그녀는 피스콘에게 누이이자, 아내이자 형수인 셈이었다) 나중에는 아내가 예전 남편과의 사이에서 낳은 딸과 혼인하려고 본부인과 이혼했다(따라서 이 딸은 피스콘의 둘째 부인이자, 조카이자, 의붓딸이었다). 아울러 피스콘은 아들을 살해하기까지 했다(이 아들은 피스콘의 조카이기도 했다). 근친상간은 왕실 혈통의 순수성을 지키려는 목적으로 파라오들 사이에 대대로 이어지던 전통이었으나, 다른 문화에서는 줄곧 퇴폐로 칭해져왔다.

그러나 이집트의 테르메(테살로니카), 안티오크, 페르가뭄, 팔미라, 그 어디보다 알렉산드리아는 당시 문화·경제·정치의 주요 중심지로 자리 잡았다. 그리스 문화와 퇴폐적 왕조 옆에서 숙성된, 동방의 힘이 한데 융합되자 그 어디에서도 따라하지 못할 독보적 헬레니즘 문화가 탄생했고, 종국에는 이 문화가 서쪽의 라틴계 지배자들까지 압도했다. 어쨌거나 로마 쇠망 이후 천 년 동안 로마제국을 지탱한 비잔티움의 '로마인들'은 헬레니즘을 지향한 그리스인들의 계승자들이었고, 또 어떻게 보면 명실상부한 알렉산드로스의 마지막 계승자라 할 수 있었다. 호라티우스의 말마따나, "사로잡힌 그리스가 난폭한 정복자를 사로잡은Graecia capta ferum victorem cepit" 것이었다.

따라서 헬레니즘 문화는 그리스 문화라는 자신의 선조보다 훨씬 더 폭넓은 기반을 손에 넣은 셈이었다. 아티카의 10대 연설가 중 맨 마지막으로 꼽히는 이소크라테스Isocrates(기원전 436~기원전 338)에 따르면, "아테네의 성취를 통해, 그리스라는 이름은 더는 인종이 아닌 지성을 가늠하는 기준으로 여겨지게 됐다." 그 결과, 실제 그리스 작가들의 수가 눈에 띄게 늘어났다. 지리학자만 해도 스트라본strabo(기원전 63년경~기원후 21)부터 파우사니아스Pausaniass(활약 기원후 150년경)까지 한둘이 아니었다. 시인들도 숱하게 배출됐으니, 아폴로니오스Apollonius, 아라토스Aratus, 비온Bion(《아도니스를 위한 애가Lament for Adonis》의 작자) 등이 있었는가 하면, 헤르메사니악스Hermesaniax, 모스코스Muschus, 멜레아그로스Meleager, 무사이오스Musaeus, 오피아노스Oppian, 티몬Timon, 테오크리토스Theocritus도 있었다. 그리스 출신 역사가도 많아서, 이집트의 마네토Manetho(왕국 및 왕조의 연대별 정리 방법을 창안), 바빌론의 베로수스Berosus, 메갈로폴리스의 폴리비오스Polybius(기원전 204~기원전 122, 로마를 옹호한 그리스인), 요세푸스Flavius Josephus(기원후 36년생, 《유대인 전쟁The Jewish War》의 저자)와 함께, 아피아노스Appian, 아리아노스Arrian, 헤로디아누스Herodian, 에우세비우스Eusebius를 꼽을 수 있었다. 갈레노스Galenus(기원후 129~199)는 책장을 가득 메울 만큼 수많은 의학 교과서를 집필했으며, 헤르모게네스Hermogenes(활동 170)는 수사학의 표준으로 통하는 논문을 써냈다. 철학자들로는 히에라폴리스의 에픽테토스Epictetus of Hierapolis(55~135) 같은 신新스토아학파가 플로티노스Plotinus(105~270), 포르피리오스Porphyry(232~305), 프로클로스Proclus(기원후 412~488)가 포진한 신플라톤학파와 각축을 벌였다. 에픽테토스가 쓴 〈엔키리디온Enchiridion〉(스토아학파의 "교본"이라는 뜻)은 후대 고전 세계의 윤리의식에 지침서 역할을 했다고 일컬어져 왔다. 플루타르코스Plutarch(46년경~126), 전기작가이자 수필가 사모사타의 루키아노스Lucian of Samosata(120~180), 풍자가이자 소설가 롱구스Longus(2세기 후반)와 헬리오도로스Heliodorus(3세기)도 그리스 산문 전통이 로마 통치기에도 변함없이 다양하게 나타났음을 보여주는 훌륭한 사례다. [파피루스]

헬레니즘 시대 작가 중에는 그리스어를 제2언어로 삼아 글을 쓴 이들도 많았다. 요세푸스, 루키아노스, 마르쿠스 아우렐리우스가 여기에 속했고, 기독교 복음 전도자 마태오Matthew, 마르코Mark, 루카Luke, 요한John, 그리고 누구보다 사도 바울St Paul 역시 그러했다.

헬레니즘 세계에서는 이집트의 알렉산드리아가 이내 아테네가 그리스에서 누렸던 것과 같은 명성을 얻었다. 알렉산드리아는 프톨레마이오스왕조 시기 동쪽에서 가장 크고 가장 문화적인 도시로 성장해 넉넉한 재물과 화려함이 로마에 다음갔다. 알렉산드리아 주민들은 다양한 국적 출신에 다양한 언어를 썼으며, 주로 '마케도니아인', 유대인, 이집트인으로 구성돼 있었다. 로제타스톤Rosetta Stone(현재 영국박물관 소장)에 새겨진 칙령도 그 내용이 세 가지 언어로 적혀 있었고, 덕분에 명문銘文에 들어 있던 신성문자(히에로글리프)를 장-프랑수아 샹폴리옹Jean-François Champollion이 해독해낼 수 있었다. (알렉산드리아에는) 그야말로 굉장한 뮤지엄Musem (무사이온Mouseion) 곧 "뮤즈Muse들의 학교"라는 뜻으로 70만 권의 장서를 보유한 도서관이 세워져 고대 그리스의 문화를 수집·보호·연구하는 일에 매진하기도 했다("무사"는 '뮤즈'의 그리스어 이름이고 복수형은 무사이Musai다). 이곳에서는 늘 배움의 횃불이 불타올라, 그 옛날 거대한 파로스 등대가 알렉산드리아항의 해안가를 훤히 비춰주듯 후대 고전 세계의 지성 생활에 환한 빛이 돼주었다. 비잔티움의 아리스토파네스Aristopanes of Alexandria(기원전 257년경~기원전 180)는 알렉산드리아도서관이 문을 연 초창기에 사서로 일했고, 그리스 문학의 주석본을 처음 만드는 한편 그리스어 문법과 철자법에 대해 처음으로 체계적 분석을 행하기도 했다. 사모트라케의 아리스타르코스Aristarchus of Samothrace(활동 기원전 150년경)는 〈일리아스〉와 〈오디세이아〉 정본을 만드는 작업을 수행했다. 필론Philon, 혹은 필로 유대우스(유대인 피로)Philo Judaeus(기원전 30~기원후 45)는 알렉산드리아에서 번성하던 유대인 공동체의 지도자로서, 그리스 철학을 전통 유대교 신학과 조화시키고자 노력했다. 헤론Heron은, 알렉산드리아의 기술자로 관련 연대는 불분명한데, 많은 것을 발명했다고 알려져 있으며 그중에서도 증기기관, 사이펀syphon(대기의 압력을 이용해 액체를 하나의 용기에서 다른 용기로 옮기는 데 쓰는 관), 구멍에 드라크마drachma(고대 그리스 은화)를 넣을 수 있는 기계를 발명한 것으로 유명했다.

문화 전파의 역사에서 이 시기에 특히 중요한 노릇을 했던 것이 헤르메스주의 문헌Hermetic Writings(헤르메티카Hermetica)이라 일컬어지는 책들이었다. 오랜 기간 헤르메스 트리스메기스투스Hermes Trismegistus("세 번 위대한 헤르메스", 신들의 필경사. 작자에 대해서는 이름 외에 달리 전해지는 사실이 없다)가 지었다고 알려진, 알렉산드리아에서 나온 이 방대한 그리스어 문헌 전집은 사실상 고대 이집트에 대한 백과사전을 표방하는 듯한 모양새다. 42권의 경전 안에 파라오의 법, 신, 의례, 믿음, 우주론, 점성술, 의학이 요약돼 있다는 점에서다. 이 42권 이외에도 3세기로 거슬러 올라가는 책들에는 신플라톤주의와 밀교 문헌이 기이하게 혼합된 내용이 담겨 있는바, 아무래도 기독교의 흥기에 대항하고자 만들어진 것들로 보인다. [블랙 아테나]

그러나 결국에 가서는, 어쩌면 당연하지만, 육지에 기지를 갖춘 인근 강국들이 대군을 끌어모을 때는 '그리스의 연안 문명'이 도저히 당해낼 수 없다는 사실이 드러났다. 아리스토텔레스는 인류가 살아가는 모습을 "연안에 떼 지어 몰려 있는 개미들"에 빗댄 바 있는데, 바로 이 점이 그리스가 인력 및 자원을 집중시키는 데서 전략적으로 어려운 부분이었다. 가느다랗고 길게 뻗어 있던 그리스의 병참선兵站線은 경제적·문화적 확장이라는 목적을 실현하기에 효과적이었으나 군사 공격 앞에서는 너무도 손쉽게 허물어지곤 했다. 기원전 5세기에 그리스가 페르시아의

파피루스 PAPYRUS

■ 기원전 4세기의 탄화된 파피루스 문서가 마케도니
■ 아 테살로니키 근처 데르베니에서 1962년에 발견
됐다(데르베니 파피루스Derveni Papyrus). 이 문서는 장례
절차 중 태워졌거나 혹은 불쏘시개로 사용됐을 가능성도
있었다. 그럼에도 문자의 식별 및 해독이 여전히 가능했
다. 오스트리아 빈의 안톤 파켈만Anton Fackelmann 박
사가 새까얼한 파피루스 누부마리의 겹들을 정전기를 이
용해 분리한 후 해독해보니 파피루스에는 오르페우스의
시에 대한 해설이 담겨 있었다. 이 파피루스는 이집트 아
부시르에서 나온 파피루스 문헌 티모테우스Timotheus
의 〈페르시아인Persae〉(P. Berol. 9875)을 제치고 가장
오래된 그리스 파피루스 문헌이 됐다.[1] 1964년에도 유
사한 파피루스 두루마리가 발견됐다. 루마니아의 흑해 해
안에 있던 고대 칼라티스에서 기원전 4세기에 매장된 한
남자의 손에 들려 있었던 것으로, 발견된 직후 부스러져
버렸다.

식물 파피루스(학명 *Cyperus papyrus*)는 기원전 3000
년부터 이집트에서 기록용으로 사용됐다. 길고 얇게
찢은 속 줄기들을 가로, 세로로 겹쳐 압착해 만든 파피
루스 종이를 여러 장 이어 두루마리로 만들었다. 검댕
으로 만든 진한 검은색 잉크를 얇게 자른 갈대 줄기나
깃대에 묻혀 글씨를 썼다. 파피루스는 그리스와 로마
시대에도 계속 사용됐으며, 특히 이 식물이 풍부한 나
일 삼각주와 가까운 지역에서 많이 사용됐다. 헤르쿨
라네움의 화산재 속에 파묻혀 있다가 발견된 파피루스
두루마리 약 800개는 지금껏 나온 것 중 최대 규모다.
파피루스를 연구하는 파피루스학papyrology은 그동
안 고전 연구 분야에 엄청난 기여를 해왔다. 2000년
이 넘는 동안 다른 형태의 기록물들은 거의 소실됐기
때문에, 파피루스학은 고대 고문자학을 크게 발전시켰
다. 파피루스학은 고대 그리스와 중세 그리스 사이 언
어학적 틈새를 메우는 역할도 했다. 아리스토텔레스의
《아테네의 정체Constitution of Athens》, 소포클레스의
《추적자Trackers》, 메난드로스Menander의 《불만을
품은 자The Discontented Man》 등 한때 유실됐다고
여겨졌던 많은 고전 문헌의 내용이 파피루스학 덕분에
해석·소개됐다. 파피루스학은 성경 연구에도 중요한
역할을 했다. 성경 내용이 담긴 다양한 파피루스 조각
들로 이뤄진 약 7000개의 초기 그리스어 필사본이 현
존한나. 사해死海문서Dead Sea Scrolls에는 기독교 문
헌과 유대교 문헌이 포함돼 있었다. 구약 신명기申命記의
일부 내용을 담은, 기독교 이전 시대의 파피루스 두루마
리 2개도 존재한다. 요한복음이 적힌 기원후 125년의 파
피루스는 그 어떤 양피지羊皮紙, parchment 필사본보다
도 훨씬 오래된 것이다. 현존하는 초기 교황칙서 중 일
부도 파피루스에 기록돼 있다.[2]
파피루스가 점차 양피지와 독피지犢皮紙, vellum, 나중
에는 종이에 자리를 내주면서 두루마리 형태 역시 사
라지고 문서들을 묶어서 철한 코덱스codex가 등장했
다. 파피루스의 소멸과 코덱스의 출현, 이 둘이 함께 책
을 탄생시켰다. [비블리아] [샤티바]

도전을 천신만고 끝에야 격퇴해낸 것도 그래서였다. 기원전 4세기에는 마케도니아인이 그리스와
페르시아 전역을 짓밟는 데 30년밖에 걸리지 않았다. 기원전 3세기 이후로는 그리스가 줄곧 로
마군단(레기온)legion의 진격을 막아내지 못했다. 그리스인들은 전장에 5만 명 이상의 중무장보
병(호플라이트)hoplite을 한꺼번에 내보낼 수 있던 적이 단 한 번도 없었다. 그러나 공화정기의 로
마는 이탈리아반도의 넘쳐나는 인구를 병사로 징집할 수 있게 된 이후, 여차하면 전장에 동원

할 수 있는 병력이 50만에 달했다. 그리스와 로마는 군사 대결 시점부터 서로 막대한 부담을 짊어지지 않으면 안 됐던 셈이다. 로마군의 마그나 그라이키아 정복이 완료된 것은 기원전 266년 피로스전쟁이 끝나면서였다. 기원전 212년, 시칠리아가 의기를 다해 끝까지 로마군에 저항하다 로마에 병합됐다. 마케도니아도 기원전 168년 피드나전투에서 로마에 패했다. 그리스 본토는, 이 무렵 아카이아동맹Achaean League을 결성해 마케도니아인들의 통치로부터 재차 독립을 주장하고 있었는데, 기원전 146년 집정관 루키우스 뭄미우스Lucius Mummius에게 복속당해 로마 속주 아카이아가 됐다.

이후 로마는 과거 마케도니아제국에 속해 있던 그리스의 계승국들을 차례차례 약화시켜 나갔다. 그리스 세계가 극적 결말을 맞은 것은 기원전 30년, 프톨레마이오스 12세 아울레테스Ptolemy XII Auletes의 딸이자 이집트의 마지막 여왕 클레오파트라가 "눈처럼 새하얀 자기 젖가슴을 독사에게 물게 해서" 그간 이어져온 정치 전통과 함께 자기 생을 마감했을 때였다. 카이사르와 안토니우스 둘 다 사랑한 클레오파트라로서는, 로마인들의 끈질긴 진격을 그것도 수차례나 제지하고자 그 나름의 모든 수를 동원했던 터였다. 그러나 "클레오파트라의 콧대가 조금만 더 낮았더라면, 지구의 얼굴은 지금과 달랐을지 모른다"라던 블레즈 파스칼의 명언은 사실로 보기 힘들다. 그리스의 정치적·군사적 힘은 이미 다 소진돼버린 뒤였다는 점에서다. 절대적 패권이 로마로 넘어갔다는 것은 이 무렵 이미 기정사실로 굳어져 있었다.

그 결과 헬레니즘 세계와 로마 세계가 혼융되고 이에 더해 그리스-로마의 혼합 문명이 형성되는 바람에, 고대 그리스가 언제 종언을 맞았는지 그 시기를 정확히 짚어내기가 지금으로서는 불가능한 실정이다. 그러나 헬라스와 헬레니즘의 전통은 사람들이 으레 생각하는 것보다는 훨씬 오래 지속됐다. 델포이의 신탁은 기원후 267년 약탈을 일삼던 야만족에게 도시가 파괴당할 때까지 계속 제구실을 했다. 올림픽 경기도 기원후 392년 제292회 올림피아드가 개최될 때까지 4년마다 꼬박꼬박 열렸다. 아카데메이아가 아테네의 학생들을 가르치는 일도 기원후 529년 기독교도 황제 유스티니아누스(1세)가 학교를 폐쇄할 때까지 계속됐다. 알렉산드리아의 도서관도, 카이사르의 공성전 때 심하게 불에 타긴 했지만, 기원후 641년 무슬림 칼리프(칼리파)가 그곳에 발 들일 때까지 폐쇄되지 않았다. 그때면 크레타에 황혼의 어스름이 깔리고 미케네에 새벽 동이 튼 이래 벌써 20세기, 그러니까 꼬박 2000년이 흐른 뒤였다.

그리스 문명 중에는 우리가 잃어버린 것이 많고, 나중에 로마인들이 흡수해 기독교와 비잔티움의 전통과 접목시킨 것도 많으며, 오랜 시간을 기다렸다 르네상스 및 그 이후 시대에 재발견된 것도 많다. 하지만 여차여차해서 살아남은 유산만 가지고도, 유럽 동쪽의 한 조그만 나라가 시시때때로 "유럽의 어머니" "서양의 기원", 나아가 유럽의 유일한 발원지까지는 아니더라도 그리스를 빼놓고는 유럽을 말할 수 없다고 칭송받기에는 충분하다.

블랙 아테나BLACK ATHENA

■
■ 《블랙 아테나Black Athena》(전 2권, 1987, 1991)에 담긴 주장만큼 고전 연구자들의 세계를 심각하게 갈라놓은 주제도 없을 것이다. 전통주의자들은 이 책의 주장을 괴상한 관점이라고 여긴다. 그런가 하면 어떤 이들은 이 책에 진지하게 주목할 필요가 있다고 주장한다.[1] 책의 논지는 두 가지 줄기로 구성된다. 하나는 비핀직 목소리, 다른 하나는 세안석 복소리다. 먼저 저자(마틴 버널Martin Bernal)는 고전 문명 연구들이 18세기와 19세기 유럽인들의 자기중심적 가정들을 토대로 했으며, 그리스와 로마 문명이 자신들보다 오래된 근동 지역의 문명에 진 문화적 빚을 유럽인들이 의도적으로 무시했다고 비판한다. '그리스 문명의 아리안 모델'과 관련된 저지의 주장이 도발적이기는 하지만, "유럽의 문화적 오만을 줄이는 것"이라는 저자의 목적은 성과를 거둘 듯하다. (국내에서도 동일한 제목으로 번역·출간됐다.)

저자의 주요 제안은 다음 두 가지에 초점이 맞춰져 있다. 그리스 문명의 뿌리는 이집트에 있고, 고대 이집트 문명은 '아프리카에 그 근원을 두고' 있으며 '흑인'들이 만들었다는 것이다. 이 주장을 뒷받침하는 근거는 견고하지 못하다. (고대 이집트어에서 파생한) 콥트어가 그리스어에 끼친 영향은 기껏해야 미미한 수준이다. 무덤 벽화에 그려진 이집트 파라오들의 피부색은 많은 흑인 하인의 피부색보다 대개 훨씬 더 밝은 색이다. 이집트 남자들은 구릿빛 피부고, 여자들은 연한색 피부다. 고대 이집트의 31개 왕조 중에 현실적으로 '흑인' 왕조로 분류할 수 있는 사례는 기원전 7세기의 누비아 왕조뿐이다. 어쩌면 회의론자들은 미국의 인종차별 정치가 중간에 학문적 성과를 탈취한 것일 수도 있다고 의심할 수도 있겠지만 말이다.

이 경우, 당연한 사실이지만 다시 짚어둘 필요가 있겠다. 머나먼 과거로 되짚어 올라간다면, 분명 유럽인과 유럽 문명의 기원은 유럽에서 멀리 떨어진 곳에 존재한다는 것을 말이다. 핵심은 이것이다. 그렇다면 선사시대연구가들은 그 기원을 찾기 위해 얼마나 과연 얼마나 먼 옛날까지 되짚어 가야 할 것인가? [카드모스] [코가시아] [다샤] [서사시]

시라쿠사, 시칠리아, 제141회 올림피아드 1년째 되는 해. 제2차 포에니전쟁Second Punic War(기원전 218~기원전 201)이 6년째에 접어든 늦여름, 이탈리아 도시 로마와 아프리카 도시 카르타고 사이에 벌어진 대규모 일전은 한 치 앞도 알 수 없는 상황으로 치닫고 있었다. 이즈음 카르타고의 장수 한니발은 자신을 막기 위해 온 로마 군대를 상당수 궤멸한 뒤, 멀리 이탈리아까지 진군해 남부를 강력한 군사작전으로 휩쓴 터였다. 그가 타렌툼의 항구와 요새를 탈취한(기원전 212) 지도 불과 얼마 전의 일이었다(216쪽 참조). 로마인들은 한니발의 세를 직접 꺾는 일이 아무리 해도 힘이 들자, 한니발의 동맹들을 그와 떼어놓으려 안간힘을 쓰는 중이었다―동맹들은 이탈리아 북부의 켈트인, 일리리아를 침입한 바 있는 마케도니아의 필리포스 5세Philip V, 그리스 도시 시라쿠사였다. 특히 로마인들은 시라쿠사를 손에 넣으려 안달이었는데, 아프리카로부터 들어오는 한니발의 보급로를 끊는 데서나 로마 자신이 시칠리아를 재정복하는 데서나 시라쿠사가 열쇠를 쥐고 있어서였다. 그 결과, 시라쿠사는 마르쿠스 클라디우스 마르켈루스가 지휘하는 로마

군으로부터 벌써 두 번째나 결의에 찬 공성전을 장기간 버텨내는 중이었다.

시라쿠사(시라쿠사이)는, 대大그리스의 여왕으로, 서방의 그리스 식민시를 통틀어 가장 크고 가장 부유했으며 가장 아름답기로도 이름이 자자했다. 대부분의 도시국가가 아테네에 복속돼 있던 그리스 시대에도 당당히 독립을 누린 시라쿠사는 아테네에 대해서도 오래도록 그 나름의 패권을 주장해왔었고, 알렉산드로스 대왕도 이곳을 별반 눈독 들이지 않은 채 지나갔었다. 시라쿠사는 한때 자신의 라이벌이던 위대한 아크라가스까지도 앞질렀으니, 아크라가스는 카르타고인에게 짓밟혀 쑥대밭이 된 이후 두 번 다시 온전히 회복하지 못했다. 기원전 3세기 무렵에는 시라쿠사가 로마와 카르타고 영역이 겹치는 지점에서 양쪽에 한 발씩을 들여놓고 자신의 입지를 다져놓은 참이었다. 시라쿠사는 정복당하지 않은 그리스 문명을 역사상 마지막으로 대표하는 요지라 할 수 있었다.

시라쿠사는 시칠리아섬 동쪽 해안에서도 에트나산의 눈 덮인 산비탈과 섬 최남단 파퀴노스곶(파퀴눔곶) 중간 지점에 자리하니, 이 터전보다 더 수려하고 안전하며 편리한 땅은 그 어디서도 찾아보기 힘들었다. 시라쿠사는 지중해 동쪽과 서쪽을 오가며 물품을 사고팔 수 있는 천혜의 물품집산지였으며, 이탈리아와 아프리카를 오가는 배들의 정기기항지로도 가장 통상적으로 이용되는 곳이었다. 오르티기아("메추라기섬"이라는 뜻이다)라는 연안의 자그만 바위섬에 세워졌던 시라쿠사는 이후 위로 세력을 넓혀 인근 바닷가 고원까지 진출하는데, 벼랑과 험준한 바위가 철벽처럼 둘러싸고 있어 땅을 지켜내기 용이했다. 시라쿠사의 웅장한 항구는 완벽한 만의 형태를 이루며 거의 8킬로미터를 남쪽을 향해 곡선을 그렸으며, 그 곁에는 높은 산들이 병풍처럼 둘러쳐져 있었다. 오르티기아섬 반대편에도 항구가 하나 더 있어서, 이곳 역시 그 어떤 군선이라도 수용할 수 있을 만큼 규모가 컸다(198쪽 지도 7 참조).

오르티기아섬은 시라쿠사의 아크로폴리스의 역할을 했던 곳으로, 기원전 6세기에 요새화된 방죽길이 둘 사이에 놓이면서 본토와 연결됐다. 오르티기아섬에서는 아레투사샘에서 신기하게도 민물이 솟아올라 섬에 용수를 제공해주었으며, 거대한 아폴론신전에 서면 그에 견줄 만한 거대한 제우스신전이 항구 맞은편 곶의 올림피에이온에 서 있는 게 바라다보였다. 시라쿠사는 기원전 5세기 들어 고원 땅 전체를 튼튼한 성벽으로 길게 둘러싸는데, 24킬로미터 넘게 뻗은 이 성벽은 종국에는 산기슭에 자리한 에우리알로스의 성에 닿았다. 성벽이 둘러싼 교외 지역은 50만 명의 주민이 총 5개 지역에 나뉘어 살아갔다. "위쪽 소도시New Town"라는 뜻의 아크라디나에는 내벽이 하나 더 있어서 가장 큰 아고라 즉 포룸이 자리 잡았다. 아크라디나 위쪽으로는 티케와 에피폴라이라는 교외 거주지가 자리했고, 다시 그 위에 "새로운 성읍"란 뜻의 네아폴리스라는 일군의 거대한 건물들이 늘어서 있었으니, 산비탈 극장, 다수의 신전, 고대 세계에서 가장 규모가 큰 제의용 구조물인 히에론의 제단 등이었다. 시라쿠사는 이렇듯 그 터가 대단한 위용을 자랑했으나, 티가 하나 있었다. 아나푸스강은 시라쿠사의 대항구로 흘러들었는데 그 양쪽에 걸쳐 있는 습지대가 여름철이면 전염병이 발병하기로 악명이 높았던 것이다. 그러나 이 점만 제하면, 시라쿠사만큼 자연의 은덕을 많이 누리는 곳도 없었다. 얼마 뒤 시라쿠사를 다스리게 된 키케로에 따르면, 이곳은 햇빛이 비치지 않는 날이 단 하루도 없었다. 높이 솟은 고원은 검붉은 포도주빛 바다 건너에서 불어오는 산들바람을 다 품었다. 벼랑에는 또 꽃들이 만발했으니, 이런 광경을 시라쿠사에서는 겨울철에도 여전히 만날 수 있다.

시라쿠사는 로마 군대가 발들이기 이전에도 족히 500년이 넘는 역사를 자랑했다. 기원전 734년 코린토스인 식민시 이주민이 세운 시라쿠사는, 뒤늦긴 했어도 생겨난 지가 로마와 고작 20년밖에 차이 나지 않았으며, 촘촘하게 연결된 사매 식민시들을 통해 자신의 힘을 확산해나갔다. 살라미스해전이 있고 불과 6년 뒤인 기원전 474년에는 시라쿠사가 에트루리아인의 해군력을 궤멸했고, 이로써 로마의 국운을 가로막았던 초창기의 방해물 하나가 제거될 수 있었다. 시라쿠사도, 수많은 도시국가가 그랬듯, 참주정·민주정·군주정의 단계를 거치며 발달해나갔다. 시라쿠사는 기원전 415~기원전 413년과 기원전 405~기원전 404년에 잇따라 공성전에 휘말리며 큰 시험을 치르고 살아남기도 했는바, 앞의 공성전은 아테네인에 의해서였고 뒤의 공성전은 카르타고인에 의해서였다.

더 나은 정보를 찾을 수 없는 탓에 고대 시칠리아의 정치사는 어쩔 수 없이 시라쿠사의 역대 참주를 중심으로 서술할 수밖에 없는바, 참주들은 시칠리아를 통치하며 잇달아 유혈 쿠데타와 소란을 일으킨 것으로 알려져 있다.[22] 디오니시우스 1세Dionysius I(재위 기원전 405~기원전 367)는 아리스토텔레스가 참주의 전형으로 꼽은 사례로, "더 빈곤한 계층을 선동해 민심을 얻음으로써 권력을 손에 넣은 인물"이었다. 그의 친척이었던 디온Dion(재위 기원전 357~기원전 354)은 플라톤 밑에서 수학하고 아카데메이아를 다니면서 몸소 철학자 왕이 되는 길을 배운 인물로, 후일 주세페 가리발디(19세기에 이탈리아 통일을 이끈 장군)의 천인千人의 원정대(천인대)가 했던 일을 미리 선보이듯 그리스에서부터 배를 타고 와 시라쿠사의 지배권을 빼앗았다. 티몰레온Timoleon(재위 기원전 344~기원전 346)은 "자유의 아들"이라 불린 코린토스인으로 그 역시 용병의 힘을 빌려 승리를 손에 넣기는 마찬가지였다. 그러나 티몰레온은 수많은 도시에 민주적 법령을 도입했던 것으로 보이며, 그리스와 카르타고 땅 사이 할리쿠스강을 두 나라 경계로 확정 지은 것도 그였다. 잔혹한 면이 있는 아가토클레스Agathocles(재위 기원전 317~기원전 289)는 원래 평민 출신 도공이었으나 재물이 많은 미망인과 혼인해 신분 상승을 이뤘다. 기원전 310년 아가토클레스는 아프리카를 치고 들어가 시라쿠사를 공격하는 카르타고인의 포위를 풀 수 있었다. '시칠리아 왕'을 자처한 아가토클레스는 독이 묻은 이쑤시개를 썼다가 신체가 마비돼 그 후 산 채로 화장용 장작더미에 던져졌다고 일설에서는 전한다. 그다음 세대에 들었을 때, 날로 커

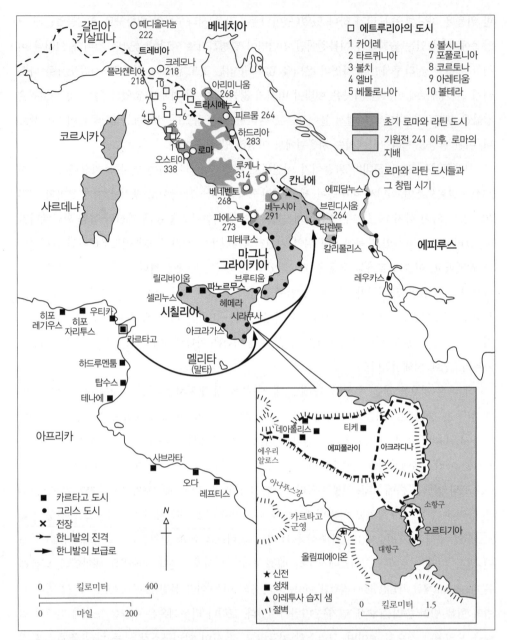

지도 내 텍스트:

갈리아 키살피나
○ 메디올라눔 222
베네치아
□ 에트루리아의 도시
1 카이레   6 볼시니
2 타르퀴니아   7 포풀로니아
3 불치   8 코르토나
4 엘바   9 아레티움
5 베툴로니아   10 볼테라

트레비아
플라켄티아 218
크레모나 218
아리미니움 268
트라시메누스
피르뭄 264
하드리아 283
코르시카
로마
오스티아 338
루케나 314
칸나에
에피담누스
베네벤토 268
베누시아 291
브린디시움 264
파에스툼 273
타렌툼
피테쿠스
칼리폴리스
에피루스
사르데냐
마그나 그라이키아
레우카스
릴리바이움
파노르무스
브루티움
셀리누스
헤메라
시칠리아
시라쿠사
아크라가스
히포 레기우스
우티카
히포 자리투스
카르타고
멜리타 (말타)
하드루멘툼
탑수스
테나에
아프리카
사브라타
오다
레프티스

초기 로마와 라틴 도시
기원전 241 이후, 로마의 지배
로마와 라틴 도시들과 그 창립 시기

■ 카르타고 도시
● 그리스 도시
✕ 전장
⇀ 한니발의 진격
→ 한니발의 보급로

N

0   킬로미터   400
0   마일   200

삽입 지도:
네아폴리스
티케
에우리알로스
에피폴라이
아크라디나
아나푸스강
소항구
오르티기아
카르타고 군영
대항구
올림피에이온

★ 신전
■ 성채
▲ 아레투사 습지 샘
절벽

0   킬로미터   1.5

[지도 7] 로마-시칠리아-카르타고, 기원전 212

지는 로마의 위세로부터 시라쿠사를 구해낸 것은 피로스Pyrrhus였다. 그러나 에페이로스 모험 왕이라고 불린 그는 결국 자신의 휘하에 있던 히에론 2세Hieron II(재위 기원전 269~기원전 215)가 오랜 기간 시라쿠사를 통치할 수 있게 경쟁자만 제거해준 꼴이었다. 아르키메데스의 후원자이기도 했던 히에론 2세는 로마와 조약을 맺고 그것을 깨지 않음으로써 평화를 지켜나갔으며, 덕분에 시라쿠사는 마지막이나마 독립국으로 풍족하게 살아갈 수 있는 나날들을 맞을 수 있었다. 그런데 포에니전쟁이 한창이던 결정적 순간에 히에론이 세상을 떠났고, 그러자 시라쿠사의 친로마파와 친카르타고파 사이에 대립이 격화했다. 히에론의 손자이자 후계자 히에로니무스Hieronymus는 로마와의 동맹을 깨는 방법을 택했으나, 이를 기회로 시민들 사이에 반란이 일어나 실각했다. 반란민들은 처음엔 왕실 가문을 제압하더니 로마파까지 제압해버렸다.

이와 같은 상황에서 기원전 215년 시라쿠사 정무관으로 두 명의 카르타고인이 선출되자 로마에서 커다란 우려가 일었다. 4개 로마군단이 시칠리아로 급파되니, 그곳에서 일어난 국경 분쟁을 카수스 벨리casus belli(전쟁 명분)로 내세웠다. 마르켈루스는 시라쿠사를 수륙 양면에서 침공하며 포위했는데, 이때가 아마도 기원전 214년 후반 아니면 213년 초반이었던 것 같다. 공성전을 감행한 로마인들 기준으로는 AUC ab urbe condita(로마 설립 이래) 538년에 벌어진 일이었다. 로마와 카르타고 사이 경쟁은 당대 정치의 핵심 특징이라 할 수 있었다. 로마 입장에서는 일찍이 정복해놓은 이탈리아 남부를 발판 삼아 더 아래로 세력을 뻗어나가려는 게 당연했다. 카르타고가 시라쿠사에 세를 확립한 것에 로마가 도전장을 던진 셈이었다. 제1차 포에니전쟁(기원전 264~기원전 241)은 로마가 시라쿠사의 히에론 2세와 도시 메사나 사이 다툼에 끼어든 것이 빌미가 됐다. 이 전쟁은 시칠리아 내 모든 카르타고령을 로마가 병합하는 것으로 마무리됐다. 카르타고는 이 상실을 메우고자 이베리아 동부에 식민시를 새로 건설하는바, 기원전 227년 세워진 카르타고노바(카르타헤나)가 그것이다. 로마 쪽에서는 이런 상황의 전개를 노심초사하며 지켜보았다. 제2차 포에니전쟁은, 조약을 통해 이베리아반도 상부 에브로까지를 카르타고의 통치권으로 인정해놓고도 로마가 이베리아반도 사군툼의 정세에 개입하면서 발발했다. 로마가 끼어들자 한니발이 전쟁을 일으켜 로마의 성문까지 들이닥쳤고, 그 와중에 이탈리아 곳곳이 대화재를 당하면서 로마는 지중해 중부의 전략적 장악 작업도 대위기를 맞았다. 그 안의 핵심 중추로 자리했던 것이 바로 시라쿠사였다.

마르쿠스 클라우디우스 마르켈루스Marcus Claudius Marcellus(기원전 208년 몰)는, 로마 집정관을 다섯 차례 지낸 인물로, 구세대 로마인에 속하는 신앙심 깊은 영웅 전사였다. 기원전 222년 집정관직을 처음 맡았을 당시 그는 밀라노 근방 평원에서 일대일 결투를 벌여 인수브레스족 갈리아 왕을 죽이고, 갈리아에서 얻은 전리품을 모두 유피테르 페레트리우스신전에 바쳤다. 그 자신도 나중에 카르타고와의 싸움에서 정찰에 나섰다가 한니발이 매복시켜놓은 병사에게 발각당해 목숨을 잃고 말지만 말이다. 그러나 플루타르코스를 통해 그는 다시 불멸을 얻었다. 당대에 쓰인 사료들은 하나같이, 플루타르코스와 티투스 리비우스 및 폴리비오스의 글까지도, 시라쿠사에 공성전을 감행할 때만 해도 로마군은 그곳을 당장 함락할 수 있으리란 기대에 부풀어 있었다고 한다. 당시 마르켈루스의 앞은 물샐 틈 없는 성벽이며 사기충천한 방어군들이 가로막고 있던 것이 사실이었다. 그러나 마르켈루스에게는 약 2만 5000만 명으로 추산되는 3개 군단과 함께, 군함 100척과 대규모의 공성기까지 있었다. 거기다 시라쿠사의 원로들 사이에 내홍이 일고 있다는 사실까지 그는 파악하고 있었다. 그런데 이 모든 것을 계산하고도 마르켈루스가 미처 헤아리지 못한 한 남자가 있었다고 리비우스는 적었다.

그 남자란 바로 "하늘과 별들을 관찰하는 데 타의 추종을 불허했으며, 대포 및 각종 전쟁 병기들을 만들어내는 능력에서는 훨씬 더 비범한unicus spectator caeli siderumque" 아르키메데스였다.[23] 실제로 아르키메데스는 히에론 2세 재위 내내 시라쿠사에 무기고를 하나 짓고 그 안을 공성전에 대비한 온갖 종류와 사정거리의 병기들로 메우고 있던 터였다.

다음은 바다 쪽 성벽으로 다가오는 로마군의 모습을 리비우스가 묘사한 글로 훌륭한 읽을 거리가 돼준다.

아카르디나의 성벽은 […] 바닷물이 밀려와 철썩철썩 부딪히는 동시에 65척의 퀸케레메quinquereme(5단노선櫓船)를 거느린 마르켈루스의 공격을 받았다. 군선 대부분에는 궁수들과 투척병사들이 승선하고 있었고 그들이 […] 성벽 위에 서 있는 병사들에게 거의 하나도 빠뜨리지 않고 부상을 입혔다.

다른 5단짜리 배들도, 짝을 지어 다가왔으니 […] 이들은 바깥쪽 노를 재빨리 저으며 마치 한 척의 배가 움직이듯, 성벽을 두드려 부술 공성기와 함께 몇 층이나 되는 높은 공성탑을 실어 왔다.

로마군의 이 해전 장비들을 격파하기 위해 아르키메데스는 미리 다양한 크기의 대포를 성벽에 배치해둔 터였다. 연안에 정박해 있던 배들을 향해 일정한 시간 간격을 두고 엄청난 무게의 돌덩이들이 날아가 박혔다. 성벽에 더 가까이 붙어 있던 배들은 돌덩이의 타격은 덜했으나, 그 대신 훨씬 더 자주 대포알 세례에 시달려야 했다.

마침내 아르키메데스는 성벽 꼭대기에서 아래까지 곳곳에 1완척腕尺, cubit 너비로 뚫어놓은 구멍인 총안銃眼을 열었고, 아군 병사들은 부상 위험에 노출되지 않고 화살을 날릴 수 있었다("완척"은 팔꿈치에서 가운뎃손가락 끝까지의 길이다). 이로써 시라쿠사 병사들은 상대에게 들키지 않고 적을 향해 화살을 날리는가 하면, "전갈"이라 불린 작은 장치를 성벽 뒤에 두고 거기서 화살을 날렸다.[24]

폴리비오스의 글에 따르면, 당시 바닷물 위에 떠 있던 공성탑을 로마에서는 삼부카sambucae 라고 불렀는데 그것과 비슷하게 생긴 악기의 이름을 똑같이 따온 것이었다. 오늘날 그리스에서 사용되는 부주키bouzouki라는 악기도 이 삼부카에서 유래한 것이 분명하다.

그러나 로마군을 가장 혼비백산하게 한 것은 아르키메데스가 바다 위의 공격자들을 말끔히 쓸어내기 위해 만든 기기들이었다. (플루타르코스의 《영웅전》〈마르켈루스〉의 대목이다.)

느닷없이 성벽 안쪽에서 거대한 기둥들이 배 바로 위쪽으로 튀어 나오더니 엄청난 무게로 위에서부터 배들을 눌러 침몰시켰다. 또 철제 발톱이 나와 로마군 배의 이물을 끌어당기는가 하면, 꼭 두루미 부리 모양으로 생긴 기계가 배를 위로 들어 올렸다가 선미 쪽부터 물속 깊숙이 메다꽂았다. 다른 배들은 성내의 병기들에 의해 뱅글뱅글 맴을 도는 배들이 있었는가 하면, 깎아지른 벼랑을 향해 돌진하는 배들도 있었으니 […] 그 바람에 배 위에 올라타 싸우던 병사들이 대거 파멸을 맞았다. […] 시시때때로 배가 공중으로 들어 올려져 이리저리 요동쳤고 […] 선원들은 사바팔방으로 나가떨어졌다. […]25

마르켈루스도 상대가 보통이 아님을 인정할 수밖에 없었다. "이 기하학 거인과 맞서 싸우는 일은 잠시 멈추도록 한다"라고 그는 외쳤다. "그가 우리 배들을 바닷물 뜨는 국자로 사용하고 있으니." 또 이렇게도 말했다. "우리 삼부카 무리가 잔치에서 다 쫓겨나 자취를 감추었다." 플루타르코스는 이 일전에 대해 다음과 같은 논평을 남겼다. "로마인들은 자신들이 신을 맞아 싸우는 것은 아닌가 하는 생각이 들었다."

이쯤 로마가 공격하기를 단념하면서, 전쟁은 이후 공성전에서 봉쇄전으로 바뀌어 2년간 지속됐다. 몇 달 동안은 시라쿠사인들이 승리감에 들뜬 분위기였다. 이윽고 카르타고의 원군이 아나푸스계곡에 진을 쳤고, 이에 마라켈루스는 팔레르모에서 1개 군단을 더 끌어와야만 했다. 로마군의 해상 돌격대 하나가 시라쿠사항을 무사히 빠져나가, 선대에 원군을 싣고 다시 시라쿠사로 왔다. 그러는 사이 시칠리아섬 내륙에서는 로마인들이, 프로세르피나 신(그리스명 페르세포네)을 모시는 도시 엔나에 들어가 시민들을 마구잡이로 학살하면서 시칠리아인들이 로마에 등을 돌리게 됐다. 기원전 212년 봄, 마르켈루스는 시라쿠사에서 아르테미스축제가 열리는 동안 야밤에 갈레아그라 탑을 급습해 헥사플로이 성문을 뚫으면서 에피폴라이라는 교외 지역까지는 진입할 수 있었다. 그러나 시라쿠사의 주요 성채들은 그 와중에도 꿈쩍하지 않았다. 그해 여름 카르타고의 장수 보밀카르Bomilcar는 배 700척으로 대규모 선대를 꾸리고, 130척의 군선까지 동원해 이 선대를 엄호했다. 군사력에서 분명 우위에 선 보밀카르는 자신의 선대를 적당한 데 숨겨둔 채 로마군 선대가 파퀴노스곶을 출발하기만을 기다렸다. 그런데 어찌된 까닭인지 막상 맞붙을 순간이 오자 보밀카르는 마르켈루스의 대전 제의를 물리친 채 선대를 이끌고 그대로 난바다로 나아가더니 타렌툼까지 내달아버렸다.

결국 이 공성전의 결과를 결정지은 건 전염병과 배반이었다. 카르타고인들은, 이때로부터 2세기 전 시라쿠사를 침략했을 때에도 전염병을 만나 큰 타격을 입은 바 있는데, 이번에도 시라쿠사를 방어하려다 똑같은 병을 만나 사람들이 떼죽음을 당했다. 그때 교섭이 한창 진행되는 중에 아크라디나의 지방행정관 셋 중 한 명인 모에리스쿠스Moeriscus라는 이베리아인 장군이 제 한 몸 살겠다고 아레투사샘 근방의 로마인들을 성안에 들여보내주기로 한다. 로마군이 교란 작전으로 시라쿠사를 공격하는 동안 모에리스쿠스가 약속한 신호에 맞추어 성문을 열어젖혔다. 마르켈루스는 일단 시라쿠사의 친로마파 저택들에 경비병부터 배치하고는 시라쿠사를 약탈했다.

이때 희생당한 수많은 사람 가운데에는 아르키메데스도 있었다. 후대 전승에 따르면, 아르키메데스가 모래에 뭔가를 그려가며 열심히 수학 문제를 풀고 있는데 로마인 병사가 나타나 그를 죽였다고 한다. 플루타르코스는 당시 세간에 떠돌던 풍문 세 가지를 정리하고 있다.

그 일이 일어났을 때 아르키메데스는 자기 용무에 바빴으니, 그는 도해를 그려가며 어떤 문제를 푸는 데 빠져 있었다. 공부에 정신이 팔려 그는 로마군이 급습했다는 사실조차 모르고 있었다. 그때 재빨리 칼을 빼든 로마 병사 하나가 아르키메데스를 발견하고는, 그에게 마르켈루스한테 가라고 명령했다. 아르키메데스는 문제를 다 풀기 전에는 그럴 수 없다며 말을 듣지 않았다. […] 이에 부아가 치민 병사가 홧김에 그를 저세상으로 보내버렸다.

또 다른 사람들 말로는 그 로마인이 […] 그 자리에서 당장 아르키메데스를 죽이겠다고 협박했고, 그런 병사를 보고 아르키메데스는 증명 과정은 빠뜨린 채 문제의 답만 적어둘 수는 없는 노릇이니 잠깐만 기다려달라고 간청했다. 하지만 병사는 아르키메데스의 간청에도 아랑곳없이 그 순간 그 자리에서 그의 삶을 끝장냈다고 한다.

세 번째 이야기도 있는데, 아르키메데스가 해시계, 천구의, 사분면 같은 자신의 과학기구 몇 개를 들고 마르켈루스에게 가는 길에 로마군 병사 몇을 마주치게 됐다고 한다. 그들은 아르키메데스가 들고 가는 것이 황금인 줄 알고 그를 칼로 찔러 죽였다.

그런데 사람들 사이에 대체로 일치하는 사실도 있으니, 마르켈루스가 아르키메데스의 죽음을 대단히 난감해했다는 것이었다. 마르켈루스는 아르키메데스를 죽인 병사를 내치고는 아르키메데스의 일가친척들을 찾아가 조의를 표했다.[26]

그리스 문명이 로마의 힘을 만났을 때 생기는 여파가 바로 이런 것이었다.

아르키메데스는 생전의 소원대로, 원기둥에 구球가 내접하는 형태의 무덤에 묻혔다. 구의 직경과 원기둥의 높이가 2대 3의 비율이 되는 게 사람의 눈을 가장 즐겁게 한다고 했던 그의 생전 발언에 따른 것이었다.

시라쿠사의 함락이 당장 불러온 결과는 한둘이 아니었다. 우선 문화적 측면에서는, 시라쿠사가 함락되면서 그리스의 모든 것에 집착하는 로마의 성향이 여실히 드러났다. 로마군은 시라쿠사를 함락시키고 그곳 예술품을 얼마나 약탈해갔는지 카르타고 본국을 약탈한 것이 아닌가 생각될 정도였다. 이때부터 로마에는 그리스 예술품과 그리스 사상을 선호하는 유행이 생겨나 이후 모든 로마인 식자층의 규범으로 자리 잡았다. 그리스-로마 문화가 성장하는 데 가장 강력한 자극제가 된 것을 꼽으라면 단연 이 시라쿠사 함락일 것이다. 아울러 시라쿠사가 함락되면서 카르타고는 교역 및 식량 공급의 주된 근거지와 차단당했고, 이로써 한니발 역시 군량 공급의 주된 원천을 빼앗겼다. 시라쿠사 공방 이전에는 그리스-카르타고-로마의 삼자 권력 게임에서 로마가 시라쿠사와 대등한 역할을 했다. 그러나 시라쿠사 공방 이후로는 모든 면에서 로마가 주도권을 장악했다.

보다 장기적인 측면에서 보면, 로마인들은 시칠리아 원정에 성공함으로써 그리스의 일에 더 깊숙이 휘말리게 된 셈이었다. 시라쿠사공성전 동안 로마는, 카르타고의 다른 동맹인 마케도니아를 측면에서 치기 위해, 그리스 중부에 형성돼 있던 아이톨리아동맹과 손을 잡은 바 있었다. 이후 로마는 그리스에 자리한 이 피호민被護民들을 만족시키고, 또 그들의 이익을 지켜주고자 그 나름의 역할을 했다. 그러나 이후 세 차례(기원전 215~기원전 205, 기원전 200~기원전 197, 기원전 171~기원전 168)에 걸쳐 마케도니아전쟁이 벌어지고, 마케도니아의 주요 동맹 시리아의 안티오코스 3세Antiochus III에 대적하는 동안 로마와 그리스 사이 관계는 다시 견원지간으로 틀어졌다. 로마는, 시칠리아에서도 그랬듯, 마케도니아와 펠로폰네소스반도 전체를 로마 속주로 편입시킴으로써 이 복잡한 문제들에 종지부를 찍자고 결심하기에 이른다.

당시에는, 심지어 시라쿠사인들조차, 시라쿠사가 함락당했다는 사실을 금방 잊고 말았을 게 틀림없다. 패전한 다른 도시들에서는 살아남은 주민 전체가 노예로 팔려가는 일이 다반사였으나, 운이 좋았는지 시라쿠사인들은 그런 불행을 면할 수 있었다. 나아가 시라쿠사 함락이 아무리 중요하다 해도, 그것 역시 그리스가 종말을 맞고 로마가 흥기하는 과정에서 잇달아 끝없이 일어난 수많은 군사 작전과 전투의 하나에 불과했다. 그러나 곱씹어보면, 시라쿠사 함락을 우리는 당시 판세의 전변轉變 즉 지중해 중부의 정치권만이 아니라 그보다 훨씬 넓은 영역에 영향을 끼치게 되는 전변의 징후를 드러낸 것으로도 볼 수 있지 않을까.

역사학자들은 로마가 승승장구하며 영토를 확장한 옛 시기를 이야기해도, 이미 그들 머릿속에 든 로마의 이후 발전상에 대한 지식에서 도무지 헤어나지 못하게 마련이다. 장차 탄생하는 그리스-로마 문화가 고전세계 전체를 주름잡게 되리라는 사실을, 나아가 그것이 '서구 문명'을 떠받치는 하나의 기둥으로서 장기간 지속적 영향을 끼치게 되리라는 사실을 역사학자들은 훤히 꿰고 있다. 그래서 역사학자들의 안테나는 당대 상황과 병존했던 다른 추세나 전망을 감지하는 데에는 별반 민감하지 못하다. 또 그에 못지않게, 역사학자들은 오늘날 유럽 고등교육의 표준 수단이 되는 그리스어와 라틴어에 해박하다 보니 외려 그리스-로마 세계의 성장을 당대 사건들의 온전한 파노라마와 연관시키는 일에는 둔한 모습을 더러 보여왔다. 물론 시라쿠사 함락을 신호탄으로 해 그리스 세계와 로마 세계의 융합이 역사에서 막대한 중요성을 갖는 과정이라는 사실은 그 누구도 명백하게 부인하지는 못할 것이다. 다만, 시야를 넓혀보면 당대에도 분명 다른 관점이 존재했을 텐데 그것을 알아내기가 쉽지 않다.

당시 공성전을 시라쿠사인들이 어떻게 바라봤는지 기록한 내용은 현재 전혀 남아 있지 않다. 그러나 시라쿠사인들은 상업도시의 시민이었으므로 개중엔 널리 여행을 다닌 사람이 많았을 게 틀림없다. 또 그들의 생활 터전이었던 섬은 오랜 기간 그리스인과 카르타고인의 각축장이었다가 얼마 전에야 로마인의 침공을 받은 것이었다. 따라서 시라쿠사인들은, 포에니전쟁 당시는 어느 편에 섰든 간에, 카르타고인들을 자신들과 동류인 구奮질서로 여기고, 갑자기 부상한 로마인들이 자신들에게 도전을 가해온다고 생각했을 게 틀림없다. 아닌 게 아니라, 시라쿠사인들은 먼 바다를 누비는 상업국가로서 아무래도 로마보다는 카르타고에 친밀감을 더 느꼈을 것으로 보인다. 그리스인들 역시 알렉산드로스 통치기 이후 1세기 넘게 페르시아 및 인도와 친밀하게 접촉해온 터라, 스스로를 아직은 전달되지 않은 그리스-로마 세계의 일부보다는 헬레니즘 문화가 자리한 그리스-동방oriental 세계의 일부로 인식했을 게 틀림없다. 시라쿠사인들이 보기에 세계의 중심은 카르타고도 로마도 아니요 분명 알렉산드리아였을 것이다.

오늘날 관점에서는 시라쿠사를 그리스의 도시로, 나아가 유럽의 도시로 놓고 이때 시라쿠사가 유럽에 해당하는 로마와 새 유대를 맺은 것이 필연적이지는 않더라도 당연했다고 보는 경우가 많다. 이 시점에서는 그리스인이 아직 유럽인보다 아시아인에 더 가까웠다거나, 혹은 이후로도 그리스인들이 동방과의 관계를 언제까지고 유지해나갔을 수 있다고 해도, 현대의 관점에서는 그런 이야기들을 본능적으로 피해버린다. 서구 문명 강좌에서도 아르키메데스는 높이 살지언정 이 위대한 수학 천재가 자신의 그리스 도시가 로마와 연합하는 것을 반대했다는 사실을 명확히 짚고 넘어가는 경우는 거의 찾아볼 수 없다.

칸나에전투(기원전 216. 216쪽 참조) 4년 뒤만 해도, 로마가 점하고 있는 위치는 아직 지극히 위태했다. 시라쿠사의 카르타고파가 그 나름으로 계산한 것도 전적으로 일리가 있었으니, 그들은 마르켈루스가 공습을 감행해 시라쿠사를 차지할 만큼 로마가 막강하지는 않다고 여겼다. 이와 같은 상황에서 로마가 시라쿠사 점령에 실패했더라면, 카르타고를 편든 다른 동맹들에 힘이 실렸을 것이다. 그러면 시칠리아 내에서 카르타고의 위세가 다시금 커져 한니발에게 적절하게 군수 물자를 공급해줄 수 있었을 것이다. 제때 군수품을 조달받은 한니발은 결국 이탈리아에서의 교착 상태를 타개할 수 있었을 것이다. 다시 말하면, 로마가 한니발에게 대패를 당했을 가능성도 얼마든지 있었다는 이야기다. 시라쿠사에 카토는 없었다(대大카토Cato the Elder(기원전 234~기원전 149)는 로마 공화정 시대에 반反카르타고 정책을 주장한 강경파로, 로마의 난적 카르타고를 반드시 멸망시켜야 한다고 주장했다). 그러나 이 시기엔 힘만 있으면 골칫거리 도시들을 완전히 짓밟아버리는 것이 이미 관행으로 굳어져 있었다. 아르키메데스 자신까지는 아니더라도 아르키메데스의 병사 중에는 아마 시라쿠사의 성벽 위에서 저 먼 데를 바라보며 냉정하게 혼자 다음처럼 중얼거린 이들도 있었을 것이다. 로마 델렌다 에스트Roma delenda est(로마는 반드시 멸망시켜야 한다)—전염병이 돌고 모에리스쿠스가 성문을 열어젖힌 뒤에는 이런 가정도 다 소용없어지지만 말이다(대카토기 제2차 포에니전쟁 이후 연설에서 입버릇처럼 했던 말이 "카르타고 델렌나 에스트" 곧 "카르타고는 반드시 멸망시켜야 합니다"였다).

당시 시라쿠사인들이 알고 있던 세계에 대한 지식은 대체로 위대한 바다Great Sea(지중해)와 동쪽 나라들에 한정됐다. 고전기 그리스에 들면서 지리학에 엄청난 발전이 일어난 것은 사실이나, 고대인들이 직접 발 디뎌본 세계의 변경지대는 이 무렵에도 크게 달라진 게 없었다. 이때면 아르키메데스와 동시대인이자 알렉산드리아도서관 사서 키레네의 에라토스테네스가 이 세상이 구球형이라고 이미 결론 내린 뒤였고, 그의 연구에 대해서는 프톨레마이오스와 스트라본도 잘 알고 있었다. 그러나 페니키아인들이 틴제도Tin Islands(카시테리데스Cassiterides, 주석朱錫제도)로 들어가는 길을 뚫은 것을 제외하면, 실질적 탐험에서 진전은 거의 없었다. 서아프리카, 아메리카대륙, 혹은 북유럽의 더 먼 지역들과 교류한 흔적도 전혀 알려져 있지 않았다. 지중해 해안의 '문명화한' 세계와 그 이북 황무지의 '야만족' 세계는 엄격히 나뉜 채 전혀 합쳐지지 않고 있었다.

기원전 3세기 후반에 지중해 문명은 여전히 3개 주요 세력권으로 구성돼 있었다. 서쪽에는 카르타고, 중앙에는 로마인의 이탈리아, 동쪽에는 그리스인의 헬라스였다. 당대 그리스 문명은 알렉산드로스의 정복으로 이집트에서 인도에 이르는 동방의 제국들과 전보다 더 긴밀하게 연결돼 있었다. 아울러 언제 끊길지 모르는 중앙아시아의 길을 따라 중국제국과도 얼마쯤 약하게 연결돼 있었으니, 중국은 유목민의 침략에 대비해 막 만리장성을 쌓아 올리기 시작한 참이었다.

한편 야만족이 살아가던 북부 및 중부 유럽의 황무지는 지난 몇 세기에 걸쳐 서서히 청동기시대에서 철기시대로 이행하는 참이었다. 이곳에서는 무엇보다 켈트인의 영향력이 지배적이었는바, 비스와강 중류에서 이베리아, 갈리아, 브리튼까지의 대부분의 지역에서 켈트인 문화가 이주를 통해서든 더딘 침투를 통해서든 위세를 떨쳤다. 기원전 387년에는 켈트인이 로마까지 몰려들어갔다가 그 기세로 이탈리아 북쪽 지방까지 올라가기도 했다. 켈트인이 조성한 언덕 위 성채는 이후 도시의 역驛들이 생겨나 시종 하나의 망으로 연결되는 밑바탕이 됐으며, 켈트인의 상업 활동은 게르만족·슬라브족·발트족이 더 멀리까지 진출하는 데서 주요 매개 역할을 했다. 기원전 3세기 후반에는 켈트인 일파인 갈라티아인이 트라키아(오늘날의 불가리아 지방)에 틸레라는 왕국을 세우고 살다 이웃의 소아시아로 이동할 준비를 하는데, 이들은 소아시아로 이동한 후로는 중세까지 줄곧 거기에 머물렀다. 이들이 한때 트라키아에 체류했다는 사실은 세우토폴리스와 메셈브리아(네세바르)에서 최근 발견된 명문들을 통해 확인할 수 있다.[27]

그런데 기원전 3세기의 유럽 반도는 뭐가 됐건 당시 유럽 문명으로 여겨질 수 있는 것과 적어도 1000년 넘는 시간차를 보인다고 많은 역사학자가 생각하고는 한다. 특히 고대 그리스가 가진 유럽성Europmess은 후대 유럽인이 시대착오적 지적 구조물intellectual construction로서 그 개념에 의문을 던지지 않을 수 없다고들 한다. 둘 다 매우 온당한 이야기가 아닐 수 없다.

그러나 당대 가장 두드러진 과정 두 가지—지중해에서 그리스-로마문명이 융합된 것, 내륙의 상당수 지역들에 켈트인의 패권이 두루 미친 것—가 향후 발전에 꼭 필요한 초석 두 개를 놓아준 것은 사실이다. 그리스-로마인과 켈트인은 모두 인도-유럽어족이지만(4장 참조), 이 둘이 공통의 문화 혹은 공동의 이념을 가졌다는 흔적은 거의 찾아볼 수 없다. 이뿐 아니라, 공동의 정체성을 가졌던 기미는 일절 찾아볼 수 없다. 그럼에도 우리는 바로 이들 민족에게서 후대 유럽 역사의 핵심이 되는 후손들과 전통들이 나왔음을 인정하지 않을 수 없다. 고대 세계를 지나치게 유럽중심적 시각으로 바라보는 것은, 너무 오랫동안 주류를 형성해온 것으로, 확실히 고쳐야 할 문제다. 하지만 그렇다고 다른 쪽 극단으로 치우쳐 그리스인과 로마인이 후대 유럽의 이야기와는 거의 혹은 전혀 관련성을 갖지 않는다고 주장하는 것은 또 다른 문제다.

세상에는 분명 어떤 사건들이 일어났었고, 그 사건들의 결과는 오늘날의 우리에게도 여전히 영향을 끼치곤 한다. 아닌 척하려 해도 그럴 수밖에 없는 것이 현실이다. 만일 모에리스쿠스가 성문을 열어젖히지 '않았다면', 만일 한때 아테네인에게 저항했듯 시라쿠사가 끝까지 로마인에게 저항했다면, 만일 한니발이 로마가 이내 카르타고를 멸망시키게 되듯 로마를 멸망시켰다면, 그래서 그 결과 그리스 세계가 종국에는 셈족의 카르타고와 융합됐다면, 그랬다면 역사는 지금과는 다소 다른 모습이 돼 있었을 것이다. 물론 여기서 제일 중요한 점은, 모에리스쿠스가 결국 성문을 '열어젖혔다'는 사실일 테지만.

로마ROMA

고대 로마, 기원전 753~기원후 337

3

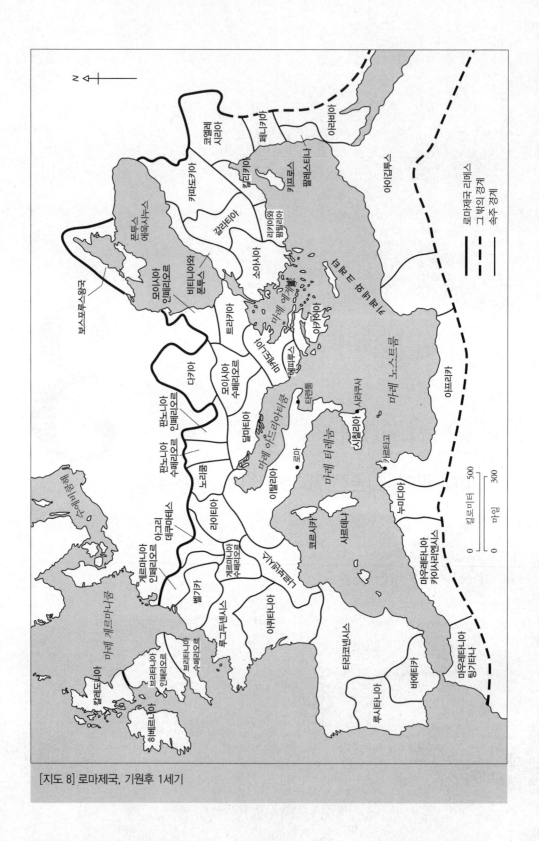

[지도 8] 로마제국, 기원후 1세기

로 마 세계는 그리스뿐만 아니라 어쩌면 아득한 고대든 가까운 현대든 여타의 문명에도 적용되기 힘든 자기만의 응집력을 지니고 있다. 로마 시대 성벽을 이룬 돌덩이들이 그 규칙적 모양새와시기를 접착성 뛰어난 로마 특유의 시멘트 덕에 서로 단단히 붙어 있었던 것처럼, 로마라는 세계를 구성한 이런저런 부분도 물리적·조직적·심리적 측면의 힘을 통해 서로 딱 달라붙어 더는 쪼개지지 않는 하나의 거대한 실체를 형성했다. 로마를 한 덩어리로 이어준 물리적 이음매로는 각 속주에 빠짐없이 배치된 군사 수비대 네트워크, 주변 속주를 로마와 이어준 석조石造 로마 가도街道 네트워크를 들 수 있다. 조직적 측면에서는 로마의 법과 행정이라는 공통된 원칙과 함께, 로마 세계 구석구석에서 몸소 행동거지의 본보기를 보여준 군 장교들이 힘을 발휘했다. 심리적 측면의 힘은 두려움과 형벌에서 나왔다―당시 사람들은 로마의 권위에 위협을 가했다간 그 누구도 혹은 그 무엇도 뼈도 못 추리리라는 사실을 추호도 의심치 않았다.

통일과 단결에 대한 로마의 집착은 로마의 초창기 발전 패턴에서 그 뿌리가 발견된다고 해도 과언이 아니다. 로마보다 앞섰던 그리스 세계는 여기저기 산재한 수십 개 도시에서 성장한 반면, 로마는 하나의 단일한 조직체에서 출발했다. 그리스는 지중해 각지의 해안선들을 따라 세력을 키워나간 반면, 로마 세계는 영토 정복을 통해 덩치를 키워나갔다. 물론 어떻게 보면 그리스와 로마 둘 사이 차이가 그렇게 확연하지도 않은 것 같다. 그리스인들에게는 전全 시대를 통틀어 가장 위대한 정복자로 꼽히는 알렉산드로스 대왕이 있으니까. 더욱이 로마인들도 이탈리아반도 밖으로 발을 내디딘 뒤에는 해군력의 중요성을 한시도 잊지 않았다. 그렇다 해도 둘 사이에 본질적 차이가 있다는 사실은 아무래도 부인하기 힘들다. 그리스 힘의 핵심이 뱃머리가 높이 솟은 배들에 있었다면, 로마 힘의 핵심은 뚜벅뚜벅 행군하는 군단(레기온)에 있었다. 그리스인들이 바다와 일심동체였다면, 로마인들은 땅과 일심동체였다. 그리스인들이 뼛속부터 뱃사람이었다면, 로마인들은 뼛속부터 뭍사람이었다.

확실한 것은, 거의 동물적 본능에 가까운 로마인의 이 '영토욕'을 제쳐두고는 이른바 로마 현상을 제대로 설명할 수 없다는 점이다. 로마인들이 당대에 가장 신경을 쓴 부분도 조직화, 자워

개발, 영토 방어였다. 아무래도 라티움이라는 비옥한 평원지대에서 출발한 것이 땅을 위주로 한 정착 생활, 사유재산, 경제, 행정, 나아가 땅에 기반을 둔 사회를 만들어내는 로마인의 습관과 기술력을 탄생시킨 원동력이었을 것이다. 군사 편제와 질서정연한 행정체제를 만들어내는 데서 유감없이 발휘된 로마인의 천재성도 바로 여기서 비롯했다. 땅, 나아가 농촌 생활이 가져다주는 안정에 대한 깊은 애착은 다시 로마인 특유의 여러 덕德을 발달시키는 결과로 이어졌다. 라틴어로 그라비타스gravitas(책임감), 피에타스pietas(가족과 나라에 대한 헌신), 이우스티티아iustitia(자연 질서에 대한 인식)라 일컬어지는 것들이다. 대大카토Elder Cato는 이렇게 썼다. "땅을 일구는 사람들, 그들로부터 가장 강인한 사나이와 가장 용맹한 병사들이 만들어진다."[1]

로마 문명을 바라보는 오늘날의 시각은 무한한 동경부터 심한 넌더리까지 실로 다양하다. 예나 지금이나 강력한 힘에 사족을 못 쓰는 사람들은, 역사학자들 중에 특히, 늘 있기 마련인데, 이 부류는 무엇이건 강한 것을 동경하는 성향이 있어 그리스의 세밀함보다는 로마의 강인함에 더 매료되곤 한다. 이런 사람들은 만들어진 목적에 대해서는 생각할 겨를도 없이 콜로세움을 보면 그 압도적 규모와 위용에 감탄부터 나온다. 콜로세움이 로마 문명의 상징으로 자리잡았으니 사실 그럴 만도 하다. 당대에는 로마 어딜 가든 콜로세움이 자리했다. "콜로세움이 허물어지는 날 로마는 무너지고, 로마가 무너지는 날 세상도 망하리라"[2]라고 할 정도였다. 그런데 이처럼 로마를 동경하는 시각과 함께, 로마를 아니꼽게 보는 다음 같은 시각도 만만찮게 존재한다. 로마는 상당 부분 그리스 문명을 베끼고 그것을 이어갔을 뿐이라고 생각하는 사람도 많은 것이다. 그리스 문명은 질로 승부했지만, 로마 문명은 순전히 양으로 승부했다. 그리스는 독창성을 자랑했지만, 로마는 있던 것을 가져다 썼을 뿐이다. 그리스가 스타일을 가졌다면, 로마는 돈을 가졌다. 그리스가 발명가였다면, 로마는 기업체의 연구개발R&D과 같았다. 실제 로마 시대의 명망 있는 학식가 일부도 그렇게 생각했다. "지금의 우리가 그러듯 그리스인들이 독창성을 경멸해 마지않았다면, 과연 저 옛날의 작품 무엇이 지금까지 남아 있을 수 있겠는가?"라고 《서간집Epistles》에서 호라티우스Horace는 썼다. 게다가, 로마인들은 그리스 문명을 베끼면서 상당수는 그 품격까지 떨어뜨리는 우를 범했다. 로마인들이 건축술을 빌려오며 도리스 양식이나 이오니아 양식 대신 둔중하고 사치스러운 코린토스 양식을 들여온 것이 그 일례다. 한 비평가는 다음과 같이 썼다 "그리스 예술이 직조해낸 천은 로마처럼 순전히 실용성만을 중시한 나라를 만나면서 완전히 넝마쪽이 돼버렸다."[3]

그러나 어찌됐건 로마가 그리스에 엄청난 빚을 진 것만은 분명 사실이다. 종교만 해도 로마인들은 그리스인들이 믿었던 올림피아의 신神 대다수를 거의 그대로 모셔왔다—제우스를 유피테르로, 헤라를 유노로, 아레스를 마르스로, 아프로디테는 베누스로 바꾸어서. 로마인들은 도덕철학도 채택해 썼는데, 나중에는 아테네보다 로마가 스토아학파의 대표지로 부상할 정도였다. 문학 방면에서도 훗날의 라틴어 작가들은 그리스어 작가들을 의식적으로 자신들의 본보기로 삼고 글을 썼다. 또 당대에 교육받은 로마인이 그리스어를 능숙하게 구사하는 일쯤은 두말할 필요 없는 상식으로 통했다. 사변철학과 과학 분야에서도 로마인들은 과거 그리스인들의 성취에서 한 발짝도 나아가지 못했다.

그렇다고 그리스-로마문명의 건설자로서 로마를 그리스보다 한 수 아래로 치부하기는 잘못일 것이다. 로마인들은 전혀 새로운 방면들에서 —특히 법, 군사 편제, 행정, 토목공사에서— 천재성을 유감없이 발휘했기 때문이다. 게다가 로마라는 나라 내에서 발생한 갖가지 긴장 사태는 외려 그 어디보다 격조 높은 문학적·예술적 감수성을 탄생시키는 결과를 낳았다. 로마의 내로라 하는 군인이나 정치인 중 설출한 문인이 많은 것도 결코 우연이 아니다. 그러나 이와 같은 훌륭한 덕목만큼이나 로마인들이 저지른 악덕도 수없이 많다는 사실도 무시할 수 없다. 노예제라는 혐오스러운 낙인, 도를 넘어서는 잔혹함, 헬레니즘 문화가 청교도적으로 보일 정도로 차츰 퇴폐적으로 변해간 문화는 로마와 관련해 자주 비평가들의 표적이 됐다.

고대 로마는, 그 폭을 가장 넓게 잡을 경우, '영원의 도시Eternal City' 로마가 건립된 기원전 753년에서 로마제국이 마침내 무너진 기원후 1453년까지의 장장 2206년 동안 정치사의 명맥을 이었다고 할 수 있다. 하지만 보다 일반적인 관점에서는 도시 로마의 건립에서 시작해 그 로마를 제국의 수도로 삼았던 서로마의 멸망까지를 로마의 존속 기간으로 보는바, 그렇게 되면 로마는 그 수명이 위 기간의 절반도 채 안 된다. 흔히 로마는 왕정기, 공화정기, 제정기 세 시기로 확연히 구분된다고 여겨진다. [AUC]

반半은 전설이라 해도 좋은 로마 왕정기는 이른바 그리스 '영웅시대' 전반기와 여러 가지 면에서 일맥상통한다. 로마 왕정기는 로물루스Romulus와 레무스Remus 설화로 서두를 열어 (이들 쌍둥이 형제는 설화상 계보에 따르면 아이네아스의 후손으로, 왕위 찬탈 사건에 연루돼 일족에 의해 고아로 버려졌다가 구사일생으로 살아나 암늑대의 젖을 먹고 자라났다), 기원전 510년 로마의 일곱 왕 중 마지막인 거만한 타르퀴니우스Tarquin the Proud의 추방으로 끝을 맺는다. 이 250년은 기록역사가 등장하기 한참 이전의 시기다. 로물루스는 로마의 창건자로 '사비니 여인들의 강탈Rape of the Sabine Women'을 주모한 것으로 보이는 인물로서, 이 사비니 여인들이 없었다면 새 도시 로마는 인구를 불려나가기 힘들었을 것이다. 누마 폼필리우스Numa Pompilius는 사비니인 출신 왕으로서, 달력을 비롯해 공식적 종교 의례를 로마에 들여온 것으로 유명하다. 포룸에다 야누스신전을 세우고는 전시에는 그 문을 열었다가 평시에는 닫게 한 것도 그였다. 제3대 왕 툴리우스[툴루스] 호스틸리우스Tullius Hostilius는 라틴인 출신으로, 이웃 도시 알바롱가를 쑥대밭으로 만든 후 그곳 주민들을 강제 추방 했다고 한다. [제4대 왕] 안쿠스 마르키우스Ancus Marcius는 로마에 잡혀 들어온 포로들을 데려다 플레브스plebs 즉 평민의 신분으로 만든 것으로 유명하다. 제6대왕 세르비우스 툴리우스Servius Tullius는 로마에 최초의 헌법을 만들었고, 로마의 귀족 혹은 '원로'들로부터 평민들의 독립성을 보장해주는 한편, 라틴동맹(라티움동맹) Latin League을 새로이 탄생시킨 것으로 알려져 있다. 제5대 및 제7대 왕 타르퀴니우스 프리스쿠스Tarquinius Priscus와 타르퀴니우스 수페르부스Tarquinius Superbus는 에트루리아인 출신의 왕들이었다. 타르퀴니우스 프리스쿠스는 자기 이름을 딴 하수도를 준공하는 등 로마에 최초의 공공사업을 벌인 것으로 유명하다. 타르퀴니우스 수페르부스는 슬하의 아들이 벌인 루크레티아 능욕 사건으로 로마에서 쫓겨났다. [에트루리아열]

테베레강의 전략적 요충지 굽이굽이가 내려다보이는 일곱 언덕 위에 생겨난 로마는 탄생 당시만 해도 '라틴(라티움)' 말을 쓰던 라티움의 여러 개 도시 중 하나에 불과했다. 이와 같은 초기에는 로마도 더욱 막강한 힘을 가진 이웃 도시들에 지배당하곤 했다. 그중 북쪽의 에트루리아의 세가 특히 강성했으며, 그들의 요새화된 성채 베이는 로마 포럼에서 불과 16킬로미터의 지근거리에 있었다. 지금도 불치, 타르퀴니아, 페루자 등지의 '에트루리아의 옛터' 유적을 보면, 이곳에 한때 고도로 발전한 신비한 문명이 건재했음을 한눈에 알 수 있다. 역사가 티투스 리비우스에 따르면, 도시 로마는 한때 에트루리아인이 물밀듯 들이닥쳐 타르퀴니우스 가문을 다시 왕위에 앉히려 하는 통에 몰락할 뻔했으나, 애꾸눈 호라티우스 코클레스Horatius Cocles가 수블리키우스다리를 용감히 지켜낸 덕에 간신히 살아남았다고 한다.

> 그때 성문지기 대장 용감한 호라티우스
> 그가 분연히 나서서 말하니,
> "이승에 난 사람은 누구나
> 한번은 죽음을 맞으니
> 그럴 바엔 죽어 재가 되신 우리 아버지들을 위해,
> 우리가 섬기는 신들의 신전을 위해,
> 모진 역경에 맞서 싸우다 죽는 편이
> 백번 낫지 않겠소.
>
> 집정관 나리, 주저하지 말고 어서
> 이 다리를 끊으시오.
> 그러면 내가, 나를 도울 두 명의 사내와 함께
> 사방에서 달려드는 적들을 막아낼 테니
> 성으로 곧장 통하는 길은 이곳 하나

AUC

■
■ 로마의 연대표는 전통적으로 로마시의 설립일로 여겨지는 날짜를 기준점으로 삼았다. 한동안은 0년이 기원전 750년 시점과 일치한다고 여겨졌다. 이후의 모든 날짜는 "로마 설립 이래"를 뜻하는 아브 우르베 콘디타ab urbe condita 즉 AUC로 표시됐다. 수정된 방식이 등장한 것은 기원전 1세기로, 이때 '가장 박식한 로마 사람'인 M. 테렌티우스 바로M. Terentius Varro(AUC 636~725)가 로마시의 설립 연도를 기원전 753년에 상응하는 시점이라고 계산했다.

그러나 바로의 시대에 대다수 로마인은 또 다른 방식 즉 숫자를 쓰지 않고 1년 임기의 집정관(콘술)의 이름을 따서 해당 연도를 부르는 방식에도 익숙한 상태였다. 공식 기록과 일상 대화 모두에서 예컨대 "C. 테렌티우스 바로C. Terentius Varro와 L. 아이밀리우스 파울루스L. Aemilius Paulus의 해"(기원전 216) 또는 "C. 마리우스C. Marius가 집정관을 지낸 일곱 해"(기원전 107, 104, 103, 102, 101, 100, 86)와 같은 식으로 표현했다. 이런 연도 이름과 그 함의를 이해하려면 로마 역사에 대한 상세한 지식이 필요했다. 교육받은 사람이라면 C. 테렌티우스 바로와 L. 아이밀리우스 파울루스가 참패한 결과로 끝난 칸나에전투에서의 로마군 지휘관이었다는 사실 정도는 알았을 것이다.

다행히 이 두 연도 표기 체계는 양립이 가능했다. 하나가 다른 하나를 보완하는 역할을 할 수 있었다는 얘기다. 예를 들어 G. 율리우스 카이사르가 처음 집정관에 뽑힌 해부터 암살된 해까지의 기간은 아래의 표를 참고해 계산할 수 있었다.

기존 역법 체계가 실용성이 떨어진다고 판단한 인물은 카이사르였다. 로마 달력은 1년이 304일에 열 달로 이뤄져 있었고 새해 첫날이 'xi Kal. Maius'('5월 1일의 11일 전'이라는 의미) 즉 4월 21일이었다. 여기에 두 개의 달 즉 야누아리우스Ianuarius와 페브루아리우스Februarius가 임시방편으로 추가됐다. 카이사르가 세 번째로 집정관이 된 AUC 708년에 달력 체계의 대대적 개혁이 있었다. 그는 기존의 1년 일수를 151일 연장해 새해가 AUC 709년(기원전 45) 1월 1일에 시작돼 12월 31일에 끝나도록 함으로써, 1년이 365일 열두 달로 구성되는 체계로 정비했다. 이후 AUC 737년(기원후 4)에 아우구스투스 황제가 추가 개정을 실시해, 과거 로마 달력의 다섯 번째와 여섯 번째 달인 퀸틸리스Quintilis와 섹스틸리스Sextilis의 이름을 각각 율리우스Julius(카이사르의 이름을 땄다)와 아우구스투스로 바꾸었다. 4년마다 하루의 윤일閏日을 두고 1년이 365.25일인 율리우스력은 지구 공전 주기로 계산한 1년과 비교할 때 오차가 11분 12초에 불과했으며 기원후 1582년까지 보편적 역법으로 널리 사용됐다.

하지만 집정관은 제정 로마 초기의 원수정에서도 계속 임명됐고 집정관 이름으로 연도를 부르는 관습 역시 유지됐다. 황제가 즉위한 해를 언급하는 방식은 잘 사용되지 않았다. 집정관직이 폐지된 제정 후반기

AUC	집정관	기원전
695	M. 칼푸르니우스 비불루스M. Calpurnius Bibulus, C.(G.) 율리우스 카이사르(1회)	59
705	C. 클라우디우스 마르켈루스C. Claudius Marcellus, L. 코넬리우스 렌툴루스 크루스L. Cornelius Lentulus Crus	49
706	C. 율리우스 카이사르(2회), P. 세르빌리우스 바티아 이사우리쿠스P. Servilius Vatia Isauricus	48
707	Q. 푸피우스 칼레누스Q. Fufius Calenus, P. 바티니우스P. Vatinius	47
708	C. 율리우스 카이사르(3회), M. 아이밀리우스 레피두스M. Aemilius Lepidus	46
709	C. 율리우스 카이사르(4회) 단독 집정관	45
710	C. 율리우스 카이사르(5회), M. 안토니우스M. Antonius	44
711	C. 비비우스 판사C. Vibius Pansa, A. 히르티우스A. Hirtius, 이 둘은 집정관이 된 해에 사망. 이후 M. 안토니우스, G. 옥타비아누스G. Octavianus, M. 아이밀리우스 레피두스의 3두정치 시작	43

에 AUC 연호 방식은 15년마다 돌아오는 징세 주기 Indiction, 인딕티오, indictio를 표현할 때 사용됐다. 마침내 기원후 6세기 중반에 서력기원이 사용되기 시작할 무렵까지, 로마 건국 원년을 기준으로 한 AUC 체계는 약 1300년 동안 명맥을 유지했다.[1] [주님의 해]

셋이면 능히 천 명의 군사도 막아낼 수 있으니.
자, 이제 누가 나의 양편에서
나와 함께 이 다리를 지켜내겠는가?'

집정관 말하길 "호라티우스,
그대의 말에 따라 다리를 끊겠노라."
그러자 들이닥치는 엄청난 대군에 맞서
불굴의 세 사나이가 앞으로 나섰다
로마가 역경에 처했을 때 로마인들은
땅도 황금도 아끼지 않았다.
아들, 아내, 심지어 자신의 팔다리, 생명까지도.
먼 옛날 그 용감했던 시절에는.[4]

로마는 공화정기를 거치는 사이 하찮은 일개 지방 도시에서 출발해 지중해 전체를 호령하는 단계까지 부쩍 성장해나갔다. 그 과정은 기원전 509년 로마가 사상 처음으로 집정관(콘술) Consul을 선출(2명)해 그들에게 통치를 맡긴 데서 시작해, 그로부터 478년 뒤, 가이우스 옥타비아누스Gaius Octavianus가 로마 최초의 황실을 개창하면서 끝이 났다. 공화정기는 어느 한 곳이 끝나면 다른 한 곳이 시작되는 식으로 쉴 새 없이 영토 정복이 이뤄졌다. 기원전 5세기, 로마는 바로 인접한 주변 땅을 제패하고 813제곱킬로미터(314제곱마일)의 땅을 손에 넣게 된다. 기원전 491년에는 로마에서 추방당한 가이우스 마르키우스 코리올라누스Gaius Marcius Coriolanus가 무적의 볼스키인 군대를 이끌고 로마 성문까지 진격해 로마가 함락당할 위기에 처했으나, 그의 모친이 읍소하자 코리올라누스가 끝내 말머리를 돌렸다는 유명한 일화가 전한다. 기원전 4세기, 기원전 390년의 갈리아인 약탈로부터 몸을 추스른 로마는 삼니움인과 세 차례의 혈투를 벌인 끝에 이탈리아 중부 패권을 확립하게 된다. 로마는 기원전 3세기에는 그리스 남부지방 정복에 나섰는데, 초반에는 타렌툼을 구한다는 명목으로 참전하게 된 에페이로스 왕 피로스와 대결 양상을 벌이다 후반에는 수차례 군사작전 끝에 시칠리아섬을 로마 영토로 병합한다(194~206쪽 참조). 그런데 이때의 군사작전들은 급기야 카르타고와의 장기전으로 번져, 로마는 총 세 차례에

에트루리아열熱 ETRUSCHERIA

■ 로마에서 멀지 않은 산타세베라는 고대 항구 피
■ 르기가 있던 곳이다. 이곳에서 고고학자들이 바
다를 향해 세워진 에트루리아 신전 두 개를 발견했다.
1957~1964년의 발굴 작업에서 나온 결과물은 놀라
웠다. 에트루리아 유적지에서 무덤이 아닌 다른 특별
한 유물이 나오기는 이때가 처음이었다. 특별한 유물
이린 기원전 500년경 것으로 추정되는, 고대 카르타고
어와 에트루리아어가 새겨진 얇은 금판 3개였다. 그
내용은 이러했다.

> 아스타르테 여신께 바치노라. 이 신전은 키스라의 왕 테
> 파리에 벨리아나스Thefarie Velianas가 태양신에게 제
> 물을 바치는 달에 지은 성스러운 장소다. [⋯] 왕의 치세
> 3년째 되는 해, 키르의 달, 신의 장례식 날이다. 여신의
> 조각상이 누릴 햇수는 이 별들의 개수만큼 많도다.[1]

피르기는 인근 도시 키스라(카이레)(오늘날의 체르베테리)
의 사람들이 이용하는 항구였다. 테파리에(또는 티베리
우스Tiberius) 왕은 카르타고의 여신을 숭배해 그녀에게
바치는 신전을 지었다. [탐무즈] 피르기의 신전들이 헌
정된 시기는, 나폴리만灣의 그리스 식민시 쿠마이를
점령하려는 에트루리아의 시도가 실패한 얼마 후였을
것이 분명하다. 또한 에트루리아의 지배에 로마 사람
들이 봉기한 10년 이내였을 것으로 추정된다.
에트루리아인은 기원전 700년에서 100년 사이에 토
스카나와 움브리아 지방을 중심으로 번성했다. 그들은
자신들이 소아시아로부터 이주해왔다고 주장했다. 그
리스 문자에서 유래한 에트루리아 문자는 읽기는 쉽
지만 아직 완전히 해독되지는 않았다. 에트루리아는
초기의 군주 시대를 거쳐 기원전 6세기에 그리스처럼
활발한 교역에 의존하는 도시국가의 시대로 진입했다.
에트루리아인이 만든 무덤의 묘실에서는 일정한 양식

에 따라 세밀하게 그린 벽화들이 발견되며 종종 망자
의 성찬 장면도 묘사돼 있다(1459쪽 도판 5 참조). 에트
루리아인에 대해 알 수 있는 자료는 많지 않으며 고고
학 연구로 밝혀진 정보 또는 후대의 로마인들이 남긴
적대적 기록뿐이다. 이 기록들에서 에트루리아인은 식
충이, 호색한, 종교적 광신자 등으로 묘사된다. 1837
년 런던에서 처음으로 에트루리아 문명 전시회가 열렸
고 1992년에는 파리에서 전시회가 열리는 등[2] 그동안
에트루리아 유물 연구에 대한 유럽인들의 관심을 불
러일으키려는 시도가 여러 차례 있었다. 세간의 흥미
를 가장 자극한 사건은 1828~1836년 불치, 카에레,
타르퀴니아에서, 그리고 교황령Papal States에서 에트
루리아 무덤들이 발굴된 일이었다.
그런데 에트루리아와 관련해서는 낭만주의적 관점
의 풍조가 유행했다. 에트루리아 문명의 초기 연구
를 기획했던 메디치가家는 자신들이 에트루리아인
의 후손임을 자처했다. 18세기에 조사이아 웨지우드
(1730~1795)는 고급스러운 '에트루리아 스타일'이 에트
루리아가 아니라 그리스에 뿌리를 둔다는 사실을 모
른 채 자신의 도자기 공장에 "에트루리아"라는 이름을
붙였다. 프랑스 작가 프로스페르 메리메(1803~1870)
는 신비로운 에트루리아 문명에 매혹됐고 빅토리아 시
대의 탐험가 조지 데니스George Dennis(1814~1898)
도 에트루리아에 남다른 관심을 가졌다. D. H. 로런스
(1885~1930)도 마찬가지였다.

> 평화로운 수 세기 동안 에트루리아인이 이뤄놓은 것
> 은 숨 쉬는 일만큼이나 자연스러운 것이었다. 이것이
> 진정한 에트루리아의 가치다. 편안함, 자연스러움, 삶
> 의 풍요로움 [⋯]. 또한 그들에게 죽음이란 그저 풍요
> 로운 삶의 자연스러운 연장이었다.[3]

이와 같은 태도는 에트루리아학Etruscology'이 아니
라 에트루리아열(열광)이라고 부를 만하다.

걸친 포에니전쟁을 치르게 된다.

로마는 수없이 많은 전쟁을 치렀지만, 카르타고와 100년간 벌인 이 전쟁이야말로 로마인 특유의 끈기와 잔혹함이 가장 절묘하게 결합된 경우였다. 아프리카에 터를 잡고 있던 카르타고는 로마 탄생 이전에 건설된 도시국가로, 라틴어로는 푸니카Punica[푸니쿠스punicus]라고 하는 페니키아 출신의 이 주민들이 창건한 곳이었다. 이 둘 로마와 카르타고 사이는 전통적으로는 평화로운 관계였다. 로마 역사 최고最古로 꼽히는 문서에 담긴 조약에 따라 평화가 보장되고 있었기 때문이다. 공화정기 첫해의 기록을 보면, 서로의 힘이 미치는 구역을 상호 존중해야 한다는 내용이 명시돼 있다. 그렇게 해서 근 300년 동안 평화가 유지됐는데, 어느 날 로마 군대가 메시나해협을 건너온 것이다.

제1차 포에니전쟁First Punic War(기원전 264~기원전 241)에서 카르타고는, 로마의 지상 병력에는 비교적 잘 버텼으나, 시칠리아 영유권은 잃었다. 로마로서는 이 전투가 해상 전술을 익힌 계기였다. 제2차 포에니전쟁(기원전 218~기원전 201)은 한니발Hannibal이 스페인에서 출발해 알프스산맥을 넘어 이탈리아까지 진입하는 그야말로 대단한 원정을 벌인 후 일어났으며, 전쟁에서는 로마가 궤멸 직전까지 갔으나 불굴의 의지를 발휘해 다시 일어서게 된다. 이 기간에는 이탈리아 북쪽의 켈트인이 반란을 일으키는가 하면, 시칠리아 상당 지역까지도 함께 들고일어났다. 거기다 로마로 통하는 길도 거의 무방비 상태나 다름없었다. 트라시메노호전투Battle of Lake Trasimeno(기원전 217)와 칸나에전투Battle of Cannae(기원전 216)는 로마 역사상 가장 참담한 패배로 기록되기도 했다. 그나마 쿵타토르Cunctator 곧 "지체하는 자"로 불린 퀸투스 파비우스 막시무스Quintus Fabius Maximus가 지구전 전술을 펴고, 끝내는 시라쿠사까지 함락되면서(199~202쪽 참조) 로마는 가까스로 목숨을 부지했다. 한니발의 동생 하스드루발Hasdrubal은 각종 전투에서 고전을 면치 못하다 궁지에 몰리자 스페인에서부터 이탈리아로 재차 침공을 시도했고, 기원전 203년에는 한니발이 이탈리아에서 군대를 물리는 수밖에 없었다. 아프리카로 들어가는 그를 칸나에의 구원자이자 카르타헤나의 정복자라고 불린 젊은 푸블리우스 코르넬리우스 스키피오 '아프리카누스' Publius Cornelius Scipio 'Africanus'가 뒤쫓았다. 결국 한니발은 기원전 202년 자마에서 호적수를 만나게 된다. 이후 로마의 적들과 함께 그리스를 은신처로 삼아 지내던 한니발은 퇴물 취급을 받다 스스로 목숨을 끊었다(기원전 183~기원전 181년경)

카르타고는 자국 선대를 빼앗기고 과중한 공물 부담을 진 채 60년간은 명맥을 이어갔다. 그러나 제3차 포에니전쟁(기원전 149~기원전 146)에서 대大카토가 이 적국은 완전히 허물어뜨려야 한다며 목소리를 높였다. "카르타고 델렌다 에스트Carthago delenda est"("카르타고는 반드시 멸망시켜야 합니다"). 그리고 기원전 146년 이 일이 정말 실행에 옮겨졌다. 카르타고는 쑥대밭이 됐고, 주민들은 노예로 팔려갔으며, 유적지는 곡괭이로 헤집어졌고, 밭고랑은 로마인들이 들이부은 소금 천지였다. 이 일을 두고 한 얘기는 아니긴 해도, 로마인들은 "땅을 사막처럼 만들어놓고 그것을 평화라 불렀다"라고 타키투스는 적었다. 역사가 폴리비오스와 함께 카르타고가 짓밟히는 광경을 지켜본 스키피오 아이밀리아누스Scipio Aemilianus는 순간 감정에 북받쳐 〈일리아스〉에 나오는 헥토르의 대사를 인용했다고도 한다. "언젠가는 신성한 트로이도 멸망하는 날이 오리라." 폴리비오스가 도대체 무슨 뜻에서 그런 말을 하는지 묻자 스키피오가 대답했다. "지금은 영광스러운 순간이 아닐 수 없지, 폴리비오스. 그런데 언젠간 우리 조국도 똑같이 이런 운명을 맞을 거라는 불길한 예감이 떨쳐지지 않아서 말이야."[5]

카르타고의 도전이 수그러들다 완전히 사라지자, 득의에 찬 로마 공화정의 군단은 이제 남아 있는 지중해 국가들을 하나하나 제거해나갔다. 기원전 241년에서 190년 사이 갈리아 키살피나가 로마에 정복됐다. 기원전 201년에는 이베리아와 북아프리카 상당 부분이 로마 수중에 전리품으로 들어갔다. 기원전 229년에서 168년 사이에는 일리리아 지방을 로마가 정복했다. 기원전 146년에 접어들어서는 그리스 본토와 함께 마케도니아가 로마의 차지가 됐다. 기원전 125년에는 갈리아 트란살피나를 로마가 침공하더니, 기원전 58~기원전 50년에 이곳을 가이우스 율리우스 카이사르가Gaius Julius Caesar 기어이 로마에 예속시켰다. 기원전 67~기원전 61년에는 소아시아의 독립 왕국들이 로마에 합병됐고, 기원전 64년에는 시리아와 팔레스타인도 로마에 합병됐다. [에그나티아]

로마 공화정이 존속한 마지막 100년 동안에는, 수차례의 외국 정벌에다 내전까지 잇따라 터지며 로마 정국은 꼬여갔다. 전장에서 무공을 쌓은 장군들이 로마의 중앙통치를 장악하려 애쓰는 가운데, 한쪽에서는 자칭 개혁가들이 나타나 하층민들의 요구를 들어주려 애썼다. 그로 인한 갈등으로 로마는 단속적斷續的인 혼란과 독재정치로 점철됐다. 기원전 133년에서 121년, 티베리우스 셈프로니우스 그라쿠스Tiberius Sempronius Gracchus와 그의 동생 가이우스 셈프로니우스 그라쿠스Gaius Sempronius Gracchus가 로마의 정복전쟁에서 군복무를 하느라 땅을 잃고 떠돌게 된 농민들에게 로마의 국유지를 나누어주려는 시도를 하게 된다. 그러나 이 둘 모두 과두 통치층의 반발을 사 죽임을 당한다. 기원전 82~기원전 79년에는 루키우스 코르넬리우스 술라 펠릭스Lucius Cornelius Sulla Felix가 가이우스 마리우스Gaius Marius(기원전 157~기원전 86)의 당파를 꺾은 뒤 스스로를 독재관(딕타토르)Dictator으로 선언했다. 기원전 60년에는 자웅을 겨루던 세 군인정치인 마르쿠스 리키니우스 크라수스Marcus Licinius Crassus, 그나이우스 폼페이우스 마그누스Gnaeus Pompeius Magnus, 카이사르가 처음으로 삼두정치triumvirate의 틀을 마련한다. 그러나 기원전 48년 카이사르는 남아 있던 삼두정치 일파 즉 폼페이우스의 잔당들을 무참히 쓸어버린 뒤 임페라토르Imperator 곧 최고사령관의 칭호를 요구했다. 그러다 마침내 기원전 31년, 두 번째 삼두정치까지 무너진 뒤에야 옥타비아누스가 이제까지의 내전에 종지부를 찍었다. 그가 악티움해전Battle of Actium(기원전 31)에서 승리를 거두면서, 이집트가 로마에 항복해왔고, 마르쿠스 안토니우스Marcus Antonius와 클레오파트라Cleopatra

가 죽음을 맞았으며, 반대파는 종말을 맞고, 옥타비아누스 자신은 "아우구스투스Augustus"(존엄한 분)의 칭호를 받을 수 있었다. 이렇게 해서, 지중해 해안가에 남아 있던 마지막 한 조각 땅이자 적어도 1000년간은 줄곧 명목상 독립을 누려온 나라가 마침내 로마의 수중에 들어오는 것과 동시에 로마 공화정 또한 마지막 숨을 몰아쉬게 된 셈이었다. 거의 500년의 공화정(기원전 509~기원전 27)기간 동안, 로마의 야누스신전이 문을 닫은 것은 단 세 차례뿐이었다(로마의 야누스신전은 평시에는 문을 닫고 전시에는 문을 열어두었다). **[아퀼라]**

당시 로마의 내전은 무엇보다도 정치적 태도의 급속한 변화가 외부로 표출된 것이라 할 수 있었으니, 우리는 결국은 패배하는 편에 서게 된 셈이었던 두 카토의 인생행로에서 그 모습을 충분히 엿볼 수 있다. '켄소르Censor'로도 불리는 마르쿠스 포르키우스 카토Marcus Porcius Cato(기원전 234~기원전 149)는 강직하고 욕심이 없는 구세대 로마인의 대명사로 자리 잡은 인물이다("켄소르"는 "호구조사관" "감찰관"으로 번역된다). 카토(일명 "대카토")는 로마 군대에서 병사로 27년을 복무한 뒤 자신의 농장으로 돌아와 역사와 농경을 주제로 글을 써냈다. 그는 사람들이 헬레니즘의 물결에 휩쓸려 사치와 꾸미기를 일삼는 것을 질타했으며, 특히 스키피오 일가에 대해서는 원칙에 어긋난 행보를 보인다며 비판을 서슴지 않았다. 말년에 접어들어서는 로마에 카르타고를 궤멸시켜야 한다고 줄기차게 목소리를 높였다. 카토의 증손자 마르쿠스 포르키우스 카토 우티켄시스(우티카의 마르쿠스 포르키우스 카토)Marcus Porcius Cato Uticensis(기원전 95~기원전 46)도 인물됨이 청렴하고 강퍅하기가 그에 못지않았다. 스토아철학 신봉자로 수행에도 힘썼던 카토(일명 "소카토")는 카이사르의 독재 야욕을 저지하기 위한 전투에 참가하면서 폼페이우스와 한편이 됐다. 그러다 폼페이우스가 대의를 잃자 자기 뜻을 굽히기보다 스스로 목숨을 끊는 편을 택한다. 자결에 앞서 그는 리비아사막을 횡단하겠다며 투지를 불살라 여정에 올랐으나 결국에는 우티카라는 도시만 한 바퀴 돌고 말았을 뿐이었다. 영혼의 불멸성을 논한 플라톤의 《파이돈Phaedo》을 읽은 것이 그가 자신의 생애 마지막 날 밤에 한 일이었다. 그렇게 해서 카토는 독재에 맞선 공화주의자, 나아가 원칙을 지킨 저항의 상징으로 자리 잡았다. 키케로도 카토에 찬사를 아끼지 않았다. 한편 카이사르는 〈안티카토Anticato〉라는 글을 써 카토가 얻은 신임을 궁색하게 깎아내리려 시도하기도 했다. 시인 마르쿠스 안나이우스 루카누스Marcus Annaeus Lucanus(기원후 39~기원후 65) 역시 폭군에 굴복하기보다 자결하는 편을 택한 인물로, 카토를 정치적 자유의 제일인자로 놓는다. 이런 루카누스의 뒤를 이어 단테 알리기에리 역시 자신의 작품에서 카토를 연옥을 지키는 수호자이자, 나아가서는 영적 자유의 길을 지키는 수호자로 등장시킨다.

가이우스 율리우스 카이사르Gaius Julius Caesar(기원전 100~기원전 44)는 선봉에 서서 공화정의 기존 방식에 결정적 일격을 날린 인물이다. 출세한 장군이자 행정관이었던 그는 기원전 60년

에그나티아 EGNATIA

■ 비아 에그나티아Via Egnatia는 로마의 모든 도로
■ 중에 가장 중요한 길로 꼽아도 손색이 없었다.
기원전 2세기에 건설된 이 에그나티아가도는 로마와
비잔티움을 연결했으며 따라서 후대에는 서로마제국
과 동로마제국을 잇는 역할을 했다. 아풀리아(지금의
풀리아) 지방의 도시 '에그나티아'에서 그 이름을 따왔
다. 에그나티아는 저절로 불을 만들어낸다는 신비로운
제단이 있던 곳이자 로마와 아드리아해 항구 브린디시
움(브린디시) 사이의 주요 도시였다. 비아에그나티아는
베네벤툼과 타렌툼(베네벤토와 타란토)을 경유해 동일한
목적지에 가닿는 오래된 비아 아피아Via Appia(아피아
가도)에 접근할 수 있는 대안적 도로였다. 비아 에그나
티아의 시작점은 아드리아해 동부 연안의 디라키온(지
금의 (알바니아) 두러스)이었고 중간에 아폴로니아와 연
결되는 지선도로가 있었다. 비아 에그나티아는 리크니
도스((북마케도니아) 오흐리드)와 펠라를 거쳐 테살로니카
(그리스 테살로니키)에 닿으면서 마케도니아 지방을 가로
질렀다. 그리고 칼키디케반도 옆을 지나 암피폴리스와
필리피를 경유해 트라키아에 있는 에브로스(마리차)강
유역의 키프셀라에 이르렀다.[1]

비잔티움을 코앞에 둔 가도의 마지막 구간은 처음엔
비아 에그나티아로 불리지 않았으며, 연안 석호 때문
에 내륙으로 길게 우회해 놓았다. 레기온과 헤브도몬
을 직접 연결하는 길은 유스티니아누스 1세 때(재위
527~565) 닦였고, 이로써 서쪽 끝 디라키온에서 출발
한 여행자는 20일간 지나온 800킬로미터가 넘는 여
정 끝에 콘스탄티노폴리스의 금문Golden Gate을 볼
수 있었다. "모든 길은 로마로 통한다"라고들 했지만
모든 길은 로마로부터 시작된다는 말도 틀린 말은 아
니었다.

아퀼라 AQUILA

■ 독수리가 '새의 왕'으로 여겨진 지는 사자가 '짐
■ 승의 왕'으로 여겨진 것만큼이나 오래됐다. 로마
의 민간전승에서 독수리는 유피테르의 번개를 운반하
는 새였다. 바빌론과 페르시아에서 독수리는 힘과 왕
권을 상징했으며, 로마 장군 가이우스 마리우스는 동
방 원정 이후 독수리를 (로마의 원로원과 시민SPQR의 상
징물로) 채택했다. 로마제국의 군단은 독수리 깃발을
앞세우고 진군했으며, 로마 집정관들은 독수리 장식
이 달린 홀을 손에 들었다(부록 1570쪽 참조).[1] ('아퀼라'
는 라틴어로 "독수리"를 뜻한다.)

슬라브족 전설에 따르면, 레흐·체흐·루스 3형제가 각
자의 운명을 개척하기 위해 길을 떠났다. 루스는 동쪽
으로, 체흐는 남쪽의 보헤미아로, 레흐는 평원을 가로
질러 서쪽으로 갔다. 한 호수 근처에 도착한 레흐는 흰
독수리가 둥지를 틀고 있는 커다란 나무를 보고 그곳
에 정착했다. 폴란드의 건국 시조인 레흐는 최초의 정
착지 그니에즈노Gniezno를 건설했는데, "독수리의 둥
지"라는 의미였다. 웨일스 지방에서는 국토의 심장과
도 같은 스노든산山의 정상을 에리리Eryri라고 부르는
데, "독수리의 땅"을 뜻하는 웨일스어다.

기독교의 상징에서 독수리는 복음서 저자 성 요한과
연관된 동물이다(다른 복음서 저자들의 상징물을 보면 성
마태오는 천사와 도끼, 성 루카는 황소, 성 마르코는 사자다).
종종 교회의 성경 낭독대도 거짓을 말하는 뱀을 물리
치는, 활짝 편 양 날개로 성경을 받치고 있는 독수리
의 모양으로 제작했다. 성 히에로니무스(성 제롬)에 따
르면, 독수리는 예수의 승천을 상징했다.

유럽 역사 속의 많은 통치자가 자신의 우월함과 권위
를 드러내는 데 독수리를 애용했다. 카롤루스 대제는
독수리 문양이 새겨진 망토를 입었고, 크누트 대왕은
독수리 망토를 입은 채 묻혔다.[2] 나폴레옹 1세와 나폴
레옹 3세도 독수리 상징물을 즐겨 사용했다. 나폴레옹
1세의 후계자이자 '로마의 왕King of Rome'(나폴레옹 2
세)은 "새끼 독수리"를 뜻하는 "레글롱l'aiglon"이라는

별명을 얻었다. 영국인들만 유달리 독수리 상징물에 관심이 없었다.

독수리는 유럽의 문장紋章에도 변함없이 등장하며 일찍이 이슬람권의 휘장에서도 사용됐다.[3] 세르비아와 폴란드는 흰 독수리를 국장國章에 사용하는데, 폴란드의 독수리는 왕관을 쓰고 있다(공산주의 체제였을 때는 독수리 머리에서 왕관이 잠시 사라지기도 했다). 티롤 지방과 브란덴부르크-프로이센에서는 붉은 독수리를, 스웨덴의 베름란드 지방에서는 푸른 독수리를 문장에 사용했다. 독일연방공화국은 아헨시市 문장에서 가저온 정형화된 검은 독수리를 국장으로 택했다. 비잔티움제국은 팔라이올로고스왕조 때 날개를 펼친 검은 쌍두 독수리를 문장으로 택했으며, 이는 동쪽과 서쪽의 로마 계승자를 상징했다. 이후 '제3의 로마'로 자처한 모스크바의 차르들, 신성로마제국 황제들, 오스트리아의 합스부르크가家도 문장에 독수리를 넣었다. 독일 속담에 이런 말이 있다. "아인 아들러 펭트 카이네 뮈켄Ein Adler fängt keine Mücken." "독수리는 날벌레를 잡지 않는다."

부터 폼페이우스·크라수스와 함께 제1회 삼두정치를 행하며 집정관을 지냈고, 기원전 59년부터는 갈리아 두 곳의 식민시 총독으로 복무했다. 카이사르가 로마의 민중들에게 뻔뻔하게 뇌물을 돌리고, 정치인들을 교묘하게 조종하고, 또 군사 원정에서 〔순식간에 진열장을 깨고 물건을 털어가는" 식의 기동과 기습의〕 '전격電擊, smash-and-grab' 작전을 써서 적군을 일망타진해버리는 것에 그의 정적들은 넌더리를 냈다. 그런 카이사르를 두고 키케로가 내뱉은 한탄—"오 템포라, 오 모레스O tempora, O mores!"〔"오 시대여, 오 풍속이여!"〕—는 오늘날의 우리에게도 여전히 의미심장하게 들린다. 기원전 49년 1월 10일, 카이사르는 루비콘강에서 이탈리아 속주의 경계를 넘어서며 로마에 전쟁을 선포한 셈이었다. 카이사르는 군주제라는 허울은 멀리했지만, 그가 독재를 행한 것은 사실이었다. 카이사르라는 이름은 곧 절대권력과 동의어가 됐다. 심지어 그의 막강한 힘은 달력까지 바꿔놓을 수 있었다. 그가 암살당한 것은 기원전 44년 3월 15일, 마르쿠스 유니우스 브루투스Marcus Junius Brutus와 가이우스 카시우스 롱기누스Gaius Cassius Longinus가 이끄는 공화주의자 음모자 일당에게였는데, 그 뜻을 높이 기린 사람들은 이들을 "리베라토르Liberator"〔해방자〕들이라 칭했다. 브루투스는 로마의 제1대 집정관으로 타르퀴니우스〔거만한 타르퀴니우스〕를 전복시킨 선조〔루키우스 유니우스 브루투스〕의 후손이기도 했다. 윌리엄 셰익스피어는 브루투스를 두고 "그 모든 로마인 중 가장 고귀한 이"라고 칭했으나, 단테는 그가 카이사르와의 우정을 져버렸다며 지옥 맨 아래층에 데려다 놓았다.

카이사르가 세상을 떠난 후, 카이사르파를 이끌어갈 책임은 그의 조카 가이우스 옥타비아누스(기원전 63년생)에게 맡겨지게 된다. 그는 카이사르의 정식 상속자로 입양돼 가이우스 율리우스 카이사르 옥타비아누스Gaius Julius Caesar Octavianus로 이름이 바뀐 참이었는데, 이후 모든 전쟁에서 승리를 거두며 또다시 이름이 바뀌게 된다. 옥타비아누스는 마르쿠스 아이밀리우스 레피두스Marcus Aemilius Lepidus 및 마르쿠스 안토니우스(기원전 82년경~기원전 30)와 관계가 삐걱대는 채로 제2회 삼두정치에 들어가더니 이들과 합세해 필리피에서 브루투스와 카시우스의 공화주의자 당파를 제압했다. 그러나 그 후 옥타비아누스는 되레 자신의 협력자에게 칼을 빼들어 막강한 세를 자랑하던 안토니우스를 공격했다. 당시 서쪽을 차지한 것이 옥타비아누스였다면, 동쪽은 이 안토니우스가 차지하고 있었다. 그렇게 해서 벌어진 악티움해전(기원전 31)은 로마 세계의 연합 군대가 총집합하며 벌어진 일전치고는 다소 싱겁게 결판났다. 그래도 악티움해전이 결정적 역할을 한 것은 사실이었다. 이 해전으로 로마의 내전은 끝이 났고, 공화정의 숨통은 완전히 끊겼으며, 옥타비아누스는 아우구스투스라는 가장 높은 칭호를 얻을 수 있었으니까.

제정 로마는 기원전 31년 아우구스투스의 승리로 서막을 열며, 그 초기는 '원수정元首政, the Principate'으로 통한다. 이후 로마는 경이로운 "팍스 로마나Pax Romana" 곧 "로마의 평화"를 맞아 대서양부터 페르시아만까지의 지역에 평화가 확고히 자리 잡았다. 정국이 소란스럽고 살인을 불사하는 음모가 횡행하는 일은, 특히 로마에서, 여전했지만, 이쯤 돼서는 로마가 속주들을 확실히 장악하게 돼 전쟁은 대체로 멀리 떨어진 국경지대에서만 일어나고 있었다. 몇 군데나마 영토도 추가됐다—기원후 43년에 브리타니아(그레이트브리튼), 기원후 63년에 아르메니아, 105년에 다키아가 로마 영토로 편입됐다. 그러나 대체로 제정 로마는 주로 하드리아누스의 성벽부터 도나우 삼각주에 이르기까지 제국의 리메스limes(국경) 뒤쪽 유럽 안 땅에서만 스스로를 지키는 것으로, 아시아 땅에서는 로마의 가장 무시무시한 적들—파르티아인 및 페르시아인—에 맞서 싸우는 것으로 만족했다. [아쿠인쿰]

그러다 황제의 위세도 주춤하는 때가 오고 만다. 그렇게 황제가 움츠러들자 변경은 경계선이 허물어졌고 중앙은 기강이 해이해졌다. 기원후 3세기 들어 단명한 황제들이 유달리 많아진 것부터가 로마라는 거대한 단일체가 약해지고 있다는 표시나 다름없었다. 그나마 제국이 일부 힘을 회복할 수 있었던 것은 제국을 동서로 분할하라는 명이 내려지면서였다. 하지만 4세기 들어 제국 동쪽으로 자원이 몰리는 현상이 뚜렷해지더니 이윽고 제국의 수도도 로마에서 비잔티움으로 옮겨졌다. 기원후 330년의 일이었다. 정치 중심지로서의 로마는 이제 그 생명력을 다한 셈이었다. 왕정과 공화정에 이어 제정의 시기까지 도시 로마의 '영원함'이 지속된 시간만 정확히 1038년이었다.

로마의 확장을 이끈 동력은 그리스 도시국가나 마케도니아의 성장을 추동한 동력보다 훨씬 강력했다. 전체 영역으로 따지면 알렉산드로스의 제국이 잠시나마 후기 로마 세계의 영토를 앞지르기도 했지만, 체계적으로 정착하고 군대를 동원한 영역으로 따지면 로마의 땅이 알렉산드로스의 제국보다 더 넓었다. 로마는 그 시작부터 다양한 법, 인구, 농경 방책들을 활용해 로마 안에 통합된 땅들이 로마라는 전쟁기계에 들어가는 전체 자원에 얼마씩 이바지할 수 있도록 했다. 정복지의 주민들에게는 각자의 상황에 따라 완전한 로마 시민권 키비타스 시네 수프라기오civitas sine suffragio 즉 투표권 없는 시민권, 혹은 로마의 동맹시 중 하나의 지위가 주어졌다. 지위마다 얼마큼의 돈과 병사를 댈 의무가 있는지가 꼼꼼히 책정됐다. 제국에 충성을 다하는 병사들은 땅을 넉넉히 지급받는 것으로 보상을 받았고, 나라에서는 이들 땅을 측량해 정해진 규격으로 나눴다. 그 결과 땅이 점점 늘어나 그곳을 지키는 데 필요한 군대가 그 어느 때보다 많아졌고, 군대가 점점 늘어나자 그것을 유지하는 데 필요한 땅도 그만큼 많아져갔다. 군대화한 사회에서 시민은 곧 군복무자와 다름없는 터라 땅에 대한 욕구를 주체할 수 없게 마련이었다. 로마에는 많은 양의 국유지 아게르 푸블리쿠스ager publicus가 보유됐다가 나중에 나라의 가장 헌신적인 종복, 특히 원로원 의원들에게 보상으로 돌아갔다.

이와 같은 전반적 전략 안에서 정치적 틀은 극도의 융통성을 보였다. 로마로서는 제국에 하나의 일관된 행정체계를 도입하는 것이 당장의 급선무로 여겨지지 않았다. 기원전 3세기 말 로마의 통치 속에서 통일을 이룬 이탈리아반도만 해도 정식 속주로 재정비되기까지 200년을 더 기다려야 했다. 지방마다 종전의 통치자들이 그대로 자리보전을 하는 경우도 잦았다. 그러나 저항하거나 반란을 일으키는 자들은 전멸당할 각오를 해야 했다. 기원전 146년 그리스의 경우 로마인 장군이 이스트미아제전(코린토스지협제전)Isthmian Games에 참석해, 그리스 도시국가들은 그들 나름대로 계속 자치를 해나가도 좋다고 발표하자 저항운동이 수그러들었다. 코린토스는 로마의 이 제안을 거절했다가 카르타고와 똑같은 운명을 (그것도 같은 해에) 맞았다.

로마인의 신앙 생활에서 사람들이 경배한 대상은 놀라울 만큼 다양했다. 지난 수백 년을 거치는 동안 로마는 지중해의 신들이라면 거의 하나도 빠짐없이 접한 터였고, 그럴 때마다 물건 수집이라도 하듯 그 신들의 제식을 하나하나 자기네 것으로 모아두곤 했다. 초기에, 로마 가정에서 기도는 주로 난롯가나 헛간을 중심으로 이뤄졌다. 시민 생활도, 영원의 불을 지키는 역할을 한 베스타 처녀의 제식 같은 일련의 수호신 의식을 비롯해, 폰티펙스 막시무스Pontifex Maximus 즉 최고제사장이 주관하는 복잡한 축제 일정을 중심축으로 이뤄졌다. 그러다 후대 들어, 마그나 그라이키아가 바로 인접해 있던 까닭에 올림포스 신들이 통째로 로마에 넘어왔다. 로마에 최초의 아폴론신전이 축성된 것이 기원전 431년의 일이었다. 에피쿠로스학파와 함께, 특히 스토아학파 신봉자들도 속속 생겨났다. 공화정 후반에는 동양의 비의秘儀가 대중화되기도 했다—그중에서도 시리아에서 넘어온 아타르가티스Atargatis 비의, 소아시아의 '대모지신大母地神'으로 통했던 키벨레Cybele 비의, 이집트의 이시스Isis 비의가 대표적이었다. 제정기에 들어서는 공식 종교의 면모가 급속히 바뀌어, 최근까지 재위한 황제나 현재 재위 중인 황제에게 의례를 지내는 것이 주가 됐다. 기독교가 한창 위세를 떨칠 때는 페르시아의 태양신 미트라도, 군대에서 특히, 함께 세를 키워나갔다. 기독교가 내건 사랑의 복음이 미트라교Mithraism에서 말하는

아쿠인쿰 AQUINCUM

■ 아쿠인쿰은 인근의 카르눈툼과 마찬가지로 티베
■ 리우스 황제 재위 때(14~37)에 도나우강 유역에
로마 군사기지로 건설됐다. 얼마 안 가 이곳에 "민간인
정주지" 카나바canaba들이 형성되기 시작했고, 기원
후 2세기에 아쿠인쿰은 무니키피움municipium(자치도
시)으로 공식 승격 됐다. 판노니아 속주의 평원에 위치
해 로마제국으로 들어가는 관문이었던 아쿠인쿰은 군
사기지와 상업 중심지로서 크게 번성했다. 군사용과
민간용으로 지어진 두 원형경기장과 호화로운 주택들
에 그려진 벽화가 이 도시의 번영을 잘 보여준다.[1]
아쿠인쿰 유적지는 오늘날의 부다페스트(부더페슈트)
교외에 위치한다. [부더] 헝가리인도, 잉글랜드인처럼,
로마 세계를 직접 경험한 적이 없다. 헝가리인은 로마
제국 몰락 이후 지금의 헝가리 땅으로 이주해왔기 때
문이다. 그럼에도 헝가리인은 그 누구 못지않게 '로마
의 유산'을 소중하게 여긴다.[2] [바르바로스]

빛과 어둠의 이분법과 대결하는 양상이 펼쳐진 것인데, 미트라교의 경우 입문자들이 12월 25
일에 황소의 피로 몸을 씻은 뒤 자신이 모시는 신의 탄생을 축하했다. 그들의 비밀 희생제의를
〈로마 제30군단 찬송가〉에서는 다음처럼 그리고 있다.

> 아침의 신 미트라시여, 우리의 나팔이 성벽을 깨웁니다!
> 로마는 뭇 나라들의 으뜸, 하지만 당신은 만물의 으뜸이니!
> 이제 호명되는 대로 답을 하고, 경비병들이 행군을 떠나옵니다.
> 군인이기도 한 미트라시여, 우리에게 오늘 하루를 살아갈 힘을 주소서!
>
> 해질 녘의 신 미트라시여, 서쪽 하늘 중간에 낮게 뜬―
> 당신은 불멸의 존재로 내려와, 불멸의 존재로 다시 떠오르니!
> 이제 파수가 끝나고, 포도주가 나옵니다.
> 군인이기도 한 미트라 신이시여, 동틀 녘까지 우리를 순결하게 지켜주소서!
>
> 한밤의 신 미트라시여, 여기 커다란 황소가 죽나니
> 어둠에 묻힌 당신의 자식들을 보소서. 오 우리의 제물을 받으소서!
> 당신은 수많은 길을 만드셨고― 그 길은 모두 빛으로 통하옵니다.
> 군인이기도 한 미트라시여, 올바로 죽는 법을 우리에게 가르쳐주소서![6] [아리키아]

로마의 경제는 내륙 지역들의 대규모 자급자족과, 이에 결합해 지중해에서 광범위한 무역
및 상업 활동도 함께 이뤄졌다. 로마의 육상 운송비는 곳곳에 간선도로들이 나 있었음에도 비

싼 편이었고, 따라서 속주 도시들은 웬만한 물품은 인근 지역에서 구해 쓰고 그 너머 지역으로 는 눈을 돌리지 않았다. 그러나 그리스인과 페니키아인이 발달시켜놓은 해상 교통은 로마 시대 들어 훨씬 더 늘어났다. 당시 배에 실려 있던 화물들은 대체로 포도주, 기름, 모피, 도기, 금속, 노예, 곡식 등이었다. [케드로스]

로마의 점점 불어나는 인구는 푸르멘툼 푸블리쿰frumentum publicum이라고 불린 국가에서 지급해주는 곡식으로 먹고살았으며, 로마는 이 곡식을 처음에는 라티움에서 나중에는 시칠리 아와 북아프리카에서 들여왔다. 그러나 로마인들은 한편으로 사치에도 푹 빠져 있었으니, 그들 에겐 확실히 사치에 돈을 쓸 여력도 있기는 했다. 당대 로마는 '비단길silk route'을 통해 중국에 닿을 수 있었고, '향신료길spice lanes'을 따라가면 인도에 다다를 수 있었다. 일명 네고티아토레 negotiatore 곧 협상가로 악명 높았던 로마인 무역업자들은, 품 안에 귀중품, 멋들어진 사치품, 그 리고 이런저런 기대를 안고 로마 군대의 뒤를 따라 제국 곳곳을 자유롭게 누볐다. [사모스]

공통 화폐는 기원전 269년 이탈리아에 처음으로 도입됐고 기원전 49년에는 로마 영토 전역 으로 확산됐다. 제정기에는 금, 은, 청동, 구리의 갖가지 재질로 만든 동전들이 통용됐다. 황동으 로 만든 세스테르티우스sestertius가 통화의 기본 단위였다. 금화 아우레우스aureus는 100세스테 르티우스였으며, 은화 데나리우스denarius는 4세스테르티우스, 동화(아스as)는 4분의 1세스테르 티우스였다. 하지만 지방 화폐들도 계속 사용됐으며, 따라서 조폐권이 이 시대에는 지위의 중요 한 상징으로 여겨졌다. [노미스마]

로마의 사회는 시민과 비非시민을 법적으로 엄격히 구분하는 것에 토대를 두었고, 비시민은 다시 자유민과 예속민으로 나뉘었다. 로마 사회는 세습에 따르는 사회'질서' 체제, 혹은 신분이 정해져 있는 엄격한 체제였다. 고대 라티움에서 시작된 관습들은 수백 년에 걸쳐 갖가지 변화 를 겪으며, 종국에는 로마제국 속주 전체의 방대하고 천차만별인 주민들을 아울렀다. 공화정 초 기에는 파트레스patres(귀족 또는 도시 원로들)가 플레브스(평민)와는 전혀 별개인 집단으로 여겨 져서, 플레브스가 파트레스와 결혼하는 일이 용납되지 않았다. 원로원에 참석해 도시의 정치 생 활을 장악한 것도, 토지 분배권을 갖고 경제 생활을 장악한 것도 다 파트레스 가문에 속한 씨 족들이었다. 아울러 이들은 플레브스가 가해오는 도전을 후방에서 진을 치고 오랜 기간 막아 내기도 했다. 그러나 종국에는 이들의 특권도 그 기반이 침식당했다. 기원전 296년 오굴니우스 법Lex Ogulnia이 제정돼 이제 플레브스도 제사장(폰티펙스)과 복점관卜占官(아우구르augur) 반열 에 오를 수 있게 됐다. 기원전 287년에는 호르텐시우스법Lex Hortensia에 따라, 플레브스 민회(평 민회)에서 만든 법들이 모든 시민에게 구속력을 가졌다. 평민이 기득권층의 일부로 자리매김하

아리키아ARICIA

■ 로마에서 남쪽으로 16여 킬로미터 떨어진 알바
■ 니 구릉의 화구火口에 '숲의 호수'인 네미호湖가
자리하고 있다. 로마 제정기에 네미호 근처의 마을은
아리키아로 불렸다. 로마 시대 내내 이 호숫가의 숲은
성스러운 아리키아의 숲이자 디아나 네모렌시스Diana
nemorensis(숲의 디아나)의 성소가 있는 곳이었다.
아리키아의 종교적 관습은 스트라본이 남긴 저술과
현대의 고고학 연구를 통해 알 수 있다. 그 내용 대부
분은 특별하달 게 없다. 아리키아 사람들은 가지를 부
러뜨리면 안 되는 성스러운 오크나무를 숭배했고 꺼
지지 않는 불을 가진 성소를 신성시했다. 디아나 이외
에 다른 두 신도 등장하는바, 물의 님프 에게리아와
제우스의 분노를 피해 도망쳐온 비르비우스다. 훗날
발굴된 수많은 봉헌물에서 알 수 있듯, 그것을 바친
이들은 주로 임신을 기원하는 여성들이었다. 매년 여
름 축제일이면 수많은 횃불로 숲을 밝혔고 이탈리아반
도 곳곳에서 온 여성들이 신에 대한 감사의 의미로 불
을 피웠다.

하지만 그들의 종교적 관습에는 매우 특별한 측면이
하나 있었다. 렉스 네모렌시스Rex Nemorensis 즉 "숲
의 왕"이라는 칭호를 가진 아리키아의 제사장에 오르
는 사람은 자신의 전임자를 죽여야만 했다. 그는 사제
이면서 살인자이고 동시에 후임자에게 살해될 운명이
었다. 그는 한밤중에도 칼을 빼들고 숲을 서성이면서,
다음 도전자가 나타나 오크나무의 가지를 꺾고 자신
과 결투하러 오는 순간을 기다렸다.

현대 인류학의 손꼽히는 고전인 제임스 조지 프레
이저James George Frazer의 《황금가지The Golden
Bough》(1890)의 출발점이 바로 이 아리키아의 숲이다
(국내에서도 동일한 제목으로 번역·출간됐다). 프레이저는
인류의 지성사에 큰 영향을 끼친 선구자로서 마르크
스·프로이트와 어깨를 나란히 한다. 프레이저는 다음

두 가지 질문에 천착했다. "숲의 왕인 사제는 왜 전임
자를 살해해야 했는가?" "어째서 그는 전임자를 살해
하기 전에 먼저 황금가지를 꺾어야만 했는가?"[1]
그 답을 찾는 과정에서 프레이저는 고대와 근대의 거
의 모든 문화권에서 목격되는 초자연적 현상에 대한
믿음과 주술적 신앙을 파고든다. 그는 중국의 기우제,
파라오와 달라이라마 같은 사제왕司祭王, priest−king,
뉴기니의 토속신앙과 (파키스탄) '길기트의 삼나무'에서
발견되는 나무의 정령, (스코틀랜드) 스카이섬이나 아
도니스정원Gardens of Adonis과 관련된 곡물의 정령,
5월 1일의 오월제, 여름 불 축제, 수확기 축제 등 방
대한 자료를 살펴본다. 또한 하와이 사람들의 내혼內
魂, internal Soul과 시베리아 사모예드족의 외혼外魂,
external Soul, 죄악의 전이와 정령의 추방에 대한 믿
음에 관해 설명한다. 프레이저는 벵골 지방 콘드족의
희생제의, 리투아니아의 '신을 먹는eating the God' 상
징적 관습, (잉글랜드) 데번의 추수 축제에서 (추수 때의)
마지막 곡물 다발을 들고 외치는 의식crying the neck'
등 세계 각지의 다양한 희생 의식도 소개한다.
프레이저는 당시로서는 혁명적인 두 가지 견해를 제
시했다. 우선 그는 이른바 '원시적인' 또는 '미개한' 풍
습들도 각 문화권의 진지한 사상을 바탕으로 하며, 따
라서 외견상 기괴해 보일지라도 존중할 가치가 있다
고 주장했다. 아울러 그는 기독교를 비롯해 문명 세계
의 발전된 종교라는 것들이 이전부터 있어온 원시종
교 및 토속신앙에 많은 빚을 지고 있음을 보여주었다.
"과거의 왕과 사제들의 삶이 가르쳐주는 것은 대단히
많다. 거기에는 초기 세계에 지혜로 여겨진 모든 것이
들어 있었다."[2] 그는 또 이렇게 썼다.

> 우리와 원시 미개인은 다른 점보다 비슷한 점이 훨씬
> 더 많다. [⋯] 우리는 너무도 오랜 시간에 걸쳐 계승돼
> 온 재산을 상속받았기에 그것을 축적한 이들에 대한
> 기억이 지워지고 말았다. [⋯] 그들에게 있었던 오류는
> 의도적 방종에서 기인한 것도, 정신착란의 발현도 아

니었다. [...] 우리는 그들의 오류를 진리 탐구 과정에서 불가피하게 발생하는 실수로 바라보는 관대한 시선을 가져야 온당하다. 언젠가 우리 자신에게도 필요할지 모를 관대함을 그들에게 베풀어야 한다.[3]

프레이저의 보편적 관용은 유럽인들이 기독교라는 편협한 구속물에서 빠져나와 모든 시대와 모든 민족을 열린 자세로 대할 수 있게 해준 주요한 계기였다. 기독교도의 많은 관습이 토속신앙 풍습에 뿌리를 둔다는 그의 주장은 특히 충격적이었다.

부활절이 다가오면 시칠리아 여인들은 밀, 렌틸콩, 카나리아풀 씨앗을 넓적한 그릇에 심어 어두운 방에 놔두고 물을 준다. [...] 이윽고 싹이 나서 자라면 줄기들을 붉은 끈으로 묶은 후 식물이 담긴 그릇을 들고 교회로 간다. 성聖금요일에 죽은 예수의 조상彫像과 무덤이 교회에 만들어지는데, 그 무덤에 식물 그릇을 갖다놓는다. [...] 발아한 곡물을 담은 그릇과 무덤 등 이 모든 관습은 그 이름만 다를 뿐 아도니스 숭배 풍습의 연장물일 것이다.[4]

아리키아의 숲으로 다시 돌아가자면, 프레이저는 그곳의 숲의 왕이 황금가지가 달린 나무가 인격화한 화신이며 숲의 왕의 살해 의식과 유사한 의식이 갈리아와 노르웨이 등 다른 많은 유럽 지역에도 있었다고 결론 내린다. 또한 황금가지는 다름 아닌 겨우살이였고, "황금가지"라는 이름이 겨우살이가 웨일스에서 "순수한 황금빛 나무"로 불린 점에서 유래했다고 설명한다. 숲의 왕은 아리아인들의 최고의 신이 인격화된 존재로서 살고 죽었으며 그의 생명은 겨우살이 즉 황금가지에 들어 있었다."[5]

기독교도들을 의식했는지, 프레이저는 오늘날 네미숲을 찾은 사람은 로마에서 들려오는 교회 종소리를 들을 수 있고, 머나먼 도시에서 시작돼 드넓은 캄파냐의 습지까지 오래도록 울리다 잦아드는 종소리를 들을 수 있다. [...] 르 루아 에 모르 비브 르 루아!Le Roi est mort, vive le roi!"("왕이 죽었다, 새로운 왕 만세!")라는 말을 끝에 덧붙인다.[6] 다시 말해, 이교도들이 믿던 숲의 왕은 없어졌고 이제 기독교의 '하늘의 왕'이 최고 자리를 장악했다는 의미다. 프레이저는 기독교의 왕 역시 죽임을 당할 운명으로 태어났다는 사실은 굳이 언급하지 않았다.

케드로스 CEDROS

■ 그리스인과 로마인이 두 가지 다른 식물 종인 노
■ 간주나무와 삼나무를 같은 한 단어—'kedros'나 'cedros'—로 표현했다는 사실에는 아홉 쪽쯤 되는 부록을 덧붙일 만하다. 진정한 전문가로서의 학문 탐구 정신을 발휘할라치면 '고대 지중해 세계의 나무와 목재' 같은 주제를 다루는 책은 지금 이 책만큼이나 두꺼워질 수밖에 없다.[1]
《고대 지중해 세계의 나무와 목재Trees and Timber in the Ancient Mediterranean World》(1982)는 두꺼운 분량이 무색하지 않은 값어치를 지닌다. 이 책은 열정적 학자가 아주 작은 도구로 거대한 영역을 파헤쳐 무엇을 성취해낼 수 있는지 보여준다. 비유하자면, 고전 세

계라는 거대한 나무의 몸통을 톱으로 잘라 그 단면을 드러내는 셈이다. 이런 종류의 저작이 으레 그렇듯 저자(러셀 메이그스)는 고고학, 문학적 문헌, 금석학, 신전 감독관들의 증언, 연륜연대학 등을 아우르는 다양한 증거와 사료를 꼼꼼하게 검토하는 것에서 시작한다. 이어 주제를 본격적으로 파고든다—크노소스의 삼나무 가로보floorbeam, 아킬레스의 물푸레나무 창, 제1차 포에니전쟁 때 45일 만에 건조된 로마의 배 220척, 율리우스 카이사르의 지시로 열흘 만에 라인강에 건설된 다리 등.
그리스와 로마는 저 위쪽 북방의 사회들과 마찬가지로 목재에 크게 의존하는 문명이 아니었다. [노브고로드] 그럼에도 목재 지식이 매우 풍부했고 목재 무역도 크게 발달했다. 이 주제를 깊이 공부하고 나면 전나무

를 볼 때마다 살라미스해전의 아테네 함대를, 낙엽송 옆을 지날 때마다 로마 삼단노선三段櫓船의 30미터짜리 돛대를 떠올리지 않을 수 없다. 헐벗은 산비탈을 보면 로마 사람들에 의한 이탈리아 남부와 아프리카 북부의 삼림 벌채가 떠오를 것이다. [에코]

역사는 공감 능력이 뛰어난 역사학자를 필요로 한다. 고전시대의 나무 및 목재라는 주제와 뉴욕주 출신 목재 상인의 아들(《고대 지중해 세계의 나무와 목재》의 저자)만큼 서로 아귀가 잘 들어맞는 조합은 세상에 또 없을 것이다.

사모스 SAMOS

■ 로마제국에서 널리 쓰인 '붉은 광택이 나는 도자
■ 기'인 사모스 도기는 아마도 사모스섬에서 유래했을 테지만 그 상당량은 사모스섬이 아닌 다른 곳에서 제작됐다. 아레티움(아레초)의 도기 공장은 기원후 30~40년에 가장 활발하게 운영됐고, 이후 도기들은 갈리아 지방의 수많은 대규모 도기 제조소에서 생산됐다. 그 중심지로는 45곳이 알려져 있는데, 1세기에는 라그로페상크(아베롱)와 바나삭(로제르)에, 2세기에는 레마르트르드베이르와 르주(퓌드돔)에, 3세기에는 현재 독일에 속하는 트리어와 타베르나이 레나나이Tabernae Rhenanae(라인차베른)에 주요 제조소가 있었다. 도기 제조소들이 위치한 지리적 범위는 스페인과 북아프리카에서부터 잉글랜드의 콜체스터와 업처치, 오스트리아 인강 유역 베스텐도르프까지 이른다.[1]

도기학ceramology은 고고학자들이 발굴한 수많은 단지와 도기 조각에 보이는 독창성과 일정한 규칙을 찾고자 하는 학문이다. 그런 점에서 사모스 도기는 그 어떤 유물보다 커다란 도전 과제였다. 1879년에 연구가 시작된 이래 160개 이상의 가마가 확인됐고 그릇에 넣는 도공의 표식도 3000개 이상 발견됐다. 1895년 한스 드라겐도르프Hans Dragendorff는 사모스 도기의 표준 형태를 55가지로 분류했다(D1~D55). 다른 학자들은 장식 무늬의 종류들을 정리해 목록화하거나, 이 테라 시길라타terra sigillata의 광택, 점토 재료, 질감 같은 기술적 측면을 분석하거나, 바나삭에서 출토된 도기의 오렌지빛 도는 분홍색에서 레마르트르드베이르에서 나온 도기의 짙은 황갈색에 이르기까지 색상 스펙트럼을 정리했다. "테라 시길라타"는 일반적으로 고

대 로마의 붉은 유약을 입힌 오지그릇을 말한다. 인물상 등의 장식이 있거나 도공의 날인이 들어가 있다. 라틴어로 "테라"는 "흙"이라는 의미고, "시기라타"는 "작은 초상·조각품으로 꾸며진(새겨진)" "붕인된" "날인된"이라는 의미다). 영국박물관과 (프랑스) 카르나발레박물관의 선구적 소장품들은 토론토·류블랴나 등 이후 세계 각지에서 이뤄진 연구의 밑거름이 됐다.[2]

도공 표식은 특히 흥미로운 정보를 알려준다. 종종 'f(=fecit, oo 작作)'나 'm(=manu, oo가 만듦)' 또는 'of(=officina, oo 제조소 생산)'라는 문자로 시작되는 이 표식은, 로마제국 무역에서 가장 널리 수출된 상품을 만들어낸 도자기 장인들을 생생하게 상기시킨다. 중앙 갈리아의 도공 51명의 작업 생활의 면면이 세세히 연구돼 기록으로 남겨졌다. 코카투스 이데날리스Cocatus Idenalis와 란토Ranto는 트라야누스 황제 재위기(98~117) 내내 도기를 구웠고, 르주의 킨나무스Cinnamus는 150~190년경 활발히 활동했으며, 바누스Banuus, 카수리우스Casurius, 디빅스투스Divixtus는 로마가 안토니누스 피우스(재위 138~161)부터 클로디우스 알비누스Ciodius Albinus(재위 193~197)까지 5명의 통치자 시기 동안 활동했다.[3]

따라서 우리에게 주어진 정보의 총체는 너무나도 세밀하고 수준 높아서, 사모스 도기의 아주 작은 조각으로도 그 연대와 유래 지역을 정확히 가늠할 수 있다. 그 정보는 고고학자들의 연구에 헤아릴 수 없이 값진 도움을 준다. 갈리아산産 사모스 도기가 담긴 상자가 개봉되지 않은 상태로 폼페이에서 발견됐다. 그와 유사한 화물들이 로마제국 곳곳의 도시와 마을로 보내지곤 했다.

는 일이 일어난 것이다. 기원전 90~기원전 89년에는 '동맹시전쟁Social War'이 벌어져, 온전한 시민권을 요구하던 이탈리아 동맹시가 그 뜻을 이뤘다. 제국의 모든 자유민 태생 남자 신민들에게 시민권이 주어진 것은 기원후 212년에 안토니누스칙령Constitutio Antoniniana이 발표되고 나서의 일이었다.

로마 공화정 후기에는 과두정치를 담당한 파트리키patricii(혈통귀족) 내부에서 다시금 중대한 분화가 일어났다. 우선 가장 오래되고 지위가 높았던 5~6개 유력 씨족이 파트리키 사이에서 지배적 귀족층을 형성한다—발레리우스, 파비우스, 코르넬리우스, 클라우디우스 등의 가문들이었다. 노빌레스nobiles 즉 신귀족은 더 폭이 넓어졌으나 여전히 원로원을 형성했는데, 이들은 하나같이 자신들이 집정관의 후손임을 내세웠다. 노빌레스는 대중 앞에 밀랍으로 만든 자기 조상들 초상을 내보일 수 있는, 사람들이 누구나 부러워하는 권리도 가지고 있었다. 원로원 집단 아래로는 에퀴테스equites 곧 기사라는 유산계층이 자리했는바, 이들은 기병대에 들어갈 만한 재력을 갖춘 자들이었다. 에퀴테스는 자신들이 입는 토가toga의 끝단을 두 가닥의 가느다란 자주색 띠로 장식할 수 있었으며(이를 안구스티클라비아angusticlavia라 했다), 원로원 계층의 토가는 자주색 띠를 굵게 덧댈 수 있었다(이를 라티클라비아laticlavia라 했다). 극장에서는 맨 앞 열네 줄이 이들의 좌석이었으며, 원로원 의원들 자리로 마련된 오케스트라orchestra석 바로 뒤편에 자리했다. 에퀴테스는 아우구스투스 재위 때에 그 누구보다 권익이 크게 신장돼, 이들이 노빌레스를 밀어내고 통치 계급의 중추를 형성했다.

로마와 시골 사이 강한 대비도 시종 변하지 않았다. 바로 로마가 그랬던 것처럼, 속주 도시들은 대규모 도시 중심지로 발전해 이내 곳곳에 인상적인 공공 건축물—포장도로, 수도관, 욕장, 극장, 신전, 기념물—이 들어서는가 하면, 상인·직인·무산자가 점점 늘어났다. 도시 군중—유베날리스의 표현을 빌리면, 늘 "빵과 서커스panem et circenses"를 통해 항상 달래줘야 했던 존재—도 빼놓을 수 없는 사회 구성층이었다. 한편 시골에서는 그 지역 출신 고관대작의 빌라들이 우뚝 서 있고, 광대한 영지에서 일하는 노예들이 그 아래에서 떼 지어 고생스레 일하는 광경이 연출됐다. 그 중간에 긴, 그래서 세상사 순리에 따라 자연스레 진취적 기상을 갖게 된 리베르티니libertini 곧 해방노예들은 점차 그 중요성이 높아갔는데, 이 무렵에는 공화정의 정복 활동이 마무리돼 새로운 노예 인구가 들어오는 일이 차차 줄어들고 있었기 때문이다. [스파르타쿠스]

로마 사회가 여러 면에서 극단적 대비를 보이면서도 —귀족의 방대한 부와 노예의 재산 사이에서나, 수많은 도시 거주민의 호화로운 생활과 사막 부족 및 변경지대 야만족 정착민들의 후진성 사이에서나— 로마에서 계급 갈등이 비교적 드물게 일어난 것은 로마 사회에 전통적으로 내려오는 유연한 가부장제paternalism 덕이었다. 로마에서는 혈연관계가 매우 중시돼, 복잡하게 얽힌 혈족 집단이 세를 형성해 번성해나갔다. 각 가계에서 파테르파밀리아스paterfamilias

스파르타쿠스 SPARTACUS

■ 스파르타쿠스(기원전 71년 몰)는 검투사인 동시에
■ 고대 세계에서 가장 규모가 컸던 노예반란을 이
끈 지도자였다. 트라키아 출신인 그는 한때 로마 군대
에서 복무했으나 탈영한 뒤 카푸아에 있는 검투사 양
성소에 노예로 팔려갔다. 기원전 73년 반란을 일으키
고 동료 검투사들과 탈주해 베수비오산山에 은신처를
마련했다. 이후 2년간 그는 자신을 붙잡으려는 시노를
죄다 좌절시켰다. 스파르타쿠스 휘하의 병사들은 약
10만 명으로 불어났으며 이들은 북으로는 알프스산
맥, 남으로는 메시나해협까지 이탈리아반도를 종횡으
로 누볐다. 기원전 72년, 스파르타쿠스는 현직 집정관
이 이끄는 군단을 전투에서 차례차례 격파했다. 그러
나 결국 루카니아 지방의 페텔리아에서 열세에 몰리고
갈리아인 및 게르만족 동맹군과도 갈라선 후 법무관
마르쿠스 리키니우스 크라수스가 이끄는 군단에 완패
당하고 말았다. 스파르타쿠스는 절대 패주는 없다는
의미로 자신의 말을 베어버린 뒤 처절하게 싸우다가
손에 칼을 쥔 채 죽음을 맞이했다.[1]

크라수스는 로마에서 손꼽히는 부호이자 노예주였다.
그는 마리우스 파벌로부터 몰수한 재산을 자기 것으
로 만들었고, 노예를 훈련시켜 수익성 높은 사업에 활
용하는 한편 은 광산업을 통해 큰 부를 쌓았다. "디베
스Dives"(부자)라고도 불린 그는 기원전 70년 폼페이우
스와 함께 집정관을 지냈고 기원전 60년에는 폼페이
우스·카이사르와 함께 삼두정치의 일원이 됐다. 크라
수스는 스파르타쿠스반란을 진압한 승리를 만천하에
알리기 위해, 카푸아에서 로마까지 이르는 190킬로
미터의 길을 따라 세운 십자가에 반란군 포로들을 매
달아 처형했다. 식탁 1만 개를 동원해 로마 사람들에
게 성찬을 베풀었다. 그는 시리아 속주 총독을 맡으면
서 더욱 부를 늘렸지만 기원전 53년 파르티아 원정 때
살해당했다. 크라수스는 목이 잘렸고, 파르티아인들은
그의 입안에 황금을 녹여 부었다. 당시 파르티아 왕이

적은 게시문에는 다름과 같이 적혀 있었다. "살아생전
그토록 탐했던 황금을 죽어서라도 실컷 먹어라."

노예제는 로마 사회에서 보편적이었으며 어찌 보면 경
제를 굴러가게 하는 핵심 제도였다. 노예들은 농업과
각종 산업에 인력을 제공했고 도시들의 호화로운 생
활을 뒷받침하는 역할을 했다. 노예와 그 자녀는 신체
적, 경제적, 성적 착취의 대상이었다. 공화정기의 이런
저런 전쟁으로 생긴 수많은 포로가 노예의 공급원이
냈고 이후에는 체계적 노예사냥과 노예무역이 노예제
를 뒷받침했다. 율리우스 카이사르는 아투아티아(나무
르)에서 치른 한 번의 전투로 무려 5만 3000명의 갈리
아인을 포로로 붙잡아 노예로 팔았다. 델로스섬은 동
방 세계와 도나우강 너머에서 데려온 야만족이 모이
는 노예무역의 주요 집산지였다.

노예제는 로마 시대 이후로도 오랫동안 유럽 사회의
특징이었다―이는 다른 대부분의 문화권도 마찬가지
였다. 노예제는 중세 기독교 사회에서도 지속됐다. 서
서히 농노제가 그 자리를 대신하기는 했지만 말이다.
기독교도 세계에서는 노예가 기독교도만 아니라면 일
반적으로 노예제를 용인했다. 노예는 르네상스 시기
이탈리아에서도 여전히 흔했으며, 이곳에서는 무슬림
노예들도 자신의 원래 출생지에서만큼이나 빈번히 거
래됐다. 근대에 유럽 열강은 자국의 해외 식민지에서
는 노예제를 허용했으며, 노예의 기독교 개종 여부와
상관없이 노예제를 존속시켰다.

노예제 폐지는 유럽의 계몽사상이 낳은 주요한 사회
적 결과의 하나였다. 이는 크게 세 단계를 거쳐 진행됐
다. 자국 내에서의 노예 소유 금지, 외국과의 노예무역
금지, 해외 식민지에서의 노예 소유 금지. 영국의 경
우 이러한 조치가 1772년, 1807년, 1833년에 일어났
다. 그러나 노예제 폐지는 스파르타쿠스가 일으킨 것
같은 반란을 통해 달성된 것이 아니었다. 그것은, 랠프
월도 에머슨Ralph Waldo Emerson(미국 사상가·시인)이
말했듯, "폭군의 회개를 통해" 이뤄진 결과였다.[2]

현대에 와서 스파르타쿠스는 공산주의 운동가들에게 역

사적 영웅으로 추앙됐다. KPD(독일공산당)의 전신 스파르타쿠스단Spartakusbund(1916~1919)은 그의 이름을 딴 것이다. 아서 케스틀러Arthur Koestler는 스파르타쿠스가 주인공인 소설 《검투사들The Gladiators》(1939)을 쓰기도 했다. 노예반란은 마르크스주의자들이 볼 때 고대 사회에 반드시 필요한 사건이었고 공산주의 서적들에서 중요하게 다뤄졌다. 그들은 스파르타쿠스보다 앞선 시기에 크름반도 즉 '소련 영토'의 스키타이 노예들이 일으킨 반란의 지도자 사우마쿠스Saumacus를 스파르타쿠스에 견주기도 했다. 소련 역사학자들은 스파르타쿠스와 크라수스의 세계, 강제집단수용소 굴라크와 노멘클라투라(특권계층)의 세계, 이 둘 사이 유사점은 강조하지 않았다.[3] [케르소네소스]

〔가부장〕가 확대가족의 대소사를 주관한 것과 마찬가지로, 사회에서는 귀족이 갖가지 일을 주관해나갔다. 로마의 귀족 집단은 크게 세 부족으로 나눌 수 있었다. 그리고 다시 30개의 쿠리아curia(지역별 씨족)로, 쿠리아는 다시 여러 개의 겐스gens(씨족)로 나뉘었다. 나중에 가서 겐스는 자랑스레 내세울 먼 조상을 똑같이 가진 이들을 뜻하는 말이 된 반면, 파밀리아familia는 "한집에 사는 식구"만 뜻하는 것으로 그 의미가 좁아졌다. 집안의 모든 식구에 대한 아버지의 절대적 가부장권 즉 파트리아 포테스타스patria potestas는 로마의 가족법을 지탱한 든든한 초석의 하나였다. [노멘]

로마에서는 일반인이 참여하는 모임이 수두룩했으며, 이것들이 사회와 정치 양면에서 기능을 발휘했다. 귀족들은 코미티아 쿠리아타comitia curiata(씨족회의〔쿠리아회〕)를 만들어 자기들끼리 만남을 가졌으며, 다른 일들도 처리했지만 무엇보다 집정관 임명 비준을 중요한 사안으로 여겼다. 평민들도 코미티아 트리부타comitia tributa(부족회의〔트리부스회〕)를 열어 정기적으로 만났으며, 여기서 자신들의 공동체와 관련된 일들을 논의하는 한편 공직자로 일할 인물 곧 호민관護民官(트리부누스Tribunus, "부족민의 대변자"), 재무관財務官(콰이스토르quaestor), 조영관造營官(아이딜레aedile) 등 평민 정무관magistrate을 선출했다. 기원전 449년 이후로는 호민관뿐만 아니라 집정관도 민회를 소집할 수 있게 된다. 평민들은 포룸에서 만남을 가졌으며, 플레비스키툼plebiscitum(평민회 의결)을 통해 자신들에게 주어지는 모든 문제에 대해 자신들의 의사 표시를 했다.

군사 방면의 일을 논할 때에는 귀족과 평민이 코미티아 켄투리아타comitia centuriata(켄투리아회〔백인조회百人朝會〕)를 열어 한 자리에서 모임을 가졌다. 회의가 열릴 때면 도시 바깥의 마르스 평원에 자리한 광대한 캄푸스 마르티우스 신전으로 사람들이 모였는데, 로마의 35개 부족〔트리부스〕이 한꺼번에 모이는 자리였다. 각 부족은 재산 정도에 따라 5개로 나뉘었으며, 에퀴테스(기병대 기사)가 최상층을 형성했고 가장 가난한 축에 속하는 페디테스pedites(보병)가 최하층을 형성했다. 각 계급은 다시 몇 개의 켄투리아centuria 즉 백인조를 조직했고, 각 백인조는 다시 '고

노멘 NOMEN

■ 로마 인명 체계의 기본이 되는 것은 씨족과 가
■ 문이었다. 모든 귀족 남성의 이름은 세 부분으로
구성됐다. 개인별 이름인 프라이노멘praenomen은 대
개 12가지 중에서 택했는데 아래와 같은 약자로 표기
됐다.

C(G)=가이우스Gaius, Gn=그나이우스Gnaeus, D=
데키무스Decimus, Fl=플라비우스Flavius, L=루
키우스Lucius, M=마르쿠스Marcus, N=누메리우
스Numerius, P=푸블리우스Publius, Q=퀸투스
Quintus, R=루푸스Rufus, S=섹스투스Sextus, T=
티투스Titus

로마 인명 체계의 두 번째 부분인 노멘은 씨족을 나타
냈고, 세 번째 부분인 코그노멘cognomen은 가문을
나타냈다. 예를 들어 'C. 율리우스 카이사르 "C. Julius
Caesar"는 율리우스라는 겐스(씨족)와 카이사르라는 도
무스domus(가문)에 속하는 가이우스라는 사람이라는
의미였다.

같은 씨족에 속하는 남자들은 모두 노멘이 같았고, 부
계 쪽 남성 친족은 모두 노멘과 코그노멘이 같았다. 따
라서 한 집안에 동시에 '율리우스 카이사르'가 여럿이
존재할 수 있었고 그 각각은 프라이노멘으로 구분됐다.
C. 율리우스 카이사르의 아버지 이름은 L. 율리우스 카
이사르였다. 한 집안에서 세 이름(프라이노멘, 노멘, 코그
노멘)이 모두 같은 사람이 여럿인 경우에는 별칭을 붙여
구분했다.

G. 마리우스G. Marius나 M. 안토니우스M. Antonius의
경우처럼 노멘이 없었다.

반면 여성은 이름이 하나뿐이었다. 즉 귀족은 아버지
의 노멘의 여성형 이름으로, 평민은 코그노멘의 여성형
이름으로 불렀다. 예컨대 율리우스 씨족의 딸들은 모두
"율리아Julia"였고, 리비우스 씨족의 딸들은 모두 "리비
아Livia"였다. 따라서 자매끼리는 이름이 같았다. 마르
쿠스 안토니우스의 두 딸은 모두 "안토니아Antonia"였
다. 한 안토니아는 게르마니쿠스 카이사르Germanicus
Caesar(로마 장군·정치가)의 어머니가 됐고 다른 안토니
아는 네로의 할머니가 됐다. 마리우스의 딸은 모두 "마
리아Maria"라고 불렀다. 이처럼 여성에게 완전한 개인
정체성을 부여하지 않은 것은 로마에서 여성의 지위가
낮았음을 말해준다.[1]

로마의 관습이 보여주듯, 여러 부분으로 된 긴 이름

P. 코르넬리우스 스키피오P. Cornelius Scipio, 기원전 396~기원전 395년 호민관

P. 코르넬리우스 스키피오 바르바투스Barbatus("수염"), 기원전 306년 독재관

P. 코르넬리우스 스키피오 아시나Asina("암당나귀"), 기원전 221년 집정관

P. 코르넬리우스 스키피오, 기원전 218년 집정관, 아프리카누스Africanus의 아버지

P. 코르넬리우스 스키피오 아프리카누스 마요르Africanus Maior("대大아프리카인", 기원전 236~기원전 184), 한니발
   을 무찌른 장군, 기원전 205년과 194년 집정관

L. 코르넬리우스 스키피오 아시아티쿠스Asiaticus("아시아인"), 아프리카누스의 형제

P. 코르넬리우스 스키피오 아프리카누스 미노르Minor("소小아프리카인"), 아프리카누스 마요르의 아들

P. 코르넬리우스 스키피오 아이밀리아누스 아프리카누스 미노르 누만티누스Numantinus("누만티아인", 기원전
   184~기원전 129), 아프리카누스 미노르의 양자, 카르타고의 정복자

P. 코르넬리우스 스키피오 나시카Nasica("코"), 기원전 191년 집정관

P. 코르넬리우스 스키피오 코르쿨룸Corculum("작은 심장"), 기원전 150년 폰티펙스 막시무스(최고재사장)

은 독립적인 법적 지위를 가진 시민들에게만 필요했다. 따라서 유럽 역사의 상당 기간 동안 대다수 평범한 사람들은 훨씬 단순한 이름을 갖고 살아갔다. 그들에게는 성이 아닌 이름 즉 '세례명'만 있었고 아버지 이름을 나타내는 표현이나 특정한 형용사를 함께 사용했다. 유럽의 모든 언어에는 "리틀 존, 빅 톰의 아들, Little John, son of Big Tom" 하는 식의 표현이 있었다. 여성은 개인별 이름과 함께 누구의 아내이거나 딸인지를 나타내는 이름을 종종 사용했다. 예컨대 슬라브권에서는 이를 위해 접미사 "-ova" 나 "-ovna"를 사용했다. 마리아 스테파노바Maria Stefanowa(폴란드)는 "스테판의 아내 마리아"라는 뜻이었고, 엘레나 보리소브나Elena Borisovna(러시아)는 "보리스의 딸 엘레나"라는 뜻이었다. 유명한 인물과 외국인은 출신지를 드러내는 이름을 사용하는 경우가 많았다.

중세에 봉건 귀족들은 자신의 지위를 뒷받침하는 봉토나 가문 소유의 영지를 이름과 연관시켜야 했다. 따라서 "von-", "di-" 등의 접두사나 "-ski" 같은 접미사를 이용해 지역명을 넣은 성姓을 사용했다. 프랑스의 제후 샤를 드 로렌Charles de Lorraine은 독일어로 "카를 폰 로타링겐Karl von Lotharingen", 폴란드어로 "카롤 로타린스키Karol Lotariński"에 상응한다. 길드 구성원들은 자신의 기술이나 직업을 나타내는 이름을 사용했다. 베이커Baker, 카터Carter, 밀러Miller, 스미스Smith라는 이름이 가장 흔했으며 이들은 성을 쓰는 관습을 채택한 가장 큰 집단이었다. 시간이 흐르면서 각국 정부는 관습을 법적 의무사항으로 정착시켜 인구조사, 징세, 징병 등을 위해 국민들을 관리하기 용이하게 했다.[2]

고대의 인구집단 중에서 스코틀랜드의 게일인과 폴란드의 유대인은 오랫동안 성을 사용하지 않았다. 두 민족은 공동체적 자치를 누리면서 수 세기 동안 아버지 이름을 딴 이름(예컨대 유대인 이름인, "이삭의 아들 아브라함"이라는 뜻의 "아브라함 벤 이삭Abraham Ben Isaac") 또는 개인별 호칭을 쓰는 전통적 작명법을 사용했다. 스코틀랜드 하일랜드의 유명한 무법자 롭 로이 맥그리거Rob Roy MacGregor(1660~1732년경)는 저지대 영어 사용자들에게는 그 이름으로 알려졌지만 게일인 사이에서는 "인버스네이드의 롭 루어Rob Ruadh of Inversnaid"였다("Rob Ruadh"는 "Red Robert"를 뜻한다). 게일인과 유대인의 인명 작명법은 18세기 말 국가의 관료적 제도에 밀려 사라지게 됐다. 자코바이트Jacobite의 반란이 실패로 돌아간 후 스코틀랜드의 하일랜드 주민들은 이전엔 거의 사용하지 않은 씨족명에 따라 분류돼 등록됐고, 이로써 수많은 사람이 맥그리거MacGregor, 맥도널드MacDonald, 매클라우드MacLeod 같은 성을 가지게 됐다("자코바이트"는 1688년 영국 명예혁명 당시 프랑스에 망명한 영국 왕 제임스 2세 및 그 자손을 지지하고 왕위의 부활을 꾀한 정치 세력이다. 제임스James의 라틴어명 야코부스Jacobus에서 유래한 명칭이다). 폴란드분할(1772, 1793, 1795) 이후 제정러시아가 차지한 지역의 폴란드계 유대인들은 대개 고향 이름이나 자신의 귀족 고용주의 이름을 따서 성을 붙였다. 프로이센과 오스트리아가 차지한 지역의 유대인들에게는 국가 관리에 의해 독일식 성이 할당됐다. 1795년에서 1806년까지 바르샤바의 유대인 공동체는 도시의 프로이센 최고행정관 E. T. A. 호프만E. T. A. Hoffmann의 관리하에 놓였는데, 이 행정관은 그때그때 마음 내키는 대로 성을 만들어 유대인들에게 배분했다. 유대인들은 운이 좋으면 아펠바움Apfelbaum(사과나무), 힘멜파브Himmelfarb(하늘의 색), 포겔상Vogelsang(새의 노래) 같은 성을, 운이 나쁘면 피슈바인Fischbein(고래의 수염(뼈)), 호젠두푸트Hosenduft(바지의 냄새), 카첸엘렌보겐Katzenellenbogen(고양이의 팔꿈치) 같은 성을 얻었다.[3]

참병'(예비역 명부에 등재된 45~60세 사이 남성)과 '신참병'(현역에 투입될 수 있는 17~45세 사이 남성)으로 나뉘었다. 기원전 241년의 인구조사에 따르면, 당시 로마에는 373개 백인조에 총 26만 명의 시민이 있었으니, 각 백인조는 거의 700명의 시민이 들어가 있었던 셈이다 이 켄투리아회야말로 로마 (남성) 사회 면모 전체를 한눈에 살필 수 있는 자리였다. 켄투리아회는 차차 한때 귀족들이 맡았던 기능을 도맡게 돼, 나중에는 최고 정무관을 선출하거나, 군대 지휘관에게 임페리움imperium(명령권)을 수여하거나, 법을 비준하거나, 전쟁 또는 평화를 결정하는 일들이 모두 이 회의에서 다뤄졌다. 시민들은 자신이 속한 백인조 회의장을 열을 지어 빠져나오며 두 개의 바구니 중 하나에 진흙 명판을 떨어뜨리는 식으로 투표를 했다. 회의의 모든 절차는 반드시 하루에 다 마무리돼야 했다.

이러한 모임에서는 보호 집단의 역할이 무엇보다 중요했다. 위계적이고 고도로 분화된 사회에서는, 부유한 귀족층이 하층민의 활동을 조종하고 나아가 대중 기관의 결정에 꽤 영향을 끼치는 일이 자연스럽고 나아가서는 꼭 필요한 일로 비쳐졌다. 이를 위해 각각의 파트로누스patronus(보호자)는 자신에게 의존하는 클리엔테스clientes(피호민被護民)를 확보하고 있었다. 보호자들은 피호민들이 자신이 내놓은 정책이나 선호하는 후보를 지지해주기를 기대했다. 한편 피호민들은 그 보상으로 돈, 관직, 땅을 한밑천 잡을 수 있기를 기대했다. 당시 로마에서는 부유한 후원자를 위해 일하는 것이 최선의 입신양명 길이었다. 로마의 통치에서 민주주의 형태와 과두정치의 통제가 혼합된 모습이 유난히 잘 나타나는 것도 바로 이러한 보호관계에서 비롯된 특징이었다.

로마에서는 다양한 의회가 망처럼 연결돼 있고, 각종 직위도 돌아가며 도맡고, 시시때때로 모임까지 열리다 보니, 시민들 내면에는 강한 소속감이 형성될 수밖에 없었다. 모든 로마 시민은 자신의 부족, 씨족, 가족, 백인조, 나아가 자신의 보호자와 관련해 자신이 어디쯤의 위치에 서 있는지를 정확히 알고 있었다. 참여와 봉사는 시민으로서 당연히 해야 할 일이려니 여겼다. 공식적 차원에서는 주요 공직을 임명하는 일을 민회가 맡았고, 임명을 받은 공직자들로 원로원이 구성됐다. 결국에는 원로원이 손을 써 다른 모든 기관이 자신들에게 이득이 되게 가능하게끔 만든 게 현실이긴 했지만 말이다. 따라서 누구든 원로원을 장악하는 자가 로마를 통치하는 자인 셈이었다.

원로원senate은 공화정기든 제정기든 로마 정치의 중앙 무대를 차지했으며, 그 구성원 수가 적게는 300명에서 많게는 600명 사이를 오갔다. 원로원 의원은 집정관이 임명하게 돼 있었고, 임명을 받은 원로원은 집정관에 자문 역할을 해주는 것이 원칙이었다. 그러나 집정관으로서는 '경험 있는 인물'을 선호할 수밖에 없었던 데다, 원로원 의원을 겸하는 보호자들이 국가 요직을 장악하고 있다 보니, 원로원이 누구의 눈치도 보지 않고 로마의 통치에 영속적으로 힘을 쓸 수 있었다. 원로원이 그새 자생력을 갖춘 엘리트 집단의 핵심부로 자리 잡은 것이다. 특정 시기에 원로원에서 누가 지배 세력으로 군림하느냐는 경쟁하는 개인, 씨족, 피호민 집단 사이에서 미묘한 세력균형이 어느 쪽으로 넘어가느냐에 달려 있었다. 그러나 로마 역사에서는 수백 년에 걸쳐 똑같은 귀족의 이름이 재차 정면에 등장하는 것을 볼 수 있다. 어느 순간 느닷없이 신흥 세력가들의 물결이 들이닥쳐 그들이 기존 세력을 순식간에 싹 쓸어내기 전까지는.

시간이 흐르자 당파 싸움이 심해지면서 원로원의 효율적 장악력도 차차 힘을 잃어갔다. 내전이 터져 원로원의 기능이 아주 마비됐을 때에는, 공통의 합의를 통해 독재자를 세우거나 아니면 군대의 힘을 통해 한 당파가 자신들 뜻을 밀고 나가는 수밖에 없었다. 이것이 바로 기원전 1세기에 로마에 줄줄이 독재자들이 등장하게 된 원인이었다. 종국에는 후일 '아우구스투스'가 되는 옥타비아누스 카이사르 당파가 다른 모든 당파를 누르고 자신들 뜻대로 국정을 운영해나가게 됐다. 옥타비아누스는 보호자 중의 보호자 자리에 올라 모든 원로원의 운명을 자기 수중에 틀어쥐었다.

두 명의 집정관(콘술)은 로마에서 공동 최고경영자 노릇을 했으며, 임기는 1월 1일부터 1년간이었다. 기원으로 봤을 때 집정관은 원래 군무만 맡았던 자리였다. 원로원 의원이 적당한 인물을 제시하면 켄투리아회에서 집정관을 임명했는데, 집정관이 특정한 과업을 수행하도록 그에게 '군대명령권'(임페리움)을 부여해주는 식이었다. 하지만 집정관은 점차 다른 기능들도 떠맡게 된다. 원로원 회의를 주관하는가 하면, 원로원과 함께 외교 문제를 책임졌다. 또 법무관(프라이토르praetor. '최고법관'으로 로마의 사법 체제를 맡아 운영했다), 감찰관(켄소르. 징세 및 시민 등록 업무를 관장했다), 재무관(콰이스토르. 공공 자금을 운영했다), 조영관(아이딜레. 도시의 일반 행정을 관리하고 갖가지 경기를 개최했다), 제사장(폰티펙스) 지휘 아래 도시의 내치를 감독했다. 또 두 명의 집정관에게는 호민관과 힘을 합쳐 원로원과 시민 사이 평화를 유지해나갈 책임도 있다고 여겨졌다. 로마인들이 도시 로마의 역사를 햇수가 아니라 집정관 임기를 따져 기록한 것만 봐도 당시 집정관들의 역할이 얼마나 막중했는지를 알 수 있다. [AUC]

그러다 마리우스와 술라의 개혁으로 집정관 제도의 큰 틀이 변화하게 된다. 전직집정관(프로콘술proconsul)이 속주 행정을 책임지게 되면서, 집정관은 그 세력 범위가 한층 확대됐다. 반면 한편으로 집정관이 군대를 직접 통솔할 힘은 잃게 됐다.

로마의 통치는 수많은 오해를 불러일으키는 주제인 것 같다. 로마의 통치는 무척 오랜 기간 단 한 번도 끊이지 않고 이어졌으나 그 안에서, 아마도 안토니누스 피우스 재위(138~161)의 잠깐을 제외하고는, 대규모의 균질성은 도무지 찾아보기 힘들다. 로마의 통치가 확실한 성공을 거둔 이유는 다름 아니라, 그것이 세운 목표가 제한적이지만 명확하게 규정돼 있었기 때문이다. 로마의 통치는 정무관들에게 분쟁을 가라앉히고 공물을 거둬들일 수 있는 틀을 마련해주었다.

군대에는 외적 방어, 법 집행, 내적 안전을 도모할 수 있는 길을 마련해줬다. 아울러 각 지역 엘리트들이 로마의 승인을 받고 종종 종교 의례나 시민 행사에 참여하도록 하는 방식으로 그들의 기득권을 지지해줬다. 이와 같은 일들이 마법처럼 잘 맞물려 돌아가려면, 로마는 기존 세력이 가진 권리와 특권은 침해하지 않도록 만전을 기하면서도, 법적 권위를 수호하는 데서는 지독하게 가차 없이 대해야 했다. 베르길리우스virgil는 그 모습을 〔《아이네이스》에서〕 이렇게 표현했다.

Tu regere imperio populos, Romane, memento
(hae tibi erunt artes), pacisque imponere morem
parcere subiectis et debellare superbos

로마인이여, 기억하라. 그대들은 뭇 백성을 주권으로 통치하는 것을
(이것이 그대들의 예술이 될 것이다) 평화의 법도를 부여하는 일
속민에게는 관대하고 오만한 자들은 정벌하는 일이다.[7]

그런데 로마의 제도들을 오늘날의 개념으로 바라봤다간 그 성격을 오해하기 십상이다. 로마 왕정기의 군주정만 해도 세습제가 아니었으며, 귀족들로 구성된 원로원이 왕의 힘을 제한하는가 하면 종국에는 군주정을 아예 전복시켜버렸다. 공화정 초반에는 두 명의 집정관이 귀족들로 구성된 원로원에서 해마다 선출돼 전면적 '명령권'을 부여받았다. 그러나 집정관직의 성격이 이중적인 데다, 기원전 494년에는 평민을 대표하는 호민관이 집정관에게 거부권을 행사하는 제도가 성립되면서 집정관의 권한에도 단단히 제약이 가해졌다. 이렇게 해서 SPQR—로마의 원로원과 시민Senatus Populusque Romanus—로 일컬어지는 로마의 유명한 통치 공식이 성립돼 그 이름을 내걸고 모든 권한이 행사됐다. 공화정 후반과 제정 초반에도 로마에 대대로 내려오던 행정·입법 기관들은 대부분 명맥을 유지해나갔다. 하지만 로마의 행정수반이 점점 더 독재적 외양을 갖추면서 이들 기관은 점차 뒷전으로 밀려난다.

항상 변화하던 제도들이 현실에서 어떻게 운용되는가를 결정한 것은 사실 로마의 정치 문화였다. 로마에서는 정치와 종교 생활이 늘 밀접하게 얽혀 있었다. 모든 의사결정은 늘 점을 쳐서 그 뜻을 풀이해보곤 했다. 로마에서는 가정 혹은 각 지방의 권한도 매우 중시됐다. 그 결과 시민으로서의 책임감, 군복무에 대한 부담감, 법에 대한 존중 의식이 깊숙이 자리 잡았다. 또 관직을 돌아가면서 했기 때문에 적극적으로 로비를 벌이고 자주성을 십분 발휘해야 할 필요가 있었다. 공화정기에는 조언(콘실리움consilium)을 받아들여 늘 합의를 도출하려 애쓰는 분위기였다. 반면 원수정(제정 초반)에서는 복종이 주요 덕목으로 여겨졌다.

로마법은 로마인이 만든 것 중 "세계사에 가장 오래도록 남을 기여"라는 평을 받는다.[8] 로마법의 시작은 기원전 451~기원전 450년에 만들어진 12표법十二表法, Twelve Tables에서 찾아볼 수 있으며, 12표법은 이후 법은 모든 시민에게 동등하게 구속력을 지닌다는 사상인 '평등법'이 만들어지는 연원으로 여겨졌다. 로마법은 크게 시민들 사이 관계를 규제하는 유스 키빌레ius civile(시민법[국내법])와 유스 겐티움ius gentium(만민법[국제법]) 두 가지로 나뉘었다. 로마법은 세간에서 받아들여진 풍습과 관행을 한데 모아 정리해놓은 것으로, 프루덴티아prudentia(합법적 방식)를 통해 그 내용이 결정됐다. 오랜 시간을 거치며 로마법은 그 핵심 사안 하나하나가 모두 시험대에 오르거나, 수정을 거쳤으며, 내용이 확장되기도 했다. 로마에서는 주로 법무관을 통해 이런 식의 입법이 이뤄졌으나, 나중에는 하드리아누스 황제(재위 117~138)가 '영구칙령Perpetual Edict'을 발표해 로마법이 더는 수정되지 못하게 막았다. 로마법은 정무관들이 발의한 법인 레게스 로가타이leges rogatae와 로마에 성립된 평민회 중 어느 하나에서 발의한 법인 플레비스키타plebiscita(민중의 판단)를 따로 구분했다.

로마는 법 관행이 워낙 복잡하고 그 역사도 깊어 자연스레 법학이 발전할 수밖에 없었고, 그에 따라 퀸투스 무키우스 스카이볼라Quintus Mucius Scaevola(기원전 95년 집정관) 이래로 수많은 로마인 법학자가 배출됐다. 그중에서도 아이밀리우스 파피니아누스Aemilius Papinianus(213년 몰, 그리스인)와 도미티우스 울피아누스Domitius Ulpianus(223년 몰)는 가장 위대한 법학자 반열에 들었으나, 둘 모두 죽임을 당하고 말았다는 사실은 로마가 쇠망의 시대에 접어들었다는 징후나 다름없었다. [렉스]

로마의 군대는 끊이지 않은 전쟁 속에서 자라난 사회가 만들어낸 산물이었다. 로마군은 그 정교한 전술이나 협동 정신도 높이 살만 했지만 군수품 지원 체계도 그 못지않게 훌륭했다. 제2차 포에니전쟁부터 3세기에 끔찍한 재앙을 맞을 때까지의 반 천 년 동안, 로마군은 거의 패배를 몰랐다. 로마군은 끝없이 승리를 거두었고, 그때마다 개선식을 벌이거나 아니면 티투스의 개선문 또는 트라야누스의 기둥을 본뜬 대규모 기념물을 조성해 승리를 기념했다. 그만큼 싸움에서 지는 일이 없었기에 패배라도 하는 날엔 그 충격이 더 컸다. 기원후 9년 로마 3개 군단이 게르만족의 오지에서 궤멸당한 일은, 기원후 251년에 데키우스Gaius Messius Quintus Trajanus Decius 황제가 고트족과 싸우다 전장에서 전사하고 260년에 발레리아누스Publius Licinius Valerianus 황제가 페르시아군에 포로 신세가 되기 전까지는, 로마 사회를 그렇게 뒤숭숭하게 만든 일이 또 없었다고 할 정도였다. "평화를 원한다면 전쟁에 대비하라(시 비스 파켐, 파라 벨룸si vis pacem, para bellum)"라는 라틴어 속담은 로마인의 삶의 방식을 단적으로 요약해준다. [헤르만]

팍스 로마나 시기에는 30개 로마군단(레기온)이 상비군으로 편성돼 제국 곳곳의 요새와 변경

렉스 LEX

■ 흔히들 로마법이 유럽 문명을 지탱하는 주요 기
■ 둥 중 하나라고 하며 실제로도 그러하다. 라틴
어 렉스lex는 "속박" "구속하는 것"을 의미한다. 로마
법체계의 또 다른 핵심인 팍툼pactum 곧 "계약"의 기
본이 되는 것도 구속력이다. 상업적 목적에서든 정치
적 목적에서든 또는 결혼과 관련된 것이든, 양 당사
자가 자유의사에 따라 합의했다면 해당 계약의 조
건들은 양측으로 하여금 그것을 지키게 만드는 구
속력을 발휘한다. 로마인들도 알고 있었듯, 법에 의
한 지배는 안정된 통치, 상업적 신뢰, 질서 잡힌 사
회를 가능케 한다.

그러나 로마의 법적 전통이 직접적 상속과도 같은 단
순한 절차에 따라 근대 유럽에 그대로 계승됐다고 생
각해서는 안 된다. 로마제국의 법률 대부분은 제국이
분열되면서 폐기됐다가 중세에 재발견됐다(5장 참조).
로마 법률은 비잔티움에서 오래도록 생존했지만 비잔
티움제국을 통해 근대 입법에 강한 영향을 끼치지는
않았다. 사실 직접적 사례의 관점에서 보자면, 로마
법률은 가톨릭 교회법의 완성에 가장 직접적인 영향
력을 행사했다고 할 수 있다.

게다가 세속적 영역에서도 로마 전통은 다른 비로마

적인, 종종 로마 전통과 상충되는 법적 관습과 경쟁
해야 했다. 로마는 유럽 법체계의 여러 원천 중 하나
에 불과했다. 온갖 다양한 유형의 관습법도 똑같이 중
요했다. 프랑스 등 일부 국가에서는 로마법 전통과 관
습법이 균형 있게 공존했다. 독일 대부분의 지역이 로
마법을 접한 것은 15세기는 돼서였다. 예외적으로 잉
글랜드에서는 형평성 원칙을 적용해 수정한 보통법
common law이 사실상 독점적 위치를 획득했다.

그렇다 하더라도 공적 영역과 사적 영역을 구분한 로
마의 법이념은 점차 증가하는 유럽의 정치 조직체들
의 목적에 적합하다고 여겨지게 됐다. 유럽 국가들의
민법은 대부분 로마식의 성문화한 원칙들에 기초를
두게 됐다(영미권의 판례중심주의와 대조적이다). 그중 단
연 가장 강력한 영향력을 지닌 법전은 프랑스의 나폴
레옹법전Code Napoléon(1804)이었다.

유럽의 법률가라면 누구라도 자신이 키케로와 그 후
계자들에게 어떤 식으로든 빚을 지고 있음을 인정한
다. 키케로는 《데 레지부스De legibus》(법률론)에 다
음과 같이 썼다. "살루스 포풀리 수프레마 렉스Salus
populi suprema lex". "민중의 안녕이 최고의 법이다."[1]
법에 의한 지배가 민중에게 최고 수준의 안녕을 제공
한다고도 할 수 있을 것이다.

지대를 지켰다. 많은 군단이 수 세대, 더 길게는 수 세기에 걸쳐 한 지역에 영구 상주 하면서 현
지 속주와 밀접한 연관을 맺게 됐다—브리타니아의 '제1 아우구스타 군단'과 '제20 발레리아 빅
트릭스 군단', 판노니아의 '제15 아폴리나리스 군단', 모이시아의 '제5 마케도니카 군단'이 그러했다.

로마군단의 병사 수는 5000~6000명을 헤아렸으며, 지휘는 원로원 의원이 맡았다. 로마군
단에서 보병은 3열로 나뉘었다—각 10개씩의 부대가 하스타티hastati, 프린키페스principes, 트
리아리triarii를 구성하고, '전위'와 '후위'의 켄투리온Centurion 곧 백인대장百人隊長이 이들 부
대를 통솔했다. 여기에 벨리테스velites라고 불린 척후병 부대가 있었는가 하면, 10개의 투르마
이turmae(기병대대)가 유스투스 에퀴타투스iustus(justus) equitatus라는 '기병 보조군'을 구성했으
며, 공병대가 그 뒤를 따랐다. 이와 함께, 동맹군 및 용병으로 꾸린 다수의 보조군 연대도 있었

으니, 이들은 별개의 집단을 따로 형성하고 자기네 장관prefect의 지휘를 받았다.

시간이 흐르면서 로마군 안에서는 시민병의 비율이 처참할 만큼 뚝 떨어졌다. 하지만 백인 대 대장으로 복무하는 중간 서열의 로마인 장교 계급이 로마군단 체제의 중추를 떠받쳐주는 상황은 줄곧 변하지 않았다. 군 복무 기간 중 뛰어난 군공을 세운 자들은 나라에서 메달을 수여받거나, 장군일 경우에는 관冠을 하사받았다. 끝까지 나라에 충성한 노병은 군대 식민시 땅 일부를 받기도 했다. 한편 로마군은 병사들을 채찍형에 처하거나 (변절자들은) 십자가형에 처하는 등의 가혹한 징벌로 기강을 다잡아나갔다. 로마 시대 후반에 가서는 문관의 힘이 쇠약해지면서, 군대가 제국의 정계를 장악할 기회를 잡기도 했다. 원래 글라디우스gladius(검 찔러 넣기)는 제2차 포에니전쟁 때 이베리아인이 채택한 전법이었으나, 이후 검투사(글래디에이터)gladiator들의 손에 들어가면서 로마의 무적無敵과 로마의 쾌락을 함께 상징하는 말이 됐다.

로마의 건축은 유난히 실용성을 중시하는 경향이 있었다. 로마 건축의 업적은 아무래도 디자인보다는 기술공학의 영역에 속한다 하겠다. 로마 시대에도 그리스의 신전 건축 전통은 계속 이어졌지만, 당대 건축의 가장 혁신적인 특성들은 주로 도로와 다리, 도시계획, 세속적·기능적 건물들과 주로 관련이 있었다. 로마인들은, 그리스인들과는 달리, 아치와 반원半圓천장(궁륭穹窿천장)의 문제를 완전히 해결해, 이것들을 기반으로 다리를 놓기도 하고 지붕을 올리기도 했다. 그랬던 만큼 로마제국 도시를 거의 빠짐없이 장식하고 있던 개선문은 기술적 완성도와 로마의 건축 정신이 어우러진 작품이라 할 수 있었다. 판테온Pantheon은 기원전 27년 마르쿠스 빕사니우스 아그리파Marcus Vipsanius Agrippa가 '모든 신'과 악티움해전을 기려 지은 것으로, 그 반원천장은 성베드로성당의 반원천장보다 너비가 1.5미터나 더 넓다. (판테온은 지금은 성모마리아와 순교자 성당으로 알려져 있다.) 엄밀히 말하면 플라비우스가家의 원형경기장이라 해야 옳은 콜로세움Colosseum(기원후 80)은 그리스와 로마의 특성이 기막히게 결합된 건축물로, 4층 구조의 원주圓柱 사이사이에 아치를 둘러넣었다(플라비우스왕조의 베스파시아누스 때 착공해, 큰아들 티투스 때 완공을 보았고, 작은아들 도미티아누스 때 지금의 4층이 됐다). 로마 시대에는 총 8만 7000명의 관중을 수용할 수 있었다. 벽돌로 지은 대규모의 카라칼라욕장Baths of Caracalla(테르마이 안토니니아나이Thermae Antoninianae)—퍼시 비시 셸리(영국 시인)가 (서정시극)《사슬에서 풀려난 프로메테우스》(1820)를 지은 곳이 여기다—은 로마인의 생활양식을 그대로 보여주는 기념물로, 460야드(330미터) 길이의 정방형 부지에 자리 잡고 있었다. 욕장에는 물의 온도에 따라 급이 나뉘는 목욕 구역을 비롯해—프리기다리움frigidarium(냉冷욕장), 테피다리움tepidarium(미온微溫욕장), 칼다리움caldarium(온溫욕장)으로 나뉘었다—, 피스키나piscina라는 1600명이 한꺼번에 들어갈 수 있는 수영장과 경기장, 그리스어·라틴어 서적 도서관, 화랑, 거기에 회의실까지 딸려 있었다. 디오클레티아누스욕장Baths of Diocletian(기원후 306)은 훨씬 더 호화로웠다. 또 겉보기에도 장대한 키르쿠스 막시무스Circus Maximus(대원형 경기장)가 전차경주만을 위해 따로 지어졌는바, 건물은 이후에도 꾸준히 확장돼 나중에는 총 38만 5000명의 관중을 너끈히 수용할 수 있었다. [비문]

로마의 문학은 군사적이고, 대체적으로, 속물근성이 강한 로마 사회의 풍조에 도전했다는 점에서 더욱 매력적이었다. 로마인 문인들에게도 분명 추앙자들이 있었으니, 공화정 후반과 제정 초반 로마 귀족들이 특히 그랬다. 그러나 로마 시대 문인들은, 그리스 사대문인들과 달리, 그런 광경을 자연스레 문학에 녹여내지 못했다. 섬세한 글 세계와 엄격한 로마 세계 사이에는 전반적으로 늘 긴장이 존재한 탓이었다. 라틴 문학이 그토록 뒤늦게 발달한 것도, 대大카토 같은 이가 라틴 문학은 그리스인의 습성을 모방한 것일 뿐이라며 그렇게 냉대한 것도, 아마 그러한 긴장 때문이었으리라. 아울러 다른 것보다 맨 먼저 희극이 로마에 들어오게 된 것도, 또 로마인들이 솔직히 자신들의 것이라고 부를 만한 표현 수단은 오로지 풍자뿐이라고 말한 것도, 아마 그 때문이었으리라. 라틴 문학가로는 약 서른 명이 꼽히는데, 널리 인정을 받은 이들은 베르길리우스, 호라티우스, 오비디우스, 키케로 정도다. 그러나 로마인들 삶 속의 사치, 식탐, 잔혹성에 반감을 품었던 이라면 누구나, 주변 환경에 누구보다 강하게 반발했던 예민한 영혼들에 ─유베날리스의 촌철살인의 풍자, 마르티알리스의 경구警句에─ 남다른 애착을 가졌을 게 틀림없다.

가장 초기의 로마 작가들은 그리스어로 글을 썼다. 리비우스 안드로니쿠스Livius Andronicus(기원전 284~기원전 204)는 호메로스의 작품을 라틴어 운문으로 번역해낸 작가로, 기원전 272년 타렌툼 약탈 이후 로마로 끌려온 다방면에 학식을 갖춘 그리스인 노예였다. 본격적인 라틴 문학이 등장한 것은 기원전 3세기 후반부로, 그나이우스 나이비우스Gnaeus Naevius(기원전 200년경 몰), 티투스 마키우스 플라투스Titus Maccius Plautus(기원전 254년경~기원전 184), 푸블리우스 테렌시우스 아페르Publius Terentius Afer(영어권에서는 "테렌스Terence"로 알려져 있다. 기원전 185년생)의 작품이 대표적이다. 이 셋은 그리스의 희곡을 각색해내는 데 탁월한 재주를 보였다. 이 세 사람에 힘입어 로마에서도 극장이 문화의 중심 시설로 자리 잡았다. 한편 로마만의 고유한 라틴어 시는 퀸투스 엔니우스Quintus Ennius(기원전 239~기원전 169)와 함께 그 서막을 열게 되니, 엔니우스는 문학 방면에서 최고의 혁신가로 꼽힐 만한 인물이었다. 로마에 비극을 도입하고, 풍자의 기술을 처음 사용하고, 라틴어 6보격을 만들어내 후대 시인들이 사용하는 기본 운율을 마련해준 것이 그였다.

웅변술은, 그리스에서도 그랬지만, 로마인의 삶에서 두드러지는 지위에 있었다. 로마 시대의 가장 위대한 웅변가로 손꼽히는 이는 마르쿠스 툴리우스 키케로Marcus Tullius Cicero(기원전 106~기원전 43)로, 그가 구사한 세련된 문체는 로마 시대 이후 줄곧 라틴 산문의 본보기로 여겨지고 있다. '신인new man'(노부스 호모Novus Homo, 집정관을 배출한 적 없는 가문 출신)의 키케로는 기원전 63년 로마의 최고관직인 집정관에 오르나 이윽고 추방을 당하더니, 두 번째 정치 활동에서도 끝내 처벌자 명단에 올라 참수되는 수모를 겪었다. 다양한 웅변과 함께 도덕철학 및 정치이론의 내용까지 담고 있던 그의 글들은 기독교 및 합리주의 사상에 막대한 영향을 끼쳤다. 나아가 그는 법의 원칙과 공화정 통치의 원칙을 수호하려 애썼다. 그의 뒤를 이은 (세네카의 아버지) 대大세네카(기원전 55년경~기원전 39년경)는 코르도바 출신의 수사학자로 웅변술과 관련한 대규모 선집을 편찬해냈다.

로마 시대에는 역사서술에 담길 이야깃거리가 많았다. 티투스 리비우스Titus Livius(영어권에서는 "리비Livy"로 알려져 있다. 기원전 59~기원후 17)는 로마의 역사를 142권의 책에 담아냈는데 그중 35권이 현재까지 남아 전한다. 리비우스는 로마 공화정을 이상화한 경향이 있으며, 그의 글이 독자를 사로잡는 부분은 문체보다도 분석력이다. 리비우스는 글의 서두에 이렇게 쓰기도 했다. "나는 비열하게 그냥 믿어버리지 않고, 세상에서 가장 위대한 나라의 이야기를 진땀 흘려 기록하는 데에서 만족을 찾을 것이다." 가이우스 율리우스 카이사르(기원전 100~기원전 44)는 로마의 역사를 손수 이룩한 면에서나 기록한 면에서나 최고로 평가받는 인물이다. 갈리아전쟁과 폼페이우스와의 내전을 기록한 그의 글은 간결성이 돋보이는 걸작으로, 한때는 유럽의 학생이라면 누구나 그 내용을 알 정도였다. 가이우스 살루스티우스 크리스푸스Gaius Sallustius Crispus('살루스트Sallust', 기원전 86~기원전 34)는 정치적 관심사와 문학적 관심사 양면에서 카이사르의 뒤를 이었다. 코르넬리우스 타키투스Cornelius Tacitus(기원후 55~120)는 리비우스에 이어 로마제국의 첫 100년을 두루 다뤘는데, 황제들에 대해서만은 열의를 보이지 않았다. 아무나 흉내 내기 힘든 그만의 엄격한 문체는 〈게르마니아Germania〉 같은 논문에서도 볼 수 있다. 역사학자 에드워드 기번Edward Gibbon은 자신의 책 각주에 다음과 같이 적었다. "시대는 구르고 굴러 늘 똑같은 재앙을 불러오게 마련이지만, 그것을 묘사할 타키투스가 없었다면 시대는 굴러가지 못할 것이다."9

로마 시대에는 전기傳記도 꽃을 피웠다. 당대 전기작가의 최고봉은 가이우스 수에토니우스 트란퀼루스Gaius Suetonius Tranquillus(기원후 69년경~140)로, 그는 한때 하드리아누스 황제의 비서로 일했다. 박진감 넘치게 전개되는 그의 《12인의 로마 황제Lives of Twelve Caesars》에는 정보와 흥미의 보고寶庫다. 수에토니우스의 이 작품을 뛰어넘는 역작으로는 타키투스가 자신의 장인이기도 한 그나이우스 율리우스 아그리콜라Gnaeus Julius Agricola(당시 브리타니아 총독)를 다룬 전기가 유일하다.

라틴 문학이 전성기를 구가한 때는 누가 봐도 걸출한 시인들이 여럿 배출된 아우구스투스 시대였다―베르길리우스, 호라티우스, 오비디우스를 비롯해 서정시인 가이우스 발레리우스 카

비문 (명문)EPIGRAPH

■ 비명학碑銘學(금석학金石學) epigraphy은 비문碑文
■ (명문銘文)을 연구하는 학문으로 고전 세계 연구
에서 중요한 역할을 하는 보조 학문이다. 고대의 많은
자료와 문화적 증거가 소실된 터라, 돌이나 금속에 새
겨져 오늘날까지 살아남은 글자들은 고대사 연구에
매우 귀중한 정보원이 된다. 묘비, 헌정 명판銘板, 조각
상, 공공기념비 등을 면밀하게 연구하면 해당 비문이
기념하는 인물들에 대한 상당히 많은 정보를 수확할
수 있다—그들의 이름, 직함, 가정생활, 저술 내용, 직
업, 소속부대, 당대 법, 그들이 믿은 신, 그들의 덕행
등. 19세기 베를린에서 간행된 방대한 비문 편찬 자료
인 《라틴 비문 집성Corpus Inscriptionum Latinarum,
CIL》과 《그리스 비문 집성Corpus Inscriptionum
Graecarum, CIG》은 그 안에 기록된 기념물들 못지않
게 견고함과 영속성을 지닌다.
로마의 가장 유명한 비문—수백 년간 포룸에 세워져
있던 12표법—은 현재 전해지지 않지만, 현존하는 다
른 자료의 종류와 수는 놀랄 만큼 다양하다.
로마의 묘비에는 망자의 생애와 경력을 시적으로 표현
한 문구를 넣는 일이 흔했다. 모군티움Moguntium 모
곤티아쿰(Mogontiacum)(독일의 마인츠)에 있는 한 묘비에
는 고인이 죽은 방식에 대한 항의가 담겼다.

> Jucundus M Terenti l(ibertus) pecuarius
> Praeteriens quicumque leg is consiste viator
> Et vide quam indigne raptus inane queror.
> Vivere non potui plures XXX per annos
> Nam erupuit servus mihi vitam et ipse
> Praecipitem sese deiecit in amnem:
> Apstulit huic Moenus quod domino eripuit.
> Patronus de suo posuit

> 유쿤두스, 목동, 마르쿠스 테렌티우스의 해방노예.

지나가는 이여, 당신이 누구든 발길을 멈추고 이 글
을 정독해주오.
내가 목숨을 부당하게 빼앗겼음을 알아주고 내 헛된
한탄을 들어주시길.
나는 서른 살도 채 넘기지 못했소.
한 노예가 내 목숨을 빼앗고 나서
스스로 강물에 몸을 던졌소.
그자가 그의 생명을 앗았고, 그래서 그의 주인도 그
를 잃었소.
(나의) 보호자가 자비를 들여 (이 묘비를) 세워주었소.[1]

공공기념물에는 신들에 대한 헌정 문구가 새겨지곤
했다. 키르쿠스 막시무스에서 발견된 아래의 비문은
원래 기원전 10~기원전 9년 아우구스투스 황제가 이
집트 정복을 기념해 세운 것이며 현재는 포폴로광장
의 오벨리스크에 붙어 있다.

> IMP. CAESAR. DIVI. F
> AUGUSTUS
> PONTIFEX. MAXIMUS
> IMP XII. COS XI. TRIB POT XIV
> AEGYPTO. IN POTESTATEM
> POPULI ROMANI REDACTA
> SOLI. DONUM. DEDIT.

황제 카이사르, 신의 아들
아우구스투스.
최고제사장
최고사령관 12회, 집정관 11회, 호민관 14회.
로마인들이 이집트를
정복한 것을 기념하여,
이 선물을 태양신께 바친다.[2]

훨씬 평범한 물건들에는 종종 흥미로운 문구가 새겨
졌다. 화병과 도자기에는 제조자의 표식이 들어갔다,

금속 도장으로 점토에 이름이나 광고 문구를 찍는 일
도 흔했다. 랭스에서는 광학 기기(안경) 제작자의 병들
에서 다음과 같이 일련의 금속 도장이 발견됐다.

D CALLISEST FRAGIS ADASPRITVDI
데키무스 갈리우스 세스투스의 안약[3]

툴루스Gaius Valerius Catullus(기원전 84년경~기원전 54), 애가哀歌 시인 알비우스 티불루스Albius Tibullus(기원전 55년경~기원전 19), 자신에게 걸맞은 이름을 가졌다 싶은 섹스투스 프로페르티우스Sextus Propertius(기원전 50년경~기원전 15, 그가 신시아라는 여인을 애절하게 그리며 지은 사랑시는 카툴루스가 레스비아를 그리며 지은 사랑 시에 버금간다) 모두 당대의 인물들이다. 프로페르티우스는 이렇게 썼다. "큐피트는 발가벗었으니, 그는 아름다움이 억지로 꾸며낸 세공물을 마음에 들어 하지 않는다."

　　푸블리우스 베르길리우스 마로Publius Vergilius Maro(영어권에서는 "버질Virgil"로 알려져 있다. 기원전 70~기원전 19)는 도무지 질리지 않는 언어를 만들어낸 시인으로, 그의 언어는 그 무엇보다 일상적 소재를 다룰 때조차도 묘미를 잃지 않는다. 베르길리우스가 쓴《에클로가이Eclogae》는 목가시를 모아놓은 작품이며,《게오르기카Georgica》는 농경을 칭송한 책이다.《아이네이스Aeneis》("아이네아스의 노래")는 알레고리가 가득한 장편의 서사시로, 로마가 호메로스와 그리스에 많은 빚을 졌음을 널리 공언하는 작품이다. 베르길리우스는 트로이전쟁의 생존자로 로물루스와 율리우스 씨족의 선조인 아이네아스의 모험을 풀어내며, 그 안에 로마인 식자층이 확인하고 싶어 한 신화상의 족보를 제시하기도 했다. 그가 지은 한없이 정교한 6보격의 시들은 사실 번역 자체가 불가능하다. 굳이 따지자면 베르길리우스는 이 작품을 하루에 한 행씩 총 10년에 걸쳐 써낸 셈인데, 그 안에 담긴 고요하고, 한결같고, 미묘하고, 슬픈 목소리는 어느 누구도 흉내 낼 길이 없다.

> FELIX QUI POTUIT RERUM COGNOSCERE CAUSAS,
> 만사의 이치를 알만한 자 그는 행복하리니,

> SED FUGIT INTEREA, FUGIT IRREPARABILE TEMPUS.
> 하지만 생각지 못하는 사이 훨훨 날아가네, 시간이,

> OMNIA VINCIT AMOR; ET NOS CEDAMUS AMORI.
> 사랑은 모든 것을 정복하노니, 우리도 사랑에 항복하도록 하세,

ET PENITUS TOTO DIVISOS ORBE BRITANNOS

브리타니아인, 그들은 온 세상과 완전히 갈라져 있도다

SUNT LACRIMAE RERUM ET MENTEM MORTALIA TANGUNT.

세상일들에 떨구어지는 눈물들이 있고, 죽고 마는 운명은 마음을 감화시키니.[10]

단테에게 베르길리우스는 아는 자들〔지자知者들〕의 스승il maestro di color che sanno이었고, "드넓은 말의 강줄기가 거침없이 쏟아져 나오는 샘"이었다("아는 자들의 스승"은 원래 단테가 〈신곡: 지옥 편〉에서 아리스토텔레스를 가리켜 한 말이다). 초기 기독교도들에게 베르길리우스는 이단자 시인으로, 그가 지은 《에클로가이》의 네 번째 편에서 그리스도의 탄생을 예언한 인물이라고 여겨졌다. 오늘날 사람들에게 베르길리우스는 "언어의 주인 […] 시인의 시인 […] 인간의 입술로 가장 장엄한 운율을 주조해내 그것을 휘두른 자"였다〔여기서 "시인의 시인" 곧 "Poet of the poet-satyr"라는 표현은 영국의 계관시인 앨프리드 테니슨의 시 〈베르길리우스에 바침To Virgil〉에 나오는 표현이기도 하다〕. 베르길리우스는 자신의 묘비명을 직접 썼던 것 같은데, 그것이 포추올리에 있던 프란체스코 페트라르카의 눈에 띄었다.

MANTUA ME GENUIT: CALABRI RAPUERE: TENET NUNC PARTHENOPE.
CECINI PASCUA, RURA, DUCES.

만토바 나를 낳고, 칼라브리아 나를 휩쓸더니, 나폴리 이제 나를 붙드네. 나는 초원과 밭, 그리고 왕들을 노래했다.[11]

퀸투스 호라티우스 플라쿠스Quintus Horatius Flaccus(영어권에서는 "호레이스Horace"로 알려져 있다. 기원전 65~기원전 8)는 베르길리우스의 벗이자 그와 한 시대를 살았던 인물로, 《시집Odes》《풍자시집Satires》《서정시집Epodes》《서간시집Epistles》을 써낸 작가다. 일찍이 아테네에서 공부했던 그는 필리피전투Battle of Philippi(기원전 42)에 참전했다 은퇴한 뒤, 자신의 사비나 농장(후원자 마이케나스가 돌봐주고 있었다)으로 돌아와 그곳에서 지내게 된다. 호라티우스는 성품이 온화하고 참을성 많은 사람이었다. 그가 피소Piso 삼부자에게 보낸 서간집은 《시학Ars Poetica》이라고도 불리는데 후대 시인들로부터 많은 찬사를 받았다. 그의 풍자시집은 인간이 지닌 사악함보다 인간의 어리석음을 비꼬는 데 역점을 두었다. 그의 시집은 시상이 훤히 그려질 만큼 명쾌하고, 적재적소의 기막힌 표현들curiosa felicitas로 빛을 발한다.

DULCE ET DECORUM EST PRO PATRIA MORI.
자신의 조국을 위해 죽는 것은 감미로우면서도 도리에 맞는 일.

PARTURIENT MONTES, NASCETUR RIDICULUS MUS.
산맥이 생명을 낳으리니, 어리석은 생쥐 한 마리가 태어나리로다.

ATQUE INTER SILVAS ACADEMI QUAERERE VERUM.
아카데메이아의 관목 숲에서도 열심히 진리를 찾으라.

EXEGI MONUMENTUM AERE PERENNIUS ... NON OMNIS MORIAR.
나는 청동보다도 오래가는 기념물을 창조했으니 […] 내가 완전히 죽는 일은 없으리라.[12]

호라티우스는 그 작품이 가장 많이 모방되고 가장 많이 번역된 시인이기도 하다.

푸블리우스 오비디우스 나소Publius Ovidius Naso(영어권에서는 "오비드Ovid"로 알려져 있다. 기원전 43~기원후 18)는 한때 로마 사회를 이끌던 유력인사였으나, 어느 순간 황제 아우구스투스의 명으로 흑해 해안으로 추방당했다. 그는 자신이 유배당한 까닭을 "한 편의 시와 한 번의 실수"에서 비롯한 일이라고 밝히고 있다. 그 시란 《아르스 아마토리아Ars amatoria》(사랑의 기술)를 말하는 게 분명하며, 그가 저질렀던 실수에는 역시 추방된 황제의 딸 율리아가 관련돼 있던 것으로 짐작된다. 오비디우스의 《변신 이야기Metamorphoses》는 200개에 달하는 그리스와 로마의 신화 및 전설을 모아 그가 다시 매만진 작품으로, 고대 세계에서 가장 막강한 영향력을 지닌 책으로 평가돼왔다. 《변신 이야기》는 로마인들에게만 좋은 읽을거리가 돼준 게 아니라 초서·몽테뉴·괴테 같은 다양한 인물도 애호한 작품이었다. 아울러 페트라르카부터 피카소에 이르기까지 수많은 이에게서 창의적 작품이 쏟아져 나오게 한 영감의 원천이었다. 오비디우스는 이렇게 썼다. "사랑받기를 원한다면, 사랑하라Si vis amari, ama."[13]

라틴 문학의 백은白銀시대the Silver Age는 아우구스투스가 세상을 떠난 이후 2세기 중반 정도까지 지속됐던 것으로 보이는데, 이 시기에는 그나마 몇 안 되는 거물들을 찾아보기가 더욱 힘들었다. 타키투스와 수에토니우스를 논외로 치고 넘어간다면, 스토아 철학자 세네카 2세Seneca II, 두 명의 폴리니우스(가이우스 폴리니우스 세쿤두스Gaius Plinius Secundus, 가이우스 폴리니우스 카이킬리우스 세쿤두스Gaius Plinius Caecilius Secundus), 시인 마르쿠스 안나이우스 루카누스Marcus Annaeus Lucanus, 수사학자 마르쿠스 파비우스 퀸틸리아누스Marcus Fabius Quintilianus,

그리고 누구보다도 풍자가 데키무스 유니우스 유베날리스Decimus Junius Juvenalis(영어권에서는 "주베널Juvenal"로 알려져 있다. 기원후 47년경~130)의 재능이 빛을 발한 정도였다. 유베날 리스는 이렇게 썼다. "풍자시를 쓰지 않기가 힘든 세상이다Difficile est saturam non scribere."

로마인들의 삶이 계획적 폭력성으로 얼룩지곤 했다는 것은 속담이 될 만큼 두루 알려진 사실이었다. 외국과의 전쟁에서 벌어진 가차 없는 살육은 로마 내전에서도 되풀이됐다. 패자에겐 "앙화殃禍뿐Vae victis!"이라던 티투스 리비우스의 전쟁 구호는 절대 빈말이 아니었다. 기원전 88년, 이른바 '에페수스의 저녁기도' 때 미트리다테스 6세(폰토스 왕)의 명으로 10만 명의 로마인이 하루 만에 대학살을 당했을 때, 귀족파(벌족파閥族派) '옵티마테스Optimates'("가장 선한 사람들"이라는 뜻이다)의 수장 루키우스 코르넬리우스 술라가 로마로 진군해와 자신들과 경쟁을 벌이던 가이우스 마리우스의 추종자들을 대거 추방하는 일이 벌어졌다. 당시 호민관 푸블리우스 술피키우스 루푸스Publius Sulpicius Rufus는 그 머리가 잘려 포룸에 효수되는 신세가 됐다. 로마의 법무관은 콩코르디아신전에서 희생제를 준비하던 차에 그 자신이 희생제물이 됐다. 그러다 기원전 87년 로마가 성문을 열고 마리우스를 맞아들이니, 이번에는 옵티마테스파가 살육당할 차례였다. 마리우스의 군단은 노예와 그의 달마티아인 경비병들로 구성돼 있었는데, 자신들의 장군이 경례를 붙이지 않는 원로원 의원이 있으면 보는 족족 그의 목숨을 앗았다. 이때 마리우스 손에 희생당한 사람들 중에는 후대에야 그 중요성을 인정받은 인물도 있었다—당시 집정관 그나이우스 옥타비우스Gnaeus Octavius를 비롯해, 전직집정관 마르쿠스 크라수스Marcus Crassus, 마르쿠스 안토니우스Marcus Antonius, 루키우스 카이사르Lucius Caesar가 그런 경우였다. 기원전 86년 마리우스가 갑작스레 세상을 떠나자 이 장군의 동지였던 퀸투스 세르토리우스Quintus Sertorius는 급료를 나누어준다는 명목으로 사형집행인들을 한데 불러 모아 약 4000명을 그 자리에서 죽여버렸다. 기원전 82년 옵티마테스파가 마침내 승리를 거두었을 때에도 그들 역시 포로들을 대량 학살 했다. "무기들이 철커덕거리는 소리와 죽어가는 자들의 신음소리가 벨로나신전에까지 똑똑히 들려왔다. 그곳에서 술라는 태연하게 원로원 회의를 주관해나갔다."[14]

이후로는 이와 같은 참극이 벌어지는 것을 막기 위해 추방 절차가 공식적으로 마련됐다. 승리한 당파가 명부를 만들어 포룸에 내걸고는 패배한 당파의 지도자들을 소환해 재판에 세우거나 그들에게 재산 몰수의 부담을 지게 했다. 명부에 이름이 오른 자는 보통 따뜻한 물이 담긴 욕조에 들어가 자신의 정맥을 칼로 베어 목숨을 끊곤 했는데, 그러면 그 가족은 파멸을 면할 수 있었다. 제 손으로 목숨을 끊지 못한 자들은 얼마 안 가 새 명부에 이름이 올랐으니, 대리석에 새겨진 그 명부에는 그들의 목숨과 함께 일족의 재산을 몰수한다는 포고가 적혀 있곤 했다. 일례로, 기원전 43년 제2회 삼두정치 때에는 이런 식의 처벌자 포고로 최소 300명의 원로원과

2000명의 기사가 목숨을 잃었다. 그중에는 키케로도 있었으며, 로마인들은 시신에서 그의 팔다리를 잘라 포룸의 연단에 걸어놓았다. 로마 통치층이 본보기를 보이면, 대중도 이내 그들을 뒤따랐다. [루디]

'로마혁명the Roman Revolution'은 사실 고대 당시에는 사용되지 않은 말이다. 하지만 로마가 공화정에서 원수정으로 넘어가는 과도기를 근본적 사회변혁의 산물로 보는 역사학자들 사이에서는 이 말이 널리 받아들여지는 추세다(〈로마혁명〉은 뉴질랜드 태생 영국의 역사학자이자 고전학자 로널드 사임의 《로마혁명The Roman Revolution》(1939)의 저서 제목이기도 하다. 국내에서는 《로마혁명사》로 번역·출간됐다). 다시 말해, 공화정에서 원수정으로의 이행은 확실히 정립된 역사적 사건이기보다는 현대 사회학 이론이 다루는 주제 정도로 보아야 한다는 이야기다. "이 시기를 잘 들여다보면 폭력적 방법을 통해 권력과 재산이 한쪽에서 다른 쪽으로 넘어가는 것을 목격할 수 있다"라고 이와 같은 역사해석의 최고 권위자(로널드 사임)는 썼다. "아울러 아우구스투스가 다스린 원수정은 일련의 혁명 과정이 정리된 시기로 보아야 할 것이다."15 이 시나리오에 따른다면, 당시 주된 희생양은 로마의 구舊 귀족층이었다. 주된 혁명 세력은 카이사르의 후계자인 젊은 옥타비아누스였다—옥타비아누스는 '냉철하고 신중한 테러리스트'에, 폭력배에, '카멜레온'처럼 피에 목마른 복수자와 온건한 중재자를 제 마음대로 오갔다. 그에 뒤따른 변화를 꼽자면, 일단 기존 통치층은 파멸됐고, 새로운 사회계층은 지위가 상승했으며, 야심에 찬 이탈리아 국외자들이 로마를 지배하게 됐다. 아울러 이들의 지지에 힘입어 사실상de facto 군주제와 다름없는 정치체제가 출현했다. 로마 정치의 열쇠는 결국 서로 각축을 벌이던 권력자들—특히 카이사르, 폼페이우스, 마르쿠스 안토니우스, 옥타비아누스—이 서로 어떤 식으로 로마에 후원을 하느냐에 있었던 셈이다. 아울러 그 본질적 기제를 이해하는 열쇠는 프로소포그래피prosopography(집합적 전기傳記)—어떤 계층이 그때껏 밟아온 상세한 이력을 분석해, 그들을 적극적으로 움직이게 만든 유인들이 무엇인지 밝혀내는 것—에 있다고 하겠다. (로널드 사임Ronald Syme은, 비록 프리드리히 뮌처Friedrich Münzer의 연구에 크게 의지하기는 했으나, 조지왕조 시대의 잉글랜드를 연구한 루이스 네이미어Lewis Namier 못지않게 로마사 연구에 기여했다.) 사임은 다음과 같이 썼다. "당대의 정치적 삶을 짓밟고 뒤흔들었던 것은 오늘날의 의회 같은 기구를 구성한 정당이나 거기서 나온 계획들도 아니요, 원로원과 민중에게서 나온 표면상의 반감도 아니었다. [⋯] 그것을 짓밟고 뒤흔든 것은 바로 권력, 부, 영광을 둘러싸고 벌어진 한바탕의 투쟁이었다."16 로마의 내전 시기에는 정치가가 군대를 얼마나 잘 장악하느냐, 정치가가 땅·돈·존경심을 이용해 병사들을 얼마나 잘 만족시키느냐가 특히 중요했다. 전장의 싸움은 출세한 장군들에게는 부차적 사안에 불과했다.

이런 시각에서는 시대의 그림이 전반적으로 부정적으로 비치게 마련이다. 당대 로마에서

루디 LUDI

■ 유베날리스는 다음과 같이 썼다. "세상을 정복한 자들이 이제는 오직 두 가지에만 관심을 갖는다. 빵과 서커스다." 세네카는 다음과 같이 통탄했다. "대화술은 죽었다! 이제는 전차경주 선수들이 아닌 다른 것을 주제로 대화할 줄 아는 사람이 없는 것인가?" 루디Ludi(라틴어로 "경기")는 로마인의 삶에서 중요한 부분이 됐다. 루디는 처음에는 한 해에 네 번 즉 4월, 7월, 9월, 11월의 일정 기간 동안 열렸지만 갈수록 인기가 높아져 나중에는 키르쿠스 막시무스와 콜로세움에서 거의 항상 경기가 열렸다. 기록에 의하면, 기원전 264년 열린 최초의 루디에서는 세 쌍의 노예가 죽을 때까지 싸웠다. 약 400년 후 트라야누스 황제가 연 축제에서는 1만 명의 사람과 1만 1000마리의 동물이 죽어나갔다.[1]

전문 검투사(글래디에이터)들은 목숨을 걸고 싸우면서 관중에게 볼거리를 제공했다. 그들은 열을 지어 생명의 문Gate of Life을 통과해 경기장으로 걸어 들어가 관람석의 황제를 향해 외쳤다. "황제 만세! 죽음으로 향하는 자들이 경의를 표하옵나이다AVE, CAESAR! MORITURI (TE) SALUTAMUS." 그물과 삼지창을 든 민첩한 레티아리우스retiarius(망투사網鬪士)들이 칼과 방패로 중무장한 세쿠토르secutor(추적사追跡士)들에 맞서 싸웠다. 검투사 여럿이 한 조가 돼 포로나 외국인 야만족으로 꾸려진 조와 싸우는 경우도 있었다. 패자의 시체는 갈고리에 꿰어져 죽음의 문Gate of Death을 통해 질질 끌려 나갔다. 검투사가 부상당해 쓰러지면 황제나 경기 주관자가 엄지를 올리거나 내려 그를 살릴지 죽일지 신호를 보냈다. 경기 주관자들은 검투사 양성들의 경쟁의식을 최대한 이용했으며 유명 검투사들의 우승 전적을 광고했다.

현존하는 자료를 보면 경기 일정은 예컨대 "T. v Pugnax Ner III와 M. p Murranus Ner III의 경기"와 같은 식으로 표시했다. 이는 곧 두 명 모두 네로 황제가 카푸아에 세운 검투사 양성소 출신이고, 세 차례의 우승 전적이 있으며, 한 명은 트라키아Thracia(트라익스Thraex) 스타일—작은 방패와 곡선형 칼—로, 다른 한 명은 갈리아의 무르밀로Myrmillo(Murmillo) 스타일로 무장한다는 뜻이다. 검투사 이름 푸그낙스Pugnax와 무라누스Murranus 앞의 v와 p는 각각 전자가 승리했고victor, 후자가 죽음을 맞이했음peritus을 의미한다.[2]

화려한 구경거리에 대한 갈망이 강해지면서 검투경기뿐만 아니라 다른 볼거리들도 중간 중간 끼워 넣었다. '맹수사냥'인 베나티오venatio나 본격적 군사전투를 실시했으며, 경기장에 물을 채우고 모의 해전을 벌였다. 시간이 흐를수록 극도로 외설적이고 잔인한 행위에 대한 욕구가 높아졌다. 여성의 팔다리를 벌려놓고 암소의 질액을 바른 뒤 여성에게 황소와 수간을 시키고, 기독교 포로를 십자가에 매달아 몸에 불을 붙여 산 채로 굽거나 포로를 사자에게 먹이로 던져주고, 죄수에게 침몰해가는 배의 노를 저어 악어가 득실대는 물을 건너가게 했다고 한다. 이것들은 온갖 종류의 희생자와 고통을 수반한 수많은 공연의 일부일 뿐이다. 이러한 공연은 한동안 계속됐지만 기원후 404년 기독교도인 호노리우스 황제가 원로원의 반대를 무릅쓰고 공연 금지령을 내렸다.

그러나 뭐니 뭐니 해도 사람들을 가장 열광시킨 것은 로마에서 시작돼 비잔티움제국 시대까지 계속된 전차경주였다. 전통적으로 말 네 마리가 끄는 전차 여섯 팀이 경기장을 일곱 바퀴 돌았다. 우승자에게 돌아가는 상금은 엄청났다. 전속력으로 질주하다가 전차가 뒤집히거나 치명적 충돌 사고가 일어나는 일도 다반사였다. 사람들은 자신이 응원하는 기수에게 큰돈을 걸었다. 뛰어난 전차 기수들은 군중의 우상이 됐고 원로원 의원 부럽지 않은 부를 거머쥘 수 있었다. 우승마들은 그 석상을 제작하고 다음과 같은 식의 문구를 새겼다. "청색 전차의 포르투나투스가 몰았던 투스쿠스, 386회 우승."

백색, 홍색, 녹색, 청색으로 구분되는 4개 조직체가 전차경주의 제반 사항을 좌지우지해 경주에 참가할 말, 기수, 관련 인력을 공급·관리했다. 4개 팀을 응원하는 '파벌'이 폭동을 일으키는 일도 잦았다. 비잔티움제국 시대에 이들 백파·홍파·녹파·청파는 체계적으로 조직화됐고 한때 정치 정당의 기원이라고 여겨지기도 했다. 현재 이 이론은 대체로 받아들여지지 않고 있다. 그러나 파벌과 유사한 결사체들이 비잔티움제국 후반의 행사들에서 여전히 활동했다. 기독교 교회는 늘 전차경주를 못마땅해 했다. "어떤 이는 전차를 믿고 어떤 이는 말馬을 믿으나 우리는 주 우리 하나님의 이름을 기억할 것이로다."[3]

는 원칙을 중시하는 정파는 위축되고, 편의에 따라 수시로 뒤바뀌는 동맹 관계가 득세했다. 정치 이념—키케로의 "인민의 자유, 원로원의 힘, 계층의 조화, 이탈리아의 단결libertas populi, auctoritas Senatus, concordia ordinum, consensus Italiae"—은 한낱 슬로건이나 캐치프레이즈일 뿐이었다. 로마 헌법도 '인간의 저열한 본능을 가리려는 병풍, 허풍, 혹은 허울'로 여겨졌다. 구 귀족층은 돈으로 얼마든 매수가 가능했다. 신인新人(노부스 호모)은 탐욕과 허영을 채우려 정신없이 움직였다. 그들은 '돈 좀 만지게 된 원로원 의원들'로, 카이사르가 다스리던 속주에서 그와 연고를 맺은 '소름 끼치고 역겨운 오합지졸'로 통했다. 제2회 삼두정치를 통해 '이루 헤아릴 수 없이 많은 놈'이 원로원에 자리를 꿰차고 앉았다. 옥타비아누스가 자기 쪽으로 대중의 여론을 돌리고 또 역사를 왜곡하려 고용한 변론인들과 프로파간디스트들은 입에 발린 소리를 하기에 바빴다. 이와 같은 광경의 이면에는 또 은행가, 백만장자 물주, 투기꾼들이 도사리고 있었다—가이우스 마이케나스Gaius Maecenas, 가데스의 루키우스 코르넬리우스 발부스Lucius Cornelius Balbus, 알렉산드리아의 재무관 가이우스 라비리우스 포스트무스Gaius Rabirius Posthumus가 대표적이었다.

따라서, 이 시나리오에 의하면, 기원전 43년에 역사는 이미 전환점을 맞았다. 카이사르가 죽은 뒤 이윽고 제2회 삼두정치가 결성돼 처벌자 포고가 내려지고, 결국엔 카이사르 탓에 옥타비아누스가 정국의 주도권을 잡았을 때 말이다.

> 이로써 공화정은 폐기됐다. […] 전제 정치가 지배하는 세상, 폭력과 재산 몰수가 폭정을 뒷받침하는 시대가 도래했다. 로마 최고의 인재들은 죽음을 맞거나 아니면 처벌자 명부에 올랐다. 원로원은 깡패들로 득실득실했다. 한때 시민의 덕을 가지면 주어진 집정관 자리는 술수를 부리거나 범죄를 저지르는 자에게 보상으로 돌아갔다. 그야말로 논 모스, 논 유스non mos, non ius(관습도 없고, 법도 없는) 세상이었다. […] 카이사르파는 자신들에게 카이사르를 위해 복수할 권리와 의무가 있다고 외쳤다. […] 카이사르가 흘린 피에서 군주제가 잉태돼 나왔다.[17]

그 나머지는 이제 로마제국의 에필로그였다. 사람들은 다들 '자유'를 부르짖었고, 하나같이 '평화'를 갈망했다. "평화가 찾아왔으나, 그것은 전제 정치가 가져온 평화였다."

그럼에도 당시 아우구스투스(재위 기원전 31~기원후 14)가 행한 일들을 모두 프로파간다의 산물로만 볼 수는 없다. 그가 적잖이 음흉맞았던 것은 사실이나 상서로운 조짐은 확실히 그의 편이었고 그 점이 로마인들에게는 중요했다. 수에토니우스가 전하는 이야기에 따르면, 황제의 어머니는 한밤중에 아폴로신전에서 신을 모시다 뱀이 몸 안으로 들어오는 일을 겪었고 아홉 달 뒤 아들을 낳았다고 한다. 그 아들이 자라나 난생 처음으로 카이사르의 성전을 기념하는 경기 Ludi Victoriae Caesaris를 축하할 때에는 밤하늘에 혜성이 나타났다. 또 악티움해전 바로 전날, 아그리파 등 휘하 부하들에게 전투를 맡기고 전장을 떠날 때에도 황제는 해안가를 따라 노새를 몰고 가던 한 그리스인 농부를 만났다고 한다. "저는 에우티케스Eutyches[번영]라고 합니다"라고 그 농부가 말했다. "이놈 이름은 니콘Nikon[승리]이지요."[18] [콘돔]

제정 초기 곧 원수정기는 그 성격을 제대로 파악하기가 특히나 어렵다. 황제 아우구스투스는 자기 자신과 자신의 후계자들을 위해 영속적 권력을 이루게 되는데, 이때 그는 공화정 제도를 일거에 폐지해버리는 방법보다 자신들을 통제했던 관직들을 전부 한데 끌어모으는 방법을 썼다. 아우구스투스는 임페라토르(최고사령관), 집정관(콘술), 호민관(트리부누스), 재무관(콰이스토르), 최고제사장(폰티펙스 막시무스) 자리에 오르는 한편, 스페인·갈리아·시리아·킬리키아 등지의 속주 총독 자리도 차지해버렸다. 그 결과로 전제군주만큼의 광범한 권력을 틀어쥘 수 있었다. 단, 이렇게 차지한 권력을 아우구스투스가 중앙집권화한 전제주의의 경로를 통해 휘두른 일은 없었다. 그는 원로원의 과두제였던 사이비 공화정을 준準제국으로 대체한 셈이었고, 따라서 로마의 옛 기관들은 저들대로 새 방식을 따르는 것밖에는 도리가 없었다. 아우구스투스는 창설된 프린켑스 세나투스Princeps Senatus 관직을 맡아 원로원 의장[최고의원, 선임의원] 역할을 했으니, 이제는 원로원 의원들도 황제가 임명했던 정무관 중에서 은퇴한 자 아니면 황제가 추천한 후보에서 배출됐다. 황제는 원로원의 관할하에 제국 속주 절반가량을 둔바, 이제 로마제국은 전부 속주로 나뉘어 있었다. 그러나 이와 더불어 원로원 심의를 거친 안案에 대해 황제가 거부권을 행사할 수 있도록 만들어놓았다. 황제의 독재적 권력은 프라이펙투스 우르비Praefectus Urbi(형사재판 운용을 담당했다)나 프라이펙투스 안노나이Praefectus Annonae(교역, 시장, 곡물 배급을 담당했다) 같은 이전의 행정관에게도 옮겨갔다. 또 이와 비슷한 맥락에서, 도로와 하천에서부터 공공건물 수리에까지 도시의 모든 일을 감독했던 쿠라토르curator(속주행정관)만이 유일하게 황제를 만나 그의 질문에 답하곤 했다. 이보다 공식적인 형태의 전제정치가 성장한 것은 기독교 시대의 발달과 맥을 함께하며, 페르시아의 영향력이 강하게 끼쳤던 동로마에서 특히 그런 경향이 나타났다(부록 1565쪽 참조).

공화정기에 시행되던 주된 입법 절차들은 서서히 폐지됐다. 그러나 여전히 남아 있는 법령도 많았다. 코미티아 트리부타(트리부스회)도 다른 정치기구가 통과시킨 법률을 승인하기 위해 이따금 소집됐고, 세나투스 콘술툼senatus consultum(원로원 의결)도 여전히 발표됐다. 그러나 기원후 2세기부터 로마에서 새 법은 오로지 황제를 통해서만 만들어지게 된다—황제의 칙령(황제의 조례), 황제의 답서(시민들의 탄원에 대한 황제의 '서면 판단'), 황제의 데크레타decreta(항소에 대한 판결), 황제의 명령이나 행정지시 등의 절차를 통해서 말이다. 이즈음 접어들어서는 원로원은 항소를 처리하는 최고재판소의 역할을 하고, 이전의 원로원 기능은 황제의 프라이펙투스 프라이토리오praefectus praetorio(근위장관近衛長官)가 대신했다.

시간이 갈수록 로마의 법들은 그 양이 방대해져 재차 성문화 작업을 거쳐야 했다. 그 일부로 나온 법전 세 가지가 그레고리아누스법전Codex Gregorianus(기원후 295년경), 헤르모게니아누스법전Codex Hermogenianus(324년경), 테오도시아누스법전Codex Theodosianus(438)이었다. 아울러 이와 비슷한 맥락에서, 테오도리크(테오도리쿠스)칙령Edict of Theodoric(515년 이전), 일명 알라리크의 성무일도서Breviary of Alaric(506), 부르군트법전Burgundian Code(516) 역시 야만족 통치자들이 로마의 속주들을 수중에 넣은 뒤 거기서 접한 로마법 내용들을 정리한 것들이었다. 그러나 로마법을 체계적으로 정리하는 작업이 본격적으로 이뤄진 것은 유스티니아누스 1세 때였다. 특히 50인의 결정(531), 법학제요法學提要, Institutes(533), 학설휘찬學說彙纂, Digest(534), 개정칙법Revised Code(534), 신칙법Novels(565)은 공법과 사법, 형법과 민법, 속세법과 교회법의 모든 면면을 망라했다. 로마법이라는 거대한 유산이 오늘날 세계까지 전해질 수 있었던 것도 이 유스티니아누스의 법전을 통해서였다. [렉스]

프로빈키아provincia(집행구역)는 원래 로마가 정복지를 다스리려고 파견한 정무관들의 사법 관할권을 이르는 말이었다. 제정기에는 정복지(속주) 자체를 가리키게 됐다. 로마의 속주들에는 저마다 렉스 프로빈키알리스lex provincialis라고 불린 인가서가 발부됐는데, 그 안에 속주의 경계, 지역 구분, 특권이 정해져 있었다. 로마에서는 속주마다 총독으로 전직집정관(프로콘술)이나 전직법무관(프로프라이토르)을 보냈고, 이들 총독이 속주에 가서 병사를 모집하고, 공물을 거두고, '칙령'을 통해 법의 힘을 말로 집행하는 일을 수행했다. 속주 총독 옆에는 원로원이 임명한 보좌관 하나, 군대 호위병 하나, 서기 한 무리가 따라다니곤 했다. 속주는 황제가 자신의 땅으로 삼고 직접 관할한 황제 속주와 원로원에게 관할을 맡긴 원로원 속주 둘로 나뉘었다. 속주의 탄생은 도시 로마에는 물론 로마제국의 명운에까지 지대한 영향을 끼치게 된다. 단기적으로는, 각지 속주에서 방대한 양의 공물이 쏟아져 들어오고 끊임없이 사람과 재화가 오고 간 덕에 로마도 힘차게 번성해나갈 수 있었다. 장기적으로는, 속주들의 내부 결속이 꾸준히 강화되면서 결국

콘돔 CONDOM

■
■ 기원전 18년과 기원후 9년에 아우구스투스 황제는 낙태와 영아살해에 재갈을 물리는 법령으로 로마 인구를 늘리려 했다. 여러 자료로 보건대, 로마인은 약초 사용을 비롯해 다양한 피임법을 알고 있었던 게 분명하다. 그들은 정자를 죽이는 효과가 있는 질 세정제(삼나무 수지, 식초, 올리브오일 함유), 꿀 바른 질 좌약, 염소 방광으로 만든 곤돔 등을 사용했다. 한 로마 작가는 피임법을 다음처럼 조언했다. "고양이 간을 넣은 주머니를 왼발에 착용하라. […] 또는 암사자의 자궁 일부를 상아색 주머니에 넣어 착용하라."[1]

한때 중세 풍습을 연구하는 학자들은 당대인들에게 '자연의 순리를 거스르는' 데 필요한 지식이 없었다고 보았다.[2] 그러나 이런 관점은 수정됐다. 교회 고해성사들을 검토해보면, 피임 관련 주제가 자주 언급됐음을 알 수 있다. 특히 '오난의 죄악sins of Onan'에 코이투스 인테르룹투스coitus interruptus(질외사정)가 포함된다고 여겨진 때문에 더욱 그랬다("오난"은 창세기에 나오는 인물로, 형수를 임신시켜 먼저 죽은 형의 자손을 일으키라는 아버지 유다의 명령을 거부하고 형수와 동침할 때마다 정액을 바닥에 흘려버렸다).[3] 오늘날 우리는 단테 알리기에리가 〈신곡: 천국 편〉의 15곡(106~109행)에서 피렌체의 "가족들이 비어 있는 집들"과 "침실에서 할 수 있는 일"에 대해 넌지시 언급한 말이 의미하는 바를 쉽사리 알아챌 수 있다. 도시의 매춘이 증가하면서 피임법에 대한 관심 또한 커졌다. 카타리파the Cathars(중세에 이단으로 여겨진 기독교 종파로 성적 금욕을 강조했다)도 낙태에 반대하지 않는 것으로 유명하다. 1320년대에 종교재판관들은 한 카타리파 사제의 정부情婦를 심문해 그들이 쓰던 방법을 알아내는 데 성공했다.

[사제는] 나를 성적으로 탐하고 싶을 때면 약초를 천 조각에 싸서 자기 몸에 붙였다. […] 내 새끼손가락 첫 번째 마디 정도 되는 크기였다. 그는 사랑을 나눌 때

면 내 목에 기다란 줄을 감아놓았는데, 그러면 줄이 몸 위에 드리워져 끝에 달린 약초 같은 것이 내 복부가 시작되는 부분까지 내려왔다. […] 사제가 하룻밤에 두 번 이상 나를 탐하고 싶어 하는 날도 있었다. 그럴 때 사제는 내 안으로 들어오기 직전에 먼저 묻곤 했다. "약초는 어디 있지?" […] 내가 그의 손에 약초를 쥐어주면 그는 내 양쪽 젖가슴 사이로 길게 내려온 줄 끝의 약초가 내 복부 시작 부분에 오게끔 위치시켰다.

여기서 빠진 유일한 정보는 해당 약초의 이름이었다.[4]

이탈리아의 상인 가문들과 잉글랜드의 마을들을 연구한 역사인구학자들은 해당 지역에서 중세와 근대에 출산율을 인위적으로 낮게 유지했을 것이 분명하다고 결론 내렸다.[5] 18세기에 스코틀랜드 작가 제임스 보스웰James Boswell 같은 호색한들은 "갑옷armour" 즉 콘돔을 사용한다는 사실을 공공연히 밝혔다. 유럽 대륙의 호색한들은 "잉글랜드 외투English overcoat"나 "우산umbrella"이라는 표현을 사용했다. 그들의 영웅은 찰스 2세(잉글랜드 왕, 재위 1660~1685) 궁정의 근위병 대장 또는 의사였다고 전해지는, 베일에 싸인 '콘돔 대장Captain Condom'이었다(이 인물이 '콘돔'이라는 이름의 어원이라는 설이 있다).[6] 피임 관습을 도덕적으로 비난한 최초의 교황은 1731년 클레멘스 12세Clement XII였던 것으로 보인다.

현대의 산아제한운동가들이 피임을 옹호한 것은 성적 자유방임을 추구하기 위해서가 아니었다. 마리 스톱스Marie Stopes(고생식물학자이자 여성권리운동가)도 성적 욕망이 가득하긴 했지만 전통적 낭만주의자였다. 그녀는 저서 《결혼 후의 사랑Married Love》(1918)과 《현명한 부모Wise Parenthood》(1918)에서 여성에게 출산의 스트레스에서 벗어날 기회와 결혼 생활의 만족스러운 성생활을 누릴 기회를 주어야 한다고 주장했다.[7] 제1차 세계대전 당시 군 당국이 서부전선 부대들에 콘돔을 배급한 것은 병사들의 건강 및 민간인과의 성관계

에 대한 염려 때문이었다. 로마제국에서처럼 공산주의 세계에서도 낙태를 허용하는 경우가 많았다. 서구에서는 1960년대에 경구피임약이 개발되고 청소년 미혼모를 대상으로 한 무료 상담 서비스가 생겨나면서, 변화하는 성 관습sexual mores과 피임이 밀접히 연관됐다. 그러나 1920년대에 아이들이 놀이터에서 부르던 노래에서도 알 수 있듯, 피임의 성공은 장담할 수 있

는 무언가가 아니었다.

지니, 희망을 품은 지니,
마리 스톱스의 책을 읽어보렴.
하지만 그녀의 상태를 보아하니
그녀는 엉뚱한 글을 읽은 게 틀림없어.[8]

제국의 수도가 부와 권력을 잃고 점차 쪼그라들었다. 4세기가 흐르는 사이, '어머니 로마Mother Rome'는 자기가 낳은 자식들에 밀려 서서히 퇴물로 전락해갔다.

　로마의 세가 이우는 만큼, 속주들은 더 흥성해나갔다. 1단계에서는 속주의 엘리트들이 새롭게 부상한 기사들과 원로원 세력을 형성해 종래의 과두제를 뒤엎고 제국을 경영해나갔다. 2단계에서는 자급자족의 양상이 강해지는 변경지대에 군대가 집중적으로 배치되면서, 루그두눔(리옹)과 메디올라눔(밀라노) 같은 속주 도시들이 로마와 경합을 벌이며 성장해나갔다. 정계는 속주 장군들의 경력 다툼 속에서 하루도 편할 날이 없었고, 상당수의 속주 장군이 실제 황제가 되기도 했다. 3단계에서는 변경지대와 로마 사이 연결고리가 약해져 속주가 자치를 주장하고 나섰다. 특히 서쪽에서는 열매들이 나무에서 언제 떨어질지 모를 태세였다. 권력과 자원이 제국 중앙을 이탈하는 이런 움직임은 이후 로마를 혼란스럽게 뒤흔든 근본 원인의 하나였다.

[일리리쿰] [루그두눔]

　로마제국의 재정은, 속주의 경우와 마찬가지로, 두 부문으로 나뉘었다. 먼저 원로원의 아이라리움Aerarium은 사르투누스신전과 오프스신전에 있던 공화정기의 국고를 계승한 것이었다. 황제의 피스쿠스Fiscus는 아우구스투스가 자신의 시대에 들어 혁신적으로 만든 것이었다. 이론상 이 황제 국고는 황제의 개인 자산인 파트리모니움 카이사리스patrimonium Caesaris와 구별됐지만, 현실에서는 그 경계가 지켜지지 않았다. 제국의 주 수입원으로는 이탈리아 내 국유지 임대료, 속주 공물, 포르타리아portaria(성문통행세), 소금 전매사업, 화폐 주조, 노예·노예해방·유산상속에 대한 직접세, 특별 대부를 들 수 있었다. 한편 나랏돈이 주로 들어간 데로는 군대 이외에, 종교 의례, 공공사업, 행정, 빈민 구제 및 곡물 배급, 황실 등을 꼽을 수 있었다. 제국에서는 얼마 안 가 황제의 대리인이 로마 바깥의 모든 세금 징수 업무를 떠맡게 된다.

　로마 군대는 그 크기와 힘이 점차 증가해, 기원전 31년 들어 최대에 달했을 때는 군단 수만 거의 60개에 달했다. 악티움해전(기원전 31) 이후 로마는 총 28개 군단(레기온)으로 꾸린 상시 방어군을 편성했으며, 군단마다 약 6000명씩의 직업군인이 배치됐다. 해군의 경우 지중해에는 물

일리리쿰 ILLYRICUM

■ 로마의 속주 일리리쿰은 아드리아해 동쪽 해안
■ 을 따라 길게 펼쳐져 있었다. 오늘날 이탈리아의
이스트리아주州와 그리스의 에페이로스주 사이에 해
당한다. 북쪽으로는 드라부스(드라바)강 너머 판노니아
와, 동쪽으로는 모이시아 및 마케도니아와 접해 있었
다. 일리리쿰은 고대 일리리아의 땅 가운데 마케도니
아의 필리포스 2세에게 성복낭하지 않은 지역이라서
그리스인들에게 일리리스 바르바라Illyris Barbara라
고 불렸다. 제국 시대에 일리리쿰은 세 행정구역 즉 해
안의 리부르니아 및 달마티아, 내륙의 이아피디아로
나뉘었다. 시스키아(지금의 자그레브)와 나로나(모스타르)
를 제외하고 일리리쿰의 주요 도시는 전부 항구도시였
다—타르타티카, 아데르(자다르), 살로나이(스플리트), 에
피다우룸 등이다. 일리리쿰 최남단의 요새도시 리소스
는 기원전 385년 시라쿠인 식민지 이주민들에 의해
건설됐다(부록 1573쪽 참조).

일리리쿰은 몇 단계에 걸친 정복 과정을 통해 건설된
속주였다. 일리리아는 기원전 229년에 처음으로 로마
에 공물을 바쳤고, 기원전 2세기 마케도니아전쟁 때는
두 차례나 로마에 진압당했다. 기원전 23년 아우구스투
스 황제 시대에 완전히 로마에 병합됐다. 일리리쿰은 기
원후 6~9년 판노니아의 부족들이 로마에 맞서 일으킨
대규모 반란에 가담했으며, 비잔티움 시대까지 제국의
속주로 남아 있었다.

고대 일리리아인에 대해서는 알려진 바가 별로 없다.

이들의 언어는 인도-유럽어족이었고 현대 알바니아어
에 기본 토대를 제공한 것으로 추정된다. 일리리아인
의 물질문화는 정교한 금속 세공품이 유명했다. 기원
전 6세기부터 이들의 '시툴라 미술Situla art'은 청동
포도주양동이에 정교한 돋을무늬 세공으로 축제, 경
주, 말 타기 장면과 함께 인물 형상을 표현하는 뚜렷
한 특징을 드러냈다("시툴라"는 라틴어로 "두레박" "물동이"
"들통" "양동이"라는 뜻이다). 기원전 3세기에는 은화가
주조됐다. 일리리아 전사들은 스키타이처럼 사슬갑옷
을 입고 싸웠지만 켈트인처럼 전차를 사용하지는 않
았다.[1]

일리리쿰은 로마 황제 두 명과 성 히에로니무스를 배
출했다. 디오클레티아누스 황제(재위 284~305)는 은퇴
후 고향 살로나이 해안 지역에 세운 웅장한 궁전에서
지냈다. 그의 영묘 8각형 건물은 후에 기독교 교회가
됐다. 기독교를 지독하게 박해했던 황제의 영묘가 맞
이한 운명치고는 아이러니하다. 성 히에로니무스는 기
원후 347년 스트리돈에서 출생했다. 그로부터 200년
넘게 지난 뒤 이 지역에 들어온 슬라브족은 미래의 크
로아티아, 보스니아, 몬테네그로의 조상이 됐다.

일리리쿰 속주의 경우도, 브리타니아와 마찬가지로,
대규모 이주민들로 인해 로마와의 민족적·문화적 연
결성에 크나큰 변화가 생겨났다(4장 참조). 그러나 이
지역에 정착한 사람들은 일리리아인에 대한 기억을
소중히 간직했다. 일리리아인의 유산은 로마제국을 경
험해본 적 없는 유럽 지역들이 선대로부터 물려받은
유산과는 확연히 다르다. [일리리아]

루그두눔 LUGDUNUM

■ 기원전 43년 전직집정관(프로콘술) 루키우스 무
■ 나티우스 플란쿠스Lucius Munatius Plancus는
론강과 손강의 합류 지점을 끼고 있는 새 도시 루그두
눔의 중심선을 그렸다. 루그두눔은 로마가 지배하는
갈리아 지방의 중심 도시이자 별 모양처럼 연결된 포

장도로들이 한데 모이는 중심점이 됐다. 루그두눔의
원형극장은 지금도 푸르비에르언덕에 남아 있다. 루그
두눔은 론강-라인강 회랑지대와 인접했거니와 이탈리
아반도에서 북서쪽 영국해협까지 이르는 경로의 중간
에 위치했다.[1]

론강은 배가 다닐 수는 있었지만 물살이 빠르고 거칠
었다. 하류를 지나는 배들은 수많은 암초와 섬 때문에

난파될 위험을 무릅써야 했다. 상류에서는 배가 말들의 도움을 받아야만 힘겹게 물살을 거슬러 전진할 수 있었다. 1821년 증기선이 등장하기 전 수십 년 동안 6000마리의 말이 하천 옆 예선로曳船路에서 배를 끌었다. 말들은 상류의 리옹으로 화물을 끌고 갔다가 뗏목 배에 실려 다시 하류로 내려갔다.

1271년에서 1483년까지 론강 하류는 국경선 역할을 했다. 강의 좌안 렘피l'Empi는 신성로마제국에, 강의 우안 르리옴le Riaume과 모든 섬은 프랑스왕국에 속했다. 주네브(제네바)와 아를 사이에 15개의 석조다리가 건설됐고, 론강을 사이에 두고 양쪽 기슭에 발랑스와 보케르 같은 자매 도시들이 생겨나 성장했다.

같은 시기에 리옹은 고대 갈리아에서 한때 누렸던 경제적 부흥기를 다시 맞이했다. 1311년 3월 3일 리옹을 정복한 미남왕 필리프(필리프 4세)가 이 도시를 프랑스에 합병했고, 이후 리옹은 프랑스 북부 영토와 남부 영토를 연결하는 '프랑스 지협'의 시작점에 있는 도시가 됐다. 1420년부터 리옹에서 해마다 국제박람회가 네 차례 개최됐다. 1464년부터 리옹은 상업적 경쟁관계인 주네브를 이긴다는 목표하에 여러 특혜를 받았으며, 1494~1559년 이탈리아와의 전쟁 때는 프랑스의 병참기지 역할을 했다. 리옹의 상인 엘리트 계층에는 메디치가家, 과다니(가다뉴)가, 제노바의 여러 가문 등 이탈리아 가문이 다수 포진해 있었다. "아주 특별한 종류의 소용돌이와 리듬에 휩싸인 이 생동감 넘치고 단호하며 비밀스러운 도시"는 스스로를 "유럽 경제의 선두적 중심지"로 만들었다.[2]

손강 옆 구시가지 '비외리옹Vieux Lyons'은 이 도시의 과거 황금기를 상기시킨다. 터널 같은 수많은 트라불traboule(건물과 건물 사이 통로)로 연결된 좁은 길들이 형성한 미로 같은 이 지구에서는 화려한 고딕 양식 및 르네상스 양식의 호텔, 안뜰, 광장, 교회를 곳곳에서 볼 수 있다. 마네캉테리Manécanterie(대성당의 성가대 양성소), 뤼쥐브리Rue Juiverie(유대인 거리)에 있는 오텔 드가다뉴Hôtel de Gadagne 등의 건물 이름은 이곳에 살던 다양한 옛 주민들에 대한 기억을 소환한다. 벨쿠르광장은 루이 14세(재위 1643~1715) 때 손강과 론강 사이 평원에 설계됐다. 광장에 세워진 태양왕 루이 14세의 기마상은 물길을 이용해 파리에서 옮겨왔는데 운송 도중 사고가 나 강물에서 끌어올려야 했다.

리옹이 전략적으로 매우 중요한 위치에 있었고 견직물 생산을 바탕으로 산업이 번성했다는 점을 감안할 때 [자카르], 지리학자들은 이 도시가 어째서 파리를 제치고 프랑스의 수도가 되지 못했는지 의아해한다. 그것은 영영 실현되지 못한 가능성으로만 남게 됐다. (갈리아 영토였다가 프랑스에 합병된) 1311년부터 리옹은 프랑스 제2의 도시라는 지위에 만족해야 했다. 지리적 요인은 무언가의 가능성만을 말해줄 뿐 어떤 가능성이 실제 현실이 될지는 정확히 말해주지 못한다. 한 학자는 이렇게 썼다. "한 나라는 잠자는 에너지의 창고와도 같다. 그 에너지의 씨앗은 자연에 의해 뿌려질지라도 그 에너지를 어떻게 쓰는가는 인간이 하기 나름이다."[3]

론이거니와 라인강과 도나우강에도 소함대를 두었다. 기원전 2년 이후로는 아우구스투스가 정예병으로 구성된 황제 근위대를 9개 창설해 로마에 상주시켰다. 병사들이 지급받은 급료는 황제 근위병은 720데나리우스, 기병은 300데나리우스, 군단병은 225데나리우스였으며, 복무 기한은 20년이었다.

　군단은 숫자와 이름으로 알려졌다. 아우구스투스는 한때 자신과 마르쿠스 안토니우스가 쓰던 군단의 일련번호를 이후에도 그대로 갖다 썼으며, 군단 번호가 같을 경우엔 군단에 특색 있는 이름을 붙였다. 당시 로마군단에 제3 아우구스타 군단과 제3 키레나이카 군단, 제6 빅트릭스 군단,

제6 페레타 군단이 함께 있었던 것도 바로 이런 연유에서였다. 일련번호가 1인 군단도 많았는데, 황제들이 자신들이 양성한 부대를 다른 군단보다 상위에 두고 싶어 한 때문이었다. 전장에서 패퇴당한 군단들, 예를 들어 게르마니아에서 패배당한 제17군단, 제18군단, 제19군단, 기원후 120년 브리타니아에서 궤멸당한 제9 히스파니아 군단은 이후 두 번 다시 재건되지 못했다.

제국의 리메스limes는 로마제국의 방어에서 지극히 중대한 특징이다. 사실 리메스는, 사람들이 이따금 생각하는 것과 달리, 도저히 넘지 못할 장벽은 아니었다. 군사적 관점에서 리메스는 일종의 비상경계선, 엄밀히 말하면 잇따라 평행하게 놓인 여러 겹의 비상경계선으로, 불시에 일어나는 우발적 습격을 저지하는 선인 동시에 외부세력이 이 선을 심각하게 침범할 경우 즉각적인 반격에 나설 수 있게 한 선이었다. 이 경계선은 통행세를 지불하고, 거기에 황제의 인가까지 얻어야만 보통 넘을 수 있었다. 아울러 리메스는 무엇보다 어디까지가 로마의 사법관할권이고 어디는 아닌지를 누구에게나 명백하게 알려주는 표시였다. 리메스의 가장 중요한 특징은 연속성이었다. 리메스는 높은 언덕이나 깊은 골짜기에까지, 변경지대를 달리는 모든 강과 해안지대에까지 죽 이어져 있었다. 브리타니아 같은 지역들에서는 리메스가 중국의 만리장성 같은 형태를 취했다. 그 외 다른 지역에서는 나무로 방책을 쌓고 그 위에 토루를 얹거나 연안의 요새들이 띠처럼 길게 연결된 형태이기도 했으며, 아프리카에서처럼, 요새화한 농가 단지가 사막의 내륙 쪽을 향하고 들어서 있기도 했다. 리메스에서도 방비되는 교차점은 성문과 도로가 나 있어 그 모습이 확연히 눈에 띄곤 했다. 자연스레 이런 교차점은 변경지대의 생활 유지를 위해 반드시 있어야 했던 군단 기지와 시장 주변으로 소도시와 도시가 성장해나가는 구심점이 되곤 했다.

리메스 덕분에 로마는 게르만족들과의 관계를 질서 잡힌 형태로 관리해나갈 수 있었다. 제정기 내내 로마 군대에서는 게르만족 출신의 장교와 보조군이 로마인 병사들과 함께 복무했으며, 로마와의 합의하에 게르만족이 황제 속주 안에 정착했다. 게르만족의 로마인화, 아울러 로마인의 게르만족화는 공화정 로마가 이탈리아를 정복하던 가장 초기부터 줄곧 진행돼온 과정이었다. 따지고 보면, "바지 입은 원로원 의원trousered senator"들도 결국엔 토가 자락 아래 자신들 고유의 각반legging을 받쳐 입기를 여전히 좋아하던 켈트인 출신 로마인들이었다.

제정기 로마의 사회는, 마치 죽은 물고기처럼, 머리부터 발끝까지 죄다 썩어 있었다고 이야기하곤 한다. 아닌 게 아니라, 제정기 초기의 황제들은 확실히 보통 이상으로 타락한 면이 있었던 게 사실이다.

황제 티베리우스Tiberius Caesar Augustus(재위 기원후 14~37)는 아우구스투스의 (의붓아들이자) 양자로 로마를 등지고 카프리섬으로 들어가 자신의 잔혹하고 도착적인 행동을 일삼은 인물이다. 그의 재위기에 들어 로마에서는 대량의 처벌자 포고가 다시 유행처럼 내려졌고, 이러한 풍조는 델라토르delator(밀고자)들의 끔찍한 행동들로 더 가열해졌다. 칼리굴라Caligula(재위 기원후 37~41)는 생전 스스로를 신격화하는가 하면, 자신이 타던 말을 집정관직에 앉힌 황제였다. "자신의 세 누이와 번갈아가며 근친상간을 범하는 것이 그의 습관이었다"라고 수에토니우스는 썼다. "아울러 대규모 연회 때는 자신의 위쪽에 아내를 눕히고, 자신 아래쪽에는 누이들을 차례로 눕히곤 했다." "그 자신이 머리에 털이 없고 몸에는 털이 많았던 까닭에, 어떤 맥락이 됐든 염소 이야기를 꺼내는 자는 누구든 [자신에게] 중대한 공격을 가하는 것이라고 선언했다."[19] 인과응보였는지 칼리굴라는 자신의 생식기 쪽을 가격한 자객에게 목숨을 잃었다. 클라우디우스 1세Claudius I(재위 41~54)는 두 악독한 아내 발레리아 메살리나Valeria Messalina와 율리아 아그리피나Julia Agrippina(소小아그리피나, 네로의 어머니)와 혼인했던 인물로, 자신이 기르던 버섯이 들어간 독버섯소스를 먹고 목숨을 잃었다.[20]

네로Nero Claudius Caesar Drusus Germanicus(재위 54~68) 황제는 과대망상에 빠진 심미가이자 쾌락주의자로, 자객을 시켜 어머니를 칼로 찔러 죽였다(어머니를 강물에서 익사시키려던 계획이 수포로 돌아간 적이 있다). 또 죽음에 이를 만큼 강한 완하제緩下劑를 자기 고모에게 주어 그녀를 죽게 하는 한편, 첫 번째 아내는 허위로 간통 혐의를 뒤집어 씌어 죽이고, 두 번째 아내는 임신 중에 발로 걷어차 죽였다. "그는 자유민 사내아이나 유부녀를 유혹하는 것으로 만족하지 못해, 끝내 베스타신전의 처녀 루브리아Rubria를 강간했다"라고 수에토니우스는 썼다. 그다음

> 사내아이 스포루스Sporus를 계집아이로 만들겠다며 그를 거세한 뒤, 황궁 조신들이 모두 참석하는 자리에서 혼인식을 치렀다─지참금과 신부의 베일 등 모든 것을 갖춘 혼인식이었다. 그런 뒤 네로는 스포루스를 집으로 데려가 아내처럼 대했다. [⋯] 네로의 부친 도미티우스Domitius가 이런 아내와 혼인했더라면, 이 세상은 지금 보다 한결 행복한 곳이 돼 있었을 것을.[21]

종국에 네로는 "콸리스 아르티페스 페레오Qualis artifex pereo"("내 안의 참으로 훌륭한 예술가가 죽는구나")라는 말을 남기고 스스로 목숨을 끊었다.

황제 세르비우스 술피키우스 갈바Servius Sulpicius Galba(재위 68~69)는 군인 출신으로 일명 '네 황제의 해the year of the four emperors'에 들어서자 그에게 반기를 들고일어난 군대에 목숨을 잃으니, 그 뒤를 이은 마르쿠스 살비우스 오토Marcus Salvius Otho와 아울루스 비텔리우스Aulus Vitellius도 마찬가지 운명을 맞았다. 베스파시아누스Vespasianus(재위 69~79)는 속주 세리稅吏의 아들로, "선 채로 죽음을 맞이하겠다"던 자신의 포부를 실현한 인물이다. 그가 마지막 순간에 남긴 말은 "오 이런, 이건 분명 내가 신이 되려는 것일 게야"였다고 한다.[22] 티투스Titus Caesar

Vespasianus(재위 79~81)는 자신의 형제에게 독살당한 것으로 보이는데, 베수비오산이 폭발해 로마가 발칵 뒤집어지기 전까지 그의 시대는 당시치고는 이례적으로 극히 평온했다. 티투스를 독살했을 것으로 짐작되는 황제 도미티아누스Titus Flavius Domitianus(재위 81~96)는 자신의 아내와 그 공모자 일당이 찌른 칼에 목숨을 잃었다. 아우구스투스의 바로 뒤의 황제 10명 중 8명이 다 고약한 죽음을 맞은 셈이다. [판타]

그래도 로마에는 가을을 맞기 전의 화창한 여름날들이 아직 얼마쯤 남아 있었다. "어떤 사람에게 이 세상 역사에서 어떤 기간을, 그러니까 인간 종족 삶의 여건이 가장 행복하고 또 가장 번영했던 한때를 짚어내라고 한다면, 그는 아마도 일발의 주저 없이 도미티아누스가 죽고 나서부터(96) 콤모두스Commodus(재위 176~192)가 황위에 오르기 이전까지의 시기를 고를 것이다"라고 에드워드 기번은 썼다.23 마르쿠스 코케이우스 네르바Marcus Cocceius Nerva(재위 96~98), 마르쿠스 울피우스 트라야누스Marcus Ulpius Trajanus(재위 98~117), 푸블리우스 아일리우스 하드리아누스Publius Aelius Hadrianus(재위 117~138), 안토니누스 피우스Antoninus Pius(재위 138~161), 마르쿠스 아우렐리우스Marcus Aurelius Antoninus(재위 161~180) 황제들의 재위 동안 로마제국은 지리적으로도 가장 넓은 땅을 차지했거니와 그 어느 때보다 평온하고 안정적인 시대를 구가했다. 네르바의 경우 그의 재위에 처음으로 빈민 구제의 전통이 시작됐다. 트라야누스는 정직하며 포기를 모르는 병사였다. 하드리아누스는 예술을 일으켜 세우고 후원한 인물이었다. 안토니누스 피우스에 대해 기번은 이렇게 썼다. "그의 재위는 보기 드문 장점을 지녀 역사에 가져다 쓸 거리가 거의 없다는 것이 특징이다. 결국 역사는 인류가 저지른 범죄, 어리석음, 그리고 그들에게 닥친 불행을 주된 역사 소재로 삼는 법이니까."24

전성기의 제국 국정 운영에 관해서는 황제 트라야누스와 비티니아-폰투스 총독 소플리니우스Pliny the Younger(가이우스 플리니우스 카이킬리우스 세쿤두스Gaius Plinius Caecilius Secundus)가 주고받은 방대한 양의 서신에 그 세세한 내용이 남아 전한다.

플리니우스: 니케아가 낡아서 쓰러져가는 극장에 1000만 세스테르티우스를 지출하고, 불타 버린 체육관에도 막대한 돈을 쏟아부었습니다. [···] 클라우디오폴리스에서는 산기슭에서 욕장을 하나 파는 중입니다. [···] 제가 어떻게 해야 하겠습니까?

트라야누스: 현장에 있는 것은 자네이니, 자네가 알아서 하라. [···] 건축가라면 우리 로마에서 그리스의 필요한 자들에게 보내주겠네. 몇몇은 자네가 있는 곳에서 찾아야 하겠지만.

플리니우스: 속주 소도시에서 대출해줄 돈이 들어왔지만, 12퍼센트에 돈을 빌리려는 사람을 도통 찾을 수 없습니다. 이자율을 낮춰야 할까요. [···] 아니면 데쿠리온decurion(도시의

의회 성원)들에게 강제로라도 그 이자율로 돈을 빌리게 할까요?

트라야누스: 돈을 빌리려는 사람들을 끌어들일 수 있을 만큼 이자율을 낮추되, 누구에게도 강제로 돈을 빌리게 하지는 말라. […] 그와 같은 방침을 쓰는 것은 우리 시대 분위기에는 맞지 않는 일일 것이다.

플리니우스: 비잔티움에 하下모이시아의 레가투스Legatus〔부사령관〕가 보낸 백인대 군단이 와서 […] 그곳의 특권을 지켜주고 있습니다. 율리오폴리스에서도 […] 똑같은 은덕을 베풀어달라고 요구하고 있습니다.

트라야누스: 비잔티움은 거대한 도시가 아닌가. […] 율리오폴리스에까지 그런 도움을 주면 소도시들도 다들 똑같은 것을 바랄 것이다.

플리니우스: 큰불이 일어나 니코메디아가 쑥대밭이 됐습니다. 소방관 150인으로 구성된 모임을 창설하는 것이 어떨까요?

트라야누스: 아니다. 모임은, 그것이 어떤 식으로 불리든, 반드시 정치 연합으로 변질되기 마련이다.

플리니우스: 기독교도와 관련한 분쟁 해결에 제가 직접 참석해본 적은 없어 저도 어떤 연유에서인지는 잘 모르겠으나 […] 기독교도들이 처벌 대상이 되는 것 같습니다. […] 신도信徒 맹세를 철회하는 자들은 용서해주어야 할까요? 아니면 단지 신도라고 공언만 해도 반드시 처벌을 해야 하겠습니까?

트라야누스: 기독교도들을 적극적으로 색출할 필요는 없다. 기독교도들이 네 앞에 끌려와 유죄를 선고받을 때는 반드시 처벌을 받아야 할 것이다. 하지만 누군가가 익명으로 그들에게 불리한 정보를 흘릴 때는 그 고발 내용을 중대하게 다룰 필요는 없을 것이다.[25]

마르쿠스 아우렐리우스의 등장과 함께 로마는 진정한 철학자왕을 맞이할 수 있었다. 에픽테토스Epiktētos〔로마의 스토아 철학자〕를 스승 삼아 공부했던 그는 스스로를 단련하듯 끊이지 않는 전쟁의 노고, 황궁의 과중한 업무, 낭비를 일삼는 가족들의 갖가지 요구를 견디며 살아갔다. 이른바 《명상록Meditations》으로 통하는 《나 자신에게To Myself》〔《타 에이스 헤아우톤Ta eis heauton》〕라는 그의 글에서는 실로 품격 높은 정서가 물씬 묻어난다.

지혜롭고 선한 자가 특별히 다를 것이 있다고 하면 무엇이겠는가, 그저 인간으로 태어나 겪는 모든 일에 근심 없이 편안하고 만족하는 자가 지혜롭고 선한 자 아니겠는가 […]? 그런 자는 자신의 영혼 안에 거하는 신성한 원칙을 거스르지 않고, 머릿속으로 꿈꾸는 온갖 대단한 목적을 이루겠다고 마음의 평정을 깨지도 않으니 […] 또 자신의 말이 진실하고 자신의 행동

판타 PANTA

■ 로마의 지배하에 들어간 후 폼페이의 정식 명칭
■ 은 콜로니아 코르넬리아 베네리아 폼페이아나
Colonia Cornelia Veneria Pompeiana였다. 기원후 79
년 8월 24일, 이 도시가 5미터 두께의 화산재에 파묻
히면서 품위 있는 자, 평범한 자, 천한 자의 구분 없이
모든 유형의 인간 생명이 소멸됐다. 폼페이 발굴 작업
은 1869년부터 본격적으로 진행됐는데, 한 가지 특성
즉 이곳이 비너스 여신에게 헌정된 도시라는 사실은
공식적으로 감춰졌다. 외설적인 것을 혐오하는 19세기
사람들의 관점에 어긋나는 많은 유물이 수십 년간 나
폴리국립고고학박물관의 스탄체 프로이비티stanze
proibiti(금지구역)에 보관됐다.[1]
반면 과거의 폼페이 사람들은 아무 거리낌이나 가
식 없이 성생활을 즐겼다. 도시 곳곳에 있는 루피나
리lupinari(매음굴)에서 매춘부 목록과 가격표를 공공
연하게 광고했다. 예컨대 수체사Successa나 옵타타
Optata처럼 가장 싼 매춘부는 2아시assi였고 스페란
차Speranza는 8아시, 아티카Attica는 16아시였다. 매
음굴 밖에는 안에서 나는 소리를 엿듣지 말라는 경고
문이 "이 근처에서 어슬렁대지 말고 썩 꺼지시오" 하
는 식으로 붙어 있었다. 매음굴 내부에는 고객의 흥을
돋우는 그림들이 걸려 있었다. 성적 주제를 담은 그림
과 조각이 흔해 개인 주택에서도 빈번히 볼 수 있었다.
도시의 제식에서 이용되는 '비의秘儀, mystery'를 묘사
하는 벽화들은 반쯤은 신성한 특성을 띠었다. 실제보
다 훨씬 과장된 거대한 남근도 도처에서 목격됐다. 등
잔에서 불꽃 받치는 부분을 남근 모양으로 만들었고,
남근을 소재로 익살스러운 그림을 그렸으며, 술잔 주
둥이도 남근 모양이었다. 신성한 장비를 갖춘 남신들
의 형상이나 목신牧神 판Pan이 등을 땅에 대고 누운
암염소와 수간하는 모습이 담긴 소품들도 흔했다.
많은 폼페이 매춘부의 본명 또는 예명nom de scène
이 현재까지 알려져 있다. 예컨대 판타Panta(모든

것), 쿨리보니아Culibonia(예쁜 엉덩이), 칼리트레미아
Kallitremia(최고의 아랫도리), 락사Laxa(널찍한), 란디코
사Landicosa(큰 음핵), 엑스탈리오사Extaliosa(비밀통로)
등이다. 고객들도 본명이나 별명으로 불렸는데, 에노
클리오네Enoclione(용감한 술고래), 스코르도포르도니
코스Skordopordonikos(마늘방귀쟁이) 같은 이름이 전
해진다. 폼페이에서 가장 규모가 컸던 매음굴의 기둥
서방은 베수비오산 폭발 직전에 세상을 떠났고, 그가
거느렸던 종이 그의 사망 소식을 대문에 새겼다. "슬퍼
할 모든 이에게 알린다. 아프리카누스가 죽었다. 루스
티쿠스가 여기에 적다." 매춘산업에서는 성별을 가리
지 않았고 두 가지 언어를 사용했다. 남녀 고객 모두
남창을 이용할 수 있었으며 업계 용어에 그리스어나
라틴어가 사용됐다. 필수 어휘는 '푸투에레futuere(성
교하다)' '링게레lingere(핥다)' '펠라레fellare(빨다)' '팔
루스phallus(음경)', '멘툴라mentula(음경)', '베르파
verpa(음경)', '쿠누스cunnus' 또는 '코노스connos(외음
外陰)', '루파lupa(창녀)' 등이었다.
가장 적나라한 표현들은 다름 아닌 건물 벽의 낙서들
이었으니, 여기에는 고대에 겪은 승리와 재앙의 순간
들이 길이길이 전해지도록 기록돼 있었다.

FILIUS SALAX QUOT MULIERUM DIFUTUISTI[2]
자유분방한 [내] 아들아, 얼마나 많은 여성과 빠구리
를 했느냐?

AMPLIATE, ICARUS TE PEDICAT[3]
암플리아투스, 이카루스가 너랑 항문성교를 할 거야.

RESTITUTA PONE TUNICAM ROGO REDES
PILOSA CO[4]
레스티투타, 옷을 벗어요. 제발 [당신의] 털투성이 페
니스를 보여줘요.

DOLETE PUELLAE PEDI— ... CUNNE SUPERBE
VALE ... AMPLIATUS TOTIES... HOC QUOQUE

FUTUTUL...[5]
우는 여자들, 망할 년 … 최고의 섹스, 안녕히 … 암
플리아투스 … 너무 여러 번 … 이번에도 나는 푸키
푸키fookie fookie ….

IMPELLE LENTE[6]
천천히 밀어 넣어 [그림도 있다].

MESSIUS HIC NIHIL FUTUIT[7]
여기서 메시우스는 아무하고도 빠구리를 안 했음.

은 정의로운지 엄격히 살피며, 모든 인간이 공모해 그의 강직과 겸양을 의심하더라도 […] 그
불신의 눈초리에 마음 상하지 않은 채, 모든 사람이 분명한 양심을 가지고 도달하고자 노력
해야 하는 그곳, 자기 삶의 진정한 목적에 이르게 하는 그 길에서 벗어나지 않으리니, 그는
끝내 흙으로 돌아갈 것에 두려움 없이 채비를 갖추고 투덜거림이나 거리낌 없이 자신의 운명
을 묵묵히 받아들인다.[26]

마르쿠스 아우렐리우스는 자신이 누구이고 어디에 서 있는지를 놀라우리만치 정확하게 인
식하고 있었다.

나는 황제 안토니누스로서 로마가 나의 고향이고 또 나의 조국이다. 그러나 한 사람의 인간
으로서 나는 이 세상의 한 시민이기도 하다. […] 아시아와 유럽은 이 지구의 한 귀퉁이에 지
나지 않으며, 저 커다란 대양도, 아토스산山도, 이 우주 안에서는 한 방울의 물이자 한 알의
모래에 지나지 않는다. 지금 이 순간 역시 영원에 비하면 한 점에 불과하지 않으니. 여기 있는
모든 것은 한낱 미물들로 변화하고 썩게 마련이다. 그럼에도 만물은 […] 지성을 가진 하나의
원인에서 비롯하느니.[27]

3세기 중반에 로마제국은 내부의 소모성 질환에서 비롯한 징후가 밖으로 드러나게 된다. 제
국 중앙에서는 단호한 결단력을 찾아보기 힘들어지고 변경에서는 무질서가 판을 치면서, 정치
적 타락이 여실히 드러났다. 기원후 180년 이후 90년 동안, 적법한 권리를 통해서든 참칭을 통
해서든, 80명의 단명한 황제들이 나타나 황제의 자줏빛 망토를 요구했다. 에드워드 기번은 다음
과 같이 썼다. "갈리에누스의 재위에만 황위 주창자가 열아홉에 이르렀다. […] 오두막에서 황위
로, 황위에서 다시 무덤으로 그 자리가 얼마나 순식간에 계속해서 뒤바뀌었는지, 세상사에 무
심한 철학자도 그 광경에는 웃음 짓지 않을 수 없었을 것이다."[28] 군대가 민간인 출신의 지배
자 위에 군림해도 처벌은 없었다. 야만족이 리메스를 넘어 물밀듯 몰려들어왔으나 제국은 이들
을 제지하지 못할 때가 많았다. 고트족은 침공해 로마 땅을 영구 점유 하기까지 했다. 268년에
는 아테네가 고트족에게 약탈당했다. 또 땅덩이 하나가 '제국'에서 갈라져 나와 마르쿠스 카시아

니우스 라티니우스 포스투무스Marcus Cassianius Latinius Postumus인가 하는 자의 지도 아래 갈리아 중부에 나라가 등장하더니, 팔미라에도 그런 나라가 나타났다. 단명하거나 혹은 하찮은 황제에게 제의를 지내는 것이 영 어려워졌고, 이는 다시 나날이 세가 커가는 기독교에 대한 박해로 이어졌다. 250년에서 265년 사이에는 전염병이 제국의 수많은 지역을 휩쓸었다. 로마에서는 하루에 5000명이 목숨을 잃는 사태가 한동안 이어졌다. 전염병이 지나가는가 싶자 뒤이어 기근이 로마를 덮쳤다. 여기에 물가 상승이 본격적으로 시작되더니 그와 함께 주화의 가치가 심각하게 손상됐다. 마르쿠스 아우렐리우스 때만 해도 당시 발행된 은화는 순도가 75퍼센트에 달했었다. 그로부터 1세기 뒤인 갈리에누스Publius Licinius Egnatius Gallienus(재위 260~268) 때는 은화의 불순물 비율이 95퍼센트에 달했다. 조세 수입은 급감했다. 황실 당국자들이 자원을 변경지대 속주들에 집중시켰고, 따라서 그 외 지역들에서는 속주 중심지들이 쇠락을 면치 못했다. 원형경기장들은 허물어져 방어용 성벽을 구축하는 석재로 쓰였다.

21년의 재위 동안 '새 제국의 토대를 놓았다'고 평가받는 디오클레티아누스Gaius Aurelius Valerius Diocletianus(재위 284~305) 황제의 통치조차 결코 모든 게 다 순조로웠다고 말할 수 없었다. 제국을 둘로 나누고 정제正齊, Augustus와 그 밑의 부제副帝, Caesar가 하나씩 다스리도록 한 '사두四頭체제tetrarchy'가 행정과 변경지대 방어를 용이하게 해준 면은 있었다. 이 시기에 군대가 대폭 증원됐다—하지만 관료들도 대폭 늘어났다. 물가 상승이 억제된 것도 사실이었다—하지만 인구 감소까지 억제하지는 못했다. 기독교 박해도 계속됐다. 304년 로마에서 위대한 '승리'가 기획됐지만, 그것이 마지막이었다. 1년 후 디오클레티아누스는 황위에서 내려와 자신의 본향인 달마티아로 돌아갔다.

후대에 '콘스탄티누스 대제Constantine the Great'라 불리는 플라비우스 발레리우스 콘스탄티누스Flavius Valerius Constantinus(재위 306~337)는 상上모이시아의 나이수스(오늘날 세르비아의 니시. 콘스탄티누스가 다키아 태생이라 했던 기번의 말은 사실이 아니다)에서 태어났다. 콘스탄티누스의 아버지 콘스탄티우스 클로루스Constantius Chlorus는 디오클레티아누스 때 서방 부제를 맡았던 인물로, 황제의 자줏빛 망토를 물려받고 얼마 지나지 않아 에보라쿰(요크)에서 세상을 떠났다. 콘스탄티누스의 어머니 헬레나Helena는 브리타니아 출신의 기독교도였으며, 전설에서는 그녀를 예수가 못박혔던 성십자가True Cross를 발견한 인물로 숭배했다. 콘스탄티누스는 쪼개진 제국을 다시 통일하는 한편, 밀라노칙령Edict of Milan(313)을 통해 종교들에 대한 폭넓은 관용을 선포했다. 콘스탄티누스는 황제로 등극하기까지의 결정적 순간에 두 차례 환시를 경험했다고 전하는데, 처음에는 아폴로 신을 나중에는 십자가를 보았으며 두 꿈 모두에서 "이것으로써 너는 정복하리라"는 말을 들었다고 한다. 황제는 로마 시민들과의 사이에서 다툼이 일자 로마의 수도를 보스포루스 해안으로 옮기는 결정을 내렸다. 콘스탄티누스는 임종을 맞은 자리에서 공식적으로 세례를 받고 기독교도가 됐다. 이렇게 해서 황제가 기독교로 개종하는 시기에 이르러, 로마는 자신을 낳아준 제국에서 더는 중심지 노릇을 하지 못하게 됐다.

기독교

그 기원으로 따지면, 기독교는 원래 유럽 종교가 아니었다. 기독교와 연관 있는 유대교나 이슬람교의 경우처럼, 기독교가 유래한 곳은 서아시아였다. 유럽은 기독교가 생겨나고 수 세기가 지나도록 이 종교 세력의 주 근거지가 되지 못했다.

나사렛의 예수Jesus of Nazareth(기원전 5년경~기원후 33)는 유대인이되 유대교를 믿지 않은 순회 전도사로, 아우구스투스 재위 중반에 로마의 속주 유대에서 태어났다. 그가 예루살렘에서 십자가에 못 박혀 처형당한 것은 티베리우스 재위(기원후 14~37) 때였으며, 당시 행정장관(유대 총독) 폰티우스 필라투스Pontius Pilatus(맨 앞에 붙는 이름은 현재 알려져 있지 않으며, 로마인 기사로 후일 갈리아의 비엔나(빈)에서도 봉직했던 것으로 보인다)였다. 전하는 이야기에 따르면, 필라투스는 예수에게서 아무런 잘못을 발견하지 못했음에도, 그를 처형하게 해달라는 유대인 산헤드린Sanhedrin(고대 유대의 최고 의결 기관. 최고 재판권을 지녔다)의 요구를 별말 없이 묵인해주었다고 한다. [크룩스]

증거들이 군데군데 중복되고 모순되는 4복음서의 짧막한 내용들을 제외하면, 예수의 삶과 관련해서는 알려진 사실이 거의 없다. 그를 언급하는 사료도 전혀 없을뿐더러 로마의 문학작품 원전에서도 그의 흔적은 어디에서도 찾아볼 수 없다. 심지어 그는 요세푸스나 필론Philo 같은 그 시대 유대인 작가들로부터도 큰 관심을 끌지 못했다. 예수의 개인적 가르침은 다수의 우화, 예수의 성직 활동 중 벌어진 다양한 사건 및 기적 속에서 그가 했던 말들, 예수가 사도들과 나눈 대화, 예수의 몇 가지 핵심 선언을 통해서만 알 수 있을 뿐이다—핵심 선언이란 예수의 산상설교, 예수가 예배당 및 재판에 나가 내놓은 답변들, 예수가 최후의 만찬에서 나눈 담화, 예수가 십자가에 못 박혔을 때 했던 말들을 이른다. 예수는 유대교 경전에서 오랫동안 예언했던 구원자인 '메시아'가 바로 자신이라고 주장했다. 그리고 방대한 유대교 경전의 내용을 다음과 같이 간단한 두 가지의 계명으로 추려냈다.

> 예수가 그에게 말했다, "네 마음을 다하고, 네 목숨을 다하고, 네 뜻을 다하여 너의 하느님을 사랑하라." 이것이 첫 번째요 가장 위대한 계명이다. 두 번째 계명도 그와 같으니, "너 자신을 사랑하듯 네 이웃을 사랑하라." (마태복음 22: 37~39)

크룩스 CRUX

■ 십자+字. cross는 정사각형·원·삼각형·화살
■ 표·V자와 마찬가지로 더는 단순화할 수 없는 기호인 동시에 인류 역사에서 무수히 목격되는 주요 기호다. 때로 '기호 중의 기호'라 불리는 십자는 과학에서 '추가' '더하기' '양성陽性, postive'을 나타낼 때 사용한다. 하지만 예수가 십자가에 매달려 죽은 것 때문에 십자는 일찍부터 기독교의 주요 상징물로 채택됐다. ('크룩스'는 라틴어로 "그리스도가 못 박힌 십자가" "십자가상像"이라는 뜻이다.)

십자는 기독교세계 도처에서 목격된다─교회, 무덤, 공공기념물, 문장紋章, 국기 등. 기독교도들은 예수의 십자가 앞에서 세례를 받으며 사제는 십자가 성호로 그들을 축복한다. 그들 자신도 신의 도움을 간청하며 기도하거나 복음을 들을 때 자기 몸에 십자 성호를 긋는다─가톨릭과 정교회는 성호 긋는 방향이 반대다. 중세 십자군이 갑옷 위에 입은 겉옷에도 십자가 문양이 그려져 있었다. 기독교 십자가는 형태가 매우 다양하며 각기 특정한 상징이나 장식의 목적을 갖는다(부록 1571쪽 참조).[1] [단네브로그]

그러나 유럽에는 기독교가 등장하기 오래전부터 여러 상징 기호가 있었다. 가장 유명한 것은 '구부러진 십자기호'인 스와스티카swastika다. 스와스티카라는 이름은 "행복"을 뜻하는 산스크리트어에서 유래했다. 고대 중국의 민간전승에서는 갈고리가 왼쪽 아래로 꺾어진 것은 '불운'을, 그 반대 방향으로 꺾어진 것은 '행운'을 상징했다. 스칸디나비아 지방의 스와스티카는 번갯불 두 줄기 또는 불을 만드는 막대기 두 개가 교차한 것을 뜻했다. 아일랜드에서 흔히 발견되는, 둥근 곡선이 들어간 켈트인의 스와스티카는 태양을 상징했다.[2] 수천 년의 역사를 가진 스와스티카 기호는 현대에 와서 나치당이 상징으로 채택해 그들만의 하켄크로이츠 hakenkreuz('갈고리 십자', 나치스의 휘장)를 만들었다. 동방의 비非기독교적 표장標章, insignia이 유럽으로

전파된 또 다른 예는 고대 사르마트(사르마티아)의 '그림문장紋章'인 탐가tamga다. 탐가는, 때때로 중국 표의문자 중 아주 단순한 형태와 비슷하며, 중세 초기에 근동으로 진출한 터키(튀르키예) 부족들의 상징물에서 다시 등장했다. 이 경로를 통해 탐가는 서방의 십자군이 성지Holy Land에서 목격하게 되는 이슬람 세계의 문장들에 영향을 끼친 것으로 보인다.[3] 또한 탐가는 나중에 폴란드의 독특한 문장 체계에 나타난 표장들과 매우 유사하다. 따라서 학자들은 폴란드 귀족이 고대 사르마트의 후예라는 주장이 전혀 근거 없는 이야기는 아닐지도 모른다는 추측을 조심스럽게 해왔다. 폴란드인의 이른바 '사르마트 이데올로기'와 그들의 문장파벌heraldic clan(같은 문장을 사용하는 귀족들의 집단을 일컫는 영어로, 폴란드에만 있었던 독특한 개념이다), 뛰어난 기병 전통은 오래전 사라진 동방 스텝지대의 기마민족과 연결돼 있다고 여겨지곤 했다. 한 가설에서는 기원후 4세기에 동유럽의 깊은 산속으로 자취를 감춘 사르마트계 알란족의 유산으로서 폴란드가 형성됐다는 점이 폴란드와 사르마트 사이의 연관성을 가장 잘 설명해준다고 본다.[4]

상징은 강렬한 감정을 불러일으킬 수 있다. 1863년 국제적십자International Red Cross 설립 당시만 해도, 이 단체의 표식인 붉은 십자가 모양의 표장이 동정심의 보편적 상징 이외에 다른 의미를 가질 수도 있다고 생각한 유럽인은 거의 없었다. 그러나 시간이 흐르면서 이 단체의 상징은 다른 것들로 보충돼야 했다. 문화권에 따라 붉은 초승달, 붉은 사자, 붉은 별도 사용되기 시작한 것이다. 한편 나치의 아우슈비츠 강제수용소 자리에 기독교의 십자가가 세워졌을 때에는 격렬한 논쟁이 일기도 했다. 홀로코스트 희생자들 중에 유대인만 아니라 기독교도 또한 많았다는 사실을 모르는 이들 사이에서 특히 반대 목소리가 높았다. 9년간 비난과 약속 파기가 계속된 후 1993년에 종국에는 전 소 기독교 교회를 대표하는 기념관이 세워졌다.[5] [아우슈비츠]

사르마트의 탐가들

폴란드의 문장파벌들이 이용한 도안들

아브단크   렐리바   나웽츠   라드반   보고리야

예수는 속세의 권위에 도전하지도 않았고, 그는 수시로 "나의 왕국은 이 세상의 것이 아니다"라고 강조했다. 죽을 때에도 그는 그 어떤 조직, 교회, 성직자, 정치적 유언도 남기지 않았으며, 알고 보면 복음서조차 그가 남긴 것이 아니었다. 죽으면서 그는 자신의 제자들에게 다음과 같은 수수께끼 같은 지시만을 남겼을 뿐이었다.

> 만일 어떤 자가 나타나 내 뒤를 이으려 하거든, 그자가 스스로를 부인하게 하라. 그런 뒤 그의 십자가를 지고 내 뒤를 따르게 하라. 누구든 자기 목숨을 구하려는 자는 목숨을 잃을 것이요, 누구든 나를 위해 목숨을 내놓으려 하는 자는 생명을 찾으리라. (마태복음 16; 24~25)

기독교 신앙이 훗날 로마제국의 공식 종교가 되리라고는 거의 누구도 예상할 수 없었을 것이다. 수 세대에 걸친 신자들이 기독교 신앙의 승리를 다름 아닌 하느님 뜻으로 보게 된 것은 후대 들어서의 일이었다. 거기에 심각하게 의문을 던지거나 분석을 시도하는 일도 없었다. 그러나 로마인들은 초반 수 세기 동안 기독교가 어떻게 승리하게 됐는지 영문을 몰라 한 이가 많았을 것이 틀림없다. 예수만 해도 오랜 기간 일부 지역에서 두각을 나타낸 무명의 인물로 통했으니까. 외부자들이 보기엔 예수 추종자들의 신앙이 유대인의 신앙과 어떻게 다른지 헷갈릴 뿐이었고, 예수 추종자들 역시 세상에 널리 호소력을 갖는 종교를 창설할 사람들로는 보이지 않았다. 노예와 소박한 어부들의 이 신앙을 믿는다고 그들에게 계급이나 당파 면에서 어떤 이득이 따르는 것도 아니었다. 영적 '하느님 왕국'과 카이사르의 통치를 명확히 구분 짓는 그들의 복음은 일체의 세속적 야망을 일찌감치 접은 것처럼 보였다. 심지어 신자 수가 예전보다 늘고 황제 제의를 지내지 않는다는 이유로 억압받을 때조차, 기독교도들이 나라 전반에 대한 위협으로 여겨지는 일은 좀처럼 없었다. [계시록]

물론 기독교 신앙이 내면의 삶을 강조한 것이 사람들에게 당시 로마인의 생활방식으로는 전혀 메워지지 않은 영적 공허감을 채워주지 않았을까 뒤늦게 생각할 수는 있다. 아울러 기독교에서 말하는 구원에 대한 교리와 죽음을 이겨내는 승리도 당시 사람들에게 대단히 매력적으로 비쳤을 게 틀림없다. 그러나 비티니아에서 봉직한 소플리니우스의 경우처럼(257~258쪽 참조), 기독교도들의 문제로 당시 황실 관료들이 상당히 곤혹스러워 했으리라는 점도 충분히 이해가 간다. 고대 세계가 새로운 '구원주의자' 종교를 받아들일 수 있을 만큼 성숙했느냐 안 했느냐를 판가름하는 것도 문제겠지만, 고대 세계가 그만큼 성숙했다 해도 대여섯 개 다른 후보들을 제쳐두고 왜 기독교가 영혼의 공백을 채워주었어야 했는가를 설명하는 것은 전혀 별개의 문제다. 기독교 교회의 흥기와 관련해 글을 쓴 회의론자 중에서도 단연 가장 회의적인 시각을 견지한 이는 다름 아닌 에드워드 기번이다. 기번의 《로마제국 쇠망사》는 한편에서 보면 영어로 쓰인 가장 장려한 역사 산문이지만, 다른 한편으로는 교회가 기독교의 원칙에서 이탈한 것을 가장 일관되게 논쟁거리로 삼은 저작이기도 하다. 그 자신의 말을 빌리면, 기번은 "순수하고 소박했던 종교가 마침내 폐허가 된 카피톨륨〔로마 카피톨리누스언덕 위의 유피테르신전〕위에 십자가라는 승리의 기치를 세우기까지 […] 그 과정과 성취를 솔직하고 합리적으로 탐구하는" 작업을 수행한 것이었다(부록 1578쪽 참조).29

기독교가 쉽사리 퍼져나간 데에는 팍스 로마나도 대단히 큰 역할을 했다. 그리스도가 십자가 처형을 당하고 30년 만에, 지중해 동부의 대도시 대부분에 기독교 공동체가 세워졌다. 사도 바울은, 신약성경의 상당한 부분을 썼고 기독교 지도자가 행한 최초의 목회자 전도 여행을 한 인물로, 대체로 그리스어를 쓰는 제국 동부 도시들에 관심을 갖고 활동했다. 한편 그리스도와 가장 가까운 제자였던 성 베드로St Peter는 배를 타고 로마까지 가서 기원후 68년경 그곳에서 순교했다고 전해진다. 이후 기독교의 복음은 로마에서부터 널리 전파돼 이베리아에서 아르메니아에 이르기까지 로마제국의 모든 속주에 빠짐없이 도달했다.

이때의 핵심 인물이 이후 사도 바울로 널리 통하는 타르수스의 사울Saul of Tarsus(65년경 몰)이었다는 데는 의심의 여지가 없다. 유대인으로 태어나 바리새(교)인으로 교육받은 그는, 유대인이 그리스도 추종자들을 박해한 초기에 거기 가담한 바 있었다. 아울러 35년경 예루살렘에서 기독교 최초의 순교자 스테파노Stephen가 유대인들이 던진 돌에 맞아 죽을 때에도 그 자리에 함께 있었다. 하지만 그러고 나서 얼마 뒤 다마스쿠스를 향해 가던 길거리에서 갑작스레 개종을 한 그는, 세례를 받은 뒤 누구보다 정력적인 개종자가 돼 '새로운 길'을 전파했다. 세 차례에 결친 사도 바울의 선교 여행은 그 새로운 길이 성장하는 데서 단연 가장 중요한 자극제 역할을 했다. 그 과정에서 그도 다양한 성과를 두루 경험할 수 있었다. 53년 아테네에 갔을 때 사도 바울은 "알지 못하는 신the Unknown God"에게 바쳐진 제단을 발견했는데 유대인들로부터는 적의를 사고 그리스인들로부터는 의심을 받았다.

> 그때 에피쿠로스파와 스토아파에 속하는 어떤 철학자들이 그와 마주치니, 그중 어떤 사람이 말했다. "이자는 어떤 말을 늘어놓으려는가?" 그러자 다른 누군가가 이르길, "어떤 이상한 신들을 내세우는 사람 같소." 바울이 그들에게 예수와 그의 부활에 대해 설교했기 때문이다. 그러더니 그들은 이 새로운 교리가 [⋯] 무엇인지 알아보자며 그를 데리고 아레오파고스(고대 아테네의 정치기구로, "아레스산의 바위"라는 뜻이다)로 갔다. [⋯] 아테테인들은 [⋯] 다른 것보다, 새로운 것에 대해 말하거나 듣는 일에 주로 시간을 보내는 사람들이었기 때문이다.
> (사도행전 17: 18~21)

사도 바울은 코린토스에서 보다 뜻이 맞는 사람들과 두 차례 체류하기도 한바, 로마인들에게 보내는 서간문을 썼던 것이 아마도 여기였던 것 같다. 그러고 나서 바울은 예루살렘으로 돌아오는 길에 유대교의 율법을 어겼다는 이유로 고발당했으나, 그는 로마의 시민으로서 로마에서 재판을 받겠다고 탄원했다. 바울은 네로 황제의 박해 당시 로마에서 처참하게 죽음을 맞았다는 것이 대체로 통설로 통한다.

사도 바울이 한 공헌은 뚜렷이 구별되는 두 가지 이유에서 매우 중대했다. 우선 바울은 '비非유대인들의 사도'로서 '새로운 길'이 반드시 유대인 한 부족의 전유물이 아니며, 찾아오는 모든 이에게 그 길이 열려 있다는 원칙을 세웠다. "유대인과 비유대인이 따로 없으며, 노예와 자유민도 따로 없다." 또 다른 한편에서 그는 이후 등장하는 모든 기독교 신학의 토대를 놓은 인물이었다. 죄 많은 인류가 그리스도의 신성을 통해 구원을 받았다는 것이나, 그리스도의 부활을 통해 옛 법이 폐지되고 영혼의 새 시대가 열렸다는 것은 원래 바울이 설파한 내용이었다. 또 사도 바울은 그리스도가 단순히 메시아에 그치지 않는다고도 했다. 그분은 하느님의 아들로 그분의 신비한 육체 안에서 교회와 하나이며, 그 성체는 재림이 있을 때까지 참회와 성체성사를 통해 신도들과 함께 나누게 되리라는 것이었다. 영감의 원천이 됐다는 면에서는 예수가 유일무이한 존재였으나, 기독교를 일관성 있는 종교로 일으켜 세운 것은 사도 바울이었다. [순결]

기독교가 유대교에서 기원한 사실은 이후 오랫동안 특히 기독교도와 유대교도 사이의 관계에 지속적 영향을 끼치게 된다. 기원후 70년에 유대인 반란이 있은 이후, 로마제국 전역으로 광범위하게 유대인의 디아스포라diaspora가 일어나기 시작했다. 이로써 유대교는 더는 유대 지방

계시록 APOCALYPSE

■ 파트모스Patmos는 유럽의 가장자리에 위치한
■ 섬이다. 에게해의 아시아 쪽 해안에 인접해 있
다. 기원후 1세기에 파트모스섬은 인근의 로마 도시
에페수스의 유형지로 이용됐다. 섬은 기독교 경전의
마지막 책을 집필하기에 더없이 맞춤한 장소였다.
계시록(또는 요한계시록, 묵시록, 요한묵시록)Book of
Revelation, Apocalypse의 저지 이름은 요한John이다.
후대인들은 그가 사도 요한일 것이라고 여겼지만 그
자신이 사도 요한이라고 주장한 적은 없다. 또 그의
스타일이나 관점은 요한복음에 나타난 것과 일치하지
않는다. 그는 종교적 위법행위 때문에 유배됐고 십중
팔구 기원후 81~96년에 요한계시록을 쓴 것으로 추
정된다.
요한계시록에는 비슷한 시기 유대교의 종말론적 문헌
과 마찬가지로 기존 질서의 종말을 예언하는 일련의
신비로운 환상이 기록돼 있다. 요한계시록에 등장하는
불가사의한 상징들—어린 양the Lamb, 일곱 인印, the
Seven Seals, 네 짐승과 네 기사the Four Beasts and
the Four Horsemen, 큰 음녀 바벨론the Great Whore
of Babylon, 붉은 용the Red Dragon 등—에 대한 해
석은 지금껏 줄곧 기독교도들을 혼란과 매혹에 빠트
려왔다. 적敵그리스도와의 싸움을 다루는 주요 장들
은 마귀론과 풍부한 관련 자료를 제공한다. [디아볼로
스] 마지막 부분인 21~22장에서는 "새 하늘과 새 땅"
이 보인디고 선언한다.

> 모든 눈물을 그 눈에서 닦아주시니 다시는 사망이
> 없고 애통하는 것이나 곡하는 것이나 아픈 것이 다
> 시 있지 아니하리니 처음 것들이 다 지나갔음이러라.
> 보좌에 앉으신 이가 이르시되 보라 내가 만물을 새
> 롭게 하노라 하시고 또 이르시되 이 말은 신실하고
> 참되니 기록하라 하시고
> 또 내게 말씀하시되 이루었도다 나는 알파와 오메가
> 요 처음과 마지막이라.[1] (요한계시록 21: 4~6)

순결 CHASTITY

■ 성생활을 영원히 포기하는 의미로서의 순결은
■ 초기 기독교도들이 가진 도덕률의 중심 특성이
었다. 고대인들에게 순결은 낯선 개념이 아니었다—비
록 풍자시인 유베날리스는 "사투르누스가 왕좌에 올
랐던" 시기 이후로 순결이 없어졌다는 듯이 말했지만
말이다. 비기독교 세계의 여사제들도 순결을 실천했
다. 대표적 예는 로마에서 베스타 여신의 제단을 지키
던 처녀들로, 이들은 순결을 지키지 못하면 죽음을 맞
아야 했다. 남성으로만 이뤄진 일부 유대교 종파의 신
도들도 독신 생활을 했다. 그러나 동정을 지키는 것이
보편적 가치로서 옹호된 적은 단 한 번도 없었다.
사실 동정을 지키는 삶을 전적으로 장려하는 것은 사
회적으로 중대한 영향을 가져올 수 있었다. 그것은 로
마인들이 매우 중요하게 여긴 가족 제도를 위협하고
결혼을 위태롭게 했다. 영아사망률이 높고 평균 기대
수명이 25세를 넘지 않는 사회에서는, 일정 인구수를
유지하려면 각 가정의 모든 성인 여성이 평균 다섯 번
은 임신해야 했다. 성인들의 육체적 순결은 인간이라
는 종의 번식을 위태롭게 하는 요인이었다.
그럼에도 기독교도들은 줄기차게 순결을 소중한 가치
로 추앙했다. 사도 바울 이후로 그들은 점점 더 '육신
이라는 속박'을 비난했다. 사도 바울은 다음과 같이 썼
다. "내 속사람으로는 하나님의 법을 즐거워하되 내
지체 속에서 한 다른 법이 내 마음의 법과 싸워 내 지
체 속에 있는 죄의 법으로 나를 사로잡는 것을 보는도
다. […] 육신의 생각은 사망이요 영의 생각은 생명과
평안이니라."[1]
이와 같은 사도 바울의 가르침이 사람들의 마음을 움
직인 이유 한켠에는 그 가르침이 모든 세속적 집착으
로부터 자유로워질 것을 요구하는 영적 삶을 강조한

다는 점이 있었다. 하지만 예수의 '재림'이 임박했다는 믿음 또한 일정 역할을 했을 것이다. 예수가 재림하면 인간의 출산이 더는 필요치 않게 된다고 여겨졌기 때문이다. 성적 오르가슴은 자유의지의 완전히 상실을 의미하므로 비난해야 할 대상이었다. 당시에는 많은 사람이 부모의 성행위 도중 분비되는 체액이 자녀의 특징을 결정짓는다고 믿었다. 따라서 남녀의 부도덕한 성적 충동이 기형아 출산을 초래할지 모른다는 두려움에 사람들은 더욱 성욕을 억제하게 됐다. 갈레노스Galen(로마 시대의 그리스 출신 의학자)는 정액이 동요된 혈액의 거품에서 생산된다는 잘못된 의학적 관점을 갖고 있었다. 남자의 경우 성행위는 영적 타락뿐만 아니라 육체적 타락과도 밀접하게 연관된 것이었다. 여자의 경우 평생 동정을 지키는 것이 남편의 횡포와 전통적 가사노동의 압박에서 해방되는 가장 확실한 길로 여겨졌다. 따라서 일반적으로 성행위는 '조상들의 죄악'이 대대로 전해지게 하는 통로 같은 것으로 간주됐다.

기원후 386년 8월, 스스로 방탕한 자임을 고백한 한 인물이 밀라노에서 개종하는 유명한 사건이 일어났다. 성 아우구스티누스의 《고백록Confessions》은 그가 순결을 받아들이기까지 거친 사색들을 심도 있게 보여준다. 그러나 이는 사도 바울 이후 300년이 흐른 뒤였다. 이제 단단히 확립된 기독교 공동체는 자손 번식의 필요성을 느끼고 있었다.

이로써 기독교도의 순결이라는 첫 번째 가치와 함께 기독교도의 결혼이라는 두 번째 가치가 부활했다. 공식적으로 결혼은 임시방편적 수단 즉 자제력이 약한 부류의 욕정과 간통이 날뛰지 않게 막는 장치였다. 사도 바울은 코린토스의 기독교도들에게 보낸 편지에 "정욕이 불같이 타는 것보다 결혼하는 것이 나으니라"라고 쓴 바 있었다.[2]

이러한 '육신의 대패大敗'는 중세에도 지배력을 행사했다. 속세에 있던 가톨릭 성직자들이 독신주의를 지키는 수도원에 들어갔다. '동정 성인'들이 널리 추앙받았다. 임신과 출산에도 불구하고 원죄 없는 존재인 동정녀 마리아에 대한 숭배는 삼위일체설 교리만큼이나 중요하게 여겨졌다. 기독교 수도사들은 온갖 종류의 정신적·육체적 금욕을 실천했으며 때로 스스로 거세하는 것도 마다하지 않았다.

순결의 역사는 망탈리테Mentalité(특정한 시대의 개인들이 공유하는 집합적 의식 및 심리) 연구 주제 중에서도 오늘날 독자들이 고대인의 정신을 가장 잘 들여다볼 수 있게 해준다. 그것은 이른바 '오래전 사라져버린 말 없는 세계'로 들어가는 진입점 역할을 한다. 그리스와 로마의 교부教父들의 순결에 대한 논쟁들을 파헤친 그 권위 있는 저작에서는 성에 대한 현대인의 사고방식에 관해 논평을 하지 않는다. 현대인의 성 풍속을 초기 기독교도들이 봤다면 그것을 일종의 포학행위라고 여겼을 것이 분명하다. 그러나 이 피터 브라운Peter Brown의 저작(《몸과 사회The Body and Society》, 1988)은 훌륭한 역사학자의 임무에 충실해, 혹자의 표현을 빌리자면 육체적 순결이 종종 가장 부자연스러운 성도착증이라고 여겨지는 현재와 과거 시대 사이 차이점들을 독자에게 일러준다. 브라운은 다음과 같은 말로 책을 끝맺는다. "현대인들에게는 […] 초기 기독교에서 강조한 성생활 포기, 금욕, 독신서약, 동정을 지키는 삶 등의 개념이 싸늘한 뉘앙스를 풍기는 무언가가 됐다. […] 그 개념들이 우리 시대에 유용하거나 위안이 되는 역할을 할 수 있을지의 여부는 독자들 자신의 결정에 달렸다."[3]

에만 집중되지 않았고, 이른바 '책의 사람들(또는 경전의 민족) the People of the Book'은 유럽과 아시아의 수많은 지역에서 종교적 소수집단으로 자리하게 됐다. 유대인 입장에서 예수 그리스도는 가짜 메시아에, 찬탈자에, 변절자일 뿐이었다. 기독교도 역시 위협이자 골칫거리였다. 기독교

도는 제멋대로 성서를 가져가서는 유대인과 비유대인을 구별해야 한다는 신성한 금기를 깬 위험한 경쟁자들이었다. 한편 기독교도에게는 유대인이 위협이자 도전으로 여겨졌다. 유대인은 그리스도와 같은 민족이면서도 그의 신성을 부정했고, 아울러 유대인 지도자들은 그를 처형시키라며 그의 신병까지 넘겨주었으니까 말이다. 당시 세간에 퍼진 전설에서는, 종국에 한동안 공식 신학에서는, 유대인을 '그리스도의 살해자들'로 보았다.

유대교-기독교의 전통 내에서 불거진 이런 분열은 양쪽 모두가 느낀 강렬한 배신감에서 비롯돼온 것이다. 그 적의는 당연히 기독교도가 다른 종교와의 갈등에서 맛보는 적의보다 더 매서울 수밖에 없었다. 이는 풀리지도 않고 또 풀릴 수도 없는 가족 사이 응어리와도 같은 것이었으리라. 강경파 유대인 관점에서, 기독교는 본래부터 반유대주의 성격을 표출했고, 반유대주의 역시 기독교 현상이 각별하게 심해져 드러나는 것으로 볼 수 있었다. 한편 강경파 기독교인 관점에서, 유대교는 본래 반그리스도 정서의 온상이자, 나쁜 패배자이자, 끊임없는 중상中傷, 신성모독, 모욕의 근원이었다. 용서의 교리까지 버젓이 갖추고 있음에도, 기독교도와 유대인들이 서로를 하나의 전통 내에 자리한 협력자로 보는 것은 이 세상 그 무엇보다 어려운 일이다. 기독교 중에서도 가장 기독교도다운 이들만이 오로지 유대인을 "더 오래된 우리 신도들"이라고 부르는 걸 고려해볼 수 있을지는 모르겠지만.

그러나 기독교가 온전히 유대교에만 기댄 것은 아니었다. 기독교는 당시 로마제국에서 신봉된 여러 동방 종교에서, 특히 그리스 철학에서 강한 영향을 받았다. "태초에 말씀이 있었고, 말씀은 하느님과 함께했으며, 말씀이 곧 하느님이다"로 시작되는 사도 요한의 복음서는 다른 세 복음서와 뚜렷한 대조를 보였으니, 이들 복음서에서는 로고스Logos라는 명백히 그리스적인 교리는 나타나지 않는다. 오늘날 학자들도 유대교와 헬레니즘의 문맥을 함께 강조하는 추세다. 이와 같은 의미에서 알렉산드리아의 필론은 헬레니즘화한 유대인으로서 유대교 경전을 플라톤주의와 조화시키려 무척 노력했다는 점에서 그 위치가 매우 두드러지는 인물이다. [디아볼로스]

최근 연구에서는 기독교와 유대교 신앙이 약 2세기 동안은 상대에 완전히 등을 돌리지는 않고 지냈을 것이라 생각하는 경향이 있다. 서로 겹치는 이 두 공동체는 수십 년 정도는 메시아가 도래하리라는 희망까지 공유한 것으로 보인다. 기원전 200~기원후 50년 시기의 유대교 경전은 새로 공개된 사해문서死海文書, Dead Sea Scrolls 부분에 해당하는 것으로 그 내용이 기독교의 복음과 눈에 띄게 유사하다는 사실을 알 수 있다("사해문서"는 사해 서북쪽 연안 쿰란Qumran 지구의 동굴 등지에서 반견된, 히브리 성서를 포함한 900여 편의 종교적 문서들의 내용이 집대성돼 있는 문서다. 사해 두루마리 또는 사해사본死海寫本, 쿰란문서라고도 한다). 기독교와 유대교 사이가 마침내 갈라진 것을 기원후 131년 유대인이 로마에 대항해 제2차 반란을 일으켰을 때로 보는 시각도 있다. 이 반란의 수장 시몬 바르-코크바Simon Bar-Kokhba가 스스로를 메시아로 선언하면서 둘

사이 유대가 완전히 끊기고 말았다는 것이다.[30] [파스카]

기독교와 유대교가 마침내 갈라진 때가 언제이건 간에, 사실 지금껏 유대교는 기독교 신앙 옆에 나란히 존재하지 않은 적이 단 한 번도 없었다. 2000년 동안 매주 어김없이, 기독교에서 안식일을 기리기에 앞서 늘 유대교가 금요일 저녁에 먼저 안식일을 기려왔다. 초에 불을 밝히고 평화의 기도까지 마친 뒤, 계약의 궤Ark of the Covenant[언약궤言約櫃]를 열어 법의 책The Book of the Law[율법서] 즉 토라Torah를 꺼내어 읽는 지점에서 예배는 절정에 이른다.

ETZ CHA-YIM HI
LA-MA-CHA-ZI-KIM BA
V'TOM-CHE-HA M'U-SHAR.
D'RA-CHE-HA DAR-CHEY NO-AM,
V'CHOL N'TI-VO-TE-HA SHA-LOM.

עֵץ־חַיִּים הִיא לַמַּחֲזִיקִים
בָּהּ וְתֹמְכֶיהָ מְאֻשָּׁר:
דְּרָכֶיהָ דַרְכֵי נֹעַם וְכָל־
נְתִיבוֹתֶיהָ שָׁלוֹם:

토라는 그것을 꽉 붙드는 자에게
삶의 나무요, 거기 매달리는 자에게
은총이 있으리로다. 그 길은
즐거움의 길이며, 모든
길은 곧 평화이나니.

궤는 닫히고, 신도들은 자리에 앉는다.[31]

초기 기독교 신앙에는 경쟁자가 한둘이 아니었다. 로마제국이 생기고 첫 2세기가 지나는 동안에만 해도, 이시스·키벨레와 함께, 페르시아의 태양신 미트라를 섬기는 비의秘儀가 들어와 로마에서 부쩍 세를 키워가고 있었다. 이 비의들은 초기 기독교 신앙과 여러 면에서 중요한 특징들을 공유하고 있었으니, 황홀경 상태에서 신성과 하나가 되는 점, 인격적 구세주 혹은 천주의 개념을 가진 점, 세례와 비슷한 입문식을 치른다는 점 등이다. 종교에 대한 인류학적 접근법에서는 이런 유사성이 더 두드러지게 나타날 것으로 보인다.

영지주의靈知主義[그노시스주의Gnosticism] 역시 기독교 신앙과 공통되는 점이 많았다. 원래 영지주의자[그노시스파]라고 하면 철학자 즉 '앎을 추구하는 자들'이었으나, 이들은 보다 종교적 특성을 가진 추종자 무리를 끌어들이곤 했다. 영지주의는 유대교와 함께 점차 기독교 신앙에서도 많은 내용을 차용해와 때로는 기독교의 한 분파로 간주됐다. 영지주의에서는 사악한 세계를 관장하는 일명 데미우르고스Demiurge라는 창조주와 지고至高의 존재 사이를 분명히 구분했다. 아울러 인간의 본성 안에서도 저급한 신체적 존재와, 천상계에 이를 수 있는 능력을 사람들에게 부여하는 신성한 본질의 불꽃 사이에 분명한 차이가 있다고 보았다. 영지주의자 중에서도 시몬 마구스Simon Magus는 신약성경에도 그 이름이 언급돼 있다. 발렌티누스Valentinus는 기원전 136년경~165년에 로마에서 활발하게 활동했으며, 바실리데스Basilides는 알렉산드리아에서 활발히 활동했다. 마르키온Marcion(160년 몰)은 5세기까지 그 명맥이 유지된 영지주의의 한 분파를

디아볼로스 DIABOLOS

■
■ 유럽 문명이라는 융합체의 형성에 기여한 모든 주요 전통에서는 악마라는 존재the Evil One를 강하게 의식하고 있었다. 다신교 전승과 같은 선사시대 종교에서 악마는 흔히 뿔 달린 짐승으로 나타났다. 용, 뱀, 마녀들의 연회에 등장하는 염소인간, 선한 자들을 유혹하면서 뿔·꼬리·발굽을 숨기지 못하는 신사 등이 그 예다. 고전 신화 속에서 악마는 시하세계의 지배자였으며 족보상 그의 먼 조상은 길가메시가 맞서 싸운 괴물 후와와(훔바바)에서 찾을 수 있다. [서사시] 마니교 전통에서[보고밀] 악마는 어둠의 왕자 Prince of Darkness였다. 아리스토텔레스에게 악마는 단지 선善이 결핍된 존재에 지나지 않았을 것이다. 하지만 플라톤학파에 악마는 이미 디아볼로스(헬라어로

"마귀")이자 적수, 오랜 숙적이었다. 구약성경, 특히 욥기에서 사탄은 죄악과 불가해한 고통을 초래하는 행위자로 등장했다. 기독교 전승에서, 광야에서 예수를 유혹하는 자는 사탄Satan이자 타락한 루시퍼Lucifer가 된다. 악마는 중세의 악마학demonology에서, 신이 세상에 악을 허용하는 이유와 자유의지를 탐구한 성 아우구스티누스의 고찰에서, 그리고 존 밀턴과 요한 볼프강 폰 괴테의 걸작에서도 중요한 위치를 점한다(밀턴의 《실낙원》《복낙원》과 괴테의 《파우스트》). 유럽인들의 악마에 대해 경계심을 푼 것은 최근 들어서의 일이었다. 최근에 와서 유럽인들은 악마에 대한 경계를 풀었다. 그러나 악마라는 존재를 빼놓고 유럽 역사를 논하는 일은 그리스도를 빼놓고 기독교를 논하는 일만큼이나 이상한 일일 것이다.[1]

파스카 PASCHA

■
■ 부활절Easter은 사망한 예수의 부활을 기념하는 날로 기독교의 가장 중요한 축일이다. 부활절 이전 40일간은 사순절에 해당한다. 부활절 직전 일요일인 종려주일부터 8일 동안은 성주간Holy Week이다. 사순절의 마지막 2주인 수난의 성절聖節 기간 중 가장 암울한 시점은 성금요일 정오에 예수가 십자가에 못 박힌 때다. 예수는 그로부터 사흘째 되는 날 빈 무덤만 남겨놓고 부활해 모든 이를 기쁘게 한다.

대부분의 유럽 언어에서 부활절은 후기 라틴어 파스카Pascha가 변형된 이름으로 불리는데, 파스카는 유월절Passover을 뜻하는 히브리어 페사흐pesach에서 유래했다. 부활절은 스페인어로 파스쿠아Pascua, 프랑스어로 파크Pâques, 웨일스어로 파스그Pasg, 스웨덴어로 페스크Påsk, 러시아어와 그리스어로 파스카Paskha다. 하지만 독일어로는 오스테른Ostern이며, 이 단어와 영어의 '이스터Easter'는 고대 게르만족의 봄의 여신 에오스트레Êostre(오스타라Ôstara)에서 유

래했다. 따라서 겨울이 지나고 생명이 소생하는 시기에 열린 기존의 봄 축제들을 기독교에서 재해석해 채택한 것으로 보인다. 또한 기독교에서는 유대교의 유월절 상징을 가져다 사용했는데, 십자가에 못 박힌 예수가 '유월절에 희생되는 어린 양'에 해당하는 존재가 됐다.

부활절은 언어권마다 명칭이 다양하거니와 그 날짜를 두고도 오래전부터 논쟁이 있었다. 유대교의 유월절 전통을 따른 초기 기독교도들은 춘분이 지나고 오는 달의 14번째 날을 부활절로 정했다. 이후 기원후 325년 니케아공의회에서 부활절을 춘분이 지나고 보름달이 뜬 다음에 오는 첫 일요일로 결정했다.

그러나 문제는 거기서 끝나지 않았다. 태양년과 태음월을 계산하는 몇 가지 다른 천문학적 주기가 존재했기 때문이다. 원래 알렉산드리아의 천체관측소에서 역법 계산을 담당했으나, 곧 그리스정교회와 가톨릭교회 사이에서, 그리고 가톨릭 세계 여러 지방 사이에서도 중요한 불일치가 생겨나기 시작했다. 387년에 갈리아에서는 3월 21일, 이탈리아반도에서는 4월 18일, 이집트에서는 4월 25일에 부활절을 지냈다. 부활절 날

짜를 통일하려는 이후의 시도들도 완벽한 성공을 거두지는 못했다—어느 지역에서든 3월 21일과 4월 25일 사이를 벗어나지는 않았지만. 동방정교회와 가톨릭 교회의 부활절은 늘 날짜가 달랐다. 부활절 날짜가 매년 달라지므로, 기독교에서 부활절을 기준으로 정해지는 다른 기념일들(성령강림절, 예수승천일 등)도 부활절에 따라 그 날짜가 달라진다.[1] 부활절은 성경에서 언급되지 않는다. 다만 오역 때문에 딱 한 번 등장하는바, 1613년 흠정역 성경의 사도행전 12장 4절에서 "유월절"이라고 해야 할 부분을 "부활절"로 잘못 옮긴 부분이 그것이다.

약 2000년 동안 기독교왕국 부활절 때마다 '죽음을 이기고 승리한' 예수를 노래하는 개선 성가가 울려 퍼졌다. 비기독교도들은 이 노래들에서 거부감을 느낄 수도 있으나, 기독교도들에게 이런 성가는 자기 내면의 존재감을 확인하는 통로다. 고대인들은 4세기에 만들어진 〈황금빛과 함께 그 날은 지나갔네Aurora Lucis rutilat〉 〈싸움은 끝났네Finita iam sunt proelia〉 〈파스카의 희생을 찬미하라Victimae Paschali Laudes〉 등의 노래를 불렀다. 〈즐겁도다 축복받은 아침이여Salve, festa dies〉 〈임금님의 깃발들이 앞장서니Vexilla regis〉 〈나의 혀여 영광스러운 싸움을 노래하라Pange lingua gloriosi proelium certaminis〉를 비롯해 가장 널리 알려진 부활절 성가들은 한때 푸아티에의 주교였던 베난티우스 포르투나투스Venantius Fortunatus(530~610년경)가 만들었다. 때로 〈랭커셔Lancashire〉의 곡조에 맞춰 부르는 〈부활의 날Anastaseos Imera〉 같은 유명한 그리스 성가들은 다마스쿠스의 성 요한St John of Damascus(675~749년경)이 만들었다. 대표적 성가로 독일에는 크리스티안 퓌흐히테고트 겔레르트 Christian Fürchtegott Gellert가 만든 〈예수 살아계시네Jesus lebt!〉, 프랑스에는 〈부활하신 주님께 영광À Toi la gloire, O réssuscité!〉, 폴란드에는 〈그리스도 부활하셨네Chrystus zmartwychwstan jest〉, 그리스에는 〈부활하신 그리스도Christos Anesti!〉가 있다. 영어권의 대표적 성가는 찰스 웨슬리Charles Wesley가 작사한 다음의 〈예수 부활했으니Christ the Lord is risen today〉다.

돌과 감시병과 봉인을 헛되게 하시고
예수 지옥문을 부수셨네
죽음도 주의 부활을 막지 못하네
예수 천국을 여셨네
다시 사신 우리의 영광스러운 왕
죽음의 힘을 이기셨네
죽음으로써 우리를 구원하셨네
무덤을 나와 승리하셨네
할렐루야![2]

창시한 인물이다. 마르키온은 그리스도의 몸은 실재하지 않았고, 따라서 그리스도의 부활도 물리적 차원에서는 일어날 수 없는 일이라고 가르쳤다. 그는 구약성경도 거부한바, 유대교의 여호와는 예수를 통해서도 드러나듯 사랑의 하느님이 없이는 불완전한 존재이기 때문이었다. 이러한 마르키온의 '가현설假現說, Docetism'이 계기가 돼 기독교 신학에서는 기독교의 참된 본성이 무엇인가를 두고 장기간 논란이 벌어졌다.

기독교도와 영지주의자 사이 논쟁은 성서에도 공히 인정받은 정전이 존재해야 할 필요성을 드러냈다. 신성한 글 중 과연 어떤 게 하느님께서 주신 것이고, 또 어떤 게 그저 인간이 만든 것에 불과할까? 이 질문은 기원후 2세기에서 3세기로 넘어가는 무렵에 기독교도들이 골몰한 문제였으나, 이와 관련해 명쾌한 의견 표명이 나온 것은 367년 아타나시우스Athanasius의 〈부활절 편지Festal Letter〉가 있고 나서였다. 신약성경의 핵심—네 권의 복음서 및 열세 편의 사도 바울의 서간—은 130년경에 받아들여졌고, 구약—외전을 제외한 히브리어 경전—은 220년경 받아들여졌다. 그 외에 다른 책들, 특히 묵시록(혹은 계시록)은 훨씬 오랜 기간 논쟁 대상이 됐다. [계시록]

신학 논쟁이 불거졌다는 것은 나중에 가서는 논쟁을 해결할 교회의 권위자가 어떤 형태로든 필요하게 되리라는 뜻이었다. 이와 관련해 로마의 클레멘스Clement of Rome(90년경 몰)[성 클레멘스, 교황 클레멘스 1세]가 한 가지 해법을 내놓은바, 기독교의 사도전승 교리를 발전시킨 것이 그 특징이었다. 클레멘스에 따르면, 교회 지도자들은 12사도, 혹은 사도들이 인정한 후계자로부터 임명을 받은 사실이 확인될 때 권위를 가질 수 있었다. 클레멘스 자신만 해도, 베드로를 잇는 후계 서열에서 세 번째를 차지했던 것으로 보이는 인물로, 클레멘스는 "너는 베드로라, 내가 이 반석 위에 내 교회를 세우리니"라던 성경 구절을 자기주장의 근거로 삼았다. 이와 똑같은 주장을 리옹의 이레나이우스Irenaeus of Lyons(130년경~200) 주교도 영지주의자들을 반박한 자신의 글들에서 더욱 힘주어 강조한 바 있다.

> 세상에서 가장 위대하고 가장 오래된 교회는, 모두에게 알려져 있듯, 사도 베드로와 바울이 로마에 세운 교회일지니 [⋯] 그 외 다른 모든 교회는 즉 그 외 다른 모든 지역의 신앙인들은, 그것의 기원이 가지는 권위가 있는 만큼 로마와 잘 어울려 지내야만 할 것이다. 아울러 사도들에게서 나오는 전통이 줄곧 지켜져 온 곳도 그곳이니 [⋯].[32]

바로 여기에서부터 로마가톨릭 전통의 본질은 이미 존재하고 있었다(부록 1566쪽 참조).

한동안은 경쟁관계에 있던 다른 여러 권위가 힘을 떨쳤고, 로마에서 해석하는 그런 의미로는, 사도전승이 절대 널리 받아들여지지 못했다. 그러나 그리스도의 사도들을 직접 접한 사람들에게는 확실히 명성이 따랐다. 성 클레멘스 외에도, 사도 교부로는 안티오크의 이그나티우스Ignatius of Antioch, 히에라폴리스의 파피아스Papias of Hierapolis, 화형에 처해진 스미르나의 성 폴리카르포스St Polycarp of Smyrna(69년경~155)를 꼽을 수 있었다.

초기 기독교도들에 대한 박해는 논쟁의 여지가 있는 문제로, 과연 박해가 어느 정도로 행해졌느냐는 가장 큰 이해당사자들이 당시의 순교사를 어떻게 서술했는가와 떼어 생각할 수 없다. 기번은 이렇게 썼다. "4세기와 5세기 교회 저술가들은, 자신들 흉중을 가득 채우고 있던 무자비하고 단호한 열성을 당시의 로마 정무관들도 똑같이 가지고 있다고 여겼다."[33] 그러나 이따금 억압이 일어난 것은 분명 사실이었다. 네로 같은 이는 64년 로마의 대화재 때 죄 없는 기독교도들을 대화재의 범인으로 몰아 희생양으로 삼았다. 이는 기독교가 속해 있다고 여겨진 유대교와 같이 당시 로마 전역에서 성행한 종교들에는 제국이 전반적 관용 정책을 편 것과는 상반되는 일이었다. 도미티아누스는 자신을 도미누스 에트 데우스Dominus et Deus(主主이자 신)로 섬길 것을 요구했고, 기독교도 중 이에 따르지 않는 자는 '무신론'을 가졌다며 처형했다. 마르쿠스 아우렐리우스도 177년 리옹에서 기독교도들을 가혹하게 억압하는 조치를 승인한 바 있다. 그러나 황제가 자신의 모든 신민에게 죽음을 각오하고 나라의 신에게 제물을 바치도록 명한 것은 250년 데키우스 황제(재위 249~251) 들어서였다. 그 뒤로 다시 잠깐 공백기가 이어졌다가, 303년에는 디오클레티아누스가 모든 기독교 교회를 허물고 성경도 모두 불사르라고 명한다. 이 대大박해 Great Persecution는 13년간 지속됐으며, 이를 계기로 다음 황제 때 들어서는 로마제국에 전반적 관용 정책이 선포됐다. 과도한 억압은 도리어 역효과만 낸 것으로 드러났다. 순교자들이 흘린 피가 로마제국이 기독교에 굴복하도록 물꼬를 터준 것이나 다름없었다. [카타콤]

교회 안에서 성직자단―평신도와 구분되는 신분―이 성장한 것은 서서히 진행된 일로 보인다. 공동체 지도자로서 주교Episcopos와 부제副祭, diaconus는 사제presbyter 이전에 생겨난 직위로 그 자리만이 갖는 독점적 성직 기능이 있었다. 대주교Patriarch는 특정 속주 혹은 나라에 봉직하는 주교들의 "아버지Father"라는 뜻의 직함으로 오래전부터 사용됐으나 그 의미는 매우 일관되지 못했다. 이 시기에는 로마의 주교에게 따로 특별한 지위가 허용되지도 않았다. 제국의 수도에서 기독교 공동체를 이끄는 데서 생겨나던 특권은 제국의 통치가 더는 로마에서 이뤄지지 않게 되자 차츰 줄어들어갔다. 아울러 그로 인해 로마의 기독교도들은 더 심한 박해를 당하는 처지가 됐다. 기독교가 생겨나고 처음 몇 세기 동안은 '성 베드로의 옥좌'를 물려받는 주교들이 하나의 계보를 이어나갔다. 그러나 이들이 교회를 이끌어가는 세력으로 등장하게 되는 것 나중에 5세기 아니면, 일각에서 계산하듯, 7세기나 돼서였다.

한편 '교부敎父, Father of the Church'는 4세기 이후부터 사용된 말로, 이전 시대의 기독교 지도자들을 하나로 묶어 이르는 명칭이다. 그중 호교론자護敎論者, The Apologist로는 아테네의 아리스티데스Aristides of Athens부터 테르툴리아누스Tertullian(155~255)까지 여러 인물이 꼽히며, 종국에 기독교의 정교 신앙이 되는 내용들을 명확히 정리해낸 것이 이들이었다. 그 외에 히폴리투스Hippolytus(165~236), 알렉산드리아의 클레멘스Clement of Alexandria(150년경~215), 오리게네스Origen(185~250), 카르타고의 키프리아누스Cyprian of Carthage(258년 몰) 등은 이교도 및 이단자들에 맞서 기독교 신앙을 지켜내 존경을 받았다. 교부학Patristics('교부들의 저작writings of the Fathers')은 성 요한네스 크리소스토무스St John Chrysostom(347~407)에 이르러서야 비로소 끝이 난다고 여겨진다.

이단異端,heresy은, 당연한 얘기지만, 한쪽에만 치우친 편향적 개념이다. 어떤 믿음을 가진 한 집단이 또 다른 집단을 겨냥해 혐의를 뒤집어씌우는 것이 곧 이단이다. 따라서 이단은, 혐의를

카타콤 CATACOMB

■ 초기 기독교 공동체에서는 죽은 자의 부활에 대
■ 한 믿음 때문에 매장에 특별한 의미를 부여했다.
로마의 아우렐리아누스성벽에서 3킬로미터 떨어졌고
아피아가도와 인접한 곳에 아드 카타쿰바스Ad
Catacumbas라는 구역이 위치했다. 이곳은 초기 기독
교도들이 죽은 자들을 묻은 지하묘지였다. 이런 지하
묘지(카타콤)는 6세기에 새발견된 이래 지금까지 42곳
이 확인됐다. 지하 5~6층으로 된 땅속에 터널 같은
통로들이 미로 같은 묘실과 로쿨루스loculus(벽을 파내
고 시체를 안치한 우묵한 공간)들을 연결하고 있다. 기원
후 95년 집정관의 아내인 플라비아 도미틸라Flavia
Domitilla의 카타콤을 비롯한 초기 카타콤들은 1세기
말에 만들어졌다. 그러나 상당히 많은 수의 카타콤은
3세기 기독교 박해 시기의 것이다. 카타콤은 원래 사
람이 들어가 사는 곳이 아니었으나 훗날 기독교가 로
마에 위세를 떨치게 된 이후 기독교도들의 집회 장소
로 애용됐으며, 교황과 순교자를 기리는 예배실이 만
들어지고 축제가 열리는 공간이었다. 카타콤에 남은
문구 대부분은 당대에 새겨진 것이다. 예컨대 프라이텍
스투스의 카타콤Catacomb of Praetextus에는 258년
8월 6일 교황 식스토 2세Sixtus II와 함께 체포돼 순교
한 부제副祭 중 한 명인 성 야누아리우스St Ianuarius
를 기리는 문구가 새겨져 있다. "BEATISSIMO
MARTYRI IANUARIO DAMASUS EPISCOP FECIT
(주교 다마수스가 이 기념물을 복된 순교자 야누아리우스에게
헌정하노라)."
최대 규모인 성 칼리스투스의 카타콤Catacomb of

St Callistus은 217~222년 교황(성 갈리스토 1세
St Callistus)을 지낸 해방노예에 의해 의해 지어졌
다. 이곳에는 성 밀티아데스St Miltiades(멜키아데스
Melchiades)(314년 몰)를 비롯한 여러 교황이 안장된 교
황 묘실과 성 체칠리아St Cecilia(3세기 초반 로마 시대의
기독교 성녀)의 묘실이 마련됐으며 성례전聖禮典 방에는
다양한 벽화가 그려져 있다. 카타콤 미술에는 영적 삶과
내세를 상징하는 내용이 풍부하게 담겼다. 자주 등장하
는 소재는 비둘기, 닻, 돌고래, 고기 낚는 사람, 그리스
도, 요나, 그리스도 부활의 전조 등이었다.
5세기 고트족과 반달족의 약탈 위험 때문에 카타콤의
많은 유골이 지상의 교회들로 옮겨졌다. 그리고 예수
재림이 미뤄지면서 점차 지하묘지도 사람들 관심 밖
으로 밀려났다. 성 세바스티아누스St Sebastian(고대
로마 근위병 출신의, 3세기 초반 기독교 순교자)의 지하묘지
를 비롯한 몇몇 장소만 그나마 사람들의 발길이 이어
졌다. 중세의 순례자들은 전염병을 피하려고 카타콤
을 이용했다.
바실리우스의 카타콤Catacomb of Basileo 근처에
는 로마에서 가장 유명했던 기독교의 전설을 기념하
는 교회가 있다. 성 베드로는 로마의 박해를 피해 아
피아가도를 따라 도망치던 중 길에서 예수를 만났다.
그가 "도미네 쿠오 바디스Domine, quo vadis?"(주여 어
디로 가시나이까?)라고 묻자 예수가 대답했다. "십자가에
다시 못 박히러 로마로 간다." 베드로는 발길을 되돌려
로마로 돌아가 순교당했다.
42곳의 카타콤 중 3곳은 유대인의 카타콤이다―빌라
토를로니아, 비냐 란다티니, 몬테베르데.[1]

씌우는 자들이 자신들이 믿는 것만이 오로지 참이라고 생각할 때 생겨날 수 있다. 기독교 역사
의 경우에는, 일반적 합의가 공고하게 자리 잡는 2세기 및 3세기에만 이단이 출현하는 것을 볼
수 있다. 이에 따라 교부 대부분도 정도는 다를지언정 어느 정도 이단의 성향을 갖게 됐다. 훗날
확립된 정통 교의에 따르면, 당시 주된 이단으로는 가현설, 몬타누스주의(몬타누스파)Montanism,

노바티아누스주의Novatianism, 아폴리나리우스주의Apollinarianism, 네스토리우스주의 Nestorianism, 에우티케스주의Eutychianism, 아리우스주의Arianism, 펠라기우스주의Pelagianism, 도나투스주의Donatism, 단성론單性論, Monophysism, 단의론單意論, Monothelitism 등을 들 수 있었다. 이 중 아리우스주의가 특히 중요했는바, 제국 안에서는 물론 밖에서까지 수많은 공동체에서 아리우스주의를 따르는 무리가 생겨났다. 알렉산드리아의 사제 아리우스Arius(250년경~336)가 제창한 이 사상에 따르면, 하느님의 아들인 그리스도는 아버지 하느님과 온전한 신성을 나눠 가질 수 없었다. 이 아리우스주의가 문제시돼 교회에서 최초의 공의회가 열렸고, 여기서 아리우스주의는 〔최초로 기독교의〕 이단으로 선고받는다. 그러나 황제 콘스탄티우스 2세Constantius II(재위 337~361)의 지지와 여러 야만족 특히 고트족의 수용을 통해, 이 사상은 재차 모습을 드러냈다. 이뿐 아니라 아리우스주의는 아노모이오스파Anomoeans, 호모이오스파Homoeans, 반半아리우스파Semi-Arians의 세 하위분파로 나뉘기까지 했다. 아리우스주의가 비로소 사멸한 것은 6세기에나 이르러서였다. 〔브리토〕

기독교 수도원제도monasticism의 시작은 전적으로 동방에서 찾을 수 있었다. 〔대大안토니우스Anthony the Great 곧〕 사막의 성 안토니우스Antony of the Desert(251년경~356)는 아리우스주의 반대파이자 최초의 은둔자 공동체를 창설한 이로, 그부터가 동방의 알렉산드리아 출신이었다.

따라서 장차 가톨릭Catholic(보편된)이자 정통orthodoxy(올바른)으로 선언되는 기독교의 개념과 관례들은 아주 오랜 토론과 논쟁 끝에 맺어진 결실이었다. 그 최종 정의는 4세기 후반에 주로 활동한 4인의 교회박사—마르티누스, 히에로니무스, 암브로시우스, 아우구스티누스—의 업적이 있고서야 비로소 나올 수 있었다. 이내 기독교의 신학 이슈에 밀려 뒷전이 되는 로고스 관련 논쟁 외에도 은총의 교리, 속죄, 교회의 문제, 성례聖禮, 세례, 성찬聖餐의 문제, 그리고 무엇보다 삼위일체의 문제들이 논의의 핵심이었다. 325년에는 황제 콘스탄티누스가 소아시아의 니케아에서 사상 최초의 교회 공의회〔제1회 니케아공의회〕를 소집해, 여기 참석한 300인의 사절들에게 기독교의 기본 믿음을 글로 정리하는 문제가 주어졌다. 사절들은 알렉산드리아 출신 집단이 주류였고, 특히 아타나시우스Athanasius(296년경~373)가 이끄는 반反아리우스파 및 삼위일체파의 세가 두드러졌다. 서방에서 온 주교들은, 코르도바와 리옹에서 온 이들을 포함해, 몇 명뿐이었다. 로마의 주교 실베스테르 1세Sylvester I의 모습은 찾아볼 수 없었으니, 두 명의 사절이 그 대신 참석한 터였다. 회의에서 주교들이 만들어낸 것은 예루살렘에서 이용되는 세례 의식문을 유명한 호모우시오스homoousios(성부와 성자의 동일본질同一本質, consubstantiality) 사상과 결합시킨 내용이었다. 그렇게 해서 만들어진 니케아신조Nicene Creed는 이후 모든 기독교도에게 줄곧 구속력을 지녀왔다.

우리는 하나의 천주를 믿나니, 그분은 전능하신 아버지,

유형무형의 만물을 창조하신 분이시다

그리고 하느님의 아들, 한 분의 주 예수 그리스도를 믿나니,

그분은 하느님의 독생자로

곧 아버지 하느님과 한 재료이노라.

그분을 통해 하늘과 땅의 만물이 만들어졌고,

우리 인간을 위해 그리고 우리의 구원을 위해 그분이

이 지상으로 내려와 육신을 취하고 인간이 되시어

고난을 받으시다가 사흘째 되는 날 다시 일어나

하늘로 오르시니

산 자와 죽은 자를 심판하러 오시리라.

아울러 우리는 또한 성령도 함께 믿나니.[34]

그리스도가 갈릴리 지방으로 들어간 지 300년 만에 일어난 일이었다.

보스포루스해협 AUC(로마건국 원년) 1079년 11월 4일. 자신의 차후 후계자를 처형하라는 명을 내리고 얼마 지나지 않아, 황제 콘스탄티누스가 자신의 새 수도 건설을 기념하는 의식을 행했다. 황제는 서쪽 성벽에 들어갈 첫 돌덩이를 성벽이 바다와 만나게 될 지점에 가져다놓았다. 황제 곁에는 신플라톤주의 철학자 소파테르Sopater(소파트로스)가 붙어 다니며, 텔레스테스telestes(마법사)가 돼서는 이 도시가 반드시 복을 받을 수 있도록 해달라는 주문을 걸었다. 이 자리에는 로마에서 온 폰티펙스도 함께한바, 그는 로마의 신물神物 중에서도 가장 영험한 물건 즉 팔라디움Palladium(미네르바상像)을 가져다 새 포룸에 자리한 도시 창건자의 조각상 기단 아래에 묻었다고 전한다. "태양은 궁수자리에 있었으나, 게자리가 그 시時를 다스리던 때였다."[35]

그로부터 4년이 지나 1083년(기원후 330) 5월 11일, 이번에는 새 도시의 탄생을 알리는 의식들이 또다시 새롭게 거행됐다. 소파테르와 또 한 명의 이교도 철학자 카노나리스Canonaris(죽기 전에 "우리 조상들 뜻을 거스르며 입신하려 하지 말라!"라고 외쳤다고 한다)를 처형하고 얼마 지나지 않아, 콘스탄티누스가 장대한 도시 창건 기념식을 주재한 것이다. 도시의 공식 명칭은 '콘스탄티노플리스Constantinopolis'와 '로마노바Roma Nova'(새 로마)였다. '행운'의 여신이라는 뜻으로 이 도시의 수호신 티케 여신에게 드리는 기도 사이사이, "키리에 엘레이손kyrie eleison"("주여 불쌍히 여기소서")이라는 기독교 찬송이 뒤섞여 들려왔다. 카스토르와 폴룩스의 신전 옆에 자리한 키르쿠스에서는 요란한 경기들이 개최되고 있었으나 검투사 경기는 전혀 찾아볼 수 없었다. 포룸에

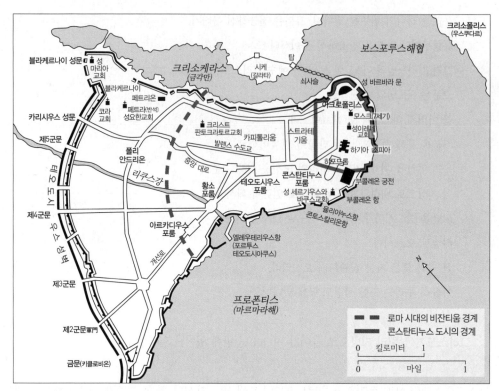

[지도 9] 콘스탄티노폴리스

서는 특대형의 황제 조각상이 모습을 드러냈다. 먼 옛날 만들어진 아폴론의 거상 위에 콘스탄티누스의 머리를 얹어 그것을 다시 거대한 반암斑巖 기둥 위에 세운 모습이었다. 십중팔구 길거리에서는 사람들이, 앞으로 내뻗은 손 안에 자그마한 티케 여신상을 쥐고 있는, 금박 입힌 소형 콘스탄티누스 조각상을 들고 횃불 행진을 벌였을 것이다. 이런 종류의 행진은 얼마 안 가 도시 창건자의 날을 기리는 콘스탄티노폴리스의 연례 전통으로 자리 잡았을 게 분명하다. 당시 티케 여신 신상에는 이마 쪽에 십자가가 하나 붙어 있었다. 이후 로마제국의 모든 황제는 이 신상이 보이면 몸을 일으켜 절을 하는 것이 상례로 여겨졌다. 새 동전과 메달도 주조됐으며, 동전 겉면에는 콘스탄티누스의 흉상과 함께 토티우스 오르비스 임페라토르TOTIUS ORBIS IMPERATOR〔전 세계의 황제〕라는 문구가 새겨져 있었다.

이 자리를 제국의 수도로 택한 것이 쉽사리 내려진 결정은 아니었다. 황제에게는 보스포루스해협과 헬레스폰토스해협을 통과하는 해로의 장점을 충분히 살릴 만한 수도가 필요했다. 그래서 처음 살펴본 곳이 소아시아 해안가에 자리한 고대 도시 칼케돈이었다. 그다음으로는 일리움(트로이)을 둘러보았는데, 이 도시라면 로마의 건국신화와 전설상 연관이 있는 만큼 중요한 상징적 이점을 얻을 수 있었다. 황제는 트로이 전장을 순방하고는, 헥토르의 무덤 자리로 경배를 받는 곳에 미래 도시의 윤곽을 잡았다. 그렇게 해서 도시의 성문들까지 이미 다 세워진 터에(지금도 그 성문들을 볼 수 있다), 황제는 재차 마음을 바꾸어 이번에는 바다를 건너 유럽 해안가에 자리한, 그가 얼마 전 공성전을 벌여 승리한 바 있는, 비잔티움이라는 작은 도시로 갔다. 마침내 현실적 여건과 점괘 모두가 알맞은 것으로 드러났다. 후대의 전설에 따르면, 이때 콘스탄티누스는 몸소 성벽 길을 따라 걸어봤다고 한다. 황제가 손에 검을 쥔 채 측량사들 앞을 성큼성큼 걸어 나가는 바람에 일행이 그로부터 한참을 뒤처졌다. 일행 하나가 큰 소리로 황제를 부르며 말했다. "전하, 얼마나 멀리까지 가시는 겁니까?" 콘스탄티누스가 영문 모를 말로 대답했다. "내 앞을 걸어가시는 분께서 걸음을 멈추실 때까지."

작은 도시 비잔티움Byzantium을 대大콘스탄티노폴리스Constantinople the Great로 탈바꿈시키는 데에는 방대한 양과 엄청난 속도의 작업이 요구됐다. 콘스탄티누스의 성벽은 금각만(골든혼)에서부터 마르마라해까지 반도를 가로질러 고대 아크로폴리스의 서쪽으로 약 3킬로미터까지 이르렀다. 콘스탄티누스포룸은 비잔티움의 구舊 성벽 바로 바깥쪽에 세워졌다. 금각만을 끼고 맞은편에 자리한 시카이(갈라타)와 블라케르나이라는 별개의 교외지구에도 따로 요새화 작업이 이뤄졌다. 그러는 사이 구 도시 상당 부분은 헐리거나 파괴됐다. 우아한 자태로 서 있던 클라우디우스 고티쿠스Claudius Gothicus(황제)의 기둥은 기원전 269년의 유명한 승리(코트족과 벌인 나이수스전투) 뒤에 세워진 것이었는데 갑 위에 그대로 남겨져, 바다 건너 소아시아 땅을 굽어보았다. 콘스탄티노폴리스에도 로마와 마찬가지로 언덕이 일곱 개 자리했으며, 이윽고 공공건물과 개인주택이 언덕들을 덮었다. 그로부터 80년 후의 한 묘사에 따르면, 당시 이곳에는 카피톨이라고 불리는 학교와 함께, 키르쿠스 1개, 극장 두 곳, 공중욕장 8개에 개인욕장 153개, 포르티코portico(주랑현관柱廊玄關) 52개, 곡창 5개, 수도관 8개, 회의장 4개, 교회 4개, 궁전 14개, 그리고 따로 명부에 오른 뛰어난 건축적 장점을 보여주는 개인주택 총 4388채가 자리 잡았다고 한다. 이 거대도시를 단장하기 위해 엄청난 수의 귀중한 예술품을 그리스에서 가져왔다—(델포이) 피티아의 아폴론, 사모스섬의 헤라, 올림포스 신들 [제우스], 제우스 로도스섬 린도스의 팔라스 등이다. 성소피아성당(하기아 소피아) 앞에 세우려 끌어모은 조각상만 해도 427개였다. 아울러 주변의 모든 정착지에서 식민시 주민들을 강제로 데려와 도시 안에서 살게 했다. 이들에게 식량 및 연례 배급을 대주기 위해, 로마로 가던 이집트·시리아·소아시아의 곡물 선박들이 항로를 바꾸었다. 콘스탄티노폴리스는 기록적인 시간 안에 건설돼야만 했다. 그사이 이웃 도시들은 파괴되고, 텅 비어버리고, 굶주림을 면치 못했다.

콘스탄티누스의 사람됨은 그간 수많은 추측을 불러일으켜온 문제다. 최초의 기독교도 황제로서 그는 몰염치한 성인전의 위인이 되기도 했다. 처음으로 그의 전기작가 카이사레아의 에우세비우스Eusebius of Caesarea는 다음과 같이 썼다. "하느님과 하나이시고, 속세의 모든 때를 벗으신, 세 차례 은총을 입은 그분의 영혼을 바라볼 때면, 아울러 번개처럼 빛나는 황제의 법복과, 그 어느 때보다 밝게 빛나는 황관을 바라볼 때면, 나는 말과 이성을 모두 잃곤 한다."[36] 그러나 자신을 험담하는 사람들에게 콘스탄티누스는 가증스러운 위선자에, 폭군에, 살인자였고, 그 명성이 빛날 수 있었던 것은 오로지 그가 임종 시 개종을 하고 이에 더해 후대에 날조가 이뤄진 덕일 뿐이었다. 기독교의 성인전에 넌더리를 냈던 에드워드 기번은 그럼에도 콘스탄티누스에 대해서는 관대한 해석을 선호해, 그가 특출한 재능을 지녔으나 노년의 과도함 때문에 그 재능을 다 발휘되지 못했다고 강조했다. 콘스탄티누스는 "키가 훤칠하고, 풍채가 당당했으며, 손재주가 뛰어나 […] 전쟁에 나서면 물러설 줄 모르고, 평화 시에는 온화한 성품을 보였다. […] 늘 신중을 기해 절제했다. […] 그는 기독교를 공언한 최초의 황제라는 호칭을 받기에 '마땅한' 인물이었다."[37]

어머니가 모범적 신자였긴 했으나, 콘스탄티누스가 어느 정도까지 기독교 교리를 몸소 실천했는가 하는 점은 논쟁의 여지가 있다. 자신이 한 분의 신에게 의지하고 있음을 콘스탄티누스가 만방에 천명한 것은 사실이다. 그러나 관용칙령Edict of Toleration(곧 밀라노칙령)을 비롯해 그가 취한 조치 대부분은 관용적 태도를 지닌 이교도의 방침이라는 측면에서도 충분히 설명될 수 있는 것들이었다. 콘스탄티노폴리스에서 기념행사가 벌어지는 동안 그가 가장 관심을 기울인 부분도 자기 자신에 대한 숭배를 더욱 진작하는 일이었다. 동시에 콘스탄티누스는 교회 건설에도 매우 열성적인 후원자여서, 특히 로마 같은 경우 성베드로성당 및 바실리카 콘스탄티니아나(라테란대성당) 모두 그가 지은 건축물이었다. 321년에는 콘스탄티누스 황제에 의해 일요일을 휴일로 하는 시책이 강제로 시행됐다. 당시에는 흔한 일이었지만, 콘스탄티누스는 공식 세례를 차일피일 미루다 임종 시에 아리우스파 니코메디아의 주교로부터 세례를 받고 기독교 신자가 됐다. 그가 생전에 로마 주교에게만 호의를 베푼 일도 없었다. 오히려 콘스탄티누스는 날이 갈수록 장관을 연출하던 후기 황궁 제식을 원 없이 행해본 인물이었다. 솔 인빅투스Sol Invictus(정복당하지 않는 태양)으로서 그는 디오클레티아누스의 자주색 치장adoratio purpurae(자의紫衣 숭배)을 계승하는 한편, 동방의 전제정에서 나타나는 아첨 발린 말들에도 쉽사리 넘어가곤 했다. 로마에 자리한 콘스탄티누스개선문의 프리즈들에도 여실히 드러나듯, 그의 재위기에 공공예술은 딱딱하고 형식적인 면이 점차 강해져갔다. 콘스탄티누스 황궁 안의 학문 활동은 점차 강해지는 기독교의 세를 어떻게 전통문화와 조화시킬 것인가 하는 노력이 주가 됐다. 콘스탄티누스는 또한 아들 크리스푸스Crispus를 가르치는 일에서나,《신의 교훈Divinae Institutiones》이라는 저작을 통해 기독교의 세계관을 체계적으로 설명하는 작업을 시작하는 데서나 자신이 트리어에서 알고 지낸 개종자 수사학자 락탄티우스Lactantius에게 많이 의존했다.

콘스탄티누스 시대에 기독교의 상황은 썩 양호해졌을 게 틀림없다. 밀라노칙령(313) 반포 이후 교회는 공식적 관용과 안정된 수입을 통해 혜택을 받게 됐거니와 니케아신조가 나오면서 일관된 교리까지 정립됐기 때문이다. 하지만 이 시기에도 기독교는 아직 제도의 발전에서는 초기 단계에 머문 소수의 종교 분파에 지나지 않았다. 우선 교회의 최고 수위권을 거머쥔 이가 부재했다. 어떤 것이 성서의 정전인가를 두고도 최종 합의가 이뤄지지 않고 있었다. 요한네스 크리소스토무스에서 아우구스티누스까지, 기독교에서 가장 위대하다고 손꼽히는 교부들은 아직 세상에 태어나지도 않은 때였다. 가장 위대한 이단 창시자로 꼽히는 아리우스는 334년 유배에서 풀려난 뒤 도로 황궁에 불려와 제법 큰 영향력을 행사하고 있었다. 아닌 게 아니라, 아리우스주의는 이어지는 황제 대代에는 주류로 군림하기까지 했다. 아프리카의 도나투스파는 얼마 전 진압을 당한 참이었다. 로마제국을 벗어난 지역에서 기독교의 세가 성장하고 있던 나라는 아르메니아와 아비시니아 두 곳뿐이었다. 이따금 일어나던 박해는 이제 다 지난 과거의 일이었지만, "기독교왕국의 분열이 이교 사상의 파멸을 계속 지연시키고 있었다."

330년에 들어섰을 때 로마제국의 외양은 지난 수십 년 간보다는 건강했다. 우선 제국 동방과 서방이 다시 하나로 합쳐진 터였다. 제국 전반에 평화가 깃들었다. 콘스탄티누스가 행한 일련의 개혁은 그간 "소심한 정책들로, 무엇이든 합쳐진 것은 나누고, 무엇이든 두드러진 세를 가진 것은 누르고, 일체의 적극적 힘이 일어나는 것을 두려워하며, 가장 약한 자들은 종국에 가장 순종하는 자가 되기를 기대하는" 식이었던 것으로 그 가치가 묵살돼왔다. 그러나 이런 정책들이 최소한 로마제국에 숨통을 틔워준 것은 사실이었다. 로마는 황제의 근위장관이 관할 구역을 서로 경쟁하던 기병대장 및 보병대장을 중심으로 나누고, 정예 황실 군대 및 변경지대의 2급 병력을 구별했으며, 야만족 장교 및 보조군을 널리 도입하는 방법 등을 통해 군대를 재정비했다. 황제의 호화로운 건축 계획이나, 도로 및 우편 체계 정비 사업은 강압적으로 토지세를 거둬들여 그 경비를 충당했다. 또 제국 전역에 황실 사절들로 광범위한 망을 구축하고 이들 사절로 하여금 제국의 공식 정보원 역할을 하게 해 장차 황권의 반대파가 될 소지가 있는 자들을 계속 두려움에 떨게 만들었다.

콘스탄티누스는 되풀이되는 황위 계승의 문제들을 어떻게 피할지 따로 계책을 마련해두지 않았다. 장남 크리스푸스도 로마인의 역모로 일어난 소문을 믿고 이미 목숨을 앗은 터였다. 그러나 콘스탄티누스의 슬하엔 아직도 세 아들—콘스탄티누스[2세]Constantine, 콘스탄티우스[2세]Constantius, 콘스탄스Constans—이 남아 있었던 데다, 그가 총애하는 조카 하나와 함께 형제도 셋이나 있었다. 콘스탄티누스(재위 306~337)는 세상을 떠나기 2년 전에 제국을 아들들에게 나누어주고, 세 아들을 모두 부제의 지위로 높여주었다. 그런데 아들들은 아버지의 이런 넓은 도량에 제대로 보답하지 못했다. 우선 콘스탄티누스 2세가 콘스탄스가 차지하고 있던 땅을 침략해 들어갔다가 거기서 목숨을 잃었다(340). 콘스탄스는 찬탈자 마그넨티우스Magnentius에게 목숨을 빼앗겼다(350). 이후 남아 있던 일가친척을 대거 숙청하는 작업을 개시한 콘스탄티우스 2세가 마지막까지 남아 마그넨티우스를 누르고 제국을 차지했다(353).

앞선 세기의 혼란에 뒤이어, 로마제국의 경제는 약간이나마 번영과 안정을 회복할 수 있었다. 시민들의 두터운 인정은 초기보다는 줄었지만 속주 도시들 특히 중부 유럽의 변경지대에 자리한 곳들은 자신들이 벌이는 공공사업에 시종 대단한 자부심을 유지했다. 디오클레티아누스 (재위 284~305)의 세제 개혁은 농업 노동력 산정을 기반으로 삼은 것으로, 이를 통해 제국은 정기적 예산 편성이 가능해졌다. 그런데 그렇게 되자 황실의 관료 조직도 함께 비대해졌다. 사람들 사이에서 납세자보다 징세자의 수가 더 많다는 불평이 들려올 정도였다. 한편 금괴 1파운드당 60개 비율로 황금 주화가 만들어져, 질이 떨어진 구리 동전의 화폐 가치를 상쇄해주었고 이로써 비잔티움에서 안정된 통화가 유통될 기반이 마련됐다.

제국 변경지대의 방비도 튼튼히 유지되고 있었다. 엄밀히 말해, 제국의 영토는 약간 확장되기까지 했다. 297년 로마는 귀중한 아르메니아 속주를 페르시아로부터 빼앗아올 수 있었고, 이후 로마화와 기독교화의 과정을 통해 이곳에 영속적이고 뚜렷한 문화가 발달할 초석을 놓았다. 아울러 보다 용이한 행정을 위해 제국은 땅을 오리엔스(콘스탄틴노폴리스), 일리리쿰(시르미움), 이탈리아 에트 아프리카(밀라노), 갈리아(트리어)의 4개 행정구역으로 나누었다. 서방의 브리타니아에서도 콘스탄티누스의 아버지(콘스탄티우스 클로루스)의 원정에 힘입어 픽트족과 스코트족의 약탈을 사전에 막아냈다. '분리주의자였던 브리타니아인의 황제' 카라우시우스Carausius(재위 293~296)와 알렉투스Allectus도 이 무렵 제국에 무릎을 꿇었다. 동방에서는 사산조 페르시아가 위협을 가해왔으나 로마 땅에 들이닥치지는 않았다. 남쪽에서는 무어인 부족들이 로마령 아프리카를 압박하고 있었다.

당대 유럽의 정치 및 인종 지도에서 가장 중요한 변화는 로마 제국의 경계 밖에서, 그것도 자료주의적 역사의 영역 밖에서 진행되는 중이었다. 한때 켈트인이 패권을 떨치던 거대한 지역은 급속히 세가 이울고 있었다. 켈트인이 브리타니아 및 갈리아에 세운 서쪽 지방의 거점들에서는 로마화의 영향이 심하게 나타났다. 중앙부에 자리한 켈트인의 본향은 게르만족과 슬라브족이 이동하면서 이들에게 침략당하고, 흡수되고, 혹은 파괴당하는 신세를 면치 못했다(4장 참조). 프랑크족은 이 무렵 라인강 변경지대의 양안에서 이미 정착 생활을 하고 있었다. 비스와강에서 드니프로강으로 이어지던 고트족의 기나긴 행군은 이쯤해서 완전히 마무리된 셈이었다. 슬라브족은 서쪽을 향해 정처 없이 떠돌다 대륙 중앙부에 이르게 되고, 이로써 켈트인이 차지하고 있던 보헤미아는 슬라브화의 길을 걷게 된다. 발트족도 이때 이미 발트해에 도착해 삶을 꾸려가고 있었다. 핀-우그리아어족(핀-우그리아어파)은 오랜 시간 분열된 채 지내다 장차 자신들 땅이 될 곳을 향해 본격적 여정에 돌입했다. 핀족은 불가강-발트해의 다리를 건너던 도중 잠시 멈추어 선 참이었다. 마자르족은 남부 스텝지대를 따라 이동하며 멈추고 서기를 반복하다 한곳에 정착했다. 유목민들과 바다의 약탈자들도 한동안 로마제국 외국의 변경지대를 따라 머무는 모습이었다. 스키타이는 이제 아득한 기억으로 남아 있을 뿐이었다. 훈족은 이 무렵에는 아직 중앙아시아를 벗어나지 못한 상태였다. 한편 노르드인Norsemen은 이미 노르웨이에 진출해 그곳에 머물고 있었으며, 그들이 남긴 역사상 최고最古의 룬문자 비문들이 이를 입증해준다.

바깥세상을 보는 콘스탄티누스의 관점은 아마 로마의 통신 상태가 어땠느냐에 크게 좌우됐을 것이다. 중국은 이 무렵 '삼국시대'의 혼돈기에 접어들어 여전히 분열을 면치 못하고 있었는데, 언제 끊길지 모르는 비단길의 교류를 통해 알려져 있었다. 기원후 284년에는 디오클레티아누스 사절들이 중국 땅을 방문한 일이 있었다. 당시 중국은 명목상 진晉에 예속된 상태였으며, 진의 영향력이 차츰차츰 북에서 남까지 뻗어나가던 중이었다. 아울러 중국은 이쯤에서 공자의 철학을 폐기하고 한참 꽃을 피워가던 불교를 통해 인도와 강력한 문화적 유대를 맺어나가는 중이었다. 로마와 훨씬 더 가까운 인도에 대해서는 더 많은 사실이 로마에 전해졌으며, 이 무렵 인도에서는 힌두 예술과 문화의 가장 위대한 후원자였던 굽타왕조 황제들이 인도의 북부지방을 통치권으로 막 확보한 참이었다. 320년 마가다에서 찬드라굽타 1세Chandragupta I가 왕위에 올랐다는 소식은 이집트를 통해 콘스탄티노폴리스에도 전해졌을 게 거의 분명하다. 이집트는 아비시니아의 소식을 알 수 있는 곳이었으니, 시리아와 알렉산드리아에서는 기독교 선교단들이 아비시니아를 목적지로 삼고 길을 떠나기도 했다. 페르시아의 사산제국은 로마와 오랜 기간 위태위태하게 그어진 국경을 맞댄 사이였던 만큼, 로마로서는 늘 예의주시할 수밖에 없는 나라였다. 이 사산조 페르시아는 이전 시대에 성행하던 헬레니즘 문화를 애초부터 단호히 거부하고, 이즈음에는 호전적 조로아스터교의 신봉국이 돼 있었다. 마니Mani는 이분법적 세계관을 가진 조로아스터교의 예언가로서, 생전에 조로아스터교의 제 원칙과 기독교의 원칙을 조화시키려 애쓰다 60년 전쯤에 처형을 당했다. 사산조 페르시아에서는 소년왕 샤푸르 2세Shapur II(310~379)가 사제들과 실세 호위병들의 권력 아래서 움직이며, 신성한 경전《아베스타Avesta》의 편찬 작업을 완결 짓는 동시에 제국 내의 모든 반대파를 철저히 탄압하고 있었다. 33년 동안 깨지지 않던 로마와 페르시아 사이 평화는 〔337년〕 콘스탄티누스가 세상을 떠나자 이내 종지부를 찍게 된다.

330년의 콘스탄티노폴리스 창건은 역사적 의의가 뚜렷한 사건으로, 콘스탄티누스의 통치를 분기점으로 유럽의 역사가 고대에서 중세로 넘어간다는 통설에 힘을 실어주는 것처럼 보인다. 그런데 사실 그 분기점과 관련해서는 콘스탄티노폴리스 창건과 경합을 벌일 수밖에 없는 연대가 수두룩하다. 392년 테오도시우스 1세가 기독교를 제국의 국교로 삼은 해, 476년 서로마제국의 무너진 해(323쪽 참조), 622년 이슬람이 흥기해 과거 로마 세계가 무슬림 영역과 기독교 두 영역으로 나뉜 해〔헤지라가 일어난 해, 곧 이슬람력의 기원 원년〕(337~348쪽 참조), 800년 샤를마뉴

〔카롤루스〕가 서방에서 다시 기독교 제국을 일으켜 세우는 해〔샤를마뉴가 로마 교황 레오 3세로부터 서로마제국의 제관을 받은 해〕등이다. 콘스탄티노폴리스 창건을 고대와 중세를 나누는 분기점으로 진지하게 받아들일 경우, 청년 시절의 콘스탄티누스는 고대인으로 여기는 한편 노년의 콘스탄티누스는 중세인으로 여기게 될 위험도 있다.

그보다 훨씬 더 중요한 점은 역사의 어느 한 시점을 잡고 거기서 과거의 유산과 혁신의 총량 사이에 전반적 균형이 얼마나 이뤄졌는가를 살피는 것이다—전문 역사학자들이 때때로 '연속성continuity'과 '불연속성discontinuity〔단절〕'이라 부르는 바로 그것 말이다. 이를 근거로 삼으면, 기원후 330년 콘스탄티노폴리스에서는 그런 식의 중요한 균형 잡기를 전혀 찾아볼 수 없었다고 어느 정도 자신 있게 말할 수 있다.

이 무렵 도시 로마는 당연히 그 세가 이울 수밖에 없었고, 콘스탄티누스가 황제 근위대를 없애고 로마에 있던 근위대 본부를 철거하면서 쇠퇴 양상은 더욱 두드러졌다. 그러나 로마의 현실적 중요성은 이미 오래전부터 줄어들던 참이었다. 그리고 장기적 차원에서는 그것이 외려 로마에 이득이었다. 이제 막 허물어지기 시작한 제국을 어떻게든 추슬러 세워야 한다는 부담에서 벗어남으로써, 도시 로마는 제국과 존망을 함께하지 않아도 된 셈이었기 때문이다. 이후 로마는 기독교에서 가장 막강한 최고 성직자의 본거지로서 새롭고도 지속적인 역할을 수행하게 된다. 현 로마 주교는 아직 그렇게 목소리를 낼 만한 위치가 전혀 아니었지만 말이다. 〔로마 주교〕실베스테르 1세(재위 314~335)는 콘스탄티누스가 도나투스파 논쟁을 종식시키려 314년 아를공의회를 소집했을 때 거기 참석하지 않았거니와 니케아 보편 공의회에도 참석하지 않았다.

고대 세계의 후반 단계에 공고하게 다져진 그리스-로마문명은 그 핵심이 어디보다 첫 번째로는 로마제국에, 두 번째로는 그 로마제국이 후원하고 관용을 베푼 복잡한 문화적 다양성에 놓여 있었다는 사실에는 아마 대부분의 역사학자들이 동의할 것이다. 그에 반해, 중세 문명은 기독교 왕국의 공동체 및 배타적 성격을 가지는 기독교 문화에 그 핵심이 놓여 있었다. 일부이기는 하나 과거 로마제국의 영토와 겹치는 땅 위에서 전前 로마인들과 비非로마인들이 한데 뒤섞이면서 발달한 것이 중세 문명이었다. 330년에는 고대에서 중세로 넘어가는 그런 과정들이 대체로 거의 시작되지도 않은 상황이었다. 콘스탄티누스 자신부터도 유럽인이라고 할 수 없었고 말이다.

사건의 순서도 잊어서는 안 되는 법이다. 콘스탄티누스와 샤를마뉴 사이를 가르는 간극은, 콘스탄티누스와 카이사르 및 아우구스투스 사이를 가르는 간극보다 훨씬 크다. 르네상스 및 종교개혁부터 오늘날까지의 근현대 역사 전체와 맞먹을 정도의 간극이 둘 사이에는 존재한다.

그렇다 해도 콘스탄티누스가 역사적으로 중요한 생각—기독교와 정치는 양립가능하다—의 씨앗을 심었던 것만은 사실이다. 그리스도 자신은 생전에 정치에 연관되기를 원칙적으로 거부했고, 콘스탄티누스 이전에는 기독교도들이 권력을 수단으로 삼아 자신들이 가진 대의를 더 널리 전파하려고도 하지 않았었다. 그러다 콘스탄티누스 이후부터 기독교와 고차원의 정치는 손을 맞잡고 함께 움직여나갔다. 순수주의자들 눈에는 바로 이 시점부터 교회가 부패한 것으로 비쳤다.

따라서 콘스탄티노폴리스가 이내 기독교 권력 창시의 본산으로 자리 잡은 것은 충분히 그럴 만한 일이었다. 도시의 공식 창건 행사를 통해 313년 로마제국의 공식 수도로 자리매김한 콘스탄티노폴리스는 이후 1000년 넘게 자신의 고유한 특성을 유지해나갔다. 한두 세대 만에 콘스탄티노폴리스는 기독교적 색채가 짙어져 교회의 수가 신전의 수를 웃돌게 된 한편, 종국에 가서는 신전 출입은 아예 금지됐다. 콘스탄티노폴리스는 '비잔티움제국'—중세 기독교왕국의 본가—의 기원인 동시에 나중에는 그 심장부 노릇을 한바, 이른바 '서구 문명'의 헌신적 추종자들이 있음에도 이곳은 분명 유럽의 역사의 본질적 부분이었다.

오리고 ORIGO
유럽의 탄생, 330년경~800

4

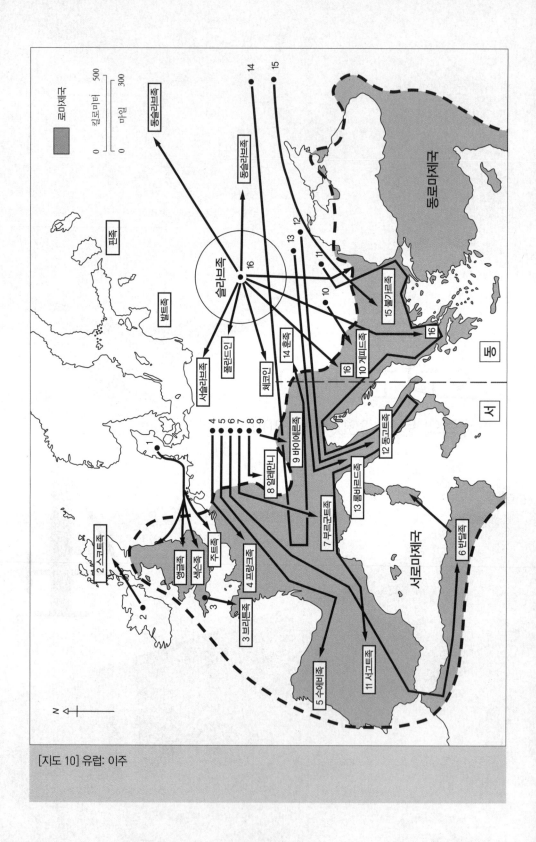

로마제국

로마제국

500
킬로미터 300
0 마일 0

판족

발트족

동슬라브족

슬라브족 16

동슬라브족

서슬라브족

폴란드인

체코인

14 훈족

13
12
11
10
15 불가르족
10 게피드족
16

동

서

9 바이에른족

12 동고트족

13 롬바르드족

8 알레만니

7 부르군트족

4 프랑크족

5 수에비족

11 서고트족

서로마제국

6 반달족

1

2 스코트족

앵글족
색슨족

주트족

3 브리튼족
3

N

[지도 10] 유럽: 이주

288 유럽: 하나의 역사

후기 로마제국을 다룬 근대 역사서들을 보면 대체로 내일 당장 세상이 무너질 듯한 느낌이 행간에 배어 있다. 역사학자라면 거의 누구나 로마제국이 쇠락을 거쳐 결국 멸망한다는 사실을 미리부터 알고 서술을 하는 데다, 제국 후기라 해도 수 세기에 걸쳐 있기 때문에 그 오랜 시간의 일들을 당대의 관점에서 오롯이 다 조망해낸다는 것 자체가 사실은 불가능하다. 더구나 영문 모를 일들로 제국이 속절없이 무너진 것처럼 보이던 때의 이야기를 말이다. 볼테르는 후기 로마제국의 역사를 "어처구니없는" 일로 치부했고, 에드워드 기번은 자신이 저작에서 주로 다룬 것은 "야만성과 종교의 승리"라고 했다.

그러나 이는 계몽주의 시대의 관점이니 동시대인도 그처럼 생각했으리라고 볼 수는 없다. 아닌 게 아니라, 당시 로마인들은 묵묵히 험난한 시기를 헤쳐가는 중이라는 의식이 매우 강했다. 당대 분위기를 생생히 전해주는 기록으로는 로마 후기 철학자 보에티우스Boëthius(480년경~525)의 우울한 회고만 한 게 없을 것이다. 그는《철학의 위안Consolations of Philosophy》에서 다음과 같이 썼다. "그래도 한때는 행복했었는데 하는 것이 불행 중에서도 제일 박복한 불행이다." 그런데 다른 한편에는 제국의 쇠락을 목격하고도 그것을 꼭 멸망의 징조로 보지 않은 부류도 있었다. 상당수 기독교도에게 로마제국의 종말은 곧 그리스도의 재림이자 최후의 심판일로 통했다. 최후의 심판일의 경우에는 자꾸만 그 날짜가 미뤄져 현실적 차원에서 설 자리를 잃고 말긴 했지만. 그뿐만 아니다. 당대에는 야만족의 잦은 침입이 로마제국이 쇠약해졌다는 가장 뚜렷한 징후였는바, 이 야만족들이 로마제국을 멸망시키려는 의도를 과연 얼마쯤이나 갖고 있었는지도 의문이다. 오히려 이들 야만족은 로마제국 안에서 함께 혜택을 나누고자 했던 축에 속했다. 기원후 410년 세상 사람들을 놀라게 한 로마 약탈도 로마제국 안에 정착하고자 하는 알라리크의 고트족 일원이 가진 바람을 로마 황제가 물리친 데서 벌어진 일이었다. 외려 오늘날의 시각에서 돌아봤을 때 정말 놀라운 점은, 로마제국이 어떻게 그 오랜 기간 장수할 수 있었는가와 함께, 구舊 로마제국과 구 게르만 세계가 어떻게 상부상조의 관계를 발전시켜나갈 수 있었는가 하는 점이다. 장기적 틀에서 보면, 이와 같은 상호작용이 유럽 문명의 기반인 이른바 '기독교왕국Christendom'이라는 실체를 탄생시키게 된다는 점에서다.

콘스탄티누스가 세상을 떠날 때만 해도(337), 그때껏 '알려진 세계the known world'는 로마 세계와 게르만 세계 딱 두 덩어리로 나뉘는 것이 일반적이었다. 그 경계선의 한쪽에는 다시금 통일을 이룬 로마제국이 굳건히 버티고 서 있었고, 다른 한쪽에는 대체로 부족 단계에서 발달 중인 정처 없는 민족이 숲을 개간하거나 평원 지대를 배회하고 있었다. 충분히 이해할 만한 일이지만, 당시 대부분의 로마인에게는 이렇게 나뉜 두 세계가 흑 아니면 백으로 보였다. 로마 세계는 '문명화한 곳' 즉 질서정연한 통치가 이뤄지는 곳이었던 데 반해, 게르만 세계는 말 그대로 '문명화하지 못한 곳'이었다. 브리타니아 족장 카락타쿠스Caractacus가 전쟁에 패하고 포로로 잡혀 로마 시내를 가로지르는 개선식 행렬에 끌려 나왔을 때처럼, '고결한 야만인noble savage'도 존재한다는 인식도 있기는 했다. 하지만 당시 로마제국의 경계선을 가로질러 더 위쪽의 미답의 세계로 들어가는 것은 쨍한 날빛 속에 있다 어두컴컴한 그늘 속으로 발을 들이는 것으로 여겨졌다.

그러나 정작 현실 세계에서는 로마 세계와 비非로마 세계 사이 구별이 결코 확연하지 않았을 것이다. 로마인 군대가 게르만족 장수 휘하에서 싸우는 일이 다반사였던 데다, 장수들 또한 게르만족으로 구성된 지원군을 활용해 로마제국에 대적해오는 게르만족들을 몰아내곤 했기 때문이다. 접경 인근 국가들이 로마의 영향력에 노출된 지도 이 무렵에는 이미 수 세기에 이르고 있었다. 로마의 무역업자와 가공품들도 제국의 접경지대 훨씬 위쪽까지 침투한 상태였다. 로마의 동전은 독일과 동유럽 전역에서 두루 발견될 정도다. 아울러 하노버 인근의 힐데스하임, 포메라니아(포메른)의 루브소, 노르웨이의 트론헤임, 리투아니아의 클라이페다, 여기에 아프가니스탄에서도 이 시대의 비밀저장실 및 무덤들에서 로마의 금·청동··은 그릇이 쏟아져 나왔다. 로마는 멀리 떨어진 남인도에까지 주요 교역 기지를 건설하고 가동시켰다.[1]

로마제국의 몰락 속도도 로마 세계와 비로마 세계의 차이만큼이나 정확하게 가늠하기 어려운 문제다. 유럽에서는, 콘스탄티누스 서거 이후, 웅장한 세 역사적 과정이 이미 전개된 참이었으며, 각 과정은 몇백 년씩이나 지속됐다. 그 과정 중 첫 번째는 소아시아에 터 잡고 있던 게르만 민족들이 쉴 새 없이 서쪽으로 몰려와 유럽 안으로 밀고 들어온 것이다(291~321쪽 참조). 두 번째는 반으로 쪼개진 동로마와 서로마가 한번 틀어진 이후 그 사이가 점점 벌어져갔다는 것이다(321~337쪽 참조). 세 번째는 이교도 민족들에게 차차 기독교 신앙이 확산돼 들어간 것이다(369~378쪽 참조). 후일 '암흑시대the Dark Ages'란 별칭을 갖는 이 시기를 주로 지배한 것이 바로 이 세 과정이었다. 여기에 네 번째를 꼽자면 이슬람의 흥기로(337~348쪽 참조), 7세기에 저 멀리 아라비아 땅에서 폭발하듯 성장한 이슬람 세력은 남동부에서 급속히 세를 형성하더니 여타 세력의 교류에 각종 제약을 가하게 된다.

오늘날의 독자들로서는 유럽 역사학자들의 로마중심적이고 친기독교적인 인식 때문에 한 가지 중대한 어려움에 처하는바, 유럽 역사학자들은 지금껏 자신들이 받은 고전시대 교육 및 자신들이 신봉하는 종교적 믿음을 기저에 깔고 '암흑시대'를 다룬다는 것이다. 물론 독자들이 보에티우스나 투르의 그레고리우스의 입장이 돼 후기 로마제국의 운명을 함께 서글퍼 하지 말아야 한다는 법은 없다. 그 입장에 서면, 정말 내일 당장이라도 세상이 무너질 것 같은 느낌이 한층 실감나게 다가올 뿐이다. 그런데 다른 한편에서 생각해보면, 어느 한 관점을 취하려 다른 관점들은 죄다 내던져야 한다는 법도 없다. 사료가 보다 풍성하게 남아 있기만 하면, 서쪽으로 밀고 들어가는 게르만족, 이교도 무리, 무슬림 전사들이 겪은 일들에도 우리는 충분히 공감하고 남지 않았을까. 세상이 무너질 것 같은 절박함 내신 미래에 대한 흥분, 기대, 전망에 잔뜩 설레고 달뜨면서 말이다. 마르세유의 살비아누스Salvian of Marseilles가 적은 바에 따르면, 당시에는 양갓집에서 태어나 양질의 교육을 받은 로마인들이 로마를 떠나 고트족이나 프랑크족 틈에 거취를 두는 경우가 많았다고 한다. "그들은 로마인이 가졌던 인도人道를 야만족 사이에서 찾고자 했다. 로마인들이 보인 야만족 같은 무도無道를 더는 참고 볼 수 없었으므로."2

이주와 정주

서기 기원 직후 초반 몇 세기 동안에는, 나중에 이곳에 영구 정주 해 '자기네 땅'을 명확히 설정하고 자기네 나라를 이뤄 살게 되는 여러 민족은 아직 유럽 반도에 거의 들어와 있지 않았다. 로마 접경지대 이북에서는 여전히 인구 상당수가 이리저리 자리를 옮기는 중이었다. 그들은 서로 부족, 혹은 크고 작은 규모의 부족 연맹체를 꾸려 자기네가 더욱 살기 좋은 땅을 찾아 서로 열심히 탐색전을 펼쳤다. 그러다가도 이따금은 유랑에 속도를 붙여야 할 때도 있었는바, 물자가 다 떨어져 버리거나 유목민 기마병들이 다 때려 부술 듯한 기세로 들이닥칠 때였다. 그럴 때면 한 자리를 수십 년 혹은 수 세기 동안 지키고 있다가도 순식간에 이동해 다음 정주지를 찾곤 했다.

이와 같은 불규칙한 이주 리듬은, 기후 변화, 식량 공급, 인구 증가, 지역 내 경쟁, 타지의 위기상황 등의 다양한 인자가 결합된 복잡한 방정식에 따라 결정되곤 했다. 늘 노심초사하며 변경지대의 동정을 살피던 로마인들로서는 이주민들의 움직임이 항상 예측불허였다. 쥐도 새도 모르는 사이 여러 압력이 쌓였다가 예상치도 못한 사건에 봇물 터지듯 압력이 불거졌다. 평상시에는 장기간 고요하게 정체기가 이어지다, 그 사이사이 짤막하고 격렬하게 이주 물결이 밀어닥쳤다. 하지만 알고 보면 옛날이나 지금이나, 이주라는 행위 자체는 세 가지 힘이 미묘하게 균형을 맞춰야만 일어나는 법이다. 한 군데 정주하려는 관성, 해당 지역의 신산한 삶으로 인한 '밖으로 나가려는' 힘, 지평선 너머 푸르른 목초지가 부르는 듯 '끌어당기는' 힘 말이다. 간혹 저 멀리 중앙아시아 스텝지대에서 일어난 일들이 이주민의 정주지를 뒤바꾸는 중대 요인이 되는 경우도 있었다. 그럴 때는 '밀어내기 효과'가 여실히 그 모습을 드러냈다. 줄줄이 이어진 민족들의 사슬 한끝에서 변화가 일어나면 그 여파가 사슬의 고리를 따라 전체로 전해졌다. 조차장操車場에서도 새 객차가 붙으면 맨 끝에 달린 객차가 밀려나듯, 유럽 반도에서도 사슬 맨 서쪽을 차지한 부족은 엄청난 압력을 못 이기고 자신의 안식처에서 떠밀리는 수가 있었다.

그런 점에서, 유럽에 등장하기 한참 전부터 파문을 일으켜온 장본인이 있었으니 바로 훈족이었다. 훈족은 한때 제국[흉노제국]까지 세웠으나 기원전 36/35년경 중국에 멸망당했다. 그 후 훈족 무리는 자신들의 생활기반인 가축 떼와 함께 투르키스탄에 터를 잡았다. 기습을 맡은 훈족의 별동대는 한 달에 수천 킬로미터를 오가는 것을 예사로 알았다. 활과 화살로 무장을 갖추고 날쌘 몽골말 등에 올라타 초원을 내달리던 훈족 기병은 유럽, 또는 반대편의 극동 지방을 깊숙이까지 침투했다가도 여름 한철이면 단숨에 자신들이 있던 자리까지 되돌아왔다. 본디의 유목민들이 다 그렇듯, 훈족도 자신들 반경 안으로 들어오는 농경민족이나 반半유목민에게 무지막지한 기세로 달려들었다. 기원후 2세기 무렵, 훈족은 급작스레 터를 옮겨 카스피해 북쪽에 자리를 잡았다. 4세기 들어서는 오늘날의 우크라이나를 향해 계속 빠른 속도로 이동해갔다. 그러다 훈족은 375년 이곳에서 게르만족의 일파인 동고트족과 딱 마주쳤는데, 특이하게도 동고트족은 여타 부족들과는 정반대 방향으로 이동하는 중이었다. 이 둘의 충돌은 동고트족과 그 곁에 붙어 있던 서고트족을 로마제국 안으로 밀어 넣는 사태를 불러왔다. 그로부터 50년이 채 지나지 않았을 때, 약 4800킬로미터 떨어진 오늘날의 포르투갈 남부지방에 또 하나의 부족 연합체인 알란족이 모습을 드러냈다. 그래도 훈족이 로마제국을 침공한 것은 기원후 441년이나 돼서의 일이었다. 그사이 훈족의 이동 속도는 지극히 느릴 수밖에 없었다. 알란족은 375년경에는 드니프로[드네프르]강을 건너고, 406년에는 라인강까지 건너, 420년대에는 마침내 대서양에까지 이르러 연평균 8킬로미터의 이동 속도를 보여주었다. 반달족은 일부 지역에서는 알란족과 동일한 이동 경로를 보이며(288쪽 지도 10 참조) 일주일에 평균 2킬로미터의 속도를 시종 유지해나갔다. 이런 부족 단위의 이동 행렬에는 각종 짐수레·가축·보급품 등이 따라다녔던 만큼, 이들이 유목민과 경쟁한다는 것은 사실상 엄두도 못 낼 일이었다.

이동에서 중점적 고려 대상은 지리였다. 당시 사람들이 자유롭게 이동하는 데서 걸림돌이 된 것은 로마제국이 설정한 경계선보다는 산악지대였다. 이동하는 부족들은 선사시대에 생겨난 길들을 따라 유라시아 스텝지대를 가로지르곤 한바, 흑해 연안을 따라 곧바로 남하하지 않는 한에는, 일단은 하나같이 유럽의 평원지대를 따라 북부로 흘러들게 돼 있었다. 여기부터는 남쪽으로 방향을 틀 수 있는 길이 단 둘뿐이어서, 모라비아협곡을 거치든가 바이에른협곡을 거쳐야 했다. 개중 남쪽 길을 택할 경우에는 초장부터 로마제국 병사들과의 군사적 대결을 각오를 해야 했다. 북쪽 길을 따라 이동하는 것이 저항을 가장 덜 받는 행로였으나, 그 길에서 어영부영하다 보면 어느덧 라인강까지 직행하기 일쑤였다. 이러한 이유들로 라인강 장벽에 압력이 차차 거세져서, 3세기 및 4세기에 이르자 오도 가도 못하는 부족들로 인해 길이 꽉 막혀버리는 형편이 됐다. 산악지대 사이에 뚫린 길을 타고 도나우강 유역으로 들어가는 방법도 있었으나, 제법 규모가 큰 수송대는 이 길을 이용하기에 현실적으로 무리가 있었다. 그러나 이 길은 차차 유목민들이 애호하는 길이 됐고, 판노니아 땅의 초목이 무성한 평원지대─후일 훈족Huns의 이름을 따서 '헝가리아Hungaria'라 불리게 되는 지역─가 자연스레 이 길의 종착지로 통하게 됐다(310~313, 398, 421쪽 참조). [처버]

이주하는 떠난 부족들의 앞길을 가로막는 장애물은 그뿐만이 아니었다. 당시만 해도 유럽 반도에는 군데군데 빈 터가 많았다. 인구밀도가 매우 낮았다는 이야기인데, 사정은 로마제국도 마찬가지였다. 이 비어 있는 땅 상당 부분은 아직 황무지였다. 나무 우거진 숲, 모래투성이 황야, 습한 계곡은 경작은커녕 횡단조차 버거운 땅이었다. 거기다가 이미 개간됐거나 향후 경작가능한 땅은 한정돼 있던 터라 이주민들 사이에는 기어코 땅을 둘러싼 경쟁이 일기 마련이었다. 어떤 민족이 이주를 하다 앞서 가던 민족을 만나 한바탕 싸움을 벌이는 일은 예사였다. 따라서 유럽 평원에서도 일부 토질 좋은 곳에서는 여러 민족이 뭉치고 섞이는 일이 당연했다. 켈트족, 게르만족, 슬라브족 등의 여타 민족이 어느 한군데에 몰려들어 서로 섞인 채 살았다고 보지 말아야 할 하등의 이유가 없다. 근대 들어서야 국가별로 영토를 설정하고 타민족을 발 못 들이게 한 것이지, 그전에는 그런 개념이 존재하지 않았다.

그런데 부족 단위의 이주민들이 이처럼 매우 유동적이고 혼잡스럽게 이동한 현상을 뒷날에 와서 그럴싸하게 설명해내기가 참 어렵다. 그래서 과거 연대기작자나 역사학자들은 당시 부족들이 개별적이고 영속적이며 자기만의 분명한 자의식이 있는 실체였다고 보고, 그런 실체가 반드시 존재했다고 단정할 수 없음에도, 그에 따라 당시 일들을 서술하려는 경향을 보였다. 일례로, 가경자 비드는 잉글랜드에 무사히 상륙한 앵글족, 색슨족, 주트족을 완전히 별개의 종족으로 그렸으나, 실제로 그랬을 가능성은 거의 없다(위의 내용 참조). 다만 일단 무사히 정착하고 나서, 이들은 자기네의 고유한 혈통을 세우는 일에 대단히 열을 올렸다. 이뿐만 아니라, 현대의 민족주의 역사학자들 역시 수많은 독자에게 만만찮은 폐해를 끼쳐온바, 옛날에는 있지도 않았던 근대의 정체성 개념을 선사시대에까지 그대로 투사한다는 점에서다. 뾰족한 대안이 없는 상황에서, 종래의 부족 개념에 의지하지 않고 당시 이주 현상을 설명해내기도 쉽지는 않다. 그러나 그런 개념이 안고 있는 결함을 얼마간 인식하는 일도 반드시 필요는 하다.

하여간 바로 이런 복잡한 배경을 깔고 당시의 대규모 역사적 과정은 진행된 것이었는데, 로마제국 관점에서 보면 이는 이른바 '이민족의 침입'이었고, 서유럽에만 한정해서 보면 '게르만족의 침입'이었다. 그러나 정작 게르만족 사이에서 이는 '민족대이동·Völkerwanderung'으로 통했으니, 이것이야말로 게르만족, 비게르만족 할 것 없이 적용될 수 있는 용어가 아닐까 한다. 사실 알고 보면 이 민족대이동(게르만족의 대이동)은 유럽 반도뿐 아니라 지중해 서부와 동부 대부분을 다 휩쓸 정도로 대규모였던 데다, 그 기간도 기원후 제1천년기(1~1000) 넘어서까지 지속됐다. 그때가 돼서야 그 수많은 유랑자가 비로소 제각기 발붙이고 살 자신들의 영구 터전을 찾아낸 것이었다. 그런데 정작 당사자인 유랑자들은 문맹이라 자신들의 이야기를 거의 남기지 못했고, 따라서 이때의 굵직굵직한 사건들은 오로지 로마인들의 사료를 통해서만 접할 수 있을 뿐이다. 이때의 기억을 더듬지 않고는 후대 유럽 국가 대부분의 기원을 찾을 수 없음에도 말이다. 드랑 나흐 웨스텐Drang nach Westen(서쪽으로의 전진)은 훨씬 훗날의 유럽에서 유행하게 되는 표어지만, 가슴에 영구 정주지를 품었다는 것만 다를 뿐, 당시 유랑민들 상황은 이 표어에 딱 걸맞았다. 그러한 거침없는 전진이 없었다면 "유럽" 혹은 "유럽인"이라는 개념 자체가 아예 생겨나지 못했을 것이다. 인류학적 분석에 따르면, 당시 이주와 관련된 인구는 세 종류로 나뉜다고 한다. 첫째, 로마제국 곳곳의 도시나 시골 영지에서 생활한 정주민. 둘째, 원시적 수준의 곡물 농경 및 방목 농경을 영위한 야만족. 셋째, 본디 유목민. 여기에 해적도 추가하지 않으면 안 되는데, 주로 유럽 북쪽 해안으로부터 한참 떨어진 난바다에서 활동한 해적들은 유목민들이 그랬듯 주로 약탈을 통해 삶을 이어나갔다.

기술적 관점에서, 한 가지 짚고 넘어가야 할 중요한 사실은 이즈음 들어 철기시대의 농경 수준이 꽤 올라가 땅을 여기저기 옮기기보다는 그냥 한자리에 머물며 똑같은 땅뙈기를 계속 일구는 편이 소출이 더 좋았다는 점이다. 그러니까 이때 이민족들은 단순히 그럴듯한 모험거리를 찾아 길을 나섰던 게 아니었다. 그들은 자신들이 단단히 뿌리내리고 살아갈 땅을 물색하고 있었다.

민족적 관점에서, 당시 유럽 반도를 구성하고 있던 민족들의 계통은 그야말로 천차만별이었다. 그렇긴 했지만 기원후 제1천년기가 절반쯤 지났을 무렵에는, 유럽 반도 전역에 이미 인도-유럽인의 특징이 우세해졌다고 해도 과언이 아니다(물론 여기에는 몇 가지 특정 단서가 붙는다). 로마제국의 거주민들은, 비록 출신이 라틴계나 그리스계는 아니었지만, 서로마는 이미 하나부터 열까지 라틴화되고 동로마는 그리스화된 상태였다. 몇몇 특이한 예외도 있지만, 이민족 이주민들 역시도 대부분이 그 외 다른 주요 인도-유럽인에 속해 있었다(부록 1574, 1575쪽 참조).

여기서 유목민은 잠시 제쳐두고, 당시의 비非인도-유럽인을 먼저 꼽아보면 우랄어족 핀-우그리아어족 부족들이 여기 들어간다. 또한 독자적 세를 형성하고 있던 스페인의 이베리아 부족과 아직도 이탈리아반도의 후미진 곳에 틀어박혀 있던 라틴움인 정착 이전의 유민들, 발칸반도의 일리리아인, 다키아인, 트라키아인 사이에서 동화되지 않고 꿋꿋이 남아 있던 일부 부족들을 들 수 있다. 아울러 유대인은 이때 이미 지중해 주요 도시에 그 세를 뻗쳐 두고 있었다. 핀-

처버 CSABA

■ 옛날 광막하게 펼쳐진 아시아 평원에 ―그는 이렇게
■ 서두를 열었다― 문명에 길들지 않은 용맹스러운 두 부족이 살고 있었다. 훈족과 마자르족이었다. 부족민 수가 제법 불어나자 훈족은 새 정착지를 찾아 길을 떠났다. 수많은 고초 끝에, 훈족은 초록빛 풀밭이 펼쳐져 있고, 푸르른 강여울이 굽이치며, 산에는 나무가 울창하게 우거진 땅에 닿았다. 하지만 그 땅에는 벌써 임자가 따로 있었다. 로마인들이 그곳을 차지하고, 판노니아Pannonia라 부르고 있었던 것이다.

훈족은 그들 사이에서도 용맹스럽기로 이름난 젊은 제후 아틸라Attila를 왕으로 세웠다. 아틸라는 주변 땅을 하나둘 정복하고, 백성들을 철권통치로 다스렸다. 그러던 어느 날 이내가 슬하에 처버와 알라다르Aladar라는 두 아들을 남기고 먼저 세상을 떠나자, 아틸라는 로마 황제에게 대놓고 로마제국 절반을 지참금 삼아 황녀(호노리아, 발렌티니아누스 3세의 누나)를 자기에게 시집보내라고 요구했다.

결국 훈족과 로마제국 병사들은 카탈라운Katalaun (카탈라우눔)에서 맞붙었다. 훈족 경기병은 질풍신뢰와 같은 기세로 로마군을 향해 달려들었으나 철갑으로 무장한 로마 병사들에게 완전히 풍비박산 났다. [⋯] 잔잔하던 강물은 금세 피로 벌겋게 물들었다. 그때껏 승승장구하며 "하느님이 내린 재앙"이라고까지 불리던 훈족은 이렇게 패퇴를 당했다. [⋯] 나이가 들어 젊은 날의 의기를 잃은 아틸라는 얼마 안 가 세상을 떠났다(453).

이에 처버는 정예 병사들을 이끌고 길을 떠나기로 했다. 머나먼 아시아 땅 [⋯] 마자르족에게 다시 가보려는 것이었다. 그는 백성들을 한자리에 불러 모은 자리에서 약속했다. "우리가 없는 사이 너희들이 위험에 빠지면, 죽어서든 살아서든, 그때엔 우리가 반드시 돌아와 너희를 구하리라."

그런데 처버가 길을 떠나기 무섭게 정말 로마의 대군이 다시 쳐들어와 훈족을 짓밟는 일이 일어났다. 훈족의 요새 안으로 잔학무도한 전사들의 무리가 끝도 없이 쏟아져 들어왔다. 훈족은 땅바닥에 무릎을 꿇고 앉아 처버의 이름을 부르며 기도했다. 그 기도에 응답하듯 우지끈 꽝 하는 우렛소리가 한참 동안 하늘을 울렸다. [⋯] 그러더니 총총히 박힌 별 사이를 가르고, 한 줄기의 여울이 무지개 같은 커다란 아치를 그리며 하늘에 나타났다. 그와 함께 번뜩번뜩하는 장검長劍을 꼬나든 수천 병사들의 요란한 함성과, 힘차게 내달리는 수천 마리 말들의 말발굽 소리가 사방에 진동했다. 그렇게 하늘에서 물밀듯 내려온 처버와 그의 전사들은 공포에 질린 적군을 이내 줄행랑치게 만들었다.

그러고 나서 처버와 그의 정령의 부대는 마자르족을 이끌고 와 그들이 아름다운 이 산천에서 자신들의 형제들과 함께 살아갈 수 있도록 했다. 이것이 마지막이었다. 그 후 사람들은 다시는 처버를 보지 못했다. 그러나 총총한 별들 사이에 난 그 "전사의 하늘 길은 이후에도 변함없이 밤하늘에 남아 있었다."[1]

민간 설화에는 집합적 기억collective memory이 고스란히 담겨 있기 마련이다. 민간 설화는 같이 웃고 떠들 목적으로 만들어졌으나 부족의 정체성을 단단히 다져주는 기능도 함께 가지고 있었다. 실제 역사에서 마자르족은 헝가리에서 훈족이 위세를 떨친 지 500년이 지나서야 흥성했던 부족이다. 하지만 마자르족은 자신들의 선대先代이자 동료 유목민이기도 했던 훈족에게 계속 친밀감을 느꼈다. 근대 들어 이 마자르족이라면 모를까, 자기 아들에게 감히 "아틸라"라는 이름을 붙인다는 것은 다른 부족들은 꿈도 못 꿀 일이었다.

우그리아어족 부족들은 이즈음 종족별로 다 분화된 상태였다. 수오말라이넨Suomalainen 즉 핀족은 시베리아에서 출발해 아亞북극의 기다란 타이가지대를 관통하는 대여정을 마무리 지은 뒤였다. 덕분에 핀족은 발트해 끝자락과 볼가강 상류 사이 땅을 차지하게 되는바, 후일 러시아의 심장부로 자리매김하는 곳이다. 민족적으로 핀족은 훈족과 마자르족은 물론 우랄 지방 배후에 머물고 있던 보다 소규모 부족 단위들—체레미스족, 모르드바족, 페름족, 보굴족, 오스탸크족—과도 연관이 있었다. 그 기원을 더 거슬러 오르자면, 튀르크족·몽골족·타타르족 등 알타이어족과도 연관이 있었다. 핀족과 이웃지간인 라프족은 이때 막 북극의 순록 무리를 내처 뒤쫓는 긴 여정에 돌입한 참이었다. 당시 라프족은 스스로를 "사미Sameh"라 불렀다고 하는데, 북유럽 국가들은 사람들을 헷갈리게 할 모양이었는지 라프족을 통상 "핀족"이란 명칭으로 불러왔다. 나중에 스웨덴 땅에 엉뚱하게도 핀마르크Finnmark라는 지명이 생겨난 것도 여기서 비롯한 일이다.

칸카스산맥〔코카서스산맥〕 일대에서는 여러 민족이 두 집단으로 쪼개져 있었는데, 이 두 집단이 어떤 관계였는지는 거의 알려져 있지 않다. 북부 칸카스족들은 압하스족, 체첸족, 아바르족으로, 남부 칸카스족들은 라즈족, 밍그렐리아족, 그루지야족〔조지아족〕으로 구성됐다는 정도만 알려져 있을 뿐이다. 이 칸카스족들과 관련해서는 원래 스코틀랜드 출신으로 훗날 그루지야〔조지아〕에 들어와 살면서 러시아식으로 개명한 아마추어 언어학자 니콜라이 야코블레리치 마르Nikolai Yakovlevich Marr(1864~1934)가 1920년대에 독특한 이론을 전개한 바 있다. 그는 칸카스 언어를 바스크어, 에트루리아어, 고대 히브리어와 연관시켰고, 그렇게 하면 유럽 인종 간의 헐렁한 연결고리가 하나의 매듭으로 단단히 묶일 수 있다고 보았다. 그러나 고국 그루지야 국민들의 한결같은 성원에도 마르의 이론은 허무맹랑한 것으로 판명났다.

유럽 반도를 향한 아시아계 유목민들의 침투 물결은 기록역사가 시작되고 그 대부분에 걸쳐 계속 퍼져나갔다. 훈족이 유럽에 등장한 것이 기원후 5세기로, 그 이전에도 똑같은 스텝지대를 말을 타고 내달리던 무리들이 있었다. 그중에서도 고대의 스키타이족과 이란계 사르마트는, 그 명성이 자자해서, 클라우디오스 프톨레마이오스의 기록에도 기원후 2세기 스텝지대를 주름잡은 지배자이라고 전해질 정도다. 그 후예인 아바르족, 마자르족, 몽골족도 너나 할 것 없이 모두 중부 유럽에까지 발을 들였다. 물론 흑해 근방에만 머물며 그 이상까지는 활동 반경을 넓히지 않은 유목민들도 있었다. 튀르크계 불가르족 일파는, 일찍이 볼가강 중류에 왕국을 건설한 역사가 있었다. 또 다른 일파는 기원후 7세기 들어 도나우강 어귀 가까이까지 와 정착했다. 하자르족은 불가르족이 지나다니던 길을 더듬더듬 따라와, 칸카스산맥 북부에서 드네스트르강에 이르는 땅에 왕국을 세웠다. 이 하자르족의 뒤를 따라 페체네그족이 들어와 발칸반도 깊숙이까지 진출했다. 이들 뒤를 이어 쿠만족이 흑해의 스텝지대에 나라를 세웠으나 얼마 못 가 제풀에 사라졌다. 일명 "로마니Romany"〔롬인〕로 통하던 집시 무리는 11세기에 인도를 떠나 유럽으로 들어온 경우였다. 이와 거의 때를 같이해서 튀르크족의 한 일파도 캅카스산맥에 들어와 세를 형성해, 14세기에는 그 주류 세력이 발칸반도까지 진출해 일대를 정복하게 된다.

이 수많은 비인도-유럽인 중에서 역사에 제법 오래도록 종적을 남긴 사례는 극히 일부에 지나지 않았다. 우선 바스크족과 몰타인은 그 세가 이운 지 이미 오래고, 주변의 그 어떤 민족과도 전혀 다른 자기네들만의 언어를 사용하고 있다. 비인도-유럽인으로서 그처럼 자기들만의 정체성을 유지해오기는 유대인들도 마찬가지다. 그나마 발트해 연안의 핀족 및 에스토니아족, 라틴어로 '훙가리아Hungaria' 땅의 마자르족이 근대 국가를 세우는 데 성공한 사례다. 라프족은 아직까지도 순록 무리를 쫓아다니는 중이다. 몽골족의 마지막 후예로 여겨지는 타타르족은 볼가강의 '타타르스탄Tatarstan'을 비롯해, 근대 들어 강제 추방 당하는 곤혹을 치렀음에도, 크름반도[크림반도] 일대에서 줄기차게 그 명맥을 이어가고 있다. 집시도 여전히 유럽 전역에 퍼져 있다. 한때 유럽 전역에 광활한 대제국을 세웠다 잃은 튀르크족은, 현재 이스탄불과 바로 인접한 땅에만 위태위태하게 발을 디디고 있다. 발칸반도의 불가르족은 스스로를 슬라브 세계와 너무 동일시하는 바람에, 1980년대에는 불가리아의 공산정권이 소수 튀르크족을 탄압하기도 했다. 그들이 '진짜 튀르크족true Turks'이 아니라 튀르크화한 슬라브족이라는 이유를 내걸어서 말이다. 그러나 당시 불가리아 관료들에게 일관성이란 것이 있었다면, 불가리아인들도 그때 모두 대량 추방했어야 옳지 않았을까. 알고 보면 이들 역시 '진짜 슬라브족true Slavs'이 아니라 슬라브화한 튀르크족이니까. [가가우즈]

여기서 짚고 넘어가야 할 것은, '인도-유럽Indo-European'은 원래 언어학상 분류를 가리키는 말로(91~92쪽 참조), 그 외연적 의미를 넓혀주어야만 비로소 이 어족에 속하는 말들을 모어母語로 삼는 사람들을 가리키게 된다는 점이다. 이 인도-유럽어족 언어들은 하나같이 지금으로부터 5000년도 더 전에 유라시아 땅 어딘가에서 말해진 적이 있는 인도-유럽조어祖語, proto-Indo-European language에 뿌리를 두고 있다. 이후로 이 인도-유럽어족은 아이슬란드부터 실론을 아우르는 광대한 지역에 퍼져나갔고, 근대 들어 식민 정책이 시행되면서는 모든 대륙에 전파됐다. 흔히들 "언어야말로 인류 종족이 지닌 가장 값지고도 유일무이한 자산"이라고 한다. 그렇게 생각하면 '인도-유럽어족'이야말로 인류 역사에서 가장 중요하다 할 언어 공동체의 하나라는 사실에는 의심의 여지가 없다 하겠다(부록 1574쪽 참조).3

그런데 인도-유럽어족이 중요한 언어적 유산이라는 것은 그렇다손 치더라도, 정말 곤란한 문제는 따로 있다. 인도-유럽인 언어들 사이의 공통점을 과연 어디에서 찾아야 하느냐는 것이다. 언어가 반드시 인종과 연결된다고 보았던 한때의 통설은 이미 폐기됐다. 이러저런 언어가 한 인종 집단 내에서 쉽게 다른 인종 집단으로 전파되는 일은 얼마든지 일어나기 때문이다. 시간이 얼마간 흐르면, 한 민족의 '모어'와 그들의 인종적 기원 사이에는 하등의 관계도 필요 없어진다. (이러한 사실은 오늘날의 영어권 세계에만 눈을 돌려봐도 쉽게 알 수 있다. 영어를 자기 말로 삼고 있는 아프리카계 미국인이나 아프리카계 카리브해 주민만 수백만 명이다.) 유라시아의 경우도, 인도-유럽 조어를 과연 까무잡잡한 피부의 인도 사람들이 자신들보다 해끄무레한 이른바 '유럽' 이웃들에게 수출했을지, 혹은 그 역일지, 그도 아니면 둘 모두가 다른 제3자로부터 언어를 받아들여 썼을지 알 수 없다. 이와 관련해 아프가니스탄 국민들은 모든 인도-유럽어족이 자국 땅에서 기원했다는 설을 믿는다. 그런데 지금까지 이야기한 것과 같은 논리지만, 설령 공통의 조어祖語가 실제 존재한다고 해도 이른바 '유럽인' '캅카스인' '아리아인' 같은 인종 집단이 인도-유럽인과 정확히 들어맞는 것은 아니다. 일례로 튀르크족은 대다수가 종족으로 따지면 엄연히 캅카스인이지만 그 언어는 분명 비유럽어에 속한다. [코카시아]

당연한 얘기겠지만, 역사시대를 살아간 이런저런 유럽 민족을 놓고 그 인종적 순수성을 논한다는 것은 어림도 없는 일이다. 로마제국 주민들만 해도 북아프리카의 흑인종부터 서아시아의 셈족까지 실로 다양한 부류가 함께 섞여 살았다. 이민족들도 포로로 잡혀온 여인들과 죄수들로 유전자 계통이 계속해서 바뀌다시피 했다. 물론 인종 유형의 개념이 상상의 산물이 아님은 아일랜드나 스칸디나비아 땅만 밟아봐도 금세 알 수 있는 일이지만, 한 민족의 특징을 결정 짓는 인자로는 사실 인종 자체보다 언어, 문화, 종교, 정치 등이 더 막강한 힘을 발휘하는 법이다. 어떤 부족 혹은 사회가 집단을 형성하고 일정 기간을 함께 생활하려면, 반드시 하나의 공통된 언어를 택해 자기들끼리는 그것을 쓸 필요가 있다. 이것은 만고불변의 진리다. 아울러 그만큼 중요한 점이 이종異種 사이 결합을 막을 공식적 혹은 비공식적 장벽을 설치하는 것으로, 그래야 자기들만의 고유한 정체성을 지켜나갈 수 있기 때문이다. 지금도 한 사회의 구성원이 혈연관계에 따라 정의되고 종교적 금기가 그것을 뒷받침하는 곳에서는, 혼혈 자식이라도 낳았다간 사회에서 영영 추방당하는 형벌을 받기도 한다. 이와 같은 식으로 해서 언어와 혈연관계가 피차 떼려야 뗄 수 없는 관계를 맺게 되는 것이다.

인도-유럽인 중에서도 북부 평원에 살며 전위파前衛派, avant-garde로 맹위를 떨친 켈트족은, 로마 시대를 거치는 동안 서쪽을 향한 이주를 꽤 진척시킬 수 있었다. 알고 보면, 고고학상의 가장 선진적인 문화의 일부도 이들이 이룩한 것이었다(129~130쪽 참조). 이 켈트족은 그 이전부터 철 세공술의 확산과도 연관 있는 부족이었으니까, 이들이 철제무기를 소유한 덕에 그런 극적 확장을 이룰 수 있었다고 설명할 수 있을 것이다. 켈트족은 기원전 390년과 279년에 각각 로마와 그리스로 쳐들어가는데, 그들의 장대한 기골과 불그스레한 머리칼, 잔학무도한 기질과 사람의 머리를 숭덩숭덩 베어내는 그 끔찍한 습성은 침략당한 주민들을 벌벌 떨게 하고도 남았다. 기원전 2세기의 막바지 20년 동안에는, 켈트족 일부가 킴브리족이란 이름으로 무리를 지어서는 튜턴족과 함께 나란히 유틀란트를 떠나 이주 여정에 올랐다. 둘은 갈리아와 스페인을 휩쓸고 다니며 일대를 분탕질했으나 결국 집정관 가이우스 마리우스를 만나 제지를 당했다. 마리우스는 튜턴족을 캄피푸트리디에서 궤멸한 데 이어(134쪽 참조), 기원전 101년에는 베로나 근방의 캄피라우디에서 킴브리족을 멸절했다. 그러나 한두 번 격퇴당했다고 그냥 가라앉을 이주 물결이 아니었다. 켈트족 중 보이족은 일명 '보헤미아족Bohemia'으로도 통했다. 그 외 다른 켈트족들도 이탈리아 북부에 정착해 세를 이루어서는 갈리아 키살피나를 탄생시켰다. 또 다른 무리는 알프스산맥 서쪽 및 북서쪽 땅 일대를 차지해 갈리아 트란살피나를 탄생시켰다. 켈트족은 피레네산맥까지 타고 넘어 들어가 무엇보다 갈리시아를 탄생시켰고 종국에는 라인란트 땅까지 이주해 들어갔다. 켈트족이 인근 섬들을 침략해 '브리튼'제도를 형성시킨 것도 일찍이 기원전 8세기의 일이었다.

이와 같은 상황이었던 만큼 로마 공화정 후기 로마군단(레기온)이 서유럽 땅 상당 부분을 정복하고자 했을 때, 해당 지역 토착민으로서 로마에 뻗대고 나온 세력도 바로 이 켈트족이었다. 아울러 제정 시기에 스페인 땅에 살았던 로마화한 켈트-이베리아인이나, 갈리아 땅의 갈로-로마인(로마제국 치하 갈리아 지방의 로마인), 브리타니아(브리튼)의 로마노-브리튼족도 알고 보면 그 기본 인종 계통은 켈트족이었다. 켈트족의 부족 명칭은 오늘날 유럽의 여러 지명에서도 더러 찾아볼 수 있다. 보이족Boii(오늘날의 보헤미아Bohemia), 벨가이족Belgae(벨기에Belgium), 헬베티족Helvetii(스위스Switzerland), 트레베리족Treveri(트리어Trier), 파리시족Parisi(파리Paris), 레도네스족Redones(렌Rennes), 둠노니족Dumnonii(데번Devon), 칸티아키족Cantiaci(켄트Kent), 브리간테스족Brigantes(브릭스티어Brigsteer)이 그런 경우로, 다만 현재 이들 지역에는 켈트족과의 연관성을 눈을 씻고 봐도 찾아볼 수 없다. 이후 시간이 흘러 게르만족이 들이닥치자 켈트족은 자연스레 북서쪽 멀리에 자리한 브리타니아의 이른바 '켈트족 외곽지대Celtic fringe'—아일랜드, 서西스코틀랜드, 웨일스, 콘월—까지 밀려났고, 거기에 자기들끼리 안전하게 살아갈 영구 성채를 조성했다. 콘월을 근거지로 했던 켈트족의 기원후 4세기에 앵글로-색슨족이 밀려들면서 또다시 밀려나 급기야 바다 건너 '피니스테레Finisterre'(스페인 북서부의 곶)까지 들어가야 했고, 이로써 브르타뉴 지방이 탄생했다. 켈트의 언어는 오늘날까지 총 여섯 종류가 살아남아 있으며, 그중 셋은 고이델어라는 Q-켈트어파에 속하고, 나머지 셋은 브릭소닉어(브리튼어)라는 P-켈트어파에 속한다. "Cymru am byth!(웨일스여, 영원하라!)"(웨일스의 공식 표어로, 웨일스어가 바로 브릭소닉어군 켈트어파다). 켈트족의 한 지파가 소아시아를 향해 떠난 경우도 있었다. 기원후 52년에 사도 바울은 이 '동방의 갈리아인'들을 찾아가보고는 이렇게 탄식했다고 한다. "오, 몽매한 갈라티아인Galatian들이여!"(갈라디아서 3: 1)(갈라티아는 고대 소아시아의 중앙 내륙 고지대를 일컫는 명칭으로, 기원전 3세기경 켈트족이 이곳에 왕국을 세운 데서 유래했다). 300년 뒤, 트리어를 떠나 갈라티아에 도착한 성 히에로니무스는 그곳 사람들이 자신의 고향 라인란트의 갈리아인과 똑같은 말을 쓴다고 생각했

는데, 제대로 눈치를 챈 셈이다. [트리스탄]

로마 시대에 머릿수로 가장 큰 무리의 이민족을 꼽으라면 아마도 게르만족일 것이다. 게르만족의 존재가 처음 확인되는 곳은 스칸디나비아 남부로, 기원전 90년 포시도니우스Posidonius가 게르마니Germani라는 이름으로 불렀을 때에는 이미 게르만족은 자신들의 이름이 길이길이 남게 될 땅을 찾아 정착하는 과업을 꽤 완수한 상태였다. 게르만족의 거취는 유럽 서쪽 땅에서는 켈트족과 겹치기가 일쑤여서, 킴브리족과 튜턴족 같은 경우 켈트족, 게르만족, 혹은 게르만화한 켈트인 등 그들을 지칭하는 명칭이 다양했다. 유럽의 동쪽 땅에서는 또 게르만족의 거취가 슬라브족과 겹쳐서, 한때는 타키투스가 언급한 바 있는 베네디족이 과연 슬라브계 벤드족인지 게르만계 반달족인지, 그도 아니면 게르만화한 슬라브족인지를 두고 논쟁이 뜨겁게 달아오르기도 했다.

게르만족은 일반적으로 세 그룹으로 나눌 수 있다. 우선 스칸디나비아의 게르만족 집단을 들 수 있는데, 후일 덴마크·스웨덴·노르웨이·아이슬란드에 이런저런 공동체가 일어나는 모태가 됐다. 두 번째의 서西게르만 집단은 북해 연안에 근거한 부류로, 바타비아족·프리지아족·프랑크족·알라만족·주트족·앵글족·색슨족(작센족)이 여기 속했다. 이 서부 게르만 집단을 조상으로 해서 후일 네덜란드·플랑드르·잉글랜드·스코틀랜드 저지대 지방(로랜드)을 비롯해 일부나마 프랑스의 공동체들이 형성됐다. 엘베강 동쪽에서 활동한 동부 게르만족으로는 스와비아족(슈바벤족), 롬바르드족(랑고바르드족), 부르군트족, 반달족, 게피드족, 알란족, 고트족을 들 수 있다. 북부 평원지대로 잇따라 몰려들어와 이주 경로를 꽉 막히게 한 것이 대체로 이들이었고, 서로마제국의 대위기 때 혼란을 부채질한 것도 바로 이 동부 게르만족이었다. [푸타르크]

타키투스가 쓴 《게르마니아Germania》를 보면, 게르만족이 어떤 관습, 사회구조, 종교를 가졌었는지를 조목조목 살필 수 있다. 게르만족은 청동기시대부터 지중해 세계와 교역을 해왔으며, 로마인들로부터 갖가지 농경법에다 포도재배술까지 받아들여 이용했다고 한다. 게르만계 씨족들은 혈연관계를 위주로 해서 하나로 통일돼 있었고, 여기에 일명 딩Ding 혹은 '팅Thing'이라 불린 전사들의 민회가 힘을 합쳐 부족민들을 다스렸다. [딩] 게르만족의 종교에서 중심을 차지했던 신으로는, 풍요의 신 뇨르드Njordr(네르투스Nerthus)와 프레이르Freyr, 마법의 대가이자 전쟁의 신 워딘Wodin(오딘Odin), 수많은 거인과 요정과 악독한 정령으로부터 농부들을 지켜준 토르Thor(도나르Donar)가 있었다. 게르만족에게 사제 집단은 따로 없었고 부족의 전쟁지도자가, 종종 왕의 이름을 달고서, 군사와 종교 양면에서 맡은 바 역할을 겸했다. 게르만족은 상당히 오랫동안 기독교를 받아들이지 않았으나, 고트족만은 일찌감치 아리우스주의를 채택해 신봉했다(뒤의 내용 참조).

게르만족의 이동은 제정 로마 시대 내내 이어졌다. 우선 기원후 2세기에 고트족 연맹체가

트리스탄 TRISTAN

■ 잉글랜드 콘월의 포위에서 3.2킬로미터 떨어진
■ 곳에 자리한 메너빌리Menabilly, 그곳의 도로 한
편에는 꼭대기로 갈수록 가늘어지는 모양의 돌기둥 하
나가 2.1미터 높이로 우뚝 서 있다. 돌기둥에는 6세기
로마 문자로 희미하게나마 다음과 같은 비문이 새겨져
있다. "DRUSTANS HIC IACET CUNOMORI FILIUS"(쿠
오니모리우스Quonimorius의 아들 트리스탄[혹은 트리스트람
Tristram], 여기 잠들다). 바로 근처를 둘러보면, 흙덩이를
쌓아 올려 만든 철기시대 요새인 도르Dôr성城이 서 있
다. 성 주변에서는 갖가지 것들이 발굴되곤 하는데, 그
중에는 먼 옛날에 지어진 이곳이 한때 버려졌다 중세
초기 들어 다시 사람들이 들어와 살았다는 증거들도
끼어 있다. 지척에 자리한 린트얀Lantyan의 농장 역시
이곳에 옛날 옛적의 그 란시언Lancien성城―'일명 쿠
오니모리우스로도 불린 왕 마르크Mark'의 성―이 자
리하고 있었음을 짐작케 한다. 모레스크의 숲Forest of
Moresk 혹은 모로이스의 숲Forest of Morrois을 비롯
해, 말파스Malpas의 악마 포드Evil Ford, 티르 그윈Tir
Gwyn 혹은 라 블랑슈 랑드La Blanche Lande의 장원,
그리고 세인트 샘프슨 인 골란트St Sampson-in-
Golant 수도원 등 훗날 문헌에 다시금 그 이름이 등장
하는 모든 것이 근처의 사방 여기저기서 두루 발견된
다. 이 묘비가 역사상 실존 인물이었던 트리스탄의 것
이라고 봐도 거의 틀리지 않는 셈이다.[1]

전설에 따르기로, 트리스탄은 한 나라의 왕자로 태어
났으나 그의 왕국 리오네스Lyonesse는 그가 장성하기
도 전에 쓰러진다. 어느 날, 그는 아일랜드의 공주 이솔
트Isolt와 불같은 사랑에 빠지는데, 원래는 트리스탄이
이솔트를 바다 건너에서 데려오면 마르크 왕이 그녀와
결혼할 예정이었다. 그러나 얼떨결에 사랑의 묘약을 함
께 마시게 되면서 트리스탄과 이솔트 사이에 사랑이
불붙고, 그 후 주체되지 않는 열정으로 둘은 평생 저주
처럼 온갖 부정을 저지르면서 서로를 몰래 만나며 도

망 다니게 된다. 마지막에 가서 트리스탄은 마르크 왕
의 독 묻은 칼에 찔려 죽음을 맞고, 이솔트는 트리스탄
을 부둥켜안은 채 스스로 목숨을 내던진다.

켈트인의 이 비극적 러브스토리는 수백 년 뒤에도 사
라지지 않고 유럽 전역에서 다시 궁정식 연애를 노래
한 시 작품들로 태어나게 된다. 프랑스에서 나온, 예
컨데 아일하르트 폰 오베르크Eilhart von Oberg가 라
인 지방 독일어로 쓴 시 같은 최초의 작품은 그 연대
가 1170년까지 거슬러 올라간다. 이야기의 구색을 온
전히 갖춘 독일 작품 곧 1200년경 고트프리트 폰 슈트
라스부르크Gottfried von Straßburg가 쓴 서사시는 빌
헬름 리하르트 바그너의 오페라(1859년 작) 대본의 주
된 줄거리가 됐다. 프로방스와 잉글랜드에서도 이들 러
브스토리를 각색한 작품들이 일찌감치 등장했다. 15
세기에 토머스 맬러리Thomas Malory 경이 쓴 〈아서왕
의 죽음Morte D'Arthur〉은, 프랑스 산문 〈로망 드 트
리스탕Roman de Tristan〉("트리스탕 이야기")도 그랬듯,
트리스탄 이야기에 아서왕 이야기를 엮은 것이 특징이
다. 오늘날 오스트리아국립도서관에는 빈 MS 코덱스
2537Vienna MS Codex 2537의 번호가 매겨진 당시
의 프랑스 판본이 보관돼 있으며, 오색으로 장식된 아
름다운 세밀화가 특징이다.[2] 16세기 벨라루스판版 트
리스탄은 현재 (폴란드 중서부) 포즈난에 보관돼 있으며,
벨라루스 최초의 통속문학으로 그 가치를 인정받고 있
다.[3] 벨라루스 판본이 나왔을 때, 트리스탄 이야기는
벌써 1000년이나 된 셈이었다.

그리고 나서 트리스탄 경은 곧장 바다로 갔다. 아름
다운 공주 이소우드와 함께. [...] 그들이 오두막에 같
이 들어서자 불현듯 갈증에 목이 말라왔는데, 마침
금으로 만들어진 작달막한 병 하나가 눈에 들어왔다.
보아하니 값진 포도주 같았다. [...] 둘은 즐겁게 웃고
떠들면서 서로 주거니 받거니 마음껏 그 병에 든 것
을 마셨다. 하지만 음료가 둘의 몸 안으로 들어간
순간, 둘은 서로를 너무도 사랑하게 됐다. 그 어떤 행

복이나 그 어떤 고난이 다가와도 그들의 사랑은 절대 떠나지 않을 만큼 강하게.[4]

트리스탄도 그렇지만, 아서왕 전설의 주인공 역시 아직 역사의 수수께끼로 남아 있다. '과거의 왕이자 미래의 왕' 아서가 브리튼족의 기독교도 전쟁 군주로서, 당시 브리튼제도로 물밀듯 들이닥친 앵글로–색슨족 침략 무리에 맞서 싸웠다는 설에는 대부분의 학자가 틀림없는 사실이라며 별 토를 달지 않는다. 그러나 그 아서왕이 정확히 누구라고는 아직까지 확신을 갖고 단정하는 사람이 없다. 8세기의 연대기작자 넨니우스Nennius는, '바돈산Mount Badon'에서 색슨족을 짓뭉갰던 이가 바로 아서왕이었다며 둑스 벨로룸dux bellorum 곧 "전투 지도자"란 명칭을 그에게 붙인 바 있다. 웨일스의 사료들에서는 아서왕에게 "황제"를 뜻하는 암헤라다우르amheradawr란 명칭을 붙이기도 한다. 12세기에 활동한 몬머스의 제프리는, 아서가 콘월 연안 틴태절Tintagel의 웅대한 성채에서 태어났으며 성배Holy Grail의 성소 근처 글래스턴베리Glastonbury에서 생을 마쳤다고 이야기했다. 오늘날 고고학의 연구 성과인 틴태절의 로마 시대 말기 수도회 공동체를 연구한 바에 따르면, 아무래도 콘월이 아서의 주무대였다는 주장에 무게가 실리는 모양새다. 그러나 일각에서는 520년 사망한 웨일스의 한 지도자, 귀네드와 포이족 왕King of Gwynedd and Powys이자 헤드 드래곤 Head Dragon의 아들로서 일명 '곰the Bear'이라 알려진 오와인 단트그웨인Owain Ddantgwain을 아서와 연결시키기도 한다.[5] 서머싯Somerset 지방에서는, 그곳의 캐드버리성Cadbury Castle이 바로 캐멀롯Camelot의 조신들이 머물던 거처였으며, 글래스턴베리는 일명 '아발론Avalon'으로 아서왕이 생을 마친 곳이었다는 얘기가 전해지기도 한다. 1278년 에드워드 1세는 왕명을 내려 글래스턴베리의 무덤 하나를 열게 했는데, 거기서 한 전사와 부인의 유골이 든 관이 발견됐다. 에드워드 1세는 거기 들어 있던 것이 아서와 귀네비어Guinevere의 유골이라고 철석같이 믿었다. 그때 유실돼 사라지고 없지만, 당시 무덤 위의 한 십자가에는 "HIC IACET SEPULTUS INCLITUS REX ARTURIUS IN INSULA AVALONIAE(아발론섬의 그 유명한 아서왕이 여기 묻혀 잠들다)"라는 글귀가 적혀 있었다고 한다.[6]

아득한 옛날에 생겨난 전설들은 시간이 흘러도 늘 새로 우려낼 만한 게 있다. 중세에 앵글로–노르만 왕들이 잉글랜드를 정복하고서 그곳을 다스렸던 색슨족 이전 통치자들을 기꺼이 자신들과 연결시켰듯, 낭만주의 시대의 빅토리아인들 역시 고대 브리튼족이 맞았던 운명을 곱씹으며 근대 영국이 하나라는 의식을 더 단단히 다지려 애쓰곤 했다. 앨프리드 테니슨Alfred Tennyson(1809~1892) 경은 42년 동안이나 영국의 계관시인Poet Laureate으로 영예를 누렸는데, 무려 45년을 공들인 끝에 아서왕을 다룬 서사시 〈왕의 목가 Idylls of the King〉(1859)를 완성해 세간에서 많은 칭송과 조롱을 받았다. 테니슨 경의 이 작품은 영성靈性과 물질주의 사이 영원한 사투를 노래한 장대한 알레고리였다.

> [···] 그들의 두려움은
> 아침 그림자처럼 실체보다 더 거대하게 꼬리를 드리
>   운다
> 그것이 옭아맨다 그들을, 먼저 간 더 서러운 이들은
>   놔두고
> 고귀하고 거룩한 모든 것이 죽어 없어진
> 서쪽에서 일어난 그 전투의 칠흑 같은 어둠이[7]

푸타르크 FUTHARK

■ 일명 '성냥개비 문자'로 불리는 룬Runes문자는
■ 옛날 바이킹이 사용했던 알파벳의 기본 토대를
이루는 기호들로, 해당 문자열의 첫머리에 등장하는
여섯 개 문자를 차례로 따서 '푸타르크F-u-th-a-r-k'
라고도 한다. 룬문자는 종종 뱀이 기어가는 듯한 기다
란 띠 모양의 비문 형식으로 나무나 돌덩이에 새겨 넣
곤 했다. 룬문자를 크게 둘로 분류하면 공용 혹은 덴마
크식 푸타르크와 스웨덴-노르웨이식 푸타르크로 나뉘
며, 둘 다 다음과 같은 16개 기본 문자를 포함하고 있
었다.

ᚠᚢᚦᚨᚱᚲ ᚷᚹᚺᚾᛁᛃ'ᛏᛒᛖᛗ

룬문자 비문은 지금까지 발견된 것만 해도 대단히 많은
데, 스웨덴 중부와 덴마크에서 특히 많이 찾아볼 수 있
다. 비문에는 대체로 항해 내용, 법적 합의사항, 사망 사
례, 때로는 북방 음유시인들의 시가 기록돼 있다. 노르웨
이 북부 트룬스에서 발견된 한 은제 목걸이에는 그 보석
을 손에 넣게 된 경위가 적혀 있다.

> Forum dregnia Frislands a vit
>
> ok vigs fǫtum ver skitum
>
> 우리는 프리지아Frisia 땅으로 갔다
>
> 그리고 바로 우리가 전쟁 전리품을 나누어 가졌다

쇠데르만란드의 그립스홀름에는 한 어머니가 지중해
원정에 올랐다가 비명에 간 두 아들 잉마르Ingmar와
하랄드Harald의 죽음을 서글퍼하는 비문도 있다.

> peir fóru drengila fiarri et gulli
>
> ok austaria arme gáfu
>
> dóu sunnaria á Serklandi

사내대장부답게 그들은 황금 찾아 여행을 떠났네

동쪽에 이르러 그들은 독수리를 배불리 먹었네

남쪽에 이르러 그들은 세르크란드에서 죽었네

이스탄불의 성소피아성당 화랑 벽면에는 룬문자 그라
피토graffito(건축물에 당시 사람들이 낙서처럼 남긴 그림이
나 글자)가 하나 남아 있는 걸 볼 수 있으며, 아테네에
서 베네치아로 옮겨진 성마르코St Mark의 사자상에도
이와 비슷한 식의 그라피토가 하나 남아 있다.[1]

그런데 룬문자는 단순히 글을 적는 용도로만 이용되지
않았다. 16개 기호로 이루어진 바이킹의 푸타르크는
기원후 350년경 생겨났는데, 원래는 훨씬 더 방대했던
헬리스트닝가르Hällristningar라는 문자조합 즉 '룬문
자군Rune Hoard'을 더욱 간단히 응축해 만들어진 것
이었고, 이 룬문자군이 청동기시대 이후로 줄기차게
초자연적 힘을 빌린 점괘에 이용됐다.[2]

타키투스가 저술한 《게르마니아》를 보면, 룬문자의 의
미를 해석하는 방법이 설명돼 있다.

> 먼저 사람들은 과실수에서 가지를 하나 꺾은 후 여러
> 조각으로 부러뜨린다. 그 조각들 위에 이런저런 룬문
> 자를 표시한 뒤, 이제는 운을 하늘의 뜻에 맡기고 새
> 하얀 천 위로 나뭇조각들을 던진다. 그러고 나면 그
> 나라의 사제 […] 혹은 그 가문의 아버지가 […] 신들을
> 향해 기도를 드린 뒤 […] 천 위에 던졌던 조각들 중
> 세 개를 하나씩 차례로 집어 든 후 거기 새겨진 룬문
> 자를 보고 그 뜻을 해석한다.[3]

나중에 밝혀진 사실인데, 룬문자에서 파생한 수많은

변형 가운데서도 33개 기호로 된 앵글로-색슨족 잉글랜드의 문자열과 18개 기호로 된 아르마넨 룬문자 Armanen Runes는 유독 공통점이 많은 것으로 드러났다(부록 1576~1577쪽 참조). 룬문자를 관문으로 삼으면 신비하면서도 묘하게 아름다운 바이킹의 미학 세계에 성큼 발을 들여놓을 수 있다.

로 나무(버드나무, 물푸레나무 등) 및 그 나무의 이름에 상응하는 글자와 연관이 됐으며, 머리글자가 같을 경우 새와 동물, 색깔, 한 해의 주기, 일주일의 요일 등을 나타내기도 했다(아래 참조).[4]

면 신비하면서도 묘하게 아름다운 바이킹의 미학 세계에 성큼 발을 들여놓을 수 있다.

스칸디나비아에 룬문자가 있었다면 켈트인에게는 오검Ogham, Ogam문자가 있었으니, (고대) 아일랜드에서 특히 많이 쓰인 것으로 글을 적는 용도와 점괘를 치는 용도 모두에 사용됐다. 오검문자를 적는 방법은 간단해서, 어떤 기호든 수평이나 비스듬하게 기준선을 긋고 그 위에 수직선을 내리그으면 됐다. 개개의 기호는 주

이때 유럽에서 자생했던 토착적 글쓰기 체계들은 이교 신앙에 딸린 부속물에 불과했다고 해도 과언이 아니다. 북이탈리아어나 에트루리아어도 마찬가지지만, 오검문자와 룬문자가 뿌리내렸던 시대에는 점괘로 자연의 뜻을 헤아리는 것이 인간이 가진 모든 지식과 이해의 가장 핵심적인 부분이었다. 그렇긴 했으나, 이들 문자와 연관된 전승 및 주술은 고전시대 및 기독교 문명이 도래한 뒤에도 명맥을 이어갔다.

이동 중간 머물고 있던 하下비스와강을 떠나 다시 물결을 타고 서서히 남동쪽으로 나아갔는데 대다수 부족의 이주 방향과는 정반대였다. 200년 후에는, 도나우강 삼각주에서 북쪽으로 올라간 흑해 연안에 서고트족이 세를 확립한다. 동고트족은 그곳에서 한참 동쪽으로 치우친 크름반도 및 드니프로강 언저리 스텝지대에 자리 잡았는데, 그즈음 본격적으로 밀고 들어오던 훈족이 바로 지척에 있어 늘 좌불안석이었다. 프랑크계 부족 일부가 로마제국의 동맹자 즉 포이데라티foederati로 편입돼, 주변 라인강 일대 방어를 책임지게 된 것도 이 4세기의 일이었던 것으로 보인다("foederati(포이데라티)"는 foederatus(포이데라투스)의 복수형으로 로마제국 후기에 제국 내 영주권을 인정받는 대가로 병력을 제공할 의무를 띠게 된 이민족을 가리킨다).

게르만족 이웃들의 발뒤꿈치로는 슬라브계의 제 민족이 딱 달라붙어 따라다녔다. 슬라브족은 로마와 별로 접촉이 없었던 터라 당대 사료를 뒤져봐도 이들의 선사시대 역사는 속 시원히 알 수 없고, 그래서 오늘날 들어 많은 심층 탐구 주제가 되고 있다. 고대의 아득한 옛날 이 '슬라브계 주민의 고향땅'에 대해서도 어디어디라고 위치는 정해놓았으나 다 임의적 가설일 뿐 정설은 없다. '원주민 학파aboriginal school'라고 불리는 폴란드의 선사시대연구가들은, 오데르강과 비스와강 사이 아브 오리지니ab origine 땅에 슬라브족의 터전이 뻗어 있었다고 주장하는데, 사실 거기보다는 더 동쪽으로 들어간 카르파티아 산비탈 삼림지대라는 설이 더 유력해 보인다. 이

에 반해 서구의 학자들은, 무슨 까닭인지는 모르겠으나, 전혀 유력해 보이지도 또 아늑해 보이지도 않는 프리페트 늪지대 한복판을 옛 슬라브족 터전으로 보는 견해를 선호한다. 여하튼 그 경계가 어디였든, 당시 슬라브족의 터전이 선사시대에 사람들이 지나다니던 주요 이동로 중간에 딱 걸쳐져 있었던 것은 분명하다. 그랬으니 슬라브족은 유목민의 침략이 대대적으로 있을 때마다 필경 산산이 짓밟혔을 테고, 어쩌면 유목민들에게 예속당하는 일도 있었을지 모른다. 나이세 강(독일과 폴란드의 국경을 흐르는 강) 서쪽의 비타츠코보에는 한 스키타이족 추장의 유해가 수많은 부장품과 함께 땅에 묻혀 있었다. 폴란드에는 사르마트에 대한 기억이 2000년 동안이나 그 일대를 맴돌아서, 아예 폴란드의 귀족 자신들이 사르마트 혈통이라고 주장하고 나설 정도였다. [크룩스] 고트족과 게피드족도 정착지를 찾아 이동하던 중에 슬라브족 터전을 느릿느릿 슬쩍 지나치기는 했으나, 이들이 어떤 식으로든 폐를 끼쳤다고는 전해지지 않는다. 기원후 5세기 훈족의 이동 역시 거의 아무런 흔적을 남기지 않았는데, 그래도 훈족은 앵글로-색슨족이 쓴 《원방여행자Widsith》(영국 최고最古의 시이자 최초로 동방 소재를 다룬 영국 문학작품. 작자는 미상이다) 속에 '흐라이데Hraede족'(고트족과 연관이 있다고 알려진 일족)이 어떻게 날카로운 검을 꼬나들고 비스와숲 옆의 아이틀라족에 맞서 그 옛날의 정착지를 지켜내야만 했는지' 노래한 구절이 있으나 그나마 이게 전부여서 읽는 사람을 감질나게 한다.[4] 훈족의 뒤를 이어 등장한 아바르족은 일종의 슬라브-아바르족 연맹을 탄생시켰고, 이들이 6세기 들어 처음으로 비잔티움 사료 속의 역사 기록으로 등장하게 된다.

기원후 제1천년기 중반에 접어들 무렵이면 슬라브족의 대규모 이주도 시작이 된 때인데, 그때 슬라브족 모어가 제법 분화돼나온 상태였는지는 사실 확실치 않다. 이는 오로지 학계의 복원 작업을 통해서만 알 수 있는 문제다. 그리스어나 라틴어도 그렇듯, 슬라브어도 어형 변화 및 동사의 활용이 심히 복잡하고 어순 배열이 자유롭다는 것이 특징이다. 슬라브계 부족들은 종종 그들 특유의 사회제도를 발달시켰다고 여겨지는바, 자드루가Zadruga라 불린 '연합가족joint family' 제도에서는 추장이 거느린 일가친척이 한 공간에서 생활하며 엄격한 가부장제 질서 속에서 살아갔다. [자드루가] 슬라브족은 또한 삼두신三頭神 트리글라브Triglav, 태양 창조자 스바로그Svarog, 우레의 신 페룬Perun 등 다양한 신을 섬긴 것으로 알려져 있다. 그런데 꽤 흥미로운 사실은, 알고 보면 보그Bog(신神)에서 라즈raj(낙원)에 이르기까지의 슬라브어 종교 관련 어휘 상당수가 이란어파 사르마트어에 기원을 두고 있다는 점이다. 매한가지로 다흐dach(폴란드어로 "지붕"), 플루크plug(러시아어로 "쟁기") 같은 원시시대 기술 관련 어휘 상당수도 게르만어파에 기원을 두고 있다. 비록 자기들끼리 따로 고립돼 있었다고는 해도, 이들 슬라브족 역시 근방의 이웃들과 안면을 트고 지내면서 얻을 건 얻어갔던 게 분명하다(부록 1575쪽 참조).

불완전한 사료란 게 어떤 것인지는, 또 서구 역사학자들의 회의적 태도란 게 어떤 식인지는,

슬라브족을 묘사한 다음과 같은 글에서도 살짝 맛볼 수 있다. 이른바 '프로코피우스Procopius 〔기원전 6세기 비잔티움제국의 역사가〕 및 황제 마우리키우스Mauritius〔재위 582~602〕가 내놓은 증거'를 얼마간의 시적 허용을 감안해 간추린 내용이다.

> 스클라보니아족은 하나의 공통된 언어를 썼고(거친 데다 규칙성이라곤 없었다), 거무튀튀한 타타르족과는 또 달리 자기네들끼리 비슷한 외모를 가졌다고 알려져 있었으며, 똑같은 수준까지는 아니지만 게르만족의 훤칠한 키와 해끄무레한 피부색에 어느 정도 근접한 모습이었다. 4600여 호의 촌락은 러시아와 폴란드 속주 여기저기에 흩어져 있었고, 대강 다듬은 통나무로 부리나케 지어올린 것들이었다. […] 그 꼴이 하도 어설퍼 비버가 지은 집에 견준다 해도 그것이 과한 칭찬으로 들릴 정도였다.
> 스클라보니아족의 풍족한 시골 생활은 그곳 원주민들이 피땀 흘려가며 일한 결과라기보다 그곳의 토질이 비옥한 덕분이다. […] 그들은 땅에 수수와 기장 씨를 뿌려 곡식을 거두었는데, 그것으로 만든 음식은 빵도 아닌 것이 영 볼품없고 영양가도 별로다. […] 그들은 눈에 보이지 않는 천둥의 신을 자신들의 최고신으로 떠받들었다. […]
> 스클라보니아족은 폭군에게 복종하는 것을 유달리 싫어했다. […] 연륜이 있거나 용맹한 자는 기꺼이 존경을 받기도 했으나, 모든 부족과 촌락은 제각기 별개 공화정으로 존재했으며, 따라서 그 누구도 강압에 휘둘리는 일 없이 모든 구성원이 납득할 때까지 완전히 의견 일치가 이뤄져야 했다. […] 그들은 전장에서는 말도 타지 않은 채 거의 알몸으로 싸웠다. […] 헤엄도 치고 잠수도 했으며, 속이 빈 수숫대를 입에 물고 물속에서 오래 버티기도 했다. 그러나 이런 기술을 쓸 줄 알았던 건 염탐꾼 아니면 패잔병들이었다. 스클라보니아인은 병법에는 완전 문외한이었다. 그들이 어떤 식의 이름을 썼는지는 알려져 있지 않았으며, 그들이 정복한 땅도 어디라고 정확히 알려져 있지 않았다.[5]

발트족은 이보다도 훨씬 더 심한 고립 속에서 삶을 살아나가야 했다. 비스와강 삼각주 동편의 프로이센족, 네만강 계곡의 리투아니아족, 서西드비나강의 레트족이 말했던 언어는 인류의 모든 언어를 통틀어 그 발달 수준이 제일 낮다고 학자들 사이에서 평가될 정도다. 한때 레트족의 언어는 슬라브어파에 속하는 것으로 잘못 알려지기도 했으나 지금은 산스크리트어보다도 더 인도-유럽조어에 가까운 것으로 여겨지고 있다. 인도-유럽어족에 속하는 민족은 다 그랬듯, 발트족도 선사시대 어느 시점에 동쪽에서 이주해왔을 게 틀림없는데, 정작 그 이동에 관해서는 알려진 사실이 전무하다. 발트족은 마지막 빙하기가 빙퇴석의 잔해를 남기고 물러가자, 그 위에 정착지를 꾸리고 어두컴컴한 소나무 숲과 희미한 빛이 어른대는 호수들 사이에 계속 머물렀다. 핀족과 에스토니아족도 마찬가지였지만, 발트족도 이렇게 한참을 외톨이 신세로 지내다, 제2천년기(1001~2000)의 전반기 들어 제 민족이 이주 방향을 정반대로 틀면서 비로소 사람들을 마주칠 수 있었다. [례투바]

서구에서는 지금껏 그래오지 못했어도, 당시 이민족의 이주와 관련해서는 큰 그림을 그려 바라보는 일이 중요하다. 이때의 이주는 게르만계의 제 민족에게만 한정해서만 볼 일이 아닐뿐더러 로마제국 서부 전선에서만 벌어진 일도 아니었다. 이즈음 로마제국 서부에 나타난 현상, 그러니까 4세기 말에 들어 게르만족들이 느닷없이 쏟아져 들어온 현상은 알고 보면 지리적으로나 시간적으로나 훨씬 장대한 무대를 배경으로 한 드라마의 한 막幕에 불과했다.

무작정 쏟아져 들어오는 게르만족의 이주 물결이 처음 감지된 것은 376년, 훈족의 압박을 이기지 못한 동고트족이 모이시아 땅에 눌러앉게 해달라며 황제 발렌스Valens에게 사정을 하고 나온 것이 계기였다. 그래서 그 일부가 황제의 허가를 얻어 도나우강 건너 로마 땅으로 들어오게 됐으나, 거기엔 반드시 무기와 함께 자식들까지 로마에 넘겨야 한다는 단서가 붙었다. 그러고서 2년이 흐른 378년 3월, 동고트족은 로마군을 상대로 하드리아노폴리스(에디르네)에서 사활을 건 일전을 벌이는데, 외려 로마 황제(발렌스)가 목숨을 잃었다. 당시 동고트족은 사르마트계 알란족과 동맹을 맺은 터라 그들의 중무장 기병이 패배를 모르던 로마군단에 여지없는 참패를 안긴 것이다. (이 전투에서는 사르마트 양식의 창과 함께 병사들을 싣고 달리던 엄청난 덩치의 군마가 위력을 발휘했는바, 군사軍史에서는 중세 전투의 가장 핵심적인 특징이 바로 이때 첫선을 보였다고 본다.) 4년 뒤, 이번에는 서고트족의 차례였다. 서고트족의 왕 겸 전쟁지도자 알라리크Alaric로서는 동고트족이 로마에서 버젓이 성공하는 꼴을 마냥 지켜볼 수 없었을 것이다. 그렇게 해서 들이닥친 알라리크에게 로마는 선심 쓰듯 마기스테르 밀리툼 일리코룸magister millitum illyricorum 곧 일리리아 군사령관의 자리를 내주었다. 그러나 알라리크는 그 직위에 앉아서도 이후 30여 년간 로마제국을 누비며 처음에는 아테네를(396), 나중에는 로마를(410) 보란 듯 약탈했다. 알라리크로서는 직위는 직위고, 노리쿰에 정착하려는 서고트족의 바람을 로마제국이 물리친 것에 분을 삭일 수 없었던 것이다. 그 후 알라리크는 서고트족을 이끌고 아프리카로 가겠다는 구상을 품게 된다. 그런데 그 뜻을 이루기도 전 알라리크가 코센차에서 목숨을 잃으면서(410), 서고트족은 또다시 발길을 딴 데로 돌릴 수밖에 없었다. 그 뒤를 이은 아타울프Athaulf가 로마 황제 호노리우스의 이복누이(갈라 플라키디아)를 생포해 그녀와 혼인하는 한편, 그의 처남 왈리아Wallia 대에 비로소 아키텐에 정착하면서 서고트족도 비로소 한숨 돌릴 수 있었다. 서고트족이 톨로사(툴루즈)에 세운 왕국은 이내 멸망했다. 하지만 이 왕국이 든든한 발판이 돼, 서고트족은 507년의 어느 즈음부터 스페인에 자신들의 유구한 유산을 탄생시키는 작업에 돌입할 수 있었다.

서고트족의 분탕질로 로마에는 더 큰 무리를 지은 게르만족들이 대거 세 차례나 침입해 들어오는 길이 열린 셈이었다. 그때까지 갈리아에 주둔하고 있던 로마군단이 알라리크로부터 콘스탄티노폴리스를 지키려 철군하자, 라인강 일대 로마군 수비가 무방비 상태가 되다시피 했다. 그리하여 400년의 어느 시점엔가 부르군트족이 호시탐탐 기회를 노리다 슬쩍 라인강과 마인강 합류 지점 일대까지 밀고 들어왔다. 30년이 흐른 뒤 로마는 장수 플라비우스 아에티우스Flavius Aetius를 보내 이들 세력을 저지했고, 부르군트족은 로마가 고용한 훈족 외인부대에 밀려 제국 밖으로 쫓겨났다. 그러나 부르군트족은 443년 다시 로마제국 영내로 들어왔고, 그 후로는 죽 리옹 근방에 정착해 살았다. 부르군트족이 론강과 손강 사이 계곡에 세운 부르군트왕국은 곧 세가 커져 알프스산맥을 넘나드는 주요 산길들을 장악했다. [니벨룽]

406년의 크리스마스에도 코블렌츠 일대 라인 강물이 겨우내 단단하게 얼어붙은 틈을 타 대규모의 이민족 무리가 로마로 유입됐다. 반달족, 수에비족, 알란족이 한꺼번에 갈리아 땅으로 몰려든 것이다. 반달족은 길을 빙 돌아가는 한이 있더라도 알라리크가 염두에 둔 아프리카 땅에 발을 들일 작정이었다. 그리하여 409년에는 피레네산맥을 넘고, 429년에는 지브롤터해협을 건너, 439년에 드디어 카르타고의 성문을 통과했다. 라인강에서부터 출발해 총 4000킬로미터의 노정을 거치는 데 33년이 걸린 셈이다. 반달족은 카르타고에 마련한 자신들의 근거지를 발판으로 해상 세력 평정에 나섰고, 그리하여 발레아레스제도와 사르데냐가 반달족 수중에 떨어졌다. 아프리카에 세워진 반달족 왕국은 다음 세기 들어 로마제국이 힘을 추스를 때까지도 죽 막강한 세력으로 남아 있었다. 반달족과 동고동락했던 수에비족 및 알란족은 스페인에서 그들과 헤어져 각자의 길을 걸었다. 수에비족은 저 멀리 북서쪽 갈리시아에 왕국을 창건했고, 서쪽의 알란족은 타호강 계곡을 종착지로 택했다.

브리타니아에서는 410년 들어 로마군단이 훌쩍 철수하자 이를 기화로 해적들이 득달같이 달려들었다. 그간 로마 속주 총독들은 '색슨족 해안가Saxon Shore'에 늘어선 요새들을 지켜내려 100년도 넘게 갖은 애를 써왔건만 그것도 끝이었다. 이제 로마노-브리튼족은 제 살 길을 찾는 수밖에 없었다. 물론 418년 이후 한 10~20년 정도는 로마군 일부가 도로 브리타니아에 들어와 있었을 가능성도 있기는 하다. 하지만 446년 들어 브리타니아 속주가 도움을 요청하고 나섰을 때 아에티우스는 딱 잘라 거절했다. 얼마 지나지 않아 브리타니아와 로마제국 사이에 모든 정기적 접촉이 완전히 끊겼다. 그 후 앵글로-색슨족의 좁고 긴 배longship를 타고 들어온 것은 비단 해적뿐만이 아니어서, 개중에는 용병들과 식민시 개척민들도 끼어 있었다. 그리하여 457년에는 헹기스트Hengist가 이끄는 주트족에게 켄트가 함락됐는데, 주트족은 원래 덴마크의 '주틀란트Jutland'에 살다 프리지아를 거쳐 브리타니아에까지 발을 들인 부족이었다. 앵글족은, 그 흔적을 보아 원래는 독일 슐레스비히의 '앙겔른Angeln'을 보금자리로 삼았으나, 이즈음 브리타니아의 동부 연안을 수중에 넣었다. 앵글족은 배를 타고 험버강까지 거슬러 올라와 그 일대에 크고

례투바 LIETUVA

■
■ 리투아니아어가 "인도–유럽어족을 통틀어 가장
고어古語다운 특징을 갖고 있다"[1]라거나, "동시대
의 다른 그 어떤 인도–유럽어족보다 [⋯] 고어의 형태를
가장 잘 간직하고 있다"[2]라는 이야기는 이 방면의 권위
자라면 누구나 쉽게 인정하는 사실이다. 1897년 독일
의 언어학자 카를 브루크만Karl Brugmann이 인도–게
르만어족의 제 언어를 비교한 《인도–게르만어족 언어
의 비교문법 개요Grundriß der vergleichenden
Grammatik der indogermanischen Sprachen》를 펴
낸 이래, 리투아니아어는 낭만주의 사조를 지향하는
어원학자들 사이에서 누구나 공부하고 싶어 하는 아주
인기 있는 연구주제였다. (〔"례투바"는 리투아니아어로 "리
투아니아"를 뜻한다.〕

그도 그럴 것이, 리투아니아 어휘 속에는 그리스와
로마를 연구하는 고전시대 학자가 한번쯤은 눈여겨
볼 만한 핵심 단어가 다수 들어있다. 리투아니아어
의 vyras(인간), saulė(태양), mēnuo(달), ugnis(불),
kalba(언어) 같은 경우다. 거기에 리투아니아어는 양
수兩數(두 개 또는 한 쌍의 것을 나타내는 수) 표기 및 복
수 표기를 비롯해 비鼻장모음, 일곱 가지 격, 동사의 시
제 체계, 동사의 활용, 태態 같은 문법적 요소를 다 갖
추고 있으니 그런 면에서는 라틴어와 별반 다르지 않
다. 그런데 또 다른 면에서 보면 리투아니아어에는 확
실히 슬라브어적 요소도 다분하다. 리투아니아어의
galva(머리, 러시아어로는 golova), ranka(손, 폴란드어로는
ręka), paukštis(새), žiema(겨울), snigas(눈, 이 세 단어
는 폴란드어로는 각각 ptaszek, zima, śnieg에 해당한다) 같
은 경우다. 폴란드어 역시 복수 표기, 비모음, 일곱 가

지 격을 갖추고 있다. 하지만 리투아니아어(혹은 프랑스
어)와는 달리, 대부분의 슬라브어파 언어에는 아직도
중성명사의 형태가 고스란히 남아 있다. 실질적 측면
을 이것저것 따져봤을 때, 결국 발트어파와 슬라브어파
의 두 어군 모두에 나타나는 공통 요소들을 갖고 있다는
점이 리투아니아어의 주된 특징이다. 리투아니아어가 산
스크리트어와 가까운 친척관계일 줄로만 알았던 사람들
로서는 실망스러운 일이 아닐 수 없다.

이처럼 강한 고어석 성격을 가졌음에도, 리투아니
아어가 아직까지 살아남아 있다는 사실은 놀랍기만 하
다. 수백 년의 리투아니아대공국 시기에, 리투아니아
어는 줄곧 시골 농부들이 자기들끼리 주고받는 입말
이었지(514~515쪽 참조) 단 한 번도 상류층 문화나 통
치층의 공식어로 사용된 적이 없었다. 리투아니아법
전 역시 애초에는 루스키ruski라고 불리는 '루테니
아어'로 쓰였으나, 라틴어(1530)와 폴란드어(1531)로
는 번역이 됐어도 정작 리투아니아어로는 번역이 되
지 않았다. 그런데 마르티나스 마주비다스Martynas
Mažvydas(1510~1563)의 가톨릭 교리문답집을 필두
로, 종교 방면에서 리투아니아어가 차차 많이 활용되
는 추세가 나타났다. 그러자 19세기 들면서 러시아 교
육자들이 이러한 가톨릭 저작을 러시아 문자인 키릴문
자로 찍어내려는 노력을 전개한다. 하지만 빌노(빌뉴스)
의 폴란드인 주교들이 초등 리투아니아어 교육은 로마
자를 기반으로 이루어져야 한다는 방안을 지지하고 나
서서 러시아의 책략을 성공적으로 저지해냈고, 이로써
리투아니아는 가톨릭 신앙에 대한 사랑을 한층 더 키
워나갔다. 덕분에 리투아니아 성경은 아래와 같은 식
이 됐으니, 아마추어 언어학자라면 이걸 가지고 이 방
면에 조예를 쌓아보는 것도 썩 괜찮은 방법이리라.

Ir angēlas	천사가
tare jiems:	이르되,
'Nesibijokties!	'무서워 말라!

Štay!'	보라!
Apsakau jums didj dźaugsmą	내가 온 백성에게 미칠
kurs nusidůs	큰 기쁨의 좋은 소식을
vissiems źmonems.	너희에게 전하노라.
(Luke 2:10)	(누가복음 2장 10절)[3]

작은 공동체를 세워서는 훗날 더 방대한 덩치의 머시아Mercia 왕국을 탄생시킨다("머시아"는 원래 마치March 즉 "변경지대"를 뜻했다). 색슨족은 엘레Aelle의 통솔 아래 브리타니아 남부 연안에 상륙한 뒤 그 일대에 남부 색슨족 왕국(즉 서식스Sussex)이 탄생할 토대를 놓았다. 나머지 색슨족 ─미들색슨족(미들식스Middlesex)와 이스트색슨족(에식스Essex)─ 은 템스강 계곡을 향해 올라가는 것으로 방향을 잡았다.

이렇게 해서 브리타니아 동부 일대의 기나긴 정복 및 정주 과정이 시작됐고, 그 끝에 출현한 것이 '잉글랜드England'였다. 브리타니아에서는 각지 족장들이 올망졸망한 소국들을 하나씩 차지하고 다스리는 상태가 3세기 넘도록 이어지다, 소국들이 저들끼리 통합도 되고 한쪽이 다른 쪽을 병합시키기도 하면서 더 커다란 집단들이 생겨났다. 그렇다 보니 훗날 앵글로-색슨족이 세운 가장 막강한 공국 즉 웨스트 색슨족West Saxons의 나라(웨섹스Wessex)가 940년에서야 경쟁국들을 깨끗이 해치우게 되는바, 앵글로-색슨족의 침략이 처음 시작된 때부터 따지면 무려 500년이 걸린 셈이다. 그사이 침략자의 거센 압박에 시달리다 브리타니아인도 침략의 물결을 저지하려 갖은 애를 썼다. 500년경에는 반半전설상의 왕 아서Arthur가 몽스바도니쿠스의 일전(바돈산전투)에서 승리하게 되는데, 이 덕분에 앵글로-색슨족 세력이 한때나마 물러가는 한편 브리타니아 서부의 켈트족은 세력을 보전할 수 있었다. [트리스탄]

로마제국 서부의 속주屬州들에 게르만계 민족이 몰려들어 북새통을 이룬 동안, 이 대격변의 진원이라 해도 좋을 훈족이 마침내 판노니아에 모습을 드러냈다. 훈족이 티서강(타이스강)의 평원 일대에 당도해 여기저기 천막을 치고 수도를 세운 것이 420년의 일이었다. 443년에는 아틸라Attila(404~453년경)가 부상해 이들을 다스린다. 이내 아틸라의 이름 석 자는 인정사정없는 파괴를 일컫는 말이 됐다. "그의 말이 밟고 지나간 자리에는 풀 한 포기 움트지 못했다." 계절이 몇 차례 바뀌는 틈을 타, 이 '신神이 내린 재앙'은 도나우강 일대의 로마제국 속주를 가차 없이 쑥대밭으로 만들었다. 451년에 아틸라는 직접 말을 타고 북부와 서부 일대를 돌면서, 게피드족과 부르군트족 등 다양한 종족으로 동맹군 혼성부대를 꾸렸다. 그 와중에도 파리만은 성녀 준비에브St Geneviève의 간절한 기도가 통했는지 용케 아틸라의 발길을 피할 수 있었다. 하지만 아틸라도 샬롱 일대의 카탈라우눔평원에서 벌어진 전투에(451)서는, 아틸라의 기병들에게는 더할

니벨룽NIBELUNG

■
■ 　5세기에 접어들고 몇십 년 동안, 고대에 키비타스 방기오눔Civitas Vangionum이라 불린 땅, 그러니까 오늘날 라인강의 보름스Worms 땅에는 부르군트족이 세운 성 하나가 있었다. 과거에 자신들을 이끌던 수장의 이름을 따 흔히 니벨룽으로 알려진 이 부르군트족은, 원래는 로마의 외인부대로 복무할 양으로 로마제국 영내에 들어와 있던 터였다. 하지만 435~436년에 걸쳐 로마 장군 아에티우스를 비롯해 당시 서쪽으로 한창 진출 중이던 훈족과 잇따라 전투를 벌이다 기어이 제국 밖으로 밀려나는 신세가 됐다. 훗날 제정된 부르군트법전Lex Burgundionum을 보면, 당시 부르군트 왕실의 계보를 이은 세 형제의 이름이 군드하리우스Gundharius(군터Gunther), 기슬리하리우스Gislaharius(기젤헤르Giselher), 고도마르Godomar(게모트Gemot)로 돼 있다. 제국 밖으로 쫓겨난 부르군트족은 이후 제네바에서 숨을 고른 뒤, 이내 리옹으로 자리를 옮겨 461년에 마침내 최초의 부르군트왕국을 세운다. [루그두눔] 부르군트족이 남긴 보름스의 옛 궁궐터 한편에는 명판이 붙어 있는데, 이 도시가 여러모로 참 유서 깊은 곳임을 실감케 한다.

> 이곳은
> 로마인의 거룩한 신전이 자리 잡았던 곳이자
> 니벨룽의 왕궁이 세워진 곳이었고
> 샤를마뉴가 황제의 거처로 이용했으며
> 보름스 주교제후의 궁전으로
> 1689년에서 1745년 사이 프랑스인들에게 파괴됐으나
> [신성로마제국의] 황실 및 제후 회의가 100회 이상
> 바로 이곳에서 열렸다.
> 이곳은 마르틴 루터가
> 황제와 제국을 상대로 섰던 곳이기도 하다.[1]
> [5행의 "주교제후'는 세속 영지를 소유한 주교를, 마지막 행은 1521년 3월 루터가 보름스 제국회의에서 자신의 교

보름스에서 약간 북쪽으로 거슬러 올라가 오늘날의 네덜란드 국경 언저리에 이르면 크산텐Xanten(아드상투스 Ad Sanctos)이라는 곳에 성빅토르 성당이 서있다. 성 빅토르St Victor는 로마 시대 후기의 기독교 순교자로, 바로 이 인물을 원형으로 지크프리트Siegfried(승리-평화)라는 그 유명한 전설상의 전사가 나왔다는 것이 통설로 통한다.

부르군트족이 객지를 떠돌다 보름스에 머물고 있을 때, 아틸라 휘하의 훈족은 아직 도나우강 중류의 평원을 무대로 야영 생활을 하는 중이었다. 훈족도 역사 속 비중이 제법 큰 축에 속해서, 특히 각종 신화와 서사시 속의 기담奇談에 어김없이 등장해 제일 유명한 게르만족 전설이 생겨나는 기본 토대가 됐다.

〈니벨룽의 노래Nibelungenlied〉는 압운이 들어간 약 2300개의 연으로 구성된 대서사시로, 13세기 초반 오스트리아에서 처음 쓰였다. 현전하는 필사본만 해도 총 34종인데, 필사본 A(MS A)는 뮌헨에, 필사본 B(MS B)는 장크트갈렌에, 필사본 C(MS C)는 도나우에싱겐에 보관돼 있다. 세부 내용에는 차이가 있으나, 불패의 초인적 힘을 지닌 왕자 지크프리트의 등장 이후, 부르군트 왕궁에서 벌어지는 파란만장한 일들을 전하고 있기는 어느 필사본이나 마찬가지다—그는 괴물용을 죽인 자, 니벨룽의 보물을 지키는 자, 어둠의 마법 망토를 가진 자로서 엄청난 힘을 가졌다. 지크프리트는 몰려드는 작센족 군대로부터 위기에 빠진 나라를 구하는가 하면, 신변을 숨기고 아이슬란드의 공주 브룬힐트Brunhild와 일대일로 겨뤄 기어이 그녀를 힘으로 제압하는데, 브룬힐트는 몸싸움에서 자신을 이긴 상대만 자기 배우자로 삼을 작정이었다. 지크프리트는 그녀를 마음에 두고 있던 군터 왕에게 브룬힐트를 양보하고, 그 자신은 군터 왕의 누이 크림힐트Krimhild를 아내로 맞아들인다. 화기애애하던 두 커플의 관계는 이내 싸늘해지는바, 브룬힐트가 자신이 싸움에서 질 수

밖에 없었던 비밀을 알아버린 것이다. 이후 군터의 시종 하겐Hagen이 브룬힐트의 사주를 받아 지크프리트가 가진 딱 하나의 약점을 알아내고는, 지크프리트가 샘가에서 목을 축이는 사이 지그프리트를 죽이고 그가 가지고 있던 보물도 라인 강물 속으로 던져버린다 (1460쪽 도판 9 참조).2

원래는 이교 색채가 물씬 나던 이들 이야기가 신원을 알 수 없는 〈니벨룽의 노래〉 작자의 손을 거쳐 중세 독일의 궁정 문학 및 기독교 문학으로 다시 태어났듯, 후대에 빌헬름 리하르트 바그너는 이것을 또 한 번 윤색해 〈라인의 황금Das Rheingold〉(1869), 〈발퀴레Die Walküre〉(1870), 〈지크프리트Siegfried〉(1872), 〈신들의 황혼Götterdämmerung〉(1876)으로 이어지는 낭만주의풍 오페라들을 탄생시켰다. 이 니벨룽의 반지 시리즈Ring Cycle는 1876년 8월 바이로이트에 소재한 축전극장祝典劇場, Festspielhaus에서 전 작품이 초연됐다.

〈니벨룽의 노래〉 2부에서는, 남편을 잃은 크림힐트가 독일 땅을 떠나 에첼Etzel(아틸라Attila)이라는 이교도와 결혼한다는 줄거리가 이어진다. 이후 얼마쯤 시간이 흐르자 크림힐트는 때를 보아 자신이 머물고 있는 에첼부르크/그란Etzelburg/Gran(오늘날의 에스테르곰)으로 부르군트족 육친들을 두루 초청한다. 자신이 진심으로 사랑했던 남편 지크프리트의 원한을 갚기 위해서였다. 크림힐트는 지크프리트가 생전에 아끼던 검으로 하겐의 목부터 뎅겅 베어낸 뒤, 이 시에 등장하는 주요 인물들도 죄다 원수라며 살육해버린다.

열성적인 문학도라면, 이 부르군트 일족이 어떻게 보름스를 떠나 이른바 '훈족의 땅Hunland'에 들어섰을지 그 경로를 오늘날에도 더듬어볼 수도 있으리라. 그들은 우선 파사우에 있었던 이른바 '세 강江의 교구See of the Three Rivers' 즉 크림힐트의 오라비가 주교로 봉직하고 있던 데서부터 출발했을 것이다. 그곳을 떠나 베헬라렌(푀흘라른)의 뤼디거 백작의 저택에 들른 뒤, 거기서 다시 멜크의 요새, 트라이스마우어에 자리한 로마제국의 관문, 에첼이 이제나저제나 자기 신부를 기다리던 툴른을 지나, 마지막으로 17일 동안 성대하게 결혼 축하연이 이어졌다던 빈으로 발걸음을 옮기게 될 것이다. 그러나 기어코 그 끝에 이르렀을 때 남는 것은 애통함뿐이다.

Hier hat die Mär ein Ende.
Diz ist der Nibelunge Not.
이것이 이 이야기의 끝이노라.
이렇게 니벨룽은 몰락하고 말았도다.

나위 없이 좋은 풀밭 위의 싸움이었음에도, 아에티우스의 주도로 결성된 테오도리크Theodoric의 서고트족과 '바다에서 온' 메로베크Merovech의 프랑크족의 지족支族인 살리족의 연합군에 참패당했다("테오도리크"는 테오도리크 1세(451년 몰)로 동고트족의 테오도리크(대왕)와는 다른 인물이다). 그리하여 "아틸라가 라인강 이북으로 퇴각했는데, 로마제국이 '서로마'의 이름을 걸고 승전을 올린 것은 이때가 역사에서 마지막이었다."6 이 싸움 이후 아틸라는 이탈리아로 말머리를 돌렸다. 그 서슬에 이번에는 튜린(토리노), 파두아(파도바), 아퀼레이아가 차례로 일전에 메스(프랑스 동북부 도시)가 입은 바 있는 참화를 겪어야 했다. "아퀼레이아는 후대에 아예 흔적조차 거의 발견할 수 없었다." 밀라노에 발을 들인 순간 아틸라는 심기가 뒤틀리고 말았는바, 스키타이의 제후들이 로마 황제의 옥좌 앞에서 엎드려 절을 하는 모습이 그곳 왕궁 벽화에 그려져 있었기 때문이다. 아틸라는 화공畫工 한 사람을 데려다 벽화 속 둘의 관계를 반대로 바꾸어 그리게 했다.

아틸라는 452년에는 볼세나호湖 언저리에 진출했으나 어찌된 영문인지 당시 로마 주교[교황] 레오 1세Leo I에게 순순히 설복당해 이내 군대의 말발굽을 돌렸다. 당연한 귀결이다 싶지만, 전리품의 일환으로 얻은 일디코Ildico라는 여인을 옆에 끼고 티서강의 훈족 본거지로 돌아온 아틸라는 일디코와 혼인식을 치른 첫날밤 동맥 파열로 비명횡사한다. "시뻘건 핏물이 쏟아져 그의 숨통을 끊어놓았다. [⋯] 피는 역류해 그의 내장과 양쪽 폐까지 차올랐다." 이에 훈족 군단에 소속돼 있던 기병들은 처음 등장했을 때와 마찬가지로 언제 그랬냐는 듯 자취를 감추었다. 그후로 훈족은 한때는 동맹이었던 부족들이 뒤통수를 치고 훈족을 공격해오면서 뿔뿔이 흩어졌고, 판노니아 땅에 두었던 본거지도 게피드족과 동고트족에 내주지 않으면 안 됐다. [처버] [에피데미아]

아틸라가 죽자 이번에는 동고트족이 기다렸다는 듯 온전한 독립을 하겠다고 나섰다. 판노니아에서부터 진격해온 동고트족은 이후 동로마제국을 두루 돌며 약탈전을 감행하다, 지도자 테오도리크는 로마제국이 이민족을 달랠 때 으레 내어주는 이탈리아의 군사령관과 총독 직을 한꺼번에 받고서야 비로소 분탕질을 멈췄다. 그러나 테오도리크로서는 아쉽게도 당시 싸움판에 뛰어든 이민족 장수는 그만이 아니었다. 오도아케르Odoacer가 서로마제국의 마지막 황제[로물루스 아우구스툴루스]를 고민할 것도 없이 폐위해버리고는, 시칠리아와 달마티아에다 알프스 이북까지 아우르는 용병 부대의 최고 수장 자리를 거머쥐었다. 이제 결승점을 목전에 둔 테오도리크와 오도아케르 둘 사이의 대결은 피할 수 없었다. 이 싸움은 3년간 벌어진 라벤나공성전Siege of Ravenna에서 테오도리크가 오도아케르를 처단하면서 막을 내렸다. 493년의 일이었다. 이제 이탈리아에는 동고트족의 왕국이 들어설 길이 트인 셈이었다.

이와 엇비슷한 상황은 메로베크의 손자로서 살리족의 왕 노릇을 하던 흘로드위그Hlodwig 즉 클로비스Clovis(466년경~511)에게도 마찬가지로 전개됐다. 그는 자신이 로마의 동맹자라는 점을 활용해 당시의 분쟁 지역이던 갈리아 속주에서 자신의 통치권을 대폭 확장하는 데 성공했다. 투르네의 옛 살리족 땅에서 출발한 클로비스는 이내 갈리아를 맡아 다스리던 마지막 '로마인' 장군 시아그리우스Syagrius를 격파하고, 자신들과 각축을 벌이던 프랑크족의 지족 리푸아리아족(오늘날의 '프랑코니아'에 자리 잡고 있었다), 알라만족, 부루군트족에 이어, 507년에는 아키텐의 서고트족까지 정복했다. 클로비스는 나머지 잔챙이 프랑크족 제후들까지 모두 처단한 뒤에는 기독교도 클로틸다Clotilda를 아내로 맞아 본인도 랭스에서 세례를 받는데, 세례식은 496년 부활절에 치러진 것으로 보인다. 이 결과, 피레네산맥에서 바이에른을 아우르는 광대한 지역에 일명 '메로빙거Merovinger' 가문의 거대한 영토가 생겨났다. 통설에 따르면, 클로비스는 이 무렵 콘스탄티노폴리스까지 가서 황제로부터 왕권을 상징하는 왕관과 함께 로마의 집정관[콘술]이라는 명예직을 얻었다고 한다. 이후 클로비스는 30년 동안(481~511) 자신의 땅을 통치하다 새로

세워진 수도 파리에서 숨을 거두었다. 정작 본인은 몰랐겠으나, 살아생전 클로비스(클로비스 1세)가 탄생시킨 것은, 프랑스 역사학자 에르네스트 라비스Ernest Lavisse가 평했듯, "하나의 국가가 아니라 어떤 역사적 동력"이었다—훗날 프랑스와 독일 제국 둘 다를 일어서게끔 만든 그런 힘 말이다.

6세기에 들어서자, 유스티니아누스 1세 때에 로마의 옛 위세가 잠시 돌아오는가 싶은 때도 있었으나(뒤의 내용 참조), 게르만의 정복이 더 공고해졌다. 이번에 스페인에 세워진 서고트 왕국은, 예전에 남부 갈리아에서 고전을 면치 못했던 것과 달리, 나날이 흥성했다. 레오비길드Leovigild는 톨레도를 수도로 삼았으며, 그의 代에 서고트족은 수에비족의 영토까지 흡수해 버릴 정도였다. 한편 이 무렵 이탈리아와 함께 도나우강 일대의 속주까지 여럿 손에 넣은 동고트 왕국은, 수많은 부족 중 하필이면 맨 나중에 이주에 합류한 동부 게르만족 롬바르드족에게 나라를 넘겨주게 된다. '길게 기른 턱수염Long Beard'이 있다 해서 일명 랑고바르드족Langobardi으로도 불렸던 롬바르드족은, 훈족이 흩어지고 난 뒤 한 100년간은 도나우강 이북을 돌면서 그 일대의 게피드족과 아바르족을 족치고 다녔다. 그러다 568년에 방향을 남쪽으로 틀어 파비아 일대를 중심으로 이 지역 패권의 새 판을 짜기에 이른다. 이후 이탈리아반도는 롬바르드족과, 남부의 비잔티움인, 그리고 이 무렵 세를 왕성히 키워가던 프랑크족이 서로 다투는 각축장이 된다. 아닌 게 아니라 이즈음 프랑크족의 세는 사방팔방으로 뻗치고 있었다. 한동안 갈리아 북쪽 연안에 세를 잡았던 작센족 일파도 프랑크족에게 밀려났다. 동쪽의 변경지대에서는 작센족 주류 세력은 물론 튀링겐족까지 프랑크족으로부터 압박을 받는 상황이었다. 활개 치던 아바르족을 바이에른 계곡에 꼼짝 못하게 묶어놓은 것도, 그 뒤에는 도나우강 중류 오스틀란트Ostland 즉 오스트리아로 게르만계 식민시 개척민들을 보낸 것도 프랑크족이었다. 개척민들이 들어오면서 도나우분지의 아바르족 세력이 허물어졌고, 그것이 슬라브족이 이쪽으로 진출하는 계제가 됐다.

그렇게 해서 서쪽에 근거하던 슬라브족들이 동유럽 평원을 당당히 가로질러 엘베강 상류를 거쳐 도나우강 상류까지 거슬러 올라오게 됐다. 오데르강 서편에는 지금도 이때 진출한 슬라브족이 루사티아(독일 동부와 폴란드 서남부에 걸치는, 엘베강과 오데르강 사이의 역사적 지명)의 벤드족 또는 소르브족으로 무리 지어 남아 있고, 포메라니아의 카슈브족 역시 여전히 세를 이어가고 있다. 체코족도 이때 움직여 보헤미아 지방을 차지하고, 슬로바키아족은 카르파티아산맥 남부 비탈을 차지한다. 8세기와 9세기 들어 번성하게 되는 대大모라비아제국Great Moravian Empire의 창건 시조가 바로 이들이다. 폴라니에Polanie라고도 불린 "드넓은 평원의 민족" 폴란드족Poles은 오데르강 동쪽의 한 지류인 바르타강에 처음 모습을 드러냈다. 그러다 친척지간으로 엮인 부족민들이 함께 비스와분지를 거의 통째로 점유했다.

에피데미아-EPIDEMIA

■ 오늘날 통설에 따르면, 아틸라 휘하의 수많은 전
■ 사는 사실 451년 아에티우스를 맞아 참패를 당
하기 직전 이미 끔찍한 질병에 걸려 상태가 말이 아
니었다고 한다. 일부 역사학자들은 그때껏 금시초문의
질병이던 천연두smallpox를 유럽에 들여온 장본인이
바로 훈족이었다고 주장한다.[1] 다른 역사학자들은,
165~180년 로마에 대거 전염병이 돌았을 당시 천연
두도 함께 창궐했다고 주장한다. 확실한 것은, 18세기
에도 천연두가 여전히 맹위를 떨치며 상당수 사람들의
목숨을 앗아갔다는 사실이다. 1719년만 해도 파리에
서 한 차례 천연두가 번져 1만 4000명이 목숨을 잃어
야 했는데, 불과 2년만 더 있으면 백신이 발견될 것이
었으니 안타까운 일이었다. 그러나 백신이 발견되고 나
서도 1774년에는 루이 15세가 천연두로 목숨을 잃은
한편, 1790년에는 요제프 2세 역시 천연두에 걸려 목
숨을 잃었을 가능성이 있다. 〔"에피데미아"는 라틴어로 "유
행병" "전염병"이라는 뜻이다.〕

태곳적부터 사람들은 늘 덮쳐오는 유행병의 그림자에
떨곤 했다. 러시아 민담의 하나로 전하는 페스트 아가
씨Pest Maiden라는 귀신 이야기만 해도, 마을 사람들
이 그럴 줄 알면서도 그녀와 입을 맞추고 하나둘 목숨
을 잃어간다는 내용이다. 요한계시록에는 "창백한 말"
위에 올라탄 네 번째 기사, "그 위에 올라탄 자의 이름
은 바로 죽음Death"이란 대목이 있는데 이도 결국엔
같은 맥락이리라. 〔요한계시록에는 인류 종말을 가져올 네
가지 재앙으로 각각 정복, 전쟁, 기근, 죽음을 상징하는 네 명
의 기사 이야기가 등장한다.〕

유행병학자가 봐도 그렇겠지만, 거시사 연구자 입장에
서는 어떤 질병이 왜 별 탈 없이 잠잠하다가 어느 순간
돌변해 파괴적 맹위를 떨치게 되는 것인지 궁금하지
않을 수 없다. 거기에는 주위 환경의 변화, 돌연변이 균
주, 오염되지 않은 말끔한 인간 서식지 같은 것들이 모
두 주요 요인으로 작용할 수 있을 것이다. 일례로 천연

두 같은 질병은 중세 유럽에는 잘 알려져 있었어도 그
때까지는 최악의 재앙으로까지 번진 적이 없었다. 그러
나 천연두는 아메리카대륙에 가서는 발을 들이기가 무
섭게 전대미문의 대재앙을 낳았으니, 이로 인해 아스테
카 문명은 거의 송두리째 무너지다시피 했고, 아메리
카 원주민 대다수가 목숨을 잃어 인류의 20퍼센트를
구성하던 인구가 3퍼센트로 부쩍 줄었다. "이것 하나
만으로도 아메리카대륙에 노예제가 성립되고 지속되
기에" 충분했다.[2] "아메리카인의 복수the Americans'
Revenge"로 일컬어지는 매독梅毒, syphilis도 이력은
천연두와 비슷했으나 경로는 정반대였다. 매독은 아메
리카인에게는 경미한 피부 가려움증을 유발하는 정도
였지만 유럽에 들어오자 매독은 수백만 명의 목숨을
앗아가거나 장기를 손상시켰다. [시필루스]

말라리아Malaria는 예외적 측면이 있다. 알렉산드로
스 대왕을 저 세상으로 보낸 전적이 있듯, 말라리아는
고대부터 고질적 질병이었어도 그것이 대대적 유행병
으로 번진 적은 단 한 번도 없었던 것이다. 말라리아
는 그저 멈추지 않고 꾸준하게 인명을 앗아왔으니, 특
히 로마 근방의 캄파냐 습지처럼 여기저기 뜨뜻미지근
한 물이 고여 있어 말라리아원충原蟲, Plasmodium 기
생균이 번식할 수 있는 곳에서 그러했다. 누계로 따질
때, "인류에 가장 큰 해를 끼친 질병"은 단연 말라리아
였다.[3]

치명적 질병은 저마다 번성기가 있게 마련이고, 시대
별로도 그 시대만의 특정 전염병이 있는 법이다. 나병
leprosy은 13세기가 절정기였다. 흑사병Black Death
은 14세에 세상을 인정사정없이 휩쓸었고(6장 참조) 이
후에도 여러 차례 더 유행했다. 매독은 르네상스와 종
교개혁 시대에 주로 맹위를 떨쳤고, 계몽주의 시대에
까지 그 여세가 사그라지지 않았다. 결핵tuberculosis
은 낭만파 사이에서 주로 사신死神이 돼, 프레데리크
프랑수아 쇼팽, 율리우시 스워바츠키, 존 키츠 등 수
많은 이의 목숨을 거둬갔다. 콜레라cholera는 유럽
의 초창기 산업도시들의 재앙으로 통했고, 인플루엔자

influenza는 영 아니게 생긴 것이 20세기 초반에 사람 목숨을 거둬간 의외의 사신이었다. 에이즈AIDS는, 20세기 후반 나병 버전으로 등장해, 마음 푹 놓고 있던 과학주의 시대의 분위기를 뒤흔들어놓는 한편 전염병이 꼭 과거의 유물만은 아니라는 사실을 알게 해주었다. [사니타스]

Płynie Wisła, płynie	흘러라 비스와야, 흘러
Po polskiej krainie,	폴란드의 땅을 가로질러,
Po polskiej krainie,	폴란드의 땅을 가로질러,
I dopóki płynie	비스와의 물이 흐르는 한,
Polska nie zaginie,	폴란드도 굳건히 서 있으리니,
Polska nie zaginie.	폴란드도 굳건히 서 있으리니.

　동쪽의 슬라브족(동슬라브족)도 이내 드니프로강을 떠나 북쪽과 동쪽으로 움직이기 시작해 저 멀리 발트족과 핀족의 땅은 물론 볼가강 상류 삼림지대까지 밀고 들어갔다. 밖으로 커다란 원을 그리듯 이어진 이들의 이주에서는 몇 차례 본류에서 이탈하는 무리들이 있었는바, 루테니아족과 루스족이 갈라진 것도 이 무렵이었다. 폴란드족이 비스와강을 노래에 담았다면 루스족은 볼가강을 노래했으니, 루스족에게 볼가강은 그들이 '나고 자란 어머니 품'이 된다.

　남쪽의 슬라브족(남슬라브족)도 6세기 들면서 도나우강 이곳저곳을 수차례 건너와 로마제국을 침략했다. 540년에는 콘스탄티노폴리스를 에워싸고 공성전을 벌였다. 그리하여 일리리아·불가리아·마케도니아를 비롯해, 그리스 본토 대부분이 이들 손에 슬라브화했다. [마케돈] 크로아티아인은 오늘날의 폴란드 남부지방에서 처음 언급되는 민족으로, 이 무렵 사바강 상류와 달마티아해안 일대를 식민화한 것으로 알려져 있다. 드라바강 상류에 정착한 무리도 있었으니 후일 슬로베니아족으로 알려지는 민족이다. 이와 함께 드라바, 사바, 도나우의 세 강이 한데 합쳐지는 지점에는 세르비아족이 자리 잡았다.

　이주민 부족들의 역동적 움직임은 이웃 부족들에게는 하나같이 심각한 여파를 끼치게 마련이었다. 앞선 무리가 완전히 제압되거나 흡수되지 않더라도, 그들은 후발대의 기세에 눌려 보다 후미진 곳으로 밀려나기가 다반사였다. 유럽 서부에는 이렇게 밀려난 켈트족이 갈리아에서는 넘쳐났고 브리타니아에서는 내몰리듯 갇히는 신세가 됐다. 아일랜드인만이 이주민의 침략 물결에도 안심하고 지낼 수 있었다. 아일랜드에 근거했던 켈트족인 스코트족도 이즈음 칼레도니아 고지로 이주해, 그곳 원주민인 픽트족을 신민으로 만들어서는 후일 게일족이 스코틀랜드를 지배하게 되는 토대를 놓았다. 또 이 무렵 콘월에 근거하던 켈트족도 이주를 감행해 후일 켈트족이 브르타뉴를 지배하게 되는 토대를 놓았다. 그 밖에도 켈트-브리튼족〔켈트계 브리튼족 곧 브리타니아족〕은 다시금 앵글로-색슨족의 기세에 눌려 웨일스 각지의 요새에 틀어박히는 신세가 됐다.

유럽 동부는 암흑시대에서도 가장 칠흑 같은 시기에 접어들어, 도나우분지의 혼미한 상황은 근 300년이 흐르도록 정리되지 못했다. 슬라브족은 이때에도 여전히 사료에서는 좀처럼 찾아볼 수 없는 데다, 그들이 아바르족이나 게르만족의 전초기지에 맞서 분투한 사정도 문서 기록에는 잘 나타나지 않는다. 혼미했던 유럽 동부의 마지막 퍼즐 조각은 유목 생활을 하던 마자르족이 9세기에 돌연 판에 뛰어들고 나서야 비로소 맞춰진다(396쪽 참조). 흑해 초원에서는 훈족 이래로 다시 한 번 투지에 불타는 아시아계 부족—즉 하자르족—이 출현해 근방의 잡다한 민족들을 상대로 패권을 행사해나갔다. 하자르족 또한 17세기에는 북北캅카스 출신의 튀르크족 왕조에 굴복해 그곳을 종주국으로 떠받들어야 하는 상황이 오지만 말이다. 하자르족이 거느렸던 그 잡다한 부족 중에는 사실 슬라브족도 끼어 있었으나, 슬라브족이 지배적 세력으로 얼마간 두각을 나타내는 것은 9세기 들어 키이우〔키예프〕라는 공국을 창건하고 나서였다. [하자리아]

이민족의 이주는 유럽 반도의 인종과 언어 구성을 근본적으로 바꿔놓는 계기가 됐다. 당시의 이주로 주민 간 인종 혼합 양상이 대거 바뀐 나라만도 여럿이었고, 일부 지역에서는 아예 완전히 새로운 피가 수혈됐다. 기원후 400년만 해도 유럽 반도 인구는 '로마인'과 '게르만족'의 두 부류로 명확히 양분됐지만, 기원후 600년 혹은 700년에 이르자 반半문명화한 전前 로마인들과 반半로마화한 전前 이민족들이 이전보다 훨씬 더 복잡한 양상으로 뒤엉켜 살게 됐다.

일례로 스페인에서는 로마화한 켈트-이베리아인의 틈을 비집고 게르만족이 대거 들어왔다—그 뒤로는 무어인과 유대인도 연달아 들어와 제법 비중 있는 층을 형성하게 된다. 갈리아에서도 갈로-로마인 틈으로 게르만족이 끼어들게 되는데, 스페인에 비해 비중은 훨씬 높았으나 분포는 훨씬 고르지 못했다—게르만족 인구는 북동쪽에만 몰려 있고 남서쪽에는 희박했다. 이탈리아에서도 역시 라틴화한 켈트-이탈리아인 및 그리스인들 사이로 게르만족이 대거 흡수되는 바, 북쪽 지방에서 유독 그런 경향이 두드러졌다. 브리튼의 경우에는, 정작 로마노-브리튼족의 인구는 다른 세력에 흡수당해버리거나 그 세에 밀려 섬을 떠나버리고 전혀 별개의 공동체 두

개가 섬에 남아 있었다—켈트족이 섬의 서부를, 게르만족이 섬의 동부·중부·남부를 차지했다. 칼레도니아(이후의 스코틀랜드)에서는 게르만족과 켈트족이 각각 섬의 저지와 고지를 나누어 차지했다. 독일에서는 그때껏 팽팽하던 서부 게르만족과 동부 게르만족 사이 균형이 순식간에 서부 게르만족에게로 넘어가는데, 동부 게르만족 대부분이 독일 밖으로 이주해나간 까닭이다. 슬라브족은 유럽 북부 평원을 가장 많이 차지한 데다가 발칸반도까지 장악한 상태였다. 그러나 슬라브족의 이 새로운 터전 안쪽에는 사실, 블라크족을 비롯해, 비非슬라브계 민족들도 다수 남아 있었다.*

민족이 바뀌었으니까 언어도 함께 변화하는 것은 당연했다. 서로마제국 후기에 만국 공용어로 통한 이른바 속俗라틴어vulgar Latin(로마제국 시대에 서부 지역에서 사용되던 구어 형태의 라틴어)가 서서히 순화된 신新라틴어 체제 언어들로—포르투갈어에서 루마니아어까지— 하나둘 분화했다. 그렇게 해서 라틴어의 pater(아버지)는 어느덧 스페인어와 이탈리아어의 padre가 돼 있었고, 프랑스어로는 père, 루마니아어로는 tata가 돼 있었다.

언어에 일어나는 이와 같은 변화는 매우 천천히 진행됐다. 프랑스어만 해도, 속라틴어의 방언인 갈리아의 로망즈romanz어가 제법 구색을 갖춘 근대 프랑스어로 자리 잡기까지는 무려 세 단계—(로망어)(8세기), 고대 프랑스어(11세기), 중기(중세) 프랑스어(14세기)—를 거쳐야 했다. 고대 라틴어의 갖가지 격변화, 동사활용, 어형변화는 하나둘 떨어져나가고, 전에 없던 새 문법과 어형이 발달해 나오기 시작했다. 그리하여 bonum, bonam, bonas(이하 모두 "선善"의 뜻을 내포한다) 등이 bon, bonne, bonnes로 변신하는가 하면, rex(왕)는 le roi로, amat(사랑하다)는 aime로, regina(왕비)는 la reine으로 그 형태를 바꾸었다. 이 '로망스Romance어'('로망어' '로맨스어'라고도 한다)로 쓰인 최초 문헌인 〈스트라스부르 서약Strasbourg Oath〉은 843년(또는 842년)에 기초된 것으로 알려져 있는데, 이 무렵이면 프랑스 왕들은 이미 게르만족의 프랑코니아어를 아예 입에 담지도 않게 된다. 브리타니아에서는, 한때 로마 속주에 들어가 있던 여러 지방에서 그랬듯, 라틴어가 완전히 자취를 감추었다.

동로마제국에서는 그리스어가 전과 다름없이 공식어와, 특히 소아시아 같은 많은 곳에서, 일상어의 위치 둘 다를 꿋꿋이 지켜갔다. 하지만 펠로폰네소스반도를 비롯한 수많은 지역에서는 한동안 지역 전체 혹은 일부가 슬라브화하는 것을 피할 수 없었다. 언제든 지나친

---

* '블라크Vlach' 혹은 '왈로크Wloch'는 고古슬라브어로 라틴인을 뜻하는 말이다. 이 말에서부터 유럽 각지의 왈라키아 지명이 탄생했다—세르비아의 구舊왈라키아Old Vallachia, 테살리아Thessaly의 대大왈라키아Vallachia Major, 루마니아 북부의 소小왈라키아Vallachia Minor, 루마니아 남부의 왈라키아Wallachia가 그렇고, 디나르알프스Dinaric Alps 일대의 마우로왈라키아Maurovallachia라는 곳은 네그로라티니Negrolatini 즉 "검은 블라크인Black Vlachs"의 땅이란 뜻을 갖고 있다. 폴란드어 브위히Włochy란 지금도 "이탈리아"를 뜻하는 일상어로 쓰이고 있다.

하자리아 KHAZARIA

■ 유럽 평원에서는 하고많은 왕국이 세워졌다 스
■ 러졌지만, 그중 가장 많은 논란을 불러일으킨 곳
을 꼽으라면 단연 하자르다. 하자르Khazar는 기원후
630년경 아시나Ashihna 가문의 튀르크족 왕조에 의
해 처음 세워져 970년 키이우의 스뱌토슬라프
Svyatoslav 대공(스뱌토슬라프 1세)에게 끝내 정복당하고
말 때까지, 유럽의 동부와 서부 사이에 끼어 양쪽이 무
난히 접촉을 이어가는 데 중대한 역할을 담당했다.
하자리아(하자르국)는 그 행정조직만 봐도 정말 다양
한 신민을 거느렸던 곳임이 드러난다. 하자르족의 카간
kagan(칸khan)의 통치력이 미친 행정단위만 해도 주요
지방이 3개, 속국이 7개, 공납 부족이 7개였다. 핵심
지방인 크왈리스는 볼가강 하류의 아몰-아틸Amol-
Atil이라는 쌍둥이 도시(후일의 차리친 자리)가 중심지였
다. 테레크강에 자리한 세멘데르Semender는 하자르
국이 투르키스탄에서 쫓겨났을 때 왕조의 초기 피난처
였다. 사르켈Sarkel은 볼가강이 크게 굽어지는 서쪽의
돈강 유역 일대를 중심으로 발전했다. [요새] 사르켈의
지배는 이름이 똑같은 석재 도시에서 이뤄졌는데, 9세
기에 비잔티움 기술자들이 와서 세운 것이라고 한다.
속국 중에서는, 하자르족이 새 거점으로 삼게 된 크름
반도(크림반도)의 코치르Khotzir의 중요성이 압도적으로
컸다. 코치르는 과거 고트족의 영역을 계승하고 있었으
며, 고트족은 한때 고대 헬레니즘 세계의 '보스포루스
왕국Kingdom of Bosphorus'을 정복하기도 했다. [케
르소네소스] 코치르는 해안에 자리 잡고서, 지금은 플
라네르스코에라고 하는, 플라이phullai의 통치를 받았
다. 또한 코치르에는 강성한 유대인 공동체가 있어 흑
해 일대를 오가며 왕성한 교역 활동을 벌이기도 했다.
다른 속국으로는 술락강 일대의 훈Hun(아틸라 후손의 거
주지), 카마강 일대의 오노구르Onogur, 도네츠강 일대
의 투르코이Turkoi 혹은 레베디아Levedia(이후 마자르족
의 거주지)와 함께, 볼가불가르족Volga Bulgars이 쪼개

져 세운 세 나라가 있었다. 북부산림지대에서 조공을
바친 부족 일곱은 민족을 따지자면 셋은 슬라브족이고
셋은 핀족이었으며, 나머지 하나는 정확히 밝혀지지
않은 상태다.
하자르는 상업 활동이 활발하고 종교에 관대하기로 명
성이 자자한 곳이었다. 그간 지중해 일대의 시장에 슬
라브족 노예 공급을 도맡아온 것도 이 하자르였다(346
쪽 참조). 그리하여 10세기에 들어서는 아예 레겐스부
르크-빈-크라쿠프-키이우-아틸을 하나로 잇는 육상
교역로까지 발달하기 시작했다
하자르에서는 무슬림이나, 기독교도나 유대교도나 저
마다 자신들 공동체의 판관判官을 따로 두고 그들의
통솔하에 번성했다. 그래도 하자르족 군대만큼은 대체
로 동부지방 출신의 이란계 무슬림들로 채워지는 일이
많았고, 그래서 737년에는 하자르 카간이 몸소 이슬
람교를 받아들여 신봉했다. 그러나 얼마 못 있어 후대
의 후계자들이 유대교로 개종하더니, 내친 김에 유대
교를 아예 국교로 삼았다 그런데 놀라운 사실은, 그랬
음에도 이즈음 쓰인 비잔티움, 아라비아, 혹은 유대인
의 역사 사료에는 유대교 개종과 관련한 이렇다 할 반
응이 전혀 없다는 점이다. 수도사 아키텐의 드루트마르
Druthmar of Aquitaine가 864년에 베스트팔렌의 코르
바이수도원에서 다음과 같은 글을 썼던 걸 보면 그 사
실이 아예 알려지지 않았던 것은 아니다.

> 고그와 마고그Gog and Magog(곡과 마곡)에 즉 훈
> 족 계열의 종족으로 스스로를 가자리Gazari라 일컫
> 는 자들의 땅에 한 부족이 있으니 무척이나 호전적이
> 다. [...] 이 부족민은 하나같이 자신들이 유대교 신앙
> 을 가졌다고 고한다.[1]

7세기에서 9세기에 걸쳐 아라비아인의 세가 부쩍 확장
하는 동안, 하자르가 취한 노선은 대체로 아라비아인
과는 대항하고 비잔티움과는 동맹하는 것이었다. 그러
다 바이킹 시대에는 스칸디나비아인이 발트해-드니프

로강으로 이어지는 길을 뚫기에 이르고, 그렇게 해서 키이우를 차지한 그들은 그길로 하자르카간국까지 통째로 수중에 넣었다. [루스]

당연한 얘기지만, 유대인 역사학자들은 하자르가 유대교로 개종했었다는 사실에 지대한 관심을 보여왔다. 유다 할레비Judah Halevi(1075~1141)는 톨레도에 체류할 당시 남긴 글에서 하자르 카간을 신앙의 영웅으로 떠받들었다. 카라이파Karaites(유대교의 한 교파)는 하자르족을 맘제르mamzer라 일컬었는데, "사생아" 혹은 "가짜 유대교도"라는 뜻이다. 그러나 정작 카라이파 학자 아브라함 피르코비치Abraham Firkovic(1785~1874)의 주

장에 따르면, 하자르족이야말로 본디 카라이파다. 아서 케스틀러는 유대교도였던 하자르족이 이주해 중부유럽Central Europe에서 아시케나지 유대인Ashkenazy Jewry의 중추가 생겨난 것이라고 자신의 1970년대 저술에서 주장한 바 있다.[2] 하자르족과 관련한 수수께끼는 아직도 미궁 속에 있다.

그래도 하자르는 유럽인 곁에 여전히 살아 숨 쉬고 있다. 그리스의 어린아이들은 크리스마스가 다가와도 라플란드의 산타클로스를 손꼽아 기다리지 않는다. 그들에게 선물을 가져다줄 이는 산타클로스가 아니라 하자르의 성 바실리우스St Basil이기 때문이다.

단순화는 삼가야 마땅한 법이다. 그렇긴 해도 바이에른 출신 학자 아쿠프 팔메라이어Jakub Fallmerayer(1790~1861)가 《근대 그리스인의 기원Ueber die Entstehung der Neugriechen》(1853)에서 펼친 주장에는 한번쯤 귀를 기울여도 좋을 것이다. 팔메라이어와 한 시대를 산 그리스인들은 사실 그의 저서로 말미암아 두고두고 깊은 상처를 하나 안게 되는바, 그의 주장에 따르면, 오늘날의 그리스 국가 국민들은 대체로 그리스화한 알바니아인 아니면 슬라브족이기 때문이다. "그들의 핏줄 속에 진정한 그리스인의 피는 거의 단 한 방울도 섞여 있지 않다." 물론 이 주장에도 과장된 면이 아주 없다고는 할 수 없다. 그러나 오늘날의 그리스인이 인종적으로 죄다 고대 그리스 주민들을 곧장 계승했다고 볼 바에는 차라리 팔메라이어의 주장이 더 신빙성이 있다. 오늘날의 유럽 국가 중 피가 잡다하게 뒤섞이지 않은 그야말로 완전한 '민족적 순수성ethnic purity'을 주장할 수 있는 나라는 그 어디에도 없을 테니까. [마케돈]

슬라브족이 유럽 각지로 확산하자 그에 힘입어 큰 줄기를 이루는 세 종류의 슬라브어(동슬라브어군, 남슬라브어군, 서슬라브어군)군과 함께 10여의 슬라브족 언어가 발달해 나왔다(부록 1575쪽 참조).

따라서 8세기에 접어들자, 이제 유럽 반도의 민족 정착은 얼마간 지속적 패턴을 띤다. 아닌 게 아니라, 유럽에서 8세기는 확실히 중대한 사회적 결정화結晶化, crystallization의 시기였다. 물론 장차 유럽을 구성하게 될 기본적인 민족이 다 들어오려면 아직도 다섯 번의 대大이주가 더 있어야 했다. 향후 진행될 그 다섯 번의 이주 중 하나의 주인공은 바다를 누비던 바이킹이었다(395쪽 참조). 다른 둘은 평원을 누비던 유목민인 마자르족과 몽골족이었고(396~398쪽 참조), 또 다른 둘은 새로운 신앙 수호의 임무를 맡은 전사인 무어인과 튀르크족이었다(341, 507쪽 참조). 한마디로 유럽은 잉태되기까지 그 어디보다 다채로운 요소들을 결합시켜야 했고, 그것이 마침

내 탄생하기까지는 오랜 산고의 과정을 겪어야 했다.

로마제국: 로마에서 비잔티움으로, 330~867년

330년 이후 로마제국의 통치는 줄곧 보스포루스를 중심으로 이뤄졌고, 이는 로마제국의 성격에까지 변화를 가져온다. 제국이 차차 로마니타스Romanitas 즉 '라틴성Latinity'을 잃어가게 된 것은 어쩌면 당연한 귀결이었다. 그런데 그와 함께 정치적 우선순위도 급격히 바뀌는 양상이었다. 이제 로마제국의 심장부는 이탈리아가 아니라 발칸반도와 소아시아 일대에 놓이게 됐다. 황제의 관심을 가장 지근거리에서 받게 된 곳도 이제는 갈리아, 스페인, 아프리카가 아니라 이집트, 시리아, 아르메니아였다. 아울러 날이 갈수록 로마제국이 사력을 다해 방어하게 되는 국경도 더는 라인강이 아니라 도나우강 하류와 흑해 연안이었다. 대부분의 역사학자들은 이처럼 급변한 상황을 감안해, 이 무렵부터는 '로마제국'이라는 명칭은 제쳐두고 '비잔티움제국Byzantine Empire'이라는 명칭을 더 많이 갖다 쓰는 경향을 보인다. 그러나 황제와 그 시민들 다 스스로를 한결같이 '로마인'이라 여겼다. 콘스탄티누스 1세만 해도 부패해버린 수도(로마) 외에는 로마의 그 어느 것도 버릴 작정이 아니었다. 이 무렵부터 동로마와 서로마 사이 간극이 더 벌어졌다고는 하나 그 과정 역시 동시대인들은 거의 느끼지 못할 만큼 더뎠다. 오히려 그들에게는 동과 서를 하나로 튼튼히 엮고 있는 끈이 더 강하게 느껴졌고, 동과 서 둘 사이 간극은 그에 비하면 아주 미미한 것이었다.

게다가, 당시 '비잔티움'이 '로마'의 자리를 과연 얼마큼이나 메꿀 수 있었는지에 관해서도 아직 통설은 나와 있지 않다. 굳이 기원을 따지고 올라가자면, 로마가 처음 동서로 갈라진 것은 저 옥타비아누스(아우구스투스)와 마르쿠스 안토니우스의 시대, 그러니까 둘의 권력 다툼으로 로마 세계가 잠시 동서로 양분됐던 때다. 이렇게 볼 경우, 나중에 서서히 비잔티움이 출현한 것이나, 결국엔 그 동로마가 로마의 패권을 완전히 장악하게 된 것 모두 안토니우스와 클레오파트라의 비극이 낳은 뒤늦은 보상이라고도 말할 수 있을 것이다. 한편 '비잔티움제국의 초대 황제' 하면 흔히 디오클레티아누스가 물망에 오르는바, 로마제국의 동쪽 절반을 처음으로 스스로 선뜻 나서서 떠맡은 황제가 바로 그였기 때문이다. 그러나 콘스탄티노폴리스를 세운 콘스탄티누스 1세를 비롯해, 유스티니아누스 1세나 헤라클리우스 1세 역시 비잔티움제국의 초대 황제로서 충분히 각축을 벌일 만한 인물들이다. 앞서의 논의와는 반대로, 비잔티움의 탄생을 되도록 뒤로 미루고자 하는 입장에서는, 서로마와의 마지막 연결고리가 종내 끊어지는 그 지점까지는 되도록 "비잔티움"이라는 명칭을 쓰지 말아야 한다는 학자들이 일부 존재한다. 이 경우에는 9세기, 심지어는 동방의 그리스정교회가 끝내 로마의 라틴교회와 갈라서게 되는 11세기가 비잔티움제국의 탄생 시기로 거론된다. 이 관점을 받아들인다면, '비잔티움'은 고대 후기late antiguity의 로마제국보다는 중세의 '신성로마제국'과 짝을 이뤄 역사의 한켠을 장식한 나라였다.

이와 같은 과도기는 약 500년에 걸쳐 이어졌다. 우선 4~5세기에, 황제가 로마 서부의 통치를 아예 손에서 놓을 만큼 서부 속주와 로마제국 사이 연결이 느슨해졌다. 마지막까지 남아 있던 고대 이교도 신앙의 잔재가 박해를 당한 것도 이 무렵이었다. 6세기 들어서는 유스티니아누스 1세(재위 527~565)가 서로마와의 연결을 원상 복구 하고자 다각도로 노력했으나 결국엔 모든 것이 헛수고였다. 그러자 불가르족과 슬라브족이 잇따라 물밀듯 제국으로 들이닥쳐 로마제국의 라틴어 인구를 완전히 압도해버렸다. 그래도 비잔티움은 계속 그리스어권으로 남아 있을 수 있었다. 7세기가 되자 이번에는 제국의 소중한 동부 속주 땅에 아라비아인들이 들끓기 시작했다. 그새 로마제국이 중추로 삼을 만한 땅은 오그라들어 한눈에 봐도 알렉산드로스 대왕 정복 이전의 그리스 세계와 비슷해졌을 정도였다. 그러다 8세기 들어서서 아라비아인의 침투 물결이 어느 정도 잠잠해지는 듯하자, 이번에는 성상聖像, icon을 둘러싼 종교 분쟁이 일어나 도무지 끝날 기미를 보이지 않으며 제국의 근간을 뒤흔들었다. 성상 숭배로 불거진 갈등은 이후 동로마와 서로마 교회를 끝내 갈라서게 하는 한 원인이 됐다. 로마와 무시무시한 불가르족 사이 기나긴 싸움은, 불가르족 칸이 로마 황제(니케포루스 1세(재위 802~811))의 두개골로 술을 들이켠 이후 전쟁 열기가 확연히 꺾였다. 성상파괴 논쟁Iconoclast controversy이 비로소 마침표를 찍은 것은 842~843년의 일이었다. 불가르족의 관계는 865년에 일대 전환을 맞는데, 불가르족 전쟁지도자(보리스 1세)가 콘스탄티노폴리스 주교로부터 정식으로 세례(864)를 받은 것이 그 계기였다. 이로써 장장 500년에 걸쳐 진행된 대혼란도 바야흐로 끝이 보이기 시작한다. 그로부터 불과 2년도 채 지나지 않아 로마제국에는 위대한 마케도니아왕조가 세워지고, 이 마케도니아왕조 황제들이 다시 한 번 로마를 새 번영기로 이끈다. 하지만 그간 5세기 동안 내우외환에 하도 시달린 터라, 이제 로마제국의 정치적, 사회적, 종교적, 문화적 삶은 알아보기도 힘들 만큼 외형이 바뀌어 있었다. 그 이전이라면 혹시 모를까, 확실히 이쯤 됐을 때는 어느 모로 보나 로마 세계의 진정한 계승자는 이제 비잔티움이라고 말할 수밖에 없었다.

5세기 들어 로마제국 서부의 속주들이 맥없이 무너진 것은 사실 오래도록 쌓이고 쌓인 부패의 결과물이었다. 어쩌면 게르만족의 침략은 이미 곪을 대로 곪은 상처가 터지게끔 일종의 촉매제 역할을 한 것에 불과할지 모른다. 에드워드 기번도 그랬지만, 일각에서는 이런 붕괴와 관련해 로마 통치층의 퇴폐적 사치가 문제였다고 누이가 강조한다. 또 다른 일각에서는 갖가지의 사회-경제적 요인들—즉 통화팽창과 인플레이션, 중重과세, 관료주의, 농경의 쇠퇴—을 거론하며, 그로 인해 페르디낭 로Ferdinand Lot(프랑스 역사학자)가 말한 "카스트caste 체제"가 로마에 생겨난 것이 문제였다고 지적하기도 한다. 사회계층이 경직되자 그에 따라 "사람들 심리도 완전히 일변했다."[7] 거기다가 이 시기 로마제국의 확장은 확실히 '과잉' 국면에 접어들어 있었다. 아무리 로마제국이라해도 그 넓은 땅을 대상으로 무한정 군사적 노력을 기울인다는 것은 불가능했다. 더구나 제국 군대에는 이제 게르만족 병사들과 전직 게르만족 장군들이 너무 뿌리 깊게 침투해 있어서, 누구는 로마인이고 누구는 비로마인이고 하던 옛날의 구별도 무의미해지고 있었다.

그 와중에도 엄연한 현실이 제국을 덮쳐오고 있었다. 4세기 들어섰을 때 콘스탄티누스 1세의 계승자들은 페르시아인도 마땅히 경계해야 하지만 서부의 게르만족도 최소한 그만큼은 경계해야 한다는 사실을 알게 됐다. 율리아누스Flavius Claudius Julianus(재위 361~363)만 해도, 종국에는 메소포타미아 전장에 나가 목숨을 잃지만, 부제로 임명됐을 때에 그는 라인강 일대 로마군 수비대를 원상 복구 하느라 갈리아에서 수년을 보내야 했었다. 발렌티니아누스 1세Valentinianus I(재위 364~375)는 율리아누스가 갈리아에서 쌓은 이 공적을 계속 지켜가고자 제국을 다시 둘로 쪼갰다. 그러던 것을 장군의 아들로 황제 자리에 오른 테오도시우스 1세Theodosius I(재위 379~395)가 동고트족이 로마에 몰고 온 위기를 무사히 넘기고(307쪽 참조), 동서를 다시 하나로 통일하지만 그것이 마지막이었다. 테오도시우스 1세가 세상을 떠난 이후, 동로마와 서로마의 분리는 돌이킬 수 없는 일이 되고, 이제 서방 속주의 상황이 제멋대로 돌아가도 누구 하나 나서는 이가 없었다. 일평생을 밀라노에서 살며 서로마를 통치했던 호노리우스Flavius Honorius(재위 395~423) 황제는 반달족[출신의 서로마 장군] 스틸리코Flavius Stilicho가 재위 초반에 섭정을 맡았는데, 황제는 로마가 자신의 애완용 닭 이름이라는 것 말고는 '로마'에 대해 일절 알지 못했다고 전해진다.

476년에 펼쳐진 서로마제국의 종막終幕 상황은 오늘날에도 많은 생각거리를 안겨준다. 이즈음 서로마에서는 로물루스 아우구스툴루스Romulus Augustulus(재위 475~476)라는 참으로 의미심장한 이름을 가진 소년황제['아우구스툴루스']가 이러저러한 군대 당파들의 실랑이 끝에 존엄한 황제 자리에 올라 서로마의 마지막 꼭두각시 노릇을 하게 된다('아우구스툴루스'란 "어린/작은 아우구스투스" 곧 "소년황제"라는 의미다). 그런데 동로마 황제에게 일상적 동의를 구하러 콘스탄티노폴리스에 들렀던 로마 원로원 대표단이 이 로물루스 아우구스툴루스에 대한 추인을 요청하지 않는 사태가 일어났다. 그 대신 대표단은 황제 제노[제논]Zeono(재위 474~491)에게 동로마 황제인 그가 직접 서로마 통치권을 맡아달라고 간청하는 한편, 당시 이탈리아를 실질적으로 장악하고 있던 게르만족 장군 오도아케르에게 총독의 칭호를 부여했다. 이렇게 해서 이론상으로는 제국 통치의 원칙은 변함없이 지켜지게 됐으나, 실질적 통치는 모조리 다른 데로 넘어간 꼴이 됐다. 그리하여 476년 이후 몇 세기 동안은 콘스탄티노폴리스의 동로마 황제들이 내내 서로마에 대한 지상권至上權을 주장하게 된다. 게르만 통치자들은 로마제국의 과거 속주 땅을 차지하고 있으면서도 동로마 황제들의 지상권 주장에 그 누구도 크게 관심을 기울이지 않았다. 하지만 이는 곧 서로마가 아직 건재했다는 뜻이 아닐까. 그렇지 않았다면 동로마 외에 벌써 다른 데서도 서로마에 대해 지상권을 주장하고 나왔을 테니까. [팔레오]

전반적 측면에서 당시 로마제국의 전략은 게르만족을 상대로 어떤 단호한 해결책을 시도하기보다 게르만족의 도전을 그냥 흡수해버린 편에 가까웠다고 보아야 한다. 게르만족은 단번에 말끔히 처리하기에는 너무 커다란 문제였다. 로마 황제들은 침략자들에게 화폐로 조공을 바치게 했으며 신하의 예도 취하게 했다. 여건이 허락할 경우에는 게르만족을 그들이 원하는 땅에 정착시켜주거나, 필요할 경우 그들이 정착하는 것을 묵인해줬다. 또 천차만별인 게르만족 장수들을 출신을 가리지 않고 ─반달족 스틸리코부터 헤룰리족 오도아케르까지─ 고용했으며 게르만족 병사들을 대거 모집했으니, 나중에는 이들이 서부 속주의 정치 판도를 서서히 전복하게 된다. 종국에 가서는 게르만족 군대가 옹립한 꼭두각시 부제 혹은 게르만족 왕이 나왔을 때 황제가 그들을 축성하는 것조차 별 의미가 없게 됐다. 그러나 이 대목에서 염두에 뒤야 할 중요한 사실은, 당시 로마제국은 게르만족 침략자들에 의해 파괴당한 것이 아니라는 점이다. 로마제국은 이미 사방에서 가해오는 타격에 휘청거리면서, 영토나 영향력 면에서 엄청난 손실을 입은 상태였다. 그럼에도 로마는 476년 이후로도 근 1000년을 버텨냈고, 몇 차례 중대한 사건들이 있었을 땐 다시 제목소리를 충분히 냈다. 그렇지 않다고 하는 것은 서구가 이제껏 주장해온 편견에 그냥 굴복해버리는 것이나 다름없다. [테이코스]

유스티니아누스 1세Justinian I(재위 527~565) 하면 주로 로마법을 법전으로 편찬해낸 인물이자, 제국의 손을 떠났던 서부 속주 땅을 다시 제국의 통치 아래 두고자 모질게 애쓴 인물로 기억된다. 그가 추진한 법적 측면의 개혁은 확실히 후세에 남을 업적이었다. 그러나 서로마에 대한 그의 집착은, 제국 전체의 운영을 놓고 봤을 때는, 정작 화급한 문제는 제쳐두고 다소 엉뚱한 일에 매달린 격이었다고 말할 수밖에 없다. 유스티니아누스 대에 들어서면서 로마제국의 시야에서 보면 확실히 아드리아해 일대의 슬라브족과 레반트 일대 지중해 연안의 페르시아인의 세가 뚜렷해지는 상황이었다는 점에서다. 거기다 콘스탄티노폴리스에서는 한바탕 전염병이 휩쓴 데다, 히포드롬hippodrome(전차경기장)에서 형성된 청파靑派, the Blues와 녹파綠派, the Greens 사이 대립이 급기야 싸움으로 번져 많은 이가 죽어나간 형편이었다. 콘스탄티노폴리스는 540년에는 슬라브족에게, 562년에는 아바르족에게 포위당하는 수모를 겪었다. 여기에 유스티니아누스 자신도 황제이면서 키프로스인으로서 한때 녹파를 지도했던 인물의 딸인 테오도라Theodora라는 무희와 혼인해 세간에 풍파를 일으켰다. 프로코피우스가 썼다고 여겨지는 《비사Secret History》에는, 이 테오도라가 생전 "하느님이 자신에게 더 많은 구멍을 주었더라면 한꺼번에 더 많은 사람을 더 즐겁게 했을 것"이라면서 아쉬워했다는 대목이 있다. 그러나 실제의 현실 정치에서 테오도라는 황후로서 적극적이고 지적인 면모를 유감없이 발휘했다. 테오도라는 유스티니아누스

팔레오 PALAEO

■ 4세기에, 후기 로마제국의 글쓰기에 이른바 언셜uncial체라 하여 '1인치(2.54 센티미터)높이의 글자들'이 등장하게 된다. 이들 글자는 로마제국에서 사용되던 서체와 비교해 일반적으로 더 작고 더 둥글둥글해서 펜을 굴리기에 더 나은 면이 있었다. 언셜체도 구두점과 글자 중간에 띄어쓰기가 들어가지 않아 종래의 라틴어 시체인 '사각형square' 대문자 및 '러스틱rustic' 대문자와 오래도록 함께 사용됐다. 하지만 언셜체를 필두로 해서 기나긴 라틴어 서체 진화 과정이 하나둘 진행되기 시작한다. 이후 라틴어 서체는 언셜에서 반半언셜체 단계로 나아가더니, 중간에 카롤링거 소문자와 고딕체를 거쳐, 종국에는 르네상스 시대의 휴먼 소문자와 이탤릭체로 발전한다. [카드모스] ("팔레오palaeo, paleo"는 "고古" "고대와 관련된"이라는 뜻이다.)

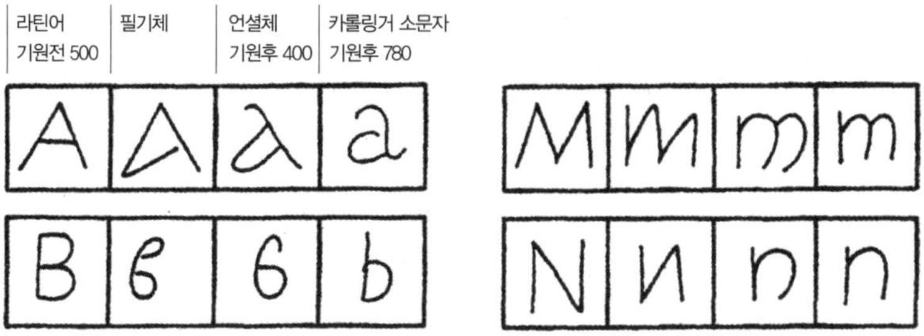

라틴어
기원전 500
필기체
언셜체
기원후 400
카롤링거 소문자
기원후 780

팔레오그래피palaeography는 옛 시대의 서체를 연구하는 학문으로, 역사학자와 기록관리자archivist에게는 본업을 충실히 하는 데서 더없이 소중한 보조학문의 하나다("팔레오그래피"는 고문자학, 고문서학, 서체학 등으로 번역된다). 어떤 문서가 어디서, 언제, 누구에 의해 쓰였는지 판단할 때 팔레오그래피는 그 실상을 밝히는 유일한 수단이 될 때가 많다. 모든 시대, 모든 장소, 모든 필경사에게는 저마다의 독특한 글쓰기 방식이 묻어나기 마련이기 때문이다.[1] 그리스문자, 키릴문자, 아라비아문자는 하나같이 그 진화 과정이 라틴문자와 비슷하다는 특징이 있다. 이들 문자 모두 초기에는 대칭적(곧 각이 진) 활자체였다가 후기에는 필기체 형태가 됐다. 오스만제국의 재상관저 기록물은 아라비아의 일파 중에서도 매우 특이한 형태의 터키(튀르키예)어로 쓰여 있어서 해독이 여간 까다롭지 않은 것으로 아주 유명하다(부록 1569쪽 참조).

문서 해독 작업은 인쇄술을 비롯해 차후 타자기가 발명되고 나서 굉장히 손쉬워지게 되지만, 그럼에도 팔레오그래피는 한 번도 퇴물 취급을 받은 적이 없다. 편지와 일기 등 여전히 사람의 손으로 쓰이는 글들이 많기 때문이다. 1990년에는 독일 출신의 한 사기단이 아돌프 히틀러의 오래전 일기장 몇 권을 발견했다며 세상 사람들을 농락한 적이 있었다. 위조자의 고문자 활용 능력은 매우 뛰어나 해당 작품의 진위 여부를 확인하기 위해 고용된 저명한 잉글랜드인 교수도 능가할 정도였다.[2]

와 함께 나라를 잘 다스리기로 명성이 자자했다(부록 1579쪽 참조).

유스티니아누스 1세의 서로마 수복에서 핵심 역할을 담당한 이는 벨리사리우스Belisarius로, 그가 처음 아프리카 원정에 오른 것이 533년이었다. 벨리사리우스는 아프리카에서 반달족의 왕국을 단숨에 쳐부수는 놀라운 쾌거를 이루자, 그 여세를 몰아 시칠리아와 이탈리아의 동고트족

공격을 감행한다. 고립무원의 처지나 다름없는 7500명의 병사가 무려 10만 명의 게르만족 전사가 버티고 있는 땅으로 진격해 들어갔다. 그럼에도 535년 벨리사리우스는 현직 집정관 자격으로 팔레르모를 접수했고, 536년 12월 9일에는 로마 주교가 겁에 질려 애걸하는 통에 로마에 입성했다. 그리하여 537~538년을 로마에 머물며 무지막지한 공성전을 견뎌내는데, 아우렐리우스 성벽이 있어 마구 들이닥치는 동고트족 무리를 얼마간 저지해준 것이 다행이었다. 로마군이 완전히 수세에 몰린 일촉즉발의 상황에서는, 성안의 방어군은 하드리아누스 영묘의 황제 및 신들의 대리석 석상을 뜯어다 고트족의 머리를 휘갈기기도 했다. 540년, 벨리사리우스는 고트족의 수도 라벤나를 점령하는 데 성공했다. 그러나 전쟁이 끝나려면 13년이 더 흘러야 했다. 로마는 지긋지긋한 공성전도 두 번이나 더 겪어야 했다. 더군다나 546년에 토틸라Totila가 로마를 점령하고서 입힌 피해는 알라리크나 겐세리크Genseric의 약탈 때와는 비교도 되지 않았다("겐세리크"는 반달 왕국 왕(재위 428~477)이다. 게이세리쿠스Geisericus, 가이세리크Gaiseric 라고도 한다). 고트족 군대는 성벽을 허물고 성문을 불태우는가 하면, 시민들까지 성 밖으로 강제 추방했다. 그 와중에도 가장 악질적이었던 것은 제국의 수도관을 지탱하고 있던 아치들을 모조리 때려 부순 일이었다. "제국의 도시 로마는 40여 일간 완전히 늑대와 올빼미의 소굴이 됐다."[8] 그러고 나서야 다시 한 번 전세가 뒤집혔다. 553년, 노령의 동로마궁정 환관 나르세스Narses가 일련의 군사작전을 펼쳐 벨리사리우스가 착수했던 작업을 마무리 지은 것이다. 동로마제국은 이탈리아를 다시금 제국의 속주로 삼고는 라벤나에 총독을 파견했다. 동고트족을 비롯한 휘하 군단은 뿔뿔이 흩어지는 처지가 됐다. 동로마의 제국주의자들은 내친 김에 스페인까지 침략해 들어가 서고트족을 중앙 고원 쪽으로 밀어내고 스페인 남부를 동로마 속주로 편입시켰다.

　얼핏 보아서는, 유스티니아누스 1세가 옛 로마제국의 영광을 꽤 회복했구나 싶은 생각이 드는 조처였다. 이로써 지중해가 다시 로마의 호수가 됐으니 말이다. 하지만 영광은 겉껍데기에 불과했다. "Reste une grandeur caduque, même malfaisante(그 뒤에 남은 영광은 낡아 빠진 데다 해롭기까지 했다)."[9] 특히나 이탈리아는 유스티니아누스가 일으킨 전쟁으로 땅이 말도 못하게 황폐화된 데다 그가 파견한 속주 총독 및 조세관이 횡포가 너무 심해, 이탈리아 주민들은 차라리 옛날이 나았다며 후회했다. 로마의 대주교도 유스티니아누스가 교회의 자유를 침해하는 것을 보고, 이참에 동로마와 갈라서기로 했다. 그뿐이 아니었다. 고트족 무리가 저지른 파괴로 이탈리아엔 방어수단이 남아 있지 않았다. 이다음 들이닥친 침략자의 물결—즉 롬바르드족—에 로마는 손 한 번 제대로 써보지 못하고 무너졌다. 이로써 저 멀리 외떨어진 라벤나 총대주교 관구를 제외하고, 이제 동로마제국의 수중에 남은 것은 이탈리아 남부와 시칠리아가 다였다. 그러는 동안, 제국의 지평선에는 또 지금까지와는 다른 별의별 적의 무리가 하나둘 모습을 드러내고 있었다. 5, 6, 7세기를 거치는 동안 콘스탄티노폴리스는 연거푸 공격 대상이 됐다. 훈족, 동고트족, 아

테이코스TEICHOS

포르타 레기움Porta Rhegium에(레기움 성문)에 붙은 명문銘文에는, 기원후 447년에 콘스탄티노폴리스의 성벽을 대대적으로 재건했다는 기록이 전한다. 지진이 일어나 약 30여 년 전 섭정 안테미우스Anthemius가 세운 성벽이 심각한 손상을 입어 성벽의 보수와 개축이 시급하다는 내용이다. 당시 도나우 강 일내의 국경시대에는 훈속이 진출해 있었고, 이들의 돌격에 이미 보스포루스해협이 한 차례 뚫린 적까지 있었다. 그리하여 테오도시우스 2세Theodosius II 재위(408~450) 말년에, 금문Golden Gate부터 금각만Golden Horn까지 한 줄로 죽 이어지는 웅대한 규모의 다중 방어시설이 세워졌다. 안테미우스가 건설한 성벽의 주 성곽은 주변 산야보다 30미터 높게 솟아 있었다(첫 번째 방벽). 테오도시우스는 그 앞에 총안이 난 육중한 방어용 흉벽을 세웠는데(두 번째 방벽), 벽 안쪽으로는 흙을 쌓아올려 주위를 굽어보며 걸을 수 있게 보도를 만들었다. 보도는 이 흉벽 밖으로도 하나 더 나 있었고 세 번째 성벽이 그 앞을 지켰다. 이 길을 기준으로 바깥쪽으로는 벽돌을 덧대 만든 폭이 넓은 해자가, 길 안쪽으로는 첫 번째 성벽과 두 번째 성벽이 자리 잡고 있었다. 이들 성벽 요소요소에 총 96개의 대형 망루를 비롯해 그보다 약간 적은 수의 감시탑, 미로식 함정, 제방, 출격 지점, 가짜 출입구 등이 설치돼 있었다. 콘스탄티노폴리스의 이 방어시설은 군데군데 더 취약한 지점이 생길 때마다 수없이 확장·개축해야 했지만, 1000년이 넘는 동안 이민족의 거듭되는 공격을 굳건히 지켜낸 것이 테오도시우스 주 성곽 즉 거대한 테이코스였다(278쪽 지도 9 참조).[1] 기독교 제국의 이 거대한 요새만큼 기독교왕국 초반의 수 세기 역사를 한눈에 펼쳐지게 하는 유적도 아마 없을 것이다. 이 난공불락의 성벽은 위풍당당하게 버티고 서서 온갖 무리가 달려들며 퍼붓는 수많은 공격 시도를 보란 듯 무위로 만들어버리곤 했다. 초창기의 경우, 378년에 서고트족, 441년에 훈족, 476년에 동고트족이 차례로 콘스탄티노폴리스에 달려들었다 허탕만 치고 돌아갔다. 540년에는 슬라브족, 609~610년, 617~626년, 781년에는 페르시아인, 625년에는 아바르족이 콘스탄티노폴리스를 함락시키러 왔으나 역시 매번 수포로 돌아갔다. 673~678년과 717~718년에는 아라비아인, 813년과 913년에는 불가르족, 865년과 904년에는 루스족, 1087년에는 페체네그족, 1203년에는 베네치아인이 쳐들어와 공성전을 펼쳤으나 모두들 콘스탄티노폴리스 함락에는 실패했다. 물론 1204년 4월 십자군 병사들이 콘스탄티노폴리스 입성에 성공하지만, 당시는 바다 쪽에서부터 뚫고 들어온 공격이었다(473~474쪽 참조). 1453년 끝내 오스만 군대의 공성전으로 함락될 때까지 이 테오도시우스성벽은 온전한 상태로 그 위용을 자랑했다. 성벽이 무너졌다는 것은, 단순히 로마제국의 종말만 뜻하는 것이 아니었으니, 바야흐로 이제는 군사軍史도 근대에 접어들었다는 뜻이었다. 화약이 등장하고부터는 요새 구축과 관련한 병법에도 대폭 수정이 이루어지지 않으면 안 됐다.

금문 한옆에 서서 서쪽으로 지는 해를 바라보고 있자면, 역사학자라면 누구나 감상에 젖지 않을 수 없을 것이다. 포르타 아우레아Porta Aurea(황금의 문)라고도 불리는 이 성문은 원래 테오도시우스 1세가 3단 아치식의 개선문으로 도시 높은 데 세운 것으로, 417년에 테오도시우스성벽의 일부로 합쳐지게 됐다. 하지만 황제들은 그런 뒤에도 순행에 나설 때면 으레 이곳을 출발지로 삼곤 했다. (현재는 이스탄불 초입에 자리한 7탑성채Fortress of the Seven Towers 즉 예디쿨레Yedi Kuleh의 자리가 이 성문에 해당한다.) 콘스탄티노폴리스를 지켰던 사람들 눈에 이민족들은, 지는 해가 내쏘는 저 마지막 빛줄기들처럼, 늘 서쪽에서부터 돌진해왔으리라.

바르족, 슬라브족, 페르시아인, 아라비아인 할 것 없이 모두가 언젠가는 콘스탄티노폴리스를 차지하겠다며 단단히 벼른 듯했다. 아틸라가 이끄는 훈족은 보스포루스해협을 향해 말을 타고 먼 길을 달려왔다. 이들은 441년 콘스탄티노폴리스의 성벽 앞에 닿았다. 테오도리크Theodoric(라틴어 이름 테오도리쿠스, 재위 474~526) 휘하의 동고트족은, 아드리아노플에서 승리를 거둔 뒤 그 길로 말을 돌려 콘스탄티노폴리스로 진격해왔다. 그들이 성벽에 닿은 것은 476년이었다.

물밀듯 밀려드는 슬라브족 무리도, 한때 켈트족과 게르만족이 로마에 그랬듯, 콘스탄티노폴리스 입장에서는 한바탕 소동이었을 것이 분명하다. 그 내용이 사료에는 잘 나와 있지는 않지만, 551년 슬라브족이 도나우강을 건넜을 때의 상황은 일찍이 게르만족이 라인강을 건너 들이닥친 상황과 필시 별반 다르지 않았을 것이다. 그에 따른 여파도 확실히 비슷했다. 동로마제국의 속주 전체—일리리아, 달마티아, 마케도니아, 트라키아—가 하나의 광대한 스클라비니아Sclavinia 곧 '슬라브왕국Slavdom'으로 탈바꿈했으니 말이다. 라틴어권 주민은 이 슬라브족에게 완전히 밀려나 제국 안에 소수 무리가 듬성듬성 자리한 것 말고는 찾아보기 힘들었다—도나우강 북쪽에는 다코-로만인(루마니아인)이, 남쪽에는 '블라크족' 공동체가 뿔뿔이 흩어져 있는 게 전부였다. 또 이들 슬라브족을 주류로 삼아 한때 로마제국의 땅이었던 곳에는 공국 세 개—크로아티아, 세르비아, 대大불가리아—가 생겨났다. 더군다나 슬라브족은 통나무 하나로 원시적 형태의 배를 여럿 만들어 타고 그리스의 섬들에 침투했다. 이 슬라브족이 콘스탄티노폴리스의 성벽에 닿은 것은 540년의 일이었다.

페르시아도 알렉산드로스 계승자들의 시대 이후 다시금 국운이 크게 융성해 있었다. 사산왕조 통치하에서는 로마제국 동쪽 국경을 둘러싸고 로마와 페르시아 간에 걸핏하면 각축이 벌어졌다. 아르다시르 1세Ardashir I(사산조페르시아 창시자)의 재위(224~242)를 거쳐, 이름이 같았던 두 호스로(혹은 코스로에스Chosroes) 왕—호스로 1세Khosru I(재위 531~579)와 호스로 2세Khosru II(재위 590~628)—의 재위에는 페르시아의 세가 몰라보게 커져, 호스로 2세는 안티오크 근방에서 이른바 '바다의 의식ceremony of the sea' 이라는 것을 행하고는 이제 지중해는 자신의 차지라고 호언했다. 페르시아인은 이 기세를 몰아 609~610년, 그리고 625~626년에 또 한 차례 콘스탄티노폴리스 성벽까지 진군해왔다. 한때 프랑크족의 기세에 눌려 도나우강 이남으로 밀려났던 아바르족도 이즈음 보스포루스를 치겠다고 벼르고 있었다. 625년에는 아바르족이 콘스탄티노폴리스 성벽에 당도해 있던 페르시아인들과 합류해 함께 공성전을 벌였다. 아라비아인도 사막의 모래폭풍처럼 동쪽에서부터 거침없이 쏟아져 들어왔다(341쪽 참조). 이들은 673년, 그리고 717년에 또 한 차례 콘스탄티노폴리스의 성벽까지 진군해 왔다. [테이코스]

헤라클리우스 1세Heraclius I(재위 610~641) 하면 "최초의 비잔티움인" 이라는 칭호가 어울리는 이로 가장 많이 물망에 오르는 황제다. 그는, 유스티니아누스 1세와는 달리, 서로마는 전혀 안중에도 없었을뿐더러 비잔티움제국에 그곳만의 독특한 동방적 색채를 불어넣은 인물이었다. 헤라클리우스는 재위하는 동안 엄청난 적 하나만(페르시아)을 염두에 두고 그적을 무찌르는 데 대부분의 시간을 보냈으나 결과적으로는 더 무시무시한 적(아라비아인)을 하나 더 만들어놓은 셈이 됐다. 617년, 호스로 2세가 이끄는 페르시아 군단은 헬레스폰트해협까지 진격해 콘스탄티노폴리스에 대놓고 항복을 요구했다. 이들은 오는 길에 다마스쿠스와 예루살렘(614)을 벌써 점령하고는 그곳에서 성십자가True Cross까지 빼앗아 수중에 넣었다. 유럽과 아시아 사이에 치러진 이 양자대결은 역사가 헤로도토스의 시대 못지않게 격렬했다(헤로도토스가 살던 기원전 5세기에는 그리스와 페르시아가 극심하게 대립했었다).

신들 중 가장 위대한 신, 이 땅을 마음껏 주무르는 지배자 호스로가 간특하고 어리석기 짝이 없는 노예 헤라클리우스에게 고하나니. 너는 왜 아직도 […] 스스로를 왕으로 칭하느냐? 허나 네가 순순히 항복해온다면, 짐이 네 모든 허물을 덮어줄 것이니. […] 너는 그리스도에 대한 헛된 희망을 품고 스스로를 속이지 말라. 그는 유대인에게 잡혀 십자가에 못 박혔는데도, 그들로부터 스스로를 구하지 못한 자가 아니냐. 설령 네가 바다 깊은 곳까지 들어가 몸을 숨긴대도, 짐이 이 손을 길게 뻗어 기어코 너를 잡고 말 것이니 […].[10]

바로 이 시점에 아바르족이 말을 타고 육지 쪽으로 돌격해온 것이었다. 예전에 콘스탄티노폴리스의 성벽 앞에서 황제를 상대로 버젓이 매복 공격까지 한 전력도 있는 아바르족이었기에, 동로마는 이들을 돈으로 구워삶아 돌려보내지 않으면 안 됐다.

그러나 헤라클리우스 1세도 잠자코 있지만은 않았다. 그는 622년 드디어 반격에 나서, 일각에서는 '제1차 십자군the first crusade'이라고도 불리는 일련의 기막힌 군사작전에 돌입했다. 그가 모은 대규모의 기독교 군대는 일단 예루살렘을 향해 진군했다. 그러고는 페르시아인-아바르족 군대가 아직 콘스탄티노폴리스의 포위를 풀지 않았음에도, 헤라클리우스는 군대를 이끌고 그대로 페르시아의 심장부를 치고 들어갔다. 그리하여 크테시폰 근처 다스타게르에 자리한 호스로의 왕궁을 보란 듯 약탈했고 628년 평화조약을 맺을 때는 최우선의 조항으로 성십자가를 되찾아오는 것도 잊지 않았다. 콘스탄티노폴리스에 입성하는 그를 사람들은 "새로운 스키피오"가 났다며 열렬이 환영했다. 만일 헤라클리우스가 이만해서 세상을 떠났더라면 어땠을까. 아마 헤라클리우스는 카이사르 이래 로마의 가장 위대한 장군으로 역사에 이름이 남았을 것이다.

그러나 헤라클리우스 1세는 실질적으로는 로마와 페르시아 두 제국의 진을 다 빼놓은 셈이 됐다. 630년대에 이슬람 군대가 본격적으로 그 모습을 드러냈을 때, 헤라클리우스는 손 한 번 써보지 못한 채 땅을 내어주어야 했다. 638년에는 일전에 페르시아인에게서 구해낸 적 있던 예루살렘이 다시 아라비아인의 수중에 떨어졌다. 3년 뒤 헤라클리우스가 병석에 누워 임종을 맞았을 때는, 제국에서 가장 부유한 이집트 속주가 함락될 지경이었다. 앞으로 800년간 이어지게 되는 비잔티움과 이슬람의 첫 회전回戰에서는 비잔티움이 여지없이 패한 셈이다. 그러나 이 무렵 들면서 비잔티움제국도 대체적 윤곽선이 잡히기 시작한 게 사실이었다. 일단 비잔티움제국의 영토는 그리스의 심장부 일대를 중심으로 훌쩍 줄어들었다. 아울러 이제 제국 내에서 사람들 사이를 오가며 문화를 실어 날라주는 언어는 그리스어뿐이었다. 또 이슬람의 정복으로 예루살렘·안티오크·알렉산드리아 교구들이 하나둘 자취를 감춘 까닭에, 콘스탄티노폴리스 주교가 오르게 된 그리스정교회 수장 자리를 이제는 아무도 넘볼 수 없게 됐다. 한편 아라비아인들과의 알력 다툼은 초반에는 몇십 년 동안 가라앉을 기미가 없었다. 우선 대규모의 콘스탄티노폴리스공성전이 두 차례 더 있었는데, 두 번 다 동로마제국의 막강한 해군력과 이른바 '그리스 화약(또는 그리스의 불)Greek fire'의 힘으로 격파할 수 있었다. 그 외에도 제국 일대의 섬과 속주들에서는 소규모 접전과 후방 전투가 수도 없이 벌어졌다. 그리하여 636년에는 로마령 아르메니아가 아라비아인에게 넘어갔고, 643년에는 키프로스가, 655년에는 로도스가, 698년에는 카르타고가 넘어갔다. 유스티니아누스 2세Justinian II(재위 685~695, 705~711) 때에는 사라센전쟁Saracen Wars이 일어났는바, 이 시대가 두루 혼란스러운 상황이었음을 보여주는 사건이라 하겠다. 한번은 유스티니아누스가 전투를 끝내고는 휘하 근위대를 시켜 부대 하나를 몰살시킨 일이 있었다. 그를 배반하고 달아나지 않은 유일한 부대로, 차후 그들마저 탈영하지 않게 하려면 부대를 몰살밖에 없다는 것이었다. 로도스섬이 함락되고 났을 때는, 섬에 쓰러져 있던 콜로서스Colossus〔헬리오스 거상巨像〕유적의 파편이 유대인 상인들에게 돈을 받고 팔려나가기도 했다. 이런 식의 일들은 사실 이 시대의 증후症候였다.

이코노클래즘〔아이코클래즘〕Iconoclasm 곧 '성상파괴운동〔성상파괴주의〕'은 8세기와 9세기 초반에 걸쳐 동로마 전역을 휩쓴 조류로, 이슬람교의 종교적 엄격주의에 동조해 시작된 면도 없지 않았다. 이 운동으로 일차적으로는 기독교 신앙 안에서 성상이 차지하는 위상을 둘러싸고 순전히 종교적인 논쟁이 불붙었다. 성성파괴주의자들은 무슬림의 방식이 옳다고 보아 신의 모습을 재현하는 예술을 모조리 금지함과 동시에, 자신과 반대편에 선 자들을 성상숭배자—다시 말해 '우상숭배자'—라고 비난했다. 그리하여 726년 이사우리아왕조의 레오 3세Leo III(재위 717~741) 때에는 제국 전역의 예수수난 십자가를 모조리 평범한 일반 십자가로 교체하라는 칙령이 내려졌다. 또 그것으로는 모자라다는 듯 일체의 기독교 성인 성상(특히 성모마리아 성상)을 빠짐없이 하얗게 회칠하라는 명령도 내려졌다. 그러나 성상파괴운동은 단순히 이런 차원에서만 진행된 게 아니었으니, 논쟁과 더불어 한쪽에서는 더 심층적 차원의 사회적·정치적 싸움도 함께 전개됐다. 성상이 그득한 수도원에 공격을 퍼붓고 또 수도원으로부터 상당량의 재산을 몰수하는 것이 성상파괴주의파 황제들로서는 나라가 교회를 더욱 확실히 다잡을 수 있는 수단이었다. 마찬가지 맥락에서, 제국에 뻗대고 나오는 속주들에도 나라가 그런 식으로 속주를 단속했다고 볼 수도 있었다. 성상 파괴에 앞장섰던 까닭에 일명 "수도사의 망치"라고도 불렸던 콘스탄티누스〔5세〕코프로니무스Constantine Copronymos(재위 740~775)는, 754년 콘스탄티노폴리스에서 공의회〔히에리아공의회〕를 열고 주교들을 대거 참석시켜 성상 파괴를 정식 승인받기도 했다. 이 때문에 로마에서는 대대적으로 반발이 일었지만, 연도가 정확치 않은 어느 시점에는 코프로니무스 황제가 트라키아에 있는 수도사와 수녀들을 한자리에 불러 모아서는 지금 당장 결혼을 하든지 아니면 키프로스로 유배를 가든지 양자택일을 하게 했다고도 한다. 코프로니무스 황제는 공공연한 반란 속에서도 끝까지 재위를 이어갔으며, 메소포타미아 전장에 나가 수차례 승리를 거두는가 하면 각종 공공사업에도 열심히 매달렸다. [이콘]

그러나 성상을 둘러싼 전쟁은 아직 끝날 기미조차 없었다. 여제 이레나Irena〔이레네Irene〕(재위 797~802), 테오필루스Theophilus(재위 829~842)의 황후 테오도라Theodora가 열렬한 성상숭배자였기 때문이다〔유스티니아누스 1세의 황후 테오도라와는 다른 인물이다〕. 테오도라의 아들 미카엘 3세Michael III(재위 842~867)는 불미스러운 짓을 많이도 저질렀지만, 그 가운데서도 콘스탄티누스 〔5세〕 코프로니무스 황제의 유해를 파내 불사른 것이 제일 유명하다. 이제는 성상파괴운동이 용납되지 않는 시대가 왔다. 미카엘 3세가 종국에 암살당하고, 867년 동로마에 마케도니아왕조가 열리고 나서야 동로마에는 비로소 종교의 평화가 찾아올 수 있었다. 그러나 여기까지 왔을 때는 이미 피해가 만만찮은 상황이었다. 콘스탄티노폴리스와 로마 주교 사이가 틀어진 것이나, 라틴교회가 결국 프랑크족의 품으로 들어가게 된 데에는 분명 성상파괴주의가 핵심적 요인으로 작용했다고 볼 수 있었다.

마침 당시 발칸반도에서는 불가르족이 부쩍 성장해 막강한 세를 과시하고 있었다. 불가르족의 시조격인 추장 쿠브라트Kourat는 헤라클리우스 1세 때에 동로마와 동맹을 맺은 적이 있었다. 이를 인연으로 불가르족은 얼마 뒤 도나우강 이남 흑해 연안에 정착해 살게 된다. 717~718년에 동로마제국 편에 서서 아라비아인 포위군을 몰아내는 데 힘을 보탠 것이 불가르족이었다. 불가르족은 자신들 정착지 인근의 7개 슬라브족을 하나둘 정복해나갔고, 나중에 가서는 오히려 불가르족이 피정복민 슬라브족의 언어와 관습을 받아들여 썼다. 그러다 9세기에 들어서서, 전쟁을 해야만 직성이 풀리는 〔불가르족의 칸〕 크룸Krum(재위 803년경~814)이 동로마와 기독교를 상대로 전쟁을 선포한다. 811년 황제 니케포루스 1세Nicephorus I의 목숨을 앗아 그의 두개골에 술을 부어 승리의 축배를 들었다던 이가 크룸이다. 비잔티움은 크룸 때문에라도 ―로마의 새로운 리메스라 할― 이른바 '대大방책'을 건설하지 않을 수 없었다. 크룸의 뒤를 이은 보리스 1세Boris I(재위 852~889)는, 비록 그 자신은 콘스탄티노폴리스에서 세례를 받앉어도, 거기에 무턱대고 충성하기보다는 그리스정교회와 로마교회 사이를 오가며 끝없이 줄타기를 했다(부록 1587쪽 참조).

9세기에 이르러 비로소 자리를 확실히 잡은 비잔티움 문명은, 같은 시대 서쪽의 여러 나라와, 이전 시대 로마제국과도 구별되는 고유한 특성들을 가지고 있었다. 비잔티움제국에서는 나라와 교회가 서로 떨어질 수 없는 하나의 덩어리로 융합돼 있었다. 아우토크라토르autokrator라 일컬어진 비잔티움제국의 황제와 콘스탄티노폴리스 총대주교는 각각 세속과 교회를 떠받치는 기둥으로서 신성한 권리를 부여받은 자라 여겨졌다. 제국은 정교회Orthodox Church를 수호해야 했고, 교회는 제국에 찬사를 아끼지 않았다. 서로마에서는 이러한 '황제교황주의Caesaropapism' 엇비슷한 것조차 찾아볼 수 없었다. 서로마에서 세속의 통치와 교황의 권위가 합쳐지는 일은 단 한 번도 일어나지 않았다. [탁시스]

비잔티움제국의 황궁은 광범위한 중앙집권 행정이 이뤄지는 핵심 중추였고, 그것을 움직인 것은 관료집단이었다. 황제 헤라클리우스 1세는 살아생전 페르시아식 칭호인 바실레우스Basileus를 황궁에서 쓴 바 있었고("바실레우스"가 라틴어 황제 칭호인 "아우구스투스"를 대체한 것을 말한다), 비잔티움제국의 동방풍 의례에는 나라가 얼마나 전제적 성격으로 돌아가는지가 고스란히 드러나곤 했다. '비잔티움'은 어느새 완전한 굴종, 밀실정치, 음모와 일맥상통하는 말이 돼 있었다. 비록 껍데기뿐이라도 과거 로마식 제도의 일부는 살아남아 유지되기도 했으나 주가 되지는 못하고 완전히 부차적 구실만 했다. 이제 원로원은 공직자들의 모임에 지나지 않았으며, 그 조직도 엄격한 서열에 따라 짜이기 마련이었다. 제국을 이끌던 에파르코스eparchos(지방관장[총독]), 심포누스symponus(재상), 로고테트logothete(수석재판관) 밑에서 일하는 주요 각료들은 궁정의 최고 관리들을 차출해 썼는데, 누구랄 것 없이 모두 환관이었던 데다 파라코모이누스Paracomoenus(시종장)의 지휘 아래 일을 했다. 비잔티움제국이 나라의 유력한 지도층 조신들을 이렇게 거세시킨 것은, 서로마가 종종 그랬듯이, 궁정에 세습 권력이 뿌리내리는 것을 애초에 잘라내려는 조치였다. 한편 제국의 군사 방어는 중앙의 황실 예비군과 외국인 용병 근위대가 나눠 맡았다. 두 군부대는 모두 도메스티코스domestikos(장교)와 '군관구軍管區'인 테마theme의 체제 안에서 운영됐으며, 각 군은 저마다 스트라테고스strategos(장군)의 지휘를 받았다.

그러나 비잔티움의 주 전력은 역시 해군이었다. 비잔티움의 해군은 이단노선二段櫓船, bireme을 300척이나 보유하고 있던 데다 충각衝角(해전에서 적의 배를 들이받아 파괴하기 위해 뱃머리에 단 뾰족한 쇠붙이)과 '그리스 화약'으로도 단단히 무장하고 있던 터라 사방에서 적이 쳐들어와도 얼마든 스스로를 지켜낼 수 있었다. 655년 리키아의 포이닉스 인근 바다에서 아라비아인들과 대규모 전투를 치러야 했음에도, 비잔티움제국의 해군은 이후에도 에게해와 흑해 일대를 계속

이콘 IKON

■
■ 종교 성상聖像, icon은 유럽 예술에서도 가장 오래 명맥을 이어온 장르다. 그러나 오랜 역사에도 성상을 만들 때 그 예술적 가치가 우선시된 적은 단 한 번도 없었다. 성상은 그저 열성적 믿음을 도와주는 도구에 불과하기 때문이다. '신묘함에 이르는 관문'이자 '인식을 열어주는 문'으로서의 성상은, 눈앞의 이미지를 뛰어넘어 영적 세계에 발을 들이게 해준다. 성상의 참 의미를 얼마나 잘 이해하느냐는, 그것을 바라보는 이의 종교적 지식이 얼마나 해박한가, 그리고 그의 정서적 감수성이 얼마나 예민한가에 달려 있다.[1] 중세의 서로마도 나중에 가서는 그 나름의 독자적 양식들을 탄생시키지만, 이 시기의 비잔티움제국이야말로 성상이 만들어지는 주요 근거지들을 오래도록 잘 수호한 곳이었다.(여기서 "이콘"(영어로는 아이콘icon, 러시아어 이코나ико́на)은 고대 그리스어 "닮은꼴" "이미지"를 뜻하는 "에이콘eikon"에서 유래한 말로, 종교·신화 및 여타의 관념체계상 특정한 의의를 지니는 유형화된 이미지 또는 도상圖像, 성상 전체를 지칭한다. 주로 아기 예수, 성모마리아, 성인 등이 묘사됐고, 정교회 문명권의 예술이자 전례 도구로서 기능했다. 특히 비잔티움제국을 거쳐 러시아정교회에 수용됐고 이후 20세기 러시아 아방가르드 예술에 영향을 끼쳤다.)

그렇다면 성상을 숭배할 때 우리는 어떤 자세여야 하는가. 답은 그리스어 헤시키아hesychia(집중 속의 고요)의 한 마디에 다 들어있다. 인내심, 초연함, 겸손함, 간절한 신앙심에서 나오는 집중이 바로 성상 숭배에 요구되는 자세다. 비잔티움 시대에 나온 논문이자 사료 선집으로 '아름다운 것에 대한 사랑'을 주로 다룬 《필로칼리아the Philokalia》에서는, 쥐잡기에 정신을 빼앗겨 숨죽이고 옹송그린 고양이처럼 우리도 온 정신을 집중해 성상을 대해야 한다고 이야기한다.

전설을 곧이곧대로 믿는다면 최초의 성상화가는 성 루카St Luke인데, 그가 생전에 성모마리아와 아기 예수를 화폭에 담았다고 전하고 있어서다(1465쪽 도판 22 참조). '전능하신 주 예수 그리스도Christus Pantokrator'와 함께, 성상 숭배 하면 빠지지 않고 등장하는 레퍼토리가 바로 성모마리아다. 성모마리아는 성상에서 일반적으로 세 가지 자세를 취하고 있다. 엘레우스eleus(엘레우사Eleusa)는 성모마리아가 아기 예수를 품에 꼭 끌어안은 채 아기 얼굴을 들여다보는 자세를, 오디티트리아odititria(호데게트리아Hodegetria)는 성모마리아가 양 팔을 편안히 풀고 아기 예수를 안은 자세를 말하며, 오라크타orakta(오란테Orante)는 성모마리아가 두 팔을 들고 있고 아기 예수는 그녀의 태중에 들어 있는 자세를 말한다.[2]

이코노마키아Iconomachia 즉 '성상전쟁'의 기간 동안, 성상옹호파 혹은 "성상의 노예"라고도 불린 성상숭배자들 사이에서 으뜸가는 인물로는 다마스쿠스의 성 요한St John Damascene(675~749)이 꼽혔다. 하지만 그는 성상옹호자였어도 단순히 성상을 숭배하는 것과 하느님을 깊이 사랑하는 것(성상은 이를 보다 손쉽게 해줄 뿐이다) 사이에는 엄연한 차이가 있다고 누누이 강조했다. 아울러 그는 성상과 관련해 3단의 신학 이론을 전개한 것으로도 알려져 있다. 내용인즉, 그리스도Christ는 인간Man이 돼 세상에 나셨고, 인간Man은 하느님God의 형상을 본 떠 만들어진 존재이고, 따라서 신성神性, the Godhead을 비롯한 성인들의 참된 형상은 성상 안에 깃들어 있다는 것이 그의 논리였다.

성상은 동방정교회에서 항상 중심적 위치를 차지하고 있었다. 정교회 교회에는 ("이콘을 거는 장소 또는 칸막이"라는 의미의) 이코노스타시스iconostasis라는 '성상의 벽'이 있게 마련으로, 지성소至聖所로부터 회중會中을 분리해주는 구실을 한다. 전통적으로 이 벽에는 총 네 줄의 성상이 늘어서며, 맨 위쪽에 일단의 성자를 시작으로, 그 아래로 한 줄씩 교회의 열두 축일, 열두 사도, 열두 예언자의 성상이 자리했다. 벽 한가운데 양쪽으로 열리는 여닫이문을 또 총 6장의 판벽이 덮고 있는데 제각기 대천사大天使 가브리엘, 성모마리아, 네 명의 대천사 모습이 담겨 있다. 그리스에서는 이 문을 "미의 문The Gates of Beauty", 러시아에서는 "황제의 문the Imperial Gates"이라 일컫는다. 이들 문을 장식한 판벽 위로는 다시 최후의 심판일의 하느님, 삼위일체 신상, 예수수난상이 보다 큼지막하게 자리 잡고 있는 것이 상례다. 동방정교회 전례典禮에서는 종종 미사 행렬 중간에 이런 성상을 들고 다니면서 신자들에게 성상에 입을 맞추게 하기도 한다.

성화는 보통 가볍게 들고 다닐 수 있는 있는 나무판 위에 그려지곤 한다. 새하얀 판 혹은 도금된 판의 표면에 달걀 노른자로 안료를 녹여 만든 템페라tempera 물감을 이용해 그리는 것이 일반적이다. 성화 속 인물들에게는 특유의 자세, 몸집, 표정이 있어 절로 고개를 숙여지게 하는 숙연한 분위기가 감돈다.[3] 원근법의 무시도 한 가지 특징이었다. [플라겔라티오]

이제까지 정교회 성상은 뚜렷하게 몇 개 시기를 지나왔다고 볼 수 있다. 우선 최초의 '황금기'는 성상파괴논쟁이 불거지면서 막을 내릴 수밖에 없었다. 그러다 보니 현전하는 이 시기 작품은 별로 없다. 제2기는 1204년 라틴인이 비잔티움을 정복하고 들어왔을 때 종막을 고했다. 비잔티움 시대 후기에 들어서는 불가리아·세르비아·러시아 등지에서 나라별로 여러 사조가 두루 형성됐다. 노브고로드, 벨라루스, 프스코프 등에서도 정교회 성상과 관련해 그 나름의 전통이 형성됐으나, 후일 러시아정교회가 모스크바 양식만을 획일적으로 강제하면서 하나둘 퇴조해버렸다. 이때를 기점으로 이후 정교회 성상과 가톨릭 성상은 서로 다른 길을 걷게 된다. 물론 그러는 동안에도 서로 간에 중대한 교류가 아주 없었던 것은 아니다. 크레타섬에서 그곳 특유의 '베네토-비잔티움Veneto-Byzantine 복합 양식'이 출현한 것만 해도 그렇다. 우크라이나의 동방귀일교회 東方歸一敎會 (동방가톨릭교회)미술Uniate Art에서도 로마가톨릭 성상과 정교회 성상 사이 융합을 찾아볼 수 있다.[4] [그레코]

동서교회의 분열(438~439쪽 참조)로 양 교회가 갈라서기는 했으나, 동방정교회의 성상은 그 이후로도 계속 서로마 세계에서 매우 귀한 대접을 받았다. 유럽의 가톨릭교회에서 만들어진 저 유명한 '검은 성모마리아 Black Madonna'풍의 작품들도, 알고 보면 하나같이 비잔티움제국의 작품을 모태로 탄생한 것들이다. [성모마리아] 그런 배경을 갖기는 현재 프랑스 피카르디 랑 대성당Laon Cathedral의 '성안聖顔, Holy Face'이란 작품도 마찬가지로, 검은 색조를 띤 범상치 않은 이 성화에는 성모마리아가 아닌 그리스도의 얼굴이 화폭에 담긴 것이 다르다. 얼핏 봐도 당장 '토리노의 수의壽衣, The Shroud of Turin'가 연상되는 '성안'(프랑스어로는 Sainte-Face)은 세간에서는 인간이 손을 대 만든 것이 아니라 어떤 신비한 힘에 의해 나타났다고 여겨지는 형상 곧 만딜리온mandylion으로 분류된다. 그림 자체는 정작 소나무 재질의 판에 그려져 있는데도, 표면에는 엉뚱하게 슬라브어로 "OBRAS' GOSPODEN NAUBRUS"("천에 나타난 '주님의 형상'")이라는 글귀가 새겨져 있으며, 처음 만들어진 곳은 아마도 세르비아가 아닐까 싶다. 비잔티움에서 성스러운 수의가 성유물로 전시됐을 때 그것을 베껴 만든 것일 가능성이 있다. 실상은 정확히 알 수 없으나, 어쨌든 '성안'은 랑의 대부제大副祭로 나중에 교황 우르바노 4세Urban IV가 되는 자크 드 트루아Jacques de Troyes의 수중에 들어갔다. 그가 이탈리아 남부 바리 지방의 세르비아인 수도원에 머물 때 "어떤 독실한 사람들"이 이 그림을 건넸다는 것이다. 아직까지도 남아 있는 1249년 7월 3일 자의 한 서한에 따르면, 자크는 대부제로 일할 당시 '성안'을 프랑스 몽트뢰유의 시토파수녀원에 머물던 자신의 누이 시빌Sibylle에게 선물로 보냈고, 그녀의 손에 들려 현재의 랑대성당에까지 이르렀다는 것이다.[5]

성상은 지금도 동방정교회를 믿는 독실한 가정집이라면 어디서건 귀한 대접을 받는다. 막심 고리키는 1870년대 니즈니노브고로드에 있던 조부모 댁에 대한 기억을 다음과 같이 떠올린 바 있다.

하느님에 관해 입을 열 때면, [나의 할머니는] 청춘으로 돌아가기라도 한 듯 화색이 돌았다. [···] 나는 할머니의 무거운 머리 타래를 양손으로 틀어쥐고 그것을 내 목에 칭칭 감았다. "사람의 눈으로는 하느님을 볼 수 없단다." 할머니는 말했다. "그랬다간 눈이 멀어버리고 말지. 하느님 얼굴을 온전히 다 볼 수 있는 건 성자들뿐이야!" 할머니가 성상을 문질러 닦고 제의복들을 깨끗이 빠는 모습은 지켜보는 나로서는 무척 흥미로운 일이었다. […] 할머니는 이따금 성상을 잽싸게 들어 올리고 그것을 향해 미소를 지으며 감격에 겨운 듯 이렇게 말했다. "참 사랑스러운 얼굴이기도 하셔라!" 그러고는 손으로 머리와 가슴팍에 성호를 긋고 성상에 입을 맞추곤 했다.[6]

탁시스 TAXIS

■ 641년 9월, '성소피아대성당' 설교단 위로 올라선
■ 콘스탄스 2세Constans II가 콘스탄티노폴리스 총대주교로부터 왕관을 수여받는 대관식이 거행됐다. 새 황제가 즉위할 때마다 히포드롬에서 요란하게 경축 행사를 벌이던 옛날 로마식 관습은 이제 폐지됐다. 비잔티움제국이 빼놓지 않던 갖가지 정기 의례 중 무엇보다 중요하게 여겨진 정치·종교 행사는 이렇게 해서 자신의 최종 매무새를 잡아가고 있었다. 이 일이 있은 후로 이제 황제가 목에 전통 양식의 목걸이를 두르는 일은 없어지고 그 대신 머리에 왕관을 얹는 것이 상례가 됐다. 황제 즉위를 맞아 제국의 시민들은 저마다 일정액의 부조금을 받았고, 동전도 따로 주조됐다. 또 공동황제는 황제로부터, 왕후는 남편으로부터 자신들의 왕관을 받아 머리에 썼다. 이때의 대관식을 종래의 형식적 도상으로 표현해놓은 여러 작품을 들여다보면, 하나같이 그리스도가 황제에게 왕관을 씌워주고 있는 것으로 돼 있다.

정치적 의례는 비잔티움인의 삶 안에서 핵심 역할을 담당했다. 그것의 주목적은 탁시스(변치 않고, 조화로우며, 위계 잡힌 '사물의 질서')를 더욱 다잡는 데 있었다. 비잔티움인들은 장대한 행사들을 성심성의껏 기획해 상징의 세부적 하나하나에도 막대한 관심을 기울였다. 기독교 축일은 말할 것도 없고, 아무리 시시콜콜해도 무슨 일만 있으면 그것을 기념하는 행진과 열병식이 펼쳐지곤 했다. 황제 환영식이 열리는 날엔 비잔티움인들은 으레 성경구절과 정치 슬로건을 연호하고, 시문과 찬사를 웅변조로 읽고, 목청껏 소리를 질렀으니, 황제가 임석하는 다른 자리에서는 보통 쥐 죽은 듯 있어야 하는 것과는 사뭇 다른 분위기였다. 황실의 황비 선발식, 결혼식, 장례식 때에도 기쁨이나 슬픔을 적절히 표출하는 각종 행사가 주도면밀하게 마련됐다. 황제 알현은 방문자의 지위에 따라 등급이 세밀하게 나뉘었다. 옥좌를 어디에 두고 거기서 정확히 얼마큼 떨어진 지점에서 방문객이 엎드려 절해야 하는지도 사전에 다 정해졌다. 아드벤투스Adventus는 황제의 '도착(과 대중 앞에 모습을 나타내는 것)'을 일컫는 말로, 황제 접견 사절들의 등급을 비롯해 알현 장소와 형식, 도시 진입 루트, 감사 미사를 드릴 성당 선별, 연회 음식 종류 등의 문제가 꼼꼼하게 다뤄졌다. 프로펙티오Profectio는 황제의 '출발'을 일컫는 말로, 특히 전투의 출정에서, 구호품에 대한 분배, 성십자가 군기軍旗, Standard of True Cross에 대한 경배, 군대와 군선에 대한 봉헌이 주를 이루었다. 트리암부스Thriambus라 불린 '황제의 개선식'에서는, 과거 로마의 전통을 물려받아, 대중 앞에 군대·포로·전리품을 내보이고 키르쿠스와 히포드롬에서는 갖가지 게임과 경주가 펼쳐지는 한편, 트라켈리스모스trachelismos라 하여 패배한 적 혹은 황위 찬탈자를 발로 마구 짓뭉개는 의식도 행해졌다. 고위 관직자들의 승진을 기념하는 행사도 열렸는데, 그 자리에서는 그들을 출세하게 만들어준 그 근원을 의심하는 기미를 보이면 안 됐다.

비잔티움인이 의상, 관직 휘장, 색깔, 몸짓에 엄청난 신경을 쓴 것은 어느 행사나 마찬가지였다. 모든 행진은 예복을 걸치는 것으로 시작돼 그것을 도로 벗는 것으로 마무리됐다. 황제의 관이며 보주寶珠, 홀笏, 아카키아akakia(육신의 필멸을 상징했으며 "먼지 주머니"라는 뜻이었다) 같은 것들은 각별히 모셔야 하는 매우 중요한 물

품들이었다. 자줏빛 옷(자의紫衣)은 오로지 황제만이 걸칠 수 있었고, 도상에서도 그리스도와 성모마리아 외 다른 인물에는 자줏빛 옷을 사용할 수 없었다. 비잔티움인의 몸짓 언어는 무엇보다 아갈마agalma의 이상 즉 '조각상의 말없는 고요함'을 강조했다.[1]

비잔티움의 의례가 어떤 식이었는지는 《비잔티움의 궁정 의식에 관하여De Ceremoniis aulae byzantinae》라는 책을 보면 그 대체적 윤곽을 하나부터 열까지 살필 수 있다.[2] 책에는 600년 넘게 시행된 비잔티움의 각종 의례 및 절차에 대해 이런저런 식으로 진행돼야 한다는 지침이 총 153장에 걸쳐 일일이 담겨 있다. 무도회나 연설과 관련한 제반 규칙에서부터 황제 이발 시의 머리 길이에 이르기까지 어느 것 하나 다루지 않은 게 없다. 이러한 황궁 의례 절차는 총대주교는 물론이고 속주 행정관, 장군, 주교, 기독교 세계 전역의 통치자들까지 더불어 흉내 내고 채택해 쓰는 것이 됐다. 제국에서 한참 멀리 떨어진 곳에서도 이내 비잔티움 의례는

그곳이 군주국가이고 교회의 관할하에 있음을 알리는 기본적 상징으로 통하게 된다. 그 일환으로 샤를마뉴도 비잔티움으로부터 많은 것을 베껴 썼고, 서유럽의 여타 군주는 또 이 샤를마뉴로부터 많은 것을 베껴 썼다.[3] [크랄]

그러나 이런 일들이 죄다 일방통행식으로 진행된 것은 아니었다. 병사들이 황제를 들어 올려 방패 위로 헹가래를 치는 것은 게르만 부족들의 관습을 빌려온 것이었다. 이 의례는 361년 당시 파리에 머물고 있던 율리아누스가 처음 채택했고, 중간에 더러 중단되기는 했으나, 8세기까지 그 명맥이 이어졌다. 크리스마chrisma라고 불린 '성유聖油 기름부음anointment' 의식(도유식塗油式)은 프랑크족이 처음 채택해 쓴 듯하며, 콘스탄티노폴리스에는 13세기 십자군이 들어왔을 때 소개됐다.[4] 이쯤 됐을 때는 유럽 전역에 이미 기독교화한 군주 의례가 두루 퍼져 있었다.

주름잡았다.

사회적·경제적 일들에서 비잔티움은 시종일관 가부장제의 노선을 걸었다. 무역은 전부 국가 관료들이 장악하고는 수출품 및 수입품에 일괄적으로 10퍼센트의 세금을 부과했다. 조합을 비롯한 산업 생활에도 일일이 정부가 규제를 두고 감독해나갔다. 아녀자들이 양잠 작업을 했던 기나이케이온gynaceum처럼 국영 공장을 곳곳에 세우고 성안 주민들이 전부 공장에 고용돼 일할 수 있게 했다. 당시 통용되던 비잔티움제국의 금화—1노미스마nomisma=12 밀리아레시아milliaressia=144 폴레스pholes—는 동방에서 주요 국제 통화로서의 역할을 톡톡히 했다. 흑해 연안에서는 비잔티움제국의 국영 양어장이 운영됐으며, 그 수가 하도 많아 콘스탄티노폴리스의 일꾼들은 캐비어를 먹는 게 일상다반사였다.

비잔티움제국은, 겉에 그리스 문화라는 외투를 두르긴 했지만, 그야말로 각양각색의 인종이 들어와 다국적 공동체를 꾸리고 살던 곳이었다. 그랬기에 황제의 신붓감으로는 하자르족, 프랑크족, 루스족 모두 물망에 오를 수 있었다. 인구 구성에서, 발칸반도에서는 그리스-슬라브계가, 아시아의 여러 속주에서는 헬레네스인의 후예 및 아르메니아인이 주류였다. 시골구석에 자리한 농노들 촌락만 아니면, 비잔티움제국의 사회는 대체로 높은 교육 수준과 세련된 문화를 자랑했다. 곳곳에 교회 부설 학교, 국립대학, 법률 학원 등이 마련돼 있었고 여성도 교육받을 수

있었다. 시문詩文에서는 경건문학敬虔文學devotional Literature이 단연 독보적 위치에 있었다. 하지만 10세기에 비잔티움제국에서 탄생한《디게니스 아크리타스Digenis Akritas》는 '샹송 드 제스트chanson de geste(무훈시武勳詩)의 최고 걸작'이라는 평이 있으며, 프로코피우스부터 안나 포르피로게네타Anna Porphyrogeneta(1083~1154)에 이르는 비잔티움 시대 역사가들은 "고대 로마와 근대 유럽 사이에 위치한 […] 가장 훌륭한 역사학파"로 인정받고 있다. 비잔티움 예술과 건축에서도 절대 그 누구도 흉내 내지 못할 독특한 양식이 발달해 나왔다. 성상파괴운동으로 갖가지 제약이 있었음에도, 혹은 오히려 그 때문에 비잔티움의 성상은 이후 유럽 예술에 길이길이 이바지한 면이 있다. 이렇듯 비잔티움제국이 줄곧 문명화돼 있는 동안, 서로마의 국가 대부분은, 형식 문화 측면에서만 보자면, 허허빌판의 어둠 속에서 분투를 벌이는 중이었다.[11]

이슬람의 흥기, 622~778년

622년 9월 20일의 일이다. 무함마드Muhammad라는, 그때까지만 해도 별 볼 일 없던 한 아라비아인인 신비주의자가 제 몸을 안전하게 건사할 데를 찾아 도시 메디나에 이른다. 무함마드가 나고 자란 고향 메카가 그를 쫓아내다시피 한 때문이었다. 메디나로 와서 무함마드는 청하길, 근심 어린 낯으로 자신을 마중 나와준 제자들이 있는 그곳에 신전을 하나 세우게 해달라고 했다. 그리하여 새로운 종교의 율력으로 원년 원일, 사상 최초의 무함마드교 모스크가 메디나에 세워졌다.

한때 낙타몰이꾼으로 일했던 무함마드는 10년도 넘게 급진적 사상을 전파해오는 중이었으나 별 성과가 없었다. 히라산山의 한 동굴에서 환상을 경험해 대천사 가브리엘로부터 그의 운명을 이렇게 점지받았는데도 말이다. "무함마드여, 너는 진실로, 정말이지 진실로, 천주의 예언자이니라." 무함마드는 이 운명의 밤the Night of Destiny을 처음 겪고 얼마쯤 있다가 또다시 신비한 환상을 경험했는데, 이번에는 한밤중의 천국 여행theNight Journey to Heaven이었다. 그가 신마神馬에 올라타 순식간에 솔로몬신전이 있는 예루살렘까지 가서는 거기서 층층이 나뉜 하늘을 뚫고 올라가 눈에 보이지 않는 무한자the Unseen Infinite의 문턱에까지 이르렀다는 것이다. 642년, 무함마드가 무장시키고 있던 추종자 300명이 자신들을 억누르려 달려온 군대를 보란 듯 패주시켰다. 이로써 628년 무함마드는 자신이 제일 아끼는 낙타 등에 올라탄 채 1만 명에 달하는 신도들의 선두에 서서 별 저항 없이 메카에 입성할 수 있었다. 이어 카바의 신전에 모셔져 있던 이교도 성상들을 모조리 파괴하고 그곳을 자신들의 가장 성스러운 신전으로 만들었다. 무함마드는 메디나에서 신도들을 가르치며 4년의 시간을 더 보내며, 예언자의 지혜를 추려 신성한 책 Holy Book 코란Koran(꾸란Qurān)에 기록한 뒤, 다시 한 번 메카로 작별 순례를 떠나게 된다. 아라파트계곡에 이르렀을 때 무함마드는 생의 마지막 메시지를 남겼다.

> 내 말을 새겨들으라, 나의 백성들이여. 이듬해에 나는 더 이상 너희들과 함께하지 못할 것이니. […] 너희들의 선행과, 명예와, 삶을 부디 신성한 것으로 지켜가라. […] 언제까지인고 하니, 하느님이 다시 돌아오시는 바로 그날까지다. 가난한 자들을 돕고, 그들에게 입을 옷가지를 주어라. […] 언젠가 너희들은 반드시 전능하신 신 앞에 서게 될 것이니, 그때 그분은 너희에게 물으실 것이다. 도대체 무엇 때문에 이런저런 행동을 했는가 하고. […] 여자들과 관련해 너희에게 모종의 권리가 있는 것은 사실이나, 여자들 역시 너희에게 그런 권리를 가짐을 잊지 말라. 여자들은 너희를 떠받치는 든든한 힘이니 성의껏 잘 대해주어라. […] 이제 나는 내가 짊어졌던 사명을 모두 마쳤으니, 하느님의 책 그리고 그분 예언자의 언행록 형태로 이 지침서를 너희에게 남기노라. […] 이 지침에만 따른다면 너희들이 실패할 일은 없을 것이다.

그러고서 무함마드가 풀썩 바닥에 쓰러지자 하느님의 목소리가 들려왔다.

> 오늘로써 내가 너를 위해 너의 종교를 다 완성했으니, 너에 대한 나의 은혜는 여기서 끝나며, 너를 위한 너의 종교로서 이슬람을 선택한 바이노라.[12]

메디나로 돌아와 병석에 누워 있는 사이, 이번에는 죽음의 천사가 예언자의 방으로 찾아들었다. 예언자가 말했다. "오, 죽음이시여, 당신이 가져온 명을 행동으로 옮기소서." 굳이 서력기원으로 따지자면, 632년 6월 7일의 일이었다.

사막의 땅 아라비아는 아프리카 본토와 아시아 본토 사이에 낀 징검돌과도 같은 곳이다. 이 땅은 그간 사방을 둘러싼 제국들 틈에서 독립을 유지하느라 여간 힘든 게 아니었다. 서쪽으로는 이집트와 아비시니아(지금의 에티오피아), 북쪽으로는 메소포타미아와 페르시아, 동쪽으로는 인도를 마주하고 있었으니 그럴 만도 했다. 지대가 아주 건조한 데다 베두인족이 주류였음에도, 아라비아반도는 주변의 위대한 문명들 안에서 늘 일익을 담당했다. 메카의 카바신전만 해도 아담이 에덴동산에서 쫓겨난 후 들어와 살았던 자리이자 아브라함이 성전을 다시 지어올린 자리라 여겨졌다. 당시에는 지중해를 동아프리카 및 인도와 이어주는 대상隊商 무역로가 발달해 있었는데, 그 도중에 지나치게 되는 부유한 중간 기착지가 메카이기도 했다. 7세기 초반, 아라비아반도는 이집트의 로마제국뿐 아니라 그 숙적이던 페르시아의 사산제국과도 긴밀히 교류하고 있었다. 그러나 이런 아라비아반도를 근거지로 새 세계 종교가 탄생해 나왔다는 것은 고개를 갸웃할 만한 일이었다. 물론 이슬람교를 널리 전파할 안전한 기지로서 아라비아반도가 가지는 장점도 적지는 않았지만 말이다.

말 자체는 '복종submission'을 뜻하는 이슬람교Islam는 그 시작부터 보편종교의 성격을 갖고 있었다. 신성한 경전 코란에는 예나 지금이나 변함없이 아라비아어 하나만 사용되지만, 이슬람교 교리 자체는 국가·계층·남녀 할 것 없이 모든 이의 가슴에 가닿는 내용을 담고 있다. 이슬람의 가장 기본적 교리 중 하나도 무슬림은 다 같이 하나의 형제요 자매라는 것이다. 통치층만 누리는 경제적 특권, 여자들의 하등한 지위, 셈족의 이른바 '피의 복수법' 같은 것을 생전의 무함마드는 매섭게 비난했다. 사회적, 경제적, 정치적 평등을 요구하는 그의 목소리는 전통 사회의 토대를 송두리째 뒤흔들었다. 그는 억압받는 자와 여성의 권리를 옹호하고 동시에 사람들의 자선활동 및 타인에 대한 연민을 줄기차게 강조한바, 이것이 결과적으로 일반 대중의 사상 해방을 불러왔다. 이슬람교 교리는 가히 혁명적이어서, 이슬람교가 부르기만 하면 거의 당장 병사들이 달려오는 것도 교리에 대한 신자들의 열렬한 믿음에서 비롯하는 것이었다. 이슬람교에 따르면, 병사와 장군, 신민과 통치자, 아내와 남편은 서로 동등한 위치에 서야 하는 관계였다. "신심 깊은 통치자의 압제를 받느니 차라리 종교 없이 정의로운 편이 낫다"라고 이슬람교에서는 말했다. 기독교도 그랬지만, 이슬람교가 내거는 이상 역시 그 지지자들이 지켜온 관습을 저만치 앞서 나갈 때가 많았다. 그렇다 해도 언급한 이슬람교의 이상들이 확실히 대단한 힘과 순수성을 가지는 것은 무시할 수 없다. 이슬람교는 '참으로 자비롭고 온화하신 알라의 이름 아래', 마치 와디wadi(사막 등 건조 지역에서, 평소에는 마른 골짜기이다가 큰비가 내리면 홍수가 돼 물이 흐르는 곳)의 말라비틀어진 고목들 사이로 들불이 확 불붙듯 순식간에 각지로 퍼져나갔다.

이슬람교에서는 흔히 다섯 기둥five pillars(arkān al-dīn)을 버팀목으로 삼는다고 한다. 첫 번째는 신앙고백(샤하다al-shahādah)인데, "Lā ilāha illā llāh, Muḥammadu 'rasūlu llāah(신은 오로지 알라뿐이요, 무함마드는 그분의 사자使者로다)"라는 구절을 되뇌는 것이 주主다. 어떤 사람이든 증인을 앞에 세우고 이 말을 하게 되면 그 사람들은 그 순간 무슬림이 됐다고 본다. 두 번째는 정해진 의식에 따라 드리는 기도(살라al-ṣalāh/살라트al-Salāt)로, 일출·정오·일몰·심야 하루 네 번 시각에 맞춰 신자가 몸을 정결히 씻고 메카를 향해 몸을 돌린 후 머리를 땅바닥에 대는 것을 이른다. 세 번째는 자카트al-Zakāt라고 하여, 빈자들에게 구호품을 나눠주는 것을 뜻한다. 네 번째는 단식(사움al-ṣawm)으로, 성인成人 무슬림으로서 심신이 온전하고 건강한 사람은 누구든 라마단의 한 달 동안에는 새벽녘에서 저물녘까지 꼬박 음식·술·성교를 삼가는 게 원칙이다. 다섯 번째는 하즈al-Ḥajj로, 모든 무슬림은 생전에 최소한 한 번씩은 꼭 메카 순례를 다녀와야 한다. 아울러 훌륭한 품격을 지닌 무슬림에게는 코란의 가르침을 잘 받드는 것도 무엇보다 중요한 일이었다. 114개 수라sūrah(장章)으로 구성된 코란은 곧 법의 근간이자, 과학과 철학을 풀어놓은 설명서였고, 신화와 각종 이야기의 모음집이자, 일종의 윤리 교과서였다.

하나로 통일된 아라비아반도는 이후 신정정치를 행하는 세계 제국으로 발돋움하는바, 이는 모두 예언자 무함마드의 "상속자"란 뜻의 칼리프caliph〔칼리파Khaliifa〕들 통치 때 이뤄진 일이었다. 이들 칼리프는 누구도 대적하지 못할 권력을 휘둘렀고, 헤아릴 수 없이 막대한 부를 누렸으며, 뭇 사람에게 영감을 불러일으킨 탁월한 과학·문학·예술을 탄생시킨 것으로 알려져 있다. 아부바크르Abū Bakr(재위 632~634), 우마르Uma(재위 634~644), 우스만Uthmān(재위 644~656)으로 이어진 시대에 아라비아인들은 시리아·팔레스타인·페르시아·이집트 땅을 아라비아인들이 그야말로 눈 깜짝할 새에 정복해나갔다. 알렉산드리아를 보호한다는 명목으로 함대까지 건조한 아라비아인들은, 얼마 안 가 막강한 해상 세력으로 성장해 지중해 일대를 호령했다. 그러다 예언자 무함마드의 사촌이자 양아들 알리Ali(재위 656~661) 때에 이슬람 세계는 수차례 내전과 종교 분쟁에 휘말리게 된다. 그러나 우마이야왕조 시대에 접어들며 다시금 통일을 이룰 수 있었다. 〔왕조 창시자〕무아위야 1세Muawiyah I(재위 661~680) 대에는 다마스쿠스에 새 왕조의 수도가 세워졌다. 야지드 1세Yazid I(재위 680~683) 대에는 알리의 아들 후사인Husayn〔후사인 이븐 알리Husayn ibn Ali〕이 우마이야왕조에 반발하다 그 일파가 대거 처단당했다—이는 향후 시아파 역사가 전개되는 데서 중대 기로가 된 사건이었다. 압둘말리크Adulmalik(재위 685~705) 대에는 메카에서 반反칼리프파가 난동을 일으켰다가 진압당했다. 왈리드 1세Walid I(재위 705~715) 대代에 절정기를 구가한 우마이야왕조는, 이후 오래도록 아바스왕조와 각축을 벌이다 750년 자브강 일대에서의 유혈참사를 계기로 끝내 막을 내렸다. 이후로는 알만수르Al-Mansūr("승리자"라는 뜻. 재위 754~775)의 통치 속에서 아바스왕조가 막을 열더니 그대로 500여 년 간 명맥을 이어나갔다. 아바스왕조 수도 바그다드는 한동안 세계를 아우르는 중심지로 부상했다.

기독교도가 틀어쥐고 있던 예루살렘이 이즈음 무슬림 손에 넘어간 것도 향후 역사에 어마어마한 영향을 끼친 대사건이었다. 도시 예루살렘은, 예나 지금이나, 세 일신교一神教〔기독교, 이슬람교, 유대교〕모두의 거룩한 성지다. 하지만 한때 예루살렘에 머물던 유대인이 로마인에게 축출당한 이래 몇 세기 동안은, 기독교도들이 이곳을 죽 자신들의 성지라며 지켜온 터였다.

기원후 638년 2월의 어느 날, 칼리프 우마르가 하얀 낙타를 타고 예루살렘에 발을 들였다. 옷을 걸친다고 걸쳤으나 누덕누덕 해지고 때에 찌든 채였고, 그 뒤를 따르는 군졸 역시 행동거지가 거칠고 몰골이 엉망이었다. 그럼에도 군대의 기강만큼은 나무랄 데 없었다. 칼리프 곁에는 당시 예루살렘의 최고 행정관인 총대주교 소프로니우스Sophronius가 말을 타고 있었다. 우마르는 예루살렘에 입성하자마자 곧장 솔로몬신전 터로 향했다. 자신의 벗 마호메트Mahomet(무함마드)가 바로 그곳에서부터 하늘 위의 천국 위로 솟구쳐 올라갔다고 했으므로. 총대주교는 칼리프가 솔로몬신전 터에 발을 딛는 것을 보고, 순간 그리스도의 말이 떠올라 눈시울을 적시며 이렇게 중얼거렸다. "선지자 다니엘이 말한바, 멸망의 가증한 것이 거룩한 곳에 선 것을 보라."[13]

그 이후로 성도聖都 예루살렘은 내내 이슬람 세계 실권자들의 수중에 있게 됐다. 총대주교는 이제 모든 것을 운에 맡긴 셈이 됐다. 기독교 순례자들도 예루살렘이라는 목적지까지 순조롭게 간다는 것은 생각할 수 없게 됐고, 따라서 로마로 발길을 돌리는 경우가 점차 많아졌다. 이로써 기독교 세계의 중심축도 서쪽으로 옮아갔다.

예언자 무함마드가 세상을 떠난 그다음 세기, 이슬람 군대는 이곳저곳을 그야말로 쉴 틈 없이 행군하고 다녔다. 이슬람 군대가 673~678년과 717~718년 두 차례에 걸쳐 콘스탄티노폴리스를 상대로 공성전을 펼친 것은 헛수고로 끝났다. 그러나 이슬람 군대는 동쪽 땅에서는 카불·부하라·사마르칸트를, 서쪽에서는 카르타고·탕헤르를 손에 넣을 수 있었다. 아울러 711년 알타리크Al-Tāriq(타리크 이븐 지야드Tāriq ibn Ziyād)가 헤라클레스의 기둥을 건넌 것이 기화가 돼 — 이때부터 이 해협은 제벨 알타리크 즉 지브롤터라고 불리게 된다— 유럽 땅에도 속속 무슬림의 발길이 닿더니, 이들이 서고트족이 차지하고 있던 스페인을 압도하는 한편 피레네산맥 일대까지 침투했다. 무함마드가 세상을 떠난 지 꼭 100년째 되는 732년에는 루아르강의 투르에까지 무슬림이 진출하는데, 이곳에서부터는 말을 타고 달리면 프랑크왕국의 심장부인 파리까지 이르는 데 단 며칠밖에 걸리지 않았다.

이처럼 이슬람이 각지로 정복의 손길을 뻗친 결과, 머나먼 타지의 칼리프에게 명목상의 충성만 바치는 자치 이슬람 국가가 스페인·모로코·튀니지·이집트·페르시아·트란스옥시아나 등지에 생겨났다. 기독교가 무려 7세기가 걸린 일을 이슬람교는 단 1세기 만에 해치운 셈이다. 무슬림 정복자들은 이베리아반도에 들어가자 자신들의 옛 역사가 떠올랐는지 그곳을 "반달족의 땅"이라는 알안달루스Al-Andalus라 부르며 새 공국을 여럿 탄생시켰다. 그중에서도 코르도바토후국(코르도바에미르국, 코르도바아미르국)은, 알타리크가 바다 건너 유럽 땅으로 들어간 후 얼마 안돼 세워져, 유럽 대륙에 자리한 무슬림 국가로 그 어디보다 오랜 기간 건재를 과시했다. 그 뒤를 이어 생겨난 알모라비드제국이나 그라나다토후국도 그랬지만, 코르도바는 거의 800년에 달하는 오랜 기간 명맥을 이어나갔다. 아브드 알라흐만 3세Abd al-Raḥmān III(재위 912~961) 대에 전성기를 누린 코르도바토후국은, 이베리아반도 땅을 상당 부분 독차지한 뒤에는 자국이 이슬람 세계 전체를 통합하는 칼리프의 나라라 자처했다. 코르도바토후국에서는 그 어디보다 수준 높은 문명이 탄생해 나오는 한편, 이주민도 대거 유입되는데 아라비아인·무어인·베르베르인·유대인이 주였다. 북아프리카에서 출발해 스페인으로 들어가는 이러한 인구 유입은 8세기에서 12세기 동안에도 수차례 되풀이됐다. [메스키타]

이후 이슬람 세력은 유럽 땅에 영구히 발을 붙이게 된다. 처음에는 유럽 남서부의 이베리아 반도에서 세력을 확장하다 나중에는 남동부의 발칸반도와 흑해 연안 일대까지 자리를 잡았다(7장 참조). 그 후로 유럽의 정치 및 문화 생활에서는 기독교와 이슬람교 사이의 교류가 가장 줄기찬 특징의 하나가 된다. 실제로도 8세기 이후로는 아침저녁으로 예배 시간을 알려 신도들을 기도로 불러 모으는 무엣진muezzin(무앗진Mu'adhdhin)의 외침 소리인 아잔adhān이 단 하루라도 들려오지 않은 날이 없었다.

Allāhu akbar
ašhadu 'an lā ilāha iliā Ilāh
ašhadu anna Muḥammadu 'rasūlu 'llāh
'alā 'l—ṣalāh
hayyā 'alā 'l—falāḥ
Allāhu akbar
ašhadu 'an lā ilāha ilia llāh

하느님은 가장 위대하신 분
세상의 신은 오로지 하느님뿐임을 증언하며
무함마드는 하느님의 예언자임을 증언합니다
신자들이여
기도드리러 오라, 구원받으러!
하느님은 가장 위대하신 분
세상의 신은 오로지 하느님뿐임을 증언합니다.[14]

새벽녘에 아잔을 외칠 때는, 넷째 구절 다음에 "al-salat khair min al-nawm(잠을 더 자느니 기도하는 편이 낫습니다)"라는 구절이 추가로 들어간다. 이런 아잔이 들려오면 무슬림들은 너나 할 것 없이 이 말을 함께 읊어야 하며, 무엣진이 네 번째와 다섯 번째 구절 다음에 이런 말을 읊조릴 때는 잠시 멈춘다. "오로지 힘과 권능은 알라신 안에만 있습니다" "당신은 참되고 옳은 말씀을 하셨습니다." 어엿한 성인으로서 심신이 건강한 무슬림들이라면 '엎드려 절하는 의식'인 살라트를 매일 다섯 번씩 드리는 것이 의무였다.

한편, 아라비아인들이 루아르강까지 진출한 것을 알자, 프랑크족은 여기서 밀리면 끝이라는 각오로 임전 태세에 돌입하지 않을 수 없었다. 메로빙거왕조의 궁재宮宰, mayor of the palace 샤를 마르텔Charles Martel(688년경~741)이 군대를 끌어모아 아라비아인의 물결을 막아낸다(프랑스어식 "샤를 마르텔"은 독일식으로는 카를 마르텔Karl Martel, 라틴어식으로는 카롤루스 마르텔Carolus Martel

메스키타 MEZQUITA

■
■ 유럽에서 문명의 흥망성쇠를 단적으로 드러내는 건축물을 하나 꼽으라면 스페인의 메스키타 알하마Mezquita Aljama(오늘날의 코르도바대성당)만 한 것이 또 없다. 우선 이 건물의 건축 연대를 보면, 가장 오래된 부분이 압드 알라흐만 1세Abd al-Rahman I(재위 755~788) 때까지 거슬러 올라간다. 이 건축물은, 스페인-이슬람 예술의 보고寶庫로서, 세비아의 일카사르Alcazar나 그라나다의 저 유명한 알함브라Alhambra 궁전과 견주어도 손색이 없다. 그러나 그냥 보아 넘길 수 없는 이 사원만의 독특한 특징은 따로 있으니, 바로 산산이 무너져 내린 라틴-비잔티움 양식의 산비센테 바실리카 대성당 위에 사원이 세워졌었다는 점이다. 741년까지만 해도 같은 자리에 서 있던 산비센테 대성당은 한때나마 기독교도와 이슬람교도가 서로 아무렇지 않게 나누어 쓰던 공간이었다. 그런데 이것으로 끝이 아니다. 모스크와 바실리카 둘 다 대규모 로마 신전이 있던 토대 위에 세워진 것이었고, 그 로마 신전 역시나 과거 그리스나 아마도 페니키아 대건축물을 대체한 것이었다. 이스탄불의 성소피아성당 정도면 모를까 건축물 하나에 이렇게까지 다양한 내력이 얽힌 경우도 아마 더는 없을 것이다. 〔"메스키타"는 스페인어로 "이슬람 사원" "모스크"라는 뜻이다.〕

외양만으로 보면, 메스키타는 중세 시대에 로마보다 덩치가 몇 배는 컸던 도시(코르도바)에 딱 어울리는 규모를 자랑한다. 건물 부지 한가운데에 자리한 오렌지 나무 정원까지 다 넣을 경우, 총 면적만 약 130미터×150미터에 달하는 직사각형의 땅이 사방의 성벽 및 군데군데 장식이 들어간 총안 흉벽에 에워싸여 있다. 그러나 이 건물에서 단연 압권은, 이슬람교와 기독교 양식이 하나로 절묘하게 어우러진 특징이 건물 요소요소에서 발견된다는 점이다. 우선 널찍하게 트인 대규모의 네이브nave(신랑身廊)은 다채로운 색깔의 대리석 기둥들이 공간을 빼곡히 메우고 있고, 그 위로 아치들이

2단으로 겹겹의 호를 그리고 있다. 이 기둥들은, 꼭대기에 저마다 각양각색의 기둥머리를 이고 있는데, 옛날의 그 바실리카에 있던 것들을 가져다 쓴 것이라고 한다. 2단 아치에서 "말발굽horseshoe" 아치라고도 불리는 아래쪽 아치는 흰색의 석회암과 붉은색의 벽돌을 번갈아 사용하고 있다. 그 위로 솟아오른 상층부의 둥그런 원형 아치는 순수한 로마 양식이다. 북쪽에 난 사원의 본당 출입문은 수십 장의 금속판이 표면을 뒤덮고 있으며, 여기 금속판 성중앙에서도 "DEUS"라는 라틴어와 "AL-MULK LILAH"라는 아라비아어가 번갈아 등장한다("제국과 권능은 오로지 하느님 한분만의 것이로다"를 의미한다). 정교함을 자랑하는 일명 '비둘기의 문Dove's Door'도, 화려한 아라비아풍의 아치가 딸려 있는 동시에 그 가장자리를 중세 특유의 첨두아치ogive가 장식하고 있다. 이 사원의 미흐라브miharab(무슬림들이 메카 쪽으로 몸을 틀 수 있게 일종의 '방향잡이 역할을 하는 벽감壁龕')는 시리아 출신 건축가들이 조성한 것으로 그 덕분에 용케 남쪽으로 방향을 잘 잡고 있다. 미흐라브의 외관 역시도 자그마한 팔각형 방이 자리하고 있고 그 위로 소라고둥 껍데기 모양의 천장이 얹혀 있는 복합 형태다. 거기다가 이 방에 발을 들이려면 형형색색의 모자이크로 장식된 아치형 입구를 통과하게 돼 있고, 그 바로 전의 연결 통로에는 또 비잔티움 양식의 둥근 지붕이 세 개 얹혀 있다. 사원을 거닐다보면 페르시아 스타일의 쿠픽체cufic inscription(7세기에 발달한 초기 아라비아어 서체) 글자들이 심심찮게 눈에 띄는데, 성당의 왕실 예배당까지 그런 실정이어서 이곳은 14세기 들어 자체적으로 고딕풍의 장식 및 봉건영주의 문장紋章으로 재단장을 하지 않으면 안 됐다. 기독교 건축에 사용되는 바로크 양식은 단지 이 모스크 안의 제단과 엔타블러처entablature(고대 그리스·로마 건축에서 기둥이 떠받치는 수평 부분을 총칭하는 말)에만 영감을 불어넣은 것이 아니라 나중에 잉카인들의 예배당 건축에까지 영감을 주었다.[1]

코르도바에 자리한 이 메스키타나 혹은 유서 깊은 도

시 톨레도가 그렇듯, 스페인을 돌아다니다 보면 과거와의 영속성이 강하게 느껴지는 곳들이 더러 있다. 타지의 관광객들도 그 옛날 무슬림 통치기의 스페인에 오렌지, 레몬, 시금치, 아스파라거스, 가지, 아티초크, 파스타, 치약 같은 것들과 함께, 수학, 그리스 철학, 종이 같은 것들이 들어와 유럽인들에게 처음 소개됐다고 하면 정말 그러냐며 귀가 솔깃해서 듣는다. [샤티바]

하지만 현실은 엄연히 달라서, 정작 스페인에서 그런 영속성을 찾기란 지극히 힘들다. 스페인의 무슬림 문명은 단지 어느 한구석으로 밀려난 수준에서 끝난 게 아니라 그럴 여건만 되면 어디서고 뿌리가 송두리째 뽑히는 지경까지 갔다(454쪽 참조). 에스트레마두라Extremadura에 외따로 서 있는 트루히요Trujillo 무슬림 궁전이나, 바스크족이 버리고 떠난 카스티야의 성곽도시만 휘 둘러봐도, 역사의 실상이 이런 것이구나를 보다 똑똑히 느낄 수 있으리라. 그러니 코르도바에 가서 메스키타를 살펴봤다면 그 길로 바로 도시 바깥으로 나와 마디나트 알자흐라Madinat al-Zahra(메디나 아자하라Medina Azahara)까지 가야 제대로 된 여행인 셈이다. 이 궁전은 한때 칼리프가 머물던 별궁으로, 당시 칼리프는 위세가 대단해서 햇빛 반사경이 설치된 역참 체제를 통해 멀리의 이집트와 24시간 이내에 교신이 가능했고, 타지 사절이 보좌 위의 칼리프를 알현하려면 반드시 베르베르인 병사들이 2열로 죽 늘어선 채 떠받치고 있는 캐노피canopy 밑을 족히 5킬로미터는 지나쳐야 했다(건축에서, 제단 따위의 위에 기둥으로 받치거나 매달아 놓은 덮개. 중세에는 신과 왕의 권위를 상징하는 용도로 쓰였다). 이 메디나 아자하라는 6000명의 하렘harem(규방) 여인들을 포함해 총 2만 명이 모여들어 살아간 곳이기도 했다. 그러다 1010년 베르베르인의 반란으로 몰골이 흉하게 파손됐고, 그 뒤로 내내 묻혀 있다 1911년 고고학자들의 노력에 힘입어 다시금 세상의 빛을 보게 됐다.[2]

스페인 사람은 (곧잘) "올레Olé"를 외치는데, 그것이 [원래는] 알라를 부르는 소리라는 것에는 많은 이가 별로 염두에 두지 않는다.

이 된다). 732년의 이 푸아티에전투Battle of Poitiers는 기독교 호교론자護敎論者들에 의해 과장됐을 수 있다. 아라비아인들은 지나치게 확장된 병참선兵站線 때문에 퇴각해야 했을지도 모른다는 점에서다. 결과야 어찌 됐든, 당시 지브롤터해협에서부터 아라비아인들이 밀고 들어온 거리는 1600킬로미터도 넘었다. 생각하면 아찔하지만, 만일 그런 사실이 없었다면 [에드워드 기번의] 다음과 같은 구절들이 가슴 깊이 와 닿는 일도 아마 없었으리라.

> 그와 동일한 여세가 한 번만 더 반복됐더라면 어땠을까. 사라센인들은 아마 폴란드의 변경과 스코틀랜드의 하일랜드the highlands(고지대 지방)까지 밀고 들어왔을지 모른다. 나일강이나 유프라테스강을 건너는 것에 견주면, 라인강을 건너는 일쯤이야 덜하면 덜했지 더 어려울 건 없으니까. 아마 아라비아인들의 군선들은 해전 한 번 치를 것 없이 곧장 템스강 어귀까지 거슬러 오지 않았을까. 그랬다면 지금쯤 옥스퍼드의 학교들에서는 선생들이 코란 해석본을 학생들에게 가르치고 있었을 테고, 옥스퍼드 교단에서는 할례 받은 자들을 앞에 앉힌 채 무함마드 계시의 신성성과 진실성을 논증하느라 바빴을 것이다.[15]

푸아티에전투 패배 이후, 서쪽 땅에 남은 무슬림들은 이제 피레네산맥을 따라 늘어선 채 발이 묶이게 됐다. 이 때문에 피레네산맥을 넘어가는 곳곳의 산길을 두고, 무슬림과 프랑크족 사이에 수 세대 동안 싸움이 벌어지게 된다. 한번은 론세스바예스고개를 둘러싸고 둘 사이에 일전이 또 벌어졌는데, 이때의 전투를 배경으로 샹송 드 제스트(무훈시)의 걸작으로 유명한 중세 시대 제일의 전설이 탄생한다. 롤랑Roland과 올리비에Oliver 또는 오를란도Orlando와 리날도Rinaldo 등 다양하게 회자되는 두 프랑크족 기사가 자신들의 병사를 산 너머 북쪽 어딘가의 안전한 곳으로 철수시키려 무슬림 군대를 만나 사면초가의 궁지에 몰린다는 내용으로 전설은 시작된다(여기서 얘기하는 전설은 〈롤랑의 노래La Chanson de Roland〉(작자 미상)와 〈광란의 오를란도Orlando furioso〉(루도비코 아리오스토)로 정착한다). 일촉즉발의 상황이 닥쳐오자 올리비에는 전우 롤랑에게 얼른 뿔피리를 불어 원군을 불러들이라고 재촉했다. 하지만 지혜보다 용맹함이 앞선 롤랑은 자기 힘으로 어떻게든 난관을 타개하겠다며 나팔을 불지 않은 채 버티고, 그러는 사이 전투는 막바지에 접어들었다. 롤랑이 자력으로는 힘에 부친다는 걸 깨닫고 마침내 머리에 시뻘겋게 핏발이 서도록 있는 힘껏 나팔을 불자, 그 소리가 프랑키아 전역에 다 울려 퍼졌다. 그런데 이래저래 곤죽이 돼 롤랑이 말 등 위에 축 늘어진 사이, 시력을 잃은 올리비에가 그만 잘못 검을 휘둘러 그에게 일격을 가하고 만다.(아래는 〈롤랑의 노래〉의 일부다.)

"Sire cumpain, faites le vos de gred?

Ja est ço Rollant, ki tant vos soelt amer!

Par nule guise ne m'aviez desfiet!"

Dist Oliver: "Or vos oi jo parler.

Jo ne vos vei, veied vus Damnedeu!

Ferut vos ai, car le me pardunez!"

Rollant respunt: "Jo n'ai nient de mel.

Jol vos parduins ici e devant Deu."

A icel mot l'un a l'altre ad clinet.

Par tel [...] amur as les vus desevred.

"나의 동지, 올리비에 경, 자네 부러 이 칼을 내게 찔렀나?

나는 롤랑이라네. 자네를 그토록 아끼고 사랑하는.

이제껏 자네는 나와 한 번도 엇나간 적도 시비 벌인 적도 없는데."

올리비에가 말했다. "이제야 자네 목소리인 줄 알겠네.

그런데 내 눈엔 자네가 보이질 않아.

하느님께서 그분만 보시려고 자네를 데려 가셨나보군!

내가 자네를 찔렀다고? 날 용서하게. 이렇게 간곡히 비네!"

롤랑이 답한다. "나는 하나도 아프지 않네.

자네는 이미 용서받았어. 이 자리에서 그리고 하느님 앞에서." 둘은 서로의 가슴께를 향해 머
리를 숙였다.

보라, [···] 시시각각 다가오는 영결永訣의 순간 이들이 보여주는 대단한 사랑을!16

"슬프도다, 사랑스러운 프랑키아여, 그대는 오늘 훌륭한 봉신들을 이대로 잃고 마는구나."

동쪽 땅에서는 비잔티움제국 군대가 버티고 서서 기독교 세계의 경계를 지켜주었다. 그랬음
에도 그 배후에 자리한 슬라브 세계에서는 이미 무슬림의 세력이 깊숙한 데서부터 감지되고 있
었다. 무슬림 세계는 이즘 갈수록 노예의 맛을 알아가던 참으로, 깡마른 체구의 슬라브족은
노예로 가장 선호되는 상품이었다. 노예무역에서 중간상인 및 수송책은 주로 유대인 무역업자
와 바이킹이 도맡았고, 크름반도를 경유할 때가 특히 많았으나, [하자리아] [루스족] 나중에 가서는
발트해와 중부 유럽에서도 노예무역이 성행했다. [디르함] 당시 슬라브족과 노예무역은 지극히 강
하게 연관돼 있어서, '슬라브족Slav'과 '노예slave'가 서로 동의어로 통했던 곳이 한두 군데가 아
닐 정도였다. 환관을 뜻하는 아라비아어 사칼리바sakaliba(saqaliba)도 원래는 '슬라브Slav'에서 파
생됐다고 여겨진다. 슬라브족을 면전에서 보고 처음 보고서를 작성한 사람은 토르토사 출신의
무어계 유대인 상인이었는바, 알고 보면 그것도 결코 우연은 아닌 셈이다(588쪽 참조).

당시 이슬람교가 기독교 세계에 얼마나 큰 영향을 끼쳤는지는 아무리 과장해도 지나치지
않다. 우선 이슬람교의 정복 활동이 이어지면서 유럽이 기독교 신앙을 수호하는 본진本陣 구실
을 하게 됐다. 이와 동시에 무슬림들이 엄청난 크기의 영토를 수중에 넣은 결과, 그간 기독교도
가 여타 종교 및 문명과 맺어온 직접적 접촉이 완전히 끊어지다시피 했다. 이슬람교가 걸핏하면
전투를 벌이며 곳곳에 방책을 쌓아놓는 통에 이제 유럽 반도는 밖에서 고개를 돌려 안으로 파
고들 수밖에 없었고, 그 때문에 일찍이 다른 지역들과 맺은 상업적·지적·정치적 교류의 상당
수가 단절되거나 예전 같지 않게 됐다. 종교 분쟁 면에서는, 이슬람교의 등장으로 기독교왕국이
두 가지 과제를 떠안게 됐으니, 하나는 이슬람과의 투쟁이요 다른 하나는 왕국 안에 잔존한 이
교도들을 마저 기독교로 개종시키는 일이었다. 비잔티움제국으로서는 이슬람 때문에라도 동부
국경의 방어를 항상 최우선시할 수밖에 없었고, 그로 인해 서방에 대한 책임은 자연히 소홀해
졌다. 그러다 보니 타지 즉 제국과 한참 떨어진 데의 기독교 국가들도 알아서 제 살 길을 강구해

야 했고, 그 과정에서는 지방 자치나 경제적 자급자족에 부합하는 수단들을 택하게 되는 게 자연스러운 일이었다. 달리 말하면, 이는 유럽이 봉건제로 전환하는 데서 이슬람교가 큰 자극제가 됐다는 뜻이다. 그중 가장 주효했던 것이 지중해를 이 무렵 이슬람 세력이 호령하게 된 일로, 이로써 지중해 근방 육지 지역들은 그간 유럽 반도의 나머지 지역들에 대해 갖고 있던 패권을 잃게 됐다. 이슬람교 탄생 이전만 해도 후-고전기post-classical의 그리스·로마 세계는, 비록 기독교 신앙을 만나 얼마간 윤색된 면은 있었지만, 본질적 측면에서는 여전히 제 모습을 간직하고 있었다. 그러나 이슬람교의 탄생 이후, 그리스·로마 세계는 온데간데없이 사라져버렸다. 그에 따라 거의 순리라는 듯 유럽 세계의 정치적 주도권도 지중해를 벗어나 저 북쪽의 왕국들, 특히 '프랑키아' 일대의 가장 강성한 왕국들로 넘어간다.

따라서 새 질서를 움트게 할 씨앗은 이미 8세기에 그러니까 이슬람교의 정복이 어떤 의미가 있는지를 유럽의 기독교들이 곱씹고 있던 바로 그 시간에 이미 뿌려진 것이었다. 로마 주교는 비잔티움으로부터 뒷전으로 밀려나게 되면서 이제는 프랑크족의 힘에 기대 '교황정치Papacy'의 확립이라는 대사업에 착수할 수밖에 없었다. 프랑크족도 이참에 교황에게 힘을 실어주는 편이 자신들에게도 기회가 되리라 여겼다. 그렇게 따지면 비록 간접적이긴 해도, 샤를마뉴의 존재는 결국 무함마드 덕분에 탄생할 수 있었던 셈이다(뒤의 내용, 380~390쪽 참조). 앙리 피렌Henri Pirenne은 이슬람이 고대 세계의 지축을 사정없이 뒤흔들어놓았듯 당시 종래의 개념들을 산산이 조각냈으며, "프랑크제국은 이슬람이 없었다면 십중팔구 존재할 수 없었을 것이며 샤를마뉴는 마호메트 없이는 상상조차 할 수 없다"라고 말했다.[17] 피렌의 주장들은 그간 세부적 사항을 조목조목 따진 결과 논거가 다소 빈약해진 면이 있는바, 특히 그가 주장한 상업 관계의 단절과 관련해 그러하다. 그렇긴 해도 고대 세계가 중세 세계로 어떻게 이행해갔는지를 연구하는 데서 그와 같은 주장들이 가히 혁명적인 변화를 일으켰던 것만은 사실이다.

그러나 무함마드와 샤를마뉴 둘만의 이야기로는 충분치 않다. 이슬람교는 샤를마뉴가 위세를 떨친 서부에도 영향을 끼쳤지만, 동부에는 그보다 훨씬 더 직접적인 영향을 끼쳤다는 점에서다. 이슬람교의 등장을 계기로 유럽에는 "기독교왕국"이라 불리는 전혀 새롭고도 한 덩이로 뭉친 실체가 명확한 경계를 갖게 되는바, 향후 얼마간 이 기독교왕국에서 가장 막강한 중심지로 기능한 것이 바로 콘스탄티노폴리스였다. 이 콘스탄티노폴리스를 중심으로 기독교도와 무슬림이 각축을 벌이는 가운데 이슬람교는 그 동쪽 언저리의 이교도들도 물고 늘어졌으니, 그래서 나중에 이 이교도들은 두 막강한 종교 사이에서 하나를 골라야만 하는 처지에 놓이게 된다. 그러나 가장 중요했던 것은 이슬람교가 여기저기 쳐놓은 문화적 장벽이었고, 그것은 유럽의 정체성을 명확히 정의해주는 배경 막 노릇을 했다. 그렇게 보면 무함마드 없이는 단지 샤를마뉴만 아니라 유럽 자체도 상상할 수 없는 셈이다.

한편 기독교와 이슬람교 사이에 벌어진 각축은 갖가지의 도덕적·심리적 문제를 낳았으니, 기독교와 유대교 사이에 이미 존재했던 문제만큼이나 그 양상이 심각했다. 우선 기독교도와 이슬람교도 각각이 서로를 불경자로 여기라고 가르쳤다. 상대편에 대한 이들의 오해, 적의, 부정적 편견은 끝이 없었다. 세 위대한 일신교가 서로 간에 얼마나 공통점이 많은가 하는 것은, 특히 성직자들 사이에서는, 절대 인기 있는 주제가 아니었다. 사정이 이러다 보니 기독교가 주축이 된 '서방'과 이슬람교가 주축이 된 '동방' 사이에는 이분법이 강하게 발달하게 된다. 중세 유럽인들은 무슬림을 흔히 '사라센인Saracens'이라 불렀는데, 원래는 '동방인'을 뜻하는 아라비아어 사라키윈sharakyoun에서 파생한 별칭이었다. 서방인, 특히 자기네들 문명이 다른 데와 견줘 우월하다고 제멋대로 믿는 사람들 사이에서는, 무슬림이 주류였던 동방은 무조건 경멸부터 하고 보는 전통이 이미 오래전부터 자리 잡고 있었다.

보편공의회 시대의 기독교 교회, 325~787년

325년 니케아에서 제1차 보편공의회General Council가 열렸을 때(276쪽 참조), 기독교 교회는 그 위상이 꽤나 높아져 로마제국 내에서 최대 규모의 종교 공동체를 이끌 정도가 돼 있었다. 밀라노칙령(313) 이래 실시된 관용 정책으로 기독교 교회가 적잖이 덕을 볼 수 있던 데다, 마침 보좌에 올라 있는 로마제국 황제가 기독교를 물심양면으로 지지해주었기 때문이다. 그렇다고는 하나 교회의 입지가 그렇게 확고부동한 것은 또 아니었다. 기독교가 아직은 국교로 자리매김하지 못한 상황이었고, 제국 상층부에는 기독교를 적대시하는 세력이 대거 포진하고 있었다. 기독교 교회는 더구나 로마제국 이외 지역으로의 진출도 여전히 지지부진했다. 이 무렵 기독교도들의 견지에서, 특히 아타나시우스Athanasius를 수장으로 하는 '정통'파의 입장에선 기독교 교회가 나아가야 할 길은 이래저래 결코 순탄치만은 않을 것이었다. [이콘]

우선 콘스탄티우스 2세(재위 337~361) 때에 아리우스주의가 잠시나마 다시 득세하는 모양새였다. 그 세에 밀려 아타나시우스가 제국 밖으로 쫓겨나는데, 그는 이런 추방을 수차례 더 겪게 된다(이때가 2차 추방으로, 아타나시우스는 율리아누스·발렌스 황제 등의 명에 의해 평생 총 다섯 차례에 걸쳐 추방을 당했다). 더군다나 340년 당시 도나우강 삼각주 북쪽 땅에는 여전히 고트족이 눌러앉아 있었는데, 고트족이 기독교의 아리우스주의로 개종한 것도 걸림돌이었다. 그랬으니 로마제국 영내로 동고트족과 서고트족이 속속 들어와 이탈리아·갈리아·스페인·아프리카 등지에 저마다 자기들 왕국을 세웠을 때도, 이들이 신앙으로 내세운 것은 당연히 아리우스주의였다. 기독교 정교 신앙은 고트족에게 꼼짝없이 막혀 게르만족들 사이에서는 좀처럼 퍼져나가지 못했다. [비블리아] 기독교라는 배는 또 한 차례 험로를 맞게 되는데, 기독교 전통에서 '배교자背敎者,

the Apostate'로 통하는 철학자-군주 율리아누스(재위 361~363)를 만나면서다. 그가 기독교 신앙을 교육받은 것은 자기 가족들의 목숨을 서슴없이 앗아간 자들로부터였고, 그래서인지 "늘상 자신은 이교 신앙의 편에 서 있음을 공공연히 밝혔다." 결국 제국에는 모든 신앙을 두루 인정하는 관용적 내용의 칙령이 반포됐고, 덕분에 로마가 섬겨오던 여러 신도 마지막이나마 살았다며 잠시 안도의 한숨을 내쉴 수 있었다. 그러나 율리아누스가 이교 신앙을 옹호했다 해도 "그가 정작 기독교도들에게 가한 고초라고는 동료 백성들을 괴롭힐 힘을 그들에게서 빼앗은 것밖에는 없었다." 한때 항간에서는 율리아누스가 마지막 숨을 거두며 "오, 창백한 갈리아인이여, 그대가 이겼도다Vicisti Galilaee"라는 말을 남겼다고 했으나 지금은 낭설로 통한다.[18]

이런 일들이 거듭되며 자꾸만 기반이 흔들리니 삼위일체파도 안심하고 있을 수만은 없었다. 그래서 제국 동방에서는 아타나시우스, 제국 서방에서는 푸아티에의 힐라리우스Hilary of Poitiers(315~367)가 각각 선봉에 서서 콘스탄티우스와 율리아누스와 대결한 것을 시작으로, 이듬 세대에는 교회 역사상 가장 기지가 번뜩이고 관록 넘치는 교부들이 속속 탄생한다. 우선 콘스탄티노폴리스의 주교 요한네스 크리소스토무스John Chrysostom(347~407)가 "황금의 입Golden Mouth"이라는 별칭을 얻으며 당대 최고의 설교자로 이름을 날렸으며, 로마 사회 상류층 상당수의 부아를 돋웠다. 대大바실리우스Basil the Great(330~379)는 카이사레아의 주교를 지낸 인물로, 그의 집안에서는 성인聖人이 최소 8명 이상 배출돼 세간의 이목이 크게 집중됐다. 공동체 생활에 기초한 수도원 제도를 창시한 것도 바실리우스라는 게 통설이다. 바실리우스와 형제지간인 니사의 그레고리우스Gregory of Nyssa(335~395), 그와 친구지간인 나지안조스의 그레고리우스Gregory of Nazianzus(329~389)는 모두 신학자로서 두각을 나타낸 인물들로, 콘스탄티노폴리스 제2차 보편공의회를 정통파의 승리로 이끈 장본인이었다. 제국 서방에서는 판노니아 땅 출신인 투르의 마르티누스Martin of Tours(397년 몰)가 갈리아 전역에 두루 복음을 전파했다. 밀라노의 암브로시우스Ambrose of Milan(334년경~397)는 교회 입장을 대변하는 정치가로 제일가는 실력자였다. 달마티아 출신의 히에로니무스Jerome(345년경~420)는 초창기 교회에서 제일 출중한 성경학자로 손꼽혔다. 그래도 당대 교회 교부들 중 가장 입김이 셌던 인물 하면 아무래도 아프리카 출신인 히포의 아우구스티누스Augustine of Hippo(성 아우구스티누스)가 아닐까 한다.

교부들이 쌓아올린 노고가 결실을 맺은 것은 테오도시우스 1세(재위 379~395) 때였다. 제국의 동방과 서방을 함께 통치한 마지막 로마 황제였던 그가 삼위일체파를 적극 지지하는 입장이었던 게 주효했다. 테오도시우스는 원래 스페인인 혈통으로, 장군인 아버지 슬하에서 나고 자랐는데, 매우 포악한 성미였다고 한다. 테오도시우스가 삼위일체파로 돌아선 것도, 그의 전임자 발렌스 황제가 아리우스파인 고트족에게 목숨을 잃었다는 아주 단순한 이유에서였다. 테오도시우스 황제의 비호 아래 교회는 제2차 보편공의회를 열어 니케아신경Nicene Creed(니체노신경. 니케아신조. 제1차 니케아공의회에서 아리우스파를 비롯한 이단을 단죄하고 정통 기독교 신앙을 수호하기 위해 로마가톨릭교회가 채택한 신앙 고백문)을 공식 인가했다. 이제 삼위일체파의 기독교 신앙이 법의 힘을 빌려 본격적으로 지지를 받게 된 것이다. 반면 아리우스주의는 금기시됐고 박해를 받아야 했다. 삼위일체파가 스스로를 정통으로 내세우며, 자신과 경쟁 관계에 있던 세력들을 고금을 막론하고 '이단'으로 몰고 간 것도 이 무렵부터였다. [금서목록] [루피누스] [제우스]

이 '기독교의 승리'는 향후 수 세기 동안 수많은 신도에게 경이로운 성취로 두고두고 칭송을 받았다. 테오도시우스 1세도 그 공을 인정받아 이름 옆에 '대제大帝, the Great'라는 별칭을 얻었다. 그러나 정작 그리스도의 가르침 안에는 영적 권위와 정치적 권위가 그렇게 가까이 얽히는 것이 좋다는 식의 내용은 거의 일언반구도 없었다. 게다가 황제 테오도시우스는 외려 그리스도의 선량한 덕과는 거리가 먼 사람이었다. 388년, 그는 공동 황제 마그누스 막시무스Magnus Maximus의 목숨을 무참히 앗았다. 390년에는 지역 주민들이 반란을 일으킨 기미가 있었는데도 그것을 묵과했다는 이유로 도시 테살로니카(테살로니키)에 처절한 응징을 가했다. 황제가 휘하 장교를 시켜 도시 주민 전체를 경기라도 벌일 것처럼 한껏 분위기를 조성한 키르쿠스에 초대해놓고는 경기장으로 들어온 7000명의 도시 주민을 몰살한 것이다. 암브로시우스는 황제에게 이 행동의 죄를 따져 기어이 대중 앞에서 참회를 하게 만들었고 황제는 얼마 안 가 밀라노에서 숨을 거두었으니, 이 일이 황제가 그토록 지극정성으로 믿었던 종교가 세상에 얼마쯤 더 알려지는 계기는 됐다.

신학자이자 주교 성 아우구스티누스(354~430)는 원래는 수사학修辭學 학도였던 데다 한때는 마니교 신봉자였다. 그러다 386년 밀라노에서 기독교를 만나고는 개종을 하게 됐다. 인간이면 숱한 약점을 안기 마련임을 기꺼이 인정하는 태도 때문인지, 아우구스티누스의 글은 유난히 사람의 마음을 울리는 면이 있다. 그의《고백록Confessions》도 한창 때의 젊은 남자가 속세의 안락함과 즐거움을 끊고 사는 것이 얼마나 고달픈 일인지 구구절절 적고 있는바, 당시의 다른 논객들이 걸핏하면 도나투스파, 마니교도, 펠라기우스주의와 설전을 벌이던 것과는 극명히 대비된다. 그러면서도 한편으로는 복잡하게 뒤얽힌 교회의 교리를 거장의 필치로 분석하고 체계화했으니, 그에 필적하는 업적은 근 800년 뒤 토마스 아퀴나스가 등장하기 전까지는 좀체 찾아보기 힘들다. 아우구스티누스는 거의 방탕을 권유하는 게 아닐까 싶을 정도로 사랑의 중요성을 역설했다. 그가 남긴 명언, "사랑하라, 그리고 당신이 원하는 것을 행하라Dilige, et quod vis faç" "죄는 미워하되 그 사람은 미워하지 말라Cum dilectione hominum et odio vitiorum"만 봐도 그렇다. 이와 함께 그는 제도화된 교회의 필요성도 강조했다. 아우구스티누스가 저술에서 "교회 밖에는 구원이 존재하지 않는다Salus extra ecclesiam non est" "로마가 말했으니 이로써 사건도 종결이다Roma locuta est, causa finita est"라고 쓴 것도 다 그러한 맥락에서였다. 아우구스티누스가 저술

금서목록INDEX

■ 초기 교회의 전승을 그대로 믿는다면, 교회 역사
■ 에서 금서목록을 처음으로 갈무리한 이는 교황
인노첸시오 1세Innocent I(재위 401~417)이고, 금서 관
련 칙서를 처음으로 만방에 반포한 이는 교황 젤라시
오 1세Gelasius I(재위 492~496)였던 것으로 보인다. 젤
라시오칙서의 경우, 금서목록도 목록이지만, 진짜 성경
진본眞本이 무엇인가 하는 발표에 곁들여 그와 관련해
추천 및 보충 읽을거리 목록도 들어 있는 게 특징이다.
하지만 오늘날 학자 중에는 이 칙서가 젤라시오와 과
연 얼마나 연관이 있는지 의구심을 품는 이들이 적지
않다. 그래도 한 가지만은 분명한데, 옛날만 해도 교회
는 늘 어떤 글이 있으면 그 내용이 적절한지 아닌지를
두고 그 나름의 입장 발표를 할 권리를 사수해왔다는
것이다. 5세기에서 15세기로 시간이 흐르는 동안, 교회
는 아리우스와 포티우스(포티오스)부터 시작해 얀 후스
와 조반니 피코 델라 미란돌라에 이르기까지, 이러저러
한 개별 저자들을 상대로 수없이 집필 금지 명령을 내
린 바 있다. 인쇄술의 등장은 그보다 더 강도 높은 조
치들을 가져왔다. 현재로서는 무엇이 먼저고 무엇이 나
중인지 다소 논란이 되는 상황이기는 해도, 일체의 출
판물이 종류를 막론하고 주교로부터 사전허가를 받아
야 한다는 규정이 처음 시행되거나 혹은 강화된 것은
교황 인노첸시오 8세(재위 1484~1492) 때라고 알려져
있다. [인쇄]

르네상스기 및 종교개혁기에는 막대한 양의 책이 그야
말로 물밀듯 쏟아져 나와, 교회 고위층으로서는 갈수
록 바티칸으로부터의 지침에 기댈 수밖에 없는 형편이
었고, 급기야는 트리엔트공의회(1545~1563)를 열어 실
질적 행동을 촉구했다. 그 결과, 1557년 교황 바오로
(파울루스) 4세Paul IV에 의해 인덱스 리브로룸 프로히
비토룸Index Librorum Prohibitorum(금서목록)이 작성
돼 나왔다. 바티칸 내부에서 의견이 엇갈린 탓에 이 문
건의 초본은 세상에 공개되지 못한 채 그대로 묻혔다.

그랬던 것이 공의회의 적극적 요구에 따라 재차 내용
수정이 이루어졌고, 그리하여 1564년의 트리엔트금서
목록Tridentine Index of 1564이 향후 교회 금서 조치의
기준으로 자리매김한다. 이 문서에는 교회의 승인을 받
지 못한 작가 및 작품은 물론이거니와 금서 판단의 기
준이 되는 10조목도 나열돼 있었다. 로마의 '블랙리스
트'는 1564년 이래 그 목록이 계속 늘어왔다. 금서 관
련 규칙은 1596년, 1664년, 1758년, 1900년, 1948년
에 필요한 부분들을 나시금 배반셨다(부록 1616쪽 참조).
그러는 동안 금서목록은 뭇사람으로부터 비판을 면치
못했다. 사실 교회의 금서목록은 나오고 나서도 시종
일관 별 소용이 없었던 것이, 그것에 의해 금서로 지정
된다 해도 바티칸의 입김이 닿지 않는 개신교 국가에만
나가면 책을 펴내줄 출판사는 얼마든 있었다. 더군다나
금단의 열매가 막상 따 먹으면 그 맛은 더 달콤한 법이
라고, 금서목록을 만들어 어떤 책을 읽지 못하게 만든
것이 오히려 그 책을 더 읽게끔 한 셈이 됐다. 교회를
적대시했던 이들은, 천주교가 관용이 부족하다고 몰아
세울 때 어김없이 이 금서목록을 그 증거로 들이밀었다.
계몽시대 이후로는 진보적 성향의 식자층에서도 금서목
록 개개의 결정사항은 물론 아예 금서목록의 존재 자체
를 두고 서슴없이 조소를 퍼부어왔다. 교회가 억누르려
한 책들이 세계적 걸작이나 베스트셀러로 부상해 엄청
나게 판매된 기록만 보더라도, 교회의 금서목록이 왜 그
렇게 혹독한 비판을 받아왔는지 이해할 만하기는 하다.
그렇다고는 하나 이 금서목록은 맥락에 따라 판단해야
한다. 근대 유럽에서 힘깨나 썼던 실력자들 치고, 그들
이 세속의 권력자였던 교회의 권력자였든, 혹은 개신교
의 권력자였든 천주교의 권력자였든, 정교회의 권력자
였든 출판물을 규제하고자 했던 바티칸의 이런 바람을
공유하지 않은 사람은 없었다는 점에서다. 유럽에서는
어느 국가 할 것 없이 20세기 후반까지도 출판 검열이
기승을 부렸다. 교황의 금서목록을 큰 목소리로 성토했
던 사람들도 알고 보면 자기들도 수많은 책을 출판되
지 못하게 막고 있었으니까 자가당착에 빠진 줄은 미

처 알지 못했던 셈이다. 다음의 목록에만 눈을 돌려도 알 수 있듯, 유럽 문학의 고전으로 손꼽히는 작품들이 바티칸 이외 유럽의 여타 권력자에 의해 금기시된 사례는 유럽의 어느 시대고 또 어디서고 찾아볼 수 있다.

그러니 진보주의자라도 자신만의 절대적 원칙을 적용하려고 보면 막상 움츠러들 수밖에 없는 게 현실이다. 적정한 금서 관련 기준선도 수시로 뒤바뀌기 마련이어서, 모든 사회 그리고 모든 세대는 그 나름의 입장을

시기	작가	작품	금서 지정
기원후 35년	호메로스	전 작품	로마제국
1497년	단테	전 작품	도시 피렌체
1555년	에라스뮈스	전 작품	스코틀랜드
1660년	밀턴	《우상타파론》	잉글랜드
1701년	로크	《인간지성론》	옥스퍼드대학
1776년	괴테	《젊은 베르터의 고뇌》	덴마크
1788~1820년	셰익스피어	리어 왕	영국
1835년	하이네	전 작품	프로이센
1880년	톨스토이	《안나 카레리나》 등 다수	러시아
1931년	마리 스톱스	전 작품	아일랜드
1939년	괴테	전 작품	스페인
1928~1960년	로런스	《채털리 부인의 연인》	영국 [1]

물론 골수 진보주의가 내걸듯, 저작 내용이 대놓고 불경스럽거나, 반체제적이거나, 선동적이거나, 외설스럽거나, 허위에 불과하다 해도 모든 저작은 어쨌건 출판은 돼야 한다는 입장도 있다. 독자가 치를 떨게 되더라도 그걸 감수하며 읽는 것은 독자의 몫이어야 한다는 주장이다. 그러나 이런 입장에도 난점은 있었으니, 유대인 홀로코스트가 그것이 역사에 실재하지 않았다고 보는 '수정주의 역사'와 만났을 때도 그렇고, 살만 루슈디Salman Rushdie가 《악마의 시The Satanic Verses》(1988)란 작품을 써서 이슬람교로부터 파트와fatwa를 선고받은 것을 봐도 그렇다(파트와는 이슬람 세계의 법적 해석을 의미하는 말이다. 이슬람교는 소설《악마의 시》를 신성모독으로 받아들이고, 루슈디에게 사형선고나 다름없는 파트와를 선고했다. 이후 루슈디는 그를 처형하려는 이슬람교도들을 피해 영국 정부의 보호를 받으며 숨어 지내야 했으며, 다른 지역들에서도 책의 번역자들이 무슬림에게 살해당하는 등의 일이 벌어졌다. 국내에서도 동명의 제목으로 번역·출간됐다).

정하지 않으면 안 된다.[2] 아울러 교황의 금서목록을 현대 전체주의 국가의 검열제와 비교하는 것도 온당치 못하다. 1933~1945년의 나치 독일이나 1917~1991년의 소련의 경우, 일일이 개별 승인을 받기 전까지는 모든 저작물을 공식적으로 금서로 간주했다. 그렇게 보면, 교황의 금서목록보다는 오히려 주교의 사전허가제가 출판물을 더 억압하는 조치였는지도 모른다.

1966년, 바티칸의 신앙교리성 장관은 교황청의 금서조치를 폐지한다고 발표했다. 그때까지 금서목록에는 약 4000종이 올라 있었다.

위에 실린 정보 상당 부분도 전혀 문제될 것 없는 자료들에서 나왔음을 밝히는 바이니, 언급한 18권의 책들에도 하나같이 니힐 옵스타트NIHIL OBSTAT(저촉점 없음), 임프리마투르IMPRIMATUR(인쇄허가) 같은 교회 승인의 징표들이 빠짐없이 다 달려 있었다.[3]

루피누스 RUFINUS

■
■ 아퀼레이아의 루피누스 티라니우스Rufinus
Tyrannius of Aquileia(또는 "티라니우스 루피누스")
(340년경~410)는, 성 히에로니무스와도 얼마간 교유했
던 인물로, 세간에 그 이름이 알려진 것은 서로 관련된
양쪽 방면의 일에서 개가를 올렸기 때문이다—그는 그
리스의 신학 관련 저작들, 특히 오리게네스 작품들의
리틴어 번역자이자 옥스퍼드대학출판부가 사실 최초
로 출간한 책의 저자로 이름을 올릴 수 있었다. 그의
사도신경 주석서인 《사도신경에 대한 성 히에로니무스
강해Expositio Sancti Hieronymi in symbolum
apostolorum》가 쾰른의 테오도리크 루드Theodoric
Rood of Cologne의 주도하에 옥스퍼드에서 인쇄돼,
1478년 12월 17일 최종 완성본이 나왔다. 아, 그런데
이 일을 어쩐다! 책의 권두 페이지에서 'x' 자를 빠트려
출판연도가 M CCCC LXVIII로 (잘못) 나오고 만 것이
다(이렇게 쓰면 1468년이 된다. M CCCC LXXVIII로 표기했
어야 한다).[1]
이렇게 첫 책을 출간한 이래 옥스퍼드대학출판부는,
아래에서 보듯, 때로는 걸작을 내기도 하고 때로는 졸
작을 내기도 하며 수차례 기복을 겪어왔다.

> 찰스 버틀러Charles Butler, 《여성 군주 혹은 꿀벌
> 에 관한 논고The Feminine Monarchie Or a
> Treatise Concerning Bees》(1609)
> 존 스미스John Smith, 《버지니아 지도A Map of
> Virginia》(1612)
> 로버트 버턴Robert Burton, 《우울증의 해부The
> Anatomy of Melancholy》(1621)
> 《공동기도문 및 전례집The Book of Common Prayer,
> and Administration of the Sacraments》(1675~)
> 《성경, 구약 및 신약 합본The Holy Bible, Containing
> the Old Testament and the New》(1675~)
> 에드먼드 포코크Edmund Pococke(편), 《아라비아
> 역사 견본Specimen Historiae Arabum》(1650)

> _____, 마이모니데스Maimonides, 《모세의 문Porta
> Mosis》(1655)
> _____, 《그레고리우스 아불파라기우스의 왕조들의
> 약사略史, Greg. Abulfaragii historia
> compendiosa dynastiarum》(1663)
> [리처드 알레스트리Richard Allestree], 《숙녀의 천
> 직》:《사람의 모든 본분》의 저자가 쓴The Ladies
> Calling: by the Author of the Whole Duty of
> Man》(1673)
> 요한 셰퍼Johann Schaeffer, 《라플란드의 역사A
> History of Lapland》(1674)
> H. W. 루돌프H. W. Ludolf, 《러시아어 문법Gramm
> atica Russica》(1696)
> 윌리엄 블랙스톤William Blackstone, 《잉글랜드법
> 주해Commentaries on the Laws of England》
> (전 4권. 1765~1769)
> F. M. 뮐러F. M. Müller, 《리그베다-상히타: 브라
> 만의 거룩한 찬가Rigveda-Sanhita: Sacred
> Hymns of the Brahmins》(1849~1873)
> 루이스 캐럴Lewis Carroll, 《이상한 나라의 앨리
> 스Alice's Adventures in Wonderland》(1865)
> 노먼 데이비스, 《신의 놀이터: 폴란드의 역사God's
> Playground: A History of Poland》(전 2권. 1981)

알 만한 사람은 다 알겠지만, 옥스퍼드대학출판부가
가장 기막힌 성과를 냈던 것은 1914년이었다. 영국이
전쟁 통에 애면글면하자 거기 힘을 보태겠다며 일군의
역사학자들이 팀을 짜서 저작 발간 작업에 돌입했던
것이다. 그렇게 해서 《왜 우리는 전쟁을 벌이는가Why
We Are at War》의 초고가 뚝딱 나온 것이 8월 26일,
전쟁(제1차 세계대전)이 터지고 불과 3주도 안 된 시점이
었다. 206쪽 짜리의 이 책이, 편집을 하고, 수작업으로
일일이 조판을 하고, 인쇄기를 돌리고, 제본을 마쳐 마
침내 배본만을 앞뒀던 것이 9월 14일이었고 말이다. 그
야말로 격세지감이다.[2]

한 총 113권의 책 중 세간에 가장 많이 회자된《신국론神國論 De Civitate Dei》은 알라리크가 로마를 약탈했을 당시의 상황에 영감을 받아 탄생한 역작으로, 망가진 물질세계의 폐허 위에 서 있는 영적 세계의 모습을 그리고 있다. 당대의 분위기를 실감나게 묘파한 작품으로《신국론》만 한 것이 또 있을까 싶다. 아우구스티누스는 자신의 고향 땅 아프리카에서 히포의 주교로 30년을 봉직했고, 그러면서 평상시에 늘 금욕의 원칙을 지키는 데 힘써 후일 아우구스티누스수도회, 도미니코(검은)형제회, 플레몬트레회, 비르지타회 같은 교회의 많은 수도회에 영적 귀감이 됐다. 아우구스티누스가 마지막 숨을 거둔 것도 반달족을 맞아 공성전을 치르던 도중의 히포의 성안에서였다.

로마제국 심장부에서 혼란이 거듭되자 제국과 주변 지역 사이 연결고리도 자연스레 느슨해졌다. 그리하여 5세기 들어서자 제국 저편인 '켈트족 외곽지대'와 또 다른 저편인 캅카스 지방에 그냥 지나칠 수만은 없는 다소 특이한 양상이 나타난다. 우선 켈트교회는 원래 갈리아의 은둔 수도사들로부터 기독교 신앙을 받아들여 성립된 것이 특징이었다. 그래서 켈트교회 주교들도 여차하면 길을 떠나는 떠돌이 은자들이 맡았던 데다 특유의 단독 서품 관례로 말미암아(예로부터 기독교에서는 두 명 이상의 주교가 사제 서품식을 하는 것이 원칙이나, 예외적 상황에 한해 주교 한 사람에 의한 단독 서품도 인정해왔다) 사제 수도 걷잡을 수 없이 많았다. 그러다 그때껏 단 한 순간도 로마제국에 편입된 적 없던 아일랜드에 성 패트릭(파트리키우스)St Patrick(385년경~461)이 나타나 체계적으로 복음을 전파한다. 로마 시민이었던 그가 432년 브리타니아 서쪽에서부터 바다 건너 아일랜드의 얼스터에 상륙한 것이 계기였다. 이리하여 앵글로-색슨족이 신봉하는 이교 신앙의 두터운 장막이 브리타니아의 나머지 지역을 무겁게 뒤덮기에 한 발 앞서, 아일랜드만큼은 안전히 기독교의 수중에 들어간다. 물론 아일랜드인은 자신들이 이때 진 빚을 나중에 가서 충분히 갚아준다. [브리토]

아르메니아교회는 아르메니아가 여전히 로마제국 속주이던 때에 이미 탄생해 있었다. 그러나 비슷한 처지의 켈트교회가 그랬듯, 로마제국 중앙부와의 직접적 왕래가 끊어지자, 아르메니아교회도 엉뚱한 데로 새버렸었다. 제국 저편의 켈트족이 펠라기우스주의(기원후 5세기의 금욕적 수도사였던 펠라기우스의 학설로, 인간의 선한 본성과 자유의지를 믿고 하느님의 내적 은혜와 속죄의 필요성 등을 부정해 이단으로 규정됐다)로 기울었다면, 아르메니아인들은 그리스도 단성론單性論으로 기우는 추세였다. 그러던 중 330년께에 근방의 그루지야(조지아)로 기독교가 들어오더니, 카파도키아 출신의 한 노예 소녀에 의해 그곳을 통치하던 왕가가 기독교로 개종했다. 아르메니아와는 한 발짝 떨어져 있던 터라 그루지야는 아시아 지방의 정치에는 덜 노출된 채 줄곧 콘스탄티노폴리스와 보다 긴밀한 관계를 유지해나갔다. (그루지야교회는 독자적 역사를 이어가다 1811년 순전히 강압에 의해 러시아정교회 안으로 통합됐다.) 431년에는 제3차 보편공의회가 이 근방의 에페수스에서

제우스 ZEUS

■ 제우스신상神像은 기원후 396년 역사상 마지막
■ 올림피아드 제전이 끝나자 올림피아신전에서 콘스탄티노폴리스로 옮겨졌다. 이 무렵 신상은 세워진 지 800년이 넘었고, '세계의 불가사의'의 하나로 입지를 굳힌 지도 오래였다. 신상은 고국에서 추방당한 아테네 조각가 페이디아스Pheidias가 기원전 432년경에 완성한 것으로, 그는 파르테논신선을 상식하고 있는 아테나신상을 만든 바 있었다. 제우스신상은 상아 재질로 된 어마어마한 크기로, 화관을 쓴 채 옥좌에 앉아 있는 제우스를 약 13미터 높이의 인물상으로 형상화한 것이었다. 부분 부분 순금으로 도금돼 있던 이 조각상을 뜯어보면, 신들의 아버지 제우스가 오른손에는 작달막한 크기의 날개 달린 승리의 어신싱을, 왼손에는 꼭대기에 독수리가 박힌 상감 장식 홀을 쥐고 있는 것을 볼 수 있었다. 파우사니아스와 스트라본도 이 신상의 외양을 세세히 묘사해놓은바, 스트라본은 이 제우스 신이 몸을 꿈쩍이라도 하면 꼭 그의 머리가 신전 지붕을 뚫고 나갈 것 같다고 표현했다. 또 수에토니우스는 전하길, 사실 기원후 1세기에도 황제 칼리굴라의 명을 받은 인부들이 이 제우스신상을 신전 밖으로 치우려 한 일이 있었다고 한다. 그런데 일하던 중간 "제우스 신이 너무 요란하게 웃어젖히는 바람에" 비계飛階가 무너져 인부들이 줄행랑을 치고 말았다는 것이다. 그 덕에 제우스신상은 이후 300년도 더 넘게 한 자리를 꿈쩍 않고 지켜온 셈이다. 그러다 신상이 콘스탄티노폴리스로 자리를 옮겨온 이후 기독교도 황제 레오 1세가 다스리던 462년, 수도에 생각지도 않은 큰불이 일었고 화마는 그대로 제우스신상을 집어삼켰다. 하지만 그때 이미 올림피아신전에는 사람들의 발길이 끊긴 뒤였다. 1958년, 독일 고고학자들이 올림피아신전의 작입장을 발굴하는 과정에서 테라코타 잔을 하나 발견해냈다. 잔의 표면에는 낙서처럼 다음과 같은 글귀가 새겨져 있었다. "나는 페이디아스 것입니다."[1]

열리고, 이를 기화로 잇따라 공의회가 소집됐다. 교회사에서 로마제국의 동방과 서방 모두가 분명한 구속력을 지닌다고 인정하는 공의회는 총 7차례인데, 제1차 니케아공의회(325), 제1차 콘스탄티노폴리스공의회(381), 에페수스공의회(431), 칼케돈공의회(451), 제2차 콘스탄티노폴리스공의회(553), 제3차 콘스탄티노폴리스공의회(680~681), 제2차 니케아공의회(787)다. 에페수스공의회는 네스토리우스파 이단이 험한 꼴을 당한 것으로 유명하다. 에드워드 기번이 "교회의 소동ecclesiastical riot"이라 일컬을 정도로 소란스러운 공의회였다. 그전에도 그랬고 그후에도 그랬듯, 공의회 소집은 교회의 일에 관한 한 최고 권위는 자신에게 있다고 믿는 콘스탄티노폴리스의 황제의 소관으로 돼 있었다. 어디를 둘러보아도 에페수스공의회장의 의석은 제국 동방의 주교들 일색이었다. 제국 서방의 주교들은 공의회에서 내린 일련의 결정을 받아들이기는 했지만 석연찮은 기분은 커져만 갔다.

교리를 둘러싼 분열은 오래도록 사그라질 줄 몰랐는바, 사소한 쟁점을 하나부터 열까지 따지는 그리스도론 특유의 고질적 습관이 자초한 일이었다. 그리스도론에서는 늘 그리스도의 본성에 대해, 그리스도의 의지에 대해, 성령이 탄생하는 데서 그리스도의 역할에 대해 꼼꼼히 캐

물었다. 우선 그리스도는 단 하나의 본성 즉 신성만을 갖는가 아니면 인성과 신성을 '함께' 갖는가 하는 문제가 있었다. 정교회 수장들은 양성론兩性論을 지지하는 입장이었고, 이른바 칼케돈의 정의定義(451)를 통해 그리스도는 두 가지 본성을 지닌 하나의 위격位格으로서, 두 가지 본성은 서로 혼동되지 않고, 변하지 않으며, 나누어지지 않고, 분리되지도 않는다고 확실히 못 박았다. 이에 단성론은 이단으로 단죄되지만, 그랬음에도 동방에서 부쩍 커진 단성론의 세는 이울 줄 몰랐다. 황후 테오도라가 단성론파였는가 하면, 아르메니아·시리아·이집트 등지의 대다수 기독교도 역시 단성론파였다. 두 번째로 그리스도의 의지는 하나인가 둘인가 하는 문제가 있었다. 교황 호노리오 1세Honorius I는 634년 콘스탄티노폴리스로 보내는 서한에 무심코 "하나의 의지"라는 구절을 적어 나중에 풍파를 일으킨 적이 있었다. 하지만 정교 수장들은 대체로 양의론兩意論을 지지했고, 681년 제6차 보편공의회를 통해 그것을 정설로 못 박았다. 그리하여 단의론은 이단으로 단죄됐고, 교황 아가토Agatho(재위 678~681)가 파견한 특사들은 제6차 보편공의회의 결의 내용을 별 의의 없이 받아들이기로 했다[제6차 보편공의회 당시 교황 아가토는 공의회 자체는 물론 제국 서방 전역에 특사들을 보내 양의론을 지지하기 위한 세를 규합했다]. 마지막으로 성부·성자·성령의 삼위 안에서, 성령은 신성의 유일한 원천인 성부로부터 나와 성자를 거치는 것인가 아니면 그 둘을 한 몸처럼 즉 성부와 성자를 '함께' 거치는 것인가 하는 문제가 있었다. 콘스탄티노폴리스는 페르 필리움per filium(성자를 통해서)의 입장이었고, 로마는 필리오케filioque(그리고 성자로부터)의 입장이었다. 589년 스페인에서 처음 부상한 이 문제는 9세기에 커다란 내홍으로 번진다. 이 문제는 지금까지도 속 시원히 해결된 적이 없다.

정치와 사회가 어수선한 상황에서는 속세와 담을 쌓고 수도원에 들어가 사는 것이 그만큼 매력적으로 비치게 마련이었다. 은둔 생활 형태든 혹은 공동체 생활 형태든, 동방에서 실시되던 수도원 제도가 이제는 서방까지 확산됐다. 공동체 생활을 기초로 한 수도원이 처음 생겨난 것은 서로마제국이 무너지기 전부터였다. 360년에 투르의 마르티누스가 리귀제수도원을 세운 것이 그 시초라 여겨진다. 그래도 이 방면에서 영향력이 가장 컸던 인물은 누르시아의 베네딕트Benedict of Nursia(480년경~547년경)일 텐데, 그가 틀을 세워 공식화한 규칙이 결국 모든 수도원 생활의 규칙을 통틀어 가장 널리 채택됐다. 이제 황제의 권위는 대폭 줄어들어 있었고, 따라서 이런 수도원들이 점차 황량한 야만족 세계 사막 한가운데서 얼마간이라도 고전 공부의 목을 축일 수 있는 오아시스 노릇을 하게 됐다. 제국 동방에서야, 특히 알렉산드리아의 경우, 그리스 철학 및 로마 작가들을 깊이 이해한 위에 기독교의 가르침을 접목한 게 이미 오래된 일이었다. 그러나 서방은 그 경지까지 가려면 아직 배울 게 많았다. 이 방면에서 활약한 핵심 인물로는 당시 로마의 원로원 위원 플라비우스 마그누스 아우렐리우스Flavius Magnus Aurelius(485년경~580)로 카시오도루스Cassiodorus라는 별칭으로도 불리는 인물을 꼽지 않을 수 없는데, 동고

브리토 BRITO

■
■ 펠라기우스Pelagius(360년경~420)는 웨일스인이
었다고 하는데, 적어도 브리튼제도 출신의 켈트
인이기는 했을 것이다('펠라기우스'란 이름은 한때 그의 본
명 '모르건Morgan'의 어의語義를 그리스-로마어로 차용해 번
역한 말이라 여겨지기도 했다). (Morgan(정확한 웨일스어로
표기하면 Marigena)은 "바다"라는 뜻인데, 바다에 해당하는
라틴어 'pelagicus'와 그리스어 'pélagos'에서 그의 이름이
유래했다는 설이 있다.) 친구들 사이에서는 '브리토'라는
이름으로 통했다. 기독교 신학자 펠라기우스는 서유럽
출신은 도통 찾아보기 힘들었던 시대에 최고 실력자들
이 모이는 교리 논쟁에 참여했던 것으로 알려져 있다.
그가 살던 시대는 그리스인들이 정식화해놓은 정교 교
리가 하나둘 제 모양과 색깔을 내며 굳어지는 중이었
다. 펠라기우스의 사상이 세간에서는 이단으로 여겨지
기는 했으나, 그가 없었다면 교리 논쟁도 별 볼 일 없
이 끝나버렸을 게 분명하다. 성 아우구스티누스와 한
시대를 살면서, 아우구스티누스로 하여금 성총聖寵,
Divine Grace, 인간의 타락The Fall of Man, 원죄
Original Sin, 자유의지Free Will, 예정설Predestination
같은 핵심 문제에 대해 입장 표명을 명확히 하도록 만
든 이가 바로 펠라기우스였다. 펠라기우스 자신은, 로
마에서 만난 첼레스티우스Celestius와 함께, 인간에게
는 스스로의 의지를 실행해 선하게 행동할 수 있는 능
력, 다시 말해 책임감 있는 행동을 할 수 있는 능력이
있음을 강조하는 입장이었다. 통칭 "반대를 선택할 권
리the power of contrary choice'로도 알려진 그의 핵
심 사상은 다음과 같은 신조에 고스란히 담겨 있다.
"Si necessitatis est, peccatum non est; si voluntati
s. vitiari potest"("필요가 존재하는 곳에는 죄가 존재하지
않는다. 허나 의지가 존재하는 곳에서는 죄짓기가 가능하다.")
아울러 그는 인간이 구원을 향해 가고자 할 때도 반드
시 (자유)의지를 가진 행동이 그 첫걸음이 돼야 한다고
보았다.

펠라기우스의 이러한 견해를 기독교는 딱 잘라 거부한
바, 거기 따르게 되면 하느님 은총의 비중이 크게 줄어
든다는 것이 하나의 이유요, 또 원죄를 짓는 까닭도 인
간 본래의 천성 때문이라기보다 개개인의 실수 탓으로
보게 된다는 것이 또 다른 이유였다. 이후 원죄를 아
예 부정하거나 혹은 제한적으로 해석하는 신학적 입장
에는 대체로 펠라기우스주의라는 꼬리표가 붙어 다니
게 된다. 펠라기우스주의는 17세기 들어 야코뷔스 아르
미니위스와 코르넬리우스 얀선을 중심으로 해서 수차
례의 논쟁이 불붙었을 때 다시금 큰 위력을 발휘했다
(642, 653쪽 참조).

410년 펠라기우스와 첼레스티우스는 고트족이 로마를
포위하자 목숨이라도 부지하고자 바다 건너 북아프리
카로 몸을 숨겼는데, 여기까지 와서도 둘을 표적으로
한 교리 공격은 멈출 줄 몰랐다. 역사상 카르타고에서
열린 공의회만 수차례였는데, 한 공의회에서 펠라기우
스와 첼레스티우스는 중대한 오류 여섯 가지를 저질렀
다며 둘에게 맹공을 퍼부었다.

> 아담이 애초 죄를 짓지 않았어도 결국 그는 죽고 말
> 것이라고 한 점.
> 아담은 전체 인류가 아닌 오로지 그 자신에게만 해를
> 입힌 것이라고 한 점.
> 갓 태어난 아기는, 아담이 갓 태어났을 때 그랬듯, 죄
> 를 짓지 않은 상태라고 한 점.
> 인류가 죽는다 해도 그것은 아담의 죽음 혹은 아담의
> 죄로 인한 것이 아니라고 한 점.
> 인간은 복음은 물론이거니와 법을 통해서도 천국으
> 로 들어갈 수 있다고 한 점.
> 그리스도가 도래하기 전에도 죄를 짓지 않은 인간이
> 존재했다고 한 점.

펠라기우스는 이에 배를 타고 팔레스타인까지 갔지만,
거기서도 이미 아우구스티누스의 《죄벌과 용서 그리고
유아 세례De peccatorum meritis et remissione et

de baptismo parvulorum》 저작이 나와 오로지 펠라기우스와 대결할 날만을 벼르고 있었다. 펠라기우스는 한 차례의 종교재판은 무사히 넘겼으나, 교황 조시모Zosimus가 아프리카 주교들 편에 서면서 결국 교리 논쟁에서 패한 셈이 됐다. 418년 4월 30일, 황제 호노리우스는 칙령을 통해 펠라기우스의 전 재산을 몰수함과 동시에 그를 타지로 유배 보낸다고 선고했다. 가경자 비드는 펠라기우스에 대해 다음과 같이 쓰며 "악독하고 끔찍한 가르침"을 전파한 그에게 일말의 동정심도 내비치지 않았다.

> 위대한 아우구스티누스를 상대로 빌빌 기는 저 자者의 꼴을 좀 보라
> 울분에 찬 펜대로 아무 말이나 휘갈기는 저 가여운 작자의 꼴을.[1]

그러다 아를의 호노라투스Honoratus Arles(350년경~429) 주교를 주축으로, 펠라기우스와 아우구스티누스의 사상을 하나로 조화시키려는 움직임이 일게 된다. 그 주장에 따르면, 인간이 구원받는 데서는 하느님의 은총 그리고 인간의 자유의지가 똑같이 작용을 한다고 볼 수 있었다. 기독교는 이 '반半펠라기우스주의'를 오랑주공의회Council of Orange(529)를 열어 가차 없이 몰아세웠다. 그러나 펠라기우스주의의 본산은 그쯤에서 활동을 접지 않고 프랑스 코트다쥐르에서 얼마 멀지 않은 레랭섬의 성 호노라트St Honorat수도원을 중심으로 독자적 길을 걸어 나갔다. 레랭의 생 뱅상(성 빈켄티우스)St Vincent of Lérins(450년 몰) 같은 인물이 나와 모든 신학적 명제는 세계교회주의ecumenicity, 태고주의antiquity, 합의consent라는 세 기준을 통해 검증이 가능하다는 이른바 '뱅상 신앙규범Vincentian Canon'을 창안해 유명해진 것이 그 실례다. 또 1977년에는 레랭의 수도사들이 힘을 합쳐 성 힐라리오St Hilary(아를의 힐라리우스(449년 몰))가 집필해둔 《호노라투스 일대기Life of Honoratus》의 최종판을 확정해 출간하기도 했다.

트족의 테오도리크 대代에 이탈리아 총독으로 봉직한 이력이 있었다. 벨리사리우스가 로마에 발을 들여놓는 것을 보고〔유스티니아누스 1세의 서로마 수복 당시를 말한다〕, 카시오도루스는 공직 생활을 접고 조용히 수도원으로 물러났다. 그러고는 신성한 학문과 속세의 학문이 서로의 부족함을 메워줄 수 있는 교육 체제가 필요함을 적극 주장했다. 카시오도루스가 고대에 작성된 각종 문서를 수집하고 다닌 것도 이 무렵이다. 이 역시 이즈음 누군가는 꼭 해주었어야 할 일이었다. [주님의 해] [봄]

7세기 들어 이슬람이 몰고 온 충격은 이후 기독교 세계의 지형을 영영 바꿔놓았다. 이슬람의 도래로 지중해 인근의 내륙에 형성돼 있던 문화적 통일성이 여지없이 사라졌거니와 이들 지역이 제국 북부의 전초기지에 행사하던 패권도 송두리째 무너져버렸다. 아울러 페르시아·시리아·이집트 땅이 무슬림 천지가 되자, 이슬람은 기독교 5대 교구 중 세 곳—안티오크·예루살렘·알렉산드리아—을 강압적으로 이교도 지방 주교좌in partibus infidelium로 격하시켰다. 상황이 이러자 5대 교구를 축으로 해서 그 나름 건전하게 돌아가던 기독교 교회의 정치가 이제는 콘스탄티노폴리스의 그리스 주교와 로마의 라틴 주교의 이파전이 돼 걸핏하면 둘 사이에 실랑이가 벌어졌다. 이슬람 도래 이전에는, 나머지 네 개 그리스정교회 주교들에 맞서 로마 주교가 홀로

주님의 해 ANNO DOMINI

■
■ 그리스도가 탄생하고도 한 6세기 동안은, 자신들이 '기독교 연대the Christian Era'(이른바 "서기西紀")를 쓰는 시대에 살고 있음을 의식한 사람은 그야말로 몇 사람 되지 않았다. 그도 그럴 것이, '그리스도가 갈릴리 땅에 발을 들인' 이후에도 역사를 헤아리는 기본적 연대 표기 방식은 딱히 정해져 있지 않다. 한참 이후에야 디오니시우스 엑시구스Dionysius Exiguus가 모종의 방법을 고안해냈기 때문이다. 그는 그리스어를 사용하던 소스키타이 출신 수도사로서 카시오도로스를 벗 삼아 지내다 550년경 로마에서 숨을 거두었다. 그의 생각에 따르면, 모름지기 연도는 그리스도의 강생을 기준으로 해야 하며, 아울러 성모마리아가 그리스도를 잉태하신 수태고지의 그날이 연대의 시작이 돼야 마땅할 것이었다. 그리하여 그리스도 탄신일인 12월 25일로부터 9개월 전에 해당하는 3월 25일이 제1년 1일로 정해졌다. 이때를 기점으로 그 이전에 지나간 모든 해는 역순으로 헤아리되 앞에 "안테 크리스툼 Ante Christum(AC)" 즉 "그리스도 이전"Before Christ이란 뜻의 BC를 붙이게 했다. 그리고 이후의 모든 해에는 "강생 이후의 해", 혹은 "안니 도미니Anni Domini"("우리 주님의 해Years of Our Lord")라는 뜻의 AD를 붙이게 했다. 이 연대 표기에는 0년이 따로 존재하지 않았다(BC 1년 다음에 AD 1년으로 바로 넘어갔다는 뜻이다).[1]

이 기독교 연대 혹은 공통 연대Common Era(곧 서력기원, 서기)도 고안 후 바로 사용된 것은 아니고 수 세기가 더 지나서야 우선은 라틴교회에서 나중에는 동방교회에서 차츰 사용됐다. 그리하여 《시대에 관하여De Temporibus》라는 연대법 관련 책을 집필하기도 했던 가경자 비드가 8세기 초반에 《앵글족 교회사》를 썼을 때는, 이 새 체제가 책 안에서 온전히 제구실을 하고 있었다.

그러는 사이 각 지역에서는 온갖 종류의 연대 표기법이 각지의 사정에 맞게 통용되고 있었다. 그중 가장 통상적인 방법은 왕의 재위를 기준으로 하는 체제였다. 왕의 재위 기간 및 왕위 계보상의 세대를 갖고 역사의 시간을 따지는 방식이다. 이 방식에서는 한 사람의 특정한 황제, 교황, 혹은 제후의 재위에서 해당 사건이 어느 시점이냐에 의해 연대가 정해졌다. 구약성경의 다음과 같은 구절에서 그 대표적 사례를 찾아볼 수 있다. "그리하여 히스기야Hezekiah 왕 재위 4년째, 그리고 이스라엘 엘라Elah 왕의 아들 호세아Hosheha 재위 7년째, 아시리아 왕 샬만에세르Shalmaneser가 사마리아와 싸움이 붙어 그곳을 포위하기에 이르니 […]."

알고 보면, 서력기원 연대가 최종으로 자리 잡기까지 그것이 각축을 벌여 밀어내야 했던 연대 표기 체계만 해도 한둘이 아니었다. 우선 4년 주기로 열렸던 그리스 올림피아드의 사례를 들 수 있는바, 기원전 776년 7월 1일 열린 코로이보스의 올림피아드Olympiad of Coroebus(코로이보스는 메가라를 건설한 것으로 알려진 그리스 신화상의 인물이다)가 제1회 올림피아드부터 그 회차를 기록한 연표가 기원후 4세기 말까지 연도 계산에 사용됐다. 바빌로니아의 나보나사르 기원Era of Nabonassar은 원래 알렉산드리아의 그리스인들 사이에서 통용되던 것으로, 프톨레마이오스의 저작들에 이 표기가 사용되면서 중세에 널리 알려졌다. 나보나사르 기원의 시작점은 오늘날 달력으로 따지면, 기원전 747년 2월 26일 수요일에 해당한다. 셀레우코스왕조가 채택한 마케도니아 기원Macedonian Era은 셀레우코스 (1세) 니카토르가 바빌로니아를 점령한 기원전 312년을 기점으로 삼았으며 레반트 일대에서 두루 사용됐다. 유대인 사이에서 '계약 기원the era of contracts'으로도 통했던 이 연대 표기는 15세기까지 이용됐다. 로마 기원the Roman Era은 '도시 로마의 창건' 이래 햇수가 얼마나 지났는지를 따져 그 숫자를 표기하는 방식이다. [AUC] 스페인 일대에서 사용된 카이사르 기원the Era of the Caesars은 기원전 39년 옥타비아누스의 이베리아반도 정복을 첫 출발점으로 삼는다. 이후 서고트족이 채택한 카이사르 기원은, 카탈루냐 지방에서는 1180년까지, 카스티야에서는 1382년까지, 포르투갈에서는 1415년까지 사용됐다. 예언자 무함마드가 메카를 떠나와 메디나에 입성한 때를 가리키는 무슬림의 헤지라 기원the era of Hegira의 원년은 서력으로 따지자면 기원후 622년 7월 16일 금요일에 해당한다. 무슬림 세계 전역에서는 햇수를 계산하는 데 아직도 이 헤지라 기원이 이용되고 있다.

이래저래 복잡한 점들을 따져야 하는 걸 생각하면 놀랄 일도 아니지만, 알고 보니 디오니시우스 엑시구스는 그리스도 탄생 연도를 계산할 때 오류를 범한 것으로 드러났다. 디오니시우스는 제1년을 올림픽 기원 195년, AUC 754년, 그리고 이 역시 오류로, '아우구스투스의 아들 C. 카이사르와 파울루스의 아들 L. 아이밀리우스 파울루스가 집정관이던 해'라고 보았다. 그러나 그리스도가 정말 디오니시우스가 말한 이 기원후 1년에 태어났다는 사실을 입증하는 증거는 어디에도 없다. 오히려 성 루카 혹은 성 마르코가 전하는 바를 믿는다면, 서력기원의 시작은 헤롯 대왕 재위의 마지막 연도(기원전 4)거나, 아니면 로마가 유대에 처음으로 국세 조사를 실시한 때(기원후 6~7)였다고 해야 옳다.

유대인도 그렇지만, 기독교도에게는 '창세 연도'(아누스 문디Annus Mundi)도 역사적으로 제일 중요한 날 중 하나로 손꼽힌다. 비잔티움 정교회에서는 이 창세 연도를 기원전 5509년으로 못 박았고, 따라서 그리스·러시아 등의 일부 정교회 세계에서는 근대까지도 계속 이를 교회력의 근간으로 삼았다. 유대인 학자들은 창세 연도를 기원전 3760년으로 봐야 한다는 입장이었으며, 따라서 오늘날의 유대인 달력이 시작되는 기점도 여기다. 콥트교회는, 알렉산드리아인이 그랬듯, 기원전 5500년을 창세 연도로 본다. 영국성공회는 1650년에 대주교 제임스 어셔James Ussher의 주도로 기원전 4004년을 창세 연도로 정한 바 있다.

이처럼 제각각이었던 동방의 연대, 고전시대의 연대, 기독교의 연대가 상호 엄밀한 비교를 거쳐 하나로 융합되기까지는 오랜 시간이 걸렸으니, 그 작업을 해낸 것은 르네상스 시대가 배출해낸 걸출한 학자 조제프 스칼리제르Joseph Scaliger(1540~1609)였다. 그는 주로 프로테스탄트 견지에서 《연대의 개혁De Emendatione Temporum》(1583)을 써냈는데, 이 책이 나온 시기가 마침 교황 그레고리오(그레고리우스) 13세Gregory XIII가 율리우스력 개정에 돌입한 시기와 딱 맞아떨어졌다. 이 일은 연대학이라는 학문의 탄생 기점이 될뿐더러 역사의 시간을 하나의 표준적인 틀로 재는 것이 얼마나 중요한가를 현대가 인식하게 됐다는 뜻이었다.[2]

그러나 '신력新曆, New Style, NS'으로 통하며 1585년부터 유럽 각지의 가톨릭 국가에 도입된 그레고리우스력도 보편적으로 받아들여지지 못했다. 대부분의 프로테스탄트 국가 혹은 정교회 국가가 '구력舊曆, Old Style, OS'인 율리우스력에서 벗어날 줄 몰랐기 때문이다. 이들 국가가 새 양식의 달력을 채택한 것은 그들이 시대의 흐름을 도저히 거스를 수 없게 됐을 때였다. 그렇게 해서 스코틀랜드는 1700년, 잉글랜드는 1752년, 러시아는 1918년에 각각 그레고리우스력을 받아들였다. 하지만 세상에 두 종류의 달력이 공존하다 보니, 번거롭게도 국제 통신문에는 날짜 두 개를 함께 적지 않으면 안 됐다. 각지를 오가는 서한에도 두 종류의 날짜를 함께 적는 것밖에는 다른 방법이 없었다. '1734년 3월 1일/12일' '1917년 10월 24일/11월 7일' 하는 식으로 말이다.

그 결과, 별 희한한 일들이 곳곳에서 벌어졌다. 17세기에 이르자 (신력과 구력) 두 달력 사이의 격차가 10~11일까지 났고, 그러자 사람들이 영국해협을 건너 영국의 도버에서 프랑스의 칼레까지 갔을 뿐인데도(두 지역 사이의 거리는 35킬로미터에 불과하다) 그곳의 날짜는 어느덧 다음 달 중순으로 훌쩍 넘어가 있었다. 또 그와 비슷한 경우로, 한 해의 시작이 구력은 한 해가 3월 25일이고 신력은 한 해가 1월 1일이다 보니, 어떤 해에 칼레를 떠났는데 도버에 도착했을 때는 시간이 거꾸로 흘러서는 지난해로 되돌아와 있기도 했다. 유럽은 이렇듯 저마다의 달력을 쓰며 내내 삐걱거리다, 러시아의 볼셰비키 정부가 구력을 포기하면서 비로소 하나의 달력 체계로 통합될 수 있었다. 그래서 러시아 역사에서 1918년 1월 31일(구력)과 2월 14일(신력) 사이는, 당시가 한창 격동의 시기였음에도, 마치 아무 일도 일어나지 않은 것처럼 붕 뜨게 됐다. 소련의 공산 정권은 1918년에서 1940년

의 기간에는 한때 프랑스 혁명가들이 했던 것을 그대로 흉내 내 주 7일제를 폐지하고 요일에 이름 대신 숫자를 붙이는 한편, 1917년을 기점으로 이른바 '혁명연도'Years of Revolution를 사용했다.[3] [방데미에르]

봄BAUME

■ 프랑스의 봄수도원Abbey of Baume은, 《기드 미
■ 슐랭Guide Michelin》에 따르면, 6세기 무렵 아일랜드인 수도사 성 콜롬바누스가 세웠다고 한다. 봄이라는 명칭은 켈트어파에 뿌리를 둔 말로 "토굴"이란 뜻이고, 수도원은 온 유럽을 다녀도 이만 한 데는 찾기 힘들만큼 아주 절묘한 위치에 자리 잡고 있었다. 그러니까 수도원은 시르크드봄Cirque de Baume이라 불리는 웅대하게 펼쳐진 석회암 협곡의 가장 밑바닥에 있었거니와 그 주변은 쥐라산맥의 옹울한 소나무 숲이 겹겹이 에워싸고 있었다. 봄수도원은, 약 80킬로미터 떨어진 두강江 유역에 자리하고 눈이 먼 성 오딜리아St Odile가 두 눈을 떴다고 전해지는 동명의 수녀원과 마찬가지로, 그 초창기는 갈리아-로마 문명이 사정없이 짓밟아놓던 때라 은자 수도사들이 황무지나 다름없는 곳에서 자기들끼리 공동체를 만들어 기독교 신앙을 다시 일으켜 세워야 했다고 한다. 그러나 시간이 흐르자 수도원은 언제 그랬냐는 듯 막대한 부 및 권력과 함께 주변에 수백 개 촌락과 성직자단까지 거느리게 된다. 종국에는 이곳의 사제단도 귀족 참사회 위주로 운영되는 세속적 공동체로 성격이 퇴색됐다고 한다. 수도원은 그럭저럭 명맥을 유지해가다, 1790년 혁명파가 들고일어나 수도원을 해산시키는가 하면 기념물도 몇 개 안 남기고 죄다 때려 부순 것은 물론, 해당 지역의 지명까지 봄레무완에서 봄레메슈로 갈아치웠다.[1]
기독교 수도원의 역사에서, 봄수도원 같은 부르고뉴 지방 공동체는 그 의미가 자못 크다. 이들 공동체가 아일랜드에 아직도 그 형태가 남아 있는 고대의 은둔 수도사 체계와 10세기 이후 줄기차게 등장하는 중세의

대규모 재단 사이의 중간 연결고리 역할을 했다는 점에서다. 그 정확한 사정이야 어떻든 간에, 910년에 베르노Berno와 그의 동지들이 거대한 클뤼니수도원을 세운 것도 결국엔 이 봄수도원을 기초로 한 것이었다고 하니까(420쪽 참조).
그런데 《기드 미슐랭》 독자들이 안다면 다소 실망스러운 일이겠지만, 봄수도원의 과거와 관련한 내용 중에는 지금까지 그 진위조차 정확히 파악되지 않는 것들이 많다. 우선 봄수도원이 정말 성 콜롬바누스와 관련 있는지를 알려주는 구체적 증거가 존재하지 않을뿐더러 수도원의 창건 시기를 6세기로 봐야 하는 근거도 찾을 수 없다. 발마Balma의 암자cellula 하는 식으로 이 수도원에 대한 확실한 언급이 처음으로 등장한 것은 869년이다—그렇다고 하면 봄레담의 성오딜리아수녀원보다도 이 수도원이 더 늦게 세워졌다는 이야기가 된다. 봄수도원이 성 콜롬바누스와 인연이 있다는 설도, 실은 자신의 바로 윗대 혈통을 어떻게든 더 그럴싸하게 포장하려는 클뤼니의 수도사들이 지어낸 이야기였을 공산이 매우 크다.[2]
이와 비슷한 의심을 받기는 봄수도원에서 이력이 가장 다채로운 인물도 마찬가지다—루이 14세 재위에 이곳 대수도원장으로 40년 동안 봉직한 장Jean 곧 세르뉴 드바트빌Seigneur de Watteville(1618~1702)이다. 군인이되 살인자였고 수도사이기도 했던 장드바트빌은 소싯적에 죄를 짓는 어떻게든 재판을 면해보려 콘스탄티노폴리스까지 내뺀 적이 있었는데 거기서 운이 텄는지 모레아의 군사령관 및 총독에까지 올랐고, 그러고 나자 교황으로부터 면죄 선언이 내려졌다. 클로드 앙리 드루브루아 생시몽Claude Henri de Rouvroy Saint-Simon에 따르면 그는 죄인이었으나 참된 마음

으로 속죄해 개과천선한 본보기라 할 만했다. 하지만 기록상으로 보면, 장드바트빌은 남의 뒤통수치기를 밥 먹듯 한 사람으로, 그의 고향땅 프랑슈콩테가 잔인무도한 프랑스인들에게 넘어간 것도 그의 그런 행적이 한몫한 결과였다. 그의 빗돌에는 다음과 같은 글귀가 적혀 있다.

ITALUS ET BURGUNDUS IN ARMIS
GALLUS IN ALBIS
IN CURIA RECTUS PRESBYTER
ABBAS ADEST.[3]

이탈리아인이자 군복을 입은 부르군트족

수도복을 입은 프랑스인
자기 직분에 흔들림이 없었던 자
대수도원장 여기 잠들다.

결론을 말하자면, 봄수도원과 관련해 우리가 접하게 되는 이야기 중에는 역사적 사실도 있긴 하지만 전설도 얼마간은 끼어들어가 있다는 것이다. 사람들에게는 옛날 일을 각자 목적에 맞게 끼워 맞추지 않으면 안 될 사정이 늘 있기 마련이므로. 자신만은 꼭 사실에 입각해 엄밀한 글을 쓰겠다고 나서는 사람은 어차피 질 게 뻔한 게임에 발을 들이는 셈이다. 나중 세상 사람들에게 전달되는 옛이야기에는 늘 사실과 전설은 물론이요 말짱 거짓말도 뒤섞여 있을 수밖에 없다.

라틴교회의 입장을 대변해야 하는 처지였다. 하지만 이슬람 도래 이후로는, 두 세력이 일대일로 맞붙게 됐다. 로마교회의 입장에서는 전에 비해 운신의 폭이 훨씬 늘어난 게 당연했다. 거기 더해, 동방에서는 단성론파와의 험악한 논쟁이 도무지 해결되지 않았다. 그래도 막상 겪어보니, 정교회 기독교보다는 차라리 새 무슬림 통치자들이 이단에 더 관용적인 것으로 드러났다. 무슬림 통치 이후로는 단성론파였던 아르메니아교회, 시리아교회, 콥트교회 그 어느 곳도 두 번 다시 정교의 품으로 돌아갈 생각을 하지 않았다.

그러나 가장 중요했던 것은, 아마도, 이슬람이 기독교를 나머지 세계와 단절시켜버린 일이었을 것이다. 이슬람 이전에는, 기독교 복음이 실론과 아비시니아까지 가닿기도 했다. 이슬람 이후로는, 기독교 신앙이 아시아나 아프리카로 확산돼 들어가는 길이 사실상 차단됐다. 당시 기독교도 대부분은 평생 무슬림은 코빼기도 보지 못했어도, 이제 기독교도면 누구나 이슬람이 드리운 그림자 속에 살고 있었다. 아니 엄밀히 말하자면, 이슬람으로 인해 기독교왕국은 바깥을 향해 철통같은 보호막을 치지 않을 수 없었고, 그 안에서야 비로소 자기들끼리 힘을 합쳐 스스로의 존재를 규정할 수 있었다. 그러고 보면, 이슬람이야말로 종국에 가서 "유럽"이라고 불리는 실체를 탄생시키게 되는 유일하고도 가장 큰 자극제였던 셈이다.

교황권이 정확히 언제부터 독자적 힘을 갖게 됐는지는 딱 집어 말할 수 없는 문제다. 로마주교들은, 스스로의 지상권을 주장하기 한참 전부터 제법 많은 재량권을 누려오고 있었기 때문이다. 한편 교회 내에서 점차 다른 색채를 띠기 시작한 라틴교회와 그리스정교회는 이즈음 종종 일시적 분열을 겪긴 했으나 아직 서로에게 완전히 등을 돌린 상태는 아니었다. 오히려 기원후의 초반 400년까지는, 그러니까 로마가 여전히 제국의 심장부로 기능하던 시기까지는, 로마교회는 사실 그리스인과 그리스 문화 일색이었다. 로마교회에서 라틴성이 강조된 것은 교황 레오 1세(재위 440~461) 대였다. 라틴파 총대주교들이 주변의 득달같은 정치적 압박을 뿌리치고, 민간층 권력자들과의 다툼 때문에 걸핏하면 소란스러워지던 도시 로마로 하나둘 잠입하기 시작한 것도 이 시기였다. 그 결과, 제국 서방에서는 아주 전형적인 일이 되고 제국 동방에서는 아주 생소한 일이 된 교회 권위와 세속 권위의 분리가 이때부터 기정사실로 굳어졌다. 6세기 접어들면서는 처음에는 유스티니아누스 1세, 나중에는 롬바르드족 왕들을 만나 로마 총대주교〔교황〕들은 다시금 강성해진 황제들의 권위를 실감하지 않으면 안 됐다. 그중에서도 실베리오Silverius(재위 536~537)와 비질리오Vigilius(재위 537~555) 두 사람은 황실과의 알력다툼에 밀려 구금까지 당했다. 비질리오는 단성파 논쟁에 휘말리면서 황실의 무자비한 행패를 못 견디고 그 권위에 무릎을 꿇었다.

그레고리오 1세Gregorius I(재위 590~604)는 수도사로서는 처음으로 성 베드로의 옥좌에 앉은 인물로, 탁월한 행정 능력과 원칙 고수의 엄정함을 겸비해 종종 향후 교황권의 이상적 모델을 설계한 이로 평가받는다. 교황직에 앉아서도 "하느님의 종복들을 받드는 종복"으로 자칭한 그는, 늘 한결같은 자세로 도시 로마의 시정을 운영하고, 롬바르드족의 왕들과 협상을 벌이고, 교회의 토지 및 재무를 재편성했으며, 로마가 다시금 아프리카·스페인·갈리아·브리타니아와 왕래를 트도록 손을 썼다. 그의 《레굴라 파스토랄리스Regula Pastoralis》〔사목司牧 규범〕는 나오자마자 금세 중세 주교들이 늘 옆에 끼고 다니는 지침서로 자리매김했다. 한편 그레고리오는 교황직에 있는 동안 콘스탄티노폴리스의 형제 주교와 툭하면 시비가 붙었는데, 그때마다 자신이 '보편교회의 주교'임을 내세웠다. 그 방침이 먹혀들었는지 그레고리오가 숨을 거둘 무렵에는, 로마와 콘스탄티노폴리스를 오가던 균형추가 급속히 로마 쪽으로 기우는 모양새였다. 제국의 황제들은 무슬림들의 맹공을 막는 데 여념이 없어 이탈리아의 정세와 관련해서는 거의 손을 놓았다. 물론 그 와중에도 황제 권력은 자신의 힘이 여전히 건재함을 과시하려고 몇 차례 극단적인 일을 벌였다. 마르티노 1세Martin I(655년 몰)는 교황으로서는 마지막으로 순교자 반열에 올랐는데, 그가 단의론 분쟁에 휘말려 끝내 크름반도에 유배됐다 그곳에서 그대로 세상을 떠난 것이 그 실례다. 유배를 당하기 전에도 마르티노는 라벤나 총독에게 납치된 뒤, 콘스탄티노폴리스 황실로 불려가 태형을 당하는 수모를 당해야 했다〔당시 라벤나 총독은 동로마제국의 황제가 파견했다〕. [칸투스]

8세기에, 동로마의 황제는 서로마에 권력의 행사는 고사하고 권력의 과시조차 못하는 형국이 된다. 710년, 황제 유스티니아누스 2세가 로마의 총대주교를 콘스탄티노폴리스로 불러들였고, 시리아인 콘스탄티노Constantine(재위 708~715)는 군말 없이 황제의 소환에 응했다. 서로를 마주한 자리에서 —역사상으로 보면, 이때가 로마 총대주교와 현직 황제의 마지막 만남이었다— 황제는 격식에 따라 로마 총대주교의 발에 입을 맞춰 예를 갖췄고, 그 보답으로 황제에게는 면죄 및 영성체 의식이 집전됐다. 하지만 얼마 안 있어 유스티니아누스 2세가 살해를 당하면서(711) 둘 사이에 맺어졌던 라벤나협약도 함께 유야무야됐다. 732년에는 황제 레오 3세가 선대를 꾸려 서로마로 원정을 감행한 일이 있었다. 롬바르드족의 수중에 들어간 라벤나를 되찾아오고, 괘씸하게도 성상파괴운동과 관련한 황제의 칙령을 보란 듯 무시한 〔교황〕 그레고리오 3세Gregory III(재위 731~741)를 잡아끌고 온다는 명목이었다. 그러나 이 선대는 아드리아해 바깥으로는 나가보지도 못한 채 물속으로 가라앉았다. 이러한 사태들이 있고 나서는, 현실적으로는 번거롭기만 한 일임에도, 로마의 총대주교들은 철저히 독립을 지켜나갔다. 차후 로마의 총대주교들은 자신의 선출에서 단 한 차례도 황제(콘스탄티노폴리스)의 재가를 구하지 않았다. 콘스탄티노폴리스의 황실 관료들 역시 그 뒤로는 로마를 상대로 이렇다 할 권력을 행사하지 못했다.

사정이 어떠했든 간에, 로마의 총대주교로서는 스스로의 독립을 뒷받침할 형편은 벌써부터 마련돼 있었다. 이슬람이 예루살렘으로 통하는 길을 봉쇄해버린 이래 교황이 로마로 찾아드는 순례객들의 수호자 역할을 하게 되면서 이에 수반하는 어마어마한 특전과 함께 갖가지 수입이 도시 로마로 흘러들었다. 이즈음 발간된 교령집教令輯, Decretals에도, 교회법이 성문화된 이후(460쪽 참조) 특히, 로마가 광대한 사법권 영역을 갖고 해당 지역 재판에 참여할 법적 결정권을 가진다고 규정돼 있었다. 교회 소유의 토지 부동산으로서 차후 엄청난 규모로 확대되는 성베드로세습령the Patrimony of St Peter(Patrimonium Sancti Petri) 내에서도 로마가 속세 권력을 틀어쥘 수 있는 견고한 기반을 가졌다. 아울러 로마는 처음에는 롬바르드족과 연합해 편을 맺고 나중에는 롬바르드족의 숙적 프랑크족과도 편을 맺으면서 국제적 차원에서도 안전하게 보호받을 방편을 손에 넣었다. 이때에도 이론상으로는 기독교 교회가 아직 통일된 상태라 할 수 있었다. 그러나 정작 현실에서 통일은 이제 옛말이나 다름없었다. 전만 해도 "파파Papa"는 주교이기만 하면 누구에게나 갖다 붙일 수 있는 호칭이었다. 하지만 이 이후로 "파파"는 오로지 로마의 주교만 쓸 수 있는, 로마의 주교 아니면 그 누구도 함부로 가져다쓸 수 없는 호칭이 됐다. 바야흐로 교황권이 탄생한 시기였다. [레베렌티아]

니케아에서 두 번째로 열린 제7차 보편공의회(787)는 성상파괴운동을 어떻게 해결할 것인가 하는 문제에 골몰했다. 공의회는 결국 로마의 〔교황〕 하드리아노 1세가 니케아로 전해온 의견을 수용하는 쪽으로 뜻을 모으고 결의를 발표했다. 요는 성상 숭배가 얼마간 가능하기는 하지만, 그것이 하느님에 대한 경배와 똑같은 수준이어서는 안 된다는 것이었다. 신앙의 문제를 두고 로마와 콘스탄티노폴리스가 이처럼 서로 손발을 맞추는 모습은 이때를 마지막으로 더는 볼 수 없게 된다.

칸투스 CANTUS

■
■ 라틴교회의 단선율 성가는 라틴어로 칸투스 플라누스cantus planus라고 하는데, 이것이 종종 그레고리오 성가Gregorian Chant라고도 일컬어지는 것은 교황 성 그레고리오 1세(재위 590~604)가 이들 노래를 정리해 총 8개의 교회선법을 매만지는 한편 약 3000개의 성가 선율을 수집한 공로가 있어서다. 그레고리오 성가의 탄생은, 비잔티움(농로마교회)에서 애송되던 비슷한 양식의 노래들도 마찬가지지만, 그리스인 및 유대인이 입으로 소리 내 기도하던 낭창 전통에서 비롯했다고 여겨진다. 그렇게 탄생한 그레고리오 성가는 이후 유럽 음악이 그 몸체를 착착 쌓아 올려가게 해주는 주춧돌로 기능하게 된다. 그레고리오 성가는 신도들이 교회에서 시편 구절, 친송가, 교송交誦, antiphon을 부를 때 주로 이용됐으며, 반주가 없는 상태에서 모두가 음높이를 하나로 맞추어 노래하되 리듬은 자유롭게 구사했다. 그레고리오 성가에 사용된 '방언dialect'은 원래는 크게 네 종류—암브로시우스식(암브로시오 성가), 로마식(고대 로마 성가), 갈리아식(갈리아 성가), 모사라베식(스페인의 모사라베Mozárabe 성가)였으나—, 로마식이 차츰 주류로 굳어졌다. 초창기에만 해도 사람들은 그레고리오 성가를 따로 기록으로 남겨두지 않았었다. 그래서 그레고리오 성가는 애초 형식이 이와 같은 것이었다고 단정 짓기는 영 어려운 게 사실이다. [무시케] ("칸투스"는 "가곡" "노래" "선율"을 뜻하는 라틴어로 중세의 다성음악 중에서 본래 성가의 선율이 놓인 성부를 말한다.)

이런 단선율 성가를 명확히 기록해두기 위해 발달한 기보법記譜法은 완전한 구색을 갖추기까지 여러 단계를 거쳤다. 비잔티움인은, 그리스인도 그랬지만, 문자 체계를 가지고 음의 높낮이를 표시하는 방법을 썼고, 거기에 일종의 '악센트'라 할 네우마를 보태 선율의 흐름을 나타냈다("네우마neuma"는 중세 서양의 성가 악보에 쓰던 기호다. 15세기경 완성돼 이후 근대 악보의 모체가 됐다). 슬라브 정교회는, 타 지역들에서는 벌써 다른 체제로 갈아탄 지 한참 뒤까지도 변함없이 이 체세를 고수했다(아래 그림 참조).

생타망(수도원)의 후크발트Hucbald of St Amand(840~930)가 저술한 《음악의 조직에 관하여De harmonica institutione》(또는 《하르모니아론》)란 프랑크어 논문에 전후 사정이 상세히 밝혀져 있는 것처럼, 이즈음이면 서방에서도 벌써 동방과 비슷한 방식을 채택하게 되는데 다만 서방에서는 라틴어 음절 위에 네우마를 표시했

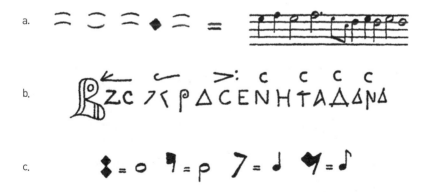

a. 보표譜表, stave가 따로 없는 11세기의 쿠피스마Kufisma 기보법

b. 그리스–비잔티움의 문자 체계를 이용한 12~13세기의 러시아 기보법[1]

c. 17~20세기: 러시아 정교회의 전례음악 기보법에 사용된 음악 기호 (출처: Machabey)

다는 것이 조금 달랐다. 장크트갈렌(수도원)의 노트케르 ("말더듬이") 발불루스Notker Balbulus of St Gall는 '트로프trope' 즉 '주主 낭송에 덧붙여진 선율'을 연구해 그레고리오 성가를 더 발전시키는 데 공헌했으며, 11세기에는 음악학자 귀도 다레초Guido d'Arezzo(995년 경~1050)는 토닉솔파tonic sol-fa(계이름에 의해 소리의 높이나 선율을 나타내는 방법)의 모태가 된 기보법을 고안했다.

〈세례 요한 송가The Hymn to St John the Baptist〉(《성 요한 찬가》)를 보면 "당신의 종들이Ut queant laxis"란 악절이 있는데, 귀도가 이 대목에 들어 있는 가사의 머리글자를 하나씩 따서 "우트-레-미-파-솔-라UT-RE-MI-FA-SOL-LA" 하는 식으로 음이 올라가는 6음계를 정한다. 일곱 번째 계명인 '시SI'("거룩한 요한"을 뜻하는 라틴어 "Sancte Iohannis"의 머리글자)는 나중에 추가됐다. 이 음계와 함께 귀도는 최대 10줄까지 그을 수 있는 악보도 고안했는데, 오늘날의 오선지가 바로 여기서 나왔다. 이 악보에서도 어디에든 임의로 조표調標, key signature를 갖다 붙일 수 있었고, '점point'과 '막대기 rod'로 이루어진 '각형角型 기보square notation' 음표들이 악표에 달려 있었다. 이들 음표가 저마다 길이나 악센트가 따로 있었는지에 관해선 설전이 오가곤 한다(아래 2개 악보 참조).

12세기 후반을 지나고부터는 그레고리오 성가도 다성음악多聲音樂, polyphony 기법을 통해 그 풍성함을 한층 더하게 되는바, 이 기법에서는 두 개 이상의 독립된 선율이 나란히 흐르는 가운데 함께 노래 부르는 것이 특징이다. 성가에 악기 반주를 차츰 많이 곁들이게 된 것도 다성음악 기법이 한몫한 결과라 할 수 있었다. 그랬다고는 해도 아직 중세 사람들의 귓전에는 옥타브, 4도, 5도 정도 가락의 음악들이 들려오는 게 고작이었을 것이다. 그러다 이내 성가에도 고정 소절 fixed measures이 도입되고(아마도 민요와 춤곡에서 영향을 받은 게 아닐까 한다), 곡을 만들 때도 대위법對位法, counterpoint을 이용해 선율을 교차시켜야 할 필요성이 생기면서, 교회음악도 차차 리듬과 화성和聲 공부에 눈을 돌리지 않을 수 없었다. 선율도 선율이지만, 근대적 음악 형식을 구성하는 데 가장 기본이 되는 요소가 바로 리듬과 화성이다. 악곡에 카논canon 기법이 쓰이기 시작한 것도 13세기 들어서였다("카논"은 엄격한 모방의 원칙에 의한 대위법 음악 형식 및 작곡 기법을 말한다. 주제가 되는 선율을 연주하는 선행 성부를 후속 성부가 일정한 관계를 엄격히 유지하면서 모방하며 뒤따른다. 가장 대표적인 예가 윤창輪唱 곧 돌림노래다.). 그렇게 되자 이제 유럽 음악은 악절을 표준어 삼아 이러저러한 다양한 감정 및 의미를 세상에 두루 전달할 수 있게 됐다. 따라서 유럽이 가진 '음악이라는 언어'는, 애초 단선율 성가에서부터 시작해 이고리 페도로비치 스트라빈스키에 이르기까

성 요한이여, 당신의 **훌륭**함을 우리에게 일깨우소서./
당신이 행하신 놀라운 일들, 우리 입이 올바로 노래하도록/
우리의 가슴속 잘못들 깨닫게 하시고 우리를 옭죄고 있는 구속의 끈을/ 훌훌 벗어던지게 하소서.[3]

(악보를 잘 들여다보면, 각 구절의 머리글자가 Ut-ré-Mí-fá-Sól-lá 6음계로 이어지는 걸 볼 수 있다.)

지 끊임없이 그 역사를 이어온 셈이다.[4]

19세기가 되자 교회 안에서는 '체칠리아 운동Caecilian Movement'이라 하여 교회음악 혁신 운동이 일어나는 바, 운동이 핵심 기치로 내건 것이 유럽 음악이 샘솟아 나온 진정한 원천은 오로지 하나 그레고리오 성가라는 점이었다. 이 기조의 영향으로 프랑스 르망 인근 솔렘Solesmes이란 곳에서는 일단의 베네딕트회 수도사들이 체칠리아 운동의 이론과 실제를 체계적으로 재조명하는 작업에 돌입한다. 이들의 연구는 특히 프란츠 리스트의 〈크리스투스Christus〉(오라토리오 1862~1866 작곡)에 많은 영감을 불어넣은바, 오늘날에도 한번쯤은 들여다봐야 할 주요 업적의 하나로 손꼽힌다.

레베렌티아—REVERENTIA

■ 6세기의 어느 날, 아직 철부지인 시절, 게오르기
■ 우스 플로렌티우스Georgius Florentius(훗날 투르의 그레고리우스)가 어머니와 함께 부르고뉴와 오베르뉴 사이 어디쯤을 지나던 길에, 별안간 태풍이 휘몰아치며 여행객들의 발을 묶어놓았다. 사위가 잔뜩 흐린 가운데 게오르기우스의 어머니는 성유물이 담긴 가방을 꺼내 하늘을 향해 휘휘 흔들었다. 그러자 언제 그랬냐는 듯 하늘이 쩍 갈라지며 구름이 흩어졌고, 덕분에 일행들도 남은 길을 무사히 마저 갈 수 있었다. 이 일이 일어났을 때만 해도 소년은 그 기적이 일어난 것은 자신이 매사에 착하게 굴어 하느님이 상을 내리신 거라며 마음이 우쭐했다. 그런데 머릿속으로 그런 생각을 한 순간, 멀쩡하게 길을 잘 가던 말이 갑자기 발을 헛디뎠고 게오르기우스는 땅바닥에 나동그라졌다. 사람이 허영심에 들떴다간 어떤 일을 맞게 되는지 가르쳐준 일화였다. 그런가 하면 이런 일도 있었다. 게오르기우스가 오늘날 프랑스 브리우드의 생 쥘리엥St Julien 교회를 찾았는데, 머리가 빠개질 것만 같은 두통이 가시질 않았다. 게오르기우스는 참수당한 그 교회의 성인이 생전에 몸을 씻었던 분수를 찾아가 얼른 그 물에 자신의 머리를 담갔다. 그랬더니 두통이 씻은 듯이 가라앉았다. 사람이 레베렌티아를 알면 즉 성물이나 성소를 칼같이 알아보고 그것들이 가진 치유력을 진심으로 믿으면 어떤 일이 일어나는지를 가르쳐주는 일화였다. ('레베렌티아'는 라틴어로 "경외(심)" "공경/존경" "경의" 등을 뜻한다.)

박해의 시대가 완전히 막을 내린 이래, 기독교도의 삶에서는 이제 성인 숭배 신앙을 비롯해 성유물을 모아들이는 일이 삶의 주 무대를 차지하게 된다. 이와 같은 성유물 중에서도 제일급으로 쳤던 것은 아무래도 복음서의 등장인물들과 직접적으로 관련이 있는 것들이었다. 그러나 그런 인물들과 직접적으로 큰 상관이 없는 부차적 물건들도 얼마든지 성유물로 받아들여질 여지는 있었다. 시간이 흐르면서 성유물들을 수집·유통하는 핵심 근거지로 자리 잡은 곳은 콘스탄티노폴리스이었다. 콘스탄티노폴리스이 보유한 최고의 성유물로는 그때껏 남아 있던 성십자가the True Cross의 파편들과 함께, 가시면류관the Crown of Thorns(로마 병사들이 예수를 조롱하며 가시나무로 관을 만들어 씌웠었다고 한다), 성창the Sacred Lance(예수가 십자가에 못 박혔을 당시 그의 죽음을 확인하려 한 병사가 예수의 옆구리를 찔러 예수의 피가 묻어 나왔다고 전해지는 창이다), 성모마리아의 허리띠the Virgins's Girdle, 세례 요한의 것이라 여겨진 두개골 몇 개가 꼽혔다. 제2차 니케아공의회(787)에서는 아예 앞으로 교회를 새로 지을 때는 반드시 성유물을 하나씩 모셔 그 터를 성별聖別해야 한다는 결의를 내놓았고, 그러자 성유물 교역도 덩달아 활발해졌다. 823년에는 알렉산드리아에 있던 성 마르코의 유해를 사람들이 강탈해 베네치아까지 가져가기도 했다. 1087년에는 성 니콜라우스(니콜라스)St Nicholas(4세기 소아시아미라의 주교)의 유해가 바리까지 가기도 했고 말이다. 그러나 뭐니 뭐니 해도 성유물을 손에 넣으려 가장 혈안이 됐던 건 다름 아닌 서방의 십자군들이었다.

투르의 그레고리우스가 겪은 일화만 봐도 그 모습이 훤히 그려지는 이런 유물 숭배는, 단순하게 맹신으로 치부될 때도 종종 있었다. 그러나 그 면면을 잘 뜯어보면, 유물 숭배는 이즈음 개인적 차원의 윤리 규범이 발달돼 나오게 도운 면이 있었거니와 아울러 사회적 정치술 및 사회적 지위 상승이라는 보다 복잡·미묘한 게임판에서 일종의 말 노릇을 하기도 했다. 레베렌티아를 가지고 있다는 것은 곧 참된 신자라는 표시였다. 그에 반해 유물을 숭배할 줄 모르는 자는 이교도, 일자무식, 무사안일주의자로 여겨졌다. 또 성직자가 임기 중

자신이 이끄는 교회로 용케 성유물을 옮겨다 놓을 수 있으면, 그의 위상은 십분 높아졌을 뿐 아니라 교회 신도들을 대동단결시키는 효과를 가져올 수 있었다. 교회든 도시든 최상급의 성유물을 갖고 있는 곳은 그 나름의 특권을 누림과 동시에 하늘로부터 거룩한 보호를 받았으며, 순례객으로부터 짭짤한 수입도 거둬들일 수 있었다. 생각하면 굉장히 앞뒤가 안 맞지만, 당시 기독교도들은 영혼이 낙원에 잘 들어가기 위해선 죽음에 따르는 갖가지 용품들을 사자死者 곁에 잘 구비해주어야 하며, 또 사후 그 뼈와 무덤을 성심성의껏 잘 모셔야 한다고 믿었다. 그리고 이런 믿음에는 바로크 시대(16~18세기의 특정한 예술 사조가 유행한 때를 일컫는 말로, 죽음을 주요 주제로 삼은 것도 바로크 시대의 주된 특징이다) 뺨치는 감수성이 따라다녔으니, 아주 특별한 사람이 죽으면 그 시체에서는 정말로 백합과 장미의 향이 기막히게 진동하고 번쩍이는 광채가 시체 주위에 눈부시게 어리며, 천사들의 합창 소리가 우렁차게 들려온다는 것이었다.[1]

그러나 성유물의 가치도 시간이 흐르자 차차 떨어질 수밖에 없었다. 예수의 사도들, 순교자들, 교부들까지 죄다 성인으로 추대된 마당이었던 터라 그대로 성유물 숭배 풍조가 계속됐다간 세상을 떠난 주교들마저 일일이 성인으로 선포될 판이었기 때문이다. 573년 고위 성직자가 돼 교구로 부임해온 리옹의 프리스쿠스Priscus of Lyon 주교에게 그런 일은 당치도 않았다. 그래서였는지 그는 전임자 니케티우스Nicetius를 그냥 일반 무덤에 묻었을뿐더러 니케티우스가 생전에 입던 법복을 그의 부제에게 내어주며 그것을 평상복으로 입어도 좋다고 일렀다. 하지만 그 자신의 뜻은 아무래도 상관없다는 듯, 나중에 프리스쿠스와 니케티우스 모두 성인의 반열에 올랐다. 물론 그렇게 시성된 것은 오랜 뒤인 1308년의 일이었지만.

종교개혁기에는 성유물이 청산 대상으로 지목돼 수난을 겪었고, 그 바람에 수많은 성지도 쑥대밭이 됐다.

그래도 종교개혁가들의 분노가 정교회 및 가톨릭 세계에까지 불을 뿜지는 않았었다. 덕분에 오늘날 키이우의 페차르스카야 라브라Pecharskaya Lavra(동굴수도원)의 지하묘지와 같이, 아직도 이탈리아에는 '아주 특별한 사자'들의 미라나 유해를 볼 수 있는 곳이 상당수 남아 있다. 일군의 성유물을 수집해놓은 가장 진기한 사례는 12세기의 우아니 소小수도원의 보물Treasure of the Priory of Oignies로 현재 벨기에 나무르에 그 시절 모습 그대로 간직돼 있다. 프랑스혁명과 나치 점령기를 거치는 중에도 땅속 깊이 이중으로 묻혀 있던 덕에 도굴꾼들을 피한 이 보물들에는, 성 베드로의 갈비뼈, 성 야고보의 발, 성모마리아의 모유 등이 있다. 이 유물들은 하나같이 휘황찬란한 유물함에 담겨 있는데, 성물함의 겉모습이 제각기 성유물의 내용물과 해부학적으로 똑같은 형태라 다소 섬뜩한 느낌을 주며, 금은 줄 세공, 갖가지 보석, 흑색 바탕 위 은색 상감이 사용돼 화려하기 이를 데 없다. "벨기에 7대 불가사의the Seven Wonders of Belgium"의 하나로 손꼽히는 이들 성유물은 현재 벨기에 나무르 율리아 빌리아르가街 17번지의 성모수녀회Sisters of Our Lady에 소장돼 있다.[2]

기독교의 전파, 395~785년

그리스도의 입에서 "나를 따르라"라는 말이 나온 그날부터, 기독교 신앙은 늘 전도에 열을 올려왔다. 거기다 사도 바울이 기독교 신앙은 찾아오는 모든 이에게 활짝 열려 있다고 공언한 터여서, 어떤 사람이 이 종교의 신자가 될 자격이 있는가와 관련해서도 별 제약은 없었다. 그렇긴 했지만 로마라는 제국이 나서서 기독교를 국교로 채택한 이상, 이제 개종은 제국 시책 차원의 문제였다. 로마의 기독교도 통치자들로서는 신앙의 전파 문제를 생각할 때 신자 한 사람 한 사람보다 각지의 국가 한 덩이씩을 염두에 두지 않을 수 없었다. 장차 기독교로 개종할 여지가 있는 사람들 역시, 마찬가지로, 기독교를 받아들일지 말지 고민할 때 정치적 계산을 하지 않을 수 없었다. 문해력과 교역만 놓고 보면 확실히 얻을 게 많았다. 하지만 기독교를 들여오는 것을 로마에서 할지, 콘스탄티노폴리스에서 할지, 혹은 이도 저도 아닌 다른 곳에서 할지를 결정하려면 반드시 중대한 정치적 결단이 뒤따라야 했다.

이와 관련해 일찍부터 관심의 눈길이 쏠린 곳은 아일랜드였다. 그도 그럴 것이 이곳은 얼핏 보기에도 펠라기우스주의가 보급돼 있었다. 따라서 갈로-로마인의 주교 오세르의 게르마누스Germanus of Auxerre는 영국제도를 비롯해 브르타뉴 지방 일대를 예의주시할 수밖에 없었다. 432년에 '믿음을 가진 아일랜드인의 첫 번째 주교' 팔라디우스Palladius가 선교단을 이끌고 위클로에 도착했으나, 선교는 별 성과 없이 흐지부지됐다. 그러나 성 게르마누스의 영국인 제자 성 패트릭[파트리키우스]을 필두로 한 제2차 선교단은 역사에 길이 남을 성과를 내게 된다. 성 패트릭은 미스의 타라 지방에 들어가 그곳을 다스리던 상왕Hihg King 레아리[레어러]Laoghaire와 담판을 짓는 한편, 슬레인언덕에 부활절 불을 피워 올려 드루이드교도들의 기세를 완전히 눌러놓았다. 아일랜드에 최초의 기독교 주교좌 교구가 설립된 것은 444년 아마(지금의 북아일랜드 남부)

에서였다.

갈리아 속주가 여러 종교로 나뉜 데는 갈리아 지방을 프랑크족이 점령하게 된 것과 밀접한 관련이 있었다. 갈로-로마인의 경우, 5세기 무렵에는 누구랄 것 없이 로마의 기독교로 개종한 지 오래였다. 그러나 갈리아 지방으로 맨 처음 들어온 야만족 무리인 서고트족·부르고뉴인·알라만족은 아리우스파였고, 북쪽의 프랑크족은 아직도 이교도였다. 클로비스(1세)만 해도 496년에서 506년 사이 어느 시점까지는, 랭스의 주교 생 레미St Remi의 세례식을 거부하고 있었다. 그러던 그가 굳이 로마의 한 주교로부터 세례를 받은 것은, 그렇게 하면 갈로-로마인을 메로빙거왕조와 한편으로 만들 수 있을 테고, 동시에 게르만족이었던 자기네 통치자들을 갈리아 주민들이 미개하다며 외면하리라는 계산에서였다. 일각에는 클로비스가 아키텐의 가톨릭 주교들을 '제5열fifth column'(내응자內應者)로 삼아 메로빙거왕조를 창건했다는 말이 있을 정도다. 따라서 프랑크족의 이 '가톨릭과의 연줄'은 두말할 것도 없이 그들의 권력을 공고히 다져주는 촉매제였을뿐더러 로마와 특별한 관계를 맺을 수 있게 해주는 일종의 포석이었다. 오늘날 우리가 프랑크족의 초창기 기독교 신앙에 대해 알고 있는 지식은 상당 부분 투르의 그레고리우스Gregory of Tours(540~594)가 쓴 《히스토리아 프랑코룸Historia Francorum》(프랑크족의 역사)에서 나온 것이다. 그레고리우스는 이 책을 써서 메로빙거왕조 왕들의 치적을 기리고자 했건만, "새로 오신 콘스탄티누스"라고까지 불린 클로비스가 어쩔 수 없는 야만족이었다는 사실까지는 도저히 감출 수 없었던 모양이다. 그레고리우스가 전하는 바에 따르면, 한번은 프랑크족이 전투를 치르고 수아송의 화병花甁 하나를 노획했는데, 어떤 전사가 전리품 분배에 불만을 품고서 이 화병을 바닥에 내동댕이쳐 산산이 부쉈다고 한다. 클로비스는 이듬해 봄에 프랑스의 연례행사인 샹드마르스Champ de Mars가 열릴 때까지 잠자코 기다렸다. 행사 자리에서 클로비스는 화병을 깬 그 전사가 군장軍裝을 아무렇게나 둔다며 나무랐다. 그 말에 전사가 무기를 집으려 몸을 숙인 순간, 클로비스는 전투용 도끼로 그의 두개골을 사정없이 내리치며 다음과 같이 말했다고 한다. "수아송의 화병에 너도 이따위 짓을 했겠다."[19]

6세기에 들어서도 기독교 세계는 각지에서 들이닥치는 이민족의 타격으로 여전히 휘청거렸다. 그러나 기독교 세계는 마냥 당하지만은 않고 몇 번은 반격에 나섰는데, 아일랜드 선교사들의 활동이 첫 반격이었다. 다른 한편에서는 황제 유스티니아누스 1세도 게르만족을 상대로 싸움을 걸었으니, 동로마 황제인 그가 아프리카·이탈리아·스페인 땅을 되찾겠다고 나선 데에는 게르만족들 사이에 퍼져 있던 아리우스주의를 이참에 뿌리 뽑겠다는 열망도 얼마간 깔려 있었다. 세 번째 반격으로는 그레고리오 1세(로마 총대주교 곧 교황)가 감행한 작업을 들 수 있겠다. 아일랜드의 선교 활동은 563년 성 콜룸바St Columba(콜룸바 히엔시스Columba Hiensis)(521년경~597)가 아이오나에 도착한 것을 계기로, 처음에는 북부 브리타니아를 나중에는 프랑크족의 영지를 공략 대상으로 삼았다. 그로부터 20년 후에는 성 콜룸바누스St Columbanus(540년경~615) 가 아일랜드 뱅거 지방의 대수도원에서 동지들과 조를 꾸려 부르고뉴를 향해 함께 길을 떠났다. 그는 부르고뉴에 당도해 뤽쇠이수도원 등 여러 수도원을 창설했고, 얼마간은 콘스탄츠호湖(보덴호)의 브레겐츠에 머물렀으며, 그즈음 메로빙거왕조 왕들의 문란한 생활을 접하고는 일침을 가하기도 했다. 이후 제노바 근처 보비오에 진출했다가 거기서 세상을 떠났다. 성 갈St Gall(640년 몰)은 오늘날의 스위스에 해당하는 지역에서 주로 활동해 생갈렌(장크트갈렌)이라 불리는 대규모 종교 중심지에 자기 이름을 남겼다. 성 에이단St Aidan(651년 몰)은 635년경 아이오나를 떠나 홀리아일랜드(린디스판)로 들어가 그곳에서 잉글랜드의 기독교 개종을 진두지휘했다. 그런데 지금까지 언급한 모든 사례에서 아일랜드 수도사들이 따른 관례는 하나같이 로마의 방침에는 다소 어긋났었다. 켈트 전통과 라틴 전통을 어떻게 조화시킬 것인가 하는 문제는 차후 얼마 동안 여러 중대한 문제를 일으켰다. [아이오나]

이베리아반도에서는 554년 동로마제국의 침략으로 기독교 신앙의 지형에 일대 변화가 일어난다. 원래 이곳을 통치하며 아리우스주의를 신봉한 서고트족은 자신의 피지배민을 경원시한 터였고, 이 신민들은 늘 남쪽의 제국파와 손을 잡고 모의를 일삼았다. 그렇게 해서 수십 년 동안 사회적 혼란이 거듭되자, 나라 안에서 일어나는 반란과 나라 바깥에서 가해지는 공격을 서고트족 왕국이 더는 혼자 힘으로 감당하지 못할 지경이 됐고, 그러자 레카레드Reccared(재위 586~601)—아버지는 아리우스주의자였고 어머니는 로마인이었다—가 국가 시책의 일환으로 아리우스주의를 버리고 평화적 절차에 따라 가톨릭을 받아들였다. 교회에서는 제2차 톨레도공의회(589)를 열어 이 결정을 공식 승인 했다. [콤포스텔라]

이탈리아에서도 역시 거의 같은 시기에, 왕 아길룰프Agilulf(재위 590~616)가 프랑크족 출신 가톨릭교도 테오델린다Theodelinda와 혼인한 것을 계기로 아리우스파였던 롬바르드족이 가톨릭을 받아들였다. 이들 부부가 세웠다고 하는 밀라노 근방 몬차의 바실리카(몬차대성당)에 가면 지금도 롬바르드족 왕이 썼다고 하는 철관 위에 다음과 같은 글귀가 새겨져 있는 것을 볼 수 있다. "AGILULF GRATIA DEI VIR GLORIOSUS REX TOTIUS ITALIAE OFFERT SANCTO IOHANNI BAPTISTAE IN ECCLESIA MODICAE"("신의 뜻으로 이탈리아 제국諸國의 영광스러운 왕이 된 아길룰프가 보차성당의 성 요한 세례자께 봉헌합니다"). 하지만 그러고 나서도 가톨릭과 아리우스파 사이 알력 다툼은 그치지 않다, 689년 코로나테에서 가톨릭이 최종 승리를 거두고서야 비로소 가라앉았다. [문둥이]

일설에 따르면, 잉글랜드가 로마 총대주교들의 관심을 잡아끈 데에는 계기가 있었다. 어느 날 그레고리오 1세가 노예시장을 찾았다가 금발의 소년들이 매물로 나온 것을 봤다. 그의 입에서는 "앵글족이 아니라 천사들이로구나Non Angli, sed angeli"라는 탄식이 흘러나왔다. 얼마 안 있어 그레고리오는 휘하 수도사 캔터베리의 성 아우구스티누스St Augustine of Canterbury(605년 몰)를 잉글랜드로 급파해 이교의 티를 못 벗은 자들을 기독교로 개종시키려 노력했다. 기독교 교세는 단숨에 뻗어나가 켄트의 왕 에설버트Ethelbert(재위 589년경~616)가 세례를 받는가 하면, 캔터베리·로체스터·런던에도 잇달아 기독교 교구들이 설립됐다. 노섬브리아 재로의 수도사 '가경자' 비드'Venerable' Bede(베다 베네라빌리스Beda Venerabilis)(673~735)가 잉글랜드 기독교가 겪은 우여곡절들을 평생에 걸쳐 담아낸 《앵글족 교회사》는 당대가 낳은 기념비적 역작으로 손꼽힌다. 비드가 책에서 주안점을 둔 부분은, 요크와 캔터베리를 중심지로 한 잉글랜드 북부 선교단과 남부 선교단이 서로 어떤 식의 알력다툼을 벌였는지, 그것이 휘트비종교회의Synod of Whitby(664)를 통해 어떻게 일단락이 됐는가 하는 것이었다. 아울러 비드는 교황 그레고리오 1세와 수도사 성 아우구스티누스 사이에 오갔던 방대한 양의 서한들을 다음과 같이 기록해두었다.

> 아우구스티누스의 여덟 번째 질문입니다. 출산을 앞둔 산모도 세례를 받을 수 있는가? 산모는 아이를 낳고 나서 최소 얼마큼의 시간이 흐른 뒤 교회에 들어올 수 있는가? 아울러 태어난 아이는, 가령 사경을 헤매는 위독한 상황이라고 할 때, 최소 얼마의 시간이 흘러야 세례를 받을 수 있는가? 남편이 아내와 관계를 가지려면 아이가 태어나고 얼마의 시간이 지나야 하는가? 여자가 특정 기간을 지나는 중인 상태에서 교회에 발을 들여도 괜찮은가? 그 시기에 여자는 영성체를 받을 수 있는가? 남자는 아내와 관계한 뒤 몸을 씻지 않은 채로 교회에 들어와도 괜찮은가? 혹은 그 상태로 거룩한 영성체의 신비를 받아도 괜찮은가? 잉글랜드의 이 무지렁이들에게는 이 모든 문제와 관련해 지침이 필요한 실정입니다.[20]

한편 그레고리오 1세는 이교도의 관습을 유지는 하되 그것을 기독교의 형편에 맞게 활용할 수 있게끔 특별히 신경을 썼다.

> 우리가 도달한 결론은 이렇다. 우상이 들어차 있는 신전들을 우리가 […] 함부로 허무는 일은 결단코 없어야 할 것이다. 우상이야 하느님께서도 허물라 하시겠지만, 그것들이 있던 신전에는 구석구석 성수를 뿌리고, 곳곳에 제단을 세우고, 안에는 성유물을 모시라 하실 것이니 […] 이런 식으로 해서 우리는 그들이 부디 우상 숭배라는 악습은 버리되 […] 신전 터에는 예전과 다름없이 수시로 드나들기를 바라노라. […] 또한 그들은 황소를 여러 마리 잡아 악마에게 바치는 관습이 있는바, 뭔가 다른 엄숙한 의식이 그 자리를 대신 메워야 할 것이노라. […] 그들도 더는 짐승을 잡아 악마에게 공양으로 바치는 일은 없어야겠지만, 그 고기를 먹기 위해 짐승을 잡아 죽인 뒤 그 일을 하느님께 감사드리는 것 정도야 괜찮을 것이다. […] 얼마

아이오나 IONA

■ 헤브리디스제도(영국 스코틀랜드 서북쪽 기슭)의 나무 한 그루 없이 떠 있는 자그마한 민둥섬 아이오나. 597년 5월의 어느 날 저녁, 섬에 세워진 수도원 교회의 제단 계단 위에 성 콜룸바가 올라서서 "후" 하고 한숨을 내쉬었다. 그 무렵 시편詩篇을 필사하는 작업에 돌입해 있던 그는, 바깥바람을 쐬러 나오기 전 시편 34장의 한 구절을 막 옮겨 적은 참이다. "전주를 간절히 찾는 자, 그에게는 그 어떤 좋은 것도 필요치 않으리로다." 도니골(아일랜드 북부의 어촌) 토박이였던 그는 아일랜드에 머물 당시 데리 지방을 필두로 아일랜드 곳곳에 수많은 교회를 건립한 전적이 있었다. 그러다 563년 들어 "드루이드교도들의 섬Innis Druinidh"으로 일컬어지던 아이오나섬에 열두 형제 수사와 함께 발을 들이게 됐다. "칼레도니아(로마 시대에 스코틀랜드 일대를 일컫던 말)의 사도Apostle of Caledonia"로 불리던 그는, 아이오나섬에 세워진 이 교회에서 (게일인의 왕국) 달리아다Dalriada(달 리어타Dál Riata) 왕국의 왕에게 대관식을 거행해주는 등 켈트인의 기독교 신앙 및 갈리아의 문명이 스코틀랜드 서부로 뻗어 들어가는 데 지대한 공헌을 했다. 또 그가 조직한 공동체는 노섬브리아 지방의 린디스판에서도 선교 활동을 펼쳐 기독교 신앙을 잉글랜드 북부까지 전파시키는 데에도 앞장섰다. 성 콜룸바는 캔터베리의 성 아우구스티누스가 켄트에 로마인 선교단을 설립하게 된 바로 그해(597)에 세상을 떠났다.

아이오나섬의 이 켈트인 교회가 얼마나 파란만장한 운명을 겪었는지 알아두는 것도 그 나름 유익할 것이다. 우선 806년 바이킹이 살기등등하게 쳐들어와 대수도원장을 비롯해 68명의 수도사들이 목숨을 잃었을 때도, 이 켈트인 교회만은 살아남았다. 그러다 1200년경에 이르러 성 콜룸바의 전통을 이어가던 수도사들이 섬 밖으로 쫓겨나고 마는데, 당시 이 일대를 다스리던 군주 레지날드Reginald가 그들을 몰아내고 베네딕트회 수도원과 아우구스티누스회 수녀원을 세웠기 때문이다. 그러나 이 단체들도 시간이 흐르자 명맥이 끊어지거나 빈사 상태에 처하고 만다. 1560년 스코틀랜드 교회가 개혁의 물결을 맞아 수도원 제도를 전면 폐지해버렸기 때문이다. 그 뒤로 아이오나섬의 소유권은 아가일의 캠벨 공작Campbell duke of Argyle에게로 넘어갔으나, 1899년 캠벨 공작은 섬의 옛 풍모를 되찾아달라며 아이오나섬을 도로 스코틀랜드 교회에 넘겨주었다. 이후 재건된 성당은 1905년 성별식을 통해 축성을 받았다. 1938년에는 조지 매클라우드George Macleod 박사의 주도하에 교회 일과 기도드리는 일에 열심이었던 옛날 모습 그대로의 아이오나 공동체도 다시 창설됐다.[1] 상표가 그렇듯이, 기독교 신앙도 시대에 따라 유행이 돌고 도는 모양이다.

콤포스텔라 COMPOSTELA

■ 전설에 따르면, 정확치는 않으나 4세기 어느 쯤엔가 사도 성 야고보의 유해가, 참수를 당해 잘려나간 그의 머리도 함께, 돌로 만든 배에 실려 팔레스티나에서 갈리시아로 떠내려왔다고 한다. 오늘날 스페인의 라코루냐 파드론에 있는 자그마한 한 항구 교회에서, 당시 돌배를 묶어두었다던 (기둥) 계선주繫船柱는 그때 모습 그대로 간직돼 있다. 성 야고보의 유해가 이곳에 흘러들었다는 소식은 일대를 벗어나 점점 멀리까지 퍼져나갔고, 약 200년 뒤에는 성 야고보를 모신 리브레돈Libredon(산티아고) 사당을 찾는 순례객들의 발길도 부쩍 늘어났다. 859년 무어인 침략 시에는 레온 Leon의 그리스도인들이 성 야고보에게 기도를 드리고는 도저히 이길 성싶지 않던 싸움에서 기적 같은 승리를 거뒀다. 이 일을 계기로 성 야고보에게는 "마타모로스Matamoros 곧 "무어인 때려잡는 자"라는 별칭이 붙게 된 동시에, 도시 레온은 주권을 행사하는 어엿한 왕

국으로 자리매김한다. 899년 이후로는 누구보다 순례객을 배려한다는 취지 아래 성 야고보의 무덤 위에 대성당을 새로 짓는 사업이 진행됐다. 산티아고데콤포스텔라대성당의 상징은 순례자의 전대纏帶와 대서양의 별 모양 가리비 껍데기인 라 콤포스텔라la compostela였다(이 가리비 껍데기는 옛날 성지 순례의 기념장 또는 순례 증명서였다).

순례객들이 이곳을 찾은 동기는 단순하지 않았다. 우선 이 대성당을 순례하면, 나중에 하느님의 심판을 받을 때 유명 성인들이 나서서 자신들을 탄원해줄 것이라 믿는 사람들이 있었다. 그런가 하면 자신이 앓던 병을 고치고자 길을 떠난 이들도 있었고, 이것저것 신나는 모험을 벌이는 게 재미나서 길을 떠난 사람들도 많았는가 하면, 순전히 자신의 탐욕과 사리사욕을 채우고자 혹은 면피의 구실로 순례길에 오른 사람들도 있었다. 산티아고가 순례지로서 특히 매력적이었던 것은, 그곳이 그야말로 '당대에 사람들이 갈 수 있는 세상의 끝'이었기 때문이다. 또한 산티아고는 교회가 택한 공식적 참회 장소였다.

서유럽 땅을 건너 산티아고로 들어가려면 먼저 길게 뻗은 네 갈래 길 중 하나를 거쳐 중간지점에 가닿아야 했다(부록 1595쪽 참조). 네 갈래 길 중 첫 번째는 파리의 생자크성당에서 시작해 남쪽으로 투르, 푸아티에, 생트, 보르도를 차례로 거치는 길이었다. 두 번째는 부르고뉴 베즐레의 생마리−마들렌대성당(베즐레수도원)에서 출발해 남서쪽으로 방향을 잡아 부르주와 리모주를 거치는 길이었다. 세 번째는 오베르뉴 르퓌앙벌레이에 소재한 노트르담대성당에서 시작되는 길이었다. 프랑스 땅을 따로따로 훑으며 내려오던 이 세 길은 피레네산맥 론세스바예스고개 어귀에 이르러서야 비로소 하나로 합쳐졌다. 네 번째 길은 아를의 생트로핌성당에서 출발해 서쪽의 툴루즈를 지난 후 스페인 송포르고개에서 피레네산맥을 넘어 아르가강江 유역의 푸엔테라레이나에 가서야 나머지 세 길과 합쳐지는 코스였다. 마지막 남은 400킬로미터의 길에서는 문명에 물들지 않은 아스투리아스 지방의 야생 그대로의 경관이 얼마간 펼쳐진 후, 부르고스와 레온 지방을 지나게 되고, 여기까지 오면 자잘한 길들이 모두 카미노데산티아고Camino de Santiago(산티아고 순례길)의 한 길로 합쳐져 그 길을 따라 걷다보면 프로탈데라글로리아Portal de la Gloria(영광의 문) 앞에 다다를 수 있었다.

순례객들이 한창 북적이던 14세기와 15세기만 해도, 산티아고로 순례를 떠난다는 것은 대륙을 횡단해서라도 반드시 해보아야 할 일로 여겨졌다. 잉글랜드인·아일랜드인 순례객들은 일단 프랑스로 들어가 투르에 도착하거나, 배를 타고 지롱드강의 탈몽에 발을 들이는 것이 순례의 시작이었다. 독일인·스위스인 순례객들은 론강을 따라 리옹까지 내려와 프랑스의 베즐리 혹은 르퓌에 당도해야 순례가 시작됐다. 이탈리아인 순례객들은 배를 타고 프랑스의 마르세유로 들어가거나, 이탈리아에서 알프스산맥을 넘어 곧장 아를까지 가곤 했다. 산티아고 순례 안내서도 만들어져 나왔다. 남프랑스 콩크의 생트푸아수도원은 일대를 순례하는 이들이 바치는 헌금으로 날로 부유해졌다. 반면 론세스바예스에서는 조난자 시설에서만 연간 3만 끼니의 식사를 준비해야 했다. 그 일대 교회 부속 묘지에는 순례를 계속 이어가지 못하고 죽은 사람들의 유해가 묻혔다.

역사학자들 사이에서는 기독교왕국이 어떻게 당대에 하나로 잘 통일될 수 있었는가를 두고 이따금 논의가 오가곤 한다. 그렇게 되는 데에는 이 산티아고데콤포스텔라Santiago de Compostela도 그 나름으로 커다란 기여를 했던 게 틀림없다.[1]

문둥이 (나환자) LEPER

■
■ 643년 롬바르드왕국(랑고바르드왕국) 로타Rothar (또는 로타리Rothari) 왕은 다음과 같은 내용으로 칙령을 하나 반포했다. "남녀노소를 막론하고 누구든 문둥병에 걸려서 […] 그가 살던 도시 혹은 집에서 쫓겨난 사람은, 자신이 가진 물건을 그 어느 누구에게도 나눠주지 말지어다."[1] 일각에서는 문둥병이 십자군을 따

라 유럽에 처음 들어왔다고 주장하곤 하는데, 당시 롬바르드에서 문둥병 관련 칙령이 나온 것을 보면 그런 주장은 낭설임이 분명하다. ("leper"는 "사회나 가정 등 공동체에서 버림/따돌림 받은 사람"을 뜻하는 말로 그 어의가 확대되기도 했다.)

문둥이를 공동체 밖으로 쫓아내는 일은 중세 내내 사라지지 않았다고 한다. 이는 5세기에 이미 도시 안에 나병원을 적어도 한 군데는 두고 있던 비잔티움의 경우도 마찬가지였다. 레위기 13장 내용이 그와 같은 태도를 견지하는 든든한 구실이 됐다. 문둥병에 걸린 사람들은 반드시 마을의 경계를 벗어난 곳에서만 살아야 했다. 또한 몸에는 글자 L(문둥이를 영어로는 leper, 라틴어로는 leprae라고 한다)이 표시된 문둥이 전용 복장을 걸쳐야 했고, 거리를 지나다닐 땐 종鐘·방울·뿔피리 따위로 소리를 내거나, "부정不淨하다, 부정하다"는 말을 크게 외쳐 자신들이 근처에 있음을 알려야 했다. 교회에서는 6세기에 리옹공의회Council of Lyon를 열어 주교들이 문둥이들을 보살피도록 공식 결정 했다. 그러나 사람들에게 구걸해 연명해나가야 했던 게 문둥이들의 현실이었다. 1179년 제3회 라테란공의회Third Lateran Council에서는 문둥이들을 다루는 절차가 공식화됐다. 문둥이로 의심 가는 자는 우선 사제나 태수에게 데려가 검사를 받게 하고, 문둥병에 걸렸다고 판명되면 종교적 차원에서 그를 땅에 묻는 상징적 의식을 치른 뒤 공동체 밖으로 분리시켰다.

프랑스 앙제의 생탈방 가면 세파라티오 레프로소룸 separatio leprosorum이라 불린 이 문둥이 분리(또는 격리) 의식에 대한 묘사를 볼 수 있다. 먼저 참회를 해야 하는 문둥이가 머리에 검은 천을 쓴 채 흙구덩이를 파헤친 무덤 앞에 가서 섰다. 그러면 사제가 이렇게 말했다. "이 세상에서는 죽어, 하느님 안에서 다시 태어나라." 그러면 문둥이는 이렇게 말했다. "나의 구세주, 예수여 […] 저를 당신 안에서 다시 태어나게 하옵소서." 그러고 나면 사제가 금지 사항을 읽어 내려갔다.

명하노니, 이제 너는 교회, 수도원, 시장, 방앗간, 혹은 술집에 들어서지 말지로다. […] 또한 명하노니, 문둥이의 복장을 하지 않은 채 외출을 하거나 맨발로 길을 걸어 다니는 것을 금하노라. […] 또 명하노니, 시냇물이나 분수에서도 몸을 씻거나 물을 마셔도 안 되며, 네 아내가 아닌 여자와는 그 누구라도 함께 살아서는 안 된다. 설령 길에서 누군가를 만나 이야기하게 될 때에는, 반드시 바람 부는 방향으로 몸을 돌린 후 상대방의 말에 답하도록 하라. […] 또 장갑을 끼지 않은 채로는 우물이나 우물에 매여 있는 노끈에도 손을 대서는 안 된다. […] 또한 어린아이들의 몸에 손을 대는 일도 절대 없어야 할 것이며, 아이들에게 그 어떤 것도 주어서는 안 된다. […] 문둥이들이 아닌 한, 다른 사람과 함께 먹거나 마시는 일도 없어야 한다.[2]

의식이 끝나고 나면 문둥이는 열을 지어 정해진 유형지로 가야 했다.

어떤 통치자들은 문둥이를 이보다 더 잔학무도하게 다루는 것도 용인해주었다. 프랑스의 필리프 5세는 1319년 프랑스의 문둥이들이 '사라센인'과 한통속이 돼서는 프랑스 사람들이 마시는 우물에 독을 탔다고 그들을 몰아세웠다. 그는 프랑스의 문둥이들을 모조리 화형에 처하라 명했다. 문둥이들을 곁에서 물심양면으로 도왔던 유대인들도 함께.[3] 이와 관련해 파리 지방정부에서는 1371년, 1388년, 1394년, 1402년, 1404년의 다섯 차례에 걸쳐 문둥병 관련법을 제정해 시행할 것을 요구했으나 다 허사로 돌아갔다. 사람들이 문둥병에 이만큼까지 치를 떤 데는 이유가 있었으니, 문둥병이 성性적으로 타락한 사람에게 내려지는 징벌이라는 믿음이 뿌리 깊었기 때문이다. 문둥병에 걸리면 심각한 도덕적 오명을 함께 뒤집어써야 했고, 그런 만큼 문둥병은 감염의 위험성 역시 터무니없이 과장되곤 했다.

하지만 그랬음에도, 문둥병에 걸리는 데는 귀천이 따로 없었다. 예루살렘의 왕 보두앵 4세Baldwin IV(재위 1174~1185), 런던의 주교 휴 도리발Hugh d'Orivalle(1085년 몰)도 문둥병에 걸려 목숨을 잃었다. 당시 의사들의 머릿속에는 문둥병 감염의 원인인 세균이라는 개념 자체가 아예 없었고, 따라서 병을 완화시킬 방법도 거의 제시하지 못했다. 그저 아비센나 Avicenna(이슬람의 철학자·의사(980~1037))의 견해를 따라, 사람이 문둥병에 걸리면 제 사욕을 채우려 잔머리를 굴리고 또 색을 심하게 밝힌다는 심리적 증상만을 강조했을 뿐이다. 중세에는 도시를 둘러싼 성벽 너머로 레프로사리움leprosarium이라 불린 나환자촌의 풍경을 어렵지 않게 볼 수 있었다. 잉글랜드의 경우, 캔터베리 근방 햄블다운에 나환자촌이 생겨나 제법 커다란 규모로까지 확장했다. 버턴라저스 같은 곳의 나환자촌은 치유의 샘물 가까이에 자리 잡고 있었는데, 나중에는 사람들이 이곳 물을 퍼다 맥주 양조釀造에 썼다. 중세의 문학작품들에서는 문둥병이 종종 세간의 이목을 잡아끄는 장치로 이용됐다. 트리스탄과 이졸데Tristan and Isolde의 몇몇 판본에서는 여주인공이 불에 타 죽는 운명은 면하지만 결국 문둥이들한테 내던져진다.

Do sprach der herzoge, ich wil sie

minen sichen bringen,

die suln sie alle minnen

sô stirbet sie lesterlichen.[4]

공작이 말했다. "그 여자를
병에 걸린 내 백성들에게 데려가야겠다."
문둥이들이 그녀를 사랑해주면,
그녀는 수치 속에 몸부림치며 죽어가겠지.

어쨌거나 문둥병은 16세기 들어서자 그 기세가 크게 꺾였다. 이후 끔찍한 질병의 자리는 매독이 차지하게 된다. [시필루스] 그러나 편견이란 여간해서는 바뀌지 않는 법. 1933년 《옥스퍼드영어사전Oxford English Dictionary, OED》에는 나병이 라틴어로 elephantiasis graecorum 곧 "혐오스러운 질병"이라고 뜻풀이했다. 1959년 미국의 한 대중소설가가 써낸 소설에도 문둥병이 소재로 등장하는데, 보기에 따라서는 문둥병을 비하하는 고릿적 고정관념이 그대로 박혀 있다는 비판을 면키 어려운 데가 있었다(원주에도 설명돼 있지만, 제임스 A. 미치너James A. Michener가 쓴 《하와이Hawaii》라는 소설을 말한다).[5] 그래도 중세엔 확실히 문둥병이 오늘날의 에이즈만큼이나 무서운 질병이었다.

쯤이라도 세속적 쾌락을 누릴 수 있도록 허해주면, 그들은 아마 영혼의 기쁨에 대한 갈망에도 더욱 선뜻 다가갈 수 있을 것이다. 완강하게 버티는 마음 속에서 이 모든 흠결을 단칼에 뿌리 뽑는다는 것은 있을 수 없는 일이다. 누구든 산꼭대기에 오르려는 자는 무릇 한 걸음 한 걸음 착실하게 내딛어야 하는 법이므로. [...].[21]

이와 같은 세심함이 있었으니 궁극적으로 선교 활동이 성공을 거둔 것은 두말할 것도 없었다. 그러나 기독교의 발전이 워낙 더딘 상황이었기에 한참 동안은 기독교 옆에 이교도의 관습이 알게 모르게 공존하리란 것도 충분히 생각할 수 있었다. 대체적으로 말했을 때, 교회가 복음 전파에 성공할 수 있었던 것은 장차 이렇게 되고 싶다 하는 '이민족'들의 이상에 기독교가 어떻게든 어필할 수 있었기 때문이다. 세례를 받지 않고는 문명화된 질서의 일부로 편입될 수 없음을 개종자들에게 납득시킬 수 있었던 게 주효했던 것이다. 앵글로-색슨족이 탄생시킨 시문학 〈베오울프Beowulf〉에도 잘 드러나듯, 당시 기독교 작가들도 이교의 색채가 농후한 주제들을 곧잘 다루었고 그것이 아주 오랜 기간 문화생활의 핵심 특징이었다.

동방에서는 황제들이 제국을 향해 쳐들어오는 무슬림의 공격을 막는 데 여념이 없어 자국의 비非기독교도 신민에게나 주변의 이웃들에는 신경 쓰지 못했다. 그래서 얼마동안은 대大스클라비니아Sclavinia(슬라브족의 땅)도 이렇다 할 종교 없이 자기들 좋을 대로 살아갔고, 그러기는 불가르족도 마찬가지였다. 7세기와 8세기가 흘러가는 중에도 콘스탄티노폴리스는 펠로폰네소스 반도와 그 일대 섬들을 다시 헬레니즘화하고 기독교화하는 데 그쳤을 뿐 그 이상의 일은 추진하지 않았다. 이는 오늘날의 그리스 역사에서 잘 거론되지도 않을 만큼 대단찮은 일이었다. 크레타섬은 10세기까지 죽 무슬림의 수중에 있었다.

프랑크족이 꽤 좋은 본보기가 돼주었음에도 라인강 동편의 게르만 부족들은 그 뒤로도 2세기가 넘도록 도리어 기독교 신앙을 멀리했다. 그리하여 이들 게르만족을 개종시키는 과업을 맡게 된 것은 북쪽에서 내려온 잉글랜드 선교사들과 서쪽에서 건너온 프랑크족 전사들이었다. 요크의 성 윌프리드St Wilfred of York(634~710)는 휘트비에서 대대로 가톨릭의 계보를 이어온 인물로, 678~679년에 프리슬란트를 두루 돌며 설교를 해 게르만족 선교의 포문을 열었다. 그러나 이 방면의 핵심 인물을 꼽자면 두말할 것도 없이 크레디턴의 성 보니파시오St Boniface of Crediton(675년경~755)다. 보니파시오는 마인츠에 가서 최초의 게르만족 교구를 탄생시켰을 뿐 아니라 풀다에 대규모 수도원을 창설했고(744), 프리슬란트 도쿰에서 순교했다. 보니파시오 곁에는 그를 가까이서 모시며 물심양면으로 도운 조력자들이 많았는데, 성 스투룸St Sturm(스투르미Sturmi)과 성 룰St Lull(성 롤로, 또는 룰루스Lullus)은 명성이 자자했던 인물들로 풀다를 둘러싼 언쟁에 나섰던 것으로 알려져 있다. 바이에른의 빌리발트Willibald of Bavaria(700년경~786)는 성지를 여행한 최초의 잉글랜드 순례객으로, 성 튀링겐의 비네발트St Winebald of Thuringia(761년 몰)와 형제간이었으며 그의 누이 성녀 발부르가St Walburga(779년 몰)는 하이덴하임수녀원의 원장을 지냈다.

게르만 땅에서의 선교는 잉글랜드인의 평화로운 활동만으로 끝나지 않았다. 선교의 의의에 먹칠을 했다고까지는 할 수는 없겠지만, 772년에서 785년 사이 프랑크족이 군대를 이끌고 작센 일대를 무자비하게 짓밟기도 했다. 프랑크족은 게르만 땅을 정복하고 들어가면서 기독교에 대한 순종을 절대 조건으로 내걸었고, 이를 빌미로 치고 들어가는 쪽이나 맞서 싸우는 쪽 모두 대량 살상과 배신이라는 수단을 밥 먹듯 이용했다. 프랑크족이 게르만족 땅에 발을 들이고 나서 처음 달려든 일도 신성한 나무 이르민술Irminsul을 도끼로 찍어 베어버린 것이었다(이르민술은 고대 색슨어로 "거대한 기둥"이라는 뜻으로 나무 또는 나무둥치로 알려져 있는데 정확한 정체에 대해서는 아직 정설이 없다). 그러고는 파더보른 근방에서 집단 세례식을 열었고, 나중에는 오케르 및 엘베에서도 이 의식을 되풀이했다. 이에 작센족이 결집해 반란을 일으켰으나, 베르덴의 대학살(782)

을 겪으며 약 4500명이 참수당한 끝에 반도叛徒의 우두머리 비두킨트Widukind가 기독교의 성수聖水 앞에 무릎을 꿇으면서 격파당했다. 이후로는 브레멘, 베르덴, 민덴, 뮌스터, 파더보른, 오스나브뤼크 등지에 기독교의 선교 주교구가 잇따라 생겨났다.

기독교가 독일 한복판으로 진입했다는 것은 교회의 전략이 바뀌기 시작했다는 뜻이었다. 이때까지만 해도 기독교 교세는 로마제국 영내에만 한정돼 있었고, 거길 벗어난다 해도 한때 로마 땅이어서 기독교를 신봉하는 시민들의 비중이 컸던 곳 정도가 전부였다. 대체적인 면에서 기독교는 여전히 '제국의 종교'였고, 그러기는 로마제국과 관계가 단절된 지 이미 오래인 곳들도 마찬가지였다. 그런데 이즈음에는 그간 로마제국과 어떤 연고도 없던 나라들에까지 기독교 세력이 침투하고 있었다. 라인란트는 한 차례 로마 속주로 편입된 적이 있었지만, 작센은 그렇지 않았다. 한때 로마의 속주였던 몇몇 곳에서, 특히 발칸반도 일대 지역들에서 기독교 신앙이 돌아오길 기다렸지만, 교회의 손길 닿은 적 없는 이교도의 땅에도 이제는 기독교 신앙이 슬금슬금 들어가기 시작하는 참이었다. 독일 땅을 필두로 그다음은 슬라브족 왕국이었고, 슬라브족을 지나서는, 스칸디나비아와 발트족이 연이어 자기들 차례를 기다리고 있었다.

기독교화의 제1단계, 그러니까 로마제국이 온전히 기독교로 개종하기까지는 총 400년이 걸렸다. 기독교화의 제2단계에 돌입한 지금, 교회는 로마의 옛 속주들을 다시 개종시키는 데에 또 400년 가까운 시간을 들이는 중이었다. 제3단계 즉 처녀지 이교도 왕국에 들어가 그곳 사람들을 기독교로 개종시키는 일에는 6세기가 걸린다(427~438, 560쪽 참조). [비블리아]

암흑시대의 중심 테마를 만들어낸 일련의 과정은 얼핏 봐서는 그다지 긴밀히 상호 연결돼 있지 않다는 있다는 인상을 줄 수 있다. 게다가 그 과정들도 하나같이 현재 우리가 논하는 이 시기에 온전히 매듭지어지지 않았었다. 게르만족의 침입이라는 길고 긴 과정만 해도, 1287년 몽골족의 최후 침략(동유럽)이 있을 때까지 줄곧 계속됐다(480~482쪽 참조). 동서의 분열도 제국에서부터 교회 차원에 이르기까지 이미 그 징조가 있었지만, 분열이 공식화한 것은 1054년에나 돼서였다(439쪽 참조). 유럽의 이교도들을 기독교로 개종시키는 과업이 완수된 것도 1417년이었다(561쪽 참조). 유럽 땅을 행군하는 이슬람 병사들의 말발굽소리 역시 1354년 오스만인들이 유럽 땅에 상륙할 때까지 계속됐다(507쪽 참조). 이때나 돼서야 로마제국도 마침내 멸망의 길로 들어서게 됐다고 하겠다.

그렇긴 해도 이 다양한 과정 사이에 '상호작용이 있었던' 것만은 분명하다. 그리고 그러한 상호작용의 효과는 예언자 무함마드 군대가 지중해 일대를 대부분 정복했을 때 확연해진다. 콘스탄티누스 1세가 등장하고 약 4세기가 흐른 끝에 드디어 유럽이라는 실체가 세상에 존재를 드러낸 것이다. 이때는 유럽 반도의 이런저런 민족이 저마다 영구히 눌러살 고향땅을 찾으려 힘겨운

비블리아BIBLIA

- 6세기의 《코덱스 아르겐테우스Codex Argenteus》
- (Cod DG 1 fol. 118v)(곧 은銀 문자 사본, 은성서銀聖書, 은의 서書)가 보관돼 있는 곳은 현재 웁살라대학도서관 Uppsala University Library이다. 원래 프라하에 있던 것을 지금의 스웨덴으로 옮겨왔다고 한다. 자줏빛 양피지에 은색 글자로 쓰인 이 책은, 울필라스Ulfilas(또는 울필리Wulfila, 311년경~383)기 고트어로 옮긴 초창기 성경 중 가장 화려한 외관을 자랑한다. 울필라("새끼 늑대"라는 뜻이다)는 포로로 잡혀온 기독교도의 제3세대 손으로 아리우스주의를 신봉했으며, 그가 속한 무리가 로마제국의 도나우강 변경지대에 머물고 있을 때 기독교 교회로부터 '고트족 주교'로 서임받았다. 그가 성경을 고트어로 번역해냄으로써 이후 속어 성경과 게르만족 문학은 긴 역사를 이어가게 된다. 〔"성경"을 뜻하는 영어 "바이블Bible"은 "(작은) 책들"이란 뜻의 희랍어 "비블리아Biblia"(비블리온Biblion의 복수형)에서 유래했다.〕

한편 현재 피렌체의 라우렌치아나도서관Laurentian Library에 보관돼 있는 《코덱스 아미아티누스Codex Amiatinus》는 연륜이 그렇게까지 깊지는 않다. 이 사본이 제작된 것은 대수도원장 체올프리드(또는 체올프리도)Ceolfrid가 통치하던 690~700년경 노섬브리아의 재로Jarrow라는 곳에서였다. 《코덱스 아미아티누스》는 성 히에로니무스의 라틴어 성경 번역본인 일명 불가타성서Vulgate 중에서 현존하는 가장 오래된 사본으로 꼽힌다. 카시오도루스가 보다 앞선 시대에 필사해놓았던 불가타성서 사본이 밑바탕이 됐으며(358쪽 참조), 수도원장 체올프리드가 교황에게 헌정한 것이 여차여차해 아미아타수도원Abbey of Amiata의 서가 한 구석을 차지하게 되면서 《코덱스 아미아티누스》란 이름이 붙게 됐다. 이 사본 제작에 쓸 양피지로 총 1500마리나 되는 동물의 가죽이 동원됐다.

한 가지 특기할 사실은, 울필라가 고트어 번역본을 완성한 것이 성 히에로니무스가 성경을 라틴어로 번역해낸 것보다 더 빨랐다는 점이다. 둘 모두 옛적에 쓰인 그리스어 성경을 원본으로 삼아 번역을 하기는 마찬가지였으나, 사실 그리스어 성경은 진본이 딱히 하나로 정해져 있지 않았다. 그래서 오늘날 들어 초창기의 그리스어 성경을 재구성할 때도 총 네 가지 사본을 함께 참고한다. 첫 번째는 4세기에 알렉산드리아에서 만들어진 《코덱스 바티카누스Codex Vaticanus》다. 두 번째는 4세기에 제작된 《코덱스 시나이티쿠스Codex Sinaiticus》로, 원래는 시나이산山에 있었으나 근대에 와서 러시아의 차르가 영국박물관에 팔아버린 사본이다. 세 번째는 5세기에 제작된 《코덱스 알렉산드리누스Codex Alexandrinus》로, 이것도 애초엔 콘스탄티노폴리스에 있었지만 지금은 영국도서관British Library 소장이다. 마지막으로, 5세기에 제작된 《코덱스 에프레미Codex Ephraemi》는 현재 파리 국립도서관Bibliothèque Nationale 소장이다.

어디 하나 흠 잡을 데 없이 정확하고 또 신뢰할 수 있는 성경 텍스트, 그래서 세대가 지나도 누구에게나 맞을 법한 성경 텍스트를 확정짓는다는 것은 늘 불가능한 작업으로 통해왔다. 하지만 불가능하더라도 그에 도달하려는 노력만은 멈추지 말아야 했다. 과거 《구약성경》의 원전은 히브리어와 아람어로 쓰여 있었던 반면, 《신약성경》은 헬레니즘 시대 그리스어로 쓰여 있었다. 70인역Septuagint에서 보듯이, 《구약성경》은 알렉산드리아에 살면서 그리스어를 사용하는 유대인들을 위해 히브리어 원전을 그리스어로 옮기는 작업이 이루어졌다(예로부터 이집트의 알렉산드리아에는 토착민과 함께 그리스인과 유대인이 많이 살았고, 경제 활동 면에서는 토착민보다 그리스인과 유대인의 활동이 두드러졌다. 그런 만큼 알렉산드리아의 유대인들은 그리스어를 쓰는 경우가 많았다). 따라서 이론상, 구약과 신약 둘 모두의 완전한 형태의 그리스어 텍스트로 존재하게 된 것은 기원후 1세기부터였으리라고 여겨진다.

가톨릭과 개신교의 판본을 다 합쳤을 때, 현재 통용되는 성경에는 근 100권에 달하는 책이 들어 있다고 볼 수 있다. 당초에만 해도 이들 성경 목록은 하나로 통일된 구약·신약 모음집으로 짜 맞춰지지 못하다가, 4세기에 기본 정전正典이 확정되고 나서야 그 얼개가 갖춰졌다. 그러나 이른바 모음집이 나오기 전까지는 성경에 해당하는 다양한 판본의 책이, 정전에 끼지 못한 외경外經들과 함께, 저마다 따로따로 각지를 돌아다니고 있는 상황이었다. 따라서 오늘날 학자들이 이 시대의 성경 내용을 확인하는 길은 딱 하나, 먼 옛날의 파피루스 문서나, 교회 교부들의 인용 구절, 불가타성서 이전의 '구舊 신앙' 텍스트, 고대의 유대교 및 기독교 비평가들의 저술을 뒤적여 찾아내는 것뿐이다. 그런 고대 기독교 비평가의 저술 중에서도 오리게네스가 쓴 《헥사플라Hexapla》(육란대역六欄對譯성서)는 중요성이 단연 돋보이는 책으로, 여섯 개의 난을 나란히 만들고 거기에 총 여섯 가지의 히브리어 및 그리스어 구약성경 텍스트를 적어 넣었다. [파피루스]

심지어는 불가타성서조차도 체계적 형태로 존재하지 않았다. 성 히에로니무스는 연속되는 편篇들로 구성된 자신의 번역본을 완성했고, 그것들을 필요에 따라 각지로 보냈다. 아울러 이들 번역마저도 각기 다 다른 성경 모음집에 들어갔기 때문에, 나중에 가서 불가타성서본을 만들 때는 그것들을 다시 다 따로 골라내 재정리해야 했다. 그뿐만이 아니다. 중세 필사가들의 작업이란 사실상 '차이니스 위스퍼스chinese whispers' (옮겨 말하기) 게임에 다름없어서, 한 단계 한 단계 다른 사람의 손을 거칠 때마다 매번 갖가지 오류가 복잡하게 얽혀들기 마련이었다. [인쇄]

그러나 인쇄술의 시대가 왔을 때 기독교 세계는 막 종교개혁이 이뤄지려는 참이었고, 거기 발맞춰 개신교에서는 그간 성경과 관련해 쌓인 모든 학식에 도전장을 던질 기세였다. 그중에서도 성경을 통속어로 쉽게 번역해내는 작업에 개신교 학자들은 특히 열성을 보였는 바, 그러려면 히브리어 및 그리스어로 된 권위 있는 성경 원전이 필요했다. 따라서 개신교와 기독교가 각축을 벌인 이 시기에는 예전과는 전혀 다른 새로운 서지학의 시대가 열린 것이 특징이었다.

1907년 교황청위원회Vatican Commission가 구성돼 불가타성서의 확정판 제작 준비 작업을 베네딕트회에 일임했다. 20세기가 다 지나고 있는 지금도 이 작업은 여전히 진행 중이다. 이 작업이 과연 언제 마무리될 수 있을지는, 세상사에 무덤덤한 한 베네딕트회의 수도사가 말했듯, "오로지 하느님만이 아실 일God only knows"이다.[1]

노정에 오른 바로 그 시기였다. 이슬람교가 주변을 마치 차벽처럼 에워싼 가운데 '기독교왕국'은 형성됐고, 끝끝내 남아 있는 로마의 땅도 이 공동체 안에서는 이제 수많은 주권국 가운데 하나일 뿐이었다. 아직 이 공동체에 "유럽"이라는 말을 쓴 사람은 없었다. 그러나 이때 이미 유럽이 존재했다는 사실, 그것만은 거의 기정사실로 보아도 거의 틀림이 없다.

몬스요비스, 페나인알프스, 기원후 753년 11월 25일경. 가을도 막바지에 접어든 무렵, 이제 얼마 안 있으면 겨울눈이 쏟아져 내릴 시기였다. 로마의 주교 겸 총대주교(교황) 스테파노 2세Stephen II(재위 752~757)는 서둘러 길을 나섰다. 눈이 쏟아져 길이 막히기 전에 얼른 알프스산맥을 넘어야 했다. 여정의 출발점은 포강 유역 롬바르드Lombard왕국(랑고바르드Langobard왕국)의 수도 파비아, 그곳을 떠나 알프스산맥 너머의 프랑크족 왕국으로 들어가려는 것이었다. 그 중간에 론강 상류 성마우리시오수도원에 들를 예정이었다. 거기서부터 프랑크족 왕가의 별장이 있는 마른의 폰티온까지 가야 끝나는 이 여정은 거의 800킬로미터에 달했다. 하루에 평균 16킬로미터 혹은 19킬로미터씩을 간다고 하면 총 6주가 걸릴 것이었다.[22]

당시 몬스요비스Mons Jovis("유피테르의 산"이라는 뜻)에는 길이 하나 나 있었다. 7세기 전 옛 로마인들이 갈리아 키살피나와 갈리아 트란살피나의 속주들을 연결시키려 알프스산맥에 뚫었던 두 개의 가도 중 하나였다. 한때 헬베티족의 땅으로 들어가려면 이 알피스 포에니나Alpis Poenina 곧 페나인고개를 관문처럼 꼭 거쳐야 했었다. 페나인고개는 말이 고갯길이지 최정상의 고도가 2476미터일 정도로 높다. 길은 돌덩이로 포장돼 있고 너비가 4미터에 달해 바퀴 달린 수레도 지나다닐 수 있었으니, 예전 같으면 이 도로를 타고 아우구스타 프라이토리아(오늘날의 이탈리아 발레다오스타주 아오스타)에서부터 옥토도루스(오늘날의 스위스 발레주 마르티니)까지 단 하루면 가닿을 수 있었다. 그러나 8세기에는 이 길을 지나기가 쉽지만은 않았다. 현지인들은 이 길을 라틴어의 몬스 요비스와 오늘날의 몬테요베 혹은 몽주 중간쯤에 해당하는 이름으로 불렀을 것이다.*

스테파노 2세는 성 베드로의 옥좌에 올라 있긴 했으나, 이는 20개월 전만 해도 전혀 생각지 못한 일이었다. 로마 귀족 가문에서 태어나 어려서 부모를 모두 여읜 그는, 라테란의 성 요한St John Lateran 총대주교관에 들어가 그곳의 보살핌을 받으며 자랐고 이후 총대주교 자카리아Zacharias(재위 741~752) 밑에서 부제로 봉직해온 터였다. 전문 행정가로 관록을 쌓아올린 덕에, 스테파노는 743년 로마에서 종교회의가 열렸을 때는 그 법령집에 서명을 할 만큼 충분히 지위가 높아져 있었다. 그로부터 10년 뒤에 스테파노는 아마 중년의 나이였을 것이다. 자카리아가 세상을 떠난 후, 그 후임으로 역시 이름이 스테파노인 노령의 사제가 선출됐을 때 부제 스테파노도 그의 지위에 맞게 한자리에 배석해 있었으리라 여겨진다. 그러나 얼마 안 가 다른 이들도 그렇고 부제 스테파노를 충격에 빠뜨리는 일이 일어나는데, 노령의 사제 스테파노가 뇌졸중을 일으켜 성별식도 받지 못한 채 불과 4일 만에 세상을 떠난 것이다. 노老사제가 세상을 떠난 바로 그날 후임으로 임명된 부제 스테파노는 아무 준비도 없이 로마 총대주교 자리에 올라야 했을 게 분명하다. 세상을 떠난 사제 스테파노의 지위가 다소 어정쩡했던 터라, 부제 스테파노의 이름은 "스테파노 2세" "스테파노 3세" "스테파노 2세(3세)" 같은 식으로 다양하게 표기가 되곤

* 오늘날의 그랑생베르나르Grand St Bernard라는 지명은 11세기에 생긴 말로, 몽주의 성 베르나르St Bernard of Montjoux (1008년 몰)가 알피스 포에니나Alpis Poenina와 알피스 그라이아Aplis Graia(소小생베르나르)의 양 정상부 모두에 호스피스 시설을 세운 뒤부터 비로소 쓰이기 시작했다. 세인트버나드St Bernard라 불리는 커다란 덩치의 견종은 원래 눈길에서 조난당한 여행객을 구조하는 훈련을 받은 개들로 스테파노 2세가 이곳을 지나고 3세기가 흐른 뒤인 11세기에 처음 등장한 것으로 알려져 있다.

한다.[23]

칼라브리아 출신의 그리스인으로 깊은 학식을 지녔던 자카리아는 교회의 정책을 추진하는 데서 전임 그레고리오 2세Gregory II(재위 715~731)와 그레고리오 3세Gregory III(재위 731~741)의 기조를 그대로 밀고 나갔다. 황제 콘스탄티누스 코프로니무스가 성상파괴운동과 관련해 내거는 요구들은 야멸치게 거부하되, 제국과의 관계는 아주 틀어져버리지 않게 신경을 썼다. 동시에 북쪽 땅에서 일어나는 일련의 사태도 예의주시했다. 성 보니파시오와는 늘 왕래했거니와 그를 특사로 파견해 프랑크족 교회가 로마교회의 관습을 따르도록 틀을 바꿔놓았다. 그래도 자카리아의 치적 중 가장 중요한 것은 프랑크족의 요청을 받아들여 교회의 정식 종규宗規를 공표한 것일 텐데, 왕의 칭호란 모름지기 실제로 권력을 행사하는 자에게 돌아가야 바람직하다는 내용이었다. 사실상, 이는 프랑크족에게 메로빙거왕조의 마지막 왕은 폐위시켜도 좋다고 인가해준 것이나 다름없었다. 또 그는 도시 로마를 대표해 롬바르드족과의 20년 협정에 서명하기도 했으며, 롬바르드족과 비잔티움의 라벤나 총독 사이에 언쟁이 벌어질 때는 중재자 노릇을 하려 애쓰기도 했다. 그러나 말년에는 자카리아의 힘도 유명무실해져 아이스툴프Aistulf가 롬바르드족의 새 왕으로 등극해 공세적으로 나오는 것을 도저히 막지 못했다. 751년 아이스툴프는 무력으로 라벤나를 빼앗더니 곧장 군사를 이끌고 남쪽으로 내려왔다. 그리하여 롬바르드족의 징세청부업자들이 로마에서 해마다 세금을 거두어들이기 시작했을 때는, 그토록 굳건하던 도시 로마 및 로마 총대주교의 자유도 완전히 궁지에 내몰린 게 분명했다. 일련의 이런 사건이 바로 자카리아의 후계자가 긴 여정에 올라야만 했던 배후의 사정이었다.

프랑키아Francia 즉 '프랑크족의 나라'는 서로마제국 계승국 중 땅덩이가 제일 큰 곳으로 지난 300년간은 클로비스 1세의 할아버지 메로베크Merovech(458년 몰)의 후손들이 연이어 통치해오고 있었다. 당시 프랑크족의 땅은 피레네산맥에서 베저강까지 펼쳐져 있었다. 프랑크족의 세 군데 땅 중, 파리를 중심으로 한 네우스트리아와 론강 유역의 부르고뉴는 여전히 갈로-로마인의 특색이 짙게 배어 있었던 반면, 랭스를 중심으로 한 동쪽의 아우스트라시아는 원래 프랑크족의 고향땅이었으나 이쯤에는 게르만족이 도처를 차지하고 있었다. 불과 몇 세대 사이에, 이 땅은 사분오열됐다가 통일되기를 수시로 반복해온 터였다. 그러다 8세기 들어 메로빙거왕조의 힘이 유명무실해지는데, 아우스트라시아에 대대로 뿌리를 내려온 '궁재' 가문 아르눌프가Arnulfings가 명목상의 통치권을 제외한 모든 실질상의 지배권을 쥐게 된 것이다. 이제 나라 전체를 실질적으로 좌지우지하는 건 아르눌프가였다. 751년 총대주교 자카리아에게 사절을 보내 "왕위에 오른 자가 따로 있고 통치하는 자가 따로 있는 것이 과연 올바른가" 하고 물은 것도 바로 샤를 마르텔(카를 마르텔)의 손자인 궁재 피핀 3세Pepin III(단신왕 피핀)였다. 자신이 원하던 답이 돌아오자 그는 자기가 모시고 있던 왕 힐데리히 3세Childeric III(메로빙거왕조 마지막 왕,

재위 743~751)를 폐위시키고 그 왕좌를 빼앗았다(부록 1588쪽 참조).

　스테파노 2세를 위시한 수행원들이 갖은 고초 끝에 산 정상에 올라섰을 때, 광대하게 펼쳐진 험준한 산맥 한가운데 난 도로의 모양새는 분명 그들을 깊은 상념에 젖게 했으리라. 한때 매끈하게 포장돼 있던 도로는 갈라지고, 군데군데가 울퉁불퉁 솟아오르고, 잡초가 무성히 덮인 데다 일부 구간은 아예 통째로 떨어져나가 있었다. 길을 닦는 데 사용됐던 거대한 석판은 보수를 못하고 방치해둔 게 언제 적인지 기억할 수도 없었다. 로마제국의 역참 제도도 기능을 멈춘 뒤였다. 불모의 산 정상에는 운무만 짙게 깔린 채, 그 아래쪽 움푹 팬 땅에는 유피테르포에니누스신전Temple of Jupiter Poeninus 유적이 꽁꽁 얼어붙은 호수 한옆에 처연히 서 있었다. 평생을 로마에 살면서 포룸이 퇴물이 돼가는 꼴을 똑똑히 지켜봐온 스테파노로서는, 로마의 영광이 차츰 역사의 뒤안길로 사라지고 있다는 사실쯤은 굳이 돌이키지 않아도 잘 알았다. 그러나 첩첩 산중 한가운데 외로이 뻗은 길은 꼭 그의 심중을 대변하는 듯했다. 이제껏 전임자 그 누구도 엄두조차 내지 못한 일에 자신이 달려들었던 생각이 머리에서 떠나질 않았다. 그레고리오 2세도 이와 비슷한 여정을 계획한 적이 한 번 있기는 했으나 실행에 옮기지는 못했다. 로마 주교 어느 누구도 알프스산맥을 넘는 모험을 한 적은 없었다. 내리막길을 따라 성마우리시오수도원까지 까마득하게 남은 길을 터벅터벅 내려가기 시작한 스테파노는 이 발걸음들이 과연 무슨 의미를 갖는지 곱씹지 않을 수 없었을 것이다. 될 대로 되겠지 하며 무작정 길을 나선 건 물론 아니었다. 콘스탄티노폴리스에는 진작 도움을 요청해봤지만 헛수고였을 뿐이었다. 파비아까지 가서 롬바르드족 왕 아이스툴프를 직접 접견하고 호소도 해봤지만 역시 아무 소용이 없었다. 로마가 멸망의 재앙을 피하기 위해 마지막 기대를 걸고 찾아가볼 만한 곳은 이제 프랑크족밖에는 없다는 것이 그의 계산이었다. 해묵은 명언을 하나 빌려와도 괜찮다면, 스테파노는 지금 "신세계를 끌어들여 구세계의 판을 다시 짜려는 것이었다."〔이 말은 영국 총리 조지 캐닝이 1827년 12월 12일 하원에 참석해 행한 연설 "I called the New World into existence to redress the balance of the Old"의 구절을 빌려온 것이다. 당시 영국에서는 캐닝을 필두로 보수적 빈체제를 변화시키려는 자유주의 운동이 한창이었다.〕

　이렇듯 로마 총대주교는 로마를 보다 중추적인 위치로 올려놓으려 눈물겨운 노력을 펼치고 있었으나, 당시 기독교왕국의 세력권은 도리어 옛날보다 줄어든 상황이었고, 또 판세를 보건대 향후 더 쪼그라들 게 뻔했다. 지난 100년 동안 아라비아의 정복 활동으로 기독교의 입지가 대폭 줄어든 데다, 유럽 반도의 중부와 동부로는 아직 기독교 교세가 채 뻗치지도 못하고 있었다. 비잔티움제국이 718년 아라비아인의 공성전을 용케 버티고 살아남았지만, 제국은 이제 발칸반도와 소아시아에 둘러싸여 옴짝달싹 못하는 형국이었다. 무슬림들이 얼마 전 지중해 서쪽 전부와 함께 이베리아반도 대부분을 손에 넣었기 때문이다. 약 20년 전쯤 루아르 땅에서는 물러갔으나 아직도 갈리아 남부 상당 부분을 무슬림들이 틀어쥐고 있어, 님·베지에 같은 고트족 도시

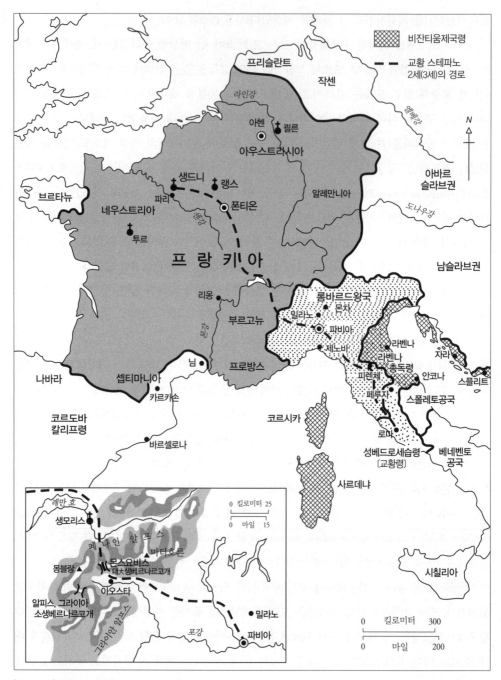

비잔티움제국령

교황 스테파노
2세(3세)의 경로

프리슬란트

작센

라인강

엘베강

아헨
쾰른

아우스트라시아

아바르
슬라브권

생드니
랭스

파리
폰티온

알레만니아

도나우강

N

브르타뉴

네우스트리아

프랑키아

센강

남슬라브권

투르

리옹

롬바르드왕국
몬차

부르고뉴

밀라노

파비아

제노바

라벤나
라벤나
총독령

자라

프로방스

피렌체

안코나

스플리트

셉티마니아

나바라

카르카손

로강

페루자

스폴레토공국

코르도바
칼리프령

코르시카

바르셀로나

로마

성베드로세습령
〔교황령〕

베네벤토
공국

레만 호

생모리스

0 킬로미터 25
0 마일 15

사르데냐

시칠리아

몽블랑

페나인 알프스

몬스요비스
대大생베르나르고개

마터호른

알피스, 그라이아
소생베르나르고개

아오스타

밀라노

그라이안 알프스

포강

파비아

0 킬로미터 300
0 마일 200

[지도 11] 교황 스테파노 2세(3세)의 여정, 753

들에서는 주민들이 들고일어난 상황이었다. 스테파노 2세가 알피스 포에니나를 택하지 않고 거기서 서쪽으로 약 32킬로미터 떨어진 알피스 그라이아를 타고 산을 넘었더라면, 막상 산을 다 내려와서 발을 디딘 곳은 아마 무슬림 땅이었을 것이다.

그러니까 이 시점에 라틴 기독교왕국은 영국제도에서 이탈리아 중앙부로 이어지는 좁다란 회랑 모양의 땅에만 국한돼 있었다는 뜻이다. 린디스판복음서Lindisfarne Gospels에서 시작해 켈스의 서Book of Kells로 완결되는 켈트족의 채색필사본 제작 기술은 이때쯤 딱 중간기를 맞아 한창 꽃을 피우고 있었다. 잉글랜드에서는 가경자 비드를 18년 전(735) 저세상으로 떠나보낸 상황이었다. 그리하여 앵글로-색슨족 대표 학자의 명성은 노섬브리아의 앨퀸Alcuin(804년 몰)에게 넘어가게 되는바, 그는 주로 프랑스에서 이름을 날리게 된다. 한편 독일 중앙부는 이제 막 기독교로 개종한 참이었다. 독일의 수호성인 성 보니파시오는, 풀다의 대수도원과 거기 함께 세워진 성가대 학교가 쑥쑥 커가는 것을 보지도 못하고, 2년 전(755) 세상을 떠난 참이었다. 7세기부터는 이탈리아의 롬바르드족 통치자들도 가톨릭을 믿는 신자가 돼 있긴 했어도, 그들로서는 로마가 누리는 자유가 마뜩잖았다. 로마에서는 모반의 냄새가 늘 술술 풍겨오는 듯했다. 로마 총대주교들이 언제든 로마 시민과 손을 잡고 파비아에 등을 돌릴 수 있었으니 말이다. 롬바르드족은 토스카나, 스폴레토, 베네벤토 공작령을 통해 이탈리아 중부 및 남부를 확실히 장악했으나 시칠리아, 칼라브리아, 나폴리에도 아직 비잔티움제국의 테마(군관구)가 건재한 터라 롬바르드족과 비잔티움제국 사이에는 각축은 끊이지 않았다.

이때까지만 해도 유럽 반도는 여전히 이교도 부족들이 차지하고 있는 땅이 압도적으로 많았다. 스칸디나비아는 하루가 다르게 상황이 급변하는 중으로, 거친 사나이들인 바이킹 침략자들이 이제 곧 북쪽의 바다로 폭발하듯 쏟아져 나올 기세였다. 이교도였던 프리지아인과 작센족의 경우엔 프랑크족에게 짓밟히기를 수차례나 되풀이하면서도 아직 그들에게 완전히 복속 당하지는 않았다. 한편 스테파노 2세가 먼 길을 걸어 만나러 가는 주인공인 단신왕 피핀Peppin the Short(재위 751~768)은 이때 본에 머물며 기운을 추스르는 중으로, 작센 지방을 응징하려는 마지막 군사작전이 막 끝난 참이었다. 거기서 동쪽으로 더 들어간 곳에서는 역시 이교도 슬라브족이 엘베강에서 에게해에 이르는 땅을 모조리 차지해, 엘베강에다 그 일대에서 큰 물줄기를 이룬 강들―오데르강, 비스와강, 도나우강 중류, 드니프로강―을 거의 모두 장악하다시피 했다. 발트해에서 흑해 및 메소포타미아까지 죽 이어지는 강江 교통로에서 키이우가 정기 기항지로 부상한 것도 이즈음이었다.

기독교왕국으로서 한 가지 다행이었던 건 이즈음 무슬림 세계가 복잡한 상황에 놓여 있었다는 점이다. 아바스 칼리프왕조(750~1258)는 정권 초반을 맞아 아라비아에서 페르시아로 힘의 중심추를 옮겨가는 중이었다. 알만수르는 병사들을 이끌고 정복 활동을 펼치느라 여념이 없었다. 훗날《천일야화千一夜話, Thousand and One Nights》의 영웅으로 역사에 등장하게 되는 그의 아들 하룬 알라시드Hārūn al-Rashīd는 아직 소년이었다. 아바스왕조에 패하고 마지막까지 살아남은 우마이야왕조 잔당은, 이 무렵 스페인으로 방향을 틀어 그곳에서 코르도바토후국을 건설하게 된다.

로마 총대주교 스테파노 2세가 여정에 올랐을 때의 일을 지금에 와서 재구성하려면 두 가지의 주 사료를 반드시 참고해야만 한다―하나는 로마인이 썼고, 하나는 프랑크족이 썼다. 우선 〈스테파노의 생애Vita Stephani〉는《교황 인명록Liber Pontificalis》이라는 커다란 선집에 들어 있다. 꽤나 긴 분량의 이 선집은 기원후 6~9세기 주요 인물들의 생애 및 관련 법령을 망라했다.[24] 〈스테파노의 생애〉는 스테파노의 여정을 교황의 입장에서 그려내려 애쓴 흔적이 역력하다. 그에 반해, 〈사칭자 프레데가르 연대기Chronicle of Pseudo-Fredegar〉 제3권은 메로빙거왕조 시기를 다룬 역사책에 일종의 부록 형태로 들어 있다.[25] 책의 내용은 피핀 3세(단신왕 피핀) 재위만을 다루며, 피핀의 친척 니벨룽Nibelung의 명에 따라 쓰인 것으로 알려져 있다. 이 책은 카롤링거왕조의 관점에서 당시 일화를 전하고자 애쓰고 있다. 두 사료 모두 강조점이나 생략한 부분이 달라 역사학자들에게 해석할 여지를 많이 주고 있다.

이 사료들만을 봐서는 어떤 정치적 흥정을 바탕에 깔고 스테파노 2세가 그 먼 길을 떠나게 됐는지 직접적으로는 거의 알 수 없으나 사정은 대강 명확하다. 피핀 3세는 선손을 쓰는 차원에서 쿠데타에 돌입하기 전 먼저 교황의 조언을 구하는 치밀함을 보였고, 또 성 보니파시오가 살아 있을 때 그로부터 성별식도 받아둔 모양이지만, 그가 정말 통치할 자격이 있는가 하는 점에는 미심쩍은 부분이 남아 있었다. 마찬가지로 스테파노 역시 비잔티움제국 황제와 롬바르드족 왕에게 먼저 로마를 도와줄 의향이 있는지를 물었다 하더라도, 그 둘을 제쳐놓고 정작 프랑크족을 찾아가 도움을 청하게 되면 양쪽 모두 앞날이 불안해 로마를 가만두려 하지 않을 게 뻔했다. 따라서 곧 맺어질 이 정치적 거래의 진짜 본질은, 프랑크족이 로마에 부족한 군사력을 제공해주면, 로마는 피핀에게 통치의 정당성을 부여해주겠다는 것이었다. 그러니까 스테파노가 먼저 나서서 종교적 절차에 따라 피핀의 통치를 인가해주면, 그 대가로 피핀은 이탈리아의 정치질서를 다시 옛날로 회복시켜줄 거라는 이야기였다.

후대 전승에서는 당시 로마 교황이 마치 주권主權이라도 가진 듯 비잔티움제국의 의중은 일절 고려하지 않은 채 자기 마음대로 행동할 수 있었던 것처럼 묘사돼 있다. 그러나 이는 지난 역사를 후대 시각에서 돌이켜보는 데서 생겨난 착오다. 로마의 총대주교는 비잔티움제국에 충성해야 '했다.' 물론 영원의 도시 로마 안에서 교황이 사실상의 면제 특권을 누린 것이 법적 인가가 따로 있어서는 아니었다. 하지만 그렇다고 교황이 일부러 비잔티움제국의 이해에 저촉될

일을 하려 했다고도 볼 수 없다. 오히려 스테파노 2세가 여정에 오를 때부터 그의 곁에는 비잔티움제국의 대사가 붙어 다녔고, 대사는 스테파노가 파비아로 찾아가 아이스톨프를 대면할 때까지 죽 그를 수행했다. 또 나중에 스테파노가 자신의 구상을 피핀 3세에게 설명할 때도 보면 "성 베드로와 공화정 로마의 뜻을 받들어"라는 표현이 등장한다. 레스푸블리카 로마노룸respublica romanorum 곧 "공화정 로마"라는 표현은, 교황령Papal State이 따로 생겨나기 전까지는, 비잔티움제국을 가리킨 것이라고 밖에는 달리 생각할 도리가 없다. 아울러 이민족들을 서로 이간질해 그 부족장들끼리 싸움을 붙이는 것은 로마가 까마득한 옛날부터 써온 전술이었다. 따라서 프랑크족을 끌어들인 것 자체는 비잔티움제국에 대한 불충이라고는 전혀 말할 수 없는 것이었다. 실제로 스테파노는 이 이야기가 끝나는 막판까지도 비잔티움제국에 대한 자신의 신의를 끝까지 저버리지 않았다.

총대주교 스테파노의 초반부 여정에 대해서는 《교황 인명록》에 그 기록이 등장한다. 그는 10월 15일 로마를 떠나 파비아까지 여행을 했다. 말리그누스 렉스 랑고바르도룸malignus rex langobardorum("롬바르드족의 악독한 왕"이라는 의미다)은 스테파노 2세가 해오는 청을 끝까지 귀담아 들어주기는 하지만, 총대주교가 프랑크족을 찾아가봐야 소용없음을 끝내 납득시키지는 못했다. 스테파노는 11월 15일 파비아에서 다시 여정에 올랐다.

> Unde et cum nimia celeritate, Deo praevio, ad Francorum coniunxit clusas. Quas ingressus cum his qui cum eo erant, confestim laudes omnipotenti Deo reddidit; et coeptum gradiens iter, ad venerabile monasterium sancti Christi martyris Mauricii […] sospes hisdem beatissimus pontifex […] advenit.

> 파비아를 떠난 스테파노는, 하느님의 가호 아래 그야말로 순식간에 프랑크족 왕국의 성문에 가닿을 수 있었다. 수행단과 험난한 고갯길을 넘고 나서, 기쁜 마음으로 그는 전능하신 하느님께 찬미를 드렸다. 여정의 초입은 지독히 험난했으나, 하늘의 은총을 받은 최고제사장은 어디 하나 다치지 않고 무사히 그리스도를 위해 목숨을 버린 성 마우리시오의 신성한 수도원에 마침내 도착할 수 있었다.[26]

스테파노 2세의 이 여정에는 여남은 명의 고위 사제들도 함께했으며, 아이트카르 공작Duke Aitchar(오지에Ogier)과 당시 프랑크족의 재상이자 주교 크로데강 드 메스Chrodegang de Metz가 프랑크족의 특사 자격으로 총대주교를 호위했다.

총대주교가 성마우리시오수도원에 들어서자, 피핀 3세의 대리인 격인 생드니의 대수도원장

풀라드Fulrad가 환대를 해주었다. 이 수도원이 세워진 곳은 아가우눔이었는데, 로마 백인대장 마우리키우스Mauricius가 테베의 백인대 병사들 사이를 돌며 명령에 불복하는 한이 있더라도 동료 기독교도들과는 싸우는 일은 없어야 한다고 목소리를 높이다 목숨을 잃은 곳으로 알려져 있다. 스테파노는 이 성마우리시오수도원에서 전령을 시켜 피핀에게 폰티온에서 만나고 싶다는 전갈을 띄웠다. 전령이 왕을 만난 것은 왕이 휴식을 끝내고 본을 출발해 자신의 성으로 돌아가던 길의 아르덴에서였다. 피핀은 자신의 어린아들 샤를Charles에게 명을 내려 먼데서 찾아오는 손님을 마중 나가라 했다. 한편 성마우리시오수도원을 떠난 스테파노는, 레만호湖 언저리를 빙 돌아 쥐라산맥까지 넘어서게 된다. 스테파노가 자신을 마중 나온 왕자를 만난 것은 12월 말께 부르고뉴 근방이었다고 한다. 당시 열두 살이던 샤를이 말을 타고 폰티온에서부터 달려온 거리는 약 160킬로미터에 달했다.

스테파노 2세가 폰티온에 당도한 것은 754년 1월 6일이었다. 로마 측 사료에는 스테파노가 도착하자 그를 맞으러 왕이 친히 성 밖에까지 나와, 말에서 내려 엎드려 절하고는 자기 손으로 직접 스테파노가 타고 온 말의 고삐를 손에 쥐었다고 한다. 바로 그 순간 총대주교는 눈시울을 적시며 왕에게 간곡히 도움을 청했다고 한다.

> Beatissimus papa praefatum Christianissimum regem lacrimabiliter deprecatus est, ut per
>
> pacis foedera causam beati Petri et republicae Romanorum disponeret.

> 하늘의 은총을 받은 교황은 가장 지고하고 가장 막강한 기독교 왕을 만나 눈물을 흘리며 간청했다. 평화, 성 베드로, 그리고 공화정 로마를 위해 부디 함께 뜻을 모으자고.[27]

프랑크족 측 사료에는 "로마 교황이 왕을 알현하러 궁전까지 찾아와 […] 왕과 그 휘하의 프랑크족에게 선물 세례를 퍼부으면서 말하길, 한 입을 가지고 두말을 하는 롬바르드족과 그들의 왕을 칠 수 있게 왕께서 도와달라고 했다"라고 돼 있다.[28] 그러자 피핀 3세는 대수도원장 플라드에게 스테파노 2세를 보필하도록 하고는 교황이 그해 겨울까지 생드니에서 지낼 수 있게 해줬다.

이후 몇 주 동안 피핀 3세와 아이스툴프 사이에는 사신들이 몇 차례 오갔다. 우선 프랑크족 특사가 파비아로 가서, 롬바르드족은 로마로부터 빼앗은 땅을 로마에 돌려주는 동시에 더는 '이교도의 무리한 요구'를 하지 말라고 명했다. 아이스툴프도 가만있지 않고, 피핀의 남동생 카를로만Carloman을 프랑크족에 특사로 파견하는 것으로 반격해왔다. (당시 카를로만은 로마의 한 수도원에 은거 중이었는데, 그 수도원이 마침 롬바르드족의 땅에 있었다.) 프랑크족은 3월 1일이 돌아오자 여느 해처럼 베르나쿠스(프랑스 엔주州 베르니리비에르)에서 샹드마르스 축제를 열었다. 부활절인

4월 14일이 되자 카리아스쿰(케르시)에 모여 그해 봄에 어디를 치러 갈지 의논했다. 너나 할 것 없이 롬바르드족으로 의견이 모아졌다.

여기서부터 두 사료의 이야기가 엇갈린다. 〈사칭자 프레데가르 연대기〉 3권에서는 프랑크족의 군대가 몽스니에서 알프스산맥을 넘어, 발델수사에 진을 치고 있는 롬바르드족에게 대승을 거둔 과정을 전하고 있다. 그에 반해《교황 인명록》에는, 프랑크족의 전투 대신, 스테파노 2세가 여름이 한창이던 때 생드니에서 피핀 3세와 그의 왕비 베르트라다Bertrada에게 성별식을 집전해준 이야기가 등장한다. 그 자리에서 교황은 둘에게 성유를 발라주는가 하면 '로마인의 총독 즉 통치자' 칭호도 함께 내려주었다고 한다. 아울러 피핀의 아들들과 상속자들에게도 대대손손 나라를 다스리라며 교황으로서 은총을 내려주었다. 이 일련의 과정이 역사에 실제 일어났었다는 사실은 동시대 다른 문서에서도 확인되는바, 〈피핀 성유식의 결말Clausula de Unctione Peppini〉은 목격자가 현장에 직접 있었던 듯한 필치다. 피핀이 받은 성별식은 프랑크족 주석가들로서는 서술하기 난감한 대목이었을 수도 있었을 것이다. 피핀이 스테파노로부터 성별식을 재차 받고 싶어 했다는 것은 곧 그 이전의 성별식은 제대로 된 명분이 없었다는 뜻이 되니까.

이와 같은 일련의 과정이 불러온 결과가 명확히 드러나는 데는 몇 년이 걸렸다. 첫 일전에서 프랑크족이 승리하고 났을 때는, 아이스툴프가 피핀 3세에게 항복해온 터라 로마 총대주교도 그길로 바로 로마로 돌아갔었다. 하지만 그로부터 몇 개월도 채 지나지 않아 롬바르드족이 프랑크족과 맺은 서약을 깨고 재차 공세로 돌아섰다. 이를 보다 못한 피핀이 756년 롬바르드족을 응징하려 또 한 차례의 군사 원정에 나서니, 이번에는 파비아를 함락해버리고 저항 세력까지 모조리 분쇄해버렸다. 그러고는, 예전에는 그러지 못했지만, 프랑크족이 롬바르드족이 점거 중인 라벤나총독령을 빼앗아 이 땅을 로마 총대주교에게 기증했다. 프랑크족의 이 기증으로 로마는 교황령을 탄생시킬 수 있는 토지 기반을 갖게 됐다. 아울러 로마 총대주교가 비잔티움제국의 반대에도 아랑곳 않고 이 땅을 성베드로세습령으로 받아들였다는 것은 곧 로마가 동로마 황제에게 충성하는 일이 더는 없을 것임을 만방에 드러낸 것이었다.

그렇긴 해도 여전히 헷갈리는 부분이 꽤 있다. 당시 사건과 관련된 세부 사항들을 시간이 지난 뒤 나중에 써넣은 게 아닌가 생각이 들 정도다. 사실 이런 작전을 구사하는 데서는 성청聖廳 상서원尙書院이 누구보다 명수였다. 일례로,《교황 인명록》에는 '피핀의 기증the Donation of Peppin'이 756년이 아닌 753년 케르시에서 일어난 일로 돼 있다. 이뿐만이 아니다.《교황 인명록》은 피핀의 기증은 옛날부터 로마가 원래 가지고 있던 재산을 도로 돌려받은 것에 불과하다는 주장을 펼친다. 지금은 만천하가 다 아는 얘기지만, 이 시기 상서원에서는 한창 '콘스탄티누스의 기증Donation of Constantine'이라는 그럴싸한 거짓을 날조해내고 있었다. 15세기에 들어 그것이 날조라는 사실이 밝혀지기 전까지만 해도, 독실한 가톨릭교도들은 로마교회가 정말 피핀의 기증이 있기 400년 전에 최초의 기독교 황제로부터 라벤나총독령을 받은 적이 있다고 철석같이 믿었었다. 그런 정황으로 미루어볼 때, '콘스탄티누스의 기증'이라는 거짓은 '피핀의 기증'이라는 진짜 역사에 더 힘을 실어주려 고의로 날조됐던 것이 아닐까 생각된다. 아울러 피핀은 롬바르드족에게 응징을 가하던 그때 한편에서는 비잔티움인들과 우호관계를 맺었던 것 같다. 물론 프랑크족의 연대기작자 말마따나, 둘의 우호적 관계는 이후 별달리 진전되지 못한 채 그대로 깨졌다는 것 외에는 역사에 이렇다 할 의미를 남기지는 못했다.[29] 비잔티움인들은 프랑크족에게 당연히 라벤나총독령을 되돌려줄 것을 요구했으나, 프랑크족에게서 돌아온 답은 교황에게 이미 땅을 주어버려 어쩔 수 없다는 것뿐이었다. 로마에는 배신을 당하고 프랑크족에게는 마땅히 대적할 힘이 없던 비잔티움인들은 이제 롬바르드족과 공동전선을 모색하는 것 외에는 달리 길이 없었다. ("콘스탄티누스의 기증"은 4세기에 콘스탄티누스 대제가 자신의 나병을 낫게 해준 기적을 보인 교황 실베스테르 1세와 그 후계자에게 로마, 이탈리아, 서방의 속주 등에 대한 주권을 영구히 양도했다고 하는, 위조된 것으로 밝혀진 로마 칙령이다. 이후 이 4세기의 '콘스탄티누스의 기증장(또는 기진장寄進狀)'은 8세기에 만들어진 가짜임이 15세기 르네상스 인문주의자 로렌초 발라Lorenzo Valla에 의해 밝혀졌다. 기증장은, 특히 13세기에, 교황의 권력이 세속의 권력보다 우위에 있음을 주장하는 데 사용됐다.)

역사에서 참 흔하게 일어나는 일 중 하나가 어떤 사건의 장기적 결과는 도무지 예측이 되지 않는다는 것이다. 스테파노 2세가 알프스산맥을 넘어 프랑크족을 찾아갔을 때만 해도, 향후 프랑크족이 이탈리아와 줄곧 연을 끊지 못하게 될 줄은, 아울러 장차 로마 주교가 총대주교의 제1인자 자리인 '교황the Pope'직에 올라 공적 지위를 인정받게 될 줄은 몰랐을 것이다. 거기에 교황은 토지 기반까지 얻어 하나의 어엿한 주권국으로 기능하게 되는 교황령까지 탄생시킨다. 프랑크족과 교황 사이의 동맹관계는 이후 국제정치 무대에서 줄곧 깨지지 않고 그 모습을 드러냈다. 스테파노는 알프스산맥을 넘는 무모한 도전을 감행함으로써 제 손으로 프랑크족과의 단단한 관계를 벼려낸 셈이었고, 이를 계기로 알프스 이북은 알프스 이남의 일들에 줄곧 목소리를 내게 된다. 물론 그렇게 된 가장 큰 원인은 무엇보다 동로마제국이 서방에 미치는 힘이 전에 없이 약해진 데 있기도 했다. 스테파노를 마중 나오려고 부르고뉴까지의 그 먼 길을 내처 말을 타고 달렸던 어린 소년의 머리에 이쯤 되면 내 손으로 직접 제국을 하나 세울 수도 있겠다는 구상이 떠오를 정도로.

메디움MEDIUM

중세, 750년경~1270

5

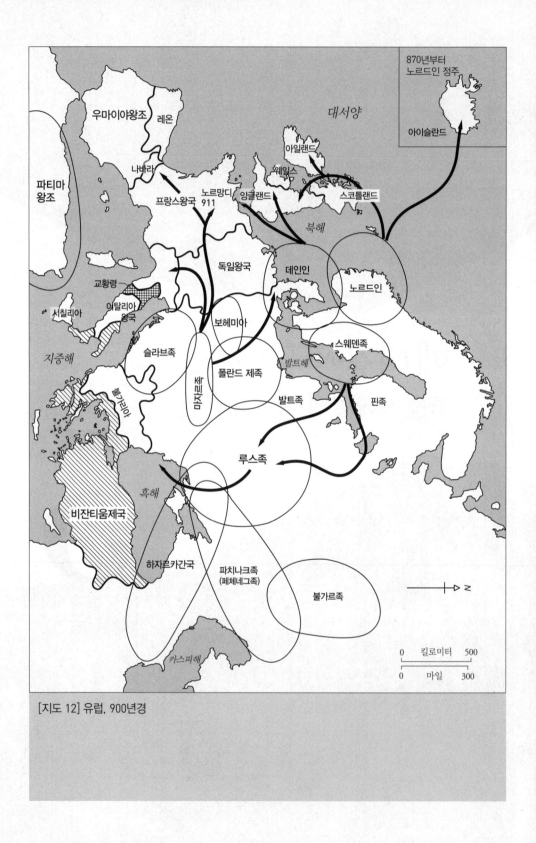

대서양

우마이야왕조   레온

파티마
왕조

나바라

프랑스왕국   노르망디
              911

아이슬란드

아일랜드

웨일스

잉글랜드   스코틀랜드

북해

독일왕국   데인인   노르드인

교황령

서칠리아

이탈리아
왕국

보헤미아

슬라브족

스웨덴족

지중해

마자르족

폴란드 제족

발트해

핀족

불가리아

발트족

루스족

흑해

비잔티움제국

하자르카간국

파치나크족
(페체네그족)

불가르족

카스피해

0   킬로미터   500

0   마일   300

[지도 12] 유럽, 900년경

중 세 세계에 대한 수많은 묘사에서는 움직임이 정지된 듯한 분위기가 감돈다. 이러한 인상은 이 시대의 더딘 기술 변화, 봉건사회의 폐쇄성, 인간 삶에 대한 고정된 신정주의神政主義적 인식 같은 것들이 글에서 주로 강조되는 까닭이다. 중세를 나타내는 가장 기본적인 상징은 굼뜬 말 위에 올라탄 갑옷 입은 기사, 영주들의 사유지에 묶여 있는 농노, 속세와 담을 쌓고 수도원에 들어앉아 기도를 올리는 수도사와 수녀 등이다. 이런 모습들은 신체적 부동성不動性, immobility, 사회적부동성, 지적 부동성을 대변하기 시작했다.

메디움 아이붐medium aevum 곧 "중세the Middle Age"라는 말을 처음 사용한 것은 독실한 기독교도들로, 이들은 자신들이 살아가는 당대가 그리스도의 초림과 재림 사이에 끼어 있다는 뜻에서 그런 말을 썼다. 이 말이 다양한 용도로 쓰이게 된 것은 훨씬 후대에 들어서였다. 르네상스 시대 학자들은 15세기에 접어들며, 고대가 쇠락하고 자신들 시대에 고전문화가 부흥하는 중간 시기를 "중세"라고 말하기 시작했다. 그들이 보기에는 고대 세계야말로 고차원 문명의 상징이었다. 그에 반해 중세는 야만성, 지방주의parochialism, 종교적 편협성에 빠지며 그 급이 더 내려앉은 시대였다. 인간 이성의 덕목들이 신앙의 덕목들보다 더 훌륭한 것으로 공공연히 찬양받던 계몽주의 시대에는 '중세주의Medievalism' 모호함이나 퇴보와 동의어가 됐다. 물론 그 이후로는 중세에 이어 '근대'까지 역사의 뒤안길로 사라지면서 다시금 새 용어들이 만들어져 시간의 경과가 표시돼야 했다. 중세는 이제 유럽사를 고대, 중세, 근대, 현대의 네 부분으로 나누는 관습 안에 확실히 자리를 꿰찼다. 중세 자체 역시 관례상 초기the early, 성기the high, 후기the late의 세 국면으로 나뉠 때가 많으며, 그에 따라 연속적인 중세가 창출됐다. 후대 역사학자들이 "중세인"이라고 일컫는 사람들은 나중에 가서 자신들에게 그런 이름이 붙으리라고는 추호도 생각지 못했다.

유감스럽게도, 고대 세계가 끝나는 지점이나 근대 세계가 시작하는 지점을 표시해주는 명확한 선은 존재하지 않는다. 중세는 그 시작점을 콘스탄티누스의 개종 이후의 어느 지점에나 잡을 수 있었다. 중세의 끝점도 1453년, 1493년, 1517년 등 다양하며, 심지어 봉건제가 중세의 시금석이라는 기준을 가진 사람들은 1917년을 중세가 끝나는 시점으로 잡기도 한다. 따라서 중세를 연구하는 학자라면 누구나 자신들의 연구 주제를 규정짓는 표제가 썩 만족스럽지 못하다는 데 아마 동의할 것이다. 아울러 서유럽에 대한 지식에만 한정해 자신들의 논지를 전개시키는 이들도 많은바, 이런 부류는 중세 초기 국면의 파괴적 경향과 중세 후기 국면의 건설적 경향 사이의 대조적 모습을 주로 강조한다. 이 도식에 따르면, 5세기에서 11세기까지의 '암흑시대the Dark Ages'에는 로마 세계가 점진적으로 해체된 것이 주된 특징이었다. 그러다 '12세기의 르네상스the twelfth-century renaissance'를 맞으며 일종의 전환점을 맞게 되고, '성기' 중세 문명의 절정기가 찾아온 것은 13세기에서 14세기였다. 그러나 이와 같은 식의 구분은 동방과는 거의 아무 연관도 갖지 못하니, 동방에도 1453년까지 분명 로마제국이 살아남아 있었지만 서방에서 말하는 그런 '르네상스'는 단 한 번도 경험하지 못했다.

그러나 중세 세계의 통합적 특성을 조직화된 기독교에서 찾을 수 있다고 하는 데에는 대부분이 동의할 것이다. 이 부분에서는 학자들도 자신들이 중세인과 다르지 않다고 느낄 것이다. 중세 유럽인들에게 당신들이 누구냐고 묻는다면, 그들 역시 자신들은 지구상의 기독교 땅에서 기독교의 시대를 살아가는 기독교도들이라고 여겼을 테니까. 그렇긴 해도 기독교왕국이라는 개념 자체가 워낙 탄력적이었다. 기독교왕국은 이슬람과의 전쟁을 비롯한 이교도와의 대결에 응답하며 그 규모가 수 세기에 걸쳐 줄어들고 늘어나기를 반복했다. 요컨대 기독교왕국은 '유럽' 반도와 그 경계가 정확히 일치하지는 않았다. 753년 스테파노 2세가 알프스산맥을 넘을 당시 세상에 알려진 기독교왕국만 해도 1453년 튀르크족이 콘스탄티노폴리스의 성벽을 기어오를 때 세상에 알려진 기독교왕국과는 사뭇 달랐다.

로마제국이 쇠락하면서 생겨난 공백은 이후 기독교왕국에 대한 인식이 성장하면서 메워지게 되는데, 이때 기독교왕국은 단순히 종교 공동체만이 아닌 일관된 정치 공동체이기도 했다. 로마제국은 끝내 사멸하고 말았으나, 로마제국이 믿은 종교는 승세를 떨쳤다. 기독교 신앙의 영적, 세속적 지도자들이 서서히 카이사르의 망토를 몸에 걸치기에 이른 것이다. 제국이 먼저 허물어진 서방 땅에서, 라틴교회와 가톨릭 황제의 공동 권위에 입각한 새 질서를 처음 구상한 것도 다름 아닌 로마의 주교였다. 토머스 홉스는 《리바이어던》에서 다음과 같이 쓴다. "교황의 직은, 왕관을 쓴 채 그 무덤 위에 걸터앉아 있는, 이미 저 세상으로 간 로마제국의 유령일 뿐이다."[1] 이 교황이 택한 수단은 새로운 카이사르 곧 독일의 '카이저Kaiser'(황제)였다. 로마제국이 훨씬 더 오래 명맥을 이어간 동방에서는, 한참을 더 기다려, 그리스정교회와 새 정교회 황제가 가진 권위를 기반으로 한, 모스크바에 카이사르(차르Tsar)가 등장하고서야 로마제국을 대체할 질서가 그 개념을 정립했다.

이런 견지에 비춰봤을 때 즉 기독교왕국이 새 황제체제로 재정비되는 과정이 중세의 핵심

주제라고 하면, 하나의 명확한 연대순 틀이 생겨나게 된다. 그 첫 단계는 800년의 크리스마스에 있었던 샤를마뉴[카롤루스]의 대관식에서 찾을 수 있으며, 마지막 단계는 1493년 모스크바대공국 대공 이반 3세가 차르를 자신의 칭호로 삼기로 확정한 데서 찾을 수 있다.

그러나 점점 성장해가던 기독교왕국 공동체는 초창기 단계부터 사분오열을 면치 못했다. 라틴교회와 그리스정교회는 기본 믿음은 하나부터 열까지 똑같이 나누어 갖고도 서로를 경원시하는 일이 잦았다. 그 어느 쪽에도 서지 않은 관찰자의 입장에서는, 무슬림 세계의 시아파와 수니파처럼 이 둘이 그저 똑같은 신앙에서 갈라져 나온 두 변종처럼 보일지 모르지만, 그 둘은 자신들의 공통점보다는 차이점을 더 의식하곤 했다. 기원후 제1천년기[기원후 1~기원후 1000] 동안에 두 교회는 허울이리도 최소한 둘이 하니인 듯한 외앙을 유지해나갔다. 그러다 제2천년기[1001~2000]에 들어서면서 이 허울마저 내던졌다. 1054년의 [동서 교회] 대분열 이후 오래된 라틴교회와 그리스정교회 사이의 틈은 더욱 벌어졌다. 기독교왕국의 토대도 얼마든 움직일 수 있다는 사실이 입증되는 대목이었다.

;

750~1054년

새 정치질서에 확신을 못하던 생각들은, 8세기부터 줄곧 기독교왕국 변두리 너머에서 이어지는 약탈에 자극을 받아 비로소 군건해졌다. 800년의 샤를마뉴 제국 건국, 962년의 신성로마제국 건국, 종국의 모스크바에서 차르국Tsardom 건국은 모두 바이킹, 마자르족, 몽골족, 튀르크족의 활동과 연계해서 살펴봐야만 그 전모를 이해할 수 있다.

이 무렵 바이킹, 이른바 "북방인Northman"들은 200년 넘게 북부 해안가를 쑥대밭으로 만들고 있었다. 바이킹은 스칸디나비아반도의 벽지 피오르의 인구과잉 때문에 생겨난 무리로, 바이킹의 일명 "노잡이rowman"들이 자신들의 좁고 긴 배longship를 타고 바다를 다니며 약탈을 일삼고, 장사를 하고, 용병으로 복무하기도 하고, 순전히 모험을 즐기기도 했다. 700년경 이후부터는 바이킹의 여러 무리가 브리튼제도와 프리지아의 외딴 정주지를 습격해 들어가더니, 이후로는 한 철이 끝나야 다시 고향으로 항해해갔다. 이들은 793년에는 [잉글랜드 북동부 노섬블랜드주 해안의] 린디스판을, 795년에는 아이오나섬을 약탈했다. [아이오나] 9세기 중반 이후로는 보다 장기전을 치르며 약탈을 벌일 목적으로 대규모 바이킹 야영지가 세워져 기지로 이용됐다. 야영지 중 몇 개는 나중에 영구 정주지로 자리 잡았다. 예를 들어, 덴마크 바이킹은 센강 하구에 그런 '대군大軍, great army'을 하나 창설하고는, 그곳을 근거지 삼아 방비가 허술한 북부 프랑스의 도시들을 연거푸 약탈했다. 이들은 루앙과 낭트 같은 항구를 점령하는가 하면, 배를 타고 포르투갈(844), 발레아레스제도, 더 멀리로는 프로방스와 토스카나(859~862)까지 진출하기도 했다. 851

년에는 잉글랜드를 침공해 동쪽 땅 전역으로 퍼져나갔다. 866년 이후부터는 노섬브리아에서 이스트앵글리아에 이르는 지역에 '데인로'가 설치됐다. 이로써 앵글로-색슨족과 데인인 사이에 벌어진 사투가 잉글랜드의 다음 150년 역사를 주로 장식하게 된다. 또 전승에 의하면, 911년에는 센강의 북방인들이 롤로의 통솔하에 정착했고, 바로 여기서 '노르망디'가 생겨났다.

노르웨이 바이킹들은 외곽의 섬들에 몰려 들어와 있었다. 8세기 들어 이들은 오크니제도와 셰틀랜드제도를 점유한 데 이어, 9세기에는 페로제도, 헤브리디스제도, 아일랜드 동부까지 차지했다. 노르웨이 바이킹들의 주요 식민지였던 아이슬란드에 정착촌이 들어선 것은 874년 이후부터다. 더블린은 988년에 세워졌다. 아울러 이들은 그린란드도 발견하는데, 붉은 〔머리〕 에이리크의 통솔하에 배를 타고 북아메리카까지(이 땅을 그들은 빈란드라고 불렀다) 항해해갔다는 설은 십중팔구 사실일 것이다. 〔에이리크〕 스웨덴의 바이킹도 발트해 전역을 누볐다. 이들은 오데르강의 볼린섬, 비스와강의 토르소, 노브고르드에 요새화된 야영지를 건설하고는, 그곳을 근거 삼아 리가만이나 핀란드만의 강 유역들로 침투해 들어갔다. 9세기에는 발트해와 흑해 사이 육상로를 손에 넣었다. 바랑인〔바랑기아인〕으로도 통했던 이들은 드니프로〔드네프르〕강을 장악하는가 하면, 콘스탄티노폴리스에도 그 모습을 드러냈다. 〔디르함〕 〔푸타르크〕

최종 시기에 접어들어서는 바이킹 출신 모험가들이 자신들이 선택한 나라의 문화를 외양만이라도 어설프게 습득해 새 정치체를 다수 탄생시켰다. 바랑인 류리크Rurik와 그의 아들들은 860년경~880년에 노브고로드와 키이우〔키예프〕에 최초로 동슬라브족 공국을 세워 오래도록 유지해나갔다. 데인인 크누트(크누트 대왕)는 광대한 북해 제국의 군주로 잉글랜드(재위 1016~1035)를 차지해 덴마크(재위 1018~1035)와 함께 다스렸다. 노르만족 출신인 로베르 기스카르는 1059년 배를 타고 이탈리아 남부로 향했다(446쪽 참조). 노르망디 공작 서자 윌리엄(윌리엄 1세)은 1066년에 잉글랜드왕국을 정복했다(450쪽 참조). 이후 노르만족의 통치는 노르망디에서보다도 시칠리아 및 잉글랜드에서 더 오래 지속된다. 〔딩〕

마자르족은 중부 유럽 땅을 개척해 들어간 최후의 유목민이었다. 핀-우그리아어족 중에서도 우그리아 지파의 후손으로 이들이 요람지로 삼고 살아간 곳은 이르티시강과 오브강 유역이라고 알려져 있다. 함께 지내던 친척뻘인 핀족과 갈라진 것이 기원전 제3천년기〔기원전 3000~기원전 2001〕의 일이었다. 이후 마자르족은 남부의 스텝지대에서 줄지어 농장을 조성해 살면서 유목 생활에 적응해나가니, 처음에는 카마강과 우랄강 사이에, 나중에는 아조프해 북부의 '레베디아'에 정주했다가, 종국에는 드니프로강과 드네스트르강 사이의 에텔쾨즈Etelköz 곧 메소포타미아mesopotamia("강과 강 사이의 땅"이라는 뜻이다)에 눌러앉았다(부록 1583쪽 참조). 기원후 제1천년기에 유럽의 스텝지대에는 마자르족과 함께 스키타이족, 사르마티아족, 알란족, 불가르족, 하자르족, 우즈족, 페체네그족〔파치나크족〕도 이웃해 살아갔다. 마자르족은 이미 일곱 개 부족으로 나

디르함 DIRHAM

■ 922년 5월 12일. 대상隊商 행렬이 볼가강 유역
■ 의 불가르족 도시 수바르에 도착했다. 카스피해
연안의 항구도시 주르잔에서부터 석 달 넘게 걸린 여
정이었다. 행렬을 이끈 아라비아인 상인 이븐 파들란
Ibn Fadlhān은 여행기를 남겼다.[1] 이것은 중앙아시아
아라비아인 국가들과 동유럽 사이에 500년 동안 이뤄
진 상업적 교류의 역사에서 하나의 작은 사건에 불과
하다. 이븐 파들란은 모피를 사기 위해 그곳에 갔다.
그러니 틀림없이 물건값으로 치를 상당히 많은 양의
디르함을 갖고 갔을 것이다.

디르함(또는 디르헴dirhem)은 2.97그램의 순은으로 만든
주화로 디나르dinar의 10분의 1의 가치다. 디르함 은
화는 북아프리카와 중앙아시아 여러 왕조에서 주조됐
다. 또한 지역 동전주조소들이 생겨나기 이전 시대에
동유럽 지역에서 표준 화폐로 사용됐다. 디르함 비장
秘藏, hoard이 유럽 쪽 러시아, 우크라이나, 벨라루스,
발트 삼국(에스토니아, 라트비아, 리투아니아), 스웨덴, 폴
란드 북부 등지에서 발견됐다. 그중 가장 큰 것에는 5
만 개 이상의 은화가 들어 있었다. 불안정한 시대에 주
인이 땅에 숨긴 은화들이 그대로 묻혀 있다가 현대 고
고학자와 보물 사냥꾼에게 발견되기도 했다. 어느 발
굴지에서든 가장 양호한 상태의 동전을 토대로 제조
연대를 꽤 정확히 추정할 수 있다.

이와 같은 디르함 비장을 분석하면 뚜렷한 특징의 4개
시기가 드러난다. 첫 번째 시기인 800년경~825년의
것들은 대부분 북아프리카에서 나온 아바스왕조의 디
르함이다. 이는 하자르족과 아라비아인이 지중해를 통
해 교역했을 가능성을 시사한다. [하자리아] 두 번째 시
기인 825~905년의 것들에서는 북아프리카 은화들이
사라지고 그 대신 중앙아시아 은화들이 등장한다. 세
번째 시기인 905~960년의 은화는 대부분 여전히 사
만왕조 때의 것이지만 부와이왕조와 지야르왕조 때의
것도 꽤 있다(사만, 부와이 또는 부야, 지야르 세 왕조 모두

이슬람 왕조다).[2]

바이킹 시대에 스웨덴 바이킹이 발트해와 드니프로강
일대를 장악했을 당시 북방 지역 전역에서 디르함이
통용됐다. [푸타르크] [루스] 스웨덴, 특히 고틀란드섬에
서 이 은화와 관련된 중요 유물이 발굴됐다.[3] 이븐 파
들란이 일단의 스웨덴 사람을 만난 경험을 묘사한 기
록에서도 알 수 있듯, 디르함 소유량은 지위나 힘의
과시와 직결되는 문제였다.

"나는 볼가강 옆에서 야영하는 스웨덴쪽 사람들을
보았다. 그렇게 위풍당당한 사람들은 이제껏 본 적이
없다. 그들은 야자나무만큼이나 키가 크고 혈색 좋은
불그레한 뺨에 붉은 머리칼을 가졌다. 커틀kirtle이나
카프탄caftan은 입지 않았지만, 남자들은 몸 한쪽으로
늘어뜨리는 투박한 망토를 길쳐 양손을 자유롭게 쓸
수 있었다. [⋯]
여자들은 남편의 부富에 따라 철, 구리, 은, 또는
금으로 만든 작은 통을 가슴에 붙이고 있었다. 통에는
반지가 들어 있고 옆에 작은 칼이 붙어 있다. [⋯]
목에는 금과 은으로 된 목걸이를 했다. 1만 디르함을
가진 남자의 아내는 목걸이가 한 줄이다. 2만 디르함을
가진 남자의 아내는 목걸이가 두 줄이다. 즉 남자의
재산이 1만 디르함 늘어날 때마다 아내의 목걸이가 한
줄씩 늘어난다."[4]

동유럽의 아라비아 은 수입은 10세기 후반 불안정해
지다가 11세기 초반에는 완전히 중단됐다. 스웨덴에
서 발견된 사만왕조 디르함 중 가장 최근 것의 연대는
969년이고, 러시아에서 발견된 것의 연대는 1015년이
다. 이는 중앙아시아에서 발생한 '은 위기silver crisis'
때문으로 여겨지곤 했다. 다른 요인들도 작용했다. 루
스족이 스웨덴으로 아라비아 은을 재수출하는 것이
끝나던 시기에 서유럽에서 드니에르denier 은화가 등
장한 것이다. 11세기가 끝날 무렵 아라비아 은화는 새
주화로 완전히 대체됐다. 상세한 과정은 알기 어렵지

넌 상태였다(네크, 쿠르트자르마트, 타르얀, 예뇌, 케르, 케지, 마자르)—나중에 가서야 이 일곱 부족 모두에게 마자르족이라는 이름이 쓰이게 됐다. 비잔티움제국의 사료에는 이들이 흑해의 항구를 통해 노예무역을 했다고 전한다.

마자르족이 결정적 행보를 내딛은 9세기 말이었다. 그때까지 스텝지대의 제 민족 사이는 수십 년간 조용할 날이 없었다. 한번은 아라비아인이 들어와 우지족을 흩어지게 하고는 소떼를 훔쳐갔다. 그러자 그와 똑같은 행태를 우지족이 페체네그족에게 행했다. 894년에는 페체네그족이 불가르족 차르와 한패가 돼 마자르족을 치고 들어왔다. 마자르족 자신들의 말로 혼포글라시 honfoglalás(조국 정복)의 시간이 찾아온 것이었다. 이웃 민족들의 기세에 완전히 눌린 마자르족은 서쪽으로 이주하기로 결정한다. 얼마 전 프랑크족 군대와 비잔티움제국 군대에 복무한 마자르족 기마병도 에텔쾨즈로 돌아가지 않았다. 그 대신 아르파드Árpád가 선봉에 서서 길게 줄지은 자신들 민족들을 이끌고 카르파티아산맥의 베레케고개를 넘었다. 이것이 아무리 늦어도 895년 봄의 일이었다. 이후 2만 명의 전사와 40만 명의 부족민은 '헝가리' 평원에 들어와 그곳에 마자르족의 나라를 세웠다. [처버] [샤먼]

몽골족은 이제까지 세워진 유목 제국 중 가장 거대한 땅을 장악했다. 중앙아시아의 불모의 스텝지대를 근거지로 삼은 이들은 국운이 쇠하기도 하고 흥하기도 했으나, 두 차례에 걸쳐 서방 정세에 직접적 영향을 끼쳤다. 칭기스 칸(재위 1206~1227)은, 카라코룸에서 그 세를 키워 결국에는 태평양에서 흑해, 한국에서 크름반도(크림반도)에 걸친 땅을 정복해냈다(480쪽 참조). 몽골제국을 일신한 티무르Timur(혹은 태멀레인Tamerlane, 1336~1405)는 사마르칸트에서 세를 키워 보다 남쪽의 델리에서 에게해에 이르는 지역에까지 힘을 떨쳤다. 그 방식은 간접적이었으나, 중앙아시아의 또 다른 민족을 움직이게 만든 것이 바로 이들 몽골족이었다. 튀르크족은 원래 투르키스탄에 터 잡고 살던 민족으로, 8세기에 쫓겨났으나 튀르크족과 연관이 있는 민족들은 아직도 이 지방에서 살아가고 있다. 튀르크족은 이후 서방의 지평선에 그 모습을 드러내게 되는바, 11세기에 셀주크튀르크족으로 역사에 등장했다가(440, 442쪽 참조) 이후 13세기에 가서 오스만튀르크족으로 재등장한다(507쪽 참조). 튀르크족의 장대한 방랑의 이야기는, 서방에서 샤를마뉴 통치가 시작돼 십자군 전쟁이 끝날 때까지의 사이에 낀 긴 시간을 아우른다.

샤를마뉴 제국은 로마 교황과 흥기하는 프랑크족 왕국 사이의 동맹관계를 완성시켰다. 이 동맹은 얼마나 오래갈지는 알 수 없었는데, 동맹관계는 그것을 이룬 사람이 세상을 떠나면 깨

딩 DING

■
■ 고대 로마 역사가 타키투스는 민중의회를 여는 게르만 부족들의 관습을 설명한 바 있다. 그런 회의는 선사시대부터 있었던 것이 거의 틀림없다. 역사적으로 기록된 가장 오래된 민중의회는 9세기의 《(성聖)안스가르의 전설Legend of Ansgar》이라는 기록물에 등장하는 딩이다. 딩은 스웨덴 비에르셰섬의 비르카에서 열렸다. 이와 유사한 의회제도가 비슷한 시기 넨마크에도 있었다.

아이슬란드 의회 알팅그(알싱)Althing는 930년 팅크베틀리르(팅벨리르, 싱벨리르)Thingvellir에 있는 호수 옆의 법률바위Law Rock 밑에서 처음 열렸다. 이후 알팅그는 해마다 '여름 10주가 끝난 시점'에 열렸고, 여기에는 36명의 족장 및 그들이 선택한 대표인 팅맨thingman들이 참석했으며 이들이 법률암송가Lawspeaker를 선출했다. 알팅그는 1130년부터 다수결의 원칙을 채택했으며, 판사들을 임명하고, 법률을 제정하고, 법률 집행 결정을 내렸다. 매년 알팅그가 열리기 전 5월에 아이슬란드를 구성하는 4개 지역의 파르팅그farthing(지역의회)가 열렸고, 알팅그가 끝난 후에는 레이드leid라는 집회를 통해 알팅그에서 내려진 결정을 일반 주민들에게 알렸다. 알팅그는 '자유국가' 아이슬란드의 핵심 제도였으며, 1264년 '구 조약Old Treaty' 체결로 아이슬란드가 노르웨이에 합병될 때까지 존속했다.[1]

페로제도의 의회와 유사한 맨섬의 의회 틴월드Tynwald도 위와 비슷한 시기부터 내려온 제도다. [페로]

북유럽 민주정치에서는 지역의회의 역할을 특히 강조했다. 스웨덴에는 전국의 12개 관할구역마다 아이슬란드의 파르팅그와 비슷한 딩이 있었다. 덴마크에는 3개의 란들링landling이 있었고 노르웨이에는 뢰그팅lögthing이 있었다. 아이슬란드에서는 가장 하위 단계의 히에파르hieppar(농부들의 집회)가 11세기부터 19세기까지 운영됐다. 이와 같은 전통은 북유럽 국가 왕들의 권한을 크게 견제했고 스칸디나비아반도의 정치적 연합을 방해했나. 칼마르동맹(1397~1523)으로 마침내 북유럽 국가연합체가 탄생(562쪽 참조)했으나 각국 왕실 사이 관계 때문에 동맹은 오래가지 못했다. 1282년 덴마크 왕 에리크 글리핑Erik Glipping(에리크 클리핑 Eric Klipping, 에리크 5세)이 마지못해 채택한 권리헌장 The Charter of Rights과 1319년 스웨덴에서 채택된 유사한 헌장에는 잉글랜드의 마그나카르타(1215)보다 더 광범위하게 왕권을 제한하는 내용이 담겼다. 이 모두는 북유럽의 오래된 정치적 문화에 뿌리를 두고 있었다.[2]

북유럽 민주정치의 영향력은 스칸디나비아에만 국한되지 않았다. 그것은 잉글랜드, 스코틀랜드, 노브고로드 등 바이킹의 발길이 닿은 모든 곳에 영향을 끼쳤다. 그리고 반란을 일으킬 합법적 권리가 뿌리 내린 폴란드에도 영향을 준 것이 분명하다(724쪽 참조). 비록 스칸디나비아 국가들은 훗날 전제군주제의 시대를 맞게 되지만, 오늘날 이 지역에 입헌주의와 대의정치 제도가 굳게 자리 잡은 것은 한편으론 위에서 언급한 지역 민주정치의 전통 덕분인지도 모른다.

지기 일쑤인 데다 1세기도 안 돼 동맹이 흐지부지되기도 했기 때문이다. 그러나 이런 상황에서도 둘사이 동맹이 끼친 여파는 엄청났다. 샤를 대제Charles the Great(카롤루스 마그누스Carolus Magnus, 재위 768~814)는 샤를 마르텔의 손자로, 네우스트리아와 아우스트라시아의 둘로 쪼개진 선조들 땅 곧 대서양에서부터 도나우강, 네덜란드에서부터 프로방스에 이르는 광대한 영역에 걸쳐 있었던 땅을 하나로 통일시켰다. 평생을 말안장 위에 걸터앉아 총 53차례의 전쟁을 치

른 끝에, 그 광대한 땅을 사방으로 더 넓히는 데 성공한 것이다. 알프스산맥 이남의 롬바르드왕국(773~774), 작센(775~804), 바이에른(788), 카린티아(799)는 물론, 브리튼변경백(786), 피레네산맥 너머의 스페인변경백(795~797)까지 샤를의 수중에 들어왔다. 샤를은 '프랑크족과 롬바르드족의 왕'이라는 칭호를 받은 동시에 교황이 관할하는 라벤나 지방의 태수로부터 인가까지 받은 만큼, 그쯤엔 당대에 자신과 경쟁관계에 있던 우두머리는 다 제친 것이 분명했고, 따라서 자신의 지위에 걸맞은 인정을 받을 수 있기를 바라고 있었다. 한편 로마 교황 입장에서는 그쯤 콘스탄티노폴리스 황제와의 관계가 완전히 끊어져 자신을 끝까지 지켜줄 보호자를 찾고 있는 상황이었다. 교황 레오 3세(재위 795~816)는 병적인 이레네 황후가 콘스탄티노폴리스에서 단독 통치자의 권력을 탈취하는 것을 보고는 황제의 직쯤은 빈껍데기로 여기고픈 마음이 컸다. 게다가 로마에서 전임 교황의 일가친척 무리가 그를 반신불수로 만들려고 공격하는 일이 벌어지며 부득이하게 샤를과 함께 프랑크족의 땅으로 피신하지 않을 수 없었으니, 일찍이 레오 3세는 프랑크왕국에 성 베드로의 〔무덤의〕 열쇠와 로마의 기旗를 보낸 바 있었다. [브리]

샤를마뉴의 초창기 재위 이후에도, 프랑크족의 땅 서쪽 국경에서는 이렇다 할 분란이 일지 않았다. 피레네산맥의 경계는 무슬림의 수차례 대규모 급습에도 잘 지켜졌으며(345쪽 참조), 칼리프조는 재물도 넉넉하고 인구도 많았으나 자신들이 차지한 나라들 안에서 일어난 내분을 수습하느라 정신이 없었다. 프랑크족의 입지는 동맹들을 통해 더 굳건해질 수 있었으며, 그중에서도 기독교도 제후들이 이베리아 북부의 해안지대를 끝까지 틀어쥐고 지켜내는 역할을 했으니, 초반에는 아스투리아스왕국이 그러했고, 나중에는 레온왕국, 카스티야왕국, 나바라왕국이 그러했다. 또한 남쪽 방향에서는 아라곤왕국과 바르셀로나백작령에 뿌리를 둔 기독교 완충국들이 프랑크족 땅을 지켜주었다. 이렇듯 서쪽 땅이 비교적 안전하게 지켜진 덕에, 샤를마뉴를 비롯한 그의 후계자들은 다른 데의 문제들, 특히 프랑크족 땅 동부와 이탈리아 문제들에 눈을 돌릴 수 있었다. [성모마리아]

프랑크족-교황 간 동맹이 완전히 구색을 갖춘 것은 샤를이 이탈리아로 다섯 번째 순행을 떠난 800년의 일이었다. 교회 유력자들 회의에서 레오 3세가 저지른 모든 죄를 사한 이후 열린 크리스마스 미사에서, 성 베드로의 무덤 앞에서 무릎 꿇고 기도를 드린 후 막 일어서려는 샤를의 머리 위에 교황 레오 3세가 슬며시 황제의 관을 얹었다. 그 자리에 모여 있던 신도들은 그를 '카이사르'이자 '아우구스투스'라 부르며 환호했고, 교황도 샤를 앞에서 무릎을 꿇고 황제에 대한 예를 갖췄다. 샤를마뉴의 전기작가 아인하르트Einhard는 이 대관식이 즉석에서 마련된 것이라고 주장한다. 그러나 십중팔구 이 대관식은 사전에 치밀하게 기획된 행사였을 것으로 보인다. 당시 교황 레오에게는 황제의 직을 수여할 권리가 명실공히 없었으며, 샤를마뉴에게도 그런 직위를 받을 권리가 없었다. 하지만 어쨌든 대관식은 이루어져 샤를마뉴가 황제의 관을 머리에 얹었

브리 BRIE

■ 샤를마뉴는 774년 롬바르드족과의 전쟁에서 귀
■ 환하던 길에 브리고원에서 잠시 쉬었다. 이때 인근 모수도원Abbey of Meaux의 수사들이 그에게 사순절 치즈를 한 접시 대접했다. 그들은 치즈의 딱딱한 표면을 벗기지 말고 겉껍질째 먹으라고 권했다. 브리 치즈의 맛에 크게 만족한 샤를마뉴는 해마다 치즈 두 묶음을 아헨으로 보내라고 지시했다. 샤를마뉴의 측근 겸 고문 아인하르트Einhard가 남긴 기록에 따르면, 그로부터 4년 후 이슬람 세력과 전쟁을 하던 시기에도 비슷한 일이 있었다. 샤를마뉴 왕은 프랑스 남부 루에르그 지방에 들렀다가, 로마 시대부터 로크포르의 석회암 동굴에서 숙성시켜 만들어온 푸른색 양유羊乳 치즈를 맛보고 단번에 반했다.[1]

샤를마뉴는 고급 치즈 못지않게 고급 포도주도 즐겼다. 그는 알록스 코르통의 부르고뉴 포도원에 많은 사유지를 소유하고 있었다. 알록스 코르통에서 생산되는 최고급 그랑크뤼Grand Cru 화이트와인은 '계피 향과 부싯돌 맛이 나며' 지금도 코르통-샤를마뉴CORTON-CHARLEMAGNE라는 이름으로 판매된다.[2] 프랑스의 500여 종의 치즈 중 하나인 브리드모Brie de Meaux는 초기 수도원 농경 시대부터 만들어졌다. 우유에 응고 효소를 넣어 만든 커드curd(응유凝乳)를 짚이 깔린 납작한 틀에 담은 후 비스듬히 기운 돌 선반에 올려 유청乳淸(젖을 가만히 놓아두었을 때 생기는 노르스름한 물)이 빠지게 둔다. 24시간이 지나면 다른 용기로 옮긴 후 표면에 소금을 뿌리고 건조시키되 자주 뒤집어준다. 4~7주간 저장고에서 숙성시킨다. 완성된 브리드모는 보통 지름 37센티미터에 두께 3.5센티미터, 무게 3킬로그램이다. 이 정도 크기를 만들려면 전유全乳(지방을 빼지 아니한 자연 상태의 우유) 23리터가 필요한데 이왕이면 노르망디 지방의 암소에서 짠 우유면 더 좋다. 이 치즈는 황금색과 장미색이 섞인 표면과 단단한 연황색 덩어리로, 안쪽에는 촉촉하고 부드러운 아이보리색 얌âme(문자적 의미로는 "영혼")을 품고 있다. 껍질이 바삭한 빵을 얇게 썰어 사이에 넣어 먹어야 제맛이다.

수 세기 동안 브리 치즈는 마른강을 통해 파리로 공급됐으며 거리 상인들이 "프로마주 드 브리Fromage de Brye"("브리 치즈")라고 외치며 팔았다. 브리는 샤를 8세(재위 1483~1498)와 앙리 4세(재위 1589~1610)도 사랑한 치즈였다. 한편 루이 16세(재위 1774~1792)의 목숨을 앗아간 치즈이기도 했다. 루이 16세가 외국으로 도망치는 길에 바렌의 여인숙에서 브리를 먹기 위해 지체하다가 붙잡혔기 때문이다. 브리는 빈회의(1814~1815)에서 국제적으로 유명해졌는데, 이때 [오스트리아 외상] 클레멘스 폰 메테르니히는 브리를 "치즈의 왕le prince des fromages"이라고 칭송하면서 "탈레랑이 결코 배신하지 않을 유일한 왕"이라고 말했다. [샤를 모리스 드 탈레랑Charles Maurice de Talleyrand은 프랑스의 정치가(1754~1838)로 프랑스혁명과 나폴레옹전쟁 이후 유럽의 사태 처리를 의제로 열린 빈회의에 패전국 프랑스의 대표로 참석해 정통주의를 내세워 프랑스의 이익을 옹호한 인물이다.]

유럽공동체EC의 공동농업정책Common Agricultural Policy, CAP은 사실상 전통 농가의 치즈를 죽이다시피 하고 있다. 1985년에 AOC(아펠라시옹 도리진 콩트롤레 Appellation d'Origine Contrôlée, 원산지통제명칭) 인증을 받은 브리는 약 6000톤 생산된 데 비해 공장에서 만든 '형편없는' 브리는 1만 8000톤 이상 생산됐다.

프랑스혁명기의 공포정치로 모수도원의 많은 수사가 목숨을 잃었던 1792년 8월, 고베르Gobert라는 이름의 성직자가 잉글랜드로 도망가던 도중 노르망디에 닿았다. 고베르는 비무티에(오른) 근처의 한 마을에 오래 머물면서 농부의 아내에게 자신의 치즈 제조 비법을 알려주었다. 그 마을의 이름이 '카망베르Camembert'였다.[3]

다. 그렇게 해서 이후 서방에는 비잔티움제국과는 관계없이 따로 가톨릭 신자 황제가 존재하게 됐다. 이로써 게르만족의 프랑크왕국은 그 격이 한 차원 높아졌으니, 프랑크족이 교황에게 기대어 새 지위를 차지하게 된 셈이었다(부록 1581쪽 참조). [아퀼라] [파페사]

샤를마뉴의 왕국 및 제국은 한 지역에서 다음 지역으로 끊임없이 이동한 순행 궁정itinerant court을 통해 통치됐다(이와 같은 통치 방법을 "순행 군주권itinerant kingship"이라고 한다). 네우스트리아·아키텐·롬바르디아에는 하급의 궁정이 구성됐고, 약 300개로 추산되는 (일종의) 백작령comitates, countries도 그물망처럼 형성돼 있었는바, 이것들은 황제의 대리나 '백작count'들이 제각기 하나씩 맡아 이끌어나갔다. 황제의 궁정 업무는 일단의 성직자로부터 감시를 받도록 해서, 초반에는 대사제 풀라드가 나중에는 노섬브리아의 수도사 앨퀸이 그 소임을 맡았다. 지방의 주교들은 종종 백작들을 감독했고, 미시 도미니키missi dominici 곧 왕실 특사(일종의 어사御使)들은 정해진 경로를 순행·감찰했다. 이때에는 법과 질서를 집행하는 일과 모든 직위에 대한 임명이 왕의 이름으로 집행됐다. 중앙에서 발행하는 은화도 도입됐는바, 240데나리우스가 1파운드와 맞먹었다. 국제사회를 이끌어가는 중진 계급은 왕의 신임을 얻거나 서로 간 혼인을 통해 하나의 세력을 형성한 계층을 출현시키기에 이른다. 법령 모음집을 만들어 교회와 국가 모두를 일률적으로 통치하려는 노력도 이뤄졌다. 십일조는 의무가 됐다. 사제를 죽인 자는 사형에 처해졌다. 성직자는 오직 백작과 주교가 공동으로 여는 법정에서만 재판받을 수 있었다. 이교도식 화장火葬은 금지됐다. 이러한 사실들만 보면 이 무렵에 중앙집권화된 새 정치질서가 생겨나는 중이었다는 생각이 들 만도 하다. 그러나 현실에서는 각 지방에서 통용되는 관습들과 그 지방을 다스리는 유력자들이 계속 큰 힘을 유지했다.

이때 유럽 대륙의 권력과 영향력의 구심점은 분명 샤를마뉴의 궁정이었다. 798년도 왕실 연감의 한 항목만 봐도 샤를마뉴의 궁정이 얼마나 먼 지역들과 교류를 했는지 알 수 있다.

갈리시아와 아스투리아스의 왕 알폰소Alfonso(알폰소 2세)가 프로이아Froia라는 이름의 사절을 보내 우리에게 놀라우리만치 아름다운 천막을 하나 전해주었다. 그러나 부활절에는 엘베강 건너편의 노르트리우디Nordliudi족이 반란을 일으켰고 이에 그들 사이에 머물고 있던 왕실 사절을 붙잡아 재판을 집행했다. [⋯] 왕께서는 군대를 소집해 전쟁에서 그들을 쳐부수고 인질들을 사로잡았다. 그리고 아헨의 왕궁으로 돌아오는 길에 왕께서는 콘스탄티노폴리스에서 보낸 그리스인 대표단을 맞이하셨다. 이해 7월에서 이듬해 7월까지 하늘 어디에서고 화성이라 불리는 별의 모습을 찾아볼 수 없었다. 발레아레스제도가 무어인과 사라센인에게 약탈당했다. 알폰소 왕이 리스본을 약탈한 뒤, 그해 겨울에 사절 프로이아와 바실리스쿠스Basiliscus를 보내 국왕께 가슴받이, 노새, 무어인 포로들을 승리의 증거로 바쳤다. 그러고 나서 크리스마스와 부활절을

성모마리아〔마돈나〕MADONNA

■ '몬세라트의 성모마리아Our Lady of Montserrat'
■ 조각상은 제작 연대를 정확히 알 수 없다. 조각
상이 있는 스페인 카탈루냐 지방 '톱니산Saw-Tooth
Mountain'의 수도원은 975년에 지어졌다. 비잔티움에
서 제작됐을 가능성이 있는 이 작은 목제 좌상은 왕관
을 쓴 성모마리아가 왼손에 보주寶珠를 들고 오른손으
로는 〔무릎 위에〕 아기 예수를 안고 있다. 억시 왕관을
쓴 아기 예수는 축복을 내리듯 오른손을 든 채 왼손에는
솔방울을 쥐고 있다. 성모마리아의 갸름한 얼굴은 한없이
평온하고 피부는 검은색이다.[1]

1384년 성모자聖母子 성화聖畵가 폴란드 서부 쳉스토
호바 마을에서 가까운 "빛나는 언덕" 야스나고라의 성
바울수도원으로 옮겨졌다. 성화는 슐레지엔의 오폴레
공작이 기증한 것이었다. 성 누가가 나사렛의 성가정聖
家庭, Holy Family에 있던 탁자의 나무판에 이 초상화
를 그렸다는 설이 있다. 그보다는 비잔티움의 원본을
모방해 제작됐을 가능성이 높다. 그림 속 마리아는 가
장자리가 금색으로 둘러지고 백합 문장紋章으로 장식
된 짙은 망토를 머리까지 덮어 썼으며, 머리 뒤로는 후
광이 빛난다. 두 눈은 마치 우는 것처럼 반쯤 감겨 있
다. 깊은 슬픔에 잠긴 표정은 칼에 베인 듯 오른쪽 뺨
에 길게 난 두 줄의 상처로 더욱 슬퍼 보인다. 피부는
라모레네타la Moreneta〔몬세라트 성모마리아의 또 다른
이름〕와 마찬가지로 검은색이다(1465쪽 도판 20 참조).[2]
〔"마돈나madònna"는 "성모마리아"를 뜻하는 이탈리아어다.〕

프랑스 중부 알주강江 협곡의 절벽에 12세기에 만들어
진 여러 성당 중 가장 유명한 노트르담드로카마두르 성
당에도 검은 성모마리아상이 있다. 이 조각상은 성 아
마두르St Amadour(또는 아마토르Amateur)가 만들었다고
전해지며, 그가 예수를 만나고 회심한 세리稅吏 삭개오
Zacchaeus와 동일인이라는 설이 있다.[3] 클레르몽의 노
트르담뒤포르성당 지하의 제단에도 비잔티움에서 유래
한 작은 검은 성모상이 있다.[4]

러시아에서는 예로부터 카잔의 검은 성모가 기적을
행하는 능력이 있는 것으로 전해진다. 땅속에 묻혀 있
다가 1579년 처음 발견된 카잔의 성모는 이반 뇌제〔이
반 4세〕의 카잔 점령(1552) 직후 이 도시의 보고로디츠
키수도원에 모셔졌다. 1612년 크렘린에서 폴란드인들
을 축출한 것을 기념하기 위해 이 성화의 복제품이 모
스크바의 성당에 걸렸다. 1710년에는 러시아의 새 수
도를 축성하고자 또 다른 복제품이 상트페테르부르크
의 성당에 안치됐나. 알렉산느르 1세(재위 1801~1825)
때 완공된 신고전주의 양식의 웅장한 대성당에 상트
페테르부르크의 성모화가 안치됐는데 그것이 복제품
임을 아는 이는 거의 없었다. 1904년 카잔에 있던 성
화 원본이 도난당했다. 성화는 시간이 흐른 후 서유럽
에 다시 등장했다가 미국의 정교회에서 이 그림을 구
입했디―이 그림은 많은 유명한 러시아 성화들이 맞
은 운명 곧 볼셰비키혁명 중 파괴되거나 미술관에 기
탁되는 것을 모면할 수 있었다.[5]

몬세라트〔스페인〕, 쳉스토호바〔폴란드〕, 로카마두르〔프랑
스〕, 카잔〔러시아〕은 유럽 곳곳의 수많은 성모마리아 성
소 중 일부에 불과하다. 흰 피부의 대륙에서 검은 성
모는 한층 더 신비로운 기운을 풍긴다. 회심한 이그
나티우스 로욜라(1491~1556)는 카탈루냐의 수호성
인 라모레네타 앞에서 그리스도의 충실한 종이 되기
로 약속했다. 몬세라트수도원이 파괴된 나폴레옹전
쟁 때 성모상에 세간의 많은 관심이 쏠렸다. 이 성모
상은 시칠리아, 멕시코, 보헤미아 지방에까지 널리 알
려져 있다. 신성로마제국 장군 알브레히트 폰 발렌슈
타인(1583~1634)은 암살될 당시 라모레네타를 기리
는 예배당을 짓고 있었다. 쳉스토호바의 마트카 보스
카Matka Boska(성모)는 후스전쟁(1419~1434) 기간에
많은 순례자의 발길을 끌어당겼으며 17세기에 "폴란드
의 여왕"으로 선포되면서 국가적 상징물이 됐다(725
쪽 참조). 시베리아 이르쿠츠크에서 도일스타운(미국 펜
실베이니아주)에 이르기까지 세계 곳곳에 있는 폴란드
인의 가톨릭교회에서는 이 성모화와 리투아니아 빌뉴

스의 성모화 '마트카 보스카 오스트로브람스카Matka Boska Ostrobramska'를 신성하게 숭배한다. 생 루이 St Louis(루이 9세)는 1245년, 미남왕 샤를Charles le Bel(샤를 4세)은 1324년, 루이 11세는 1463년에 로카마두르의 성모상을 찾아가 순례했다. 이 성모상은 프랑스 풀랑크Francis Poulenc의 합창곡 〈검은 성모의 연도連禱, Litanie à la Vierge Noire〉(1936)에 영감을 제공하기도 했다. 카잔의 성모는 로마노프왕조의 최고 수호성인으로 채택됐던바, 콘스탄티노폴리스에서 숭상받는 '블라케르나이의 성모Virgin of Blachernae'의 러시아식인 셈이었다. 가톨릭에서는 성모승천대축일에 특별히 마리아를 경배하며 기념하는 것과 달리 러시아정교에서 마리아의 축일은 7월 8일(율리우스력)이다.

성모마리아 숭배는 성경에서 언급되지 않는다. 그것은 에페수스공의회(431)에서 테오토코스Theotokos(하느님의 어머니) 교리와 함께 처음 등장했다. 이후 로마의 산타마리아마조레성당(432), 비슷한 시기의 랭스대성당이 성모마리아에게 봉헌됐고 아테네의 파르테논신전이 성모 마리아에게 재봉헌됐다. 6세기 비잔티움에서 주님탄생예고대축일(3월 25일), 성모승천대축일/성모영면축일(8월 15일)을 정기적으로 기념하기 시작했으며 이는 교회 미술에 단골로 등장하는 테마다. 이후 성모 숭배는 라틴교회 세계에도 점차 퍼져나갔다. 성모마리아는 성스러운 여인의 이미지를 표상했으며 자비의 어머니the Mater Misericordiae이자 위대한 어머니the Magna Mater, 흠결 없는 하늘의 여왕, 주님의 어머니였다. 성모마리아는 죄 지은 여인 이브와 회개한 창녀 막달라 마리아에 대한 기독교도들의 오랜 강박을 없애는 데 이상적 존재였다. 프로테스탄트 교단에서는 마리아 숭배를 격렬하게 비판했다. 현대의 페미니스트도 마리아 숭배를 비난한다.[6] 마리아의 '원죄 없는 잉태'는 1854년 정식 교리로 선언됐다. 마리아를 예수와 함께 '공동구속자(구원자)the Co-redemptress'로 인정해야 한다는 요구는 제2차 바티칸공의회에서 받아들여지지 않았다.

그럼에도 성모마리아는 계속해서 사람들에게 영감을 불어넣고 있다. 마리아는 기독교 미술에서 무엇보다 중요한 주제이고, 늘 종교적 환상의 원천이며 [베르나데트] [파티마] 끊임없는 기도의 대상으로 남아 있다. [안젤루스] 신도들은 성모마리아를 위해 '15단'의 묵주기도를 올린다. 아베 마리아Ave Maria 즉 성모송聖母誦은 1568년 로마가톨릭의 성무일도聖務日禱에 삽입된 후로 지금껏 널리 암송된다.

> 은총이 가득하신 마리아님, 기뻐하소서
> 주님께서 함께 계시니 여인 중에 복되시며
> 태중의 아들 예수님 또한 복되시나이다
> 천주의 성모마리아님,
> 이제와 저희 죽을 때에
> 저희 죄인을 위하여 빌어주소서.

파페사 PAPESSA

■
■ 꽤 생명력이 긴 한 중세 전설에 따르면, 여성이 성 베드로의 옥좌(교황직)에 오른 일이 있었다고 한다. 그 가장 널리 알려진 버전에 따르면, 교황 레오 4세Leo IV가 855년 선종한 후 '요하네스 앙글리쿠스Johannes Anglicus'가 뒤를 이어 교황에 즉위했다. 아테네에서 공부하고 돌아온 요하네스 앙글리쿠스는 깊은 학식과 뛰어난 강의로 로마교황청 사람들을 감탄시킨 인물이었다. 하지만 교황 즉위 2년 후 충격적이게도 로마 길거리에서 아기를 출산하게 됐다. 트로파우의 도미니크회 수사 마르티누스 폴로누스Martinus Polonus(1200년경~1278)는 자신의 저작에서 이 이야기를 소개하면서 이야기가 확실한 사실이라고 기술했다. 해당 저작인 《교황과 황제 연대기Chronicon summorum pontificum imperatorumque》는 여교황의

존재를 기록한 자료로 널리 인용되곤 했다. 이야기의 또 다른 버전에서는 '교황 요안Pope Joan'이 1087년 선종한 빅토리오 3세Victor III의 후임으로 나오는데, 말에 올라타는 도중 아기를 출산해 성별이 들통났다고 한다. 요안은 즉시 말의 꼬리에 묶여 끌려 다니다가 돌에 맞아 죽었다. 이 이야기는 또 다른 상상력 풍부한 도미니크회 수사 장 드 마이Jean de Mailly가 13세기 중반에 쓴 《마인츠 보편 연대기Universal Chronicle of Mainz》에 등장했다.("파페사papéssa"는 이탈리아어로 "여교황"을 뜻한다.)

중세의 연대기작자들이 기묘한 이야기를 기록하는 것은 그리 놀라운 일이 아니다. 놀라운 점은, 그런 가짜 이야기가 아무 의심 없이 수 세기 동안 전해지고 사람들이 그것을 믿어왔다는 사실이다. 프란체스코 페트라르카와 조반니 보카치오도 여교황 이야기를 사실로 믿었다. 시에나의 성당에는 다른 교황들의 조각상과 함께 교황 요안의 조각상도 서 있다. 콘스탄츠공의회(1414~1418)에서 얀 후스가 교회 조직의 문제점을 비판하면서 교황 요안을 언급했을 때 교회에서는 여교황의 존재를 반박하지 않았다. 로마의 산클레멘테성당 근처, 교황 요안이 출산했다는 장소에 세워진 불가사의한 기념물은 1560년대까지 그대로 보존됐다고 한다. 1554년 요하네스 아벤티누스Johannes Aventinus의 《바이에른 편년사Annals of Bavaria》가 출판되기 전까지는 어떤 학자도 여교황 전설에 의문을 품지 않은 것으로 보인다. 이 전설의 역사적 사실성은 프랑스의 프로테스탄트 역사학자 다비드 블롱델David Blondel의 논문들(1647, 1657)을 통해 완전히 무너졌다.

중세사 책들에서는 교황 요안을 사소한 흥밋거리 정도로 다룬다. 실제로 요안 후대와는 완전히 다른 여성의 이미지를 풍긴다. 요안의 전설이 그토록 오랫동안 생명력을 가졌던 것을 보면 믿을 수밖에 없는 어떤 요소가 전설에 내재돼 있었음이 틀림없다. 교황 요안 자신은 역사적 존재가 아니었을지언정 요안의 전설은 분명 역사적 존재였다.[1]

왕께서는 이곳에 머물며 기리셨다.[2]

고대의 용어 "에우로페"라는 말이 새 생명을 얻은 것이 바로 이 샤를마뉴 대제(카롤루스 대제)의 궁정에서였다. 카롤링거왕조는 세상 안에서 자신들이 군림하는 지역을 따로 가리킬 말이 필요했던바, 그 땅은 이교도의 땅이나 비잔티움, 혹은 기독교왕국 전체와도 엄연히 구별됐다. 그렇게 해서 등장한 '첫 번째 유럽the first Europe'의 개념은 서방에 잠시 있다 사라지니, 샤를마뉴가 세상을 떠나자 함께 제 명을 다한 것이었다.

샤를마뉴는 에너지 넘치는 건축자였다. 그는 네이메헌·엥겔하임·아헨에 궁전을 조성하는가 하면, 마인츠의 라인강에는 다리를 놓았으며, 라인강과 도나우강의 속주들을 카이저그라브Kaisergrab라는 운하로 연결시켰다. 아울러 그는 알프스 이북에 로마네스크 양식의 건축을 도입한 개척자이기도 했다. 전해지기로, 샤를마뉴는 학문의 위대한 후원자였다. 그는 좌중을 압도하는 대단한 연설가이기도 했지만 정작 자신은 문맹이었다. 그래도 관직에는 명망 있는 학자들—(노섬브리아)요크의 앨퀸, 피사의 페트루스Peter of Pisa, 리옹의 아고바르(아고바르두스)Agobard of Lyon—을 궁정으로 데려다 앉혔다. 또 필사본들을 수집하고, 성경 개정 작업을 벌였으며, 문법·역사·민요 관련 책들도 다수 펴냈다. 수도원장 아인하르트가 쓴 샤를마뉴의 일대기 《위대한 카롤루스의 삶Vita Karoli Magni》은 "역사상 최초의 속세 인물 전기"로 일컬어져왔다. 그렇다고 샤를마뉴의 삶에 모든 이가 다 감명받는 것은 아니다. 한 역사학자(도널드 A. 벌로)는 "지금 우리가 다 거기서 거기인 갖가지 책 공부에 매달리게 된 것은 다 샤를마뉴에게서 비롯한 일로, 그로 인한 부담을 오늘날 우리의 교육 체계는 맷돌처럼 목에 매달고 있다"라며 그를 탓했다.[3] [아고바르] [팔츠]

샤를마뉴는 교회를 자기 통치권의 핵심 부분으로 만드는 데에도 주저함이 없었다. 794년 프랑크푸르트공의회에서 그는 (제7차) 니케아보편공의회 결의를 받아들일 수 없다고 선언했다. 주교직이나 수도원장은 봉건제를 통해 왕과 얽혀 있는 성직록聖職祿, benefice이므로 언제든 역모법의 적용을 받을 수 있는 것으로 간주됐다. 샤를은 자기 휘하의 주교들은 전장에 나가서 싸우지 못하게 막아놓고는, 그사이에 자신이 직접 불火과 검을 방편으로 삼아 그리스도 복음을 널리 전파했다. 예수의 산상수훈의 의미를 샤를이 과연 제대로 이해했는지는 논란의 여지가 있는 문제다. 기독교를 위해 애쓴 그는 결국 기독교의 성인 반열에 오르는 것으로 보상을 받았다. 샤를마뉴가 땅을 두루 정복하고 다닌 것만큼이나 여자들을 두루 정복하고 다녔다는 설이 걸림돌이 돼, 그의 시성은 무려 351년이나 지체됐지만 말이다.

샤를마뉴가 세상을 떠난 것은 814년 1월 28일. 아헨에 조성된 그의 무덤 위에는 줄곧 초상화 하나가 놓여 있었고, 그 곁에는 다음과 같은 비문이 새겨져 있었다.

이 무덤에 위대한 정통 황제가 잠들어 있으니, 그는 기세등등하게 프랑크족의 왕국을 넓히고, 47년 동안 나라를 다스리며 번영을 일구었노라. 천주 하느님이 오신 지 814년, 일곱 번째 15년기(인딕티오indictio), 2월의 초하루 전 다섯 번째 날에 70대의 나이로 이 세상을 떠나다.[4]

샤를마뉴 몸에 흐르던 생전의 피는 왕국을 하나로 이어 붙여준 접합제였다. 샤를마뉴의 사후 그가 남긴 유산을 둘러싸고 당장 그의 아들들과 손자들 사이에서 다툼이 벌어졌다. 거듭되는 영토 분할로 샤를마뉴의 왕국은 일찌감치 여러 개로 쪼개질 수밖에 없었다. 817년 아헨 지방 분할은 내전으로까지 번졌다. 장기간에 걸친 가족 간 살육이 벌어지고 난 끝인 843년 베르됭조약Treaty of Verdun이 맺어져 셋으로 쪼개진 땅이 살아남은 세 손자들(샤를 대제의 아들 루트비히 1세의 아들들)에게 하나씩 돌아갔다. 대머리왕 샤를Charles the Bald(샤를 2세)이 받게 된 땅은 서쪽의 로망스어권으로 네우스트리아, 아키텐, 부르고뉴 서부, 스페인변경백이 해당했다. 이탈리아왕 로타르 1세Lothair I에게는 황제의 직과 함께 '중中왕국'이 돌아갔으니, 아우스트라시아, 부르고뉴 동부, 프로방스, 이탈리아가 그의 차지가 됐다. 독일왕 루이Louis the German(루트비

아고바르 AGOBARD

■
■ 이러저러한 징조를 감안할 때, 810년은 샤를마뉴에게 최악이 될 해였다. 그해에 두 번의 일식과 두 번의 월식이 프랑크제국에서 관찰됐다. 아니나 다를까 칼리프에게 선물받은, 샤를마뉴가 아끼는 코끼리가 죽었다. 우역牛疫이 창궐했으며, 베네벤토의 공작이 봉기를 일으켰다.

리옹의 주교 아고바르(779년경~840)는 이를 포함한 온갖 일을 충실히 기록으로 남겼다. 또한 아고바르(아고바르두스)는 일반 대중이 미신적 사고로 결론을 내린다고 생각했다. 사람들은 소들이 죽는 것이 베네벤토 공작의 첩자들이 퍼뜨린 독 가루 때문이라고 믿었다. 또 프랑크제국이 '공중의 선원들'이 조종하는 '구름 위의 배들'에 침략당하고 있다고 믿었다. 이 침략자들이 하늘에서 우박을 쏟아부어 프랑크족의 농작물을 죄

다 쓰러트린 후 머나먼 곳에 있는 자기들 나라인 '마고니아'로 가져간다는 것이었다. 아고바르는 가짜 이야기에 쉽사리 현혹되지 않았으며 꼼꼼히 조사해보고 그런 이야기에 신빙성이 없음을 밝혔다. 하지만 그는 가톨릭교회가 유대인의 침략을 받고 있다고 믿은 것으로 보인다. 1605년 발견된 그의 저술 중 유대인의 위험성에 대해 쓴 논문이 다섯 편이나 됐다.[1]

그러나 남들과 다른 방향을 택한 아고바르의 새 시도 중 가장 주목할 것은 보편적 기독교 공동체를 위한 보편 기독교 법을 만들어야 한다고 주장한 일이다. 그는 다음과 같이 썼다. "주님께서 고통당하신 것이 모든 인간이 그분 안에서 화해할 수 있도록 하기 위함이었다면, 각양각색의 법이 존재하는 것은 […] 하나 됨을 위한 그러한 주님의 성스러운 수고에 반反하는 일이 아닌가?"[2] 아고바르는 유럽 최초의 중앙집권주의자였다.

팔츠 PFALZ

■
■ 아헨Aachen은 "아폴로–그라누스의 샘"을 뜻하는 아퀴스그라니움Aquisgranium이라는 로마 온천에서 그 이름이 유래했다("그라누스"는 만물에 정령이 있다고 믿는 켈트 다신교의 신으로 온천·약수·태양의 신이다. 자주 "아폴로"와 동일시된다). 아헨의 풍부한 따뜻한 온천수는 샤를마뉴가 이곳을 카이저팔츠Kaiserpfalz(황궁)의 위치로 선택한 이유를 짐작케 한다. 프랑스어로 엑스라샤펠Aix-la-Chapelle이라고 불리는 이 도시에는 샤를마뉴가 자신의 궁전과 함께 건설한 유명한 예배당(현재는 아헨대성당의 일부)이 있다. 〔"팔츠"는 독일어로 중세 왕이나 황제가 지방순시 등을 할 때 일시적으로 머물던, 일종의 행궁行宮을 의미한다.〕

샤를마뉴의 예배당은 805년 완공됐다. 예배당은 3층의 팔각형 구조이며, 샤를마뉴가 직접 보고 감탄한 라벤나의 산비탈레성당을 모방해 비잔티움 양식으로 건설됐다. 구조물의 비율은 요한계시록의 일곱 번째 환

상에 나오는 신비로운 숫자들을 따랐다고 전해진다. 당대에 이 예배당은 알프스 이북에서 가장 규모가 큰 석조 건물이었다. 팔각형 건물 내부에 빙 두른 1층의 로마식 아치들 위에는 앨퀸이 썼다는 헌정 문구가 새겨져 있다.

CUM LAPIDES VIVI PACIS CONPAGE
    LIGANTUR
살아 숨 쉬는 돌들이 평화로운 조화 속에 맞물리고
INQUE PARES NUMEROS OMNIA
    CONVENIUNT
모든 비율과 치수가 조화로우니
CLARET OPUS DOMINI, TOTAM QUI
    CONSTRUIT AULAM
이곳을 지으신 주님의 역사가 밝게 빛나리라.
EFFECTUSQUE PIIS DAT STUDIIS HOMINUM
완성된 예배당이 사람들의 경건한 노력에 보상이
    되나니

QUORUM PERPETUI DECORIS STRUCTURA
MANEBIT
그들의 노고는 아름다운 건축물로 영원히 남으리라
SI PERFECTA AUCTOR PROTEGAT ATQUE
REGAT
만물의 창조주께서 이곳을 보호하고 다스리실 터이니.
SIC DEUS HOC TUTUM STABILI FUNDAMINE
TEMPLUM
주님께서 이 예배당을 보살펴주시기를 비옵니다
QUOD KAROLUS PRINCEPS CONDIDIT,
ESSE VELIT
샤를 황제께서 굳건한 대지에 지으신 이곳을.

예배당 장식은 샤를마뉴와 그의 계승자들이 새롭고 소박한 기독교 분위기 속에 되살린 황제의 상징물로 가득하다. 돔 내부의 모자이크는 어린양의 경배를 상징한다. 암보ambo(성경 낭독대)는 로마 도자기 조각들과 유리, 독수리 양각 세공물로 장식돼 있다. 초록색과 담홍색 반암斑岩으로 만든 이집트산 기둥들이 2층 아치들을 떠받치고 있다. 팔라도로pala d'oro(제단 패널)에는 순금으로 만든 고전적 로마식 돋을새김 장식으로 그리스도의 수난이 묘사돼 있다. 이곳에 있는 로타르크로이츠Lotharkreuz(로타르십자가)는 금박을 입힌 표면에 귀한 보석들을 붙여서 만든, 기독교의 아름다운 예배 용품이다. 십자가 중앙에는 아우구스투스 황제의 얼굴을 부조한 카메오cameo(바탕색과 다른 색깔의 재질로 사람의 얼굴을 돋을새김처럼 만든 초상화)가 박혀 있다. 단순한 흰색 대리석 평판으로 제작한 황제의 왕좌가 2층에 자리 잡고 있어 아래층을 내려다 볼 수 있었으며, 700년간 서른두 번의 대관식이 이곳에서 치러졌다. 왕좌가 전달하는 메시지는 분명했다. 즉 샤를마뉴가 세운 제국이 스스로를 신성한Holy '동시에' 로마Roman를 계승한다고 여긴다는 점을 공표하

는 것이었다.

이 예배당은 12세기에 프리드리히 바르바로사(신성로마제국 황제. 프리드리히 1세)의 명에 따라 샤를마뉴의 성지聖地가 됐다. 1165년에는 시성諡聖된 샤를마뉴의 유골이 순금의 관으로 옮겨졌다. 그의 유골은 성유물함에 담긴 몇 가지 유물─그리스도가 허리에 둘렀던 옷, 성모마리아의 옷, 샤를마뉴의 두개골 조각─과 함께 안치됐다. 프리드리히 바르바로사는 바퀴 모양의 커다란 "빛의 왕관" 샹들리에를 헌납했다. 팔각형 예배당의 중앙 천장에 매달려 있는 샹들리에는 천상의 예루살렘의 성벽을 상징한다. 샹들리에에는 아래와 같은 긴 문구가 새겨져 있다.

예루살렘, 천상의 시온 Zion . 구원의 사자使者 요한이 당신을 보셨습니다. […] 로마제국의 가톨릭 황제 프리드리히가 웅장한 선물인 이 빛의 왕관을 헌정하기로 약속했노라. […] 오 성모마리아여, 이제 그가 이 선물을 당신께 바칩니다. […] 오 바다의 별이시여, 겸손한 프리드리히를 굽어 보살피소서. […] 또한 황제의 아내 베아트리스를 보호하소서.

오늘날 아헨대성당은 최고 수준의 경이로움을 보여주는 로마네스크 건축물의 하나로 꼽힌다. 그러나 예술적 아름다움이 전부가 아니다. 성당은 그 어떤 책보다도 생생하게 역사의 교훈을 전해준다. 이곳에 들어가는 방문객은 늑대의 문Wolf's Door을 지나게 된다. 예배당을 지키기 위해 악마를 속인 늑대의 전설에서 비롯한 이름이다. 이곳을 찾는 방문객은 게르만 문화와 고전 문화의, 기독교와 비기독교의 강력한 융합에 매혹당하지 않을 수 없다. 그러한 융합은 당대를 이끌어간 영적 원동력이었다. 아헨대성당은 로마네스크가 아직 새로운 양식이었고 문명의 중심이 아직 동방이었던 시기를 기념하는 서유럽 최고의 건물이다.[1]

히 2세)에게는 동쪽에 자리한, 어느 모로나 게르만인 색채가 농후한 땅이 돌아갔다(392쪽 지도 12 참조). 베르됭조약을 통해 훗날 독일과 프랑스(와 이탈리아) 모두의 핵심 근거지가 마련될 수 있었다. '중왕국'은 이후 둘 사이에 끝없는 반목이 일어나는 빌미가 됐고 말이다. 결국 샤를마뉴는 후대 자손들에게 언제 깨질지 모르는 통일만이 아니라 시종 그칠 줄 모르는 분쟁까지 함께 물려준 것이었다. [크랄]

카롤링거왕조 안에서 벌어진 반목에 바이킹이 절호의 기회를 맞은 듯 득달같이 달려들었다. 841년 여름 바이킹이 배를 타고 센강까지 몰려들어와 루앙을 분탕질했다. 베르됭조약 뒤인 843~844년에는 바이킹이 누아르무티에섬에 들어와 겨울 한 철을 났다. 854년에는 창건된 도시 함부르크가 불에 타는가 하면, 파리까지 약탈당해 대머리왕 샤를은 한동안 몽마르트르로 피신해야 했다. 847년에는 고대 도시 보르도가 바이킹에 의해 점령당해 몇 년간 그들 수중에 들어가 있었다. 852년에는 영 개운치 못한 선례까지 남기게 되는바, 대머리왕 샤를이 센강 어귀 근방 죄포스 막사에서 바이킹 무리를 계략으로 사로잡고도 종국에는 그들에게 황금과 영구 정주지를 내어주며 바이킹들을 돌려보내는 일이 일어난 것이다. 그 보답으로 돌아온 것은 바이킹의 되풀이되는 습격이었으니, 거기 저항할 수 있었던 도시는 오를레앙뿐이었다.

864년에 대머리왕 샤를은 피트르칙령Edict of Pîtres을 발표해, 각 지방에 빠짐없이 요새를 건설하고 근처에 기병을 상주시키라는 명을 내렸다. 아직 안도하기에는 한참 일렀다. 카롤링거왕조의 골육상쟁이 해마다 거듭돼 걸핏하면 왕족이 죽고, 땅은 임시 분할 됐으며, 바이킹은 그 어느 때보다 뻔뻔한 태도로 침략을 되풀이했다. 867년에서 878년 사이에는 잉글랜드 땅이 데인인으로 들끓었다. 880년 데인인은 엘베강 유역까지 쑥대밭으로 만들었다. 885~886년에는 바이킹이 오늘날의 마르스광장에 700여 척의 좁고 긴 배를 대고는 4만 명이나 쏟아져 들어와 11개월간 파리를 포위했다. 오도 백작(이후의 오도Odo 1세)이 바이킹에 맞서 영웅적으로 항전했으나 헛수고였다. 뚱보왕 샤를Charles the Fat(카를 3세)이 이미 바이킹에 은 700파운드를 쥐어주고 그들을 부르고뉴 지방으로 보냈다는 사실이 이내 밝혀진 것이다.

브리튼제도는, 샤를마뉴가 눈독을 들이지 않았었던 곳으로, 바이킹의 영향력이 특히 거셌다. 데인인의 침략으로 갈라진 브리튼제도는 이후 200년 동안 하나로 합쳐지지 못한다. 웨섹스의 왕 에그버트Egbert가 브레트왈다Bretwalda(브리튼의 대군大君, overlord)로 인정받은 것은 일찍이 828년의 일이었다. 그러나 한 세대도 채 지나지 않아, 데인인이 웨섹스의 패권에 도전을 가해왔다. 데인인을 억누르는 일로 평생을 보낸 인물이 바로 웨섹스의 앨프레드 대왕Alfred the Great(재위 849~899)이었다. 878년 궁지에 몰린 그는 한때 서머싯의 애슬니습지에서 숨어 지내야 했다. 하지만 바로 그해 치러진 수 차례의 전투에서 그는 데인인과 조국 땅을 나누는 데 성공한다. 그렇게 해서 웨드모어조약Treaty of Wedmore에 따라 이른바 데인로Danelaw—광대한 땅을 데인인에게 주고 그들이 통치하게 했다―가 성립됐다("데인로"는 덴마크에 살던 북게르만인 데인인이 잉글랜드 북부와 북동부에 침입해 정착한 지역을 말한다. 앵글로-색슨족이 이 지역 데인인의 관습법을 "데인로"라고 한 데서 생겨난 명칭이다). 이후로 1066년의 숙명적인 해가 찾아올 때까지, 웨섹스 잉글랜드 왕가와 데인인은 잉글랜드 땅을 두고 줄곧 각축을 벌였다. 10세기에는, 요크의 마지막 데인인 왕 피도끼왕 에이리크Eric Bloodaxe를 잉글랜드에서 쫓아내기 무섭게 바이킹이 앙갚음을 하겠다며 잉글랜드를 재차 침공해 들어왔다. 994년에는 런던이 데인인과 노르웨이인의 연합군에 포위당했다. 1016~1035년에는 크누트knut가 잉글랜드와 스칸디나비아를 잇는 북해의 광대한 제국을 다스렸다. 앵글로-색슨 왕국이 잠시나마 한숨을 돌린 것은 참회왕 에드워드Edward the Confessor(재위 1042~1066, 웨스트민스터사원을 건립한 인물이다) 대代였다. 그러다 1066년 에드워드가 죽으면서 경합하던 세 명의 왕위 주창자―노르웨이의 하랄 하르드라다Harold Hardrada, 웨섹스의 해럴드 고드윈슨Harold Godwinson, 노르망드 공 서자庶子 윌리엄William the Bastard― 사이에 전쟁이 불붙었다.

잉글랜드인이 데인인을 상대로 싸움을 벌이는 동안, 브리튼제도의 나머지 지역에서는 바이킹과 켈트인 사이에 오랜 기간 복잡한 투쟁이 전개됐다. 북방인들이나 켈트인 제후들이나 자기들끼리 수시로 연합이나 동맹을 맺고 끊기를 반복하며 적과 싸움을 벌여나갔다. 아일랜드에서는 내륙의 켈트인과 해안에 정주지를 마련한 바이킹 사이에 대결이 벌어졌다. 1세기에 걸쳐 둘 사이에 대혼란이 벌어진 뒤에야, 음악에도 자주 등장하는 브리안 보루마Brian Bóruma(브라이언 보루Brian Boru, 재위 1002~1014)의 통솔하에 마침내 켈트인이 바이킹을 제압했으나, 그가 남긴 왕국을 두고 다시 오브라이언가家, 오닐가, 오코너가 사이에 각축이 벌어졌다(브리안 보루마 곧 브라이언 보루의 죽음을 애도하는 〈브라이언 보루의 행진곡Brian Boru's March〉은 오늘날까지도 하프 연주자들에게 인기 있는 곡이다). 그리고 나서는 아일랜드인이 150년간은 별 탈 없이 아일랜드 땅 전체를 다스려나갔다. 에린의 '상왕Ard Rih, High King'이 미스, 먼스터, 렌스터, 얼스터, 코노트의 '5국' 소왕들을 상대로 권력을 행사하게 된 것이다. 선사시대에 기원을 두고 있던 브레혼법Brehon Laws도 이 무렵 성문화돼 행정 관행과 사회 관습의 확고한 틀을 잡아주었다. 아울러 씨족fine을 중심으로 한 전통적 생활이 대세였으니, 이즈음에는 의회, 재판관이 자리한 것과 함께 교회가 그 체제를 점차 정비해 세를 키워나갔다. 웨일스에서는 켈트인의 공국들이 해안의 바이킹과 내륙 국경에 가해지는 잉글랜드인의 끊임없는 압박 사이에 끼어 옴짝달싹 못했다. 이들은 8세기 이후로는 줄곧 머시아Mercia의 왕 오파Offa가 조성한 대규모의 제방 뒤에 머문 채, 스트래스클라이드와 콘월에 있는 자신들 일족과는 별 왕래도 못하고 지내야 했다. 그나마 시문詩文에 자주 나오는 로드리 마우르Rhodri Mawr(로데리크 대왕Roderick the Great, 877년 몰)와 그리피드 아프 리웰린(흐웰린)Gruffydd ap Llywelyn(그리피스Griffith, 1063년 몰) 같은 걸출한 인물들이 등장해 일

크랄 KRAL

■ 샤를마뉴는 적어도 네 곳의 전선에서 슬라브족
■ 을 복속시켰다. 그는 789년 원정에서 엘베강 동쪽의 아보트리테족(오보트리테족)과 소르브인을 정복했다. 805~806년에는 보헤미아의 체코인을 정복해 그들로 하여금 공물을 바치게 했고, 사바강과 드라바강 주변의 카린티아 슬라브족도 정복했다. 이 위대한 정복자에 대한 존경의 의미로, 슬리브족 니리들은 "왕"을 뜻하는 단어를 샤를마뉴의 이름 카롤Karol에서 따왔다. "왕"은 체코어로 크랄kral, 폴란드어로 크롤król, 러시아어로 코롤korol이다. 프랑크족은 슬라브족에게 기독교도 왕의 첫 번째 모델을 제공했다. (크랄kral은 튀르키예어에서도 "왕"을 뜻한다.)

서방에서 샤를마뉴는 수많은 중세 전설에 등장하는 강력한 군주였으며 여러 샹송 드 제스트(무훈시)의 최고 영웅이었다.[1] 일찍이 9세기에 생갈의 한 수도사는 신화적 일화가 다수 포함된 연대기 《카롤루스 대제의 공적De Gestis Karoli Magni》을 썼다. 이후 샤를마뉴는 음유시인들에 의해 기독교 세계의 변함없는 옹호자로 묘사되기 시작했다. 그는 성스러운 검 '주아외즈Joyeuse'를 휘두르며 이교도를 무찌르고 휘하의 기사들—롤랑, 가넬롱, 바이에른의 나모, 데인인 오지에르, 툴루즈의 기욤, 호전적인 랭스의 대주교 튀르팽 등—을 거느리는 왕이었다.

프랑스의 전설에서 샤를마뉴의 '12기사'는 노르망디·부르고뉴·아키텐의 대공 3인, 샹파뉴·툴루즈·플랑드르의 백작 3인, 랭스·랑·샬롱·보베·랑그르·누아용의 주교 6인으로 구성됐다.

독일의 전설에서 종종 샤를마뉴(카롤루스)는 사랑하는 백성들을 재앙에서 구하라는 호출이 오기를 기다리면서 잠을 자는 모습으로 묘사됐다. 바이에른 전설 속에서 그는 아헨대성당의 왕좌에 앉은 것과 같은 모습으로 운터스베르크untersberg의 의자에 앉아 있다. 샤를마뉴의 턱수염이 자라 그의 앞에 놓인 탁자를 세 바퀴 감을 만큼 길어지면 세상의 끝이 가까워질 것이라고 한다. 독일어에서 큰곰자리 별자리는 샤를마뉴의 이름을 따서 카를스바겐Karlswagen이라고 부른다. 고대 영어에서 '찰스의 마차Charles Wain'는 북두칠성의 별칭이었다.

후대에 프랑스와 독일 모두 샤를 대제를 자국 왕권의 선조로서 추앙했다. 프랑스어로 '샤를마뉴Charlemagne', 독일어로 '카를 데어 그로세Karl der Große'인 그는 프랑크족이 아니라 프랑스의 또는 독일의 애국심 강한 지도자로 여겨졌다("샤를마뉴"는 이름 "샤를"에 존칭어 "마뉴"가 붙은 것이며, "카를 데어 그로세"는 "카를 대제"라는 뜻이다. 참고로, "샤를"의 라틴어명은 "카롤루스"다). 1804년 나폴레옹의 황제 대관식에서도 샤를마뉴의 이미지가 소환됐다. 1838~1852년에 그려진 독일 황제들의 초상화가 전시된 프랑크푸르트의 카이저잘Kaisersaal(황제의 방)에서 샤를마뉴의 초상화는 제일 첫 번째 위치에 걸려 있다.[2]

20세기에 샤를 대제는 프랑스와 독일의 화해의 상징물로 여겨졌다. 1943년 나치가 무장친위대Waffen SS에 프랑스인 자원병들로 구성하는 새 부대를 만들 때, 1955년 유럽평의회에서 "유럽 단일체라는 대의에 기여한 공로"에 수여하는 상을 제정할 때, 그들은 모두 같은 이름 즉 "샤를마뉴"라는 이름에 의지했다.

정 기간 이들을 통치한 것은 다행이었다. [흘란바이르]

브리튼 북쪽 지방에서는 킨타이어의 게일족 왕 카너드 막알핀Kenneth MacAlpin(860년경 몰)이 픽트족과 스코트족을 처음으로 하나로 뭉치게 해, 통일된 '스코틀랜드Scotland'의 개념이 선보일 계기를 마련했다. 그렇게 해서 이후로는 고지대를 차지한 게일족과, 저지대를 차지한 잉글랜드인, 외곽지대 섬을 점령한 노르드인의 세력권 사이에서 삼파전이 전개됐다. 머리Moray의 군주로 로마를 순례한 적이 있다고 전하는 멕베스Macbeth가 스코트족의 왕 던컨Duncan을 시해하기로 마음먹은 것이 이 무렵인 1040년의 일이었다.

> 내-일to-morrow, 그리고 내-일, 그리고 내-일이,
> 기어간다 하루하루 이다지도 굼뜨게
> 기록된 시간의 마지막 음절에 닿을 때까지,
> 우리의 모든 어제는 길을 밝혀주지 바보들에게
> 먼지투성이 죽음에 이르는 길을. 꺼져라, 꺼져 짧은 촛불이여!
> 삶은 걸어 다니는 그림자, 가련한 배우가
> 정해진 시간에 무대를 거들먹거리며 걷다 또 안절부절하다
> 그러다 더는 아무 소리도 들리지 않으니, 그것은
> 천치가 들려주는 이야기, 소리와 분노로 가득하나
> 아무 의미도 없는.5
> 〔윌리엄 셰익스피어의 〈맥베스The Tragedy of Macbeth〉 속 구절이다.〕

브리튼의 켈트인 역사는 켈트인 시인들을 비롯해, 마리아누스 스코투스Marianus Scotus(1018년경~1083) 같은 연대기작자들이 글로 기록해뒀다. 그 내용은 당시만 해도 잉글랜드인에게는 별 관심을 받지 못하다가 훨씬 후대에 가서 윌리엄 셰익스피어William Shakespeare(1564~1616) 같은 작가들이 눈여겨보게 된다.

한바탕 혼란의 소용돌이가 이는 가운데, 프랑크족의 다섯 개 왕국은 차차 물살에 휩쓸리듯 흩어져 각기 자립의 길을 걷게 된다. 네우스트리아는 왕의 권위가 크게 이울어 세습 영지들이 하나둘 주요 백작령이 됐다―툴루즈(862), 플랑드르(862), 푸아투(867), 앙주(870), 가스코뉴, 부르고뉴, 오베르뉴 등이다. 이들 지역은 이후 프랑스 지방 행정구역 안에서 핵심을 구성하게 된다. 911년에는 프랑스의 단순왕 샤를Charles the Simple이 바이킹의 위협에서 벗어나고자 백전노장의 바다왕 롤프Hrolfe(혹은 롤로Rollo)와 생클레르쉬레프트조약Treaty of Saint-Clair-sur-Epte을 체결했다. 이렇게 해서 프랑스에도 잉글랜드의 '데인로' 비슷한 땅이 생겨난 것이 '노르망디Normandy'가 탄생하게 된 배경으로 보인다. 동쪽 왕국에서는 카린티아의 아르눌프Arnulf of Carinthia가 독일 땅에서 노르드인을 몰아내는 데 성공했으나, 노르드인이 물러간 땅에 마자르족만 불러들인 꼴이었다. 이 무렵 상上부르고뉴 왕국은 생 모리스/모리츠의 루돌프 백작Count Rudolf을 중심으로 공고하게 세를 결집한 상태였고, 아를에서는 보소 백작Count Boso의 지휘

흘란바이르 LLANFAIR

■ 중세 웨일스의 지명은 풍부한 의미를 담고 있거
■ 니와 기록 시대 이전의 역사적 상황, 예컨대 정
착지 형성의 연구에서 진입점이 된다. 지명은 우리의
호기심을 자극하는 동시에 많은 정보를 품고 있다.
잉글랜드에 정복당하기 전 수 세기 동안(534쪽 참조)
웨일스는 각축을 벌이는 여러 권력 주체의 관할권으
로 나뉜 땅이었다. 즉 토착 군주, 앵글로-노르만 변경
제후(변경백), 교회 성직자들이 그들이었다. 웨일스 토
박이 군주들은 5개 공국인 귀네드Gwynedd, 포이스
Powys, 데후바스(데허이바르스)Deheubarth, 모르가눅
Morganwg(모건우그), 궨트Gwent를 다스렸다. 잉글랜
드와 프랑스 혈통이 섞인 변경제후들은 웨일스의 동
부 및 남부를 지배했다. 교회 라틴어에 능숙한 주교들
은 4개 교구인 뱅고어, 세인트애서프, 세인트데이비즈,
랜다프를 거점으로 삼았다. 역사학자들은 세속 권력
과 교회 권력의 교차점과 더불어 웨일스어 지명과 비
非웨일스어 지명의 상호작용을 분석함으로써, 정착지
들이 언제, 어떻게, 누구에 의해, 어떤 목적으로 형성
됐거나 확대됐는지에 대한 그림을 그릴 수 있다.[1]
예컨대 일부 지명은 웨일스어 형태만 있고 그 기원이
명백히 교회와 관련돼 있다. 가장 대표적인 예는 "성
마리아의St Mary's"라는 뜻을 가진 흘란바이르다. 이
범주에 속하는 다른 지명으로는 Betws-y-Coed(숲
속의 예배당)와 Eglwys Fair(성마리아교회)가 있다. 종교
적 기원을 지니면서 두 가지 언어 형태의 이름을 가
진 지명도 흔하다. Llanbedr/Lampeter(성 베드로

의), 앵글시의 Caergybi/Holyhead(홀리헤드), 글라모
건의 Llanbedr Fynydd/Peterston-super-Montem
(피터스톤-슈퍼-몬템)이 그 예다. 그리고 세속적 기원
을 지니면서 두 언어 형태의 이름을 가진 지명으로는
Abertawe/Swansea, Cas Gwent/Chepstow(쳅스
토), 브렉노크셔의 Y Gelli Gandryll/Hay-on-Wye(헤
이온와이)가 있다. 현대 영어명의 Hay(헤이)는 중세 노
르만어 La Haie Taillée(짧게 깎은 생울타리)에서 유래
했다.
끝으로 종교적 기원과 세속적 기원이 섞여 있고 두 언
어 형태를 가진 지명으로는 몬머스셔의 Llanfihangel
Troddi/Mitchel Troy(미첼 트로이)와 글라모건의
Llansanffraid-ar-Ogwr/St Bride's Minor(세인트브
라이즈마이너)가 있다.
그런데 웨일스에서 가장 유명한 지명은 중세적 기원과
상관이 없다. 1850년 런던과 홀리헤드를 연결하는 철
도가 개통됐을 당시, 메나이해협 너머 앵글시섬의 첫
번째 기차역이 흘란바이르라는 마을에 세워졌다. 마
을 인지도를 높이고 관광객을 끌고 싶었던 이 기차역
의 관리자는 마을 이름을 바꾸기로 하고 고풍스러운
웨일스어로 아주 긴 이름을 만들었는바 역 이름 표지
판이 승강장보다 더 길 정도였다. 영국우편공사에서
는 이 마을을 "Llanfair P.G."라고 줄여 부르지만 원래
이름은 "Llanfairpwllgwyngyllgogerychwerndrob
wllllantysiliogogogoch"다. 이곳을 찾은 관광객들은
이 이름의 뜻이 "빠른 소용돌이와 붉은 동굴 옆 성타
실리오교회 근처의 흰 개암나무 분지의 성마리아교회"
라는 설명을 듣게 된다.[2]

아래 하下부르고뉴 왕국이 세 결집을 마친 상태였다. 이탈리아에서는 시칠리아 출신의 무어인
'사라센인'들이 자신들이 바이킹이라도 되는 양 활개를 치는 가운데, 974~995년에는 비잔티움
제국이, 877년에는 네우스트리아인들이, 894~896년에는 아우스트라시아인들이 잇따라 침략해
오는 바람에 나라의 정치권력은 만신창이가 돼버렸다. 그러다 900년 무렵 프리울리의 베렝가리

오Berengar of Friuli 백작이 피의 숙청을 벌여 이탈리아 땅을 독차지한다. 서구 역사학자들은 이 무렵의 마지막 몇십 년을 종종 암흑시대 중에서도 "가장 칠흑 같았던 시간"이라고 표현하곤 한다. 그리고 이 서쪽 땅을 무대로 무질서를 모태 삼아 봉건제가 탄생한다. 어떤 일들을 놓고 그 원인과 결과를 따로 구별하기란 쉽지 않다. 그러나 정치권력이 해체되고 각 지방의 방비가 허술해진 틈을 타 일련의 정치적, 법적, 사회적, 경제적, 군사적 발달이 이루어지고, 이것들이 하나로 합쳐져 후대 이론가들이 말하는 이른바 '봉건 체제'를 형성하게 됐다고 볼 수는 있을 것이다. 실질적 측면에서, 봉건제는 하나의 일관된 특성을 가진 체제는 아니었다. 봉건제와 관련해서는 그 정의나 다양성에서 골치 아픈 문제만 한둘이 아니다. 오죽하면 현대 들어 이 문제를 다룬 가장 막강한 연구 하나에 《봉건제란 무엇인가Qu'est-ce que la féodalité》(프랑수아 루이 간쇼프François Louis Ganshof, 1944)라는 제목을 붙여야 했을까.

> 봉건제는, 엄밀한 의미에서, 복종과 봉사의 의무를 생겨나게 하고 또 그것을 규제하는 일련의 제도라고 볼 수 있을 것이다. […] 한쪽에 자유민(봉신)이 자리하고 그 자유민이 또 다른 자유민(영주)에게 그런 의무를 행하는 것이며, 마찬가지로 영주도 자신의 봉신을 보호하고 부양할 의무를 진다.[6]

봉건제의 핵심 요소로는 중무장 기병, 주종관계, 분봉, 불수불입권, 개인 소유의 성, 기사도를 꼽을 수 있다.

중무장 기병heavy cavalry은 특대형의 무장 갑옷 또는 무장한 기사들을 태우고 다닐 '대단히 큰 말'이 필요했으며, 페르시아와 비잔티움을 통해 유럽 서쪽에 들어왔다. 샤를 마르텔은 중무장 기병을 유럽에 도입한 것은 물론 교회가 가진 상당량의 땅을 민간 소유로 돌려 중무장 기병을 유지하는 기반으로 활용한 것으로 알려져 있다. 샤를 마르텔이 "유럽 봉건제의 창시자"로 불리는 이유다.[7] 거의 이와 때를 같이해 등자鐙子, stirrup도 고안됐다. 등자 덕에 이제 기병이 말 등 위에서도 꼿꼿이 앉아 손에 든 창에 말과 사람의 힘을 최대한 실을 수 있게 되면서, 기병전도 경무장에 이동이 잦던 소규모 접근전에서 중무장을 이용한 공격으로 그 성격이 바뀌었다.[8] 따라서 상당한 규모의 기사계급을 형성해 봉건제를 위한 사회적 틀 즉 기병의 복무 및 훈련이라는 물리적 요건과 말·장비·종자들을 갖추는 데 드는 막대한 비용을 지속적으로 댈 수 있는 틀을 마련하는 것이 주된 문제로 떠올랐다. 토지 소유와 기병 전통이 보조를 맞추는 기사계급—카발라리cabalarii, 슈발리에chevalier, 리터Ritter, 슐라흐타szlachta—의 유지가 곧 봉건사회를 지탱하는 핵심 원리가 돼준 셈이었다.

주종관계vassalage는 로마 시대 후기의 콤멘다티오commendatio(위탁[탁신託身]commendation)라는 관습에서 발달한 것으로, 로마 시대에는 후원자가 자신의 피호민被護民들과 손을 맞잡고 악수를 나누면 보호-피보호의 관계가 성립했다. 카롤링거 시대 들어서는 영주가 충성 서약과 함께, 입맞춤이 말미를 장식하는 예식을 통해 자신의 봉신(부하)들과 유대관계를 맺어나가기 시작한다. 예식은 먼저 남자 둘이 서로 껴안는다. 그런 다음 봉신이 무릎을 꿇고 앉으면 그가 새 지위를 얻었음을 알려주는 여러 상징물—기旗, 창, 합의증서, 흙 한 줌—이 그에게 내려졌다. 이 예식을 치르면 이후 둘은 계약관계에 들어가 평생 서로에게 의무와 도리를 다해야만 했다. 봉신 vassal은 영주(또는 상위 주군)를 위해 몸 바쳐 일할 것을 맹세했고, 영주는 그런 봉신을 보호하고 부양해줄 것을 약속했다.

> Berars de Monsdidier devant Karle est venuz;
> A ses piez s'agenouille, s'estses hom devenuz;
> L'ampereres le baise, si l'a releve suz;
> Par une blanche anisagne, li est fiez renduz.

> 몽디디에의 베라르가 샤를마뉴 앞으로 나와,
> 무릎을 꿇고 그의 사람이 됐다.
> 황제께서는 그를 일으켜 세워 입을 맞추시고는,
> 흰색 깃발로 자신의 말씀을 전하셨다.[9]

봉건제feudalism라는 말의 연원인 페오둠feodum(봉토fief)은, 그보다 앞서 시대에 행해졌던 베네피키움beneficium(은혜benefit)의 관행에서 발달한 것으로, 그때만 해도 이 관행은 장차 모종의 이득이 있으리라는 막연한 기대만으로 후원자가 사람들에게 후의로 땅을 하사하는 것을 의미했다. 하지만 카롤링거 시대에 들어서자 그러한 토지 수여가 명백하게 군무 수행에 대한 '요금fee'의 형태를 띠기 시작했다. 이윽고 봉토 요금은 더 세분화되고 확대됐다. 애초 봉토 요금을 계산하는 기준은 군무를 맡아주는 기사였다. 다시 말해, 어느 지역 땅을 얼마큼 떼어주면 기사를 몇 명 얻게 된다는 식이었다. 그러나 여기에는 성城 경비 및 호위 임무, 영주의 법정에서 행해지는 사법 업무, 영주의 자문회의에 참석해 행하는 콘실리움consilium(조언advice), 갖가지 형태의 아욱실리움auxilium(지원assistance)도 포함됐다. 아울러 영주들은 그런 도움을 금전적 지원의 의미로 해석하게 되니, 여기에는 1년치 수입을 착수금으로 먼저 받는 것을 비롯해, '네 종류의 지원금' 곧 영주가 인질로 붙잡혔을 때의 몸값, 영주의 장남이 기사 서임을 받을 때의 축하금, 영주의 장녀가 혼인할 때의 신부 지참금, 십자군 참전비를 내는 것도 포함됐다. 아울러 영주들은 미성년 후견custodia, 숙박gite, 결혼허락marriage, 계약인수retrait의 권리까지 가졌다. 그러나 봉신 혹은 '봉토차용인tenant'들은 이런 의무들을 감수하는 대가로 땅에서 나는 수입은 자신들이 챙기는 동시에, 그곳에 사는 모든 주민에 대한 사법권을 보유했다. 단, 봉신들이 의무를 불이행할 경우에는 땅과 그 수입은 다시 원래 주인에게 돌아갔다.

원칙적으로 봉토는 분할과 양도가 불가능했다. 계약은 계약당사자의 어느 한쪽이 세상을 떠나면 자동으로 효력을 상실했다—독일어로는 이를 만팔Manfall 혹은 헤렌팔Herrenfall이라 한다. 그러나 현실에서는 봉신들이 영주와의 관계를 이어나가기 위해, 그리고 땅을 분할하고 처분할 수 있는 권리를 얻기 위해 각고로 노력했다. 영주들은 영주대로 여자, 미성년, 무능력자들을 계속 장악하려 만전을 기했다. 계약서에는 특별 항목이나 별난 조항들이 끼어 있는 경우가 숱했다. 파리 주교 밑에서 일한 최고봉신들의 경우에는, 주교의 축성식 때 그를 자신들 어깨 위에 태운다는 조항을 계약서에 넣기도 했다. 켄트의 어떤 봉토에서는, 영국해협을 건너는 동안에는 봉신들이 "배 안에서 왕의 머리를 붙잡고 있는다"는 것이 계약의 조건이었다. 계약을 악용해 금전적 강탈을 하는 사례는 수없이 많았다. 포르투갈의 페르난도Fernando는 1212년 프랑스 왕과 플랑드르의 봉토를 받는 계약을 했는데, 이때 자기 상속녀와의 결혼 문제로 허락을 구하느라 5만 파운드의 '상납금'을 내야 했다.

봉토 문제로 법적 다툼이 불거지는 것은 어쩌면 당연한 일이었다. 초창기에는 영주가 다스리는 모든 땅에 별개의 봉건법Lehnrecht과 함께 별개의 봉건법정Lehnsgericht이 마련돼 봉토와 관련된 다툼을 재판했다. 재판에서는 제후가 재판장, 최고봉신이 배석판사 역할을 하는 것이 관례였다. 봉건제는 일반적으로 분봉分封, enfeoffment이 세습으로 굳어져 분봉과 주종관계가 하나의 일관된 틀로 자리 잡고서야 본격적으로 그 기능을 하게 된 것으로 여겨진다. "봉신의 지위와 봉토의 소유가 하나로 합쳐져 불가분의 관계를 맺게 된 것이 바로 봉건체제의 요소였다."10 그러나 종국에 가서 주종관계와 분봉은 양립이 불가능했다. 봉신의 입장으로서 기사 가문의 일원들은 당연히 자기 영주들의 이익을 추구하는 데 최선의 노력을 다하겠다고 맹세했다. 하지만 또 한편으로 봉토의 소유주로서 그들은 또한 자기 자신의 이익을 추구할 수밖에 없었다. 봉건사회에 특유의 긴장감이 감돌고 배신이 횡행했던 것이 다 여기서 비롯했다.

봉건사회에는 각 영역의 최상층에서 최하층까지 사람들을 연결시키는 계약관계가 맺어져 촘촘한 망을 형성했다. 최상층에서는 군주와 그의 '직접수봉자tenant-in-chief'(국왕이나 영주로부터 직접 토지를 받은 봉신) 사이에 분봉이 이행됐으니, 이는 곧 귀족들이 왕국의 주요 지방을 차지하게 되는 것을 의미했다. 그러나 직접수봉자들은 이른바 '재분봉sub-infeudation'을 통해, 자신들이 받은 봉토에 다시 하위 차용인을 둘 수 있었다. 그리고 하위 차용인들도 자신의 봉토에 다른 차용인을 둘 수 있었고, 이런 식의 차용이 계속해서 죽 이어졌다. 대부분의 사람들이 자신보다 '우월한 자들'과의 관계에서는 봉신의 노릇을 하면서 동시에 자신보다 '열등한 자들'과의 관계에서는 영주의 노릇을 한 것이다.

당시의 봉건 계약 내용은 후세 사람들이 볼 수 있게 헌장이나 계약서 따위에 기록해두었지만, 초창기의 내용은 오늘날까지 전해지는 게 거의 없다.

삼위일체 하느님의 이름으로 […] 아멘. 프랑스를 다스리시는 하느님 왕의 은총으로, 나 루이가 이 자리에 참석한 모든 이와 여기 올 이들에게 알리노니, 오늘 우리 앞에서 샹파뉴의 앙리 백작Count Henry of Champagne이 보베의 주교 바르톨로뮤Bartholomew와 장차 그의 후계자에게 사비니의 봉토를 하사했도다. 이 봉토에 내해 앞서 말한 주교는 한 사람의 기사로서 자신이 한 약속과 자신이 맡은 바 소임을 다할 것이며, 앙리 백작을 위해 정의를 펴며 봉사할 것이다. […] 후대의 주교들도 그와 같이 해야 할 것이다. 말씀의 성육신 1167년, 망트에서 […] 상서 위그Hugh의 손으로 작성하다.[11]

지방 차원에서는, 제후 및 귀족들의 봉토에서 장원제의 면면을 엿볼 수 있었다. 이 경우에는 장원莊園, manor을 가진 영주가 얼마쯤의 땅뙈기를 농노 가구에 나누어주면, 그 대가로 그 가족이 영주의 영지에서 품삯을 받지 않고 밭일을 해주는 식으로 거래가 이루어졌다. 이러한 농노예속enserfment은, 자유민과 비자유민 사이에서 맺어진 합의관계였던 만큼, 분봉에서 나타나는 쌍방의 관계는 상당 부분 찾아보기 힘들었다. 하지만 토지와 일꾼의 품 사이에 거래가 있었다는 점, 아울러 농노가 충성을 하면 영주가 농노에 대해 그에 뒤따르는 보호를 해주었다는 점에서는 농노예속도 봉건제와 비슷한 원칙에 근거했다고 할 수 있었다. 농노제는 일반적인 노예제와는 그 성격이 엄연히 달랐다. 유럽의 일부 지역—예를 들면, 이탈리아 북부—에서는, 기사들이 자신들의 주군에게 하듯, 농노가 자신의 주인에게 충성 서약을 행했다.

이와 같은 계약관계의 망이 형성돼 있었던 만큼, 봉건사회는 지극히 위계적이었다. 843년의 베르됭조약부터 이미 "모든 사람은 저마다 한 명의 영주를 모셔야 한다"는 원칙이 명시돼 있었다. 따라서 최소한 이론으로 봤을 땐, 절대적 독립성이 있는 사람은 세상에 교황과 황제 단 둘뿐이었고, 이 둘은 하느님의 봉신이었다. 그런데 이런 사회상을 묘사하다 보면, '봉건제의 사다리'나 '봉건제의 피라미드'라는 개념을 떠올리게 마련이니, 그 안에서는 마치 한 나라의 통치자가 봉토 차용인, 재再차용인, 재재차용인, 재재재차용인 등에서 맨 아래 농노까지 층층이 정돈된 계층의 맨 꼭대기에 득의양양하게 올라 있는 것처럼 생각된다. 그러나 실제로 봉건사회는 상충하는 의존관계 및 충성관계가 어지럽게 얽힌 위에 세워져 있어 갖가지 예외와 면제가 숱했으며, 누가 누구에게 봉사한다는 선이 명확하게 설정된 뒤에도 수 세대 동안 특권 다툼, 권리 분쟁, 의무 소홀을 거치고 나면 그 경계가 흐릿해지기 마련이었다. 봉건제가 위계적 성격이었던 것은 분명하지만, 그 위계가 잘 정돈되고 규칙적이었던 것은 결코 아니었다.

알로디움allodium(자유보유지)이 얼마나 존재했는가도 지역별로 사정이 다 달랐다. 일부 지역, 일례로 훗날 스위스가 자리 잡는 곳에서는 자유보유지를 흔히 찾아볼 수 있었다. 한편 다른 지역, 예를 들면 프랑스 북부에서는 자유보유지가 사실상 자취를 감춘 상태였다. 가장 흔한 경우는 봉지와 자유보유지가 지독하게 엉켜 있는 형태로, 가문들이 재산의 일부는 봉토로 갖고 있고 다른 일부는 온전히 자신들 땅으로 갖고 있는 사례가 많았다. 봉건제의 정신하에서는 자유보유지가 원칙에 어긋나는 것으로 여겨졌다. 그래서 이런 자유보유지를 더러 페오둠 솔리스feodum solis 곧 "태양의 봉토"라 불렀다. 하지만 심리적 측면에서 봉건제가 가져온 결과는 단순했다. 거의 모든 사람이 사회 질서 안에서 자신의 지위에 제약을 받았으며, 그와 함께 자신이 의존하는 법적·감정적 관계의 테두리를 벗어나지 않았다. 이와 같은 관계는 사람들에게 어느 정도 안정감을 갖게 해주었고, 누가 봐도 명백한 정체성의 틀을 마련해주었다. 그러나 동시에 이로 인해 당대 개인들은 착취, 억압, 본의 아닌 무시가 있어도 속수무책으로 당해야 했다. "중세가 오늘날 사회와 견주어 갖는 가장 뚜렷한 특징은 바로 개인의 자유를 찾아볼 수 없다는 점이다."[12]

아울러 신앙에 많이 매달렸다는 점—특히 사후 세계를 강하게 믿고, 끔찍한 죽음의 의식을 치렀다는 점—도 중세인의 특징이겠지만, 개인의 삶은 자기 힘으로 어쩔 수 없다고 여겼던 무력감 역시 중세인의 특징으로 꼽을 수 있는 부분일지 모르겠다.

임무니타스immunitas(불수불입권不輸不入權, immunity)는 세금을 면제해주거나, 중앙권력이 부과하는 여타의 갖가지 부담을 면해주는 것과 관련 있었다. 초창기에는 교회가 주된 수혜자였으나, 서서히 개인·기관·조합에도 다양한 종류의 불수불입권이 부여됐다. 불수불입권이 생겨난 것은 통치자가 모든 책임을 다 감당하기가 더는 불가능하다는 점을 인정하게 돼서였다. 아울러 이런 불수불입권으로 정치, 사법, 경제와 관련된 권한들이 분산되는 양상이 더욱 뚜렷해졌다. 그 결과 쪽모이한 천처럼 여기저기에 권력이 혼재하는 양상이 나타나, 각 지방의 통치는 어떤 식이든 일률적 의무에 따르기보다는 세부 내용이 담긴 특허장이나 혹은 각종 '특권liberties'을 통해 개별 수도원·행정구역·도시들을 다스리는 식으로 이루어졌다. 특수주의particularism야말로 봉건 질서를 규정해주는 전형적 특징이었다.

중무장 기병과 함께, 돌로 축조된 성城, castle도 바이킹·사라센인·마자르족 침략자들이 가해오는 타격을 끝내 저지해낸 요인이었다. 험준한 바위 위나 해안가에 걸터앉은 난공불락의 요새는 비상시 인근 지역 주민들이 몸을 숨길 피난처의 구실을 했고, 수비대가 기세 좋게 달려 나가 지켜낼 수 있는 땅이 곧 그 성의 지배 영역이었다. 사람들이 이런 성을 쌓기 시작한 것은 9세기와 10세기의 일로, 왕과 제후의 권위가 가장 밑바닥까지 떨어진 시기였다. 사람들은 침략자들이 물러가고 난 뒤에는 성을 왕과 제후에 맞서 싸우는 데 활용하기도 했다. 이와 같은 식으로 개인의 성은 점차 지방권력 및 봉건권력의 보루로 자리 잡았으니, 중앙집권적 국가가 다시 출현하는 데에는 이것이 영원한 걸림돌이었다. 이로부터 수 세기가 흘러, 추기경 리슐리외 같은 정치인들이 봉건 귀족 타파에 나섰을 때에 제일 먼저 한 일도 바로 개인 소유의 성부터 허물어버리는 것이었다. [미르]

기사도chivalry는 〔프랑스어〕 슈발리에chevalerie(기사계급)에서 파생한 말로, 가장 협의로는 모든 기사가 지켜야 했던 '명예 규범'을 가리킨다. 정직함, 충성심, 겸손함, 용맹함, 인내심 등이 기사도에 포함돼 있는 도덕적 가치들이다. 이 기사도에 따라 기사는 교회를 지키고, 힘없는 자를 위난에서 구해주고, 여자들을 존중해주고, 조국을 사랑하고, 자신의 영주에게 복종하고, 불신자들과 싸우고, 진실과 정의의 편에 서며, 자신이 한 말을 지켜야 했다. 그 의미를 넓혀 생각할 경우, 기사도는 기사의 신분과 관련된 모든 관습과 관행을 ―따라서 기사의 직함, 기사단, 의례, 문장紋章, 어휘를― 가리키는 것으로 볼 수 있었다. 그러나 가장 넓은 의미의 기사도는 봉건사회 전반에 퍼져 있던 기풍을 가리키는 말이라 하겠으니, 당시 봉건사회는 기사들 및 기사가 뜻하는 모든 것에 그야말로 완전히 지배당한 사회였다. 기사도는, 기독교와 함께, '중세의 정신the medieval mind'을 떠받친 쌍둥이 기둥이다.

비록 카롤링거 시대에도 초기 봉건제의 요소가 여럿 나타나기는 했으나, 봉건제가 하나의 일관된 사회질서로 완전히 융합되기 시작한 것은 그보다 후대 들어서였다. 이른바 '봉건제의 고전시대'는 10~13세기로 잡는 것이 일반적이다. 이 주제를 대표하는 학자〔마르크 블로크〕는 이 봉건시대를 다시 둘로 구분 짓기도 한다―첫 시기는 9세기에서 11세기 중반까지로 이때엔 신분을 토대로 한 전쟁군주와 농민 사이에 소규모의 합의가 이루어지는 것이 대세였고, '제2 봉건시대'는 11세기 중반부터 13세기 중반으로 봉건 문화가 꽃을 피우고 세습 귀족이 성장한 것이 주된 특징이었다.[13] 여기서 유념해야 할 점은, 기사도는 그 모습을 서서히 드러냈다는 사실이다. 아닌 게 아니라, 사회 안에서 기사도와 관련한 태도들이 온전하게 표명되기 시작한 것도 12세기의 르네상스 시대에 이르러서였다(458~462쪽 참조).

카롤링거왕조의 몰락에 뿌리를 두었던 봉건제는 이후에도 줄곧 서방에 주로 한정된 현상이라고 해야 했다. 비잔티움제국에서도 병사들에게 세습 토지를 하사한 바 있고, 초창기 동방의 슬라브왕국에서도 포메스티에pomest'ye라는 체제를 통해 비슷한 관행이 시행됐던 것처럼 보인다. 그러나 동방의 봉건제 국가에서는, 당시 그런 것이 정말 있었다고 하면, 상당수의 기본적 요소가 결여돼 있었다. 적어도 중부 유럽 지역과 관련해서는, 봉건제의 중요성 문제를 두고 학자들 사이에 의견이 심하게 엇갈린다. 마르크스주의자들은 봉건제가 사회질서의 기반이 될 수밖에 없었다고 본다. 한편 대체로 다른 학자들은 그럴 필요가 없었다고 주장한다.[14] 이는 전적으로 봉건제를 어떤 식으로 정의하느냐에 달린 문제라 하겠다.

봉건제는 교회의 생활에도 심대한 영향을 끼쳤다. 봉건제로 교회의 중앙권력이 크게 약화됐다. 봉건제는 지방의 유력자들에게 큰 권력을 부여하는 경향이 있었고, 따라서 성직자들도 지방 유력자들의 처분에 맡겨졌다. 귀족들과 제후들은 자기 뜻대로 주교들을 서임하고 해임하는 일에 점차 익숙해졌다. 힘이 미약한 가신들은 힘이 미약한 성직자들을 자신들 뜻대로 움직였다. "주교들은 주교관을 쓴 백작으로 전락할 위험이 있었다. 왕들 역시 고위성직자를 자신에게 봉사할 의무가 있는 관리쯤으로 여겼다. 성직수여자patron들은 교회의 성직록을 가장 높은 가격을 부르는 자에게 팔아넘겼다."15 이와 같은 상황을 면치 못하기는 교황도 마찬가지였다. 제한된 방책밖에 갖지 못했던 교황은 우두커니 있다가 로마의 귀족, 이탈리아의 제후로, 후반에 가서는 다시 되살아난 제국의 꼭두각시로 전락하곤 했다.

그래도 서방의 수도원제도monasticism(수도원생활, 수도주의)가 변화하는 환경들에 적응해나갈 수 있었던 것은 부르고뉴의 클뤼니에 창설된 베네딕트회수도원 덕분이었다. 그전까지만 해도 각지의 대수도원abbey이나 은둔시설hermitage은 각기 고립돼 있어 침략자들이나 해당 지방 귀족에게 농락당하기 특히 쉬웠다. 수도원들로서는 반드시 공동의 노력을 기울여 자신들의 입지를 강화해야 할 필요성을 절감하고 있었다. 그리하여 일련의 개혁이 일어나게 되는바, 그 기원이 바로 910년 오베르뉴 백작 경건공 기욤Guillaume le Pieux이 창설한 클뤼니수도원이었다. 클뤼니수도원에서는 계율 준수를 더욱 엄격히 하고 비인간적일 정도의 장시간 예배를 포함시키는 식으로 종전 베네딕트회의 계율을 매만졌다. 하지만 이보다 더 중요한 작업이 있었으니, 클뤼니수도원이 창설하거나 혹은 합병한 모든 지회에 엄격한 권한을 행사할 수 있게끔 자신들 수도원장의 지위를 올려놓았다는 점이었다. 사실상은 이렇게 해서 역사상 최초의 명실상부한 수도회가 창설된 셈이었다. 이 수도회는 규율을 철통같이 지키고 해당 지역의 정세에 휘말리지 않음으로써 교회의 정치 안에서 점차 강력한 목소리를 낸다. 무엇보다도 클뤼니수도원은 자신들의 개혁에 대해 교황으로부터 확실히 지지를 얻어낸 후부터는 교황의 편에 서서 한결같이 교황의 수위권首位權, papal supremacy을 옹호해주었다. 910년에서 1157년 사이에는 클뤼니 대수도원장으로 장수한 이가 일곱—베르농Bernon, 오동Odon, 아이마르Aymar, 마이월Maïeul, 오딜롱Odilon, 생 위그St Hugues, 가경자 피에르Peter the Venerable—이 나오면서 스페인에서 폴란드에 이르는 지역에만 314개의 수도원이 생겨나 하나의 망을 형성했다. 이른바 '교황 군주제papal monarchy'를 설계한 우르바노 2세(재위 1088~1099)가 이 클뤼니수도원 출신이었던 것도 결코 우연이 아니었다(뒤의 내용 참조).

봉건제는 서방 문화에 심원한 유산을 남겼다고 할 수 있다. 봉건제를 통해 말과 예의범절의 틀이 잡혔거니와 재산, 법의 지배, 국가와 개인 사이 관계에 대한 사람들의 태도도 일정하게 형성됐다. 아울러 봉건제는 계약과 함께 권리와 의무 사이의 균형을 강조함으로써, 상호 신뢰 및 약속의 이행이 얼마나 중요한 것인지를 사람들에게 지속적으로 상기시켰다. 이와 같은 태도는 단순히 군 복무와 토지 소유의 분야에만 한정되지 않고 그보다 훨씬 너머에까지 갖가지 영향을 끼쳤다.

봉건제에서 운용한 군사 배치는 9세기 말 유럽 무대에 무시무시한 마자르족이 진출하면서 시험대에 오른다(396쪽 참조). 이들 마자르족은 훈족과는 별 상관이 없는 민족이었으나, 훈족만큼이나 습성이 포악했고 훈족과 똑같이 '훙가리아(웅가리아)Hungaria' 평원에 정착해 살고 있었다. 895년에서 955년에 이르는 60년 동안, 마자르족은 해마다 기습조를 파견해 과거 카롤링거 제국 땅을 휩쓸고 다녔다. 잔인한 면모로 보면 마자르족도 절대 바이킹에 뒤지지 않았으며, 날쌘 면에서는 바이킹보다 한 수 위였다. 또 협박에도 도가 터서, 공물이나 몸값을 명목으로 거금을 갈취했다. 899년에는 브렌타강을 근거지로 모여 살던 이탈리아인들이 마자르족의 공격을 받고 뿔뿔이 흩어졌다. 904년에는 마자르족이 모라비아를 제압하더니, 907년에는 바이에른, 922년에는 작센까지 제압했다. 940년대에 들어서는 유럽 일대를 제 집처럼 휘젓고 다녔다—그 기세는 아풀리아, 아라곤, 아키텐에까지 뻗쳤다. 그러다 마자르족이 마침내 호적수를 만난 것은 955년, 이들의 마지막 침공을 저지하고자 독일의 제후들과 귀족들이 손을 맞잡으면서였다. 이해 8월 10~12일에 아우크스부르크 근방 레히펠트에서 벌어진 싸움에서 작센의 오토(오토 1세)가 독일인을 이끌고 사흘간 살육을 벌여 마자르족을 상대로 그 유명한 승리를 일궈냈다. 이로써 마자르족의 기세는 수그러들었다. 살아남은 마자르족은 도로 뿔뿔이 흩어졌다가 가축을 치고 평원을 일구던 예전 생활로 돌아갔다. [부더]

어떤 이유에선지 그간 일부 역사학자들은 마자르족이 "서방에서는 그렇게 독창적인 요소가 아니었다"며 그 영향력을 깎아내려온 풍조가 있었다.[16] (이 말은 마자르족의 기세가 케임브리지까지는 못 미쳤다는 뜻일 테지만.) 그러나 실제로 마자르족은 파괴력이 대단했다. 이와 함께 마자르족은 유럽에서 지극히 중대한 발전들이 일어날 수 있게 자극제가 돼준 면도 있었다. 마자르족은 대大모라비아를 멸망시킴으로써(430쪽 참조) 도나우분지의 인종 및 정치 패턴을 다시 짰을뿐더러 향후 중부유럽Central Europe 전체의 윤곽이 잡히는 데에도 결정적 역할을 했다. 마자르족의 존재는 단순히 헝가리뿐만 아니라 보헤미아, 폴란드·크로아티아·세르비아·오스트리아, 나아가 독일제국의 형성에서 절대 빼놓을 수 없는 요소였다. 또 마자르족은 북쪽의 슬라브족과 남쪽의 슬라브족 사이에서 그 둘을 갈라놓는 살아 있는 방벽의 구실도 했다. 독일 식민주의자들이 도나우분지로 내려가, 이후 '오스트리아'에서 자기들 세를 공고히 다지도록 길을 터준 것도 마자르족이었다. 독일의 제후들을 궁지로 몰아 하나로 결속시킨 것도, 레히펠트전투Battle of Lechfeld

의 승리자를 자신들의 황제로 받아들이게끔 한 것도 마자르족이라 할 수 있다. 일설에서는 레히펠트전투가 끝나자 독일 군대 병사들이 손에 들고 있던 방패 위로 작센의 오토를 얹어 들어 올린 뒤 그 자리에서 그를 황제로 추대했다고도 한다. 애초 마자르족이 이와 같은 상황들을 염두에 두고 독일 땅을 쳐들어간 것까지는 아니었겠지만 말이다. 그러나 난민처럼 떠돌던 유목민 일곱 부족이 카르파티아산맥을 넘어, 불과 한 생애 만에 유럽 지도 위에 오래 붙박여 있을 터줏대감을 6개 내지 7개가 일어나도록 만들었다는 것은 분명 대단한 업적이 아닐 수 없었다. 이런 발전을 하찮게 여기는 것은 오로지 안락의자에 파묻혀 공부하는 역사학자들, 그것도 연안 섬나라의 외진 데 틀어박혀 공부하는 학자들뿐일 것이다.

작센의 오토 1세Otto I of Saxony(재위 936~973)가 962년에 로마에서 황관을 받고 로마의 정식 황제로 그 입지가 높아진 것을, 단순히 그가 레히펠트전투에서 승리한 까닭이라고만 할 수는 없을 것이다. 그의 부친 매사냥꾼왕 하인리히Henry the Fowler(하인리히 1세) 대(919~936)를 거치며 작센은 이미 강국으로 변모해 있었다. 하인리히는 하르츠산맥의 멤레벤궁전을 근거지 삼아 동쪽에 여러 변경백령을 설치하는 동시에, 데인인·슬라브족·마자르족이 침략해올 것을 대비해 성벽으로 둘러싼 소도시를 조성하고 여기에 독일 정주민들을 이주시켰다. 크베들린부르크, 마이센, 메르제부르크 모두 이 시대까지 연원이 거슬러 올라간다. 따라서 오토는 이미 세워진 확고한 토대 위에 제국을 건설해나가고 있었던 셈이다. 제국 곳곳의 변경백령도 교회의 힘을 빌려 세 결집을 공고히 했다. 마그데부르크의 대주교구(968), 브란덴부르크 주교구 및 하벨베르크의 주교구, 함부르크에 조성된 새 항구에도 이제는 안전하게 정주민이 이주할 수 있었다. 아울러 951~952년, 961~955년, 966~972년 이탈리아에서 치러진 세 차례의 전투 끝에, 황제가 이탈리아와 독일을 연계해 지배하는 체제가 다시 구축됐다. 갈팡질팡하던 프랑코니아Franconia(프랑켄Franken), 로타링기아Lotharingia, 스와비아Swabia(슈바벤Schwaben), 바바리아Bavaria(바이에른Bayern) 공국도 잇따른 내전과 신중한 혼인 동맹을 거쳐 이 무렵 다시 통합됐다.

이렇게 해서 세를 회복한 신성로마제국은 나중에 나폴레옹에게 멸망당할 때(1806)까지 줄곧 존속해나갔다. 작센왕가가 제국 경영의 주도권을 쥐게 되자 제국의 무게중심은 자연스레 동쪽으로 옮아갔지만, 경제생활만큼은 여전히 라인란트 지방이 주도했다. 왕이 배출돼 나오는 수도는 여전히 아헨이었던 한편, 제국이 로타링기아와 함께 옛날 '중왕국'까지 차지하면서 서쪽의 정세에도 관여할 여지가 생겨났다. 작센왕조를 이어 1024년부터 1125년까지 제국을 다스린 잘리어왕조는 기원을 따지자면 프랑크족이다. 그러나 프랑크족 제국에까지는 더는 이 왕가의 통치가 미치지 못했다. 잘리어왕조의 통치를 받은 땅은 훗날 게르만족의 나라인 신성로마제국으로 커나간다—그리고 이곳이 '독일Germany' 탄생의 도약대가 됐다(부록 1588쪽 참조).

972년에 이탈리아에서 치른 전투가 막 끝났을 무렵 오토 1세는 한 가지 중대한 발걸음을 내딛는다. 이탈리아 내의 비잔티움제국령을 정복했었던 그가 그 땅들을 도로 비잔티움제국에 돌려주면서, 이참에 서로 황제의 직을 인정해주자고 제안한 것이다. 비잔티움제국 쪽에서 오토 1세의 동등한 황제 지위를 인정해준다면, 오토 1세도 '로마인의 제국'에 경의를 표할 것이란 이야기였다. 이 제안은 오토의 아들을 비잔티움제국 전임 황제 로마누스 2세Romanus II의 딸 테오파노Theophano와 혼인시키는 것으로 성사됐다. 그러고 나서 이후 유럽에는 두 개의 제국이 존재하게 된다. 하나의 보편 제국이라는 꿈은 영영 사라져버린 셈이었다. 테오파노의 아들 오토 3세Otto III(재위 983~1002)가 제국 땅을 더 넓히겠다는 구상을 '실제로' 품었던 건 사실이다. 오토 3세는 아헨까지 순행을 떠나 샤를마뉴의 무덤을 열어보는가 하면, 동쪽의 폴란드 이웃국들을 공식 순방 하기도 했다. 그러나 오토 3세의 이런 구성은 독일에서는 물론 콘스탄티노폴리스에서도 지지를 얻지 못한 데다, 그는 슬하에 후계자도 남기지 못했다. 오토 3세의 뒤를 이은 하인리히 2세Heinrich II(재위 1002~1024)는 작센왕가에서 배출된 마지막 왕으로, 이윽고 그는 제국에 무거운 짐이 되게 마련인 온갖 문제에 부딪치게 된다. 독일에서는 수차례 내전이 일어났고, 변경지대에서는 슬라브족에 맞서 전쟁을 치러야 했으며, 이탈리아로는 원정을 떠나야 했고, 프랑스와의 사이에서도 이따금 분쟁이 터졌다.

생전에 오토 1세는 독재자로 군림하며 교황직을 업신여겼다. 그는 황명을 내려, 제국에 충성을 맹세하기 전까지는 그 누구도 교황 서임을 받을 수 없게 했다. 또 호민관들을 비롯해 로마 행정관을 교수형에 처하고는, 그 자신이 황제 대관을 받기 위한 서막으로 요한 13세John XIII(재위 965~972)를 데려다 교황직에 앉혔다. 한동안은 독립성 면에서 라틴교회의 교황이라고 해서 그리스정교회 총대주교보다 나을 게 별로 없었다. 한편 반목을 거듭하는 '서西프랑크'의 통치자들에 대해서는 작센가 황제들이 대체로 그들 각자의 재량에 맡겼다고 말할 수 있겠다. 10세기에는 카롤링거왕가의 후계자들이, 파리의 백작이었던 로베르의 후손들, 특히 '프랑스 공작Duke of the French'으로 자신이 점찍은 이를 왕위에 앉히는 게 특기인 위그 르 그랑Hugues le Grand(대大 위그)을 상대로 경쟁관계와 상호 신뢰가 뒤얽힌 복잡한 싸움을 벌이느라 여념이 없었다. 그 와중에서 카롤링거왕가의 후계자들은 로타링기아 지배권을 잃었고, 이로써 옛 프랑크족의 심장부에도 종내 관여하지 못했다. 987년 카롤링거왕가의 마지막 왕이 후계자 없이 세상을 떠나면서, 이 싸움은 위그 르 그랑의 아들 위그 카페Hugues Capet(재위 987~996)—그가 세운 왕조는 이후 근 400년(987~1328) 동안 프랑스를 통치하게 된다—에게 힘이 실리는 쪽으로 가닥이 잡혔다.

그 이후로 프랑스왕국은 명맥이 끊기는 일 없이 존속해갔다. 카페왕조로 주도권이 넘어가면서 왕국의 무게중심도 서쪽으로 옮아갔다. 물론 샤를마뉴에 대한 기억이나 로타링기아 땅을 다시 차지해야 한다는 요구는 여전히 남아 있었다. 그러나 이 왕국은 프랑크족 본연의 성격은 이미 상실하고 난 뒤였다. 후대의 주장들과는 정반대로, 프랑크왕국이 게르만족 이웃국들과 끝없이 전쟁에 휘말린 일은 사실 없었다. 하지만 새로 구성된 제국으로부터 확실히 떨어져 나온 것이 프랑스왕국에는 새 정체성을 정립할 막강한 동력이 돼주었다. 그것이 바로 프랑스라는 나라가 생겨나는 도약대였다.

　프랑크제국의 세는 이울고 작센 제국의 세는 흥성한 그 시기에, 비잔티움제국도 마케도니아 왕조 통치에 들어서며 최전성기를 누렸다. 바실리우스 1세Basil I(재위 867~886)는 원래 말 조련사 출신으로 살인을 저지르고 옥좌를 차지했으나, 막상 황위에 오르고 보니 '부흥과 통합의 시대'를 열었다는 평을 들을 만큼 유능한 행정가의 면모를 드러냈다. 그의 뒤를 이어 제국을 다스린 현제賢帝 레오 6세Leo VI the Wise(재위 886~912)와 콘스탄티누스 7세 포르피로게니투스Constantine VII Porphyrogenitus(재위 913~959)는 모두 호학好學 군주들로, 이들의 장기간 통치는 콘스탄티노폴리스의 상업적 부가 확연히 급증한 시기와 맞물렸다. 한편 요한네스 (1세) 치미스케스John (I) Tzimisces(재위 969~976), 바실리우스 2세 불가록토누스 (불가르족의 학살자)Basil II Bulgaroctone(재위 976~1025)는 전사 황제들로, 제국에 접한 모든 전선에서 공세로 밀고 나갔다. 황후(여제) 조에Zoë(978년경~1050)는 황제 남편을 셋(로마누스 3세 아르기우스, 파플라고니아인 미카엘 4세, 콘스탄티누스 9세 모노마쿠스)이나 두는 교묘한 수법으로 반세기 동안 비잔티움제국에서 권력을 잡았다. 하기아 소피아Hagia Sophia("거룩한 지혜", 성소피아성당)에는 지금까지 조에의 모자이크 초상화가 남아 전하는데, 한편에는 그리스도가 다른 한편에는 황제가 자리 잡고 있으나 당연히 황제와 관련한 비문은 지워져 그 내용을 확인할 길이 없다. 책략을 꾸미는 일에 능했던 조에의 자매 테오도라Theodora(재위 1055~1056)도 비잔티움제국의 단독 통치자로 잠시 역사에 모습을 드러냈다. [아토스]
　마케도니아왕조 통치하의 국가 비잔티움은 내적으로나 외적으로나 그 존재감을 한껏 드러낼 수 있었던 시기였다. 비잔티움제국 내 총대주교들은 시종 황제에게 비열한 아첨만 늘어놓았을 뿐이었다. 비잔티움에서는 황궁의 주도로 관료제가 운영됐고, 이를 통해 비잔티움의 속주 전역에 일관된 관행이 도입됐다. 군대도 기사와 흡사한 전문 장교단을 편성하는 것으로 재정비됐다. 귀족에 속하는 씨족들에는 국가에 대한 봉사가 한 몸처럼 붙어 다녔다. 아울러 국가가 교역과 가격을 통제하면서 국가 수입도 최대치에 달했다. 이제 콘스탄티노폴리스는 도시 인구가 여섯 자리를 헤아리며 동방과 서방 사이에서 일류 화물집산지로 기능하면서, 그 시대 다른 모든 유럽 도시를 단연 큰 폭으로 앞질렀다. 영토에 기반을 둔 비잔티움의 힘도 대폭 강화됐다. 바실리우스 1세는 타란토를 재점령해(880) 이탈리아 남부에 비잔티움의 세력을 다시 확립할 수 있었다. 비잔티움은 칼라브리아와 랑고바르디아(롬바르디아)에 총독관구exarchate를 두고 해당 지역들을 관할했다. 동방에서는 10세기 내내 군사작전을 전개해 그 결실로 시리아, 키프로스, 크레타, 킬리키아(실리시아), 메소포타미아 일부를 되찾아왔다. 아라비아인의 진격을 저지하는 성

아토스ATHOS

■ 황제 바실리우스 1세 는 885년 금인칙서金印勅
■ 書, chrysobull(golden bull)에서 '성산聖山' 아토
스를 수도사와 종교적 은둔자들만을 위한 영역으로
공식 인정 했다("금인칙서"는 중세·르네상스 시대의 유럽에
서 군주 또는 황제가 반포한 문서. 문서에 찍힌 군주나 황
제의 인장이 금색인 데서 유래한 명칭이다). 이때부터 모든
일반인과 암컷(사람이는 농불이는)은 할키니키(칼키니케)
반도의 세 갑岬 중 가장 동쪽 갑에 위치한 360제곱킬
로미터의 '성모마리아의 정원'에 들어가는 것이 금지됐
다. 이곳의 첫 번째 영구 수도원 대大라우라Great
Laura는 936년에 설립됐다. 수도원 운영 규칙을 명시
한 기본 티피콘typikon(헌장)은 972년에 만들어졌다.
해발 2033미터의 아도스산 반도는 이곳 수장인 프로
토스protos와 이곳 중심지 카리에스에서 열리는 수도
원장 회의를 통해 자치가 이루어졌다.[1] (이 지역은 유일
한 수도원 자치국(그리스정교회 곧 동방정교회)이다)
초기부터 아토스의 수도원 생활은 공동체 방식과 개
인 은둔 방식을 절충해야 했다. 10~16세기에 지어
진 20개 수도원 중 13개는 수사들이 모든 활동을 공
동체적으로 행하는 철저한 "세노비틱coenobitic" 방식
이었고(공주共住 수도원), 7개는 수사들 각자가 개인적
으로 먹고 노동하는 "이디오리트믹idiorhythmic" 방
식이었다. 가장 오래된 수도원 3개 즉 대大라우라, 바
토페디Vatopedi, 그루지야(지금의 조지아) 사람이 건축
한 이베론Iveron은 후자에 속한다. 모든 수도원은 외
딴 농장, 예배당, 수도실 등으로 구성된 네트워크와 연
결돼 있다. 깎아지른 듯한 절벽에 자리 잡은 카룰리아
Karoulia는 은둔 수사들에게 궁극적 안식처가 된다.
이곳의 오두막들에는 미로 같은 절벽의 통로, 돌계단,
쇠사슬 사다리 등을 이용해야 다다를 수 있다.
아토스산은 수 세기 동안 아라비아 해적, 라크 양치
기, 카탈루냐 침입자 등 여러 침략 세력의 위협을 받

았다. 라틴제국(1204~1261) 시기에는 이곳 수사들을
가톨릭으로 개종시키려는 시도가 있었다. 이 때문에
아토스 수사들은 동서 교회의 화합을 위한 이후의 움
직임에 강력히 반대했다. 이후 그들은 세르비아·불가
리아·왈라키아의 공작들에게 후원을 받았다. 1430년
테살로니키가 오스만제국에 정복됐을 때 아토스 수사
들은 술탄으로부터 독립성과 특권을 보장받았다.
18세기에 아토스는 콘스탄티노폴리스 총대주교와 연결
된 중요한 범汎정교회 운동의 중심지였다. 바토페디수
도원의 아카데미는 국제적 교육과 학문의 전당이었다.
19세기에 러시아는 아토스를 자국의 영향력을 강화
하는 수단으로 삼았다. 무려 5000명의 러시아 수사가
성판텔레이몬수도원St Panteleimon Monastery인 '로
시콘Roussikon'과 성앤드루의 스케테Skete of Saint
Andrew를 중심으로 자리를 잡았다("로시콘"은 수도원
이 루스족에 의해 세워진 데서 비롯한 명칭이다. "스케테"는
그리스정교에서 수도사의 소규모 공주 생활체를 말한다). 이
와 유사하게 그리스인·세르비아인·루마니아인·불가
리아인이 설립한 수도원들도 각각 해당 국가의 교회를
강화하는 통로가 됐다. 1917년 러시아혁명이 일어나
면서 아토스는 마지막 남은 가장 강력한 지원자를 잃
었다. 아토스의 현 체제는 1926년 그리스와의 협약에
의해 만들어졌다.
수십 년간의 쇠퇴기 후 1980년대에 새 수사들이 들어
오면서 인구가 약 1500명으로 늘었고 개혁 요구가 높
아졌다. 수도원이 보수됐고, 삼림이 상업적으로 개발
됐고, 도로들이 건설됐고, (남성) 관광객들을 받아들였
다. 로마와의 새로운 교류에 대한 토론도 일어났다. 아
토스의 한 수사는 이곳을 바라보는 세인들의 시선에
대한 불만을 글로 발표했다.[2] 한 논평가는 이렇게 말했
다. "아토스 수사들은 파벌 선동자이고 소문 만들기를
좋아하기로 유명하다. 결국 그것이 비잔티움 세계가
남긴 유산의 핵심이다."[3]

과 또한 올렸다. 9세기를 지내는 동안은 그곳의 토착 가문 바그라트왕조(바그라투니왕조)의 지배를 받던 아르메니아도 이 무렵 다시 비잔티움의 속국이 됐다. 924년 콘스탄티노폴리스를 상대로 공성전을 벌였던 불가르족은 그 패권을 서쪽으로 더 확장해 나갔으나, 불가르족도 서서히 세례와 검에 길들어갔다.

정치적 안정은 비잔티움에 문화 르네상스가 일어날 무대를 마련해주었다. 바실리우스 1세, 철학자 레오 6세는 그즈음 수 세기에 걸쳐 내려진 황제 칙령들을 모아 성문화하는 작업을 행했다. 비잔티움교회 건축에는 조화로운 동질성이 깃들었다. 궁정에는 문인들이 넘쳐났다. 콘스탄티노폴리스 총대주교이자 교수 포티오스Photios(810년경~893)는 고대 연구를 부흥시킨 인물로 꼽혔다. 시메온 메타프라스테스Simeon Metaphrastes(1000년경 몰)는 기독교 성인들의 생애를 모아 다룬 표준 전집 《메놀로기온Menologion》을 써냈다. 동시대 시인 요한네스 게오메트레스John Geometres는 탁월한 인문주의자의 감수성이 담긴 찬송가, 경구, 운문 작품들을 지어냈다. 미카엘 프셀로스Michael Psellos(1018년경~1081)는 궁정철학자이자 박식가로 방대한 범위에 걸친 역사, 신학, 문학 저작들을 펴냈다. 이 '마케도니아 르네상스Macedonian Renaissance'를 비판하는 부류는 이때의 성취는 창조적이기보다 잡다한 지식을 모아놓은 것에 불과하다고 주장한다.

서방을 괴롭힌 재앙에서 멀찍이 떨어진 덕에 비잔티움은 안정감과 자신감에 차 멋지게 순항해갔다. 오토 대제(오토 1세)의 역사가이자 이탈리아 왕의 사절 크레모나의 리우트프란트Liutprand of Cremona가 949년 콘스탄티노폴리스를 방문했을 때, 그는 크게 놀라 어찌 해야 좋을지 몰랐다. 콘스탄티누스 7세가 사절을 맞이하는 방식에 리우트프란트는 매우 강한 인상을 받은 동시에 크게 심기가 상했다.

황제의 옥좌 앞에는 금박을 입힌 철로 만든 나무가 한 그루 서 있고, 나뭇가지들에는 역시나 금박을 입힌 철로 만든 새들이 빼곡히 앉아 갖가지 새소리를 내며 지저귀었다. 황제의 옥좌도 얼마나 정교하게 만들어졌는지, 어느 순간 보면 낮게 내려와 있나 싶다가도 […] 또 어느 순간 보면 저 멀리 높은 데 올라가 있었다. 옥좌 양옆은 커다란 사자 두 마리가 지키고 있었으니, 철이나 나무에 금박을 입힌 것들로 채찍질하듯 바닥에 꼬리를 탁탁 치는가 하면 입을 열어 으르렁거리며 혀를 날름거렸다.

이 홀에서는 환관 둘이 황제의 시중을 들었고, 황제 앞에 나를 데려간 것도 이들이었다. 내가 홀에 들어서자 사자들은 으르렁거렸고 새들은 지저귀었다. […] 그런데 세 번째로 엎드려 절을 하고 나서 고개를 들어 황제를 보았더니, 처음 봤을 때만 해도 나보다 조금 더 높은 데에 앉아 있던 분이 어느 새 다른 의복을 걸치고 홀의 천장에 거의 닿을 만큼 높은 데 앉아 있는 것이었다. 어떻게 그렇게 할 수 있었는지, 나는 지금도 그 영문을 잘 모르겠다.[17]

당시 리우트프란트가 느꼈을 법한 열등감 속에는 이 시기에 서방이 동방에 대해 가지고 있던 태도가 잘 드러나 있기도 하다.

당시 비잔티움의 주된 적은 이슬람으로, 이들을 상대로 비잔티움은 기독교왕국을 지키는 최전선의 보루 기능을 했다. 그러나 발칸반도 쪽에도 기세가 만만찮은 나라가 하나 버티고 서서 비잔티움과 2세기 넘게 각축을 벌여오고 있었다. 최초의 불가리아제국은 테르벨Terbel, 크룸Krum, 오마르타그Omartag라는 칸들의 사업을 통해 처음 등장했으며(297쪽 참조), 비잔티움의 과거 도나우강 속주 상당 부분에까지 이 제국의 세력이 미치고 있었다. 그러다 불가리아제국이 정교 기독교 신앙을 채택하면서(427~431쪽 참조) 이 나라도 비잔티움 문명의 세계 안으로 편입되지만, 그것이 (불가리아제국과 비잔티움제국 둘 사이의) 격렬한 분쟁을 막아준 것은 아니었다. 시메온Simeon(재위 893~927)은 스스로를 "차르(카이사르)"이자 불가르족과 그리스인의 "바실레우스이자 아우토크라토르Basileus kai Autokrator"[황제이자 전제군주]라 일컬은 인물로, 이 시메온의 통치 속에서 불가리아는 자신이 발칸반도에서 비잔티움 같은 역할을 맡고자 애썼으나, 924년 콘스탄티노폴리스의 성벽 앞에서와 그 같은 노력은 다 허사로 돌아갔다. 10세기에는 비잔티움 군대가 불가리아의 동쪽 심장부를 재정복했다. 때마침 보고밀 이단을 둘러싼 분쟁이 일어나고, 마자르족 및 키이우 용병 동맹군을 활용한 것이 비잔티움으로서는 주효했다. 966~967년에는 키이우의 스뱌토슬라프Svyatoslav of Kiev가 고대 불가리아의 수도 프레슬라프를 공격해 비잔티움 황금 1800파운드를 받고 돌아갔다.

차르 사무엘Samuel(재위 976~1014)의 통치 속에서 불가리아제국은 제2의 삶을 맛볼 수 있었다. 오흐리드가 새로이 제국의 수도로 자리 잡아 이곳을 중심으로 강력한 수도원 운동이 전개되는가 하면, 독립된 불가리아교회가 생겨나 비잔티움의 재정복 이후에도 명맥을 이어나갔다. 불가리아제국이 정치적 종막의 길을 걷게 된 것은 1014년, 비잔티움이 마케도니아의 세레스에서 승리하고 난 이후였다. 바실리우스 2세가 불가르족 전쟁포로 1만 4000명을 장님으로 만들어 그들의 차르에게 돌려보냈는데, 그 모습을 본 차르가 수치심을 이기지 못하고 얼마 안 가 세상을 떠나고 만다[제1차 불가리아제국, 681~1018]. 그래도 비잔티움은 1071년의 대大위기 즉 시칠리아에는 노르만족이, 소아시아에는 셀주크족이, 콘스탄티노폴리스의 성벽 앞에는 페체네그족이 한꺼번에 들이닥쳐 제국이 돌이킬 수 없는 내리막길로 치닫기까지는 아직 시간이 좀 남아 있었다.

[보고밀]

기독교왕국은 샤를마뉴 이후로 3세기 새에 그 경계가 대폭 확장됐다. 기독교로 개종한 나라들로는 (개종한 순으로) 모라비아, 불가리아, 보헤미아, 헝가리, 키이우 루스가 있었다. 북쪽에서는 작센왕가의 변경백령이 꾸준히 세력을 밀고 나가는 가운데 강제적으로 기독교화가 이뤄졌다. 그러나 어떤 식으로든 기독교가 스칸디나비아반도 안까지 본격적으로 진출한 것은 11세기에나 들어서의 일이었다. 그리스와 라틴 교회의 수장들은 현실적 문제에서는 서로 상당한 마찰을 빚었으나, 이 무렵까지는 아직 자신들의 선교 사업을 기독교왕국에서 행해야 할 공통의 과업으로 바라보았다.

모라비아Moravia―이 국명은 국경지대marchland를 뜻하는 독일어 마렌Mähren과 관련이 있다―는 샤를마뉴 제국의 동쪽에서도 도나우강 북안에 자리 잡은 나라였다. 슬라브족 땅이 체계 잡힌 하나의 공국으로 어엿하게 모습을 드러내기는 이 모라비아가 처음이었다. 사모Samo라고 하는 자의 통치를 받던 7세기에는, 이곳이 프랑크족의 복종을 거절했다는 이야기가 프레데가르의 연대기에 전한다. 그러다 8세기에 들어서서 아일랜드 출신 선교사인 잘츠부르크의 비르길(비르길 폰 잘츠부르크)Virgil of Salzburg을 통해 바이에른 지방으로부터 모라비아로 복음이 전도됐다. 9세기에는 그곳의 제후가 독일인 주교에게 세례를 받은 것으로 보이며, 니트라에서는 교회가 하느님께 봉헌되기도 했다.

그러나 콘스탄티노폴리스 총대주교에 접근하려는 모라비아의 노력이 확실하게 응답을 받은 것은 862년으로, 미카엘Michael과 콘스탄티누스Constantine―각각 SS 메토디우스SS Methodius(815~885)와 키릴로스(키릴루스)Cyril(826~867)―로도 알려져 있다. 라는 마케도니아인 형제가 선교단을 이끌고 모라비아에 당도하면서였다. 메토디우스는 비잔티움제국의 슬라브족 속주에서 한때 행정관으로 일한 적이 있었으며, 키릴로스는 외교관으로서 곳곳의 무슬림 땅들을 비롯해 하자르 지방을 여행한 적이 있었다. 둘이 모라비아에 초청받은 목적은 아마도 독일인 사제들이 가해오는 강압적 영향력들을 저지하고, 나아가 모라비아라는 나라가 그들 자신의 언어로 예배를 드릴 수 있게끔 하기 위해서였던 것 같다. 이를 위해 키릴로스는 새로이 글라골문자(고대 슬라브어를 적는 데 쓰였던 음소音素문자)와 슬라브어 전례를 만들어냈으며 성경 번역 작업도 진행했다.

모라비아에 포교단을 창설한 이후로는, 이들 형제가 로마로 여행을 떠나 거기서 키릴로스가 죽음을 맞은 것을 주요 행적으로 꼽을 수 있다. 키릴로스의 유해는 로마 산클레멘테의 성당 지하실에 묻혔다. 메토디우스는 자신이 판노니아와 모라비아 주교로서 맡은 소임을 다하고자 다시 모라비아로 돌아왔다. 그가 세상을 떠난 것은 885년이었으며, 오늘날 슬로바키아의 브라티슬라바 근방의 벨레흐라트에서 숨을 거둔 것으로 보인다. 당시 모라비아에는 라틴교회 성직자와 그리스정교회 성직자들 사이의 세력 다툼이 상당했던 게 분명하다. 하지만 일명 '슬라브족의 사도'로 일컬어진 메토디우스와 키릴로스에게는 로마 교황과 비잔티움 총대주교 모두 후원을 아끼지 않았고, 이는 곧 보기 드문 세계교회주의운동(에큐메니칼리즘)ecumenicalism의 본보기가 됐다.

보고밀 BOGUMIL

■ 975년 황제 요한네스 〔1세〕 치미스케스는 아르메니아의 이교도 공동체를 불가리아 남부 트라케(트라키아)의 필리포폴리스(지금의 플로브디프)로 이주시켰다. 그들은 '바울파(바오로파)Paulicians'로서, 얼마 전 비잔티움에 의해 그 세가 꺾인 훨씬 더 커다란 종교 운동의 잔여 분파였다(여기서 "바울"은 260년 안티오크(안티오키아) 주교(260~268)를 시낸 사모사타의 바울 Paul of Samosata을 말한다). 같은 시기에 정교회는 정체불명의 불가리아 사제 보고밀을 추종하는 세력을 우려하고 있었다. 보고밀이 설파하는 잘못된 교리들은 수상쩍게도 바울파 교리와 흡사했다. 보고밀 추종자들 역시 이원론을 신봉했으며, 영지주의와 (기독교와 무관한) 마니교에 뿌리를 둔 전통의 계승자였다. 바울파와 보고밀파는 "흑해에서 비스케이만에 이르기까지" 유럽을 가로질러 퍼져나간다.[1]

보고밀스트보Bogumilstvo(보고밀파 교의)는 그리스인이나 불가르족 지배층에 대해 분노를 품은, 발칸반도의 학대받는 슬라브족 농부들의 마음을 얻었다. 보고밀파 교의는 두 형태 즉 주류인 '불가리아파'의 것과 비주류인 '드라고비트산파Dragovitsan'의 것이 있었다. 후자는 바울파의 철저한 이원론 교리가 뿌리내린 마케도니아 변경지대의 마을 이름에서 유래했다. 보고밀파 교의가 바실리우스Basil라는 불가르족 수사에 의해 콘스탄티노폴리스에 전해졌고, 그의 추종자 다수는 회개를 거부하다 화형에 처해졌다. 그러나 보고밀파는 12세기 중반 다시 모습을 드러냈으며, 이때 '가짜 주교들'이 그 직을 박탈당했고 보고밀파에 동조한 총대주교가 사직했다.

보고밀파 교의는 악의 기원에 대한 관점에서 파생된 문제들과 관련해 정교회 교리에서 벗어나 있었다. 보고밀파는 구약성경의 창조설을 거부했고, 신의 장남인 사탄이 세상을 창조했다고 믿었다. 또한 그리스도의 기적들이 우화일 뿐이라면서 그것을 믿지 않았고 정교회의 성례, 성상, 축일, 성찬식 및 의식을 거부했다. 특히 십자가를 그리스도의 살해 도구라 해서 몹시 혐오했다. 일설에 따르면, 그들은 하나님이 분노를 가라앉히고 사탄에게 이미 창조된 세계를 다스리게 했고, 그 결과 생겨난 악을 없애려 둘째 아들 예수를 세상에 보냈다고 믿었다. 복음의 화신인 예수는 "동정녀 마리아의 귀를 통해 그녀 몸속에 들어가 잉태된 후 같은 통로로 세상에 나왔다. 마리아는 이 사실을 몰랐으나 베틀레헴의 동굴에서 아기 예수를 발견했다. 예수는 살면서 가르침을 전했고 죽은 것처럼 가장해 지옥으로 내려가 사탄을 포박할 수 있었다."[2]

보고밀파의 행동은 동시대 사람들에게 매우 이상하게 보였다. 그들은 성경의 특정 부분, 특히 시편, 예언서, 복음서, 사도 서간, 요한계시록만 읽었다. 기도문은 '주기도문'만 사용했으며 이를 하루에 120번 암송했다. 단식을 실천하고, 혼인을 막았으며, '선민選民'인 엘리트 계층을 교육했다. 맨발의 키릴로스Cyril the Barefoot가 이끄는 한 분파는 에덴동산을 되찾는다며 나체주의를 실천했다. 전도사 테오도시우스 Theodosius를 따르는 또 다른 분파는 방종한 난행에 탐닉한바, 일부러 죄악을 경험해 회개의 자격을 얻으려 함이었다. 정치적 문제에서 모든 보고밀파 신도는 소극적이면서도 완고한 반항자의 모습을 보였다.

보고밀파는 13세기에 비잔티움과 불가리아에서 근절됐지만 그 무렵엔 이미 서유럽으로 퍼져 있었고 (476~478쪽 참조) 발칸 지역 곳곳에 뿌리를 내리고 있었다. 14세기에는 성산 아토스에까지 전해졌다. 그러나 보고밀파가 가장 득세한 곳은 보스니아와 훔(헤르체고비나)의 공국들이었다. 이곳 통치자들은 헝가리의 가톨릭과 세르비아의 정교회에 대항하려 보고밀파 신앙을 장려했다. 1199년 보스니아의 통치자와 그의 궁정은 스스로를 '파타리아 교도'(보스니아의 보고밀파를 가리키는 명칭)라고 선언했다. 종교적 운명의 여러 우여곡절에도 보스니아 사람들은 1463년 오스만제국에 정복될 때까지 대부분 파타리아 교도로 남아 있었다.

오스만의 정복 이후 보스니아 귀족들은 이슬람으로 개종했고 이로써 다시 한 번 가톨릭과 정교회의 올가미를 피했다. [사라예보]

한때 학자들은 슬라브 이교 신앙의 이원론적 믿음 때문에 슬라브족이 보고밀파에 쉽게 빠졌다고 생각했다. 12세기에 뤼베크의 헤트몰트Hetmold of Lübeck는 독일 북부의 슬라브족이 선의 신과 악의 신을 숭배한다고 소개했다. 그렇다 해도 그것은 전적으로 지역적 현상이었다. 이교도 슬라브족이 보고밀파의 영향을 받았던 것이지 그 반대였을 가능성은 적다. 발칸반도의 민속신앙에 대해서도 마찬가지로 말할 수 있다.

보고밀파 같은 이원론자를 부르는 명칭은 여럿이었다. 보고밀파, 드라고비트산파, 파타리아파Paterenes 이외에 다른 이름으로는 푼다이트Phundaites(보따리를 든 자), 바부니Babuni(세르비아), 룬카리Runcarii 또는 룬켈러Runkeler(독일), 쿠두가Kudugers(15세기 마케도니아), 포플리카니Poplicani(프랑스 북부), 부그르Bougres, 텍스토르Textores 또는 티스랑Tisserands(직조공), 알비파Albigensians, 랑그독의 카타리파Cathars가 있다.[3]

보고밀파는 '희망 없는 신앙'으로 불렸다. 그렇다면 그 신봉자들은 희망 대신 놀라운 인내심을 보여준 셈이다.

두 형제의 이름은 체코인, 크로아티아인, 세르비아인, 특히 불가르족 사이에서 널리 숭상을 받았으며 종국에는 이들이 형제가 죽고 나서 남은 선교단을 거두어주었다. 메토디우스가 세상을 떠나고 20년 뒤, 모라비아는 마자르족에게 멸망당한다. 그러나 '유럽의 공동후원자'라 해야 할 모라비아에 대한 기억은 지금까지도 쉽사리 지워지지 않고 그 주위를 맴돌고 있다.

불가리아에서는 라틴교회와 그리스정교회의 세 대결이 종국에는 그리스정교회가 승세를 잡으며 마무리됐다. 9세기 중반, 보리스 1세Boris I(재위 852~888)는 프랑크족과 동맹을 맺고도 그것을 농락하는 듯한 광경을 연출하고 있었다. 862년, 도나우강의 툴룬에서 독일왕 루이를 만난 것이 그 일례다. 그러나 이 계책은 불발에 그쳤다. 865년 비잔티움과 화친을 맺으면서 보리스 자신이 콘스탄티노폴리스의 총대주교로부터 세례를 받게 됐기 때문이다. 하지만 그러고도 보리스는 로마와 모의를 계속했으니, 그가 로마식 관례 및 신학과 관련해 106가지 질문을 담아 교황에게 서신을 보내자 교황 니콜라오 1세Nicholas I(재위 858~867)도 그 유명한 〈답신Responsa〉을 써서 보내지 않을 수 없었다. 이후 비잔티움이 불가리아로의 세력 진출을 더욱 본격화해 클레멘트 슬로벤스키Clement Slovensky(오흐리드의 클레멘트Clement of Ohrid)(840~916)가 이끄는 불가리아 선교단이 창설되는 한편, 결국에는 막바지 힘을 몰아 불가리아를 정교회의 울타리 안으로 들이는 데 성공했다. 마케도니아인이었던 클레멘트는 키릴로스와 메토디우스를 따라 모라비아에 발을 들였던 이로, 슬라브어 전례를 만들고자 했던 키릴로스의 작업을 계승한 핵심 인물이었다. 구교회Old Church의 슬라브어 전례 언어나 키릴문자나, 그것을 체계화한 이는 십중팔구 클레멘트였을 것이다. 클레멘트는 불가리아교회의 제1대 주교를 지냈으며, 그의 시신은 현재 (북마케도니아) 오흐리드의 성판탈레이몬수도원(성클레멘트와 성판탈레이몬 교회)에 묻혀 있다. 기독교에 대한 이교의 저항을 완전히 억누르게 된 893년 이후로는, 프레슬라프에 자리한 차르 시메온의 궁정을 주축으로 교회에 관한 학식이 그야말로 폭발적으로 증가하니 이제는 고대 교회 슬라 브어가 그것을 전달해주는 역할을 하고 있었다. 독립적 불가리아교회는 총 7개 교구를 두고 있었으며, 오흐리드·플리스카·프레스카·네세바르·사르디카(소피아)·베오그라드·프레슬라프가 여기 해당했다.

보헤미아도, 불가리아와 마찬가지로, 수년에 걸쳐 라틴교회와 그리스정교회의 세력 사이에서 줄타기를 해야 했다. 9세기에는 보헤미아 제후들의 충성심이 정반대의 두 방향으로 향했다―한쪽은 프랑크족이었고 다른 한쪽은 모라비아인이었다. 보르지보이 1세Bořivoj I(재위 855~891)와 그의 배우자 루드밀라Ludmila는 프라하 내의 궁전이 자리한 언덕 위에 흐라드차니 성당을 건립했으며, 세례를 받고 모라비아식(슬라브식) 전례를 따르게 된 경우였다. 보르지보이의 후계자 스피티흐네프 1세Spytihněv I(재위 893~915)는 바이에른의 레겐스부르크에서 세례를 받고 라틴어 전례를 따랐다. 바츨라프[1세]Václav(재위 921~929)는, 성 벤체슬라스St Wenceslas로 더 잘 알려진 인물이자 그 삶과 죽음이 라틴어 사료와 슬라브어 사료 모두에서 엇비슷하게 기려지는 인물로, 마자르족의 맹공이 한창일 때 잠시 보헤미아를 다스렸다. 그는 자신의 동생인 볼레슬라프 1세Boleslav I(재위 929~967)에게 살해당하는데, 당시 볼레슬라프는 작센왕조와의 관계를 더 돈독히 다지려 애쓰던 중이었다. 얼마 안 가 바츨라프는 점차 거세지는 게르만족의 위세에 희생당한 순교자로서, 체코인들의 국가 성인聖人으로 자리 잡는다. 967년에 설립된 프라하 주교구는 대도시 마인츠에 종속되니, 이를 통해 새로운 오토 제국의 힘이 얼마나 막강한지가 드러난 셈이었다. 성 보이테흐St Vojtech(혹은 아달베르트 폰 프라크Adalbert von Prag, 956~997)가 이 교구의 제2대 주교였다.

그럼에도 슬라브어 전례는, 프르셰미슬왕조의 보호를 받으며, 라틴어 전례와 함께 보헤미아 내에서 100년 넘게 명맥을 이어갔다. 특히 사자바수도원에서는 재원이 넉넉한 슬라브어 학습 학교가 활발히 활동하며, 키이우의 정교회 및 크로아티아의 라틴교회 양쪽 모두와 교류해나갔다. 1091년에는 왕 브라티슬라프 2세Vratislav II가, 라틴교회에 저항한다는 뜻으로, 사자바수도원의 마지막 수도원장이 행한 두 번째 슬라브어 대관식을 순순히 받았다. 그러나 그 후로 보헤미아에서는 라틴화가 실질적으로 완결됐다. 보헤미아는 슬라브족 국가이면서도 신성로마제국의 봉토이자 독일교회의 종속 관구client province로서, 독일의 궤도 안으로 가장 단단히 끌려 들어간 나라인 셈이었다.

보헤미아의 동쪽 이웃 폴란드 역시 복잡하고 오랜 과정을 거쳐 기독교왕국으로 변모해갔다. 9세기 들어 비스와족이 모라비아에 충성을 맹세했을 때 키릴로스와 메토디우스 선교단을 만난 것이 처음으로 기독교와 접촉하게 된 계기였다. 비스와족 족장이 슬라브어 전례로 세례를 받은 것은 875년으로 보이며, 이 시기에 창건된 기독교교회의 흔적은 지금까지 여러 군데서 발견된다. 크라쿠프를 비롯한 비스와강 상부 땅은 990년까지 보헤미아의 일부로 남아 있었으나, 그때까지도 체코와의 관계는 줄곧 이어지다 1086년에 끊어졌다. 초창기에 폴란드가 슬라브어 전례와 가졌던 연관성은 지금까지 그렇게 강조돼오지는 않았으나, 보헤미아의 경우와 마찬가지로, 그 연관성이 12세기까지도 이어졌다는 주장도 일리가 있다.[18]

북쪽 땅의 부족들 대부분은 나중에 가서 최초의 폴란드왕국의 핵심을 이루게 되는데, 처음엔 전혀 다른 길을 밟아나갔다. 10세기 중반까지는 계속 이교도로 남아 있다가, 이후 곧장 라틴교회의 영역으로 이끌려 들어간 것이다. 이교도로 남아 있던 막바지 시기 슬라브왕국이 어떤 모습이었는지는 무어인 유대교도 이브라힘 이븐 야쿠브Ibrahim Ibn Jakub가 남긴 글을 통해 그 전모를 엿볼 수 있는바, 그는 코르도바 칼리프의 명에 따라 965년경 중부 유럽에 사절로 파견된 일이 있었다. 당시 방문지는 프라하였으며, 크라쿠프에도 발을 들였을 가능성이 있다.

슬라브족의 땅은 시리아해海에서 북쪽의 대양에까지 걸쳐 있다. [...] 현재 이곳을 다스리는 왕은 네 명이다. 우선 불가르족의 왕이 있으며, 볼레슬라프는 파라가Faraga, 보이에마Boiema, 카라코Karaco의 왕이고, 메스코Mesko는 북쪽 지방의 왕이며, 나콘Nakon은 서쪽 경계의 왕이다.

슬라브족은 폭력적이며 공격적인 성향이 있다. 자기들끼리 불화를 일으키는 일만 없다면 [...] 이들의 강인함을 따를 수 있는 민족은 그 어디에도 없다. [...] 이들은 특히 농사에 힘을 쏟으며 [...] 육상을 통한 교역은 루테니아인의 땅과 콘스탄티노폴리스에까지 이른다. [...]

슬라브족 여자들은 결혼을 하면 간통을 저지르지 않는다. 그러나 아가씨가 이 남자 저 남자와 사랑에 빠지면 그녀는 기꺼이 남자를 찾아가 자신의 끓어오르는 욕정을 달랜다. 남자가 어떤 아가씨와 결혼을 했는데 그녀가 처녀인 것을 알게 될 경우 [...] 남자는 여자에게 이렇게 말한다. "네게 뭔가 좋은 점이 있었다면 [...] 네 처녀성을 차지할 누군가를 너는 이미 만났을 테지." 그러고는 여자를 도로 돌려보낸다.

온 데를 통틀어 슬라브족의 땅이 가장 춥다. 밤에 달빛이 환하고 날이 맑으면, 그 어느 때보다 심한 서리가 내린다. [...] 사람들이 숨을 들이쉬고 내쉴 때면 수염에 고드름이 달리기도 하는데, 꼭 유리로 만든 것 같은 모양이다. [...]

슬라브족에겐 목욕탕이 따로 없지만. [...] 돌로 난로를 만들고, 거기에 따뜻하게 불을 지핀 뒤 사람들이 물을 가져와 붓는다. 피어오르는 수증기를 사람들은 손에 풀을 한 움큼 쥐고 사방으로 흩뜨린다. 그런 식으로 그 안에 있으면서 땀구멍을 열어 몸 밖으로 노폐물을 죄다 내보낸다. 이 오두막을 알이츠바al-istba라고 한다. [...]

슬라브족 왕은 바퀴가 넷 달린 거대한 마차를 타고 이동한다. 마차에는 귀퉁이에 쇠사슬로

받침대를 매달아 승객들 몸이 쉬 흔들리지 않게 해놓았다. […]

슬라브족은 비잔티움인들은 물론이고 프랑크인, 롬바르디아인, 그 외 다른 민족들과도 전쟁을 벌인다.[19]

꽤나 흥미로운 점은 당시 이브라힘 이븐 야쿠브는 루스족(루시족)을 슬라브족으로는 여기지 않았다는 것인데, 아마 그때까지도 계속 루스족이 노르드인에 속하는 줄로만 알았기 때문인 것 같다. 그래도 의심의 여지 없이 분명한 사실이 있으니, 무슬림령 스페인(에스파냐) 출신의 이 외교관은 유럽 내륙의 이국적 민족들을 호기심에 찬 눈으로 바라봤다는 점이다. 현대의 인류학자가 파푸아의 여러 민족을 관찰하기라도 하듯이 말이다(부록 1606쪽 참조).

965년, 이브라힘 이븐 야쿠브가 중부 유럽을 찾은 바로 그해에, 폴라니에Polanie(폴란드인들)의 제후로서 바르타강을 근거지로 살아가던 미에슈코 1세Mieszko I가 체코인들과 동맹을 맺었다. 동맹의 일환으로 그는 체코인의 공주 두브라브카Dubravka와 결혼을 하는 동시에 기독교식 세례까지 받았다. 그것이 마자르족을 패퇴시킨 뒤로 부쩍 세가 흥기한 작센제국에, 그리고 기독교를 받아들이라는 독일로부터의 압박에 그가 보인 반응이었다. 라틴 선교단 주교구는, 십중팔구 산도미에시에 있었을 슬라브어 전례를 사용하는 앞서 설치된 교구를 계승해 포즈난에 생겨났을 것이다. 폴란드로서는 독일 제국에 의지하는 일은 피한 셈이었다. 그로부터 30년 뒤에는, 국가 폴란드가 급속도로 세를 통합해나가는 것과 맥을 같이해, '폴로니아Polonia'라는 교회 속주가 생겨났다. 기원후 1000년에 황제 오토 3세Otto III가 새로 생겨난 그니에즈노 대도시 주교구를 방문해 폴란드의 제후를 자신의 "친구이자 적"이라며 끌어안았을 때, 미에슈코의 비엘코폴스카Wielkopolska(대大폴란드)는 이미 남쪽의 마워폴스카Małopolska(소小폴란드)와 합쳐진 뒤였다. 멩지제치와 티니에크에는 베네딕트회수도원이 창설돼 있었다. '용맹공' 볼레스와프 1세 흐로브리(용감왕)Bolesław I Chrobry 'the Brave'(재위 992~1025)는 1003년에 프라하를 급습하는가 하면 1018년에는 키이우의 황금 성문에 자신의 검으로 승리의 표시를 남기기도 한 인물로, 자신의 무공에 대한 보답으로서 교황으로부터 폴란드 최초의 왕관을 받아 쓸 수 있었다. 1037년에는 대규모의 이교도 반란이 일어나 구질서가 절체절명의 순간을 맞았음을 알렸다. 그 이후로 폴란드는 왕실의 수도를 크라쿠프로 옮기고, 그곳에 원활히 세를 잡은 피아스트왕조는 서서히 폴란드를 가톨릭을 지키는 동방 최고의 보루로 만들어나간다.

헝가리도 폴란드와 매우 유사한 길을 밟아나갔다. 헝가리가 기독교를 처음 접하게 된 것은 비잔티움을 통해서였다. 포로였던 그리스인 수도사 히에로토스Hierothos가 '투르키아의 주교'로 서임을 받은 것이 950년경이다. 그러나 레히펠트전투(955)가 있고 나서는 헝가리에도 독일의 위세가 미친다. 그리하여 975년에 마자르족 출신의 제후 게저Géza(재위 972~997)가 온 가족을 이끌고 세례를 받은 뒤 라틴어 전례를 따르게 됐다. 게저의 아들 이슈트반István(성 스테판St Stephen, 재위 997~1038)은 바이에른의 공주와 결혼하는 한편, 로마에서 수여하는 왕관을 받아들임으로써 황제와의 유대를 더욱 공고히 다졌다. 이슈트반의 대관식은 1001년에 주교구에서 열렸는데, 황제 오토 3세가 그니에즈노를 다녀간 지 불과 1년 후의 일이었다. 아울러 멩지제치의 자매회가 문을 연 바로 그해 판논할마에도 수도원이 문을 열었다. [부더]

당시 이와 같은 초기 왕국들은 모두 세습제 국가로 각종 권리며 재산은 모두 그곳을 지배하는 제후가 차지했다. 따라서 이들 나라가 기독교(이를 들여온 것은 식자층 성직자들이었다)를 채택한 것은 걸음마 단계의 군주제를 강화하려는 하나의 수手였다고 봐야만 할 것이다.

한편 키이우루스(키이우루시, 크이우루시)Kievan Rus'는 포괄적 정치 안정책의 일환으로 988년 비잔티움을 통해 기독교를 채택하게 된다. 사실 루스족은 지난 1세기에 걸쳐 비잔티움과의 관계가 더욱 밀접해진 터였다. 둘은 드니프로강에서의 교역, 바랑인의 침략, 스텝지대에서의 전쟁 등 온갖 방식으로 접촉할 일들이 많았다. 당시 키이우의 대공 볼로디미르Volodymyr(블라디미르 1세Vladimir I, 재위 980~1015)는 원래 거리낄 것 없는 이교도에, 형제살해자에, 일부다처자였다. 하지만 비잔티움 황제에게 그 유명한 바랑인 친위대Varangian Guard에 전사 6000명을 고용하라고 설득하기 위해서 그는 정교회 세례를 받는 것과 아울러 황제 바실리우스 2세의 누이 안나Anna와 결혼하는 대가를 치르지 않으면 안 됐다. 대공의 할머니 성 올하St Olha(올가Olga)가 기독교 개종자였음에도, 볼로디미르는 똑같은 길을 걷기 전에 이러저러한 선택지를 놓고 고심을 거듭했다. 키이우루스에서는 외국에 사절들을 파견해 당시 경쟁하던 유대교, 이슬람교, 기독교 신앙의 장점들이 무엇인지 보고하게 했다. 그중 콘스탄티노폴리스의 성소피아성당에서 받은 감격을 전한 사절들이 낙점을 받았는데, 이들도 리우트프란트가 황제를 알현했을 때의 것과 같은 수준의 대접을 교회로부터 받은 것이었다. 그런 연후에야 키이우 대공은 비로소 세례식을 받았다. 그는 백성들을 드니프로 강둑으로 모이게 한 뒤, 그들도 '집단으로' 세례를 받게 했다. 또 귀족 집안 자제들을 부모 품을 떠난 타지로 데려다 이 새로운 신앙을 공부시켰다. 나중에는 다수의 선교단이 나라로 들어와 성 클레멘트(클레멘트 슬로벤스키)가 불가리아에서 널리 전파한 정교회의 한 분파와 함께, 고대 교회 슬라브어, 키릴문자, 콘스탄티노폴리스 대주교에 대한 충성을 가르쳤다. 키이우에는 속속 교회들이 들어섰고 이교 신전은 허물어졌다. 11세기 초반에는 기독교가 노브고로드, 민스크, 폴로츠크에까지 이르렀다. 이후로 루스족은 기독교왕국의 일원으로서 줄곧 흔들림 없이 자신들 믿음을 지켜나가게 된다. [노브고로드]

키이우의 대공 볼로디미르는, 역시 광대했으나 얼마 못 가 사라진 또 다른 왕국의 창건자 샤를마뉴에 종종 비견되곤 한다.[20] 둘은 유사하게 느껴지기가 무척 쉬운데, 무엇보다 두 인물 다 후대 자신들 나라의 전설에서 영웅으로잡았다는 점에서다. 물론 당시 프랑크족 샤를마뉴를 프

노브고로드 NOVGOROD

■ 옛 노브고로드는 삼림지대에 둘러 싸여 있었기
■ 때문에 거의 모든 것을 나무로 만들었다. 주택·
교회·도로·배수구가 나무로 제작됐고, 기록 도구도
자작나무 껍질을 이용할 정도였다. 노브고로드는 발
트해–흑해와 카스피해–발트해 교역로의 북쪽 끝에
위치했으며, 볼호프강 양안에 걸친 교역 거점으로서
발전하기 시작했다. 목재는 틀림없이 주요 싱품의 하
나였을 것이다.

1951~1962년 노브고로드의 광범위한 발굴 작업이
진행됐을 때, 중세고고학을 대표하는 이 유적들 중 한
곳에서 연륜年輪연대학dendrochronology(나이테연대
측정법)이 필요한 중요 과제가 등장했다. 물기를 머금
은 땅속에 목제 유물들이 놀라운 상태로 보존돼 있었
던 것이다. A. V. 아르티콥스키A. V. Artikhovsky와 B.
A. 콜친B. A. Kolchin 연구 팀은 13회에 걸친 발굴을
통해 9000제곱미터 유적지에서 1150개 통나무 구조
물을 발견했다. 가장 놀라운 것은 큰길이 있던 곳에서
무려 28개 목제 도로 층이 확인된 일이다. 가장 최근
것인 1번 층의 연대는 1462년, 가장 오래된 28번 층
은 953년이었다. 500년 동안 평균 18년에 한 번씩 도
로가 새로 만들어진 셈이다. 수레바퀴와 썰매 때문에
손상된 낡은 도로 위에 소나무 통나무를 덧씌워 도로
를 다시 건설하는 방식이었다. 다량의 주화도 발견됐
는데 그중 두 무더기는 8세기 중앙아시아에서 주조된
것이었다. 이는 넓은 범위를 아울렀던 노브고로드의
교역 활동이 몽골 침략 시기까지도 중단되지 않았음

을 말해준다. [디르함]

자작나무 껍질에 기록된 400통의 편지 중 핀란드어로
된 한 통만 빼고 나머지는 전부 고대 러시아어로 쓰여
있었다. 5번 층(연대 1409~1427)에서 나온 17번 편지
는 도시 외곽 토지의 관리인이 해당 토지의 주인에게
보낸 것이다.

> 미하일이 티모시 주인님께 존경을 담아 적습니다. 토지
> 준비를 마쳤고 이제 파종을 해야 합니다. 오십시오.
> 다들 준비가 됐습니다. 허나 당신의 지시가 없으면
> 우리는 호밀을 얻을 수 없습니다.[1]

12번 층과 13번 층(1268~1299) 사이에서 발견된 37
번 편지 조각에는 청혼이 담겨 있다.

> 니키타가 울랴니차에게. 나와 결혼해주오. 내게는
> 당신이, 당신에게는 내가 필요하오. 이그나티오가
> 입회인이 돼줄 거요.[2]

노브고로드 주민들은 모스크바대공국에 의해 대량
학살 당했다. 노브고로드의 옛 목제 도로를 걷다 보
면, 만일 러시아가 이 평화적 공국의 주도하에 성장했
다면 러시아의 역사가 어떻게 달라졌을까 생각해보게
된다.[3] 노브고로드 중심의 러시아는 경쟁 세력들을 제
압하고 승리한 모스크바 중심의 러시아와 완전히 달
랐을 것이다. 하지만 역사에서 가정은 의미가 없다. 어
찌 됐든 중세의 유물은 그런 물음에 대해선 아무런 실
마리도 주지 않는다.

랑스인이라고 할 수는 없었듯이, 루스족 볼로디미르 역시 러시아인이라 할 수 없었다. 샤를마뉴
생전에 '프랑스'라는 나라가 존재하지 않은 것과 마찬가지로, 볼로디미르 생전에도 '러시아'라는
나라는 존재하지 않았다. 아울러 안타깝게도, 키이우루스가 남긴 유산은 이때로부터 5세기 후
역사에 등장한 러시아정교회가 모두 제 것인 양 독차지하겠다고 나섰고, 근대의 러시아 프로파
간다는 다른 경쟁자들 및 전통을, 그중에서도 우크라이나와 그들의 전통을 억누르고자 자신이

가진 권력 안에서 할 수 있는 모든 일들을 해왔다. 그러는 사이, 샤를마뉴가 샹송 드 제스트(무훈시)에서 국가의 영웅으로 변모했듯, '대공 볼로디미르'도 중세 러시아의 빌리나bylina 안에서 핵심 주인공으로 거듭났다("빌리나бытина"는 11세기에서 16세기의 러시아 영웅서사시를 통틀어 이르는 말이다. 러시아에 침입하는 외적과 싸우는 영웅들의 무용을 노래한 것으로, 구전돼온다). 롤랑, 올리비에, 주교 튀르팽Turpin에 짝하는 인물들이 바로 알료샤 포포비치Alyosha Popovich, 도브리나 니키티치Dobryna Nikitich, 용맹한 농부 일리아 포포비치Ilya Popovich다—이들은 주인공(볼로디미르)을 "크라스노예 솔니슈코Krasnoe Solnyshko"("우리의 사랑하는 작은 태양")라 부르며 그와 함께하는 동료다. 이와 같은 별명이 붙은 줄 알았다면, 실상은 전혀 성자답지 못했던 성자 볼로디미르 자신이 아마 가장 파안대소했을 테지만(부록 1591쪽 참조).

스칸디나비아 지방 역시 기독교의 울타리 안으로 편입되기까지 한바탕 싸움을 거쳐야 했다. 스칸디나비아반도를 기독교로 개종시키기 위해 창설된 선교단이 브레멘에서 활동을 시작한 것은 780년부터였다. 그러나 바이킹의 생활방식은 기독교의 복음과 쉽사리 양립하지 못했고, 스칸디나비아 지방의 세 나라 궁정 모두에는 이교도 집단이 완강하게 버티고 있었다. 덴마크는 푸른이빨왕 하랄Harald Bluetooth(재위 940~986)이 960년에 기독교를 받아들였으나, 오르후스와 슐레스비히에 주교구를 설립하고 난 뒤 왕 자리에서 쫓겨났다. 그의 아들 삼지창수염왕 스베인Swein Forkbeard(재위 985~1014)은 한때는 이교도 저항 운동의 지도자였다가, 나중에야 데인인의 기독교회를 선봉에서 이끌었다. 그러다 덴마크와 잉글랜드를 함께 다스렸던 크누트 대왕(재위 1016~1035) 대에 들어서 앵글로-색슨족 선교사들이 배를 타고 스칸디나비아로 선교 활동을 떠나게 된다.

노르웨이도 이와 비슷하게 2막으로 드라마가 펼쳐졌다. 올라프 트뤼그바손Olaf Tryggvason(재위 995~1000)의 기독교 개종 시도는 영 불안했던 반면, 올라프 하랄손Olaf Haraldson(재위 1016~1028)의 두 번째 시도는 뇌물·강압·광신의 방법들이 한데 맞물린 끝에 성공을 거두었다. 이 두 번째 올라프(올라프 하랄손 곧 올라프 2세)는 데인인에 맞서 조국을 방어하다 목숨을 잃고 니다로스(트론헤임)의 성당에 묻혔으며, 얼마 안 가 노르웨이의 국가 성인으로 시성됐다. 스웨덴에서는 올라프 스쿠트코눙Olaf Skutkonung(재위 995~1022)이 1008년에 세례를 받았으나, 이로 말미암아 기독교와 이교도 당파 사이에 내전이 터져 1세기가 넘도록 계속됐다. 성 올라프와 마찬가지로, 스웨덴의 성 에리크St Eric(1160년 몰, 전장에서 목숨을 잃었다)와 덴마크의 성 크누트 4세St Canute IV(1085년 몰, 아살을 당했다)도 나중에는 모두 기독교 순교자로 추앙받았다. 1140년대에 들어서는 트론헤임·움살라·룬드에 대도시 교구들이 설립됐으며, 당시 설립을 주도한 교황 특사 니콜라스 브레이크스피어Nicholas Breakspear는 훗날 잉글랜드인으로서는 유일하게 교황 자리(하드리아노 4세, 재위 1154~1159)에까지 올랐다. [에이리크]

에이리크 EIRIK

■ 1075년 이전의 어느 날 크누트 대왕의 조카 스
■ 베인 울프손Svein Ulfsson 왕은 아우든이라는
남자의 방문을 받았다. 왕에게 북극곰을 선물하려고
배를 타고 그린란드에서 덴마크까지 온 남자였다. 이
일화는 〈아우든 이야기Audun's Story〉라는 전설에 소
개돼 있다. 그로부터 얼마 후 울프손 왕에게 독일인 사
제 이담 폰 브레멘Adam von Bremen이 찾아왔다. 그
는 함부르크 대주교구의 역사에 관한 책을 저술하기
위해 자료를 모으는 중이었다. 당시 스칸디나비아는
함부르크 대주교구 관할이었다. 아담에 따르면, 왕이
그에게 이렇게 말했다고 한다. "저 먼 바다에 또 다른
섬이 있다. 이미 여러 사람이 발견했고, 야생 포도나무
가 풍부해 맛 좋은 포도주를 생산해서 빈란드Vinland
라고 불린다. 게다가 자생 곡물도 풍부한 곳이다."[1] 이
는 북아메리카를 언급한 가장 오래된 유럽 기록이다.
고고학적 증거, 특히 뉴펀들랜드 북부에서 나온 증거
는 노르드인이 실제로 대서양 건너의 대륙으로 이주
한 사실을 뒷받침해준다.[2]
'빙하 바다the Glacial Sea'의 탐험은 몇 세기에 걸쳐
계속됐다. 아이슬란드의 존재는 8세기에 아일랜드에
알려졌다. 노르드인의 아이슬란드 이주는 870년경 시
작됐다. 그린란드는 최초 이주민들이 정착(985년 또는
986년경)하기 약 80년 전에 이미 발견돼 있었다. '빈란
드'가 처음 발견된 것도 이 무렵이었다.[3]
탐험의 중심인물은 모험가 붉은 [머리] 에이리크Eirik
the Red(940년경~1002)였다. 에이리크는 일련의 살
인 사건 이후 고향 노르웨이 예데렌을 떠나 아이슬란
드로 갔다. 하지만 그곳 사람들과 불화가 생겼다. 그
의 노예들이 고의로 산사태를 일으켜 이웃 농장을 망
쳐버렸다. 토르네스의 아이슬란드 의회에 의해 추방
당한 그는 어느 섬의 서쪽 해안가에 도착해 정주지
를 만들고 '다른 이주민들을 유도하려 섬에 그린란드
Greenland라고 이름 붙였다.' 아이슬란드가 1000년에

공식적으로 기독교를 채택하기 15년 전의 일이었다.
에이리크의 작은아들인 '행운아' 레이프 에이릭손Leif
Ericsson은 서쪽에 새로운 땅이 있다는 소문을 확인
하고자 1001년경 그린란드를 출발했다. 레이프는 탐
험에서 돌아와 헬룰란드Helluland("평평한 바위의 땅"으
로, 배핀섬으로 추정된다), 마클란드Markland("숲의 땅"으
로, 래브라도로 추정된다.), 위치를 특정하기 어려운 "포
도의 땅"인 빈란드에 대한 이야기를 들려주었다. 포도
나무들을 발견한 사람은 레이프의 팀험대 일원인 게
르만인 티르키르Tyrkir였다. 에이리크의 며느리 구트
리드Gutrid의 부유한 두 번째 남편 토르핀 카를세프니
Thorfinn Karlsefni는 아메리카 해안 지방에 영구 정
주지로 삼을 땅을 찾아 두 차례 탐험대를 조직했다.
에이리크의 사생아 딸 프레위디스Freydis도 빈란드를
두 번이나 찾아갔다. 첫 방문 때 그녀는 자신의 가슴
을 드러내 보여 아메리카 원주민의 공격을 물리쳤다
고 한다. 두 번째 방문 때 그녀는 동행한 모든 이들을
살해했다. 1009년 가을 에이리크의 장남 토르스테인
Thorstein의 미망인이자 카를세프니의 아내인 구트리
드는 빈란드에서 아들 스노리Snorri를 낳았다. 스노리
는 최초의 유로-아메리카인이 됐다.
빈란드의 정확한 위치는 학자들 사이에서 내내 논란
거리였다. 현재는 뉴펀들랜드(캐나다 동남부 세인트로렌
스만 입구의 섬)와 랑스오메도즈(뉴펀들랜드섬 최북단)
의 한 지역이라는 데에 거의 의견이 일치되고 있다. 티
르키르가 발견한 빈베르vinber(와인베리)는 야생 크랜
베리였을 것이고 '자생 밀'은 갯보리류였을 것이다. 노
르드인의 아메리카 상륙이라는 주제는 많은 '스칸디
네이버리Skandiknavery'(스칸디나비아 관련 사기詐欺)를
만들어냈다. 대표적인 것은 1920년 마서스비니어드
Martha's Vineyard(미국 매사추세츠주 케이프코드(코드곶)
서남쪽의 대서양에 면한 섬)의 바위에 누군가 고약한 장
난으로 1001년이라고 표시된 룬문자 비문을 새겨놓
은 일과, 1965년 예일대학교에서 빈란드 지도가 간행
된 일이다.[4]

이 주제와 관련해서는 고대 노르드어의 사가가 중요한 참고자료가 된다. 〈그린란드의 사가The Graenlandinga Saga〉(1190년경), 〈에이리크의 사가Eirik's Saga〉(1260년경), 〈아이슬란드의 서Islandingabòk〉(1127년경)가 대표적이다. 마지막 것은 아이슬란드인의 역사를 기록한 것으로, 스노리 카르세프니손Snorri Karsefnisson의 증손자인 주교의 의뢰로 저술됐다.[5]

아이슬란드를 제외하고, 멀리 떨어진 노르드인의 식민지들은 오래가지 못했다. 빈란드는 몇십 년 후에 버려진 땅이 됐다. 바다코끼리 상아, 모피, 흰 매 등의 교역으로 한때 번성했던 그린란드는 14세기 들어 쇠퇴했다. 구루병과 기후 악화가 그린란드에 큰 타격을 주었다. 그린란드에서 출발한 마지막 배가 아이슬란드에 도착한 것은 1410년이었다. "그린란드에 정착한 마지막 노르드인은 얼마 후 애도의 종소리도 없이, 관도 없이, 아무도 모르게 생을 마쳤다."[6] 그의(또는 그의 마지막 일행 중 한 명의) 꽁꽁 언 유해는 엘리자베스 1세 시대의 탐험가 존 데이비스John Davys(Davis)(1550~1605)에 의해 1586년 그린란드 해안가에서 발견됐다. 600년 전 붉은 머리 에이리크와 레이프 에이릭손이 그랬듯, 데이비스도 '위대한 항로the Great Passage' 너머 신비의 땅에서 만날 행운을 찾아 멀리 북서쪽으로 항해했다[7]("위대한 항로"는 "북서항로the Northwest Passage" 곧 유럽에서 북아메리카대륙 북쪽 해안(북극 지방)을 거쳐 태평양과 아시아에 이르는 항로를 말한다. 지리상의 발견 시대 이래, 16세기 후반부터 이 항로를 개발하려는 많은 탐험이 있었다.)

바츨라프에서 에리크에 이르기까지, 전 국민의 추앙을 받았던 이들 성자 왕들은 실제로는 전혀 성자답지 못했는바 이 사실만 봐도 당시의 기독교 개종이 얼마나 피상적으로 이루어졌는가를 알 수 있다. 동시에 이는 국가 내에 공동체 의식을 불어넣는 데서 기독교가 어떻게 이용됐는지 그 과정을 엿볼 수 있는 부분이기도 하다. 당시 신생 기독교 국가 중 이 단계에서 왕 서열의 성자, 혹은 순교자-왕을 배출하지 못한 나라는 폴란드 한 곳뿐이었다. 그 대신 폴란드에서는 순교자-주교가 배출됐다. 파란만장한 삶을 살았던 크라쿠프의 주교인 스타니스와프 슈체파노프스키Stanisław Szczepanowski(1030~1079)는 생전에 왕에게 저항했다가 제단 앞에서 왕 휘하의 기사들 손에 말 그대로 사지가 갈가리 찢기는 참극을 당했다. 그의 죽음은 잉글랜드에서 일어난 성 토머스 아 베켓St Thomas à Becket(캔터베리 대주교, 1170년 몰)의 순교 사건을 선례로 삼았을 가능성이 큰데, 당시 라틴교회의 세력이 점차 커져가고 있다는 사실과 더불어 이로 인해 교회와 국가 사이에 갈등이 불거지고 있다는 사실을 보여주었다. 나중에 이 사건은 죄 많은 폴란드왕국이 여러 봉토로 쪼개져 실랑이를 벌이게 된 상황을 상징하는 사건으로 여겨졌다.

장기간에 걸친 이 두 번째의 기독교 개종 시기에, 그리스정교회와 라틴교회는 껄끄럽게 분리돼 있을지언정 줄곧 공존해나갔다. 둘 사이에서 협조는 거의 찾아볼 수 없었지만, 그렇다고 두 교회가 공식적으로 갈라선 것도 아니었다. 그러나 11세기 중반에 마침내 두 교회는 이별의 기로에 서게 된다. 콘스탄티노폴리스에서 1043년 승격된 총대주교 미카엘 1세 케룰라리오스Michael

I Kerullarios가 이탈리아 남부의 비잔티움제국 총독과 설전을 벌인 것이 계기였다. 둘 사이에 실랑이가 벌어지는 도중 미카엘은 콘스탄티노폴리스에 자리 잡은 라틴교회들을 전부 폐쇄시키는 한편, 라틴교회 주교들에게 서한을 보내 그들이 분열을 조장하는 관례, 특히 성체성사에 누룩을 넣지 않은 빵을 쓰는 것을 맹렬히 비난했다. 로마 교황직은 5년 동안의 우여곡절 끝에 교회 내에서 큰 목소리를 내던 레오 9세Leo IX(재위 1049~1054)의 손에 들어가니, 본명이 브루노 폰 에기스하임Bruno von Egisheim인 그는 툴의 주교이자 독일 황제의 사촌이었다. 교황 레오는 자신에게 주어진 사명을 강하게 믿었고, 서방 주교와 왕들의 권력 남용을 참지 못했던 만큼 그리스 정교회의 대주교가 보이는 옹졸함도 더는 받아줄 마음이 나지 않았다. 1054년 1월, 교황 레오는 추기경 훔베르트 드 모이엔무디에Humbert de Moyenmoutier를 단장으로 하는 사절단을 콘스탄티노폴리스에 보내어 교황으로서 자신이 최고 수위권을 가지고 있음을 그리스정교회가 인정한다는 승인을 받아오도록 했다. 뒤따라 재앙이 터진 것은 어쩌면 당연한 일이었다. 총대주교는 사절단의 권한을 인정하지 않은 것은 물론, 교황 레오가 세상을 떠났다는 소식에도 아랑곳없이 끝내 공격적 선언문을 내놓았다. 사절단도 가만있지 않고 7월 16일, 총대주교를 파문한다는 내용의 교황칙서를 아무도 없는 성소피아성당의 제단 위에 갖다 두는 것으로 응수했다. 이와 같은 모욕은 용서받을 수 없는 일이었다. 이윽고 그리스정교회에서는 회의를 소집해 교리와 관례 양면에서 라틴교회 이단자들을 비난하는 동시에 교황 사절들을 파문에 처한다고 결의했다. 이로써 두 교회의 관계는 돌이킬 수 없는 지경이었다. [미사]

　기독교왕국을 어지럽힌 이 대사건이 일어나면서 벌어진 동서 교회의 간극은 이후 두 번 다시 좁혀지지 못했다. 1054년 이후부터는 보편 교회 제국이라 부를 만한 곳만 단순히 두 개가 존재하는 게 아니었다. 보편 정교의 기독교 교회라고 부를 만한 것도 두 개가 생겨난 셈이었으니까. 이로부터 300년 전, 유럽 땅을 가르는 주된 경계는 남쪽의 기독교 땅과 북쪽의 이교도 땅 사이에 놓여 있었다. 그러나 이제부터는 서쪽의 가톨릭 땅과 동쪽의 정교회 땅 사이에도 경계가 그어지게 됐다(48쪽 지도 3 참조).

1054~1268년

바이킹과 마자르족의 시대에 가장 치명적인 타격을 입은 곳이 유럽 서부와 중부였다면, 처음엔 셀주크튀르크족이 나중엔 몽골족이 유럽에 본격적으로 모습을 드러냈을 때 그로 인한 참화를 입은 곳은 유럽 동부였다. 아닌 게 아니라, 11세기 후반 이후 라틴 기독교왕국은 개혁과 부흥의 시대에 접어들어 있었다. 바로 이 시기에 동쪽의 제국은 돌이킬 수 없는 쇠락의 단계에 접어들었던 것이다. 그리고 십자군전쟁에서도 잘 드러나듯, 이 두 움직임은 서로 아주 관련이 없지 않았다.

동방과 서방 사이에 대분열이 일어나고 있을 당시, 비잔티움제국은 변경지대는 전쟁이 일고 궁정은 분란에 싸이는 등 대규모까지는 아니라도 나라가 이래저래 뒤흔들리며 정신이 없었다. 실제로도 제국 내에서 일어난 장군들의 반란, 총대주교의 야욕, 황후들의 모의는 이탈리아의 노르만족, 도나우강의 페체네그족, 아르메니아의 셀주크튀르크족만큼이나 제국에 커다란 타격을 준 것으로 드러났다. 1057년(또는 1056년)에 노쇠한 테오도라가 세상을 떠나고 이로써 마케도니아왕조는 막을 내리면서 그러잖아도 사상 최대의 위기에 직면해 있던 비잔티움제국은 한층 더 뒤숭숭해졌다.

셀주크족은 1031년에 이미 옥수스강을 건넌 참이었고, 1040년대에는 페르시아, 1060년대에는 아르메니아, 1070년에는 예루살렘까지 장악했다. 한때 바그다드도 점령할 뻔했으나 간발의 차이로 실패했다. 셀주크족 술탄, "이슬람 부활자Reviver of Islam"라는 별칭이 붙는 투그릴(토그릴) 베그Tughril(Toghril) Beg(재위 1038~1063)와 알프 아르슬란Alp Arslan(재위 1063~1072)은 사람들에게 전투욕을 십분 불어넣어 둘의 휘하에는 각양각색의 사람들이 모여들었다. 그들을 따라다닌 수행단에는 페르시아인 행정관, 그리스인 자문관, 다수의 철학자·수학자·시인들이 있었다.

깨어나라! 밤夜의 그릇 안에 담긴 아침이
돌을 쏘아 올려 벌써 별들을 달아나게 했으니
거기다 보라, 동쪽 사냥꾼이 던진
빛의 올가미에 술탄의 탑도 사로잡혔구나.

여기 가지 아래에 한 조각의 빵
한 잔의 포도주, 한 권의 시집 ―너는
내 곁에서 이렇게, 황무지 들판에서 노래하니―
그러니 황무지 들판도 제법 낙원이로구나.

이것은 모두 밤과 낮이 얽힌 장기판
인간과 함께 운명이 장기 말이 돼 노는,
움직이며 짝을 짓고 서로를 도륙하는,
그리고 하나씩 차례로 도로 벽장 안에 놓이네.[21]

오마르 하이얌Omar Khayyam(1048~1131, 그가 쓴 페르시아어 4행시들은 아마 영문학으로 가장 즐겨 번역되는 작품들 중 하나일 것이다)은 천문학자이자 역법曆法학자로 알프 아르슬란의 셀주크

미사 MISSA

■ 기독교의 전례는 불변하는 것이 아니었다. 찬미
■ 가, 성경 봉독, 설교, 응답 성가, 찬송가, 본기도 등으로 이뤄진 성무일도聖務日禱, Divine Office(시과전례時課典禮)는 5세기부터 형태가 정리되기 시작했다. 한때 날마다 낭송하던 시편 150편을 여러 날에 걸쳐 낭송하도록 수정한 시과 규칙을 만든 사람은 (누르시아의) 성 베네딕트(480년경~547년경)였다. 트루아의 수교 프루덴티우스Prudentius(861년 몰)는 승인된 전례문 요약집인 초기 성무일도서를 완성했다. ("미사"는 라틴어로 "가톨릭에서, 예수의 최후의 만찬을 기념해 행하는 제사 의식" 또는 "가톨릭교회의 미사 때 부르는 성악곡"을 뜻한다.)

기독교 성례 중 가장 엄숙한 미사는 시일이 좀 더 흘러 확실한 형태가 갖춰졌다. '성체성사' '감사의 의식' '성찬식' '주의 만찬' 기념식 등 여러 가지로 불리는 미사는 관례상 나머지 성무일도와 구분됐다. 미사 순서를 적은 최초의 '미사전서全書'는 10세기에 등장했다. 미사의 중심인 영성체領聖體, communion 때 사제는 그리스도의 살과 피인 빵과 포도주를 축성해 영성체자(성체배령자聖體拜領者)에게 나눠준다. 13세기부터 1965년까지 로마가톨릭교회는 포도주 배령을 미사 집전 사제에게만 한정했다. 그러나 현재는 원래대로 빵과 포도주를 모두 받아 모시는 '양형兩形 영성체 communion in both kinds'를 택하고 있다. 영성체의 신학적 의미, 특히 토마스 아퀴나스의 화체설化體說, transubstantiation은 종교개혁기에 엄청난 논쟁을 불러일으켰다.

미사의 주요 부분에 음악을 넣는 관습은 매우 중요한 결과를 가져왔다. 특정한 날이나 시기에 따라 내용이 달라지는 미사 고유문固有文, proper은 대개 낭송하거나 노래로 불렸다. 입당송入堂頌, Introit, 층계송層階頌, Gradual, 봉헌송奉獻誦, Offertory, 영성체송Communion Anthem이 이에 해당한다. 반면 내용이 변하지 않는 미사 통상문通常文, Ordinary은 정교

한 음악이 작곡될 수 있는 길을 열어주었다. 통상문에는 다음과 같은 것이 포함된다. 태양 숭배에서 빌려온 고대 기도인 키리에 엘레이손Kyrie Eleison(자비송), 사순절 기간에는 대개 생략하는 글로리아 인 엑셀시스 데오Gloria in Excelsis Deo(대영광송), 크레도Credo(니케아신경), 영성체 전에 부르는 경배 찬가인 상투스Sanctus(거룩하시도다), 아뉴스 데이Agnus Dei(세상의 죄를 없애시는 하나님의 어린 양), 이테 미사 에스트Ite, missa est(평안히 가시오. 미사가 끝났으니).

통상문을 두 명 이상의 노래, 그리고 이후 악기 반주를 동반한 합창으로 완성하는 것은 중세 다성음악의 중요한 도전과제였다. 통상문 전체를 한 벌로 묶은 미사곡은 기욤 드 마쇼Guillaume de Machaut(1377년 몰)에 의해 작곡됐으며, 르네상스 무렵에는 그와 유사한 종류의 곡이 흔하게 만들어졌다. 손꼽히는 음악가는 조반니 팔레스트리나Giovanni Palestrina(1594년 몰)와 가톨릭교도였지만 영국국교회 예배에 참석한 윌리엄 버드William Byrd(1543~1623)다. 팔레스트리나의 독창성 넘치는 〈교황 마르첼로의 미사Missa Papae Marcellae〉(1555)는 트리엔트공의회의 지시에 따라 가사의 의미 전달을 최대한 명확하게 했다. [칸투스]

미사곡은 음악사에 커다란 영향을 끼쳤다. 과거의 주문呪文이 종교적 예배의식의 영적·미적 효과를 변화시킨 것과 마찬가지로, 미사에 합창과 악기를 도입한 것은 유럽의 음악 전통에 근본적 변혁을 가져왔다. "음악은 미사 전례문이라는 통로를 통해 서양 기독교 세계의 문화사 안으로 들어섰다."[1]

요한 제바스티안 바흐의 대곡 〈미사곡 B단조Mass in B minor〉(1738)가 발표된 이후 미사곡은 종교적 의식과 분리돼 연주되기 시작했다. 프란츠 요제프 하이든은 14개의 미사곡을 작곡했는데 〈드럼 미사곡Drum Mass〉(1796)과 〈관악기 미사곡Wind-Band Mass〉(1802)이 대표적이다. 볼프강 아마데우스 모차르트는 18개의 미사곡을 만들었으며 아름다운 미완성 작품인 〈레퀴엠Requiem〉(1791)이 대표적이다. 루트비히

판 베토벤의 〈장엄 미사곡 D장조Missa Solemnis in D major〉(1823)는 이 분야 최고의 걸작이라 해도 손색이 없다. 이후 낭만파 음악가인 프란츠 리스트, 샤를 프랑수아 구노, 안톤 브루크너, 레오시 야나체크도 아름다운 종교음악을 만들었다. 20세기 들어 기독교 신앙이 쇠퇴하고 전통적 음악 형식이 붕괴했음에도 미사곡은 살아남았다. 프레더릭 딜리어스는 니체의 반反종교적 작품을 토대로 합창곡 〈인생의 미사곡A Mass of Life〉

(1909)을 작곡했다. 이고리 페도로비치 스트라빈스키의 〈합창과 관악기를 위한 미사곡Mass for Chorus and Wind Instruments〉(미사곡)(1948)은 마쇼를 모델로 삼은 신新대위법을 사용해 작곡됐다.[2]

노래의 유무와 상관없이 전 세계의 가톨릭교회와 정교교회에서는 항상 미사를 올린다. 오늘날 종교적 전통과 거기서 유래한 음악 장르는 둘 다 생생하게 살아 있다.

족 궁정에서 일했으며, 바로 이 술탄의 손에서 무슬림의 가장 위대한 승리가 이룩됐다. 1071년 8월 19일, 반호湖 근방의 만지케르트에서 비잔티움과 국경 분쟁을 벌이던 셀주크족이 비잔티움 제국의 황제를 완전히 제압했다. 싸움에 나섰던 비잔티움 군대는 일망타진당했다. 당시 비잔티움의 황제 로마누스 4세 디오게네스Romanus IV Diogenes(재위 1068~1071)는 셀주크족에게 포로로 붙잡혔다. 비잔티움제국이 소아시아 땅에 차지하고 있던 심장부는 온통 셀주크족 천지가 됐고 이후로는 튀르크족이 다스리는 룸토후국의 근거지 노릇을 했다. 비잔티움제국의 인구와 경제 자원은 현격히 줄어들었다.

비잔티움이 예전의 기세를 온전히 되찾는 일은 다시 없었다. 이때부터 황제들은 콘스탄티노폴리스라는 요새에 틀어박혀 오그라들기만 하는 제국의 입지를 방어하느라 딴 겨를이 없었다. 셀주크족 쪽도 가진 힘을 다 써버리고 기운이 떨어진 참이었다. 셀주크족은 예루살렘을 보호하던 역할을 이내 이집트에 세워진 시아파 파티마왕조에 넘겨주어야 했는데 경쟁 토후들 사이에 전쟁이 일어나면서 비잔티움제국은 얼마간 숨을 돌릴 수 있었다. 에너지 넘쳤던 젊은 황제 알렉시우스 1세 콤네누스Alexius I Comnenus(재위 1081~1118)가 제국의 현상 유지를 위해 취한 조치들은 과단성 있는 것들도 있었으나 딱히 바람직하다고만은 할 수 없는, 교회의 보물을 빼앗는 등의, 재정적 방책들도 끼어 있었다. 황제는 그리스에서 노르만족을 격퇴했으며 흑해와 에게해 연안에 걸친 귀중한 땅들을 수복했다. 그러나 비잔티움이 예전의 상태로 돌아간다는 것은 확실히 불가능했다. 마누엘 1세 콤네누스Manuel I Comnenus(재위 1143~1180) 대에 비잔티움제국에서는 이른바 '콤네누스 르네상스Comnenian Renaissance'가 꽃을 피워 학문·신학·건설 방면에서 특히 많은 발전이 있었다. 그러나 제국 로마와 다시 합친다는 원대한 구상은 여지없이 어그러졌다. 마누엘이 황실 조정을 라틴인들로 메우면서, 제국 안에서는 라틴인들의 위세가 커져 특히 라틴인과 베네치아인 사이에 알력 다툼이 심해졌다. 악정을 일삼던 안드로니쿠스 1세 콤네누스Andronicus I Comnenus(재위 1183~1185)는 그 자신의 행태를 본보기 삼은 폭도들에게 붙잡혀 고문을 당하다 세상을 떠났다. 그래도 비잔티움 제국은 겉보기로는 아직 위대함을 온전히 유지해가는 듯했다. 콘스탄티노폴리스만 해도 여전히 기독교왕국 안에서 가장 부유하고 가장 문명화된 도시였다. 콘스탄티노폴리스의 각종 무역, 행사, 강렬한 종교 숭배 모두 전과 다름없이 활발히 이루어지고 있었다. 하지만 물자가 차츰 메말라갔다. 이제 비잔티움 정치체에는 1204년 들어서 이곳의 명줄을 거의 끊어놓다시피 할 충격이 닥칠 날만 남아 있었다.

비잔티움제국이 곤경이 처하자 그 여파는 정교회를 신봉한 슬라브족의 땅에도 심각하게 미쳤다. 이즈음 교황이 차차 서방 땅에 힘을 행사하게 된 것과 달리, 그리스정교회의 총대주교는 불가르족, 세르비아인, 키이우인에게 힘을 행사할 뜻도 없었거니와 그럴 만한 방편도 가지고 있지 못했다. 만지케르트전투(1071) 이후의 11세기에, 발칸반도는 또다시 대혼란에 빠져들어 있었다. 1090년에 재차 콘스탄티노폴리스의 성벽 앞에 들이닥친 페체네그족을 끝내 제압한 것도 1122년에나 들어서였다. 제국 북서쪽에서는 마자르족으로부터 세르비아를 지키기 위해 장기간에 걸쳐 수차례 군사작전을 벌이지 않으면 안 됐다. 1186년에는 불가르족이 또다시 세를 떨치고 일어나 불가르족 '제2차 제국'을 세웠다.

키이우루스는 이 무렵 대체로 알아서 자기 갈 길을 가야 했다. 이에 볼로디미르(재위 980~1015)의 뒤를 이은 현명공 야로슬라프Jaroslav the Wise(재위 1019~1054)는 폴란드인으로부터 적赤루테니아Red Ruthenia 땅을 빼앗아오고, 페체네그족을 패퇴시킨 데 이어, 대규모의 해군 원정대를 보내 콘스탄티노폴리스를 공략하기까지 했다. 그러나 야로슬라프가 세상을 떠나자 공국은 이윽고 여러 개로 쪼개져 그 사이에서 전쟁이 벌어지기 바빴다—이때 서쪽에는 할리치와 볼히니아, 남쪽에는 키이우, 투로프, 체르니고프, 북쪽에는 노브고로드, 폴로츠크, 스몰렌스크, 볼가강 상류에는 트베리, 블라디미르-수즈달, 랴잔이 자리 잡고 있었다. 이와 같은 루스족의 분열은 확실히 비잔티움인들이 부채질한 면이 있었다. 이웃한 폴란드인도, 폴란드왕국이 1138년 이후 키이우루스와 마찬가지로 오랜 분열 상태에만 빠지지 않았다면, 아마 루스족의 이런 상황을 십분 이용하려 들었을 것이다. 슬라브족의 초기 왕국들은 몽골족이 모습을 드러내기 훨씬 전부터 상당히 어지러운 상태였던 셈이다.

동슬라브족이 뿔뿔이 갈라지는 것은 이제 불 보듯 훤한 일이었다. 키이우가 상업과 종교 면에서 아직 중심지 노릇은 하고 있었으나, 스텝지대를 누비는 페체네그족(파치나크족)과 폴로프치족(쿠만족)이 언제든 마음을 바꿔 이곳을 치고 들어올 수 있는 데다, 도시는 정치적 장악력은 거의 잃은 상태였다. "~의 가장자리" 혹은 "변경"이라는 뜻의 "우크라이나Ukraina"라는 말이 키이우 일대 땅에 처음 적용된 것은 12세기 들어서였다. 할리치(갈리치아, 1140년에 사료에 처음 등장했다)와 볼히니아의 경우에는 로마노비치왕조의 통치를 거치기도 했다. 이 왕조의 다닐로 로마노비치Daniel Romanowicz(재위 1235~1265)는 처음엔 교황 특사로부터 왕관을 받았으나, 나중에는 가톨릭과의 연계를 거부했다. 한 연대기에 따르면, 당시 왕에게는 민중의 편에 서서 보야르boyar(당대 러시아의 귀족 세력)를 억눌러야 한다는 요구가 강했다고 한다. 사람들은 왕에게 말했다. "꿀맛을 보려면 먼저 벌부터 죽여야 한다."

북동쪽에 자리했던 루스족의 공국들 쪽으로도 농민들의 이주가 눈에 띄게 이뤄져 볼가강 상류의 산림지대 안쪽으로 정주지가 형성됐고, 이것이 곳곳에 도시가 성장하는 발판이 됐다. 모스크바강유역의 모스크바에 사람들이 정착했다고 하는 기록은 1146년에 처음 등장한다. 1169년에는 블라디미르의 대공 안드레이 보골륩스키Andrei Bogolyubsky의 세가 꽤 강성해져 키이우를 약탈할 정도였다. 1185년에는 세베르의 대공 이고리Igor(이고리 스비야토슬라비치)가 유명한 원정대를 이끌고 폴로프치족을 쳤다. 그러다 1126년부터는 노브고로드가 하나의 어엿한 독립 공화국으로 길을 걷기 시작한다. 노브고로드의 베체veche(자유민들로 구성된 민회)에서는 도시의 최고위직 행정관 및 대주교 모두가 선출돼 나왔다. 민회는 계약조건을 명백하게 규정해 그곳을 통치하는 대공의 권력을 제한했다. 노브고로드의 문서에 의하면, 북쪽 드넓은 땅 곧 백해白海(지금의 러시아 서북부에 있는 북극해의 만)에 자리한 대천사 성미카엘수도원에 이르기까지의 영토가 전부 그곳의 영역에 속했다. 블라디미르 및 노브고로드의 대공 알렉산드르 넵스키Aleksandr Nevskii(1220년경~1263)는 네바에서 스웨덴족을 쫓아내는 한편(1240) 얼어붙은 페이푸스호湖(지금의 에스토니아와 러시아에 접해 있는 호수) 위에서는 독일기사단을 물리치기도 했다(1242). [노브고로드]

비잔티움제국의 쇠락으로 확실히 덕을 본 곳이 또 하나 있다면 신출내기 헝가리왕국이었다. 헝가리는 카르파티아산맥이 북쪽을 보호막처럼 에워싸고 콘스탄티노폴리스와 게르만 제국으로부터도 위협받지 않을 만큼 멀찍이 떨어져 있어, 도나우분지를 통합해가면서도 이렇다 할 반발을 겪지 않았다. 그리하여 1004년에는 헝가리가 트란실바니아를 장악하고, 1089년 이후로는 크로아티아와 달마티아까지 차지해 바다로 통하는 주요 통로를 열었다. 12세기에는 아름다운 산으로 둘러싸인 보스니아까지 흡수했다. 상上헝가리(즉 슬로바키아)를 비롯한 헝가리의 주변부 경계 모든 땅에서는 라틴교회를 믿는 마자르족 귀족층이 슬라브족, 독일인, 루마니아인들이 주로 살아가던 방대한 영지에 세를 확립하고 있었다. 동쪽 경계에서는 기다랗게 형성된 군사지대를 따라 피정복민 쿠만족이 영구 정착했다. 이 무렵 이교 신앙도 뿌리 뽑혔다. 이른바 '군인왕'으로 일컬어지던 성 라디슬라스St Ladislas(라슬로László, 재위 1077~1095)와 그의 조카 콜로만 1세Coloman I(칼만Kálmán, 재위 1095~1116)는 모두 콘스탄티노폴리스와 가까운 혈족으로, 이들 대代에 성 스테파노가 시작한 개척 작업이 최종 마무리됐다. 헝가리 왕은 일찍이 1222년 안드레아스 2세Andreas II의 이른바 '금인칙서'를 통해 귀족층과 고위 성직자의 면책권을 인정해주었고, 귀족층 고위 성직자로 구성된 헝가리 의회는 왕에 대해 공식적으로 저항할 수 있는 권리를 무기로 갖추고 있었다.

비잔티움의 세가 물러간 것은 남南캅카스(자캅카스, 트랜스코카서스) 지역에도 중요한 변화를 불러일으켰다. 대大아르메니아의 바그라티드왕조Bagratid dynasty(바그라투니왕조Bagratuni dynasty)는 카르스 근방의 아니를 근거지 삼아 9세기부터 세가 흥성했으나 이후 셀주크족의 세에 휩쓸렸다. 그리하여 수많은 아르메니아인이 추방당하고 떠돌이 신세가 됐으니 더러는 저 멀리 폴란드에까지 이르기도 했다. 그 와중에 남은 무리가 남쪽 과거 킬리키아 땅에 '소小아르메니아'를 세우는바, 이 나라는 이후 3세기 넘게 명맥을 이었다.[22] 그러나 여기서 그루지야(조지아)가 다시 떨어져나갔다. 쇄신왕 다비드David the Renovator(재위 1089~1125)의 대를 거치는 동안 그루지야는 트빌리시에서 셀주크족을 몰아냈다. 여왕 다마라Tamara((다마르Tamar), 재위 1184~1213) 대에는 그루지야에 눈부신 궁정문화가 꽃피어, 그루지야 특유의 기독교 문화가 튀르크족, 페르시아인, 아라비아인이 주입한 문화와 조화롭게 섞였다. 그루지야의 시인 쇼타 루스타벨리Shot'ha Rust'aveli는 그리스에서 공부한 이로 국제적 명성을 얻었다고 알려져 있다. 루스타벨리의 서사시 〈표범 가죽을 두른 기사Knight in the Panther's Skin〉는 그가 여왕 타마라에게 바친 작품이며, 긍정적 시각에서는 이를 "르네상스 정신이 첫 숨을 내쉰 작품"이라 보기도 한다.[23]

중세 사회는 농촌의 분위기가 여전히 압도적으로 강했다. 당대 사람들 삶에서 중심축이 된 것은 봉건 영지, 영주와 농노 사이 영속적 관계였다. 따라서 도시들이 싹을 틔워 막 고개를 내밀었다 해도 그것이 중세 사회의 전반적 모습까지 바꿔놓은 것은 아니었다. 그럼에도 도시의 출현은 분명 중요한 일이었으니 단순히 미래를 염두에 두어서만이 아니라 무역의 체계화와 문화의 전파라는 측면에서도 그러했다.

성벽으로 둘러싸인 성이 그렇듯, 성벽으로 둘러싸인 도시들은 당시 시골이 안전하지 못했다는 사실을 드러내줬다. 도시의 성곽, 성문, 탑들은 사막의 오아시스처럼 어쩌다 마주치는 안전지대를 지키려 조성된 것들이었다. 그러나 이들 덕분에 자신만의 뚜렷한 개성을 지닌 사회 공동체들이 발달할 수 있었고, 아울러 갈수록 도시들은 점차 스스로에 독자적인 법적·정치적 정체성을 부여하고자 애쓰게 됐다. 도시는 주로 항구나 도하渡河 지점, 시장, 혹은 백작이나 주교들의 거주지를 중심지 삼아 한데 뭉치는 양상을 보였다. 생겨나 얼마 존속하지 못하고 역사의 뒤안길로 사라진 소도시town들도 많았다. 그러나 12세기에 이르자 유럽의 여러 지역에서 군데군데서 활기차게 도시화의 움직임을 보이는 곳들이 나타났다. 이 추세를 이끈 곳이 베네치아·피사·제노바 같은 이탈리아 도시들이었다. 이윽고 롬바르디아·라인란트를 비롯해 다수의 직물산업 도시들—토스카나의 피렌체와 시에나, 플랑드르의 이에페르, 브뤼주(브루게), 헨트—이 이탈리아 도시들과 경쟁을 벌였다. 런던과 파리는 경제적 측면만이 아니라 정치적 측면에서도 성장의 이

유를 찾을 수 있었다. [피에스타]

당대 도시사회의 가장 특징적인 면은 도시민(뷔르거, 부르주아지)burgher 계급의 형성 곧 도시민들이 자신들보다 수가 많은 직인職人, artisan및 사회에 뿌리를 내리지 못한 부류들에 맞서 조직을 이룬 것이다. 여기서 중요했던 점은, 서방의 도시민 대부분이 도시 성벽 바깥에서 흔히 찾아볼 수 있던 봉건적 관계를 스스로 벗어던졌다는 사실이었다. "자유가 부르주아지의 법적 지위가 됐다. [⋯] 그것은 더는 개인의 특권이 아니라 토지에 따르는 특권으로, 도시의 토양 안에서 그것을 찾을 수 있었다."²⁴ 그러나 무슬림 방식에 따르는 노예제 역시, 특히 이탈리아에서, 흔히 찾아볼 수 있었다. 지중해 무역을 통해 유대인이 대거 유입되는 문제를 해결하고자 특별허가장이 발부됐다. [게토]

무역은 충분한 시행착오 끝에 자리 잡은 몇 개의 무역로에 의해 그 패턴이 결정됐다. 예전만 해도 레반트와의 무역은 콘스탄티노폴리스가 주선했으나, 이제는 베네치아와 제노바가 그 역할을 넘겨받았다. 잉글랜드산 양모의 수요가 끊이지 않으면서 북해의 무역로들도 한층 안전하게 정비됐다. 알프스산맥을 가로지르는 통로 양 끝에는 롬바르디아와 라인란트가 자리 잡고 있었다. 1180년 이후로는 샹파뉴 백작들이 초기 형태의 자유무역지대를 세우는데, 이들 지역에 섰던 정기시定期市, fair들은 이윽고 국제통상에서 일종의 물류센터로 자리 잡았다. [고타르][한자]

11세기 후반기 서유럽의 많은 지역에서는 서로 관련 없어 보이는 일련의 혁신이 장기간의 과정을 거치며 진행됐다. 이 시기 들어 각종 제도가 명확히 틀을 잡아나갔는가 하면, 일시적으로 운용되던 방편들은 먼 미래에 대비한 계획들로 스스로 변모해나갔다.

1059년 4월 14일, 교황 니콜라오 2세Nicholas II(재위 1059~1061)가 칙서를 통해 앞으로 교황 선출은 반드시 추기경단을 통해 이루어져야 한다고 밝혔다. 교황이 이런 움직임을 보이게 된 것은, 교황이 갖는 독립성을 주장하는 동시에 작년의 사태 즉 경쟁관계의 두 파벌이 경쟁 관계의 교황 둘을 임명하는 일을 피하기 위해서였다. 그때까지 수 세기 동안 교황은 전통적으로 '로마의 시민 및 성직자'들의 뜻에 따라 임명되는 방식이었으나, 그러다 보니 교황들이 로마의 지방 정치에 휘둘리기 일쑤였다. 보다 근래에는 교황 후보자를 천거하는 일마저도 독일 황제들의 손에 맡겨져 있었다. 그래서 외부의 힘에서 벗어나고자 교황이 필요한 행보들을 하나둘 밟아나간 것이었다. 교황이 이끄는 성청이자 정부인 로마교황청이 사료에 처음 등장한 것도 이로부터 얼마 지나지 않아서였다. [콘클라베]

1059년 8월, 아풀리아의 멜피에서 탕크레드 드오트빌Tancred d'Hauteville의 열두 아들 가운데 넷째 로베르 기스카르Robert Guiscard가 교황으로부터 아풀리아 및 칼라브리아 공작령과 함께 '장래의' 시칠리아공작령을 하사받았다. 땅을 하사받는 보답으로 로베르는, 그 땅들을 자

피에스타 FIESTA

■
■ 1000년에 베네치아 도제(총독)은 쿠르출라섬(지금의 크로아티아 코르출라섬)과 라고스타섬(라스토보섬)의 아드리아해 해적 근거지를 파괴한 다음 달마티아 공작이라는 칭호를 얻었다. 이는 베네치아가 해군 강국으로 가는 첫걸음이었다. 그해부터 한껏 꾸민 곤돌라 행렬이 대운하를 따라 전진하는 "(도제와) 바다와의 결혼식"인 스포실리지오 델 마르Sposalizio del Mar 축제가 시작됐다. 축제는 베네치아에서 해마나 열리는 예수승천대축일의 주요 행사인 센사Sensa로, 현재는 9월에 개최되는 레가타 스토리카Regata Storica(곤돌라 경주)로 그 형태가 남아 있다. ("피에스타"는 스페인어로 "축하행사" "…제祭" "축제"를 뜻한다.)

유럽의 달력은 온갖 종류의 행진, 가면 행렬, 춤, 시장, 경기로 이뤄진 축제로 가득하다. 하를럼(네덜란드)의 블로멘코르소Bloemencorso(꽃수레행렬, 봄 축제), 스웨덴의 미드솜마르Midsommar(하지夏至축제), 뮌헨의 맥주축제 옥토버페스트Oktoberfest(시월축제) 등 축제 대부분은 계절의 변화를 기념하는 것이다. 독일과 오스트리아 전국 각지에서 열리는 파싱Fasching(카니발 곧 사육제)은 불을 놓는 폴란드의 추수감사제 도진키Dożynki와 마찬가지로 다신교적 요소가 있다. 프랑스의 페트 데 비뉴롱fêtes des vignerons은 포도 재배 농가들의 수확 축제다.

종교적 연원을 지닌 축제도 많다. 마르디 그라Mardi Gras(팬케이크화요일Pancake Tuesday)에 열리는 카니발Carnaval(고기와의 작별)은 니스에서 열리는 축제가 특히 유명하다. 이는 육식을 금하는 사순절이 시작되기 전 마지막 날이다("팬케이크화요일" 또는 "팬케이크데이 Pancake Day"는 "참회의 화요일"의 영어권 별칭이다. 일부 지역에서는 이날 팬케이크를 먹는다). 세비야의 부활절 세마나 산타Semana Santa(성주간Holy Week) 행사에서는 끝이 뾰족한 검은 모자를 쓰고 참회의 행진을 벌인다. 성체 축일Corpus Christi도 일반 기독교인을 위한 축제다. 성령강림절과 성모승천대축일(8월 15일)도 마찬가지다. 아를 근처의 생트마리드라메르에서는 여러 나라에서 온 집시들이 각자의 성모상을 바다로 옮긴다. 브뤼주에서 열리는 성혈聖血, Holy Blood의 행진과 브뤼셀의 오메강Ommegang(행렬, 행진)은 지역의 성스러운 유물을 경배하는 행사다.

축제	지역	관련 사건
모로스 이 크리스티아노스 Moros y Cristianos (무어인과 기독교인)	알코이(알리칸테) (스페인)	1227년 기독교의 정복
라이코닉 Lajkonik (말을 탄 몽골군 장군 또는 그 인형)	크라쿠프(폴란드)	몽골의 습격(13세기경)
조스트라 델 사라치노 Giostra del Saracino (마상 경기)	아레초(이탈리아)	사라센과의 전쟁
잔다르크 Jeanne d'Arc	오를레앙(프랑스)	1428~1429년 오를레앙공성전
퓌르슈텐호흐자이트 Fürstenhochzeit (후작의 결혼식)	란츠후트(독일 바이에른)	1475년 바이에른-폴란드 병합
에스칼라드 Escalade(사다리 공격)	제네바(스위스)	1602년 사보이아(사보이)공국의 공격
가이 포크스 Guy Fawkes (화약음모사건 실행 담당자)	잉글랜드	1605년 화약음모사건
업 헬리 아 Up Helly Aa	러윅(셰틀랜드) (영국 스코틀랜드)	751년 바이킹의 지배
마이스터트룽크 Meistertrunk(위대한 들이킴)	로텐베르크(독일)	1631년의 포위
바이킹스필레네 Vikingspillene	프레데릭스순(덴마크)	1950년 바이킹선 발견

공개 경기 형태로 열리는 축제도 많다. 스코틀랜드의 하일랜드경기Highland games, 아를과 님의 원형경기장에서 열리는 투우 경기, 팜플로나의 소몰이 축제, 시에나의 팔리오Palio라는 기마 경주 등이 대표적이다. 그러나 유럽에서 가장 많은 것은, '바다와의 결혼'처럼 자신이 사는 도시의 역사에 강렬한 흔적을 남긴 주요 사건을 기념하는 축제다.

예나 지금이나 축제는 해마다 열리는 행사다. 축제는 흘러가는 시간의 연속성과 지역 주민의 자부심을 뗄 수 없는 관계로 이어준다.[1]

그러나 군사적 승리를 기념하는 축제나 행진만큼 위

풍당당한 것은 없을 것이다. 1940년 6월 독일 국방군은 파리의 개선문을 통과하는 상징적 행진을 벌였다. 5년 후 독일 국방군의 깃발들은 모스크바 붉은광장 바닥에 쌓이게 된다. 연합군 측 국가들에서는 지금껏 11월 11일을 '영령기념일Remembrance Day'로 기념하면서 엄숙한 행사를 진행해오고 있다. ("앞의 표에서 라이코닉"은 높다란 원뿔형 모자에 길고 검은 수염을 한 차림이다. "화약음모사건"은 제임스 1세 잉글랜드 국왕 암살 미수 사건을 말한다. 제임스 1세의 가톨릭교도 박해 정책에 반발해 교도들이 의사당 지하실에 화약을 묻어 국왕과 의원들을 암살하고 가톨릭 정권을 세우려 시도했으나 실패했다.)

게토 GHETTO

■
■ 이탈리아의 여러 도시에서 적어도 11세기부터 성벽을 두르고 출입문이 달린 유대인 거주 구역이 있었다. 이것은 유대인의 분리를 주장하는 자치도시 시장市長의 관점과 비유대인과 함께 사는 것을 금지하는 유대인 자신들의 종교법의 관점이 일치한 결과였다. 베네치아에서는 유대인 지구를 "게토"라고 불렀다. 이 표현은 보르게토borghetto(소규모 마을)의 줄임말이거나 한때 베네치아에 있던 기에토gietto(주물공장)가 변형된 말이다. 게토는 유럽 전역에서 사용하는 단어가 됐다. 주요 게토들이 프라하·프랑크푸르트·트리에스테·로마에 만들어졌다. 로마의 게토는 1536년부터 1870년까지 유지됐다.[1]

그러나 1265년부터 왕실의 보호 특허장이 발효된 폴란드-리투아니아에 있는 유대인의 주요 피난처에는 공식 게토가 만들어지지 않았다. 바르샤바 등 몇몇 폴란드 도시에서는 '유대인 무관용de non tolerandis Judaeis' 법령을 시행해 시 관할권 지역에 유대인 거

주를 금지했다(귀족, 농부, 왕실 관리도 쫓겨났다). 그 결과 도시 성벽 바로 바깥에 있는 귀족 소유 영지에 유대인 거주지가 형성됐다. 귀족의 후원하에 소규모의 유대인 슈테틴shtetin(작은 마을)도 지방 장원의 중심지 근처에 생겨났다. 폴란드-리투아니아의 유대인들은 자치권을 누렸으며 '4지구 의회Council of the Four Lands'라는 중앙의회도 가졌다.[2]

폴란드분할 이전에는 러시아에 유대인 거주가 허용되지 않았다. 폴란드분할 이후 예카테리나 2세(재위 1762~1796)는 러시아령이 된 구 폴란드 지역을 유대인 '집단거주구역pale of settlement'으로 만들었다(부록 1653쪽 참조). 그러나 서유럽에 있었던 것과 같은 폐쇄형 게토는 1939~1941년 나치 침공 전까지는 동유럽에 존재하지 않았다.

게토를 탈출하는 것은 결코 간단한 일이 아니었다. 게토를 나가려는 사람은 비유대인과 유대인 사회 양쪽의 법과 관습을 위반해야 했으므로 심각한 처벌의 위험을 무릅써야 했다. 근대 이전에는 대개 개종만이 게토를 나가는 유일한 방법이었다.

한자 HANSA

■
■ 독일 이주민들과 십자군이 발트해 연안을 따라

동쪽으로 이동하면서 자연스레 상업적 이해관계도 뒤따라 형성됐다. 또한 바이킹 시대에 부상한 지역임을 감안할 때 발트해와 북해 항구들에 형성된 상인 계층

이 자체 방어를 위해 뭉치는 것도 당연한 일이었다. 최초의 '상업 연합체'인 '한자'는 1161년 고틀란드섬의 비스뷔에서 결성됐다. 당시 명칭은 '신성 로마제국의 고틀란드 상인 동맹United Gotland Travellers of the Holy Roman Empire'이었다. 한 세기도 지나지 않아 '연안 자유도시들'의 광범위한 동맹이 대서양부터 핀란드만에 걸쳐 형성됐다.

한자동맹Hanseatic League은 14세기에 전성기를 맞이했다. 한자동맹은 여러 개의 지구 동맹으로 구성됐고, 각 동맹의 대표가 서로 정기적으로 만나 정책을 의논하고 조율했다. 그중 가장 중요한 것은 함부르크·브레멘·뤼베크·비스마르·로스토크를 중심으로 한 '벤트-작센 지구' 동맹이었다. 베스트팔렌동맹은 쾰른이, 리보니아동맹은 비스뷔가, 이후에는 레발이 주도했다. 이 주요 세 그룹이 드리텔Drittel 즉 '3대 동맹'으로서 전체 조직의 핵심이었다. 각 가맹 도시에는 포어오르트Vorort(교외)로 알려진 종속 소도시들이 있었다. 한자동맹 전체 차원에서는 일련의 콘토르kontor(외지 사무소)를 설치했고 이를 통해 모든 가맹 도시가 이익을 얻었다. 5개 주요 콘토르의 위치는 다음과 같았다. 알프스 너머 베네치아와 이어지는 교역로의 주요 종착점인 브뤼주, 노브고로드의 '페테르호프'(1229년부터), 런던의 '스틸야드'(1237), 베르겐의 '저먼브리지'(1343), 해마다 청어시장이 열리는 스코네(영어명 스카니아)의 팔스테르보.

한자동맹 도시들은 독일이나 연안 지방에 국한되지 않았다. 여러 시기에 걸쳐 200개 이상의 도시가 한자동맹에 참여했다. 그 범위는 서쪽의 디낭에서부터 북쪽의 오슬로, 동쪽의 나르바에까지 이르렀다. 주요 내륙 도시로는 브라운슈바이크, 마그데부르크, 브레슬라(우브로츠와프), 크라쿠프 등이 있었다.

한자동맹에는 공식적 규약이나 중앙 통치기구가 없었다. 그러나 일련의 규칙과 관습이 축적된 결과 1373년부터 자유제국도시 뤼베크가 재판소 소재지로 확정됐다. 또한 뤼베크는 3년마다 열리는 한자총회의 장소로 가장 자주 이용됐다. 뤼베크의 법은 다른 많은 한

자동맹 도시에서도 채택됐다.

초기부터 한자동맹은 정박, 보관, 거주, 현지에서의 면책 등과 관련된 법적 권리를 강화하는 것을 목표로 했다. 이런 권리는 한자동맹 도시들의 상업 활동에 필수적이었다. 또한 한자동맹은 통화 안정과 지불 수단 효율화에 힘썼다. (영어의 "스털링sterling"은 한자동맹 상인들의 널리 적용되는 별칭인 "이스털링easterling"("동쪽 나라의 주민" "동방인")에서 유래했다.)

그러나 상업적 이익 추구 활동에는 곧 정치 문제가 개입됐다. 원래 한자동맹의 최대 무기는 적대적 도시에 대한 '교역 거부'였다. 하지만 점차 세금을 부과하고 해군력을 강화할 수밖에 없었다. 처음엔 해적 진압을 위해 조직했던 해군을 나중에는 강대국, 특히 덴마크의 정책에 저항하는 데 이용해야 했다. 1361년 덴마크의 비스뷔 침공으로 노르웨이, 스웨덴, 한자동맹이 연합했다. 한자동맹은 덴마크와의 첫 번째 전쟁에서 대패했다. 그러나 1368~1369년의 두 번째 전쟁에서는 헬싱보리와 코펜하겐을 함락시켰으며 외레순을 점령했다. 슈트랄준트조약Treaty of Stralsund(1370)에 따라 덴마크는 덴마크 국왕 즉위 시 반드시 한자동맹의 승인을 얻어야 하고 동맹의 특권을 보장해야 한다는 데 동의했다. [슌]

이후 한자동맹은 경제적, 정치적 요인들로 서서히 쇠퇴했다. 15세기에 발트해의 청어 떼는 어쩐 일인지 북해로 이동해버렸다. 그 무렵 북유럽의 상업 중심도 네덜란드로 옮겨가고 있었다. 한자동맹은 잉글랜드, 프로이센, 모스크바대공국 등 강력한 근대 국가들을 상대로 자신의 권리를 주장하기가 점점 더 힘겨워졌다. 1494년에 노브고로드의 페테르호프사무소가 폐쇄됐고 1598년에 런던의 스틸야드사무소도 폐쇄됐다. 한자동맹은 분열된 신성로마제국으로부터도 거의 지원을 받지 못했다. 삼십년전쟁(1618년~1648) 동안에는 한자동맹에 도시 중 세 곳—뤼베크, 함부르크, 브레멘—만이 적극적으로 활동했다. 한자동맹의 마지막 총회는 1669년에 열렸다. 이후 '한자'는 뤼베크·함부르크·브레멘 세 도시의 독립하고만 연관되는 이름이 됐다. 세

도시는 1889년까지 독일 관세동맹(촐페라인Zollverein)에 가입하지 않고 남아 있었다.[1]

한자동맹의 유산은 동맹이 소멸하고 나서도 오래 살아남았다. 동맹이 수 세기에 걸쳐 만들어놓은 삶의 방식의 견고한 미덕들이 활기 넘치고 멋진 동맹 도시들의 구석구석에 새겨졌다. 한자동맹의 일원이라는 것은 곧 공유된 가치와 우월성을 토대로 한 독특한 국제 문명 공동체에 속한다는 의미였다. 함부르크, 단치히(그단스크), 리가 등의 대도시들은 서로 다른 정치적 운명을 맞았지만 내내 자신들의 공통의 기원을 강하게 공유했다. 지금도 함부르크 시민은 자동차 번호판을 등록할 때 옛 함부르크를 나타내는 'HH'를 쓰는 것을 자랑스럽게 여긴다―HH는 '한자도시 함부르크Hansestadt Hamburg'라는 뜻이다. 브레멘 시민은 'HB', 뤼베크 시민은 'HL', 로스토크 시민은 'HRO'를 사용한다.

나치 이데올로기가 한자의 전통을 가져다 이용하려 애쓴 것은 당연한 일이었다. 일례로, 프리츠 그로테마이어Fritz Grotemeyer의 유명한 1942년 그림에서는 중세 마차가 함부르크를 출발해 엘베강을 따라간다. 그림은 마치 동쪽으로 가서 독일의 레벤스라움(생활권)을 획득하려는 듯한 인상을 준다.[2] 그러나 이것은 크나큰 왜곡이었다. 독일 역사에서 한자의 전통은 프로이센주의, 민족주의, 제국주의와 극명하게 다르다. 유럽사에서 한자동맹은 견고한 지방자치, 국제 협력, 상호 번영에 기초한 미래를 추구하는 모든 이들을 위한 횃불처럼 빛나고 있다.

신의 힘으로 빼앗을 수만 있다면, 경작지당 12펜스의 수수료를 교황에게 지불해야 했다. 당시만 해도 둘 사이의 조약은 복잡하게 꼬인 교황의 외교술을 보여주는 또 하나의 특이한 사례에 불과했다. 1017년 칼라브리아에 발을 들인 이래, 노르만 용병들은 로마로부터 적대시돼온 터였다. 아닌 게 아니라, 교황 레오 9세는 1054년 비잔티움과의 사이에서 한참 대분열이 일어날 당시 독일 군대와 함께 남쪽으로 피신했다가 노르만족에게 포로로 붙잡힌 일까지 있었다. 그러나 니콜라오 2세는 자기 나름의 계획을 품고 노르만과 일을 도모하려 하고 있었다. 다만 교황이 미처 예상하지 못한 부분이 있었다면 오트빌 가문이 생각보다 빨리 계획을 실행에 옮겼다는 것이다. 노르만인은 1060년 메시나해협을 건너더니 사라센인들로부터 시칠리아를 착착 정복해나갔다. 그렇게 해서 10년도 채 걸리지 않아 팔레르모를 장악했고, 이탈리아에 마지막으로 남아 있던 비잔티움의 근거지인 바리에서 비잔티움인들을 몰아내는 데에도 성공했다. 그리고 얼마 지나지 않아 남부의 노르만 정복지는 '양시칠리아왕국Kingdom of the Two Sicilies'이라는 이름으로 통일되니, 이곳은 이후 주세페 가리발디 통치기까지 명맥을 이었다. ["양시칠리아왕국"은 이탈리아 남부와 시칠리아섬을 국토로 하던 왕국으로, 1130년 노르만인이 세운 시칠리아왕국이 13세기에 나폴리왕국과 시칠리아왕국으로 나뉜 데서 유래한다.]

시칠리아 정복이 채 마무리되기도 전, 교황은 또 다른 노르만 용병을 지원하기로 마음을 먹는다. 1066년, 당시 노르망디 공작 서자 윌리엄(윌리엄 1세) 앞으로 그의 잉글랜드 원정에 하느님의 은총이 깃들길 바란다며 성 베드로의 기가 도착했다. 로마의 입장에서, 이는 제국으로부터 독립해 있는 세력 가운데 교황 지지층을 형성하려는 또 다른 움직임이었다. 윌리엄의 입장에서, 이는 병사들 사이에 전의를 불러일으킬 수단이 될 수 있었다. (나중에 교황은 시칠리아에 했던 것과 비슷한 거래를 윌리엄에게 제안했지만, 윌리엄이 응하지 않았다.) 그러나 이번에도 역시 행운의 여신은 모험 편이었다. 몇 주의 시간이 흐르길 기다린 노르만인은 결국 영국해협을 건너 헤이스팅스에서 대기 중인 앵글로-색슨족 군대를 공격해 들어갔다. 잉글랜드의 해럴드〔해럴드 고드윈슨, 해럴드 2세〕는 경쟁자인 노르웨이의 하랄〔하랄 하르드라다〕을 패퇴시키느라 군대를 이끌고 북쪽에 올라가 있었는데, 뒤늦지 않게 전장에 도착한 터라 이번에도 충분히 승리를 거두리라 자신했다. 그러나 10월 14일 노르만 병사가 쏜 화살이 그의 눈에 날아와 박히면서 해럴드가 이 일전에서 목숨을 잃었다. 정복왕이 된 윌리엄은 크리스마스를 맞아 웨스트민스터사원에서 대관식을 열었다. 이렇게 해서, 시칠리아왕국과 마찬가지로, 잉글랜드 역시 노르만 귀족들이 얼마씩 땅을 나누어 가지는 전형적 봉건 왕국으로 변모한다. (이 이후로는 자신들이 외세에 두 번 다시 정복당하는 일은 없었다는 것이 영국인들의 주장이다.)

1075년 3월, 새 교황 그레고리오 7세Gregory VII(재위 1074~1085)가 27개 항목이 명시된 〈교황교서Dictatus Papae〉(교황의 수위권을 주장한 내용)를 발표했다. 기독교왕국 안에서는 입법 및 사법의 최고권을 자신이 지니며, 아울러 세속의 왕국에서나 영혼의 왕국에서나 모든 제후를 폐위시킬 권리가 자신에게 있다는 내용이었다. 얼마 지나지 않아, 교회 회의를 통해 교황은 교회 당국자의 의견을 구하지 않고 교회 성직자 자리에 후보를 추천한 속세 통치자들을 모조리 파문한다는 공식 명령을 내렸다. 속세에서 힐데브란트Hildebrand라는 이름을 썼던 교황은 원래 토스카나 수도사 출신으로 전임 교황들의 자문역을 주로 해오다, 새 방식에 따라 추기경단 손에 교황으로 선출됐다. 황제 하인리히 4세Heinrich IV(재위 1056~1106)는 교회 성직자에게 자문을 구하기는커녕 그런 발표가 있었다는 소식조차 전해 듣지 못한 상황이었다. 제국과 교황 사이가 크게 틀어지는 것은 피할 수 없었다. 이것이 바로 〔성직〕 서임권敍任權투쟁Investiture Contest의 시작이었다.

서임권투쟁 당시 동원된 법적·신학적 언어는 무척 거창했어도, 사실 이 싸움은 노골적인 권력투쟁이었다. 황제가 교황을 통제할 것인가, 교황이 황제를 통제할 것인가? 이와 관련해 이론상 의견 합치를 본 내용은 간단했다. 라틴 기독교왕국을 떠받치는 권력의 기둥은 두 개였다―하나는 세속의 왕국의 기둥으로 그 수장은 황제이며, 다른 하나는 영혼의 왕국의 기둥으로 그 수장은 교황이다. 그러나 황제와 교황 둘 사이의 관계를 어떻게 해석할 것인가에서는 의견이 엇갈렸다. 황제의 관점에서는 교황이라면 모름지기 영혼의 왕국에만 신경을 써야 옳았다. 교황의 관점에서는, 하늘 아래에 땅이 있는 것이 순리인 만큼, 당연히 황제가 교황의 뜻에 복종해야 옳았다. 힐데브란트가 언명한 〈교황교서〉의 제 조항은 다음과 같이 타협의 여지가 없는 강경한 내용을 담고 있다.

2. 교황만이 가톨릭 혹은 '보편'의 직위를 가질 자격이 있다.

3. 교황만이 주교들을 퇴위시키고 사면할 수 있다.

12. 교황은 황제를 폐위할 수 있다.

16. 교황만이 총회General Synod를 소집할 수 있다.

20. 교황청의 결정은 그 누구도 비난할 수 없다.

22. 로마교회는 지금껏 오류를 범한 일이 없으며, 성경이 증명하듯, 앞으로도 절대 오류를 범할 수 없다.

23. 로마교회에 반대하는 자는 그 누구도 가톨릭 신자로 간주될 수 없다.

27. 교황은 정의롭지 못한 사람의 봉신을 충성서약에서 풀어줄 수 있다.[25]

교황에게는 자신의 명령을 집행할 실질적 수단이 전혀 없었던 만큼, 겉으로는 황제의 입지가 더 막강한 것처럼 비쳤다. 그러나 실질적으로는 상당수 주교가 자신들이 속세의 후원자들에게 의존해야 하는 상황을 달가워하지 않았던 데다, 또 수많은 귀족 역시 제후나 황제에게 의존하는 것을 마뜩찮아 했으므로, 봉건 질서에서 떨어져 나오려는 이런 원심력이 교황에게 유리하게 작용했다. 장기적 관점에서, 서임권투쟁은 교착상태에 빠져 교황과 황제 사이 타협으로 종지부를 찍었다. 하지만 그러기 전까지, 제1라운드에서는 황제가 철저히 굴욕을 당했다.

힐데브란트가 도전을 해오자 예의 차리지 않는 살벌한 다툼이 벌어졌다. 우선 제국의 주교들이 황제의 명을 받들어 교황을 파문하는 사태가 일어났다. 교황은 즉각 황제를 파문하는 동시에 황제의 신민들을 충성서약에서 풀어주었다. 그러자 독일의 귀족들이 반란을 일으키더니, 슈바벤 공 루돌프 폰 라인펠덴Rudolf von Rheinfelden을 '대립황제anticaesar'로 세웠다. 황제 하인리히 4세가 택한 방법은 참회였다. 황제는 (1077년) 한겨울에 아내와 자식까지 데리고 몽스니 고개를 넘어 카노사의 외딴 성에 머물고 있던 교황 그레고리오 7세를 찾아갔다. 황제는 쏟아지는 눈 속에서 꼬박 3일을 누더기만 걸친 채 맨발로 서서 교황에게 용서를 구했다. 나흘째 날 교황의 화가 누그러지는 듯하자, 황제는 교황의 발치에 몸을 던지며 "교황 성하聖下여, 절 용서해주소서!"라며 울음을 터뜨렸다. 그러나 카노사에서 일어난 이처럼 드라마틱한 일(카노사의 굴욕)들이 펼쳐졌어도 실질적 성과는 전혀 없었으니, 얼마 지나지 않아 하인리히가 종전처럼 평신도를 성직에 임명하는 버릇을 되풀이했기 때문이다. 독일에서 장기간 내전이 이어지고, 그와 함께 하인리히가 두 번째 파문을 받은 이후, 황제파 주교들이 브릭센에서 회의를 열어 클레멘스 3세Clement III를 '대립교황antipope'으로 세웠다. 이로써 서방에는 교황도 둘, 황제도 둘 존재하는 상황이 됐다. 1083~1084년에 황제파가 로마를 점거하자 교황 그레고리오는 산탄젤로성城에 몸을 숨기고 꿈쩍하지 않았다. 로베르 기스카르가 이런 상황을 알고는 사라센인 군대를 이끌고 이탈리아로 달려와 황제파 일당을 몰아냈는데, 이 과정에서 로마가 뜻하지 않게 약탈을 당했다. 결국 교황 그레고리오는 망명 중 1085년에 생을 마감했다. 하인리히도 1106년에 세상을 떠났지만, 그가 생을 마감하기 전에 그의 두 번째 아내 아델라이드Adelaide가 교회와 손을 잡고 그를 공식적으로 고발했다. 그러다 1122년 보름스협약Concordat of Worms으로 다툼이 일단락되면서, 교황과 황제 모두가 성직 서임에 일정 권한을 가지게 됐다. [마스턴]

　　1075년 도시 피사가 교황에게 자신들이 만든 자치법령 콘수에투디네 디 마레consuetudine di mare를 승인해줄 것을 요청했다. 6년 뒤에는 황제로부터 이들 법령을 승인한다는 특허가 떨어졌다. 이 자치법령의 일환으로 해당 지역의 토스카나 공작은 도시 안에서 일체의 사법권을 포기하게 됐고, 피사 시민들의 합의 없이는 해당 지역에 새 후작을 임명할 수도 없게 됐다. 당시 피사가 이러한 조치를 취한 것은 교황과 황제 사이에서 점차 분쟁이 격화되는 것에 신중하게 대응한 것일 뿐이었다. 그러나 이를 선봉으로 삼아 이후 유력한 도시들이 하나둘 자치 독립을 성취하는 과정이 전개됐다. 원래 피사는 시칠리아와 사르데냐의 사라센인들을 정벌하고 그들에게서 빼앗은 물품으로 부를 이룩한 도시였으니, 한옆으로 비스듬하게 서 있는 탑과 함께 화려한 대리석으로 치장한 피사의 성당에서 과거 피사의 모습을 엿볼 수 있었다(1089년경). 얼마 지나지 않아 피사는 해상에서 각축을 벌이던 제노바에 예속당하고, 나중에는 육상에 이웃한 도시 피렌체에 흡수당한다. 하지만 헌법, 군사력, 나아가 시민의 자부심까지 두루 갖춘 부유한 자치도시 코무네[코뮌]commune의 성장은 이후 수 세기에 걸쳐 유럽 역사의 주된 특징으로 자리 잡는다. 프랑스의 경우에는 11세기 말 무렵에 이르자 르망, 생캉탱, 보베가 자율 규제를 실행하는 도시들이 돼 있었다. 플랑드르에서는 셍토메르(1127)가 앞장섰고 브뤼주와 헨트가 그 뒤를 따랐다. 독일 북부에서는 뤼베크의 자치정부(1143)가 등장한 데 이어 함부르크(1189)도 대열에 합류했다. 이런 코뮌들 내부에서 차차 상인협회와 직인길드가 형성되기 시작했다.

　　1082년 5월 도시 베네치아가 비잔티움 황제로부터 자유헌장을 발부받고, 보스포루스해협 서쪽의 제국 땅 전역에서 이동의 자유를 보장받았으며 세금 및 각종 의무를 면제받았다. 아울러 비잔티움제국은 금각만金角灣, Golden Horn에 부두 세 곳을 따로 정해 베네치아 선박만 드나들게 했다. 당시만 해도 비잔티움의 이런 양해는 황제가 노르만인과 전쟁을 치를 당시 베네치아가 원조해준 데 대한 합리적 보상으로 보였을 게 틀림없다. 비잔티움의 동맹인 동시에 신민이었던 베네치아의 상인들은, 7세기 무슬림의 정복 이후 이탈리아와 레반트 사이 무역이 심각하게 차질을 빚으면서 이때만 해도 대단한 힘을 갖지는 못했다. 그러나 1082년의 이른바 '금인칙서'가 도시의 명운을 뒤바꾸는 이정표가 된 것으로 드러났다. 십자군전쟁으로 지중해 동부가 다시 열리기 직전 발부받은 이 문서 덕에, 베네치아 석호潟湖, Venitian Lagoon는 동방과 서방 사이에 긴 주요 상업 중심지로 부상할 수 있었을 뿐 아니라, 도시는 이곳을 본산으로 삼아 콘스탄티노폴리스와도 각축을 벌일 만큼 해상운송으로 막대한 부를 이룩할 수 있었다. 그전만 해도 산마르코〔성 마르코〕의 도시 베네치아는(828년에 성 마르코의 유해가 베네치아의 리알토로 옮겨진 바 있었다) 토르첼로라는 인근 섬에 밀려 그 기세를 펴지 못했었다. 일전에 롬바르드족이 침공해와 최초의 난민들이 일단 베네치아 석호로 피신해 들어가야 했던 것처럼, 도시는 마자르족에게 약탈당한 것을 계기로 독일과의 교류가 다소 어려워졌다. 그 이후로는 알프스산맥 너머의 무역이 활기를 띠었다. 곳곳의 요새와 무역 기지, 나중에 가서는 라구사·코르푸·코린토스·크리티·키프로스의 식민시가 사슬처럼 서로 연결되면서, 비단·향신료·은·노예·목재·곡물·소금을 싣고 가는 배들을 베네치아의 갤리선이 안전하게 보호해주었다. 베네치아공화국과 비잔티움제국 사이 관계는 순탄치 못한바, 1182년 콘스탄티노폴리스에 상주해 있던 베네치아 상인들이 몰살당한 것이 그 일례였다. 그러나 베네치아공화국은 비잔티움제국보다 명맥을 더 오래 유지하다 1797년에 들어서야 나폴레옹에게 멸망당했다.[게토] [모레스]

1084년에는 그레노블 근방의 샤르트뢰즈수도원에서 성 브루노 폰 쾰른St Bruno von Köln (1033~1101)이 카르투지오회Carthusian Order를 창설했다. 카르투지오회에서는 엄격한 명상 규칙에 따라 수도사들이 밀폐된 방에서 시종 침묵한 채 생활해야 하는 게 원칙이었다. 이 수도회는 종전의 클뤼니수도원을 본보기로 삼은 금욕주의 성향의 한 분파로 여겨졌을 게 분명하지만, 사실 카르투지오회는 라틴교회가 체계적 제도화의 시대로 들어서고 있음을 보여주는 표시라 할 수 있었다. 1098년에는 부르고뉴의 시토에서 시토회Cistercian Order가 그 유구한 역사의 첫 막을 열었다. 이 수도회가 본격적으로 발전해나간 데에는 생 베르나르 드 클레르보St Bernard de Clairvaux(1090~1153)의 공이 컸다. 그 외 다른 지역들에서도 이른바 재속신부在俗神父, secular clergy 또는 '규율의전사제規律儀典司祭 regular canon'(canon regular, 율수사제聿修司祭)들이 조직적 공동체 생활에 들어가 순결·빈곤·복종이라는 세 가지 맹약을 걸고 공동체를 운영해나갔다. 이들은 대체로 성 아우구스티누스의 규칙을 채택한 데서 아우구스투스파라고도 알려져 있었다. 그중 프레몽트레회Premonstratensians(노베르트회Norbertines)는 1120년 라온 근방의 프레몽트레에서 성 노르베르트(노르베르트 폰 크산텐Norbert von Xanten)가 창립한 곳이며, 이후 서유럽은 물론 동유럽에까지 널리 퍼져나갔다. 같은 무렵 클뤼니의 수도사들도 교회를 하나 건설해냈고, 이곳은 이후 5세기 동안 줄곧 서방 기독교왕국에서 가장 큰 규모를 자랑했다.

1085년 여름에는 카스티야-레온의 알폰소 6세Alfonso VI가 무슬림의 도시 톨레도를 함락시켰다. 이때만 해도 톨레도 함락은 기독교왕국과 무슬림왕국 사이 국경에서 일어난 또 한 차례의 우발적 사건인 듯했다. 당시 알폰소는 세비야의 토후Emir와 동맹을 맺고 그 토후의 딸을 첩으

마스턴 MARSTON

■ 올드마스턴Old Marston은 이 책을 쓰고 있는 곳
■ 에서 가장 가까운 중세 교구parish(소교구)다. 그
역사는 거의 900년 동안 이어져왔다. 1122년 이곳의
예배당이 옥스퍼드 소재 성 프라이즈와이드의 오스틴
수도원에 귀속됐다. 다음 세기에 마스턴은 교구로 승
격됐다. 1451년 교황칙서에 의해 이웃의 헤딩턴 교구
와 합병됐으며, 이 체제는 1637년까지 유지됐다. 근대
의 상당 기간 동안 성직록은 헤딩턴 영주의 증여로 지
급했다.

마스턴의 기나긴 역사에서 특기할 사건은 거의 없었
다. 옥스퍼드시市에서 약 5킬로미터 떨어진 이 '습지
마을'에는 1279년부터 1960년대까지 처웰강江을 오갔
던 마스턴 나룻배 말고 흥미로운 특징이 없었다. 근대
들어 도시 교외 지역이 성장하기 이전에 마을이 가장
컸을 때는 40~50가구가 살았다. 이들은 약 2.5제곱
킬로미터의 토지를 경작했고 말과 소 약 200마리와,
양 800마리를 소유했다. 1655년 이후, 주요 땅 두 곳
에 인클로저가 실시된 이후 인구가 줄어들었다. 잉글
랜드내전(1642~1651) 시기에 마스턴은 옥스퍼드의 국
왕 사령부를 포위한 의회파에 점령됐다. 의회파의 군
사지휘관 토머스 페어팩스Thomas Fairfax 경은 1643
년 마스턴의 영주 저택에 크로크 가문 사람들과 머물
렀고 그곳에서 올리버 크롬웰의 방문을 받았다. 1816
년 마스턴에 학교가 처음 생겼고 학생용 유료 기숙사
도 지어졌다. 초등학교는 1851년에 문을 열었다. 교구
유일의 자선재단은 1671년 과부였던 메리 브렛Mary
Brett의 유언에 따라 설립됐다. 그녀는 가난한 이들을
돕기 위해 집 한 채와 22실링 6페니 상당의 토지를 유
산으로 남겼다. 이 교구에서 전국적으로 유명해진 유
일한 존재는 '트럼프Trump'라는 이름의 폭스테리어 암
컷이었다. 사냥을 좋아한 목사 잭 러셀Jack Russell은
1815년 엘스필드라는 마을에서 트럼프를 구입한 후,
이 개를 이용해 자신의 이름이 붙은 새로운 견종(잭 러

셀 테리어)을 만들었다.[1]

마스턴의 성 니콜라스 교구 교회는 후기 수직식 고딕
양식이며 '허세가 없는' 건물로 평가받는다.[2] 낮은 서
쪽 탑에는 흉벽 난간이 있다. 건물 전체의 일부분만이
원래 구조물이다. 석조 구조물 대부분은 15세기의 것
이며 1883년에 복구됐다. 내부의 소박한 오크나무 설
비는 대부분 엘리자베스 1세(1558~1603) 시대 또는
제임스 1세(1603~1625) 시대 양식이다.

1210년경부터 1991년까지의 예배 집전 성직자 목록
이 본당 네이브 게시판에 걸려 있다. 외지의 부목사
가 마스턴 교구 직무를 수행한 1529~1637년의 기간
이 있었음에도, 이 목록만 봐서는 그런 기간이 의식되
지 않는다. 기록상 최초의 사제는 히어워드Hereward
의 아들 오스버트Osbert다(1210년경). 존 드 브래들리
John de Bradeley(1349)는 흑사병으로 세상을 떠났
다. 로버트 킨Robert Kene(1397~1398)은 처음으로 성
姓을 사용한 사제였다. 도미니크회 수사 토머스 필더
Thomas Fylldar(1529)는 종교개혁 전의 마지막 가톨
릭 사제였다. 로드Laud 대주교가 임명한 존 앨런John
Allen(1637~1685)은 재편된 마스턴 교구에서 48년 동
안 봉직했다. 에드워드 7세 시대의 존 해밀턴 모티머
John Hamilton Mortimer(1904~1952) 역시 48년간
봉직했다.

유럽 전역에는 수많은 교구가 그물망처럼 조직돼 있
다. 이들은 종종 세속 권력 기관보다 훨씬 오래됐고
연속성을 지니고 있다. 교구는 국왕이 아니라 주교의
지시를 받는다. 잉글랜드에서 교구는 주county보다 먼
저 생겨났으며, 촌락 공동체와 대체로 일치한다. 교구
목사는 정치 체제나 토지 소유자의 변화와 상관없이
주민들에게 존경받고 영향력 있는 중심인물이었다. 최
근에 와서는 교구위원회가 지방 민주주의의 기본 구
성요소가 됐으며, 교구의 공동 급수펌프 및 교구회관
과 더불어 주민들 삶의 중심점 역할을 하고 있다.

잉글랜드에서 출생·결혼·사망 정보가 담긴 교구 기록

부는 엘리자베스 1세 시대 이래로 작성돼왔다. 이것은 가계 및 인구 통계를 말해주는 중요한 정보원이다. 교구 기록부는 지역 역사 연구의 자연스러운 진입점이 된다.[3]

무엇보다도 교구는 유럽 시골의 질서 있는 삶을 위한 주춧돌과도 같다. 교구 주민들은 계절의 변화에 맞서 끊임없이 싸우면서 농노제, 역병, 기근, 전쟁, 빈곤, 유럽공동체의 공동농업정책Common Agricultural Policy, CAP을 이기고 살아남았다.

미처 날뛰는 군중의 비열한 싸움과 동떨어진 곳에서
그들의 진실한 염원은 결코 길을 잃지 않았다
그들은 차갑고 고립된 인생의 계곡을 따라
조용히 자신의 길을 걸어갔다[4]

모레스 MORES

■
■　11세기 후반 비잔티움의 왕녀는 도제와 결혼하기 위해 베네치아에 왔을 때 금 포크로 식사를 했다고 한다. 이를 본 주교는 반反사회적 행동이라며 그녀를 질책했다. 중세 유럽인들은 접시에 놓인 고기를 손으로 집어 먹었다. 포크는 르네상스 시대에야 일반화됐으며 그것도 각자의 접시로 음식을 조금씩 덜어가는 용도로만 썼었다.[1] 나이프, 포크, 스푼으로 구성된 세팅 관습은 18세기에 처음 만들어졌다. ("모레스"는 라틴어로 집합적 생활이나 사회생활에서 구성원의 태도나 행동을 규제하는 준거를 말한다. "관습" "관례" "도덕관"의 의미로도 쓰인다.)

사람들에게 행동방식을 가르치는 여러 안내서를 통해 유럽의 예의범절에 대한 상세한 연구가 가능하다. 위그 드 생빅토르Hughes de Saint-Victor(1141년 몰)가 쓴 《수련서 규정De institutione novitarum》을 비롯한 가장 오래된 안내서들은 성직자용이었다. 탄호이저Tannhäuser가 쓴 13세기 바이에른의 《궁중예절 Hofzucht》은 상스러운 궁정 신하들을 대상으로 했다. 존 러셀John Russell이 쓴 15세기의 《예의범절 교본 Book of Courtesye》도 같은 목적이었다. 이 분야에서 가장 영향력이 컸던 것은 데시데리위스 에라스뮈스의 《어린이 예절론De Civilitate Morum Puerilium》(1530)으로 130판이 간행됐다. 200년 후 러시아의 표트르 대제는 궁정의 예절을 '세련되게civilize' 하고자 이 책을 재출간했다.[2] 발다사레 카스틸리오네Baldassare Castiglione의 《궁정인Il Cortegiano》(1528)과 우카시 고르니츠키Łukasz Górnicki의 유사한 라틴어 저술은 오랫동안 국제적 명성을 얻었다. 이후 '상류사회high society'의 행동방식, 특히 프랑스의 예절을 가르치는 수많은 안내서가 등장해 점차 넓어지는 사교계로 예절과 교양을 전파하는 데 이용됐다.

한때 역사학자들은 예절이 일시적 유행이라고 여겼다. 그러나 진지한 분석가들은 예절이 심오한 사회적, 심리적 변화가 외면화해 드러난 것이라고 주장한다. 모든 활동에 대한 태도는 각 시대의 특성을 반영하며 장기적 추세와 관련성이 있을 수 있다.

예를 들어, 침을 뱉는 것과 관련된 권고는 시대에 따라 조금씩 변해왔다.

식탁 너머로 또는 식탁 위에 침을 뱉지 마라. (잉글랜드, 1463년경)

사냥꾼이 하듯이 침을 식탁 너머로 뱉지 마라. (독일, 15세기)

침을 뱉을 때는 타인에게 묻지 않도록 고개를 돌려라. 가래 같은 것이 땅에 떨어지면 반드시 발로 밟아라. (에라스뮈스, 1530)

식사 중에 침을 뱉는 것은 가급적 자제해야 한다. (이탈리아, 1558)

과거에는 지위가 높은 사람 앞에서 땅에 침을 뱉는 것이 허용됐다. [⋯] 이제 그것은 무례한 행동이다. (프랑스, 1572)

침을 자주 뱉는 것은 불쾌한 행동이다. 중요한

자리에서는 자신의 손수건에 침을 뱉어라. [...] 발로 밟기 위해서 침을 찾아야 할 정도로 너무 멀리 침을 뱉지 마라. (리에주, 1714)

뱉어야 할 것을 삼키는 것은 매우 예의 없는 행동이다. [...] 무언가를 뱉은 손수건은 들여다보지 말고 한 번 접어서 호주머니에 넣어야 한다. (라살, 1729)

어린이가 친구 얼굴에 침을 뱉는 것은 용서받을 수 없는 무례한 행동이다. (라살, 1774)

어떤 경우라도 침 뱉기는 혐오스러운 습관이다. 상스럽고 추하거니와 건강에도 매우 좋지 않다. (잉글랜드, 1859)

오늘날 우리는 아버지 세대가 아무렇지 않게 내놓았던 물건을 보이지 않는 곳에 숨겨둔다는 사실을 아는가? [...] 타구, spittoon(침이나 가래를 뱉는 그릇)는 오늘날 가정집에서 더는 찾아볼 수 없는 물건이다. (카바네스, 1910)[3]

18세기까지는 침을 뱉을 필요성이 크게 부정되지 않았다. 물론 그 장소, 때, 방법과 관련한 제약은 점차 커졌지만 말이다. 19세기에 침 뱉기에 대한 인식이 나빠진 것은 결핵에 대한 두려움 때문이었을 것이다. 하지만 예의바른 행동 규칙과 씹는담배 때문에 필요해진 타구의 보편적 사용을 분리해서 생각하는 것에서는 모종의 위선이 느껴진다. 20세기에 와서야 사실상 침 뱉기가 전면적으로 금지됐다. 런던의 버스에는 1960년대까지 "침 뱉기 금지" 경고문이 붙어 있었다. 그 무렵 일부 록그룹은 사회적 반항의 표시로 팬들에게 침 뱉기를 부추겼다. 어쩌면 언젠가는 침 뱉기가 다시 부끄럽지 않은 행동이 될지도 모를 일이다.

'문명화 과정the civilizing process'이 사회 전체의 자제심을 길러주는 것처럼 아이들의 교육은 어른의 자제심을 길러준다.

수치스럽고 불쾌한 행동과 관련한 기준이 서서히 높아지는 수 세기 동안의 사회사적 과정이 개인의

삶에서 축약된 형태로 다시 발생한다. [...] 생물속생生物續生, biogenesis의 법칙이 있듯이, 사회발생socio genesis의 법칙과 심리발생psychogenesis(심인성心因性)의 법칙이 있다고 말할 수 있다.[4]

이런 '문명화' 이론을 비판하는 사람들은 문명을 너무 좁은 의미로 정의하는 것이라며 이론에 반대할지 모른다. 행동은 훌륭하고 머리는 텅 빈 독일 특유의 이론이라고 생각할 사람도 있을 것이다. '사부아 비브르savoir vivre'(처세술, 예의범절/에티켓)의 기술에는 침이나 괄약근을 통제하거나 은제 식기를 다루는 능력 이상의 것이 필요하다고 주장할 이들도 많을 것이다. 또 노르베르트 엘리아스Norbert Elias(1897~1990)의 '문명화 곡선the civilisation curves'과 그가 말하는 단선적 발전 이론에 모두가 수긍하지는 않을 것이다. 그러나 위생, 개인 존중, 사생활, '개인적 공간' 같은 근대적 개념들이 없었던 중세의 행동방식과 이른바 '서구의 문명화된 인간' 사이에 커다란 간극이 있다는 사실은 누구나 인정할 것이다. 다음과 같은 중세의 경고들에 관해 생각해보기 바란다.

투구를 쓴 채 귀부인을 대하는 것은 [...] 예의에 어긋난다.

고기를 집은 손으로 코를 풀지 마라.

목 뒤쪽을 긁어야 할 때는 외투를 이용해 예의바르게 긁어라.

방귀는 기침 소리로 감춰라.

의자에 앉기 전에 의자에 더러운 것이 묻어 있지 않은지 확인하라.

소변이나 대변을 보고 있는 사람에게 인사를 건네는 것은 무례하다.

음식을 먹을 때 가난한 자를 기억하라. 그러면 신이 보답할 것이다.[5]

로 두고 있었다. 그러나 나중에 드러난 일이지만 톨레도 함락은 기독교가 레콩키스타reconquista 〔국토회복운동〕에 돌입한 첫걸음이었다―이후 기독교는 이베리아반도를 차지하려 400년에 걸쳐 지난한 투쟁을 벌인다. 당시 이베리아반도에는 코르도바토후국이 쪼개져 약 25개의 타이파taifa 곧 '군소' 왕국이 난립해 있었는바, 가장 규모가 크고 핵심적이었던 곳이 톨레도였다. 무슬림왕국의 이와 같은 분열로 기독교도 통치자들은 기회를 맞았다. 그로부터 10년도 채 지나지 않아 알폰소 편에 섰던 투사 로드리고 디아스 데 비바르Rodrigo Díaz de Vivar(엘시드El Cid)는 발렌시아 입성에 성공했다. 레콩키스타가 시작되고 100년도 채 지나지 않아 기독교왕국과 무슬림왕국 사이 전쟁은 도처에서 전면전의 양상으로 치달았다. 그러다 1212년 무어인들이 라스나바스데톨로사전투Battle of Las Navas de Tolosa에서 결정적 패배를 당하게 된다. 1236년에는 코르도바, 1248년에는 세비야, 1266년에는 무르시아가 함락당하면서 결국에는 이베리아반도 대부분이 기독교왕국의 수중으로 넘어갔다. [엘시드]

1095년 11월 27일, 오베르뉴의 클레르몽에서 열린 공의회에서 교황 우르바노 2세Urban II(재위 1088~1099)가 기독교 신자 모두를 향해서 우리 함께 예루살렘을 구해내기 위해 싸움에 나서자고 호소했다. 노트르담뒤포르 아래쪽 산비탈에 마련된 연단의 보좌 위에서, 주교관(주교들이 의식 때 쓰는 관 모양의 모자)을 쓴 주교들과, 기사, 평민들이 운집한 가운데 교황이 연설을 했다. 그즈음 교황은 이른바 하느님의 휴전Truce of God을 널리 설파하는 동시에, 역병처럼 번진 봉건사회의 전쟁 상황을 그쯤에서 멈추려 애를 쓰고 있었다. 그는 비잔티움의 총대주교와도 화해할 방안을 모색 중이었고, 그래서 튀르크족의 진격으로 골머리를 앓던 비잔티움의 고충을 나눠 지고자 했다. 그런데 교황의 이 클레르몽공의회 연설이 일반 대중의 심금을 울려버렸다. 군중 사이에서 "데우스 로 불트Deus lo vult"("신께서 원하신다")라며 우렁찬 함성이 이는가 하면, 한 추기경은 무릎을 꿇고 앉아 신들린 듯 몸을 바르르 떨며 "전능하신 하느님과 […]" 하며 거기 모인 수많은 군중의 이름으로 콘피테오르Confiteor(고백기도문)를 읊조렸다. 바로 그 자리에서 사람들은 앞다퉈 싸움에 동참하겠다고 나섰다. 라틴교회를 신봉하는 데서는 어디나 십자군the Crusades이 돼 '십자가의 전쟁War of the Cross'에 나서겠다는 사람들 천지였다. 은자隱者 피에르 〔피에르 레미레트〕Pierre l'Ermite 같은 설교가들이 십자군 이야기를 널리 전파하는 역할을 했다. 이후 6세대 내지 7세대 동안, 백작들, 왕들, 평민들, 심지어는 어린아이들까지 모여 '십자가를 짊어지고' 성스러운 땅the Holy Land으로 가 불경자들과 싸우겠다고 나섰다.

전례 없이 새로운 이 모든 일이 일어난 결과, 학자들이 말하는 이른바 '12세기 르네상스the Twelfth-Century Renaissance'―서방 기독교왕국에 자신감과 부가 부쩍 늘면서, 자신의 이상을 현실에 실현시키고자 의식적으로 노력한 시기―가 일어날 수 있었다. 서임권투쟁이나 십자군은 단순히 새로운 에너지가 분출하고 있다는 증거만은 아니었다. 그 사건들엔 분명 어떤 '이념이 담

엘시드 EL CID

■
■ 기사 로드리고 디아스는 1099년 발렌시아에서 사망했다. 역사적으로 그는 무어인을 위해 또는 무어인에 대항해 싸우면서 평생을 보낸 인물이다. 그러나 전설 속에서 그는 '주군the Master'(또는 '영주')을 뜻하는 아라비아어 '알사이드al-sayyid'에서 비롯한 별칭인 엘시드El Cid로 불리며 추앙됐다. 또 기독교 대의를 위해 싸운 흠 없는 두사이자 카스티야의 국민적 영웅으로 변모했다. 100년 후 그의 전설은 서사시 〈엘시드의 노래El Cantar de mio Cid〉에 담겨 널리 퍼졌다 (부록 1583쪽 참조).[1]

역사 속 인물이 특별한 국민적 영웅으로 변모하기는 단순히 유명한 인물을 미화하기보다 훨씬 더 복잡한 과정이다. 그것은 적대적 이웃 국가나 압제지와의 대비 속에서 확실히 규정되는 집합적 정체성을 추구하는 과정의 일부다. 외부 침입자를 드물게 겪었던 잉글랜드에서 영웅 후보로 꼽을 만한 유일한 인물은 앵글로-노르만 귀족들에 맞서 평민들을 보호했다는 의적 로빈 후드Robin Hood인데 그의 실존 여부는 불분명하다.[2] 잉글랜드 주변 지역의 민족적 영웅들 즉 흐웰린(허웰린) 아프 그리피드Llywelyn ap Gruffydd (웨일스, "우리의 마지막 지도자, 흐웰린"), '용맹한 영웅 Braveheart' 윌리엄 월리스William Wallace(스코틀랜드), 휴 오닐Hugh O'Neill(아일랜드), 잔다르크(프랑스)는 잉글랜드인과 싸운 인물이다. 후대 역사에서 영국의 국민적 영웅은 허레이쇼 넬슨(1758~1805) 제독과 아서 웰즐리 웰링턴(1769~1852) 공처럼 적국으로부터 제국을 지킨 군인들이다. 알바니아에서는 '스컨데르베우Skënderbeu'라고도 불리는 제르지 카스트리오티 George Castriota(1403~1467)가 오스만제국에 대한 저항 운동의 상징으로 여겨졌다. 하지만 엘시드와 유사하게 그 역시 오스만과 이슬람의 대의에 동참하기도 했고 등을 돌리기도 했다.

낭만주의와 민족주의가 충돌한 19세기에 민족적 영웅 숭배는 의무적인 것이 됐다. 고대의 영웅이 없는 나라들은 최근 시대에서 영웅을 찾아냈다. 러시아에 대항한 타데우시 코시치우슈코Tadeusz Kościuszko (폴란드-리투아니아, 1746~1817), 러요시 코슈트Lajos Kossuth(헝가리, 1802~1894), 이맘 샤밀Imam Shamil (이슬람, 1797년경~1871), 프랑스에 맞서 싸운 티롤의 안드레아스 호퍼Andreas Hofer(1767~1810), 오스트리아에 대항한 '타트라 산지의 로빈 후드' 유라이 야노식Juraj Jánošík(1688~1713) 등이 대표적이다. 야노식은 타트라 산지 이북 지역에서 폴란드 고지대인들의 영웅이며, 이남 지역에서는 슬로바키아의 국민적 영웅이다.[3] 아직까지 유럽 전체의 영웅이 없다는 사실은 유럽적 정체성의 현주소를 보여준다고 해도 무리가 아니다.

겨 있었다.' 이 새로운 사고방식에서는 무엇보다 앎을 갈구했다. 지식의 중심지라 인정받는 곳에서는 책 생산을 비롯해 장서 수집이 눈에 띄게 늘어났다. 라틴어 고전이 귀한 대접을 받게 됐는가 하면, 라틴어가 가지치기를 하며 정교하게 가다듬어지고, 상류층이나 하류층이나 할 것 없이 라틴어 시가 크게 유행했다.

> Meum est propositum in taberna mori,
> Ut sint vina proxima morientis ori.

Tunc cantabunt letius angelorum chori:

"Sit Deus propitius huic potatori."

선술집에서 죽음을 맞겠다는 것이 내 굳은 뜻이니.

죽어가는 내 입술 가까이 포도주를 가져다주오.

그러면 천사들의 합창단이 흥겨이 노래 부르리라.

"하느님이시여, 이 술고래에게 부디 자비를 베푸소서."[26]

　이 시기에는 성인들의 일대기를 다룬 단순한 기록부터 기베르 드 노장Guibert de Nogent의 《성자의 증거De pignoribus sanctorum》(1119년경), 맘즈베리의 윌리엄William of Malmesbury의 《앵글족 국왕의 업적록Gesta Regum Anglorum》(1120), 오토 폰 프라이징Otto von Freising의 프리드리히 1세의 업적을 논한 《프리드리히 황제의 업적Gesta Friderici imperatoris》(1156년경) 같은 복잡한 논문까지 그야말로 온갖 역사서술 방식이 등장했다. 몬머스의 제프리Geoffrey of Monmouth는 《브리타니아 열왕사Historia Regum Britanniae》(1136년경)라는 굉장한 책을 써 켈트인의 과거부터 시작하는 이야기와 전설들을 그 안에 창의적으로 모아놓았는데, 이후 수많은 시인과 음유시인이 여기 담긴 이야기들을 가져다 살을 입혔다. 교회법은 볼로냐의 그리티아누스Gratian of Bologna가 쓴 《그라티아누스 교령집Decretum Gratiani》(1141)이 특히 유명하며, 그와 함께 이르네리우스Irnerius(활약 1130년경)를 필두로 로마법을 연구한 주석가들도 줄줄이 등장했다. 아라비아어와 그리스어를 라틴어로 번역해내는 작업도 급격히 늘어난바, 바스의 아델라드Adelard of Bath나 부르군디오 디 피사Burgundio di Pisa 같은 학자들이 대표적이었다. 법률과 의학을 비롯해 학문 일반을 가르치는 학교들도 살레르노, 몽펠리에, 특히 볼로냐에 대거 생겨났다. 알프스 북쪽에서는 샤르트르나 파리 같은 곳에서 성당학교cathedral school들이 생겨나 보다 일찍 등장한 수도원 중심지들과 경쟁했는데, 이 분야에서는 베크의 대수도원장이자 캔터베리 대주교였던 성 안셀모 다오스타(안셀무스)Anselmo d'Aosta(1033~1109)를 주요 인물로 꼽을 수 있었다. 시칠리아의 팔레르모와 스페인의 톨레도에서는, 아라비아인 학자들이 그간 잘 간직해온 고대의 지혜를 마침내 기독교왕국에 전해준다. 코르도바의 아베로에스Averroës(이븐 루시드Ibn Rushd, 1126~1198)의 주석서들은 아리스토텔레스를 중세 시대를 '대표하는' 철학자로 변모시켰다. 스페인의 무슬림들을 통해서는 십진법과 전문 수학 지식이 유럽에 들어왔다. [샤티바]

　궁정문학은 귀족들의 품위 없는 생활양식과 교회의 숨 막히는 윤리에 반발하는 내용이 주였다. 궁정문학의 중심지로 꼽힌 곳은 크게 두 군데였다―하나는 북부에 자리한 프랑스의 궁정으로 프랑크족의 위업과 아서왕의 기사도를 기리는 샹송 드 제스트(무훈시)들이 널리 인기를

샤티바-XATIVAH〔Xàtiva〕

■ 제지 기술 사용이 유럽에서 처음 기록된 곳은
■ 1144년 발렌시아 인근의 무어인 마을 샤티바(지금의 산펠리페)였다. 제지술이 중국에서부터 사마르칸트와 카이로를 거쳐 유라시아 대륙을 건너오는 데 1000년이 걸린 것이다. 종이 제작용 틀을 담그는 기술과 워터마크watermark〔종이에 비치는 무늬(를 넣는 작업)〕 기술 등 중요한 기술적 발전은 한 세기 이후 이탈리아 안코나 인근의 파브리아노에서 이뤄졌을 가능성이 높다. 최초의 워터마크는 파브리아노의 첫 글자인 커다란 'F'였다.

이후 종이는 널리 퍼져나가 파피루스, 양피지, 독피지 등 기존의 기록 재료를 대체했다. 초기 제지공장은 오베르뉴의 양베르(1326), 드루아(1338), 뉘른베르크(1390), 포르투갈의 레이리아(1411), 잉글랜드의 하트퍼드(14세기 중반), 콘스탄티노폴리스(1453), 크라쿠프(1491), 모스크바(1565) 등지에 세워졌다. 종이 수요는 인쇄술 발명으로 급격하게 늘어났다. 〔인쇄〕

1389년 볼로냐에서 종이의 표준 규격이 도입됐다. 임페리얼판Imperial(56 x 76센티미터), 로열판Royal, 미디엄판Medium, 챈서리판Chancery 네 종류였다. 책의 페이지는 1회 접기(2절판, folio), 2회 접기(4절판quarto), 또는 3회 접기(8절판octavo) 등이었다. 아노네에 제지공장을 갖고 있던 몽골피에 형제는 1783년 종이로 열기구를 만들었다("몽골피에" 형제는 프랑스의 조제프 미셸 몽골피에Joseph-Michel Montgolfie, 자크 에티엔 몽골피에Jacques-Étienne Montgolfier를 말한다). 그러나 종이의 최대 공헌은 지식의 보급이었다. 헤르더는 이렇게 썼다. "종이 발명자 만세. 그는 지구상의 모든 군주보다 학문에 더 큰 기여를 했다."

오늘날에도 손으로 제작한 종이에 열광하는 사람들이 많다. 국제종이역사학자협회International Association of Paper Historians의 정기간행물이 독일에서 간행되며, 그밖에도 많은 종이박물관이 있다. 〔이탈리아의〕 파브리아노, 프랑스의 물랭 리샤르 드 바, 네덜란드의 코흐 안 드 잔, 독일의 니더즈뵈니츠, 스위스 바젤의 생 알반, 폴란드 실롱스크의 두시니키 즈드로이에서는 옛날 방식의 제지공장이 지금도 운영되고 있다.[1]

끝었으며, 다른 한 곳인 푸아티에의 아키텐 궁정에서는 샹송 다모르chanson d'amor('궁정의 사랑'을 노래한 시)들이 전문적으로 만들어져 나왔다. 프랑스 북부 궁정의 샹송 드 제스트는 1120년 이후 몇십 년 새에 작품이 가장 많이 쏟아져 나왔으며 샤를마뉴 숭배가 주 내용이었다. 특히 《롤랑의 노래La Chanson de Roland》를 비롯한 그 아류 작품들—《샤를마뉴의 순례Pélérinage de Charlemagne》《오랑주의 함락La Prise d'Orange》—에서 그런 경향이 두드러졌다. 아키텐 궁정의 연애시들은 1170년 이후 두각을 나타낸 장르로, 당시 안드레아스 카펠라누스Andreas Capellanus가 《고상하게 사랑하는 기술De Arte Honeste Amandi》을 쓴 바 있었는데 책의 31개 조목 안에 기록된 행동규범들을 세세히 풀어가는 식으로 내용이 전개되곤 했다. 규범들은 기사의 사랑을 받는 돔프나dompna(부인mistress)들에게 관계의 주도권을 주었으니, 그런 식으로 당시 받아들여지던 성역할을 뒤집었으며 기존의 혼인 관습을 비웃었다. "결혼은 사랑에 아무 장애도 되지 않는다"라는 것이 안드레아스의 말이었다. 이와 같은 문학 장르는 무슬림령 스페인에 그 뿌리가 있을 가능성이 크다. 그러나 트루바두르troubadour들이 이 장르를 들여와 유럽

남부 전역에 전파하고, 거기서 다시 북부의 트루베르trouvère들과 독일의 민네징거Minnesinger 들에게까지 이 장르가 전해졌다(트루바두르, 트루베르, 민네징거 모두 "음유시인"을 뜻하는 말이다). 《트리스탄Tristan》의 작자 중 한 사람은 "법보다 더 강한 힘을 지닌 것이 사랑"이라고 썼다. 하지만 자타가 공인하는 당시 궁정연애의 최고 고수는 크레티앵 드트루아Chrétien de Troyes(1135 년경~1190)로, 샹파뉴 태생이었던 그는 아서왕 이야기 3부작—〈이뱅, 사자의 기사Yvain, Ou le Chevalier au Lion〉〈랑슬로, 수레의 기사Lancelot, ou le Chevalier à la Charrette〉〈페르스발, 성배 이 야기Perceval, ou le Conte du Graal〉—의 작가이기도 하다. [트리스탄]

독일 제국이 교황과 아무리 힘겹게 싸움을 벌여도 그것이 이탈리아의 정세에 따라 복잡하 게 꼬이는 일은 전부터 늘 있었다. 그러나 12세기와 13세기에는 그런 문제들이 그야말로 더는 손도 못 쓸 지경으로 뒤엉켜, 싸움에 가담한 파는 다들 심각하게 위세가 약해졌다. 독일 황제들 은 힐데브란트가 주창한 교황권에도 맞서 싸워야 했거니와 동족이나 다름없는 공작령들이, 특 히 작센이 제국에서 떨어져나가려는 움직임에도 맞서 싸워야 했다. 거기다 독일 내부에서는 왕 가의 여러 경쟁 파벌과, 특히 겔프Guelph파(겔프당. 교황파)와 호엔슈타우펜Hohenstaufen파와 싸 워야 했고, 완강하게 독립을 주장하는 롬바르디아의 도시들도, 고집스럽게 제 갈 길을 가는 로 마도, 저 멀리 시칠리아섬의 왕국도 모두 독일 황제가 맞서 싸워야 하는 상대였다. 따라서 황제 의 권력 확립을 향한 길에는 여기저기 놓은 장애물만 한둘이 아닌 셈이었다. 황위에 올라보겠다 고 마음먹으면 일단 독일 귀족들과 주교들의 지지부터 얻어 독일 안에서 왕으로 선출될 수 있 어야 했다. 이후에도 이탈리아의 왕관을 차지하기 위해 또 한 차례 그 여정을 어렵사리 거쳐야 했다. 그런 다음에야 비로소 막판 단계에 돌입해 어떻게 하면 교황으로부터 황제 대관식을 받을 수 있을지 궁리할 수 있었다. 바이블링겐의 호엔슈타우펜家 이후로는 이 장애물을 뚫는 데 총 3세대가 자신들이 가진 에너지를 다 쏟아부어야 했다.—프리드리히 1세 바르바로사, 하인리 히 6세, 독보적 존재였던 프리드리히 2세가 그랬다.

프리드리히 1세 바르바로사Friedrich I Barbarossa(재위 1155~1190)는 슈바벤의 호엔슈타우펜가 공작과 바이에른의 겔프가 공주가 혼인해 낳은 아들로, 그 자신은 프랑슈콩테 및 아를의 상속 녀와 혼인해 그곳에서 왕위에 올랐다("바르바로사"는 이탈리아어로 "붉은 수염"이라는 뜻이다). 따라 서 바르바로사는 자신의 방대한 권력 기반은 별 걱정 없이 유지해나가면서, 서로 싸우기 바쁜 독일 공작들을 화해시키는 작업에 돌입할 수 있었다. 겔프파로 자신의 주적이었던 작센과 바이 에른 공인 하인리히 사자공Heinrich der Löwe을 황실 법정으로 불러내 하인리히의 재산을 대거 빼앗아 마침내 그를 파멸에 이르게 한 것도 이때였다. 그러나 1157년 브장송회의Diet of Besançon 에서 교황 특사가 황제의 관을 교회의 "성직록benefice"으로 표현한 것에 충돌이 일어나면서 서임권투쟁이 다시금 불붙었다. 1158년에는 론칼리아회의 Diet of Roncaglia에서 황제파가 포데스타podestà(제국 총독imperial governer)야말로 제국의 도시에서 일하는 그 어떤 공직보다 서열이 높다고 강조한 것에 제2차 충돌이 일어나, 롬바르디아(도시)동맹Lombard league 사이에 쉴 새 없이 전쟁이 일어나도록 부채질했다. 바르바로사는 전임자들이 겪은 그 모든 고초를 다시 겪어야 했다─교황에게 파문을 당하고, 대립교황이 선출되고, 독일에서는 봉건영주들이 난을 일으키고, 로마에서는 분쟁이 일어나고, 이탈리아로 여섯 차례 진 빠지는 원정을 떠나야 했던 일들이 되풀이된 것이다. 1177년 7월 24일, 베네치아의 산마르코성당 입구에서, 마침 카노사의 굴욕이 있은 지 딱 100년째 되던 해에 바르바로사가 교황 알렉산데르 3세Alexander III 앞에 무릎을 꿇은 끝에 용서를 받아냈다. 그러나 이는, 카노사의 굴욕 때와 마찬가지로, 형식적 제스처에 불과했다. 그러고는 바르바로사가 기막힌 일격을 가하게 되는데, 자신의 아들이자 후계자 하인리히 6세 Heinrich VI(재위 1190~1197)를 시칠리아의 노르만인 상속녀 콘스탄차 디 아풀리아Constanza di Apulia(콘스탄차 디 시칠리아)와 혼인시킨 것이다. 1186년 바르바로사는 그 젊은 한 쌍이 혼인하는 광경을 밀라노에서 지켜볼 수 있었으니, 밀라노는 18년 전 그가 그토록 끔찍한 공성전을 벌이고도 이탈리아에 도로 내어주어야 했던 땅이었다. 이로써 바르바로사는 교황과 교황의 시칠리아 동맹 사이를 확실히 갈라놓았다고 생각하고는, 제3차 십자군을 이끌고 길을 떠났으나 이후 영영 돌아오지 못했다. [콘스피로]

바르바로사의 손자 프리드리히 2세Friedrich II(재위 1211~1250)는 그 시칠리아 공주가 낳은 자식이었다. 그는 자신의 부모 대에 혼인관계로 이룩된 시칠리아와 신성로마 신성로마제국 사이의 통일을 고스란히 유산으로 물려받은바, 이를 통해 갖게 된 시칠리아왕국을 얼마나 소중히 여겼던지 나중에 나머지 땅들은 안중에 없다는 책망까지 들었다(프리드리히 2세는 이탈리아식 이름인 페데리코 2세Federico II세로 불리길 더 좋아했다고도 전한다). 십자군, 언어학자, 조류학자, 예술의 후원자, 유대인의 수호자, 하렘의 주인이었던 프리드리히 2세는 불복종을 이유로 교황에게 두 차례 파문을 당했고, 교회공의회에서 공식적으로 이단자 선고를 받았다. 그는 남쪽 땅을 다스리며 전제군주의 면모를 보여, 교회와 국가 양쪽에 똑같이 효율적이고 중앙집권적인 행정을 시행했다. 프리드리히 2세는 그 자신을 기리는 황제 숭배 사상을 사람들 사이에 독려하기까지 했다. 그가 중심이 된 팔레르모의 궁정은 눈부신 호화로움과 세련된 문화를 자랑했다─라틴인, 독일인, 유대교인, 그리스인, 사라센인의 특성이 고루 녹아들어 장관이었다. 동시대인들에게 프리드리히 2세는 스투포르 문디stupor mundi(세상의 경이驚異)라 해도 손색이 없었다.

그러나 제각각 나뉜 봉건 제국을 전제적 방법으로 다스린다는 것은 아무래도 불가능했고, 나폴리와 시칠리아 이북 지방에서는 황제파를 온전히 지켜내기 위해서라도 프리드리히 2세가 여러 양보를 하지 않으면 안 됐다. 우선 독일 땅에서는 황제가 교회에 자유헌장을 수여한 뒤, 쾰른의 대주교 엥겔베르트Engelbert 같은 고위 성직자들을 통해 통치할 수 있겠거니 하며, 교회 소유의 땅은 이제 황제가 직접 다스리지 않는다고 선언했다. 그렇게 함으로써 프리드리히 2세는 결과적으로 아들 하인리히 7세Heinrich VII가 로마인들의 왕에 선출되게 할 수 있었다[이 호엔슈타우펜가의 하인리히 7세는 룩셈부르크가의 독일 왕(재위 1308~1313)이자 신성로마제국 황제 하인리히 7세와 구별해 일반적으로 'Heinrich (VII)'라고 표기하기도 한다]. 아울러 1231년의 보름스회의Diet of Worms에서 프리드리히 2세는 하인리히에게 명해 제후들의 특권을 위한 법령Statutum in favorem principum을 제국 각지에 보급하도록 하니, 이에 따라 속세의 제후들도 주교들이 갖는 것과 똑같은 광범위한 자유를 얻게 됐다. 동쪽에서 프리드리히 2세는 십자군에 참전했던 자신의 옛 동지 헤르만 폰 잘차Hermann von Salza에게 무제한의 권리를 부여했다─잘차는 독일기사단의 제1대 단장으로, 로마에서 프리드리히 2세를 대신해 수차례 중재 노력을 기울였던 인물이다. 이탈리아 북부에서 프리드리히 2세는 우세를 보이던 기벨린Ghibelline파의 세를 하나로 통합시키려 여러모로 노력했으나 교황들, 특히 그레고리오 9세Gregory IX와 롬바르디아(도시)동맹이 기밀 누설 전략을 구사하는 바람에 번번이 헛수고로 끝났다("기벨린파" 또는 "기벨린당"은 이탈리아에서 교황권(로마 교황)과 황제권(신성로마제국황제)이 대립할 때 황제를 지지한 당파다).

프리드리히 2세의 파란만장한 삶은 그가 다 자초한 일만은 아니었다. 어린 시절 교황의 피후견인이었던 그는 교황이 임대해준다는 조건을 걸고야 비로소 시칠리아 땅을 받을 수 있었고, 독일에서도 남작의 직위에서 20년이나 전쟁을 치른 끝에야, 교황이 전임 황제이자 황제의 피호민 오토 폰 브라운슈바이크Otto von Braunschweig[오토 4세]와 대립한 틈을 타 비로소 황제의 직에 오를 수 있었다. 플랑드르의 부빈에서 벌어진 운명의 결전에 프리드리히 2세는 참전하지 않았는데, 이 부빈전투Battle of Bouvines(1214)에서 프랑스 군대가 오토의 반反교황파 연합을 대파한 것이었다. 그랬는데도 교황이 나중에 프리드리히 2세에게 등을 돌린 것은, 정치란 돌고 도는 것임을 보여준 하나의 아이러니였다. 1235년 프리드리히 2세는 무력을 동원해 독일의 질서를 회복하게 되는바, [자신을 상대로 반란을 일으킨] 장남 하인리히를 유배 보내고 차남 콘라트를 내세웠다. 그는 1236~1237년에는 코르테누오바에서 롬바르디아 도시들을 제압하는가 하면, 보란 듯 코끼리 떼를 몰고 크레모나를 통과해 행진 하기도 했다. 1241년에는 제노바 근해에서 교황의 선대를 침몰시키고, 적대관계의 대주교들과 수도원장을 인질로 붙잡았다. 그러나 1248년 파르마공성전Siege of Parma이 수포로 돌아간 후로는, 프리드리히 2세도 더는 하렘을 차지하고 있을 형편이 되지 못했다. 겔프파와 기벨린파의 당파심에 불타는 적의는 이 지상에 존재하는 권력으로는 도저히 억눌러질 수 없었던 것 같다.

프리드리히 2세가 세상을 떠난 후 그의 아들 콘라트 4세Konrad IV(재위 1250~1254, [시칠리아의 왕])와 손자 콘라딘Konradin(1268년 몰)은 호엔슈타우펜가가 계속 왕위를 계승할 수 있도록

콘스피로 CONSPIRO

■ 신성한 법정 동맹Heilige Fehme은 유럽의 고위
■ 비밀결사의 특징을 가진 단체였다—물론 영원히 비밀로 남은 조직들도 있었을 것이다. 이 조직의 존재는 12세기 후반 황제가 겔프파 우두머리 하인리히 사자공에게 법의 보호를 박탈하는 형벌을 내린 이후의 혼란기에 독일에서 널리 알려지게 됐다. 신성한 법정 동맹의 목적은 황제의 권한이 무너진 지역에서 법을 집행하는 것이었다. 자유재판관 프라이쇠펜Freischöffen이 운영하는 숲의 재판소를 통해 주민들을 공포에 떨게 했다. 이 동맹에는 비센덴Wissenden(현자)이라는 엘리트 계층이 있었다. 또 서약, 서명, 의식 절차로 이뤄진 정교한 체계와 오버스트슈툴헤어Oberststuhlherr(최고재판관)를 정점으로 하는 서열 구조가 있었다—원래 최고재판관은 쾰른 대주교였다. 14세기에 이 동맹의 회원은 10만 명이었다. 베스트팔렌에서 이 조직의 활동 공식적으로 인정됐다. 15세기에 지기스문트(재위 1410~1437) 황제도 신성한 법정 동맹의 일원이 됐으며, 동맹의 영향력은 1490년대의 법제 개혁이 있기 전까지 계속됐다. 마지막 집회가 열린 해는 1568년이다. ("콘스피로"는 라틴어로 "뜻을 같이해 행동하다" "공모(모의)하다" "음모를 꾸미다" 등의 의미다.)

펨게리히트Femgericht(숲의 재판소(비밀재판소))는 정확한 절차에 따라 기소와 변론을 위한 증언을 들었다. 그러나 사형이 유일한 형의 선고였다. 유죄가 결정된 자는 나무에 매달아 교수형에 처했다. 나무에는 수수께끼 같은 문자 'SSGG'가 새겨진 칼이 박혀 있었다(이는 각각 돌Stein, 밧줄Strick, 풀Gras, 초록Grün을 의미했다).

비밀결사는 정치적, 종교적, 사회적, 범죄적 범주 등으로 분류할 수 있지만 그 범주가 겹치는 경우도 많다. 17세기 초반 신비에 싸인 장미십자회Rosicrucians 형제단의 존재가 세상에 알려졌다. 이 단체의 오컬트적 신지학神智學, theosophy을 체계화한 인물은 잉글랜드의 로버트 플러드Robert Fludd(1574~1637)였다. 장미십자회는 북유럽 각지에서 상당한 관심을 끌어모았으며 특히 프랜시스 베이컨과 르네 데카르트도 관심을 보였다. 또한 프리메이슨Freemasonry의 초기 단계에 중요한 영향을 미쳤다. [메이슨]

아담 바이스하우프트Adam Weishaupt(1748~1830)가 창설한 일루미나티Illuminati는 1776~1785년의 짧은 기간 활동했으며, 바이에른 지방에서 매우 진보적 사회 개혁의 기치를 내세웠다. 일루미나티 회원들은 프리메이슨 단원 및 자코뱅파(클뢰브 데 자코뱅)와 긴밀한 유대관계를 맺었다. 19세기 초반에는 카르보나리Carbonari(1061쪽 참조), 마피아Mafia, 아일랜드의 비밀결사 단체들이 등장했다. 그중 일부는 지금도 존재한다.[1] [오랑주(오라녀, 오렌지)]

역사에서 음모론은 유행할 만한 게 못 된다. 그러나 유럽 역사에는 음모 집단, 모의, 음모를 꾸미는 이들이 끊임없이 존재했다.

힘을 행사했으나 끝내 실패했고, 따라서 제위가 오랜 기간 공석으로 남으면서(1254~1273) 제국은 다시 한 번 비틀거렸다. 이에 교황이 기다렸다는 듯 시칠리아 지배권을 주장했고, 시칠리아 땅은 프랑스의 앙주Anjou 가문에 넘어갔다. 제국을 상대로 명목상이나마 승리한 교황들은 이제 그 어느 때보다 프랑스왕국에 기대게 되는 상황을 목전에 두고 있었다. 교황 그레고리오 10세Gregory X(테오발도 비스콘티Tedaldo Visconti, 재위 1271~1276) 때에는 신속하고 효과적인 교황 선출을 위한 준비 작업들이 마무리됐다. [콘클라베]

신성로마제국이 곤경에 처한 상황에서 가장 큰 이득을 본 것은 프랑스였다. 얼마 전인 11세기만 해도 카페왕조 왕들이 차지한 땅은 파리 주변의 일드프랑스에 속한 조그만 왕령뿐이었다. 그 외 지역들에서 왕이 갖는 특권들은 해당 지방을 구성하고 있던 봉건 영지들에게 넘어가 있었다. 그러나 루이 6세Louis VI(재위 1108~1137) 이후, 장수하는 왕들이 잇따라 나라를 재위하면서 프랑스의 본질이 크게 향상됐다. 이렇게 되는 데는 당시의 여러 상황이 군주들을 도운 셈으로, 프랑스의 인구가 눈에 띄게 급증한 점(특히 북부 주들), 부유한 코뮌들이 성장한 점, 중요한 땅(특히 미디 지방)을 획득하게 된 점이 그러했다. 루이 7세Louis VII(재위 1137~1180)는 그 힘이 제법 강성해서 프랑스 귀족 전체의 세를 규합해 제2차 십자군원정에 나설 수 있었는가 하면, 나중에 그가 몸소 콤포스텔라와 캔터베리로 순례를 떠났을 때도 왕국 내에서는 고요히 평화가 유지될 수 있을 정도였다. 그러다 루이 7세는 아내 아키텐의 알리에노르와 이혼한 후로(알리에노르는 이혼 후 곧장 루이의 봉신 잉글랜드의 헨리 2세Henry II of England와 혼인했다), 자신과 각축을 벌이던 플랜태저넷가의 땅이 스코틀랜드 국경에서 피레네산맥까지 아우르게 된 것을 보고 망연자실할 수밖에 없었다. 하지만 위기는 무사히 지나갔고, 이후 카페왕조는 자신이 누리던 패권을 되찾을 수 있었다(부록 1586쪽 참조). [고딕]

이 기간에 프랑스와 잉글랜드의 정세는 내내 단단하게 뒤엉켜 있었다. 앙주왕가 혹은 일명 '플랜태저넷Plantagenet'왕조는 앵글로-노르만 사이의 혼인으로 즉 정복왕 윌리엄William the Conqueror[윌리엄 1세]의 손녀 마틸다Matilda가 앙주 백작 조프루아 플랜태저넷Geoffroy Plantagenêt[조프루와 5세]와 혼인하면서 세워졌다. 이들 사이에 태어난 아들인 [플랜태저넷왕조의 시조] 헨리 2세Henry II(재위 1154~1189)는 스티븐[블루아의 스티븐Stephen of Blois] 왕 재위 (1135~1154)동안 잉글랜드에 만연해 있던 무정부 상태에 종지부를 찍고, 왕비 알리에노르와 오랜 시간을 함께 보내며 군주들을 잇달아 낳으니, 이들이 1399년까지 줄곧 잉글랜드의 왕좌를 차지하게 된다. 헨리 2세 재위의 주된 특징을 꼽자면, 이 시기 들어 사법 개혁이 이루어졌다는 점, 잉글랜드가 아일랜드를 침공했다는 점, 왕이 노섬벌랜드에서 가스코뉴 사이의 지역을 일일이 쉴 새 없이 순행했다는 점, 교회와 국가 사이 갈등이 극에 달해 [캔터베리] 대주교 토머스 아 베켓이 살해당했다는 점(1170)을 들 수 있다. 헨리 2세의 손위 아들 사자심왕獅子心王 리처드Richard Cœur de Lion(재위 1189~1199)는 오로지 십자군전쟁을 벌이는 데에 여념이 없었던 인물이었다("사자심왕"은 제3차 십자군에 출정해 이집트 살라딘과의 싸움에서 용맹을 떨친 데서 붙은 리처드 1세Richard I의 별칭이다). 그의 동생 실지왕失地王 존John Lackland(재위 1199~1216)은 걸핏하면 폭정을 일삼아 백성들의 신망을 잃고, 부빈전투에서 [프랑스의 필립프 2세에게] 패해 노르망디 공작령을 잃더니(1214), 잉글랜드에서는 마그나카르타Magna Carta[대헌장]를 인정해 정치적 주도권마저 잃어버렸다(1215). 존의 아들 헨리 3세Henry III(재위 1216~1272)는 명은 길었으나, 단테

고딕 GOTHIC

■
■   파리 인근 생드니수도원을 방문하면 쉬제 수도
원장이 1143년 또는 1144년에 완성한 애프스
apse(교회 건물 끝에 있는 반원형 공간으로 주로 제단이 위
치한다)의 첨두尖頭아치pointed arch를 볼 수 있다. 고
딕 양식의 시초라고 알려져 있는 건축물이다. 이 건물
이 비슷한 시기에 건축이 진행됐던 상스대성당의 고딕
양식 아치보나 연대가 앞서는지 여부는 논란거리다.
그러나 프랑스의 오래된 바실리카로서 수많은 대관식
이 열렸고, 수많은 왕의 유해가 잠들어 있으며, 오리플
람oriflamme(프랑스 국왕의 붉은 깃발)이 간직된 이곳은
고딕 양식 건축물의 최초 등장이라는 역사적 사건에
어울리는 곳이다. 생드니의 수도원이 '과도기 양식'의
걸작인 노트르담과 사르트르·랭스·아미앵의 대성당
들보다 먼저 지어진 것은 분명하다.

프랑스에서 시작된 고딕 양식은 가톨릭 세계 전역으
로 퍼졌고 알프스 이북에서 중세 교회 건축물의 전형
적 스타일이 됐다. 서쪽 세비야에서 동쪽 도르파트까
지, 북쪽 룬드에서 남쪽 밀라노까지 곳곳에 고딕 양식
성당이 지어졌다. 수천 개의 교구교회도 이들 성당을
모방해 건축됐다.

많은 전문가는 고딕 양식 최고의 아름다움이 완성된
건축물이 1248년 4월 25일 생 루이Saint Louis(루이 9
세)의 명으로 파리에 완성된 생트샤펠성당이라고 입을
모을 것이다. 이곳은 대성당들보다 규모는 작긴 해도
아름다운 스테인드글라스로 채워진 높고 기다란 창문
들이 만들어내는 정교하고 섬세한 미가 빛나는 걸작
이다.

멀리 폴란드의 비스와강과 부크강 사이에 있는 루블
린의 성삼위일체성당은 유럽을 하나의 전체로 바라보
게 해주는 문화적 관측점이라 할 만하다. 순수한 고딕
양식으로 지어진 이 성당은 브와디스와프 (2세) 야기
에우워Władysław (II) Jagietto(1434년 몰) 왕이 제대로
발전한 적이 결코 없는 폴란드-리투아니아 수도 루블

린을 위해 지은 것으로, 저 멀리 생트샤펠성당의 소박
한 매력을 은은히 전하고 있다. 성당은 또한 인근 산도
미에시의 고딕 성당과 마찬가지로 내부 벽에 비잔티움
스타일의 화려한 벽화가 그려졌다. 벽화를 그린 것은
루테니아 또는 오스만제국 점령하의 마케도니아에서
데려온 것으로 추정되는 화가들이다. 성삼위일체성당
은 서방의 건축 양식과 동방의 장식 기법이 공존하는
건축물이다. 고대 교회 슬라브어로 된 긴 키릴문자 헌
사의 마지막에 완공일이 1418년 성로렌스(라우렌시오)
축일이라고 기록돼 있다.

그러나 고딕 양식의 생명은 중세 교회 건축에서 끝나
지 않았다. 고딕 양식은 낭만주의 시대에 되살아나 다
시 유행했다. 낭만주의는 고딕의 우수한 미적 매력을
되살려 그것을 모든 세속 건축 구조물에 적용하려 했
다. 맨체스터 시청사, 바이에른에 있는 루트비히 2세
의 환상적인 노이슈반슈타인성城, 크라쿠프의 오스트
리아분수는 모두, 파리 지하철 13호선 종점에 있는,
쉬제 수도원장 고딕 건축물의 후예들이다.

고딕 양식에 대한 현대의 해석들은 모두 19세기의 열
광적 예찬으로부터 영향을 받았다. 프리드리히 폰 슐
레겔, 존 러스킨, 외젠 비올레르뒤크Eugène Viollet-
le-Duc의 이론은 그들이 생드니수도원을 비롯한 원
래의 중세 건축물을 '개선'하려는 성향만큼이나 미
숙하고 거칠었다. 러스킨의 표현을 빌리자면 "야만성
에 대한 완전한 경멸"을 대변하는 용어였던 '고딕'은
무제한적 찬미의 대상이 됐다.[1] 스트라스부르대성당
의 기원과 그 건축가 에르빈 폰 슈타인바흐Erwin von
Steinbach(1318년 몰)를 신화화한 괴테의 《독일 건축
(술)에 관하여Von deutscher Baukunst》는 많은 이에게
영감을 주었다. 시간이 흐르자 독일 학자들은 고딕을
독일 특유의 양식이라고 주장하기 시작했다. 사실 고딕
은 지역에 따라 조금씩 변형되긴 했으나 가장 국제적
인 양식의 하나였다. 고딕은 유럽 문화의 통일성에 관
한 이론을 세울 수 있는 여러 기본 토대의 하나다.[2]

는 그를 저 아래 "무력한 영혼들이 머무는 곳인 (지옥과 천당 사이) 림보limbo"에 데려다놓았다 (부록 1594쪽 참조).

플랜태저넷왕조의 초창기 몇십 년은 잉글랜드가 처음으로 아일랜드를 습격한 시기이기도 했다. 앵글로-노르만의 용병 무리가 펨브로크 백작인 '강궁强弓, Strongbow' 리처드(리처드 드 클레어Richard de Clare, 2nd Earl of Pembroke)의 지휘 아래, 폐위당한 렌스터의 왕을 지원하는 역모를 꾸몄다. 그런데 장갑 무장을 한 이들의 기사들이 1169년 웩스퍼드에 상륙한 뒤에 얼마나 진격을 잘했는지 헨리 2세가 자신도 기사들을 뒤따라가 유력한 아일랜드 왕들로부터 공동으로 신하의 예를 받지 않으면 안 되겠다고 느낄 정도였다. 이후 이 잉글랜드인은 두 번 다시 아일랜드에서 손을 떼지 않았다. 실지왕 존이 그의 아버지 생전에 도미누스 히베르니에Dominus Hiberniae(아일랜드의 군주) 직위를 손에 넣은 것이다. 1210년에 존이 더블린에 정식으로 잉글랜드 식민지를 세우니, 이때 일군의 자치군이 형성돼 잉글랜드 법률과 잉글랜드 법관의 통치를 받았다. 헨리 3세 대代에는 최초로 차별 조치들이 시행돼 아일랜드로 들어온 이주민들을 원주민과 법적으로 분리하고 아일랜드인을 권력 직위에서 배제했다.

(아키텐의 알리에노르) 곧 알리에노르 다키텐Aliénor d'Aquitaine(1122~1204)은 아마 이 시대가 낳은 걸물이라 해도 좋을 것이다. 알리에노르가 이름을 떨친 것은 그녀가 단순히 비범한 영혼을 지닌 여성이어서만이 아니라 정치 및 문화 방면의 후원자로 막대한 힘을 발휘해서다. 알리에노르는 대규모의 공작령의 상속녀로서 누구에게도 굴하지 않고 그것을 지켜냈다. 열다섯 나이에 루이 7세와 결혼한 알리에노르는 제2차 십자군원정에 따라나섰으나, 남편인 왕의 뜻을 거슬렀다는 이유로 구금당한 채 본국으로 돌아가야 했다. 알리에노르는 28세가 되자 루이 7세와 이혼하고 두 달도 지나지 않아 헨리 2세와 재혼하는데, 그땐 이미 세기의 쿠데타를 치밀하게 계획해둔 뒤였다. 두 번째 남편이 미녀 고드스토의 로저먼드Fair Rosamund of Godstow(로저먼드 클리퍼드Rosamund Clifford)와 불륜을 저지르자 알리에노르는 40대 말의 나이에도 다시 남편과 갈라서고, 자신이 나고 자란 푸아티에로 돌아가 그곳을 멋진 방식으로 통치해나갔다. 생전에 알리에노르는 슬하의 숱한 자식과 손자 가운데에서 황제 한 명, 잉글랜드 왕 세 명, 예루살렘과 카스티야 왕들, 브르타뉴 공작, 그리고 또 한 명의 프랑스 여왕이 탄생하는 것을 지켜볼 수 있었다. 아울러 푸아티에서는 자신과 마음이 맞는 여인들 무리의 수장이 돼 이른바 '트루바두르들의 여왕the Queen of the Troubadours'으로 자리매김했다.

Domna vostre sui e serai,	여인이여, 나는 그대의 것 그리고 그대도 그러리니,
Del vostre servizi garnitz.	언제까지고 변함없이 당신을 위해 줄 것을 맹세하오.
Vostr'om sui juratz e plevitz,	이는 지난 오랜 세월 내가 당신에게 한

E vostre m'era des abans,	충성 서약이기도 하니,
E vos etz lo meus jois primers,	나의 첫 기쁨이 모두 당신 안에 있었듯,
E si seretz vos lo derrers,	나의 마지막 기쁨도 당신 안에서 찾으리,
Tan com la vida m'er durans.	나의 생명이 지속되는 한 언제까지고.[27]

한때는 알리에노르가 독살과 근친상간을 벌였다는 일화들을 갖고 그녀의 명성에 먹칠을 하려는 적의 어린 논평들이 프랑스에서 나오기도 했다. 그러나 알리에노르는 그녀의 적들이 파멸시키려 했던 땅의 문화사 안에 지금도 핵심 인물로 우뚝 서 있다.

그 까닭은 아키텐Aguitaine은 현재 옥시타니아Occitania로 알려진 독특한 문화 및 언어 지역의 중심을 형성하고 있다는 점에서다. 오크어langue d'oc는 그 사용자들이 오크oc를 "네yes"라는 뜻으로 쓰는 언어로 갈리아 북부에서 쓰던 '프랑스어the French'인 오일어langue d'oil와는 판이했다. 오크어는 카탈루냐에서 프로방스에 이르는 미디 지방(프랑스 남부) 전역에서 사용됐다. 아울러 아라곤왕국에서 아렐라테(부르고뉴-아를 왕국)에 이르기까지 여전히 제국 안에 속해 있던 땅에서도, 모든 정치적 경계를 뛰어넘어 사용됐다. 프랑스가 침공해오기 직전인 12세기와 13세기 초기, 오크어는 유럽에서 가장 찬란하게 꽃핀 문명의 모습을 보여주었다.

존엄왕 필리프Philippe-Auguste(필리프 2세) (재위 1180~1223)는 프랑스 군주정이 굴러가도록 결정적 추진력을 제공한 인물이다. 그는 왕령의 규모를 세 배로 늘려가는 동안, 제국의 경쟁자들을 비롯해 교황까지도 능란하게 속여 자신에게 대단히 유리한 입지를 확보했다. 나라의 군대가 창설될 토대를 놓은 것도, 바이이bailli(왕실대법관)이라는 관직을 통해 중앙집권식 행정체계의 기틀을 마련한 것도 그랬다. 필리프는 직접수봉자들의 끊임없는 모의도 잘 견뎌냈거니와 플랜태저넷가의 도전도 물리쳤다. 실지왕 존을 봉건제 의무를 져버렸다고 고발해 그가 가지고 있던 프랑스에서의 법적 권리들을 박탈한 뒤, 검을 들어 법정에서 내려진 결정의 후속조치를 취했다. 1202년 이후로는 노르망디·앙주·투렌과 함께 푸아투 대부분을 순조롭게 합병했다. 필리프는 1214년 부빈에서는 말에서 떨어졌다 봉신들 덕에 목숨을 건지기도 했고, 프랑스 내의 황제 반대파들과 플랜태저넷왕가의 적들을 한 전장에서 일거에 패퇴시키기도 했다.

존엄왕 필리프의 손자 루이 9세Louis IX(생 루이, 성왕 루이)(재위 1226~1270)는 프랑스에 윤리적 위신을 세워준바, 그것은 군사적 혹은 경제적으로 성공을 거둔다고 얻어지는 게 아니었다. 루이 9세는 왕위를 물려받기 직전 부왕 루이 8세Louis VIII가 아키텐과 랑그도크까지 확보해 전보다 넓어진 땅을 물려준 터라 자신의 이웃국들과 전쟁을 벌일 필요가 없었다. 루이 9세는 당대인들이 머릿속에 품고 있던 기독교 왕의 이상을 체현한 인물로, (연대기작가)장 드 주앵빌Jean de Joinville(1224~1317)이 루이 9세의 삶을 넋을 잃을 만큼 멋진 모습으로 그리고 있다. 루이 9

세는 자신의 장남에게 다음처럼 말했다. "나의 사랑하는 아들아, 내가 간곡히 당부하니 부디 백성들을 사랑하라. […] 진실로 나는 네가 왕국을 험하게 다스리는 꼴을 보느니, 차라리 스코틀랜드인이 […] 백성을 훌륭하고 충직하게 다스려주는 걸 보는 편이 더 낫겠다고 생각된다."²⁸ 루이 9세가 어렸을 적에는 그를 대신해 그의 어머니이자 알리에노르의 손녀인 블랑슈 드 카스티유Blanche de Castille가 섭정을 맡았는데, 이때 위험한 봉건체제상의 반발이 일었다. 하지만 루이 9세의 인품이 고결했던 데다 혼인으로 맺을 수 있는 인척관계의 기반이 방대해 결국 대규모의 봉건 영지를 국왕과의 공조관계 안으로 끌어들일 수 있었다. 사람들이 툭하면 소송하는 경향이 유달리 강했던 이 시대에, 루이 9세는 왕실이나 봉건영주 사이에 일어나는 숱한 분쟁에서 중재자로 선택돼 뱅센의 떡갈나무 아래서 백성들에게 정의를 펴곤 했다. 물론 유대인과 미디 지방 문제를 처리할 때는 그도 성자다웠다고 하기는 어려웠다. 그러나 그의 오랜 통치가 말엽에 다다를수록, 루이 9세가 기독교왕국 제일의 제후라는 데에 누구도 토를 달지 못했다.

잉글랜드에서는 통상적 귀족 사이 전쟁이 전혀 평범치 않은 결과를 불러왔다. 얼마 전 실지왕의 아들 플랜태저넷가의 헨리 3세Henry III(재위 1216~1272)는 푸아트뱅·사부아·뤼지냥의 자기 친척들을 더 챙긴 데다, 프랑스와 벌인 전쟁이 별 성과 없이 끝나고, 웨스트민스터사원 증축과 같이 돈만 낭비하는 건설 작업을 진행해 휘하 남작들로부터 민심을 잃은 터였다. 1258년, 레스터 백작(제6대)이자, 알비십자군 전사의 아들 시몽 드 몽포르Simon de Montfort(뒤의 내용 참조)가 이끄는 개혁파가 등장한다. 개혁파는 왕이 재정난을 겪어도 그 해결에 필요한 승인을 내주지 않는 식의 강수를 두며 기어이 (왕권의 제한을 요구한) 옥스퍼드조례Provisions of Oxford를 제정했고, 이에 따라 왕이 이끄는 행정은 반드시 자신들의 지명을 받는 사람들의 감독을 받게 했다. 왕이 옥스퍼드조례를 취소하자 시몽은 전쟁을 일으켰고, 루이스전투Battle of Lewes에서 왕, 왕의 장남, 왕의 동생인 독일 왕 콘월의 리처드Richard of Cornwall를 포로로 잡았다. 하지만 이듬해 왕당파가 세를 결집하더니, 시몽이 이브섬에서 살해당했다(1265). 그사이, 1265년 1월에는 잉글랜드에 새로운 유형의 의회가 소집된 참이었다―이 의회의 구성원에는 단순히 유력자나 고위 성직자만이 아니라 각 주州들의 기사들과 선별된 자치도시borough들의 시민들도 포함돼 있었다. 이것은 입헌주의자들에게는 매우 뜻깊은 선례였으니, 군주제의 권력을 제한하는 방향으로 나아가는 결정적 한 걸음을 내디뎠다는 점에서다―(영국) 하원House of Commons이 역사에 처음으로 모습을 드러낸 것이 이때였다.

그러나 당대에 잉글랜드나 프랑스가 후대에 형성된 국가정체성(민족정체성)의 개념을 조금이라도 갖고 있었는가 하는 점은 다소 의심스럽다. 13세기에도 잉글랜드왕국은 대륙 곳곳의 자국 영지들과 단단히 얽혀 있었다. 그 통치층도 프랑스에 거처를 둔 자신들 인척의 문화와 야망에 어느 정도 묶여 있었다. 프랑스로 말하자면, 불과 얼마 전에야 영국해협에서 지중해에 이르는 영토의 기반을 획득한 참이었고 이 땅 위에서 향후 국운을 착실히 쌓아나가게 된다. 이때만 해도 잉글랜드에는 새롭게 프랑스 땅이 된 수많은 지역보다 상당히 더 '프랑스답다'고 할 만한 점들이 많았다.

성지Holy Land를 되찾아야 한다는 강박은 유럽에서 200년 동안이나 지속됐으나, 별 성과는 거두지 못했다. 1096년에서 1291년 사이, 십자군이 치른 대규모 전쟁은 총 일곱 차례에 달했고 소규모 전쟁은 수없이 많았다. 제1차 십자군(1096~1099)은 고드프루아 드 부용Godfroi de Bouillon, 툴루즈 백작 레몽 드 생질Raymond de St Gilles, 프랑스 왕의 형제 위그 드 베르망두아Hugues de Vermandois 같은 귀족들의 지휘 속에서 예루살렘을 함락해 주민들을 마구잡이로 학살하는 한편 팔레스타인 땅에 라틴왕국을 세울 수 있었다. 제2차 십자군(1147~1149)은 베르나르 드 클레르보의 설교를 계기로 일어나 프랑스의 루이 7세와 독일의 콘라트 3세Konrad III가 공동으로 지휘했으나, 잉글랜드의 선대를 동원해 무어인들로부터 리스본을 우연히 탈취한 것 말고는 거의 성과를 내지 못했다. 제3차 십자군(1189~1192)은 황제 프리드리히 바르바로사, 프랑스의 존엄왕 필리프, 잉글랜드의 사자심왕 리처드의 주도로 시작됐는데, 예루살렘 탈환에는 실패했다. 제4차 십자군(1202~1204)은 베네치아 도제Doge(총독)의 야욕으로 병사들이 도중에 발길을 돌려 콘스탄티노폴리스를 점령하더니 주민들을 마구 학살하고 비잔티움에 라틴왕국까지 세웠다—이는 제4차 십자군의 출정 목표가 아니었다. 제5차(1218~1221), 제6차(1248~1254), 제7차(1270) 십자군은 이집트 혹은 튀니스에 당도하는 것으로 끝났고, 프랑스의 생 루이(루이 9세)도 이때 튀니스에 갔다 역병에 걸려 목숨을 잃었다(1270). 1291년 성지에 남아 있던 기독교의 최후 보루가 아크레에서 마침내 무너졌으나, 유럽에서는 더는 일사불란한 대응을 찾아볼 수 없었다.

당시 십자군들의 행동 양태는 충격적이었다—단순히 오늘날의 감성에 비춰서가 아니라 동시대인들의 눈에도 그랬다. 급기야는 십자군 참전을 독려했던 생 베르나르 드 클레르보까지 나서서 십자군을 맹비난했다. 십자군 병사들은 행군하면서 지나가는 나라들은 모조리 쑥대밭으로 만들었다—보헤미아, 헝가리, 불가리아, 비잔티움 등. 1096년에는 십자군이 라인란트를 통과하는 중에 많게는 8000명에 달하는 유대인의 목숨을 앗았다—유럽에서 잇따라 일어난 유대인 대학살의 첫 사례였다. 십자군의 해군 원정대는 지중해에 자리한 항구들을 폐허로 만들어놓다시피 했다. 아울러 불경자들에 맞서 싸움을 벌인 것 만큼이나 십자군은 자기들끼리도 싸움을 벌였다. 십자군은 신민들에게서 터무니없이 많은 돈을 뜯어내 자신들의 금고를 채우곤 했다. 사자심왕 리처드는 이렇게 말했다. "구매자만 나타나준다면, 도시 런던은 얼마든 팔 의향이 있다." 부질없이 희생당한 사람들의 생명과 노력을 값으로 따지자면 헤아릴 수 없었다. 한 독일 황제는 킬리키아의 강에 빠져 익사했고, 어떤 이는 잉글랜드 왕을 볼모로 잡고 몸값을 요구했으며, 또 어떤 이는 배를 타고 팔레스타인으로 떠나는 순간 교황으로부터 파문을 당했다. 복음을 전파하는 데서 살인과 마구잡이 살육을 저지르는 일은 다반사였다. 전하기로, 예루살렘이 처음 약탈당했을 때 약 7만 명의 무고한 시민이 무참히 살육당했다고 한다. "동쪽 땅에 묻힌 그 수많은 사람의 생명과 노고를 고국을 발전시키는 데 썼더라면 더 큰 이득을 얻을 수 있었을 것이다."[29] "단언컨대, 기독교도들이 거둔 십자군전쟁의 유일한 열매는 단 하나로 유럽에 살구apricot가 들어왔다는 것뿐이었다."[30]

그러나 십자군의 원정길을 따라다닌 이런 끔찍한 일들은 십자군에 사람들이 참전하게 된 더 심층적인 동기를 덮어 가리는 경우가 많다. 당시의 종교적 열정에는 파도처럼 밀어닥치는 기근, 역병, 인구과잉 같은 사회 고통에 대한 원망이 뒤섞여 있었다. 십자군 참전은 너절한 존재의 고통에 장엄한 의미를 부여해주는 하나의 방편이었다. 바로 이런 점에서 잘 먹는 기사들이나 잘 차려입는 종자들보다 극빈층이 훨씬 많이 십자군 뒤를 졸졸 따라다녔다. '군중십자군People's Crusade'이나 '목자의 십자군Shepherds' Crusade'은 대규모 원정이 끝나고 한참 뒤까지도 존속했다. 십자군에 예루살렘은 머릿속으로 늘 꿈꿔오던 계시의 도시로, 그곳에서 그리스도가 십자군을 향해 손짓하고 있었다. 십자군은 '무장한 순례자'들이었던 동시에 '집단적 차원의 이미타티오 크리스티Imitatio Chrisiti〔그리스도를 본받음〕—이와 같이 대중을 희생제물로 바치는 것은 나중에 예루살렘에서 대중이 극치의 희열을 맛보는 것으로 보상받을 것이었다—'이자, '빈자에게 메시아 사상을 고취시키는 길'이었다.[31] 기사 계급의 십자군은 성공을 거둘 경우 자신들 교구의 성당에 돌로 그 모습이 조각되기도 했고, 두 다리를 십자가 모양으로 교차시킨 자세로 묻히기도 했다. 하지만 그와 함께했던 동지 대부분은 영영 집으로 돌아오지 못한 채 타지에서 죽었겠거니 여겨졌다. 물론 당시 십자군의 개념은 성지에만 한정돼 쓰이지 않았다. 라틴교회는 발트해의 북방십자군(478~480쪽 참조)을 비롯해, 스페인의 레콩키스타 같은 이른바 '제3의 측면'에서 치러진 전쟁(454, 458 참조)에도 똑같이 무게를 두었다.

십자군이 끼친 영향은 심대했다. 일단 예루살렘의 라틴왕국(1099~1187)은 '유럽의 해외영토Europe Overseas'가 가능한지를 살펴본 첫 실험이라 할 수 있었다.[32] 십자군전쟁으로 지중해 동부가 다시금 열려 무역과 여행이 가능해졌다. 또 이탈리아 도시들, 특히 베네치아와 제노바가 십자군전쟁 이후 크게 번영을 누리게 됐다. 교황의 통솔 아래 라틴교회의 집합적 정체성collective identity은 한층 공고해졌다. 십자군전쟁을 치르며 세간에 영웅주의와 호기심이 부쩍 늘면서, 중세의 로맨스·철학·문학이 성장할 기반도 마련됐다. 그러나 한편으로 십자군은 서방의 기독교, 봉건주의, 군사 중심 정책 사이의 결합을 더 단단히 조여줬다. 기사수도회Military order 의 출현도 십자군전쟁에서 비롯했다. 한편 라틴인들이 잘못된 행동을 일삼고 그 형태를 목격한 그리스인들 사이에서 혐오감이 생기면서 기독교왕국의 재통합은 사실상 불가능한 일이 됐다. 무엇보다 십자군전쟁으로 기독교와 이슬람 사이 장벽이 더 단단해졌고, 둘 사이 악화된 관계 속에서 서방인들은 자신들이 공격해놓고도 끝내 패배한 쪽이 되고 말았다. 다시 말해, 십자군으로 기독교는 오명만 뒤집어썼다.

당시 십자군의 윤리성 문제와 관련해 논의의 핵심 부분을 차지한 것은 기사수도회, 특히 구호기사단Hospitallers(Knights Hospitallers)과 템플기사단Templars(Knights Templar)이었다. '예루살렘의 성 요한 병원 기사단Knights of the Order of the Hospital of St John of Jerusalem'은 제1차 십자군전쟁이 끝난 뒤인 1099년에 창설됐다. 이 기사단에는 군무, 의술, 목회와 관련된 일을 하는 형제들이 포함돼 있었다. 아크레 함락 이후 이 기사단은 키프로스로 피신해 한때는 로도스섬을 통치했으나(1309~1522) 종국에는 몰타를 자신들의 근거지로 삼았다(1530~1801). '그리스도와 솔로몬성전을 지키는 가난한 기사단Poor Knights of Christ and the Temple of Solomon'은 원래 예루살렘 순례길에 오른 여행자들을 지켜준다는 목적으로 창설됐다. 하지만 이 기사단은 이내 은행업과 부동산의 다방면에 손을 대더니 기독교왕국 전역에 재산을 쌓고 막대한 부를 축적했다. 1312년에는 프랑스 왕이 마술, 남색, 이단의 허위 죄목을 뒤집어 씌워 이들 세력을 억누르기도 했다. 이 기사단의 상징은 한 마리의 말 위에 기사 둘이 올라탄 모습으로, 기사단의 초대 단장인 위그 드 파앵Hugues de Payens이 너무 가난해 친구와 말을 함께 타고 다닌 데에서 생겨났다. 남자들이 수도자 서약을 하고도 얼마든 병사로 복무할 수 있다고 여긴 것은 중세에만 볼 수 있던 특이한 사고방식이었다. 구호기사단과 템플기사단은 국제 조직의 면모를 갖춰 서방의 국가란 국가에 빠짐없이 거점을 마련했다. 그에 반해, 튜턴기사단Teutonic Knights(독일기사단)은 초창기 단계부터 발트해로 들어가 그곳에서만 활동했다(뒤의 내용 참조). 산티아고, 칼라트라바, 알칸타라의 기사수도회 또한 스페인을 벗어나서는 활동을 하지 않았다.

1203~1204년에 콘스탄티노폴리스가 두 차례 점령당한 사실만 봐도 십자군운동이 선하지만은 않았음을 알 수 있다. 제4차 십자군은 애초 집결지가 베네치아였는데, 그랬던 탓에 이내 베네치아 도제 엔리코 단돌로Enrico Dandolo와 독일 왕 필리프 폰 슈바벤Philipp von Schwaben(비잔티움의 이레네 공주와 결혼했다)의 책략에 걸려들었다. 베네치아 도제는 레반트에 (베네치아) 공화국의 땅을 늘릴 기회를 엿보고 있었고, 필리프는 유배당한 자신의 조카를 비잔티움의 황위에 다시 앉힐 기회를 엿보고 있었다. 그래서 제4차 십자군은 선대를 하나 빌리는 대가로 전리품을 베네치아와 나눠 가지는 한편 알렉시우스 4세 앙겔루스Alexius IV Angelus의 복위 지지에 동의해야만 했다. 여기에다 선대 대금을 지급하지 못할 경우에는 그에 대한 담보로 달마티아 지방의, 헝가리가 점령한 차라(지금의 크로아티아 자다르) 항구를 기습해야 한다는 의무까지 지게 됐다. 1203년 7월, 배를 탄 십자군은 별 저항에 부딪치지 않고 다르다넬스해협을 통과해 콘스탄티노폴리스의 방조벽을 급습했다. 그런데 하필 이때 콘스탄티노폴리스에서 측근자 쿠

데타가 일어(알렉시우스 4세도 이 와중에 교살당했다(1204)) 십자군이 승리할 기회를 앗아가버렸다. 결국 십자군은 4월 똑같은 기습을 되풀이해야만 했다. 이 공격에서는 콘스탄티누스의 도시가 쑥대밭이 됐고, 교회는 약탈당했으며, 시민들은 도살당했고, 신상들은 박살났다. 이윽고 베네치아 총대주교의 주재로 성소피아성당에서 플랑드르 백작 보두앵Baudouin이 '바실레우스Basileus' 의 칭호로 관을 머리에 얹었다(라틴제국의 초대 황제 보두앵 1세. 재위 1204~1205). 제국은 이제 베네치아의 여러 식민지와 라틴인의 영지들로 쪼개졌다. 사태가 이쯤 이르렀을 때, 1205년 4월 아드리아노플에서 십자군이 불가르족에게 궤멸당했다. 제4차 십자군은 예루살렘으로부터 반경 1600킬로미터 안으로는 단 한 발자국도 들이지 못한 상태였다. 제4차 십자군이 행한 짓은 그야말로 '극악한 배신'이었다.[33]

제4차 십자군전쟁이 끝나고 동쪽 땅에는 두 개의 로마제국이 남게 됐다. 하나는 콘스탄티노폴리스에 자리한 이른바 '해협의 제국Empire of the Straits'이었고, 다른 하나는 비잔티움의 잔존세력이 세운 국가로 소아시아의 니케아를 근거지로 통치해나갔다. 전자는 60년 동안 명맥을 잇다 사라지는데, 1261년 베네치아의 선대가 본국을 떠나 있는 틈을 타 니케아의 비잔티움제국이 제 위치를 되찾은 것이다. 장기적 측면에서 봤을 때, 십자군전쟁으로 수혜를 입은 나라는 베네치아 한 곳뿐이었다.

그렇긴 해도, 낭패로 돌아간 제4차 십자군전쟁이 일어난 시기는 많은 사람이 라틴교회의 정치적 입지가 정점에 올랐다고 평한 시기였다—인노첸시오 3세Innocent III(재위 1198~1216)가 교황직에 올라 앉아 있던 때였다. 속명이 로타리오 데이콘티 디세니Lotario dei Conti di Segni인 인노첸시오는 정계를 주무르는 재주를 본능적으로 타고난 이로, 교황으로서 모든 통치자를 '신정정치의 통치' 아래 복속시킨다는 이상에 가장 가까이 다가갔다. 독일에서 그는 황위 주창자의 한 사람인 오토 폰 브라운슈바이크Otto von Braunschweig를 황위에 올려주는 동시에 나중에는 그(오토 4세)를 다시 폐위시키는 데도 성공했다. 프랑스에서는 존엄왕 필리프가 추진한 일련의 혼인을 승인하지 않는가 하면, 프랑스에 성무聖務금지명령을 내린 뒤 프랑스 왕으로 하여금 28년이나 떨어져 지낸 아내와 합치도록 강요했다. 잉글랜드에서도 존 왕과 기나긴 싸움을 벌인 끝에, 성무금지명령을 내려 왕을 굴복시켰다. 아라곤, 시칠리아, 덴마크, 이에 더해 불가리아에 이어 잉글랜드도 교황청의 봉신 대열에 합류했다. 1215년 11월, 라테란에서 열린 제12차 공의회에서는 기독교왕국 전역의 고위 성직자들이 한자리에 모여 교황이 내놓은 제안을 별말 없이 채택했다.

그러나 현실적 측면에서, 라틴교회가 더 큰 영향력을 끼쳤던 곳은 이런 고차원의 정치가 아니라 오히려 평범한 남자와 여자들의 일상적 삶이었다. 교회의 고위층 성직자들은 일반인과는 접촉하지 않는 일이 많았다. 따라서 사람들이 이단을 믿거나, 이교로 다시 전향하거나, 기상천외한 미신을 믿거나, 교회에 그득 쌓인 부에 격심하게 분개하는 일이 비일비재했다. 이런 위기를 타파하고자 인노첸시오 3세는 탁발 생활을 하는 형제들이 조직한 수도회 두 곳을 공식으로 인정해주고, 이들이 대중들 사이에서 공동체에 봉사하는 모범적 삶을 살 수 있도록 했다. 그중 하나인 설교자들의 수도회Order of Preachers, OP(검정옷의 수도사회Black Friars, 도미니크회Dominicans)는 카스티야인 성 도미니크 구스만St Dominic Guzmán(1170~1221)이 창설한 것으로, 1220~1221년에 걸쳐 전국 사제단을 두 곳 만들고 자신들이 세운 원칙을 명확히 했다. 이후 이 수도회는 특히 복음 전파와 공부에 열성을 다했다. 다른 하나인 작은형제회Order of Friars Minor, OFM, Minorites(회색옷의 수노회Grey Friars)는 산 프란체스코 다시시(아시시의 성 프란체스코)San Francesco d'Assisi(1181년경~1226)가 세운 것으로, 1223년에 교황의 인가장을 받았다. 이후 수도회는 윤리적 가르침을 전하는 데 특히 열성을 쏟았다. 남자와 여자 모두를 수도회에 받아들이고, 협동과 개인의 청빈한 삶을 맹세했다는 점에서는 도미니크회나 프란체스코회나 마찬가지였다. 이 두 수도회는, 1274년 들어 주춤하기 전까지는, 빈자 클라라회Poor Clares, 카르멜회Carmelites(하얀옷의 수도회White Friars), 오스틴회Austin Friars 같은 여타 탁발수도회를 끌어들이며 그 세를 확장했다. 더러 진정 신앙심을 갖고 있는지 의심도 받은 은둔 수도자monk와 달리, 이들 수도회에 속한 '낙천적인 탁발수도사friar'들은 평신도 사이에서 인기가 많았고, 그만큼 고위 성직자들 사이에서는 평판이 떨어졌다.

중세 기독교 안에서 사람들로부터 가장 사랑받은 인물을 꼽으라면 단연 산 프란체스코 다시시(아시시의 성 프란치스코)다. 움브리아의 아시시에서 부유한 상인의 아들로 태어난 그는, 어느 날 자신이 입고 있던 옷가지를 내던지고 거지의 누더기를 몸에 걸친 뒤 유산도 포기했다. '청빈부인 남편husband of Lady Poverty'이라 일컬어진 이가 프란체스코다. 한때 그는 아시시 위쪽에 자리한 한 동굴에서 은자 생활을 했으나, 1219년에는 이집트로 떠나는 십자군 원정대를 따라나서 기도 했다. 프란체스코는 프란체스코회 창설보다 빈자 클라라회 창설에 더 직접적 영향을 끼쳤다고 할 수 있다. 1224년에는 몬테베르나에서 한참 기도를 드리던 중, 스티그마타Stigmata(성흔聖痕)—예수가 십자가 처형을 당할 때 입었던 것과 같은 모양의 상처—가 몸에 나타나는 놀라운 일을 겪었다. 프란체스코가 지은 〈태양의 찬가Laudes Creaturarum〉(또는 〈피조물의 노래〉)나 보다 후일 지어진 〈성 프란체스코의 잔 꽃송이I fioretti di san Francesco〉를 보면, 대자연과 대화를 나눌 줄 알았다는 그의 전설적 능력을 엿볼 수 있다. 그는 기독교 정신의 핵심으로 통하는 찬송가와 기도문을 여러 편 지었다.

천주시여, 저를 당신의 평화를 위한 도구로 삼으소서.

미움이 있는 곳에, 저로 하여금 사랑을 씨 뿌리게 하시고,

상처가 있는 곳에, 용서를 씨 뿌리게 하시고,

의심이 있는 곳에, 믿음을 씨 뿌리게 하시고,

절망이 있는 곳에, 희망을 씨 뿌리게 하시고,

어둠이 있는 곳에, 빛을 씨 뿌리게 하시고,

슬픔이 있는 곳에, 기쁨을 씨 뿌리게 하소서.

오 거룩한 주님이시여, 부디 제게 허락해주소서.

위로하기 위해, 저 자신이 너무 많은 위로를 갈구하지 않기를,

이해하기 위해, 저 자신이 너무 많은 이해를 갈구하지 않기를,

사랑하기 위해, 저 자신이 너무 많은 사랑을 갈구하지 않기를,

까닭인즉 우리가 받는 것은 주는 데 있고,

우리가 용서받는 것은 용서하는 데 있으며,

우리가 영원한 생명을 얻어 태어나는 것은 죽는 데 있기 때문입니다.[34]

탁발수도사들은 중세에 일어난 또 다른 발전—즉 대학의 설립—에도 막대한 역할을 했다. 이 '12세기의 르네상스'를 계기로 속세의 배움은 신학과는 별개로 가치를 갖는다는 원칙이 세워질 수 있었다. 하지만 교회의 허가 없이 교육기관을 세워도 된다는 사실은 아직 받아들여지지 않았다. 이와 같은 이유로 해서, 5개 학부—신학, 법학, 의학, 예술, 철학—로 나뉜 스투디움 제네랄레Studium Generale(대학university)가 인가장을 받아 설립돼 학술단체를 통해 자발적으로 운영됐다. 유럽의 상급 대학 중에서는 볼로냐대학(1088년, 1215년 재설립)이 세워진 데에 이어 파리대학(1150년경)과 옥스퍼드대학(1167)이 차례로 등장했다. 1300년에 이르러서는 이탈리아·프랑스·잉글랜드·스페인에도 20여 개 재단이 설립됐고, 이후에도 수많은 대학이 각지에 생겨났다(부록 1590쪽 참조).

알비십자군Albigensian crusade(1209~1229)을 통해서는 이와는 사뭇 다른 중세 기독교의 면모가 또 여실히 드러난다. 인노첸시오 3세는 1199년 이미 이단을 '하느님에 대한 반역죄'라고 선언했었다. 교황이 이런 맹비난을 퍼부은 표적은 다름 아닌 랑그도크 지방의 카타리Cathari파 즉 '알비Albi파(알비주아Albigeois파)'였다. 고대 영지주의, 마니교, 보고밀파, 카타리파의 후손들은 일찍부터 보스니아에 자신들이 존재했던 흔적을 남겨놓은 터였고, 밀라노에서도 이미 이단 취급을 받은 적이 있었다. 이후 카타리파는 알비, 아쟁, 파미에, 카르카송, 툴루즈처럼 서로 긴밀히 얽힌 도시들 안에서 급속도로 퍼져나갔고, 해당 지방 백작들의 비호를 받았다. 이들은 세상에 악이 횡행하는 현실이 세상에 단 한 분의 어진 창조주만 존재한다는 사실과 모순된다고 믿

었다. 따라서 선과 악은 애초 분리된 채 생겨난 것임이 틀림없었다. 카타리파는 채식을 하고, 금욕 수행을 하고, 매우 엄격한 원칙에 따라 생활했다. 또 남녀평등을 실행했으며, 페르펙티Perfecti라는 계급을 뒷받침하며 이들이 신자들에게 콘솔라멘툼consolamentum(위령안수)을 행하게 했다. 1167년 카타리파는 툴루즈 근방의 생 펠릭스 드 카라망 성당에서 반대파 공의회를 열어, 이 자리에서 동일한 신념을 가진 소아시아의 동료 반대파들과 접촉했다. 교회에서는 1179년 제11차 공의회를 열어 이 문제를 논의했지만 사태 해결의 진전은 전혀 없었다. 거기다 성 도미니크의 설교마저 아무 결실을 맺지 못했다. 그러다 1209년 교황 특사가 살해당하면서 카타리파에 대한 대대적 공격이 시작됐다. [보고밀]

인노첸시오 3세는 이슬람에 맞서 싸웠을 때와 똑같은 참전 조건을 발표했다―즉 알비십자군이 되면 살아오면서 지은 갖은 죄가 사해질 것이며, 전장 일대에서의 약탈도 무한정 허용된다는 것이었다. 그리하여 첫 단계인 1209년에서 1218년 사이, 1만 2000명에 이르는 프랑스와 부르고뉴 출신 기사들이 시몽 드 몽포르Simon de Montfort 백작(제5대 레스터 백작)의 지휘를 받으며, 툴루즈의 레몽 6세Raymonds VI de Toulouse와 7세가 이끄는 이단자들과 전투를 벌였다. 제2단계인 1225년에서 1271년에는, 프랑스 왕의 군대까지 이 싸움에 끼어들었다. 결국 카타리파는 신앙을 포기하든가 죽든가 둘 중 하나를 택해야 했다. 많은 이가 죽음을 택했다. 카타리파에서 변절해 나온 로베르 버거Robert the Bugger*가 주관한 신성한 종교재판Holy Inquisition은 끔찍한 고문과 공포의 통치를 널리 확산시켰다. 1244년에는 카타리파 페르펙티들의 성소였던 몽세귀르에서 200명의 저항군이 집채만 한 장작더미 위에서 산 채로 화형당했다. 카타리파 섬멸 작업은 해마다 어김없이 이 마을 저 마을을 샅샅이 헤집어가며, 검과 재판을 앞세워 쉼 없이 진행됐다. 1255년에는 큐에리뷔성이 함락됐다. 14세기에 접어들자 구舊카타리파는 어느덧 자신들이 로마 가톨릭이라는 울타리 안에 들어와 있는 것을 알 수 있었다. 그들이 살던 랑그도크 지방은 프랑스 왕국에 편입돼 있었다. 프랑스의 통일은 미디Midi 지방이 겪은 불행을 토대로 세워진 것인 셈이었다.35

그러나 십자군의 쓸모는 여기서 끝난 게 아니었다. 불경자들을 물리치는 데에 십자군을 활용할 수 있었다면, 기독교의 본거지를 향해 다가오는 비非신앙인들을 물리치는 데에도 십자군을 활용할 수 있을 것이었다. 1147년 프랑크푸르트에서 생 베르나르 드 클레르보는 작센족 귀족들이 성지로 진군하기보다 슬라브족 이웃들을 공격하는 일에 훨씬 만전을 기울이고 있다는 사실을 알아차렸다. 그리하여 교황칙서 〈신의 섭리Divina dispensatione〉가 발표됐고, 생 베르나르는

---

* 로베르 르 부르그Robert le Bougre. 카타리파는 보고밀파와 관련이 있었던 까닭에, '불가르족Bulgars'에서 변형된 말인 부르그bougres로도 널리 알려져 있었다. '페르펙티'는 독신으로 살며 엄격하게 금욕을 실천했기 때문에 비역을 일삼는다는 혐의를 널리 받았다. 그 이후로 'buggery(버거리)'(비역 항문성교)라는 말도 그런 식으로 의미가 발전하게 됐다.

북쪽의 십자군에 '개종을 하거나 아니면 세력이 완전히 섬멸당할 때까지, 하느님의 도움을 받아 비신앙인들을 상대로 싸울 것'을 촉구했다.[36] 결국 벤트십자군Wendish Crusade(1147~1185)이 결성돼 작센족, 데인인, 폴란드인들이 그토록 완강하던 메클렌부르크와 루사티아의 부족들을 가톨릭에 순순히 복종하도록 만들었다(1467쪽 도판 26 참조).

1198년에는 브레멘의 대주교 하르트비히 2세Hartwig II가 리보니아(발트해의 동해안 지방. 지금의 라트비아·에스토니아 지역)에서 또 하나의 '지속적인 십자군전쟁'에 돌입했다. 무장한 독일 수도사들의 수도회(검의 형제 기사단the Brothers of the Sword이라는 단체로, 리가를 근거지로 삼았다)의 도움을 받아 그가 만들어낸 조직은 서서히 발트해 북동부 전역을 가톨릭의 세력권으로 편입시켜나갔다. 리보니아는 이 수도회에 정복당하게 되고, 에스토니아는 데인인에게, 핀란드는 스웨덴인에게 각각 정복당했다. 이들의 위업은 1295년경 한 무명의 작가가 〈리보니아 운문 연대기Livlandische Reimchronik〉에 기록해놓았는데, 천주의 이름으로 사람을 죽이고 불에 태우려 했던 당시의 열의가 묘사돼 있다.

> 그날 불타오른 첫 번째 불은
> 탁발수도사 그레이의 손에 불붙었으니
> 한 검정 옷의 수도사(도미니크회 수도사)도 곧 그 뒤를 따랐다.[37] [단네브로]

프로이센십자군Prussian Crusade은 1230년에 활동을 시작했다. 프로이센인들은 성 보이테흐(아달베르트 폰 프라크, 997년 몰) 시대 이래 독립을 유지해온바, 이 무렵 그 지역의 폴란드 제후들을 끊임없이 습격하며 괴롭히고 있었다. 그러자 폴란드 제후들 중 하나였던 콘라트 마조비에츠키Konrad Mazowiecki(마조비아(마조프셰Mazowsze)의 콘라트Conrad of Mazovia)가 당시에는 세가 미약했던 기사수도회인 독일기사단을 불러들여 이 문제를 해결하기로 결심한다. 독일기사단은 얼마 전 성지에서 쫓겨난 이래 그 어디에도 고용되지 못하고 있었다. 이것이 장차 화를 불러올 줄은 콘라트도 미처 알지 못했다. 독일기사단은 계약이 만료된 후에도 황제와 교황 양쪽 모두에서 영구 십자군 참전 권리 허가장을 얻어 눌러앉아버렸다. 독일기사단은 다양한 후원자들을 교묘하게 속여 넘겨 그들 누구로부터도 통제받지 않을 수 있었다. 교황칙서 〈피에타티 프록시뭄Pietati Proximum〉(1234)은 프로이센이 교황의 봉토라고 주장했으나 줄곧 사문서로 남아 있었고, 쿠를란트·젬갈레·리투니아가 제국의 땅이라고 주장한 1245년 나온 비슷한 내용의 황제 칙령도 마찬가지였다. 그러나 새하얀 겉옷에 검은 십자가를 그려 넣고 다녔던 기사단의 형제들Knights-Brothers은 이에 아랑곳 하지 않고 세력 확장을 밀어붙여 자신들이 가는 데마다 요새와 무역 기지를 건설했다—토른(토룬, 1231), 마리엔베르더(크비진, 1233), 엘빙(엘블롱크, 1237).

단네브로 DANNEBROG

■ 1219년 6월 15일 에스토니아에 간 데인인 원정
■ 대가 참사를 겪게 됐다. 덴마크의 승리왕 발데바르Valdemar the Victorious(발데바르 2세)는 에스토니아인들을 굴복시킨 후 그들에게 세례를 할 준비를 하고 있었다. 그런데 에스토니아인들이 해질녘에 데인인의 야영지를 급습해 주교를 살해하고 십자군을 바다 쪽으로 내몰았다. 전설에 따르면, 그때 흰 십자가가 그려진 붉은 깃발이 하늘에서 내려오고 데인인에게 그 깃발을 중심으로 집결하라고 촉구하는 목소리가 들려오면서 전투의 운명이 일변했다고 한다. 발데마르의 군대는 승리했고 '데인인의 성' 탈린이 건설됐다. 덴마크는 그 '붉은 깃발' 단네브로를 국기로 채택했다.[1]

이후 모든 독립국기는 자신만의 국기를 채택했다. 많은 국기에 단네브로처럼 십자가가 그려져 있다. 잉글랜드는 붉은색의 성 조지 십자가를, 스코틀랜드는 대각선으로 된 파란색(바탕)의 성 앤드루(성 안드레(아)) 십자가(흰색)를, 스웨덴은 파란색 바탕에 노란 십자가를 그렸다. 스위스는 덴마크 국기와 같은 색깔을 택했지만 십자가 모양이 달랐다. 성 조지 십자가, 성 앤드루 십자가, 성 패트릭 십자가를 합친 모양인 영국의 유니언잭은 1801년 1월 1일 아일랜드 합병 이후 처음 사용됐다.

유럽의 모든 군주국은 국기 이외에 왕실기도 있다. 네발로 선 파란색 사자 세 마리와 붉은색 (9개의) 하트 문양이 그려진 덴마크 왕실기는 단네브로보다 역사가 오래다.

네덜란드(1652)의 예를 따라 대부분의 근대 공화국은 단순한 3색기나 2색기를 채택했다. 프랑스(1792), 이탈리아(1805), 아일랜드(1922)의 국기는 색깔을 세로선으로 나눴다. 독일(1918)과 러시아(1917)는 가로선으로 나눴다. 대부분의 국기는 경쟁국의 국기와 싸워야 했다. 국기는 애국심의 중심이며 국가정체성의 필수 상징물이다. 국기가 채택된 과정은 유럽의 민족공동체들이 성숙해온 과정의 편차와 무관하지 않다.

1295년에 프로이센은 비신앙인의 반란이 마지막으로 일어난 후 독일기사단의 국가가 됐고, 그렇게 유럽의 심장부에 독립적 성격을 가진 십자군의 사업체가 하나 자리 잡았다.

독일기사단이 썼던 방법들과 그들이 품었던 동기는 그간 줄기차게 논쟁이 됐던 문제다. 독일기사단과 쉴 새 없이 싸움을 벌였던 폴란드와 포메라니아의 이웃들은 이와 관련해 교황에게 격하게 불만을 터뜨렸고, 나중에는 이 문제를 콘스탄츠공의회(1414~1418)에 회부했다. 그러나 독일기사단에 더 호의적인 관찰자들 눈에는 그들의 표리부동이 눈에 잘 들어오지 않았다.

독일기사단의 지배적 동기는, 모든 십자군과 마찬가지로, 희생을 통해 속죄를 하려는 열망이었다. 그러기 위해 독일기사단이 택한 방식이 다소 기이하게 보일 수는 있으나, 특히 프란체스코회에서 행하는 사랑의 사목과 대조될 때는 특히 그러하나 [⋯] 독일기사단과 프란체스코 탁발수도회는 다음과 같은 점에서는 같다고 할 수 있다. [⋯] 그 둘 모두 현실 세상과 절연되지 않은 채 구원과 거룩함을 이루려는 노력을 기울여나갔다는 점이다 [⋯] 이 둘은 비非수도자의 삶의 방식에 수도자의 태도로 헌신을 다해 노력하는 모습을 보였다는 공통점이 있었다.[38]

그렇게 문명은 거침없이 진격해나갔다.

13세기에 동유럽 땅은 침략자 무리에 정신없이 공격당하는데, 이들의 기세에 비하면 독일기사단은 굼벵이로밖에 보이지 않을 정도였다. 칭기스 칸Genghis(Chinggis) Khan(재위 1206~1227)의 몽골족이 아시아의 스텝지대를 벗어나 일대를 회오리처럼 휩쓸고 다닌 것인바, 1207년의 첫 공격 때는 칭기스의 맏아들 주치Juji(Jochi)가 시베리아 남부를 정복한 데 이어 1223년에는 남캅카스를 쑥대밭으로 만들고 칼카강에서 키이우인 군대를 일망타진했다. 1236~1237년에는 칭기스 칸의 손자 바투 칸Batu Khan이 우랄산맥을 넘어 랴잔공국과 블라디미르공국을 쑥대밭으로 만들더니, 모스크바를 인정사정없이 짓밟았다. 1240년 바투 칸은 공성전으로 키이우를 수중에 넣고는 그길로 서쪽을 향해 출정했다. 1241년에는 갈리시아가 몽골족에게 짓밟혀 쑥대밭이 됐고 크라쿠프도 철저히 파괴됐다. 1241년 4월 9일에는 턱수염 공작 헨리크Henry the Bearded(헨리크 1세Henryk I) 휘하의 폴란드인 제후들이 슐레지엔의 레그니카평원에서 몽골족을 만나 난도질을 당했다. 일설에 따르면, 몽골족은 승리의 증표로 자신들이 죽인 자의 시체에서 오른쪽 귀를 잘라내 가지고 다녔는데 그 양이 커다란 포대 아홉 자루를 꽉 채웠다 한다. 이외에 바투 칸은 또 헝가리를 휩쓸었으니, 이곳에서도 티서강에서 벨러 4세Béla IV(헝가리와 크로아티아의 왕, 재위 1235~1270) 휘하 제후들이 비슷한 운명을 맞아야 했다. 그러나 그 이후로 바투는 다시 동쪽으로 돌아와 볼가강 하구 근방의 사라이에 자신의 진을 세운다. 몽골족은 1259년과 1287년에 또다시 곳곳을 전광석화처럼 누비며 비슷한 파괴의 노정을 되풀이했다. [헤이나우]

당시 유럽은 몽골족의 침략으로 그 얼굴이 바뀐 나라가 한둘이 아니었다. 볼가강에서는 바투 칸의 기병들이 아예 눌러앉았다. 몽골족은 볼가강과 돈강 사이에 금장金帳칸국(킵차크칸국)을 세워 본래 그곳에 자리 잡고 있던 볼가불가르족을 밀어내고 그들의 호화로운 수도도 산산이 짓밟았다. 카잔칸국과 아스트라한칸국(종국에는 1552~1556년에 모스크바대공국에 병합됐다)도 생겨나고 아시아계 주민들이 들어와 오늘날의 '타타르스탄'이 생겨나는 기반을 형성했다. 크름반도의 타타르족은 바흐치사라이를 근거지로 힘 있는 나라를 세웠고, 크잠불czambul이라 불리던 '기습대'를 운용하며 수 세기 동안 명맥을 이어나갔다. 이들 세력은 후일 드니프로강과 돈강에도 카자크족 공동체가 일어서도록 자극했으며, 부근의 우크라이나는 이들 세력에 밀리는 바람에 오랜 시간을 기다려서야 비로소 정착할 수 있었다.

폴란드와 헝가리는, 수많은 인구를 잃게는 됐으나, 몽골족의 침입을 별 탈 없이 넘기고 최대한 기운을 회복할 수 있었다. 당시 폴란드나 헝가리 모두 독일 제국으로부터 꾸준히 식민지 이주민들을 공급받는 상황이었는바, 몽골족의 침략으로 기존의 이주 및 식민화 과정에 한층 속도

헤이나우 HEJNAŁ

■ "새벽" 또는 여기서 더 확장돼 "기상나팔"을 뜻
■ 하는, 헝가리어에서 유래한, 헤이나우는 폴란드
어로 적군의 접근을 경고하는 트럼펫 소리를 뜻하는
용어가 됐다.

Hejnal krakowski 헤이나우 크라코프스키

오늘날 헤이나우 마리아츠키hejnat mariacki 즉 "성
마리아 성당의 트럼펫 소리"는 유서 깊은 크라쿠프의
많은 흥미로운 것 중 하나다. 도시의 광장을 내려다보
는 오래된 교회의 탑 꼭대기에서 트럼펫 소리가 들려
온다. 겨울이든 여름이든 낮이든 밤이든 매 정시에 네
번씩 즉 동서남북을 향해 연주된다. 오픈 코드의 단순
한 멜로디이며, 항상 마지막 가락의 중간에서 끊어진
다. 연주는 1241년에, 또는 1259년에, 나팔 소리로 몽
골군의 침입을 알리는 도중 몽골군이 쏜 화살에 목이
관통했던 나팔수를 기리는 것이다. 도중에 끊어지긴
했어도 그의 나팔 소리 덕분에 주민들이 달아날 수
있었다. 생존자들은 이 마을의 나팔수를 영원히 기억
하기로 했다.
이 의식은 700년 넘게 이어져오고 있다. 19세기에 몇 번,
1939~1945년 독일군 점령 기간에 잠시 중단됐을 뿐이
다. 의식은 트럼펫이 연주되는 성당보다 역사가 오래다.
현재의 멜로디가 정착된 것은 17세기였다. 1945년 이후
폴란드 라디오에서는 날마다 정오 시보 전에 이 곡을 내
보냈다. 곡은 수많은 청취자로 하여금 폴란드 문화의 유

구한 역사와 외세에 공격당하기 쉬운 폴란드의 위치를 떠
올리게 한다. 또한 칭기스 칸과 유럽 중심부까지 침입해온
그의 기마병들을 기억하게 한다.[1]

1405년 10월 25일 화재로 스위스의 로잔이 불에 탔
다. 주교는 즉시 11개 항으로 된 화재 예방 포고를 내
렸다. 제5항에는 다음과 같이 명시됐다. "야간의 매 정
시에 성당 탑의 야경꾼이 큰소리로 다른 지구의 야경
꾼들을 향해 시간을 외쳐야 한다. […] 이를 게을리 하
면 6드니에르의 벌금을 부과한다." 600년이 지난 지
금도 매일 밤 10시부터 야경꾼의 외침이 사방으로 퍼
져나간다. "10시가 됐습니다!"[2]

요크셔(잉글랜드)의 리펀에서는 886년부터 매일 밤 '뿔
피리'로 나팔 소리를 냈다고 한다.

1987년 덴마크 에벨토프트에서 유럽 지상 및 탑
의 감시 협회European Ground and Tower Watch
Association가 설립됐다. 회원 대부분은 현대에 부활
한 도시들이다. 크라쿠프, (스위스의) 로잔, 리펀, 독일
의 안나베르크, 첼레, 뇌르틀링겐, 스웨덴의 위스타드
는 야간 경계를 '처음부터' 계속해왔다고 주장할 수
있는 우수 회원 도시에 속한다. (위 악보 "헤이나우 크라
코프스키"에서 "크라코프스키"는 "크라쿠프의" "크라쿠프에
있는" "크라쿠프식의" "크라쿠프 특유의"라는 뜻이다.)

가 붙었다. 독일 및 플랑드르 정주민들은 슐레지엔과 포메라니아와 함께 트란실바니아로도 이
주해 들어갔다. 당시에는 제후들 밑에서 일하는 이른바 '토지 경계 설정자locator'들이 임차인에
게 유리한 기간을 조건으로 땅을 내놓은 것은 물론 농민 이주민 무리 전체가 한꺼번에 동쪽 땅
으로 이동해오도록 설득했다. 동시에 도시들이 재건돼 마그데부르크법 혹은 뤼베크의 법을(이

경우는 더 드물었지만) 본보기 삼은 인가장이 발부되곤 했다. 이즈음 생겨난 도시들—브로츠와프 (1242), 부더(1244), 크라쿠프(1257) 외 다수—은 독일 법에 따라 다스려졌으며, 도시 곳곳은 온통 독일 상인들 천지였다. 발트해에서 한자동맹과 독일기사단의 활동이 활발했던 것과 더불어, 이러한 변화들은 독일의 영향력을 막대하게 증대시키는 결과를 낳았다. [부더] [한자]

몽골족에게 정복당한 동슬라브족 사이에서는 외관으로나마 유지되던 통일이 풍비박산 났다. 종국에 루스족 제후 몇몇은 이웃 리투아니아에 의탁한 끝에 곤경을 면할 수 있었다(512쪽 참조). 그러나 동쪽 땅에 남은 제후들은 말 그대로 '목을 숙여' 몽골족에게 굴복하지 않으면 안됐다. 이들은 일정 기간마다 한 번씩 칸이 기거하는 막사로 소환돼, 모닥불 사이를 걸어가 그 자리에 놓인 멍에 밑으로 몸을 숙여 넣어 자신들의 주인 앞에서 부복俯伏의 예를 행해야 했다. 치가 떨리게 치욕스러운 의례였다. 제후들의 백성들도 따로 공물을 납부해야 했으며, 해당 지방에 상주하는 몽골족 바스키키baskiki[총독]이 주민들에게서 공물을 거둬갔다. 그러나 정교회가 탄압당한 일은 없었다. '타타르족의 멍에the Tartar Yoke'를 짊어져야 했던 그 시기에도 말이다.

이 시기에 베네치아인 마르코 폴로Marco Polo가 '러시아 지방'을 여행하면서 남긴 기록이 있는데, 1260년 그의 아버지가 사업차 크름반도를 방문했을 때의 이야기를 다음과 같이 적고 있다.

> 이 지방의 [⋯] 땅은 광대한 영역에 걸쳐 있고 [⋯] 경계는 암흑의 지대라 일컬어지는 북쪽 땅에 둔다. 이곳의 주민들은 기독교도들이며 그리스식 의례를 따른다. [⋯] 남자들은 지극히 인정이 넘치고, 키가 훤칠하게 크며, 살결이 희다. 여자들도 [⋯] 체격이 좋으며, 머리칼은 담색이고, 머리를 길게 기르는 것이 상례다. 이 나라는 서쪽의 타타르족 왕에게 공물을 바친다. [⋯] 나라 안에는 어민, 흑담비, 담비, 여우의 털들이 산더미처럼 쌓여 있다. [⋯] 밀랍도 상당량 쌓여 있다. 이곳에는 [은] 광산이 여러 군데에 있다. [⋯] [이곳은] 날씨가 극도로 추운 지역이며, 아마도 그 영토는 저 멀리 [⋯] 송골매가 많이 잡히는 [⋯] 북쪽 바다에까지 뻗어 있을 것이라고 확신한다.[39]

전만 해도 중세에는 경제생활이 정체돼 있었다고 가정했지만 실상은 그렇지 않았다. 어떤 학파에서는 이 시기 북부 유럽에서 일어난 "농업혁명an agricultural revolution"이 19세기의 "이른바 산업혁명the so-called Industrial Revolution"에 "비견될 만큼 역사에 결정적 영향력을 끼쳤다"라고 주장하기도 한다.[40] 이와 같은 주장에서는 이 무렵 물방앗간과 풍차 같은 새 동력원이 등장했다는 점, 채굴 작업이 증대했다는 점, 철제 쟁기 및 말의 힘이 영향력을 끼치게 됐다는 점, 윤작을 시행하고 사람들의 영양 상태가 나아졌다는 점을 핵심 근거로 꼽는다. 새 기술들이 널리 적용되기까지는 수 세기가 걸리긴 했음에도, 장기간에 걸친 연쇄 효과는 확실히 결정적이었다.

부더 BUDA

■
■   1244년 헝가리 왕 벨러 4세는 도나우 강변의 '자유도시 페슈트'에 자치 특권을 부여했다. 그의 결정은 타타르 침략 이후 진행된 폭넓은 재건 계획의 일환이었다. 이후 페슈트는 마그데부르크법에 따라 자치를 시작했고 왕은 잔여 권한 이외 모든 권한을 시에 양도했다. 얼마 후 도나우강 반대편 교외 지역인 부더에도 비슷한 조치가 취해져서, 하나의 도시 영역 안에 두 개의 관할지역이 공존하게 됐다.[1] 독일어로 오펜Ofen이라 불린 부더는 에스테르곰의 뒤를 이어 1361년에 헝가리의 수도가 됐다.

도시의 미래는 설립을 인가해주는 권위의 주체에 따라 큰 영향을 받았다. 왕이나 제후가 도시헌장을 수여하는 경우가 가장 흔했으나 특히 독일에서는 주교가 수여하는 경우도 많았다. 헝가리나 폴란드처럼 귀족의 세력이 막강한 곳에서는 개인 소유의 도시들도 나타났으며, 이곳은 교회와 국가의 권력으로부터 자유로운 오아시스 같았다. 도시의 성장은 중세 후기 정치 조직체들의 지방분권적 경향을 크게 강화했다. 헝가리에서는 도시들이 지방 주들과 귀족의 특별 행정구역들로 구성된 기존 체제를 보완하는 역할을 했다.

도시가 마그데부르크 모델을 채택한다는 것은 꼭 그곳이 독일인 정착지라는 의미는 아니었다. 마그데부르크법은 독일 도시든 아니든 상관없이 동유럽과 중부유럽Central Europe 곳곳에서 채택됐다. 그렇기는 해도 페슈트와 부더에는 언제나 강력한 독일인 공동체가 있었다. 오스만제국의 지배하에서도 말이다. 부더와 페슈트는 합스부르크 왕가의 이중 군주 체제 내에서 헝가리가 독립적 위치를 얻은 직후인 1872년 하나의 도시로 합쳐졌다. 1896년 부더페슈트(헝가리어 발음. 부다페스트)에서는 헝가리 건국 1000년을 기념하는 축제가 성대히 열렸다.

헝가리 건국 1000주년 행사에서는 자연히 성 이슈트반St Stephen(이슈트반 1세István I)과 교황이 그에게 선물로 보냈던 왕관에 초점이 맞춰졌다. 이는 페슈트의 건설과 마찬가지로 서유럽과의 항구적 유대관계를 확립하는 사건으로 이해됐다. 이슈트반의 아내인 왕비 기젤라Gisella는 바이에른의 하인리히(훗날의 독일 황제이며 그 역시 시성됐다(하인리히 2세 성인왕))의 여동생이었다. 이슈트반은 1001년 대관식을 치름으로써 불가리아와 정교회의 지원을 받는 왕위 경쟁자들을 몰아낼 수 있었다. 이후 헝가리는 폴란드와 마찬가지로 서쪽의 가톨릭 진영에 확고히 속하게 됐다.

성 이슈트반의 이름이 새겨진 이 왕관은 헝가리국립박물관의 중요 전시품이며, 헝가리의 놀라운 생존력을 상징한다. 아르파드왕조에서 합스부르크왕조에 이르기까지 헝가리의 모든 왕이 이 왕관을 머리에 썼을 것이다. 왕관은 대관식의 정당성을 빛내는 필수품이었다. 오랫동안 때로 분실되거나 숨겨지기도 했어도 파손된 적은 없었다. 1405년 지기스문트가 왕관을 불법적으로 반출하다가 실수로 오스트리아의 늪에 떨어뜨렸는데, 늪에서 신비로운 빛이 발산돼 왕관을 되찾았다고 한다. 왕관은 1945년 밀반출돼 다시 국외로 유출됐고 미국으로 옮겨져 포트녹스에 비밀리에 보관됐다. 그리고 헝가리가 아직 공산주의 체제였던 1978년에 부더페슈트로 되돌아왔다.

'성 이슈트반의 왕관'이 정말 성 이슈트반의 것이었는지에 대한 의문이 제기된다는 사실은 흥미롭다. 후대인들의 주장에도 불구하고 왕관은 로마에서 만들어졌을 가능성도 희박하다. 가장 근래의 학설에 따르면, 왕관의 주요 부분인 황금 띠corona graeca(그리스 관)는 11세기 비잔티움에서 제작됐으며 십중팔구 게저 1세Géza I(재위 1074~1077)의 아내 시나데네Synadene를 위해 만들어졌을 것이라고 한다. 전통적 관점에서는 이 '그리스 관'을 성 이슈트반을 위해 만든 옛 왕관 코로나 라티나cŏróna latina(라틴 관)에 용접해 붙였을 것으로 본다.[2] 근대에는 이 왕관에서 성 이슈트반과 연관된 것은 원래 있던 십자가뿐이라는 주장도 나왔다. 원래 있던 십자가란 한때 라틴 관의 아치 모양 띠 꼭대기에 붙어 있던 성십자가True Cross 유물을 말한다. 유래야 어찌됐든 그리스 관과 라틴 관으로 구성된 이 왕관은, 헝가리가 서방과 연결돼 있다는 사실이 아니라 중세 헝가리가 기독교 세계의 중심에 위치했다는 사실을 상기시키는 최적의 유물이다. 그리스 관의 링 부분에는 보석과 클루아조네cloisonné(칠보七寶 세공) 조각이 번갈아 박혀 있다. 정면 윗 부분에는 '전능하신 그리스도'가 그려져 있고, 뒤면에는 황제 미카엘 7세 두카스Michael VII Dukas(재위 1071~1078)가 녹색 후광과 함께 그려져 있다. 황제의 양쪽 옆에는 아들 콘스탄티누스Constantine와 게저 왕의 초상이 있다. 게저가 그려진 장식판에는 그리스어로 "게저, 투르키아의 독실한 왕"이라고 새겨져 있다. 왕관 테두리에는 비잔티움의 대천사들과 성자들이 그려져 있다. 한편 라틴 관에는 사도들이 그려진 8개의 판이 붙어 있고, 띠들이 교차하는 지점에 그리스도의 상이 있다. 꼭대기의 황금 십자가는 1551년 합스부르크가 최초의 대관식 때 원래의 십자가를 교체한 것이며, 불안정하게 살짝 기울어진 모습이다.[3]

이 왕관이 확실하게 지녔다는 속성 즉 '영원히 분실되지 않는 능력'이 제대로 발휘된 것만은 확실하다.[4]

농업은 이제 그 흙이 더 차진 점토질이지만 비옥도에서는 나은 계곡 안에서 이뤄지게 됐다. 아울러 식량 공급의 증가는, 특히 프랑스 북부와 저지대 국가들에서, 인구 폭발의 원동력이 됐다. 늘어난 인구는 새 도시들을 가득 메웠고, 그들로부터 새 노동력이 대거 방출돼 나왔다. 새 노동력은 광업 및 직조업 등의 새 산업 분야의 사업체에 들어가 일을 했다. 이는 곧 직물 생산을 전문으로 하는 도시들이 생겨나는 결과로 이어졌다. 해상무역도 꾸준히 확장됐다.[무라노] [플로붐]

한 걸음 더 나아간 주장을 하는 역사학자들도 있다. 예전의 여건과 비교할 때 이 무렵 도시의 성장이 괄목할 만하다는 것이다. 도시에서 행해진 활동들은 유럽 경제가 "도약"하고 있다는 증거로 여겨질 수 있었다.[41] 이러한 주장은 다소 과장일지도 모른다. 그러나 1180년 이후 상파뉴의 평원이나, 라니, 프로방스, 트루아, 바르쉬르오브에서 열린 대규모 연례 정기시는 확실히 커다란 발전이었다. 정기시 도시들은 롬바르디아, 라인란트, 저지대 국가들, 북부 프랑스의 중간 길목에 자리 잡고 있었다. 따라서 정기시를 통해 국제적으로 연고가 있는 상인 및 금융업자들이 한자리에서 만날 수 있었다. 이 정도면 이들 도시는 유럽 전체는 아니더라도 유럽 곳곳에 자리한 경제 체제를 연결하는 구심점 노릇을 했다고는 말할 수 있을 것이다.

도시에 몰린 부는 수많은 정치적 문제를 낳는 근원이었다. 도시에 설립된 회사들은 하나둘 방편을 확보해 해당 지방의 주교나 백작의 권위에 도전하고 있었으니, 당시 길드나 상인 조합이 도시의 행정담당자들에게 압박할 수 있었던 것과 똑같았다. (역사에 기록된 최초의 파업은 1245년 [프랑스 북부] 두에에서 직조공들이 일으킨 것으로 알려져 있다.)[42] 이제 봉건질서는 안에서부터 그 힘이 약해져가고 있었다. 독일에서는 쾰른·뉘른베르크 같은 도시들이 완강하게 독립을 유지해나갔는바, 이 사실만 봐도 왜 당시 교회도 귀족도 더는 호엔슈타우펜왕가 때의 권위를 행사하지 못했는지 이해할 수 있다. 이탈리아에서는 밀라노·제노바·피렌체 같은 도시들이 그야말로

무라노 MURANO

■
■ 무라노는 베네치아 석호潟湖, lagoon의 섬이다. 이곳은 999년 지어진 로마네스크 양식의 성당 산타 마리아에도나토Santa Maria e Donato의 소재지이며 베네치아공화국의 유리 세공 작업장들이 있던 곳이다.

유럽에서 유리는 고대부터 만들어졌다. 하지만 그리스와 로마의 유리는 표면이 거칠고 색이 불투명했다. 13세기경 무라노에서 유리 장인들이 튼튼하고 투명한 유리 제품을 만들어내기 시작했다. 그 제조법은 수십 년간 비밀로 남아 있다가 뉘른베르크로 전해졌고 거기서 대륙 각지로 퍼졌다.

투명 유리는 광학의 발전을 가능케 했고 정밀한 도구의 발달에 결정적 역할을 했다. 로저 베이컨이 최초의 안경을 설계했던 1260년경에 렌즈의 원리와 빛의 굴절 현상은 이미 알려져 있었다. (스트라스부르대성당의 스테인드글라스 창에 안경을 쓴 황제 하인리히 7세(1313년 몰)의 초상이 있다.) 유리창은 14~16세기에 점차 유행했다. 교회와 궁전에서 먼저 사용되다가 나중에 일반 주택에도 쓰였다. 유리로 만든 플라스크, 증류기, 관은 연금술과 화학의 실험을 촉진했다. 종 모양의 유리 덮개와 온실은 상품용 채소 재배를 혁신적으로 변화시켰다. 현미경(1590), 온도계(1593), 망원경(1608), 기압계(1644)는 우리가 세상을 보는 관점을 혁신했다. 주석과 수은의 합금을 입혀 만든 거울이 무라노에서 처음 제작돼 인간이 자신을 보는 방식을 혁명적으로 변화시켰다.

유리는 매우 폭넓은 사회적 결과를 가져왔다. 안경 사용으로 수도사와 학자의 독서 시간이 늘어났고 학문 보급이 가속화했다. 특히 북유럽에서 유리창은 실내 작업 시간 및 효율성을 높여주었다. 유리창은 일하는 장소를 더 밝고 따뜻하게 만들었다. 온실은 꽃·과일·채소의 재배를 크게 향상시켜 과거에는 지중해 지역에서만 할 수 있던 더 풍성하고 더 건강에 좋은 식단이 가능해졌다. 폭풍에도 꺼지지 않는 램프, 유리창 달린 마차, 시계접시watchglass(화학실험 등에 쓰는, 오목한 접시 모양의 유리)가 등장했다. 정밀 기기들은 천문학에서 의학에 이르기까지 다양한 과학 분야의 발전을 촉진했다.

거울은 중요한 심리학적 결과도 가져왔다. 사람들이 자신의 얼굴을 정확히 볼 수 있게 되자 새로운 자각이 생겨났다. 사람들은 겉모습을 의식하면서 옷차림, 머리 모양, 화장품에 더 신경 쓰기 시작했다. 외적 특성과 내적 자아의 관계를 더 생각하게 됐다. 즉 인격과 개성을 깊이 들여다보게 됐다. 초상화, 전기, 유행에 대한 관심이 높아졌다. 예컨대 렘브란트의 그림들에, 후에는 소설이라는 장르에 내면 성찰이라는 다분히 비중세적 특성이 강하게 나타났다. 베르사유궁전의 '거울의 방Galerie des Glaces'은 1684년 11월 15일 완공됐다. 거울의 방은 당대 기적과도 같은 경이로운 미의 결정체다. 중앙 궁전 건물의 상당 부분을 차지하며 정원을 내려다보는 이 방의 거대한 거울들은 17개 커다란 창문과 17개 샹들리에의 빛을 반사한다. 거울의 방은 샤르트르대성당의 중세 스테인드글라스의 세속적 버전이었다.

고대인이 유리를 통해 본 시야는 어두웠다. 근대인이 유리를 통해 본 세상은 밝았다. 눈앞에서 선명하게 쏟아지는 빛줄기는 그들의 내면 깊은 곳까지 비춰주었다.[1]

플로붐 PLOVUM

■
■ 세 부분으로 된 묵직한 철제 쟁기 플로붐은 이전의 단순한 목제 쟁기 아라트룸aratrum에 견주면 훨씬 더 정교한 기구였다. 철제 쟁기는 수직형 날, 수평형 보습, 비스듬한 볏으로 구성되고 대개 바퀴가 달려 있어 아무리 딱딱한 땅도 갈아엎을 수 있었다. 그러나 고대에는 이 기구를 끄는 데 필요한 힘을

구하기가 쉽지 않았다. 플리니우스Pliny the Elder(가이우스 플리니우스 세쿤두스)가 포Po강 유역에서 쟁기를 목격한 이래로 11~12세기에 북유럽에서 널리 사용되기까지 1000년의 시간이 필요했다. 그 시간 동안 최대 과제는 쟁기를 끌 힘을 확보하는 일이었다. 중세 초기에는 대개 소 여러 마리를 사용했다. 토지 면적 단위는 '옥스하이드ox-hide'와 '옥스강ox-gang'이었다. 즉 소를 이용해 갈 수 있는 경작지의 넓이를 기준으로 삼은 것이다. 그러나 소는 답답할 만큼 느렸고, 여덟 마리로 이뤄진 완전한 한 떼의 소를 사들이고 키우려면 비용이 많이 들었다. 말은 빠르긴 했으나 작고 힘이 약한 품종뿐이었다.

철제 쟁기가 본격적으로 사용되기까지는 다섯 단계가 필요했다. 첫째는 카롤링거 시대의 군마를 개량한 튼튼한 경작용 말의 번식이었다. 둘째는 쟁기 끄는 동물이 최대한 많은 양을 끌면서도 목이 졸리지 않는 말 목사리horse-collar의 개발이었다. 800년 이전에는 이와 관련한 기록이 없다. 셋째는 900년경 도입된 말굽 편자였다. 넷째는 일하는 말의 주요 먹이인 귀리의 재배였다. 마지막으로 가장 중요한 것은 삼포식三圃式, three-field system농경의 도입이었다("삼포식"은 경작지를 춘경지, 추경지, 휴경지 셋으로 나누고 이 순서를 1년마다 차례로 바꾸어 윤작하는 경작 양식이다). 이포식에서 삼포식으로의 변화는 곡물 수확을 크게 증가시켰으며 농가 생산성을 적어도 50퍼센트 향상시켰다. 이로써 네가지 주요 곡물을 모두 재배할 수 있게 됐고, 봄 파종과 가을 파종으로 노동을 효과적으로 분산할 수 있었다. 그러나 이는 경작 능력의 현저한 향상을 필요로 했다(1468쪽 도판 29 참조).

적어도 12세기경에는 프랑스에서 폴란드에 이르기까지 북부 농업혁명의 모든 요소가 갖춰져 있었다. 역사학자들은 비교적 단순한 공식을 이미 수정했을지도 모른다. 예컨대 멜첸Meltzen의 '단순한 목제 쟁기+크로스 경작법=평방형 농지' 또는 마르크 블로크의 '세 부분으로 된 쟁기+바퀴=대상형帶狀形(띠형) 농지=개방 농지=공동체 농경' 같은 공식 말이다. 그러나 현재 이들 공식의 요지는 일반적으로 인정되고 있다. 크로스 경작법이 필요한 고지대의 평방형 농지는 버려지는 경우가 많고, 곡저谷底평야의 점토질이지만 기름진 땅에 긴 대상형의 개방 농지가 형성됐다. 유럽의 농촌 경관은 완전히 바뀌었다. 농경지는 이랑과 고랑이 물결치는 모양으로 가득해졌다. 밭 갈기에서 절약한 시간을 경작지 확장에 사용할 수 있었다. 숲을 개간하고, 습지를 개발하고, 바다를 메워 간척지를 만들었다. 강 유역 평지에 대규모 마을이 밀집됐고 대상형 농지의 작업에는 새로운 공동 관리 방식이 도입됐다. 마을 의회와 장원 경제가 활발히 움직였다. 이 모든 요인으로 유럽인들은 갈수록 영양가 높은 식량을 공급받을 수 있었다. 그 덕분에 산업혁명이 시작되기 전까지 점점 늘어나는 인구를 유지할 수 있었다.[1]

막대한 자원을 끌어모아놓았는바, 역시 이를 통해 겔프파와 기벨린파의 전쟁이 왜 끝날 줄 몰랐는지, 아울러 교황도 황제도 왜 그 싸움에서 쉽사리 발을 빼지 못했는지 이해가 갈 것이다. 플랑드르에서는 도시의 인구과잉이 동쪽으로의 이주에 제법 중요한 역할을 했다. 이때만 해도 동유럽과 서유럽은 확연히 대비되는 모습이었다—그럼에도 둘 사이에서는 늘 그랬듯 알게 모르게 강력한 상호의존성도 엿보였다. 유럽이 본격적으로 전진을 채비하고 있었다.

스히담, 홀란트백국, 1262년 12월 5일. 성니콜라스축일 전날, 위트레흐트 주교 헨드릭Hendrik이 홀란트 및 제일란트의 섭정을 맡고 있던 알레이다 판 헤네호우번Aleida van Henegouwen 백작부인에게 교회를 지어 스히담의 '새 땅 위에' 기부해도 좋다는 인가장을 수여했다.

Henricus Dei Gratia Traiectensis episcopus universis presentes literas inspecturis salutem in Domino sempiternam. Cum illustris domina dilecta nostra consanguinea domina Aleidis, uxor quondam domini Iohannis de Avennis, Hollandie et Selandie tutrix, in nova terra apud Schiedam in divini honorem nominis de novo ecclesiam construi fecerit et dotaverit eandem, nos ipsius in hac parte piis supplicationibus ad inclinati huiusmodi structuram ecclesiae licentiam concedimus … [43]

그로부터 2년 후 알레이다는 스히강의 물줄기가 라인 삼각주의 조수와 합류하는 지점에 수문이 달린 댐을 하나 지을 것을 명했다. 인근의 델프트라는 도시는 수로를 통해 델프스하번이라는 조그만 하항河港과 연결되는데, 이 수로에 댐을 지어 수위를 조절하려는 것이었다. 이 댐은 로테강이라는, 상류로 3킬로미터 거슬러 올라가면 만나게 되는 훨씬 더 작은 강줄기의 또 다른 제방 및 댐과 연계해 건설됐다. 댐이 지어지고 3년이 흐른 1270년 8월 11일, 젊은 백작 플로리스 5세Floris V가 로테르담의 도시민들에게 각종 특권을 부여했다.[44] 이와 거의 때를 같이해 북쪽으로 56킬로미터 떨어진 암스테르담강에서도 댐 건설이 시작됐다. 한 단계 한 단계씩, 라인 삼각주가 인간의 손에 차차 길들고 있었다.

댐들이 이 지역 최초의 인공 건축물은 아니었으나, 이 댐들은 특히 스헬데강과 엠스강 사이 약 2만 5800제곱킬로미터에 걸쳐 뻗어 있는 거대한 호 모양의 위험한 불모지 안에서 상선의 상업적 항해를 돕기 위해 설계되었다(488쪽 지도 13 참조). 지금 돌이켜보면, 이들 댐은 유럽에서 가장 인구가 밀집돼 있던 나라, 세계에서 가장 커다란 항구, 나아가 유럽에서 가장 뚜렷한 특징을 지닌 국가의 하나가 발전하는 데서 결정적 발걸음으로 여겨질 만했다. 물론 당시엔 그렇게까지 중요한 의미를 가진 것으로 비치지는 않았겠지만.

홀란트라는 나라는 신성로마제국 안에서도 더 외진 데 자리한 미발달 지역에 속했다. 그 이름이 원래는 홀트-란트Holt-land로 "습지대Marshland"라는 의미였다는 점만 봐도 홀란트가 물이 고이는 불모지가 사방에 널려 있었던 땅임을 알 수 있다. 홀란트는 저지대 국가들 중에서도 지대가 가장 낮았고, 그래서 네덜란덴Nederlanden〔낮은 땅〕이라고도 불렸다. 바다 쪽에 자리한 고리 모양의 모래들과 내륙의 육지 사이에 끼어 있는 이 나라는, 적어도 표면의 3분의 2 이상이 해수면보다 낮다. 그 땅들도 개펄, 염수鹽水 소택지, 범람 제방, 〔해수와 담수 곧 바닷물과 민물이 섞여 있는〕 기수호汽水湖, 겉으로만 봐서는 바드wad(여울)가 대부분이었다. 여행에는 보통 배를

[지도 13] 저지대 국가들, 1265

이용했으나 겨울철만은 예외여서, 여울물이 도로 노릇을 할 수 있을 만큼 꽝꽝 얼어 그 위를 미끄러지듯 지나다닐 수 있었다.

라인 삼각주는 유럽의 지형 중에서도 가장 근래에 형성된 땅이자 변동이 가장 심했던 땅이었다. 마지막 빙하기 이후 몇천 년 내에 생겨난 이 지대는, 북쪽으로 흘러 들어가는 세 줄기의 강—스헬더강(에스코강), 마스강(뫼즈강), 레인강(라인강)—과, 서쪽을 향해 부는 바람, 바다의 조수에서 비롯되는 여러 힘이 상충하듯 작용해 형성됐다. 그 결과 라인 삼각주는 모습이 잘 변화하고 이리저리 이동하는 모습이 눈으로 쉽게 식별되곤 했다. 바닷물에 실려 온 모래만 해도, 최고 70미터 높이에 4~5킬로미터 길이에 달하는 모래언덕들을 해안가에 거대한 방벽처럼 쌓아놓을 정도였다. 그 뒤쪽에는 강물에 실려 온 침전물이 쌓인 채 시시각각 그 형태를 달리했고, 그러는 동안에는 또 민물이 바다로 나갈 새 통로를 내기 위해 내내 분투하면서 저항이 가장 약한 지점을 끊임없이 탐색했다. 로마 시대에는 거대한 내륙석호(플레오 라쿠스Fleo Lacus) 위쪽의 모래 방벽 위에 해안을 지키는 요새가 여럿 자리 잡기도 했다. '옛 라인강'의 큰 물줄기는 지금도 라이던 지방에 남아 있는 수로를 통해 바다 가닿았던 반면, '옛 마스강'은 라인강과는 다른 길을 따라 굽이굽이 흘러 약 32킬로미터 남쪽으로 내려간 지점에서 바다로 흘러들었다.

그런데 중세에 접어드는 사이 천 년의 시간이 이 지대에 몇 가지 극적 변화를 일으켜놓았다. 우선 839년에 일어난 대홍수로 라인강의 큰 물줄기가 방향을 바꾸어 마스강으로 흘러들게 됐고, 합쳐진 강은 레크강과 발강의 물길을 연결시키며 '새 마스강'을 탄생시켰다. 북쪽에 자리한 담수호에서는 물을 찾아보기 힘들었으며, 일부에서는 토사가 쌓여 물길이 막히기도 했다. 12세기와 13세기에는 기후가 온난화 단계에 접어들면서 해수면이 서서히 상승했다. 모래언덕 방벽은 무너져 내리길 반복했고, 스헬더강 어귀에는 물줄기가 몇 개나 생겨나 안트베르펜이 해상 교통을 이용할 길이 열렸으며, 섬도 갑자기 늘어났다. 또 염수가 내륙으로 몰려 들어오면서 북쪽의 석호가 드넓은 만인 자위더르해(지금의 에이설호湖)로 바뀌었으며, 이에 프리지아 땅은 둘로 갈라졌다. 당시에는 높은 파도들이 커다란 강줄기의 지류로 계속 몰려들어, 강둑 위 도시에서 살아가는 사람들의 삶을 위협했다. 바로 이런 문제가 사람들에게 댐을 건설해야겠다는 마음을 품게 한 것이었다.

13세기 중반 이전만 해도 라인 삼각주 지대에서 인간의 거주지는 단 세 종류 지역에 한정됐다. 일단 유럽 대륙의 본토 가장자리에 고대 도시들이 띠처럼 길게 늘어서 있었다. 아른헴(아레나쿰, "모래도시"), 네이메헌 일대(노비오마굼, "새로운 시장"), 위트레흐트(트라예크툼 아드 레눔, "라인강의 여울")는 모두 로마 시대에 그 토대가 놓인 도시들이었다. 안트베르펜(아엔 데 베르펜, "정박지")은 7세기에 스헬더강의 강둑 위에 지어진 생타망성당 일대를 중심으로 성장해온 터였다. 모래언덕 위에서도 고립된 정주지를 몇 군데 찾아볼 수 있어서, 발헤렌의 미델뷔르흐수도원은 1120년부터 명맥을 이었고, 흐라벤하러 곧 "백작가의 사유지"에 세워진 사냥꾼의 숙박지는 근래인 1242년에 생겨났다. 모래언덕의 그늘에서는 어촌도 상당수 위태위태하게나마 발판을 마련해두고 있었다. 이 중 몇 개는 나중에 공식 인가장을 받은 도시가 됐다—도르드레흐트(1220), 하를럼(1245), 델프트(1246), 알크마르(1254) 등이다. 그러나 이 가운데에는 이웃한 플랑드르의 거대한 직물도시들처럼 인구가 바글대는 기미가 조금이라도 풍긴 곳이 단 한 군데도 없었다. 수세기에 걸쳐 이곳에서 종교적으로나 세속적으로 주된 권위를 행사한 인물은 위트레흐트 주교였다. 한편 삼각주의 항구들은 당시 행해지던 연안무역의 정기 기착지 노릇을 해온 지 이미 오래였다.

토지 간척은 고대부터 생겨나 여러모로 도움이 된 기술이었다. 홀란트 특유의 테르펜terpen은 태곳적부터 생겨난 인공 '둔덕'으로 이 위에서는 범람 수위 위쪽으로 안전하게 가옥들을 지을 수 있었다. 고대에 플리니우스(로마의 박물학자)도 이 둔덕을 언급한 일이 있었다. 한편 제베링zee'wering(호안護岸, 바닷가 보호용 설치물)이 등장한 것은 8세기나 혹은 9세기의 일이었다. 제방은 11세기에 수문이 완성된 이후 널리 보급됐다. 간척지 조성 즉 일정한 경계를 정하고 그 안에 '말뚝 밭'을 만드는 작업은 정교한 배수시설을 갖추는 것이 무엇보다 관건이었는바, 네덜란드가 이 기술을 완전히 섭렵한 것은 1150년경이었다. 간척지를 조성하기 위해서는 제방부터 건설한 뒤, 등골이 부서지는 노고를 견뎌가며 무른 땅에 말뚝을 원형으로 줄 세워 깊숙이 박아 넣은 다음, 돌무더기로 땅을 가득 메워 거기에 풀을 심어 고정해야 했다. 이렇게 해서 생겨난 밭은 일단 경계를 쳐놓고 수차례 담수가 밭 안으로 범람하게 해야 했고, 10~15년을 두면 물이 빠져나가기를 수차례 반복하면서 소금기도 빠져나갔다. 이런 연후에야 이 비옥한 충적토는 사람들의 노고를 되갚아줬다. 그러나 이런 땅이 비옥하다는 것은 그야말로 누구나 다 아는 사실이었다. 이 바다의 잔디밭에서 풀을 뜯은 양들과 소들에게서는 고기·털·가죽이 나왔으며, 이 간척지들은 또한 인구가 밀집한 식민지에는 기본적 생명 유지 수단이었을 뿐 아니라 이웃한 도시들에 수출할 물품들까지 풍성하게 생산하는 땅이기도 했다.

13세기에만 해도 홀란트의 간척사업은 걸음마 단계여서, 간척지는 습지대의 맨 가장자리를 파먹듯 야금야금 조성됐을 뿐이었다. 풍력을 이용한 배수장치가 도입되기 전까지는 넓은 경계 안의 땅에서 물을 효율적으로 빼낼 방법이 없었던 까닭이다. 그러다 1421년 끔찍한 성 엘리자베트축일의 홍수St Elizabeth's flood가 닥쳐 홀란트는 엄청난 타격을 입으니, 물에 잠긴 촌락만 72곳에 익사한 사람들이 1만 명에 달한 것과 함께 지난 2세기 동안 쌓아온 발전도 물거품이 됐다. 해수면보다 낮은 땅에는 영구 배수시설이 꼭 필요했던 만큼 사람들은 이후로도 대부분의 땅에는 손도 대지 못하다가, 1550년경 회전 포탑이 달린 풍차가 발명돼 풍향과 상관없이 펌프를 멈추지 않고 돌릴 수 있게 되면서 땅을 개간할 여건이 조성됐다. 홀란트 전체를 개간하겠다는 계획이 마련된 것은 1918년에 토지개간법이 제정되고 나서였다. 그러다 1953년에 또 한 차례 재앙과도 같은 홍수가 들이닥친 후에야, 홀란트에서는 대규모의 삼각주 계획(1957~1986)을 도입해 나라 안을 흐르는 강들을 모두 통제했으며, 바다로 통하는 수로들을 물로 가득 메워 바다로 내보내기 시작했다. 무려 800년 동안을 자연에 맞서 싸우며 모진 고생을 했으니, 홀란트 사람들 안에 그 흔적이 남지 않았을 리 없었다. 일부 역사가들은 이런 점이 네덜란드인 특유의 성격 형성에 결정적 요인이 됐다고 여기는 경향이 있었다.

댐 건설은 이 기나긴 역사에서 홀란트가 특별한 단계에 도달했음을 알려주는 것이었다. 이로써 내륙의 수로 체계가 생겨나, 수문관리인이 때에 따라 수문을 열고 닫는 방식을 통해 수로가 운영될 수 있었다. 원양선박은 비좁은 수문들을 통과하기가 어려웠던 터라 이내 댐 근처에 수출입항이 속속 생겨났고 이곳에서 선박들이 보다 작은 규모의 하천용 바지선들과 화물을 교환할 수 있었다. 스히담-로테르담과 암스테르담 모두 해상무역과 하천무역이 교차하는 지점에서 성장한 도시였다. 그러나 이들 도시가 단연 두각을 나타낸 시기는 따로 있었는바, 이와는 상관없는 일련의 발전이 일어나 도시의 주요 경쟁자들이 종말을 맞으면서였다. 그중 가장 중요했던 사건으로는, 훨씬 나중에 가서 일어난 일이지만, 1648~1863년 스헬더강이 강제 폐쇄 당한 데 지대한 영향을 받아 안트베르펜이 끝내 덧없이 몰락한 것이었다(738, 740쪽 참조).

홀란트는 제국의 서쪽 변경에 자리한 전략적 요충지였고 따라서 당연히 근방의 정세에 심하게 휘말릴 수밖에 없었다. 중세 이전에 홀란트는 유럽 중앙을 차지했던 '로타링기아'왕국에 속해 그 북쪽 땅을 이룬 바 있었다. 10세기 초반에는 서프랑키아(서프랑크)의 세력권에 편입돼 십 수 년을 보냈으며, 동쪽 지방의 황제 세력권 안으로 확실하게 들어온 것은 925년이었다. 이후 300년 동안은, '하下로렌공국'의 일부가 돼 봉건제후들이 벌이는 각축, 제후들이 제국과 점차 부상 중인 프랑스왕국 사이에 끼어 벌이는 각종 권모술수에 함께 휘말렸다.

홀란트의 백작들이 자신들의 시조로 여겼던 이는 디르크 1세Dirk I(디트리히Dietrich, 티에리 Thierri, 테오도리크Theodoric라고도 한다)로, 9세기에 라인 삼각주에 근거지를 확립했던 바이킹의 후손이었다. 디르크 1세는 922년 하를럼 근방(당시에는 케네머란트라고 불렸다)에 땅을 하사받은 뒤, 여기에 베네딕트회 소속의 에그몬트수도원을 설립했다. 디르크 가문은 1018년 이후 확실하게 앞날을 보장받게 되는데, 백작 디르크 3세Dirk III가 라인강 하류에서 황제의 승인 없이 통행료를 매긴 데 이어 제방 위에서 벌어진 한 유명한 전쟁에서 로렌 공작을 격퇴한 덕이었다. 디르크 3세가 홀란트라는 지명을 자신의 직위 안에 처음으로 넣은 것이 이때였다. 하를럼의 성에서 안전을 보장받게 되자, 이후 백작들은 끊임없이 봉건 작위를 놓고 다툼을 벌였다. 홀란트도 제국의 변경지대에 이해관계를 둔 여남은 개의 백국伯國 중 하나였다. 이때는 황제도 프랑스 왕도 홀란트에 영속적 영향력을 끼치지 못했으니, 수시로 변화하는 봉신의 결속을 통해 간접적으로 그 힘을 행사했을 뿐이다. 경계가 불분명했던 저지대 국가들 곧 네덜란덴이라 불렸던 지역으로 라인란트에서 피카르디까지 뻗어 있었던 나라들의 봉건영주들은 현실적 목적에서 끝장이 날 때까지 자기들끼리 싸움을 벌였다. 싸움 과정에서 봉건영주들은 유럽 안에서 별개의 정체성을 가진 지역, 나아가 독일과도 프랑스와도 다른 운명의 겪게 되는 지역을 서서히 만들어낸다.

이와 같은 지역에서 홀란트는 그 존재가 다소 작아 보일 수밖에 없다. 당시만 해도 위트레흐트와 리에주의 막강한 주교, 로렌과 브라반트의 공작, 인근 플란데런백국(플랑드르백국)이 훨씬 더 실질적 힘이 있었다. 홀란트는 제일란트의 섬들을 누가 장악하느냐를 두고 플란데런백국과 각축을 벌여 수 세기 동안 밀리지 않다가 1253년 브뤼셀조약Peace of Brussels에서 주도권을 빼앗겼다. 홀란트가 내내 이교도로 남아 있다 샤를마뉴 시대 들어서야 기독교도로 개종한 프리지아(프리슬란트)의 포악한 주민들을 마침내 예속시킬 수 있었던 것도 성공적 정복보다는 바닷물의 범람 때문이라 해야 했다. 중세에는 독일 동쪽에 자리한 변경백에 이주민들이 대거 이주해와 살게 되는바, 가장 많은 비중을 차지한 것이 바로, 사람들이 북적이는 플랑드르 지방의 도시들에 넘쳤던 인구와 함께, 고생을 견디다 못하고 고향을 떠난 프리슬란트인들이었다.

그러나 홀란트의 백작들도 정치적 중요성이 상당했던 인물들이었다. 빌럼 1세Willem I(재위 1205~1222)는 부빈전투(1214)에서 황제 편에 서서 싸우다 프랑스군에 포로로 붙잡힌 일이 있었다. 그의 선조가 사라센인에게서 리스본을 빼앗았듯, 빌럼도 헌신적 십자군이었다. 빌럼은 다미에타공성전Siege of Damietta(1218~1219)에 참전했으며 이후, 이집트에서 세상을 떠났다. 빌럼 2세Willem II(재위 1234~1256)는 황제라는 최고로 존귀한 자리에 오르길 열망했다. 미성년일 때 왕위를 계승한 그는 후견인인 위트레흐트 주교에 의해 교회의 아들로 자라났고, 그 과정에서 자연스레 교황 인노첸시오 4세Innocent IV(재위 1243~1254)가 호엔슈타우펜가를 권좌에서 몰아내려 하려는 데 힘을 보태게 됐다(464~465쪽 참조). 빌럼 2세가 교회의 후원을 받아 아헨에서 로마인들의 왕, 정확히는 대립왕으로 관을 머리에 얹은 것이 1247년의 일이었다. 겔프파의 여공작과 혼인한 데 이어 라인란트 도시들의 막강한 연합과도 한편을 이루면서, 그는 독일의 골육상잔 속에서 잠시 우위를 점하기도 했다. 1256년 1월에는 고국 홀란트로 돌아와 프리지아 지방의 문제를 해결한 뒤 다시 길을 나서니, 로마에서 황제의 대관식을 받기 위해서였다. 그런데 노중에서 얼어붙었던 강물이 쩍 갈라지면서 무장한 말과 그 위에 탄 사람까지 함께 가라앉았고, 한 젊은이의 유망하던 앞날은 막을 내렸다. 이 일만 일어나지 않았다면, 아마도 이 홀란트인은 끝내 신성로마제국의 황제에 등극할 수 있었을 텐데 말이다.

플로리스 5세Floris V(재위 1256~1296)는 백작의 지위에 있던 빌럼 2세의 아들로, 홀란트의 첫 통치 가문(홀란트가家)은 이 플로리스 5세 다음 후계자에서 막을 내렸다. 그는 프리지아에서 일어난 소란들을 잠재운 통치자이자, 가장 비천한 신분의 백성들로부터 칭송을 받은 통치자였다. 위트레흐트의 폭도들과 의기투합한 농민들의 반란에 맞서야 하자, 플로리스 5세는 휘하의 집달관들이 제멋대로 통치하지 못하게 끔 그 힘을 억제했으며 이참에 성문법까지 도입했다. 전설 속에서 "농민의 하느님"으로 통했던 이가 플로리스 5세였다. 왕이 되고 오랜 기간 그는 잉글랜드의 에드워드 1세와도 끈끈한 동맹이어서, 자신의 아들이자 상속자를 영국 왕실로 보내 공부시키고 혼인까지 시켰다. 멜리스 스토크Melis Stoke(1305년경 몰)가 쓴 홀란트의 '운문 연대기'에 영웅으로 등장하는 이가 바로 플로리스 5세다.

| Tgraefscap ende dat jonghe kynt | 그렇게 역사의 기적이었던 |
| Daer wonder of ghesciede sint.[45] | 젊은 남자의 백작 통치는 막을 내렸다. |

알레이다 판 헤네호우번은 젊은 플로리스 5세의 숙모이자 후견인이었다. 백작의 미성년 시절 섭정으로 홀란트를 다스렸던 그녀는 네덜란드에서 정계의 고삐를 거머쥔 몇몇 막강한 여인 중 하나였다. 그런데 그런 여인들 중 가장 두각을 나타낸 이가 알레이다의 이웃이자, 비범했던 마르그리트 드 플랑드르Marguerite de Flandre였다. 즈바르터 흐리트zwar'te Griet(검은 마르그리트)로도 알려진 여백작 마르그리트(1280년 몰)는 봉건제하에서 우리가 상상할 수 있는 행운과 불행은 전부 다 만난 여인이었다. 제4차 십자군을 지휘한 데 이어 동방의 라틴제국을 넘겨받은 플랑드르 백작 보두앵 9세Baudouin IX(보두앵 6세 드에노)의 차녀가 마르그리트다. 언니 잔 드 플랑드르Jeanne de Flandre와 함께 콘스탄티노폴리스에서 태어난 그녀는 아버지가 세상을 떠난 후 언니와 고국으로 돌아오지만, 이후 교황 인노첸시오 3세가 자매를 자신의 정치적 술수에 장기판의 졸처럼 써먹었다. 어린 시절 마르그리트는 언니가 멀리 포르투갈의 페르난두 드 포르투갈Fernando de Portugal(프랑스 왕의 조카였다)에게 시집가는 것을 봐야 했는데, 마르그리트도 에노의 군주 부샤르 다베스Bouchard d'Avesces에게 어린 신부로 가게 됐다. 부빈전투로 페르난두는 루브르의 지하감옥에 갇히며, 마르그리트는 언니가 다시 토마스 드 사부아Thomas de Savoie에게 시집가는 것을 봐야 했고, 그녀 자신도 교황의 강권에 못 이겨 남편과 이혼하고 프랑스 기사 기 드 당피에르Guy de Dampierre와 재혼해야 했다. 1244년에 접어들자 마르그리트는 언니의 뒤를 이어 에노와 플랑드르 모두를 다스리는 여백작의 지위에 오르는바, 두 번의 결혼으로 슬하에 아들만 다섯이었으며, 이때 이미 자기 시대에 살아남은 권력자 중 최고의 위치에 올라 있었다. 하지만 위로 두 아들이 어머니의 유산을 두고 싸우는 것을 그녀도 말리지 못해 생 루이(루이 9세)의 유명한 중재를 받아들이니, 에노 땅은 장 다베스Jean d'Avesnes(에노 백작)에게 주고 플랑드르 땅은 기욤 드당피에르Guillaume de Dampierre(당피에르 영주)에게 주도록 했다. 그러나 이들을 먼저 떠나보내고 마지막까지 살아남은 것은 마르그리트였다.

플랑드르는 브뤼주와 헨트의 각축으로 땅이 찢겨 있었으나, 그래도 네덜란드의 정계에서는 가장 풍성한 전리품으로 통했다. 사실 플랑드르 지방의 운명이 홀란트로서는 무심히 보아 넘길 문제가 아니었다. 과거 플랑드르 백작들은 제국과 프랑스 사이에서 줄타기를 하며 양쪽 모두에서 봉토를 받아내곤 해서 크론-플란데렌Kroon-Vlaanderen이며 레이크스-플란데렌Rijks-Vlaanderen이라고 하는 일군의 영토가 생겨났었다. 그러나 부빈전투 이후로는 프랑스의 영향력이 급속히 증대되는가 싶더니, 프랑스가 플랑드르를 전면 점유 했다. 거기다 1265년 교황과 황제 사이에 불거진 싸움은 파국으로 치닫고 있었다. 교황은 프리드리히 2세(1250년 몰)가 세상을 떠난 이후 제국이 더는 호엔슈타우펜가의 대의를 내걸지 못하도록 막았다. 그렇게 해서 제국의 황위가 공석이 된 상황은, 빌럼 2세가 당한 불의의 사고가 제대로 처리되지 못하면서, 해결의 실마리가 보이지 않은 채 어느 때보다 복잡하게 꼬여가고 있었다. 급기야 1257년에는 두 군데서 함께 황제 선출이 이루어진다. 한 회의에서는 황제 선출단이 잉글랜드 왕 헨리 3세(플랜태저넷가)의 동생인 콘월 백작 리처드Richard, Earl of Cornwall를 지지했고, 또 한 회의에서는 알폰소 데 카스티야Alfonso de Castilla(알폰소 10세)에게 유리한 결정을 했다. 이 발표에 알폰소는 톨레도의 본거지에 그냥 머물렀던 것과 달리, 리처드 백작은 로마로 달려가 로마인들의 왕 자격으로 대관식을 받았다. 하지만 각축을 벌이던 두 후보 어느 쪽도 독일 땅 전체에는 어떤 식으로든 제대로 권위를 행사하지 못했다.

콘월의 리처드(1209~1272)는 당대 가장 많은 재물과 함께 최고의 연고를 맺고 있던 인물이었다.[46] 리처드가 보유한 콘월의 주석 광鑛은 제2의 백작령이라고 해도 좋을 만큼의 가치가 있었고, 그는 조폐소와 함께 개혁한 잉글랜드의 화폐제도를 잘 관리한 덕에 굉장한 현금 수입을 거뒀다. 그는 자신의 재무 담당 고문 버크햄스테드의 에이브러햄Abraham of Berkhamsted을 통해 왕들과 추기경들에게 대출을 해줄 수 있었으며, 독일의 선거를 자기 뜻대로 움직일 셈으로 2만 8000마르크를 물색하는 데에도 전혀 어려움을 겪지 않았다. 코프의 주군이자 월링퍼드 및 버크햄스티드의 주군이었던 리처드는, 잉글랜드에서 남작들의 저항에 잠시 가담했으며, 당대에 실제 영어로 말을 한 지극히 몇 안 되는 남작 가운데 하나로 알려졌다. 푸아투의 명목상 백작으로서, 그는 한때 왕실 총독으로 복무한 적 있는 가스코뉴 지방에 지대한 관심을 가졌다. 리처드는 십자군을 이끌고 아크레까지 가기도 했는데, 이 원정이 그에게는 매부가 될 두 사람과 개인적 친분을 쌓는 계기였으니 먼저 파리에서 생 루이를 만난 뒤 시칠리아에서는 프리드리히 2세와 안면을 튼 것이다. 리처드는 저지대 국가들과도 원만한 관계를 유지해, 플로리스 5세의 경우 런던으로 달려와 리처드에게 직접 신하의 예를 갖췄다. 이때 리처드는 이사벨 마셜Isabel Marshal과 상시 드 프로방스Sancie de Provence에 이어 브라반트의 베아트릭스 판 팔켄뷔르흐Beatrix van Valkenburg를 세 번째 아내로 맞아들일 참이었다.

그러나 1265년에 들어서는 대체로 리처드 백작의 운수가 쇠했다. 그가 일전에 독일을 세 번이나 방문했던 것은 아무 득도 되지 못했다. 이뿐만 아니라, 형제가 일으킨 백작 전쟁에 휘말리다 못해 시몽 드 몽포르(제6대 레스터 백작)의 병사에게 사로잡힌 그는 케닐워스성城에서 포로로 지내는 신세가 됐다. 루이스전투Battle of Lewes(1264) 이후 그가 겪어야 했던 굴욕스러운 모험들은(이 와중에 그는 풍차에 들어가 숨기도 했다) 나중에 잉글랜드 최초의 정치 풍자시가 탄생하는 소재가 됐다.

> The King of Alemaigne wende do ful wel
>
> He saisede the mulne for a castel,
>
> With hare sharpe swerds he grounde the stel
>
> He wende that the sayles were mangonel to helpe Wyndesor
>
> Richard, thah thou be ever trichard
>
> trichen shalt thou never more.[47]

> 알라마니 왕은 흉악한 자
>
> 노새를 빼앗아 타고 성으로 가네
>
> 제 손으로 날을 날카롭게 벼린 칼을 들고
>
> 구해준 윈저는 공을 간사하게 이용했네
>
> 리처드, 단단히 속았네
>
> 두 번 다시는 더 속지 말기를.

이 무렵은 잉글랜드에서 왕실 지지파가 사람들로부터 꽤나 그리고 진정으로 미움 받던 때였다. 시몽 드 몽포르는 프로텍토르 겐티스 앙글리아이protector gentis Angliae(앵글족의 수호자)로 불리며 왕의 압제에 맞서 싸우는 민중의 투사로 여겨졌다.

> Il est apelé de Monfort,
>
> Il est el mond et si est fort
>
> Si ad grant chevalerie.
>
> Ce voir, et je m'acort,
>
> Il eime droit, et hete le tort.
>
> Si avera la mesterie.[48]

> 그의 이름은 드 몽포르
>
> 그는 우리의 수호자mund, 그는 너무나 강하지fort

아울러 더없이 위대한 용맹을 지녔다네.

여기를 보라, 나도 전적으로 동의하니,

그는 올바른 것을 사랑하고 그릇된 것을 미워하도다.

따라서 지배권도 그의 손에 들어가리라.

〔원서 영문 해설 부분에 나오는 2행의 "mund"는 한때 '보호'라는 뜻을 가지고 있었던 영어의 폐어廢語다.
"fort"는 "Monfort"의 이름과 운을 맞춘 시어다〕

1265년 8월 4일 시몽 드 몽포르가 이브셤에서 목숨을 잃었을 때, 그린힐의 포좌砲座에 있던 그의 동료들도 모두 그를 따라 세상을 떠났다. 사람들은 시몽 드 몽포르를 성인이자 순교자로 여기며 애도했다.

그해는 마침 새 교황이 선출된 해였다. 클레멘스 4세Clement IV는, 속명이 기 풀크Guy Foulques인 프랑스인으로, 성직자가 되기 전에는 아내와 자식까지 두고 생 루이의 법률고문으로 일했었다. 그가 교황으로 선출됐을 때에도 로마를 비롯한 이탈리아 북부에선 아직 호엔슈타우펜가에 동조하는 분위기가 유독 강했던 터라, 잉글랜드의 공사관에 나가 있던 클레멘스는 수도사로 변장을 한 채 고국으로 돌아와 페루자에 거주지를 마련해야 했다. 여기서 클레멘스는 샤를 당주Charles d'Anjou가 시칠리아 및 나폴리 왕국을 이어받도록 일을 주선하는 한편, 잔혹한 군사작전을 통해 황제(프리드리히 2세)의 서자 만프레디 디 시칠리아Manfredi di Sicilia와 나중에는 만프레디의 조카인 어린 콘라딘을 끝장낼 수 있도록 전쟁 자금 마련에 힘을 쓰기도 했다. 또 페루자에서 홀란트의 에그몬트수도원으로 교황칙서를 보내, 이 수도원이 오랜 기간 각종 권리와 불수불입권을 가지고 있었음을 인정해주었다.[49]

잉글랜드의 내전과 마찬가지로, 독일도 황제 공위 기간 내내 혼란에 빠져들었다.

> 무법 상태로 가는 수문이란 수문은 모두 열려버린 꼴이었다. 고위 성직자와 남작들은 전쟁을 벌여 소유지를 넓혀나갔고, 곳곳의 도로며 강에는 강도기사robber-knight들이 들끓었다. 약자가 얼마나 큰 고통을 당하고, 강자가 얼마나 극악한 폭정과 폭력을 저지르는지 수 세기 동안 그 유례를 찾아볼 수 없을 정도였다. [⋯] 로마제국은 괴롭더라도 이쯤에서 그만 세상을 하직하고 떠났어야 했다.[50]

전통에 덜 치중하는 역사학자들은 당시 제국이 빠진 곤경을 그렇게 극단적으로까지 보지 않기도 한다. 오히려 황제가 부재한 덕에 곳곳의 지역과 도시들이 부상하는 신호가 나타날 수 있었고, 향후 이들지역과 도시는 유럽 역사에서 두드러진 역할을 수행해나갔다. 황제의 힘이 약해진 가운데 특히 번영을 해나간 곳이 네덜란드였다.

그러나 당시 네덜란드의 정치에서는 물론이고 네덜란드어Dutch language 사용에서도 주된 구심점은 홀란트가 아니었다. 다양한 형태의 중세 네덜란드 조어祖語가 코르트레이크Kortrijk(쿠르트레Courtrai), 레이설Rijsel(릴Lille) 같은 저 멀리 서쪽 지방에 이르기까지 저지대 국가들 전역에서 두루 사용되고 있었다. 프랑스어는 에노·리에주·나무르를 비롯해 그리고 귀족층 전반에서 주로 사용됐다. 헬데를란트의 동부 국경지대에서는 저지 독일어Low German도 함께 사용됐다. 하지만 뭐니 뭐니 해도 네덜란드어 사용자를 가장 많이 찾아볼 수 있었던 곳은 역시 플랑드르의 도시들이었다. 플람스어Vlaams와 홀란트어Hollandisch 사이에서는 방언에 나타나는 뉘앙스 차이도 그다지 뚜렷하시 않았다. 거기다 홀란트 자체에서는 여전히 프리지아어(프리슬란트어), 프랑크어, 작센어의 요소들이 서로 동화되느라 바빴다. 특히 영어와 가장 유사한 형태의 게르만어 관용구를 가진 프리지아어는, 홀란트 북쪽 및 그 인근 섬들에서 여전히 막강한 힘을 떨치고 있었다. 홀란트가 표준 네덜란드어의 본거지로 자리 잡은 것은 훨씬 나중 시대의 일이었다.

네덜란드 문학 역시 플랑드르어로 쓰인 작품들이 상당수였다. 13세기 홀란트에서는 가치 있는 문헌들이 다수 쏟아져 나왔는데, 에그몬트 연대기나 빌럼Willem이라는 작자가 쓴 동물 우화 〈레나르 여우Van den Vos Reinarde(또는 Reynaerde)〉가 대표적이었다. 그러나 브뤼주 태생으로 〈알렉산더의 연회Alexander's Feast〉(1258)를 쓴 야코프 판 마를란트Jacob van Maerlant같은 명망 있던 네덜란드 작가들은 플랑드르 지방 출신이었다.

해외무역은 아직 지극히 미약했다. 그나마 도르드레흐트는 성을 지어 라인란트와 북해 사이를 오가는 선박들을 위협하곤 한바 어느 정도 중요성을 가진 유일한 항구였다. 도르드레흐트는 잉글랜드와 교류하며, 연안을 따라 자리한 보다 번영한 플랑드르 항구들을 통해 잉글랜드의 수익성 좋은 상품들을 들여올 수 있길 바랐다. 이 무렵 발트해 즉 러시아와의 사이에는 정기 항로가 전혀 마련돼 있지 않았다.[51] 홀란트의 사회 여건은 '봉건주의 시대'의 표준적 구조에는 부합하지 않았다. 외려 홀란트에서는 봉건제도의 힘이 약했다. 교회의 사유지를 벗어난 곳에서는 농노제를 찾아보기 힘들었으며, 농민들과 독립적 어촌 주민들의 정주지들이 흔히 눈에 띄었다. 귀족들도, 기사도 정신이나 토지 소유와 관련된 갖가지 관행과 풍습에 잘 통합돼 있기는 했으나, 봉건제의 상위 서열에 어떤 식으로든 체계적으로 복속돼 있지 않았다. 도시들은, 비록 그 규모는 작았으나, 근방의 라인란트를 본보기 삼아 성장해나갈 저력이 충분히 있었으며, 나중에 가서는 실제로 막강한 역할을 수행하게 된다. 홀란트의 종교생활 역시 여느 곳과는 다소 다른 양상을 띠었다. 위트레흐트의 주교는 과거에 행사하던 권력을 차츰 잃어가고 있었고, 세속적 측면에서나 법적 측면에서나 이웃한 리에주 교구에서 세를 떨치던 만큼의 권위를 행사하지 못했다. 홀란트에는 이미 새 수도회가 상당수 창설돼 있었지만, 탁발수도사들도 그리고 새로 지어진 수두원의 수도회들도 자신의 존재감을 그리 강하게 각인시키지는 못하고 있었다. 프리지아는 목숨을 부지한 이교도들의 은신처로 악명이 높았다. 그랬으니 이곳에 반항적 성격의 신비주의 교파가 생겨나는 것은 정해진 사실이었다.

어떤 것이든 홀란트의 초기 역사에 대한 기술을 보면, 사람들 사이의 일반적 인식 즉 후대에 등장한 유럽의 국가들이 중세에 이미 배아 상태로 틀림없이 존재했으리라는 생각은 전혀 옳지 않다는 사실이 드러난다. 고전 세계 폐허의 한가운데를 헤집고 이른바 '유럽의 탄생Birth of Europe' 시점부터 오늘날 우리가 사는 현대에까지의 시간대에서, 13세기는 딱 중간 지점에 해당한다. 이즈음이면 유럽 이야기의 말미를 지배하게 되는 국가공동체들을, 그것들이 절반 정도밖에 발달 단계를 못 거친 상태더라도, 충분히 식별해낼 수 있지 않겠느냐고 기대하는 사람이 있을지 모르겠다. 그런데 그렇지가 않다. 저지대 국가들의 경우, 이 시기에는 "홀란트Holland" "더치Dutch" "네덜란드Netherlands" 같은 익숙한 용어들마저 전부 후대에 갖게 되는 것과 의미가 전혀 달랐다. 오늘날 관점에 따라 영속적으로 통일된 '국가nation'나 그 국가의 '토양soil'이 있었으리라는 허상을 품는 것은 당시 실정에는 전혀 맞지 않는 생각이다. 또 13세기에는 한창 발달 중인 네덜란드 국가에서 홀란트가 그 핵심이지도 않았다. 아닌 게 아니라, 300년 내지 400년 뒤에 네덜란드라는 국가 의식의 영토 기반이 되는 땅의 상당 부분은 이 무렵 아직 제대로 자리잡히지도 않은 상황이었다.

1265년 무렵 어떤 식으로든 뚜렷한 국가공동체를 찾아볼 수 없기는 유럽 대부분 지역이 마찬가지였다. 기독교의 레콩키스타가 진행되는 중에도 이베리아에 자리한 포르투갈, 카스티야, 아라곤 사이에는 자신들이 하나의 스페인이라는 인식이 거의 없었다. 단테(1265~1321)가 태어난 해에는, 호엔슈타우펜가가 무너지면서 이탈리아 통일의 꿈도 종막을 고하는 중이었다. 아울러 몽골족의 침략과 '분열의 시대the age of fragmentation'가 한창 진행되는 가운데에서, 통일 폴란드도 이제는 지나간 옛 기억일 뿐이었다. 동유럽의 경우 이 무렵 러시아는 고사하고 사람들 사이에서 더는 루스족이라는 의식마저도 찾아볼 수 없었다. 잉글랜드왕국이야 플랜태저넷제국이 무너지고 난 폐허 위에 존재하고는 있었지만, 이곳도 여전히 웨일스나 아일랜드보다는 가스코뉴나 아키텐 같은 유럽 대륙 지방들과 더 강한 연계를 맺고 있었다. 프랑스어를 사용했던 잉글랜드의 앵글로-노르만 귀족들은 잉글랜드 사람들과의 사이에 공통된 문화를 공유하지 않았고, 잉글랜드에서 일어난 남작들의 항쟁도 대륙 출신 모험가인 시몽 드 몽포르 같은 이들이 이끌었다. 당시에는 어떤 식이든 영국성Britishness이라고 할 만한 개념은 존재하지 않았다. 스코틀랜드왕국은 얼마 전 북쪽 섬들을 침략해 들어온 노르웨이인들과 스코틀랜드의 영토를 두고 실랑이를 벌이는 중이었다. 프랑스왕국은 생 루이 대에서 영국해협에서 지중해 지역까지 영토가 뻗어나갔다. 비록 이런 상황이었으나 프랑스왕국이 장차 또 한 차례 보다 더 응집력 강한 전체로서 재구성되기 위해서는 다채로운 요소들이 한데 섞여 융합돼 있던 것부터 풀어지지 않으면 안 됐다. 황제 공위 사태가 보여주듯, 이 무렵 독일 제국은 이름뿐이지 이미 몰락해버린 상태였다. 독일 제국은 알프스산맥 이편과 저편 모두에서 독일 영토와 이탈리아 영토의 이해관계가 상충하며 돌이킬 수 없을 만큼 갈가리 찢겼다. 스위스는 아예 존재하지도 않았다. 합스부르크가 역시 아직은 오스트리아로 자리를 옮기지 않은 상태였다. 독일기사단이 세운 프로이센은 한 나라로서 노정을 밟아나가는 가장 초창기에 있었으나, 이때만 해도 나중에 호헨촐레른가(1265년에 이 가문은 아직 본거지인 슈바벤의 성 안에 머물며 마음 편히 지내던 중이었다)가 통치하게 되는 프로이센과는 하나도 닮은 구석이 없었다. 스칸디나비아에서는 노르웨이가 데인인의 지배에서 막 벗어난 참이었으나, 이탈은 그리 오래가지 못했다. 스웨덴인은, 리투아니아인들이 그랬던 것처럼, 동쪽 땅에서 여러 국가가 벌인 정복 활동에 휘말려 있었다. 보헤미아는 오토카르 2세Ottokar II(재위 1253~1278)대에, 오스트리아와 슈타이어 땅을 합병하며 생겨난 이래 가장 눈부신 영광을 누리고 있었다. 헝가리는 몽골족의 침략이 두 차례나 이어진 뒤라 나라가 무너진 것이나 다름없었으며, 헝가리에서 자생한 아르파드왕조도 막을 내리려 하고 있었다. 유럽 땅에서 가장 오래된 정치체가 된 비잔티움제국은 4년 전 콘스탄티노폴리스를 되찾아 라틴 국가의 황위 찬탈자들을 그들의 그리스 본거지에서 막 몰아낸 참이었다. 그러나 당시 존재한 정치체들 중에서 오늘날까지 명맥을 이은 곳은 단 하나도 없었다.

따라서 13세기에는 어느 시점이 됐든 민족국가national state를 이야기하는 게 다소 무리로 비칠 것이다. 그러나 그곳이 어디든 국가의 정체성(민족의 정체성)이 실질적 영향을 끼칠 만큼 발달 중인 데가 있다고 한다면, 소규모 나라들이 자신의 이웃들로부터 스스로 분리해 나오는 데 성공한 경우밖에는 없었다. 포르투갈과 덴마크가 그러했으며, 발칸반도에서는 세르비아와 불가리아를 후보로 꼽을 수 있었다. 세르비아와 불가리아는 1180년대에 비잔티움으로부터 재차 독립한 상태였다. 보다 중요한 사실로, 이 두 곳은 모두 국가 정교회를 따로 세우고 대주교들도 다 따로 두었다―불가리아는 1235년에, 세르비아는 1346년에 이런 시책을 시행했다. 이와 같은 행보를 통해 그들은 별개의 정체성을 단단히 벼려낼 강력한 도구를 손에 넣었고, 이것을 토대로 나라의 엘리트들을 교육시키고, 정치적 퍼블리시티political publicity 활동을 하고, 나라의 각종 제도에 신성한 가치를 부여할 수 있었다. 라틴제국 기독교 국가들의 경우에는 종교개혁 전까지는 이와 같은 행보를 취할 수 있었던 데가 단 한 곳도 없었으며, 모스크바대공국은 더 뒤늦은 1589년이나 돼서야 그와 같은 행보를 취했다. 불가리아와 세르비아의 행보는 이 두 슬라브족의 연대를 더욱 강화해주었으며, 둘의 단결력은 오스만제국 통치기 500년 내내 끈질기게 시험받게 된다.

요컨대 유럽으로서는 이 시기가 오스만인의 발길, 나아가 무슬림의 제2차 대규모 진격을 당하기 직전 마음껏 지낼 수 있던 최후의 몇십 년인 셈이었다. 이때에도 동쪽으로 통하는 비단길은 여전히 뚫려 있었다. 기독교 여행자들은 타타르를 여행하고 돌아와 사람들에게 그 이야기를 전하고는 했다. 암스텔강(네덜란드의 강)에 '북부의 베네치아Venice of the North'가 건설된 바로 그해에, 마르코 폴로는 리알토(베네치아 소재)에서 중국을 향해 길을 나섰다.

지금껏 네덜란드 역사학자들은, 누구나 다 그렇겠지만, 시간을 거꾸로 거슬러 역사를 읽는 버릇 때문에 싸움을 벌여와야 했다. 19세기에 처음으로 민족별 역사가 틀을 갖추었을 때, 저지대 국가들은 벨기에와 홀란트의 왕국들로 확실히 갈라진 지 얼마 안 된 참이었다. 당시에는 역사의 가장 초창기부터 플랑드르와 네덜란드 지방 공동체들이 서로 별개로 존재했다는 주장이 통설이었다. 일례로, 스헬더강을 중심으로 이쪽 편에 자리 잡은 슬라위스 지방의 중세 교회들은 홀란트 양식을 대표하는 주옥같은 건물로 꼽혔으며, 그 반대편에 자리한 다머 지방의 중세 교회들은 플랑드르의 유산을 계승한 보물로 여겨졌다. 역사학자들로서는 네덜란드와 벨기에의 전통 분리가, 1566~1648년의 네덜란드 독립(698, 701~794쪽 참조)으로 과거 한창 성장하던 공통된 네덜란드라는 의식이 잠시 성장을 멈추게 되는 이전이 아니라 그 이후임을 증명하는 것이 대단한 발상의 전환을 요하는 힘든 작업이었다. 그보다 더 어려운 것이 역사 초기 단계에는 공통의 정체성의 거의 존재하지 않았다고 이야기하는 것이었고, 그보다 훨씬 더 어려운 것이 이 시기엔 홀란트가 네덜란드의 국가 개념에서 그 핵심이 놓여 있지 않았다고 이야기하는 것이었다. 거기다 일명 이 "댐들의 나라Land of the Dams"가 오늘날의 형태를 갖추고 어엿하게 제구실을 할 수 있기 전까지는, 부르고뉴인 및 합스부르크가의 통치기나 경제 및 인구 패턴에 여러 급격한 변화가 있었다는 사실과 관련해 왜곡된 사실들이 더더욱 많았다. 어쨌건, 레이던대학교 의학교수 카롤뤼스 클뤼시위스Carolus Clusius(1526~1609)가 터키(튀르키예)로부터 튤립 알뿌리를 처음으로 받아들고 와 그것을 레이던과 하를럼 사이의 비옥한 꽃밭에 심은 것은 확실히 1593년이나 돼서의 일이었다.

민족성nationality과 관련한 이 모든 문제에서 핵심 요소는 결국 사람이 가지는 의식이다. 한 네덜란드 역사학자가 설명했듯, 민족성은 사실 피에서 발견되는 것도 아니고, 땅에서 발견되는 것도 아니며, 언어에서 발견되는 것도 아니다.

한 나라의 민족성은 사람들의 마음속에 존재한다. […] 그것이 우리가 생각할 수 있는 민족성의 유일한 서식처다. […] 사람들의 마음 밖에서 민족성은 존재할 수 없다. 민족성은 물자체an sich로 존재하는 실체가 아니라 사람들이 스스로를 바라보는 하나의 방식이기 때문이다. 바로 공통된 의식이 민족성을 감지하는 것이며, 따라서 그것을 기술하고 분석할 수 있는 유일한 인문학 분과는 오로지 심리학밖에 없다. […] 이러한 인식, 민족성이라는 이 의식, 민족적 감정은 국가가 가지는 특성 그 이상의 것이다. 결국에는 그것이 됨(민족됨)nationhood이라는 그 자체다.[52]

13세기에는 봉건영주들 간에 다툼이 한창이었던 만큼, 그런 때에 홀란트 지방민의 애국심이 저지대 국가들 전체를 묶는 보편적 연대의식으로 통합되기 시작할 수 있었을까하는 점은 심히 의심스럽다. 그때면 네덜란드 독립운동이라는 혼잡하지만 국가 발달에 꼭 필요한 경험을 하기 300년 전이므로, 홀란트처럼 절반 정도만 형태를 갖춘 북쪽 지방들은 남쪽 지방들에 견줘 자신들이 하나라는 의식을 훨씬 강하게 갖지는 못했을 게 분명하다. 여기서 결론적으로 말할 수 있는 사실은 단 하나, 당시 독일이라는 국가는 분명 존재하지 않았다는 점이다. 이것은 중세 유럽 전체에 적용되는 객관적 가르침이기도 하다.

여기까지 생각하고 나면 아마 이런 생각이 들지도 모르겠다. 민족이 아니라면, 13세기에 사람들의 의식이 실제 머물렀던 데는 과연 어디였다는 말인가? 이에 대해서는 그저 "뭔가가 있기는 있었다"라고 말할 수밖에 없다. 중세 유럽인들은 자신들이 나고 자란 촌락이나 소도시에 속해 있다는 의식이 있었으며, 그래서 굳이 라틴어나 그리스어에 의지하지 않고도 의사소통이 되는, 똑같은 지방언어를 소유한 집단에 속해 있다는 의식을 가지고 있었다. 아울러 똑같은 봉건 영주의 지위를 인정하는 일군의 남녀 사이에 소속돼 있으며, 그 안에 들어가면 똑같은 특권들을 누릴 수 있는 어떤 사회적 계급에도 소속돼 있다고 생각했다. 그리고 무엇보다 중세인들은 기독교왕국이라는 거대한 종교단체에 속해 있다고 여겼다. 그리고 1260년대가 낳은 가장 위대한 아들이 이윽고 자신의 작품으로 말하게 되는 것처럼, 당시 사람들은 이 지상의 세계를 초월해 그저 죽음과 심판의 날만 기다리는 수도 있었다. 죽음과 심판의 날이 찾아오고 나면 사람들은 자신이 속해 있는 진정으로 중요한 사회집단이 어딘지를 알 수 있을 것이었다—지옥으로 가는 나룻배에 오를지, 참회자들 사이에 끼어 연옥으로 가는 배를 탈지, 낙원의 합창단 사이에 끼게 될지를 말이다.

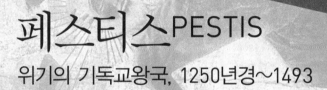

페스티스 PESTIS

위기의 기독교왕국, 1250년경~1493

6

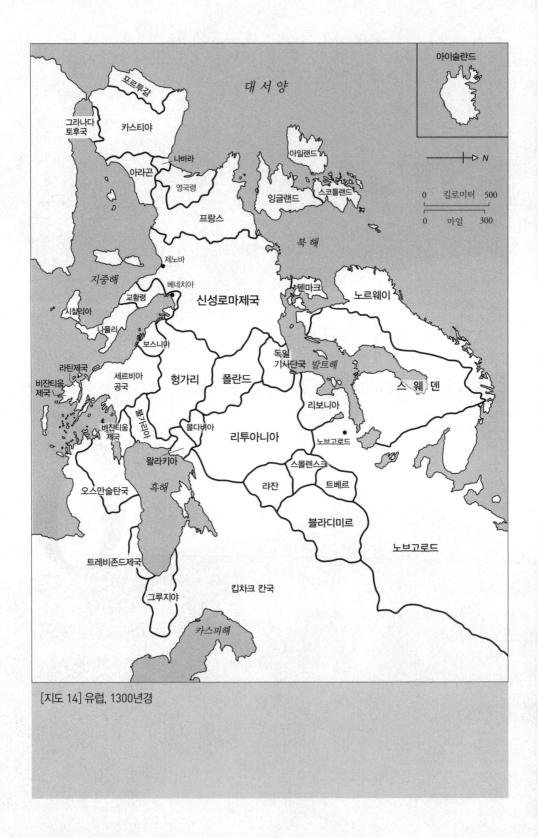

아이슬란드

대 서 양

포르투갈

그라나다
토후국

카스티야

나바라

아라곤

영국령

아일랜드

잉글랜드

스코틀랜드

프랑스

북 해

N

0   킬로미터   500

0   마일   300

제노바

지중해

베네치아

교황령

신성로마제국

덴마크

노르웨이

시칠리아

나폴리

보스니아

독일
기사단국   발트해

스 웨 덴

라틴제국

비잔티움
제국

세르비아
공국

헝가리

폴란드

리보니아

불가리아

몰다비아

리투아니아

노브고로드

비잔티움
제국

왈라키아

스몰렌스크

오스만술탄국

흑해

랴잔

트베르

블라디미르

노브고로드

트레비존드제국

그루지야

킵차크 칸국

카스피해

[지도 14] 유럽, 1300년경

중 세 후기에는 삶에 대한 체념을 엿볼 수 있다. 사람들도 기독교왕국Christendom이 병에 걸렸다는 사실을 잘 알고 있었다. 또 사랑의 복음이 내거는 이상이 자신들이 일상에서 만나는 현실과 너무 동떨어져 있다는 사실도 잘 알고 있었다. 그러나 이 문제를 어떻게 해결하지는 알 길이 거의 없었다. 이제 고령에 접어든 비잔티움제국은 영토의 많은 부분이 떨어져나간 채 그 나머지만 애처롭게 명맥을 이어가고 있었다. 신성로마제국은 다른 지역들을 이끌기는커녕, 자국 안에서 막강한 힘을 떨치는 신민들조차 제어하지 못했다. 교황권은 수렁에라도 빠진 듯 다른 정 치세력에 의존하는 상황에서 헤어 나오지 못하고 있었다. 봉건적 특수주의feudal particularism는 점차 도를 더해, 이제는 도시며 군주들이 각자도생하려 끊임없이 싸움을 벌이지 않으면 안 되는 형국이었다. 당시 세상을 지배한 것은 도적떼, 미신, 그리고 전염병이었다. 흑사병이 유럽을 덮친 것은 하느님이 기독교왕국이 저지른 죄악들에 노하셔서 벌을 주려는 것이 분명했다. "당시 사람 들 사이에는, 서방의 교회 대분열이 시작된 이래로는 단 한 사람도 낙원에 발을 들이지 못했다 는 믿음이 팽배해 있었다."[1]

그와 동시에 중세 삶의 '폭력적 성격'과 그 안에 어린 '통렬한 파토스pathos'는 삶의 고통과 쾌락을 얼마나 격하게 극대화했는지, 오늘날의 감수성으로는 온전히 파악하기가 어렵다는 말이 나올 정도다. "고통과 쾌락 사이 그 격렬한 대비와 인상적 형태는, 일상에 흥분감과 열정을 가져 다주는 역할을 했으며, 사람들로 하여금 절망과 달뜬 기쁨, 잔혹함과 신심 어린 온화함 사이를 끊임없이 오가게 하는 경향이 있었으니, 이것이야말로 중세의 주된 특징이었다."[2]

요한 하위징아Johan Huizinga(그의 연구들은 사람들이 중세에 갖는 인식에 막강한 영향을 끼쳐왔 다)는 중세인이 대재앙과 쉴 새 없이 맞닥뜨리며 느껴야 했던 불안감에 대해서만 이야기하고 있 는 것이 아니라, 그 시대 사람들과 사건들을 거의 어김없이 둘러싸고 있던 '자랑스러운, 혹은 끔 찍했던 명물'들에 대해서도 이야기하고 있었다—방울을 딸랑거리며 돌아다니던 나병환자, 교회 안의 거지, 공개 처형, 지옥불 설교, 길거리 행진, 난쟁이와 마술사, 화려한 행사, 형형색색의 문 장紋章, 첨탑의 종과 거리의 포고원, 악취와 향내 같은 것들 말이다.

아르마냐크대학살이 한창 벌어지고 있을 때 [… 1418년에] 파리 시민들이 생퇴스타슈성당에서 성 안드레아형제회Brotherhood of Saint Andrew를 창설했다. 이때 사람들은 사제나 평신도 가릴 것 없이 머리에 빨간 장미 화관을 얹어 교회에 장미향이 진동했다. […] 마치 그곳을 장미수rose-water로 씻어내기라도 한 듯.3

이러한 '중세 정신의 극단적 흥분성excitability'은 후대 낭만파의 고딕 열풍에서 얼마간 비롯한 것일 수 있다. 하지만 이미 지나간 중세의 과거를 되살리는 불가능한 작업을 행하는 데서 중세 정신의 그런 모습은 빼놓지 말아야 할 본질적 요소이기도 하다.

그러나 걸출한 요한 하위징아의 이 이론을 대할 때도 조심해야 할 부분은 있다. 하위징아도, 대부분의 서구 역사학자들이 그렇듯, 서유럽의 한 부분 곧 그의 경우는 프랑스와 네덜란드를 겨냥해 연구를 진행한 면이 있었다. 따라서 하위징아의 이론을 기독교왕국 전체에 일반화해 적용하기는 약간 꺼려질 수밖에 없다. 보다 중요한 점으로, 쇠락해가는 중세의 정신을 그토록 생동감 넘치게 그려내는 과정에서 하위징아는 이미 모습을 드러낸 변화와 부흥의 씨앗들의 그 중요성을 간과했을 위험이 틀림없이 얼마쯤 있을 것이다. 르네상스 학자들이 자신들 연구의 시작점을 14세기 초반으로 올려 잡는 경우는 어렵지 않게 찾아볼 수 있다(7장 참조). 이 무렵 유럽에 옛것과 새것이 무척 오랜 기간 공존하고 있었다는 주장도 충분히 일리 있다. 역사학자들은 자신의 이야기 중 어디에 무게를 실을 것인가에 따라 이것을 강조하기도 하고 저것을 강조하기도 한다. 하위징아의 경우에는 인문주의의 여러 형태는 사실 뒤늦게 출현한 것이고, 그때는 르네상스 시대의 '영감inspiration' 같은 것은 존재하지 않았다는 의견을 비친 것이었다. 자기 글의 말미를 하위징아는 변화의 리듬과 분투하는 역사학자들 모두가 가장 애용하는 말로 장식했다. "바야흐로 조수의 흐름이 바뀌는 때가 오고 있었다."4

이와 같은 상황인 만큼, 이때를 두고 중세의 땅거미가 점점 내려앉기 시작했다는 식의 비유를 쓰는 것은 가급적 삼가는 게 현명하지 않을까 한다. 그보다는 당대인들로서는 뾰족한 해결 방법이 없는 상태에서 위기가 장기간 지속된 시기로 보는 편이 아마도 더 정확할 것이다. 언젠간 새벽이 밝아온다는 인식 같은 것은 없었다. 중세 후기의 유럽인들은 과연 여러 의미에서 전염병이 낳은 자식들이라 할 만했다.

;

비잔티움제국은, 라틴제국 황제들을 몰아낸 뒤 복원된 까닭인지 허울뿐이었다. 제국은 유럽 연안에서는 도시 콘스탄티노폴리스와 거기 인접한 루멜리아 속주 외에는 영토가 거의 없었다.

소아시아에서는 흑해 쪽에 소도시 몇 군데와 에게해 연안 대부분을 차지하고 있었다. 그 외 지역에서는 과거 비잔티움제국의 속주들이 독립 왕국이 된 불가리아와 세르비아, 곳곳의 프랑크 왕국 제후들, 쫓겨난 십자군들, 베네치아 총독들의 수중에 있었다. 아나톨리아는 이코니움의 튀르크족 술탄들, 일명 트레비존드제국, 소小아르메니아왕국의 수중에 들어가 있었다. 1261년을 시작으로 1453년에 마침내 무너지기까지 비잔티움제국을 통치한 것은 팔라이올로고스왕조였다. 이 왕조의 시조는 미카엘 8세 팔라이올로고스Michael VIII Palaeologus(재위 1258~1282)로, 베네치아 선대가 본국을 떠나 있는 틈에 콘스탄티노폴리스 탈환을 꾀했던 그 인물이다. 당시의 비잔티움 즉 노망이 든 듯한 제국의 모습을 묘사한 글로는 다음과 것이 있었다.

> 그리스인들은 로마인의 미명 아래 영광을 누렸다. 그들은 군사력도 없으면서 제국의 통치 형태를 고수했고, 체계적 사법 행정도 갖추어놓지 않은 채 로마법전을 유지해나갔으며, 자신들이 정교회를 믿고 따르는 것을 자랑스레 여겼다. [⋯] 그러면서도 정교회의 성직자들은 황제의 궁전에 예속된 봉신의 위치에서 삶을 살아가도록 했다. 그런 사회가 할 수 있는 것은 단 하나, 천천히 그러할지라도, 시들어가는 것뿐이었다.[5]

팔라이올로고스왕조는 지푸라기라도 잡는 심정으로 어디가 됐건 도움을 받고자 애썼다. 우선은 베네치아 세력을 저지하고자 제노바인들에게 기댔던바, 제노바는 아마스트리스·페라·스미르나를 비롯해 레스보스·키오스·사모스 섬 등을 여러 차례에 걸쳐 차지한 적이 있었다. 아울러 아라곤과도 동맹을 맺었으며, 교황을 상대로도 교회 대분열 사태를 이쯤에서 끝내야 하지 않겠느냐고 설득했다. 그래도 내전의 시대(1321~1354)에는 잠시나마 비잔티움제국이 통치권을 되찾아 저 멀리 에페이로스에까지 그 힘이 미쳤다. 1382년까지는 대립황제가 모레아의 미스트라에서 자기 조정을 그 나름대로 건사해나갔다. 바로 그 무렵 요한네스 5세〔팔라이올로고스〕John V(재위 1341~1391)는 로마가톨릭 신자가 된 동시에 튀르크족의 봉신이 됐다. 1399년에는 그의 후계자인 마누엘 2세〔팔라이올로고스〕Manuel II(재위 1391~1425)가 로마·파리·런던에서 어떻게든 지원을 받으려 여로에 올랐으나 헛걸음으로 끝났다. [무시케]

이 시대의 국면 중 세간을 가장 떠들썩하게 한 사건은 새로운 튀르크 전사 부족이 출현해 비잔티움인들을 밀어낸 일이었다. 오스만리인Osmanlis, 혹은 오스만인Ottomans은 몽골족이 셀주크족을 패퇴시키고 생겨난 공백 지대로 들어왔다. 이들 부족의 이름은 오스만 1세Osman I(재위 1281~1326)의 이름에서 따온 것으로, 오스만족의 시조이자 오스만 1세의 아버지 에르투우룰Ertuğrul이 아나톨리아 내륙 땅에 오스만인의 전초기지를 세운 것이 그 계기였다. 이곳을 기지 삼아 오스만인들은 광범위한 지역을 습격해 비잔티움제국의 변경지대를 야금야금 파고들어가는 동시에, 바다로는 해적 선대를 내보내 에게해를 휩쓸고 바다 건너 발칸 지역까지 밀고 들어갔다. 이 오스만인들이 유럽 땅에 처음 발을 들인 것은 1308년, 자신들을 고용한 비잔티움제국의 황실 세력을 상대로 반란을 일으켰던 대大카탈루냐인용병대Catalan Grand Company 가 튀르크족 용병 부대를 비잔티움제국으로 불러들이면서였다. 그해에 오스만인들은 에페수스를 차지하더니, 1326년에는 부르사─이곳을 오스만인들은 최초의 수도로 삼았다─까지 차지했다. 오스만인들은 1329년에는 니케아를, 1337년에는 니코메디아를 손에 넣었다. 오스만의 아들 오르한Orkhan[오르한 가지Orhan Ghazi](재위 1326~1362)은 다르다넬스에 영구 교두보를 설치하는 한편 자신에게는 술탄의 칭호를 갖다 붙였다. 오스만의 손자 무라드 1세Murad I(재위 1362~1369)는 아드리아노폴리스(에드리네)에 오스만제국의 두 번째 수도를 세운 뒤, 과거 셀주크족이 썼던 '술탄-이-룸Sultan-i-Rum'(로마의 술탄) 칭호를 보란 듯 가져다 썼다. 술탄 바예지트Sultan Bayezit[바예지트 1세](재위 1389~1403)는 비록 태멀레인(타메를란, 티무르)에게는 패퇴당했으나, 소아시아지방을 정벌했고 펠로폰네소스와 왈라키아 두 지방 모두에 공격을 감행했다. 그가 세상을 떠날 즈음에는 오스만제국의 영토는 1세기 전과 견줘 40배나 늘어나 있었고, 콘스탄티노폴리스는 오스만제국의 땅에 둘러싸인 형국이 됐다(부록 1601쪽 참조).

이 정복의 세기 동안 기독교왕국과 이슬람왕국 사이의 경계가 다시 그어졌다. 그리스·불가리아·세르비아·보스니아에 살던 과거 비잔티움제국 신민들은 잠시나마 자유와 혼란을 만끽하는가 싶었으나 이내 무적의 튀르크족에게 복속당했다. 당시 오스만인들이 이끌어간 나라는 가지ghazi(이슬람의 전사)들로 구성된 최고의 패권을 자랑하는 곳이었다. 부르사의 오래된 모스크에 가보면, 오르한에게 바치는 비문이 있다. "술탄이시여, 이슬람 전사들을 다스리는 술탄의 아들이시며, 이슬람 전사들의 이슬람 전사 아들이시며, 지평선을 두루 다스리는 태수시며, 세상의 영웅이시여."6

중세 그리스는, 라틴제국 정복과 오스만제국 정복 사이에 낀 시기로, 지방 공국들로 갈라져 있었다. 에페이로스, 아테네, 남쪽의 아카이아, 섬나라 낙소스는 이 시기의 200년을 하나같이 별다른 어려움 없이 보낼 수 있었다. 이들 나라의 상업계는 이탈리아의 도시들이 장악했고, 통치자들은 라틴인계였으나, 일반 대중은 정교회를 신봉했다. [로마니]

불가리아 역시 비잔티움제국의 궤도에서 벗어나고 있었다. 12세기 후반에 등장한 제2차불가리아제국은 역동적 힘과 다양한 면모의 나라였다. '불가르족과 그리스인의 차르'라고 불린 이반 아센 1세Ivan Asen I(재위 1186~1218)은 트르노보를 수도로 삼아 그 위세를 베오그라드와 스코페에까지 넓혔다. 그의 뒤를 이은 이반 아센 2세Ivan Asen II(재위1218~1241)는 알바니아·에페이로스·마케도니아·트라키아를 수중에 넣었다. 나중에 불가리아에는 쿠만인들이 일으킨 왕조가 두 개 더 생겨났다. 그러나 1330년 6월 28일 차르 미하일 시슈만Michael Shishman이 세르비

로마니 ROMANY

■ 1378년 펠로폰네소스반도에 있는 나우플리온의
■ 베네치아 총독이 아친가니atsingani라는 지방
공동체에 부여했던 특권을 공식으로 인정했다. 이는
로마니 즉 집시에 관한 유럽 최초의 문서화된 기록이
었다. 1416년 트란실바니아의 브라쇼브(독일어명 크론
슈타트)에서 '이집트의 에마우스Emaus와 그의 동료
120인'에게 은·곡물·가금을 선물로 보냈다. 1418년
이 무리가 함부르크에 도착했다. 1427년 8월에는 하
下이집트의 박해를 받았다는 약 100명의 유랑민이 파
리에 들어가려다 거부당해 그 대신 생드니에 머물렀
다. 작자 미상의 연대기 〈파리 시민의 일기Journal
d'un bourgeois de Paris〉에서는 유랑민들이 피부가
거무스름하고, 옷차림이 초라하며, 여자들은 매듭 장
식이 있는 숄을 걸치고, 아이들은 귀걸이를 했다고 묘
사했다. 이들은 수상술手相術과 점성술을 행하다 교회
의 항의를 받고는 다른 곳으로 쫓겨났다.[1]

로마니가 인도에서 유럽으로 건너온 것은 분명하나,
그 초기 이동 과정을 재구성할 수 있는 단서는 언어
학적 증거뿐이다. 로마니 언어는, 힌디어와 유사한 인
도-유럽어족으로, 중동에서 유럽에 이르는 광범위한
지역에서 사용됐다. 유럽 방언으로서의 로마니어에 슬
라브어와 그리스어가 꽤 섞여 있는 것으로 보아 이들
이 발칸반도에 오래 체류했음을 알 수 있다.

로마니를 부르는 호칭이 여럿인 것은 그들의 기원
을 한층 혼란스럽게 한다. 그리스어 '아친가니'는 중
세 소아시아의 마니교 종파 이름에서 유래한 것이
라, 로마니의 기원을 그리스로 보는 것은 명백한 오류
다. 지탄gitan(프랑스어), 진가리zingari(이탈리아어), 히
타노gitano(스페인어), 지고이너zigeuner(독일어), 치간
tsigan(러시아어)은 모두 아친가니에서 파생했다. '보헤
미안Bohemian'과 '이집트인Egyptian'이란 표현도 흔하
게 쓰인다. 기프티gyfti(그리스어), 집시gypsy(영어), 치가
니cigány(헝가리어)는 '이집트인'에서 유래했다. '로마니'

라는 명칭은 루마니아가 아니라 중세 비잔티움제국과
의 연관성에서 유래한 것으로 추정된다. 로마니는 스
스로를 '롬Rom(단수형)' 또는 '로마Roma(복수형)'라고
부른다.

유랑민인 집시를 법으로 규제하려는 시도는 여러 유
형의 관례를 낳았다. 1596년 잉글랜드 법령에서는 집
시와 일반 방랑자를 신중하게 구별했다. [피카로] 요크
셔에서는 일단의 집시가 체포됐는데 일부는 강령술降
靈術을 행했다는 이유로 처형됐다. 그러나 법을 지키며
살아가는 집시는 자유롭게 이동하면서 이런저런 수
리 일을 하고 식량을 받아 살 수 있게 허락됐다. 집시
는 1683년부터 프랑스에서도 비슷한 보호를 받을 수
있었다. 오스트리아에서는 1761년의 법령들로 집시를
고정 거주지에 정주시키려 했으나 그 효과가 오래가지
는 못했다. 러시아의 예카테리나 2세는 몰다비아와 왈
라키아에서 그랬듯 집시들에게 '왕실노예'라는 지위를
주어 그들을 보호하려 했다. 그러나 집시는, 유대인과
마찬가지로, 상트페테르부르크에 들어가는 것이 금지
됐다. 네덜란드와 몇몇 독일 주에서는 집시에 대한 전
면적 배제 정책을 택했다.

19세기와 20세기에 유럽의 로마니는 유랑 생활방식
과 자신들만의 생업·언어·음악을 지키고자 고군분투
했다. [플라멩코] 로마니의 문화는 초자연적 비술을 강
조하며, 사회조직 측면에서는 '왕'과 재판관이 다스리
는 확대가족 및 부족의 중요성을 강조한다. 공동체 활
동의 중심은 해마다 정해진 장소에서 열리는 집회다.
예컨대 프랑스 남부 카마르그 지방의 생트마리드라메
르Saintes-Maries-de-la-Mer는 집시의 축제와 순례
행사가 열리는 장소로 유명하다. 로마니는 매년 5월
이면 자신들의 수호성인 사라Sara의 묘로 향한다. 전
설에 따르면, 사라는 그리스도의 친척과 제자들을 박
해로부터 구하려고 그들을 프로방스 지방으로 데려간
마리아 막달레나Mary Magdalen와 동행했다고 한다.
낭만주의 시대에 로마니는 예술과 문학의 소재로 즐
겨 사용됐다. 빅토르 마리 위고, 프로스페르 메리메

Prosper Mérimée, 조지 보로George Borrow는 모두 집시를 주제로 한 작품을 썼다. 앙리 뮈르제Henri Murger의 《보헤미안의 생활 정경Scènes de la vie de bohème》(1849)은 대중적으로 큰 성공을 거두었다. 프란츠 리스트는 로마니의 음악에 관한 논문을 썼고, 이로써 시작된 유행은 고전음악 레퍼토리와 카페의 여흥에 영향을 끼쳤다. 메리메의 소설을 토대로 한 조르주 비제의 〈카르멘Carmen〉(1875)과 《보헤미안의 생활 정경》을 기초로 만든 자코모 푸치니의 〈라보엠La Bohème〉(1895)은 불멸의 걸작이다.

로마니는 늘 박해와 폭력의 희생자였다.[2] 하지만 나치의 대규모 집시 제노사이드genocide는 흡사 나치의 유대인 절멸extermination처럼 전례가 없는 것이었다. 공산주의 정권은 대체로 집시에 무관심했다. 제2차 세계대전 후 민주주의 국가들은 집시에 대한 규제와 인도주의적 관용을 결합하고자 했다. 그러나 뿌리 없는 이방인 집시라는 고정관념은 계속 고개를 들었다. 1993년 독일에서 망명 신청자들에 반대하는 추한 운동이 일어난 것이 대표적 사례다. 유럽의 전통적 정주민들이 자신들과 근본적으로 다른 집시의 생활방식에 보이는 혐오와 동경이 뒤섞인 복합적 감정을 느끼는 것은 어쩔 수 없는 일인지도 모른다.

자, 종종 회자되던 이야기를 다시 들려주겠다.
옥스퍼드의 가난한 학자 이야기다.
그는 재주 많고 창의력 넘치는 두뇌를 가졌지만
높은 자리에 들어갈 문을 두드리다가 지쳐
어느 여름날 아침 친구들을 버리고
집시의 가르침을 배우러 떠났다.
그러고는 거친 동료들과 함께 세상을 방랑했다. [...][3]
〔영국의 시비평가이며 교육자인 매슈 아널드의 시 〈학자 집시The Scholar-Gipsy〉(1853)다.〕

아인들의 손에 죽임을 당한 이후로는, 세르비아인이 패권을 장악했다. 이어진 10년 동안에는 오스만인이 불가리아의 마리차강 유역 일대를 짓밟고 다니기 시작했다. 1366년 무렵 불가리아의 마지막 차르 이반 시슈만 3세Ivan Shishman III는 자신의 누이를 술탄의 첩으로 보내고, 그 자신은 오스만의 봉신임을 선언해야 했다. 트르노보도 완전히 파괴됐다. 불가리아는 이후 500년 동안 오스만제국 속주의 길을 걸었다.

세르비아도 불가리아와 비슷한 운명을 겪어야 했다. 남슬라브족이 이미 기독교교회로 합류한 상태에서 이웃의 헝가리왕국이 압박해 들어오자, 세르비아인들은 로마교회와 정교회의 연고를 양쪽에 놓고 줄타기를 해야 했다. 세르비아가 처음 통일을 이룩한 것은 스테판 1세 네마냐Stefan I Nemanya(1114~1200) 때로, 그전에도 이미 네마냐는 비잔티움으로부터 자신의 독립을 인정받는 뚝심을 보여준 바 있었다. 네마냐의 막내아들 성 사바St Sava(1175~1235)는, 아토스의 수도사로, 세르비아교회를 오흐리드의 그리스인 대주교의 세력에서 해방시키는 저력을 보여주었다. 형 스테판 2세Stefan II에게 교황으로부터 왕의 관을 받으라고 설득한 것도 그였다. 중세의 세르비아가 절정기를 구가한 것은 포악한 군주 스테판 우로시 4세 두샨Stefan Uroš IV Dušan(재위 1346~1355) 때였다. 두샨이 차르의 관을 받은 1346년, 세르비아는 남쪽 땅에서 과거 불가리아와 비잔티움의 속주 여러 곳을 장악하는가 하면, 세르비아 대주교는 페치(이페크)를 근거지로 힘을 행사했으며, 제국의 자코니크Zakonnik(법전)가 마련돼 이를 기준으로 행정을 규제했다. 두샨은 생긴 지 얼마 안 된 블라크족(왈라키아족)의 후국侯國들에도 종주권을 행사했으며, 콘스탄티노폴리스 정복 계획까지 구상했다. 그러나 세르비아는 유럽 땅으로 진격해 들어오는 오스만인에게는 그야말로 상대도 되지 않았다. 1389년 6월 15일, 코소보의 이른바 '검은새평원Field of the Blackbirds'(코소보폴예Kosovo Polje)에서 땅의 주인인 세르비아가 무참히 패했다(코소보전투Battle of Kosovo). 이 전투에서는 세르비아의 마지막 왕도 죽임을 당했지만, 오스만 술탄도 적군의 속임수에 끝내 살해당했다. 이후 세르비아는 불가리아와 함께 오스만의 속주로 편입된다. [자드루가]

　도나우강 북쪽에서는 라틴어를 쓰는 블라크족들이, 이즈음 트란실바니아 산악지대의 이주민들이 합류하면서 그 세가 한층 강성해져서는, 자신들만의 독립 공국을 여럿 세웠다. 이후로 왈라키아와 몰다비아는 발칸반도에서 기독교 세력 확장을 위한 변경의 기지 역할을 하게 된다. 당시 발칸반도의 기독교도들이 빠진 곤경은 서방에서 다시금 십자군의 전통이 고개를 들도록 만들었다. 그리하여 1344년에는 베네치아와 구호기사단이 이끄는 해군 연합이 잠시나마 오스만인으로부터 스미르나를 재탈환했다. 1365년에는 아메데오 6세 디 사보이아Amedeo VI di Savoia 백작이 갈리폴리를 일시적으로 재점령하고, 불가르족에게 포로로 잡힌 황제를 자유의 몸으로 풀어주었다. 1396년에는 헝가리의 지기스문트Sigismund(재위 1387~1437, 장래의 신성로마 황제)가 십자군을 이끌고 출정했으나 니코폴리스에서 끔찍한 패배만 당했다. 1402년에는 프랑스인 기사 부시코Boucicault의 수비대가 콘스탄티노폴리스 성벽에 병사들을 배치하고 곧 닥쳐올 술탄의 공격에 대비한 적도 있었다. 흑해 위쪽에서는 예전 루스족의 정교도들 덕에 타타르족의 멍에가 서서히 느슨해져갔다. 그렇게 되도록 힘을 보탠 곳들은 한창 세가 부상 중이던 북동쪽의 권력 중심지들―모스크바대공국과 리투아니아대공국―이었다. [니코폴리스]

　세상에 잘 알려져 있지 않던 모스크바대공국의 제후들이 두각을 나타내게 된 것은 몽골족의 침략이 있고 2세기 사이였다. 이들이 한 일은 첫 번째로, 무용武勇과 배반의 책략을 겸비하고 블라디미르-수즈달 인근에 자리한 다수의 류리크Ryurik왕조 제후들을 상대로 패권을 확립해나간 것이었다. 세습되던 블라디미르 대공의 직위를 모스크바 제후들이 사용하기 시작한 것도 1364년부터였다. 두 번째로, 모스크바 제후들은 금장칸국(킵차크칸국) 칸으로부터 환심을 사 몽골족 휘하에서 일급직 공물징수관이 돼 자신들 이외 다른 모든 제후로부터 납부금이나 연체금을 받아내는 책임을 도맡았다. 칼리타Kalita(돈가방)라고도 알려진 이반 1세Ivan I(재위 1301~1340)는 재위 동안 본국 모스크바보다 사라이의 길거리에서 보낸 시간이 더 많았다. 그에게는 "타타르족의 교수형집행인, 아첨꾼, 일급 노예"의 면모가 뒤섞여 있었다고 카를 마르크스는 적었다.[7] 세 번째로, 모스크바대공국의 제후들은 동방정교회에 아낌없이 후원함으로써 자신들이 이룩한 정치적 패권에 종교의 후광을 더했다. 이에 따라 1300년에는 키이우(키예프)의 관구장 대주교管區長大主敎, Metropolitan Archbishop가 블라디미르로 자리를 옮기더니 1308년부터는 아예 모스크바에 상주했다. 야생의 산림에도 수도원들이 곳곳에 생겨나 이곳을 새 중심지 삼아 상업 활동 및 영토 확장이 이뤄졌다. 모스크바 제후들은, 중간에서 몽골족이 가로막았던 데다 두 달에 걸쳐 강과 바다를 오가야 하는 먼 거리에 있었음에도, 콘스탄티노폴리스의 대주교와 긴밀한 교류를 유지해나갔다. 모스크바대공국은 세습제 국가의 성격이 월등히 두드러지는 나라였고, 그래서 제후의 신민들이나 신민들의 재산은 얼마든 제후들의 처분에 맡겨질 수 있었다. 모스크바대공국에 속한 공국들의 자원을 장악한 덕에 모스크바대공국의 패권은 그 어디도 미치지 못할 만큼 막강해졌다. 1327년 이반 칼리타는 모스크바의 주요 경쟁 도시 트베리가 볼가강에서 일으킨 반란을 몽골족을 도와 진압했다. 그러나 1380~1382년, 제후 드미트리 이바노비치 돈스코이Dmitri Ivanovich Donskoy(재위 1350~1389) 대에 모스크바대공국은 몽골족의 막강한 군사력에 도전했다. 1380년 쿨리코보에서 드미트리가 그야말로 무적으로 통하던 칸국을 상대로 역사에 길이 남을 승리를 거둔 것이다. 하지만 종국에는 이것이 화근이 돼 2년 뒤에는 모스크바가 불에 타는 광경을 속절없이 지켜봐야 했다. 1408년에는 드미트리의 아들 바실리 1세 Vasili I(바실리 드미트리예비치Vasilii Dmitrievich)(재위 1389~1425)가 몽골족에 대한 공물 상납을 중단하려는 기미를 보였으나, 모스크바가 포위를 당하자 마음을 고쳐먹었다. 모스크바대공국은 한층 더 막강한 세를 과시하고는 있었던 것은 맞지만, 그들은 여전히 몽골족의 봉신 위치였다.

모스크바인들이 자신들을 가리키던 그리스어인 루스(루시)Rus′ 혹은 로시야Rossiya(러시아)라는 명칭을 갖고 스스로를 일컫기 시작한 것도 이 시기였다. 이들 모스크바 러시아인은 키이우를 제 손으로 직접 다스린 적이 단 한 번도 없었다. 그럼에도 모스크바인들로서는 키이우를 다스리지 못했다고 해서, 모스크바를 키이우공국의 유산을 물려받은 유일한 적자適者로 보지 못할 까닭이 전혀 없었다. 모스크바인들이 당시 사용했던 동슬라브어 방언이 오늘날 러시아어의 뿌리가 된 것도 사실이었다. 그러나 모스크바 러시아인들의 이런 편향적 역사는 모스크바-러시아를 루스족 전체로 혼동하는 우를 시종 범하고 있는 만큼, 이후의 수 세기 동안 모스크바의 통치권 밖에 있던 다른 동슬라브족에게는 받아들여지지 않았다.

리투아니아인들은 이 시기 유럽에 남아 있던 마지막 이교도들이었다. 발트해의 구석진 산림지대에 안전하게 자리 잡고 있던 리투아니아인들은 독일기사단의 초기 진격을 비롯해 몽골족의 정복까지도 무사히 모면했다. 리투아니아인들을 지배했던 발트해의 전사 제후들은 키이우공국이 분열되자 자신들에게도 절호의 기회가 찾아왔음을 알아차렸다. 모스크바대공국이 북쪽과 동쪽의 루스족 잔여 세력을 하나둘 통합해나가는 사이, 리투아니아대공국은 서쪽과 남쪽 땅들을 하나둘씩 차지해나갔다. 리투아니아의 이 국가건설 작업에서는 세 지도자가 두각을 나타냈는바, 이 기간에 한정하면, 이 셋이 모스크바 제후들보다도 더 많은 노력을 기울였다고 할 수 있

자드루가 ZADRUGA

■ 1349년경~1354년에 공포된 스테판 우로시 4
■ 세 두샨의 법전 제70조에서는 확대가족 및 부계 합동가족의 존재를 분명히 언급하고 있다. "같은 집에 살고 같은 화덕을 공유하지만 식량과 재산을 별도로 소유하는 아버지와 아들 또는 형제들은 다른 농민들처럼 일해야 한다." 세르비아 황제는 모든 농민 가구에 통일한 기준으로 세금을 부과하고자 이런 법규를 만든 것이 분명하다.

이 조항은 자드루가 즉 '부계 합동가족joint patrilinear household'이 먼 옛날부터 발칸반도 슬라브족 사이에서 사회조직의 표준 형태였다는 가정을 정당화하는 데 이용돼왔다. 믿음이 과도한 학자들은 선사시대부터 현대까지 슬라브족의 혈연관계에서 자드루가의 역할을 논하곤 한다. 그러나 이런 지나친 일반화를 뒤집는 의견이 최근 학계에 등장한 것이다. "자드루가"라는 용어가 1818년 세르비아어 사전에 처음 등장한 신조어라는 사실이 드러났다. 이 용어는 그것을 실행한 사람들 사이에서는 사용된 적이 없고 스테판 두샨의 법전에도 언급돼 있지 않다. 제70조를 통해 모종의 합동가족 형태가 중세 세르비아에 존재했음은 추정할 수 있지만, 자드루가가 발칸반도 각지에서 표준적이거나 일반적인 형태였다고 단정할 근거는 없다.

현대의 발칸반도에서 자드루가의 분포는 매우 불균등하다. 자드루가는 보스니아헤르체고비나, 몬테네그로, 마케도니아, 중앙 알바니아 등의 산지 목축지대에서는 흔하게 나타난다. 로도피산맥과 발칸산맥에서도 쉽게 목격된다. 그러나 아드리아해 연안이나 불가리아 대부분의 지역에서는 목격되지 않는다. 자드루가는 16세기에 크로아티아로 이주한 세르비아인들이 형성한 구舊 군사 경계 지역인 크라이나Krajina 지역들과 비슬라브계 왈라키아인들 사이에 지금도 남아 있다. 그리스와 루마니아에서는 거의 사라졌다.

이 주제를 다루는 최근의 특히 서구 학계의 연구를 대강만 훑어봐도 자드루가가 모순되는 여러 목적에 이용된다는 사실을 알 수 있다. 무엇보다도 슬라브족이 집합주의 성향을 가졌다거나, 범슬라브 사회(실제로 이런 사회는 없다)가 획일적 구조라거나, 유럽의 "민족박물관Volksmuseum" 발칸반도가 후진적 특성을 가졌다는 등의 비논리적 주장에 자드루가가 이용된다. 사실적 근거나 치밀한 연구도 없이 말이다. 요컨대 자드루가는 서구 사람들이 만들어낸 '슬라브 정신the Slave soul'이라는 허상과 마찬가지로 일종의 인종적 신화가 될 위험이 상당히 높다.[1]

니코폴리스 NIKOPOLIS

■ 1396년 9월 25일 저녁, 프랑스의 위대한 기사
■ 앙게랑 드 쿠시 7세Enguerrand de Coucy VII가 니코폴리스 전장에서 패배해 술탄 바예지트 앞에 끌려왔다. 몸값 때문에 볼모가 된 장래의 부르고뉴 공작 드 느베르Jean de Nevers를 비롯한 여러 귀족 십자군과 함께, 드 쿠시는 술탄의 호위병들이 언월도偃月刀로 수많은 기독교 포로를 참수하는 모습을 지켜봐야 했다. (십자군도 얼마 전 무슬림 포로들을 참수한 바 있었다.) 드 쿠시는 쇠사슬에 묶인 채 560킬로미터를 걸어 갈리폴리로, 이후 소아시아의 부르사까지 끌려갔다. 그리고 거기서 상속인 없이 유서를 남기고 죽었다.

니코폴리스는 중세 마지막 최대 규모의 십자군전쟁이 일어난 곳이다. 불가리아의 주요 요새인 니코폴리스는 도나우강 하류에 위치했다. 오스만제국이 이곳을 점령하자 헝가리 국왕은 원정을 결심했다. 로마가톨릭의 기사들은 "성베드로성당의 제단에서 내 말에게 먹이를 주겠다"라고 호언장담한 술탄에게 복수할 양으로 부더에 집결했다. 기사들은 포도주와 비단은 가져갔으나 석궁은 준비하지 않았다. 결국 니코폴리스 공성 작전은 실패했고, 그들은 평지에서 오스만 군대와 대치

하게 됐다. 크레시전투Battle of Crécy(1346)에서처럼 프랑스군은 조급한 공격을 감행했고 이는 오히려 술탄의 동맹군 세르비아 기병대에 유리해지는 계기로 작용했다. 십자군 측의 주력 부대는 포위되고 말았다. 헝가리 왕 지기스문트(재위 1387~1437)는 간신히 탈출했고, 한 폴란드 기사는 완전무장한 채로 도나우강을 헤엄쳐 도망쳤다고 한다. 살아남은 기사 대부분은 포로로 붙잡혔다. 십자군의 패배로 불가리아는 이후 500년간 이슬람교도의 지배하에 들어갔고 동방의 오스만을 막기 위한 서유럽의 원정은 끝이 났다. 이 패배는 콘스탄티노폴리스 함락의 전조가 되는 사건이었다.

수아송 백작 앙게랑 드 쿠시 7세(1340~1397)는 그의 생애에 '기독교왕국의 위기'가 집약돼 있는 인물로 여겨진다. 피카르디의 쿠시에 있는 유럽 최대의 성城의 귀족이자 장 프루아사르와 제프리 초서의 후원자였던 그의 인생은 격변의 시대의 혼란이란 혼란 모두

와 얽혀 있었다. 그의 아버지는 크레시전투에서 사망한 것으로 보인다. 합스부르크가 출신의 어머니는 흑사병으로 죽었다. 그는 푸아티에전투(백년전쟁, 영국-프랑스, 1356) 이후 잉글랜드에 5년간 볼모로 붙잡혀 있었고 그곳에서 왕의 딸과 혼인했다. 그리고 사부아(사보이아)에서 콘도티에레condottiere(용병대장) 존 호크우드John Hawkwood와 함께 프랑스에서 극성을 부리는 '자유용병대Free Company'에 대항해 싸웠으며, 1375~1376년에는 스위스 군사작전에 참가했다. 드 쿠시는 튀니스에 처음 상륙한 인물이었다(1390). 그는 황제와의 경쟁이나 교황과의 불화로 얼룩진 온갖 상황에서도 부패한 프랑스 왕실에 충성을 바쳤다. 헝가리 사절단이 파리에 도착해 "동족의식과 신의 사랑의 이름으로" 십자군 파병을 요청했을 때 십자군에 지원하기도 했다.[1]

었다—그 셋이란 대공 게디미나스Gediminas(1275년경~1341), 그의 아들 알기르다스Algirdas(재위 1345~1377), 요가일라Jogaila(재위 1377~1434, 폴란드와의 통일이라는 역사적 과업의 첫 삽을 뜬 인물이기도 하다. (곧 브와디스와프 2세 야기에우워))를 말한다. 1세기 동안 꾸준히 습격, 성城 축조, 공물 징발이 이뤄진 끝에, 광대하게 펼쳐진 드니프로분지 전역이 과연 눈에 띄게 달라지는 결과가 나타났다. 백白루테니아(오늘날의 벨라루스) 땅 전체가 리투아니아에 흡수됐다. 그에 반해 적赤루테니아(또는 갈리치아)는 1349년 폴란드와 함께 리투아니아대공국에서 갈라져나갔다. 하지만 드니프로 강굽이에서 벌어진 '푸른물전투Battle of Blue Waters'에서 알기르다스가 몽골족의 지배권에 타격을 가한 이후, 리투아니아인들은 1362년에는 키이우까지 손에 넣을 수 있었다. 그 후로 리투아니아인들은 승승장구하다, 1399년 저 멀리 남쪽 땅에서 타타르족에게 대패를 당하면서 그 세가 주춤한다. 그러나 이때는 이미 리투아니아대공국의 영토가 "이 바다에서 햇빛이 반짝이는 저쪽 바다"(즉 발트해에서 흑해 어귀에 이르는 지역)에까지 뻗어나간 뒤였다. 리투아니아대공국의 통치층은 1386년 이후 로마가톨릭으로 개종하더니(561쪽 참조) 점차 폴란드에 동화돼갔다. 그러나 백루테니아를 비롯한 우크라이나 지방에 살던 주민은 여전히 정교회를 믿는 슬라브족이었다. 리투아니아인들은 스스로를 루시니rusini(루테니아인)로 일컬었다. 이들이 썼던 동슬라브어의 루테니아 방언은 현대 벨라루스어 및 현대 우크라이나어의 뿌리가 됐다. 1700년까지만 해도

리투아니아대공국은, 글을 읽고 쓸 줄 아는 기독교도 슬라브족이 대체로 행정을 도맡았으며, 공식 언어는 리투아니아어가 아니라 루테니아어였다.

얼핏 생각할 때, 동방정교회는 자신과 맞은편에 섰던 로마가톨릭에 비해서는 그 성격이 당연히 수동적이었을 수밖에 없었을 거라고 여겨진다. 정교회의 수장인 콘스탄티노폴리스 대주교만 해도 비잔티움제국이 맞는 운명과 고락을 함께하지 않으면 안 되는 처지였다. 그럼에도 당시 동방정교회의 역할은 하찮게 볼 게 아니었다. 몽골족과 튀르크족의 공격으로 기독교왕국이 위기에 빠졌을 때 동방정교회가 보여준 단호한 결의는, 발칸반도에서는 세르비아인·불가르족 사이에, 모스크바대공국에서는 러시아인들 사이에, 나아가 리투아니아대공국에서는 루테니아인들 사이에, 근대의 국민됨〔민족됨〕nationhood 개념을 형성되도록 그 씨앗을 뿌려주었다.

유럽 대륙의 반대편 끝단 스페인에서는 레콩키스타가 차일피일 미뤄지는 상황이었다〔부록 1583쪽 참조〕. 1248년 이후 곳곳의 무어인 군대는 시에라네바다산맥으로 퇴각해버렸고, 이들 군대의 비호를 받으며 그라나다토후국〔그라나다에미르국〕만 2세기가 넘도록 번영을 누려나갔다. 이후로는 이베리아에서 무슬림이 통치하는 국가는 그라나다토후국이 유일했다. 그라나다토후국의 경계선 위쪽으로는 지방의 무슬림 지도자들, 특히 이븐-후드Ibn-Hud가 자신들이 뒤따르던 아프리카의 무어인 군주들을 실각시키고 '알안달루스' 지방에 자체 정권을 세워 카스티야에 복속된 채 지냈다. 그 결과, 드넓은 변경지대가 생겨났는데 시골 지역은 기사수도회 영지가 主였으며 도시에는 무슬림과 유대인 이주민들이 넘쳐났다. 이 지역 주민 대다수는 자신들의 종교와는 상관없이 스페인어를 사용했다. 1179년 이후 독립한 포르투갈왕국은 대서양 해안지방을 장악하고, 이곳을 발판 삼아 1250년에는 알가르브를 정복했다. 피레네산맥에서 바스크족의 거주 지역에 주로 걸쳐져 있던 나바라왕국은 1234년 이래 프랑스인의 통치를 받게 되고, 이후 이들이 1516년까지 왕국의 독립을 유지해갔다.

레온과 카스티야 왕국은 얼마 전 이베리아반도의 북부에서 남부 해안 일대를 휩쓸고 나서—이 때문에 그라나다는 레온과 카스티야 왕국에 의해 사방이 둘러싸인 형국이 됐다— 겉으로는 승승장구했지만 나라 안은 무정부 상태의 혼란에서 벗어나지 못하고 있었다. 애초의 콩키스타도레conquistadore〔정복자〕들은 남부지방을 약탈하는 동시에 대규모의 장원을 조성해 부를 이룩했다. 성 페르난도 3세Fernando III el Santo〔재위 1217~1252〕는 레콩키스타에 참전한 공적을 인정받아 성인으로 시성됐으나, 뒤이은 후계자들은 왕위 계승 문제를 둘러싼 실랑이를 비롯해 여러 당파로 쪼개진 귀족들, 코르테corte〔의회〕가 일삼는 예측불허의 행동들, 거기다 도시들 간에 맺어진 에르만다드hermandad〔무장연맹〕로 인해 여간 곤혹스러운 게 아니었다. 알폰소 10세 Alfonso X〔재위 1252~1284〕는 독일의 황제직을 두고 다른 이들과 경합을 벌였으나 낭패만 보았다.

1340년 살라도에서는 알폰소 11세Alfonso XI(재위 1312~1350)가 무어인을 맞아 거의 1세기 만에 처음 승리를 거두고 해협을 지나 알헤시라스에까지 발을 들였다. 잔혹왕 페드로Pedro el Cruel(재위 1350~1369)는 별명이 무색하지 않은 행실을 보였다. 엔리케 3세Enrique III(재위 1390~1406)는 타고난 행정 수완을 발휘하는 동시에 잉글랜드의 랭커스터왕조와도 동맹을 맺는 능력을 보여주었다. 하지만 안타깝게도 젊은 나이에 세상을 떠났다. 이후 카스티야는 궁내관과 성제임스기사단 단장 알바로 데 루나Alvaro de Luna 아래서 얼마간 전제 통치를 받아야 했다. 아프리카산産의 메리노 양羊이 이베리아 고지의 메세타Meseta(평원)에서도 풀을 뜯으며 튼튼히 자라준 덕에, 카스티야는 주된 양모 수출국으로 부상했고, 여기서 생산된 양모는 빌오와 산탄데르에서 플랑드르로 운송됐다.

아라곤왕국은, 카스티야왕국과 달리, 바다 쪽을 바라보고 왕국을 키워나갔다(부록 1593쪽 참조). 피레네산맥에 근거지를 둔 아라곤왕국은 카탈루냐 및 발렌시아와 합쳐진 후 그 기반을 더욱 군건히 다진 뒤 일찍부터 해안을 자신들의 발판으로 삼았다. 정복왕 하이메 1세Jaime I el Conquistador[하이메 1세 드 아라곤Jaime I de Aragón](재위 1213~1276) 대에 아라곤은 무어인들과 전쟁을 치르며 미노르카와 마요르카를 점령하는데, 이때 하이메 왕은 자신이 손에 넣었던 무르시아 땅을 선심 쓰듯 카스티야에 넘겨주었다. 페드로 3세 드 아라곤Pedro III de Aragón(재위 1276~1285)은 프랑스인들이 쫓겨난 이후 1282년에 시칠리아의 왕 자리를 하사받았다. 알폰소 5세 드 아라곤Alfonso V de Aragón(재위 1416~1458)은 1442년에 앙주왕조를 물리치고 이탈리아를 차지했다. 지중해 서부를 아라곤이 호령하게 되면서 이곳에는 자신들만의 특색을 지닌 해상 공동체들이 생겨난바, 바르셀로나·팔레르모·나폴리를 근거지로 한 이들 공동체에서는 카탈루냐어가 공용어로 쓰였으며 귀족들이 유난히 자유로운 분위기 속에서 호시절을 누렸다. 아라곤에서는 군주와 신민들 사이에 분쟁이 일어나면 의회판사Justicar of Cortes에게 분쟁 해결의 임무를 맡겼는데, 보통 하급 기사 중 한 명이 동료들의 추대를 받아 최고 중재자 자리에 올랐다. 1287년에는 아라곤왕국에 이른바 연합의 특권Privilege of Union에 의해, 누구든 귀족의 권리를 침해하는 자가 있으면 그에게 무력으로 대항할 수 있을 만큼 귀족들의 힘이 강화됐다—폴란드를 제외하면, 귀족들이 이 정도까지 자유를 누릴 수 있던 곳은 그 어디에도 없었다. 그 결과 [귀족들 사이] 연대의식이 유난히 강한 나라가 탄생한다. 페르난도 2세 드 아라곤Fernando II de Aragón(재위 1479~1516)이 "아라곤의 귀족들을 분열시키는 일은 카스티야의 귀족들을 하나로 연합시키는 일만큼이나 어렵다"라고 말했을 정도였다. 15세기에 들어서는 아라곤왕국이 이베리아반도에서 가장 큰 도시—바르셀로나—와 유럽에서 가장 큰 도시—나폴리—둘 다를 장악하게 된다.

중세 스페인에서 일어난 문화 융합은 그 어디에서도 보기 힘든 것이었다. 5개 왕국에서 사람들이 믿은 종교만 해도 세 가지였다—기독교, 이슬람교, 유대교. 거기다 주요 언어도 카스티야어, 갈리시아어, 포르투갈어, 아라비아어, 바스크어 등 여섯 가지나 됐다. 당시 스페인 땅의 기독교도들은 대다수가 농장주와 병사로서 주로 남쪽의 비옥한 땅에 살았던 터라 더 도시화하고 더 문명화한 무어인들에 견주면 대체로 투박해 보였다. 하지만 그들은 수백 년 동안의 고립 생활에서 막 벗어나 기독교왕국의 나머지 지역들과 상업적으로나 지적으로나 왕성하게 교류해나가는 참이었다. 스페인 땅의 유대인들은 무슬림 통치자들의 관용 덕에 그곳에서 진작 삶의 방편을 마련하고 이제는 이베리아반도 전역으로 퍼져 행정·의료·교육·무역·금융 면에서 두드러지는 역할을 해내고 있었다. 유대인들이 맡은 역할은 한두 가지가 아니었다. 철학자 코르도바의 마이모니데스Maimonides(1135~1204)는 한때 이집트로 이주해 살았던 인물로,《방랑자들의 길잡이Guide to the Perplexed》를 써내 오래도록 사람들 입에 회자됐다. 사무엘 알레비Samuel Halevi(1361년 몰)는 잔혹왕 페드로 밑에서 일급 세금징수관으로 일하다 자신이 모시던 왕에게 고문을 당하고 세상을 떠난 인물인데, 당시 예술의 후원자로 명성이 높았다. 개종자인 파블로 드 산타 마리아Pablo de Santa María(솔로몬 알레비Solomon Halevi, 1350년생)는 외교관이자 부르고스의 주교를 지낸 인물로서 반유대자의자로 널리 알려져 있었다. 이 시기 전에만 해도 스페인에서는 종교 논쟁이 일상다반사였다. 그러다 후반 들어, 특히 1348~1351년과 1391년에 걸쳐, 스페인에서는 추악한 집단학살이 벌어졌다. 15세기에 들어서서는 이른바 콘베르소converso(기독교로 개종한 사람)라고 불리던 제법 커다란 규모의 계급—루나Luna, 구스만Guzmán, 멘도사Mendosa, 엔리케Enriquez—이 형성돼 교회 및 국가의 최고 요직을 독차지했다. 스페인에서 다양한 요소의 공존을 보여준 것으로는 건축만 한 것이 없었으니, 당시 스페인의 건축물들에서는 지중해의 로마네스크 양식, 가톨릭교회의 고딕 양식, 동방풍의 장식이 한데 정교하게 뒤섞여 있는 것을 볼 수 있었다.[8] [카발라]

가톨릭 세계의 심장부에서는 여전히 제국, 교황, 프랑스왕국이라는 삼각구도를 중심으로 정치가 돌아갔다. 14세기의 100년이 흐르는 사이, 이 세 세력은 각자 어마어마한 내부의 골칫거리에 시달려야 했는데 국제적 차원에서 이 문제들을 속 시원히 해결할 패자는 나타나지 않았다. 1254~1273년의 공위空位 기간이 지난 뒤, 제국의 황제들은 독일의 내부 문제를 해결하기에 바빠 이탈리아는 방치하다시피 했다. 교황은 교황대로 이탈리아에서 수차례 전쟁을 치르기만도 버거웠고, 결국 70년 동안 로마를 떠나 미디 지방으로 피신해 있다 교회를 분열시키는 결과를 초래했다. 프랑스왕국은 잉글랜드와의 백년전쟁으로 나라가 만신창이로 짓밟혔다가 15세기 중반에야 간신히 힘을 추슬렀다. 1410년 무렵에 이르자 기독교왕국에는 세 명의 황제, 세 명의 교황, 두 명의 프랑스 왕이 난립하게 됐고, 기독교왕국의 수장들은 절망감에서 헤어나지 못했다. 그러나 기독교왕국에서 벌어진 이와 같은 대혼란은 유럽에 새 강국이 탄생할 절호의 기회였다.

아라곤을 비롯해, 스위스, 부르고뉴, 폴란드-리투아니아 같은 신생 국가들이 출현한 것이 이즈음이었다.

신성로마제국은 호엔슈타우펜가의 몰락으로 영영 힘이 쇠한 참이었다. 제국의 공위 사태는 나폴리에서 콘라딘이 처형당하며 극으로 치닫더니, 이를 서막으로 몇십 년간 혼란이 이어졌다(464쪽 참조). 설상가상으로, 차후 황제 권력이 온전히 행사될 수 있으리란 가망성도 거의 찾아볼 수 없었다. 이탈리아를 차지하려는 야욕에 들떠 그쪽에 너무 큰 판돈을 걸었던 나머지, 호엔슈타우펜왕조의 후계자들은 앞으로 독일에서 부차적 지위로 전락하는 수밖에 없었다. 제국의 국고는 동나고 영지는 사방으로 떨어져나간 마당에 달리 뾰족한 수가 없었다. 이것은 독일의 제후들이 자신들의 특권을 영속화하고 제국의 황제 선출 절차를 한층 까다롭게 만드는 결과로 이어졌다. 1338년에는 교황이 황제 선출을 확정짓는 데에 자신의 승인이 필요하다고 주장했지만, 선제후選帝侯들이 이를 거부했다. 1356년에는 금인칙서를 공식적으로 발표해 황제 선출 절차를 엄격하게 못 박고 일정 기간 유지했다. 이후로는 선제후들이 프랑크프르트암마인의 한자리에 모여 황제를 선출했다. 제국의 지명을 받은 7인의 선제후로부터 과반 이상의 표를 얻는 이가 황제로 결정되기에 이른 것이다. 7인의 선제후는 마인츠, 쾰른, 트리어의 대주교들, 보헤미아왕, 라인 팔츠 백작, 작센 공작. 브란덴부르크의 변경백들이었다.* 금인칙서를 만든 장본인 카를은 현실에 복종하는 것이 무엇인지를 보여준 셈이었다. 제임스 브라이스James Bryce(아일랜드 얼스터 출신의 영국 역사학자)의 유명한 선언을 그대로 빌리자면, "그는 무정부 상태를 합법화한 뒤 그것을 헌장constitution이라 칭했다."9

제국은 1273년 이후 어떻게든 기운을 회복하려 안간힘을 썼다. 루돌프 폰 합스부르크Rudolf von Habsburg(루돌프 1세)(재위 1273~1291)에서 지기스문트 폰 룩셈부르크Sigismund Von Luxemburg(재위 1410~1437)까지, 독일에서 선출된 총 아홉 명의 황제 중 온전한 황제 대관식의 품격을 누린 이는 셋뿐이었다. 그중 둘은 황제 자리에 올랐다가 —1298년에는 아돌프 폰 나사우Adolf von Nassau가 1400년에는 벤첼 폰 룩셈부르크Wenzel von Luxemburg가— 선제후들의 손에 폐위됐다. 단테가 생전 자신의 마지막 희망으로 삼고 큰 기대를 걸었던 하인리히 7세Henrich VII(재위 1308~1313)는 선대 황제들의 사례를 따라 이탈리아를 방편으로 일을 도모했다. 그러나 로마에는 발도 들이지 못하게 된 채 피사에서 비참한 몰골로 숨을 거뒀다. 하인리히 7세의 뒤를 이은 바이에른공公 루트비히 4세Ludwig II(재위 1314~1347)는 한동안 교황과 옥

---

* 이 선제후 명부는 시종 그대로 유지되다, 1623년에 라인팔츠백작이 빠지고 바이에른 제후가 대신 들어오는 것으로 바뀌었다. 1648년에는 바이에른공작과 함께 라인팔츠 백작이 다시 선제후에 포함됐고, 1708년에는 하노버의 지위가 격상돼 아홉 번째 선제후로 이름을 올렸다. 나폴레옹은 자신의 통치 때 이 명부를 대대적으로 손보았으나, 그 선제후 명부를 기초로 황제 선출이 이뤄진 적은 없었다.

카발라 CABALA

■ 1264년과 1290년 사이의 어느 시점에 히브리어
■ 서적 《광명의 책Sepher ha-Zohar al ha-Torah》
이 스페인의 유대인들 사이에 퍼지기 시작했다. 저자
는 2세기의 존경받는 랍비 시몬 벤 요하이Simon ben
Jochai라고 알려졌으나, 실제로는 스페인 학자 모세스
드 레온Moses de León(1250~1305)일 가능성이 높다.
책 내용은 모세5경에 대한 복잡하고 상세한 해석이며,
곧 유대교와 기독교의 성서학자들에게 알려지게 됐다.
1558~1560년 이탈리아 만토바에서 세 권짜리 결정
판이 간행됐다. 이것이 당시뿐만 아니라 지금도 카발
라의 표준 경전이다.

카발라의 문자적 의미는 "전통the tradition"이다. 카
발라는 일반적으로 성경 본문에 숨겨진 의미를 알아
내기 위해 수 세기 동안 사용돼온 신비로운 교리와 기
술을 집대성한 체계를 가리킨다. 카발라의 기본 교리
는 후기 고전기 신플라톤주의와 마니교 사상에서 유
래했을 것이다. 곧 신과 악마가 지배하는 빛과 어둠
이라는 두 대립적 세계를 중심으로 하는 교리였다. 악
마와 신 모두 아버지적 요소와 어머니적 요소로 이뤄
졌으며, 남성적 측면은 흰색이고 활동적인 특성을, 여
성적 측면은 붉은색이고 수용적인 특성을 지녔다. 신
의 형태는 '압바abba(아버지/왕)' 또는 '임마imma(어머
니여/왕)'다. 악마의 형태는 사악한 죽음의 사자인 '샤마
엘Shamael' 또는 대매춘부 '아홀라Aholah'다. 이들 신
과 악마 두 쌍 사이 상호작용에 따라 조화나 혼란이
만들어진다.

신과 악마는 무한하고 눈에 보이지 않는 존재라서 10
가지 발산emanation을 통해서만 비로소 이해할 수 있
다. 각각의 발산은 아담 카드몬Adam Kadmon(원형적
인간) 또는 아담 벨리알Adam Belial(무가치한 자)의 10
가지 구성요소에 상응한다. 10가지 신성의 발산은 다
음과 같다. '지성의 세계'를 이루는 케테르Kether(왕
관 또는 머리), 호크마Chochma(지혜 또는 두뇌), 비나

Bina(이해 또는 심장), '도덕의 세계'를 이루는 헤세드
Chased(자비), 딘Din(정의), 팔, 티페레트Tephereth(아
름다움 또는 가슴), '물질의 세계'를 이루는 네자흐
Nezach(광휘), 호드Hod(위엄), 다리, 예소드Jesod(기초
또는 생식기), 마지막으로 말쿠트Malchuth(왕국). 이것들
은 일란Ilan 즉 '카발라의 나무'를 이루는 10개의 가지
또는 3개의 기둥 형태로 배치할 수 있다.

이해	왕관	지혜
정의	아름다움	자비
광휘	기초	위엄
	왕국	

카발라주의자는 신이 여러 번의 실패 끝에 세상을 창
조했다고 믿었다. 그리고 실재하는 모든 것은 불멸하
며 영혼이 육체에서 육체로 이동한다고 믿었다. 또한
악마의 유혹을 물리쳤을 때 메시아가 도래한다고 생
각했다.

성경을 해독하는 기술로는 특정 단어를 다른 여
러 단어의 첫 글자를 조합한 결과로 보는 노타리콘
notarikon, 유사한 방식을 숫자에 적용한 게마트리아
gematria, "순열 암호법"인 테무라temurah가 있었다.
노타리콘의 예는 아담ADaM이 '아담, 다비드, 메시
아Adam, David, Messiah'를 뜻한다고 보는 것이다.
기독교의 유명한 물고기 형상인 그리스어 익투스
ICHTHOS는 '하나님의 아들 예수 그리스도(Iēsous
Christos, Theou Yios, Sōtēr)를 뜻한다.

숫자의 총합을 계산하는 방식인 게마트리아는 이름과
날짜를 활용했다. 예컨대 19세기 독일의 빌헬름 1세
Wilhelm I는 1797년 3월 22일 태어났으므로 다음과
같은 계산 결과가 나온다. 22+3+1797+7('Wilhelm'
의 문자 수) = 1829(그가 결혼한 해).

1829 + 1 + 8 + 2 + 9 = 1849 (혁명 세력 진압)
1849 + 1 + 8 + 4 + 9 = 1871 (황제 대관식)

1871 + 1 + 8 + 7 + 1 = 1888 (사망)

테무라는 히브리어 알파벳 24개의 순서를 재배열(순열)하는 방식이었다. 이 방법을 '신'을 뜻하는 'YaHVeH'의 네 문자에 적용하면 2112개의 신의 이름이 나왔다.

카발라는 유대교 사상에 큰 영향을 끼쳤다. 카발라는 유대교의 신비적 측면을 크게 강화했고 토라를 주제로 한 합리적 연구를 약화시켰다. 특히 후대의 하시드파派가 카발라의 영향을 크게 받았다. 이들은 카발라의 주문에 맞춰 노래하고 춤췄으며, 차디크zaddik(의

인)의 신비로운 신탁과 예언에 절대적 진리가 담겨 있다고 생각했다.

라몬 율, 조반니 피코 델라미란돌라, 요하네스 로이힐린 등 많은 기독교학자도 카발라의 매력에 빠졌다. 카발라는 유럽 마술의 기본 요소가 됐다. 1677~1678년 독일 줄츠바흐에서 《광명의 책》의 라틴어 번역본이 로젠로트 남작(크리스티안 크노르 폰 로젠로트Christian Knorr von Rosenroth)에 의해 출간돼 카발라의 비의秘儀가 더욱 많은 사람에게 알려졌다. 카발라의 사상, 이미지, 어휘는 유럽의 언어와 문학에 널리 스며들었으나 그 유래는 드러나지 않은 경우가 많았다.[1]

신각신하는 듯하더니 돌연 이탈리아를 탈취했다. 하지만 그의 기습은 각지에 대립교황들과 대립왕들이 또 한 번 난립하는 상황만 초래했을 뿐이었다. 비로소 어느 정도 안정책이 취해진 것은 룩셈부르크 왕가의 카를 4세Karl IV(재위 1346~1378) 대代였다. 대립왕의 위치에 있다 황제의 자리로 올라선 그는 제국의 힘을 활용해 유난히 아끼던 보헤미아왕국을 일으켜 세웠다. 그래서 그의 재위 중 한동안은 카를슈타인 지방을 중심으로 독일이 통치됐다. 제국 안에서 고위 정치는 4개 유력 가문이 서로 실랑이를 벌이는 가운데 이뤄졌다― 4개 가문은, 바이에른에 근거한 비텔스바흐가(바이에른과 함께 에노와 홀란트 땅을 영유했다), 룩셈부르크가(룩셈부르크와 브라반트을 비롯해 1310년 이후로는 보헤미아, 1333년 이후로는 슐레지엔, 1415년까지는 루사티아와 브란덴부르크를 영유했다), 작센의 베틴가, 오스트리아의 합스부르크가(준트가우에서 카르니올라까지 독일 남부 전역에 뻗어 있었다)였다. 이 시기에 지방의 정치를 좌지우지한 것은 어딜 가나 포식자처럼 먹잇감을 노리던 고위 성직자들, 막강한 힘을 가진 황제령 도시들, 또 법석을 떨며 다니던 이류 기사들 무리였다. 역사에서 이른바 라우브리터Raubritter(강도귀족), 파우스트레히트Faustrecht(주먹이 곧 법)의 시대로 일컬어진 것이 이때였다. 중세 후기 독일에서는, 이 나라의 좌우 양 옆에서 통치를 하던 프랑스나 폴란드와 같은 자신감 있는 군주국의 면모는 찾아볼 수 없었다. 그러다 1438년, 1440년, 1486년의 세 차례에 걸쳐 연이어 합스부르크가에서 황제가 선출되면서, 비잔티움 제국은 외양이나마 반半세습 군주제의 면모를 갖추었다. 그러나 이렇게 된 상황에서도 황제들에게는 자유롭게 행동할 여지가 거의 없었다. 각자가 자기 세를 주장하는 특수주의를 봉건제의 척도로 본다면, 독일이야말로 모든 나라를 통틀어 봉건제의 성격이 가장 강한 나라였다.

호엔슈타우펜가가 씁쓸한 유산을 남겨놓기는 이탈리아도 마찬가지였다. 이탈리아 북쪽의 경우, 서로 전쟁을 벌이기 바쁜 코무네들에 이제는 독일의 압박 대신 본국의 압박이 가해지고

있었다. 롬바르디아나 토스카나 같은 도시들이 어디고 할 것 없이 선두에서 세력 다툼을 벌이는 유력 도시 중 하나—밀라노, 피렌체, 베네치아 등—의 세력권 안으로 편입됐다. 이때는 상업적 부가 급증하고 문화가 화려하게 꽃피었으나, 그만큼 세력 다툼이 끊이지 않기도 했다. 곳곳에 화가와 시인들도 숱하게 많았으나, 그 곁에는 그만큼 숱한 검객과 독살범이 떠돌며 활개를 쳤다. 이탈리아 중부에서는, 1275년에 비잔티움 제국과 교황 사이에 협약이 맺어진 것을 계기로 이후 황제가 성 베드로의 세습령에는 종주권을 일절 행사하지 못했다. 이로써 교황령 곧 로마를 비롯해 로마냐, 펜타폴리스, 앙코나 변경백령, 캄파냐는 비록 자유는 얻었으나 무방비상태나 다름없었다. 거기에 교황령은 바람 잘 날 없는 로마 시민들 때문에도 골머리를 앓아야 했다. 이탈리아 남부는, 교황의 피호민이던 앙주왕가가 호엔슈타우펜왕가 대신 발을 들였으나, 막상 겪고 보니 이들의 통치도 견디기 힘든 것으로 드러났다. 그리하여 1282년 3월 30일에 '시칠리아만종사건Sicilian Vespers'이 일어나 울분에 가득 찬 팔레르모 민중이 약 4000명 정도로 짐작되는 프랑스인 통치자들을 집단학살하는 사태가 벌어지니, 이를 기화로 시칠리아에서는 아라곤왕조의 통치가 시작되고, 앙주왕가는 그 세력이 나폴리 안에 포위당한 채 옴짝달싹 못했으며, 이후로 전쟁이 20년 동안 이어졌다. [콘클라베]

중세 후기 이탈리아의 그 시끌벅적한 소란과 간간이 비껴드는 평온한 햇살의 한가운데를 차지하고 있던 도시가 피렌체였다. 도시 한편의 아름다운 아펜니노산맥 교외에서 생산되는 양모 덕에 나날이 성장해나간 이 도시는 12세기를 거치며 그악스러운 기질의 10만 명이 함께 살아가는 공동체로 성장했다. 피렌체에서 만들어진 금화인 플로린florin은 표준통화로까지 자리 잡아 이탈리아의 경계를 훨씬 넘어선 지역에서까지 두루 사용됐다. 도시에서는 스스로를 "포폴로popolo"라 일컫던 야심 찬 부르주아 집단이 조직돼 콘타도contàdo(도시 주변의 영지)의 성을 근거지 삼은 귀족들의 전통적 코무네에 맞섰다—도나티家, 우베르티가, 케르치가, 알베르티가 등이다. 또 크고 작은 아르티arti(길드)도 형성돼 의회 선출직을 비롯해 순번제 행정관직에 한 자리를 달라며 떠들썩하게 요구했다. 거기다 기운 펄펄한 군중들까지 이 자리싸움에 가담했다. 포데스타(총독)는 한때는 황제의 임명을 받는 관직이었으나 이즈음에는 지방자치제의 관할을 받게 됐다. 이탈리아에서는 1266년, 1295년, 1343년의 세 차례에 걸쳐 헌법이 만들어졌으나, 이것들로 나라 안의 소란을 가라앉히기는 역부족이었다.

전통적으로 피렌체는 겔프파(교황파) 편에 서서 황제의 권위에 저항해온 도시였다. 그런데 황제의 직이 공석이 되자, 도시로서는 자신의 에너지를 쏟아부을 새 배출구를 찾지 않을 수 없었다. 도시 피렌체는 교황과는 관계가 껄끄러운 편이었고, 거기다 피렌체의 겔프파마저 사분오열돼 있었다. 피렌체가 자신의 근거지 일대에서 패권을 확립하게 된 것은 캄팔디노전투Battle of Campaldino 이후로, 기벨린파로 몬타페르티에서 시에나에 패한 바 있던(1260) 아레초가 1289

년 6월 11일의 이 전투에서 피렌체에까지 패한 것이다. 하지만 캄팔디노전투 이후, 피렌체에서는 '흑파the Blacks(Neri)'와 '백파the Whites(Blanchi)'가 갈려 정쟁을 일삼았다. 이에 샤를 드 발루아Charles de Valois가 교황의 심판자 자격으로 두 파 사이에서 중재를 시도했으나 수포로 돌아갔고, 그 결과 과거 기벨린파가 그랬듯 1301년 백파가 이탈리아에서 쫓겨났다. 격심한 당파 간 정쟁은 피렌체에 전제 권력이 등장하고야 말 확실한 징조였고, 나중에는 실제로 메디치가가 피렌체에서 전제 권력을 휘두르게 된다. 당시 피렌체는 그야말로 독기가 가득 어려 "자루를 가득 채우고도 남을 지경이었고 […] 지옥의 세 가지 불꽃—탐욕, 질투, 자만—이 불붙어 모든 사람의 가슴 속에 불타는 씨앗을 뿌렸다."10 (단테의 〈신곡: 지옥 편〉에 나오는 구절이다.)

그러나 이와 같은 사회적·정치적 혼란이 문화생활에는 자극제가 돼준 것으로 보인다. 이 시대에 가장 위대하다고 손꼽히는 작가들—단테 알리기에리, 프란체스코 페트라르카, 조반니 보카치오— 모두 피렌체 출신이었다. 거기다 피렌체에 지어진 건물들만 봐도 도시가 넘치는 자신감으로 차 있음을 알 수 있었다—바르젤로(1254년 착공), 피렌체의 새 성벽(1284~1310), 베키오궁전(1298년 착공), 베키오다리(1345년 개축), 시뇨리아광장(1381) 같은 것들이 대표적이었다. 이와 함께 아르테델라라나Arte della Lana(양모업자길드)의 궁(1300)을 비롯해 겔프가, 파치가家, 피티가, 스트로치가, 안티노리가, 메디치-리카르디가(1444)에서도 줄줄이 궁전을 건축했으며, 무엇보다도 종교예술이 꽃을 피워 그 결실로 산미니아토알몬테의 로마네스크 양식 성당, 고딕 양식의 산타크로체성당(1294), 대리석으로 판벽을 댄 8각형 건물인 성요한세례당(1296), 두오모성당(1294년 착공), 조토 디본도네의 캄파닐레(종탑)(1339), 필리포 브루넬레스키의 성당(피렌체대성당) 돔(1436), 로렌초 기베르티의 세례당(산조반니세례당) 문(1452), 산마르코 도미니크회 수녀원의 프라 안젤리코Fra Angelico의 프레스코화가 탄생했다.

단테 알리기에리Dante Alighieri(1265~1321)는 기독교왕국이 낳은 시인 중 가장 위대하다고 손꼽힌다. 그는 피렌체 정계에 깊숙이 발을 들였고, 피렌체에 아름답기 그지없는 건축물들이 한참 올라갈 당시 피렌체 시내를 활보했다. 탁월한 글재주와 선견지명에서 당대에 단테를 따를 자는 아무도 없었다. 젊은 시절 그는 캄팔디노전투에 나가 전위를 맡아 싸움을 치르기도 했다. 겔프의 백파가 정권을 잡았을 때는 피렌체의 프리오리Priore(최고행정관)로 복무했으나, 이후 흑파의 주도로 이탈리아에서 쫓겨나면서 평생 타국을 떠돌며 유배생활을 해야 했다. 단테는 20년 동안 고달프게 객지를 전전하다 라벤나에 있던 칸그란데다폴렌타Can Grande da Polenta의 궁전에서 죽음을 맞는데, 그가 죽었을 때 허옇게 새어가는 그의 눈썹 위에 월계관을 올려놓아준 이가 다 폴렌타(귀도 2세 다 폴렌타Guido II da Polenta, 또는 귀도 노벨로 다 포렌타Guido Novello da Polenta)였다. 단테의 〈새로운 생Vita Nuova〉은 한 남자가 가슴에 품은 내밀한 감정을 깊숙이 파고든, 중세에는 좀처럼 찾아보기 힘든 분위기의 작품이다. 〈제정론帝政論, De Monarchia〉은 황제 통치로

콘클라베 CONCLAVE

■
■
로마가톨릭교회는 민주적 체제는 아니지만 교황 선출 과정은 힘든 경험에 기반을 두고 있다. 그레고리오 10세Gregory X가 교황에 오르기 전 선출 과정이 지나치게 지체됐고, 그는 차후 이러한 상황을 막고자 콘클라베 방식을 제도화했다. 1268년 말 (이탈리아) 비테르보에 모인 추기경들은 3년 동안이나 후임 교황을 결정하지 못한 처지였다. 이런저런 핑계만 내는 추기경들에게 화가 난 시 관계자들이 추기경들이 있는 건물의 문을 밖에서 잠그고 지붕을 뜯어낸 뒤 간신히 연명할 정도의 식사만 제공했다.

이후, 추기경단은 재임 중인 교황이 선종하면 15일 내에 로마의 바티칸궁전에 모였다. (전보와 철도가 없던 시대이므로 이탈리아 내에 없는 추기경은 자연히 참가할 수 없었다.) 그러면 교황의 시종장이 추기경은 적당한 장소, 대개는 시스티나성당에 가두고 '열쇠는 자기[시종장]가 가진 채(콘 키아베con chiave)' 결론이 날 때까지 문을 열어주지 않았다. 선거 방식은 박수갈채, 회의에 의한 결정, 또는 향후 관례가 된 비밀투표가 있었다. 오전과 오후에 실시되는 투표에서 추기경들은 자신이 원하는 교황 후보 이름을 적은 종이를 제단의 성배에 넣었다. 결론이 나지 않은 날은 시종장이 투표용지를 태워 굴뚝으로 검은 연기를 내보냈다. 투표는 3분의 2 + 1표를 얻은 후보가 나올 때까지 계속됐다. 교황이 결정되면 굴뚝으로 흰 연기를 내보냈고, 추기경들은 교황에게 존경을 담은 성스러운 맹세를 했다.

그레고리오 10세(재위 1271~1276)가 확립한 방식은 1945년 공표된 〈바칸티스 아포스톨리체 세디스 Vacantis apostolicae sedis〉(비오 12세의 '교황령')에 의해 약간 수정됐을 뿐 지금도 거의 그대로 유지되고 있다. 20세기 들어 1903년 교황 선출 과정에서는 콘클라베에 전달된 오스트리아 황제 프란츠 요제프 1세의 거부권을 물리쳤고, 1939년에는 이틀 만에 콘클라베가 끝났다(20세기 들어서의 교황 선출 사례에서 가장 빨리 결과가 나온 사례이기도 하다). 교황 요한 바오로 2세는 1978년 10월 선출됐는데, 8차례의 투표 끝에 109인의 추기경 중 103인의 표를 얻었다("111인의 추기경 중 99인의 표"라는 기록도 있다. 폴란드 출신의 요한 바오로 2세는 455년 만의 비非이탈리아인 교황이기도 하다).[1]

복귀해야 한다는 단테의 간절한 바람을 열정적 논조로 표현한 작품이었다. 〈속어론俗語論, De Vulgari Eloquentia〉은 구어口語로 글을 써야 할 필요성을 합리적으로 논증해, 단테를 근대 유럽 문학의 아버지의 자리에 올려놓은 작품이다.

단테의 걸작 〈신곡神曲, La Divina Commedia〉은 시인이 사람들이 죽어서 가게 되는 삼계三界의 영역을 자기 발로 두루 밟게 되면서 겪은 이야기를 담은 작품이다—지옥Inferno에서 지옥의 구덩이를 거쳐, 연옥Purgatorio에서 속죄의 산을 지나, 천국Paradiso에서 햇빛이 밝게 비치는 하늘의 원circle에 이르기까지의 여정이다. 〈오디세이아〉나 〈아이네이스〉가 그렇듯 이 시인의 여행도 허구를 바탕으로 한 모험이라 하겠는데, 애초에는 베르길리우스가 단테의 길잡이가 돼 그를 이끌며, 적재적소에 배치된 매우 그럴싸한 배경 속에서 시인은 이미 세상을 떠났거나 혹은 아직 살고 있는 사람들의 그림자들을 만난다. 하지만 또 다른 차원에서 보면 이는 죄를 짓고 그로부터 구원받고자 한 기독교도의 영적 여행이라는 알레고리로도 해석할 수 있으며, 이 여행은 종국에 눈이 멀어버리는 광명 속에서 하느님의 모습을 뵙는 것으로 보상을 받는다. 또 다른 차원에서 보면 〈신곡〉은 단테가 구축한 정교한 윤리적 구조물이기도 하니, 그 안에서 복작대며 살아가는 수많은 인간은 각자가 생전에 쌓은 선과 악의 양에 정확히 비례해 저주받은 자, 희망을 가진 자, 축복받은 자 사이에 낀다. 〈신곡〉의 아름다우면서도 절제된 언어는 읽는 사람으로 하여금 찬탄을 자아내게 하며, 그 안에서 만나는 사람들의 이야기를 얼마나 진기한 표현으로 세세히 풀어놓고 또 그 일들이 벌어지는 도덕의 세계는 그 풍광이 얼마나 장엄한지 읽는 사람의 넋을 빼놓는다. 단테가 제대로 간파했다시피, 〈신곡〉에서 인간이 겪는 가장 밑바닥의 경험은 사랑이라고는 온데간데없는 곳에 이르는 것이다—꽝꽝 얼어붙은 유다의 동상 주변, 차디찬 얼음으로 뒤덮인 지옥의 심연이 그곳이다. 지상의 낙원은 연옥의 산 정상부, 수풀 내음이 향긋한 관목숲에서 찾을 수 있으며 "여기서부터는 고통이 희망에 길을 내어준다." 이 여로는 종국에 프리뭄 모빌레Primum Mobile(부동不動의 원동자原動者, 또는 부동의 제1동자動者)를 넘어서는 것으로 절정에 이르는바, 하늘에 피어 있는 빛의 장미 한가운데 자리 잡은 여기에 도달하는 순간의 황홀경은 너무도 강렬해 말로 다 표현할 수 없다. 이곳이 "하늘의 태양과 다른 별들을 움직이시는 사랑L'amor che move il sole e l'altre stelle"의 원천이다.

단테는 그 자신이 생동감 있는 전설의 주인공이었다. 한 일화에 따르면, 어느 날 시인은 길을 가다 나귀를 몰던 마부가 자기(단테)의 노래를 흥얼거리는 소리를 들었다고 한다. 그런데 그 마디마디에 마부가 간간이 "아리, 아리Arri, arri!(이랴, 이랴!)"하고 나귀에게 호통을 쳤다. 노발대발한 시인은 마부를 때리며 "내가 어디에 '이랴!'라는 말을 넣었더냐Contesto arri non vi misi io"라며 호통을 쳤다고 한다.[11]

단테의 전성기는 프란체스코 페트라르카Francesco Petrarca(1304~1374)의 청춘기와 그 시기가 겹친다. 페트라르카가 지은 정교한 연애시 〈칸초니에레Canzonieri〉에서는 단테의 〈새로운 생〉에 담긴 정조가 그대로 묻어나는데, 단테가 베아트리체Beatrice에게 열성을 다했듯 페트라르카도 라우라Laura라는 여인에게 그처럼 열성을 바쳤다. 두 시인 모두 볼로냐의 시인 귀도 귀니첼리Guido Guinicelli(1230~1276) 같은 돌체 스틸 누오보(노보)dolce stil nuovo(novo)(맑고 새로운 문체. 청신체淸新體)의 토대를 놓은 옛 시인들에게 찬탄을 아끼지 않았고, 단테는 귀니첼리를 자기문학의 '아버지'로 여기기도 했다. 단테와 페트라르카의 작품에 담긴 이 '감미로운 새로운 양식sweet new style'은 음유시인들의 입에서 흘러나오는 노래와 거의 한 끗 차이였다. 단테를 '전적 측면에서 중세인'으로 분류하고 페트라르카를 '르네상스 정신의 시초'로 분류한 것은 현학을 좋아하는 비평가들의 평가일 뿐이다. (아래는 페트라르카의 시다.)

이 생각에서 저 생각으로, 이 산에서 저 산으로

사랑이 나를 잡아끄네, 모든 표시된 길은 고요한 삶과 정반대라서

강물 혹은 분수의 물줄기 고적한 산비탈을 수놓는 곳

혹은 솟아오른 두 언덕 사이 그늘진 계곡 숨은 곳

그곳에서 소란한 영혼 고요히 쉬나니

그리고 사랑의 말씀대로

그곳엔 분명 웃음, 울음, 두려움 함께하리니

그 영혼이 어딜 가든 뒤따르는 얼굴

고통으로 일그러졌다 고요히 평안해지길 반복하리니

그렇게 한 상태에 마냥 머물지 못할지니

그러한 삶을 잘 아는 사람

아마 다음과 같이 말하리

이 남자 뜨겁게 타오르는데, 자기 병 무언지 잘 모르네.[12]

14세기의 이탈리아는 지방 도시가 격한 혈투가 벌어진 온상이었으나 상인 은행가merchant banker(현대로 따지면 투자 전문 금융업자로, 역사적으로 상인들의 상업 활동에 투자하고 대출을 해주는 일을 해온 금융가들을 일컫는다)들을 탄생시킨 보금자리이기도 했다. 이탈리아를 각축장으로 삼아 도시들 사이에 싸움이 벌어지자, 이탈리아는 자유용병free company(12~14세기에 걸쳐, 전쟁 때마다 고용계약을 맺어 활동한 용병집단)들로부터 끊임없이 약탈당하는 신세를 면치 못했다—자유용병들은 주로 외국인들로 구성됐으며, 대표적으로 콘라트 폰 볼포트Conrad von Wolfort, 한때 구호기사단으로 활동한 프라 모리알레Fra Moriale, 모험가 기사 보헤미아의 얀 루쳄부르스키Jan Lucemburský, 잉글랜드인 존 후크우드John Hawkwood 등이 꼽혔다. 당시 베네치아와 제노바는 레반트 지역 무역을 둘러싸고 끝이 보이지 않는 해상전에서 헤어 나오지 못했다. 교황을 잃은 로마는 귀족들 당파의 압박과 함께, 로마 시민들의 반란, 그중에서도 민중에 영합하는 공상가 독재자 콜라 디 리엔조Cola di Rienzo의 주도로 일어난 반란 때문에 한바탕 곤혹을 치르고 있었다. 앙주왕가의 나폴리는 조반나 1세 당조Giovanna I d'Angiò(또는 조반나 1세 디 나폴리Giovanna I di Napoli)(재위 1343~1382)와 그녀의 네 남편이 저지른 무정부 상태의 실정으로 민심이 사나워져 있었다.

이 싸움판 속에서 이탈리아 금융업자들은 이득을 취할 방법들을 터득한다. 교환각서부터 보험과 회계까지, 오늘날 사용되는 온갖 재무관리 기술이 고안돼 나온 것이 이 시기였다. 거기다 이탈리아 금융업자들은 교회 고위 성직자들과의 연줄을 활용해 활동 무대를 라틴 기독교왕국 전역으로 넓혀나갔다. 피렌체에서는, 1339~1349년에 도시의 유력 가문들이 줄줄이 파산하며 과

도한 신용의 부담을 이기지 못하고 파국을 맞았다. 물론 피렌체는 종국에 가서는 재기에 성공했다, 자본주의 세계는 이렇듯 부와 참화가 공존하는 한가운데서 태어난 것이었다.[콤푸타티오]

중세 후기 교황은, 보니파시오 8세Boniface VIII(재위 1294~1303) 대에 잠시 발작적으로 자기주장을 펴는가 싶더니 이후 다른 힘에 꺾여 한동안 유배지 생활을 하는 신세로 전락했다. 보니파시오는 이때껏 "중세의 마지막 교황"이라 일컬어져왔다. 그는 기구한 삶을 살았던 은자 피에트로 델 모로네Pietro del Morrone(첼레스티노 5세Celestine V)에 이어 교황으로 선출됐는데, 첼레스티노에게 교황직에서 물러나라고 권한 뒤 여생 내내 그를 옥에 가둬둔 이가 보니파시오 8세였다. 보니파시오는 애초부터 일족인 가에타니 가문의 재산을 늘리고 숙적 콜론나 가문의 재산을 축내는 한편, 끝이 안 보이는 '만종기도전쟁War of the Vespers'(앞에 나온 "시칠리아만종사건")을 통해 시칠리아에 앙주왕가를 다시 앉히는 데에 여념이 없었다. 그러긴 했으나 《법령집 제6서Sextus》(교회법 전집의 제3부에 해당하는 내용)를 책임지고 편찬해낸 것 또한 그였다. 1300년에 들어서는 희년禧年을 시행해 로마를 향해 몰려드는 수 많은 순례객들을 성심성의껏 맞아주었다. 그가 반포한 〈우남 상크탐Unam Sanctam〉(거룩한 하나의 교회)(1302)에서는 교황의 수위권을 극단적으로 옹호하면서, 교황의 힘이 없이는 지상의 그 어떤 존재도 구원을 얻을 수 없다고 주장했다. 그러나 프랑스에 공연히 싸움을 걸었던 보니파시오 8세로서는 화를 자초한 셈이 됐다. 보니파시오는 고향땅 아나니에서 프랑스 왕이 보낸 앞잡이에게 납치당했고, 이때 받은 충격을 이겨내지 못하고 숨을 거두었다. 단테는 피렌체의 사절 자격으로 몸소 로마를 찾은 적이 있었으니 아마 보니파시오를 직접 만나볼 기회가 있었을 텐데, 교황을 "바리새인들의 제후"라 부르며 절대로 용서받지 못할 자로 여겼다. 단테는 〈신곡: 지옥 편〉에서 성직매매의 죄를 지었다며 보니파시오를 지옥에 두는 한편, 〈신곡: 천국 편〉에서는 성 베드로의 입을 통해 맹비난을 쏟아냈다.

천주의 성자 앞에서는
지금 비어 있는 내 자리를, 내 자리를,
내 자리를, 그자가 지상에서 빼앗아
내 분묘를 피와 고름이 가득한
시궁창으로 만들었으니―그 비뚤어진 자가
여기에서 떨어져, 저 아래서는 기쁨을 누리는구나. […]

양치기로 변장한, 탐욕스러운 늑대들이
풀밭 사이사이에 보이거늘. 오, 어째서
하느님을 지키는 자들은 그리 낮게 엎드려만 있느냐?

콤푸타티오 COMPUTATIO

■ 1494년 루카 파치올리Luca Pacioli(1447~1517)
■ 의 《산수, 기하, 비比 및 비례 대전比例大典, Summa de arithmetica, geometria, proportioni et proportionalita》이 베네치아에서 간행됐다.

파치올리의 논문 〈회계와 기록에 대하여Particularis de Computis et Scripturis〉가 담긴 이 책은 근대의 회계사라는 직업을 위한 최초의 교본이 됐다. ("콤푸타티오"는 라틴어로 "계산" "셈" "수입·지출" 등을 의미한다.)

파치올리는 프라 루카 디 보르고 산세폴크로Fra Luca di Borgo San Sepolcro라는 이름으로도 불렸으며 프란체스코회 수사이자 피렌체의 저명한 순회 교수였다. 그의 가장 유명한 논문 〈신성한 비례De Divina Proportione〉(1509)에는 레오나르도 다 빈치의 삽화가 들어있다. 최근 학자들은 그를 "회계학의 아버지"라고 부른다.[1]

복식부기인 '베네치아 방식'은 파치올리가 소개하기 한참 전부터 이탈리아의 여러 도시에서 발달해왔다. 베네치아 방식에서는 거래기록부, 일지, 원장의 3가지 장부를 작성했다. 거래기록부에는 매 거래 내용을 적었다. 일지는 거래기록부를 토대로 하루의 거래를 시간순으로 요약·작성했다. 일지 왼쪽 칸에 차변을, 오른쪽 칸에 대변을 기록했다. 원장에는 각 계정에 두 쪽을 할당하되 왼쪽에 차변을 오른쪽에 대변을 적었으며 거래 목록을 첨부했다. 또한 거래 이후 잔고, 상인의 자산 요약, 다양한 수입 및 지출 항목 목록이 포함됐다. 계산이 끝나면 결산 수익 및 손실이 자본금 계정에 기록됐고 이를 통해 경영자의 순자산을 파악할 수 있었다.[2]

체계적 회계 방식은 자본주의 성장의 전제조건이다. 그것이 유럽에 널리 퍼졌음은 파치올리 이후 간행된 다음과 같은 출판물에서 알 수 있다. Jan Ympyn Christoffels, *Nieuwe instructie ende biwijs de der loofelijcker consten des rekenboecks*(Antwerp, 1543), Valentin Mennher, *Practique brifue pour cyfrer et tenir livres de coupte*(Antwerp, 1550), James Peele, *The maner and fourme how to kepe a perfect reconying. . .*(London, 1553), Claes Pietersz, *Boeckhouwen op die Italienische maniere*(Amsterdam, 1576), Simon Stevin, Vorsteliche Bouckhouding (Leyden, 1607). 마지막 책은 네덜란드의 나사우의 모리스 Maurice of Nassau 공(마우리츠 판 오라녀Maurits van Oranje)을 위해 저술됐다.

역사학자들은 아무리 평범한 직업에도 그것의 역사가 있다는 사실을 종종 간과한다.[3] 그런 평범한 직업들은 학술계를 비롯해 자본주의 세상의 작동에서 점점 더 중요해지고 있다.

가스코뉴인과 카오르인들이 우리의 피를
들이키려 하는데, 오 훌륭한 신의 뜻,
그것이 널 위해 얼마나 안 좋은 끝을 마련해두었을까?[13]

그 "안 좋은 끝"이란 이후 교황들이 오랜 기간 아비뇽에서 유배를 당하게 됨을 뜻하는 것으로 드러나니, 시초는 클레멘스 5세Clement V(재위 1305~1314)의 이름으로 교회를 다스린 가스코뉴인 베르트랑 드 고트Bertrand de Got였다.

아비뇽의 교황들이 겪은 바빌론유수幽囚, Babylonian captivity(기원전 587년 유다왕국의 멸망으로 유대인이 바빌로니아의 수도 바빌론에 포로로 잡혀간 것, 혹은 기원전 538년 키루스 2세가 이들을 풀어주기까지 약 50년 동안의 기간을 빗댄 표현이다)는 1309년부터 1377년에 걸쳐 계속됐다. 교황의 유배는 미남왕 필리프의 선동으로 그가 교황 클레멘스 5세를 가차 없이 압박하는 것으로 시작돼, 다시 시에나의 성녀 가타리나(카테리나 다 시에나Santa Caterina da Siena, 1347~1380)의 선동으로 로마로 돌아가고야 말겠다는 교황 그레고리오 11세(재위 1370~1378)의 결단이 인정을 받으면서 끝이 났다. 이 시기 교회에서 선출된 교황은 모두 프랑스인이었으니, 당시 교황을 선출한 추기경단이 프랑스인 일색이었다. 론강에 위치한 아비뇽은 이때만 해도 프랑스 영토가 아니라 앙주왕조의 피호민들이 교황에게 증여한 브내생이라는 타지인 거류지에 속해 있었으나, 1348년 들어 교황이 8만 황금크라운을 주고 이 땅을 사들였다. 그럼에도 당대에 가장 힘이 막강했던 나라는 프랑스였다. 템플기사단을 해산시키는 등 현실에서 여러 정책을 시행한 것이 프랑스였다. 아비뇽에 자리한 교황들의 권위는 모든 나라에서 다 인정받지는 못하고 있었다. 당시 라틴 기독교왕국은 심하게 사분오열돼 있었다.

당대엔 교회의 힘이 남용되고 있음이 분명해서 당연히 그에 대한 강력한 반작용이 일 수 밖에 없었다. 그중 하나가 사람들이 종교적 희열과 하느님과의 직접적 교감을 강조하며 신비주의로 빠져든 것이었다(568~569 참조). 기독교왕국 곳곳에 민간 종파가 우후죽순 생겨난 것도 그런 식의 반작용으로 볼 수 있었다―이들 종파는 거의 모두가 신학적 측면에서는 인습에 얽매이지 않았다. 다양했던 종파에 한 가지 공통점이 있었다면, 기존 교회로부터 뼈저린 배신감을 느꼈다는 것이었다. 대표적으로 프라티첼리Fraticelli(영성파 프란체스코회. 구원의 교리에 위배되게 재산을 소유했다), '베긴회Beguines(여자)'와 베가르드회Beghards(남자)'라고도 알려진 탁발수도사들, 자유정신형제회Brethren of the Free Sprit, 독일의 루시퍼파Luciferans(범신론을 숭배했다), 신비주의 종파 고테스프로인데Gottesfreunde(하느님의 벗들), 잉글랜드의 롤라드파Lollards를 꼽을 수 있었다. 이들은 하나같이 종교재판을 받으며 모진 박해를 당했다.

당시에는 정치적 혼란과 함께 종교재판에 대한 두려움이 팽배해서 교회개혁을 폭넓게 논의한다는 것이 사실상 불가능했다. 또한 교회개혁은 신학적 측면과 조직적 측면을 모두 지닌 문제였다. 잉글랜드인 존 위클리프John Wycliffe(1330년경~1384)는 한때 옥스퍼드대학 발리올칼리지의 교수였는데 이후, 교회에 쌓여 있는 부에 문제를 제기하고, 교황의 수위권을 거부하고, 성체성사의 성변화聖變化 즉 화체설transubstantiation 교리도 부정했다. 결국 그는 이단으로 몰려 화형을 당하게 되지만 죽은 뒤에 위세를 떨쳤다. 체코인 얀 후스Jan Hus(1372~1415)는 한동안 프라하대학의 목사로 일하면서 위클리프로부터 지대한 영향을 받았다. 후스는 예정설과 선민교회Church of elect의 개념을 특히 강조했다. 독일인이 주류였던 고위 성직자단을 상대로 체코인들이 반기를 들고일어났을 때 그 구심점 역할을 한 것이 후스였다. 후스는 교회에서 자신을 파문하자 교회공의회에 항소했다. 살아서는 이름을 널리 떨치지는 못했어도, 얀과 후스는 프로테스탄트들을 이끈 선구자들이었다. [마술]

스위스, 엄밀히 말해 슈바이츠die Schweiz라는 이름은 루체른호湖에 자리한 슈비츠Schwyz에서 따온 것으로, 이곳은 13세기 후반 들어 독일 제국과 거리를 두며 별개의 정치적 정체성을 주장하고 나온 스위스의 3개 주canton의 하나였다. 슈비츠, 우리, 운터발덴 주가 이른바 '영원한 연맹Everlasting League'이라는 자기방어 협약에 합의하고, 외부의 간섭이 발생할 경우 의기투합하기로 맹세한 것이 1291년의 일이었다. 연맹을 통해 3개 주는 해당 지역을 주무르던 실세 백작들로부터 벗어나고자 한바, 합스부르크가의 귀족들은 굴욕적 사법권을 적용해 계곡의 자유민들에게 강제력을 행사하려 하고 있었다. 그러다 1315년 모르가르텐전투Battle of Morgarten에서 합스부르크가의 군대가 완패하면서, 3개 주의 연맹을 핵심 축으로 삼아 불만을 품은 지역들이 들고일어났다. 그중 제일 먼저 움직인 것이 루체른이었고(1331), 이 지역이 형성된 것을 계기로 차후 피어발트슈테터Vierwaldstätte(숲속 4개 주)가 탄생할 수 있었다. 이후로는 취리히(1351), 글라루스(1351), 추크(1352) 같은 제국도시와 함께 함께 베른(1353) 같은 도시국가가 줄줄이 출현했다. 1386년 젬파흐에서 합스부르크 군대가 다시 한 번 패하면서, 말 등에서 떨어진 합스부르크 기사들은 미늘창을 든 스위스 병사들에게 육신이 갈가리 찢겨나갔고 스위스의 주들은 실질적으로 독립하게 됐다(부록 1599쪽 참조).

15세기 중반에는 합스부르크가가 취리히를 지원하는 식으로 손을 써, 취리히와 그 이웃들 사이의 내전을 조장했다. 그러나 1474~1476년에 스위스가 부르고뉴를 상대로 압도적 대승을 거두면서(스위스가 빨간 바탕 위에 하얀 십자가가 그려진 기를 처음 내걸고 싸운 것이 이 전투였다), 다른 지역들도 차례로 독립 대열에 합류했다―프리부르와 졸로투른(1481), 바젤과 샤프하우젠(1501), 아펜첼(1513) 등이다. 이 무렵, 스위스의 영토는 이미 서쪽의 쥐라에서 동쪽의 티롤까지 뻗어 있었다. 아울러 스위스의 '신민'들과 함께 스위스의 '보호를 받는' 영토가 각지에 광범위하게 퍼져 있었으니, 제네바호 인근의 보, 론강 상류의 발레, 저 멀리 남쪽 루가노호의 티치노, 동쪽의 그라우뷘덴 혹은 그리종(회색연맹) 등이 그러했다. 이들 땅에서는 독일어, 프랑스어, 로만슈어를 쓰는 사람들을 모두 찾아볼 수 있었다. 하지만 슈탄스협약Compact of Stans(1481)으로 상호동맹의 관계망이 조절된 것을 제외하면, 이때만 해도 스위스에 하나의 공통된 제도 같은 것은 존재하지 않았다. 제국은 1499년의 조약을 통해 연맹의 존재를 인정은 했으나 그때까지도 공식적 독립 선언은 없었다. 그러는 동안 스위스인은 스스로가 유럽에서 제일가는 최정예 병사임을 입증해 보여 유럽 각지에서 이들을 용병으로 쓰려는 움직임이 일었다. 스위처Switzer라 불린 바티칸의 근위대는 미켈란젤로 부오나로티가 만든 의장을 착용하고 복무한바 그 연원이 1516년으로 거슬러 올라간다.

스위스 남쪽과 서쪽에서는 먼 옛날부터 이어져온 사보이아(사보이. 프랑스어로는 사부아)왕가가 알프스산맥에 자리한 자기들 영토를 하나로 통합해가고 있었다. 백작 아메데오 5세 디 사보이아Amedeo V di Savoia(재위 1285~1323)는 상베리 인근의 사보이아백작령을 토리노의 피에몬테 공국과 함께 재통일했다. 아메데오 6세 디 사보이아Amedeo VI di Savoia(재위 1343~1383)는 콘테 베르데Conte Verde(베르데 백작)로도 통하고 십자군에도 참전했던 인물로, 나라가 지원하는 빈민 구호 체계를 처음 도입했다. 아메데오 8세 디 사보이아Amedeo VIII di Savoia(재위 1391~1440)는 제네바호의 리파이유에 은둔처를 마련하고 그곳에서 생활했다. 그런 그에게 황제가 공작의 지위를 내렸고, 이윽고 바젤의회에서는 그를 펠릭스 5세Felix V(재위 1439~1449)라는 이름을 붙여 마지막 대립교황으로 세웠다.

비잔티움 제국과 로마 교황직이 좀처럼 혼란에서 헤어나지 못하는 가운데, 프랑스는 사상 처음 유럽의 패자로 등극할 절호의 기회를 수차례 맞았다. 생 루이(루이 9세)의 뒤를 이어, 카페왕조의 계보를 이은 마지막 3세대 왕들—용맹왕 필리프 3세Philippe III le Hardi(재위 1270~1285), 미남왕 필리프 4세Philippe IV le Bel(재위 1285~1314), 미남왕의 세 아들 루이 10세Louis X(재위 1314~1316), 필리프 5세Philippe V(재위 1316~1322), 샤를 4세Charles IV(재위 1322~1328)—이 통치한 주민들만 해도 그 규모가 제법 커져, 그 수數와 부가 더욱 늘어나는 것은 물론 행정도 잘 운영되고 있었다. 그럼에도 이들이 재위 중 자신의 이점을 충분히 살리지 못한 데는 여러 이유가 있었으니, 일단 왕위 계승과 관련해 실랑이가 끊이지 않았고, 잉글랜드와의 사이에서는 치열한 세력 다툼이 벌어졌으며, 전염병이 나라를 휩쓴 때문이었다.

생 루이의 손자 미남왕 필리프는 얼굴은 아름다웠을지 모르나 천성은 아름답지 못했다. 그는 악화惡貨를 주조해내는가 하면, 별의별 명목을 붙여 신민들에게서 세금을 걷는 군주로 악명이 높았다. 영토 확장 작업에서 어쩌다 그가 성공을 거둔 것도—1312년에 리옹을 프랑스 영토로 합병했다— 황제가 이탈리아를 떠나 있는 틈에 땅을 슬쩍 훔쳐온 것이었다. 미남왕 필리프가 교황과 척을 지고, 이를 계기로 나중에 아나니에서 불미스러운 사건을 일으키게 되는 것도 돈 문제가 얽힌 일이었다("아나니사건"은 1303년 9월에 로마 동남쪽 아나니Anagni에서 프랑스 왕 필리프가 교황 보니파시오 8세를 습격·감금하고 퇴위를 강요한 사건이다. 둘 사이 대립은 왕이 교황의 양해 없이 프랑스 내 교회에 임시세臨時稅를 부과한 데서 비롯했다. 보니파시오 8세는 10월에 유배 상태에서 죽었다). 교황이 〈클레리키스 라이코스Clericis laicos〉(성직자와 속인) 칙서를 내려 미남왕 필리프가 성직자에게 과세하는 일을 극구 막으려 하자, 미남왕은 돈이 한 푼도 밖으로 빠져나가지 못하게 돈줄을 단단히 죄는 것으로 응수했다. 그가 템플기사단에 보인 원한은 기사단의 재산을 몰수

마술 MAGIC

■
■ 롤라드파派의 《12결론Twelve Conclusions》
(1395)에는 중세 잉글랜드 교회가 마술과 관련
돼 있다는 직접적 비판이 담겼다. 프로테스탄트 운동
에서는 '종교에서 마술적 요소를 없애겠다'는 강력한
의지가 목격됐다. 프로테스탄트의 시조 격인 롤라드파
는 그 의지를 확고하게 표현했다.

교회에서 행해지는 악령 쫓기와 포도주, 빵, 밀랍, 물,
소금, 기름, 향, 제단의 돌, 제의와 주교관, 십자가, 순
례자의 지팡이와 관련된 숭배는 성스러운 신학이 아
니라 마술적 행위다. [...] 그토록 소중히 여기는 그런
사물들에서 아무런 변화도 일어나지 않기 때문이다.
사람들이 잘못된 믿음을 갖고 있을 뿐이나. 그것이
사악한 마술의 본질이다.[1]

그럼에도 15~17세기 유럽에서는 온갖 형태의 마술적
믿음이 지속됐다. 각 지역에 연금술사, 점성술사, 점쟁이,
마법사, 치료사, 마녀가 넘쳐났다. [연금술] [마녀] [노스트
라다무스] 시골에는 유령, 요정, 도깨비, 꼬마 요정이 살았
다. 롤라드파의 정신적 지도자 존 위클리프(1384년 몰)는
누구나 읽을 수 있도록 성경을 영어로 번역했다. 하지만
300년 후 크롬웰의 청교도 시대에 가장 많이 팔린 책은
윌리엄 릴리William Lilly의 점성술 책 《메를리누스 앙리
쿠스Merlinus Anglicus》(잉글랜드인 멀린)와 《고금 예언
집Collection of Ancient and Moderne Prophecies》이
었다.[2] 마술과 종교는 종종 서로 뗄 수 없는 관계였다. 기
독교 성인을 숭배하는 사람들은 퍽Puck(장난꾸러기 요정)
과 맵 여왕Queen Mab(꿈을 지배하는 요정)과 마법사 멀
린Merlin도 믿었다. 종교개혁 시대에도 마술은 쇠퇴하지
않았다.
프로테스탄트가 마술에 퍼부은 맹공은 그저 부분적
인 성공에 그쳤다. 심지어 프로테스탄티즘이 명목상
성공을 거둔 나라들에서도 말이다. 그러나 급진파들

의 의지는 확고했다. 위클리프 이후 마르틴 루터가 등
장해 면벌부 판매를 비판했고(631쪽 참조), 장 칼뱅은
성변화聖變化 즉 화체설transubstantiation(성체성사聖體
聖事에서 빵과 포도주가 그리스도의 몸과 피로 변하는 일)를
'주술'이라며 비난했다. 종교생활에서 조금이라도 초자
연적 함의가 있는 것은 마술이라는 의심을 받았다. 프
로테스탄트는 서약, 기적, 축성식. 상징, 우상 이미지,
성수, 성인 축일, 행진, 순례를 혐오했다. 게다가 마술
적 요소가 전혀 없다는 프로테스탄트 입장에서는 자
신들의 적인 '로마가톨릭Popery' 역시 사악한 마술과
같았다. 교황은 마술사이고 가톨릭 미사는 악마 숭배
의식의 일종이었다.
현실적으로, 그런 견해는 상당한 위선을 내포했다. 온
갖 규정과 개혁에도 불구하고 프로테스탄트 성직자들
도 마술과 타협하지 않을 수 없었다. 영국국교회와 루
터교회는 칼뱅파, 재세례파, 여타 복음주의 종파보다
는 성사聖事를 중시했다. 그런데 십자가 상징, 법정에
서의 선서, 출산 후 여성의 감사 의식 등을 완전히 버
리기는 힘들었다. 교회 건물, 군기, 음식, 선박, 묘지
등을 축성하는 관습도 없애기가 사실상 불가능했다.
프로테스탄티즘은 자각하는 신앙을 중시하면서 새로
운 종류의 기독교를 만들려고 했다. 그러나 마술적 요
소는 결코 완벽히 제거되지 않았다.
마술은 17세기 후반에야 쇠퇴하기 시작했다. 그 원인
으로는 과학혁명(661~666쪽 참조), 합리주의의 대두,
근대 의학, 수학, 확률이론의 발전, 점차 덜 위험해진
사회적 환경을 들 수 있다. [로이즈] 그럼에도 마술에
대한 믿음, 마술과 종교 사이 상호의존성은 완전히 사
라지지 않았다. 20세기에도 점성술은 인기가 높았다.
롤라드파의 나라인 영국에서는 성찬의 마술이 왕실의
새로운 의식儀式 속에 부활했으며 1953년 여왕 대관
식에서 절정에 달했다.[3] 폴란드나 이탈리아 같은 가톨
릭 국가에서는 사제가 자동차에서부터 축구 마스코트
에 이르기까지 온갖 것에 축복을 내린다. 바티칸은 지
금도 신앙요법과 예언을 인정한다. [베르나데트] [파티마]

공산주의 정권이 정교회 신앙을 파괴했던 러시아에서 조차도 점성술과 요정에 대한 믿음을 뿌리 뽑을 수 없었다.

마술연구나 종교연구는 선입견과 기호의 영향을 받을 수밖에 없다. 제임스 조지 프레이저의 《황금가지》 (1890) 출간 이후 과학적 인류학자들은 불편부당한 태도를 견지하려 노력했다. 그러나 학자들은 다른 민족의 마술이나 주술을 폄하하고 싶은 유혹을 항상 이겨내지는 못했다. 어쩌면 그것 자체가 일종의 미신인지도 모른다. [아리키아]

하는 것으로 끝맺음됐으며 질투심에 비롯돼 시종 악의에 차 있었다. 1307~1312년에 걸친 템플기사단의 재판에서는 기사단에 악마 혹은 불경자와 손을 잡았다는 기괴한 혐의를 뒤집어씌운 뒤, 고문을 가하고 자백을 받아내 결국 살인 및 국가 차원의 강도질을 정당화한 흔적이 역력했다. 템플기사단을 이끈 최후의 단장 자크 드 몰레Jacques de Molay는 자신의 자백이 모두 허위였다고 공언한 뒤 파리에서 화형을 당했는바(1314), 이 일은 프랑스 역사에 내내 지워지지 않는 얼룩으로 남았다. [안젤루스]

그렇긴 했으나 미남왕은 프랑스에 각종 제도를 마련한 왕이기도 했다. 그는 자신의 레스트légiste(법률고문)들을 따로 두고 그들의 도움을 받아 신민들에게서 돈을 뜯어낼 각종 구실을 찾아내 약탈을 제도화했고, 그것들에 그럴싸한 옷을 걸쳐 국가적 합의가 된 것처럼 위장했다. 미남왕에게 지침이 된 원칙은 "왕을 즐겁게 하는 것은 무엇이든 법의 효력을 갖는다quod principi placuit legis habet vigorem"라는 로마 속담이었다. 이 무렵 오랜 프랑스 왕실은 세 부분으로 나뉘어 있었다. 왕실위원회royal counsil(또는 조정, "쿠리아 레기스Curia Regis")는 국정을 운영했고, 샹브레 데 콩테chambre des comptes(재무부)에서는 왕국의 재무를 맡았으며, 파를망parlement (고등법원)은 왕실의 법정 기능을 하며 왕이 내리는 모든 칙령을 기록했다(그 이름과 달리 명실상부한 의회parliament는 아니었다). 프랑스 삼부회三部會, Etats-Généraux가 처음 회의를 연 것은 1302년이었으며, 귀족·성직자·평민들이 한자리에 모여 왕실에서 입안한 정책에 승인을 내렸다. 미남왕 필리프는 마침맞게 세상을 떠났다고 하겠는데(1314), 조금만 더 명이 길었더라도 민중이 일으킨 폭동을 겪었을 것이었다. 그럼에도 그가 만든 정밀한 행정제도는 상당 부분이 살아남아 1789년까지 명맥을 이어갔다.

1316년에 들어 카페왕조의 왕위 계승을 두고 일대 혼란이 빚어졌다. 미남왕의 세 아들은 슬하에 딸만 여섯이고 왕위를 이을 아들이 하나도 없었다. 그런 상황에서 완고왕 루이 10세Louis X le Hutin가 급작스레 세상을 떠났는데(1316), 남긴 가족이라곤 딸 하나와 임신한 아내가 전부였고, 뱃속의 아이 곧 유복자왕 장 1세Jean I the Posthumous는 태어난 지 일주일도 되지 않아 세상을 떠났다. 최종 결과는 살리카법Salic Law에 따랐으니, 루이의 형제들이 법률가들을 시켜 누이들(과 이후 프랑스 왕가에서 태어나는 여자들까지도)을 권좌에 발붙이지 못하게 막았다. 그러나

안젤루스 ANGELUS

■ 제1차 십자군 원정의 필요성을 설파한 교황 우
■ 르바노 2세Urban II(재위 1088~1099)는 사람들에게 '안젤루스'를 하루에 세 번 암송하라고 촉구했다. 성모마리아는 십자군 수호성인이었고, "주님의 천사가 마리아께 아뢰니Angelus Domini nuntiavit Mariae"로 시작하는 기도는 이미 성모 마리아에 대한 기도로 일반화돼 있었다. 교황의 촉구는 거의 무시됐다. 그러나 푸아투의 생트에 있는 생피에르성당은 예외였다. 이곳의 성직자들은 안젤루스를 정기적으로 암송했거니와 일출·정오·일몰에 기도의 시작을 알리는 종을 치는 관습을 확립했다. ('안젤루스'는 라틴어 기도문의 첫 단어가 안젤루스인 데서 유래한 이름으로 곧 '삼종三鐘기도'를 말한다.)

전하기로는, 1318년 교황 요한 22세John XXII는 우르바노 2세의 제안을 되살려, 모든 교회에서 생트의 관습을 채택하도록 지시했다.[1] 이 조치가 교황 갈리스토 3세Callistus III가 재위 중이던 1456년에 취해졌다고 보는 학자도 있다. 어쨌든 이슬람의 기도시간을 알리는 무엣진처럼 안젤루스 종소리(안젤루스벨)는 라틴 기독교 세계의 마을과 촌락의 특징이 됐다. 중세는 소음이 없는 시대였다. 공장, 엔진, 자동차, 라디오, 공공장소의 배경 음악이 없었다. 소리란 시끄럽고 성가신 뭔가로 여겨지는 대상이 아니었다. 마을의 좁고 붐비는 거리에서는 행상인의 외침이 직공의 작업장에서 나오는 부산한 소리와 뒤섞였다. 하지만 넓고 한적한 시골에서는 자연의 소리뿐이었다. 교회 종소리와 경쟁하는 것은 나무를 건드리는 바람 소리, 소 울음소리, 멀리 대장간에서 쇠를 벼리는 망치질 소리뿐이었다. [소리]

1328년 프랑스 왕좌가 새로 일어난 왕가의 시조 필리프 드 발루아Philippe de Valois에게 넘어가자 당연히 왕위 계승 문제를 걸고넘어지는 사람이 나타났다. 미남왕의 손자 중 유일하게 살아남아 잉글랜드 왕으로 있던 에드워드 3세Edward III(재위 1327~1377)였다. [몽타유]

잉글랜드는 플랜태저넷가의 명맥을 이은 세 명의 에드워드—에드워드 1세Edward I(재위 1272~1307), 에드워드 2세Edward II(재위 1307~1327), 에드워드 3세Edward III(재위 1327~1377)—의 통치를 받았는데, 100년이 넘는 동안 통치자는 단 이 셋뿐이었다. 이 시기에도 귀족들은 적잖이 불만을 터뜨렸고, 외국과의 전쟁도 수차례 벌어졌다. 플랜태저넷가는 이때까지도 가스코뉴와 기엔 지방을 프랑스의 봉토로 소유하고 있던 터라 잉글랜드의 영토 기반은 언제 어떻게 변할지 몰랐다. 그러나 플랑드르 지방과의 양모무역이 활황이었던 데다 곳곳의 도시들도 성장 중이었다. 특히 에드워드 1세 대代에는 갖가지 통치제도를 일원화하는 한편, 잉글랜드가 브리튼섬에서 확실하게 군림할 수 있도록 다각도로 정책들이 마련돼 일괄적으로 시행됐다. 1295년에 소집된 잉글랜드의 '모범의회model parliament'는 시몽 드 몽포르의 30년에 걸친 노력의 성과로서 각 지방의 영주 및 기사들과 함께 시민들도 소집돼 잉글랜드 하원 탄생의 초석이 마련됐다. 마그나카르타(대헌장)도 이즈음 다시금 그 존재를 확인받았다. 그러나 1297년 스테프니 그린에서 열린 모범의회 회기 동안 법 조목 수정이 승인돼, "대표 없이는 과세도 없다No taxation without representation"는 원칙이 확립됐다. 이후로는 웨스트민스터에서는 줄곧 '잉글랜드 의회England's

Parliament'가 열렸다. 얼마 전까지만 해도 에드워드 1세가 1278년에 마련해놓은 권한개시開示 영장Quo Warranto(옛날 직권·특권 남용자에게 해명을 요구하기 위해 낸 영장)으로 귀족들이 토지를 소유하려면 왕실로부터 위협받을 각오부터 해야 했으나, 이내 웨스트민스터 제2조the Second Statute of Westminster(1285)가 마련돼 사유지 상속이 쉬워지면서 군주와 직접수봉자 모두 법령의 혜택을 입었다. 에드워드 1세는 〈클레리키스 라이코스〉 칙서를 둘러싸고도 교회와 갈등을 빚었으나 성직자를 사회에서 매장시키는 간단한 방법으로 쉽사리 싸움의 주도권을 잡았다. 1277~1301년에는 웨일스를 정복했으니, 할렉에서 콘웨이까지 사슬처럼 이어져 있던 대규모 성들에 막혀 다소 지체는 됐어도, 이때 에드워드 1세의 정복을 계기로 웨일스는 영구히 잉글랜드의 차지가 됐다. 그러나 에드워드 1세의 스코틀랜드 침략은 스코틀랜드가 완전한 독립을 이루겠다고 나설 구실이 됐다. "서약을 지켜라Pactum Servare"라는 부친의 생전 가르침과는 거리가 멀었던 에드워드 2세는 아내인 왕비(프랑스의 이사벨라)의 명을 받고 온 자에게 버클리성城에서 살해당했다. 그의 뒤를 이은 에드워드 3세는 프랑스와의 사이에 백년전쟁이 터지면서 재위 내내 끊임없이 싸움을 벌여야 했다.

사실 민족국가의 면모를 갖추기는 잉글랜드보다 스코틀랜드가 훨씬 먼저였다. 스코틀랜드는 노르만정복Norman Conquest(노르망디공 윌리엄 1세(정복왕, 재위 1066~1087)의 잉글랜드 정복)으로 나라가 쑥대밭이 된 적이 없었다. 거기다 잉글랜드가 웨일스와 타협하기 훨씬 전에, 스코틀랜드는 이미 게일계 씨족들과 모두스 비벤디modus vivendi(직역하면 '살아가는 방법'을 뜻하는 라틴어를, 의역하면 '상생의 협정'을 의미한다)에 도달했다. 잉글랜드가 프랑스의 국내 정세에 수없이 휘말렸던 것만큼, 스코틀랜드의 귀족들과 군주들도 잉글랜드의 내정문제에 휘말려온 지 이미 오래였다. 스코틀랜드가 중대 전환점을 맞은 것은 에드워드 1세가 왕위 계승 문제에 개입한 이후 몇십 년 동안 전쟁에 돌입하면서였다. 이때 왕위를 차지하겠다고 다툼에 뛰어든 인물 중 한 사람인 존 발리올John Balliol(1313년 몰)은 잉글랜드까지 끌려가 옥에 갇혔다가 나중에는 프랑스에 유배당했다. 또 다른 왕위 도전자 로버트 (1세) 브루스Robert the Bruce(재위 1306~1329)는 1314년 6월 배넉번전투Battle of Bannockburn에서 승전한 인물로, 애초엔 잉글랜드의 봉신이었으나 종국엔 스코틀랜드의 구원자로 생을 마감했다. 그러나 스코틀랜드에 지대한 영향을 끼치기로는 윌리엄 월리스William Wallace(1270~1305)를 따를 이가 없었으니, 그가 스코틀랜드의 평민들을 일깨워 저항운동으로 이끌었다는 점에서다. 끝내는 배신당하고 도적으로 몰려 런던에서 교수형을 당한 그는 스코틀랜드의 이상을 위해 순교한 영웅이었다.

스코틀랜드인, 지금껏 월리스와 함께 피 흘린 이들이여
스코틀랜드인, 곧잘 브루스의 지휘를 따랐던 이들이여

몽타유 MONTAILLOU

■ 1318년에서 1325년 사이 피레네산맥 푸아 지방
■ 파미에의 주교 자크 푸르니에Jacques Fournier
는 교구 내 이단의 부활에 대한 대대적 종교재판을 실
시했다. 370회에 걸쳐 용의자 114명을 심문했는데 그중
48명은 여성이었고 25명은 몽타유 마을 출신이었다. 주
교는 당시 모든 심문과 답변을 기록으로 남겼다.

몽타유는 주민 약 250명의 작은 마을이었다. 주민들
은 오스탈ostal 또는 도무스domus라는 26개 씨족의
구성원이었고 50세대 정도 됐다. 마을은 성이 있는 산
꼭대기에서부터 교회가 있는 산자락까지 펼쳐져 있었
고, 주민 대부분은 농민이나 직인職人이었다. 이동 방
목을 하는 양치기들도 있었는데, '오두막cabane'에 살
면서 카탈루냐 지방과 연결된 목초지와 산길을 삶의
터전으로 삼았다. 몽타유 주민들은 공식적으로는 가
톨릭교도였지만 대부분 카타리파 신도였으며, 순회 지
도자인 '페르펙티Perfecti'(완전한 자)를 헛간이나 지하
실에 숨겨주었다. 주민들이 가톨릭에 보인 반감은 종교
재판에 대한 두려움으로 한층 심해졌다. 1308년 단속
때 많은 수가 체포돼 마을에 "양과 어린애들만 남았
다"는 말이 있을 정도였다. 주교의 기록부에는 일종의
'역사의 현미경'처럼 마을 주민들의 삶이 세세하게 기
록됐다. 한 역사학자는 다음과 같이 적었다. "몽타유는
드넓은 바다의 물 한 방울일 뿐이다. 그러나 우리는 그
안에서 헤엄쳐 돌아다니는 원생동물을 볼 수 있다."[1]
클레르그 씨족의 구성원 22명이 마을을 지배했다.
강경한 이단자인 늙은 폰 클레르그Pons Clergue에
게는 아들 넷과 딸 둘이 있었다. 아들 피에르Pierre
는 몽타유의 사제이면서, 이름난 호색한이었고, 감
옥에서 죽었다. 장원 관리인인 다른 아들 베르나르
Bernard는 피에르를 구하려고 증인을 매수해 위증
을 시켰다가 역시 감옥에서 죽었다. 폰의 아내 멩가르
드Mengarde는 남편이 죽은 후 몽타유 이단들의 우두
머리가 됐으나 나중에는 교구교회의 제단 아래 묻혔

다. 피에르의 애인 중 한 명인 귀족 베아트리스 드 플
라니솔Béatrice de Planissoles은 푸아 백작의 대리
인이자 성주城主인 베랑제 드 로크포르Bérenger de
Roquefort와 첫 결혼을 했다. 두 번이나 남편과 사별
한 베아트리스는 피에르의 망나니 사촌 파토Pathaud
의 첩이 됐다. 파토는 과거에 그녀를 겁탈한 남자였다.
그녀는 나이가 들어서도 여러 남자와 잠자리를 했고
딸 넷을 낳았다는 사실을 이단심문에서 털어놓았다.
그리고 1322년에 회개한 이단자를 표시하는 노란색
이중 십자가를 몸에 지니는 형벌을 받았다. [콘돔]
카타리파의 종교 관습은 사람들 사이에서 열띤 논란
의 대상이었다. 카타리파는 이중의 도덕체계를 갖고
있었다. 즉 '완전한 자'에게는 극단적으로 엄격하고 일
반 신도에게는 극단적으로 관대했다. 삶이 끝날 즈음
'완전한 자'는 죽음에 이르는 금식인 엔두라endura를
행했다. 일반 신도는 죽음에 임박해 사면을 위한 콘솔
라멘툼consolamentum 즉 위령안수를 받았다.
가톨릭과 카타리파가 섞인 공동체에 내재된 딜레마는
시빌 피에르Sybille Pierre의 갓난아기 딸의 사례에서
잘 드러난다. 이 병든 아이는 콘솔라멘툼을 받았다.
'완전한 자'는 아이가 우유나 음식을 먹는 것을 금지했
다. 아이 어머니는 이렇게 말했다. "그들이 떠나자 나
는 더 이상 견딜 수가 없었다. 눈앞에서 딸이 죽어가
는 걸 보고 있을 수 없었다. 그래서 젖을 먹였다. 집에
돌아온 남편은 […] 몹시 슬픈 얼굴이었다."[2]
(푸아 지방이 속한) 중세 옥시타니아 지역의 일상생활은
독특한 정서적 분위기를 풍겼다. 사람들은 남들 앞에
서 소리 내어 울 수 있었다. 쌍방 모두가 즐거움을 느
끼는 성관계에는 죄가 없다고 보았다. 노동윤리는 발
달하지 않았고, 크게 부유해지는 것은 혐오의 대상이
었다. 높은 영아사망률을 상쇄할 만큼 아이를 많이 출
산했다. 그렇다고 아이의 죽음에 무감하지는 않았다.
그들은 마술과 민속문화와 가톨릭과 이단이 뒤섞인
복잡한 세계를 살았다. 그리고 그들에게 죽음은 흔하
게 찾아왔다.

파미에에서 행한 광신적 이단심문은 푸르니에 주교의 경력에 아무런 해를 끼치지 않았다. 주교는 1327년에 추기경이 됐고 1334년에는 베네딕토 12세Benedict XII로서 교황 자리에 앉았다. 그의 기록은 바티칸도서관에 보관됐다. 그가 남긴 유명한 건물은 아비뇽교황궁Palais des Papes이다.

맞이하라, 피투성이가 된 네 침대
아니면 승리를.[14]

스코틀랜드의 군주들은 교황에게 보낸 아브로스선언Declaration of Arbroath(1320)에서 밝히길 "우리는 잉글랜드인의 지배에 절대 굴하지 않을 것을 굳게 결의했습니다"라고 했다. "우리가 지금 이렇게 싸우는 것은 자유freedom, 오로지 자유 그 하나를 얻기 위해서입니다."[15] 1328년 스코틀랜드는 마침내 자신들의 대의가 진실한 것임을 입증해냈다('아브로스'는 스코틀랜드 동부의 지명).

잉글랜드와 스코틀랜드 사이에 전쟁이 일어나자 아일랜드에도 그 직접적 여파가 미쳤다. 1297년에는, 에드워드 1세가 임명한 더블린 총독 존 워건John Wogan 경이 런던의 '모범의회'를 본떠 아일랜드 의회를 창설했다. 그러나 잉글랜드가 배넉번전투에서 패한 것이 아일랜드 군주들로서는 반란을 일으킬 절호의 기회였고, 그렇게 해서 1315~1318년 3년 동안에는 스코틀랜드 왕 로버트 1세 브루스가 아일랜드 왕으로 인정을 받았다. 이후에도 아일랜드에서는 몇십 년에 걸쳐 혼란이 끊이지 않다가, 킬케니법령Statute of Kilkenny(1366)으로 더블린과 페일 정착촌Pale of Settlement 주변 지역에서만 잉글랜드 통치 방식과 잉글랜드어를 사용하도록 규정하면서 비로소 소란이 가라앉았다.

1347~1350년에는 '흑사병Black Death'(페스트pest)이 유럽을 휩쓸면서 하찮은 문제들은 제풀에 수그러들었다. 아닌 게 아니라, 이 전염병은 전대미문의 역병으로 전 세계적으로 6세기 이후로는 한 번도 나타난 적이 없었고, 나중에 이 병이 다시 출현한 것도 1890년에 이르러서였다. 서로 관련된 세 가지 병—선腺페스트(가래톳페스트, 림프절페스트), 패혈성敗血性페스트, 폐肺페스트—이 끔찍하게도 한꺼번에 덮친 것이 이 병이 유럽 전역으로 퍼져나가도록 부채질했다. 선페스트과 패혈성페스트는 검은 쥐에 기생하는 벼룩들이 병을 옮겼으며, 페스트는 공기 감염이라 감염 속도가 특히나 빠르고 병세 또한 치명적이었다. 유럽에서 가장 흔히 발병했던 것은 선페스트로, 이 병에 걸리면 파스퇴렐라 페스티스pasteurella pestis(예르시니아 페스티스Yersinia pestis, 페스트균)라는 간균杆菌 때문에 사타구니와 겨드랑이에 종기와 비슷한 혹이나 가래톳이 돋고 그와 함께 내장 출혈로 피부에 거무스름한 반점들이 생겨났다. 몸에 돋아난 가래톳이 터지지 않을 경우, 환자는 명이 완전히 끊어질 때까지 끔찍한 고통 속에서 신음해야 했다.

중세의 의학은 감염infection과 전염contagion의 개념은 대체로 파악하고 있었으나 역병이 전파되는 개별 매커니즘은 이해하지 못했다. 의사들은 그저 비통한 심정으로 환자들의 동태를 지켜볼 뿐이었다. 사람들이 북적이는 공동주택이나 열악한 위생 상태는 쥐가 창궐하기에 더없이 좋은 환경이었다. 그 결과는 사람들의 떼죽음이었다. 조반니 보카치오Giovanni Boccaccio(1313~1375)가 적은 바에 따르면, 피렌체 한 곳에서만 10만 명이 목숨을 잃었다. 파리에서는 하루에 800구의 시신을 땅에 묻어야 했던 적도 있었다. 회의적 논조로 글을 썼던 잉글랜드의 연대기작자 헨리 나이턴Henry Knighton은 이렇게 적었다. "마르세유에는 프란체스코회 수도사가 150명이나 있었으나 살아남아 당시 일을 전해준 이는 아무도 없었다. 그 또한 잘된 일이었다."16

중앙 아시아에서 발병한 이 전염병은 무서운 속도로 퍼져나갔다. 병이 처음에 향했던 곳은 동쪽 즉 인도와 중국 땅이었다. 그러나 전염병에 걸렸다는 보고가 처음 나온 것은 1346년 여름 유럽에서였다. 크름반도의 카파는 제노바의 식민지로, 타타르족으로부터 포위 공격을 당하고 있었다. 타타르족 병사들은 성안에 있는 저항군의 기세를 꺾으려 페스트에 걸린 시체들을 투석기를 이용해 성안으로 쏘아 넣었다. 이 사실을 안 방어군들은 갤리선에 올라타 안전한 데로 피신했다. 페스트는 1347년 10월이 되자 시칠리아의 메시나에 다다랐다. 1348년 1월에는 제노바에 다다르니, 이제는 페스트를 싣고 다니는 게 분명해진 카파의 그 갤리선이 닿는 곳마다 병이 퍼지고 있었다. 페스트에 걸린 그 갤리선은, 두려움에 떠는 시민들에 떠밀려 본국 항구에서 쫓겨나자 마르세유와 발렌시아에까지 이르렀다. 바로 그해 겨울, 베네치아를 비롯한 아드리아해의 여타 도시에서도 페스트가 돌았고, 이어 피사·피렌체 및 이탈리아 중부에도 나타났다. 그해 여름에는 파리에 페스트가 나타났고, 그해 말에는 영국해협을 건넜다. 페스트는 1349년에는 북쪽으로는 브리튼섬, 동쪽으로는 독일, 남동쪽으로는 발칸반도를 거침없이 쓸고 지나갔다. 1350년에는 스코틀랜드·덴마크·스웨덴, 발트해에 자리한 한자동맹 도시들을 거쳐 러시아에까지 발을 들였다. 페스트가 침범하지 않은 데가 거의 없었다―폴란드, 베아른백작령, 리에주 정도만이 화를 면했다.

당시의 페스트를 묘사한 글로는 웨일스의 시인 예안 게틴Ieuan Gethin의 것이 단연 돋보이는데, 그가 페스트가 도는 광경을 목격한 것은 1349년의 3월 혹은 4월께였다.

마치 우리 한가운데서 시꺼먼 연기가 자욱이 피어오르듯 그 병은 우리를 덮쳤으니, 이 역병은 한창 나이의 젊은이들의 목숨을 끊어놓는가 하면, 난데없이 나타난 유령처럼 홍안紅顔의 건강한 이들에게도 인정사정이 없었다. 슬픔을 금할 길 없도다, 겨드랑이에 동전 크기로 돋아난 혹들을 보노라면 [⋯] 사과와 비슷하거나, 아니면 양파 뿌리 모양으로 생긴 그 종기는 돋아나면 어느 누구도 살려두지 않는구나. 거기다 펄펄 끓는 열은 얼마나 대단한지, 마치 재가 불에 타오르는 것과 같으니, 절로 슬픔을 일게 하는 잿빛이여. [...] 그것들은 마치 검은 콩의 씨앗들이 점점이 박힌 듯도 하고, 잘게 부스러진 석탄 덩어리들 같기도 하여라. [...] 선용초 풀 껍질이 타고 남은 재, 잡다한 것이 가득 뒤섞인 채, 검은 역병은 마치 반 페니 동전이나 검은 열매와 같으니 [...].[17]

대중이 역병에 보인 반응은 여러 가지여서, 공포에 질리는가 하면, 될 대로 되라는 식으로 방탕하게 지내기도 하고, 의연하게 참아내기도 했다. 개중에 도망칠 여력이 있는 사람들은 실제로 병을 피해 달아났다. 보카치오의 〈데카메론Decameron〉도 역병이 돌던 기간 중세 시골의 성 안에 갇혀 있던 한 무리의 남녀들을 배경으로 삼아 쓰인 작품이다. 한편 자제력을 잃고 아예 술독에 빠져 지내거나 성교에만 탐닉하는 사람들도 있었다. 성직자는 사목司牧에 대한 책임으로 다른 사람들에 비해 더 많은 고통을 떠안아야 했다. 성직자가 신도들을 돌보지 못하는 곳에서는 신도들 각자가 알아서 고해성사를 하게 내버려뒀으며, 성직자가 내팽개치고 떠난 교구의 교회에는 검은색 깃발이 쓸쓸히 나부꼈다. 사람들 사이에서는 하느님이 인간이 저지른 죄악을 벌하고 있다는 확신이 널리 퍼졌다.

이 역병으로 인한 인명 손실을 헤아리는 일은 어려우면서도, 고도의 엄밀성이 요구되는 작업이다. 당대의 추산은 과장돼 있는 경우가 많으며 그 점을 알아차리기도 어렵지 않다. 보카치오만 해도 피렌체에서만 10만 명이 목숨을 잃었다고 했지만, 알려진 바에 따르면 당시 피렌체는 총인구가 10만 명에 못 미쳤다. 아마도 5만 명 정도가 실제 사망자 수치에 더 가까울 것이다. 일반적으로 도시보다는 시골이, 부자보다는 빈자가, 노인이나 병약자보다는 젊은이들이 흑사병으로부터 더 가혹한 타격을 입었다. 왕이나 교황은 그 누구도 흑사병에 걸리지 않았다. 이때에는 인구조사라 할 것이 없었던 만큼, 역사학자들로서는 단편적 기록들을 그러모아 사망자 수를 헤아리는 것 외엔 달리 방법이 없다. 그래서 잉글랜드에서 활용되는 방법이 법정 기록, 10인조人組(10인 1조의 연대 책임 제도) 납부금, 검시 기록, 주교구 명부 등을 살펴보는 것이다. 구체적 내용이 담긴 연구들을 봤을 때, 당시 역병의 치사율은 매우 높았을 가능성이 있다. 옥스퍼드셔의 컥스험 장원에서는 이 기간에만 전체 주민의 3분의 1이 목숨을 잃었다.[18] 잉글랜드 교구 사제들도 45퍼센트가 줄어든 것으로 나타났다. 그러나 이와 관련해 어떤 식으로든 일반적 결론을 도출해내기는 어렵다. 그나마 신중하게 내놓을 만한 추정치가 전반적으로 3분의 1가량의 인명 손실이 있었으리라는 것이다. "흑사병으로 당시 유럽인이 3명 중 1명꼴로 목숨을 잃었다 [...] 라고 하면 진실과 터무니없이 동떨어진 이야기는 아닐 것이다."[19] 이를 적용하면 잉글랜드에서는 총 140만~200만 명, 프랑스에서는 총 800만 명, 유럽 전체에서는 3000만 명 정도가 흑사병으로 목숨을 잃었으리라는 계산이 나온다.

인명 손실이 그렇게나 어마어마했으니 그로 인한 사회적·경제적 결과들도 광범위했을 것이 틀림없다. 아닌 게 아니라, 예전에만 해도 역사학자들은 흑사병이 돌았던 시기를 서유럽 봉건제가 쇠락하는 결정적 지점으로 보는 것이 관례였다. 14세기 후반 들면서 유럽에서 장원제가 흔들리고, 무역이 뜸해지고, 노동력이 부족해지고, 도시 분위기가 열악해진 것은 분명 사실이었다. 그러나 요즘의 전문가들은 이와 같은 변화 상당수가 1347년 이전부터 두드러지게 나타났다고 주장하는 경향이 있다. 흑사병이 당시 변화를 일으킨 주된 원인이었다기보다 그 병은 기존에 진행되던 과정들을 한층 가속화했을 뿐이라는 것이다. 인구 감소 현상조차 최소한 30년 전에 이미 시작된 일이었다. 좌우간 이 무렵에는 농노들이 노역 대신 화폐로 지대를 납부하는 일이 점차 늘고 있었고, 그 결과 더 유동적이면서 덜 의존적인 노동력이 생겨났다. 봉건제하下의 봉신들도 점차 영주들을 위해 전장에 나가거나 사법 업무를 처리하는 대신 그에 상응하는 대금을 영주들에게 납부하게 됐고, 그 결과 잉글랜드에서는 이른바 '의사봉건제擬似封建制, bastard feudalism'가 탄생했다. 무엇보다 한 차례 타격으로 인력이 급감하자 노동시장에서는 인력 수요가 늘어 임금이 상승할 수밖에 없었다. 이렇게 해서 화폐경제money economy는 그 영역이 점차 확대됐고 사람들 사이의 사회적 장벽에는 위협이 가해졌다. [프로스티불라]

흑사병은 사람들에게 깊은 심리적 트라우마도 남겼다. 흑사병을 겪으며 교회는 사회기관으로서는 힘이 약해졌지만 대중 사이에서 신앙심은 한층 강해졌다. 자선단체도 속속 생겨났다. 강력한 믿음이 유행처럼 사람들 사이에 퍼져나갔다. 지금은 어떻게든 하느님의 분노를 가라앉혀야만 한다는 것이 사람들 생각이었다. 독일의 경우 채찍질고행자flagellant들이 대규모 무리를 지어 활동하다 아비뇽의 교황으로부터 수차례 명령을 받고서야 그 세가 수그러들었다. 곳곳의 공동체들에선 저마다 희생양들을 찾아내기에 바빴다. 어떤 곳들에선 나병환자들을 흑사병의 진원으로 지목하는가 하면, 유대인들이 물에 독을 탄 것이라고 몰아세우기도 했다. 1348년 9월 시옹에서는 유대인들을 법정에 세운 뒤 고문을 가하고 증거를 받아내 혐의를 뒷받침했다. 이는 앞으로 유대인 대학살이 벌어질 조짐에 불과했다. 바젤에서는 유대인들을 전부 목조 건물에 몰아넣은 뒤 산 채로 불에 태웠다. 슈투트가르트, 울름, 슈파이어, 드레스덴에서도 비슷한 광경을 볼 수 있었다. 스트라스부르에서는 2000명의 유대인들이 대량학살을 당했으며, 마인츠에서는 그 수가 1만 2000명을 헤아렸다. 개중 살아남은 독일의 유대인들은 폴란드로 도망쳐 들어갔다— 이후 폴란드는 유대인의 주된 피난처로 자리 잡았다. [알트마르크트] [고리대금업]

민중 봉기가 줄을 이은 것도 이 시기의 특징이었다. 흑사병이 지나간 뒤로는 살아남은 농민들을 노동력으로 쓰려는 수요가 급증할 수밖에 없었는바, 그런 농민들의 임금을 계속 낮은 수준으로 묶어두려는 시도, 일례로 잉글랜드의 노동자법령Statute of Labourers(1351)이 만들어지자 농민들 사이에서 큰 원성이 일었다. 그리하여 자크리jacquerie로 불린 농민집단이 일드프랑스와 샹파뉴 근방의 섬들과 귀족들의 저택을 침입해 쑥대밭으로 만들었다가 종국에는 무참하게 진압당했다('자크리'는 농민을 이르는 '자크'에서 유래한 말이다). 하지만 흑사병 이후 정확히 30년 만인 1378~1382년 사이에 반발한 이들 봉기는 사람들이 사회에 전반적으로 품고 있던 불만이 겉으로 표출된 것이었던 듯하다. 마르크스주의 역사학자들은 계급투쟁이 "시기와 상관없이 늘 존재했다"는 증거로 이때 일들을 제시하곤 한다. 반면, 민중 봉기들을 그저 "사람들이 암담한 미래에 분노를 분출한 것"이라고 보는 역사학자들도 있다.[20]

그러나 동시대인들에게 이런 사건들은 충분히 겁에 질릴 만한 일이었으니, 도시라면 고질적으로 나타났던 혼란들에 더해 이즈음에는 시골 지방에까지 폭력사태가 널리 불거졌다. 1378년에는 촘피ciompi(소모공梳毛工 곧 양모 빗질 하는 사람)가 반란을 일으켜 피렌체에서 몇 달간 소란이 가라앉지 않았다. 1379년에는 헨트와 브뤼주의 직조공들이 플랑드르 백작들에게 반기를 들었는데 1320년대의 사태를 떠오르게 할 만큼 분위기가 험악했다. 두 사태 모두 막바지에는 봉기군들이 왕실군대와 총력전을 불사했고, 이번에도 헨트 지방에서는 6년이나 항전이 이어졌다. 1381년에는 잉글랜드 백작령 여러 곳이 농민반란에 휩싸였다. 1382년에는 파리의 차례였다.

프랑스의 봉기가 당대에 얼마나 큰 여파를 미쳤는지는 피렌체 상인 부오노코르소 피티 Buonocorso Pitti가 프랑스 법정에 출석해 밝힌 내용을 통해 짐작해볼 수 있다.

> 헨트의 민중이 자신들의 주군이자 부르고뉴 여공작의 아버지 플랑드르 백작에게 저항하며 난을 일으켰다. 이들은 대규모 무리를 지어 브뤼주까지 행군해 도시를 탈취하고, 백작을 권좌에서 끌어내리고, 물건을 강탈하고, 백작 휘하 장교들의 목숨을 죄다 앗았다. […] 무리를 이끈 것은 필리프 판 아르테벨더Philip van Artevelde라는 자였다. [플랑드르 반란민들의] 수가 늘어나자, 그들은 파리와 루앙의 민중에게도 비밀 사절을 보냈다. […] 이 두 도시에서도 프랑스 왕에 저항하는 반란이 일어났다. 파리의 군중 사이에서 사상 처음 반란이 일도록 불을 붙인 것은 한 행상으로, 파리의 관리가 그가 팔려 하던 과일과 채소에 세금을 물리려 하자 "가벨gabelle을 철폐하자"라고 소리치기 시작했다('가벨'은 중세 프랑스에서 부과했던 염세鹽稅를 말한다. 프랑스 왕 필리프 6세(재위 1328~1350)가 제염製鹽을 국가 통제 아래 두고 서민에게 부과한 악세惡稅다). 이 외침에 민중이 그 세금징수관의 집으로 몰려가 물건을 강탈하고 그를 죽였다, […] 그러자 포폴로 그라소popolo grasso("재력가"라는 뜻으로 프랑스어로는 부르주아burgeois라고 한다)는 군중이 혹시 자신들 것도 강탈하지 않을까 염려해 무기를 챙겨들고 그들을 진압했다.[21]

잉글랜드에서 일어난 농민의난Peasants' Revolt은 삶에 절망한 극빈자들의 분노에서 비롯한

프로스티불라 PROSTIBULA

■ 유럽의 중세 말기인 1350년부터 1480년경까지
■ 는 '매춘Prostitution의 황금시대'였다.[1] 거의 모든 마을에서 공창 시설인 프로스티불라 푸블리카 Prostibula publica의 영업이 허가됐다. 500~600세대밖에 안 되는 타라스콩 같은 작은 도시에서도 10명의 공창公娼을 지원했다. 교회는 매춘에 문제를 제기하지 않았다. 악은 존재하기 마련이므로 어디론가 배출돼야 한다고 생각했다. 공인된 간음은 거리의 무질

서를 완화했고, 젊은 남성을 남색이나 그보다 더 나쁜 행위에서 멀어지게 했으며, 부부간 의무를 다하는 훈련의 기회가 됐다. 1480년 이후 이런 세태에 변화가 생겼다. 부자를 상대하는 고급매춘부는 여전히 있었으나 많은 매춘굴이 폐쇄됐다. 프로테스탄트 국가에서 타락한 여성들은 재교육을 받아야 했다.[2] ('프로스티불라'는 라틴어로 "창녀"를 뜻한다.)

역사 속에서 매춘은 허가된 통제, 효과 없는 금지, 비공식적 묵인이라는 과정을 반복해왔다.

알트마르크트 ALTMARKT

■ 1349년 참회의 화요일, 드레스덴의 구舊시가지
■ 광장 알트마르크트기 회헝 장작디미에서 나는 연기와 불꽃으로 가득해졌다. 마이센의 변경백이 도시의 모든 유대인을 태워 죽이라고 명령한 것이다. 유대인이 역병을 퍼트린 주범으로 지목된 터였다. 이 아우토다페auto-da-fé(종교재판에 의한 화형(식))은 《드레스덴 소연대기 Chronicum Parvum Dresdense》에 기록돼 있다.[1]

그로부터 600년 후, 1945년 2월 13일 참회의 화요일 밤 10시에 드레스덴 구시가가 영국 공군 83비행중대의 선도기先導機가 떨어뜨린 조명탄으로 환하게 밝아졌다. 알트마르크트가 유럽 역사상 최대 규모 폭격의 목표 지점이 된 것이다.

군사기지와 산업시설만 공격한다는 공식 입장에도, 영국과 미국 공군은 루프트바페Luftwaffe(나치스 시대의 독일 공군)의 방식을 따라 무차별 '지역폭격area bombing' 전략을 택했다. 연합국의 공격 우선순위를 둘러싼 격렬한 논쟁에서 (영국) 공군 소장 아서 해리스 Arthur Harris가 주도한 지역폭격 찬성론이 이긴 것이었다. 이것은 한 도시에 대량 중重폭격기 편대를 계속 보내 파괴 강도를 점점 높이는 전술이었다.[2] 해리스는 "우리는 이를 하나씩 뽑는 것처럼 독일 도시들을 차례대로 없앨 것이다"라고 공언했다. 1942년 5월 31일

폭격기 1000여 대가 쾰른을 공습했다. 그러나 기대한 효과를 거둔 것은 1943년 7월 27~28일 함부르크 야간공습이었다. 이 공습에 의한 화재로 4만 명 넘게 목숨을 잃었다. (이후 해리스는 "폭격기" 해리스"Bomber" Harris, "도살자" 해리스"Butcher" Harris로 알려진다)

작센의 주도 드레스덴은 1945년 전까지 멀쩡한 상태였다. 중세부터 알트슈타트Altstadt(구시가)는 아름다운 광장과 도로로 둘러싸여 있었고 르네상스 양식과 바로크 양식의 건축물이 즐비했다. 왕궁 게오르겐슐로스Georgenschloss는 1535년 지어졌다. 가톨릭 (궁정교회) 호프키르헤Hofkirche(1751)는 작센 선제후의 가톨릭 개종을 기념해 건립됐다. 프로테스탄트 (교회) 프라우엔키르헤Frauenkirche(1742)는 선제후의 개종을 개탄하는 의미로 지어졌다.

드레스덴은 연합국이 소련의 지원 요청을 받은 후 공습 목표물로 결정됐다. 당시 드레스덴에는 소련의 진군을 피해온 수많은 난민과, 주로 젊은 여성들로 구성된, 그들을 돕는 구호대가 몰려 있었다.

조명탄이 투하되고 얼마 후 랭커스터 폭격기 529대가 남서 68도 방향에서 다가오기 시작했다. 폭격기 편대는 대공포나 전투기의 방해를 받지 않고 고성능 폭탄과 소이탄燒夷彈을 투하했다. 채 45분도 안 돼 드레스덴은 불길에 휩싸였다. 도시의 유서 깊은 심장부와 그 안에 있던 사람들이 끔찍한 참화를 입었다.[3]

아침이 되자 지상에서 구호대가 들어오기 시작했지만 하늘에서는 미 전략공군 제1항공사단의 폭격기 플라잉 포트리스Flying Fortress(하늘의 요새, B17) 450대가 도착했다. 호위 전투기들은 움직이는 모든 것에 기총소사를 가했다.

피해 규모 추정치는 발표하는 곳마다 크게 차이가 났다. 영국 폭격피해조사단은 완전히 파괴된 면적이 1681에이커라고 보고했다. 전후 드레스덴개발계획 보고서는 3140에이커가 75퍼센트 파괴됐다고 추산했다. 드레스덴의 '사망기록국'에 따르면 1945년 5월까지 신원이 확인된 사망자는 3만 9773명이었다. 이는 실종되거나 등록되지 않은 사람, 매장 기록이 없는 사람, 공동묘지에 묻힌 사람은 포함하지 않은 수치였다. 따라서 이 수치는 최소한의 사망자 수였다. 사망기록국 책임자는 나중에 총사망 추정치를 13만 5000명이라고 발표했다. 한 영국 역사학자는 12만~15만 명으로 추정했다.[4] 나치 친위대가 설치한 비상 차단선 너머에서 얼마나 많은 시체가 치워졌는지는 아무도 모른다. 시체를 실은 수레가 끝없이 들어와 시신들이 장작더미 위에서 화장되느라 알트마르크트에는 또다시 연기가 피어올랐다.

공습의 전략적 효과는 미미했던 것으로 보인다. 이틀 안에 드레스덴에는 열차가 운행되기 시작했다. 드레스덴-노이지들리츠의 전기공장을 비롯한 주요 군수공장도 피해를 입지 않았다. 소련군은 5월 8일에야 도착했다.

이후 정보전이 이어졌다. AP통신은 "연합군 공군사령부는 독일의 인구 밀집 지역에 의도적으로 공포폭격terror-bombing을 가하기로 결정했다"라고 보도했다(훗날 AP통신은 자신들의 보도가 아니라고 부인했다). 나치의 공식 성명도 비슷한 내용을 담고 있었다. "피도 눈물도 없는 연합국 최고사령부의 전쟁범죄자들은 무고한 독일 시민들을 절멸하라고 명령했다." 1945년 3월 6일 영국 하원에서 리처드 스톡스Richard Stokes 의원은 "공포폭격이 이제 영국 정부의 공식 방침인가?"라고 물었다. 정부 측의 답변은 "우리는 단순히 공포 조성 목적의 전술에 시간과 폭격기를 낭비하지 않는다"였다.[5]

1946년 2월 13일 밤 10시, 소련이 점령했던 독일 지역 곳곳에서 희생자를 추모하는 교회 종소리가 울려 퍼졌다. 드레스덴의 모든 교회 중에서 단 한 곳 즉 지붕이 무너져 내린 프라우엔키르헤의 앙상한 뼈대만이 쓸쓸히 서 있었다. 같은 날 퇴역 공군 중장 해리스는 중절모를 쓰고 사우샘프턴에서 배에 올랐다. 해외에서 여생을 보낼 계획이었다. 해리스는 1953년 기사 작위를 받았으나 다른 동료들 같은 명예는 얻지 못하다가 1992년 5월 31일에야 런던 스트랜드에 기념 동상이 세워졌다. 그날은 퀼른 공습 50주년이 되는 날이었다. 퀼른 시장은 공식적 항의를 발표했다. "아서 해리스 같은 전쟁 영웅을 기념하는 것은 옳지 않다. 설령 그가 올바른 편에서 옳은 대의를 위해 싸웠다 할지라도 말이다."[6]

1995년 드레스덴 공습 50주년을 앞두고 독일 대통령 로만 헤어초크Roman Herzog는 다음과 같이 회고했다. "드레스덴 공습은 인간이 전쟁에서 얼마나 잔인해질 수 있는지 보여주는 사례다. […] 자국이 잘한 일만을 선택해 역사를 기록하는 것은 더는 허용돼선 안 된다. 진정으로 유럽의 통합을 원한다면 역사도 통합돼야 한다."[7]

고리대금업 USURY

■
■   1317년 초반 마르세유에서 본다비드 드 드라기 냥Bondavid de Draguignan이라는 사람이 피소돼 법정에 섰다. 라우렌티우스 지라르디Laurentius Girardi라는 사람에게 빌려준 돈이 이미 상환됐음에도 그가 계속 변제를 요구했다는 죄목이었다. 유대인 고리대금업자 본다비드는 고리대금 행위를 금지하는 법을 위반했다는 혐의를 받았다. 이것은 유대인이 돈을 밝히는 냉혹한 존재라는 중세의 고정관념을 고착한 많은 사건 중 기록이 잘 남아 있는 사례다. 본다비드는 셰익스피어가 2세기 후 《베니스의 상인The Merchant

of Venice》에서 묘사한 샤일록의 선배 격이었다.[1]

높은 이자를 받고 돈을 빌려주는 고리대금업은 유럽의 기독교도 사이에서 죄악이자 범죄로 여겨졌다. 성직자들은 그리스도의 가르침을 상기시켰다. "원수를 사랑하고 선대善待하며 아무것도 바라지 말고 꾸어주라. […] 너희 아버지의 자비로우심과 같이 너희도 자비로운 자가 돼라"(누가복음 6장 35~36절). 이에 따라 이자를 금지하거나 후에는 이자를 연리 10퍼센트로 제한하려는 시도가 계속됐다.

반면, 유대교에서는 돈을 빌려주고 유대인들 사이에 이자를 받는 것은 금지했지만 유대인이 비유대인에게 이자를 받는 것은 허용했다. "타국인에게 네가 꾸어주면 이자를 받아도 되거니와 네 형제에게 꾸어주거든 이자를 받지 말라"(신명기 23장 20절). 아마 이런 차이 때문에 유대인이 중세 금융시장과 대출업에서 우위를 점했을 것이다. 또한 이는 기독교도와 유대인 사이의 반목을 심화하는 요인으로 작용했다. 이와 같은 적대감은 앙숙 안토니오를 향한 샤일록의 도발적 방백에도 잘 나타난다.

나는 저자가 기독교인이기 때문에 미워하지만
그보다는 저자가 천한 어리석음으로다가 무이자로
돈을 꿔주고, 베니스에 있는 우리 대금업자들의
금리를 끌어내리고 있기 때문에 더 증오한다.
만약 내가 언젠가 저놈의 허리를 휘어잡게 되면
오랫동안 골수에 사무친 원한을 톡톡히 풀어볼 작정이다
그는 거룩한 우리 민족을 증오하고, 많은 상인들이
모이는 곳에서 나와 내 거래들을 조롱하고,
정당하게 벌어들인 이윤을 이자라고 부른다,
내가 저자를 용서한다면
내 민족은 저주받을지어다.
— 《베니스의 상인》 1막 3장 37~47
(윌리엄 셰익스피어, 이경식 옮김, 《베니스의 상인》(문학동네, 2011)에서 인용함)

실제로 고리대금업 금지법은 잘 지켜지지 않았다. 기독교 은행가들은 빌려준 돈의 액수는 기록하지 않고 상환된 돈의 액수만 기록함으로써 높은 이자율을 숨겼다.[2] 유대인 고리대금업자가 특히 비난의 대상이 된 것은 그들이 주로 서민을 상대로 소액 대출업을 했기 때문일 것이다. 따라서 위선과 어느 정도의 적대감은 불가피했을 것이고, 자본주의의 기본적 기술 중 하나가 몇 세기 동안 금지됐다. 그렇다 해도 유럽의 신용거래와 금융업에서 유대인이 중요한 역할을 한 것은 분명한 역사적 사실이다.

것이 아니었다. 연대기작자 장 프루아사르도 말했지만, 봉기를 이끈 세력은 '어느 정도 재력을 갖추고 안락하게 생활하던' 서민이었다. 더는 누군가에게 예속돼 살지 않겠다는 봉기 세력의 요구는 물질적 여건이 한창 나아지던 중에 나왔다. 사람들이 이때 특히 원성을 품었던 부분은 4년 새에만 인두세가 세 차례나 부과됐다는 점이었다. 거기다 이들에게서는 롤라드파 시대답다고 할 만한 도덕적 저항의식도 찾아볼 수 있었다. 사람들은 단순히 상류층만이 아니라 성직자들에게도 분노를 쏟아냈다. 사제로서 반란민들을 이끌며 민중 설교사 노릇을 했던 존 볼John Ball(1381년 몰)은 평등주의 사상을 설파하는 중이었다. "아담은 땅을 일구고 이브는 실을 잣던 때에 귀족gentleman이 따로 있었습니까?"

따라서 1381년 6월의 며칠 동안에는 마치 사회의 위계질서 전체가 공격을 받는 것처럼 보였다. 와트 타일러Wat Tyler와 그가 이끄는 병사들이 켄트를 떠나 런던으로 쏟아져 들어갔다. 잭

스트로Jack Straw는 에식스에서 런던으로 밀고 들어왔다. 이들 손에 사보이궁의 곤트의 존John of Gaunt의 거처도 불에 탔다. 반란민들은 하이버리 장원과, 런던다리 옆 플랑드르식 사창가에도 불을 질렀다. 대주교를 목매달아 죽이고 적잖은 수의 시민들을 참수했다. 스미스필드에서는 반란민들이 젊은 왕과 그 수행단을 상대로 백병전을 벌였고, 한 차례의 활극 끝에 와트 타일러가 목숨을 잃었다(1381). 타일러가 죽자 반란민들은 폭도로 돌변했다. 종국에는 그 주모자가 사로잡혀 처형을 당하면서 잔당도 흩어졌으나, 나라에서는 순회재판을 열어 각지를 돌며 잔당들을 이 잡듯이 찾아냈다. 이런 상황에서 자신의 성취를 떠벌리고 나설 사람은 아무도 없었다. 제프리 초서Geoffrey Chaucer(1400년 몰)도 이 봉기가 일어났을 때 현장에 있었으나 단 한 번도 당시 일을 화두로 삼지 않았다. 그러기는 〈리처드 2세Richard II〉를 셰익스피어William Shakespeare(1564~1616)도 마찬가지였다[와트 타일러의 난을 진압한 왕이 리처드 2세다]. 이 반란을 사람들이 동정 어린 눈으로 바라보게 된 것은 19세기에나 들어서의 일이다.[22] [타바드]

아비뇽에 가 있던 교황들이 제자리로 돌아오기가 무섭게, 기독교교회에서는 교황권 대분열Papal Schism 사태가 일어나 1378년부터 1417년까지 계속됐다. 그전에도 기독교왕국 안에 대립교황들이 세워진 일들은 있었다. 하지만 하나의 직위에 동시에 두 사람이 올라앉아 있는 광경은, 추기경단에서 공식적으로 선출된 교황 둘이 저마다 전쟁의 필요를 역설하며 경쟁자를 상대로 거침없이 적개심을 표출하면서 매우 추한 것으로 드러났다. 이 기간에 맨 처음 교황직을 주장한 두 인물 우르바노 6세Urban VI(재위 1378~1389)와 클레멘스 7세Clement VII(재위 1523~1534)만 해도 거룩한 인물과는 거리가 멀었다. 우르바노 6세는 시간이 갈수록 비정상적 가학성의 사람임이 입증되니, 휘하 추기경들이 고문당하는 것을 감독하면서 자신은 태연히 바티칸궁의 정원에 앉아 성무일도서를 읽었다. 로베르 드 주네브Robert de Genève라는 속명을 썼던 클레멘스 7세는, 몸소 명을 내려 이탈리아 체세나에서 간담을 서늘하게 하는 유혈 참극을 벌였다. 1409년, 이 둘을 화해시키려 마련된 공의회에 우르바노파와 클레멘스파 모두 불참 의사를 밝히자, 추기경단은 제3의 교황을 선출했다. 이후 콘스탄츠공의회가 열려 기존의 교황 셋을 모두 교황직에서 내치고 추기경 오도 콜론나Odo Colonna를 만장일치로 마르티노 5세Martin V(재위 1417~1431)의 이름으로 교황에 앉히면서 교황권 대분열 사태는 비로소 막을 내렸다.

콘스탄츠공의회Council of Constance(1414~1418)가 열린 기간에는 공의회 운동이 절정에 달해 있었다. 이 무렵 파리대학 교수들이 공의회 개최를 요구한 지는 어언 50년이었다. 공의회 주관자는 독일 왕 지기스문트로 각지의 추기경, 주교, 수도원장, 제후, 탁발수도사, 교사들 모두 초청장을 받았다. 이렇게 해서 통합이라는 사명의 열의에 불타는 1만 8000명의 성직자가 호숫가 작은 도시에서 모여 앉았다. 이들이 도모한 일은 무엇보다 교황의 권력을 제한하자는 것이

타바드 TABARD

■ 1393년 리처드 2세의 법령으로 잉글랜드의 모
■ 든 여관은 의무적으로 간판을 걸어야 했다. 이
후 거리는 다채로운 이름과 간판이 늘어선 거대한 야
외 화랑처럼 보였다.[1]

중세의 여관은 순례 여행과 연관된 경우가 많았다. 제
프리 초서의 《캔터베리 이야기The Canterbury Tales》
(1387년에서 1400년 사이에 집필)에 나오는 순례자들은
(런던) 서더크의 '타바드' 여관에서 출발했다. 1189년에
'예루살렘으로 향하는 여행'이라는 이름을 붙인 여관
은 지금도 노팅엄에 있다. 런던의 많은 여관이 1666년
대화재Great Fire 때 불탔다. 13세기에 알드게이트에
세워진 '후프 앤드 그레이프스Hoop and Grapes'가 현
존하는 가장 오래된 여관이라고 한다.

여관 이름은 매우 많은 경우에 후원자의 문장紋章을
나타냈다. '흰 수사슴White Hart'은 리처드 2세의 문
장과 관련된 이름이다. '떠오르는 해Rising Sun'는 에
드워드 3세를 떠올리게 했다. 그 밖에 요크가의 '푸
른 멧돼지Blue Boar', 펨브룩 백작의 '녹색 용Green
Dragon', 헨리 7세의 '그레이하운드Greyhound' 등
이 있다. 직인이나 길드가 세운 여관도 많았다. 이 경
우 '대장장이의 팔Blacksmiths' Arms'이나 '직공의 팔
Weavers' Arms' 같은 이름이 붙었다. '망치와 쐐기
Beetle and Wedge' '사내와 낫Man and Scythe' 같은
이름은 직인의 작업 도구를 연상시킨다. 교통수단과
관련된 이름도 많았다. '짐 끄는 말Pack Horse' '마차와
말Coach and Horses' '철로 여인숙Railway Tavern' 등
의 이름은 이동수단의 발달을 반영한다. 런던 SW1의 '블
루 포스트Bleu Posts'는 18세기의 쓰레기장과 관련된 이
름이다. 스포츠 관련 이름도 많다. '토끼와 사냥개Hare
and Hounds' '매Falcon'는 사냥을 암시하고, '개와 오리
Dog and Duck' '투계Fighting Cocks' '황소Bull'는 오래
전에 금지된 잔인한 스포츠를 연상시킨다.

더 최근에 와서는 숙박업소에 대중적 영웅이나 문학

속 등장인물의 이름을 붙이는 경우도 생겼다. '릴리
랭트리Lily Langtry'(배우, 사교계 명사, 고급매춘부), '레
이디 해밀턴Lady Hamilton'(런던 WC2)(에마 해밀턴. 가
수·배우, 허레이쇼 넬슨 제독의 정부情婦), '아트풀 도저
Artful Dodger'(찰스 디킨스의 소설 《올리버 트위스트》 속
소매치기 두목 잭 도킨스의 별명), '일라이저 둘리틀Eliza
Doolittle'(조지 버나드 쇼의 연극 〈피그말리온〉의 주인공),
브롬리에 있는 '번터Bunter' 등이 그런 예다. '트라팔가
르Trafalgar'는 역사적 전투(1805년 넬슨의 트라팔가르해
전)에서 영감을 받은 이름이다. '로열 오크Royal Oak'는
1651년(잉글랜드내전의 마지막 전투인 우스터전투)에 찰스
2세를 숨겨주었던 나무다. 이보다 덜 극적이긴 하지만
'추기경의 잘못The Cardinal's Error'(1540년의 톤브리
지수도원 탄압을 연상시킨다), '뒤집어진 세계The World
Turned Upside Down'(1683년 오스트레일리아의 발견),
'웸블리의 성화The Torch in Wembley'(1948년 하계올림
픽) 같은 이름도 있다.

원래의 이름이 변형된 경우도 많다. '캣 앤 피들CAT
'N' FIDDLE'은 잉글랜드를 위해 칼레를 점령한 기사
의 이름인 '카톤 르 피델Caton le Fidèle'이 변형된 것
이라고 한다. '백 오네일스BAG O'NAILS'는 "술꾼"을
뜻하는 라틴어 '바카날레스Bacchanales'에서 유래
했다. '고트 앤드 컴퍼시스GOAT AND COMPASSES'
는 청교도의 구호인 "신께서 우리를 호위한다God
Encompasses Us"에서 유래했다. 애국심이 깃든 이름
도 자주 사용됐다. '앨비언Albion'(그레이트브리튼) '고대
브리튼인Ancient Briton' '브리타니아Britannia' '빅토
리아Victoria' 등이 그 예다. '안티갈리칸Antigallican'
은 나폴레옹 시대의 유명한 군함 이름이었다.

외국 관련 이름도 있었다. '덴마크의 왕The King of
Denmark'(런던 N1)은 1606년 덴마크 국왕 크리스티
안 4세의 방문을 연상시킨다. '스위스의 영웅Hero of
Switzerland'은 빌헬름 텔을, '앵거스타인Angerstein'
은 로이즈Lloyd's(런던에 있는 개인 보험업자 단체)를 다
시 건설한 발트해 독일 출신의 이름(존 줄리어스 앵거

스타인John Julius Angerstein, 1735~1823)을, '인디펜 던트Independent'는 헝가리 지도자 러요시 코슈트 (1802~1894)를 기념하는 이름이다. 램버스에 있는 '스 페인의 애국자Spanish Patriot'는 1930년대 국제여단 에 참가했던 출신들이 만든 이름이다. [아델란테]

도무지 유래를 짐작할 수 없는 이름도 있다. 올드베일 리의 '까치와 그루터기Magpie and Stump', 복스테드 의 '가발과 안절부절Wig and Fidget', 또 '장화 신은 염 소Goat In Boots'가 그런 경우다.

었다. 교황권 대분열 사태가 막을 내린 것도 이 콘스탄츠공의회에서 마르티노 5세를 단독교황 으로 선출한다고 최종 확정하면서였다. 그러나 명백한 이단자에 대해서는 황제의 안전통행권 safe-conduct이 그 정당성을 보장받을 수 없다는 점을 근거로, 얀 후스를 데려다 화형에 처한 것 (1415)도 이 콘스탄츠공의회였다. 교회의 이런 공의회들은 정작 스스로가 가진 폐단을 시정하고 자 한 일은 아무것도 없었다. 이후의 공의회 모임은 처음에는 콘스탄츠에서 다시 열릴 예정이었 으나, 실제로는 1431년에 바젤에서 사보이아 공작의 보호 속에 열렸고 회기만 몇 년을 끌었다. 그러나 이 공의회도 교황 에우제니오 4세Eugene IV(재위 1431~1447)와 갈등을 빚는가 싶더니 사 보이아 공작(아메데오 8세 디 사보이아)을 대립교황으로 앉히면서 막을 내렸다. 아주 아이러니하지 만, 교회에는 강력한 힘을 가진 교황이 반드시 필요하다는 확신만 강화시켜준 것이 공의회 운동 의 최종 결실이 된 셈이었다.

이탈리아는 외세의 보호령이 되는 상황은 전부 면했다. 15세기의 이탈리아는 대단한 부, 엄 청난 격변, 막대한 문화적 에너지가 끓어오르는 모습이었다. 이탈리아에서 도시국가들, 도시의 폭군들, 또 초창기의 르네상스 문화가 일어나 그 활동이 정점을 찍은 것이 이 시기였다(7장 참 조). 몇몇 개 소수 정파가 독점하듯 다스리던 코무네들은 지방 도시들이 끊임없이 알력 다툼을 하는 사이 하나둘 무너져 내렸고, 이를 기회 삼아 각지에서 폭군들이 세력을 떨칠 길이 열렸다. 밀라노에서는 비스콘티가家 출신의 열두 인물이 연이어 실권을 잡았으며(1277~1447), 피렌체에 서는 코시모가와 로렌초디메디치가에서 권력을 독점했으니, 이들 도시에서는 저열한 정치와 고 상한 예술이 공존하지 못할 이유가 전혀 없었다. 베네치아는 파두아를 비롯한 광대한 영지를 유럽 본토에 소유하게 되면서 권력과 부가 절정에 이르렀다. 나폴리는 내전에 휘말려 한쪽 구석 의 어둠 속으로 내몰려 있었다. 그 와중에서 로마는 피렌체 출신의 니콜라오 5세Nicholas V(재위 1447~1455) 같은 야심 차고 교양 있는 교황들 손에서 다시금 밝은 햇빛 속으로 나설 수 있었다. 이후 이탈리아는, 1494년에 프랑스의 세력이 다시 부상할 때까지 저 혼자만의 혼란과 호화로움 을 한껏 맛보았다.

백년전쟁Hundred Years War은 그 기간을 1337년에서 1453년으로 잡는 것이 관례지만, 프랑스와 잉글랜드 사이[프랑스왕국의 발루아가와 잉글랜드왕국의 플랜태저넷가 사이]에 벌어진 이 전쟁은 사실 정식 전쟁도, 일정 기간 지속된 전쟁도 아니었다. 백년전쟁은 역사학자들이 붙인 말로 1823년에 처음 사용됐는데, 프랑스어로는 불행[고난]의 시기le temps des malheurs라고도 하며 원래 습격, 단기간의 여로, 장기간의 원정 등의 일이 벌어질 때 잉글랜드인들이 입버릇처럼 쓰던 어구였다(그래서 이 시기의 백년전쟁을 —1152~1259년 앵글족-프랑스인 사이 분쟁에 뒤따라 일어났다는 의미에서—'제2차' 백년전쟁이라 일컫기도 한다).

그러나 백년전쟁의 가장 큰 특징은 무엇보다, 이 시기가 이후 세대가 '중세주의medievalism'의 가장 야비한 면이 드러난 시기라고 평할 만큼 광란의 도가니였다는 점이다—이 기간에는 살인이 끊이지 않았고, 터무니없는 미신이 만연했으며, 기사도에 충성이라곤 없었고, 공공의 행복은 아랑곳없이 다들 제 사리사욕을 채우기에 바빴다. 아울러 저마다 뚜렷한 개성을 가진 부류도 도처에서 볼 수 있었다. 그중 위대한 기사로 손꼽힌 인물로는 부르타뉴인 베르트랑 두 게클랭Bertrand du Guesclin(1320년경~1380, 프랑스군 총사령관)과 그의 숙적 우드스탁의 에드워드Edward of Woodstock(1330~1376, 웨일스와 아키텐의 제후로 일명 '흑태자the Black Prince'로도 불렸다)가 있었다. 나바라의 샤를 2세 르 모베[악인왕]Charles II le Mauvais[카를로스 2세]와 같이 배신을 일삼은 귀족들이 있었는가 하면, 존 패스톨프John Fastolf 경처럼 걸핏하면 싸움에 나선 모험가들도 있었고, 파렴치한 고위성직자는 그야말로 숱하게 많았으니, 보베의 주교 피에르 코숑Pierre Cauchon 같은 이는 살인이나 교회의 여론조작용 종교재판을 명하려 신학적 근거를 날조하기도 했다. 사람들로부터 두터운 신임을 받는 사람은 찾아보기 힘들었다. 따라서 백년전쟁에서 코숑의 손에 가장 억울하게 희생당한 잔다르크Jeanne d'Arc(1412~1431)가 당대에 가장 막강한 위력을 떨친 것도 충분히 그럴 법했다. 누구보다 떳떳했던 이 농부 아가씨는 자신의 귓전에 들려오는 신기한 목소리에 이끌려 갑옷으로 완전무장을 하고 말에 올라타 전투에 나섰으나, 종국에는 이단을 믿는 마녀라는 누명을 뒤집어쓰고 화형에 처해졌다. 이 무렵 즉 전쟁이 발발하고 1430년에 다다랐을 쯤에는, 사람들 머릿속에서는 왜 자신들이 이와 같은 전쟁을 벌어야 하는지 그 이유조차 가물가물해져 있었다. 왕족 출신 시인으로 [백년전쟁의 아쟁쿠르전투(1415년 10월)에서 헨리 5세에게 패하며] 35년간 잉글랜드에 포로로 잡혀 있어야 했던 샤를 도를레앙Charles d'Orléans(1394~1465)의 입에서 자신의 고향땅을 생각하며 다음과 같은 탄식이 흘러나온 것도 어쩌면 당연한 일이었다.

Paix est tresor qu'on ne peut trop loer

Je hé guerre, point ne la doy prisier;

Destourbe m'a long temps, soit tot ou droit,

De voir France que mon cœur amer doit.23

평화는 그 가치를 아무리 찬미해도 지나치지 않은 보물
전쟁은 질색이로다, 사람이면 모름지기 전쟁을 추켜세울 일 아니네.
오랜 세월 나는 고난을 견디네, 그것이 온당하든 부당하든
이 내 가슴으로 사랑해야만 하는 나의 조국 프랑스를 보기 위해.

프랑스가 난국에 빠진 이유는 여러 가지였다. 일단은 발루아가가 왕조 내부에서 여러 문제를 겪고 있었고, 프랑스에 속한 대규모 봉토들—특히 플랑드르, 브르타뉴, 기옌(아키텐), 부르고뉴—이 제멋대로 굴었던 데다 파리는 변덕이 죽 끓듯 했다. 잉글랜드가 백년전쟁을 중시했던 것은 플랜태저넷가 때문이었다. 이들은 프랑스의 왕위에 자신들이 계속 올라야 하며, 나아가 프랑스의 영토—특히 기옌 지방—도 자신들이 소유해야 한다고 요구하고 있었다. 또한 잉글랜드는 플랑드르와의 상업적 연결성도 고려하고 있었던 동시에 저 해협만 건너면 명예와 부가 자신들을 기다리고 있다는 확신을 버리지 못한 지가 벌써 4~5세대가 되고 있었다. 잠재력으로 봤을 때 더 막강한 힘을 가진 쪽은 시종일관 프랑스였다. 그러나 잉글랜드가 제해권을 장악한 까닭에 백년전쟁은 거의 다 프랑스 땅에서 벌어졌고, 덕분에 잉글랜드인들은 타국의 영토에서 자신들의 운수와 남자다움을 끈질기게 시험해볼 수 있었다. 백년전쟁이라는 모험을 벌이고 1세기가 흐른 뒤인 1450년대에도, 자국의 내전(장미전쟁)이 발목을 잡았기에 망정이지 안 그랬다면 잉글랜드는 계속 프랑스에서 손을 떼지 못하고 있었을지 모른다.

백년전쟁의 광대한 파노라마 안에서 우리가 반드시 염두에 둬야 할 점은, 당시 왕들이 잉글랜드를 출발해 벌인 대규모의 원정들은 1338년 7월 에드워드 3세가 안트베르펜에 상륙한 것으로 시작해 1422년 8월에 헨리 5세Henry V가 뱅센에서 목숨을 잃은 것으로 끝났는데 이는 다소 특이한 사례들이었고, 백년전쟁에서는 대규모 원정보다 소규모로 빈번하게 일어난 각 지방에서의 전투, 혹은 전쟁 파당war party들이 독립적으로 옮겨 다니며 벌인 전투가 더 일반적이었다는 것이다. 크레시(1346), 푸아티에(1356), 아쟁쿠르(1415)의 정식 회전會戰에서 잉글랜드가 눈부신 승리를 올렸을 때보다는 끝이 안 보이는 소규모 접전과 단기 작전으로 성채를 급습하는 순간에 백년전쟁의 전모는 더 적나라하게 드러났다. 이와 함께 우리는 눈부신 승리의 이면도 잊어서는 안 될 텐데, 1370년에 흑태자가 리모주의 시민들을 염치도 없이 대학살을 자행한 것, 그의 형이자 랭커스터 공작(제1대) 곤트의 존이 칼레에서 보르도까지 슈보시chevauchée(초토화작전)를 벌이며 악행을 일삼은 것이 그렇다. 단언하건대, 백년전쟁에 더 결정적 영향을 끼친 것은 에클뤼즈해전Battle of l'Écluse(슬로이스해전Battle of Sluys)으로, 1340년에 일어난 이 전투에서는 참혹

한 죽음을 맞아야 했던 프랑스 병사만 2만 명에 달했다. 아울러 수명이 짧았던 왕실 군대보다는 귀족들이 뭉친 그랑드 콩파니Grandes Compagnies처럼 특정 영주에게 속하지 않은 전쟁 파당들, 혹은 루티에르routier이나 에코르쉬르échorcheurs[도적떼]가 약탈을 일삼아 전쟁터를 더 쑥대밭으로 만들어놓곤 했다. 브레티니평화협정Peace of Brétigny(1360)이나 아라스회의Congress of Arras(1435) 같은 굵직한 외교 사건이라고 해서 수없이 맺어진 자잘한 협약이나 휴전 파기 같은 사태보다 더 많은 성과를 냈다고 보기 어려웠다.

백년전쟁의 주요한 군사적·외교적 사건 뒤에는 프랑스가 겪어야 했던 참화가 어김없이 배경막으로 드리워져 있었다. 우선 1347~1349년의 역병으로 프랑스는 제3차 휴전에 들어갈 수밖에 없었던 것이 주요 요소로 꼽혔다. 그러기는 1358년에 일어난 자크리의 난도 마찬가지였다. 파리의 포목상 에티엔 마르셀Étienne Marcel이 삼부회를 장악한 사건도 그러했고, 1382년에 일어난 마요탱Maillotins[망치 모양의 무기]의 반란 역시 마찬가지였으며(왕 밑에서 일하던 세금징수관들을 말 그대로 망치로 때려 죽였다), 장 카보슈Jean Caboche가 주축이 된 도축업자 폭도 무리와, 부르고뉴와 아르마냐크 지방이 각기 파당을 결성해 걸핏하면 싸움을 벌인 것도 주요소로 꼽혔다. 이 시기에는 악에 받쳐 사람을 죽이는 일이 예사였다. 마르셀은 루브르에서 왕이 지켜보는 가운데 왕실 고관 100명을 보란 듯 살해한 후 그 자신도 살해당했다. 아르마냐크파를 최초로 결성한 루이 도를레앙Louis d'Orléans도 1407년 살해당했으며, 아르마냐크의 원수元帥와 그의 최고 숙적으로 한때 십자군에 참전했던 장 1세 드 브르고뉴Jean Ier de Bourgogne[장 상 푀르, 용담공勇膽公장] 공작 역시 몽트로의 다리에서 살해당했다. 발루아왕가 사람들은 왕좌에 앉아서도 맘이 편치 못했다. 유능한 독재자였던 현명왕 샤를 5세 르 샤즈[현명왕]Charles V le Sage(재위 1364~1380)의 통치기를 제외하면, 평온한 날들을 거의 찾아볼 수 없었다. 장 르 봉Jean le Bon[선량왕](재위 1350~1364)은 푸아티에에서 포로로 붙잡혀 잉글랜드의 포로가 된 채 세상을 떠났다. 샤를 6세Charles VI(재위 1380~1422)는 정신병에 걸린 채 보낸 시간만 30년이었다. 샤를 7세Charles VII(재위 1422~1461)는 프랑스 황태자이자 불운한 '부르주의 왕'으로 얼마간 지내고, 아르마냐크파와 부르고뉴파의 그늘에서 연명한 끝에야 다시금 기운을 차린 프랑스 정부의 수장자리에, 그간 '호의호식'이라도 했던 것처럼, 모습을 드러냈다. [샤스]

백년전쟁이 가장 중대한 고비를 맞은 것은 1420년대로, 이 10년 기간의 초반에는 잉글랜드가 막강한 힘을 떨치는 듯했으나 종국에는 프랑스가 힘을 재정비하는 양상으로 마무리됐다. 아쟁쿠르전투Battle of Agincourt(1415)가 끝난 뒤만 해도, 헨리 5세는 영국-프랑스 연합왕국의 기틀을 다지기에 여념이 없었다. 그는 트루아조약Treaty of Troyes(1420)을 계기로, 프랑스 땅 거의 전역과 루아르 북부까지 장악했다. 그가 프랑스 왕의 사위로서 발루아왕가의 후계자로 선언된 것도 이때였다. 그랬던 헨리 5세가 뱅센에서 급작스레 죽음을 맞으면서, 젖먹이 아들 헨리 6

세 Henry VI(재위 1422~1461)가 왕으로 선포되고 베드퍼드 공작 존John이 섭정 자격으로 그를 보좌하게 됐다. 파리는 1418~1436년에도 계속 영국-부르고뉴 연합의 수중에 있었고 바스티유에 잉글랜드 수비대가 주둔했다. 그러다 1428년 베드퍼드가 북쪽에 남아 있던 프랑스-아르마냐크 연합의 최후 보루 오를레앙에 공성전을 전개하면서 발루아왕가는 절망의 나락에 빠져드는 심정이었다. 바로 그 순간에 라 퓌셀La Pucelle(동정녀)이라 불리던 잔다르크가 등장하리라고는 그 누구도 상상하지 못했으니, 이 처녀 기사의 종용으로 머뭇거리던 프랑스 왕세자가 행동에 돌입했다. 1429년 5월 8일, 잔다르크는 성 밖으로 난 다리를 건너 돌격해 오를레앙을 포위에서 풀었다. 그런 후에는 주저하는 프랑스의 군주를 이끌고 영국-부르고뉴 연합의 영토로 들어가 랭스에서 왕의 대관식을 받게 했다. 1431년 잔다르크가 루앙의 시장 광장 한쪽에 잉글랜드인이 세운 화형대 위에서 묶인 채 죽음을 맞을 무렵, 잉글랜드는 국운이 급속도로 기울었다.[지대]

이후로, 싸움은 템포가 서서히 느려졌다. 1435년에 아라스회의가 열려 잉글랜드동맹에서 부르고뉴를 떼어냈을 때만 해도 잉글랜드는 국운이 다시 흥할 조짐은 없을 것처럼 보였다. 프랑스 왕국은 1439년 〈근위병 법령Ordonnance sur la Gendarmerie〉을 통해 기병대와 궁수들로 구성된 막강한 상비군을 갖췄다. 이와 함께 프랑스는 프라게리Praguerie의 반란을 진압해 아르마냐크 지방 귀족들의 저항도 완전히 잠재웠다('프라게리의 반란'은 1440년 2 7월 샤를 7세에 대한 프랑스 귀족들의 반란이다. 1415년 프라하에서 일어난 반란(후스전쟁)과 닮은 데서 붙은 이름이다). 프랑스가 최후의 일격을 날린 것은 1449~1453년 사이였다. 1453년 7월 카스티용에서 슈루즈버리 백작(제1대, 존 텔벗John Talbot)이 프랑스군의 포병 사격에 속절없이 무너지면서 보르도성의 성문들이 열렸고, 그렇게 해서 이제 잉글랜드의 수중에 남아 있는 프랑스 땅은 칼레가 전부였다. 1475년 잉글랜드는 종결부를 근사하게 장식해보겠다는 듯 프랑스에 육군을 상륙시킨 뒤 부르고뉴인들의 지원이 있기를 기대했다. 그러나 브르고뉴는 5만 크라운의 배상금과 7만 5000크라운의 계약금을 받는다는 조건과, 프랑스 황태자를 에드워드 4세의 딸과 결혼시킨다는 조건에 응해 결국 달려오지 않았다.

프랑스에 백년전쟁은 정신이 번쩍 들 만한 혹독한 경험이었다. 프랑스의 인구만 해도 백년전쟁을 거치며 종전의 50퍼센트 수준으로 급감했다. 프랑스의 국가 재건 사업은 말 그대로 더는 떨어질 데가 없는 가장 밑바닥에서부터 시작된 셈이었다. 그러다 '세계의 거미universal spider'(세계 각지의 연고를 활용해 고도의 권모술수를 일삼은 데서 붙은 별명이다)이자 외교술의 달인으로 통한 루이 11세Louis XI(재위 1461~1483) 대에 들면서, 특히 그가 프랑스에 대한 부르고뉴의 위협을 없애면서, 프랑스는 비로소 한 발 한 발 앞으로 나아가게 된다.

잉글랜드에 백년전쟁은 민족공동체 형성에 매우 중대한 역할을 했다. 백년전쟁 초반만 해도, 플랜태저넷가가 다스리던 잉글랜드는 왕조만 있다 뿐이지 문화적으로나 정치적으로나 프랑

샤스 CHASSE

■ 가스통 페뷔스Gaston Phoebus가 쓴 《사냥서Le
■ Livre de la chasse》(1381)는 사회학적 의미가 큰
문헌으로서, 정교한 채색 필사본이 여러 권 제작됐다.
가장 유명한 것은 파리국립도서관에 있는 MS 616 프
랑세MS 616 Français 본이다. 페뷔스라는 별칭을 가
진 저자 가스통 3세Gaston III(1331~1391)는 푸아의
백작이자, 베아른의 영주였으며, 가스코뉴 출신의 다
채로운 모험가였다. 그는 크레시전투[백년전쟁]에서 프
랑스를 위해 싸웠고 프로이센에서 독일기사단으로 활
동하기도 했다. 또한 피레네산지의 오르테즈에 있는
자신의 성에 연대기작자 장 프루아사르를 자주 초대
해 함께 시간을 보냈다. 《사냥서》에는 온갖 종류의 동
물과 사냥법이 소개돼 있다. 늑대·수사슴·곰·멧돼
지·오소리 등의 사냥감, 블러드하운드·그레이하운드·
마스티프·스패니얼 등의 사냥개, 몰래 접근하기, 사냥개
활용법, 덫 놓는 법, 그물치기, 화살 쏘기, 올가미 놓기,
심지어 밀렵 방법까지도 설명돼 있다. 또한 짐승 냄새를
추적하는 것부터 사냥감의 죽음을 알리는 나팔 불기에
이르기까지 모든 단계에 대한 전문적 설명과 삽화가 실
려 있다(1468쪽 도판 30 참조).[1] (샤스'는 프랑스어로 "사냥"
"수렵"이라는 뜻이다.)

14세기에도 사냥은 여전히 유럽 경제의 중요한 일부였
다. 사냥으로 잡은 짐승은 특히 겨울철 식량 보충에 필
수적이었다. 활·칼·창 등의 사냥 도구, 승마술, 목표물을
쫓아가 죽이는 데 필요한 정신력은 군사적 성취에도 꼭
필요한 요소였다. 엄격한 법에 의해 보호되는 숲의 자원
은 왕족과 귀족의 특권 유지에 중요한 역할을 했다.
숲과 사냥감은 많지만 농경 환경은 불리한 동유럽에
서는 사냥 기술이 훨씬 더 중요했다. 1577년 역사학
자 마르친 크로메르Marcin Kromer가 드네스트르강
유역 포돌리아 지방의 들소 사냥을 묘사한 글은 스페
인의 투우를 연상시킨다.

사냥꾼이 힘센 사냥개들을 데리고 접근해 들소를 몰
아 나무 주위를 돌게 하면서 [사냥개들이] 상처로 넘
어지거나 지쳐 쓰러질 때까지 들소를 괴롭힌다. 사냥
꾼이 위험해지면 동료들이 커다란 붉은 망토를 흔들
어 들소의 주의를 끈다. 붉은색이 소를 흥분시키기
때문이다. 혼란해진 들소는 처음 사냥꾼을 내버려두
고 다른 사냥꾼에게 돌진한다. 그러면 그 사냥꾼이
들소를 죽인다.[2]

화기의 발달과 농업 생산량의 증가로 점차 사냥의 기
술과 사회적 의미도 변화했다. 예를 들어, 18세기에 늑
대가 멸종한 잉글랜드에서는 농가의 최대 적인 여우가
주요 사냥 목표물이 됐다. '사냥용 다홍색 상의hunting
pink'를 입고 행하는 옛날 의식, 뿔피리, 사냥개를 부
추기며 쉭쉭 소리를 내는 관습 등은 남았지만, 사냥의
원래 효용은 상실됐다. 1893년 오스카 와일드는 여우
를 쫓아가는 잉글랜드 신사를 두고 "먹을 수도 없는
것을 필사적으로 잡으려는 형언하기 어려운 족속들"
이라고 표현했다.[3] 사냥은 일종의 오락으로 변했다. 유
혈스포츠에 극단적으로 반대하는 사람들의 눈에는 낚
시조차 잔인하고 야만적인 인습으로 여겨질 것이다.[4]
[코노피슈테]

동유럽에서 사냥은 높은 사회적 지위를 더 오래 유지
했다. 공산당 고위 간부들은 사냥을 신분의 상징으로
여겼다. 1930년대의 제국원수 헤르만 괴링이 그랬던
것처럼 그들에게 들소를 쓰러트리는 것은 가장 원하
는 목표이자 봉건귀족을 모방하는 행위였다.

스 문명의 전초기지에 지나지 않았다. 그러나 백년전쟁이 끝났을 무렵에 잉글랜드는 대륙에 갖고 있던 땅은 모조리 잃은 채 랭커스터왕조의 지배를 받게 된 터라, 섬에만 자리한 하나의 왕국으로 대륙과는 별개로 안정을 누리면서 새로 정립된 잉글랜드의 정체성 안에서 자신감을 가질 수 있었다. 이쯤에는 앵글로-노르만의 지배층도 완전히 잉글랜드 문화에 동화돼 있었다. 제프리 초서(1340~1400)와 함께, 영국 문학이 그 기나긴 여정의 첫발을 내디딘 것이 이때였다. 리처드 2세Richard II(재위 1377~1399)와 세 랭커스터왕조 군주―헨리 4세Henry IV(재위 1399~1413), 헨리 5세Henry V(재위 1413~1422), 헨리 6세Henry VI(재위 1422~1461)―대에 프랑스에서 벌어진 전쟁들은, 잉글랜드에서 군주와 귀족들이 격하게 다투고도 남아돌던 에너지를 다른 데 쏟아부을 수 있게 일종의 안전밸브 역할을 해주었다. 잉글랜드의 리처드 2세는 종내는 강제 퇴위를 당한 뒤 폰트프랙트에서 살해당했다. 곤트의 존을 아버지로 두었던 헨리 4세는 족보를 허위로 꾸며 잉글랜드 왕위를 찬탈했다. 헨리 5세는 프랑스 땅을 차지하려 노력했으나 중도에 좌절당하고 말았다. 또 한 명의 유아왕 헨리 6세도 종국에 가서는 폐위당했다. 그러나 바닥에 피가 흥건히 고인 듯한 이 정치 무대의 표면 아래서는 이제 애국심과 함께 민족의 자부심이 점차 틀을 형성해가고 있었다. 물론 윌리엄 셰익스피어가 이로부터 200년 뒤에 작품을 쓰면서, 절절한 애국심이 담긴 잉글랜드의 가장 아름다운 찬가를 다른 이도 아닌 프랑스의 전리품을 노리고서 그토록 오랜 시간과 많은 에너지를 싸움에 쏟아부은 곤트의 존의 입에서 흘러나오게 한 것은 어쩐지 시대착오적인 데가 있는 게 사실이다. 하지만 당시 셰익스피어가 작품(《리처드 2세》) 속에서 표현한 것은 얼마 전 백년전쟁을 겪고 사람들 마음속에 자라나게 된 어떤 감정이었다.

> 이 왕들의 옥좌, 이 홀笏을 쥔 섬,
> 이 위엄이 깃든 땅, 마르스의 자리
> 이 지상의 에덴, 반半낙원
> 전염병과 전쟁의 손을 막으려
> 자연의 어머니께서 손수 지으신 요새
> 은빛 바다 안에 박힌 이 보석
> [⋯] 이 은총 입은 땅뙈기, 이 토양, 이 왕국, 이 잉글랜드.24

잉글랜드가 사람들 마음에 하나로 자리 잡은 이 애국심을 단단히 다진 것은 바로 프랑스 땅에서였다. 〔백년전쟁의〕 아쟁쿠르전투(1415)를 앞둔 상황에서의 아르플뢰르가 아니었다면 셰익스피어가 과연 "가장 고귀한 잉글랜드인들you noblest English"로 하여금 일치단결해 적에게 틈을 주지 말아야 한다는 연설이 나오게 할 수 있었겠는가? 〔윌리엄 셰익스피어의 〈헨리 5세〉에서 아

지대 地代RENTES

■ 역사연구에 정량적 분석을 적용하는 학문인 계
■ 량경제사計量經濟史, cliometrics는 컴퓨터의 등
장으로 한층 발달하게 됐다. 과거에 역사학자들은 현
존 자료가 너무 방대하거나 사료 탐구 수단이 마땅치
않아 어려움을 겪곤 했다. 또 통계 표본이 작고 대상
기간이 짧았으며 잠정적 결론밖에 내릴 수 없었다. 컴
퓨터로 역사적 자료를 대량 고속으로 처리할 수 있게
되자 이와 같은 장애가 상당 부분 해소됐다.

이 분야 연구의 선구자는 1947년 만들어진 파리고등연
구원École Pratique des Hautes Études의 제6분과였다.
이들은 중세 후기부터 프랑스혁명까지 파리의 지대地
代, ground-rent 변화 추이를 조사하는 프로젝트를 수
행했다.[1] 첫 번째 단계는 기관 및 개인 기록 2만 3000
건을 이용해 연평균 지대(단위, 리브르 투르누아Livre
tournois)를 계산하는 것이었다. 두 번째 단계에서는 통
화 디플레이션을 감안해 화폐 단위의 수치를 실질 구
매력을 나타내는 수치로 정리했다. 이를 위해 지대를 3
년 동안의 밀 가격 평균치(밀 몇 스티에setier, 즉 헥토리터
hectolitre, 100리터)와 결부시켰다. 세 번째 단계에서는 '지
대 곡선'을 그린 후 2차 자료인 공증인기록부(1550년 자
료부터 남아 있음)의 내용과 비교했다. 둘은 상당히 비슷한
추이를 보여주었다(아래 표 참조, 부록 1605쪽 참조).

파리의 '지대 곡선'은 정치적 사건과 경제적 동향을 반
영한다. 지대가 떨어진 시기는 1420~1423년 '잔다
르크 불경기', 1564~1575년 '성바르톨로뮤축일의 집

단학살 침체기', 1591~1593년 '포위 시기의 폭락',
1650~1656년 '프롱드당 반란의 하락기'였다. 지대 회
복은 훨씬 긴 기간에 걸쳐 일어나는 경향이 있었다.
1445~1500년의 '르네상스기', 1500년 이후 몇십 년
간의 가격혁명기(명목상 지대는 빠르게 상승했지만 '실제
지대'는 이보다 훨씬 느리게 상승했다), 1690년까지 루이
14세 시대의 안정기, 18세기 중반의 안정된 상승기가
그에 해당한다. 컴퓨터 계산에 따르면, 지대가 정점을
찍은 때는 1759~1761년(69.78스티에)과 1777~1782
년(65.26스티에)이었다. 공증인기록부에서는 최고점이
1788년(77.69스티에)이었다.

이러한 자료가 갖는 궁극적 가치에는 충분히 의문이
제기될 수 있다. 지대 곡선만으로는 프랑스의 전반적
경제 상황은 물론이고 파리의 주택시장에 영향을 끼
친 많은 중요한 요인을 파악할 수 없다. 인구 압박, 공
동주택의 규모와 질, 새 건물의 건축에 대해서도 알
수 없다. 그러나 역사학자가 근대 이전의 시대에 대해
가격·임금·비용·소득을 아우르는 완전한 통계 자료
를 확보하기란 불가능하다. 따라서 이와 같은 곡선이
다른 여러 자료와의 비교 및 평가에 쓸 만한 지표가
된다는 사실에 의미를 둬야 할 것이다. 무엇보다도 이
런 곡선은 콩종크튀르conjoncture 즉 경제적 추세의
전반적 패턴 및 동향(국면 변동)을 확립하는 것을 중시
하는 경제구조주의자의 기대를 대변한다. 경제구조주
의자들은 콩종크튀르가 다른 모든 역사적 사실과 맞
물리는 기본 토대라고 본다.

추정 평균 지대				공증인기록부의 지대		
	리브르	스티에			리브르	스티에
1549~1551	64.24	16.77		1550	63.72	16.64
1603~1605	168.39	17.81		1604	229.00	24.23
1696~1698	481.96	23.41		1697	531.00	25.79
1732~1734	835.55	55.70		1734	818.35	54.55
1786~1788	1281.04	58.63		1788	1697.65	77.69

쟁쿠르전투의 잉글랜드 지휘관 헨리 5세가 해당 연설을 한 곳이 아르플뢰르 성문 앞이었다.〕

이제 잉글랜드 내에서, 잉글랜드에 완전히 동화되지 못한 공동체는 웨일스가 유일했다. 1400~1414년에 걸쳐 프랑스와의 전투들이 한창 진행되는 틈을 타, 웨일스가 노섬브리아·아일랜드·스코틀랜드·프랑스 등지에 근거한 잉글랜드 왕의 다른 적들과 의기투합해서는 그럴싸한 반란을 공모해 보란듯 실행에 옮겼다. 웨일스인들은 그린디브드르의 오와인 아프 그루피드Owain ap Gruffydd(1359년경~1416, 잉글랜드인 사이에서는 '오언 글렌다워Owen Glendower'〔오와인 글린두르Owain Glyndŵr)로 통했다)의 지휘하에, 웨일스가 언젠가 해방을 맞는 날이 오리라는 희망을 다시금 품을 수 있었고, 잠시나마 독립 공국의 틀을 잡는 데 성공했다. 1404~1405년에는 독자적 성격의 웨일스 의회가 마킨레스에서 소집되기도 했다. 하지만 그러고서 불과 10년도 안 됐을 때 웨일스 해방의 꿈은 허물어져 내리고 있었다. 여기에 잉글랜드가 아쟁쿠르전투에서 승리를 거두면서 웨일스의 운명은 완전히 판가름 났다. 그 이후로 웨일스에 자리한 잉글랜드 왕의 성들은 하나둘 예전 모습으로 복구됐고, 글렌다워의 아들도 잉글랜드에 마지못해 복종했다. 비록 문화와 언어 면에서는 별 영향을 받지 않았지만, 이후 웨일스는 잉글랜드왕국 안에서 빠질 수 없는 일부를 구성한다.

1450년 이후 잉글랜드는 줄곧 맥을 추지 못했는데 부르고뉴와 아르마냐크 사이의 골육상잔에 버금가는 일들이 잉글랜드에서도 벌어졌기 때문이다. 정신병을 앓는 왕이 등극하며〔헨리 6세, 1422~1461〕 왕위 계승 다툼이 벌어져 랭커스터가와 요크가가 서로 잡아먹을 듯 대치했다. 이때 일어난 장미전쟁Wars of the Roses(1455~1485)으로 잉글랜드는 한창 커져가던 부를 마음껏 누리지 못하다가, 왕위 주창자 셋—에드워드 4세Edward IV, 리처드 3세Richard III, 헨리 7세Henry VII—이 경쟁에서 승리한 튜더가의 손에 모두 무덤으로 가면서 비로소 안정을 찾았다. 〔"장미전쟁"은 랭커스터가가 붉은 장미를, 요크가가 흰 장미를 문장으로 한 데서 이름이 생겨났다.〕

이때를 두고 윌리엄 셰익스피어가 "잉글랜드의 피가 거름처럼 잉글랜드 땅에 뿌려져 […] 골고다의 밭과 죽은 자의 해골 사이로 스며드니"라고 표현(〈리처드 2세〉)한 것은 이번에도 다소 생뚱맞은 데가 있었다. 실제로는, 그러니까 최근의 연구 성과들을 믿을 수 있다면, 당시 싸움은 그래도 신사적으로 치러졌다는 점에서다.[25] 1471년의 튜크스베리전투Battle of Tewkesbury를 제외하면, 장미전쟁에서 포로들이 학살당하는 일은 대체로 없었다. 군사작전도 콘월 지방의 세인트미카엘스마운트섬 같은 켈트인의 변두리 땅이나 웨일스의 땅—덴비, 할렉, 카렉케넨, 펨브로크(장미전쟁에서 승리한 헨리 튜더Henry Tudor의 출생지이기도 하다)— 등에서 주로 전개됐다. 1485년 8월 22일 보즈워스평야에서 어떤 광경이 벌어졌는지는—꼽추 리처드 3세Richard III〔요크왕조 마지막 왕, 재위 1483~1485〕가 기구한 처지에 빠져 쓸모없어진 자신의 왕관을 가시덤불에 걸며 "여기 내 왕국을 줄 테니 말을 한 마리 다오"〔셰익스피어, 〈리처드 3세〉〕라며 울었다고 한다— 이

제 모르는 이가 없을 만큼 진부해진 이야기다. 그러나 중세 역사의 마지막을 장식하기에 이보다 더 좋은 마무리도 또 없었다.

부르고뉴가 준準독립국가로 부상해 한껏 역량을 발휘한 것도 백년전쟁이 낳은 부산물의 하나였다. 프랑스와 신성로마제국 두 곳의 세가 함께 이울자 유럽에는 이른바 '중간급 왕국'이 탄생해 유럽 정치에서 막중한 역할을 수행하지만, 이 중간급 왕국은 응집력이 약했던 탓에 순식간에 세가 일어났던 만큼 그 세가 죽는 것도 금방이었다. 발루아왕가 출신의 위대한 네 부르고뉴 공작—필리프 르 아르디(용담공)Philippe le Hardi(1342~1404), 장 상 페르(용맹공)Jean sans Peur(1371~1419), 필리프 르 봉Philippe le Bon(선량공)(1396~1467), 샤를 르 테메레르Charles le Téméraire(담대공)(1433~1477)—은 왕의 지위는 비껴갔지만 수많은 왕을 넘어설 만큼 대단한 부와 특권을 누렸다. 부르고뉴의 영지로 유구한 역사를 가진 디종 근방의 부르고뉴 공작령을 용담공 필리프가 프랑스 왕가에 속한 친부로부터 하사받은 것은 1361년이었다. 이후 부르고뉴는 프랑스-제국 간 경계 양쪽에 자리한 수많은 영토를 하나둘 손에 넣으며 꾸준히 세를 확장해나갔다(부록 1623쪽 참조). 용담공 필리프는 자신의 형제들인 베리 공작 및 앙주 공작과 함께 여전히 프랑스 왕가에 속한 '백합의 제후들princes of the lilies'(이들이 들고 다니던 방패에 프랑스를 상징하는 백합 문양이 새겨져 있던 데서 붙은 별명이다)의 처지에서 벗어나지 못했었다. 그러나 부르고뉴가 잉글랜드와 동맹을 맺으면서 그의 아들과 손자 대에는 비로소 가문의 속박에서 벗어났다. 그러다 용담공 필리프의 증손자 담대공 샤를 대에는 교묘한 술수로 이웃들을 제압하려다 화를 자초했다. 부르고뉴의 부는 대체로 당시 한창 번영을 누리던 지방 도시들—브뤼주, 아라스, 이프르, 헨트, 안트베르펜—에서 나왔다. 이때까지도 부르고뉴의 조정은 여전히 철마다 옮겨 다녔지만, 파리의 오텔 다르투아Hotel D'artois(아르투아 관저)와 디종에 자리한 공작의 궁전을 제외하면 주로 릴, 브뤼주의 프린센호프, 브뤼셀의 쿠덴베르크, 아르투아의 에스댕성城을 주된 거처로 삼고 지냈다(부록 1602쪽 참조).

부르고뉴에서는 궁정을 중심지 삼아 기사도 숭배가 화려하게 꽃피었으니, 이는 이곳에서 황금양털기사단Order of the Golden Fleece의 행사가 개최되고 십자군 참전이 열성적 후원을 받은 것만 봐도 잘 알 수 있었다. 부르고뉴는 마상시합, 창시합, 연회, 행사, 갖가지 행진으로 분위기가 달아오르곤 했다. 공작들은 예술에도 돈을 쏟아부었다—클라우스 슬뤼터르Claus Sluter 같은 조각가, 얀 반에이크Jan van Eyck·로히어르 판 데르 베이던Roger van der Weyden 같은 화가, 시인, 음악가, 소설가, 유명 태피스트리 직조공들이 공작들의 후원을 받았다. 공작들은 자신들을 화려하게 치장하는 것은 물론 궁전의 조신朝臣들까지 데려다 금란金襴, cloth-of-gold (금실을 넣어 짠 천), 어민ermine(북방족제비의 흰색 겨울털. 왕들의 가운, 판사의 법복 등을 장식하는 데 쓰였다), 각종 보석으로 화려하게 몸단장을 시켰다—하나같이 감탄과 놀라움을 자아내려는 의도적 장식품들이었다. 공작들은 외교술 방면에서, 특히 외교상 혼인을 성사시키는 데서 탁월한 재주를 발휘했다. 선량공 필리프는 자신의 사촌(장래의 루이 11세)이 궁지에 몰리자 그를 한동안 부르고뉴에 머물도록 해주었는데, 종국에는 자신에게 몸을 의탁했던 그가 악랄하게 돌변하는 모습을 지켜봐야만 했다. 담대공 샤를은 루이의 정치적 술수에 차츰 걸려들어, 루이가 이끄는 스위스 동맹군에 모라에서 패배를 당했고, 낭시에서 로렌 지방 군대와 싸움을 벌이다 목숨을 잃었다 당시 전쟁에서 얻은 부르고뉴의 전리품Burgunderbeute은 오늘날까지도 스위스의 박물관들을 가득 메우고 있다.[26] [코드피스]

1477년에 담대공 샤를이 세상을 떠나자 부르고뉴도 세가 이울고 땅이 나뉘었다. 루이 11세가 프랑스가 가졌던 공국을 손에 넣은 것도 이때였다. 그러나 루이 11세가 차지한 공국에서 가장 노른자위 땅이 하필 딸 마리 드 부르고뉴Marie de Bourgogne에게 돌아갔고, 이것이 나중에는 그녀의 남편 막시밀리안 폰 합스부르크Maximilian von Habsburg[막시밀리안 1세]에게 넘어갔다. 이들이 차지한 부르고뉴의 땅들—플랑드르, 브라방, 제일란트, 홀란트, 구엘데르—은 장차 네덜란드의 근간이 됐고, "최후의 부르고뉴인"이라 불린 이들의 손자 샤를 5세Charles V[프랑스 왕, 재위(1364~1380)]의 운명도 함께 결정지었다. 이쯤 이르렀을 땐 부르고뉴 나라의 것이라 할 만한 것은 하나도 남아 있지 않았다. 디종 근처 샹몰 지방 카르투지오회수도원 안의 거대한 공작의 영묘마저 지금은 그 흔적을 찾아볼 수 없다.[27]

몇 년 뒤, 한 수도사가 프랑스 왕 프랑수아 1세Francis I(재위 1515~1547)에게 용맹공 장의 해골을 보여주며 세간에 떠도는 풍문을 일러주었다. "여기 보시면 구멍이 하나 나 있는데, 바로 여길 통해 잉글랜드가 프랑스로 뚫고 들어올 수 있었던 것이라고 합니다." 그렇다고 하면 담대공 샤를의 어리석은 야망에 대해서도 똑같이 말할 수 있을지 모르겠다. 그의 머리에도 구멍이 하나 있어 그 틈을 통해 합스부르크가가 서유럽으로 진출할 길이 열렸던 것이라고.

그러나 얼마간은 합스부르크가도 틀을 다져나가기에 바빴다. 1438년 이후부터는 합스부르크가가 죽 독일에서 황제직을 차지했지만—프리드리히 3세 폰 합스부르크Frederick III von Habsburg(1440~1493)가 로마에서 대관식을 받은 마지막 황제였다— 이때만 해도 합스부르크가는 아직 경쟁자들을 너끈히 제칠 정도는 아니었다. 아닌 게 아니라, 14세기와 15세기에는 합스부르크가가 이 일대의 다른 막강한 왕가보다 유리하다고 할 점이 전혀 없었다. 야기에우워가가 이룩하지 못한 일을 종내 합스부르크가가 해낸 것은 순전히 우연의 일치인 셈이었다.

약 2세기 동안 보헤미아·헝가리·폴란드의 귀족들은 자신들의 왕국 안에서 왕위 계승자를 정할 권리를 갖고 있어서, 신나게 가보트gavotte(17~18세기에 프랑스 남부에서 유행한 2박자의 경쾌한 춤곡)를 추듯 당시 중부 유럽에 군림하던 대규모 왕가 네 곳[합스부르크가, 룩셈부르크가, 양주가, 야기

코드피스 CODPIECE

■ 1476년 모라전투Battle of Morat에서 승리한 스
■ 위스 군인들이 부르고뉴의 숙영지를 약탈해 세련된 옷이 든 커다란 상자들을 손에 넣었다. 그리고 옷을 갈기갈기 찢어 몸에 걸치고 적군을 조롱하듯 행진했다. 이 일은 16세기에 유행한 '겉감을 세로로 튼 더블릿doublet'(짧고 꼭 끼는 상의)의 기원을 설명해주거니와 중세 남성의 일반 복상이 군대에서 기원했음을 잘 보여주는 것으로 여겨져왔다.[1]

당시 남성의 옷차림에는 특히 눈에 띄는 두 가지가 있었다. 둘 다 성적 의미를 풍겼다. 차츰 사라져가던 풀렌poulaine 즉 '뿔 모양 신발'은 원래 등자에 올려놓은 발이 빠지지 않게 하려고 만든 것이었는데, 나중에 위로 향한 뾰족한 끝부분이 발가락이 아닌 다른 부분의 용맹함을 보여주는 것으로 여겨졌다. 브라게트

braguette 즉 '코드피스(음경주머니)'는 막 유행하고 있었다. 프랑수아 라블레(프랑스작가·의사, 1553년 몰)에 따르면, 코드피스는 전투에서 남성의 성기를 보호하려고 만들어졌다고 하지만, 무장한 기사의 생리 현상을 쉽게 해결하고자 고안됐을 가능성이 더 높다. 미끌미끌한 매독 치료 연고가 옷에 묻는 것을 방지하려는 용도였다는 설도 있다. 그 어떤 것도 100년 넘게 남성들이 이런 민망한 복장을 과시하듯 입은 이유를 설명하지 못한다. 셰익스피어는 〈뜻대로 하세요〉에서 헤라클레스의 코드피스가 "그의 곤봉만큼이나 크다"라고 썼다.

최근까지도 은밀한 사생활과 관련된 의복, 특히 속옷은 '입에 담기 민망한 것'으로 여겨졌다. 점잖은 역사학자들은 그런 주제를 외면했다. 그러나 요즘은 그런 것도 학술논문의 주제나 화려한 전시회의 전시품이 된다.[2]

에우워가)의 대표자들과 어울리며 관계를 맺어나갔다. 그 모습은 오늘날 연륜이 오랜 기업이 더 강력한 다국적 대기업과 제휴하려 무던 애쓰는 것과 크게 다르지 않았다. 이런 관계를 통해 그들은 자신들이 왕국의 내정에 계속 실권을 행사할 안전한 방편을 마련해놓는 한편, 왕국의 인수자 혹은 합병자로부터 노련한 국정 운영 경험을 배우고 또 실질적 보호를 받을 수 있으리라 내심 기대했다. 그리고 세 나라 모두에서 그 서막은 자국 안에 자리한 통치 왕가의 명맥을 끊는 것부터 시작됐다. 헝가리에서는 1301년에 아르파드왕조가, 보헤미아에서는 1306년에 프르셰미슬왕조가, 폴란드에서는 1370년에 피아스트왕조가 막을 내렸다(부록 1603쪽 참조).

그 결과 중동부 유럽에서는 합스부르크가, 룩셈부르크가, 앙주가, 야기에우워가가 한데 맞물리며 수시로 왕조가 교체되는 장기간의 혼란기를 겪어야 했다. 초반부만 해도 이 무대에서 주도권을 잡은 것은 룩셈부르크가처럼 보였다. 룩셈부르크가는 1308~1313년과 1347~1437년 두 차례에 걸쳐 제국을 차지한 것과 함께, 1310~1437년에는 보헤미아를, 1387~1437년에는 헝가리까지 차지했다. 그러다 15세기 중반에 합스부르크가가 곳곳에 엇비슷하게 땅을 차지하는가 싶었으나, 보헤미아와 헝가리 땅은 그곳의 토착 왕가 손으로 다시 돌아갔다. 1490년에 이르러서는 야기에우워가가 폴란드-리투아니아 및 보헤미아를 장악하나 이 가문은 제국까지 차지하는 데는 실패했다. 이 기간에 유럽에 존재했던 신성로마제국 및 여러 나라의 역사가 어떻게 전개됐

는지는 이처럼 당시에 존재했던 관계망을 보다 폭넓게 조명하지 않고는 그 실상을 온전히 파악했다고 할 수 없다.

보헤미아가 이 시기에 특별한 지위를 누리게 된 것은 세습되는 신성로마제국의 선제후 자리에 보헤미아 왕들이 끼게 되면서였다. 프르셰미슬왕조는 왕조 막바지에 아우스트리아-슈타이어마르크-케른텐을 차지하기도 했지만, 1278년에 뒤른크루트전투Battle of Dürnkrut를 치르면서 합스부르크가에 이들 영토를 고스란히 내어주었다. 나중에는 보헤미아의 바츨라프 2세Vaclav II(재위 1278~1305)가 폴란드와 헝가리의 왕관을 모두 차지한다. 프르셰미슬왕조가 종말을 맞은 뒤 보헤미아는 룩셈부르크가, 합스부르크가, 야기에우워가의 통치를 차례로 받았다. 15세기에 보헤미아의 왕은 귀족들과의 전쟁에다 후스파의 전쟁에도 장기간 휘말렸다. 보헤미아 태생의 마지막 왕 이르지 스 포데브라트Jiří z Poděbrad(포데브라디의 게오르크George of Poděbrady, 재위 1458~1471)가 20년 동안 조국을 독립국으로 만들 수 있었으나 그 입지는 영 불안했다.

후스파the Hussities는 민족적 색채의 체코교회를 창설하고, 자신들을 억누르려는 여러 시도를 수 차례 이겨내며 명맥을 이어갔다. 후스파가 등장한 것은 교황권 대분열 사태가 극으로 치닫고, 체코인과 독일인, 왕과 귀족, 성직자와 교황, 대학과 프라하 주교 사이에 실랑이가 일면서 보헤미아가 사분오열돼 있을 무렵이었다. 후스파는 이윽고 생전에 얀 후스가 내놓은 신학적·정치적 면에서의 제안들을 훨씬 뛰어넘는 요구들을 한다. 후스가 콘스탄츠공의회(1414~1418)에 참석했다가 목숨을 잃고(1415) 공의회에서 체코 주민 전체에 파문을 내렸다는 소식이 전해지자 후스파의 분노는 극에 달했다. 그리하여 사실상 체코의 전 주민이 들고일어난 봉기로 '최초의 종교개혁'이라 할 사태가 벌어졌다. 후스파는 크게 둘로 갈라져 있었다. 우트라크파the Utraquists는 대체로 독일 태생의 가톨릭 고위성직자로부터 기존 교회를 넘겨받은 세력이었고, 타보르파the Taborites는 급진파로 자신들이 구축한 '타보르'라는 요새화된 진지를 근거지삼아 별개의 복음 공동체를 세웠다.

상황이 악화일로로 치달은 것은 1419년 7월 30일 프라하에서였다. 뉴타운New Town에서 진행된 후스파의 행진에서 돌팔매질이 일어나고, 독일인 태생 시장이 시청사의 창밖으로 내던져져 군중 사이로 떨어지는 일이 벌어졌다. 교황은 각지의 십자군을 불러 모아 이단을 응징하겠다고 발표하며 대응에 나섰다. 우트라크파에서는(이들은 양형영성체兩形領聖體, sub utraque specie 곧 영성체를 행할 때 빵(성체)과 포도주(성혈) 둘 다를 함께 받아 모셔야 한다고 주장했다) 즉각 프라하규약Article of Prague(1420)을 통해 자신들의 교리를 공식화했고, 타보르파에서는 신출귀몰한 무공을 자랑하는 애꾸눈 대장 얀 지슈카 스 트로츠노바Jan Žižka z Trocnova(1424년 몰)의 지휘 아래 전투에 돌입했다. 해가 갈수록 전세는 체코를 침공한 대규모 독일 십자군이 무참히 패배당하는 양상으로 전개됐다. 후스파는 결국 작센·슐레지엔·헝가리까지 전쟁에 끌어들였는데 가장 애먹은 것은 도리어 그들 자신의 내분이었다. 1434년에는 우트라크파가 리파니에서 타보르파에 대승을 거두고 이를 계기로 가톨릭교회와 평화협정을 맺었다. 바젤협약Compacts of Basel(1436)을 통해서는 1620년까지 보헤미아에 우트라크파 교회법을 시행시키기도 했다. 차후 이어진 정치 협상에서 체코 귀족들은 자국의 내정을 자기들 뜻대로 운영할 양으로 룩셈부르크가의 뒤를 이을 후계자로 합스부르크가의 젖먹이를 택했고, 그로부터 20년 후에는 위압적 풍모의 우크라트파 장군 이르지 스 포데브라트를 후계자로 선택했다. 이르지가 세상을 떠나자 체코의회에서는 (폴란드) 야기에우워왕조 출신의 브와디스와프 2세Władysław II(헝가리의 울라슬로 2세Ulászló II) (재위 1471~1516)를 후계자로 정하고 그가 체코를 헝가리인과 합스부르크가의 굴레로부터 벗어날 수 있게 해주기를 바랐다.

헝가리의 역사도 보헤미아와 비슷한 패턴으로 전개됐다. 헝가리는 중간에 잠시 바이에른에 근거한 비텔스바흐가의 통치를 받다가 나중에는 나라가 나폴리의 앙주가에 넘어갔다. 이후 카로이 로베르트Károly Róbert(카로베르트Carobert(카로이 1세), 재위 1310~1342)와 너지 러요시Nagy Lajos(러요시 대왕Lajos the Great(러요시 1세), 재위 1342~1382) 대에 들어 강력한 패권을 확립했으나 종국에는 이들도 룩셈부르크가와 합스부르크가에 굴복했다. 헝가리 태생의 마지막 왕으로 이름을 떨친 마티아스 코르비누스Matthias Corvinus(마차시 1세Mátyás I)가 재위한 것은 1458~1490년이었다. 그러다 야기에우워가의 일원인 바르나의 브와디스와프 3세Władysław III(헝가리의 울라슬로 1세Ulászl I)(재위 1440~1444)가 처음으로 헝가리로 영입돼 나라를 다스렸으나 튀르크족을 맞아 싸우다 목숨을 잃었다. 야기에우워가의 세 번째 왕인 러요시 2세Lajos II(재위 1516~1526)도 똑같이 모하치전투Battle of Mohács에서 싸우다 세상을 떠났다.

이 무렵 폴란드는 더 장대하고 독립적인 운명을 향해 나아가는 중이었다. 봉건제하에서 사분오열된 채 182년을 보낸 폴란드는, 희년을 맞아 몸소 로마를 찾았다가 교황으로부터 왕관을 받은 브와디스와프 1세 워키에테크(단신왕)Władysław I Łokietek(재위 1320~1333) 대代에 다시금 통일을 이루고 어엿한 왕국으로 자리 잡을 수 있었다. 단신왕의 아들로 피아스트왕조를 마지막으로 장식한 카지미에시 3세 비엘키(대왕)Kazimierz III Wielki(재위 1333~1370) 대에는 효율적 행정체계가 확립됐고 법전과 일관된 외교정책이 마련됐다. 아울러 카지미에시 대왕은 폴란드의 서쪽 지방들을, 특히 슐레지엔을 룩셈부르크가에 넘겨준 뒤 마음껏 동쪽 지방으로 땅을 넓히는 일에 전념했다. 1349년 폴란드는 갈리치아와 도시 르부프를 손에 넣으면서 동쪽에 자리한 슬라브족 땅을 향해 본격적으로 첫발을 내딛었다. 그리고 바로 그해 독일로부터 유대인 난민을 대거받아들여 유럽에서 가장 대규모의 유대인 공동체가 생겨나는 초석을 놓았다. 앙주가 출신 러요시(폴란드왕으로는 루드비크 벵기에르스키Ludwik Węgierski)(1370~1382) 대에는 코시체법령Statute of Kosice(1374)을 제정해 헝가리 귀족들에 준하는 제 권리를 폴란드 귀족들에게 부여해주었다. 이를 계기로 폴란드에서는 슐라흐타Szlachta[폴란드왕국에서 법적 특권 및 참정권을 가졌던 사회계급 혹은 그 계급에 속해 있던 귀족의 작위]의 권력이 걷잡을 수 없이 커지게 된다. 그러나 이 무렵 폴란드에서 가장 극적이었던 순간은 무엇보다 이미 국왕rex으로 인정받고 있던 러요시의 딸 야드비가Jadwiga가 리투아니아의 대공 요가일라[이후 브와디스와프 2세 야기에우워]와 혼인한 것이었다. [슐라흐타]

폴란드와 리투아니아의 연합[동일 군주 아래 2개 이상의 국가가 결합하는 동군연합同君聯合]은 국제적 측면에서 널리 의의가 있었다. 두 개의 커다란 국가가, 그것도 둘 다 한창 역동적으로 발전하는 국가가 하나로 합쳐지면서 새 문명이라 해도 좋을 강력한 융합 과정에 불이 붙었다. 두 국가가 연합한 가장 직접적인 이유는 이 지역에 독일기사단의 위협이 가해지고 있었다는 점으로, 독일기사단의 행태는 [리투아니아의] 빌뉴스만큼이나 크라푸크에서도 원성이 자자했다. 그러나 폴란드와 리투아니아 연합에는 그보다 훨씬 더 많은 일이 얽혀 있었다. 폴란드는 몽골족의 침략에서 기운을 회복하고 흑사병도 무사히 비껴간 뒤라 이즈음에는 드넓게 펼쳐진 동쪽 땅으로 진출하려는 열망이 강했다. 리투아니아는 여전히 이교도 엘리트층의 통치를 받으며 이웃 모스크바대공국의 세가 커져가는 것을 걱정스러운 눈초리로 바라보던 터라 자국이 기독교왕국의 주류에 편입됐으면 하는 바람이 있었다. 폴란드와 리투아니아 모두 서로의 지원이 필요한 상황이었던 것이다. 따라서 양국 사이 혼인은 두 당사자의 결합을 훨씬 초월하는 의미가 있었다. 아버지를 여읜 열두 살의 야드비가는 자신의 의무를 묵묵히 다하겠다는 태도였다. 미혼의 전사로 마흔의 나이였던 요가일라(폴란드인 사이에서는 야기에우워Jagiełło로 통했다)는 이것이 리투아니아에 일대 전기를 가져올 절호의 기회임을 눈치 챘고 이에 혼사를 마다할 수가 없었다.

리투아니아는 마침내 세례를 받기까지 라틴교회와 동방정교회를 양쪽에 놓고 수십 년간 그 사이를 오락가락했다. 요가일라의 부친 대공 알기르다스Algirdas(재위 1341~1377)는 '역동적 균형' 정책을 추진했던 인물이다. 대공은 마치 조만간 그쪽으로 개종할 것처럼 운을 떼워 아비뇽과 콘스탄티노폴리스 양쪽 모두의 애간장을 태웠다. 1370년대에는 리투아니아가 모스크바대공국 대신 정교회 슬라브족을 이끈다는 일념으로 정교회로 반드시 돌아설 것 같은 분위기였다. 1375년에는 알기르다스 대공이 콘스탄티노폴리스 총대주교를 설득해 관할 구舊 '키이우 및 전全 루스족' 대도시 교구를 없애고 '키이우, 루스족 및 리투아니아'라는 이름의 독립된 대도시 교구를 창설하고자 했다. 요가일라에도 애초에는 정교회 쪽으로 기울어져 있었다. 그러다 1382년부터 알기르다스가 리투아니아의 영토를 모스크바대공국을 향해 밀고 나오는데, 이런 알기르다스에 불만을 품은 그의 형제가 독일기사단과 한패가 된 것도 이때쯤이었다. 1384년에는 기독교 신자였던 요가일라의 모친 트베리의 율리아나Juliana of Tver가 잠정 협약을 맺어 요가일라를 모스크바대공국의 공주와 약혼시키고 리투아니아는 정교회를 신봉하는 나라가 되겠다고 약조했다. 이 구상은 아마도 타타르족으로 인해 불발된 듯한데, 이즈음 타타르족이 모스크바대공국을 쑥대밭으로 만드는 통에 모스크바대공국과의 동맹이 아무짝에도 쓸모없어졌기 때문이다. 이번 일로 협약이 무용지물이 되고 폴란드와 연합을 하는 것으로 일이 진전됐을 때는 그야말로 속전 속결이었다. 1385년 8월 요가일라는 크레보에서 폴란드 및 헝가리-앙주 왕가의 사절들을 만나 혼사와 관련해 합의를 도출했다. 요가일라는 1386년 2월 15일에 크라쿠프에서 세례를 받고 브와디스와프라는 세례명을 갖게 됐다. 그러고는 사흘 뒤 야드비가와 결혼식을 올렸다. 3월 4일에는 폴란드의 공동 왕 자격으로 머리에 관을 얹었다(부록 1604쪽 참조).[28]

이상한 얘기로 들리겠지만 1387년 빌뉴스에서 신성한 떡갈나무들이 베어 넘겨질 때에도 유럽 땅에는 아직 기독교로 개종하지 않은 데가 남아 있었다. 이때 사모기티아나 '하下리투아니아'는 독일기사단이 점유하고 있었는데 이들은 기독교로 개종할 의사가 없었다. 그래서 이 지역만은 끝끝내 세례를 받지 않고 있다가 1417년 리투아니아가 땅을 수복하면서 기독교를 신봉하게 됐다.[29] 콘스탄티누스 이후로 1100년이라는 시간이 흘러서야 유럽의 이교 신앙은 비로소 그 긴 이력을 마친 셈이다.

야기에우워왕조는 급속도로 세력을 확립해 어느덧 주요 강국으로 자리 잡았다. 1410년 그룬발트전투Battle of Grunwald에서 독일기사단을 완파한 뒤로는 앞날을 안심할 수 있었다. 야기에우워왕조는 빌뉴스와 크라쿠프에 가문의 일파를 하나씩 두고 기독교왕국 안에서 가장 넓은 땅을 통치해나갔다. 문화적 측면에서는 로마가톨릭 신앙이 지배적 힘을 발휘하고, 통치 귀족층 사이에서는 폴란드어가 점차 주요 언어로 자리 잡았으나, 당시 폴란드-리투아니아가 통할한 곳은 다양한 국적의 시민이 모인 공동체로서 폴란드인·루테니아인·유대인 모두의 이해를 강하게 반영했다. (리투아니아의 문화는 구석진 데로 밀려나 북동부 농민 대중 사이에 자리 잡았다.) 요가일라의 아들 브와디스와프 3세(1444년 몰)는 폴란드와 함께 헝가리도 통치했으나, 십자군전쟁에 나섰다가 머나먼 타지 바르나에서 목숨을 잃었다. 요가일라의 동생 카지미에시 4세 야기엘론치크Kazimierz IV Jagiellończyk(재위 1445~1492)는 합스부르크가에서 아내를 맞아들였으며 당대에 "유럽의 노익장grandfather of Europe"으로 통했다. 그도 그럴 것이, 카지미에시가 세상을 떠날 당시 그의 영토를 물려받으려 줄을 섰던 후계자만 해도 한둘이 아니었다. 그러나 이때 하필 운명이 튀르크족의 모습을 하고 중간에서 훼방을 놓았다. 1526년 보헤미아와 헝가리아의 왕 러요시 2세Lajos II(울라슬로 2세의 아들)가 모하치평원에서 후계자를 남기지 못하고 세상을 떠나자, 그가 갖고 있던 영지들이 고스란히 합스부르크가로 넘어가버린 것이다. 이렇게 해서 종국에는 합스부르크가가 중부 유럽의 땅을 물려받았다. 그렇긴 했으나 야기에우워왕조가 성립시킨 문명은 왕조가 쇠락한 뒤에도 끈질기게 그 명맥을 이어갔다. [세균]

중세 후기에 스칸디나비아반도에는 군주국이 셋 자리했으나, 이 나라들은 그악스러운 귀족들이 자기들 이익만 추구한 데다 한자동맹의 상업 활동에 밀려 그다지 빛을 보지 못했다. 13세기가 되자 스칸디나비아의 바이킹 공동체들은 바다를 누비며 타지를 습격하던 일은 관두고 차분히 정착 생활에 들어가, 저지대에서 이뤄지는 농경과 함께 목재며 철광, 그리고 스코네 인근의 청어 양식장에서 나는 자원들을 십분 활용했다. 한자동맹은 뤼베크 및 비스뷔에 근거지를 두고 스칸디나비아반도를 서유럽 및 러시아 모두와 연결하는 역할을 했다.

1397년에, 여걸 마르그레테 1세Margrete I(1353~1412)는 유산 상속을 통해서는 덴마크 땅을, 혼인을 통해서는 노르웨이 땅을, 선출을 통해서는 스웨덴 땅을 넘겨받았는데 제한적으로나마 세 나라를 통일국으로 구축해내는 데 성공했다. 하지만 이렇게 해서 탄생한 칼마르동맹Union of Kalmar(칼마르연합, 1397~1523)은 한 덩이로 모이기만 했을 뿐 그 안에서 융합이 이뤄진 것은 아니었다. 이 동맹이 나중에 가서 개별 국가로 다시 쪼개진 것은 어쩌면 당연한 일이었다. 마르그레테 여왕의 아버지인 발데마르 4세 아테르다그(부흥왕)Valdemar IV Atterdag가 남기고 떠나 사람들 사이에서 회자된 말마따나 "내일은 또 내일의 태양이 떠오르는 법"이었다.

중세 시대 문명을 사람들은 흔히들 '신정적神政的, theocratic'이라 일컫는다―이는 어디에나 존재하는 기독교의 하느님 개념에 따라 이 세상이 다스려진다는 의미다. 당시에는 사람들 주변에서 일어나는 모든 현상이 하느님의 뜻으로 충분히 설명됐다. 또한 하느님에게 봉사하는 것만이 인간이 이룩하려는 모든 사업을 정당화할 수 있는 유일한 목적이라고 여겨졌다. 하느님에 대해 묵상하는 것은 가장 고상한 형태의 지적 노력이자 창조적 활동이었다.

따라서 오늘날 우리가 중세에 대해 아는 지식은 상당 부분이 윤색됐다는 사실을 아는 게 중요한바, 거기에는 당대의 정보를 전하고 또 연대기를 썼던 교회 성직자들의 종교적 관점이 배어 있지 않을 수 없다는 점에서다. 오늘날 중세를 바라보는 사람들은 그 시대가 본래부터 기독교적 성격이 강했다고 얼마간은 오해를 할 수밖에 없겠으나, 실상 중세는 우리가 생각하는 만큼 기독교적 성격이 강하지 않았을지도 모른다.[30] 그러나 중세가 정말로 우리의 생각보다 덜 종교적이었다고 해도, 기독교가 핵심적 위치를 차지하고 있었다는 사실은 거의 부인할 수 없을 것이다. 이 점에서는 라틴교회와 정교회 사이가 점점 벌어지고 있었다는 사실은 별달리 의미가 없었다. 서방이 대체로 신정주의 성격이 강했다고 한다면, 동방은 거의 전적으로 신정주의 성향을 보였다는 정도였다. 사실 정교회는 14세기부터 밀어닥친 새로운 힘들을 대부분 피해왔고, 이 점 때문에 일부 포괄적 일반화broad generalization가 타당성을 갖기 더 어려워진 면이 있다(7장 참조).

그렇다고 해도 당시 교육 받은 엘리트층의 '고급문화high culture'와 일반 사람들의 '하급문화low culutre'만큼은 분명히 구별할 필요가 있겠다. 최근 학자들 사이에서도 '성직자 문화clerical

세균 MICROBE

■ 1492년 7월 폴란드 국왕이자 리투아니아 대공
■ 카지미에시 (4세) 야기엘론치크가 크라쿠프에 있는 바벨대성당의 성십자가 예배당에 묻혔다. 481년 후인 1973년 5월 크라쿠프의 대주교이자 추기경 카롤 보이티와Karol Wojtyta(이후의 교황 요한 바오로 2세)는 일단의 과학자들에게 카지미에시의 묘와 왕비 오스트리아의 엘리자베트의 묘를 열어도 된다는 허가를 내렸다. 이는 아주 특별한 사건은 아니었다. 카지미에시 3세 비엘키(1370년 몰)의 묘도 1869년 개봉된 적이 있었고 그의 재매장은 폴란드의 대규모 애국 시위가 일어난 계기가 됐다. 성 야드비가St Jadwiga(1399년 몰)의 묘도 1949년에 개봉됐다.

그러나 1973년의 발굴은 여러 의미에서 불안감을 조성했다. 묘 발굴 작업과 직접 연관된 16명이 얼마 안가 원인을 알 수 없는 이유로 사망한 것이다. 전 세계 언론은 '파라오의 저주'를 상기시키면서 500년 동안 살아남아 있던 세균을 사망 원인으로 추정해 보도했다. 크라쿠프의 한 저널리스트가 쓴 《저주, 세균, 학자 Curses, Microbes and Scholars》는 베스트셀러가 됐다. 이 책은 독자들이 죽을 수밖에 없는 인간의 운명을 새삼 떠올리게 했다.

---

culture'를 '민간 전통folklore tradition'과 대조해 연구하는 경향이 나타나고 있다. 당시 교육 받은 소수를 구성한 것은 성직자와 그 제자들이었고, 이 점에서 문해력을 갖춘 부류의 공식 문화는 전통적 종교 가르침과 매우 밀착되길 바라는 기대가 있었을 법하다. 마찬가지로 이유로, 일반 대중 상당수는(정식 교육을 받지 않은 여성들과 까막눈이었던 귀족들도 여기 포함된다) 글을 읽을 줄 몰랐던 만큼 그들 사이에 이교도가 아직 살아남아 있다거나, 이단적 견해가 엿보인다거나, 혹은 누가 보아도 비종교적 관점이 나타난다 해도 그리 놀랄 일이 아니었다. 과거만 해도 전통적 중세 연구는 고급문화의 영역만을 주로 다루었다. 최근 세대의 중세연구가들에게서 볼 수 있듯. 요즘에는 대중문화가 '새로운 중세new Middle Ages'를 연구하는 소재의 하나로 다뤄진다.

중세의 모습을 상상하기는 여간 곤혹스러운 일이 아니다. 이와 관련해 역사학자들은 중세의 광경에 어떤 것이 포함돼 있었는지만이 아니라 어떤 게 빠져 있었는가를 강조하지 않으면 안 된다. 중세 이후 우리의 일상이 된 수많은 광경, 소리, 냄새 중에는 당대 물리적 환경 속에서는 전혀 찾아볼 수 없는 것도 많았다. 공장의 굴뚝이 그렇고, 배경음처럼 깔리는 차량의 소음도 그랬으며, 인공적 오염물이나 장식물도 전혀 찾아볼 수 없었다. 당시엔 저마다 고립된 소규모 정주지가 숲과 황야뿐인 거친 황무지 속에 자리 잡고 있었고, 주변은 얼마나 고요했는지 교회 종소리와 젖소의 울음소리가 수 킬로미터 떨어진 곳까지 퍼져나갈 정도였다. 공기 중에서는 두엄더미와 장작불에서 피어오르는 자연 그대로의 냄새가 코를 찔렀다. 또 사람들의 주변 상황 인식에서는 자연과 초자연, 사실과 허구, 현재와 과거 사이의 뚜렷한 구별을 찾아볼 수 없었다. 남자들이건 여자들이건 신체 감각들이 자신에게 전하는 메시지가 정말 사실인지를 확인할 방편이 거의 없었고, 이 점에서 감각을 통해 갖게 되는 느낌들은 종류를 막론하고 모두 비슷하게 신빙성을 갖는 것으로 여겨졌다. 천사, 악마, 요정들은 사람들에게 자신들 바로 옆에 사는 이웃들만큼이나 현실적 존재였다. 먼 옛날 혹은 성경 속 영웅들이나, 지금 자신이 사는 조국의 왕이나 여왕들이나 다 같은 시간을 살고 있는 것이라고 사람들은 믿었다. 이를 단테의 이야기만큼 더 단적이고 더 분명하게 보여준 것도 또 없었으니, 그의 이야기 속에서는 사람들이 천국과 지옥을 오가는가 하면, 길을 가는 중에 모든 시대 사람의 그림자를 —이들 존재는 썩지도 않고, 차별받지도 않고, 별개로 나뉘지도 않았다— 만날 수 있었다.

　　중세인의 시간과 공간 인식은 오늘날 우리의 그것과 사뭇 달랐다 사람들은 낮과 밤, 계절, 파종기와 수확기 같은 불규칙한 움직임들을 통해 시간을 가늠했다. 시각이나 일자가 정해진 시계와 달력은 교회에나 가야 볼 수 있는 신성한 물건이었다. 사람들의 이동 속도 또한 워낙 느려서 종래부터 전해 내려오는 지리 관련개념들이 맞는지 검증할 방법이 없었다. 당시 사람들은 예루살렘이 세 개의 대륙—아시아, 아프리카, 유럽— 중앙에 하나씩 존재한다고 믿었고, 노아의 세 아들—셈, 함, 야벳—에게 그 땅이 하나씩 돌아갔다고 믿었다. 중세인들이 인식하기에, 이 대륙들의 끝은 바다가 둘러싸고 있고 그 바다 끝까지 가면 하늘과 땅이 하나로 합쳐지는 지점이 나왔다. [템푸스]

　　인간의 신체에 대한 중세의 관심은 최소한의 수준이었고 그러기는 인간의 신체에 대한 이해 역시 마찬가지였다. 당시 사람들은 신체 내부의 기관들을 명확하게 구분하지 않았으며, 신경계·골격계·순환계·소화계·생식계가 독립적으로 돌아가는 원리도 잘 알지 못했다. 그 대신 사람들은 인체는 네 가지 요소, 네 가지 체액, 네 가지 체질이 교묘하게 결합해 있는 것이라고 보았다. 흙, 불, 공기, 물은 각각 흑담즙, 황담즙, 피, 가래에 대응했고, 이것들이 서로 어울려 우울하고, 화를 잘 내고, 낙관적이고, 침착한 기질의 밑바탕을 이뤘다. 중세에 전문 지식은 매우 더딘 속도로 쌓였다. 14세기 초반에야 의사들의 사후 부검이 실행됐고 의학 교과서도 그에 맞춰 내용이 발전했으니, 특히 몬디노 데 루치Mondino de Luzzi(1316)와 귀도 다 비제바노Guido da Vigevano(1345)가 각각 쓴《해부학Anatomia》이 대표적이었다. 기 드 숄리아크Guy de Chauliac가 쓴《외과학대전Chirurgia magna》(1363) 같은 새 의학 교과서들이 나오면서 외과술이 발전했다. 흑사병을 겪은 뒤에는 전염병을 싣고 다니는 선박들에 대한 방역체계가 마련돼, 1377년에는 라구사(두브로브니크)에서 1383년에는 마르세유에서 방역이 실시됐다.

　　무엇보다, 중세 하면 심리적으로 두려움과 불안에 떨며 살아갈 수밖에 없는 시기여서 중세인들은 대담하고 독립적인 사고를 할 기회가 가로막혀 있었다는 점이 줄곧 이야기돼왔다. 중세인들은 자연의 막강한 힘, 끊임없는 전쟁, 도처에 횡행하는 도적떼와 함께 바이킹, 유목민, 불경자, 역병, 기근, 무정부 상태의 혼란에 무방비로 노출돼 있었다—이 모든 것이 중세인에게 인간

템푸스 TEMPUS

■
■ 파도바의 천문학 교수 조반니 다 돈디Giovanni da Dondi(1318~1389)는 최초로 시계를 만든 인물이 아니었다. 단테의 〈신곡: 천국 편〉에도 시계가 언급된다. 런던의 세인트폴대성당에도 시계에 관한 1286년의 기록이 남아 있으며 밀라노에도 시계에 관한 1309년의 기록이 남아 있다. 그러나 돈디의 논문 〈일 트락투스 아스타리Il Tractus Astarii〉(1364)는 시계의 원리를 상세히 설명한 가장 오래된 문헌이다. 여기서는 크라운 톱니바퀴와 굴대로 이뤄진 탈진기脫進機, escapement(진자振子 등을 이용해서 속도를 조절해 일정한 시간 간격으로 톱니바퀴를 회전시키는 장치)에 의해 제어되고 7개 문자판을 가진 천문시계를 소개했다. (당시이 시계를 복원한 모형이 영국 켄싱턴의 과학박물관과 미국 워싱턴DC의 스미소니언박물관에 전시돼 있다.)[1] (부록 1592쪽 참조) (“템푸스”는 라틴어로 “시간” “순간” “시時” “때” “계절” “시기”라는 뜻이다.)

기계식 시계장치를 처음 발명한 인물은 (8세기 초반의 당唐 대 화가이자 천문기구제작가) 양영찬梁令瓚으로 알려져 있다. 그러나 시계가 유럽에서 실제로 제작된 것은 13세기 후반이었다. 초창기 시계는 시간을 알리는 타종 장치에 불과했다. 1386년에 만들어진 이런 종류의 시계는 지금도 솔즈베리대성당에서 쓰인다. 이후 제작된 모델에는 문자판이 추가돼 시각과 함께 달의 모양, 행성의 위치, 성인의 축일, 종교행사까지 표시했다. 이와 같은 유형의 정교한 시계가 밀라노(1335), 스트라스부르(1354), 룬드(1380), 루앙(1389), 웰스(1392), 프라하(1462)에서 제작됐다. 점차 기계식 시계가 이전의 그림자시계, 해시계, 모래시계, 물시계를 대체했다. 특히 기계식 시계는 햇빛에 의존할 수 없는 북유럽 국가들에서 큰 환영을 받았다. 그리고 기계식 시계는 대성당, 도시의 광장과 성문, 수도원에 설치됐다.

일정한 간격으로 시간을 표시하는 24시간 시계는 시간 기록과 관련된 일상의 습관을 혁신적으로 바꿨다. 그전까지 대부분의 사람들은 일출과 일몰의 가변적 리듬에 의지해 생활했다. 시간체계를 알고 활용하는 경우라도 그것이 계절이나 지역에 따라 다르기도 했다. 낮의 ‘속세의 시간’은 경更이라는 단위를 쓰는 야간 시간과 달랐으며, 조과, 찬과, 6시기도, 9시기도, 정오기도, 3시기도, 저녁기도, 끝기도로 구분되는 교회의 ‘성무일도’ 시간과도 달랐다. 균등하게 나눈 시간에 따라 정해진 일과日課, daily routine라는 개념은 중세 수도원에서 일반 시민에게로 퍼졌다. 이는 훗날 도시 생활의 규범과 산업사회의 인위적 규율이 형성되는 데 필요한 서곡과도 같았다. 시계는 강력한 사회화를 촉진하는 ‘전체주의적 감독관’이다. 아이작 뉴턴의 물리학은 우주 전체가 하나의 거대한 ‘천체 시계celestial clock’라는 관점을 강화했다. 알베르트 아인슈타인과 마르셀 프루스트 같은 위대한 현대 지성들이 등장하고 나서야 시간에 대한 기계론적 인식이 얼마나 자연에 배치되는지 깨닫기 시작했다.[2] [콩브레] [e=mc²]

시계의 발전에서 획기적 사건은 시계 크기의 소형화였다. 이로써 15세기에 가정용 시계가, 16세기에 개인용 시계가 등장했다. 진자시계pendulum clock(1657)는 시각의 정확도를 크게 높였다(네덜란드의 크리스티안 하위헌스가 발명했다). 항해용 크로노미터marine chronometer(1761)는 바다에서의 경도經度 측정이라는 오랜 문제를 해결했다(잉글랜드의 존 해리슨). (용두龍頭로 감는) 열쇠가 필요 없는 기계장치keyless mechanism(1823)의 개발로 회중시계와 손목시계가 대중화됐다. 1955년에는 오차가 3000년에 1초인 원자시계atomic clock가 영국국립물리학연구소에서 만들어졌다.

수 세기를 거치면서 시계 제조는 고도로 전문화된 수공업에서 대량생산 산업으로 변해왔다. 초기 중심지는 뉘른베르크, 아우크스부르크, 파리, 블루아였다. 스위스는 위그노 교도 직인들이 유입돼 시계 제조 발전에 덕을 보았다. 17~18세기에는 잉글랜드가 뚜렷한 우위를 차지했다. 프랑스는 케이스 디자인과 장식용

시계에서 선두 주자가 됐다. 슈바르츠발트는 목제 '뻐꾸기시계cuckoo clock' 제작에서 뛰어났다. 제네바와 라쇼드퐁을 중심으로 한 스위스 시계산업은 19세기에 최고 품질의 제품으로 세계적 명성을 얻었다.

시계 제조 기술은 자물쇠 제조공과 보석 세공인의 초기 길드를 통해 발전했다. 유명 인물로는 최초의 휴대용 시계watch를 만든 블루아의 자크 드 라 가르드Jacques de la Garde(1551), 진자시계와 균형을 잡아주는 나선 모양 용수철을 발명한 헤이그의 크리스티안 하위헌스Christiaan Huygens(1629~1695), 항해용 크로노미터의 대가인 존 아놀드John Arnold 와 토머스 언쇼Thomas Earnshaw, 존 해리슨John Harrison(1693~1776), 베르사유의 시계 제조업자 쥘

리앵 르루아Julien Leroy(1686~1759), 자동 태엽의 영구 회중시계montre perpetuelle를 발명한 아브라함-루이 브레게Abraham-Louis Bréguet(1747~1823), 빅벤Big Ben을 설계한 에드워드 존 덴트Edward John Dent(1790~1853)가 있다. 바르샤바의 안토니 파텍Antoni Patek과 베른의 아드리앙 필립Adrienne Philippe이 1832년 공동 창립 한 파텍필립Patek Philippe은 스위스의 선두적 시계회사였다.

그 무렵 시계는 도시화된 서유럽 사회에 널리 보급됐다. 동유럽의 농민들은 더 늦게 시계를 받아들이기 시작했다. 수많은 소련 병사에게 1944~1945년 붉은군대의 유럽 진군은 유럽을 '해방'시켜 시계를 소유할 수 있는 절호의 기회였다.

은 나약하고 하느님은 위대한 존재라는 확신을 심어주었다. 강단 있는 지성인이 그 천재성이 이끄는 대로 따라가기 위해서는 속세를 떠나 수도원에 틀어박히는 것밖에는 방법이 없었다.

따라서 중세의 철학은 신학의 한 분과로 남아 있었다. 이 시대에는 아리스토텔레스의 사상을 종교 교리와 조화시키는 것, 더 일반적으로 말하자면 이성을 신앙과 화해시키는 것이 철학의 핵심 과제로 여겨졌다. 중세의 가장 위대한 철학자로 손꼽히는 도미니크회의 성 토마스 아퀴나스St Thomas Aquinas(1225년경~1274)는 인간의 이성은 하느님께서 내려주신 것이고, 신앙은 합리성을 지니고 있으며, 그 뜻을 제대로 풀이하기만 한다면 신앙과 합리성은 전혀 모순될 까닭이 없다고 말하며 이성과 신앙을 화해시켰다. 이와 관련한 문제들을 조목조목 따진 세 프란체스코회 수도사들이 있었으니 모두 영국 출신이었다. 그 셋은 로저 베이컨Roger Bacon(1214~1292), 존 던스 스코터스John Duns Scotus(1265~1308), 오컴의 윌리엄William of Ockham(1285~1349년경)이다. "독토르 미라빌리스doctor mirabilis"〔경이로운 박사〕라고 일컬어진 베이컨은 "기이한 것을 파고든다는 혐의"로 14년을 옥에서 보냈다. 던스 스코터스―다소 묘하게도, 영어의 "Dunce"던스, 지진아는 그의 이름을 따서 생겨난 말이었다―는 아퀴나스와는 견해가 달라서 이성은 인간이 직접적으로 인식할 수 있는 것들에만 적용될 수 있다고 주장했다. 그는 '원죄 없는 잉태Immaculate Conception' 사상을 누구보다 강력하게 옹호했다. "베네라빌리스 인켑토르venerabilis inceptor"〔공경할 창시자〕로 일컬어진 윌리엄 오컴은 생전에 파문을 당하는 수모를 겪으며 '유명론唯名論, nominalism'을 선봉에 서서 이끌었다. 그는 당대에 위세를 떨치던 플라톤의 보편자 개념을 철저히 파괴했고 ―플라톤의 보편사상에서는 추상적 본질이 개별 사물들과 별개로 독립적으로 존

재한다고 보았다— 그렇게 함으로써 (사회질서를 비롯해) 중세의 경직된 사회 통념 안에 자리 잡은 여러 철학적 토대를 허물어뜨렸다. '오컴의 면도날Ockham's Razor'—있는 사실들을 최소한의 설명 근거만 가지고 해석해야 한다는 원칙—은 논리적 사고 전개에 매우 강력한 도구가 돼주는 것으로 드러났다. 오컴이 신앙에서 이성을 완전히 분리해낸 덕에 과학 방면이나 비종교 방면에서는 이런저런 탐구가 실행될 수 있는 길이 열렸다. "실체는 그 숫자가 불필요하게 늘어나서는 안 된다Entia non sunt multiplicanda praeter necessitatem"라는 것이 오컴의 좌우명이었다. 그는 당시 신성로마제국 황제 자리에 올라 있던 루트비히 데어 바이에른Ludwig der Bayer(바이에른인 루트비히, 루트비히 4세)을 알현하자 그 자리에서 다음과 같은 말을 했다고도 여겨진다. "폐하께서 검을 들어 저를 지켜주겠다고 하시면 저는 펜을 들어 폐하를 지켜드리겠습니다."

중세의 과학 또한 신학과 단단히 얽혀 있기는 마찬가지였다. 당시에는 물리적 현상과 영적 현상을 명확히 구별해 인식하지 않아서, '자연이 간직한 비밀'을 탐구하는 것은 돼먹지 못하게 '어머니 교회의 자궁'을 캐보려는 짓으로 간주될 때가 많았다. 예를 들어, 중세 독일에서는 '기체gas'와 '영혼spirit'을 따로 구분하지 않았다. 독일어에서는 둘을 모두 가이스트Geist라 불렀으니, 오늘로 따지면 영어의 'ghost'(고스트)에 해당한다. 중세엔 과학실험이라도 했다간 (악령에 의한) 마법(마술)sorcery을 행한다는 억울한 누명을 뒤집어쓰기 일쑤였다. 연금술은 오래전부터 물리학과 화학을 앞질러 있었고, 점성술은 천문학을 저만치 앞질러 있었다. 이와 같은 의미에서 옥스퍼드대학 총장과 링컨 주교를 지낸 로버트 그로스테스트Robert Grosseteste(1170년경~1253)가 활동한 옥스퍼드대학이 종종 과학적 전통이 맨 처음 자라난 본산으로 여겨지곤 한다.

그러나 이 시대의 가장 기념비적인 성취는 여기저기 흩어진 개별 연구자들의 저작에서 찾아볼 수 있다. 로저 베이컨은 여러 광학기구와 기계로 실험을 하고 그 연구 결과를 바탕으로 당대의 부패와 미신을 공격했다. 이런 방법을 통해 베이컨은 중세인들이 알고 있는 지식을 하나하나 검증했고, 그가 당시 세태에 맞지 않게 유독 그리스어를 고집한 것도 이와 똑같은 맥락에서 라틴어 성경의 정확성을 하나하나 검증하려는 것이었다. 베이컨의 스승 피에르 드 마리쿠르Pierre de Maricourt(이방인 페트루스Peter the Stranger)는 자기磁氣, magnetism와 관련해 심오한 논문을 써냈는데, 1269년 앙주왕가가 루체라에서 공성전을 벌일 때 전장에서 저술한 것으로 보인다. 슐레지엔 태생의 비텔로Witello(혹은 비텔론Vitellon, 1230~1280)는 광학을 주제로 〈페르스펙티바Perspectiva〉라는 심오한 논문을 써서 눈의 기계적 작용과 그 뒤에 일어나는 마음의 공조작용을 구분해 근대 심리학이 탄생하는 길을 열었다. 니콜 오렘Nicole Oresme(1302~1382년경)은 리지외 주교로 봉직하며 화폐의 경제학을 주제로 영향력 있는 저서를 남겼으며, 천문학과 관련된 《천상과 세계De Coelo et Mundo》에서는 지동설을 지지했다. 오렘은 합리적 이성을 열렬히 옹호한 인물이자 시대를 앞선 계몽주의 사상가로, 점성술사를 비롯해 기적을 앞세워 사람들을 속이는 사기꾼들을 맹렬히 비판했다. "복음 안에 들어 있는 것들은 모두 합리적이다rationabilissima" 라는 것이 그의 주장이었다. 1세기 뒤, 모젤강의 쿠에스 출신 니콜라우스 쿠자누스Nicholaus Cusanus(1401~1464)가 지동설을 다시 제창하고 율력 개혁을 예견했으며 1734년에는 이 세상이 종말을 맞으리라 예언했다. 언급한 인물들은 하나같이 자연의 미라빌리아mirabilia와 교회의 미 라쿨라miracula를 엄연히 다른 것으로 구별하는 데에 별 어려움을 겪지 않았다("미라빌리아"와 "미라쿨라"는 "미라빌리스mirábīlis"와 "미라쿨룸mīrāculum"의 복수형으로 "기적" "경의"의 뜻을 가진 라 틴어다. 문맥상 앞의 것은 "자연의 불가사의", 뒤의 것은 "교회의 기적" 정도의 의미다).

서서히 지식이 쌓여가자, 이를 모아둘 백과사전 성격의 개론서들이 필요하다는 인식이 생 겨났다. 그렇게 해서 만들어진 개론서 중 가장 널리 보급된 것으로는 뱅상 드 보베Vincent de Beauvais가 쓴 《대大보감Speculum Maius》(1264)과 로저 베이컨이 쓴 《대大저작Opus Maius》(1268) 이 꼽혔다.

그러나 이때에도 종교적 믿음 곁에는 여전히 온갖 형태의 비합리적 생각과 미신이 자리 잡 고 있었다. 기독교 교회의 교리는 중세 후기에도 여전히 공식화와 체계화의 과정을 거치고 있었 다. 교회가 사람들에게 질문은 접어두고 묵묵히 받아들일 것을 명하는 믿음의 영역도 점차 넓 어지고 있었다. 일찍이 1215년에 열린 라테란공의회에서는 고해성사와 참회를 신도의 의무로 규 정지은 바 있었다. 그러다 1439년에 세례부터 병자성사病者聖事까지 일곱 가지 성사의 교리가 규칙으로 정해졌다("일곱 가지 성사" 곧 "칠성사七聖事"는 세례성사, 견진堅振성사, 고해성사, 병자성사, 성체성사, 신품神品성사, 혼인성사를 이른다). 성변화 이론도 매우 정교하게 가다듬어져 이제 성배에 담긴 포도주는 성직자만 받아 마실 수 있는 것으로 여겨졌다. 속인들은 영성체를 받더라도 빵 을 받는 대열에만 설 수 있었다. 일반 사람들과 마력을 지닌 사제 계급을 따로 분리하는 것을 강조하는 시점에 이른 것이다. 미사는 그럴싸한 상황만 마련되면 언제든 집전될 수 있었다. 동정 녀 마리아(사람들과 그리스도와의 사이에서 신성한 중재자 역할을 했다)를 기리는 의식도 정식으로 채택돼, 이제는 미사에서 파테르 노스테르Pater Noster(주님의 기도(주主기도문), "하늘에 계시는 우 리 아버지") 뒤에 아베 마리아Ave Maria(성모송聖母誦, "축하드립니다(안녕하세요). 마리아님")라는 말 이 정식으로 붙게 됐다. 길드부터 기사단에 이르기까지 모든 조직도 저마다 수호성인을 따로 모 셨다. 사람들이 성유물을 숭배하는 광경은 어딜 가나 쉽게 볼 수 있었다. 순례도 독실한 신자만 이 아니라 사람들 누구나 일상적으로 행하는 생활의 일부가 됐다. 또 교회가 정식 가르침을 통 해 좋은 천사와 나쁜 천사의 위계를 세세히 정했고, 악마에 대한 두려움이 사람들 사이에 널리 퍼지면서, 초자연적 존재에 대한 믿음도 한층 강해져갔다. 루시퍼Lucifer의 경우 한때는 천국의 최고천에서 가브리엘Gabriel(하느님의 전령으로 여겨지는 대천사大天使)의 바로 곁에 앉아 있었으나, 지금은 세상을 떠돌며 지상에서 암흑의 힘을 휘두른다고 여겨졌다. 지옥에 대해 사람들이 품고 있던 공포감은 설교자들이 가장 즐겨 쓴 화두였던 동시에 예술가들 사이에서도 인기 있는 소재였다.

신비주의 전통은 합리적 믿음보다 종교적 직관을 우선시하는바, 그것이 처음으로 일관되게 제 목소리를 낸 것은 12세기 무렵 파리에 자리한 성 빅토르의 아우구스티누스수도원에서였다. 시간이 흘러 이 전통은 민중 사이에서도 폭넓게 깊은 뿌리를 내렸다. 신비주의 전통 옹호자들의 선봉을 맡은 이는 여럿이었는데, 가장 먼저로는 한때 프란체스코회의 총장을 재내고 《하느님께 이르는 영혼의 순례기Itinerarium Mentis in Deum》라는 역작을 저술한 성 보나벤투라St Bonaventura(1217년경~1274)를 꼽는다. 그와 함께 일명 "마이스터Meister"즉 스승으로 일컬어진 스트라스부르의 요하네스 에크하르트Johannes Eckhart(1260~1327)는, 보헤미아의 주교 총대리Vicar-General로 자신의 새끼손가락 끝에서 이 세상이 만들어져 나왔다고 거듭 주장했다. 또 플랑드르 출신의 얀 반 뤼스브룩Jan van Ruysbroeck(1294~1381)은 "무아지경의 교사"로 《사랑의 일곱 사다리De Septem Gradibus Amoris》를 저술했으며, 잉글랜드 출신의 월터 힐턴Walter Hilton(1396년 몰)은 《완전의 사다리A Ladder of Perfection》에서 그와 비슷한 내용을 알기 쉬운 속어로 써냈다. 그러나 단연 눈에 띈 인물은, 일명 토마스 아 켐피스Thomas à Kempis라고도 알려진, 쾰른 근방 켐펜 출신의 토마스 헤메르켄Thomas Hemerken(1380년경~1471)으로 《그리스도를 본받아Imaitatio Christi》를 저술했다. 《무지의 구름Cloud of Unknowing》을 쓴 한 무명의 잉글랜드 작가 역시 이 시대를 대표했다고 볼 수 있다. 이 시대의 신비주의 사상가 중에는 사변철학자들도 꽤 있었다. 하지만 기독교도들에게 내면의 삶을 키워나가야 한다고, 나아가 헤어날 길 없는 악의 세계에 발 들이지 말고 떨어지라 가르친 것도 신비주의자들이었다. 신비주의자들의 글들은 장작더미의 불씨들이 살아나게 바람을 지펴 종국에는 종교개혁 운동이 불타오르게 했다.

마술witchcraft도 기독교 신비주의와 나란히 발달해나간바, 둘의 발달 원인은 어느 정도 일맥상통하는 데가 있었다. 마녀들은 흑마녀든 백마녀든, 필시 기독교 이전의 시골 지역에 퍼져 있던 이교적 애니미즘의 잔재였을 것이니, 사람들이 여전히 픽시pixie, 엘프elf, 스프라이트sprite, 홉고블린hobgoblin을 믿었던 것도 마찬가지 맥락이었다("픽시" 등은 유럽에서 존재한다고 여겨진 요정들의 이름으로 제각기 독특한 특성이 있었다. 일례로 픽시는 다트무스와 콘월에 사는 요정으로 장난을 좋아하지만 열심히 일하는 것으로 알려져 있다). 그렇긴 했으나 체계적 마술의 관행은 중세 후기에 만들어진 듯하다. 더욱이 교회가 마술을 몰아내겠다고 공개적으로 싸움을 천명한 것이, 외려 마녀와 마법사들이 득세하는 온상인 사회적 집단 광증의 분위기를 부추겼다. 그 결정적 계기가 1484년 교황 인노첸시오 8세Innocent VIII가 발표한 〈수미스 데시데란테스Summis Desiderantes〉〔지고의 것을 추구하는 이들에게〕라는 교서였다. 1486년에는 도미니크회에서 마녀 사냥꾼을 위한 표준 교본 《말레우스 말레피카룸Malleus Maleficarum》〔마녀 잡는 망치〕을 출간했다. 그전까지는 마녀들이 벌이는 일들에 대해 함구해왔었다면 이제는 그럴 여지가 완전히 없어진 셈이었다. 이후로 모든 기독교 국가에서는 악마의 군단을 이끄는 것은 사악한 여자들이라고 알게 됐으니, 마녀들은 세례를 받지 않은 아이들 살에 낀 기름기를 성유처럼 몸에 바르고, 실오라기 하나 걸치지 않은 알몸으로 빗자루나 숫양, 염소의 등에 올라타 하늘을 날아다녔으며, 야밤의 '안식일' 행사에 참석해 마법을 부리고 악마들과 정을 통하는 것으로 여겨졌다. 여자들은 약하고 열등해서 유혹에도 잘 저항하지 못하는 존재로 여겨졌다. 이런 일들에 교회가 한번 공신력을 실어주자 마술의 위력은 되레 대단히 커졌다. 이웃의 한철 농사를 망치거나 원수의 아내가 밴 아기를 유산시키는 일을 맡아 처리해주는 사람들은 꽤 많은 보수가 따랐다. 사실과 망상, 사기와 환각, 둘 사이의 경계는 도무지 알 수 없을 만큼 희미해졌다.

> "최근 내가 듣기로 […]" 인노첸시오 교황이 선언했다. "남녀를 막론하고 수많은 이가 악마들인 인쿠비 에트 수쿠비incubi et succubi(남자 몽마夢魔와 여자 몽마)에게 자신을 내던지고, 그들의 진언·주문·주술 등 여타 저주가 깃든 마술로 어머니 태중의 아기를 죽이는가 하면 […] 땅에서 난 농작물, 덩굴에 달린 포도, 나무에 열린 과일들을 망치고 있다고 한다. […] 그뿐인가, 이 악마 같은 무리는 불경스럽게도 세례를 통해 받은 자신들 신앙에 등을 돌리는 것도 모자라 인류의 적으로부터 선동을 받아 […] 능히 영혼까지 파멸당할 만큼 더없이 추악한 짓들을 […] 서슴지 않고 […] 저지른다."[31]

그 이후에도, 300년도 더 지나도록, 마술과 마녀사냥은 유럽 대부분 지역에 고질병처럼 퍼져 있었다. [마녀]

중세의 윤리는, 교회가 그 설파를 담당했는데, 위계 의식이 깔린 사회질서 및 도덕률 모두의 지배를 받았다. 본래부터 열등한 모든 사람 또 모든 것은 더 우월한 존재에 종속돼야 했다. 농노는 주인에게 복종해야 했고, 여자는 남자의 지배를 받아야 했다. 소죄小罪, venial sin와 일곱 가지 대죄大罪惡, mortal sin(7대죄악)도 엄연히 구별돼야 했다. 고대의 '현상금head-money' 관행이 아직 남아 있는 나라들에서는 지체 높은 사람을 죽이거나 강간하는 것은 천한 사람을 희생양으로 삼는 것보다 더 중죄를 저지른 것이자 더 값비싼 대가를 치러야 하는 일로 여겨졌다. 참회부과표에서도 하찮은 죄를 중죄와 똑같은 식으로 처벌해서는 안 된다는 점을 강조했다. 비록 성 아우구스티누스는 성性적 문제들과 관련해 억압적 가르침을 폈지만 성적으로 저지른 자잘한 실수들은 그리 심각한 일로 여겨지지 않았다. 단테의 표현대로 "엇나간 사랑Misdirected Love"은 증오나 배신에 말미암은 죄악들에 견줄 바가 아니었다. 간통을 저지른 이들은 지옥의 제일 높은 환環에서 시름시름 야위어갔고, 배반자들은 지옥 맨 밑의 구덩이에 처박혀 있어야 했다(단테의

〈신곡〉을 빗댄 표현이다〕. 하느님을 배반하는 것은 궁극의 악이었다. 신성모독과 이단은 가장 악독한 비난을 떠안아야 했다. 1414~1418년의 콘스탄츠공의회는 얀 후스를 장작더미에서 화형에 처했는데, 이 공의회를 노리고 몰려든 매춘부만 어림잡아 700명이었다. **[프로스티불라]**

중세의 법률 역시 위계를 가진 가치들의 지배를 받았다. 적어도 이론상으로는, 인간의 법은 교회가 정의한 신성한 법에 종속돼 있었다. 그러나 막상 현실에서는 다양성을 접하는 게 일반적이었다. 숱한 사법권이 경쟁을 벌이며 난립해 있었고 ─교회 법정에서는 교회법이, 도시나 장원의 법정에서는 지방의 관습이, 왕의 궁정에서는 왕의 칙령이 힘을 발휘했다─, 그에 짝해서 숱한 법적 근거, 관례, 형벌이 자리하고 있었다. 남유럽에서는 로마법이 일차적인 〔법적〕 근거로 남아 있었으며, 북유럽과 동유럽에서는 게르만족과 슬라브족의 관습이 주된 근거로 통했다.

그렇다고 해서 관습법customary law을 단순히 원시적 관습이 살아남은 것으로 생각해서는 안 될 것이다. 관습법은 제후와 그들의 신민 사이 오랜 세세한 협상 끝에 만들어져 나온 것이었고, 정교한 형태의 법전 안에 그 내용이 담겨 있을 때도 많았다. 일례로 오스트리아 전역과 독일 서부의 일부 지방에서는 바이스튀머Weistümer〔관습법 판례집〕의 수가 급격히 늘어났다. 오스트리아에서는 이들 법전이 반타이딩겐Banntaidingen으로 알려졌고, 스위스에서는 외프눙겐Öffnungen으로 통했다. 알자스 지방으로부터도 이러한 법전이 600개 이상이 살아남아 전해진바, 이곳에서는 딩고프로델른Dingofrodeln이라 했다. 이와 같은 법전들이 존재한 덕에, 엘베강 동쪽에 널리 퍼져 있던 구츠헤어샤프트Gutsherrschaft〔농민의 부역을 기반으로 하는 영주농장제〕에 대비되는 그룬트헤어샤프트Grundherrschaft〔사법적私法的 지배 기구와 농민의 공조貢租를 바탕으로 하는 서유럽의 영주제〕의 개념이 크게 강화될 수 있었고, 이로써 농민의 게마인데Gemeinde〔즉 시골 지역 코뮌〕의 입지도 함께 보전될 수 있었다. 이윽고 〔유럽〕 동쪽에서 '신新농노제neoserfdom〔재판再版농노제〕'의 물결이 들이닥칠 때, 독일 서부가 어떻게 그 추세를 피할 수 있었는지 그 기본적 이유 하나는 바로 이런 법전들에 있었다고 하겠다(763~764쪽 참조). 보헤미아와 실레지아〔슐레지엔〕 같은 동유럽 일부 지역에서는, 독일 정착민의 대대적 유입을 계기로 독일의 관습이 그 지방의 법적 관행과 통합됐다.

이후의 몇 세기 사이에는, 고전기 연구의 부흥으로 로마법이 관습법을 물리치고 그 영역을 더욱 확대해나갔다. 1495년 라이히스카머게리히트Reichskammergericht(제국대법원)에서 로마법을 인정한 것이 일례였다. 그 파급력은 심대했다. 신성로마제국에서 주권 분열 양상이 심해지는 상황이었던 만큼, 로마법이 인정되자 제후들이 하나같이 자신들을 입법의 유일한 원천으로 여기는 분위기가 조성됐고, 이윽고 각종 규제가 봇물처럼 쏟아져 삶의 모든 면면을 규제했다. 게르만족의 이런 레히트슈타트Rechtsstaat(법치국가)의 개념을 자양분 삼아 자라난 나라답게 이후 바덴에는 다음과 같은 유명한 도로표지판까지 세워질 수 있었다. "이 길로 다니는 것은 법에 저촉되지 않습니다."32

잉글랜드만이 전적으로 자국의 보통법common law에 집착했다. 라인강 서쪽의 다른 나라들과 마찬가지로, 잉글랜드 역시 법이 침묵할 때에야 시민들이 자유롭다고 여긴 나라였다. 프랑스는, 왕의 오르도낭스ordonnances〔왕령〕와 중앙의 파를망Parlement〔고등법원〕의 힘이 점차 커진 것을 논외로 하면, 북쪽의 관습법 지역과 미디의 로마법 지역이 계속 분열된 채 이 시기를 지내게 된다.

초기부터 광범위한 법전 편찬 작업에 착수한 나라들도 많았다. 카스티야에서는《7부部법전Leyes de las Siete Partidas》(1264~1266)이 편찬돼 나중에 스페인법의 핵심을 이루는데, 예를 들어 이 법전은 폴란드에서 편찬된 카지미에시 대왕의 법령집(1364)과 《디게스타Dygesta》(1488), 리투아니아에서 편찬된 카지미에시 4세Casimir IV의 《수디에브니크Sudiebnik》와 똑같은 목적을 지니고 있었다. 공권력이 부재했던 터라 법 집행력은 약했다. 정의를 피해 도망 다니는 자들이 도처에 널려 있었다. 따라서 체포된 자들에 대해서는 일벌백계식의 잔혹한 형 집행이 이루어졌다. 교수형도 모자라 시신을 끌고 다니다 갈기갈기 찢기도 하고, 낙인을 찍거나 신체를 절단해 불구로 만드는 것은 다 사회적 제제를 위해 계획된 일이었다. 각종 법령과 함께 발달한 투옥 및 벌금은, 신변 보전 규정이 거의 혹은 전혀 없었던 까닭에, 가난한 죄수들을 처참한 처지로 몰아넣는 결과로 이어졌다.

중세의 교육은 13세기와 14세기에 놓인 토대들 위에서 그 틀을 쌓아나갔다. 기본적 학습 즉 글자 읽기와 셈 공부는 가정과 마을의 사제들이 맡았다. 중등교육 수준의 2차 학습은 주교구의 대성당이 맡았으며 시간이 흐를수록 도시의 의회가 담당하는 부분이 늘어났다. 이때에도 교과 내용이 가장 역점을 둔 부분은 성직자 양성이었는바 학생들이 반드시 성직자가 되겠다고 공부를 하는 것이 아니었음에도 그러했다. 트리비움Trivium이라고 불린 이른바 삼학과─문법, 수사학, 논리학─가 학생들이 소화해야 할 기본 내용이었다. 〔잉글랜드의〕 윈체스터칼리지(1382년 설립)나 데벤테르〔네덜란드〕의 라틴어학교처럼 체계가 잘 잡힌 학교들은 국제적 수준까지는 아니더라도 〔국내에서〕 전국적 명성을 누렸다. 이탈리아와 독일의 대도시 몇 곳에서는 상업학교commercial school들이 문을 열었다. 14세기의 피렌체에는 상업학교가 6개 있었고 학생 수도 1200명을 웃돌았다. 15세기를 거치면서는 대학 재단의 수가 부쩍 늘어나 라틴 기독교왕국 전역으로 퍼져나가, 〔독일의〕 라이프치히대학(1409), 〔스코틀랜드의〕 세인트앤드루스대학(1413), 〔벨기에의〕 루뱅대학(1425) 모두 이때 설립된 대학들이다.

중세의 문학은 종교적 성격이 강한 작품들이 주였다. 물론 그런 가운데서도 샹송 드 제스트〔무훈시〕와 빌라나〔영웅서사시〕도 한편에서 계속 발달해나갔다. 당시 책들은 대부분이 그리스어 아니면 라틴어로 쓰여 있었다. 그러나 책들은 쓰이기만 한 채 자신을 둘러싼 세계의 담장 밖으로 나가지 못할 때가 많았다. 예를 들어, 유럽은 15세기에야 로스비타 폰 간더스하임Roswitha von Gandersheim(935년경~973)의 작품집을 발견할 수 있었는데, 독일의 한 수녀가 5세기 전에 써놓은 이 저작들이 이때야 발견됐다는 것은 중세에는 문학작품이 쓰이고도 대중 사이에 널리 보급되지는 못했다는 이야기가 될 것이다. 그러나 광범위한 분야의 대중문학도, 이를테면 발라드ballade나 성인전처럼, 속어로 쓰인 것들이 점차 늘어나는 추세였으니, 여자들이 정식 교육을 받지 못했던 데에서 그 일부 원인을 찾을 수 있다. 민간 연극이 시작된 것은 교회가 기적극miracle play을 무대에 올리면서였다. 새로운 발달들은, 미래를 배태하고 있었지만 아직은 협소한 일부 부류에서만 찾아볼 수 있었다(7장 참조).

중세에도 역사서술historiography은 여전히 연대기작자들의 영역에 머물러 있었다―하지만 이들 남자들(수도사일 때가 많았다)은 과거를 열심히 기록해두는 데 그쳤을 뿐 당대 일어난 일들을 어떤 식으로든 설명하지는 않았다. 하느님의 섭리라고만 말하면 인과관계는 충분히 설명됐다. 중세에 쓰인 수많은 연대기 안에는 굵직굵직한 항목들이 수백 개씩 들어 있다. 잉글랜드의 《앵글로-색슨 연대기Anglo-Saxon Chronicle》나 11세기에 네스토르Nestor(1056~1114)가 키이우〔키이우루스〕에 대해 쓴 《원초 연대기Primary Chronicle》처럼 속어로 쓰인 경우도 더러 있었다. 그러기는 프랑스에서 잇따라 저술돼 나온 대단한 연대기들도 마찬가지였다―조프루아 드 빌라르두앵Geoffroi de Villehardouin(1150년경~1212), 장 드 주앵빌(1224년경~1317), 장 프루아사르Jean Froissart(1337~1400), 필리프 드 코미네Philippe de Commines(1447~1511)의 작품들이 그러했다. 그러나 대세의 언어는 역시 라틴어와 그리스어였다. 아울러 사건들에 대해서도 연대기작자들은 교회 혹은 당대에 힘이 있던 제후들의 관점에 치우쳐 서술하는 경향이 강했다. 이와 관련해 빌라르두앵은 다음과 같이 결론지었다. "하느님께서 돕고자 하는 자는 누구도 해하지 못할지로다Qui Diex vielt aidier, nuls hom ne li puet nuire." 정치사상의 가장 핵심 화두 즉 교회와 국가의 권력을 어떻게 정의할 것인가 하는 문제는 시종 해결되지 못하고 있었다. 일찍이 카롤링거왕조에서는 비잔티움제국에서 표방한 황제교황주의Caesaropapism와 유사한 사상을 주창한 바 있었다. 그러다 봉건제에 들어서서는 계약의 개념을 무엇보다 강조했다. 시간이 흘러 서임권 투쟁과 그 여파로 갖가지 사태가 불거진 상황에서는 교황의 권위를 적극 옹호하는 파당과, 〈제정론帝政論〉을 쓴 단테의 경우처럼, 황제의 명분을 적극 옹호하는 파당이 양편으로 나뉘어 맞섰다. 이후 로마법 연구가 본격적으로 수행되면서 자주적 주권을 가진 군주제를 꿈꾸는 로마 시대의 이상이, 특히 프랑스에서, 다시 모습을 드러냈다. 그러나 당시 무엇보다 혁명적 사상을 비쳤던 것으로는 반反교황파 논조의 〈평화의 수호자Defensor Pacis〉라는 논문만 한 것이 없었다. 한때 파리대학 총장을 지낸 마르실리오 다 파도바Marsilio da Padova〔파도바의 마르실리우스〕(1270~1342)가 저술한 이 논문에서는 모름지기 최고의 권력이란 주권을 가진 국민이 세속의 국가를 직접 다스리며 행해야 옳다는, 당대로서는 매우 대담한 주장을 펼쳤다.

국제관계는 주로 성 아우구스티누스의 정의로운 전쟁 사상에 제어를 받았다. 이론상으로는 특정 조건들을 충족시킬 때에만 전쟁은 정의로운 것이 될 수 있었다. 그 조건들을 라이문도 데 페냐포르트Raimundo de Peñafort(스페인 성직자이자 법학자, 1275년 몰)는 이렇게 열거했다. 상해를 적극적으로 배상하려는 의사가 있을 것, 전쟁 외에 사태를 해결할 다른 방도가 전혀 없을 것, 직업군인을 활용할 것, 전쟁 선동자가 선량한 신앙을 갖고 있을 것, 주권자의 승인이 있을 것. 그러나 현실에서는 도처에서 걸핏하면 전쟁이 일었다. 누구라도, 사적 명분이든 공적 명분이든, 전쟁 구실을 내걸기만 하면 권력에 알랑거리며 그 구실을 정당화해줄 성직자쯤은 얼마든 찾을 수 있었다. 전쟁은 일상처럼 늘 이어지다 이따금 평화기나 찾아와야 그 맥이 끊겼다. 전쟁에서는 병사들이 온갖 막돼먹은 짓을 일삼기 마련이었다. 중세에는 병참兵站이나 기술력이 분쟁을 재빨리 종식시키지 못했다. 병졸의 수는 턱없이 적은데, 전장은 광대하기만 했다. 대패한 적군이 일단 전장에서 물러났다 도로 세를 회복하는 일도 쉽사리 일어났다. 전투는 대체로 지방에 자리한 성이나 방위 거점들을 공략하는 식이었다. 아울러 진을 치고 벌이는 회전보다 공성전이 더 일반적이었다. 사람들은 전쟁에서 단순한 승리를 바라기보다 전리품에 더 눈독을 들였다. 14세기와 15세기 들어서는 이탈리아 도시들에서 용병대가 처음으로 결성돼 땅에 묶여 움직이기 어려웠던 봉건영주들 대신 전쟁을 수행했다. 장궁longbow 및 석궁crossbow이 12세기에 등장한 이후로 기능이 월등히 향상되면서 화력 사용이 증가했다. 14세기에 처음 사용된 화약은 대포로까지 발전했고, 이것이 후스파와 튀르크족 손에 들어가면서 전쟁의 승패를 결정짓는 무기가 됐다. 그러긴 했어도 중세 전쟁의 주된 전력은 여전히 무장한 기병대가 중추를 이루었다.

중세의 건축에서 주류 건축물은 크게 두 부류—교회와 성—였다. 중세 후기 생겨난 교회의 건축 양식은, 19세기에 '고딕Gothic'이라는 이름이 붙었는바, 당시 사람들에게 기본적으로 미학적 차원의 영감을 불어넣어주었다고 널리 생각됐다—천국에 닿을 듯 높이 솟아오른 모양새를 하고 있다는 점에서 그러했다. 그래서 당시의 교회 건축은 종종 성들 곳곳에 자리 잡은 회전포탑, 감시 망루, 돌출 총안 등 군사적 기능을 갖춘 구조물들과 대비된다. 하지만 알고 보면 첨두 아치pointed arch나 버팀도리flying butress에 이르기까지 중세의 주된 고딕 양식은 미학적 측면 못지않게 기능적 측면도 있었다. 첨두아치나 버팀도리 모두 궁륭穹窿을 잘 쌓아올리고 창문의 공간을 널찍하게 확보하고자 설계됐다는 점에서다. 생드니의 대수도원장 쉬제Suger(1151년 몰)가 여러 혁신을 이룬 이후, 고딕 양식은 기독교왕국 전역으로 퍼져나갔다. 세비야부터 도르파트에 이르기까지, 또 그 사이의 각지에, 고딕 양식의 성당들이 지어졌다. 그에 반해 정교회 세계는 로마네스크Romanesque-비잔티움의 전통을 고수해나갔다. 가톨릭과 정교회로 양분된 세계의 동쪽에서는 고딕 성당도 개인 소유의 성도 일절 찾아볼 수 없었다. 그보다는 시민으로서의 자존감이 사람들 안에 새로이 싹트면서 곳곳에 장엄한 형상의 종탑, 시청사, 직물회관cloth hall〔중세대도시의 포목조합 회관〕이 들어섰다. 맞춤한 사례로는 브뤼셀(1402), 아라스, 헨트, 이프르(1302), 크라쿠프(1392)에 지어진 건물들이 손꼽혔다. [고딕]

중세의 미술은 대부분 교회나 대성당을 배경 삼아 발달했다. 회화는 성상, 제단화, 교회 벽화 등 종교적 상황을 표현했다. 제본 채색 역시 성경과 시편의 내용을 아름답게 꾸미기 위해서였다. 석재 조각은 대성당 정면의 인물상과 타블로tableau가 되는가 하면, 무덤이나 예배당 한편에 누군가를 본뜬 형상으로 당당하게 서 있었다. 목재 조각은 성가대석, 혹은 성가대 사이 가림막을 장식하는 데 쓰였다. 고딕 양식 교회의 창문들은 스테인드글라스로 덮여 있었다. "당시 미술은 얼마간은 모두 응용미술이었다."[33]

그러나 중세 미술의 세속적 요소는, 결코 완전히 자취를 감추지 않고, 점차 늘고 있었다. 제후들이, 그리고 나중에는 부르주아들이 자신들의 모습을 담은 초상화나 조각상 제작을 화가들에게 의뢰하기 시작했다. 샹송 드 제스트를 담은 책들을 비롯해 각종 시도서時禱書, book of hours〔로마가톨릭교회에서 평신도들이 개인적으로 예배를 할 때 사용하는 기도서〕, 약초채집본herbary, 동물우화집 같은 책들을 근사하게 꾸미는 데에도 채식彩飾, illumination의 미술이 이용됐다. 중세 후기 의복은 사람들이 돈을 들여 한껏 멋을 내기 시작하면서, 값진 물건, 멋들어진 스타일, 휘황찬란한 색조의 모든 것이 멋을 뽐내는 수단으로 이용됐다. 색깔에도 저마다 의미가 있어서 녹색은 사랑을, 청색은 충성을, 황색은 증오를, 백색은 순결을 의미했다. 애초에는 군사적 기능을 가졌던 문장紋章도 이즈음에는 사회적 지위를 과시하는 영역에 속하게 됐다.

중세의 음악도 신성한 영역과 속세의 영역이 섞이며 결실을 맺어나갔다. 그 주류는 여전히 교회에서 들려오는 소리들이었다. 그러나 속세 영역에서의 후원이 점차 늘어났고, 특히 부르고뉴와 플라망 지방의 도시들에서 그러했다. 14세기에 나타난 이른바 아르스 노바ars nova〔새로운 예술〕 양식은 고딕풍 건축만큼 국제적 차원에서 두루 영향을 끼쳤다. 〔잉글랜드의〕 존 던스터블John Dunstable(1390년경~1453)은 프랑스에서 베더퍼드 공작 밑에 머물던 궁정성악가로 혁신적이며 막강한 힘을 떨친 음악가였으며, 기욤 뒤페Guillaume Dufay(1400년경~1474) 역시 그에 못지않은 기량을 보여주었다. 덜시머dulcimer〔두 개의 나무망치로 철선을 두드려 소리를 내는 타악기〕는 1400년부터 역사에서 그 기록을 찾아볼 수 있으며, 클라비코드clavichord〔피아노가 생겨나기 전에 하프시코드와 같이 사용했던 건반 현악기〕는 1404년부터, 오르간 건반은 1450년부터, 색벗sackbut 혹은 트롬본trombone은 1495년부터 기록이 남아 있다.

'중세 시대의 개인medieval person'은 사람들이 머리로 빚어낸 개념인 만큼 역사에서 그 비슷한 것은 찾아보기 어렵다. 개념으로 따졌을 때 개개인은 저마다 독특한 특성을 가진 존재로 정의되는데, 한 개인이 한 시대를 대표하는 주된 사회적·지적·예술적 추세를 모두 반영하기는 사실상 불가능하다. 그럼에도 중세에 이룩된 갖가지 노고들이 과연 어떤 인물들에 의한 것인지 그 이름을 밝혀내려는 노력은 얼마간 있어야겠지만 말이다. 중세는 개인주의가 대세인 시대가 아니었다. 얀 반에이크 같은 화가들 정도야 —JVE FECIT 하는 식으로— 이따금 자신의 작품들에 서명을 남기기도 했지만, 당대에 내로라하던 인물들도 자기 이름을 드러내지 않고 조용히 묻혀 지낸 경우가 이름을 드러낸 경우만큼이나 많았다. 오늘날 작품 중에서도 평범한 사람들의 삶을 세세하게 담아내려 애쓰는 작품들이 대단히 큰 의의를 지닌다고 말할 수 있는 까닭도 바로 여기에 있다. [메르칸테]

그렇다고는 해도, 당시 기독교왕국의 사명을 더없이 강하게 확신한 사람으로 그리고 아울러 그런 가운데서도 당대에 일어난 풍성한 조류들에 누구보다 개방적 태도를 보였던 사람으로 라몬 률Ramon Llull(1235년경~1315)만 한 이는 없었으니, 카탈루냐 태생의 그는 박사, 철학자, 언어학자, 시인, 그리고 타의 추종을 불허하는 엄청난 여행가이자 순교자로 명성을 떨쳤다. 마요르카의 팔마에서 태어난 률은 아라곤왕가에 정복당하고 얼마 지나지 않았을 때 아라비아어를 라틴어만큼이나 잘 알게 됐다. 여기에 률은 어린 시절 무어인과 유대인 철학자들을 접하며 자라난 이력도 있었다. 그는 란다산山의 미라마르에 자리한 프란체스코회수도원에서 몇 년을 고생한 뒤, 끝이 보이지 않는 여행길에 올라 교황과 제후들을 두루 만나고 다니며 동방의 언어로 된 가르침을 받아들이라고 그들을 설득했다. 그는 다양한 시기에 몽펠리에, 파리, 파도바, 제노바, 나폴리, 메시나 등지를 돌며 사람들을 가르쳤으며, 그루지야(조지아)와 아비시니아 등 먼 데까지 여행을 하기도 했다. 1311년의 빈공의회Council of Vienne에서는 자신이 성심을 다해 내놓은 제안들이 명목상이나마 받아들여지는 것을 볼 수 있었다. 률은 이슬람교가 통치하는 북아프리카에도 선교를 목적으로 수차례 원정을 떠났는데, 마지막에도 이곳에 발을 들였다가 사람들에게 비참하게 돌팔매질을 당하고 고통 속에서 목숨을 잃었다. 그가 지은 《비유대인과 세 현인들의 책Libro del Gentil》(1272)은 애초 아라비아어로 출간됐으며 좀처럼 결론이 나지 않는 세 종교 사이의 논쟁을 담았다. 그의 《더 위대한 기술Ars Major》과 《일반 기술Ars generalis》은 사변철학도 꽤 많은 양을 차지하고 있어 조르다노 브루노와 고트프리트 빌헬름 라이프니츠를 비롯한 여러 다른 유형의 철학자에게 깊은 인상을 남겼으나, 그럼에도 이 저작의 가치는 지금도 큰 인정은 받지 못하고 있다. 라몬 률은 다음과 같이 언젠가는 사람들이 보편지식을 가질 수 있으리라는 이상을 품었다.

그것은 연산 엔진이라고밖에는 말할 수 없는 형태를 취한 것으로, 모든 지식을 구성하는 일련의 기본 원칙들 혹은 '기초 단어들ground-words'을, 반지름과 각종 기하학적 상징으로 분

메르칸테 MERCANTE

■
■   1348년 또는 1349년 프란체스코 다티니France
sco Datini라는 젊은이가 피렌체 부근의 프라토
에 있는 자그마한 땅을 상속받았다. 그의 부모는 흑사
병으로 세상을 떠났다. 그는 상속받은 땅을 판 돈으로
교황청이 있는 아비뇽에서 사업을 시작했다. 이탈리아
에서 비단, 향신료, 무기, 갑옷을 수입하는 그의 사업
은 성공을 거뒀다. 얼마 후에 프란체스코는 피렌체로
돌아가 사업을 확장해 피사, 제노바, 바르셀로나, 마요
르카, 이비사에 분점을 열었다. 특히 양모무역에 주력
했는데, 잉글랜드, 스페인, 발레아레스제도의 생산자
로부터 양털을 직접 사들였다. (“메르칸테”는 이탈리아어
로 “상인” “무역업자”라는 뜻이다.)

프란체스코는 피렌체에 머물면서 프라토의 호화 저택
건축과 아펜니노산맥 기슭의 시골 영지 관리를 감독
했다. 지금도 남아 있는 이 저택은 아치 회랑이 있는
안뜰을 둘러싸는 구조에 건물 정면에는 대리석으로
마무리했다. 저택 관리는 아내 몬나 마르가리타Monna
Margharita가 했으며, 프란체스코의 사생아 딸 지네
브라Ginevra와 노예를 비롯한 많은 가사도우미가 옆
에서 도왔다. 저택에는 심부름꾼이나 배달원, 노새가
끄는 짐수레 행렬이 끊이지 않아 늘 활기가 넘쳤다. 프
란체스코는 담석 때문에 1410년 8월 16일 세상을 떠
났다. 상속인이 없던 그는 자신의 토지와 어음, 무려 7
만 플로린의 금화를 프라토의 가난한 주민들에게 기
증했다. 그의 저택 문에는 이렇게 새겨졌다.

> 마르코의 아들 프란체스코의 구빈원
> 그리스도의 가난한 자의 상인
> 프라토의 코뮌을 수탁자로 하여
> 1410년 증여하다

프란체스코의 유언에는 자신이 부리던 노예를 해방하
고, 모든 채무를 취소하고, 자신에게서 고리대금을 빌

려간 사람들에게 이자를 반환해주라는 내용도 담겨
있었다.[1]

프란체스코가 남긴 문서에는 편지 15만여 통, 회계장
부 500여 권, 보험증서 400여 장, 동업계약서 300여
장이 포함돼 있다. 이를 통해 그가 얼마나 꼼꼼하게 여
러 나라에 걸쳐 사업을 운영했는지 알 수 있다. 또 이
것은 역사학자에게 중세의 사업과 가계 운영을 파악할
수 있는 귀중한 자료가 된다.[2] 한 전형적 환어음에는
이렇게 적혀 있다.

> 1399년 2월 12일, 신의 이름으로. 이 환어음 제1권
> 에 따라, 바르톨로메이 가르조니에게서 받은 400플
> 로린을 1플로린당 15실링 4펜스로 계산한 금액인
> 306파운드 13실링 4펜스를 어음 기한일 내에 조반
> 니 아사싸르노에게 지불한다.[3] 지불 후 우리 계좌로
> 청구하고 답신한다. 신의 가호가 있기를. 바르셀로나
> 에서 프란체스코와 안드레아가 인사를 보내며. 3월
> 13일 접수. 붉은 장부 B, f97에 기장.[4]

이런 거래를 통해 유럽 곳곳으로 자금과 신용이 수월
하게 이동했다. 그러나 프란체스코의 불안감을 없애기
는 힘들었던 것으로 보인다.

> 간밤에 집 한 채가 와르르 무너지는 꿈을 꾸었다. […]
> 여러 가지 고민이 떠오른다. 베네치아를 출발해 카탈
> 루냐로 떠난 지 두 달도 넘은 배가 소식이 없다. 배는
> 300플로린의 보험에 들어놓았다. […] 그래도 너무나
> 속이 탄다. […] 찾아봐도 소득이 없다. 어떻게 된 노
> 릇인지는 신만이 아신다.[5]

페르낭 브로델은 부유하고 힘을 가진 '원격지遠隔地
상인들'의 세계를 소규모 지역 시장의 자잘한 거래 및
치열한 경쟁과 따로 구분해야 한다고 말했다. 전자야
말로 진정한 자본가의 선구자라는 것이다. '장거리 상
인들'은 정보 수집에서 뛰어나고 언제든 거액의 현금

을 동원할 수 있어 시장 경쟁의 법칙에서 벗어날 수 있었다. 이들 '소수의 대大상인'은 전망이 좋은 특정 거래들에 집중함으로써 엄청난 수익을 올렸다.

> [이런 상인들은] 처음부터 국경에 구애받지 않았다. […] [그들은] 역경을 오히려 자신에게 유리하게 만드는 갖가지 방법에 능했다. 신용을 조작하기, 가치가 높은 화폐를 이용하는 사업 기술 등. […] 토지, 부동산, 임대료 등 가치가 있는 것이면 무엇이든 움켜쥐었다.6

일반적으로 자본가는 특정 분야에만 집중하지 않았고 제조업에 자금을 지원하지도 않았다. 자본가는 최대 이익을 얻을 가능성이 보이면 어디든 주저 없이 투자했다. 화폐 거래는 그들이 때로 관심을 집중했던 영역의 하나였다. "그러나 성공은 오래가지 않았다. 경제구조가 이러한 고도의 경제 단계에까지 충분히 영양을 공급할 정도는 안 됐던 모양이다." 14세기부터는 바르디가the Bardi, 메디치가the Medici, 푸거가the Fuggers, 로스차일드가the Rothschilds 등 과도한 부

를 소유한 일련의 자본가가 유럽 경제의 최대 이익을 쓸어갔다.

자본가의 성패는 유럽 경제의 전반적 동향에 좌우됐다. 15세기에는 특히 도시들에서 "경제의 토대가 회복"됐다. 대서양 무역이 발달한 16세기에는 "안트베르펜, 프랑크푸르트, 리옹, 피아첸차 등을 중심으로 국제적 차원의 동력이 경제를 움직였다." 17세기는 종종 침체기라고 불리지만 "암스테르담이 눈부시게 부상한" 시기였다. "경제 발전이 전반적으로 가속화한" 18세기에는 런던이 암스테르담을 앞질렀고 규제 없는 민간시장이 규제를 받는 공공시장보다 더 높은 성과를 냈다. 마침내 "은행이 산업과 상업의 주도권을 획득하고 전반적 경제가 그런 구조를 지탱할 수 있게 된 1830~1860년 이후 […] 금융자본주의financial capitalism가 자리를 잡았다."7

그 무렵인 1870년에 프란체스코의 장부들이 프라토 저택 계단 아래에 있던 자루 더미에서 발견됐다. 모든 장부에는 그의 좌우명이 적혀 있었다. "신과 이익의 이름으로."

할되는 동심원으로 구성된 어떤 기제에 따라 하나로 연결 짓게 된다. 그것은 아마도 인공두뇌기계라고 불릴 법한 것이 될 텐데, 이 기계는 모든 문제, 모든 학과, 더 나아가서는 신앙 그 자체까지 해결할 준비가 돼 있다.34

라몬 률이 지은 《블랑케르나Blanquerna》(1283)는 더러 세계 최초의 소설, 혹은 유토피아 세계를 다룬 최초의 책으로 인용된다. 그의 시집 《엘데스코노르트El Desconort》(혹은 《라몬의 노래Lo Cant de Ramon》)는 간명하면서도 진심이 담긴 말들로 아름답게 쓰여 있다. 라몬 율은 과연 '위대한 유럽인'으로 일컬어질 만한 인물이었다.

일반적으로 우리는 15세기를 중세에서 근대로 넘어가는 과도기로 여긴다. 이때 들어 변화의 속도가 한층 빨라지면서 중세의 전통과 단절되는 영역들이 하나둘 생겨났다. 학문과 예술의 영역이 그러했고, 민족 기반의 군주제가 일어선 곳에서는 정치측면에서도 얼마간 중세와 단절되는 분위기가 나타났다(7장 참조). 하지만 그 외 대부분의 영역에서는 종전의 질서가 계속 위력을

발휘했다. 물론 예전이나 이때나 지역에 따라 큰 편차를 보이기는 마찬가지였다. 중세 후기의 일부 도시들 특히 이탈리아를 비롯한 저지대 국가들의 도시들에서 사람들 삶이 때 이르게 발전했다면, 시골에서의 삶은 크게 달라진 게 없었다. 과거의 것들과 새로이 생겨난 것들이 나란히 붙어 함께 명맥을 이어갔다. [인쇄] 서방의 라틴 기독교왕국과 동방의 정교회 기독교왕국은 둘 사이의 간극을 메우지 못한 채 골만 더 키워가고 있었다.

그 까닭은 이 15세기 들어 기독교왕국과 이슬람왕국 사이 전략적 대치가 중대한 급전환을 맞은 때문이었다. 1400년에도 유럽 반도는 무슬림 세력이 집게로 조이듯 양쪽에서 밀고 들어오는 통에 옴짝달싹 못한바, 그런 상태가 지속된 지가 벌써 700년이었다. 집게의 한쪽 발이 박혀 있던 그라나다에서는 그 공격의 날이 언제든 톡 빠질 것처럼 위태위태했다. 그러나 집게의 다른 한쪽 발은 또 그 어느 때보다 단단히 콘스탄티노폴리스의 숨통을 조여 들어가는 중이었다. 1500년에 이르자 이 집게가 삐끗하고 빠지며 대치의 중심추가 극적으로 변화했다. 서쪽 땅에서는 이슬람이 끝내 패배를 맛봤으나 동쪽 땅에서는 마침내 승리를 거머쥐었다. 무어인들이 맥없이 주저앉은 바로 그 순간, 오스만튀르크족은 승리를 맛보았다. 서쪽의 유럽 땅이 무슬림의 봉쇄에서 풀려나 자유를 만끽하게 된 바로 그 순간 동쪽의 유럽은 무슬림의 도전을 맞아 격렬하게 싸움을 벌여나가야 했다. 1400년만 해도 종래에 무슬림이 구축해둔 남부 전선에서는 어딜 가나 무슬림의 압박이 묵직하게 느껴졌다. 그러나 1500년에 이르자, 물론 이때에도 예언자를 상징하는 녹색 깃발이 아프리카의 해안가를 따라 줄지어 나부끼고는 있었지만, 무슬림 세력은 이제 동방 쪽에 압도적으로 몰려 있었다. 라틴교회 기독교도들은 쾌재를 불렀으나 정교회를 믿는 동방의 기독교도들은 그다지 기뻐할 상황이 아니었다. [마트리모니오]

전략 상황이 급전한 표시는 역사에 한 획을 그은 두 가지 대사건을 통해 나타났다. 곧 1453년 콘스탄티노폴리스가 튀르크족에게 함락당한 것, 1492년에 그라나다가 스페인의 수중에 넘어간 것을 말한다. 두 사건이 불러온 결과는 막대했다. 정세가 급변한 것을 계기로, 무위에 그치긴 했으나, 종교적으로 양분된 기독교왕국을 하나로 합치려는 최후의 노력이 펼쳐졌다. 경제적 측면에서는 새 무역로를 뚫으려는 움직임이 일었다. 지정학적 측면에서는 두 사건을 겪으며 새 왕국 스페인이 가톨릭교회와 함께 한껏 승리감에 들뜬 반면, 역시 새 공국 모스크바는 정교회와 함께 씁쓸한 패배감에 빠져 지내야 했다. 해방을 맞아 자유로워진 서쪽 땅은, 스페인이 그 선봉으로, 이제 새로운 세상을 정복할 준비를 착착 진행시켜갔다. 무슬림의 공세에 시달리며 궁지에 몰린 정교회의 동쪽 땅은, 모스크바가 그 선봉으로, 깊숙한 데에 정신적 은둔처를 마련하고 그곳에 틀어박혀 꼼짝하지 않았다. 이와 같은 식으로 제국을 이룰 중세의 여정에서 두 국가는 각자 다음 회전을 준비해나가고 있었다.

오스만인이 콘스탄티노폴리스를 완전히 에워싸자(507쪽 참조), 기독교의 수장들도 그리스교회와 라틴교회의 간극을 다시 메워야 하는 것 아닌가 고심하지 않을 수 없었다. 그 결과 1439년에 피렌체동맹이라는, 조짐이 썩 좋지 않은 협약이 맺어지는바, 갖가지 추문으로 얼룩진 교회의 분열 사태에서 가장 안쓰러운 대목이었다. 그리스인들은 그간 교황에게 양쪽 교회가 이쯤 화해해야 한다는 청원을 수십 년간 해왔는데, 교황이 사태의 심각성을 인정한 것은 베네치아 출신의 에우제니오 4세Eugene IV(1431~1447) 대였다. 사실 교황 자신도 개혁을 추진하는 바젤공의회Council of Basle로부터 견디기 힘든 압박을 받던 터라, 정교회와의 관계를 다시 매끄럽게 다져놓으면 자신의 입지 강화에 좋지 않을까 생각하던 차였다. 그렇게 해서 1438년 1월 페라라에서 시작해 나중에는 피렌체로 자리를 옮기며 수차례 협상이 진행됐으니, 협상을 주도해나간 것은 주로 교황이었다. 비잔티움 황제 요한네스 8세 팔라이올로고스John VIII Palaiologos(재위 1425~1448)와 황제의 총대주교도 적극적으로 협상을 주도했고 주교 22명 역시 바젤의 동료들로부터 이탈해 협상에 참여했다. 어쩌면 당연한 얘기지만, 궁지에 몰린 쪽이 그리스인들이었던 까닭에 중요한 모든 문제에 대해 그리스인들이 양보를 하고 교황의 수위권, 연옥, 성체성사, 필리오케("그리고 성자로부터"의 뜻. 성령이 성부와 '성자로부터' 모든 발현한다는 주장)와 관련된 로마교회의 교리를 선뜻 받아들였다. 이로써 교황의 입을 통해 다시금 교회의 통합이 이루어졌음을 선언할 길이 완전히 열리게 됐다. 교황은 1439년 7월 6일 〈라에탄투르 코엘리Laetantur coeli〉를 발표해 교회의 통합이 최종 성사 됐음을 공식적으로 확인했다. 산타크로체의 연단 위로 추기경 줄리아노 체사리니Giuliano Cesarini가 올라서서 교회가 통합됐음을 알리는 글을 라틴어로 낭독한 데 이어, 니케아의 대주교 베사리온Bessarion도 연단에 올라 동일한 내용을 그리스어로 낭독했다. 이어 두 성직자는 통합을 축하하는 뜻에서 서로를 끌어안았다.

안타까운 사실은, 동합의 어느 당사자에게도 이와 같은 통합을 현실에 실행시킬 만한 방편이 없었다는 것이다. [교회의 통합이 발표되자] 여전히 바젤공의회를 지지하는 나머지 주교들이 교황을 성토하더니, 곧바로 펠릭스 5세(1439~1449)를 역사상 마지막이 되는 대립교황으로 선출했다. 독일의 주교들은 교회 통합은 시종 알 바 아니라는 태도를 보였다. 프랑스의 주교들은 얼마 전 반교황파 시책이라 할 '부르주의 국본조칙國本詔勅, Pragmatic Sanction of Bourges'이 시행되면서 득의양양해져서는 공의회를 지지하는 쪽으로 기울어 있었다("국본조칙" 또는 "국사조칙國事詔勅" "국헌교서國憲敎書"는 국가의 중대한 사항에 대한, 기본법의 효력을 지니는 군주의 정식 칙령을 일컫는다). 콘스탄티노폴리스와의 분열에 종지부를 찍으려다 도리어 로마교회마저 분열시키고 마는 사태가 일어난 것이다. 정교회 쪽에서도 이제는 통합에 그다지 열의를 보이지 않고 있었다. 콘스탄티노폴리스만 해도 동맹 협약에 서명한 성직자들에게 사람들이 등을 돌리고 있었다. "라틴인들 따위는 우리에게 필요하지 않다"라고 군중들은 외쳤다. "일전에 페르시아인들과 아라비아인들로부터 우리를 구하셨듯, 이제는 하느님과 성모마리아께서 무함마드로부터 우리를 구해주실

인쇄 PRESS

■
■ 1450년경 라인란트의 도시 마인츠에서 작동을 시작한 요하네스 겐스플라이슈 추어 라덴 춤 구텐베르크Johannes Gensfleisch zur Laden zum Gutenberg의 인쇄기가 인쇄술의 시초는 아니다. 그것은 고대 중국에 있었던 목판, 금속판, 석판 인쇄술의 계승자였다. 하지만 구텐베르크의 인쇄술이 정보 기술 분야에 혁명을 가셔온 것은 분명하다. 다른 많은 발명품과 마찬가지로 그의 인쇄술은 로마의 포도압착기, 금세공업자의 펀치, 인쇄에 적당한 종이 등 기존 기술을 결합해 독창적 공정을 개발한 결과물이었다. 또한 녹인 금속을 주형에 부어 만든 가동呵動 금속활자 movable metal type의 사용은 후대 기계 시대의 기본 원리가 되는 '교체가능한 부품 이론'을 최초로 구현한 것이었다. 문서 내용을 가동 금속활자로 배치하고 편집·수정해 똑같은 내용을 몇천 부씩 찍어낼 수 있게 된 것은 엄청난 편리함과 효율을 가져왔다.

구텐베르크가 만든 인쇄물 중 가장 유명한 것은 42행 성서와 36행 성서일 것이다. 그러나 어떤 의미에서는 《카톨리콘Catholicon》(보편적 지식의 책)의 인쇄가 더 특별한 사건이다. 이 백과사전은 13세기의 제노바인 조반니 발보Giovanni Balbo가 편찬했다. 구텐베르크가 인쇄한 이 책은 대량 인쇄 된 최초의 세속적 문헌이었다. 책에는 발행인의 짧은 서문이 담겨 있다.

하느님의 도움과 뜻에 의지해 어린아이도 능변가가 될 수 있다. [...] 이 고귀한 책은 갈대, 첨필, 펜의 도움 없이 펀치와 가동활자의 경이로운 일치, 균형, 조화에 의해 그리스도 탄생 1460년이 되는 해에 명성 높은 독일 도시 마인츠에서 인쇄돼 완성됐다.[1]

인쇄술이 막 자라나기 시작한 1500년 직전 '요람기'에 로만체, 이탤릭체, 고딕체 등 주요 활자체가 생겨났다. 인쇄기는 바젤(1466), 로마(1467), 보헤미아의 필즈노(1468), 파리(1470), 부더(1473), 크라쿠프(1474), 웨스트민스터(1476), 몬테네그로의 체티네(1493) 등지로 빠르게 퍼졌다. 인쇄술이 모스크바에 전해진 것은 1555년이었다.

인쇄된 글이 가진 힘은 필연적으로 종교 당국의 두려움을 촉발했다. 인쇄술의 요람인 마인츠는 동시에 검열의 요람이었다. 1485년 마인츠의 대주교 겸 선제후는 사순절 장터에 나오는 책들을 조사해 불온한 출판물의 발간을 금지할 것을 인근 프랑크푸르트암마인의 시의회에 요청했다. 이듬해에는 마인츠 선제후령과 프랑크푸르트시에 의해 유럽 최초의 검열국이 공동 설립 됐다. 프랑크푸르트 검열관이 인쇄물에 내린 첫 포고령은 성경의 자국어 번역을 금지한다는 내용이었다.[2] [금서목록]

이슬람 세계에서는, 기독교 세계와 달리, 19세기까지 인쇄를 금지했다. 그런 조치가 이슬람 세계와 지식의 보급에 끼친 영향은 이루 말할 수 없다.[3]

마트리모니오 MATRIMONIO

■
■ 15세기 라구사의 귀족 지기스문트 데 초르치 Sigismund de Zorzi와 그의 아내는 아들 여섯과 딸 여섯을 두었다. 1427~1449년경 사이에 차례로 요하네스Johannes, 프란치스쿠스Franciscus, 베키아 Vecchia, 유니우스Junius, 마르가리타Margarita, 마리아Maria, 마리누스Marinus, 안토니우스Antonius, 헬

리자베스Helisabeth, 알로이시우스Aloisius, 아르툴리나Artulina, 클라라Clara가 태어났다. ("마트리모니오"는 이탈리아어로 "결혼" "혼인"이라는 뜻이다.)

이중 아들 셋과 딸 하나는 결혼하지 않았다. 하지만 적어도 20여 년 동안 초르치 부부는 나머지 여덟 자녀에게 적당한 짝을 찾아주느라 바빴을 것이 분명하다. 가장 먼저 약혼한 것은 마르가리타(다섯째)로 1453년의 일이었다. 얼마 후 마리아(여섯째, 1455)와 맏딸

베키야(1455)도 혼처가 정해졌다. 장남 요하네스는 32세이던 1459년에 결혼했다. 이듬해에 그보다 열여섯 살 어린 헬리자베스(아홉째)가 결혼했다. 프란치스쿠스(둘째)는 1456년 36세가 돼서야 결혼했고, 1471년에는 24세인 아르툴리나(열한째)와 38세인 유니우스(넷째)가 약혼했다.

이 가정에서 목격되는 결혼 패턴은 특이한 것이 아니었다. 라구사의 다른 귀족 가정들에서도, 그리고 르네상스기 이탈리아 연구 결과에서도 이와 비슷한 모습이 나타난다. 또한 그런 패턴은 역사인구학자들이 말하는 '지중해 결혼 유형Mediterranean Marriage Pattern, MMP'에도 합치한다. 이는 높은 미혼율과 남녀 간 결혼 연령의 큰 차이를 특징으로 한다.[1]

라구사는 아드리아해 해상무역과 발칸반도 내의 육상무역이 발달한 도시공화국이었다.[2] (대상선大商船을 뜻하는 영어 단어 'argosy'는 라구사Ragusa에서 유래했다.) 라구사는 인구는 약 2만 명이었고, 근친혼으로 맺어진 귀족 가문들이 도시를 지배했으며 주요 관직 또한 독점했다. 중세 라구사에서 결혼은 중요한 사업이었다. 신부의 아버지와 미래의 사위 사이에 상세한 내용의 '결혼계약pacta matrimonialia'이 맺어졌다. 지참금은 평균 2600히페리(금화 866두카트)였다. 정해진 기간 내에 약혼과 결혼, 첫날밤을 치르지 못할 경우 벌금 1000두카트를 물어야 했다. 대개 결혼하기 2~3년 전에 치러지는 약혼의 평균 연령은 여자가 18세, 남자가 33.2세였다. 초르치 집안의 사례가 보여주듯, 대체로 남자 형제는 여자 형제들이 결혼할 때까지 기다렸다.

라구사의 결혼문화에는 경제적, 생물학적, 수학적 요인과 관습적 요소가 내재했다. 남성은 가족 부양 능력이 갖춰질 때까지, 또는 신부 지참금을 늘리려 부친의 유산을 물려받을 가능성이 생길 때까지 결혼을 미뤘다. 너무 오래 기다리다가 결혼하지 못하는 경우도 많았다. 여성은 남성보다 훨씬 젊은 나이에 결혼했지만, 꼭 최대한 자녀를 많이 낳기 위해서만은 아니었다. 여성들은 결혼을 망설이는 예비 신랑들을 두고 경쟁해야 했다. 신부 집안에서는 사업의 동반자가 될 만큼 충분한 분별력을 갖추고 딸의 '명예'를 지켜줄 책임감 있는 사위를 선호했다.

역사에서 결혼 전략에 수반되는 결과와 영향은 너무 복잡해서 거시적 이론보다는 경험주의적 지역별 연구가 더 만족스러운 성과를 낳는다. 유럽 전체를 단순히 만혼형의 '서유럽 결혼 패턴European [sic] Marriage Pattern'과 조혼형의 '동유럽 결혼 패턴East European Marriage Pattern'이라는 두 가지로 나누는 이론은[3] 중세 피렌체[4]나 르네상스기 라구사의 결혼에 대한 미시적 분석보다 설득력이 떨어진다. [자드루가]

라구사는 독립을 유지하다가 1805년 프랑스에 정복당했다. 이후 1세기 동안 합스부르크가의 지배를 받았고 1918년 두브로브니크Dubrovnik라는 이름으로 유고슬라비아에 편입됐다. 두브로브니크는 1992년 크로아티아공화국의 영토가 됐다. 초르치 집안 사람들이 살았던 이 중세 도시는 두 차례 크게 파괴됐다. 1667년의 지진과 1991~1992년 세르비아군의 폭격 때였다. 치명적 피해를 입은 스타리그라드의 수많은 르네상스기 건물 중에는 도시의 역사적 문서와 결혼기록부가 보관된 스폰자궁전도 있었다.[5]

것이다." 알렉산드리아에서는 동방의 대주교들이 종교의회를 열어 피렌체동맹을 노골적으로 비판했다. 모스크바대공국에서도 수도대주교 이시도르Isidore(키이우의 이시도르)가 라틴교회의 십자가를 몸에 걸친 채 피렌체에서 본국으로 귀환했다가 그대로 옥에 갇혔다. 이시도르 휘하의 주교들도 '그리스인들의 반역'을 그냥 넘길 수 없다며 들고일어나, 콘스탄티노폴리스 대주교의 의견은 묻지 않고 제멋대로 수도대주교를 새로 선출했다. 이때부터 러시아정교회의 전통은 갈라져

제각기 길을 걷게 된다.

그러는 사이 오스만제국의 압박이 줄기차게 이어졌다. 1444년에는 오스만제국의 술탄 무라드 2세Murad II〔무라트 2세, 재위 1421~1444, 1446~1451〕가 흑해 연안 바르나에서, 교황의 돈을 받고 술탄과 싸우러 온 마지막 십자군을 궤멸시켰다. 1448년에는 도나우강을 건너 헝가리 원정대의 마지막 남은 세력을 휩쓸었다. 기독교 군대가 술탄과 싸워 빛나는 전과를 올린 것은 단 한곳, 스컨데르베우Skënderbeu의 지휘를 받아 싸움을 벌인 알바니아뿐이었다. 더는 기력도, 함께할 동지도 남지 않은 콘스탄티노폴리스는 자신에게 닥쳐올 운명만을 기다리고 있었다. [블라드]

마지막 콘스탄티노폴리스공성전은 부활절 월요일이었던 1453년 4월 2일 시작돼 8주간 이어졌다. 스물둘 나이의 술탄 메메트 2세Mehmet II(재위 1451~1481)는 준수한 용모에 과묵한 사내로 아주 열성적으로 콘스탄티노폴리스를 공격했는바, 어렸을 적 콘스탄티노폴리스의 성벽을 허물려던 계책이 받아들이지 않은 데 대한 한이 남아 있었기 때문이다. 미혼의 황제였던 콘스탄티누스 11세 팔라이올로고스Constantine XI Palaeologos(재위 1448~1453)는, 이즈음에도 상황을 낙관하며 신붓감까지 물색 중이었지만, 허황한 생각 대신 냉철한 사고로 술탄이 나타나기를 기다리고 있었다. 술탄의 공격에 대한 대비는 사실 벌써부터 치밀하게 진행되던 중이었다. 콘스탄티노폴리스는 술탄 측에 지원되는 것을 사전에 끊고자 트라키아와 흑해 연안의 도시들부터 쑥대밭으로 만든 참이었다. 갈리폴리에는 3단노선과 화물 바지선으로 구성된 선대가 소집돼 있었다. 보스포루스해협이 가장 좁아지는 길목인 루멜리 히사르에는 성채가 지어져 있었다. 또 술탄 밑에서 일했던 헝가리 기술자에게 의뢰해 7.9미터 길이의 청동대포(12헌드레드웨이트hundredweight 곧 609킬로그램의 대포알이 들어갔다)를 제작해서는 황소 60마리로 아드리아노플에서 콘스탄티노폴리스까지 끌고 왔다. 콘스탄티노폴리스 안에서는 무기들을 끌어모으는 한편, 병사들의 급료를 마련하기 위해 자금이 모집됐다. 성벽 바깥에서는 도랑을 깊이 파 블라케르나이 성문 옆을 지나는 해자에 물이 가득 차오르게 했다. 베네치아, 바티칸, 프랑스, 아라곤에는 때맞춰 사절들을 파견했다. 또 병사 700명으로 구성된 부대도 조반니 주스티니아니 론고Giovanni Giustiniani Longo의 지휘 아래 콘스탄티노폴리스에 도착했으니, 제노바 출신의 이 장군에게는 육지 쪽 성벽을 지휘할 권한이 주어졌다. 튀르크족 분대 하나가 콘스탄티노폴리스의 눈앞에 모습을 드러낸 그날, 철 따라 옮겨 다니는 황새 한 무리가 대오를 지어 해협 건너편으로 날아가는 광경이 눈에 띄었다. 도시는 성문을 굳게 걸어 잠갔다. 금각만으로 통하는 어귀에서는 엄청난 크기의 철제 사슬이 바닷물 안에 줄지어 늘어섰다. 7000명밖에 되지 않는 방어군만으로 8만 대군의 맹공에 맞서 싸워야 하는 순간이 왔다.

공성전 초반의 전황은, 튀르크족이 콘스탄티노폴리스의 성벽이 훤히 보이는 데에 기독교도들을 못 박아 공포감을 조장했지만, 콘스탄티노폴리스 방어군의 사기를 진작시키는 쪽으로 전개됐다. 4월 12일 콘스탄티노폴리스에 세워진 방책에 퍼부은 무슬림 해군의 공격이 수포로 돌아갔다. 오스만인들은 매일같이 동이 터서 해가 질 때까지 7분마다 한 번씩 육중한 대포를 발사해 바깥쪽 성벽 상당 부분을 무너뜨리는 데 성공했다. 그러나 방어군들이 성벽이 허물어진 공간을 밤새 나무 방책을 쌓아 올려 빈틈없이 메웠다. 4월 20일에는 황제의 수송용 소형 선대가 바다를 헤치고 콘스탄티노폴리스 항구에 도착했다. 반면 튀르크족의 땅굴 작전은 기밀이 새어 나가면서 중간에 흐지부지됐다.

그 순간 술탄이 기막힌 수를 놓으니, 튀르크족의 갤리선을 육지로 끌어올려서는 페라 뒤쪽을 돌아 금각만까지 끌고 들어가게끔 한 것이다. 콘스탄티노폴리스는 졸지에 항구를 빼앗긴 꼴이 됐다. 이후 방어군은 셋 중 하나를 선택해야만 했다. 싸움에서 승리하든지, 그대로 죽든지, 이슬람으로 개종하든지. 4월 27일, 콘스탄티노폴리스는 성소피아성당에서 교회 전체가 모이는 미사를 열어 그리스인, 이탈리아인, 정교도, 가톨릭교도 모두를 위해 기도드렸다. "이 순간만큼은, 콘스탄티노폴리스의 교회 안에서 모두가 진정으로 하나가 됐다."[35]

결정적 공격은 공성전이 55일째에 접어든 5월 29일 화요일, 자정이 지난 새벽 1시 반 무렵에 개시됐다. 처음에는 바슈보주크bashi-bazouk 비정규군〔당시 오스만제국에 고용돼 일하던 용병부대의 하나〕기마병들이 들이닥치더니 아나톨리아군과 예니체리yeniçeri〔오스만튀르크의 상비 보병 군단〕그 뒤를 이어 차례로 밀고 들어왔다.

> 예니체리 군단은 재빠르게 진격해 들어오기는 했으나 무턱대고 돌진하지는 않았다. […] 그들은 한 치의 흐트러짐도 없이 대오를 유지했고 적군이 탄환을 쏟아부어도 전열을 전혀 흐트러지지 않았다. 병사들의 사기를 진작시키려 전장의 군악 소리가 얼마나 크게 울려 퍼지는지 보스포루스해협에서 들려오는 요란한 총성 소리 한가운데서도 군악 소리가 또렷이 들렸다. 메메트는 몸소 해자까지 나가 병사들을 지휘하며 큰 목소리로 병사들의 사기를 북돋웠다. […] 전의를 가다듬고 단단히 무장한 이 웅장한 모습의 병사들이 파도가 밀려들듯 거듭 방책으로 밀려 들어와, 방책의 기부基部 쪽을 받치고 있던 흙이 담긴 통을 망가뜨리더니 방책을 지지하던 들보까지 베어낸 후 사다리를 방책에 걸쳤다. […] 매번 이와 같은 병사들의 물결이, 그 뒤에 닥칠 일은 전혀 무섭지 않다는 듯, 기세 좋게 밀려들어왔다.[36]

동이 트기 바로 직전, 주스티니아니의 흉갑이 컬버린Culverin〔15~17세기 유럽에서 사용된 장포長砲〕포탄에 맞아 피범벅이 됐다. 하산Hasan이라고 불리는 어마어마한 덩치의 예니체리 군단의 병사도 방책 위에 올라섰다 목숨을 잃었다. 그런데 이것이 방책 위로 올라서는 게 가능하다는 사실을 병사들에게 일깨워줬다. 결국 케르코포르테Kerkoporte라고 불리는 작은 비상 출입구에

블라드 VLAD

■
■ '드라큘라Dracula' 또는 '꿰뚫는 자 블라드Vlad the Impaler'라고 불린 왈라키아의 공작 블라드 3세Vlad III(1431~1476)는 잔인함의 대명사가 된 전설적 인물이다. 최근에는 그의 성도착 행각에 많은 악평이 쏟아졌다. 하지만 그는 시기쇼아라에서 태어난 역사적 실존 인물이다. 현재의 루마니아에 있는 그의 포에나리싱과 브란성은 시금노 방문이 가능하다. 다뉴브강 하류의 좌안에 위치한 왈라키아공국은 헝가리왕국과 점차 막강해지고 있던 오스만제국 사이에 끼어 있는 존재였다. 헝가리는 블라드를 가신쯤으로 여겼고, 오스만은 블라드에게 공물을 요구했다.

1443~1444년 바르나십자군전쟁Crusade of Varna 때 소년이었던 블라드는 오스민 술탄 무라드 2세 Murad II의 궁정에 볼모로 보내졌다. 이때 당한 성적 학대가 훗날 그가 보인 강박적 망상의 원인일 수 있다. 팔라pala(끝이 뾰족한 말뚝)는 튀르크족이 형벌 도구로 종종 쓰던 물건이었다. 그러나 블라드 3세의 손에서 지독한 공포의 도구로 변했다. 끝을 뾰족하게 갈고 기름을 칠해 튀르크족의 것보다 더 정교하게 변형시킨 막대기를 사람의 직장直腸으로 찔러 넣어 입까지 관통시켰다. 죽음의 고통은 며칠씩이나 이어졌다. 블라드

3세는 튀르크족의 콘스탄티노폴리스 정복 3년 후인 1456년에 권력을 장악했다. 그는 자신을 이교도에 대항하는 기독교 제후들의 대표라고 여겼다. 도나우강을 건넌 한 원정에서 포로 2만 3883명을 잡아 팔라로 처형했다고 한다. 이는 참수되거나 화형에 처해진 사람은 포함하지 않은 수치다. 자국에서 그의 통치는 왈라키아 귀족을 대량 처형 하는 것으로 시작됐다. 약 2만 명의 남녀와 어린아이가 성의 창문 밑에서 팔라에 꿰여 죽었다.[1]

드라큘라가 헝가리 왕 마티아스 코르비누스(마차시 1세)에게 붙잡혀 옥에 갇힌 이후, 1463년 빈에서 그의 악행을 독일어로 기록한 《드라큘라 이야기Geschichte Dracole Wayde》가 출간됐다. 이것은 이후 등장한 모든 드라큘라 문학의 기초가 됐다. 폭군 이반(이반 4세)은 1488년 출간된 이 책의 러시아어판을 읽고 일부 내용을 활용한 것으로 보인다. 책은 동유럽과 서유럽 모두에서 지속된 종교적 광신과 병적 잔인함 사이 기묘한 연관성을 떠올리게 한다. 스페인 종교재판의 기록, 또는 존 폭스John Foxe의 《순교사Book of Martyrs》(1563)에 기술된 잉글랜드 메리 1세의 프로테스탄트 박해는 왈라키아의 흡혈귀 공작의 참혹한 행동들만큼이나 소름끼친다(국내에서는 《존 폭스의 순교사》《순교사 열전》으로 출판됐다).[2] [루디]

서 그리스인들이 퇴각해 방비가 뚫리자, 그곳을 통해 튀르크족이 물밀듯 쏟아져 들어왔다. 비잔티움 황제는 자신이 탄 새하얀 아라비아산 암말에서 내려 난장판 속으로 뛰어들어 종적을 완전히 감췄다.

콘스탄티노폴리스는 꼼짝없이 약탈당했다. 살벌한 학살과 강탈이 이어졌다. 성소피아성당은 모스크로 뒤바뀌었다.

무엣진이 그 어디보다 높이 치솟은 탑에 올라, 에잔ezan((아잔). 대중을 불러 모으는 포고문)을 낭독했다. 이맘이 설교를 했다. 메메트 2세는 커다란 연단 위에 올라 나마즈namaz라고 불리는 감사제를 열었다. 불과 얼마 전까지만 해도 로마제국 황제를 앉혀놓고 기독교 의식을 집전

하던 자리였다. 메메트는 성소피아성당을 나서서, 위풍당당하지만 지금은 버려진 채 쓸쓸히 서 있는, 콘스탄티누스 대제 이후 100명의 통치자들이 기거했던 웅장한 건물을 향해 발걸음을 옮겼다. […] 인간이 아무리 위대해도 그 부침은 참으로 덧없다는 생각이 들며 울적한 생각을 떨칠 길이 없자, 그의 입에서는 어느덧 기품 있는 페르시아 시 한 소절이 흘러나왔다. "황제의 궁궐에 거미가 집을 짓고, 아프라시아브 양식의 탑들 위에서는 부엉이가 경계의 울음소리를 내네."37

이로써 로마제국은 역사에서 영영 사라졌다.

오스만튀르크족은 지중해 동부를 정복하며 서서히 이 지역 무역까지 손에 넣으니, 유럽을 레반트 및 인도와 연결하는 길들을 오스만튀르크족이 장악한 것이다. 튀르크족은 기독교도 무역업자들에게 아량을 베풀었고, 베네치아와 제노바도 위기에 처한 콘스탄티노폴리스는 굳이 돕지 않은 것은 오스만 땅에서의 무역이 자신들에게 커다란 이문을 안겨준 때문이라는 점 말고는 달리 설명할 길이 없다. 실제 더 먼 타지에 나가 전장에서 직접 뛰었던 동시대인들의 생각은 달랐을 수도 있지만 말이다. 전통적 견해에서는, 이 무렵 오스만의 세력 흥기가 새 인도 항로를 찾으려는, 포르투갈이 그 선봉에 있는, 기독교 국가 수장들의 노력과 연관됐다고 본다. 튀르크족이 껄끄럽기는 포르투갈인들이나 베네치아인들이나 마찬가지여서, 포르투갈은 아프리카의 노예들과 아름다운 섬들의 풍광에 이끌려 항로 개척에 나섰으리라고도 충분히 생각할 수 있다.

어찌 됐건, 포르투갈의 엔히크 왕자Infante Dom Henrique(1394~1460, 항해왕자Navegador로도 알려져 있다)는 일찍이 아라비아인 항해사들이 개척해놓은 길을 따라 아프리카 대륙의 서쪽 해안으로 원정대를 보내는 일을 40년 동안 진행해온 참이었다. 포르투산투(1419), 마데이라(1420), 카나리아제도(1421, 나중에 카스티야에 넘겨주었다), 아조레스제도(1431), 카보블랑코(1441), 카보베르데(1446) 모두 그의 선박들이 발견한 곳이었다. 카나리아제도는 원주민인 관체족이 스페인의 통치를 받다 완전히 종적을 감추는데, 후대에 유럽 열강에서 나타나는 식민주의의 본능을 미리 엿볼 수 있는 대목이다. 1437년에는 사그레스에 식민지및해군협회Colonial and Naval Institute가 창설되니, 이러한 조직이 생겨난 것은 역사상 처음이었다. 1471년 무렵에는 포르투갈인들이 무어인들이 차지하고 있던 탕헤르를 빼앗을 만큼 강성해졌다. 1486년에는 골드코스트(서아프리카 가나의 아크라에 있는 기니만 연안의 해변)에 자리한 포르투갈 정주지에서 배를 타고 출발한 바르톨로메우 디아스Bartholomeu Diaz가 카보 토르멘토소Cabo Tormentoso(디아스의 항해 이후로는 희망봉이라는 이름이 붙었다)를 도는 데 성공했다. 1497년에는 바스쿠 다가마Vasco da Gama가 기항지를 들르지 않고 리스본에서 캘리컷까지 항해했고, 이로써 오스만인의 땅을 빙 둘러가는 길

이 생겨났다. [곤살베스]

포르투갈과 이웃한 스페인에서는 유명한 정치적 통일로 중대한 전환이 있었다. 숙적 사이였던 카스티야와 아라곤은 왕조 간 결혼으로 경쟁을 약화시켜온 지 오래였다. 그 뒤의 백 년 동안 카스티야의 왕 트라스타마라가의 후안 1세Juan I가 레오노르 데 아라곤Leonor de Aragón과 결혼하면서 카스티야와 아라곤 왕가가 스페인에서 주도권을 잡을 기틀이 마련됐다. 둘 사이에서 태어난 엔리케 3세Enrique III(재위 1390~1406)가 카스티야를 다스리는 동안, 둘째 아들 페르난도 1세Fernando I가 1412년 뜻하지 않게 바르셀로나 아라곤왕국의 왕으로 선출됐다. 따라서 엔리케 3세의 손녀이자 카스티야의 공주 이사벨Isabel(1451~1504, 이사벨 라 카톨리카[카톨릭왕]Isabel la Católica로도 불렸다[이후의 이시벨 1세])과 페르난도 1세의 손자이자 아라곤의 왕사 페르난도Fernando[이후의 페르난도 2세, 1452~1516] 사이에 1469년 발라돌리드에서 혼례가 치러진 것은 역사에서 전혀 유례가 없던 일은 아니었다. 그러나 둘의 결혼은 미래에 그야말로 막대한 영향을 끼쳤다.

신부와 신랑은 양쪽 모두 절망적일 정도로 문제투성이인 가문과 늘 살벌한 싸움이 끊이지 않는 왕국의 계승자들이었다. 따지고 보면 둘은 사촌지간이었고, 자신들의 친척이나 귀족들이 실권을 쥐도록 놔뒀을 경우 무슨 일이 벌어질지 잘 알고 있었다. 올곧은 성격에 독실한 신앙심을 가졌던 이사벨은 페르난도와 결혼을 하기 전에도 어릴 때부터 포르투갈·잉글랜드·프랑스 등지에서 일등 신붓감으로 물망에 올랐다. 실제로 페르난도와의 결혼 전에도 한차례 결혼식 제단 앞에 설 뻔했으나, 그녀가 영 내켜 하지 않은 구혼자가 결혼식을 올리려고 달려오던 길에 급작스레 세상을 떠나면서 가까스로 결혼을 면했다. 이사벨 자신도 질녀를 부당한 방법으로 밀어낸 뒤에야 카스티야 영유권을 주장할 수 있었다. 1474년 그녀가 카스티야 왕위에 오르자 스페인에서는 내전이 불붙는 동시에 프랑스 및 포르투갈과도 한바탕 국제전을 치르지 않으면 안 됐다. 한편 다소 비뚤어진 성격에 역시 신앙심만은 독실했던 페르난도가 이사벨을 아내로 맞아들이고자 그토록 애쓴 것은 자신이 처한 비참한 상황에서 어떻게든 벗어나겠다는 궁여지책이었다. 페르난도는 끝날 기미가 없는 카탈루냐의 반란을 겪으며 공포 속에서 유년 시절을 보냈다. 페르난도는, 역시나 서자였던 자신의 사촌 페르디난도 1세 디 나폴리Ferdinando I di Napoli[페란테Ferrante, 페르난도Ferrando]를 밀어내고, 자신의 이복동생 나바라 공작 카를로스 데 비아나Carlos de Viana를 독살시킨 뒤에야 아라곤 영유권을 주장할 수 있었다. 이사벨의 동생 엔리케 4세Enrique IV(재위 1454~1474)는 생전 "비참하고 괴상한 얼간이"로 통했다. 페르난도의 아버지 아라곤 왕 후안 2세Juan II(재위 1458~1479)는 아들과 딸을 독살시켜 두루 원성을 샀다. 따라서 "가톨릭의 군주들the Catholic Monarchs"이라고도 일컬어졌던 페르난도 2세와 이사벨 1세가 강력하고 질서정연한 통치를 적극적으로 옹호하고 나선 것은 당연한 일이었다.

카스티야와 아라곤의 통일은 얼마 동안은 결혼 당사자들의 결합 수준에 머물렀다. 통일 후에도 두 왕국은 계속 별개의 법과 통치 방식을 유지해나갔다. 이사벨 1세로서는 카스티야의 귀족들을 공격하는 것 외에는 별로 할 수 있는 게 없었다. 페르난도 2세도 아라곤 의회와 협력해 나가는 것 외엔 다른 선택의 여지가 전혀 없었다. 심지어 그는 회의장의 창문을 닫자고 부탁할 때도 다음처럼 덧붙이는 버릇이 생겼다. "그게 법에 저촉되지만 않는다면 말이오." 두 왕국이 한 배를 타고 있다는 인식은 공통 화폐가 도입되고 양국 사이에 상업 장벽이 사라지면서, 아울러 극단적 가톨릭 이념을 현실에 실행하면서 일부나마 형성될 수 있었다. 그러다 1476년 이사벨은 악랄하지만 효율적으로 운영되는 법 집행기관 산타 에르만다드Santa Hermandad(성스러운 형제단)를 세우니, 애초 이 기관이 목표로 삼은 것은 카스티야 일대를 주름 잡고 있던 귀족층 강도단을 겨냥한 것이었다. 1483년에는 카스티야와 아라곤이 함께 주도해 통일 스페인 최초의 제도가 시행됐다. 종교재판을 행할 기구를 왕실 산하에 재정비한 것으로, 이사벨의 고해신부로 도미니크회 소속 토마스 데 토르케마다Thomás de Torquemada(1420~1498)가 운영을 맡았다. 이후 스페인에서는 반역자와 이단의 죄가 거의 동일하게 다뤄졌다. 국교를 믿지 않는 자, 유대인, 반체제 인사 모두 가혹한 박해를 받았다. 이제 스페인은 그라나다토후국의 존재를 참아줄 수 없었다. [데비아티오]

스페인이 그라나다 최종 정복에 나선 것은 1481년, 이후 10여 년에 걸쳐 정복 활동이 이어졌다. 그라나다는 부와 인구 면에서 스페인의 속주들 사이에서 수위를 자랑했으니, 동방의 속주들 가운데서 따지자면 콘스탄티노폴리스의 위치에 버금갔다. 그라나다의 70개 소도시들은 성벽으로 둘러싸인 채 가장 비옥한 시골로부터 물자를 공급받은 터라, 그들로서는 끝까지 스페인에 저항할 수 있길 바랐다 해도 무리는 아니었다. 그러나 그라나다를 다스리던 무어인 통치자들 사이에 알력다툼이 벌어지면서 통일 스페인의 군대가 그라나다에 발 들일 길이 트였다. 스페인이 그라나다를 에워싸고 공성전을 전개하게 됐을 때에는, 산타페Santa Fe(거룩한 믿음)라는 목조 도시가 건설돼 포위군들의 거처로 쓰였다. 1492년 1월 2일, 마침내 그라나다가 백기를 들고 스페인에 투항했다. 기독교를 열성적으로 신봉했던 사람들이 보기에는, 기독교가 비로소 콘스탄티노폴리스의 원수를 되갚은 셈이었다.

그라나다 정복으로 선량한 신앙심도 처참한 몰골로 함께 깨졌다. 정복 이후에 종교적 관용을 베풀겠다는 약속을 스페인은 지키지 않았다. 일설에 의하면, 이 문제로 이사벨 1세가 행동에 나서지 못하고 머뭇대자 〔초대〕종교재판소장Grand Inquisitor 토마스 데 토르케마다가 여왕에게 십자가를 내밀며 다음과 같이 말했다고 한다. "유다는 은화 30전에 자신의 스승을 팔았지요. 여왕께서는 얼마면 되시겠습니까, 이 십자가를 내려놓는 데에 말입니다." 이후 유대인들에게는 따로 칙령이 내려져 개종과 추방 중 반드시 하나를 택해야 했다.[38] 이때 추방을 택했던 세파

곤살베스 GONCALVEZ

■ 1441년 안탕 곤살베스Antão Gonçalves가 작은
■ 배를 타고 리스본을 출발해 모로코의 대서양 해
안가를 따라 남쪽으로 항해해 카나리아제도를 지나
보자도르곶을 돌았다. 이 지역의 아프리카 해안에서는
탁월풍prevailing wind(어느 지역에서 어떤 시기나 계절에
따라 특정 방향에서부터 가장 자주 부는 바람)이 북쪽으로
불었던 터라 포르투갈 선박이 이 공포의 곶을 지나 무
사히 유럽으로 귀환한 것은 7년 전의 일이었다.

곤살베스의 항해 목적은 고래기름과 바다사자 가죽을
얻는 것이었다. 하지만 리오데오로해안에 상륙한 그는
원주민 몇 명을 데려가 주군인 엔히크 (항해) 왕자에게
선물해야겠다고 생각했다. 이튿날 저녁 10명의 선원이
내륙으로 들어갔다. 선원들은 별 성과 없이 새벽녘에
모래언덕을 걸어 돌아오는 도중, 창 두 개를 들고 낙
타를 앞세워 걷고 있는 벌거벗은 베르베르인 남자를
발견했다. 남자는 온힘을 다해 저항했으나 결국 부상
을 입고 제압당해 포로가 됐다. 그 지역의 노예로 추
정되는 운 없는 흑인 여성도 마침 그곳을 지나가다 남
자와 함께 묶여 끌려갔다. 이들은 유럽인이 사하라 남
부에서 벌인 노예사냥의 최초 희생자였다.[1]

얼마 후 곤살베스는 누누 트리스탕Nuno Tristão이 지
휘하는 다른 배와 힘을 합쳤다. 두 팀은 한밤중에 원
주민의 야영지를 급습했다. "포르투갈"과 "산티아고"라
고 크게 외치면서 잠자던 주민들을 습격해 3명을 죽
이고 10명을 붙잡았다. 그들은 총 12명의 포로를 데리
고 리스본으로 귀환했다. 연대기작자 주라라(고메스 에
아네스 데 주라라Gomes Eanes de Zurara)는 이 사실을 기
록으로 남겼다. 엔히크 왕자는 로마에 사절을 파견해
이 새로운 종류의 십자군에 교황의 축복을 요청했다.
교황은 "이 전쟁에 참여한 모든 이에게 […] 죄의 완전
한 용서를" 내렸다.[2]

노예사냥과 노예무역은 아프리카에 아주 오래전부터
있었지만, 그전까지 아프리카인과 무슬림 상인이 장악
하던 분야에 이제 유럽인이 끼어든 것이었다. 이는 유

럽과 아메리카대륙의 첫 접촉이 있기 약 50년 전의 일
이었다. 유럽의 사업가들로서는 새 노동력을 확보할
수 있는 유리한 상황이 조성됐다. 1501년 스페인에서
는 기독교 여성을 대서양 건너의 주둔군을 위한 매음
굴로 수출하는 것을 제한하는 법령이 포고됐다. 1515
년 스페인은 처음으로 흑인 노예를 아프리카에서 직
접 아메리카로 이송했다. 그리고 노예 노동력으로 생
산된 아메리카의 설탕을 실은 배가 처음으로 스페인
에 들이왔다.

곤살베스 이후 1세기가 지나자 대서양 노예무역은 새
국면에 접어들었다. 스페인과 포르투갈이 독점하던 노
예무역에 잉글랜드가 뛰어든 것이다. 1562년 10월 존
호킨스John Hawkins가 배 세 척(살로몬호, 스왈로호, 요
나호)을 이끌고 플리머스를 출발해 기니 해안으로 향
했다. 때론 해적으로 때론 제독으로 불리는 호킨스는
3중 이익을 창출하는 '대순환Great Circuit' 시스템을
확립했다. 즉 잉글랜드 제품을 아프리카에 팔고, 아프
리카 노예를 서인도제도에 팔고, 아메리카의 생산품
을 잉글랜드에서 파는 것이었다. 그는 첫 번째 항해
때 해상에서 포르투갈 노예선으로부터 노예들을 빼앗
는 손쉬운 방법을 택했다. 1564년의 두 번째 항해 때
는 잉글랜드 여왕에게 자금 지원을 받았다. 여왕은 그
에게 기사 작위와 '묶여 있는 반半무어인'이 그려진 문
장을 수여했다. 1567년의 세 번째 항해에서 호킨스는
자시나 및 자테카마를 상대로 전쟁 중이던 시에라리온
과 카스트로스의 국왕에게 자신의 선원들을 용병으로
제공하고 그 대가로 노예 470명을 얻었다.[3] [우스코크]

이로써 유럽 상인은 아프리카의 노예 공급자와 지속
적이고 수익성 높은 협력관계를 구축했다. 한 역사학
자는 다음과 같이 썼다. "악의 근원은 한편으로 노예
의 수요였고, 다른 한편으로 유럽의 상품, 특히 화기
火器를 독점적으로 확보하려는 아프리카 추장들의 욕
구였다."[4] 19세기에 노예무역이 폐지되기 전까지 약
1500만의 아프리카인이 서반구의 노예로 붙잡혔다.
그중 살아서 땅에 상륙한 사람은 1100만~1200만 명
이었다.[5]

르디Separdi〔이베리아반도의 스페인·북아프리카계의 유대인〕유대인〔스파라드 유대인〕이 약 2만 명에 달했던 것으로 보인다—공교롭게도 그중 상당수는 스미르나와 이스탄불로 향했고, 술탄은 두 지역으로 배를 보내 유대인들을 한 군데 집결시켰다.[39] 이와 함께 콘베르소converso〔개종자〕로 분류되는 계층이 대거 늘어났는데, 겉으로만 개종을 하고 내심으로는 여전히 유대교를 성심껏 믿었던 이들이 많았다. 1502년에는 무슬림 역시 칙령에 따라 유대인들과 똑같은 선택을 해야 했다. 상당수의 무슬림이 아프리카로 이주하게 됐고 스페인에 남은 일파는 (자국 안에서) 두 번째의 미심쩍은 개종자 무리를 형성해 일명 모리스코morisco라 불렸다. 오직 아라곤에서만 왕이 의회의 노력에 막혀 무슬림 농노들인 무데하르mudéjar〔기독교도에게 정복당한 스페인의 이슬람교도〕들에게 함부로 종교를 바꾸라고 강요하지 못했다. 당시 그라나다에는 사람들이 종교적으로 적의를 품고 의심하는 분위기가 팽배해 종교재판관들은 기다란 성직자복도 걸치고 다닐 엄두를 내지 못했다. 이런 아우토다페auto-da-fé(〔자기 몸을 희생하는 등의〕신념에 입각한 행위acts of faith)의 불길은 〔그라나다뿐 아니라〕스페인 전역에 두루 타올랐다(“아우토다페”는 “스페인의 종교재판에 의한 화형(식)”이라는 뜻이다). 스페인인들은 날이 갈수록 림피에자 데 상그레limpieza de sangre(순혈純血 작업)를 벌이는 일에 혈안이 됐다.

생각하면 기막힌 우연이지만, 1492년 그라나다 함락 당시 그 모습을 지켜본 제노바 출신의 한 항해사가 있었으니, 그는 가톨릭 군주의 후원을 받겠다며 진작 산타페의 진영을 찾아와 머물던 터였다. 크리스토포로 콜롬보Cristoforo Colombo(1446년경~1506, 크리스토발 콜론Cristóbal Colón이라고도 한다)는 배를 타고 대서양을 건너 아시아 땅에 닿겠다는 구상을 실현시키기 위해 각국 군주로부터 지원을 받으려 애써온 지 오래였다. 그러다 그라나다가 스페인에 함락당하고 나자, 산타페에서 비로소 거래가 성사됐다. 8월 3일, 콜롬보가 ‘대양의 제독Admiral of the Ocean Sea’의 직위를 달고 자그마한 선박 세 척—산타마리아Santa María, 핀타Pinta, 니냐Niña—으로 항해단을 꾸려 팔로스항을 출발했다. 10주 후인 10월 12일(21일) 새벽 두 시, 한 선원의 눈에 뭍이 들어왔다. 동틀 녘이 되자 콜롬보는 배를 뭍에 대더니 땅에 입을 맞추고는 산살바도르San Salvador라는 이름을 붙였다. 이제부터 그 땅은 카스티야와 레온 왕국의 것이라고 선언했다. 콜롬보가 아조레스와 리스본을 거쳐 팔로스항으로 돌아온 것은 1493년 3월 15일, 그는 자신이 (동쪽의) ‘인도제도Indies’에 가르는 뱃길을 찾아냈다고 확신했다.[40]

바로 그해, 스페인과 포르투갈의 강경한 탄원에 견디지 못한 교황 알렉산데르 6세Alexander VI(재위 1492~1503)가 지도 위에 경계를 정하고 바다 건너 땅들의 이권 영역을 두 나라에 나누어준다는 데에 동의했다. 아조레스 위쪽으로 100리그league에 걸친 선의 서쪽 땅은 모두 스페인에 속하는 것으로 하고, 동쪽 땅은 모두 포르투갈에 속하는 것으로 한다는 내용이었다. 이로써 교황 단 한 사람의 권위를 근거로 지상의 땅이 칼로 무 자르듯 둘로 쪼개졌다. 1494년에는 토르

데비아티오 DEVIATIO

■
■ 중세의 제도 가운데 종교재판만큼 후대인에게 크게 비난받은 것은 없다. 이교도, 유대인, 또는 마녀를 대상으로 행해진 그런 광포한 행위는[마녀] 현대인이 보기에 이해하기 힘들다. 당시의 종교재판관은 제정신이 아니었다. 그러나 잠시만 생각해보면 그와 같은 현상이 꼭 중세에만 국한된 것은 아니다. '정상 normal'과 '일탈deviant'의 정의는 늘 주관적이다. 관습에 어긋나는 행동으로 기존의 확립된 이익집단을 위협하는 사람은 "미쳤다"거나 "위험하다"는 비난을 받기 쉽다. 오늘날 정신보건운동Mental Health Movement에 대한 의료계 기득권층의 반대를 종교재판에 비유하는 시각이 있어왔다.[1] 반체제 인사에 대한 소련의 태도도 마찬가지다. 1980년대에 소련의 반체제 인사는 정신병원으로 보내져 '정신분열증'이라는 진단을 받고 강제 약물 투약으로 불구가 되곤 했다.[2] ("데비아티오"는 라틴어 "dē viā(데 비아, 길에서 이탈하다)"의 명사형으로, 오늘날 영어의 deviation(일탈)이 여기서 파생해 나왔다.)

데시야스조약Treaty of Tordesillas을 통해 그 경계가 서쪽으로 250리그 옮겨졌다. 그야말로 중세에 딱 어울리는 사건이었다. 그러나 이베리아반도 왕국들이 더는 이슬람과의 싸움에 얽매이지 않고 자유를 만끽할 수 없었다면 이런 일은 아마 거의 일어나지 못했을뿐더러 두 나라가 이를 통해 이득을 취하는 일도 훨씬 덜했을 것이다. 어쨌거나 페르난도와 이사벨라는 스페인이 비로소 그라나다를 함락시키기 전까지는 크리스토퍼 콜럼버스Christopher Columbus(1451~1506)가 꺼낸 협상에 대해서는 일절 들으려고도 하지 않았으니까 말이다. [국가]

거기에서 동쪽으로 4800킬로미터를 나아간 기독교왕국의 반대편 끝자락에서는 기독교-무슬림 왕국의 경계가 뒤바뀐 것을 계기로 이베리아반도에서 일어난 일들만큼이나 심상찮은 결과가 일어나고 있었다. 1452년에 다다랐을 무렵, 정교회를 신봉하는 기독교 세계는 거의 전부 외세의 통치를 받고 있었다. 그리스 전례를 따랐던 정교회의 경우, 왜소해진 비잔티움제국과 그 속령들을 제외하면 하나같이 오스만인의 수중에 떨어져 있었다. 슬라브 전례를 따랐던 정교회는, 소소한 예외들이 있기는 했으나, 하나같이 타타르족, 폴란드-리투아니아, 혹은 헝가리의 통치를 받았다. 그래서 콘스탄티노폴리스가 오스만인에게 항복했을 때엔 유럽 정교회도 7세기 이후로 아시아와 아프리카의 정교회가 시달려왔던 끝없는 속박을 꼼짝없이 견뎌야 할 것처럼 보였다. 그 와중에 오직 한 군데에서 그와는 다른 운명도 있지 않을까 하는 생각이 싹튼 데가 있었으니 도시 모스크바였다.

15세기 중반에 모스크바대공국은 명목상으로 타타르족의 칸에게 예속돼 있었으나 폭넓은 자치를 누리고 있었다. 모스크바를 다스린 것은 대공 바실리 2세Vasilii II(재위 1425~1462)로, 실명을 해 두 눈이 보이지 않았던 까닭에 생전 자신의 아들이자 후계자에게 많은 부분을 의지해야 했다. 따라서 그런 아버지의 뒤를 이어 왕위에 올랐을 때 이반 3세Ivan III(재위 1462~1505)는 이미 노련한 정치가의 면모를 갖추고 있었다. 한때 강성함을 자랑하던 타타르족 칸국의 위세는 크게 약해졌고, 1452년 이후로는 모스크바도 매년 타타르족에게 공물 납입을 더는 하지 않아도 됐다. 상황이 이러했던 만큼 이반에게는 '타타르족의 멍에'에서 영원히 벗어나고 싶다는 바람이 생겨났다. 여기서 분명했던 점은, 자신이 정교회 기독교도를 수호하는 제1인자임을, 그리고 그 위치에서 자신이 남쪽의 무슬림과 서쪽의 가톨릭을 신봉하는 폴란드-리투아니아와 맞서고 있다는 사실을 부각시켜야만 한다는 것이었다. 그렇게 해야만 이반 3세로서는 자신의 주권을 오롯이 인정받을 수 있거니와 자신을 이 지구상에서 유일무이하게 정교회를 믿는 독립적 제후로 자리매김할 수 있을 것이었다.

무척 이상하게 들리겠지만, 이와 같은 이반 3세의 야심 실현에 큰 도움이 된 것은 다름 아닌 로마 교황이 세운 계책들이었다. 콘스탄티노폴리스가 1453년의 참사를 겪은 이후, 교황은 비잔티움제국 마지막 황제(콘스탄티누스 11세 팔라이올로고스)의 조카딸 조에 팔라이올로고스Zoë Palaeologos(소피아 팔라이올로고스)(1445년생)를 거둬 그녀의 후견인 역할을 해오고 있었다. 모레아의 전제군주 토마스 팔라이올로고스Thomas Palaeologos의 딸이었던 조에는 태어나기는 그리스에서 났지만 로마로 들어와 여러 선생 밑에서 훌륭한 교육을 받았다. 1469년이 되자 조에는 스물넷의 쾌활한 아가씨로 성장해 어떻게 하면 자신 곁을 지키는 호위병들에게서 벗어날 수 있을까 궁리하기 바빴다. 한편 베네치아 출신이었던 교황 바오로 2세Paul II(재위 1464~1471)는 이즈음 피렌체와의 동맹을 되살리고 모스크바와의 동맹을 잘 다지면 튀르크족과도 얼마든 대결을 벌일 수 있으리라고 생각하던 차였다. 그래서 교황은 얼마 전 이반이 아내를 잃었다는 소식이 들려오자 그에 맞는 이상적 신붓감을 대령했다. 이어 교황의 사절들이 도착했고 혼담까지 성사됐다. 뒤따라 조에도 발트해에 자리한 레발항을 거치는 여행길에 올랐다. 가톨릭을 믿던 조에는 정교회의 신자로 다시 받아들여진 후, 1472년 11월 12일 이반과 결혼하게 됐다. 비잔티움제국의 공주와 결혼함으로써 이반이 수중에 넣은 특전은 아무리 대단하다 말해도 지나치지 않았다. 그때껏 모스크바대공국은 기독교왕국 안에서 가장 철저하게 짓밟힌 땅으로 변경지대에서도 가장 외진 데에 자리한 지방일 뿐이었다. 모스크바의 제후들 중에서도 이렇다 할 명성을 자랑하는 이가 거의 없었다. 그러나 이제는 모스크바의 제후들이 카이사르의 망토를 만지작거리고 있는 참이었다. 한 걸음만 더 떼면 어쩌면 황제의 망토를 자신들 몸에 직접 걸칠 수도 있을지도 몰랐다.

이반 3세가 노브고로드공국에 반기를 들고 나온 것은 1477~1478년, 당시 노브고로드공국이 거느린 5개 속주는 그 영토가 모스크바대공국보다 훨씬 넓었다. 노브고르드는 얼마 전 리투아니아에는 자신들에 대한 속세의 종주권을 인정해주고 대주교구 키이유에는 교회의 권위를 인

국가 STATE

■
■ 크리스토퍼 콜럼버스가 카스티야왕국으로 귀환한 1493년, 포르투갈에서 아스트라한칸국(아스트라한칸국汗國)에 이르는 유럽 지도에는 적어도 30개의 주권국가sovereign state가 있었다. 그로부터 500년 후, 완전한 독립국으로 보기는 어려운 안도라와 모나코, 칼마르동맹과 구 스위스연방을 제외한다면, 그 30개 국가 중 독립 주권국으로 여전히 건재한 나라는 하나도 없었다. 1993년 유럽 지도상의 주권국 중 4개국은 16세기에, 4개국은 17세기에, 2개국은 18세기에, 7개국은 19세기에, 최소 36개국은 20세기에 등장했다. 국가의 흥망은 근대 유럽에서 가장 중요한 현상의 하나였다(부록 1610쪽 참조).

유럽의 국가 형성에 대해 여러 방식의 분석이 이뤄졌다. 전통적 접근법은 헌법과 국제법을 토대로 했다. 이 경우 어떠한 법적 틀 안에서 제국, 군주국, 공화국이 통치 방식을 조직하고, 속국 및 보호령을 관리하고, 국가로서 인정받는가를 설명한다. 최근에는 국가의 수명에 대한 통계 수치 같은 장기적 요인을 더 강조하는 시각도 생겨났다.[1] 노르베르트 엘리아스는 국가 형성을 봉건제 분열 이후 군주권력의 지속적 강화를 통한 문명화 과정의 일부라고 보았다.[2]

어떤 학자들은 내부구조와 대외관계의 상호작용에 주목했다. 어떤 관점에서는 국가의 주요 형태를 세 가지로 구분했다. 공물을 걷는 제국, 주권 분화 체제, 국민국가(민족국가)가 그것이다. 이들 국가의 내적 생명력은 자본의 집중을 통해(예컨대, 네덜란드 건국의 기초를 구축한 북해 연안 저지대의 7개주, 베네치아), 강압 정치를 통해(러시아), 또는 이 둘을 섞은 방식을 통해(영국, 프랑스, 프로이센) 유지됐다. 다시 말하자면 돈과 폭력이 원동력이었다. 국제 영역에서 국가의 성과는 당사국이 다국 간 복잡한 힘의 관계에 참여한 양상에 좌우됐다. 각국은 르네상스 이후 유럽에서 벌어진 100여 차례 이상의 전쟁 동안 동맹과 분리를 거듭했다. 중요한 질문은 이것이었다. "국가는 어떻게 전쟁을 일으켰는가?" "전쟁은 어떻게 국가를 만들었는가?"[3] 이와 같은 문제들은 (《강대국의 흥망The Rise and Fall of the Great Powers》에서) 폴 케네디Paul Kennedy가 실증적 방식으로 검토한 문제들과 유사하다.[4]

최종 종착점이라고 여겨지는 국민국가(민족국가) nation-state는 그동안 여러 차례 성립됐다. 다만 그 종착점에 이르는 경로는 매우 다양했다. 결국에는 모든 것이 힘에 달려 있었다. 리슐리외는 "국가의 문제에서는 정의가 힘인 경우가 많다"라고 썼다.[5] 요컨대 '힘이 곧 정의'다. 그렇다면 국민국가가 정말 최종 종착점이 돼야 하는지 다시 생각해보게 된다.

정해준 참이었다. 이반은 노브고로드의 이러한 행보가 자신을 멸시하는 것으로 여겨졌고, 그래서 방비가 허술한 노브고로드를 포위 공격 해 항복을 받아내는 한편 둘 사이의 동맹관계도 일신했다. 이후 이반은 폭동 진압을 위해 노브고로드를 재차 찾는데, 이번에는 많은 사람이 처형당하고 추방당하는 일까지 벌어졌다. 프스코프와 뱟카 또한 사정은 마찬가지였다. 1480년에는 금장칸국 칸 아흐마드Ahmad가 모스크바대공국으로부터 강제로 공물 납입을 받아내려 세 번째 원정을 개시했다. 아흐마드는 자신이 출정하면 폴란드-리투아니아에서 지원이 있을 거라 확신했으나 그 기대는 어그러졌다. 이반이 꿈쩍도 않고 버텨내면서 아흐마드는 빈손으로 퇴각할 수밖에 없었고, 이로써 모스크바 더는 금장칸국에 예속돼지 않는 것으로 간주됐다. 모스크바

대공국은 이제 자유였다. 이반이 스스로를 '차르Tsar'이자 '사모제르제츠Samodyerzhets'—카이사르 혹은 아우토크라토르Autokrator[전제군주]에 해당하는 러시아어—라고 칭한 것도 이 무렵부터였다. 그러나 아직 반半야만족에 가까웠던 이 제후가 구축하고 있던 자신의 이미지는 근대국가의 창시자와는 다소 거리가 멀었다. 오히려 그로부터 거의 700년도 전에 샤를마뉴가 그랬던 것처럼, 그는 오래되고, 죽어버린, 이에 더해 이제는 그 죽음을 그다지 서글퍼하지 않는 로마인들의 제국을 되살리려 하고 있었다.

1493년 1월 6일 공현절公現節, 모스크바 크렘린. 성수태고지대성당 안쪽, 화려하게 치장한 대공의 개인 예배당 안에서 이 축일을 기념하는 행사가 진행 중이었다. 공현절은 크리스마스로부터 열이틀째로, 예수탄생제(예수가 세 동방박사 앞에 그 모습을 드러낸 것을 기리는 의미가 있다)의 맨 마지막 단계였다. 성당 안에서 사람들이 고대 교회 슬라브어로 쓰인 비잔티움 전례를 읊조리자 그 소리가 성당 돔 천장과 프레스코화가 그려진 성당의 벽면 구석구석에까지 울려 퍼졌다. 성당 안쪽의 성소聖所를 다른 곳들과 분리해주는 성상 차폐막은 성당보다도 연륜이 훨씬 오랬다. 차폐막에 줄줄이 그려진 성상들은 모스크바에서 가장 위대하다고 손꼽히는 중세의 화가들—그리스인 테오파네스Theophanes the Greek, 안드레이 루블료프Andrey Rublev, 고로데츠의 프로호르Prokhor of Gorodets—의 작품들이었다. 성당에서는 검은색 법복을 걸치고 수염을 기른 사제들이 성단소聖壇所[교회 예배 때 성직자와 합창대가 앉는 제단 옆 자리] 주위를 이리저리 오가며, 제의를 착용하고, 향을 피우고, 선물들을 천으로 덮어 가리는 등의 예비 의식을 진행하고 있었다.

이번 공현절을 맞아서는, 보통 때에 주로 이용되던 성 요한네스 크리소스토무스의 전례 대신 성 바실리우스의 전례가 거행됐다.[41] 이 슬라브어 전례는 발칸인들이 믿는 정교회에서 사용하는 전례와 거의 다를 게 없었다. 그러나 익숙하다고는 해도, 차폐막 앞에 선 채 인내심을 발휘하며 묵묵히 전례를 드리는 러시아인 신도들이 전례가 무슨 내용인지 모르기는, 이탈리아인들이나 스페인인들이 라틴 전례가 무슨 내용인지 모르는 채 전례를 드리는 것과 별반 다르지 않았다. 시낙시스Synaxis(모임)라고 불린 공예배public service는 미사 집전신부들이 성당의 네이브nave[신랑身廊. 교회당 건축에서 좌우 측랑 사이에 끼인 중심부. 건물 내에서 가장 넓은 부분이며 일반적으로 예배를 위한 목적으로 쓰인다]에 들어선 데 이어, 보제輔祭가 다음과 같이 평화의 연도를 낭송하는 것으로 시작됐다. "평화로운 마음으로 주님께 기도드립시다. 주여, 우리에게 평화를 내리시고 우리의 영혼을 구원하소서. 세상을 평화롭게 하시고 […]." 다음으로 찬송가, 평일 찬가, 시편, 팔복八福, 12사제 일과 및 복음서 일과, 기도, 추가 연도連禱, 케루빔cherubim[지품천사智品天使] 삼성송三聖頌 순서가 이어졌다. 이때도 여느 때와 마찬가지로 감사송이 먼저 나온 뒤 복음경 봉독이 이어졌는바 마태복음 2장의 맨 첫머리를 다음과 같은 식으로 읽어나갔다.

사제가 경배를 드리고 성경을 집어든 후, 앞서 나오는 촛대의 뒤를 따라 거룩한 문을 나와 서
　　쪽을 향해 몸을 돌리고 말한다.
"지혜여 굳건하게 흔들리지 않고, 우리가 거룩한 복음에 귀 기울이게 하소서. 여기 함께 하
　　신 모든 이에게 평화를."
성가대: "또한 사제의 영혼에도."
사제: "성 마태오가 말씀하신 거룩한 복음경의 가르침이로다."
성가대: "오, 주여, 당신께 영광."
사제: "주의 깊게 들읍시다."
이어 보제가 그날의 성경 본문을 읽어나간다.

마태복음 2
예수님께서는 헤롯 임금 치세에 유다 베들레헴에서 태어나셨다. 그러자 동방에서 박사들이
예루살렘에 와서, "유대인들의 임금으로 태어나신 분이 어디 계십니까? 우리는 동방에서 그
분의 별을 보고 그분께 경배하러 왔습니다. […]"42

이어 봉헌기도Anaphora로 불리는 대중 예배의 두 번째 부분이 대입당Great Entrance과 함께
시작됐으니, 이 의식에서는 사제들과 보제들이 기도를 드리며 향로와 촛불을 들고 열을 지어 네
이브 주위를 돌게 돼 있었다. 다음으로 신경 낭송과 함께, 빵과 포도주, 주기도문, 영성체 의식을
위한 준비가 이어졌다 영성체 동안에는 성가대에서 "그대 그리스도의 몸을 받으라, 그대 영생
의 샘물을 맛보라"라는 노래가 흘러나왔다. 이때에는 사제가 다음과 같이 영성체를 받는 신자
들의 이름을 일일이 불러주는 것이 정교회의 전통이었다. "하느님의 종인 이반이 거룩하고 소중
한 피와 살 […] 우리의 구원자 예수 그리스도, 그의 죄를 씻어주시고 영생을 주시니." 감사기도
뒤에는 사제가 축성 받은 빵을 나눠주고 십자가를 들어 사람들이 입 맞추게 한 뒤 다시 성단소
chancel(성상안치소) 안으로 들어가고 성단소 문은 굳게 닫혔다. 이어 신도들에게 해산을 알리는
마무리 어구—"주님, 이제 당신의 종이 평화롭게 이 자리를 떠나게 하소서—와 함께 제6조의
콘타키온Contakion으로 끝나는 찬송가가 흘러나왔다.

　　교회의 흔들리지 않는 토대를 당신께서는 직접 보여주셨으니
　　이로써 온 인류에 세상을 확실히 지배할 힘을 물려주시니
　　당신의 법령으로 단단히 싸매신

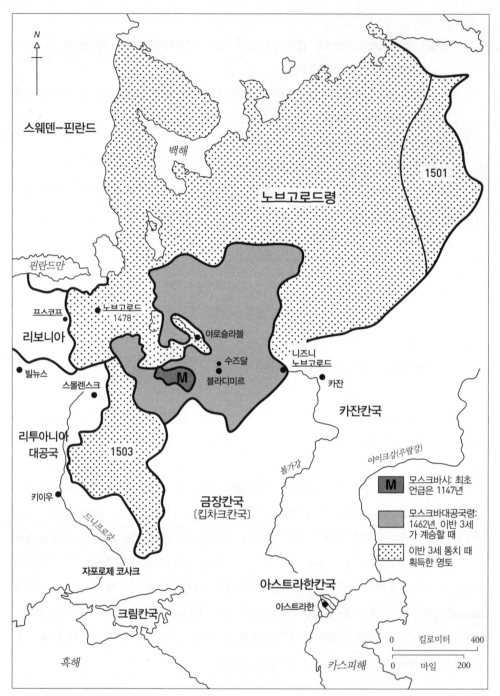

스웨덴-핀란드

백해

노브고로드령

1501

핀란드만

프스코프

노브고로드
1478

리보니아

야로슬라블

수즈달

M

블라디미르

니즈니
노브고로드

카잔

빌뉴스

스몰렌스크

카잔칸국

리투아니아
대공국

아이크강(우랄강)

1503

볼가강

M 모스크바시: 최초
언급은 1147년

모스크바대공국령:
1462년, 이반 3세
가 계승할 때

이반 3세 통치 때
획득한 영토

키이우

드니프로강

금장칸국
[킵차크칸국]

자포로제 코사크

아스트라한칸국

아스트라한

크림칸국

0   킬로미터   400

흑해

카스피해

0   마일   200

[지도 15] 모스크바대공국의 확장

바실리우스 천국을 통해 가장 거룩하다고 증명되신 분

지금도 앞으로도 영원히, 끝이 없는 세상에서. 아멘.

바로 그 시각 모스크바대공국 사람들은 알 턱 없는 저 먼 어디에서는, 대양의 제독이 한겨울의 강풍을 뚫고 스페인으로 귀환하는 막바지 단계에서 고군분투하는 중이었다. 바로 그 일주일 새에 크리스토퍼 콜럼버스는 무사히 팔로스에 상륙하게 된다.

그해 모스크바대공국에서는 사람들이 크리스마스 축제를 맞으며 특별한 감회에 젖지 않을 수 없었다. 얼마 전부터 이 세상사람 누구도 올 한 해가 다 가는 것을 보지 못할 거라는 예언이 학식 있는 수도사들의 입에서 나오고 있었기 때문이다. 정교회의 계산에 의하면, 1492년 8월—크리스토퍼 콜럼버스가 바깥세상을 향해 항해에 나선 것도 이달이었다—은 천지창조가 있은 지 만 7000년을 헤아리는 해였고, 또한 이때 세상이 종말을 맞을 거라는 예언이 널리 퍼져 있었다. 아닌 게 아니라, 교회에서도 1492년 이후 날짜에 대해서는 달력 만드는 작업을 아예 멈췄다. 정교회도 당시 라틴교회에서 사용하던 율리우스력을 똑같이 사용하고는 있었으나, 그와는 또 달리 안니 문디anni mundi(천지창조 이래의 햇수)를 헤아리는 방식이 따로 있었다. 비잔티움에서 그랬던 것처럼, 모스크바에서도 보통 9월 1일을 교회력의 시작으로 잡는 것이 관례였다. 그런 만큼 '7일' 동안 천지창조가 이루어졌다는 게 곧 7000년의 시간을 뜻한다는 자신들의 믿음을 감안하면, 그리고 천지창조의 기원이 기원전 5509년으로 거슬러 올라간다면 하면, 1492년이 바로 세계기원AM(anno mundi) 7000년에 해당하는 해였고, 따라서 이때가 최후의 심판일이 될 가능성이 그 어느 때보다 컸다. 8월 31일은 운명이 걸린 중대 고비의 날이었다. 그날을 비껴간다고 해도 최후의 심판은 계속 미뤄지다 속세의 달력으로 맨 마지막 날인 12월 31일에 내려질 수도 있었다—예수탄생제가 한참 진행되는 가운데에서 말이다. 이렇게 한 해를 보내다가 별 사고 없이 공현절을 맞게 되자, 모스크바는 그제야 안도의 한숨을 내쉰 것이었다.[43]

모스크바대공국은 사실상 새로운 노정의 초입에 있었다. 대공 이반 3세는 최후의 심판일 날짜만 헤아리고 있을 인물이 아니었다. 그는 자신의 수도에 자리한 크레믈Kreml(성채도시)을 대대적으로 손보겠다는 장대한 구상을 하나둘 완성해나가고 있었다. 상징적 차원에서나 이념적 차원에서나 이제 모스크바에는 점차 강대해지는 그곳의 정치력과 어울리는 강력한 러시아 신화가 필요했고, 이반 3세는 그 준비작업을 차근차근 진행해가고 있었다.

당시 루스족의 도시 대부분에는 크렘린kremlin(성채)이 하나씩 자리 잡고 있었다. 하지만 이번에 이반 3세가 새로 매만진 모스크바의 크렘린은 다른 도시들의 성채에 비할 바가 아니었다. 1493년 1월, 이곳에서는 불과 몇 개월 전에야 붉은색의 벽돌로 성벽을 쌓고 높은 원형 탑들을 세워 광활한 지역을 빙 에워싸는 작업이 완료됐다. 성채는 주변부 2.5킬로미터의 불규칙한 삼각형 모양의 땅을 부지로 삼았으며, 그 너비가 시티오브런던City of London〔영국에 자리한 유서 깊은 금융지구 명칭〕절반은 너끈히 들어가고도 남았다. 성채 심장부에는 개방형 광장이 탁 트인 공간으로 자리 잡았고, 그 주위를 네 개의 성당과 대공의 주택이 에워싸고 있었다. 성수태고지대성당은 마무리 작업이 진행된 것이 불과 3년 전이어서 새 건물이나 다름없었다. 그 바로 옆 성모영면〔성모승천〕대성당은 수도대주교가 머물렀던 곳으로 13년 전에 건립됐다. 이 성당을 지은 사람은 볼로냐 출신의 건축가 아리스토텔 피오라반티Aristotle Firavanti로, 먼 옛날의 블라디미르 양식을 근대적 용도에 맞게 잘 변용한 셈이었다. 이후 이 양식은 모스크바 성당 건축의 표준으로 자리 잡는다. 성당 내부에 들어서면 갤러리gallery〔조망할 수 있는 난간부〕없이 탁 트인 공간들이 나왔고, 별도의 구획마다 그 형태에 어울리는 돔이나 궁륭이 얹혀 있었다. 성당 안에서는 이때에도 프레스코화가 그려지는 중이었는데 어디서도 보기 힘든 화사한 색조와 그리스인 디오니시오스〔사도 바오로의 설교를 듣고 개종한 인물〕관련 인물상들이 길게 늘어서 있었다. 그 맞은편에 자리한 라즈폴로제니교회는 지어진 지 7년이 지나 있었다. 건물 정면을 르네상스식으로 장식했던 대천사대성당은 아직도 화판 위에서 설계가 구상 중이었다. 그라노비타야궁〔그라노비타야홀〕은 마르코 루포토Marco Rulffo와 피에트로 안토니오 솔라리Pietro Antonio Solari가 지은 건물로 얼마 전부터 이반의 주택이 돼 있었다. 지난 수 세기 동안 선대 대공들이 쓰던 목조 건물을 밀어내고 이제는 이곳이 대공의 거처로 자리 잡았다. 로마와 콘스탄티노폴리스를 제했을 때, 기독교왕국 안에서 모스크바의 이 크렘린만큼 화려한 위용을 자랑하는 수도도 거의 없었다.

이반 3세의 살림집인 그라노비타야궁은 이즈음 세가 막강한 두 여인―이반의 두 번째 아내 조에 팔라이올로고스와 이반의 며느리 엘레나 스테파노브나Elena Stepanovna―이 세력 다툼을 벌이는 속에서 사분오열돼 있었다. 조에는 비잔티움제국 마지막 황제의 조카딸로, 이반이 첫 아내 트베리의 마리아Maria of Tver와 사별한 뒤 조에와 결혼한 참이었다. 따라서 조에로서는 열세 살 난 〔이반 3세의〕장남 바실리를 필두로 슬하의 자식 일곱 명의 입지를 어떻게 해서든 유리하게 만드는 일에 골몰할 수밖에 없었다. 한편 엘레나는 몰다비아 태수 슈테판 4세Stephen IV의 딸로서, 이반의 제1상속자이자 제위 계승자 소小이반Ivan the Young〔이반 이바노비치Ivan Ivanovich〕과 결혼했으나 얼마 전 남편을 여의고 과부가 됐다. 따라서 엘레나로서는 아홉 살 난 자신의 아들 드미트리 이바노비치Dmitry Ivanovich를 유리한 입지에 세우는 게 무엇보다 중요했다. 1493년만 해도 이반 3세는 아들 바실리와 손자 드미트리 중 누가 자신의 뒤를 이으면 좋을지 아직 결정짓지 못했었다. 어떤 때엔 아들을 총애하다가도 어떤 때엔 손자를 총애했다. 그랬으니 크렘린궁의 표면 아래에서는 아주 긴박한 긴장감이 감돌고 있었을 게 틀림없다.[44]

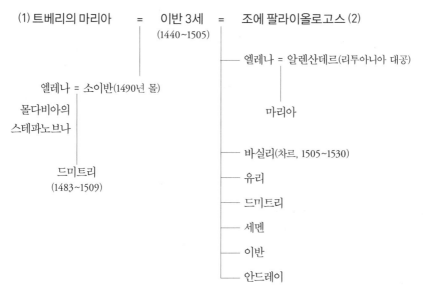

[표 6.1] 이반 3세의 가계도

이반 3세 하면 러시아에서는 타타르족의 멍에를 벗어던진 차르로 흔히들 기억한다. 그러나 이반 3세는 어쩌면 타타르족이 구사한 재무적, 군사적, 정치적 측면의 방편들을 적극적으로 지지한 군주라고 하는 편이 더 나을지 모른다. 그도 주변의 칸들 및 제후들과 수시로 동맹을 맺고 끊기를 반복해 타타르족의 멍에 대신 모스크바대공국의 멍에를 그들에게 씌우게 되니까 말이다. 이반이 금장칸국을 상대로 고투를 벌여나갈 때(1480년 이후 이반은 금장칸국의 패권을 명백하게 거부했다) 그와 가장 가까웠던 동맹은 크림칸국의 칸이었고, 이후 이 칸은 이반을 도와 자신의 동료 기독교 공국들의 자치권을 과거 타타르족은 엄두도 내지 못했을 만큼 심하게 공격했다. 모스크바대공국의 관점에서는, 후대에 가서는 이 관점만이 남아 독점적 지위를 누리게 되는바, 이 '이반 대제Ivan the Great'야말로 '러시아'의 패권을 회복한 장본인이었다. 노브고로드나 혹은 프스코프인들이 관점에서는 이반 3세야말로 적그리스도[신약성경에서, 마지막 시대에 나타난다는 예수의 적대자]로서 러시아의 가장 훌륭한 전통을 파괴한 이로 통했지만 말이다. 이반 3세 자신은 유언장을 작성해야 하는 순간이 오자, 부친이 그랬던 것처럼, 스스로를 "수많은 죄를 지은 하느님의 종"이라고 표현했다.[45]

이 이반 3세가 스스로에게 차르Tsar(카이사르)라는 칭호를 처음 붙인 것은 20년 전이었다. 차르 칭호는 이반이 프스코프공화국과 협약을 맺으면서 처음 사용한 것으로, 아마도 자신이 그 일대의 다른 제후들보다 우위에 있음을 과시할 요량이었던 듯하다. 이와 같은 권위 행사를 이반은 1480년대 동안 일이 있을 때마다 수차례 되풀이했다. 하지만 차르라는 직함은, 대공보다야 그 지위는 조금 높았을지언정, 비잔티움제국 바실레우스Basileus의 칭호에는 못 미쳤다. 제국이 가진 여타의 그럴싸한 장식물까지 다 갖출 수 있을 때에만 차르라는 칭호도 비로소 오롯한 황제의 위엄을 가진 것으로 여겨질 것이었다. 어쨌거나 일찍이 로마에서도 카이사르는 정제인 아우구스투스의 공동황제 또는 그 밑의 부제를 가리키는 말이었으니까 말이다.

1489년 이반 3세는 차르 말고 다른 호칭을 쓰는 안案도 고려했었다. 합스부르크가와 이런저런 거래를 하는 동안, 잘만 하면 그도 교황으로부터 왕관을 받을 수 있다는 이야기를 들은 것이다. 왕의 지위가 서방에서 그의 입지를 올려줄 것은 분명한 사실이었다. 그러나 렉스rex나 코롤korol〔각각 "왕"을 뜻하는 라틴어와 러시아어다〕이라는 직함에서는 모스크바대공국의 자존심을 건드리는 듯한 어감이 풍겼다. [크랄] 또 이 제안을 수용했다간, 과거 피렌체에서 그리스인들이 했던 짓을 똑같이 되풀이하듯, 참된 신앙True Faith에 반역을 꾀하는 것이 될 수도 있었다. 그래서 이반은 거절의 뜻을 밝혔다. 그러면서 "저의 조상들이 돈독한 우의를 나누었던 이들은 교황께 로마를 내어주었던 황제들이었습니다"라고 거절의 이유를 밝혔다.[46] 그러긴 했어도 이반은 합스부르크가에서 쓰던 황실의 상징을 자신들도 그대로 차용하는 것을 잊지 않았다. 빈에서와 마찬가지로 1490년대 이후로는 모스크바에서도 쌍두雙頭 독수리가 국가의 상징으로 등장했으니 콘스탄티노폴리스에서 사용했던 그 모습 그대로였다. [아퀼라]

세상이 종말을 맞을지도 모른다는 두려움과는 별개로, 당시 모스크바교회는 대단히 불안한 시기를 견뎌내는 중이었다. 이쯤 됐을 때는 콘스탄티노폴리스 대주교와는 관계가 완전히 끊어진 참이었는데(578~583쪽 참조), 모스크바교회는 어떻게 하면 오롯이 독립된 역할을 할 수 있을지 아직 잘 파악되지 않았다. 리투아니아에 거처를 둔 키이우의 수도대주교와 달리, 모스크바의 수도대주교는 휘하 주교들의 손에서 선출됐던 데다 그가 이끄는 교회 조직은 자기들보다 우위에 선 존재는 인정하지 않았다. 모스크바교회는 벌써 40년 동안이나 이러한 상황을 황제의 부재, 나아가서는 비잔티움의 전통 즉 정교와 정치는 분리될 수 없다는 원칙과도 조화시키지 못해 애를 먹고 있었다. 그래서 일각에서는 이렇게 된 바에야 정교회를 신봉하는 기독교도 황제가 나서서 무슬림으로부터 콘스탄티노폴리스를 되찾았으면 하는 희망을 걸기도 했다— 이를 '위대한 구상Great Idea'이라고 했다. 다른 한편에서는 이참에 라틴인들을 지배하는 독일 황제와 모스크바가 모종의 합의에 도달하기를 바랐다. 이 생각은 동조를 받지 못했다. 이제 남은 한 가지 대안은 옛날 세르비아와 불가리아가 했던 일을 모스크바도 똑같이 하자는 것이었다—모스크바가 직접 황제를 한 사람 찾아내면 된다는 뜻이었다.

하지만 그러려면 당장 해결해야 할 문제가 있었으니, 새로운 부활절정경paschal canon을 만들고 제8천년기〔7001~8000〕에 부활절 일자가 어떻게 되는지 그 일자부터 계산해내야 했다. 수도대주교 조시모〔조시무스〕Zosimus가 1492년 가을에 이미 염두에 두고 있던 문제였다. 머리말에서

조시모는 다음과 같이 썼다. "천주 하느님이 도래하시기만을 우리는 기다리고 있습니다. 그러나 그분이 언제 오실지 그 시각은 정할 수 없습니다." 이어 그는 간략한 역사를 추려 덧붙인다. 과거에 콘스탄티누스는 새 로마를 건설했고, 루스족은 성 블라디미르로부터 세례를 받았다고. 그리고 이제는 이반 3세가 '새 콘스탄티노폴리스 곧 모스크바'를 세워 새로이 콘스탄티누스 황제의 역할을 하게 됐다고.[47] 조시모는 이런 식으로 장차 모스크바가 자신의 내력으로 내세우게 될 내용을, 간접적이긴 해도, 역사상 처음으로 언급해준 셈이었다.

아울러 1492년은, 역시 역사상 처음으로, '새 콘스탄티노폴리스 모스크바'가 '제3의 로마the Third Rome'라는 보다 친숙한 이름을 얻게 된 때였다. 이해에 노브고로드의 대주교 겐나디Gennady가 '흰 클라부크의 전승Legend of the White Klobuck'의 로마 번역본을 입수한 것으로 여겨지는데, 번역본의 머리말 부분에 그 전설의 필사본을 어떻게 로마에서 발견하게 됐는지 사연이 설명돼 있었다("흰 클라부크의 전승"에서 "클라부크клобу́к"는 "(주교의) 두건cowl"을 말한다. 흰 두건은 콘스탄티누스와 콘스탄티노폴리스 총대주교의 병을 낫게 하는 등 기적의 힘을 지녔다고 여겨진 성물로, 전승에서는 이것이 로마에서 콘스탄티노폴리스로, 다시 노브고로드로 자리를 옮기면서 하느님 뜻도 노브고로드로 옮아갔다고 본다. 흰 두건은 부활과 정교의 상징이라는 게 이 전승의 핵심 주제다). 이 문헌의 연대에 대해서는 학자들 사이에 의견이 분분하며 문헌의 몇 군데는 후대에 끼워 넣었을 가능성도 있다. 그런데 이 문헌에서 무심코 보아 넘겨서는 안 될 게 바로, 머리말에 모스크바를 "제3의 로마"로 언급하는 대목이 분명히 있다는 것이다. 이 머리말을 쓴 이를 학계에서는 당시 에스라의 묵시록Apocalypse of Ezra 작업에 참여하고 있던 저명한 번역자로 보기도 한다. 한마디로 그 저작은 대주교 겐나디가 불가타성서에 준하는 오롯한 형태의 성서를 모스크바교회에 마련해주고자 진행한 작업의 일환이었던 셈이다.[48]

러시아의 공국들이 무릎을 꿇고 나자, 모스크바대공국이 품은 황제의 야심은 노골적으로 리투아니아대공국—모스크바대공국 서쪽에 자리한 이웃 국가였다—을 향했다. 리투아니아는 그간 몽골족의 침략으로 이득을 볼 수 있었던바, 한때 모스크바가 했던 것과 마찬가지로, 북쪽 주변부의 자국 기지를 활용해 사방으로 흩어진 옛 루스족 사이에서 하나둘 땅을 합병해 자국 영토를 늘려나갔다. 15세기 말에는 리투아니아대공국도, 모스크바대공국과 마찬가지로, 대규모 영토를 장악하게 됐고—그 기반은 드니프로분지였다—, 발트해 해안에서 흑해의 한계선까지 그 영토가 뻗어나갔다.

그러나 리투아니아대공국은, 모스크바대공국과 달리, 서방의 영향력이 그대로 미치는 곳이었다. 이즈음에는 리투아니아대공국이 폴란드 왕가와의 혼사를 통해 번영을 누린 지도 1세기가 훌쩍 지나 있었다(560~561쪽 참조). 1490년대에는 빌뉴스에 자리한 리투아니아 조정은 물론 가톨릭교도였던 통치 엘리트들까지 언어 및 정치문화 면에서 상당 부분 폴란드 양식을 따랐다. 또한 리투아니아 왕가를 점유한 세력은 단지 폴란드와 리투아니아만이 아니었으니 보헤미아와 헝가리도 그 일부였다. 아울러 리투아니아대공국에서는, 모스크바대공국과는 또 달리, 사람들에게 종교적 다양성을 폭넓게 인정해주었다. 리투아니아에서는 로마가톨릭의 기득권층이 수적으로 우세했던 정교회 기독교 세력이나, 혹은 꾸준히 유입되고 있던 강력한 유대교도의 흐름을 저지하지 않았다. 또 모스크바대공국과 달리, 리투아니아대공국의 정교회는 콘스탄티노폴리스나 먼 옛날부터 이어져온 비잔티움제국과의 충성심에서 그 관계가 완전히 단절돼 있지 않았다. 키이우의 수도대주교는 온갖 구실을 들어 모스크바의 분리 노선에 저항했으나, 모스크바의 노선은 슬라브정교회를 분열시켰고, 이때부터 시작된 모스크바의 거침없는 행보 끝에 러시아정교회가 따로 떨어져나갔다.

1493년 1월, 모스크바대공국과 리투아니아대공국 사이는 새로운 전기를 맞으려는 참이었다. 6개월 전에 폴란드 왕이자 리투아니아 대공 카지미에시 4세 야기엘론치크가 세상을 떠났는데, 아버지가 갖고 있던 땅을 둘째 아들과 셋째 아들이 나눠 가지게 됐다. 폴란드왕국은 얀 1세 올브라흐트Jan I Olbracht의 수중으로 넘어갔고, 리투아니아는 미혼인 알렉산데르 야기엘론치크Aleksander Jagiellończyk의 수중에 들어갔다(맏형은 이미 보헤미아와 헝가리의 왕 노릇을 하고 있었다). 이것이 이반 3세에게는 일을 도모할 기회로 비쳤다. 이반 3세는 모스크바의 사절단을 빌뉴스로 보내 수차례의 협상을 개시했고, 종국에는 알렉산데르 대공과 자신의 딸 엘레나를 정략결혼 시키려는 계획을 준비했다. 동시에 과거 두 나라 사이에 정착돼 있던 모두스 비벤디[잠정 협정, 일시적 합의] 관계가 깨지도록 여러 상황을 조성해나갔다. 이반 3세가 역사상 처음으로 모스크바 대사에게 단단히 일러 [폴란드로 하여금] 이제까지 듣도 보도 못한 "모든 루스족의 군주gosdar' vseya Rusi"라는칭호를 반드시 인정하도록 만든 것도 이때였다.[49] 이는 이중의 효력을 가진 고전적 외교 수법이었다—곧 보기에는 우호적이지만 한편으로는 적대적일 수도 있는 수법이었다. 이반 3세는 동슬라브족 전체의 미래가 걸린 싸움에 작심하고 리투아니아를 끌어들이는 중이었다.

자신의 의중을 확실히 전달한 요량으로 이반 3세는 충격적인 일을 벌인다. 크리스마스 얼마 전, 이반은 모스크바의 크렘린에서 일하던 리투아니아인 두 명을 체포해뒀다. 그 둘이 모의를 꾸미며 자신을 독살하려 했다는 것이 이반이 말하는 죄목이었다. 당시 얀 룩홈스키Jan Lukhomski와 폴란드인 마치에이Maciej가 뒤집어쓴 혐의에 이렇다 할 근거는 있어 보이지 않았다. 그러나 그 둘이 정말 죄를 저질렀는지 결백한지는 중요한 문제가 아니었다고 해도 좋았다. 이반은 두 사람을 철장 안에 가둔 뒤 사람들이 볼 수 있게 꽝꽝 얼어붙은 모스크바강江 위에 올려놓았다. 그러고는 이반의 사절이 리투아니아로 떠나기 직전, 둘을 우리 안에서 산 채로 불태웠다.[50] 얼음이 맹렬한 불길에 녹아내리며 육중한 철제 우리도 물 밑으로 가라앉았고, 우리 안의 두 사람도 새까만 숯덩이가 된 채 요란하게 연기를 뿜으며 함께 가라앉았다. 리투아니아의 정치가 앞으로 어떤 미래를 맞을지 이반이 말하고 있다는 걸 사람들은 충분히 짐작하고도 남았을 것이다.

"모든 루스족의 군주"라는 칭호는 역사에서도 당대 현실에서도 별 근거를 갖지 못하는 말이었다. 이를테면 잉글랜드 왕들이 프랑스에 그 나름의 권리를 가진다고 주장하는 것과 같은 종류의 말이었다. 1490년대는 하나로 통일돼 있던 키이우 루스족이 흔적 없이 멸망당한 지 2세기 반이 흘러 있었고, 그런 만큼 이 칭호를 쓴다는 것은 프랑스 왕이 독일 제국과 싸우며 스스로를 "모든 프랑크족의 군주"라고 선포하는 것만큼이나 별 의미가 없었다. 그런데 그 말은 리투아니아의 '루테니아인'이 과거 모스크바의 '러시아인'으로부터 물려받았던 독립적 정체성과 상충했다. 이닌 게 아니라, 리투아니아인으로서는 이 호칭을 단순히 이반 3세의 탁월한 유머로 생각하고 그냥 넘겨서는 안 됐다. 리투아니아인들 자신은 잘 몰랐지만 그 호칭을 인정한다는 것은 모스크바대공국이 영토 야욕을 밀어붙일 이념적 토대를 마련해주는 것이나 다름없었고, 이후 500년 동안 모스크바는 이 야욕을 줄기차게 밀고 나갔다.

이렇게 해서 1493년 무렵에는 '제3의 로마'라는 관념을 구성하는 주요 요소들이 다 갖춰졌다. 첫째, 자율적으로 운영되는 정교회 지파가 형성돼 황제가 나타나기만을 학수고대했다. 둘째, 비잔티움의 마지막 황제와도 연고가 있고, 스스로 이미 차르를 칭하는 제후가 존재했다. 셋째, 그가 모든 루스족 위에 군림한다는 주장이 나와 있었다. 이제 부족한 것은 이데올로그ideologue〔특정의 계급적 입장이나 당파를 대표하는 이론적 지도자〕뿐이었으니, 그가 이들 요소들을 하나로 뭉뚱그려 극강의 신정정치를 펼치는 국가에 필요한 신비주의 이론만 만들면 될 것이었다. 마침 지척에 그런 사람이 하나 있었다.

프스코프의 필로테우스Philotheus of Pskov〔또는 필로페이Filofei〕(1450년경~1525)는 프스코프의 엘레아잘수도원의 박학한 수도사였다. 다방면에 조예가 깊어 에스라와 다니엘의 성서 예언, 세르비아 및 제2차불가리아제국의 역사적 선례, 사이비 메토디우스Pseudo-Methodius, 콘스탄티누스 마나세스Constantine Manasses〔비잔티움의 연대기작자. 1130년경~1187년경〕 연대기, 흰 클라부크의 전승에 대해서도 잘 알았다. 당대에 이만 한 지식을 가진 것은 그만이 아니었다. 필로테우스가 보통의 수도사들과 달랐던 단 한 가지는 지식을 모스크바의 제후들에게 유리하게 활용하려고 했다는 점이다. 프스코프는 노브고로드와 마찬가지로 모스크바의 위세에 눌려 잔뜩 겁에 질려 있었다. 그래서 프스코프의 수도사들은 대부분 극렬한 반反모스크바파였다. 자신들 연대기에서 부카드네자르 2세Nebuchadnezzar II〔느부갓네살. 신바빌로니아의 제2대 왕. 재위 기원전 604~기원전 562〕의 꿈이나 다니엘의 환시에 등장하는 네 마리 짐승을 언급할 때면, 그들은 보통 네부카드네자르가 곧 모스크바라는 식으로 이야기를 풀어갔다. 그런데 어찌된 까닭인지, 필로테우스는 그런 내용들을 늘 모스크바에 유리하게 해석했다. 1493년 40대 초반일 당시 필로테우스는 수도원 내에서 아무런 직위도 못 가졌다(후일 이 수도원의 헤구멘hegumen(동방정교회 또는 동방가톨릭교회계 수도원의 원장)이 된다). 또 이때는 그가 공식 서간으로 자기 이름을 만방에 알리기 전이었다. 그러나 교회 내에서는 이미 심상찮은 동요가 일어나고 있었는바, 이것이 필로테오스의 견해를 형성시킨 주요인이었다. 필로테우스는 기다렸던 때가 오자 모든 기독교가 이제는 차르에게 절대 복종해야 하고 라틴교회는 상극으로 대해야 한다는 주장을 펼쳤다. 그는 이반의 후계자에게 서간을 보내 새 차르에게 나라를 올바르게 다스리라고 명하니, 지금 이 세상은 말세에 접어든 때문이라는 이유에서였다.

> 제가 당신께 말씀드리니, 거룩한 차르시여 부디 귀담아 들으십시오. 기독교왕국의 모든 제국은 이제 당신의 나라 안에서 하나가 됐습니다. 까닭인즉, 두 개의 로마는 무너져 온데간데없고, 세 번째 로마가 존재하기 때문입니다. 네 번째 로마가 세워지는 일은 앞으로 없을 것입니다. 당신의 기독교 제국은, 위대한 신학자의 말마따나, 결코 사라지지 않을 것입니다. 그리고 교회에 대해서도, 은총을 받으신 다비드의 다음과 같은 말씀이 현실로 이루어질 것입니다. "그곳이 내가 영원히 설 자리이니라."[51]

나중에 가서 필로테오스는 무넥신Munexin에게 보낸 서간에서 '점성술사와 라틴인들'을 맹비난했다.

> 이제는, 오로지 한 곳, 동방의 거룩한 가톨릭 및 사도 교회만이 온 우주의 태양보다 더 밝은 빛을 비춥니다. 이와 함께 노아가 방주를 타고 홍수에서 인류를 구원했듯, 정교회를 신봉하시는 로마의 위대한 차르께서 그 교회를 이끌고 계십니다.[52]

이 무렵, 이반 3세가 죽은 지 20년이 지나 있었지만 그가 추진한 정책들이 자극제가 된 건 분명해지면서, 일말의 타협의 여지도 없는 교회 및 국가의 개념이 명확하게 성립돼 있었다.

후일 생겨난 러시아 전승은 이 시기에 모스크바는 비잔티움의 망토를 자신들이 그대로 물려받았다고 주장했다. 그러나 실제적 측면에서 비잔티움의 외관은 그대로 유지됐을지 몰라도 비잔티움의 정신은 이미 사라지고 없었다. 모스크바의 이데올로그들은 동로마 기독교가 갖는 보편적이고 전全교회적인 이상엔 거의 아무런 관심이 없었다. 이 문제를 논한 가장 저명한 역사학자(디미트리 오블렌스키)는 '제3의 로마' 관념은 "허울뿐인 대체물"이라고 표현한 바 있다. "비잔티움이 갖고 있던 기독교의 보편주의는 모스크바 민족주의라는 협소해진 틀 안에서 모습이 변형되고 왜곡되는 중이었다."[53]

모스크바의 신학은 이반 3세의 재위 후반 들어 두 가지 관련 논쟁이 불붙면서 잠시 발달이 주춤해진바, 이것은 나중에는 두 논쟁 모두 가장 단호한 입장을 옹호하는 쪽으로 결론이 났다. 한 논의에서는 유대주의자zhidovstvuyushchie, Judaizers로 분파 혹은 그런 성향을 가진 이들의 견해가 가장 핵심적 화두로 다뤄졌다. 다른 논쟁에서는 기독교도 수도원들이 토지 소유로 점차 많은 부를 형성하고 그로 인해 각종 불미스러운 일들이 벌어진다는 게 제일 화두가 됐다. 당시 '반유대주의자' 운동과 함께 '토지 소유'의 운동을 처음 일으킨 것은 볼로콜람스크의 수도원장 이오시프 볼로츠키Iosif Volotsky(1439~1515)였다.

토지 소유는 모스크바교회의 권력과 뗄 수 없는 관계였다. 하지만 금욕주의 성향의 수도사들이 들고일어나 교회의 토지 소유를 반대했고, "볼가강 위쪽의 장로"들이라 하여 은둔 지향의 정교회 옛 전통을 소중히 하는 일파가 이 운동을 이끌었다. 생전에 이반이 수도원 재산을 속세로 환원할 심산이었으나 주위의 설득을 못 이기고 단념했던 것 같다. 곪을 대로 곪은 문제가 터진 것은 이반이 죽고, 재위 당시 그가 총애했던 인물로 이제는 수도사가 돼 있던 바시안 파트리케예프Vassian Patrikeev(1470~1531)가 노모카논Nomocanon(정교회 법령집)을 새로 발간하면서였다. 파트리케예프의 한 동료는 수도원의 토지 소유에 대해 '비소유non-posssessorial' 이론을 제시해 완전히 궁지에 몰렸다 구사일생으로 목숨을 건졌다.

유대주의자 논쟁은 토지 소유 논쟁보다 훨씬 더 대단한 열기를 불러일으켰다. 유대주의자 세력은 1470년대에 노보고로드에서 등장한바, 일설에 의하면 반反모스크바 파당이 여기서 결성된 것이라고 했다. 이들 유대주의자는 폴란드와 리투아니아 출신의 유대인들로부터 사상 주입을 받았다고 여겨졌으며, 그 성원들은 은밀하게 유대교를 신봉했던 것으로 전해졌다. 그래도 유대주의자로 의심되는 노브고로드인을 성모영면성당의 대주교로 앉힌 것을 보면, 모스크바의 차르는 이들의 활동에 그다지 큰 우려는 품지 않았던 것 같다. 이들은 엘레나 스테파노브나의 지지를 얻는 호사도 누렸다. 1490년에 공의회가 열려 이들이 삼위일체설에 반대하고 성상파괴를 지지한다는 혐의를 근거로 심문이 벌어졌으나, 그 와중에도 이들은 계속 상류층을 맴돌 수 있었다. 그러나 수도원장 이오시프 볼로츠키는 포기하지 않았다. 1497년 블로츠키는 《계몽하는 자Prosvetitel》를 써서 다름 아닌 조시모 수도대주교를 직접 거명하며 그가 "유대주의와 남색"의 주모자이자 "추하고 사악한 늑대"라 일컬었다.[54] 이오시프 볼로츠키 주교를 비롯해 그의 협력자였던 겐나디 주교는 모두 스페인(가톨릭교)의 종교재판Spanish Inquisition(Inquisición española)을 열렬히 신봉했고, 종국에 이들의 열정은 대규모의 '아우토다페'로 보상받았다(곧 이단이라는 이유로 많은 사람이 처형(화형)됐다는 의미다). 두 사람은 러시아 역사에 되풀이해 등장하는 주제—악은 서방에서부터 온다—가 참이라는 믿음을 끝내 고국의 동포들에게 심는 데 성공했다. 당대에 서방이라고 하면 우선 노브고로드였고 그 너머로는 폴란드-리투아니아였다.

이와 같은 방향으로 나아가기는 이반 3세의 외교도 마찬가지였다.[55] 외교는 지극히 더디게 진행됐다. 모스크바의 사절들이 외국으로 나갔다 정보를 입수해 돌아오기까지 짧게는 6개월에서 길게는 4년까지 걸렸다. 거기다 사절들이 막상 목적지에 도착했을 때는, 자신이 받은 지시가 그곳의 실정과는 맞지 않을 때도 많았다. 이런 실정이었음도 1490년대에는 모스크바대공국이 리투아니아대공국 포위를 최우선 과제로 삼고 있었던 것만은 분명했다. 이반 3세의 부친(바실리 2세)은 리투아니아와 수십 년 동안 평화를 유지했고, 임종할 때에도 이반과 그의 모친에게 "나의 형제인, 폴란드 국왕 겸 리투아니아 대공 카지미에시"를 잘 돌봐달라는 부탁을 잊지 않았었는데 말이다.[56] 이 모든 상황이 이제는 변하려 하고 있었다.

1493년, 이반 3세가 지난 20년간 적극적으로 펼쳐온 외교활동은 이제 막바지였다. 그가 보여준 외교의 일관된 흐름은 어떻게든 야기에우워가를 견제·포위하려 했다는 것이었다. 이반 3세는 아들을 몰다비아 태수 슈테판 4세의 딸과 결혼시키는 것으로 최종 마무리된 협약을 맺어 몰다비아가 폴란드 왕의 봉신이 되는 것을 막고자 했으나 허사였다. 헝가리와 손을 잡고 반反야기에우워가 협약을 맺을 구상도 했으나, 마차시 1세(재위 1458~1490)가 갑자기 세상을 떠난 데다, 야기에우워왕조의 브와디스와프 2세가 헝가리 왕(재위 1490~1516)으로 선출되면서 그 계획도 완전히 어그러졌었다. 그는 마조비아(마조프셰)의 독립 제후들과도 접촉했다. 1486년 이후 이반 3세는 합스부르크가와 수차례 사절단을 교환하는 행보에 나서는데, 그때까지만 해도 합스부르크가는 모스크바대공국이 리투아니아대공국의 봉토라고 착각하고 있었다. 1493년 1월, 오스트리아의 특사 외르크 폰 투른Jörg von Thurn이 신성로마제국, 독일기사단, 몰다비아, 타타르족이 동참하는 대규모의 반反야기에우워가 연합을 결성하자는 구상을 내놓았다. 이반은 자신의 특사 유리 트라하니오트Yuri Trakhaniot를 콜마르까지 보내 황제 막시밀리안 1세를 만나도록 했으나, 특사가 콜마르에 도착했을 때 황제는 이미 야기에우워왕가와 화친을 맺은 뒤였고 그의 관심사는 이제 십자군에 쏠려 있었다. 이반이 크름반도와 맺은 관계에서도 반反리투아니아 성향은 제법 큰 비중을 차지했다. 크름반도에서는 주로 금장칸국과의 대치에 이반을 동맹으로 활용했다. 일례로 1491년 6월, 이반은 군대를 셋 파견해 드니프로 하구 금장칸국의 진영을 흩뜨리는 데 일조했다. 그러는 동안 이반은 타타르족의 동태도 예의주시했는데, 타타르족은 모스크바의 꼬임에 넘어가 에너지 대부분을 폴란드와 리투아니아를 침공에 쏟아부었다.

1492~1493년의 겨울철 동안 모스크바대공국은 리투아니아대공국과 밑도 끝도 없는 국경 전쟁에 휘말린다. 국경지대에 자리한 소국의 제후 여럿은 이미 모스크바에 등을 돌린 뒤였다. 그런데 랴잔공이 리투아니아인이던 스몰렌스크공의 보복성 공격을 가만두지 않겠다며 공격을 벼르고 있었다. 이에 모스크바 군대가 도시 뱌지마의 함락 명령에 따라 드니프로강 상류에서 대기하다 출정을 감행하니, 모스크바의 평화 사절단이 리투아니아 수도 빌뉴스로 떠난 지 불과

며칠 안 돼서의 일이었다. 이때 이반의 머릿속을 차지하고 있던 게 전쟁이었는지 평화였는지는 그저 짐작만 할 뿐이다.

따라서 이 발견의 시대에는 모스크바대공국도, 비록 외진 데 있기는 했어도, 철저히 고립돼 있지는 않았다. 모스크바대공국의 사절단은 본국으로 귀환할 때면 그 대열 끄트머리에 어김없이 외국인 기술자, 건축가, 포병 무리를 달고 들어왔다. 독일과 폴란드의 상인들도 해마다 모스크바를 찾아와 대량으로 모피를 구매했다. 당시 모스크바가 튜더왕가의 잉글랜드, 발루아왕가의 프랑스, 페르난도와 이사벨라가 다스린 스페인과 직접적으로 교류하지 않았던 것은 맞다. 네덜란드와의 발트해 무역은 리보니아에서 끝났고, 노르곶을 우회하는 무역로도 열리기 전이었다. 그러나 이런 상태에서도 모스크바와 유럽 나머지 지역들 사이 연락망은 잘 갖춰져 있었다. 북쪽에서는 독일 노선German Road이 노브고로드를 레발 혹은 리가와 연결시켰고, 여기에 이르면 바다를 통해 뤼베크에 닿을 수 있었다. 육로를 통해서는 숲속에 난 길들이 서쪽으로 뻗어 스몰렌스크 바로 앞 변경에까지 이르렀고, 거기서 더 나아가면 빌뉴스와 바르샤바가 나왔다. 모스크바에서는 이반 3세 덕분에 역참제도가 시행될 수 있었는바, 역참을 잘 정비해 시행하라는 당부가 그의 유서에 담겨 있었기 때문이다.[57] 남쪽에서는 유서 깊은 강들이 나그네들을 카스피해나 흑해까지 재빨리 실어다주었고, 여기서 다시 배를 타면 지중해의 모든 지점에 가닿을 수 있었다. 오스만인이 한창 진격하던 시기였음에도 모스크바대공국은 옛 비잔티움 세계와도 —즉 발칸반도, 그리스(특히 아토스), 그리스를 경유해 이탈리아와도— 계속 돈독한 관계를 유지해나갔다.

어찌됐건 모스크바대공국도 여러 발견을 해나가고 있었다. 1466~1472년, 트베리의 상인 아파나시 니키틴Afanasii Nikitin(1472년 몰)이 6년의 여행 끝에 페르시아와 인도에 다다랐다. 여행을 떠날 때는 바쿠와 호르무즈를 경유했던 그는 돌아올 때는 트레비존드와 카파를 경유하는 길을 택했다. 그의 겪은 모험담은《세 바다 너머로의 여행Khozenie za tri moria》이라는 초기 여행서로 발간되기도 했다. 10년 뒤에는 이반 살튀크-트라빈Ivan Saltyk-Travin과 표도르 쿠르브스키-체르니Feodor Kurbski-Cherny의 군사 원정대가 우랄산맥을 넘어 이르티시강과 오브강 상류에 이르렀다(300년 뒤 아메리카에서 루이스와 클라크의 원정에 버금가는 업적이었다. 루이스 클라크탐험Lewis and Clark Expedition. 미국 대통령 토머스 제퍼슨의 명령에 따라 미국의 '루이지애나 매입Louisiana Purchase'(1803)이 성사됐고, 그 직후인 1804~1806년 미국이 획득한 이 서부 지역 일대를 메리웨더 루이스Meriwether Lewis와 윌리엄 클라크William Clark가 탐험한 것을 말한다). 1491년에는 헝가리인 탐사가 두 명이 페초라분지의 북극해 지류를 타고 올라가 은과 구리를 발견했다. 1493년 1월 모스크바에 미하엘 스누프스Michael Snups라는 오스트리아인 탐사가가 도착한 것도 이 때문이었던 듯한데, 그의 손에는 오브강 답사 허용을 부탁하는 막시밀리안 1세의 친서가 들려 있었다. 그러나 이반 3세가 합스부르크와의 관계가 껄끄럽게 여기던 터라 스누프스는 오브강에는 발 들이지 못한 채 돌아가야 했다.

대양의 제독Admiral of the Ocean Sea과 관련해, 그[크리스토퍼 콜럼버스]가 대단한 성과를 이룩했다는 소식은 그리스인 막심Maxim 일행이 25년이나 뒤늦게 모스크바에 전해주었다. 막심 그레크Maxim Grek(미하일 트리볼리스Michael Trivolis, [막심 트리볼리스], 1470년경~1560)는 비록 하루하루 명맥이 다해가는 중이었으나 여전히 하나의 문화 영역을 형성하고 있던 비잔티움 세계 출신이었다. 그는 오스만인의 통치를 받던 에페이로스의 아르타에서 태어났지만 나중에 가족이 다함께 베네치아령 코르푸섬(케르키라섬)으로 이주했다. 1493년 그는 피렌체에 머물며 플라톤학파와 함께 공부했고, 열성을 다해 지롤라모 사보나롤라Girolamo Savonarola(이탈리아 도미니크회 사제, 종교개혁자)의 설교를 들었다. 이어 그리스어 원전 주해를 전문적으로 공부하며 학업을 더 쌓은 다음, 수도자 서원을 하고 사보나롤라가 운영하는 산마르코의 수도원에 들어갔다. 나중에는 아토산山 바토페디수도원에서 수도사 막시모스Maximos로서 10년간 번역 작업을 했는데, 수도원이 범정교적pan-Orthodox이고 그리스-슬라브적graeco-Slav인 환경이었던 만큼 정교회 전통과 가톨릭 전통 사이의 분열은 찾아볼 수 없었다. 이후 막시모스는 모스크바로 초빙돼 차르가 수집한 그리스 및 비잔티움 필사본 정리 작업을 맡는데, 필사본이 있어도 모스크바대공국 학자들은 더는 그 내용을 해독할 훈련이 돼 있지 않았다. 그러나 얼마 안 가 막심은 모스크바교회 강경파와 알력 다툼을 벌이게 되고, 모스크바 교회에서는 막심에게 그가 마법을 쓰고, 간첩 행위를 하고, 콘스탄티노폴리스 대주교를 따른다는 죄목을 씌웠다. 하지만 오랜 기간 옥에 갇혀서도 살아남은 막심은 나중에 이반 4세(재위 1553~1584)를 직접 만나 그의 후원 속에서 안락하게 지낼 수 있었다. 막심은 '그런 생을 산 마지막 인물'이었다.[58]

1550년대에 세상에 모습을 드러낸 막심의 글들에선 '쿠바Cuba라고 불리는 커다란 섬'에 대한 언급도 찾아볼 수 있었다.[59] 그 무렵이면 크리스토퍼 콜럼버스가 카리브해 섬들에 상륙했다는 사실을 그도 분명히 알고 있었을 게 틀림없다. 그런데 여기서 중요한 대목은 막심의 인생 연표다. 막심은 30년 정도 모스크바의 옥에 줄곧 갇혀 지냈으니까, 그가 모스크바에 다다랐던 1518년(콜럼버스의 첫 항해가 있고 나서 25년 후)이 콜럼버스의 소식을 전해준 때라고 봐도 무방할 것이다.

오늘날의 '러시아Russia'와 오늘날의 '아메리카America'의 역사가 본격적으로 궤도에 오른 시기가 똑같이 1493년이라는 사실은 역사에서 좀처럼 찾기 힘든 묘한 우연의 일치다. 바로 이해 모스크바인들이 '구세계Old World'가 아직 끝나지 않았다는 사실을 알게 됐다면 유럽인들은 자신들 눈으로 직접 '신세계New World'가 존재한다는 사실을 알게 됐다.

레나티오 RENATIO

르네상스와 종교개혁, 1450년경~1670

7

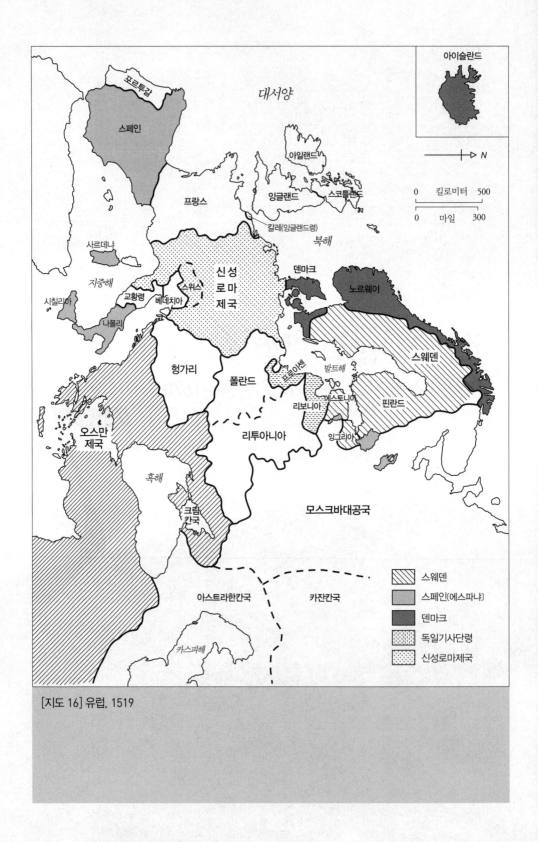

대서양

포르투갈

스페인

프랑스

아일랜드

잉글랜드 스코틀랜드

사르데냐

칼레(잉글랜드령)

지중해

북해

스위스

교황령

베네치아

덴마크

노르웨이

시칠리아

나폴리

신성로마제국

스웨덴

헝가리

폴란드

프로이센

발트해

에스토니아

리보니아

핀란드

오스만제국

리투아니아

잉그리아

흑해

크림칸국

모스크바대공국

아스트라한칸국

카잔칸국

	스웨덴
	스페인(에스파냐)
	덴마크
	독일기사단령
	신성로마제국

카스피해

[지도 16] 유럽, 1519

르 네상스 하면 비현실감이 강하게 든다. 근대 유럽 문명을 중세의 기독교왕국, 나아가 이
슬람 같은 비유럽 문명과 구별해주는 것으로 여겨지는 이 사고방식은 그 시작 지점도 끝 지점
도 명확히 정해져 있지 않았다. 이러한 사고방식은 매우 오랜 기간 소수 식자층 엘리트의 전유
물로 남아 있었고, 아울러 옛것이든 새것이든 그 사고방식에 필적하는 여러 사고 추세와도 경쟁
해야 했다. 통상적으로 1450년경을 기점으로 보는 '르네상스 및 종교개혁의 시대'는 소수의 관
심사를 반영한 표현일 뿐이라는 이야기다. 어떤 식이 됐든 그런 사고방식이 전혀 영향력을 끼치
지 못한 부분은 찾아보면 유럽 사회 안에 상당히 많았고 유럽의 영토 안에도 광대하게 존재했
다. 어쩌다 보니 그 시대의 가장 눈에 띄는 특징으로 자리 잡게 되기는 했지만, 그와 같은 사고
방식은 당시의 정치적, 사회적, 문화적 일상을 차지한 주요 면면과는 여전히 동떨어진 데가 있었
다. 그것은 당대를 대표하는 전형적 사고방식은 아니었으나 막대한 중요성만은 지니고 있었다.
〈봄La Primavera〉(1478)이 됐든 〈베누스[비너스]의 탄생La Nascita di Venere〉(1485년경)이 됐든, 르네
상스를 가장 힘차게 표현한 산드로 보티첼리 작품들의 눈부시게 아름다운 인물들처럼, 르네상
스도 이 세상에는 발이 닿아 있지 않았다. 르네상스는 그 자신이 태어난 세계의 표면에서 붕 떠
있었다. 육체를 가지지 않은 추상이자, 에너지가 넘치는 새로운 정신으로.

이와 같은 문제에 맞닥뜨리게 된 이후, 많은 역사학자가 자신들이 일찍이 주안점을 뒀던 주
제들을 폐기해왔다. 소수의 관심사만 유독 중점적으로 다루며 글을 쓰는 것은 더는 역사학계에
서 대세로 통하지 않는다. 인문주의 사상, 종교개혁 관련 신학, 과학의 발견, 바다 건너의 탐험
등의 연구는 차츰 자취를 감추고 당대의 물질적 여건, 중세와의 연관성, 상층 문화에서와는 대
조적으로 대중이 가지고 있던 신앙심(혹은 불신앙) 등의 연구가 더 주류를 형성했다. 전문가들도
이제는 마법, 부랑생활, 질병, 혹은 식민지 주민들의 대량학살 같은 주제들에 초점을 맞춘 연구
를 선호하게 됐다. 추세가 이런 식으로 바로 잡힌 것은 매우 합당한 일이겠으나, 한때 이 시기를
이야기하며 노스트라다무스나 프리울리의 방앗간 주인을 빼놓아서는 곤란했듯, 이와 마찬가지
로 레오나르도나 루터를 잊는다는 것은 이상한 일이 아닐 수 없을 것이다. 15세기 유럽과 17세

기 중반의 유럽이 왜 그처럼 달라졌는지 알길 바라는 사람이라면, 전통적으로 다뤄진 주제들도 그냥 지나칠 수만은 없다.

그렇다고 해도 귀가 얇은 독자는 다음과 같은 점을 명심할 필요가 있다. 르네상스와 종교개혁의 세상 역시 점괘, 점성술, 기적, 주술, 마술, 민간요법, 유령, 길흉, 요정을 믿은 세상이었다는 사실 말이다. 마법은 계속해서 종교 및 과학과 경쟁을 벌이고 또 그 둘과 상호작용을 해나갔다. 아닌 게 아니라, 이 무렵 마법의 영역이 새로운 사상들과 함께 터를 잡고 일반 대중 사이에서 위력을 떨쳐온 지는 2세기도 더 지나 있었다.[1] 여기서 한 가지 드는 생각은, 어쨌거나 '근대 초기Early Modern Period'에는 근대적 색채가 그렇게까지 짙지 않았으리라는 점이다. 전에 없던 신선한 씨앗들이 당대에 새로 뿌려진 것은 맞지만, 그것은 뒤에 이어질 계몽주의보다는 앞서 있었던 중세주의와 더 많은 공통점이 있었을 공산이 크다.

;

르네상스. 따라서, 르네상스the Renaissance는 쉽게 정의될 수 없다. 무엇이 르네상스가 아닌지를 말하는 것이 르네상스를 정의하는 가장 손쉬운 방법이다. 이와 관련해 한 미국인 역사학자는 불평을 토로하기도 했다. "약 600년 전 처음으로 그 개념이 만들어진 이래, 르네상스가 과연 무엇인가에 대해서는 전혀 합의가 이뤄진 바가 없다."[2] 예를 들면, 고전시대의 예술과 학문에 관심이 봇물 터지듯 늘어난 것을 일컬어 단순히 르네상스라고 할 수는 없다. 그런 식의 문예부흥 운동에 속도가 붙은 것은 12세기부터 줄곧 있어온 일이었다. 아울러 르네상스라고 해서 중세의 가치를 완전히 부정만 한 것은 아니었고, 그리스와 로마의 세계관으로 급격히 돌아선 것 또한 아니었다. 더욱이 르네상스가 기독교의 믿음을 의식적으로 져버린 일도 없었다. '재생再生'(또는 신생新生)이라는 뜻을 가진 레나티오renatio만 해도, '영혼의 재탄생' 혹은 '죽은 자의 부활'을 뜻하는 그리스어 신학 용어 팔린게네시스palingenesis를 빌려온 라틴어였다. 그래서 르네상스는 그 본질이 고전시대 문명을 갑자기 재발견한 데 있기보다 종래의 취향 및 지혜를 떠받치고 있던 권위를 고전시대의 훌륭한 본보기들에 비춰 검증해보려 한 데 있다고 하겠다. 르네상스를 제대로 이해하기 위해서는, 그 이전 시대에 모든 권력의 원천이나 다름없던 중세 교회가 오명의 나락으로 떨어졌다는 이야기를 하지 않을 수 없다. 이러저러한 종교적 개혁으로 중세 교회가 마찬가지로 무너졌을 때에도 르네상스 정신이 그 안에서 핵심 요체였다고 말하는 것도 바로 이런 점 때문이다. 아울러 보다 장기적 관점에서, 르네상스는 종교개혁과 과학혁명을 거쳐 계몽주의로 나아가는 역사 발전의 맨 처음 단계에 해당한다고 할 수 있었다. 르네상스라는 영적 힘은 중세 문명을 벼려낸 거푸집에 쩍 하고 금이 가게 만들었고, 하나둘 생겨난 금은 결국 장기간의 붕괴 과정으로 이어지면서 서서히 '근대 유럽'이 탄생하는 토대를 만들어냈다. [발레토]

발레토 BALLETTO

■ 춤은 이교도의 종교 의례에서 중심적 역할을 해
■ 왔으나 중세에는, 시골에서 여흥을 즐길 때를
제외하곤, 대체로 경시됐다. 통설에 의하면 1489년 토
르토나에서 있었던 밀라노 공작의 결혼식에서 베르곤
치오 디 보타Bergonzio di Botta가 대중 앞에서 세속
적인 춤을 선보인 것이 사료에 등장하는 근대 장르 춤
의 최초 사례라고 한다. 이 빌레토는 이탈리아에서 시
작돼 카트린 드메디시스(1519~1589. 이탈리아어 이름 카
테리나 데메디치Caterina de' Medici. 피렌체 태생으로 프랑스
왕 앙리 2세의 왕비. 섭정) 시대에 프랑스 궁정으로 건너
갔으며, 루이 14세(재위 1643~1715) 대에 주류 예술
형태로 자리 잡았다. 오페라 발레opera-ballet가 오랜
명맥을 이어가는 장르로 입지를 굳히는 데에는 장-바
티스트 륄리의 〈사랑의 승리Triomphe de l'Amour〉
(1681)라는 작품이 중요한 역할을 했다("륄리"는 이탈리
아 출신의 프랑스 작곡가로 루이 14세의 베르사유궁전에서
일하며, 극작가 몰리에르와 합작으로 코미디 발레 장르를 만
든 인물이다). (프랑스어 "발레"는 "춤추다"라는 의미의 라틴
어 "발로ballo" "발라레ballare"에서 파생한 이탈리아어 "발
로ballo"(춤)의 지소사指小辭인 "발레토ballétto"가 그 기원
이다. "발레토"는 현대 이탈리아어에서 "발레" "발레곡" "발레
단"을 의미한다.)

발레ballet에 대한 근대 이론과 실제가 발달한 것은 대
체로 18세기 파리에서였으며 특히 왕실 발레단 단장
장 조르주 노베르Jean Georges Noverre(1727~1810)의
공이 컸다. 삼가서 스스로를 르 듀 드 라 당스le dieu
de la danse(춤의 신)라 일컬었던 마리 카마르고Marie
Camargo나 가에타노 베스트리스Gaetano Vestris(가
에탕 베스트리스Gaétan Vestris)와 같은 일류 무용가들
은 고전적 5개 자세를 기반으로 훈련과 공연을 했다.
후반 단계에서는 레오 들리브Léo Delibes가 음악을
맡은 〈코펠리아Coppélia〉(1870)나, 로이 더글러스Roy
Douglas(1907~2015)가 프레데리크 프랑수아 쇼팽의

악곡 〈레실피드Les Sylphides〉(또는 〈공기의 정精〉)를 바
탕으로 만든 환상곡(1936)처럼 낭만주의 음악에 고전
적 기법의 춤이 접목됐고, 이렇게 해서 탄생한 작품은
대단한 매력을 발산했다.

러시아는 표트르 대제 통치기(1682~1725)에 처음으
로 프랑스와 이탈리아의 발레를 수입했으나, 19세기
에는 러시아 발레가 순식간에 모방의 단계에서 빼어
난 창조성의 단계로 나아갈 수 있었다. 〈백조의 호수
Swan Lake〉(1876), 〈잠자는 미녀Sleeping Beauty〉
(1890), 〈호두까기 인형The Nutcracker〉(1892) 같은 표
트르 일리치 차이콥스키(1840~1893)의 음악들이
러시아 발레를 수위首位에 올려놓는 토대들을 놓았다.
그리고 평화기의 막바지에는 세르게이 파블로비치 댜
길레프Сергéй Пáвлович Дя́гилев(1872~1929)가 (프
랑스 파리에서) 결성한 발레뤼스Ballets Russes가 연이
어 타의 추종을 불허하는 대성공을 거뒀다. 미하일로비
치 포킨Михайлович Фокин(1880~1942)의 안무, 바츨
라프 포미치 니진스키Вáцлав Фоми́ч Нижи́нский(1890
~1950)와 타마라 플라토노브나 카르사비나Тамáра Пл
атóновна Карсавин(1885~1978)의 춤, 그리고 무엇보
다 이고리 페도로비치 스트라빈스키의 악보들이 결합
해 〈불새The Firebird〉(1910), 〈페트루슈카Petrushka〉
(1911), 〈봄의 제전The Rite of Spring〉(1913) 같은 작
품들이 나오면서 러시아 발레도 절정기를 구가했다.
1917년혁명Revolutions of 1917 이후, 발레뤼스는 계
속 해외에 머물며 활동한 한편, 소비에트의 볼쇼이발
레단Bolshoi Ballet과 키로프발레단Kirov Ballet은 완
성의 경지에 이른 놀라운 기술을 엄격한 예술적 보수
주의와 결합시켰다.

현대 무용은, 발레와는 대조를 이루는 장르로, 사람
들이 얼핏 생각하는 것보다는 연륜이 깊다. 현대 무
용의 기본 원칙들 곧 음악의 리듬을 그에 상응하
는 몸동작으로 번역해내는 것을 정립한 것은 프랑
스 음악 교사 출신의 프랑수아 델사르트François

Delsarte(1811~1871)였다. 델사르트로부터 영감을 받아 실질적 성과를 이룬 두 주요 인물로는 스위스의 에밀 자크 달크로즈Emile Jaques Dalcroze(1865~1950, 리듬 체조의 선구자였다)와 헝가리의 루돌프 라반Rodolf Laban(1879~1958)을 들 수 있다. 현대 무용은 중부 유럽에서 나치당원들과 관계가 틀어진 이후로는 그 중심추가 북아메리카로 옮겨졌다.[1]

물론 그 과정에서 사람들이 기독교라는 종교를 내팽개친 건 아니었다. 그러나 막강했던 교회의 힘은 종교적 영역을 넘지 못하고 차츰 자신의 울타리 안에만 머물게 됐다. 교회의 영향력은 점차 개인의 양심 문제에만 국한됐다. 그 결과 신학자·과학자·철학자의 사상은 물론 화가와 작가의 작품들까지 지금껏 독점적 권력과 '전체주의적' 기조를 내걸었던 교회의 통제로부터 자유롭게 됐다. 이제까지 르네상스의 가장 탁월한 특징으로 정의돼온 것도 바로 이러한 '정신의 독립'이었다. 르네상스에서 말하는 이상적 인간도 모든 예술과 사상의 여러 분과를 섭렵해 지식·취향·믿음을 형성해나가는 데서 더는 외부의 힘에 의존할 필요가 없는 개인이었다. 그러한 인간이야말로 진정한 우오모 우니베르살레l'uomo universale(완전한 인간)였다("보편적 인간" "박식가" "만능인"으로도 일컫는다).[3]

이 새로운 사고는 인류가 자신이 사는 세상 속에서 주인으로 자리할 수 있다는 확신을 점차 키워나갈 수 있던 것이 가장 커다란 결실이었다. 르네상스의 위대한 인물들은 하나같이 자신감이 충만했다. 그들은 하느님이 인간에게 주신 독창적 재주를 갖고 하느님 우주가 간직한 비밀들을 풀어낼 수 있다고, 또 풀어내야만 한다고 느꼈다. 더 나아가서는 지상의 인간이 짊어진 운명까지도 인간의 힘으로 통제하고 개선하는 것이 가능하다고 여겼다. 르네상스 시대의 사고방식과 중세의 사고방식이 결정적으로 단절되는 지점이 바로 여기다. 중세에는 사람들이 그와는 정반대의 확신—인간 남녀는 게임판 위의 졸처럼 신의 섭리에 따라 움직이는 무력한 존재고, 인간의 힘으로는 도저히 이해할 수 없는 자신들 주변의 세계와 자연의 작동에 압도당한 채 살아갈 수밖에 없다— 속에서 종교적 믿음과 신비주의를 키워나갔다. 중세에는 인간이란 원래 모자라고, 무지하고, 무력하다는, 자기 스스로를 맥 빠지게 하는 생각들 —한마디로 인간이면 누구나 보편적으로 가지고 있다는 원죄의 개념이— 사람들의 사고를 지배했다. 반대로 르네상스는 자유와 새로운 활력이 지배하는 분위기 속에서 커나갔고, 르네상스 자체도 인간의 잠재력을 더 강하게 인식한 결과 태어난 것이었다. 르네상스 시대에는 사람들이 펼치는 대담한 사유, 진취성, 실험, 탐험이 성공으로 보상받을 수 있었다. 지성사학자들은 주로 새로운 사상 및 새로운 형태라는 맥락에서 르네상스를 다루곤 한다. 그에 반해 심리학자들은 당대에 사람들이 어떻게 그토록 오랜 기간 새로운 생각들을 억눌러왔던 두려움과 구속을 완전히 떨쳐낼 수 있었는가 하는 점을 더 눈여겨보는 경향이 있다(부록 1611쪽 참조).

르네상스와 관련해서는 어떤 식이든 단순한 형태의 연대표를 갖다 붙이기가 불가능하다. 문학사학자들은 14세기의 프란체스코 페트라르카의 노래나 소네트를 르네상스의 기원으로 보는바, 페트라르카가 인간의 감정을 있는 모습 그대로 진술하게 바라보았다고 여기기 때문이다(6장 참조). 예술사학자들은 화가 조토 디본도네Giotto di Bondone(1266년경~1337)와 마사초Masaccio(1401~1428), 건축가 필리포 브루넬레스키Filippo Brunelleschi(또는 필리포 브루넬레스코Filippo Brunellesco)(1379~1446, 피렌체의 성당에 더 획기적인 형태의 돔을 얹기 위해 로마 판테온의 돔을 측량했다), 조각가 로렌초 기베르티Lorenzo Ghiberti(1378~1455)와 도나텔로Donatello(1386년경~1466) 같은 예술가들을 르네상스의 기원으로 여기는 경향이 있다. 정치사학자들은 또 정치술을 권력으로 여기고 권력 자체의 틀에서 그 기제를 설명한 니콜로 마키아벨리를 르네상스의 기원으로 본다. 이처럼 르네상스 시대를 이끈 선구자들은 하나같이 피렌체 출신이라는 특징이 있다. 르네상스가 처음 태어난 본고장으로서 피렌체는 스스로를 '근대 유럽의 어머니'라고 부를 자격이 충분하다. [플라겔라티오]

다재다능함에서 견줄 데가 없던 이들 피렌체인 중에서도 레오나르도 다빈치(1452~1519)보다 더 환한 빛을 발한 이는 없다. 아마도 세계에서 가장 많은 칭송을 받는 그림일 〈라 조콘다La Gioconda〉〈모나리자〉)를 탄생시킨 이 화가는 도무지 동이 날 것 같지 않은 재능을 통해 도무지 끝이 안 보이는 호기심을 충족시켜나갔다. 그의 노트에는 인체를 해부해놓은 그림부터 헬리콥터, 잠수함, 기관총 설계도에 이르기까지 그야말로 없는 게 없었다. (이런 식의 기계 발명은 레오나르도 다빈치 훨씬 이전에 이미 독일에서 붐이었지만.)[4] 오늘날 레오나르도 다빈치의 유명세 곁에는 유실된 작품들에서 비롯하는 수수께끼와, 그가 마법을 쓸 줄 알았다는 평판도 자리하고 있다. 전하는 이야기에 따르면, 그는 어린 시절 피렌체의 저잣거리를 거닐다 새장 속의 새들을 사서 풀어주었다고 한다. 예술과 자연의 비밀에 대해서 그가 한 일도 다르지 않았다. 말년에 그는 프랑스에 머물며 프랑수아 1세François I로부터 남부럽지 않은 대접을 받았다. 그런 뒤 레오나르도가 생을 마친 곳은 루아르강 앙부아즈 근방의 샤토 드 클루였다—이후 이곳은 세계에서 "이탈리아보다도 더 이탈리아적인 특징을 가진 이탈리아"라고 불리고 있다.[5] [레오나르도]

르네상스는 이탈리아, 또는 이탈리아에서 일어난 갖가지 유행에만 국한된 사조가 결코 아니었으니, 그 영향은 차츰 라틴 기독교왕국 전역으로 퍼져나갔다. 그런데 이러한 사실을 근대 학자들이 무시해버리는 경우가 더러 있다. 스위스 역사학자 야코프 부르크하르트Jakob Burckhardt가 쓴 《이탈리아 르네상스의 문화Die Kultur der Renaissance in Italien》(바젤, 1860)가 그러한데, 이 저작의 영향으로 많은 사람이 르네상스를 더 폭넓은 차원에서 인식하지 못하게 됐다. 그러나 알고 보면 이 시기의 지적 열정은 초기에는 북유럽, 특히 부르고뉴와 독일의 도시들에서 찾아볼 수 있었다. 프랑스 역시 이탈리아에서 유행하던 사조들과 함께 프랑스 지방만의 특색을 선보였다. 르네상스는 이탈리아 바로 인근의 나라들에만 국한돼 나타난 것도 아니었다. 예를 들어 르네상스는 스페인보다 헝가리와 폴란드에 더 깊은 영향을 끼쳤다. 거기다 정교회 세계의 경계에 다다르기 전까지 르네상스의 진격은 거침없이 이어져 도무지 넘을 엄두를 내지 못한 장벽은 하나도 만나지 않았다고 해도 좋았다. 물론 오스만제국에 흡수당한 나라들에서는 르네상스가 남긴 흔적이 미미했으며, 모스크바대공국도 실정이 크게 다르지 않아 르네상스의 예술작품을 몇몇 개 모방하는 수준에 그쳤다. 아닌 게 아니라, 르네상스가 동방은 제쳐두고 라틴교회를 믿는 서방에만 새 생명력을 불어넣은 결과, 동방과 서방 사이 간극은 더욱 벌어졌다.

르네상스의 동인은 무척 폭넓은 데서 찾아볼 수 있는 동시에 그 뿌리도 무척 깊다. 그 동인으로 도시의 성장과 중세 후기에 무역의 성장, 부유하고 영향력 있는 자본가 후원가들의 등장, 경제와 예술 생활 양면에 영향을 끼치게 된 기술의 발전 등을 들 수 있다. 그러나 영적 발전의 원천은 아무래도 영적 영역에서 찾아야만 할 것이다. 그런 면에서는 교회의 온갖 병폐와, 교회의 전통적 가르침을 둘러싼 낙담을 주된 원인으로 꼽을 수 있다. 르네상스나 종교개혁의 그 뿌리를 사상의 영역에서 찾게 되는 것은 결코 우연이 아니다.

15세기에 일어난 신학문the New Learning은 세 가지 면에서 매우 독특한 특징이 있었다〔"신학문" 또는 "학예부흥"은 "15, 16세기에 일어난 성경 또는 고전의 원전 연구"를 일컫는다). 그중 하나는 오랜 시간 인정받지 못해온 고전시대의 작가들, 특히 키케로나 호메로스 같은 이들이 새로이 세상의 빛을 보게 됐다는 점이다. 두 번째는 고대 그리스어가 재조명돼 라틴어를 보완하는 언어로 막대한 중요성을 갖게 됐다는 점이다. 세 번째는 이즈음 히브리어 및 그리스어 원전 비판을 바탕으로 한 성경연구가 크게 늘어났다는 점이다. 성경연구를 통해 속계의 르네상스와 종교계의 종교개혁 사이에는 중대한 연관이 생겨나게 되고, 이후 르네상스와 종교개혁 모두 성경의 권위가 갖는 중요성을 특별히 강조하게 된다. 고전시대 문헌에 대한 학자들의 비판적 연구는 인쇄술이 등장하기 한참 전에 이미 급속도로 늘어나고 있었다. 이번에도 그 선두에 선 것은 프란체스코 페트라르카였다. 그 뒤에서 조반니 보카치오, 과리노 과리니Guarino Guarini, 프란체스코 필렐포Francesco Filelfo, 레오나르도 브루니Leonardo Bruni, 아우리스파Aurispa, 그리고 불굴의 수집가이자 교황청 서기 잔 프란체스코 포조 브라치올리니Gian Francesco Poggio Bracciolini(1380~1459) 같은 이들이었다. 이 포조와 경쟁 관계에 있던 로렌초 발라Lorenzo Valla(1406년경~1457)는, 키케로식의 라틴어가 더 훌륭하다는 논지의 논문 〈라틴어의 우아함De Elegantiis Latinae Linguae〉을 썼으며 '콘스탄티누스의 기증'이 허위라는 사실을 만천하에 드러냈다. 그리스어의 전통도 발전하는바, 이 전통은 비잔티움 태생으로 한때 피렌체에 머물며 그리스어 교수로 일한 적 있는 마누엘 크리솔로라스Manuel Chrysoloras(1355~1415)와 시인이자 호메로스 작품 번역가 안젤로 폴리치아노Angelo Poliziano(1454~1494) 덕에 발전할 수 있었던 것으로,

플라겔라티오 FLAGELLATIO

■ 1447년에서 1460년 사이의 어느 시점에 피에
■ 로 델라 프란체스카Piero della Francesca(1415
년경~1492)가 〈태형笞刑. Flagellazione〉이라고 일반적
으로 알려진 작은 습작을 하나 그렸다("채찍찔 당하는
예수" "책형磔刑"이라는 제목으로도 알려져 있다). 오늘날
(이탈리아) 우르비노의 마르케국립미술관에 소장돼 있
는 이 그림은, 두 폭 구조를 취한 점, 건축학석 세부를
담은 점, 원근법을 뛰어나게 활용한 점, 무엇보다 수수
께끼 같은 알레고리가 들어 있다는 점에서 눈여겨볼
작품이다(1474쪽 도판 39 참조).[1] 이 그림은 서로 다른
두 영역으로 뚜렷하게 나뉜다. 왼쪽에는 고풍스러운
뜰 안의 진주빛 내측 공간에서 야밤의 태형이 행해지
고 있다. 오른쪽에는 탁 트인 정원에서 커다란 성인 남
자 셋이 서서 대화를 나누고 있다. 왼쪽의 은은한 달
빛이 오른쪽에서 쏟아지는 날빛에 실려 멀리까지 퍼져
나가고 있다. (「플라겔라티오」는 라틴어로 "편태鞭笞" "매질"
"태형"을 뜻한다.)

그림의 건축적 요소들은 기이할 정도로 모호하다. 총
독관저praetorium의 뜰은 하나부터 열까지 고전적이
다. 판석들을 이어붙인 육중한 지붕을, 세로 홈이 파
인 코린트 양식 기둥들이 대리석 보도 위에 두 줄로
늘어서서 지탱하고 있다. 그림 정중앙에는 죄수가 기
둥에 묶여 있는데, 예루살렘을 상징하는 이 아엘리아
카피톨리나Helia(Aelia) capitolina 꼭대기에는 황금 조
각상이 얹혀 있다. 그런데 그와 나란하게 돌출식 전망
대가 딸려 있는 중세풍의 저택이 두 채 서 있다. 위로
는 푸르른 하늘이 한 조각 펼쳐진다. 그림 한쪽은 과
거를, 다른 한쪽은 현재를 배경으로 하고 있는 셈이다.
두 패로 나뉜 등장인물들 사이에서는 어떤 식의 명확
한 연결도 드러나지 않는다. 뜰의 채찍질을 지켜보는
것은, '팔라이올로고스왕조풍의 모자를 쓴 채 의자에
앉아 있는 관리, 터번을 쓴 아랍인 혹은 튀르크인, 짧
은 로마식 토가를 입은 두 종자從者가 있다. 그림 전면

의 정원에 자리한 패는, 둥그런 모자와 적갈색 예복과
부드러운 가죽신에 수염을 기른 그리스인, 붉은색 겉
옷에 월계관을 쓴 맨발의 젊은이, 모피로 가장자리를
댄 플랑드르식 차림의 부유한 상인으로 구성돼 있다.
프란체스카는 원근법을 활용해 죄수라는 작은 인물상
에 시종 중심 초점이 쏠리도록 한다. 한 방향을 향하
는 빛살의 선들, 지붕의 판석들과 기둥들, 뒤로 갈수록
줄어드는 보도의 대리석 판들은 그 안에서 행해지는
행위를 강조하는 건축학적 설정의 교과서적 예시다.[2]
알레고리와 관련해서는, 프란체스카의 예술을 적
극 옹호하는 한 저명한 비평가가 이 그림은 상충하
는 해석이 너무 많아 일일이 언급하기 어려울 정도
라고 말한 바 있다.[3] 종래의 견해에서는 〈태형〉이 빌
라도 앞에서 채찍질을 당하는 그리스도를 그린 것
이라고 본다. 맨발의 젊은이를 (우르비노공국 초대 공
작)오단토니오 2세 다 몬테펠트로Oddantonio II da
Montefeltro(1427~1444)라고 본 논평가도 많았다. 하
지만 그렇다고 하기에는 비잔티움의 색채가 너무 강하
게 묻어난다. 그래서 당대에 세간을 가장 떠들썩하게
했던 오스만인의 콘스탄티노폴리스공성전 및 정복과
관련해 여러 가지 해석이 제시된다. 이 경우, 그림 속
의 죄수는 그리스도가 아니라 비잔티움인에게 붙잡혀
순교자의 길을 걸어야 했던 7세기의 로마 교황 성 마
르티노 1세St Martin I(재위 649~655)일수 있다. 책형
을 관장하고 있는 관리도 빌라도가 아니라 비잔티움의
황제일 수 있다. 그림 전면의 세 인물은 만토바공의회
Council of Mantua(1459)에 참석한 사람들일 수 있는
것이, 거기 참석한 한 그리스인 사절이 십자군을 결성
해 비잔티움제국을 구해줄 것을 간곡히 호소하고 있
다는 해석이다.

그러나 영국의 한 저명한 권위자(미술사가 존 포프 헤네
시)는 이 그림이 '성 히에로니무스의 꿈The Dream of
St Jerome'을 표현한 작품임을 추호도 의심하지 않는
다. 히에로니무스(420년 몰)는 생전에 이교도인 키케로
의 책을 읽은 죄목으로 태형을 당하는 꿈을 꾼 적이

있었다. 이 해석에 따르면, 그림의 두 부분 사이에 나타나는 불일치도 설명될 수 있을 것이다. 전면의 세 인물―두 사람과 '맨발의 천사 하나'―은 '성 히에로니무스의 꿈 이야기를 통해 고전문학과 교부철학 문헌의 관련성을 논의하는 중이다.'[4]

선 원근법linear perspective은 당대 예술계에 큰 풍파를 일으켰다.[5] 프란체스카와 한 시대를 살았던 〔화가〕 파올로 우첼로(1397~1475)는 이 기법을 보고 얼마나 놀랐는지 잠자던 아내를 깨워 이야기를 나눴을 정도였다. 선 원근법은 평면의 2차원 표면 위에 3차원 세계의 현실감 있는 이미지를 만들어낼 수 있는 회화 체계였다. 이를 계기로 인간의 눈에 비친 세상을 화폭에 담으려는 노력이 시작됐으니, 그만큼 이 기법은 중세 예술의 경직된 비율을 근본적 차원에서 거부했다는 특징이 있었다. 원근법은 필리포 브루넬레스키(1379~1446)가 고전시대 건축을 탐구하며 처음 발견했으며, 레온 바티스타 알베르티의 〈회화론De Pictura〉(1435), 프란체스카의 〈회화에서의 원근법에 대하여De prospectiva pingendi〉(1475년 이전), 알브레히트 뒤러의 〈원근법 Treatise on Measurement〉(1525) 등을 필두로 수많은 연구 논문에서 상세히 다뤄졌다. 원근법의 규칙들로는, 평행하는 선들이 그림 안에서 가상의 '소실점 vanishing-point' 및 '지평선horizon line'을 향해 하나로 모여야 한다는 것, '관찰점viewing point'으로부터의 거리에 따라 물체의 크기가 작아져야 한다는 것, 시선의 중앙선을 따라 놓여 있는 상들은 점점 축소돼야 한다는 것이다.[6] 이 원근법의 선구적 사례는 피렌체의 세례당(산조반니세례당) 안에 자리한 로렌초 기

베르티(1378~1445)의 〔성당 청동 문〕〈천국의 문Porta del Paradiso〉(1401~1424)의 청동 판화들, 산타마리아노벨라성당의 네이브에 자리한 마사초(1401~1428)의 〈성 삼위일체Trinità〉(1427년경) 프레스코화를 꼽을 수 있다. 그 외에 우첼로의 〈산로마노의 전투Battaglia di San Romano〉(1450년경), 안드레아 만테냐의 〈예수의 죽음에 대한 한탄Lamento sul Cristo morto〉(1480년경), 레오나르도 다빈치의 〈최후의 만찬The Last Supper〉(1497)도 표준적 작품들로 꼽힌다.

이후 원근법은 재현예술representational art〔실제로 있는 사물의 외형을 사실적으로 표현하는 예술〕을 400년 동안 지배하게 된다. 레오나르도는 원근법을 "회화를 끌고 가는 고삐이자 방향키"라 일컬었다.[7] 현대의 한 비평가〔존 버거〕는 원근법을 "세상을 바라보는 유럽만의 고유한 방식"이라 부르기도 했다.[8] 당연한 일이겠지만, 종국에 가서 현대 예술가들이 전통적 기법들을 해체하기 시작했을 때, 선 원근법도 그 목표물 중 하나가 됐다. 조르조 데 키리코Giorgio de Chirico(1888~1978)와 그가 결성한 스콜라 메타피지카Scuola Metafisica 〔형이상회화파形而上繪畵派〕는 〈불안하게 하는 뮤즈들 The Disquieting Muses〉(1917)과 같은 작품들 속에서 제멋대로인〔곧 작가 임의의〕 원근법의 효과를 탐구했고, 파울 클레Paul Klee도 〈원근법의 환영Phantom Perspective〉(1920)에서 마찬가지의 작업을 행했다. 종이 위에 모든 선이 결국 착시를 다루고 있음을 보여주는 시각적 수수께끼 같은 작품을 만들어내는 일은 네덜란드의 마우리츠 코르넬리스 에스허르Maurits Cornelis Escher(1898~1972)의 몫으로 남겨졌다.

〔인상〕

레오나르도 LEONARDO

■
■ 레오나르도 다빈치Leonard da vinci(1452~1519)는 왼손잡이에, 동성애자인 기술자였으나, 그 이름은 그가 부업으로 그렸던 회화를 통해 가장 널리 알려졌다. 레오나르도는 피렌체의 법률가와 빈치 마을

출신의 한 농군 아가씨 사이에서 태어난 사생아였다. 유럽의 모든 '천재'를 통틀어 가장 다재다능하다고 두루 평가를 받는 이가 레오나르도다. 레오나르도가 그린 그림들 중 지금까지 전해지는 작품은 10여 점에 불과하며 그마저 일부는 미완성으로 남아 있다. 그러나 그 십수 점 에 최고로 손꼽히는 걸작들이 포함돼 있으

니, 파리에 있는 〈모나리자Mona Lisa〉(루브르박물관), 밀라노(산타마리아델레그라치에교회)에 있는 〈최후의 만찬 The Last Supper〉(이탈리아어 L'Ultima Cena), 크라쿠프(폴란드 차르토리스키미술관)에 있는 〈담비를 안고 있는 여인Lady with an Ermine〉 등이 그러하다. 왼손잡이였던 까닭에 글을 쓸 때 레오나르도는 오른편에서 왼편으로 적어나갔고, 따라서 그가 남긴 기록들은 거울에 비춰야만 비로소 읽을 수 있었다. 또한 그는 성性적 성향으로 말미암아 기생충처럼 붙어 지내던 살라이Salai를 부양해야 했으며, 늘 고발당할지 모른다는 두려움에 떨며 지냈다('살라이'는 레오나르도의 제자이자 이탈리아 화가다(1480~1524). 본명은 잔 자코모 카프로티Gian Giacomo Caprotti da Oreno다. 레오나르도는 "작은 악마"라는 의미의 "살라이"라는 별칭으로 즐겨 불렀다). 레오나르도가 남긴 가장 귀중한 유산은 아마 방대한 분량으로 써 내려간

체계적 내용의 노트들일 텐데, 노트에는 당대엔 빛을 보지 못한 수천 가지의 장치 및 발명품에 대한 스케치와 설명들이 실려 있다.[2] 당연한 일이겠으나, 레오나르도는 천재성의 요소를 수치로 측정했던 모든 사람에게 늘 관심의 대상이었다.

레오나르도가 죽은 후, 그의 천재성을 복제하려는 시험이 시도됐다. 레오나르도의 이복동생 바르톨로메오Bartolomeo가 레오나르도의 친모와 같은 마을에 살던 아가씨를 찾아내 그녀와의 사이에서 아들을 하나 낳고, 그 아이를 피렌체의 화실에 보내 공부시키며 키운 것이다. 이 피에리노 다빈치Pierino da Vinci(1530~1553)는 과연 대단한 재능을 나타냈다. 그가 한창 때에 그린 그림들은 미켈란젤로의 작품이라는 오인을 받을 정도였다. 그러나 그는 자신의 천재성이 채 성숙하기도 전에 죽었다.

왼손잡이
티베리우스
미켈란젤로 부오나로티
카를 필리프 에마뉘엘 바흐
조지 2세
허레이쇼 넬슨
토머스 칼라일

추정 IQ
존 스튜어트 밀 190
요한 볼프강 폰 괴테 185
토머스 채터턴 170
볼테르 170
조르주 상드 150
볼프강 아마데우스 모차르트 150
조지 고든 바이런 150
찰스 디킨스 145
갈릴레오 갈릴레이 145
나폴레옹 1세 140
빌헬름 리하르트 바그너 135
찰스 다윈 135
루트비히 판 베토벤 135
레오나르도 다빈치 135

뇌 방사선 수치[1]
(브룬러 지수 500 ↑ = '천재')
레오나르도 다빈치 720
미켈란젤로 부오나로티 688
키케로(손금쟁이) 675
헬레나 블라바츠키 660
티치아노 660
프리드리히 대왕 657
라파엘로 649
프랜시스 베이컨 640
렘브란트 하르먼스 판레인 638
요한 볼프강 폰 괴테 608
나폴레옹 1세 598
프레데리크 프랑수아 쇼팽 550
엘그레코 550
그리고리 예피모비치 라스푸 526
파블로 피카소 515
베니토 무솔리니 470
알베르트 아인슈타인 469
지크문트 프로이트 420

동성애자
사포
알렉산드로스 대왕
율리우스 카이사르
푸비우스 아일루스 하드리아누스
사자심왕 리처드
안젤로 폴리치아노(학자)
산드로 보티첼리
교황 율리오 2세
올리비에로 카라파(추기경)
헨리 3세
프랜시스 베이컨
제임스 6세, 1세
장-바티스트 륄리
크리스티나 여왕(스웨덴)
프리드리히 대왕
알렉산더 폰 훔볼트
한스 크리스티안 안데르센
표트르 일리치 차이콥스키
오스카 와일드
마르셀 푸르스트
존 메이너드 케인스

1453년 이후 그리스인 망명객과 그리스어 필사본이 대거 유입되면서 부쩍 큰 관심을 받았다. 그 이후의 학자들 세대에 지배적 영향을 끼친 인물로는 이탈리아에서는 그리스와 동방 전문 학자로 카발라를 탐구한 조반니 피코 델라미란돌라Giovanni Pico della Mirandola(1463~1494)와 마르실리오 피치노Marsilio Ficino(1433~1499)를 꼽을 수 있다. 프랑스에서는 자크 르페브르 데타플Jacques Lefèvre d'Étaples(1455~1537)과 기욤 뷔데Guillaume Budé(1467~1540)가 지배적 영향을 끼쳤으며, 독일에서는 히브리어 학자 요하네스 로이힐린Johannes Reuchlin(1455~1522)과 방랑 기사 울리히 폰 후텐Ulrich von Hutten(1488~1523), 필리프 멜란히톤Philipp Melanchthon(1497~1560) 등의 영향력이 컸다. 이와 가운데서도 과학의 미래와 관련해 특히 의미심장한 일을 꼽자면 피치노가 알렉산드리아의 헤르메스 트리스메기스투스Hermes Trismegistus의 저작을 번역해낸 사실일 것이다. 이와 같은 운동이 한창 활발히 진행되는 도중에 인쇄기도 때맞춰 등장했다. [카발라] [인쇄] ["헤르메스 트리스메기스투스"는 그리스 신神 헤르메스와 이집트 신 토트의 혼합 조합에서 유래한 전설적 헬레니즘 인물로, 신비설·신지학神知學·점성학·연금술 등에 관한 여러 문헌의 저자로 여겨지고 있다. 이 "헤르메스주의 문헌"은 15세기 르네상스 신플라톤주의학자들에게 중요한 참고문헌이었다.]

이러한 '인문주의자들humanists'은 패를 결성해 열성적으로 운동을 펼쳤고 이내 그런 모임들이 옥스퍼드와 살라망카에서 크라쿠프와 르부프에 이르기까지 유럽 전역에 속속 생겨났다. 모임을 도운 후원자들은 헨리 보퍼트Henry Beaufort 추기경부터 즈비그니에프 올레시니츠키Zbigniew Oleśnicki 추기경에 이르기까지 당대 내로라하던 성직자들인 경우가 많았다. 이 인문주의자들은 고대인들을 경외해 마지않았다는 점에서는 한결같았으니, 이들 내에서 다시 작은 동아리를 이루고 있던 치리아코 단코나Ciriaco d'Ancona가 내건 구호가 무색하지 않았다. "이제 나는 죽은 자를 깨우러 간다." 이들이 또 다 같이 경외해 마지은 인물이 있었다―로테르담의 에라스뮈스였다.

헤르하르트 헤르하르츠Gerhard Gerhards(1446년경~1536)는 로테르담 태생의 네덜란드인으로, 본명보다 '데시데리우스Desiderius'와 '에라스뮈스Erasmus'라는 라틴어 및 그리스어 필명으로 더 널리 알려져 있었으며 당대에 기독교의 인문주의를 현실에 실행한 주요 인물이었다. 데벤테르의 학자이자, 위트레흐트의 성가대원이자, 캉브레 주교의 서기관이자, 런던과 케임브리지도 자주 방문했던 에라스뮈스는 "하느님의 성품을 과학적으로 연구하는 데서 스스로 구심점이 됐으며 […] 그 자신이 고전시대의 풍부한 학식과 문학적 소양을 판가름하는 시금석 노릇을 했다."[6] 본격적으로 개막된 인쇄술의 시대의 역사상 최초의 진정한 대중작가 중 한 사람으로 ―에라스뮈스의 《모리아이 엔코미움Moriae Encomium》《우신예찬愚神禮讚》, 1511)은 그의 생전에만 43판을 찍었다― 그는 새로이 일어난 인문주의를 가톨릭의 전통과 결합하는 데서 그 누구보다 많은 일을 했다. 그의 《엔키리디온 밀리티스 크리스티아니Enchiridion Militis Christiani》《기독교 병사의 지침서》, 1503)도 대중적으로 큰 성공을 거뒀다. 에라스뮈스는 자신의 절친한 벗 토머스 모어와 마찬가지로, 플라톤의 사상을 신봉한 것 못지않게 사도 바울의 가르침도 굳게 믿었다. 에라스뮈스의 이름으로 그리스어 《신약성경》(1516)이 출간돼 나온 것은 역사에 한 획을 긋는 대사건이라 할 만했다. 책의 서문에는 다음과 같은 유명한 구절이 들어 있다.

> 모든 여인이 한 사람도 빠짐없이 복음서와 사도 바울의 서간문을 읽었으면 하는 것이 나의 바람이다. 이 글들이 이 세상 모든 언어로 번역됐으면 하는 것 역시 나의 바람이며 [⋯] 스코틀랜드인과 아일랜드인도 그렇고, 튀르크족과 사라센들까지도 이 내용을 이해했으면 하는 것이 나의 바람이다. 농부가 밭에서 쟁기질을 하며 짤막하게 성경의 구절들을 읊조릴 수 있기를 나는 바라며, 직조공이 베틀을 움직이며 그 곡조에 맞추어 시편 구절을 흥얼거릴 수 있기를 나는 바란다.[7]

그러나 아마도 에라스뮈스의 가장 매력적인 부분은 한 사람 안에 상반되는 기질들이 아주 절묘하게 배합돼 있었다는 사실일 것이다. 그는 성직자이면서도 반反교권주의의 기질을 강하게 드러냈고, 학자이면서도 현학적 태도에는 지독히 넌더리를 냈으며, 왕과 황제가 주는 연금을 받으면서도 왕과 제후들을 향해 거침없는 비난을 쏟아냈다. 또 그는 진정한 청교도로서 교회가 일삼은 폐단들에 반대하고 나섰음에도 정작 종교개혁 운동에는 일절 참여하지 않는가 하면, 헌신적 인문주의자인 동시에 헌신적 기독교도로서의 면모도 갖고 있었다. 에라스뮈스가 쓴 책들은 수 세기 동안 교회의 금서 목록에 올라 있었으나, 잉글랜드·스위스·네덜란드에서는 그의 책들이 자유롭게 인쇄돼 나왔다. 아울러 에라스뮈스는 온화한 절제의 정신과 촌철살인의 위트를 동시에 뿜낸 인물이었다. 그는 교황 율리오 2세를 두고 로마를 향해 묻기도 했다. "설마 그런 일은 없겠지만, 만일 제일 높은 자리에 앉아 있는 교황들 즉 그리스도의 대리인들이기도 한 그들이 그리스도께서 하셨듯 정말 평생 가난하고 고생스레 일해야 하는 삶을 살게 된다면 과연 그들은 어떻게 될까." 이 질문에 에라스뮈스는 이렇게 답했다. "아마도 수천 명의 율법학자, 아첨꾼, [⋯], 노새몰이꾼, [⋯], 그리고 포주들이 일거리를 잃고 말 것이다."[8] 또 그는 다음과 같은 글을 써서 종교재판소를 격노하게 만들기도 했다. "그리스도는 어느 정도는 자신도 어리석지 않을 수 없었다. 그렇지 않고서는 어리석은 인간들을 도울 재간이 없었을 테니까."[9]

에라스뮈스는 이 시대 언어에 지대한 영향을 끼쳤다. 《아다지아Adagia》라는 주해가 달린 그의 금언 선집은 세계 최초의 베스트셀러였으며, 이 작품으로 3000개가 넘는 고전시대의 격언과 구절들이 대중의 입에 널리 오르내렸다.

oleum camino	불 위에 기름 (붓기)
ululas Athenas	아테네에 올빼미 (보내기)
iugulare mortuos	시체의 목을 자르다
mortuum flagellas	죽은 (말에) 채찍질
asinus ad lyram	리라에 엉덩이 (대기)
arare litus	해변에서 쟁기질
surdo oppedere	벙어리 앞에서 험담하기
mulgere hircum	숫염소 젖 짜기
barba tenus sapientes	수염의 길이만큼이나 지혜로운[10]

인문주의Humanism라는 말은 신학문을 선봉이자 촉매제로 삼아 일어난 더 폭넓은 차원의 지적 운동에 붙인 이름이기도 하다. 이 운동에서 무엇보다 눈에 띄는 부분은 사람들의 관점이 신정주의 즉 하느님을 중심으로 삼았던 중세의 세계관에서 인간을 중심으로 삼는 르네상스의 세계관으로 급속히 옮아갔다는 데 있었다. 이 운동이 내건 공약은 조반니 피코 델라미란돌라의 논문 〈인간 존엄성에 관한 연설Oratio de hominis dignitate〉(1486)에 그 내용이 잘 드러나 있었으며, 인문주의 정신은 이윽고 지식과 예술의 모든 분과로 두루 퍼져나갔다. 아울러 인문주의 사조 속에서 인간의 개성은 더욱 중시됐으니, 이러한 분위기는 개인 각자가 가진 독특한 특성과 가치를 새로이 강조하게 된 데서 생겨난 것이었다. 인문주의의 공로는 이뿐만이 아니어서 변화의 과정을 다루는 학문으로서의 역사와, 더 나아가 진보의 개념까지도 탄생시켰다. 과학—다시 말해 시험이나 실증을 거칠 수 없는 것은 그 어떤 것도 진리로 간주될 수 없다는 원칙—이 꿈틀거리며 태어난 것도 인문주의와 관련 있었다. 종교 사상에서는 프로테스탄트가 개인의 양심을 강조하는 데서 인문주의가 필수적 선결요건 노릇을 했다. 예술에서는 인문주의가 일어난 것과 동시에 인간 신체를 비롯해 인간 얼굴의 독특성uniqueness에 대한 관심이 되살아났다. 정치에서는 인문주의 덕분에 기독교왕국에 속한 공동체가 아닌 주권국가로서의 사상이 강조됐고, 이로부터 근대 국민성이 첫발을 뗐다. 주권 국민국가는 자율적 존재인 인간 개개인이 모인 집합체라는 의미를 갖고 있다. [국가]

르네상스의 인문주의는 아득한 옛날 이교가 남긴 유물들을 애호하고 또 인간의 비판력을 활용해야 한다고 강조했던 만큼 당대 만연한 기독교 관습의 사고방식이나 그 안에 들어 있는 여러 가정과는 모순되는 면들이 있었다. 따라서 고의는 아니라 해도 르네상스 인문주의들이 종교를 자꾸 무너뜨리니 되도록 르네상스 인문주의를 억눌러야만 한다는 게 당시 전통주의자들의 믿음이었다. 그로부터 500년 뒤에는 기독교왕국의 와해가 훨씬 극심한 지경에 다다랐고, 이제까지 수많은 기독교 신학자는 그 모든 파국의 원인을 르네상스 인문주의의 탓으로 봐왔다. 한 가톨릭 철학자는 다음과 같이 말했다.

> 르네상스와 중세의 차이는 무언가를 더한 데 있었던 게 아니라 무언가를 뺀 데에 있었다. 중세에 인간을 더한 것이 아니라 중세에서 하느님을 뺀 것이 […] 르네상스였다.

미국의 한 프로테스탄트의 표현은 그나마 관대했다. "르네상스는 지극히 비非기독교적 개념 즉 자율적 개인이라는 개념을 키워낸 진정한 요람이다." 하지만 그중에서도 가장 단호한 입장을 보인 것은 한 러시아 성교회 신자의 말이었다.

> 르네상스 인문주의는 인간의 자율성과, 문화의 창조, 과학, 예술의 영역에서 인간의 자유를 인정해주었다. 바로 여기에 르네상스 인문주의의 진실이 놓여 있으니, 중세 기독교 신앙이 가져다 놓은 장애물과 금기를 인간의 창조력으로 훌쩍 뛰어넘는 일이 무엇보다 중요했다. 그러나 안타깝게도 르네상스 인문주의는 인간이 모든 것을 자신의 힘만으로 해낼 수 있다는 주장도 내놓기 시작했고, 그러면서 인간과 기독교 신앙의 영원한 진리 사이에 깊은 골이 파이기 시작했다. […] 근대 역사의 비극이 솟아나는 근원이 바로 여기에 있다. […] 이제 하느님은 인간의 적이 됐고 인간도 하느님의 적이 됐다.[11]

이와 마찬가지의 이유로, 근대 들어 기독교 신앙에 서슴없이 경멸감을 드러낸 수많은 사람—마르크스주의자, 과학 사회학자, 특히 무신론자—은 르네상스가 유럽 해방의 계기를 마련해줬다며 환영해 마지않았다. 그러나 이것만큼 르네상스 시대의 거장들을 더 아연실색케 하는 것도 아마 없을 것이다. 르네상스의 거장 중에는 자신이 지향한 인문주의와 자신이 믿은 종교 사이에서 어떤 식이든 모순을 발견했던 이가 거의 없었다는 점에서다. 이 점은 오늘날 대부분의 기독교도들도 마찬가지일 것이다. 데카르트의 합리주의에서부터 다윈의 과학에 이르기까지 이제껏 르네상스 시대에 일어난 모든 발전이 종교와 상극에 있다고 여겨온 것은 근본주의자들이었다. 기독교 신앙은 오히려 그 모든 발전에 적응하고 그것들과 조화하려는 모습을 보여왔다. 물론 인문주의를 저 혼자 내버려두면 어떤 경우가 됐든 그 자체의 논리를 밟아 결국 무신론이라는 종착점에 이를 게 자명하다. 그러나 과거 유럽의 주류 문명은 그와 같은 극단적인 길을 따르지 않았다. 유럽 문명은 그 뒤에 이어진 온갖 갈등을 수없이 거치며 신앙과 이성, 전통과 혁신, 관습과 신념 사이에서 새롭고도 늘 변화하는 종합의 과정을 이뤄냈다. 르네상스 시대 들면서 세속적 주제를 다루는 일이 눈에 띄게 늘어난 것은 사실이지만, 유럽 예술 가운데에는 작가들이 혼신의 힘을 다해 종교적 주제를 다룬 경우가 압도적으로 많았다. 아울러 르네상스 시대의 위대한 거장들은 하나같이 종교적 믿음을 견지하고 있었다. 미켈란젤로 부오나로티Michelangelo Buonarroti(1474~1564)—피렌체에 서 있는 〈다비드상David〉(1504)을 조각한 조각가이자, 시스티나성당의 천장화를 그린 화가이자, 성베드로성당에 돔을 올린 건축가였다—가 기나긴 생의 막바지에 다음과 같은 종교적인 시를 지어 마음의 위안을 찾은 것도 어쩌면 지극히 당연했다.

Giunto è già 'l corso della vita mia,
con tempestoso mar per fragil barca,
al commun porto, ov'a render si varca
conto e ragion d'ogni' opra trista e pia.
Onde l'affettuosa fantasia,
che l'arte me fece idol' e monarca,
conosco or ben, com'era d'error carca,
e quel c'a mal suo grado ogn'uom desia.
Gli amorosi pensier, già vani e lieti,
che fien'or, s'a due morti m'awicino?
D'una so 'l certo, e l' altra mi minaccia.
Né pinger né scolpir fia più che quieti
l'anima volta a quell' Amor divino
c'aperse, a prender noi, 'n croce le braccia.

지금껏 이 생이 거쳐온 길
한쪽의 조각배 타고 거친 풍랑 이는 바다 건너
모두가 가닿는 항구에 다다르기, 그곳에서는
우리가 저지른 모든 악행과 선행에 구실을 대야 하네.
기분 좋게 펼치는 상상의 나래
그곳에서는 예술이 나의 우상이자 나의 군주
하지만 이제 보이네 내가 한 짐 가득 실수를 지고 살아왔음을
그리고 보이네 모든 이가 무엇을 바라다 스스로에게 해를 끼치는지를
한때는 밝고 즐겁던 사랑에 대한 생각들
이제 두 개의 죽음이 나를 덮쳐오니, 그것들이 다 무슨 소용인가

죽음 하나는 당연한 일이거니 받아들이겠으나 다른 하나가 나를 짓누르는구나.

그림도 조각도 진정한 휴식은 내게 주지 못하니

내 영혼은 거룩한 사랑을 향한다

십자가 위에서 두 팔을 벌리고 우리를 감싸 안으시는 그 사랑을.[12]

르네상스 시대 사고에서는 교육이 막중한 역할을 했다. 신인간New Man을 만들어내는 일은 어린 시절의 학교 공부에서부터 시작돼야 한다는 사실을 인문주의자들은 잘 알았다. 그래서 르네상스 시대에는 교육 관련 논문과 실험도 ―비토리노 다 펠트레Vittorino da Feltre(1378~1446)부터 에라스뮈스의 《기독교 군주의 교육론Institutio principis Christiani》(1516)에 이르기까지― 봇물을 이루었다. 인문주의자들은 기독교가 다져놓은 교육 기반을 잘 지켜나가되 젊은이들의 정신과 신체 양면의 재능 발달을 바람직한 이상으로 삼았다. 학생들에게 그리스어 및 라틴어와 체육교육을 병행한 것도 이런 목적에서였다. 이와 같은 새로운 형식을 갖춘 학교로는 비토리노가 만토바에 세운 학교가 역사상 최초의 선례로 꼽힐 때가 많다. 나중의 사례로는 런던에 재설립된 세인트폴학교St Paul's School(1512)가 있다.

르네상스 음악의 주된 특징은 미사 전례에 깔리는 배경으로 다성음악이 발달한 것과 비종교 분야에서도 합창음악이 출현한 것을 들 수 있다. 이 분야의 최고 거장들로 꼽히는 조스캥 데 프레Josquin des Prés(1445년경~1521)와 클레망 잔캥Clément Jannequin(Janequin)(1485년경~1558)은 프랑스에서만 아니라 이탈리아에서도 뛰어난 명성을 자랑한 작곡가들로 소리를 도구 삼아 장대한 파노라마를 그려냈다. 잔캥의 〈새들의 노래Le Chant des Oiseaux〉 〈파리의 외침Les Cris de Paris〉 〈마리냐뇨전투La Bataille de Marignan〉 같은 작품들에서는 곳곳에 기쁨과 에너지가 넘쳐난다. 마드리갈madrigal이라는 기법이 유럽 전역으로 전파돼 류트 연주자들로 구성된 한 국제적 음악파에서는 마드리갈 기법을 능숙하게 선보이기도 했다("마드리갈"은 14세기에 이탈리아에서 일어난 자유로운 형식의 가요다. 짧은 목가牧歌나 연애시 등에 곡을 붙인 것으로 명랑하고 즐거운 기분을 나타내는 것이 많으며, 보통 반주가 없이 합창으로 부른다).

르네상스 미술을 다룬 교과서들에서는 흔히 르네상스를 세 시기로 딱 잘라 말하는 경향이 있다. 맨 첫 단계로 이른바 '혁신innovation'이라 불리는 15세기 초반 르네상스the Early Renaissance가 있었고, 그뒤로 '조화의 성취harmony attained'로 특징지어지는 성기盛期 르네상스the High Renaissance가 이어졌으며, 맨 나중에는 모방의 성향이 강한 타성의 시대가 나타났다고 말이다. 르네상스의 혁신을 이룩한 위대한 인물들로는 원근법의 정복자 파올로 우첼로Paolo Uccello(1397~1475), 생동감 넘치는 행동 묘사의 달인 안드레아 만테냐Andrea Mantegna(1431~1506), 풍경과 인간의 형상을 조합하는 기술의 대가 산드로 보티첼리Sandro

Botticelli(1446~1510)를 꼽고는 한다. 르네상스를 풍미한 최고의 거인들로는 레오나르도, 라파엘로 산티Raffaello Santi(라파엘로 (산치오)Raffaello Sanzio)(1483~1520), 힘이 넘치는 미켈란젤로를 꼽는 것이 보통이다. 이 거물들을 모방한 이들은 손에 꼽을 수도 없이 많았다. 그러나 모방은 일종의 아첨이기도 하다. 그래도 르네상스 시대에 인간의 얼굴과 신체, 풍광과 빛을 다루는 방식에 대폭 변화가 일어난 것은 사실이었다. 라파엘로가 창조해낸 성모마리아만 해도 중세의 성상들과 견줄 때 전혀 다른 세상의 정취가 느껴지지 않는가.

그러나 지나치게 획일적으로 구분 짓는 일들은 없어야 할 것이다. 그 이유는 첫째, 르네상스 시대에는 혁신적 작품들을 만들어내는 일이 끊임없이 이어졌기 때문이다. 코레조Correggio(안토니오 알레그리Antonio Allegri)(1489~1534)를 비롯해, 베네치아 출신의 티치아노 베첼리오Tiziano Vecellio(티치아노Titan, 1477~1576), 야코포 로부스티Jacopo Robusti(틴토레토Tintoretto, 1518~1594), 크레타 출신의 도미니코스 테오토코풀로스Doménikos Theotokópoulos(엘그레코El Greco, 1541~1614, 베네치아를 거쳐 톨레도로 건너와 활동했다)와 같은 화가들이 화폭에 대담하게 담아낸 형상과 색채는 그 어느 작품들보다도 혁신적 면모를 보여줬다. 거기 더해, 북부 유럽에서도 이런 경향이 부르고뉴 지방에서 처음으로 두드러지게 나타난 이래 강력하고 독립적인 형태로 미술이 발달해나갔다. 독일에서는 알브레히트 뒤러Albrecht Dürer(1471~1528), 뉘른베르크의 루카스 크라나흐Lucas Cranach(1472~1553), 풍경화가 레겐스부르크의 알브레히트 알트도르페르Albrecht Altdorfer(1480~1538), 초상화가 아우크스부르크의 한스 홀바인Hans Holbein(1497~1543)을 중심으로 화파가 형성돼 남부와 교류를 해나갔으니, 이들 역시 그 어디서도 찾아볼 수 없는 독보적 화풍을 선보였다. 마지막으로, 여전히 중세의 전통들과 밀접하게 연결된 채 힘이 넘치고 독창적인 작품을 만들어낸 예술가들도 빼놓을 수 없을 것이다. 재능이 비범했고 독일과 폴란드에서 활동한 제단 조각가 바이트 스토스Veit Stoss(폴란드어명 비트 스트보시Wit Stwosz, 1447년경~1533), 신비주의 화풍의 거장 마티아스 그뤼네발트Mathias Grünewald(1460년경~1528), 공상적 화풍으로 자신의 눈앞에 펼쳐진 지옥의 모습을 표현해낸 네덜란드 태생의 히에로니무스 보스Hieronymus Bosch(1516년 몰), 또 플랑드르 지역에서 이른바 '농민 장르peasant genre'의 그림을 주로 그린 피터르 브뤼헐 더 아우더(대大 피터르 브뤼헐)Pieter Bruegel de Oude(1525년경~1569)를 꼽을 수 있을 것이다.

르네상스 건축은 일반적으로 고딕 양식에 대한 반발이 특징이다. 피렌체의 '고전 양식' 건물들은 파치예배당(1430)이 가장 초기 사례로 당대에 많은 사람의 찬사를 받았다. 안드레아 팔라디오Andrea Palladio(1518~1580)가 지은 고전풍의 빌라들은 유럽의 귀족들이 하나같이 탐을 냈다. 정교한 삽화가 곁들어진 그의 《건축 사서四書, I quattro libri dell'architettura》(1570)는 베네치아에서 출판돼 웬만한 도서관에는 어김없이 구비돼 있었다. 한편 화약의 등장으로 성채가 퇴물로 전락하면서 이제 건축 자금은 주로 아름다운 궁궐 특히 루아르 지방에 귀족들의 거처를 짓 거나, 자치도시의 자긍심을 높이고자 뷔르거burgher(도시민)의 저택 한곳에 기념물을 조성하거 나, 독일과 홀란트에 회랑으로 둘러싸인 광장을 만들거나, 암스테르담에서 아우크스부르크·라이 프치히·자모시치에 이르기까지의 도시들에 이탈리아풍 시청사市廳舍를 짓는 데 들어갔다.

르네상스 문학은 속어의 사용이 폭발적으로 늘어난 데 그 특징이 있었는바, 이로써 문학이 세상을 모든 면에서 신선한 시각으로 바라볼 길이 열렸다. 그리하여 시험 단계 수준에 머물렀 던 인문주의자들의 작품들이 밀려나고 민족주의 정서가 꽃핀 문학작품들이 세상에 선을 보였 다. 아닌 게 아니라, 당대에는 통속어로 된 대중문학 전통이 있느냐 없느냐가 근대적 국가 정체 성(민족정체성)을 가지고 있는가의 핵심 요소로 여겨졌다. 이러한 전통은 프랑스어에서는 플레야 드Pléiade(칠성시인七星詩人)로 손꼽히는 시인들, 포르투갈어에서는 루이스 바스 드 카몽이스Luís Vaz de Camões(1524~1580), 스페인어에서는 미겔 데 세르반테스Miguel de Cervantes(1547~1616), 네덜란드어에서는 안나 베인스Anna Bijns(1494년경~1575)와 요스트 판 델 폰델Joost van den Vondel(1587년생), 폴란드어에서는 얀 코하노프스키Jan Kochanowski(1530~1584), 영국에서는 엘 리자베스 시대의 시인 및 극작가들인 에드먼드 스펜서Edmund Spenser(1552년경~1599), 크리스 토퍼 말로Christopher Marlowe(1564~1593), 윌리엄 셰익스피어(1564~1616)에 의해 확립될 수 있 었다. 이런 전통이 더 오래전부터 더 강하게 나타나고 있던 이탈리아에서는 루도비코 아리오스 토Ludovico Ariosto(1474~1533)와 토르콰토 타소Torquato Tasso(1544~1595) 등을 통해 그 흐름이 한층 강화됐다. [싱굴라리스]

그러나 유럽의 모든 언어 공동체에서 순수문학이 만들어져 나온 것은 아니었다. 시대에 서 한걸음 뒤쳐져 있던, 특히 독일·러시아·발칸반도의 공동체들은 여전히 종교적 목적의 저작 을 써내기에 여념이 없었다. 독일만 해도 루터의 저작들을 비롯해 제바스티안 브란트Sebastian Brant(1457~1527)의 《나렌시프Das Narrenschiff》(바보들의 배)(1494, (국내 출간 제목 "바보배")), 슐레 지엔 태생의 안드레아스 그리피우스Andreas Gryphius(1616~1669), 폴란드 왕 밑에서 역사서술가 historiographer로 일한 마르틴 오피츠Martin Opitz(1597~1639), 한스 야코프 크리스토펠 폰 그리 멜스하우젠Hans Jakob Christoffel von Grimmelshausen(1625년경~1676)의 피카레스크소설 《모험적 독일인 짐플리치시무스Der abenteuerliche Simplicissimus Teutsch》(일명 《바보이야기》, 1669)를 제하 면, 종교적 글들이나 《파우스트 박사Doktor Faustus》(1657)와 같이 대중 사이에서 널리 읽힌 폴 크스뷔셔Volksbücher(민중본民衆本) 이외 영역에서는 사람들이 눈여겨볼 책이 거의 출간되지 못 했다. [파우스투스] 중부유럽Central Europe에서는 중요한 문학 장르 하나가 라틴어로 계속해서 쓰 이는 경향이 나타났다. 이러한 신新라틴어 시문時文을 옹호했던 주요 인물로는 신성로마제국 최 초의 계관시인으로 '콘라두스 켈티스Conradus Celtis'(라틴어명)라고 불리기도 한 독일 태생의 콘라트 피켈Conrad Pickel(1459~1508), 헝가리 태생의 야누스 판노니우스Ianus Pannonius(헝가리어 명 야노시 체즈미체János Csezmicze)(1434~1472), 이탈리아 태생의 히에로니무스 프라카스토리우스 Hieronymus Fracastorius(이탈리아명 지롤라모 프라카스토로Girolamo Fracastoro), 1483~1553), 알치아티 Alciati(안드레아 알치아토Andrea Alciato)(1492~1550), 폴란드 태생의 요하네스 단티스쿠스Johannes Dantiscus(폴란드명 얀 단티셰크Jan Dantyszek)(1485~1548) 및 클레멘스 야니키우스Clemens Ianicius (클레멘스 야니츠키Klemens Janicki)(1516~1543)를 꼽을 수 있을 것이다.

분명히 말하지만, 당대의 르네상스와, 더 오래전부터 진행돼온 교회 개혁 운동 사이에는 얼마간 공통점이 있었다. 인문주의자들이나 장차 종교개혁가로 활동하게 되는 이들이나 화석처럼 굳어버린 교회 성직자들의 사고방식을 못 견디기는 마찬가지였고, 두 집단 모두 상위의 통치 계층으로부터 시달림을 당하고 있었다. 그뿐 아니라, 이 두 집단은 신약성경을 비판적으로 연구하는 분위기를 조성해 당대의 신세대에게 지금은 사라지고 없는 원시 기독교 신앙의 미덕들을 되찾을 수 있으리라는 꿈을 심어줬으니, 한때 사람들이 고전고대의 옛 정신이 살아 있는 시대가 다시 찾아오리라 믿었던 것과 별반 다르지 않았다. 둘 사이의 이런 연관성 때문에, 비록 제일 그럴싸한 비유는 아닐지언정, 사람들 사이에는 다음과 같은 말이 오가곤 했다. "에라스뮈스가 알을 낳고, 루터가 그 알을 부화시켰다."

종교개혁. 그러나 르네상스와 종교개혁the Reformation이 서로 연관은 됐다 해도 종교개혁을 그저 르네상스의 연장으로만 볼 수는 없다. 인문주의와 달리, 종교개혁은 중세에 가장 깊이 뿌리내렸던 종교적 전통들에 변화를 호소한 것이었고, 나아가 종교개혁 당시 세간을 휩쓸었던 종교 부흥의 물결은 학자들만 아니라 대중에게도 그 여파가 미쳤다. 종교개혁 운동은 가톨릭교회를 순수하게 지켜가겠다는 뜻을 가진 사람들에 의해 시작됐고, 개혁 운동 안에서 분파가 떨어져 나가려는 움직임이 일어났을 때 이들은 종교를 정화하고 하나로 통일하려는 노력을 배가해나갔다. 당시의 종교개혁은 관용을 지향했던 인문주의 정신과는 아무 상관이 없었다. 따라서 르네상스나 종교개혁의 원천들이 나중에 가서는 여러 흐름을 형성하고 각기 전혀 다른 방향으로 흘러갔다는 사실은 숨길 수 없을 것이다. 교회 개혁의 운동에서도 유사한 분열을 볼 수 있었다. 애초 광범위한 종교 부흥으로 시작된 운동이 결국 둘로 나뉘어 서로를 적대시하게 된 것으로, 후대에 두 운동은 각각 가톨릭 종교개혁the Catholic Reformation(반종교개혁, 반동종교개혁)과 프로테스탄트 종교개혁the Protestant Reformation(종교개혁)으로 명명된다.

15세기 말 들어 뚜렷하게 나타난 종교 부흥 운동은 대체로 성직자들의 타락에 대중이 염증을 느낀 데서 비롯한 것이라 할 수 있었다. 교회는 10년마다 한 번씩 반드시 공의회를 열겠다는 뜻을 밝혀놓고도 정작 1430년대 후로는 단 한 번도 공의회를 소집하지 않았다. 도미니크회 산

싱굴라리스 SINGULARIS

■ 개인주의individualism는 그간 '서구 문명'의 고
■ 유한 특질의 하나로 널리 제시돼왔으며, 미셸 드
몽테뉴Michel de Montaigne(1533~1592)는 스스로 개
인주의자의 선봉에 섰다 해도 무방할 인물이었다. ("싱
굴라리스"는 라틴어로 "단수(의)" "단독체(의)" "개체(의)"라는
의미다.)

> 이 세상에서 가장 대단한 일은, 어떻게 하면 내가 나
> 의 것이 될지 그 방법을 아는 것이다. 사람은 누구나
> 자기 앞에 있는 것들을 보게 마련이다. 그러나 나(몽
> 테뉴)는 나 자신의 내면을 본다. 나 자신 이외의 것에
> 는 아무 관심도 없다. 나는 늘 나 자신을 비춰본다.
> 나 스스로를 다잡고 나 자신을 음미한다. […] 어떤
> 것들은 우리가 사회에 빚지기도 하지만 그보다 훨씬
> 많은 부분을 우리는 스스로에게 빚지고 있다. 남들에
> 게 힘을 빌려주는 것도 필요하지만 오로지 자신에게
> 만 나를 쏟는 일도 필요하다.[1]

개인주의는 플라톤주의, 기독교의 영혼 이론, 중세 철
학의 유명론에서 그 뿌리를 찾아볼 수 있다.[2] 그러나
개인주의의 세가 크게 일어난 것은 르네상스와 함께
였으니, 야코프 부르크하르트는 비범한 개인들이 르네
상스의 주된 특징이라고 보았다. 인간존재에 대한 문
화적 관심, 개인의 양심에 대한 종교적 관심, 자본주의
사업에 대한 경제적 관심이 다 함께 개인을 무대 중앙
으로 데려다놓은 것이다. 존 로크(1632~1704)와 바뤼
흐 스피노자(1632~1677)를 필두로, 계몽주의에서는
줄곧 개인주의를 주제로 논의를 펼쳐나갔고, 결국에는
'개인의 자유'와 '인권'까지 유럽의 담론이 통상 다루는
화두로 끼게 됐다.

19세기에는 개인주의자 이론이 몇 갈래로 나누어 발
달해나갔다. 이마누엘 칸트는 생전 자기 이해를 무절
제하게 추구하는 것은 비도덕적이라고 언급한 바 있

었다. 개인과 사회 사이의 상충하는 이해를 화해시키
는 작업은 존 스튜어트 밀의 《자유론On Liberty》(1859)
에 맡겨졌다. 《사회주의와 자유Socialisme et liberté》
(1898)에서는 장 조레스가 사회주의의 용어를 빌려 비
슷한 작업을 해냈다. 하지만 언제나 극단을 향해 치닫
는 사람들은 있기 마련이었다. 《유일자와 그의 소유
Der Einzige und sein Eigentum》(1844)에서 막스 슈티
르너는 '민족' '국가' '사회' 가릴 것 없이 모든 형태의 집
단을 맹비난했다(책의 영역본 제목은 "The Individual and
His Property" "The Ego and Its Own" 등이다). 《사회주의에
서의 인간의 영혼The Soul of Man under Socialism》
(1891)에서는 오스카 와일드가 창의적 예술가가 갖는
절대적 권리들을 변호했다. "예술은 이제껏 세상이 알
아온 것 중 가장 치열한 양식의 개인주의다."

20세기에는 공산주의와 파시즘 모두 개인주의를 경멸
스럽게 대했다. 민주주의 국가에서조차 배부른 정부
의 관료들이 시민을 위해 복무해야 한다는 본분을 망
각하고 사람들을 억압하기도 했다. 그러다 1920년대
의 '빈학파Vienna School'의 움직임 속에서 신자유주
의에 속도가 붙었다. 신자유주의를 선봉에서 이끈 이
들—칼 포퍼(1902~1994), 루트비히 폰 미제스Ludwig
von Mises(1881~1973), 프리드리히 폰 하이에크
Friedrich von Hayek(1899년생)—는 모두 고국을 떠나
지 않으면 안 됐다. 하이에크의 《농노제로 가는 길The
Road to Serfdom》(1944)과 《개인주의와 경제적 질서
Individualism and Economic Order》(1949)는 전후 신
보수주의자들에게는 금과옥조 같은 가르침이기도 했
다(《농노제로 가는 길》은 국내에서 《농노의 길》로 번역·출간
됐다). 이 기조를 따른 한 열성적 사도는 분에 차서 다
음과 같이 선언하기도 했다. "이 세상에 사회 같은 것
은 존재하지 않는다."[3]

이와 같은 식의 극단적 입장들은 시민들을 단순히 갖
가지 재화, 서비스, 권리의 소비자로 여기는 경향이 있
었다. 정치는 '불평의 문화culture of complaint'로 전
락할 소지가 있었다. 그러다 어느 시점에 이르러서는,

반反개인주의 경향이 일어나 개인주의만큼이나 소중한   게 된다.[4]
전통인 '의무론Duty'의 형태로 다시금 제 목소리를 내

비센테 페레르San Vicente Ferrer(성 빈첸시오 페레리오)(시성諡聖 1455), 시에나의 산 베르나르디노 다 시에나San Bernardino da Siena(시에나의 성 베르나르디노)(시성 1450)부터 폴란드의 시비엥티 카지미에시Święty Kazimierz(1458~1484)에 이르기까지 교회의 시성자 명단이 아무리 길게 줄을 이어도 교회 전반의 면을 봤을 때 성인의 덕은 눈 씻고도 찾아보기 힘들었던 것이 엄연한 사실이었다(여기서 이름 앞에 붙은 "산" "시비엥티" 모두 "성聖"이라는 의미다). 당시 유럽에는 주교들의 성직매매, 교황들의 족벌주의, 사제들의 문란한 성생활, 수도사들의 나태함, 그리고 무엇보다 교회에 그득 쌓여 있는 속세의 부와 관련한 이야기들이 차고 넘쳤다.

  이번에도 심상찮은 사태가 벌어질 징조가 처음 나타난 곳은 피렌체였다. 광신적 성향의 탁발수도사 지롤라모 사보나롤라Girolamo Savonarola(1452~1498)의 격렬한 지옥불 설교를 듣고 피렌체 시민들이 들고일어나 잠시 피렌체가를 추방하는 일이 벌어졌다. 이 반란은 화형에 처해지며 끝이났다. 스페인에서는 시스네로스(프란시스코 히메네스 데 시스네로스Francisco Jiménez de Cisneros) 추기경의 주도 아래 종교 계율과 열성적 학문 연구가 하나로 맞물렸다. 알칼라대학(1498년 설립)에서 새 신학학파가 형성돼 폴리글로트 성경Polyglot Bible(다국어 대조 성경(1510~1520))을 탄생시킨 것이 그 일례였다. 이탈리아에서는 잔 피에트로 카라파Gian Pietro Carafa(1476~1559) 추기경 곧 훗날 바오로 4세Paul IV의 이름으로 교황(재위 1555~1559)이 됐으며 1511년경 신의 사랑 오라토리오회Oratory of Divine Love를 공동 창립 한 잔 피에트로 카라파Gian Pietro Carafa(1476~1559) 추기경의 주도하에, 영향력 있는 로마 성직자 모임이 고강도의 종교 수행에 전념하되 실질적인 자선사업 또한 펼치는 체제 구축에 힘을 모으기로 맹세했다. 이를 기점으로 유럽에는 수도사monk도 아니고 탁발수도사friar도 아닌 활동적 수도사clerk regular (일상생활은 수도원에서 하되 재속사제在俗司祭, secular priest의 직무도 겸한 성직자)들로 구성된 일련의 가톨릭교 집단이 속속 생겨났다―그중에서도 테아티노회the Theatines(1523), 바르나바회the Barnabites(1528), 예수회the Jesuits(1540), 오라토리오회the Oratorians(1575)가 대표적으로 꼽혔다.

  종교적 부흥 운동이 꿈틀대며 태동한 때는 교회의 명성이 밑바닥까지 추락한 때와 겹쳤는데, 로드리고 데 보르자Rodrigo de Borgia(알렉산데르 6세Alexander VI, 재위 1492~1503)와 줄리아노 델라 로베레Giuliano della Rovere(율리오 2세Julius II, 재위 1503~1513)가 교황직에 앉아 있을 때였다. 알렉산데르 6세는 황금, 여자, 그리고 서자였던 자기 자식들의 출세에 열정을 쏟았다. 율리오 2세는 "타고난 성정 자체가 전쟁과 정복을 워낙 좋아해" 그 욕구를 달래지 않으면 안 되는 사람이었다. 율리오 2세 하면 지금도 교황이면서도 완전 무장을 하고 직접 전장에 뛰어들었던

인물, 또 성베드로성당을 재건하고 교황령을 다시 일으켜 세운 교황으로 기억된다. 그랬던 그가 1509년 독일에서 '면벌부(면죄부)indulgence'—사람들이 연옥에서 받게 될 형벌을 면해줄 것을 보증해주는 종이 증서—를 팔아 자신이 벌이는 전쟁이며 성베드로성당 증축 경비를 대려고 했을 당시, 로마에는 작센 비텐베르크 출신의 한 젊은 아우구스티누스회 수도사가 와 있었다. 마르틴 루터Martin Luther(1483~1546)는 자기 눈앞에서 벌어지고 있는 일들에 경악을 금치 못했다. 레오폴트 폰 랑케Leopold von Ranke(엄밀한 사료 비판에 기초를 둔 근대 사학을 확립한 독일의 역사학자, 1795~1886)는 이 대목에 대해 다음과 같이 썼다. "타락조차도 그것이 다다를 수 있는 완벽의 경지라는 게 있는 모양이다."[13]

그로부터 10년도 지나지 않아 마르틴 루터는 역사상 최초의 '프로테스탄트' 저항 운동의 수장으로 자리매김해 있었다. 비텐베르크대학 신학과 교수로 재직할 당시 루터의 강연 내용을 보면, '오로지 신앙 하나만으로 확립되는 정당성'이라는 그의 교리는 이미 몇 년에 걸쳐 우려져 나오고 있었던 것임을 알 수 있다. 자기 내면의 확신을 붙들고 사력을 다해 싸운 사람답게, 루터는 당시 온화한 태도를 보이는 인문주의자들을 도무지 이해할 수가 없었다. 루터는 지나치다 싶을 만큼 무례했고 성질 또한 고약했다. 두 번 다시 입에 올리기 어려운 말을 쓰는 일도 많았다. 루터의 눈에 로마는 비역질과 묵시록의 짐승the Beast of the Apocalypse(요한묵시록의 저자인 성 요한 사도가 환시 중에 본 바다에서 올라온 짐승)들이 판치는 온상이나 다름없었다.

루터의 분노가 정점에 달한 것은 요한 테첼Johann Tetzel이라는 탁발수도사가 독일에 나타나 면벌부를 팔고 다니면서였다. 테첼은 일전에도 작센 선제후로부터 자신의 땅에 발 들이지 말라고 명을 받은 터였는데, 선제후로서는 자신의 신민들이 교황의 금고에 거금을 쏟아붓는 꼴은 추호도 보고 싶지 않았다. 그랬던 만큼 이번에는 루터가 나서서 테첼의 신학자 자격을 문제 삼으며, 작센 선제후의 방침을 한층 강하게 밀어붙인다. 모든성인대축일All Saints' Day(만성절. 로마 가톨릭교회를 비롯한 서방 기독교에서 천국에 있는 모든 성인을 기리는 대축일) 전야에 해당하는 1517년 10월 31일, 루터는 이른바 '95개조 반박문Anschlag der 95 Thesen'(면벌부 판매에 반박하는 논거들)을 써서 비텐베르크 성채 교회castle church 정문에 내거는 숙명적 발걸음을 내딛게 된다. 정확하게는 전승에 따르면 그랬다.

마르틴 루터의 이 유명한 저항 행위에 여러 결과가 뒤따랐다. 우선 루터는 공적 논쟁에 잇따라 휘말리게 되는바, 특히 요한 마이어 폰 에크Johann Mayer von Eck(독일 가톨릭신학자) 박사와 라이프치히에서 벌인 설전이 세간의 이목을 끌었고 이후 루터는 교회로부터 공식 파문을 당했다(1520. 6). 파문에 대응하는 과정에서 루터는 자신의 사상이 담긴 주요 논문들—〈그리스도인의 자유Von der Freiheit eines Christenmenschen(라틴어 De Libertate Christiana)〉〈독일 민족의 그리스도인 귀족에게 고함: 그리스도인 신분의 개선에 대하여An den christlichen Adel deutscher

Nation von des christlichen Standes Besserung〉〈교회의 바빌론 포로에 대한 마르틴 루터의 서주De captivitate Babylonica ecclesiae, praeludium Martini Lutheri〉(일명 〈교회의 바벨론 유수〉)―을 집필해냈고, 교황(레오 10세)이 자신에게 내린 파문 교서 〈주여, 일어나소서Exsurge Domine〉를 불살랐다. 두 번째로, 루터의 징계 문제를 둘러싸고 독일의 정계가 옹호파와 반대파로 갈렸다. 1521년 황제 카를 5세는 통행증을 발부해주고 보름스에서 열리는 신성로마제국 의회에 루터를 소환했다. 이 자리에서 루터는, 얀 후스가 콘스탄츠공의회(1414~1418)에서 그랬던 것처럼, 단 한 발짝도 물러설 수 없다는 완강한 태도로 자신을 변호했다.

> 지금까지 제가 인용해온 성경의 내용들이 저를 꽉 붙들고 있습니다. 제 양심은 지금 하느님 말씀의 포로가 돼 있습니다. 저는 그 어떤 내용도 철회할 수 없고 그럴 뜻도 없습니다. 양심에 반하는 짓을 하는 것은 제 자신의 안위를 해치는 일이거니와 정직한 길도 아니기 때문입니다. […] 저는 이 자리에 섰습니다. 하지만 그 외에 제가 달리 할 수 있는 것은 없습니다Hier stehe ich. Ich kann nicht anders.

이 의회 이후 작센 선제후의 심복들이 루터를 몰래 데려다 바르트부르크성에 숨겼다. 그렇게 되자 의회가 루터에게 선고한 금지 조치도 실행되지 못하는 상황이 됐다. 종교적 저항 운동은 이제 정치적 반란으로 그 성격이 옮아가고 있었다.

1522~1525년에 독일은 두 차례 커다란 소요에 몸살을 앓아야 했다. 트리어에서 제국기사단Reichsritterschaft의 불화가 일어난 것(기사들의 난 또는 기사전쟁Ritterkrieg, 1522~1523)과, 바이에른 발츠후트를 진원지로 농민전쟁Deutscher Bauernkrieg(1524~1525)이 터져 사회적으로 격렬한 소란이 일어난 것이었다. 교회에 대해 루터가 반기를 든 것을 주된 계기로 사람들이 정치적 권위에도 반기를 들고일어나게 된 것인지도 모른다. 그러나 정작 루터 자신은 크리스토프 샤펠러Christoph Schappeler와 메밍겐의 제바스티안 로처Sebastian Lotzer가 슈바벤에서 작성한 농민 '12개조Zwölf Artike'에 조금도 동조하지 않았다. 튀링겐에 폭도 무리가 새로이 모습을 드러내자, 루터는 〈살인과 도적질을 일삼는 농민군에 반대하며Wider die Mordischen und Reubischen Rotten der Bawren〉라는 탄원문을 써서, 사회 질서와 제후들의 권리가 지켜져야 한다는 주장을 예리하게 펼쳤다. 농민 반란군은 유혈참극 속에 진압됐다.

마르틴 루터의 저항 운동이 명확한 형태를 갖추기 시작한 것은 후반부에 접어든 신성로마제국 의회가 세 번의 회기를 거치면서였다. 황제가 프랑스 및 튀르크족과 전쟁을 치르느라 정신이 팔려 있는 사이, 황제 반대파가 절호의 기회라는 듯 세력 군히기에 나섰다. 1526년 슈파이어에서 열린 신성로마제국 의회의 휴회 선언에서, 황제 반대파는 종교 방면에서 제후들이 자유를 갖는다는 조항을 넣어 이른바 쿠이우스 레기오 에이우스 렐리기오cuius regio, eius religio("그의 영토에 그의 종교" 곧 "통치를 행하는 자가 종교를 결정할 권리를 가진다"는 의미)라는 유명한 공식을 성립시킬 여지를 마련했다. 1529년의 제2차 신성로마제국 의회에서는 이들이 정식으로 반박문Protest(이들에게 프로테스탄트protestant라는 말이 붙은 것도 이때부터였다)을 제출해, 휴회 선언의 내용이 종잇조각이 돼버린 것을 탄식했다. 그러다 1530년 이들은 아우크스부르크에서 자신들의 믿음을 신중하게 요약한 내용을 발표한다. 이 아우크스부르크신앙고백Confessio Augustana, Augsburger Bekenntnis은, 필리프 멜란히톤이 작성한 것으로, 프로테스탄트의 선언문과 다름없었다—이에 황제(카를 5세)도 단호한 태도로 반대파에 1531년 4월까지 굴복하라며 최종 기일을 통고했다. 그러자 프로테스탄트파 제후들은 무장을 갖추고 슈말칼덴동맹Schmalkaldischer Bund을 결성한다. 이후부터 가톨릭과 프로테스탄트는 각기 다른 진영으로 확실히 나뉘게 됐다. [계장]

독일에서 이런 일들이 벌어지고 있는 사이, 다른 데서도 병행하는 일련의 사건이 일어나 루터가 일으킨 저항 운동의 물결은 한층 거세졌고, 관련 사건 하나하나는 프로테스탄티즘Protestantism의 성격을 보다 폭넓게 만들었다. 1522년 스위스에서는 홀드리히 츠빙글리Huldrych Zwingli(울리히 츠빙글리Ulrich Zwingli)(1484~1531)가 교회의 조직과 교리 모두를 문제 삼으며 로마교회에 도전장을 던졌다. 그는 그리스학 연구자이자 에라스뮈스와 서신 왕래를 하는 사이로 취리히에서 '민중의 사제'로 활동하고 있었다. 츠빙글리도, 루터가 그랬듯, 신앙을 정당화의 근거로 삼아야 한다고 생각했다. 그러나 츠빙글리는 주교들이 가진 권한에도 반대했고, 성체성사(성찬식)는 단순한 상징적 차원의 의식에 지나지 않는다고 사람들에게 가르쳤다. 츠빙글리는 1531년 카펠에서 죽임을 당하는데, 당시 그의 손에 들린 프로테스탄트 깃발에는 스위스연방을 분열시킨 가톨릭파 5개 산림 주州에 반대한다는 내용이 적혀 있었다. 츠빙글리는 프로테스탄트 운동에서 중요한 의미를 갖는 새 추세를 일으킨 셈으로, 그 추세에 의하면 이제 지방의 정세를 관할할 권한은 지방의 회중이나 공동체들에 있었다. [홀리즘]

1520년대에는 독일에 급진적 성향의 설교자들과 종교 분파가 급증했다. 안드레아스 카를슈타트Andreas Karlstadt(1480~1541)는 루터와 설전을 벌이더니 결국 독일을 떠나 바젤로 갔다. '츠비카우 예언자들Zwickau Prophets'—곧 니콜라우스 슈토르히Nikolaus Storch, 마르쿠스 슈튀브너Markus Stübner(마르쿠스 토매Marcus Thomae), 토마스 드렉셀Thomas Drechsel—은 한물간 천년왕국설을 신봉했다("츠비카우"는 작센 선제후국의 지명이다). 신비주의자였던 토마스 뮌처Thomas Muentzer(Müntzer)(1490~1525)는 공산주의자와 무정부주의자의 특성을 함께 가진 인물로, 체코의 타보르파Taborites를 본보기 삼아 자기 집단을 결성했다("타보르파"는 체코의 종교개혁가 얀 후스를 추종한 후스파의 급진 파벌이다. 보헤미아의 타보르가 본거지였다). 뮌처는 여기저기를 전전한 끝에, 튀링겐에서 일어난 농민전쟁 당시 선두에서 군수품 징발 작업을 도맡았다가 뮐하우젠에서 처형당했다. 재세례파再洗禮派, Anabaptists(또는 Rebaptiser)의 출현은 스위스의 츠빙글리파 틈에 불만에 찬 이들이 일부 있었던 데서 비롯됐다. 재세례파는 종래의 권위를 일체 거부했고, 따라서 과거에 받은 세례도 전부 부당하다고 선언했다. 또한 재세례파는 복음주의의 제 원칙에 입각해 이상적 기독교공화국 건설에 각고로 노력하되, 그 어떤 서약도 하지 않고, 재산도 일체 갖지 않았으며, (이론상으로는) 폭력에도 일절 손대지 않았다. 1534~1535년에는 베스트팔렌의 뮌스터에서 두 네덜란드인—하를렘의 얀 마티스Jan Matthijs와 레이던의 얀 뵈켈즈Jan Beukelz—의 주도로 재세례파가 잠시 '선민의 왕국Kingdom of Elect'을 세웠으나 처참하게 짓밟혔다. 사람들은 주모자들이 죽자 그 시신을 한때 쇠창살 우리에 넣어두었는데, 지금도 이 쇠창살 우리가 성람베르트교회 첨탑에 걸려 있다. 재세례파는 기독교왕국 최초의 근본주의자들이라 할 수 있으며 프로테스탄트들과 가톨릭교도 모두에게서 박해를 받았다. 그러다가 프리슬란트 출신의 메노 시몬스Menno Simons(1496~1561)를 주축으로 '메노파Mennonites'를 형성하고 세를 회복하니, 메노파의 영적 유산을 토대로 나중에는 밥티스트Baptists(세례파, 혹은 침례교도라고도 한다), 유니테리언Unitarians, 퀘이커파Quakers가 생겨났다. 그에 반해, 기독교의 유심론은 바이에른 지방의 뎅크파Denckians, 슈바벤 지방의 프랑크파Franckians, 슐레지엔의 슈벵크펠트파Schwenckfeldians로부터 지지를 얻었다("뎅크파"는 한스 뎅크Hans Denck를, 프랑크파는 제바스티안 프랑크Sebastian Franck를, 슈벵크펠트파는 카스파어 슈벵크펠트Kaspar Schwenckfeld를 따르는 교파였다).

1529년에는 잉글랜드의 헨리 8세Henry VIII(재위 1509~1547)가 잉글랜드교회를 로마로부터 분리하는 방책을 시행했다. 애초 그 동기는 사내아이 후계자를 얻었으면 하는 헨리의 열망이 강박에 가까울 만큼 강했지만 로마 교황이 도무지 그의 이혼을 허락해주지 않는 데 있었다. 한때는 루터를 맹비난하고 나서면서 피데이 데펜소르Fidei Defensor(신앙의 옹호자)라는 칭호까지 얻은 헨리였으나, 당시 헨리에게는 종교적 동기랄 것은 거의 없었다. 그러나 헨리는 의회로부터 대대적 지지를 얻었으며 교회가 가진 재산과 특권에 공격을 퍼부어 막대한 물질적 이득을 챙길 수 있었다. 잉글랜드가 초년도수입세법初年度收入稅法, Act of Annates(1532)을 제정해 로마로의 재정적 지출을 대폭 절감한 것이 일례였다(안나테스annates 곧 교구나 성직록聖職祿의 첫해 수입분을 교황에게 상납하던 것을 막은 법안이었다). 또 항소법Act of Appeals(1534)을 통해서는 로마가 관할하는 교회 사법권 영역을 대폭 축소시켰다(로마에 항소를 제기하는 것을 막은 법안으로 잉글랜드는 교황의 사법권에서 독립된다는 내용의 법안이었다). 수장령首長令, Act of Supremacy(1534)에서는 교황이 가진 권위를 폐지하고 잉글랜드 왕을 잉글랜드교회의 최고 수장Supreme Head of the Church of England으로 삼았다. 토머스 모어Thomas More나 추기경 존 피셔John Fisher처럼 헨리의 조치에 순순히 응하지 않은 잉글랜드 신민들은 반역죄로 처형당했다. 10개조Ten Articles(1536)와 6개조Six Articles(1539)를 통해서는 로마식 미사와 전통적 교리의 신성 불가침성

게장 GESANG

■■ 마르틴 루터가 시편 46—"하느님은 우리의 안식처요 힘이다"—을 의역한 가사에 맨 처음으로 곡이 만들어진 것은 1529년에 나온 요제프 클루그Joseph Klug의 《성가집Gesangbuch》에서였다. 이로써 '비텐베르크의 나이팅게일'은 교회 개혁가이자 이론가 못지않게 시인이자 작곡가의 면모도 있음이 드러났다(독일의 시인이자 작곡가 힌스 직스Hans Sachs(1494~1576)는 《비텐베르크의 나이팅게일Die Wittenbergisch Nachtigall》(1523)에서 루터를 "비텐베르크의 나이팅게일"로 묘사했다. 나이팅게일은 딱샛과의 작은 새로 우는 소리가 매우 아름답다고 한다). 시간이 흐르자 어쩌면 이 작품은 기독교 성가음악 가운데서도 가장 뛰어난 찬송가일 수도 있는 것으로 드러났다(아래 악보와 가사 참조). ("게장"은 독일어로 "가창" "가곡"이라는 의미다. 가곡은 "시에 곡을 붙인 성악곡"이고 시문학이 융성한 독일에서 크게 발달했다.)

루터는 수도사 시절부터 교회음악을 잘 알았다. 훌륭한 테너 목소리를 가졌던 그는 자신이 교회에서 노래 부르며 느꼈던 그 즐거움을 사람들이 모두 함께 누리기를 바랐다. 음악을 통한 참여는 모든 신자가 영성체를 받아야 한다는 그의 신학 교리만큼이나 중요한 전례의 요소였다. 교인들의 음악 활동은 루터가 무척 주안점을 둔 요소였다. 그는 《미사 형식Formula Missae》(1523)을 통해 라틴 전례를 개혁했고, 이것이 후일 스웨덴 전례에 밑바탕을 마련해주었다. 루터의 제자 요한 발터Johann Walter(1496~1570)가 출간한 《찬송 소책자Geystliche gesangk Buchleyn》(1524)는 다성성가곡 선집의 역할을 했다. 1525년에는 루터 덕에 비텐베르크에서 세계 최초의 음악신문이 나오기도 했다. 그가 쓴 《독일의 미사와 예배 방식Deutsche Messe und Ordnung Gottesdienst》(1526)을 통해서는 쉬운 입말로 드리는 미사의 한 형태가 제시되기도 했다. 책의 말미에는 후스파 찬송가 〈예수 그리스도, 우리의 성자Jesus Christus, unser Heiland〉를 개작한 노래도 들어 있었다. 하인리히 루프트Heinrich Lufft의 《소책자Enchiridion》(1526)는 역사상 최초의 교인용 찬송집이다. 보름스의회Diet of Worms(1521)가 열리

EIN' FESTE BURG 878766667

Ein' feste Burg ist unser Gott,
ein gute Wehr und Waffen.
Er hilft uns frei aus aller Not,
die uns jetzt hat betroffen.
Der alt böse Feind
mit Ernst er's jetzt meint,
gross Macht und viel List,
sein grausam Rüstung ist
auf Erd ist nich seins gleichen.[1]

믿음직한 방패이자 무기
지금껏 우리를 덮쳐온
그 모든 악을 우리에게서 떨쳐내주시네.
뜻을 갖고 일어섰던
먼 옛날 지옥의 제후 쓰러졌네
이 시각에도 그자는
막강한 간계와 힘으로 무장하니
땅에는 그를 당할 자 없네.
우리 하느님은 여전히 안전한 성채.[2]

고 5년도 채 되지 않았을 때, 루터의 추종자들은 음악적 측면에서는 없는 게 없었다(신성로마제국 황제 카를 5세가 개최한 제국의회에서는 루터의 종교개혁 운동이 안건의 하나였다. 의회는 소환·신문 과정에서 저작의 내용을 철회할 것에 불응한 루터에게서 법의 보호를 박탈했다).

루터파의 이와 같은 음악적 전통은 광범위한 영역에 영향을 끼쳤다. 이 전통에 따라 독일의 모든 교구는 성가대 선창자, 오르간 연주자, 성가대 학교, 숙련된 성가대 단원들 및 연주자들을 제각기 두지 않으면 안 됐다. 당연한 결과지만, 이것은 독일인을 유럽에서 음악적으로 가장 많은 교육을 받는 민족으로 변모시키는 데에 지대한 역할을 했다—아울러 유럽의 세속음악 활동에도 가장 풍부한 자양분이 돼주었다. 루터교야말로 요한 제바스티안 바흐의 천재성을 꽃피워준 가장 비옥한 토양이었다.

독일인의 뛰어난 음악적 기량은 독일어와 독일어의 리듬에서 그 뿌리를 찾을 수 있다는 가설도 나와 있다. 이 가설은 옳을 수도 있고 틀릴 수도 있다. 그러나 1525년에 루터가 "악곡의 내용과 곡조, 악센트, 가락, 연주는 반드시 참된 모국어와 그것의 반영

에서부터 나와야 한다"라고 말한 것은 사실이다. 루터가 입말 사용을 강조한 것은 독일의 교육에도 심대한 영향을 끼쳤다. 루터, 요한 발터, 게오르크 라우Georg Rhau(1488~1548), 하인리히 쉬츠Heinrich Schutz(1585~1672)가 만든 찬송가 및 미사곡들과 후대에 바흐, 하이든, 모차르트, 베토벤, 슈베르트, 브람스가 만든 주옥같은 작품들 사이에는 직접적 연관이 있었다.[3]

여기서 루터교의 전통만 따로 치켜세우게 되면, 가톨릭의 음악, 이뿐 아니라 다양한 기독교 종파가 행해온 유익한 상호작용들은 깎아내리는 셈이 될 게 분명하다. 그러나 무미건조하기 짝이 없는, '가톨릭의 다성성가'를 금지해 《주네브 시편가(제네바 시편 찬송가) Psautier de Genève》(1562)을 단조로운 운율의 성가모음집으로 축소시킨 칼뱅주의의 음악과 비교만 해봐도 당시 루터가 얼마나 행복에 겨워하며 음악 활동을 했는지를 알 수 있다.

여러 측면에서 잉글랜드교회는 루터의 음악성을 나눠가졌다고 할 수 있는데, 토머스 탤리스(1585년 몰), 올랜도 기번스Orlando Gibbons(1583~1625), 윌리엄 버

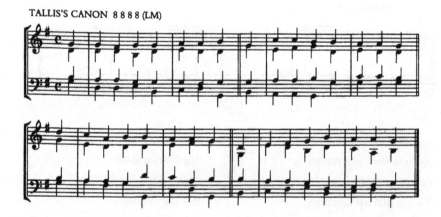

TALLIS'S CANON 8 8 8 8 (LM)

오늘 밤, 나의 하느님, 당신께 영광을
그 빛의 모든 축복을 내려주소서
저를, 부디 저를, 왕 중의 왕
당신의 전능한 날개 아래에 두소서.[4]

드William Byrd(1543~1623)를 필두로 잉글랜드에서도 놀라운 전통이 발달해 나왔다는 점에서. 탤리스의 〈캐논Canon〉은, 월섬수도원(잉글랜드 에섹스)의 수도사가 작곡한 것으로 그는 훗날 왕립예배당Royal Chapel의 남자 가창 단원이 됐으며, 〈캐논〉은 그 기막힌 간결성 면에서 〈내 주는 강한 성城이요Ein' feste Burg ist unser Gott〉(루터가 작곡한 것으로 여겨진다)에 버금가는 작품이며 8부 돌림노래다(앞쪽 악보 참조).

그렇다고 정교회의 장대한 음악 전통도 무시해서는 안 될 텐데, 정교회에서도 루터 못지않게 선뜻 다성성가를 채택했기 때문이다. 이 경우에는 악기의 사용을 금한 것이 오히려 합창의 중창 기법을 매우 특별한 단계까지 발달시키는 계기가 됐다. 가톨릭교회에서는 늘 성가에 악기가 함께 사용될 수 있도록 허용했다. 만들어진 연대가 1320년으로 거슬러 올라가는 현존하는 최고最古의 교회 오르간은 지금도 스위스 발레주州 시온에서 연주에 쓰이고 있다. 하지만 러시아와 우크라이나의 다성성가에서는 오로지 사람의 목소리로만 소리를 내도록 했고, 따라서 이들 나라에서는 음악을 감상하는 것 못지않게 음악을 쉽사리 만들어내는 문화가 커 나올 수 있었다. 이러한 맥락에서 보면, 차이콥스키도 바흐만큼이나 그저 우연히 탄생한 인물은 아니었던 셈이다.

홀리즘 (전체론) HOLISM

■ 1528년 2월 '파라셀수스 박사Dr Paracelsus'가 단기간 바젤시에서 받았던 내과의사 자격을 상실했다. 그는 이미 바젤대학으로부터 출입금지를 당하고, 약제사 길드의 규약을 위반하고, 진료비를 전액 지불 하지 않았다는 이유로 고위 성직자를 고소한 전력이 있었다. 그는 치안판사들의 편파성을 공개적으로 고발했다가 체포될 위험에 피신한 적도 있었다. 그의 사상을 받아들이기 어려워하기는 스콜라철학 위주였던 당대 의학계나, 그래도 어느 정도는 과학적이었을 후대 의학계나 다 마찬가지였다.

파라셀수스로 알려져 있던 필리푸스 아우레올루스 테오프라투스 봄바스투스 폰 호엔하임Philippus Aureolus Theophrastus Bombastus von Hohenheim(1493~1541)은 스위스의 슈비츠주州 아인지델른에서 태어났다. 루터, 에라스뮈스, 미켈란젤로가 그와 동시대인이었다. 파라셀수스는 1524년 페라라에 있는 의학부를 졸업했다. 하지만 그는 고급 의학 공부를 하는 대신 7년 동안 여행을 다니며, 약초수집가·집시·마술사의 구전 지식을 습득했으며, 이발사—외과의사라는 기능공 등급으로 일하며 생계를 유지했다. 그는 스페인·포르투갈·러시아·폴란드·스칸디나비아·콘스탄티노폴리스·크름반도 땅을 두루 밟았으며 이집트도 들렀을 가능성이 있다. 한때 가톨릭교도였던 그는 재세례파나 자유정신형제회 같은 급진적 종파와도 곧잘 어울렸다. 1525년에는 반란을 일으킨 농민들을 지원했다는 이유로 잘츠부르크에서 체포됐으나 처형은 면했다. 바젤 이외에 그가 꽤 오랫동안 머물렀던 곳으로는 스트라스부르, 독일 뉘른베르크, 장크트갈렌, 티롤의 메라노, 장크트모리츠, 바트파이퍼, 아우크스부르크, 모라비아의 크룸로프, 브라티슬라바, 빈, 필라흐를 들 수 있다. 다작 작가였던 그는 신학에서 미술에 이르기까지 모든 것을 주제로 책을 썼다—그중 핵심은 《오푸스 파라미움Opus Paramirum》으로 곧 '경이로움 너머의 작품'이었다.

파라셀수스는 의학 지식이 고대 문헌들을 통해 얻어져야 한다는 당대의 통념을 거부했다. 바젤에 머물 때에는 학생들 몇몇이 아비센나의 저작들을 불태우는 걸 거들기도 했다. 그는 지식을 얻는 방도로 한편으로는 실질적 관찰, 다른 한편으로는 '네 개의 기둥—자연철학, 점성술, 연금술, '덕성'(파라셀수스에게 이는 인간·식물·유기물들이 가진 내적 힘을 뜻했다)—을 제시했다. 경험주의로 기울어진 파라셀수스의 성향은 절제술, 소독, 동종요법, 온천치료 같은 일련의 놀라운 치료 및 기법을 낳았다. 또 한편으로 파라셀수스는 유황, 소금, 수은을 기반으로 한 대안적 생화학 체계를 창안해내니, 그가 마법을 부릴 줄 안다는 명성을 얻은 것은 이 때문이었다. 하지만 파라셀수스가 정립한 홀리즘적 규칙—훌륭한 의사는 (환경, 심신, 초자연적 요소를 포함해) 환자의 건강에 영향을 끼치는 모든 요소를 잘 조화시켜야 한다—은 400년이 가도록 유럽 의학계의 일부에서조차도 고려해볼 움직임을 보이지 않았다. 파라셀수스가 살았던 시대에는 유전자나 염색체는 고사하고 소화계·순환계·신경계·생식계의 작동에 대해서도 아는 사람이 아무도 없었다. 그럼에도 파라셀수스의 수많은 통찰은 수 세기 동안 커다란 반향을

일으켰다.

남자와 여자는 각자 씨앗 하나의 절반씩만 갖고 있어서, 둘이 함께여야 온전한 씨앗 하나가 만들어진다. [...] 모체[자궁] 안에는 (호박이나 자석처럼) 잡아끄는 힘이 있으니 [...] 일단 의지가 확실히 서고 나면, 그 모체는 심장, 간, 지라, 뼈, 피의 체액을 비롯한 [...] 몸 안의 모든 것으로부터 여자와 남자의 씨앗을 자기 안으로 끌어당긴다. 몸의 각 부분은 자신만의 특정한 씨앗을 갖고 있기 때문이다. 그러나 이 모든 씨앗은 하나로 합쳐지면 오로지 단 하나의 씨앗이 된다.[1]

을 주장했다. 교회와 국가가 이처럼 직접적으로 연관을 가지게 되면서 —나중에는 이를 에라스투스주의Erastianism라 칭했다— 영국국교회 신앙은 가톨릭의 관행보다 정교회의 관행에 더 가까워졌다("에라스투스주의"는 스위스 의사이자 신학자 토마스 에라스투스Thomas Erastus(1524~1583)가 주창한 것으로 교회 문제에서 국가권력이 교회 의지보다 우선한다는 주장이다. 1643년 웨스트민스터 의회에서 국가 중심파와 교회 중심파 사이 논쟁을 통해 이러한 의미를 가지게 됐다). [유토피아]

1541년에는 장 칼뱅Jean Calvin(1509~1564)이 확신을 갖고, 이번이 두 번째 시도로, 제네바에서 교회를 장악하기 위한 행보에 나섰다. 망명자 신분의 프랑스인으로서 루터보다 더 급진적 성향을 띠었던 칼뱅은 프로테스탄티즘 안에서 세력 기반이 가장 폭넓은 파벌을 창설했다. 자크 르페브르 데타플의 정신 속에서 성장한 학자이자 한때 가톨릭교도 변호사이기도 했던 칼뱅은 마르그리트 당굴렘Marguerite d'Angoulême[나바라왕국 헨리케 2세의 왕비] 일파의 비호를 받으며 자신의 안위를 지켜나갈 수 있었다. 칼뱅이 새로운 사고방식으로 전향하게 된 계기는 소르본대학[파리대학] 학장 니콜라 콥Nicholas Cop으로부터 성경의 독립성을 논하는 설교를 듣고 나서였다. 탄압받을 것이 두려웠던 칼뱅은 고향땅 누아용의 성직록을 내려놓고 바젤로 피신했다. 그리고 1535년 바젤에서 자신의 주요 역작《기독교 강요綱要, Institution de la religion chrétienne》를 펴냈다.

칼뱅은 신학은 물론 교회와 국가의 문제와 특히 개인의 윤리 문제와 관련해 독창적 사상을 펼쳐 보였다. 성체성사 문제와 관련한 그의 입장은 츠빙글리보다는 루터에 더 가까웠다. 그러나 그의 손에서 다시 태어난 예정설 교리는 다소 충격적인 내용을 담고 있는 것으로 드러났다. 그는 인류가 '저주받은 자'와 '하느님의 선택을 받은 자' 두 부류로 나뉜다고 보았다. 그리고 이러한 내용을 토대로 칼뱅은 제자들에게 스스로를 궁지에 몰린 소수로 여기라고 가르쳤다. 곧 그들

유토피아 UTOPIA

■ '어디에도 없는 곳No Piace'을 뜻하는 유토피아
■ 는 1516년에 토머스 모어 경이 통치의 이상적
형태가 무엇인지 모색한 자신의 저서를 지칭하며 만들
어낸 말이다. 저자가 순교한 뒤인 1551년에 《공화 체
제의 최선의 상태와 유토피아라는 새로운 섬에 관한
유익하고 즐겁고 기지 넘치는 저서A Frutefull,
pleasant and wittie worke of the beste state of a
publique weale, and of the new yle called Utopia》라
는 제목으로 영역된 이 책은 프랑스어·독일어·스페인
어·이탈리아어로도 번역되며 베스트셀러가 됐다. 책에
서 모어는 재산은 공동으로 소유하되, 남자와 여자 모
두 보통교육의 혜택을 받고, 모든 종교가 관용을 누리
는 세상을 묘사했다.[1]

유토피아 사상은 이상적 형태의 더 나은 세상을 꿈
꾸는 인간의 뿌리 깊은 욕구를 충족시켜준다. 플라톤
의 《국가Republic》《폴리테이아Politeia》에서 프랜시
스 베이컨의 《새로운 아틀란티스New Atlantis》(1626)
와 제임스 해링턴James Harrington의 《오시아나공
화국The Commonwealth of Oceana》(1656)에 이르기
까지, 지금껏 유토피아는 수많은 작가에게 흥미를 끌
어온 장르였다. 디스토피아Dystopia 즉 '나쁜 곳Bad
Piace'에서 일어나는 끔찍한 모습들을 상상하는 것으
로도 비슷한 효과를 낼 수 있다. 올더스 헉슬리Aldous
Huxley의 《멋진 신세계Brave New World》(1932)나 조
지 오웰George Orwell의 《1984》(1949) 등이 쓰인 것
도 그런 취지에서였다. 20세기에는 유토피아 사상이
좌파의 사상과 결부되는 것이 일반적이었다. 한때는

소비에트러시아가 그 숭배자들 사이에서 자본주의적
민주주의capitalist democracy의 갖가지 악이 자리 잡
지 않은 현대식 유토피아로 널리 여겨졌다. 1919년에
소비에트러시아를 찾은 한 미국인은 다음처럼 말했다.
"나는 미래를, 그리고 미래가 실제로 작동하는 모습을
두 눈으로 목도했다." 이와 같은 견해들은 '사회주의'와
'진보'의 이름으로 대량살인이 자행됐다는 사실이 알
려지면서 불명예를 안게 됐다. 현대의 자유주의자들은
과거의 대단한 명분에서 방향을 틀어 지금은 개인의
처지를 더 낫게 한다는 더 평범한 과업에 매진하고 있
다.[2] [추수] [보르쿠타]

이와 관련해 선뜻 받아들여지지 않는 한 가지 사실은
파시즘 역시 그 체제의 유토피아를 갖고 있었다는 점
이다. 잔혹했던 초반의 정복 작업이 마무리된 후, 수많
은 나치당원은, 수많은 공산주의자가 그랬듯, 아름답
고 조화로운 미래를 꿈꿨다. 예를 들어, 프랑스인 작
가 '베르코르Vercors'(1902~1991)가 쓴 소설(《바다의
침묵Le Silence de la mer》(1942)에는 점령지 프랑스
에 체류하던 한 독일인 장교가 등장하는데, 그는 프랑
스-독일 연합이라는 영광스러운 미래가 다가오기만
을 학수고대했다. "그렇게 되면 미녀와 야수가 다시금
무대에 올려지는 게 될 것이다."[3] 세계대전이 끝난 후,
동유럽의 공산주의자 교도소에는 공산주의에 반대하
다 붙잡힌 수많은 민주주의자가 갇히게 됐는데, 유죄
선고를 받고 한방에 들어앉은 나치당 동료들은 그들
을 붙잡고 순식간에 깨어진 나치의 꿈 이야기를 하곤
했다.[4] 파시스트의 유토피아는, 공산주의 유토피아와
마찬가지로, 그릇된 것이었고 막대한 고통을 낳았다.
그러나 그런 유토피아도 분명 진심을 다해 꿈꾼 사람
들이 있기는 있었다. [레틀란드]

자신은 올바른 삶을 사는 형제들이지만 적대적 세상에 둘러싸여 있는, '영문도 모른 채 죄인들 사이에 끼어 살아가는 낯선 사람들Strangers among Sinners'이라는 것이었다.

> Ainsi les Bourgeois du Ciel n'aiment point le Monde, ni les choses qui sont au Monde [⋯] il s'écrient avec le Sage: 'Vanité des Vanités; tout n'est que vanité et rongement d'Espirt'.

> 하늘의 도시를 집으로 삼고 있는 자들은 이 세상과 이 세상에 속한 것들은 사랑하지 않는 다. [⋯] 그들은 예언자와 함께 눈물짓나니, '헛되고 또 헛되도다. 모든 것이 다 그저 헛되고, 또 영혼의 탐식에 지나지 않을 뿐이다'.14

교회의 조직에 대해서도 칼뱅은 츠빙글리보다 훨씬 더 강도 높은 혁신을 구상했다. 그는 교회와 국가가 분리돼야 한다는 주장과 해당 지방 신도들이 실질적 권한을 가져야 한다는 주장을 굽히지 않았다. 그러는 동시에 속세의 권력이 행사될 때 여러 종교 계율로부터 자극을 받아야 하며, 교회 주요 기관에서 내린 판단을 속세의 권력이 빠짐없이 실행해나가겠다는 열망을 가지 면 좋겠다는 기대를 품기도 했다. 따라서 관용의 문제에서 전혀 융통성을 발휘하지 못하기는 칼뱅도 종교재판, 혹은 헨리 8세에 전혀 뒤지지 않았다. [시립]

윤리적 문제에서도 장 칼뱅은 새롭고도 독보적인 관례를 만드는바, 이 관례는 후일 칼뱅의 추종자들을 첫눈에 알아보게 하는 특징으로 자리 잡는다. 훌륭한 칼뱅파의 일원이라면 어떤 형태가 됐든 모든 쾌락과 도락은 질색으로 여겨야 했다―춤, 노래, 음주, 게임, 가벼운 연애, 화사한 색깔의 의상, 오락용 책, 요란한 말, 심지어 신나는 몸짓까지도 해서는 안 된다고 여겨졌다. 칼뱅파의 삶을 특징지은 것은 매사에 진지한 태도, 자기 절제, 근면, 검약, 그리고 무엇보다 신에 대한 순종이었다. 그들의 외양이며 행동거지, 그들이 교회를 다니는 모습, 그리고 그들이 속세에서 거둔 성공만 봐도 칼뱅파가 하느님의 선민이 속한다는 사실이 분명히 드러났다. 옛날의 가톨릭 신도들은 어깨에 원죄라는 짐을 짊어지고 있었는데 이제 칼뱅파는 거기에 한결같이 선민의 외양을 유지해야 하는 짐까지 짊어졌다. 예술에서도 칼뱅파는 하느님을 직접적으로 모사하는 일은 일체 피했으며 모든 종류의 신비한 상징과 알레고리도 일체 쓰지 않으려 했다. 그들에게는 하루도 거르지 않고 성경을 읽는 일이 삶에서 기쁨과 길잡이를 찾는 유일한 방도였다. 이것이 바로 후일 영어권 세계가 청교도로 인식하게 되는 사람들의 모습이었다.

칼뱅파의 원칙들이 온전한 틀을 갖추기 위해서는 1559년 칼뱅이 쓴 《기독교 강요》 완결판과, 1566년 츠빙글리의 후계자인 취리히의 하인리히 불링거Heinrich Bullinger(1504~1575)가 작성한 제2스위스[제2헬베티아] 신앙고백Confessio Helvetica posterior이 나오기까지 기다려야 했다.

시럽 SYROP

■ 1553년 8월 12일 토요일, 종교재판소에서 몸을
■ 빼낸 한 도망자가 말을 타고 제네바 인근에 자리
한 프랑스 땅인 루이제트 촌락으로 들어섰다. 4개월
전, 그는 이단이라는 죄목으로 리옹에서 붙잡혀 종교
재판소장의 심문 이후 사형선고를 받았다. 그뒤 옥에
서 탈출한 그는 이곳저곳을 전전하던 중이었다. 그의
목표는 이제 제네비에시부티 배를 타고 호수를 건너
취리히에 가는 것이었다. 당시 제네바가 칼뱅파의 요
새였다면 취리히는 츠빙글리파의 요새였다. ("SYROP"
은 "시럽syrup"의 폴란드어. 이 도망자는 나중에 폴란드를
중심으로 한 유니테리언파(삼위일체설과 그리스도의 신성을
부정하며 신격의 단일성을 주장하는 기독교 교파)의 형성에
영향을 끼치게 된다.)

도망자는 체포를 당하기 전에는 빈의 대주교의 주
치의로 일했었다. (스페인) 나바라 태생의 그는 툴루
즈·파리·루뱅·몽펠리에 등지에 머물며 공부했었다.
다수의 의학 논문을 쓰기도 했지만, (2세기 중반 고
대 그리스의) 클라우디오스 프톨레마이오스Claudios
Ptolemaeos의 《지리학Geography》을 비롯해 삼위일
체설에 반대하는 두 권의 신학 저작—《삼위일체설의
오류에 대하여De Trinitatis Erroribus》(1521)와 작자
미상의 《기독교 회복Christianismi restitutio》(1553)—
에 깊이 빠져 있었다. 지난 8년 동안 그는 한 번은 실
제로 만나기도 한 장 칼뱅과 다소 적의에 찬 서신을
주고받아온 터였다.[1]

일요일이 되자, 그는 타고 온 말을 팔아버린 뒤 걸어
서 제네바로 들어갔고, 라로제에 방을 하나 잡은 뒤
에 오후 예배를 드리러 갔다. 그런데 교회에서 누군가
가 그를 알아보고는 그를 당국에 고발했다. 이튿날 아
침 그는 가톨릭교의 종교재판관에게서 받던 것과 똑
같은 질문들을 칼뱅파 종교재판관에게서 받고 있었
다. 이 도망자는 미겔 세르베토 데 비야누에바Miguel
Serveto de Villanueva 신부, 일명 '미카엘 세르베투스
Michael Servetus'(1553년 몰)로 알려진 이였다(앞의 것

은 스페인어 표기고 뒤의 것은 라틴어 표기다. 세르베투스는
생애 후반에 프랑스로 귀화했던바 프랑스어 표기는 미셸 세
르베Michel Servet다).

이때 칼뱅이 세르베투스에게 한 행동은, 완곡하게 표현한
다 해도, 전혀 기독교도답지 못했다. 칼뱅은 일전에도 세르
베투스에게 제네바에는 발도 들이지 말라고 경고한 바 있
었다. 칼뱅은 세르베투스가 자신에게 보냈던 친필 서신의
견본을 리옹에서 열린 종교재판에 제출하기도 했다. 칼뱅
은 종교적 관용과 관련한 세네바의 법률은 알 것 없다는
듯 세르베투스를 참수할 것을 종용했다. 세르베투스는 참
수 대신 법정의 명에 따라 10월 27일 샹펠에서 산 채로 화
형에 처해졌다.

당시 유럽에는 급진적 사상가들이 안전하다고 느낄
만한 곳이 한 군데도 없었다. 러시아정교회는 그 안에
서 활동하던 '유대주의자Judaizer'들을 불태워 죽인 적
이 있었다. 비잔티움 역시 종교재판소를 따로 두고 있
었다. 조르다노 브루노Giordano Bruno(1548~1600)는
철학자이자 변절한 도미니코회 수도사로 로마의 장작
더미 위에서 불타 죽었는데, 짐작하건대 그 역시 잉글
랜드의 첩자였던 것 같다.[2] 폴란드-리투아니아만이 홀
로 종교적 관용의 피난처 역할을 했으니, 이곳에서는
1565년 이후로는 대주교 법정이 판결을 실행할 힘을
갖지 못했기 때문이다. 그래서 트란실바니아에는 삼위
일체설 반대자들이 몰려들어 폴란드로 들어가는 여정
에 오르곤 했다. 이들을 이끌었던 시에나인 파우스토
소치니(1539~1604)는, 세르베투스와 이따금 비교되는
인물로, 역시 리옹과 제네바에서 생활했었으나 이탈리
아교회에 교인으로 등록해놓은 채 시종 입을 닫고 지
냈다.

세르베투스가 죽고 오랜 시간이 흐른 뒤, 그는 프로테
스탄트와 가톨릭의 편협성이 피차일반임을 상징하는
인물로 기억됐다. 그를 기려 마드리드, 파리(1907), 빈
(1910) 등지에 속속 기념물이 세워졌다. 그가 좀 더 오
래 살았더라면, 약용 시럽에 대한 그의 저작 《시럽 집대
성Syruporum universa ratio》(1537) 4개 판본이 커다
란 성공을 거두는 기쁨을 맛볼 수 있었을 것이다.

제네바에서 칼뱅의 후계자로 활동한 테오도루스 베자(프랑스어명 테오도르 드베즈Théodore de Bèze)(1519~1605)는 (프랑스 출신의) 희랍어 학자이자 신학자로서 무척 엄격하고 결정론적 예정설의 관점을 도입했는바, 베자의 사상은 홀란트 레이던대학 교수 야코뷔스 아르미니위스Jacobus Arminius(1560~1609)의 추종자들로부터 거센 반발을 샀다. 아르미니위스파에서는 자유의지의 교리를 강조했고, 기독교의 죽음이 단순히 선민들만이 아니라 기독교 신앙을 믿는 모든 자를 위해 일어난 일이었음을 역설했다.

당시 프로테스탄티즘이 멀리까지 확산한 현상은 단순히 지정학적 측면에서만이 아니라 사회-정치적 측면에서도 살펴보지 않으면 안 된다.

루터주의Lutheranism는 독립적 태도를 지향하는 제후들에게 직접적으로 와닿았다. 루터주의는 기존의 사회질서를 유지시켜주면서 동시에 자신들이 행하는 통치의 정당성까지 확보해줬다. 루터주의는 빠르게 여러 나라에서 채택됐으며 ―뷔르템베르크, 헤센, 안할트, 작센선제후국 및 작센공국, 노이마르크, 포메라니아 등이 대표적이었다― 브레멘에서 리가에 이르는 독일 북부 도시 대부분에서도 그런 현상이 나타났다. 1540년에 들면서 루터주의는 위기에 봉착해 장기간 곤경에서 헤어나지 못하는데, 루터가 헤센 방백 필리프 1세Philipp I의 중혼重婚을 용납하면서 앞장서서 새로운 신앙을 밀었던 이 후원자에게 '강한 선의의 거짓말을 할 것'을 권유한 것이 계기였다. 이후 일치신조Konkordienforme(1580)가 나오기까지, 루터주의는 강경한 성향의 '그네시오-루터파Gnesio-Lutherans'(순수 루터파)와 그보다 자유주의 성향이 강한 '멜란히톤파Melanchthonians'로 분열된 채 명맥을 이어갔다. 덴마크와 노르웨이에서는 '덴마크의 루터'라고 불린 한스 타우센Hans Tausen의 설교에 힘입어 1537년에 루터교가 정식 국교가 됐다. 이를 계기로 덴마크는 스웨덴을 영원히 상실한다. 물론 스웨덴 상실이 완전히 기정사실화한 것은 1537년의 일이었다. 아울러 루터주의는 프로이센(1525)과 리보니아(1561)에서 독일기사단국의 붕괴를 가속화 했다.

그에 반해 칼뱅주의Calvinism는 국가 차원의 정치보다는 특정 사회집단의 성향과 일치했다. 서유럽에서는 당시 부상하던 도시의 시민층bourgeoisie에 호소력이 있었고, 프랑스에서는 사회에서 일약 두드러지는 귀족층에 매력적으로 비쳤다. 동유럽에서도 칼뱅주의를 매력적으로 여긴 것은 상류 지주계층landed gentry을 비롯한 사회의 거물들이었다. 잉글랜드왕국에서는 1547년에 헨리 8세가 세상을 떠난 이후 칼뱅주의가 본격적으로 영향을 끼치기 시작했다. 그리하여 소년 왕 에드워드 6세Edward VI(1537년생) 대(1547~1553)에는 잉글랜드에 상당한 혼란이 일어나는가 하면, 초강경파 가톨릭 신자 메리 여왕Queen Mary(메리 1세Mary I, 재위 1553~1558)이 도중에 잉글랜드를 다스린 동안에는, 특히 옥스퍼드에서, 프로테스탄트 신자 사이에서 잇따라 순교자가 나왔다. 그러나 엘리자베스 1세Elizabeth I 대(1558~1603)에 잉글랜드는 '통일령Act of Uniformity(1559)'과 〔성공회〕 39개조Thirty-Nine Articles(1571)'를 통해서 '교회 타협Church Settlement'을 명시해 에라스투스, 루터, 츠빙글리, 칼뱅 일파와 전통적 가톨릭 세력 까지도 조심스럽게 통합하는 데 성공한다("통일령"은 기도·예배·성사 등 국교회 의식의 통일에 관한 내용으로, 1549년에 에드워드 6세가 제정한 《일반 기도서Common Prayer Book》를 개정해 영국국교회주의를 확립한 법령이다. "39개조"는 영국국교회의 신학적 선언 또는 교의적 입장을 나타내는 신앙 개조다. "Church Settlement"는 흔히 "Elizabethan (Religious) Settlement"라고 하며 여기서 "Settlement"는 (종교) "타협" "결정" "합의" "확립" 등으로 다양하게 불린다). 이후로 영국국교회주의Anglicanism 신앙은 잉글랜드에서 일어난 주된 두 가지 정치적·신학적 경향—이른바 '고교회高敎會, High Church'로 불린 '앵글로-가톨릭주의'와 '저교회低敎會, Low Church'로 불린 칼뱅파 복음주의—을 늘 하나의 우산 아래 감싸 안는 역할을 해왔다. 엘리자베스 시대에 무자비한 박해가 있었음에도, 국교회를 거부하는 가톨릭 신자들과 비非국교도 청교도들도 지하에서 끈질기게 명맥을 이어나갔다. 청교도들은 17세기에 다시금 모습을 드러내 세를 떨쳤고, 올리버 크롬웰이 코먼웰스Commonwealth(1649~1658)를 세웠던 기간에도 잠시 나라를 장악하는 위력을 보였다("코먼웰스"는 1649년 영국의 청교도혁명 때부터 1653년 크롬웰이 종신직終身職인 호국경護國卿, Load Protector이 될 때까지의 공화 정체共和政體다).

존 녹스John Knox(1513~1572)가 펼친 여러 노력 끝에 스코틀랜드에서는 1560년대에 칼뱅주의가 유일하게 안정적인 종교로 자리 잡은바, 일명 장로파Presbyterianism가 그것이다. 스코틀랜드교회Scottish Kirk는 영국국교회의 영향을 받을 수밖에 없긴 했으나 시종 영국국교회와는 일정한 거리를 유지했다(스코틀랜드에서는 교회를 Kirk라고 칭한다).

프랑스에서는 칼뱅파에 위그노Huguenot라는 별칭이 따로 붙었다. 이들은 과거 알비파의 근거지였던 프랑스 남쪽과 서쪽 땅에서 급속히 세를 확산해나갔고, 지역을 막론하고 프랑스 모든 지방의 도시 인구 사이에서 급속히 세를 불려나갔다. 종교전쟁(프랑스종교전쟁 곧 위그노전쟁, 1562~1598) 기간에 부르봉파Bourbon Party의 중추를 형성한 것도 위그노였으며 1685년에 끝내 프랑스에서 축출당하기 전까지 프랑스에서 일어난 종교 방면의 일들에서 본질적 특징을 형성한 것도 위그노였다.

네덜란드에서는, 특히 암스테르담·로테르담·레이던의 중산층 도시민 사이에서, 칼뱅주의가 득세하며 가톨릭을 신봉하는 남쪽의 주州들과 북쪽에 자리한 이른바 연합주United Provinces 사이에서 균열을 일으키는 근본 원인으로 작용했다. 이곳에서는 1622년에 네덜란드개혁교회Dutch Reformed Church가 국교로 자리 잡은 이래 나라 안에서 핵심 역할을 수행해왔다.

독일에서는 칼뱅주의가 루터파로부터도 또 가톨릭 신도들로부터도 오랜 기간 거센 반발을 받았다. 그래도 팔츠 선제후 프리드리히 3세Friedrich III(1515~1576)가 1563년에 자신의 모든 신민에게 하이델베르크교리문답教理問答, Heidelberger Katechismus을 읽고 따르도록 강제하며 칼뱅주의를 고수한 것이 독일에 칼뱅주의가 자리 잡는 데 커다란 밑받침이 됐으며, 작센의 크리스티안 1세Christian I(1591년 몰)를 비롯해 1613년 브란덴부르크의 호엔촐레른가가 칼뱅교로 개종한 것도 칼뱅주의 존속에 크게 힘을 보탰다. 브란덴부르크-프로이센은 여느 나라들과는 달리 칼뱅주의와 루터주의 모두에 관용적 태도를 취했다. [파우스투스]

폴란드-리투아니아, 보헤미아, 헝가리에서는 칼뱅주의가 상류 지주계층에 폭넓게 호소력을 가졌다. 트란실바니아 혹은 치에신공국 같은 일부 지역에서는 칼뱅주의가 오래도록 명맥을 유지해나갔다. 칼뱅주의가 자리 잡은 이후 데브레첸 같은 헝가리 도시는 지금까지 '칼뱅파의 로마the Calvinist Rome' 역할을 해오고 있다. 리투아니아에서는 칼뱅주의가 헝가리의 수많은 부호로부터 충성을 이끌어낼 수 있었는데 거기에는 유럽 최대의 토지소유주—라지비우가家—도 끼어 있었다.

프로테스탄티즘이 유럽인의 삶에 끼친 영향은 모든 면에서 찾아볼 수 있다. 프로테스탄티즘은 일단 신교에서 성경 읽기의 필요성을 강조한 결과, 프로테스탄트 국가들의 교육이나 대중의 문해력 향상에 큰 영향을 끼쳤다. 경제적 측면에서는 기업 문화가 발달하고 자본주의가 크게 일어서는 데 기여했다. 정치적 측면에서는 국가 사이 논쟁에서나 국가 내 경쟁 파벌 사이 논쟁에서나 결국 프로테스탄티즘이 주된 뼈대를 이루는 것으로 드러났다. 프로테스탄티즘은 가톨릭 세계를 둘로 나눠, 연거푸 미뤄오기만 하던 개혁 작업에 로마교회가 본격적으로 착수하도록 박차를 가했다. 그러나 프로테스탄티즘이 끼친 가장 큰 영향은 무엇보다, 그간 사람들이 품어온 통일된 기독교왕국이라는 이상에 치명적 타격을 가한 것이었다. 1530년대까지만 해도 기독교왕국은 둘—정교회와 가톨릭—로 나뉜 게 전부였다. 하지만 1530년대 이후로는 기독교왕국이 정교회, 가톨릭, 프로테스탄트의 셋으로 나뉘기에 이르고 이후에도 그 상태가 죽 유지됐다. 거기다 프로테스탄트 자신들부터가 그 어느 때보다 경쟁 당파들로 심하게 분열됐다. 당시 분열이 얼마나 대단하고 또 얼마나 광범위하게 퍼졌는지, 사람들은 기독교왕국에 대한 이야기는 이쯤 관두고 그 대신 '유럽Europe'에 대한 논의를 시작하게 됐다.

반종교개혁. 반종교개혁(반동종교개혁)Counter-Reformation이라는 명칭은 프로테스탄트 역사학자들이 붙인 것으로, 이들이 보기에 반종교개혁은 프로테스탄트 종교개혁에 반대해 탄생했다. 가톨릭 역사학자들은 생각이 달라서, 반종교개혁은 교회 개혁 운동의 제2단계 즉 14세기 후반의 공의회주의자conciliarist들의 운동에서 트리엔트공의회(1545~1563)로 이어지는 지속적인 역사적 흐름의 두 번째 단계에 해당한다고 보았다. 그러나 여기서 우리가 강조해야 할 것은, 반종교개혁은 따로 고립돼 굴러간 역사상 엔진이 아니었다는 점이다. 반종교개혁 역시, 르네상스나 종

파우스투스 FAUSTUS

■
■ 실존 인물이었던 '파우스투스 박사Dr Faustus'는 떠돌이 사기꾼에 장터를 누빈 마법사로, 1541년 〔독일〕 브라이스가우의 슈타우펜에서 세상을 떠났다. 코페르니쿠스와 마찬가지로 크라쿠프대학을 졸업한 것으로 보이는 그는 다수의 독일 대학을 수시로 드나들며 자신을 '마기스테르 게오르기우스 사벨리쿠스 파우스투스 2세Magister Georgius Sabellicus Faustus Junior'라고 소개했다. 파우스투스가 그토록 조명 난 인물이 된 것은 그가 신성모독을 일삼고, 자신이 포도주로 바꾸는 '기적'을 행하고, 악마와 손을 잡았다고 주장하고 다녔기 때문이었다. 그의 놀라운 행적들은 이른바 《파우스트집集, Faustbuchs》이 발간되는 계기가 됐다. 그중 첫 번째 책은 1587년 프랑크푸르트에서 편찬돼 1588년에 덴마크어로 번역됐으며, 1592년에는 프랑스어와 네덜란드어로, 1594년 이전에는 영어로, 1602년에는 체코어로 번역됐다.

가공의 인물로서 파우스트는 1594년 크리스토퍼 말로의 희곡(《포스터스 박사의 비극The Tragical History of the Life and Death of Doctor Faustus》)에서 처음 선을 보이며, 자기 분수도 모르고 야욕에 차서 '세상의 대大황제'가 되고자 갖은 수를 쓰는 인물로 등장한다. 파우스트는 잠시 권력을 누리다가 악마에게 도로 힘을 뺏긴다. 파우스트는 독일에서는 고트홀트 에프라임 레싱(1729~1781)의 유실된 극 작품과, 프리드리히 막시밀리안 폰 클링거의 소설((《파우스트의 삶, 행적, 그리고 지옥행Fausts Leben, Thaten und Höllenfahrt》), 1791)에도 극중인물로 등장하게 되고, 나중에는 괴테의 2부작 운문 비극(《파우스트Faust》, 1808, 1832)에 주인공으로 채택됐다. 페루초 부소니 Ferruccio Busoni의 오페라 〈파우스트 박사Doktor Faust〉(1916)는 미완성 작품으로 남았다.

괴테의 《파우스트》를 요약하기란 쉽지 않다. 파우스트는 메피스토와 계약을 맺어 젊은 시절로 돌아가고 이후 100년간 더 살게 되리라는 약속을 받는다. "나의 젊음을 다시 돌려주오! Gib meine Jugend mir zurück!" 책 제1부에서 괴테는 개인의 감정이라는 '작은 세계'를 다루는데, 악마에 대한 의무와 그레첸에 대한 사랑 사이에서 파우스트가 번민을 거듭하는 모습이 그려진다. 제2부는 사회와 정치라는 '큰 세계grosse Welt'를 다루며, 파우스트가 무위도식하는 황제의 대신大臣으로 등장한다. 파우스트가 세상을 떠날 즈음 그레첸이 끼어들고 악마는 그녀에게 속는다. 사랑이 승리를 거둠과 동시에 천상의 성가대가 구원받은 영혼의 입성을 반겨준다.

Der früh Geliebte,   오래전부터 사랑받은 이,
Nicht mehr Getrübte,   그가 이제 안개를 벗어나,
Er kommt zurück!   다시 돌아오누나![1]

괴테의 걸작에서 영감을 받아 샤를 프랑수아 구노와 엑토르 베를리오즈도 오페라 두 편을 탄생시키는가 하면(각각 〈파우스트Faust〉(초연 1859)와 〈파우스트의 겁벌劫罰, La damnation de Faust〉(초연 1846)) 프란츠 리스트도 〈파우스트 교향곡Eine Faust-Symphonie〉(1857)을 만들어냈다. 더 최근에 탄생한 토마스 만의 소설 《파우스트 박사Doktor Faustus》(1947)는 파우스트 전설을 되살려 현대 독일의 상황을 냉철하게 바라본 작품이다. 이 소설에는 아드리안 레버퀸Adrian Leverkühn이라는 음악가가 등장하는바 그는 바그너와 니체의 작품에 푹 빠져 있다가 한 요부를 만나 매독이라는 악독한 저주에 걸리고, 허무주의가 배어나는 칸타타 〈파우스트 박사의 비탄Doktor Fausti Weheklag〉을 작곡한 뒤 세상을 떠나게 된다. 결말부에 들려오는 디미누엔도diminuendo(점점 여리게)의 첼로 솔로 연주는 '한밤중의 빛'을 연상시키니, 결국 독일 문명은 완전한 절망감을 낳은 것은 아니라는 암시였다.[2]

교개혁이 그랬듯, 대규모로 펼쳐진 당대 여러 현상과 상호작용을 하는 가운데 진행됐다.

가톨릭교회 중앙의 기능 마비는 바오로 3세Paul III(알레산드로 파르네세Alessandro Farnese, 재위 1534~1549)가 교황직에 있는 동안은 조금 누그러졌다. '페티코트 추기경Cardinal Petticoat'이라고 불렸던 바오로 3세는 족벌주의를 노골적으로 드러낸 인물로 교황의 정부情婦와 동기간이었으며, 미켈란젤로와 티치아노에게 아낌없이 돈을 쏟아부은 후원자이기도 했다(파르네세는 1493년 교황 알렉산데르 6세에 의해 추기경에 서임됐는데, 전해지기로 이 일이 그의 여동생 줄리아 파르네세가 교황의 정부인 데서 일부 힘입은 것이라 "페티코트 추기경"이란 별명이 붙었다). 그러면서도 바오로 3세는 교회가 시급히 변화해야 할 필요성 또한 인식하고 있었다. 그리하여 추기경단Sacred College 제도를 부활시키는 한편, 위원회를 구성해 교회 개혁 문제를 파고든 핵심 저작《교회 개혁에 대한 의견Consilium de emendanda ecclesia》(1537)을 간행하도록 하고, 예수회를 후원했으며, 검사성성檢邪聖省, Holy office을 설립하고, 트리엔트공의회 개최를 시작했다("검사성성"은 교황청의 주요 기관으로 주로 기독교 교리를 감독하는 업무를 맡고 있으며, 오늘날에는 신앙교리성으로 불린다). 1530년 대까지만 해도 추기경회Sacred College of Cardinals는, 교황을 선출하는 모임으로, 교회를 떠받치는 기둥으로서는 힘이 약했다. 그러나 추기경회가 예산 삭감 권한을 갖고, 아울러 수차례 탁월한 인물들이 추기경회에 임명돼 그 수가 늘어나면서 추기경회가 이윽고 바티칸 교황청의 변화를 이끌 주된 동력 기관으로 자리매김했다. 당시 추기경회에서 활동한 걸출한 인물로는 (이탈리아 태생의) 추기경 올리비에로 카라파Oliviero Carafa(후일 교황 바오로 4세Paul IV, 재위 1555~1559), 마르첼로 체르비니Marcello Cervini(교황 마르첼로 2세Marcellus II, 재위 1555), 잉글랜드 태생의 레지널드 폴Reginald Pole(1550년에 교황 후보가 됐으나 한 표 차로 낙선했다)을 들 수 있다. 하지만 이들 이후의 교황들은 전혀 다른 유형이었다. 비오 4세Pius IV(재위 1559~1565)는 범죄를 저지른 전임 교황의 조카들에게 가차 없이 사형을 선고했다. 금욕적이고 광신적이었던 비오 5세Pius V(재위 1566~1572)는 한때 종교재판소장으로 일하면서 맨발로 로마 시내를 걸어 다니곤 한 인물로 훗날 시성받았다. 그레고리오 13세는 성바르톨로뮤축일의 집단학살(1572)을 누구보다 즐거워한 인물로 모든 면에서 정치적이었다.

예수회Society of Jeus(Societas Iesu, the Jesuits)는 지금까지도 종교개혁의 정예군단corps d'élite이라는 말로 불려오고 있다. 이 집단은 강력한 신앙심에, 예수회 창립자인 바스크족 출신의 이니고 로페스 데 레칼데Íñigo López de Recalde(성 이그나티우스 로욜라St Ignatius Loyola, 1491 1556)이자《영신수련靈神修鍊, Exercitia spiritualia》(1523) 저자의 군대식 생활방식 결합한 것이 특징이었다. 예수회는 1540년에 발표된 바오로 3세의 교서 〈레기미니 밀리탄티스 에클레시에Regimini Militantis Ecclesiae〉(신전神戰 교회의 통치)를 통해 정식 승인을 받은 후, 교황이 직접 관할하는 단체로 운영됐다. 예수회 회원들은 이른바 총장Gerneral 아래 저마다 계급이 있었으며, 스스로를

'예수의 동반자'로 여기도록 훈련받았다. 이교도를 개종시키고, 타락한 신자들을 다시 종교에 귀의토록 하고, 무엇보다 신도들을 공부시키는 것이 예수회의 주된 목적이었다. 창설되고 몇십 년도 지나지 않아 예수회에서는 선교단이 멕시코에서 일본에 이르기까지 세계 각지에 모습을 보인다. 아울러 브라간사에서 키이우(키예프)에 이르기까지 가톨릭을 신봉하는 유럽 구석구석에서도 예수회가 설립한 대학들이 속속 모습을 드러냈다. "이제껏 나는 단 한 번도 군대를 떠나본 일이 없다"라고 성 이그나티우스는 생전에 말했다. "이 몸이 타지로 파견 나가는 것을 마다하지 않은 것은 오로지 하느님께 봉사하기 위해서였다." 다른 데서는 이렇게 말하기도 했다. "내게 일곱 살짜리 사내아이를 주십시오, 그러면 그 아이는 영원히 제 사람이 될 것입니다." 성 이그나티우스의 시성식 때에는 다음과 같은 평이 나왔다. "이그나티우스는 이 우주를 감싸 안을 만큼 커다란 마음을 가진 사람이었습니다."[15]

예수회는 여러모로 성공적이었으나, 프로테스탄트 사이에서는 물론 가톨릭교도 사이에서도 예수회를 대단히 두려워하고 적대시했다. 예수회는 논쟁에서는 결의론決疑論, casuistry을 내세워 문제를 해결하는 것으로 유명했으며, "목적이 수단을 정당화한다"는 견해를 가진 집단으로도 널리 알려져 있었다("결의론"은 사회적 관습이나 교회·성경의 율법에 비춰 도덕적 문제를 해결하려는 윤리학 이론을 말한다. 궤변으로 도덕적·법률적 문제를 해결하려는 것을 뜻하기도 한다). 예수회는 차차 신도들의 사상을 감시하는 교회의 비밀경찰로 여겨졌으나, 이런 예수회의 행태를 책임질 만한 이는 아무도 없었다. 세간에서는 이미 1612년부터 《모니타 세크레타Monita Secreta》((예수회의) 비밀지령)라는 위조 문헌이 등장해 크라쿠프에서 출간되니, "검은 교황the Black Pope"이라고 불린 무시무시한 총장 클라우디오 아크콰비바Claudio Acquaviva의 주도로 예수회가 전 세계적 음모를 계획하고 있으며 이 책은 그와 관련된 각종 지시들을 세상에 알리려 쓰였다는 것이었다. 예수회는 1773년 탄압을 받았으나 1814년에 다시금 세를 회복했다.

검사성성이 이단 문제를 다루는 최고 항소법정으로서 교황청에 설립된 것은 1542년이었다. 당대에 내로라하는 추기경들이 일했던 이 기관은 주로 종교재판을 관할했으며, 1557년에는 역사상 처음으로 교황청 금서목록Index을 지정해 발표했다. 1588년에는 이 검사성성이 조직 재편성을 거친 9개 심의회로서 로마교황청의 주요 행정 분과의 하나로 승격했다. 검사성성은 신앙전도청Office for the Propagation of the Faith과 나란히 보조를 맞추며, 비신앙인과 이단자를 기독교로 개종시키는 일을 법률적 측면에서 처리해나갔다. [금서목록] [인퀴시티오] [프로파간다]

트리엔트공의회Council of Trient(트렌토공의회, 트렌토종교회의Council of Trent)는 1545~1547, 1551~1552, 1562~1563년 세 차례 회기에 걸쳐 진행된 종교회의로 교회개혁가들이 수십 년간 숙원을 품어온 공의회였다. 이 공의회를 통해 갖가지 교리의 뜻풀이와 제도적 구조가 마련되면서 로마교회는 다시금 기운을 회복하고 프로테스탄트의 도전에 대응해나갈 수 있었다. 트리엔트

공의회에서 나온 칙령들은 대부분 보수적 성격을 띠었다. 트리엔트공의회에서는 성경을 해석할 수 있는 것은 오로지 교회뿐이며, 아울러 종교적 진실은 성경을 근거로 하지만 가톨릭의 전통도 근거로 삼음을 분명히 했다. 아울러 원죄original sin, 의화義化, justification, 공로merit에 대해서는 종래의 견해를 유지했고, 성체성사에서의 성변화에 대해서는 프로테스탄트가 내놓은 대안적 견해들을 거부했다("의화" 또는 "칭의稱義는 "하느님의 은총으로 죄인이 구원을 받거나 의로운 상태로 됨"을 뜻하고, "공로"는 인간관계에서 타인의 이익을 위해 이행한 행위에 보답을 요구할 수 있는 권리를 말한다). 또 교회조직에 관한 칙령을 발표해 교회법Church orders을 개혁하고, 주교 임명 관련 규칙을 제정하고, 가톨릭 교구에 일일이 신학대학을 설립했다. 미사 형식에 대한 칙령에는 새로운 교리문답과 개정을 거친 성무일도서 내용이 포함돼 있었으니, 평범한 가톨릭교도들의 일상생활에는 이 부분이 가장 직접적 영향을 끼쳤다. 트리엔트공의회의 영향으로 1563년 이후로는 전 세계 대부분의 로마가톨릭교회에서 똑같은 내용의 트리엔트공의회식 라틴어 전례를 들을 수 있었다.

트리엔트공의회 비판자들은 이 공의회가 실천윤리를 경시했다는 사실 즉 가톨릭교도들에게 프로테스탄트가 가진 것에 필적할 도덕규범을 제시해주지 못했다는 점을 지적한다. "트리엔트공의회는 교회 안에 불관용의 시대라는 낙인을 박아 넣는 역할을 했다"라고 잉글랜드의 한 가톨릭교도는 썼다. "아울러 공의회는 철저히 금욕하며 아무것도 하지 않는 분위기를 [⋯] 영구히 정착시켰다."16 프로테스탄트 역사학자 레오폴드 폰 랑케는 공의회의 모순을 강조하며 트리엔트공의회는 교황권을 적절히 손보려 시작됐던 것임을 지적하기도 했다. 그러나 트리엔트공의회는 교황권을 손보기는커녕 오히려 충성서약, 세부적 규제 사항, 형벌을 통해 가톨릭 위계 전체를 교황권 아래 예속시키는 결과를 낳았다. "이로써 교회에는 다시금 기강이 바로 섰지만 그 기강을 다잡는 기능은 로마에 집중돼 있었다."17 스페인의 펠리페 2세를 비롯해 가톨릭을 신봉한 몇몇 군주는 트리엔트공의회의 칙령 내용을 심하게 우려한 나머지 자신들의 저작 간행 작업을 소폭으로 줄였다.

반종교개혁은 특정한 종교윤리를 고취시켰는바, 이 윤리에서는 신도들에게 규율과 집단 신앙생활을 무엇보다 강조했다. 이는 곧 교회 고위층에 교회법을 강제할 실질적 권력이 폭넓게 주어져 있었다는 뜻이자, 이제 신도들은 자신이 교회에 순순히 따르는 모습을 밖으로 드러내야만 한다는 뜻이었다. 이와 같은 윤리에 따라 교회에서는 사람들에게 복종의 표시로 정해진 때가 되면 어김없이 고해성사를 해야 한다고 주장했다. 그리고 많은 사람이 참여하는 광범위한 영역의 관례들—성지순례, 의식, 행진—로 이와 같은 윤리를 뒷받침했고, 이러한 관례에 동반되는 미술·건축·음악에서도 극적 요소를 치밀하게 살려 그러한 윤리의식 형성에 힘을 보탰다. 가톨릭이 내건 프로파간다(선전)propaganda의 강력한 특징도 합리적 논변으로 구성돼 있었다는 점과, 감각에 깊은 인상을 남기는 여러 장치를 사용했다는 점이었다. 이 시대에 지어진 바로크 양

인퀴시티오 INQUISITIO

■ 16세기의 세비야, 예수 그리스도가 지상에 재림해
■ 기적을 행하는 광경이 목격됐다. 그는 즉각 체포당했다. 대심문관이 직접 이 죄수의 심문을 진행한다. "당신은 왜 여기 와서 우리를 성가시게 하는가?" 아무 대답도 돌아오지 않았다. ("인퀴시티오"는 라틴어로 "종교재판" "(이단) 심문" 등을 뜻한다.)

대심문관은 그리스도에게 그가 비난당할 일을 많이 저질렀지만 그중에서도 인간에게는 자유의지Free will라는 자질이 있다는 것으로 사람들을 호도한 점을 문제 삼는다. 인간은 본래 반역자의 기질을 가져서 선택권이 주어지면 늘 지옥으로 가는 길을 택하게 마련이라는 것이다. 그 말에는 인간이 스스로를 위한다면 자신의 영혼을 구하기 위해서는 자유를 부정해야만 한다는 뜻이 들어 있었다. "선과 악이 무엇인지 아는 자유보다도 평온한 마음과 평온한 죽음이 더 소중하다는 사실을 당신은 잊었는가?"

이뿐만 아니라 대심문관은 역사도 자신의 말을 뒷받침한다고 주장한다. 인간은 너무나도 나약해 유혹에 저항하지 못한다는 것이다. 또한 그래서 지금껏 1500년 동안 인간은, 그리스도의 간청에 귀 기울이지 못한 채, 죄악과 고통 속에서 허우적대며 살아왔다는 것이다. "당신은 그들에게 천국의 빵을 약속했으나 그것이 약하고, 악독하고, 야비한 인간 종족의 눈앞에 놓인 지상의 빵과 어떻게 비교가 되겠소? 우리는 당신보다 더 인간적이요."

대심문관은 그리스도가 악마가 제기한 이의를 제대로 논박하지도 못했고, 자신의 신성성을 증명하지도 못했다는 점도 책망한다. 그리스도는 세 차례에 걸친 신비, 기적, 권위에 대한 시험도 통과하지 못했다. 실제로도 교황은 지금 비밀리에 악마와 손을 잡고 있다. 대심문관은 가톨릭과 정교회의 대분열을 들면서 털어놓는다. "우리는 지난 8세기 동안 줄곧 악마와 함께해왔소, 당신이 아니라."

대심문관은 신앙이 없는 물질주의의 승리를 예견한다. "당신은 알고 있소? 몇백 년이 지나면 인류는 이렇게 선언할 거요. [...] 세상에는 범죄도 없고, 따라서 죄악도 없고, 오로지 굶주림에 허덕이는 사람들만 있을 뿐이라고. '먼저 먹을 것을 달라, 덕성은 그다음에 요구하라!' 당신의 신전을 파괴할 깃발들 위에는 바로 이런 글귀들이 적혀 있을 거요."

대심문관의 지하감옥에 들어서자 이제 결론은 자명해 보인다. "당신은 지옥이 토해낸 자야"라고 대심문관은 그리스도에게 말한다. "당신은 이단이야. 내일 당신을 화형에 처한다!"

그러나 마지막 순간, 그리스도의 용서가 승리를 거둔다. 그리스도는 대심문관의 볼에 입을 맞춘다. 사랑의 힘에 압도된 대심문관에게서는 노여움이 가시고, 감옥 문이 열린다. [...]

이 정도로 요약하면 '대심문관의 전설The Legend of the Grand Inquisitor'을 처음 공부하는 입문자 학생들에게는 좀 도움이 되지 않을까 싶다. '이 전설'을 만든 이는 젊은 러시아 작가 이반 카라마조프, 1860년대에 아버지와 형제들과 함께 살고 있었다. 이 '전설'과 마찬가지로, 카라마조프 자신의 일대기도 소설의 핵심 에피소드 하나를 구성하는 것으로 선과 악에 관한 영원한 질문을 던지고 있다. 아버지 카라마조프는 야비한 난봉꾼으로, 장남 드미트리는 이미 아버지의 뜻을 거스르며 살고 있다. 드미트리의 이복형제들 중 이반은 회의적 무신론자이고 알로샤는 낙관론자다. 하지만 결국 아버지를 죽이고 그 자신의 목숨도 끊는 것은 서자인 넷째 아들 '골칫거리' 스메르자코프였다. 재판에서 이반은 살인을 선동했다는 이유로 고문당한 뒤, 살인죄를 자신이 뒤집어쓰려 한다. 그러나 처참하기만 한 그릇된 정의의 심판으로 무고한 드미트리가 유죄를 선고받는다. 마지막 장면에서 카라마조프가의 아이들은 어떻게 해야 가문의 어른들이 화목하게 살 수 있는지 보여준다.[1]

이 《카라마조프가의 형제들Братья Карамазовы》 (1880)을 써낸 작가는 표도르 미하일로비치 도스토옙스키Фёдор Михайлович Достоевский(1821~1881)였다.[2] 도스토옙스키는 일생 글에서 매달린 주제들과 통찰력을 이 작품 속에서 다시금 매만졌다. 지크문트 프로이트의 견해에 의하면, 이 책은 "이제껏 나온 것들을 통틀어 가장 장대한 소설"이었다. 생전에 도스토옙스키는 창조자 도스토옙스키에 대해 일말의 의구심도 갖지 않았다.

도스토옙스키는 기독교교회를 가장 통렬히 비판하는 유럽의 문학의 한 방편으로 대심문관의 전설을 만들어낸 것이었다. 그 안에서 도스토옙스키는 전체주의 totalitarianism가 도덕적 반대를 불러일으킬 것임을 예견하고 있다. 그가 구상한 내용은 가상의 사건이다. 그 안에는 작가가 가톨릭교에 가졌던 편견이 잘 드러나 있지만 동시에 기독교왕국은 본질적으로 하나라는 그의 믿음도 함께 드러나 있다.

겉으로만 봤을 때, 도스토옙스키는 러시아의 쇼비니스트chauvinist였다. 그는 '무자비한' 유대인들을 좋아하지 않았고, 가톨릭교도들(특히 폴란드인들)을 경멸해 작품에서 이들을 범죄자로 그릴 때가 많았다. 도스토옙스키는 사회주의자들도 미워했다. 그는 러시아정교회야말로 그 이름이 무색하지 않은 종교—즉 참된 신앙—라고 보았다. "기독교 신앙은 서방에는 더는 존재하지 않는다"라고 그는 일갈했다. "가톨릭교는 지금 우상숭배로 변질되고 있고, 프로테스탄티즘은 급속히 무신론과 변덕스러운 윤리로 변해가고 있다."[3] 도스토옙스키가 다음과 같은 등식을 세워두고 있다고 주장하는 부류도 있었다. "가톨릭교=자유 없는 통일. 프로테스탄티즘=통일 없는 자유. 정교회=통일 속의 자유, 자유 속의 통일."

많은 비평가는 대심문관의 전설에서 도스토옙스키가 그리스도의 논변보다 대심문관의 논변에 더 힘을 실었다고 본다. 교회와 신앙의 대결 구도 속에서, 얼핏 보기엔, 신앙이 패하는 것 같다. 이와 같은 구도는 도스토옙스키가 의도했을 가능성이 큰데, 그는 논리가 믿음보다 훨씬 아래에 있다고 봤다는 점에서다. 도스토옙스키는 이렇게 쓰기도 했다. "설령 그리스도가 진실을 벗어나 있다는 사실이 내게 입증된다 하더라도, 나는 여전히 그리스도 곁에 머물 것이다."[4]

서방에 대한 도스토옙스키의 비평은 그칠 줄 몰랐다(서방 지식인들 사이에서 그의 작품이 작금의 평가를 받는 이유가 여기 있을지도 모른다). 그러나 도스토옙스키가 보기에 기독교왕국의 분열은 종국에는 극복될 수 있는 악의 사례였다. 이 악이 언젠가는 정복되리라고 그는 열렬히 믿었다. 원래 죄악과 고통이 있은 뒤에야 구원은 찾아온다. 교회의 추문들은 기독교의 화합으로 나아가는 데서 전주곡이었다. 이런 논리에 따르면, 스페인 종교재판의 끔찍한 참상은 기독교의 궁극적 승리를 암시했다. 도스토옙스키의 가슴 깊은 곳에서는 과거의 반동적 인물도 보편적 의미에서는 한 사람의 기독교도였고 영적 의미에서는 한 사람의 독실한 유럽인이었다. 도스토옙스키는 무엇보다 신앙이 가진 치유의 힘을 믿었다. 《카라마조프가의 형제들》 표지에 그는 다음과 같은 시구를 적어넣었다. "진실로 진실로, 내 너희에게 이르노니, 밀알 하나가 땅속에 떨어져 죽지 않는다면 한 알 그대로 있으리라. 하지만 그것이 죽는다면 많은 과실을 가져오리니."[5] 이 말은 그의 묘비에도 똑같이 새겨져 있다.

프로파간다 PROPAGANDA

■
■ 프로파간다(선전)는 상충하는 믿음에서부터 태어나는 것이자 자신의 교조를 다른 모든 이에게까지 퍼뜨리겠다는 사람들의 결의에서 태어난다. 프로파간다가 종교적 영역에 그 기원을 두고 있음은 두말할 나위도 없다. 프로파간다는 본질적으로 편향되기 마련이고, 적의와 편견에 호소할 때 가장 큰 성공을 거둔다. 프로파간다는 정직한 교육과 정보의 대척에 서 있다.

그 효과를 최대로 내려면 프로파간다는 검열의 도움을 필요로 한다. 밀폐된 정보의 장場에서 프로파간다는 모든 의사소통 수단—인쇄의 형태든, 연설의 형태든,

예술장치든, 시각장치든—을 모두 동원해 자신의 주장을 최대한 유리한 입지로 밀고 나간다. 로마의 포교성성布敎聖省, Sacra Congregatio de Propaganda Fide, (이 명칭에서 프로파간다라는 말이 파생했다)이 종교재판소와 보조를 맞추며 일을 한 것이 바로 이런 목적에서였다. 포교성성은 1622에 바티칸(로마교황청)의 상설기구가 됐다.(지금은 "인류복음화성人類福音化省, Congregatio pro Gentium Evangelizatione"으로 명칭이 바뀌었다)

프로파간다는 교황청 못지않게 프로테스탄트와 정교회 국가들에서도 널리 퍼져 있었으니, 교회들이 국가 권력에 예속돼 있던 곳이었다. 정치프로파간다 역시 이름만 없었을 뿐이지 중세 이전에도 늘 있어왔다. 그러다 인쇄술이 보급되고 나중에는 각종 신문들까지 등장하며 정치 프로파간다가 부쩍 늘어났다. 정치 프로파간다가 가장 눈에 띄게 나타난 것은 전시戰時였으며, 내전과 종교전쟁에서 특히 그러했다. 1790년대 동안에는 프랑스인 병사들이 오로지 전단지만 손에 든 채 적군의 진영에 발을 들이곤 했다.

프로파간다는 20세기에 들어 영화, 라디오, 텔레비전 같은 새 매체가 등장하면서 그 영역이 극적으로 넓어졌다. 프로파간다는 여기에 마케팅, 대중 설득, 상업광고, 'PR'이 등장하고, 유토피아 이데올로기, 나아가 전체주의 국가의 잔혹성까지 나타나면서 그 영역을 더욱 넓혔다. '총체적 프로파간다total propaganda'와 '새빨간 거짓말the Big Lie' 기술의 발달에 선구적 역할을 한 것은 볼셰비키당원들이었다. 게오르기 발렌티노비치 플레하노프Георгий Валентинович Плеханов(제정러시아의 혁명사상가, (1856~1918)를 추종했던 레닌은 전략을 구상하는 고위 권력층의 프로파간디스트와 그 전략을 현실에서 실행하는 하층의 프로파간디스트를 구분 지었다. 소비에트의 아지트프로프agitprop(선전선동)가 선을 보이며 앞장을 서자 파시스트들도 재빨리 그 뒤를 따랐다.

프로파간다 이론가들이 밝힌 프로파간다의 기본 원칙은 다음의 다섯 가지였다.

1. 단순화simplification의 원칙: 모든 자료를 '좋은 것과 나쁜 것', '동지와 적'과 같은 단순한 대치 구도로 환원한다.
2. 훼손disfiguration의 원칙: 조잡한 중상과 모방으로 상대편의 신망을 떨어뜨린다.
3. 주입transfusion의 원칙: 목표 청중의 의견 일치 지점을 자신들의 목적에 맞게 조작한다.
4. 만장일치unanimity의 원칙: 한 사람의 견해를 마치 올바르게 사고하는 모든 사람 사이에서 나온 만장일치의 의견인 것처럼 제시한다. 의심하는 개인은 유명 인사들의 호소, 사회적 압박, '심리적 전염psychological contagion'의 방법을 통해 동의를 표하게 만든다.
5. 통합orchestration의 원칙: 다양한 변형과 조합 속에서 똑같은 메시지를 끝없이 반복한다.

이 방면에서 최고로 손꼽히는 대가 하나는 자신에 앞서 선례를 만든 사람들을 다음과 같이 인정했다. 파울 요제프 괴벨스는 다음과 같이 말했다. "교회가 지금도 계속 나아갈 수 있는 것은 2000년의 시간 동안 계속 똑같은 것을 되풀이해온 때문이다. 국가사회당도 그와 같이 해야만 한다."[1]

그러나 이보다 더 은밀한 프로파간다의 형태는 정보 수혜자와 프로파간디스트가 똑같이 정보의 진짜 출처가 어디인지 모르는 채로 이뤄지는 경우다. 이른바 '은밀하게 겨냥한 프로파간다'는 아무런 의구심도 갖고 있지 않은 '영향력 있는 대리인'의 그물망을 동원해, 이들이 마치 자발적으로 행하는 것인 양 조작해서 자신들이 바라는 메시지를 전달하게 한다. 자신들이 전복시키고자 하는 목표 사회와 마침 같은 견해를 가진 것처럼 위장하고, 나아가 핵심 인물들의 성향에 영합함으로써 이들은 은밀한 방식으로 여론 형성을 주도하는 지배계급을 알게 모르게 매수한다.

바로 이것이 1920년대 이후로 서방 주요 국가들의 문화계에 조직망을 만들었던 스탈린의 프로파간다 책임자들이 택한 방식이었다. 이 분야의 최고 추종자는 걸

보기에는 아무 해도 끼치지 않은 듯한 독일인 공산주의자로, 스위스에서 한때 레닌과 동료로 지냈고 제국의회에서는 괴벨스와 잠시 친분을 쌓기도 한, 빌리 뮌첸베르크Willi Münzenberg(1889~1940)였다. 소비에트의 스파이들과 함께 일했던 그는 비밀 작업을 공공연하게 수행하는 기술을 완성했다. 그는 '반反군국주의' '반反제국주의', 무엇보다도 '반反파시즘'에 반대하는 일련의 캠페인 의제를 설정하고 베를린·파리·런던의 몇 군데에 조직원들을 쉽게 받아주는 환경을 조성할 수 있었다. 그에게 속거나 설득당한 주요 인물들을 회의론자들은 "길동무fellow-traveller"라고 불렀으니, 저명인사 가운데 실제로 공산당에 가입한 사례는 거의 없었으나 이들은 자신들이 조종당하고 있다는 사실을 원통하다는 듯 부인하곤 했다("fellow-traveller"는 "fellow traveler"로도 쓰며, "(공산당의/공산주의의) 동조자"라는 의미로 쓰인다). 여기에는 작가, 화가, 편집자, 좌파 출판업자, 그리고 조심스레 선별된 유명인—로맹 롤랑, 루이 아라공Louis Aragon, 앙드레 말로André Malraux, 하인리히 만Heinrich Mann, 베르톨트 브레히트, 앤서니 블런트Anthony Blunt(영국 미술사가), 해럴드 래스키Harold Laski(영국의 정치학자·사회주의자), 클로드 콕번Claud Cockburn(영국 저널리스트), 시드니와 비어트리스 웨브 부부Sidney and Beatrice Webb(영국의 사회학자·사회주의자 부부), 블룸즈버리모임Bloomsbury Set(블룸즈버리그룹Bloomsbury group. 영국의 작가·철학가·예술가 단체)의 절반—이 포함돼 있었다. 이들은 다들 '결백한 사람들의 모임Innocents' Club'이라고 명명된 신봉자들을 끌어들인 데서 곧잘 '토끼사육rabbit breeding'이라고도 불린 여파를 낳았다. 당시 프로파간다의 목적은 다음과 같이 근사하게 정의됐다. "올바로 사고하는 서방의 비공산주의자들을 위해, 당대를 지배하는 정치적 편견을 조장하는 것 즉 소비에트연방에 […] 봉사하기 위해 발생한 의견은 어떤 것이든, 인간 존엄성의 가장 본질적인 요소에서 파생됐음을 믿는 것."[2]

냉소주의도 이에 필적할 것은 거의 없다. 이 사실은 위대한 지도자the Great Leader가 카를 라데크Karl Radek(폴란드계 유대인 출신의 러시아 정치가·공산주의이론가(1885~1939). 두 차례나 트로츠키파로 몰려 실각·추방됐다)와 십중팔구 뮌첸베르크(프랑스 산악지대에서 목이 매달린 채 죽었으나 그 내막은 밝혀지지 않았다) 등 자기 휘하에서 가장 헌신적으로 일했던 프로파간디스트들에게 마련해준 운명이 어떤 것인지를 보면 알 수 있다. 브레히트가 스탈린에게 희생당한 사람들에 대해 한 말은 그의 생각과 달리 우스갯소리로 들리지 않는다. "사람들은 결백하면 결백할수록 더욱 총살을 당할 가치가 있다."[3]

식의 교회들 곧 제단, 기둥, 조각상, 천사의 모습, 황금 잎사귀, 성상, 성체 받침대, 나뭇가지 모양 촛대, 향 같은 것들로 빼곡히 메워져 있는 교회들은 그 안에 모여드는 신도들이 일체의 개인적 상념에 젖어들지 못하도록 설계돼 있었다. 가톨릭교 성직자들은, 개인의 양심과 정직성을 누누이 강조했던 프로테스탄트 설교자들과는 달리, 신도들에게 맹목적 복종을 요구하는 일이 너무 많았던 것 같다.

반종교개혁기는 가톨릭교 성인이 수많이 배출되는 성과가 나타난 때이기도 했다. 일례로, 스페인 태생의 신비주의자 테레사 데헤수스Teresa de Jesús(아빌라의 성녀 테레사St Teresa of Ávila) (1515~1582), 후안 데 라 크루스Juan de la Cruz(십자가의 성 요한St John of the Cross)(1542~1591)를 꼽을 수 있다. 아프고 가난한 자들을 위해 일한 사람들도 길게 줄을 이었으니, 산 필립포 네리San

Filippo Neri(1515~1595), 산 가밀로 데 렐리스San Camillo de Lellis(1550~1614), 생 뱅상 드 폴Saint Vincent de Paul(1576~1660), 생 루이즈 드 마리야크Saint Louise de Marillac(1591~1660) 등이다. 예수회에서도 성인과 순교자들이 나왔는바 프란시스코 사비에르Francisco Xavier〔성 프란치스코 하비에르Saint Francis Xavier〕(1506~1552), 스타니스와프 코스트카Stanisław Kostka(1550~1568), 루이지 곤차가Luigi Gonzaga〔성 알로이시오 곤자가St Aloysius Gonzaga〕(1568~1591), 피터르 카니스Pieter Kanijs〔성 베드로 가니시오St Peter Canisius〕(1521~1597), 얀 베르크만스Jan Berchmans〔성 요한 베르크만스St John Berchmans〕(1599~1621), 산 로베르토 벨라르미노San Roberto Bellarmino(1542~1621) 등이다. 예수회로서는 이를 계기로 과거에 잃었던 입지를 상당 부분 되찾은 셈이었다.

반종교개혁의 영향은 유럽 전역에서 직접적으로 실감할 수 있었다. 그중에서도 이탈리아와 스페인은 교회에 대한 전통적 지지가 가장 강했으나, 두 지역에서조차 종래의 종교를 따르지 않으려는 자들에 대한 색출 작업이 있었다. 당시 스페인이 차지하고 있던 네덜란드는 프랑스와 연합주〔네덜란드〕 사이에 끼어 옴짝달싹 못한바 가톨릭교도들이 벌이는 투쟁의 온상이 됐고, 루뱅(뢰번)대학과 두에에 자리한 예수회대학이 이 투쟁을 선봉에서 이끌었다. 하지만 가톨릭교도들의 열정이 도처로 퍼져나가는 중에 중요한 반발도 일어나니, 이 움직임을 주도한 코르넬리스 얀선Cornelis Jansen(1585~1638)은 이프르의 주교로 봉직하며 예수회를 강도 높게 비판했다. 얀선은 성 아우구스티누스의 저작들을 간추린《아우구스티누스Augustinus》(1640)에서 자신의 눈에 신학적 결의론이라 비춰지는 것과 당시 횡행한 피상적 윤리를 공격하면서 그 시점에 신자들이 간절히 원해야 하는 것은 다름 아닌 하느님의 은총Divine Grace과 영혼의 재생再生임을 특별히 강조했다. 생전에 얀선은 단 한 번도 로마에 대한 충성심이 흔들린 적이 없었을뿐더러 신앙심을 통한 의화라는 프로테스탄트의 교리도 거부했으나, 하느님의 은총과 관련해 그가 내놓은 여러 제안은 사실 프로테스탄트의 관점에 가까운 것이라 그 맥락에서 응분의 비판을 받을 수밖에 없었다(8장 참조).

스위스는 가톨릭 주州, canton와 프로테스탄트 주가 서로 이를 갈고 싸우는 통에 만신창이가 돼 있었다. 취리히와 제네바의 교리들은 인근 고지의 수많은 촌락에까지 파고들어간 상황이었다. 취리히와 제네바의 교리〔곧 프로테스탄트의 교리〕를 신봉한 이들은 이탈리아와의 국경지대에서는 밀라노의 추기경-대주교 산 카를로 보로메오San Carlo Borromeo에게 폭력으로 진압당하며 그 세력이 완전히 뿌리 뽑혔고, 사부아에서는 당대 베스트셀러《신심생활 입문Introduction à la vie dévote》(1609)의 저자 프랑시스코 살레지오Francisco Salesio〔프랑수아 드 살François de Sales, 성 프란치스코 살레시오〕(1567~1622)가 이들을 보다 온화한 방식으로 설득하면서 그들의 교리와 기존의 교리가 경쟁을 벌이는 양상이 나타났다.〔메노키〕

프랑스에서는 수많은 가톨릭교도가 새로이 일어난 호전적 경향에 대체로 무심한 태도를 보였는데, 그것이 프랑스 가톨릭교도의 전통과 1516년의 정교조약을 따르는 길이었던 데다 당시 프랑스가 합스부르크가에 원한을 품고 있었던 것도 이런 경향에 한몫했다("1516년의 정교조약"은 프랑스 국왕 프랑수아 1세와 로마 교황 레오 10세 사이에 맺어진 볼로냐정교政敎협약Concordat of Bologna으로, 프랑스 내의 대주교·주교·수도원장 등 고위 성직자는 국왕이 지명권을 가지고 교황은 임명권만 갖는다는 내용이다. 이로써 로마 교황의 프랑스교회 지배권이 더욱 후퇴하게 됐다). 그러나 친로마파로 분류되던 이른바 '알프스 이남ultramontane' 일파(교황권지상론자)가 기즈 당파(기즈가Guise 家)를 중심으로 두드러지게 세를 형성한다. 이들은 세를 결집하자 성바르톨로뮤축일인 1572년 8월 23일 전야에 집단학살을 벌여 그 어느 때보다 추악한 짓을 저지르니, 파리에서 도륙당한 위그노만 무려 2000명에 이르렀다—이 사건이 있은 이후 교황은 〈아 테데움a Te Deum〉("우리는 당신을 주님으로 찬미하고 받들겠노라"라는 라틴어로 시작되는 오래된 찬송가)을 부르며 축하했고, 스페인 왕은 비로소 '만면에 웃음을 띠기 시작했다.' 17세기에는 얀선주의Jansenism(장세니슴Jansénisme)가 결국 둘 사이에서 중도를 제시하게 되는데, 얀선주의야말로 서로 싸우기 바쁜 과격파와 위그노들이 손을 맞잡을 수 있는 해독제나 다름없었다.

잉글랜드왕국은 가톨릭교가 작정하고 재개종 운동에 뛰어든 곳으로, 예수회원 성 에드먼드 캠피언Edmund Campion(1540~1581)을 비롯한 수많은 희생자를 필두로 '40인의 가톨릭 순교자'들이 이 무렵에 나왔다. 아일랜드는, 엘리자베스 여왕이 1598년에 잔혹한 원정을 벌인 이후 특히, 자신들은 가톨릭교를 신봉하고 있다는 입장을 분명히 했다. 그러나 1611년 아일랜드의 얼스터에 스코틀랜드인의 장로파 식민지가 들어서고, 아울러 앵글로-아일랜드인 출신의 젠트리 gentry가 영국국교회를 신봉하는 성향을 보이면서 아일랜드의 종교적 통일은 완전히 깨어졌다("젠트리"는 영국에서 14~15세기 봉건사회 해체기의 독립자영농 요먼yeoman과 귀족 사이에 존재했으며, 지대수입으로 생활하는 귀족의 최하층부를 구성했다. 가문의 문장을 사용 할 수 있었고, 16세기 이후 주요 세력으로 성장하며 엘리트층을 형성했다. "향신郷紳"으로 번역되기도 한다).

오스트리아의 합스부르크가가 다스리는 땅들에서는 반종교개혁 운동이 왕조 및 정치 문제와 도저히 떼어놓을 수 없을 정도로 복잡하게 얽혀갔다. 아닌 게 아니라, 당시 가톨릭교에서는 피에타스 아우스트리아카pietas austriaca(경건한 오스트리아)라는 특별한 기치를 내걸었는바, 이 기치는 17세기로 접어들 무렵 등장한 것으로 이윽고 광범위한 문화공동체에서 제일의 특질로 자리 잡더니 합스부르크가의 통치 이후에도 살아남아 지금까지도 그 명맥을 이어오고 있다. 가톨릭의 이런 기치는 한때 교파 절대주의confessional absolutism로 통하기도 했다. 이 기치를 실행시키는 데 전략적으로 중요한 역할을 담당한 것은 '콜레기움 게르마니쿰Collegium Germanicum' (독일어권 신학대학)이었다. 빈과 프라하에서는 네덜란드인 피터르 카니스의 갖은 노력으로, 예수회가 교육 방면에서 독보적 힘을 떨쳤다. 합스부르크가가 주축이 된 이 영역권에는 헝가리 서

메노키 MENOCCHI

■
■ 1599년, 도메니코 스칸델라Domenico Scandella
는 프리울리의 몬테레알레 태생의 소박한 방앗
간 주인이 이단의 죄목을 쓰고 화형에 처해졌다. 조르
다노 브루노가 로마에서 똑같은 형벌을 받기 딱 2년
전의 일이었다. 지금도 〔이탈리아 프리울리베네치아줄리아
주〕우디네에는 그의 사건을 기록한 문서들이 남아 있
는데, 그 안에는 역사학자들이 솜저럼 꿰뚫어 보기 힘
든 비인습적 믿음의 세계가 펼쳐져 있다. 두 번의 재
판, 장시간의 심문, 투옥, 고문 뒤, 종교재판소는 그가
'성모 마리아의 순결성, 그리스도의 신성, 하느님의 섭
리'를 부인했다고 주장했다.

'메노키오Menocchio'(1532~1599)라고 알려진 이 몬테
레알레의 방앗간 주인은 한때는 촌락의 대표로 일했
으며, 자식을 열한 명 둔 아버지에, 거침없는 입담을
자랑하고, 반反성직주의를 공공연히 내보이고, 책귀신
이라도 씐 듯 책을 읽은 사람이었다. 체포당할 당시 그
의 집에는 다음과 같은 책들이 소장돼 있었다.

　이탈리아 통속어로 쓰인 성경 한 권
　Il Fioretto della Bibbia(카탈루냐어 성경 선집 번역본)
　Il Rosario della Madonna, 알베르토 다 카스텔로

　Alberto da Castello 작作, OP
　Legenda Aurea, 황금 전설Golden Legend 번역본
　Historia del Giudicio, 15세기 운율로 됨
　Il Cavalier Zuanne de Mandavilla(《존 맨더빌 경의
　　여행기Sir John Mandeville's Travels》 번역본)
　Il Sogno di Caravia(베네치아, 1541)
　Il Supplemento delle Cronache(포에스티Foesti 연
　　대기 판본 중 하나)
　Lunario al Modo di Italia(책력)
　《데카메론》(보카치오) 무삭제 판본
　제목 없는 서적 한 권, 한 증인이 코란이라고 증언함

메노키오는 생전에 유대인 시몬이라는 자와 오랜 시
간 이야기를 나눈 적이 있었고, 루터교에도 관심을 보
였으며, 성경의 창조 이야기를 인정하지 않았다. 단테
나[1] 고대의 수많은 신화를 연상시키듯, 그는 "시간이
흐르면 치즈에서 벌레들이 생겨나는 것처럼" 천사들
도 자연이 만들어낸 것이라고 주장했다.[2] 〔미사사 창안
자로 불리는 카를로 긴츠부르그Carlo Ginzburg의 《치즈와
구더기: 16세기 한 방앗간 주인의 우주관Il formaggio e i
vermi. Il cosmo di un mugnaio del '500》(1976) 속 주인
공이 바로 메노키오다.〕

부, 슬로바키아, 크로아티아, 슐레지엔, 보헤미아뿐만 아니라 나중에는 갈리치아 서부까지도 하
나로 속해 있었다. 학계에서는 당대의 바로크 문화가 합스부르크가의 건축물 위에 자라난 담쟁
이덩굴 즉 금방이라도 허물어질 듯한 장대한 건물 표면을 뒤덮는 동시에, 하나로 간신히 지탱해
줬다고 주장하기도 한다(690쪽 참조).

　독일의 여타 지역에서는, 1555년에 아우크스부르크화의Peace of Augsburg가 맺어지면서 가톨
릭교도와 프로테스탄트가 영 불편하기만 한 모두스 비벤디에 도달한 참이었다("아우크스부르크
화의"는 종교전쟁의 결과로 아우크스부르크에서 열린 독일 제국 의회의 결의다. 이를 통해 루터주의 신앙
은 가톨릭 신앙과의 동등권이 인정됐고 제후와 도시의 신앙 선택권이 승인됐다). 이에 따라 제후들 각
자가 자신의 신민들이 믿을 종교를 결정하게 됐다. 하지만 프로테스탄트 교파 가운데에서 허용

된 것은 루터주의 하나뿐이었다. 다시 말해, 가톨릭 국가들에서 살아가는 루터파 교도들만이 종교적 관용의 혜택을 입을 수 있었다. 그러나 독일의 종교적 관용도 결국에는 미봉책에 그치는데, 이 지역에서도 가톨릭교도 제후들과 황제들이 프로테스탄트가 더 멀리까지 퍼져나가는 것을 두려워한 때문이다. 1550년대 이후로는 '스페인 출신 사제들'이 쾰른·마인츠·잉골슈타트·뮌헨에 예수회 핵심 거점을 세우고, 생명력 긴 가톨릭의 보루들을 라인란트와 바이에른 지방에 조성했다. 독일의 팔츠, 작센, 이런저런 지역에 세워진 칼뱅파의 영외거류지는 17세기 후반에야 비로소 안전을 보장받을 수 있었다. 1607년 12월에는 바이에른 공작이 슈바벤에 자리한 도시 도나우뵈르트를 강탈하는 도발적인 일을 벌이는바, 프로테스탄트가 가톨릭의 행진 의례를 방해하는 것을 더는 두고 볼 수 없다는 것이 이유였다. 이 사건을 계기로 10인의 프로테스탄트 제후들은 '복음주의 연합Evangelical Union'〔독일어 프로테스탄트(제후)연합Protestantische Union, 1608〕을 소집해 자신들의 이익을 지키려 했으나, 결국 이로 말미암아 '가톨릭 연맹Catholic League'〔가톨릭(제후)연맹Katholische Liga〕이 결성돼 그들과 대치하는 상황에 처했다. 따라서 '삼십년전쟁'이 발발한 해가 과연 1618년인지 혹은 그 이전인지는 쉽게 단정할 수 없는 문제다.

종교적 불관용이 심해지는 당시 세계 속에서, 폴란드-리투아니아만은 다소 동떨어진 채 자신의 길을 갔다. 광대한 영토에 매우 다양한 주민이 모여 살던 폴란드-리투아니아왕국에서는 전부터 가톨릭, 정교회, 유대교, 무슬림 신앙이 모자이크처럼 어우러져 있었으니, 이와 같은 상황은 심지어 루터주의가 폴란드령 프로이센의 도시들을 휩쓸고 칼뱅주의가 폴란드-리투아니아 귀족층을 사로잡기 이전부터 형성돼 있었다. 모든 영지가 제각기 독일의 공국들이 하는 것처럼 자유롭게 자신들 땅에서 일어나는 종교 문제들을 처리할 수 있다는 것이 당시 폴란드-리투아니아를 통치하던 슐라흐타szlachta의 입장이었다. [슐라흐타] 1565년부터는 제아무리 교회 법정에서 나온 평결이라도 귀족들이 개인적으로 소유한 영지에서는 실효성을 갖지 못했다. 아울러 트리엔트공의회의 의장이자 바르미아의 주교 추기경 스타니스와프 호주시Stanisław Hozjusz가 폴란드-리투아니아에 예수회를 막 도입할 무렵에, 폴란드는 온갖 종류의 이단 및 종교 난민들을—잉글랜드와 스코틀랜드의 가톨릭교도들, 체코형제단Czech Brethren, 네덜란드의 재세례파, 혹은 파우스토 소치니Fausto Sozzini(소시니우스Socinius) 같은 이탈리아의 유니테리언unitarians에 이르기까지— 자국 안으로 받아들이고 있었다("체코형제단"은 보헤미아형제단이라고도 하며, 후스파의 영적 이상주의에 영향을 받은 프로테스탄트 교파다. "유니테리언"은 이신론의 영향을 받은 반삼위일체론 계통의 개신교 교파다). 1573년에는 칼뱅파가 폴란드 상원에서 주류 세력으로 군림하게 되면서 폴란드 의회에서 만인에게 적용되는 항구적 관용 정책 법안을 통과시키는데, 유일하게 소치니 아파만 이 관용책의 적용을 받지 못했다. 지그문트 3세 바사Sigismund III Vasa〔스웨덴 바사왕가의 첫 폴란드 왕. 폴란드어명 지그문트 3세 바자Zygmunt III Waza〕(재위 1587~1632)는, 열렬한 예수회 학도로, 그의 대代에는 폴란드에서도 알프스 이남의 당파[교황권지상론자]가 서서히 가톨릭의 최고권을 다시 주장했다. 하지만 이 운동은 더딘 속도로 진행됐고, 그런 운동을 벌여도 폴란드에서는 오로지 비폭력적 방법만 용인됐다. 확실히 폴란드는 튀르크족과 타타르족에 맞서 기독교왕국을 지켜낸 방벽으로서나 유럽 최고의 종교적 관용을 베푼 안식처로서나 그 역할을 충분히 해냈다고 자랑할 만했다.

동유럽의 나머지 지역들에서도 반종교개혁 운동의 움직임이 넓고 크게 호를 그리며 퍼져나갔다. 그레고리오 13세Gregory XIII(재위 1572~1585)의 바티칸 교황청에서는 스웨덴과 폴란드만 아니라 어쩌면 모스크바대공국까지도 자신들 수중에 넣을지 모른다는 희망에 들떠 있었다. 그러나 정작 그런 기대가 높았던 스웨덴 땅에서는 1590년대의 내전에서 노리어 프로테스탄트가 승리하면서 예수회의 구상은 영영 무용지물이 되고 만다. 모스크바에서는 교황대사 안토니오 포세비노Antonio Possevino가 이반 뇌제雷帝[이반 4세 바실리예비치]를 알현하는 성과를 이뤘으나, 차르를 직접 만나본 대사는 가톨릭 신앙과 관련해 이 차르의 관심은 주로 교황의 가마가 어떻게 움직이는가에 쏠려 있음을 알았을 뿐이었다. 그래도 가톨릭 쪽에서 어설프게나마 압박을 한 까닭에 이반의 아들 표도르[표도르 1세 이바노비치]는 1589년에 모스크바 주교구를 창설하게 되는바, 이로써 분리된 러시아정교회 교회가 출현하는 최종 단계가 마무리됐다.

모스크바대공국이 이와 같은 데마르슈Démarche[외교상의 정책 전환. 외교적 조치]를 취하자 인근의 폴란드-리투아니아왕국 정교회 교도들 사이에서 위기의식이 일어났다. 이때까지만 해도 정교회 교도들은 한결같이 콘스탄티노폴리스의 대주교만 바라보며 지내온 터였다. 그러다 이즈음 모스크바의 대주교가 새로이 나타나 국경 너머의 자신들에게까지 사법권을 주장하고 나서자, 이제 로마가 자신들을 지켜주기를 바라는 폴란드-리투아니아 정교회 신자들이 상당수에 이르렀다. 그리하여 1596년의 브레스트연합Union of Brest에서, 동방정교회 주교들 대다수가 새로운 동방귀일東方歸—교회파 종교단체—슬라브어 전례를 따르는 그리스가톨릭교회Greek Catholic Church of Slavic Rite—를 설립하자는 데에 뜻을 모은다. 이들은 자신들의 전례나 성직자의 결혼 관례는 종전과 다름없이 유지해나가되, 한편으로는 교황의 최고권을 인정하겠다는 입장이었다. 그리하여 키이우에 자리한 고대의 성소피아대성당을 비롯해, 벨라루스와 우크라이나의 정교회 교회 대부분이 동방귀일교회파의 영향력하에 들어갔다. 구세력으로 남게 된 '비非동방귀일교회파'의 잔여 세력은 얼마 동안 국가로부터 공식 추방을 당했다.

그러나 정작 모스크바대공국의 사태가 이처럼 전개되는 것을 전혀 받아들이지 못하고 있었다. 러시아 근대사 내내, 포악해진 러시아의 정교회교회는 징벌을 통해 강압적으로 동방귀일교회파들을 다시 개종시키려는 결의를 보였다. 예수회가 더욱 강성한 세력으로 남아 있기를 획책했다는 점에서, 러시아만큼 비열한 자의 전형적 이미지를 가진 곳도 또 없다. 러시아-폴란드 사이 전쟁에서는 1610~1612년에 폴란드인이 잠시 크렘린을 점령하기는 했으나, 이는 결국 둘 사이의 종교적 적의만 더 고착한 셈이 됐다. 모스크바 근방의 자고르스크(지금의 세르기예프포사트)에 있는 대규모 러시아 수도원의 한 기념 명판에 반종교개혁을 지향하던 당시 러시아인들의 대중적 관점이 잘 드러나 있다. "발진티푸스-타타르인-폴란드인, 세 가지 전염병들."

헝가리에서도 유사한 동방귀일교회파 종교단체가 우즈고로트연합Union of Uzhgorod(1646)을 기점으로 생겨났다. 이 경우에는 카르파티아산맥 이남 지역에서 정교회를 신봉하던 루테니아인들이 이웃 국가인 우크라이나에서 택한 노선을 따라 로마와의 연합을 꾀하는 방식을 택했다. (이때 루테니아인들이 내린 결정으로 로마가톨릭과 미국에 살던 동방귀일교회 루테니아인들 사이에는 1920년대에 들어서까지도 계속 실랑이가 일었다.)

전 유럽에 걸쳐 종교적 열정은 예술의 진보에 심대한 영향을 끼쳤다. 더 엄격한 성향의 프로테스탄티즘 종파에서는 훌륭한 예술작품을 만들려는 노력이 과연 적절한 일인가 하는 의문이 일어났다. 당대에 조형예술이 종종 세속적 주제를 대상으로 전환된 것도 종교적 주제를 다뤄도 괜찮은가 하는 의구심이 이미 자리 잡아버린 때문이었다. 홀란트나 스코틀랜드 같은 일부 국가들에서는, 음악의 영역이 찬송가와 운문 시편metrical Psalm에만 한정됐다. 그러나 잉글랜드에서는, 대조적으로, 토머스 탤리스Thomas Tallis(1505년경~1585)를 비롯한 이런저런 인물의 작업을 통해 영국국교회풍의 성당음악이라는 위대한 전통이 태동될 수 있었다. 가톨릭 국가들에서는 모든 예술 분과가 교회의 영광과 힘을 화려하고 극적으로 연출해내야 한다는 요구를 받았다. 이런 추세를 '바로크Baroque' 양식이라고 한다. 음악의 경우, 바로크 양식과 연관되는 인물로 얀 피터르스존 스베일링크Jan Peterzoon Sweelinck(1562~1621), 하인리히 쉬츠Heinrich Schutz(1585~1672), 특히 조반니 팔레스트리나Giovanni Palestrina(1526~1594)를 들 수 있는바, 팔레스트리나는 성베드로성당의 악장樂長으로 현재까지 남아 있는 그의 미사곡 94편을 들어보면 엄청난 다양성과 창의성이 고스란히 드러난다. 클라우디오 몬테베르디Claudio Monteverdi(1567~1643) 역시 다성음악과 반대되는 개념의 독창곡을 개척하고, 불협화음의 가치를 재발견하고, 이탈리아의 '신新음악New Music'을 옹호한 인물로 유럽의 속세음악 발달에 특별한 입지를 점한다. 몬테베르디가 일한 곳은 대체로 베네치아였는데, 베네치아는 늘 로마의 예술과 대척에 서 있는 곳으로 여겨졌다. 바로크 양식의 회화계를 주름잡은 인물로는 미켈란젤로 카라바조Michelangelo Caravaggio(1573~1610, 살인을 저질렀으나 죄를 사면받았다), 플랑드르 출신의 페테르 파울 루벤스Peter Paul Rubens(1577~1640), 스페인 출신의 디에고 벨라스케스Diego Velázquez(1599~1660)를 꼽을 수 있었다. 건축 분야에서는 어딜 가나 도처에서 바로크 양식의 교회들을 볼 수 있었으며 이것들은 예수회가 로마에 지은 제수Gesù교회(1575)를 모델로 삼은 경우가 많았다("제수교회"는 예수회의 모母교회로 이탈리아어 공식 명칭은 "예술의 신성한 이름 교회Chiesa del Santissimo Nome di Gesù"다. "일제수Il Gesù"로도 불린다).

　　종교적 열정은 16세기와 17세기의 수차례 전쟁에서 전면에 드러났다. 한때 이슬람을 상대했던 열정과 적의가 이번에는 기독교도들 서로 간의 분쟁 속에서 불을 뿜은 것이다. 가톨릭이 주류로 자리 잡을지 모른다는 프로테스탄트의 우려가 표면화된 것으로는 1531~1548년 독일에서 치러진 슈말카덴동맹의 전쟁(슈말칼덴전쟁Schmalkaldischer Krieg)을 꼽는데, 전쟁은 아우크스부르크화의(1555)가 맺어지면서 비로소 막을 내렸다("슈말카덴동맹"은 1531년 신성로마제국의 프로테스탄트(신교) 국가들이 로마 황제 카를 5세(와 구교파)의 공격으로부터 신생 루터파 교회를 보호하기 위해 독일 중부 슈말칼덴에서 맺은 동맹이다). 또 1562~1598년의 프랑스종교전쟁(위그노전쟁), 1598~1604년의 스웨덴내전, 1618~1648년의 삼십년전생 역시 그와 같은 맥락의 전쟁으로 볼 수 있다. 한편 프로테스탄트가 지배적 입지를 점할지 모른다는 가톨릭 측의 우려 역시 수많은 사건을 일으키는 계기가 되는데, 잉글랜드에서 일어난 은총의 순례Pilgrimage of Grace(1536), 마운트조이Mountjoy와 올리버 크롬웰에 대한 아일랜드인의 저항 운동, 1655~1660년에 걸쳐 폴란드인들이 스웨덴인들에 대해 벌인 저항 운동이 그 사례다. 유럽 동쪽에서 벌어진 러시아인과 폴란드인 사이의 확전—1561~1565년, 1578~1582년, 1610~1619년, 1632~1634년, 1654~1667년의 다섯 차례에 걸쳐 일어났다—, 은 가톨릭과 정교회 사이 성전으로 일컬어질 만한 구색을 다 갖추게 된다. 병사들의 사기를 진작시키려 종교적 광신주의를 조장하는 것쯤은 충분히 가능했다. 16세기에 전장을 누빈 무적의 스페인 군단이 받은 가르침도 그런 것이어서, 그들은 자신들이 지금 유일하게 참된 신앙을 지키려 싸우고 있는 것이라 믿었다. 17세기에 (스웨덴 국왕)구스타브 2세 아돌프(재위 1611~1632)의 휘하나, 혹은 올리버 크롬웰의 '신형군新型軍, New Model Army'에서 복무하며 찬송가를 합창하던 포병들이 받은 가르침도 그와 전혀 다르지 않았다("신형군" 또는 "신모범군"은 1645년에 영국 청교도혁명 때 크롬웰이 신앙심이 투철한 청교도들로 편성한 국민군이다).

　　프랑스의 종교전쟁은 전혀 기독교적이지 않았다는 점에서 이목을 끈다. 프랑스에서 위그노 박해가 시작된 것은 앙리 2세Henri II 대(1547~1559)에 샹브르 아르당트chambre ardente(화형재판소)가 세워지면서였다. 그러나 1559년 앙리 2세 왕이 갑작스레 세상을 떠난 데 이어 앙주 공작까지 세상을 떠나면서, 왕위 계승 문제로 인한 혼란이 장기화됐다. [노스트라다무스] 이와 같은 상황이 기즈가家가 이끄는 가톨릭 파당과 나바라 왕들이 주축이 된 부르봉-위그노 파당의 야심에 불을 지폈다. 푸아시회담Colloquy of Poissy(1561)에서 종교 간 화해를 이루려던 노력이 무위로 돌아간 것도 모자라 프랑스에서는 폭력사태가 두 차례에 걸쳐 불거지면서 상황이 악화됐다—하나는 1560년 앙부아즈에서 프로테스탄트파가 일으킨 것이었고, 다른 하나는 1562년 바시에서 가톨릭교도들이 일으킨 것이다. 이후 두 경쟁 당파는 서로 잡아먹을 듯 싸우게 되는데, 왕모Queen Mother로 불린 카트린 드메디시스Catherine de Médicis(이탈리아어 이름 카테리나 데메디치Caterina de' Medici. 앙리 2세의 왕비)(1519~1589)의 책략들이 이런 상황을 더욱 부채
질했다. 성 바르톨로뮤축일의 대학살(1572)은 이 와중에 벌어진 일련의 사건 중 제일 큼지막한
사례에 불과했다. 프랑스에서 일어난 지독한 소규모 접전들은 과거 잉글랜드인이 벌인 전쟁들
이 떠오를 만큼 본격적 회전으로는 거의 번지지 않았지만, 프로테스탄트 아드레 남작 프랑수아
드 보몽François de Beaumont(1587년 몰)이나 가톨릭교도 몽뤼크의 영주 블레즈 드 라세랑-마셍
콤Blaise de Lasseran-Massencôme(블레즈 드 몽뤼크Blaise de Monluc)(1577년 몰) 같은 끗발 날리는 모
험가들은 덕분에 풍성한 기회를 맞을 수 있었다. 프랑스에서는 30년 동안 총 여덟 번 전쟁이 벌
어지는데, 협약이 파기되고 추악한 살인이 벌어지는 일이 부지기수였다. 1580년대에는 기즈가의
신성동맹이 막강한 힘을 떨치게 돼, 작정하고 종교적 관용책을 억누르는 동시에 동성애자였던
프랑스 왕(앙리 3세)을 끌어내리려 시도했는데, 그러자 프랑스 왕은 결국 기즈 공작(앙리 1세 드
기즈Henri Ier de Guise)과 기즈 추기경(루이 2세 드 로렌Louis II de Lorraine)을 암살하라는 명을 내렸
다(1588). (이 둘의 아버지였던 프랑수아 드 기즈François de Guise는 생전에 명성이 높은 장군이었는데, 그
도 1563년 오를레앙에서 죽임을 당했다.) 기즈가의 두 인물이 암살당하자 그 반발로 1589년 8월 1
일 프랑스 왕이 생클루에서 분을 이기지 못한 수도사 자크 클레망Jacques Clément에게 암살당했
다. 이렇게 되자 이제 프랑스 왕위를 주장할 수 있는 이로는 나바라의 왕 앙리밖에 남지 않았다.
나바라의 앙리를 타락한 이단이라며 가톨릭 성직자들이 거부하고 나서자, 앙리는 냉소적으로
다시 가톨릭으로 개종하는 수밖에 없었다. 앙리는 1594년 샤르트르에서 대관식을 받고 의기양
양하게 파리로 입성했다. "파리는 미사를 드려서라도(곧 개종을 해서라도) 얻을 가치가 있는 곳이
다Paris vaut bien une messe"라는 말이 당대의 기조를 요약해준다. 앙리 4세(재위 1588~1610)의 즉
위로 낭트칙령Edict of Nantes(1598)이 발표됐지만 나아진 것은 없었다("낭트칙령"은 칼뱅파 프로테
스탄트인 위그노교도에게 일정 지역에서 신앙의 자유를 누릴 수 있게 하고 가톨릭교도와 동등한 정치적
권리를 갖게끔 인정한 칙령이다. 이에 따라 위그노전쟁이 종결됐다). 종교적 자유를 기치로 내걸고 평
생 싸움을 벌여온 앙리 4세는 프랑스의 귀족 가문, 한 지역당 교회 두 곳, 따로 지명된 120개 위
그노 거점 지역에 대해서만 위그노를 허용해주었다. 사람들 사이에 지독한 두려움과 의심이 감
도는 상황은 여전했다.

영국, 프랑스, 네덜란드, 폴란드-리투아니아에 줄곧 종교적 다원성이 유지됐다는 점을 감
안할 때, 당시 유럽을 단순히 '북부의 프로테스탄트Protestant North'와 '남부의 가톨릭Catholic
South'으로 양분하기는 그릇된 것이 아닐 수 없다. 아일랜드인, 벨기에인, 그리고 특히 폴란드인
들은 북부가 프로테스탄트 일색이 아니었다고 주장할 근거가 충분히 있다. 정교회 기독교도들
과 무슬림들도 당시 남부가 가톨릭 일색이었다는 주장에 반대할 이유가 충분히 있다. 물론 중
부유럽Central Europe, 특히 독일의 경우에는 프로테스탄트-가톨릭을 구분 짓는 일이 그 지역의

중요한 특징인 것이 사실이다. 그러나 그러한 구분을 유럽 대륙 전체에 딱 맞춰 적용한다는 것은 어림도 없는 이야기다. 카를 마르크스나 막스 베버가 했던 것처럼, 프로테스탄트-가톨릭이라는 구분을 경제적 혹은 사회적 기준을 근거로 한 후대 구분과 연관시키려 했다간 지나치게 독일 중심적 관점을 띠게 될 가능성이 있다. 그럴 거라면 차라리 프로테스탄트의 하느님이 어떻게 자신의 추종자들에게만 그토록 많은 탄전炭田을 내려주셨는가 묻는 편이 나을지도 모른다.

여기서 한 가지 사실만은 분명하다. 종교를 기치로 내걸고 무분별하게 사람들의 피를 흘린 것이 결국 훌륭한 지성을 지닌 사람들의 마음에 반발심의 불씨를 지피는 결과로 이어질 수밖에 없었다는 사실 말이다. 종교전쟁의 기간은 이성과 과학이라는 여린 씨앗이 그 싹을 틔우고 자라나는 비옥한 토양을 제공했다.

과학혁명. 과학혁명Scientific Revolution은 일반적으로 16세기 중반에서 17세기 중반에 걸쳐 일어난 것으로 보며, 지금까지도 "기독교의 흥기 이래 유럽사에서 가장 중요한 사건"으로 일컬어진다.[18] 과학혁명은 르네상스의 인문주의를 출발점 삼아 자연스럽게 진행된 것으로, 프로테스탄트의 사고방식도 과학혁명에 얼마간 일조한 면이 있다. 과학혁명에서 가장 큰 강점으로 꼽히는 부분은 천문학으로, 사실 수학·광학·물리학 같은 과학들은 천문학 자료들을 수집·해석하는 데 필요한 것들이었다. 그러나 여기서 중요한 점은 천문학 덕에 인류가 인간의 본성, 인간이 맞닥뜨린 곤경을 전혀 다른 방식으로 바라보게 됐다는 것이다. 천문학은 1620년대 폴란드령 프로이센에 자리한 프롬보르크(프라우엔부르크)의 참사회 성당의 탑에서 실시된 천문 관측이 그 시작이었으며, 이런 식의 천문 관측은 1686년 4월 28일 런던그레섬칼리지의 왕립학회Royal Society 모임을 마지막으로 끝을 맺었다.

인간의 사고가 갑작스럽게 근본적 변화를 맞을 때는 늘 그렇지만, 당시 과학혁명이 맞닥뜨린 어려움은 그것이 내건 원칙들이 당대에 널리 퍼져 있던 사상이나 관습과는 잘 조화되지 않는다는 데 있었다. 이 시대는 일명 "코페르니쿠스, 베이컨, 갈릴레이의 시대"라고 일컬어지지만 사실 그렇게 부르는 것은 잘못이다. 대체적 측면에서 당대는 여전히 연금술사, 점술가, 마법사들의 시대였다는 점에서다. 또한 현대의 역사학자들이 나중에 결국 오류로 판명 났다고 하여 이 시대에 만들어진 이론을 제창한 이들의 성취를 조롱하는 일도 있어선 안 될 것이다. 당시 연금술사들이 물질의 기본 속성을 잘못 이해했다고 말하는 것이야 얼마든 있을 수 있는 일이다. 그러나 연금술의 건설적 측면들을 눈여겨봐온 연구자들에게 그들이 "미친 짓을 연구하다 결국 그 미친 짓의 향료에 취해버렸다"라고 말하는 것은 온당치 못하다. 아마도 과학의 역사에 대해 이보다 더 '휘그사관적 해석whiggish interpretation'을 내놓는 경우도 찾아보기 힘들 것이다("휘그사관적 해석" "휘그주의(휘그식) 해석"은 역사는 필연적으로 진보의 길을 걷는다고 보고 과거를 현재에 조명해 평가하는 방식의 역사 해석이다. 일명 "진보사관"으로도 불리며, 영국의 역사학자이자 역사철학자 허버트 버터필드Herbert Butterfield가《역사에 대한 휘그식 해석The Whig Interpretation of History》(1931)에서 주장한 개념이다).[19]

미코와이 코페르니크Mikołaj Kopernik(니콜라우스 코페르니쿠스Nicolaus Copernicus, 1473~1543)는 크라쿠프대학(폴란드)과 파도바대학(이탈리아)에서 수학했으며, 지구가 아닌 태양이 태양계의 중심에 있다는 사실을 확립한 인물이다(코페르니쿠스 인명에서 앞의 것은 폴란드어명이고 뒤의 것은 라틴어명이다). 코페르니쿠스의 이런 태양중심적 사고는 태양을 통합의 상징으로 보던 당대 점성술의 일반적 습성과도 일맥상통했다. 하지만 여기서 진정 중요한 점은, 코페르니쿠스가 세세한 실험과 측정치를 통해 자신의 가설이 참임을 증명해냈다는 사실이다. (폴란드) 도시 토룬(토른) 출신의 독일계 상인 가문의 아들이자 폴란드 왕의 충직한 신민이기도 했던 코페르니쿠스는, 한때 독일기사단에 맞서 폴란드 왕을 적극 방어하기도 한 인물로, 바르미아주州(에르믈란드(에름란트))의 성당참사회 회원으로 프롬보르크에서 30년간 생활했다. 폴란드 왕이 화폐 개혁 정책을 추진할 당시에는 왕 밑에 고용돼 일한 전력도 있었다. 코페르니쿠스의《화폐 이론에 관하여Monetae cudendae ratio》(1526)는 "악화惡貨가 양화良貨를 구축驅逐한다bad money drives out good"는 요지를 담은 것으로 그레샴의 법칙Gresham's Law을 토머스 그레샴Thomas Gresham보다 30년 앞서서 주장한 셈이었다. 태양중심설heliocentrism(곧 지동설地動說)을 골자로 하는 코페르니쿠스의 이론이 처음 개진된 것은 1510년으로,《천구의 회전에 관하여De revolutionibus orbium coelestium》(1543)에서 그는 자신의 이론을 통계자료를 통해 완전하게 뒷받침해냈다. 이 저작은 루터파이자 비텐베르크대학 동료 수학자 게오르크 요아힘 폰 라우헨Georg Joachim von Lauchen(레티쿠스Rheticus)이 적극적으로 주도해 출간돼 교황 바오로 3세에게 헌정됐는데, 정작 저자는 임종을 맞는 침상에 누워서야 자신의 책을 받아볼 수 있었다.《천구의 회전에 관하여》는 당시 사람들이 우주에 대해 갖고 있던 지배적 관념을 일거에 뒤집어, 그때까지 신봉돼온 아리스토텔레스의 사상 즉 지구는 뭇 행성과는 다른 존재로 태양계의 한가운데 붙박인 채 꿈쩍도 않는다는 생각을 단번에 내팽개치게 했다. 그러나 코페르니쿠스의 책은 당장에는 그렇게 막강한 힘을 끼치지 못했는데, 편집자가 그 여파를 너무 걱정한 나머지 코페르니쿠스가 작성한 서론을 빼버리고 책의 본래 취지를 왜곡하는 서문을 자신이 대신 써넣었기 때문이다.

코페르니쿠스의 사상이 잉태된 지는 이때 거의 한 세기가 지나 있었다. 덴마크 출신의 튀코 브라헤Tycho Brahe(1546~1601)는 태양중심설은 거부했으나, 혜성들이 지나다니는 길을 유심히 관찰해 잘못된 고대의 통념을 하나 더 깨뜨릴 수 있었는바, 우주가 마치 양파처럼 투명한 구체가 겹겹이 쌓인 형태로 이뤄져 있으리라는 생각을 말한다. 프라하에서 브라헤의 동료로 일하던 요하네스 케플러Johannes Kepler(1571~1630)는 행성들이 타원형의 궤도를 그리며 운행한다는 사실을 규명해 코페르니쿠스 학설의 근간을 이룬 여러 운동 법칙을 밝혀냈다. 그러나 코페르니쿠스의 이름이 더욱 널리 알려지는 데에 실질적 공로를 세운 이는 바로 피렌체 출신의 갈릴레오 갈릴레이Galileo Galilei(1564~1642)로 당시 새로이 발명된 망원경을 최초로 이용해본 여러 사람 가운데 하나였다. 후대 사람들에게는 다행스러운 일인 것이, 갈릴레이는 직관력도 뛰어났지만 그만큼 성미도 급했다. "달 표면은 매끄럽지도 고르지도 않으며, 지구와 마찬가지로 거칠거칠하고 곳곳에 온통 구멍이 나 있다"라는 사실을 발견하자, 갈릴레이는 당대 정설로 통하던 지구의 '완벽한 구체perfect spheres' 이론을 그야말로 일거에 날려버렸다. 이뿐만 아니라 자신의 반대파들이 들고 나오는 성경의 근거들에 가차 없이 비평을 가해 자신의 연구 결과를 방어하기도 했다. "성경에 담겨 있는 천문학의 언어는 다름 아닌 무지한 자의 이해를 돕기 위해서입니다"라고 갈릴레이는 미망인 토스카나의 여공작에게 말한 바 있었다. 이 발언이 결국 도마에 올라 갈릴레이는 1616년 로마로 불려가 교황으로부터 경고 조치를 받았다. 코페르니쿠스의 책이 교황청의 금서목록에 오르게 된 것도 갈릴레이가 코페르니쿠스를 추켜세운 것이 계기가 된 때문이었다. 그러나 갈릴레이는 자신의 주장을 굽히지 않고 《두 가지 주된 우주 체계에 관한 대화Dialogo sopra i due massimi sistemi del mondo》(1632)라는, 프톨레마이오스보다 코페르니쿠스가 더 뛰어나다는 주장을 조목조목 펼쳐 보이는 내용의 책을 출간했다가 끝내 정식으로 종교재판에 회부돼 자신의 주장을 철회하라는 압박을 받았다. 그러나 갈릴레이가 재판관들 앞을 떠나면서 에푸르 시 무오베Eppur si muove("그래도 그것[지구]은 돈다")라는 말을 남겼다는 것은 그 전거가 의심스럽다. [레스비아]

코페르니쿠스의 이론이 한창 논쟁이던 시기에도 실용과학은 여전히 젖먹이 단계를 벗어나지 못했다. 그럼에도 몇 가지 중요한 주장이 잉글랜드의 대법관을 지내기도 한 프랜시스 베이컨Francis Bacon(1561~1626)에 의해 제기됐다. 그는 자신의 《학문의 진보Advancement of Learning》(1605), 《노붐 오르가눔Novum Organum》[신기관新機關](1620), 《새로운 아틀란티스New Atlantis》(1627)에서 지식이란 반드시 질서정연하고 체계 잡힌 실험, 그리고 실험 자료들을 바탕으로 한 귀납induction 추론의 절차를 거쳐야만 한다고 이야기했다. 이러한 주장을 통해 그는 전통적으로 행해져오던 연역적 추론 방식에 과감하게 반기를 든 셈인데, 연역deduction 추론에서는 지식은 오로지 교회가 인정하는 특정한 금언들을 통해서만 확립될 수 있다고 보았기 때문이다. 그런데 여기서 의미심장한 부분은, 베이컨의 과학적 연구는 반드시 성경 공부와 상호보완 관계에 있어야 한다고 주장했다는 점이다. 과학은 기독교 신학과의 양립성이 지속적으로 지켜질 수 있어야 했다. "과학자는 이제 하느님께서 쓰신 자연의 책Book of Nature을 설파하는 사제가 됐다." 한편 베이컨의 추종자로 체스터의 주교이자 또 왕립학회 창립 멤버이기도 했던 존 윌킨스John Wilkins(1614~1672)는 《달 세계의 발견The Discovery of a World in the Moone》(1638)이라는 호기심으로 가득 찬 저서에서 달 여행에 대한 구상을 담아내기도 했다. "다른 세계에서 살아가는 주민들도 구원을 받는 방법은 우리들과 똑같으니, 그들도 그리스도가 흘리신 피를 통해 죄악으로부터 구원을 받는다."[20]

중요한 진전은 수학자적 기질의 철학자들을 통해서도 이뤄질 수 있었는바, 특히 중요한 인물들로는 눈부신 성과를 낸 두 프랑스인 르네 데카르트René Descartes(1596~1650)와 블레즈 파스칼Blaise Pascal(1623~1662), 이 둘을 계승한 철학자 베네딕투스 데 스피노자Benedictus de Spinoza〔바뤼흐 스피노자Baruch Spinoza〕(1632~1677)를 꼽을 수 있다. 데카르트는 군인이자 모험가로서 백산전투Battle of the White Mountain(734쪽 참조)를 현장에서 목격하기도 했으며, 홀란트에서 객지 생활을 하면서 생애 상당 부분을 보냈다. 데카르트 하면 일말의 타협도 없는 합리주의적 사고 체계 곧 그의 이름을 딴 데카르트주의Cartesianism가 가장 많이 떠오르는데, 그의 《방법서설 Discours de la méthode》(1637)에서 그 세세한 내용을 엿볼 수 있다. 데카르트는 감각들을 통해 들어오는 모든 정보 혹은 타인의 권위에 의지한 모든 정보를 일관되게 거부한 끝에, 아무리 부정을 해도 자신이 사고하는 능력을 발휘하고 있을 때만큼은 그는 반드시 존재할 수밖에 없다고 결론 내린다. '코기토, 에르고 줌Cogito, ergo sum'(나는 생각한다, 그러므로 존재한다I think, therefor I am)이라는 그의 이와 같은 명제는 근대 인식론이 시작되는 본격적 출발점이 됐다. 동시에 데카르트는 물질을 영혼에서 분리하고, 나아가 의학에서부터 윤리학에 이르기까지 모든 것을 깊이 파고드는 철학을 통해 이때에도 이미 대단한 위력을 떨치고 있던 기계론적 세계관을 강조했다. 예를 들어, 당대인들은 동물들을 일종의 복잡한 기계처럼 여기곤 했고, 그렇게 여겨지기는 인간 존재 역시 마찬가지였다.

파스칼은 클레르몽페랑 출신으로 파리 포르루아얄수도원〔포르루아얄 데샹〕에서 얀선주의자들의 일원으로 활동했으며, 당시 사람들이 품고 있던 기계론의 이상을 활용해 최초의 '계산기computer'〔톱니바퀴를 이용한 기계식·수동식 계산기〕까지 만들어냈다. 파스칼이 쓴 《시골 친구에게 부치는 편지Lettres provinciales》〔일명 '프로뱅시알'〕(1656)는 오늘날까지도 예수회 문헌에서 독이 담긴 잔으로 인용되곤 한다. 그러나 선집 형태로 된 파스칼의 《팡세Pensées》(1670)는 당시 유행하던 합리주의와 건전한 상식이 절묘하게 섞여 있다. "마음은 그 자체의 이유들을 가지고 있다. 이성은 미처 알 수 없는 그런 이유들을Le cœur a ses raisons, que la Raison ne connaît point"이라고 파스칼은 썼다. 다음과 같은 대목도 눈에 띈다. "사람들은 천사도 아니지만 그렇다고 짐승도 아니다. 다만 누구라도 천사를 만들어내려 애쓰던 이가 결국에는 짐승을 만들어내고 마는 게 불운이라면 불운이랄까." 과학과 종교 사이에서 갈등이 불거지는 기색이 점차 역력해지는 가운데, 파스칼은 자신의 유명한 도박론〔파스칼의 내기Pascal's wager〕을 통해 사람들은 신앙을 갖는 편이 낫다고 제안했다. 파스칼의 주장에 따르면, 기독교도가 믿는 하느님이 정말로 존재한다면, 신앙인들은 하느님으로부터 영생이라는 유산을 물려받을 것이다. 그러나 하느님이 존재하지 않는

레스비아 LESBIA

■■ 1622년, 세간에 거의 알려지지 않은 한 교회 재판에서 베네데타 카를리니Benedetta Carlini(1590~1661)라는 수녀원 원장이 수녀원 생활의 규칙에 따르지 않은 죄로 고발당했다. 카를리니가 자신이 신비한 환시를 경험한 것을 떠벌리고, 자기 몸에 성흔이 있다고 주장하고, 일종의 성추행을 통해 갖가지 의혹을 일으켰다는 것이었다. 이후 카를리니는 수녀원상직을 박탈당하고 45년간 유폐됐다. (「레스비아」는 '레스보스섬Lesbos의 여성'이라는 의미다. 고대 로마 공화정 말기 서정시인 가이우스 발레리우스 카툴루스Gaius Valerius Catullus는 자신의 연인을 "레스비아"로 지칭하는 사랑시를 여럿 창작했다. 레스비아는 카툴루스가 많은 영향을 받은 그리스 여류시인 사포Sappho의 고향인 레스보스섬의 이름을 따서 명명한 것으로 알려져 있다. 그리스 동부 에게해에 있는 레스보스섬은 고대에 동성애가 성행했다고 전하는데, 여기서 '레즈비언'이라는 말이 생겼다(는 설이 있다).)

1985년 여름 미국의 이름난 출판사가, 이번에는 세간의 주목을 훨씬 많이 받는 가운데에, "르네상스 이탈리아의 한 레즈비언 수녀a Lesbian Nun in Renaissance Italy"라는 식으로 옷을 입혀 이 재판의 내막을 밝히는 작업에 나섰다.[1] 그러나 안타깝게도 재판 내용은 책 제목에 담긴 함의에 잘 맞지가 않았다. 후르네상스post-Renaissance 시기에 활동한 당시 재판관들이 초점을 맞춘 부분은 피고인의 종교적 믿음이었다. 재판관들은 레즈비언 '생활방식'의 세세한 면들을 적나라하게 강조하지도 못했거니와 거기에 관심 자체가 없었다. 책을 읽고 실망한 한 독자는 현 세기에 들어서기 전에는 그 어떤 시대에도 여성 동성애의 개념을 제대로 이해할 수 있던 남자들이 없었다고 했다. 동시에 "겉보기에도 모순되는 '레즈비언 수녀'라는 말은 쉽게 호기심을 불러일으켜 […] 책을 일정 부수 이상 팔려는 것"에 지나지 않는다고 평했다.[2]

과거의 기준과 현재의 기준 사이 대비되는 모습을 강조하는 것이야말로 진정한 역사학자의 임무라 하지 않을 수 없다. 의식을 갖고 노력해 그 의무를 다하는 이들이 있는가 하면, 순전히 우연히 그 목표를 이루는 이들도 하다. (언급되는 책(1986)의 전체 제목은 "Immodest Acts: The Life of a Lesbian Nun in Renaissance"이고, 국내에서는 《수녀원 스캔들: 르네상스 이탈리아의 한 레즈비언 수녀의 삶》(주디스 C. 브라운 지음)로 번역·출간됐다.)

다 해도, 신앙인들이 비신앙인들과 견줘 불리할 것은 하나도 없다. 따라서 어떤 경우가 됐든, 신앙은 위험을 무릅쓰고 한번 가져볼 가치가 있다는 것이다.

스피노자는 세파르디 유대인으로서 안경알 깎는 일을 업으로 삼았으며, 스페인에 들어오기 전에는 이단으로 몰려 암스테르담의 유대인 공동체로부터 추방당했다. 그는 데카르트와 마찬가지로 제1원리들을 밑바탕으로 형성된, 이 우주에 대해 지극히 수학적이고 논리적인 관점을 가졌으며, 토머스 홉스가 주장하던 사회계약론에도 찬동했다. 또한 스피노자는 범신론자로서 신과 자연은 따로 구별이 되지 않는다고 생각했다. 이 세상과 자신을 온전히 이해하고, 그에 따라 절제된 삶을 살아가는 데에 인간의 가장 높은 덕이 있다고 스피노자는 믿었다. 스피노자에게는 무언가를 잘 알지 못하는 데서 악이 비롯했다. 맹목적 믿음을 갖는 것은 비천한 일이었다. '하느님의 뜻'은 곧 무지의 도피처이기도 했다.

잉글랜드에서는 1640년대에 들어 '실험철학experimental philosophy'의 옹호자들이 자기들 나름대로 조직을 형성하기 시작했다. 그중에서도 핵심 그룹은 존 윌킨스 박사와 로버트 보일 Robert Boyle(1627~1691) 박사가 주도한 것으로, 이 모임은 잉글랜드내전 동안 '보이지 않는 학부 Invisible College'를 옥스퍼드대학 내에 창설했다. 이들이 의기투합해 1660년에 창설된 것이 자연과학 진흥을 위한 런던 왕립학회The Royal Society of London for Improving Natural Knowledge 다(이 명칭은 1963년부터 쓰인다). 왕립학회가 첫 모임을 가졌을 때 발제를 맡은 이는 크리스토퍼 렌Christopher Wren(영국의 건축가·천문학자, 1632~1723)이었다. 초기에는 왕립학회 회원 사이에 마법사도 제법 많이 끼어 있었는데, 앞으로 20년 정도가 더 흐르기 전까지는 과학자들, 예컨대 아이작 뉴턴Isaac Newton 같은 과학자들로 구성된 새로운 학파가 마법사들의 세력을 따라잡지 못했다. 그러나 뉴턴의 등장과 함께 근대 과학은 비로소 유년을 벗어나 성년의 단계에 이르렀고(8 장 참조), 왕립학회가 세운 본보기는 유럽 전역으로 번져나갔다.

그러기는 언제나 마찬가지지만, 당시에도 오래된 사상들이 새로운 사상들과 섞였다. 유럽의 내로라하던 사상가들은 우주를 기계론적으로 바라보는 관점, 다시 말해 우주가 시계와 똑같은 작동원리에 의해 운영된다는 생각에 대체로 동의했다. 갈릴레이는 운동의 법칙—이것이야말로 기계를 움직이게 하는 근본적 요소였다—을 무엇보다 신성시했다. 보일이 제창한 기체의 법칙에서부터 뉴턴이 말한 운동의 법칙에 이르기까지 세상 만물에 적용되는 힘force을 이제는 정확한 수치로 계산해내는 일이 가능해졌다. 드디어 우주, 나아가 그 안에 들어 있는 모든 것을 명확하게 설명하고 또 수치로 측정해내는 것이 가능할 것처럼 보였다. 그뿐만 아니라, 자연의 법칙들이 드디어 자신이 간직한 비밀들을 과학자들에게 하나둘 털어놓기 시작하면서, 그런 법칙들에 하느님의 뜻이 담겨 있는 것이라는 인식이 생겨났다. 기독교의 하느님 곧 아퀴나스가 아리스토텔레스가 말한 '제1의 원인first Cause'과 동일시했던 하느님은 이제 '위대한 시계공the Great Clockmaker'과 같은 존재가 돼 있었다. 그리고 그 이후 거의 200년 동안은 과학과 종교 사이에서 이렇다 할 갈등이 불거지지 않았다. [마술] [원숭이]

유럽의 해외영토. 이 주제는 사실 크리스토퍼 콜럼버스나 카리브해 이야기가 그 시작이 아니다. 일찍이 성지에 세워진 십자군 왕국들에서 보듯, 바다 건너의 유럽에 대한 실험은 이미 먼 옛날의 역사에서부터 찾아볼 수 있었다. 카나리아제도에서 진행된 또 한 차례의 실험 역시 진행된 지 이미 70년이 흘러 있었다. 그렇긴 하지만 유럽에서 멀리 떨어진 섬들과 왕래가 일단 트이고 나자, 배를 타고 바다 건너 땅으로 나가는 유럽인들의 수가 그 어느 때보다 늘어난 것은 사실이었다. 이들이 배를 타는 이유는 무역·약탈·정복 등으로 다양했으며, 종교적 이유도 점차 큰 비중을 차지했다. 배를 타고 해외로 나가는 것은 많은 유럽인에게는 다른 인종을 접해보는 기회였다. 스페인의 군주들은, 자신들이 정복한 땅에서 살고 있는 주민들에 대한 권리를 주장할 양으로 먼저 비非유럽인들도 인간이라는 사실부터 규명하지 않으면 안 됐다. 1512년의 레케리미엔토Requerimiento 곧 스페인의 정복자들이 모든 정복지 원주민 전원을 앞에 두고 낭독해야 했던 문서에 다음과 같은 내용이 담긴 것을 볼 수 있다("레케리미엔토"는 스페인어로 "통보" "통지" "시달" "요구" "요청"의 뜻이다). "살아계시고 영원하신 천주 우리 하느님께서는, 하늘과 땅, 나아가 한 남자와 한 여자를 만드셨으니, 너와 나를 비롯해 이 세상의 모든 인간은 그 둘의 후손이었고 또 후손이노라 […]"21 여기 담긴 요지를 명확히 하고자 교황 바오로 3세는 1537년에 이렇게 선언했다. "모든 인디언은 진정 인간으로서, 그들은 가톨릭 신앙을 이해할 수 있거니와 […] 그들로서도 가톨릭 신앙을 받아들이는 것이 지극히 바람직한 일이다."22 **[곤살베스]**

이보다 앞선 탐험들도 계속 진행되는 동시에 그 규모 또한 확대됐다. 수차례 시행착오 끝에 이제는 서쪽 어딘가에 광대하게 펼쳐진 네 번째 대륙이 존재한다는 것이 서서히 분명한 사실로 자리 잡은바, 크리스토퍼 콜럼버스가 첫 항해를 마치고 팔로스로 돌아오고서 20년쯤 지날 무렵이었다. 콜럼버스는 그 후에도 세 차례 더 항해에 나섰으나, 정작 그는 자신이 밟았던 땅이 어디인지를 생전에 제대로 알지 못했다. 또 다른 제노바 출신 항해사 조반니 카보토Giovanni Caboto((영어명) 존 캐벗John Cabot, 1450~1498)도 1497년 5월에 헨리 7세Henry VII로부터 특허장을 받은 뒤 '매슈Matthew'호를 타고 브리스톨항을 떠나 바다로 나섰다. 이후 캐벗은 케이프브레턴섬에 상륙하고, 그는 그곳이 중국 땅의 어디인 줄로 알았다. 피렌체 출신으로 한동안 세비야에 머물며 메디치가의 사무원으로 일한 바 있는 아메리고 베스푸치Amerigo Vespucci(1451~1512)도 1497년에서 1504년 사이에 서너 차례 항해를 떠났던 것으로 보인다. 항해 이후 아메리고 베스푸치는 스페인의 '수석 도선사Chief Pilot'직을 받았다. 이를 근거로, 그렇게 한 것이 맞는 일이든 틀린 일이든, 지구상 네 번째 대륙의 이름은 그의 이름을 따서 지어져야 한다는 결정이 내려졌다. 1513년에는 바스코 누녜스 데 발보아Vasco Núñez de Balboa(1519년 몰)가 배에 몰래 올라타고 아메리카대륙까지 가서는 도보로 파나마지협을 건너 태평양이 펼쳐져 있는 광경을 보았다. 1519~1522년에는 포르투갈 선장 페르디난드 마젤란Ferdinand Magellan(페르낭 드 마갈량이스 Fernão de Magalhães)(1480년경~1521)이 이끄는 스페인 탐험대가 세계를 일주했다. 이제 지구는 둥글다는 사실, 태평양과 대서양은 별개의 대양이며, 두 바다 사이에 두 개의 아메리카대륙이 놓여 있다는 사실이 여지없이 증명됐다. **[시필루스]**

한편 사람들은 이후 한 세기가 더 지나기까지도 유럽 땅의 정반대편에 다섯 번째 대륙이 있으리라고는 생각하지 못했다. 그러다 1605년에 페루에서 출발한 스페인 선박 한 척과 자바에서 출발한 네덜란드 선박 한 척이 카펀테리아만灣에 가닿았다. 거대한 자위틀란트Zuidland(남쪽땅 Southland)의 큰 윤곽선은 1642~1643년에 네덜란드인 항해사 아벌 얀스존 타스만Abel Janszoon

Tasman(1603~1659)을 통해 그려질 수 있었다.(타스만은 그의 이름을 딴 오스트레일리아의 태즈메이니아섬(타스만의 땅), 뉴질랜드, 뉴기니와 남태평양의 여러 섬을 발견했다.)

이 새로운 땅들에서 재빨리 돈벌이에 달려든 것은 포르투갈인들이었다. 포르투갈인은 1500년에는 브라질, 1505년에는 모리셔스, 1509년에는 수마트라, 1511년에는 말라카를 비롯해 이른바 '향료제도Spice Islands'(인도네시아(말루쿠제도))에 대해 영유권을 주장했다. 포르투갈인들은 자신들의 무역을 보호하고자 곳곳에 요새화된 기지를 세웠는바, 기지들은 인도의 고아에서 중국의 마카오에 이르기까지 사슬 형태로 길게 늘어서 있었다. 스페인인들은, 반대로, 자신들의 군사력을 새로운 땅에서 행사해 보이는 데 주저함이 없었다. 엘도라도El Dorado(남아메리카 아마존 강변에 있다고 상상된 황금향)의 꿈에 취한 이들 콩키스타도르conquistadore(정복자)들은 얼마 전 이베리아반도를 평정하고 여세를 몰아 아메리카대륙 정복에 에너지를 쏟아붓고 있었다. 1511년 쿠바에 정착한 스페인인들은 그곳을 기지 삼아 추가로 정복전쟁을 벌여나갔다. 1519~1520년에는 에르난 코르테스Hernán Cortés(1485~1547)가 일대를 피바다로 만들며 멕시코 아스테카제국을 점령했다. 1520년대와 1530년대에는 코스타리카, 온두라스, 과테말라, 누에바그라나다(오늘날 콜롬비아와 베네수엘라 지역)에 영구 정착지가 자리 잡았다. 1532년 이후로는 프란시스코 피사로Francisco Pizarro(1476년경~1541)가 페루 잉카인들의 제국을 스페인 땅으로 점령했다.

북아메리카에서 유럽인들의 식민지 건설은 1536년에 브르타뉴 출신의 항해사 자크 카르티에Jacques Cartier(1491~1557)가 캐나다에 몬트리올을 세우고, 페드로 메넨데스 데 아빌레스Pedro Menéndez de Avilés(1519~1574)가 플로리다에 세인트오거스틴을 세우면서 본격적으로 시작됐다. 메넨데스는 세인트오거스틴을 세우기 직전 인근 위그노 정착촌(훗날 사우스캐롤라이나 지역)을 파괴했고, 아메리카대륙으로 건너간 최초의 종교 망명자들을 '루터파'라는 명목으로 교수형에 처했다. 그러자 그로부터 3년 뒤에 위그노와 뜻을 같이했던 도미니크 드 구르그Dominique de Gourgues(1530~1593)가 위그노들이 처형당한 현장에 도착해 스페인군 수비대를 '도적떼이자 살인마'라는 명목으로 교수형에 처했다. 이렇게 서방 문명은 유럽 땅을 떠나 다른 데로 자리를 옮겨가고 있었다.

네덜란드인들과 잉글랜드인들은 포르투갈인들이나 스페인인들에 비해 식민지 건설에 한발 늦게 뛰어들었으나, 16세기 후반에 이르자 둘 모두 식민지를 통해 이익을 챙겨나갔다. 네덜란드인들은 1597년 자바섬 바타비아에 식민지를 건설한 후, 포르투갈이 틀어쥐고 있던 동인도제도 섬들을 하나둘 자신들 땅으로 빼앗아오는 작업에 착수했다. 버지니아에 자리한 잉글랜드 식민지는 1598년에 처음 땅이 발견된 데 이어, 1607년에 제임스타운에 성공적인 정착촌이 조성됐다. '필그림 파더스Pilgrim Fathers'가 가족 120명과 함께 메이플라워Mayflower호를 타고 플리머스 식민지에 발을 들인 것이 1620년 12월 11일(21일)이었다. 10년 뒤에는 매사추세츠만 식민지

시필루스 SYPHILUS

■ 오랜 기간 이 병에는 공식 명칭이 없었다. 이탈
■ 리아인, 독일인, 잉글랜드인들은 다 같이 이 병을 '프랑스 병the French disease'이라 불렀다. 프랑스인들은 '나폴리 병the Neapolitan disease'이라 불렀다. 나폴리인들은 '스페인 병the Spanish disease'이라 불렀고, 튀르크족은 '기독교 병the Christian disease'이라 불렀다. 이 병을 최초로 치료한 사람 중 하나인 스페인 의사 루이 디아스 데 이슬라Ruy Diaz de Isla는 '히스파니올라의 악마the Serpent of Hispaniola'라고 불렀다.[1]

매독梅毒, syphilis이 유럽에서 처음 발병한 지역은 바르셀로나였던 듯하다. 디아스 데 이슬라는 훗날 자신이 니냐호號 선장 비센테 핀손Vicente Pinzón을 치료했다고 주장했다('니냐호'는 1492년에 콜럼버스가 서인도제도로의 첫 항해에서 사용한 세 척의 스페인 배 중 하나다. 참고로 나머지 둘은 산타마리아호, 핀타호다). 그렇다면 이 병은 크리스토퍼 콜럼버스의 선원들과 함께 대서양을 건너왔다고 추정할 수 있다. 어쩌됐건 즉 선원들을 통해 들어왔건 노예들을 통해 들어왔건 혹은 둘 모두를 통해 들어왔건, 1494년 이 병은 나폴리에 닿았고 이때 나폴리는 하필 프랑스인 군대가 침략해온 참이었다. 프랑스 왕이 고용한 용병들이 이듬해에 해산할 때, 이 병은 병사들과 함께 유럽의 거의 모든 국가로 흩어졌다. 1497년 황제 막시밀리안 1세는 하느님께서 신성모독의 형벌을 내리신 것이라며 이 '악마의 염병'에 대한 칙령을 반포했다. 1496년에는 제네바시가 매독이 퍼진 매음굴을 싹 정리했다. 1497년에는 저 멀리 에든버러에서도 법의 명령을 통해 매독에 걸린 사람들에게 낙인을 찍은 뒤 인치키스섬으로 보냈다. 볼테르는 나중에 샤를 8세가 펼친 이탈리아 원정(1494~1495)과 관련해 다음과 같이 쓰기도 했다. "프랑스는 자신이 얻은 것을 모두 잃은 건 아니었다. 매독the pox만은 계속 가지고 있었으니까."[2]

그 이유들은 명확히 밝혀지지 않았지만, 매독의 원인인 스피로헤타spirochete 미생물 트레포네마팔리둠Treponema pallidum(매독균)은 유럽에 도착했을 때 특히나 맹독성이 강했다. 이 균은 인간의 생식기에 침투해 매일 씻지 않으면 사타구니에 흔히 생겨나는 우툴두툴한 상처들을 통해 번져가며 전염이 아주 잘 되는 굳은 궤양을 생겨나게 했다. 이 병에 걸리면 몇 주 만에 고름이 맺히는 종기들이 온몸을 뒤덮고, 중추신경계가 공격당하며, 머리카락이 모두 빠졌다. 그러다 몇 달 안에 고통스럽게 목숨을 잃었다. 의사들은 종기를 낫게 하려고 환자들 몸에 수은을 발랐는데 이것이 환자들을 독살시킬 줄은 미처 몰랐다. 그러다 60~70년이 흐르는 동안 스피로헤타가 스스로 저항력을 생성시키며 그 기세가 수그러들었다. 이후 이 병은 보통 3단계 경과가 나타나는 성병을 일으켰고, 전에 비해 더 오랜 기간 몸이 뒤틀리고 불임 상태가 이어졌다. 이즈음에 이르렀을 때 매독에 걸린 수백만 명 가운데에는 교황 율리오 2세, 추기경 토머스 울지Thomas Wolsey, 헨리 8세, 이반 뇌제도 끼어 있었다. 이 병은 페니실린이 나오고 나서야 비로소 완전히 제어할 수 있게 됐다. 매독이 광범위한 영역에 영향력을 끼친 것은 당연했다. 귀족층을 제외한 모든 계급에 성적 순결주의가 확고히 자리 잡은 것은 매독과 연관이 있었다. 그때까지만 해도 사람들이 즐겨 찾으며 방탕한 짓을 일삼던 공중목욕탕이 자취를 감춘 것도, 공적 인사로 입맞춤을 하는 대신 악수를 하는 관습이 자리 잡은 것도, 1570년 이후로 가발을 쓰는 풍조가 더 널리 유행한 것도 다 매독과 연관이 있었다.

1530년 지롤라모 프라카스토로Girolamo Fracastoro라는 이탈리아 시인이 '프랑스 병'에 걸린 한 양치기에 대한 시를 지었다. 얼마 지나지 않아 이 시는 박식한 부류가 그 병에 박식해 보이는 이름을 붙이는 데 쓰이게 됐다. 그 양치기의 이름이 바로 '시필루스Syphilus'였다.[3]

가 세워졌다. 이곳은 종교의 자유를 찾아 잉글랜드를 떠나온 피난민들이 세운 곳이었는데도, 정작 이곳에 거주한 식민지 주민들은 자신들이 관용을 베풀 줄 아는 사람임을 증명해 보이지 못했다. 로드아일랜드(1636) 식민지만 해도 다른 목소리를 냈다는 이유로 매사추세츠에서 쫓겨난 주민들이 만든 곳이었다. 이쯤 됐을 때는 유럽인들이 세운 식민지들이 전 세계에 걸쳐 망을 이루고, 뱃길을 따라 식민지들 사이에 통신망이 형성돼 있다는 것이 누구나 아는 사실로 굳어져 있었다.

그에 따라 국제적 차원의 해상무역은 급속히 늘어갔다. 서쪽 항로의 경우, 대서양 횡단 뱃길을 오랫동안 주름잡고 있던 것은 스페인이었다. 1600년 무렵에는 신세계New World를 나와 세비야로 입항하는 선박만 200척을 헤아렸다. 해상무역이 절정에 다다른 1591~1600년의 10년 사이에 선박에 실려 스페인에 유입된 금金이 1900만 그램, 은銀이 30억 그램에 이르렀다. 희망봉을 경유하는 남쪽 항로는 처음에는 포르투갈인들이 건설했고, 나중에는 북해와 지중해 간 상업활동의 주된 연결고리 역할을 한 네덜란드인들이 건설했다. 동쪽 항로를 통해 발트해 곡물을 엄청난 양으로 실어다 교역하는 일을 개척한 것도 네덜란드인들이었다. 서유럽 도시들에서는 식량 수요가 나날이 늘어갔는데, 폴란드 생산자들의 생산력이 향상된 덕에 늘어난 수요량을 충족시킬 수 있었다. 발트해 곡물 교역이 정점을 찍은 것은 1618년으로, 단치히를 출발해 암스테르담으로 들어간 곡물이 총 11만 8000라스트last('선박 적재량', 보통 4000파운드에 해당한다)였다. 저지대 국가들에서 이뤄진 잉글랜드 직물 교역은 그보다 다소 이른 1550년에 이미 교역량이 정점에 이르렀다. 잉글랜드의 모험가들이 무스코비회사Muscovy Company(1565), 레반트회사Levant Company(1581), 영국동인도회사East India Company(1600) 같은 회사들을 출범시킨 것도 이 무렵이었다.

이 모든 활동의 집결지는 저지대 국가들에 자리 잡고 있었다. 안트베르펜은 스페인과 잉글랜드 무역에서 주요 화물집산지였으며, 얼마간 패권을 떨치다 1557~1560년에 급작스레 도시가 무너졌다. 이후로는 암스테르담으로 무역의 구심점이 넘어갔다. 1602년은 네덜란드동인도회사Dutch East India Company가 설립된 동시에 암스테르담에 세계 최초로 증권거래소가 문을 연 해로, 상업사史가 이때 들어 새 시대를 맞았다고 간주해도 무방할 것이다. [인판타]

해외 무역의 규모가 확장되자, 사람들이 주식主食으로 삼을 만한 새 음식들이 유럽 땅으로 광범위하게 들어오고 '식민지산産'의 이국적 상품들도 선을 보이니 후추·커피·코코아·설탕·담배 등이다. 그에 따라 유럽인들의 식단·조리법·미각도 종전과는 전혀 다른 식으로 바뀌었다. 강낭콩은 1542년의 프랑스 사료에 처음 등장하고, 토마토도 동일한 시기에 이탈리아를 경유해 넓은 지역으로 광범위하게 퍼져나갔으며, 고추는 발칸반도 전역에서 재배됐으나, 세 작물 모두 원산지는 아메리카대륙이었다.

인판타 INFANTA

■ 1572년 마르틴 데 포스Martin de Voos는 안트
■ 베르펜의 행정관 안톤 앙셀름Antoon Anselme
의 가족 초상화를 그렸다. 그는 화폭에 남편과 아내가
테이블 앞에 앉은 채, 한 사람은 아들을 한 사람은 딸
을 안은 모습을 담았다. 그림 아래쪽 두루마리에 적힌
글에 의하면, 이 저택의 주인은 1536년 2월 9일에, 아
내 요한나 호프트만Johanna Hooftmans은 1545년
12월 16일에, 아들 아에기디우스Aegidius는 1565년
8월 21일에, 딸 요한나Johanna는 1566년 9월 26일에
태어났다. 이 그림은 아이들과 어른들 모두를 포함하
는 별개의 개인들로 구성되는 근대적 가족의 개념이
출현했음을 잘 보여주는 작품이다.[1] ["인판타"는 스페인
의 "왕위 계승자인 황태자나 황녀 이후의 왕녀"를 뜻하는 명
사다(남성형 명사는 인판테infante). "(아직 일곱 살이 안 된)
아이·아동"이라는 뜻도 함께 갖는다.]
1579년 알론소 산체스 코에요Alonso Sánche Coello
는 스페인의 펠리페 2세Felipe II의 딸로 당시 열세 살
이던 왕녀 이사벨(이사벨 클라라 에우헤니아 데 아우스트
리아Isabel Clara Eugenia de Austria)의 초상화를 그렸다.
그림 속에서 이사벨은 작지만 완전한 숙녀의 모습을
하고 있으니, 보석이 박힌 머리쓰개를 쓰고, 머리는 곱
슬곱슬하게 하고, 러프ruff(16~17세기에 유럽에서 남녀
가 사용한 주름진 옷깃)는 높게 세우고, 정장 가운을 입
고, 손에는 반지를 껴 한껏 멋을 냈다. 이 전통은 스
페인의 궁에서 1650년대까지 이어지게 되며, 디에고
(로드리게스 데 실바 이) 벨라스케스Diego (Rodríguez de
Silva y) Velázquez가 그린 또 다른 왕녀인 펠리페 4세
Felipe IV의 딸 마르가리타(마르가리타 테레사 데 아우스
트리아Margarita Teresa de Austria)의 초상화 연작에서
도 같은 모습을 찾아볼 수 있다. 이번에도 한껏 치장한
7~8세가량의 소녀가, 코르셋과 크리놀린을 입고, 숙
녀의 태가 나는 곱슬머리를 얹은 게 축소판 숙녀의 모
습이다. 이때에도 아이들은 완전히 성장하지 못해 키

만 작을 뿐 실질적으로는 부모들과 크게 다를 게 없는
개별적인 사람들로 여겨졌다(1480쪽 도판 51 참조).[2]

이 시기에 접어들기 전에는, 핵가족은 물론 유년기 같
은 것도 존재하지 않는다고 여겨졌다. 모든 세대가 대
규모의 가정을 이루고 다 같이 생활했다. 아이들은 배
내옷을 벗기가 무섭게 곧장 어른 옷을 몸에 걸쳤다.
집안의 모든 놀이와 활동에도 빠짐없이 참가했다. 최
상위의 부유층을 제외하고는 그 어떤 가정에서도 아
이들을 교육시키는 일을 거의 혹은 전혀 찾아볼 수
없었다. 교육을 받는다 해도 다 함께 모여서 받았다.
7~8세가 되면 집안일을 하거나 도제일을 배워 일을
해야 했다. 아이들이 목숨을 잃는 경우가 너무도 허다
해서 아이들이 빨리 자라는 것이 모두가 최대의 이득
을 챙기는 길이었다. 당시에도 가족은 분명 존재했으
나 '말없이 존재했다.' 유년기 역시 존재했다. 그러나
아이들에게는 특별한 지위가 전혀 주어지지 않았고
그 시기도 가급적 빨리 종료됐다.
'유년기의 발견'은 16세기와 18세기 사이에 진행된 일
이었다. 우리는 그 흔적을 당대의 복식과 각종 도상,
아이들만을 위한 장난감·게임·오락의 발명, 윤리 및
예절의 변화, 특히 무엇보다도 교육에 대한 전혀 새로
운 접근에서 찾을 수 있다.
중세의 아이들은 대체로 어른들과 함께 생활하고, 밥
을 먹고, 잠을 자며, 그 과정에서 어른들의 모든 행동
을 두 눈으로 직접 관찰하며 많은 것을 배웠다. 아이
들은 어른들 세계로부터 따로 고립돼 있지도 않았고
그렇다고 보호를 받지도 않았다. 학교에 다닌 것은 상
류층의 남자아이들뿐이었고, 학교는 마구잡이로 가르
쳤고 연령별 구분도 없었다. 사료에는 1519년 런던의
세인트폴학교St Paul's School가 학급별 구분을 둔 최
초의 사례로 기록돼 있다. 그러다 연령별로 아이들을
묶고, 교육의 범위가 확장되면서 강제적 규율이 대폭
늘어났다. 기독교 윤리, 행동규범, 치욕스러운 벌이 위
에서부터 가해졌다. 어른이 되는 등급별의 기나긴 과

정에 먼저 발을 들인 것은 남학생들이었다. 여자아이들은 13세에 일찌감치 결혼하기도 해서 남자 아이들보다 학교 교육의 기회를 놓칠 가능성이 훨씬 높았다. 유년기는 순수함을 함축하기 마련이다. 하지만 옛날에는 아이들이 자신의 행실이나 또래와의 관계에서 천박하게 굴어도 그것이 자연스러운 일이라고 오랜 세월 간주됐다. 프랑스의 궁정 주치의 장 에로아르Jean Héroard는 루이 13세(1601년생)가 소년이던 때 그의 일거수일투족을 일일이 관찰한 바 있었다. 일례로, 황태자는 그가 침대에서 가정교사의 몸을 더듬거나, 혹은 처음 발기를 하자 그것이 마치 "도개교跳開橋처럼" 위로 올라갔다 내려갔다 하는 모습을 자랑스럽게 떠벌려도 전혀 꾸지람을 듣지 않았다. 14세에 결혼을 했을 때에는 어머니에게 끌려 신방에 들었고, "약 한 시간 동안 두 번 일을 치른 후" "음경이 시뻘건 채로" 모후에게 다시 돌아왔다.[3]

〈뜻대로 하세요〉의 독백 속에 정리돼 있는 '인간의 연령the ages of Man'은 셰익스피어 시대 무렵에는 확실히 체계가 잘 잡힌 상태였다. 그러나 모든 세기는 그 각각이 세대의 개념에 얼마간 이바지한 면이 있다. 근대 초기 유럽이 유년기를 발견했다면, 낭만주의자들은 괴테의 베르테르 이후 사춘기를 발견해냈고, 탈산업화 사회에서는 '노년층senior citizens'을 발견해냈다.

유럽과, 그 이전까지만 해도 대체로 대륙 안에서만 긴밀하게 하나의 생태 지역을 이루고 있었던 아메리카대륙 간에 왕래가 트이면서 방대한 범위의 교류가 일어나 이런저런 종류의 사람·질병·식물·동물이 두 대륙 사이를 오갔다. '콜럼버스의 교환Columbian Exchange'이라 일컬어진 이 현상은 확실히 유럽에 유리한 방향으로 전개됐다. 유럽 태생의 식민지 이주민들도 타지에서 모진 고생을 하고 여러 가지를 빼앗긴 건 사실이었고, 일부 지역에서는 적의에 찬 '인디언들Indians'에 맞서야 했다. 그러나 유럽에서 건너간 식민지 이주민들과 그들의 화기火器에 의해 아메리카대륙 주민들이 입은 종족 학살 수준의 타격에 견주면 유럽인들이 입은 손실은 매우 미미했다. 물론 유럽인들이 들어가 아메리카대륙이 입은 혜택도 몇 가지 있었지만, 유럽인들의 도래로 아메리카대륙이 당한 인구 감소 및 약탈은 그 규모가 엄청났다. 질병의 경우 유럽도 아메리카대륙으로부터 매독이 들어오긴 했으나, 매독으로 유럽이 당한 피해는 천연두·늑막염·발진티푸스 같은 전 세계적 유행병이 아메리카대륙에 일으킨 재앙에 견주면 아무것도 아니었으니, 이러한 전염병으로 아메리카 원주민들은 그야말로 떼죽음을 당했다. 한편 유럽인들 덕분에 아메리카 땅에는 재차 말馬이 도입됐다. 그 대신에 유럽인들 자신은 매우 커다란 중요성을 갖는 두 가지 먹을거리인 감자 및 옥수수와, 가금류 중 가장 실팍하고 영양가도 높은 칠면조를 받을 수 있었다. 감자는 초기에는 아일랜드에 먼저 도입됐다가 차츰 북유럽 전역으로 퍼져나가더니, 독일·폴란드·러시아에서 주요 식량작물로 자리 잡았다. 옥수수maize는, 당시 사람들 사이에서 'American corn' 'American fallow' 등 다양한 이름으로 알려져 있던 작물로, 척박해진 토양을 비옥하게 하고 농가의 윤작이나 축산을 훨씬 용이하게 했다. 16세기에는 옥수수가 포강江 유역에서 주요 작물로 훌륭히 자리 잡았다. 그렇기는 했어도 옥수수는 그로부터 몇백 년이 흘러 기후

여건이 더 나아진 뒤에야 알프스산맥을 넘어 북상할 수 있었다. 유럽 인구가 근대 초기 막바지에 극적으로 증가한 데에는 이렇듯 아메리카대륙의 먹을거리들이 추가로 들어왔던 것이 주효했다 해도 무리는 없을 것이다.[23] [시필루스]

유럽인들이 아메리카대륙에 발을 들이게 된 이야기는 최근 들어 그 내용이 근본적 차원에서 수정되고 있다. 그 내용은 '탈콜럼버스적decolumbianized'이다. 한때는 "발견discovery"이라 일컬어지던 사건이 지금은 신대륙과의 "조우encounter" 혹은 "문화들 사이 만남meeting of cultures" 정도로 일컬어지는 것이다.[24] 솔직히 인정하는 차원에서, 당시 일을 정복conquest으로 부르는 것이 어쩌면 더 나을지도 모른다. 크리스토퍼 콜럼버스의 위상 역시 종전에 비해 크게 떨어졌다. 얼마 전까지는 그가 행했던 항해야말로 최고라는 찬사를 받았으나, 이제 그 영예는 바이킹이나 아일랜드인, 심지어는 코러클coracle을 타고 바다를 누볐던 웨일스인에게 돌아가고 있다("코러클"은 웨일스와 아일랜드 등지에서 사용된, 고리에 가죽을 씌운 동그랗고 작은 배를 말한다). 콜럼버스가 상륙했던 땅도 당시는 산살바도르(와틀링섬)인 줄로만 알았으나 현재는 바하마제도의 사마 또는 케이에 도착했던 것으로 수정됐다.[25] 한때 "타의 추종을 불허하는 항해사peerless navigator"로 불린 콜럼버스는 이제 무자비하고 탐욕스러웠던 "식민주의자 해적colonialist pirate"으로 통하고 있으며, 또 다른 일각에서는 그를 고향을 잃고 떠도는 이스라엘 부족들을 찾기 위해 마구잡이식으로 배를 타고 나선 유대인이었다고 보기도 한다.[26] 콜럼버스가 이미 유럽 땅에 들어와 있던 아메리카 태생의 여인들로부터 또 다른 대륙에 대한 이야기를 전해 들었다는 설까지 있다.[27] 콜럼버스의 당시 실제 활동상을 밝힐 사료는 빈약한 반면, 그를 둘러싼 신화들은 곳곳에 무성하게 자라나 있다.[28] 생각해보면 아메리카대륙을 발견한 진정한 장본인은 콩퀴스타도르로서 아메리카대륙에 발을 들였던 자들, '세계 최초의 인류학자'라 할 베르나르디노 데 사아군Bernardino de Sahagún(1499년경~1590) 같은 탁발수도사들, 당시 세상이 돌아가는 실상을 진정 이해하려 애썼던 자들이라 하겠다.[29]

아메리카대륙과 유럽의 왕래는 유럽의 문화에도 심대한 영향을 끼쳤다. 언제든 신세계에 발을 들일 준비가 된 나라들과 그렇지 않은 나라들 사이에 커다란 격차가 벌어지기 시작했다. "철학의 모태는 상인이다. 과학의 모태는 상업이다. 이 이후로 유럽은 둘로 쪼개졌다고 해도 과언이 아니다. 서쪽은 바다로 나가는 일에 골몰했고, 동쪽은 자기 외에는 그 어떤 것에도 신경 쓰지 못하고 있었다."[30]

근대 초기 사회. 이 시기의 모습은 당시 최근 들어 새로이 고안된 계급class이라는 용어로는 그려내기가 어렵고 사회적 층위 즉 '신분estate'—라틴어로는 스타투스status, 독일어로는 슈탄데Stände, 프랑스어로는 에타état—이라는 용어를 써야 더 잘 그려진다. 이러한 기본적 사회집단은 각 집단이 가진 기능, 그 기능을 원활하게 발휘해나갈 수 있게끔 집단에 주어진 법적 제한 및 특권, 각 집단에 공통으로 통용되던 제도들을 통해 그 성격이 규정되곤 했다. 부와 소득은 이와 관련해 부차적 역할만 담당했다. 어느 특정 가문이 어떤 신분에 속하는지를(성직자를 제외하고) 결정하는 주된 기준은 유전형질(곧 혈통)이었다.

일례로 중세의 기사들의 후손이었던 당대 귀족들은 사회 안에서 주로 군사적 기능을 맡았다는 점, 땅을 소유하고 그 땅을 통치할 수 있는 특별한 권리를 각종 법률을 통해 부여받았다는 점이 주된 특징이었다. 상비군이 계속 늘어나면서 과거 귀족층만이 담당했던 군사적 기능은 다소 쇠퇴했지만, 통치층의 중추로서 이들의 위치는 여전했다. 시골에서는 해당 지역 내의 모임을 통해 귀족들이 현지에서 정치를 행했고, 자신의 땅에서 살아가는 주민들에 대해서도 보통 온전한 사법권을 행사했다. 또 대부분의 나라에서는 이들 귀족들을, 피어peer라고 불린 잉글랜드의 귀족이나 그랜디grandee라고 불린 스페인의 귀족처럼, 사회 최상부에서 얇은 막을 형성한 극소수 귀족들이 이끌어나갔다("피어"는 특히 공작duke, 후작marquis, 백작earl, 자작viscount, 남작baron의 작위가 있는 귀족을 뜻한다. "그랜디"는 스페인어로 "그란데사 데 에스파냐Grandeza de España"로 "대공작" "대공" "대귀족" 등을 뜻한다). 그렇지 않을 경우에는 독일처럼 귀족층 자체가 수많은 계층으로 분열된 곳도 있었다. 자치도시 및 도시길드를 세력 기반으로 삼은 도시민(도시 거주민) 신분burgher estate도 도시귀족patrician, 자유민freeman, 재산을 가지지 못한 하층민pleb의 셋으로 층이 나뉘었다. 도시민은 보통 왕의 특허장을 통해 보호를 받았으며, 도시 성벽 안에서는 사법권의 재량을 온전히 누릴 수 있었다. 농민들은 대다수가 농노였고, 자유농민 상태를 유지하거나 농노제에서 해방되는 수는 소수에 그쳤다. 농노의 지위가 어느 정도였는지는 그들이 사는 곳이 교회냐, 왕령이냐, 귀족 땅이냐에 따라 상당히 차이가 날 수 있었다.

이러한 사법권의 다양한 분화는 국가 위주의 전제정despotism과는 양립할 수 없었고, 따라서 모스크바대공국의 차르 체제나 오스만제국의 치하에서는 그렇게 사법권이 다양하게 나뉘는 양상을 찾아볼 수 없었다. 바로 이 부분에서 우리는 유럽 서쪽의 절대주의가 어떤 사회적 기반 속에서 동쪽의 독재정autocracy과 다소 다른 양상을 띠게 됐는지 확인할 수 있다. 그런 사회적 기반은 앞선 시기부터 계속된 숱한 관습에 토대를 두고 있었으며, 이 무렵에 비록 여러 혁신을 거쳤다고는 하나, 여전히 본질적 측면에서는 중세의 특징을 나타냈다. 유럽 동쪽도 그랬으나 유럽 서쪽 땅 역시, 근대의 기준으로 무척이나 막중한 사회적 제약이 개개인에게 가해지고 있었다. 단순히 농노들만이 아니라 당대인이라면 누구나 어떤 공동의 체제에 소속돼 그 공동체에서 정해주는 갖가지 규칙을 준수하며 살아가는 것을 마땅하다고 여겼다. 야코프 부르크하르트 같은 역사학자들이 르네상스 시대의 개인주의를 높이 샀던 것도 다른 이유에서가 아니라, 르네상스 시대에 들어서야 세상에 만연한 사회적 구속과 구획을 깨뜨리고 자유로워지려는 미약한 노력이 더없이 반갑게 여겨진 때문이다. 당시 세태를 거스르는 예외적 상황에서는, 예컨대 미켈란 젤로가 장인길드에서 나와 자유롭게 활동하려고 했을 때처럼, 교황급의 거물이 나서서 사태를 처리해주어야 했다.[31]

가격혁명. 가격혁명Price Revolution은 유럽이 역사상 처음 인플레이션을 맞은 상황을 말하는바, 애초에는 고리대금업자들의 사악한 행태가 인플레이션의 주범으로 여겨졌다. 그러나 살라망카 대학의 수차례 연구 끝에 1550년대 이후의 인플레이션은 스페인으로 금과 은이 대거 유입된 결과라고 보게 됐다. 당대에 한 주석가는 다음과 같이 썼다. "스페인을 가난하게 만든 것은 다름 아닌 스페인이 가진 재물이다."[32] 이 무렵에 새화의 가격이 요동을 치고 성부에서도 인플레이션 을 해결하느라 화폐의 질을 떨어뜨리려는 시도를 수차례 반복했기에, 당대 사람들의 시각이 어 느 정도 흐려져 있었을 것은 사실이나, 그래도 16세기 전반에 유럽에서 꾸준히 물가가 상승하 는 추세가 나타난 것만은 의심의 여지가 없다. 일례로 프랑스는 화폐 공급이 다른 나라들보다 상대적으로 달리는 상황이었음에도 1600년에는 곡물 가격이 1500년에 비해 7배 이상 뛰었다.

생활비도, 특히 서유럽에서, 대폭 상승했다(부록 1605쪽 참조). 최근 연구를 진행한 학자들은 이 현상을 설명하며, 화폐의 양 자체보다는 당시 인구의 증가, 턱없이 부족했던 토지의 양, 지대 地代와 세금의 상승 등이 생활비를 높인 주요인이었다고 강조한다. 인구 10만 명 이상의 거대도 시는 16세기를 거치면서 5개에서 14개로 늘어났는데, 콘스탄티노폴리스·나폴리·베네치아·밀 라노·파리·로마·팔레르모·메시나·마르세유·리스본·세비야·안트베르펜·암스테르담·모스크 바 등이다. 이렇게 성장한 도시들로 농민들이 쏟아져 들어왔으나, 임금이 물가를 따라잡지 못하 면서 도시 곳곳에 거리에 나앉아 구걸하는 사람들이 급증했다. 그 와중에 지주들은 자신의 이 익을 최대한 챙겼다. 국고 세입의 가치가 인플레이션으로 하락하면서 정부는 세금 인상에 나섰 다. 17세기 전까지 유럽에서는 한숨을 돌릴 여유는 좀처럼 찾아보기 힘들었다.

가격혁명이 가져온 사회적 결과와 관련해서는 지금도 무척 방대한 범위에서 논쟁이 벌어지 고 있다. 화폐의 확산은 확실히 사회적 이동을 자극한 면이 있었으며, 특히 잉글랜드와 홀란트 에서 두드러졌다. 상업 활동에 종사한 중산층 시민들의 입지도 크게 강화됐다. 자본주의가 본 격적인 이륙 시점에 도달한 것이 이 무렵이었다. 그러나 유럽 서쪽 도시들의 성장은 유럽 동쪽 에서 '재판再版농노제neoserfdom'가 나란히 확대된 것과 밀접한 연관이 있었다("재판농노제"는 특 히 엘베강 동쪽 지역에서 영주는 권력이 강화되고 농민은 영주에 더욱 구속됐던 현상을 말한다. "second serfdom"으로도 쓴다). 독일·헝가리·폴란드의 귀족들이 자신의 입지를 공고히 다지는 사이, 유럽 서쪽의 귀족들은 혼란에 빠져들고 있었다. 이 시기를 연구하는 잉글랜드 역사학자들은, 당대에 잉글랜드에서 젠트리가 과연 흥성하고 있었는지 아니면 몰락하고 있었는지를 두고 일치된 의견을 내지 못한다. 잉글랜드내전(1642~1651)의 경우에도 그 발발 원인을 두고 다양한 설이 나오는 상태라 일각에서는 자신감을 갖게 된 잉글랜드 젠트리가 파산 상태로 내몰린 귀족층을 상대로 자기주장을 펼치면서 내전이 일어났다고도 하고 다른 일각에서는 가격혁명으로 궁핍한 처지에 몰린 젠트리가 자포자기의 심정에서 내전을 일으킨 것이라 보기도 한다.33 [자본주의적 농업]

특히 흥미로운 사실은, 경제 발전과 종교 발전 사이에서도 연관성을 찾을 수 있다는 점이다. 지금까지 종교개혁Protestant Reformation은 늘 종교적 틀과 정치적 틀로 설명돼왔다. 그러나 '프로테스탄트 윤리the Protestant ethic'와 사업(영리 기업) 사이에 상관관계가 존재한다는 사실을 마르크스주의자들만 간파했던 것은 아니다. 막스 베버Max Weber(1864~1920)의 《프로테스탄트 윤리와 자본주의 정신The Die protestantische Ethik und der Geist des Kapitalismus》(1904)이나 리처드 헨리 토니Richard Henry Tawney(1880~1962)의 《종교와 자본주의의 흥기Religion and the Rise of Capitalism》(1926) 같은 저작들도, 비록 세부 내용에서는 숱한 비난을 면치 못했지만, 그 내용으로 온갖 해설이 나올 만큼 세간에 뜨거운 관심을 불러일으켰다. 어쨌거나 자본주의로서는 자본주의를 실행시켜줄 기술자도 필요했지만 그 사상을 전파시켜줄 이론적 지도자 또한 필요했다. 이를 놓고 봤을 때, 고리대금업에 대한 세간의 뿌리 깊은 사고방식에 반기를 들었다는 점에서 프로테스탄트 작가들이 중요한 역할을 해냈다는 점에는 의심의 여지가 없다. 그러나 프로테스탄트 작가들의 이런 주장들은 역사학자들이 한때 생각했던 것보다 다소 뒤늦게 나온 것도 사실이다. 토니는 잉글랜드인 청교도 리처드 백스터Richard Baxter(1615~1691)를 강력한 논거로 삼아 주장을 펼쳤으니 그렇다 쳐도, 베버는 18세기를 살아간 미국인 벤저민 프랭클린Benjamin Franklin(1706~1790)을 논거로 삼았다는 점에서 분명 시대착오적 측면이 있었다. 홀란트에서는 고리대금업에 손을 댄다는 이유로 은행가들을 성찬식에 참가하지 못하도록 막는 일은 없어야 한다는 법령이 1658년에야 제정됐다. 이때에도 현실은 저만치 앞서가고 이론은 그 뒤를 힘겹게 따라가고 있었던 셈이다. [고리대금업]

현실에서 자본주의가 가톨릭 도시라 해서 프로테스탄트 도시보다 덜 흥성한 것은 절대 아니었다. 아우크스부르크의 야코프 푸거Jakob Fugger(독일의 상인·은행가, 1459~1525)만 해도 청교도Puritan(퓨리턴)가 아니었다. 그의 세가 흥성할 수 있었던 것은 교역과 산업의 규모가 커진 덕이자, 많은 것을 파괴하지만 재화와 금융 서비스에 대한 수요를 일으키는, 전쟁이 발발한 덕이었다. 프로테스탄트 성직자들은 자본주의 기법을 옹호한 이들만큼이나 별 힘을 갖지 못했고, 그보다는 프로테스탄트 국가들로 들어온 수많은 난민 사업가가 실질적 힘을 행사했다고 할 수 있었다.

바로 이러한 이주의 물결을 통해 중세 자본주의의 씨앗이 유럽 전역으로 퍼져나갈 수 있었다. 제네바에서 세가 가장 컸던 상인 프란체스코 튜레티니Francesco Turrettini(1547~1628)도 원래는 루카(지금의 이탈리아 토스카나 지방 도시) 출신의 난민이었다. 루이스 데 헤르Louis de

Geer(1587~1652)는 스웨덴 국왕 구스타브 2세 아돌프 밑에서 재무가 겸 기업가로 일한 인물로, 고향은 리에주〔벨기에 동부 왈롱 지방 도시〕였다. '침묵공 빌럼' 대에 초대 자금주 역할을 한 마르쿠스 페레스Marcus Perez(1527~1572)도 스페인 태생의 유대인으로 콘베르소 즉 개종자였다.[34]

군사 방면의 변화. 이 시대에 일어난 군사 방면의 변화—대부분의 것들이 그렇듯 오늘날에는 '혁신Revolution'으로 분류한다—는 사회의 갖가지 면에 광범위한 영향을 끼쳤다. 군사 방면의 변화에서는 새 무기의 도입을 본질적 부분으로 꼽을 수 있으며, 그중에서도 일차적으로 보병용 창, 머스킷총musket, 성능이 개선된 대포의 도입이 주효했다. 체계적 훈련이 확립돼 전문 지식을 갖춘 간부 및 교관이 필요해진 점, 물론 제후들 가운데서도 가장 부유한 측만 유지할 수 있었지만, 상비군이 늘어난 점도 군사 방면 변화의 본질적 부분으로 꼽을 수 있다.

한 가지 변화는 또 다른 변화를 불러왔다. 스위스에서 만들어진 4.8미터 길이의 보병용 창을 쓰게 되자, 사람들이 오랜 기간 염원해온 기병대의 돌격을 저지할 방편이 드디어 마련됐다. 하지만 보병용 창은 방진方陣한 창병들이 기동성 있게 움직일 수 있을 때에만 효력을 발휘했으며, 따라서 창병들은 한 덩어리로 뭉친 채 정확하게 방향을 바꾸며 시의적절하게 움직여야만 어지럽게 공격해 들어오는 기병대 전선에 맞설 수 있었다. 또한 스페인인들이 알아낸 것처럼, 보병용 창은 머스킷총과 접목했을 때 그 활용도가 가장 뛰어났으니, 머스킷총의 화력으로 공격자들을 말에서 떨어뜨리는 일이 가능했기 때문이다. 그러나 당시의 머스킷총은 그 정확성이나 총알 재장전 비율 면에서 개선의 여지가 많았다. 머스킷총은 병사들이 일제히 총알을 발사하도록 훈련을 받은 상황에서만 효과가 제대로 발휘됐고, 그런 만큼 병사들은 일제 사격 사이사이에 상황을 보아 창병들의 방진을 기민하게 드나들 수 있어야 했다. 따라서 머스킷총은 1512년 라벤나에서 처음 선을 보였으나 1560년대 이후에나 저지대 국가들의 전쟁에서 광범위하게 활용됐다. 또 보병용 창과 머스킷총을 함께 활용하는 데에는 반드시 정교한 훈련 기법이 동원돼야만 했고, 규율 잡힌 전문가들의 에스프리 드 코르esprit de corps〔단결심〕도 필요했다.

방진을 무너뜨릴 수 있는 답은 대대적 포격에 있었다. 중세의 요새들을 순식간에 퇴물로 만든 대포는 이 무렵에는 전장에서 널리 사용되며 적군의 전선에 중간중간 구멍을 내는 용도로 사용되고 있었다. 그러나 대포의 열을 길게 늘이려면 복잡한 기술적 뒷받침이 필요했고, 효율적 철강 산업, 고품질의 화약, 고비용의 화물 수송 체계, 전문 기술을 갖춘 포병 또한 필요했다.

해상전의 경우, 대포 구경이 커진 것을 계기로 선박의 크기·용적량·기동성도 크게 늘어났다. 이제 전함은 떠다니는 포砲 진지로 전환하지 않으면 안 됐다. 선박의 가항可航 범위가 늘어나면서 항해술이 발달하게 됐고, 그와 같은 발달을 다시 정밀기기, 신빙성 있는 천문학 자료, 지도제작술, 고급수학이 뒷받침했다.

지상에서는 축성술築城術을 포격으로부터 지켜내고자 구상에 각고의 노력을 들였다. 트라스 이탈리엔trace italienne이라 불린 이탈리아식 축성술은 16세기 중반에 등장하는데, 이때부터 성채 안에 여러 개의 배수로, 함정, 낮고 각이 진 능보稜堡, bastion(성벽의 돌출부)가 결합된 복잡한 형태가 나타나니, 이런 식의 구조물 안에 자리 잡고 있으면 적군들이 포병에게 접근하거나 포병을 표적으로 삼기가 어려웠거니와 구조물 내에서는 적을 위협하는 막강한 포격을 날릴수 있었다("트라스 이탈리엔"은 프랑스인들이 칭한 명칭으로 곧 성형요새星形要塞, star fort를 말한다. 화약 병기가 발달하면서 구시대 유럽의 얇고 높은 성벽 대신 등장한 축성의 한 형태다. 곳곳의 능보가 하늘에서 보면 오각형이나 육각형의 별 모양을 이루는 데서 그 이름이 유래했다. 1440년에 이탈리아 건축가이자 인문주의자 레온 바티스타 알베르티Leon Battista Alberti(1404~1472)가 처음 고안한 것으로 알려져 있다). 도시 안트베르펜이 1568년 이탈리아 기술자들의 손을 통해 이러한 방식으로 요새화한 사례였고, 이후로 유럽에서는 공성전이 널리 활용되는 추세가 도로 나타났다. 이 분야에서 크게 이름을 떨친 세바스티앵 르 프르스트르 드 보방이 한참 활동을 할 무렵에는, 그런 추세가 강해져 관련 기술자들이 (실제로 전투를 치르는) 포병보다 더 높은 입지를 차지하기도 했다(811쪽 참조). 기병대는 절대 그 기능이 퇴색하지 않았으나 변한 시대 상황에 맞춰 적응을 해야 하기는 마찬가지였다. 기병대는 점차 특정 임무만을 맡는 전문 연대 단위로 분화하는 양상이 나타났다. 경기병은 정찰 및 소규모 접전의 임무를, 창기병은 전장에서의 공격을, 총을 든 기마병은 기동성 있게 움직이며 화력 공격을 맡았다.

군대 사령관들은 이러한 발전들을 지휘해나가며 기술적·조직적 차원에서 자신들이 익히 알지 못하던 수많은 문제와 맞닥뜨렸다. 이제 비정규군 귀족 병사들만으로는 도저히 전쟁을 치를수 없었다. 아울러 급료를 받는 현역 장교가 출현하면서 전문 능력을 갖춘 육군 및 해군 계층이 통합됐다. 이제 현역 간부로서의 군복무는 구귀족들의 자제들뿐만 아니라 재능을 가진 모든 젊은이에게 자신의 미래를 걸 만한 유망한 길로 비쳤다. 이들을 교육시키기 위해 통치자들은 이런저런 군사 교육 기관들을 창설해야만 했다.

통치자들은 군대 양성과 유지에 필요한 새 수입원과 군대 행정을 담당할 새 관료층도 마련해야 했다. 그러나 일단 이 두 가지가 해결되고 나자, 귀족의 권력을 감소시키고 나아가 신민들을 강제로 복종시키는 일에서 군대만큼 훌륭한 정치적 수단은 없다는 사실이 드러났다. 근대국가modern state는 군사 혁신이 없이는 생각할 수조차 없다. 화승총의 등장은 절대주의로, 해상용 박격포의 등장은 중상주의로 곧장 이어지는 길이었다.

그러나 군사 혁신이라는 주제는 부적절한 일반화가 도출되기 쉬운 지점이기도 한데, 장차 이론가가 되려는 부류가 서유럽의 일부 지역에 대한 자신들의 연구 결과를 유럽 대륙 전체에 적용하려는 우를 범하곤 하기 때문이다. 사실 동유럽의 전쟁 방식은, 기병이 보병에게 우위를 내어준 적이 없다는 점에서 다소 발달이 지체됐다고 여겨질 때가 많다. 그러나 실상은 그렇지 않았다. 폴란드나 모스크바대공국의 군대들만 해도 서유럽의 군대에서 그 어떤 식의 가르침을 받을 필요가 없었다. 이들은 최신식의 기술적·조직적 발전을 대하고도 그것들에 금방 익숙해지곤 했다. 물론 무엇 하나 찾아보기 힘든 동유럽의 광활한 영지 전역을 돌며, 그것도 혹독한 기후 속에서, 싸움을 벌여나가는 데는 이탈리아 북부나 네덜란드에서는 미처 경험하지 못한 여러 병참문제도 겪어야 했다. 그러나 실력이 빼어난 폴란드의 경기병들은, 일례로 1605년에 키르홀름에서 스웨덴인들과 싸웠을 때 처음, 서유럽 스타일의 보병대를 무자비하게 살육했다. 그리고 이런 일들은 폴란드 경기병들이 1610년 클루시노에서, 1621년에 호틴에서 동방 스타일oriental-style의 경기병 군단을 마주쳤을 때에도 재현됐다(뒤의 내용 참조). 동시에 군대 단위가 워낙 융통성 있고 하나의 세포처럼 기능한 덕에, 적응력이 떨어지는 다른 군대들은 살기 어린 땅에서 잡아 먹히듯 모습을 감춘 데 반해, 이 경기병 토바지시towarzysz(동무comrade)들은 그 나름대로 탐색전과 소규모 접전을 벌이며 살아남았다. 모스크바대공국의 군인들은 폴란드인과의 일전에서 몇십 년이나 실패를 거듭했는데, 이들이 서유럽의 혁신들을 제대로 이해하지 못한 데에 그 원인이 있는 경우가 많았다. 그렇다고 해도 모스크바대공국이 초기부터 일급의 포병대를 보유하고 있었던 것만은 사실이며, 폴타바에서 스웨덴이 쥔 군사적 패권을 마침내 깨뜨린 것도 러시아 포병대였다.[35]

국민국가(민족국가). '국민국가(민족국가)nation-state'와 '민족주의nationalism'라는 용어를 16세기에도 갖다 붙이는, 엄밀히 말하면 잘못 갖다 붙이는 경우를 우리는 이따금 볼 수 있다. 19세기에 갖다 붙여야 더 적절한바, 19세기에 들어서야 역사학자들이 자신들 시대의 국민국가(민족국가)가 과연 어떻게 생겨났는지 그 기원을 따지면서 두 용어를 창안해낸 때문이다. 따라서 이들 용어를 민족정체성(종족정체성)ethnic identity 개념을 지나치게 많이 담아 때 이르게 사용하는 일은 분명 없어야 한다. 다만 두 용어를 통해 적절하게 전달해낼 수 있는 것도 있으니, 중세의 통일성이 와해되면서 군주나 신민 모두 주권sovereignty에 대해 더욱 강하게 인식하게 된 점이다. 당대인들이 무엇보다 중시한 레종 데타raison d'état는 정치적 측면만이 아닌 중상주의와 연관된 경제적 측면도 있었다("레종 데타" 곧 "국가이성國家理性은 국가를 유지·강화하기 위해 지켜야 할 국가의 행동기준을 말한다. 니콜로 마키아벨리가 현실 정치와 정치학에 도입했다).

1513년에 쓰인 《군주론Il Principe》은 그 무엇에도 구속받지 않는 통치력을 원했던 모든 통치자에게 지침서 노릇을 했다. 이 책을 출발점으로 근대 정치학이 태동했다고 보는 견해도 종종 찾아볼 수 있다. 저자인 니콜로 마키아벨리Niccolò Machiavelli(1469~1527)는 역사학자 겸 극작가, 피렌체 외교관으로 활동하며 생전에 (이탈리아 추기경) 체사레 보르자Cesare Borgia와 "위대한 사기꾼the great deceiver"으로 통하는 교황 알렉산데르 6세Alexander VI를 지근거리에서 관찰할 수 있었는데, 마키아벨리는 군주에게 이상을 고취시켜 이탈리아의 통일이라는 단테의 오랜 숙원을 실현시켜주길 바라는 마음에서 《군주론》을 집필했다. 그러나 책의 호소력은 세계 각국에 두루 통했다. 책에서 마키아벨리는 정치술을 도덕적 양심에서 분리해냄으로써 마흐트폴리티크Machtpolitik의 기술 즉 그 무엇에도 구속받지 않는 힘의 정치를 구사하는 기술을 역설했다. 하지만 일면에 '마키아벨리즘Machiavellianism'은 대단히 추악한 광경들을 연출한 면도 없지 않다. 프로디 오노레볼리frodi onorevoli(명예로운 사기)나 셸레라테제 글로리오세scelleratezze gloriose(영광스러운 악행) 같은 것들이 위세를 떨친 것이다. 그러나 보다 진지하게 보면, 즉 《군주론》을 마키아벨리가 티투스 리비우스(기원전 59년경~기원후 17)를 논한 《티투스 리비우스의 첫 번째 10권에 관한 논문Discorsi sopra la prima Deca di Tito Livio》과 함께 읽어보면, 그도 제한된 통치, 법치, 자유를 누구보다 열렬히 옹호했었던 것으로 볼 수 있다(책은 보통 《로마사론》으로 칭하며, 리비우스의 《로마건국사》(총 142권) 1~10권(로마 공화정 시기)을 기반으로 한 것이다). 인간 본성의 밑바탕을 있는 그대로 바라본 마키아벨리의 관점은 헌법 체제의 토대가 될 기본 밑바탕을 제공했다. 하지만 마키아벨리와 관련해 가장 기억에 남는 것은 그가 남긴 냉소에 찬 금언들일 것이다. "로마교회와 가까이에 붙어 있는 자들일수록 종교적 독실함은 찾아보기 더 힘들다.""자신의 자리를 지키고 싶어하는 군주라면 그때그때의 상황이 요구하는 바에 따라 선인 혹은 악인이 될 줄 알아야 한다.""오로지 전쟁만이 군주가 공부해야 할 유일한 것이다. 평화를 군주는 그저 숨 돌릴 여지 정도로만 여겨야 한다. […] 군사 계획들을 실행에 옮길 방편들을 마련하는 시간으로." 마키아벨리에게는 지금껏 신봉자들이 모자랄 틈이 없었다.

르네상스 시대 군주의 모델이 누구인가 하는 주제와 관련해 역사학자들이 대부분 제일 먼저 꼽을 이들은 아마도 로렌초 데메디치Lorenzo de' Medici(로렌초 일 마그니피코Lorenzo il Magnifico, 위대한 자 로렌초Lorenzo the Magnificent, 1449~1492)나 루도비코 스포르차Ludovico Sforza(루도비코 일 모로Ludovico il Moro('무어인'), 1452~1508) 같은 이탈리아의 전제군주들일 것이다. 그 다음으로는 프랑수아 1세나 헨리 8세처럼 무시무시한 위력을 자랑했던 이탈리아 인근의 경쟁자들일 텐데, '황금천 들판(금란金襴의 들판)Field of Cloth of Gold'에서 이루어진 이 두 군주의 회담(1520)은 이 시대에 기이한 일들이나 대단한 일들이 얼마나 많이 일어났는지 알려주는 대표적 실례다. 그러나 이 시대에 세간에서 가장 많은 이목을 끈 군주로는 헝가리 왕 마티아스 후녀디 '코르비누스'Matthias Hunyadi 'Corvinus'(마차시 1세, 후녀디 마차시Hunyadi Mátyás, 재위 1458~1490) 만한 이가 없을 것이다.

코르비누스—그가 사용한 문장紋章에 까마귀가 그려져 있던 데서 유래한 이름이다—는 갑작스레 사회적으로 출세한 인물로서 그의 아버지는 트란실바니아의 공작이자 십자군으로, 튀르크족과의 싸움에서 명성을 쌓은 바 있는, 후네도아라의 이안쿠Iancu of Hunedoara(야노시 후녀디 János Hunyadi)였다("코르비누스"는 라틴어로 "작은 까마귀"라는 뜻이다). 코르비누스는 트란실바니아의 기지基地와 강력한 용병 군대를 활용해 헝가리 부호들을 제압하더니, 이탈리아 문화가 정치적 특권의 상징처럼 통하던 곳에서 통치를 시작했다. 그는 인문주의자 야노시 비테스János Vitéz 대주교 밑에서 공부하고 나폴리의 공주 베아트리체 다라고나Beatrice d'Aragona와 결혼했다. 덕분에 앙주왕가 시대 이후 줄곧 이탈리아와 유대를 맺어온 헝가리 왕실에서 왕위를 물려받을 수 있었다. 당시 헝가리의 부더 왕실은 책·그림·철학자들이 넘쳐났으며, 안젤로 폴리치아노부터 마르실리오 피치노에 이르기까지 당대에 내로라하던 학자들 모두와 교류했다. 대규모의 도서관도 부더 성의 커다란 자랑거리였는바, 초기 간행본과 각종 필사본이 수집돼 있는 장소로 보면 피렌체 메디치가의 도서관과 쌍벽을 이루었다. 1485년 코르비누스가 빈을 함락시켰을 때만 해도, 사람들은 그가 기세를 몰아 당장 헝가리-오스트리아 군주국을 세우는 것은 물론 얼마 안가 신성로마제국 전체 패권까지 주장하고 나설 것이라고 여겼다. 그러나 코르비누스가 갑자기 세상을 떠나는 바람에 모든 계획이 무위로 돌아갔다. 헝가리 귀족들은 학구적이었던 코르비누스의 아들을 내치고 야기에우워가家를 택했다. 그러고 나서 얼마간 지체된 후, 헝가리 유산을 어부지리 격으로 대신 차지한 것이 합스부르크가와 튀르크족이었다. 만신창이가 돼버린 헝가리 왕실도서관의 책들이 그랬듯이, 르네상스 시대 헝가리의 흔적들도 바람에 날려 뿔뿔이 흩어졌다. [코르비나]

물론 유럽의 지역들 일부에서 왕권이 강화됐다고 해서 절대주의가, 축을 벌인 여러 이상理想 중의 하나로 대두했을 뿐이라고 하면 모를까, 유럽 전반에 출현했다고 말할 수는 없다. 프랑스만 해도 왕들에게 가해지는 제약들이 여전히 막강해서, 일례로 지금도 학자들 사이에서는 프랑수아 1세 때의 프랑스 정부가 '자문기구 성격consultative이 더 강했는지' 아니면 '지방분권화가 덜 진행됐는지'를 두고 논쟁이 벌어진다.36 잉글랜드의 경우도 튜더왕가가 군주제를 확실히 주창한 뒤였음에도, 이어진 스튜어트왕가 통치기에 잉글랜드에서 적극적으로 권리 주장을 한 것은 오히려 의회였다. 신성로마제국에서도 제국의회가 황제에게 맞서 강력한 발판을 확보했다. 폴란드-리투아니아에서도 공화제가 군주제에 승리를 거뒀다.

당연하게도, 르네상스 시대 학자 중에는 기욤 뷔데(1467~1540)처럼 군주제에 대한 자신들의 관점을 표명하면서 로마제국을 모델로 삼은 이들이 있었는가 하면 바브지니에치 고실리츠키Wawrzyniec Goślicki(라우렌티우스 그리말디우스 고실리키우스Laurentius Grimaldius Goslicius, 1607년 몰) 주교(폴란드)처럼 더 옛날로 거슬러 올라가 로마공화국을 모델로 삼은 이들도 있었다. 가장 막강한 영향력을 끼친 정치 논고 두 편 중에서, 장 보댕Jean Bodin(1530~1596)의 《국가에 관한 6권의 책Les Six Livres De La Republique》(1576)이 입헌군주제를 선호했다면, 토마스 홉스Thomas

Hobbes(1588~1679)의 《리바이어던Leviathan》(1651)은 계약설을 기이하게 활용해 절대주의를 편들었다. 홉스는 별 증거도 대지 않은 채 왕들은 무제한의 권리를 가진다고 주장했는데, 시기를 명확히 밝힐 수 없는 과거의 어느 때엔가 신민들이 스스로 자기들의 권리를 내놓은 것으로 보이기 때문이라는 것이었다. 그렇게 해서 탄생한 것이 리바이어던 즉 '인간들이 모여 만든 괴물'—홉스가 근대국가를 지칭하며 사용한 비유—로, 유감스럽지만 이 괴물이야말로 끝없는 분쟁을 종식시킬 필요악이자 유일한 대안이었다. (아래는 홉스의 《리바이어던》의 인용 대목이다.)

> 자신을 두려움에 떨게 하는 어떤 공동의 권력이 부재한 상황에서 살아갈 때 인간은 이른바 전쟁의 상태에 돌입할 수밖에 없다. [···] 이와 같은 상황에서는 만인이 만인에 대한 적이다. 그런 조건에서는 산업이 일어날 여지는 물론이고 [···] 항해, 미술, 글, 사회가 발전할 여지 따위는 전혀 존재하지 않으며, 사람들은 처참한 죽음에 대한 두려움을 떨치지 못한다. 아울러 인간의 삶은 외롭고, 가난하고, 추잡하고, 짐승과 다르지 않고, 단명하게 된다.[37]

르네상스 시대가 로마법 연구가 활발하게 일어나는 자극제가 됐던 것은 사실이다. 그러나 당대는 개별 국가의 법률이 강화되고 서로 대조되는 모습이 나타난 때이기도 하며, 나아가 휘호 더 흐로트Hugo De Groot(휴고 그로티우스Hugo Grotius, 1583~1645)의 《전쟁과 평화의 법De jure belli ac pacis》에서 보듯이 국제법이 본격적으로 등장한 때이기도 하다.

중상주의重商主義, mercantilism 또는 '중상주의 체계the mercantile system'라는 표현은 18세기 후반 이 체제가 널리 대중화하기 전까지는, 세간에서는 거의 통용되지 않던 말이었다("the mercantile system"는 애덤 스미스가 《국부론》에서 쓴 표현이다). [시장] 근대 초기에는 나중에 애덤 스미스의 비판을 받게 되는 생각들이 경제사상의 주축을 형성했다. 중상주의는 숱한 사람들의 입에서 숱한 의미로 쓰인 말이다. 하지만 본질적으로 중상주의란, 근대국가가 부를 이룩하기 위해 법·행정·군사·규제 면에서 그 국가가 활용할 수 있는 수단을 총동원할 필요가 있다는 생각을 말한다. 이런 의미에서 중상주의는, 나중에 스미스가 옹호하게 되는 레세-페르laissez-faire(자유방임)와는 정반대 성격이다. 중상주의의 한 형태로 성행했던 것이 중금주의重金主義, bullionism 곧 한 국가의 재력과 국력은 그 나라 안에 쌓인 황금의 양에 따라 결정된다고 보는 사상이다. 중상주의의 또 다른 형태는 무역수지 증진에 초점을 맞추는 방식으로, 이를 위해 국가에서는 수출을 장려하고, 수입에는 제재를 가하고, 되도록 자국 내에서 물품이 생산되도록 독려하는 방법을 썼다. 그러나 어떤 형태든지 중상주의에서는 경제적 힘의 원천이 되는 것들—식민지, 제조업, 해군, 관세—을 강화하는 데 주안점을 뒀고, 그에 따라 상업적 경쟁관계에 있는 국가들을 노골적으로 불리하게 만드는 정책을 취했다. 네덜란드는—이 국가에서는 해군 관할 본부조차

코르비나 CORVINA

■
■   1460년대의 언젠가 헝가리의 왕 마티아스 코르비누스가 장서 수집을 시작했다. 왕의 장서 수집 열정에 불을 붙인 것은 그의 오랜 스승 바라드 (오데아) 주교 야노시 비테즈János Vitéz와, 주교의 조카 야노시 체즈미츠제이János Csezmiczei였다. 두 사람 모두 고전시대 학자였고, 이탈리아에서 공부했으며, 열렬한 에서가였다. 야노시 비테즈는 헝가리 대주교직에까지 올랐고, 조카는 '야누스 판노니우스'라는 필명으로 당대에 내로라하는 라틴어 시인으로 활약했다. 두 사람 다 정치적 음모에 휘말려 명망을 잃자, 대주교는 물러나고 시인은 스스로 목숨을 끊었다. 왕은 이 둘이 갖고 있던 장서들을 전부 자신의 소유로 만들었다. 1476년 마티아스는 베아트리체 다라고나Beatrice d'Aragona와 결혼을 하는데, 이때 그녀가 자신이 갖고 있던 많은 양의 장서를 나폴리에서부터 헝가리로 가져왔다. 1485년 마티아스 왕은 빈을 점령해 새로이 헝가리-오스트리아 군주국을 세우겠다는 구상을 내놓으니, 이 왕국의 문화 중심지는 당시 부더에서 한창 건설 중이던 왕립도서관이 될 것이었다. 이 비블리오테카 코르비니아나Bibliotheca(Bibliotheca) Corviniana(코르비나 도서관Corvina könyvtár)는 수많은 문서보관담당자, 제본가, 번역가, 제책가, 채색화가들이 딸린 데다 대륙 간 중개인 망까지 갖춘 만큼, 유럽의 '문예부흥' 운동도 압도하게 하게 될 것이었다. 게다가 피렌체에 자리한 로렌초 마니피코Lorenzo the Magnificent의 대도서관까지도 능가했다.

마티아스 왕의 소원은 하나도 실현되지 못했다. 1490년 왕이 세상을 떠났을 때 그의 아들은 아버지의 뒤를 잇지 못했다. 합스부르크가가 빈을 수복했고, 헝가리의 귀족들은 세금에 반대하며 난을 일으켰다. 도서관 공사는 중단됐다. 1526년에 오스만제국 군대가 부더를 점령했을 때에는 도서관이 약탈당했다. 고유한 가치를 지닌 고대 필사본 650점을 비롯해 장서 대부분이 흔적도 없이 사라졌다.

그러나 책이 모조리 유실된 것은 아니었다. 마티아스 왕이 서거한 지 500주년이 되는 해, 헝가리국립도서관은 그때까지 남아 있던 보물들을 다시 한자리에 모아 전시회를 열었다. 행사에서 베아트리체 왕비가 용케도 귀중한 책들 일부를 빼내 나폴리로 되돌려 보낸 사실이 드러났다. 그녀의 며느리도 책 일부를 독일로 옮겨갔다. 카를 5세의 여동생으로, 한동안 헝가리(러요시 2세)의 왕비였던, 마리아Maria는 그보다 훨씬 많은 양의 책을 브뤼셀로 가져갔다. 가장 중요했던 것은, 지난 수 세기 동안 콘스탄티노폴리스에 있던 약탈당한 책 상당수가 오스만제국과 호의적 관계의 외국 대사들에게 답례품으로 제공되고 있었다는 사실이었다. (이탈리아 시인이자 인문학자)날도 날디Naldo Naldi(1436년경~1513)는 피렌체에서 마티아스 왕의 중개인으로 일하며 더없이 귀중한 코르비나도서관 도서목록을 작성했는데, 술탄이 이것을 폴란드 대사에게 증정해 토룬에서 보관하고 있었다. 잉글랜드 대사가 받은 세네카의 비극작품들은 옥스퍼드에서 소장하고 있었다. 비잔티움의 '의전서Book of Ceremonies'는 라이프치히에서 보관하고 있었다. [탁시스] (오스트리아-헝가리제국 황제)프란츠 요제프 1세(재위 1867~1916)에게 보내졌던 필사본 26점은 빈에 소장돼 있었다. 그리고 이보다 훨씬 더 많은 책이 볼펜뷔텔에 있는 (브라운슈바이크-뤼네부르크) 공작 아우구스트 2세August II(August der Jüngere, 1579~1666)가 세운 도서관으로 들어가 있었다. 웁살라는 (스웨덴 여왕) 크리스티나 여왕, 재위 1632~1654)의 군대가 프라하에서 약탈해온 책들을 소장하고 있었다. [...] 이 외에도 마드리드, 브장송, 로마, 볼테라에서도 하나같이 마티아스의 장서들이 나왔다.

1990년의 전시에 나온 책들은 유실된 장서의 극히 일부에 불과했다. 하지만 그것들만으로도 애서 성향이 르네상스 시대 충동의 핵심을 차지하고 있었음을 예시해주기에는 충분했다. 규모와 다양성 면에서 당시 코르비나도서관을 앞지를 수 있었던 곳은 바티칸도서관Vatican Library밖에 없었다. 그러나 장서들이 뿔뿔이 흩어진 상황을 고려하면, 지식을 각지로 퍼뜨리는 데서 코르비나도서관만큼 큰 공헌을 한 데는 없을 것이었다.[1]

다섯 개로 나뉘어 있었다— 정책 추진을 대체로 개인과 지방의 자유재량에 맡겼다. 프랑스와 훗날의 프로이센에서 이런 일들은 국왕의 대신들이 도맡아 하는 것이라는 생각이 매우 강했다. 잉글랜드에서는 개인이 주도하는 부분과 왕실이 주도하는 부분이 얼마씩 섞이느냐에 따라 정책이 좌우됐다. 이와 관련한 초기의 설명은 (1581년에 출간된) 《잉글랜드 왕국의 공공 복지를 위한 논고A Discourse of the Common Weal of this Realm of England》에서 찾아볼 수 있다. 얼마 후 토머스 먼Thomas Mun(영국 중상주의 경제학설의 대표자, 1571~1641)은 이렇게 썼다. "우리의 부와 보물을 더 늘리는 통상적 방법은 해외무역을 이용하는 것이다. 해외무역을 할 때 우리는 어느 때고 반드시 다음과 같은 원칙을 지켜야 한다. '매해 타지의 낯선 이들에게, 값어치로 따졌을 때 우리가 그들의 것을 소비하는 것보다 더 많은 양을 그들에게 팔아야 한다.'"[38]

외교 관례. 외교 관례 역시, 중상주의 사상이 그랬던 것처럼, 국가의 힘이 부쩍 커지는 데 상응해 발전해나갔다. 그전까지만 해도 각국 군주들은 외국에 파견된 대사들이 맡은 임무를 하나씩 마칠 때마다 대사들을 본국으로 도로 불러들이는 선에서 만족했었다. 15세기에도 강국 중에서 해외에 상주 대사들의 망을 구축해놓은 곳은 베네치아가 유일했으나, 이후 교황청 직속 대사와 이탈리아의 다른 도시들에서도 베네치아의 선례를 따랐다. 그러나 그 뒤로 주권국의 통치자들은 차츰 상주 대사 임명을 자국의 지위 및 독립성 여부를 가늠하는 표시로 여기게 됐다. 그들은 아울러 상업 및 정치 관련 첩보들을 중요시했다. 이러한 외교의 가치를 가장 먼저 알아본 군주 중 한 명이 가톨릭왕 페르난도 2세(아라곤 왕)로, 그는 일찍이 1487년부터 세인트제임스법원(잉글랜드의 왕실 법원)에 대사를 파견했다. 이들 외교사절은 처음에는 로드리고 곤데살비 데 푸에블라Rodrigo Gondesalvi de Puebla(로드리고 곤살레스 데 라 프에블라Rodrigo González de la Puebla) 박사가 이끌다가, 나중에는 한 여인—웨일스의 왕녀이자 이른바 왕의 딸로 불린 카탈리나 데 아라곤Catalina de Aragón(아라곤 왕 페르난도 2세의 딸, 잉글랜드 왕 헨리 8세의 첫 번째 왕비)—의 지휘를 받게 된다. 역사상 처음으로 포괄적 업무를 다루는 왕실 외교부를 마련한 공신으로는 보통 프랑스의 프랑수아 1세가 꼽히는바, 1526년 이후부터 오스만 포르테Ottoman Porte(1923년 이전의 터키(튀르키예) 정부)에 대사를 둔 것도 그가 시행한 조치였다.

이윽고 유럽의 주요 왕실과 수도에는 어김없이 코르 디프롤마티크corps diplomatique(외교단)가 등장했다. 외교란 것이 얼마간은 위험이 따르는 조건에서 생활하는 일인 만큼, 외교관들은 면책, 호혜의 원칙, 치외법권, 신임, 우선권과 관련해 필요한 원칙들을 만들어냈다. 1515년에는 교황이 외교와 관련해, 외교단을 이끄는 원로 역할은 교황청 로마 대사가 맡아야 하고, 신성로마제국의 대사는 타국의 동료 대사들에 대해 우선권을 가지며, 그 외 다른 국가의 대사들은 해당 국가가 기독교로 개종한 시기에 따라 그에 상응하는 연장자 서열을 갖는다는 원칙을 천명했다. 그러나 정작 현실에서는 이러한 식의 서열 정리가 별 효과가 없었는데, 카를 5세만 해도 신성로마제국의 외교관들보다 스페인의 외교관들을 더 우대해준 데다, '가장 가톨릭적인' 스페인 군주로서, 그는 프랑스에 우선권을 내어줄 생각이 추호도 없었다(카를 5세는 곧 스페인 왕으로는 카를로스 1세Carlos I다. 재위 1516~1556). 그렇게 양국 사이에 촉발된 실랑이에서 프랑스와 스페인 대사들은 200년간이나 자국의 입장을 단호히 지키며 한 발도 물러서려 하지 않았다. 한번은 이런 일도 있었다. 1661년 도시 헤이그에서 프랑스와 스페인의 수행단이 좁은 길을 지나다 서로 마주쳤는데, 양국 대사들은 그 자리에 꿈쩍도 않고 서 있다가 헤이그의 시 참사회參事會가 나서서 근방의 철책들을 철거하고 양국 대사들이 동등한 조건에서 통행할 수 있도록 길을 터주고 나서야 몸을 움직였다. 형식을 따지고 들기로 치면 모스크바인들도 그에 못지않았다. 모스크바대공국의 차르가 파견하는 대사들은 늘 신성로마제국 조신들보다 자신들에게 우선권을 줄 것을 요구하는 경향이 있었다. 또 한번은 모스크바의 대사 하나가 머리에 모자 두 개를 쓴 채 바르샤바에 당도한 일도 있었다―모자 하나는 폴란드 왕을 접견할 때 모자를 벗어야 한다는 폴란드의 관례에 따르기 위해 쓴 것이었고, 다른 하나는 머리에 계속 모자를 쓰고 있으라는 크렘린궁의 훈령에 따르기 위해 쓴 것이었다.

마키아벨리가 활동한 시대에는 외교관들이 사기에 능한 사람들이라는 평판을 얻었다. 당대의 외교관들은 이런저런 부호나 암호, 은현隱現잉크invisible ink 따위를 능숙하게 다룰 줄 알아야 했다("은현잉크"는 종이에 열이나 빛을 쪼이면 색이 나타나 글씨를 읽을 수 있는 잉크를 말한다). 헨리 우턴Henry Wootton경은 이를 두고 재치 있는 말을 남겼다. "대사는 정직하되, 자기 조국의 이익을 위해서는 해외에 나가 거짓말을 해야만 하는 사람이다." 그렇긴 해도 상주 외교의 발달을 중요한 발걸음으로 삼아 이 무렵 유럽 국가들 사이에 하나의 공동체 의식이 싹튼 것만은 분명했다. 그리하여 1643~1648년의 사이에 뮌스터와 오스나브뤼크에서 대규모의 외교관 회의가 열려 끝내 삼십년전쟁을 종식시켰을 때에는, '유럽의 화합Concert of Europe'이라는 기조가 이미 자리 잡고 있었다.

16세기의 전환기에 유럽의 지도에서 가장 선풍을 일으킨 핵심 사건은 합스부르크왕가의 세가 급작스레 커져 그 지위가 지나치다 싶을 만큼 높아졌다는 점이었다. 합스부르크가의 성공은 정복을 통한 것이 아니라 경쟁 왕조들이 쇠락하고, 앞날을 내다본 합스부르크가의 혼인정략이 통한 것이고, 합스부르크가에 순전한 행운이 따라준 덕택이라 해야 했다. 당시 합스부르크가와 관련해 돌았던 모토도 포르테스 벨라 게란트. 투 펠리스 아우스트리아 누베Fortes bella gerant. Tu felix Austria nube였다.* 이 모토에서 방점을 찍어야 할 부분은 펠릭스felix('복 있는')와 누베 nube('혼인하라')다.

1490년 로마인의 왕 합스부르크가의 막시밀리안 1세Maximilian I(독일 왕, 재위 1486~1519. 신성로마제국 황제, 재위 1493~1519)는 헝가리가 차지한 빈 땅에서 도망쳐 나온 망명자 신세를 여전히 면치 못하고 있었다. 신성로마제국을 틀어쥐기는 했으나 막시밀리안 1세의 입지는 위태로웠을 뿐 아니라 그 허약한 입지에서 일련의 황실 개혁까지 추진해나가지 않으면 안 됐다. 개혁의 일환으로 그의 감독하에 1495년에는 라이히스카머게리히트(제국대법원, 1495~1806)가, 1500년에는 라이히스레기멘트Reichsregiment(제국평의회)가, 1512년에는 라이히스슐세Reichsschlüsse(제국의회 위임통치단)가 설립됐다. 제국의회의 3개 협의체—선제후, 제후, 도시로 구성—가 생겨났고, 제국을 10개 관구로 나누고 각 관구를 디렉토리움directorium이라는 사법·징세·군무의 책임을 맡은 두 제후가 다스리게 하면서, 막시밀리안 1세는 사실상 신성로마제국에 대한 직접적 통치를 모두 내려놓았다. 결국 막시밀리안 1세는 독일의 제후들이 그 오랜 기간 숙원으로 바라왔던 것들을 모조리 내어주되, 합스부르크가 없이는 독일 제후들도 살아가기 어렵게끔 만든 셈이었다.

이와 동시에 막시밀리안 1세는 합스부르크가의 하우스마흐트Hausmacht 곧 왕가의 개별 권력(곧 가권家權))을 크게 증대시켰다. 첫 번째 부인 마리 드 부르고뉴Marie de Bourgogne가 일찍 세상을 떠나면서(1482), 막시밀리안은 부르고뉴공국이라는 근사한 땅을 증여받을 수 있었다. 1490년에는 티롤까지 물려받게 되니 이곳의 인스부르크라는 땅에서 마련한 저택을 생전에 그는 제일 아꼈다. 1491년에는 야기에우워가와의 조약을 통해 보헤미아 땅을 되찾았으며, 1515년에 또 한 차례 조약을 맺어 헝가리를 되찾아왔다. 이러한 조치들은 1526년 야기에워가의 러요시 2세Lajos II가 세상을 떠나면서 확고하게 자리 잡는바, 그의 죽음으로 "도나우강에 군주국을 일으켜 세울 과업"을 합스부르크가가 넘겨받은 때문이다.[39] 막시밀리안의 아들(나중의 카스티야 왕 펠리페 1세)가 (부부 군주) 페르난도 2세와 이사벨 1세 데 카스티야의 상속녀(후아나 1세 데 카스티야)와 혼인한 것(1496) 역시 그에 못지않게 중요한 일로 꼽혔는데, 이로써 합스부르크가가 스페인의 영지까지 틀어쥘 여지가 생겨났다. 1494년 막시밀리안 자신이 밀라노공국의 비앙카 마리아 스포르차Bianca Maria Sforza와 재혼한 것을 계기로, 합스부르크가 땅으로의 자금 유입이 원활해졌고 1508년 신성로마제국의 황제로 승인받는 일에도 도움이 됐다. 이쯤 합스부르크가

---

* "강자는 싸움을 벌일지어다. 그리고 복 있는 자 오스트리아, 그대는 혼인을 하라." 헝가리 왕 마티아스 코르비누스가 남긴 말이다.

안에서도 가장 이상적인 인물이었던 막시밀리안은 자기 사명을 다 이뤘다고 느꼈던 게 틀림없다. 그로부터 불과 얼마 후, 자신 정도면 교황직에도 선출될 수 있지 않겠느냐며 자신감에 한껏 찼으니까!

그랬던 막시밀리안 1세가 세상을 떠났을 때(1519), 합스부르크가의 수중에 들어온 '태양이 지지 않는 나라'의 그 수많은 땅을 물려받은 것은 그의 손자 헨트의 카를(곧 카를 5세)이었다. 결국 카를은 프랑스와 교황의 반대를 무릅쓰고, 푸거가가 대주는 돈줄에 힘입어 사상 유례가 없는 최단 기간에 신성로마제국의 황제가 돼 당장 조부의 뒤를 잇게 됐다(부록 1612쪽 참조).[달러]

카를 5세Karl V(신성로마제국 황제, 재위 1519~1556)가 보유한 땅은 필리핀에서 페루에 이르기까지의 곳곳에 뻗어 있었으나, 경쟁하듯 불거지는 수많은 골치 아픈 문제가 서서히 그의 어깨를 짓눌렀다. 일단 신체적 용모 면에서 그는 전혀 황제답지 못했다. 편도가 약했던 탓에 목소리는 앵앵거렸던 데다가 입술도 늘 축 처진 채 다물어지지 않아, 예의라곤 모르는 스페인의 한 귀족으로부터 "그놈의 파리 떼 좀 쫓아내라"라는 말을 듣기도 했다. 하지만 카를에게는 그의 광대한 영지들을 다스릴 만한 재능도 여럿 있었으니, 그는 자진해서 플랑드르어를 썼을 뿐 아니라 신료들을 상대할 때에는 스페인어·프랑스어·이탈리아어를 구사했으며, '자신이 타는 말에게는 독일어로' 말을 걸었다. 더구나 그는 불굴의 용기를 발휘하는 데서도 부족하지 않았다. 뮐베르크전투Battle of Mühlberg(1547) 당시 전열의 후위에 있으라는 사람들의 제안을 뿌리치며 카를은 다음과 같은 말로 거칠게 대꾸했다. "대포알에 맞아본 황제라는 이름이 내게 붙게 해달란 말이다." 가톨릭 제후들 가운데에서 공히 수장으로 인정받은 카를은 어쩌면 기독교왕국을 하나로 붙들어 맬 수도 있을 가장 강력한 이상을 이끌었다. 그러나 내적으로나 외적으로나 그 규모가 너무도 엄청나고 복잡한 위기들이 닥치는 바람에 제국이 일치단결하기가 여간 어려운 것이 아니었다. 교회 상황을 보면, 비록 공의회 개최까지는 성공시켰으나, 트리엔트(트렌토)에서 이뤄진 숙의가 의견 분열을 고착화한다는 사실을 황제는 이내 깨달을 수 있었다. 제국 내에서 다시 종교적 통일을 이루겠다는 황제의 구상은 처참하다 싶을 만큼 그 실행이 뒤로 밀어졌다. 아울러 뮐베르크에서는 승리했으나, 슈말칼덴전쟁도 결국 아우크스부르크화의(1555)가 맺어지며 교착상태에 접어들었다. 스페인에서, 카를은 이곳을 정신이상 증세가 있는 모후와 공동 통치자 자격으로 다스렸는데, 황제가 코무네로스comuneros의 반란을 가라앉히느라 애를 쓰는가 하면, 반란이 가라앉은 뒤에는 다시 카스티야와 아라곤의 상충하는 이해관계를 정리하느라 애를 써야 했다("코무네로스의 반란Revolt of the Comuneros"은 신성로마제국 황제 카를 5세로 취임한 스페인 왕 카를로스 1세가 카스티야 의회에 과도한 재정을 부과하자 1520년 카스티야 도시 공동체 조직 코무니다드 Comunidade를 중심으로 일어난 반란이다. 1521년에 국왕군에 진압됐다. 코무네로스는 반란에 참가했던 코무니다드의 구성원을 일컫는다). 신세계에서, 그는 아메리카 원주민들을 보호하겠다는 명목으로 승산 없는 싸움을 벌였다. 네덜란드에서, 그는 고모 마르가레테 폰 외스터라이히Margarete von Österreich에게 통치를 맡겨두었던바, 쓰라린 심경으로 자신이 나고 자란 고향 헨트의 반란을 무력으로 진압해야 했다(1540). 합스부르크가가 대대로 물려받은 주요 영지—오스트리아, 보헤미아, 헝가리—는 동생 페르디난트(페르디난트 1세Ferdinand I)에게 내주었었는데, 이 지역들에서도 트란실바니아의 야노시 서포여이János Szapolyai 같은 지방 수장들의 반란이 일어났고, 1546~1547년에는 제1차 보헤미아 난이 일어났다. 제국 어디서고 카를 5세는 해당 지방의 의회, 까다로운 귀족들, 자기들 이익만을 챙기기에 바쁜 사람들과 싸워야 했다. 또 전략적 차원에서는 적의를 품은 프랑스, 점차 영역을 확장해가는 튀르크족, 프랑스-오스만의 합동작전에도 적절히 대처해야 했다.

신성로마제국은 프랑스와 벌인 경쟁으로 총 다섯 차례 전쟁을 치르게 되는바, 제국과 프랑스의 영토가 맞닿은 모든 지점—네덜란드, 로렌(독일어명 로트링겐) 사부아, 피레네산맥, 이탈리아—에서 싸움이 일어났으며 둘 사이 경쟁이 간접적으로 영향을 끼쳐 일어나게 된 로마약탈Sack of Rome(1527)은 카를 5세의 생애에 커다란 치욕을 안겼다. 아울러 튀르크족에 대한 두려움 때문에 합스부르크가에서는 헝가리와 보헤미아 땅도 장악하게 되나, 장기적 측면에서 이 두 지역은 발칸반도에서는 물론이고 지중해 내에서도 제국을 녹초로 만드는 복잡한 문제들을 끝없이 일으켰다. [오랑주(오라녀, 오렌지)]

통치의 마지막 10년 동안에는 카를 5세가 낙관론을 가질 만한 근거가 어느 정도 있다고 해도 좋았다. 그러나 아우크스부르크화의는 실망스러운 결과를 가져왔을 뿐이었다. 결국 끝도 없이 좌절감을 맛본 카를은 황제 자리에서 물러났다(1556). 그는 스페인과 네덜란드는 아들 펠리페(펠리페 2세)에게, 나머지 땅은 동생(페르디난트 1세)에게 물려주었다. 이후 카를은 유스테에서 조용히 살다 세상을 떠났다(1558). 카를은 만국의 통일이라는 꿈을 숙원으로 여긴 마지막 황제로서, 동시대인들은 더러 그가 통일 유럽에 애쓴 후원자라며 칭송하기도 했다. 카를과 이해관계가 얽혀 있던 한 관련자는 다음과 같이 썼다. "카를 5세는, 한때 후위 공격을 위해 버티고 있던 최후의 전사라고 여겨졌으나 어느 순간부터는 갑자기 선봉에 선 주자로 보이게 됐다."[40]

카를 5세가 퇴위한 후, 오스트리아의 합스부르크가는 카를이 품었던 보편적 이상은 까맣게 잊는다. 야기에우워가의 막시밀리안 2세Maximilian II(재위 1564~1576)는 명목상 폴란드-리투아니아 왕으로 선출됐으나 어떤 실익도 챙기지 못했다. 막시밀리안 2세의 두 아들 곧 프라하의 괴짜 은둔자로 통한 루돌프 2세Rudolf II(재위 1576~1612)와 마티아스Matthias(재위 1612~1619)는 시종 서로 불신하고 종교적 반목을 거듭했다. 1607년의 도나우뵈르트사건Donauworth Incident 이후 10년 사이에 종교와 관련해 벌어진 반란과 소요만 200건이 넘었다("도나우뵈르트사건"은 루터파와 독일 가톨릭교도들 사이의 종교적 충돌로, 삼십년전쟁의 서막으로 여겨지는 사건이다). 페르디

달러 DOLLAR

■
■ 야히모프는 〔지금의 체코〕플젠(필젠)에서 북으로 80킬로미터가량 떨어진 요아힘스탈에 자리한 작은 보헤미아 도시다. 1518년, 폰 슐리크 백작Count von Schlick이 이곳의 은광을 채굴해 조폐소를 건립할 수 있는 황제 특허를 얻었다. 그의 은화는 발첸베르케 Walzenwerke (롤링머신)를 통해 만들어졌고, 공식적으로는 '대大그로트large groat'로 분류됐나〔"그로트"는 중세 유럽에서 사용되던 은화를 말한다〕. 세간에서 사람들은 이 은화를 요아힘스탈러Joachimsthaler라고 부르다가 이내 탈러thaler로 줄여 불렀다.

17세기경에는 이 탈러가 중부유럽Central Europe 전역에서 이미 기본 통화로 자리 잡은 뒤였다. 합스부르그기가 통치하는 스페인에서도 이 통화가 복제됐으며, 여기서 만들어진 탈레로스táleros(8닢piece of eight)는 아메리카대륙 전역에서 통용됐다〔"piece of eight"는, "탈러"에 대항하기 위해 만들어진, 옛 스페인의 8레알짜리 은화를 말한다. 스페인어로는 "페소데오초Peso de Ocho" "레알데아오초real de a 8"라 한다〕. 이 동전들이 영어로 '달러dollar'로 통했다. 스코틀랜드의 제임스 6세(재위 1567~1625. 잉글랜드 왕 제임스 1세)가 만든 30실링짜리 은화는 '검의 달러the Sword Dallar'라는 이름으로 불렸다〔은화 뒷면에 대형 검의 도안이 새겨져 있었다〕. 18세기에는 은화 탈러 대신 구리 재질의 '판전板錢, plate money'이 널리 쓰였는데, 스웨덴에서부터 들어왔다고 해서 달레르daler〔릭스달레르riksdaler〕라는 스웨덴식 명칭이 붙었다. 1720년에 만들어진 구리 달러 한 닢은 은화 탈러 한 닢과 동등한 가치를 가졌지만 무게는 250배나 더 무거웠다. 그래서 구리 달러는 말이나 마차를 이용해야만 옮길 수 있었다.[1]

그러나 이러한 일련의 동전 중 명실공히 최고의 걸작은 1751년에 만들어진 마리아 테레지아 탈러Maria Theresa thaler였다. 이 빼어난 동전의 한 면에는 여제의 흉상이 조각돼 있었고 다른 한 면에는 쌍두머리 독수리와 함께 다음과 같은 글귀가 새겨져 있었다.

R[omae]·IMP[eratrix]·HU[ngariae et]·BO[hemiae]· REG[ina]·M[aria]·THERESIA·D[ei]·G[ratia]·ARC HID[ux]·AVST[riae]·DUX·BURG[undiae]·CO[mes] ·TYR[olis]·

신성로마제국 황제·헝가리-보헤미아 여왕·마리아 테레지아·하느님 은총을 받은 오스트리아 대공비에게·부르고뉴 공작·티롤 백작이

이 동전은 19세기에도 내내 수백만 개가 주조됐고, 여제가 세상을 떠난 이후 나온 동전들에는 모두 여제의 사망 연대인 1780년이 찍혀 있었다. 1936년 무솔리니도 아비시니아(에티오피아) 침공 자금을 마련하려 이 동전을 찍어냈으며, 영국 정부도 봄베이에서 이 동전을 주조했다. 그로부터 200년이 지난 지금도 이 동전은 국제무역 통화로서 아시아의 여러 지역에서 유통되고 있다.[2]

달러는 1787년에 미국에서, 1871년에 캐나다에서 통화(화폐) 단위로 채택됐다. 그러나 유럽에서는 달러가 더는 통화 단위로서 위상을 갖지 못한다.

난트 2세Ferdinand II(재위 1619~1637), 페르디난트 3세Ferdinand III(재위 1637~1657), 레오폴트 1세Leopold I(재위 1658~1705)는 삼십년전쟁(1618~1648)과 그 여파에 힘이 완전히 소모됐다. 그러다 빈에 별개의 종신직 오스트리아 재상이 생겨나 활동의 중심추가 동쪽으로 대거 이동하자, 신성로마제국은 당장이라도 와해될 것만 같았다. 괴테의《파우스트》에 등장하는 선술집의 술꾼

들이 입버릇처럼 부르곤 했던 노래에서처럼.

> 귀하고 오래된 신성로마제국,
> 이곳은 어떻게 하나로 붙어 있는 것인가?

위 물음에 대한 답은, 한 저명한 영국 역사학자(R. J. W. 에번스)의 견해에서 보듯, 정치적 측면보다 당시 사람들이 공유하고 있던 사고방식 및 감수성 즉 '문명civilisation'에서 찾을 수 있는 면이 더 컸다.[41]

황제 루돌프 2세는 프라하의 조정에 그 어디서도 보기 힘든 대단한 인물들을 한데 끌어모았다. 그가 엄선해서 데려온 동지들은 당대에 가장 특출한 예술가들과 과학자들로, 자연적인 것과 초자연적인 것을 소재로 매일 연구를 거듭하는 것이 주된 업이었다. 요하네스 케플러, 튀코 브라헤, 에드먼드 캠피언, 조르다노 브루노 같은 이들은 말할 것도 없고, 주세페 아르침볼도Giuseppe Arcimboldo(1537~1593)는 초현실주의 회화의 창시자로 이름을 떨치는가 하면, 코르넬리스 드레벨Cornelis Drebbel(1572~1633)은 마술사이자 오페라무대 미술가로 활동하며 영구기관 발명가로서 명성을 얻었다. 드레벨은 런던을 찾았다가 제임스 1세를 만나 1마일(약 1.6킬로미터)이나 떨어진 곳의 책을 읽게 해주는 망원경을 만들겠다고 약속했다. 셰익스피어의 희곡 〈템페스트The Tempest〉에서 '비밀스러운 공부에 빠져 있는' 인물 프로스페로는 바로 이 드레벨을 모델로 탄생한 것이라고 여겨지며, 〈자에는 자로Measure for Measure〉에 등장하는 공작(빈센티오)은 다름 아닌 루돌프 2세를 모델로 삼아 탄생한 것으로 보인다.[42] 루돌프가 소장하고 있던 예술작품들은 그 가치가 굉장해서 삼십년전쟁 후반 단계에서는 스웨덴 군대의 전략적 약탈물 대상이 되기도 했다. [연금술] [오페라]

스페인. 스페인이 위용을 자랑하다 쇠락의 길로 빠져들기까지는 1세기 남짓밖에 걸리지 않았다. "기막히게 멋졌던 몇십 년 새에 스페인은 지구상에서 가장 막강한 국가로 부상해 유럽의 패자로 군림하기 직전까지 갔다."[43] 카를 5세(카를로스 1세)의 재위(1516~1556) 동안 스페인은 크루세로crucero(십자가), 콩키스타도르(정복자), 테르시오tercio(1534~1704년 스페인 왕국이 채용한 군사 편성 혹은 그 부대의 전투 대형)의 시대를 살았는바, 아메리카대륙에서 황금이 공급된 것과 스페인이 유럽 최정예 군단을 유지할 수 있었던 것 사이에는 확실한 연관성이 있었다. 펠리페 2세Felipe II 재위(1556~1598)에는 스페인의 정치적 힘과 문화적 힘이 정점에 올랐으나, 그 뒤로 국내에서는 저항이 일고 국외에서는 프랑스·이탈리아와 척을 지게 되고 네덜란드에서는 반란이 일어나면서 그 위세가 꺾였다. 펠리페 2세 후계자들의 통치기—펠리페 3세Felipe III(재위 1598~1621), 펠리페 4세

오랑주 ORANGE 〔오라녀ORANJE, 오렌지〕

■ 1544년 프랑스와 신성로마제국 사이 전쟁이 한
■ 창일 때, 제국군 장교 르네 폰 나사우René von
Nassa가 생디지에에서 프랑스군이 쏜 총탄에 맞아 목
숨을 잃었다. 그의 죽음으로 촉발된 일련의 사건은 이
후 그의 고향인 나사우만이 아니라 프로방스, 네덜란
드, 아일랜드의 역사에까지 두루 영향을 끼치게 된다.

나사우는 라인강 중부 우안에 자리한 자그마한 독일 공
국이었다. 한쪽엔 베스터발트 삼림지대를 끼고 다른 한
쪽엔 비스바덴 북부의 험준한 타우누스산맥을 낀 나
사우의 비옥한 라인가우 땅에는, 요하니스베르크와 뤼
데스하임을 포함해, 독일에서 최상으로 손꼽히는 포도
밭이 몇 군데 자리 잡고 있었다. 르네의 아버지 하인리
히 폰 나사우Heinrich von Nassau는 지겐에 거처를
두고 지내면서 딜렌베르크에 자리한 가문의 분가分家
와 공국을 나눠 지배하고 있었다. 르네의 어머니 클라
우디아Claudia는 신성로마제국의 장군으로 로마 약탈
을 선두에서 이끈 공으로 카를 5세로부터 브라반트의
영지를 후하게 하사받은 필리베르 드 샬롱Philibert de
Châlons의 누이이자 상속녀였다. 그뿐만 아니라 그녀는
필리베르가 갖고 있던 오랑주〔프랑스어. 네덜란드어 오라녀
oranje, 영어 오렌지Orange〕공국의 작위까지 넘겨받은 터
였다. 르네가 상속자를 남기지 못한 채 목숨을 잃으면
서, 그는 모아둔 땅과 작위를 열한 살의 사촌 나사우-
딜렌베르크의 빌럼Willem에게 물려준 셈이 됐다.

오랑주〔오라녀, 오렌지〕는 아비뇽 북쪽 론강 좌안에 자
리한 작은 독립 공국이었다〔부록 1596쪽 참조〕. 고지대
몽방투를 동쪽 경계로 삼은 이 지역은 포도주가 풍부
하게 생산되는 땅으로, 지공다스와 샤토뇌프-뒤-파
프를 비롯해 해당 지구의 몇몇 촌락은 유명세를 자랑
했다. 이곳의 자그마한 수도인 고대 도시 아라우시오
에서는 티베리우스가 세운 거대한 로마식 아치가 압도

적 위용을 자랑했다. 이 땅은 12세기부터 여러 프로방
스 백작의 봉토가 됐다가 이후로는 제국의 봉토가 됐
다. 1393년 오랑주의 상속녀 마리 드보Marie de Baux
가 부르고뉴의 장 드 샬롱Jean de Châlons과 결혼하
게 됐고, 이후 그들의 후손들이 공국의 결석 통치자
absentee ruler가 됐다. 1431년 몸값으로 급전이 필
요해지자 프로방스 백작은 돈을 받고 샬롱에게 신하
의 의무를 면제하는 데 동의했고, 그렇게 해서 오랑주
의 제후늘은 자신들만의 독립적 권리를 갖게 됐다. 프
랑스왕국 안의 독립적 거류지로 자리매김한 오랑주를
향해 수많은 이탈리아인 및 유대인 상인이 몰려들었
고, 16세기 중반에 오랑주는 급속히 프로테스탄트의
보루로 자리 잡아갔다.[1] 오랑주공국은 종국에 가서는
루이 14세로부터 탄압을 당하게 되는바, 1703년 이
프링스 왕이 위그노파의 본산을 완전히 없애야겠다고
결심한 때문이었다.

독일, 프로방스, 브라반트에 유산을 갖고 있었던 덕에
나사우-딜렌부르크의 빌럼(1533~1584)은 유럽에서
가장 부유한 축에 들게 됐다. 그는 지금은 사라지고
없는 아를왕국에 대한 영유권까지 주장했다. 루터교
도로 태어났으나, 브뤼셀의 황궁에서 지내며 가톨릭교
도로 길러진 그는, 이곳에서 지낼 때 섭정인 마르가리
타를 '어머니'라 부르기도 했는데, 브라반트 북부 브레
다에 자기 소유의 화려한 거처를 마련했다. 1555년에
는 퇴위식이 진행되는 동안 골골하던 카를 5세의 팔을
부축했으며, 1559년에는 카토-캉브레지조약Treaty of
Cateau-Cambrésis 당시 신성로마제국 측 전권대사
역할을 하기도 했다. 이후 파리로 가서 조약의 실행을
감독하는 3인의 보증인 중 한 사람으로 활동했다. 겉
보기에 그는 어느 모로보나 가톨릭과 황실의 기득권
을 떠받치는 든든한 기둥이었다. 하지만 파리에 머물
당시 그는 스페인이 네덜란드를 복속시키려 한다는 계
획을 전해 들었고, 이후 스페인의 교묘한 침략들에 평
생 혐오감을 품고 살아갔다. 빌럼은 역사에 '침묵공 빌

럼William the Silent'(네덜란드어 Willem de Zwijger, 곧 빌럼 판 오라녜Willem van Oranje, 빌럼 1세, 오렌지공 윌리엄)으로도 알려져 있다(빌럼은 자신을 네덜란드 총독으로 임명한 펠리페 2세에 의한 당시 가톨릭과 프로테스탄트 간 충돌 문제에 침묵의 태도를 보였다)(701~702쪽 참조).[2]

따라서, 네덜란드와 연고가 없지는 않았으나, 빌럼이 창건한 오라녜-나사우가는 기원은 네덜란드가 아니었다("오라녜-나사우가"는 영어로 "오렌지가"로도 칭한다. 월드컵 축구 때면 네덜란드 축구 국가대표팀은 오렌지색 유니폼을 입어 오렌지 군단으로 불린다). 오라녜-나사우 가문은 우연히 창건되고 행운 덕분에 명맥을 이어갈 수 있었던 전형적 다민족 연합 왕조였다. 빌럼의 세 아들 중 혈통을 온전히 지켜나간 것은 단 한 사람이었다. 이 온전한 혈통의 아이를 가졌던 것은 빌럼의 넷째 부인으로, 빌럼이 스페인의 자객에게 두 번 암살당할 뻔한 사이에 아이를 잉태했다. 빌럼은 간통을 저지른 두 번째 부인의 애인을 용서해준 적이 있었는데, 그자가 떠나고 나서 아내가 낳은 그 남자의 아들이 (화가) 페테르 파울 루벤스의 아버지다. 빌럼의 증손자는 이름이 역시 빌렘 판 오라녜Willem van Oranje(1650~1702)이며 나중에 잉글랜드의 윌리엄 3세William II가 되는 이로 네덜란드의 독립이 한창 진행될 때 태어났는데, 그가 태어나기 불과 8일 전에 아버지가 천연두에 걸려 세상을 떠났다.

오렌지회(오렌지단)Orange Order는 1795년 북아일랜드의 아마에서 창립됐다. 이 모임도, 그전에 창설된 '핍 오데이 보이즈Peep o' Day Boys'와 마찬가지로, 아일랜드에서 프로테스탄트(영국성공회)의 우위를 지켜내자는 것이 목표였다. 오렌지회의 영웅이 '왕 빌리King Billy'(윌리엄 3세)였고 협회의 구호는 '굴복은 없다!No Surrender!'였다. 영국의 법이 가톨릭과 장로교를 똑같이 차별하던 시기, 오렌지회는 점차 인기가 높아가는 테오발드 울프 톤Theobald Wolfe Tone(1763~1798)의 연합아일랜드인회 United Irishmen에 맞서서 고립된 엘리트층을 지켜내는 것이 자신들의 역할이라고 인식했다. 톤은 온건한 프로테스탄트로, 보편적 관용과 독립적 아일랜드공화국이라는

두 가지 목표를 동시에 추구했다. 톤은 한때 프랑스로부터의 군사 원조를 요청하기도 했다.

1795~1798년 치열한 싸움이 전개되는 동안, 오렌지회는 침략을 물리치고 폭동을 억누른다는 영국의 구상에서 주도적 역할을 했다. 무능한 적군들을 맞이한 덕에 오렌지회는 승승장구할 수 있었다. 루이 라자르 오슈Louis Lazarel Hoche 장군의 원정대는 1796년 브레스타에서 배를 타고 출정했다가 밴트리만灣에서 대패했다. 장 조제프 앙블 윔베르Jean Joseph Amable Humbert(1767~1823) 장군은 메이요카운티의 킬랄라에 성공적으로 상륙했으나 얼마 안 가 패퇴당했다. 위클로와 웩스퍼드에서 일어난 (연합아일랜드인회의) 무장봉기는 비네거힐전투Battle of Vinegar Hill(1798. 6) 이후 완전히 그 세가 허물어졌다. 톤은 프랑스 해군의 제복을 입은 채 생포당하자 스스로 목숨을 끊었다.

이와 같은 사건과 차후 이어진 모든 사태 속에서, 오렌지회 회원들은 자신들만의 고유한 현안을 계속 밀고 나갔다. 회원들은 연합법Acts of Union(1801)과 대니얼 오코넬Daniel O'Connell 모두에 반대했다("1801년 연합법"은 그레이트브리튼왕국과 아일랜드왕국이 그레이트브리튼·아일랜드연합왕국으로 통합하기로 결의한 법이다. "1800년 연합법"이라고도 한다. "대니얼 오코넬"은 아일랜드 해방운동의 지도자(1775~1847)다). 이들이 연합 쪽으로 돌아서게 된 것은, 1829년 이후로 자유롭게 해방된 가톨릭교도들이 자치체제의 잉글랜드를 이끌지 모른다는 전망이 나오고 나서였다. 그럼에도 오렌지회 회원들은 주류 영국 연합 운동은 거부했다. 1912~1914년에는 얼스터의용군 곧 웨스트민스터와 아일랜드의 본국 통치 법안에 저항하기 위해 양성된 군대의 중추를 구성했다(1070쪽 참조). 이들이 가장 큰 영향을 끼친 것은 북아일랜드가 1920년에서 1976년까지 연합왕국 안에서 자치를 해나갈 때였다.

이후 200년 동안 오렌지회는 해마다 보인전투기념일에 행렬을 벌여왔다(825쪽 참조). 중산모자에 오렌지색 띠를 두르고 행진에 참가한 이들은 파이프를 불고 북을 두드리며 항거의 표시로 가톨릭교 지구를 돌아다닌다. 그리

고 오래된 건배 구호를 소리 높여 외친다.[3]

"위대하고 선량한 왕 윌리엄을 영광스럽고, 경건하고, 길이길이 기리며, 우리를 가톨릭popery, 노예제, 악당, 황동전brass money, 나무 신발에서 구해주신 그분을 위하여 건배. 코크의 주교는 엿이나 먹어라!" (여기서 "popery"는 경멸적으로 가톨릭교를 지칭하는 용어다. "코크"는 아일랜드 독립 운동의 중심지였다.)

연금술ALCHEMIA

■ 1606년 신성로마제국의 황제 루돌프 2세가 합스부르크가 대공들이 작성한 공식 항의서한의 당사자가 됐다. 대공들은 자신들의 '문제 제기' 내용에 다음과 같이 적었다. "폐하께서는 오로지 마법사, 연금술사, 신비주의자 같은 부류 외에는 관심이 없으십니다." 아닌 게 아니라, 프라하에 있는 루돌프의 궁궐에는 오컬트occult 기술을 다루는 데서 유럽에서 가장 높은 명망을 자랑하는 연구 센터가 자리 잡고 있었다.[1] ("Alchemia(알흐헤미아)"는 폴란드어로 "연금술"이라는 뜻이다.)

바로 그해에 헝가리의 연금술사 야노시 반피-후냐디János Bánffy-Hunyadi(1576~1641)가 고국 트란실바니아를 떠나 여로에 올랐다. 그는 카셀에 자리한, 오컬트와 관련한 프로테스탄트의 주 핵심지인, 헤센의 모리츠(Moritz von Hessen-Kasse) 궁에 들른 후 거기서 런던으로 발을 옮겼다.[2] 그가 런던에 도착했을 즈음은 박학다식한 웨일스인 박사로 한동안 여왕 엘리자베스 1세의 점성술사였으며 여왕의 비위를 맞추려 "대영국Great Britain"이라는 말을 만들어내는가 하면, 프라하와 폴란드 양국에 몇 년씩 체류한 바 있는 존 디John Dee(1527~1608)가 마침 세상을 떠난 때였다. 이와 같은 '코즈모폴리턴(세계시민, 세계주의자)cosmopolitan'(세간에서 그렇게 불렸다)은 연금술alchemy과 관련해 유럽 이곳저곳을 돌며 자식들의 이력을 쌓아나갔으니 후일 탄생한 과학 공동체의 진정한 선구자들이라 할 만했다. 당시 유럽은 진정한 '오컬트의 부활'을 경험하는 중이었고, 그 과정에서 연금술은 여러 관련 '비밀 기술' 가운데서도 가장 중요한 것으로 꼽혔다. 루돌프의 세계를 연구한 역사학자(R. J. W. 에번스)는 이렇게 썼다. "연금술은 중부유럽Central Europe에서 당대인들이 가장 큰 열의를 보인 분야였다."[3] 현자賢者의 돌philosopher's stone 곧 비금속을 금으로 변화시켜줄 것을 찾는 작업과, 인류의 영적 부활을 위한 노력을 한데 결합한 것이 연금술이었다. "아래에 존재하는 것과 위에 존재하는 것은 별반 다르지 않다."

연금술사들은 매우 광범위한 영역에 걸친 지식에 정통해야 했다. 금속을 비롯한 여타 물질을 가지고 실험하는 데는 최신 기술에 숙달할 필요가 있었다. 실험 결과들을 해석하기 위해서는 점성술, 신비철학의 숫자 이론, 보석학, 본초학, 그리고 파라셀수스가 발달시킨 '의화학醫化學, iatrochemistry'(의료에 사용하기 위해 인체의 생리현상을 화학적으로 연구하는 학문)에도 꽤 조예가 깊어야 했다. [홀리즘] 가장 중요했던 것은, 당대가 종교의 시대였던 만큼, 연금술사들은 자신들이 발견한 내용들을 신비한 기독교의 상징 언어로 표현해내려 애써야만 했다. 당시 비밀 조직으로 '장미'와 '십자가'에 정통한 사람들이 모여 만든 장미십자회Rosicrucian Society(독일어 로젠크로이처Rosenkreuzer)가 카셀에서 자신들의 존재를 만천하에 공개한 것도, 또는 장미십자회의 신지학神智學, theosophy을 체계화한 주요 인물인 (잉글랜드의) 로버트 플러드가 신망 높은 연금술사였던 것은 결코 우연이 아니었다. [콘스피로]

후일 과학의 시대에 들면서 연금술사들은 참된 지식을 성장하지 못하게 지체시킨 일탈자 부류로 인식됐다. 아닌 게 아니라, 이른바 '과학혁명Scientific Revolution의 시대'에는 연금술사들이 더러 혁명의 '반대파'로 여겨지기도 했다. 가장 너그러운 과학사가(제이콥 브로노우스키)조차도 연금술사들을 '과학이 없는 기술'을 실행한 부류라 일컬었다.[4] 그러나 연금술사들 자신이나 막강한 연금술사 후원자들이 보기에, 그런 식의 구분은 전혀 존재하지 않았다. 연금술사들은 선善을 위해 싸우는 '백의의 마술사들'이었다. 그들은 개혁가들이었고, 정신과 물질의 비밀스러운 힘을 풀어내는 여정에 오른 사람들이었다. 다음 세기의 말에 이를 때까지도 연금술사들의 위세는 근대적 신조로 무장한 과학자들의 그것에 밀리지 않았다. 화학이 자신의 위치를 정립한 것은 훨씬 더 뒤의 일이었다. [엘드루프트]5

코즈모폴리턴이었던 루돌프 황제의 연금술사들은 종종 조정에서 중책을 맡기도 했다. 런던에서도 일을 했던 미하엘 마이어Michael Maier나 위그노파에 동조했던 니컬러스 바너드Nicholas Barnard는 라이브아르츠트Leibarzt(시의侍醫) 직책을 맡았다. 제발트 슈바에처Sebald Schwaertzer는 루돌프와 요아힘스탈에서 황실 직속의 광산관리자로 일했다. [달러] 《영원한 지혜의 원형극장Amphitheatrum Sapientiae Aeternae Christiano-kabalisticum》이라는 대작을 쓴 하인리히 쿤라트Heinrich Khunrath(1560~1605)도 라이프치히 출신이었다. 54판을 찍었고 아이작 뉴턴도 치밀하게 연구한 바 있는 《새로운 연금술의 빛Novum Lumen Chymicum》(1604)의 저자 미하우 세지보이Michał Sdziwój(혹은 '센디보기우스Sendivogius'. 1566~1636)도 바르샤바 출신이었다. 미하우는 폴란드에서 친합스부르크파 부호들로 구성된 막강한 파벌과도 연고가 있었는데, 이 폴란드의 부호들은 옥스퍼드와도 교류를 하던 터라 존 디를 크라쿠프로 초빙하기도 했다. 존 디의

수상쩍은 조수로 카코키미쿠스Cacochimicus(사악한 연금술사)로 분류된 에드워드 켈리Edward Kelley는 프라하의 옥에 갇힌 채 죽음을 맞은 것으로 보인다. 이들의 패에는 불우했던 조르다노 브루노[시립], 천문학자 케플러와 브라헤, 잉글랜드의 여성 시인 엘리자베스 제인 웨스턴Elizabeth Jane Weston도 끼어 있었다. 유대인들 사이에서도 연금술사로서 두각을 나타내는 경우들을 볼 수 있었다. 프라하의 최고 랍비 주다 뢰브 벤 브살렐Judah Loew ben Bezalel(1609년 몰)은 카발라가 부흥할 수 있도록 후원을 아끼지 않았다.[카발라] 이러한 노력은 아이작 루리아Isaac Luria나 무세 코르도베르Moses Cordovero(그의 《파르데스 리모님Pardes Rimmonim》은 1591년 크라쿠프에서 출간됐다)) 같은 세파르디(이베리아반도의 스페인 및 포르투갈계 유대인) 작가들의 작품들로 결실을 맺었다. 황제의 가장 막역한 측근이었던 유대인 마르도카에우스Mardochaeus the Jew는 임신 효능이 좋은 영약을 짓는 전문가였다.

당대인들이 보기에 연금술이 갖는 함의는 그 무엇보다 긍정적이었다.

나는 보았네 수많은 눈부신 아침 꽉 차오르는 것을
주군의 눈이 비쳐 산꼭대기 더욱 환하게 빛나는 것을
황금빛 얼굴로 초록빛 풀밭에 입 맞추고
천상의 연금술로 창백한 물줄기에 금박 입히네.6
(셰익스피어의 〈소네트 33sonnet 33〉이다.)

오페라OPERA

■
■ 작곡가는 이 작품을 파볼라 인 무지카favola in musica(음악에 붙인 우화)라고 불렀다. 고대 그리스의 극작품을 모방하려는 취지로 만들어진 이 작품은 1607년 2월 아카데미아 델리 인바기티Accademia degli Invaghiti(일종의 음악협회. "인바기티"는 "매혹된 자" "애호하는 자" 정도의 의미다)를 청중 삼아 초연됐고, 십중팔구로 곤차가Gonzaga가家의 공작궁전 안에 자리한 강들의 갤러리Gallery of the Rivers가 공연 장소였

을 것이다. 총 5막으로 구성된 이 작품에서는 일련의 마드리갈 합창곡과 춤곡을 악기들의 간주곡과 레치타티보recitativo가 중간중간 이어준다("레치타티보"는 서창敍唱 곧 오페라에서 대사를 말하듯이 노래하는 형식이다). 대본은 시인 알렉산드로 스트리조Alessandro Striggio(1592년 몰)가 썼다. 작품 속 지옥의 장면들에서 배경음악은 트롬본이 담당했고, 목가적 장면들에서 배경음악은 플루트와 리코더가 담당했다. 3막 말미의 웅장한 테너 아리아 "힘찬 정신이여Possente spirto"의 대목에서 작품은 절정에 달했다. 이것이 바로 "이 레퍼토리에서

사상 최초의 독자적 오페라"로 꼽히는 클라우디오 몬테베르디의 〈오르페오Orfeo〉(1607)다.[1]

후기 르네상스 이탈리아의 궁중 연회에 그 뿌리를 두고 있었던 만큼, 음악에 세속적 극과 볼거리를 결합한 오페라 장르는 수많은 단계를 거치며 발달해왔다. 오페라 세리아opera seria(정가극正歌劇)는 고전주의와 역사적 주제를 주로 다룬 장르로서, 피에트로 메타스타시오Pietro Metastasio(1698~1782)는 이 구성을 선호해 가장 많은 작품을 남긴 극작가로 오페라 대본만 800편을 썼다. 오페라 부파opera buffa(희가극喜歌劇)도 나타나 가벼운 마음으로 즐기는 오락의 오랜 전통을 선보이니, 오페라 코미크opéra comique(프랑스의 오페라 희가극)를 거쳐 오페레타operetta(경가극輕歌劇, 라이트 오페라light opera)와 뮤지컬 코미디musical comedy(뮤지컬)로 발전했다. 18세기 후반 선을 보인 그랜드 오페라Grand Opera(대가극大歌劇)는 빈, 이탈리아, 프랑스, 독일, 러시아 음악파가 형성되며 절정에 이르렀다. 이때에는 낭만적 민족주의Romantic nationalism가 단연 눈에 띄는 요소로 자리 잡았다. 이 방면에서 최고 영예의 자리를 두고는 주세페 베르디와 자코모 푸치니의 애호가들과, 빌헬름 리하르트 바그너의 광신도들 사이에서 갑론을박이 벌어지곤 했다. 현대적 양식의 오페라가 태동한 것은 클로드 아실 드뷔시의 〈펠레아스와 멜리장드Pelléas et Mélisande〉(1902)가 나오면서였으니, 이 작품을 필두로 알반 베르크Alban Berg의 〈보체크Wozzeck〉(1925), 벤저민 브리튼Benjamin Britten의 〈피터 그라임스Peter Grimes〉(1945), 이고리 페도로비치 스트라빈스키의 〈탕아의 편력A Rake's Progress〉(1951) 등이 나와 풍성한 범주를 이루었다. [수사닌] [트리스탄]

오르페우스Orpheus는 그간 오페라에 줄기차게 영감을 불어넣어준 주제였다. 야코포 페리Jacopo Peri의 피렌체풍 가장 무도회극 〈에우리디케Euridice〉(1600)는 몬테베르디의 것보다 시기적으로 앞선 작품이었다. 크리스토프 빌발트 글루크의 〈오르페우스와 에우리디케Orfeo ed Euridice〉(1762)는 고전주의 레퍼토리의 포문을 열었다. 자크 오펜바흐의 〈지옥의 오르페우스Orphée aux enfers〉(1858)는 표준적 오페레타 중 가장 흥겨운 작품으로 꼽힌다(〈천국과 지옥〉이란 제목으로도 알려져 있다). 루치아노 베리오Luciano Berio의 〈오페라Opera〉(1971)는 음렬 악보에 전통적 이야기를 붙인 것이 특징이다.

Felipe IV(재위 1621~1665), 지적 장애가 있던 카를로스 2세Carlos II(재위 1665~1700)—에는 스페인은 타락한 왕조와 귀족 파벌에 시달리고 삼십년전쟁에 기력을 소진한 끝에 다시는 힘을 회복하지 못했다. 스페인의 쇠락이 얼마나 갑작스러웠던지 스페인인들 자신들조차도 그 의아함을 떨칠 수 없었다. "애초 이룩된 그 성취는 그저 엔가뇨engaño(환상)에 불과했나?"[44] [플라멩코]

펠리페 2세는 책상머리에서 나라를 통치하려고 했던 군주들의 전형임에 틀림없는 인물이다 (1476쪽 도판 43 참조). 금욕적으로 생활하고, 늘 참회하며, 지칠 줄 몰랐던 펠리페 2세는, 마드리드 외곽의 황량한 고원 위 음울한 분위기가 감도는 에스코리알궁전의 외딴 서재에 편안히 틀어박힌 채, 광대하게 펼쳐진 그의 수많은 영지로 봐서는 도저히 불가능할 것 같은 일 즉 자신이 다스리는 곳들을 영적 측면과 행정적 측면에서 통일시키는 작업을 실행하고자 무던히 애를 썼다. 펠리페 2세는 통치하는 데서 병존하는 두 개의 참사회를 주로 이용했다—그중 하나는 정책의 주요 영역을 다루는 데 전념했고, 다른 하나는 여섯 개 주요 지역과 관련된 일을 전담했다. 이 무렵 주요 지역이 여섯 개로 늘어난 것은, 선왕(카를 5세, 카를로스 1세)이 물려준 카스티야·아라곤·이탈리아·부르고뉴·아메리카대륙의 땅에 더해 1580년에는 펠리페 2세가 모후(이자벨 드 포르투갈)의 유산이었던 광대한 포르투갈 땅까지 빼앗아온 때문이다. 펠리페 2세는 생전에 다양한 의회Diet가 가진 권한을 곧잘 무시했는데, 그런 모습은 아라곤의 사법장관을 교수형에 처하면서 절정에 이르렀다. 그러나 어떻게 해야 "자신의 백성을 위해 일하는 것인지를" 가장 잘 아는 사람은 다름아닌 왕 자신이라는 점을 구실로, 그는 "한 사람의 군주, 하나의 제국, 한 자루의 검"의 꿈을 끈질기게 밀고 나갔다.[45] 그 과정에서 펠리페 2세는 자신의 병든 아들을 옥에 가둔 채 죽음에 이르게 하는가 하면, 종교재판을 들불 번지듯 일어나는 아우토다페(스페인의 종교재판에 의한 화형(식))의 분위기로 몰고 가기도 했다. 또한 박해받던 그라나다의 무어인들을 몰아붙여 1568~1569년에 이들이 반란을 일으켰고, 1566년에는 화가 북받친 네덜란드인들이 반란을 일으켰으며, 1591~1592년에는 굴욕을 느낀 아라곤인들이 반란을 일으켰다. 침묵공 빌럼 같은 펠리페 2세의 숙적들은 펠리페를 '살인자에 거짓말쟁이'라 여길 뿐이었다. 얼핏 봐서는 무척 섬세할 것 같은 이가 어떻게 다른 사람들의 감성을 그처럼 철저하게 무시할 수 있었는지는 지금도 알 수 없는 노릇이다. 스페인 교회의 절대 패자로 군림한 펠리페 2세는 교회의 적이란 적은 유럽 전역에서 싹 뿌리 뽑을 기세였다. 그는 자신의 두 번째 아내가 잉글랜드에서 당한 수모를 되갚아주겠다며 벼르기도 했다. 프랑스에서는 종교 분쟁에 끼어들어 위그노들과 대립하기도 했다. 네덜란드에서 일어나는 불만이 전부 네덜란드 프로테스탄트들 탓이라고 여기는 우도 범했다. 그러나 하느님 역시도, 펠리페 2세가 그랬던 것처럼, 스페인을 향해 미소 지어주지 않았다. 1590년대 무렵에 이르자 스페인 전반을 뒤덮는 위기의 그림자가 어른댔다. 1588년 결성된 스페인의 대함대Great Armada가 수차례 폭풍을 만나 만신창이가 되는 일이 일어났다("대함대"는 그런데 이 펠리시시마 아르마다Grande y Felicísima Armada 곧 "위대하고 가장 축복받은 함대" 또는 "아르마다 인벤시블레Armada Invencible" 곧 "무적 함대"를 말한다). 거기다 네덜란드는 스페인의 위협에 꿈쩍도 않았다. 역병이 스페인 곳곳의 도시들을 가차 없이 휩쓸었다. 세금 때문에 돈줄이 마르고 작황 실패로 타격을 입게 된 시골도 차츰 인구가 줄어들었다. 세계에서 돈이 제일 넘쳐나던 국고는 어느덧 텅 비었다. 1596년에 접어들었을 때 펠리페 2세는 네 번째로 파산을 맞았다. 스페인의 위용은 대단했으나 그 가운데에는 비참함이 자리했고, 모든 게 덧없다는 인식이 사람들을 강하게 사로잡았다. 펠리페 2세도, 소설 속의 돈키호테처럼, 시종 풍차를 향해 돌진하는 꼴이었다. 당시에 스페인의 일부를 구성하는 다른 왕국들은 카스티야의 패권을 더없이 못마땅해했다. 이와 관련해 비문에 이런 글귀가 적혀 있기도 했다. "일찍이 스페인을 이룩한 것은 카스티야나, 스페인을 망하게 한 것도 카스티야노라."[46] [인퀴시티오]

펠리페 2세가 세상을 떠난 후, 스페인의 합스부르크가에서는 무위에 그쳤으나 예전의 국운을 되찾기 위한 각고의 노력이 있었다. 일단 오스트리아의 일가친척들과 한데로 힘을 모으려는

플라멩코 FLAMENCO

■ 플라멩코로 알려진 오늘날 양식의 안달루시아
■ 지방 집시음악이 연주되고 사람들로부터 경탄을
받아온 것은 16세기 이후부터였다. 플라멩코의 구슬
픈 칸테cante(노래(또는 가수))는 과장된 자세와 리듬에
맞춰 발을 구르는 바일레baile(춤(또는 무용수)) 동작과
섞여 어디서도 보기 힘든 독보적 효과를 연출한다. 플
라멩코에서는 불협화음과 4분음, 폐부를 찌르는 거친
목소리의 노래, 약동하는 기타와 캐스터네츠 소리가
한데 어울려 유럽의 그 어떤 민속음악도 필적할 수 없
는 소리를 만들어낸다.

플라멩코의 역사와 관련한 논의는 세 가지 특성들—
그 명칭, 집시, 음악—을 중심으로 이루어진다. 하지만
이 셋 중 어느 것도 학계의 의견이 합치된 바는 없다.[1]
플라멩코는 단순히 "플랑드르 지방의"라는 뜻을 가진
말이었다. 그러다 예술 방면의 용어로 쓰이면서 "이국
적인"이나 "화려하게 장식된"의 뜻도 갖게 됐다. 한 이
론에서는 종교재판소로부터 금지당한 유대교도의 노
래들이 스페인계 유대교도들이 잠시 피난처로 삼았던
플랑드르에서 스페인으로 다시 들어온 것이 플라멩코
라 보기도 한다. 이와 함께 플라멩코가 아라비아어 펠
라-망구fellah-mangu(노래하는 농부)에서 파생한 말
일 수 있다는 이론도 있다.

집시들이 스페인에 들어온 것은 유대인들과 무어인들
이 축출당한 이후였다. 스페인에서 집시들은 히타노스
gitanos 혹은 에힙시아노스egipcianos(이상 "s"는 복수
형)라고 알려졌다. 사람들이 이들을 플라멩코라 부른
다는 사실을 기록으로 남긴 것은 1840년대에 잉글랜
드 출신 여행가이자 작가(이자 언어학자) 조지 보로가
처음이었다. [로마니]

안달루시아에 이어져 내려오는 오랜 무어 음악의 전
통은 8, 9세기까지로 기원이 거슬러 올라간다. 코르도
바의 우마이야왕조는 류트 연주를 곁들인 동방의 가
인들 노래를 들으며 여흥을 즐기곤 했다. 이런 문화는
압드 알라흐만 2세Abd ar-Rahman II 대(823~852)에

조리아브Zoriab(또는 지르야브Ziryab)로 알려진 한 가
인이 바그다드에서 건너오면서 한 차례 전성기를 구
가했다. 이와 같은 전성기는 시인 왕 알모타미트Al-
Motamit(재위 1040~1095)의 세비야 궁전에도 한 번
찾아오는데, 이때는 100개가 넘는 류트와 플루트가
오케스트라를 구성해 함께 연주한 것으로 알려져 있
다. 12세기에 철학자 코르도바의 아베로에스(이븐 루시
드)는 다음과 같이 말했다. "세비야에서 학자가 죽으면
사람들은 그의 책을 가져다 코르도바에서 팔고, 코르
도바에서 음악가가 죽으면 사람들은 그의 악기를 가져
다 세비야에서 판다."

플라멩코가 앞선 시대의 무어 음악과 연관이 있으리
라 추측하기는 성급한 일일 것이다. 유럽의 집시들
은 자신들의 강한 음악 전통을 갖고 있었고, 유럽 외
의 지역에서도 —특히 루마니아와 헝가리에서— 놀
라운 결실을 맺었다. 그 음악과 음악가들이 정확히 어
떤 방식을 통해 안달루시아에서 하나로 합쳐졌을까
하는 점은 지금도 미스터리다. 다만 안달루시아가 한
때 입은 심리적 트라우마가 그 배경이 된 것만은 분명
하다. 고대의 플라멩코 혼도flamenco jondo(무거운 플
라멩코), 특히 토나스tonás(무반주 독창)는 눈물과 비탄
의 세계와 조화를 이룬다. 미국 최남단 지방의 블루스
blues 음악처럼, 플라멩코는 절망에 빠진 사람들의 칠
흑 같은 심경을 표현해내니, 달리 말하면 이것들은 빼
앗긴 자들의 노래다. 이 점에서 저음 플라멩코는 화려
한 양식의 플라멩코 치코flamenco chico(맵시 있는 (또
는 덜 무거운, 덜 심오한, 작은) 플라멩코)와 뚜렷이 구별되
는바, 후자는 1860년대에 스페인의 카페를 휩쓸며 낭
만적 분위기의 안달루시아가 '재창조'되는 데 한몫했
다. (스페인의 시인·극작가) 페데리코 가르시아 로르카
Federico García Lorca(1898~1936)는 다음과 같이 썼
다. "플라멩코 혼도는 더듬더듬 내뱉는, 입에서 나오는
경이로운 소리의 파동이다. 그것은 가지런히 정돈된
음계가 울려 퍼지는 방들을 산산이 부수고, 현대 음악
의 차갑고도 엄격한 오선의 틀을 벗어나, 꽉 닫혀 있
는 반음¥음의 꽃들을 천장의 꽃잎으로 피워낸다."[2]

공조 노력이 있었다. 아울러 가스파르 데 구스만Gaspar de Guzmán 곧 올리바레스 백작이자 산루카르 공작으로 엘 콘데 두케El Conde Duque(백작-공작Count-Duke)로 널리 알려져 있었으며 1621년에서 1643년 동안 국정의 고삐를 쥔 인물이 일전에 카스티야에서 시행된 여러 개혁의 원칙들을 현실에 적용했다. 하지만 이와 같은 노력은 포르투갈이 큰 충격과 함께 스페인에서 떨어져나가고(1640), 카탈루냐에서 반란이 일어나면서(1640~1648) 무용지물이 됐다. 아울러 스페인이 삼십년전쟁에 뛰어든 것도 네덜란드 연합주—단일 자산으로서는 가장 부유한 땅이었다—를 상실하는 결과로 끝났다(삼십년전쟁이 프랑스의 승리로 종결되면서 1648년의 베스트팔렌조약으로 네덜란드와 스위스가 독립국 지위를 승인받았다). 프랑스와의 관계 속에서 일어난 전쟁들은 차일피일 시일만 끌다 피레네조약Treaty of the Pyrenees(1659)이 맺어지고서야 막을 내렸다(스페인과 프랑스 사이의 전쟁을 종결시킨 피레네조약 이후 프랑스가 유럽의 패권을 장악하게 됐다). 전쟁 비용은 천정부지로 치솟고, 전선戰線은 늘어만 가고, 숨 돌릴 틈은 없게 되면서 더없이 큰 압박을 받게 된 스페인은 자국은 물론 동반자인 오스트리아도 구해줄 형편이 못 됐다. 이른바 '스페인의 길Spanish Road'에서 나타난 여러 특별한 고충으로 저지대 국가들에서는 군대 지원 병참을 도저히 감당하지 못했다("스페인의 길" 곧 "카미노 에스파뇰Camino Español"은 펠리페 2세 대에 만들어져 팔십년전쟁 곧 네덜란드독립전쟁(1568~1648) 동안 주로 쓰인 군사도로로, 1567년 페르난도 알바 공작이 군대를 이끌고 네덜란드연합주의 반란을 진압하려 출병하면서 처음 사용됐다). "포네르 우나 피카 엔 플란데스poner una pica en Flandes"(창병槍兵을 플랑드르로 데려오다)라는 말이 "불가능한 것을 시도하다"(매우 어려운 일을 해내다)라는 뜻의 스페인어 관용구로 널리 통했다.[47] 정치적 차원의 병참을 연구한 한 역사학자(폴 케네디)는 다음과 같이 쓰기도 했다. "합스부르크 블록Habsburg bloc은 과도한 전략적 실행이 어떤 것인가와 관련해 역사에서 가장 훌륭한 실례를 예시해준다."[48] [피카로] [발텔리나]

네덜란드반란. 1566년에 시작돼 1648년에 끝난 네덜란드반란Revolt of the Netherlands은 합스부르크가가 쥐고 있던 패권이 프랑스로 넘어가는 과도기의 장기간에 걸쳐 펼쳐진 한 편의 드라마였다(흔히 "네덜란드독립전쟁" "팔십년전쟁"으로 불리는 사건이다). 1551년에 스페인 통치권으로 넘어온 신성로마제국 부르군트관구Burgundian Circle의 17개 속주(곧 "네덜란드 17주")는 초기에는 지방마다 서로 다른 특권이 행사되는 한편 사회적·문화적 구별도 저마다 뚜렷했다. 시골의 봉건귀족은 부유한 중산층 도시민 및 해안가의 어부들과는 현격히 대조됐다. 에노·나무르·리에주를 근거지로 살아간 왈롱족은 프랑스어를 쓰고 대체로 가톨릭을 신봉한 데 반해, 홀란트·제일란트·위트레흐트에서는 네덜란드어를 쓰되 칼뱅교를 믿는 인구가 점차 늘어갔다. 이와 같은 종교적·문화적 경계의 주된 분기점에 가로놓여 있던 곳이 플랑드르와 브라반트의 핵심 속주들이었다. 당시 유럽 전체 무역의 50퍼센트는 200개 이상의 도시들이 장악하고 있었던 듯한

피카로 PICARO

- 피카로는 악한惡漢, 방랑객 즉 안정과 신망이 자
■ 리 잡은 사회의 경계 밖에서 살아가는 사람들을
일컫는 스페인어 호칭이다. 이와 함께 그 말은 대중문
학의 한 장르 곧 피카레스크picaresque를 일컫기도
하는바, 소설이 등장하기 이전 16~18세기에 유럽 전
역에서 융성했다. 이 장르의 전형적 인물은 마테오 알
레만Mateo Alemán의 《구스만 데 알파라체Guzman
de Alfrache》(1599)에서 찾아볼 수 있으니, 책은 주인
공이 수상쩍은 숙녀 친구와 세비야에서 로마까지 가
는 여정의 모험담으로 당시에 26쇄를 찍었다. 구스만
은 걸인들의 형제애가 어떻게 서로를 지켜주는 사회를
이루는지 생생히 드러내는 한편, 기막힌 계획들로 통
치계급을 속이는 일들을 한바탕 신나게 벌인다.

하지만 구스만은 수많은 악한 가운데 하나일 뿐이었
다. 스페인에서는 이미 50년 전에 라사리요Lazarillo
라는 이가 있었다. 독일에서는 짓궂은 장난을 일삼았
던 틸 오일렌슈피겔Till Eulenspiegel이 자기 이야기를
담은 책이 인쇄돼 나오기도 전부터 이미 자자한 명성
을 누리고 있었다(여기서 말하는 《틸 오일렌슈피겔》은 작
자 미상의 독일 근대 초기 통속문학서로 1487년경 브라운슈
바이크에서 저지低地 독일어로 쓰인 우스개이야기 책이다).
1523년에 마르틴 루터는 수없이 중쇄를 찍은 《사랑의
방랑자Liber Vagatorum》(부랑자를 총 28개 부류로 나누
고 있다)에 서문을 쓰기도 했다. 《모험적 독일인 짐플리
치시무스》(1669)는 삼십년전쟁에 참전한 전직 병사가
전 세계를 방랑한다는 이야기로, 1669년에 한스 야코
프 크리스토펠 폰 그리멜스하우젠이 창조해낸 인물이
다. 프랑스에서는, 이미 과거에도 수차례 등장한 적이
있었으나, 1715년 《질 블라스 이야기L'Histoire de Gil
Blas de Santillane》가 알랭 르네 르사주Alain René
LeSage의 펜을 통해 모습을 드러냈다. 이탈리아에서
는 《방랑자Il vagabondo》(1621)가 등장했다. 잉글랜드
에서는 초서 이래 줄곧 작가들이 악당의 짓거리를 수

없이 소소한 소재로 삼다가, 1728년 존 게이John Gay
의 [발라드 오페라] 〈걸인의 오페라The Beggar's Opera〉
가 나와 선풍적 인기를 끌면서 이 장르도 절정기를 맞
았다.[1]

피카레스크 문학은 당시 광범위하게 형성돼 있던 어
떤 사회적 조건에 반응한 것임이 분명했다. 떠돌이 생
활과 구걸은 당대 사회적 공간에서 커다란 비중을 차
지했으니 중세의 숲속 도망자들과 19세기의 조직화
한 도시 빈민들의 중간 길목에 이들 중세의 부랑자들
은 자리하고 있었다. 중세의 부랑자들은 위계질서가
서 있던 시골사회가 붕괴하면서 대거 발생했고, 강압
적 형벌과 지극히 무능한 법 집행력이 서로 결합돼 있
던 사회 치안이 그 현상을 더욱 부추겼다. 당시 남자
와 여자들이 떼 지어 도로를 나앉던 것은 그들이 일
자리를 구할 수 없었던 데다, 법망을 피해 다녀야 했
고, 무엇보다 압박이 강하고 의존적인 농노 및 하인의
지위에서 벗어나기를 갈망한 때문이었다. 피카로는 되
는 대로 살아가긴 했으나 자유로웠다.

부랑자들은 그 수를 늘리고, 자신들만의 위계를 짜서
스스로를 지키고자 애썼다. 이들은 가족 몇몇이 모여
여기저기를 함께 다녔으며, 사람들로부터 동정심을 사
려고 일부러 자신의 신체를 불구로 만들기도 했다. 그
리고 소매치기, 좀도둑, 강도, 행상, 거지, 진짜 불구자
와 가짜 불구자, 밀매업자, 요술사, 점쟁이, 땜장이, 창
녀, 세탁부, 사제, 악사 등 특화한 길드를 갖추고 있었
다—각자의 규칙과 후견인까지 있었다. 더 나아가 로
트벨슈rotwelsch나 자르곤žargon으로 알려진 자신들
만의 비밀 언어를 발달시키기도 했다. 이들은 이따금
모여 회의와 '의회'를 열기도 했고, 모임에서 자신들의
'왕들'과 '여왕들'을 선출했다. 또한 집시 부족 및 무급
병사 무리와 길을 나누어 쓰기도 했다.

들어봐, 들어봐! 개들이 짖어댄다
거지들이 마을로 들어오는구나
넝마 걸친 놈, 누더기 걸친 놈,

거기에 벨벳 가운 걸친 놈까지.

부랑자들에 대한 사회의 대비책은 최소한에 그쳤다. 가장 부유한 축에 속하는 도시들만이 —1565년 이후 브뤼주(브루게), 1578년 이후 밀라노, 1613년 이후 리옹— 자선 차원의 피난처를 부랑자들에게 제공해줄 수 있었다. 어쨌거나 이는 말이 '자선'이지 어설프게 위장한 억압일 수도 있었다. 1612년 파리시가 8000~1만 명의 부랑자에게 생제르맹광장에 모여 시의 원조를 받으라고 요청했을 때, 광장에 나온 수는 91명에 불과했다. [우행愚行]

냉혹한 법 제정은 당국의 무능을 한층 드러낼 뿐이었다. 일례로, 엘리자베스 여왕 대(1558~1603)의 잉글랜드에서는 각 교구들에 '건장한 거지'들의 어깨에 '부랑자rogue'를 뜻하는 'R'를 찍고, 노숙자에게 매질을 하고, 그들을 '집'으로 돌려보낼 권리를 부여했다. 사실상 이것은 부랑자들에게 '채찍질을 당하며 이 교구에서 저 교구'로 떠돌아다니라는 선고를 내린 것이었다. 조지 대代(하노버가家의 조지 1세부터 조지 4세까지의 재위기. 1714~1830)의 잉글랜드에서는 '가난할 수밖에 없는 자들'을 따로 구별하려는 시도가 있었다. 동시에 1723년의 월섬블랙법Waltham Black Act of 1723을 통해 노상강도로 보이는 자들과 그 공범들을 재판 없이 교수형에 처할 수 있게 했다. 실제로 당시 대부분의 나라가 부랑자들을 억제하는 방법은 주기적으로 한 번씩 시골로 군사 원정대를 보내는 것이었으니, 원정대가 부랑자들에 대해 일벌백계식으로 교수형이나 강제징집을 집행하곤 했다. 동유럽에서는 기후가 더 혹독하고 농노제가 더 오래 명맥을 이어 부랑자들에 다소 제약이 있었다. 그렇긴 했어도 동유럽에서도 도망 생활을 하는 농노들은 흔히 볼 수 있었다. 러시아에서는 유로디비(유로지비)юродивый(떠돌이 생활을 하는 성스러운 바보holy fool)에게 사람들이 환대와 자선을 베푸는 전통이 있었다—러시아가 기독교에 더욱 부합하는 사회적 태도를 보였다는 또 하나의 증거일 것이다.[2]

발텔리나 VALTELLINA

■ 1620년 7월, 알프스산맥의 한 외딴 계곡—발텔리나 혹은 펠틀린Veltlin—에서 처참한 대학살이 벌어졌다. 이 계곡의 가톨릭교 파당이 밀라노에서부터 온 스페인 군대의 지원을 등에 업고 급작스레 프로테스탄트교도 이웃을 공격해 눈에 띄는 대로 사람들을 죽였다. 삼십년전쟁의 초반에 벌어진 이 펠틀리너모르트Veltlinermord(발텔리나학살, 펠틀린학살)는 발텔리나의 전략적 잠재력을 강대국들에 일깨워주었다.

발텔리나는 알프스산맥의 주 능선을 이루는 베르니나 구역의 남쪽 면에 자리하고 있다. 아다강이 형성시킨 이 계곡은, 코모호湖 끝단에서부터 동쪽으로 120킬로미터를 내달리다 북동쪽으로 방향을 틀어 보르미오에 자리한 옛날 로마의 온천까지 이어진다. 발텔리나에서도 중요한 측면 계곡인 발포스키아보는 북쪽으로 베르니나고개를 지나 생모리츠에 닿는다. 발텔리나의 주 계곡은 스텔비오고개(2760미터) 혹은 슈틸프저요흐("스텔비오고개"의 독일어명)를 넘어 남티롤로 이어진다. 1520년에 티라노의 성모성당이 지어졌는데, 간선도로가 발포스키아보계곡 아래로 내려갔다 다시 오르막을 타고 발카모니카계곡으로 들어가는 남-북으로 난 길과 교차하는 지점이었다. 1603년에는 스페인 요새가 지어져 코호모에서 계곡으로 들어가는 입구를 장악했다. 촌락들은 아다강의 양지바른 북쪽 땅에 계단식 지형을 타고 띠처럼 길게 늘어서 있으며 밤, 무화과, 꿀, 향긋한 '레티코' 포도주 산지로 명성이 높다(부록 1561쪽 참조).[1]

그러나 당시 중대했던 것은 정치적 지형이었다. 1600년대 무렵 알프스산맥을 넘는 모든 통로는 사부아 공작, 스위스연맹, 혹은 베네치아공화국이 장악하고 있었다. 오스트리아의 합스부르크가가 이탈리아의 스페인 친척들로부터 지원이 오기만 바라고 있을 때, 발텔리나는 크게 둘로 나뉜 합스부르크가의 영지 양쪽을 오갈 수 있는 유일한 길목이었다. 아닌 게 아니라, 스페인과 네덜란드 사이의 바닷길이 네덜란드 및 잉글랜드의 선대들로부터 점차 많은 위협을 받게 된 이래, 스페인 및 스페인령 이탈리아에서 신성로마제국으로 황금과 군대를 보낼 수 있는 확실한 통로는 이제 발렌티나 한 곳밖에 남아 있지 않았다. 한마디로 발텔리나는 합스부르크 정치체의 경정맥이나 다름없었다.

그랬음에도 길게 줄지은 창병槍兵의 대열과 8닢(스페인 은화)을 가득 실은 노새들의 행렬은 여전히 공격에 절대적으로 취약했다. 현지 주민들도 상당수가 이미 칼뱅교로 전향한 터라 이들 행렬을 반겨주지 않았다. 또 스위스 자유주인 그라우뷘덴Graubünden 혹은 그리종Grisons("그라우뷘덴"의 프랑스어명)으로부터도, 발포스키아보계곡을 경유해 직접적 공격을 받기 쉬웠다. 거기에 복잡한 영지 분쟁으로 이 계곡은 늘 운세가 뒤바뀌었다. 합스부르크가와 그리종가는 모두 발텔리나에 세습권을 갖고 있었고, 그 뿌리는 중세 밀라노의 비스콘티 공작과 (그라우뷘덴의) 쿠어 주교의 싸움까지 거슬러 올라갔다. 프랑스인들도 이에 뒤지지 않겠다는 듯, 샤를마뉴가 발텔리나를 생드니수도원에 영속적으로 증여한 바가 있다는 사실을 들먹였다.

1620년 이후로 발텔리나는 베네치아, 스위스, 사부아를 상대로 한 아르망 장 뒤 플레시 리슐리외의 외교전에서 초점이 됐다. 이후의 20년 사이 이 계곡에서는 프랑스와 스페인 수비대의 위치가 5번이나 바뀌었다. 발텔리나는 1623년과 1627년의 중재 기간에는 교황군대에 넘어갔다. 1623~1625년에는 그리종가의 차지가 됐다. 1633년과 1635~1637년에는 위그노였던 로한 공작 (가문) 휘하 프랑스군의 차지가 됐다. 하지만 이 프랑스군이 자신들의 프로테스탄트 동맹의 심기를 심하게 거스르는 바람에, 지방 교구목사 게오르크 예나치Georg Jenatsch(1596~1639)는 편을 바꾸어 스페인인들을 불러들인 뒤 로마가톨릭으로 개종했다. 여기까지 오자, 이제 라인강을 확실히 수중에 넣은 프랑스군은 발텔리나를 가톨릭교도의 손에, 종국에는 이탈리아의 운명에 맡긴 채 안심하고 이곳을 떠났다. 이 계곡은 30년의 격동의 시간을 거친 끝에 비로소 자신들의 포도주로 즉 사셀라, 그룰멜로, 발젤라, 몬타냐, 그리고 오렌지색이 나는 디저트 와인 스포르자토Sfurzat(스포르자토 디 발텔리나Sforzato di Valtellina)의 생산에 전념할 수 있었다.

데, 덕분에 인도제국the Indies(인도·인도차이나·동인도제도를 총칭하는 옛 이름)에서 들어오는 금괴의 7배가 넘는 양의 세금이 스페인으로 유입됐다. 분명한 점은, 스페인의 통치 초기에는, 종교재판을 작동시키겠다는 위협보다는 개별 속주의 자유를 억압하고 교회의 유급 성직 직책에 대한 귀족의 권한을 억제하겠다는 위협이 대중이 위법을 벌이도록 더 큰 명분을 제공했다는 것이다(부록 1617쪽 참조).

그러다 마르가레테 폰 파르마Margarethe von Parma의 섭정기인 1559~1567년에 참고 참았던 교회 개혁을 둘러싼 불만이 터져 나왔다. 운동을 주도한 세 인물—오라녀의 제후 침묵공 빌럼(1533~1584), 에흐몬트 백작 라모랄Lamoral, 호르네 백작 필립스 판 몽모랑시Filips van Montmorency—이 섭정의 허가를 받아 왕에게 탄원을 넣기에 이른 것이다. 당시에 이들은 회젠 Geuzen, 레괴les Gueux(거지들the Beggars)라 불리며 조롱을 받았고, 1565년 왕 펠리페 2세는 세고 비아칙령Edict of Segovia을 통해 변화를 인가할 수 없다는 뜻을 분명히 밝혔다(네덜란드어 "회젠"

은 "회스geus"의 복수 형태이고, "레괴"는 프랑스어다. 독일어로는 "고이젠Geuzen"이라 한다). 이후 개혁을 요구하는 탄원이 줄을 잇고, 1566년에는 신트트라위던(프랑스어명 생트롱)에서 귀족 연합이 회의를 열어 종교적 관용을 요구한 뒤로는 심각한 수준의 난동과 신성모독 사태가 벌어졌다. 연합에서는 그 나름의 조치를 취해 난동을 가라앉히려는 섭정의 노력에 힘을 보탰으나, 펠리페는 그런 조치에는 아랑곳없이 대대적 탄압을 명령했다. 페르난도 알바레스 데톨레도 알바Fernando Álvarez de Toledo Alba 공작(네덜란드 총독)의 섭정기 동안 블루트라트Bloed'raad('피의 참사회Blood-Council')로 악명 높은 "혼란의 참사회Council of Tumults"(일종의 특별재판소)가 열려 스페인 왕에 도전한 반대파들을 재판에 회부했다(블루트라트는 펠리페 2세의 명령으로 알바에 의해 설립된, 네덜란드의 내란에 가담한 사람들을 처벌하기 위한 숙청위원회다). 이때 에흐몬트와 호르네 백작이 브뤼셀의 광장에서 참수형에 처해졌고, 그 잘린 머리는 상자에 담겨 마드리드로 보내졌다. 오라녀의 빌럼은 이 위기에서 몸을 빼내 이후 계속된 싸움을 주도해나갔다. 교회에서는 네덜란드 주민 전체에 이단자라는 명목을 붙여 사형을 선고했고, 그러자 북부 지방과 마찬가지로 남쪽 지방에서까지 사람들이 반란을 일으켰다. '바터르히젠Wa'tergeuzen'('해상거지들Sea Beggars') 선박들을 공격하는 사태가 벌어지는가 하면, 도시 하를렘은 포위공격을 당해 결국 항복하지 않으면 안 됐다(당시 육상에서뿐 아니라 여러 계층의 피난민들이 해상에서 네덜란드독립전쟁을 수행했다). 스페인 수비대들은 곳곳으로 퍼져나가 방화와 약탈을 일삼았다. 수천명의 시민이 마구잡이식의 체포, 모의재판, 우발적 폭력으로 희생됐다.

그러다 1573~1576년 카스티야 최고사령관 돈 루이스 데 레케센스 이 수니가Don Luis de Requesens y Zúñiga와 1576~1578년 돈 후안 데 아우스트리아Don Juan de Austria가 네덜란드 총독으로 있는 동안 화해가 시도됐으나 실패로 돌아갔다. 도시 레이던은 포위됐지만 명맥 유지에는 성공했다. 1576년 스페인의 광포Spanish Fury 사건으로 네덜란드 도시 안트베르펜이 약탈당하며 저항 운동은 더욱 강화됐다("스페인의 광포" 또는 "스페인의 광기"는 네덜란드반란 곧 네덜란드독립전쟁 동안인 1572~1579년에 보급과 봉급을 제대로 받지 못한 스페인 합스부르크 군대가 저지대 국가들의 여러 도시에 벌인 약탈을 말한다). 그러다 1578~1592년 파르마 공작의 섭정기를 거치며 분열이 돌이킬 수 없이 굳어졌다. 아라스동맹Union of Arras(1578)을 통해 네덜란드 남부 10개 주가 스페인의 조건을 수용하고 자유를 되찾은 반면, 북부의 7개 주는 위트레흐트동맹Union of Utrecht(1579)을 통해 독립을 이루겠다며 투쟁 결의를 강하게 다졌다. 이후로 네덜란드에서는 전쟁이 그칠 줄 몰랐다. 스페인으로서는 네덜란드인들이 조성한 제방, 자금, 전함, 그리고 동맹들에 맞서 자신들의 군사적 자원을 쏟아부을 여력이 전혀 되지 않았다. 1581~1585년과 1595~1598년에는 프랑스가 네덜란드의 편에 서서 지원을 아끼지 않았고, 1585~1587년에는 레스터 백작(제1대, 로버트 더들리Robert Dudley)의 주도로 잉글랜드가 네덜란드를 지원하고 나섰다. 1609년 이후로 네덜란드는 12년 휴전에 들어가 얼마간은 숨을 돌릴 수 있었지만, 1621년부터 1648년까지는 반反황제 연합에 들어가 줄곧 싸움을 벌이지 않으면 안 됐다. 그러나 네덜란드인의 꿋꿋한 노력은 끝내 승리의 결실을 맺었다. 하를렘의 체일가街에 자리한 한 중산층 도시민의 저택 정면에는 새로 태어난 나라의 정신이 다음과 같은 글귀로 새겨져 있다. "INT SOET NEDERLAND; ICK BLYF GETROU; ICK WYCT NYET AF(소중한 네덜란드여. 나는 진실한 삶을 살아갈 것이요, 또 흔들림 없는 삶을 살아갈 것이다)."⁴⁹

그렇게 '네덜란드의 연합주United Provinces of the Netherlands'가 모여 탄생한 네덜란드공화국 Dutch Republic―영어에서는 홀란트Holland라고도 알려져 있으나 잘못된 명칭이다―은 17세기의 경이라고 해도 좋았다. 네덜란드는 차후 스페인 지배자들이 실패를 겪은 원인들을 밑바탕으로 오히려 성공을 이뤘다. 다시 말해, 80년이라는 고통스러운 탄생 과정을 거치는 동안, 매각가능한 네덜란드의 자원이 실질적 측면에서 점차 늘어나게 됐다. 당대에 가장 막강한 군사 강국에 끝까지 저항하고 나자, 네덜란드는 어느덧 그 자신이 주요 해상 강국으로 발돋움해 있었다. 네덜란드를 견고하게 지탱해준 도시민 사회는 신중한 경영, 민주주의, 관용의 덕을 사회에 널리 실천해 보였다. 네덜란드의 기술자, 은행가, 항해사들도 명성을 누리기에 전혀 손색이 없었다. 네덜란드의 헌법(1584년 제정)은 네덜란드 7개 주가 헤이그 연방주의회federal council of state에서 분리돼 있음을 보장했다. 헤이그의 연방주의회는, 그 의장직은 스타드하우더stadhouder[stadholder. 스페인에서 독립해 성립된 네덜란드연방공화국의 주지사 또는 총독]라는 행정실무가가 맡았으며, 이 직은 보통 총사령관 및 제독 직위와 함께 오라녀 가문에서 차지했다. [오랑주(오라녀, 오렌지]]

네덜란드공화국은 얼마 안 가 종교 분야의 반체제 인사, 자본가, 철학자, 화가들이 몸을 의탁해오는 피신처로 자리 잡았다. 앞서 활동한 페테르 파울 루벤스Peter Paul Rubens(1577~1640), 안토니 반 다이크Anthony Van Dyck(1599~1641) 같은 플랑드르파를 밀어내고, 프란스 할스Frans Hals, 야코프 판 라위스달Jacob van Ruysdae, 얀 페르메이르Jan Vermeer, 그리고 누구보다 렘브란트Rembrandt(하르먼스 판 레인Harmens van Rijn,(1609~1666) 같은 화가가 속한 네덜란드화파가 두각을 나타낸 것도 이 시기였다. 네덜란드는 사회가 부르주아Bourgeois 특유의 나태함에 물들어 망가지지도 않았다. 네덜란드에서 일어난 종교적 사건들은 아르미니위스파 논쟁에 힘입어 활기를 띠었고, 군사적 사건들은 평화주의자들의 목소리가 뚜렷해지면서 활기를 띠었으며, 정치적 사건들은 극단적 공화주의자들 곧 1651~1672년에 요한 더 빗Jan de Witt(1625~1672)의 지휘하에 스타드하우더를 계속 공석으로 두는 데 성공한 이들이 파당을 형성해 활동하면서 활기를 띠었다. 그러다 1651~1654년, 1665~1667년, 1672~1674년의 세 차례에 걸쳐 잉글랜드와의 전쟁이 터지면서 네덜란드의 정치적 힘은 이울어갔다. 그렇다고 해도, 아울러 네덜란드 헌법이 다소 독특하고 지방분권적인 특성을 띠기는 했어도, 네덜란드가 스스로를 역사상 최초의 근대국가로

여길 근거는 얼마든지 있었다.[50] [바타비아]

프랑스. 프랑스도 이 무렵 다시금 새로운 활력과 위용을 과시하는 시대로 접어들었다. 프랑스는 먼 타지의 식민지 문제로 신경 쓸 일이 별로 없었던 데다 지리적으로도 영토가 한 군데로 더 몰려 있어 합스부르크가와 경쟁을 벌일 조건을 갖추고 있었다. 그러나 전략적 측면에서 프랑스는 적에게 빙 에워싸여 있었으니, 한쪽에 신성로마제국이 버티고 있었다면 다른 한쪽에는 스페인이, 북쪽에는 스페인령 네덜란드가, 남쪽에는 스페인령 지중해 섬들이 자리 잡고 있었다. 당시 프랑스인들은 자신들이야말로 패자의 위치에 오를 자격이 있다고 여기고 수차례 패권을 차지하려 시도했으나 번번이 좌절당했다.

르네상스 시대의 프랑스에서 루이 14세 대(1643~1715)에 접어들기까지 150년 동안, 프랑스 왕들은 자국에서나 해외에서나 숨통을 조여오는 복잡한 문제들에 연거푸 맞닥뜨렸다. 샤를 8세Charlis VIII(재위 1483~1498)는 1494년 이탈리아전쟁Italian Wars에 돌입했는바, 나폴리 영유권이 앙주왕가에 있다는 다소 감상적 명분에서 출발했으나 이 때문에 그의 조국은 잇따라 대규모 분쟁에 휘말린 채 65년을 보내야 했다("이탈리아전쟁"은 1494년부터 1559년까지 프랑스의 발루아가와 오스트리아의 합스부르크가가 이탈리아반도의 지배권을 둘러싸고 벌인 네 차례의 전쟁을 말한다). 루이 12세Louis XII(재위 1498~1515)는 페르 드 손 푀플Père de son Peuple(국민의 아버지)이라고 불렸으며 비스콘티의 후계자였던 왕으로 밀라노 영유권이 자신에게 있다고 주장하며 비슷한 일을 벌였다. 프랑수아 1세Francis I(재위 1515~1547)는 코냑 태생의 훌륭한 기사이자, 쾌락을 즐길 줄 아는 교양인이자, 르네상스 시대 군주의 면모가 단연 두드러졌던 왕으로 1519년의 황제 선출에서 첫 번째 난관을 만나는가 싶더니 1525년 파비아에서 포로 신세가 되면서 두 번째 난관을 맞았다. 그는 모후에게 쓴 편지에 이렇게 적었다. "모든 것을 잃었습니다. 남은 것이라곤 명예와 목숨뿐입니다Tout est perdu, fors l'honneur et la vie." 이후 포로 신세에서 풀려나 신성로마제국 황제의 누이(펠리페 1세의 여동생 엘레오노레 데 카스틸리엔 곧 레오노르 데 아우스트리아)와 결혼하게 됐음에도 프랑수아 1세는 프랑스-독일사이 반목을 그만둘 기미를 보이지 않았고, 근대사 나머지 기간에는 유럽 대륙이 양국 사이의 갈등에서 헤어나지 못했다. 프랑수아 1세는 넓은 지평을 두루 아우른 군주였다. 그는 자크 카르티에의 캐나다 원정을 후원하는가 하면, 프랑수아 라블레, 레오나르도, 벤베누토 첼리니Benvenuto Cellini(이탈리아 조각가·금공예가)의 후원자이기도 했다. 또한 르아브르 항구와 도시를 건설하고, 콜레주드프랑스Collège de France(프랑스 국립 고등교육 기관)를 설립한 것도 프랑수아 1세였으며, 샹보르城·생제르맹성·퐁텐블로성 모두 그의 재위 때 건설됐다. [알코프리바스] [코] [토르멘타]

발루아왕가의 마지막 네 왕—앙리 2세Henry II(재위 1547~1559), 프랑수아 2세Francis II(재

바타비아 BATAVIA

■ 17세기 중반, 암스테르담을 여행한 몇몇 여행객
■ 이 도시의 교정시설 안에 있는 '익사실drowning
cell'을 자신들 두 눈으로 직접 보거나 혹은 그 이야기
를 전해 듣고 받은 놀라움을 기록으로 남겼다. 암스테
르담에서는 게으른 젊은이들을 일터로 보낸다는 목적
에 따라, 교정 후보자들을 밀폐된 방에 집어넣는데 방
에 있는 것이라곤 물이 흐르는 수도꼭지와 수동식 펌
프가 전부다. 언제가 됐든 수동식 펌프로 물을 퍼내는
작업을 멈추는 순간 그들은 당장 익사당할 상황에 처
했다. 이런 익사실이 설치돼 있었다는 것은 네덜란드
공화국, 그리고 이 나라의 제방들이 당시 물리적으로
얼마나 큰 곤경에 처했었는지를 예시해주는 훌륭한
비유다. 아울러 네덜란드공화국의 '윤리적 지형'—이른
바 '바타비아인 기질the Batavian Tempera-ment'이라
고 불리는 것이—이 어떤 것인지를 실증해준다.[1]
전성기의 네덜란드공화국은 상업, 도시, 해군력, 수로,
풍자, 튤립, 예술, 종교적 관용, 얼룩소, 도시 엘리트의
청교도 문화로 명성을 떨쳤다. 이러한 식의 그림도 충
분히 맞기는 하다. 그러나 네덜란드를 다음과 같이 그
릴 경우 두 가지 커다란 질문이 제기된다. 하나는 네
덜란드공화국을 구성하는 부분들의 상호작용에는 모
호한 부분이 너무 많다는 점이며, 다른 하나는 애당초
이 모든 일이 어떻게 일어난 것인지 —즉 '농업, 어업,
선박 운송을 하던 공동체들이, 공통의 언어, 공통의
종교, 혹은 공통의 정부도 없이 그럭저럭 모여 있던 상
태에서 어떻게 단숨에 세계 제국으로 발돋움할 수 있
었는지— 그 기적을 설명하기 어렵다는 점이다. 이 문
제를 연구한 저명한 역사학자(샤이먼 샤마)가 강조하는
바에 의하면, 이 기적은 어느 한 계급이 아닌 유달리
빨리 성숙한 '민족 공동체'가 이룩한 것이었다.[2]
네덜란드 문화가 가진 핵심적 역설은 그 구성원들이

한편으로는 근검절약하고, 근면하게 일하며, 하느님을
두려워하는 기풍을 가지고 있으면서도, 다른 한편으로
는 '황당할 만큼' 부를 잔뜩 쌓아놓는 기묘한 대비를
보인다는 것이다. 냉철하고 어두운색 정장을 차려입는
네덜란드 도시민은 당시 진탕 먹고 마시는 것을 무엇
보다 좋아했고, 담배를 사랑했으며, 화려한 집들을 짓
고, 호화로운 가구를 들였으며, 그림을 수집하고, 초상
화라는 사치에 탐닉했으며, 돈을 마구 그러모았다. 성
생활에도 별다른 제약이 없었다. 가속생활도 가부장적
이기보다는 다정다감한 분위기였다. 여성들도 당대의
기준에서 보면 해방돼 있었고, 아이들은 따뜻한 보살
핌을 받았다. 빈민 구호 기금을 마련할 때에는 지방의
복권을 만들어 팔거나, 금·보석·은제품 따위를 경매
에 부치는 것이 관례였다.
이 모든 것도 그렇지만 무엇보다 네덜란드에서는 정신
의 독보적 자유를 지향하는 분위기가 퍼져 있었다. 위
험을 무릅쓰고 판에 뛰어드는 자만이 부와 안전을 손
에 넣을 수 있다는 것이 당대의 통념이었다.

> 상인 아이작 르 메르Isaac le Maire 여기 잠들다. 전
> 세계를 누비며 사업을 하면서 그는 하느님의 은총으
> 로 상당한 풍요를 누렸으며, 30년 만에 15만 길더 넘
> 게 잃었다(그의 명예만은 잃지 않았다). 1624년 9월 30일,
> 기독교도로 세상을 떠났다.[3]

이러한 내용의 상당 부분은 네덜란드 학자들도 충분
히 잘 아는 것들이었다. 그러나 세상을 향한 네덜란드
의 이 독특한 망탈리테mentalité(집단 정신자세)를 재창
조해내는 작업은 대체로 네덜란드인-유대인 사이에서
태어난 한 영국인 학자가 떠맡게 된다. 그의 작업을 계
기로 민족 고유의 특성이 정말 존재하는가 하는 곤혹
스러운 문제가 다시 대두하기도 했다.

위 1559~1560), 어린 나이에 왕위에 오른 샤를 9세Charles IX(1560~1574), 악명 높았던 앙리 3
세Henry III(재위 1574~1589)—이 통치하는 동안, 프랑스는 카토-캉브레지화의Peace of Câteau-
Cambrésis(1559)를 맺으며 합스부르크가와의 분쟁에서 한숨 돌릴 여유를 얻는가 싶었으나 얼마
안 가 종교전쟁이라는 끔찍한 진창 속으로 빠져들었다(앞의 내용 참조). 이와 같은 종교적 불화로
부터 프랑스를 구해낸 것은 냉소적 성향의 부르봉가 앙리 4세Henry IV(재위 1589~1610)로, 그는
선견지명이 있는 궁정대신 쉴리 공작[막시밀리앵 드 베튄Maximilien de Béthune](1560~1641)과 함께
프랑스가 다시금 번영을 누리는 동시에 국제사회가 다시금 평화로워질 수 있는 여러 계획을 마
련했다. 왕은 백성들에게 다음과 같이 약속했다. "나의 왕국에서 땀 흘리는 일꾼은 누구든 솥
에 닭 한 마리쯤 앉혀 둘 수 있게 하리라." 그러나 앙리 4세 역시 선대 왕과 마찬가지로 암살자
의 손에 쓰러졌다.[구상]

　　장기간 이어진 루이 13세Louis XIII(재위 1610~1643)의 통치와 그의 아들 루이 14세Louis
XIV(재위 1643~1715)가 아직 미성년이었던 시기의 통치는, 왕 못지않은 힘을 자랑한 두 명의 성
직자—아르망 장 뒤 플레시 드 리슐리외Armand Jean du Plessis de Richelieu(1585~1642)와 쥘 마자
랭Jules Mazarin 추기경(1602~1661)—의 이력이 장기간 이어지는 통에 어두운 그림자가 드리웠다.
프랑스는 삼십년전쟁 문제를 해결하는 데에 모든 대외적 노력을 쏟아부어야 했으며, 대내적으
로는 지방 속주들 및 귀족의 특권에 맞서 중앙집권화된 왕권을 본격적으로 확립하는 데 모든
노력을 쏟아부어야 했다. 삼부회三部會, États généraux도 1614년의 회기 이후로는 열리지 못하고
있었다["삼부회"는 성직자·귀족·평민 출신 의원으로 구성된 프랑스의 신분제 의회로 1302년에 성립됐다
가 절대왕정이 확립되면서 1614년에 폐쇄됐다). 귀족들이 각 지방에서 누리고 있던 부와 권력의 원
천을 리슐리외가 가차 없이 공격하고 나서자, 이를 기회로 절망에 빠진 이들이 난을 일으키는가
하면 1648~1653년에 걸쳐서는 프롱드의 난La Fronde까지 일어났다[프랑스에서 귀족들이 국왕의
중앙집권 정책에 반항해 일으킨 내란으로, 결국 실패함으로써 절대왕정이 더욱 강화됐다. "프롱드"는 당시
파리 거리에서 시민 당국에 반항해 돌을 던지는 어린이들의 놀이에서 사용한 투석기投石器를 일컫는다).
루이 14세의 성숙한 통치의 태양은 잔뜩 찌푸린 하늘의 구름 사이를 뚫고 그 빛을 낸 것이었다.
[루이 14세는 후대에 왕권신수설을 주장한 절대권력의 상징으로서의 "태양왕Le Roi Soleil"으로 알려졌는
바, "태양왕"이라는 별명 혹은 이미지는 루이가 15세 때인 1653년에 발레극 〈밤의 발레Ballet Royale de la
Nuit〉에서 떠오르는 태양을 상징하는 "태양신 아폴론" 역할을 맡은 데서 유래한 것이다. 루이 14세 통치
기는 발레의 초기 형태인 궁정발레의 전성기이기도 했다.)

　　이제껏 유럽사에서는 이탈리아전쟁을 근대사의 출발점이자, 유럽의 지역 분쟁이 국제전으
로 번진 대표적 사례로 여겨온 적이 많았다. (알고 보면 두 가지 모두 전혀 사실이 아니다.) 1494년 9
월, 프랑스 군대가 나폴리를 최종 목적지로 삼고 몽제네브르의 고개를 넘을 때만 해도, 프랑스

알코프리바스 ALCOFRIBAS

■■ 전직 수도사, 전직 법률가, 의사 프랑수아 라블
레François Rabelais(1553년 몰)의 작품들은 근
대 초기 유럽이 내놓을 수 있는 문학 및 역사 관련 보
물들이 가장 풍성하게 묻혀 있는 광맥의 하나다. 그러
나 유별난 구석이 있었던 그의 작품들은 종교적 무관
용의 시대에 여러 의혹을 샀고, 따라서 처음에는 작가
본명의 철자를 뒤섞은 알코프리바스 나이저
Alcofribas Nasier라는 필명으로 책이 출간됐다. 뤼시
엥 페브르Lucien Febvre(1878~1956)와 미하일 미하
일로비치 바흐친Михаил Михайлович Бахтин(1895
~1975)의 연구들을 보면 라블레의 작품이 지금도 얼
마나 광범위한 영역에서 학문적 관심을 불러일으키는
지 잘 드러나 있다.

《아날Annales》지 공동창립자 페브르가 라블레에게 이
끌리게 된 것은, 전문가들이 팡타그뤼엘과 가르강튀아
라는 작중인물을 탄생시킨 이 작가를 비밀스럽고 호전
적인 무신론자였다고 믿는 경향이 있음을 알게 된 후였
다. 라블레는 생전에 작품 《가르강튀아Gargantua》 속에
서 텔렘Thélème이라는 공동체(수도원)를 만들어낸 적이
있는데, 이곳의 유일한 규칙은 "무엇이든 내키는 것을 하
라Fais ce que voudras"였다는 점에서 라블레를 전통적
종교사상가라고 주장할 이는 사실 아무도 없었다.

그렇다고 라블레에게 기독교를 전복시켰다는 죄목을
씌울 수 있는가 하는 점도 진지하게 생각해야 할 문제
다. 이 질문에 대한 답으로 페브르는 '집단 정신자세
collective mentality'(망탈리테)를 논한 훌륭한 연구 즉

《16세기의 무신앙 문제Le Problème de l'incroyance
au XVIe siècle》(1942)를 내놓았다. 페브르는 급진적
프로테스탄티즘, 과학, 철학, 비술occult에서 라블레에
게 씌워진 모든 추문의 혐의와 라블레가 가졌을 법한
비정상적 믿음의 가능성을 샅샅이 조사한 끝에, 그도
'믿음을 원했던 세기'의 '깊은 종교성'을 공유하고 있었
다고 결론 내렸다.[1]

도스토옙스키를 연구하는 러시아의 저명한 (문예)학자
바흐친은 심리학에 가졌던 관심이 라블레에게까지 넓
아간 경우였다. 생전에 라블레는 사람들을 예의 따위
차리지 못하게 포복절도하게 하는 기술의 달인으로
유명했다. [코] 하지만 라블레는 웃음과 눈물이 하나
로 뒤섞이는 더 심오한 단계까지 나아간다. 바흐친이
내놓은 가설의 핵심적 주장도 "웃음은 인류애의 징표
다"라는 라블레의 명언이었다. "웃는다는 것은 인간이
라는 뜻이며, 인간이라는 것은 웃을 줄 안다는 뜻이
다Mieux est de ris que de larmes écrire. Pour ce que
rire est le propre de l'homme."

그러나 가장 인간적인 이 특질을 근대 문명은 심각하
게 억눌러온 게 아닌가 하고 바흐친은 의문을 던진다.
라블레 이래 유럽인들은 자신의 감정을 너무 억누른
나머지 사소한 일들 외에는 웃을 수 없게 됐다. 아닌
게 아니라, 유럽인들은 신성한 것에는 더는 웃을 줄도
모르게 됐다. 이것은 근본적 차원에서 미셸 푸코의 사
회적 분석에 견줄 만큼 비관적 견해다. 그렇다면 프랑
수아 라블레야말로 진정한 인간이었던 마지막 유럽인
이 아니었을까 생각이 들지 않을 수 없다.[2] [카리타스]

코 NEZ

■■ 1532년 프랑수아 라블레는 자기 작품 《팡타그
뤼엘Pantagruel》 속 영웅인 파뉘르주와 한 잉글
랜드인 사이에 벌어진 가상의 동작 대결을 묘사했다.
("NEZ"(네)는 프랑스어로 "코"라는 뜻이다)

그러자 그 잉글랜드인이 이런 표시를 만들었다. 그는
자신의 왼쪽 손을 활짝 펼쳐 허공에 들어 올리더니,
이어 […] 곧바로 네 손가락은 접고 엄지만 쭉 뻗어 자
기 코끝에 갖다 댔다. 이윽고 오른손도 활짝 펼친 채
들어 올리더니 왼손 새끼손가락 [옆에] 오른손 엄지를
갖다 댔다. 그러더니 오른손의 네 손가락을 허공에서

요리조리 움직이는 것이었다. 그런 다음에는 반대로, 왼손으로 했던 짓을 오른손으로 하고, 오른손으로 했던 짓을 왼손으로 똑같이 되풀이했다.

최근 연구에 의하면, '코에 엄지 대기thumbing the nose' 혹은 '코 세우기cocking a snoot'는 유럽에서 통하는 몸동작 중에서도 가장 광범위하게 퍼져 있다. 이 동작에는 조롱의 뜻이 담겨 있다. 프랑스에서는 이 동작이 '바보의 코le pied de nez'로 통하며, 이탈리아에서는 '바보 짓maramèo', 독일에서는 '기다란 코die lange Nase', 포르투갈에서는 '트럼펫 불기tocar tromfete', 세르비아─크로아티아에서는 '플루트 불기sviri ti svode'로 알려져 있다. 코에 손가락을 갖다 대는 동작은 손가락 끝 입맞춤the Fingertips Kiss, 관자놀이 비틀기the Temple Screw, 눈꺼풀 당기기the Eyelid Pul, 팔뚝 잡아채기the Forearm Jerk, 고리 만들기the Ring, 두 손가락 사이에 엄지 넣기the Fig, 코 두드리기the Nose Tap, V자 표시the V-sign ─'모두 지역 및 문맥에 따라 의미가 크게 차이난다─ 같은 동작들에 비

해 훨씬 흔하게 볼 수 있고 의미도 덜 모호하다.[1]
유럽 혹은 기독교왕국에서만 찾아볼 수 있는 몸동작 문화가 존재하는지 여부는 논쟁의 여지가 있다. 그러나 시간에 따라 동작들도 변한다는 것만은 분명하다. 잉글랜드인들은 중국에 갔을 때 고두叩頭의 예를 취하는 것을 말 그대로 거부했는데, 19세기 후반에는 자국에서도 공손히 인사하는 예절을 내던지고 성별과 계급을 떠난 더욱 손쉬운 인사법인 악수를 만들어냈다. 1857년 마담 보바리Madame Bovary는 한 신사에게 악수를 청하며 그것이 "영국식" 인사라고 말하기도 했다. 그러나 20세기에 들어서자 잉글랜드인들은 외고집으로 과묵해져 대륙인들은 일상적으로 하는 악수마저 잘 하지 않으려 했다.[2] 잉글랜드인들은 유럽인의 스펙트럼에서 폴란드인들과 상극에 있었으니, 폴란드인들이 얼른 허리 굽혀 인사하고 남녀를 불문해 포옹을 하고 공적 자리에서도 손에 입을 맞추는 방식은 양차 세계대전, 근대화, 파시즘, 심지어는 공산주의를 겪고도 지금까지 살아남아 있다.

토르멘타 TORMENTA

■
■ 16세기 중반에 열린 파리의 한여름 박람회는 고양이 화형이 볼거리였다. 특별 무대가 마련돼 고양이 수십 마리가 든 커다란 그물이 아래의 모닥불위로 내려왔다. 왕들과 왕비들을 포함한 구경꾼들은 동물들이 고통 속에서 울부짖고, 애처로운 소리를 내다, 마침내 불에 새까만 재가 되는 동안 새된 소리를 지르고 깔깔거렸다. 당시에는 잔혹한 게 재미있는 것으로 여겨졌던 게 분명하다.[1] 이와 같은 정서는 더 전통적인 형식의 수많은 유럽의 스포츠인 닭싸움, 곰 굴리기, 소싸움, 여우 사냥 등에서도 그 역할을 했다. [루디] ("토르멘타"는 라틴어 "토르멘툼torméntum의 복수형으로 "고문拷問, torture"을 뜻한다)
200년 뒤, 1757년 3월 2일에는 로베르─프랑수아 다미앵Robert-François Damiens(1715~1757)이 파리에서

'명예로운 보상을 한다'는 명목으로 사형선고를 받았다.

사형수 호송차에 실려 나타난 다미앵은 알몸 위에 기다란 겉옷만 걸치고 있었고, 손에는 밀랍을 태워 불을 붙인 횃불이 하나 들려 있었다. 교수대는 그레브 광장에 설치돼 있었다. 가슴·양팔·허벅지·종아리는 꽉 묶여 있고, 오른손에는 다미앵이 저지르려 했던 범행에 쓰인 칼을 쥐고 있었다. 유황으로 불을 붙이면 그는 손부터 타 들어갈 것이고, 묶은 자리에는 끓는 기름, 녹아내리는 납, 뜨거운 송진을 들이부을 것이었다. 그런 다음에는 네 마리 말이 그의 사지를 갈가리 찢을 것이고, 이어 그는 완전히 불에 탈 것이고, 재가 돼 바람에 흩어지게 될 것이었다.
막상 불이 붙었을 때에는 불길이 너무 약해 [다미앵은] 한쪽 손등 피부에만 약간 화상을 입혔다. 그러나 사형집행인 중 힘이 억세고 다부진 사내가 약 45센

티미터 길이의 금속 집게를 집어들더니 그것들로 그의 몸을 비틀고 돌려 살덩이를 뭉텅뭉텅 떼어냈고, 그렇게 해서 쩍 벌어진 상처 사이로 시뻘건 수저에서 쇳물이 부어졌다.

다미앵은 외마디 비명을 지르는 사이사이 연거푸 하느님을 찾았다. "하느님, 저를 불쌍히 여기소서!" "예수님! 저를 도와주소서!" 구경꾼들은 단 한순간도 놓치지 않고 그를 위로하는 늙은 목사에게 크게 감명받은 모양새였다.

법원 서기관 드 브르통de Breton이 고통 받는 죄인에게 여러 번 다가와 그에게 할 말이 없는지 물었다. 그는 아무 말도 하지 않았다. [...]

처형의 마지막 집행 단계는 꽤 오랜 시간이 걸렸는데, 말들이 이 작업에 익숙하지 않은 탓이었다. 필요한 말은 총 여섯 마리였지만 그것마저도 충분하지 않았다. [...]

사형집행인이 나서서 자신들이 다미앵의 사지를 갈가리 찢어야 하느냐고 물었으나, 서기관이 재차 시도해볼 것을 명했다. 고해신부들이 다시 한 번 다가가자, 그는 "제게 입 맞춰주십시오, 전하들이시여"라고 말했고, 그러자 그중 한사람이 나서 그의 이마에 입을 맞춰주었다.

두어 번 더 시도가 있은 뒤 사형집행인들이 칼을 집어들고 그의 양다리를 잘랐다. [...] 그들은 그가 죽었다고 말했다. 하지만 몸을 갈가리 찢을 때에도 그의 아래턱은 마치 무슨 말인가를 하려는 듯 여전히 달싹이고 있었다. [...] 포고의 실행에서, 그의 마지막 살덩이가 불에 완전히 집어 삼켜진 것은 밤 10시 30분이 돼서였다.[2]

다미앵이 이런 식의 벌을 받게 된 것은 그가 국왕 시해를 시도한 때문이었다. 다미앵의 근친은 프랑스에서 추방을 당했다. 형제와 누이들은 개명을 해야 했고, 그가 살던 집은 완전히 파괴당했다. 다미앵은 루이 15세가 마차에 막 올라타는 순간 왕에게 달려들어 작은 칼로 그에게 소소한 상처를 입혔다. 프랑스 파를망(고등법원)에 그는 얼마간 불만을 표했다. 다미앵은 도주를 시도한 적도 없었고, 그의 말에 의하면, 그의 행동은 그저 왕을 약간 겁먹게 하려는 것뿐이었다. 이와 같은 일이 요즘 들어 일어났다면, 다미앵은 괴짜 정도로 평가받았을지 모른다. 로마 시대 이후로 고문torture은 법적 절차와 처형 과정의 정형화된 특징으로 자리 잡았다. 성 아우구스티누스도 고문이 잘못일 수 있다고 하면서도 그 필요성을 인정했다. 처형에서 가해지는 고문은 교화의 목적을 가지는 것으로 여겨졌다. 죄수가 말뚝에 박히거나, 배 밖으로 내장이 꺼내지거나, 장작더미 위에서 불타거나, 혹은 바퀴에 깔리는 형벌을 받을 때에는 차라리 그 자리에서 죽는 것이 고통이 가장 덜했다. [블라드]

다미앵의 죽음을 마지막으로 프랑스에서 더는 이러한 죽음은 찾아볼 수 없었다. 계몽주의가 그것을 용납하지 않았다. 그로부터 얼마 지나지 않아 밀라노 출신의 베카리아 후작 체사레 보네사나 베카리아Cesare Bonesana Beccaria(1735~1794)가 〈범죄와 형벌Dei delitti e delle pene〉(1764)이라는 논문을 출간했다. 거기 담긴 주장에 따르면, 고문은 온당하지도 않고 효과도 없었다. 이 논문이 볼테르의 서문이 실린 채 수많은 언어로 번역되면서 유럽 전역에 개혁의 촉매제 역할을 했다. 바로 여기에서 인도적 방법의 처형, 종국에는 사형제 전면 폐지를 향한 진보적 추세가 첫발을 내디뎠다는 게 대체적 시각이다.[3] 이후 '잔혹성 곡선cruelty curve'은 줄곧 내리막을 걸어, 고문으로 인간성을 훼손당하는 것은 고문당하는 사람이 아니라 고문하는 사람과 고문을 교사한 사람이라는 진보 진영의 견해가 나올 정도였다. 그러나 고문 이야기는 이것으로 다가 아니었다. 거기다 유럽에서의 고문도 아직은 끝났다고 할 수 없는 단계였다.[4] [알코프리바스]

는 신성로마제국 및 아라곤과 명백하게 합의를 한 상태에서 이탈리아 진군을 강행한 것이었는 바, 신성로마제국은 프랑스의 이탈리아 진군을 눈감아주는 대가로 이미 프랑슈-콩테 지방을 보상으로 얻었고 아라곤은 루시용 지방을 받는다는 조건으로 프랑스에 매수당해 있었다. 따라서 이탈리아 분쟁은 그 시작부터 '국제전'의 양상을 띠었다. 이탈리아 분쟁으로 프랑스는 총 세 차례의 원정을 치르는데, 원정 때마다 이들을 저지하려는 강력한 동맹이 결성됐다. 1494~1495년의 원정에서는 샤를 8세Charles VIII의 프랑스군이 밀라노·피렌체·로마까지 휩쓸고 내려온 뒤 나폴리까지 함락했다. 하지만 얼마 안 가 프랑스군은 이탈리아로 진군할 때만큼 빠른 속도로 퇴각해야 했다. 1499~1515년에 걸친 루이 12세 원정에서도 프랑스는 샤를 8세 때와 비슷한 방식으로 밀라노를 점령하는 데 성공했다—이때는 밀라노에 서 있던 레오나르도의 기마상을 사격 연습에 활용하기도 했다. 그러나 루이 12세의 원정은 교황 율리오 2세의 주도로 결성된 신성동맹의 반발을 불러일으킨다. 1515~1526년 프랑수아 1세의 원정에서도 마리냐노전투Battle of Marignano에서 기막힌 대승을 거두는 것으로 서막을 여는데, 이 전투에서는 스위스가 영구 중립으로 돌아선 것과 교황이 주변의 설득에 넘어가 1516년의 콩코르다트Concordat에 조인한 것이 무엇보다 중요했다('콩코르다트' 곧 정교조약政敎條約은 가톨릭교회 지도자 교황과 국가 사이에 국제법의 형식에 준해 맺어지는 조약이다. 라틴어 콩코르다툼concordátum에서 유래한 말이다). 하지만 그 와중에서 진행된 황제 선출에서 프랑수아 1세가 고배를 마시면서, 프랑수와 1세와 카를 5세는 불구대천의 원수가 됐다. 1525년의 파비아전투Battle of Pavia에서 황제군(신성로마제국군)은 마리냐노의 패배를 설욕하니, 전투에서 프랑수아 1세가 포로로 사로잡혔다. 황제군은 프로방스를 통과해 멀리 마르세유 지방까지 밀고 들어갔다. 프랑수아는 포로 신세에서 풀려난 뒤, 새로 선출된 교황을 설득해 힘이 지나치게 막강해진 황제를 상대로 새로운 신성동맹을 결성하도록 했다. 그러자 1527년 황제군의 무시무시한 로마 약탈이 뒤를 이었고, 이번에는 교황이 포로로 붙잡혔다. 이즈음 프랑스-제국 간의 싸움은 전면전이 돼 이제 이탈리아전쟁은 그중 하나의 전선戰線일 뿐이었다.

프랑스-신성로마제국 사이 전쟁은 대륙전의 양상을 띠었다. 프랑수아 1세는 황제군의 포위망을 뚫기 위해 유럽 전역에서 주저 없이 동맹군을 꾸렸다. 1519년에는 직접 신성로마제국 황제 후보로 나서기도 했다. 한껏 멋을 자랑했던 황금천들판에서의 회담은 무위에 그쳤지만, 이 만남에서 프랑수아 1세는 잉글랜드 왕 헨리 8세의 동조를 얻어냈다. 그는 독일의 프로테스탄트 제후들과도 몰염치한 계책을 짜는가 하면, 1536년의 그 유명한 커피출레이션Capitulation에서는 불경자the Infidel 술레이만 대제Suleiman the Magnificent(술레이만 1세, 재위 1520~1566) 및 그 휘하의 북아프리카 봉신들과 의기투합한바 해적왕 하이르 앗딘 "바르바로사"Kair-el-Din Barbarossa(바르바로스 하이레딘 파샤Barbaros Hayreddin Paşa, "바르바로사"는 이탈리아어로 "붉은 수염"이라는 뜻이다, 1546년 몰)도 끼어 있었다("커피출레이션"은 이슬람교 국가에서 통상무역을 하는 그리스교도들에게 부여하던 치외법권을 포함한 특권을 말한다. 술레이만 대제는 프랑수아 1세와의 조약에서 프랑스인의 커피출레이션을 인정하게 되는데, 이를 통해 오스만제국에서 프랑스인들이 갖는 통상의 자유, 신앙의 자유, 거주권, 영사領事 재판권 등의 내용을 규정했다). 급격히 뒤바뀌는 이탈리아의 판도 속에서 프랑수아 1세는 이탈리아의 교황들은 물론 바티칸 교황청의 가장 큰 숙적이던 베네치아공화국으로부터도 지원을 받아낼 수 있었다.

그 결과 네 번의 전쟁이 더 일어났다. 1521~1526년 동안 황제파는 일차적으로 프랑스의 부르고뉴 지방을 공격하더니, 나중에는 이탈리아에서의 싸움에 집중해 결국 파비아전투에서 마드리드조약Treaty of Madrid(1526)을 이끌어냈다. 그러나 1526~1529년에는 황제(카를 5세)가 과욕을 부리다 망신만 당해, 캉브레에서 부인들의 평화Peace of Ladies(1529)에 조인했다(프랑스어로는 "페데담paix des Dames"이라 칭한다. 곧 캉브레조약Treaty of Cambrai이다). 1536~1538년, 1542~1544년에는, 황제가 프랑스뿐 아니라 튀르크족 및 독일의 프로테스탄트들과도 싸움에 휘말려 결국 크레피-앙-발루아조약Treaty of Crépy-en-Valois(1544)에 조인할 수밖에 없는 상황에 처하는바, 이 조약을 계기로 잠시 휴지기가 생겨나면서 그 틈에 트리에트공의회의 개최와 오랜 기간 미뤄져 온 슈말칼덴동맹에 대한 공격이 진행됐다. 그러다 앙리 2세의 재위기에 해당하는 1551~1559년 동안, 프랑스는 독일의 프로테스탄트와 공모해 로렌의 주교구 세 곳—메스, 툴, 베르됭—을 점령하고, 이렇게 해서 '라인강을 향한 행군March to the Rhine'과, 1945년에야 비로소 막을 내릴, 국경 분쟁이 그 서막을 열었다(부록 1623쪽 참조). 합스부르크가는 저지대 국가들에서 아르투아를 점령하고 잉글랜드와 동맹을 맺는 것으로 대응했고, 이에 프랑스는 종교적 차이는 아랑곳 않고 곧장 칼레를 점령했다(1558년 1월 7일). 메리 튜더Mary Tudor(잉글랜드 여왕 메리 1세)는 이 합스부르크가와 튜더가 사이 단기간의 라프로슈망rapprochement(화해·협력)의 대가로 펠리페 2세와 대리 결혼을 했는데(1554), 다음과 같이 탄식했다고 한다. "내가 죽을 때에 내 심장에는 칼레라는 글자가 또렷이 새겨져 있을 것이다." 카토-캉브레지화의로 유럽 전반에 평화가 찾아오면서 프랑스는 로렌과 칼레를 지킬 수 있었고, 합스부르크가는 아르투아·밀라노·나폴리를 자신들 땅으로 지킬 수 있었다. 잉글랜드는 이후로 대륙에는 영영 발을 들이지 못했다. 물론 이때에도 큰 문제는 해결된 것이 아니라 뒤로 미뤄진 것에 불과했다. [노스트라다무스]

영국제도. 영국제도에서는 잉글랜드인들의 지배적 입지가 점차 커지는 가운데 통일을 향해 다가가는 움직임이 나타나니, 통일의 조짐은 그전에도 한두 번 나타난 적이 있었다. 이즈음 유럽 대륙에서의 발판을 상실하게 되자 잉글랜드왕국은 바로 인접한 이웃들에서 벌어지는 일들과 저 멀리 바다 건너의 사업에 에너지를 쏟아붓게 된다. 이 시대의 전형적 복합 정치체 잉글랜드왕국은 잉글랜드·웨일스·아일랜드로 구성된바 스코틀랜드는 이미 갖고 있던 민족적 단결력이 아직 자리 잡지 않은 상태였다. 그럼에도 잉글랜드왕국은 튜더왕가의 통치 속에서 자국이 얼마나 대단한 기력을 가지고 있는가를 드러내 보였다. 이 시대가 수차례의 종교적 분쟁을 겪은 것은 사실이지만, 헨리 8세(재위 1509~1547)를 비롯한 그 세 자녀—에드워드 6세Edward VI(재위 1547~1553), 메리 1세Mary I(재위 1553~1558), 엘리자베스 1세Elizabeth I(재위 1558~1603)—는 영국국교회Church of England를 탄생시키고, 군주제와 의회 사이에 지속적 공생관계를 만들고, 영국해군Royal Navy을 창설했다. [음유시인]

1371년 이후 스코틀랜드를 지배해온 스튜어트왕가는, 튜더왕가에 후계자가 끊기자 스코틀랜드와 잉글랜드의 동군연합(1603)을 받아들였다. 스코틀랜드로서는 연합으로 얻을 게 많았다. 대륙 동맹에 속은 스코틀랜드는 플로든필드전투Battle of Flodden Field(1513) 이래 줄곧 잉글랜드의 그늘에서 지내온 터였다. 잉글랜드-스코틀랜드 관계는 폐위당한 스코트족 여왕 메리Mary(1542~1587)의 음모로 크게 흔들렸고, 메리는 잉글랜드의 교수대에서 처형을 당했다. 그러나 메리의 아들 제임스 6세James VI(스코틀랜드 왕, 1567~1625) 겸 제임스 1세James I(잉글랜드 왕, 1603~1625)는 모후가 물려받지 못한 유산을 만민의 찬동을 얻어 승계할 수 있었다. 그와 그의 아들 찰스 1세Charles I(1625~1649)와 손자 찰스 2세Charles II(스코틀랜드 왕 1649~1651, 잉글랜드 왕 1660~1685)는 홀리루드Holyrood[오늘날 스코틀랜드 수도 에든버러에 위치한 지역]와 화이트홀Whitehall[런던의 관공서 거리] 모두를 근거지 삼아 통치를 병행해갔다. 제임스 1세는 웨스트민스터에서 열린 의회에 처음 참석했을 당시 의원들을 앞에 두고 이렇게 말했다.

> 이제는 잉글랜드와 스코틀랜드가 […] 하나로 통일될 때가 무르익었습니다. […] 왕인 나 자신이 두 왕가 모두의 직계 후손인 것과 마찬가지로, 이제부터 두 나라는 자기 자신 안에서 하나의 작은 세계를 이루게 됐고, 자연적이지만 감탄해 마지않을 수 없는 못pond 혹은 도랑 ditch에 둘러싸인 요새를 이루게 됐습니다. [여기에서 사용된 pond와 ditch라는 표현은 영국에서는 대서양을 가리키는 말로도 쓰인다.]

잉글랜드에 의존하던 공국들이 하나로 통합되는 과정은 순탄치만은 않았다. 웨일스는 헨리 8세의 손에 잉글랜드의 한 지역으로 편입돼, 잉글랜드의 통치 공동체 안으로 들어오는 데 별다른 이의를 달지 않았다. 잉글랜드-웨일스 젠트리도 통합에 뒤따르는 자신들 몫에 만족해했다. 그러나 아일랜드는 장미전쟁Wars of the Roses(1455~1485) 이후, 아일랜드 의회가 잉글랜드로부터 사실상 아무런 통제도 받지 않는 상태가 된 터라 아일랜드에 고삐를 죄어 아일랜드를 하나의 통치체 안으로 끌어들인다는 게 여간 어려운 일이 아니었다[“장미전쟁”은 잉글랜드에서 벌어진 왕위 쟁탈전이다. 랭커스터왕가가 붉은 장미를, 요크왕가가 흰 장미를 기치로 내걸고 싸움을 벌인 데

노스트라다무스 NOSTRADAMUS

■ 1556년 7월 초반 프로방스의 살롱으로 왕실의
■ 소환장이 전달됐다. 소환장에는 (피렌체 메디치가
출신의) 프랑스 왕비 카트린 드메디시스(이탈리아어 이
름 카테리나 데메디치(1519~1589))가 작년에 출간된 예
언집의 저자와 이야기를 나누고 싶다는 소망이 담겨
있었다. 예언집에 들어 있는 한 시구가 여왕의 남편이
세상을 떠날 것을 예견한 깃처럼 보였기 때문이다.

> Le lion jeune le vieux surmontera
> En champ bellique par singulier duelle.
> Dans caige d'or les yeux lui crevera.
> Deux classes une, puis mourir, mort cruelle.
>
> 젊은 사자가 늙은 사자를 뛰어넘으리니
> 전장에서, 단 한 번의 싸움으로
> 황금 우리 안에서 눈을 찔릴지니
> 한 번에 두 개의 상처를 입고.[1]

그로부터 한 달도 지나지 않아, 왕실이 급파한 말에 실
려 예언서 저자는 생제르맹앙레에서 여왕을 알현하게
됐다. 그는 자신이 본 것은 네 명의 왕이 네 명의 아들
에 둘러싸여 있는 광경이라고 말하며 여왕의 걱정을
가라앉혀주었다.

그러나 그로부터 3년 뒤(1599) 왕 앙리 2세가 마상시
합에서 목숨을 잃었다. 싸움에서 그와 맞붙었던 스코
틀랜드 수비대 대장 몽고메리 백작 가브리엘 (1세) 드
로르주Gabriel de Lorges의 쪼개진 창이 왕이 쓴 금박
투구의 챙을 찢고 들어가 왕의 눈과 목을 관통했고,
이때 입은 치명상으로 왕은 열흘간 고통 속에 신음하
다 세상을 떠났다.

노스트라다무스라고 불린 미셸 드 노스트라담Michel
de Nostredame(1503~1566)은 색다른 치료사로서 미
디 지방에서 매우 유명세를 떨쳤다. 생레미앙 프로방

스의 유대계 콘베르소(개종자) 집안 출신인 그는 몽펠
리에에서 의학대학을 졸업했다. 그는 물약과 각종 치
료법에 조예가 깊어, 카르카손 주교에게 생명력을 주
는 영약을 조제해주는가 하면 교황 특사에게는 마르
멜로잼을 이용한 식이요법을 처방해주기도 했다. 노스
트라다무스는 역병이 창궐했을 당시 마르세유와 아비
뇽에서 일을 했는데, 다른 의사들이 모두 떠난 뒤에도
그는 남아 환자들에게 통상 행해지던 피를 짜내는 치
료를 거부하고 환자에게 필요한 것은 신선한 공기와
깨끗한 물이라고 고집했다. 노스트라다무스는 마법사
의 혐의를 쓰고 종교재판소로부터 감시를 당하는 바
람에 타지로 속히 떠나야만 했던 적도 한두 번이 아니
었다. 1540년대에도 한 번 그러한 여로에 올랐다가 이
탈리아 출신 수도사이자 전직 양치기 펠리체 페레티
Felice Peretti라는 이를 만났는데, 그에게 이런저런 이
야기를 하며 망설이는 기색도 없이 "성하聖下"라는 말
을 쓰곤 했다. 이 수도사 페레티는 그로부터 40년 후
인 노스트라다무스가 세상을 떠나고 한참 뒤에 식스
토 5세Sixtus V(재위 1585~1590)의 이름으로 교황에
선출됐다.

노스트라다무스의 예언들은 그의 생애 만년晩年에 마
법, 점성술, 비의 관련 저작들의 힘을 빌려 구성된 것
이었다. 예언은 4행연구聯句, quatrain에 100년 단위로
기술돼 있었다. 책은 1555년과 1568년에 2부로 출간
됐고 출간 즉시 반향을 일으켰다. 노스트라다무스의
예언집이 모두 출간되고 1년 뒤, 카트린 드메디시스의
장남이자 스코틀랜드 여왕 메리 1세의 남편 프랑수아
2세(프랑스 왕, 재위 1559~1560)가 태어난 지 17년 10
개월 15일 만에 갑자기 세상을 떠났다.

> Premier fils, veuve, malheureux mariage
> Sans nul enfant; deux isles en discorde,
> Avant dixhuit incompetant eage
> De l'autre près plus bas sera l'accord.

첫 번째 아들, 미망인, 불행한 결혼
자식은 없이, 두 개의 섬이 반목하니
18세가 채 되기도 전, 한 미성년자
자신보다 훨씬 더 늙은 상대와 약혼을 할 것이다.2

그리고 바로 그해에 카트린 드메디시스의 막내아들 곧 나중의 샤를 9세(재위 1560~1574)가 11세의 나이에 오스트리아 공주(엘리자베트 폰 외스터라이히Elisabeth von Österreich, 프랑스어명 엘리자베트 도트리슈Élisabeth d'Autriche)와 약혼을 하게 된다.

이렇듯 노스트라다무스 사후에 그의 예언에 적중하자 노스트라다무스가 남긴 예언들은 영구불변의 명성을 얻게 됐다. 예언집은 끊임없이 재출간됐고, 예언의 내용들은 잠수함과 ICBM(대륙간탄도유도탄)에서부터 케네디와 인류의 달 착륙에 이르기까지 세상에 알려진 거의 모든 사건에 빠짐없이 적용됐다. 루이 16세(재위 1774~1792)는 바렌Varennes으로 피신했을 때 한 가정에 몸을 의탁했는데, 노스트라다무스는 생전에 이 집안의 이름을 솔스Saulce라고 명시했다(루이 16세는 프랑스혁명기인 1791년 6월 20일에 왕비 마리 앙투아네트 등 가족과 함께 오스트리아로 도망(망명)하려다가 실패한다. "바렌"은 루이 일가가 붙들린 국경 부근의 마을 이름이다. 루이 등은 파리로 압송돼 튈르리궁전에 감금된다). 나폴레옹과 히틀러 모두 노스트라다무스를 신봉했고─ 히틀러Hitler는 예언집에 '히스터Hister'라는 이름으로 나와 있다─ 자신들이 밟게 될 삶의 노정이 별들 안에 이미 다 드러나 있다고 여겼다. 예언집의 사행시들은 놀라우리 만큼 암시적이고 모호하며, 그런 만큼 온갖 종

류의 우연의 일치에도 다 들어맞을 수 있다. 그러나 맘 편안히 읽기에는 실제 상황에 너무 근접한 것도 많다.

Quand la licture du tourbillon versée
Et seront faces de leurs manteaux couvers
La République pars gens nouveaux vexée
Lors blancs et rouges jugeront à l'envers.

회오리바람에 쓰레기들이 뒤집히고
얼굴들이 망토로 뒤덮일 때
공화국은 새로운 사람들로 곤경에 처할 것이니
그때엔 백과 적이 뒤집혀 통치할 것이다.3

1792년 프랑스에는 정말로 공화국이 들어섰고, 적파가 백파를 실각시켰다.
20세기의 삶을 묘사한 짤막한 대목에서도 으스스한 기분이 든다.

Les fléaux passées diminue le monde.
Long temps la paix terres inhabitées:
Seur marchera par ciel, terre, mer et onde;
Puis de nouveau les guerres suscitées.

역병이 뿌리 뽑히면 세계는 작아지리.
오랜 세월 빈 땅들에는 평화가 깃들리.
사람들은 공기, 땅, 바다, 파도를 타고 안전하게 다니리.
그런 다음에는 다시 전쟁의 기운이 끓어오르리니.4

서 이름이 붙었다). 그러다 1541년 들어 ─1534년에 영국국교회가 생겨나고 웨일스에 지방행정구역인 카운티들이 생겨난 뒤였다─ 헨리 8세가 스스로를 '아일랜드의 왕'으로 선포했다. 헨리 8세는 재위 동안 문제들만 층층이 쌓아놓았지 그 해결은 후계자들 몫으로 떠넘긴 셈이었다. 아일랜드의 족장들을 백작 및 남작으로 봉하는 정책은 미봉책에 불과했으니, 잉글랜드가 아일랜드의 풍속과 언어를 쓰지 못하게끔 단속하면서 그런 경향이 특히 두드러졌다. 왕에 대한 분노는

음유시인 BARD

■ 윌리엄 셰익스피어가 자신의 희곡들을 써낸 때
■ 는 종교개혁기를 벗어난 잉글랜드가 유럽 대륙과의 직접적 관계를 끊은 이후이자 잉글랜드가 해외제국을 차지하기 이전 사이의 짧은 막간이었다. 셰익스피어의 주요 극작품이 쓰인 시기는 아메리카대륙에 최초의 잉글랜드 식민지들이 건설되던 몇십 년의 기간이기도 했다. 장차 영어권 세계에서는 셰익스피어의 목소리가 독보적으로 군림하게 되지만, 지금까지 알려진 바에 의하면, 셰익스피어는 잉글랜드 밖으로는 한 발자국도 나가본 적이 없었다. 어디에나 통하는 그의 천재성이 유럽에서 두루 인정받은 것도 나중에 낭만주의 시대에나 들어서의 일이었다.

그러나 셰익스피어 희곡들의 배경을 보면 에이번강의 백조Swan of Avon(셰익스피어의 별칭 중 하나)는 절대 소영국주의자Little Englander가 아니었음을 알 수 있다. 심지어 그는 남몰래 가톨릭교를 믿었을 수도 있다. 하지만 튜더왕가의 검열 때문에 정치적으로 민감한 내용은 아마 십중팔구 책에 넣지 못했을 것이다. 셰익스피어가 쓴 총 37개 작품 중, 잉글랜드 일부 지역을 배경으로 삼은 것은 10편에 불과하다. 거기다 역사물들에는 프랑스 지역들의 모습도 강하게 뒤섞여 있다. 〈즐거운 아낙네들The Merry Wives〉은 윈저를, 〈뜻대로 하세요As You Like It〉는 아든숲을 배경으로 삼고 있다. 〈맥베스Macbeth〉〈리어왕King Lear〉〈심벌린 Cymbeline〉의 암울한 이야기 세 편은 켈트인이 살던 고대 영국에서 일어난 일들을 밑바탕으로 삼았다. 고전주의 극 여덟 편은 아테네, 로마, 티레, 트로이가 배경이다. 〈십이야Twelfth Night〉〈눈의 이야기A Winter's Tale〉〈템페스트The Tempest〉는 각각 신화상의 일리리아, 바다에 둘러싸인 보헤미아, '무인도'를 배경으로 이야기가 펼쳐진다. 하지만 그 나머지 작품들은 다음과 같이 분명히 대륙이 배경이다.

〈헛소동Much Ado About Nothing〉/ 메시나

〈베네치아의 상인The Merchant of Venice〉/ 베네치아

〈말괄량이 길들이기The Taming of the Shrew〉/ 파도바

〈자에는 자로Measure for Measure〉/ 빈

〈사랑의 헛수고Love's Labour's Lost〉/ 나바라

〈한여름 밤의 꿈A Midsummer Night's Dream〉/ 아테네

〈로미오와 줄리엣Romeo and Juliet〉/ 베로나

〈햄릿Hamlet〉/ 덴마크

〈오셀로Othello〉/ 베네치아

〈끝이 좋으면 다 좋아All's well that ends well〉/ 루시용, 파리, 마르세유, 피렌체

셰익스피어가 다루지 않은 나라들로는 이일랜드, 당시에 거의 알려져 있지 않았던 러시아, 〈햄릿〉에서 지나가듯 언급한 것이 전부인 폴란드, 독일, 그의 생전에 잉글랜드의 최고 숙적이었던 스페인과 스페인령 네덜란드를 꼽을 수 있다.

이 나라들의 근거지가 정확히 어디인가에 대해 셰익스피어는, 동시대인들과 마찬가지로, 두 가지 생각을 품고 있었다. 존 폴스타프John Falstaff 경은 스스로를 "유럽에서 가장 활동적인 인물"이라 소개하고 싶어했다(팔스타프는 셰익스피어의 〈즐거운 아낙네들〉〈헨리 4세 Henry IV〉(1부, 2부)〈헨리 5세Henry V〉에 등장하는 뚱뚱보 허풍쟁이 기사다. 주세페 베르디는 보이토가 쓴 대본으로 동명의 희가극(1893)를 작곡하기도 했다). 그러나 페트루키오Petrucchio는 말괄량이에게 구애하면서 그녀를 "기독교왕국 안에서 가장 예쁜 케이트The prettiest Kate in Christendom"라고 부른다(〈말괄량이 길들이기〉에서 말괄량이 "케이트" 곧 "캐서리나Katherina"의 구혼자 페트루키오가 하는 말이다). 이때만 해도 '기독교왕국'과 '유럽'은 아직 충분히 바꿔 쓸 수 있는 말이었다.

이내 프로테스탄트의 종교개혁에 대한 원성과 결합돼 이를 도화선으로 잇따라 반란이 일어났다. 1592~1601년의 구년전쟁Nine Years' War은 티론의 백작 휴 오닐Hugh O'Neill이 일으킨 얼스터 봉기로 촉발됐다. 구년전쟁은 엘리자베스 여왕의 부관 마운트조이Mountjoy(찰스 블런트Charles Blount) 경이 처절한 복수를 자행하는 가운데에 막을 내렸는데, 이어 그는 페일pale(12세기 이후 영국 통치하에 들어간 더블린 지방) 땅과 원주민 땅 사이의 구별을 없애고 아일랜드의 법을 철폐했으며, 아일랜드를 체계적으로 식민화하는 정책에 돌입했다. 1630년대에 스트래퍼드 백작(제1대, 토머스 웬트워스Thomas Wentworth)의 대리 통치 시기에 번영을 누리던 아일랜드는 1640년대에 들어 다시 폭동의 시기를 맞게 되는바, 아일랜드인들은 잉글랜드가 여러 가지로 곤경에 처한 틈을 타 종교적 관용책을 도입했고 따로 독립적 의회까지 꾸렸다. 그러다 1649~1651년에 크롬웰에게 무참히 정복당하면서 아일랜드는 사실상 잉글랜드에 병합됐다(부록 1621쪽 참조). [블라니]

잉글랜드는 그 힘과 부가 눈에 띄게 증가했는바, 대양을 누비며 벌인 사업들이 무엇보다 주효했다. 얼스터에 건설한 새 식민지 주민들은 대체로 스코트족 장로교도들로, 이들은 잉글랜드가 대서양 건너 버지니아와 뉴잉글랜드에 세운 것과 같은 종류의 피난처를 만들기를 바랐다. 잉글랜드는 아메리카대륙에 메릴랜드(1632)를 건설한 데 이어, 스페인으로부터 빼앗은 자메이카(1655), 캐롤라이나(1663), 네덜란드 식민지 뉴암스테르담이었던 뉴욕(1664), 뉴저지(1665)를 건설했다("뉴욕"은 제임스 2세 곧 요크 공의 이름을 따 명명됐다). 1651년의 항해조례Navigation Act는 네덜란드의 독립 이후 크롬웰의 잔부의회殘部議會, Rump Parliament가 통과시킨 법령으로, 특히 네덜란드 선박들로 하여금 잉글랜드의 국기를 보면 반드시 경례를 하도록 강요한 것이 특징이었다("잔부의회"는 1648년 12월 6일 토머스 프라이드Thomas Pride 대령이 1640년에 찰스 1세에 의해 소집된 장기의회를 폐회한 뒤에 소집된 의회다. 온건 장로파 의원을 몰아낸 뒤 과격 독립파 의원만으로 구성됐다). 이는 잉글랜드의 오만이 점점 도를 더해가고 있음을 뚜렷이 보여주는 사례였다.

스코틀랜드는 종교 및 정치 분쟁의 주 무대가 되는가 싶더니 종국에는 17세기에 일어난 '영국내전British Civil War'을 촉발시켰다. 존 녹스가 세운 스코틀랜드의 장로파 교회는 제네바(칼뱅파의 본산이었다)를 본보기 삼아 창설됐고, 칼뱅주의를 신봉한 창시자들은 교회를 세우며 신정체제를 염두에 두었었다. 그러나 분개한 왕실 당파가 교회가 품은 그 꿈의 싹을 몇 번이고 도려내버렸다. 1572년 녹스가 세상을 떠난 해에는 한 섭정이 스코틀랜드교회로 하여금 적잖은 수의 주교를 받아들이도록 강제력을 행사해, 교회와 국가 사이에 분쟁이 끊이지 않았다. 1610년에는 제임스 6세가 사도전승使徒傳承을 보호한다는 명목으로 세 명의 스코틀랜드인 주교에게 잉글랜드 교회 주교들이 집전하는 성별식을 받게 했다. 1618년에는 법 조항 5개조를 마련해 성찬식 때에 무릎을 꿇게 하는 등의 여러 교회 전례를 강제했다. 제임스 6세는 단계별로 조치를 취할 때마다 매번 스코틀랜드교회의 총회를 연기해 교회를 굴복시켰는데, 이로 말미암아 민중 사이에

블라니 BLARNEY

■ 1602년에 (아일랜드) 코크카운티의 블라니 경 코
■ 맥 매카시Cormack McCarthy는 교섭, 약속, 질의, 시간 낭비성 연설을 끝도 없이 이어가는 방식을 통해 자신의 성城 반환을 차일피일 미루고 있었다. 스페인 상륙군들의 지원이 있었음에도, 아일랜드의 귀족들은 작년에 이미 인근 킨세일에서 벌어진 전투에서 대패한 침이 있다. 그랬으니 마운트조이 잉글랜드군이 아일랜드를 완전한 항복으로 몰고 가는 것은 이제 시간문제일 뿐이었다.[1] 하지만 매카시의 저항이 사람들에게는 통쾌하게만 느껴졌다. '블라니'는 아일랜드인의 일상어에 파고들어 "기적과도 같은 연설의 힘" 혹은 "입담의 재능"이라는 말과 동의어로 통하게 됐다.[2] 아닌 게 아니라, 패배한 아일랜드인들이 이후 음악 및 문학 방면의 기술로 그 이름을 떨쳤을 때, 블라니성城은 아일랜드의 민족성 및 아일랜드인이 지닌 자부심의 상징으로 자리 잡았다. 블라니 성은 노래 〈블라니의 숲The Groves of Blarney〉(1798년경)을 통해 대중적으로 알려지면서 사람들의 발길이 이어지는 순례지로도 자리 잡았다. 이 성의 초석에는 "기원후 1446년 코맥 매카시가 나를 지어 올렸노라Cormac McCarthy fortis me fieri fecit AD 1446"라는 글귀가 적혀 있으며 사람들 사이에서 마법의 힘을 가졌다고 여겨진다. 돌출해 있는 총안 흉벽 아래에서 '블라니의 돌에 입을 맞추는kissing the Blarney Stone' 위험천만한 의식을 무사히 치르고 나면 그 보답으로 순례자가 말을 잘하는 재능을 얻게 된다는 이야기도 있다("have kissed the Blarney stone"은 "아첨하는 (또는 달변의) 재주가 있다"라는 의미의 영어 숙어다). 역사적으로 여기서 흥미로운 점은, 당시 아일랜드인이 그토록 유창하고 구변 좋게 구사했던 그 언어가 아일랜드인 자신의 언어는 아니었다는 사실이다.

서 격한 분노가 터져나왔다. 1637년에는 찰스 1세가 수정을 거친 영국국교회의 전례 및 기도서를 스코틀랜드교회에 강요하기도 했다. 찰스 1세는 총회의 의견을 구하지 않고 왕의 개인적 명령이라며 그런 조치를 취했고, 그래서 이때에도 한 차례 반란이 불붙었다. 이해 7월 23일 에든버러의 성자일스성당에서 처음으로 이런 전례가 도입됐을 때에는 폭동이 일어났다. 얼마 뒤 스코틀랜드의 모든 신분이 빠짐없이 참여한 혁명 위원회인 '탁상회의Tables'가 결성됐고, 1638년 2월에는 '서약'(국민서약National Covenant)이 조인됐다. 서약의 지지파는 무장 동맹군을 모집했고, 여기 소속된 병사들은 폴란드인들을 연상시키듯 그 법령을 수호하려 목숨 바쳐 싸울 것을 맹세해야 했다. 이들은 왕과 주교들로부터 어떻게든 장로파교회를 지키고, 잉글랜드로부터 스코틀랜드를 지켜낼 수 있기를 간절히 바랐다. 얼마 안 가 서약파는 진정한 스코틀랜드인이라면 모두 그 동맹에 동참할 것과 왕실의 인가를 받지 않은 독자적 의회를 구성할 것을 요구했다. 1640년 8월에는 서약파로 구성된 군대의 선봉대가 트위드강을 건너 잉글랜드를 침공했다.

이렇게 해서 스코틀랜드에서 발발한 종교전쟁은, 역시 그만큼이나 오랜 시일을 끈, 잉글랜드에서 일어난 왕과 의회 사이 다툼과 얽히게 됐다. 튜더왕가의 통치 동안 잉글랜드에서는 군주와 각 지방에서 선출된 대표가 손을 맞잡긴 했으나 잉글랜드 의회는 왕실의 방침대로 움직이는

기구일 뿐임을 여실히 드러냈다. "이 의회의 시대만큼 왕족이라는 우리의 신분에서 우리가 그토록 높은 위치에 올라선 적은 없었소"라고 헨리 8세는 의회 대표단을 앞에 두고 선언했다. "우리는 머리가 되고 여러분은 팔다리가 되듯 서로 결합되고 얽혀 한 몸과 다름없는 정치체를 구성하고 있소." 이때 머리가 누구를 말하는지는 물을 것도 없었다. 당시 잉글랜드 의회 의원들은 면책특권이 없었던 만큼, 그들이 왕의 노여움을 사지 않으려 노심초사하는 것은 당연했다.

그러나 제임스 1세 대(1603~1625) 들어 잉글랜드 하원이 정치 주도권을 장악하면서 의회가 왕에게 복종하는 시대도 막을 내렸다. 장기적 관점에서, 의회가 조세권을 장악하게 된 게 아주 결정적이었던 것으로 드러났다. 1629~1640년에 찰스 1세가 의회 없이 독자적으로 통치해나가겠다고 결심했어도 그 누구하나 왕에게 반기를 들 형편이 아니었다. 하지만 1640년 4월에 접어들어 스코틀랜드전쟁에 막대한 비용이 들어가게 되자 왕은 잉글랜드 의회를 소집해 전쟁 자금을 마련해달라고 간청할 수밖에 없었는데, 바로 이때 폭풍우가 몰아닥치게 된다. 왕실에서는 하늘이 내린 신성한 권리가 왕들에게 있다고 주장했으나, 의회의 법률가들은 마그나카르타(대헌장)를 인용하며 그 주장에 반기를 들었다. 대법관을 지낸 고故 에드워드 쿡Edward Coke 경이 말해 유명해진 금언에 따르면, "왕국의 법은 의회에 의하지 않고는 고쳐질 수 없다". 의회에서는 대간의서大諫議書, Grand Remonstrance(1641)를 만들어 왕의 실정失政을 방대한 내용에 걸쳐 조목조목 질책했다. 이윽고 찰스 1세의 고관 스트래퍼드 백작(토머스 웬트워스)이 의회로부터 탄핵을 당했고, 머뭇대던 왕의 동의하에 끝내 처형까지 당했다.

아일랜드도 이제 이 상황에 끼이게 된다. 생전에 스트래퍼드 백작은 자신의 선대 조상들이 아일랜드인 가톨릭교도들을 매우 모질게 대했던 것과 똑같이 얼스터에서 활동하던 장로파 교인들을 모질게 대한 바 있었다. 백작은 아일랜드인 군대를 모집해 잉글랜드와 스코틀랜드에서 모반을 일으킨 왕의 신민들을 제압하는 데 활용하곤 했었다. 하지만 1641년 그는 병사들에게 급료도 지불하지 않은 채 아일랜드를 떠나면서 나라 안에 공공연히 반란이 들끓게 했다. 그러다 스코틀랜드인 부대 하나가 자신들과 같은 종교를 믿는 프로테스탄트를 돕겠다며 아일랜드에 발을 들였고, 곳곳에 전선이 난립한 채로 싸움이 전개됐다. 사방이 가로막혀 오도가도 못하는 형국이 되자 찰스 1세는 자신이 튜더왕가의 일원이라도 되는 양 왕실에 반항하는 잉글랜드 하원 의원들을 잡아들이려 했다. 그러나 이 일은 수포로 돌아갔고 왕은 "눈앞에서 다 잡은 새들이 날아가버렸다"라며 말을 제대로 잇지 못했다. 이제 왕은 런던으로 도망쳐 자신의 신민들을 무장시켜 동원하는 것밖에는 다른 도리가 없었다. 그러나 그간 왕의 뜻에 따라 소집되지 못했던 의회가 왕의 말을 거역하고 나섰고, 왕은 의회 자문단의 충고를 받아들이는 왕들의 전통을 내던지고 노팅엄에서 자신의 기치를 들었다. 이것이 1642년 여름의 일이었다. 이 분쟁으로 찰스 1세는 목숨을 내놓아야 했다(1649). 양자가 만족할 만한 헌법상 평형은 1689년에야 비로소 찾아왔다.

따라서 '잉글랜드내전English Civil War'(1642~1651)이라는 말은, 당시 분쟁이 지닌 매우 복잡한 성격을 충분히 설명해주지 못한다는 점에서 적절한 용어가 되지 못한다. 이 분쟁은 잉글랜드에서 시작되지도 않았을뿐더러 분쟁의 범위가 잉글랜드 땅에만 국한되지도 않았다. 스코틀랜드·아일랜드·잉글랜드에서 별개로 벌어진 세 차례의 내전 모두가 이 분쟁에 속했으며, 스튜어트왕가가 차지하고 있던 모든 영토 구석구석에서 서로 연관성이 있는 전개 과정이 나타났다. 1642년 8월에 잉글랜드가 맞은 위기는 그것 하나만 따로 떼어 바라볼 수 있는 사건이 아닌 것이다. 왕 찰스 1세가 웨스트민스터의 의회를 향해 보인 날 선 태도는 그가 에든버러에서 겪은 불행한 일들에서 얼마간 영향을 받았을 게 분명하다. 한편 잉글랜드 의회의 호전성이 나날이 도를 더해간 것은 왕이 스코틀랜드와 아일랜드에서 진제적 빙침들을 취하고 있음을 의회에서 알게 됐다는 점, 또 왕이 종교적 측면에서 여러 강제적 조치를 취했다는 점, 당시 이미 싸움이 진행 중이었다는 점이 영향을 끼쳤다. 뭐니 뭐니 해도 이 분쟁은 정치적 및 종교적 원칙이 충돌해 벌어진 싸움이라 해야 했다. 이것을 사회집단이나 혹은 경제적 이해관계의 틀에서 설명하려는 노력들은, 몇 가지 점에서는 충분히 도움이 되기도 하지만, 종래에 나온 분석들 곧 사람들이 헌법과 종교에 대해 가지고 있던 확신에서 분쟁의 근원을 찾는 분석들을 아직 완전히 대체하지는 못하고 있다. 당시 가톨릭교도들과 고교회파 성공회교도들은 왕에게 그 누구보다 대단한 충성심을 갖는 사람들인지라, 따라서 군주제에서 이들이 누리는 특권도 공격당하는 상황이었다. 잉글랜드의 청교도들과 칼뱅파 스코틀랜드인들은 의회를 지지한 핵심 세력이어서, 이들은 의회야말로 절대주의로 가는 길을 막아주는 방벽이라 여겼다. 젠트리는 이들 사이에서 세력이 둘로 갈려 있었다.

지금까지 잉글랜드인들은, 잉글랜드에서 이 내전이 일어나는 동안에는 동시대 유럽 대륙의 전쟁들과는 달리 종교적 편협성이나 무분별한 학살 같은 것은 찾아볼 수 없었다고 배워왔다. 이와 관련해서는 당시 의회파 사령관 윌리엄 월러William Waller 경의 말이 가장 잘 사람들 입에 오르내리는바, 그는 1643년 라운드웨이다운전투Battle of Roundway Down를 코앞에 두고 왕당파의 서부군 사령관 랠프 홉턴Ralph Hopton 경에게 다음과 같이 서신을 전했다.

경에 대한 나의 호의는 너무도 굳건해 제아무리 불타오르는 적의도 당신에 대한 나의 우정을 금 가게 하지 못하지만, 그럼에도 나는 내가 받드는 대의에 충실해야만 하는 처지에 있소. 내 심장을 샅샅이 살피시는 위대한 하느님, 그분은 알고 계신다오. […] 내가 따로 적敵 없는 이 전쟁을 얼마나 더할 나위 없이 증오하는지를. 우리는 둘 다 무대 위에 올라서 있고, 이 비극에서 각자에게 부여된 역할을 해내야만 하오. 그 역할을 우리 부디 명예롭게, 그리고 서로에 대한 개인적 반감은 접어둔 채 해냅시다.[51]

그러나 이와 같은 관용의 정신이 정말 당시 상황을 지배하고 있었다면, 전쟁은 결코 지속될 수 없었을 것이다.

까닭인즉, 당시 상황의 이면에는 왕당파와 의회파 모두 단 한 발짝도 물러서지 않으려 한 여러 핵심 사안이 있었기 때문이다. 의회파가 내건 '낮은 세금 원칙'은 잉글랜드 왕에게 통치권을 효과적으로 행사할 힘을 마련해주지 못하는 것이었다. 게다가 당시 잉글랜드의 주류 기득권은 오로지 잉글랜드의 일에만 안중에 있을 뿐 아일랜드와 스코틀랜드의 개별적 이해관계에는 별 관심이 없었다. 그리고 무엇보다 종교적 문제들과 관련해 의회파 왕당파 모두 상대방을 박해해서라도 잉글랜드가 하나의 종교만을 믿게 되기를 바라고 있었다. 이 전쟁은 다시 말해 "종교의 자유를 위해 치러진 싸움이 아니라 서로 경쟁을 벌이는 박해자 집단 사이에 벌어진 싸움이었다."52 당시 왕당파에서는 통일령을 지지했다. 의회에서는 자신들이 군사적 승세를 잡은 순간에는 장로파의 서약Presbyterian Covenant을 일률적으로 시행하려 노력했다. 그러나 정작 현실에서는 절대적 통일성을 실행시키기란 불가능한 일임을 양측 모두 깨달을 수 있었다.

전쟁에 끔찍한 일들이 없을 리 없다. 볼턴집단학살Bolton Massacre(1644. 6)처럼 사료에도 명백하게 드러나는 잔혹 행위들이 라인 공작 루퍼트Prince Rupert of the Rhine(컴벌랜드 공작 루퍼트)가 이끄는 군대의 손에 의해 자행됐고, 드로이다약탈Sack of Drogheda(1649)이라는 끔찍한 사태가 일어나 크롬웰의 손에 한 아일랜드 도시의 주민 전체가 몰살당했으며, 세간에 그만큼 널리 알려지지는 않았으나 포로들이 죽임을 당하거나 촌락들이 노략질을 당하는 일들도 벌어졌다.

4년간 벌어진 이 싸움으로 지방군과 중앙군 모두가 가담하는 교전이 수차례 벌어졌다. 전쟁 초반부만 해도 왕당파가 옥스퍼드의 크라이스트처치Christ Church를 본진으로 삼고 잉글랜드 대부분의 지방에서 승기를 잡아나갔다. 그러나 의회파 군대가 스코틀랜드인으로 구성된 서약자동맹League of Covenanter으로부터 지원을 받아 런던에 난공불락의 기지를 차지했고, 이후로 중앙정부 기관들까지 장악했다. 머지않아 이들은 신형군New Model Army이라는 전문 병사 집단을 양성했고, 이 군대를 탄생시킨 장본인으로서 막강한 위력을 발휘한 올리버 크롬웰Oliver Cromwell(1599~1658)이 서서히 군무軍務에다 정무政務까지 지휘했다. 이제 도시는 의회가 장악하는 일이 많아졌고, 시골 지역에는 왕이 위세를 떨치는 일이 많아졌다. 어느 한쪽도 전반적 주도권은 일절 잡지 못하다, 의회가 우월한 조직, 막강한 장군, 스코틀랜드인들의 동맹에 힘입어 싸움에서 성과를 거둬나갔다. 옥스퍼드 북쪽의 에지힐에서 초반에 대규모 접전이 벌어진 이후(1642. 9. 24), 양쪽은 요크셔의 마스턴무어(1644. 7. 2)와 네이즈비(1645. 6. 14) 전장을 거치며 결정적 일전들을 벌였다. 그러다 1646년 왕(찰스 1세)이 뉴어크에서 스코틀랜드인에게 항복한 이후로 왕당파는 공공연한 저항은 일체 하지 못했다.

싸움이 그 속도를 늦춰가는 만큼, 정치 상황은 급변해 당장 전복이라도 될 듯했다. 의회파 진영은 단기간에 급진적 성향을 띠게 되는바, 공화주의 성향이 강해진 것에서도 그랬지만 극단적 복음주의 종파들, 그중에서도 수평파Levellers와 개간파Diggers와 연합하게 된 데서도 그러했다. 크롬웰은 왕으로부터 자신의 뜻에 따르겠다는 확답을 끌어내지 못하자 왕을 처형시키기로 결심한다—이 결정에 따라 1649년 1월 30일 화이트홀 궁전 앞에서 찰스 1세가 처형됐고 이것이 영연방Commonwealth이 출범하는 계기가 됐다. 크롬웰은 장기의회Long Parliament(1640~1653)가 자신의 힘으로 통제되지 않자 의회를 해산해버렸다. 또 아일랜드인들과 스코틀랜드인들을 자기 편으로 끌어들이는 데에 설득이 통하지 않자 아일랜드에 이어 스코틀랜드까지 침공해 들어갔다. 크롬웰이 우스터에서 스코틀랜드인들을 상대로 승리를 서두자(1651) 이제 전상에서 그를 꺾을 수 있는 자는 아무도 없었다. 그러나 크롬웰은 자신이 직접 고른 지지자들로 구성된 이른바 베어본스 의회Barebones Parliament마저 해산해버렸다(영어에서 'barebones'는 "핵심 골자만을 추린"이라는 의미를 갖고 있다). 베어본스 의회 의원들에게 크롬웰은 "불가피한 일들에는 법이란 게 없다"라고 말했다. 크롬웰은 11개 군사 지역 대령들에게 힘입어 계속 호국경護國卿, Lord Protector 자리에 남아 통치해나갈 수 있었다("호국경"은 잉글랜드 역사에서 왕의 권력이 미약한 시기에 왕을 섭정하던 귀족에게 붙이던 호칭이다). 의회의 통치를 포기한 만큼 이제 의회가 내거는 명분은 정치적으로 파산한 것이나 다름없었다.

'위대한 올리버The Great Oliver'로 일컬어진 크롬웰은 결단력에서 그를 따를 이가 없다고 할 사람이었다. 그는 자신을 그린 초상화가에게 말했다. "렐리 선생, 나는 선생이 […] 진정으로 나를 닮은 그림을 그리길 바라오. 이 우락부락하고, 여드름투성이에 물사마귀투성이인 얼굴을. 안 그랬다간 그림값은 단 한 푼도 못 받을 줄 아시오." 그러나 크롬웰은 지속적 해법들은 전혀 마련할 줄 몰랐던 데다 모든 일을, 심지어는 드로이다약탈 같은 일마저도, 하느님이 내리신 심판의 문제라고 생각하는 경향이 있었다. 이런 크롬웰이 세상을 떠나자 기다렸다는 듯 왕당파의 대의가 되살아났다. 이른바 스타투스 쿠오 안테 벨룸status quo ante bellum(전전戰前상태)으로 되돌아가는 것 외에는 대안이 없었던 것이다. 그러기 위해서는 왕과 의회 양쪽 모두가 힘을 회복해야만 했다. 그리하여 1660년 5월 29일, 면책 및 망각 법령Act of Indemnity and Oblivion을 조건으로 유배지에 머물고 있던 찰스 2세(1685년 몰)가 본국 잉글랜드로 돌아왔다. 잉글랜드에서는 왕과 의회 모두 어떻게 하면 서로를 예의주시하면서 공생해나갈 수 있는지 그 규칙들을 다시금 익혀나가야 했다.

어떤 면에서 영국내전은 당시 유럽의 수많은 국가가 성장하면서 받은 갖가지 중압감을 반영한 것이라고도 볼 수 있었다. 그러나 이 영국내전에서 영감을 받아 유럽 대륙에서도 그 비슷한 일들이 벌어지는 일은 없었던 만큼, 본질적 측면에서 영국내전은 국지적 차원의 비극으로 보아야 옳을 것이다.

북해 건너에서는, 스칸디나비아반도의 나라들이 정반대 방향으로 움직이고 있었다―곧 통일에서 점점 멀어져가고 있었다. 특히나 스웨덴은 데인인의 지배에 오랜 기간 이를 갈아온 터였다. 1460년대 이후로 스웨덴은 4개 신분으로 구성된 독자적 리크스다그Riksdag(의회)를 두고 있었거니와 1479년 이후로는 독자적으로 웁살라대학도 설립·운영해오고 있었다. 1520년 크리스마스, 데인인 왕이 다시 한 번 왕위에 오르자 달라르나에서 이에 반발하는 반란이 일어났다. 스톡홀름의 시市 광장에서 일어난 반란은 100여 명의 지지자가 반역죄로 처형당하면서 반란의 불길을 더욱 거세게 지폈을 뿐이었다. 그러다 젊은 귀족 구스타브 에릭손 바사Gustav Eriksson Vasa가 이끈 반란군이 데인인 군대를 몰아내는 데 성공했다. 1523년에는 칼마르동맹Union of Kalmar이 무너졌다("칼마르동맹"은 1397년 스웨덴 칼마르에서 결성된 스웨덴·덴마크·노르웨이 삼국의 연합이었다). 구스타브 1세 바사Gustav I Vasa(재위 1523~1560) 대에 스웨덴은 독자적 노선을 걸었다. 덴마크와 노르웨이는, 프레데리크 1세Frederick I(재위 덴마크 왕 1523~1533, 노르웨이 왕 1524~1533)와 그의 후계자들 대에 들어 일찌감치 루터교의 기치 아래로 모였다. 이로 말미암아 생겨난 경쟁은, 분쟁 지역 할란트를 둘러싸고 특히 심했는바, 이후 1세기 내내 치열한 양상으로 전개됐다.

스웨덴. 이후 스웨덴의 국운은 바사가家, 발트해에서의 패권 장악 그리고 다소 지체된 면은 있으나, 프로테스탄트의 대의와 긴밀하게 얽혔다. 1527년에는 베스테로스 의회에서 구스타브 바사 1세가 잉글랜드의 헨리 8세를 염두에 두고 에라스투스주의 교회를 창설했다("베스테로스"는 지금의 스웨덴 베스트만란드주의 주도다). 이와 함께 가톨릭 전례는 폐지하는 한편, 교회의 토지 재산을 자신의 지지자들에게 넘겨주는 방법을 통해 막강한 군주제의 사회적 기반을 닦았다. 그의 둘째 아들 요한 3세Johan III(재위 1568~1592)는 폴란드 야기에우워왕가의 상속녀와 결혼했고, 손자 시기스문드 3세 바사Sigismund III Vasa 대(재위 1592~1604)는 폴란드의 왕〔지그문트 3세〕(재위 1587~1632)으로 선출되기도 했다. 시기스문드는 세가 이울어가는 가톨릭 파당에는 마지막 희망이나 다름없었다. 그가 왕으로 즉위하면서 촉발된 내전에서 폴란드 귀족 태반은 프로테스탄트주의가 폴란드의 독립과 직결된다는 확신을 갖게 됐다. 1593년 웁살라종교회의Synod of Uppsala는 아우크스부르크신앙고백을 국교로 채택했다. 시기스문드는 폐위되고 그의 숙부 쇠데르만란드 공작 칼 9세Karl IX가 왕위에 올라(재위 1604~1611) 루터파 계열을 키워내게 된다. 이후 스웨덴은 폴란드와 끊임없이 전쟁을 치르며, 발트해에서 전략적 이해관계에 따른 충돌을 벌이는 데서 왕조 차원 및 종교적 차원의 동기도 추가로 갖게 됐다.

구스타브 2세 아돌프Gustav II Adolf(재위 1611~1632)는 공격이야말로 최선의 방어라고 여긴 인물이었다[라틴어 이름 구스타부스 아돌푸스Gustavus Adolphus으로도 많이 알려져 있다]. 엄청난 재능, 안정적 정치 기반, 해군, 거기다 스페인마저도 능가할 자국 육군을 보유한 그는 자체 자금 조달이 가능한 군사 원정의 기술을 완성시켰다. 그는 1613년에는 덴마크로부터 칼마르를 수복했고, 1614~1617년에는 동란시대를 겪은 모스크바대공국의 정세에 개입해 잉그리아와 카렐리야를 떼어왔다. 1617~1629년에는 폴란드-리투아니아를 침공해 리가를 차지하고(1621) 단치히를 포위했다(1626~1629). 한번은 폴란드의 경기병에게 사로잡혔다가 간신히 몸을 빼내기도 했다. 하지만 그러고도 비스와강의 통행세를 쥐어 짜내 얼마나 큰돈을 벌었는지 전보다도 훨씬 더 과감한 행보에 나설 수 있었다. 1630년에는 프랑스의 지원을 받아 극적으로 녹일에 입성하기도 했다. 여전히 창창하기만 했던 구스타브의 앞날은 그가 뤼첸전투Battle of Lützen에 나섰다 전사하면서(뒤의 내용 참조) 그 맥이 뚝 끊기고 말았다.

크리스티나Kristina 여왕(재위 1632~1654)은 성장기에 재상 악셀 구스타브손 옥센셰르나Axel Gustafsson Oxenstierna의 섭정을 받았는데, 크리스티나 재위기에 스웨덴은 할란트 정복(1645)과 베스트팔렌조약을 계기로 세가 부쩍 커지며 절정기를 맞았다. 하지만 크리스티나는 몰래 가톨릭으로 개종했다가 왕위에서 내려와 로마에서 묻혀 지냈다. 크리스티나의 사촌인 칼 10세Karl X(재위 1654~1660)는 모스크바대공국의 야욕과 마땅히 일이 없던 군대에 들어가는 비용을 걱정한 나머지, 폴란드-리투아니아의 정세에 개입하는 상투적 방책을 쓰기로 했다. 그러나 그가 불시에 세상을 떠나면서 올리바조약Treaty of Oliva(1660)에서 폭넓은 합의가 이뤄질 여지가 마련됐다(뒤의 내용 참조).

스웨덴은 발트해에 대한 완전한 패권 곧 더 많이 알려지기로는 도미니움 마리스 발티카에dominium maris Balticae를 장악한 적이 한 번도 없었다. 그러나 반세기 동안 스웨덴은 유럽의 정세에서 그 덩치에 걸맞지 않은 역할을 했다—즉 스웨덴은 북쪽의 무서운 나라이자, 시대를 대표하는 불가사의한 군사 강국이었으며, 프로테스탄트 강대국 중에서도 가장 적극적이었다.

폴란드-리투아니아. 폴란드-리투아니아는 16세기와 17세기 초반에 '황금기'를 경험한 또 다른 나라였다. 야기에우워왕가의 마지막 왕들이 차지한 영토는 유럽에서 가장 커다란 규모를 자랑했다. 거기에다 폴란드-리투아니아는 동시대의 수많은 국가를 괴롭힌 종교전쟁이나 오스만제국의 침략 같은 문제들을 모두 피할 수 있었다. 지그문트 1세Zygmunt I(재위 1506~1548)와, 스포르차 가문의 여왕을 아내로 두었고 어머니도 스포르차가 출신 여왕이었던 지그문트 2세 아우구스트Zygmunt II August대(재위 1548~1572)에 폴란드는 이탈리아, 특히 베네치아와 강력한 유대를 맺고 그 결실을 맛보았다. 크라쿠프는 르네상스 시대 왕실 중에서도 가장 활기가 넘치는 조정이 자리한 곳의 하나였다.

그러다 루블린연합Union of Lubiln(1569)을 계기로 제치포스폴리타Rzeczpospolita—"공화국 Republic" 혹은 "연방Commonwealth"의 뜻—가 탄생하는데, 왕실에 왕위 계승자가 없기도 했거니와 모스크바대공국이 위협을 가해온 것도 한몫했다. 이 공화국은 폴란드와 리투아니아의 이해관계 사이에서 탄생한 아우스글라이히Ausgleich의 초기 형태라 할 수 있었다("아우스글라이히"는 "대타협"이라는 뜻으로, 1867년 2월 8일 오스트리아제국과 헝가리왕국 사이에 체결된 타협안이다. 헝가리왕국의 주권과 지위가 부분적으로 재확립됐다). 폴란드 코로나Korona(왕국)는 리투아니아대공국을 받아들이며 리투아니아대공국에 자국과 동등한 권리를 갖는 협력국의 자격을 부여했다. 그 대가로 광대하게 펼쳐진 우크라이나의 팔츠 백작령을 폴란드왕국이 차지하기는 했지만 말이다. 리투아니아대공국은 자신들만의 법, 행정, 군대 체제를 유지해나갔다. 둘이 합쳐 만들어진 나라는 공동으로 선출한 군주 한 명과 공동의 세임Sejm(의회)이 함께 통치했다. 그리고 이와 같은 고상한 민주주의 체제를 고안해낸 통치층의 슐라흐타가 지배적 역할을 도맡았다. 이들은 세이미크sejmik라 불린 지방의회를 통해 세금 징수 및 군무 등을 처리했다. 또한 대관戴冠서약Coronation Oath에 부가되는 이른바 팍타 콘벤타Pacta Conventa(일종의 '협정서')를 통해, 자신들의 왕을 계약을 맺고 일하는 관리자 같은 존재로 고용할 수 있었다. 무장 연맹이나 무장 연합체 같은 법적 저항 수단을 통해서는, 왕실이 꾸미는 모든 모략에서 자신들의 입지를 지켜내기도 했다. 아울러 이들은 모든 의회 심의에서 만장일치의 원칙을 적용해 그 어떤 왕이나 또 그 어떤 파당도 공공의 이익을 함부로 무시하지 못하게끔 했다. 폴란드의 이러한 체제는 18세기 유럽 전역에서 흔히 찾아볼 수 있던 일반적 무정부 상태는 아니었다. 당시에 어떤 결점들이 있었건 간에, 이 체제는 절대주의와 종교 분쟁의 시대에 시도된 대담한 민주주의 실험으로서 일종의 신선한 대안을 제시한 셈이었다. 제치포스폴리타가 동료 민주주의자들 사이에서 얻은 평판은 후대에 그것을 말살한 이들의 편견이 가득한 프로파간다에 의지해서는 안 될 것이다.

루블린연합 이후부터 1648년 사회 전반에 위기가 닥치기까지의 80년 사이, 폴란드-리투아니아공화국은 주변 이웃나라들보다 더 잘나갔다. 발트해 무역이 공화국의 수많은 귀족에게 예전에는 경험해보지 못한 새로운 부를 안겨주었다. 공화국의 도시들은, 특히 단치히는, 왕실 특허장의 힘을 빌려 막강하게 번성해나갔다. 반종교개혁 운동도 열심히 추진됐으나 공공연한 분쟁으로까지 불거지지는 않았다. 1606~1609년 대大로쿠슈rokosz(귀족 연맹의 합법적 반란) 동안에는 귀족들이 정부 운용에 제동을 걸기도 했으나, 후대 들어 그렇듯 귀족들이 정부 기능을 마비시키는 악습들을 극단적 수준까지 밀어붙이는 일은 통상적으로 없었다. 귀족들은 왕을 선출할 때는 주교들을 비롯해 알프스 이남의 친親합스부르크파와 대립관계에 있는 이들을 선택했다. 당시 공화국은 변경지대, 혹은 타국의 영토를 전장 삼아 외전外戰을 치렀다.

공화국의 군주제는, 각양각색의 재능을 지닌 왕들이 재위에 올라 이끌기는 했지만, 대체로 권위를 잘 유지해나갔다. 제1대 선출왕 앙리 발루아Henry Valois(재위 1573~1575)가 공화국에 더 없는 재앙이었던 건 부정할 수 없는 사실이었다("앙리 발루아"는 곧 프랑스 왕 앙리 3세. 재위 1574~1589). 하지만 그는 재위에 오르고 4개월 후 후 도망치듯 공화국을 빠져나가 자신이 나고 자란 프랑스에 몸을 의탁했고, 이를 사람들도 별로 애석해 하지 않았다. 이어 왕위에 오른 트란실바니아 태생의 에너지 넘치는 스테판 바토리Stefan Bátory(재위 1576~1586)는, 다시금 왕의 존엄을 주장하며 복잡한 기제로 운영되는 공화국의 정국이 효과적으로 운용될 수 있도록 했다. 그는 1578~1582년 이반 4세를 맞아 전쟁을 성공적으로 이끌면서 리보니아를 수중에 넣었다. 제3대왕 스웨덴 태생의 지그문트 3세 바자Zygmunt III Waza(재위 1587~1632)는 수차례 우여곡절을 겪으며 힘든 시기를 보냈지만, 로쿠슈와 1610~1619년 폴란드의 불안정한 모스크바대공국 개입의 고비까지도 무사히 넘겼다. 바자의 두 아들 즉 차르였던 브와디스와프 4세 바자Władysław IV Waza(재위 1632~1648)와 추기경을 지낸 얀 2세 카지미에시 바자Jan II Kazimierz Waza(재위 1648~1668) 대에 공화국은 각각 고요와 혼란을 경험했다.

얀 2세 카지미에시 바자의 재위 때는 일련의 재앙이 거의 구름 한 점 끼지 않은 듯 고요하다 어느 날 갑자기 폭발하듯 몰아 닥쳤다. 1648~1654년에 드니프로강의 코사크족이 보흐단 흐멜니츠키Bohdan Khmelnytsky의 지휘 아래 반란을 일으키더니, 마구잡이로 사람들을 죽이는 코사크족과 타타르족 군대가 비스와강을 턱밑까지 치고 올라와서는 우크라이나 전역에 걸쳐 가톨릭교도들과 유대인들을 대거 살육했다. 그러자 농민들의 분노가 동부 속주들에 심각하게 퍼져 있던 정치적, 사회적, 종교적 불만들과 합쳐졌다. 코사크족의 반란은 흐멜니츠키가 궁지에 몰려 차르에게 도움을 요청했을 때는 거의 진압된 상태였다. 이런 상황에서 1654~1567년 모스크바의 침공으로 리투아니아와 우크라이나 모두 죽음과 파멸을 맞은바 스웨덴인들로서는 전략적 측면에서 우려가 들지 않을 수 없었다. 1655~1660년 스웨덴인들의 두 차례 침공은 당시 폴란드에서는 포토프Potop(대홍수)로 알려졌는데, 폴란드왕국과 리투아니아대공국 둘 다 휩쓸면서 왕은 망명을 떠나야 했고 실세들은 반역죄로 몰렸다. 이 와중에 저항해 나설 수 있었던 것은 쳉스토호바의 야스나고라수도원 단 한 곳뿐으로, 수도원의 검은 성모마리아Black Madonna 성화가 스웨덴인들이 날린 대포알을 기적적으로 손쉽게 표적에서 빗나가게 해준 것이다. 거기에다 트란실바니아인들과 브란덴부르크인들까지 공화국 침략에 가세하면서, 나라는 완전히 무너질 위기에 처했다. 그러나 폴란드는 경이에 가까운 회복력으로 기운을 추슬렀다. 그 기세에 모스크바대공국의 군대는 진군이 중단됐고, 스웨덴인들도 붙잡히는 신세가 됐으며, 프로이센인들은 돈을 받고 물러갔다. 1658년에는 헤트만Hetman(군 최고사령관) 스테판 차르니에츠키Stefan Czarniecki가 유틀란트에서 스웨덴인들을 상대로 군사작전에 나섰다. 그러다 공화국 서쪽 이웃국들의 요구를 들어주는 조건으로 올리바조약(1660)이 맺어져, 얀 2세 카지미에시 바자 대에 일어난 다툼을 종식시켰으며 프로이센공작령의 독립을 확실히 못 박으며 더 나은 미래를 약속했다.

이후로 공화국은 한숨 돌리며 그간 쌓인 여러 문제를 해결하려 애쓰는 듯했다. 폴란드 기병대는 1660년대에 들어서자 매년 군사작전을 벌여 모스크바대공국 군대를 러시아 쪽으로 꾸준히 밀어냈다. 이어 국력이 대체로 회복됐다는 희망에서 왕(얀 2세 카지미에시 바자)이 헌법 개혁을 시도했는데, 이것이 귀족층 민주주의자들로부터 폭력까지 불사하는 뜻밖의 거센 반발을 불러일으켰다. 1665~1667년에 헤트만 예지 세바스티안 루보미르스키Jerzy Sebastian Lubomirski의 난을 계기로 동족상잔이 불붙으면서 모든 방면의 발전의 막을 내렸다. 폴란드 왕과 그의 반대파 사이에서는 정치적 교착상태가 생겨났다. 동시에 공화국은 이 난국으로 인해 숙명적 안드루소보휴전협정Truce of Andrusovo(1667)을 맺을 수밖에 없었으니, 조약에 따라 키이우와 우크라이나 좌안을 문면으로는 20년이었으나 실질적으로는 영구히 러시아인들에게 넘겨주어야 했다. 폴란드 왕(얀 2세 카지미에시 바자)은 재위에서 물러나 프랑스로 떠났고, 그곳에 머물다 세상을 떠난 후 생제르맹데프레성당에 묻혔다. 그의 재위 때 주조된 악화惡貨 동전에는 그의 이름Iohannes Casimirus Rex(요하네스 카시미루스 왕)의 머리글자 ICR가 새겨져 있었다. 이 머리글자가 세간에서는 '이니티움 칼라미타툼 레이푸블리카이Initium Calamitatum Reipublicae' 즉 '공화국 대재난의 시작'이라는 뜻으로 통했다.

폴란드의 이와 같은 고초가 시작된 시기는 폴란드에 이웃한 두 나라가 막 힘을 떨치기 시작한 시기와 일치했으니, 바로 프로이센과 모스크바대공국이었다.

프로이센. 프로이센은 16세기에도 여전히 튜턴기사단국Teutonic State(독일기사단국)이 남긴 잔재에 거처를 마련하고 있었으며, 이즈음의 수십 년은 공연히 에너지만 낭비하던 터라 과감한 혁신이 절실했다. 프로이센은 리투아니아를 개종시키는 방법을 통해 이교도들을 개종시키겠다는 사명을 상실한 데다, 그룬발트에서 패배를 당하면서(1410) 군사적 패권을 상실하고 폴란드가 엘빙(엘블롱크), 토룬. 단치히(그단스크)(1466)를 손에 넣으면서 상업적 우위마저 잃은 상태였다. 거기다 독일의 종교개혁이 시작된 것이 프로이센의 존망에 위협을 가해오고 있었던 터라, 프로이센은 마지막 기사단 단장 알브레히트 폰 호엔촐레른Albrecht von Hohenzollern의 주도하에 서둘러 폴란드왕국의 세속 봉토로 탈바꿈하는 중이었다. 루터교로 개종한 알브레히트는 독일기사단을 해산하는 한편 1525년에는 자신의 새 공국을 걸고 크라쿠프시광장에서 충성을 맹약했다. 알브레히트 공작은 쾨니히스베르크(지금의 러시아 칼리닌그라드)를 수도로 삼은 뒤 그곳을 근거지로 종국에는 자신의 영지를 브란덴부르크에 있는 친척들과 연계시킬 전략을 짰다. 알브레히트는 자신의 공국에 대한 법적 반환권을 사들여, 슬하의 후계자들이 재위에 실패할 경우 영유권이 자동적으로 베를린의 호엔촐레른가家에 넘어가게 조치를 취했다. 이 정책은 1618년에 결실을 맺었다. 이후로는 한 사람의 동일한 호엔촐레른가 통치자가 브란덴부르크 선제후와 프로이센 공작을 겸하게 됐고, 이로써 브란덴부르크-프로이센이 탄생했다(부록 1618쪽 참조).

대大선제후Großer Kurfürst 프리드리히 빌헬름Friedrich Wilhelm(재위 1640~1688)은 평상시 폴란드어를 사용하며 '폴란드의 제1대 군주'라는 외양을 간직하려 위해 노력한 인물로 1641년에 자신의 공국을 걸고 충성을 맹세했다. 15년 후 폴란드에 '스웨덴 대홍수Swedish Deluge'〔폴란드어 '포토프 슈베츠키Potop Szwedzki'〕 사태가 한창일 때, 프리드리히 군대가 자기 군왕의 수도인 바르샤바를 점령했다. 프로이센의 군대가 역사에 처음 선을 보이는 순간이었다. 이후로 필요했던 것은 양면 외교를 이용한 배반이었으니, 이를 통해 프로이센은 처음에는 스웨덴인들로부터 나중에는 폴란드인들로부터 프로이센이 주권국의 지위를 가짐을 우격다짐으로 인정받았다. 프로이센은 올리바조약으로 〔프로이센 공령公領에 대한 주권을〕 공식 인정을 받았다. 이렇게 해서 당당한 위세로 프로이센 정신이 행군을 개시했다.

모스크바대공국. 모스크바대공국은 이반 3세(재위 1462~1505)의 주도로 착수된 웅대한 전략을 경이롭다고 할 끈기로 밀고 나갔다. 이반 4세Ivan IV(재위 1533~1584)는, 그로즈니Grozny(잔혹왕)라 불리기도 한 황제로, 선대 황제들이 준비해온 세습국가 건설을 마침내 마무리 지었다. 가장 초기에 모스크바대공국을 답사한 한 여행가는 이곳에서는 "모든 사람이 스스로를 홀로프kholop 즉 제후의 노예로 여기고 있다"라고 적었다.[53] 이반은 오프리치니나oprichnina—차후 러시아에 생겨나는 모든 보안기구의 전신—라는 기구를 설립하는 방법을 통해, 속주들은 뒷전에 둔 채 자신의 사적인 뜻과 영역을 지켜갔고, 아울러 걷잡을 수 없는 공포의 시대를 열었다. 그는 노브고로드를 쑥대밭으로 만드는 한편, 몇 주간 피의 살육을 벌여 주민을 거의 몰살시키는 방법으로 모스크바가 러시아에서 얼마나 큰 패권을 가지고 있는지 확실히 보여주었다. 또 고대 보야르boyar〔귀족〕 일문과 그들로 구성된 젬스키 소보르zemsky sobor(전국회의)의 힘을 무너뜨려, 철저하게 순종적이고 위계가 확실한 사회를 만들어냈다. 또 모스크바 제1대 총대주교를 임명해 개별적이지만 의존적인 성격을 가진 러시아정교회Russian Orthodox Church도 완성시키니, 이후 러시아정교회는 모든 외부의 영향력에서 단절된 채 지내게 된다. 아울러 이반은 카잔칸국khanate of Kazan을 합병해 무슬림 땅에서 기독교가 승리했음을 기념하는 뜻에서 거대한 수태고지성당을 세우면서(1562) 제국을 향한 거침없는 야욕을 드러내 보였다. 이반은 부역 명부razryiad(service list)와 배치국pomestnyi prikaz(bureau of placements)을 통해 나라의 모든 국가공무원과 그 임명 현황을 예의주시했다. 곧 노멘클라투라(특권계층)의 전신인 셈이었다. 사회-정치적 측면에서의 이식과 절단이 이토록 광범위하게 전개된바 환자의 병증이 심해진 것은 어쩌면 당연한 일이었다.

1598년 이반 4세의 아들 표도르 1세 이바노비치Fyodor I Ivanovich(재위 1584~1598)가 죽고 15년 후 로마노프가家가 재위에 오를 때까지는 모스크바에 동란시대Time of Troubles(Смутное время)가 이어졌다. 중앙권력이 여기저기 찢겨나가는 가운데, 여러 곳의 보야르 파당에서는 자기들끼리 싸움을 벌이며 하나같이 운이 없는 다섯 명의 차르를 연달아 옹립했다. 거기에다 농민반란이 수차례 일어나는가 하면 코사크족의 침략도 이어졌다. 모스크바 시골에는 스웨덴인, 폴란드인, 타타르족이 침략해왔다. 표도르 밑에서 최고고문으로 일했던 황제 보리스 고두노프Boris Godunov(재위 1598~1605)는 타타르족 태생의 보야르였는데, 왕위 계승 자격을 가진 후계자를 죽였다는 혐의를 받고 실각했다. 가짜 드미트리 1세False Dmitri I(재위 1605~1606)는 참칭자로 자신이 이반 4세의 살해당한 아들이라고 주장했다. 그는 폴란드의 유력자들, 예지 무니셰흐Jerzy Mniszech의 예수회 친구들의 지지를 받아, 무니셰흐의 딸 마리나Marina와 결혼하게 된다. 개혁을 시도한 가짜 드미트리 1세의 짧은 지배는 폭발하듯 막을 내렸고, 이후 차기 차르를 노리던 바실리 슈이스키Vasili Shuiskii(재위 1606~1610)의 추종자들은 붉은광장에서 그의 시신을 대포에 넣고 발사했다. 이어 바실리 슈이스키(바실리 4세)도 또 다른 참칭자 가짜 드미트리 2세False Dmitri II, 일명 '투시노의 도둑Thief of Tushino'으로 모종의 수를 써서 마리나에게 자신이 환생한 남편임을 납득시킨 인물에게 밀려 실각을 당했다. 슈이스키는 폴란드에 붙잡혀 있다 그대로 세상을 떠났다. 그 뒤를 폴란드의 황태자 브와디스와프 4세 바자(재위 1632~1648)가 이었는데, 그가 차르로 물망에 오른 것은 보야르 파당들 중 또 다른 세력의 입김이 작용한 결과였다.

무니셰흐의 경우에서처럼 폴란드 귀족 중에는 모스크바의 동란시대에 사적으로 연루돼 있는 자가 상당수였으나, 폴란드공화국에서는 일정한 거리를 두고 지켜본다는 것이 공식 방침이었다. 폴란드 왕만 해도 무니셰흐가 입안한 계획을 지지할 수 없다는 입장을 밝힌 바 있었다—이런 공식 입장에도 불구하고 러시아에서는 그와는 정반대의 풍문들이 떠돌았지만. 폴란드 의회에서도 왕에게 스몰렌스크 수복이라는 정해진 목표가 아닌 한 모스크바에 돈이나 병력을 일절 들이지 말아야 한다고 경고한 바 있었다. 그래서 1610년 폴란드 군대가 스몰렌스크까지 진격했을 때, 이들과 나란히 스웨덴인들도 이미 노브고로드에 발을 들인 상태였는데, 거기서 더 나아가라는 명령은 떨어지지 않았다. 그러나 나중에 한 폴란드 군대 사령관이 당시 일에 분통을 터뜨리며 폴란드 의회에 설명했듯, 폴란드 병사들은 지령에도 아랑곳없이 자기들끼리 모스크바 땅으로 밀고 들어갔다. 러시아 군대가 클루시노에서 폴란드 병사들에게 대패하고 모스크바로 통하는 도로마저 무방비로 뚫리면서, 폴란드 군대는 별 저항 없이 크렘린을 장악할 수 있었다. 그 뒤에도 수비대가 남아 1년여에 걸쳐 항전했으나 결국 항복했다. 모스크바를 불바다로 만들기도 했던 폴란드 군대는 푸주한 쿠지마 미닌Kuzma Minin, 드미트리 포자르스키Dmitry Pozharsky 공쇼, 새 차르 미하일 표도로비치 로마노프Mikhail Fyodorovich Romanov(재위 1613~1645) 휘하에 모인 애국파 러시아 민중에게 살해당하게 된다. 이때 러시아인에게는 자신들 고유의 왕조는 물론이고 자신들 나름의 국가정체성(민족정체성)까지 세워진 뒤였다. 이상의 내용은 당시 오페라의 단골 소재로도 널리 쓰였다.〔수사닌〕

모스크바의 복구는 느렸지만 체계적이었다. 폴란드인들은 물러갔고(1619), 브와디스와프 공도 재위를 포기했으며, 스몰렌스크는 다시 모스크바의 영토가 됐다(1654). 알렉세이 미하일로비치Aleksey Mikhailovich의 통치(1645~1676) 동안 대대적 개혁들이 단행돼 국내에 커다란 소요가 일어났지만, 모스크바가 새로이 영토를 취득하면서 소요가 일부분 가라앉았다. 이때 시행된 법률 개혁은, 1000개가 넘는 법 조목을 담은 1649년 소보르노예 울로제니예Sobornoye Ulozheniye 〔Соборное уложение, 의회법전〕가 편찬된바, 농노제를 영속화하고 체계화해 광범위한 지역에서 스텐카 라진Sten'ka Razin〔스테판 티모페예비치 라진Stepan Timofeevich Razin, 1630~1671〕 농민봉기가 일어나는 밑바탕이 됐다. 〔러시아정교회〕 총대주교 니콘Nikon〔니키타 미닌Nikita Minin, 1605~1681〕이 추진한 교회 개혁들은 교회 의례를 근대화하는 동시에 국가 통제를 약화시키는 것을 목표로 삼은 것으로 구교도舊敎徒, Old Believers〔또는 고의식파古儀式派〕를 이탈시키는 동시에 차르를 격분시켰다. 서유럽 전선들에서는 군사 방면의 개혁들이 진행됐지만, 그리고도 이후 폴란드를 상대로 한 군사작전은 전혀 성공을 거두지 못했다. 이러한 면에서 모스크바가 안드로소보협정을 통해 대규모 영토를 손에 넣은 것은 전혀 생각지 못한 보너스였다(부록 1619쪽 참조).

그러나 폴란드로부터 우크라이나 땅을 얻게 된 것은 모스크바대공국으로서는 그 의의를 아무리 강조해도 지나치지 않은 일이었다. 우크라이나를 얻음으로써 모스크바대공국은 경제적 자원 및 지정학적 입지를 확보해 강국으로 발돋움할 수 있었다. 게다가 이즈음의 30년은 모스크바가 시베리아를 탐험·정복해 태평양에까지 이른 시기이기도 했다. "모스크바 + 우크라이나 = 러시아"라는 도식은 러시아인 자신들이 기술한 역사에서는 그렇게 특징적으로 부각되지는 않는다. 그러나 당시 역사에서 이는 무엇보다 중차대한 사건이었다. 그렇다고 한다면 러시아제국의 진정한 창건자 역시, 사람들로부터 더 많은 추앙을 받는 아들 표도르가 아니라 그의 부친 알렉세이 미하일로비치라고 해야 할 것이다.〔테렘〕

러시아, 폴란드, 스웨덴 사이에서 지루하게 계속된 이와 같은 싸움은 차츰 동유럽의 운명을 결정짓고 있었다. 돌이켜보면 1667년의 안드로소보협정이 형세를 일변시킨 결정적 계기였다. 미처 눈치 챌 틈도 없이 폴란드-리투아니아는 점차 사라져가고 러시아가 그 일대를 주름잡는 강국으로 부상해 그 자리를 차지해갔다. 하지만 폴란드와 러시아에는 한 가지 공통점이 있었다. 두 나라 모두 자기를 잘 단속해 삼십년전쟁에 휘말리지 않았다는 것이다.

오스만제국. 오스만제국은 폴란드와 러시아 남부에 이웃해 있으면서 합스부르크가가 절정을 구가한 시기에 함께 전성기를 누렸다. 무슬림의 관점에서, 당대의 무엇보다 핵심적인 발전은 오스만제국이 시아파에 등을 돌리고 이슬람의 주류인 수니파를 이끌기로 한 데 있었다. 술탄 셀림 1세Selim I(재위 1512~1520)가 페르시아를 치고 들어가면서, 콘스탄티노폴리스 함락 이후 60년 동안 이어진 휴지기는 끝이 났다. 이후로 다마스쿠스, 카이로, 바그다드(1534)에 세워졌던 옛 칼리프왕조들이 차례로 정복당했다. '대제大帝' 술레이만 1세Suleiman I(재위 1520~1566)는 메카에 있는 예언자의 무덤을 자신의 강역으로 추가한바 스스로를 파디샤 이 이슬람Padishah-i-islam(이슬람의 황제)이라 불러도 전혀 손색이 없었다. 지금도 이스탄불의 술레이마니예모스크Suleymaniye Mosque를 비롯해 수많은 기념물이 그의 위용을 증명해주고 있다.

기독교의 입장에서는, 튀르크족이 새로이 일으켜 세운 강국을 발판 삼아 서쪽을 향해 움직이고 난 후부터 위험의 징후들이 다급히 깜박였다. 튀르크족은 도나우분지까지 올라와 헝가리를 밀고 들어갔을뿐더러 북아프리카 연안에 자리한 해적 국가들까지 공격했다. 이 도나우분지의 군사작전은 몰다비아 탈취로 서막을 열었다. 이후 베오그라드가 함락되면서(1521), 널따란 헝가리평원이 오스만인의 진격에 속수무책으로 열렸다. 1526년에 독립국 보헤미아와 헝가리의 마지막 왕 러요시 2세 야기에우워Lajos II Jagiełło가 모하치전투Battle of Mohács에서 죽임을 당한 이후로는 오스트리아까지 오스만의 위협을 받게 됐다. 빈을 상대로 한 튀르크족의 공성전이 1529년 실패로 돌아가면서, 3년 뒤에도 여전히 산악지대 계곡 깊숙이까지 진입하는 튀르크족의 공략이 이어졌다. 그러다 헝가리 분할을 조건으로 내걸고서야 비로소 1533년의 조약이 성사됐다(오스만제국과 오스트리아대공국 사이에 체결된 콘스탄티노폴리스조약을 말한다). 이로써 서부 헝가리는 새 합스부르크가 통치자들에게 넘어갔고, 부다페스트 등 중부 헝가리는 오스만의 속주가 됐으며, 트란실바니아는 별개 공국이 돼 오스만의 감독을 받았다. 이후에도 새 국경지대 전역에서 소규모 접전이 벌어지자, 아드리아노플화의Peace of Adrianople(1568)가 맺어져 합스부르크가가 오스만제국에 매년 공물을 납입하기로 하면서 분란이 가라앉았다. 1620~1621년에는 튀르크족이 몰다비아를 넘어 드네스트르강까지 올라갔으나 결국 호틴에서 폴란드 경기병들의 기세에 눌리는 수모를 당했다. [우스코크]

지중해에서도 로도스섬 공격과 구호기사단의 항복(1522) 같은 사건들을 통해 오스만의 확장이 재개됐다는 신호가 뚜렷이 나타났다. 알제가 1529년에 함락되는가 하면, 트리폴리가 1551년에, 키프로스가 1571년에, 튀니스가 2차 시도 끝에 1574년에 함락됐다. 몰타는 대규모의 공성전(1565)을 견디고 살아남았다. 가톨릭 세계의 입장에서, 당시 정세에서 가장 핵심적인 사건은 레판토해전Battle of Lepanto(1571)으로, 펠리페 2세와 이복동생간인 돈 후안 데 아우스트리아Don Juan de Austria가 베네치아·제노바·스페인의 연합해군을 집결시켜 오스만제국의 함대를 격파한 일이었

테렘 TEREM

소피아 알렉세예브나Sophia Alekseyevna는 1657년 9월 17일 모스크바 크렘린에서 차르 알렉세이 1세 미하일로비치의 여섯 번째 자식으로 태어났다. 그간 여성의 왕위 계승을 한 번도 인정한 적 없던 나라에서 손아래 공주로 태어난 만큼, 장차 소피아가 정치권력을 손에 쥘 가망성은 거의 전무했다.

모스크바대공국에서 상류 가문 태생의 여성들은 엄격한 은둔생활을 해야 했다.[1] 여성들은 무슬림풍으로 만들어진 테렘Terem(러시아어Терем)이라는 별개의 여성 거주구역(일종의 규방閨房)에서 생활해야 했을뿐더러 집밖으로 나설 때에는 반드시 베일로 얼굴을 가리거나 밀폐된 마차를 타야만 했다. 1630년대에는 황족 여인들의 거처로 크렘린궁에 테렘 별궁이 추가로 조성됐다. 이뿐 아니라 차르의 누이들과 딸들은 보통 평생 독신으로 살아야 했다. 모스크바 황궁의 공식적 설명에 의하면, "노예에게 여인을 주는 것"은 치욕이어서 황궁의 여인들은 귀족들과는 결혼할 수 없었다. 그렇다고 황궁의 여인들이 외국의 제후들과 결혼하는 것도 쉽지만은 않았으니 이단이나 파벌이 황궁을 더럽히지 않을까 하는 염려 때문이었다. "유럽의 대다수 나라들에서도 마찬가지지만 모스크바대공국 사람들 사이에서 여자라는 성별은 존중을 받지 못한다"라고 한 오스트리아 특사는 보고했다. "이 나라에서는 여자들은 남자들의 노예일 뿐이며 남자들은 이들을 거의 존중해주지 않는다."[2]

상황이 이러했음에도 소피아(1657~1704)는 모스크바대공국의 유력 대신 바실리 골리친Vasily Golitsyn 공과 유대를 맺어 오빠 표도르 알렉세예비치 대代(1676~1682)에 힘을 행사하게 된다. 이후에는 군사 반란을 중재한 것을 계기로 테렘의 경계를 완전히 허물었으며, 미성년인 이반과 표트르가 공동 황제에 앉아 있는 동안 섭정 역할을 맡아 러시아 최초의 여성 통치자가 됐다. 소피아는 외교 정책은 친히 관장했는바, 특히 그녀가 폴란드와 '영구 평화'를 확립한 것은 모스크바대공국이 동유럽 정세에서 선두에 나서는 계기가 됐다(858쪽 참조).

그러다 표트르 대제의 지지자들이 소피아 알렉세예브나의 평판에 먹칠을 하면서, 1689년에는 그녀의 섭정도 끝을 맺게 됐다. 야욕에 찬 책략가로 시술되는 그녀는, 미심쩍기는 하나 사료에서 "괴물 같은 거구에, 머리는 부셸 되만큼이나 크고, 얼굴 위에는 털이 수북하며, 양다리는 종양들이 돋아 있다"는 표현들로 그 외양이 묘사될 때가 많았다(1부셸=36리터).[3] 소피아는 생애 마지막 14년은 수산나 수녀라는 이름으로 노보데비치수녀원—그녀가 일찍이 '모스크바 바로크 Moscow Baroque' 양식으로 지어 증여했던 재단이었다—에서 생활했다.

여성의 전기는 한껏 부풀려진 남성들의 업적에 대한 기록을 보완하고자 하는 바람에서 쓰이는 경우가 많다. 이것이 가장 오래된 형태의 여성역사서술 herstoriography로, 이와 같은 방식은 사포와 부디카 Boudicca부터 알리에노르 다키텐과 엘리자베스 여왕에 이르기까지의 수많은 여성 영웅에게 적용돼 성공을 거둬왔다(부디카는 서기 60년(또는 61년) 브리타니아를 점령한 로마제국 세력에 봉기한 이세니 부족의 여왕이다). 그러나 어떤 면에서는 이런 방식이 오해를 낳을 수도 있다. 특출한 여성들의 삶에서는 평범한 여인들과의 사이에서 찾아지는 커다란 간극이 강조될 수밖에 없다는 점에서다. 소피아 알렉세예브나도 그런 특출함을 증명해 보인 통치자였다.

다. 레판토해전이야말로 최후의 십자군이자, 수많은 갤리선이 집결해 벌인 최후의 싸움이며, 수십 년 동안 큰 위력을 떨친 오스만의 마지막 움직임이라 할 수 있었다. [그레코]

오스만의 급작스러운 흥기는 여러 결과를 불러왔다. 첫 번째, 오스만이 흥기하면서 과거의 십자군 정신이 되살아났는바, 특히 가톨릭 국가에서 그러했다. "튀르크족도 한 인간이고 한 형제가 아니던가?"라던 데시데리위스 에라스뮈스의 물음은 당대 불타오른 십자군의 정신에 대한 다소 별난 반응이라고 할 수 있었다. 두 번째, 오스만의 흥기로 종교개혁이 한창이던 때에 가톨릭 군대의 주력이 분산될 수밖에 없었는데, 그로 인해 기독교왕국의 세력도 계속 사분오열될 수밖에 없었다. 술탄이 마르틴 루터에게는 최고의 동맹이었던 셈이다. 세 번째, 외교적 측면에서, 오스만의 흥기로 서유럽 강국들이 동유럽을 더 밀접한 관계로 여기면서 동유럽과 처음으로 잠정적이나마 여러 계약을 맺게 됐다는 점이다. 오스만의 흥기는 프랑스가 포르테(오스만제국의 중앙정부)와 폴란드-리투아니아에 문을 여는 계기가 됐고, 황제 사절들이 모스크바를 찾는 계기가 됐다. 마지막으로, 이때를 기점으로 튀르크식 풍속과 물품들에 대한 광적 애호가 일어났다—유럽이 경험한 첫 번째 '오리엔탈리즘Orientalism'이었다.

삼십년전쟁. 삼십년전쟁Thirty Years' War(1618~1648)은 독일 땅의 황제와 제후들 사이에 해묵은 싸움의 한 대목으로 볼 수 있다. 또 다른 차원에서, 삼십년전쟁은 유럽 전역에서 일어난 가톨릭과 프로테스탄트 사이 종교전쟁이 그 범위가 넓어진 것으로도 볼 수 있다. 한편으로 삼십년전쟁은 유럽의 국가와 통치자 대부분이 가세하며 벌어진 싸움으로, 유럽 대륙 전역에 걸친 걸쳐 일어난 권력투쟁의 중요 단계로도 볼 수 있다. 삼십년전쟁은 보헤미아에서 대공 페르디난트(페르디난트 2세Ferdinand II) 지지파와 반대파 사이의 싸움이 발단이었으며, 뚜렷한 네 단계를 거치며 일파만파 확대됐다(예수회파의 교육을 받고 자란 가톨릭교도 페르디난트는 가톨릭 신앙을 강요하며 종교개혁에 반대했다). 삼십년전쟁을 다룬 가장 저명한 역사학자(C. V. 웨지우드)는 다음과 같이 썼다. "삼십년전쟁에 나선 모든 이들[전투원들]을 움직인 것은 정복욕이나 신앙심보다는 사실 두려움이었다. 사람들이 원한 것은 평화였고, 그 평화를 확실히 얻어내려 30년 동안 싸움을 벌였다. 하지만 사람들은 몰랐다(그 이후로도 알지 못하고 있다). 전쟁은 전쟁을 낳을 뿐이라는 사실을."[54]

[삼십년전쟁의 첫 번째 단계인] 보헤미아 국면(1618~1623)은 1618년 5월 23일 체코 귀족 사절단이 프라하 흐라드차니성城에 들어가 합스부르크가 행정관 야로슬라프 폰 마르티니츠Jaroslav von Martinitz와 빌헬름 폰 살바타Wilhelm von Salvata를 높은 창문 밖으로 내던져 똥무더기에 처박히게 한(덕분에 곧장 바닥으로 떨어지지는 않았다) 사건이 발단이었다. 합스부르크의 이 두 행정관은 프로텐스탄트 교회들에 가해진 공격과, 페르디난트 대공의 말 많았던 보헤미아 왕 즉위, 그의 종교 관용 왕실헌장(1609년의 칙령서Majestätsbrief) 위반을 성토해오고 있었다(보헤미아 영지

우스코크 USKOK

■■ 1615~1617년, 베네치아공화국이 합스부르크가를 상대로 아드리아해에서 '우스코크전쟁Uskok War'을 치렀다. 베네치아의 입장에서, 이 전쟁의 목표는 합스부르크가가 뒤를 봐주는 해적질을 억제하는 데 있었다. 한편 합스부르크가 입장에서는, 이들 우스코키uskoki(센 해적들Corsairs of Senj("우스코크"의 이탈리아어))가 제국의 빙어에 필수직 부분이었고 따라서 오히려 베네치아인들이 그들의 안전을 해치고 있는 셈이었다.[1]

오늘날 크로아티아에 속하는 센은 아드리아해의 항구로, 베네치아, 합스부르크, 오스만제국의 경계 가까운 데에 자리하고 있었다. 센의 성은 합스부르크가의 밀리테어그렌체Militärgrenze 혹은 보이나 크리이나vojna krajina(군정軍政 국경지대Military Frontier)(1553년 설치된 합스부르크군주국Habsburg Monarchy 남부 국경지역의 육군 상설지대)에서 해안가의 방어 요충지 역할을 했고, 1520년대에 자리 잡은 이후 요새화한 정주지를 건설해 점차 확장해가는 식으로 방비를 강화해온 터였다. 센의 항구는 이른바 해적-애국자들pirate-patriots의 기지 역할을 했으니, 이들은 어로를 부업으로 생활해나가되 바다의 베네치아 선박들과 내륙의 오스만제국 도시들을 약탈하는 것이 주업이었다.

우스코크들—이 이름은 우스코치티uskočiti라는 크로아티아어에서 파생한 것으로 '뛰어들다' 혹은 '배에 오르다'라는 뜻이다—은 명예와 복수를 규범으로 받들며 살아갔다. 그렌처grenzer(국경 감시병, 수비병)가 육상의 국경을 방어했다면 우스코크는 그에 짝해 해상의 국경을 방어했으며, 상당수가 세르비아 유민과 도망자 농노 출신으로, 길게 늘어선 내륙의 경계를 지키며 나중에는 크로아티아의 지배에 맞서 궐기하기도 한다. 폴란드와 헝가리 안의 오스만제국 경계에 살던 형제들, 혹은 우크라이나의 카자크족과 마찬가지로, 우스코크도 스스로를 신앙을 지키는 제일의 투사, 안테무랄레 크리스티아니타티스antemurale christianitatis(기독교왕국의 방어벽)를 지키는 수호자, 신성한 전쟁의 영웅이라고 여겼다. 남슬라브어 문학의 대서사시 전설에서도 우스코크를 그런 식으로 기린 바 있다. 합스부르크가에서는 18세기 중반까지도 우스코크의 활동을 독려하고 그들에게 응당의 보상까지 해주었다. 크라이나가 공식적으로 폐지된 1881년이나 돼서의 일이었나.

해적질도 산적질과 마찬가지로 상대적 개념이다. 근대 초기의 유럽에는 클레프트klepht, 하이두크hajduk들(해적 혹은 바다의 약탈자)이 도처에 횡행했으니, 이들을 용인해준 정부 당국이 있었는가 하면 불법 세력으로 간주한 곳들도 있었다.

잉글랜드와 프랑스의 숙련된 뱃사람들의 경우가 딱 그러했다. 프랜시스 드레이크Francis Drake(1545~1595)가 스페인 본토를 약탈하겠다며 혹은 카디스에서 "스페인 왕의 턱수염에 불을 붙이겠다"라며 배를 타고 플리머스항을 떠난 것은 잉글랜드 여왕의 허가장을 발부받아 이뤄진 일이었으며 나중에 드레이크는 그 공로를 인정받아 기사 작위를 받았다. 그러나 이와 비슷하게 행동한 다른 사람들은 잉글랜드에서 야만인으로 매도당했다. 17세기 초반의 한동안, 바르바리 해안 출신의 무슬림 해적들이 룬디섬에 기지를 세우고 데이번과 콘월을 공격해 생포한 포로들을 노예로 판 경우가 그 일례다. 됭케르크 출신의 장 바르Jean Bart(1650~1702)는 루이 14세의 허가장을 받아 영국해협 비스케이만에서의 선박운송업을 공포에 떨게 만들었는데, 그 역시 베르사유에서 왕을 알현하고 귀족에 봉해졌다. 자국 동포들의 눈에 드레이크나 바르는 '제독'이었다. 그러나 스페인인들의 눈에 이들은 국제 범죄자였다. 누군가에게는 '방랑객rover'이 다른 누군가에게는 '도적robber'이었다.

의 가톨릭교도와 프로테스탄트교도 모두에게 종교선택권을 부여한 루돌프 2세의 칙령을 말한다). (프라하에서 두 행정관이 창밖으로 내던져진 이 사건은 200년 전 후스전쟁Hussite Wars을 촉발한 사건을 의도적으로 모방한 것이었다.) [“후스전쟁”은 1419년에 보헤미아의 후스파가 교회와 신성로마제국 황제의 탄압에 항의해 일으킨 종교전쟁이다.) 이 무렵 페르디난트는 한창 황제 선거 운동 중이었고, 독일에서는 종교적 평화가 불안하게 흔들리고 있었다. 루터파 제후들은 팔츠 선제후 프리드리히 5세Friedrich V가 이끄는 복음주의연합[또는 프로테스탄트연합Protestantische Union)이 바이에른 선제후 막시밀리안 1세Maximilian I가 이끄는 가톨릭연맹Katholische Liga과 비슷한 세를 형성하는 것을 노심초사하며 지켜보고 있었다. 이윽고 보헤미아의 반란민들은 빈을 습격해 오스트리아에서 반란을 일으켰다. 그리고 1619년 페르디난트 2세가 신성로마제국의 황제로 즉위하자, 그를 보헤미아의 왕에서 공식적으로 폐하고 칼뱅파인 팔츠 선제후를 보헤미아 왕으로 선택했다. 이는 전면전이 개시됐다는 뜻이었다(부록 1622쪽 참조).

1620년 11월 7일에 빌라호라(독일어명 바이센베르크, 백산白山)대전투Battle of Bílá hora에서는 보헤미아 군대가 황제군에 완전히 짓밟혔다. 이후로 보헤미아 군대는 처절한 복수를 다짐한 황제파에 진압돼 처형이나 재산몰수를 당했다. 보헤미아는 말 그대로 머리가 잘려나간 꼴이었다. 나라 안에서는 가톨릭으로의 개종과 독일화가 체계적으로 진행됐다. 칼뱅파는 나라 밖으로 쫓겨났다. ‘겨울왕Winter King’[프리드리히 5세)은 줄행랑을 쳤다[보헤미아 왕으로서 겨울 한 철 동안만 짧게 재위(1619. 8~1620. 11)하다 쫓겨난 데서 겨울왕Winterkönig이란 별명이 붙었다). 그의 팔츠 땅들은 스페인령 네덜란드 군대의 침략을 받았고 바이에른인들에게 강제 탈취 당했다. 가톨릭 측 장군인, 프라하의 승리자victor of Prague 틸리 백작 요한 체르클라에스Johan t'Serclaes(1559~1632)는 성난 기세로 하이델베르크로 쳐들어갔고(1622), 만스펠트 백작 페터 에른스트 2세Peter Ernst II(1580~1626)의 프로테스탄트파 군대를 쫓으며 독일 북부 지방을 누비고 다녔다[“프라하의 승리자”는 틸리 백작이 보헤미아에 진입해 반란민을 진압한 데서 붙은 별명이다). 군량이 바닥난 군대는 논밭을 뒤덮은 메뚜기 떼처럼 일대의 땅에서 식량을 구하기 시작했다.

〔삼십년전쟁의 두 번째 단계인] 덴마크 국면은(1625~1629) 덴마크 왕 크리스티안 4세Christian IV(재위 1588~1648)로 곧 작센 저지대 지방 황제파 최고위원Superior of Imperial Circle of Lower Saxony이 궁지에 몰린 프로테스탄트 동지들을 지키겠다며 난투에 발을 들이면서 시작됐다. 잉글랜드·프랑스·네덜란드의 지원을 받은 크리스티안 4세는 보헤미아 출신의 가톨릭 귀족 알브레히트 폰 발트슈타인Albrecht von Waldstein(또는 ‘발렌슈타인Wallenstein’, 1583~1634)이 끌어 모은 새로운 황제파 군대와 싸움을 벌여야만 했다. 프로테스탄트파 군대는 엘베강의 데사우다리에서 완패당한 후(1626) 트란실바니아의 동맹이 베틀렌 가보르Bethlen Gábor와 연합을 시도했다. 페터 에른스트 2세는 슐레지엔를 경유해 도나우강에 이르기까지의 먼 길을 행군해왔다. 그

그레코 GRECO

■ 크레타Creta의 특출한 예술가 중 동시대인들에게
■ 엘그레코El Greco 혹은 일그레코Il Greco로 알려
진 인물이 둘 있었다. 한 사람은 화가 도메니코스 테오
토코풀로스Doménikos Theotokópoulos(1541~1614)로
톨레도에 자리를 잡고 활동했다. 다른 한 사람은 연주
가이자 작곡가 프란기스코스 레온다리타스Frangiskos
Leondaritis(1518년경~1572)로 한때 카스트로에서 가
톨릭 성당의 오르간 연주자, 베네치아 산마르코성당의
성가대 지휘자, 바이에른 공작의 음악 스승으로 일했
다. 둘 모두 크레타의 르네상스가 낳은 인물들이었다.
〔"엘그레코" "일그레코"는 스페인어로 "그리스 사람"이라는
뜻이다.〕

크레타는 1221년에서 1669년까지 베네치아의 통치
를 받으며 그리스 문화와 라틴 문화의 교차로 노릇을
했다. 크레타의 주도는 '엘칸다크El Khandak'라는 이
름으로 827~961년의 아랍인 점령기에 건립되고 요
새화됐으나, 베네치아 공작의 영지가 됐을 때에는 칸
디아Candia 혹은 칸닥스Chandax로 불렸다. 캄파닐레
campanile(종탑)가 있는 성마가성당, 이 섬의 베네치
아-크레타 영주들이 회합 장소로 가장 즐겨 찾던 로
지아loggia가 자리 잡고 있었다("로지아"는 이탈리아 건
축에서, 한쪽 벽이 없이 트인 방이나 홀을 일컫는다. 지중해
연안 지역에서 발달했으며, 중세와 르네상스 시대에는 흔히
광장과 연결해 지었다. "외랑外廊"). 1648년부터 1669년 9
월 16일 최후 항복을 선언하기까지 21년간 공작 프란
체스코 모로시니Francesco Morosini(나중의 베네치아
도제)가 오스만제국의 포위에 맞서 항전을 벌일 때 중
추로 삼은 데가 칸디아였다.

콘스탄티노폴리스 함락 이후, 크레타는 이탈리아를 찾
아 들어오는 수많은 비잔티움 학자를 환대했다. 이것
이 그리스 문화 부흥에 이바지하며 서구의 르네상스
가 꽃피는 데 무척 중요한 자극제가 됐다. 그러나 당
시의 일이 그리스어권 세계에 해준 주된 기여들은 오

히려 크레타에서 베네치아 쪽으로 진행된 움직임에
서 찾아볼 수 있었다. 베네치아에 자리했던 꽤 커다
란 규모의 크레타인의 국외 거주지는 산조르조교회
를 핵심 거점으로 삼았고 전부터 그리스어 인쇄물
및 출판물 역사에서 중대한 역할을 수행해온 터였다.
크레타 출신의 베네치아인 자카리우스 칼리에르기
스Zacharias Kalliergis는, 알두스 마누티우스Aldus
Manutius(알도 마누치오Aldo Manuzio의 알디네Aldine) 출
판사와 경쟁하기도 한 인물로, 1509년 동속 그리스어
로 처음 책을 펴냈다. 하지만 크레타가 자신의 창의성
이 활짝 꽃피는 광경을 목격한 것은 베네치아 통치기
의 마지막 세기 동안이었고, 크레타인의 창의성은 크
레타섬 해안 훨씬 너머에까지 발자취를 남기게 된다.
회화·음악·건축에서도 그랬지만 이 작업의 초점은
동속 그리스어 문학이었다. 크레타어 방언을 사용하
는 극작가 일파가 광범위한 종교적, 희극적·비극적·
목가적 내용을 주제로 운율이 있는 2행시들을 수없
이 써 내려갔다. 그중에서도 게오르기오스 코르타시스
Georgios Chortatzis(1545~1610)의 《에로필리Erofili》
는 이집트를 배경으로 한 비극작품이다. 비첸초스 코
르나로스Vitsentzos Kornaros((비켄티오스 코르나로스
Vikentios Kornaros), 1553년경~1614)의 《에로토크리토
스Erotokritos》는 루도비코 아리오스토풍風의 로맨스
작품이다. 마리노스 부니알리스Marinos Bounialēs의
《크레타전쟁Cretan War》은 오스만제국공성전 당시의
사건들을 세세히 기술한 역사 서사시다.

> Ω Κάστρο μου περίδοξο, τάχατες όσοι ζούνε,
> τάχατες να σε κλαίσινε και να σ' αναζητούνε;
> Έπρεπε όλ' οι Καστρινοί μαύρα για να βαστού
> να κλαίγουνε καθημερνό κι όχι να τραγουδούσ
> άντρες, γυναίκες και παιδιά και πάσα κορασίδα
> να δείχνου πας εχάσανε τέτοιας λογής πατρίδα

오 나의 영광스러운 카스트로여, 아직도 살아 있는
자들 그들은 당신을 위해 서럽게 울며 당신의 안부를
묻는가?

카스트로의 사람들은 이제 검은 옷을 입고
하루하루를 눈물로 보내며 더는 노래도 부르지 말아
야 할지니
남자, 여자, 어린애, 아가씨들까지 모두
자신이 잃은 조국의 참상을 똑똑히 보아야 하리니.[1]

칸디아, 카스트로, 레팀노에 있던 극장과 학교들은 1669년 급작스레 문을 닫아야 했다. 베네치아와 크레타 문화의 유익했던 마지막 공생관계도, 잠시나마 '독립적이고 혁신적인 힘'을 가진 위상에 도달했던 때를 뒤로하고 그와 함께 급작스레 끝나버렸다. 그러나 크레타인 망명객들이 자신들의 문학작품들을 들고 이탈리아 본토로 돌아갔고, 덕분에 얼마 안 가 이 작품들

이 이탈리아 본토에서 대중적 읽을거리로 자리 잡았다. 비록 아테네의 엘리트들에게는 푸대접을 받았지만, 18세기의 도서 목록들을 보면 이 책들이 대중 사이에서 널리 유통됐다는 사실이 드러난다. 실제로도, 디오니시오스 솔로모스Dionysius Solomos(1798~1857)와 이오니아파Ionian School의 작품이 나오기 전에는 통속어로 쓰인 작품들로는 유일하게 제법 많은 비중을 차지한 것이 크레타의 극작품들이었다("디오니시오스 솔로모스"는 이오니아제도 자킨토스섬 출신의 그리스 시인이다. "이오니아학파" 또는 "밀레투스학파"는 기원전 6세기경 이오니아 지방 밀레투스를 중심으로 활동한 자연철학 학파다). 그리스인들이 근대적이고 교양 있는 민족으로 첫발을 내디딜 수 있었던 것은 크레타의 르네상스 덕분이었다.[2]

러나 이때 다시 황제파로 전세가 기우니, 황제파 군대가 노이하우-젤(브라티슬라바 근방)에서 만스펠트와 거래를 한 후 강력한 기세로 프로테스탄트파가 대거 포진한 북쪽으로 치고 올라온 것이다. 체르클라에스도 스페인인들의 도움을 받아 네덜란드를 공격했다. 발렌슈타인은 브라운슈바이크, 작센 저지대 지방, 메클렌부르크, 슐레스비히, 홀슈타인, 유틀란트, 그리고 끝내는 슈트랄준트 외곽에 이르는 발트해 연안까지 쑥대밭을 만든 끝에, 스스로를 '발트해 및 대양들의 대원수Generalissimo of the Baltic and the Ocean Seas'로 선언했다. 뤼벡협정Treaty of Lübeck(1629)이 맺어지면서 데인인은 전쟁에서 물러나는 대신 전쟁에서 잃은 영지들을 되돌려 받기로 했다. 황제는 복구령Edict of Restitution을 내려 아우크스부르크화의(1555) 이후 프로테스탄트교도들이 손에 넣은 교회의 옛날 땅들을 모두 내놓으라고 명령했다. 발렌슈타인은 휘하 군대에 비가톨릭 신자들이 다수 포함돼 있다며 이에 항의하다가 파면됐다.

(삼십년전쟁의 세 번째 단계인) 스웨덴 국면(1630~1635)은 구스타브 2세 아돌프가 슈트랄준트를 장악하기 위해 파견단을 보낸 것을 계기로 시작됐다. 1631년 구스타브는 프랑스와 베르발데협정Treaty of Bârwalde을 맺어 자신의 입지를 견고히 다진 후, 스웨덴인 주력 부대와 슈트랄준트에 상륙해 한때 프로테스탄트에 속했던 땅들을 되찾아오고자 진격했다. 1631년 마그데부르크를 구하려던 그의 노력은 실패했고, 이후 도시는 황제파에 가차 없이 약탈당했다. 그러나 브라이텐펠트에서는 구스타브가 체르클라에스를 무찌르고 팔츠로 입성했다. 이후 구스타브는 루터파로 얼마 전까지만 해도 황제를 지지했던 작센 선제후 요한 게오르크 1세Johann Georg I와 한편이 된다. 1632년 구스타브는 바이에른에 발을 들일 수 있었다. 뮌헨과 뉘른베르크도 성문을 열었다.

이윽고 스웨덴인들이 빈으로, 작센인들이 프라하로 진격할 준비를 하자, 궁지에 몰린 황제는 발렌슈타인을 다시 불러들여야 했다. 라이프치히 근방에서 치러진 살벌했던 뤼첸전투(1632. 11. 16)에서 승리한 것은 스웨덴인들이었다. 하지만 구스타브의 명줄도 여기서 끝이었다. 그의 시신은 발가벗겨진 채로 시체더미에서 발견됐는데, 총알 하나가 머리를 관통하고 옆구리에는 단도로 찔린 흔적과 등에도 또 다른 총알 하나가 박혀 있어 그가 흉한 결말을 맞았음을 암시했다. 이후 프로테스탄트파의 대의大義는 중심을 잡지 못하고 비틀대다 하일브론연맹League of Heilbronn을 통해 다시 힘을 얻게 된다(1633년 4월 스웨덴의 주도로 독일 서부 및 북부의 여러 프로테스탄트 국가가 통합됐다). 1634년에는 발렌슈타인의 주도로 프로테스탄트와 황제파 사이에 협상의 자리가 몇 차례 마련됐으나, 그 과정에서 발렌슈타인은 신성로마제국과 대척에 서게 돼 고생을 하다 암살당했다. 뇌르틀링겐에서 황제파가 성공을 거둔 이후, 병약한 황제(페르디난트 2세)는 프라하에서 루터파와 평화조약을 맺었다(1635년 프라하화의Peace of Prague). 복구령도 중도에 유보됐다.

1631년의 어느 날, 바이에른 지방 로텐부르크-오프-데어-타우버Rothenburg-ob-der-Tauber라는 도시에 황제파 군대가 쏟아져 들어왔다. 전승에 따르면, 요한 체르클라에스 장군은 병사들에게 명해, 누구든 주민 하나가 어마어마한 크기의 통 안에 든 포도주를 단숨에 들이켜지 못하면 도시를 가차없이 약탈하라고 했다고 한다. 그러자 도시 시장Burgermeister 하인리히 토플러Heinrich Toppler가 나서서 정말로 통에 든 포두주를 단숨에 들이켜고 도시를 구한 뒤 그대로 쓰러져 세상을 떠났다. 그가 이룬 위업은 〈마이스터트룽크Der Meistertrunk〉(위대한 들이킴)라는 연극으로 만들어져 사람들의 칭송을 받고 있으며, 연극은 오늘날까지도 독일 시청의 카이저잘(황제의 홀)에서는 매해 성령강림절의 월요일이면 어김없이 무대에 오르곤 한다.

이 무렵 한 마을이 겪은 일은 당시 헤아릴 수 없이 많은 마을이 당한 일의 한 본보기로 봐야만 할 것이다. 1634년 1월, 스웨덴 병사 30명이 말을 타고 프랑켄 지방의 린덴 마을에 들어와서는 먹을 것과 술을 내놓으라고 했다. 병사들은 열세 채의 오두막 중 하나인 게오르크 로슈Georg Rosch라는 주민의 집에 침입해 그의 아내를 강간하고 자신들이 원하는 것을 챙겨갔다. 하지만 그러기가 무섭게 매복해 있던 마을 주민들이 스웨덴 병사들에게 기습 공격을 가해, 스웨덴 병사들의 옷가지, 약탈품, 말을 죄다 빼앗았다. 이튿날, 스웨덴 병사들은 치안관과 나타났고, 그 관리는 마을 남자 넷을 스웨덴인들을 공격했다는 구실로 체포했다. 이후 구스타브 호른Gustav Horn 장군(핀란드계 스웨덴 군인)에게 올린 보고서에 관리는 그 병사들 중 한 명(핀란드인이었다)의 이름을 거론하며 그를 로슈의 부인을 강간한 범인으로 지목했다. 연후에 어떤 일이 벌어졌는지는 지금으로서는 확실치 않다. 다만, 그러고서 얼마 지나지 않아 이 마을은 사람이 살지 않는 곳으로 통하게 됐다. 마을 주민 수는 좀체 전쟁 이전 상태로 돌아가지 못하다 1690년에야 예전 수준을 회복했다.[55] [마녀]

〔삼십년전쟁의 네 번째 단계인〕프랑스 국면(1535~1548)은 하일브론연맹에 남아 있던 칼뱅파 국가들이 프라하 평화협정에서 배제를 당하자 프랑스가 이들의 수호자로 나서면서 시작됐다. 이쯤 되자 아르망 장 뒤 플레시 리슐리외가 생각하는 전략이 표면 위로 드러난다. 프랑스는 스페인에 선전포고를 했고, 돈을 쥐어주고 스웨덴인들을 전쟁을 끌어들였으며, 동시에 알자스 지방을 침략해 들어갔다. 전선이 펼쳐진 곳만 해도 네덜란드, 라인강, 작센의 세 곳에 이르렀다. 1636년에는 스페인인들이 파리로 진격해왔으나, 측면에서부터 위협이 가해지자 포기하고 물러났다. 그러다 1637년 황제 페르디난트 2세가 세상을 떠나면서 앞으로는 영원히 평화가 자리 잡으리라는 희망이 싹텄다. 1638년에 리슐리외의 독일 동맹들이 라인강 연안의 거대한 브라이사흐요새를 리슐리외에게 선물한 뒤로는 프랑스의 국운이 상승세를 탔다. 한창 젊은 나이의 앙갱 공작Duc d'Enghien이자 콩데 친왕Prince de Condé(1621~1686)의 출현은 프랑스에 유럽 최고의 명장을 안겨준 것이나 다름없었다〔"콩데 친왕"은 프랑스 왕가 부르봉가의 귀족 작위다. 본문의 루이 2세드 부르봉Louis II de Bourbon은 대大콩데Grand Condé로도 불린다〕. 그가 아르덴의 로크루아전투Battle of Rocroi에서 대단한 승리를 거두면서(1643), 1525년의 파비아전투Battle of Pavia 이후 꺾인 적 없던 스페인의 군사 패권이 마침내 막을 내렸다. 1644년 이후로는 외교 사절들이 열심히 자신들의 할 일을 하며, 오스나브뤼크의 프로테스탄트 대표자들과 뮌스터의 가톨릭 대표자들 사이를 오갔다. 이들이 그렇게 설전을 벌이는 동안, 프랑스와 스웨덴은 바이에른을 약탈했다.

베스트팔렌조약Treaty of Westphalia은 두 부분으로 나뉘어 체결된 강화조약으로 1세기 넘게 중부 유럽 국제질서의 기본 평면도가 됐다〔베스트팔렌조약은 독일어로는 Westfälischer Friede이고, 웨스트팔리아조약이라고도 한다. 5월 15일 체결된 뮌스터조약과, 10월 24일 체결된 오스나브뤼크조약으로 구성됐다. 뮌스터와 오스나브뤼크 모두 베스트팔렌주의 도시다〕. 베스트팔렌조약은 유럽에서 프랑스가 우위를 점하게 됐다는 사실과 합스부르크가가 독일 제후들에게 예속당했다는 사실을 공식적으로 확인해주었다. 종교 문제와 관련해서는 베스트팔렌조약을 통해 가톨릭교도와 루터파 신도들은 물론 칼뱅파 신도들에게까지 동일한 권리가 부여됨으로써 독일에서의 분쟁이 막을 내렸다. 베스트팔렌조약에서는 교회의 손해배상 기한을 1624년으로 못 박고 분파에 따른 변화를 인정하는 규정을 마련했으나, 오버팔츠 지역과 오스트리아 가문의 세습 영지는 가톨릭 신앙만 용인됐던터라 두 지역은 제외됐다. 헌법 문제와 관련해서는, 베스트팔렌조약을 통해 제후들의 힘이 대폭 강화된바, 외국과의 협정에 서명을 할 권리를 제후들에게 부여했고 황제가 제정하는 모든 법령도 반드시 의회의 승인을 받도록 했다. 조약에서는 바이에른과 팔츠 지방 모두를 선제후령으로 만들 것을 제안하기도 했다. 숱한 영토 문제와 관련해서는, 영유권을 주장하는 주요 국가 모두에 얼마큼씩 땅을 지급하려는 시도가 이뤄졌다. 스위스와 네덜란드 연합주는 베스트팔렌조약으로 독립을 얻었다. 네덜란드는 스헬더강을 막아 통행을 차단해야 한다는 자신들의

마녀 HEXEN

■
■   1635년, 라이프치히대학 교수이자 작센에서 가
장 저명한 법학자 가문의 일원인 베네딕트 카르
프초프Benedikt Carpzov(1595~1666)가 마녀재판 수
행과 관련해《작센제국 형법 해석Practica rerum
criminalium》을 출간했다. 그는 고문이 허위 자백을
많이 이끌어낸 점은 인정하면서도 고문의 유용성을
옹호했다. "그는 천수를 누리고 고령에 접어들어, 지나
온 자신의 삶을 뿌듯한 마음으로 돌아보게 된다. 성경
을 53번 독파하고, 매주 어김없이 성체성사를 받고,
[…], 2만 명에게 죽음을 주선한 자신의 삶을."1 카르프
초프는 프로테스탄트로, 유럽의 내로라하는 마녀사냥
꾼이었다. 요즘에는 카르프초프가 죽음으로 내몬 사
람이 2만 명이 아닐지 모른다며 이의를 제기하는 역사
학자들도 있다.

그로부터 몇 년 전에는, 프랑켄의 밤베르크 시장 요하
네스 유니우스Johannes Junius(1573~1628)가 마녀들
의 안식일 행사에 참여했다는 죄목으로 사형을 선고
받고 시의 지하감옥에 갇혀 있었다. 유니우스를 고발
한 것은 공국의 대법관으로, 이 법관도 이미 마녀재판
에서 '의심스러운 관용'을 보였다는 이유로 화형에 처
해진 뒤였다. 그래도 율리우스는 재판의 진행 상황을
세세히 기록한 것을 남몰래 딸에게 전하는 데는 성공
했다. "누구보다 사랑하는 내 딸아. […] 이 재판은 전
부 거짓이며 날조다. 하느님, 제발 저를 도우소서. […]
이자들은 사람들 입에서 뭐라도 말이 나올 때까지 절
대 고문을 멈추지 않는다. […] 하느님께서 진실에 빛
을 비추는 방법을 보내주시지 않는다면 우리 일가친
척 모두 화형을 당하겠구나."2 밤베르크의 가톨릭교도
주교후主教侯 요한 게오르크 2세 푸크스 폰 도른하임
Johann Georg II Fuchs von Dornheim(1586~1633)은
마녀의 집 용도로 지은 건물을 갖고 있었는데, 그곳
엔 성경 내용이 장식으로 들어간 고문실이 갖춰져 있
었다. 전하기로, 10년에 이르는 재위(1623~1633) 동안

그는 총 600명의 마녀를 화형시켰다고 한다.

유럽의 마녀 광풍은 과거에도 주기적으로 극에 달하
곤 했다. 잉글랜드에서는 1612년 랭커셔의 펜들 마녀
들Pendle Witches이 재판에 회부됐다(펜들힐Pendle
Hill에 거주하는 12명이(여자 10명, 남성 2명) 마녀로 체포돼
조사 중에 감옥에서 여자 1명이 죽고 남은 11명 중 10명이
마녀로 지목돼서는 교수형에 처해졌고 1명은 무죄판결을 받
았다). 폴란드에서는 칼리지의 재판기록부에 같은 해에
열렸던 재판 과정이 세세히 담겨 있다.

> 그녀는 몸 위아래의 털이 깎이고, 온몸에는 성유가
> 발리고, 발가벗겨지고, 손발이 묶인 채, 발이 땅에 닿
> 으면 악마를 불러 도움을 청할 것이기에 그러지 못
> 하게끔 천장에 매달려 있었다. "그 여자는 약초를 가
> 지고 이따금 아픈 자들을 목욕시켜주었다는 것 외에
> 는 일절 다른 말을 하지 않으려 했다. 고문을 가해도
> 그녀는 자신은 결백하다고, 하느님께서 아신다고 말
> 했다. 촛불로 몸을 태워도 그녀는 자신이 결백하다는
> 것 외에는 아무 말도 하지 않았다. 그녀를 바닥에 내
> 려놓아도 그녀는 삼위일체의 전능하신 하느님 앞에
> 결백하다고 말했다. 다시 천장에 매달아 또 한 번 양
> 초로 몸을 지지자 그녀에게 아! 아! 아! 비명이 터져
> 나왔다. 하느님 맙소사, 그녀는 도로타Dorota, 그리
> 고 방앗간 주인의 아내와 관계한 것이었다. […] 이후
> 그녀는 그 자백이 맞다고 했다.3

시골에서는 촌락민들이 이런 문제를 자신들 손으로
처리하기도 했다. 마녀의 혐의를 받는 여자를 데려다
'물고문 의자ducking-stool'에 매달아 연못에 담갔는
데 그대로 익사를 하면 그녀는 결백한 게 분명했다("물
고문 의자"는 옛날에 죄인을 긴 나무 끝에 매달아 물속에 처
박던 형구刑具다). 여자가 물 밖으로 떠오르면 그녀는 마
녀인 것이었다.

마녀들이 쓰는 흑마술black art을 주제로 쓰인 학술
서적도 많았다. 장 보댕의《악마론De la démonomanie

des sorciers》(1580), 로렌의 니콜라스 레미Nicholas Rémy가 쓴 《악마숭배Daemonolatreia》(1595), 1600년 루뱅에서 마르탱 델 리오Martin del Río가 편찬한 방대한 분량의 백과사전, 스코틀랜드에서 나온 제임스 6세〔잉글랜드의 제임스 1세〕의 《악마론Daemonologie》(1597) 등이다. 이 서적들이 주로 다룬 내용은 빗자루를 타고 야간비행을 하는 방법, 주문과 저주의 성격 및 효과, 마녀의 가마솥에 담긴 메뉴, 그리고 무엇보다 마녀의 안식일 때 마련되는 난잡한 성교 같은 것들이었다. 세간에서는 악마가 턱수염을 그린 흑인, 혹은 '고약한 냄새를 풍기는 염소'〔꼬리 아래쪽에 입 맞춰주는 것을 좋아했다〕, 혹은 두꺼비의 모습을 하고 나타난다고들 했다. 악마는 여자마녀들의 구미에 맞춰 남자 악령이 될 수 있었고, 남자마녀들에 맞춰 여자 악령이 될 수도 있었다. 때로 악마는 스웨덴의 블로쿨라 초원, 하르츠의 브로켄베르크 정상, 혹은 나바라의 라랑다이에 있는 아켈라레 같은 악명 높은 장소에서 열리는 북적대는 마녀들의 총회 자리에 자신의 충직한 내통자들을 불러들이기도 했다.

마녀 광풍 현상은 여러 문제를 제기한다. 이른바 암흑시대Dark Ages보다 왜 르네상스와 종교개혁 시대가 마녀사냥과 관련해 훨씬 악독한 모습을 보였는지, 왜 인문주의와 과학혁명이 반대 방향으로 작동하는 것처럼 보일 때 미신이 전면으로 부상했는지 그 이유를 역사학자들은 설명해내야만 한다. 역사학자들은 보통 종교적 갈등에서 비롯한 병리적 결과들에서 그 원인을 찾곤 한다. 또한 역사학자들은 마녀 광풍 현상이 왜 특정 나라와 지역들 특히 독일과 알프스 인근 국가들에서 유달리 잘 일어났는지, 아울러 가장 열의에 찬 마녀사냥꾼들이, 제임스 6세 및 1세와 같이, 왜 가장 박학다식하고 의식 수준이 당대에 가장 기독교도다웠던 이들 사이에서 나왔는지도 설명해야 할 것이다. 이와 함께 비교해봐야 할 중요한 측면도 한 가지 있다. 마녀사냥의 집단 히스테리 및 허위 고발은 유대인 낚기나 공산주의 숙청이라는 현상과 많은 공통점이 있다는 것이다. [데비아티오] [추수] [포그롬]

1484년의 교황교서에서 시작돼 18세기 들어 마침내 퇴조할 때까지, 마녀 광풍은 300년 동안 간헐적이지만 끈질기게 사라지지 않았고, 이로 말미암아 그야말로 수없이 많은 무고한 사람이 목숨을 잃었다. 마녀사냥에 대해 중대한 반발의 조짐을 보인 것은 바이에른의 예수회로, 그간 이곳에서 마녀 박해가 특히 광적으로 일어난 때문이었다―프리드리히 슈페Friedrich Spee의 《카우티오 크리미날리스Cautio criminalis》(1631)의 경우가 유명했다〔고문을 비판하고 형법 사용에서 신중함을 주장하는 책이다〕. 유럽에서 마지막으로 마녀 화형이 행해진 것은 스코틀랜드에서는 1722년, 스위스와 스웨덴에서는 1782년, 프로이센이 점령하고 있던 포즈난에서는 1793년이었다. 이쯤 이르렀을 때, 마녀사냥은 이제 불법이 돼 있었다. 랭커셔의 마녀 중에 최후까지 남아 있던 메리 너터Mary Nutter는 1828년 자연사했다.

요구를 베스트팔렌조약을 통해 관철시킬 수 있었다. 그러나 베스트팔렌조약 덕에 누구보다 큰 이익을 챙길 수 있었던 나라는 프랑스였다―프랑스는 메스·툴·베르됭과, 피네롤로·알자스 남부의 준트가우〔프랑스어명 송고〕, 브라이자흐 통치권을 넘겨받았고, 필립스부르크에서는 요새 조성 권한을 보장받았으며, 이후에도 알자스 지방의 도시 10개를 추가로 태수령Landvogtei으로 넘겨받았다. 스웨덴은 브레멘과 페어덴, 그리고 슈체친을 포함한 포메라니아〔포모제〕 서부를 확보했다. 바이에른은 오버팔츠를 차지할 수 있었다. 작센은 루사티아를 얻었으며, 브란덴부르크는 포메라니아 동부를 대거 차지해 영토가 위쪽의 폴란드 국경에까지 가닿았으며, 과거 주교구였던

할버슈타트·민덴·캄민에다 '교구 후보지' 마그데부르크까지 손에 넣었다. 메클렌부르크-슈베린, 브라운슈바이크-뤼네부르크, 헤센-카셀은 제각기 소국으로 전락했다. 베스트팔렌조약은 1648년 10월 24일 최종 조인 됐다.

삼십년전쟁의 끝은 더디게 찾아왔다. 삼십년전쟁이 발발한 프라하에서는 여전히 싸움이 계속되고 있었다. 수도사·학생·소도시민들은 카를다리에 병력을 배치하고 조만간 닥쳐올 스웨덴인들의 공격에 대비하고 있었다. 차일피일 공격이 미뤄지던 9일째 날에, 평화협정이 맺어졌다는 소식이 전해졌다. "뎅그렁 뎅그렁 울려 퍼지는 교회 종소리에 우레와도 같던 전장의 마지막 포탄 소리가 묻혀 들리지 않았다."[56] 그렇다고 병사들이 귀향길에 오른 것은 아니었다. 군대들이 요구하는 배상금 문제를 매듭짓기 위해 1650년에 2차로 회의가 열려야 했다. 스페인인들은 이후로도 팔츠 지방의 프랑켄탈에 끝까지 수비대를 주둔시키다, 1653년 황제(페르디난트 3세)가 브장송을 내주겠다고 하자 그제야 수비대를 철수시켰다. 스웨덴 군대가 완전히 철수한 것은 1654년이었다. 베스트팔렌조약이 맺어질 때부터 대표자들 사이에서는 이미 이 전쟁을 '삼십년전쟁'이라 일컬을 터였다. 그러나 따지고 보면, 도나우뵈르트에서 첫 폭력 사태가 불거진 때를 기점으로 이 전쟁에 총 47년이 소요됐다.

교황 인노첸시오 10세Innocent X(재위 1644~1655)는 격분을 감추지 못했다. 마자랭 추기경은 교황 선출 시 반대표를 던져 인노첸시오가 교황이 되지 못하게 저지하려 했던 인물로, 그를 평생 적으로 두고 있던 인노첸시오로서는 베스트팔렌조약으로 프랑스와 프로테스탄트가 갖가지 혜택을 받게 된 것에 심기가 상했다. 그는 뮌스터에 있는 교황 대사에게 명을 내려 협정을 거세게 비난하게 했다. 교황이 발표한 짤막한 〈젤루스 도무스 데이Zelus domus Dei〉[하느님의 집에 대한 열망으로](1650)에서는, 그가 베스트팔렌조약을 "아무 가치도 없고, 아무 내용도 없는, 정당하지 않고, 대단히 부정하며, 정의롭지도 못한, 지독하고, 타락해 있고, 어리석으며, 그 어느 때에도 아무런 의미도 갖지 못할 협정"이라고 표현했다. 교황의 분노 뒤에는 통일 기독교왕국에 대한 희망은 이제 한순간에 영원히 사라져버리고 말았다는 깨달음이 자리 잡고 있었다. 베스트팔렌조약 이후로, 더는 '기독교왕국Christendom'을 입에 담지 못하게 된 사람들은 그 대신 '유럽Europe'이라는 말을 입에 올리기 시작했다.

독일은 전쟁으로 황량한 땅이 됐다. 2100만 명에 이르던 인구가 아마도 1300만 명 수준으로까지 감소했다. 전체 인구의 2분의 1 내지 3분의 1이 목숨을 잃은 셈이었다. 마데부르크는 도시 전체가 폐허가 됐다. 행정구역 어디를 가도 주민들, 그들이 기르던 가축들, 그들이 쓰던 생필품들을 찾아볼 수 없었다. 교역은 사실상 멈춰 섰다. 30년 꼬박 약탈, 기근, 질병, 소요이 이어지자 그에 따른 엄청난 대혼란이 일어나면서 제후들은 결국 농노제를 되살리고, 지방의 자유를 줄이고, 1세기 동안의 진보를 무효화하는 것밖에는 도리가 없었다. 스페인, 스웨덴, 이탈리아, 크로아티아, 플랑드르, 프랑스 병사들이 쌓은 전장의 업적은 인종 구성마저 바꿔놓았다. 독일 문화는 너무도 심한 정신적 외상을 입어 회화와 문학 분야가 외국 양식, 특히 프랑스 양식을 그대로 따라갔다.

독일은 전략적 입지도 대폭 약화됐다. 이제 라인강 중류를 틀어쥔 것은 프랑스였다. 독일을 흐르는 커다란 세 개의 강—라인강, 엘베강, 오데르강—의 하구는 각각 네덜란드, 덴마크, 스웨덴이 차지했다. 제국이 추구하던 공통의 이해관계는 독일을 구성한 보다 거대한 나라들 즉 오스트리아·바이에른·작센·브란덴부르크가 추구하는 별개의 이해관계에 예속됐다. 굴욕에는 극빈이 뒤따랐다. 일부 역사학자들은, 삼십년전쟁 당시 독일인들이 겪은 절망만으로도 훗날 회복기에 독일인들 안에서 지독한 자존심이 싹트는 자양분이 될 수 있었다고 본다. 시대의 경이로 불리며 당대를 맞은 오스트리아는 독일에 자리한 여러 개 나라 중 하나로 전락했다.

그러나 1648년 이후 독일만 불행에 빠져 있던 것은 아니었다. 스페인은 포르투갈 및 카탈루냐에서 일어난 반란들로 고투를 벌였고, 여전히 프랑스와 전쟁을 치르고 있었다. 잉글랜드는 내전의 여파에서 헤어나지 못하고 있었다. 프랑스는 프롱드의 난으로 나라가 요동쳤다. 폴란드-리투아니아는 코사크족의 반란, '스웨덴 대홍수', 러시아와의 수차례 전쟁으로 만신창이가 됐다. 이처럼 재앙들이 연속해 들이닥쳤으니 사람들이 이때를 두고 전반적 '17세기의 위기'가 아닌지 여기게 된 것도 당연하다. 전全 유럽을 지배한 봉건제가 존재했다고 믿는 사람들은 전 유럽을 지배한 자본주의가 성장통을 겪는 바람에 전 유럽에서 사회-정치적 변혁이 일어나게 됐다는 식으로 논변을 전개하는 경향이 있다. 그와는 반대로 나라 중앙에서의 요구들이 점차 거세지자 그에 반발해 나라 주변부 지역들이 폭력적 반응을 보이면서 이른바 '근대국가의 위기'가 일어났다는 식의 논변을 펼치는 경향도 있다. 일각에는 이 모든 일들은 그저 우연의 일치였을 거라며 상관관계를 미심쩍어 하는 경향도 있다.

로마, 1667년 2월 19일. 잔로렌초 베르니니Gianlorenzo Bernini(1598~1680)가 이즈음 차차 완공돼가던 성베드로광장Piazza San Pietro을 에워싼 대규모 콜로네이드colonnade(주랑柱廊)에서 세 번째이자 마지막 부분의 설계도를 제출했다. 베르니니는 콜로네이드를 구성하는 이 테르초 브라초terzo braccio(이탈리아어로 "세번째 팔"을 의미한다)를 광장과 얼마간 거리를 둔 프로필라이움propylaeum(관문)으로 만들되, 공간을 아홉 개 구간bay으로 나누어 그 위에 시계탑이 얹힌 형태가 되게 하자고 제안했다. 이 관문은 성베드로광장으로 들어서는 입구가 돼서 성베드로대성당Basilica di San Pietro의 파사드façade를 똑바로 마주보는 자리에 위치하게 될 것이었다(성베드로대성당은 반원형 회랑 두 개로, 두 팔이 광장을 에워싼 형태다. 베르니니는 여기에 "세 번째 팔"을 추가할 계획이었다)(744쪽 지도 17 참조).

12년 전 제작한 애초 설계도에 딸린 주스티피카치오네giustificazione(제안논거argument of proposal)에서 잔로렌초 베르니니는 성베드로광장의 설계 및 의미를 이미 설명한 바 있었다. 이 광장은 사람들이 교회로 발을 들이는 길목이자, 군중이 구름처럼 모여 교황의 축복을 받는 곳이자, 성스러운 공간과 접해 있는 일종의 경계선이었다. 이곳의 콜로네이드는 보통 기둥들보다 간격을 더 두어 침투성이 더 좋게 해야 했던 터라, 보행자들이 수월히 오갈 수 있게 하는 동시에 콜로네이드가 사람들에게 물리적 장벽처럼 인식되는 일을 피해야 했다. 콜로네이드 위로는 페디먼트pediment(고대 그리스식 건축에서 건물 입구 위의 삼각형 부분)를 죽 이어지게 덮어 궂은 날씨에도 성당의 행렬이 무사히 지나다닐 수 있게 해야 했다. 페디먼트 위에는 성인聖人들의 성찬식을 나타내는 조각상들을 원圓 형태로 배열해 성스럽게 꾸밀 예정이었다. 콜로네이드 안으로는, 바로 옆 성베드로대성당 앞마당의 곧게 뻗은 측면 선 위쪽으로 뻗어나가게끔, 반원형의 공간을 만들 계획이었는데 베르니니는 이를 '어머니 교회가 사람들을 팔로 감싸 안는' 모습 즉 모든 인류를 편안하게 보듬는 모습으로 구체적으로 비유하기도 했다. 베르니니가 제안한 프로필라이움은 사람들이 기도를 드릴 때 맞잡은 두 손의 형상 즉 쭉 뻗어나간 교회의 두 팔을 끝에서 하나로 연결시키는 부분이 될 터였다.

그러나 공교롭게도 일명 건설사제심의회Congregazione della Reverenda Fabbrica에 속한 추기경들이 성베드로대성당 건설 공사를 관리했는데, 이들의 구상은 달랐다. 추기경들은 광장에 인도를 만들고 두 번째 분수를 세우는 것까지는 허가했지만, 프로필라이움을 만들자는 제안은 승인해주지 않았다. 얼마 후 잔로렌초 베르니니를 지지해주던 병약한 교황이 세상을 떠났다. 이후로는 테르초 브라초와 관련해 어떤 결정도 내려지지 않았다. 이렇게 해서 '기독교의 우주를 담은 원형경기장'도 미완으로 남겨지게 됐다.[57]

성당 자체의 규모가 워낙 크기도 했지만, 성베드로광장은 여러 면에서 웅장함을 자랑하는 장소였다. 전체 길이만 해도, 본당의 포르티코portico(주랑현관)부터 서쪽의 입구까지가 339미터에 달했다. 너비는 가장 넓은 데가 220미터였다. 광장은 10만 명에 이르는 군중도 너끈히 수용할 수 있었다. 또 복잡하기는 할지언정 군데군데 연결된 광장의 형태는 기가 막히게 조화로웠다. 성베드로대성당 파사드 앞에 서면 끝이 점점 가늘어지는 팔각형이 콜로네이드에서 뻗어 나온 팔arm 사이의 반원형 공간을 향해 열려 있었다. 하지만 뭐니 뭐니 해도 이곳의 장관은 284개 도리스 양식 기둥과 88개 장사방형長斜方形, rhomboid 벽기둥이 4열로 가지런히 배치돼 있는 콜로네이드이었다. 콜로네이드의 이오니아 양식 엔타블러처에만 96개 신상이 자리했으며 앞마당 갤러리 위에서도 44개를 더 찾아볼 수 있었다. (알렉산드리아의 율리아누스 포룸에서 가져온) 41미터 높이의 헬리오폴리스의 오벨리스크는 1586년에 세워진 것으로 타원 공간의 가장 핵심

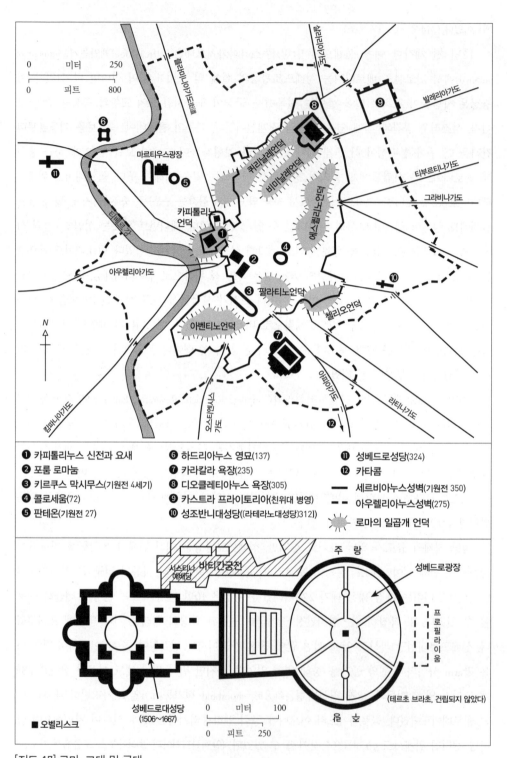

❶ 카피톨리누스 신전과 요새   **❻** 하드리아누스 영묘(137)   **⑪** 성베드로성당(324)

❷ 포룸 로마눔   **❼** 카라칼라 욕장(235)   **⑫** 카타콤

❸ 키르쿠스 막시무스(기원전 4세기)   **❽** 디오클레티아누스 욕장(305)

❹ 콜로세움(72)   **❾** 카스트라 프라이토리아(친위대 병영)   ━━ 세르비아누스성벽(기원전 350)

❺ 판테온(기원전 27)   **⑩** 성조반니대성당((라테라노대성당)312)   ╌╌ 아우렐리아누스성벽(275)

                                      ✳ 로마의 일곱개 언덕

[지도 17] 로마, 고대 및 근대

부를 차지하고 있었다. 그 양쪽 옆에는 원형 분수대가 있었는바, 하나는 카를로 마데르노Carlo Maderno(1556~1629)가 만들고(1614) 다른 하나는 1667년에 잔로렌초 베르니니가 추가로 조성한 것이었다.

잔로렌초 베르니니의 콜로네이드 건설은 161년간 진행돼온 성베드로대성당의 재건 프로그램을 마무리 짓는 작업이었다. 이 작업으로 반종교개혁 기간 내내 이어져온 공사가 끝이 났다. 이 장대한 계획이 시작된 것은 1506년이었는데, 대체로 성베드로대성당의 애초 설계자인 도나토 브라만테Donato Bramante의 머리에서 나온 이 계획의 대부분은 16세기 내내 도면 위에만 머물러 있어야 했다. 그러다 미켈란젤로의 돔이 완성된 것이 1590년이었다. 이때에도 대성당 안에는 네이브nave(신랑身廊)도 만들어져 있지 않았다. 거기에나 콘스탄티누스 1세 재위기 4세기에 조성된 바실리카의 잔해가 그때까지도 옛날 광장을 가로막고 있었다. 1605년에 이르러서야 비로소 카를로 마데르노가 오래된 바실리카를 허물고 1615년의 종려주일에 맞춰 대규모 기념행사를 열 수 있게 새로 성당 포르티코와 파사드의 건립을 허가했다. 젊은 나이의 베르니니는 1620년대에 마데르노가 건설한 성당 파사드에 우뚝 솟은 두 개의 캄파닐레(종탑)까지 추가로 세웠으나, 그로부터 20년 후 캄파닐레들은 허물어졌다. 베르니니는 1628년 수석건축가로 지명되고서도 1655년에야 '위대한 건설작업'을 의뢰받을 수 있었다. 이후 10여 년 동안 베르니니는 스칼라레지아Scala Regia(바티칸궁 주 계단), 성베드로 옥좌, 콜로네이드가 있는 새로운 광장을 만드는 일에 골몰했다.[58]

잔로렌초 베르니니가 살던 시대의 로마는 온갖 음모와 활력이 가득한 곳으로, 이곳에서 교회의 예술과 정치는 거대한 귀족 가문, 교역업자 및 직공들의 바삐 늘어나는 재물, 그리고 일반 서민들의 뼈를 깎는 고통과 결부돼 있었다. 생전에 베르니니는 아마도 조르다노 브루노가 화형을 당했다는 소식을 전해 들었을 테고, 갈릴레이의 재판에는 직접 참석하기도 했다. 베르니니는 교황령이 참혹하게 파괴되는 모습도 지켜봤고, 수차례 종교전쟁이 일어나도 거기에 개입하지 못하는 교황들의 무능함도 목격했을 것이다. 또 테베레강이 범람했던 일도 ―이 사건에서 영감을 받아 그의 가장 위대한 역작으로 손꼽히는 작품이 탄생했다―, 역병이 찾아온 광경도, 그리고 시민들이 그 어느 때보다 높아진 세금에 울분을 토하는 광경도 목격했을 것이다.

Han' fatto piu danno	염세鹽稅를 걷는 이 교황,
Urbano e nepoti	우르바노와 그의 '조카들'이
Che Vandali e Gothi,	아름다운 나의 로마에
A Roma mia bella.	행한 몹쓸 짓들은
O papa Gabella!	반달족과 고트족보다도 더 하네.[59]

극심한 곤경을 겪는 가운데서도 교회가 무슨 여력으로 그 엄청난 호화로움을 떠받칠 수 있었는지는 영문 모를 일이었다.

나이 68세에 잔로렌초 베르니니는 다방면에 가진 자신의 걸출한 힘을 절정으로 과시했고, 그의 창의력이 바닥나기까지는 아직 10년의 시간이 더 남아 있었다. 그의 아버지는 교황청 건축기사였던 피에트로 베르니니Pietro Bernini(1562~1629)로 수많은 건축물 가운데서도 스페인광장Piazza di Spagna의 '배 모양 분수'를 설계한 것으로 유명했다(로마 스페인광장의 폰타나 델라 바르차카Fontana della Barcaccia 곧 바르카차분수를 말한다. "바르카차"란 이탈리아어로 "낡은 배"란 뜻으로, 전설에 따르면, 1598년 테베레강 범람 때 작은 배가 물에 잠긴 광장에 좌초돼 가라앉아 있었다고 한다. 완성은 아들 잔로렌초 베르니니가 했다. 인용문 앞 단락 마지막 문장 참조). 베르니니는 여덟 살의 나이에 아버지를 따라 로마로 오게 된 그날부터 도시 건축물들을 매일같이 접하는 한편, 추기경들을 비롯해 돈 많은 후원자들과도 친분을 맺고 지냈다. 또한 속명이 보르게세Borghese인 바오로 5세Paul V(재위 1605~1621)에서부터 속명이 오데스칼키Odaleschi인 인노첸시오 11세Innocent XI(재위 1676~1689)에 이르기까지 총 여덟 명에 달하는 교황과도 개인적으로 친분을 쌓았다. 바오로 5세는 베르니니의 부친에게 다음과 같이 말했다. "이 아이가 자라 장차 자기 시대의 미켈란젤로가 됐으면 하는 것이 우리의 바람이오." 우르바노 8세Urban VIII(재위 1623~1644)는 아이 아버지에게 다음과 같이 말하기도 했다. "용사여, 그대는 마페오 바르베리니Maffeo Barberini 추기경(곧 자기 자신인 우르바노 8세)이 현재 교황으로 앉아 있는 것을 복으로 알아야 할 것이요. 하지만 우리가 교황좌에 있는 동안 베르니니 기사가 살아가는 것을 보는 것이 아마 더 큰 복일 테지." 알렉산데르 7세Alexander VII(재위 1655~1667)는 자신이 교황좌에 앉은 바로 그날 저녁에 바티칸궁으로 베르니니를 불러 그에게 성베드로광장의 마무리 공사를 맡겼다.

잔로렌초 베르니니는 자신이 받은 칭찬에 화답하는 데에도 아주 능했다. 베르니니는 루이 14세가 모델이 돼 있는 동안 꿈쩍도 않고 가만히 있자 이런 말을 했다. "전하, 저는 전하께서 대단한 일들에서 대단한 능력을 발휘하신다는 사실은 익히 알고 있었습니다. 그런데 지금 보니 사소한 일에서도 대단한 능력을 발휘하실 줄 아시는군요." 더구나 그는 귀부인들에게 아첨을 할 줄도 알았다. "여인들은 모두 다 아름답습니다." 베르니니가 언젠가 단언하듯 한 말이다. "하지만 이탈리아 여인들의 피부 아래에 피가 흐른다고 한다면, 프랑스 여인들의 피부 아래에는 피가 흐르지 않는 게 분명합니다. 우유가 흐르지요."

굳이 직업으로 따진다면 잔로렌초 베르니니는 조각가였다. 베르니니는 아주 어린 나이부터 숙련된 솜씨와 예술가적 기교가 담긴 최고의 작품들을 만들어낼 줄 알았다. 베르니니가 예술에 발을 들이고 초기에 의뢰받은 작품들, 예컨대 (트로이성 함락 후 도시를 빠져나가는) 〈아이네이아스, 안키세스, 아스카니우스Aenea, Anchise e Ascanio〉(1618~1619)는 근육질의 한 인물(아이네이아스)이 자기보다 나이 든 남성(아버지 안키세스)을 어깨 위에 올리고 가는 모습을 묘사한 작품으로 10대에 제작한 것이다(아들 아스카니우스가 그 뒤를 따르고 있다). 베르니니가 마지막으로 의뢰받은 작품들, 예컨대 장관이 따로 없는 알렉산데르 7세의 무덤은 진리의 모습을 여성의 나체라는 대담한 형태로 표현한 작품으로 60년 뒤에도 여전히 제작 중에 있었다. 베르니니 작품의 주된 특징은 사실주의와 공상 사이의 아슬아슬한 줄타기 속에서 발생하는 긴장감에 있었다. 베르니니가 만든 대리석 초상들은 실제 인물과 놀라울 만큼 닮아 있곤 했다. 몬시뇰 몬토이아Monsignor Montoia의 흉상 제막식이 열렸을 때, 교황은 작품을 보고 다음과 같이 말했다. "제가 보는 이분이 몬시뇰이시지요." 그런 다음에는 몬토이아 쪽으로 몸을 돌려 말했다. "그리고 이것이 그분을 빼다 박은 조각상이고 말입니다." 조각상들의 극적 자세, 몸과 얼굴의 역동적 동작들, 어느 작품에서건 어김없이 발휘되는 독창적 디자인은 지루한 소재에도 영적 힘을 불어넣었다("몬토이아"는 로마에서 일한 스페인 변호사로 알려져 있다).[60]

미술품감정가 필리포 발디누치Filippo Baldinucci는 잔로렌초 베르니니의 전기를 처음으로 저술한 인물로 그의 말을 빌리면 베르니니에게는 두 가지 탁월한 장점이 있었는바, 바로 발군의 독창성과 대담함이었다. "불충분하고 부적당한 것에서부터 아름다운 것들을 만들어낼 줄 알았던 데에 […] 베르니니의 가장 고상한 장점이 있었다." 다른 것보다도 베르니니는 인습을 탈피하는 데에서 전혀 두려움을 보이지 않았다. "때로는 원칙들을 벗어나봐야지, 그러지 못하는 사람은 절대 원칙 너머에 이르지 못한다"[61]라고 베르니니는 말했다.

잔로렌초 베르니니의 조각품은 수백 개에 달한다. 가장 잘 알려진 것으로는 안토니 반 다이크의 회화를 기반으로 제작한 잉글랜드 찰스 1세의 초상조각(1638), 프랑스 루이 14세의 초상조각(1665), 〈프로세르피나(페르세포네)의 납치Ratto di Proserpina〉, 다비드가 새총의 줄을 단단히 당기기 위해 아치를 그리듯 몸을 뒤쪽으로 틀고 있는 〈다비드David〉, 〈아빌라의 성녀 테레사의 탈혼脫魂Estasi di santa Teresa d'Avila〉, 〈복녀福女 루도비카 알베르토니의 탈혼Estasi della Beata Ludovica Albertoni〉, 〈시간의 힘에 베일을 벗는 진실La Verità svelata dal Tempo〉, 죽음의 천사가 역사책을 쓰고 있는 모습을 볼 수 있는 우르바노 8세의 무덤 등을 들 수 있다.

하지만 조각은 잔로렌초 베르니니에게 시작에 불과했다. 조각을 통해 베르니니는 모든 예술 분야를 가장 광범위하게 조화시켜야 하는 예술적 조합 작업의 세계에 발을 들일 수 있었다. 그의 전문가적 기량은 조각에 머물지 않고 장식, 회화, 건축으로까지 확대됐다. 성베드로대성당에서만 해도 구석구석 그의 솜씨를 마주할 수 있다. 실타래처럼 엮인 채 환상적 모습을 연출하며 높은 제단을 장식하고 있는 발다키노Baldacchino(천개天蓋) 기둥들(1632), 돔 천장을 받치고 있는 기둥에 들어간 장식들, 정문 위의 얕은돋을새김 조각, 회랑을 장식하는 다채로운 색깔의 대리석 바닥, 성체聖體 경당敬堂에 자리한 청금석 성합聖盒—'기독교왕국의 위대한 신전 안에서 모셔진

성물 중의 성물'로 일컬어졌다— 같은 것들이 그러하다.

잔로렌초 베르니니가 도시 로마에 숱하게 기여한 바는 그가 로마에 주요 건물을 최소 45채 이상 지었다는 데서도 찾아볼 수 있다. 그는 엄청난 규모를 자랑하는 폰타나 델 트리토네Fontana del Tritone(1643, 돌고래 세 마리의 힘으로 높이 떠올라 있는 커다란 조개껍데기에 트리톤(그리스 신화에 나오는 바다의 신, 포세이돈의 아들)이 올라앉아 소라고둥에서 물줄기를 뿜어내는 모습이 형상화돼 있다)를 지었을 뿐 아니라 나보나광장의 폰타나 데이 (콰트로) 피우미Fontana dei (Quattro) Fiumi(세계의 커다란 강줄기 네 개—나일강, 갠지스강, 도나우강, 라플라타강—의 모습이 담겨 있다) 작업에도 일부 참여했다. 프로파간다피데청사Palazzo di Propaganda Fide의 파사드, 산탄드레아알퀴리날레성당Chiesa di Sant'Andrea al Quirinale, 카스텔간돌포Castelgandolfo 마을성당을 설계한 것도 베르니니였다.

동시대인 입장에서는, 배경 연출이야말로 잔로렌초 베르니니의 재능이 진면목을 가장 잘 발휘한 부분으로 보였을 것이다. 베르니니는 각종 연극, 가면극, 축제, 행렬 등에 쏟아부은 독창적 에너지를 통해 무대에서 압도적 장관을 연출해냈지만 관련 기록은 하나도 남아 있지 않으니, 후세 사람들로서는 애석할 뿐이다. 1661년, 베르니니는 프랑스 황태자의 탄생을 축하하는 뜻에서 생트리니타데이몬티의 언덕을 꾸며 불꽃놀이를 선보였다. 1669년에는 크레타를 무사히 지켜낸 것을 기념하는 뜻에서 유명한 쇼를 기획하기도 했다. 토르디노나의 극장에서는(1670~1676) 여러 극작가, 무대장치가, 배우, 그리고 아르칸젤로 코렐리Arcangelo Corelli나 알레산드로 스카를라티Alessandro Scarlatti 같은 작곡가들과 일하기도 했다. 바로크 시대는 연극성theatricality이 시대의 기풍이었다고들 종종 이야기한다. 베르니니야말로 이 장르를 현실에서 가장 박진감 넘치게 구현해낸 인물이라 해도 틀림이 없다.

잔로렌초 베르니니의 작품은 거의 실패한 일이 없었지만, 어쩌다 맞이한 실패는 그에게 상처를 남겼다. 베르니니가 성베드로대성당에 지었던 종탑들을 철거한 것은 일은 필경 인노첸시오 10세 휘하의 경쟁자 자문단이 악의를 갖고 벌인 짓일 게 틀림없었다. 그러나 1665년 프랑스에 진출했다가 낭패를 본 일은 확실히 이해하기 힘든 부분이 있었다. 이 계획은 장-바티스트 콜베르가 아첨을 떨며 베르니니를 프랑스로 불러들인 게 그 시작으로, 콜베르는 편지에 베르니니야말로 "온 세상을 통틀어 가장 숭앙받을 인물"이라고 쓴 바 있다. 베르니니는 원형경기장을 건축할 계획안을 들고 파리로 향했다. 그는 콜레세움을 본으로 삼아 루브르와 튈르리 사이의 공간을 건물들로 채울 생각이었다. 그러나 베르니니의 계획안은 받아들여지지 않았고, 여섯 달 후 베르니니는 빈손으로 고국으로 돌아와야 했다. 루이 14세의 곁에 앉아 보낸 즐거운 시간들만이 그가 느낀 당혹감을 달래주었다. 그러다 조각가로서의 이력이 거의 막바지에 다다랐을 때 성베드로대성당을 가로지르는 교차로를 받치는 기둥들에 균열이 생겨났고, 사람들은 이 사태의 책임을 베르니니에게 돌렸다. 필리포 발디누치가 자신의 책을 써야겠다고 생각한 것은 베르니니에게 쓰인 혐의가 잘못된 것임을 입증하기 위해서였다.

1667년은 한 해 꼬박은 아니더라도, 교황 알렉산데르 7세가 아직 잔로렌초 베르니니의 동시대인으로 남아 있던 때였다. 교황이 되기 전 파비오 키지Fabio Chigi 추기경이었던 그는 직업 외교관으로 일한 경력이 있었다. 1640년대에는 내내 쾰른 주재 교황대사로 봉직하며 삼십년전쟁 협정 당시엔 협상단 수석대표의 자격으로 프로테스탄트에게 인정되는 모든 양여에 반대하면서 명성을 얻었다. 아울러 그는 "좋은 이단이 되기보다는 나쁜 가톨릭교도가 되는 편이 낫다"라는 베르니니의 경구에도 전적으로 찬동했다. 그는 성 프랑시스코 살레지오(프란치스코 살레시오, 1567~1622)를 시성諡聖할 정도로 열렬히 추종했고, 예수회를 우호적으로 대했으며, 안신주의에는 강경한 노선을 취했다. 한마디로 알렉산데르 7세는 반종교개혁의 본보기라 할 교황이었다. 동시에 그는 문장력과 예술적 세련미를 겸비한 교양인이었다. 직접 라틴어 시를 지어 책까지 출간하기도 한 그는 장서 수집가이자 군건한 예술 후원자이기도 했다. 그는 자신이 아직 교황청 국무원장國務院長으로 봉직하고 있을 때부터 이미 베르니니를 키지가家 거주지에서 일을 시키고 있었으며, 교황직에 오른 바로 그날 저녁에는 기다렸다는 듯 베르니니를 교황청으로 불러들였다.

로마의 내로라하던 후원자로서 알렉산데르 7세의 최고 맞수는 전 스웨덴 여왕 크리스티나(재위 1632~1654)임은 당시 누구나 아는 사실이었다. 알렉산데르가 교황으로 선출되고(1655) 난 후 12월에 로마에 도착한 크리스티나는 당대에 가장 유명한 가톨릭 개종자로 손꼽혔다. 지식인이되 강압적 측면이 있었던 그녀는 (양위 후 거처였던) 리아리오궁Palazzo Riario을 기발한 위트와 고상한 취향이 감도는 살롱으로 만드는 동시에, 추기경 데치오 아촐리노Decio Azzolino가 조직한 이른바 스콰드로네 볼란테Squadrone Volante를 통해 궁을 교회의 음모가 벌어지는 온상으로 만들기도 했다(스콰드로네 볼란테"는 17세기 로마가톨릭교회 추기경단 내의 독립적이고 자유주의적인 그룹이다). 크리스티나는 동성애 성향이 있었던 데다, 르네 데카르트가 깊은 인상을 받기도 한 이성을 중시하는 가톨릭 교리를 강력하게 지지했고, 따라서 엄격한 원칙을 고수했던 알렉산데르 7세의 로마에서는 크리스티나를 그리 달갑게 받아들이지 않았다.

로마의 시각에서, 기독교왕국은 이미 안타까운 상태에 다다라 있었다. 1660년대 무렵에 프로테스탄트주의와의 긴 싸움은 교착 상태였다. 정교회를 하나로 끌어안겠다는 희망도 사라진 뒤였다. 프랑스를 제외하면, 내로라하는 가톨릭 강국들은 하나같이 혼란에 빠져 있었다. 거기에다 프랑스도, 포르투갈이 그랬듯, 교황의 권위에 암묵적으로 저항하려는 눈치였다. 신성로마제국은 레오폴트 1세의 대(1658~1705)에 나라가 황폐해지며 인구마저 줄어갔다. 폴란드-리투아니아 사정도 마찬가지였다. 스페인은 파산 상태나 다름없었다.

북부 유럽에서는 온갖 종류의 분쟁이 터지고 있었으나 각국은 로마의 의견 따위는 이제 안중에 없었다. 잉글랜드가 브레다조약으로 네덜란드와 평화를 구축하자마자, 프랑스는 곧장 전쟁을 개시해 스페인령 플랑드르를 치고 들어갔다. 왕정복고 시대를 겪고 있던 잉글랜드는 역병과 런던대화재의 위기까지 넘기며 존 드라이든의 〈안누스 미라빌리스Annus Mirabilis〉에서 그 기쁨을 기렸다(〈안누스 미라빌리스〉는 런던대역병Great Plague of London(1665~1666)과 런던대화재Great Fire of London(1666. 9. 2~9. 6)가 있은 1655~1666년을 기념하는 시詩(1667)다. 라틴어로 "경이의 해" "기적의 해"를 의미한다). 동쪽의 안드루소보에서는 정교회를 믿는 모스크바대공국 시민들이 폴란드를 꼬드겨 우크라이나 땅을 넘겨받으려 하는 동시에, 형세를 영원히 자신들 쪽으로 가져오려 위협도 가하고 있었다. 막 독립국 지위를 얻은 브란덴부르크 프로이센은 유력한 프로테스탄트 군사 강국으로 부상해 스웨덴인들을 나라 밖으로 몰아낼 태세였다.

발칸반도와 지중해에서는 튀르크족이 한창 위세를 키워가고 있었다. 베네치아인들은 칸디아(헤라클리온)에 마지막으로 남아 있는 자신들의 크레타섬 요새를 필사적으로 지키는 중이었다. 교황령은 이탈리아의 나머지 지역들과 마찬가지로, 극심한 경제적 쇠락 속에서 고통을 겪고 있었다. 그 와중에 도대체 어떤 방도로 이들이 재원을 마련해 잔로렌초 베르니니의 화려한 작품들에 값을 치르고, 베네치아에는 지원금까지 대주었는지는 영문을 알 수 없는 일이었다. 그 장대한 위용에도 로마가 가장 위대했던 나날들의 막바지에 이르렀다는 사실을 이제 사람들은 생생히 실감할 수 있었다.

바티칸궁이 프랑스와 벌인 싸움은 고故 쥘 마자랭 추기경이 생전에 품고 있던 원한에 뿌리를 두고 있었다. 마자랭은 평소 자신이 질색하던 존재인 파리 대주교 레츠 추기경 장-프랑수아 폴 드 공디Jean-François Paul de Gondi를 로마가 한때 싸고돌았던 것을 용서할 수 없었다. 그래서 앙갚음을 하려는 마음에서 파르네세가와 에스테가가 교황령의 재산을 놓고 문제를 제기했을 때 두 가문을 도왔다. 그러나 노력한 보람도 없이 마자랭은 1655년의 콘클라베에서 배제돼 알렉산데르 7세가 교황으로 선출되는 과정에 참여하지 못했으니, 해외 영구 거주의 형식을 취하기 위해서는 추기경들이 교황청의 승인을 받아야만 한다는 것이 그 이유였다. 마자랭이 세상을 떠난(1661) 이후, 루이 14세는 싸움을 계속 이어가기로 마음먹은 터였다. 그는 로마에서 프랑스 사절단이 가지는 면책 특권이 침해당했다는 구실을 내세워, 교황대사를 파리에서 쫓아내고 아비뇽을 점유했다. 운이 따라주지 않은 알렉산데르 7세는 루이 14세에게 굴욕적 사과를 하고, 로마에는 교황 자신의 종복들이 위법을 저질렀음을 인정하는 내용의 피라미드를 세워야 했다. 1665년 잔로렌초 베르니니가 베르사유를 찾았다가 아무 성과도 못 내고 돌아오면서 로마는 다시 굴욕감을 맛봐야 했지만, 그러고도 둘 사이 관계는 좀체 나아지지 않았다. 그래도 베르니니에게는 루이와의 만남이 아주 성공적이라고 여겨졌을 것이다. 이때 루이와 함께한 자리에서 한번은 베르니니가 왕의 머리에서 가발을 벗겨내고 자신이 즉석에서 고안한 베르니니풍 수정la modification Bernin이라는 헤어스타일을 선보였으니 말이다. 그러나 이제 정치와 종교 면에서는 물론 취향 면에서도 프랑스가 독자적 노선을 걷기 시작했다는 점은 명백했다. 바티칸에서 위그 노들에 대한 박해를 반대한다는 의견을 냈을 때도 베르사유궁은 신경조차 쓰지 않았다.

문학에선 1667년은 장 라신Jean Racine(1639~1699)의 《앙드로마크Andromaque》와 존 밀턴 John Milton(1608~1674)의 《실락원Paradise Lost》이 출간된 해였다. 전자는 트로이를 배경으로 한 작품으로 고전시대 전통이 그때까지도 생생하게 살아있다는 사실과 프랑스 문학이 가진 우 월성을 확인시켜주었다. 후자의 흠잡을 데 없이 아름다운 운율은 시간이 흘러도 변하지 않는 기독교적 주제의 호소력을 새삼 확인시켜주었다.

> 인간이 저지른 첫 번째 불충, 그리고
> 치명적인 맛을 가진, 금지된 나무의 그 과일로 인해,
> 세상은 죽음에 빠지고, 아울러 우리에게는 슬프게도,
> 낙원을 잃게 되니, 결국 더 위대하신 한 분이
> 우리를 구하시고, 은총 가득한 자리를 다시 얻으실 때까지는
> 노래하라, 천상의 뮤즈여, […]
> 이 위대한 논설의 정점에 이를 때까지
> 나는 영원한 섭리를 노래하고
> 인간에게 하느님의 길을 정당화하겠노라.[62]

잔로렌초 베르니니의 창의성 넘쳤던 동시대인들은 당대 그들이 쌓아나가던 이력 안에서 천 차만별의 단계를 밟고 있었다. 암스테르담에서는 렘브란트 하르먼스 판레인(1606~1669)이 〈유 대인 신부Het Joodse bruidje〉로 생애 마지막의 주요 작품을 화폭에 담고 있었다. 마드리드에서 는 바르톨로메 에스테반 무리요Bartolomé Esteban Murillo(1618~1682)가 카푸친수도회의 교회 Church of Capuchins를 위해 22점의 연작을 그리는 일에 돌입해 있었다. 파리에서는 클로드 로 랭Cluade Lorrain(1600~1682)이 〈납치당하는 에우로페가 있는 해안 풍경Coast Scene with the Rape of Europa〉을 그렸다. 런던에서는 대화재가 계기가 돼 크리스토퍼 렌Christopher Wren(1632~1723) 이 대단한 경관을 자랑하는 일련의 교회를 설계하는 작업에 돌입해 있었다. 리처드 로어Richard Lower(1631~1691)는 최초로 인체 수혈을 감행했다. 케임브리지에서는 젊은 나이의 아이작 뉴 턴Isaac Newton(1642~1727)이 색色이론을 막 세상에 내놓은 참이었다. 옥스퍼드에서는 로버트

훅Robert Hooke(1635~1703)이 기상학과 관련한 체계적 기록법을 제안하고 있었다. 뮌헨에서는 테아티너키르헤Theatinerkirche(테아티너교회)가 한창 건설 중이었다. 초상화가 프란스 할스(1666 년 몰)가 막 세상을 떠난 참인 반면, 풍자작가 조너선 스위프트(1667~1745)는 아직 어머니 뱃속에 들어 있었다.

성베드로대성당의 재건 작업이 연기된 것은 종교개혁이 한창이던 당대에는 분명 핵심적 사건이었을 것이다. 성베드로대성당은 단순한 건축물이 아니었다. 성베드로대성당은 제1의 신전이자, 마르틴 루터가 일으킨 반란에 대한 충성파의 상징이자, 교황에게는 그 자신의 세력을 집결시킬 수 있는 요지였다. 따라서 잔로렌초 베르니니가 콜로네이드를 지은 것은 이러한 맥락에서 볼 때 이른바 일대 획을 긋는 중요한 단계였다. 편의를 위해 역사학자들은 이 사건을 기점으로 반종교개혁이 막을 내렸다고 여기는 경향을 보이기도 한다. 그리고 어떻게 보면 분명 그런 면이 있다고도 하겠다.

그러나 사실을 알고 보면 반종교개혁은, 이후 두 번 다시 완공되지 못한 콜로네이드처럼, 당시 그대로 막을 내린 것이 아니었다. 생각해보면, 문명의 역사 자체가 원래 단순한 멈춤이나 시작을 거의 찾아볼 수 없는 하나의 연속체로 존재한다. 물론 당시 로마교회가 점차 세가 커지는 속세 권력에 밀려 위용을 잃어가고 있던 것은 사실이다. 그러나 로마교회는 멈추지 않고 이후로도 유럽인들의 삶 일부를 차지한 주된 특질이었다. 이때부터 거의 400년이 지났건만 지금까지도 교회의 갖가지 제도가 전과 다름없이 시행되고 있는 것만 봐도 그렇다. 아닌 게 아니라, 로마교회는 앞으로도 멈추지 않고 오래도록 그 사명을 이어갈 것이다. 수많은 순례객이 구름처럼 성베드로광장을 가득 메우고, 성베드로의 옥좌 앞에서 기도를 드리고, 잔로렌초 베르니니의 콜로네이드 아래서 관광객 무리와 한데 뒤섞여 오가는 한에는 계속.

루멘 LUMEN

계몽주의와 절대주의, 1650년경~1789

8

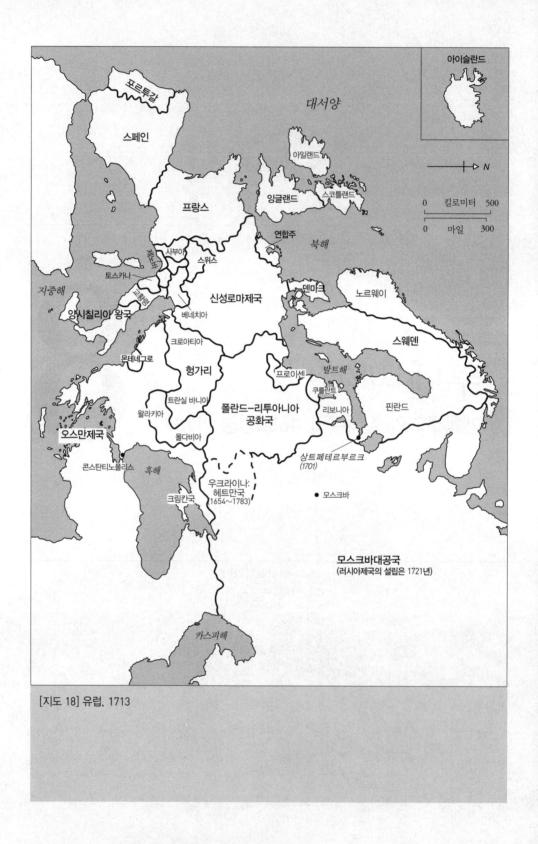

아이슬란드

대서양

포르투갈

스페인

아일랜드

잉글랜드   스코틀랜드

프랑스

연합주   북해

스위스   사부아

덴마크   노르웨이

지중해   토스카나

양시칠리아 왕국   교황령

신성로마제국   스웨덴

베네치아

크로아티아   프로이센   발트해

몬테네그로   헝가리   쿠를란트

트란실바니아   폴란드-리투아니아   핀란드
공화국
왈라키아   리보니아

오스만제국   몰다비아   상트페테르부르크
(1701)

콘스탄티노폴리스   흑해   우크라이나: 모스크바
헤트만국
크림칸국   1654~1783

모스크바대공국
(러시아제국의 설립은 1721년)

카스피해

[지도 18] 유럽, 1713

세간에서 흔히 말하는 '이성의 시대Age of Reason'라는 명칭은 이 말이 순진한 발상에서 지어졌다는 인상을 풍긴다. 당대의 숱한 유럽의 지식인들이 인간의 다른 기능들은 모조리 제쳐두고 다 같이 단 한 가지의 기능—즉 이성Reason—에만 그토록 무게를 두었다는 사실은 지금 와서 생각해보면 참 별난 일이 아닐 수 없다. 혹자는 그 순진성naïvety이 도를 지나쳐 추락하는 길에 들어설 수밖에 없었던 것이라고 결론을 내릴 수도 있겠다. 끔찍한 혁명기라는 형태로 찾아온 이 추락은 이성의 시대가 종국에는 맞닥뜨릴 수밖에 없던 현실이었다고.

사실 이성의 장점들은 이 시대 직전이나 직후에는 그 진가를 그리 인정받지 못했다. 셰익스피어의 햄릿만 해도 자기 아버지의 유령을 보고는 곁에서 미심쩍은 눈초리로 그것을 바라보던 호레이쇼에게 이렇게 말하지 않았는가. "이보게 호레이쇼, 이 세상의 하늘과 땅에는 자네의 철학 속에서 자네가 꿈꾸는 것보다 더 많은 것이 존재한다네." 19세기에도 합리주의rationalism는 여전히 세태에 뒤진 것으로 여겨졌다. (아래는 《축소판 옥스퍼드영어사전SOED》의 내용이다.)

> 계몽주의 […] 2. 피상적이고 가식적인 지성주의로, 권위와 전통을 별 이유 없이 경멸하는 사조. 특히 18세기의 프랑스철학에서 보이는 사조와 목표에 적용되는 말이다. 1865년.[1]

한편으로, 종교개혁 이후의 시기에 대해 판단할 때는 유럽인들이 매우 오랫동안 내세워온 주장이 무엇인가도 잊지 말아야 할 것이다. 이성Reason과 신앙Faith 사이의 의견 합치는, 과거 르네상스 시대의 인문주의자들이 약속한 것과는 달리, 아직은 종교적 도그마dogma(교의, 교조, 교리)와 마술과 미신등을 상대로 승리를 거두지 못하고 있었다. 종교전쟁을 거치고 났어도 세상은 여전히 '달콤한 이성의 빛the Light of sweet Reason'을 사용해야만 도처에 만연한 독을 없앨 수 있었다. 아닌 게 아니라, 계몽주의가 무서운 기세로 세상을 휩쓸었을 때에도 그것은 사라질 줄 모르는 편견의 표면만 살짝 훑고 지나갔던 것처럼 보인다.

정치사가들이 이 시대를 가리킬 때 쓰는 표현인 '절대주의 시대Age of Absolutism'도 유사한 문제에 둘러싸여 있기는 마찬가지다. 우리는 이 시대 유럽의 통치자들이 절대적 권력을 누렸거나, 적어도 절대적 권력을 누리기 위해 애썼다고 상상하는 경향이 있다. 애석하게도 실제는 그렇지가 않았다. 이 시대에 합리주의자들이 다 동일한 합리주의자들이 아니었듯, 절대주의 시대의 유럽인들은 다 동일한 절대주의자가 아니었다.

;

베스트팔렌조약(1648)과 프랑스혁명(1789~1799) 사이의 150년 동안 유럽 지도에서는 획기적 차원의 변화를 거의 찾아볼 수 없었다. 당시 전쟁들은 하나같이 나라들 간에 영토를 얼마쯤 주고받는 식으로 끝이 났다. 위트레흐트조약Treaty of Utrecht(1713)은 약간의 분란을 일으켰다는 점에서 특이한 경우다. 폴란드-리투아니아의 제1차 분할(1773)은 앞으로 산사태처럼 밀어닥칠 재난을 예고했다. 그레이트브리튼왕국의 성립(1707)은 유럽에 또 하나의 중요한 단일체가 태어났다는 사실을 확인시켜주었다. 그러나 그 외 지도의 주요 지역 대부분은 본질적으로 변화가 없었다. 라인강을 차지하려는 프랑스의 돌격은 일부만 성공했을 뿐이다. 프로이센 역시 비교적 얼마 안 되는 땅을 수중에 넣는데 만족해야 했다. 오스만인들도 마지막으로 대단하게 기세를 올려봤지만 저지를 당하더니 상황은 외려 역전됐다. 오로지 러시아 단 한 곳만이 극적 성장을 이룩했다. 하지만 유럽의 약소국 중 이 시기에 제 명을 다한 곳은 사실 하나도 없었다. 스페인, 신성로마제국, 스웨덴, 폴란드-리투아니아 모두 병이라도 난 듯 맥을 못 추긴 했어도 다들 명맥은 유지해나갔다.

당대 유럽 국가의 정치체제는 그 범위가 하도 방대해 웬만한 교과서에서는 그것들을 다 다루지 못한다(부록 1607쪽 참조). 이 '절대주의 시대'에 사실 절대주의 국가는 소수에 불과했다. 국가들을 일렬로 늘어세운 한쪽 끝에 완전히 지방분권적이면서 입헌주의를 지향한 공화주의 연맹체 스위스가 자리 잡고 있었다면, 다른 한쪽 끝에는 극단적 전제국가 러시아·오스만제국·교황령 등이 자리하고 있었고, 그 사이에서는 또 온갖 형태의 정치체가 일어나 있었다. 당시 유럽의 공화체제를 대표한 곳으로는 베네치아, 폴란드-리투아니아, 네덜란드연합주를 꼽을 수 있었다. 절대주의 군주제의 대표한 곳으로는 프랑스, 스페인, 오스트리아가 꼽혔다. 군주를 선택할 때 선출과 세습 모두가 작용한 신성로마제국은 공화제와 입헌군주제 사이의 어디쯤에 놓였다. 입헌주의적 체제이되 권위주의적 전통을 따라 운영된 프로이센은 입헌주의와 절대주의 사이의 어디쯤에 놓였다. 유럽의 클라인슈타테라이Kleinstaaterei(소국小國분립)에서는 정치체제의 다양성 정도가 훨씬 더했다—수백 개에 이르던 소국들을 [영국의 정치가] 윌리엄 피트William Pitt the Younger[소少피트]는 한때 격분해서 "각다귀 떼the swarm of gnats"라 부르기도 했다. 여기에 라구사(두브로브니크)·제노바·제네바 같은 소규모의 도시-공화체도 찾아볼 수 있었고, 쿠를란트 같은 소小공국도 있었으며, 아비뇽 같은 교회국가, 안도라 같은 특이한 혼성 형태의 국가들도 있었다.

복합적 체제를 계속 이어나간 국가도 많았으니, 이런 곳들에서는 통치자가 자국에 딸린 특정 지역에 갈 때마다 그에 맞춰 다른 체제를 운용해야만 했다. 프로이센 왕은 베를린에서는 제국[황제]의 신민 처지였고 쾨니히스베르크에서는 완전히 독립적인 지위를 누렸으며, 민텐과 뇌샤텔 같은 속령에서는 또 다른 신분이었다. 합스부르크가도 신성로마제국에서는 허수아비 신세였으나, 프라하나 빈에서는 폭군이었고 1713년 이후로 브뤼셀에서는 입헌군주였다. 영국의 왕들도 자국에서는 입헌군주였지만, 식민지에 가서는 전제군주였다.

시간의 흐름에 따라 나타난 변화들도 있었다. 예를 들이 잉글랜드는 올리비 크롬웰 통치 때는 공화제를 지향하다가 [1660년의] 스튜어트왕가의 왕정복고 뒤에는 군주제를 지향했으며, 1688~1689년의 '무혈혁명Bloodless Revolution' 뒤에는 세간으로부터 커다란 칭송을 받은 중도주의 입장으로 되돌아갔다. 17세기 후반에는 스웨덴과 덴마크 군주제 모두 절대주의로 급선회했다. 그러다 18세기에 스웨덴의 하타르나당hattarna과 뫼소르나당mössorna은 공중제비라도 돌듯 다시 정반대의 움직임을 보였다. 폴란드-리투아니아는 얀 3세 소비에스키(재위 1674~1696) 대에서 여전히 귀족민주주의noble democracy 원칙에 따라 기능했다. 그러다 1717년 이후로는 오로지 러시아보호령으로 기능했다. 러시아에서는 차르들이 염치없는 독재자로 행세했다. 차르들은 폴란드에 가서는 자신들이 즈워타 볼노시치Złota wolność(황금의 자유Golden Freedom)를 지키는 최고의 수호자인 척 행세했다. 겉모습과 단순한 도식은 이렇듯 믿을 게 못 되는 법이다["즈워타 볼노시치"는 루블린연합(1569) 이후 수립된 폴란드-리투아니아연방의 귀족지배에 의한 민주주의 정치체제다. 영어로는 "Golden Liberty"로도 쓴다].

절대주의Absolutism는 우리가 특히 신중하게 기해 살펴봐야만 하는 부분이다. 절대주의는 자신들의 권력 행사를 막아서는 제도적 장애물이 전혀 없는 차르나 술탄의 전제정치보다는 독단성이 덜했다. 그래도 절대주의는 일부 군주들로 하여금 프로이센의 본보기를 따르게 하고 군주들이 의기투합하게 하는 제도를 강제했던 만큼의 권위적 풍조보다는 독단성이 더했다. 절대주의는 궁지에 몰린 군주들이 지방 속주와 귀족층이 단단히 틀어쥐고 있던 특권들에 맞서 싸움을 벌여야 했던 봉건제 후기와, 로마교회가 직접적인 정치적 통제를 받지 않았던 가톨릭 세계에 뿌리를 두고 있었음에 틀림없다. 절대주의는 보통 프로테스탄트 세계나 정교회 세계에는 잘 맞지 않았다. 프랑스·스페인·오스트리아·포르투갈은, 단계는 여러 가지로 다양했으나, 분명 체제는 절대주의 범주에 속했다. 영국·프로이센·폴란드-리투아니아·러시아는 다양한 이유에서 그렇지 않았다.

여기서 우리가 강조해야 할 게 있다면, 절대주의는 현실에 나타난 통치의 실질적 형태라기보다는 이상적 상태를 가리키는 표현이라는 점이다. 유럽은 중세 후기부터 지나치게 분권적인 제도들을 유산으로 물려받았는바, 절대주의는 그것을 시정하는 데서 나타난 일련의 정치사상 및 가정들과 깊은 관련이 있었다. 절대주의라고 하면 의회, 자치 속주, 지방의회 헌장, 각종 의무를 면제받은 귀족 및 성직자 등에 가로막혀 '제한된 권력limited powers'만 가졌던 군주들과는 달리, 얼마간 '사적 권력personal power'을 가진 특정 군주들에 대해 쓰이는 때가 많았다. 절대주의는 이때에도 쉽사리 정의될 수 없었을뿐더러 철학자들의 세세한 논변보다는 궁정대신들이 왕에게 바치는 찬사 속에서 정당화되는 경우가 많았다. 절대주의는 자크-베니뉴 보쉬에Jacques-Bénigne Bossuet(1627~1704)와 니콜라 부알로Nicolas Boileau(1636~1711) 같은 사람을 숱하게 거느리고 있었지만 토머스 홉스와 같은 이는 그 하나뿐이었다. 절대주의의 실제 모습은 유럽의 주요 강국들보다는 사실 토스카나 같은 소국들에서 그 실례가 더 잘 드러나는 것처럼 보인다. 절대주의는 그 어디에서도 완벽히 성공하지 못했으며, 그 어디서도 완벽히 절대적인 나라를 탄생시키지도 못했다. 그렇긴 했어도 16세기와 17세기에 절대주의가 변화의 커다란 동력이 된 것은 사실이었다. 18세기에 절대주의 영향력이 좀 더 먼 데까지 퍼져나가자 절대주의는 민주주의democracy, 자유liberty, 일반의지general will를 지향하는 새 조류들에 압도당했다. '계몽전제군주enlightened despot들'의 시대는, 다른 말로 하면, 영국과 미국의 입헌주의 시대이기도 했다.

또 한 가지 유념해야 할 것은 '절대주의'에 대한 큰소리가 우리가 일반적으로 아는 것과는 다른 방식으로 커진 적도 많았다는 점이다. 잉글랜드 젠트리가 스튜어트왕가의 절대주의에 불만의 목소리를 쏟아냈을 때, 그들이 우려한 바는 왕과 의회 사이의 실질적 권력균형보다는 스튜어트왕가가 프랑스 혹은 스페인의 관행들을 잉글랜드에 강제로 적용하려 들지 않을까 하는 것이었다. 폴란드 귀족들이 작센족(색슨족) 왕들이 '절대주의'를 일삼는다며 불만에 찬 목소리를 높이기 시작했을 때도, 사실 폴란드-리투아니아에서 작센족 왕들의 입지는 그 어떤 군주들에 비해서도 훨씬 제한적이었는바, 그들은 단순히 변화에 반대한 것이었다.

여기서 프랑스의 절대주의가 주요 참조점의 역할을 했다. 프랑스는 유럽 역사의 역대 왕 중 가장 오랜 기간 통치한 루이 14세(재위 1643~1715)대에 유럽에서 단연 최강국으로 올라섰다. 프랑스의 본보기는 숱한 숭배자들을 들뜨게 했다. 그러나 가장 위대하다고 손꼽히던 절대주의자들도 결국에는 환멸 속에서 생을 마감했으니, 그들도 죽을 때에는 절대주의의 이상이 아직은 요원하다는 사실을 절감할 수밖에 없었다.

따라서 종국에 절대주의는 참담한 실패로 판명났다. 루이 14세가 탄생시킨 이른바 앙시앵레짐Ancien Régime 즉 구체제는 프랑스혁명이라는 재앙으로 끝을 맞은바, 프랑스혁명은 프랑스를 공화주의의 사도로 탈바꿈시키기도 했지만 동시에 당대 프랑스의 패권에 종지부를 찍게 만들기도 했다. 궁극적으로 승리는 절대주의에 가장 맹렬하게 반대하고 나섰던 이들이 누렸다. 영국의 입헌주의는 19세기의 강국에만 아니라 영국에 반기를 든 식민지의 헌법을 통해 20세기의 세계 초강대국(곧 미국)에도 영감을 불어넣게 된다.

유럽의 식민지와 해외영토는 1650년 이후 몇 배로 불어났고, 그 일부는 독자적 생존력을 확보하는 단계까지 나아갔다. 스페인과 포르투갈은 자신들의 기존 속령들로부터 있는 것을 쥐어짜내느라 정신이 없었다. 북아메리카에서는 스페인인들이 뉴스페인(멕시코)에서부터 내륙을 향해 밀고 들어가 캘리포니아, 애리조나, 콜로라도에 이르렀다. 남아메리카에서는 체계적으로 건설된 예수회 정착촌들의 도움을 받아 스페인인들이 베네수엘라, 뉴그라나다(보고타), 페루, 파라과이, 라플라타(코르도바)에 온 노력을 쏟아부었다. 스페인인들은 인근의 모든 무역을 자국 선박이 독점하려 했으나 1713년 아시엔토조약 후로는 외국인들의 선박을 인정해야 했다("아시엔토Asiento"는 스페인왕위계승전쟁을 종결시킨 위트레흐트조약의 일환으로 스페인에 요구해 국가 및 개별 상인들이 얻어낸 흑인 노예무역 독점권을 말한다. "아시엔토 네그로스Asiento de Negros"라고도 한다. 스페인어로 "아시엔토"는 "평화조약" "강화", "네그로"는 "흑인"이란 뜻이다). 포르투갈인들은 브라질 해안을 차지하려 네덜란드인들이 오랜 기간 군사작전을 펼쳤음에도 버텨냈다. 그러다 1662년의 조약 이후로 포르투갈인들이 남쪽의 상파울루에서 시작해 라플라타강까지 밀고 들어왔고(1680) 이후로는 서쪽으로 방향을 틀어 황금이 풍부하게 매장돼 있던 미나스제라이스의 내륙 지방과 마토그로스에까지 이르렀다. 네덜란드인들은 동인도 외에도 가이아나와 퀴라소를 계속 식민지로 차지할 수 있었다. 러시아인들은, 1648년 후일 베링해협이라 이름 붙는 지역을 발견했었는데, 캄차카반도를 영유했고(1679) 중국(청淸)과 국경 확정 조약(네르친스크조약)을 체결했다(1689). 1세기 뒤 덴마크 출신의 비투스 베링Vitus Bering(1680~1741)의 탐험 후로는, 러시아인들이 코디액섬(1783)에 요새를 건설하고 알래스카 영유권을 주장했으며 나중에는 이를 근거로 캘리포니아 북부 포트로스로 분대를 파견했다(1812).

그러나 새 식민지 건설 사업은 대부분 프랑스인과 영국인의 주도로 시작됐다. 프랑스는 1664년 프랑스동인도회사 운영에 들어가, 퐁디셰리와 카라이칼에 인도 동부 연안의 기지들을 설립했고 마다가스카르섬과 레위니옹섬에도 정기 기항지를 설치했다. 1682년에는 루이 14세를 기려 미시시피강에 루이지애나를 건설하고 뉴올리언스를 그 중심지로 삼았다(1718). 잉글랜드는 아메리카의 자국 식민지를 통합하는 차원에서 델라웨어(1682), 펜실베이니아(1683, 퀘이커교도 식민지), 조지아(1733)를 건설했다. 인도에서는 영국동인도회사가 마드라스에다 봄베이와 캘커타까지 차지하고는 인도 패권을 놓고 프랑스와 각축을 벌이며 심한 압박을 받고 있었다. 상업 이익은 해상의 발견과 맥을 같이했다. 1766~1768년에는 프랑스 제독 루이 앙투안 드 부갱빌Louis Antoine de Bougainville이 배를 타고 세계를 일주했으며, 이와 비슷하게 1768년에서 1780년 사이에는 영국 해군 대령 제임스 쿡James Cook〔캡틴 쿡Captain Cook〕의 항해가 세 차례 있었다. 이런 상황이었으니, 프랑스-영국 간에 식민지 분쟁이 불붙는 것은 거의 피할 수 없었다. 양국 사이 분쟁을 해결해준 것은 영국의 막강한 해군력이었다. 대영제국은 1713년에는 뉴펀들랜드, 1757년에는 프랑스령 인도, 1759~1760년에는 프랑스령 캐나다까지 차지하면서 자국이 세계 최고의 식민지 강국의 지위를 확고히 했다.

식민주의colonialism는 식민지 건설 사업을 시작했던 해양국가들에 매우 한정됐다. 독일령 국가들, 오스트리아, 이탈리아의 도시국가들은 식민지 건설에 참여하지 않았다. 이 점에서 이 국가들은 당시 폴란드의 봉토였던 쿠를란트보다 뒤쳐져 있었으니, 쿠를란트 공작은 1656년 토바고를 매입하고는 감비아에 잠시나마 교역기지를 두고 그곳을 유지해나갔다. 덴마크 역시 덴마크서인도회사를 설립해 세인트토머스와 세인트존(1671), 세인트크로이섬(1733) 모두를 손에 넣어 그들을 앞서 있었다〔세인트토머스, 세인트존, 세인트크로이섬 모두 오늘날 미국령 버진아일랜드의 섬들이다〕.

당시 유럽이 먼 대륙 및 문화와 점차 많이 접촉하면서 생겨난 영향은 아무리 강조해도 지나치지 않을 것이다. 유럽은 오랜 기간 자기들 세상에만 갇힌 채 지내온 터였다. 유럽인들이 유럽 너머의 문명에 대해 알고 있는 지식은 매우 빈약했다. '엘도라도El Dorado'〔황금향黃金鄕〕 같은 허무맹랑한 이야기들만 무성했다. 그러나 이제는 인도, 중국, 혹은 아메리카대륙〔신대륙〕 변경American Frontier〔곧 유럽인들의 대서양 연안 정착지〕에서 세세한 이야기들이 유럽으로 꾸준히 전해지면서, 유럽인들이 이곳의 문명에 대해 좀 더 진지하게 따져보는 계기가 마련됐다. 페르시아에서 막대한 부를 이룬 〔프랑스 보석상·여행가〕 장-바티스트 타베르니에Jean-Baptiste Tavernier(1605~1689)의 《여섯 번의 항해Les Six Voyages》(1676) 이후 이와 같은 장르의 글이 쓰이기 시작한바 영국의 해적이자 항해가 윌리엄 댐피어William Dampier(1652~1715)의 그 유명한 《새로운 세계일주 항해New Voyage round the World》(1697), 독일 외과의사 엥겔베르트 켐퍼Engelbert Kaempfer(1651~1716)의 《일본의 역사History of Japan》(1727), 더 후대의 것으로 메카를 찾은 최초의 유럽인인 스위스의 〔여행가〕 요한 루트비히 부르크하르트Johann Ludwig Burckhardt(1784~1817)의 《아라비아 여행기Travels in Arabia》(1829) 등을 들 수 있다. 잉글랜드 풍자작가 대니얼 디포Daniel Defoe(1659~1731)의 《요크 출신 뱃사람 로빈슨 크루소의 생애와 기이하고도 놀라운 모험The Life and Strange Surprizing Adventures of Robinson Crusoe, of York, Mariner》(1719)은 세계 최초의 대중소설〔본격소설이자 근대소설〕로 한 스코틀랜드 선원의 실제 경험담에 근거해 선원이 댐피어에게 끌려가 해적이 된 후 발파라이소 연안의 후안페르난데스제도에 유폐된 이야기를 담고 있다. 이러한 작품을 통해 유럽 독자들은 세계의 종교, 민속, 문화를 상대적으로 바라보게 됐다. 계몽주의 시대 철학자들은 이들 작품을 통해 그때까지 유럽 혹은 기독교가 품고 있던 여러 가정을 파고드는 가장 효율적인 도구들을 얻었다. 몰라서 그렇지 어쩌면 실은 샴인(타이인)이 자신들보다 더 행복할 수 있고, 브라만이 더 현자다울 수 있으며, 이로쿼이족보다도 오히려 자신들이 피에 더 굶주린 족속인지 모른다는 사실을 알고 유럽인들은 머리를 한대 세게 얻어맞은 기분이었다. 또 예수회 소속의 저자들은 민족지학 유형의 기행문을 써내는 능력이 탁월했는데, 이 지식들이 자신들이 유럽에 쌓아놓은 지식세계를 산산이 허무는 탄환이 된 것은 흥미롭다. 어떤 이는 이쯤에서 조제프-프랑수아 라피토Joseph-François Lafitau(1670~1740) 예수회 신부가 묘사한 캐나다의 아메리카원주민의 삶이나, 1733년에 출간돼 다수의 언어로 번역된 [폴란드 출신의] 유다시 타데우시 크루신스키Judasz Tadeusz Krusinski(1675~1756) 예수회 신부의 페르시아 회고록을 언급하려 할지도 모르겠다.

국제관계는 식민지 관련 요소에서 영향을 받았다. 당대의 거의 모든 전쟁은 해전이나 식민지 전쟁이었고 이와 병행해 대륙에서도 주요한 군사적 충돌이 벌어졌다. 육지에 터 잡은 대규모 강국들―프랑스, 스페인, 오스트리아, 그리고 점차 프로이센과 러시아도―은 부유해진 해상강국들, 그중에서도 영국과 네덜란드를 고려하지 않을 수 없었는바, 양국은 자국 군대는 거의 보유하지 못했으나 자금, 병참, 외교적 합종연횡의 주선자로 막중한 역할을 수행하고 있었다.

외교는 점차 세력균형Balance of Power 곧 유럽의 한 지역에 어떤 식으로든 변화가 일어나면 유럽 전체가 잠재적 위협에 노출된다고 본 관점에 지배받았다. 이것은 이른바 '유럽식 체계'가 존재하게 됐음을 알려주는 뚜렷한 표시였다. 이 방정식에서 결코 빠져서는 안 될 요소가 바로 식민지에서의 자산이었다. 이와 같은 체계는 영국인에게 특히나 커다란 관심사가 아닐 수 없었는바, 영국인들은 대륙 어디에서건 우세한 세력의 나라가 생겨나는 것을 본능적으로 반대했다. 이에 더해 영국인들은 최소비용으로 세력균형을 유지하는 데서 일가견이 있었다. 이런 식의 국제관계에서 이전 시대의 윤리적, 종교적 열의는 온데간데없었다. 국제관계는 거의 일종의 의례로 여겨지는 경우가 많았고, 현재 세력균형이 어떤 식으로 이뤄지고 있는지는 소규모 전문 군대들 사이에 벌어지는 맞춤전술set-piece식의 전투를 통해 시험을 받았다. 전투에 참여하는 품위 넘치는 장교들은 양측 모두 동일한 국제 무장단체에 적을 두고 있는 것과 다름없었다. 전쟁의 결과도 어느 국가가 어느 곳의 영토를 어느 국가에 넘겨주고 또 어느 국가로부터 얻느냐 하는 식으로 치밀하게 계산됐다. 어떤 영토를 가지고 있느냐는 통치자들이 전쟁의 운에 따라 도박판에서 얼마큼의 칩을 잃고 따는가 하는 문제와 같았고, 따라서 현지 주민들이 무엇을 잃고 얻느냐는 통치자의 안중에 없었다. 베스트팔렌조약 때도 그랬지만, 이후 시대의 모든 대규모 회의―위트레흐트(1713), 빈(1738), 엑스라샤펠(1748), 파리(1763)― 때 회의장에 감돈 것은 활기찬 이면의 냉소주의였다.

경제생활 역시 식민지들로부터 심대한 영향을 받았다. 이제 유럽은 점차 식민지 사업에서 혜택을 얻는 국가와 그렇지 못한 국가로 나뉘었다. 그중에서도 (특히 위트레흐트조약 이후) 가장 큰 혜택을 본 국가는 영국으로, 이제 영국은 설탕·담배·노예를 취급하는 대서양 무역에서 독보적 우세에 있었고, 이를 발판 삼아 리버풀·글래스고·브리스톨 같은 도시들은 나날이 부유해졌다. 영국은 전시戰時에 돌입하면 적국의 항구를 봉쇄하고야 마는 정책으로 프랑스·스페인만 아니라 밀수·급습·밀항의 명수—네덜란드·덴마크·스페인—와도 항시 갈등을 빚었다. 또 영국에서는 네덜란드와 경쟁이라도 벌이듯 곳곳에 상시로 운영되는 공공 신용기관들이 생겨났다—잉글랜드은행Bank of England(1694), 로열익스체인지Royal Exchange(런던의 왕립증권거래소. 영국 최초의 증권거래소), 국채청National Debt. 1760년대는 산업혁명으로 가는 첫 발걸음을 놓은 시기였다.

[자본주의적 농업]

영국은 존 로John Law(1671~1729)도 배출했는데, 그는 혈기왕성한 스코틀랜드 출신의 재무가로 식민지 무역을 대중 자본주의popular capitalism에 유리하게 이용하는 시험을 최초로 시도한 인물이었다. 로의 원대한 '계획Scheme'과 프랑스에 세워진 (왕립은행) 방크로얄Banque Royale(1716~1720)은 프랑스 섭정의 후원을 받을 수 있었는바, 공교롭게도 비슷한 시기에 런던에서도 마찬가지의 처참한 결과를 불러오게 되는 남해회사南海會社, The South Sea Company(1711)가 설립돼, 그는 루이지애나의 미래를 걸고 주식을 팔아 사람들 사이에 정말로 투기 열풍을 일으켰다. 그러나 거품이 터지고야 말았다. 100만 명까지는 아니더라도 최소 수천 명의 투자자들이 파산당했고, 로는 도망치듯 프랑스를 떠났다. 이를 통해 프랑스는 여신업무credit operations의 해악을 깨달아 그에 대해 영구 예방접종을 맞은 셈이 됐다. 그러는 동안 로가 세운 회사의 사업은 나날이 번성했다. 프랑스의 해외상업의 가치도 1716년에서 1716년과 1743년 사이에 4배 커졌다. (본문은 "미시시피 버블Mississippi Bubble"을 설명하고 있다. 존 로는 1717년 미시시피회사Compagnie du Mississippi의 경영권을 확보해 프랑스령 루이지애나 등 북아메리카 미시시피강 유역의 개발 및 주변 무역에 대한 독점권을 얻어냈으나 이후 주가 급등과 폭락 과정을 겪으면서 1720년 "거품bubble"이 터졌다.)

중부유럽과 동유럽에서는 이런 식의 발전을 거의 찾아볼 수 없었다. 두 지역에서 부의 주된 원천은 여전히 토지였고, 농노제가 계속 막강한 위세를 떨치고 있었으며, 내륙무역은 해당 지역의 해상무역과는 감히 비교도 되지 않았다. 독일은 회복이 더디기만 했으나, 보헤미아는 다소 빠른 회복세를 보였다. 폴란드-리투아니아는 1648년 이후로 완전한 경기침체를 경험하더니 다시는 회복하지 못했다. 이로써 발트해 무역은 점차 러시아로 넘어갔으며, 상트페테르부르크가 건설돼(1701) 러시아에 '서쪽으로 가는 창'을 열어주었다.

사회생활은, 폭력을 동반한 소요가 되풀이되는 상황에서도, 계속 기득권이 만들어놓은 기존의 채널들 안에서만 유지되다 1789년에 수문들이 봇물 터지듯 열리게 된다. 귀족들이 누리는 호화로운 부와 농민들이 겪는 비참한 생활의 양극단을 찾아보기란 그다지 어려운 일이 아니었다. 서유럽과 동유럽 사이도 점차 격차가 벌어졌지만 극적이라 할 정도는 아니었다. 상업적으로 가

자본주의적 농업 CAP-AG

■ 한 미국인 역사학자(로버트 브레너)가 역사저널
■ 《과거와 현재Past and Present》 제70권(1976)에
〈산업화 이전 유럽 농업 부문의 계급구조와 경제발전
Agrarian Class Structure and Economic Development
in Pre-industrial Europe〉을 주제로 가설을 하나 내놓
았다. 여기서 그가 질문을 던진 부분은 증가하는 인구
의 압력 때문에 경제 변화가 일어났다는 기존의 관점
이 과연 옳은가 하는 것이었다. 잉글랜드와 프랑스 사
이의 대조로 논의를 연 그는, 잉글랜드의 경제는 때
이르게 성숙했던 반면 프랑스는 발전이 더뎠던 핵심
원인이 양국의 다른 계급구조에 있다고 주장했다. 잉
글랜드의 지주계급은 일찍이 농업자본주의agrarian
capitalism라는 사회 융성 체제를 창안해낸 데 반해,
"[프랑스에서] 농촌 인구가 누린 그 어디보다 완벽한 자
유 및 재산권은 결국 빈곤과 자기영속적self perpet-
uating 낙후성의 악순환이나 다름없었다."[1]

이후 저널에서는 역사학자들 사이에 정교한 논쟁이
불붙어 저널이 제87권에 이를 때까지 가라앉지 않았
다. 저널 제78권에는, 위 가설에 대한 두 번째 합동 비
판인, '봉건사회에서의 인구 및 계급 관계Population
and Class Relations in Feudal Society'를 주제로 열린
심포지엄과 함께, 〈동부 독일과 서부 독일에서의 농
민조직 및 계급투쟁Peasant Organization and Class
Conflict in East and West Germany〉을 다룬 내용이
실렸다. 제79권에 실린 내용들은 훨씬 더 적의에 차
있어서, 로버트 브레너Robert Brenner의 '장원제 발달
에 대한 혼란스러운 관점'을 개탄하는가 하면, 프랑스
농촌 역사 연구의 내로라하는 학자는 18항목의 '답변'
을 통해 브레너의 이론을 사정없이 난타했다. 제85권
에서는 논쟁의 범위가 '산업화 이전 시대의 보헤미아'
로까지 확대됐다. 그러다 마침내 저널 제97권에서 그
토록 기다린 브레너 교수의 응수가 나왔는데, '유럽 자
본주의의 농업적 뿌리'에 관한 관점을 개진하면서 논

쟁의 범위를 훨씬 더 넓게 확대시켰다.[2]

이와 같은 종류의 논쟁들은 전문 역사학자들이 기존
에 정립된 지식의 간극을 건널 때 택하는 방법이다.
이는 두 가지 단점이 있는 것처럼 보인다. 첫째는 별
반 보잘것없는 견본을 갖고 막대한 양의 일반화를 하
려 한다는 것이고, 둘째는 염치없게도 다들 결론을 내
려 하지 않는다는 것이다. 공학자가 이런 마음가짐으
로 자신의 문제에 접근했다간 실제로 다리가 놓일 수
있는 강은 하나도 없을 것이다.

그러나 이 문제를 해결할 수 있는 방법은 멀지 않은
데에 있었다. 브레너 논쟁이 촉발된 바로 그해에, 또
한 명의 미국인 학자가 '자본주의적 농업capitalist
agriculture'이라는 똑같은 주제로 '세계경제의 기원'
을 설명하려 한 것이다.[3] 이매뉴얼 월러스틴Immanuel
Wallerstein은 체제론systems theory(세계체제론)의
기법을 적용해 서유럽에 자리한 유럽 경제의 '중심
core'과 동유럽에 자리한 의존적 '주변periphery'을 규
정했다. 그가 보기에 잉글랜드, 네덜란드, 북프랑스, 서
독일로 구성된 중심 지역은 15세기만 해도 '경미한 이
점'만을 갖고 있었다. 하지만 이 지역은 유리한 무역관
계를 통해 자신들의 이점을 십분 활용했고, 나아가 동
유럽의 봉건제 귀족들을 자본주의자 지주계급으로 탈
바꿈시킬 수 있는 여러 조건을 마련할 수 있었다. 또한
이들은 늘어나는 자신들의 경제적 힘을 신세계(신대륙)
에까지 투입했다. 그 결과로 우리도 익히 알고 있는 틀
곧 '강압적인, 환금작물 위주의 자본주의가 식민지와
동유럽 농업 모두를 장악한 틀을 만들어낼 수 있었다.
중심의 나라들은 번영을 누렸고, 프로이센·보헤미아·
폴란드·헝가리의 농노들은 플랜테이션 농장의 흑인
들과 다름없는 지위로 전락했다. 이 체제는 일단 한번
정립되자 양쪽의 불균형을 배가할 뿐이었다. "15세기
의 그 경미한 이점이 17세기에는 아주 큰 격차로, 19
세기에는 엄청난 차이로 굳어졌다."[4]

이 가설은 이내 브레너로부터는 물론 여러 전문가로부
터 포화를 받았다. 월러스틴은 내용을 지나치게 단순

화하고, 무역을 지나치게 강조하며, 심지어는 '신스미스주의neo-Smithianism'를 풍긴다는 혐의를 썼다. 이와 함께 그의 논변에서 핵심 부분을 차지했던 '폴란드 모델'은 폴란드에서조차 전반적으로 적용될 수 없는, 그 자신이 만들어낸 부분이 많은 것으로 드러났다. 헝가리의 소고기 무역도 귀족들이나 자본주의자 중산층이 아닌, 임금을 받는 자유 신분의 농민이 주도적으로 행했던 것처럼 보인다. 유럽 무역 안에서 러시아와 오스만의 요소도 무시당한 면이 있었다. 일반화를 지탱할 수 없는 미시이론micro-theory을 대신해서 거시이론이macro-theory 나온 것이건만, 거시이론은 또 그것대로 세부 내용을 담아내지 못했다.

결국 이매뉴얼 월러스틴의 작업에서 가장 흥미로웠던 측면은 그것이 동유럽과 서유럽의 관계에 빛을 비추었다는 점이었다. 중심과 의존적 주변이라는 가정은 비록 옳다고 입증하지는 못했으나, 그의 이론은 유럽의 모든 부분이 상호의존성을 가진다는 점은 충분히 예시해주었다.

장 극심한 압력을 받고 있던 영국에서조차도 가장 큰 권력을 차지하고 있는 것은 여전히 땅을 가진 귀족들이었다. 잉글랜드의 영주들이 이후로도 오랜 기간 제일의 입지를 지켜갈 수 있었던 것은 사실 이들이 운하 건설이나 석탄 채굴 같은 상업 활동을 군이 반대하지 않은 때문이기도 했다. 그랜디grandee(대공작, 대공, 귀족)와 마그나트magnat(대귀족, 대토지 귀족)의 시대라 해야 했다—스웨덴의 메디나 시도니아가家와 오수나가, 스웨덴의 브라헤가와 본데가, 오스트리아의 슈바르첸베르크가, 헝가리의 에스테르하지가, 보헤미아의 로브코비츠가, 폴란드의 라지비우가와 자모이스키가가 명성을 떨쳤다. 이들 가문은 노예를 부려 경영하는 광대한 소유지를 갖고 있었고, 땅들을 세습재산, 호화로운 생활양식, 엄청난 후원 세력을 통해 지켜나갔다. [슐라흐타]

이제 유럽의 많은 국가에서는 국가의 군복무에 귀족층이 동원됐다. 프랑스와 러시아는 공식적이고 체계적인 방식을 통해 귀족층을 동원했다. 루이 14세는 서열과 직함이 정해져 있는 위계서열을 도입하고 그 직급에 걸맞은 연금을 지급했으며, 이 위계는 앙팡 드 프랑스enfants de France(왕가)와 페어pairs(왕실가문 혈통의 제후, 50인의 공작, 7인의 주교)를 상층으로 하고 노블레스 데페noblesse d'epee(대검귀족帶劍貴族)와 노블레스 드 로브noblesse de robe(법복귀족法服貴族)를 하층으로 했다("대검귀족"과 "법복귀족"은 프랑스 절대왕정의 관료 귀족으로, 전자는 "칼을 찬" 출생에 의한 혈통귀족이고, 후자는 관직 매매를 통해 귀족이 된 신흥귀족으로 고등법원과 같은 법관직이 많았다). 표트르 대제는 러시아에 총 14개 계급의 귀족 군복무제를 도입했으며, 국가의 고용에 훨씬 더 엄격하게 의존했다. 프로이센에서는 국왕과 융커Junker(프로이센의 지배계급을 형성한 보수적 지주 귀족) 사이의 관계가 비공식적 성격이 더 강했으나 효율성 면에서는 그 어떤 곳에도 뒤지지 않았다. 군소 귀족들은, 특히 스페인과 폴란드에 많았는데, 이 무렵 궁지에 몰려 대부호들의 종자가 되거나, 군에 복무해야만 하는 신세가 되거나, 해외에 나가 일을 해야 하는 처지로 전락했다. 농노제가 존재하지 않은 잉글랜드에서는 인클로저운동Enclosure movement이 일어나 자본이 토

슐라흐타 SZLACHTA

■
■ 1739년의 한 목록에 따르면, 스타니스와프 루보미르스키Stanisław Lubomirski(1719~1783)는 그때껏 물려받은 광대한 영지만 1071곳에 이르렀다고 한다. 영지는 폴란드 남쪽의 9개 팔츠백작령, 크라쿠프 인근 비시니츠에 자리한 가문의 본거지에서부터 우크라이나 키이우(키예프) 인근 테티예프에 이르기까지 두루 펼쳐져 있었고, 그 안에서 일하는 농노만도 100만 명에 육박했다. 1766년부터 폴란드 왕실 대원수로 봉직한 루보미르스키는 유럽에서 가장 큰규모의 개인 영지를 소유한 인물이라 해도 무방했다. 결혼과 정치를 통해 차르토리스키, 포니아토프스키, 자모이스키 가문과 연대를 맺었던 만큼, 토지 면에서 확실히 그는 가장 세가 막강했던 미그니트 축에 속했다고 할 수 있었다. 마그나트 가문은 하나같이 광대한 영지, 사병, 그리고 왕보다도 많은 수입을 거머쥐고 있었다. 유럽에서도 그 수가 제일 많았던 귀족계급—슐라흐타—의 사회체제에서 맨 꼭대기에 서 있던 것이 이런 대귀족이었다.

그러나 전체적으로 봤을 때, 이 마그나트들은 전혀 귀족의 전형이라 할 수 없었다. 18세기에 이르렀을 때 폴란드 귀족의 절대 대다수는 이미 땅을 잃은 상태였기 때문이다. 마그나트들은 영지를 임대해주고, 부호들을 위해 일을 하고, 심지어는 농민들처럼 밭에 나가 일을 해서 명맥을 이어갔다. 하지만 경제적으로는 아무리 지위가 떨어졌다 해도 그것이 마그나트들이 가장 귀하게 여기는 것까지 빼앗아가지는 못했다—곧 그들의 귀족 혈통, 그들의 헤르브herb(문장紋章), 그들의 법적 지위, 그들의 자손에게 영지를 물려줄 그들의 권리.

[크룩스]

폴란드의 드로브나 슐라흐타drobna szlachta(소귀족)는 누구도 견주지 못할 독보적 특성을 갖고 있었다. 마조프셰 같은 지역들에서는 드로브나 슐라흐타가 전체 주민의 4분의 1을 구성하기도 했다. 드로브나 슐라흐타는 어떤 지구에서는 촌락을 건설하고 그 주위를 성벽으로 에워싸 스스로를 농민층과 구별 지은바, 이 자시치안키zaścianki(성벽 너머의 귀족들)가 마을 구성원 전체를 이루기도 했다. 드로브나 슐라흐타는 필사의 각오로 자신들 삶의 방식을 지켜나가며, 자기들끼리는 서로 판Pan(영주)과 파니Pani(귀부인)의 경칭을 쓰되 농민들에게는 티Ty(너, 당신)라는 호칭을 썼다. 또한 드로브나 슐라흐타는 모든 귀족은 한배에서 난 형제나 다름없고, 그 나머지는 모두 격이 떨어지는 열등한 존재라고 여겼다. 누구든 귀족인 양 가짜 행세를 하는 사람에게는 가장 가혹한 형벌이 마련돼 있었으며, 귀족의 작위식 절차를 온전히 지켜가려 애를 썼다. 이들은, 군 복무 및 토지 관리의 경우를 제외하면, 교역에는 일절 손을 대지 않았다. 마을에 입성할 때면 누더기만 걸친 꼴일망정 반드시 말 등에 올라탄 채 모습을 드러냈다. 이뿐 아니라, 손에 든 것이 상징적 목검뿐이라 해도 반드시 암적색 망토를 걸친 뒤에야 무기들을 집어 들었다. 집이 아무리 가축우리 꼴이어도, 가문의 방패를 내걸 현관은 반드시 있어야 했다. 다른 무엇보다 드로브나 슐라흐타는 루보미르스키 공 및 그 동류들이 자신들과 동등한 위치에 있다고 고집했다.

따라서 슐라흐타는 경제적 계층화와 그들의 법적, 문화적, 정치적 연대 사이에 엄청난 대비가 나타난다는 것이 뚜렷한 특징이었다. 슐라흐타는, 유럽의 다른 귀족들과 달리, 자신이 나고 자란 땅에서는 작위를 인정받지 못했다. 폴란드 남작, 후작, 백작은 존재하지 않았다. 폴란드의 이들 귀족이 무엇보다 바라마지 않았던 일도 1569년 이전 폴란드가 리투아니아와 합쳐지기 전에 일부 귀족이 얻은 혹은, 루보미르스키 가문처럼 교황이나 황제로부터 부여받은 개인의 작위들을 손에 넣는 것이었다.

법적 측면에서, 폴란드분할로 귀족의 지위를 통합하는 법률이 폐지되면서 폴란드 귀족의 영지도 더는 존재하지 않게 됐다. 그나마 루보미르스키가와 같은 일부 귀족 가문들은 가까스로 오스트리아와 프로이센에서 자신들의 지위를 인정받을 수 있었다. 러시아에서도 동일한 사례가 몇몇 있기는 했으나, 80퍼센트가 지위를 잃으면서 이후 반러시아 정서를 가진 몰락 귀족 집단이 생겨나 19세기 내내 그 원한이 사그라지지 않았다. 1921년 곧 폴란드공화국이 복원된 시점에 민주주의 폴란드 의회에서는 귀족의 특권 폐지를 공식으로 확정했다. 그러나 자신들은 특별한 정체성을 갖는다는 슐라흐타의 의식은 온갖 종류의 재앙을 겪으면서도 그 명맥을 유지해나갔다. 1950년대에, 폴란드의 마조프셰에서 사회학자들이 집단생활을 하는 농민들을 찾아냈는데, 이들은 역시 '농민'인 자신들 이웃과는 절연한 채 그들과 다르게 옷을 입고 그들과 다르게 말을 했으며, 통혼을 방지하기 위해 복잡한 약혼 관습을 지키고 있었다. 1990년, 폴란드의 공산정권이 무너졌을 때에도 폴란드의 젊은이들 사이에서는 단순히 자신이 누구인가를 알리고자 가문의 문장이 새겨진 인감 반지를 차고 다니는 사례를 여전히 찾아볼 수 있었다. 이쯤 이르렀을 때에는 폴란드에서 살아가는 사람들은 누구나 서로에게 판과 파니라는 경칭을 붙였다. 폴란드의 '귀족 문화'는 폴란드 민족의 전체 문화에서 이미 제법 큰 비중을 차지하는 요소였다.

귀족층은 근대 초기 유럽 전역의 사회적, 정치적 삶에서 핵심 역할을 수행했다. 그러나 유럽 안에서, 부분적이나마, 폴란드의 모델에 견줄 만한 귀족이 존재했던 나라로는 스페인이 유일했다. 스페인에서 찾아볼 수 있던 서쪽의 고위층 및 이달고hidalgo(시골(하급) 귀족)는 동쪽의 마그나트(대귀족, 대토지 귀족) 및 소小신사층과 닮은 데가 있었다.[1]

지 소유를 그 어디에서보다 효과적으로 이용할 수 있었다. 이로써 토지에서 쫓겨난 농민들의 희생으로, 요먼과 젠트리가 발달해 사회의 한 계층을 형성했다.

유럽의 대규모 도시에서는 어딜 가나 부유한 상업 계층 및 전문직 계층을 찾아볼 수 있었고, 그 곁에는 직인, 도시의 빈민이 자리했으며, 또 대도시 인근의 두세 곳에서는 산업 노동력의 시초라 할 세력들을 찾아볼 수 있었다. 그러나 일반적으로 말해 사회적 신분이라는 구제도는 이때에도 깨지지 않고 남아 있었다. 변함없이 귀족들은 의회를 제 것인 양 차지하고 있었고, 도시들은 특허장과 길드를 제 것인 양 장악하고 있었으며, 농민층은 각종 노역과 기근의 부담을 떠안고 있었다. 당대에 사회적 변화가 일어나고 있었다는 것은 의심할 여지 없는 사실이었으나, 변화들은 기존의 틀 안에서 일어나고 있었다. 그러다 그 껍데기에 마침내 균열이 일어났을 때, 1789년에 프랑스에서 그랬던 것처럼, 사람들은 그야말로 역사상 전무후무한 수준의 사회적 폭발을 맞게 된다. [푸가초프]

문화생활은 왕실, 교회, 귀족의 후원 속에 급속히 성장했다. 유럽의 예술은 고전주의Classicism 시대에 접어들게 되는데, 바로크 양식에 반발해 규칙·엄격함·절제를 강조했다. 건축은 다시 르네상스 시대의 그리스 및 로마 양식으로 돌아가 요란하거나 로코코풍으로 건물이 장식됐다. 대표적 건물들은 주로 궁과 공공건물이었다. 도시 설계, 격식 있는 기하학적 형태의 정원, 조경 설계에서 능력을 발휘하면 명망을 얻을 수 있었다. 다만 강박이라 할 부분이 있다면,

푸가초프 PUGACHEV

■ 근대 유럽에서는 농민층이 사회계급으로서 단
■ 연 가장 큰 비중을 차지했고 유럽에서도 러시아
가 단연 가장 큰 커다란 국가였던 만큼, 러시아의 심
장부에서 가장 큰규모의 농민봉기가 일어난 것은 어
쩌면 당연한 일이었다. 이런 농민봉기로는 넷을 꼽을
수 있었다―1606~1607년의 이반 볼로트니코프Ivan
Bolotnikov의 난, 1670~1671년의 스텐카 라진Sten'k
a Razin(스테판 티코페예비치 라진Stepan Timofeevich
Razin, 1671년 몰)의 난, 1707~1708년의 콘드라티 불
라빈Kondraty Bulavin의 난, 1773~1774년의 푸가
초프의 난. 마찬가지의 맥락에서 1917~1921년의 소
비에트러시아에서 일어난 내전도[1] 농민소요의 요소를
꽤 많이 포함하고 있었다.

에멜리얀 이바노비치 푸가초프Emelyan Ivanovich
Pugachev(Yemelyan Ivanovich Pugachov)(1726~1775)
는 카자크 출신의 소지주이자 전직 관료였다. 일찍이
그는 구舊교도파Old Believers 수도원들을 전전하며
몇 년을 보낸 일이 있었는데, 이때 가슴이 쌓인 원한
이 있었다. 그러다 1773년 그는 유럽 땅을 가르는 경
계인 우랄강의 야이츠크(지금의 오랄)에서 반란의 기치
를 올리니, 스스로 황제 표트르 3세(아내 예카테리나에
의해 즉위 6개월 만에 폐위된)가 됐음을 선언하고 사람들
에게는 농노 해방을 약속했다. 볼가강에 면한 지역들
곳곳에서 푸가초프의 기치 아래로 수십만 명이 모여
들었다. 농민, 카자크, 심지어는 유목민족 바시키르인
과 카자흐까지도 푸가초프에게 환호를 보냈다. 그러나
조직적 체계가 없던 탓에 푸가초프의 지지자들은 이
내 폭도로 전락했다.

애초 예카테리나 여제(예카테리나 2세)는 '푸가초프 후
작의 난'을 가볍게 여기고 그의 목에 현상금을 500
루블밖에 걸지 않았다. 하지만 현상금 액수는 이내 2
만 8000루블까지 올랐다. 한번은 볼가 지방의 요새
가 전부 푸가초프의 수중에 들어가기도 했다. 푸가초

프는 카잔을 잿더미로 만들고, 반항하는 자들은 모두
살육했다. 또한 그는 풍자용 법정을 꾸리기도 했는데,
살해당한 예카테리나 남편(표트르 표도로비치 3세Pyotr
Fyodorovich III(1728~1762))의 수행단이 했던 일을 그대
로 따라한 것이었다. 아비규환 속에서 2년이 흐른 끝
에 차리친에서 푸가초프의 주력 부대가 궁지에 몰리
면서 푸가초프의 난도 막을 내렸다. 푸가초프는 모스
크바로 끌려가 사지가 찢기는 죽임을 당했다.[2] (푸가초
프의 반란은 알렉산드르 세르게예비치 푸시킨의 소설 《대위
의 딸Капитанская дочка》(1836)의 배경이기도 하다.)

20세기 중반에 들어서기 전까지는, 농민층이 사회에
서 수적으로는 우위에 있다는 사실이 역사서술에는
좀처럼 반영되지 못했다. 농민들은 정치 지형을 주기
적으로 뒤흔든 경우에야 교과서에 등장할 수 있었다.
1381년의 잉글랜드 농민반란Peasants' Revolt이나
1524~1525년의 독일농민전쟁Germany's Peasants'
War 등은 마르크스주의 역사 서술이 선호한 내용이
었는바, 이들 사건이 일반 대중의 혁명 가능성을 잘
드러내준다고 여겨진 점에서다.[3] 그러나 실질적으로
농민봉기가 성공한 사례는 한 번도 없었다. 그간 농민
들은 사회세력 가운데서도 가장 보수적인 모습을 보
여왔고, 종교, 토지, 가족, 태곳적부터 이어져온 삶의
방식에 깊은 애착을 보여왔다. 이따금 일어나는 퓌뢰
르fureur(폭발)는 절망감의 분출이었다. 농민들에게는
돌고 도는 행불행의 주기가 그 어떤 사회혁명 사상보
다 훨씬 더 중요했다.[4]

농민연구peasant studies는 오늘날 활발히 발달하고
있는 새 학문 영역의 하나다. 농민연구는 사회적, 경제
적, 인류적, 문화적 측면의 주제들이 어떤 식의 상호
연관성을 맺고 있는지 탐구해볼 훌륭한 기회를 마련
해준다. 농민연구는 비교 분석에 특히 좋은 주제이기
도 하다―유럽의 지역별로 비교할 때나 대륙별로 비
교할 때나 모두 그러하다. 《농민연구저널A Journal of
Peasant Studies》(1973~은 런던대학교 동양·아프리

카대학SOAS이 주축이 돼 연 세미나 내용을 밑바탕으로 만들어졌다. 저널은 편집자의 말을 통해 전 세계 농민의 규모 및 그들의 문제가 얼마나 방대한지를 다음과 같이 강조했다.

> 특권을 누리지 못한 대다수의 인류 가운데, [농민이야말로] 가장 특권을 누리지 못하는 이들이다. [⋯] 그런 여건에 맞서 오랜 투쟁 역사를 가진 사회계급으로 농민만 한 부류도 또 없다. [⋯] 지금까지 학계의 정기간행물들은 정기적으로만 농민들을 다뤄왔다. 우리는 농민이 핵심 내용을 구성하는 책으로서 이 저널을 내놓는 바다. [⋯][5]

러시아도 그랬지만, 프랑스도 역사학자들이 사회에서 매우 비중이 큰 농민층을 연구하도록 이끌어온 나라였다. 여러 권으로 나온 《프랑스 사회경제사Histoire économique et sociale de la France》는 아날학파 제2세대가 형성되는 계기를 마련해주었다. 이 저작의 핵심 부분은 에마뉘엘 르루아 라뒤리Emmanuel Le Roi Ladurie(1929~)가 썼으며, 영토·인구·경제라는 주제별 요소들을 4세기에 걸친 연대적 구분과 결합한 것이 특징이다. 그에 따르면 15세기 후반에 일어난 '농촌의 르네상스Rural Renaissance'는 그보다 앞서 일어난 '온전한 세계의 파괴Destruction of the Full World'에 뒤따른 것이었고, 그 뒤를 이어서는 '내전의 트라우마Trauma of Civil Wars'와 17세기 생태계의 '표류, 재건, 위기Drift, Reconstruction and Crisis'가 일어나 혁명기까지 명맥을 이어가게 된다.[6]
프랑스 시골에서 일어난 반란을 다룬 연구도 여럿 나와 있다―16세기의 '십일조봉기tithe strikes', 귀엔의 소금세에 항거한 피투Pitauts의 반란(1548), 리무쟁-페리고르에서 일어난 크로캉Croquants 및 누보크로캉Nouveaux Croquants의 반란(1594, 1636~1637),[7] 노르망디에서 일어난 고티에Gautiers 및 누-피에 Nu-pieds의 반란(1594, 1639), '농촌 프롱드의 수수께끼 Enigma of the Rural Fronde' 사건(1648~1649), 프로방스에서 되풀이된 폭동 사태들(1596~1715) 등이다. ('크로캉'은, 프랑스어로 "농부" "촌놈"을 뜻하는 말로, "앙리 4세(재위 1589~1610) 및 루이 13세(재위 1610~1643) 시대에 반란을 일으킨 농민"을 가리킨다. "누보크로캉" 반란의 "누보"는 "새로운" "최근의"라는 뜻으로 앞서 일어난 "크로캉" 반란과 구분하려 붙인 것이다.) 그간 학계에서는 프랑스 농민소요의 주기를 러시아 농민소요의 주기, 심지어는 중국 농민소요의 주기와도 연관시키려는 시도가 있기도 했다.[8] 프로방스의 폭동을 다룬 역사학자는 농민반란 속에는 또 다른 형태의 사회적 소요들이 얽혀 있다는 사실을 입증했다. 그가 제시한 다섯 가지의 반란 체계는 다음과 같다.

1. 귀족 혹은 부르주아 내부의 당파투쟁
2. 머뉘푀플menu peuple(하층민)과 부유층 사이의 투쟁
3. 어느 한 정치당파에 항거하는 농민들의 집단행동
4. 다양한 농민행동가 집단 사이의 투쟁
5. 외부세력에 항거하는 공동체 전체의 단합된 투쟁[9]

이 분야에서 특히나 많은 결실을 맺는 것은 농민층에 대한 문화인류학적 연구다. 연구들은 농민들의 삶에 녹아 있는 보편적이고 태곳적인 특질들을 드러내준다. 지금도 시칠리아에서 곡식을 거두는 농민들은 골웨이(아일랜드 서안)에서부터 갈리시아에 이르기까지의 농민들이 수백 년간 불러온 노래를 그대로 부르고 있다.

> 날아라, 날아, 날카로운 낫
> 마을이 온통 그득하네
> 농사 물품으로 온통 그득해
> 땅 주인은 좋겠구나 [후렴]
> 풍요로운 삶은 참 달콤하지!
> 트트루트루, 투트루트루Tutrutrù, Tutrutrù,
> 돼지 값은 4스쿠도scudo(19세기 이탈리아의 은화) [후렴]
> 부자나 가난뱅이나, 오쟁이 지긴 다 마찬가지.[10]

사람들이 자연세계의 혼란을 무작정 질서와 조화라는 틀에 집어넣으려 했다는 것이었다. 당대 풍조를 잘 보여주는 도시로는 파리를 필두로 드레스덴, 빈, 상트페테르부르크를 꼽을 수 있다.

회화는 때 이르게 찾아온 절정기를 막 지나 보낸 참이었다. 프랑스에서는 니콜라 푸생Nicolas Poussin(1594~1665), 클로드 로랭Claude Lorraine(1600~1682), 샤를 르브렁Charles Le Brun(1619~1690)의 고전적 풍광과 신화 속 장면들에 뒤이어, 장 앙투안 바토Jean Antoin Watteau(1684~1721), 장 오노레 프라고나르Jean Honoré Fragonard(1732~1806)의 목가적 풍경의 가벼운 작품들이 선을 보였다. 상류사회의 초상화를 그려낸 잉글랜드 화파는 고드프리 넬러Godfrey Kneller(1646~1723)를 그 시초로 해 조슈아 레이놀즈Joshua Reynolds(1723~1792)와 토머스 게인즈버러Thomas Gainsborough(1727~1788)의 일류 작품 속에서 절정기를 구가했다. 두 명의 카날레토Canaletto(1697~1768, 1724~1780)가 남긴 작품들은 당대 베네치아·런던·바르샤바의 풍경을 사실주의의 파노라마로 펼쳐 보였다(이탈리아 화가로 본명이 각각 조반니 안토니오 카날Giovanni Antonio Canal과 제자이자 조카 베르나르도 벨로토Bernardo Bellotto를 말한다). 베네치아의 조반니 바티스타 티에폴로Giovanni Battista Tiepolo(1693~1770)처럼 이따금 인물 조각상이 제작된 것을 제외하면, 종교미술은 쇠퇴하는 추세였다. 그보다는 건물 내부 장식, 특히 가구가 귀족 수요에 부응했다. 파리의 수납장 제작자들은, 앙드레 샤를 불André Charles Boulle(1642~1732)이 선구자로, 흑단·마호가니·새틴우드 같은 이국적 수입 원자재를 활용했다. 불은 쪽매붙임과 상감 세공을 한 흑단을 이용한 가구 제작이 특기였다. 이들이 만든 가구들은 지금 봐도 어느 것이 '루이 14세' '루이 15세' '루이 16세' 시대의 것인지 단번에 알아볼 수 있었는바, 종국에는 그린링 기번스Grinling Gibbons(1648~1721)와 토머스 치펜데일Thomas Chippendale(1779년 몰)도 그에 못지않은 작품들을 만들어냈다. 도자기 세공은 중국 수입품들 덕분에 크게 발전할 수 있었다. 생클루(1696)의 왕실공장과 이후 세워진 세브르(1756)의 공장에서 수작들이 만들어졌고, 작센의 마이센(1710), 상트페테르부르크(1744), 우스터(1751), 조사이 웨지우드Josiah Wedgwood(1730~1795)의 '에트루리아Etruria' 공장에서도 그에 버금가는 것들이 만들어졌다. 유럽 각지의 살롱에는 비단, 은, 형형색색의 잡화들이 넘쳐났다.

문학은 모국어가 라틴어를 밀쳐내고 거침없이 진격하는 태세였다. 극작품은 프랑스 궁정 극작가들―피에르 코르네유Pierre Corneille(1606~1684), 장-바티스트 포클랭Jean-Baptiste Poquelin 곧 몰리에르Moliere(1622~1673), 장 라신(1639~1699)―의 손을 통해 이후 한 세기 동안 국제적 본보기가 될 여러 언어 형태와 구조가 자리 잡았다. 사회성과 도덕심을 고취하는 희극 전통은 왕정복고 시대의 희극작가 및 리처드 브린즐리 셰리든Richard Brinsley Sheridan(1751~1816)을 통해 잉글랜드까지 확대됐으며, 프랑스에서는 피에르 오귀스탱 보마르셰Pierre Augustin Beaumarchais(1732-99), 이탈리아에서는 카를로 골도니Carlo Goldoni(1707~1793) 등이 있었다.

시에서는 엄격한 문체와 형식을 지키려는 욕구가 특히나 잘 받아들여졌다. 잉글랜드 시단을 주름잡은 시인들로는 존 밀턴John Milton(1608~1674), 존 드라이든John Dryden(1631~1700), 알렉산더 포프Alexander Pope(1688~1744)의 3인방이 있다. 포프의 지적담론intellectual discourse은 영웅시격heroic couplet(대구를 이루는 약강 5보격의 2행 시)으로 쓰인 《비평론An Essay on Criticism》(1711)과 《인간론An Essay on Man》(1733)에서 찾아볼 수 있는바 동시대인들의 기질과 관심사를 한껏 표현하고 있다(아래에서 앞의 것은 《비평론》의, 뒤의 것은 《인간론》의 인용이다).

> 진정 쉽게 글을 쓰는 것은 운이 아닌, 기술에서 비롯되는 일
> 춤추는 법을 익힌 사람이 그 누구보다 수월하게 움직이듯
> 상대를 움찔하게 할 신랄한 것으로는 충분치 않으니
> 그 소리는 감각의 울림처럼 들려야만 할 것이로다
>
> 모든 자연은 결국 예술, 그대는 알지 못하는.
> 모든 운은, 그대가 보지 못하는 방향
> 모든 불화는, 이해받지 못하는 조화
> 모든 부분적인 악은, 곧 보편적인 선
> 그리고 자만의 양심, 실수를 저지르는 이성의 과오 속에서
> 그것이 무엇이건, 하나의 진실만은 분명하다는 것이 옳네.[2]

이후 서정시들이 다시 두각을 나타내며 균형추를 되돌렸다―스코틀랜드에서는 로버트 번스Robert Burns(1759~1796), 독일에서는 크리스티안 폰 클라이스트Christian von Kleist(1715~1759), 프리드리히 고틀리프 클로프슈토크Friedrich Gottlieb Klopstock(1724~1803), 젊은 시절의 요한 볼프강 폰 괴테, 프랑스에서는 장 루셰Jean Roucher(1745~1794), 앙드레 셰니에André Chenier(1762~1794)의 시가 그랬다. 산문은 논픽션 장르가 주종이었지만, 진정한 픽션이 발달하는 모습도 지켜볼 수 있었다. 산문 분야에서 선구자가 나타난 곳은 잉글랜드였다. 《로빈슨 크루소》도 여기 속했으나, 선구적 작품들로는 조너선 스위프트Jonathan Swift의 《걸리버 여행기 Gulliver's Travels》(1726), 새뮤얼 리처든슨Samuel Richardson의 《파멜라Pamela》(1740), 헨리 필딩Henry Fielding의 《업둥이 톰 존스 이야기 The History of Tom Jones, a Foundling》(1749), 로렌스 스턴Laurence Sterne의 《신사 트리스트럼 섄디의 인생과 생각 이야기 The Life and Opinions of Tristram Shandy, Gentleman》(1767) 등을 꼽을 수 있다. 프랑스에서는 볼테르와 장-자크 루소 모두, 다른 분야에서도 뛰어난 재능을 보이며, 기량이 뛰어난 소설가로 통했다(뒤의 내용 참조).

문학계를 주름잡은 것은 프랑스·잉글랜드·독일 작가들이었어도, 독자층은 결코 이들 작가들의 출신 국가에만 한정되지 않았다. 당시 식자층은 거의 모두 프랑스어를 읽었거니와 주요 작품들은 각국 언어로 번역돼 폭넓게 소개됐다. 사람들이 문화의 혜택이 닿지 않는 외진 땅이었다고 착각했던 폴란드에서만 해도 《로빈슨 크루소Robinson Krusoe》(1769), 《마농 레스코Manon Lesko》(1769), 《캉디드Kandyd》(1780), 《걸리버Gulliwer》(1784), 《아멜리아Awantury Amelii》(1788), 《톰-드조나 이야기Historia Tom-Dźona》(1793) 등 다양한 번역본이 나왔다. 동양 문물에 정통했던 얀 포토츠키Jan Potocki(1761~1825)처럼, 일부 폴란드 작가들은 프랑스어권과 전 세계의 독자들을 대상으로 프랑스어로 글을 쓰기도 했다.

음악가들은, 요한 제바스디안 바흐Johann Sebastian Bach(1685~1750)부터 볼프강 아마데우스 모차르트Wolfgang Amadeus Mozart(1756~1791), 루트비히 판 베토벤Ludwig van Beethoven(1770~1827)에 이르기까지, 고전주의의 대표곡들이 만들어지는 토대를 다져주었다. 이들은 기악·실내악·관현악·합창곡 등 음악의 각 주요 분야에서 활동했으며, 음악 스타일은 비록 이전 시대 바로크 음악과 혼동될 때도 많았으나 매우 독특한 특징의 리듬감 넘치는 에너지 덕에 시간이 가도 변치 않는 호소력을 담을 수 있었다. [소나타] 또한 이 음악들은 신성성과 세속성 사이의 균형도 잘 유지하고 있었다. 바흐의 칸타타, 모차르트의 〈레퀴엠Requiem〉(1791), 베토벤의 〈장엄미사Missa solemnis〉(1823)를 비롯해, 바흐의 협주곡들부터 모차르트의 교향곡 41곡, 베토벤의 교향곡 9곡 등이 아마도 그러한 특성을 잘 보여주는 작품들일 것이다. 오스트리아-독일 출신의 작곡가들은 그 수가 점점 늘어나며 당대를 풍미했다. 바흐·모차르트·베토벤 외에도, 요한 파헬벨Johann Pachelbel(1653~1706), 게오르크 필리프 텔레만Georg Philipp Telemann(1681~1767), 게오르크 프리드리히 헨델Georg Friedrich Händel(1685~1759), 프란츠 요제프 하이든Franz Josef Haydn(1732~1809) 등이 일류 음악가로 꼽혔다. 그러나 이때에도 음악은 여전히 국제적 성격이 강했다. 한창의 젊은 날에는 장-바티스트 륄리Jean-Baptiste Lully(1632~1687), 아르칸젤로 코렐리Arcangelo Corelli(1653~1713), 알레산드로 스카를라티Alessandro Scarlatti(1660~1725), 토마소 조반니 알비노니Tomaso Giovanni Albinoni(1671~1751), 안토니오 비발디Antonio Vivaldi(1678~1741) 같은 이탈리아 음악가들도 독일 음악가들 만큼이나 큰 영향력을 발휘했다. 덴마크의 디트리히 북스테후데Dietrich Buxtehude(1637~1707), 프랑스의 프랑수아 쿠프랭Francois Couperin(1668~1733) 장 필리프 라모Jean Philippe Rameau(1683~1764), 런던에서 활동한 웨스트민스터사원의 오르간연주자 헨리 퍼셀Henry Purcell(1659년경~1695)도 마찬가지였다. 당대 최고의 악기 바이올린은 안토니오 스트라디바리Antonio Stradivari(1644년경~1737)의 손에서 형태가 완성됐다. 피아노는 1709년 파두도의 바르톨로메오 크리스토포리Bartolomeo Cristofori가 발명해냈다. 오페라도 발달해 대화가 담긴 음악이라는 초기 단계에서 크리스토프 빌리발트 글루크Christoph Willibald Gluck(1714~1787)의 완벽한 음악극 단계까지 나아갔다. [칸타타] [무시케] [오페라] [스트라드]

　종교는 과거의 틀에 갇혀 꿈쩍도 안 하려 했다. 유럽의 종교 지도에서는 이렇다 할 변화가 없었다. 기존 교회들은 계속해서 관용과 무관용non-toleration을 골자로 하는 엄격한 국가 법률에 따라 운영을 해나갔다. 공식종교를 믿는 사람들은 서약을 통해 자신이 국교를 신봉하고 있음을 엄격하게 시험받고 난 뒤에 더 높은 위치에 오를 수 있었다. 비국교도거나 선서 거부자들은 적극적으로 박해받지는 않았다 해도 법의 사각지대를 떠돌며 살아야 했다. 일반적으로 가톨릭 국가들에서는 프로테스탄트들이 시민권을 빼앗기는 처지가 됐다. 프로테스탄트 국가들에서는 또 가톨릭 신자들이 그와 똑같은 운명이었다. 영국에서는 잉글랜드교회 및 스코틀랜드교회가 로마가톨릭은 물론 자신들과 대척에 있는 프로테스탄트파들까지 공식으로 금지했다. 스웨덴, 덴마크, 네덜란드에서도 비슷한 금지령이 적용됐다. 러시아에서는 오로지 러시아정교회만이 국교로 공인받아 혜택을 누렸으며, 따라서 러시아에서는 법적으로 거주가 허용되는 유대인이 없었다. 폴란드-리투아니아에서는, 이교를 믿을 자유가 여전히 가장 폭넓게 보장되는 나라였음에도, 역시 갖가지 제한이 늘어갔다. 1658년에는 소치니파Socinians가 스웨덴인들과 의기투합했다는 혐의를 쓰고 나라 밖으로 쫓겨났다("소치니파" 또는 소시니안주의Socinianism는 파우스토 소치니Fausto Sozzini의 이름을 딴 기독교 교리체계로, 속죄와 삼위일체설을 부정했다). 1718년에는 비가톨릭 신자들이 의회에 일체 발을 들이지 못하는 처지가 됐다. 1764년에는 유대인들이, 카할kahal(지역공동체)까지 잃은 것은 아니었지만, 더는 자신들의 의회를 구성하지 못했다. 그러자 러시아에서는, 폴란드정교회 입지가 러시아정교회에 비해 상당히 나은 편이었는데도, 폴란드정교회가 악화일로에 있다고 선전했다. 프로이센에서도 루터파가 폴란드에서 심한 박해를 당했다며 선전했다.

　로마 가톨릭교회는 종전의 정해진 일상으로 돌아가 더는 프로테스탄트 수중의 땅을 되찾으려 안간힘을 쓰지 않았다. 그 대신 에너지를 해외에 많이 쏟아부어서, 특히 남아메리카·남인도, 1715년까지 일본·중국·북아메리카 등지에서 예수회 선교단 활동에 지원을 아끼지 않았다. 이때 설립된 21개의 멋진 프란치스코회 선교단은 후니페로 세라Junípero Serra(1713~1784) 신부가 선교 사업을 시작해 샌디에이고부터 샌프란시스코까지의 지역을 아울렀으며, 캘리포니아 구석구석을 하나로 연결해 오늘날까지도 주변의 황량한 분위기에서 사람들에게 영적 위안을 제공해주는 장소로 남아 있다. 유럽에서는 교회 속주들이 중앙권력으로부터 이탈하려는 경향이 강해졌으나 바티칸궁에서는 어쩌지 못했다. 일례로 교황 인노첸시오 11세(재위 1676~1689)는 1688년 주변 압박에 떠밀려 루이 14세를 비밀리에 파문할 수밖에 없었는데, 루이 14세가 이른바 레갈리아regalia(국왕이 공식 행사 등에 왕가의 표상으로 입거나 지니는 왕권 상징물) 분쟁에서 아비뇽을 점거한 것을 구실삼았다. 또 다른 예로 교황 클레멘스 11세Clement XI(재위 1700~1721)도 그

소나타 SONATA

■ 원래 소나타는 '노래로 부르지' 않고 '음을 들려
■ 주는' 음악을 가리키는 말이었다. 그러다 18세기
에 들어서면서 이후 거의 모든 기악곡을 지배하게 되
는 특정 형태의 작곡에 소나타라는 말을 사용하게 됐
다. 소나타 형식은 프란츠 요제프 하이든에서 구스타
프 말러에 이르기까지의 고전주의 작곡가들의 작품에
서 핵심 위치를 점하고 있다. 소나타는 잎신 시대의 다
성음악 양식과 대비되며, 소나타에는 나중에 '현대적'
음악 양식들이 반기를 들게 되는 여러 관습이 들어 있
었다. 소나타는 두 가지 양상을 보인다―구성 요소들
을 적절히 분배해 악장들의 정형화된 흐름을 만들어
낸다는 점, 호모포니homophony(어떤 한 성부가 주선율
을 담당하고 다른 성부는 그것을 화성적으로 반주하는 음악
양식) 화성에 공을 들인다는 점이다. [음조]

소나타 형식은 그 시작점이 따로 정해져 있지는 않았
다. 소나타 형식이 드러난 초기 작품은 바이올린, 코
넷, 트롬본 6대의 기악곡으로 만들어진 조반니 가브리
엘리Giovanni Gabrieli의 〈소나타 피앙 에 포르테(피아
노와 포르테의 소나타)Sonata pian' e forte〉(1597)였다.
하지만 소나타가 4악장으로 확실히 체계를 잡은 것
은 볼로냐의 아르칸젤로 코렐리(1653~1713)가 작품을
내놓고 나서였다. 소나타는 카를 필리프 에마누엘 바
흐(1714~1888)가 만든 건반용 작곡법을 통해 발달하
다가, 하이든과 볼프강 아마데우스 모차르트 대에 완
성 단계에 이르렀다. 소나타의 이론적 토대에 단초를
마련해준 것은 장 필리프 라모의 《자연 원리로 환원
되는 화성론Traité d'harmonie Traité de l'harmonie
réduite à ses principes naturels》(1722)이지만 그
내용을 온전하게 규명해낸 것은 카를 체르니Carl
Czerny의 《작곡법의 실제 가이드School of Practical
Composition》(1848)다(이 책은 소나타의 가장 위대한 거
장인 베토벤이 죽고 나서(1827) 20년 뒤에 세상에 나왔다).
전통적 소나타에서는 악곡을 대비되는 4개 악장으

로 구성한다. 도입부의 알레그로Allegro는 빠른 템포
로 진행되며, 오페라의 서곡과 상응하는 요소들을 갖
추고 있다. 느리게 진행되는 두 번째 악장은 바로크
시대의 다카포 아리아aria da capo에서 발전해 나왔
다. 세 번째 악장은 보통 미뉴에트minuet이자 3중주
로 춤 모음곡을 밑바탕으로 한 것이다. 종결부는 도
입부를 연상시키는 핵심 선율 및 템포로 되돌아간
다. 소나타 4개 악장은 저마다 표준적 패턴을 따르는
데, 선율의 주제에 내한 세시부(수제설성부)exposition,
화성의 전개부(발전부)development, 종국의 재현부
recapitulation, 더러 주제와 관련된 종결부coda 즉
'보충주제afterthought'가 추가되기도 한다.

호모포니homophony(화성음악)는 폴리포니polyphony
(다성음악)의 상대개념이다. 호모포니의 주된 특징은,
찬송가의 곡들과 마찬가지로, 화음(코드chord)의 진행
을 밑바탕으로 한 음악이라는 것으로, 이런 곡을 구성
하는 음들은 선율 혹은 리듬의 면에서 독립성을 갖지
않는다. 따라서 고전주의 화성은 폴리포니 대위법과는
정반대다. 요한 제바스티안 바흐가 라이프치히의 텅
빈 성당에서 〈푸가의 기법Die Kunst der Fuge, BWV
1080〉(1750)을 작곡하고 있는 광경은 폴리포니의 시기
가 저물어가고 있음을 상징했다. 한편 기력은 쇠잔했
으나 정신은 숭고함의 경지에 올라 있던 루트비히 판
베토벤이 자신의 마지막 4중주 다섯 작품을 완성하려
사투를 벌인 광경은 호모포니의 절정으로 여겨질 수
있다.

베토벤은 이때 탄생한 〈현악 4중주 C단조, 작품번호
131Streichquartett Nr. 14 cis-Moll op. 131〉(1826)을
자신의 최고 걸작으로 여겼다. 작품에서 베토벤은 그
간 소나타의 형식이 발달시켜온 모든 요소―서막의 푸
가, 한 가지 주선율의 스케르초scherzo, 변주곡의 주
丑 아리아, 변형된 푸가의 '소나타 안의 소나타'―를 빠
짐없이 펼쳐 보인다. 지금껏 이 작품은 '돌고 도는 인
생 경험의 역정'이자 '유럽 음악의 소우주'라고 일컬어
진다.[1]

1750~1827년 동안, 하이든·모차르트·베토벤이 만들어낸 곡만 해도 교향곡 150곡 이상, 피아노 소나타 100곡 이상, 현악 4중주곡 50곡 이상이었고, 협주곡도 다수 있었다.—이 작품들은 모두 소나타 형식이었다. 지금도 이 작품들이 고전주의 음악 레퍼토리의 핵심을 이룬다.

스트라드 STRAD

■ 메시아Le Messie는 모든 라벨 가운데서도 가장
■ 최상품이라는 뜻으로, 1716년산 안토니우스 스트라디바리우스Antonius Stradivarius Cremonensis Faciebat Anno 1716에 바로 이 라벨이 붙었다("크레모나의 안토니오 스트라디바리가 1716년에 만들다"의 의미). 이것은 안토니오 스트라디바리(1644년경~1737)가 죽고 거의 40년 뒤까지도 그의 작업장에 남아 있던 10대의 바이올린 중 하나였는데, 1775년 그의 아들이 백작 이냐치오 알레산드로 코지오 디 살라부에 Ignazio Alessandro Cozio di Salabue에게 팔았다. '살라부에 2세II Salabue'라고 불린 이 바이올린은, 프랑스인 음악교사 델핀 알라르Delphin Alard(1815~1888)가 12년간 소장한 기간을 제외하면, 줄곧 바이올린 거래상들—루이지 타리시오Luigi Tarisio, 장-바티스트 뷔욤Jean-Baptiste Vuillaume, 윌리엄 에브스워스 힐 William Ebsworth Hill 가문(W. E. 힐 앤 선스W. E. Hill & Sons)—의 수중에 있었다. 타리시오는 친구들에게 자신이 언젠가 이 바이올린을 보여주겠노라고 늘 약속했지만, 실제로 보여준 적은 단 한 번도 없었다. 친구 중 하나가 이렇게 말했다. "꼭 메시아 같군. 약속에는 늘 등장하는데, 한 번도 모습을 내놓지 않으니."[1] ('스트라드'는 17~18세기에 걸쳐 이탈리아 바이올린 제작자 스트라디바리 일가가 제작한 바이올린을 일컫는 "스트라디바리우스"를 줄여 부르는 명칭이다.)

실제로 연주된 적은 거의 없는 이 악기는, 현재 원래 상태를 거의 그대로 유지한 채 습도 조절이 되는 바이올린 상자에 담겨 옥스퍼드 애슈몰린박물관의 한 공간을 차지하고 있다. 얼핏 보아서는 그렇게 대단한 물건일 것 같지는 않다. 이 바이올린은, 초창기에 나온 '긴 스트라디바리우스Long Strads' 바이올린들과는 달리, 몸통 길이가 표준 규격인 356밀리미터다. 둥그런 바이올린 배에는 세로줄이 가 있고, 모서리는 각이 져 있으며, 가장자리 장식도 소박하고, f자형 구멍 f-hold(바이올린 앞판에 뚫려 있는 울림구멍)은 비스듬하게 기울어져 있으며, 불타는 듯한 붉은색의 호두나무판 두 장으로 뒷면을 댔다. 요제프 요아힘Joseph Joachim(1831~1907)은 이 바이올린을 한 번 연주하고는 이렇게 말했다. "감미로움과 웅장함을 절묘하게 결합시켜 준다".[2] 당시에는 현악기가 좋은 소리를 내는 핵심이 광택제에 달렸다고 보는 경우가 많았다. 광택제가 너무 진하면 바이올린에서 듣기 싫은 금속성 소리가 나고, 광택제가 너무 약하면 공명이 약해진다는 것이었다. 바이올린 제작의 모든 분야에서 대가의 경지에 올랐던 스트라디바리는 당시 탄성이 매우 뛰어난 동시에 내구성까지 좋은 광택제를 찾아냈다. 그의 명성은 지금도 타의 추종을 불허한다.

바이올린violin이 처음 등장한 것은 르네상스 후기의 이탈리아에서였다. 바이올린은 6현 비올viol 계통의 악기들을 시조로 삼고 있는데, 더 엄밀하게는 리벡rebec (중세의 3현악기) 및 리라 다 브라초lira da braccio에서 그 연원을 찾을 수 있다. 바이올린은 지극히 활용도가 높은 악기였다. 바이올린의 섬세한 멜로디는 독주에도 안성맞춤이었던 데다, 바이올린·비올라·첼로·더블베이스로 구성된 현악합주에서는 바이올린이 자연스레 다른 악기들을 이끌었다. 사람들이 파한破閑용으로 즐기는 흔한 '현악기fiddle'였던 까닭에 바이올린은 춤곡에도 쉽게 적응했다. 바이올린은 크기가 작고, 휴대가 가능하고, 값도 비교적 저렴해서 이내 유럽 대중 사이와 '고전'음악의 영역 모두를 두루 누비게 됐다. 티롤 출신의 야코프 슈타이너Jacob Stainer(1617~1678)를 제하면, 브레시아(보티치노)의 조반니 파올로 마지니

Giovanni Paolo Maggini(1580~1630/1632)부터 크레모나의 지롤라모 아마티Girolamo Amati(1561~1630)와 스트라디바리, 베네치아의 안드레아 과르네리Andrea Guarneri(1626~1698)까지 바이올린 제작의 대가들은 모두 이탈리아인이었다.

바이올린 연주는 체계적 교수법 예컨대 레오폴트 모차르트Leopold Mozart(볼프강 아마데우스 모차르트의 아버지(1719~1789)), 조반니 바티스타 비오티Giovanni Battista Viotti(1755~1824) 같은 이들의 교수법을 통해 그 수준이 대폭 향상될 수 있었다. 파리음악원 Conservatoire de Paris(1705)의 창설을 시작으로, 프라하(1811), 브뤼셀(1813), 빈(1817), 바르샤바(1822), 런던(1822), 상트페테르부르크(1862), 베를린(1869)에도 잇달아 비슷한 기관들이 자리 잡았다.

19세기 중반에서 20세기 중반 사이의 바이올린 연주에서 유난히 눈에 띄는 특징은, 동유럽인 연주자들의 활약이었다. 이와 같은 현상이 나타나게 된 것은 유대인과 집시 사이에 현악기 연주 전통이 있기 때문일 수도 있고, 더 주효하게는 정치적으로 억눌린 문화에서는 음악 창작이 특별한 위상을 차지하기 때문일 수도 있다. 하지만 어찌 됐건 오랜 세월 역사상 최초이자 마지막 '대가'라고 불렸던 니콜로 파가니니Niccolò Paganini(1782~1840)는 동유럽인도 아니었고 유대인도 아니었다(파가니니는 제노바 출신의 이탈리아인이다). 이후로는 빈의 요제프 요아힘(헝가리 태생)과 루블린 출신의 폴란드인으로 상트페테르부르크음악원 창립에 일조한 헨리크 비에니아프스키Henryk Wieniawski(1835~1880)를 삼아, 프리츠 크라이슬러Fritz Kreisler(91875~1962), 외젠 이자이Eugène Ysaÿe(1858~1931), 조지프 시게티 Joseph Szigeti(1892~1973)를 거쳐 야샤 하이페츠 Jascha Heifetz(1901~1987), 나탄 밀슈타인Nathan Milstein(1904~1992), 다비트 표도로비치 오이스트라흐David Fyodorovich Oistrakh(1908~1974), 헨리크 셰링Henryk Szeryng(1918~1988), 아이작 스턴 Isaac Stern(1920~2001)으로 이어지는 장대한 바이올린 연주자 계보가 형성됐다. 이들은 하나같이 자신들의 '스트라디바리'를 연주했다. 슬픈 얘기지만, '메시아 Messiah'라는 이름의 그 바이올린은 눈으로 볼 뿐 소리는 들을 일이 거의 없는 운명을 가진 극소수의 스트라디바리 바이올린 중 하나인 셈이다. 오늘날 바이올린 제작 장인들은 목재 선택, 두께 및 만곡의 다양함, 제작된 지 얼마나 오래됐는가에 따른 효과에 특히나 많은 주의를 기울인다.

자신은 더 나은 판단을 내리고 있음에도 자기 의지와는 상관없이 교서 〈우니게니투스 데이 필리우스Unigenitus Dei filius〉(하느님의 독생성자獨生聖子)(1713)를 발표해 얀선주의를 비난하지 않으면 안 됐다. 〈우니게니투스〉는 다른 것보다 얀선주의에 동조하는 오라토리오회 수도사 파스키에 케스넬Pasquier Quesnel(1634~1719)이 쓴 《절마다 도덕적 고찰을 붙인 프랑스어 신약성경Le Nouveau Testament en français avec des Réflexions Morales sur chaque verset》(줄여서 《도덕적 고찰 Réflexions morales》)을 겨냥한 것이었으며, 교서가 큰 반발을 불러일으키면서 수십 년 동안 프랑스의 여론을 분열시켰다. 네덜란드에서도 교서를 둘러싸고 1724년에 가톨릭 집단 사이에 분열이 일어났고, 위트레흐트 대주교의 주도로 홀란트 네덜란드구舊가톨릭교회Oud-Katholieke Kerk 가 창건됐다. 독일에서는 1763년 요한 니콜라우스 폰 혼트하임Johann Nikolaus von Hontheim(페브로니우스Febronius, 1701~1790)이 소책자를 써서 로마의 중앙집권적 권력을 축소하는 방식으로 가톨릭과 프로테스탄트를 서로 화해시키려는 운동이 시작됐다. 폴란드에서는 교회 고위층이 러시아에 정치적으로 지배당하면서 바티칸이 그들에게 실질적 힘을 행사할 권리를 잃었다.

이와 같은 분란 속에서 예수회는 자신들이 교황보다도 더 교황의 권리를 옹호하는 것처럼 행세했으나 당혹감은 커져갔다. 베네딕토 14세Benedict XIV(재위 1740~1758)는, 웬만해선 그러지 않던 볼테르한테서까지도 온건하다고 갈채를 받은 인물로, 예수회 활동을 조사하기 시작했다. 이윽고 예수회는 대규모 돈벌이 사업들을 운영하는 한편, 어떻게든 개종자를 확보하려 지방 고유의 종교제식까지 채택했다는 혐의를 받기에 이른다. 예수회는 1759년 포르투갈에서, 1764년에는 프랑스에서, 1767년에는 스페인과 나폴리에서도 쫓겨났다. 클레멘스 13세Clement XIII(1758~1769)는 "신트 우트 순트, 아우트 논 신트Sint ut sunt, aut non sint"(지금 있는 그대로 존재하거나, 아예 존재하지 않거나)라며 예수회 편에 섰다. 하지만 클레멘스 14세Clement XIV(재위 1769~1774)는 예수회를 없애야 한다는 가톨릭 강국들의 공식적 압박을 떠안고 교황으로 선출된 인물이었던 만큼 종내는 세간의 요구를 따라야 했다. 1773년 8월 16일의 짤막한 교서 〈도미누스 아크 레뎀프토르 노스테르Dominus ac Redemptor noster〉(우리의 주님이신 구세주)를 통해 예수회는 해산되니, 예수회가 더는 창건자의 설립 이상을 따르지 않고 있다는 것이 그 근거였다. 교서는 러시아제국을 제외한 유럽 국가 전체에서 효력을 발휘했다. 이 조치로 가톨릭에서 운영하던 교육 및 선교 활동이 일대 혼란을 겪었고, 세속의 학교들 및 대학들은 이를 계기로 큰 기회들을 맞았다.

공포 시대가 찾아든 건 1685년으로, 루이 14세가 〔1598년 앙리 4세가 발표한〕 낭트칙령을 폐지하고 프랑스 내 모든 위그노를 나라 밖으로 쫓아낸 때였다(뒤의 내용 참조). 그러나 대체로 당시 박해의 속도는 점점 더뎌졌다. 무관용 법령들만 해도 많은 나라에서 제대로 준수되지 않았다. 또 어느 나라에서건 비국교도들이 자신이 비국교도임을 공개해도 거리낄 것이 없었다. 잉글랜드에서는 이런 추세를 반영하듯 새 용어—라티튜디내리아니즘Latitudinarianism("자유주의" "광교주의廣教主義"로 번역된다)—가 만들어져 나온바, 모든 프로테스탄트에게 관용을 베풀어주어야 한다는 의사를 강하게 표현하는 말이었다. 조합교회주의Congregationalist 혹은 '독립파Independents'가 처음 표면으로 모습을 드러낸 것은 1662년으로, 이들의 예배당은 모든 교구 성당으로부터 최소한 8킬로미터 이상 떨어진 곳에 자리 잡아야 한다는 단서가 붙었다. 조지 폭스George Fox(1624~1691)의 파란만장한 행보를 뒤따랐던 친우회Society of Friends 혹은 '퀘이커파Quakers'는 갖은 수난을 당하고 수많은 교도가 순교하면서, 다른 비국교도들과 마찬가지로, 1689년의 관용령이 제정돼 마침내 예배의 권리를 얻었다. 1727년 런던에서는 비국교도파총회General Body of Dissenter—독립파Independents, 장로파Presbyterians, 침례파Baptists—가 결성됐다. 홀란트, 잉글랜드, 작센 헤른후트Herrnhut(1722)라는 실험적 공동체에서도 모라비아 교회가 재차 모습을 드러냈다. 18세기 사회는, 당대 제정된 수많은 법률과는 달리, 종교적 관용을 지지했다. 한마디로 이신론자, 비국교도, 심지어는 종교로 우스갯소리를 하는 사람들까지도 냉대받지 않는 분위기였다. 볼테르는 다음과 같이 쓰기도 했다. "세간에서는 말한다. 하느님께서는 언제나 대군大軍의 편에 서신다고." [메이슨]

기존 교회가 타성에 젖어 꿈쩍 않자, 그 반발로 다양한 종교적 반대 조류가 일었다. 가톨릭에서는 미겔 데 몰리노스Miguel de Molinos(1640년경~1697)가 정적주의靜寂主義, Quietism〔또는 정숙주의. 퀴에티슴〕를 통해 그 이름과는 달리 커다란 소란을 불러왔다. 운동의 창시자 몰리노스는 인간은 영혼이 완전히 뒤로 물러앉아 잠자코 있는 상태에서만 죄악을 범하지 않고 살 수 있다고 가르쳤으나, 그 자신은 로마의 옥에서 생을 마쳤다. 그의 《기아 이스피리두아우Guía espiritual》〔영적 인도서〕(1675)는 예수회로부터 이단적 내용으로 비난받았다. 루터파에서는 필리프 야코프 슈페너Philipp Jakob Spener(1635~1705)의 경건주의Pietism가 비슷한 소란을 일으켰다. 운동의 창시자 슈페너는 신도들이 사제직 전반에 참여해야 한다고 선언했고, 성심을 다해 성서를 읽는 독서 모임의 관례를 제도로 정착시켰다. 그의 《피아 데시데리아Pia Desideria》〔경건한 소망〕(1675)는 경건주의가 장기간 지속되는 데서 중추 역할을 했다. 할레대학이 경건주의 운동의 핵심부였다.

영국국교회에서는, 존 웨슬리John Wesley(1703~1791)의 감리교 운동이 일어났는데, 잉글랜드교회를 사분오열시킬 만큼 위협적이었다. 웨슬리는 일찍이 옥스퍼드대학에서 '신성클럽Holy Club' 학생들을 위해 영혼 수련법을 만들어낸 바 있었고, 헤른후트를 답사하기도 했었다. 그는 브리튼제도 가장 먼 데까지 돌며 사람들에게 평생 복음을 전파했고, 그러한 노력으로 그간 별 관심을 받지 못한 대중의 마음에도 종교적 열의가 불타올랐다. 그러나 주교제를 반대했던 웨슬리의 입장은 사람들을 분열시킬 수밖에 없는 소지가 있었고, 이후 1785년 런던에서 제1회 감리교대회Methodist Conference가 열렸다. 웨슬리의 친동생 찰스 웨슬리Charles Wesley(1707~1788)는 천재적 재능을 지닌 영국국교회 찬송가 작사가로, 그가 지은 장대한 운율의 작품들은 쉽사리 변하는 당대 풍조를 탁월하게 표현해냈다.

감리교는, 특히 웨일스에서 강력하게 뿌리 내렸는바 사람들 사이에 신앙심만 아니라 애국심까지도 되살아나게 한 원동력으로 여겨졌다.[3] 제1회 웨일스감리교모임Welsh Methodist Association은 1743년 1월에 열렸고, 이후 잉글랜드에서도 이에 상응하는 모임이 마련됐다. 감리교에서 가르친 칼뱅주의 신학은 이후 장로교와 더 비슷한 방향으로 나아가게 된다. 동시에 란드웨리 교구목사 그리피스 존스Griffith Jones(1684~1761)가 창립한 순회학교Circulating Schools, 윌리엄 윌리엄스William Williams('윌리엄스 팬티셸린Williams Pantycelyn', 1717~1791)의 웨일스어 찬송가, '웨일스의 예루살렘'으로 통한 란가이소의 대니얼 롤런드Daniel Rowland(1713~1790)가 시작한 격조 높은 설교 전통은 웨일스의 언어와 문화가 근대에 들어서까지 살아남을 확실한 방편들을 마련해주었다. 웨일스 합창단이 〈흘란바이르Llanfair〉〈쿰 론다Cwm Rhondda〉〈브라이네번Blaenwern〉 같은 곡조들을 완벽한 하모니로 부르는 것을 들어본 사람이라면 애국심이나 영혼이 고양된다는 것이 어떤 의미인지를 모를 수 없을 것이다. 웨일스 감리교파의 호일hwyl(열정)은 계몽주의 시대의 정서와는 정면으로 배치되는 것이었음은 두말할 필요가 없었으며, 이때쯤이면 계몽주의는 유럽의 내로라하는 지성인 집단 사이에서 지배적 추세가 돼 있었다.

유대교에서는 바알 셈 토브Baal Shem Tov(포돌리아의 '메드치보츠의 베시트Besht of Międzybóz', 1700~1760)의 하시디즘Hasidism(신비주의적 경향의 유대교 분파)이, 영국에서 존 웨슬리가 영국국교회 주교들의 입지를 약화시켰듯, 폴란드 랍비들의 입지를 크게 약화시켰다. 하시딤Hasidm(경건한 사람들)은 시너고그synagogue(유대교 회당)의 완고한 형식주의를 거부하고, 대대로 이어지는 차디크zaddiks(성스러운 사람들)의 통치 속에서 저마다 씨족 공동체를 형성하고 제각기 파를 형성했다. 이들은 공간적으로도 문화적으로도 기독교 감리파와는 거리가 매우 멀었지만 기질에서만큼은 감리파와 아주 가까웠다. 이들은 유대교 정통 율법에 따라 옷을 갖춰 입고 음식을 만들어 먹어야 한다는 원칙은 엄격하게 고수했으나, 하디시즘 운동에서도 주된 특징은 바로 대중의 열정, 기쁨이 넘치는 음악, 영성의 부활이었다.

유럽의 사회생활 매너 역시, 종교와 마찬가지로 확실히 급변했다. 사람들은 지난 시대가 가하는 제약들에 반발했고, 그 반발의 일환으로 법률을 바꾸기도 했으나, 그보다는 한때 종교 권위자들이 자신들에게 가한 취향이나 행실 면에서의 규제에 더는 신경 쓰지 않고 행동했다. 1660년대에만 해도 칼뱅파와 예수회의 철저한 금욕주의가 여전히 지배적 위세를 떨쳤으나, 그 다음 세기에 이르자 극히 대비적 분위기가 나타나 예술적 감수성은 급격히 향상됐고, 도덕적 측면에서의 제약은 급격히 낮아졌다. '우아함의 시대Age of Elegance'는 거리낌 없는 양심의 시대와 맥을 같이했다. 한편에서는 상류층과 이들을 모방하려는 아류들이 우아한 삶의 기술들이 무엇인지 보여주려 이전에는 유례없는 노력을 펼쳤다. 어디를 가건 상류층의 옷, 궁전, 가구, 음악, 수집품들에는 화려한 사치품과 정교한 장식이 빠지지 않았다. 동시에 이제는 계급을 막론하고 사회적 관습, 특히 성性 관습들이 눈에 띄게 느슨해졌다. 시간이 흘러감에 따라, 방종한 성생활은 사람들 사이에서 별 스스럼없이 용인됐거니와 사람들이 스스로를 과시하는 한 방법이 됐다. 중간에 종교개혁이라는 긴 휴지기를 거치고 난 뒤, 사람들은 누구나 자유로워져서 자신이 원하기만 하면 얼마든 제멋대로 행동해도 상관이 없었다. 아울러 건강과 주머니 사정만 받쳐주면 옷을 빼입거나, 술을 흥청망청 마시거나, 진탕 먹거나, 자유로이 연애를 하는 것이 일상이 됐다. 사람들은 가발을 쓰고, 속을 부풀린 속치마를 입고, 경관이 수려한 공원에 나가고, 색이 칠해진 자기瓷器를 갖고, 외음부에 파우더를 바르는 것을 자랑스레 여겼다. 이와 같은 사회적 분위기가 종교의 부활에 일조했을 것임은 말할 나위도 없을 것이다. 그러나 이러한 분위기는 지적 측면에서 관용의 한계도 넓혀주었으니, 그렇게 해서 넓어진 지식의 지평을 이후 계몽주의 시대의 필로조프들이 마음껏 누비게 된다. [에로스]

계몽주의 시대. 계몽주의 시대는, 이마누엘 칸트의 말을 빌리자면, "인류가 스스로 빠져들었던 미성숙을 가까스로 헤치고 나오며" 유럽 문명의 발전을 이룩한 시기였다. 더 간단하게는, 유럽인들이 '분별 연령 the age of discretion'에 이르렀다고 말할 수 있을지도 모르겠다. 이렇게 표현할 때에는 아주 강력한 비유가 이용되곤 하는바, 보통은 중세 기독교왕국이 부모이고 유럽의 세속문화를 르네상스라는 자궁에서 잉태돼 자라나는 아이로 본다. 아이는 태어난 후, 부모와 종교적 전통이 가하는 부담, 가족 간 불화에 얽매여 순탄치 못한 유년기를 보낸다. 그러다 '이성의 자율성 autonomy of reason' 즉 스스로 생각하고 행동할 수 있는 능력을 손에 넣으면서 아이는 무엇보다 중요한 성취를 맞이하게 된다. 하지만 이후에도 아이에게는 여전히 한 가족이기에 가질 수밖에 없는 여러 뚜렷한 특징이 나타나게 마련이다.

그러나 아마도 계몽주의 the Enlightenment를 가장 잘 이해하는 길은 '이성의 빛 light of reason'이 비추려 한 어둠이 과연 어떤 것이었는지를 따져보는 것이리라. 그 어둠은 필로조프 philosophe〔계몽사상가〕들이 인간의 기본 욕구의 하나를 채워준다고 간주한 종교 그 자체에서가 아니라 유럽의 기독교를 단단한 외피처럼 뒤덮고 있는 그 모든 몰지각하고, 비합리적이고, 독단적인 태도에서 생겨난 것으로 봐야 했다. 편협, 무관용, 미신, 수도자의 우월의식 monkishness, 열광 같은 태도들을 하나로 요약해 가장 경멸적으로 표현한 말이 '광신 enthusiasm'이었다. 프랑스인들이 계몽주의를 지칭하며 쓴 표현인 뤼미에르 Lumières라는 빛이 비출 부분은 다양한 분과에 광대하게 걸쳐져 있었다. 철학, 과학 및 자연종교 natural religion, 경제, 정치, 역사, 교육에 이르기까지.

합리주의 rationalism를 자라나게 한 특정한 지적 환경은 유럽 어디서나 찾을 수 있는 것이 아니었다. 그와 같은 환경이 마련되려면 일단 그 안에 가톨릭과 프로테스탄트라는 세력이 공존하고 있어야 했는바 그래야 둘이 각자의 교조를 내걸고 각축을 벌이는 속에서 계몽주의에 걸맞은 사상의 충돌이 일어날 수 있었고, 또 다른 한편으로는 어느 정도의 관용이 베풀어져야 했는바 그래야 합리적 대화를 시작할 여지가 마련될 수 있었다. 17세기에 이러한 환경은 서너 군데에 불과했다. 우선 폴란드-리투아니아를 들 수 있었다—이곳에서는 예수회가 정교회, 유대교, 다수의 과격파 종교집단과 뒤섞여 활동했다. 이런 환경은 스위스에서도 어느 정도 형성됐는데, 가톨릭 주州와 프로테스탄트 주 사이에서 늘 사상의 교류가 가능했다. 또 스코틀랜드, 잉글랜드에서도 유사한 환경을 찾아볼 수 있었으니, 광범위한 국교회 전통이 상반되는 견해들을 보호해주는 역할을 했다. 그러나 그 환경이 가장 확실했던 곳은 네덜란드로, 지역 특유의 자원을 조제프 쥐스튀스 스칼리제르Joseph Justus Scaliger와 르네 데카르트부터 바뤼흐 스피노자, 섀프츠베리 백작(제3대 앤서니 애슐리쿠퍼Anthony Ashley Cooper), 장 르클레르Jean Le Clerc, 피에르 벨에 이르기까지의 지식층 망명자들이 더욱 풍성하게 해주었다. '바타비아의 아테네' 레이던, '유럽의 코스모폴리스Cosmopolis(국제도시)' 암스테르담·헤이그 등은 계몽주의 시대의 주요 실험실이나 다름없었다. 계몽주의 초반에는 프랑스인들이 두각을 나타냈고, 프랑스어가 유럽 전역에서 링구아 프랑카lingua franca(다른 언어를 쓰는 사람들 사이에 의사전달의 수단으로 쓰이는 공통언어)로 채택됐지만, 사실 프랑스 자체는 계몽주의 활동의 주 무대가 되지 못하다 18세기 중반에 지방 곳곳의 여건이 완화되면서 비로소 계몽주의의 산실이 됐다. 계몽주의 시대의 핵심 인물의 한 사람으로 꼽히는 볼테르만 해도 강제로 고국 프랑스를 떠나 스위스 땅, 정확하게는 스위스 국경에 정착해 살아야만 했다.

계몽주의 시대의 핵심 개념—루멘 나투랄레lumen naturale(이성이라는 자연의 빛natural light of reason)—의 연원은 흔히 필리프 멜란히톤의 《자연의 법De lege naturae》(1559)으로 여겨지며, 멜란히톤에서 마르쿠스 툴리우스 키케로를 거쳐 다시 스토아학파 철학자들로까지 거슬러 올라가는 것으로 알려져 있다. 유스트 리프스Joost Lips(유스투스 리프시우스Justus Lipsius, 1547~1606)가 생전 레이던에 머물며 먼 옛날 스토아학파의 문헌들을 번역해낸 것을 기념비적 업적으로 여겨야만 하는 이유가 바로 여기에 있다. 과학혁명과 데카르트학파의 합리론을 통해 맺은 여러 결실과, 1660년대에서 1670년대까지 계몽주의라는 무대에서 정중앙을 차지한 사상이 형성될 수 있었던 것이 바로 이런 작업 덕분이었다. 그리고 그러한 사상에서부터 나온 확신이 바로 인간세상이나 물질세계나, 아울러 자연의 종교, 자연의 도덕, 자연스러운 법률 같은 것들도 겉보기에는 혼란스럽지만 이성의 힘을 이용하면 그 기저의 규칙들을 밝혀낼 수 있다는 것이었다. 마찬가지로 예술에서도, 그와 같은 사상을 근거로 오로지 엄격한 규칙과 대칭적 패턴들만이 자연의 질서를 표현할 수 있고 또 세상의 모든 아름다움은 자연의 질서와 연관을 가져야 한다는 관념이 생겨났다. 즉 아름다움은 곧 질서였고, 질서 있는 것이 아름다웠다. 이것이 바로 고전주의Classicism가 품고 있는 참된 정신이었다.

계몽주의 철학이 제일차적으로 관심을 보인 부분은 인식론epistemology 즉 지식에 관한 이론—우리는 자신이 안다는 것을 어떻게 아는가 하는 문제—이었다. 이 대목에서 논쟁의 바탕을 마련해준 것은 세 영국인 곧 잉글랜드인 존 로크 John Locke(1632~1704), 아일랜드인 주교 조지 버클리George Berkeley(1685~1753), 스코틀랜드인 데이비드 흄David Hume(1711~1776, 한동안 파리에 머물며 영국대사관의 비서로 일했다)이었다. 이들은 모두 경험론자로 인간사에도 관찰과 추론이라는 과학적 방법이 적용돼야 한다고 믿었으며, 동시대인 알렉산더 포프는 다음과 같은 수칙을 노래했다.

에로스 EROS

■ 전해지는 이야기에 따르면, "그는 엉덩이를 보면
■ 뒤집지 않고는 못 배겼다." 작센의 선제후이자
폴란드의 국왕 프리드리히 아우구스트 1세(폴란드 왕
으로는 강건왕 아우구스트 2세August II Mocny)는 약 300
명에 이르는 자식을 두었으며, 프랑스의 육군원수 모
리스 드삭스Maurice de Saxe(1696~1750)도 그중 한
사람이다. 대단한 징사情事들을 통해 프리드리히는
자신의 가리지 않는 취향과 경이로운 정력을 지녔음
을 증명해 보인 셈이었다.[1] 아내 크리스티아네 에베르
하르디네 폰 브란덴부르크-바이로이트Christiane
Eberhardine von Brandenburg-Bayreuth 외에도, 그
는 숱하게 첩을 두고 그들과 애정관계를 쌓아나갔
다. 공식적 관계, 비밀관계, 특급 비밀의 관계의 세 종
류로. 모리스 드삭스는 스웨덴의 백작부인 마리아 오
로라 쾨니히스마르크Maria Aurora Königsmarck 사이
에서 낳은 아들이었고, 드삭스의 이복 남동생 로토프

스키Rotowski 백작은 부더에서 포로로 잡힌 오스만
튀르크계 여인 파티마Fatima(이후의 마리아 오로라 폰
슈피겔Maria Aurora von Spiegel)와의 사이에서 얻은 아
들이었으며, 드삭스의 이복 여동생 안나 카롤리나 오
르젤스카Anna Karolina Orzelska 백작부인은 바르샤
바 포도주상의 딸 헨리에타 르나르Henrietta Rénard
와의 사이에서 낳은 딸이었다. 공식 사료의 목록에도
에스테를레Esterle 백작부인을 시작으로 테셴
Ieschen 부인, 호임Hoym 부인, 코젤Cosel 부인, 마리
아Maria 부인, 덴호프Denhoff 백작부인까지 그 이름
이 줄줄이 등장하나, 예외적으로 드레스덴에서 봉직
했던 영국 대사의 전前 정부의 이름만은 찾아볼 수 없
다. 프리드리히 아우구스트가 자기 정자의 목표물을
잘 겨냥했던 실력의 절반만이라도 정치적 과업에서 발
휘했다면, 어쩌면 그는 역시에 위대한 왕으로 남았을
지 모른다.[2] (산통 깨기 좋아하는 사람들은 그의 자손을 8
명으로 추산하기도 한다.)[3]

그대 자신을 알라, 정밀히 들여다볼 대상으로 신神을 상정하지 말지니,

인류가 연구해야 할 온당한 대상은 인간이다.[4]

존 로크의 유명한 《인간지성론An Essay Concerning Human Understanding》(1690)에 따르면 인
간의 마음은 날 때는 원래 텅 비어 있는 상태, 일명 타불라 라사tabula rasa(빈 서판, 백지)임을 기
본 명제로 내세웠다. 따라서 우리가 아는 것은 모두 경험의 산물인바 경험은 외부세계에서 들
어오는 자료들을 처리해주는 감각의 산물이거나 마음의 내부 작용들로부터 얻어지는 자료들
을 처리해주는 성찰 능력의 산물이다. 로크의 명제는 프랑스로 전해져 에티엔 보노 드 콩디야
크Étienne Bonnot de Condillac(1715~1780) 수도원장의 《감각론Traité des Sensations》(1754)이나 쥘리
앵 오프루아 드 라메트리Julien Offray de la Mettrie(1709~1751)의 《인간기계론L'Homme machine》
(1748)을 통해 한 단계 발전하는데, 전자는 (무생물인) 조각상이 감각을 습득해 생명을 얻는 과
정을 유추했고 후자는 철저한 유물론적 관점을 통해 영혼의 존재 자체를 전면적으로 부정했다.
주교 조지 버클리는 정반대 극단으로 밀고 나가, 이 세상에 실제로 존재하는 것은 오로지 마음

과 정신적 사건들뿐이라고 주장했다. 데이비드 흄은, 《인간본성에 관한 논고Treatise of Human Nature》(1739~1740)에서 인간의 이해력, 열정, 윤리의 문제들을 합리적 방법들로 심오하게 파고들었는바 중국에는 합리적 믿음은 존재할 수 없다고 했다. 어쨌거나 18세기의 합리주의에서는 비합리성이 전적으로 비이성적인 것만은 아닐 수도 있다는 결론을 내리게 되지만.

도덕철학moral philosophy의 영역에서 종교적, 지적 사고의 여러 갈래는 공리주의utilitarianism라는 궁극적 지점으로 이끌렸다. 합리주의자들은 도덕적 원칙들이 인간의 여건을 향상시키는 데서 얼마나 효용을 가지느냐로 그 원칙들의 가치를 판단하는 경향이 있었다. 이것은 존 로크에게서도 이미 발견된다. 폴 앙리 디트리히 돌바크Paul Henri Dietrich d'Holbach(1723~1789) 남작은 여러 면에서 당대 필로조프 중 가장 급진적이었던 인물로 쾌락주의적 도덕을 옹호한바, 그가 표방한 철학에 따르면 사람들에게 가장 커다란 기쁨을 주는 것은 덕성virtue이었다. 이후 행복은 한 개인적 덕성이라기보다 공동체적 덕성으로 보는 경향이 더 강해졌다. 따라서 단순히 개인적으로 잘 사느냐의 여부가 아닌 사회적 조화를 얼마나 잘 이루느냐가 목표가 됐다. 1776년, 한창 나이의 제러미 벤담Jeremy Bentham(1748~1832)은 길잡이가 되는 관련 원칙들을 다음과 같이 공식화했다. "최대 다수의 최대 행복이 옳고 그름의 잣대다"

계몽주의는 유럽내 유대인들에게는 그다지 호의적이지 않았다. 유럽에서 유대인들은 하나의 종교적 공동체로 간주됐고, 유대인들의 종교는 비합리적이고 반계몽주의적인 것으로 여겨졌다. 드라이든만 해도 다음과 같은 식으로 유대인들을 가차 없이 비꼬았다.

"유대인들, 그 고집불통에, 침울하고, 웅얼웅얼 말하는 자들,

하느님이 응석받이로 키운 민족, 그래서 쉽게 타락에 빠진 자들

그 어떤 왕도 그들을 다스릴 수 없고, 그 어떤 신도 그들을 기쁘게 할 수 없네."[5]

얼마 지나지 않아 유대인을 이끄는 몇몇 지도자까지 점차 자신들에 대해 비판적 시각을 갖게 됐다. 이들은 전통 유대교의 갖가지 속박들에서 헤어날 수 있기를 열망했다. 그 결과 일어난 것이 바로 유대계몽주의the Jewish Enlightenment 곧 하스칼라Haskalah로, 이 운동을 통해 유대인 공동체를 안에서부터 개혁하려는 노력들이 펼쳐졌다(1088쪽 참조).

과학지식에서도 장족의 발전을 보았다. 이 시대의 거물로는 아이작 뉴턴Isaac Newton (1642~1727) 경이 꼽히는데, 영국왕립학회 회장을 지냈으며 1687년 《필로소피아이 나투랄리스 프린키피아 마테마티카Philosophiae Naturalis Principia Mathematica》(자연철학의 수학적 원리)를 출간했다. 뉴턴의 운동 및 중력의 법칙은 물리학의 근간은 물론, 이후 200년이 넘는 동안 우주의 작동 원리의 밑바탕을 공시해주었다. 또한 뉴턴은 미분법을 만들고는 이를 '유율流率, fluxion'(유

율법)이라 칭했다. 계몽주의 시대의 아버지라는 이름이 무색하지 않게 일찍이 1666년에 그는 빛의 본성과 관련한 자신의 첫 실험을 수행하는바, 케임브리지 트리니티대학의 자기 연구실 창문을 온통 어두컴컴하게 막고 빛이 새어 들어오는 구멍 뒤에 유리로 만든 프리즘을 두었다.

> "그러자 [⋯] 빛이, 그러니까 상像의 [한쪽] 끝을 향하던 빛이 상의 다른 한쪽 끝을 향해 나아
> 가던 빛보다 훨씬 더 크게 굴절을 일으켰다. 따라서 그 상의 길이가 생겨나게 하는 진짜 원
> 인은 다름 아닌 '상이한 굴절성의 광선들Rays differently refrangible'로 구성된 데 있었다. [⋯]
> 곧 광선은 굴절률에 따라 벽의 다양한 부분에 투과된다는 이야기였다."[6]

참 묘한 아이러니지만, 시간이 흘러 알베르트 빛의 속성으로부터 알베르트 아인슈타인 Albert Einstein(1879~1955) 또한 실마리를 얻어 뉴턴의 체계를 뒤엎게 된다. [E=mc²] 유니테리언 교도 뉴턴은 수많은 공식적 영예를 누리지 못했지만, 그래도 명성이나 재물 운까지 없지는 않았다. 뉴턴은 한때 연금술에 손대기도 했다. 그리고 스스로를 근사한 말로 표현하기도 했다. "아무 것도 밝혀지지 않은 진실의 망망대해를 앞에 둔 채 [⋯] 바닷가에서 노는 어린 아이."[7] 알렉산더 포프는 웨스트민스터사원에 자리한 뉴턴 무덤의 묘비에 다음과 같은 비문을 썼다.

> 자연과 자연의 법칙들은 밤의 어둠 속에 감춰져 있었노라
> 그때 하느님께서 말씀하시길, 뉴턴이 있으라! 하시니 모든 게 빛이 됐다.

아이작 뉴턴이 정립한 원칙들이 십분 활용될 수 있게 도움을 준 요인으로는, 기술이 한층 발전한 것과 다른 과학 분야에서도 이에 상응하는 진보가 이루어진 것을 꼽을 수 있었다. 그리니치왕립천문대(1675)에서는 성능이 월등한 망원경이 개발됐다. 영국 해군본부에서는 상금 2만 파운드를 내건 결과 크로노미터chronometer[천문 관측, 경위도선 관측, 항해 등에 쓰던 정밀도 높은 휴대용 태엽시계]를 손에 넣을 수 있었다. 수학 분야에서는 라이프치히의 고트프리트 빌헬름 폰 라이프니츠Gottfried Wilhelm von Leibniz(1646~1716)가 뉴턴보다 일찍 독자적인 미적분을 발견해 냈다고 할 수 있었다. 생물학, 보다 엄밀히 말하면 식물학에서는 스웨덴 출신 칼 폰 린네Carl von Linné(카롤루스 린나이우스Carolus Linnæus, 1707~1778)가 식물 분류 체계를 통해 혼란스럽기만 하던 식물학에 질서를 부여했으니, 그의 《시스테마 나투라이Systema naturae》(자연의 체계)(1735)와 《푼다멘타 보타니카Fundamenta botanica》(식물학의 기초)(1736) 등에 상세히 드러나 있다. 화학 분야에서도 조지프 프리스틀리Joseph Priestley(1733~1804)가 공기의 복합적 성질을, 헨리 캐번디시 Henry Cavendish(1731~1810)가 물의 복합적 성격을 드러내 보이고, 특히 앙투안 로랑 라부아지에

Antoine Laurent Lavoisier(1743~1794)가 화학반응의 작동법을 발견해내는 등 중차대한 성취가 나왔다. [엘드루프트] [오일러]

인식론에 대한 관심이 점차 방대하게 쌓여가는 정보와 합쳐지면서 백과전서(백과사전)에 열광하는 층이 형성된 것은 어쩌면 매우 당연했다. 세상에 두루 퍼져 있는 지식들을 한데 추리는 작업은 한때는 중세에도 제법 흔한 일이었다. 그러나 그 시기 뒤에는 한물간 유행이 돼 있었다. 그러다 이 무렵 백과전서 장르를 부흥시키려는 노력이 펼쳐졌고 요한 하인리히 알스테드Johann Heinrich Alsted가 1630년 홀란트에서 출간한 것과 루이 모레리Louis Moréri가 1674년 리옹에서 출간한 것이 대표적이었다. 그러나 일반적으로 근대적 매체의 시조로 알려진 이는 피에르 벨Pierre Bayle(1647~1706)이었다. 벨의《역사 및 비평 사전Dictionnaire historique et critique》2절판 초판이 세상에 나온 것은 1697년 로테르담에서였다. 잉글랜드에서는 존 해리스John Harris 왕립학회 회원FRS의《렉시콘 테크니쿰Lexicon technicum》(전문 어휘집)(1704)과 에프라임 챔버스Ephraim Chambers의《사이클로피디아Cyclopædia》(1728)가 백과전서 장르의 대표 작품으로 꼽혔고, 독일에서는 요한 휘브너Johann Hübner의《실제 나라들의 신문- 및 대화- 어휘Reales Staats-, Zeitungs- und Conversations-Lexicon》(라이프치히, 1704)와 요한 테오도어 야블론스키Johann Theodor Jablonski의《일반어휘집Allgemeines Lexicon》(라이프치히, 1721), 이탈리아에서는 조반니 프란체스코 피바티Giovanni Francesco Pivati의《범용사전Dizionario universale》(베네치아, 1744), 폴란드에서는 베네딕트 흐미에로프스키Benedykt Chmielowski의《새로운 아테네Nowe Ateny》(1745~1746)가 대표적 작품으로 통했다. 삽화가 있는 방대한 양의《보편어휘집Universal Lexicon》은 총 64권에 증보판 4권으로 구성된 전집으로 요한 하인리히 체들러Johann Heinrich Zedler의 주도로 1732~1754년에 라이프치히에서 출간됐다. 프랑스에서는 드니 디드로Denis Diderot(1713~1784)와 장 르 롱 달랑베르Jean Le Rond d'Alembert(1717~1783)가 주도해《백과전서, 혹은 과학·예술·공예에 관한 체계적 사전Encyclopédie ou Dictionnaire raisonné des sciences, des arts et des métiers》의 대규모 프로젝트가 진행됐는데, 챔버스의 백과전서를 프랑스어로 번역한 것이 그 계기였다. 이 백과사전은 1751년에서 1765년에 1만 6288쪽의 총 17권 분량으로 파리에서 선을 보였으며, 이후 1782년까지 추가로 증보판, 삽화, 인덱스가 계속해서 출판됐다.《백과전서》는 계획적이고, 특정 의견을 고집하고, 교권敎權에 반대하고, 왕정체제에 상당히 비판적이었다. 그래서 책의 편집자들은 관료집단으로부터 주기적으로 괴롭힘을 당하곤 했다. 그러나《백과전서》가 당대의 기념비적 작품인 것만은 확실했다.《백과전서》가 목표로 한 것도 인간의 지식 전반을 한곳에 오롯이 정리해내자는 것이었다.《브리태니커백과사전Encyclopaedia Britannica》은 유명세는 덜했어도 수명은 더 오래 이어간 사전으로 1768년 에든버러에서 나왔다. 그사이 휘브너의《어휘》도 숱하게 재판본과 번역본이 만들어져 나왔다.《어휘》는 종국에는 1808년에 출판업

오일러 EULER

■ 1765년 베를린 주재 러시아 대사가 본국으로부
■ 터 어떤 외눈박이 인사를 상트페테르부르크로
초빙하되 그 비용은 따지지 않다도 좋다는 권한을 위
임 받았다. 레온하르트 오일러Leonhard Euler(1707~
1733)는 이 제안을 받아들이되, 러시아가 자신을 러시
아제국아카데미의 교장직에 앉히고, 자신에게는 3000
루블이라는 거액의 급료를 지불하며, 아내에게는 연금
을 지급하고, 네 아들을 고위직에 임명해야 한다는 단
서를 달았다. 러시아는 군말 없이 그의 조건에 응했다.
그로부터 5년 전 러시아 군대가 들이닥쳐 샤를로텐부
르크에 있는 오일러의 농장을 쑥대밭을 만들었을 때
에도, 차르는 그에게 배상금을 두둑이 챙겨준 바 있었
다. 오일러가 수학의 귀재로서 최고의 명성을 자랑하
고 있었기 때문이다. 당시 수학의 역사에서 오일러와
어깨를 견줄 인물로는 카를 프리드리히 가우스Carl
Friedrich Gauss(1777~1855)뿐이라는 것이 중론이었
는바, 가우스는 오일러가 베를린을 떠나고 나서 10년
뒤 브룬스비크에서 태어났다.
세간에서는 "오일러에게 수학 계산은 다른 사람에게
는 숨 쉬는 일, 독수리에게는 날아오르는 일만큼 쉬
운 일이었다"라고들 했다. 스위스인 목사의 아들로 태
어나 바젤에서 공부한 오일러는 그야말로 비상한 기
억력을 갖고 있었다. 그는 베르길리우스의 《아이네이
스》를, 몇 쪽, 몇 줄, 몇 번째 글자인 것까지 포함해,
통째로 외울 수 있었다. 오일러가 처음으로 러시아에
간 것은 베르누이 형제들(스위스 물리학자 야코프 베르누
이Jakob Bernoulli, 수학자 요한 베르누이Johann Bernoulli)
과 함께였으며, 이후 프리드리히 대제(프리드리히 2세)
의 첩보원들에게 '영입'을 당했다. 오일러는 독창적이
기도 했으나 그만큼 많은 생각을 쏟아낸 다작 저술가

이기도 했다. 학술서적만 886권에 서간은 약 4000
에 이르렀으니, 이 정도면 50년이 동안 쉬지 않고 하
루 평균, 인쇄물 기준으로, 2쪽의 글을 써냈다는 이야
기다. 《페테르부르크 아카데미 논문집Commentarii
Academiae Scientiarum Imperialis Petropolitanae》
은 오일러가 세상을 떠나고 40년 뒤까지도 밀려 있던
그의 논문들을 계속 실어주고 있었다. 오일러는 수없
이 많은 정리를 발견했고, 사인sine 계산법을 고안했
으며, 파이pi를 수지로 찾아내는 일을 완성 지었고, 초
월수transcendental number의 존재를 상정했다. '오
일러의 정리Euler's Theorem'는 지수함수와 삼각함수
사이의 관계를 다음과 같이 증명했다.

$$e^{ix} = \cos x + i \sin x$$

러시아제국아카데미가 유럽 학계의 주류로 편입될 수
있었던 것도 오일러의 독보적 명성 덕분이었다. 그가
세상을 떠난 뒤에도 상트페테르부르크의 수학 학파는
발군의 실력을 발휘했다. 그러나 오일러는 러시아에서
의 일에는 웬만하면 함구했다. 포츠담에서 프리드리히
대제의 모후가 러시아 이야기를 해달라고 채근하자 그
는 다음과 같이 대답했다. "부인, 그 나라에서는 말하
는 사람은 붙잡아다가 교수형에 처합니다."[1] 그럼에도
당시 오일러의 권위가 얼마나 대단했는지, 그가 교과
서로 썼던 《무한소 해석 입문Introductio in analysin
infinitorum》(1748)의 상징들은 표준 수학 기호의 밑바
탕을 제시해주었다. 수학자를 위해 보편적 의사소통
수단, 나아가 일상에서도 두루 사용할 수 있는 수단을
(그때껏 유럽인은 이런 수단을 전혀 발달시키지 못했다) 널
리 보급하는 데서 오일러는 누구보다 막중한 역할을
해냈다.

자 프리드리히 아르놀트 브로크하우스Friedrich Arnold Brockhaus(1772~1823)에게 판권이 넘어가 독일 전체를 통틀어 가장 유명한 백과사전을 펴내는 밑바탕으로 활용됐다.

　　종교사상도 합리주의에 심대한 영향을 받을 수밖에 없었다─성서학이 특히 그러했다. 이와 관련한 첫 번째 문제는, 가톨릭과 프로테스탄트 모두 자신들의 교리를 뒷받침하는 데서 성경에 의지하는바, 상충하는 주장을 어떤 방법으로 구별 지을 것인가 하는 점이었다. 그 첫발은 옥스퍼드대학 펠로이며 두에에서 예수회와 함께 수학했고 세간에서는 소치니파로 잘못 비난 받은 윌리엄 칠링워스William Chillingworth의 《프로테스탄트의 종교The Religion of Protestants》(1637)에서 찾아볼 수 있다. 그러나 가장 큰 성취를 낸 인물은 프랑스 출신의 오라토리오회 수도사 리샤르 시몽Richard Simon(1638~1712)으로, 그는 프랑스의 문예비평의 고전적 법칙을 자신의 《구약성경에 대한 역사적 비판Histoire critique du Vieux Testament》(1678)에 적용했다. 시몽의 책은 자크-베니뉴 보쉬에로부터 공격을 당하고 이내 금서로 지정됐으며, 초판은 모두 파기당했다. 그러나 시몽이 제청한 방법론은 명맥을 이어갔다.

　　이윽고 종교에 대한 추론 과정은 이신론理神論, deism이라는 지적 풍조를 낳았다. 이신론은 불필요한 것은 버리고 최소한의 핵심만을 추구하는 종교적 믿음이었다. 즉 이신론에서는 '지고의 존재' '창조주 하느님', 혹은 '섭리'라 할 것만을 믿었다. 이러한 믿음의 초기 형태가 다양하고도 다소 불안한 교리를 통해 드러난 것은 잉글랜드에서였으며, 특히 셰버리의 에드워드 허버트Edward Herbert(1583~1648)의 《진리에 관하여De Veritate》(파리, 1624)와 존 톨런드John Toland(1670~1722))의 《신비롭지 않은 기독교Christianity Not Mysterious》(1696) 등을 눈여겨볼 만했다. 이신론은 1730년대에 곧 볼테르가 잉글랜드에 머물고 있던 시기에 절정에 달했으나 이후 주교 조지프 버틀러Joseph Butler의 《종교의 유비類比, The Analogy of Religion》(1736)가 출간되고 나서는 세가 상당히 약화됐는바, 이 주교의 영향력이 얼마나 대단했는지 한번은 누군가가 〔조지 2세의〕 왕비 안스바흐의 카롤리네Caroline of Ansbach〔카롤리네 폰 브란덴부르크-안스바흐Caroline von Brandenburg-Ansbach〕에게 이렇게 말하기도 했다. "아닙니다, 왕비님. 버틀러 주교는 죽은 게 아닙니다. 그냥 땅에 묻혀 있는 것일 뿐이지요". 이신론은 프랑스에도 발을 들여 전통 기독교 신앙과 극단적 성향이 더 강했던 자유사상가들 사이에서 중도를 모색하니, 이 무렵부터 이미 무신론자의 견해를 공공연히 내비친, 폴 앙리 디트리히 돌바크 남작과 클로드 아드리앵 엘베시우스Claude Adrien Helvétius(1715~1771)가 그러했다. 예를 들면, 드니 디드로도 자신의 《백과전서》에서 "기독교 신앙" "신앙" "섭리" 같은 항목을 서술할 때 이신론자의 관점을 취했다. 볼테르는 기존 종교에 가차 없는 공격을 퍼부었으면서도, 돌바크 남작이 《자연의 체계Système de la nature》(1770)를 썼을 때는 나서서 신의 존재를 옹호했다. 한밤중의 하늘을 올려다보며 그는 다음과 같이 썼다. "맹인이 아니고서야 어떻게 눈앞에 이런 광경이 펼쳐지는데도 황홀해하지 않을 수 있겠는가. 바보가 아니고서야 어떻게 이런 세상을 만드신 분의 존재를 인정하지 않을 수 있겠는가. 미치지 않고서야 어떻게 그분을 숭배하지 않을 수 있겠는가." 그러면서 재치 있는 말을 잊지 않았다. "만일 하느님이 정말 존재하지 않는다면, 아마도 우리가 그분을 만들어내야만 할지 모른다Si Dieu n'existait pas, il faudrait l'inventer."[8]

필로조프들이 교회와 국가의 권력자들을 상대로 싸움을 벌이다 보니, 가톨릭교와 절대군주들이 의기투합해 맹목적으로 이성과 변화에 반대하고 나선다는 인상이 풍기는 것을 피할 수 없었다. 디도로만 해도 구원의 도래에 대해 "마지막 남은 왕이 마지막 남은 사제의 배 안에서 끄집어낸 내장에 목이 졸려 죽는 때"라고 야멸찬 표현을 서슴지 않았다. 디드로에서부터 단순한 형태의 혁명 이상 즉 진보와 그 반발 세력 사이에 전면전이 벌어지리라는 생각이 나오기까지는 얼마 걸리지 않았다. 이윽고 가톨릭교도 출판업자 조제프 드 메스트르Joseph de Maistre(1754~1821)도 똑같이 극단적이지만 디드로와는 정반대 관점을 받아들이게 되니, 그는 《프랑스에 관한 고찰Considérations sur la France》(1796)에서 반란과 불경은 동의어와 다름없다는 주장을 펼쳤다.

합리적 경제학은 계몽주의 시대에서 가장 중요하게 손꼽힌 것들의 목록에서 당당히 상단을 차지했다. 진보라는 일반적 개념은 특히 경제적 발전이라는 구체적 사상 속에서 그 모습을 드러냈다. 미시적 차원에서, 신사층gentlemen은 토지 관리 기술의 발달에 완전히 빠져 있었는데, 그것을 잘만 활용하면 재산을 말끔히 정돈할 수 있을 뿐만 아니라 자산을 활기차게 움직이는 사업으로까지 변모시킬 수 있으리라 여겨졌기 때문이다. 네덜란드인들이 주도한 혹은 네덜란드의 모델에 따른 간척 사업은, 이스트앵글리아의 소택지에서부터 비스와강의 삼각주에 이르기까지, 저지대 여러 지역의 풍광을 바꿔놓았다. 또, 특히 잉글랜드에서, 인클로저운동에도 속도가 붙어 농민들 삶이 위협받았지만 동시에 상업적 경작에 적합한 보다 대규모 농경 단지가 조성되는 여건이 마련됐다. 체계적 방식의 목축, 식물 선별, 비료, 윤작, 배수 같은 농경법은, 1770년대에 윈저의 '농부 조지Farmer George'와 노퍽 호크햄의 토머스 코크Thomas Coke가 실제 농사에 접목한 것으로, 이내 극적 수확량 증대로 보상을 받았다("농부 조지"는 농부왕 곧 그레이트브리튼아일랜드연합왕국 왕 조지 3세(재위 1760~1820)이고, 토머스 코크(1754~1842)는 제1대 레스터 백작이다). 농노제가 만연한 국가들에서도 계몽된 토지소유주들이 농노들을 갖가지 의무에서 풀어주면 효율성이 더 높아지리라는 확신을 가지고 변화를 꾀했다. 자발적 노예 해방의 사례는 프랑스에서부터 폴란드에 이르기까지 여러 곳에서 찾아볼 수 있다.

거시적 차원에서는 독재 형태의 중상주의가 오랜 기간 맹위를 떨쳤다. 중상주의를 지지한 거물로는 루이 14세 대에 재무대신을 지낸 장-바티스트 콜베르Jean-Baptiste Colbert(1619~1683)

를 들 수 있다. 국영 제조업이 첫선을 보인 것이 이 무렵이었다. 국가의 주도하에 식민지들이 세워지고, 조세제도가 합리적으로 정비됐으며, 항구·도로·운하가 건설되고, 교통체계가 개선됐다. 랑그도크운하(1681)도 규모가 대단했지만, 유럽 대륙 맞은편에서도 스페인의 과달키비르강의 운하부터 스웨덴의 에스킬스투나운하, 리투아니아의 아우구스토프운하, 러시아 네바-볼가강의 운하시설 등이 프랑스의 운하에 못지않은 규모를 자랑했다.

그러나 인위적 속박이나 제한이 제거되지 않으면 경제생활은 특정 지점 이상으로 팽창할 수 없다는 인식 또한 강해져갔다. 이러한 추세는 아일랜드 은행가 리샤르 캉티용Richard Cantillon(1734년 몰)의 저작《일반 상업 본질 소론Essai sur la Nature du Commerce en Général》(1755)에서 처음으로 드러나는데, 큰 대중적 인기를 누린 빅토르 리케티 마르키스 드 미라보Victor Rigueti, Mirguis de Mirabeau(1715~1789) 후작의《인간의 친구L' Ami des hommes(1756)》에도 캉티용의 글이 인용됐다. 하지만 이와 같은 추세가 힘을 얻은 것은 경제학자들, 이른바《백과전서》와 연관이 있던 '중농주의자Physiocrat들'—프랑수아 케네François Quesnay(1694~1774), 자크 뱅상 드 구르네Jacques Vincent de Gournay(1712~1759), 피에르 사무엘 뒤퐁 드 느무르Pierre Samuel du Pont de Nemours(1739~1817)—을 통해서였다. '농민이 가난하면 왕국도 가난하다Pauvres paysans, pauvre royaume'라는 이들의 유명한 슬로건만 봐도 모두가 각자의 번영과 자유를 누릴 수 있을 때에만 국가의 번영도 가능하다는 혁명시대의 사상이 압축돼 있다. 케네의 제자 안 로베르 자크 튀르고Anne Robert Jacques Turgot(1727~1781)는 이 운동이 지향하는 여러 원칙을 실제 통치에 적용하려다 실패를 경험했다. 그래도 스코틀랜드인 교수 애덤 스미스Adam Smith(1723~1790)가 1765~1766년 파리에 체류하는 동안 케네학파와 친밀하게 교류를 한 것이 주효했다. 이때의 친교는 근대 경제학의 창시자가 자신의 사상을 발달시키는 데서 무엇보다 중요한 경험이 됐다. [시장]

합리주의 정치이론은 오랫동안 절대군주제를 지지하는 입장과 연관 있었는바, 절대군주제가 질서와 조화라는 고전시대 정신에 잘 부합하는 면이 있었기 때문이다. 각 지방 및 봉건영주들의 특권들은 도처에 미로처럼 얽혀 있었으니, 합리주의 정치이론에서는 무엇보다도 이 문제를 가장 효율적으로 풀어낼 수 있는 방법을 모색했다. 토머스 홉스의 결론도, 그가 전개한 논증까지는 아니더라도, 사실 메스의 주교이자 왕권신수설의 핵심 옹호자인 자크-베니뉴 보쉬에(1627~1704)의 결론과 크게 다르지 않았다. 그러나 18세기에 논변의 내용이 달라지기에 이른다. 존 로크는《통치에 관한 두 논고Two Treatises of Government》(1690)에서 무릇 통치는 자연법에 따라야 옳다며 세습 원칙에 반대했다. 그는 일정 형태의 중립적 권력을 두고 그것이 통치자와 피통치자 사이의 분쟁을 해결할 수 있게 해야 한다고 주장했다. 로크의 주장에서 가장 중요한 것은 재산권의 중요성은 강조하되, 사회계약을 통해, 나아가서는 자유주의의 초석인 합

시장 MARKET

■
■ 애덤 스미스 박사는 지독히 맹한 교수였다. 한번은 빵과 버터를 찻주전자에 넣어 우려 마시고는 차가 참 맛도 없다고 이야기하기도 했다. 스미스는 에딘버러의 명물이기도 했는바 그가 툭하면 딴 데 정신이 팔린 채 길거리를 쏘다니곤 했기 때문이다. 그럴 때면 그는 옷은 반만 걸친 채 온몸을 씰룩씰룩 대고, 아무도 흉내 내지 못하는 '벌레 같은' 굼뜬 걸음걸이로 그 특유의 잘난 척하는 말투를 쓰며 스스로와 열띤 논쟁을 벌이곤 했다. 한번은 그런 식의 대화에 한껏 팔려 있다가 무두질용 구덩이에 그대로 처박혔다. 사실상 결혼생활이 불가했던 그는 늘 어머니와 함께 지냈다. 이토록 정신없는 게 매력인 사람이, 얼마 안 가 지적 질서를 정립해 일상생활의 작동 원리를 정리해냈다고 생각하면 참 절묘한 일이다.[1]

잉글랜드 학계가 깊은 잠에 빠져 있던 시기, 친구였던 데이비드 흄과 함께, 스미스는 스코틀랜드 계몽주의를 이끈 기라성 같은 인물의 하나였다. 스미스는 새뮤얼 존슨Samuel Johnson(영국 시인·비평가), 볼테르, 벤저민 프랭클린, 프랑수아 케네, 에드먼드 버크(영국 휘그당 영수)와 친밀하게 지냈다. 이 교수가 나이가 지긋이 들어 왕의 각료들의 접견을 받을 일이 있었는데, 교수가 들어서자 일제히 대신들이 자리에서 일어섰다. 그러자 윌리엄 피트(소小피트)가 말했다. "저희가 이렇게 일어선 것은, 우리는 다들 선생님이 길러낸 장학생들이기 때문입니다."

애덤 스미스가 처음 자신의 이력을 쌓아나간 것은 28세에 글래스고에서 도덕철학회Moral Philosophy 의장직을 맡으면서였으며, 이때 출판한 것이 《도덕감정론 Theory of Moral Sentiments》(1759)이었다. 책에서 스미스는 찬성과 반대의 뜻이 어디서 비롯되는지를 규명하고자 했다. 그러다 인간의 탐욕이 갖는 함의가 무엇이고, 나아가 사리 추구가 어떻게 공공의 선을 위해 작동하는가 하는 질문을 스스로에게 던지면서 경제학의 영역에 발을 들이게 됐다. 본질적 측면에서 보면 900쪽에 달하는 《국부의 본질과 원인에 관한 연구(국부론)An Inquiry into the Nature and Causes of the Wealth of Nations》(1776)도 그 탐구 과정의 연장선에 있는 작업이었다. 《국부론》은 과거 200년 동안 경제 사상에서 가장 지배적으로 군림해온 프로테스탄트의 중상주의 철학을 산산이 깨부수는 역할을 했다. 스미스는 사변을 통해 모든 사람이 참여하는 기제를 갖춘 '사회society'가 존재한다는 것을 가정하고, 나이기 '시장the market'을 지배하는 제 법칙도 공식화했다. 생산, 경쟁, 공급 및 수요, 가격의 작동 원리도 개략적으로 정리해냈다. 또한 그는 노동조직에도 각별한 관심을 기울였다. 이와 같은 스미스의 관심은 핀pin 만드는 공장의 모습을 그린 그 유명한 설명에서 찾아볼 수 있다. 핀 공장에서 일하는 인력은 합리화된 작업과 숙련 기술을 통해 하루에 총 4만 8000개의 핀을 생산해냈는데, 노동자가 개별적으로 일을 한다고 하면 1인당 고작 2~3개밖에 만들어내지 못할 것이었다. 또한 스미스는 시장의 자기 제어 본성도 함께 강조했으니, 별다른 방해를 받지 않는 한, 이런 본성은 사회의 화합을 더욱 촉진해줄 터였다. 스미스가 시장의 기본 원리로 꼽은 것은 두 가지였다—집적의 원리Law of Accumulation와 인구의 법칙Law of Population. 그는 다소 놀랍게도 다음과 같이 썼다. "인간의 수요가 필연적으로 인간의 생산을 조절하게 돼 있다." 스미스의 좌우명도 "시장은 그냥 내버려두어야 한다Let the Market Alone"였다.[2]

그 뒤로 경제학이라는 학문은 애덤 스미스가 제기한 화두들을 계속해 탐구해오는 중이다. 그 여정은 데이비드 리카도David Ricardo, 토머스 로버트 맬서스, 카를 마르크스를 필두로, 존 앳킨슨 홉슨John Atkinson Hobson, 프레데리크 바스티아Frédéric Bastiat, 앨프리드 마셜Alfred Marshall을 거쳐 소스타인 번드 베블런Thorstein Bunde Veblen, 조지프 알로이스 슘페터

Joseph Alois Schumpeter, 존 메이너드 케인스까지 이어진다. 스미스의 손에 있을 때만 해도 경제학은 사변철학의 한 갈래였다. 스미스 경제학의 가장 위대한 실천가들도 자신들의 결론이 언제 무너질지 모른다는 점을 인정해왔다. 그러나 대중의 마음속에서는 경제학적 주장의 비중이 훨씬 커진 상태다. 종교적, 도덕적 합의의 힘이 꺾이고 생겨난 빈자리를 경제학이 비집고 들어간 셈이다. 이와 함께 점차로 경제학은 공공정책이 가장 주안점을 두는 부분이자, 사회적 폐해를 해결할 만병통치약이자, 개인적 만족을 느끼는 근원으로 여겨지고 있다. 전문 학과에서 출발해, 의학이 인간의 몸을 설명하듯 인간의 사회를 설명하게 된 경제학은, 사람들에게 갖가지 목적·동기·유인들을 제공하며 그 자체가 목적이 될 조짐까지 보이고 있다. 윤리학자였던 애덤 스미스가 이와 같은 상황을 안다면 아마 기겁할 일이다.

의의 원칙을 통해 통치돼야 한다는 사상을 발전시킨 것이다. 로크는 사법부에 대해서는 별달리 논하지 않았지만 권력분립을 옹호하고 행정부와 입법부 사이에 견제와 균형이 있어야 한다고 보았다. 마지막의 두 원칙은 샤를-루이 드세콩다 몽테스키외 Charles-Louis de Secondat Montesquieu(1689~1755) 남작의 《법의 정신 De l'esprit des lois》(제네바, 1748)에 가장 명확하게 도식화돼 있는바, 몽테스키외는 그리스와 로마의 공화제로부터 영감을 얻기도 했으나 1689년 잉글랜드의 헌법 조정(권리장전이 승인된 것을 일컫는다)으로부터도 일부 영향을 받았다.

> 각 나라에는 제각기 세 가지 권력이 존재하는바 입법권, 국민의 권리에 의존하는 일들을 관장하는 집행권, 민법과 관계된 일들을 처리하는 집행권이 그것이다. […] 만일 동일한 한 사람이 […] 이 세 가지 권력 즉 법을 만드는 권력, 공공의 결의를 실제로 집행하는 권력, 범죄 여부를 판단하는 권력을 한꺼번에 행사하게 된다면 우리는 모든 것을 잃고 말 것이다.⁹

로크와 몽테스키외의 이론들은 《백과전서》에 담겨 특히 '정치권력' '천부의 자유권' 같은 항목을 통해 유럽 곳곳에 전파됐다. 이 이론들은 확실히 민주주의의 경향과 나아가, 일각에서 이야기하곤 하는 바처럼, 혁명을 독려한 면이 있었다.

합리주의 역사서술이 전면에 모습을 드러낸 것도 이때였다. 이제 역사는 연대기나 일기 속의 사건들을 단순히 관련짓거나 혹은 통치층으로 군림하던 교회와 군주들을 옹호하던 것에서 벗어나 인과관계 속의 변화를 논하는 학문이 됐다. 보쉬에의 《세계사 서설 Discours sur l'Histoire universelle》(1681)이나 클래런던 백작(제1대, 에드워드 하이드 Edward Hyde)의 《반란의 역사 The History of the Rebellion》(1704)는 여전히 옛날 전통을 따랐고, 그러기는 종교전쟁을 다룬 수많은 가톨릭교도 및 프로스테스탄트의 저서도 마찬가지였다. 그러나 18세기에 들자 종전과는 색다른 종류의 역사에 손을 대는 사람들이 숱하게 나타났다. 피에르 벨의 《역사 및 비평 사전》(1702년

판)은 역사와 문학에서 위대하다고 손꼽히는 인물들을 알파벳순으로 기술하되, 저자가 흔들림 없는 회의적 시각으로 그 인물들과 관련해 입수된 정보가 얼마나 확실하고 불확실한지를 면밀히 따졌다. 역사적 사실이란 증거 없이는 받아들여질 수 없는 것임을 보여준 실례라 하겠다. 잠바티스타 비코Giambattista Vico의《새로운 학문La Scienza Nuova》(1725)은 주기에 따라 움직이는 역사이론을 소개했다. 고대세계를 다룬 몽테스키외의《로마인의 위대함과 그 쇠락의 원인에 관한 고찰Considérations sur les causes de la grandeur des Romains et de leur décadence》(1734)은 환경결정론의 요소를 소개했고, 샤를 12세나 루이 14세를 다룬 볼테르의 연구들에서는 운과 위대한 품성의 요소들을 역사에 도입했다. 흄의《종교의 자연사Natural History of Religion》(1757)는 종교의 역사라는 신성한 영역을 침범해 들어갔다. 이들은 과거 사건들을 설명하는 근거로서 선의 섭리가 하던 역할을 하나같이 거부했고, 그럼으로써 과거 니콜로 마키아벨리(1469~1527)와 프란체스코 귀차르디니Francesco Guicciardin(1483~1540) 이후로는 도통 사용되지 않던 사고 습관으로 돌아가려 했다. 아울러 이들은 그즈음 새로이 나타난 진보의 개념도 잘 받아들였는바, 젊은 시절의 안 로베르 자크 튀르고가 1750년 7월 3일과 12월 11일의 두 차례에 걸쳐 소르본대학에서 오랜 시간 라틴어 강론을 진행한 것이 이 개념에 대한 당대 최고의 설명으로 손꼽혔다.

> 자연은 행복할 권리를 모든 인간에게 부여했다. [⋯] 인류의 모든 세대는 서로가 일련의 원인과 결과에 따라 연결돼 있어서, 이 연결고리에 따라 오늘날 세상의 조건들과 우리 앞의 모든 조건이 하나로 이어진다. [⋯] 아울러 인간 종족 전체는, 그 기원에서부터 따져본다면, 철학자의 눈에는 하나의 거대한 통일체로 비치는데, 이 통일체는 개인과 마찬가지로 유아기를 지나 발달단계를 거치며 진보해나가는 것으로 보인다. [⋯] 이렇게 전체를 이룬 인류는, 평온함과 불안함, 좋은 때와 나쁜 때를 오가면서, 비록 더딘 속도로나마 꾸준히 더 위대한 완벽함을 향해 한 발 한 발 나아간다.[10]

역사들은 점점 더 당대의 사회적, 경제적, 문화적 관심사를 과거 분석에 적용해나간다. 이제는 왕들이나 조신들의 행적을 이야기하는 것만으로는 충분치 않았다. 이 시대를 장식한 위대한 기념비적 작품으로는 윌리엄 로버트슨William Robertson의《아메리카의 역사History of America》(1777)와, 타의 추종을 불허하는 에드워드 기번Edward Gibbon의 역작《로마제국 쇠망사The History of the Decline and Fall of the Roman Empire》(전 6권, 1776~1788)가 꼽힌다. 아담 나루셰비치Adam Naruszewicz 주교가 쓴《폴란드 민족의 역사Historia narodu polskiego》(1780~)는 단 한 권만 세상의 빛을 볼 수 있었는데, 초기 슬라브족 역사를 폴란드인이 러시아인보다 더 우세했다는 식으로 기술한 것에 예카테리나 여제의 대사가 반대를 표했기 때문이다.

면밀히 생각해보면, 이른바 계몽주의 시대 현자들이 자신들이 그토록 가차 없이 조롱했던 궁정역사가들이나 교회역사가들에 비해 얼마나 더 객관적이었는지는 따져봐야 할 문제다. 일례로 에드워드 기번이 수도원제도를 누차 공격한 것이나, 볼테르가 폴란드를 볼모로 자신의 종교적 편협성 관련 견해를 생생히 드러내려고 잘 알지도 못한 채 폴란드를 호되게 비난한 것은 또 다른 형태의 편견이 있다는 것만 드러낸 셈이었다. 그러나 그 과정에서 역사서술historiography의 지평과 명성은 대단히 넓어지고 높아졌다. 알고 보면, 계몽주의 시대는 모순이 가득했다. 계몽주의를 이끈 실천가들은 그 목표와 방법에 관해서는 어느 정도 합의 했는지 몰라도 각자의 관점과 의견 면에서는 전혀 일치를 보지 못했다. 계몽주의 시대에 가장 영향력을 끼친 두 인물인 볼테르와 루소만 해도 분필과 치즈만큼이나 전혀 다른 사람들이었다.

　프랑수아-마리 아루에François-Marie Arouet(1694~1778)는 바스티유의 옥에 갇혀 있는 동안은 볼테르라는 필명을 쓴 것으로 여겨지는 인물로 시인, 극작가, 소설가, 역사가, 철학자, 팸플릿 집필자, 왕의 서간인, 그리고 무엇보다도 투지 넘치는 재담가였다. 파리에서 태어나 그곳에서 교육 받은 볼테르는 유럽 각지에서 망명 생활을 하며 길었던 생애의 많은 시간을 보냈다. 볼테르가 낸 책과, 그와 일한 인쇄업자와 출판업자들은 연거푸 세간에서 비난을 받았다. 생전에 볼테르는 정치적·사회적 존경을 받을 만한 자리에는 가지 못하고 늘 주변부만을 맴돌다가, 종국에는 그의 처지를 나타내듯 프랑스의 가장 먼 국경지대인 페르네(제네바 근방)에 정착했다. 서른둘의 나이에 불명예를 안고 파리를 떠난 그는, 1744~1747년 베르사유궁전에 왕실 역사편찬자로서 3년 동안 맘 편치 못한 생활을 했던 기간은 예외로 치면, 여든네 살이 돼서야 비로소 고국으로 돌아왔다. 볼테르는 잉글랜드에서 인생의 가장 중대한 6년의 시기를 보냈고, 프랑스 로렌 지방 뤼네빌르에 자리한 스타니스와프 레슈친스키Stanisław Leszczyński의 궁에서 환대를 받으며 3년을 보내는가 하면, 당시 뭇 사람의 찬탄을 받던 프리드리히 대제와 프로이센에서 3년을 지내기도 했다. 스위스에서는 칼뱅과 관련해 발언들을 했다가 사람들에게 쫓겨 다닌 적도 있다. 1760~1778년에 페르네에 머물 때에는 자신을 만나고자 끊임없이 몰려드는 이들에게 갖가지 이야기를 들려주며 좌중을 압도해 일명 '유럽의 여관지기Europe's Inn-keeper'였던 그에게 사람들은 '볼테르 왕Le Roi Voltaire' 같은 찬사를 아끼지 않았다. 그는 또한 '마을의 영주le seigneur du village'로도 불리며 자신의 이론을 실천에 옮기기도 했으니, 습지에 배수시설을 만들어 물을 빼는가 하면, 표본농장model farm을 경영하고, 교회, 극장, 견직물 공장, 시계 제작소를 짓기도 했다. "한때 야만인 40명이 모여 살던 도피처가 지금은 1200명의 유능한 주민이 모여 사는 자그마한 부촌富村으로 변모했다"라고 볼테르는 자랑스레 적기도 했다.

　볼테르가 출간한 작품들은 100권을 채우고도 남으며 그 내용들은 대체로 종교에서는 관용을, 정치에서는 평화와 자유를, 경제에서는 기업가정신을, 예술에서는 지식층의 리더십을 이야기했다. 《철학서간Lettres anglaises》(1734)은 퀘이커교도, 의회, 상업정신에서부터 베이컨·로크·셰익스피어에 이르기까지의 모든 것에 감탄스럽다는 듯한 어조로 이야기를 펼쳐나가는 책으로 인습에 젖어 있는 유럽 대륙의 여러 가톨릭 집단들에 사고의 틀을 깰 새로운 자양분을 제공해주었다. 《루이 14세의 세기Le Siècle de Louis XIV》(1751)는 프랑스인들에게 근래 겪었던 과거를 바라보는 풍성하고도 비판적인 시각을 제공해주었다. 《캉디드 혹은 낙관주의Candide ou l'optimisme》(1759)는 볼테르가 장-자크 루소를 보고 쓴 철학소설이다. 소설에는 캉디드라는 열의에 찬 젊은이와 그의 스승 팡글로스가 등장하는데, "모든 것은 존재할 수 있는 모든 세상의 최선의 형태 속에서 최선을 지향하며 존재한다"라는 것이 이 스승의 모토였다. 둘은 툰더-텐-트롱크 남작의 성을 출발해 세상을 편력히는 여행길에 오르지만, 여행에서 세상에 존재한다고 알려진 모든 종류의 재앙―전쟁, 대량학살, 질병, 체포, 고문, 배신, 지진, 난파, 종교재판, 노예제―을 만나게 된다. 결국 둘은 이렇게 결론 내린다. 이 세상에 횡행하는 악은 인간이 감당하기에는 너무 버거우므로, 각자의 소임이나 원칙대로 잘 해나가는 것이 우리가 할 수 있는 전부라고. 캉디드는 다음과 같은 말로 이야기를 끝맺는다. "우리가 해야 할 일은 우리 자신의 정원을 가꾸어나가는 일이다il faut cultiver notre jardin." 볼테르의 《관용론Traité sur la tolerance》(1763)은 툴루즈에서 벌어진 끔찍한 칼라스사건 곧 툴루즈에서 한 청년이 자살을 하자 가톨릭교도들이 그 죽음이 칼뱅파였던 그 청년의 아버지〔장 칼라스Jean Calas (1698~1762)〕가 아들의 가톨릭 개종을 막았기 때문이라며 아버지를 모함하고 수레바퀴형〔거열형車裂刑〕에 처해 죽인 사건을 접하고 쓴 저작으로, 종교적 관용을 외치는 그의 진심 어린 호소가 느껴진다. 《철학 소사전Dictionnaire philosophique portatif》(1764)은 주머니에 넣고 다닐 수 있는 작은 크기였지만 그 대단한 《백과전서》와 쌍벽을 이룬 저작으로, 아이러니와 풍자를 담은 투르 드 포르스tour de force〔놀라운 솜씨의 걸작〕로 손꼽힌다〔국내에는 《불온한 철학사전》으로 번역·출간됐다〕. 볼테르가 남긴 작품으로는 이것들 외에도 20여 편의 비극작품, 격렬한 논쟁이 담긴 팸플릿, 약 1만 5000통의 서간문등이 있다. 볼테르는 파리에서 숨을 거두었는데, 마지막 작품이 무대에 오를 때 자신의 흉상이 그 위에 당당히 서 있는 광경을 볼 수 있었다. "내가 처형을 당한다고 하면 아마 그 자리에도 이만큼이나 많은 사람이 몰려들겠지"라고 볼테르는 말했다. 그리고 마지막 순간까지도 그는 시 쓰는 일을 멈추지 않았다.

> Nous naissons, nous vivons, bergère,
>
> Nous mourons sans savoir comment;
>
> Chacun est parti du néant; Où va-t-il? [⋯]
>
> Dieu le sait, ma chère.

우리는 태어나 세상을 살아가지, 양 치는 소녀야

어떻게 그리고 왜 우리가 죽는지는, 그건 잘 모르겠구나

사람들은 하나같이 다들 무에서부터 출발했지

그러고는 어디로 갈까? [⋯] 그건 하느님만이 아실 게다, 사랑스러운 아이야.[11]

"죽음을 맞는 이 순간 나는 하느님을 흠모하노라"라고 볼테르는 선언했다. "또 나의 벗들을 사랑하고, 나의 적들까지 미워하지 않으나, 미신에 대한 혐오만큼은 떨칠 수 없다."[12]

장-자크 루소Jean-Jacques Rousseau(1712~1778)는 프로테스탄트교를 신봉한 제네바 태생의 인물로 볼테르보다 훨씬 더한 방랑자 기질을 보였다. 그러나 음악가·소설가·철학자로서 루소의 재능은 볼테르 못지않게 다방면에 걸쳐 있었고 그는 볼테르에 버금갈 만큼 어마어마한 명성을 누리며 살았다. 어린 나이에 집을 박차고 나온 루소는 스위스 사부아 길거리에서 한뎃잠을 자며 근 10년을 생활하다가, 안시Annecy(프랑스 동부, 론알프 지방 오트사부아주에 있는 코뮌)의 한 가톨릭교도 귀부인에게 기독교로 개종하겠다는 약속을 한 뒤 그녀의 거처에 의탁했다. 대체로 독학으로 많은 것을 깨우친 루소는 가정교사, 작곡가, 발레 선생, 파리에서는 시종侍從, 베네치아에서는 프랑스 대사 비서로 등으로 일하며 이름을 알렸다. 그러다 천한 신분에 교육도 변변히 받지 못한 테레즈 르바쇠르Thérèse Levasseur라는 여인을 만나, 그녀와의 사이에서 낳은 다섯 아이 모두 앙팡 트루베Enfants Trouvés(고아원)에 맡겨진 일이 루소에게는 평생 수많은 번민과 지적인 사색, 그리고 아마도 수차례 재발한 정신병의 원인이 됐다. 루소는 중년에 돌연 유명인사로 떠오르는바, 그가 쓴《학문 및 예술론Discours sur les sciences et les arts》(1750)이 디종아카데미에서 1등으로 입상하고, 그가 만든 오페라 〈마을의 점쟁이Le Devin du village〉(1752)가 큰 인기를 얻은 것이 계기였다. 또한 루소는 드니 디드로와 친교를 맺고 지내며 파리 시민들의 살롱에서 유명인사로 부상하는가 하면 그들의 희생양이 됐다가, 다시 길거리로 돌아갔다. 이후 루소는 누군가가 자신을 모함하고 있다는 망상에 강박적으로 빠져, 볼테르의 당파가 자신을 해칠지 모른다는 두려움과 본인 내면의 불안함을 이기지 못하고 도망쳐 다니듯 각지를 떠돌며 한때는 제네바로 갔다가, 한때는 프로이센 뇌샤텔의 모티에로 갔다가, 또 빌호湖(프랑스어명 비엔호, 스위스 서부 베른주 호수)의 한 섬으로 갔다가, 잉글랜드로 갔다가, 프랑스 도피네의 보르고앙과 몽칸에도 발을 들였다. 말년에는 파리에서 머물며 회고록과《고독한 산책자의 몽상Les Rêveries du promeneur solitaire》(1782)을 편집하며 지냈다. 루소가 마지막으로 숨을 거둔 곳은 에름농빌의 성城이었다.

장-자크 루소는 반골 기질이 강했던 만큼 생전에 계몽주의의 방법들을 사용해 계몽주의의

성취들을 가차 없이 깎아내렸다. 루소를 유명인으로 만들어준 저작에서 그는 인간의 문명이 인간의 부패시키고 있다고 주장했다. 두 번째 논저 《인간 불평등 기원론Discours sur l'origine et les fondements de l'inégalité parmi les hommes》(1755)에서는 원시인의 목가적 풍경을 그린 뒤, 정치적·사회적 관계의 병증은 모두 인간이 번영을 이룩한 탓이라고 주장했다. 이 책은 급진파와 보수파 모두가 루소에게 등을 돌리고 자기들끼리 결집하게 하는 결과를 낳았다. 소설 《쥘리 혹은 신新엘로이즈Julie ou la nouvelle Héloïse》(1761)는 루소의 고향인 알프스를 배경으로 한 사랑 이야기로, 열정, 도덕적 정서, 길들지 않은 자연을 독특한 방식으로 융합해냈다. 또 하나의 굉장한 성공작 《에밀 혹은 교육Émile ou De l'éducation》(1762)에서는 한 아이의 양육 과정을 대략적으로 서술하면서 아이가 어떻게 문명의 인위적 타락을 피해가는지를 보여준다. 자연의 이 아이는 하느님이 주신 경험을 통해 배움을 얻지 사람이 만든 책들을 통해 배움을 얻지 않는다. 다만, 행복해지기 위해 아이는 반드시 숙련된 기술을 가져야 하며 자유로워야 한다.

《사회계약 또는 정치권의 원리Du contrat social ou Principes du droit politique》(1762)는 진정으로 혁명적 작품이었다. 이 책 《사회계약론》은 서두에서부터 통치층의 부당한 행태를 신랄하게 비판한다. "인간은 태어날 때는 자유로우나, 이후 어딜 가든지 족쇄가 그를 옭아맨다L'homme est né libre, et partout il est dans les fers." 책에 담긴 지배적 사상—일반의지the general will, 주권국가the sovereign nation, 그리고 무엇보다 계약the Contract 그 자체—에서는 이상적 군주가 아닌 피통치층의 이해관계를 문제 해결의 핵심으로 제시한다. 볼테르가 깨어 있는 의식을 가진 엘리트층에 주로 호소했다면, 여기서 보듯 루소는 주로 대중에 호소했다.

장-자크 루소의 《고백록Les Confessions》(1782~1789년 출간)은 저자의 지독히 매력 없는 인간됨을 대단히 매력적인 글 솜씨와 솔직함으로 분석해낸 작품이다. 그는 자신의 죄책감과 의구심을 공개적으로 내보인다. 한 비평가는 루소에 대해 다음과 같이 썼다. "그는 자신의 가슴을 사정없이 내리친다. 나중에 가면 독자들이 결국 자신을 용서해줄 거라는 사실을 알고서." 자신의 뒤틀린 심리상태를 루소와 같이 강박적으로 의식하는 것은 보다 나중 시대에나 어울리는 일이었다. 루소는 자신의 동료 철학자들, 특히 볼테르를 경멸해 마지않았다. 아울러 최후의 심판일에 하느님을 만나더라도 서슴없이 이렇게 말할 사람이었다. "저 위에 있는 저 사람보다 내가 더 나은 인간이었다! Je fus meilleur que cet homme-là!"[13]

교육이야말로 계몽주의 사상이 가장 쉽게 적용될 수 있는 분야였다. 당시 학교들과 대학들의 교과과정 내용은 사실상 교회가 독점하고 있었다. 르네상스 인문주의의 영향력은 그 빛이 바랜 지 오래였다. 가톨릭 세계에서는 어느 정도 정해진 길을 가려면 남자아이들은 예수회나 피아리스트회the Piarists 학교에 다녀야 했고, 여자아이들은 우르술라회 학교를 다녀야 했다. 프랑스는 위그노 학교와 얀선주의 학교들이 전부 다 폐교하면서 교수법도 경직돼버렸다. 프로테스탄트 세계도 사정은 마찬가지여서, 에드워드 기번의 옥스퍼드대학 수학 시절의 회고를 믿어도 된다면, 당시 옥스퍼드대학에는 무기력한 분위기가 도처에 팽배했다. "(옥스퍼드대학) 모들린칼리지에서 보낸 5년은 내 인생을 통틀어 아무것도 얻지 못하고 지낸 가장 게으른 시절이었다." 스코틀랜드와 프로이센의 학교들과 대학들은 훨씬 나은 모습이었다. 그러는 사이 아우구스트 헤르만 프랑케August Hermann Francke(1664~1727)가 할레에 설립한 재단들과 베를린의 레알슐레Realschule(실업학교)에서는 자국 언어를 써서 기술까지 가르칠 학교를 만들기 위해 토대를 쌓아나가고 있었다. 이런 상황이기는 했어도, 계몽주의가 교육 분야에서 확고히 자리 잡고 꿈쩍도 않던 종교의 전통과 거의 어디에서나 대척에 섰던 것은 사실이었다. 장 르 롱 달랑베르는 《백과전서》의 '대학College' 항목에 다음 같은 글을 집필해 소란을 일으켰다.

> 이것이 의미하는 바는 젊은이가 [⋯] 그곳을 10년 동안 다니고 졸업하게 됐을 때 죽은 언어로 된 불완전한 지식, 또 세상에 나가서는 반드시 잊으려고 노력해야만 하는 수사학과 철학의 수칙들이 머리에 들어차게 되는 곳, 그것도 모자라 종종은 건강을 해친 채 떠나야 하는 곳이라는 것이다. [⋯] 그뿐인가, 대학에서 얻은 피상적 종교지식은 세상에 나가 그가 신을 모독하는 대화를 처음 접하는 순간 벌써 상대에게 무릎을 꿇고 말 것이니 [⋯]. 14

장기적 관점에서, 종교적 가르침의 내용은 계몽주의의 영향력 속에서 일반교육의 내용과 분리됐다고 할 수 있었다. 근대적 학과들이 도입돼 고전들의 내용을 보충했다. 아울러 제러미 벤담이 런던대학의 교과과정을 바꾸려 오랜 시간 운동을 펼친 것에서 볼 수 있듯, 고등교육도 이즈음 교회의 후원제도와 완전히 결별하게 된다. [코메니우스]

그러나 그 어떤 것도 《에밀》이 이 교육 방면에 끼친 영향력에 필적할 수는 없었다. 생전에 루소는 동료 필로조프들의 방법들에 별다른 감화를 받지 못했다. "아이들을 논리적으로 설득하자는 것이 로크의 위대한 금언이고, 그것이 현 추세에서 유행이다"라고 그는 썼다. "그러나 [⋯] 우리가 논리적 설득의 상대로 삼아온 그 아이들은, 내가 알기로는, 이 세상에서 가장 아는 게 없는 존재다."《에밀》, 제2권) 그 대신 루소는 아이들이 나서 성숙할 때까지는 "자연교육"을 해야 한다고 즉 사춘기에 이르기 전까지는 책을 통한 학습은 금지해야 한다고 주장했다. 루소는 오늘날에도 통용되는 아동 발달에 관한 여러 관습을 거침없이 쏟아냈다. 이러한 루소의 정신을 계승한 최초의 교육 책자가 요한 베른하르트 바제도Johann Bernhard Basedow의 《초등독본Elementarwerk》으로 1770~1772년에 세상에 처음 선을 보였으며, 그가 데사우에 세운 최초의 학교인 필란트로피니움Philanthropinium(범애학교)은 1년 뒤에 문을 열었다.

그러나 가장 대담한 교육 프로젝트가 진행된 곳은 폴란드였다. 1772~1773년에 매우 특별한

코메니우스 COMENIUS

■ 1670년 11월 15일 암스테르담에서 얀 아모스
■ 코멘스키Jan Amos Komenský가 세상을 떠났을
때, 세간에서 그는 완전히 낭패로 돌아간 운동을 선봉
에서 이끈 괴짜라고 대체로 여겨졌다. 코멘스키는 체
코형제단(보헤미아 형제단)이라는 종파의 마지막 주교였
고, 망명지에서 거의 50년을 보냈다. 그리고 세계만방
에 평화와 문화를 두루 전파하겠다는 비전을 제시한
자신의 그랑 외브르grande œuvre(위대한 과업)는 마무
리 못한 채 세상을 떠났다. 교황직이 전복당할 것이라
거나, 1672년에 세상에 종말이 찾아올 것이라는 그의
예언들은 생전에 뭇사람으로부터 조롱만 샀다.

1592년 모라비아(지금의 체코 동부)에서 태어난 코멘스
키는 평생을 시대의 조류와 싸웠다. 세계 각지를 두루
여행하고 하이델베르크에서 수학한 그는 원래 풀네크
의 형제회학교의 교장으로 계속 남아 있기를 희망했
었다. 하지만 합스부르크가가 보헤미아에서 승리를 거
두자 고국을 박차고 나와 1621년에 폴란드로 들어갔
다. 이후 1657~1658년 폴란드에서 친親스웨덴파 프
로테스탄트가 박해를 당하자, 그는 다시 폴란드를 박
차고 나와 네덜란드로 들어갔다. 코멘스키는 보헤미아
의 운명을 널리 알리는 데 자신의 많은 에너지를 쏟아
부었고, 이와 함께 교수법 관련 글을 쓰는가 하면 여
러 곳을 순회하며 교육자문가 역할을 하기도 했다. 교
육자문가의 역량을 발휘하면서는 저 멀리 잉글랜드,
스웨덴, 트란실바니아까지 찾아갔다.[1] 코멘스키는 하
버드의 총장으로 초빙되기도 했다.

코멘스키의 견해들은 그의 비평가들이 인정하는 것보
다는 일관성이 있었다. 코멘스키가 교육 개혁에 품은
열정들은 체코형제단의 원칙들에서 직접적으로 비롯
한바, 체코형제단에서는 자국어 성경 읽기라는 후스
파의 전통을 키워왔다. 모라비아와 같이 다국어를 쓰
는 지방 출신의 사람에게, 더구나 십수 개 나라를 거
치며 생활해온 사람에게 언어교육의 필요성은 너무도

자명했다. 코멘스키가 평화주의의 유토피아에 매달린
것은 그가 평생 전쟁과 종교 분쟁에 시달린 점을 생각
하면 당연한 일이었다.

코메니우스는(세간에 이 [라틴식] 별칭으로 제일 잘 알려져
있었다) 다국어 저술가로서 일약 국제적 명성을 얻었
다(코멘스키는 청년 시절에 라틴식인 요한 아모스 코메니우
스Johann Amos Comenius로 개명했다고 알려져 있다). 그
가 초기에 지은 《세상의 미로와 마음의 천국Labyrint
světa a ráj srdce》은 일종의 영혼 순례기로서 체코
어로 썼다. 《알려진 언어들의 문Janua linguarum
reserata》은 라틴어, 체코어, 독일어의 세 가지 언어로
쓰인 교과서로 시작해 나중에는 페르시아와와 튀르키
예어 등 그야말로 수백 가지의 판본이 나왔다. 《그림
으로 본 세상Orbis sensualium pictus》(1658)은 시각
학습 분야를 개척한 저작으로, 그에 못지않은 인기를
누렸다("세계 도회世界圖繪" "세계도해世界圖解"로도 알려져
있다). 코메니우스의 교수법 연구를 한데 모은 《교육학
총론Opera didactica omnia》(1658)은 단명으로 그친
그의 정치 저작들보다 훨씬 큰 가치를 담고 있었다("교
육학(교수학) 대전집" "범교육학"으로도 알려져 있다). 코멘
스키의 유산은 시간이 흐를수록 점점 더 커져 그를 숭
앙하는 사람들의 범주만 크게 넷으로 나눌 수 있었다.
종교적 일들과 관련해서는, 체코형제단이라는 과거 종파
를 한 세기 후 '모라비아교회'라는 새로운 형태로 부활시
킨 이들이 코메니우스의 이름을 영예롭게 기렸다.

체코 부흥의 시대에는 코메니우스가 국가 성인의 반
열에까지 올랐다. [체코슬로바키아의 역사학자] 프란티셰
크 팔라츠키František Palacký는 코메니우스의 전기
를 편찬해었고, [체코슬로바키아의 작가·역사학자] 프란티
셰크 뤼트초프František Lützow 백작은 《세상의 미로
와 마음의 천국》을 세상에 널리 알렸으며, [체코슬로바
키아의 철학자이자 초대 대통령] 토마시 가리구에 마사리
크는 코메니우스를 체코 민주주의 및 인문주의 역사
에서 핵심적 위상을 가지는 인물이라고 보았다. 마사
리크의 회고록 첫 장에는 '코멘스키의 신조'라는 제목

이 붙어 있다.[2]

근대 교육이론가들은 코메니우스를 자신들 학과를 창설한 시조의 한 사람으로 본다. 학생들이 보기 좋게 만들어진 코메니우스의 교과서들은 프리드리히 빌헬름 아우구스트 프뢰벨, 요한 하인리히 페스탈로치, 마리아 몬테소리가 아동 중심 학습의 진보적 방법들을 개발하는 데 영감을 주었다. [밤비니] 보통교육의 옹호자들은 코메니우스의 다음과 교과서 내용을 자기들 시대 이전의 훌륭한 본보기로 인용하곤 했다.

> 부자나 권력자들의 아이뿐 아니라, 부자든 빈자든, 모든 도시 […] 그리고 촌락에 살아가는 남자아이와 여자아이 모두 […] 학교에 다녀야 한다. […] 어떤 사람이 "직공들, 촌사람들, 짐꾼들, 이들뿐 아니라 여자들이 글을 깨우친다면 어떤 일이 벌어지는가?"라고 물으면 나는 이렇게 답한다. "그렇게 된다면 생각하고, 선택하고, 좋은 일들을 따라 하는 데서 그들 누구도 더는 모자란 게 없을 것이다. […] 게다가 천성적으로 게으르고 머리 나빠 보이는 것은 전혀 장애가 아니다. […] 오히려 더 느리고 더 약한 기질을 가진 사람일수록 더 많은 도움이 필요하다. […]"[3]

만화책을 읽고, 삽화가 들어간 교과서로 공부하고, 텔레비전·영화·비디오를 보고 거기서 가르침을 얻는 아이라면, 아마도 누구나 이 코멘스키를 자신의 스승으로 추앙해야만 할 것이다.

상황이 조성되면서 국가교육위원회National Education Commission가 탄생할 수 있었던바 유럽에서 가장 먼저 공교육을 담당하는 정부 부서가 따로 생겨난 것이었다. 당시 폴란드의 제1차 영토분할이라는 정치적 위기가 공교육 부서를 설립할 동기를 마련해주었거니와 예수회 해산으로 지적 능력을 가진 인재가 상당수 확보됐다. 사실 몇 년 전 폴란드 개혁가들은 폴란드를 러시아의 수중에서 어떻게든 벗어나게 해야겠다는 염원을 안고 장-자크 루소를 찾아가 의견을 구한 바 있었다. 루소는 측은한 마음으로 《폴란드 통치에 관한 고찰Considérations sur le gouvernement de Pologne》(1769)을 쓰게 되는데 여기에 교육을 다루는 장章이 매우 중요한 부분으로 포함돼 있었다. 루소는 기존의 모든 제도를 없애고 하나의 통일된 교육체제를 만들 것을 권했다. 폴란드에서는 루소의 말을 따랐고, 나아가 폴란드의 마지막 왕 스타니스와프 아우구스트 포니아토프스키Stanisław August Poniatowski(재위 1764~1795)는 폴란드의 영토분할 당시 이런 교육체제의 설립을 조건으로 내걸었다. 이 무렵 폴란드는 정치적 국운이 침몰하는 중이었으나, 그 조건이 받아들여진다면 폴란드의 문화적 생명력은 어쩌면 살아남을 수 있을지 몰랐다. 폴란드 국가교육위원회는 이후 20년 넘게 비종교 학교 200여 개를 설립하게 되며, 이들 학교 중 상당수는 공화국이 멸망한 뒤에도 명맥을 이어갔다. 새로운 교사들도 양성됐다. 폴란드 국어, 문학, 여러 과학 과목, 현대 언어와 관련된 교과서를 집필하는 일은 과거 예수회 회원들이 맡았다. 폴란드 왕은 당시 자신의 일기에 다음과 같이 적었다. "지금으로부터 200년 뒤에도 여전히 스스로를 폴란드인이라고 일컫는 사람들이 있다면, 지금 내가 한 일들도 아주 헛된 짓은 아니게 될 것이다." 폴란드는 이때 사실상 무너진 것이나 다름없었지만(864~867, 939, 942~943쪽 참조) 폴란드 문화는 무

너지지 않았다. 국가교육위원회는 이후 강제로 운영이 중단됐지만 그 이상은 살아남아 이후 러시아제국 서쪽 지역에 설립된 교육기구를 통해 계승됐다. 아담 예지 차르토리스키Adam Jerzy Czartoryski가 계몽된 의식으로 운영을 한 덕에 이 기구는 1825년까지도 기능을 발휘해 폴란드의 가장 영명한 애국주의자와 문인 세대를 교육시켰고, 이들은 시작詩作 능력이나 사무 능력이 과거 그 어느 세대보다 뛰어났다.[15]

이와 같은 사실만 봐도 우리는 당시 계몽주의 사상이 다양한 국가에서 다양한 목적으로 활용됐음을 알 수 있다. 네덜란드와 영국에서는 계몽주의 사상이 기득권층의 자유주의파가 입에 올릴 강령의 일부를 구성했다. 영국 의회의 경우, 찰스 제임스 폭스Charles James Fox와 에드먼드 버크Edmund Burke의 연설에서 계몽주의 사상을 볼 수 있었다. 프랑스에서는, 그리고 징도는 덜했으나 스페인과 이탈리아에서도, 지식인집단이 계몽주의 사상에 고취돼 이렇다 할 법적 수단을 갖지 못한 채 앙시앵레짐에 반기를 들게 된다. 중부 및 동부 유럽의 수많은 지역에서는 이른바 '계몽전제군주enlightened despot들'이 선별적으로 계몽주의 사상을 받아들여 그것을 토대로 제국을 발전시키고자 노력했는바, 사유재산을 가진 신사층이 농노가 운영하는 영지들을 발전시키려 애쓰는 모습과 크게 다르지 않았다. 프로이센의 프리드리히 2세나 러시아의 예카테리나 2세는 스스로를 합리적이며 계몽돼 있다고 여겼던 게 분명했고, 그러기는 스페인의 카를로스 3세나 토스카나 대공 레오폴트, 혹은 그의 형제였던 오스트리아의 요제프 2세도 마찬가지였다. 그러나 군주들이 자신들의 필로조프 자문위원들과 맺고 있던 관계는 절대권을 가진 주인과 공손한 피호민client사이 관계일 때가 많았다. 이런 점에서 볼테르의 아첨하는 솜씨는 결코 그의 기지에 뒤지지 않았다. 프리드리히의 전쟁광 기질이나 예카테리니의 박해에 대해 볼테르는 필경 어떤 생각들을 품었을 테지만 그가 그것을 입 밖으로 내는 일은 좀체 없었다. 단지 루소만이 프리드리히에게 흉중의 마음을 표현했다. [구스스텝]

아울러 우리는 혁명기의 위기를 겪으며 유럽이 요동치는 동안에도 계몽주의의 이상들은 명맥을 이어갔다는 사실도 알 수 있다. 혁명 이전 시대에 계몽된 의식을 가졌던 개혁가들—프로이센의 폰 슈타인(하인리히 프리드리히 카를Heinrich Friedrich Karl) 남작Baron von Stein(1757~1831), 유대인 개종자 오스트리아의 요제프 폰 소넨펠스Joseph von Sonnenfels(1732~1817), 폴란드의 스타니스와프 스타시치Stanisław Staszic(1755~1828), 바이에른의 막시밀리아 폰 몬트겔라스Maximilian von Montgelas(1759~1838) 백작 등—은 1815년이 돼서도 여전히 활발히 활동했다. 물론 1789년 이후에 명성을 떨친 이른바 혁명기 인물들—오노레 가브리엘 빅토르 리케티 미라보(미라보 후작의 아들), 조르주 자크 당통, 니콜라 드 콩도르세 후작, 막시밀리앙 드 로베스피에르— 중에서는 그 이전부터 두각을 나타낸 이가 거의 없었다. 이 점에서는, 대부분의 것들에서도 그랬지만, 톰 페인Tom Paine은 예외였다(9장 참조).

그렇기는 했으나, 볼테르와 루소 모두 세상을 떠난 1778년에 이르자 계몽주의의 기세도 더는 예전 같지 않았다. 물론 이후로도 몇십 년 동안은 계몽주의의 영향력이 강하게 끼칠 것이기는 했다. 실제로도 이 무렵 계몽주의는 이미 근대 유럽의 사상을 영구히 떠받칠 기둥으로 확실히 자리매김한 터였다. 그러나 계몽주의를 일으킨 힘이었던 합리주의는 이제 설득력을 잃어가고 있었다. 순수한 이성만을 가지고는 이 세상을 이해하고 앞으로 닥쳐올 대격변이 어떤 식이 될지 읽어내기가 턱없이 부족하다고 여겨졌다.

낭만주의. 낭만주의Romanticism는 갖가지 난점을 덮어 가려주는 어떻게 보면 다소 편한 용어다. 문화이론가들에게는 이것이 꽤나 복잡한 문제라서, 어떤 이들은 낭만주의는 사실 하나가 아니라 여러 개라고 주장하기도 한다. 그렇다 해도 낭만주의란 말이 세가 이우는 계몽주의에 대한 반작용으로 18세기 후반에 시작된 대규모 문화 운동을 지칭하는 것만은 분명하다. 낭만주의 운동은 확실히 공식종교와는 어떤 식으로든 연관돼 있지 않았다. 아닌 게 아니라, 낭만주의는 반反기독교적 성향을 적극적으로 가지지는 않았다 해도 최소한 비非기독교적으로 간주될 수 있는 많은 특징을 포함하고 있었다. 그러나 낭만주의가 가장 염두에 둔 문제들은 영적·초자연적 측면의 인간 경험들로, 이런 문제는 종교 역시 주안점을 둔 부분이자 계몽주의에서는 무시하고 넘어간 부분이었다. 이와 같은 의미에서 낭만주의는 이전 시기 종교개혁과 반종교개혁 때 사람들이 골몰했던 문제들에 계몽주의가 나타낸 과잉반응에 대한 반발로 여겨질 때도 있다. 하지만 낭만주의는 아마도, 항상 존재해왔지만 계몽주의 이상과 거의 공통점을 갖지 못한 특정 사조나 사고의 갈래들이 지속성을 갖고 나타나고 또 확대된 것이라고 보는 편이 나을 것이다. 이런 사조와 사상의 갈래들은 종종 한데 묶여 '반反계몽주의'와 '전前낭만주의'라는 말로 지칭된다.

반反계몽주의the Anti-Enlightenment 관련 논의 철학적 주제가 그 중심이었고, 이를 주도한 사람은 나폴리의 잠바티스타 비코(1668~1744)부터 동프로이센 출신의 세 철학자 즉 요한 게오르크 하만, 이마누엘 칸트, 요한 고트프리트 폰 헤르더로 그 맥이 이어진다. 비코의 《새로운 학문》(1725)은 역사를 일정한 주기에 따르는 것으로 본 이론과, 신화학, 그리고 곳곳의 원시사회에서 이용한 상징적 표현 형태에 지대한 관심을 기울였다. 계몽주의 시대의 필로조프였다면 아마도 못 배운 사람들이나 관심을 가질 것이라며 무시했을 내용이었다. 비코와 헤르더 모두 우리가 과거와 현재 세계에 대한 인식을 형성하는 데 필요한 방대한 양의 지식을 인간의 마음이 어떤 방식으로 거르고 또 해석하는가 하는 문제에 매달렸다. 이와 관련해 둘 모두가 강조한 것이 역사적 관점이었다. 둘은 "그토록 이질적인 소재들을 하나의 일관된 그림으로 종합해내는 작업에는 연구 같은 합리적 방식에 필요한 것과는 매우 다른 종류의 재능이 필요하다고 [⋯] 인식했다. [⋯] 그리고 다른 무엇보다도 [⋯] 그 재능은 [⋯] 바로 창의적 상상력이다."16

구스스텝 GOOSE-STEP

■ 프로이센군의 열병행진Paradeschritt은 인체를
■ 염두에 두고 만들어진 동작 가운데 가장 부자연
스럽고 가장 표현력이 강한 것으로 꼽혔다. 외국의 비
평가들은 이 동작을 보고 구스스텝(거위걸음)이라고 이
름 붙였다. 목이 긴 군화를 신은 병사들은 대오를 지
어 행진하면서 위를 향하는 리듬이 나올 때마다 발끝
을 쭉 뻗어 다리가 수평이 되도록 높이 늘어올리는 훈
련을 받았다. 몸의 균형을 잡고 행진을 하려면 병사들
은 몸을 앞으로 기울이고, 양팔을 캔틸레버cantilever
처럼 흔들고, 턱은 특유의 자세로 앞으로 쑥 내밀어야
했다("캔틸레버"는, 건축에서, 한쪽 끝은 고정되고 다른 끝
은 받쳐지지 아니한 상태로 있는 보(들보)를 말한다). 한 걸
음 한 걸음에 임청난 노력이 들어갔기 때문에, 속도를
늦추기 위해 음악은 적절히 빨라야 했고, 위협이 도
사리고 있다는 듯 근엄하고 차분한 분위기 속에서 행
진이 이뤄졌다. 병사들이 이렇듯 힘든 자세를 연출하
는 데에는 당연히 험악한 표정이 따라다닐 수밖에 없
었다.

구스스텝이라는 이 몸짓은 사람들에게 여러 가지의
명확한 메시지를 전달했다. 구스스텝은 프로이센의 장
군들에게는 자신의 병사들이 아무리 힘들고 터무니없
는 상황이라도 모든 명령을 견뎌낼 군인정신과 신체적
기량을 갖고 있다는 뜻이었다. 프로이센의 시민들에게
는 불복종은 모두 가차 없이 진압당할 것이라는 뜻이
었다. 프로이센의 적들에게는 프로이센 군대가 단순히
제복만 갖춰 입은 녀석들이 아니라 일사분란하게 움
직이는 무적의 사내들로 구성돼 있다는 뜻이었다. 그
리고 이 세상 많은 사람에게는 프로이센은 단순히 강
한 것만이 아니라 자부심도 넘친다는 것을 공언하는
셈이었다. 말 그대로 구스스텝은 프로이센이 지향한

군국주의의 체현體現, embodiment이었다.

구스스텝의 분위기는 다른 군대의 열병식 전통과는
현격히 대비됐다. 예를 들어, 프랑스 군대는 자국의 경
보병 부대가 무척이나 빠른 행군 템포를 가진 데에 커
다란 자부심을 가졌던 터라, 경보병들은 요란하게 울
려 퍼지는 나팔 소리와 함께 그간 수없이 연마해온 엘
랑élan(돌격) 기세를 뿜어내곤 했다. 폴란드 기병대의
저돌적 진격에서는 돌진하다가도 지휘관이 경례를 붙
이는 자리 한 발 앞에서 넘춰 서곤 해서 승마술과 쇼
맨십의 절묘한 결합을 볼 수 있었다. 런던에서는 장엄
하게 행해지는 왕실 근위대의 느린 행진Slow March
를 볼 수 있었으니, 한 걸음씩 보폭을 크게 내딛는 가
운데 잠시 얼어붙은 듯 꼼짝 안 하는 근위병들의 모습
에서는 영국인의 본질적 특성인 차분함, 자신감, 자제
력이 배어 나왔다.

구스스텝은 사실 이력이 꽤 오랜 동작이다. 구스스텝
이 사료에 기록으로 남겨진 것은 17세기였고, 20세기
말까지도 구스스텝을 여전히 볼 수 있었다. 프로이센
과 독일의 모든 군대 열병식에서는 1945년까지도 구
스스텝이 표준적 방식이었다. 이 열병 방식은 프로이
센 출신 장교들에게 훈련받은 전 세계 군대, 혹은 프
로이센의 모델을 동경했던 나라들의 군대에까지 수
출됐다. 유럽에서는 러시아 군대가 이런 식의 열병 행
진을 택했으며, 나중에는 붉은군대 그리고 모든 소비
에트 위성국가들이 이를 채택했다. 서독의 연방군은
구스스텝을 거부했지만, 독일민주공화국DDR 군대는
1990년 11월에 DDR이 무너지기 한 달 전까지 이 열
병식을 고수했다. 모스크바에서는 1994년에도 KGB
특별 분대가 이 열병식을 선보였으니, 이들은 한 발짝
한 반짝 계속 높게 치켜들며 느릿느릿 레닌의 무덤 주
변을 도는 행진을 지난 70년 동안 계속해온 셈이었다.

요한 게오르크 하만Johann Georg Hamann(1730~1788)은 쾨니히스베르크와 리가에서 일생을 보낸 인물로 얇은 소책자 여기저기에 흩뿌리듯이 난해하고 맥도 잘 안 잡히며 거기다 번역도 안 되는 독일어 산문으로 글을 써서 당대에는 경조부박한 철학자로 무시당했다. 그러나 당시 하만이 계몽주의에 제기한 비판은 비합리성에 관한 데이비드 흄의 입장을 발달시킨 것으로 동시대인들 사이에서는 매우 유명했으며 전문가들로부터는 훌륭하다는 평을 받았다. 하만이 "위대한 낭만주의 반란이 일어나도록 그 도화선에 불을 당겼다"라고까지 주장하는 이들도 있었다.

> 하만이 이야기하는 것은 써레 아래에서 우는 두꺼비의 울음소리에도 귀 기울일 줄 아는 사람들이 있어야 한다는 것이다. 그때가 써레로 흙을 갈아 두꺼비에게 덮어야 하는 순간이라 할지라도 말이다. 인간이 이 울음소리에 귀 기울이지 않는다면 즉 '역사로부터 부적격 판정을 받았다'는 이유로 그 두꺼비를 없는 셈 쳐버리고 만다면, 그렇게 해서 거둔 승리는 결국 파멸을 자초할 것이다.[17]

물론 사상들이 당대의 문화적 풍광에 곧바로 배어들지는 않는 법이다. 1770년대와 1780년대부터 이미 활발하게 활동하며 성숙한 면모를 보여준 몇몇 인물도 어떤 식으로든 대단한 영향력을 끼친 것은 더 나중의 일이었다. 이와 같은 경향은 특히 칸트와 헤르더에게서 두드러지게 나타났다(9장 참조).

그러나 많은 주석가가 장-자크 루소만큼은 반드시 낭만주의를 풍미한 인물에 포함시켜야 한다고 주장할 텐데, 사실 루소는 계몽주의 시대 마지막 필로조프보다는 최초의 낭만주의자로 여겨질 때가 많다. (생각해보면 루소가 이 둘 모두가 되지 말아야 할 까닭도 딱히 없다.) 이 세상의 자연을 자애로운 어떤 존재로 보는 루소의 견해는 동시대인 대부분이 가졌던 생각 곧 자연을 길들여야 하고 바로잡아야 할 무언가로 여기고 적의에 찬 시선으로 바라보는 것과는 확실히 상반됐다. 이른바 상시빌리테sensibilité 즉 감성 숭상을 외친 루소의 태도는 유럽인들의 행동 방식에 또 한 번의 획기적 변화를 가져왔다.

> 일찍이 부랑자의 삶을 살았던 루소는 파리 상류사회의 제약이 거추장스러웠다. 이런 루소를 통해 당대 낭만주의자들은 인습의 답답한 구속들을 멸시하는 법을 배웠다—처음에는 복장과 예의범절에서 […] 그리고 종국에는 전통적 도덕규범의 전반적 측면에서.[18]

루소는 자신이 나고 자란 스위스의 알프스를 사랑했는데, 그의 이러한 애착은 그때까지만 해도 사람들이 일반적으로 공포에 떨며 멀리하던 주변 환경에 대한 태도를 바꾸어놓는 계기가 되기도 했다. 한편 일반인들을 숭앙하던 루소의 시각은, 비록 민주주의에 대한 진심 어린 헌신과 맥을 함께하는 것이기는 했어도, 더러 전체주의의 근본 뿌리의 하나로 여겨지기도 한다.

전前낭만주의Pre-Romanticism(프레로망티슴) 논의는 보통 슈투름 운트 드랑Sturm und Drang —1777년에 프리드리히 막시밀리안 폰 클링거Friedrich Maximilian von Klinger의 동명 희곡에서 이름을 따왔다—및 상징이론Theory of Symbols과 연관된 문학적 주제들이었다("슈투름 운트 드랑"은 "질풍노도"라는 뜻으로, 1765년경부터 1785년경까지 약 20년 동안 독일에서 일어난 문학 운동을 가리킨다). 1770년대의 '질풍노도' 운동이 한창 전개되는 가운데 독일은 오랜 침묵을 깨고 프랑스의 합리주의에 반발하며 스스로의 주장을 적극 내세웠고, 이와 함께 유럽 문화는 새로운 시대에 접어들게 된다. 여기에 막강한 영향력을 끼친 것이 바로 요한 볼프강 폰 괴테의 첫 번째 소설 《젊은 베르터의 고뇌Die Leiden des jungen Werthers》(1774)로, 작품에 등장하는 침울한 성격의 사춘기 영웅은 자살로 생을 마감한다. 괴테는 이 책을 쓰면서 "자신의 내면에 존재하는 자아의 목소리에 굴복"해야겠다는 결심을 했다고 전해진다. 이런 결심은 고전주의와는 전혀 어울리지 않았다.

그러나 이 무렵 대단한 영향력을 끼친 인물로는 킹유시 출신 스코틀랜드인 교사 제임스 맥퍼슨James Mcpherson(1736~1796)만 한 이가 없었으니, 그의 손을 통해 역사적으로 위대하다고 손꼽힐 문학 위조 작품이 탄생했다는 점에서다. 그는 전설적 게일어 시인 오시안Ossian(3세기 무렵 켈트인의 전설적 시인이자 영웅)의 작품들을 채록해 번역한 것이라면서 《고대시 단편선Fragments of Ancient Poetry》(1760), 《핑갈Fingal》(1761), 《테모라Temora》(1763) 등을 세상에 내놓았다. 새뮤얼 존슨 박사가 깨닫게 되듯, 이 작품들은 고대에 쓰인 것들이 전혀 아니었다. 하지만 작품에 담긴 하일랜드 지방 구비설화들의 음울하고도 장황한 서사는 대중 사이에서 엄청난 인기를 누렸고, 특히 헤르더가 선봉에 서서 그 가치를 높이 평가한 독일에서 그러했다. 일설에 따르면, 나폴레옹도 이 작품들의 이탈리아어 번역본을 즐겨 읽었다고 한다.

고전주의 인습들은 미술에서도 공격을 받았다. 1771년, 런던 왕립아카데미의 여름 전시회에 궁정화가 벤저민 웨스트Benjamin West(1738~1820)가, 12년 전 퀘벡전투에서 전사한 장군을 주제로 〈울프 장군의 죽음The Death of General Wolfe〉이라는 제목의 그림을 출품했다(영국 육군 군인 제임스 울프James Wolfe(1727~1759)를 말한다). 그런데 그림을 보는 사람들 눈에는 탐탁지 않게도 그림 속 인물들이 동시대인 복장을 하고 있었다. 전장에서 죽어가는 장군도 정규군 군복인 붉은색의 기다란 육군 제복을 걸치고 있었다. 당시 일급 화가로 꼽혔던 조슈아 레이놀즈는 웨스트를 한쪽 구석으로 데려가 역사와 도덕을 묘사하는 그림들에서는 모름지기 인물들에게 먼 옛날 방식대로 토가를 입히고 월계관을 씌우는 게 관례라고 가르쳤다. 그림 속 메시지는 배경이 시간의 구애를 받지 않고 중립적일 때에만 잘 전달되는 법인바, 관습에 저항하는 그림에서는 배경의 그와 같은 요소들이 결여될 것이라는 이야기였다. 그러나 그런 이야기를 해도 이제는 아무 소용이 없었다. 사실주의Realism가 벌써 세상에 도래해 있었기 때문이다. 이 사실주의와 함께 낭만주의가 도래했는가의 여부는 사람들 각자의 추측에 달린 문제겠지만.[19]

프랑스의 패권. 유럽에서 프랑스의 패권은 200년 거의 내내 이어졌다고 해도 과언이 아니었다. 프랑스가 패권을 행사한 시기는 1661년 루이 14세의 친정親政을 기점으로 1815년 나폴레옹(1세)이 실각할 때까지 이어졌다. 따지고 보면, 나폴레옹전쟁에서 패배했어도, 1871년에 오토 폰 비스마르크가 이끈 독일에 굴복하기 전까지 유럽 대륙을 호령하는 가장 막강한 단일 강국으로서 프랑스를 대신할 나라는 찾아볼 수 없었다. 유럽의 정치·문화·패션의 중심 도시로서 파리의 위용을 따라잡을 곳도 없었다. [크라바트]

프랑스가 오랜 기간 두각을 나타낼 수 있던 데는 거대한 영토와 많은 인구라는 타고난 이점도 한몫했지만 프랑스가 자국의 경제적·군사적 자원을 체계적으로 관리·육성한 것도 한몫했다. 아울러 주변 주요 경쟁국들이 다들 혼란에 빠져 있었던 것도 그 원인으로 들어야 할 것이다. 스페인은 부패해있었고, 독일은 파산해 있었으며, 이탈리아는 사분오열돼 있었고, 오스트리아는 오스만인을 막아내는 일에 여념이 없었다. 아울러 프랑스를 다스린 부르봉왕가 왕들이 유달리 장수하며 오랜 기간 통치한 것—루이 14세(재위 1643~1715), 루이 15세(재위 1715~1774), 루이 16세(재위 1774~1792)—도 프랑스가 패권을 유지하는 데 일조했을 게 분명하니, 이들은 무엇보다 나라의 통일과 안정에 역점을 두었다. 그러다 프랑스 사회 내부에서 긴장감이 커져가고, 새 강국들—특히 루이 14세가 즉위할 때만 해도 존재조차 하지 않은 대영제국, 프로이센왕국, 러시아제국—이 출현하면서 프랑스 패권은 차차 위세를 잃게 된다.

앙시앵레짐의 프랑스도, 다른 대규모 정치적 유기체들이 그랬듯, 성장과 성숙과 쇠락이라는 세 단계를 뚜렷하게 거쳤다. 맨 처음의 역동적 단계는 루이 14세가 자신의 장대한 절정기와 맞물리는바 1661년에서 17세기 말까지가 여기에 해당한다. 두 번째 단계는 프랑스가 자국을 상대로 결성된 연맹들에 밀려 세력 확장을 저지당하는 시기다. 루이 14세가 미망에서 깨어나지 못한 말년에서 루이 15세가 세상을 떠나기까지가 여기에 해당한다. 마지막 단계는 루이 16세의 통치와 맞물린다. 이 시기에는 왕과 대신들이 산적해가는 문제들을 더는 제어하지 못하면서 1789년에는 급기야 유럽에서 전대미문의 사상 최대 대혁명이 발발하는 단계다. 그러나 프랑스인 자신들에게는 이때야말로 라 글루아르la gloire(영광)의 시대였다. 1688년 1월 8일 루이 14세는 클로드 루이 엑토르 드 빌라르Claude Louis Hector de Villars 후작에게 보내는 서신에 다음과 같이 적었다. "스스로의 힘을 키워가는 것이야말로 군주에게 주어진 일 중 가장 보람되고 또 기분 좋은 일이 아니겠소S'agrandir, est la plus digne et la plus agréable occupation des souverains."[20]

크라바트 CRAVATE

■ '넥타이necktie'를 뜻하는 프랑스어 크라바트는 현재 유럽의 거의 모든 언어 속에 들어 있다. 독일에서는 이를 크라바테krawatte라고 하며, 스페인어로는 코르바타corbata, 그리스어로는 그라바타 gravata, 루마니아어로는 크라바타cravata, 표준 폴란드어로는 크라바트krawat, 크라쿠프에서는 별나게도 크라바트카krawatka라는 말로 불려왔다. 영어에서는 크라바트가 "셔츠 깃 바깥의 목둘레를 한 바퀴 또는 두 바퀴 휘감는 린넨 혹은 명주 손수건"이라는 별도의 뜻을 지니기도 했다.[1] 표준 프랑스어 사전 《리트레 Littré》를 보면, 크라바트에 두 가지 다른 의미가 있다. "1. 크로아티아의 경기병. 2. 남자들 혹은 가끔 여자들이 목에 두르는 얇은 천 조각."[2] 크라바트의 어원이 '크로아티아의Croat'를 뜻하는 형용사의 옛날 형태 즉 크로아티아인 말대로 하면, 흐르바티hrvati에서 비롯했다는 데에는 관련 사료가 일치하고 있다.

어떻게 동유럽의 형용사가 유럽 복식에 가장 흔히 쓰이는 물건의 하나에 영원히 낄 수 있었는지 그 정확한 내막은 추측에 기댈 수밖에 없다. 한 이론에 따르면, 나폴레옹이 합스부르크가의 병사들을 붙잡았을 때 그들이 맨 목도리에 매우 탄복했다고 한다.[3] 그러나 이는 잘못 짚은 것이 확실한데, 《리트레》 사전에 살려 있는 바에 따르면, 볼테르는 나폴레옹이 태어나기 훨씬 전부터 이 말을 사용하고 있었다는 점에서다. "주황색으로 차려입은 이 악마가 보이는가? [...] 그자는 크라바트의 자리에 뱀을 한 마리 휘감고 있다.[4]

크라바트 전파의 장본인으로는 아마도 루이 14세(재위 1643~1715)가 더 가까울 것이다. 그의 대代에 베르사유궁전에 복무하고 있던 크로아티아인 용병들이 크라바트가 전 세계로 퍼져나간 기원일 가능성이 높다. 어찌 됐든 간에, 유럽에 자리한 '소국들'의 영향력을 별것 아닌 것으로 치부하는 사람들은 크로아티아인들이 나머지 유럽인들의 목을 졸라매고 있다는 사실을 유념해야 할 것이다.

오히려 크로아티아에서는 남자들이 그 지방 토착의 마스나masna든 자국으로 재수입된 크라바타든 둘 중 하나를 자유롭게 택해 목을 장식할 수 있다.[5]

루이 14세는 유럽의 역대 통치자 가운데 그 누구보다 당대를 대표하는 최고의 상징으로 손꼽히는 인물이다. 유럽에서 가장 막강한 나라를 72년간 통치한 이 태양왕le Roi Soleil은 뭇 사람에게 숭배를 받으며 자신의 궁정 대신들은 물론 후대 역사학자들로부터도 다채로운 평가를 이끌어냈다. 루이는 베르사유에 자리한 자신의 장대한 궁궐에서 프랑스를 통치해나가며, 스페인의 펠리페 왕(펠리페 2세, 재위 1556~1598)이 한때 에스코리알에 머물며 세상을 통치한 것처럼, 거의 초인적 힘을 가진 존재로 여겨졌다. 아마도 당시 사람들은 루이 왕을 가장 순수한 군주의 전형이자, 가장 완벽한 형태의 절대주의를 구현하는 인물로 보았던 것 같다. 또 루이 14세는 모범적이고 일률적인 통치 체제의 설계자이자 창안자였으며, 경제 사업 및 식민지 사업을 이끄는 진취적 정신이자, 예술적·지적 취향에서 최고 권력자로 군림했고, 가톨릭 국가의 '가장 신실한 기독교도 왕'으로서 일체의 종교적 일탈을 허용하지 않았으며, 유럽 외교의 제일인자이자, 유럽 대륙에서 가장 막강한 군대의 통수권자로 통했다. 원래 신화란 것은 그럴 만한 일들이 있지 않았다면 존재할 수 없는 법. 이 '위대한 루이Le Grand Roi'의 모습이 당대 군소 제후들이 그토록 되기를 열망하던 이상적 군주였던 것은 분명했다. 루이는 자신을 둘러싼 환경에 자신의 개성을 확실히 각인시켰고, 그가 이룬 성취들은 하찮게 볼 것들이 아니었다. 그러나 이제껏 한껏 부풀려진 이미지에 실제로 부합할 수 있었던 인간은 단 한 명도 없었다. 당대에 프랑스에서 장대한 실험이 시도된 것은 인정해야겠으나, 동시에 우리는 왕이라는 가면 뒤에 가려진 남자, 그리고 베르사유의 화려한 겉모습 너머에서 고통 받던 프랑스 땅도 살펴보려고 노력해야 한다.

루이 14세가 어떤 사람이었는가는 그가 생전에 행한 과장된 연출들과 떼어 생각하기 어려운바, 이런 부분을 루이는 자신이 군주 노릇을 하는 데서 필수적이라고 여겼다. 어린 시절 루이는 프롱드의 난(프랑스 부르봉 왕가에 반발해 귀족 세력이 일으킨 최후의 반란(1648~1653))으로 여러 공포 상황을 겪어야 했는데, 이때 프랑스 근대 군주제의 토대들은 그 핵심까지 뒤흔들렸다. 그래서 루이는 스스로가 질서와 강력한 통치를 갈망하는 나라를 이끄는 사람이 돼야 한다고 본능적으로 느꼈다. 이 점에서 베르사유궁전은, 루이 자신이 직접 설계하고 세운 것으로, 단순히 자기 과시의 한 부분에 지나는 게 아니었다. 베르사유궁전은 귀족들을 왕과 국가에 봉사해야 할 의무와 엮어주는 곳이었다. 궁전의 화려한 왕실 무도장, 발레장, 연주회장, 연극공연장, 사냥터, 대공원Grand Parc에서 열린 축제 및 불꽃놀이는 모두 루이의 지도층 신하들을 확실히 왕에게 복종시키는 동시에, 그들이 하나의 국가공동체에서 살고 있다는 인식을 생겨나게 했다. 1661년에 (섭정) 쥘 마자랭이 세상을 떠나 루이가 국정 운영의 고삐를 직접 손에 쥐게 된 그날부터, 루이는 확실한 목적을 염두에 두고 자신의 역할을 해나갔다. 통치권을 장악한 이후 처음으로 열린 대규모의 야외 궁정축제 '마법의 섬에서의 쾌락Plaisirs de l'Île Enchanté'(1478쪽 도판 47 참조)에서 직접 주연배우로 등장한 것도 그가 단순히 즐기려고만 한 일만은 아니었다. 루이는 스페인 태생의 모후(안 도트리슈)로부터 예의에 대한 사랑을 물려받았고, 마자랭으로부터는 비밀주의와 위선의 기술을 배웠다. 준수한 외모에 강한 체격의 루이는 끓어 넘치는 에너지와 욕구를 가지고 어느 때는 용맹하고 너그러우면서도, 어느 때는 비열하고 적의에 불타는 기질을 천차만별로 보여주었다. 루이는 기수, 사냥꾼, 대식가, 성생활의 명수로서, 왕의 곁을 늘 따라다니는 측근들과는 그 능력에서 압도적 차이를 나타냈다. 그러나 전쟁에서 승리를 일궈내거나 여색을 즐길 때는 함께 희희낙락하면서도, 왕은 자신의 동지를 모함해 파멸에 이르게 하거나 혹은 1661년 위대한 니콜라 푸케Nicolas Fouquet(루이 14세의 재무경卿)의 경우에서처럼 제일선의 각료를 자의적으로 체포하는 일도 서슴지 않았다. '위대한 루이'도 완전히 옹졸함을 벗지는 못했다.

아르망 장 뒤 플레시 리슐리외와 쥘 마자랭을 스승으로 삼는 루이 14세는 어떤 도구들이 자신의 권력을 증대시켜줄 만하겠다 싶으면 그것들을 움켜쥐고 놓지 않았다. 그는 왕에 오르면서 자신의 말이라면 고분고분 따르는 거대한 관료집단, 대규모 상비군, 방대한 양의 중앙정부 국고, 거기다 기세가 억눌린 귀족층까지 물려받을 수 있었다. 여기에 더해 벌써 왕에게 예속돼 있던 갈리아교회Gallican Church〔중세부터 사용된 프랑스 가톨릭의 별명. 교황권을 견제한 것이 특징이다〕에 대해 자신의 통제력을 더욱 확대하는 한편, 위그노의 이른바 '국가 내의 국가state-within-the-state'는 말살시키고, 프랑스 각지 속주들을 자신의 앙탕당Intendant〔지방관〕들에게 복속시켰으며, 어떤 형태의 중앙 입법부도 설치하지 않은 채 통치해나갔다. 그러나 뭐니 뭐니 해도 루이의 재능이 가장 유감없이 발휘된 부분은 홍보였다. 베르사유궁전만 해도 프랑스의 객관적 현실보다 훨씬 번지르르한 이상을 상징했다. 프랑스인이든 외국인 방문객이든, 베르사유궁전에서 펼쳐진 호화로운 행사들을 보면 누구나 태양왕이 완벽한 권력을 구현하는 체제의 정중앙에 우뚝 서 있다는 환상을 품게 됐을 게 틀림없다. 전하는 바에 따르면, 루이가 쥐스티스궁전Palais de Justice〔재판소〕 안으로 걸어 들어가 "레타 세 무아L'État, c'est moi"("짐은 국가다")라며 재판관의 말을 가로막았다고 하는데, 왕이 그때 자기가 던진 말을 내심 진정으로 믿었는지는 사실 알 수 없다. 하지만 확실히 루이는 행동에서만큼은 자신이 정말 국가라고 믿는 모습이었다. 루이즈 드라 발리에르Louise de la Vallière 공작부인부터 맹트농 〔후작〕부인Mme de Maintenon〔프랑수아즈 도비네Françoise d'Aubigné〕에 이르기까지, 루이는 그야말로 대담한 여성 편력을 보이며 옛날 카발 데 데보cabale des dévots〔독신자 도당〕가 세운 도덕규범을 보란 듯 비웃었고, 왕의 쾌락이 곧 법이라는 식의 분위기를 조성했다. 그러나 절대주의라는 웅대한 실험을 내세웠어도 그 그럴싸한 정면 뒤에는 실패도 가득했다. 프랑스가 거대한 규모의 나라였던 만큼, 방침을 실행시킬 수단보다 방침을 피할 수 있는 방편이 더 많았다. 통일에 대한 의욕이 제아무리 강하다 한들 그것만으로는 모든 주름을 다림질하듯 말끔히 펼 수는 없었다. 프랑스의 파를망Parlement〔고등법원〕과 속주들은 시종일관 주저하는 모습을 보였다. 루이가 해외에서 벌인 전쟁들은 알찬 결실보다 더 많은 빚과 굴욕을 떠안는 결과를 낳았다.

따라서 프랑스의 통치는 프랑스의 제도들에 대한 표면적 분석을 통해서는 이해할 수가 없다. 프랑스는 왕의 권위를 중앙에서부터 재확립하고자 장기간에 걸쳐 싸움을 벌였으나 그렇다고 각 권역 및 지방자치의 특수성이 완전히 없어진 것은 아니었다. 프랑스의 커다란 지방들은 여전히 왕실 관료들이 직접적 힘을 상당히 많이 행사한 페이 델렉시옹pays d'élection지역과 광범위하게 자치를 허용한 페이 데타pays d'état 지역으로 나뉘어 있었다. 또 프랑스 북쪽에서 관습법이 통용됐다면 프랑스 남쪽에서는 로마법이 성문화됐다. 각 지방에서도 제각각 지방별 리베르테liberté〔자유〕, 파를망, 프랑시즈franchise〔자치권〕, 프리빌레주privilège〔특권〕가 명맥을 유지해나갔다. 더구나 귀족들은 자신들이 소유한 영지에서는 종래로부터 자신들에게 내려오던 사법권을 상당 부분 지켜오고 있었다. 물론 그 와중에도 중앙의 삼부회는 영구 소집유예를 조건으로 계속 존속해야 했고, 파리의 파를망은 일정한 관례를 배워 왕실 칙령들을 토의에 부치지 않고 법령으로 등록하기만 했다. 약 5만 명에 이르는 왕실 관료들로 구성된 대규모 군대는 매관매

직과 부패에 찌든 채 프랑스라는 나라 전체를 짓누르고 있었으니, 이들은 왕실 명령에 반응하는 속도도 느렸지만 자기들이 복무하는 지방 신민들의 요구에 반응하는 속도도 그만큼 느렸다.

이때 루이 14세가 누린 커다란 이점이라고 하면, 프랑스의 제 세력이 의기투합해 대안적 권력의 중심을 형성하려 할 때 그 주축으로 삼을 제도가 전혀 없었다는 데 있었다. 그래서 반대파의 공조에 부딪힐 일이 없던 왕은 규모는 작지만 극도로 막강한 중앙기구를 만들어 그것을 스스로 운영해나갈 수 있었고, 각지 속주에도 새 망을 구축해 지방에서 일어나는 반발을 잠재울 수 있었다. 자신의 권력이 절정기를 구가할 때는 왕이 콩세유 당 오Conseil d'en haut(고등참사회)를 소집해 매주 2~3회씩 일단의 자문의원과 정책을 논의했다. 루이는 재위 초반 그 자신이 재상직에 오를 거란 장담도 실제로 실현시켰다. 1661년 이후 10년은 프랑스 발전에서 매우 중대한 시기로, 이때 루이는 자신이 총신 3인방 즉 미셸 르 텔리어Michel Le Tellier, 위그 드 리오네Hugues de Lionne, 장-바티스트 콜베르와 긴밀한 관계를 맺고 일을 해나갔다. 정책을 짜고 실행시키는 일은 비서국Secretariat—애초 명칭은 왕 직속 외교, 전쟁, 해군, 주택부Étranger, Guerre, Marine, and Maison du Roi였다—을 비롯해 일련의 2차 위원회—재무는 재무회의Conseil Royal des Finances, 사법 법령은 추밀회의樞密會議, Conseil Privé, 종교는 성심회의Conseil de Conscience, 법전 성문화 작업은 법무회의Conseil de Justice—에 일임했다.

자신의 결정들을 집행하기 위해 루이 14세는 초기에는 특별 위원회에 의지하기도 해서, 특정 문제가 발생하면 위원회를 보내 사태를 조정하도록 했다. 그러나 이후로 루이는 자신이 임명한 지방장관들에게 점차 의지하는 경향을 보여, 앵탕당(지방관)들은 감독관으로서 조사의 임무만 맡다가 차차 그 지방에 상주하는 총독으로 자리를 잡고 자신들이 담당하는 제네랄리테généralité(징세구區) 및 자신들 관할지에서 일어나는 재무 및 사법 문제들을 감독했다. 아울러 루이는 최후 수단으로 군사 개혁에도 의지했는바, 과거 귀족층의 소집권을 폐지했고 왕의 명령에만 따르는 대규모 상비군을 창설했다. 이 군대는 왕이 대외 정책을 실행하고 국내정책을 추진하는 유용한 방편이 돼주었다.

당시 프랑스 사회의 현실은 종래의 3개 신분이 신성시해온 구조와는 거의 아무런 연관도 없었다. 이론상으로 3개 신분은 자치를 누리면서 자신들 공동체를 알아서 통제해나가야 했다. 그러나 현실 속에서 3개 신분은 심하게 사분오열돼 있었다. 이들에게는 어떤 식이든 자치를 누린다고 할 만한 게 없었으며, 3개 신분 모두 점차 왕실의 통제에 예속됐다. 자신들의 조직체를 유지하면서 5년에 한 번씩 회의를 열고 있던 것은 성직자the clergy(제1신분the First Estate)뿐이었다. 그러나 프랑스 상급의 대수도원장 및 주교직 임명과 관련해 왕의 후원을 받은 곳이 600곳이 넘었던 데다, 고위와 하위 성직자 사이 이해관계와 의견차가 워낙 확연했던 까닭에, 성직자 신분마저도 어떤 식으로든 그들 나름의 공동 발의를 할 기회는 전혀 없는 것이나 다름없었다.

귀족the nobiliry(제2신분the Second Estate)은 얼마 전까지만 해도 리슐리외의 위세에 주눅이 든 데다가, 프롱드의 난이 실패로 돌아가며 체면을 구긴 터였다. 거기에다 제1신분과 마찬가지로 자기들 안에서 사분오열을 면치 못하는 상황이었다. 대귀족은 왕실 연금을 받는 처지로 전락해 자신들의 영향력은 제쳐두고 자신들의 작위를 떠벌리기에 더 바빴다. 구 귀족 가문 대부분도 점차 노블레스 드 로브 즉 사법 및 행정의 요직을 통해서든 혹은 노블레스 데페 즉 군대 장교직을 통해서든 왕실 복무에 의지하는 양상을 보였다. 이른바 벼락출세자들—몰리에르가 조롱해 마지않은 이른바 부르주아 장틸옴Le Bourgeois gentilhomme〔부르주아 귀족〕—이 대거 유입되면서 귀족층의 위세는 크게 꺾였다. 더구나 오베르뉴 같은 외진 지역들에서는 군소 귀족들과 강도귀족들이 말썽을 일으켜 결국 교수형을 당하는 힘한 꼴을 자초하기도 했다.

제3신분the Third Estate 곧 제1, 2신분을 제외한 사회 구성원은 어떤 식이든 공동의 목적의식 같은 것을 가질 기회조차 없었다. 그나마 돈을 주고 왕실 관직을 사거나 귀족 특허를 얻는 것이 사회적 신분 상승의 최선의 길이라 여겨졌다. 농민들은 —전체 인구의 절대 다수였음에도— 최소한의 관심밖에는 받지 못하는 여전히 3중으로 세금을 내야 하는 농노였으며, 영주와 사제와 왕실 관료들로부터 탄압을 받으며 살았다. 농민의 삶은 하루하루 입에 풀칠하기도 힘들 만큼 고생스러웠다. 학술가 장 드 라브뤼예르Jean de La Bruyère(1645~1696)는 농민들을 "길들지 않은 동물animaux farouches"이라 일컫기도 했다. 농민들 자신은 스스로의 처지를 "공포스럽다la Peur"라는 말을 주로 묘사했으니, 이러다가는 이 땅에서 아예 사라질지도 모른다는 원초적 두려움을 표현한 말이었다. 시골의 풍경에는 농민들이 절망감에 차서 수시로 일으켰지만 결국 무위로 끝난 반란들이 꼭 끼어 있었다.

경제정책은 루이 14세의 위대한 실험Great Experiment에서 중요한 부분을 차지했다. '대리석 인간homme de marbre'이자 부르주아 귀족의 전형 장-바티스트 콜베르(1619~1683)의 주도하에 국가의 재무, 세금, 상업을 탄탄히 다지기 위한 일련의 구상이 나왔다. 콜베르티슴Colbertisme이라고도 불린 이 기조는 중상주의 중에서도 계획경제적 성격이 강했으며, 특히 후대에 가서 실패한 정책으로 여겨질 때가 종종 있다. 그러나 콜베르티슴은 루이가 추진한 다른 모든 정책을 가능하게 한 엔진이나 다름없었다. 아울러 루이의 재정 욕심이 만족을 몰랐던 만큼, 콜베르티슴은 어마어마한 압박 속에서 추진된 것임을 알아야만 비로소 올바른 판단이 가능할 것이다.

당시 콜베르는 재무 분야에 재무총감Contrôleur général des finances직(1665)을 신설하고 왕실 산하 관련 기관들을 감독하도록 했다. 1666년부터는 조폐국에서 루이도르Louis d'or 금화〔1640~1795년의 프랑스 금화〕와 에큐écu 은화를 주조했고, 두 동전은 이후 거의 30년 동안 안정적 가치를 유지했다.

국가 재무 분야에서는 차입금고Caisse des Emprunts(1674)가 만들어져 국가 대출을 통해 자금을 모집했다. 또 수세조합收稅組合, Ferme Générale(또는 징세청부인조합)(1680)도 신설돼, 앙탕당에게 맡겨진 그 악명 높은 타유Taille 또는 토지세를 제외한 모든 세금 징수를 일률적으로 조정했다. 콜베르가 세상을 떠난 후 프랑스의 예산 부족액은 급증했고 다양한 임시방편들이 시도됐는데 1695년의 카피타시옹capitation(인두세poll-tax), 1701년의 비예 드 머네billets de monnaie(지폐paper money), 1710년의 디젬dixième(국가 십일조state tithe) 등이다.

상업 분야에서는 콜베르가 일정한 체제를 도입해 모든 개인 사업활동을 국가의 규제로 묶었으며, 특히 제조업과 외국무역(해외무역)에서 사업활동의 우선권을 국영기업에 부여하려는 시도를 했다. 직물법Code de la Draperie(1669)은 콜베르가 세세한 규제를 만드는 일에 광적으로 매달렸음을 잘 보여주는 실례였다. 아브빌의 거대한 반로베 직물공장, 혹은 파리에서 브뤼셀로 이전해온 국영 고블랭 직물공장은 콜베르가 제조업에 얼마나 큰 열정을 가지고 있었는지 예시해준다. 다양한 국영 무역회사—동인도회사(1664), 서인도회사(1664), 북해무역회사(1669), 레반트회사(1670)—는 국가 부富의 총량은 오로지 국외에서 들여오는 것들에 의해서만 늘어날 수 있다는 콜베르의 믿음을 말해준다. 아울러 콜베르는 해군과 군항 및 국영 무기고 건설에도 열성이었는바, 외국무역은 한정된 자원을 두고 나라들 간에 투쟁이 벌어질 수밖에 없다는 공통된 중상주의적 신조가 그 밑바탕이 됐다. 그 경쟁에서 성공을 거두려면 군사력이 필요했다. 중요한 사실은, 정작 프랑스에서 가장 중요했던 산업—즉 농업—은 가격 규제의 대상이 되거나 값싼 식품의 원천이 될 때 말고는 거의 아무런 관심도 받지 못했다는 점이다.

프랑스의 군사 자원 동원 작업에는 수십 년에 걸친 지속적 노력이 필요했다. 해군을 창설해 네덜란드 및 영국에 맞서서 국가를 지켜낼 수 있어야 한다고 역설한 것은 그 누구보다 콜베르 자신이었다. 툴롱을 기지로 하는 종래의 쉬흠chiourme 곧 도형수徒刑囚로 갤리선에 승선해 노를 저은 집단들과는 별도로, 콜베르는 육지에 머물고 있는 모든 선원 및 선박의 명부를 만들어 언제든 징집할 수 있도록 했다. 20년 만에 콜베르는 이 계통에 속하는 선박의 수를 30척에서 107척으로 늘렸으며, 그 가운데 118문의 대포를 장착하고 있던 루아얄 루이Royal-Louis 같은 4돛대 범선은 그의 자부심이자 기쁨이었다. 콜베르는 로슈포르 해군기지를 창설했고, 브레스트·르아브르·칼레·케르케 같은 북부 항구들을 요새화했고, 해군 조선소 및 해군 사관학교도 건립해 운영해나갔다.

하지만, 그럴 만한 당연한 이유들은 있었는바, 당시 프랑스가 더 신경을 썼던 곳은 바다보다는 내륙의 국경지대였다. 루이 14세가 전함들에 직접 승선했던 것은 단 한 번뿐이었다. 콜베르의 주적 프랑수아 미셸 르 텔리에 드 루부아François Michel Le Tellier de Louvois(1641~1691) 후작의 주도하에, 프랑스가 노력을 쏟아부은 곳은 육군이었다. 루부아 휘하의 관료들은 관련 작업의 세부사항을 일일이 통제했다. 과거 귀족들의 징세권은 폐지됐고, 군대 연대 편제에도 대대적 혁신이 따랐다. 척탄병(1667), 소총수(1667), 박격포수(1684) 편대가 생겨났다. 기병이 갖고 있던 전통적 우위는 이제 보병에게로 넘어갔다. 혹독한 군사기술 연마와 훈련을 받고, 화승총과 총검으로 무장을 하고, 근사한 제복으로 복장을 갖춘 이 새로운 편대는 18세기 군사 관행들이 앞으로 어떻게 바뀔지를 미리 예시해주는 듯했다. 포병대와 공병군단도 민간인들과 계약을 맺고 병사들을 충원하던 것에서 군대 전반의 지휘권 안으로 통합됐다. 사관학교를 다니며 출중한 실력을 보여 높은 계급으로 오른 전문 장교들은 명망 높은 지휘관들의 지도를 받았다—처음에는 튀렌Turenne〔앙리 드 라 투르 도베르뉴Henri de La Tour d'Auvergne〕 대원수, 루이 2세 드 부르봉 콩데〔콩데 친왕. 대大콩데〕, 클로드 루이 엑토르 드 빌라르 육군 대원수가 이들을 이끌었다. 프랑스의 주요 도시에는 빠짐없이 방대한 규모의 병영과 무기고가 지어졌다. 당대에 큰 칭송을 받던 공성전의 대가이자 왕의 기술병 ingénieur du roi 겸 요새화 총책commissaire-général des fortifications인 세바스티앵 르 프르스트르 드 보방Sébastien Le Prestre de Vauban(1633~1707) 원수의 제안에 따라, 프랑스의 북쪽 및 동쪽 국경에는 160개 요새를 장대한 하나의 사슬처럼 이은 방어시설이 건설됐다. 자를루이, 란다우, 뇌프-브리작, 스트라스부르에도 비슷한 방어시설들이 만들어졌으며, 프랑스는 이 방비 건설에 베르사유궁전 때보다도 훨씬 더 많은 비용을 들여야 했다. 그렇게 공들인 결과 생겨난, 기계에 버금가는 프랑스의 군사 체제는 이후 프랑스 주변국들이 전부 합심하지 않고는 막을 수 없을 만큼 막강한 힘을 갖게 됐다. 프랑스의 군대가 내건 모토도 "네크 플루리부스 임파르Nec pluribus impar"(수많은 적을 거뜬히 막아내는 군대 a match for many)였다. [엘자스]

종교는 여전히 필연적으로 모든 사건의 핵심 가까이에 버티고 있었다. 루이 14세는 관습적 형태의 가톨릭 신앙심 그 이상을 내보이지는 않았지만, '매우 독실한 기독교도 왕le Roi Très Chrétien'이 자신의 집의 주인이 돼야 한다는 전통을 따랐고, 종교적 입장의 불일치는 국가의 통일에도 위협을 가하는 요소였다. 1685년 맹트농 부인과 비밀리에 두 번째 결혼식을 올린 이후, 루이는 예수회의 조언에 휘둘렸다. 그 전반적 결과는, 다른 영역들에서도 그러했듯, 왕의 재위 초반과 재위 말년 사이에 상당한 불일치로 나타났다. 1669년에는 계속 미뤄지던 몰리에르의 반교권주의 풍자극 〈타르튀프Tartuffe〉가 〔삼년 금지령이 해제돼〕 무대 위에 올라 왕의 박수갈채를 받았다.

루이 14세는 왕으로 즉위하고 30년 동안은 진정한 갈리아주의자 Gallican〔교황권을 제한하려는 움직임을 보인 가톨릭 신도들〕의 면모를 보였다—프랑스의 주교구들을 자신 밑에서 일하는 친척들로 채우고, 4개조 선언을 승인했으며, 1687~1688년에는 교황과의 관계가 공개적으로 단절될 빌미를 만들었다. 갈리아주의의 교조를 가장 순수한 형태로 드러냈다고 해야 할 4개조 내용을 나라에서는 프랑스의 모든 신학교와 학부에서 학생들에게 가르치라고 명했다.

1. 교황청의 권위는 영적 차원의 일에만 한정된다.

2. 교회협의회Church Council의 결정이 교황의 결정보다 상위의 힘을 갖는다.

3. 갈리아주의의 관례들은 로마에 구애받지 않는다.

4. 교황은 무오류성을 지니지 않으나 보편교회의 동의가 있을 때는 예외다.

그러나 이후 루이 14세는 가톨릭교 강국들로부터 따돌림을 당하고 고립무원의 처지가 되지 않을까 하는 염려에 결국 꼬리를 내렸다. 1693년 그는 4개조를 철회했고, 여생 동안에는 교황지 상권자 파당에 아낌없는 지원을 해주었다. 1695년에 발표한 칙령 곧 교구 성직자의 생활 및 재산에 관한 문제를 전적으로 주교에게 일임한다는 내용으로 루이는 두고두고 급진파의 반발을 사게 됐다. 정적주의靜寂主義를 둘러싼 다툼에서도, 루이가 정적주의를 극력으로 옹호했던 프랑수아 페늘롱François Fénelon 주교를 제쳐두고, '모Meaux〔프랑스 지명〕의 독수리'라는 별칭으로 불린, 말만 번드르르했던 자크-베니뉴 보쉬에 주교를 편들기로 한 결정은 프랑스 귀족들은 물론 영성적 요소가 보다 농후했던 신자들의 심기를 거슬렀다. 어쨌거나, 한때 루이더러 "신God이 되어 폐하의 백성들을 다스리시라"라고 명했던 것은 보쉬에가 아니었던가.

프로테스탄트를 대하는 루이 14세 정책들은 소극적 차별에서 사소한 괴롭힘의 단계를 지나 폭력을 동원한 박해의 단계로 옮아갔다. 쥘 마자랭의 훈수를 받던 시기에만 해도 왕은 프롱드의 난 내내 확실하게 충성심을 보여준 공동체를 난처하게 하고픈 마음이 별로 없었다. 아브빌의 직조공들부터 위대한 튀렌에 이르기까지, 위그노들은 근면성실한 데다 만만찮은 영향력을 행사하고 있었다. 그러나 안타깝게도 낭트칙령을 위반한 일과 '개혁파교회, réligion prétendue réformé, RPR를 편파적으로 대우했다는 주장이 일면서, 두 화두를 중심으로 가톨릭파 집단들이 하나로 결집했다. 1666년 이후로는, 칙령을 통해 구체적으로 승인을 받지 못한 위그노의 활동은 모두 불법으로 간주됐다. 그렇게 해서 적발된 위그노 예배당은 처참하게 파괴됐고, 개종자금caisse des conversions이 조성돼 새 개종자nouveaux converti, NC들에게 개종에 대한 보상으로 1인당 1리브르씩 지급됐다. 1679년부터는 일련의 법적·군사적 방책을 강구해 프로테스탄트교를 무력으로 말살하려는 수단이 강구됐다. 포아투, 베아른, 랑그도크에서 있었던 용기병龍騎兵의 박해dragonnades에서는 병사들이 개종을 거부하는 가족들을 찾아가 그들 집에서 숙영하는가 하면 차마 입에 담을 수 없는 잔혹한 일들을 자행했다("드라고나드" 곧 "용기병의 박해"는 독실한 가톨릭교도 왕 루이 14세가 용기병들을 동원해 프로테스탄트들을 박해한 사건이다. 용기병은 당시 기마병으로, 갑옷을 입고 용 모양의 개머리판이 있는 총을 소지했다). 마침내 1685년 1월, 왕은 미셸 르 텔리에 드 루부아와 부패한 파리의 대주교 프랑수아 아를레 드 샹발롱François Harlay de Champvallon의 압박에 못 이겨 종교적 관용을 골자로 한 칙령을 폐지했다. 이에 보쉬에 주교는

엘자스 ELSASS

■ 1670년의 어느 날, 프랑스군이 슈트라스부르크
■ 의 라인강 다리를 탈취해 불태웠다. 이와 같은
프랑스군의 행위는 베스트팔렌조약에 따라 엘자스
Elsass, Elsaß 일부만 차지하는 것으로는 성에 차지
않으며 슈트라스부르크까지 자기들 차지가 될 때까지
가만있지 않겠다는 표시였다. 당시 슈트라스부르크는
신성로마제국의 둘째가는 도시로, 완전히 독일 지방의
특성을 갖고 있었고, 라인강 건너편에서 사용되는 알
라만 방언을 똑같이 쓰고 있었다. 하지만 루이 14세는
굴하지 않았다. 레위니옹(합병)이라는 수상쩍은 책략을
통해, 슈트라스부르크Straßburg((프랑스어명) 스트라스
부르Strasbourg)는 곧 '알자스Alsace' 지역 전체와 함께
프랑스에 흡수당할 터였다. 이 지방 방언은 끝까지 살
아남았으나, 나중에 가서 스트라스부르는 프랑스의 통
일에 시금석 역할을 하게 된다.[1] 독일이 1870~1918
년, 1940~1945년에 이 영토를 일시 수복했으나 끝까
지 지켜내지는 못했다. ("엘자스Elsass, Elsaß"는
"Alsace(알자스)의 독일어명이다.)

한편, 신성로마제국 동쪽 측면에 자리한 실레지아에서
는 브레슬라우Breslau(폴란드어명 브로츠와프Wrocław)
라는 대규모 도시를 실레지아 피아스트왕조의 마지막
제후가 오스트리아 합스부르크 왕가를 대신해 다스리
고 있었다. 알자스가 원래는 프랑스 땅이 아니었듯, 실
레지아도 원래는 오스트리아와 연고가 없었다. 실레지
아는 맨 처음에는 폴란드와 연관이 있었고, 1526년까
지는 보헤미아와 연관이 있었다. 알자스의 토착 언어
와 문화가 자신들을 완전히 프랑스화하려는 모든 노
력에 저항했듯, 실레지아의 슬라브인들도 보헤미아의
독일인, 오스트리아인, 프로이센인이 자신들이 차지한
지방을 수 세기에 걸쳐 장악하고자 했어도 끝까지 그
물결에 저항했다.[2]

또 한편, 폴란드 동쪽 측면인 적赤루테니아에서는 대도
시 르부프Lwów(리보프L'vov, 르비우Lviv)가 300년이 넘도

록 폴란드의 지배를 받아온 터였다. 슈트라스부르크나
브레슬라우가 각기 프랑스 땅이나 오스트리아 땅으로
서의 성격이 약했던 데 비하면, 르부프는 폴란드의 성
격이 훨씬 강하게 배어났다. 르부프의 유대인 공동체
역시 스스로를 꽤 오롯이 지속시킬 수 있었다. 하지만
르부프 혹은 르비우도 폴란드가 아니라 루테니아의 땅
이었다. 동방귀일교회의 최고 중심부라는 이력을 가진
우크라이나 문화는 1670년 당시에는 아직 걸음마 단
계다.[3] [위차쿠프]

또 다른 한편으로 루테니아의 동쪽 측면에서는 드니
프로강(드네프르강)의 대도시 키이우(크이우, 키예프)가
바로 얼마 전 모스크바에 점령당했다(726쪽 참조). 이
즈음 러시아는 우크라이나 중앙부에 자신의 패권을
확립하고는, 키이우가 러시아 문명의 요람이라는 신화
를 만들어나가기 시작한 참이었다.

슈트라스부르크, 브레슬라우, 르부프, 키이우는 사람
들이 알고 있는 것보다는 서로 공통점이 더 많은 도시
들이었다. 이들 도시는 모두 여러 민족이 함께 살아가
는 지방이나 나라들의 주도였으니, 도시들에서 배타적
으로 민족주의를 내거는 것은 특히나 많은 해를 불러
일으키는 것이었다. 1945년에 이르렀을 때, 이 도시들
은 저마다 몇 번씩 세탁을 당해야 했다. 알자스는 프
랑스와 독일의 수중만 네 번을 왔다 갔다 했다. 실레
지아Silesia(폴란드어명 실롱스크Śląsk, 독일어명 슐레지
엔Schlesien)는 오스트리아, 프로이센, 독일, 폴란드가
서로 차지하겠다고 주기적으로 싸움을 벌였다. 적루테
니아Red Ruthenia(동갈리치아East Galicia, 서우크라이나
Western Ukraine, 동마워폴스카eastern Małopolska)는 오
스트리아인, 폴란드인, 우크라이나인들 사이에서 최소
6차례 이상 분쟁을 겪었다. 우크라이나 중부는 러시
아와 독일, 우크라이나와 폴란드, 적파와 백파, 나치와
소비에트 사이에서 최소 20번 이상 땅이 나뉘었다.
1949년 스트라스부르가 유럽평의회의 수도로 지정됐
을 때에는, 철의장막이 드리워져 있어 이 도시의 동

쪽 부분은 드나들 수 없었다. 아닌 게 아니라, 브레슬라우의 독일인이 강제 이주를 당한 이래, 또 르부프에서 유입된 대규모의 폴란드 난민들로 인해 브레슬라우가 브로츠와프가 된 이래, 그리고 르비우에 러시아인들이 대거 유입된 이래, 이들 도시에서 사람들의 원성은 가라앉을 줄 몰랐다. 소비에트 진영의 내부 경계선은 철의장막만큼이나 빈틈이 없어 도무지 뚫리지 않았다. 서방에서 화해의 과정이 시작되기는 했어도, 그 영향이 유럽 전역에 두루 미치기까지는 거의 50년이 걸렸다.

왕에게 "새로 나신 콘스탄티누스"라는 묘비명을 헌상했다. 가장 높은 긍지를 자랑하던 100만 프랑스 시민들은 진정한 의미에서 공포의 통치를 겪는 가운데 왕의 뜻에 항복하거나 아니면 도망치듯 고국을 떠나야 했다. 도피네와 세벤에서는 30년이 넘게 저항이 수그러들지 않았다.

이와 비슷하게, 얀선주의자들을 대하는 왕실 방침도 타협과 억압 사이를 갈팡질팡했다. 프랑스교회의 한 교파에서 코르넬리스 얀선의 사상을 열성적으로 받아들였고, 생-시랑Saint-Cyran〔장 뒤베르지에 드 오랑Jean Duvergier de Hauranne〕(1581~1643) 사제와 앙투안 아르노Antoine Arnauld(1612~1694), 그리고 누구보다도 블레즈 파스칼Blaise Pascal(1623~1662)의 저작들을 통해서도 얀선주의가 널리 전파됐다. 얀선자들 활동의 구심점이 된 곳은 파리의 포르루아얄수녀원, 그리고 프랑스의 요직에는 어디나 모습을 드러낸 아르노 일가로 이들은 왕실 사람들과 두루 강한 연고를 맺고 있었다—왕의 사촌 롱빌 부인Mme de Longueville, 외무대신 시몽 아르노 드 퐁폰Simon Arnauld de Pomponne(1616~1699) 후작, 포르루아얄 수녀원 부속학교 출신인 장 라신, 심지어는 보쉬에와도 그러했다. 그러나 1650년대 이후로는 얀선의 저작《아우구스티누스Augustinus》(1640)에서 발췌된 5대 명제의 내용이 공식적으로 이단으로 심판받으면서, 얀선주의자들이 체제 전복 세력 취급을 받았다. 파스칼을 비롯한 여러 작가는 비밀리에 책을 출간하는 수밖에 없었다. 1661년에는 5대 명제를 맹비난하는 복종서Formulation of Obedience가 나와 공개적 단절이 일어나는 계기가 됐다. 아울러 '천사만큼 순수하고, 악마만큼 자부심 높은' 포르루아얄의 수녀들도 시골로 보내져 베르사유 근방의 레샹 포르루아얄에 새로이 자리를 잡게 됐다. 이런 식으로 진행된 첫 번째의 박해는 기이한 교회의 화약(화의)Paix de l'Église(1668)으로 마무리되는데, 이를 통해 얀선주의자들은 복종의 공식에 서명은 하되 '존경스러운 침묵 속에서in respectful silence' 자신들의 양심에 입각한 반대 입장을 고수해나갈 수 있었다. 그러나 이후에도 위그노 탄압과 공조해 추가적으로 얀선주의를 공격하는 일들이 일어났다. 1679년에는 앙투안 아르노(대大아르노)가 브뤼셀로 망명했다.

그러다 결정적 박해가 가해진 것은 1693년 오라토리오회 파스키에 케스넬의《도덕적 고찰》이 출간되고 난 후였다. 이후에 터진 소동이 정적주의를 둘러싼 보쉬에 주교와 페늘롱 사이의 논쟁과 뒤엉키자, 왕이 마침내 행동에 나섰다. 교황(클레멘스 11세)은 1705년에 주변에 설복당해

'존경스러운 침묵'과 관련한 타협을 철회했고, 1713년에는 교서 〈우니게니투스〉를 통해 얀선주의자와 그 저작들을 포괄적으로 비난했다. 그 과정에서 포르루아얄 수녀원이 폐쇄당해 교회가 파괴됐고, 교회 묘지도 쑥대밭이 됐다. 사람들은 파스칼과 라신의 유해를 한밤중에 무덤에서 꺼내오지 않으면 안 됐다. 루이는 사람들끼리 옥신각신하는 수준이던 교리 논쟁을 일거에 교회와 국가라는 통치층 기득권과 식자층 비판가들 사이의 끊일 줄 모르는 대립으로 탈바꿈시켰다. 프랑스 계몽주의의 진정한 시작은 바로 여기에 있다고 할 수 있었다.

역사책에서 루이 14세의 예술 정책만큼 도식화된 것은 없다. 루이의 이 '지적 절대주의intellectual absolutism'를 표현하는 말로 때로 왕의 취향과 후원이 한 시대의 문화생활 전체를 결정지을 수 있는 도식이 이야기되곤 한다. "문학적 차원에서 고전주의는, 각각 정치와 영혼의 영역을 지배하는, 군주제 질서와 종교적 통일성에 부합하는 형태의 공식 교리로 등장하도록 만들어져 있다."[21] 당대 주요 문학비평가 니콜라 부알로는 다음과 같이 표현했다. "황제 한 사람이 베르길리우스를 여럿 만들어내기는 쉽다Un Auguste aisément peut faire des Virgiles."

당시 왕의 아낌없는 후원이 예술이 제도화된 통일성이라는 방향으로 나아가는 강력한 자극제가 된 것은 분명하다. 아카데미프랑세즈Académie Française(1635)는 1694년 대규모 사전을 펴내면서 프랑스어의 공식 수호자 역할을 했다. 훗날 아카데미데보자르Académie des Beaux-Arts〔미술아카데미〕가 되는 왕립회화조각아카데미Académie Royale de Peinture et de Sculpture에서는 왕실화가 샤를 르브룅Charles Le Brun(1619~1690)이 편히 일할 수 있게끔 그에게 막대한 힘을 실어주었다. 과학아카데미Académie des Sciences(1669)에서는 런던의 왕립학회와 유사한 활동들을 추진했다. 음악아카데미Académie de Musique에서도 왕실음악가 장-바티스트 륄리Jean-Baptiste Lully(1663~1687)가 재능을 발휘할 수 있게끔 유사한 기반을 제공했고, 그 덕에 륄리는 20여 편의 오페라 작품을 써낼 수 있었다. 아카데미보자르에서는 르브룅의 예술적 독재와 콜베르의 천재적 조직 능력이 결합돼 수많은 건축가·장식가·조각가가 동원된 속에서 조화와 질서가 가장 큰 특징의 프로젝트를 진행했다. 그러나 무엇보다 눈에 띄는 것은 프랑스 왕궁의 주도하에 역사상 거의 전무후무한 문화적 창의성의 결집이 일어났다는 점이었다. 문학에서는 "왕 곁의 네 벗들"—부알로, 몰리에르, 라신, 장 드 라퐁텐Jean de La Fontaine—이 이전 그 어떤 작가들도 누려본 적 거의 없는 전성기를 구가하며 영향력을 떨쳤다. 코메디프랑세즈Comédie-Française(1680)도 기존의 여러 공연단을 합쳐 하나의 통일된 공연 체제를 만들어냈다.

그러나 면밀히 들여다보면, 고전주의의 독점은 실체보다 허상에 더 가까웠다는 것이 분명해진다. 첫째로, 왕 자신의 취향 자체가 종종 생각 이상으로 더 다방면에 걸쳐져 있었다. 예술 규칙을 도식화하기를 좋아하는 고전주의적 열광이 일어났던 것은 분명 사실이지만, 그 규칙을 모두가 반드시 지켜야 하는 것은 아니었다. 두 번째로, 아마도 한 20년 동안 예술계의 성지로 통한 이른바 '고전주의의 파르나소스Classical Parnassus의 위세가 차츰 이울고 있었다〔파르나소스는 그리스 중부에 있는 산으로 아폴론과 뮤즈의 영지靈地였다〕. 1687년 이래 프랑스의 문화생활에서 사람들의 관심은 온통 그리스·로마의 고전문학과 근대 문학 간의 신구논쟁Querelle des Anciens et des Modernes에 쏠려 있었다. 예술의 정면을 장식하고 있던 통일성의 허울은 어느새 쩍 벌어져 다양성과 이질성이라는 문화적 풍광이 펼쳐졌고 그 안에서부터 거물들이 쏟아져 나와 사람들의 이목을 슬하게 자신들 쪽으로 쏠리게 했다.

루이 14세의 외교정책은 그의 힘과 특권을 과시하는 최상의 방책이었다. 외교정책에서 든든한 기반이 됐던 힘은, 유럽에서 전례가 없을 만큼 가장 완벽했던 외교 업무—베르사유궁에서 왕이 친히 업무를 보았다—와, 오랜 준비 끝에 비로소 온전한 배치가 마련된 프랑스의 군사력에 있었다. 이로써 이제 유럽 국가들은 서로 간의 충돌을 피할 수 없게 됐다. 그래서 일각에서는 루이 14세를 무력으로 유럽 정복을 시도한 전제군주 중 제일선의 인물로 즉 나폴레옹이나 히틀러의 선봉 격으로 보기도 한다. 또 어떻게 보면 당대 루이 14세에 대항해 결성된 유럽 내 연맹들은 몇 세기 후 등장하게 되는 '연합국Allied Power'의 선조 격으로 비칠 수도 있다.

실제로 루이 14세의 구상은 다소 제한적인 수준이었다. 후대의 논평들은 그렇지 않다고 말할지 모르지만, 루이는 유럽 대륙을 프랑스가 석권하는 것은 고사하고, 프랑스의 '천혜의 국경'을 수중에 넣는 것과 관련해 그 어떤 뚜렷한 계획도 가지고 있지 않았던 것 같다. 비록 재위 초반의 신중함은 내던졌지만, 루이의 목표들은 줄곧 근본적으로 왕조 및 통합의 문제와 관련 있었다. 마자랭의 주선으로 스페인의 왕녀 마리아 테레사María Teresa〔펠리페 4세의 딸, 프랑스어명 마리-테레즈 도트리슈Marie-Thérèse d'Autriche〕와 1660년 피레네조약의 일환으로 생장-드-뤼즈에서 결혼식을 올린 루이는 점차 와해돼가던 스페인의 왕위 계승에서 나타나는 문제들을 피할 방법이 없었다. 루이가 네덜란드와 라인강 쪽으로 계속 진출한 것은 그가 주변국으로부터 포위당하는 것을 진정으로 두려워했음을 말해준다. 루이는 동시대의 형제 군주들, 예컨데 스웨덴이나 러시아의 군주들과는 비교가 안 될 만큼 남다른 전쟁욕과 영토확장욕을 가진 인물이었다. 그가 애호한 "라 글루아르"〔영광〕라는 말도 어찌 보면 순전히 평범한 수사에 그쳤을지 모르나 현실적으로는 그럴 수 없었던 것이 그 말 뒤에는 늘 프랑스의 무시무시한 병참술이 버티고 있었다는 점에서다. 루이는 총 4차례의 전쟁을 치렀는데, 처음 두 번의 전쟁은 네덜란드 땅을 벗어나지 않았고, 세 번째 전쟁은 이른바 레위니옹réunion〔합병〕—루이가 사법적 농간을 부려 독일 영토를 차지하려 했던 작전—이 계기가 됐다. 네 번째 전쟁은 스페인 왕가 통치가 실패로 돌아간 것이 직접적 원인이 됐다. 아울러 이 모든 전쟁의 배후에는 식민지 및 무역을 둘러싼 유럽 각국의 경쟁관계가 자리 잡고 있었다. [흐로터 마르그트]

상속전쟁War of Devolution(1667~1668)은 루이 14가 왕비를 내세워 브라반트 영유권을 주장한 것에서 촉발했다. 전쟁은 프랑스가 스페인령 네덜란드 영토를 침입하는 것으로 포문을 열었고, 위기감을 느낀 잉글랜드·네덜란드·스웨덴 사이에 '삼각동맹'이 맺어졌으며, 종국에는 엑스라샤펠조약Treaty of Aix-la-Chapelle(또는 아헨조약, 1668)이 맺어져 루이가 벨기에의 요새 12개를 차지하는 것으로 종결됐다.

프랑스-네덜란드전쟁Franco-Dutch War(1672~1678/1679)은 루이 14세가 앞서 벌어진 정벌에 네덜란드가 끼어든 것을 기필코 응징하겠다며 벌인 것이었다. 전쟁은 외교 방면의 치밀한 사전 준비로 네덜란드의 해상 라이벌 잉글랜드와 스웨덴을 설득해 서로 동맹관계를 다시 맺도록 했으며 폴란드를 추가로 프랑스 편으로 끌어들였다. 이 과정에서 연합주 총독 빌럼 3세 판 오라녀Willem III van Oranje(윌리엄 3세William III)가 프랑스의 반대편에서 조정자로 활약했다. 앞선 전쟁도 그랬지만, 이 전쟁 역시 프랑스가 스페인의 네덜란드 영토로 진격해 들어가면서 시작됐다. 그러나 콩데가 라인강을 건너는 과정에서 신성로마제국 황제의 심기를 거스르는 일이 일어났고, 루이는 이 기회를 놓치지 않고 프랑슈콩테 지방에 대한 스페인의 영유를 어렵게 만들었다. 이후 열린 네이메헌회의Congress Nijmegen(1678~1679)에서 루이가 보낸 외교관들은 세력 견제 방편들을 활용했다—네덜란드인들에게는 상업적 측면의 이득을 챙겨주며 유화책을 썼고, 스페인들에게는 강압적 면모를 보이며 영토를 넘겨줄 것을 요구했으며, 약소국들에는 정해진 합의를 지킬 것을 강요했다.

루이 16는 레위니옹 정책을 통해 전면전은 유보하고 그 대신 정교하지만 훌륭하다고는 할 수 없는 법적 절차를 통해 타국의 영토를 하나둘 합병해가는 작업을 추진했다. 루이의 작전으로 이윽고 법정들이 설치돼 수십 개 동쪽 변경 도시 및 사법관할구역에 영유권을 주장하는 프랑스 왕실의 청원을 두고 재판이 열렸다. 재판에서 왕실의 청원에 우호적 평결이 나올 때마다 프랑스는 당장 달려가 관련 지역을 점령했다. 이런 방식으로 1680년대에 160차례에 걸쳐 합병이 있었고, 슈트라스부르크(1681)와 룩셈부르크(1684)가 대표적이었다. 이때 신성로마제국은 빈을 향해 진격해오는 튀르크족의 동태를 살피는 데 여념이 없었던 터라, 루이가 그 틈을 시의적절하게 파고들어 작전을 성공시킨 셈이었다.

구년전쟁Nine Years War(1689~1697)은 루이 14세가 아우크스부르크동맹League of Augsburg(1686)에 저항한 결과 일어난 것으로, 동맹은 빌럼 3세 판 오라녀가 프랑스의 더는 무모한 행동들을 막아야 한다고 선동하면서 결성됐다. 프랑스가 스페인령 네덜란드와 팔츠 백작령을 침공했고 이때 하이델베르크성이 무참히 파괴되면서 지난하게 이어진 일련의 공성전과 해전이 막을 열었다. 레이스베이크조약Treaty of Ryswick(1697)으로 루이는 자신이 레위니옹 정책으로 얻은 땅들을 대부분 포기하지 않으면 안 됐으나, 스트라스부르만은 지켜냈다. [엘자스] [흐로터 마르그트]

스페인왕위계승전쟁War of the Spanish Succession(1701~1713)은 '최초의 세계전쟁'이라 불러

도 무방할 전쟁이었다. 전쟁은 네덜란드, 이탈리아, 스페인, 그리고 곳곳의 식민지를 비롯해 공해 公海에서까지 치러졌다. 전쟁이 태동한 시점은 1700년의 그날 즉 스페인의 카를로스 2세가 후 사 없이 세상을 떠나고 루이 14세가 죽은 왕의 유훈을 받들되 그가 생전에 했던 약속들은 무시 하기로 결정한 때라 할 수 있었다. 루이는 전부터 프랑스 궁정에 한창 젊은 나이의 손자 필리프 당주Philippe d'Anjou를 데리고 나와서는 "이 아이가 바로 에스파냐[스페인]의 왕이요Voici le Roi d'Espagne"라고 말한 바 있었으니, 전쟁은 이미 피할 수 없는 일이었다. 이를 계기로 역사상 가 장 광대하고 또 가장 강력한 반反프랑스 동맹이 결성됐고, 동맹은 사부아의 외젠 공[프랑수아 외 젠 드 사부아-카리냥François Eugène de Savoie-Carignan), 말버러 공작Duke of Marlborough[제1대, 존 처 칠John Churchill), 시市최고참사회원 안토니에 헤인시우스Anthonie Heinsius의 3인 체제를 통해 형 성된 군사전선을 바탕으로 그 힘을 유지했다. 싸움은 스페인령 네덜란드에 네덜란드인이 보유하 고 있던 '방책 요새들'을 루이가 재점령하겠다는 대비책을 취하면서 일어났다. 싸움은 공성전과 공성전 풀기가 거듭되고, 육지와 바다 모두에서 참전국들의 기력이 다할 때까지 계속됐다. 1709 년 '죽을 지경으로' 치러졌지만 결정적 승부는 나지 않은, 그래도 프랑스 영토는 더는 침략당하 지 않을 수 있었던, 말플라크전투Battle of Malplaquet를 치르고 나서 클로드 루이 엑토르 드 빌 라르 육군 대원수는 자신의 군주에게 다음과 같이 말했다고 한다. "전하의 적군을 상대로 이런 식으로 한 번 더 승리를 거두었다가는, 사람들 삶이 다 끝장나버리고 말 것입니다."

프랑스 전쟁의 최종 결과는, 위트레흐트조약(1713)과 라슈타트조약Treaty of Rastatt(1714)에 잘 담겨 있듯, 전쟁의 어느 주요 참가국의 예상과도 맞지 않았다. 프랑스의 야욕은 다소 수그러 들기는 했을지언정 완전히 꺾이지 않았다. 프랑스는 수중에 여전히 릴, 프랑슈콩테, 알자스 같 은 여러 주요 지역을 움켜쥐고 있었다. 거기다 필리프 당주(곧 펠리페 5세)도 여전히 스페인의 왕 좌에 올라앉아 있었다. 네덜란드 역시 프랑스와 마찬가지로 기력 고갈이 심했으나 방책 요새들 을 장악한 채 국가의 명맥을 유지했다. 과거 반프랑스 동맹 편에 섰다가 손해를 보았던 스페인 은 이번에는 프랑스 편에 섰다가 다시 손해를 보고 말았다. 사실 스페인인들의 주목적은 통일 된 자신의 제국을 잘 지켜나가는 데 있었다. 이번 전쟁으로 스페인인들은 사력을 다해 피하려 했던 재앙을 스스로 불러들인 꼴이었다. 스페인의 유산이 프랑스 쪽으로 떨어지는 것을 막으려 애썼던 오스트리아인들은 상황이 이렇게 된 이상 군데군데 떨어진 전리품이라도 최대한 챙기기 로 마음먹어, 스페인령 네덜란드, 밀라노, 나폴리, 사르데냐가 오스트리아의 차지가 됐다. 프랑스 가 치른 일련의 전쟁으로 누가 봐도 가장 많은 수혜를 본 곳은 주변부 강국들이었다. 프로이센 의 호엔촐레른왕가, 그리고 사부아왕가는 이번 전쟁을 계기로 왕가의 지위를 확실히 인정받았 다. 호엔촐레른가는 라인강 상上헬데를란트와, 차일피일 미뤄진 끝에, 스웨덴령 포메라니아를 차 지할 수 있었다. 사부아가는 시칠리아를 차지했다. 그레이트브리튼섬에 탄생한 그레이트브린튼

흐로터 마르크트 GROTE MARKT

■
■
1695년, 브뤼셀의 흐로터 마르크트(프랑스어로는 그랑 플라스Grand Place)가 잿더미로 화했다. 프랑스 원수들 가운데서도 꽤 무능한 축에 속했던 빌레루아 공작(제2대) 프랑수아 드 뇌빌François de Neufville이 이 광장이 있는 도시에 맹렬한 포격을 퍼부은 결과였다. 루이 14세의 군대가 스페인령 네덜란드로 진격한 이 한 번의 교전에서 프랑스군이 파괴한 교회만 16개, 가옥이 4000채에 이르렀고, 지금껏 "유럽의 정치문화가 정점에 있을 때 그 모습을 돌 안에 완벽하게 담아냈다"라고 묘사되던 시민광장이 파괴됐다.[1] ("흐로터 마르크트"는 네덜란드어로 "대시장Grand Market"이라는 뜻이다.)

1312년 브뤼셀이 황제로부터 특허장을 받은 이후 몇십 년에 걸쳐 만들어진 흐로터 마르크트는 브라반트의 공작들과 부르군트 공작들의 마상시합 경주를 볼 수 있었던 곳이었다. 광장 남쪽에는 고딕 양식의 시청 건물이 약 48미터 높이로 늘씬하게 쭉 솟아오른 종루를 떠받치고 있었고, 금박을 입힌 성 미카엘의 동상이 종루 위에 얹혀 있었다. 그 맞은편 북쪽의 르네상스 양식의 왕의 저택은 왕은 한 번도 산 적이 없지만 여러 공작이 거처로 삼은 곳이었다. 광장의 양쪽 측면에는 '아홉 민족'의 길드 건물이 높이 솟아 있었으니, 스페인 왕의 '제빵사들의 돔', 정면이 조각상들로 꾸며진 궁수弓手 회관 '암늑대', '조선공들'이 쓰던 배꼬리 모양의 2층짜리 건물 등이었다. 이 건물들 앞의 자갈 깔린 보도에서는 에흐몬트 백작과 호른 백작의 처형을 지켜볼 수 있었다. 1795년에는 샤를-프랑수아 뒤 페리에 뒤무리에Charles-François du Périer Dumouriez(프랑스 장군)가 프랑스혁명을 선언하는 목소리가 울려 퍼졌고, 1830년에는 네덜란드 군대를 맞아 소규모 접전이 몇 차례 벌어졌다. 요즘에는 이곳이 오메강Ommegang(또는 오머항) 행진의 무대가 되고 있으니, 배우들이 공연하는 '카를 5세의 법정' 연극이 주된 부분을 이룬다(1549년 부르군트 출신으로 브뤼셀 브라반트 공작이자 신성로마제국 황제 카를 5세와 그의 아들 펠리페 2세가 안트베르펜, 브루헤, 브뤼셀에 입성했다). 이런 행사가 없는 날이면 꽃장수들, 일요일에 열리는 새 bird 시장이 주로 광장을 차지하고, 최근까지는 광장이 주로 주차장으로 활용됐다.

브뤼셀은 1713년 이후 오스트리아의 지배를 받으며 상당 부분이 복원됐으며, 1830년에 벨기에 왕국의 수노가 되면서 내내적으로 개조됐다. 19세기에 들어서는 새 지구들이 '5각형' 모양의 대로들을 통해 연결되면서 언덕 위쪽까지 뻗어나갔다. 쿠덴베르크에는 왕궁, 정부 부처, 의회가 들어섰다. 몽마르트를 본뜬 쾨켈베르크에는 압도적 위용의 돔이 얹힌 사크레쾨르 바실리카가 들어서, 1970년에야 완공됐다. 아토미움의 빈짝이는 금속 분자 조각품은 1958년의 만국박람회를 떠오르게 한다. 현대적 양식의 시테 드 베를레이몽(1967)에는 유럽연합 집행위원회 본부가, 자벤텀에는 나토 본부가 자리 잡고 있다. 1971년 이후로, 브뤼셀은 3개 언어 중 하나를 사용하는 벨기에의 주들 가운데서도 2개 공용어 사용 지역권을 형성해왔다—법적인 면에서는 플랑드르어, 프랑스어, 독일어 사용권과 동등한 지위를 누려왔다. 원래 브뤼셀은 플랑드르어가 압도적 위세를 떨치던 도시였으나, 지금은 프랑스어, 튀르키예어, 심지어는 영어 사용 지역까지 자리하는 등 그 어디보다 복잡한 언어 패턴을 보이고 있다.

감상적인 사람들은 유럽의 사태를 지켜보며 브뤼셀이 자국 안에서는 물론 이웃들의 민족주의까지도 극복해낼 것으로 여겨지는 만큼, 이 도시야말로 미래 유럽의 수도로 걸맞다고 생각해왔다. 근대 민족주의라는 어두컴컴한 산 아래를 출발해 '다문화가 존재하는' '다차원적 부르고뉴'라는 '기막히게 멋진 모델'을 향해 나아가는 '역사 터널'에서 그 초입에 자리한 곳이 바로 브뤼셀이라는 것이다.[2] 그럴 수도 있다. 하지만 지적이고 화려한 허세는 이 지방 스타일에는 잘 어울리지 않는다. 흐로터 마르크트에서 지척의 길거리 한 귀퉁이에는 조각상이 하나 서 있으니, 유쾌하기 짝이 없는 마네	격을 당하고도 살아남아 그 모든 지적 오만을 누를 만
컨 피스Manneken Pis(오줌 싸개 소년)가 빌레루아의 포	한 건강한 기운을 한껏 발산하고 있다.

연합왕국United Kingdom은(뒤의 내용 참조) 국가 위상이 엄청나게 상승했으며, 지브롤터해협과 미노르카섬, 뉴펀들랜드를 비롯한 여타 아메리카대륙의 땅, 스페인의 식민지 무역을 장악할 수 있었다. 그레이트브리튼연합왕국은 —더는 잉글랜드만으로 이루어진 나라가 아니었다— 이제 가장 막강한 해양 강국이자, 선두에 선 외교 중개자이자, 프랑스 패권을 저지할 주요국으로 부상해 있었다.

따라서 프랑스는 1680년대 초반의 전성기 이후부터는 루이 14세의 이른바 '위대한 실험'의 결실이 확연히 줄어들고 있었다. 수차례 전쟁이 일어나고, 종교적 박해가 행해지고, 위대한 인물들이 전부 세상을 떠난 것도 모자라, 더 고질적인 갖가지 실패가 프랑스에 찾아들었다. 나라로서도 사회로서도 프랑스가 장기간에 걸쳐 소모성의 질환을 앓고 있다는 징후가 여러 가지로 나타나고 있었다. 한 예로, 국가 재정이 대혼란 상태에 빠져들었다. 1715년 프랑스 행정부의 순익은 6900만 리브르였는데 지출액은 1억 3200만 리브르였다. 공채 규모는 8억 3000만부터 28억에 이르기까지 다양한 추정치가 나왔다.[22] 더 심각했던 문제는, 점점 더 많은 것을 박탈당하고 있던 프랑스 인구 대다수는 정작 거의 아무런 이익도 챙기지 못하고 있었다는 점이다. 갖은 수로 세금을 면제받는 귀족들의 추잡한 행태는 그칠 줄 몰랐다. 위그노들이 떠나면서 쓰린 상처를 입은 프랑스 중간계층은 국가 규제의 부담을 덜기 위해 사투를 벌이고 있었다. 농민들은 주린 배로 고생스럽게 일해야 했지만 상황이 좋아지리라는 희망은 없었다. 프랑스에서 기근이 몇 년 동안 이어지는 동안, 농민층이 얼마나 극심한 고통을 당했는지를 기록한 보고서들이 있는데 —기아에 허덕이는 농민층은 맨발로 떠돌면서 나무껍질, 나무열매, 비트 같은 것을 먹으며 연명했다— 당시 사망실태 및 식품 가격을 다룬 현대의 통계 연구들을 보면 보고서의 내용이 사실이었음을 알 수 있다. 대대적 유혈 반란이 일어난 지방도 줄을 이었다—베아른(1664), 비바레(1670), 보르도(1674), 브르타뉴(1675), 랑그도크(1703~1709), 카오르(1709) 등. 시골에서 일어나는 난동과 대저택 방화는 군사 진압과 대중 교수형으로 가차 없이 응징당했다. 프랑스는, 말하자면, 건물 정면은 여전히 번드르르했지만 그 토대는 흔들리고 있었다. 1715년 9월 1일, 루이 14세가 세상을 떠났을 때 추도사를 연 낭랑한 몇 마디와 함께 그의 통치는 막을 내렸다. 주교 장-바티스트 마시용Jean-Baptiste Massillon은 다음과 같이 읊조렸다. "나의 형제들이여, 이제 위대하신 분은 하느님 한 분밖에 없습니다Dieu seul est grand, mes frères."

18세기의 프랑스는 전적으로 루이 14세의 위대하지만 결함을 안은 실험에서 탄생한 자식이

라 할 수 있었다. 프랑스 계몽주의에서는 지적 동요가 활발히 일어났는바, 이는 루이가 만든 앙시앵레짐의 정치적·사회적 정체停滯에 대한 당연한 반응이라 할 수 있었다. 대내정책과 대외정책은 모든 영역에서 현상태status quo 유지에 전념했다. 존 로가 큰 리스크를 떠안고 추진한 갖가지 프로젝트는, 시작부터 프랑스 경제에 충격을 가하며 프랑스 체제에 내재해 있던 보수주의를 오히려 강화시켰고, 프랑스로 하여금 변화와 개혁이라는 개념 자체를 불신하게 만든 듯했다. 여기에 루이 15세(1710~1774, 재위 1715~1774)의 미성년 시절(1715~1723)로 인해 프랑스의 보수주의는 한층 강고하게 다져졌는바, 세련됐지만 방탕했던 섭정 필리프 도를레앙Philippe d'Orléans 공작의 양손에 국정 운영의 고삐가 쥐어져 있었던 데다, 이 어린 왕은 오랜 기간 자신을 가르친 노회한 스승인 앙드레 에르퀼 드 플뢰리André Hercule de Fleury(1653~1743) 추기경의 말에 고분고분 따랐기 때문이다. 섭정은 왕이 내린 칙령—끝없이 말썽을 일으키고도 그 책임은 면하고자 할 때 고전으로 써먹던 수법이었다—에 파를망〔고등법원〕이 항의하고 나설 수 있는 권리를 되살렸다. 추기경은 원활히 돌아가는 안정의 시대를 감독하게 됐으나, 그래 봐야 수시로 외교적 위기가 불거지는가 하면 얀선주의를 둘러싸고 다시금 격렬한 논쟁이 불붙는 모습이 뚜렷했다. 루이 15세의 친정親政(1723~1774) 동안 왕은 나라를 통치하는 일보다 여자와 수사슴을 사냥하는 일에 더 관심이 더 커서 프랑스는 나라의 힘이 점차 빠지는 침체기를 경험했다. 끝날 기미가 없는 재정 위기는 걸핏하면 벌어지는 전쟁들이 위기를 부추기면서 왕실과 파를망 사이 충돌은 일상의 광경이 됐다. 교황권지상론자, 갈리아주의자, 얀선주의자들 사이의 종교적 반목은, 1764년 예수회가 축출당하면서 절정에 이르렀으며, 악의와 반계몽주의로 점철된 의례 싸움으로 변질됐다. 왕실과 민중 사이의 간극도 그 어느 때보다 크게 벌어졌다. 이 시대에 가장 기억에 남을 만한 인물을 꼽으라면 당연히 퐁파두르 부인Madame de Pompadou〔잔-앙투아네트 푸아송Jeanne-Antoinette Poisson〕(1721~1764)을 들 수밖에 없을 것이다—그녀는 뛰어난 지적 능력을 지녔고 막강한 위세를 떨쳤지만 결국에는 누구보다도 무력했다. 겉으로 내색할 순 없었어도 왕이 삶을 따분해 하는 것에 그녀는 자신이 할만한 일들을 해준 것이었으며, 당대에 촌철살인의 명구로 통하던 말도 생전에 그녀가 남긴 것으로 알려져 있다. "나 떠나고 난 뒤 홍수가 닥치든 말든Après nous le deluge." 〔코르시카〕 〔구상〕

루이 16세Louis XVI(재위 1774~1792)는 자신이 조부〔루이 15세〕만큼이나 길고 또 따분하게 통치를 할 수 있기를 고대했던 게 틀림없다. 그는 프랑스에 개혁이 필요하다고 보기까지 했다. 하지만 앙시앵레짐의 일원으로서 가장 먼저 옥에 갇힌 것이 루이 16세였다. 프랑스에 홍수가 덮친 바로 그날인 1789년 7월 14일에 왕이 적은 일기의 첫머리는 그의 조부가 사냥에 나갔다가 아무것도 잡지 못한 날에 늘상 적었던 말로 시작하고 있다. "아무 일 없다Rien".

브리튼제도에서는 여러 복잡한 종교, 왕조, 헌법, 국제 정세가 맞물려 당대의 가장 중차대한 사건이 일어나니 연합왕국(잉글랜드와 스코틀랜드 두 왕국이 합동한 그레이트브리튼연합왕국)의 창건(1707)이다. 내전 이후 스튜어트왕가의 왕정복고로 브리튼제도에는 이미 불편한 대립관계가 형성돼 있었고, 찰스 2세의 통치(1660~1685)는 두 차례 네덜란드와의 전쟁과, 1679년 날조로 일어난 구교도음모사건Popish Plot[영국의 카톨릭교도가 국왕 찰스 2세를 상대로 꾀했다고 알려진 가공架空의 음모]와, 스코틀랜드의 서약주의 신도들[언약도들]Covenanters이 일으킨 두 차례의 반란을 넘겼다. 이 무렵 브리튼제도에서는 국교회가 도로 패권을 거머쥐면서 종교적 관용에는 얼마간의 제약이 생겼다. 잉글랜드에서 클래런던법령Clarendon Code[1661~1665, 왕정복고 이후 국교 재건을 위해 제정한 4가지 법령]과 심사율審査律, Test Acts[1673, 비국교도가 시정市政기관의 공직에 오를 수 없도록 규정한 법령]이 제정되고, 아일랜드와 스코틀랜드에서 다시 주교제를 시행하도록 한 것이 종교적 관용에 제한이 생기기 시작했음을 보여주는 뚜렷한 증거들이었다. 외교정책에서는 상업적 이해를 따져 네덜란드와 싸우는 편이 나을지 종교와 전략 면에서의 득실을 고려해 네덜란드를 지원해주는 편이 나을지를 두고 의견이 첨예하게 갈렸다. [로이즈]

이 모든 쟁점이 불거진 것은 1685년 제임스 2세James II(재위 1686~1688, 1701년 몰)가 ─호전적 가톨릭교도이자, 절대주의 신봉자였으며, 루이 14세의 원조를 받았다─ 찰스의 뒤를 이어 잉글랜드 왕위에 오르고 난 이후의 일이었다. 그는 즉위 당시에도 기념행사라도 갖듯 실패로 돌아간 두 차례의 반란(1685)을 더 겪어야 했다─스코틀랜드에서 아르길 공작Duke of Argyll[제9대, 아치볼드 캠벨Archibald Campbell]이 일으킨 것과, 잉글랜드에서 몬머스 공작Duke of Monmouth[제1대, 제임스 스콧James Scott]이 일으킨 것이었다. 또 제임스 왕이 종교적 관용 법안들을 폭넓게 조정해 그것들을 가톨릭교도들에게까지 적용하려고 했을 때는, 잉글랜드에서 지배적 세력으로 군림하던 프로테스탄들 및 의회파─이후로 '휘그파Whigs'라 알려지게 됐다─가 왕당파─이후로 '토리파Tories'로 알려지게 됐다─를 상대로 결전을 강요했다. 그렇게 해서 불려 나온 시민적 반목과 종교적 반목이라는 유령은, 아일랜드 거주 잉글랜드인이었던 브레이의 교구목사Vicar of Bray 같은 별의별 기회주의자들이 다 끼어 있었지만, 무슨 일이 있어도 꿈쩍 않고 자기 자리를 지킬 기세였다["Vicar of Bray"는 아일랜드 교구인 브레이의 목사가 왕이 새로 즉위할 때마다 왕의 성향에 따라 신교와 구교를 오간 데에서 후일 "기회주의적 변절자"의 의미로 통하게 됐다].

지체 높은 제임스께서 왕좌를 차지하여
천주교를 믿는 것이 대세가 됐을 때
한껏 야유를 보냈지 나는, 처벌법에 대해
그리고 서명했지, 신교자유 선언에

코르시카 CORSICA

■
■　나폴레옹 보나파르트(나폴레옹 1세)가 프랑스 왕
의 신민으로서 이 세상에 태어났는지는 지금도
논쟁의 여지가 있다. 나폴레옹의 형 조제프는 확실히
아니었다. 제노바공화국이 루이 15세에게 코르시카섬
을 팔긴 했으나, 코르시카 의회가 이 거래를 승인한
것은 1770년 9월에나 이르러서의 일로 나폴레옹이
한 살이던 때였다. 나폴레옹의 아버지는 생전에 파스
콸레 파올리Pasquale Paoli의 비서로 봉직했었는데,
파올리는 코르시카에서 제노바에 항거하는 반란을 이
끄는가 하면 나중에는 자코뱅파(클뢰브 데 자코뱅)가 장
악한 통치에 맞서 또 한 차례 봉기를 이끌었다가 끝내
잉글랜드에서 죽음을 맞았다.

코르시카는 자치 곧 테라 디 코뮌terra di commune의
역사가 깊은 곳으로, 그 기원은 11세기까지 거슬러 올
라간다("코뮌"은 자치공동체를 말한다). 코르시카자치령은
피사·제노바는 물론 프랑스 왕실의 종주권 아래서도
명맥을 이어갔으나 프랑스공화국이 생겨나면서 탄압
을 받게 됐다.

1793년 이후 코르시카는 90번 행정구역Département
90으로서 프랑스 본국 안으로 통합됐다. 그러나 코
르시카의 개별적 특징은 매우 뚜렷하며, 현지의 분리
주의 운동 역시 언제나 수그러든 적이 없다. 1982년
의 지방 법을 통해 얼마간 자치를 되찾기는 했으나, 그
것으로는 반프랑스 테러를 근절하기에는 충분치 못했
다. 불법단체로 규정된 코르시카민족해방전선Fronte
di liberazione naziunale di a Corsica, FLNC은 스
페인 바스크 지방의 ETA(바스크조국과자유Euskadi Ta
Askatasuna)나 북아일랜드의 IRA(아일랜드공화국군Irish
Republican Army)에 견주어지기도 한다.[1] 세간에 널
리 퍼진 편견과는 달리, 테러로 무장한 민족주의를 반
드시 동유럽이나 발칸반도에서만 찾아볼 수 있는 것은
아니다.

로이즈 LLOYD'S

■
■　1688년 2월 18일자 《런던 가제트London
Gazette》지에 타워스트리트에서 에드워드 로이
드Edward Lloyd(1713년 몰)가 운영하던 한 커피하우스
(로이즈커피하우스Lloyd's Coffee House)에 관한 기사가 실
렸다. 그로부터 얼마 후, 로이드는 자신이 직접 주간 소
식지를 발행하게 되는데, 《로이드 리스트Lloyd's List》
의 전신인 이 간행물에는 상업 및 선적 관련 소식이
실려 있었다. 이 활동을 통해 로이드는 보험업에 관심
있는 모든 사람에게 만남의 장소와 정보 서비스를 함
께 제공했다. 이후 로이드의 사업은 세계 최대의 보험
협회로까지 성장한다. 로이드의 사업체는 로열익스체
인지로 자리를 옮겨 1774년에는 최초의 표준 약관을
발행했다. 로이즈 보험은 1811년 조직 재편을 거쳐(타
바드), 1888년에는 법령을 통해 특권을 보장받았다.[1]
지금도 로이즈 보험은 수많은 자금 가입자로 구성된
'네임Name'으로 불리는 신디케이트syndicate(공채, 사
채, 주식 따위의 유가증권을 인수하기 위해 조직된 금융기관
의 연합체)와, 발행된 모든 약관의 보장을 분담하는 '보
험업underwriter' 회사들 사이에서 접점을 찾아주는
역할을 한다.

보험업은 안전을 파는 사업이다. 보험업의 뿌리는 중
세 이탈리아의 무역도시들로까지 거슬러 올라가니, 당
시 이들 도시에서는 '상호부조'나 리스크 분담 같은 원
칙들이 쉽사리 이해됐다. 보험업은 상업 성장에 필요
한 선결 요건의 하나였다. 18세기 들어 보험업이 급성
장했다는 것은 여러 방면에서 안전성이 더욱 폭넓게
보장됐음을 반영한다.

초기에 보험문화는 협소한 상인 엘리트 계층의 전유
물이었다. [메르칸테] 하지만 보험업은 차츰 그 경계를
넓혀나갔다─처음에는 화재·생명·사고, 건강 같은 새
로운 리스크 영역에 발을 들였고, 두 번째로는 새로
운 사회계층으로 입지를 넓혔으며, 세 번째로는 유럽

의 덜 상업화된 지역까지 영역을 확대했다. 19세기 중반에 이르러서는 각국 정부가 일반 보험제도의 혜택을 신중히 고민하기 시작했다. 1888년에는 독일 정부가 모든 국가 공무원을 대상으로 건강 및 연금 보험제도를 도입했다. 20세기 후반에는 모든 사람이 권리로서 이용할 수 있는 '사회보장social security'의 개념이 폭넓게 받아들여지는 이상이 됐다.

보험은 사회심리 영역에 광범위한 함의를 지니고 있었다. 만성적 불안정이 그간 사람들 사이에 종교라는 전통적 믿음을 키워왔다면[마술], 물질적 진보는 운과 죽음이라는 인간이 종잡지 못할 것들에 대한 대중의 반응에 영향력을 끼칠 수밖에 없었다. 1693년, 왕립학회가 에드먼드 핼리Edmund Halley[영국 천문학자·수학자]에게 '인류의 사망 등급The Degrees of the Mortality of Mankind'을 주제로 통계보고서 준비 작업을 의뢰했

다. 그즈음 연령을 고려하지 않고 연금을 판매한 결과 엄청난 재정적 타격이 발생하면서 우려가 생겨난 터였다. 핼리가 알아낸 바에 의하면, 이와 관련한 적절한 자료는 오스트리아 실레지아[슐레지엔]의 브레슬라우[브로츠와프]에만 있었던바, 사망 등록 기록에 사망자의 연령도 표시돼 있었기 때문이다. 핼리는 1687~1691년 브레슬라우의 출생 6193건과 사망 5869건을 분석한 표를 작성해, 인구를 연령집단으로 분류하고, 각 집단의 총 인구수를 추산하고, 각 연령의 매해 사망자 수를 나타냈다. 이를 기반으로 핼리는 기대수명 및 다양한 사망확률의 원칙을 제시할 수 있었다. 핼리의 이 '브레슬라우 표Breslau Table'는 모든 보험 통계 계산의 선구로 꼽혔다.[2] 인간의 죽음을 독점해오던 하늘의 뜻은 이렇게 해서 그 입지를 빼앗겼다.

그때는 믿었지, 로마교회야말로
나의 헌법에 무엇보다 잘 맞는다고
아울러 한때 나는 예수회의 일원이었는데
그럼에도 혁명을 지지했다네
그리고 바로 이것이야말로 내가 끝까지 지켜갈 법이니,
이 목숨이 다하는 그날까지, 아무렴!
그 어떤 왕이 나라를 다스리던 간에,
브레이의 목사는 내가 될 것이라는 법을, 아무렴![23]

제임스 2세는 자신이 프랑스의 지원을 이끌어낼 수 있으리라 철석같이 믿었고, 결국 두 번째 시도에서 기어이 나라 밖으로 도주하는 데에 성공했다.

이때 프로테스탄트가 확실히 승리를 거머쥘 수 있었던 것은, 당시 네덜란드의 총독이자 제임스 2세의 딸 메리[메리 2세Mary II]의 남편 빌럼 3세 판 오라녀가 단호하게 행동에 나서준 덕분으로, 그는 잉글랜드가 루이 14세의 손에 떨어지는 것은 어떻게든 막아야 한다는 결의에 차 있었다. 1688년 11월 5일 잉글랜드의 토베이에 상륙한 그는 별다른 저항을 받지 않고 런던에서 잉글랜드 군대를 말끔히 몰아낸 후 어떤 공격에도 버텨낼 수 있을 견고한 입지를 확립했다. 그

런 뒤에야 빌럼은 컨벤션의회Convention Parliament[영국에서는 왕이 소집하지 않는 의회를 컨벤션 Convention이라 칭했다]를 소집해 '명예로운glorious' 그리고 '무혈의bloodless'의 혁명에 성공했고, 의회로부터 그의 아내와 함께 잉글랜드 왕좌에 올라달라는 제안을 받았다[빌럼은 곧 윌리엄 3세가 된다].[24] 이것이야말로 이 사태에 발을 들인 모든 당사자에게 딱 맞는 해결책이었다. 우선 연합주 의회에서는 빌럼의 군사작전 비용을 지불했었는바 자신들의 총독이 네덜란드에 있을 때보다 해외에 나가 더 든든한 입지를 다진 것에 흡족했다. 빌럼 입장에서는 프랑스에 맞서 싸울 때 자신이 이용할 수 있는 자원이 대폭 늘어난 것에 흡족했다. 잉글랜드의 '휘그파'로서는 외국인 왕을 두면 스튜어트왕가보다도 더 쉽게 왕을 주무를 수 있을 거라는 사실에 마음이 흡족했다.

잉글랜드의 경우, 이 '혁명'은 [1687년과 1688년의] 신교자유선언[신교자유령]Declaration of Indulgence 및 [1689년의] 권리장전Bill of Rights, 또 한 차례의 [1688년의] 관용령Toleration Act(프로테스탄트로 구성된 반대파는 용인했지만 가톨릭교도들은 용인하지 않았다)을 통해 그 과정이 공식화됐다. 잉글랜드에서 혁명은 새 내용의 법령 정비와 긴밀한 연관이 있었으니, 법령을 통해 국왕이 갖고 있던 힘의 균형추가 대거 의회 쪽으로 이동했다. 아일랜드에서는, 피비린내 나는 정복과 1690년 7월 1일(또는 11일)의 보인전투Battle of the Boyne*에서 "빌리 왕King Billy"[윌리엄 3세]과 그의 "오렌지 병사들Orangemen"[오라녀단團]이 승리하면서 혁명이 이뤄졌다. 이를 계기로 대체로 가톨릭을 신봉한 아일랜드에서도 프로테스탄트가 영구적으로 패권을 확립하게 됐다. 스코틀랜드에서는 이웃을 배반하고 일어난 글렌코집단학살Massacre of Glencoe(1692)—가톨릭을 신봉한 맥도널드가家 사람들이 잉글랜드의 지원을 받은 캠벨가에 살해당한 사건으로, 이때를 기점으로 스코틀랜드 저지와 고지 사람들은 서로 목숨 건 전쟁을 벌이게 된다—이 혁명을 마무리 짓는 역할을 했다. 국제적 차원에서 보자면, 혁명이 일어날 즈음 잉글랜드와 스코틀랜드는 아우크스부르크동맹에 참여하는 동시에, 이후 루이 14세를 견제하는 모든 연합에도 참여했다.

따라서 1688~1689년의 '명예혁명Glorious Revolution'은 사실 그렇게 명예로운 사건도 또 혁명적 사건도 아니었다. 이 혁명이 시작된 것은 제임스 2세의 과격한 제안들로부터 정치계와 종교계의 기득권층을 구하기 위해서였다. 혁명이 결실을 맺을 수 있었던 것도 1066년 이후 단 한 번도 성공한 적 없던 타국의 잉글랜드 침공이 이번엔 성공했던 게 주효했다. 그럼에도 이후 수 세대가 흐르면서 이 사건을 모태로 강력한 신화가 탄생하게 된다. 신화는 당시에 생겨난 입헌주의 신조의 근본을 형성하고 있었으니, 이 입헌주의 신조는 '잉글랜드의 이념the English Ideology'으로 통하게 된 것으로 다름 아닌 의회가 절대적 주권을 가진다고 가정한다. 법학자 윌리엄 블

---

* 1690년 7월 1일(과거 책력) = 1690년 7월 11일(새 책력). 책력 변경으로 혼동이 발생한 탓에(아니면 1690년 7월에 프로테스탄트들이 어흐림에서 거둔 두 번째 승리와 헷갈린 것일 수도 있다), 북아일랜드에서는 7월 12일을 '보인'전투의 날로 정해 국경일로 지내고 있다.

랙스톤William Blackstone(1723~1780)이 표현했듯, "절대적 전제권력absolute despotic power"은 군주의 손을 떠나 선출을 받는 의회의 손에 넘어간 상태라는 것이 이 신조의 주장이었다. 적어도 이론상으로는, 혁명으로 이제는 의회가 과거 잉글랜드의 왕들이 누리던 그 모든 고고한 권위주의를 행사하며 통치할 힘을 부여받게 됐다는 것이었다. 이런 점에서 입헌주의 신조는 주권재민〔국민주권〕the Sovereignty of the People의 신조와는 근본적 차원에서 달랐고, 당대 유럽의 다른 국가 대부분은 차후 미국 혹은 혁명기 프랑스를 본보기로 삼아 주권재민 신조를 받아들였는바, 주권재민 신조는 해당 정치체의 모든 분과를 관할하는 하나의 공식적 헌법을 통해 현실에서 운용된다는 특징이 있다. 입헌주의 신조는 단순히 프로테스탄트가 세력을 확립하는 데서 뿐만 아니라 대영제국에서 잉글랜드가 패권을 잡는 데서도 기함 노릇을 해줄 수밖에 없었는데, 잉글랜드 하원의원들은 갖가지 수를 써서 비非잉글랜드인들을 누르고 과반 이상의 의석을 차지할 수 있었기 때문이다. 입헌주의 신조는 이후 수 세기 동안의 그 모든 변화를 무릅쓰고 명맥을 유지해나가게 되며, 300년 뒤 유럽에 통일된 유럽공동체European Community가 탄생했을 때에도 영국이 공동체에 가입하는 데에 여전히 장애물로 작용하게 된다.[25]

혁명 당시에는 왕조 문제가 워낙 복잡해 25년 동안은 상황이 어떻게 마무리될지 불분명했다. 루이 14세는 1701년부터 제임스 에드워드 스튜어트James Edward Stuart '곧 늙은 왕위요구자Old Pretender' 혹은 '제임스 3세James III'(1688~1766)의 왕위 계승 요구를 인정해주었고, 그 사이 메리(1694), 윌리엄 3세(1702), 앤 여왕Queen Anne(재위 1702~1714)이 낳은 17명의 자식들도 모두 세상을 떠나면서 프로테스탄트파 스튜어트왕가에는 후계자가 남아 있지 않게 됐다. 스페인왕위계승전쟁이 한창인 동안, 후계자가 남아 있지 않은 상황이 어떤 말썽을 불러올지는 뻔했다. 거기에다 잉글랜드와 스코틀랜드 사이에 맺어진 연합법Act of Union(1707)도 대체로, 런던과 에든버러 모두에서 왕조 문제와 관련된 그간 합의들이 대거 표류하게 될 것이라는 절망감을 안은 채 탄생한 것이었다("연합법"은 스코틀랜드왕국과 잉글랜드왕국이 합병해 그레이트브리튼왕국이 될 것을 결의한 법이다). 스코틀랜드 의회는 자신들의 모임을 해산해야 했지만, 그 대가로 앞으로 스코틀랜드는 양국 간에는 자유무역이 이루어지도록 하겠다는 보장을 잉글랜드로부터 받아냈고, 잉글랜드 화폐로 스코틀랜드의 거대한 빚을 탕감하기로 합의했으며, 스코틀랜드인의 법과 장로교교회도 별개로 존속시키기로 했고, 성문화하지는 않았지만 툭하면 반란을 일으키는 스코틀랜드 고지인들도 잉글랜드 무장 군대가 진압한다는 약속을 받아냈다(부록 1627쪽 참조).

이후로 '그레이트브리튼연합왕국United Kingdom of Great Britain'은 웨스트민스터에 자리한 합동 의회의 통치를 받게 됐고, '영국의British'의 새로운 민족성이 생겨나 그보다 더 오랫동안 브리튼제도를 구성했던 여러 나라에 덧입혀졌다. 오늘날 영국의 정체성은 이 시기에 생겨난 것이라 할 수 있다. 이때부터 스코틀랜드가 별개로 간직하고 있던 역사의 기억은 차츰 사라지게 된다. 반면 잉글랜드가 간직한 전통은 고귀한 것으로 숭배를 받았다. 이로써 영국은 각기 섬으로 나뉘어 있던 상태에서 벗어나 자신의 존재를 그 어느 때보다 큰 목소리로 과시하게 됐다. 영국은 스튜어트왕가를 계승할 곳으로 하노버왕조를 선택했고, 그 과정에서 열띤 경쟁이 벌어지기는 했으나, 이 선택은 결국 실행에 옮겨졌다. 이후로는 잉글랜드에도 스코틀랜드에도 뿌리를 두지 않은 군주 일가가 영국성Britishness을 떠받치는 기둥으로 자리 잡았다.[26] [고타] [메이슨]

자코바이트Jacobite가 내건 명분은 18세기 상당 기간 동안 이어졌는바, 1688~1714년의 사건들 동안 영국이 잃어버리고 만 모든 것을 아우르고 있었다("자코바이트"는 명예혁명 때 프랑스에 망명한 제임스 2세와 그 자손을 지지하고 왕위 부활을 꾀한 정치세력이다. 제임스James의 라틴어 발음에서 유래한 명칭이다). '늙은 왕위요구자'와 그의 아들 찰스 에드워드 스튜어트Charles Edward Stuart('젊은 왕위요구자Young Pretender' '보니 프린스 찰리Bonnie Prince Charlie' '찰스 3세Charles III')가 겪은 개인적 인생 역정도 그랬지만, 그와 같은 명분은 어이없이 무너진 질서와 관련해 당대인이 느낀 모든 쓰라린 감정을 한 덩어리로 뭉쳐지게 했다. 자코바이트의 명분에는 과거 영국의 군주제가 종말을 고했다는 사실과, 잉글랜드의 가톨릭교와 그것이 유럽 각국과 맺고 있던 연대가 사라져버렸다는 사실, 아울러 스코틀랜드인과 아일랜드인이 자신들의 운명을 스스로 책임질 수 있는 권리를 상실했다는 사실에 대한 비탄이 어려 있었다. 잉글랜드에서 이러한 명분은 극단적 성향의 수많은 토리파를 비롯해, 고국을 떠난 모든 도망자와 망명자를 안타까워하며 눈물 흘린 사람들 모두로부터 공감을 얻었다. 아울러 이와 같은 명분은 두 번의 대규모 봉기를 일으키기도 했다—하나는 '15년봉기'(1715)로 자코바이트 군대가 멀리 남쪽의 랭커셔까지 진군했고, 다른 하나는 '45년봉기'(1745)로 자코바이트 군대가 더비까지 다다랐다.

'45년봉기' 때에는 그야말로 사상 최대의 군사작전이 벌어져 스코틀랜드 고지 문명이 처참하게 파괴됐다. 1746년 4월 16일 끔찍한 컬로든무어Culloden Moor 재앙 곧 해당 씨족이 행한 최후의 대규모 돌격이 붉은 코트를 입은 잉글랜드인과 로랜드 스코틀랜드인의 일제 사격 앞에서 무참히 저지당한 이후, 이들 씨족 일원들은 영원히 탄압당하며 살아야 하는 처지가 됐다("붉은 코트redcoat"는 잉글랜드군이 착용한 붉은색 제복을 말한다). 이들은 더는 게일어를 쓸 수 없었거니와 씨족 고유의 의상도 입을 수 없었으며, 조직을 만들 수도 없었고, 지도자들은 타지로 추방당하는 신세가 됐다. 아울러 끔찍한 소거掃去, Clearance 곧 왕당파 지주들이 양을 기르기 위해 자신들 땅에 살던 주민들을 강제로 추방한 조치로 말미암아 이제 스코틀랜드에 사는 게일인Gaels보다 북아메리카에 사는 게일인들이 더 많아졌다. 이때 사람들이 쫓겨나면서 스코틀랜드 하일랜드에는 뇌리에 깊이 남을 만큼 황량한 풍경이 자리 잡게 됐지만, 그 이후에나 이곳을 찾게 된 관광객들은 전후 사정은 잘 알지 못하는 채 그 고즈넉함에 감탄만 할 뿐이다. [필리베그]

소거는 잉글랜드에서 2세기가 넘게 지속되면서 소작농들을 토지에서 몰아낸 인클로저운동과 맞물렸고 이후 영국 사회에서 가장 영구적인 특징 중 일부가 되는 [소작농] 소개疏開 과정이 마무리됐다. 유럽의 다른 대부분의 나라들은 농민층이 사회의 중추를 이루었으나, 이와 같은 소개 작업들로 이제 영국에서는 농민층을 더는 찾아볼 수 없게 됐다. 사회적 연대도, 초기 단계의 민주주의도, 농민층이 기반이 된 공동체에서 자연스럽게 자라나는 일종의 민족의식도, 소개 작업 속에서 온데간데없이 사라졌다. 이 말은 곧 영국의 민족의식은 이제 국가의 각종 제도를 통해, 특히 국왕과 제국으로부터 아래쪽으로만 투영될 수 있지 농민 가정이 자신의 땅에 애착을 가지고 살아가는 삶을 통해 위쪽으로 형성되기는 불가능해졌다는 뜻이었다. 이후로 영국의 땅은 부유한 소수의 농민과 지주들의 재산이 대부분을 차지하게 됐다. 사회 역시 날 때부터 많은 것을 가진 왕족 계통의 소수와 많은 것을 빼앗기는 다수로 나뉘었고, 다수에 속한 사람들은 자신들이 뭔가를 제대로 물려받지 못해 영국 계급 체제의 핵심부로 진입하지 못했다는 원한을 어렴풋이 가슴에 안은 채 살아가게 된다.

브리튼제도에 속해 있으면서도, 아일랜드는 다른 나라라고 할 만큼 거리가 멀게 느껴지는 곳이었다. 스코틀랜드 하일랜드가 당한 수난에 비하면 아일랜드의 운명은 무난했다고 할 수 있지만, 아일랜드가 겪은 반목의 유산도 확실히 깊고 비통했다. 일단 아일랜드에서는 종교전쟁 동안 프로테스탄트와 가톨릭교도 모두 부당한 박해로 고통당한 바 있었다. 그러다 1691년 이후로는 가톨릭교도의 공직 진출, 재산 소유, 교육, 통혼 등을 금지하는 매우 가혹한 형법이 제정되면서 프로테스탄트의 패권이 한층 강화됐다. 아일랜드의 경우 1707년 연합법에서는 합병에서 배제됐다. 아일랜드는 독자적으로 의회를 계속 열 수 있었으나, 먼 옛날 제정된 '포이닝스법Poynings' law'(1494) 즉 런던에 있는 왕의 대신들이 입법을 자동적으로 제어할 수 있게 한 것에 여전히 따라야만 했다. 아일랜드는, 거기다 스코틀랜드와는 달리, 잉글랜드와의 자유무역으로 혜택을 받을 수 있는 것도 아니었다. 또 웨일스와는 달리, 어떤 식으로든 민족적 부흥이나 문화적 부흥을 경험하지도 못했다. 프로테스탄트를 신봉한 곳으로 위그노 망명자들이 돈벌이가 되는 리넨산업을 시작한 얼스터만 유일하게 예외로 칠 수 있을 뿐, 아일랜드는 영국의 산업혁명에 직접적으로 참여하지도 않았다. 1726~1729년과 1739~1741년의 기근은 1840년대 대재난의 전조라 할 수 있었다. 1761년에는 악랄한 행태를 서슴지 않은 '백의당원Whiteboy'파가 시골에서 처음으로 모습을 드러냈다. 이 무렵 헨리 플루드Henry Flood(1732~1791)와 헨리 그라탄Henry Grattan(1746~1820)이 이끈 개혁 운동은, 테오발드 울프 톤Theobald Wolfe Tone과 그가 이끈 연합아일랜드인회United Irishmen의 무위에 그친 반란(1798)에 밀리고, 아울러 제2차 연합법(1801)을 통해 아일랜드가 영국에 강제 편입 되면서 종국에는 유야무야되고 말았다.

하노버왕가가 다스린 영국은 그 명맥을 123년간 이어갔다. 조지George라는 이름을 쓴 네 왕의 통치―1세(1714~1727), 2세(1727~1760), 3세(1760~1820), 4세(1820~1830)― 동안 영국은 진정

메이슨MASON

■■ 1717년 성 요한 세례자 축일, 런던에 설립된 프리메이슨 단원 4개 지부 대표들이 '거위와 석쇠Goose and Gridiron'라는 선술집에서 만나 '세계 총본부Mother Grand Lodge of the World'를 설립하고 초대 총본부장까지 선출했다. 당시의 회의록은 지금은 찾아볼 수 없으나, 프리메이슨리를 연구하는 역사학자들은 이 모임이 열렸다는 사실이나 이후 런던 총본부가 프리메이슨 국제 운동의 중추 역할을 했다는 사실에는 의문을 갖지 않는다.[1] ('메이슨'은 영어로 "석공"이라는 뜻이다.)

프리메이슨리Freemasonry의 초기 역사는 오리무중이다("프리메이슨리"는 프리메이슨단 또는 프리메이슨단의 주의나 제도를, "프리메이슨Freemason"은 그 소속 회원을 말한다). 13세기의 교황칙서를 통해 교회 건설자들 모임을 만들라고 했다는 이야기가 전하지만 이는 순전히 허구다. 프리메이슨과 중세의 슈타인메츠Steinmetz사이 연관성도 그러지만, 프리메이슨과 지하조직이었던 전직 템플기사단 사이 연관성은 더욱 그 근거거 희박하다("슈타인메츠"는 독일어로 "석공"이라는 뜻이다). 1723년의 한 보고서에는 다음과 같은 의미심장한 어구가 들어 있었다.

역사가 고대의 우화일 리 없다고 하면
프리메이슨은 바벨탑에서 왔도다.

프리메이슨을 언급한 가장 오래된 신빙성 있는 사료는 17세기의 스코틀랜드로 거슬러 올라가며 잉글랜드내전 동안 잉글랜드와의 교류 속에서 찾을 수 있다. 엘리어스 애시몰Elias Ashmole(1617~1692)은 고미술학자이자, 점성술사이자, 옥스퍼드박물관 설립자로 자신이 프리메이슨단에 입회할 때의 경험을 일기에 이렇게 기록해두었다.

1646년 10월 16일, 오후 4시 30분. 나는 랭커셔의 워링턴에서 체셔 출신의 헨리 메인워링Henry Mainwaring 대령과 함께 프리메이슨단에 입회했다. 이때 회관에 있던 사람들 이름은 다음과 같다. 리처드. 펜케트 워드 선생Mr Richard Penket Warden, 제임스 콜리어 선생Mr. James Collier. 리처드 생키 선생Mr. Richard Sankey. 헨리 리틀러Henry Littler, 존 엘람John Ellam, 리처드 엘람Richard Ellam, 휴 브루Hugh Brew.[2]

프리메이슨단을 감싸고 있던 신비주의 분위기는 의도적으로 조성한 것이었다. 그것이 프리메이슨 지지자들에게는 매력으로 느껴지고 반대자들에게는 볼썽사납게 여겨졌다. 비입회자들로서는 프리메이슨의 의례, 위계 서열, 가짜 동양어로 된 은어, 신호와 상징, 조직의 목적을 그저 추측만 할 뿐이었다. 나침반과 정사각형, 앞치마와 장갑, 마룻바닥 위의 원은 이 운동이 중세의 길드에서 연원했다는 믿음을 키우려 만들어진 것임이 분명하다. 그러나 그동안 세간에서 가장 큰 논란을 불러일으켜온 것은 과거에 행해졌다고 여겨지는 프리메이슨의 비밀서약이었다. 한 사료에 따르면, 입회자는 눈을 가린 채 다음과 같은 질문을 받았다고 한다.

"당신은 누구에게 믿음을 두고 있습니까?" 그러면 "하느님을 믿습니다"라고 대답했다. "당신은 어디를 여행하고 있습니까?"라고 물으면, "서쪽에서 동쪽으로, 빛을 향해"라고 답했다. 그러고는 성경 위에 손을 얹고, 이 모임의 비밀들을 "나의 목이 잘려나가고, 나의 혀가 찢기고, 나의 몸이 바다의 거친 모래 속에 묻히는 한이 있어도 절대" 누설하지 않겠다고 약속해야만 했다. [...][3]

프리메이슨단은 본질적 측면에서 늘 상호 이익을 도모하는 모임의 역할을 해왔다(그 이익이 어떤 것인지는 그 어디에도 규정돼 있지 않지만). 프리메이슨단의 적들은 여성들을 입회시키지 않았다는 이유로 이 조직이 반페미니즘적이며, 타인을 해할 수 있는 정치적·상업적·사회적 계획을 맺어 서로를 돕자는 취지였다는 이유로 반사회적이고 반기독교적 조직이라고 주장했다. 반면 프리메이슨들은 자신들은 무신론에 반대하고, 종교적 관용을 보이며, 정치에서는 중립적이고, 자선 사업에 헌신한다는 점을 늘 강조해왔다.

프리메이슨의 세가 급격히 확대된 것은 18세기였다. 프리메이슨은 영국 귀족의 최상류층을 영입해 오랫동안 군주제를 떠받치는 기둥 역할을 했다. 1725년에는 국외에 거주하던 스코틀랜드인들이 파리에 지부를 설립했고, 이후로 프리메이슨단 지부는 유럽 대륙의 모든 나라로 퍼져나갔다. 프라하(1726), 바르샤바(1755), 이에 더해 상트페테르부르크에도 지부가 설립됐다. 나폴레옹전쟁이 치러질 무렵에는 프리메이슨 조직망이 매우 폭넓게 형성돼, 보로디노전투(1812)나 워털루전투(1815) 당시에는 반대편 장교들이 서로를 알아보고 발포를 멈출 수 있는 비밀신호를 주고받았다는 이야기가 돌기도 했다.

가톨릭 국가에서 프리메이슨은 반反성직주의 성향을 보이며 급진적 계몽주의에서 중요한 역할을 했다.[4] 프리메이슨은 이신론자, 철학자, 교회 및 국가의 비판자일 때가 많았다. 예를 들어, 오스트리아에서는 프리메이슨을 맹비난하는 교황교서가 간행되지 않았고, 따라서 1795년에 탄압이 일어나기 전까지는 프리메이슨이 예술 진흥 방면에서 매우 적극적으로 활동했다. 프랑스에서는 혁명 이전기 소요에 프리메이슨이 한몫했다. 19세기와 그 이후 시기에는 프리메이슨이 자유주의 기조와 강한 연관성을 갖게 된다.

프리메이슨에 보인 가톨릭교회의 반응은 단호했다. 바티칸은 프리메이슨을 사악한 존재로 여겼다. (클레멘스 12세의 교황교서) 〈인 에미넨티 아포스톨라투스 In eminenti apostolatus〉(1738)에서 (레오 13세의 교황회칙回勅) 〈아브 아포스톨리치 솔리 셀시투디네Ab apostolici Solii celsitudine〉(1890)에 이르기까지, 교황들은 6개 개별적 사례들을 근거 삼아 프리메이슨을 모의를 일삼고, 부정하고, 체제전복적이라고 비난했다. 독실한 가톨릭교도들은 프리메이슨이 될 수 없었으니, 초강경파 가톨릭 모임에서 프리메이슨은 종종 자코뱅파, 카르보나리당Carbonari, 유대인과 맞먹는 공공의 적으로 분류될 때가 많았다("카르보나리당"은 19세기 초반, 이탈리아에서 조직된 급진적 비밀 정치 단체다. "카르보나리"는 이탈리아어로 "숯장이들"이라는 뜻으로("카브로나로 carbonaro"의 복수형), 공화제 통일 정부를 수립하기 위해 신분을 숯 굽는 사람으로 위장한 데서 이름이 유래했다). 20세기에 생겨난 전체주의 정권들은 프리메이슨에 훨씬 더 적대적이었다. 파시스트와 공산주의자 모두 프리메이슨을 강제수용소에 보내곤 했다. 유럽의 상당수 지역에서 프리메이슨은 파시즘이 몰락한 뒤, 혹은 동유럽의 경우, 소비에트 진영이 붕괴한 뒤에나 활동을 재개할 수 있었다.

프리메이슨의 역할에 관해서는 지금까지도 논쟁이 계속되고 있다. 그러나 프리메이슨과 관련해 가장 인상 깊은 내용은 다름 아닌 그곳의 회원 명부일 것이니, 전하는 바에 의하면 오스트리아의 프란츠 1세, 프로이센의 프리드리히 2세, 스웨덴의 구스타브 4세Gustav IV, 폴란드의 스타니스와프 아우구스트 포니아토프스키(스타니스와프 2세 아우구스트)Stanisław August Poniatowsk, 러시아의 파벨 1세, 크리스토퍼 렌(영국의 건축가·천문학자), 조너선 스위프트, 샤를 루이 드세콩다 볼테르, 몽테스키외, 에드워드 기번, 요한 볼프강 폰 괴테, 로버트 번스(스코틀랜드 국민시인), 존 윌크스John Wilkes(영국의 언론인·정치가), 에드먼드 버크, 프란츠 요제프 하이든, 볼프강 아마데우스 모차르트, 조제프-이냐스 기요탱, 장-폴 마라Jean-Paul Marat(스위스 태생의 프랑스혁명 정치가), 질베르 뒤 모티에 드 라파예트(프랑스 장군), 미하일 일라리오노비치 쿠투조프(제정러시아 장군), 알렉산드르 수보로프, 아서 웰즐리 웰링턴, 자크 마크도날(스코틀랜드 혈통의 프랑스 군인), 스타니스와프 아우구스트 포니아토프스키, 샤를 모리스 드 탈레랑, 조지 캐닝(영국 정치가·총리), 월터 스콧(영국 시인·소설가·역사가), 앤서니 트롤럽Anthony Trollope

〔영국 소설가〕, 대니얼 오코넬, 알렉산드르 세르게예비치 푸시킨, 프란츠 리스트〔헝가리 태생의 피아니스트·작곡가〕, 주세페 마치니〔이탈리아 정치지도자〕, 주세페 가리발디, 러요시 코슈트〔헝가리 정치가〕, 벨기에의 레오폴드 Leopold, 독일의 빌헬름 1세, 알렉상드르 귀스타브 에펠Alexandre Gustave Eiffel〔프랑스 공학자·토목기술자〕, 알프레트 폰 티르피츠〔독일 제독〕, 게르하르트 요한 다피트 폰 샤른호르스트〔프로이센 장군〕, 얀 가리구에 마사리크〔체코슬로바키아 초대 대통령〕, 알렉산드르 표도로비치 케렌스키〔소련 정치가〕, 구스타프 슈트레제만〔독일 정치가〕, 윈스턴 처칠, 조지 4세에서 조지 6세 사이 단 한 명을 제외한 영국의 모든 왕이 프리메이슨단 명부에 들어 있었다고 한다. 이것만 봐도 세계에서 대규모를 자랑했던 국제 비밀조직도 완전한 비밀 엄수에는 실패했음을 알 수 있다.

필리베그 PHILIBEG

■ 1727년 글렌개리의 맥도넬 씨족Clan MacDonell of Glengarry 족장이 제철사업에 손을 댔다. 그는 랭커셔 배로 출신의 퀘이커교도 토머스 롤린슨 Thomas Rawlinson으로부터 인버개리 숲을 임차해서는 목재를 자르고 용광로에서 일할 인력을 모았다. 롤린슨은 정기적으로 현장을 방문하면서 부족민들의 전통 복장인 길게 내려오는 브레콘breacon〔벨트를 덧댄 격자무늬 천belted plaid〕이 노동에 방해가 된다는 사실을 알아차렸다. 그래서 롤린슨이 인버네스 수비대 재단사와 의논해 더 짧고 주름이 들어간 무릎길이의 복장을 디자인하니, 얼마 안 가 이것이 필리베그 즉 작은 킬트kilt로 알려지게 됐다. 이렇게 해서 고대 하일랜드가 연원일 스코틀랜드 복식의 핵심 부분은 잉글랜드인의 손에서 나오게 됐다.[1]

그리고 얼마 후 제2차 자코바이트의 난Jacobite Rising이 무참히 진압당했고, 이후 웨스트민스터 의회가 스코틀랜드 하일랜드의 모든 복식을 금지했다. 40년 동안 사람들은 공공장소에서는 킬트를 입을 수 없었으나, 영국군이 서둘러 징집해 동원했던 하일랜드의 연대들—블랙 워치(1739), 하일랜드 경보병(1777), 시포스 하일랜더즈(1778), 카메론(1793), 아가일·서덜랜드·소든(1794)—만은 예외였다. 이 40년 사이 런던의 하일랜드협회Highland Society에서는 킬트 재착용 운동을 벌였고, 하일랜드의 남자 민간인들은 이제 일상생활에서는 상시로 바지를 착용하는 편을 택했다. 〔누메

1882년 조지 4세가 동군연합 이후 왕의 자리에서 처음 에든버러를 순방했다. 당시 의전은 소설가 월터 스콧 경이 맡았다. 워털루 전장에서 무공을 쌓은 하일랜드 연대는 킬트 복장을 온전히 차려입고 위용을 뽐내며 열병식을 벌였다. 스코틀랜드의 족장들에게도 되도록 '전통 복장'을 갖추고 행사에 참가하라는 지침이 내려졌다. 이들도 저마다 독특하게 구별되는 타탄tartan〔선의 굵기가 다른 서너 가지 색을 바둑판처럼 엇갈려 놓은 무늬가 있는 직물〕 킬트를 입었다. 직물산업이 번성한 덕에 체크무늬 천이 직조돼 나온 지는 이미 수 세기였고, 상류층은 이러한 천으로 트루즈trews 곧 격자무늬의 통이 좁아지는 바지를 만들어 입곤 했다. 하지만 바지에 들어간 화사한 색감의 "세트sett" 패턴〔타탄 직물의 격자무늬 형태 패턴〕은 씨족보다는 지역들과 느슨하게나마 연관성을 보일 뿐이었다. 더구나 이런 복식은 일반 서민들은 사용하지 않았다. 세트 가운데서도 가장 유명한 것이 캠벨가家의 검정-녹색 타탄무늬로, 블랙워치 연대의 군복에 사용된 것이 이 무늬였으며, 카리브해의 한 농장주가 자신의 노예들에게 입히려고 이 무늬 직물을 주문한 후로는 무역에서는 "키드 155번Kidd No. 155"이라는 말로 통하게 됐다. 그러다 하일랜드의 연대들 및 1822년의 회동을 계기로 격자무늬가 하나씩 특정한 씨족명과 연결됐다. 이렇게 된 데에는, 근사한 삽화가 곁들여져 있으나 오류투성이인, 《스코틀랜드의 의상Vestiarium Scoticum》(1842)이 출간된 것이 무척 주효했다. 책의 저자는 두 사기꾼 형제였는데 둘은 소비에스키-스튜어트Sobieski-Stuarts

왕가의 혈통을 자처하며 인버네스 인근의 아이린 아이가스섬에 낭만주의풍의 궁궐을 갖고 있었다.

이런 식의 씨족별 타탄무늬의 할당은 지난 2세기 동안 진행돼온 심히 놀라운 문화적 창안 작업을 완결 짓는 것이기도 했다. 그 첫 단계에서는 아일랜드의 얼스터에 장로교도(스코틀랜드에서 발달한 프로테스탄트) 이주민들의 거주지가 세워진 후, 하일랜드 문명이 확실히 아일랜드에 기원을 두고 있다는 사실은 무시되고, 이후에는 아예 부정됐다. 그러면서 새롭고 스코틀랜드만의 특색을 갖는 역사와 문학이 편찬돼 나온바, 대표적인 것이 제임스 맥퍼슨이 기막힌 솜씨로 지어낸 가짜 시 '오시안'이었다. 킬트와 마찬가지로, '고대의 독창적인' 하일랜드 관습들은 사람들에게 매력적인 것으로 입증되는데, 그것들이 확실한 민족적 혈통을 가지려는 사람들의 요구를 충족해준 때문이다. 마지막 단계는 사면법Act of Amnesty(1786)을 계기로 하일랜드 난민들이 대거 로랜드로 쏟아져 들어온 것으로, 이때 스코틀랜드의 모든 부족이 자신들은 비잉글랜드인이란 징표로 새로운 전통을 채택했다. 지극히 낭만주의적인 이 게임은 빅토리아 여왕도 거들었는데, 여왕은 1848년 밸모럴 영지를 손에 넣은 후 밸모럴 타탄무늬를 만들어 비스코틀랜드 계통이었던 자신의 배우자와 가족들에게 하사했다.

글렌개리의 맥도넬가는 이 혁명의 종막을 지켜보지 못했다.[2] 맥도넬가는 원래는 한때 '섬들의 제왕'으로 통한 스카이섬 맥도널드 씨족Clan Macdonald의 일문으로, 이들의 게일어 이름은 '돔널Domhnull의 아들들' '세상의 지배자'라는 뜻이었다. 맥도넬 가문은 매켄지 씨족Clan Mackenzie과 불화를 빚던 중간중간에도 항상 가톨릭과 제임스 2세(재위 1685~1688)의 대의를 지지하며 자신들의 세력을 부각시키곤 했었다. 1689년에는 맥도넬 가의 일원이 킬리크랭키에서 제임스 2세의 기치를 들었으며, 1715년 셰리프무어에서 다시 싸움에 나섰다. 그의 후계자는 600명의 씨족의 선두에서 싸우다 런던탑에 갇히기도 했다. 그러다 제16대 족장이 조상의 땅을 팔고 뉴질랜드로 이주했다. 홍색, 흑색, 진녹색, 백색이 뒤섞인 이들의 타탄무늬에는 소박한 고대풍 무늬의 특징이 들어 있다. 과연 1727년의 스코틀랜드 킬트도 그와 같은 무늬로 장식돼 있었는지는 알 길이 없지만 말이다.

19세기 후반, '만들어진 전통invented tradition'은 유럽 전역에서 대량으로 양산됐다.[3] 독일의 사회주의자들이 노동절을 만들고(1890), 그리스인들이 올림픽경기를 다시 개최하고(1896), 러시아인들이 로마노프왕조의 건립을 기념하고(1913), 혹은 스코틀랜드인들이 ―하일랜드인에게 킬트, 파이프, 해기스haggis가 있다면 로랜드인도 이런 게 있다는 식으로― '번스 나이트Burns Night'를 만들어냈을 때, 그들이 하나같이 추구한 것은 자기네 공동체 성원들에게 공통된 정체성 의식을 심어주자는 것이었다("해기스"는 양·송아지의 내장으로 만든 순대 비슷한 스코틀랜드 음식이다. "번스 나이트"는 스코틀랜드인들이 민족시인 로버트 번스의 생일을 기념하는 1월 25일 저녁을 말한다).

한 입헌군주가 주도적으로 나서서 제국이 영토를 수중에 넣거나 상실하는 과정, 세계 최초의 산업혁명을 이끌어나가는 과정, 해군력이 사상 유례 없이 강성해지는 과정을 연출했으니, 유럽에서 영국만이 독특하게 유럽 대륙 본토에서 일어나는 일들에서 별다른 영향을 받지 않을 수 있었던 것도 바로 이 강성한 해군력 덕분이었다. 당시 영국과 대륙의 이웃국들 사이에 벌어진 차이는 실제로 무척이나 커서, 숱한 섬나라 출신의 역사학자들은 영국과 유럽의 역사를 별개의 주제로 여길 정도였다.

돌이켜볼 때, 하노버왕조 후반기의 가장 중대한 사건으로는 1776~1783년에 걸쳐 '미국독립혁명American Revolution'이 일어나 영국이 아메리카대륙에 갖고 있던 13개 식민지를 잃은 것을 꼽을 수 있을 것이다. 물론 1776년만 해도 미국이 가진 잠재력을 온전히 다 예측할 수 있었던 사람은 없었다. 당시 13개 식민지는 여전히 언제 무너질지 모르는 허술한 사업으로 보였고, 그 위험한 사업들은 탐험조차 제대로 이뤄지지 않은 대륙에서 인간의 힘으로 통제가 되지 않는 막강한 자연의 위력에 둘러싸여 있었다. 그런 상황이기는 했지만, 독립전쟁을 목전에 둔 당시 대영제국 앞에 펼쳐진 앞날은 어떤 기준에도 대단했다. 영국이 보유한 해군력만 해도 이미 스페인과 프랑스가 아메리카대륙에 차지하고 있던 광대한 서부 및 중서부 땅이 별다른 반발 없이 영국으로 흡수된다고 해도 전혀 이상하지 않을 정도로 강성해져 있다. (실제로 1803년 프랑스는 자신들의 '루이지애나' 땅―사실상 중서부 땅 전체―을 헐값에 [미국에] 매각하지 않으면 안 됐다.) 그러나 미국독립혁명으로 자신들이 대서양 대륙 건너편에 갖고 있던 가장 멋진 땅을 잃게 된 영국은 점차 다른 곳, 특히 인도와 아프리카에서 제국주의를 통해 부를 추가로 쌓아야만 하는 처지에 놓였다.

당시 영국 정부는 목전에 닥친 일의 기미조차 전혀 눈치 채지 못하고 있었다. 존 핸콕John Hancock[미국 독립전쟁의 지도자(1737~1793)]이 독립선언서(1776)에 서명하면서, 조지 왕[조지 3세]이 "안경을 안 써도" 잘 알아볼 수 있게 큼지막한 글씨로 이름을 써 넣은 게 그나마 잘한 일이었다. 유럽 대륙에 자리한 영국의 경쟁국들 입장에서는 미국의 반란이 단기간이나마 영국을 견제할수 있는 절호의 기회였다. 프랑스와 스페인은 자국의 식민지들 안에서 그런 일이 일어났다면 절대 용인하지 않았을 것이었음에도 미국이 내건 명분을 지지하고 나섰다. 하지만 의식 있는 모든 유럽인으로서는 이번 일로 근본적 정치 원칙의 문제를 다시금 생각하지 않을 수 없었으니, 그동안 그들 거의 모두를 지배해온 군주제가 토대에서부터 도전받는 것이었기 때문이다. 미국의 독립선언에서 나온 7개조는 계몽주의의 이상을 그 어느 것보다 명확하고 현실적으로 담은 공식들로, 간결하고, 비종교적이며, 민주적이고, 공화제와 합리주의를 지향한다는 것이 특징이었다. 미국헌법의 내용은 로크의 사회계약론, 잉글랜드의 법치주의, 몽테스키외의 권력분립론, 루소의 일반의지 개념에 단단히 뿌리내리고 있었다. "우리, 미합중국의 국민들We, the people of the United States"의 이름으로 쓰인 헌법은 시간이 흘러도 놀라울 만큼 그 가치가 변치 않는 것으로 증명되고 있다. 다만 아이러니한 점은 독립선언서를 작성한 주요 인물 상당수가, 토머스 제퍼슨Thomas Jefferson과 조지 워싱턴George Washington을 포함해, 노예 소유주였다는 점, 선언서가 독립을 쟁취한 대상은 당시 세상에서 가장 자유롭고 가장 훌륭하게 통치된 나라라는 점이었다.

18세기 이전까지 사부아는 신성로마제국의 한쪽 구석을 차지한 변경지대 속주에 속해 있었다. 알프스산맥 서쪽 산등성이에서 프랑스왕국과 롬바르디아평원 양쪽에 걸쳐 있는 곳이 사부아였다. 왕실 가문은 자신들이 유럽에서 가장 오랜 역사를 자랑하는 통치 왕조라고 주장했는바, '하얀 손의 움베르토Umberto Biancamano'라 불리며 그의 가문이 몽스니와 그랑생베르나르의 양쪽 경사면 위의 영토를 어렵사리 수중에 넣은 11세기의 움베르토 비안카마노Umberto Biancamano 백작(움베르토 1세)을 그 시조로 한다. 사부아의 서부 권역—사부아에서 프랑스어를 사용하는 지역으로, 샹베리, 안시, 몽블랑 대산괴 등을 포함했다—은 제네바호湖에까지 이르렀다. 동부 권역—피에몬테 공국으로 이탈리아어를 사용했으며, 아오스타, 수사, 토리노 등을 포함했다—은 저 멀리 리구리아 리비에라까지 뻗어 있었다. 스위스연방의 세가 흥기한 이후, 사부아는 신성로마제국의 주요 지역들과 연결이 끊기게 됐고, 토리노에 본거지를 둔 사부아의 통치자들은 신성로마제국의 공작으로 그 지위가 올라가자 사부아를 사실상 독립적으로 존속시켜나가는 노선을 추구해갈 수 있었다. 비토리오 아메데오 2세Vittorio Amedeo II(공작, 재위 1675~1730)도, 전임 통치자들이 그랬듯, 막강한 세를 자랑한 프랑스와 합스부르크왕가의 이웃국들 사이에서 조심스럽게 발걸음을 내딛어나갔다. 그러나 스페인 왕위계승전쟁 당시 루이 14세와 맺은 동맹을 결정적 순간에 파기한 비토리오는 그 보답으로 신성로마제국 황제로부터 왕의 지위를 하사받는 한편 시칠리아 섬을 전리품으로 챙길 수 있었다. 하지만 1720년 비토리오는 오스트리아인들의 압력에 밀려 시칠리아를 넘겨주고 그 대신 사르데냐섬을 받게 되니, 그는 사부아, 피에몬테, 사르데냐섬으로 구성된 복합국가인 '사르데냐왕국'의 왕좌(재위 1720~1730)에 올라 앉아 있을 수 있었다. 이 기이한 국가연합은 전형적 왕조 정치의 산물로서 일명 '남쪽의 프로이센'으로 통하게 되고, 1세기 후에는 세간의 예상을 깨고 이탈리아 통일 운동의 주역으로 변모한다(10장 참조).

당시 유럽에는 과거 자신들이 갖고 있던 정치적·경제적 입지를 빠르게 잃어가는 나라들이 즐비했으며 그 앞자리에 있던 것이 스페인이었다. 부르봉왕가의 왕들—펠리페 5세Felipe V(재위 1700~1746), 페르난도 6세Fernando VI(재위 1746~1759), 카를로스 3세Carlos III(재위 1759~1788), 카를로스 4세Carlos IV(재위 1788~1808)—의 통치를 거치는 동안 스페인은 위대한 강국을 자처할 만한 근거를 모두 잃었다. 스페인은 파르마와 피아첸차를 제외한 유럽 대륙의 영토를 모두 빼앗기고 그 가치를 확신할 수 없는 광대한 아메리카제국에 발이 묶인 채 상층부 귀족, 교회, 종교재판이 계속해서 막강한 위세를 떨치고 있었다. 펠리페 5세의 재위기에만 해도 총 700회에 이르는 아우토다페(스페인의 종교재판에 의한 화형(식))가 열렸다. 그러나 이런 상황에서도 프랑스 계열의 행정부를 재조직하고, 마드리드를 아름답게 단장하고, 아카데미Academy(1713)를 통해 문화생활을 독려한 면에서는 일정 부분 성과도 있었다. [바세리아] [프라도]

포르투갈도 스페인과 비슷하게 무심한 군주들과 호전적 교회의 통치 속에서 무기력하게 지냈다. 주앙 5세João V(재위 1706~1750)는, '신앙인 왕The Faithful'으로도 불린 사제왕priest-king이
었고 "그가 한 수녀원장과의 사이에서 낳은 아들은 종교재판소장 자리에 올랐다." 주앙 5세의
후계자 주제 1세Jose I(재위 1750~1777) 때 포르투갈은 리스본 지진으로 나라가 만신창이가 됐다
가 포르투갈의 근대판 콜베르라 할 수 있는 폼발 후작(제1대) 세바스티앙 조제 드 카르발류 이
멜루Sebastião José de Carvalho e Melo(1699~1782)가 추진한 대단히 정력적이었지만 단명한 개혁들
을 통해 얼마간 복구될 수 있었다. 폼발과 관련해서는 "죽은 자는 땅에 묻고, 산 자를 먹이라"란
말을 한 것으로 가장 잘 알려져 있지만, 실제로 그가 이 말을 입에 올린 적은 없는 듯하다—그
러나 1750년 이후로 그가 사반세기 동안 나라를 지배하면서, 포르투갈의 재무·교육·해군·상
업·식민지들을 재편한 것은 사실이었다. 마리아 1세Maria I(재위 1777~1816)는, 동시대를 산 영
국의 조지 3세와 마찬가지로, 정신병에 걸려 헤어나지 못했다. 포르투갈도 영국과 비슷하게 혁
명의 시대를 내내 섭정의 통치를 받으며 지내게 된다. [지진]

18세기의 이탈리아는, 나라를 갈라놓는 선들의 모양은 얼마간 달라지기는 했지만, 여전히
사분오열된 상황을 면치 못하고 있었다. 곧 토리노의 사부아왕가, 밀라노를 차지한 오스트리아
의 합스부르크왕가, 토스카나공국 사이에서 주된 각축이 벌어지고 있었다. 거기다 1738년 들어
나폴리에 부르봉왕가의 독립왕국이 하나 재건립되면서 힘의 균형추에 변화가 더해졌다. 이탈리
아의 이 모든 영지는 계몽전제군주의 착실한 운영 속에서 그 나름의 혜택을 받았다. 그러나 다
른 곳들, 예컨대 베네치아와 신권 전제정치가 행해진 교황령 사이에서는 옛날의 대조적 모습
들이 만연했다. 바티칸만 해도 교회가 예수회 탄압 문제에서만 의기투합하고 그 외 문제에서는
제각기 분열되면서 이후로는 정치적 수를 쓸 여지를 상당 부분 잃게 됐다(772~776쪽 참조). 교
황 세 명—클레멘스 11세(재위 1700~1721). 베네딕토 14세Benedict XIV(재위 1740~1758), 비오 6
세Pius VI(재위 1775~1799)—이 교황직에 올라 오랜 기간 교황청을 이끌었지만 바티칸의 정치적
권력이 이우는 것은 막지 못했다. 세속적 문화는 뚜렷한 부흥의 기미를 보였다. 우선 피렌체와
로마에 자리한 학술원이 이탈리아어와 이탈리아문학을 장려했다. 과학과 학문도 꽃을 피웠다.
페라라의 문서기록학자 루도비코 안토니오 무라토리Ludovico Antonio Muratori(1672~1750), 나폴
리의 경제학자 안토니오 제노베시Antonio Genovesi(1712~1769), 밀라노의 범죄학자 체사레 베카
리아Cesare Beccaria(1738~1794), 파비아의 물리학자 알레산드로 볼타Alessandro Volta(1745~1821)
등은 유럽 대륙 전역에서 명성을 얻었다. 이들이 점차 커나가고 있던 민족 문화 공동체의 유대
를 한층 단단하게 해주었음은 두말할 나위도 없었다. [토르멘타]

연합주(네덜란드)는, 한때 스페인 왕관에 박힌 보석과도 같았던 포르투갈과 마찬가지로, 여

전히 해외에 식민지를 둔 제국이기는 했으나 정작 본국을 향해 다가오는 사건들에는 거의 아무런 영향력도 행사하지 못했다. 바다에서는 이미 패권을 영국에 넘겨준 뒤였고, 육지에서는 사방이 온통 합스부르크가에 에워싸인 형국이었다. 공화제를 지지하는 호족들과 오라녀 왕가 사이에서 오래도록 주도권 다툼이 끝나지 않다가 1815년에 들어서야 마침내 세습 군주제가 탄생하게 됐다. [바타비아]

18세기에 스칸디나비아가 역사의 무대 중앙에 등장할 수 있었던 것은 딱 한 번뿐이었다. 스웨덴은 칼 12세Karl XII(재위 1697~1718)의 통치를 거치며 위대한 나라를 이룩하기 위한 마지막 몸부림을 쳤지만, 시대착오적 발상은 결국 재앙으로 마무리됐다(뒤의 내용 참조). 이때를 제외하고 스웨덴은 주변국에 자신을 드러내지 않고 별 폐를 끼치지도 않는 조용한 나라로 지냈다. 덴마크-노르웨이에서는 올덴부르크가 왕들―프리드리히 4세Frederik IV(재위 1699~1730), 크리스티안 6세Christian VI(재위 1730~1746), 프리드리히 5세Frederik V(재위 1746~1766), 크리스티안 7세Christian VII(재위1766~1808)―이 계몽주의의 기조에 따라 나라를 근대화하는 노선을 얼마간 밟아나갔다. 2년 새에 2000개에 이르는 칙령이 통과되는 등 열성적 실험이 진행되다가, 프로이센 출신으로 여왕이 낳은 자식의 친부로 여겨진, 재상 요한 프리드리히 슈트루엔제Johann Friedrich Struensee가 레즈-마제스테lèse-majesté(대역죄) 명목으로 참수당하면서 실험은 별안간 막을 내렸다. 스웨덴에서는 왕의 절대주의에 대해 오랜 기간 강한 반발이 일어나면서 의회에 힘이 실렸으나, 의회의 거침없는 일 처리는 의회를 구성한 네 계급이 고된 일들에 시달리고 하타르나당hattarna과 뫼소르나당mössorna 사이에 각축이 일어나면서 제동이 걸렸다("하타르나당" "뫼소르나당"은 스웨덴 자유주의시대Frihetstiden 때 활동했던 정당이다). 아울러 칼 12세의 누이 울리카 엘레오노라Ulrika Eleonora가 자신의 가련한 남편 프레데리크 1세Fredrik I(재위 1720~1751)를 위해 왕 자리에서 물러나고, 1756년에는 프로이센이 그의 후계자 홀슈타인-고토르프-오이틴의 아돌프 프레데리크Adolf Fredrik(재위 1751~1771)를 상대로 음모를 꾸미면서 스웨덴의 군주제는 그 힘이 크게 약화됐다. 그러다 구스타브 3세Gustav III(재위 1771~1792) 대에 왕실 쿠데타가 일어난 이후 군주가 다시금 제 목소리를 내게 되면서 스웨덴도 당대의 주류 정치 및 문화에 한발 가까이 다가설 수 있었다. 나라 사랑의 충정이 넘치고 가진 재주도 많았던 젊은 왕 구스타브는, 한때 파리의 살롱들을 돌며 큰 반향을 불러일으키기도 한 인물로, 프랑스혁명에 반대하는 제후들을 모아 연맹 결성을 시도하다가 1792년 암살당한다. [엘드루프트]

서유럽이 프랑스의 패권 문제에 골몰해 있는 사이, 중부유럽 및 동유럽 국가들도 각자 자신들이 처한 상황으로 크게 골머리를 앓고 있었다. 루이 14세 생전에 중부유럽Central Europe에서

바세리아 BASERRIA

■ 바세리아Baserria(공동농장)가 바스크족Basque
■ 나라 안에서 독특한 사회조직의 기반이었다는
사실은 1786년 이후 작성된 나바라의 인구조사 기록
에서 확인할 수 있다. 종종 1인 농가를 덮치곤 했던 후
계 문제를 해결하기 위해[그릴렌슈타인], 나바라 의회는
각 농장의 경영권을 한곳에 거주하는 2인 경영단에
주곤 했다. 농장의 성인 구성원은 모두, 토지 소유주
이든 소작인이든, 두 경영자 중 어느 한쪽이 죽거나
은퇴해 제구실을 못하게 되는 순간 곧바로, 그 뒤를
이을 상속자와 상속녀를 세대별로 선출할 권한이 있

었다. 경영자들과 그 자손의 결혼 및 지참금 문제도
공동의 승인을 얻어야 했다. 그 결과 바세리아는 경제
적으로 자급자족의 성격을 띠었고 소유와 경영 측면
에서도 놀라울 정도의 안정성을 보였다. 도시화 및 산
업화가 심화하는 상황에서 이러한 공동농장은 '진정
한 바스크 문화의 보고寶庫'이자, 최근 농촌 인구가 줄
어들기 시작할 때까지는 '바스크족만의' 별개 정체성
을 지켜준 든든한 '기반암' 역할을 했다. 문화, 경제, 사
회 조직도 가장 연륜 깊은 선先인도-유럽인 중 히니
를 수 세기 동안 지켜준 체제 속에서 서로 불가분의
관계로 얽혀 있었다.[1]

지진 QUAKE

■ 1755년 11월 1일, 포르투갈의 수도 리스본이 지
■ 진으로 쑥대밭이 됐다. 쓰나미가 덮치면서 타호
강 부두와 선박들이 만신창이가 됐고, 도시 건물의 3
분의 2가 파괴되거나 불에 탔다. 목숨을 잃은 시민은
3만~4만 명에 이르렀다. 지진의 충격은 스코틀랜드에
서 콘스탄티노폴리스에 이르는 지역에서도 느껴졌다.
리스본의 지진은 유럽의 첫 번째 재앙도 또 마지막 재
앙도 아니었다. 이와 비슷한 대참사는 1421년에도 일
어난 적이 있었으며, 이때에는 마스강의 폴더polder(네
덜란드의 해양 간척지)가 무너지면서 네덜란드 저지대의
촌락 수백 개가 물에 잠겼고, 1631년에는 베수비오산
폭발로 이탈리아에서 1만 8000명 정도가 목숨을 잃
었으며, 1669년에는 에트나산의 용암에 시칠리아 카

티니아 항구가 파묻혔다. 1356년의 지진은 바젤을 쑥
대밭으로 만들었고, 1908년 12월 28일의 지진은 메
시나와 레기오 디 칼라브리아를 주저앉히며 7만 7000
명의 인명 손실을 일으켰다. 런던대화재(1666)에 맞먹
는 대규모 화재도 많이 일어났다. 역병과 콜레라라는
천벌이 19세기 말까지도 멈추지 않았다. [사니타스]
그러나 1755년의 지진은 단순히 물리적 피해만 준 것
이 아니었다. 지진으로 계몽주의가 가장 소중히 여겨
온 희망들이 송두리째 뒤흔들렸다. 지진으로 말미암
아 당시 필로조프들이 질서정연하고 예측가능한 세
상, 온화하고 합리적인 하느님에 품고 있던 믿음도 흔
들렸다. 지진은 바른 것과 바르지 못한 것을 함께 풍비
박산 냈다. 볼테르까지도 어쩔 수 없이 이렇게 인정해
야 했다. "어쨌든, 이 세상은 정말로 그 안에 악이 들
어 있기는 하다."[1]

는 게르만족 국가들의 역사에 심대하게 영향을 끼친 두 가지의 예기치 못한 상황이 전개됐다.
하나는 오스만제국이 마지막으로 크게 세를 일으킨 것으로, 1683년에는 오스만인들이 빈공성
전에 다시 돌입하기에 이른다. 다른 하나는 프로이센의 위세가 커지는 과정에서 또 한 차례의
극적 과정이 연출된 것으로, 프로이센의 야욕은 이제 중부유럽 전체를 소란에 몰아넣을 만큼
커져 있었다. 동유럽에서는 러시아제국이 출현해 결정적 단계를 거치면서 일급의 군사력과 정치

력을 가진 나라로 발돋움한다. 이처럼 중부유럽과 동유럽 각국이 순식간에 일어난 급작스러운 변화들의 한가운데서 옴짝달싹 못하는 가운데, 유서 깊은 폴란드-리투아니아공화국은 오스만인들에게 포위당한 빈을 구하러 제일 먼저 힘을 보탰다가 이후 탐욕스러운 주변국들로부터 수차례 타격을 당하고 차츰 수면 아래로 가라앉게 된다. 18세기가 다 가기도 전에, 중부유럽 및 동유럽을 구성하고 있던 종래의 권력 체계는 원래 모습과는 판이해져 있었다.

17세기 후반 오스만제국의 세력 흥기는 제국에서 정치적 위기가 장기화되면서 대大재상의 직책이 30년 동안 알바니아에 뿌리를 둔 쾨프륄리Köprülü 가문의 수중에 들어가 있었던 것과 연관이 있었다. 오스만 세력의 흥기는 1650년대에 크레타섬과 베네치아의 다르다넬스해협 봉쇄를 두고 일어난 맞대응을 계기로 시작돼, 1660년 이후로는 트란실바니아 왕위계승 분쟁으로 한층 불이 붙었으니 이 분쟁으로 오스만제국 정부는 합스부르크가와 정반대에 서서 대립하게 됐다. 쾨프륄리가에 전쟁은 군대가, 그중에서도 예니세리 군단이 모의를 하거나 원한을 품지 못하게 막는 방편으로 통했고, 쾨프륄리가에서는 병사들을 지독하게 엄정한 군율로 다잡곤 했다. 1672년 쾨프륄리가는 폴란드의 포돌리아 속주를 공격해 드네스트르강의 카메네츠 요새를 빼앗았으나, 얼마 안 가 호틴에서 폴란드왕관령의 헤트만(군 최고사령관) 얀 소비에스키John Sobieski〔얀 3세 소비에스키〕를 만나 저지당했다("폴란드왕관령"은 폴란드의 국왕이 소유한 영지를 말한다). 1681~1682년에는 헝가리 임레 퇴쾨이Imre Thököly 백작이 이끄는 반란군의 편에 선 데 이어, 헝가리가 오스만제국의 속국임을 선언한 뒤에는 도나우강 쪽으로 올라가 빈을 향해 진격했다.

빈공성전Siege of Vienna〔또는 빈전투Battle of Vienna〕은 1683년 7월부터 9월에 이르기까지 꼬박 두 달 동안 계속됐다. 군량도 제대로 준비되지 않은 오스트리아 수도를 향해, 육중한 대포를 장착한 거대한 공성기를 끼고 20만의 오스만 대군이 쏟아져 들어왔다. 어느 시점에 루이 14세가 라인강을 침략해오는 통에 독일의 제후들의 발이 완전히 묶여버리면서, 신성로마제국의 황제는 도나우강에서의 위험에 대처하느라 큰 곤혹을 치러야 했다. 그런 사정에서나마 가장 실질적인 도움을 준 곳은 폴란드였으니, 소비에스키는 이제는 폴란드 왕이 돼〔얀 3세 소비에스키, 재위 1674~1696〕 튀르크족과 전쟁을 벌이고 오스트리아를 돕는 것이 자국이 처한 국내 문제를 해결할 방도로 여겼다. 9월 초반 지원병 지휘를 맡은 그는 비너발트숲 칼렌베르크언덕 고지의 예배당에 들어가 기도를 드렸다. 9월 12일 오후, 그는 병사들에게 공격 명령을 내렸다. 그가 이끄는 날개 단 폴란드 후사르hussar〔경기병輕騎兵〕들이 고개 아래로 돌격해 오스만의 진영 한가운데로 곧장 말을 타고 내달렸다. 다섯 시 반이 됐을 때 소비에스키는 아비규환 속에서 적군 병사들의 대오를 헤치고 말을 타고 전속력으로 질주할 수 있었다. 이튿날 저녁 그는 잠시 틈이 난 사이 대재상의 막사에 앉아 아내 마리아 카지미에라 다르키엥Maria Kazimiera d'Arquien(프랑스어명 마리-카시미르-루이즈Marie-Casimire-Louise) 왕비에게 편지를 써 보낼 수 있었다.

엘드루프트 ELDLUFT

■
■ 1773년 스웨덴의 약제사 칼 빌헬름 셸레Karl Wilhelm Scheele(1742~1786)가 공기는 '여러 공기'의 혼합물이며, 그 구성성분의 하나에 연소의 비밀이 담겨 있다는 사실을 발견하고 그 성분을 엘드루프트(불 공기fire air)라 명명했다.[1] 이듬해 10월, 셸레는 자신의 연구 내용을 프랑스의 화약 및 초석 독점사업의 관리자 앙투안 로랑 라부아지에(1743~1794)에게 보냈다. 같은 달에 라부아지에는 잉글랜드 출신의 비非국교도 실험가 조지프 프리스틀리(1733~1804)에게 점심 식사를 대접하고는, 그로부터도 '탈脫플로지스톤 공기dephlogisticated air'가 어떻게 양초에 불을 붙였을 때 그것을 백열의 불꽃을 내며 타게 하는지 설명을 들을 수 있었다. ("엘드루프트"는 스웨덴어로 "엘드eld(불fire)"과 "루프트luft(공기air)"가 합쳐진 복합어다.)

라부아지에는 화약전매청Régie de Poudre은 물론 프랑스왕의 수세조합(징세청부인조합)도 관리하고 있던 터라, 실험에 자신의 열정을 쏟아부을 시간과 돈이 있었다. 그는 상당수 물질이 가열을 하면 질량이 늘어난다는 사실을 전부터 알고 있었고, 이와 같은 결과가 당시 위세를 떨치던 플로지스톤phlogiston설—플로지스톤은 눈에 보이지 않는 (가상의) 물질의 형태로, 조지프 프리스틀리를 포함한 과학자 대부분이 여전히 그 존재를 믿었다—과는 양립할 수 없다는 사실도 알았다. 그래서 라부아지에는 밀폐된 플라스크 안에 수은을 넣어 태우면 흡수가 될 '불 공기'의 양을 측정할 실험을 고안했다.[2] 라부아지에는 열을 가한 수은은 불 공기와 결합하거니와 거기에 열을 더 가해 새 화합물을 원래의 구성 성분으로 쪼갤 수 있다는 사실을 밝혀냈다. 라부아지에의 이 실험을 현대의 화학식으로는 표현하면 다음과 같을 것이다.

$$Hg + O = HgO(산화수은) : HgO = Hg+O$$

과학이 마침내 화학반응의 본질에 대한 이해에 다다른 순간이었다. 그 본질이란 원소와 그 화합물로 이루어진 물질세계 안에서는 물질이 결합되기도 하고 분해되기도 한다는 것이었다.

그러고 난 후 라부아지에는 원소에는 단일한 이름을, 화합물에는 화합식의 이름을 매기는 작업에 돌입했다. 셸레의 '불 공기' 혹은 프리스틀리가 말한 '탈脫플로지스톤 공기'는 옥시게네oxygenè(산소酸素)가 됐고, 셸레의 '더러운 공기foul air'는 하이드로게네hydrogène(수소水素)가 됐다. 수은과 산소의 화합물은 산화수은mercuric oxide이 됐다. 1787년 라부아지에는 새 명명법과 함께 33개 원소 목록이 발표되는 작업에도 힘을 보탰다. 1789년에 라부아지에는 세계 최초의 화학 교과서 《화학원론Traité élémentaire de chimie》을 펴냈다.

이때 셸레는 이미 세상을 떠난 뒤로, 그는 십중팔구 자신의 집 난로에서 나온 가스에 중독돼 사망했을 것이었다. 1791년에는 프리스틀리가 프랑스혁명을 옹호했다는 이유로 그의 집이 버밍엄의 폭도들의 손에 불타버렸다. 1794년 5월 8일에는 라부아지에가 26명의 다른 왕실 세금징수관과 함께 단두대에서 죽음을 맞았다. 당시 항소심에서 판사는 다음과 같은 말을 했다고 전한다. "공화국에 대大학자 따위는 필요 없다." 화학의 혁명이 일어난 시기는 우연찮게도 정치의 혁명이 일어난 시기와 거의 맞물렸다. 두 혁명 모두 '제 배로 낳은 자식들을 집어삼키기'는 마찬가지였다.

내 심장과 영혼의 유일한 위안, 나의 누구보다 아름답고 사랑스러운 마리시엔카Marysieńka! 만세의 축복을 받으신 우리 주군이자 하느님께서 우리나라에 전대미문의 승리와 영광을 안 겨주셨소. 그 모든 총과 적군의 진영 전체, 그리고 이루 헤아릴 수 없이 많은 전리품이 우리 수중에 떨어졌소. […] 여기에 있는 화약과 탄환만도 백만 대군이 쓰기에 넉넉하오. […] 재 상은 얼마나 황급히 달아났는지, 말 한 마리만 데리고 겨우 이곳을 빠져나갔고 […] [이곳 진 영은] 광대하기가 성벽을 두른 바르샤바 혹은 르부프 같은 도시들에 못지않다오. […] 그 모 든 막사, 마차, 이 말고도 수많은 선물이 매우 멋지고 정말 훌륭하오. 이제는 다 내 것이라오. […] 그들은 자신들이 이끌던 예니체리 군단도 참호 속에 버려둔 채 떠났고, 결국 군단병은 한밤중에 검에 찔려 죽었소. […] 그들은 아무 잘못이 없는 무수한 오스트리아 백성, 그것도 특히 여자들을 마을에 남겨둔 채 떠났지만, 자기들 손으로 죽일 수 있는 자들은 다 살육해 버렸소. […] 재상은 기가 막히게 아름다운 타조도 한 마리도 기르고 있었는데 […] 이놈 역 시 죽었소. […] 재상은 목욕장도 갖고 있었고, 정원이며 분수대도 있었소. 토끼와 고양이, 그 리고 앵무새도 길렀는데, 이 새는 주변을 계속 날아다니는 통에 아무리 잡으려 해도 잡을 수 없었다오 […].27

얀 3세 소비에스키는 교황(인노첸시오 11세) 앞으로 예언자의 녹색 깃발을 보내면서, 밀베 르크에서 카를 5세가 했다던 말을 덧붙였다. "왔노라, 보았노라, 하느님께서 정복하셨노라Veni, vidi, Deus Vicit."

오스만인들의 퇴각은 그날 빈에서 시작돼 이후 200년에 걸쳐 단계적으로 이어졌다. 단기적 차원에서 이번 공성전을 계기로, 교황의 주도하에 결성된, 신성동맹Holy League의 지도자들은 다뉴브강 쪽으로 밀고 내려가 십자군 시대 이래 별다른 분쟁이 없던 땅들에 발을 들였다. 그러 다 카를로비츠조약Treaty of Karlowitz(1699)이 맺어지면서 헝가리는 오스트리아에, 포돌리아는 폴란드에, 아조프는 모스크바대공국에, 모레아는 베네치아에 다시 넘어갔다. 장기적 차원에서 봤을 때 빈공성전을 계기로 오스만제국의 유럽 속주들은 주변국의 협공 작전에 결려 꼼짝도 못 하게 됐으니, 서쪽 측면에서는 합스부르크가가 자신들의 이른바 국방국경Military Frontier이라는 전선을 지키고 있었고 동쪽 측면에서는 러시아인들이 흑해를 돌아서 끈질기게 진격을 해왔다. 이런 점을 감안했을 때, 1726년에 조인된 오스트리아-러시아 사이 조약이 오랜 기간 전략적 차 원에서 중요한 역할을 했다고 볼 수 있었다(부록 1555쪽 참조).

오스만제국이 벌인 전쟁은 운수가 일어났다 엎어지길 거듭했다. 1739년에는 오스트리아가, 베오그라드를 비롯해, 앞서 파사로비츠조약Treaty of Passarowitz(1718)을 통해 수중에 넣었던 땅들을 전부 도로 토해내야만 하는 상황에 처했다. 하지만 이후 장기간에 걸쳐 러시아-튀르크족 사이에 세 차례 전쟁이 벌어진 결과—1735~1739년, 1768~1774년, 1787~1792년— 흑해의 북부 해안 전체가 러시아 수중으로 넘어갔다. 결정적으로 퀴치크-카이나르카조약Treaty of Küçük-Kaynarca(또는 퀴치크카이나르지조약Treaty of Küçük-Kainardji(1774))이 맺어지면서 차르가 기독교를 믿는 술탄의 모든 기독교 신민들에 대한 보호권을 갖게 됐고, 프랑스만 누리던 오스만제국에서의 각종 상업적 권리를 차르도 갖게 됐다. '동방문제東方問題, Eastern Question'가 본격적으로 제기되는 시점이 오기에 이른 것이다("동방문제"는 19세기부터 20세기 초반까지, 오스만제국이 분해되면서 그 영토의 지배권을 둘러싸고 일어난 유럽 강국 사이 외교문제를 일컫는다. 그리스독립전쟁, 크림전쟁, 발칸위기, 보스니아위기, 발칸전쟁 등을 야기했다). 그러나 이때에도 발칸반도 상당 부분은 여전히 오스만제국의 통치하에 있었다. 18세기는 서서히 민족주의에 대한 기대가 부상한 시기로, 그런 기대는 일차적 본능에 따라 오스만제국의 권위를 일단 지지했던 사람들 사이에서도 종종 찾아볼 수 있었다.

이 무렵 그리스가 유럽의 정치 판도 안으로 들어오게 된 데에는 그리스가 누리게 된 더 많은 자율과 러시아의 개입이 한몫했다. 그리스에서는 공직자 계급이 성장한 것과 동시에 그리스어 학교들이 생겨나 공직자 교육을 담당했다. 그리스 상인들을 상대로 러시아가 허가해주는 상업적 특권이 늘어난 것도 중요한 단계가 돼주었다.

세르비아도 유사한 발전이 일어나 영향을 받았다. 베오그라드를 둘러싸고 일어난 전투, 1711~1718년 오스트리아군의 점령을 통해 수많은 세르비아인 자원병이 합스부르크가 국기 아래 몰려들었던터라 오스만인들도 얼마든 전쟁에서 무참히 패배할 수 있다는 사실이 드러났다. 정교회를 통해 세르비아가 러시아와 맺은 관계는 그리스보다 훨씬 더 긴밀했다. '카라조르제(검은 조르제Black George) 페트로비치Karađorđe Petrović(1767~1817)가 튀르크족 산적과 힘을 합치기도 하고, 합스부르크왕가의 군대와도 힘을 합쳐 싸우기도 한바, 그의 활동이 절정에 이른 것은 1804~1813년의 반란으로, 이때 세르비아는 독립이 무엇인지 처음으로 맛보았다. 그러다 카라조르제를 암살한 밀로시 오브레노비치Miloš Obrenović(1780~1860)의 재위기인 1815~1817년에 두 번째 반란을 맞으면서 세르비아는 국제적 명성을 쌓는 계기를 마련했다.

루마니아의 두 공국 몰다비아와 왈라키아는 파나리오트 그리스인들Phanariot Greeks(또는 파나리오테스Phanariotes)—콘스탄티노폴리스에 소재한 그리스인 거주 지구를 파나르Phanar라고 한 데서 이름이 붙었다—을 중간에 긴 채 오스만 정부의 통치를 받았다. 그리스인의 이 파나리오트 체제는, 비록 부패한 데다 착취도 일삼았으나, 이주와 서유럽 문물과의 접촉을 장려했다. 그러다 오스트리아가 부코비나를 탈취한 것과(1774), 그보다 훨씬 심한 사태로 러시아가 1769~1774년과 1806~1812년에 부코비나를 점령한 것이 변화를 일으키는 촉매제로 작용했다.

오스만인으로부터 해방을 이루어야 한다는 생각이 처음으로 뿌리내린 것도 지배세력인 그리스인 소수계층 사이에서였다.

불가리아는 오스만인의 군대가 이 일대를 지나가고, 이른바 크라즐리스Krajlis라고 알려진 탈영병 무리가 수십 년 동안 인근의 시골 지역을 약탈하고 다니는 통에 막대한 고통을 당해야 했다. 1794년에는 크라즐리스 지도자의 한 사람인 파스반올루Pasvanoğlu이 다뉴브강의 비단에 독립국과 다름없는 강도 공화국robber republic을 세우고 그곳을 자신의 근거지로 삼았다. 세르비아인들이 그랬듯, 기독교를 신봉하는 불가르족도 점차 자신들이 의지할 데로 러시아를 바라보게 됐다.

알바니아는 지방에 할거한 부족 추장들의 수중에 떨어져 있었다. 1760년경에는 그중 한 사람인 메흐메트 파샤 부샤티Mehmed Pasha Bushati(1775년 몰)가 왕조를 창건하니, 이 왕조가 이후 수 세대 동안 슈코더르를 중심부로 삼아 알바니아 상부 지역을 다스려나갔다. 또 테펠레네의 알리 파샤Ali Pasha(1822년 몰)도 이오안니나를 중심지로 삼아 아드리아해부터 에게해까지 뻗은 영지를 하나 구축했다. [슈치퍼리아]

츠르나고라Crna Gora(Црна Гора, 세르보-크로아트어로 "검은 땅")는, 바깥 세계에는 베네치아식의 '몬테네그로Montenegro'라는 이름으로 알려진 곳으로, 발칸반도에서 유일하게 오스만인의 지배를 벗어난 땅이었다. 전설에 따르면, 하느님께서 세상을 다 만들고 나니 바위덩이가 많이도 남았다. 하느님께서 남은 바위덩이를 가지고 만든 곳이 몬테네그로였다. 튀르크족은 잠깐 동안이나마 이곳의 수도 체티네를 점령하는 데는 성공했을지 모르지만 끝내 몬테네그로는 제대로 차지하지 못했다. 당시 튀르크족은 다음과 같이 말했다. "적에게 패한 병사들은 얼마 되지 않았으나 굶주림을 견디지 못하고 죽은 병사들이 헤아릴 수 없이 많았다." 몬테네그로는 1516년부터 1696년까지는 신정국가 체제에 머물며 수도 생활을 하는 주교들의 통치를 받았다. 1696년부터 1918년까지는 페트로비치왕가 출신의 세습 제후들의 통치를 받았다.

18세기 후반에 발칸반도의 엘리트 계층이 처음으로 독립을 꿈꾸기 시작했을 때, 발칸반도 사람들이 오스만의 지배 속에서 살아온 지는 4, 5세기에 이르고 있었다. 그 경험은 발칸반도에 뚜렷한 흔적을 남겨놓은 참이었다. 이곳은 동방정교회가 뿌리를 내린 지도 오래여서, 동방정교회의 사상 주입을 받은 이곳의 신민들은 극히 보수적이고 반反서구적이었다. 십자군 시대 이래로, 동방정교회에는 잘못했다가는 불경자들보다도 오히려 서구에 예속당할지 모른다는 인식이 자리 잡고 있었다. 그 결과, 서구 세계를 뒤흔들었던 위대한 문명 운동들—르네상스, 종교개혁, 과학, 계몽주의, 낭만주의— 중 그 어느 것도 발칸반도 국가에 효과적으로 파고들지는 못했다. 아울러 이 지역의 정치적 전통들 역시 합리주의, 절대주의, 입헌주의에 거의 빚진 바가 없었다. 그보다는 모든 면에서 혈연정치가 지배적 힘을 떨쳤으며, 뇌물을 써서 매수를 하는 족벌주의가 삶을 살아가는 하나의 방식이 돼 있었다. 당시 세간에서는 "권력은 구유와도 같으니, 먹이지

슈치퍼리아 SHQIPËRIA

■
■ 슈치퍼리아Shqipëria(또는 슈치퍼리Shqipëri) 곧 〔알바니아어로〕 "독수리들의 땅"이라는 의미의 알바니아는 모든 유럽 국가 중에서 유럽인에게 익숙한 특징이 가장 적은 나라라 해도 과언이 아니다. 에드워드 기번은 1780년대에 배를 타고 일대 해안을 따라 내려가면서, 알바니아를 두고 "이곳은 이탈리아에서 바라다 보일 만큼 가깝지만 아메리카 내륙보다도 일려진 게 없다"라고 썼다. 그러나 변덕이 심한 국제정치로 말미암아 고통을 겪은 것으로 치면 알바니아만 한 곳도 없었다.

1911년의 반란으로 알바니아는 오스만제국의 지배로부터 벗어났고 알바니아 주변 기독교 국가들은 발칸동맹Balkan League의 창설에 가속도를 붙였다〔"발칸동맹"은 1912년 제정러시아의 주도로 발칸반도의 그리스왕국, 불가리아왕국, 세르비아왕국, 몬테네그로왕국이 오스만제국에 대항할 목적으로 결성한 방어 동맹이다. 제1차 발칸전쟁의 원인으로 작용했다〕. 불가리아를 제외한 동맹국들은 하나같이 알바니아 주민의 비중이 높은 영토를 보유하고 있었는데, 그중 어디도 알바니아인이 다 같이 통일을 이뤄 살아가는 '대大알바니아Greater Albania'를 맞이할 준비는 아직 돼 있지 않았다. 알바니아가 주권을 인정받은 것은, 발칸동맹전쟁War of the Balkan League〔제1차 발간전쟁, 1912. 10~1913. 5〕도 함께 종식된, 런던조약Treaty of London(1913. 5)에 서였다. 하지만 런던조약에는 국제 위원회를 통해 국경을 획정하고, 서방 스타일의 군주제를 도입해야 한다는 내용이 담겨 있었다(부록 1652쪽 참조).

당시 알바니아 사회는 사회구조와 종교 모두로 말미암아 심하게 분열돼 있었다. 북쪽의 고지 지방 씨족 게그족은 피의 복수를 법으로 여기는 부족으로 남쪽의 저지 지방 씨족 토스크족과는 거의 아무 공통점도 없었다. 알바니아 주민의 3분의 2는 무슬림이었다. 나머

지 3분의 1은 가톨릭과 정교회가 똑같이 반반씩을 차지했다. 알바니아의 주요 소수인종으로는 왈라키아어를 쓰는 동부의 목축민들, 해안가 도시들의 이탈리아인들, 남부 알바니아를 '북에피루스'라고 익히 알아온 그리스인들이 있었다. [가가우즈]

제1차 세계대전 중에 알바니아는 세르비아와 그리스 모두로부터 침략을 당했다. 연합국들은 이탈리아와 런던조약(1915)을 맺을 당시 알바니아를 이탈리아의 보호령으로 만들어주겠다고 비밀리에 합의했다. 알바니아 군주제는 파란만장한 운명 속에서 고통을 겪어야 했다. 초대 군주mpret 빌헬름 폰 비드Wilhelm von Wied(재위 1914)만 해도 3월에 알바니아에 발을 들였다가 9월에 도망치듯 고국을 떠났다. 제1차 세계대전이 끝나고 나서는 아흐메트 조구Ahmet Zogu 장군이 알바니아공화국 대통령 자리에 올랐으며, 1926년에 그는 스스로를 알바니아 왕으로 선포했다.

제2차 세계대전 중에는 베니토 무솔리니가 알바니아에 25년 전에 약속했던 이탈리아 보호령을 수립했다. 알바니아의 영토는 확대돼 코소보 지역까지 포함했고, 〔이탈리아 왕〕 비토리오 에마누엘레 3세Vittorio Emanuele III가 왕으로 선포됐다(재위 1939~1943). 1944~1945년에는 독일군이 알바니아를 잠시 점령하기도 했다.

알바니아인민공화국이 1946년 공산주의 유격대 토스크족 파당의 주도로 수립되는데, 이들이 전시에 우위를 점한 것은 서방의 지원 덕택이었다. 이 세력을 이끈 엔베르 호자(1908~1985)는 몬테네그로·코소보·마케도니아에서 살아가는 알바니아인들의 이해관계는 모두 포기한 채, 전쟁 이전의 국경 뒤쪽으로 물러나 완전한 고립 정책을 고수했다. 기번이 다녀가고 200년 후에도, 배나 비행기로 아드리아해를 여행하다 알바니아를 지나치게 되는 관광객들은 옛날에 기번이 느꼈던 그런 경이와 불가해함을 여전히 느끼고 있었다.[1]

못하는 자는 돼지나 다름없다"라는 튀르크족 속담이 널리 통하기도 했다. 후일 "유럽 안의 터키〔튀르키예〕"로 불리며 그 영역이 점점 오그라들던 튀르크족 거주 지역의 경계는 유럽에서 가장 뿌리 깊은 문화적 단층지대의 하나를 형성했다.

오스만의 위협이 일단 격퇴당하자, 합스부르크가에 다시금 운이 트였다. 레오폴트 1세(재위 1658~1705)는 생전 루이 14세의 초라한 꼴을 보지 못하고 세상을 떠났으나, 그의 아들들인 요제프 1세Joseph I(재위 1705~1711)와 카를 6세Karl VI(재위 1711~1740)는 황제 자리에 오르며 헝가리, 이탈리아, 네덜란드에서 크게 넓어진 영지들을 물려받을 수 있었다. 그러다 왕위 계승 문제가 불거지면서 또 한 차례의 커다란 정치적 위기가 발생하는바, 이것이 유럽에서 대규모의 전쟁이 발발하는 도화선이 됐다. 카를 6세는, 한때 자신이 명목상 그 뒤를 계승했던 동명이인의 스페인 군주〔카를로스 2세〕와 마찬가지로 후계자로 삼을 남자가 하나도 없었다. 마음 씀씀이가 옹졸했던 데다 독불장군이었던 그는 종교적 순응을 강요했고, 국사조칙國事詔勅, Pragmatic Sanction(1713)을 이용해 딸 마리아 테레지아에게 왕위가 돌아가도록 손을 쓰는 데에 일생의 많은 시간을 쏟아부었다. 그러나 막상 그가 죽었을 때 황제 자리에 오른 사람은 바이에른 선제후 카를 알브레히트Karl Albrecht였고, 이후 그가 카를 7세Karl VII(재위 1742~1745)로 프랑스와 공모해 잠시나마 통치를 이어가니 비非합스부르크가 인물이 황제 자리에 오른 것은 400년 기간을 통틀어 이때가 유일했다. 그러고 나서 황제 자리는 다시 마리아 테리지아의 남편이자 토스카나 대공 프란츠 1세Franz I(재위 1745~1765)와 그의 아들 요제프 2세Joseph II(재위 1765~1790)에게 돌아갔다. 하지만 마리아가 황후, 황제 모후, 보헤미아와 헝가리 여왕으로 워낙 다방면에서 능력을 발휘한 까닭에, 40년 동안 빈을 호령한 것은 실질적으로 마리아 테레지아Maria Theresia(재위 1740~1780)였다. 양심과 절제를 지녔던 그녀는 다른 문제들보다 특히 농업개혁과 농노-농민층 신분 해방에 열의를 쏟았다. 요제프 2세는 정반대로 인내심이 부족한 급진파에, '왕관을 쓴 혁명가'에, 투철한 반反교권주의자였으며, 그리고 귀족이 누리는 특권에 대한 반대파였다. 요제프 주의—전통적으로 사회를 떠받쳐온 두 기둥인 교회와 귀족에 반대하고 국가권력을 역설하는 요제프 2세의 정책 기조를 일컫는 이름이었다—는 계몽전제주의enlightened despotism가 얼마나 더 철두철미하게 권력 전횡을 일삼을 수 있는지 보여준 사례였다.

당대에 오스트리아는 카메랄리즘cameralism〔관방학官房學〕이라고 불린 관료주의 체제를 발달시키는데, 전문직 공무원〔관료〕이라는 엘리트 신분 계급에 기반을 둔 체제였다. 바로 이 체제가, 규모가 확대되고 조직도 재정비한 군사체계와 함께, 독일에서 신성로마제국이 종말을 고한 뒤에도 합스부르크가의 군주제가 오래도록 수명을 이어갈 수 있게 끈끈한 접합제 노릇을 해주었다. 빈대학은 이러한 공무원들을 양성하는 특별학부를 따로 두었으며, 여기서 양성된 공무원들은 재무·법무·교육 분야의 상위 계층으로 곧장 직행할 수 있었다. (프로이센에는 살레대학이 그와 같은 역할을 했다.) 이렇듯 수준 높은 교육을 받고, 많은 임금을 받으며, 독일어를 쓴 왕당파 관료들은 전적으로 군주의 호의에 의지했다. 이들은 귀족, 교회, 민족의 이해관계가 제각기 엇갈릴 때 그 사이에서 견고한 완충제 구실을 했고, 어떠한 이해관계에도 얽매이지 않는 합리적인 태도로 그에 상응하는 개혁이 이루어지게끔 사회 변화의 동력을 이끌었다.

(나중에 드러나는 사실이지만) 이러한 점에서 신성로마제국은 막바지 단계에 가서는, 그 무렵 주도권을 잡은 제후들이 저마다 별개의 왕조 정책을 내거는 바람에 결집력이 크게 약화됐다. 합스부르크가 황제들이 제국의 경계 너머에 자신들의 땅과 재산을 활용할 수 있었던 것과 꼭 마찬가지로, 선제후들도 점차 그런 자산을 활용할 수 있는 역량을 깆게 됐다. 일례로 작센 지방의 선제후 가문 베틴가는 1697년에서 1763년까지 폴란드-리투아니아의 왕이 돼 통치를 해나갔다(뒤의 내용 참조). 브란덴부르크의 선제후 가문 호엔촐레른가는 1701년부터 프로이센 왕이 돼 통치를 해나갔다(뒤의 내용 참조). 하노버의 선제후들은 1714년부터 대영제국의 왕이 돼 통치를 해나갔다(앞의 내용 참조). 18세기의 100년이 흐르는 동안 바이에른의 비텔스바흐가 선제후들은 전통적으로 프랑스와 맺어온 동맹을 통해 자신들의 부를 더욱 확대해나가고자 했다. 이들의 관계가 이처럼 다양하게 얽혀 있었던 까닭에, '독일'에 자리한 '수도들'은 모두—빈, 드레스덴, 베를린, 하노버, 뮌헨— 저마다 매우 다른 색채를 띨 수밖에 없었다. 신성로마제국의 황제 자리를 차지한 마지막 두 인물—레오폴트 2세Leopold II(재위 1790~1792년, 토스카나 대공), 프란츠 2세Franz II(재위 1792~1806)—은 혁명의 대홍수가 닥쳐와 제국을 멸망시켜도 그곳을 구해낼 기회를 거의 갖지 못했다. [프로이데]

튀르크족의 수중에서 해방된 헝가리는 자신들을 해방시켜준 합스부르크가가 세운 전제정치 구상 속에서 그 희생양이 됐다. 1687년, 700년 동안 이어져오던 선출 군주제가 폐지됐다. 왕위를 세습하던 합스부르크가의 통치자들은 헝가리의 귀족 의회를 왕이 내린 칙령을 법령으로 등록해주는 기관으로 전락시켰다. 먼 옛날부터 마자르 귀족들이 갖고 있던 '저항의 권리'도 무용지물이 됐다. 그러다가 합스부르크가가 스페인 및 튀르크족을 상대하느라 여념이 없는 틈을 타, 1704년부터 1711년까지 라코치 페렌츠 2세Rákóczi Ferenc II의 주도하에 헝가리 전역에서 반란이 일어났다. 그리하여 처음에는 서트마르화의Peace of Szatmár(1711)를 통해 그리고 나중에는 마자르족이 국사조칙에 응하는 대가로, 과거에 헝가리가 가졌던 자유가 상당 부분 회복될 수 있었다. 1848년까지 헝가리에서 힘을 발휘했던 기본 법률들은 이때 만들어진 것들이었다. 헝가리는 이웃 보헤미아가 처한 운명도 다행히 피할 수 있었다. 그렇다고는 해도 타협이 쉽지는 않았다. 마리아 테레지아만 해도 1764년 이후부터는 헝가리 의회에 의지하지 않고 독단적으로 통치해나갔고, 요제프 2세는 입헌제의 모든 공식 절차를 전반적으로 무시해 심지어는 대관식을 받아야 하는 관례조차도 생략했다. 1784년에는 오스트리아와 헝가리를 하나의 통일국가로 대하겠다면서 독일어를 공식언어로 도입하기도 했다. 그에 따른 거센 반발은 레오폴트 2세 덕에 어느 정도 잠잠해질 수 있었으니, 1791년 그는 헝가리가 독립적 지위를 가짐을 재확인하는 한편 라틴어와 마자르어를 함께 사용할 수 있도록 했다. 헝가리인들의 삶에 배어 있는 뿌리 깊은 보수주의는 헝가리 부호들과 지방의회의 보호를 중심으로 한 것으로, 튀르크족과의 전쟁이 되풀이되고 인종적·종교적 분열이 일어나면서 한층 강화됐다. 거기에 마리아 테레지아의 농업개혁이 보수주의의 수명을 연장시켰다고 봐도 과언이 아닐 텐데, "1767년의 우르바리움Urbarium of 1767"이라 불린 당시의 농업개혁을 통해 농민들이 땅에 적籍을 두는 제도가 없어졌고 그와 함께 농민들이 혁명적 기질도 누그러졌다("우르바리움"은 중세와 근대 초기의 영지 또는 경지 소유권 등록부를 말한다. 영지 소유자가 농노 또는 농민에 대해 갖는 권리와 혜택을 포함한다). 마리아 테레지아가 추진한 교육개혁은 부더대학의 설립과 18세기 말 마자르문학의 부흥을 근간으로 헝가리에 근대적 민족의식이 자라나게 하는 씨앗을 뿌렸다. 얼마의 시간이 흐른 뒤 부쩍 높아진 마자르족의 민족의식은 슬로바키아인, 크로아티아인, 유대인 소수민족 사이에서도 그에 못지않은 강한 민족의식을 일깨우게 된다.

프로이센의 흥기도 18세기에 결정적 가속이 붙었다. 일반적으로 프로이센의 흥기는 독일 통일이라는 프로이센의 후대 사명을 밑바탕으로 해석이 되곤 한다. 그러나 실제적 측면에서 프로이센의 흥기는 유럽 곳곳에서 끊임없이 이루어진 왕조 정치에서 비롯했으니, 그러한 왕조 정치는 독일 세계를 수차례 분열시키기를 반복하는 한편 잠재적 국민국가(민족국가)의 성격을 전혀 가지지 않은 왕국을 길러내기에 이른다. 프로이센은 기가 막힐 만큼 효율적인 행정기구의 창설을 통해 흥기할 수 있었으며, 프로이센 통치자들이 나라의 크기에 걸맞지 않게 대규모 상비군을 유지할 수 있던 힘도 바로 여기에 있었다. (전문 병사와 인구 사이 비율 면에서, 프로이센은 군사력은 주변국인 폴란드-리투아니아와 견주어 30배나 효율적이었다.) 프로이센세무청Prussian Excise(1680)은 징세를 통해 프로이센 군대가 잘 유지될 수 있도록 했다. 프로이센 군대는 귀족층의 장교 군단을 기반으로 삼았으며, 1733년 이후로는 주州 단위 농민 징병 체제가 군대의 기반이 됐다. [구스스텝]

프리드리히 3세Friedrich III(재위 1688~1713)와, '유럽의 교관drill-master of Europe' 프리드리히 빌헬름 1세Friedrich Wilhelm I(재위 1713~1740)의 통치 동안 호엔촐레른가는 비양심적이었던 '대大선제후'(브란덴부르크의 프리드리히 빌헬름 1세Friedrich Wilhelm I재위(1640~1688))의 전철을 그대로 밟아나갔다(7장 참조). 1700년 호엔촐레른가는 자신들에게 왕권이 있음을 인정받는 대가로 선제후로서 가지고 있던 투표권을 돈을 받고 합스부르크가에 넘겼다. 1728년에는 국사조칙에 응하기로 하고 베르크와 라벤슈타인을 양도받았다. 스페인왕위계승전쟁과 대북방전쟁에서 맺어진 동맹에서 발 빠르게 움직인 결과 슈테틴과 서부 포메라니아도 획득할 수 있었다. 프로이센을 동맹으로 삼는 것도 프로이센을 적으로 돌리는 것만큼이나 위험한 일이 된다는 사실을 스웨덴은 뒤늦게 깨달은 나라의 하나일 뿐이었다. 그 누구도 흉내 낼 수 없는 '프로이센 정신Prussian spirit'은 왕조에 대한 충성과 함께 프로이센의 막강한 군사력에서 탄생한 자만심, 문화와 교육의 발전 속에서 솟아난 정당한 자부심이 혼합돼 성장해나갔다. 이와 같은 분위기 속에서 할레에 프로이센 최초의 대학이 자리를 잡은 것이 1694년으로, 베를린에는 프랑스 위그노들과 오스트리아 프로테스탄트들이 대거 흘러들어와 도시에 활기가 생겨나며 왕립미술원(1696)과 왕립과학원(1700)이 들어섰다. 1717년에는 칙령을 통해 공공교육 발전 방안이 모색됐다.

프로이센은 프리드리히 대왕Friedrich der Große〔프리드리히 2세〕(재위 1740~1786)의 통치를 맞아 그의 선대 통치자 시기부터 무척 착실하게 쌓아온 힘들을 대거 방출하게 된다. 프리드리히가 자신의 통치를 열며 1740년 오스트리아 영토인 슐레지엔을 장악할 때부터 전쟁은 사반세기 동안 프로이센의 제일차적 정책 수단이었다. 그러다 조국이 궤멸 직전까지 가는 상황에 이르고서야 프리드리히는 외교적 약탈의 방법으로 선회해 제1차 폴란드분할을 통해 통합된 영토 기반을 전리품으로 획득할 수 있었다(뒤의 내용 참조). [그로센메어]

프리드리히 대왕의 성격은 당대의 뭇 사람을 놀라게 한 화젯거리의 하나였다. 그의 성격은 인정사정없던 아버지의 채찍 속에서 형성됐으니, 생전에 아버지(프로이센 국왕 프리드리히 빌헬름 1세)는 아직 어린 아들을 불러다 그의 친구인 한스 헤르만 폰 카테Hans Hermann von Katte(1704~1730)가 처형당하는 모습을 지켜보게 하는가 하면, 아들을 오데르강에 있는 퀴스트린(폴란드어명 코스트신) 요새에 몇 년을 가두어두기도 했었다. 프리드리히대왕의 재위 내내 왕국 안에서는 포탄이 작렬하는 소리와 전장의 괴로운 신음 소리 사이로 왕이 부는 플루트 소리와 필로조프들의 잡담 소리가 한가롭게 들려오곤 했다. 한때 프리드리히는 다음과 같이 말하기도 했다. "나는 시대를 너무 빨리 타고난 면이 있지만, 그래도 덕분에 볼테르를 만나지 않았던가." 그간 프리드리히가 가진 장점들을 칭찬해온 사람들은 비단 독일 역사학자들만이 아니었다. 존 달버그-액턴John Dalberg-Acton〔제1대 액턴 남작, 액턴 경〕은 프리드리히를 근대의 왕좌를 물려받은 이들을 통틀어 "가장 완벽하게 현실적이었던 천재"라고 평했다.

프리드리히 대왕은 그가 치른 전쟁과 전투만으로도 여러 권의 책을 너끈히 채운다. 그 수많은 전쟁들은 하나같이 역사적으로 손꼽히는 대전大戰의 고전적 선례들이다. 프리드리히가 치른 1740~1742년과 1744~1745년 두 차례의 슐레지엔전쟁Silesian Wars은 더 광범한 지역에서 펼쳐진 오스트리아왕위계승전쟁War of the Austrian Succession(1740~1748)의 일부였는바, 이 전쟁으로 프리드리히는 마리아 테레지아로부터 평생 미움을 사게 됐지만 자신이 감행한 공격의 결실을 거두어들일 수 있었다. 몰비츠, 코투지츠, 호엔프리트베르크 전장이 프리드리히에게 승리를 안겨준 것이다. 프리드리히는 1745년에는 프라하를 점령하는 성과를 올렸다. 프리드리히는 칠년 전쟁Seven Years' War(1756~1763)에서는 드높은 영광과 끝없는 절망을 함께 맛봐야 했다. 그 서막 은 프리드리히가 작센을 공격한 것으로 시작됐다. 프리드리히는 로보지츠, 로스바흐, 초른도르 프, 로이텐, 콜린, 쿠너스도르프, 레그니차, 토르가우를 통과하며 내륙의 통신망을 기막히게 활 용하는 전법을 구사했고, 이를 통해 전장에 압도적으로 많은 병사를 쏟아부으려는 적군의 노력 을 번번이 무산시켰다. 로스바흐전투Battle of Rossbach(1757)에서는 승리는 거뒀으나 그도 약간 의 손실을 감수해야 했다. 쿠네르스도르프전투Battle of Kunersdorf(1759, 이상 칠년전쟁의 전투)에 서는 프리드리히 자신이 대학살이 벌어지는 아비규환 속에서 목숨을 건지기도 했다. 1762년에 이르자 국고가 텅 비고, 영국의 지원금이 끊기고, 러시아인들까지 베를린을 공격할 태세를 보이 는 위기를 맞았으나, 러시아의 황후가 세상을 떠난 것(엘리자베타 페트로브나, 1762)을 계기로 예 상치 못한 협정이 맺어지며 프리드리히는 무사히 난국을 빠져나올 수 있었다. 프리드리히는 후베 르투스부르크조약Treaty of Hubertusburg(1763)을 통해 다시 한 번 자신이 전쟁을 통해 얻은 땅들 을 온전히 지켜낼 수 있었다. 생전에 그는 자신의 호위병들이 앞으로 나서지 못하고 머뭇대자 격 노하기도 했다. "이 개들아, 죽지 않고 영원히 살기라도 바라느냐? Hunde, wollt ihr ewig leben?" ("후 베르투스부르크조약"은 프로이센과 오스트리아가 체결한 칠년전쟁의 강화조약이다. 프로이센은 슐레지엔 을 영유하고, 그 대신 오스트리아 대공 요제프를 장래의 신성로마제국 황제로 선출할 것을 약속했다.)

그러다 프리드리히 빌헬름 2세Friedrich Wilhelm II(재위 1786~1797) 대에 들어서면서 프로이 센은 전혀 다른 노선을 걷는다. 심지어 이 새 왕은 폴란드-리투아니아와 동맹을 맺는 위험까지 감수했다. 그러나 당대에는 혁명 시대의 분위기와 러시아의 힘이 순리로 통했고, 그 힘에 밀려 새 왕도 결국에는 원래 노선으로 돌아갈 수밖에 없었다. 그리하여 제2차 및 제3차 폴란드분할 때에는 프로이센이 단치히와 바르샤바 모두를 수중에 넣게 된다. 1795년에 프로이센이 다스리 는 나라의 백성 중에는 슬라브족 가톨릭교도들이 40퍼센트에 달했고, 거기에 대규모 유대인 공 동체까지 있었다. 한마디로 당시 프로이센은 가장 역동적으로 돌아가는 유럽의 용광로의 하나 였던 셈이다. 이런 상황이 중간에 별 방해를 받지 않고 끝까지 발전해갔다면, 과연 독일 및 중부 유럽의 역사가 종국에 어떤 형태를 띠게 됐을까는 지금으로서는 상상하기 어렵다. 실제 역사를 보면, 옛 프로이센은 차후 나폴레옹에게 제압당한다. 그러다 1815년 새로이 등장하는 프로이센 은 종전과는 전혀 다른 야수의 면모를 보여주었다.

프로이센이 소규모 국가로서 패권을 잡는 데 성공한 본보기였다면, 러시아는 유럽에서 가장 대규모 영토의 나라라는 장대한 스케일 속에서 비슷한 현상을 연출한 본보기라 할 수 있었다.

그로센메어 GROSSENMEER

■
■ 1785년에 그로센메어는 독일 북서부 올덴부르크공국의 촌락으로, 네덜란드 국경 및 프로이센이 새로 획득한 동프리슬란트 지방과 가까이 접하고 있었다. 이해에 그로센메어의 총인구는 142가구에 885명으로 77명가량의 '빈민pauper'이나 여타 비정기 거주민을 합한 수치였다. 이 촌락의 가구를 분석해서 얻은 분류는 다음과 같다.

가구 유형	수	%
1. 독신(예: 과부)	2	1.4
2. 무無부모 가구(형제자매 동거)	1	0.7
3. 핵가족 가구(부모와 아이들)	97	68.3
4. 확대가족 단위 (여러 세대 및 친척)	28	19.7
5. 복합가족 가구 (2개 이상의 부모 가구 동거)	14	9.9
총계	142	100

이 분류를 통해 그로센메어에서는 확대가족extended family 및 복합가족multiple-family 가구도 꽤 비중이 큰 소수였지만(30퍼센트), 핵가족single-family 가구가 다수였다는(68퍼센트) 사실이 분명히 드러난다.

이 분야를 연구한 한 노학자는 그로센메어의 사례를 택해 정의가 불분명한 유럽 지역의 유형을 우리가 '중부적'이라고 불러온 특성들을 보여온 것으로 분류했다. '네 가지 지역 가설Four-Region Hypothesis'은 바로 그런 외딴 촌락의 사례들을 근거로 세워진 것이었다. 그로센메어(1785)가 유럽의 '서중부West-Central' 혹은 '중부Middle'를 대표한다면, 에식스의 엘름던(1861) 촌락은 '서부the West', 볼로냐 인근의 파가냐(1870)는 '지중해the Mediterranean', 러시아의 크라스노에 소바키노(1849)는 '동부the East'를 대표하는 것으로 여겨졌다. 지리는 거창한 일반화만큼이나 미심쩍은 부분도 많은 분야다.

이 가설은 당시 "보편적으로 용인"된다고 여겨진 종 과의 틀을 가다듬을 것으로, 기존에는 전통적인 유럽 가구가 훨씬 더 단순한 두 개의 유형—즉 '서부'와 '동부'—으로 나뉜다고 가정했었다. 그로센메어는 자그마치 전체 가정의 73퍼센트가 핵가족 유형에 해당하는 엘름던의 변형으로 여겨졌고, 파가냐는 86퍼센트의 가정이 확대가족이거나 복합가족인 크라스노에 소바키노의 변형으로 여겨졌다.[1]

비교사회사는 지극히 얻을 게 많은 학문이다. 그러나 비교사회사 연구를 할 때는 비슷한 것은 반드시 비슷한 것과 비교해야만 하는 것이 철칙이다. 산업회 이전 시대의 촌락을 산업화가 절정이었던 빅토리아 여왕 시대의 잉글랜드 촌락과 비교하는 것이 온당한지 의문이다. 그런데도 '서구' 학자들이 '동유럽Eastern Europe'이라 불리는 '정의가 불분명한 또 다른 지역'을 농노제가 행해지던 러시아 벽지의 촌락을 근거로 분류하는 것도 놀라울 만큼 흔하게 볼 수 있다. 다양성을 틀에 가두는 것은 다양성 부정이나 다름없다. [자드루가]

가족사가 그 진가를 제대로 인정받기 시작한 것은 1970년대나 돼서였다. 영어로 된 《가족사 저널 Journal of Family History》이 발간된 것도 1976년부터였다. 그때까지만 해도 가족 문제를 연구하는 사회학자들은 계급 문제에만 골몰해 있었다. 상당수 학자들도 유럽에는 태곳적부터 대규모의 전통적이고 가부장적인 가정 형태가 존재해왔다고, 따라서 근대화가 태동하기 전까지는 연구거리가 그렇게 많지 않았다고 가정했었다. 피에르 기욤 프레데리크 르 플레Pierre Guillaume Frédéric Le Play(1806~1882)는 가족유형학을 도입하는 계기가 된 《가족의 조직L'Organisation de la Famille》(1871)을 저술했는데, 이러한 선구자들의 연구도 널리 알려져 있지 않았다. 르 플레는 가족 유형을 세 가지로 보았는바, 가부장적 체제의 확대가족, 3세대가 핵을 구성하는 직계가족stem family, 부모가 자녀를 양육할 때에만 존재하는 불안정한 가정 단위cellule였다. 그 자신이 매우 오랜 족보를 갖는 족보학을 제외하면, 역사 안에서 체계적으로 가족 문제를 다루는 연구는 100년의 시간을 기다려야 했다.[2]

그럼에도 그간 이 분야의 다양한 연구는 무척 인상 깊은 내용을 담게 됐다. 중세 아이슬란드의 유모의 양육 기법들부터 17세기 잉글랜드의 서자 제도를 다루는가 하면, 19세기 사르데냐의 가부장적 권위를 논의하는 등 그야말로 온갖 것에 대한 연구들이 나와 있다. 조사 내용은 크게 몇 갈래로 나뉜다. 우선 가정 단위의 형성, 구조, 해체를 다루는 내용이 있다. [바세리아] 가족 및 친족 영역에서 나타나는 통계적, 생물학적, 성적 추세를 중점적으로 다루는 것들도 있다. 세 번째로는, 가족 단위에서 개인 및 남녀, 세대가 겪는 문제—따라서 '인생 경로 분석', 여성, 노동 패턴, 자녀, 결혼, 노년 등의 내용을—를 주제로 삼는다. [그릴렌슈타인] 네 번째 문화인류학적 초점에서는 가족의 관심, 행사, 의례를 강조한다. 다섯 번째는 법률적 측면의 것으로 가족법 및 정부 정책의 발전을 탐구한다. 여섯 번째는 경제와 관련된 것으로, 다양한 농경, 도시, 혹은 산업사회 안에서의 가계 부채 문제를 연구한다. 미혼 부모에서 부터 실업, 자녀 훈육, 청소년 범죄에 이르기까지 현대 가족 문제들은 모두 역사적 뿌리를 갖고 있다. 족보학에 대한 관심도 여전하다. 한때 귀족 엘리트층의 전유물이었던 것이 최근에는 대중의 가장 인기 있는 취미로 자리 잡았다.[3]

역사학자들의 관심은, 어느 정도는, 그들이 이용하는 사료가 어떤 것인지를 반영해준다. 일례로, 중세 귀족 가구와 르네상스 시대 상인들 가구는 모두 방대한 사료를 남겨 놓아, 사람들이 오랜 기간 이들의 이야기를 접할 수 있었다. 이에 비해 농민들이나 서민들에 대해서는 접할 수 있는 것이 훨씬 적었다. 그렇기는 하지만 사회학적 및 양적 연구 기법들이 응용되고 [지대], 시각, 문학, 통계, 구전 사료들 덕에 엄청난 정보를 이용할 길이 열렸다. 이와 같은 정보에 담기지 않은 시기나 지역은 없다고 해도 좋다. 가족사는 누구에게나 와닿는 내용이다. 사람이라면 누구나 현재 가족의 일원이거나 아니면 가족의 일원이었던 때를 그리워하므로.

러시아의 위용은 프리드리히 대왕도 감탄할 정도였다. 러시아인들을 두고 프리드리히 대왕은 다음과 같이 언급하기도 했다. "그 신사들을 일정한 경계에 가둬놓으려면 아마 유럽 땅 전체가 필요할 것이다."

1676년 알렉세이 미하일로비치가 세상을 떠나고 1825년 알렉산드르 1세Aleksandr I가 세상을 떠나기까지 149년 동안, 러시아 로마노프왕가는 갓 태어난 일개 지방 강국을 무적의 '유럽 경찰gendarme of Europe' 국가로 탈바꿈시킬 만큼 국운을 크게 키웠다. 사실 알렉세이는 루이 14세가 왕으로 즉위한 그 즈음에 왕 자리에 올랐어도 별 볼일 없는 모스크바대공국의 제후(1645~1676)여서 베르사유 왕궁에서는 그가 어떤 인물인지 거의 모를 정도였다. 그러나 알렉산데르 대(1801~1825)에는 그가 말을 타고 의기양양하게 파리 시내를 누빌 정도로 그 위상이 높아진다. 알렉세이와 알렉산데르 사이의 150년 동안 러시아는 수십 여 차례의 군사작전을 치렀고 대체로 성공을 거두었다. 그 과정에서 모스크바대공국은 '전全 러시아제국'으로 거듭났고, 영토는 발을 넓혀 띠처럼 길게 이어진 주변 국가들을 완전히 에워쌌다. 사회 및 행정도 하나부터 열까지 철저하게 개혁 과정을 거쳐야 했다. 나라는 물론 통치층 민족의 정체성까지도 전부 다시 세워지기에 이르렀다. 이런 식으로 권력이 드러나는 과정을 흥이 나서 즐긴 사람 모두에게 러시아의 변신을 가능하게 한 모든 인물과 정책은 하나같이 좋은 것인 동시에, 바실리 클류체브스키Vasilii Klyuchevskii〔러시아 역사학자, 1841~1911〕가 표트르 대제를 두고 말했던 것처럼 "반드시 필요한" 것이었다.

독재정치에서 독재자 자신이 가진 성격은 결코 부차적 요소라 할 수 없는데, 러시아에는 이와 관련해 두각을 나타낸 인물이 둘 있었다—표트르 1세Pyotr I(재위 1682~1725)와 예카테리나 2세Ekaterina II(재위 1762~1796). 둘은 사람들이 '대제the Great'〔러시아어로는 빌리키Великий〕라는 별칭을 붙여주었다는 점에서도 같았지만, 보통 사람들에게서는 보기 힘든 대단한 체격, 동물적 에너지, 결단력을 가지고 있었다는 점에서도 같았다. 아울러 둘 모두 러시아를 위대한 나라로 만드는 데 두말할 나위 없는 공을 세운 인물로 널리 칭송을 받아왔다. 그러나 어떤 식이든 전체적 평가를 내리는 데서, 그 대상이 통치자가 됐든 왕국이 됐든, 과연 크기와 비인간적 강인함만이 위대함을 가늠하는 척도가 될 수 있는지는 반드시 따져봐야 한다. 비평가의 시각에서 보면, 둘에게서 존경보다 수치심이 느껴지는 대목이 한두 군데가 아니다. 특히 표트르는 도덕심이라곤 찾아볼 수 없는 괴물이었다. 그가 평생토록 바보들과 어릿광대들의 모임Sobor of Fools and Jesters〔만취객 가짜 종교회의The All-Joking, All-Drunken Synod of Fools and Jesters〕—외설적이고 불경한 성격의 조직으로 잉글랜드의 헬파이어클럽Hell-fire Club의 러시아식 변형이라 할 수 있었다—이 벌인 방탕한 생활을 했다는 것이야 왕이 별난 악취미를 가졌던 것 정도로 치부할 수도 있다. 그러나 그 자신이 몸소 지독하고 자학적인 고문을 일삼았다는 사실은 1697년의 스트렐치streltsy 반란 당시 반란민들을 잔혹하게 다루는 과정에서 처음 드러났는데, 당대 기준에 비추어도 하찮게 보아 넘길 문제가 아니었다〔"스트렐치стрельцы"는 "사격수"란 의미의 16세기부터 18세기까지 존재했던 러시아 차르국의 친위대를 일컫는다〕. 자그마한 모형 선박과 양철 장난감병정을 좋아했던 표트르의 독특한 취향은, 그가 자신의 수많은 구상—예컨대 생페테르부르크 건설—을 실행에 옮길 때 일어나곤 했던 엄청난 인간적 고통을 그가 대범하게 무시했던 모습과 현격하게 대비된다. 무고했던 자신의 아들 겸 후계자〔알렉세이 페트로비치 황태자〕가 고문 끝에 결국 숨을 거두는 것을 보고, 바로 그날 저녁 음란한 궁정 파티에 간 이 차르의 모습은 로마시대의 네로와 크게 다를 바 없었다. 설령 그가 러시아를 정말 '무無에서 무언가'로 변화시켰다고 해도 말이다.

'훌륭한 인물이라는 이미지와 그 못지않은 추문으로 얼룩진 어두운 면'을 역사학자들에게 함께 보여주기는 예카테리나 2세도 마찬가지였다.[28] 〔프로이센〕 슈테틴 태생으로 본명이 조피 프레데리케 아우구스테 폰 안할트-체르프스트Sophie Friederike Auguste von Anhalt-Zerbst인 예카테리나는 많은 것을 틀어쥐려는 야욕을 보였다는 면에서 타의 추종을 불허했다. 그녀가 보인 엄청난 남성 편력은 그 자체로도 도가 지나쳤으나, 그것이 추악한 음모와 결합됐을 때에는 혐오스럽다는 말 외에는 달리 평할 말이 없다. 그녀가 죽을 때쯤 세간에는 그녀가 '예카테리나의 윈치'로 말끼 정사를 나누려다 기계가 오작동하는 바람에 목숨을 잃었다는 소문이 돌았는데, 놀라운 점은 당대 사람들은 그 소문을 얼마든 믿는 눈치였다는 것이었다("윈치winch"는 밧줄이나 쇠사슬로 무거운 물건을 들어 올리거나 내리는 기계다). 더욱 중요한 점으로, 예카테리나는 궁궐에서 '정권 전복 시도putsch'를 벌여 왕위를 탈취한, 그러니까 황실 근위병을 꼬드겨 자신의 남편인 표트르 3세Pyotr III(재위 1761~1762)를 죽이도록 한 인물이었다. 그녀는 자신의 애인으로 삼고 있던 관료들 10명—그리고리 오를로프Grigori Orlov, 그리고리 알렉산드로비치 포툠킨Grigori Aleksandrovich Potyomkin, 플라톤 주보프Platon Zubov(예카테리나보다 38살 어렸다)—을 요직에 앉히고 그들과 나라를 경영했다. 좋게 해석하자면, 당시 그녀는 공포를 조장하기보다는 설득의 힘을 활용할 줄 아는 문민 관료들을 이끌며 그들의 수장 노릇을 했다고 말할 수도 있다. 같은 전기작가라도 마음이 너그러운 이는 그녀에 관해 이런 결론을 맺을지도 모르겠다. "예카테리나가 한 일은, 루이 14세가 베르사유의 죄수가 되기 전에 프랑스를 위해 했던 일과 다르지 않았다. […] 그녀 치세에 폭정이라는 압제의 얼룩을 말끔히 씻어냈으니 […] 이로써 전제정치는 비로소 군주제로 거듭날 수 있었다."[29]

로마인들의 경우에도 그랬지만, 로마노프가家 안에서 측근의 왕위전복은 습관처럼 굳어져 있었다. 스코브론스카Skowrońska라고도 했으며, 라트비아에서 농사를 짓던 아가씨로 표트르 대제(1세)의 두 번째 부인인 예카테리나 1세Ekaterina I(재위 1725~1727)도 남편이 임종을 맞는 상황에서 정권을 전복시켰다. 표트르 2세Pyotr II(재위 1727~1730)는 유언장을 조작하는 방식으로 왕위를 계승했다. 여제 안나 이바노브나Anna Ivanovna(재위 1730~1740, 쿠를란트 공작의 부인이었다)는 러시아 추밀원의 공작을 통해 황위에 올랐다. 이반 6세Ivan VI(재위 1740~1741, 브라운슈바이크의 유아 공작이었다)는 에른스트 요한 폰 비론Ernst Johann von Biron 남작의 술책으로 황위를 차지했다. 여제 옐리자베타 페트로브나Elizaveta Petrovna(재위 1741~1761, 한때 뤼베크 주교의 약혼자이자, 근위병들의 막사에서 자주 찾던 여인이었다)는 단도직입적으로 강권coup de force을 행사해 황위를 거머쥐었다. 알렉산드르 1세(재위 1801~1825)는 친부(파벨 1세)를 암살하고 황위에 올랐다. 파벨 1세Pavel I(재위 1796~1801)는 장차 개혁가-차르의 면모를 보인 인물로 오랜 기간 러시아의 공식사료 편찬자들로부터 정신적으로 문제가 있다는 평가를 받았는바, 그건 그가 당시 누구보다 정신이 온전했기 때문이었을 게 분명했다. 파벨이 살해당한 자신의 아버지 표트르 3세의 시신을 무덤에서 파내 부모님 유해를 베드로와 바울 성당에 다시 안장하는 일을 추진했을 때 노령의 오를로프 백작은 황관을 든 채 비명에 세상을 떠난 황제 선친의 관 뒤를 따라야 했는데, 35년 전 그 선친을 죽인 것은 다름 아닌 오를로프 백작이었다. 이 섬뜩한 화해의 장면만 봐도 당시 생페트르부르크 궁정 및 거기서 벌이는 일들이 얼마나 많은 사기와 두려움과 폭력으로 얼룩져 있었는지를 알 수 있다.

모스크바대공국이 그늘에만 머물러 있다 제국으로 발돋움하게 된 것은 1700~1721년 대大북방전쟁Great Northern War을 통해서였다. 20년 동안 치러진 전쟁에서 핵심은 스웨덴의 발트해 어귀 영지들에 눈독을 들여온 러시아의 표트르 대제와 한창 젊은 나이로 주변국들을 당장 공격해 들어가고 싶어 안달이 난 스웨덴의 칼 12세 사이의 각축이었다. 대북방전쟁은 1700년 8월 칼이 위험을 무릅쓰고 코펜하겐 근방에 상륙하고, 러시아의 표트르가 핀란드만의 스웨덴인 요새 나르바를 무자비하게 공격하면서 그 서막을 열었다. 하지만 그 시작과는 상관없이 전쟁은 양국 사이에 낀 폴란드-리투아니아의 영토에서 주로 치러진바 당시 폴란드-리투아니아 왕이었던 작센 선제후 아우구스투스는 표트르와 비밀리에 동맹을 맺고 있었다. 그러나 종국에 가서 폴란드-리투아니아는 대북방전쟁으로 인해 스웨덴보다 훨씬 더 심한 피해를 입게 된다(뒤의 내용 참조).

　초반의 충돌이 있고 난 후, 칼 12세가 유럽 본토 쪽으로 들어가 신제공격을 했다. 그의 목표는 표트르 대제와 작당한 작센 선제후를 응징하려는 것이었고, 1704년에는 실제로 아우구스투스(아우구스트 2세)를 끌어내리고 친親스웨덴파 스타니스와프 레슈친스키를 왕위에 앉히는 데 성공했다. 그러나 그랬던 것이 도리어 표트르에게 스웨덴의 속주 리보니아와 잉그리아를 차지할 기회를 마련해주었고, 1703년 러시아에서는 당장 이곳을 새 도시 생페테르부르크의 토대로 삼는다고 선언했다. 1707년에 칼은 동쪽으로 눈을 돌리게 되는데, 이번에는 리보니아와 우크라이나의 헤트만(군 최고사령관) 이반 마제파Ivan Mazeppa로부터 스웨덴을 돕겠다는 약속을 믿고 출정한 것이었다. 하지만 막상 전쟁에 돌입하고 나서 칼은 자신이 둘 모두에게 기만당했음을 알 수 있었다. 1708~1709년의 겨울 동안 농민군 유격대에 시달림을 당한 그는, 모스크바로 행군해 들어가 이후 남쪽으로 방향을 꺾는다는 애초의 계획을 끝내 접을 수밖에 없었다. 1709년 6월 27일, 우크라이나의 폴타바에서 치러진 전투에서 대패한 칼은 오스만의 영지로 들어가 몸을 의탁하는 신세가 됐다. 사기가 충천한 모스크바대공국의 군대는 여세를 몰아 서쪽 지방 일대를 휩쓸었다. 그들은 바르샤바를 점령하는가 하면 아우구스투스 2세도 복위시켰다. 발트해 속주들도 여전히 모스크바대공국의 수중에 있었다. 거기에다 더 서쪽에 자리한 스웨덴인 영지들을 노리고 덴마크와 프로이센에다 독일의 제후들까지 먹잇감을 찾는 독수리들처럼 너나할 것 없이 스웨덴에 덤벼들었다. 그러다 칼 12세가 1718년 11월, 노르웨이-스웨덴 국경지대의 프레데릭스할 요새에서 포위전을 벌이다가 군사작전 중 목숨을 잃게 된다. 이에 올란드제도에서 외교 회의가 열리고 이어 뉘스타트 근방에서 러시아-스웨덴 간 조약(뉘스타드조약Treaty of Nystad)(1721)이 맺어졌다. 스웨덴은 굴욕을 면치 못했다. 표트르는 줄곧 북방의 운명을 결정짓는 최종 결정자의 입지를 지키는 동시에, 자신의 '서쪽의 창'도 보란 듯 소유할 수 있게 됐다. 1721년 그는 스스로 모스크바대공국의 '차르' 칭호를 모스크바의 황제로 격상시켰다—그러나 표트르 대제가 생전에 이 직함을 만방에서 두루 인정받을 수 있었던 것은 아니었다. [페트로그라드]

　모스크바대공국은 이렇듯 스스로 황제의 망토를 걸치면서 광범위한 개혁들을 단행해 새 제국을 근대적 서구 국가로 탈바꿈하는 노력들을 해나갔다. 특히 표트르 1세가 보기에 이와 같은 개혁들은 곧 '서구화Westernisation'와 다름없었다. 차르는 1696~1698년과 1717년, 장기간에 걸쳐 두 차례 서유럽 순방에 나서 해군 창설부터 면도에 이르기까지의 모든 것과 관련한 서구 기술들을 기록으로 남겼다. 그러나 러시아가 근대국가로 탈바꿈하는 작업을 제대로 이뤄준 것은 다름아닌 대북방전쟁이었다. 이 전쟁으로 차르는 무엇보다 상비군의 필요성을 절감하게 됐고, 상비군을 뒷받침하는 데 필요한 여러 재정적·사회적 제도의 필요성도 인식하게 됐다. 이런 면에서 봤을 때 과거의 모스크바대공국은 지독할 만큼 비효율적이었다. 오합지졸의, 그마저도 겨울철에는 해산하는 군대가 소비하는 군량은 러시아 인구 3분의 2의 생산량과 맞먹었고, 1705년처럼 작황이 좋지 않을 때에는 국가 조세를 96퍼센트까지 축내기도 했다. 그러다 표트르 재위 말에 30만 명이 넘는 상비군이 양성됐고 이들은 러시아 세수를 세 배로 불어나게 해준 인두세, 농민 징병, 귀족층 조직 재편의 방법을 통해 유지돼갔다.

이때 러시아는 사회 구석구석을 어디 하나 빼놓지 않고 모두 매만졌다. 러시아는 프레오브라젠스키 프리카스Preobrazhensky Prikaz〔제국근위대 명령〕(1701)라는 핵심 법령을 통해 정치 경찰 체제를 통제했다. 또 나라를 구베르니야guberniya(현縣)로 분할한 것도 중대한 변화를 불러왔다(1705). 중앙 행정부에 원로원과 행정 실무 학교를 창설했고(1711), 지방 정부 체계도 도입했다(1718~1724). 무역, 산업, 교육, 문학, 과학, 예술도 국가 차원에서 진흥시켰다. 1721년에는 총대주교구가 폐지되고 러시아정교회는 국가가 주관해 운영하는 최고종교회의Holy Synod에 종속됐다. 사제들은 고해실에서 들은 비밀들을 정부에 낱낱이 고하라고 명령받았다. 1722년 이후로는 서열등급제가 생겨나 규모가 커진 귀족층을 서열화된 신분제도에 편입시켰고, 이 제도는 다시 국가 공무 및 토지에 기반을 둔 특권과 결부됐다. 이토록 많은 제도가 새로이 생겨난 것을 두고 한 권위자는 "가산국가家産國家, Patrimonial State〔영토와 국민을 군주의 소유물로 간주해 국가의 재정과 군주의 재정 사이에 구별이 없는 국가〕의 틀이 부분적으로나마 허물어졌다"라고 평했으며, 이렇게 해서 처음으로 러시아에 '국가state'와 '사회society'는 엄연히 다른 것이라는 인식이 생겨날 수 있었다.[30] 그러나 이러한 개혁의 와중에도 정치적 분야에서는 의미심장한 변화들을 찾아볼 수 없었고, 귀족들은 나라에 노예처럼 비굴하게 얽매여 있어야 했다. 귀족들은 공무를 맡지 않거나 교육을 받지 않으려 할 경우, 대중 앞에서 태형을 당하고 공권박탈shelmovanie까지 당해야 했다. 아닌 게 아니라, 표트르 대제 때의 개혁들이 동시대인들이 생각했던 것만큼 그렇게 대단하지는 않았다는 데에는 현재 대부분의 역사학자가 동의할 것이다. 표트르의 개혁은 당시에 나라를 하나로 통일시킬 만한 위대한 힘으로 작용하지 못했다. 오히려 반대로 차르가 거느린 신민들 안에서 충성파들을, 특히 종교와 민족성 문제와 관련해, 분열시켰다. 아울러 당시 개혁은 실질은 무시한 채 서구 제도들의 형식만 답습한 경향이 있었다. 제아무리 표트르라도 모스크바

시민들의 수염을 깎게 하고 분칠한 가발을 씌우는 식으로는 러시아인을 유럽인처럼 만들 수는 없었다.

예카테리나 2세는 실질을 좀 더 중시한 통치자였다. 계몽주의의 수사로 치장은 했으나 예카테리나 역시 전제주의 혹은 농노제의 토대에 함부로 손을 댈 수 없기는 마찬가지였다. 하지만 근대적 법령 마련을 위해 조직된 1766~1768년의 입법위원회에 그녀가 내린 유명한 지시나, 현縣 행정을 중앙집권화하고 '러시아화'하려 한 노력들, 그리고 무엇보다 '귀족층의 자유'를 인정한 것은 러시아의 사회체제에 지속적으로 영향을 끼칠 변화를 가져왔다. 귀족헌장Charter of Nobility(Charter to the Gentry)(1785)은 일전에 귀족 의회 및 현들의 자치에 일정한 권리를 부여한 칙령을 재차 확인한 것으로, 러시아의 서열계급제도를 보완했다. 농노와 동산을 사고파는 것과 관련한 과거의 규제들도 완화됐다. 그 결과 최종적으로 탄생한 타협안은 반은 과거의 관습을 반은 새로운 혁신을 담고 있었다. 옛것과 새것이 섞인 혼성 체제 속에서 전제 군주제는 서서히 자신이 탄생시킨 공무를 돌보는 귀족층에 의지했고, 귀족층은 자신들이 한때 지방에서 대다수 주민들에게 행사하던 권력을 중앙정부에 고스란히 전해주지 못했다. "역설적이게도, 러시아의 전제군주들은 정치권력을 독점하려고 무던히 애썼지만 그들이 손에 넣은 권력은 서구의 입헌군주들이 가진 권력보다 효율적이지 못했다."[31] 과거 모스크바대공국의 전제군주는 적어도 통치에서는 일관된 면모를 보였었다. 하지만 새로 탄생한 러시아제국은 그 안에 자멸의 씨앗을 품고 있었다. [오일러]

그러나 이런 와중에도 가차 없는 러시아의 영토 팽창은 계속됐다(부록 1619쪽 참조). 이 나라는 자신이 양껏 이용할 수 있는 것보다도 이미 더 많은 땅을 차지해놓고도 계속 주변 땅을 해치워나갔다. 서쪽에서는 스웨덴-핀란드와 폴란드-리투아니아 땅 대부분을 먹어치웠다. 남쪽에서는 아조프(1696)를 시작으로 오스만제국이 틀어쥐고 있던 흑해의 속주들과 크름반도(1783)를 집어삼키더니, 이어 페르시아를 등지고 나아가 캅카스와 중앙아시아에까지 이르렀다. 동쪽에서는 시베리아를 횡단해 태평양에 이른 뒤, 1740년대 이후부터는 알래스카 해안가들을 탐험해 1784년에는 코디액섬에 러시아의 영구 정착촌을 건설했다.

지금까지 러시아 역사학자들은 고국의 영토 팽창을 '민족의 과업'과 '영토의 집적'이라는 용어로 합리화해왔다. 그러나 실질적 측면을 보면 러시아와 그 통치자들은 당시 영토 정복에 중독돼 있었음을 알 수 있다. 땅에 대해 그들이 가지고 있던 굶주림은 러시아의 엄청난 비효율성 및 전통적 군국주의가 탄생시킨 병리에서 비롯한 증상이었다. 세계에서 가장 넓은 땅을 가진 나라가, 자신의 불안감을 상쇄하기 위해, 그리고 다른 나라들은 더 적은 자원을 가지고도 해내는 일들을 실행시키기 위해, 또 로마노프가의 왕좌를 호위하며 몸집을 잔뜩 부풀린 관료기구에 보답하기 위해 날이 갈수록 더 많은 땅과 사람이 있어야 할 필요성을 가졌다는 것부터가 아이러니

하지 않을 수 없다. 식욕이상항진증 정치bulimia politica, 이른바 '승냥이의 무시무시한 허기' 즉 자기 이웃의 살과 피를 점점 더 많이 집어넣어야만 목숨을 부지해갈 수 있는 개체에게서 볼 수 있는 흉물스러운 영토 비만 같은 것이 있다면 이때의 러시아가 바로 그랬다("식욕이상항진증"은 폭식을 하고 토해내기를 반복하는 증세를 일컫는다). 당시 러시아에서 성공한 관료들은 누구나 자신의 가족들을 평소 스타일대로 생활하게 해주려 수백 명 혹은 수천 명의 농노의 힘으로 운영되는 영지를 갖고 있어야만 했다. 예카테리나 2세를 통해 재분배된 80만 명에 달하는 그런 정복당한 '사람들' 가운데에서 폴란드-리투아니아 출신이 최소한 50만 명에 이르렀다. 중요한 사실은, 과거 스웨덴에 속했던 일명 '발티쿰Balticum'(발트해 연안의 에스틀란트(에스토니아), 레틀란트(라트비아), 리타우엔(리투아니아) 등)의 게르만족 귀족들은 자신들이 가지고 있던 특권을 유지할 수 있었으나, 리투아니아와 루테니아(벨라루스와 우크라이나)의 과거 폴란드 출신 귀족들은 그러지 못했다는 점이다.

러시아제국이 한참 팽창해가는 중에도, 우크라이나는 100년 이상이나 별개의 정체성을 지켜나갔다. 1654년에서 1783년까지 '헤트만국Hetman State' 우크라이나는 차르파의 감독 속에서, 애초에 폴란드와 척을 지고 차르와 동맹관계를 맺고자 한 바 있는, 드니프로강(드네프르강)의 코사크족 후계자들의 통치를 받았다. 이들 통치층은 스웨덴인들이 이곳을 침략해온 동안(1708~1709) 헤트만 마제파의 압제에서부터 벗어나겠다는 기치를 내걸었지만(뒤의 내용 참조) 수포로 돌아갔다. 크름반도가 러시아에 병합됨에 따라 더는 타타르족과 오스만인들을 막아주는 완충지대의 구실을 하지 못하면서, 이곳 사람들도 탄압을 받는 시기를 맞아야 했다. [루스]

그 이후엔 공식적으로는 루테니아와 러시아 사이의 역사적 구별을 금하는 분위기가 나타났다. 우크라이나는 말로로시야Malorossiya(소러시아Little Russia)라는 새 이름을 갖게 됐고, 이 지역이 독자적으로 갖고 있던 전통의 흔적들은 모두 지워졌다. 우크라이나의 코사크족은, 돈강이나 쿠반강에 본거지를 둔 러시아인들과는 달리, 자치권을 부여받지 못했다. 우크라이나의 비옥한 땅들은 강도 높은 러시아화와 식민화 과정을 피하지 못했다. 남쪽의 '황야지대wild plains'(유럽에 마지막 남은 미개척지였다)에는 농민 이주민들이 들어와 정착했는데, 러시아인들과 독일인들이 주류였다. 슬라브족 사이에서는 러시아정교회의 권력 독점이 강제적으로 이루어지는 동시에 러시아어를 공용어로 사용하는 시책도 강제적으로 시행됐다. 남아 있던 합동동방가톨릭교도들은 모두 제거당했다. 우크라이나로 들어온 러시아 이주민들은 도시들의 양상도 바꿔놓았는바 특히 예로부터 러시아의 도시였다고 이즈음 들어 공공연히 소개된 키이우(키예프)가 그러했다. 우크라이나, 폴란드, 유대인의 문화는 차츰 설 자리를 잃어갔다. 루테니아어(우크라이나어)는 시골에서만 명맥을 이어나가면서 공식적으로는 러시아의 방언으로 통했다. 오데사는 1794년 '노보

루스 RUS'

■ 1749년 9월 6일, 상트페테르부르크에서 제정러시아의 역사학자 게르하르트 프리드리히 뮐러 Gerhard Friedrich Müller 박사가 '러시아의 국명과 기원'이라는 주제의 라틴어 논문을 발표하고자 연단에 올랐다. 그는 고대 키이우(크이우, 키예프) 국가는 노르드인Norsemen(북방인 곧 고대 스칸디나비아인, 고대 북유럽인)이 세운 것이라는 자신의 이론을 상술할 예정이었다. 하지만 좌중에서 고성이 일면서 그는 자리에 앉아야 했다. 애국심에 불타는 러시아 청중들이 어떻게 해서 슬라브인들이 러시아를 창건하지 않았다는 것인지 그 이야기를 들으려 하지 않았기 때문이다. 당국의 공식 조사 뒤, 뮐러는 그 주제에 대한 연구를 멈추고 기존의 간행물들도 파기하라는 명을 받았다. (그래도 뮐러는 최소한 (프랑스 역사학자) 니콜라 프레레Nicolas Fréret(1688~1749)의 운명은 면했다. 프레레는 바로 그해에 세상을 떠난 참이었는데, 프랑크족이 트로이인의 후손이 아니라는 글을 썼다는 이유로 바스티유감옥에 갇혔었다.)[1]

이후 러시아 역사학자들 사이에서는 이 '노르만족' 이론'Normanist' theory(또는 Norman theory)을 두고 설전을 벌여오고 있다("노르만족Normans"은 덴마크와 스칸디나비아 지방을 원주지로 하는 북방 게르만족을 일컫는다). 국가 검열로 러시아 역사는 일정 정도 정치적 간섭과 목적론적 논변에서 벗어날 수 없었다. 키이우 국가 이야기도 근대 러시아 민족주의, 혹은 (러시아식 해석에 대한 반발로 일어난) 근대의 우크라이나 민족주의를 뒷받침하기 위해 만들어진 것이었다 그러나 노르드인들이 러시아 창건에 어떤 식으로든 관여했다는 것은 부인할 수 없는 사실로 드러났다. 루스(또는 루시)라는 명칭은 그 기원이 다양하게 알려져 있으니, '붉은 머리의red-haired' 바이킹족(영어로는 ('적갈색" "황갈색"이라는 의미의) 루셋russet), 스웨덴족을 가리키는 핀어(핀란드어) 명칭인 루오치ruotsi, 정작 스칸디나비아에는 알려져 있지 않지만 루스Rhos라고 불린 스칸디나비아 부족, 심

지어는 랑그도크의 로데즈Rodez에 근거한 다국적 상인조합 등을 꼽을 수 있다.

(신빙성은 낮지만) 최근의 한 기발한 가설에 따르면, 로데즈사Rodez Inc.는 노르드인 뱃사람들을 활용해 발트해—드니프로강을 경유하는 하자르인 노예시장을 뚫었고, 흑해에서 아를의 노예무역을 관장하던 라이벌인 유대인들의 라다니야Radaniya 상인조합을 축출했다고 한다. 이 로데즈인들이 루스족 '칸국'을 세워 하자르인늘을 나스린 뒤, 아마도 볼가강의 투무토라칸타마르타르카를 중심으로 한 외세 통치 엘리트층을 키이우를 중심으로 한 슬라브족 주류 공동체의 토착 제후들로 바꾼 것 같다는 것이다.[2] [하자리아]

확고한 결론이 불가능하다고 여겨지는 부분에서는 사료 재검토 작업이 반드시 필요하다. 그러나 키이우 연구에서 사람을 가장 질리게 하는 것이 바로 방대한 사료다. 이 부분을 제대로 연구하려면 비잔티움인의 연대기 기록은 물론, 고대 노르드어 문헌, 게르만계 및 튀르크계(하자르족) 신화 비교, 룬문자 비문, 스칸디나비아와 프리슬란트 법전, 데인인과 아이슬란드인들의 연대기, 아라비아의 지리, 히브리인들의 문서, 여기에다 몽골 지방의 튀르크어 비문들까지 꼼꼼히 살피지 않으면 안 된다. 고고학 역시 빼놓을 수 없는 부분이다. 루스의 기원이라는 퍼즐을 풀어줄 보기 드문 구체적 물증 하나가 동유럽 전역에서 무더기로 발견되는 아라비아 동전이다. [디르함] 역사상 최초로 키이우가 —QYYWB의 형태로— 언급된 것은 현재 케임브리지대학도서관이 보관하고 있는 히브리어 문서로, 하자르에 머물던 유대인들이 카이로 인근의 푸스타트—미스르의 시너고그(유대교회당)에 보낸 것이다.[3]

그러나 뮐러 시대 이후 1991년에 이르기까지, 이 분야 연구의 주된 걸림돌은 다름 아닌 러시아나 우크라이나에서는 아직 그 누구도 마음껏 독립적 연구를 진행할 수 없다는 사실이다. 자유로운 우크라이나, 혹은 자유로운 러시아가 등장하다 해도, 과연 학계의 풍토가 개선될지는 미지수다. [메트리카] [스몰렌스크]

로시야Novorossiya'(신러시아New Russia)[러시아가 크림칸국으로부터 정복한 흑해 북쪽 지역. 지금의 우크라이나 남동부 지역에 대한 역사적 명칭]의 중심 현으로 창건된 도시로 장대한 규모의 새 항구가 건설돼 점차 늘어가는 곡물 무역의 집하장 및 남쪽으로 통하는 창窓 구실을 했다. [포툠킨]

폴란드-리투아니아공화국은 러시아의 팽창으로 유럽에서 제일 심한 피해를 입었다. 아닌 게 아니라, 러시아제국이 성공하는 데에 시네 쿠아 논sine qua non[필수조건, 절대적 조건]은 다름 아닌 폴란드-리투아니아공화국이 죽는 것이었다. 자국의 속주 우크라이나처럼, 폴란드-리투아니아공화국은 처음에는 모스크바대공국 침투의 대상이었고 그다음에는 간접통치와 직접통치가 번갈아 시행되는 대상이었다. 폴란드-리투아니아공화국에서 모스크바대공국의 영향력이 차츰 커진 것은 1696년 얀 3세 소비에스키가 세상을 떠나고 난 뒤였다. 대북방전쟁 동안, 폴란드-리투아니아공화국은 이름만 공화국일 뿐 러시아보호령이나 다름없는 단계였다. 이후에는 장차 폴란드의 개혁가들과 러시아의 지원을 등에 업은 현상태유지파 사이에서 수십 년간 소란이 그치지 않다가 분할이라는 필연적 수순을 밟게 된다. 1772년에서 1795년 동안, 공화국을 통째로 주안상에 올린 이 잔치를 주도한 것은 러시아였다.

얀 3세 소비에스키(재위 1674~1696)는 해외에서는 빛나는 명망을 얻었으나 정작 자국 문제에는 무심했다. 빈공성전을 통해 공화국은 자국이 여전히 일급의 군사 강국임을 만방에 과시할 수 있었다. 그러나 공화국이 활개를 펼 수 있었던 것은 이때가 마지막이었다. 이후 리투아니아는 내전에 빠져들었다. 의회는 리베룸 베토liberum veto[폴란드에서 의회 각 대표들에게 부여한 자유거부권]로 해산되기를 수차례 반복했다. 대부호들은 죄를 지어도 벌을 받지 않았다. 중앙기구의 입법기능과 조세 기능은 더는 제구실을 하지 못했다. 1686년에는 모스크바와 비준도 되지 않은 '영구 조약'을 맺으면서 우크라이나를 내팽개친 셈이 됐다. 왕은 신성동맹을 위해 싸우는 데 기력을 쏟아붓고 있었으니, 그래야만 몰다비아에 있는 자기 아들의 근거지를 마련해줄 수 있을 거라는 희망 때문이었다. 그로부터 몇 년 뒤 바르샤바에 서 있는 소비에스키의 조각상을 보고 러시아의 차르는 이렇게 말했다. "여기 튀르크족과 싸움을 벌이는 데에 자기 인생을 허비해버린, 나 같은 사람이 또 있구나."[32]

그러나 1697년의 왕 선출은 얀 3세 소비에스키의 모든 계획을 어그러뜨렸다. 그의 아들 야쿠프 소비에스키Jakub Sobieski는 선제후들로부터 신임을 얻지 못했다. 오스트리아 출신 후보는 막대한 뇌물을 받고 물러났고, 프랑스 출신 후보 콩티 공작Duc de Conti은 배를 타고 오다가 단치히의 해안가에서 난파를 당했다. 러시아의 황금과 시의적절한 가톨릭교로의 개종 덕에 폴란드-리투아니아 왕관을 거머쥔 사람은 작센 선제후인 프리드리히 아우구스트 1세Friedrich August I로 곧 [강건왕] 아우구스트 2세August II다. 유배당하는 처지가 된 소비에스키가는 가문

포톰킨 POTYOMKIN

■ 1787년, 육군원수 겸 신新러시아(노보로시아) 지
■ 방 총독 그리고리 알렉산드로비치 포톰킨Grigori
Aleksandrovich Potyomkin 공작(1739~1791)이 예카
테리나 여제와 조정 신하들을 위해 드니프로강(드네프
르강)을 따라 유람하는 여행을 기획했다. 유람을 통해
공작은 러시아가 얼마 전 강탈한 지역에서 자신의 식
민화 작업이 성공했음을 증명해 보이고자 했다. 공작
은 몇 개의 이동 '마을Village들'을 급조해, 강둑 위의
전략적 요소요소에 하나씩 배치했다. 여제가 탄 바지
선이 시야에 들어오자마자 포톰킨의 하수인들은, 모
두들 행복한 농민처럼 차려입고는, 여제와 외국 대사
들에게 열렬한 환호를 보냈다. 그러고 나서 배가 강굽
이를 돌자마자 이들은 모자와 작업복을 벗어던지고,
무대 세트를 허문 뒤, 하룻밤 새에 그것을 강의 더 아
래쪽에 다시 지었다. 당시 예카테리나는 포톰킨 공작
의 애인이었던 터라 이와 같은 술책을 모를 리 없었고,
그런 만큼 이 사기극이 주로 속이고자 했던 대상은 외
국 대사들이었다. 이후 '포톰킨 마을Potemkin
villages(потёмкинские деревни)'은 사기를 치고 허위
정보를 흘리는 러시아의 오랜 전통을 뜻하는 말로 통
하게 됐다.[1] 원래 무력과 협잡은 모든 독재정치가 으레
이용하는 수단이다. 그러나 러시아에서는 이 포톰킨
기제가 지금까지도 되풀이해서 등장하고 있다.

이 주제와 관련해서는 전문 사기꾼들의 견해를 전
적으로 무시하지는 못할 것이다. KGB에서 복무하
다 이탈한 한 고위 정보원에 의하면, 서방의 여론
은 레닌의 신경제정책NEPNew Economic Policy
(Новая Экономическая Политика) 이후 교묘하고
치밀하게 농락당해왔다고 한다. 소비에트의 공안
은 모든 정보를 장악한 후, 그중 특정 정보를 선별
해 심기도 하고 흘리기도 하는 식으로 서방에 끊임
없이 그릇된 인상을 주입해왔다. 1950년대의 '탈스
탈린화(스탈린격하운동)de-Stalinization'는 스탈린주

의의 수정노선에 불과했다. 1960년의 '중·소분쟁
Sino-Soviet split'도 CPSU(소련공산당)과 CPC(중국
공산당)의 합작품이었다. '루마니아 독립Romanian
Independence'은 모스크바와 부쿠레슈티 모두의 편
의를 위해 만들어진 신화였다. 1968년 체코슬로바키
아의 '민주화democratization'는 KGB 내 진보파들
이 치밀하게 공조해 만든 작품이었다. '유로코뮤니즘
Eurocommunism' 역시 가짜였다. 심지어는 폴란드의
"솔리다르노시치Solidarity'(Solidarność)도 모스크바 첩
자들의 주도에 의한 것이었다("솔리다르노시치"의 풀네임
은 독립자유노동조합 '연대'Niezależny Samorządny Związek
Zawodowy "Solidarność"다. "(연대)자유노조"라고도 불린다).
KGB 내부자에 의한 이 폭로는 미하일 세르게예비치
고르바초프가 권좌에 오르기 전인 1984년에 출판물
로 간행됐으니, 글라스노스트glasnost(гласность)와 페
레스트로이카perestroika(Перестройка)가 도대체 어
떻게 다른지, 혹은 1991년의 '정부 정복 시도Putsch'
가 도대체 어떻게 일어났는지 그 영문이 궁금한 사람
이라면 반드시 읽어봐야 한다. 결국 문제는 이것이다.
과연 전문 협잡꾼들은 언제쯤 협잡을 멈출 것인가?[2]
('1991년의 '체제전복'은 "8월쿠데타Августовский путч"
곧 1991년 8월 19~21일 소련 공산당 보수파들이 개혁을 추
진한 대통령 고르바초프를 실각시키고 국가를 장악하려 일
으킨 쿠데타를 말한다. 쿠데타는 실패했지만 결국 체제가 전
복되면서 4개월 뒤인 12월에 소련이 붕괴됐다.)

포톰킨 대공 하면 그의 '마을'도 떠오르지만 무엇보다
그의 이름을 딴 전함들이 가장 많이 떠오르는바, 여기
승선했던 반항적 수병水兵들이 1905년의 혁명 기간
동안 전함을 끌고 (주둔 중인) 오데사항에서 반란을 일
으켰다(이른바 "포톰킨호의 반란"을 말한다). 사람들로서
는 이 반란 역시 속임수가 아니었나 의심이 들지 않을
수 없지만.[3] [소브키노]

음모론을 믿는 사람들의 주장에 의하면, 모든 역사적
사건 뒤에는 사기꾼, 음모자, '정체를 알 수 없는 사악

의 딸을 유배당한 스튜어트왕가 사람과 결혼시키는 수밖에 없었는데, 스튜어트왕가도 이즈음 패망을 맞았다. 보니 프린스 찰리Bonnie Prince Charlie(제임스 2세의 손자, 젊은 왕위요구자 찰스 에드 워드 스튜어트)가 폴란드 태생의 어머니(얀 3세 소비에스키의 손녀 마리아 클레멘티나 소비에스키Maria Klementyna Sobieska)를 둔 연유가 여기에 있다.

작센가의 지배—아우구스투스 2세(재위 1697~1704, 1710~1733)와 아우구스투스 3세Augustus III(재위 1733~1763)—는 일반적으로 폴란드 역사에서 최악의 통치기로 평가받는다. 대북방전쟁에 서 폴란드 왕은 작센 선제후라는 자격을 내걸고 제일선에서 싸움을 이끌었는데 전쟁은 공화국에 끝없는 재앙과 분열을 불러왔다. 스웨덴인들과 러시아인들은 폴란드-리투아니아를 주된 전장으 로 삼아 군사작전을 펼쳤으니, 양쪽 모두 경쟁 파벌로 나뉜 폴란드 귀족들로부터 각기 지원을 받 았다(앞의 내용 참조). 작센가에서는 공화국을 프로이센에 맞서는 균형추이자 약탈 대상으로 삼았 다. 폴란드에 배치된 작센가 군대는 의회의 시위에도 아랑곳하지 않았다. 작센가의 약탈은 결국 왕과 귀족이 반목하는 결과를 낳았는바 이즈음 이웃한 헝가리에서 일어난 충돌과 공통점이 많 았다. 왕과 귀족 간의 갈등은 결국 러시아가 폴란드 내정에 직접 개입할 명분이 됐다.

1709년 러시아가 폴타바에서 승리한 이후, 아우구스트 2세는 러시아 군대의 도움을 받고 서야 왕위를 되찾을 수 있었다. 이후 그는 폴란드에 이중의 위험으로 비치게 되는데, 차르의 앞 잡이인 동시에 그 나름으로 '절대주의자'를 자처한 때문이다. 1715~1716년에는 왕과 그 반대파 사이에 전면전이 벌어졌다. 차르 입장에서 이는 절호의 기회였다. 표트르 대제는 둘 사이에 끼 어 중재자 역할을 하면서 폴란드 귀족들을 작센 왕의 손아귀에서 구해주는 한편 공화국이 러 시아에 예속될 수밖에 없는 다양한 조건들을 강제했다. 1717년 1월 소집된 이른바 '침묵의 세 임Silent Sejm'(폴란드어 세임 니에Sejm Niemy) 혹은 '벙어리 의회Dumb Diet'에서는 러시아 군대가 한옆에 서서 지켜보는 가운데 다음과 같이 사전에 준비된 결의문이 별도 토의 없이 통과됐다.

1. 왕의 작센가 군대는 공화국에서 추방하기로 한다. (이 말은 왕이 외양으로나마 가지고 있던 독 립적 권력 기반을 전부 잃게 된다는 뜻이었다.)
2. 귀족의 이른바 '즈워타 볼노시치'(황금의 자유)를 계속 지켜나간다. (이 말은 '리베룸 베토'를 계속 유지하는 방법을 통해 러시아가 필요할 때 언제든 공화국의 중앙통치를 마비시킬 수 있다는 뜻 이었다.)
3. 공화국의 무장군대는 2만 4000명으로 제한한다. (이 말은 폴란드-리투아니아의 방어력을 없앤

다는 뜻이었다.)

4. 무장군대를 유지할 재원은 일련의 왕실, 교회, 대부호의 영지에 부과한 할당금을 통해 마련한다. (이 말은 무장군대는 앞으로 왕이나 의회가 통제하지 못한다는 뜻이었다.)

5. 이 합의문의 내용은 차르가 보증한다. (이 말은 차르가 언제든지 폴란드-리투아니아 내정에 간섭할 수 있고, 어떤 식이든 개혁의 움직임을 법률로 억압할 수 있다는 뜻이었다.)

이후 폴란드-리투아니아는 사실상 러시아보호령이나 다름없는 신세가 됐다. 단순히 러시아 제국의 한쪽에 붙어 있는 땅이자, 러시아가 돈 한 푼 안들이고 서유럽으로부터의 압박을 피할 수 있는 일종의 완충국이 된 것이다. [에로스]

폴란드-리투아니아의 중앙통치가 완전히 무너진 것은 아우구스트 3세August III 대 (1734~1763)였다. 이 왕은 러시아 군대의 힘을 빌려 왕 자리에 올랐는데, 이에 앞서 러시아 군대 는 스타니스와프 레슈친스키가 폴란드 왕으로 재선출된 것을 무효로 만들고 폴란드왕위계승전 쟁War of the Polish Succession(1733~1735)에 불을 지핀 바 있었다. 그럼에도 레슈친스키는 대체로 드레스덴에 머물며 지냈다. 의회는 정기적으로 소집은 됐지만 그만큼 정기적으로 리베룸 베토 에 막혀 좀처럼 모임을 가지기가 힘들었다. 30년 동안 의회가 법령을 통과시킬 수 있었던 회기 는 단 한 차례에 불과했다. 보완성의 원리principle of subsidiarity(중앙정부는 지방정부가 행하기 어려 운 업무를 보완한다는 원칙)가 무엇인지에 대한 극단적 본보기라도 보여주는 듯 통치는 사회의 거 물들과 현 의회에 맡겨지다시피 했다. 정작 공화국은 외교, 재정, 방어 면에서 아무 수단도 가지 지 못했다. 개혁을 실행할 능력도 없었다. 당시 폴란드는 필로조프들 사이에서 조롱거리로 화두 에 오르곤 했다. 1751년 프랑스어 백과전서가 처음 출간됐을 때, '무정부상태Anarchie' 항목이 큰 이목을 끌었는데 그 안의 내용은 전부 폴란드에 관한 것이었다. [칸타타] [슐라흐타]

폴란드의 개혁파는 도망치듯 해외로 떠났고, 그렇게 해서 정치적 이주로 특징되는 폴란드의 끊이지 않는 전통이 시작됐다. 두 번 왕으로 선출이 됐으나 두 번 다 러시아인에게 쫓겨나야 했 던 스타니스와프 레슈친스키는 결국 프랑스에 몸을 의탁했다. 딸을 루이 15세와 결혼시켰던 터 라 프랑스로부터 로렌 공작직을 하사받은 그는 '선량왕 스타니슬라스le bon roi Stanislas'라는 이 름으로 본국에서는 강권에 막혀 행하지 못했던 계몽주의 통치를 이곳에서 실행해볼 수 있었다.

스타니스와프 아우구스트 포니아토프스키Stanisław August Poniatowski(재위1764~1795)는 폴 란드의 마지막 왕으로 비극적 특징과 귀족적 풍모를 함께 갖추었다. 예카테리나 대제의 초기 연 인의 한 사람이었던 그는 공화국을 개혁하는 동시에 러시아의 패권도 지켜주어야 하는 과업을 떠안았다. 그러나 그것이 그렇게 쉬운 일은 아니었으니, 1717년의 헌법이 족쇄로 작용하는 바람 에 그는 개혁을 하려면 피해야 옳은 격변들을 끝내 일으키고 만다. 하지만 당시 과연 어떤 수로 일부 귀족의 저항을 받지 않으면서 귀족들의 신성한 저항권을 축소시킬 수 있었을까? 또 러시아의 개입 없이 무슨 수로 러시아의 개입 권리를 제한할 수 있었을까? 아울러 리베룸 베토의 행사 없이 무슨 수로 리베룸 베토 제도를 폐지할 수 있었을까? 왕은 이 악순환을 끊고자 총 세 차례의 시도를 했고, 시도는 모두 실패로 돌아갔다. 그리고 그 시도 때마다 러시아 군대가 폴란드에 입성해 다시 질서를 세웠고, 그 응징으로 공화국은 분할이라는 대가를 치러야 했다. 1760년대에 왕은 갖가지 개혁 방안을 내놓았으나, 이는 바르동맹Confederation of Bar의 전쟁(1768~1772)과 제1차 폴란드분할로 이어졌다. 1787~1792년에는 왕이 대大의회 Great Sejm〔세임 비엘키Sejm Wielki〕의 세임 개혁과 5월 3일의 헌법constitution of 3 May (1791)을 지지했으나, 이는 타르고비차연맹Confederation of Targowica이 맺어지고 제2차 폴란드분할(1791)로 이어졌다(9장 참조). 1794~1795년에는 왕이 타데우시 코시치우슈코Tadeusz Kościuszko(1746~1817)의 민족봉기를 적극 옹호한 것이 최후의 대단원을 맞는 결과로 이어졌다. 제3차 폴란드분할(1795) 이후로는 누군가가 통치를 해서 이끌어나갈 만한 공화국 자체가 아예 존립할 수 없었다. 포니아토프스키는 1795년의 성카타리나축일에 퇴위했고, 이후 러시아에서 유배생활 중 세상을 떠났다.

공화국이 단말마의 고통을 당하는 중에도, 리투아니아대공국은 내내 자국의 고유성을 지켜나갔다. 리투아니아는 정치력이 약화됐다고 해서 네 가지 지속적 전통이 리투아니아에 만들어준 활기찬 삶이 없어진 것은 아니었다. 리투아니아 수도—빌노Wilno-빌냐Vil'na-빌뉴스Vilnius〔각각 러시아어, 폴란드어, 벨라루스어 명칭〕—는 참된 의미의 문화적 교차로였다. 이곳에서 지배적 위세를 떨친 폴란드 엘리트층은 처음에는 1773년 이후 설립된 국가교육위원회를 통해, 나중에는 빌노대학에 근거지를 두고 1825년까지 차르파의 통치를 받는 동안 세 번 번성한 지방교육위원회를 통해 입지가 배가됐다. 리투아니아의 유대인 문화도 더욱 강화됐는바, 러시아가 리투아니아대공국을 유대인 집단거주구역Pale of Settlement의 근거지로 삼았기 때문이다. 리투아니아와 루테니아(벨라루스)의 농민층은 일찍이 폴란드화가 진행됐을 때도 자신들의 문화를 잘 수호했는바 장차 일어나게 될 그 모든 러시아화의 과정을 견뎌낼 자신들만의 고유한 요소를 충분히 간직하고 있었다. 그러나 대공국은 러시아제국에 일단 흡수되고 난 뒤에는 행정적 실체로서는 두 번 다시 회생하지 못했다. 그래도 이곳의 주민들이 자신들의 기원을 완전히 잊은 것은 아니었다. 이들은 19세기에 일어난 폴란드의 봉기에도 빠짐없이 참여한다. 폴란드인들과 유대인들이 간직한 여러 전통도 스탈린과 히틀러의 무시무시한 시대가 찾아올 때까지는 그 명맥을 이어나갔다. 리투아니아와, 정도는 덜하지만, 벨라루스의 전통들은 이후 갖가지 험난한 역경을 무릅쓰고 1990년대에는 끝내 독립을 누리는 날을 맞이하게 된다. [벨라루스인민공화국] [례투바]

18세기 유럽의 국제관계에서 무엇보다 중시된 것은 힘의 균형이었다. 전쟁은 모두 그러한 힘

칸타타 CANTATA

■ 1734년 10월, 왕 자리에 오른 폴란드 국왕이 사
■ 전 고지도 없이 본국으로 돌아오는 바람에, 왕
실 음악장長은 단 사흘 만에 총 아홉 파트의 〈축하 칸
타타Cantata Gratulatoria〉(또는 〈세속 칸타타〉)를 작곡
해야만 했다. 웅장하게 고조되는 음악만큼이나 이 곡
의 가사들은 바로크적 분위기를 냈다. 〔"칸타타"는
17~18세기 바로크 시대에 발전한 성악곡의 형식이다. 독창·
중창·합창 및 기악 반주로 구성되며, 가사 내용에 따라 세속
칸타타와 교회 칸타타로 나뉜다.〕

이 칸타타를 탄생시키는 계기가 된 사건들은 기억에
서 잊힌 지 오래다. 그러나 악곡만큼은 재작업을 거쳐
후대의 작품들로 재탄생했고 이후 불후의 명성을 자
랑하게 됐다. 이 칸타타의 7번은 〈크리스마스 오라토
리오Christmas Oratorio〉의 47번으로 다시 태어났다.
1번은 현재 B단조 미사곡의 '호산나Hosannah'를 이루
고 있다. 당시 폴란드 국왕은 작센 선제후이기도 했으
니, 그의 음악장은 다름 아닌 요한 제바스티안 바흐였
다.[1] 〔"당시 폴란드 국왕"은 "아우구스트 3세"를 말한다. 작센
선제후로는 프리드리히 아우구스트 2세다.〕

1. 합창		그대 행운의 여신을 칭송하라, 축복받은 작센
4. 레치타티보		그대는 무슨 일인가, 사르마티아여 […]?
5. 아리아		힘껏 소리쳐라, 외람된 군중이여, 배에 힘주어!
7. 아리아		열정으로 불붙은 무기로 적들을 처단하기 위해 […]
8. 레치타티보		그런 후, 오, 우리 조국의 아버지시여, 사마르티아가 그대의 왕을 뽑은 그날을 기리도록 허락하소서.
9. 합창		제국들의 창시자, 뭇 왕들의 주군을 […]
		〔로마 시대에는 폴란드를 사르마티아로 불렀다고 한다.〕

의 균형을 유지하려 일어난 것이었다고 해도 좋았다(부록 1624~1625쪽 참조). 당시 유럽의 국가
중 그 어느 곳도 자신이 유럽 전체에 대한 군사적 정복을 시도할 만큼 강하다고 여기지 않았다.
그럼에도 어떤 지역에서 비교적 사소한 분란만 일어나도 유럽 각국은 장차 일어날 위협을 제지
하고자 잇따라 각종 동맹과 연맹을 결성했다. 이때 이데올로기나 민족적 자부심 같은 문제는
전쟁과 거의 결부되지 않았다. 동맹관계는 순식간에 뒤바뀌곤 했고, 소규모 전문 군대가 재빨
리 전장으로 달려가 짜 맞추기라도 한 듯 깔끔하게 전투를 처러 분쟁들을 가라앉혔다. 유럽협
조Concert of Europe 체제가 온전히 제 기능을 발휘했을 때에는 잇따라 외교 회의들이 열려 싸
움의 결과들을 가름하는 한편, 각지의 식민지·요새·전투에서 얻고 잃은 지역들과 관련해 일종
의 대차대조표를 만들어냈다. 일반적으로 봤을 때, 그렇게 처러진 전투들은 소기의 목적을 이
루는 데 충분히 기여했다고 할 수 있었다. 군사 정복의 직접적 결과로서 유럽에서 대규모 권력
및 영토 재분배가 일어나는 일이 없었기 때문이다. 전쟁에서 촉발된 그런 식의 조정들은—위트
레흐트에서 스페인의 영토 양도가 이루어진 것이나 프로이센의 슐레지엔 탈취가 일어난 것—

이 시대의 가장 대단했던 영토 재분배 사건에 견주면 아무것도 아니었으니, 그 사건이란 전쟁에 전혀 의지하지 않은 폴란드분할을 말한다. [구상]

세 차례에 걸친 폴란드-리투아니아 대분할은 유럽 역사에서 전쟁 없는 평화로운 공격의 가장 좋은 선례가 되는 사건이다. 1772년, 1793년, 1795년의 3단계를 거쳐 마무리된 폴란드분할로 프랑스와 맞먹는 땅덩이를 가진 나라의 자산들이 여러 부분으로 나뉘었다. 그 과정에 이용된 방법들은 실로 악랄해서 성문화되지 않았을 뿐이지 공식적 합의 밑바탕에는 도처에 폭력의 위협이 깔려 있었고 희생자들은 자신의 몸통이 잘려나가는 것을 지켜보는 수밖에 없었다. 당대에 이 상황을 지켜본 수많은 이는 전쟁을 피한 것만도 다행이라며 분할국들의 설명을 곧이곧대로 받아들일 수밖에 도리가 없었다. 수많은 역사학자도 폴란드인들 자신이 재앙을 자초한 것이라는 견해를 인정해왔다. 당시 강대국들이 저지른 일을 대놓고 범죄라고 부르게 된 것은 에드먼드 버크Edmund Burke(1729~1797), 쥘 미슐레Jules Michelet(1798~1874), 토머스 배빙턴 매콜리Thomas Babington Macaulay(1800~1859) 같은 역사학자들 대에 이르러서였다.

폴란드분할의 기제는 두 가지 단순한 사고에 기초하고 있었다. 첫째, 폴란드의 개혁 운동을 억누르기 위해서는 내정간섭이 가능한 러시아 군대가 반드시 필요했다. 둘째, 공화국으로 러시아가 진출하게 되면 공화국의 다른 주변국 즉 프로이센과 러시아가 위협을 받게 될 것이었다. 칠년전쟁(1756~1763)으로 국력이 고갈되는 경험을 한 뒤라, 유럽 각국 중에서도 특히 프로이센은 러시아를 상대로 또다시 싸움을 벌일 계제가 전혀 아니었다. 그래서 그 대신 제안을 받은 내용이, 폴란드에서 일어나는 러시아의 군대 행동을 묵인해준다면 프로이센과 오스트리아에도 얼마간 영토로 보상을 해줄 테니 그것으로 그들의 이해를 최대한 챙길 수 있으리라는 것이었다. 그리하여 주변국들의 전반적 합의하에 방어 체제를 전혀 갖추지 못한 공화국은 러시아 군대가 자국의 개혁가들을 탄압하는 사태를 받아들일 수밖에 없었고, 자국 영토가 다른 나라로 대거 넘어가는 군사작전의 비용 또한 치러야 했다. 거기에다 더욱 안타까운 일은, 그런 끔찍한 고통을 가하는 자들이 자기네를 너그럽고 평화로운 뜻을 가진 자들인 양 세상에 말하는 꼴을 묵묵히 듣고 있어야만 했다는 것이다.

제1차 국면에서 상황이 핵심적 순간에 다다른 것은 1760년대 후반, 폴란드-리투아니아의 혼란이 걷잡을 수 없는 지경으로 번진 때였다. 왕이 제한적으로나마 개혁을 추진하고자 내놓은 방안들은 공화국의 모든 부분에서 반발을 샀다. 이 무렵 프로이센은 비스와강에 자리한 폴란드의 세관 기지를 이미 폭파한 뒤였고, 이로써 근대적 재정 체제를 이룩할 준비작업도 모두 무용지물이 돼 있었다. 러시아인들은 폴란드에서 활동하는 종교 소수 세력을 공화국이 부당하게 대우했다는 혐의를 씌워 폴란드를 군사작전으로 응징해야 한다는 선동 작업에 돌입해 있었고, 여기에 항의하는 폴란드 주교들은 간단히 처치해버렸다. 카지미에시 푸와스키[카시미르 폴라스키]

구상DESSEIN

■ 1742년에 쉴리 공작의 회고록 제2판이 출간을
■ 준비할 때, 책의 상당히 많은 부분이 재편집을
거쳤다. 특히 외교관계에 관해 공작이 회고록 중간중
간 해놓은 종종 모순되는 언급들이 상당량 간략히 정
리돼, "앙리 대왕의 원대한 구상이라 통칭되는 정치
요강"이라는 제목의 1개 장章으로 통합됐다. 쉴리가 세
상을 떠나고(1641) 1세기도 더 지난 뒤에야 쉴리의 "원
대한 구상Grand Dessein"이 창작까지는 아니라도, 재
구성을 거쳐 세상에 나왔다. 그간 비평가들은 원대한
구상이 17세기보다는 18세기의 산물로 봐야 한다고
주장해왔다.[1] 〔여기서 "DESSEIN(데생)"은 프랑스어로 "구
상"이라는 뜻이다.〕

여기서 반드시 밝혀두어야 할 사실은, 로스니 남작이
자 쉴리 공작 막시밀리앵 드 베튄(1560~1641)은 앙리
4세의 재상으로 일할 때 정작 외교정책에는 거의 관
여하지 않았다는 점이다. 쉴리 공작은 왕실 재무 관리,
도로관리 대신大臣(기원은 비아리우스viarius 곧 도로관리
장이었다), 포병연대 대장 및 추후에는 요새관리 대장,
바스티유 총독을 역임한 바 있었다.[2] 그가 국제관계에
관해 처음으로 자신의 생각을 밝힌 것은 1610년 공직
에서 물러난 초반의 몇 년이며, 그러고 나서 삼십년전
쟁 이후부터 그는 국제관계에 관한 생각을 대거 수정
했다. 그는 애초 이런 생각들을 정리하지 않은 채 한꺼
번에 두 권의 《왕실 재정 회상록Mémoires des sages
et royales oeconomies d'estât》(1638)에 담아 출간했
던 것이다.

《왕실 재정 회상록》을 통해 쉴리가 당장 목표로 했던
바는 합스부르크가의 우세를 꺾자는 것이었다. 그러나
본질적으로 기회주의적 목적에서 출발한 이 책에서
그는 유럽의 새로운 지도와 항구적 평화 유지의 기제
를 담은 계획안을 제시한 셈이 됐다. 이 새 지도는 15
개의 동등한 나라들로 구성될 것이었으니, 그러려면
스페인의 영역은 이베리아반도에 한정하고, 오스트리

아 왕가는 신성로마제국으로부터 분리하며, 제국의 영
지를 재분배하는 작업이 진행돼야 할 터였다. 예를 들
어, 스페인령 네덜란드는 잉글랜드와 프랑스 사이에서
분할이 되거나, 연합주에 돌아가야 했다. 헝가리는 독
립적 선출 군주제로 복원돼야 했다. 독일의 황제 자리
는 어느 한 왕가의 독점에서 벗어나 공개 선거를 통해
채워져야 했다. 이와 함께 쉴리는 항구적 평화를 위해
제후들로 구성된 유럽연맹을 구상했다. 연맹은 연방
의회에서 다스리게 될 것이었고, 연방의회 의석은 강
대국에는 4석씩, 나머지 국가들에는 2석씩 배정될 것
이었다. 의회 의장은 바이에른 선제후를 필두로 각 제
후들이 돌아가며 맡게 될 것이었다. 또한 각종 분쟁을
가라앉히고 정책을 실행하는 데에는 연합군을 활용하
게 될 것이었다.

이 새로운 지도와 새로운 연맹 뒤에 감춰진 핵심적 개
념은 '힘의 평형equilibrium of strength'이었다. 그 어
떤 강국도 타국에 자신의 뜻을 강제할 만큼 강해질
수 없어야 했다. 유럽은 '기독교에 충실한 하나의 공화
국' '하나의 거대한 가족'을 구성해야 할 터였다. 그 경
계 안에서는 무역의 자유를 누리게 될 것이었고, 그
경계 밖에서는 튀르크족을 멸절해 아시아와 북아프리
카를 '편리하게' 정복해나가야 할 것이었다.

권력의 자리에서 물러난 한 정치인이 만든 데다 18세
기의 편집자 손에 각색까지 됐지만, 그랑 데생은 추
상적 이론화 작업보다는 일침의 효과가 크다. 이 구
상은 에머릭 크루세Émeric Crucé의 《신新키네아스
Nouveau Cynée》(1623)로부터 베네치아의 교황이 의
장을 맡는 전全 세계 평화협의회를 구상했다는 점에
서 영향을 받은 것으로 보이며, 나아가 보헤미아 왕이
일찌감치 1458년에 제안한 바 있는 '항구적 통일 연
맹'에도 뭔가를 빚진 바가 있을 것이다. 원대한 구상은
단테의 《제정론帝政論》부터 데시데리우스 에라스뮈스
와 톰마소 캄파넬라에 이르기까지 오래도록 이어져온
이론적 저술의 전통에 분명히 속해 있었다. 하지만 '세
력균형balance of power'의 시대에 들면서 이 구상은

세간에서 엄청난 관심을 끌었다. 국제연맹과 유럽공동체를 통해 그 원대한 구상이 세상에 다시 선보이기까지의 지난 2세기 동안에도, 국제관계의 안정성, 자유무역, 공동의 주권, 합동 집행권에 대한 기본 구상은 사실 지속적으로 호소력을 발휘해왔다. 무엇보다 이 구상은 많은 사람이 무시하는 사실 즉 평화는 곧 힘의 원활한 작동이라는 사실을 인정하고 있었다.[3]

Kazimierz Pułaski(1747~1779)가 이끄는 바르동맹은 이미 전투에 나서서 폴란드 왕과 러시아인 양측 모두에 반기를 들었다. 1769년에는 오스트리아인들이 이와 같은 대혼란을 틈타 스피슈 지역에 자리한 13개 도시를 빼앗은 참이었다. 상트페테르부르크에서도 튀르크족과의 전황을 봐가며 되도록 빠른 시일 안에 과감한 군사행동에 돌입할 테세를 보이고 있었다. 베를린이 보기에도 지금이 절호의 기회였다. 프로이센도 〔1466년 폴란드에 할양된〕 왕령 프로이센Royal Prussia을 넘겨받을 수 있다면, 러시아 개입에 반발하지 않을 거라는 이야기였다. 오스트리아는 폴란드 남부를 일부 떼어준다고 하면 러시아의 개입을 응낙해줄 것이었다. 프리드리히 2세는 마리아 테리지아 〔오스트리아를 통치한 합스부르크 왕가의 마지막 통치자〕를 두고 이런 농담을 하기도 했다. "그녀가 더 많은 눈물을 흘릴수록, 그녀가 가져가는 것도 더 많아졌다." 러시아는 '백白루테니아White Ruthenia' 대부분을 차지하게 될 터였다.

제1차 폴란드분할의 조약이 조인된 것은 1772년 8월 5일 상트페테르부르크에서였다. 조약이 조인되는 내내 법적 세부사항들은 잘 지켜졌다. 어딜 가나 폴란드가 누리게 될 '진정 값진 자유'에 경의를 표하는 분위기였다. 그런 다음 주변 강국들은 희생자를 회유해 칼자루를 빼 들게 만들었다. 폴란드 왕은 의회에 나가서 자신이 폴란드분할에 찬성한다는 동의서를 제출해야만 했다. 이에 항의했던 한 의원 타데우시 레이탄Tadeusz Rejtan은 회의장 입구의 문턱에 드러누워 왕이 회의장에 입장하는 것을 막으려 했다가 후일 정신이 온전치 못하다는 선고를 받았다. 폴란드공화국과 분할에 참여한 강국 사이에 맺어진 세 차례의 분리독립 조약은 1773년 9월 7일과 18일 사이에 마침내 마무리됐다. 이 조약에 항의를 표한 군주는 스페인 왕 하나뿐이었다. 프리드리히 2세는 다음과 같이 말했다. "나도 폴란드의 몸을 나누어 먹는 성만찬에 참여했지만, 여왕-여제Queen-Empress〔예카테리나 여제〕가 무슨 수로 자신의 고해신부를 매수할 수 있었는지는 잘 모르겠다."

그래도 제1차 폴란드분할의 대가로 몇 년은 비교적 고요하게 지나갔다. 폴란드-리투아니아는 국가교육위원회에 전념했고(앞의 내용 참조), 1775년 왕은 각료 정부의 틀을 잡아도 좋다는 허가를 받아냈다. 바르연맹 동조자들은 모두 시베리아로 강제 추방 당하거나 해외로 도피했다. 푸와스키는 아메리카대륙으로 떠나 그곳에서 미합중국 기병대를 창설했다. 러시아, 프로이센, 오스트리아는 부정하게 얻은 땅들을 자국 안으로 흡수하느라 여념이 없었다.

이렇게 해서 계몽주의의 세기는 계몽전제군주(러시아의 예카테리나 2세, 프로이센의 프리드리히 2세, 오스트리아의 마리아 테레지아) 셋이 의기투합해 계몽주의 노선의 개혁 운동을 압살하는 장면으로 막을 내렸다. 폴란드에 행해진 공격에는 수많은 계몽주의 수사가 뒤따랐고, 그 결과 일어난 '합리주의에 따른 유럽 지도의 재편성'을 유럽 전역에서는 광범위하게 용인했다. 이에 볼테르는 다음과 같은 경구를 남겼다. "하나의 폴란드—매혹적인 나라, 두 개의 폴란드—싸움판, 세 개의 폴란드— 골치 아픈 폴란드문제the Polish Question를 낳았구나Un polonais—'c'est un charmeur; deux polonais—une bagarre; trois polonais, eh bien, c'est la question polonaise"[33] [메트리카]

그러나 아직 기본적 문제가 해결되지 못한 채 남아 있었다. 폴란드-리투아니아는 여전히 러시아의 포로였지만, 개혁가들은 이때에도 언젠가는 자신들의 뜻을 이루고 말리라는 열망을 품고 있었다. 설령 왕이 힘을 잃는다 해도, 다른 누군가가 왕을 대신해 행동에 나서줄 것이었다. 그리고 그런 움직임이 나타나는 순간, 개혁과 탄압의 순환 고리는 다시 돌아갈 것이었다. 그 순환이 시작된 게 1787년이었다.

1787년 10월 29일 월요일 저녁, 프라하. 구도시에 자리한 노스티츠백작국립극장National Theatre of Count Nostitz(현재의 틸극장Tyl Theatre)에서 파스티알 본디니Pasquale Bondini 소유의 이탈리아 오페라단이 〈난봉꾼의 응보Il dissoluto punito〉의 초연을 앞두고 있었다. 공연을 홍보할 때에만 해도 공연은 14일 저녁으로 날짜가 잡혔던 데다 제목도 '석상石像 손님The Guest of Stone'이었으니, 원래는 토스카나 공주가 드레스덴으로 결혼식을 하러 들르는 길에 여흥을 제공해주려 계획된 것이었다. 그러나 막상 공연 날이 다가왔는데도 이 새 오페라는 악보도 완성돼 있지 못했다. 당시 공연에 참가해 오케스트라에서 더블베이스를 연주한 바츨라프 스보보다Václav Svoboda에 따르면, 이 오페라의 작곡가는 일단의 필사가들과 28일 일요일 밤을 앉은 채로 꼬박 세웠고 오페라 서곡은 악보의 잉크가 마르지도 않은 채 극장에 도착했다.[34] 하지만 연주자들은 단념하지 않았다. 저녁 7시, 오페라 작곡가 촛불이 켜진 강당 앞에서 청중에게 인사를 올리자 관객석에서는 갈채로 화답했다. 우레 같던 청중의 박수 소리는 길게 늘어지는 D단조의 포르테 합창곡이 울려 퍼지면서 잦아들었다. 이윽고 음악은 속도를 더해 몰토알레그로 템포로 전환하면서 재빠르게 전개되는 서곡의 도입부를 향해 나아갔다(다음 쪽 악보 참조).

서곡 말미에서 지휘자는 오케스트라를 돌아보고 처음 받아든 악보를 능숙한 솜씨로 연주해내는 연주자들에게 칭찬을 아끼지 않았다. "브라보, 신사여러분, 정말 대단했습니다Brova, Bravo, meine Herren, das war ausgezeichnet"[35]

이 오페라의 대본은 왕실 사람들이 볼 수 있도록 사전에 인쇄돼 나왔는데 구매가 가능한 곳은 이탈리아인 매표소뿐이었다(금종이에 장정된 판본은 40크로이처. 일반 장정은 20크로이처(옛

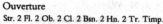

독일·오스트리아 동전)). 대본은 다음과 같은 문구가 표지를 장식하고 있었다.

'난봉꾼의 응보.' 혹은 '돈 조반니.' 2막 희극. 1787년 프라하의 극장에서 공연. 프라하의 숀펠트 […] 극작품: 다 폰테, 빈 황실 극장작가. 음악: 볼프강 모차르트. 지휘: 카프, 다데스코.

IL DISSOLUTO PUNITO. O sia Il D. Giovanni. Dramma giocoso in due atti. Da representarsi nel Teatro di Praga l'anno 1787. In Praga di Schoenfeld . . . La Poesia è dell'Ab Da Ponte, Poeta de' Teatri Imperiali di Vienna. La Musica è del Sig Wolfgango Mozzart, Maestro di Cap, dadesco.'

오페라에 출연한 배우들은 다음과 같았다. 조반니 Giovanni: 루이지 바시 Luigi Bassi, 안나 Anna: 테레사 사포리티 Teresa Saporiti, 오타비오 Ottavio: 안토니오 바글리오니 Antonio Baglioni, 엘비라 Elvira: 카테리나 미첼리 Caterina Micelli, 레포렐로 Leporello: 펠리체 폰치아니 Felice Ponziani, 체를리나 Zerlina: 카테리나 돈디니 Caterina Bondini(오페라단 단장 아내); 기사장 Commendatore: 주세페 롤리 Giuseppe Lolli.[36]

후일 〈돈 조반니 Don Giovanni〉로 알려지는 볼프강 아마데우스 모차르트 Wolfgang Amadeus Mozart(1756~1791)의 이 작품은 유럽에서는 거의 신화로까지 자리매김한 유명한 한 난봉꾼의 이야기를 당대의 최신 버전으로 각색한 것이었다. 세비야의 부르라도르 burlador(난봉꾼) 돈 후안Don Juan의 이야기가 무대에 오른 지는 이때 이미 200년도 더 지나 있었는바, 나폴리의 카니발에서도 프랑스 풍물마당의 팬터마임에서도 그를 만날 수 있었다. 그러다 이 이야기는 티르소 데몰리나Tirso de Molina(1630), 지아친토 안드레아 치코니니Giacinto Andrea Cicognini(1650년경), 몰리에르(1665), 토머스 섀드웰Thomas Shadwell(1676), 피에르 코르네유(1677), 카를로 골도니Carlo Goldoni(1736)의 손을 거치면서 문학의 형태를 갖추었다. 아울러 발레나 무대극 음악으로도 만들어져, 1669년 로마, 1746년 파리, 1767년 토리노, 1770년 카셀에서 연주되기도 했다. 이 이야기는 모차르트의 손에 들어가기 전에도 최소한 네 편의 완전한 형태를 갖춘 오페라를 탄생시켰다—빈에서 공연된 빈첸초 리기니Vincenzo Righini(1777), 바르샤바에서 공연된 요아킴 알베르티니Joachim Albertini(1783), 베네치아에서 공연된 주세페 마리아 포파/프란체스코 가르디Giuseppe Maria Foppa/Francesco Gardi와 조반니 베르타티/주세페 가차니가Giovanni Bertati/Giuseppe Gazzaniga(1787)의 작품이다. 모차르트와 호흡을 맞춘 사제 로렌초 다 폰테Lorenzo Da Ponte도 베르타티 작품 속의 대사들에 의지한 부분이 적지 않았다. 프라하에서 오타비오 역을 맡은 테너는 베네치아에서 공연된 가차니가의 작품에서 동일한 인물을 연기하고 난 뒤 곧바로 프라하로 달려온 것이었다.[37]

이 오페라의 기본 플롯은 더 생각할 수 없을 만큼 단순하다. 오페라의 서막에서 돈 조반니는 기사장을 죽이는데, 분노에 차 있던 기사장은 조반니가 바로 얼마 전 욕정을 채우고자 정복하려 했던 안나라는 여인의 아버지였다. 극에서 조반니는 그 외에도 여러 일을 벌이며, 종결부에 가서 이 죽은 기사장의 석상과 두 번 마주치고, 석상은 그에게 죄인은 지옥불이 집어삼키고 말 것이라는 원한에 찬 절규를 쏟아낸다. 로렌초 다 폰테는 이 이야기를 서로 짝을 이루는 두 개의 막 속에 응축시켜 냈으며, 다음과 같이 두 막 모두 동일한 드라마 구조를 기본 얼개로 삼고 있다.

1막	2막
1~7번	14~18번
개별 인물 해설	적대관계의 인물들 구분
[조반니와 여인 셋]	[조반니는 변장하거나 혹은 나타나지 않는다]
(아리아) 조반니 – 안나	조반니 – 레포렐로
(3중창) 기사장의 죽음	(3중창) 기만당한 엘비라
(2중창) 안나 – 오타비오	
엘비라가 착오로 레포렐로를 찾아간다(제4번)	엘비라가 착오로 레포렐로를 찾아간다
체를리나 – 조반니 – 마세토	조반니 – 마세토

조반니 - 체를리나	체를리나 - 마세토
8~10번	19~21번
인물 및 욕정의 교착	인물 및 욕정의 교착
집단적 적의	적의가 레포렐로를 향함
4중주	6중주
[조반니는 배경 속에 숨어 있다]	[레포렐로가 도망친다]
안나가 조반니의 죄를 목격한다	오타보이가 조반니의 죄를 목격한다
아리아 (제10번)	아리아 (제21번)
	[묘지 장면]
레포렐로의 이야기	조반니의 이야기
아리아 (제11번)	2중창 (제22번)
[조반니의 정원]	[안나의 집]
아리아(제12번)	아리아 (제23번)
피날레: 가면 쓴 사람 등장	피날레: 엘비라 등장
체를리나를 차지하기 위한 시도	응징: 석상
집단적 적의	대단원 [38]

그러나 그 어떤 식으로 간략히 정리한다 해도 이 오페라의 악곡과 대본의 절묘한 조화를 제대로 전달해주지는 못할 테니, 사람들이 지금껏 이 오페라의 명장면들을 재연하고 패러디한 것만 해도 그 횟수를 헤아릴 수가 없다. 아리아 제4번인 "아씨, 목록은 이것입니다Madamina, il catalogo è questo"는 레포렐로가 엘비라에게 자기 주인이 여자들을 정복하며 얼마나 대단한 능력을 보여왔는지를 떠벌리는 대목이다.

이탈리아에서는 600명 하고도 40명,

독일에서 200명 하고도 31명

프랑스에서는 100명, 에서는 91명,

그런데 스페인에서는 1000명 하고도 세 명이 더 있습죠! (밀레 에 트레(1003)Mille e tre!)[39]

절로 흥취가 오르는 제7번 "그 손을 내게 주오Là ci darem la mano)"—'유혹을 노래한 가장 완벽한 2중창'—에서 조반니는 체를리나에게 강압적 힘을 쓰거나 그녀를 기만하고 있다는 낌새를 전혀 풍기지 않고 아무런 의심도 갖지 않는 그녀를 끝내 차지한다.[40] 조반니의 힘과 자신감 넘치는 멜로디가 이어지고, 여기에 소프라노가 곁들여 연주되다 둘은 기쁨에 취해 서로 팔짱을 끼고 퇴장한다.

2중창. 체를리나와 돈 조반니

멜로드라마 분위기를 풍기는 묘지 장면(제2막, 장면 11)에서 배우들은 석상 손님이 나타나 고막을 찢는 듯한 트롬본 소리가 들리는 가운데 섬뜩한 예언을 들으며 몸서리를 친다. "새벽녘이면 너의 웃음도 마지막이 되리라."[41]

6중창. 돈나 안나, 돈나 엘비라, 체를리나, 돈 오타비오, 레포렐로, 마제토

피날레까지 끝이 나서 조반니가 파멸당하는 장면이 완결되면, 무대에 남은 배우들은 그다지 설득적이지는 못한 도덕 윤리를 생동감 넘치는 이중 푸가에 맞추어 노래한다.

Questo è il fin di chi fa mal

E de' perfidi la morte alla vita è sempre ugual

이것이 죄 지은 자의 게임이 맞이한 결말

살 때도 죽을 때도 그는 꼭 같구나.[42]

이로부터 7개월 뒤 빈에서 이 오페라가 두 번째로 공연됐을 때, 모차르트와 다 폰테는 새 배우 긴끼 새 극장에 맞추어 몇 가지 변화를 주었다. 그리고 추가로 들어간 몇 가지 요소와 분위

기를 맞추기 위해 오타비오의 아리아 즉 작품 21(22)인 "그동안 나의 연인을 위로해주오Il mio tesoro intanto"를 삭제했다.

아리아. 돈 오타비오

그러나 이 작품은 얼마 안 가 다시 본래 자리로 돌아갔고, 이후로는 내내 표준 레퍼토리에 반드시 끼는 부분으로 남게 됐다.[43]

1787년 모차르트는 아내 콘스탄체Constanze와 총 두 차례 프라하를 방문했다. 그가 음악가로서 전성기를 구가하던 시기였다. 1월과 2월에 걸친 첫 번째 방문에서 그는 자신의 교향곡 38번 "프라하The Prague"(K. 504)를 도시에 바치고, 나중에는 〈피가로의 결혼Le nozze di Figaro〉의 지휘를 맡아 성공리에 공연을 마쳤다. 이 공연에 사람들의 반응이 얼마나 호의적이었는지, 덕분에 모차르트는 다음 시즌이 시작될 즈음 새 오페라를 무대에 올리겠다는 내용으로 본디니와 계약할 수 있었다. 이후 그는 빈으로 돌아와 본에서 온 루트비히 판 베토벤이라는 열일곱 살의 피아니스트에게 얼마간의 강습을 해주었다. 그해 5월 모차르트는 자신이 그토록 사랑하던 부친이 세상을 떠나고 재산 합의와 관련해 말썽이 일면서 크나큰 상심에 젖게 된다. 하지만 하나같이 이해 여름에 작곡된 작품임에도, F장조의 "디베르티멘토Divertimento"(K. 522)나 G장조의 "아이네 클라이네 나흐트무지크Eine Kleine Nachtmusik"(K. 525) 같은 곡들에서는 당시 모차르트가 느꼈을 힘든 심경의 기미를 조금도 찾아볼 수 없다.

〈돈 조반니〉 공연과 관련해 모차르트가 6주 정도 프라하를 찾았다는 사실은 그가 쓴 편지들과 당시 지방 신문을 통해 확인할 수 있다. 모차르트가 빈을 출발한 것은 10월 1일, 잘츠부르크에 있는 선친의 동산을 경매에 붙인 것에서 얼마간 돈이 들어오자 바로 여정에 오른 것이었다. 이번 여정도 아내 콘스탄체와 함께였으며, 이 무렵 그녀는 임신 6개월째였다. 빈에서 프라하까지 약 240킬로미터를 가는 데에는 꼬박 사흘이 걸렸던 것 같다. 10월 4일이 되자 《프라하 지방신문Prager Oberpostamts-Zeitung》에 벌써 모차르트가 프라하에 도착했다고 알리는 기사가 실렸다. "지금 이곳에는 [우리 유명하신 모차르트 경께서] 새로 만드신 오페라, 〈석상의 잔치Das steinerne Gastmahl〉가 국립극장에서 초연을 할 예정이라는 소식이 파다하다."[44] 프라하에 도착한 모차르트는 콜마르크트 20번지의 스리라이온즈인Three Lions Inn에 묵었으며, 그보다 나흘 늦게 프라하에 도착한 대본가 로렌초 다 폰테는 길 건너편 글라타이스호텔Glatteis Hotel에 머물렀다. 10월 13, 14, 15일은 토스카나 공주가 프라하에 머물기로 돼 있었는데, 결국 공주를 위해서는 〈피가로의 결혼〉 독일어판을 무대에 올리기로 막판에 결정됐다. 이 시점에 모차르트는 여간 낙심해 있었던 게 아니었다. "이곳에서는 모든 게 꾸물대기만 할 뿐이네"라고 그는 친구에게 보내는 편지에 썼다. "게으른 가수들은 오페라 당일에 대비한 리허설을 좀체 안 하려 하는데도, 감독은 근심 많고 소심한 성격이라 그들을 다그칠 줄을 몰라."[45] 10월의 마지막 주마저 가수 여럿이 병에 걸리고, 서곡마저 완성되지 않은 채 흐지부지 지나가버렸다. 하지만 마침내 초연이 무대에 올려졌을 때 프라하 도처에서 열화와 같은 성원이 일었다. 《프라하지방신문》에는 무척 들뜬 논조의 기사가 실렸다.

> 월요일에 [⋯] 이탈리아 오페라단의 기획으로 우리가 그토록 열렬히 기다리던 마에스트로 모차르트Maestro Mozard의 〈돈 조반니〉 공연을 만나볼 수 있었다. [⋯] 지금까지 단 한 번도 본 적이 없는 공연이라고 비평가와 음악가들은 입을 모은다. [⋯] 무대 위에 선 배우, 오케스트라의 단원 모두 훌륭한 공연으로 모차르트에게 보답이라도 하려는 듯 열과 성을 다했다. 이번 공연에서는 합창이 여러 군데 들어가고 장면도 수차례 바뀌는 바람에 추가 비용도 막대하게 발생했는데, 과르도소니 경이 비용 일체를 흔쾌히 부담해주었다. 여느 때와 달리 많은 사람이 이 공연을 보러 왔다는 사실만으로도 훌륭한 공연임을 입증해준다.[46]

11월 3일 또 한 차례 오페라가 공연됐고, 여기서 생긴 수익은 모차르트 한 사람에게 돌아갔다. 모차르트는 10월 13일에 프라하를 떠났지만, 그는 발을 떼기에 앞서 프라하의 수많은 저명 인사가 작곡가에게 아낌없이 찬사를 쏟아내는 것을 볼 수 있었다.

> 오르페우스가 마법의 수금을 소리 높여 연주할 때
> 그의 리라소리에 맞춰 암피온(그리스 신화 속 하프의 명수)은 노래하고
> 사자는 길이 들고, 강물은 고요히 흐르고
> 호랑이는 귀 기울이고, 바위는 걸음 걷네.
>
> 모차르트가 대가의 솜씨로 음악을 연주하자
> 갈라지지 않는 칭찬이 모여드니
> 뮤즈들의 합창단도 머물며 귀 기울이고

아폴론까지 그 소리를 듣기에 여념이 없네.

당신의 찬미자이자 친구,

요제프 후르달레크Joseph Hurdalek

프라하, 1787년 11월 12일, 총신학대학 총장[47]

두 번째로 프라하를 여행할 동안 모차르트 부부는 친구로 지내던 두셰크가家 사람들과, 정확히 말하면 그들이 스미호프에 갖고 있던 베르트람카 대저택에 머물며 많은 시간을 보냈는데, 〈돈 조반니〉의 맨 마지막을 장식한 작품들이 바로 여기서 완성됐다. 프란츠 두셰크Franz Dušek는 연주회 전문 피아니스트였고, 두셰크의 아내 요제파Jozefa는 소프라노 가수이자 모차르트와는 오랜 지기로 허물없이 지내는 사이였다. 폴란드를 떠나기 전 모차르트는 황실 궁정악사Kammermusikus라는 한직閑職을 맡아보지 않겠느냐는 권유를 받게 된다.

빈에 돌아와서 보니 그 자리는 연봉이 800굴덴밖에 되지 않았고 전임자 글룩Gluck은 그 자리에서 일하다가 세상을 떠날 즈음에는 2000굴덴의 연봉을 받았던 것으로 알려졌다. 하지만 항상 그랬듯이, 모차르트는 금전적 측면보다 다른 면에서의 특전이 더 많았다. 그해 12월 27일 콘스탄체가 네 번째 아이를 낳았으나 딸아이는 고작 6개월밖에 살지 못했다. 모차르트도 차차 황금기의 막바지를 맞이하고 있었다.

모차르트가 사제 로렌초 다 폰테와 일을 하게 된 것은 유럽 음악의 발전에서 중요한 이정표와 다름없었다. 둘이 합심해 만든 작품들—〈피가로의 결혼〉(1786), 〈돈 조반니〉(1787), 〈여자는 다 그래Cosí fan tutte〉(1790)—은 모두 당대에 가장 경박하고 그 어떤 장르보다도 단명하리라 여겨졌던 오페라부파opera buffa에 속했지만, 그런 우려를 불식시키고 의기양양하게 후대까지 살아남았다("오페라부파"는 희곡 오페라의 한 양식으로, '음악 안의 희극' '음악을 위한 희극'을 뜻한다). 모차르트가 만든 독일어 오페라 〈후궁으로부터의 유괴Die Entführung aus dem Serail〉(1782)와 〈마술피리Die Zauberflöte〉(1791) 같은 작품들과 함께, 이들 오페라는 이른바 대大오페라Grand Opera(대가극大歌劇)을 이야기할 때 등장하는 기본 레퍼토리 중 가장 초기 작품들이다. 아닌 게 아니라, 30여 개에 이르는 그랜드오페라 작품 중 분량에서나 한결 같은 대중성에서나 모차르트와 다 폰테의 이 합작품들에 필적할 것으로는 빌헬름 리하르트 바그너와 주세페 베르디의 오페라 작품들밖에는 없다. 모차르트에게 다 폰테는 더할 나위 없이 훌륭한 파트너였다. 자신이 나고 자란 베네치아 유대인 거주 지역에서 도망치듯 떠나온 다 폰테는 자신이 기독교로 개종한 사실이나 성직자 신분이라는 점을 그다지 심각하게 받아들이지 않았다. 〈돈 조반니〉는 로렌초

다 폰테가 마음을 다해 써낸 작품이었다(부록 1620쪽 참조).[48]

녹음 기술이 없었던 때였던 만큼 [소리], 그동안 유럽에서는 모차르트가 음악을 만들 때의 비범한 분위기를 문학작품에 담아보려는 노력이 여러 차례 있었다. 모차르트가 세상을 떠나고 6년 뒤, 시인 에두아르트 프리드리히 뫼리케Eduard Friedrich Mörike(1804~1875)가 〈프라하를 여행하는 모차르트Mozart auf der Reise nach Prag〉(1851)라는 중편소설을 써낸 것이 일례다. 소설을 통해 뫼리케는 모차르트가 그 자신의 가장 열렬한 청중이었던 당대의 교양인들을 만나 어떤 식으로 지냈을지 실감나게 묘사한다. 소설에서 모차르트와 콘스탄체는 뵈머발트〔보헤미아림林〕에서 소나무가 우거진 산길을 지나 프라하로 가는 도중, 폰 쉰츠베르크 백작의 성을 발견하게 된다. 볼프강은 성에 자리한 공원에 들어가 오렌지나무에서 별 생각 없이 열매를 따려 하다 도둑으로 몰린다. 하지만 그 덕분에 볼프강〔아마데우스 모차르트〕은 성에서 열리는 저녁 자리에 초대받아 갈 수 있었다. 저녁 식사를 마친 후, 볼프강은 피아노 앞에 앉아 음악을 연주하면서 자신이 어떤 식으로 〈돈 조반니〉의 피날레를 작곡했는지 사람들에게 음악을 곁들여가며 이야기를 들려준다.

> 망설일 것도 없이, 그는 자기 옆 두 개의 나뭇가지 모양 촛대에서 타고 있던 촛불들을 껐고, 그러자 섬뜩한 분위기 속에서 죽음과도 같은 방 안의 고요가 울려 퍼졌다. […] 별이 반짝이는 저 먼 곳의 밤하늘에서부터 푸른빛의 밤을 뚫고 은빛 트럼펫 소리가 내리꽂혀 얼음처럼 차가운 파멸의 전율과 함께 그 영혼을 관통하는 듯하다.
> 거기 지나가는 게 누구냐?
> 대답을 하라―돈 조반니가 살려달라고 외치는 소리가 들리네
> 그러자 그 목소리가, 전과 다름없는 단조로운 음색으로, 죽은 자를 평온히 잠들게 하라고 그 불경한 젊은이에게 명한다. […] [49]

모차르트가 자신들의 나라를 멋지게 만들어주었던 그 잠깐의 시간을 잊지 못하기는 체코인들도 마찬가지였다. 현대의 한 체코 시인〔야로슬라프 사이페르트〕은 모차르트가 베르트람카 대저택에 머물던 저녁을 발판으로 삼아 인간이 도달할 수 없는 낙원이 어떤 것일지 떠올려보기도 했다.

> A když počal hrát
> a copánek mu poskakoval po zádech

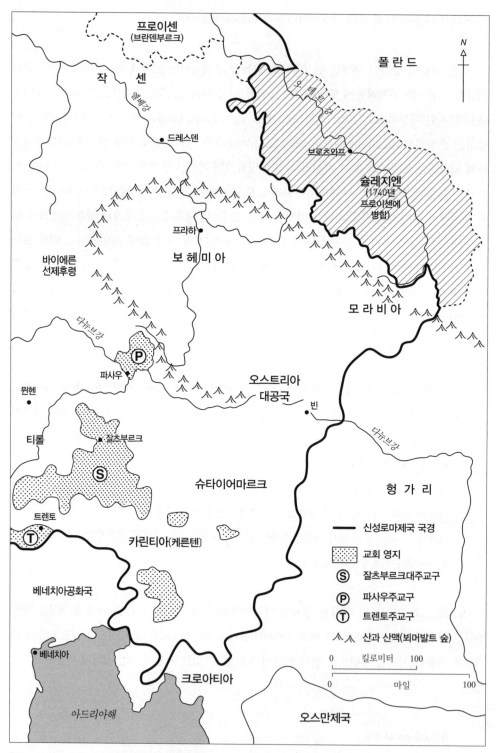

[지도 19] 모차르트의 프라하 여정, 1787

přestaly šumět i lastury

a nasta vily svá rozkošná ouška

[…]

이윽고 그의 연주가 시작되고

그의 땋은 머리가 그의 등 위에서 춤추기 시작하자

조개껍데기마저 흥얼거림을 멈추고

섬세한 그들의 귀를 들어 그 소리에 기울이나니.

왜 사람들은 그때 그 문을 걸어 잠그지 않았던가?

왜 사람들은 그때 그 마차에서 말을 풀어두지 않았던가?

그 바람에 그는 그렇게 빨리 떠나버리고 말았거늘.[50]

모차르트가 사랑했던 프라하는 당시 화려함의 절정에 다다르고 있었고, 유럽에서 그만 한 위용을 갖춘 도시는 거의 찾아볼 수 없었다. 프라하는 합스부르크가 강역에서 두 번째로 손꼽히는 도시였고, 이즈음 50~60년간은 도시에서 역사상 전무후무한 재건축 작업이 끝난 참이었다. 우아한 신고전주의 양식의 틸극장은, 생겨난 지 불과 4년 밖에 되지 않은 극장이자 〈돈 조반니〉가 공연된 곳으로, 당시 생겨난 수많은 장대한 공공건물의 하나였다. 현재는 영국대사관이 위치해 있는 툰성Thun Palace(1727) 역시, 1787년 모차르트 부부가 처음으로 프라하를 찾았을 때 머물렀던 곳으로, 이즈음 지어진 20여 개 화려한 귀족 저택의 하나였으니, 콜로레도-만스펠트Colleredo-Mansfeld, 골츠-킨스키Goltz-Kinsky, 클람-갈라스Clam-Gallas, 카레토-밀레지모Caretto-Millesimo, 로코비츠-슈바르첸베르크Lobkowitz-Schwarzenberg 성들이 다 그러했다. 성니콜라스성당basilica of St. Nicholas(1755)은, 모차르트가 프라하를 떠난 뒤 일주일 뒤에 〈미사CMass in C〉가 연주된 곳으로, 디첸호퍼Diezenhofer가家 부자父子가 설계한 10여 개에 이르는 바로크 양식 교회의 하나였다. 카롤리눔Carolinum(1718)에는 대학 건물이 들어섰고, 클레멘티눔Clementium(1715)에는 예수회의 교회와 도서관이 자리 잡았다.

그러나 가장 중요했던 것은, 이 무렵 프라하의 주요한 역사 중심지 네 곳 모두가 일정하게 구획되고 단장돼 잘 조화된 하나의 전체로 통합됐다는 사실이었다. 흐라드차니Hradčany는 프라하의 고대 캐슬힐Castle Hill로 블타바강 좌안에 있으며, 성비투스성당St Vitus' Cathedral(1344)과 야기에우워 왕가 블라디슬라프 홀Vladislavský Sàl(1502)이 있는 곳으로 성 주위는 1753~1775년에 건축가 니콜로 파카시Nicolo Pacassi의 설계에 따라 압도적인 관공서 건물이 들어서 있다. 흐라드차니 발치의 말라 스트라나Malá strana(작은 도시)에는 새로이 주교 궁전을 지어 아름답게 꾸몄다(1765). 옛날의 카를루프 모스트Karlův Most(카를교橋)는, 지금도 도시 양쪽을 연결해주는 다리로, 종교 및 역사와 관련한 놀라운 조각 작품들을 교각을 따라 660미터 길이로 장식했다. 블타바강 우안에 자리한 옛 도시의 거리들 역시, 지금도 여전히 틴성모마리아교회와 시청이 압도적 위용을 자랑하고 있는데, 이즈음 상당 부분 재건이 이루어져 일대가 새로이 활력을 얻은 참이었다. 언제나 그러했듯, 여기서도 도시 시계가 시간에 맞춰 장관을 연출하는 모습이 풍경에 더욱 활력을 불어넣곤 했는데, 그리스도와 사도들이 행렬을 이끌고 그 뒤를 죽음의 신, 튀르크족, 구두쇠, 바보, 수탉이 뒤따르다 로레토 카리용의 종소리가 울려 퍼지곤 했다(1694). 프라하는 얼마 전인 1784년에는 황제 요제프 2세로부터 연합프라하헌장Charter of United Prague도 수여받은 참이었다.

프라하에 거주지를 마련해 도시 경관을 아름답게 만들고 또 후원을 통해 음악계를 주름잡았던 귀족들은 합스부르크가의 통치 속에서 가장 큰 수혜를 입은 부류였다. 이들은 대체로 독일 가문 출신으로, 삼십년전쟁(1618~1648) 동안 이곳 토박이였던 체코의 귀족층이 추방을 당하면서 자리를 잡았다. 이어 번영하던 보헤미아 시골 지방에 영지를 두고 거기서 생겨나는 부富로 도시에서의 화려한 삶을 유지했다. 모차르트 활동기에 이르러서는 체코인 대다수가 수장도 없는 농민국가에서 살아가야 하는 처지로 전락해 있었다. 그런 와중에도 두셰크가 같은 일부 중간층은 체코와 독일 사회의 주변부에 근거지를 마련하고 삶을 영위해나갔다.

부자와 빈자는 극명하게 대비됐다. 황제 요제프 2세는 1771년 프라하를 처음 찾았을 때, 도시는 시민들이 여섯 명에 한 명꼴로 기근 때문에 목숨을 잃고 있었는바, 충격에 빠지지 않을 수 없었다.

> 올해 기근으로 어떤 일들이 있었는가를 보면 부끄럽기 짝이 없다. 실제로 굶어 죽은 사람들이 있는가 하면, 노숙 생활을 하다 길거리에서 생애 마지막 성체성사를 받은 이들도 있다. […] 이 도시에는 부자인 대주교가 있고, 대규모의 성당 사제단이 꾸려져 있고, 수도원이 즐비하고 예수회의 성도 세 채나 있는데 […] 그 어느 곳에서도 자신들 문간 앞에 누워 있는 그 불쌍한 사람들을 단 한 사람이라도 거두어준 사례가 없다.[51]

요제프 2세는 꿈쩍 않고 현실에만 안주하려는 가톨릭교회를 그냥 두고 볼 만큼 인내심 있는 사람이 아니었다. 그래도 예수회에는 따로 손대지 않아도 됐던 것이 그곳은 10여 년 전에 이미 해산된 상태였다. 요제프 2세는 1780년 단독 통치권을 손에 넣자 개혁적 성향의 칙령들을 봇물처럼 내놓아 그간 사회질서를 떠받쳐온 가장 성스러운 기둥들의 힘을 약화시키고자 했다. 농도들은 해방을 맞았고, 종교적 관용의 폭이 확대돼 합동동방가톨릭교도, 정교회교도, 프로테스탄트, 유대교도들에게 두루 적용됐다. 아홉 살 미만의 아동은 노동을 시킬 수 없었다. 민간인들끼리 결혼하고 이혼하는 일도 허용됐다. 사형은 폐지됐다. 프리메이슨단이 결성돼 크게 번성해나갔다. 교회 재산을 세속화한 데서 생겨난 부의 흔적은 이 무렵 유난히 사치스럽게 지어진 황실 및 귀족층의 건축물들이 연이어 생겨난 데에서 찾아볼 수 있었다.

프라하의 대규모 유대인 공동체도 급격히 늘어난 부를 함께 누릴 수 있었다. 유대인 박해는 이미 수차례 있었으나 1744~1745년의 마지막 박해를 끝으로 수모는 옛일이 되고, 1780년대 들어서서는 황제가 내린 톨레란츠파텐트Toleranzpatent(관용칙령)를 통해 유대인도 혜택을 입을 수 있었다. 유대인 거주지구도 황제의 뜻을 기려 요제포브Jozefov로 이름이 바뀌었고 프라하의 광범위한 도시 재개발 작업 속에서 함께 재건됐다. 중세의 신구시너고그Old-New Synagogue(스타로노바시나고가Staronová synagoga)와 클라우스시너고그Klaus Synagogue 모두 재건됐다. 유대인 지구 시청사에는 라틴어로 숫자와 히브리어 숫자로 시간을 알려주는 각각의 근대식 시계가 위아래에 함께 자리하고 있었다. 프라하의 유대인들은 얼마간이 흐른 뒤 빈의 유대인 사이에서 가장 활발하게 활동하는 분파를 구성하게 된다.

프라하의 프리메이슨단 역시 황제가 베푼 관용의 혜택을 한껏 누릴 수 있었다. 이들은 모차르트도 빈 소재 오스트리아 총본부 소속 단원인터라 자신들의 일원으로 환대했다. 당시 가톨릭교회는 모든 지적 활동 및 문화 활동을 답답하게 옥죄는 면이 있었는데, 프리메이슨은 교회의 그런 면에 강한 반감을 대변해주던 세력이었다.

오페라부파라는 장르가 성장한 것에서도 알 수 있듯, 모차르트는 1780년대의 느슨한 사회적 분위기 속에서 왕성한 활동을 펼쳤다. 당대의 윤리도덕에 모차르트는 대체로 중립적 입장이었다. 그러나 〈난봉꾼의 응보〉는 진지하게 받아들이기에는 멜로드라마적 요소가 너무 강했다. 거기다 모차르트와 로렌초 다 폰테의 다음 합작품인 〈여자는 다 그래〉는 자유분방함이 지나쳐 민망한 구석까지 있다고 평하는 사람들도 있다. "구석구석 달콤한 물이 흐르는 갈라진 밑바닥"을 묘사한 내용은, 생각해보면 다른 해석의 여지가 그다지 많은 부분이라 하기 어렵다. 다 폰테 자신의(그는 기독교로 개종한 유대인이었다) 평판부터가 그의 친구이자 동료로 베네치아에서 나고 자란 생갈의 조반니 자코모 카사노바Giovanni Giacomo Casanova(1725~1798)와 별반 다르지 않던 터였다. 카사노바는 평생 첩자로 활동하고, 엽색을 즐기고, 법망을 피해 도망을 다니다 말년에 보헤미아 북부 둑수(두호초프)에 자리한 발트슈타인 백작의 성에 머물며 사서로 지냈다. 카사노바는 1787년 10월 24일에 프라하를 찾아 그곳의 출판업자를 만난 것으로도 알려져 있는데, 그랬다면 〈돈 조반니〉 초연 때도 그는 프라하에 머물고 있었을 가능성이 매우 크다. 일부 비평가들은 이를 근거로 조반니 자코모 카사노바가 돈의 실제 모델이라는 의견을 내놓기도 했다.

사실 18세기에는 천박한 자유주의가 사회 저변에서 내내 강력한 흐름을 형성했다.[52] 그러나 가톨릭국가 오스트리아가 공식적으로 청교도주의를 지향했다는 점을 고려하면, 당대에 성적 유혹을 대중 여흥의 주제로 내세웠다는 것은 절대 평범한 행보가 아니었다. 〈돈 조반니〉의 내용은 오늘날 페미니스트의 올바름을 수호하려는 사람들의 심기를 거스르기도 하지만 당대에도 그 못지않게 요제프 2세의 프라하에서 도덕적 가치를 수호하던 사람들의 심기를 거슬렀다. 어쨌거나 돈 조반니는, 카사노바가 그랬던 것처럼, 여성을 그저 욕망의 대상으로밖에 여기지 않는 냉소적 바람둥이였을 뿐이다. 카사노바 자신이 남긴 말만 봐도 그렇다.

> 사랑을 하는 남자는 [...] 사랑을 받는 대상이 자신에게 그 결실로 가져다줄 쾌락보다, 그 자신이 사랑받는 대상에게 줄 것이 분명한 쾌락을 더 높이 친다. 한편 여자는, 오로지 자신의 이익을 챙기는 데만 골몰하는 족속인바, 자신이 주게 될 쾌락보다 자신이 느끼게 될 쾌락을 더 높이 친다. 그래서 여성은 시간을 질질 끈다. [...][53]

그러나 모차르트의 가장 훌륭했던 특징의 하나는 그가 자기 주변을 둘러싼 세상의 격정으로부터 초연할 수 있었다는 것이다. 모차르트의 작품들은 유쾌한 분위기와 장엄한 분위기를 번갈아 연출했으니, 그의 건강이 악화하고, 그가 가난에 찌들고, 그가 불운을 맞아 모진 고생을 해야 했을 때에도 그의 작품들은 한결같았다. 그의 음악은 이 세상에서 작곡된 것이었지만 이 세상의 것이 아니었다. 또 20년 동안 유럽 각국의 궁정들을 돌며 그토록 많은 곳을 여행했어도 지금도 아마데우스 볼프강 모차르트에게서는 당대 정치색의 흔적을 조금도 찾아볼 수 없다.

1787년에 유럽은 지난 2세기 동안의 발전들이 맥이 다해 점차 전환기를 향해 다가가는 중이었다. 1787년은 공화제 성격을 갖는 미합중국의 헌법이 조인돼 유럽 각국의 군주들을 공포에 떨게 한 해이자 달러가 처음으로 유통되기 시작한 해였다. 영국에서는 소小피트가 꾸린 내각의 주도하에 전 세계를 무대로 한 제국의 이해관계를 둘러싼 논의가 이루어지고, 워런 헤이스팅스Warren Hastings(영국령 인도의 초대 총독)와 노예무역폐지협회Association for Abolition of the Slave Trade 모두에 대한 고발 조치가 이루어지기 시작한 참이었다. 러시아에서는 예카테리나 여제가 튀르크족을 상대로 막 최후의 일전에 돌입해 있었다—이 군사작전을 위해 그녀는 자신이 새로 얻은 크름반도 속주에서 자신의 동맹인, 그리고 모차르트의 후언자이기도 한, 요제프 2세 황제를 접대하는 자리를 마련했다. 네덜란드에서는 스타드하우더 빌럼 5세가 추방을 당하고, 그의 아내는 공화제를 지향하는 '애국당' 당원들에게 볼모로 붙잡혔다. 한편 모차르트가 프라하를 향해 떠날 채비를 하던 즈음, 프로이센 군대는 도통을 복위시키겠다며 네덜란드를 향해 출정하려는 참이었다. 바티칸은 속세의 거친 파도와 맞서 싸우는 중이었다. 비오 6세(재위

1775~1799)는 막강한 제지를 받아 끝내 뮌헨에 교황대사를 파견하지 못했고, 나폴리 왕으로부터도 통상 받아오던 봉건신하의 예를 끝내 받지 못했다. 피렌체에서는 대공이 토스카나교회에 갈리아교회의 규칙을 도입하는 모습을 지켜보아야만 했다. 프랑스에서는 〈돈 조반니〉가 상연된 바로 그 무렵 명사회Assembly of Notables와 파리의 파를망 둘 모두가 소집됐다 이윽고 해산됐다〔"명사회"는 혁명 전의 프랑스에서 비상시에 소집한 신분제 의회. 왕족, 귀족, 성직자, 도시 대표 등을 왕이 지명해 조직한 국왕의 자문기관으로, 1367년에 샤를 5세가 설치했다. 1788년에 삼부회 개최를 요망하며 왕에게 반항한 것이 프랑스혁명의 도화선이 됐다〕. 이 무렵 프랑스 왕은 어쩌면 당장 나라가 파산할 수도 있다는 데에 생각이 미쳤고, 그래서 삼부회 소집을 결의하기에 이른다(원래는 1792년 7월에 열릴 예정이었다). 그러나 그 외의 다른 사건들은, 미래와 관련해 대단한 중요성이 있었음에도, 사람들이 거의 아무도 눈치 채지 못하는 새 훌쩍 지나가버렸다. 역사상 최초의 실용 증기선이 선을 보인 것이 이해였고, 8월에는 오라스 베네딕트 드 소쉬르가 사상 최초로 몽블랑에 올랐다. 인간이 자연을 정복하는 시기에 다다른 것이었다.

오늘날 역사학자들의 눈에는 이때 만들어진 모차르트의 음악이 당장이라도 끝장날 듯 완전히 퇴락한 앙시앵레짐의 면면들을 숱하게 드러내고 있는 것처럼 보일 수도 있을 것이다. 앙시앵레짐이 끝나가고 있다는 사실을 당시에는 어느 누구도 몰랐으나, 요제프 2세 뒤로 이제 남은 신성로마제국 황제는 둘뿐이었다. 도제 파올로 레니에Paolo Renier(재위 1779~1789)도 총 126명에 달한 베네치아 도제 중 125번째에 해당했다. 보헤미아의 이웃국인 폴란드는 벌써 총 51명에 이르는 왕과 제후들의 마지막 통치에서 최후 10년만을 남겨놓은 상태였다. 교황 비오 6세는 프랑스혁명 중 지하감옥에서 세상을 운명을 달리하게 된다.

늘 그렇듯이 창작예술에서는 전통과 혁신이 서로 경쟁했다. 1787년은 제러미 벤담이 쓴《고리대금의 옹호Defence of Usury》가 출간된 해였으며, 시 작품으로는 괴테의《타우리스의 이피게니에Iphigenie auf Tauris》와 요한 크리스토프 프리드리히 폰 실러의《돈 카를로스Don Carlos》가 세상의 빛을 본 해였다. 장 오노레 프라고나르, 자크 루이 다비드, 프란시스코 호세 데 고야 이 루시엔테스가 이젤 앞에서 그림을 그리고 있었으며, 조슈아 레이놀즈, 토머스 게인즈버러, 조지 스터브스, 조지 롬니George Romney 같은 화가들도 찾아볼 수 있었다. 모차르트와 동시대에 활동한 음악가로는 프란츠 요제프 하이든, 루이지 케루비니Luigi Cherubini, 카를 필리프 에마누엘 바흐Carl Philipp Emanuel Bach를 꼽을 수 있다.

물론 〈돈 조반니〉를 탁월하고 직관적인 알레고리로 여기고, 그 내용이 타락하고 방탕한 대륙에 내릴 심판을 뜻한다고 말할 수 있을지도 모른다. 설령 그렇다 해도 모차르트 자신의 편지나 작품에서는 그런 기미를 전혀 발견할 수 없다. 당시 사람들 사이에서도 곧 재앙이 닥칠 것이라는 인식은 전혀 찾아볼 수 없었고, 그 어디보다도 프랑스가 그러했다. 예를 들어 당대의 가장 급진파 필로조프로 꼽혔던 니콜라 드 콩도르세 후작(1743~1794)은 다른 건 몰라도 군주제만은 절대 무너질 리 없다고 단언했다.[54] 당시 활동한 식자층으로 음악을 애호한 한 프랑스 여성은 바로 이 시대의 파리에 대해 느낀 인상을 이렇게 기록했다.

[로슈슈아르의 호텔에서 열리는] 음악 모임은 매우 인상 깊었다. 사람들은 일주일에 한 번씩 만남을 가지는데 [...] 그와는 별도로 리허설도 수차례 있었다. 피아노 연주는 이 시대 최고로 손꼽히는 유명 피아니스트 몽쥐루 부인Mme Montgeroux이 맡았다. 오페라를 공연하는 이탈리아 출신의 가수가 테너 성부를 맡았다. 또 한 명의 이탈리아인인 만디니Mandini는 베이스 성부를 맡았다. 리슐리외 부인Mme Richelieu이 프리마 돈나prima donna를 맡았다. 나는 알토 성부를 맡고, 드 뒤라 씨M de Duras는 바리톤을 맡았다. 합창 부분은 여러 실력 좋은 아마추어 분들이 맡아주었다. [조반니 바티스타] 비오티는 바이올린으로 반주를 넣어주었다. 이런 식으로 우리는 가장 어려운 피날레 부분을 무사히 마칠 수 있었다. 모두가 그 어느 때보다 모질었던 고통을 기꺼이 떠안았고, 비오티는 그 누구보다도 엄격했다. [...] 이곳 말고 또 어디에 이러한 평안과 조화, 그리고 훌륭한 예의범절이 있을까 싶었다. 파리의 대저택이면 어디서나 볼 수 있던 그 모든 가식은 찾아볼 수 없었다. [...]
모두가 이렇게들 즐거워하는 가운데 우리는 1789년의 5월을 향해 차차 다가가고 있었다. 흥겹게 웃고 춤을 추면서 우리는 벼랑을 향해 나아가고 있었던 것이다. 생각 있는 사람들은, 악습은 이제 얼마 안 가 모조리 폐지될 거라 말하며 흡족해 했다. 프랑스는 조만간 다시 태어날 것이라고. 그러나 '혁명revolution'이라는 말이 입에 오른 적은 단 한 번도 없었다.[55]

레볼루티오 REVOLUTIO

격동 속의 대륙, 1770년경~1815

9

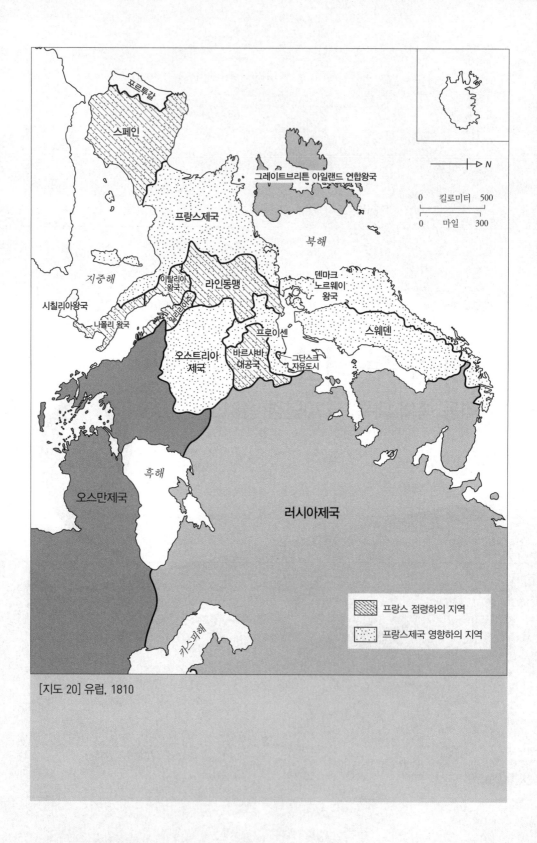

스페인

그레이트브리튼 아일랜드 연합왕국

프랑스제국

북해

지중해

이탈리아 왕국

라인동맹

덴마크 노르웨이 왕국

시칠리아왕국

나폴리 왕국

일리리아 주

프로이센

스웨덴

오스트리아 제국

바르샤바 대공국

그단스크 자유도시

흑해

오스만제국

러시아제국

카스피해

| 프랑스 점령하의 지역 |
| 프랑스제국 영향하의 지역 |

N

0 킬로미터 500

0 마일 300

[지도 20] 유럽, 1810

ㅍ 랑스혁명French Revolution에 관해 생각하나 보면, 유럽에서 일어난 다른 수많은 격변에서는 찾아볼 수 없는 어떤 보편적 특질이 존재함을 알 수 있다. 아닌 게 아니라, '혁명Revolution'이라는 말이 비로소 온전한 근대적 의미를 가지게 된 것도 프랑스혁명이라는 사건을 통해서였다. 다시 말해 프랑스혁명은 단순한 정치적 격변이 아니라, 하나의 통치 체제를 그 사회적·경제적·문화적 토대들과 함께 완전히 전복시킨 사건이었다. 오늘날 나와 있는 역사책들을 보면 어디에나 '혁명'이라는 말이 없는 데가 없다. 예를 들어, 잉글랜드내전English Civil War을 '잉글랜드혁명English Revolution'(청교도혁명)으로 만들려는 시도들이 있었는가 하면, 러시아혁명Russian Revolution을 세 번째로 일어난 전 세계적 혁명의 물결로 격상시키려는 시도들은 그보다 훨씬 더 많이 있어왔다. 또 로마혁명Roman Revolution, 과학혁명Scientific Revolution, 군사혁명Military Revolution, 산업혁명Industrial Revolution, 미국독립혁명American Revolution을 비롯해, 근래에 들어서는 성혁명Sexual Revolution이라는 말까지 등장했다. 그렇다고 이 사건들 모두가 혁명이라는 타이틀을 받을 자격이 있는 것은 아니다.

그러나 1789년에는 확실히 프랑스 훨씬 너머, 정치계만이 아닌 그보다 훨씬 넓은 영역의 사람들까지 영향을 받을 만한 변화가 일어나는 중이라고 믿을 만한 근거가 있었다. 당시 파리는 패권 국가의 수도이자 국제 문화의 중심지였다. 혁명파 역시 인간의 추상 능력을 신봉하는 계몽주의의 유산을 물려받은 사람들이었다. 이들은 세상 모든 곳의 모든 사람을 대표해 자신들이 행동에 나선 것이라고, 자신들은 지금 전 세계의 폭정에 맞서 싸우는 중이라고 여겼다. 이들이 건설한 가장 웅장한 기념비는 프랑스인의 권리에 대한 다소 편협한 선언이 아닌, 인간의 권리에 대한 단호한 선언에서 찾을 수 있었다(뒤의 내용 참조). 미라보 백작 오노레 가브리엘 리케티Honoré Gabriel Rigueti, Comte de Mirabeau는 국민의회National Assembly를 향해 이렇게 말했다.

자유와 평등이라는 단순한 관념—이런 관념들은 인간의 마음이 도저히 저항할 수 없는 마력을 지니고 있을 뿐 아니라 이 세상 모든 나라에 구석구석 퍼져 있습니다—에 삶의 기술을

한정시킨 [···] 그런 국가는 조만간 자신이 가진 영향력을 통해 진리, 절제, 정의를 지향하며
유럽을 통째로 정복하게 될 게 틀림없습니다. 아마도 지금 당장 그렇게 되거나, 단 하룻밤 새
에 그렇게 되지는 않겠지만 [···].

프랑스혁명이 단순히 프랑스인들의 전유물이 되지 않고 '유럽 최초의 혁명'이라고 불릴 수
있게 된 데는 바로 이런 종류의 정서가 작용한 것이었다.[1]
　타국 사람들도 프랑스인들과 똑같이 자신들도 혁명에 동참하고 있다는 생생한 인식을 나
누어 가졌다. 프랑스혁명을 열렬히 지지한 한 잉글랜드 젊은이는, 비록 나중에는 뼈저리게 후
회하게 되지만, 기쁨에 들떠 이렇게 썼다. "그날 새벽에 내가 살아 있다는 것은 은총이었다." 나
이 지긋한 정치인은 이런 탄식을 쏟아낼 법도 했다. "기사도의 시대는 갔다. 대신 궤변가, 경제학
자, 계산가들의 시대가 찾아왔다. 그와 함께 유럽이 간직하고 있던 영광의 불빛은 영영 사그라졌
다." 당대에 일류로 손꼽히던 작가는 발미전투를 지켜본 후 이런 언급을 했다. "바로 지금 이곳
에서 세상의 새 시대가 시작되고 있다."[2] 역사학자들도, 혁명을 지지하든 반대하든, 프랑스혁명
과 관련해서는 하나같이 강한 어조의 말들을 쓰곤 한다. 토머스 칼라일Thomas Carlyle은 그 자
신이 "과격 공화주의sansculottism"라 이름 붙였던 것에 서슬이 질려 프랑스혁명을 "시간이 탄생
한 이래 벌어진 가장 소름 끼치는 일"이라고 표현했다.[3] 쥘 미슐레Jules Michelet는 그와는 정반대
의 느낌을 품었던 까닭에 자기 글의 서두를 이렇게 열었다. "다음과 같이 나는 혁명을 정의한다.
법이 출현하고, 권리가 부활하고, 정의가 반동을 일으킨 것이라고."[4]
　프랑스혁명으로 말미암아 유럽은 그때껏 단 한 번도 겪어보지 못한, 그 어느 때보다 심원하
고 또 도무지 끝날 것처럼 보이지 않는 위기 속으로 빠져들게 된다. 이 위기로 인한 혼란과 전쟁
그리고 어지러운 혁신들을 수습하는 데 유럽은 꼬박 30년의 시간을 들여야 했다. 파리를 진앙
으로 한 이 위기의 충격파는 유럽 대륙의 가장 후미진 곳에까지 구석구석 미쳤다. 포르투갈 해
안에서 러시아의 오지까지 그리고 스칸디나비아에서 이탈리아에 이르기까지 모든 곳에 충격파
가 들이닥쳤고, 그 충격파를 뒤따라 흰색과 청색의 군 제복에 빨간색 모표가 달린 모자를 쓴
병사들이 들어와 '자유, 평등, 우애Liberté, Égalité, Fraternité'를 입에 올렸다. 혁명 당원들이 보기
에는, 프랑스혁명이야말로 군주제, 귀족, 조직화된 종교 속에 견고히 자리잡은 종래의 압제들에
서 사람들을 해방시켜줄 약속이었다. 프랑스의 입장에서, 혁명은 근대적 국가정체성[민족정체성]
형성의 첫걸음을 다지는 일이었다. 그리고 유럽 전체의 입장에서, 혁명은 폭정의 한 형태가 사라
지고 그 자리에 또 다른 형태의 폭정이 들어서는 위험한 과정에서 한 가지의 객관적 교훈을 깨
우치는 계기가 된 사건이었다. 애초 프랑스혁명은 제한적으로나마 평화로운 변화를 이룰 수 있
다는 희망과 함께 시작됐다. 종국에 가서 "혁명은 어떤 것이 됐든 모든 형태의 변화에 저항하겠

다는 각오 속에서 종막을 맞았다." 단기적 관점에서 봤을 때, 혁명은 패배했다. 하지만 장기적 관점에서 보자면, 사회적·정치적 사상이라는 영역에서 프랑스혁명은 당대에도 그랬고 또 지금도 변함없이 중대하고 지속적인 기여를 하고 있다.

프랑스혁명이라는 역사극의 인물들이나 일화는 너무나도 널리 알려져 유럽의 어린 학생들도 다 알 정도다. 그 무대의 중앙은 선봉의 인물들—미라보, 당통, 마라, 로베스피에르, 보나파르트—이 차지했다면, 그들과 반대편에 섰던 이들과 그들에게 희생당한 이들도 함께 무대 한편을 차지하고 있었다. 단두대에 올라 처형당한 루이 16세와 마리 앙투아네트가 '1만 명의 목숨을 구하기' 위해 마라가 목욕을 하는 사이에 그를 죽인 농부 아가씨 샤를로트 코르데Charlotte Corday가, 보나파르트의 명에 따라 타지에서 납치·처형당한 망명귀족émigré 루이 앙투안 앙갱 공작Louis Antoine, Duc d'Enghien이 그러했다. 거기에다 다채로운 색깔과 기상의 조연들도 가장자리를 장식했다. 추방당한 잉글랜드 철학자로 '두 대륙에서 혁명을 목격한' 과격파 톰 페인 Tom Paine이, 구세계의ci-devant 주교이자 '경배받지 못한 오통의 가경자'이며 최고의 생존자 샤를 드 탈레랑-페리고르Charles de Talleyrand-Périgord가, 냉혹했던 검찰관 총장 앙투안 푸키에 탱빌Antoine Fouquier-Tinville이 그러했다. 유럽의 나라 어디든 혁명에는 영웅과 악당 무리가 함께했고, 이들 역시 혁명 지지와 반대 사이에서 다양하게 나뉘었다. 영국에서는 HMS 빅토리호의 갑판 위에서 숨을 거둔 허레이쇼 넬슨Horatio Nelson이, 독일에서는 게르하르트 폰 샤른호르스트Gerhard von Scharnhorst와 아우구스트 폰 그나이제나우August von Gneisenau가, 오스트리아에서는 애국자-순교자 안드레아스 호퍼Andreas Hofer가, 폴란드에서는 백마를 타고 물로 나아가 그곳을 무덤으로 삼은 유제프 포니아토프스키Józef Poniatowski 원수가, 러시아에서는 눈 속을 뚫고 나아간 불굴의 사나이 미하일 일라리오노비치 투조프Mikhail Illarionovich Kutuzov가 그러했다. 유럽의 미술과 문학은 말과 그림으로 잊을 수 없는 명작들을 잇따라 탄생시키며 자신의 영역을 풍성하게 채워나갔는데, 프란시스코 고야Francisco Goya의 〈전쟁의 참상Desastres de la Guerra〉(1810~1814), 자크-루이 다비드Jacques-Louis David의 나폴레옹 초상화 작품들, 스탕달Stendhal의 《파르마 수도원La Chartreuse de Parme》(1839), 찰스 디킨스Charles Dickens의 《두 도시 이야기A Tale of Two Cities》(1859), 아담 미츠키에비치Adam Mickiewicz의 《판 타데우시Pan Tadeusz》(1834), 레프 톨스토이Лев Толстой의 《전쟁과 평화Война и мир》(1865~1869)등이 대표적이었다.

혁명의 시대를 기술하기 위해서는 반드시 그것을 일으킨 여러 원인, 혁명 당시의 사건들 자체 그리고 그에 따른 결과들을 함께 살펴보지 않으면 안 된다. 혁명 시대를 연대순으로 다룬 서술들은 모두 혁명기 이전에 벌어진 소요를 서막으로 삼아 이야기를 시작할 수밖에 없다. 애초에는 온건했던 요구들이 어떤 식으로 극단적 변화로 이어졌는지, 또 프랑스에서 일어난 갈등이 어떻게 해서 유럽 대륙의 전쟁으로까지 번졌는지 살펴봐야 하는 것이다. 이 위기는 1770년대에 들어 계몽주의가 처음으로 퇴조하면서 시작됐으며, 1814년의 빈회의(1814~1815)로 막을 내렸다.

;

서곡

프랑스혁명의 원인이 무엇인가는 지금도 끝없는 논쟁을 불러일으키는 주제다. 분명한 것은 프랑스혁명은 그 배경(때때로 과거 역사 전체가 프랑스혁명의 배경이라는 주장이 나오기도 한다), 혁명이 일어난 심층적 원인(즉 불안정 형성에 일조한 여러 가지의 뿌리 깊은 요소들), 당시 눈앞에서 일어난 사건들(즉 총신에 불을 댕긴 '불꽃들')이 서로 확연히 구별된다는 점이다. 혁명의 배경은 18세기의 마지막 사반세기에 해당하는 시기로, 이때는 유럽 대륙 전체에 두루 자리잡은 불안이 점차 깊어가는 분위기였다. 이러한 불안을 낳은 변화들이 당시에 프랑스 안에만 몰려 있었던 것은 아니었다. 프랑스는 혁명의 참가자이자 목격자였다. 다만 프랑스는 정치 능력이 마비되고 재정적 압박이 심해지는 상황에 처하자 그런 어려운 상황을 견디는 능력이 주변국들에 비해 부족한 것으로 나타났다. "혁명은 유럽 거의 모든 곳에서 당장 일어날 듯한 기세였다. 혁명이 프랑스에서 터진 것은, 이곳의 앙시앵 레짐Ancien Régime[구체제]이 다른 곳보다 더 낡고, 사람들로부터 더 증오를 샀고, 더 쉽게 허물어졌기 때문이다."[5]

정치적 면에서는 대서양 건너의 아메리카대륙에서 대규모 지각변동이 일어나는 광경을 목격할 수 있었다. 영국이(계몽주의 시대의 필로조프들은 영국을 유럽 국가들 중 가장 안정되고 온건한 나라로 꼽았다) 아메리카대륙의 식민지 주민들과 전쟁을 벌이는 사태에 이르게 된 것인바, 식민지 주민들은 프랑스의 지원을 받아 영국 정부의 통치로부터 자유를 쟁취할 태세였다. 하지만 미국독립전쟁War of American Independence(1776~1783)은 유럽에도 여러 중대한 영향을 끼치게 된다. 첫째, 이 전쟁으로 말미암아 프랑스의 재정 위기가 벼랑 끝까지 내몰렸다. 아울러 프랑스인들을 비롯한 여타 유럽인들도 스스로가 처한 난국에 대해 고민하지 않을 수 없었다. 줏대 없이 갈팡질팡하는 가련한 노인인 조지 3세가 폭군으로 분류돼야 한다면, 유럽의 다른 군주들은 도대체 무엇이란 말인가? 거기에다 영국이 차茶에 부과하는 3페니의 관세가 부당하다며 아메리카대륙의 주민들이 반란을 일으킬 수 있다면, 대부분의 유럽인들이 고통스럽게 부담하고 있는 그 과중한 세금은 과연 어떤 식으로 정당화될 수 있을 것인가? 또 영국 의회에 아메리카 주민들의 대표가 없다는 것을 이유로 미합중국이 탄생해야 한다면, 자국에 의회조차 없는 모든 유럽인은 자국의 상황에 대해 과연 어떻게 생각해야 할 것인가? 미국의 헌법 안에 담긴 생각은 더 없이 간명하면서도 모든 사람에게 의미심장하게 들렸다.

우리는 다음을 거룩하고 부인할 수 없는 진리라고 믿는바, 모든 인간은 날 때부터 평등하며 독립적인 존재이고, 이렇듯 평등하게 태어났다는 점에서 사람들은 자신만의 고유하며 양도불가능한 제 권리를 가지니, 자신의 생명과 자유를 지킬 권리 그리고 행복을 추구할 권리가 그것이다.[6]

유럽이 미국의 독립혁명에 참가했다는 사실은 지금도 조각상들과 기념물들을 통해 공식적으로 인정을 받고 있다. 하지만 유럽의 혁명이 일어나는 데 미국이 한 요소로 작용했다는 사실은 늘 바로 인정을 받지는 못하는 편이다. 그러나 1776년 7월 4일 독립선언부터 1789년 4월 29일에 조지 워싱턴이 미국의 초대 대통령으로 취임하기까지의 12년 사이, 유럽에서 이뤄지던 근대적 통치에 대한 논쟁을 위험 국면에 다다르게 만든 것은 바로 미합중국의 탄생이라는 사건이었다.

잉글랜드 노퍽주 셋퍼드의 퀘이커교 집안에서 태어난 토머스 페인Thomas Paine(1737~1809)은 유럽과 아메리카 사이의 살아 있는 연결고리라 할 인물이었다. '과격파 톰'은 잉글랜드에서 추방당한 뒤 아메리카에서 내세우는 대의에 헌신하게 된다. 그가 쓴 《상식론Common Sense》(1776)은 미국독립혁명과 관련해 가장 실질적인 힘을 발휘한 저작으로 꼽혔으며, 《인간의 권리Rights of Man》(1791)는 프랑스혁명과 관련해 나온 가장 급진적인 저작의 하나로 평가받았다. 그는 프랑스 국민공회 의원으로 선출되기도 하고, 단두대 처형을 가까스로 피하기도 했다. 그가 쓴 《이성의 시대The Age of Reason》(1793)는 선동가의 어조로 이신론理神論을 설파해 세간에 풍파를 일으켰다. 책에서 그는 이렇게 썼다. "나의 조국은 이 세계요, 나의 종교는 좋은 일을 하고자 하는 것이다."

이 무렵 동유럽에서는 세 개의 거대 제국이 제1차 폴란드분할로 집어삼킨 땅덩이를 한참 소화시키는 중이었다(8장 참조). 이 분할로 유럽은 전쟁은 피했다는 안도를 느낄 수 있었지만, 아무리 프로파간다를 자욱하게 뿌린다 해도 이 사태와 관련해 강권이 행사됐다는 사실까지 덮어 가려지지는 않았다. 거기에다 당사국인 폴란드-리투아니아에서는 이 분할로 인해 러시아의 패권에 대한 적의만 불타오르게 됐을 뿐이다. 폴란드에서 일어난 계몽주의 운동은 러시아의 여女차르와 대립하는 국면으로 걷잡을 수 없이 치달았다. 유럽에서 러시아의 영향권과 프랑스의 영향권은 나란히 넓어지다, 결국에는 '독재자'와 '자유의 동지'가 서로 크게 충돌하는 사태가 빚어지기에 이른다. 혁명의 시대가 종국에는 프랑스와 러시아 사이의 대규모 충돌로 막을 내린 것은 결코 우연이 아니었다.

그러나 일상의 정치를 넘어선 곳에서, 18세기 후반 유럽의 질서 잡힌 표면과는 달리 그것을 지탱하던 눈에 안 보이는 뿌리 깊은 힘들은 어쩐 일인지 제대로 통제되지 못하고 있다는 징후들이 나타나고 있었다. 이러한 불안감의 원인은 우선 기술적 측면에서 찾을 수 있었다. 즉 동력으로 움직이는 기계들이 등장한 것으로, 이들 기계는 건설적 잠재력과 막대한 파괴력을 동시에 지니고 있었다. 두 번째 원인은 사회적 측면에서 찾을 수 있다. 즉 '일반 대중'의 인식이 성장한 것으로, 그간 상류사회에서 배척당하고 바글거리며 살아가는 수많은 사람들 사이에서도 자신들 손으로 운명을 개척해나가는 것이 어쩌면 가능할지 모른다는 깨달음이 생겨났다. 세 번째 원인은 지적 측면에서 찾을 수 있는데, 문학과 철학 모두에서 인간 행동의 비이성적 측면을 좀 더 눈여겨보기 시작했다는 것이었다. 이러한 발전들이 과연 상관관계를 가지는가 하는 문제는 역사학자들이 풀어야만 하는 숙제일 것이다. 이른바 산업혁명과, 사회사상의 집합적 조류와, 낭만주의의 시작이 각각 한 부분을 차지하고 당시 유럽에서 하나의 일관된 흐름을 구성했는지 아닌지를 말이다. 아울러 이것들이 혁명기의 격변을 일으킨 실질적 원인이었는지, 아니면 단순히 혁명에 동반하고 거기 일정 부분만 기여했을 뿐인지도 함께 살펴봐야 할 것이다.

산업혁명. 산업혁명Industrial Revolution하면 보통 '동력으로 움직이는 기계의 발명'이라는 한 가지 요소만 이야기될 때가 많지만, 이 말은 그보다는 훨씬 큰 폭의 여러 기술적 및 조직적 변화를 통칭할 때 널리 이용되는 말이다. 이뿐만 아니라 이 산업혁명이라는 말은, 방대한 양의 역사적 논쟁 끝에 훨씬 더 복합적으로 전개된 일련의 변화 과정—오늘날 '근대화Modernization'라고 일컬어지는 것—에서 단지 한 단계만을 지칭하는 용어로 통하게 됐으니, 근대화는 19세기나 들어서서야 비로소 온전히 그 영향력을 끼치게 된다(991~1012쪽 참조). 그렇다고는 해도, 이 과정에서 반드시 함께 살펴야 할 여러 '프로토-산업화proto-industrialization(산업혁명의 원형이 되는 경제 형태)'의 요소들이 있는 것은 분명하다. 농업, 유동 노동력, 증기력, 기계, 광산, 야금술, 공장, 도시, 교통시설, 재무, 인구통계학 등이 그런 요소들에 해당한다.

과학적 방법에 입각한 농경은 계몽주의 사상가, 그중에서도 중농주의자들이 열성적으로 이루려 한 것 중 하나였다. 과학적 농경은 이 무렵 합리화를 모색하는 초기 단계를 지나, 말이 끄는 기계(아직 동력으로 움직이지는 못했다)를 통해 농업 생산성을 대폭 향상시킬 가능성을 여는 수준까지 발전하게 된다. 잉글랜드 헝거퍼드 출신의 농부 제스로 툴Jethro Tull(1674~1741)은 한참이나 이르다고 할 1703년에 이미 《마경농법Horse-Hoeing Husbandry》이라는 책을 써내 거기서 자신의 파종기를 광고한 바 있었는데, 강철로 끝을 댄 로더럼Rotherham 쟁기가 시장에 나온 것은 1803년의 일이었다. 그 사이의 100년 동안에 농업과 관련한 실험들이 맹렬하게 이루어진 결과였다. 하지만 발전의 속도는 턱없이 더디기만 했다. 아직도 농업생산의 평균 속도는 혁신이 얼마나 빨리 진행되느냐가 아니라 평균 수준의 농부들이 얼마나 빠른 속도로 일을 하느냐에 달려 있었다. [자본주의적 농업]

농부들이 생산해내는 식량의 양이 늘면서, 종전과 똑같은 땅에서 나는 생산물을 먹고 살아가는 사람들의 수도 더 많아질 수 있었다. 또 한때 밭을 갈며 일했던 사람들이 땅을 벗어나 다른 형태의 일자리에 고용되는 일도 일어났다. 농업 효율성의 향상은 출산율 상승에도 일조하는 한편 이를 바탕으로 잉여노동력층을 형성시키기에 이르는데, 물론 이런 현상들은 최소한 농민들이 땅을 떠날 자유가 있는 나라들에서나 찾아볼 수 있었다. 하지만 별다른 기술을 가지지 못한 농민들이 노동력으로 편입된 것만으로는 문제 해결이 절반밖에 되지 않은 것이나 다름없었다. 산업에는 인력과 함께 기술도 필요한 법이었기 때문이다. 따라서 장인의 전통이 가장 잘 발달한 곳들이 산업이 일어날 수 있는 부지로서도 가장 각광을 받았다.

증기력은 인류가 아득히 민 옛날부터 알아온 기술이다. 그러나 이 기술이 실제적으로 응용돼 힘을 발휘하게 된 것은 1711년 토머스 뉴커먼Thomas Newcomen(1663~1729)이 잉글랜드 데번의 한 광산에서 홍수 때문에 들어찬 물을 펌프질로 빼내려고 투박하게 생긴 대형 엔진을 이용하면서였다. 이 증기엔진은 스코틀랜드 글래스고 출신의 기계제작자 제임스 와트James Watt(1736~1819)를 거치며 그 성능이 대폭 향상되는데, 제임스는 1763년에 뉴커먼이 만들었던 괴물 같은 기계의 모형을 수리하러 왔다가 복수기復水器, condenser를 완성시키게 된다. 이후로 증기가 가진 동력은 다양한 종류의 기계에 응용됐고, 이들 기계가 가진 힘에는 한계가 없는 것처럼 보였다.

기계류는 그 이전에도 물방앗간과 인쇄기가 등장한 이래로 줄곧 이용돼오고 있었다. 18세기에는 시계 제작자의 손을 거치며 고도의 정밀성을 갖추는 단계까지 나아갔다. 하지만 손·물·스프링 같은 것들보다 훨씬 강력한 힘을 가진 동력원이 존재한다는 사실을 알게 되자 갖가지 발명들이 봇물 터지듯 쏟아져 나왔으니, 초기에는 모든 발명이 직물 산업 분야에 주로 쏠려 있었다. 잉글랜드 랭커셔 출신의 세 남자 즉 블랙번의 제임스 하그리브스James Hargreaves(1720~1778), 프레스턴의 리처드 아크라이트Richard Arkwright(1732~1792), 볼턴 호리스우드Halli'th'Wood의 새뮤얼 크럼프턴Samuel Crompton이 각자 제니방적기spinning jenny(1767)〔다축방적기라고도 한다〕, 정방기spinning frame(1768), 뮬정방기spinning mule(1779)를 만들어냈다. 제니방적기는 소규모 가정집에서 사람 손으로 직접 돌려가며 직물을 짜는 용도로만 쓰인 반면, 정방기와 뮬정방기는 공장용 증기엔진 기계로서 적합한 것으로 드러났다. 아울러 프랑스에서는 조제프-마리 자카르Joseph-Marie Jacquard가 만든 비단 직기가 선보이면서(1804) 직조 기술이 한층 더 정교한 수준으로 발전할 수 있었다. [자카르]

그러나 증기력이나 각종 기계들이나 이 무렵에 만일 석탄—증기를 일으키는 연료로서 가장 높은 효율성을 가졌다—의 채굴이 크게 늘지 못했다면 그렇게 광범위하게 사용되지는 못했을 것이다. 대규모의 석탄 채굴도 여러 혁신적 발명을 통해 가능했는바, 지하 펌프시설, 험프리 데이비Humphry Davy의 안전등(1816), 발파용 폭약 등의 사용이 주효했다. 기계류 역시 반드시 경화강硬化鋼으로 만들어져야 했던 만큼, 철과 강의 생산이 확대되지 못했다면 다량의 기계 제작이 불가능했을 것이다. 철과 강의 생산 확대도 일련의 기술발전을 통해 가능할 수 있었는데, 스코틀랜드 캐런 제철소들에서 도입한 기술(1760)을 비롯해 헨리 코트Henry Cort의 강철 교련 및 압연 특허들이(1783~1784) 중요한 역할을 했다.

산업노동자들을 한 지붕 아래 모아놓고 일을 시키는 '공장factory'은 동력으로 움직이는 기계들보다 훨씬 앞서 등장했다(영어 'factory'는 '손으로 만듦'이라는 뜻을 가진 단어 'manufactory'의 줄임말이다). 비단공장, 카펫공장, 도자기공장들은 18세기 내내 꽤 흔하게 찾아볼 수 있었다. 하지만 중기重機 생산설비는 상시로 정비해주고 연료 및 원자재를 정기적으로 공급해주어야 했던 만큼, 이런 설비들이 설치되자 공장 체제는 이제 선택이 아닌 필수로 자리잡았다. '어두컴컴한 사탄의 공장들'—왕궁만 한 건물이 광대한 부지 위에 버티고 서서는, 덩치에 안 어울리게 옆으로 졸졸 흐르는 실개천의 물을 마셔대며, 코를 찌르는 매캐하고 새까만 연기를 트라야누스의 기둥Trajan's Column(로마의 트라야누스 황제를 기념하기 위해 113년에 세워졌으며, 높이가 38미터나 된다)만 한 굴뚝으로 마구 뿜어냈다—이 처음 모습을 드러낸 것은 랭커셔와 요크셔의 직물산업 지구였다. 공장들이 출현하자 새 도심들이 급성장했다. 이런 도심의 전형은 랭커셔주 면화 산업의 중심지 맨체스터에서 찾아볼 수 있었다. 1801년 최초의 영국 인구조사에 따르면, 이 무렵 맨체스터는 사반세기 만에 10배나 성장해 교구 하나 크기였던 도시가 등록된 인구만 7만 5275명에 이르는 대규모 도시로 성장했다. 공장이 자리한 새 도시를 향해 인구가 몰려들었다면, (몇 개 되지는 않았지만) 이미 많은 인구가 거주하고 있던 대규모의 도심지를 향해서는 공장들이 몰려들었다. 런던이나 파리처럼 장인들과 극빈자들이 한데 모여 거주한 도시는, 노동자를 구해야 하는 고용주들로서는 공장을 세우기에 무척 매력적인 땅이었다.

내륙의 교통망도 매우 중요한 요인이었다. 이와 관련해서는 내륙 교통도 해상 교역만큼이나 저렴하고 효율성을 가져야 한다는 점이 중요했는데, 엄청난 양의 석탄과 철을 비롯해 면화·양모·점토 같은 원자재들을 광산과 항구에서부터 공장으로 날라와야 했기 때문이다. 공장에서 제조된 물건들도 먼 거리에 떨어져 있는 시장까지 날라야 했다. 이를 위해 강, 도로, 철로 수송이 빠짐없이 동원됐다. 이 방면에서 또 한 번 가장 큰 열기가 일어난 곳은 영국이었다. 1760년 브리지워터 공작의 기술자였던 제임스 브린들리James Brindley(1716~1772)는 바턴 송수로에 랭커셔의 어웰강을 가로지르는 수로를 건설해, 종전에 있던 운하의 범위를 개선시켰다. 1804년 사우스웨일스의 머서티드빌에서는 콘월 출신의 기술자 리처드 트레비식Richard Trevithick(1771~1833)이 고압 증기기관차를 훌륭하게 개조해 짧은 선로를 따라 이동할 수 있는 견인식 석탄차를 만들었다. 하지만 이 석탄차를 이용하려면 말보다 더 많은 비용이 드는 것으로 나타났다. 1815년에는

자카르 JACQUARD

■ 리옹의 직물 기술자였던 조제프 마리 자카르
■ Joseph-Marie Jacquard(1752~1834)는 1804년 천공 카드를 이용해서 씨줄과 북을 조절해 미리 정한 무늬의 천을 몇 번이고 똑같이 직조할 수 있는 직조기를 완성했다. 직물의 역사에서 자카르의 직조기는 리처드 아크라이트, 제임스 하그리브스, 새뮤얼 크럼프턴의 기존 발명품들과 비교할 때 커다란 발전이었

다. 더 넓은 기술의 역사에서 자카르의 발명품은 자동화 기계를 향한 진일보일 뿐 아니라, 자동 피아노와 손풍금에서부터 천공 카드 데이터 저장 시스템에 이르기까지 다양한 기계들의 전신이 됐다. 무엇보다도 중요한 것은 이 직조기가 훗날 컴퓨터가 구동되는 이원 원리를 확립했다는 점일 것이다. 이 직조기의 틀과 다른 부품들은 '하드웨어'이고, 다양하게 구멍이 뚫린 천공 카드는 '소프트웨어'인 셈이었다.[1]

존 라우든 매캐덤John Loudon McAdam(1756~1836)이 잘게 부순 돌들을 바닥에 깔고 겉면에 타르를 바르는 식의 도로 건설 방식을 만들고, 그 공법에 자신의 이름을 붙였다.

그러나 그 어떤 일도 돈 없이는 일어날 수 없었다. 이런 일들에는 투자자들로부터 막대한 자금을 얻어내야 했고, 이들 투자자는 엄청나지만 확실하지 않은 이득에 대한 기대를 안고 막대한 리스크를 감수해야 했다. 이런 돈들은 산업화 이전 다른 형태의 사업들을 통해 어느 정도의 모험자본venture capital을 이미 축적해둔 나라들에서만 나올 수 있었다.

인구통계학적 요소도 중대한 부분이었다. 산업혁명이 인구 증가 현상을 낳고, 인구 증가가 산업혁명의 과정을 독려하는 과정에서 인구라는 모터가 행한 역할을 이해하기란 그리 어렵지 않다. 이해하기 어려운 부분이 있다면, 처음에 그 모터가 어떤 식으로 예열 과정을 거쳐 마침내 발동이 걸렸을까 하는 점이다. 분명한 사실은 프랑스의 경우에 이 무렵 오랜 기간 인구통계학적 무력기를 거쳤다는 것으로, 인구 2000만 명을 자랑하며 유럽의 대국la grande nation으로 불렸던 곳이 이즈음에는 3세기가 지나도록 인구를 통 늘리지 못하고 있었다. 이와 반대로 영국은 이 무렵 여러 가지로 이점을 누리고 있었다. 농부들은 부유했고, 노동자들은 이동성을 갖추고 있었으며, 장인들은 숙련된 기술을 보유하고 있었고, 석탄과 철이 차질없이 공급됐다. 또 곳곳에 무역망이 광범위하게 형성돼 있었고, 내륙의 이동거리는 짧았으며, 영리 사업가들이 등장했고, 인구는 증가했으며, 정치적으로도 안정돼 있었다. 이런 영국과 어깨를 겨룰 만한 곳이 나타나기까지 몇십 년은 더 기다려야 했다(부록 1636쪽 참조).

당대는 아직 집합주의collectivism—하나의 전체를 구성하는 사회가 갖가지 권리 및 이해관계를 가지는 주체가 될 수 있다는 신념—가 명확히 표명되던 때는 아니었다. 집합주의적 사고는 무엇보다 르네상스 및 종교개혁 이후 강하게 강조돼온 개인주의를 정면으로 거스르는 면이 있었다. 그러나 이런 집합주의적 사고가 당대에 중요한 발전을 거친 것은 사실이었다. 근대국가라

는 개념 안에는 물론(근대국가에서는 그 안에 속한 신민들은 다 같이 일정한 공통점을 갖는다고 강조했다), 사회-정치적 유기체를 화두로 삼은 중농주의자들 및 경제학자들의 논의에도 집합주의적 사고가 은연중 깔려 있는 것을 볼 수 있었다. 루소의 일반의지 개념을 비롯해, 공리주의자들이 가장 기본적으로 내세운 원칙들에도 집합주의적 사고가 명백히 드러나 있었다. 아울러 점차 성장해가는 유럽의 대도시에서 살아가는 군중과, 공장 안으로 물밀 듯 쏟아져 들어가는 산업노동자들의 모습 역시 그런 집합주의적 사고를 형성시키는 데 충분히 일조했다. 좌우간 이 무렵 집합적 힘은 그것이 제대로 통제됐는지 여부를 떠나 단순히 철학자들만이 아닌 장군들, 대중선동가들, 시인들의 상상력에도 지워지지 않는 인상을 남겼다.

　낭만주의도 점점 번성해갔다. 낭만주의의 침투는 독일에서부터 시작됐으나, 그 이후 세대에서는 잉글랜드의 시인들과 평론가들을 두루 거치며 세를 부쩍 키워나갔다. 유명했던 이들로는 레이클랜드의 젊은 시인 3인방, 새뮤얼 테일러 콜리지Samuel Taylor Coleridge(1772~1834), 윌리엄 워즈워스William Wordsworth(1770~1850), 로버트 사우디Robert Southey(1774~1843)를 꼽을 수 있었고, 시인·판화가·삽화가로서 놀라운 능력을 보여준 윌리엄 블레이크William Blake(1757~1827)도 명성을 떨쳤다. 독일의 낭만주의도 여전히 많은 작품을 내놓고 있었다. 괴테의 친구 프리드리히 폰 실러Friedrich von Schiller(1759~1805)는 괴테가 잠시 한눈을 판 사이 역사극 〈발렌슈타인Wallenstein〉(1799), 〈마리아 슈투아르트Maria Stuart〉(1800), 〈빌헬름 텔Wihlem Tell〉(1804) 등을 선보였다. 하지만 1798년 워즈워스가 〈틴턴수도원Tintern Abbey〉을 내놓을 무렵, 대세를 이끌게 된 것은 잉글랜드의 낭만주의였다. 유럽은 이미 전쟁과 혁명의 아비규환에 빠져들어 있었다. 인류는 스스로를 자멸로 몰아넣을 만큼 비합리적 존재로 보였다. 이 세상은 그 어느 때보다 인간의 이해를 벗어나 있었다. 속박받지 않는 논리와 이성의 지배는 이제 그 종말에 이른 듯했다.

　　아! 슬프구나! 젊은이도 늙은이도
　　얼마나 험악한 눈초리로 나를 보던지!
　　십자가 대신, 내 목에는
　　그 앨버트로스가 매달려 있었네.[7]

　　오 장미여, 너는 아프구나!
　　밤 속을 날아다니는
　　보이지 않는 벌레
　　그것이 진홍빛 기쁨이 어린

네 침대를 찾아내

그의 어둑하고 비밀스러운 사랑으로

너의 생명을 파괴하나니.[8]

프로이트풍의 시구라고 할 만한 것이 프로이트가 등장하기 거의 100년 전에 이렇게 나오고 있었다. [프로이데] 〔앞의 시는 콜리지의 〈노老수부의 노래The Rime of the Ancient Mariner〉이고, 뒤의 시는 블레이크의 〈병든 장미The Sick Rose〉다.〕

저항적 기질의 반항아들은 낭만주의의 경계를 훨씬 멀리까지 밀고 나가는 중이었다. 1797년 독일에서는 노발리스Novalis라는 필명의 프리드리히 폰 하르덴베르크Friedrich von Hardenberg(1772~1801)가 〈밤의 찬가Hymnen an die Nacht〉(1800)라는 신비주의적 시를 써내, 단테가 베아트리체를 연모했듯 자신의 열정을 오랜 시간 잃어버린 사랑으로 승화시켰다. 1799년에는 셰익스피어, 단테, 칼데론의 작품을 번역한 작가〔아우구스트 슐레겔〕의 동생 프리드리히 슐레겔Friedrich Schlegel(1772~1829)이 미를 사랑하는 것이 최고의 이상이라는 소설 《루친데Lucinde》(1799)를 써서 세간에 풍파를 일으켰다. 프랑스에서는 프랑수아 르네 샤토브리앙François-René Chateaubriand(1768~1843)이 당대의 관습에 다소 엇나가는 내용으로 《혁명에 관한 소론Essai sur les revolutions》(1797)과 《기독교의 정수Génie du Christianisme》(1801)를 출간했다. 1812년 잉글랜드에서는 분노에 찬 조지 바이런George Byron(1788~1824)경이 《차일드 해럴드의 편력Childe Harold's Pilgrimage》을 출간해 유럽 전역에서 추종자를 거느리기 시작했다.

새 사상들을 널리 전파시켜준 유럽 각지의 살롱들 및 중심가들도 중요한 역할을 했다. 슐레겔 형제들이 운영하던 예나 서클은 독일에서 그 영향력이 막강했다. 하지만 이즈음 누구보다 막강한 영향력을 끼친 이로는 제르멘 네케르Germaine Necher, 일명 스탈 부인Mme de Staël(1766~1817)을 꼽지 않을 수 없는바, 루이 16세 대에 재무장관 딸이었던 그녀는 낭만주의 사상 전파에 누구보다 실질적 힘을 끼친 이로 평가받는다. 스탈 부인은 그 자신이 작가로 파리의 박거리Rue de Bac를 근거지로 모임을 주선했으며, 파리를 떠난 뒤에도 당대의 지식인들을 한 자리에 불러 모으는 일을 계속했다. 그녀는 소설 《델핀Delphine》(1803)에서는 자신의 페미니스트 성향을 드러냈고, 《코린Corinne》(1807)에서는 열정을 핵심 가치로 내걸었으며, 《독일론De l'Allemagne》(1810)에서는 독일의 낭만주의 세계를 프랑스가 손쉽게 접할 수 있도록 했다.

그러나 이성도 그 기세가 완전히 수그러든 것은 아니었는바, 아직은 철학자들까지 이성에 등을 돌린 것은 아니었기 때문이다. 계몽주의에서 벗어나기 위해 잠바티스타 비코가 초기에 노력을 기울인 곳도 탈계몽주의와는 다소 동떨어진 환경이 조성돼 있던 동프로센이었다. 이마누엘 칸트Immanuel Kant(1724~1804)는 당대 철학자들 가운데서도 단연 거물로 손꼽힌 인물로, 쩍 갈라진 이성과 낭만주의 사이의 간극 위에 다리를 놓았다. 칸트는 경건주의자에 독신남으로 철두철미하게 규칙적인 일상을 영위했기에, 생전에 자신의 주변에서 일어난 소란스러운 일들과 누구보다 잘 담을 쌓고 지낼 수 있었다. 그는 자신이 나고 자란 쾨니히스베르크 인근을 단 한 번도 떠난 적이 없었고, 그가 쓴 글은 무척이나 복잡하고 곡해될 소지가 있고 전문적이어서 그 뜻을 헤아리기가 여간 어려운 것이 아니었다. (이와 관련해 한 주석가는 이렇게 썼다. "콜리지는 한때 칸트에 심취했는데, 그 때문에 그의 시가 나아진 구석은 전혀 없었다."9) 그렇긴 했으나 칸트가 생전에 남긴 3대 비판서에는, 후대의 거의 모든 철학자가 그에게 빚을 졌다고 인정할 만큼 다양한 사상이 담겨 있었다.

《순수이성비판Kritik der reinen Vernunft》(1781)은, 합리주의자들이 말하는 형이상학은 수학처럼 완벽한 학문으로 받아들여질 수 없다는 것을 설파한 책이다. 책에서 칸트는 시간과 공간을 초월한 모든 현상은 그 연원을 헤아릴 수 없는 존재 이유를 갖는다고 주장한다. 모든 현상이 저마다 가지고 있는 이 존재 이유를 일컬을 때 칸트가 쓴 말이 바로 물자체物自體, Ding-an-sich였다. 변증학apologetics의 논리를 이용해서 칸트는 책에 이렇게 썼다. "신앙이 들어설 자리를 마련하려면 지식을 폐기할 수밖에 없었다." 이성은 믿음과 상상력으로 보완이 돼야만 했다. 《실천이성비판Kritik der praktischen Vernunft》(1788)은 도덕철학을 다룬 논문으로, 칸트가 말하는 이른바 '정언명령kategorischer imperativ'이 무엇인지가 잘 드러나 있다. 이 책에서 칸트는 전통적 기독교의 윤리에 동조하면서, 도덕적 행동에서는 의무가 가장 고차원의 기준이 된다는 점을 강조한다. 《판단력비판Kritik der Urteilskraft》(1790)은 미학을 주제로 한 논문이었다. 칸트가 오성Verstand과 이성Vernunft을 판단력의 도구들로 들면서 이 둘이 어떻게 구분되는지를 설명하는 그 유명한 내용이 담긴 것이 바로 이 책이다. 책에서 칸트는 예술은 도덕에 복무해야 하며, 예술은 추잡한 것들을 그려내는 일은 피해야 한다고 주장한다. "미가 가치를 지니는 부분은 오로지 하나, 인간을 위해 봉사하는 것뿐이다."

칸트는 역사철학에도 지대한 관심을 보였다. 동시대인 에드워드 기번도 그랬지만, 인간 역사를 빼곡하게 메우고 있는 인간의 '숱한 어리석음', '미성숙한 허영', '파괴에 대한 갈증'은 칸트의 뇌리에 지워지지 않는 인상을 남겼다. 그러나 동시에 칸트는 혼돈 안에서 의미를 발견하려 애썼다. 그가 발견한 의미란, 사람들이 인간 사이의 분쟁을 반면교사로 삼으면 일부 소수 귀족층만이 가졌던 합리성을 전 인류의 행동으로 확대시킬 수 있으리라는 것이었다. 칸트는 《세계시민적 관점에서 본 보편사의 이념Idee zu einer allgemeinen Geschichte in weltbürgerlicher Absicht》(1784)에서 이렇게 썼다. "인간은 조화를 희망할지 모르나, 우리 인간 종족에게 무엇이 더 나은지는 자연이 잘 안다. [자연이 원하는] 그것은 바로 불화다." 칸트는 정치적으로는 공화제를 옹호했다. 그는 공포정치까지는 아니더라도 프랑스혁명을 환영했으며, 가부장적 통치와 특권의 세습을 맹렬히

프로이데 FREUDE

■
■ 1785년 라이프치히 인근 고리스 마을에서 프리
드리히 실러는 〈환희의 송가An die Freude〉를 썼
다. 사랑에 실패하고 만하임에서 빈곤한 겨울을 보낸
뒤의 정신적 해방을 찬미하는 시로, 개인적 의미뿐 아
니라 정치적 의미도 담겨 있었다. 시의 원제는 '자유
찬가'였다는 소문이 여전히 끊이지 않고 있다. ("프로이
데"는 독일어로 "환희"라는 뜻이다.)

> Freude, schöner Götterfunken,
> Tochter aus Elysium,
> wir betreten feuertrunken,
> Himmlische, dein Heiligtum.
> Deine Zauber bindet wieder,
> was die Mode streng geteilt;
> alle Menschen werden Brüder,
> Wo dein sanfter Flügel weilt.
>
> Seid umschlungen, Millionen!
> Diesen Kuß der ganzen Welt!
> Brüder–überm Sternenzelt
> Muß ein lieber Vater wohnen[1]
>
> 환희, 그것은 신들의 눈부신 섬광,
> 낙원의 딸이며 천상의 존재,
> 우리는 뜨겁게 취해
> 너의 신성한 신전으로 들어간다.
> 현실이 갈라놓은 것을
> 너의 신비한 힘이 다시 결합하고
> 네가 그 부드러운 날개를 펼치는 곳에서
> 모든 인간은 형제가 된다.
>
> 모든 이여, 품에 안겨라!
> 이것은 온 세상을 위한 입맞춤이니!

형제여, 별이 빛나는 저 하늘 너머에
사랑하는 아버지가 있을 것이니.

7년 뒤 젊은 베토벤은 이 시에 곡을 붙이고 싶다고 공
언했다. 이후 30년 이상 그는 이 생각을 곱씹게 된다.
1817년 베토벤은 웅장한 '독일 교향곡'을 구상하고 있
었다. 피날레는 합창으로 장식할 생각이었다. 초기의
메모에는 '아다지오 찬송가'가 언급된다. "고풍스러운
교향곡풍의 종교적 노래 […] 아다지오의 가사는 그리
스신화나 교회를 찬송하는 내용일 것. 알레그로는 바
쿠스의 축제."[2] 그는 1823년 6월 또는 7월이 돼서야
확실하게 〈환희의 송가〉에 전념하지만 그 뒤로도 끊임
없는 불안에 시달린다. 청력 상실이 진행되면서 고통
과 낙담에 시달리던 그는 〈장엄 미사〉와 피아노 소나
타 Op. 109~111을 작곡하며 역경을 이겨냈다.

그러나 지적 창조와 감정의 대담성을 한껏 더 끌어올
린 것은 교향곡 9번(합창) D단조(Op. 125)였다. 속삭이
는 듯한 짧은 서막에 이어지는 1악장 알레그로 마 논
트로포(빠르지만 지나치지 않게)는 오케스트라 전체가
일제히 D단조의 하행하는 화음을 연주하는 이례적 사
운드로 시작한다. '가장 신성한 스케르초'인 2악장 몰
토 비바체(매우 빠르게)는 중간중간 음악이 완전히 끊어
졌다가 증폭된 에너지로 다시 시작한다. 3악장 아다지
오는 고결한 두 개의 멜로디가 서로 뒤얽힌다.

이어 유명한 불협화음 또는 '소란'이 두 차례 터져 나
오는 가운데 이전의 주제들을 혼란스럽게 선보이
면서 피날레로 전환되고, 호소력 있는 저음의 목소
리가 부르는 가사가 이어진다. "O Freunde, nicht
diese Toene!"(오 친구들이여, 이런 음악은 이제 그만! 환
희로 가득한 노래를 부르세). 곧바로 관악부의 새 모티
프가 끼어든다. 경쾌한 D장조의 트럼펫 음조로 반
복되는 이 부분은 모든 합주 멜로디에서 가장 단순
하면서도 힘이 넘친다. 56개 음표로 구성한 한 줄
의 음계에서 연속적이지 않은 음표는 3개뿐이다. 이
선율에 맞춰 베토벤은 실러의 스탠자Stanza(4행 이

상의 각운이 있는 시구)를 재배열한다(아래 악보 참조).　음으로 단호하게 떨어지며 마무리된다.[3]

아찔할 정도로 복잡한 그다음 부분은 연주자와 청중을 새로운 차원의 몰두와 상상력으로 끌어들인다. 풍성해진 오케스트라의 소리에 합창과 네 명의 독창이 합세한다. 4중창이 두 개의 변주곡으로 테마를 노래한다. 테너가 터키(튀르키예)식 타악기로 연주되는 군대행진곡풍의 선율에 맞춰 "환희, 오 환희여, 태양이 창공을 가로지르듯" 하고 노래한다. 이중 푸가의 간주곡이 뒤를 잇고 "오, 수백만의 사람들이여, 내가 너희를 껴안으리니!" 하는 우렁찬 합창이 이어진다. 독창과 실러의 송시 도입부의 합창이 대화를 나누듯 주거니 받거니 하다가 다시 한 번 이중 푸가가 나온 뒤 소프라노가 12소절 동안 높은 A를 유지한다. 코다에서는 독주들이 어우러져 '보편적 라운드'와 현란한 폴리포니, 마지막 질주를 이어간 뒤 반음 줄인 버전의 메인 테마로 들어간다. 마지막으로 "낙원의 딸, 환희여, 오 신의 자손 환희여"라는 가사가 장엄하게 되풀이된 뒤 A음에서 D

9번 교향곡은 런던필하모닉협회의 위촉에도 불구하고 1824년 5월 7일 빈의 케른트너토어극장에서 초연됐다. 지휘는 작곡자가 맡았다. 하지만 청력을 잃은 베토벤은 연주를 따라가지 못하고 곡이 끝난 뒤에도 지휘를 이어갔다. 한 연주자가 베토벤을 돌려 세워 그에게 박수 치는 관중을 보여주었다.

베토벤은 오래전부터 보편적 천재로 간주됐다. 제2차 세계대전 당시 그의 5번 교향곡의 도입부는 나치가 점령한 유럽으로 송출된 BBC 방송의 배경음악으로 사용됐다. 베토벤의 사후 150년 만에 그가 만든 〈환희의 송가〉는 유럽공동체의 찬가로 채택됐다. 인류의 형제애를 찬미하는 가사는 민족주의 이전 시대를 민족주의 이후 시대와 연결지었고 멜로디는 양차 세계대전이라는 불협화음의 혼돈에서 벗어나려는 대륙의 간절한 희망을 반영한다고 여겨졌다.

비난했다. 《영구평화론Zum ewigen Frieden》(1795)에서 칸트는 '세계시민공동체Weltbürgertum'를 창설하는 한편, 이 기구를 통해 전 세계가 무장을 해제하는 동시에 견제의 원리를 폐기하는 방향으로 나아가야 한다고 주장했다. 하지만 칸트의 이런 주장 중 그 어느 것에도 프로이센 왕은 도통 귀를 기울이려 하지 않았다. [게누크]

　요한 고트프리트 폰 헤르더Johann Gottfried von Herder(1744~1803)는 모룽겐(현재 폴란드의 모롱크)에서 태어나 루소의 저작을 읽고 그를 신봉한 인물로, 리가에서 생업을 접고 홀연 배를 타고 프랑스로 떠나왔다. 얼마간 시간이 흐른 후에는 괴테의 후원을 받으며 바이마르에 정착했다. 이후 그는 왕성한 지적 활동을 벌이며 문화, 역사, 예술 방면에서 온갖 독창적 사고를 내놓았다. 인식론 논쟁과 관련해서는 반합리주의에 기초한 의견을 제시해, 지각은 인간이 가진 전체 능력 중 하나의 기능에 지나지 않는다는 주장을 개진했다. 그는 《인류의 역사철학에 대한 이념Ideen zur Philosophie der Geschichte der Menschheit》(1784~1791)에서 문명의 탄생, 성장, 죽음이라는 비코

게누크 GENUG

■
■ 이마누엘 칸트는 1804년 2월 12일 쾨니히스베

르크에서 숨을 거두면서 마지막 말을 남겼다. "게누크"
〔이쯤이면 됐다〕. 죽음 앞에서 이보다 더 진실한 말은 없
을 것이다.[1]

아그리피나 네로 황제의 어머니	AD 59년	"나의 자궁을 벌하라."
피에르 아벨라르, 철학자	1142년	"나는 모른다."
알렉산데르 6세, 교황	1503년	"잠깐만."
피에르 테라유 드 바야르	1524년	"신과 나의 조국"
마르틴 루터	1546년	"그렇다."
헨리 8세	1547년	"수도사들, 수도사들, 수도사들!"
프랑수아 라블레	1553년	"나는 아마도 굉장할 그것을 확인하러 간다."
월터 롤리	1618년	(사형집행인에게) "어서 쳐!"
찰스 1세	1649년	"기억해라."
토머스 홉스	1679년	"어둠 속에서의 커다란 도약"
쥘리 드 레스피나스	1776년	"아직 살아 있는 건가?"
볼테르	1778년	"제발, 편안히 죽게 해줘."
요제프 2세	1790년	"어떤 일에서도 성공하지 못한 요제프가 여기 잠들다."
W. A. 모차르트	1791년	"이 곡은 나를 위해 쓴 것이다."
나폴레옹 보나파르트	1821년	"조제핀."
루트비히 판 베토벤	1827년	"희극은 끝났다."
게오르크 빌헬름 헤겔	1831년	"그는 나를 이해하지 못했다."
J. W. 폰 괴테	1832년	"더 많은 빛을!"
네이던 로스차일드	1836년	"모든 게 내 돈 때문이야."
조지프 말러드 윌리엄 터너, 화가	1851년	"태양이 신이다."
하인리히 하이네	1856년	"신은 나를 용서할 것이다. 그것이 그의 일이니까."
찰스 다윈	1882년	"나는 죽는 것이 조금도 두렵지 않다."
카를 마르크스 (유언을 요청받자)	1883년	"됐으니까 나가!"
프란츠 리스트	1886년	"트리스탄."
황제 프란츠 요제프 1세	1916년	(노래로) "신이여 황제를 구하소서!"
조르주 클레망소	1929년	"나를 똑바로 선 채로 묻어주길 바라네ㅡ 독일을 마주 볼 수 있게."
하인리히 힘러	1945년	"나는 하인리히 힘러다."
H. G. 웰스	1946년	"나는 괜찮다."

의 주기적 순환 개념을 한 차원 발전시키되, 그러한 발전이 단순히 일직선 형태가 아닌 훨씬 더 복잡한 형태를 띤다고 주장했다. 그러나 헤르더 자신이 평가하기에, 생전에 그가 행한 가장 중요한 업적은 일평생을 바쳐 조국 독일과 타국을 가리지 않고 곳곳의 민속과 민요를 수집하고 연구한 것이었다. 이런 민속과 민요는 낭만주의 문학에서뿐 아니라 민족의식 형성에서도 핵심적 역할을 맡게 될 주제였다(1052~1054쪽 참조).

예술도 이렇듯 급변하는 분위기에서 빠지지 않고 반응을 보였다. 음악에서 모차르트와 하이든 같은 작곡가들은 여전히 질서 잡힌 형태, 섬세함, 조화가 돋보이는 고전적 작품들을 만드는데 열심이었다. 하지만 베토벤 같은 이는 단숨에 고전주의적 관습들을 완벽히 섭렵하고 차츰 폭풍우가 휘몰아치는 혁명기의 긴장감을 느끼게 하는 음악 작품들을 만드는 단계로 나아가기 시작했다. 베토벤은 나폴레옹에게 헌정한 교향곡 3번 〈영웅Eroica〉이 탄생할 무렵 이미 이 경지에 이르러 있었다. 드레스텐에서 한동안 오페라 지휘자로 활동한 카를 마리아 폰 베버Carl Maria von Weber(1786~1826)는 낭만주의 예술가의 전형으로 손꼽혔다. 그가 작곡해 처음으로 성공을 거둔 오페라 〈숲의 소녀Das Waldmädchen〉(1800)는 벙어리 소녀가 숲의 정령들과 교감을 나누는 감동적 이야기를 담고 있다. 아름다운 선율을 주조해내는 데 천재적 재능을 보인 프란츠 슈베르트Franz Shubert(1797~1828)는 자신의 〈미완성 교향곡〉처럼 안타깝게도 한창 나이에 병에 걸려 짧은 생을 마감하고 말았으나, 그래도 세상을 떠나기 전에 600곡 이상의 독보적 가곡집을 엮어낼 수 있었다. 이렇듯 세간의 인정을 두루 받는 대가들 곁에는 자칫 그 이름이 잊힐 뻔한 든든한 조연들도 여럿 찾아볼 수 있었으니, 얀 라디슬라브 두세크Jan Ladislav Dussek(1761~1812), 무치오 클레멘티Muzio Clementi(1752~1832), 미하우 클레오파스 오긴스키Michał Kleofas Ogiński(1765~1833), 요한 네포무크 훔멜Johann Nepomuk Hummel(1778~1837), 존 필드John Field(1782~1837), 마리아 시마노프스카Maria Szymanowska(1789~1831) 같은 이들이 그러했다. 시마노프스카는 당대에는 좀처럼 찾아보기 힘들었던 여성 연주자 겸 작곡가였다.

회화에서는 신고전주의neo-classicism가 부분적으로 누그러지기는 했으나 여전히 호소력을 발휘하고 있었다. 프랑스 화가 중 가장 막강한 영향력을 끼친 자크 루이 다비드(1748~1825)는 고전주의의 주제를 단 한 번도 손에서 놓은 적이 없었다. 하지만 마르세유 지방의 역병에서 영감을 받아 그린 초기작 〈성인 로코Saint Roch〉(1780)만 봐도 이미 낭만주의의 파토스가 그의 작품속에 은밀히 파고든 흔적을 볼 수 있었다. 이런 낭만주의의 파토스는 다비드가 나폴레옹의 일대기를 담은 역작들을 그려내는 데 중요한 요소로 작용했다. 그러나 가장 급진적 혁신들이 나온 곳은 프랑스가 아닌 다른 나라들이었다. 독일에서는 초상화가 필리프 오토 룽에Philipp Otto Runge(1777~1810)가 '우주의 영원한 리듬을 이루는 상징들'을 찾아내기 위해 각고로 노력했다.

잉글랜드에서는 조지 스터브스George Stubbs(1724~1806)의 동물들이 지극히 고요하고 절제된 고전주의풍의 목초지를 벗어나, 〈사자에게 공격당하는 말Horse Attacked by a Lion〉(1769) 같은 작품들에서 보듯(이런 작품들이 세간에서는 더 큰 찬사를 받았다), 다소 심란해 보이는 장면 속으로 옮겨진 것을 볼 수 있었다. 조지프 말러드 윌리엄 터너Joseph Mallord William Turner(1775~1851)가 인상주의에 이르기까지의 기나긴 여정의 첫발을 내디딘 것도 이 무렵이었다. 터너는 1802년에 생애 처음으로 스위스를 방문했고, 이때의 경험을 계기로 〈라이헨바흐폭포Reichenbach Falls〉(1804)를 그렸다. 터너는 처음 붓을 들었을 때부터 자연에 내재한 광포한 힘들에(특히 바다에서 연출되는) 이끌리곤 했다. 동시대의 풍경화가 존 컨스터블John Constable(1776~1837)은 터너보다는 자연에서 더 부드러운 면모를 가져오기는 했지만, 자연이 연출하는 분위기를 파헤치는 데에서 터너 못지않게 특출했다. 윌리엄 블레이크는 삽화가로서 공상과 초자연의 세계에 발을 들였다. 그가 그린 단테의 삽화들에서 드러낸 낭만주의 취향은 이내 유럽 전역으로 퍼져나갔다. 스페인에서는 1789년부터 궁정화가로 일했던 프란시스코 고야(1746~1828)가 전쟁과 내전에서 벌어지는 그 모든 악몽과 공포를 기록하는 것이 곧 자신의 전문분야métier임을 깨닫게 된다. 고야는 자신의 한 작품을 두고는 이렇게 말했다. "이성의 잠은 괴물들을 탄생시킨다."10

오랜 기간 역사학자들은 프랑스혁명을 연구하며 앞 시대의 지적·정치적 갈등에서 가장 먼저 혁명의 뿌리를 찾곤 했다. 앙시앵레짐의 사상적 기반을 허문 것은 필로조프(계몽사상가)들이라 여겨졌고, 루이 16세 시대의 대신들—안-로베르-자크 튀르고Anne-Robert-Jacques Turgot(1774~1776), 자크 네케르Jacques Necker(1776~1781, 1788~1789), 샤를 알렉상드르 드 칼론Charles Alexandre de Calonne(1783~1787), 대주교 로메니 드 브리엔Loménie de Brienne(1787~1788)—은 프랑스를 국가파산 사태로 내몬 장본인으로 여겨졌다. 삼부회 소집을 비롯해 그 뒤에 일어난 군중의 바스티유 감옥 습격은, 역사학자들 눈에는 당시 군중이 품고 있던 원한, 프랑스 왕실과 교회와 귀족층이 저지른 과도한 만행, '지나치게 미진하고, 지나치게 더디게' 이루어진 개혁이 직접적 도화선이 돼 일어난 일로 보였다. 에드먼드 버크는 프랑스혁명을 '금수 같은 군중'이 일으킨 음모로 본 한편, 혁명 당시의 기억을 생생히 기억하며 글을 썼던 아돌프 티에르Adolphe Thiers는 절대주의의 통치가 얼마나 큰 불의를 저질렀는지 강조했고, 쥘 미슐레는 당시에 '인민들'이 겪은 참혹한 불행을 무엇보다 주된 요소로 보았다. 이 논쟁과 관련해 세부적이지만 매우 중요한 부분을 지적해준 이는 알렉시 드 토크빌Alexis de Tocqueville(1805~1859)이었다. 그는 《앙시앵 레짐과 프랑스혁명Ancien Régime et la Révolution》(1856)에서 개혁과 혁명의 역학은 전혀 간단한 문제가 아니었다는 사실을 보여주었다. 실제 현실을 봐도 루이 16세의 통치 동안 프랑스는 많은 측면이 점점 나아져가는 중이었고, 루이 16세는 생전에 늘 개혁을 이루고자 진심으로 열의를 보였다. 토크빌은 다음과 같이 썼다. "혁명이 일어나면서 파괴된 사회 질서가, 거의 백이면 백 그 이전의 사회 질서보다 더 낫다. 경험으로 미루어보건대, 나쁜 통치에서 가장 위험한 순간은 일반적으로 개혁을 막 시작하려고 하는 때 찾아온다."[11] 루이 16세는 자의적 권력을 이용해 아주 소소한 조치라도 취해보려 노력했으나 백성들에게 그것은 "루이 14세의 통치 기간에 이루어진 그 모든 전제정보다 더" 견디기 힘든 통치로 느껴졌다.[12]

이와 비슷한 논지의 주장 상당수는 더 근래에 나온 연구들을 통해 더 세밀하게 다듬어질 수 있었다. 당시 프랑스에서는 파리 파를망Parlement(프랑스 왕정기의 고등법원)이 어떻게든 왕의 개혁을 저지하려 했고, 파르망의 소책자 작가들은 필로조프의 사상을 널리 전파하는 역할을 했으며, 이와 함께 이데올로기 자체도 그 나름의 혁명 동력이 됐다는 사실이 연구 결과 드러났다. 심지어 네케르가 처음 재무장관으로 일하던 시기에 그가 예산 균형을 맞추는 데 성공했다고 주장하는 연구도 있다. 이 주장이 옳다면, 미국독립전쟁 이후 프랑스에 재정 위기가 닥친 것은(이 때문에 프랑스에서는 부랴부랴 삼부회를 소집했다) 프랑스의 체제 전반이 붕괴했기 때문이 아니라 단순한 국정 운영 실수에서 비롯한 결과일 수 있다.[13]

이 논쟁의 한 단계에서는, 정치적 격변의 기저에 깔려 있다고 여겨진 여러 경제적·사회적 문제를 최우선으로 강조하는 모습도 나타났다. 카를 마르크스는 한때 역사사회학자였는바, 그가 속해 있던 구세대 학파에서는 프랑스혁명이 늘 모든 역사적 논의의 중심 화두였다. 그 전철을 그대로 밟은 마르크스주의자들과 유사-마르크스주의자들도 한둘이 아니었다. 1930년대에는 카미유-에르네스트 라브루스Camille-Ernest Labrousse가 18세기 후반 프랑스에 나타난 주기적 농업 침체와 1787~1789년의 식량 부족 및 가격 폭등 사태와 관련해 자신이 발견한 정량적 증거들을 책으로 출간했다.[14] 1950년대에는 앙리 르페브르Henri Lefebvre와 앨프리드 코반Alfred Cobban의 추종자들 사이에 갖가지 해석을 둘러싸고 장기간 논전이 벌어졌는데, 그랬어야 이들은 오로지 사회학적 문제밖에는 보지 못한다는 점을 부각시켰을 뿐이었다[15] 그러다 '부르주아'의 이해관계를 가장 우선적인 요인으로 치는 공론이 형성되는 듯 보였다. 코반은 이렇게 결론 내렸다. "혁명은 그들의 것이었다. 그리고 적어도 그들에게 프랑스혁명은 완전히 성공한 혁명이었다."[16] 이 논전에 참여한 또 다른 역사학자는 이렇게 썼다. "프랑스혁명은 오랜 시간 진행된 사회적·경제적 진화에서 절정부를 이루고 있으며, 프랑스혁명을 통해 부르주아들은 이 세상의 주인이 될 수 있었다."[17] 그러나 이 부르주아 이론도 이후 도전을 받게 되면서, 연구의 중심이 장인匠人 및 상퀼로트sans culottes(귀족들이 입는 무릎까지 오는 반바지인 '퀼로트'를 입지 않은 긴 바지를 입은 노동자·소상인·수공업자 등을 지칭하는 말로, 혁명에 적극 참여한 민중을 가리킨다)에게로 급격히 옮아갔다. 이런 식으로 계층을 분석하는 연구는 상당 부분이 여전히 마르크스주의의 색채를 강하고 띠고 있으며, 특히 자신들은 마르크스주의자와 전혀 연관이 없다고 부인하는 이들에게서 그런 경향이 더 잘 나타나곤 한다. 어떤 이는 프랑스혁명을 둘러싸고 일어난 이러한 '교수들의 난투bagarre des profs'가 "오늘날의 세속 세계에서 이른바 신곡Divine Comedy으로까지 자리 매김했다"라는 견해를 내비쳤다.[18]

위기가 일어날 때는 늘 그렇듯, 심리적 요인들이 막강한 영향을 끼치기는 프랑스혁명 때에도 마찬가지였다. 프랑스 왕과 대신들은 재앙의 전조가 보인다는 말에 귀를 기울일 필요를 전혀 느끼지 못했다. 훗날의 역사학자들이야 200년이라는 시간을 두고 혁명을 연구할 수 있었으니 재앙의 전조가 눈에 보이겠지만, 왕과 대신들은 사정이 달랐다. 아닌 게 아니라, 이 무렵 프랑스에는 민중의 뜻을 대변해줄 데가 딱히 없었고, 따라서 왕과 대신들도 대중이 어떤 생각을 갖고 있는지 확실히 알 방도가 없었다. 그와 비슷한 맥락에서, 농노제가 자리잡은 시골 벽지에서도, 프롤레타리아가 자리잡은 파리에서도, 빈곤에 찌든 사람들이 품은 두려움과 걷잡을 수 없는 분노를 억제할 방편은 달리 찾아볼 수 없었다. 갈팡질팡하는 중앙정부의 태도에 일반 대중 상당수 사이에서 공포감까지 걷잡을 수 없이 확산되는 상황이 겹쳤을 때, 대재앙이 닥치는 것은 당연한 일이었다. 다른 무엇보다, 폭력이 폭력을 낳았다. "싹이 튼 아주 초기부터 […] 혁명을 움직인 동력은 폭력이었다."[19]

이와 함께 프랑스혁명을 그것이 시작된 가장 초기부터 국제적 차원에서 탐구해보면 논의할 부분이 상당히 많다는 것을 알 수 있다.[20] 과연 어떤 기제를 거쳐 세간에 두루 퍼져 있던 동요가 폭발적 혁명으로까지 탈바꿈했는가를 생각해볼 때, 우리는 당시 정치적·군사적 측면의 세부 계획들이 어떤 식으로 흘러갔는지를 고려해보지 않으면 안 된다. 이 무렵 유럽의 지하 저장고 안에는 언제라도 코르크 마개가 빠져버릴 것만 같은 포도주 통이 여럿 있었고, 그중 몇 개는 실제로 압력을 이기지 못하고 터졌다. 하지만 덩치가 작은 포도주 통들은 코르크 마개를 재빨리 바꿔 끼워주기만 하면 별문제가 없을 것이었다. 유럽의 지하 저장고 전체가 위태위태한 지경에 빠진 건, 저장실 한구석을 차지한 커다란 포도주 통 중 하나가 얼마 안 가 폭발할지 모른다는 위협이 가해질 때였다. 그동안 역사학자들이 다른 데는 제쳐두고 거의 파리에서 일어난 사건들에만 관심을 기울여온 이유가 바로 여기에 있다. 그러나 연대순이나 우선순위 면에서 사회적 동요가 일었던 곳으로서 우리가 프랑스 말고도 반드시 살펴봐야 하는 다른 중심지들이 몇 군데 더 있다. 이 대목에서 절대적으로 중요성을 갖는 것이 네덜란드에서 일어난 발전들인데, 연합주(정식 명칭은 '네덜란드 7개 주 연합공화국')에서 나중에는 오스트리아령 네덜란드에서 그런 발전들을 찾아볼 수 있었다. 아울러 프랑스의 여러 속주에서 한발 앞서 나타난 불만들도 중요한 역할을 했으니, 도피네Dauphiné 지방의 경우가 특히 그러했다. 동유럽 전체를 놓고 봤을 때는 폴란드-리투아니아의 대의회Great Sejm(세임 비엘키)가 열린 것이 무엇보다 중요했고, 의회는 무슨 수를 써서라도 반드시 개혁을 추진하겠다고 단단히 벼르고 있었다. 이 모든 요소를 다 함께 고려해보면, 혁명기의 동요는 이미 프랑스혁명이 폭발하기 전에 유럽 대륙 여기저기에 퍼져 있었음을 알 수 있다.

연합주에서는 총독Stadholder과 반대자들 사이의 해묵은 분쟁이 1787년 10월에 접어들면서 새로운 위기 국면으로 치달았고, 그러자 현상태status quo 유지를 명목으로 프로이센 군대가 연합주에 발을 들였다. 네덜란드인들은 미국독립전쟁 기간 중 무장 중립국의 상태를 고수하는 한편, 그 때문에 영국과도 해전을 치르느라 극심한 고통을 받은 참이었다. 1780년대 후반에 이르자 상업적 이해와 공화주의를 지향하는 기득권층이 당시 총독 빌럼 5세Willem V(재위 1766~1794)와 그의 영국 및 프로이센 동맹에 반발해 반란을 일으켰다. 그들은 미국인들 방식에 따라 스스로를 '애국파patriots'(미국독립혁명과 관련해 쓰일 때는 '독립파'라 번역된다)라 칭하면서, 자신들은 다른 누구도 아닌 일반 시민들을 위해 제후들에 맞서 목소리를 높이는 것이라고 주장했다. 그러나 이들은 정부에 대항하는 운동을 펼치다가 도중에 국제적 원성을 사게 되는데, 연합주 총독의 배우자 빌헬미나를 납치한 것이 화근이었다. 빌헬미나의 불행을 계기로 프로이센이 박차를 가해 군사작전에 돌입하는가 하면 암스테르담과 이외 지역들에서도 잇따라 강화가 맺어지는 구실이 마련됐다. 하지만 옆에 서서 사태를 지켜보던 이들이 무력을 동원해야겠다는 의사를 완전히 접은 것은 아니었다. 이로 인해 오스트리아령 네덜란드에서는 '애국파'의 결의가 당연히 더욱 강해졌고, 이들은 이 일을 자신들이 가진 힘을 시험해볼 기회로 삼게 된다. 이때 마침 프랑스도 군주와 그의 신민들 사이의 관계를 두고 치열하게 고심을 하던 터라 네덜란드에서 벌어진 이 일에 관심을 갖지 않을 수 없었다. 프랑스의 반체제인사들은 데카르트 시대부터 네덜란드를 자유의 피난처로 여기고 선망의 눈으로 바라봐온 터였다. 그러다 1787년 이후부터는 반대로 네덜란드의 반체제인사들이, 오직 이 나라만이 현실성을 가진 유일한 구원의 원천이 될 수 있다며 프랑스를 선망의 눈으로 바라보게 됐다.

그르노블 근방의 비지유성城에 있는 실내 테니스코트에 도피네의 신분제의회Estates가 모인 것은 1788년 7월 21일이었다. 불법이었던 이 회의는 도피네의 유지들이 지방 파를망을 지켜내고 최근 파를망에 등록 명령이 내려진 왕실의 칙령들에 반기를 들겠다는 복안에 따라 열리게 된 것이었다. 이런 회의가 열린 것은 1628년 즉 리슐리외가 지방의 수많은 기관의 활동을 정지시킨 이래로 프랑스에서는 단 한 번도 없었다. 그해 6월 7일 그르노블 파를망을 지지하며 일어난 소란스러운 시위도 이 파를망이 조속히 열리는 계기가 됐다. 도피네에서의 이 파를망을 기점으로 프랑스에서는 일 년 뒤 벌어지는 그 숱한 사건들을 예측하게 하는 요구들이 점점 더 거세게 일어나게 된다. 도피네 파를망은 이때 왕실의 권위에 저항해온 지 이미 20년도 넘은 터였다. 왕이 수차례나 세금을 늘리라고 요구했음에도 그것을 법제화하기를 거부한 도피네의 행보는 그 지역의 일반 대중 사이에서 큰 지지를 얻어온 참이었다. 그러다 1788년 5월 도피네와 같이 왕실에 저항하는 파를망을 모두 해산하는 동시에, 위법을 저지르는 행정관은 유배에 처해도 좋다는 일련의 칙령들이 발표되면서 꼬박 30년 동안 이어져오던 왕과 파를망 사이의 평온한 대치 상태가 전복될 위기가 찾아왔다.

1788년 9월에 로망에서 열린 제2차 도피네의 신분제의회는 엄밀히 따지면 합법적 회의였는바, 이때는 삼부회États généraux를 준비해도 좋다는 허가가 내려져 있었기 때문이다. 그런데 이 회의에서 명실상부한 지방 헌법이 통과됐다. 또 이번 회의에서는 비엔의 주교 르프랑 드 퐁피냥Lefranc de Pompignan을 비롯한 삼부회에 참석할 대표들을 선출하는 한편, 이 회의의 의장 판사 장 조세프 무니에Jean Joseph Mounier(1758~1806)〔후일 제헌의회 의장〕와 조만간 자코뱅파 선언문을 작성하는 앙투안 바르나브Antoine Barnave(1761~1793)로부터 시민의 권리에 관한 열정적 연설도 들을 수 있었다. 제3신분Tiers État의 2배 증가, 세 신분의 합동 토론, 1인당 1투표권을 위한 준비작업이 이루어진 것이 이 회의였다. 이러한 각각의 조치들이 삼부회에서도 똑같이 시행되면서, 그간 왕의 소집에 응하며 굴종적으로 행동한 집단이 자신들의 주요 현안들을 현실에서 시행하려는 결의를 가진 독립적 의회로 거듭나게 됐다. 오늘날 도피네 지방의 안내서는 자랑스럽게 이런 문구를 내걸고 있다. "1788년은 도피네혁명이 일어난 해다1788 est l'année de la Révolution dauphinoise."[21]

도피네의 이 미니 혁명은 프랑스 왕실에 소란을 일으켰다. 이 혁명으로 인해 왕의 재무대신으로 일하던 대주교 로메니 드 브리엔(삼부회 소집이 실행되는 동력을 애초에 마련했지만, 왕실에 반기를 든 속주들을 강권으로 억누르자고 했다가 인가를 거부당했다)이 사임하는 사태가 벌어졌다. 그렇게 해서 스위스 은행가 자크 네케르가 왕의 재정난 타개라는 명분을 안고 프랑스로 돌아왔다. 이어 1788년 11월에는 프랑스 삼부회 준비와 관련한 의견 수렴을 위해 베르사유에서 명사회가 소집됐는데, 이 (2차) 회의에서도 도피네에서 벌어진 일들이 주된 화두에 올랐다. 도피네 지방이 제3신분과 관련해 내놓은 제안들은 이 무렵 나온 가장 급진적인 내용의 소책자에도 영향을 끼쳤을 게 틀림없었다. 이 소책자의 저자 사제 에마뉘엘 조제프 시에예스Emmanuel Joseph Sieyès는 책에서 다음과 같이 물었다. "제3신분이란 무엇인가? 모든 것. 그러면 지금까지 제3신분은 무엇이었던가? 아무것도 아니었다. 그렇다면 제3신분이 요구하는 것은 무엇인가? 무언가가 되는 것."[22]

바르샤바에서는 1788년 10월 세임 치테롤레트니Sejm Czteroletni(4년 의회)가 열렸는데, 이 의회는 폴란드 왕이 러시아의 승인을 얻어 공화국의 독립을 되찾기 위해 짜낸 복안의 일부로 여겨졌다. 이 의회를 시작으로 폴란드에서는 프랑스에서 전개된 상황들과 보조를 맞추듯 일련의 개혁 과정이 추진되기에 이르는데, 결국 둘 모두 강권에 의해 진압당했다. 이즈음 유럽은 많은 것이 바뀐 상황이었다. 프리드리히 대제가 세상을 떠났고(1786), 프로이센의 새 왕(프리드리히 빌헬름 3세)은 폴란드와 관련된 자신의 주변국들에게 매우 호의적인 태도를 보이고 있었다. 러시아는 스웨덴과 튀르크족 모두를 상대로 전쟁을 벌이느라 여념이 없었다. 오스트리아는 요제프 2세의 통치 속에 네덜란드 문제를 해결하는 데 골몰해 있었다. 1787년에 이르자 스타니스와프 아우구스트Stanisław-August 국왕은 마침내 러시아의 예카테리나 여제와 접선할 때가 무르익었다고 판단했다. 만일 예카테리나 여제가 폴란드-리투아니아공화국에 근대식 군대를 양성해도 좋다고 허락해주는 동시에 공화국의 재정 및 행정 구조가 그런 군대를 뒷받침해줄 여건만 된다면, 아우구스트 왕은 당장이라도 러시아와 동맹을 맺고 합동 작전을 벌여 튀르크족에 맞서 싸울 태세였다. 그렇게 된다면 이후 러시아와 공화국은 평화 속에서 함께 자신들의 목표들을 밀고 나갈 수 있을 것이었다. 그해 5월 폴란드 왕은 카니우프 왕궁 근방의 드니프로강(드네프르강)에 접대 자리를 마련하고 러시아 여제를 융숭하게 대접했다. 그랬건만 이 자리에서 왕은 예카테리나의 의중을 종잡을 수 없었다. 그러나 시간이 흐르자 여제가 왕의 제안에 그다지 호의적이지 않다는 사실이 서서히 드러났다. 사실 예카테리나는 요제프 2세와도 모종의 합의를 해두고 있었다. 오히려 여제는 무슨 수를 써서라도 현상태를 유지할 결심을 하고 있었다. 폴란드의 염원은 결국 이뤄지지 못하게 된 셈이었다.

폴란드 의회는 왕의 계책이 내부적으로 어떻게 돌아가건 아랑곳하지 않고 자신들의 행보를 밀고 나갔다. 1788년 10월 폴란드 의회는 자신들은 연맹체이며 앞으로는 과반수투표제를 따를 것이라 선언했다. 그렇게 해서 친러시아파 의원들의 리베룸 베토liberum veto(자유거부권)를 모면해보려는 것이었다. 그런 뒤 의회는 한 발 더 나아가 10만 명의 폴란드 국군을 창설하는 방안을 표결에 부쳤는데, 이는 1717년 러시아가 보증하는 헌법이 제정된 이후 거기 가로막혀 시행되지 못하던 사안이었다. 이와 함께 의회는 프로이센의 프리드리히 빌헬름 2세와의 라프로슈망rapprochement(화해·협력) 정책도 지원했다. 폴란드 의회의 활동가들은 주로 친영파 왕―당시 폴란드 왕은 영국식 군주제를 꿈꿨다―과 일군의 지식인을 중심으로 형성돼 있었다. 이런 지식인들로는 휴고 코원타이Hugo Kołłataj(1750~1812. 개혁을 거친 야기에우워대학의 총장이었다) 신부, 스타니스와프 스타시치Stanisław Staszic(1755~1826) 신부, 스타니스와프 마와호프스키Stanisław Małachowski(1736~1809) 의회 의장을 꼽을 수 있었는데, 이들은 모두 미국의 선례에 탄복한 인물들이었다. 3년 동안 분주하게 법령을 제정하고 난 폴란드 의회는, 억지로 1791년 5월 3일 헌법을 통과시키며 잠시나마 영광의 순간을 맞았다(뒤의 내용 참조).

1788년 11월에는 벨기에의 브라반트와 에노에서도 신분제의회가 열려 프랑스와 폴란드 못지 않은 중대한 발걸음을 내디뎠다. 이 무렵 이들 지방에서는 그들을 관할하는 대군(신성로마제국의 요제프 2세 황제)이 급작스레 여러 개혁을 밀어붙인 데 부아가 치민 끝에, 표결을 통해 속주에 부과된 세금을 내지 않기로 결정했다. 그간 이들 지방은 종교적 측면과 정치적 측면 모두에서 황제에게 원성을 품어온 지 오래였다. 스페인 계열의 가톨릭교도로서 이들은 그간 황제가 내린 칙령들을 고분고분 받아들일 수가 없었으니, 황제는 이들 칙령을 통해 신학대학, 순례, 명상 위주의 수도회를 억누르는 한편, 국가의 감찰기구를 통해 주교직의 인물을 교체하고, 교회에 직접세를 물게 하는 조치를 취했다. 마찬가지 차원에서 이 지방의 귀족들은 1354년 이래 줄곧 작동해온 갖가지 특권의 수혜자로서, 황제가 자신들의 의견을 구하지 않고 일을 추진하는 것을 더 이상 견딜 수 없었다. 브뤼셀, 안트베르펜, 루뱅 같은 도시들은 신분제의회에서 이뤄진 논의에 대해 자신들이 전통적으로 가지고 있는 거부권에 맹렬히 집착하는 경향이 있었다. 하지만 목전에 닥쳐서 자신들 발판을 만들려다 보니, 이들 도시의 상황은 입헌주의의 위기로까지 치달았고, 결국 프랑스에서 나란히 절정으로 치닫고 있던 위기보다 한 발 앞서서 오스트리아령 네덜란드에서 파국이 일어났다. 프랑스의 명사들이 삼부회라는 안건을 두고 각자의 의견을 내기 위해 베르사유로 향한 바로 그 주에, 파리의 신문기사 표제는 이른바 벨기에의 '애국파'들이 장식했다. 황제 요제프 2세는 1789년 4월 29일에 벨기에 신분제의회에 새로운 헌법을 강요하려고 했는바, 프랑스의 삼부회가 소집되기 딱 6일 전이었다. 오스트리아령 네덜란드의 평의회에서 황제의 이 강제적 시도를 거부하자, 황제는 무력을 사용하기로 결심한다. 그리하여 오스트리아 군대가 브뤼셀을 침공해 평의회를 해산시키고, 1789년 6월 20일에는 즐거운 입성Joyeuse Entrée(벨기에, 네덜란드 등지에서 행해진 지배국 군주의 첫 공식 평화 방문 의식)을 폐지했는바, 나라에 반기를 든 프랑스 삼부회가 이른바 '테니스코트의 서약Tennis Court Oath'을 행하면서 프랑스의 혁명 과정에 본격적으로 시동이 걸린 바로 그날이었다(뒤의 내용 참조).

브뤼셀과 파리는 같은 언어를 썼다. 이 두 도시 사이를 새로운 소식들이 재빠르게 오고 갔다. '벨기에의 반란'(이 반란은 황제가 쿠데타를 일으킨 이후로도 장기간 지속됐다)은 '프랑스혁명'에서 절대 빼놓을 수 없는 본질적 부분이었다. 그리고 그 점과 관련해 알아야 할 것은 프랑스가 먼저 나서서 브뤼셀을 이끈 것은 아니었다는 것이다. 오히려 브뤼셀이 선두에 서서 파리를 이끌어주었다.

파리의 시가지에 죽음을 불러온 것은 1789년 4월의 마지막 주였다. 바로 얼마 전에 지나간 겨울은 유난히 매서워 정부의 파산, 치솟는 물가, 일자리 부족으로 인해 신산해진 삶을 더욱 어렵게 만들었다. 파리 안에서도 더 가난했던 지역들은 굶주림을 벗어나지 못했고, 빵집들이 습격당하는 일도 부지기수였다. 장 바티스트 레베이용Jean-Baptiste Réveillon이라는 한 부유한 제조업자는 자신이 부리는 일꾼들에게 급료인 하루 30수sou의 절반만 줘도 충분하다는 말을 용감하게도 공공연히 입에 올리곤 했는데, 그가 그런 말을 하고 있는 순간 포부르 생탕투안에 자리한 그의 저택이 사람들에게 에워싸였다. 혁명 첫날, 악에 받친 군중은 "제3신분 만세!" "자크 네케르 만세!" 같은 함성을 요란하게 외치며 건물 몇 채를 때려 부쉈다. 둘째 날, 로열 크라바트 연대의 병사들이 파리 시내에 발을 들이자, 파리 시민들도 질세라 돌을 내던졌다. 어떤 이가 총을 발포했다. 이에 병사들은 머스킷총 일제사격으로 대응했고 이 총격으로 최소 300명에 달하는 시민이 목숨을 잃었다. 1789년 4월의 마지막 주 주말, 삼부회의 의원들이 프랑스 전역의 구석구석에서부터 수도로 집결해 한자리에 모여 앉았을 때, 이들을 기다리고 있던 것은 그런 소식들이었다.

혁명

149년 전 잉글랜드에서의 경우와 마찬가지로〔찰스 1세에 의한 장기의회의 소집〕, 프랑스에 전반적 위기가 불거지게 된 것은 파산상태에 내몰린 프랑스 왕이 도움을 구하려 장기간 방치됐던 의회를 소집하면서였다. 당시 프랑스에서는 나라를 통치해나가는 데 왕실의 재정적 부담을 덜어주면, 그 보답으로 사람들의 고충에 대한 개선책이 나오지 않을까 하는 기대가 사회 각계각층에 퍼져 있었다. 따라서 삼부회가 열리기에 앞서, 프랑스 각 지방과 도시에서 선출된 대표단은 각자 불평 목록〔진정서〕으로 단단히 무장을 하고 삼부회에 참석했다. 이들 목록은 왕 휘하 대신들의 뜻에 따라 만들어진 것으로, 지금도 역사학자들 사이에서는 이들 명부가 대중들이 갖고 있던 불만이 어떤 것이었고 또 어느 정도였는지 판가름하는 최상의 도구로 널리 활용되고 있다. 물론 개중에는 혁명을 외칠 정도는 아니라고 여겨지는 불평들도 있었다. "낭트 지방 최고의 가발제작자가 새로 생겨난 길드 조직으로 문제를 겪는 일이 없도록 해달라. 이 길드의 실제 인원은 92명인데, 터무니없이 많은 인원이다."[23]

1789년 5월 4일 일요일, 파리에서 펼쳐진 프랑스혁명 서막의 광경을 칼라일은 다음과 같이 생생하게 담아냈다.

> 보라 […] 생루이성당의 문이 활짝 열리고, 사람들이 저마다 행렬에 행렬을 이루어 노트르담을 향해 나아갔다! […] 프랑스의 선출직 관료들도, 프랑스의 왕실도 모두 한데 집결해 있었다. […] 다들 정해진 자리를 지키고, 정해진 복장을 갖춰 입은 채. 우리 평민들은 '새까만 망토를 걸치고 하얀 크라바트를 착용한 한편, 귀족들은 황금 장식과 함께 밝은색으로 염색한 벨벳 망토를 걸쳐 입어 그 모습이 광채가 나는 듯 화려했고 곳곳에서 레이스와 깃털 장식이 부산스레 소리 내며 흔들렸다. 성직자는 소백의小白衣, 장백의長白衣 혹은 그 외에 가장 훌륭한 축에 속하는 성직복을 차려입고 있었다. 마지막으로는 왕 자신과 함께, 왕의 가솔들이

모습을 드러내니, 이들도 어느 때보다 화려한 모습으로 한껏 치장하고 있었다. [...] 이윽고 약 1400명에 이르는 사람들이 가슴 가장 깊숙한 곳의 사명을 느끼며 사방에서 바람이 불어오듯 한데로 몰려들었다.

그랬다. 입을 다문 채 묵묵히 앞으로 나아가는 이 대중 속에서도 충분히 미래상은 존재하고 있었다. 옛날의 히브리인들과는 달리, 이들을 모두 태워줄 노아의 방주 같은 것은 찾아볼 수 없었다. 하지만 히브리인들과 마찬가지로 그들에게도 약속의 궤는 존재했다. 그리고 그들 역시 앞장서서 인류 역사의 새 시대를 열어가는 자리에 있었다. 인류의 미래 전체가 그 자리에 있었고, 그 위로 운명이 어두운 그림자를 던졌다. 그리고 (사람들의) 마음과 미처 자리잡지 못한 사람들의 생각들에도 [...]. 24

그러나 삼부회는 막상 소집이 되자 통제 불능인 것으로 드러났다. 원칙대로 하자면 삼부회에 출석한 성직자, 귀족, 제3신분의 세 계급은 각자 따로 회의를 열고, 왕실 관리들이 정해주는 대로 안건들을 다루어야 했다. 하지만 얼마 지나지 않아 제3신분은(도피네의 지방 삼부회에서 그랬던 것처럼 전국 삼부회에서도 제3신분의 대표자 수는 2배로 늘어나 있었다) 세 개의 방에서 진행되는 표결을 한 방에 모여 진행시키는 게 허용된다면 회의 절차를 자신들의 뜻을 관철시키는 방향으로 조절할 수 있다는 사실을 깨닫게 된다. 제3신분의 이런 행보에 대해 성직자와 제3신분에 동조했던 많은 귀족계급도 하나로 의기투합해 반대 의견을 내놓지 않았다. 그리하여 6월 17일, 제3신분이 여타 신분의 의원들을 자신들의 방으로 불러들인 후 종래의 규칙을 깨고 그렇게 모인 삼부회를 단일한 국민의회Assembée Nationale로 선언했다. 이는 대단히 파격적인 행보였다. 그로부터 3일 후 삼부회 대표단은 문이 잠기는 바람에 통상적으로 이용하던 회의실을 쓰지 못하게 되자 인근의 실내 테니스코트에서 회의를 열고 프랑스에 헌법이 마련될 때까지 자신들은 절대 해산하지 않을 것임을 선언했다. "너희 장군에게 가서 전해라." 삼부회를 해산시키기 위해 파견된 병사들을 향해 당시 미라보 백작은 이렇게 말했다. "지금 우리는 시민들의 뜻에 따라 여기 모여 있고, 따라서 총검으로 아무리 으르대도 우리가 흩어지는 일은 없을 것이라고." [고슈]

그 뒤를 따른 것은 대혼란이었다. 왕실만 해도 왕 휘하의 회유를 주장하는 대신들과 더 공격적으로 나가야 한다는 동료 대신들 사이에 반목이 벌어졌다. 7월 11일에는 삼부회 개최 당시만 해도 열렬히 환영받았던 자크 네케르가 실각을 당했다. 파리는 걷잡을 수 없이 폭발했다. 혁명 본부가 조직돼 팔레루아얄의 오를레앙 공작을 중심으로 결집했다. 팔레루아얄의 정원은 자유로운 연설과 자유로운 사랑을 외치는 장으로서 악명을 떨치게 됐다. 사람들이 그곳에 모여 온갖 정치적 장광설을 토해내는 가운데 한옆에서는 난데없이 섹스 쇼가 벌어지곤 했다. 맹렬한 웅변가 카미유 데물랭Camille Desmoulins은 보복을 두려워하며 이렇게 목소리를 높였다. "네케르의 추방은 애국파에서 또 한 명의 성 바르톨로뮤가 나오리라는 징후다." 왕실 수비대는 시민들에게 무릎을 꿇었다. 7월 13일, 공안위원회Comité de Salut Public가 창설됐고, 4만 8000명의 시민들이 질베르 뒤 모티에 드 라파예트Gilbert du Motier de Lafayette 장군이 이끄는 국민위병Garde nationale에 가입했다. 무리 지은 반란군들은 사람들로부터 원성을 사던 파리 시내의 국내 세관을 파괴했고, 무기를 찾겠다며 생라자르 수도원을 샅샅이 뒤졌다. 7월 14일에는 시민들이 앵발리드 공관에서 머스킷총 3만 자루를 들고 나오는 동시에, 바스티유의 왕실 요새도 포위했다. 그 후 잠시 서로 간에 총격이 오간 뒤, 바스티유 사령관이 참수를 당했다. 왕은 수도를 잃었다.

그러나 사태가 한창 진행 중이던 이때에는 아직 사람들 사이에 질서에 따라 차분하게 사태를 마무리 지을 수 있으리라는 희망이 있었다. 7월 17일, 루이 16세는 베르사유궁을 나서서 파리 시내로 나와 삼색모표三色帽標〔빨간색, 흰색, 파란색의 프랑스혁명의 상징이다〕를 달고 대중 앞에 서서 사람들을 적잖이 놀라게 했다. 그와는 반대로 프랑스 각 지방에서는 바스티유가 함락당했다는 소식이 전해지면서 '4만 개에 이르는 다른 바스티유'들이 시민들로부터 한바탕 공격을 당했다. 각지의 성과 수도원들이 불에 탔고, 귀족 가문의 일원들은 농민들로부터 무차별 공격을 당하자 본국을 빠져나가기 시작했다. 도시들은 자치를 선언하고 나섰고, 도처에 도적질이 들끓었다. 프랑스는 갈가리 찢겨 제각기 무장한 군사 진영의 모습이 됐다. 이른바 라 그랑 퍼르la Grande Peur〔대大공포〕의 시대가 찾아왔다. 이 여름 한 철 동안 프랑스 전역에서는 귀족들의 음모와 농민들의 잔혹행위에 대한 소문이 무성해 사람들 사이에 전례를 찾아볼 수 없을 만큼 극심한 히스테리를 불러일으켰다.[25]

이후로 혁명은 제 스스로 동력을 얻어 굴러가기 시작했고, 통제 불능의 사건들이 파도가 들이치듯 몰아닥치며 혁명의 리듬을 조절해나갔다.

1789~1794년 사이 5년의 제1국면. 이 시기에 프랑스혁명은 과격성이 그 어느 때보다 도를 더하며 가속도를 붙여나갔는데, 그 서슬에 이전의 사회 및 정치 질서의 제도들이 다 휩쓸려나갔다. 국민제헌의회Assemblée nationale constituante는 입헌군주제를 세우기 위해 2년이 넘도록 상당한 노력을 기울였다. 1789년의 8월 4~5일에는 밤을 세워가며 30개의 별개 법령을 통과시켜 농노제 및 귀족의 특권 유지 장치들을 모두 폐지했다. 인간과 시민의 권리 선언Déclaration des droits de l'homme et du citoyen(1789년 8월 26일)이 발표된 데 이어, 프로뱅스province라는 행정구역이 폐지되고(1789년 12월)〔데파르트망département이 이를 대체했다〕, 시민이 성직자를 선출해 서품하도록 하는 법령도 제정됐다(1790년 6월). 그러나 이때까지만 해도 어쩌면 프랑스가 이대로 안정과 국론 일치를 이룰 수도 있을 것처럼 보였으니, 1790년 7월 14일의 바스티유감옥 함락 기념일에는 프

고슈 GAUCHE

■ 프랑스의 삼부회 초기부터 궁정파의 귀족들은
■ 본능적으로 왕의 오른편에 앉았고 제3신분은
왼편에 앉았다. 권력자의 오른편에 앉는 것은 '신의 오
른손'처럼 특권의 상징으로 굳어졌다. 그 결과 '우파
the Right'는 자연스레 정치적 기득권의 동의어가 됐고
그 반대파에는 '좌파the Left'라는 호칭이 붙었다. 이러
한 구분이 더욱 뚜렷해진 것은 1793년 국민공회에서
자코뱅파가 의사당의 왼쪽과 위쪽 의석을 차지하면서
부터였다. 혁명적 산악파Montagne 의원들이 아래 자
리한 온건한 '평원파Plaine' 위로 그야말로 '산'을 이루
었다. 그 이후로 '좌'와 '우'의 양립은 정치 스펙트럼을
나타내는 기본적 비유가 됐다.[1]
하지만 이러한 비유에는 문제가 있다. 바로 양끝에 '좌'
와 '우'가 있고 그 사이에 타협적 '중도'가 존재하는 단
선적 정치 스펙트럼을 전제로 한다는 점이다.

개혁 ———— 현상태 유지 ———— 반동
극좌-좌파-중도좌파-중도-중도우파-우파-극우

이러한 구조에서는 온건 좌파 또는 온건 우파의 도움
을 받아 '중도the center ground'의 합의를 이끌어내는
사람이 가장 성공적인 정치인이 될 것이다.
그러나 마르크스주의자나 여타 변증가들은 정치 스펙
트럼을 단선적인 것이 아니라 양극적인 것으로 간주
한다. 이에 따르면 정치는 대립하는 두 세력이 맞대결
을 벌여 어느 한쪽이 필연적으로 패권을 쥐는 투쟁이
다. 주도권 싸움에서처럼 혹은 저울처럼 장기적으로는
중도가 균형을 유지하지 못하고 '좌' 또는 '우'에 굴복
할 수밖에 없다. 법에 따른 합의, 관용, 타협, 자제, 상
호 존중을 토대로 하는 정치질서의 개념은 '부르주아
의 환상'에 불과하다.

좌 _____∧_____ 우
진보   퇴보

단선의 논리와 양극의 논리 사이에 한 가지 공통점이
있다면 둘 다 '좌'와 '우'가 단순한 대립관계라는 미심
쩍은 가정을 전제로 한다는 것이다.

정치집단의 공간적 배열에는 중요하게 숙고해야 할 점
들이 있다. 예를 들어, 영국의 하원은 의장 오른쪽의
의석과 왼쪽의 야당 의석이 마주 보고 대립하는 구조
다. 내각의 각료들과 야당의 예비 내각의 각료들이 의
장을 사이에 두고 마주 앉는 이 구조는 여야가 서로의
적이 되는 양당 체제를 정확히 반영한다. 이 역시 제
3당의 활동과, 많은 대륙 국가 의회의 기본이 되는 연
정의 정신을 억누르는 변증법적 개념이다. 이는 비례
대표제로 선출되는 의회의 목적에 부합하지 않는다.
반면, 영국 상원은 독립적 의원들을 위한 '중립(무소속)
의원석cross bench'을 마련해 직사각형의 3면을 모두
채우는 구조다. 소련의 최고평의회는 별도의 구분 없
이 의석이 줄지어 놓여 있어 모든 참석자의 만장일치
를 강요하는 구조였다.
그러나 20세기의 경험을 돌아보면 정치적 우파는 좌
파 못지않게 급진적일 수도 있다. 좌와 우는 서로 대립
하기도 했지만 양쪽의 급진파들은 민주적 합의를 뒤
엎으려는 야망을 공유했다. 이런 면에서 보면 정치세
력은 원형으로 배치되는 것이 최선이라는 결론을 얻
을 수 있다. 이런 도식에서는, 좌와 우로 서로 대립하
지만 전체주의도 민주주의와 대립한다.

민주주의
중도
좌파   우파
전체주의

랑스 전체가 한마음으로 연합 대축제에 참가했다. 파리에서는 왕이 의회의 지도자들 및 국민위병 사령관 라파예트 장군이 지켜보는 가운데 미사에 참삭해 오툉의 주교 탈레랑이 권하는 충성서약을 엄숙하게 맹세했다.

오스트리아령 네덜란드에서는 혁명이 훨씬 빠른 속도를 내는 중이었다. 1789년 8월, '애국파'가 막강한 권력의 리에주 주교구를 유혈 쿠데타를 일으켜 탈취했다. 그해 8월 장-안드레 반 데르 메르슈 장군Jean-André van der Mersch장군이 양성한 애국파 군대가 오스트리아 군대와 대치에 들어갔다. 11월 헨트 지방의 시위는 피비린내 나는 대학살로 마무리됐다. 그러다 12월 마침내 브뤼셀인들이 오스트리아 수비대를 축출했다. 그해 말에는 벨기에합중국Union of Belgian States이 생겨나 독립을 선언했다. 그러나 이 독립이 지속된 것은 13개월뿐이었으니, 1791년 2월 오스트리아가 군대를 이끌고 벨기에에 다시 발을 들였다.

프랑스에서는 통합 헌법(1791년 9월)이 도입되고 이를 통해 선거가 치러지면서 애초 혁명의 온건파 지도자들이 중앙무대에서 대거 밀려났다. 새로 구성된 입법의회Assemblée législative는 군주제를 지지하지 않는 경향이 더 강했다. 입법의회는 12개월 동안 정국을 잡기 위해 애썼으나, 공화국이 선포되고 국민공회Convention nationale가 성립되면서 입법의회는 설 자리를 잃었다. 그런 뒤 1792년 여름 프랑스가 전쟁에 돌입해 있는 틈을 타 골수 과격파가 혁명 운동의 주류를 장악하게 되는데, 이들은 일찌감치 파리의 지방자치 코뮌Commune을 자신들의 세력권으로 접수한 터였다. 이에 따라 삼부회와 국민의회(1789~1791)에서는 미라보가 이끄는 입헌주의자들이 주로 군림했다면, 입법의회(1791~1792)에서는 공화주의자들이었던 지롱드파Girondins가 군림했고, 국민공회(1792~1795)에서는 로베스피에르가 이끄는 극단주의자 성향의 자코뱅파Jacobins가 명령을 하달했다.

자코뱅파가 패권을 잡은 끔찍한 2년의 시간은 1792년 침략에 대한 두려움 속에서 시작됐는바, 당시 프랑스인들은 프로이센 군대가 파리를 언제든 치고 들어올 거리에 있다고 생각했다(뒤의 내용 참조). 왕은 타국 군대가 구해줄 거라는 기대를 품고는 지롱드파 각료들을 해임했고, 이것이 대중으로부터 큰 원성을 샀다. 그해 7월 브라운슈바이크 공작[카를 빌헬름 페르디난트]은 성명을 내고 자신이 프랑스 왕을 해방시킬 것이며 파리 시민들이 왕궁에 손을 대는 날에는 파리 시민 전체를 처형하겠다는 뜻을 밝혔고, 그러자 파리 시민들의 화가 폭발했다. 자코뱅파가 '조국이 위험에 처했다'라고 선언한 것도 이를 빌미로 삼아서였다. 열의에 불타는 500명의 마르세유 시민들이 파리를 지키겠다며 도시로 밀고 들어갔다. 8월 10일, 이 마르세유 시민들을 선두에 세우고 의용병들이 튈르리궁전으로 들이닥쳐 왕을 호위하던 스위스인 근위대를 학살했다. 9월 에는 지방자치체 코뮌이 수도를 점령한 사이 파리의 옥에 갇혀 있던 수천 명이 인정사정없이 도 륙당했다. 왕은 폐위를 당했고, 이어 공화국이 선포됐다.

9월 20일은 국민공회 개회일이었는데 마침 이날 프랑스 도시 발미에서 포격전이 펼쳐졌고 프랑스군이 승리하면서 외세의 압박이 가해지지 않는 가운데 혁명이 진행됐다. 프랑스공화국이 공식 선언 된 9월 22일은 후일 프랑스혁명력의 시작점으로 여겨지게 된다. [방데미에르]

그 후 얼마가 시간이 흐르자 프랑스의 행정권은 두 차례 성립된 공안위원회에 몰리게 됐다. 첫 번째 공안위원회(1793년 4~7월)는 당통이 수행했고, 두 번째 공안위원회(1793년 7월~1794년 7월) 는 로베스피에르가 주도했다. 이로써 국민공회는 더 이상 독립적인 정국 주도권을 쥘 수 없게 됐 다. 외국과의 전쟁도 열의를 다해 적극적으로 추진됐다. 방데 지방을 비롯한 여타 지역들에서 일 어난 '반혁명' 운동들은 무자비한 공격을 받았다. 아울러 보통선거, 국민투표, 선출 정부를 골 자로 하는 지극히 민주적인 새로운 헌법이 마련돼 의회에서 통과까지 됐으나, 현실에서 실행되 지는 못하고 당분간 사문서로 남아 있어야 했다. 파리의 공안위원회는 모든 코뮌과 데파르트망 에 부속위원회를 두고, 이들 위원회로 네트워크를 형성해 나라 전체를 장악하고 통제해나갔다. 1793년 3월 21일 외국인 규제를 목적으로 만들어진 이들 위원회는 나중에 가서 공안위원회가 프랑스에서 무소불위의 독재 권력을 행사하는 방편으로 기능한다.

이쯤 되자 프랑스혁명은 제 배로 낳은 자식을 집어삼킨다. 공포정치la Terreur가 무자비하게 펼쳐지면서 그 어느 때보다 많은 사람의 목숨이 제물로 바쳐졌다. 당통과 그의 동지들은 공포정 치의 목적에 의문을 제기했다는 이유로 고발을 당해 1794년 4월 처형대에 올랐다. 공포정치의 일인자 로베스피에르도 [테르미도르의 반동/쿠데타로] 끝내 1794년 7월 28일―프랑스혁명력 2년 테르미도르 10일― 처형을 당했다. [기요탱]

군주제의 운명이 이런 혁명의 전개과정을 그대로 보여주었다. 1789년 10월, 베르사유궁전을 향한 베르사유여성행진La Marche des Femmes sur Versailles이 벌어진 뒤, 루이 16세는 가족들을 이끌고 파리로 돌아와 튈르리궁에 머물고 있던 터였다. 세간에서는 루이 16세를 이미 점잖지 못 한 농담거리로 입에 올리고 있었다.

Louis si tu veux voir   루이여 만일 당신이

Bâtard, cocu, putain,   서자, 오쟁이 진 남편, 창녀를 보고 싶다면,

Regarde ton miroir   당신을 비추는 거울을 보시오

La Reine et le Dauphin.   왕비와 당신 아들까지 함께 선 모습을.26

1791년 6월, 루이 16세는 테니스코트의 서약 이래 자신이 했던 양보를 모두 부인한 뒤 변장을 한 채 프랑스 동부 변경 지대로 도망쳤으나 상파뉴의 바렌에서 붙잡혔다. 망신스러운 모습으로 파리로 돌아온 루이 16세는 국민의회에서 준비한 첫 번째 헌법에 서명한 뒤, '세습적 권리를 가진 인민의 대리인'이 됐다. 1792년 8월 성난 군중이 튈르리궁으로 물밀듯 쏟아져 들어와 루이 16세를 사로잡고 왕권을 '정지시켰다.' 9월 루이 16세는 왕에서 폐위됐다. 1793년 1월 21일 그는 재판을 받고 반역자의 죄목으로 처형당하게 된다. 그해 10월 16일에는 마리 앙투아네트가 똑같은 운명을 맞았다. 10세의 황태자 루이 17세(1785~1795)는 평민계급 출신의 양부모 손에 넘겨졌으나 방치되다시피 키워지다 결핵에 걸려 세상을 떠났다.

폴란드-리투아니아에서공화국에서도 헌법 개혁부터 시작해 혁명기의 공포정치에 이르는 과정을 그대로 뒤따르는 사건들이 일어났다. 1791년 5월 3일 11개 조항의 짧막한 문서에 담긴 헌법을 통해 공화국은 리베룸 베토[자유거부권]를 비롯한 구체제에서 통용되던 명백한 악습을 모두 폐지했다. 아울러 두 국민의 공화국Rzeczpospolita oboyga narodów이 성립돼 근대적 입헌국가로 자리매김했다. 당시 폴란드 왕이 노령의 독신이었음에도, 왕가는 세습의 원칙을 따를 것임이 선언됐다. 이와 함께 과거 귀족층에만 한정됐던 참정권이 부르주아에게도 주어졌다. 얼마 전만해도 공법의 영역에서 배제됐던 농민층은 공법의 지배를 받게 됐다. 이렇게 해서 평화로운 개혁의 결실이 구체적으로 눈앞에 보이는 듯했으니, 유럽에서 이런 종류의 헌법이 제정되고 통과되고 정식 공표된 것은 폴란드가 처음이었고 프랑스에서는 이와 상응하는 일들이 그로부터 넉 달뒤에나 시행됐다. 한 마디로 폴란드의 헌법 제정으로 유럽 전역의 자유주의 개혁가들이 오랜 기간 바라온 숙원이 이뤄졌다. 런던에서 에드먼드 버크는 이루 말할 수 없는 기쁨에 들떴다. 폴란드의 5월 3일 헌법은 "아마도 이제껏 인류가 부여받은 공공의 이익 중에서도 […] 가장 순수한 선물일 것"이라며 그는 다음과 같이 썼다.

> 그 방편들은 우리의 상상력을 자극하는 만큼 이성도 충분히 만족시켜주며, 도덕적 감수성도 부드럽게 어루만져주는 것들이었다. […] 모든 것이 자리와 순서를 잘 잡고 있었으나 […] 그러면서도 모든 것이 더 나아졌다. 이제껏 들어본 적도 없는 이 지혜와 행운의 결합, 이 행복한 기적이 일어난 것도 모자라, 누구도 피 한 방울 흘리지 않고, 누구도 배신당하지 않고, 잔학무도한 일도 일어나지 않았으니 […] 자신들이 시작한 일을 잘 밀고 나가는 법을 아는 이들은 그 얼마나 행복한 사람들인가.[27]

방데미에르 VENDÉMIAIRE

■ 1793년 10월과 11월, 프랑스 국민공회는 투표
■ 를 통해 혁명의 원칙을 바탕으로 한 공화국 달력을 도입했다. 일련의 판결에 따라 9월 22일 추분의 자정에 1년이 시작되며 공화제 제1년의 1일은 공화국이 선포된 1792년 9월 22일로 삼아야 한다는 결정이 내려졌다. 1년은 30일 12개의 달로 균등하게 나뉘고, 각 날은 (일요일로 구분되는 주 단위가 없어지고) 열흘씩 3순旬으로 나뉘었다.

달: 방데미에르Vendémiaire(포도의 달), 브뤼메르Brumaire(안개의 달), 프리메르Frimaire(서리의 달), 니보즈Nivôse(눈의 달), 플뤼비오즈Pluviôse(비의 달), 방토즈Ventôse(바람의 달), 제르미날Germinal(씨앗의 달), 플로레알Floréal(꽃의 달), 프레리알Prairial(건초의 달), 메시도르Messidor(수확의 달), 테르미도르Thermidor(더위의 달), 프뤽티도르Fructidor(과실의 달). 일: 1일, 11일, 21일은 프리미디primidi(제1일), 2일, 12일, 22일은 뒤오디duodi(제2일), 3일, 13일, 23일은 트리디tridi(제3일), 4일, 14일, 24일은 콰르티디quartidi(제4일), 5일, 15일, 25일은 캥티디quintidi(제5일), 6일, 16일, 26일은 섹스티디sextidi(제6일), 7일, 17일, 27일은 세프티디septidi(제7일), 8일, 18일, 28일은 오크티디octidi(제8일), 9일, 19일, 29일은 노니디nonidi(제9일)', 10일, 20일, 30일은 데카디decadi(제10일)(부록 1630~1631쪽 참조).

이 달력을 적용하면 1794년 1월 1일은 공식적으로 제2년 니보즈 12일, 제2순 뒤오디가 된다.

365와 4분의 1일로 이뤄지는 자연적인 1년의 일수를 맞추기 위해 공화력은 '프랑시아드franciade'라는 4년의 단위를 만들고 해마다 남는 5일을 '상퀼로티드sansculottide'라는 휴일로 정했다. 한 '프랑시아드'의 마지막 네 번째 해에 주어지는 '윤일'은 혁명절Jour de la Révolution이 됐다.

공식적으로 공화력은 14년 동안 유지됐다. 그러나 실제로 사용된 것은 6년뿐이었다. 그레고리력이 정식으로 복원된 것은 제14년 니보즈 11일 즉 1806년 1월 11일이었지만 그보다 훨씬 더 전인 통령정부 아래서 다시 널리 통용됐다.

국민의 방향성을 혼란에 빠트리는 데 달력을 바꾸는 것만큼 효율적 방법은 없었다. 반혁명파는 옛 시간을 고수하려 노력했다. 혁명파는 새로운 시간을 고집했다. 역사학자는 이 둘을 모두 다뤄야 한다.[1]

기요탱 GUILLOTIN

■ 의사 조제프 이냐스 기요탱Joseph-Ignace
■ Guillotin(1738~1814)은 기요틴Guillotine 즉 단두대를 발명하지 않았다. 그가 한 일은 동료 앙투안 루이Antoine Louis가 발명한 인도적 사형 기계의 채택을 프랑스 국민의회에 촉구한 것이었다. 이 제안은 자코뱅의 공포정치와 맞물리는 1792년 4월에 채택됐고 이후 기요탱은 '장소나 사물의 명칭의 기원이 된(혹은 그렇다고 간주되는) 사람', '시조명始祖名'의 전당에 올랐다.[1] 혁명의 시기에는 이러한 시조명의 사례가 양산됐

다. 나폴레옹의 종무宗務장관 장 비고Jean 'BIGOT'('bigot'는 프랑스어뿐 아니라 영어에서도 '편협하고 완고한 사람'을 일컫는다)와 "나는 프랑스인, 나는 쇼뱅"이라고 노래한 광적인 애국 병사 니콜라 쇼뱅Nicolas 'CHAUVIN'(그의 이름을 따서 광신적 애국주의를 '쇼비니즘Chauvinism'이라고 부른다)도 이러한 예에 속한다.

이처럼 이름에서 비롯한 명칭이나 단어 가운데 많은 것이 국제적으로 통용되고 있다. 특히 식물학에서는 이국적 식물에 그 발견자의 이름을 붙이는 경우가 많다. 초창기 사례로는 식물학자 미셸 베공Michel Begon(1710년 몰)의 이름을 딴 베고니아를 포

함해 카멜리아(동백), 달리아, 푸크시아, 매그놀리아(목련) 등을 들 수 있다. 바위틈에서 피는 자주색 오브리에타는 프랑스 화가 클로드 오브리에Claude Aubriet(1665~1742)의 이름에서 기원했다.

물리학에서는 보편적 측량 단위에 그 분야를 개척한 사람의 이름을 붙여 기린다. 전류의 측량 단위 암페어는 앙드레-마리 앙페르André-Marie Ampère(1775~1836)의 이름에서 기원했다. 이밖에도 옹스트롬, 옴, 볼트, 와트 등의 많은 단위가 같은 범주로 분류된다.

복장에서도 많은 사례를 찾을 수 있다. 카디건과 래글런은 크림전쟁에 참전한 영국 장군들의 이름에서 유래했다. 레오타드는 곡예사 쥘 레오타르Jules Léotard(1842~1870)의 이름을 땄다. 판탈롱, 팬츠, 팬티를 입는 사람이라면 '코메디아 델라르테Commedia dell'Arte(16~18세기 이탈리아에서 유행한 즉흥극)'의 등장인물인 판탈레오네 데 비소뇨시Pantaleone de Bisognosi를 기억해야 한다.

음식에서도 비슷한 예를 흔하게 찾을 수 있다. 베샤멜소스는 루이 14세의 요리사의 이름을 딴 것이다. 18세기에는 샌드위치 백작 4세 존 몬터규John Montagu(1718~92)로 인해 샌드위치라는 명칭이 생겨났다. 샤토브리앙 스테이크, 마들렌 케이크, 파블로바pavlova(머랭과 과일 등으로 만든 디저트)는 각각 19세기의 후작, 제과사, 프리마 발레리나의 이름에서 유래했다. 만찬 후에 담배를 즐길 때는 포르투갈 주재 프랑스 대사인 장 니코Jean Nicot(1530~1600)를 떠올려볼 수 있다.

기술 분야의 발명품에도 발명가의 이름을 붙이는 경우가 많다. 스피넷Spinet(15~18세기에 많이 쓰인 건반식 발현악기), 맨사드Mansard(프랑스의 건축가 망사르의 이름을 딴 지붕의 형태), 디젤, 슈래프널Shrapnel(유산탄), 바이로Biro(볼펜 상표명) 등이 여기에 속한다.

시조명에 대해 의견이 분분한 경우도 많다. 화가 페데리코 바로치Federigo Barocci(1612년 몰)가 '바로크'의 기원이 됐다는 설이나, 빅토리아 시대에 아일랜드에서 런던으로 이주한 불량배인 패트릭 훌리한Patrick Houlihan이 '훌리건holligan'의 유래라는 설에 대해서는 많은 학자가 이견을 제시하고 있다. 그러나 이것 하나는 분명하다. 현재의 유럽은 과거 유럽에서 사용된 언어의 망령들로 가득하다는 것이다.

에드먼드 버크는 프랑스에서 일어난 사태들을 맹렬하게 비난한 인물로 널리 알려져 있지만, '폴란드혁명'에 대해서는 이와 같이 누구보다 환영했다는 사실도 그만큼 잘 알려져야 온당할 것이다. 네덜란드의 《레이던 가제트Leyden Gazette》에는 이런 말이 실렸다. "이번 세기 들어 일어날 기적들이 있다면, 폴란드에서 이미 그 하나가 일어났다."

그러나 이 '행복한 기적'은 불과 일 년 남짓 지속됐을 뿐이다. 러시아는 폴란드가 독립국은커녕 입헌국의 문턱에 서는 것조차 용인하려 하지 않았다. 폴란드-리투아니아는 혁명적 개혁의 1차전을 경험한 바로 그즈음, 혁명적 전쟁의 1차전도 조만간 함께 경험하게 될 터였다. 프랑스에서 그랬듯, 폴란드의 개혁가들도 온건했지만 나중에는 필사적으로 변해갔다. 1791년의 헌법은 러시아의 개입과 제2차 폴란드분할(뒤의 내용 참조)에 억눌려 그 기능을 제대로 발휘하지 못했으며, 1794년의 전국적 봉기로 공화국의 정국은 훨씬 더 과격한 이들이 지배하게 됐으나 이들 과격파는 종국에 폭력과 공포 속에서 스스로 사분오열했다. 프랑스에서는 내부의 반동이 혁명 과정의 발목을 잡았다면, 폴란드에서는 외세의 무력에 혁명 과정이 분쇄됐다.

1794~1804년의 프랑스혁명 제2국면. 이 시기(혁명력으로 따지면 2년 테르미도르에 시작됐다)에는 프랑스혁명이 가던 길을 도중에 멈춰 선 듯한 모습이었다. 잠시 숨을 고르며 상황 점검을 해야겠다는 것처럼. 이때에도 프랑스의 행정력은 여전히 불안정했지만, 피에 대한 충동만큼은 멈춘 상태였다. 광적으로 진행되던 입법 활동도 함께 멈추었다(국민공회는 3년 동안 무려 1만 1250개에 달하는 법령을 통과시켰다). 혁명파는 자신들이 전쟁에 천부적 재능을 지녔다는 사실을 알게 되자, 반대편 적들을 상대로 싸움을 벌이는 데 여념이 없었다. 일련의 정치적 방편도 시도되기는 했지만, 그것을 실행하는 정치인들은 오로지 질서를 유지하고 과도함을 막는다는 목적 하나로만 뭉쳐 있었다. 로베스피에르의 실각 이후 프랑스 성국은 16개월간 테르미도르파가 장악했다. 1795년 11월에는 또다시 헌법이 제정되고, 또다시 의회(이번에는 양원제)가 성립돼 5인이 정책 실행을 담당하는 '총재정부le Directoire'가 탄생했다. 1797년 9월(혁명력 5년 프뤽티도르 18일) 총재들은 의회 의원들의 입에 재갈을 물리는 조치를 단행했다. 1799년 11월에는 총재정부에서 가장 큰 성공을 거둔 장군의 주도로 일명 8년 브뤼메르 18일 쿠데타가 일어나면서 3인으로 구성된 '통령정부le Consulat'(집정정부)가 성립됐고, 프랑스 전국에서 치러진 총선거를 통해 정부 성립을 승인받았다. 1802년 5월에는 가장 큰 성공을 거둔 그 장군이 스스로 종신 제1통령, 나아가 1804년 5월에는 황제 자리에까지 오르게 된다.

1804~1815년의 제3국면, 즉 황제 통치기. 이 시기에 프랑스혁명은 총재정부에서 성공을 일군 장군이자 제국 창설자인 나폴레옹 보나파르트Napoleon Bonaparte(1769~1821)를 숭배하고 오로지 거기에만 몰두하는 데에서 안정을 찾아갔다. 이때까지도 여전히 프랑스에 감돈 의구심과 분열은, 나폴레옹이 세계 정복을 자신의 사명으로 내걸고 그것을 위해 어마어마한 군사작전을 펼치면서 물밑으로 가라앉았다. 보나파르트의 통치는 혁명 전쟁과 정복을 그 자체로 의미 있는 목적으로 만들었고, 그에 발맞춰 전쟁과 관련된 군사 방면의 일들이 프랑스의 최우선 과업이 됐다. 가짜 군주제가 가짜 민주주의 제도를 이끌어갔다. 이뿐만 아니라 과거 입법제도의 잔재와 과감한 혁신이 기묘하게 섞인 속에서 효율적인 중앙집권적 행정부를 운영해나갔다. 성공과 실패를 판가름하는 것은 전장을 관장하는 신들의 손에 맡겨졌다. 나폴레옹은 다음과 같이 말했다. "성공이야말로 이 세상에서 가장 위대한 웅변가다."

    그러나 실제 행정 권한을 기준으로 하면 시기 구분이 약간 달라진다. 그렇게 할 경우, 입헌군주제 시기는 1789년 6월에서 1792년 9월이고, '제1공화국'은 1792년에서 1799년 11월까지이며, 나폴레옹의 독재기는 '브뤼메르 18일'부터 1815년까지다(부록 1628~1629쪽 참조).

혁명기의 견해들이 그 전반적 양상을 뚜렷이 드러낸 것은 1790년대 초반 국민의회에서 토론이 이루어지고 곳곳에 정치 클럽이 생겨나면서였다.

오노레 미라보 백작(1749~1791)이 이끈 초기의 입헌주의자들과 라파예트 장군 같은 자유주의파 귀족들은 절대군주제 및 귀족과 성직자의 특권 폐지에 일익을 담당했다. 1791년 4월 미라보가 천수를 다하고 세상을 떠날 즈음, 이들 입헌주의자는 궁지에 몰린 소수로 전락해가고 있었다. 이들은 주로 헌법의 벗 결사단Société des Amis de la Constitution 정치 클럽을 중심으로 모임을 가졌으며, 왕이 바렌으로 도주한 이후로는 민심이 떠나버린 군주제의 임종을 뒤로 미루는 불가능한 과업을 떠안았다. 미라보는 한때 루이 16세를 "프랑스 자유의 창시자"라 일컬으며, 그를 기리는 기념물을 만들어 헌정하자는 구상을 내놓았다.

지롱드파는 당파의 본거지 보르도의 대표단 이름을 따서 그 명칭이 지어졌는바, 언변이 뛰어난 법률가 피에르 베르뇨Pierre Vergniaud(1753~1793)의 주도로 결성돼 입법의회 성립을 계기로 의기투합했다. 초기에만 해도 이들은 중도주의자의 입장을 견지하며 왕이 이끄는 정부와도 선뜻 손잡을 의사를 비쳤으나, 후반부로 갈수록 민주주의 및 공화주의 정서를 발산하게 된다. 이들은 주로 롤랑 부인Mme Roland(1754~1793)의 살롱을 중심으로 활동했으며, 그 영향력이 절정에 달한 것은 1792년 왕의 마지막 정부에서 요직들을 맡아 이끌면서 프랑스를 공화국으로 이행시키는 선구적 작업을 해냈을 때였다.

이와 반대로 자유와 평등의 벗 결사단la Société des Amis de la Liberté et l'Égalité이라고도 불린 자코뱅파는 무제한의 민주주의와 함께, 혁명기의 독재와 폭력을 옹호했다. 이들의 이름은 생토노레가街의 구舊도미니크회 수도원에 근거한 자신들 클럽 부지의 명칭을 따서 지어졌다(파리의 도미니크회는 과거 생자크가에 자리했던 점 때문에 '자코뱅파'로 통했다). 이들 자코뱅파는 소수지만 강력한 파벌을 형성했고, 불과 3000명밖에 안 되는 사람들로 2000만 명의 목을 옥죄는 기술을 완벽히 터득했다. 이들 자코뱅파 일원에는, 빅토르 드 브로이Victor de Broglie 대공과 공작 둘—아르망 데기용Armand d'Aiguillon 공작과 젊은 시절의 샤르트르 공작Duc de Chartres(후일 루이-필리프Louis-Philippe라는 이름으로 왕 자리에 오른다)—부터 투박한 시골 출신의 농군 '페르 제라르 Père Gérard'에 이르기까지, 다양한 사람들이 두루 포진해 있었다. 제라르는 한때 자코뱅파 사람들에게 다음과 같이 말했다. "당신들 틈에 끼어 있으면 천국에 온 기분일 줄 알았는데, 이렇게 변호사들이 숱하게 많지만 않았다면." 자코뱅파 지도자들로는 대표적으로 조르주 당통Georges Danton(1759~1794. 칼라일은 당통을 "어머니 자연의 거대한 불타는 가슴에서 태어난 사람"이라 일컬었다), 카미유 데뮬랭(1760~1794. 선동가 기질의 저널리스트로, 당통 옆에서 죽음을 맞았다), 장 마라Jean Marat(1743~1793. "아픈 의사"로 불렸으며,《인민의 벗L'Ami du Peuple》편집자였다) 등이 꼽혔고, 그와 함께 제롬 페티옹 드 빌뇌브Jérôme Pétion de Villeneuve(1756~1794. 파리 시장을 지냈다), 앙투안 생쥐스트Antoine Saint-Just(1767~1794. "공포정치의 대천사"로 일컬어진 동시에 노예처럼 로베스피에르를 떠받든 까닭에 "성 요한"으로 통했다) 그리고 뭇사람의 추종을 받은 장본인인 로베스피에르가 있었다.

막시밀리앙 로베스피에르Maximilien Robespierre(1758~1794)는 엄격하고, 금욕적이며, '청렴결백한 아라스의 변호사'로 통했다. 그는 프랑스혁명 전에 판사가 될 기회가 있었는데 사람에게 죽음을 선고하는 자리에 앉느니 차라리 판사직을 포기하겠다는 결심을 했다고 전한다. 그런 로베스피에르가 제2차 공안위원회의 통치기에 전설로 남을 만큼 막강한 힘과 영향력을 휘둘렀다. 파리 군중에게 그는 영웅으로 통했으나, 반대파들에게는 악의 화신이었다.

자코뱅파가 처음 표면으로 모습을 드러낸 것은 1791년, 가장 완강한 기질의 반대파들을 정부의 요직에 올려주어 나서서 정파들을 길들이려는 바람으로 왕이 추진한 이른바 극약처방식 정책politique du pire을 통해서였다. 그렇게 해서 페티옹이 왕의 승인을 얻어 파리의 시장직에 임명된 이후, 자코뱅파는 파리의 자치정부인 코뮌을 토대로 탄탄한 기반을 확립할 수 있었다. 이후 경쟁자들을 주도면밀하게 제거하고 국민공회까지 길들인 뒤, 자코뱅파는 제 살을 깎는 작업에 돌입해 종국에는 로베스피에르 단 한 사람만 살아남았다. 당통의 좌우명은 "과감하게, 더욱 과감하게, 항상 과감하게De l'audace, encore de l'audace, toujours de l'audace"였다. 생쥐스트는 군주제를 공격하며 이렇게 선언했다. "아무 죄도 짓지 않으면서 나라를 다스릴 수는 없다." 적들의 재산을 재분배해야 한다고 제안하면서는 이렇게 말했다. "지금 유럽에서는 행복이 하나의 새로운 사상이다." 로베스피에르는 한때 국민공회를 두고 이렇게 물었다. "시민들이여, 그대들은 전복도 없이 혁명을 바라는가?Citoyens, voulez-vous une Révolution sans révolution?" '인간과 시민의 권리 정우政友결사La Société des Droits de l'homme et du Citoyen'라고도 불린 코르들리에 결사는 자코뱅파에도 당적을 둔 당원이 많았으며, 파리의 코르들리에 지구의 과거 프란치스코회수도원에서 모임을 가졌다. J. R. 에베르J. R. Hébert(1757~1794)와 같이, 진정한 과격파로 손꼽힌 후기 자코뱅파의 지도자들은 호전적 무신론을 내보이고 이성을 무엇보다 숭배했다. 에베르는 '극단주의'로 흘렀다는 이유로 로베스피에르의 명에 따라 처형을 당했다. [고슈]

자코뱅파는 전문 법률가들과 저널리스트들이 주류였지만, 실제 행동하면서 이들을 지지한 대다수는 파리 교외 지역의 이름 없는 프롤레타리아들이었다. 상퀼로트에 속한 이들은 프랑스 정권에서 실제로 권력을 행사한 집안이나 개인 누구보다도 심한 과격성을 보였다. 유럽 최초의 공산주의자, 사회주의자, 페미니스트들도 모두 그 연원을 이들 집단에서 찾아볼 수 있었다. 파리의 개개 '구역'들에 자리한 회의장을 기반으로 조직을 형성한 이들은 '뤽상부르 구역 애국결사대Société Patriotique de la Section du Luxembourg' '팡테옹프랑세즈 구역 남녀우애회Société Fraternelle des Deux Sexes du Panthéon-Français' 같은 무명의 단체들을 결성하고 사회에 막강한 영향력을 끼쳤으나 늘 그 중요성은 제대로 평가받지 못했다. 혁명에 동기를 부여한 원동력의 측면에서, 이들이 지금까지 그런 공로가 있다고 인정받아온 부르주아들보다도 실질적 측면에서 더 큰 힘을 발휘했다고 해도 과언이 아니다. 자코뱅파 집권기에 혁명 정치당원 상당수가 배출된 곳도 바로 이런 결사대들이었다. 이들 손에서 벼려진 전통은 이후에도 지속적으로 힘을 발휘하며, 19세기에 수차례 '혁명'이 일어날 때마다 매번 기득권과 경쟁을 벌였다. 28

혁명에 대한 반발도 수많은 형태로 그리고 전역에서 일어났다. 이러한 반발은 정치적·사회적·이념적·지역적 차원에서 분류해볼 수 있다. 혁명에 대한 반발은 왕실에 특히 집중됐는데, 이 무렵 왕실에서는 프로방스 백작(나중의 루이 18세)이 주축이 된 '초강경파'가 결집해 혁명 이전의 상태를 회복시키겠다는 목표로 활동하고 있었다. 이내 이들 초강경파 세력에는 수중에 쥐고 있던 것을 빼앗기고 만 귀족 대다수를 비롯해, 이제는 어마어마한 세력을 형성하게 된 망명귀족(고하를 막론하고)까지 가세한다. 이들의 반발은 단순히 공화주의자나 자코뱅파만이 아니라 입헌주의자들에게도 향해 있었다. 예를 들어 라파예트 장군에 대한 왕실의 경멸은 끝이 없었다. 성직자는 교황이 시민 정권에 충성을 서약하지 말라고 금지령을 내린 1790년 이후, 이 명령에 따르든지 아니면 저항하든지 둘 중 하나를 택해야만 하는 상황에 처했다. 프랑스혁명이 단순히 성직자 타도의 기조만이 아니라 무신론의 기조를 띠게 된 1792년 이후에는, 모든 로마가톨릭 교인, 따라서 프랑스 인구 대다수가 혁명에 반감을 품게 됐다. 반혁명 감정을 일으킨 이 주원인은 이후에도 뚜렷이 나타나다, 1801년 보나파르트가 교황과 콩코르다트Concordat(정교正敎협약)를 맺으면서 비로소 가라앉았다. 과거만 해도 농민 군중은(이들에게는 1789년에 자유가 주어졌다) 오랜 기간 혁명의 주요 수혜자에 속하는 것으로 여겨졌다. 그러나 당시 농민들의 윤리와 파리 귀족층 윤리 사이에는 메워지지 않는 깊은 몰이해가 자리하고 있었다는 것이 오늘날의 일반적 인식이다. 농민층은 이내 공화정의 압제에 등을 돌리게 되고, 차라리 과거 정권이 이들보다 나았다고 여기는 사람들도 많아졌다.

혁명 사상에 대한 지적 반발이 온전히 그 틀을 형성한 것은 왕정복고가 있고 나서의 일이었다. 하지만 이 무렵에 사부아 출신의 행정관 조제프 드 메스트르Josèphe de Maistre(1753~1821)의 《프랑스에 관한 고찰Considérations sur la France》만큼 혁명에 적대적 태도를 보인 책도 없었으니, 그는 프랑스 혁명가들을 사탄의 종복이라 여겼다. 그는 이미 혁명기 사상 안에 파고든 계몽적 성격의 보편주의 사조에도 반대했다. 그는 생전에 자신은 프랑스인, 이탈리아인, 독일인, 러시아인들을 두루 만나보았다고 썼다. "그러나 그저 인간인 사람은 한 번도 만난 적이 없다." 메스트르와 동시대인 앙투안 리바롤Antoine Rivarol(1753~1801)은 "리바롤 백작"으로 불리며, 프랑스어를 찬미하는 유명한 논설을 쓴 인물로 반혁명 기조의 소책자를 집필했다가 도망치듯 본국을 떠나야 했다. 그는 책에 다음과 같이 썼다. "사상이 잘못됐다고 총을 쏘지는 않는다."

프랑스의 지방 중에는 내심 왕정을 여전히 굳건히 지지하고 있는 곳이 많았고, 이와 같은 충성은 되풀이해 공공연한 반란으로 이어졌다. 심지어는 파리에서도 수차례에 걸쳐 왕당파의 봉기를 진압하지 않으면 안 됐는데, 특히 프랑스혁명력 4년 방데미에르 13일의 봉기가 유명했다. 르가르 같은 더 벽지의 지방들에서는 저항운동이 1815년까지 줄기차게 이어졌다.[29] 그런 곳들에서는 앙시앵 레짐 붕괴 당시의 호의적 민심이 사라지고, 몇십 년에 걸쳐 대중의 공분이 높아가고 있었다. 1792년에는 시민 정권에 대한 충성서약을 거부하는 사제들을 지원하는 교구들도 많아졌다. 그 대신 그런 곳들에는 보답이라도 하듯 시골을 순방하는 도시의 공화주의자들의 발길이 이어졌는데, 공화주의자들은 일단 그런 교구들에 발을 들이면 교회들을 때려 부수고 이른바 '불순분자'들을 공격했다. 1793년에도 한 지방의 남성 전원을 군대에 싱섭하는 제노가 도입되면서 이런 마을들이 또 한 번 무엇보다 큰 타격을 입었다. 이들 마을이 특히나 부당하다고 여긴 부분이 또 있었으니, 공화주의자의 행정관과 전문 관료들의 아들들은 군복무 의무를 면제받을 때가 많다는 점이었다. 가톨릭교도 농민들로서는 자신들은 무신론을 지향하는 공화국을 결코 원한 적이 없는데, 그런 공화국을 위해 그들의 목숨을 내던지라는 명을 받은 기분이었다. 1792년 5월 당통은 브르타뉴 지방에서 아르망 튀팽 드 라 루에리Armand Tuffin de La Rouërie 후작이 역모를 꾀하고 있다는 소식을 전해들었다. 덕분에 역모는 싹부터 잘려나갔으나 이를 전조로 이 역모와 관계 있는 대중 반란이 두 차례 일어나니, 방데 반란과 올빼미파 전쟁은 10년 이상 프랑스 서부 지역을 혼란으로 몰아넣었다.

방데Vendée 반란은 내전으로까지 번져 거의 3년가량 싸움이 계속됐다. 이 내전은 1793년 3월 프랑스의 생플로랑쉬르루아르 지역에서 발발했지만 이내 보카주bocage(프랑스 서부 지방 특유의 나무로 둘러싸인 전원 지대)에 자리한 촌락들 전역으로 번져나갔다. 이 내전을 시작한 것은 자크 카텔리노Jacques Cathelineau(팡앙모주 출신의 매사냥꾼), 장 니콜라 스토플레Jean-Nicolas Stofflet(몽레브리에 출신의 사냥터 관리인으로 징집을 거부했다) 같은 농민들이었으나, 얼마 안 가 해당 지방의 젠트리gentry들이 내전을 지휘했다. 대표적으로 봉샹 후작(샤를-멜시오르-아르튀스) Marquis de Bonchamps, 루아-마리 드 레스퀴르Louis-Marie de Lescure, '앙리 선생' 드 라 로슈자클랭'Monsieur Henri' de La Rochejacquelin, 모리스 지고 델베Maurice Gigost d'Elbée 장군, 앙투안 필리프 드 탈몽Antoine Philippe de Talmont 대공을 꼽을 수 있었다. 이들 '왕실 및 성자들의 가톨릭 군대Royal and Catholic Army of Saints'가 손에 든 무기는 낫, 쇠스랑, 엽총이었다. 이들은 백합과 "루이 17세 만세"라는 문구가 반짝이는 장식으로 아로새겨진 하얀 깃발 아래 행군했다. 이 군대에서 싸우는 병사들은 목에 가톨릭 성의聖衣를 둘렀는바, 활활 타오르는 성스러운 심장과 십자가가 그려진 배지가 달려 있었다. 프랑스혁명 당시 이들은 총 21번의 싸움을 벌였는데, 숄레에서는 혈투 끝에 승리했고, 앙제 점령에 성공했으며, 낭트 포위전을 펼쳤는가 하면, 멘과 앙주 지방을 습격해 들어갔다. 이들이 당시 얼마나 간절한 마음으로 싸움에 나섰는지는 '앙리 선생'의 다음과 같은 명령에 그대로 담겨 있었다.

Si j'avance, suivez-moi! Si je recule, tuez-moi! Si je meurs, vengez-moi!'

내가 진격하거든, 나를 따라라! 내가 후퇴하거든, 나를 죽여라! 내가 죽거든,
나를 위해 복수해라!

방데 시민들이 가장 야심 차면서도 (나중에 밝혀지듯) 가장 무모한 작전에 착수한 것은 1793년 10월이었다. 무장한 약 3만 명의 병사들과 나이를 불문한 수십만의 민간인들이 루아르강을 건너 노르망디 해안가로 나아갔다. 이들이 목적지는 그랑빌이라는 조그만 항구로, 방데 시민들은 이곳에 가면 영국의 함대와 무장한 망명귀족들이 대기하다 자신들을 맞아줄 거라고 믿었다. 그러나 이 믿음은 처참하게 무너졌다. 그랑빌은 봉쇄당했다. 로슈자클랭의 공격도 분쇄당했다. 영국의 선박들은 코빼기도 보이지 않았다. 그렇게 해서 방데 시민들의 퇴각이 시작됐다. 낙오자들로 전열은 겨울철의 도로를 따라 190킬로미터나 늘어졌고, 그런 사람들에게 온갖 불행과 폭력이 닥쳐왔다. 근처 도시들에서 이들의 입성을 거부하면서, 방데 시민들은 사투를 벌이며 한 걸음 한 걸음을 떼야 했다. 1만 5000명이 르망의 거리에서 목숨을 잃었다. 다들 추위와 굶주림에 비명횡사했다. 인근을 배회하던 공화국 군대들은 방데 시민들을 만나면 잔혹하게 물건을 강탈하고, 강간하고, 추적하는 일을 서슴지 않았다. 끝내 루아르에 도착한 이들의 눈앞에는 다리는 봉쇄되고 배들은 불탄 광경뿐이었다. 싸움에 나선 병사들은 뿔뿔이 나뉜 채 목숨을 잃었다. 그런 다음에는 무방비의 민간인들을 학살해도 책임을 묻지 않는다는 명령이 떨어졌다. 방데 반란은 크리스마스를 이틀 앞둔 날, 낭트 인근 사브네에서 종막을 맞았다. 당통 휘하의 프랑수아 조제프 베스테르만François Joseph Westermann장군은 국민공회에 이렇게 보고했다.

방데는 이제 더 이상 존재하지 않습니다. [⋯] 제가 사브네의 숲과 늪지 속에 방데를 파묻어 버렸습니다. 여러분의 명령에 따라, 나는 방데의 어린아이들을 우리의 말발굽으로 짓밟아버렸습니다. 방데의 여인들도 마구잡이로 학살했습니다. 더 이상 산적떼로 자라날 아이들이 태어날 수 없게 말입니다. 나중에 책망을 들을 일 없게 포로 역시 단 한 사람도 남겨두지 않았습니다. 그들의 씨를 완전히 말려버린 것입니다. 지금 그곳의 도로들에는 시신들이 즐비합니다. 사브네에서는 자신들도 항복하겠다며 쉬지 않고 산적떼들이 몰려드는데, 그런 사람들을 향해 우리는 쉴 틈도 없이 총을 쏘고 있습니다. [⋯] 자비는 혁명에는 어울리지 않는 감상입니다.[30]

방데 시민들의 이 퇴각을 오늘날에는 '북서풍의 선회la Virée de Galerne'라 한다. 이때 목숨을 잃은 사람들의 숫자만 놓고 보면, 당시 방데 시민들의 퇴각은 나폴레옹이 군대를 이끌고 퇴각했던 사건에 결코 적지 않았다.

이 무렵 도시 방데의 심장부는 라인강에서 이동해온 장-바티스트 클레베르Jean-Baptiste Kléber 장군과 공화국 군대에 시달림을 당하고 있었다. 1794년 한 해 내내 공화국이 결성한 이 '지옥의 종대縱隊'는 반란을 일으킨 촌락을 상대로 악에 받친 보복을 가했다. 그렇게 해서 총에 맞고, 단두대에서 목숨을 잃고, 마구간이나 자신이 다니던 교회에서 불에 타 죽은 사람들만 수만 명이었다. 로슈포르의 항구에서는 선서를 거부한 사제들이 죄수용 대형 선박에 갇힌 채 먹을거리를 공급받지 못해 서서히 죽어갔다. 앙제에서는 수천 명의 죄수들이 총을 맞고 즉사했다. 낭트에서는 수천 명도 넘게 주도면밀한 방법으로 익사를 당했다. 나중에 프랑스 정부는 저항운동을 억제한다는 목적으로 문제 지역의 중심지에 거대한 군사요새를 짓고 2만 명의 수비대를 주둔시켰다. (요새는 1808년 완공됐을 때에는 나폴레옹-방데라고 했다가, 1815년 부르봉-방데로 이름이 바뀌었으며, 지금은 로슈쉬르용으로 불리고 있다.) 그 근방의 탁 트인 벌판에는 십자가가 하나 서서 방데 시민들을 이끈 마지막 사령관 프랑수아 아타나스 샤레트 드 라 콩트리François Athanase Charette de la Contrie(1763~1796)의 최후의 저항을 일러주는데, 낭트에서 총살당하기 전 그가 마지막으로 절규하듯 외친 말은 "국왕 만세!"였다. [누아야드]

승세를 잡은 공화정부가 프로파간다를 벌인 탓에, 지금까지 '방데 운동'은 광범위한 지역에서 농민의 무지, 종교적 미신, 전제적 권력을 휘두른 사제들의 통치와 동의어로 취급돼왔다. 하지만 당시 일을 그런 식으로 그리는 것은 공정치 못하다. 물론 방데 시민들이 최후의 순간in extremis에 가서는 자신도 모르게 신비주의에 빠진 순교자처럼 행동했고, 그들 스스로 도가 지나치게 행동한 면이 없었던 것은 아니다. 그러나 방데 시민들의 반란이 비합리적인 것은 아니었다. 그들은 반란을 일으키기까지 종교에 대한 공개적 조롱을 비롯해 숱한 공격과 모욕에 시달렸다. 유럽의 다른 나라에서였다면, 전통적 삶의 방식을 지키고자 한 이들의 헌신적 모습은 오히려 널리 칭송받았을지도 모른다. 봉샹은 죽음을 맞게 되자 자신이 전쟁에서 붙잡은 포로 5000명을 전부 풀어주었으니, 이것만 봐도 당시 방데 시민들이 얼마나 훌륭한 도덕의식을 갖추고 있었는지 알 수 있다. 하필 자코뱅파의 광증이 극단으로 치달았을 때 이들이 무기를 집어든 것이 비극이라면 비극이었달까. 그들의 적은 싸움에 나서면서 주저 없이 집단학살이라는 방편을 집어들었고, 그런 뒤에는 중상重傷으로 희생자들의 이름에 먹을 칠했다. 나폴레옹 같은 이는 방데 시민들을 "거인들"이라 일컬었다. 이후 프랑스가 이 '대중학살populicide' 즉 '프랑스인이 프랑스인을 죽인 제노사이드le génocide franco-français'의 끔찍한 이야기를 있는 그대로 받아들이기까

지는 200년이라는 시간이 걸리게 된다.[31]

　1793~1801년의 '올빼미파Chouanneries' 반란은 방데 반란과 여러 가지 면에서 기본적으로 같은 동기를 가지고 있었다. 이뿐만 아니라, 이 두 반란은 지리적으로도 겹쳤다. 한편으로는 올빼미파 반란이 일어난 지역들이 훨씬 광범위했으니 브르타뉴, 노르망디, 앙주 지방까지 대거 아울렀다. 거기다가 이 반란은 주로 게릴라전에 의지했던 까닭에 시일도 훨씬 오래 끌었다. 이들 반란민들에게 올빼미라는 이름이 붙은 것은, 숲에서 농부들이 이른바 올빼미 소리를 이용해 서로 통신하는 방식을 선호했기 때문이다. 이들 올빼미파의 지도자로 가장 먼저 이름을 알린, 르망 근방의 생투앙테투아 출신인 삼림관리인 장 코트로Jean Cottereau는 "장 슈앙Jean Chouan"(올빼미 장)이라는 별명으로 통했다. 공화국 정권의 권력자들은 올빼미파를 단순히 '산적떼'로 취급했으나, 이들은 공화제 정부가 최대한 끌어모은 그 모든 병력과 맞붙어 전력을 유지하면서 세 차례나 기나긴 전투를 벌였다.

　제1차전(1793년 10월~1795년 4월)의 불이 붙은 것은 방데 시민들이 노르망디 서부를 지나던 도중, 방데 시민의 전열에 5000명의 올빼미파 일원들이 합류하면서였다. 그러나 종국에 가서 이 전투는 조약이 맺어지며 차일피일 미뤄지게 되는데, 총재정부가 이 조약을 통해 충성서약을 거부한 사제들에 대한 박해 중지를 명했기 때문이다. 제2차전(1795년 6월~1797년 4월)은 올빼미파가 브르타뉴의 퐁드뷔에 자리한 공화정부의 무기고를 표적으로 과감한 기습을 펼치면서 시작됐다. 영국의 선박들을 타고 온 왕당파의 군대가 키브롱 반도 근방에 상륙했을 때만 해도 이 2차전은 정규군끼리 맞붙는 싸움이 될 것처럼 보였다. 그러나 루이 라자르 오슈Louis Lazare Hoche 장군은 자신이 맡은 책무 이상의 역량을 발휘하는 인물인 것으로 드러났다. 그는 상륙 부대를 섬멸한 뒤, 종교적 관용책과 무자비한 군사적 수단을 함께 동원해 일대의 시골지방들에 서서히 평화를 되찾아주었다. 제3차전(1797년 9월~1801년 7월)은 프랑스 북부와 서부의 여러 데파르트망에서 왕당파 후보들이 압승을 거두자 총재정부가 이들 지역의 선거 결과를 무효화한다고 선언하면서 시작됐다. 충성서약을 거부한 사제들에 대한 박해가 재개됐고, 올빼미파와 '청색군Bleus(공화국군)' 사이에 잔인한 일련의 지역 분쟁이 벌어졌다. 1799년에는 모리비앙의 케를레아노 출신 조르주 카두달Georges Cadoudal(1771~1804)의 지휘 아래 반란군이 일사불란하게 작전을 펼쳐 잠시나마 르동, 르망, 낭트, 생브리외 등의 여러 도시를 점령했다. 하지만 이들이 거둔 성공들도 나폴레옹의 통령정부가 수립되면서 끝내 막을 내리니, 나폴레옹은 이때 오슈 장군과 비슷한 전략을 따랐다. 1801년의 정교협약을 계기로 종교적 타협이 이루어진 이후, 사람들 사이에 두루 퍼져 있던 적대감은 가라앉았다. 그러나 이후에도 지방의 반란민들은 무리 지어 오지를 배회했고, 1804년 카두달이 사로잡혀 처형을 당하면서 비로소 모습을 감추었다.[32] [슈앙]

　누구든 '반反혁명기'의 모습을 정확히 기술하다 보면, 권력의 기준점이 순식간에 이동하곤

누아야드 NOYADES

■ 1794년 봄, 낭트의 프랑스공화국 관리들은 방데
■ 지방의 수많은 반란군을 죽이는 방식을 놓고 고
심하고 있었다. 그들은 '지옥부대'를 파견하기도 하고
포로들을 아사시키거나 집단학살하기도 했으며 1000
명씩 배치해 총살하기도 했다. 그러나 충분하지 않았
다. 그러자 이들은 익사를 생각해냈다. 낭트는 대서양
의 노예무역항이라 흘수(물에 잠기는 부분)가 얕은 대형
감옥선을 쉽게 구할 수 있었다. 감옥선에 죄수들을 가
득 싣고 한밤중에 강으로 나가 배를 가라앉힌 뒤 배를
다시 띄우자 눈에 띄지 않으면서도 재사용이 가능해
매우 효율적인 사형 집행 시스템이 구축됐다. 이것이
그 끔찍한 누아야드였다. 사형의 기술에서도 필요는
발명의 어머니가 됐다.[1]

150년 뒤 폴란드를 점령한 나치 장교들도 비슷한 문
제를 겪고 있었다. 수많은 유대인을 어떻게 죽여야 할
지 고심하고 있었던 것이다. 그들은 특수임무부대 아
인자츠그루펜Einsatzgruppen를 파견하고 유대인들을
게토로 몰아넣어 굶겨 죽이기도 했으며 소비보르수용
소에서는 유대인을 생석회가 가득 찬 화물 열차에
밀어 넣고 시골로 수송하기도 했다.[2] 이 역시 충분하
지 않았다. 그러자 이들은 가스를 이용하는 방법을 생
각해냈다. 처음에는 큰 차량에 일산화탄소를 주입했지
만 결과는 그리 만족스럽지 않았다. 그러나 1941년 초
반, 밀폐된 방에 치클론 B 캡슐을 사용하는 실험이 이
뤄지고 여기에 독일의 선구적 화장장 설계자들의 조
언이 더해지면서[3] 한 번에 훨씬 더 많은 인원을 처치
할 수 있게 됐다. 1년도 안 돼 나치 친위대는 용도에
맞게 지어진 시설들을 이용한 제노사이드 계획을 실
행에 옮길 수 있게 됐다.[4]
트레블링카강제수용소의 한 목격자는 훗날 뉘른베르
크재판의 심문 과정에서 다음과 같이 그 과정을 묘사
했다.

[라이즈만RAJZMAN] 매일 사람들이 수송됐습니다. 유대
인들로만 채워진 열차가 때로는 석 대, 때로는 네다섯 대
까지 들어왔지요. 도착하는 즉시 플랫폼에서 남자, 여자,
아이들을 따로따로 줄 세웠습니다. 독일인들은 채찍을
휘두르며 강제로 이들의 옷을 벗겼지요. 그러고 나면 그
들은 알몸으로 길을 따라 가스실로 걸어갔습니다.

■독일인들은 그 길을 뭐라고 불렀나요?
천국으로 가는 길himmelfahrtstrasse이라고 불렀
습니다.

■포로들이 도착 후 처형되기까지 얼마나 걸렸습니까?
옷을 벗고 가스실로 걸어가기까지 총 8~10분이었
습니다. 여자들은 머리를 자르느라 15분쯤 걸렸지
요 […].

■트레블링카역의 다른 특징에 대해 설명해주세요.
수용소의 지휘관인 쿠르트 프란츠Kurt Franz는 간
판들이 갖춰진 1등급 철도역을 지었습니다. 옷을 보
관하는 막사에는 "식당" "매표소" "전보" 따위의 표
지판이 붙어 있었지요.

■일종의 위장 역이었군요? […] 독일인들이 포로들을
처형할 때 어떻게 행동했는지 설명해주시죠.
한번은 나이 많은 여자와 [임신부] 딸이 이 건물로 데
려왔습니다. 독일인 여러 명이 분만 과정을 지켜보
았고 […] 할머니는 자신을 죽여달라고 애원했습니다.
하지만 당연히 갓 태어난 아기를 가장 먼저 죽이고
그다음에 아기의 엄마, 마지막으로 할머니를 죽였지
요 […].

■그 수용소에서 하루에 평균 몇 명이나 처형됐나요?
하루 평균 1만 명에서 1만 2000명이 죽었습니다.[5]

누군가는 나치의 가스실이 적절한 설비를 갖춘 도살장
과 유사한 '인도적 접근법'이라고 생각할지도 모른다.
죽음의 대상이 인간이 아닌 짐승이었다면 고통 없이
신속하게 죽는 편이 나았을 것이다. 하지만 실제로 나
치의 논리가 이러한 점을 고려했다는 증거는 없다. 나

치 강제수용소는 그저 매정한 효율성과 과도한 잔혹성을 바탕으로 운영됐을 뿐이다.

크로아티아 야세노바츠Jasenovac의 '죽음 공장 death-factory'은 1942년부터 1945년까지 파시스트 조직 우스타샤Ustaša에 의해 운영됐다. 전후 유고슬라비아는 이곳을 집중적 프로파간다의 대상으로 삼았고, '희생자는 주로 세르비아인으로 총 70만 명'에 달한다는 공식 집계는 지금까지도 논란을 낳고 있다.[6] 그러나 야세노바츠수용소에 자비와 현대 기술이 없었다는 점은 의심할 여지가 없다. 선정적 일화들도 끊임없이 돌고 있다. 그러나 집단구타, 끓는 물에 집어넣는 방식, 톱으로 목을 베는 방식의 처형과 비교하면 총살이나 가스중독은 축복으로 간주할 수 있을 것이다.

했다는 점을 눈치챌 수 있다. 1789년혁명을 이끈 입헌주의자들만 해도 1792년에는 이미 '반동분자'로 여겨지고 있었다. 1793년 6월 리옹, 마르세유, 보르도 및 여타 지역에서 반란이 일어나는 기폭제가 된 저항운동 하나도 지롱드파의 지원 속에서 시작된 것이었으니, 이때만 해도 지롱드파는 자코뱅파와 가장 끈끈한 유대를 맺은 협력자의 관계였다. 심지어는 혁명을 통해 투표할 권리와 값싼 빵을 먹을 권리를 쟁취한 상퀼로트조차, 얼마 안 가 자신들을 후원했던 자코뱅파에게 등을 돌렸다. 보나파르트는 부르봉왕가와 공화국 정부 모두를 배신한 인물로, '백파'와 '적파' 모두에게서 원한을 샀다. 1800년 12월 24일 오페라 극장으로 가는 보나파르트를 암살하기 위해 파리에서 '폭장장치'가 폭발한 것은 왕당파 망명귀족들이 기획한 것이었지만, 동시에 이는 자코뱅파을 비롯한 공화파 정적政敵들을 처형할 구실로 활용됐다. 당시에 성공을 거두지 못한 정적은 언제든 '반동분자'로 몰릴 수 있었다. [루즈]

폭력성은 프랑스혁명을 논할 때 비평가들이 항상 가장 혐오스러운 특징으로 꼽아온 것 중 하나다. 프랑스혁명의 폭력성은 여러 형태를 띠었다. 폭도들의 지배와 린치는 1789년 7월 14일 혁명이 시작된 그날부터 일어나, 이들은 바스티유감옥 주둔군을 지휘한 베르나르 드 로네Bernard de Launay를 비롯해 그 추종자들의 머리를 창에 꽂아 매달고는 가두행진을 벌이듯 파리 시내를 휘젓고 다녔다. 사제와 귀족들의 신변과 재산을 막무가내로 공격하는 일들도 비일비재했다. 1792년 7월 파리 감옥들에서 일어난 학살처럼, 아무나 닥치는 대로 잡아다 한꺼번에 죽였다. 마라의 죽음에서 보듯, 암살당하는 일도 많았다. 자코뱅파의 실각 이후 마르세유에서 걸핏하면 일어났던 것처럼, 처참한 죽음의 복수전이 펼쳐졌다. 당시에는 이런 사건들이 절대 특이하지 않았다. 그러나 프랑스혁명기의 폭력성에는 확실히 전례 없는 두 가지의 양상을 발견할 수 있었다. 첫째는 대규모로 징집된 군대들을 동원한 까닭에, 군대의 사상자 규모가 그야말로 막대했다는 점이다. 둘째는 자코뱅파가 정권을 잡은 것을 계기로, 한동안 피도 눈물도 없는 공포정치의 시대가 이어졌다는 점이다. 대중 심리의 영역에서, 이 두 현상은 모두 피폐해지고 파산지경이 된 나라를 22년이나 열정적 정복 활동으로 내몬 거대한 에너지와 연결돼 있었다. 어떻게 보

슈왕 CHOUAN

■ 19세기와 20세기 대부분에 걸쳐 사르트주써의
■ 르망 이서以西 지역의 지방 정치는 확고한 우익
반공화주의 전통이 지배했다. 대조적으로 동부 지역은
확고한 좌익 반교권주의, 친공화주의 진영으로, 1960
년대에도 공산당에 투표한 '붉은색 지역la zone rouge'
이었다. 이러한 양상은 사회적 요인, 토지 소유와 관련
된 요인, 종교적 요인으로 돌릴 수 없다. 프랑스의 주
요 지방사가에 따르면 이를 설명할 수 있는 것은 단
한 가지, 즉 1793~1799년 올빼미파의 봉기에 따른
여파라는 것이다. 이러한 논리에 더욱 힘을 실어주는
것은 1789년의 '불평 목록'이 십일조와 성직자에 대한
가장 공격적인 저항은 동부가 아닌 서부에서 나왔음
을 보여준다는 사실이다. 혁명 정부의 극단적 행동은
초기 지지자들을 완강한 적으로 바꿔놓았을 것이다.
제1공화국의 실수가 제5공화국의 선거 행동에 여전히
영향을 끼치고 있었던 것이다. 르 로이 라뒤리Le Roy
Ladurie는 이렇게 썼다. "현재로 현재를 설명할 수는
없다."[1] 프랑스의 한 지방에서도 이러하다면 유럽 전역
에 걸쳐 얼마나 많은 지역에 이 말을 적용할 수 있을
까? ('슈왕'은 프랑스어로 "올빼미"라는 뜻이다.)

루즈 ROUGE

■ 1789년의 삼색기는 프랑스 왕실 깃발의 흰색과
■ 파리의 깃발 색인 빨강과 파랑에서 유래했다. 이
삼색기는 훗날 프랑스공화국의 국기가 된다. 1794년,
바타비아공화국(프랑스군에 의해 점령된 뒤 세워진 네덜란
드의 공화국)은 이와 비슷하지만 훨씬 더 오래된 네덜
란드공화국의 깃발을 계승해 프랑스 국기와 동일한 삼
색을 가로로 배열한 국기를 채택했다. ('루즈'는 프랑스
어로 "붉은색"이라는 뜻이다.)
그러나 혁명가들이 택한 것은 붉은 깃발이었다. 로마
시대에 붉은 깃발은 전쟁을 의미했다. 붉은색은 피,
불, 마법의 색이었다. 근대에 붉은색이 상징적으로 쓰
인 것은 1791년 튈르리궁전을 공격한 군중이 피에 젖
은 왕실 깃발을 들면서부터였다. 이후 '붉은색'과 '흰
색'은 각각 혁명과 반혁명의 색으로 받아들여졌다. 스
탕달은 이를 《적과 흑》으로 변형해 왕정복고 시기의
급진파와 반동 성직자 사이 투쟁을 그렸다.
색을 이용한 정치운동의 표현에는 깊은 함축이 담겨
있다. 붉은색은 가리발디의 '1000명의 의용군'과 사회
주의자들 그리고 특히 공산주의자들이 선택한 색이
었다. 대지의 상징인(그리고 한때 메로빙거왕조의 상징이
었던) 녹색은 여러 농민당과 아일랜드 애국지사들 그
리고 현대의 환경주의자들이 채택한 색이다. 한때 스
페인 귀족 혈통의 별칭이었던 '트루 블루True blue'는
영국의 토리당과 다른 보수정당들을 상징했다. 영국
과 아일랜드의 통합을 주장한 병합주의자들은 오렌
지색을, (오랑주(오라녀, 오렌지)) 자유주의자들은 노란색
을 선호했다. 초창기 나치의 색은 돌격대SA의 제복 때
문에 '갈색'으로 알려졌지만 나중에는 친위대SS의 제
복 색인 검은색으로 바뀌었다. 검은색은 유럽에서 전
통적으로 악, 죽음, 해적질을 상징했다. 나치 친위대
는 강제수용소의 포로들을 특정한 색의 띠로 구분했
다. 빨강은 정치범, 초록은 범죄자, 검정은 반사회 인
사, 분홍은 동성애자, 보라는 여호와의 증인, 갈색은
집시, 노랑은 유대인을 의미했다.[1]
색의 상징은 혼란을 야기하기도 한다. 가톨릭에서 붉
은색은 순교와 추기경을, 흰색은 순결과 정숙을, 파란
색은 희망과 성모마리아를, 검은색은 슬픔과 도미니
크수도회, 예수회를 상징한다. 인종의식과 정치적 올
바름의 시대에는 '검은색이 아름답고', '흰색'은 달갑지
않은 특권층을 뜻하며 '붉은 피부redskin'(아메리칸인디
언에 대한 모욕적 표현)는 '진홍색'으로 바꿔 써야 하고,
즐겨 쓰는 비유는 무지개가 돼야 한다.

면 대규모 징집도 공포정치도 다 피하려면 피할 수 있었던 일이었다.

공포정치는 (제2차) 공안위원회가 구상하고, 하나의 치밀한 정치 방편으로 실행됐다. 공포정치는 단순히 혁명에 적극적으로 반대하는 사람들을 분쇄하는 것에 그치지 않았다. 의도적으로 공포스럽고 불안한 분위기를 조성해 혁명에 반대한다는 생각 자체를 아예 무력화하는 것이 목적이었다. 공포정치가 양손에 쥐고 이용한 무기로 프레리알용의자법Prairial Law of Suspects〔혁명력 2년 프레리알 22일(1794년 6월 10일)에 제정돼 '프레리알22일법'이라고도 한다〕이 그 하나였다면, 나머지 하나는 혁명재판소Tribunal révolutionnaire였다. 프레리알법은 정권에 악의를 품은 자는 누가 됐든 반드시 고발한다는 의무를 모든 시민에게 부과했다. 법은 프랑스의 경제 분야 전체를 잠재적 범죄의 원천으로 만든 가격상한제법Law of Maximum Prices과 맞물려, 모든 프랑스 가정을 급작스럽고 근거 없는 재앙이 일어날 가능성에 노출시켰다. 약식 사형선고를 발표하는 것 외에는 거의 한 일이 없었던 혁명재판소의 법은 단두대를 무고한 사람들로 끊임없이 채우는 역할을 했다. 파리만 해도 이때 처형당한 사람들의 수만 수만 명을 헤아렸다. 지방에서는 군대의 지원을 받아 이런 일들이 행해졌다. 놀라운 사실은 파리에서 공포정치로 인해 사람 한 명이 목숨을 잃을 때마다, 방데에서는 그 10배에 해당하는 사람들이 목숨을 잃었다는 점이다.

그러나 공포정치 시대의 놀라운 풍조는 여기서 끝이 아니다. 공포정치는 스파이와 밀고자들이 판을 치고, 끝없는 의심이 팽배한 분위기를 만들어냈다. 이 시대에는 만원을 이룬 호송차가 사형수들을 싣고 적의가 가득한 길거리를 내달리는 광경을, 죽음을 목전에 둔 남자들과 여자들의 광경을, 사람들이 체념한 듯 조용히 입을 다물었다가 주체할 수 없는 서러움을 토해내는 광경을, 잘려나간 머리들이 근처의 바구니 안으로 떨어지는데도 단두대 옆에 앉아 태연하게 '뜨개질하는 여인들tricoteuses'〔트리코퇴즈〕의 광경을 심심찮게 볼 수 있었다. 끔찍한 극단적 상황 속에서 살벌한 유머가 대거 탄생했다. 당통 같은 이는 단두대에 올랐을 때 이름과 거주지를 대라고 하자 이렇게 답했다. "내 이름은 당통, 알 만한 사람은 다 알지. 내가 사는 곳은 무無의 땅Le Néant, 하지만 앞으로 나는 역사의 만신전 안에 거하게 될 것이다." 데물랭은 나이를 묻는 말에 이렇게 답했다. "훌륭한 상퀼로트인 예수의 나이와 같다. 혁명파로서는 죽을 때가 된 나이지." 그의 나이 38세였다. 루이 16세는 단두대 위에 올라서서 이런 말로 입을 열었으나 자신이 하려던 말을 다 끝맺지 못했다. "나는 아무 죄도 짓지 않고 죽지만, 내 적들을 용서하노라"로 시작된 그의 말은 "바라건대 내 피가 ……" 하는 대목에서 끝이 났다. 당통도 비슷한 맥락에서 "당통, 약한 모습은 없다"라고 혼잣말을 한 뒤 이렇게 말했다. "사형집행인이여, 내 머리를 잘라 사람들에게 보여주시오. 내 머리가 그 정도 가치는 있을 거요." 사형 전날 총탄에 턱을 관통당한 로베스피에르는 알아들을 수 없는 비명만 질러대다가 세상을 떠났다.

이 로베스피에르처럼, 혁명기에 폭력을 가한 당사자 상당수는 그 자신이 험악한 죽음을 면치 못했다. "방데의 도살자"라고 불린 베스테르만도 당통이 올랐던 그 단두대에서 죽음을 맞았다. 총재정부도 재판을 열어 유달리 악명을 떨친 사디스트 몇몇을 처벌했다.

입법 개혁 역시 프랑스혁명에서 나타난 그 거대한 조류를 똑같이 따라 입헌주의, 공화주의, 제국주의의 3단계를 차례로 거쳐나갔다. 그 결과 무척이나 혼란스러운 광경이 연출됐다. 구질서를 지탱하던 각종 제도는 폐지되고, 무위로 돌아간 혹은 단명에 그친 편의성 법률들로 대체됐으며, 제국은 이들 법령을 자신들 목적에 맞게 번복하거나 개정했다. 그 결과 종국에 탄생한 법령은 여러 가지가 잡다하게 섞인 기묘한 모습을 하고 있어서, 구체제의 자식이라고도 혁명기의 자식이라고도 하기 어려웠다. 예를 들어 세습 귀족제는 여타 사회적 신분제와 함께 1789년 폐지됐다. 공화국 체제 동안 모든 사람은 시민citoyen(남성형), ciotoyenne(여성형)이라는 하나의 계급으로 환원됐다. 보나파르트가 능력에 따른 지위 상승la carrière ouverte aux talents이라는 개념을 도입한 데 이어, 제국에서는 국가의 공무에 이바지하는 정도에 따라 귀족층을 대공, 공작, 백작으로 나누는 새로운 서열 및 작위 제도를 채택했다. 레지옹도뇌르훈장Légion d'Honneur(1802)은 공로에 따른 서열을 확립하려 나폴레옹 자신의 머리에서 나온 아이디어였다.

종교 방면에서는 시민이 성직자를 선출하게 되면서(1790) 모든 사제가 봉급을 받는 국가 관료가 됐고 교회의 모든 재산도 가압류됐다. 공화국 정부에서는 충성서약 거부자들을 박해했고, 입헌주의 교회를 국교로 인정하지 않는 조치를 취했으며, 독자적 세속 달력과 세속적 숭배(1794년의 최고 존재의 제전Worship of Supreme Being 혹은 1796년의 테오필란스로피Theophilanthropy('신과 인간의 벗'이라는 뜻으로 프랑스혁명기 동안 유행한 이신론의 일종) 같은 것들)를 만들어 시민들의 공공 생활에서 기독교의 요소를 없애려 노력했다. 보나파르트는 일단 교황에게 망신을 준 후, 공식적 자리에서 로마가톨릭을 다시 받아들이는 행보를 취했다. 1801년 맺어진 정교협약으로 로마가톨릭은 대부분의 프랑스 국민이 믿는 정교로 인정받는 동시에, 교회의 성직 임명, 급여, 재산의 문제는 모두 국가의 처분에 맡겨졌다. 교황 비오 7세Pius VII는 1804년 12월 2일 노트르담에서 열린 황제의 대관식에 참석했으나, 그의 행동이 너무 굼뜨자 결국에는 보나파르트 자신이 직접 자기 머리에 관을 얹었다. 아울러 그것이 옳은지 그른지는 모르겠으나, 나폴레옹 재임 시기 종교제식 일을 관장한 대신 장 비고 드 프레아메뇌Jean Bigot de Préameneu(1747~1825)는 종교 무관용의 대명사가 됐다. [기요탱]

교육 방면에서는 과거 교회 학교들에서 해오던 독점이 깨졌다. 제국 통치기 동안에는, 파리의 교육부 및 프랑스의 모든 주요 도시에 자리한 고등학교lycée(리세)를 기반으로 중앙집권화된 공립학교 교육 체제가 운영되면서 프랑스인의 삶에 가장 특징적인 제도로 자리잡았다.

지방 통치 방면에서는, 옛 프로뱅스가 폐지되고, 이와 오랜 기간 이어져온 특권들과 입법기관들도 사라졌다. 그 대신 1790년에 (주로 해당 지역의 강이나 산맥 이름을 딴) 83개의 더 작은 데파르트망이 생겨나, 제국 통치기 내내 명맥을 유지하면서 그 수를 대거 늘려나갔다. 이들 지방 행정구역의 내부 조직은 나폴레옹의 주도하에 재정비를 마치는바, 각 데파르트망을 관장하는 지방행정관직préfet(프레페)을 프랑스에 도입한 것이 나폴레옹이었다.

경제 방면에서는 혁명기의 정권들이 장기간에 걸쳐 일련의 실험을 기획해 추진해나갔다. 1790년 제헌의회는 (오래전부터 이어져온 프랑스의 여러 가지 세수를 이들이 얼마 전 폐지한 참이었기 때문에) 새로운 토지세, 소득세, 재산세를 만들어내지 않으면 안 됐다. 제헌의회는 국유화한 교회 토지를 담보로 유명한 아시냐assignat라는 국채를 발행해 재정을 조달하려 했으나, 아시냐는 차츰 가치가 떨어져 결국 가치가 대폭 하락한 일종의 지폐로 전락했다. 한편 1793년 자코뱅파가 채택한 경제 프로그램은 공포정치 시대에 대규모로 징집된 군대를 유지하는 동시에, 자코뱅파 자신의 사회적 이념을 실행시키기 위한 목적을 위해 마련됐다. 자코뱅파가 내건 '단일한 의지'라는 교조는 정치뿐만 아니라 경제에까지 두루 적용됐으며, 그에 따라 국가가 운영하는 군수 산업이 탄생했다. 이 과정에서 가격상한제법을 통해 물가를 엄격하게 통제했고, 모든 농민의 채무를 탕감해주는 조치를 취했다. 그러다 1795년 이후 총재정부에서는 경제정책을 대체할 수단으로 점차 약탈 및 공물貢物에 눈을 돌렸다. 여기에 나폴레옹은 이제는 옛것이 돼버린 장-바티스트 콜베르의 중상주의 관점까지 프랑스의 경제정책에 부가한다. 프랑스에서 대규모의 공공 프로젝트들이 추진될 수 있었던 것은 당시 정부가 국내에 정기적으로 현금이 돌 수 있게 하는 데 가장 역점을 두었기 때문이다.

프랑스는 공화국 시기나 제국 시기 모두 자유무역에는 적대적이었는데, 제1차 대對프랑스 동맹 기간에는 상업 선박운송 통제권을 두고 영국을 상대로 장기간 힘겨운 싸움에 돌입했다. 1806년 11월 나폴레옹은 베를린칙령Berlin Decree(대륙봉쇄령Biocus continental)을 통해 앞으로 영국제도를 봉쇄 상태로 만든다는 내용의 선언을 공식 발표 했다. "나는 육지의 힘으로 바다를 정복하기를 바란다." 영국도 지지 않고, 1807년 추밀원칙령Order in Council을 발동해, 모든 중립국을 상대로 (허가를 받은 상황을 제외하고) 프랑스와 일절 무역에 임하지 말 것을 명령했다. 그러자 나폴레옹도 1807년 12월 밀라노칙령Milan Decree을 발표해, 영국의 규칙에 따르는 나라는 어디가 됐든 처절한 응징을 피할 수 없을 것이라고 위협했다. 이에 대륙봉쇄령이 발효돼 프랑스 군이 점거한 모든 국가에서 실행됐고, 이를 발판으로 나폴레옹이 덴마크·스웨덴·러시아 같은 다른 나라들과도 협력할 수 있는 여건이 마련됐다. 이를 계기로 유럽은 하나로 통합된 경제 공동체가 어떤 것인지 처음으로 실감할 수 있었다. 그러나 이 조치로 각지에서 많은 원성이 일어나면서, 프랑스의 입지는 타격을 입을 수밖에 없었다.

조세제도도 수많은 우여곡절을 겪어야 했다. 원성의 대상이던 조세 및 면세특권들은 이 무렵 자취를 감추었다. 입헌주의 정권에서는 모든 시민에게 두루 공평한 세금을 매기는 것을 목표로 삼았던 한편, 자코뱅파에서는 납세자들에게만 참정권이 주어져야 한다는 조항을 삭제했다. 총재정부는 민주주의를 재산소유자들의 전유물로 퇴행시켰다. 제국 시기에는 비록 토지세가 중앙으로 일원화하면서 더 효율적으로 운용됐으나, 세금 부담이(특히 농민층이 짊어진) 엄청났다.

1790년대에 봇물이 터지듯 일어난 입법 활동으로 수많은 법률이 생겨난 만큼, 이 법률들이 정체되지 않고 제자리를 찾으려면 체계적 점검과 집대성 작업이 필요했다. 1792년 국민공회가 시작한 작업들은 《민법전Civil Code》(1804)이라는 기념비적 법전(얼마 안 가 《나폴레옹 법전Code Napoléon》으로 이름이 바뀌었다)이 나오면서 절정에 이르렀다. 이 법전은 1789년 당시 시행 중이던 360개 지방 법전의 내용을 대체한 것으로서, 프랑스 남부의 로마시대 법과 프랑스 북부의 관습법 사이, 그리고 1789년의 평등주의 원칙과 총재정부의 권위주의적이고 유산계급을 옹호하는 반동 사이에서 중도의 길을 걸어나갔다. (민사 영역에서 보통법은 설 자리를 잃었다.) 이 법전을 통해 만인이 시민권을 가지며, 만인이 법 앞에 평등하다는 사실이 재차 확인됐다. 가족법은 민법상의 결혼과 이혼이 종전대로 유지됐다. 다만 재산을 공평하게 분배받을 권리는 남자 상속자들만 가질 수 있었다. 결혼한 여성들은 계약을 맺을 '능력이 없는' 것으로 간주됐다. 프랑스에서 만들어진 이 법전의 내용은 최소 30개국이 넘는 국가의 사회 발전에 근본적 영향을 끼쳤다.

장기적 관점에서, 프랑스혁명이 가장 막대한 영향력을 끼친 부분은 순수한 사상의 영역일 것이다. 앞에서 살펴본 바의 상세한 법률 상당수는 1815년 이후 추가 개정 작업을 거치게 되고, 또 그 내용이 적용된 곳은 오로지 프랑스뿐이었다. 그러나 그 수많은 기본적 사상과 이상은 아직도 전 세계에 두루 남아 있으면서 생각할 여지를 주었으니, 심지어 그것들이 현실적으로 당장 표현될 방도가 전혀 없는 곳에서조차 그러했다. 일례로 공화주의는 1814~1815년 왕정복고 훨씬 전에 프랑스에서 패배당한 정치체제였다. 그러나 공화주의는 이후에도 계속 살아남아 1848~1851년에 이르러 다시금 확실히 입지를 다지게 된 전통에 자양분을 제공했고, 1871년에는 공화주의가 다시금 프랑스에서 영구히 자리를 잡았다. 19세기 유럽에서는 군주제가 여전히 지배적 통치방식이었던 만큼, 1792~1799년 프랑스 제1공화국의 모습이 유럽인들에게는 여간 매력적으로 비치지 않을 수 없었을 것이다.

혁명이라는 개념 자체도 사람들이 저항하기 어려운 힘을 지니고 있었으니, 심지어 혁명의 구체적 움직임이 억제된 곳들에서조차 그러했다. 1789년 이전에 대부분의 유럽인들은 정치 및 사회 질서에 대해 대체로 정적 관점 즉 변화는 기껏해야 제한적이거나 서서히 이루어질 수 있을 뿐이라는 생각을 가지고 있었다. 하지만 1789년 이후부터는 이 세상도 얼마든 뒤집힐 수 있으며, 그 어디보다 고요한 사회에서도 결의에 찬 사람들이 저변에 깔린 사회적·심리적 동력을 동원할 수 있다는 사실을 모든 사람이 알게 됐다. 이러한 깨달음은 당시 사람들 사이에 광범위한 공포와 함께, 일부 지역에는 더러 희망을 불러일으켰다. 아울러 이러한 깨달음은 사회과학이 성장해나갈 수 있도록 강력한 박차를 가해주었다. 이후부터 혁명은 '농민봉기jacquerie' '정부 전복 시도putsch' 등 일체의 군소 반란과는 엄연히 구별됐다.

반혁명counter-revolution 의식이 본격적 움직임을 시작한 것도 이즈음이었다. 이후 혁명적 신조에 상응해 반혁명적 생각도 균형을 맞춰나가게 된다. 버크의 《프랑스혁명에 관한 성찰Reflections on the Revolution in France》(1790)은 영어권 세계에서 그리고 괴테의 책들은 독일어권 세계에서 이후 지속적 영향력을 끼쳤다. 프랑스혁명을 신의 분노로 본 드 메스트르의 《프랑스에 관한 고찰》(1796)은 길이길이 후손을 남겨 알렉산드르 솔제니친까지 그 계보가 이어진다. 반혁명사상을 지녔던 이 모든 이는 버크와 마찬가지로 "그 적대자들이 만든 광기, 불화, 악덕, 혼란, 부질없는 슬픔이 가득 찬 세계"에 본능적 반발심을 가졌다.

프랑스의 혁명가들이 창안해낸 것은 아니었지만, 인권human rights의 개념이 근대 들어 가장 강력한 동력을 부여받은 것도 분명 이때였다. 1789년 인간과 시민의 권리선언Déclaration des droits de l'homme et du citoyen de 1789은 1689년 잉글랜드 권리장전에 담긴 기본 구상들과 미국 독립의 배후를 형성하고 있던 근본적 선언의 내용들을 전면에 내걸었다. 심하게 공격받고 상처는 입었어도 인권선언은 프랑스혁명이 처음 품은 이상에 대한 불후의 기념비로서 살아남았다. 1789년 8월 26일 "최고의 존재가 임하여 그분이 도와주시는 가운데" 통과된 이 선언은, 미국 독립선언서의 선례를 따라 전문前文을 먼저 싣고, 그 뒤에 인간이 가진 "천부적이고, 양도불가하고, 신성한 권리들"을 17조로 나열한 형태를 취했다.

제1조. 인간은 자유롭고 제 권리에서 평등하게 태어나 그 상태를 유지한다. 사회적 차별은 오로지 공동 이익이라는 근거 위에서만 성립될 수 있다.

제2조. 모든 정치적 결사의 목적은 인간의 자연적이며 소멸될 수 없는 권리를 보전하는 데 있다. 그 권리란 자유, 재산, 압제로부터의 안전 그리고 압제에 대한 저항을 말한다.

제3조. 모든 주권의 원천은 국민에게 있다. 어떤 단체나 개인도 국민으로부터 직접 연원하지 않는 권위를 행사할 수 없다.

제4조. 자유는 타인에게 해가 되지 않는 것은 무엇이든 행할 수 있는 능력에 있다 […].

제5조. 법은 오로지 사회에 해가 되는 행동만 금지할 수 있다. […]

제6조. 법은 일반의지의 표현이다. […] 법은 보호를 하는 경우에도 처벌을 하는 경우에도 만인에 대해 동일해야 한다.

제7조. 법에서 정한 경우를 제외하고는 그 누구도 소추, 체포, 구금을 당해서는 안 된다.

제8조. 법은 엄격한 의미에서 반드시 필요한 형벌만을 설정해야 한다. 그 어떤 사람도 소급 법령에 따라 처벌받는 일은 없어야 한다.

제9조. 모든 사람은 유죄임이 밝혀지기 전까지는 무죄로 추정된다. [⋯].

제10조. 개인은 누구나, 그것이 설령 종교와 관련된 것이라 할지라도, 의견 표명이 공공의 질서를 위협하지 않는 한, 방해받지 않고 자신의 의견을 낼 수 있어야 한다.

제11조. 사상과 의견의 자유로운 소통은 인간이 가진 가장 귀중한 권리의 하나다. 따라서 모든 시민은, 법의 규정에 따라 남용에 대한 책임을 져야 할 때를 제외하고는, 자유롭게 자신의 생각을 쓰고, 밀하고, 출간할 수 있다.

제12조. [이상의] 제 권리가 보장되기 위해서는 반드시 공권력이 요구된다. 공권력은 만인의 이득을 위해 설치되는 것이지, 그것을 위탁받는 사람들의 이익을 위한 것이 아니다.

제13조. 공공 조세는 공권력 및 행정 유지를 위해 반드시 필요하다. 공공 조세는 모든 시민들 사이에 차별을 두지 않고, 그들의 능력에 맞게 분담이 이루어져야 한다.

제14조. 시민들은 [⋯] 조세의 목적, 수준, 범위에 대해 승인할 권리를 지닌다.

제15조. 사회는 모든 공직자에 대해 그 행정에 관한 보고를 요구할 권리를 가진다.

제16조. 제 권리가 보장되지 않고 권력도 분립되지 않는 사회는 헌법을 갖고 있지 않은 곳이다.

제17조. 재산권은 신성하고 불가침한 권리이므로, 공공의 필요성, 법적 절차, 정당한 보상에 의하는 상황이 아니고는, 어떤 사람도 그 권리를 침해당할 수 없다.[33]

사회적 관습에 의하면 이와 같은 '인간의 권리'에는 자동적으로 여성의 권리도 포함되는 것으로 여겨졌다. 그러나 니콜라 드 콩도르세Nicolas de Condorcet를 비롯한 일부 과감한 인물들은 여기에 반대하면서, 인권과 관련해 여성들은 전혀 논외의 대상이라고 주장했다. 얼마간 시간이 흐른 후 이 선언문에는 새로운 사상들이 더해지게 되는데, 사회적·경제적 분야에서 인간이 가지는 권리들에 대한 내용들이 특히 눈에 띄었다. 1793년 6월 개정을 거친 인권선언문 제21조의 내용은 다음과 같았다.

공적 부조는 신성한 의무[dette][프랑스어로 '빚']다. 사회는 불운한 처지의 시민들에게 생계 유지의 의무를 지는바, 그들에게 일자리를 찾아주거나, 일할 능력을 갖지 못한 사람들에게는 생존의 수단을 보장해주어야 한다.[34]

노예제는 1794년에 불법으로 규정됐다. 종교적 관용은 보장됐다. [여성]

당연한 일이겠지만, 프랑스가 내건 이러한 인권은 프랑스의 공화국 시기에도 제국 시기에도 대대적으로 억압당했다. 1815년 이후로 프랑스식 인권은 중앙집권화한 강력한 관료제 국가를 상대로 계속 사투를 벌였다. 그러나 유럽 전역에 걸쳐 훨씬 큰 영향을 끼쳤던 것은 앵글로-색슨식의 인권보다는 이런 프랑스식의 인권이었으니, 당시에는 일반적으로 프랑스 문화가 더 막강한 힘을 끼쳐서였겠지만 한편으로는 프랑스의 병사들이 자신들의 배낭 속에 이런 인권선언을 넣고 유럽 전역에 날라 주었기 때문이다. 억압의 주동자들이 곳곳에 또 한 차례 자유의 씨앗들을 흩뿌린 것은 이때가 처음은 아니었다.

혁명 패턴이 지역에 따라 다양한 차이를 보였다는 것은 프랑스혁명을 논할 때 사람들이 곧잘 놓치는 사실이다. 파리는 혁명이 지배적 위세를 떨친 곳이지만, 프랑스의 전부는 아니었다. 1793년에 앵글로-스페인의 연합해군에 점거당한 툴롱은 항구와 도시가 왕당파와 공화파 사이의 치열한 싸움의 각축장이었다. 마르세유, 보르도, 리옹에서도 내전이 확대돼 자코뱅파의 '적색테러red terror'에 대응해 1794~1795년에는 '백색테러white terror'가 자행됐다. 아마 조직만 제대로 갖춰졌다면, 프랑스에는 왕당파의 정서가 대체로 민심을 얻었을 것이다. 그러나 결국에 승리를 거머쥔 쪽은 혁명파였으니, 이들이 우월하고 중앙집권적 군사력을 갖춘 데다 전쟁 발발도 한몫한 덕이었는데 그로 인해 혁명을 수호하는 일과 프랑스를 수호하는 일이 하나의 기치로 엮였다. 이렇듯 애국적 충정과 혁명에 대한 열의가 함께 불타오르는 모습을 그 무엇보다 명백하게 드러내준 것으로는 〈라인군軍을 위한 군가Le Chant de Guerre pour l'Armée du Rhin〉(1792)라는 노래만 한 것이 없었다. 〈라 마르세예즈La Marseillaise〉라고도 불린 이 노래는 80년의 시간이 흐른 뒤 프랑스공화국의 국가로 자리잡았다. [슈트라스부르크]

근대국가의 개념 즉 중앙집권화한 행정체제를 갖추고, 일정한 영토 전체의 모든 시민들에게 공통된 법률을 일률적으로 적용하는 국가라는 의미도 이 무렵 급격하게 강화됐다. 근대국가를 구성하는 요소들은 앞서 수세기에 걸쳐 꾸준히 발전해오고 있었고, 그런 모습들은 단지 프랑스만이 아닌 다른 국가들에서도 찾아볼 수 있었다. 하지만 자코뱅파의 잔혹한 숙청과 제국의 패기 넘치는 독재는, 과거 수십 년에 걸친 절대주의 통치가 무색하게 느껴질 만큼, 불과 20년 만에 프랑스의 특수주의로 깊숙이 잠식해 들어갔다. 그뿐만 아니라 혁명군은, 신성로마제국부터 베네치아공화국에 이르기까지 고대 유물처럼 유럽에 자리잡고 있던 구식의 국가구조를 싹 쓸어내 19세기의 행정 개혁이 실행될 수 있는 기반을 상당 부분 마련해주었다. 민족주의도 분명 프랑스혁명만으로 오롯이 형성된 것은 아니었다(10장 참조). 그러나 민족의 이데올로기도 그리고 민족성이라는 의식도 다른 데보다 특히 구舊질서가 전복된 모든 국가들에서 엄청나게 강화된 것은 사실이었다.

군국주의militarism—군사력이 정치를 행하는 정당하고 효과적인 방편이 된다는 신조—가

여성〔팜〕FEMME

■■ 프랑스 몽토방 출신 정육업자의 딸인 올랭프 드
구주Olympe De Gouges(1748~1793)는 젊은 과
부 신세로 파리로 이주했다. 본명이 마리 고즈Marie
Gauzes인 그녀는 결혼한 뒤에도 남편의 성을 따르지
않았고 저술가의 꿈을 키우며 필명을 만들었다. 혁명
초기부터 정치평론과 희극을 집필한 고즈는 제헌의회
에서 여성이 제외됐다는 사실에 격분해 인권선언The
Right of Man(이 원어에서는 '남성'이 인간을 대변하고 있다
는 점에 주목할 필요가 있다)을 풍자한 '여성과 여성 시민
의 권리 선언Les Droits de la Femme et du Citoyen
(1791)'을 아래와 같이 발표했다.

제1조. 여성은 자유롭고 제 권리에서 남성과 평등하게
태어나 그 상태를 유지한다. […]
제2조. 모든 정치적 결사의 목적은 여성과 남성의 자
연적이며 빼앗을 수 없는 권리를 보전하는 데 있다.
그 권리란 자유, 재산, 압제로부터의 안전, 그리고
압제에 대한 저항을 말한다.
제3조. 모든 주권의 원천은 본질적으로 국민에게 있으
며, 이 국민은 남성과 여성의 결합으로 이뤄진다.
제4조. […] 여성의 자연권 행사를 제한하는 것은 오로
지 이를 반대하는 남성의 폭정뿐이다.
제5조. 자연과 이성의 법은 사회에 해로운 모든 행동
을 금지한다. […]
제6조. 법은 일반의지의 표현이다. 모든 여성과 남성
시민은 법의 제정에 함께 기여해야 한다. 모든 시민
은 법 앞에 평등하므로 각자의 덕과 재능을 제외하
고는 어떠한 차별도 없이 명예를 얻고 지위에 오를
자격을 부여받아야 한다.
제7조. […] 여성은 남성과 마찬가지로 법을 엄격하게
준수해야 한다.
제8조. 범법행위 이전에 공포된 법에 의하지 아니하고
는 누구도 처벌받을 수 없으며 이는 여성에게도 적

용된다.
제9조. 유죄 사실이 입증된 여성이라면 엄격한 법의
처분을 온전히 받아야 한다. […]
제10조. 누구도 근본적 의견에 대해 박해를 받아서는
안 된다. 여성은 교수대에 오를 권리를 가졌으니 마
찬가지로 연단에 오를 권리를 가져야 한다.
제11조. […] 어떤 시민이든 야만적 편견에 의해 진실
은폐를 강요받지 않고 "나는 당신 아이의 어머니다"
라고 자유롭게 말할 수 있어야 한다.
제12조. 여성의 권리에 대한 보장은 절대적으로 이뤄
져야 한다. […]
제13조. 남성과 여성은 공공서비스에 평등하게 이바지
한다.
제14조. 여성 시민과 남성 시민은 동등하게 과세의 필
요를 확인할 권리를 갖는다.
제15조. 모든 여성은 모든 남성과 마찬가지로 사회에
이바지하는바, 모든 공직자에 대해 그 행정에 관한
보고를 요구할 권리를 가진다.
제16조. 제 권리가 보장되지 않고 권력도 분립되지 않
는 사회는 헌법이 없는 곳이다.
제17조. 재산은 남성과 여성이 평등하게 공유하거나
분할해야 한다. […][1]

이 문서는 여권운동의 창시 헌장과 같았으나 호기심
을 불러일으켰을 뿐 이렇다 할 영향력을 발휘하지 못
했다. 저자는 대담하게도 로베스피에르의 공포정치에
공개적으로 저항한 뒤 단두대에 올랐다.
'자유의 여전사' 안-조제프 테르아뉴 드 메리쿠르
Anne-Josèphe Théroigne de Méricourt(1758~1817)
는 더욱 공격적인 여권운동을 벌이려 리에주에서 파
리로 왔다. 그녀는 여성들이 혁명을 위해 싸워야 한
다고 주장하며 여성 민병대를 조직해 맹위를 떨쳤다.
《자유를 찾은 프랑스 여성》(1791)에서 그녀는 이렇게
밝혔다. "우리가 다룰 줄 아는 무기는 바늘과 물레뿐
이 아니다."

메리 울스턴크래프트Mary Wollstonecraft(1759~1797)는 런던에서 《인간의 권리 옹호》(1791)로 에드먼드 버크의 《프랑스혁명에 관한 성찰》을 반박한 뒤 파리로 건너왔다. 그녀의 저술한 《여성의 권리 옹호》(1792)는 올랭프 드 구주의 합리주의적 주장을 확장한 것이었다. 그녀는 정치논평가 윌리엄 고드윈과 혼인한 뒤 딸을 출산하다가 사망했고, 이 딸은 훗날 시인 셸리의 아내가 됐다(이 딸이 《프랑켄슈타인》의 작가 메리 울스턴크래프트 셸리다).

이 급진적 여권운동의 선구자들은 주요 혁명 세력의 동조를 받지 못했다. 여권신장의 풍토를 조성한 루소는 로마시대 부인들의 이타적 영웅주의에 남성들에게 남성다움을 고무하는 여성성을 더한 성역할을 제안했다. 베르사유궁전을 향한 여성들의 시위행진이 국왕에게 영향을 끼치지 못했듯, 드 구주, 테르아뉴 드 메리쿠르, 롤랑 부인, 샤를로트 코르데, 세실 르노Cécile Renault(로베스피에르를 암살하려다 실패하고 단두대에서 처형됐다)도 로베스피에르에게 영향을 끼치지 못했다. 1793년 6월 여성의 시민권은 노골적으로 거부됐다.[2]

이 시기에 탄탄한 입지를 다지게 된 것은 어쩌면 당연한 일이었다. 18세기의 전투들은 다소 제한적인 목표들을 갖고 치러졌다. 거기에다 전투를 실행한 이들은 대다수가 전장에서 싸움을 벌이기보다는 외교를 통해 더 많은 영토를 얻곤 했다. 반면 프랑스혁명군은 1792년 이후 군대의 대규모 징병, 전시 경제, 군비 확충의 열의가 맞물리면서 의기투합했고, 그런 상황을 발판으로 종전과는 완전히 다른 수준의 결과를 일구어낼 수 있었다. 종국에 프랑스혁명군이 패배했다는 점에서 군국주의의 한계가 여실히 드러났다고도 할 수 있겠지만, 거의 사반세기 동안 그들이 외양적으로 보여준 무적의 행보는 전쟁이 얼마나 많은 성취를 이룰 수 있는지를 생생히 보여주었다. 그것은 라자르 카르노Lazare Carnot(1753~1823)의 유산이었으니, 군사기술자이자 행정관이었던 그는 프랑스의 공안위원회, 총재정부, 제국 그리고 무엇보다 보나파르트 시대에 '승리의 기획자organizer of victory'로서 널리 칭송을 받았다. 카르노는 다음과 같이 썼다. "전쟁이란 혹독한 조건을 견디는 것이다. 사투à l'outrance를 벌일 각오가 아니라면, 집에나 가라."

혁명전쟁, 1792~1815년

혁명이 처음에는 내전을 그리고 나중에는 국제전까지 촉발할 거라는 조짐은 혁명의 초기부터 이미 나타났다. 1790년 5월 제헌의회는 프랑스가 정복전쟁에서 손을 뗄 것이라고 공식 선언했지만, 파리 길거리에서 어느 때보다 큰 소리로 메아리치는 "독재자에게 죽음을Mort aux Tyrans"이라는 외침을 맘 편하게 듣고 있을 군주는 없었다. 마찬가지 맥락에서, 본국을 떠난 망명귀족들과 군주제 지지자들이 적의에 찬 모의를 꾸미고 있는 와중에 태평하게 잠을 잘 수 있는 혁명가도 없었다. 고의적으로 권위를 과시하는 행태도 사회 전반에 불편한 분위기를 조성했다. 1791

슈트라스부르크 STRASSBURG

■ 1792년 4월 24일 스트라스부르에 주둔 중인 프
■ 랑스 군대는 제1차 대對프랑스동맹과의 전쟁이
선포됐다는 소식을 들었다. 그날 밤 스트라스부르 시
장 관저에서 연회가 열리는 사이, 쥐라 출신의 공병대
대위 클로드-조제프 루제 드 릴Claude-Josèphe
Rouget de Lisle(1760~1836)은 〈라인군軍을 위한 군
가〉를 즉흥적으로 작곡하고 가사를 붙였다. 곧이어 혁
명의 대의명분이 위험에 처한 곳이라면 어디에서든 기
운을 북돋는 이 노래가 울려 퍼졌다. (〔슈트라스부르크
STRASSBURG, Straßburg"는 "스트라스부르Strasbourg"의 독
일어명이다.〕

Allons, enfants de la Patrie!
Le jour de gloire est arrivé.
Contre nous de la tyrannie
L'étendard sanglant est levé, [bis]
Entendez-vous dans les campagnes
Mugir ces féroces soldats?
Ils viennent jusque dans nos bras
Égorger nos fils et nos compagnes
Aux armes, Citoyens! Formez vos bataillons!
Marchons, marchons!
Qu'un sang impur abreuve nos sillons.

나아가라, 조국의 자녀들이여!
영광의 날이 왔도다
우리에 맞서 저 폭군의
피묻은 깃발이 올랐도다. [반복]
들리는가 저 들판의
흉포한 병사들의 고함소리가?

저들이 우리의 가슴을 향해 달려들고 있다
우리의 아들과 딸을 죽이려고
무기를 들어라, 시민들이여! 그리고 집결하라!
진군하라, 진군하라
저들의 부패한 피로 우리의 밭을 적시자!

이 노래는 스트라스부르크에서 불릴 수 있도록 〈스트라
스부르거리트Strassburgerlied〉(스트라스부르크의 노래)
라는 제목의 독일어로 번역됐다. 여름이 되자 〈라 스
트라스부르주아즈La Strasbourgeoise〉라는 제목으로
프랑스 남부까지 흘러갔다. 6월 22일 저녁, 마르세유
의 한 연회에서 몽펠리에 출신의 의학도 프랑수아 미
루아르François Miroir가 이 노래를 불렀다. 노래는 지
원병 대대가 마르세유에서부터 파리까지 행군하는 내
내 멈추지 않을 만큼 중독성이 강했다. 6월 30일 이들
이 여전히 노래를 부르며 수도에 입성하는 순간부터
노래는 〈마르세유 군단의 찬가〉 또는 짧게 〈라 마르세
예즈〉로 불렸다. 이후 노래의 행로에 대해서는 의문의
여지가 없다. 하지만 남프랑스의 지원병들이 실제로
프랑스어를 할 수 있었는지에 대해서는 의심이 제기되
고 있다.

〈라 마르세예즈〉는 유럽 전역으로 퍼져나가는 혁명의 발
걸음을 재촉했다. 아울러 이탈리아어에서부터 폴란드어
에 이르기까지 수많은 언어로 번역돼 불렸다. 공화국 제
3년 메시도르 26일(1795년 7월 14일), 이 노래는 국민공
회의 법령에 따라 공식 채택 됐고, 이에 따라 (《신이여 왕
을 구해주소서》와 같은) 왕실 국가와는 상반되는 국가 제
정의 관습이 시작됐다. 나폴레옹은 〈라 마르세예즈〉가
공화국의 가장 훌륭한 장군이라고 말하곤 했다.

한편 루제 드 릴은 1793년 왕당파에 동조한 혐의로
체포된 뒤 살아 나왔지만 결국 빈곤 속에서 죽음을 맞
이했다. 롱르소니에에 그의 기념비가 세워져 있다.

년에 이르자 교황(비오 6세)이 공개적으로 혁명을 비난하고 나섰다. 이 도전을 한편에서는 지롱드파의 자크 피에르 브리소Jacques Pierre Brissot가 맡아 십자군을 일으켜 '폭군들'에게 항거하자고 인민들에게 주장했다면, 다른 한편에서는 마리 앙투아네트의 오빠인 신성로마제국 황제 레오폴트 2세가 필니츠에서 프로이센과 작센의 군주들을 만난 뒤 "가장 독실한 기독교 왕의 명예를 회복시키자"라며 제후들의 동맹 결성을 주장했다.

러시아, 오스트리아, 스웨덴, 프로이센, 작센, 스페인의 통치자들도 모두 적극적 개입을 옹호하고 나섰다. 이들의 계획은 예카테리나 여제의 전폭적 지지를 받았는데, 여제는 "프랑스에서 일어난 사태는 왕관을 머리에 얹은 모든 이에게 중요한 사안"이라는 견해를 표명했다. 당시 이들을 주도적으로 이끈 스웨덴의 구스타프 3세는 바렌으로의 도주를 기획했다. 구스타프 3세는 러시아로부터 지원금을 받았으나 1792년 3월 16일 스톡홀름에서 열린 가장무도회에서 암살 당했다. 그러나 이들 군주들의 움직임을 가로막은 가장 큰 장애물은 바로 루이 16세의 애매한 입장이었다. 루이 16세가 공식 석상에서 발표한 내용은 은밀한 서신에 표현된 의중과는 앞뒤가 맞지 않았던 데다, 루이 자신이 한편으로는 혁명에 반대하면서도 한편으로는 혁명에 협력하는 모습을 동시에 보였다. 결과적으로 루이의 구원자를 자처한 군주들의 분열 때문에 충분히 시간을 번 혁명파들이 먼저 주도권을 쥐었다. 1792년 4월 왕의 묵인 속에서 혁명파는 오스트리아와 프로이센을 상대로 전쟁을 선포했다. [슈트라스부르크]

프랑스의 급작스러운 전쟁 돌입은 루이 16세가 쓴 극약처방식 전술 중에서도 가장 끔찍한 결정에서 그 연원을 찾아야만 한다. 1792년 봄에 이와 같은 일이 발생한 것은 궁정파들은 물론 극단적 과격파들이 함께 왕의 귀에 대고 전쟁을 시작하는 편이 좋다고 속살거렸기 때문이다. 왕비가 전쟁을 벌이고 싶어한 것은, 전쟁이 터지면 자기 오빠가 이끄는 국제사회의 구원군이 혁명파를 패퇴시킬 수 있으리라는 생각에서였다. 한편 과격파들이 전쟁을 원한 건 전쟁이 벌어져 군사적 승리를 거두면 브리소파에서 그것을 십분 이용할 것이기 때문이었다. 그래서 루이는 이들의 말만 곧이곧대로 믿고, 그들보다 온건한 입장을 보인 지롱드파 대신들과 자코뱅파의 조언은 새겨듣지 않았다. 1792년 4월 20일, 프랑스군은 준비가 미흡한 상태로 상부의 지시에 따라 변경지대를 가로질러 오스트리아령 네덜란드를 침공했다. 그러나 루이가 벌인 이 도박은 이 게임을 곁에서 부추긴 사람들의 뜻대로는 전혀 풀리지 않았다. 즉각적인 군사적 대치는 없었다. 왕비가 기대했던 구원군은 움직임이 느려 실질적 측면에서는 도움이 되지 못했다. 브리소파도 어떤 식이든 지속적 이득을 얻지 못하더니, 여름이 지나가는 동안 자코뱅파에 주도권을 빼앗겼다. 유럽은 이제 서서히 이 사태가 평화적으로 진정되리라는 희망을 접어야 했다. 왕 자신도 그나마 갖고 있던 신망을 모두 잃었다. 이윽고 왕의 퇴위 절차가 진행됐고, 그런 뒤 그해 9월 발미에서 최초의 주요 전투가 일어났다.

이때 전혀 서두르는 기색을 보이지 않은 것은 러시아뿐이었다. 예카테리나 여제가 튀르크족 전쟁에 발목이 잡혀 있었기 때문인데, 이 전쟁은 1792년 야시조약Treaty of Jassy이 맺어지고 나서야 비로소 끝이 났다. 하지만 이 전쟁이 끝나고 나자 여제는 당장에 서방으로 눈을 돌렸다. 반혁명 십자군을 위해 여제가 들인 노력은 폴란드 헌법에 대한 적의로 고스란히 돌아갔으니, "이 헌법을 그녀는 단 1분도 용납할 수 없었다."

> 폴란드 헌법에선 자코뱅파식 혁명다운 구석을 전혀 찾아볼 수 없었다. 그러나 1791년 봄 당시 예카테리나는 혁명을 겪는 폴란드와 혁명을 겪는 프랑스 중 하나를 골라야 했을 때 선택의 여지가 별로 없었다. [⋯] [여재는] 폴란드 사회 서변에 흐르는 혁명의 기운을 감지했고 [⋯] 자신의 힘이 가장 손쉽게 미칠 수 있는 곳에서 일어난 혁명을 처참히 짓밟았다.[35]

예카테리나는 조국을 배반한 폴란드의 명사들로 구성된 가짜 연맹을 상트페테르부르크로 소환했고, 프로이센의 왕이 폴란드에 동조하지 못하도록 압박했다. 그런 후 러시아 군대에게 출정을 명했는데, 마침 그 시각 루이 16세도 프랑스 군대에 출정 명령을 내리고 있었다. 이로써 혁명전쟁은 동쪽과 서쪽 양 방면에서 동시에 그 막을 열었다. 전쟁을 개시한 두 나라 즉 프랑스와 러시아가 누가 더 강한지 일전을 펼치기까지는 앞으로 20년이 더 흘러야 했지만.

따라서 1792~1793년에 걸쳐 치러진 러시아-폴란드전쟁은 혁명기의 파노라마에서 빼놓을 수 없는 부분이었다. 차후 나폴레옹과 일전을 치를 동유럽의 강국들이 이 전쟁으로 서로 간에 세력균형을 이룰 수 있었다. 그러나 전쟁의 결과가 정해진 결론에 따라 흘러간 것은 아니었다. 폴란드 왕의 조카 유제프 포니아토프스키와, 미국독립전쟁에 참여한 백전노장 타데우시 코시치우슈코Tadeusz Kościuszko(미국육군사관학교의 창립자이다)의 지휘하에 그 무렵 갓 창설된 폴란드 군대는 예상외로 발군의 능력을 보여주었다. 1792년 6월 18일에는 폴란드 군대가 포돌리아의 지엘렌체에서 능란한 솜씨로 승리를 거두었으니, 러시아 군대가 폴란드령 우크라이나 땅으로 가로질러 들어온 지 한 달 뒤의 일이었다. 이후 프로이센 군대가 후방에서부터 폴란드 군대를 에워쌀 때까지도, 폴란드군은 계속해서 자신들 위치를 잘 지켜낼 것처럼 보였다. 하지만 종국에 가서 사태를 결정지은 것은 군대의 힘이 아니라 왕의 항복 결정이었다. 스타니스와프 아우구스트 왕은 더 이상 사람들의 피를 흘리게 해서는 안 된다며 러시아가 지원하는 타르고비차연맹Confederation of Targowica에 들어가더니, 제2차 폴란드분할의 조건들을 받아들이고는 1793년 1월 4일 상트페테르부르크에서 조약에 서명해 제2차 폴란드분할을 실행시켰다. 그로부터 6개월 후 러시아군의 총부리가 겨눠지는 가운데 리투아니아의 흐로드나에서 폴란드-리투아니아공화국 역사상 마지막 의회가 열렸다. 폴란드의 귀족 대표들은 재산 몰수의 위협을 당하고 있던 터라 자신들의 조국이 당하는 수치를 묵묵히 법적 문서로 만드는 수밖에 없었다. 폴란드의 5월 3일 헌법은 예상대로 매도당한 뒤에 무효화됐다. 이로써 러시아는 프랑스 절반에 달하는 영토를 자국 땅으로 병합하게 됐다. 프로이센은 단치히(그단스크)를 차지했다(이곳에서는 당장 반란이 일어났다). [토르]

서쪽에서는 혁명전쟁이 엄청난 규모의 복잡한 분쟁으로 전개돼, 유럽 대륙 거의 전체가 휘말려 들었다. 1792년 벌인 군사작전으로 프랑스에 공포가 고조되자, 혁명파 지도자들은 왕부터 폐위시킨 다음 이어 전면전을 벌이기로 기획했다. 프랑스가 처음 오스트리아의 영토를 침범하자, 이내 보란 듯이 프로이센과 오스트리아의 전열이 프랑스 땅을 침범해 들어왔다. 그러나 브라운슈바이크 공작(카를 빌헬름 페르디난트)이 열성적으로 정치 성명을 내놓은 데 비해, 그에 상응하는 열성적 군사작전은 이루어지지 않았다. 당시 프로이센군의 진군 속도가 얼마나 더뎠던지 바이마르에서 출정한 분대와 함께 노정에 올랐던 괴테는 한가한 틈을 타 대포알이 미치는 심리적 효과에 관한 실험 계획을 세웠다. 1792년 9월 20일 발미전투Battle of Valmy에서 그 유명한 '혁명군의 연속포격'에 격퇴를 당할 때에도 프로이센군은 여전히 전선에서 30킬로미터를 벗어나지 못한 아르곤 숲에 머물러 있었다. 이 전투 이후로는 혁명이 전쟁에 힘을 실어주고, 성공적인 전쟁이 다시 혁명으로부터 힘을 얻는 순환 관계가 되풀이됐다. 그리하여 1792년이 채 가기도 전, 혁명군은 다시 네덜란드에 발을 들인 후 사부아를 탈취할 수 있었다. 이후 혁명군은 진군에 진군을 멈추지 않았고, 그 행보는 거의 20년 가까이 이어졌다.

프랑스혁명전쟁은 종종 1793~1796년, 1799~1801년, 1805~1814년 세 번의 대對프랑스동맹 결성에 맞춰 그 진행 과정이 설명되고는 한다. 이런 식의 설명은 오해를 낳을 소지가 있는바, 이들 동맹이 모두 맺어지기 무섭게 깨졌기 때문이기도 하지만, 동맹 결성 중간중간 싸움이 이어진 경우가 많기 때문이다. 당시 동맹군의 중추를 이룬 유럽의 주요 강국들—오스트리아, 프로이센, 러시아—은 그 이해관계가 동맹 결성의 주도자인 영국 그리고 영국의 위대한 전시 총리 소小윌리엄 피트William Pitt the Younger(1759~1806)와 늘 일치하지는 않았다. 따라서 상황에 따라 변하는 다양한 기준으로 보면, 당시의 동맹은 세 번이 아니라 다섯 번, 여섯 번 혹은 일곱 번이 될 수도 있었다. 영국과 동맹을 맺은 협력국들은 프랑스로부터 침공당하고 점령당하는 수모를 되풀이해 겪어야 했다. 반면 영국은 공략하기 힘든 섬에 자리하고 있었던 까닭에 그런 수모를 겪지 않아도 됐다. 아울러 이 분쟁은 군사적 측면도 있었지만 경제적 측면도 함께 띠고 있었다. 그랬기 때문에 유럽의 울타리를 넘어 먼 지역에서까지 분쟁이 일어나는 경우도 여러 번 있었으며, 그럴 때에는 여러 대륙에 걸친 전 세계적 차원의 전략이 구사됐다.

1793~1796년의 제1차 대프랑스동맹은 동맹국들을 하나로 결집시키는 일이 얼마나 어려운

토르 TOR

■■ 브란덴부르크문Brandenburger Tor은 프로이센 왕국이 혁명전쟁에 돌입한 1793년, 성벽으로 둘러싸인 베를린 옛 도심의 19개 성문의 하나로 지어졌다. 도리스 양식의 열주列柱는 아테네 아크로폴리스의 출입문인 프로필라이아를 본떴다. 마차부馬車夫자리 Auriga—'승리의 전차'를 표현한 커다란 청동 조형물—가 상난을 상식하는 이 분은 이후 수많은 독일 근현대의 비극과 승리를 지켜보게 된다. 이 문은 1806년 나폴레옹의 베를린 입성과 왕과 황제, 통령, 총통을 위해 요란하게 운터덴린덴로Unter den Linden(브란덴부르크 문에서 동쪽으로 1.5킬로미터쯤 뻗어 있는 대로)를 밟고 나아가는 수많은 군사 행진을 목격했다. 1871년에는 프로이센-프랑스전쟁의 개선군이 이 문을 통과해 여전히 '불결'하고 '반종교적'이라 묘사되던 도시로 돌아왔다. 이는 베를린이 독일 제국의 수도로 재건되는 데 박차를 가한 사건이었다. 1933년에는 총리 히틀러가 이 문을 찾았다. 이 문은 1945년 4~5월 베를린공방전 동안 두 원수 게오르기 주코프와 이반 코네프가 이끈 경쟁관계의 벨라루스군과 우크라이나군을 가르는 경계선이 됐다. 주코프 군대의 두 러시아 하사관이 인근 제국의사당 꼭대기에 붉은 깃발을 꽂은 날, 코네프 휘하의 폴란드 1군의 병사들은 폐허가 된 이 문에 붉은색과 흰색의 깃발(폴란드 국기)을 걸었다. 이 문은 1953년에는 동독 노동자들의 처절한 항의행진을 지켜봤다. 1961년 8월부터 1989년 11월까지 이 문은 베를린장벽에 갇혀 그 중심부를 이루었다. (["토르"는 독일러로 "문" "성문"이라는 뜻이다.])

여러 세기를 거치는 동안 '마차부자리'는 어느새 정치 풍토의 풍향계로 간주됐다. 1807년 이 장식물은 파리로 옮겨졌다. 1814년 다시 제자리로 돌아왔을 때 전차는 서쪽을 마주 보고 있었다. 1945년에 파괴된 이후 1953년 원래의 거푸집으로 다시 주조한 새로운 조형물이 세워졌다. 이때 공산당 정권이 전차의 방향을 동쪽으로 돌려놓았다는 설이 있다. 1991년 통일 이후 베를린이 세 번째로 독일의 수도가 됐을 때 전차는 확고하게 서쪽을 향하게 됐다. 이 전차의 방향은 둘로 나뉜 양 베를린 사이 관계뿐 아니라 둘로 분열된 두 유럽 진영 사이의 관계의 상징이기도 했다.[1]

청동이나 석조 조형물을 통한 상징적 표현의 사례는 많은 곳에서 찾아볼 수 있다. 예를 들어 자그레브에 있는 크로아티아의 영웅 요시프 옐라치치Josip Jelačić 장군의 동상은 19세기 후반에 처음 세워졌을 때 누가 봐도 부다페스트를 향해 비난의 손가락질을 하는 모습이었다. 1991년 그의 손가락이 가리키는 방향은 베오그라드 쪽으로 바뀌었다. 1993년 보도에 따르면, 그의 손가락은 자칭 세르비아크라이나공화국의 수도인 크닌을 가리키도록 다시 한 번 조정됐다.

것인가를 여실히 드러내 보였다. 러시아는 이 동맹에 거의 아무런 기여도 하지 못했는데, 러시아는 자신들이 집어삼킨 폴란드 땅을 소화하는 것만도 버거웠다. 프로이센도 1795년 같은 이유를 내세워 동맹에서 빠졌다. 오스트리아는 네덜란드와 이탈리아 북부 땅이 프랑스군의 공격을 받아 짓밟히는 일을 겪어야 했다. 1795~1796년에는 스페인까지 편을 바꾸면서, 동맹에는 영국만 남았고 영국은 그나마 해군 덕에 재앙을 모면할 수 있었다. 그사이 프랑스는 본국에서는 반혁명 세력을 소탕하면서 해외에 혁명 정권들을 만들어나가기 시작했다. 그렇게 해서 세워진 수많은 정권 중 첫 번째가 네덜란드 땅의 바타비아공화국이었다(1794). 프랑스인들은 놀라운 기술

과 에너지를 가진 젊은 장군들도 실전에 내보내기 시작했다. 이런 장군들 가운데 첫 번째로 기용된 인물이 라자르 오슈 장군으로, 그는 라인강을 정복하는 한편 올빼미파를 소탕하고, 한때는 아일랜드 점령을 위한 원정길에 올랐다.

유럽 동쪽에서는, 제2차 분할에도 불구하고 폴란드-리투아니아가 여전히 항복을 거부하고 있었다. 1794년 초반에는 타데우시 코시치우슈코가 망명생활을 접고 돌아와, 그해 3월 24일에는 크라쿠프의 옛 시장 광장에 서서 "민족의 자치를 위하여 […] 나아가 자유를 위하여"라는 봉기 선언서를 낭독했다. 그해 5월에 그는 농노들을 자유로운 신분으로 해방한다는 선언문을 발표했다. 러시아의 전문 군대를 상대로 코시치우슈코의 지휘하에 낫을 든 농민병들이 라츠와비체에서 거둔 승리(4월 4일)는 방데인들이 숄레에서 거둔 승리를 연상시켰다. 그러나 바르샤바와 빌뉴스에서는 군중이 난동을 부리는 사태가 벌어졌다. 대중 법정이 세워져 주교들, 러시아 첩자들, 동맹군들에 사형을 선고했다. 마침내 전면적 혁명의 물결이 다다른 것이었다. 이제 군주들도 가만히 앉아 있을 수가 없었다. 서쪽에서는 바르샤바가 프로이센 군대에 포위 공격을 당했다. 동쪽에서는 러시아의 2개 군대가 진격해왔다. 그해 10월 10일, 마치에요비체에서 부상당한 코시치우슈코가 말에서 떨어지는데, 그때 그는 (낭설이지만) "폴란드는 끝이다Finis Poloniae"라고 말한 것으로 전해졌다. 러시아의 알렉산드르 수보로프Алекса́ндр Суво́ров는 바르샤바의 동쪽 교외에 자리한 프라가로 질풍처럼 밀고 들어가 그곳 주민들을 학살했다. 그런 후 상트페테르부르크에 다음과 같은 세 마디의 전언을 띄웠다. "만세, 프라가에서, 수보로프HURRAH, PRAGA, SUVOROV." 그러자 다음과 같은 세 마디의 답신이 날아왔다. "브라보, 원수여, 예카테리나BRAVO, FIELDMARSHAL, CATHERINE." [메트리카]

이 일을 계기로 제3차 폴란드분할은 폴란드인과 그들의 공화국이 더 이상 세상에 존재하지 않는다는 가정하에 진행됐다. 그랬으니 동의를 구하는 노력도 일절 이루어지지 않았다. 프로이센인들은 마조프셰와 바르샤바를 차지한 뒤 그곳을 "신新남프로이센New South Prussia"이라 불렀다. 오스트리아인들도 다른 곳의 커다란 땅덩이를 하나 차지한 뒤 "신갈리치아New Galicia"라 불렀다. 러시아인들은 잉글랜드에 맞먹는 크기의 땅덩이를 하나 차지하는 것으로 만족했다. 상트페테르부르크에서 조인이 이루어진 최종 조약에는 다음과 같은 내용의 비밀 규정이 붙어 있었다.

폴란드왕국이 존재했다는 기억을 되살릴 수 있는 것은 일체 폐기해야 할 필요가 있다는 점에 비추어 […] 고위의 계약 당사국들은 다음과 같은 사항에 동의하게 됨을 밝힌다. […] 당사국들이 정하는 칭호 안에 폴란드왕국이라는 명칭이 들어가는 일은 절대 없어야 하는바, 이 이름은 지금 당장 이 순간부터 그리고 영원히 가급적 사용하지 말아야 할 것이다.[36]

메트리카 METRYKA

■ 1795년 폴란드-리투아니아공화국을 진압한 러
■ 시아군은 정복한 나라의 국가 공문서들을 상트
페테르부르크로 가져갔다. 여기에는 중세 이후로 폴란
드왕국의 왕실에서 발행한 모든 법령, 법규, 특허장의
사본이 담긴 '왕실 기록부Metryka Koronna'와, 리투아
니아대공국과 모라비아공국의 유사한 기록들이 포함
돼 있었다. 일람표와 색인도 빼앗긴 탓에 바르샤바에
서는 정확히 무엇이 사라졌는지조차 알 길이 없었다.
19세기 동안 폴란드 역사학자들은 프로이센과 러시아
의 역사학자들처럼 자국의 역사를 연구할 수 없었다.
이로 인해 외부 세계에는 폴란드가 유럽의 역사에서
차지하는 위상이 현재의 역할만큼이나 주변적이라는
인식이 굳어졌다. ('메트리카'는 폴란드어로 "공식 등록부/
기록부"라는 뜻이다.)

폴란드의 잃어버린 기록들을 파악하고 재구성하며 가
능한 경우에는 복원하려는 시도가 200년에 걸쳐 진
행되고 있다. 1815년에 기록의 일부를 되찾았고 이후
1921년 리가조약을 통해 다른 일부를 회수할 수 있었
다. 먼 곳에 광범위하게 흩어져 있던 사본들이 통합됐
다. 그러나 1945년 소련군은 필요한 기록들을 다시 약
탈해간 뒤 1960년대에 일부만 선별해 돌려주었다. 독

자적 연구자는 누구도 제정러시아나 소련의 기록보관
소를 감시 없이 이용할 수 없었다.[1] [약탈]

1440년으로 거슬러 올라가는 '리투아니아 기록부
Metryka Litewska'의 운명은 1980년대가 돼서야 미
국 학자에 의해 상세하게 연구됐다. 서양 학자들을 위
해 승인된 소련의 공문서 조사에 참여한 이 여성 학
자는 17세기에 바르샤바를 침공한 스웨덴인들이 만든
일람표의 일부 사본을 갖고 있었다. 그녀는 러시아의
문서 담당관들이 여러 차례 제목, 위치, 분류를 바꾼
기록들을 집요하게 추적했다.[2] 그러나 2세기 전에 빼
앗긴 리투아니아 기록부의 주요 부분은 상트페테르부
르크에 남았다. 리투아니아와 벨라루스 정부는 반환
을 호소했지만 러시아연방은 '보관 장소나 소유의 형
태와 관계없이' 구러시아 소비에트연방사회주의공화국
의 기록보관소에 보관돼 있는, '러시아 역사'와 관련된
모든 문서에 대해서는 공식적으로 러시아에 소유권이
있다고 주장하며 이를 묵살했다.[3]

서양의 역사학자들은 사료의 출처를 중시해야 한다고
배웠다. 사료 출처에 접근할 수 있다면 이는 훌륭한 원
칙이다. 그러나 이들은 러시아 당국이 오래전부터 고
수한 훨씬 더 중요한 원칙 곧 사료를 쥐고 있는 자가
그 이용과 해석도 통제할 수 있다는 원칙이다.

이즈음에 이르렀을 때 보나파르트는 벌써 군대를 진격시키는 중이었고, 따라서 서유럽에서
는 폴란드의 운명이 부당한 일들로 얼룩져 있다는 생각을 할 겨를이 없었다. 러시아는 완강한
혁명 반대자이자 군주제의 최강 옹호자로 확실하게 명성을 굳힌 뒤였다. 폴란드인들은 건실한
통치를 가장 그악스럽게 반대하는 신민들의 역할을 떠안은 셈이었다. 이후 폴란드인들은 혁명전
쟁 기간 내내 프랑스군의 전열에 서서 함께 싸운 외국인 분견대에서 가장 많은 비중을 차지하
게 된다.

1796~1797년의 이탈리아 원정은 총재정부 시기 프랑스가 오스트리아에 속한 영지들에 반
감을 표시하면서 시작됐으니, 오스트리아는 이미 동맹 참가국들의 동맹관계가 붕괴되면서 고립

무원의 처지가 돼 있었다. 이 전쟁은 보나파르트 장군이(오슈 장군보다 한 살 적었다) 국제전에 첫선을 보인 것으로 유명했다. 나폴레옹이 지휘를 맡고 불과 몇 주 새에 마리팀알프스의 변경지대에서 만신창이가 돼 있던 프랑스군은 일약 무적의 군대로 거듭났다. 젊은 장군은 병사들에게 이렇게 말했다. "이탈리아 원정군의 병사들이여, 내가 그대들을 이끌고 들어가려는 땅은 이 세상에서 가장 비옥한 평원이다. 그곳에서 제군들은 명예, 영광, 그리고 부를 찾게 될 것이다. 그런데도 차마 용기를 내지 못한다 하겠는가?" 12개월도 채 되지 않아 이탈리아 북부 전역이 프랑스군대에 짓밟혔다. 1796년 5월 10일 로디교橋에서 처음으로 유감없이 발휘된 보나파르트의 탁월한 전술적 기량은 그에게 전략적 패권을 안겨주었다. 밀라노가 해방됐고, 만토바는 포위전을 당해 위축됐으며, 오스트리아의 저항군은 리볼리에서 나폴레옹에게 패했다. 이제 프랑스군의 진격로는 케른텐을 향해 뚫리게 되는바, 이로써 빈까지도 프랑스군이 쳐들어올 때만을 기다리게 됐다. [그릴렌슈타인]

보나파르트는 전쟁과 인접해 있는 모든 문제에 관심을 보였다. 그는 곳곳에서 일어나는 반란과 폭동들을 즉시 신속하고 과단성 있게 가차 없이 진압했다. 파르마 공작의 영지로 발을 들였을 때는 그곳의 모든 진귀한 예술작품을 즉시 자신에게 넘길 것을 요구했다. 루브르박물관이 예술작품 소장 면에서 탁월한 명성을 자랑하게 된 것은 나폴레옹의 같은 정책에 힘입은 것이었다. 나폴레옹은 캄포포르미오평화조약Peace of Campo Formio(1797년 10월)의 사전 협상에서도 파리에 따로 의견을 구하지 않고 협정 조건을 정해 밀고 나갔다. 나폴레옹의 이러한 행보는 향후 그에게 본국의 정치인들보다 우위에 서는 발판을 마련해주었다.

1798~1799년 이집트 군사작전은 식민지 사업 및 상업 방면에서 영국이 누리고 있던 패권을 프랑스 총재정부가 어떻게든 뒤흔들어보려는 목적에서 치러진 것이었다. 중동 지역에서 프랑스의 입지가 잘 확립되면, 영국과 인도의 관계를 약화시킬 수 있을 뿐 아니라 앞으로 프랑스가 지중해 전역을 장악하는 길이 마련될 수 있을 것이었다. 이집트 군사작전은 몰타섬 점령으로 그 막을 열어, 이윽고 4만 명에 이르는 군대가 알렉산드리아에 상륙했다. 그러나 이집트를 장악한 맘루크를 누르고 프랑스군이 승리했음에도 불구하고, 넬슨 제독이 아부키르만에서 프랑스 선단을 격파한 것과 함께(1799) 러시아와 오스만제국 사이의 전략적 동맹이 맺어지면서 프랑스의 이집트 원정은 그 기반이 약해졌다. 이 원정의 전철을 밟듯 프랑스는 카리브해에서(1802), 루아지애나 헐값 매각으로 아메리카에서(1803), 이뿐 아니라 오스트레일리아에서도(1804) 영국의 허를 찌르는 전법을 구사했지만 모두 허사였다. 이들 작전은 하나같이 어떠한 결실도 맺지 못했는바, 육지에서는 보나파르트를 당할 자가 없었던 것과 마찬가지로 바다에서는 영국 왕립해군을 당할 자가 없었다. 1799년 8월 보나파르트는 브뤼메르 18일 쿠데타를 일으키기 위해 이집트를 떠났고, 그 뒤 프랑스에서 권력의 고삐를 거머쥐게 된다.

그릴렌슈타인 GRILLENSTEIN

■ 1797년 오스트리아 발트피르텔 지역의 그뮌트 교구 그릴렌슈타인 마을의 한 소농 방직공 집안에 아들이 태어났다. 이 가족의 성姓은 알려지지 않았지만 교구 기록을 통해 그들의 삶이 재구성됐다(부록 1634쪽 참조). 1817년 20세가 된 아들은 6세 연상의 여자와 혼인했고 그해가 가기 전에 아들을 낳았다. 이 시점에 이 가정은 (프랑스 사회학자·경제학자) 피에르 기욤 프레데리크 르 플레Pierre Guillaume Frédéric le Play가 말한 고전적인 '직계가족stem family'의 전형적인 사례—51세의 조부가 이끄는 가부장적인 3대의 가족—를 보여준다. [그로센메어]

하지만 이러한 그림은 이내 바뀌고 만다. 이듬해(1818)에 조부는 아내와 미혼의 10대 두 딸과 함께 가장에서 물러나('제외Ausnahme') 아들에게 집안의 지휘권을 넘겨주었다. 그 후 계속 농장에서 12년 동안 생활한 뒤 아내가 세상을 떠나자 재혼해 다른 곳으로 떠났다.

그리하여 1818년부터 이 가정은 직계가족의 모형과 는 매우 다른 모습이 됐다. 아들은 12년 동안 부모의 권한에서 벗어나 가장으로 살았지만 은퇴한 부모가 배경에 존재했다. 세 자녀가 더 태어나 가족이 늘어났지만 장남(1821), 모친(1826), 신생아 딸(1827)이 사망했다. 부친과 미혼 여동생들이 떠난 뒤(1830) 일손이 달린 그는 일련의 방직공과 그들의 가족 그리고 여러 명의 하인을 들여야 했다. 1841년 그의 장녀가 21세가 됐을 때 이 가정은 피가 섞이지 않은 세 가족으로 구성됐다. 그의 가족과 그보다 연장자인 두 방직공의 가족으로, 이들이 오기 전에는 두 독신녀와 그들의 사생아들이 있었다. 이로 인해 어떤 문제가 불거졌을지는 충분히 상상할 수 있다.[1]

역사학자들은 이 그릴렌슈타인 방직공의 사례를 통해 표준적 사회학 모형의 일반화에 따르는 위험을 증명하고 시간의 지남에 따른 역동적 변화들을 제시해왔다. 한 가정의 성쇠를 보여주는 이 가족의 변화사는 유럽 전체와 여러 시대를 아울러 소농들의 삶을 이해하는 데 중요한 자료가 된다.

히틀러와 스탈린이 그랬듯, 나불리오네 부오나파르테Nabulione Buonaparte(나폴레옹 보나파르트의 코르시카어 이름)(1769~1821)는 프랑스 땅을 거머쥔 인물이었으나 정작 그 자신은 프랑스 내지인이 아니었다. 그의 고향은 코르시카섬의 아작시오로, 루이 15세가 제노바로부터 섬을 사들이고 1년 뒤 그곳에서 태어났다. 육군사관학교에서 공부하기 위해 프랑스로 건너왔을 때만 해도 나폴레옹은 수중에 가진 재산은 물론, 사회적 연고도 전혀 없었고, 프랑스어를 유창하게 구사할 수 있었던 것도 아니었다. 성인이 된 그는 작달막한 키에 무례하고 자기주장이 강한 젊은 이의 모습을 하고 있었지만, 누르스름한 피부를 금방이라도 뚫고 나올 듯한 그 기질은 코르시카 지방 사람들 특유의 복수심만은 아니었다. 그런 그를, 길들기만을 바라며 날뛰는 '반항적 암말' 프랑스가 기다리고 있었다.

O Corse à cheveux plats! Que la France était belle
Au grand soleil de messidor!

C'était une cavale indomptable et rebelle

Sans frein d'acier ni rênes d'or.

오, 더벅머리 코르시카인아! 프랑스는 참 아름다웠지

메시도르의 여름철 태양 속에서!

그녀는 암말, 반항아처럼 날뛰며 도무지 길들지 않는,

강철 굴레를 쓴 적도, 황금 채찍을 맞아본 적도 없는.[37]

  이 '더벅머리 코르시카인'이 출세한 것은 모두 프랑스혁명 덕분이었으니, 혁명을 계기로 보나파르트는 스물넷의 나이에 일약 포병대 장군으로 임관할 수 있었다. 튈르리궁 습격 당시의 유혈참상은 그도 두 눈으로 목격한 터였다. 하지만 보나파르트는 그 뒤 잠시 프랑스를 떠나 코르시카에 있는 자신의 형제들을 돕게 되는데, 아마도 고향에서 일어난 불미스러운 일 때문에 가족들이 추방당하는 일만 겪지 않았다면 그는 그대로 코르시카에 눌러앉았을지도 모른다. 툴롱에서 로베스피에르의 형제와 함께 복무한 그는 1794년에는 잠시 테르미도르파에 붙잡혀 억류를 당했고, 한때는 오스만제국의 술탄 밑에서 일해볼 뜻도 품었으나 그 계획은 무위로 돌아갔다. 그러나 1795년 왕당파의 10월폭동 동안에는 프랑스에 몸을 의탁하고 있었고, 절묘한 순간에 강경진압whiff of grapeshot으로 일촉즉발의 위기에서 국민공회를 구해냈다.

  이후 한때 혐의를 쓰고 투옥됐던 이 포병대 장군은 탄탄대로를 달린다. 1796년에는 만신창이가 된 이탈리아 원정군을 지휘하라는 임무가 그에게 맡겨졌다. 그리고 그만큼 빠른 속도로 정치계의 대선배들 대열에 끼게 되는데, 전장에서 날아드는 승전보에 파리의 정치 운명이 좌우되리라고 제대로 판단했던 것이 주효했다. 국정 운영의 중심을 못 잡고 비틀거리던 총재정부는 공공연히 나폴레옹의 환심을 사고자 했고, 따라서 1798~1799년 이집트 원정으로 나폴레옹이 자리를 비웠을 때도 그의 입지는 도리어 더욱 공고해졌다. 나폴레옹이 사실상 프랑스의 독재자로 자리매김한 브뤼메르 18일 쿠데타coup of 18 Brumaire도 전혀 머뭇거림 없이 실행됐다. 브뤼메르 18일 쿠데타는 사실 나폴레옹이 완전한 외지인이 아니었다면 이루기 힘든 위업이었다. 이후로 나폴레옹은 통령정부와 제국 체제에서, 정당방위를 명목으로 내걸고 40여 차례 전쟁을 치르며 주위를 피바다로 만들었지만 단 한 번도 뒤를 돌아보지 않았다. 나폴레옹 곁에는 그 못지않게 일약 출세한 프랑스 군대의 원수들—루이 알렉상드르 베르티에, 앙드레 마세나, 자크 마크도날, 조아킴 뮈라, 장드디외 술트, 미셸 네—과 함께, 그 못지않게 영명했던 정부 대신들—탈레랑, 마르탱 미셸 샤를 고댕, 조제프 푸셰, 앙리 자크 귀욤 클라르크—이 늘 포진해 있었으니, 그가 프랑스라는 암말 위에 올라타서도 실수를 하지 않았던 건 어쩌면 당연했다.

이 코르시카인은 프랑스라는 말 등에 올라타 굴레를 씌우는 일을 마치자 코르시카인 친족들이라는 안장을 그 말 위에 얹었는데 하나같이 보나파르트 일족이었다. 형 조제프를 데려다 나폴리와 스페인의 왕 자리에 앉혔고 동생들인 뤼시앵은 카니노의 제후 자리에, 루이는 홀란트의 왕 자리에, 제롬은 베스트팔렌 왕 자리에 앉혔다. 거기에 여동생들인 엘리자, 폴린, 카롤린도 각자 공작부인, 왕자비, 왕비의 자리에 앉혔다. 왕조를 세우고 지켜나가는 길이 순탄치 않았던 것은 나폴레옹뿐이었다. 나폴레옹은 마르티니크 태생의 크레올Créole(본래 유럽인의 자손으로 식민지 지역에서 태어난 사람)이자 처형당한 귀족의 미망인 조제핀 드 보아르네Joséphine de Beauharnais와 결혼했으나, 둘 사이에서는 후계자도 생기지 않았을 뿐 아니라 종국에는 이혼으로 끝이 났다. 나폴레옹의 폴란드인 정부 마리 왈레브스카Marie Walewska는 아들을 하나 낳았지만 세상의 인정은 받지 못했다. 그러다 나폴레옹의 두 번째 부인 오스트리아의 마리-루이즈Marie-Louise of Austria가 1811년 나폴레옹 2세(로마 왕)를 낳았다. 그러나 이 무렵에는 '메시도르의 태양' 위로 어느덧 먹구름이 몰려들고 있었다. 유럽 전체를 지배한 최초의 통치자는 이때 이미 러시아 침공 계획을 구상 중이었다. 토크빌의 표현대로라면, 나폴레옹은 "덕은 갖지 못했으되 더없이 대단한 모습"을 보여준 인물이었다. [코르시카]

제2차 대프랑스동맹(1799~1801)은 새로 차르가 된 파벨 1세의 주도로 결성될 수 있었던바, 파벨 1세는 러시아가 이 동맹 안에서 더 적극적인 역할을 하고자 무척 열의를 보였다. 수보로프가 이끄는 러시아 군대가 오스트리아령 이탈리아를 대부분 수복하자, 얼마 뒤 보나파르트가 힘의 균형추를 되찾아오려는 듯 다시 이탈리아에 모습을 드러냈다. 그런데 파벨 1세가 이즈음 암살을 당한다(1801년 3월). 대륙의 동맹국들로서는 심장을 잃은 셈이었고, 이렇게 해서 또 한 번 영국 홀로 남아 프랑스를 상대해야 하는 처지가 됐다. 동맹국들이 뤼네빌조약Treaty of Lunéville(1801)을 맺자, 영국은 아미앵화약Peace of Amien(1802)을 맺는 것으로 맞대응했다.

제2차 대프랑스동맹이 무너지면서, 보나파르트는 유리한 고지를 올라 찬찬히 사태를 관망할 여유를 갖게 됐다. 그가 피에몬테, 파르마, 피아첸차를 비롯해 추가로 이탈리아 정복에 나선 것이 이때였다. 아이티에서 일어난 반란을 진압하기 위해 원정대를 파견한 것은 실패로 돌아갔다. 아울러 독일 침공도 감행해 신성로마제국의 종말을 재촉했고 한편, 불로뉴에서 영국 원정군을 모집하기 시작했다. 이뿐 아니라 나폴레옹은 자신과 대치하는 주요국들을 전략적으로 포위하는 계책 마련에 또다시 돌입했다. 1805년 3월 30일 나폴레옹은 페르시아의 샤에게 다음과 같은 편지를 썼다.

프랑스의 황제 보나파르트가 페르시아인들의 샤 페트 알리Feth Ali에게, 인사드리오!

여러 나라의 운명을 주관하시는 정령Jinn(아랍 신화 속의 정령)께서 내게 바라시는 게 있다고 믿어지는바, 그것은 다름 아닌 현재 당신이 당신 제국의 힘을 튼튼히 유지시키기 위해 기울이고 있는 그 노력을 내가 뒷받침하는 것이오.

페르시아는 아시아에서 가장 고귀한 나라이고, 프랑스는 서쪽 땅에서 제일가는 제국이오.

하지만 이 땅 위에는 우리 말고도 다른 제국들이 함께 존재하니 [...] [그곳에 사는] 사람들은 태생적으로 차분히 지내지를 못하고 탐욕스러우며 시샘이 많소. 러시아인만 해도 자신들이 가진 불모의 땅에 넌더리를 내고, 오스만인의 강역 중에서도 가장 빼어난 곳들에 제멋대로 발을 들이고 있소. 영국인들은 페르시아제국에서 제일 작은 속주만도 못한 섬나라에 매여 있는 이들로 [...] 지금은 인도에서 한창 패권을 확립해가는 중인데, 하루가 다르게 그 힘이 가공할 만큼 커지고 있다오. 이런 곳들이 바로 항상 예의주시하고 두려워해야 할 그런 나라들이오. [...].38

나폴레옹이 아시아에 자리한 나라들에 깊은 존경심을 가지고 있다고 한 것은 완전히 빈말은 아니었다. 이집트 원정을 치르는 동안 그는 다음과 같이 말했다. "유럽은 두더지 집에 불과해. 지금껏 위대한 제국과 혁명들은 다 동방에서 일어났지."39 하지만 그러고 얼마 지나지 않아 유럽의 정세가 급박하게 돌아가기 시작했다.

소小피트가 생애 마지막으로 공들인 외교의 성과였던 제3차 대프랑스동맹(1805~1814)은 동맹국들이 최후의 결전을 치르겠다는 각오로 결성됐다. 그러나 최후의 결전이 치러지는 그날이 다가오는 속도는 더디기만 했다. 바다에서는 영국이 저 멀리 트라팔가르곶에서 승리를 거두고 해상전의 패권을 완전히 장악하면서, 프랑스가 영국을 침공해 들어올 여지를 일절 남기지 않았다. 그와 반대로 육지에서는 나폴레옹이 자신의 적들을 하나씩 차례로 무참하게 격파해나갔다. 1805년에는 아우스터리츠에서 오스트리아군이 프랑스군에 섬멸당한 한편, 러시아군도 그대로 퇴각해야 했다. 1806년에는 예나와 아우어슈테트에서 프로이센 군대가 프랑스군에 완전히 짓밟혔다. 1807년에는 아일라우와 프리틀란트에서 러시아 군대가 프랑스군에 밀려 단 한 명의 병사도 남겨두지 못한 채 완전히 철수해야 했다. 그런 뒤 18개월도 채 지나지 않아 빈, 베를린, 바르샤바도 모두 프랑스군에 점령당했다. 여기까지 이르자 나폴레옹은 틸지트의 네만강의 뗏목 위에 올라 러시아와 프로이센을 상대로 평화협정을 맺으니(1807년 7월), 이로써 대프랑스동맹에 영국만 남은 것이 세 번째였다. [슬라프코프]

그러나 영국은 전쟁을 충분히 이어가고도 남을 만큼 적극적 움직임을 보이고 있었다. 영국은 왕립해군으로 해상봉쇄 작전을 펼쳐, 나폴레옹의 대륙봉쇄령(뒤의 내용 참조)에 동원된 모든 국가를 상대로 통상무역 전쟁을 치렀다. 이뿐만이 아니었다. 1808년에는 스페인 북부에 군대를 파견해서, 나폴레옹이 최근 차지한 스페인과 포르투갈 땅 모두에 압박을 가했고, 이베리아반도

슬라프코프 SLAVKOV

■ '명예로운 장소' 슬라프코프는 모라비아 브르노에서 동쪽으로 약 20킬로미터 떨어진 작은 마을이다. 1805년 12월 2일 독일식으로 아우스터리츠 Austerlitz라고 불렸던 이 마을은 나폴레옹에게 가장 극적인 승리를 안겨준 '삼제회전三帝會戰'의 배경이 됐다. 오스트리아와 러시아의 동맹군이 진격해오자 나폴레옹은 후퇴하며 그들을 유인했다. 새벽안개 속에서 연합군의 삼렬 종대가 프랑스군의 우익을 공격했다. 나폴레옹은 이렇게 선언했다. "저들은 나의 오른쪽을 공격하면서 옆구리를 내보였다."

빈에서부터 병력을 이끌고 48시간 동안 150여 킬로미터를 달려온 프랑스군의 루이 니콜라 다부Louis Nicolas Davout 원수는 그날 하루 내내 네 배 규모의 적과 맞서 싸우며 주요 공격을 막았다. 오전 10시가 되자 안개가 걷히고 그 유명한 '아우스터리츠의 태양'이 모습을 드러냈다. 프랑스군은 프라첸고원의 유리한 고지를 점령해 들판 곳곳으로 대포를 쏘며 적군을 둘로 갈라놓았다. 프랑스 근위대가 러시아 근위대를 물리치자 퇴각이 시작됐다. 프랑스 포병대는 계곡의 얼어붙은 호수를 깨뜨려 주요 퇴로를 막았다. 15만 명 가운데 2만 명의 전사자와 그 비슷한 수의 포로들을 보며 나폴레옹은 최고의 순간을 음미했다. 살아남은 자들에게 그는 이렇게 말했다. "너희들은 '아우스터리츠에 있었다'라고 말하는 것만으로도 충분할 것이다 Il vous suffira de dire 'j'étais à Austerlitz'."[1]

앙투안 장 그로, 칼 베르네, 앙투안 프랑수아 칼레, 프랑수아 제라르가 이 전투를 그림으로 남겼다. 이를 칭송하는 시도 쓰였다. 그러나 그 어떤 것도 레프 톨스토이의 《전쟁과 평화》 3권의 묘사와는 비교할 수 없다.

> 태양이 떠오르고 […] 눈부신 햇살로 들판과 안개가 환히 빛나자 […] 그는 장갑을 벗고 희고 아름다운 손으로 지휘관에게 공격을 시작하라는 신호를 보냈다.[2]

오늘날 아우스터리츠는 영국의 워털루처럼 프랑스 남서부로 승객들을 실어나르는 기차역의 이름이다. 군사 역사학자들은 장군들의 계획보다는 병사들의 경험과 감정에 더 관심을 갖는다.[3] 그렇다고는 해도 과거를 구성하는 모든 것을 누가 지배하게 될지 결정한 것은 위대한 전투들이었다.

에서 일어난 내전을 국제 문제로 승화시켰으며, 젊은 아서 웰즐리Arhthur Wellesley〔웰링턴〕를 '철의 공작Iron Duke'으로 탄생시키니, 중대한 부분에서 허를 찔린 나폴레옹은 이베리아반도를 토벌할 수 있는 시간과 자원을 두 번 다시는 끌어모으지 못했다.

그러자 비록 견디기 힘들 만큼 시간이 지체되기는 했어도 빈사 상태에 있던 대프랑스동맹의 동맹국들이 하나하나 차례로 되살아나기 시작했다. 1808년에는 이탈리아의 일부 지역들이 프랑스의 통치에 반발하며 스페인을 뒤따라 반란을 일으켰다. 1809년에는 오스트리아도 나폴레옹과 맺은 협정을 파기했으나, 이 때문에 오스트리아는 (빈이 코앞에 보이는) 바그람에서(1809) 다시 한 번 프랑스군에 철저히 짓밟혔다. 1810~1812년에는 프로이센에서 불온한 움직임이 보이기 시작했는바, 발단은 지하에서 전개된 비밀 저항운동이었다. 바로 이즈음 러시아도 프랑스와의 연대를 질색하게 됐는데, 나폴레옹이 폴란드-리투아니아를 차지할까 두려운 한편, 유럽 대륙의 다른 모든 나라들이 그랬듯 대륙봉쇄령으로 가해지는 제약들이 성가시게 여겨졌기 때문이다. 이때 나폴레옹은 권력의 정점을 지나고 있었다. [바이올렛]

1792년에서 1812년의 20년 동안, 유럽의 지도는 물론이고 유럽 각국의 체제까지 광범위한 면에서 개조를 거치게 된다. 프랑스혁명군으로 인해 도입된 영토 및 정치적 측면의 변화는 크게 세 종류로 구분될 수 있었다.

첫째, 이 시기에 다양한 시점에 걸쳐 프랑스의 영토가 매우 광대하게 늘어났는데, 네덜란드, 독일, 스위스, 이탈리아 영토의 많은 부분이 프랑스의 영토에 직속으로 병합됐다. 1810년에 이르자 공화국 시기 83개였던 데파르트망이 제국 시기에는 130개로 증가했고, 인구는 4400만 명을 헤아리게 됐다. 엔, 알리에, 오드 […] 같은 일련의 지역에 더해 '부쉬드렐베Bouches-de-l'Elbe'('엘베강 하구')(함부르크), '생플롱', '티브르'(로마)와 같이 새로운 지방들도 프랑스에 더해졌다. 이렇듯 타국의 영토가 하나씩 병합될 때마다 프랑스제국이 가진 프랑스만의 특성은 점차 자취를 감추었다(부록 1633쪽 참조).

둘째, 이전에는 없던 새로운 국가들이 우후죽순 일어나 저마다 프랑스와 긴밀한 관계를 맺고 자신들만의 본보기 헌법과 함께 프랑스식의 행정부를 갖춰나갔다. 이런 국가들로는 대표적으로 후일 홀란트왕국(1804~1810)으로 바뀌는 바타비아공화국(1795~1804), 에트루리아왕국(1801~1805), 라인동맹(1806~1813), 베르크대공국(1806~1813), 베스트팔렌왕국(1807~1813), 바르샤바대공국(1806~1813), 이탈리아의 5개 공화국, 이른바 (북)이탈리아왕국(1805~1814)을 꼽을 수 있다. [일리리아]

셋째, 나폴레옹의 후기 정복전쟁 이후로, 구체제를 유지하고 있던 국가들 상당수는 그 나름으로 명맥을 유지해갔으나 국경선은 크게 변경됐고 내치 면에서도 정부의 통제가 엄밀해졌다. 이런 국가들로는 대표적으로 오스트리아, 프로이센, 스페인, 나폴리, 포르투갈을 들 수 있었다.

유럽에서 나폴레옹의 계몽전제주의와 결부된 혁명기의 재건 작업을 피해간 곳은 영국제도, 스칸디나비아, 러시아, 오스만제국의 강역뿐이었다. 이런 지역들을 제외하고는 유럽의 모든 지역이 전통 질서를 휩쓸어간, 아울러 각지 사람들에게 잠시나마 종전과는 전적으로 다른 무언가를 맛보게 해준 급진적 변화를 맞아야 했다. [부불리나]

이런 변화들을 각지 주민이 얼마나 환영하고 혹은 솔선해서 시행했는지는 다소 복잡한 문제다. 일례로 홀란트나 스위스 같은 곳에는 공화제의 요소가 깊이 뿌리 내리고 있었던 만큼, 이곳 사람들은 종전부터 프랑스가 본국의 일에 개입해주기를 간절히 바라왔다. 또한 브뤼셀, 밀라노, 바르샤바 같은 일부 도시들도 변화에 대단한 열의를 드러낼 만한 이유가 충분했다. 그 외 지역들에서는 프랑스를 받아들이는 태도가 혼재된 감정부터 적의에 이르기까지 천차만별일 수밖

바이올렛 VIOLETS

■ 1810년 1년 동안 나폴레옹은 샤르뎅이라는 조
■ 향사에게 자신이 즐겨 쓰는 네롤리 베이스의 화
장수를 162병 주문했다. 그런가 하면 조제핀에게 그녀
의 자연적 체취를 즐기고 싶으니 자신과 만나기 전 2
주 동안 목욕을 하지 말라고 애원하는 편지를 쓴 것으
로도 유명하다. 조제핀이 사망하자 그는 그녀의 무덤
에 바이올렛(제비꽃)을 심고 죽을 때까지 그 바이올렛
으로 만든 로켓을 목에 걸고 다녔다.[1] 그는 냄새에 민
감한 성향을 부끄러워하지 않았다.
역사학자들의 주목을 끌지는 못했지만, 냄새라는 '말

없는 감각' '후각'은 역사 전반에 걸쳐 인류와 공존했
다.[2] 한 이론에 따르면 '청어 절임'과 비슷한 여성의 체
취와 원시의 바다로 헤엄쳐가고자 하는 충동이 남성
의 성적 충동을 자극한다고 한다.[3] 용연향, 해리향, 영
묘향, 사향과 같은 천연 향료는 고대부터 가장 값비싼
사치품의 하나였다. 중세에는 성모의 꽃인 장미꽃잎
165개로 만든 향과 향수가 유행했다. 프랑스혁명기에
는 파리의 하수구 냄새가, 20세기에는 참호와 강제수
용소에서 시체의 악취가, 모더니즘 시대에는 산업공해
와 1922년에 등장한 최초의 인공 알데히드 샤넬 No.
5가 대기에 가득 풍겼다.

일리리아 ILLYRIA

■ 나폴레옹 시대에 단명한 수많은 창조물이 그렇
■ 듯, 1809~1813년에 존재한 일리리아 프로뱅스
역시 공식 해체 이후에도 오래도록 그 힘을 발산했다.
프랑스령 이탈리아왕국에 인접한 이 지방은 트리에스
테에서 두브로브니크에 이르는 아드리아해 연안 지역,
케른텐, 카르니올라, 이스트라, 슬로베니아, 슬라보니
아, 크라이나의 중요한 지역들을 포함하고 있었다. 수
도인 류블랴나(라이바흐)에는 프랑스 총독이 주재했다.
합스부르크의 통치에서 벗어난 이 짧은 기간은 슬로베
니아인들과 크로아티아인들의 오랜 '일리리아' 운동 그
리고 트리에스테와 피우메(리예카)의 환수를 위한 장기
적 이탈리아 민족통일운동에 불을 붙이기에 충분했다
(부록 1573쪽 참조).
1815년 이후 합스부르크가 별도의 '크로아티아─슬라
보니아왕국'을 세워 통치권을 되찾으면서 이 지역의
특수성이 부각됐다. 이 실험적 왕국은 1848~1849
년 크로아티아의 총독 옐라치치 장군이 군대를 이끌
고 헝가리 민족 봉기군과 전투를 벌이면서 끝을 맺게
된다. 이 전투로 크로아티아는 다소 늦게나마 합스부
르크가 통치하는 헝가리제국 안에서 포괄적 자치권을

얻었다.
'일리리즘Illyrism'은 1830년대에 합스부르크 영유권
내의 모든 남슬라브인을 점차 커져가는 외국 문화의
지배력으로부터 보호하기 위한 운동으로 동력을 얻었
다.[1] 마자르어를 크로아티아─슬라보니아의 공식 언어
로 강제하려는 시도가 여기에 힘을 더했다. 그러나 19
세기 중반부터는 류블랴나를 중심으로 한 슬로베니아
민족부흥운동과 자그레브(아그람)를 근거로 한 크로아
티아 민족부흥운동이 점차 분열되기 시작했다. 1867
년 이후 오스트리아─헝가리제국의 오스트리아 지역
에서 민족의식에 눈을 뜬 슬로베니아인들은 종교개혁
이래로 확실한 문자 형태가 갖춰진 고유의 슬로베니아
어를 장려하고 체계화했다.[2] 반면 크로아티아 지도자
들은 세르비아 문화운동 단체와 협력해 '세르보─크로
아트어'라는 공통의 문자언어를 만들었다. 이 언어는
이른바 '슈토카프스키shtokavsky' 방언을 토대로 만
들어졌으며, '무엇'이라는 뜻으로 'ca' 또는 'kaj' 대신
'sto'를 사용했다. 하지만 한편으로 이들은 (세르비아 정
교회가 아닌) 로마가톨릭을 신앙으로 강조하고 세르보─
크로아트어를 라틴 알파벳으로 표기함으로써 독자적
인 국가정체성(민족정체성)을 다졌다.[3] 1918년에 이르
자 슬로베니아와 크로아티아는 서로 다르지만 힘을

합쳐 남슬라브 민족운동을 펼치는 두 민족이 됐다. 이들은 유고슬라비아의 건립에서 중요한 역할을 담당했다(1253쪽 참조).[4] [크라바트] [마케돈] [사라예보]

1945년 이후 재건된 유고슬라비아연방이 티토의 공산주의 정권에 완전히 복속되자 슬로베니아와 크로아티아는 세르비아, 몬테네그로, 보스니아, 마케도니아와 함께 연방 안에서 자치권을 얻고자 했다. 슬로베니아는 규모가 가장 작았으나 1인당 국민총생산이 오스트리아와 맞먹을 만큼 부유했다. 1992년 슬로베니아는 가장 먼저 독립에 성공했지만 크로아티아는 그렇게 운이 좋지 못했다. 유럽연합의 지지에도 불구하고 크로아티아의 주권 선언은 세르비아계가 이끄는 유고슬라비아연방 잔류파와의 전쟁을 촉발했고, 이후 보스니아의 격렬한 분열로 이어졌다(1439쪽 참조). 갓 탄생한 슬로베니아와 크로아티아 두 공화국이 한때 이들을 품었다가 오래전에 사라진 일리리아 프로뱅스보다 더 오래 존속할 수 있을지는 오직 시간만이 말해줄 것이다.

에 없었다. 나폴레옹은 수사로 자유를 치장할 때는 강한 면모를 보였으나, 실제로 자유를 실행시켜야 할 때는 나약했다. 각국에서는 농노들을 해방하고 공화제 통치를 채택하게 되면 이득도 생기지만, 그 대신 세금 부담이 가중되고 가혹한 군대 징집을 피할 수 없다는 사실도 함께 감안하지 않으면 안 됐다. 프랑스군이 발을 들이기 무섭게 걷잡을 수 없는 내란에 휩싸인 나라도 한두 곳이 아니었고, 이런 양상은 특히 스페인에서 심했다. 이론상으로는 프랑스혁명을 지지했던 유럽의 수많은 이도 현실에서 막상 혁명을 실행시키자 그것이 엄청난 압박을 가한다는 사실을 알게 됐다.

타국 가운데에서 프랑스의 이러한 실험들을 주도적으로 이끌어나간 곳은 나폴레옹 치하의 네덜란드였다. 네덜란드 땅에 세워진 바타비아공화국(1794)은 얼마 안 가 자취를 감추고 그 자리에 홀란트왕국(1806)이 들어서 루이 보나파르트의 통치를 받았고, 이후에는 네덜란드 땅 전체가 프랑스제국에 직속으로 병합됐다. 이 시기에 왈론인, 플라망인, 네덜란드인 모두 엇비슷하게 민족의 제 권리에 관한 혁명기의 사상들에 영향을 받았다. 그리고 차후 수십 년에 걸쳐 이들 사상이 표면 위로 부상하게 된다.

나폴레옹 치하의 이탈리아는 국운이 복잡한 부침을 겪는 가운데 나라가 모양새를 갖추는 데에만 수년이 걸렸다. 1797년에 나폴레옹이 구상해두었던 계획들은 제2차 대프랑스동맹이 결성되면서 어그러졌으나, 나폴레옹은 이후 군사작전을 수차례 전개해 처음의 구상들을 더욱 강화하고 확대했다. 그리하여 1797~1799년에 걸쳐 생겨난 5개 지방 공화국들—롬바르디아의 치살피나공화국, 제노바의 리구리아공화국, 나폴리의 파르테노페아공화국, 루카공화국, 로마공화국—은 혁명 시대의 질서를 수호하는 기함의 역할을 했다. 그 대열에는 피옴비노후국과 에트루리아왕국과 같이 과도의 정치체제도 포함돼 있었으니, 이들은 1805년 이후로는 프랑스 제국이나 나폴리 왕국, 혹은 나폴레옹의 의붓아들 외젠 드 보아르네Eugène de Beauharnais에게 주기 위

부불리나 BOUBOULINA

■
■ 1801년 아테네 인근 이드라섬의 한 젊은 과부가 이웃한 스페체스섬의 선박 소유주 디미트리오스 부불리스Demetrios Bouboulis와 재혼했다. 그녀의 아버지는 러시아가 지원한 오를로프 백작의 반란에 연루돼 오스만제국에 체포된 적이 있었고 그녀 자신도 이스탄불 외곽의 그리스인 거주 지역 파나리에 근거지를 둔 비밀결사 '친우회Philiki Etaireia'와 연관이 있었다. 그녀는 알바니아어를 쓰는 섬들에서 살았으나 정교회를 통해 그리스인의 정체성을 느끼고 있었다. 남편 부불리스가 해적들에게 살해당하고 나자 라스카리나 부불리나Laskarina Bouboulina(1771~1825)는 혼자 힘으로 부유한 사업가이자 그리스 민족운동의 주요 후원자가 됐다.[1]

독립전쟁이 발발하자 부불리나는 직접 싸움에 뛰어들었다. 그녀가 건조한 전함 '아가멤논Agamemnon'은 많은 전투에 투입됐다. 그녀는 백마를 타고 용감하게 전장으로 달려가 총알과 식량을 나눠주고 사기를 북돋우며 '대장'이라는 별명을 얻기도 했다. 나플리오 포위 공격에서는 그녀가 이끄는 병력이 성을 포위해 오스만 수비대를 학살했다. 하지만 비판은 피할 수 없었다. 냉정한 역사학자들은 부르주아 민족주의의 우상인 그녀가 보석을 빼앗기 위해 튀르크 여자들과 유대인 여자들을 학살하라고 명령했으며 나플리오의 대포들을 녹여 이윤을 챙겼다고 시사했다.

그리스의 민족 투쟁은 애국적 여성들에 관한 많은 일화를 낳았다. 에피루스의 술리 마을은 특히 경외의 대상이 됐다. 1801년 이 마을 남자들이 오스만제국의 포로로 끌려가자 남은 여자들과 아이들은 이른바 잘롱고의 춤Dance of Zalongo을 위해 벼랑 끝에 모였다. 여자들은 둥글게 대형을 만들어 빙글빙글 돌면서 한 사람씩 절벽 아래로 떨어져 모조리 목숨을 끊었다. 오늘날 그리스의 여학생들은 아래와 같은 잘롱고의 노래를 부르며 무대에서 매트리스가 깔린 바닥으로 뛰어내려 이 춤을 재현하기도 한다.

> 땅에서는 물고기가 살 수 없고
> 모래에서는 꽃이 필 수 없네.
> 술리의 여자들은
> 자유 없는 삶을 이해할 수 없다네.

부불리나와 같은 국가적 여성 영웅은 다른 곳에서도 찾을 수 있다. 예를 들어, 동시대를 살았던 폴란드의 귀족 여성 에밀리아 플라테르Emilia Plater(1806~1831)는 남장을 하고 러시아군과 싸우다가 전사했다. 그러나 이러한 인물들은 여권운동의 주요 쟁점으로 다뤄지지 않는다.

부불리나는 끝내 그리스의 독립을 보지 못했다. 그녀의 목숨을 앗아간 것은 튀르크인이 아니라 성난 이웃이었다. 그녀와 다툼을 벌이던 이 이웃은 창문으로 머스킷총을 디밀고 그녀의 가슴을 쏘았다.

해 세워진 북이탈리아왕국 안으로 편입된다. 교황령을 폐지하는 동시에 교황들을 푸대접한 것은 동시대 사람들에게, 특히나 가톨릭을 신봉하는 나라들에서는 더더욱, 유달리 큰 충격으로 다가왔다. 교황 비오 6세(재위 1775~1799)는 인권선언(1789)을 비난했다가 속세의 권력을 빼앗긴 후, 발랑스에서 프랑스군에 감금당한 채 세상을 떠났다. 비오 7세(재위 1800~1823)는 한때 기독교 신앙이 민주주의와 양립하지 못할 일은 없다고 선언했으나, 종국에는 "베드로의 유산을 도적질해간 자들"을 모두 파문했다는 이유로 5년 동안 프랑스군에 붙잡혀 있어야 했다. 나폴레옹

의 통치를 계기로 이탈리아에는 민족적 정서가 크게 고양되는 한편, 차후에는 겁에 질린 보수파와 새로운 세대의 진보파 사이에 첨예한 대립이 불거졌다.

독일도 이탈리아와 마찬가지로 혁명전쟁 동안 나라가 세워지고 허물어지기를 수차례 반복했다. 1790년대에는 제2, 3차 폴란드분할을 통해 프로이센이 영토를 얻으면서 커다란 변화들이 진행됐다. 국왕 프리드리히 빌헬름 2세(재위 1786~1797) 대에 프로이센은 폴란드-리투아니아와 동맹을 맺는 위험을 감수했다. 그러나 러시아가 가진 막강한 힘을 무시할 수 없었던 만큼, 얼마 후 자연스레 본래의 노선으로 되돌아왔다. 1795년 단치히와 바르샤바를 손에 넣고 나자, 베를린은 자신의 신민 가운데 슬라브족이면서 가톨릭을 신봉하는 인구만 40퍼센트에 이른다는 사실, 나아가 유대인까지도 대거 신민으로 거느리게 됐다는 사실을 알게 됐다. 프로이센에는 이민자 출신자들이 전체 인구의 5분의 1에 달했다. 에른스트 테오도어 빌헬름 호프만Ernst Theodor Wilhelm Hoffmann(1776~1822)이 이 시기 바르샤바에서 행한 짤막한 통치도 적잖은 흔적을 남겼다. 《환상의 이야기들Phantasiestücke》(1814)을 쓴 이 작가는 새로운 남프로이센의 최고 행정관이던 때에 유럽 최대의 유대인 공동체에 이따금 실로 절묘한 독일식 성姓을 직접 붙여주었다. 프로이센이 별 탈 없이 발전해나갈 수 있었다면, 독일 역사도 어떤 노정을 거쳤을지 상상하기 무척 힘들다. 그러나 실제 역사에서 과거의 프로이센은 나폴레옹에게 완전히 제압당했고, 1815년 재건된 영토 기반 위에서 새로 태어난 프로이센은 종전의 모습과는 전혀 다른 야수의 면모를 보여주게 된다.

나폴레옹 치하의 독일이 탄생하게 된 것은 제2차 대프랑스동맹 이후 프랑스가 결의를 갖고 신성로마제국 해체에 여러 노력을 펼친 결과였다. 이 과정의 발단은 1803년, 신성로마제국에 속한 교회 국가들을 세속화하는 한편 그 외의 112개 황제령 도시들 및 공국들도 바덴·프로이센·뷔르템베르크·바이에른에게 이익이 되게끔 재할당하면서였다. 1804년에는 350명의 제국 기사가 독립적 지위를 잃은 반면, 더 비중 있는 제후들은 자신의 작위를 끌어올렸다. 합스부르크의 프란츠는 오스트리아 황제직(프란츠 2세)에 오를 수 있었고, 바이에른과 뷔르템베르크를 통치하던 그의 동지들은 스스로 왕이 됐음을 선포했다. 1806년에는 독일 남부 및 서부의 제후 16인이 라인동맹Confederation of Rhine을 결성하는데, 동맹국들은 필요시 나폴레옹에게 군사적 지원을 제공할 의무가 있었다. 라인동맹을 주도한 수석제후Fürstenprima가 마인츠 대주교이자 프랑크푸르트 대공 카를 테오도어 폰 달베르크Karl Theodor von Dalberg(1744~1817)였다. 이런 식의 사태 전개는 신성로마제국의 헌법에 저촉됐고, 제국의 입지는 회복 불능으로 손상됐다. 1806년 8월 나폴레옹은 별 어려움 없이 막바지 정리작업을 처리했다. 그리고 같은 해에 예나전투Battle of Jena에 뒤이어 프로이센마저 무너지고 프로이센 왕(프리드리히 빌헬름 3세)은 쾨니히스베르크로 피신했다. 작센은 라인동맹에 합류했다. 1807년에 틸지트조약Treaty of Tilisit 이후 프로이센 서쪽 영지가 떨어져나가 베스트팔렌 왕국이 세워져 나폴레옹의 동생 제롬의 통치를 받았다. 단치히는 자유시로 변모했다. 베를린을 포함한 프로이센 나머지 땅들은 여전히 프랑스군이 점령하고 있었다. 〈독일의 뿌리 깊은 굴욕에 대하여〉라는 소책자를 써내 프랑스군에 총살당한 뉘른베르크의 서적상 J. W. 팔름Palm과 1809년 5월 프랑스의 프로이센 지배에 대항해 자신의 연대를 이끌고 싸운 프로이센의 기병대장 페르디난트 폰 쉴Ferdinand von Schill 같은 이들을 제외하면, 프로이센에서 목숨을 던져 나라를 지킨 이는 거의 찾아볼 수 없었다.

그러나 나폴레옹의 통치를 겪으면서, 다시 말해 독일의 각 지역들이 전통적으로 보여오던 특수주의가 이 시기에 무수히 허물어지면서, 하나로 통합된 독일의 국가정체성이 생겨나는 기반이 마련될 수 있었다. 나폴레옹은 냉소적 어투로, 독일은 늘 "생겨나는 중이지, 존재하지는 않는 나라다"라고 말했다. 그러나 나폴레옹이야말로 독일에 실질적으로 많은 변화를 일으킨 인물이었다. 베를린대학이 1810년 프랑스군 점령기에 설립돼, 새로운 사상이 형성되는 자양분의 노릇을 했다. 이곳의 초대 총장은 철학자 요한 고틀리프 피히테Johann Gottlieb Fichte(1762~1814)로, 애국적 논조의 《독일 국민에게 고함Reden an die deutsche Nation》(1808)을 썼다. 1813~1814년에 일어난 이른바 '해방전쟁War of Liberation'을 맞아 독일 국민은 특히 기쁨에 겨워했다. 〈무엇이 독일의 조국인가?Was ist das deutsche Vaterland?〉(1808)는 시인이자 역사학자 에른스트 모리츠 아른트Ernst Moritz Arndt가 지은 노래였고, 당시 독일 사람들은 이 노래를 누구나 흥얼거렸다. 아른트는 《시대정신Geist der Zeit》(1806)에서 처음으로 저항운동을 일으켜야 한다고 외쳤는데, 그 자신이 던진 질문에 대한 답은 다음과 같은 것이었던 것 같다. "독일의 언어가 울려 퍼지는 곳, 독일의 언어로 하느님께 찬송가를 부르는 곳, 그곳이 바로 독일이다." 그리고 같은 시기에 상트페테르부르크를 찾아 나폴레옹을 "인류의 적"이라고 맹비난했던 프로이센의 하인리히 프리드리히 카를 폰 슈타인Heinrich Friedrich Karl vom Stein 남작은 독일 민족들로 하나의 연방을 구성하려는 다소 때 이른 구상을 짜는 중이었다. 그는 이렇게 썼다. "독일도 프랑스와 러시아의 중간에 낀 전략적 입지에서 반드시 자기 목소리를 내야만 한다." 결국 이와 같은 부분이 대독일Gross Deutschland과 미텔오이로파Mitteleuropa〔중부유럽〕 같은 개념들을 형성시킨 핵심 고갱이였던 셈이다. [코카시아]

나폴레옹 치하의 스페인은 재앙의 진창에 빠져들어 헤어나지 못했다. 1807년 원정을 시작했을 때만 해도 프랑스군의 목적은 단 하나, 영국과 손을 잡은 포르투갈을 응징하자는 것뿐이었다. 그러나 프랑스군 수비대가 주둔하게 된 데다, 스페인의 왕 자리에 억지로 나폴레옹의 형 조제프를 앉히자 스페인에서도 원성이 높아졌다. 이를 기점으로 프랑스가 당한 고초는 몇 배로 불어났다. 토레스베드라스 지방의 경계선 뒤쪽으로는 포르투갈군이 진을 치고, 코루냐에서는 영국군이 자신들 진지를 떠나 진격해오고, 마드리드를 비롯한 수많은 지방 중심지는 반대파의 수중에 떨어지고, 시골 지방 상당 부분은 게릴라전에 시달리는 상황이 되자, 프랑스군으로서는 스페인 땅을 차지하고 있는 데 들어가는 비용이 차츰 커졌다. 점차 이울어가던 프랑스군의 운세는 나폴레옹이 스페인의 상황에 직접 개입하면서 일시적으로 되살아나는 듯했다. 하지만 얼마 안 있어 나폴레옹도 스페인을 떠나야 했다. 이후 나폴레옹의 부관 술트와 마세나가 스페인에서 승리를 거두었으나, 그때마다 스페인의 상황은 더욱 복잡하게 꼬여갔을 뿐이다. 1812년에는 반프랑스 성향의 자유주의파가 카디스에서 포위를 당한 채로 제한적 군주제로 복귀한다는 내용을 골자로 자유주의적 헌법을 통과시키는 데 성공했다. 1813년에는 친프랑스 당파가 스페인의 본래 군주인 페르난도 7세를 복위시키는 데 성공했다. 그러나 이것도 허튼짓이었다. 이때는 이미 웰링턴(아서 웨즐리) 공작이 이베리아반도 전체를 정복하려고 길을 떠난 지 한참이나 지난 뒤였기 때문이다. [게릴라]

　　나폴레옹 치하의 폴란드에서는 끓어오르는 열의와 깊은 환멸이 공존했다. 1806년 12월 나폴레옹이 폴란드에 발을 들여, 자치가 용인되는 바르샤바대공국이 탄생했을 때에는 폴란드인들도 흥분을 가라앉히지 못했다. 하지만 이후 일어난 변화들은 유명을 달리한 공화국을 되살릴 수 있으리라던 사람들의 기대에 훨씬 못 미쳤다. 1809년 오스트리아군이 두 번째 패퇴를 당하면서 크라쿠프도 바르샤바대공국 안으로 편입됐지만, 단치히나 리투아니아 그리고 러시아에 흡수된 여러 지방을 되찾아오려는 노력에는 그 누구도 힘을 보태지 않았다. 폴란드인 자원병들은 1796년 이탈리아 원정군을 시작으로, 혁명전쟁의 단계마다 빠짐없이 참전해 힘을 보탰다. 그러나 일명 바욘 금액Bayonne Sums(1808년 바욘에서 체결한 프랑스-폴란드조약에 따라 나폴레옹에게 지게 된 막대한 부채)으로 대표되는 악독한 강제 징수금을 비롯해, 전쟁에 동원된 징집병사들, 사망자, 신체가 절단된 부상병들의 피해가 끊임없이 이어지자 일반 대중 사이에 원성이 걷잡을 수 없이 퍼져 나갔다. 나폴레옹은 자신이 폴란드에 대해 갖고 있던 최종 구상을 단 한 번도 입 밖에 낸 적이 없었고, 심지어 1812년에 잠시나마 폴란드가 오랜 기간 지켜온 땅들을 거의 전부 장악했을 때에도 그는 함구했다. 나폴레옹의 전설은 생전보다 오히려 세상을 떠나고 난 낭만주의 시대에 세상을 더 풍미했다. 나폴레옹 휘하의 가장 충직한 부관 포니아토프스키 원수는 '국가 간전투Battle of the Nations'(라이프치히전투)가 막바지에 이르자 자신이 타고 있던 군마에 박차를 가해 스스로 엘스터강에 뛰어들었는바, 맥 빠지고 기만당한 듯한 당시 사람들의 참담한 심정을 그대로 대변한 것이었다.

　　영국의 경우는, 비록 프랑스군에 점령을 당하지는 않았으나, 혁명전쟁으로 말미암아 그 근본 뿌리부터 뒤흔들렸다. 실제로 당시 영국은 나라 밖의 적을 쫓아내기 바쁜 상황에 나라 안에서도 혁명이 일어날 조짐이 엿보이고 있었다. 1797~1798년에는 스핏헤드와 노어에서 일어난 해군 반란과 함께, 울프 톤Wolfe Tone의 주도로 아일랜드인연합United Irishmen까지 난을 일으켜

코카시아 CAUCASIA

■
■ 유럽의 여러 민족이 모두 코카서스Caucasus(코카시아, 캅카스)에 기원을 둔 단일 백인종에 속한다는 주장을 처음 제기한 사람은 괴팅겐대학의 요한 프리드리히 블루멘바흐Johann Friedrich Blumenbach(1752~1840)였다. 이는 명백한 오류였지만 오래도록 명맥을 유지했다.

싱경과 고전을 배우며 자란 유럽인들은 코카서스에서 유럽인의 기원에 관한 이야기를 찾도록 오래 길들었다. 창세기에는 대홍수에 관해 이러한 구절이 나온다. "방주가 [...] 아라랏산에 머물렀으며"(창세기 8장 4절). 여기서 '아라랏'은 아르메니아를 말한다. 황금 양모와 프로메테우스의 전설도 모두 코카서스에서 유래했다. 그러나 코카서스 사람들의 민족 및 인종 구성은 극도로 복잡하다(1640쪽 참조). 어쨌든 그들을 순수 인종의 기원으로 볼 수 있는 근거는 없다. '아르메노이드 Armenoid'처럼 코카서스에서 비교적 우세한 집단이라 해도 이들이 유럽의 다른 지역을 대표한다고 말하기에는 적합하지 않다.

비교해부학, 특히 두개 계측 즉 '두개골 분석'의 선구자 블루멘바흐는 '5인종 분류체계'의 창시자로 널리 알려져 있다. 이 분류법은 1798년부터 30여 년에 걸쳐 발표된 그의 광범위한 두개골 연구에서 나온 것으로,[1] 이후 통념으로 굳어졌다. 블루멘바흐의 체계에 따르면, 코카시아인종(코카서스인종)은 유럽인을 대표하며 여러 인종 가운데 가장 고차원적인 인종 유형이다. 이 교수는 민족학을 연구하는 동안 코카서스 지역의 두개골 하나를 입수하고 이를 최상위 인간 유형의 표준으로 간주했다.[2] 이러한 배경을 고려하면 일부 정부들이 여전히 코카시아 범주를 사회정책 수립과 통계의 근거로 활용한다는 것은 놀라운 일이 아닐 수 없다. 남아프리카공화국에서는 1991년까지 이 날조된 백인종의 개념을 토대로 '아파르트헤이트apartheid'의 억압적·인종차별적 법률이 제정됐다.

백인 '코카시아 인종' 외에 블루멘바흐가 분류한 나머지 인종은 갈색의 '말레이인종'과 황인인 '몽골인종', 흑인 '니그로인종', 홍인 '아메리카인종'이었다. 이러한 5인종 분류법은 인류를 백인, 흑인, 황인으로 좀 더 간단하게 분류한 콜레주드프랑스의 또 다른 비교해부학자 조르주 퀴비에Georges Cuvier 남작(1769~1852)의 분류법보다 더 폭넓은 인정을 받았다.

이후 피부색에 토대한 인종 분류는 흰 피부의 유럽인을 가장 우월하게 여기는 수직적 인종 분류의 개념을 통해 더욱 확대됐다. 이러한 개념을 처음 암시한 것은 빅토르 쿠르테Victor Courtet(1813~1867)의 연구였지만, 이와 관련해 가장 영향력 있는 해설은 조제프 아르투르 고비노 백작Joseph-Arthur, Comte de Gobineau(1816~1882)의 《인종의 불평등론Essai sur l'inégalité des races humaines》(1855)에서 찾을 수 있다. "역사를 보면 모든 문명은 백인종에게서 파생하며 그것을 창조한 고귀한 인종의 혈통을 보존해야만 위대하고 눈부신 사회가 이룩된다는 것을 알 수 있다." 인종 간 혼혈은 퇴보와 다름없었다. "인간의 퇴보가 일어나는 것은 바로 다양한 피가 혼합된 결과다."[3] 페르시아의 역사를 쓰기도 한 고비노는 '백인종'을 고대 아리아인 즉 '이란인'의 자손으로 간주하고 이들과 인도-유럽어족의 연관성을 주장하는 오류를 범하기도 했다. 이로 인해 그는 아리아인이라는 날조된 꼬리표를 좀 더 오래전에 날조된 코카시아인종의 경쟁자이자 파트너로 만들었다.

'백인' '코카시아인' '아리아인' '유럽인Europoid' 등의 개념은 유럽 인구의 인종 구성에서 실재하지 않는 배타적 공통분모를 찾으려는 오랜 시도가 있었음을 보여준다. 이들은 '흑인' '아시아인' '셈족' '히스패닉'처럼 신체적·지리적·문화적 기준을 혼란에 빠뜨리는 미심쩍은 분류법의 일부를 이룬다.

유럽인들은 신체적 유형이 매우 다양하다는 점에 착안해 외양이나 지역별로 하위 집단의 경계를 수정하려는 시도도 수없이 있었다. (나치 이데올로기가 채택한)

금발의 '노르딕인종'[4], '이베리아—켈트인', (잉글랜드인과 네델란드인, 북부 독일인을 묶은) '대서양—발트족', (대다수의 독일인과 대다수의 러시아인을 아우르는) '중부유럽인', 거무스름한 '인도—지중해인' 등은 모두 현재 관련 자료에서 찾아볼 수 있는 표현들이다. 이것들은 한 나라를 구성하는 국민을 모두 하나의 인종 집단으로 묶는 과거의 인기 관행과 비교할 때 무척 미미하게나마 사실에 입각한 분류법이라고 말할 수 있다(1054쪽 참조). 그러나 '섬나라 민족' '게르만 유전자' '폴란드 핏줄' 같은 표현도 여전히 통용되고 있다. 유럽의 민간전승에 많이 등장하는 '데인인의 피부' '붉은 머리 아일랜드인' '검은 개' '백인 여인' 같은 표현은 말할 필요도 없다.

현대 유전학은 19세기 선구자들의 방법론과 판단을 크게 뛰어넘었다. 이와 관련한 결정적 도약은 1953년 DNA의 작동 원리가 밝혀지면서부터였다. 일반화해 얘기하면 이러한 진보는 모든 인류가 압도적 양의 유전물질을 공유하고 있으며 엄청난 수의 특성들이 유전자에 새겨져 있다는 사실을 부각시켰다.[5] 1956년에서 1964년 사이에 유네스코는 일련의 선언을 통해 블루멘바흐와 고비노의 시대부터 만연했던 근거 없는 인종 분류법을 비난했다.[6] 인종이나 혈족의 차이가 무시되지는 않는다. 그러나 이제는 문화적·종교적·사회경제학적 요인들과, 과학적으로 입증된 원칙에 근거한 정교한 유전학적 분석 그리고 피부색과 두개골에 집착하는 구태의연한 태도의 문제가 더욱 강조되고 있다.

영국 정세에 특히 심각한 위협을 가하고 있었다. 여기에 프랑스와 거의 쉴새 없이 전쟁을 치러야 했으니, 정치 개혁도 발목을 잡히는 게 당연했다. 예를 들어, 1801년 톤의 패배로 성사된 영국과 아일랜드의 합병은, 가톨릭교도해방령Catholic Emancipation이 약속과 달리 30년 가까이 미뤄지면서, 점차 무용지물이 돼갔다. 그와 동시에 영국해군이 바다에서 연전연승을 거두고, 프랑스의 침공 위협이 가시화하면서, 영국인들 사이의 연대의식은 크게 높아진 상황이었다. 거기에다 소小피트와 그의 언변 좋은 맞수 찰스 제임스 폭스Charles James Fox(1749~1806) 사이에 한바탕 일전이 벌어진 것을 계기로, 영국 의회의 특권이 강화됐다. 이 모든 일이 일어나는 가운데서도, 영국은 상업, 식민지 사업, 경제적 측면에서 쉬지 않고 힘을 쌓아나갔다. 프랑스, 스페인, 네덜란드의 식민지에서 얻은 전리품들도 나날이 쌓여갔다. 영국 국내에서는 전국인클로저법General Enclosure Act(1801)을 통해 사회 변화가 크게 가속화했다. 아울러 전쟁을 치르는 중에도, 칼레도니아운하(스코틀랜드 동부 해안과 서부 해안을 연결)(1803~1822)가 건설됐다. 1811년에는 노팅엄에서 러다이트Luddite운동(자본가에 맞서 계급투쟁을 벌인 노동운동)이 일어났다. 또 바로 그해에 영국의 늙은 왕(조지 3세)이 마침내 영구 정신이상 선고를 받으면서, 그의 아들이 섭정 왕자(조지 4세)가 돼 아버지의 뒤를 이었다. 1811~1820년에 걸친 이 섭정 동안 영국의 건설 분야, 예술 후원, 사교계는 잠시 보기 드문 황금기를 누렸다.

스칸디나비아반도도 혁명의 직접적 물결은 피했으나 그 여파까지 피할 수 있었던 것은 아니었다. 스웨덴은 두 차례나 러시아를 상대로 전쟁에 휘말렸다. 스벤스크순트 전투(해전)Battle of Svensksund에서 승리하고 난 1788~1790년에는 별 탈 없이 지낼 수 있었다. 그러다 1808~1809

게릴라 GUERRILLA

■
■ 1808년 프랑스의 피에르 뒤퐁Pierre Dupont 장군은 코르도바를 약탈한 뒤 그 전리품을 가득 싣고 안두하르와 모레나산맥의 퇴로로 향하고 있었다. 그러다 어느 순간 안달루시아 정규군뿐만 아니라 후퇴하는 군대를 후방에서 괴롭히던 안달루시아 농민 부대에까지 포위됐음을 알게 됐다. 뒤퐁 장군이 2만 2000명의 대군을 이끌고 항복한 것을 보면, 스페인을 침략하기는 쉬워도 끝까지 점령하기는 어려웠다는 사실을 알 수 있다.

반도전쟁 내내 프랑스군은 두 종류의 전투를 겪었다. 하나는 스페인, 포르투갈, 영국 동맹군과의 정규전이었고 다른 하나는 곳곳에 숨어 있는 농민 부대들과의 '작은 전쟁little war' 즉 '게릴라전'이었다. 이 두 번째 형태의 전쟁은 유난히 지독했다. 게릴라 부대는 전면전을 벌이기보다는 매복, 야간 공격, 외딴 전초기지 기습 공격에 특화돼 있었다. 이에 자극받은 프랑스군은 민간인에 대한 집단 보복 살인으로 대응했다. 이후 이 농민 부대의 방법을 모방하는 모든 이에게 게릴라라는 이름이 붙었다. 그들은 단호한 의지의 소규모 투사들도 압도적인 수의 전문 군대와 대적할 수 있다는 사실을 보여줬다.

나폴레옹 치하 스페인의 게릴라들은 라틴아메리카의 여러 식민지 전쟁의 영웅들과 깊은 숲의 혁명군들을 포함해 많은 후예를 양산했다. 유럽에서도 이들의 제자들을 찾아볼 수 있다. 러시아 무정부주의자, 반나치 레지스탕스 운동의 '마키maquis'와 유격대 그리고 바스크 분리주의 단체 ETA와 아일랜드 독립을 추구한 IRA 등 현대의 정치 테러를 벌인 '도시 게릴라urban guerrila'가 여기에 속한다.[1]

유일한 논쟁거리는 바로 선례에 관한 문제다. 프랑스 역사서술에서는 '장 슈왕(올빼미 장)'과 그의 추종자들, 즉 프랑스군이 스페인을 침략하기 10여 년 전에 공화국과 맞선 프랑스인들이 스페인 게릴라의 원조라고 주장한다.[2]

년에 들어서면서 핀란드를 상실했고, 그에 뒤따른 정권의 붕괴로 구스타프 4세 아돌프Gustav IV Adolphus(재위 1792~1809)는 폐위당했다. 1809년에 제정된 헌법으로 스웨덴은 제한적이나마 군주제를 도입하는 한편, 나폴레옹 군대의 전임 원수 장-바티스트 베르나도트Jean-Baptist Bernadotte(1763~1844)를 칼 14세Karl XIV의 이름으로 왕좌에 앉혔다. 칼 14세는 반프랑스 동맹의 일원으로 독일에서 일어난 해방전쟁에 참전했고, 덴마크로부터 노르웨이를 분리·독립시키는 조치를 취했다. [노르게]

덴마크는 프랑스와 영국 사이에서 중립노선을 지키려 필사적으로 노력해왔는데, 그 때문에 영국으로부터 두 차례 무자비한 응징을 당한 터였다. 위대한 개혁가 크리스챤 디틀레우 프레데리크 레벤틀로프Christian Ditlev Frederik Reventlow(1748~1827)의 주도로, 덴마크의 계몽주의는 농노를 해방하고, 유대인의 시민권, 자유무역, 자유언론을 보장하는 등 많은 성취를 이룩했다. 그러나 그런 덴마크의 계몽주의도 주변국들로부터 조국을 구해내는 일까지는 해내지 못했다. 1801년 4월에는 코펜하겐에서 덴마크 선단이 바다 아래로 가라앉았는바, 세간에 회자된 유명한 일설에 따르면 넬슨은 이때 보이지도 않는 한쪽 눈에 망원경을 대고 상관의 포격 중지 신호를 못 본 체했다고 한다. 1807년 9월 영국군에 에워싸인 코펜하겐은 항복밖에는 별다른 도리가 없었다. 이후 덴마크는 전폭적으로 프랑스 쪽에 가담했고, 이 때문에 빈회의Congress of Vienna에서 응징을 당했다.

발칸 지역은 프랑스의 직접적 영향권에서는 벗어나 있었다. 발칸 지역에서 프랑스가 점유하고 관리했던 땅은 일리리아 프로뱅스Illyrian Provinces—오늘날의 슬로베니아와 크로아티아—로 불렸던 지방뿐이었다. [일리리아] 그러나 혁명과 민족주의 사상의 숨결만큼은 발칸 지역 구석구석에도 빠지지 않고 전해졌다. 개중 그 영향을 강하게 받은 곳이 그리스였다. 1799년에는 러시아의 지원을 받아 에프타니소스공화국Septinsular Republic(그리스어 "에프나티소스"와 이탈리아어 "세틴술라레" 모두 "일곱 개의 섬들"이라는 뜻이다)이 세워졌고 [에프타니소스], 파르테논신전의 프리즈frieze들이 아테네에서 대거 들려 나가는 것을 본 그리스인들의 가슴속에서는 당장 민족주의 정서가 불타올랐다. [약탈] 세르비아에서는 오스만제국의 통치에 반대하며 1804~1813년과 1815~1817년에 걸쳐 두차례 봉기가 일어났는데, 역시 러시아로부터 지원을 받았다. 루마니아에 자리한 공국들에서는 1806~1812년 러시아군의 점령으로 베사라비아 지방이 이양되면서 사람들 사이에 크게 원성이 일었으니, 이 역시 민족주의 정서에 불을 지피는 데 일조했다. [부불리나]

러시아제국은 예카테리나 여제의 손자 알렉산드르 1세(재위 1801~1825)가 통치하는 동안 러시아 역사상 가장 진보적인 시기를 경험했다. 알렉산드르의 아버지 파벨 1세(재위 1796~1801)가 생전에 보인 증세들은 거의 정신이상에 가까웠다. 그는 귀족들과 민간 공무원에게 태형을 가했던 옛 제도를 되살리는 식으로 국내 정책들을 결정하면서 자신의 포악한 성미를 만족시키는 데 주안점을 두었고, 대외 정책들을 결정할 때는 개인의 한낱 망상에 지나지 않는 생각들에 주로 의지했다. 1799년에 파벨 1세가 제2차 대프랑스동맹에서 탈퇴한 이유도 몰타기사단을 차지하고 싶다는 개인적 욕심 때문이었다. 파벨 1세는 1801년에는 별 이유도 없이 영국과의 동맹을 파기했다. 그랬던 파벨 1세는 결국 술에 취한 장교 손에 목숨을 잃었다. 이런 아버지가 세상을 떠난 뒤, 나폴레옹과 장기간 대치해야 하는 임무를 떠맡게 된 것이 아들 알렉산드르였다. 알렉산드르는 자신의 죽마고우이자 재상 아담 예지 차르토리스키Adam Jerzy Czartoryski 대공(1770~1861)(폴란드의 귀족으로 예카테리나 여제에게 볼모로 붙잡혔다)의 훈수를 받아, 당대의 정치 및 사회 문제들에 진지하고도 지적인 관심들을 보였다. 알렉산드르는 유럽의 재건 문제에 폭넓은 비전을 가졌던 것은 물론, 입헌군주제의 장점들에도 진정으로 관심을 보였다.[40] 알렉산드르는 핀란드를 러시아 안에 포함시키되 자율적 통치를 해나가는 대공국으로 인정해주었다. 또 발트해 지방에서 땅을 갖지 못한 채 살아가는 농노들을 자유로운 신분으로 해방시키는 한편, 폴란드-리투아니아로부터 병합한 서쪽 지역을 20년에 걸쳐 진보적인 사회적·문화적 실험의 본산으로 만드니 이때 그 중심지 노릇을 한 것이 빌뉴스 지방의 대학 및 교육 지구였다.[41] 러시아에 공립학교 체

노르게 NORGE

■ 나폴레옹전쟁이 끝나갈 무렵, 덴마크가 지지해
■ 온 프랑스의 패배가 확실해지자 노르웨이 지도
자들은 400년 동안 이어진 덴마크의 통치에서 벗어날
길을 모색했다. 1814년 5월 17일 크리스티아니아(오슬
로) 인근 아이츠볼에서 열린 제헌의회에서 노르웨이의
자주 입헌군주정이 선포됐다. 헌법은 주로 스페인의
헌법(1812)을 본떴다. 덴마크의 노르웨이 총독 크리스
티안 프레데릭 대공이 1389년 이래 최초의 노르웨
이 왕으로 만장일치 추대됐다. ("노르게"는 노르웨이어로
"노르웨이"라는 뜻이다.)

그러나 제헌의회는 스웨덴이나 덴마크 국왕의 입장을
고려하지 않았다. 스웨덴은 1809년 핀란드를 잃은 뒤
노르웨이를 병합해 이를 만회하려 했고, 덴마크 국왕
은 스웨덴의 주장을 일방적으로 승인했다. 게다가 왕
위 계승자 베르나도트 휘하의 스웨덴군은 이미 협상
안을 들고 진격해오고 있었다. 2주간의 전쟁 끝에 노

르웨이는 스웨덴-노르웨이연합왕국내에서 헌법과 독
자적 '의회Storthing'를 보유하되 독자적 왕을 둘 수는
없다는 협상을 받아들여야 했다. 협상안은 연합 법령
으로 기술돼 빈회의에서 승인을 받았다.

이후 노르웨이 민족운동은 덴마크의 문화적 지배와
스웨덴과의 정치적 연합에서 벗어나는 방향으로 전개
됐다. 많은 압박 속에서도 노르웨이는 자국의 헌법을
포기하지 않았고 외교 정책과 국기, 무엇보다도 스웨
덴 왕의 권한을 두고 90년간 갈등이 빚어지면서 두 국
가의 연합이 틀어지기 시작했다. 한번은 노르웨이의
각료 전체가 권한 남용으로 헌법재판소에 기소되고
총리가 벌금형을 선고받기도 했다. 노르웨이가 두 번
째로 독립을 선언하자 결국 스웨덴 정부는 이를 받아
들였다. 덴마크의 카를 대공이 만장일치로 왕으로 선
출돼 1905년 11월 25일 수도에 입성했다. 왕은 호콘
6세의 이름을 물려받았고 수도는 오슬로라는 옛 이름
을 되찾았다. 아이츠볼 제헌의회의 의지가 다소 늦게
나마 승리한 것이다.[1]

에프타니소스 HEPTANESOS

■ 1799년 3월 그리스 서안 코르푸에 주둔하던 프
■ 랑스군은 표도르 우샤코프Фёдор Ушаков 제독이
지휘하는 러시아-튀르크 연합 원정군에 항복했다. 코
르푸는 캄포포르미오조약으로 베네치아공화국에서
프랑스로 이양된 이오니아제도의 일곱 개 섬 '에프타
니소스' 가운데 가장 큰 섬이었다. (이는 나폴레옹의 이집
트 침공으로 인한 보기 드문 러시아-튀르크 합동 작전의 성
과였다.) 이 지역을 손에 넣고 나자 러시아는 오스만제
국 동맹군을 밀어내고 알렉산드르 1세의 재상 아담
차르토리스키 대공의 구상을 토대로 독자적 의회와
헌법(1803)을 갖춘 실험적 '에프타니소스공화국'을 세
웠다.[1] 이렇게 후한 인심을 쓴 이유는 '혁명' 프랑스보
다 좋은 인상을 주고 차후 그리스의 토대를 구축하기
위해서였다. 이 구상의 지속 기간은 겨우 4년이었다.

이오니아제도는 틸지트조약에 의해 다시 프랑스령으
로 넘어갔고(954쪽 참조), 이후 1809년부터는 영국 함
대가 일곱 개의 섬을 하나씩 점령했다.

영국의 통치 기간은 러시아가 후원한 이전의 기간에
비해 자유가 보장되지 않았다. 영국은 총독에게 전권
을 부여하는 입법을 강제했다. 소수의 인사들이 자문
회의를 운영하는 동시에 토지를 소유하며 억압적 '콜
로니아'(식민시) 체제를 유지해나갔다. 그리스 독립전
쟁 동안 영국의 주요 과제는 그리스에 병합되고자 하
는 이 섬 주민들의 열망을 꺾는 것이었다. 1848년과
1849년에 케팔로니아섬에서 농민 봉기가 일자 총독
인 헨리 워드Henry Ward 경은 체포, 태형, 처형으로
이를 진압했다. 그 무렵 영국의 헨리 존 템플 파머스
턴Henry John Temple Palmerston은 오스트리아를
"스스로 문명국이기를 거부한 가장 잔혹한 나라"라 비
난하고 있었고, 오스트리아의 율리우스 야코프 폰 하

이나우Julius Jacob von Haynau 장군이 런던에서 말 여물통에 던져지는 굴욕을 당하기도 했다(하이나우는 1848~1849년 혁명 때 봉기들을 잔혹하게 진압해 평판이 나빴고, 런던 방문 때 군중들에게 폭행을 당했다). 이에 영국 하원은 워드 총독을 "이오니아제도의 빌어먹을 하이나 우"라고 묘사했다. 그러나 이는 무의미한 일이었다. 워 드 총독의 사례는 훗날 파머스턴의 과격한 처리를 보 여주는 돈파시피코사건Don Pacifico Affair(1850년 파 시피코라는 영국인이 그리스 정부에 보상을 요구하자 영국 정부가 무력을 동원해 그리스에 압력을 넣은 사건)의 예고편

과도 같았으니 말이다.[2] 그리스와의 통합은 영국의 판 무관 윌리엄 글래드스턴의 조언에 따라 1859년까지 기각됐다. 그러나 1864년 영국은 그리스와의 일반 협 정에서 체면치레로 이오니아제도를 할양했다. 이 결정 적 국면에서 에든버러 공작 앨프리드가 그리스 왕위를 제안받았지만 결국 고사했다. 훗날 영국 왕실이 코르 푸섬에서 태어난 그리스의 망명 왕자(엘리자베스 2세의 남편 필립)에게 에든버러 공작이라는 사라진 작위를 부 여하게 된 것은 참으로 재미있는 아이러니다. [고타]

제를 세운 것도 알렉산드르였고, 이후 차르가 러시아를 다스리는 동안 줄곧 핵심 기구로 기능 하게 되는 (자문회 성격의) 러시아 국무협의회를 처음 만든 이도 알렉산드르였다. 물론 당대의 러 시아가 급진적 사상을 너그러이 받아줄 만한 데는 아니었다. 그러나 폴란드, 이탈리아, 중국에는 프랑스를 직접 경험한 러시아 병사들 세대가 있었던 만큼, 이들이 사회 안에서 일정 부분 소요 를 일으키게 되는 것은 어쩔 수 없는 일이었다.

나폴레옹도 동쪽을 향한 러시아의 영토 팽창을 가로막지는 못했다. 1801년, 이후 장장 60년 에 걸친 캅카스 정복 작업이 그루지야(조지아)를 병합하는 것으로 그 서막을 열었다. 나폴레옹 이 모스크바를 향해 진격하던 1812년에는 러시아의 원정군이 아메리카대륙의 북부 캘리포니아 해안에 포트로스fort Ross라는 조그만 식민지를 건설했다. 미국 개척민들이 이 지역에 다다른 것은 이로부터 30년도 더 지나서였다.[42] [가가우즈]

시간이 흐르자 프랑스가 주도한 대륙봉쇄령이 압박의 효과를 내기 시작했고, 그와 함께 영 국의 봉쇄도 효과를 내기 시작했다. 이 대륙봉쇄령의 압박이 밑바탕이 돼 1812년 3월 러시아 차르는 스웨덴과 동맹을 맺었고, 나폴레옹도 약 60만 명에 이르는 대육군Grande Armée을 차르 의 서쪽 국경지대에 배치했다. 두 봉쇄는 1812~1814년 영국과 미국 사이에 불명예스러운 전쟁 을 일으킨 주요 논란거리였다. 당시 미국의 해운업은 모순되는 영국과 프랑스의 규제 때문에 장 기간 발목이 잡혀 있는 상황이었다. 그러다 1807년 영국 군함 HMS 레오퍼드호에 타고 있던 일 군의 무리가 미국 군함 USS 체서피크호에 승선해 중대한 범법행위를 저질렀다. 이에 토머스 제 퍼슨 대통령은 직권으로 '평화적 강압'과 '통상 금지' 같은 규제들을 도입했으나, 시간이 지나자 12대 의회를 장악한 '주전론자 매파'의 요구가 관철됐다. 미국 군대는 캐나다에서 얼마쯤 영토 를 확보하는 데 실패했고, 영국 군대는 과거 자신들의 식민지들을 도로 자신들 관할로 만드는 데 실패했다. 돌이켜보건대, 프랑스의 대륙봉쇄령으로 워싱턴의 대통령 관저(이곳이 백악관White

약탈 LOOT

■ 1799년 오스만제국 주재 영국 대사 토머스 브
■ 루스 엘긴Thomas Bruce Elgin 경은 아테네를
방문해 파르테논신전의 프리즈 가운데 가장 훌륭한
부분을 손에 넣었다. 파르테논은 병기창으로 사용돼
왔고 상당 부분이 폭발로 파괴됐지만 아무도 수리하
려 들지 않았다. 엘긴은 오스만 당국과의 거래가 합법
적이었으며 의기 있는 행동이었다고 주장했지만 아테
네 사람들은 동의하지 않았다. 오스만의 통치에 저항
하는 그리스 지도자들 가운데 한 사람은 그리스의 보
물을 '유럽인들'에게 팔아넘기는 행위에 대해 강하게
경고했다. 훗날 그는 이렇게 썼다. "결국 그것이 우리
가 싸운 이유다."[1] '엘긴 마블스Elgin Marbles'은 영국
박물관에서 가장 귀중한 전시품 가운데 하나로, 이를
영국의 유산으로 여기는 이들도 있다.[2] (만약 커다란 스
톤헨지가 합법적으로 아테네로 이송됐다면 마찬가지로 이는
'그리스의 유산'으로 간주될 것이다.)

유럽의 많은 미술관과 박물관은 국가 차원이나 개인
차원의 약탈로 만들어졌다. 17세기에 스웨덴은 독일,
보헤미아, 폴란드에서 방대한 양의 예술품과 귀중품
을 빼돌렸다. 나폴레옹은 루브르박물관의 가장 열성적
인 후원자였다(944쪽 참조). 그가 이집트에서 약탈한 고
대 유물 가운데 상당수는 영국이 다시 약탈해갔다. 러
시아의 여러 국립 도서관과 박물관의 주요 소장품 가
운데 상당수는 폴란드에서 가져온 것이었다. 엘긴 경이
아테네에 주재하던 해에 수보로프 장군의 군대는 이탈
리아로 진격할 때 문화에 정통한 중개인들을 대동했다.
강력한 정치권력에는 대개 버릇 나쁜 손이 따라다녔다.
20세기에는 일반적으로 나치가 예술품 도둑의 장인으
로 손꼽혔다. 헤르만 괴링은 자신을 예술품 감정가로
여겼고, 한때 미술학도였던 히틀러는 고향인 린츠에
세계 최대 규모의 예술센터를 건립하려는 계획을 세웠
다. 크라쿠프, 파리, 피렌체, 헨트, 암스테르담을 비롯

해 많은 예술의 중심지들이 광범위한 약탈에 시달렸
다. 동유럽에서 전리품을 가득 실은 기차들이 제국으
로 줄지어 들어왔다. 제2차 세계대전이 끝나갈 무렵,
오스트리아 알타우세의 암염 폐광에서 유럽 최고의
예술품 수천 점이 발견되기도 했다.[3]
그러나 나치의 약탈은 이야기의 시작에 불과하다. 약
탈에 관해서는 러시아가 한 수 위였다. 전쟁이 끝나
고 50년 뒤 붉은군대가 독일의 약탈자들로부터 약탈
해온 오랜 대작들과 다른 나치 전리품들이 러시아에
서 공개되기 시작했다. 예를 들어, 과거 하인리히 슐리
만Heinrich Schliemann(독일의 고고학자)이 베를린으
로 가져온 트로이의 유물 '프리아모스 왕의 보물' 1만
6000점과 미케네의 유물인 이른바 '아가멤논의 황금
가면'이 모두 1991년 모스크바에서 공개됐다.[4] KGB
와 소수의 유물 보존 전문가들만 알고 있던 이 '전리
품들'과 '특별한 발굴품들'은 반세기 동안 예르미타시
박물관, 푸시킨 박물관, 자고르스크의 수도원에 감춰
져 있었다. 이 유물들은 대부분 부다페스트의 모르 리
포트 헤르조그Mór Lipót Herzog와 페렌츠 허트버니
Ferenc Hatvany, 암스테르담의 프란스 쿠니흐스Franz
Koenigs 같은 개인들과 만하임의 크렙스재단Krebs
Foundation의 소장품에서 훔쳐온 것이었다. 이러한 예
술품이 총 100만여 점에 달한다는 소문도 있었다. 문
제는 영국박물관의 경우와 마찬가지로 발견하는 자가
소장해야 하는 것은 아니라는 점을 러시아에 납득시
키는 일이었다.
다른 연합국들도 의혹을 피해갈 수는 없었다. 전쟁 동
안 안전상의 이유로 폴란드로 옮겨졌던 베를린의 모
차르트 관련 자료들은 크라쿠프에 있는 대학 도서관
에서 돌아오지 않았다. 1990년에는 보석 박힌 채색
장정의 9세기 독일어 성경 등 '크베들린부르크의 보물'
일부가 퇴역 미군 중위의 소유였던 텍사스의 어느 차
고에서 발견됐다.[5] 1954년 헤이그협약에서 대두된 '문
화재'라는 법적 개념은 비교적 최근의 혁신이다.[6]

House이라는 이름으로 알려진 것은 1814년 이후였다)도 불에 탔지만, 그와 함께 모스크바도 불길에 휩싸였다는 것을 생각해보면 참 아이러니하지 않을 수 없다.

1812년의 러시아 전역戰役은, 나폴레옹 자신이 나중에 인정했듯, 그의 일생일대 실수였다. 나폴레옹은 이 전역을 '폴란드전쟁Polish War'이라 불렀는데, 전쟁 대부분이 폴란드가 전통적으로 보유한 옛날 영토에서 치러졌을 뿐 아니라 이 전역에서 성공을 거둘 경우 폴란드-리투아니아를 복원시키는 문제를 피해갈 수 없을 것이기 때문이었다. 1812년 6월 22일에 나폴레옹의 대육군이 가로지른 국경지대는 러시아제국이 손에 넣은 지 얼마 안 된 땅이었다. 그 지방의 주민들이 봤을 때 그곳은 폴란드와 리투아니아를 이어주는 역사적 경계선이었다. [미르] 나폴레옹은 이 전역을 정치적인 것으로 만들지, 아니면 순전히 군사적 차원에 머물게 할지 둘 중 하나를 확실히 선택해야 했다. 전자의 경우에는 군대를 활용해 농노를 해방시키고 주민들 사이에 반反러시아 정서를 불러일으켜야 할 것이고, 후자의 경우에는 전쟁의 운이 누구에게 따르느냐에 전적으로 전역의 성패가 갈릴 것이었다. 나폴레옹은 리투아니아의 폴란드인들은 바르샤바의 폴란드인들과는 다소 다르다는 것을 눈치챘다. 그래서 선대의 칼 12세(스웨덴의 국왕, 1700년 대북방전쟁 때 러시아에 맞서 나라를 잘 지켰으나 러시아 원정에는 실패했다)나 후대의 히틀러가 그랬던 것처럼, 나폴레옹도 러시아의 지역적 특수성을 무시하기로 마음먹었고, 그 대가를 치르게 된다. 오로지 자신에게 뒤따를 정치적 미래만을 염두에 둔 채 나폴레옹은 리투아니아를 지나 모스크바의 심장부를 향해 밀고 들어갔다. 모스크바로 들어가는 관문 보로디노에서 나폴레옹은 그간 자신이 거둔 모든 승리를 통틀어 가장 혹독한 대가를 치러야 했다. 모스크바는 프랑스군에 점령을 당했고, 수많은 상점과 함께 도시가 불에 탔다. 러시아 차르는 나폴레옹과의 협상을 일언지하에 거절하고, 휘하 군대에는 프랑스군과의 대규모 교전은 절대 벌이지 말라고 명했다. 그렇게 해서 11월에 접어들어 군량이 바닥나가자, 결국 퇴각해야 한다는 목소리가 들려오기 시작했다. 프랑스의 대육군 전열은 800킬로미터 넘게 길게 늘어선 채 러시아의 혹독한 겨울, 산적떼 같은 카자크인들 그리고 베레지나강의 때아닌 홍수를 만나 처참한 신세가 됐다. 나폴레옹은 썰매를 타고 일단 바르샤바로 도주한 후, 그길로 다시 파리를 향해 갔다. 반면 나폴레옹을 따랐던 병사들은, 6월에 네만강을 건넌 60만 명의 병사 중 살아남은 이가 20명 중 1명꼴에 불과했으니, 프랑스 대육군이 러시아에서 어떤 참상을 겪었는지는 충분히 알 만했다. 언젠가 황제가 말했듯, "모든 제국은 소화불량으로 죽는다." [말레] [스파시텔]

1813년과 1814년 최종 전역의 성과를 결정짓는 데에는 전투 실적과 함께 병참의 요소가 주효했다. 1813년 10월 라이프치히 근방에서 3일 동안 치러진 '국가간전투'에서는 대체로 나폴레옹의 군대가 제압당했지만, 그럼에도 이후의 교전에서는 나폴레옹이 대부분 지속적으로 승세를

가가우즈 GAGAUZ

■ 1812년 러시아가 베사라비아를 정복한 직후, 차르의 이 새로운 영토로 이주하려는 열풍이 일었다. 가가우즈라고 알려진 발칸 지역의 기독교인들도 이 주민의 물결에 합류했다. 지금의 불가리아 북부에 속하는 지역에서 온 이들은 콤라트 지구 즉 지금의 몰도바 지역에 정착했다. 이들이 쓰는 언어는 튀르크어파의 고즈Ghoz 빙인에 속하며 중앙아시아에도 같은 언어를 쓰는 이들이 있다. 이들의 종교는 슬라브식 불가리아정교회였다. 가가우즈가 선조들의 오랜 터전을 떠난 이유가 희망 때문이었는지 두려움 때문이었는지는 여전히 확실하지 않다. 이들 가운데 이슬람을 믿는 많은 집단은 오스만제국이 통치하는 불가리아에 남았다.

가가우즈의 기원에 대해서는 두 가지 견해가 있다. 하나는 불가리아에 일부 동화된 중세 튀르크족이라는 견해다. 다른 하나는 언어는 잃었지만 종교는 잃지 않은, 튀르크에 동화된 불가리아인이라는 견해. 그러나 둘 다 사실이 아니다.[1]

가가우즈는 기독교와 이슬람교의 경계에 걸쳐 있는 동유럽의 여러 소수민족의 하나였다.[2] 볼가 지역의 무슬림 타타르족 가운데에는 러시아 정복자들의 종교를 받아들이고 세례를 받은 크리예센즈Kryeshens라는 소수민족이 있었다. 캅카스 북부의 체첸인들은 주로 이슬람교도였지만 기독교도도 일부 포함돼 있었다. 압하지야인들도 비슷한 상황이었다. [압하지야] 알바니아계 이슬람교도들은 알바니아 및 세르비아의 코소보 지방 두 곳 모두에서는 다수지만(부록 1652쪽 참조), 마케도니아에서는 중요한 소수민족을 이루고 있다. [마케돈] [슈치퍼리아]

로도피산맥을 중심으로 불가리아와 그리스의 국경 지대에는 포마크족Pomaks으로 알려진, 불가리아어를 쓰는 이슬람 공동체가 살고 있다. 마케도니아와 알바니아 일부에 이들의 친척이 있다. 그리스에서는 이들의 존재를 공식적으로 인정하지 않는다. 윌리엄 글래드스턴이 '불가리아의 참상the Bulgarian Horrors'이라고 이름 붙인 1876년 사건을 자행한 것은 오스만제국의 정규군이 아니라 이 지역의 포마크족 민병대였을 가능성이 있다. 만약 그렇다면 이들은 뒤이은 발칸전쟁의 공포 속에서 충분한 대가를 치른 셈이다. 그럼에도 이들은 이곳을 떠나지 않았다.[3]

보스니아에서는 종교가 보스니아 이슬람교도와 정교회 '세르비아인' 및 가톨릭 '크로아티아인'을 구분하는 유일한 기준이다. 모두가 똑같이 '세르보-크로아트어'를 사용하며 모두 슬라브족에 속한다. 보스니아 이슬람교도(1991년 기준으로 인구의 44퍼센트)는 가톨릭 또는 정교회를 버리고 지배세력인 오스만제국의 종교를 받아들인 배교자로 민족주의자 이웃들에게 취급당하곤 한다. 그러나 이러한 보스니아 가문들 가운데 상당수는 이슬람교를 받아들이기 이전부터 파타리아(가톨릭과 정교회에서 이단시한 중세 보스니아 지방의 독자적 기독교) 지지자였을 가능성이 높다. [보고밀]

20세기 후반, 이처럼 잘 알려지지 않았던 소수민족들이 여러 차례 유럽 언론의 주목을 받았다. 1980년대 중반 불가리아에서 힘을 잃어가던 공산 정권은 지배력을 유지하기 위한 마지막 몸부림으로 '재탄생의 시도'라는 초민족주의 운동을 전개했다. 이슬람사원들은 파괴됐고 불가리아의 이슬람교 소수민족들—가가우즈, 포마크족, 튀르크족—은 개명 아니면 이주를 택할 것을 강요받았다. 많은 이가 이주를 택했다. 1991년 몰도바가 독립을 선언하자 당시 20만여 명에 달하던 콤라트의 가가우즈는 동참하기를 망설였다. 체첸인들은 그로즈니에서 자체 공화국을 선포하며 러시아로부터의 독립을 꾀했고 카잔의 볼가타타르족은 '타타르스탄'의 개국을 준비했다.

1992년 유고슬라비아가 급속도로 해체되는 가운데 보스니아 정부는 다민족 공화국을 온전히 유지하고자 하는 바람으로 독립을 선포했다. 국제사회는 이를 인정했을 뿐 딱히 국제적 원조나 도움을 제공하지 않았다. 서구의 자선단체들과 유엔의 형식적 평화유지군의 존재로는 잇따른 영토 점령, 집단학살, '인종청소'를 막을 수 없었다. 팔레에 기반을 둔 자칭 보스니아세르비아공화국은 크닌에 기반을 두고 크로아티아의 옛 합스부르크 군사 국경 지대에 세워진 크라이나세르비아공화국을 본뜬 것이었다. 1년도 안 돼 인구의 31퍼센트에 불과한 세르비아인들이 영토의 77퍼센트를 장악했다. 다른 고립 영토들과 마찬가지로 사라예보도 포위됐다. 크로아티아의 공격으로 이슬람교도들은 모스타르 같은 서부의 다민족 거주 지역을 떠나야 했고 세르비아인들은 이슬람교도가 많은 중부 지역들에서 몸을 피해야 했다. 20만~30만 명이 사망한 것으로 추정된다. 보스니아가 불타는 사이 국제사회의 지도자들은 휘파람만 불고 있었다. 과단성 있는 정치력이 결여된 상태에서 이뤄진 공산주의의 해체는 200여 년 전 오스만제국이 퇴보할 때와 비슷한 효과를 가져왔다.[4] [사라예보]

잡아나갔다. 그러나 나폴레옹이 상대해야 한 나라의 국민들은 이미 나폴레옹 자신의 영향으로 민족nationality라는 감각에 젖어 있어 이들의 집합적 의지collective will를 꺾는 것이 쉬운 일이 아니었던 데다, 해당 지방 군주들은 자신들의 패권을 반드시 되찾겠다며 결의에 차 있었다. 동쪽에서부터 진격해오는 러시아인, 프로이센인, 오스트리아인과 함께, 남쪽에서부터 치고 올라오는 웰링턴의 군대를 막을 도리도 없었다. 이 전역에서 목숨을 잃는 프랑스 젊은이들의 수는 하염없이 많아지기만 했다. 마지막 두 해 동안 나폴레옹이 잃은 병사들의 수만 해도 100만 명 이상이었으나, 그렇게 많은 희생자를 내고도 적들을 또 한 번의 합동 전투로 끌어내는 것조차 못 하고 있었다. 마침내 병사들에게 싸울 여력이 더는 없다는 진언이 황제에게 올라갔다. 1814년 4월 영국·러시아·프로이센 군대가 파리에 진을 친 가운데, 나폴레옹이 황제 자리에서 물러났다. 혁명전쟁도, 혁명도 막을 내렸다. 아니 막을 내린 것처럼 보였다.

당시로서는 혁명전쟁의 결과가 불 보듯 뻔하다고 생각할 법도 했다. 그러나 이 주제를 가장 철저하게 파고든 역사학자 알베르 소렐의 눈에 동맹군은 이때 완승을 거둔 게 아니었다. "유럽 동맹군이 프랑스군을 상대로 승리하기는 했다"라고 그 역사학자는 썼다. "하지만 프랑스군이 사력을 다한 적에게 패배당했다고 말할 수는 없다."[43] 그는 프랑스가 이후에도 영토를 온전히 유지한 점, 프랑스혁명의 이상이 계속 위력을 떨친 점, 앞으로도 충격적인 일들이 벌어지는 점을 염두에 두고 이런 말을 한 게 틀림없다.

당시 대륙 전체의 운명이 위태한 지경이었다는 것은 누구나 받아들이는 사실이었다. 이즈음 나폴레옹은 "유럽Europe"이란 말을 곧잘 입에 올렸다. 그는 틸지트에서도 유럽을 언급했는데, 영문 모르는 러시아 차르로서는 짚고 넘어가야 할 말이었다. "유럽이라니," 알렉산드르 1세가 물었다. "그게 뭡니까?" 그러고서 차르는 스스로 답했다. "유럽은 곧 우리겠지요."(우리란 아마 지배 군주들을 의미했을 것이다.) 1814년 봄, 차르는 말을 타고 파리로 진군하며 이렇게 말했다. "프랑스와 유럽을 화해시키기 위해 내가 왔노라." 그 화해는 예상외로 긴 시간이 걸렸다.

미르 MIR

■ 1812년 7월, 러시아의 장군 마트베이 플라토프
Матвей Платов가 나폴레옹의 대육군 앞에서
벨라루스로 퇴각할 때 그의 카자크 병사들은 미르의
성벽 아래 많은 화약을 설치해 그 일부를 날려버렸다.
베스트팔렌의 왕 제롬 나폴레옹은 모스크바로 진격하
는 길에 며칠 동안 이곳을 본부로 사용했다. 그러나
11월 10~11일, 자르의 군대가 놀아와 후퇴하던 프랑
스군과 처절한 싸움을 벌이면서 이곳은 완전히 파괴됐
다.[1] ("미르Мир"는 러시아어로 "세계" "평화"라는 뜻으로 제
정 러시아의 농촌 공동체 또는 자치조직을 말한다)

미르는 오랫동안 폴란드–리투아니아 국경에 위치한
훌륭한 요새들 가운데 하나였으며 유럽에서 가장 동
쪽에 자리한 봉건시대 성에 속했다. 한때는 리투아니
아 대공들의 활동지였지만 1434년에 개인의 소유로
넘어갔다. 거대한 요새는 1500년경, 리투아니아 육군
원수인 예지 1세 일리니치Jerzy I Illinicz와 그의 아
들이자 신성로마제국의 백작 예지 2세의 지휘로 완
공됐다. 다섯 개의 높다란 붉은 벽돌 보루는 총안의
흉벽으로 보강됐고 말굽 모양의 망루가 이들을 보호
했다. 주위에는 해자와 호壕가 둘러졌다. 1569년부
터 미콜라이 크쉬시토프 라지비우Mikołaj Krzysztof
Radziwiłł 대공이 중앙의 성을 장엄한 르네상스 양식
의 석조 궁전으로 바꾸기 시작했다. 1812년까지 이곳
은 이웃한 냐스비주와 함께 라지비우 가문의 주요 활
동지로 사용됐다.

오랜 역사의 미르는 수많은 군사 공격을 목격해왔다.
1395년에는 독일기사단에 약탈당했고 15세기에는 두
차례나 타타르족의 습격을 당했으며 1655년에는 스웨
덴군에 점령당했다. 1706년에는 카를 12세가 불을 질
렀고 1794년에는 러시아군이 쳐들어왔다.

미르는 스웨덴과의 전쟁으로 약탈을 겪은 뒤 일명 '파
니에 코한쿠Panie Kochanku'라고 불린 카롤 라지비우
Karol Radziwiłł(1734~1790) 대공이 궁전을 재건하면
서 전성기를 맞이했다. 수천 명의 벨라루스 농노들이
가꾼 이 대공의 거대한 영지 가운데서 미르는 '핵심적'
재산이었다. 가톨릭교회와 그리스가톨릭교회(합동동방
가톨릭교회)가 시너고그(유대교회당)와 타타르족 이슬람
사원을 이웃하고 있었다. 대규모 집시 공동체가 해마
다 마馬시장을 열었고 이들의 '왕'은 전통적으로 대공
이 임명했다. 1761년에는 미르의 궁전에서 대공의 재
판소 개회에 맞춰 화려한 주연이 열리기도 했다. 1785
년에는 폴란드의 마지막 왕을 위해 성대한 연회가 열
렸다. 그러다 제2차 폴란드분할과 함께 1793년 러시
아의 통치가 시작됐다. 집시들은 재빨리 몰다비아로
일제히 이주했다. 라지비우 가문은 프로이센의 영지로
떠났다. 1812년 이후 이곳에는 폐허만이 남았다.

그러나 미르는 아담 미츠키에비치의 서사시 〈판 타데
우시〉를 통해 영원히 살아남았다. 이 시에 묘사된 리투
아니아의 '최후의 만찬'은 미르의 궁전을 염두에 두고
쓴 것이었다. 이 지역 귀족들은 나폴레옹에 의해 해방
을 얻게 될 거라는 희망에 들떠 기쁜 마음으로 눈부신
연회를 열었다. 귀족 남녀들이 폴로네즈를 추었고, '폴
란드인처럼 조국을 사랑한' 유대인 얀키엘의 심벌즈 연
주를 감상했다. 시의 말미에서 그들은 잔을 들고 폴란
드식의 건배를 외쳤다. "코하이미 시에!Kochajmy Sie!"
"우리 서로 사랑하세!"라는 뜻이었다.[2]

1814년 4월 20일 수요일, 퐁텐블로. 엘바의 왕 나폴레옹 보나파르트는 새 왕국을 다스리기 위해
프랑스를 떠나기에 앞서 제국근위대에 이별을 고하는 중이었다. 퐁텐블로성 로비에서 그는 남아
있는 자신의 수행단을 비롯해 무리 지어 있는 대동맹 판무관들에게 작별 인사를 건넸다. 그런

다음에는 성 앞쪽에 자리한 편자 모양의 계단 맨 위의 출입구로 나아갔는데, 그곳의 대리석 발코니에 서면 널따랗게 펼쳐진 백마의 정원이 한눈에 내려다보였다. 약 5000명에 달하는 선임근위대 병사들이 집합해 있었다. 반원형 대열의 맨 앞에는 부대의 선임 장교가 기수단 및 오케스트라와 함께 서 있었다. 나폴레옹의 일행이 타고 갈 마차들은 성문 옆에서 대기하고 있었다. 나폴레옹이 난간 위로 모습을 드러내자, 기병대의 나팔수들이 〈황제의 군악Fanfare de l'Empéreur〉을 연주했다. 44

〈황제의 군악Fanfare de l'Empéreur〉

이날 행사에서 펄럭인 깃발은 오늘날까지도 프랑스 군사박물관에 당시 모습 그대로 남아 있다. 정사각형의 이 깃발은 세로로 파랑·하양·빨강의 세 부분으로 나뉘어 있었고 가장자리에는 금색 테두리를 둘렀다. 깃발의 앞면은 황제의 상징들로 장식돼 있었다. 깃발 맨 위 양쪽 귀퉁이에는 왕관 두 개가, 양쪽 옆에는 'N'의 모노그램과 함께 두 개의 원이, 맨 아래 양쪽 귀퉁이에는 독수리 두 마리가, 위쪽 한가운데에는 곡물 다발을 꿀벌들이 에워싸고 있었다. 그리고 다음과 같은 글자들이 깃발에 적혀 있었다. 제국근위대—황제 나폴레옹의 제1정예보병 연대GARDE IMPÉRIALE—L'EMPÉREUR NAPOLÉON AU 1ᵉʳ RÉGIMENT DES GRENADIERS À PIED. 깃발을 뒤집으면 이 연대가 승리를 거둔 전장이 나열돼 있었다—마렝고, 울름, 아우스터리츠, 예나, 아일라우, 프리틀란트, 에크뮐, 에슬링, 바그람, 스몰렌스크, 빈, 베를린, 마드리드, 모스크바. 이 깃발에는 1813~1814년에 승리를 거둔 지역들의 이름도 추가로 들어가야 할 것이었다—뤼첸, 바우첸, 드레스덴, 라이프치히, 하나우, 샹포베르, 몽미라이, 보샹까지.

이즈음 나폴레옹의 개인 수행단은 20명 미만으로 줄어있었다. 그들 안에는 일명 '대육군의 현자'로 후일 나폴레옹의 장례식에서 추도문을 낭독한 앙투안 드루오Antoine Drouot 장군, 화장되고 남은 나폴레옹의 재를 프랑스로 가져온 앙리 가티엔 베르트랑Henri Gatien Bertrand 장군, 나폴레옹 대의 외무장관 위그 베르나르 마레 바사노 공작Hugues-Bernard Maret, duc de Bassano

말레 MALET

■ 1812년 10월 23일 오전 3시, 황실 근위대의 장
■ 군 정복을 입은 사내가 파리의 포팽쿠르 병영에
나타나 긴급히 국민위병 사령관과의 면담을 요청했다.
그는 자신을 새로운 군정장관 라모트Lamotte 장군이
라고 소개한 뒤 나폴레옹이 모스크바에서 피살됐고
비상상원회의가 임시 공화국을 선포했으니 국민위병
은 당장 방돔광장에 집결해야 한다는 소식을 전했다.
그러고는 사령관에게 승진 임명서를 보여주며 다른
부대들에도 소식을 전하고 두 국사범 막시밀리앙-조
제프 기달Maximilien-Joseph Guidal 장군과 빅토르
라오리Victor Lahorie 장군을 석방하라고 명령했다. 인
상적 법령 문서들이 그의 명령을 뒷받침해주었다.

몇 시간 동안 모든 일이 순조롭게 진행됐다. '라모트
장군'은 아무런 제지도 받지 않고 파리의 방위군을 순
회했다. 라오리 장군도 마찬가지였다. 기달 장군은 식
당에서 식사를 즐겼다. 그러나 최소 13명의 선임 장교
에게 명령을 하달한 임시 공화국은 실제로 존재하지
않았다. 비상상원회의가 열렸다는 뤽상부르궁전의 경
비를 맡고 있는 장교는 아무런 문제점도 알아차리지
못했다.

수상한 낌새가 드러난 것은 국민위병의 상당수가 이
미 방돔광장에 모인 뒤였다. 전임 군정장관 피에르-오
귀스탱 윌랭Pierre-Augustin Hulin을 개인적으로 마
주한 자리에서 '라모트'는 임명장을 보여달라는 요구를
받았다. 그러자 그는 윌랭의 머리를 총으로 쏘았다. 잠
시 후 그가 다른 장교단을 마주했을 때 옛 전우가 그
를 알아보고 "저건 라모트가 아니라 말레다"라고 소리
쳤다. 이 음모의 주동자는 그들에게 제압당해 무장 해
제 된 뒤 정체가 밝혀졌다.

쥐라 출신의 클로드-프랑수아 말레Claude-François
Malet(1754~1812) 준장은 강한 자코뱅의 신념을 가
진 사람이었다. 그는 나폴레옹에 대한 적대감을 감추
지 못한 탓에 구금돼 오랫동안 현역에서 배제됐다. 그
의 동료 수감자로 교황지상권자이자 왕당파였던 라퐁
신부의 도움으로 위조문서를 얻어낸 그는 계획을 실행
에 옮겼다. 그의 아내는 연극용품점에서 제복을 빌려
왔다. 진짜 라모트는 공화파 장군으로 미국에서 망명
중이었다.

말레와 라퐁은 한밤중에 감옥의 담장을 넘었다. 말레는
집으로 가서 옷을 갈아입은 뒤 포팽쿠르로 향했다. 라
퐁은 왕정복고 이후까지 모습을 드러내지 않았다. 군법
회의에서 말레는 모든 책임을 뒤집어썼지만 공모자들
을 구할 수는 없었다. 그의 마지막 요청은 자신의 총살
집행대에 직접 명령을 내리게 해달라는 것이었다.[1]

말레사건은 나폴레옹 제국의 실상을 폭로한 셈이었다.
그는 한 사람의 목숨에 제국의 운명이 달려 있다는 것
을 정확하게 간파했다. 나폴레옹이 사망했다고 알려지
는 순간, 아무도 로마 왕(나폴레옹 2세가 태어나자 곧 붙
여진 호칭)이나 나폴레옹의 계승에 대해 생각하지 않았
다. 결국 프랑스는 단 한 발의 총알로 공화국으로 돌
아갈 뻔했다. 때로는 '하찮은 사건'이 역사의 행로를
크게 바꿔놓을 수도 있는 법이다.

스파시텔 SPASIT'EL

■ 1812년 알렉산드르 1세는 나폴레옹으로부터의
■ 해방을 기념해 모스크바에 구원자 그리스도에
게 헌정하는 교회를 지으라는 명령을 내렸다. 이 계획
이 결실을 맺은 것은 니콜라이 1세가 소집한 위원회에
의해서였다. 1837년 크렘린 인근의 강가에서 공사가
시작됐다. 철도 역사들의 설계를 맡았던 건축가 콘스
탄틴 톤Константи́н Тон의 설계에 따르면 이 교회는
거대한 십자형 바실리카 위에 다섯 개의 돔, 거대하고
둥근 청동 지붕, 뾰족하게 솟은 십자가를 얹은 모습이
었다. 내부는 422킬로그램의 순금으로 장식하고 종탑
에는 러시아 최대 규모의 종들이 설치됐다. 외벽은 포
돌리아산 대리석과 핀란드산 화강암으로 장식됐다. 45

년간의 대장정 끝에 1883년 5월 26일 알렉산드르 3세가 지켜보는 가운데 흐람 흐리스타 스파시텔 랴Храм Христа́ Спаси́теля(구세주 그리스도 대성당) 즉 '구원자의 성전'이 축성됐다. ("스파시텔спаси́тель"은 러시아어로 "구원자"라는 뜻이다.)

1931년 7월 18일 《프라우다Правда》는 뱌체슬라프 몰로토프(소련의 정치인 겸 외교관)가 이끄는 위원회가 모스크바강가에 '소비에트궁전'을 건립하기로 결정했다고 보도했다. 그로부터 5개월 뒤 구원자의 성전이 폭파됐다. 1933년 스탈린은 보리스 이오판Борис Иофан과 알렉세이 시추세프Алексе́й Щу́сев에게 설계를 맡겼다. 이들이 설계한 건물은 높이가 415미터, 면적은 엠파이어스테이트빌딩의 6배에 달했다. 건물 꼭대기에 올라갈 레닌의 동상은 자유의 여신상의 3배 크기였고 집게손가락만 6미터에 달했다.

이 궁전은 끝내 완성되지 못했다. 폭파된 성전의 대리석판들은 모스크바의 지하철 역사를 장식하는 데 쓰였다. 공사가 30년간 지연된 뒤 니키타 흐루쇼프는 땅을 판 강가 부지에 사계절 모두 즐길 수 있는 야외 수영장을 만들라고 지시했다.[1] 이후 공산주의가 몰락한 뒤 이곳을 다시 개발해 구원자의 성전을 재건하는 계획이 구상됐다. (모스크바 시민들의 성금으로 재원을 마련하고 1994년 재건축을 시작해 2000년 8월 완공됐다.)

같은 이들이 끼어 있었다. 문관들로는 오귀스탱 다니엘 벨리아르Augustin Daniel Belliard, 다비드 빅토르 벨리 드 뷔시David Victor Belly de Bussy, M. 드 몽테스키우 페장삭M. de Montesquiou-Fezensac 부관 같은 이들이 남아 있었다. 비서관들로는 아가송 장 프랑수아 팽Agathon Jean François Fain 남작, 프랑수아 르 로르뉴 디드빌François Le Lorgne d'Ideville 남작, 기사 주앤Chevalier Jouanne 같은 이들이 자리를 지키고 있었다. 군관으로는 왕실 근위대 사령관 유제프 코사코프스키Józef Kossakowski 백작, 용기병 사령관 필리프 앙투안 도르나노Philippe Antoine d'Ornano 백작, 병참부에 근무한 두 대령 가스파르 구르고Gaspard Gourgaud와 피에르 시몽 라플라스Pierre-Simon Laplace, 지형 파악 업무를 담당한 루이 마리 바티스트 아탈랭Louis Marie Baptiste Atthalin 대령, 폴란드인 통역관 스타니스와프 두닌 워소비치Stanisław Dunin-Wąsowicz 대령 같은 이들이 있었다. 선임근위대의 사령관이자 단치히 공작 샤를 르페브르-데노에트Charles Lefèbvre-Desnoëttes 원수는 말에 올라탄 채, 나폴레옹의 마차를 브리아르까지 호위할 기병대의 선봉에 서 있었다. 르페브르를 제외하면, 프랑스제국의 원수들이나 황실 일가의 대표라 할 만한 이들은 단 한 사람도 찾아볼 수 없었다.

기수단의 맨 앞에 선 장-마르탱 프티Jean-Martin Petit 장군이 "받들어 총"을 명했다. "경례"를 알리는 군악대의 북소리가 울려 퍼졌다. 나폴레옹은 계단을 내려와 집합해 있는 병사들의 한복판으로 들어갔다. 당시 황제가 정확히 무어라고 했는지는 기록돼 있지 않지만, 프티 장군이 서 있는 자리에서는 당시 나폴레옹이 한 말들이 충분히 기억되고도 남았다.

장교들이여, 하사관들이여, 내 선임근위대의 병사들이여! 나는 지금 작별을 고하려 한다. 20

년의 시간 동안 나는 제군들과 더불어 즐거웠다. 제군들은 늘 영광의 길에 서 있었다.

대프랑스동맹의 나라들은 유럽 전체를 무장시키고 나에게 싸움을 걸었다. 개중 어떤 군대는 자신들의 의무를 저버린 것은 물론 조국 프랑스까지 배신했다. […] 제군들을 비롯해 끝까지 충성심을 바친 다른 용감한 병사들과 함께라면, 나는 앞으로도 3년은 더 전쟁을 치를 수 있을 것 같다. 하지만 그것이 프랑스를 비참하게 만들 거라고 하는바, 그렇게 된다면 나는 내가 공언한 목표들과는 완전히 엇나가게 될 것이다. 그러니 제군들은 프랑스가 선택한 새로운 군주에게 충성을 다하기 바란다. 불행해진다 하더라도 소중한 이 조국Patrie을 부디 버리지 말라.

내 운명을 한스러워하지 말라. 제군들이 맘 편히 지낸다는 것을 안다면 나 역시도 항시 맘이 편할 것이다. 나는 죽을 수도 있었다. […] 하지만 죽지 않았다. 나는 명예로운 길을 택했다. 우리가 지금까지 해낸 모든 일을 나는 글로 남길 것이다. 45

나폴레옹이 여기까지 말했을 때 프티 장군이 검을 치켜들고 "황제 폐하 만세Vive l'Empereur"를 외쳤고, 병사들도 우레와 같은 함성으로 화답했다.

제군들을 모두 일일이 안을 수는 없으니, 장군과 안는 것으로 끝내겠다. 가까이 오시오, 프티 장군Approchez, Général Petit.

나폴레옹은 프티 장군을 힘껏 안은 뒤 "독수리를 가져오라"라고 말했다. 깃발을 가져오자 그 단에다 세 번 입을 맞추며 이렇게 말했다. "소중한 독수리여, 모든 용감한 자의 가슴에 이 입맞춤이 길이길이 반향을 일으키기를." 그러고는 마지막 인사를 했다. "잘 있어라, 아이들아." 그간 전장에서 몸의 피가 줄줄 흘러내려도 눈 하나 깜짝 않던 일이 다반사였던 반백의 전사들은, 이 순간만큼은 복받치는 울음을 참을 수 없었다.46 나폴레옹은 성큼성큼 마차를 향해 걸어가 날렵하게 자리에 오른 뒤 그대로 떠났다.

파리 남동부에서 60킬로미터 거리의 퐁텐블로성은 나폴레옹이 가장 애착을 갖고 기거한 곳이었다. 프랑수아 1세가 중세시대 사냥꾼의 숙소로 쓰이던 탑 근방에 세운 이 성은 1528년까지 그 연대가 거슬러 올라가며, 프랑스 르네상스의 가장 이른 시기 분위기가 배어나는 건축물의 하나로 꼽힌다. 주변을 울창하게 뒤덮은 숲의 떡갈나무와 소나무가 성 주위를 빙 에워싸고 있어, 성은 도피처이자 휴식처로서 진정 손색이 없었다. 베르사유에 비해 확실히 위용은 덜했으나, 그 어떤 이의 영광의 그림자도 이곳엔 드리울 일이 없었다. 퐁텐블로성의 건물들은 줄줄이 늘어서

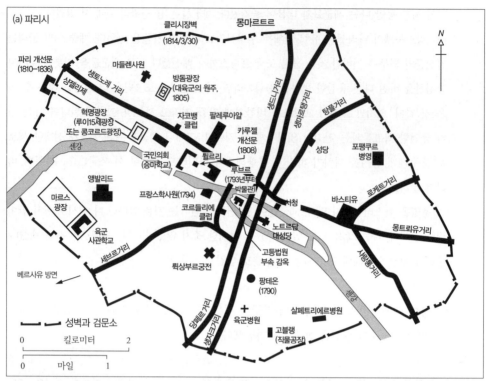

(a) 파리시

몽마르트르

클리시장벽
(1814/3/30)

파리 개선문
(1810-1836)

마들렌사원

방돔광장
(대육군의 원주,
1805)

상젤리제
생토노레 거리

팅플거리

혁명광장
(루이15세광장
또는 콩코르드광장)

자코뱅
클럽

팔레루아얄

카루젤
개선문
(1808)

성당

포팽쿠르
병영

센강

국민의회
(중마학교)

튈르리

루브르
(1793년부터
박물관)

로케트거리

바스티유

앵발리드

경찰청

프랑스학사원(1794)

코르들리에
클럽

노트르담
대성당

몽트뢰유거리

마르스
광장

육군
사관학교

세브르거리

뤽상부르궁전

고등법원
부속 감옥

팡테온
(1790)

상앙투안거리

베르사유 방면

육군병원

살페트리에르병원

고블랭
(직물공장)

성벽과 검문소

0   킬로미터   2

0   마일   1

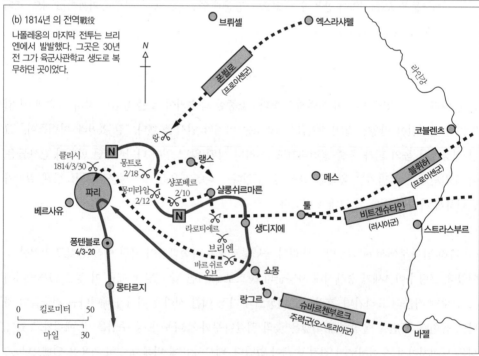

(b) 1814년 의 전역戰役

나폴레옹의 마지막 전투는 브리엔에서 발발했다. 그곳은 30년 전 그가 육군사관학교 생도로 복무하던 곳이었다.

브뤼셀

엑스라샤펠

포벌로
(프로이센군)

라인강

랑

코블렌츠

클리시
1814/3/30

몽트로
2/18

랭스

메스

블뤼허
(프로이센군)

파리

몽미라얄
2/12

샹포베르
2/10

샬롱쉬르마른

툴

비트겐슈타인
(러시아군)

베르사유

라로티에르

생디지에

스트라스부르

퐁텐블로
4/3-20

브리엔

바르쉬르
오브

쇼몽

몽타르지

랑그르

슈바르첸부르크
주력군(오스트리아군)

바젤

0   킬로미터   50

0   마일   30

[지도 21] 혁명기의 파리

있는 뜰—타원형 뜰la Cour Ovale, 왕자의 뜰la Cour des Princes, 분수의 뜰la Cour de la Fontaine, 집무실의 뜰la Cour des Offices, 디아나의 정원le Jardin de Diane—을 중심으로 자리를 잡고 있었다. 1814년 1월의 이 사건이 알려진 이래 '작별의 뜰La Cour des Adieux'로 통하게 된 백마의 뜰은 루이 13세의 대에 조성됐다. 퐁텐블로성 내부 설계는 화려함이 돋보였고, 프랑수아 1세의 화랑 안에 로소Rosso의 프레스코화 등 진귀한 예술작품이 다수 전시돼 있었지만, 그렇게 위압적인 규모를 자랑하지는 않았다. 성의 장식품과 부품들은 대체로 16세기와 17세기 것들이었고, 거기에 나폴레옹 자신이 제국의 가구라며 직접 수집한 것들이 함께 자리를 차지하고 있었다. 퐁텐블로성은 한때 교황 비오 7세를 가두어두는 화려한 우리이기도 했고, 나폴레옹과 조제핀이 함께 머물며 더없이 행복한 나날을 보낸 곳이기도 했다. 언젠가 그는 이렇게 말했다. "퐁텐블로 숲은 내 영국식 정원이오. 다른 데는 원하지 않소."[47] 그런 곳을 떠나야 했으니 나폴레옹의 심정은 여간 쓰린 것이 아니었다.

프랑스의 제국근위대Guard Impériale는 두 가지 군대용어—정예군단corps d'élite과 단결심esprit de corps—의 본질을 그대로 체현해낸 곳이었다. 1798년 11월 통령근위대Garde des ousuls라는 이름으로 처음 창설된 제국근위대는 차츰 그 규모가 확대돼 나중에는 군대 안의 군대로 자리매김했다. 1805년에는 제국근위대는 병사들 수만 5000명을 헤아렸고, 네 종류 병과—보병, 기병, 포병, 공병—의 병사들이 두루 포진해 있었다. 1809년에 들어서서는 제국근위대가 정예병사 안에서도 백전노장의 정예병사들로 구성된 선임근위대Vieille Garde와, 신병들과 전임병들을 끌어모아 만든 후임근위대Jeune Garde로 나뉘었다. 제국근위대가 절정의 기량을 보인 1813년 무렵에 거의 60개에 달하는 다양한 연대가 포함돼 있었고, 병사수도 5만 명에 육박했다.

제국근위대는 최정예 병사들만 지원해 들어갈 수 있는 곳이었다. 여기 들어가기 위해서는 키가 178센티미터에, 나이 스물다섯에, 글을 읽을 줄 알아야 했고, 반드시 세 차례의 전역戰域 경험이 있어야 했다. 제국근위대에 들어가면 화려한 제복, 넉넉한 급료, 특별 훈련을 제공받을 수 있는 것은 물론, 황제를 알현하는 최고위급의 사령관들과 연고를 맺을 수 있었다. 또한 프랑스군의 다른 모든 병사들로부터 '무슈Monsieur'라는 존대를 받을 권리가 있었다. 주말이면 가급적 어김없이, 그들의 '르 페티 통뒤Le petit Tondu'[병사들이 사용한 나폴레옹의 별명]가 자신의 '고참병moustache'과 '근위병grognard', 무적무패의 병사들을 사열하곤 했다. '선임 중에서도 가장 이른 군번의' 핵심 노장들은 군 복무 기간만 17년, 20년, 더 많이는 22년에까지 이르렀다. 이들은 황제와 농을 주고받아도 된다고 여겨졌다. 한번은 한 포병이 큰 소리로 왜 여태껏 자신이 레지옹도뇌르훈장을 못 받았는지 모르겠다며 물었다. "자네가 왜 받아야 하나?" "제가 이집트 사막에서 폐하께 멜론을 하나 드렸잖습니까!" "멜론이라, 아냐, 그럴 리 없어……." "맞습니다. 거기다 열한 번의 원정을 치렀고, 일곱 번 부상을 당했지요. 아르콜라, 로디, 카스틸리오니, 피라미드, 아코, 아우스터리츠, 프리틀란트……." 그가 말을 채 끝마치기도 전에 그는 1200프랑의 급료를 받는 제국의 기사가 돼 있었다. 제국근위대에는 이국적 풍모의 외국인들도 상당수 포진해 있었다. '근위병'을 구성한 4개 연대 가운데 2개는 네덜란드 병사들로 채워져 있었다. 순전히 이탈리아인 병사들로만 짜인 '경보병' 대형도 있었다. 기병대 안에는 언월도를 휘두르는 맘루크 병사들로 구성된 연대, 독일인들로 구성된 '베르크 창기병' 부대, 리투아니아 출신으로 구성된 타타르족 기마부대, 폴란드인 창기병들로 구성된 '진실된 자 가운데 가장 진실한 자들'의 연대도 셋 포진해 있었다.

여러 해 동안 나폴레옹은, 중대 고비를 만나 전광석화처럼 적을 급습해야 할 때를 제외하고는, 자신의 근위대 병사들을 전장에서 희생시키는 것을 꺼렸다. 보로디노에서는 출정하려는 근위대 병사들을 이런 말로 저지했다. "파리에서 약 1200킬로미터나 떨어진 곳에 와서 근위대를 파멸시키는 짓은 하지 못하겠다!" 그러나 차후 전역에서, 전쟁을 모르는 초짜 신병들이 넘쳐나는 가운데 훈련받은 병사들의 수가 점차 줄어들자 나폴레옹도 더는 근위대를 봐줄 형편이 되지 않았다. 1814년 요란하게 싸움을 벌이며 이루어진 퇴각에서, 제국근위대는 한 걸음 한 걸음 피를 흘리며 프랑스를 향해 힘겹게 돌아가는 길을 뚫었다.[48]

나폴레옹은 3주 전 이미 퐁텐블로성에 도착해 있었고, 그때도 여전히 대프랑스 동맹군을 격파할 수 있다는 자신감에 차 있었다. 계획대로라면 나폴레옹은 샹파뉴에 구축한 방어 진지를 근거지 삼아, 애초 정했던 진격로를 바꾸어 적군의 병참선 깊숙이 치고 들어갈 작정이었다. 하지만 약탈을 일삼는 카자크인들이 나폴레옹의 전령 하나를 사로잡아버리는 바람에, '파리에서 적군을 끌어낸다'라는 나폴레옹의 의중이 탄로났다.[49] 3월의 마지막 주가 되자 러시아군, 프로이센군, 오스트리아군이 나폴레옹과 싸우기 위해 진격하는 대신, 나폴레옹의 허를 찌르고자 돌연 의기투합해 방비가 허술해진 프랑스 수도를 치고 들어갔다. 러시아군은 로맹빌을 근거지 삼아 파리로 진격해 들어갔고, 프로이센군은 몽마르트르에 포열을 세웠다. 오스트리아군은 센강 쪽으로 올라가 샤랑통으로 진격해 들어갔다. 그렇게 해서 20만 명에 달하는 대프랑스동맹의 병사들이 프랑스 수도 파리의 방어선을 빙 에워쌌다. 라구사 공작 오귀스트 드 마르몽Auguste de Marmont 원수는 굴하지 않고 방어선을 지켰다. 러시아에서 전쟁을 치를 때 한쪽 다리를 잃은 용장 제로 뒤로크Géraud Duroc는 항복을 거부하며 다음과 같이 말했다. "내 다리를 도로 돌려준다면 그때는 나도 나의 진영을 내어주겠다." 그러나 정치인들에게 포위전을 버텨낼 뱃심이 거의 없었다는 게 문제였다. 시민들은 파리가 모스크바와 똑같은 운명이 되지는 않을까 겁이 났다. 탈레랑은 차르의 의중을 살피라며 첩자들을 파견해둔 터였다. 나폴레옹의 형 조제프는 이달

30일에 황후와 함께 파리를 떠났다.

생디지에부터 날 듯이 달리는 마차를 타고 급박하게 방향을 튼 나폴레옹은, 단 하루 만에 190킬로미터 거리를 내달렸다. 2년 전 모스크바에서 전광석화처럼 내달리는 썰매를 탔을 때처럼, 이때에도 그의 곁에는 충직한 외무장관 아르망-오귀스탱-루이 드 콜랭쿠르Armand-Augustin-Louis de Caulaincourt가 함께 하고 있었다. 31일 밤 11시, 나폴레옹은 노트르담에서 불과 13킬로미터 떨어진 쥐비시쉬르오르주에 있는 프랑스궁전이라는 여인숙에서 말을 갈아타게 되는데, 이때 한 프랑스군 장교를 만나 파리가 항복했다는 소식을 전해 들었는바, 황제는 그 소식을 믿을 수 없었다. 황제는 말에서 내려 파리를 향해 발걸음을 떼었다. 하지만 얼마 뒤 나폴레옹은 퇴각 중인 병사들을 몇 사람 더 만날 수 있었고, 그때서야 비로소 자신이 끼어들기에는 이미 때가 너무 늦어버렸다는 사실을 알았다. 나폴레옹은 재정비를 위해 퐁텐블로로 발길을 돌렸고, 다음날 아침 6시 녹초가 된 채 성에 도착했다. 그로부터 사흘이 지난 4월 3일 종려주일에 나폴레옹은 퐁텐블로성에서 제국근위대를 사열했다. 이 자리에서 1만 명에 이르는 보병들과 4600명의 기병들은 나폴레옹이 이렇게 말하는 것을 들었다. "앞으로 며칠 안에 나는 파리로 진군하게 될 것이다. 내 말이 맞나?" 병사들은 그의 뜻에 따르겠다며 우렁차게 소리 질렀다. "파리로! 황제 폐하 만세."

그러나 입지가 위태해진 황제는 이윽고 적극적 계획들을 전부 포기하지 않으면 안 됐다. 제국 상원의회에서 나폴레옹을 배제한 임시정부를 승인하는 동시에, 부르봉왕가 복귀를 제안했다는 사실이 나폴레옹이 당한 첫 번째 타격이었다. 그러고 나서 마르몽 장군의 군단이 이탈했다는 사실, 그로 말미암아 더 이상의 저항은 거의 불가능해졌다는 사실이 두 번째 타격이었다. 이 일로 인해 프랑스어에는 신조어까지 생겨났다―'라귀제raguser(배신하다)'(마르몽 장군은 라귀제 공작이었다). 마지막으로 나폴레옹 휘하의 원수들이 젖먹이 아들을 위해서라도 그가 퇴위하는 것이 좋다는 진언을 올린 것이 세 번째 타격이었다. 마크도날 원수도 그에게 동료 프랑스인들을 상대로 칼을 빼드는 것은 일고의 가치도 없는 일이라고 말했다. 미셸 네 원수는 다음과 같이 공언했다. "군대는 진군하지 않을 것입니다. 군대는 자신들의 지휘관 명령을 따를 것입니다."[50] 여기까지 오자 '용사 중의 용사'도 전의를 잃었다(모스크바 후퇴 때 네가 눈부신 활약을 보이자, 나폴레옹은 네에게 '용사 중의 용사'라는 찬사를 보냈다). 마지막으로 황제는 4월 4일에 발효된 자신의 첫 번째 퇴위 조건을 대프랑스동맹의 국가들이 더는 받아들이지 않으리라는 사실도 알게 됐다. 나폴레옹은 끔찍한 한 주를 보냈고, 차차 자신이 망명을 떠나는 것 외에는 대안이 없다는 사실의 고통 속에서 몸부림쳤다. 이렇게 나폴레옹의 몰락은 완전히 마무리됐다.

나폴레옹에게 제일 지독한 고배苦杯를 건넨 것은 아내 마리-루이즈였다. 황후는 초기에 나폴레옹이 자신을 무시하고 불충했던 것을 이자를 쳐서 되갚기라도 하듯, 나폴레옹이 부드러운 어조로 꿋꿋하게 적어 내려간 편지를 무시했다. 루이즈는 답장을 보내기를 주저했고, 나중에는 남편은 안중에도 없다는 듯 냉담함을 보였다. 처음에 사람들은 루이즈가 퐁텐블로에서 나폴레옹과 함께 길을 떠나거나, 아니면 이때 같이 떠나지 않더라도 어느 시점에는 나폴레옹에게 가서 함께 유배지에 머물 거라고 여겼다. 나중에는, 황후가 길을 떠나 아버지인 프란츠 2세를 찾아가 남편의 대의를 호소할 거라는 게 중론이었다. 그러나 황후는 그런 의사가 전혀 없는 것으로 드러났다. 루이즈는 빈을 향해 가기는 했으나, 그 이후 남편과 영영 갈라섰다.

프랑스군도 자신들이 했던 충성서약을 철회해야만 했다. 당시 샤를-피에르 오제로Charles-Pierre Augereau 원수가 택한 서약은 특히나 마음 쓰라리게 다가왔다. "병사들이여, 제군들은 너희들이 한 맹세를 철회하게 되니, 자신의 잔인한 야망 때문에 수백만의 인명을 희생시킨 자, 그러고도 그 자신은 군인답게 죽지 못한 자가 이제 황제 자리에서 물러났기 때문이다."[51] 삼색기는 자취를 감추었고, 흰색 모표가 프랑스의 상징으로 자리잡았다.

순식간에 쌓였다 흩어지는 모래 같은 이 모든 혼란 속에서도 제국근위대만은 단단히 자리를 지켰다. 첫 번째 퇴위가 있고 나서 첫날 밤, 제국근위대는 퐁텐블로성 길거리에 집결해 횃불을 든 채 "황제 폐하 만세"를 외쳤다. 나폴레옹은 그들에게 막사로 돌아가라는 명령을 내리지 않으면 안 됐다. 또한 그는 빈센티 크라신스키Wincenty Krasiński(폴란드인 분견대 수석장군)로부터는 가슴이 따뜻해지는 편지를 받았다. "원수들은 이탈을 하고 있습니다. 정치인들은 당신을 배반합니다. [⋯] 그러나 당신의 폴란드인들은 남아 있습니다 [⋯]."[52] 그러나 이 폴란드인 연대조차 분열을 피하지는 못했다. 근위대 경창기병chevau-légers-lanciers의 3분의 1은 계속 제자리를 지켰다. 하지만 프랑스인들이 주축을 이룬 분대의 3분의 1이 부대에서 떨어져나갔다. 남은 1384명은 소모시에라전투Battle of Somosierra(1808)의 영웅인 얀 코지에톨스키Jan Kozietulski를 따라 폴란드로 떠났다. 그는 눈부시게 치장을 하고 향기로운 내음을 풍기며 아랍산 검은 군마에 올라 마지막으로 황제를 떠나며 이런 말을 남겼다.

폐하, 그 어떤 자도 감히 무력으로 빼앗지 못하던 무기를 지금 황제 폐하의 발치에 내려놓습니다. [⋯] 저희는 지금까지 금세기 가장 놀라운 기량을 가진 폴란드인 병사로서 군에 복무해왔습니다. [⋯] 폐하, 부디 받아주십시오, 저희의 영원한 충성심의 경의를 [⋯] 한 불운한 제후에게 바치는 그 경의를.[53]

이 무렵 파리의 정치 공작을 주도한 인물은 상원 의장 탈레랑으로, 그는 이후 임시정부 의장으로 활동하며 두각을 나타냈다. 얼마 전 대프랑스 동맹국들로 하여금 프랑스를 공격하도록 익명의 신호를 보낸이가 바로 탈레랑이었다. 이 무렵에는 자신의 저택으로 차르를 초대해 여흥까지 베풀고 있었다. 왕당과 망명귀족 무리도 속속 본국으로 귀환하고 있었고, 그와 함께 부르봉 왕가의 위세가 나날이 올라가는 중이었다. 쉰아홉의 나이에 이른 프로방스 백작(루이 18세)도 조국으로 돌아오는 중이었다. 지난 23년 동안 그는 코블렌츠, 베로나, 블랑켄베르허, 칼마르, 쿠를란트의 미타우(옐가바), 바르샤바 등을 떠돌며 유배생활을 하다, 마지막 5년은 잉글랜드에서 보내고 있던 터였다. 버킹엄셔주 하트웰에서 그가 고국으로 돌아가기 위해 여장을 꾸린 바로 그 주, 퐁텐블로에서는 나폴레옹이 프랑스를 떠나기 위해 짐을 싸고 있었다. 루이는 상원이 준비한 헌법을 거부하는 것으로 자신의 세습적 권리들을 확실히 하는 동시에, 그 자신이 직접 마련한 자유주의 헌법헌장을 프랑스에 부여하겠다는 결의를 갖고 있었다. 식도락가로 평판이 나 있어 "굴 먹는 루이"라는 별칭으로 잘 불린 그는, 사실 제국 시기의 기득권층을 전부 갈아치울 뜻은 전혀 없었던, 오히려 화해를 무엇보다 중시한 인물이었다. 이 무렵 나폴레옹 밑에서 일했던 원수들과 장관들은 차분한 모습으로 복위만을 기다리고 있었다. 러시아 군대는 샹젤리제에 진을 치고 있었다. 프란츠 황제는 랑브예에 머물고 있었고, 프로이센의 프리드리히 빌헬름 3세는 튈르리궁에서 지내고 있었다. 파리 시민들은 집 밖으로 나서기만 해도 여러 이국적 모습을 접할 수 있었다. 땋은 머리를 한 프로이센의 백전노장 근위병, 형형색색의 옷의 크로아티아인들과 헝가리인들, 쇠사슬 갑옷의 체르케스인들, 말에 올라탄 바슈키르족 궁수들까지.

프랑스가 전임 황제와 한참 실랑이하는 사이 유럽의 나머지 지역들은 나폴레옹의 실각으로 벌어진 사태들에 적응해나가야 했다. 1814년만 해도 유럽에서는 소식들이 전해지는 데 한참이 걸렸다. 이해 4월 10일 툴루즈 근방에서 반도 전역의 마지막 일전이 벌어졌을 때, 웰링턴도 술트 장군도 나폴레옹이 벌써 퇴위했다는 사실은 미처 모르고 있었다. 코르푸에 주둔하고 있는 황실 수비대 역시 영국의 호위함으로부터 항복 의사를 타진받고 나서야 비로소 나폴레옹이 실각했다는 사실을 알았다. 그 외에 다른 지역들에서는, 나폴레옹 제국의 중추 부분들이 이미 허물어지고 있었다. 동쪽에서는 바르샤바대공국이 러시아군에 점령을 당한 지 1년이 넘었다. 프로이센과 오스트리아에서는 군주제가 되살아났다. 라인동맹은 이미 해체된 뒤였다. 스위스에서도 과거에 만들어진 헌법이 부활한 참이었다. 스페인에서는 페르난도 7세가 바로 얼마 전 왕으로 복위된 터였다. 네덜란드에서는 오라녜의 빌럼(빌럼 1세)이 본국으로 돌아와 있었다. 스칸디나비아에서는 노르웨이가 덴마크에서 떨어져나와 자국이 스웨덴에 양도된 데 대해 항의하며 반란이 일어났다. 이탈리아에서는 나폴레옹이 세운 나라들이 오스트리아군에 무참히 짓밟힌 참이었다. 교황 비오 7세도 로마로 돌아오는 여정에 오르고, 로마로 돌아와서는 이내 금서 지정과 종교재판의 관행을 되살리게 된다.

영국은, 대륙의 난투로부터 별 타격을 입지 않은 까닭에, 섭정(조지 4세)의 성공적 통치를 누릴 수 있었다. 건축가 존 내시John Nash는 궁전 건물 브라이턴파빌리언Brighton Pavillion을 무척 멋들어지긴 하나 동방 양식의 아류로 재건해내고 있었다. 총리 리버풀 경은 나폴레옹에 대해 이렇게 말했다. "얼마 안 가 사람들은 다 그를 잊을 것이다." 월터 스콧Walter Scott 경이 웨이벌리 소설들의 첫째 권을 써낸 것도 이때였다. 조지 스티븐슨George stephenson은 뉴캐슬 근방의 킬링워스 탄광에서 최초의 효율적인 증기기관차를 완성해가고 있었다. 얼마 후에는, 마거릿 생어Margaret Sanger 덕에 영어에 "birth control(산아 제한)"라는 말이 처음으로 생겨났다. 로즈Lord's경기장에서 역사상 처음으로 메릴레번크리켓클럽이 주관하는 시즌 경기가 개최된 것도 이 무렵이었다. 전후의 경기 침체로 대중의 불만도 끓어오르고 있었다. 미국과 전쟁을 벌이는 일은 이미 잦아들고 있었으나, 그렇다고 전쟁이 종결된 것은 아니었다.

예술 분야의 관점에서, 1814년은 고전주의가 점점 기세를 올리는 낭만주의와 여전히 한바탕 각축을 벌이던 때였다. E. T. A. 호프만이 《환상의 이야기들》을 쓴 것이 이해였다. 회화에서는 고야, 앵그르, 터너 같은 화가들이 너나없이 활발하게 활동하고 있었다. 음악에서는 한창 나이의 슈베르트가 〈마왕Erlking〉을 작곡했고, 베토벤이 그의 유일한 오페라 작품 〈피델리오Fidelio〉를 완성했다. 이해에 요한 고틀리프 피히테는 세상을 떠났고, 미하일 유리예비치 레르몬토프Михаил Юрьевич Лéрмонтов(러시아의 시인이자 소설가)가 세상에 태어났다.

프랑스의 정치적 위기가 본격적으로 불거진 것은 이해의 성주간Holy Week때였다. 이해(1814) 4월 6일, 대프랑스동맹의 판무관들이 개정을 거친 퇴위 법령 집행을 위해 퐁텐블로에 도착했고, 이윽고 나폴레옹도 그 법령에 서명한다.

> 대프랑스동맹의 강국들은 유럽에 평화를 재확립하는 데 유일한 장애물은 오로지 나폴레옹 황제뿐이라고 공언한 터였고, 그리하여 나폴레옹 황제는 자신의 서약을 충실히 따른다는 뜻에서 그 자신은 물론 그의 후계자들도 프랑스와 이탈리아의 왕좌를 포기한다고 선언하는 한편, 프랑스를 위하는 일이라면 그 어떤 개인적 희생도, 심지어는 목숨을 내놓는 일까지도 마다하지 않겠다고 선언한다.[54]

이후 수차례 추가 협상 끝에 퐁텐블로조약Traité de Fontainebleau이 맺어져 11일에 그 내용이 최종 결정되니, 조약에서 나폴레옹은 자신의 직함을 그대로 유지하고, 200만 프랑의 연금을 받으며, 엘바섬을 개인 영지로 갖고, 개인 참모와 호위병도 둘 수 있게 됐다.

영국 측 위원 닐 캠벨Neil Campbell 경은 지칠 대로 지친 황제와 이야기를 나누며 몇 시간을 보냈다.

내 눈앞에는 활동적으로 보이는 땅딸막한 키의 사나이가 무슨 야생동물처럼 방을 잰걸음으로 오고 갔다. 어깨에는 견장을 차고 파란 판탈롱 바지를 입고, 빨간색 톱 부츠를 신었으나, 면도도 하지 않고 머리칼은 빗지 않은 채였으며, 그의 윗입술이며 가슴팍 위에는 그가 피운 코담배 가루들이 잔뜩 떨어져 있었다. […][55]

이 둘은 웰링턴 장군이 이베리아반도에서 치른 전쟁들[스페인과 포르투갈이 나폴레옹의 지배에 대항하여 일으킨 전쟁. 1812년 웰링턴이 지휘하는 영국과 스페인 연합군이 살라망카에서 승리를 거두어 마드리드를 점령한 다음, 프랑스인을 축출했다]을 두고 함께 이야기를 나누었다. 그때 황제는 다음과 같이 말했다고 전해진다. "경의 나라는 세상의 모든 곳을 통틀어 가장 위대합니다. […] 지금까지 나는 프랑스라는 나라를 일으켜 세우려 노력했소. 하지만 내 계획은 실패로 돌아갔소. 그게 운명이지만."[56]

전임 황제가 겪고 있던 심리적 위기가 곪아 터진 것은 협상이 완전히 마무리된 시점이었다. 황제는 자신이 가족은 물론 휘하의 원수들로부터도 버림을 받았다고 확신했다. 미셸 네 원수에게 제국근위대의 지휘권을 넘겨줄 때, 원수는 전임 황제를 안심시키려는 듯 이렇게 말했다. "저희는 모두 폐하의 친구들입니다." 황제는 씁쓸한 듯 이렇게 대꾸했다. "아무렴. 옛날 카이사르도 친구들이 그의 살인자들이었지." 황후에게 보낸 그의 전령들은 대프랑스동맹의 전선을 가로지르면서 그 어느 때보다 심한 고초를 겪었다. 후임 근위대가 황후를 호위하고 있던 오를레앙에서는 황제의 재무관이 황제의 남은 보물을 주교의 마구간 안 말의 두엄더미 밑에 숨기고 있었다. 그달 11일, 나폴레옹은 밑도 끝도 없이 콜랭쿠르를 불러 그와 저녁을 먹었다. 이즈음 콜랭쿠르는 나폴레옹과 파리의 상원의원들 사이에서 중재자 역할을 맡아온 참이었다. 나폴레옹은 자신의 침대 옆에 늘 권총을 한 정 놓아두었으나, 막상 쓰려고 보니 하인이 그 권총에서 탄약을 빼둔 것이었다. 그러나 나폴레옹에게는 2년 전 러시아에서 카자크인들에게 사로잡힐 뻔했을 때부터 늘 지니고 다니던, 작은 유리병에 든 아편이 아직 있었다. 나폴레옹은 자기 방으로 돌아와 유리병의 내용물을 입 안에 털어 넣었다. 아편의 독성분은 원래만큼 강하지는 못했다. 장이 꼬이고 뒤틀려 비명을 지르지 않고는 안 될 만큼의 독성은 아직 남아 있었지만, 목숨을 앗을 정도는 아니었다. 콜랭쿠르가 의사를 불렀다. 다음날 아침 황제는 기운을 회복했다. 그러고는 다음과 같이 말했다. "침대에 누워 죽음을 맞는 게 이렇게 어려운 일일 줄이야!" (이 사건은 비밀에 부쳐졌다가 1933년에 콜랭쿠르의 개인 회고록이 출간되면서 세상에 알려졌다.)[57]

13일, 나폴레옹은 타란토 공작이자 마지막까지 자신의 곁을 지킨 원수 자크 마크도날Jacques Macdonald에게 작별을 고했다. 헌신적으로 일하는 스코틀랜드인이자, 추방당한 자코뱅파 가문의 아들이었던 그는 어느 순간 콜랭쿠르에게 합류해 대프랑스 동맹국과의 사이에서 황제 퇴위 관련 회담을 벌여온 터였다. 마크도날이 막 떠나려 할 즈음 닐 캠벨이 퐁텐블로에 도착했다는 사실을 나폴레옹도 모를 리 없었다. 그러나 그가 해야 할 일은 이제 없었다. 나폴레옹은 마크도날에게 1799년의 이집트 전역의 기념품인 무라드 베이Murad Bey(오스만제국령 이집트 맘루크의 수장)의 의전용 검을 건네주며 말했다. "이 검을 받고 나를 그리고 나와의 우정을 길이 기억해주시오."58

퐁텐블로조약이 조인되기 무섭게 엘바로 떠나는 여정을 위한 갖가지 준비 작업이 시작됐다. 황제는 대프랑스동맹 4개국의 판무관들—캠벨 대령, 슈발로프Shuvalov, 프란츠 폰 콜러Franz von Koller 남작, 트룩세스 폰 발트부르크Truchsess von Waldburg 백작—의 지휘에 따라 프랑스 남부로 호송될 예정이었다. 이들은 리옹과 아비뇽을 경유해 리비에라의 항구로 가면, 거기 대기하고 있는 영국의 호위함이 닷새 걸려 나폴레옹을 엘바로 데려갈 것이었다. 말과 마차를 몰 마부들은 퐁텐블로숲의 로스니에르 차고에서 호송에 쓰일 여덟 대의 마차를 청소하고 기름칠하고, 황실의 문장을 그리고, 20대의 화물용 차량에 실을 짐들을 싸고, 호송에 쓰일 안장 101개와 마차를 끌 말들을 준비하느라 바쁘게 일했다. 황제의 가구들과 개인 물품들을 실은 마차 100대분의 짐은 나중에 합류할 예정이었다. 개중에 가장 무거운 물건들을 남쪽의 브리아르로 미리 실어다 둘 예정이었고, 여정의 첫날 막바지에 황제와 그의 호송단이 여기 도착해 이 짐을 가지고 여정을 이어갈 것이었다. 그렇게 해서 몽타르지가街에서 선발대가 여정의 첫발을 뗀 것이 14일 아침이었다.

호송단을 어떻게 짤 것인지의 문제는 황제에게 맡겨졌다. 황제는 30명의 장교들로 구성된 참모진과, 600명의 병사로 구성된 수비대를 둘 수 있었다. 그리하여 폴란드 창병 중대 출신 병사들 가운데에서 얀 예르마노브스키Jan Jermanowski가 지휘하는 기병 분대 하나가 생겨났고, 그 안에 프랑스인 병사와 맘루크 병사도 함께 들어갔다. 여기에 한 무리의 해병대원, 100명의 포병이 포진한 포병대대, 근위보병대 셋과 일반 병사들로 구성된 보병대대 하나도 만들어졌다. 이 대대에 속할 병사들은 황제의 마지막 사열 때 직접 선발된 자들이었다.

이달의 마지막 주 토요일에 나폴레옹은 자신의 삶을 함께 해준 여인들과 마음속 앙금을 풀어보려 노력했다. 이날 그는 조제핀에게 편지를 썼다.

> 유배 생활에 들어가게 되면, 칼 대신 펜을 쥘 작정이오. […] 사람들은 모두 나를 배신했소. […] 안녕, 나의 사랑하는 조제핀Adieu, ma bonne Joséphine. 당신도 자리에서 물러나는 법을 배우려거든 내가 했던 것처럼 하면 되오. 그리고 절대로 당신의 기억에서 이 사람을 내쫓지 말기 바라오. 지금까지 단 한 번도 당신을 잊은 적 없고, 앞으로도 절대 당신을 잊지 못할 이 사람을. 59

자신의 황후 마리-루이즈에게 나폴레옹은 예를 차려 "당신vous"이라는 호칭을 썼다.

> 나의 사랑하는 아내여, 하늘의 섭리가 [⋯] 내게 불리한 평결을 내렸소. 당신이 택한 길을 나는 축하하는 바요. [⋯] 운명이 우리 둘을 또다시 만나게 해주는 일은 아무래도 없을 거라는 생각이 드오. [⋯] 내가 받은 그 모든 형벌 가운데에서도 당신과 떨어져 지내게 된 것이 내겐 가장 잔혹한 형벌이오. 딱 한 마디만 자책을 하겠소. 나는 왜 당신이 어머니로서 가졌던 그 마음을 제국에 가지지 못하는가? 당신은 나를 두려워했지만, 그런 나를 사랑해 주었는데 [⋯]. 60

마리-루이즈는 이 편지를 받지 못했다. 그로부터 며칠 후 이 편지는 퐁텐블로성의 책상 위에 서명도 안 된 채 발견됐다.

이 편지까지 쓰고 나자 나폴레옹은 이제 다음 주 수요일로 정해진 출발일을 기다리는 것 외에는 달리 할 일이 없었다. 나폴레옹은 본래의 기상을 회복했다. 기왕 이렇게 된 것 말썽이나 잔뜩 저지르고 갈 작정이었다. 습관적으로 발끈하던 버릇이 이즈음 한두 번 또 나타났다. 판무관들의 저녁 식사 자리를 작심하고 망쳐놨으니, 그들의 식사 자리에 참석하겠다고 전언을 띄워 판무관들을 의자에서 전부 일어서게 해놓고는, 정작 자신은 방에서 나가지도 않았다.

나폴레옹은 군인이었던 만큼 차라리 죽어 모두의 기억 속에서 사라지는 편이 낫겠다고 생각한 것이 한두 번이 아니었다. 언젠가는 필리프 폴 세귀르Philippe Paul Ségur 원수에게 자신이 죽어 없어지면 사람들이 어떤 식으로 말할까 물은 적이 있었다. 그러자 장관은 사람들이 죽음을 슬퍼하며 추모하는 시구를 인용했다. "아니야." 나폴레옹이 프랑스인 특유의 손목을 비트는 동작을 하며 말했다. "그냥 이렇게 말할걸. '휴'ils diront 'Ouf.'" 61

수요일 아침, 작별 의식을 하러 가는 나폴레옹의 옷차림은 간소했다. 극적 장면을 연출하고 절묘한 타이밍을 잡는 데 그는 누구보다 명수였다. 언젠가 그는 역사는 시간과 공간으로 이루어져 있다고 설명한 바 있었다. 또 '잃어버린 땅을 회복할 기회는 얼마든지 있다. 하지만 한번 잃어버린 시간은 되찾을 수 없다. 절대로'라는 말을 남겼다. 마지막 작별의 순간에 그는 역사학자들이 훗날 나폴레옹이 구상한 장면 중 '최후의 만찬'이라고 일컬어질 무대를 연출할 기회를 최대한 만끽했을 게 틀림없다. 갖가지 상충되는 기술에 따르면, 나폴레옹은 이때 왕실근위대의 평상군복—흰색 조끼와 반바지에 그 위에 초록색의 컷어웨이 튜닉(경찰관·군인 등이 제복의 일부로 입는, 몸에 딱 붙는 재킷)을 걸쳐 입는 형태였다—을 입었거나, 아니면 파란색 튜닉에 파란색 판탈롱을 입었던 것으로 보인다. 옷은 무얼 입었건 간에 넓적다리까지 올라오는 부츠를 신고, 옆구리에는 예복용 검을 차고, 가슴께에는 군단을 상징하는 별 하나를 달고, 머리에는 끄트머리의 챙이 위로 말려 올라간 전설에 길이 남을 그 검은색 모자를 쓴 것만은 분명했다. 정확히 오전 11시 정각이 됐을 때 다른 사료에 의하면, 1시 정각을 알리는 종이 울렸을 때 나폴레옹은 로비로 나갔고, 거기서 다시 대리석 계단의 꼭대기로 걸어나갔다.

역사에는 이제 한 시대가 마무리됐다는 느낌을 주는 순간들이 여럿 있는데, 장기간의 정권이나 체제가 마침내 쓰러져 자취를 감출 때가 바로 그렇다 하겠다. 이런 순간들은, 역사라는 주제가 각각의 시기들로 깔끔하길 나뉘길 바라는 역사학자들에게는 물론, 그 시기와 관련된 모든 이에게는 위태위태한 순간이 아닐 수 없다. 정권이나 사회, 경제는 개별 인간들과 달리 하룻밤 새 죽는 일이 매우 드물기 때문이다. 심지어 겉으로는 대격변이 일어나 모든 것이 무너지는 것 같은 시대에도, 지속성과 관성이 힘을 발휘해 변화의 동력과 계속 싸움을 벌여나가려고 한다. 나폴레옹은 죽지 않았다. 아직 전설 속으로 사라지지도 않았다. 그는 진작 자신의 친위대에 "안녕"을 말했지만, 그것이 정말로 마지막은 아니었다.

다이나모 DYNAMO

세계의 발전소, 1815~1914

10

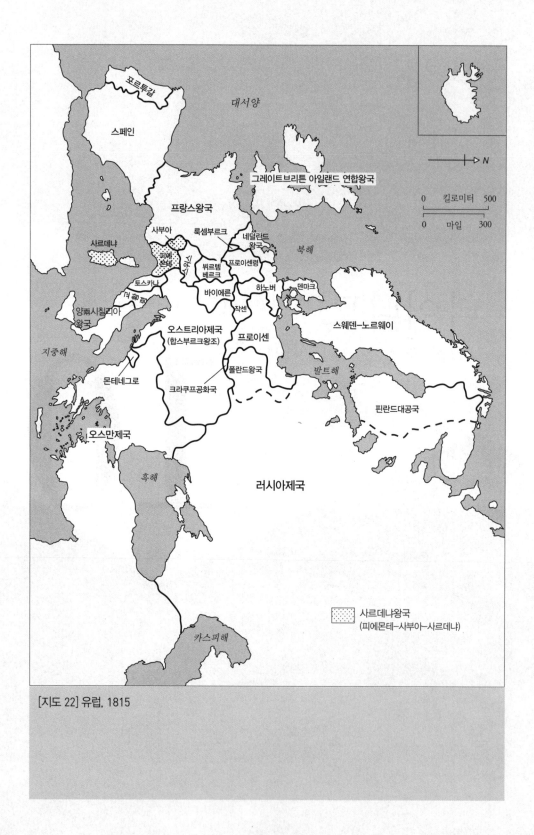

[지도 22] 유럽, 1815

19세기의 유럽과 관련해서는 과거 알려진 어떤 것보다 훨씬 강력하게 돌아가는 역동성을 생각하지 않을 수 없다. 유럽을 뒤흔든 힘—첨단기술의 힘, 경제적 힘, 문화적 힘, 대륙 간의 힘—은 이전에는 한 번도 경험한 적이 없을 만큼 강력했다. 당대 유럽을 대표하는 최고의 상징들도 기관차, 가스시설, 전기발전기 등 유럽에서 만들어져 나온 엔진들이었다. 가공되지 않은 원초적 힘 역시 그 자체의 좋은 점을 가지고 있는 것처럼 보였다. 이와 같은 의식은 '적자생존' 원칙이 주로 표명된 진화에 대한 일반 대중의 견해에서도, 혹은 가장 강한 계층이 승리함을 강조한 역사적 유물론에서도, 초인 숭배에서도, 혹은 제국주의의 이론과 그 실행과정에서도 찾아볼 수 있었다.

아닌 게 아니라, 유럽인들은 단지 스스로가 강할 뿐만 아니라 우월한 존재라고 느낄 수밖에 없었다. 생전 처음 보는 낯선 '힘들'은 그들 주변을 에워싸고 끝도 없이 탄성을 자아내게 했다. 그들은 전류에서부터 다이너마이트에 이르기까지 갖가지 새로운 물리적 힘들이 자신들 눈앞에 나타나는 광경을 볼 수 있었다. 또 전례 없는 인구 성장과 함께 새로운 인구통계학적 힘들도 새로이 모습을 드러냈으며, 새로운 사회적 힘들이 생겨나 '대중the masses'이 공적 현안의 선두에 나설 수 있게 했다. 새로운 상업적·산업적 힘들이 생겨나 전례 없이 대규모로 확장하는 시장과 첨단기술을 밑바탕으로 기세 좋게 성장해나갔으며, 새로운 군사적 힘들로 수백만에 이르는 병사들과 기계들을 동원하는 것이 가능해졌다. 새로운 문화적 힘들은 대중적 호소력을 가진 여러 '운동들'을 낳았으며, 새로운 정치적 힘들이 형성돼 전 세계 누구도 대적하기 힘든 막강한 패권을 손에 넣었다.

실로, 이 시기는 유럽이 파죽의 기세를 올린 '힘의 세기power century'였다. 이 힘의 세기를 이끈 지도자들은 '세계의 작업장workshop of the world'으로 불린 영국이 첫 선례였고, 그로부터 몇십 년 뒤에는 독일이 그 자리를 대신했다. 독일은 '양지바른 자리a place in the sun'를 찾는 데 실패하자 공들여 쌓은 건물을 폐허로 만드는 데 일조하지만, 시대의 흐름에 적응하지 못하거나 경쟁력을 갖추지 못한 사람들과 민족들은 누구나 이 시기의 패자와 희생양이 됐다. 농민들, 맨

손 직조공, 도시의 빈민들이 그러했고, 식민지 민족들이 그러했으며, 아일랜드인, 시칠리아인, 수백만 명이 강제 이주를 당한 폴란드인이 그러했다. 동구에 세워졌던 위대한 제국들 셋—터키(튀르키예), 오스트리아-헝가리, 러시아—이 그러했다. 이 세기는 프랑스에서 일어난 한 차례의 혁명이 잦아들고 나서 시작돼, 러시아에서 또 한 차례의 혁명이 시작될 즈음 막을 내렸다. 19세기는 권력이야말로 자신의 정부情婦라고 선언하며 유럽 전체를 호령하려 한 나폴레옹 보나파르트와 함께 막을 올렸다. 그리고 블라디미르 일리치 레닌의 다음과 같은 또 다른 선언으로 막을 내렸다. "공산주의란 소비에트가 권력을 갖는 것, 거기 더해 전국을 전력화電力化하는 것이다."

물론 19세기가 경험한 힘은 20세기가 경험한 힘의 수준에는 못 미친다고 주장할 수도 있을 것이다. 증기와 전기의 힘이 아무리 강하다 해도 핵분열의 힘과는 비교도 안 될 테니까. 철로 위기차의 속도가 기막히게 빨라도 비행기나 대륙간 로켓의 속도와는 경쟁이 되지 않는다. 제국주의와 식민주의가 압제적 능력을 갖고 있었다 해도 파시즘과 공산주의가 보여준 전체주의와는 비교하기 힘들 것이다. 중요한 것은, 19세기 사람들에게 힘은 경이와 희망의 대상이었지만 20세기 사람들에게는 의구심의 대상이 됐다는 점이다. 산업혁명 즈음과 오늘날 대두한 환경주의 사이 시간 동안 사람들의 태도는 판이하게 변화했다. 전기는 처음 발견된 1805년에만 해도 사람들이 그 혜택에 의구심을 가지는 일이 없었다. 그러나 오늘날 원자력의 혜택과 관련해서는, 고민에 고민을 거듭할 수밖에 없는 논쟁이 일고 있다. 산업화와 식민주의도 한때는 거기 동참하는 모든 이에게 커다란 일보전진의 혜택을 가져다줄 것처럼 여겨졌다. 그러나 오늘날에는 최대한 좋게 말해야 이 둘이 각지에 은총과 저주를 동시에 주었다고 여겨질 뿐이다.

힘과 속도와 관련된 심리도 확연히 달라졌다. 역사상 최초의 여객열차가 리버풀과 맨체스터를 오간 것은 1830년이었는데, 영국의 한 고위 정치인 윌리엄 허스킨슨이 시속 38킬로미터로 달리던 '로켓Rocket'호에 치여 목숨을 잃는 일이 발생했다. 사전에 충분히 주의를 주었음에도 시속 38킬로미터의 속도를 이해하지 못한 탓이었다. 1898년에는 영국의 공공도로에서 처음으로 자동차 운행이 허용됐는데, 붉은 깃발을 든 사람이 앞서서 걸어갈 수 있도록 속도는 시속 6킬로미터로 제한됐다. 그러던 것이 요즘에는 수백만 명이 시속 160킬로미터로 독일의 아우토반을 내달리는 것쯤은, 혹은 프랑스의 TGV를 타고 시속 380킬로미터로 달리는 것쯤은, 혹은 초음속여객기 콩코드Concorde기를 타고 시속 1600킬로미터로 날아가는 것쯤은 아무렇지도 않게 여긴다. 19세기 이후로 이제 힘과 속도는 사람들에게 매우 익숙한 것이 됐다. 그와 함께 그런 익숙함이 한편으로는 경멸도 낳았다.

당연한 말이겠지만, 대부분의 유럽인들은 자신들 손에 쥐어진 그 힘이 얼마나 대단한 것인지 미처 실감하지 못했다. 성마르고 야심에 찬 이들은 최대한 그 힘을 이용하려 애썼고, 지혜로운 자들은 그 힘을 이용하되 최대한 신중을 기하려 노력했다. 초기에 이 분야의 선구자였던 영국인은 당시 유럽 대륙에서 벌어지고 있던 상황들에 가급적 조심스러운 행보를 취하는 수밖에 없었다. 그러기는 이 시대를 통틀어 가장 막강한 산업 및 군사 단위를 만들어낸 오토 폰 비스마르크Otto von Bismarck(1815~1898)도 마찬가지였다. 이 철의 재상Iron Chancellor은 독일을 위대한 강국으로 변모시켰어도, 전 세계를 위협하는 존재로 만들지는 않았다. 그가 한 연설 중에서 가장 유명하다고 손꼽히는 '철혈iron and blood'(1849) 혹은 '혈철blood and iron'(1886) 연설도 예산 및 사회 문제가 주된 화두였지 전쟁을 염두에 두지는 않았다. 19세기의 가장 위대한 정치인이었던 그는 정치력의 한계까지도 간파하고 있었던 만큼, "그 순간 일어나는 사건들을 통제하려는 열망을 갖기보다 때에 따라 그런 상황들을 모면하려고 할 뿐"이었다. 요한 볼프강 폰 괴테가 남긴 경구 중 "대가大家는 한 빌 물러서 기다리는 것으로 승리를 거둔다. [혹은 멈춰야 할 때가 언제인지를 아는 것이 진정한 천재다]In der Beschränkung zeigt sich erst der Meister"[1]라는 말도 있지 않던가. 비스마르크의 후계자들은 이런 식의 절제를 실천할 줄 몰랐다.

일각의 예상과는 반대로, 유럽이 근대의 힘들과 살짝 알력을 빚은 것은 유럽의 기독교 문화가 부활하는 계기가 됐다. '철도의 시대Railway Age'는 강건한 기독교Muscular Christianity의 시대이기도 했다. 기술자들이 세계로 나갈 때, 그들 곁에는 늘 선교사들이 함께했다. 재빠르게 변화하는 세상에서 스스로가 무방비라고 느낀 사람들은 신앙심과 규율을 간직한 종전의 모범적 전통들에 더욱 간절하게 매달렸다. 기계들은 마음을 갖지 않았기에, 아울러 낭만주의의 물결이 점차 거세게 일어난 것과 발맞춰, 사람들은 하느님을 통해 안도를 얻어야 할 필요를 더욱 크게 느꼈고, 초자연적 존재를 더욱 더 잘 받아들일 준비가 돼 있었으며, '자기 존재의 깊이'를 경험하려는 열성을 보였다. 사람들은 세상을 떠나는 순간에는 기꺼이 자신들 삶이 '영혼의 철로 spiritual Railway'에 이르는 여정이었다고 여겼다.

> 그리스도께서 놓으신 천국으로 가는 철도는
> 천상의 진실을 침목 삼아 레일이 놓이고
> 지상에서 출발해 천상에 이르기까지 뻗어
> 영원의 삶에 다다르는 곳에서 끝나노니 […]
> 하느님의 사랑은 불, 그분의 진실은 증기
> 그것이 엔진과 열차를 움직이누나
> 영광의 탑승을 할 이들은 모두
> 그리스도에게로 와 그분 안에서 살아갈지니
> 첫 번째, 두 번째, 세 번째 칸은
> 참회, 신앙 그리고 거룩함이라 […]

그런 다음에는 가난한 죄인들이여, 이제는

이 철도의 어느 정거장에서든

만일 네가 회개하고 죄악에 등을 돌린다면

열차는 멈춰서 너를 태우고 가리.2

19세기 유럽의 초기 상황은 매우 중대한 국면이었다. 당시 변화의 동력들은 혁명전쟁이 끝나는 무렵 탄생한 정치적·국제적 틀 속에서만 작동할 수 있었다는 점에서다. 여기에 1815년 들어 유별난 사건들이 일어나면서 이 틀은 매우 특별한 파격을 맞게 됐다.

1815년 2월, 빈회의Congress of Vienna가 한창 절충안을 마련하고 있던 그때 혁명기의 지니genie가 또다시 병 밖으로 탈출했다. 나폴레옹이 엘바섬을 뛰쳐나온 것이다. 이후의 '백일천하' 동안 유럽은 혁명전쟁이라는 유령이 옛 모습 그대로 또다시 어른대는 것을 지켜봐야 했다. 그 충격은 엄청났다. 1814년 승전국들의 정치적 분위기는 다소 조심스러운 정도였다면, 1815년의 분위기는 완전히 반동적이라 해도 좋았다. 이로 인해 이후 수십 년 동안에는 어떤 식이 됐건 변화의 조짐은 모조리 당장 진압을 당하는 분위기가 생겨났다.

백일천하les Cent-Jours는 유럽을 전율시켰다. 나폴레옹은 3월 1일 앙티브에 홀로 상륙한 지 3주 만에 도피네 알프스산맥을 넘고, 자신을 다시 "우리 안에 가두라"는 명을 받고 파견된 미셸 네Michel Ney 원수를 자기 편으로 만들어 의기양양하게 파리로 입성했다. 그 위세에 루이 18세는 줄행랑을 쳤다. 그로부터 세 달 만에 나폴레옹은 자신의 군대를 개혁한 뒤 파리에서 출정해 북쪽 변경지대에서 속속 집결하고 있는 동맹군을 치러 갔다. 이때 나폴레옹이 내건 전략은 단순했다. 대對프랑스동맹(7차) 참가국들이 의기투합해 프랑스에 맞서기 전에 선수를 쳐서 각개 격파한다는 것이었다. 그렇게 해서 1815년 6월 16일 나폴레옹은 리니에서 프로이센군을 물리쳤으나, 프로이센군이 전열을 갖추고 퇴각하는 것만은 막지 못했다. 6월 18일에는 브뤼셀 근방의 워털루에서 보란 듯 영국군을 공격했다. 그러나 웰링턴 공작이 구축한 '신 레드 라인thin red line' [워털루전투, 크림전쟁 등에서 2열 횡대로 늘어선 붉은 군복의 영국군이 돌진해오는 적군을 효율적으로 막아내는 모습에서 연유한 표현. 근대 영국군의 별명이 됐다]은 하루 동안 쉴 새 없는 학살로 이어진 프랑스군의 모든 맹공을 전부 저지해냈다. 이와 함께 게프하르트 레베레히트 폰 블뤼허Gebhard Leberecht von Blücher가 이끄는 프로이센 기병대가 늦은 오후에 지평선 너머에서 말을 타고 나타나 프랑스군을 전장에서 싹 쓸어냈다. 결국 60번째의 회전會戰을 치른 뒤 나폴레옹은 역사의 전장에서 완전히 사라졌다. 나폴레옹은 6월 22일 또다시 황제직에서 내려오고, 7월 15일에는 로슈포르에서 망명을 시도하다가 영국의 벨레로폰 전열함의 함장 프레더릭 루이스 메이틀랜드Frederick Lewis Maitland에게 항복했다. 이후 나폴레옹은 플리머스로 끌려갔다가, 거기서 다시 외딴섬 세인트헬레나로 가게 된다. 이곳에서는 나폴레옹이 탈출하는 일이 일어나지 않았다. 나폴레옹은 회고록을 집필하면서 앞으로 10년 내에 유럽이 "카자크인의 것이 되거나 아니면 공화제가 세워질 것"이라고 예언했다. 나폴레옹이 세상을 떠났을 때 탈레랑은 이렇게 말했다. "그가 죽은 것은 사건도 못 된다. 고작 기삿거리일 뿐." [에코]

워털루전투 이후 다시 소집된 빈회의는 다소 누그러진 분위기에서 진행됐다. 작년만 해도 "일 안 하고 춤만 춘다"라는 비난을 면치 못했던 승전국의 대표단들은 이번만큼은 그런 비난을 듣지 않아도 됐다. 이제 그들은 그 어떤 것도 위험부담으로 짊어지지 않으려 만반의 태세를 갖추고 있었다. 무엇보다 이번에는 반드시 군주제monarchy─이것이야말로 프랑스혁명으로부터 가장 큰 위협을 당했다고 여겨지는 신성한 제도였다─의 세 권리를 복원시켜야 한다는 결의에 차 있었다. 그러다 보니 이들이 민주주의나 민족주의를 요구하는 목소리에 귀를 기울일 리는 거의 없었다. 빈회의 대표단은 패전국을 희생시켜 불만을 가진 나라에 보상해주는 식으로 이견을 조율해나갔다. 그렇게 해서 과거 라인동맹과 신성로마제국이 자리하고 있던 곳에 39개 주로 구성된 독일연방German Confederation이 들어섰다(부록 1641쪽 참조). 프로이센은 한때 알자스, 로렌, 바르샤바를 향해 한창 밀고 들어갔으나, 이곳을 포기하는 대신 작센 지방 땅 절반을 차지했다. 한때 네덜란드에 땅을 차지하고 있었던 오스트리아는 그곳을 잃는 대신 이탈리아 북부를 상당 부분 차지했다. 희망봉을 잃게 된 네덜란드공화국에는 오스트리아령 네덜란드가 돌아갔다. 핀란드를 상실하게 된 스웨덴은 그 대가로 노르웨이 땅을 받았다. 러시아는 핀란드, 리투아니아, 폴란드 동부를 영유해도 좋다는 확약을 받았고, 바르샤바 근방의 분리된 폴란드 왕국도 차지하게 됐다(차르가 이곳의 왕으로 등극했다). 영국은 헬골란트섬에서 실론섬에 이르기까지의 섬들을 한 아름 끌어안는 것으로 만족했다. 나폴리, 마드리드, 토리노에서는 한바탕 소란을 거친 끝에 구식의 군주제가 복원됐다. 그러나 이곳들에 자리하고 있던 옛날의 공화국들은 회생의 기회를 거의 갖지 못했다. 차르 알렉산드르의 말마따나 "공화국은 이제 한물간" 듯했다. 크라쿠프공화국만은 예외였는바, 이 도시는 프로이센·러시아·오스트리아가 서로 차지하겠다고 달려들어서 끝내는 모두 포기하고 물러났다.

따라서 빈회의 당시의 분위기는 단순히 보수적인 정도가 아니라 시간을 거꾸로 되돌리는 행보였다고 해도 과언이 아니었다. 간발의 차로 변화의 힘이 억눌린 세상에서 어떻게든 변화를 미리 막아보자는 것이 빈회의의 목적이었다. 워털루전투를 두고 웰링턴 공작은 다음과 같이 말했다. "빌어먹을 전쟁이었지만 대단했지. 다들 평생 그렇게 아슬아슬한 일은 처음 겪어봤지 않겠나." 이것이 당시 유럽 전역의 똑같은 심정이었다. 변화할 것이냐 말 것이냐를 둘러싼 의견 대립은 너무도 팽팽해 승리자들은 약간이라도 양보했다간 어떤 끔찍한 일이 벌어지지나 않을까 두려웠다. 따라서 제한적이고 점진적인 개혁에 대해서조차 의심의 눈초리를 거둘 수 없었다. 1830년에 웰링턴 공작은 다음과 같이 썼다. "개혁을 시작한다는 것은 혁명을 시작한다는 것이나 다름없다." 그뿐만 아니라, 혁명이라는 격변의 영원한 근원으로 자리잡은 프랑스는 아직 길이 덜 든 것처럼 보였다. 파리에서만도 1830년, 1848년, 1851년, 1870년 수차례나 소요가 일었다. 오스트리아의 총리 클레멘스 폰 메테르니히Klemens von Metternich는 다음과 같이 말했다. "파리가 재채기를 하면 유럽 전체가 감기에 걸린다." 프랑스식 민주주의는 군주제, 교회, 사유재산—이 셋이야말로 그가 지키려는 모든 것을 떠받치는 기둥이었다—을 뿌리째 뒤흔드는 위협이었다. 메테르니히에 따르면, 그것은 "반드시 고쳐야 하는 병이자, 반드시 꺼야만 하는 화산이자, 뜨거운 인두로 지져 없애야만 하는 괴저이자, 그 아가리를 벌리면 사회질서를 통째로 집어삼키게 될 히드라였다."[3]

메테르니히를 통해서도 잘 드러나듯, 1815년의 반동적 분위기는 극단적 형태를 띠며 사전 승인을 받지 못한 모든 변화에 반대했다. 러시아, 프로이센, 오스트리아, 영국 사이의 4국동맹Quadruple Alliance이 이러한 반동적 기조의 첫 번째 실례였다면(이들 4국은 필요할 때 언제든 회의를 개최하자는 데 동의했다), 나중에는 차르 주도의 '신성동맹Holy Alliance'이 이런 기조를 대변했다. 4국동맹은 엑스라샤펠회의Congress of Aix-la-Chapelle(1818)의 계기가 됐으니, 회의를 통해 프랑스는 다시 위신 있는 나라의 대열에 낄 수 있었다. 신성동맹을 계기로는 강대국들이 기존의 국경선 및 통치를 영속적으로 보장해주어야 한다는 제안들이 나왔다.

이 모든 일이 영국 정부에는 감당하기 버거웠던바, 한때 술탄 및 교황과 뜻을 모았던 신성동맹에 이제는 등을 돌리라고 섭정 왕자Prince Regent(조지 4세)에게 권해야 했기 때문이다. 영국의 기준에서 보자면, 리버풀 경Load Liverpool(로버트 젱킨슨Robert Jenkinson)의 국정 운영은 유달리 보수적이었다. 아닌 게 아니라, 이때 추진된 영국의 국내 정책들은 모든 방면에서 개혁에 반기를 들었다. 그러나 이런 영국도 유럽의 반동주의자들이 어떤 안전장치도 없는 증기기관이라 할 것을 유럽의 국제질서에 탄생시키게 두고 볼 수만은 없었다. 이후 트로파우회의(1820), 라이바흐회의(1821), 베로나회의(1822)가 열렸을 때, 영국은 나폴리·그리스·스페인의 혁명을 분쇄하기 위해 잇달아 원정군을 파견하는 일에 강한 유보 입장을 고수했다. 스페인의 남아메리카 식민지에서 반란이 일어났을 때 영국의 외무장관 조지 캐닝George Canning은 미국 대통령 제임스 먼로James Monroe와 뜻을 같이해 아메리카대륙에서 일어나는 일에 유럽은 일체의 간섭을 하지 않는다는 원칙을 고수했다. 1826년 캐닝은 하원에 나와서 이렇게 말했다. "제가 신세계를 불러들인 데는 이유가 있습니다. 구세계의 균형을 다시 바로잡기 위해서입니다." 실제로도 캐닝은 유럽의 회의체제를 완전히 사장시킨 장본인이었다. "이제 세상일이 점점 온전한 상태로 되돌아오고 있어." 그는 임종을 목전에 두고 다음과 같이 말했다. "모든 나라가 각자 자신을 위하고, 하느님께서는 우리 모두를 위하시는 그런 상태로."

그렇긴 했어도 19세기의 유럽이 험난한 풍파를 겪어나가기 시작할 무렵, 그 주 무대가 꾸려지는 데 단명에 그친 '회의체제Congress System'[빈체제]가 중요한 역할을 했다는 점도 부인할 수는 없다. 회의체제는 어떤 지속적 제도들을 ─그 제도들은 잠시 존립하며 다소 때 이른 국제연맹League of Nations의 역할을 할 것 같은 조짐을 보였다─ 만들어내는 데에는 실패했으나 이 체제 덕분에 보수성을 띤 유럽 대륙의 질서가 기류를 형성할 수 있었고, 차후 등장하는 모든 개혁가와 혁명가는 이 기류에 맞서 싸움을 벌여야 했다. 아울러 이 체제를 통해 유럽의 국제 판세가 다시금 명확히 설정됐으니, 이후 한 세기 동안 유럽에서 명실공히 강국으로 인정받는 5개 나라─4국동맹의 네 나라와 다시금 그 입지를 확립한 프랑스─가 이런 판도 속에서 급작스레 세를 일으킨 나라들 및 새로 생겨난 나라들을 상대로 작전을 구사하게 된다. 나중에 가서 중요한 부분들이 수정되기는 하지만, 회의체제에서 그려진 유럽의 지도는 이후 1914~1918년까지 본질적 부분은 거의 변하지 않은 채 그 모양을 유지해나갔다.

1815년을 기점으로 이후 유럽의 100년은 반동(1815~1848), 개혁(1848~1871), 경쟁(1871~1914)이라는 뚜렷한 3단계를 거치게 된다. 첫 번째 단계에서는 보수주의의 성채가 다채로운 성공을 거두며 잘 버티다, 1848년 유럽 전역에 혁명의 기운이 폭발하면서 종국에는 무너졌다. 두 번째 단계에서는 유럽의 강국들이 끝없는 저항보다 조심스러운 개혁이 낫다는 사실을 마지못해 인정했다. 이 단계를 거치면서 모든 방면에서 중요한 양보들이 이루어졌다. 각지의 나라들에서 헌법이 승인되고, 역사상 마지막 농노들이 해방을 맞은 것이 이때였다. 선봉에 서서 민족의 독립을 위해 애쓴 나라 중 3분의 2도 이때 결국 독립을 쟁취했다. 최종 단계인 세 번째 단계는 유럽이 극심한 경쟁에 돌입한 시기로, 각지에서 일어난 외교적 재조정 작업, 군사 재무장, 식민지 경쟁 등으로 인해 유럽 각국의 관계가 악화일로를 걷게 된다. 그 어느 때보다 평화로웠던 40년의 기간도 점점 높아가는 긴장을 제어하지 못하면서 급기야 1914년 8월에는 유럽 각국의 분쟁이 전면전의 양상으로 치달았다. 유럽의 근대화된 국가들과 근대화 과정 중의 국가들이 근대의 무기로 무장을 한 채 앞뒤 가리지 않고 근대적 전쟁에 뛰어드니, 이로 인해 벌어진 대학살에 비하면 나폴레옹이 벌인 전쟁쯤은 작은 난동 정도로 여겨졌다.

;

근대화. '근대화Modernization'는 '모더니즘Modernism'*과 혼동해서는 안 되는 말로, 오늘날 이 용어는 '후진성backwardness'을 벗고 '근대성modernity'으로 나아가는 노정을 걸어 나간 사회들이 겪은 일련의 복잡한 변모를 일컫는 사회학적 용어로 즐겨 사용된다. 근대화가 시작된 곳

---

* '모더니즘'은 사회경제적 추세와 대비해 대개 문화와 관련해서 쓰이는 용어다. 19세기에 가톨릭 보수주의자들에 의해 이 용어를 경멸적 의미로 사용됐고(1031쪽 참조), 나중에는 모든 전위예술 운동을 아우르는 두루뭉술한 꼬리표로 쓰였다(1100쪽 참조).

은 농경과 농민을 기반으로 한 전통 사회로, 이런 유형의 사회는 대다수 사람들이 땅에서 일하고 자신들의 식량을 자급자족하며 살아갔다. 한편 근대화의 종착점은 도시화와 산업화가 이루어진 근대적 사회로, 이런 유형의 사회는 대다수 사람들이 도시나 공장에서 일하고 생계를 꾸려나간다. 근대화는 약 30~40개 변화가 사슬처럼 얽히면서 이루어지는데, 각각의 고리는 하나같이 근대화 전체의 운용에 빠질 수 없는 요소다. 근대화는 확실히 산업화 및 '산업혁명the Industrial Revolution'을 포함하는데, 오늘날에는 산업화가 근대화 전체 과정을 이루는 하나의 필수적 부분 혹은 한 단계로 여겨지는 것이 보통이다. "신석기시대에 농경과 야금술이 발명되고 마을이 생겨난 이래, 이 산업화의 도래만큼 중차대한 영향을 미친 변화는 인류의 삶에서 더 찾아볼 수 없다."4

근대화를 처음 경험한 곳이 영국—더 정확히 말하면 랭커셔, 요크셔, 블랙컨트리, 타인사이드, 클라이드뱅크, 남南웨일스 같은 영국의 특정 지역들—이라는 데 사람들은 대체로 동의한다. 하지만 근대화의 물결은 이내 유럽 대륙에서도 느낄 수 있었는바, 벨기에·루르·슐레지엔 등 대규모 탄전 지대 혹은 그 근방 지역들이 특히 그러했다. 산업이 집중된 지역들에서부터 퍼져나간 산업화는 그 어느 때보다 커다란 원을 그리며 유럽 전역에서 감지되기 시작해, 처음에는 항구들, 나중에는 주요 도시들, 그리고 종국에는 산업활동의 자극을 받은 나라들 전역에서 그 여파를 느낄 수 있었다. 이것으로 끝이 아니었다. 정도의 차이는 있었지만 산업화의 영향은 유럽 너머에서도 감지됐다. 제국주의 경제가 식민지를 목적으로 개발한 것이든 혹은 해당 지역에서 주도한 것이든 간에, 바다 건너에서까지 산업화의 영향이 감지되자 이제 산업화는 '유럽화Europeanization'의 양상으로 여겨지기에 이르렀다. 이런 식으로 근대화는 단순히 전 세계 경제 체제의 구심점만이 아니라 '선진국'과 '개발도상국'을 가르는 구별에서도 중대한 구심점 역할을 하게 됐다.

근대화는 무엇보다, 단순히 부분별 요소들을 정적으로 총합한 것이 아닌, 변화를 이끈 주된 힘으로 보아야 한다. 엔진이 힘을 발휘하려면 먼저 점화된 후 가속 과정을 거치고 '이륙'이라는 임계점에 도달할 필요가 있는데, 그래야만 종전과는 전적으로 다른 운동 상태에 진입할 수 있다(19세기 초반의 기관차가 여기에 더 부합하는 사례겠지만 20세기의 두드러진 현상인 비행에 비유하는 것이 가장 좋은 방법으로 보인다). 그러려면 오랜 시간의 준비가 있어야 하는바, 이때에는 보일러가 켜지면서 기관 안에 증기가 충분히 차오를 때까지 기다리게 된다. 그러다 보면 얼마 후 출발이라는 극적 순간이 찾아오게 되는바, 이때 증기의 압력이 피스톤에 작용하면서 바퀴들이 움직이기 시작한다. 그런 후 엔진이 요란한 진동소리와 함께 요동을 치면서 속도를 높이기 시작하는 힘의 강화 단계가 찾아온다. 그러고는 마침내 순항이라는 기쁨을 만끽할 수 있는 순간이 찾아와, 최대 속도와 효율 속에서 기분 좋은 저음을 내며 항로를 따라 날아갈 수 있다.

19세기 내내 대부분의 유럽 정부들이 각고로 노력한 부분이 바로 경제적 점화 단계에서 사회의 '이륙' 단계로 나아갈 조건들을 확실히 발전시키는 것이었다. 개중 일부는 성공을 거두었고, 일부는 실패를 맛보았다. 아예 애초부터 성공의 기회조차 가지지 못한 나라들도 더러 있었다. 영국이 혼자서 산업화의 여정을 시작한 데 이어, 19세기 중반에 이르자 북서 유럽의 나라들 대부분이 영국의 선례를 따라 산업화의 여정에 뛰어들었다. 그 선두주자는 벨기에와 네덜란드였고, 프로이센, 피에몬테, 프랑스가 차례로 그 뒤를 이었다. 19세기 말에는 영국의 선두자리를 통일을 이룬 독일이 자국의 우월한 자원과 역동성에 힘입어 재빠르게 추월해나갔다.

유럽의 나라들 대부분에서는 근대화된 대도시 지역과 외진 지방 사이에서 현격한 대비가 나타났다. 연합왕국 내에서는 잉글랜드가 외곽에 자리한 고지대나 섬들과는 확연히 다른 모습을 갖춰가기 시작했다. 프랑스에서는 파리-리옹-마르세유를 축으로 고도로 발달한 지역들이 모습을 드러내기 시작했다. 저지대 국가들에서는 릴-리에주-로테르담을 따라 그 축이 형성됐고, 독일에서는 라인란트-루르-베를린-작센-슐레지엔이 그 축이 됐다. 오스트리아-헝가리에서는 보헤미아-빈-부다페스트(부더페슈트)가 중추를 형성했으며, 통일된 이탈리아 안에서는 롬바르디아가 핵심 지역으로 자리잡았다. 아일랜드, 브르타뉴, 갈리치아, 시칠리아 같은 지방들은 심각하게 낙후됐다. 러시아제국도, 비록 지역별 격차가 그 어디보다 극단적으로 나타나기는 했지만, 1914년을 몇 년 앞두고 근대화를 향해 재빨리 속력을 높여갔다.

이렇듯 유럽의 각국 사이에서도 그리고 나라 안에서도 발전의 정도가 저마다 다르다 보니, 유럽 내에 자리한 기존의 경제적 격차는 종전보다 한층 두드러지게 됐다. 아닌 게 아니라 19세기가 흐르는 동안 유럽에는 두 개의 경제구역이 뚜렷하게 형성되는 모습을 보였다. 유럽 북부와 서부에는 선진적으로 발전한, 대부분 영역에서 산업화와 근대화가 이루어진 경제구역이 자리잡고 있었다면, 유럽 남부와 동부에는 낙후를 면치 못하는, 산업화가 진행 중이나 근대화는 크게 이루지 못한 경제구역이 자리잡고 있었다. 전자는 여전히 영국이 우위를 점한 '세계의 해상경제'에 적극적으로 참여했고, 영국과 마찬가지로 해외의 식민지를 손에 넣어 해상경제 활동의 성과를 크게 향상시켰다. 후자는 식량, 원자재, 값싼 이주민 노동력을 타국에 의존적으로 대주는 공급처이자 생산된 제품들을 소비해주는 전속시장captive market(물품 구매자가 어쩔 수 없이 특정 상품을 사지 않을 수 없는 시장)의 노릇밖에는 하지 못했다.

독일은 이와 같은 구분에서 크게 벗어나는 사례였는바, 산업화된 경제구역 안에서 가장 역동적인 힘을 가진 나라로 부상했음에도 불구하고, 정치적 측면과 시기 등의 여러 이유로 자신의 수준에 상응하는 식민지 땅을 충분히 손에 넣지 못한 상황이었다. 그 결과, 독일은 1871년에 통일을 이루고 나서는 동유럽의 국가들과 돈독한 경제적 협력관계를 다져나가기에 이르고, 이를 통해 식민지 사업에 대한 실패를 만회하고자 했다. 이전까지만 해도 서유럽과 동유럽을 가르는 기준이 대체로 종교적·정치적 성격을 띠었다면, 이제는 그러한 구분이 경제적 특성을 강하게 띠기에 이르렀다.

동유럽의 산업화는 망망대해처럼 펼쳐진 낙후된 시골 지역들 안에 섬들처럼 떠 있는 일부 지역들에서만 제한적으로 이루어졌다. 이런 섬들이 성장한 곳으로는 보헤미아 북부, 우치-바르샤바-돔브로바의 삼각지대, 니즈니노브고로드와 상트페테르부르크의 방적공장들, 돈바스, 갈리치아·루마니아·카스피해의 유전油田들을 꼽을 수 있다. 바다 위의 섬처럼 떠 있는 이들 지역은 지리적으로만 고립된 게 아니었다. 심지어 19세기 막바지에 가서도 이들 지역은 경제 전반을 이류시킬 만한 추진력을 충분히 만들어내지 못하고 있었다. 그 결과, 사회적 측면과 전략적 측면 모두에서 상당한 영향들이 나타났다. 수많은 농민 인구가 날이 갈수록 심각한 곤경에 시달려야 했다. 이들은 옛날처럼 토지에 얽매이지 않고 자유롭게 살 수는 있었으나 도시에서 살면서 생활을 향상시킬 충분한 기회를 얻지 못했다. 이들 농민층은 근대식 농경과 산업 고용의 그 어느 것으로부터도 혜택을 입지 못했다. 그뿐만 아니라 가난한 사회에서는 빈곤에 찌든 채 살아가는 자국민들을 상대로 가혹하게 세금을 매기지 않으면 안 됐다. 수차례 사회적·정치적 반란이 일어난 원인도 바로 여기에 있었다. 이와 같은 상황에서 독일이 가진 역동적 힘에 우려가 들지 않을 수 없었던 서구 강국들은 결국 대규모의 투자 캠페인으로 러시아와의 정치적 화해와 협력을 대폭 강화하기로 결심했다. 1890~1914년 프랑스·영국·벨기에가 러시아에 쏟아부은 투자금은 대폭으로 늘어났고, 이것이 러시아의 철도 주행거리, 산업 생산, 해외무역을 크게 늘리는 원동력이 됐다.

그렇다 해도 당시에 유럽 전체를 아우르는 경제가 과연 존재했는가 하는 점은 여전히 의문으로 남는다. 이에 대한 답은 아마도 그렇지는 않았으리라는 것이다. 설령 그런 것이 존재했다 해도 —아울러 러시아에 대한 서유럽의 막대한 투자가 앞으로 더욱 발전할 유럽의 경제통합을 미리 예고했다고 해도— 당시 유럽에서 중심축의 위치를 차지하게 된 것은 분명 독일이었다. 1900년에 이르자 독일은 자국이 서유럽의 산업 및 상업 방면에서 보유한 막강한 지분과 동유럽의 경제에서 차지한 지배적 역할을 하나로 결합하기에 이른다.

이때 독일의 경제는 너무도 일찍 성숙했던 반면 정치는 대조적으로 한참 뒤처져 있었다는 점을 고려할 때, 근대화를 다룬 당대 최고의 이론가 둘 모두가 독일인이었다는 사실은 그리 놀라운 일이 아니다. 그러나 프리드리히 리스트Friedrich List(1789~1846, 그의 《정치경제학의 국민적 체계Das nationale System der politischen Ökonomie》가 1841년 출간됐다)의 결론은 카를 마르크스Karl Marx(1818~1883)의 결론과는 사뭇 달랐다(1078~1080쪽 참조). 마르크스가 보기에 변화의 원동력은 계급투쟁에 있었다. 반면 리스트가 보기에 변화의 원동력은 국가의 경제정책에 있었으니, 국가 정책이야말로 보호주의 관세와 기반시설 및 교육에 대한 강도 높은 투자 등을 통해 발전의 속도를 높이는 힘이었다. 리스트는 그동안 다른 이들이 "자본주의로 가는 프로이센의 길"이라 불러왔던 것을 가장 일관되게 옹호한 인물이었다. 프로이센의 이 선례는, 특히 동유럽에서, 프로이센의 노정을 그대로 따르길 열망했던 수많은 이의 상상력을 자극했다.[5]

당시만 해도 왜 이런 식의 근대화가 다른 데가 아닌 유럽에서 일어났는가 하는 근본적 질문을 구태여 던진 이는 거의 찾아볼 수 없었다. 이 질문에 대한 답은 아마 어떤 특이한 우연의 일치로 당시 유럽 안에 근대화에 딱 알맞은 생태적·경제적·사회적·문화적·정치적 상황들이 조성됐다는 데에서 찾을 수 있을 것으로, 이런 상황들은 더 고대에 나타난 고도로 발전된 문명들도 만나보지 못한 것들이었다. 즉 유럽에서 근대화는 순전히 우연의 일치였다는 데 곧 '유럽의 기적 the European miracle'이 있다는 데 방점이 찍힌다고 하겠다.[6]

세부적으로 볼 때, 근대화는 끝없이 연쇄적으로 이어지는 듯 보이는 하위과정과 새로운 발전들로 세분화할 수 있으며, 이 각각의 과정과 발전들은 서로 맞물리며 상호작용을 해나갔다. 초기의 산업혁명에 이바지한 기본적 요소들도 십수 가지에 이르지만, 그 외에도 경제·사회·문화·심리·정치·군사의 영역에서도 변화가 또 다른 변화의 원동력이 된 요소들을 대략 30가지 정도 더 찾아볼 수 있다(부록 1635쪽 참조).

농업 생산에서는 사이러스 매코믹Cyrus McCormick이 만들어낸 말이 끄는 수확기부터(1832) 증기 구동식 탈곡기를 거쳐 종국에는 휘발유로 움직이는 트랙터에 이르기까지(1905), 농사에 서서히 기계들이 도입되며 여러 혜택이 생겨났다. 농기계 수입은 이내 산업화된 지역과 비산업화된 지역 간 무역에서 주된 거래 품목으로 자리잡았다. 기계가 많아진다는 것은 곧 농장에서 일하는 일손은 더 줄어들고, 도시나 공장으로 들어가 일할 수 있는 사람들의 수는 더욱 늘어났다는 의미이기도 했다.

노동의 이동성labour mobility도 혁명전쟁 기간에 대폭 증대됐는바, 프랑스·이탈리아·스페인에서 농노제 폐지와 군 징집으로 자기가 살던 마을을 떠난 이후 고향에 돌아오지 못한 병사들이 수백만 명에 이르렀기 때문이다. 동유럽에서는 농노 해방이 몇십 년 뒤에 일어났다. 이 때문에 프로이센에서는 1811~1848년에 걸쳐 참혹한 일들이 벌어졌는데, 농노 해방과 부역의 무자비한 지대화地代化로 가난한 농민들은 토지에서 강제로 멀어져야 했다. 오스트리아는 1848년 들면서 하루아침에 농노 해방이 진행됐고, 그 여파로 장기간 분란이 가라앉지 않았다. 러시아제국에서는 1861년의 법령ukaz을 통해, 폴란드왕국에서는 1864년 4월의 법령을 통해 농노제 폐지 조치가 시행됐다.

이와 함께 새로운 동력 자원들이 도입돼 '자원의 왕 석탄'의 부족함을 메워주게 되는데, 처음에는 가스, 이어서는 석유, 더 나중에는 전기를 상업적으로 이용하는 것이 가능해졌다. 1813

년부터 런던의 팰맬거리에는 가스등이 줄줄이 세워져 길을 환하게 밝혔다. 영국에서는 1820년대 이후부터 석탄가스가 일반 가정 및 도시에서 두루 사용됐다. 석유는 1860년대 이후부터 이용이 가능해졌다. 보리슬라보〔갈리치아〕, 플로이에슈티〔루마니아〕, 카스피해의 바쿠 같은 곳에서 유럽의 유전들이 개발된 것이 이 무렵이었다. 시간이 흐르자 내연기관(1889) 역시 증기기관 못지않게 혁명적 힘을 가진 것으로 드러났다. 전기는 1880년대 들어서서야 비로소 사람들의 생활에서 폭넓게 사용될 수 있었는데, 제노베 그람Zénobe Gramme이 발전기를 완성한 데 이어(1869) 마르셀 드프레Marcel Deprez가 고압 전송 케이블을 놓는 작업(1881)을 한 것이 주효했다. 전기로 열, 빛, 견인력을 만들어내는 것이 가능해졌다. 이른바 '전기의 요정La Fée Électricité'〔백열전구〕이 대중 앞에 첫선을 보인 것은 1900년 파리만국세계박람회에서였다. 이때만 해도 세계는 전체 에너지의 92퍼센트를 여전히 석탄을 통해 얻고 있었다.

이제 동력으로 구동되는 기계와 엔진으로 운용되는 분야는 컨베이어벨트에서부터 증기선에 이르기까지 그 어느 때보다 광범위해졌다. 그러나 당시 무엇보다 중요했던 발전은 공작기계(기계를 만드는 데 쓰이는 기계)와, 증기 해머나 말뚝 박는 기계와 같은 동력기계(이런 기계들 덕에 무거운 것들을 다루는 작업에 굳이 사람의 육체노동을 들이지 않을 수 있었다)들이 만들어져 나온 것이었다. 울리치 출신의 헨리 모즐리Henry Maudslay(1771~1831)는 금속 선반旋盤을 발명해낸 인물로서(1797), 이 분야의 시조로 여겨진다.

광업은 펌프 시설과 안전 문제가 그토록 많이 개선됐음에도, 여전히 노동집약적 산업에서 벗어나지 못했다. 1800년과 마찬가지로 1900년에도 수백만 명에 이르는 유럽인 광부들은 채탄 막장에 웅크리고 앉아 손에 든 곡괭이로 석탄을 파내며 자신의 건강한 신체를 내어주고 대신 많은 급료와 규폐증〔규산이 많이 들어 있는 먼지를 오랫동안 들이마셔서 생기는 폐병. 숨이 차고 얼굴 빛이 흙처럼 검어지면서 부기가 생기고 식욕이 없어지는 증상을 보인다〕을 얻었다. 당시 철광업은 룩셈부르크-로렌, 스페인 북부, 스웨덴 북부, 우크라이나의 크리비리흐 같은 곳들의 풍부한 '미네트Minette〔황반암의 일종〕' 매장층을 중심으로 형성됐다. 야금술에서는 더 커다란 발전이 있었다. 용광로 설계상의 일련의 변화는 셰필드에서 헨리 베서머Henry Bessemer 경의 전로轉爐가 만들어져 나오고(1856), 시뢰이에서 피에르 에밀 마르탱Pierre-Émile Martin의 평로법平爐法이 만들어져 나오면서(1864) 전성기를 맞았다. 철도의 시대인 이 시기에는 값싸고 질 좋은 강철이 공급돼 단순히 철로뿐만 아니라 교량, 선박, 건물 골조, 탄약을 만드는 데에도 쓰였다. 1880년대에는 동소체同素體에 대한 이론과 응용에서 발전을 이루면서 광범위한 종류의 고급 합금들이 시장에 나오는 동시에, 도구를 제작하고 대포를 만드는 데에도 특별한 용도로 사용될 수 있었다. 이와 함께 전기야금술electro-metallurgy이 나오면서 알루미늄 생산이 손쉬워졌다. 18세기의 철기제조업자들을 제1차 산업혁명의 제왕들이라 한다면, 르크뢰조의 외젠 슈네데르Eugène Schneider나에센의 알프레트 크루프Alfred Krupp와 같은 19세기 후반의 제강업자들은 그들의 명실상부한 후계자들이었다. 철강 생산은 산업의 힘을 가늠하는 핵심 지표로 자리잡았다(부록 1638~1639쪽 참조).

교통도 속도, 효율성, 편리성 면에서 극적 발전을 보았다. 도로에서는 존 매캐덤이 자갈 위에 타르를 덮는 공법을 개발해내면서(1815) 새로운 시대에 접어들었으나, 이들 도로는 나중에 자동차가 등장하고 나서야 제 기능을 발휘하게 된다. 교각 건설은 토머스 텔퍼드Thomas Telford가 메나이해협 위에 최초의 현수교를 건설한 것을 계기로(1819) 새로운 국면을 맞이했다. 철도는 그 어느 때보다 저렴하게 더 많은 승객과 화물을 더 빠른 속도로 실어나를 수 있게 됐다. 1800년에는 육로로 파리와 상트페테르부르크를 오가는 데 20일이 걸렸으나, 1900년에는 30시간으로 훌쩍 줄었다. 당시 유럽인들은 철도의 낭만과 유용성으로 하나로 통합됐다. 20세기로의 세기 전환기에 유럽에서 가장 촘촘한 철도망을 자랑하게 된 곳은 벨기에였다(벨기에에는 100제곱킬로미터당 철로의 길이가 42.8킬로미터였던 데 비해, 영국은 19킬로미터, 독일은 17.2킬로미터였다). 가장 광범위한 지역에 철로가 보급된 곳은 스웨덴이었다(스웨덴에서는 주민 1만 명당 철로 길이가 27킬로미터였던 데 반해, 벨기에는 12.2킬로미터에 그쳤다). 철로 보급이 가장 열악한 곳은 세르비아였다(세르비아에서는 인구 1만 명당 철로 길이가 2.5킬로미터였던 데 비해, 유럽 대륙의 러시아는 5.7킬로미터였다). [벤츠]

비행술 분야에서는 몽골피에Montgolfiers 형제가 열기구를 만들고 1783년 6월 5일 프랑스 리옹 근방의 아노네에서 처음으로 시험 비행을 하면서 기구비행이 19세기 내내 중요한 군사기술로서 중요한 비중을 차지했다. 그러다 페르디난트 폰 체펠린Ferdinand von Zeppelin 백작의 동력 비행선이 나오면서(1900) 열기구는 밀려났고, 이 동력 비행선도 얼마 안 가 비행기에 자리를 내어주게 된다. 1890년대에 들어서자 독일에서는 오토 릴리엔탈Otto Lilienthal이 글라이딩 분야를 개척한 데 이어, 1903년에는 데이턴(오하이오주)에서 라이트Wright 형제가 휘발유를 이용한 유인 비행에 성공했다. 1909년 7월 25일에는 루이 블레리오Louis Blériot가 단엽기單葉機를 타고 31분 만에 영국해협을 건너 세간에 풍파를 일으켰다.

통신 체계도 이에 발맞춰 발전해나갔다. 이 무렵 우편제도가 일원화돼 모든 이들이 빠른 시간 안에 서신 왕래를 할 수 있게 됐다. 1840년 5월 1일 영국에서 '페니 블랙Penny Black'이 첫선을 보이면서 우표도 등장했다. 우표는 이내 취리히와 제네바(1843), 프랑스와 바이에른(1849), 프로이센과 오스트리아와 스페인(1850), 스웨덴(1855), 러시아와 루마니아(1858), 폴란드(1860), 아이슬란드(1873)에도 도입됐다. 또한 전보(1835), 전화(1877), 라디오(1896)가 발명되면서 즉석 장거리 통신이 가능해졌다. 뛰어난 성능의 통신기술이 얼마나 중요한지는 1815년 6월 19일의 사건에서 여실히 드러났는바, 네이던 로스차일드Nathan Rothschild는 자신의 특별 선박으로 경쟁자들보다 몇 시간 앞서 워털루 전장의 소식을 알아내 그 정보를 바탕으로 런던의 주식시장에서 전무후무하게 큰돈을 긁어모았다. 국제통신 분야의 중요한 발전들은 국제우편연합(1874), 국제전 보연합(1875), 국제도량형국(1875), 철도교통중앙국(1890) 같은 기구들이 생겨나면서 현실적으로 시행될 수 있었다. [사진]

자본 투자 역시 수익 증가와 함께 대폭 늘어났다. 개인 회사들은 늘어나는 수익을 재투자했고, 정부 역시 불어나는 조세 수입에서 점점 더 많은 비중을 투자에 활용했다. 자본에 대한 요구가 밑도 끝도 없이 불어나 개인 대출 가능성은 소진된 한편, 적어도 잉글랜드와 프랑스에서는 1720년의 버블 대재앙 이후 급감한 주식회사들의 잠재력이 되살아났다. 1820년대부터는 전 유럽에서 주식회사를 흔히 볼 수 있게 됐다. 이들 소시에테 아노님Société anonymes(SA)(프랑스식 주식회사), 혹은 악티엔게젤샤프트Aktiengesellschaft(AG)(독일식 주식회사), 혹은 '유한회사Company Limited'는 주주들을 모집하고 연차총회를 개최하는 방식을 통해 투자자들에게 배당금을 지급하되 채권자들에게는 일정 부분만 책임지게 하는 구조였다. 이 회사들은 이내 자기들끼리 '횡적' 합병 또는 '종적' 계약관계로, 통합 트러스트 혹은 연합 카르텔이라는 그 어느 때보다 커다란 덩치를 갖춘 복합기업으로 변모해나가게 된다. 영국은 독점에 대한 두려움이 강했던 만큼 트러스트나 카르텔도 더딘 속도로 발달했다. 기선 회사 P&O나 큐나드Cunard 같은 영국의 대기업들이 등장한 것은 1840년대였다. 프랑스에서는 카르텔이 흔했다. 통일 독일에서는 미국의 모델을 바탕으로 한 거대한 트러스트 혹은 콘체른Konzern(독일에 흔한 기업형태로, 법률적으로 독립해 있으나 경제적으로는 통일된 지배를 받는 기업 집단)에 대한 반감이 거의 없었고, 시장의 각 부문도 이 회사들이 지배했다.

국내시장 또한 인구 증가, 인구 밀집 지역에 대한 접근성 향상, 부의 확장, 종전과는 전혀 다른 종류의 수요 창출에 힘입어 그 규모가 부쩍 커졌다. 이즈음 새로이 생겨난 수많은 산업 가운데 가장 중요한 것은 화학산업으로, 아닐린 염료의 분리(1856), 에르네스트 솔베이Ernest Solvay의 소다회 추출 공정(1863), 인조비료 생산이 화학산업 발전의 밑바탕이 됐다. 그러고 나서는 여러 신기한 인공 물질이 봇물 터지듯 쏟아져나온바, 플라스틱, 콘크리트, 셀로판, 셀룰로이드, 레이온, 비스코스, 아스피린 모두 이때 만들어졌다. 화학 분야를 개척한 선구자들 가운데서는 독일인들이 특히 두각을 나타냈고, 유스투스 폰 리비히Justus von Liebig, 아우구스트 폰 호프만August von Hofmann, 로베르트 분젠Robert Bunsen, 프리드리히 바이어Friedrich Bayer 등이 대표적 인물로 꼽혔다. [모브]

해외무역도 그 규모가 부쩍 커졌는바, 새로운 대륙, 특히 아메리카와 아프리카 대륙이 열리고, 식민지를 차지하려는 욕구가 커진 한편, 본국에서는 원자재를 갈구하게 되고, 해외에서는 그 어느 때보다 광범위해진 공산품을 갈급하게 된 것이 주효했다. 이제 해외시장과 국내시장은 상호의존적 관계를 맺어나가게 됐다. [진]

벤츠 BENZ

■
■ 1885년 독일 만하임의 카를 벤츠Karl Benz
(1844~1929)는 자력 추진의 삼륜 휘발유 구동
'모토바겐motorwagen'을 개발했다. 이 차는 '최초의
자동차'로 자주 언급되지만 사실은 두 세기에 걸친 자
동차 역사의 중간 지표로 봐야 한다. 니콜라 퀴뇨
Nicholas Cugnot(1725~1804)의 증기 구동 차량은
1769년에 이미 '자동차automobile'라는 이름을 얻었
다. 이후 1850년경까지 증기차가 널리 운행됐다. 가솔
린 차량도 시도됐다. 실제로 자동차 수송의 미래를 연
것은 니콜라우스 오토Nikolaus Otto(1876), 고틀리프
다임러Gottlieb Daimler(1885), 루돌프 디젤Rudolf
Diesel(1897)의 4행정 내연기관 자동차였다.

최초의 벤츠 삼륜차는 뮌헨 독일박물관에 진열돼 있
다. 단단한 테 안에 바퀴살이 80개인 2개의 구동륜은
차동 기어와 연결돼 있고 1개뿐인 앞 안내륜은 수직
으로 서 있는 핸들로 조종된다. 높은 벤치 좌석(벤치식
의 긴 좌석) 밑에는 전기 점화 기관이 탑재돼 있다. 엔
진 출력은 1마력이 안 됐지만 최대 시속은 16킬로미터
였다. 차체는 없었다.[1]

유럽의 자동차 보급을 크게 도운 것은 앙드레 미슐랭
André Michelin의 공기 타이어(1888)와 미국의 대량
생산 체제(1908)였다. 이를 기점으로 모터사이클, 대
형 트럭, 버스가 급증했다. 20세기에 들어서면서 피
아트Fabbrica Italiana di Automobilismo di Torino(이
탈리아토리노자동차공장, FIAT, 1899)와 파리의 르노
Renault(1901) 같은 주요 상사회사들이 등장했다.
1901년 다임러-벤츠Daimler-Benz의 '메르세데스
Mercedes'와 1906년 롤스로이스Rolls-Royce의 '실버

고스트Silver Ghost'는 고급품과 신뢰성의 표준을 세
웠다(레닌도 롤스로이스를 소유했다). 양차 세계대전에는
자동차 소유의 증가세가 주춤했으나 수송 차량과 숙
련된 운전자의 수가 늘었다. 1938년 히틀러의 주도로
폭스바겐Volkswagen의 '비틀Beetle'이 생산되면서 자
동차 운행의 대중화가 시작됐다. 스칸디나비아 지역의
자동차 운행을 주도한 선구자는 예테보리에서 탄생한
볼보Volvo였고 체코슬로바키아의 자동차 운행은 플젠
의 스코다Skoda로 시작됐다. 폴스키 피아트는 양차 대
전 사이 폴란드에서 피아트의 허가를 받고 제조됐다. 서
유럽에서는 1950년 이후부터, 동구권에서는 1960년대
후반부터 자동차의 대중화 시대가 열렸다.

기술의 역사를 교란하는 것은 '최초'에 대한 주장이
다. 이로 인해 협력과 누적이 본질이 되는 기술 발전
의 속성이 왜곡되기도 한다. 그러나 질적 변화의 순간
들은 분명히 존재한다. 문제는 그것을 어떻게 정하느
냐다. 예를 들어 최초의 동력 비행은 언제로 봐야 할
까? 클로드 로노Claude Launoy와 프랑수아 비앵브
뉘François Bienvenu의 '활시위bowstring' 헬리콥터
(1784)를 꼽을 수도 있고 앙리 지파르Henry Giffard의
증기 동력 비행선(1852), 자신이 직접 타고서 약 50미
터를 비행한 클레망 아데르Clément Ader의 가솔린 동
력 비행기(1890), 콘스탄틴 치올콥스키Константин
Циолковский의 실험적 로켓들을 꼽을 수도 있다.
대부분의 참고자료들은 1903년 12월 17일(노스캐롤라
이나주) 킬 데블언덕(라이트 형제가 첫 비행에 성공한 언덕)
에서의 비행을 꼽는다. 그러나 이는 다른 범주, 즉 '동
력 조종 비행'을 나타낸다.[2]

사진 PHOTO

■
■ 세계 최초의 사진에는 프랑스 샬롱쉬르손의 한
옛 농가의 마당이 담겨 있다. 1826년의 어느 날

조제프 니세포르 니엡스Joseph Nicéphore Niepce는
8시간의 노출을 준 끝에 백랍 금속판 위에 영상을 담
아내는 데 성공했다. 13년 뒤 니엡스의 파트너 루이
다게르Louis Daguerre(1789~1851)는 감광성感光性 염

화은으로 도금한 동판 위에 30분의 노출로 사진을 얻는 사진술을 내놓을 수 있었다. 다게레오타이프Daguerreotype라 불리는 이 기술은 대중적 상자 카메라와 컬러필름, 영화, 유성영화, 엑스레이, 적외선 사진과 미니어처 사진, 그리고 가장 최근의 캠코더로 이어지는 긴 진화의 과정을 열었다.[1]

사진술이 전쟁과 평화에 끼친 영향은 아무리 과장해도 지나치지 않다. 사진술은 재현미술representational art의 '존재이유'를 무너뜨리는 데 일조했다. [인상] 또한 사람들이 자신과 주변 세상에 대해 갖고 있는 시각적 인식을 크게 바꾸어놓았다. 사진술은 모든 종류의 과학과 통신에 강력한 도구를 제공했다. 가족사진이 사회생활에 대한 인식을 크게 변화시켰듯이 크림전쟁의 사진들은 무력충돌의 실상을 세상에 알렸다.

사진술은 또한 역사의 기록에 새로운 차원을 더했다. 소리가 기록되기 50년 전부터[소리] 과거의 모든 측면이 담긴 실제 영상이 사진을 통해 축적되기 시작했다. [아우슈비츠]

그러나 사진의 사실성은 기만적이었다. 일례로, 구소련의 공식 사진을 매만지는 수정 기술은 특히 악명이 높았다. 이오시프 스탈린은 레프 트로츠키의 모든 흔적을 기록에서 지웠으며, 미하일 고르바초프의 흉한 모반도 무려 1985년까지 삭제됐다. 그러나 아무리 정직한 사진사라도 각도와 촬영의 찰나, 빛, 색감, 질감, 그리고 무엇보다도 피사체를 자의적으로 선택해야 하는 탓에, 사진은 폭로하는 동시에 은폐할 수밖에 없다. 카메라는 역사학자와 마찬가지로 거짓말을 일삼는다.

근대화를 향한 정부의 방침은 해당 나라에 세워진 정권, 그곳의 자원, 그 나라의 상대적 지위에 따라 형태가 다양했다. 근대화가 가져다주는 혜택을 간파하지 못하는 나라는 거의 없었다. 그럼에도 러시아나 스페인 같은 가난한 나라의 정부들은 자신들의 후진성에 대한 부끄러움과 자기네 나라가 다른 나라에 종속될지도 모른다는 불안감 사이에서 오락가락할 수밖에 없었다. 러시아 같은 독재정권은 해외투자를 받아들이자는 결정이 나오기 전까지 자국을 고립시킨 채 지내는 것이 가능했다. 그러나 오스트리아-헝가리처럼, 더 자유주의적인 성향을 가졌거나 더 우유부단한 정권들은 그러지 못했다.

산업혁명에 일단 시동이 걸리자, 그에 뒤따르는 수많은 결과가 이내 줄줄이 나타났다. 순전히 경제 영역에서는, 자급자족하던 농민들이 화폐경제의 성장으로 각자 새로운 수요와 열망을 지닌 임금노동자, 소비자, 납세자로 변모했다. 이와 함께 은행에서 발행한 지폐가 전국적으로 유통됐다. 마케팅, 광고, 유통 분야에서 광범위한 새로운 기술들과 기법들이 개발됐다. 삽시간에 봇물 터지듯 일어난 과학과 첨단기술 분야의 발전들은 혁신이 개인 발명가의 영역을 떠나 후원을 받는 체계적 R&D의 영역으로 옮아가게 만들었다. 사람들이 대규모 및 소규모 금융 서비스가 필요해지면서 신용조합, 저축은행, 보험회사들도 도처에 생겨났다. 이와 함께 상업거래가 배가하면서 도량형 및 통화에 대한 표준화 작업도 장려됐다.

사회 영역에서는 방대한 규모의 도시화로 헤아릴 수 없이 많은 새로운 문제와 일련의 사회적 계급이 생겨났으며, 새로운 공공서비스도 잇달아 마련됐다. 그런 공공서비스로는 포장도로,

모브 MAUVE

■ 1856년 열여덟 살의 한 학생이 런던의 한적한
■ 교외 지역 해로에 위치한 자기 집 안쪽 방에서
실험을 시작했다. 훗날 윌리엄 헨리 퍼킨William
Henry Perkin(1838~1907) 경이 되는 이 소년은 천연
말라리아 치료제인 퀴닌quinine을 인공 합성할 계획이
었다. 그러나 중크롬산칼륨으로 황산아닐린을 산화하
는 과정에서 우연히 합성 퀴닌 내신 새로운 침선불을
발견했다. 그것을 건조해 알코올에 녹이자 이전까지
누구도 본 적 없는 굉장한 색이 나타났다. 이것이 세
계 최초의 합성염료였다. 그는 이 색을 '티리언 퍼플
Tyrian Purple'이라 불렀다. 훗날 프랑스의 화학자들은
당아욱 꽃의 이름을 따서 "모베인mauveine" 또는 "모
브"라고 불렀다.("당아욱"은 "malva"라는 아욱속의 식물로
자줏빛 꽃을 피운다.)[1]

Mauveine

2년 뒤 퍼킨이 이미 모베인을 상업적으로 제조하고
있을 때 왕립화학대학Royal College of Chemistry의
또 다른 청년 요한 페터 그리스Johann Peter Griess
가 이 놀라운 결과물을 유도한 반응을 분석했다. 그
는 아닐린과 같은 1차 방향족 아민을 염산과 아질산
나트륨의 혼합물로 처리하면 디아조 화합물을 얻는다
는 것을 입증했다. 이 디아조 화합물은 다시 페놀 화
합물이나 방향족 아민과 화학반응을 일으켜 아조 염
료라고 알려진, 강렬한 색의 결과물을 산출한다. 예
를 들어, 아닐린을 염산과 아질산나트륨 혼합물로 처
리하면 염화벤젠다이아조늄을 얻는다.[2] 이 '디아조 반
응diazo-reaction'과 다른 염료들의 핵심적 특징은

아주 특정한 파장의 빛을 흡수해 최종 결과물에 독
특한 색을 부여하는 원자단, 이른바 '발색단發色團,
chromophore'이라는 분자가 존재한다는 것이다.

모베인을 선두로 다음과 같은 여러 인공 색채가 뒤
를 이었다. 마젠타Magenta와 바이올렛 임페리얼
Violet Imperial(1860), 리옹 블루Bleu de Lyon(1862),
아닐린 옐로Aniline Yellow와 아닐린 블랙Aniline
Black(1863), 달리아 핑크Dahlia Pink와 퍼킨스 그린
Perkin's Green, 맨체스터 브라운Manchester Brown
또는 비스마르크 브라운Bismarck Brown(1864), 알
리자린 레드Alizarin Red(1871), 런던 오렌지London
Orange(1875) 등이 그것이다. 영국 우체국이 유명한
1881년 '1페니 라일락' 우표 인쇄에 모베인을 선택했
을 때 이 염료는 이미 유행이 지나기 시작했다. 그러나
이후 색의 미학은 다시는 이전과 같을 수 없었다.

색은 물질의 기본 속성 가운데 하나이며 환경에 대한
인간의 반응에서도 기본 요소를 이룬다. 유럽에서는
전통적으로 노랑은 두려움, 빨강은 분노, 검정은 우울
함과 결부됐다. 초록색과 갈색은 위안을 주는 색인 반
면, 파란색과 빨간색은 자극적인 색이다. 북유럽 사람
들은 은은하고 잔잔한 색을 선호하는데 반해 지중해
연안 사람들은 밝은 원색을 즐긴다고 여겨진다.

일상을 침범한 무한한 색의 조합은 엄청난 변화를 가
져왔다. 모베인이 나오기 전까지 모든 색과 안료는 천
연원료에서만 얻을 수 있었다. 꼭두서니 즉 '루비아 팅
크토룸rubia tinctorum'의 뿌리는 빨간색의 가장 일
반적인 원료였다. 따라서 직물과 관련된 도시라면 어
디든 이 식물이 수천 톤씩 수송됐다. 로마인들이 그
들만의 '임페리얼 퍼플imperial purple'을 만들기 위
해 조개류에서 추출한 인디고Indigo(남색)는 파란색
의 주요 원료였고, 노란색의 주요 원료는 황목 또는
'아나토Annatto(열대 아메리카산 관목의 일종)'였다. 초
록색 등 몇 가지 색조는 두 번의 염색을 거쳐야 했다.
1850년경 프랑스에서는 새똥을 질산 처리해 '무렉시
드murexide'라고 불리는 반半인공 빨강을 만들었다.

그러나 모베인 이후 눈부신 색조들이 거의 무제한으로 공급됐다. 20세기 후반에 이르러서는 유럽에서 상업적으로 생산되는 합성염료가 무려 4000가지를 넘어섰다.[3] 번쩍거리는 포스터, 화려한 옷, 아름다운 벽지들이—'총천연색' 영화와 컬러사진, 컬러텔레비전은 말할 것도 없이— 산업혁명 이전 시대에는 상상할 수 없던 방식으로 포스트 산업시대에 때로는 기쁨을, 때로는 혐오를 안겨주고 있다.

영국의 주도권은 금세 독일로 넘어갔다. 프리드리히 바이어(1825~1880)는 1863년에 부퍼탈-바르멘의 한 세탁장에 첫 아닐린 염료 공장을 설립했다.[4] 바이어사와 BASFBadische Anilin und Soda Fabrik사, 회히스트Hoechst사는 순식간에 독일을 세계 화학약품의 수도로 바꿔놓았다. 1890년에 이르자 독일의 화학산업은 영국의 20배 규모로 성장했다.[5] 제1차 세계대전 후에는 영국의 ICIImperial Chemical Industries PLC(영국의 종합화학회사)에 비견되는 대기업 이게파르벤I.G. Farben이 문을 열었다.[6]

합성염료에 의해 초기 염색의 명인들에게는 미지였던 분야에 과학자들이 금세 유입됐다. 그 이후로 수많은 범주의 합성물질 및 반半합성물질이 개발되고 생산되면서 근대 화학은 오로지 자연이나 신만이 물질의 내부 구조를 설계할 수 있다는 가설을 뒤엎었다. 합성염료 이후 첫 반합성물질인 파크신Parkesine 즉 셀룰로이드(1981)와 반인공섬유인 비스코스(1891)가 만들어졌다. 이는 페나세틴phenacetin(1888), 아스피린aspirin(1899), 살바르산salvarsan(1910), 아크리플라빈acriflavine(1916), 헤로인heroin 같은 합성약물의 개발로 이어졌고, 이후 인슐린(1921)이나 티록신(1926) 같은 호르몬을 분리해 결국 인공 합성할 수 있게 됐으며, 더 나아가 최초의 합성 항생제인 클로람페니콜chloramphenicol(1950)이 생산되기에 이르렀다.

화학은 과학이자 예술이 됐다. 리오 베이클랜드Leo Baekeland의 베이클라이트bakelite(페놀수지로 만든 성형成形 재료)(1907)와 프리드리히 라시히Friedrich Raschig의 아미노수지樹脂, amino-plastic(1909), 이반 오스트로미슬렌스키Иван Остромысленский의 폴리염화비닐 즉 PVC(1912)에 이어 널리 확산되기 시작한 화학의 발명품들은 물질생활에 없어서는 안 될 구성요소가 됐다. 그러나 1864년 프랑스의 외제니 드 몽티조Eugénie de Montijo 황후(나폴레옹 3세의)가 트라이페닐메탄triphenylmethane (계통) 초록색 염료의 드레스를 입은 날부터 합성물은 실용적 측면뿐 아니라 미적 측면도 지닌 것으로 여겨졌다.

시내 운송, 가로 조명, 소방대, 급수시설, 가스시설, 하수시설 등을 들 수 있었으며, 도시설계, 병원, 공원, 경찰서도 등장했다. 과거 시골에 존재하던 귀족과 농민 사이의 구별은 사라지고, 새로운 도시에서 생겨난 중산층과 노동자계층 사이의 구별이 그 자리를 대신 메웠다. 당시의 중산층은 자신들 계급 안에도 층위層位가 있다고 느꼈는데, 전문직의 변호사와 의사들은 자신들이 무역업자들이나 가게주인보다는 우월하다고 느꼈다. 노동층도 그들 안에서 저마다 속하는 데가 따로 있다고 느끼기는 중산층과 전혀 다를 바 없었다. 농장에서든 공장에서든 당시 피고용인에게 중요한 비중을 차지한 것은 임금노동자wage-labourer들이었으며, 도처에 즐비했던 건설 현장에서는 막노동 인부들이 중요한 비중을 차지했다. 상당수의 부유한 중산층 가정의 집안일도 남자와 여자 모두에게 일자리 공급원으로서 빠질 수 없는 부분이었다. 노동자들 사이에서는 연륜이 오랜 수공업 분야에서 자영업으로 일하기보다 새로운 공장에 취직돼 일하는 게

진 JEAN

■ '젠Gènes'은 제노바Genova의 프랑스식 이름이
■ 며, 나아가 전통적으로 제노바 뱃사람들이 입는
바지의 스타일을 일컫는 말이다. '세르주 드 님Serge
de Nimes'("님 지방에서 나오는 서지 직물"이라는 뜻이다)
은 파란색의 거친 범포帆布를 일컫는 말이었지만 이제
는 프랑스의 님 지방에서 전통적으로 짠 '데님denim'
직물을 이르는 말로 변질됐다. 리바이 스트라우스Levi
Strauss(1829~1902)는 바이에른 출신으로 열네 살에
뉴욕으로 이주해 캘리포니아 골드러시 당시 개척자들
과 금광 채굴자들에게 물자를 공급하던 형제들과 함

께 일했다. 1860년대에 이르러 리바이스Levi's사는 제
네바 바지 스타일에 데님 천을 적용하고 마구에 사용
하는 황동 리벳으로 주머니와 솔기를 보강하는 아이
디어를 떠올렸다. 그렇게 해서 의류 디자인 역사상 가
장 내구성 높고 보편적인 품목이 탄생했다. 독일 이주
민이 프랑스산 재료와 이탈리아 스타일을 이용해 전
형적인 미국 제품을 만들어낸 것이다.
'블루진blue-jean'은 거의 한 세기 동안 북아메리카 대
륙에서 작업복으로 이용되나 1960년대에 유럽과 세
계 다른 지역들을 사로잡아 '미국화Americanization'
의 주요 상징이 됐다.[1]

더 위신 있다고 여겨졌다. 숙련된 기술을 가지고 높은 급료를 받는 전문 일꾼들 및 현장 감독들
은, 숙련된 기술이 없는 임시직 근로자들이나 도시 빈민들에 비하면 자신들이 '프롤레타리아 귀
족proletarian aristocrats'이라고 여겼다. 유동적으로 바뀌는 경제적 기준에 따라 집단이 나뉜다는
이런 생각은 출생과 법적 특권을 밑바탕으로 집단을 나눈 종래의 구분법과는 전혀 반대되는 것
이었으며, 근대 사회의 핵심적 특징이었다.

근대화 이전까지만 해도 유럽의 전통적 가족 구성은 늘 규모가 크고, 복잡하고, 안정적이고,
가부장적 특성을 지녔다고 생각돼왔다. 물론 근대 들어 행해진 연구들은 '서양의 향수鄕愁가
어린 이런 고전적 가족' 개념에는 일부 문제가 있다는 점을 줄곧 지적하면서, 소규모에 단순한
형태의 가정과 핵가족이 반드시 근대 들어 발명된 것은 아니라는 사실을 보여주었다. 그러나 이
와 같은 주장이 설령 사실이라 해도, 근대화가 가족의 구조에 심대한 영향을 끼쳤다는 점은 아
무래도 부인하기 어려울 것 같다. 단언하건대, 가족사의 선구자이자 '직계가족la famille souche'
개념의 주창자 프레데리크 르 플레Frédéric Le Play(1806~1882)가 연구를 시작하게 된 계기도 근
대의 삶이 가족의 안정성을 무너뜨리고 있다는 믿음이었다.[7]

여성의 상황도 급진적으로 변모했다. 전통적 시골의 삶에서는 여성이 남성과 똑같은 일을
동등하게 나눠서 하는 한편, 곁에는 늘 확대가족이 있어 출산과 엄마 노릇의 압박을 다소 덜
수 있었다. 그러나 근대적 도시의 삶에서는 남성이 식구를 먹여 살리는 제1의 '가장' 노릇을 하
게 되면서, 여성은 혼자 집안일을 하고 가정 살림을 관리해야 하는 처지가 되거나, 노동층은 밖
에 나가서 일하고 집안일도 하고 부모 노릇까지 하는 세 가지 부담을 한꺼번에 짊어져야 했다.

이 시기에도 상류사회의 말끔한 응접실을 벗어난 곳에서는 매춘, 절망, 때 이른 죽음의 혼재 속에 살아가야 하는 어두운 지하세계가 자리잡고 있었다.

산업화는 이주의 물결도 잇따라 일으켰다. 그 첫 번째가 지역별로 혹은 계절별로 사람들이 촌락을 떠나 공장으로 들어간 것이었다면, 그다음에는 더 광범한 지역 차원에서 사람들이 대거 시골을 떠나 도시로 들어간 것이었다. 1850년대 이후부터는 국제적 및 대륙간 차원에 걸쳐 유럽과 미국의 모든 산업 도시로 사람들이 이주해 들어갔다. 별 규제 없이 진행된 사람들의 이주는 도시의 과밀화, 부랑, 주택 부족, 노숙자, 티푸스·콜레라 같은 전염병, 풍요 속의 실업, 해결책 없는 지속적 빈곤 같은 문제를 그 여파로 불러왔다. 아울러 1830~1835년, 1847~1848년, 1853~1856년, 1865~1867년, 1869~1874년, 1883~1887년, 1893~1895년에 걸쳐 유럽 전역에서 콜레라가 발병하는 등 최악의 전염병 사태가 일어난 것을 계기로, 비록 상당히 지체되기는 했지만 공공 및 개인 위생과 공중보건제도에 일대 혁명이 있었다. [사니타스] 의료 분야의 발전은 종국에 사망률과 영아 사망을 놀라운 수준으로 떨어뜨렸다.

그러나 급격한 인구 증가는 촌락의 인구과밀, 노동 착취, 아동 노동, 비인간적 노동 시간, 여성 착취, 빈민가의 설움 등 당대의 여러 해악을 한층 악화시키기도 했다. 빈곤과 도시 생활에서 기인하는 정신병리로 말미암아 조직화된 범죄도 기승을 부렸다. 여기서부터 범법행위를 저지른 범죄자들이라는 새로운 하층계급이 생겨나는 동시에, 스코틀랜드 야드Scotland Yard(영국의 수도 런던에 소재한 런던 경찰국 또는 본부를 나타내는 말로, 초대 본부 소재지에서 그 이름이 유래했다)를 모델로 전문 경찰대를 조직한다는 새로운 구상과 형사라는 새로운 전문직이 탄생했고, 각지에 교도소 건물들이 들어섰다. 아서 코난 도일Arthur Conan Doyle 경의 《셜록 홈즈의 회상록The Memoirs of Sherlock Holmes》(1894)과 함께 새로운 문학 장르 범죄 스릴러가 등장한 것이 이때였다.

빈부의 격차를 가장 잘 표현한 이로는 소설가로서 영국 총리직을 지낸 벤저민 디즈레일리Benjamin Disraeli만 한 이가 없을 것이다. 《시빌Sybil》(1845)에서 디즈레일리는 이렇게 썼다. "여기 두 나라가 있으니 그 사이에서는 그 어떤 교류도, 그 어떤 공감도 찾아볼 수 없다. 각 나라에서 살아가는 이들은 서로가 어떤 습관, 생각, 느낌을 가지고 있는지 전혀 알지 못하니 마치 […] 그들은 서로 다른 행성에서 살아가는 게 아닐까 생각될 정도다."[8] 디즈레일리의 표현은 물론 충분히 정확한 것이기는 했으나, 이런 식의 비난이 전적으로 공평하다고는 할 수 없었다. 19세기는 개인의 자선활동이 폭발하듯 늘어난 시기였다는 점에서다. [카리타스]

문화 영역에서는 교육이 그 경계선을 광범위하게 넓혀나갔다. 도시 거주민들은 이제 기본적 문해력과 산술능력을 갖추지 못하면 더 이상 제구실을 할 수 없었다. 이 말은 곧 남녀 아이 모두가 초등교육을 필수로 받게 됐다는 뜻이기도 했다. 조립공, 기술자, 견습생들을 위한 기술교육도 필요하게 됐으며, 공학자들 및 연구자들을 위한 더 수준 높은 과학교육도 필요하게 됐다. 정

사니타스 SANITAS

■
■   1829년 우랄산맥에 위치한 오렌부르크는 유례 없는 콜레라의 확산에 시달렸다. 1830년 이 확산의 물결은 모스크바를 덮쳤다. 1831년에는 폴란드로 파견된 러시아 군대를 따라 곧 헝가리, 오스트리아, 프로이센으로 퍼져나갔다. 1832년 2월에는 런던, 3월에는 파리, 6월에는 암스테르담에 상륙한 뒤 스칸디나비아반도까지 진격했다. 스페인은 자국을 보호하기 위해 검역을 받지 않은 이주자들을 모두 사형에 처하라는 칙령을 내렸다. 그러나 1833년 1월 콜레라는 포르투갈의 포르투를 통해 스페인에 입성했다. 당시에는 아무도 몰랐지만 유럽은 이후 90년 동안 반복적으로 세계를 휩쓴 여섯 번의 콜레라 대유행 가운데 두 번째 유행의 최전선에 있었으며, 러시아는 유럽으로 세균을 들여오는 관문이었다.[1] [에피데미아]

이 대유행의 영향이 더욱 치명적이었던 것은 그 작용 원리가 아직 온전히 파악되지 않은 탓이었다. '콜레라cholera'는 '배수로gutter'를 뜻하는 고대 그리스어로, 환자의 몸속 내용물을 불과 이틀 만에 완전히 비워내는 격렬한 장의 배출 활동을 정확하게 묘사하는 명칭이었다. 이질과 비슷한 이 질병의 초기 형태들은 다양한 이름으로 불렸는데, 의학적 소견으로 이들이 모두 같은 병을 일컫는지 여부는 확실하지 않다. 1883년에 마침내 그 원인이 밝혀졌다. 오염된 물을 마실 때 몸속으로 들어와 소장을 감염시키는 세균 '비브리오 콜레라 O1vibrio cholerae O1'이었다. 모든 대규모 유행병의 도약대였던 인도에서 영국 군의관들에 의해 처음 발견된 이후 결국 의사들은 깨끗한 물을 공급하는 것이 최상의 예방책이며 간단한 재수화再水化 방법이 최선의 치료법이라는 것을 깨달았다. 1817~1823년의 첫 번째 대유행은 동쪽으로 퍼져 아시아를 휩쓸었다. 그러나 그 후의 대유행—1829~1851년, 1852~1859년, 1863~1879년, 1881~1896년, 1899~1923년—은 모두 유럽을 맹공격했다. 두 번째 대유행은 미국에

서 15년 동안 맹위를 떨친 뒤 1847~1851년에 다시 유럽으로 돌아와 마지막 전의를 불태웠다. 1848년에는 영국에서 5만 3000명이 사망했고 1849년 프랑스에서도 비슷한 수준의 사망자가 나왔다. 1851년 파리에는 무력한 콜레라 희생자들에게 신의 가호를 기원하는 동상이 세워지기도 했다.

그러나 도움은 멀지 않은 곳에 있었다. 콜레라가 가져다준 한 가지 이점이 있었으니, 콜레라가 유럽 최초의 통합적 국내 및 국세 공중보건 계획을 자극했다는 점이다. 1848년 영국의 신흥 도시들의 불결한 위생 및 높은 사망률을 해결하기 위해 런던에 공중보건국이 설립됐다. 이후 모든 지방 당국에 효율적 하수 처리와 배수, 급수를 책임지도록 규정한 디즈레일리 총리의 위대한 공중위생법Public Health Act(1875)에 힘입어 공중보건국은 영국을 가장 효과적으로 보호할 수 있었다. 네 번째 대유행 시기에 영국의 사망자는 약 1만 5000명으로, 러시아, 독일, 이탈리아, 오스트리아-헝가리제국의 10분의 1에 불과했다. 다섯 번째 대유행 때 함부르크(1893)는 8000명 이상, 모스크바와 상트페테르부르크(1893~1894)는 80만 명 이상의 시민을 잃었지만, 영국은 이미 자국에서 콜레라를 완전히 퇴치했음을 과시할 수 있었다.

1851년 나폴레옹 3세의 주도로 파리에서 최초의 국제보건회의가 열렸다. 질병, 특히 콜레라의 확산 및 예방에 관한 정보의 교환이 그 목적이었다. 아직 루이 파스퇴르Louis Pasteur나 조지프 리스터Joseph Lister가 세균학의 선구적 발견을 이루기 전이었지만 이를 기점으로 위생과 관련해 정기적인 회의가 열렸고 1907년에는 파리에서 세계보건기구WHO의 전신인 국제보건기구International Health Organization가 조직됐다. 이 무렵 "콜레라!Chléra!"는 유럽인들, 그중에서도 특히 폴란드인들이 가장 즐겨 쓰는 욕설이 됐다. 아이러니하게도 유럽이 콜레라를 제압한 지 얼마 안 돼 인플루엔자의 한 변종이 창궐하더니 콜레라의 그 모든 기록을 가뿐히 뛰어넘었다. 1918년 1월 아이오와주에서 창

궐한 돼지콜레라에서 시작된 1918~1919년의 인플루엔자 대유행(일명 스페인 독감)은 미군과 함께 유럽으로 건너갔다. 독일어로 '블리츠카타르Blitzkatarrh'(번개감기), 영어로는 '플랑드르 감기Flanders Grippe', 스페인 왕이 감염됐다는 이유로 '스페인 여인Spanish Lady'이라고도 불린 이 인플루엔자는 젊은 층, 특히 여성들을 공략했다. 제1차 세계대전의 마지막 몇 달 사이에 이 인플루엔자가 독일을 휩쓸었지만 인플루엔자가 신고 대상 질병이 아닌 탓에 주요 도시들의 노동력이 마비되고 배달과 부대 이동에도 차질이 빚어졌다. 끔찍한 세 번의 절정—1918년 6월과 1918년 10월, 1919년 2월—에는 유럽인 수백만 명이 목숨을 잃었고 세계적으로 4000만 명이 사망한 것으로 추산된다. "[이 유행병은] 두 달 사이에 그 어떤 역사적 재앙보다도 더 많은 인명을 앗아갔다."[2]

부 및 재계의 지도자들이 나서서 새로운 유형의 중등학교를 만들어 공무원, 식민지 부서, 산업 분야를 담당할 핵심 간부들을 양성해야 한다고 주장한 것도 이때였다. 여성들의 교육도 처음 시작됐다. 대중의 문해력은 여러 새로운 형태의 대중문화가 형성되게 새 길을 터주었으니, 대중잡지, 저급소설, 연애소설, 탐정소설, 자조自助연감, 가정참고서 같은 것들도 함께 등장했다. 정기적인 소득은 새로운 형태의 여가와 오락을 즐길 수 있도록 했고, 음악 모임, 가족 휴가, 관광, 등산, 스포츠(노동자들은 축구, 관리자들은 골프)가 발달했다. [렐락사티오] [투르] 갑갑한 도시 생활로 말미암아 신체로 즐기는 여가활동 열풍이 불었고 이는 이내 중부 유럽의 '소콜Sokol(체코슬로바키아 국민체육운동 집단)' 협회나 보이스카우트Scouting for Boys 및 걸가이드Guiding for Girls(1908) 같은 복합적 청소년 활동과 결합됐다. 종교 문화도 이러한 분위기에 화답했다. 글을 깨친 아이들은 이제 단순히 암기하는 방식으로만 교리문답 내용을 공부해서는 안 된다고 여겨졌다. 도시 교구의 교회는 각종 사회·자선·금주 활동의 구심점으로 자리잡았다. 프로테스탄트 국가들에서는 복음주의파의 근본주의, 주일학교, 성경 읽기 수업이 크게 확산해나갔다. 가톨릭 국가들에서는 교회를 주축으로 최초의 산업지구 교구들, 노동자 사제worker-priest, 가톨릭 사립 초등학교들이 생겨났다. 대학에서는 학자들이 자신들 주변의 변화하는 세상을 이해하려고 고군분투하는 가운데, 전적으로 새로운 범위의 사회과학들—경제학, 민족지학, 인류학, 언어학, 사회학 등—이 대거 첫선을 보였다. 이들 새로운 학문은 어느 것 하나 빼놓지 않고 그간 명실상부하게 인정받아온 학문 분야 즉 철학, 과학, 역사, 문학에 심대한 영향을 미쳤다.

심리 영역에서는, 도시 및 산업 생활로 말미암아 시골 주민들에게는 완전히 낯설게만 느껴지는 일련의 태도가 양산됐다. 공장의 경적, 철도 시간표, 시간을 잘 지키고 매사에 냉철해야 할 필요성 같은 것들은 모두 당대에 창안된 것들로, 농민들에게는 이런 것들이 무척 생경하고 짜증스럽게 느껴질 법도 했다. 아직 익숙하지 않은 시장에서 소비자가 겁먹은 채 자기 맘대로 활동할 자유를 얻자, 그 상보적 반응으로 소비주의와 강박적 검약이 함께 나타났다. 아직 익숙지

카리타스 CARITAS

■ 1818년 네덜란드 '자선협회Maatschappij van
■ Weldadigheid'는 실업자들을 수용하는 노동자
숙소 단지를 열었다. 나태한 자들을 교화하는 자국의
아주 오랜 전통에 따른 것이었다. [바타비아] 페인하위
전의 한 수용소는 구걸로 유죄평결을 받은 4000여 명
의 남자들을 수용했다. 레이던의 또 다른 수용소는 빈
곤 여성들을 수용했다. 프레데릭소르트, 빌렘소르트,
빌헬미나소르트의 '자유숙소' 세 곳은 자진 입소자를
받아 농업 기술을 가르쳤다. 이후 이들은 국가의 자금
지원을 받았다. 독일, 벨기에, 스위스에도 유사한 시설
들이 생겨났고 군대식 규율 아래 운영됐다.[1] 이는 19세
기 유럽의 사회복지와 함께 편제와 통제의 성장 과정
을 보여주는 사례들이다. 영국의 개정 구빈법(1834)에
의해 도입된 구빈원과 마찬가지로, 여기에는 신체 건
강한 자선 수혜자들이 일을 해야 한다는 전제가 깔려
있었다. ('카리타스'는 라틴어로 "사랑", "자선"이라는 뜻이다.)
고대 이후 자선은 다양한 형태로 실행됐다. 그러나 근
본적인 기독교적 원칙을 확립한 사람은 성 토마스 아
퀴나스Thomas Aquinas였다. 그는 일곱 가지 '영적 도
움'과 일곱 가지 '선행'을 구분했다. '영적 도움'은 조
언consule, 격려carpe, 교육doce, 위로solare, 구제
remitte, 용서fer, 기도ora이고, 일곱 가지 '선행'은 의
복 제공vestio, 물 제공poto, 음식 제공cibo, 감옥에서
의 구원redimo, 거처 제공tego, 보살핌colligo, 매장
condo이었다. 이를 토대로 불우한 이들 가운데 어떤
부류에게 자선을 제공해야 하는지 결정할 수 있었다.
혼란을 겪는 사람, 약자, 문맹자, 사별한 사람, 억압받
는 사람, 범죄자, 패륜아, 이방인, 부랑자, 굶주리는 사
람, 수감자, 노숙인, 병자, 광인, 죽은 자가 여기에 속
했다. 기독교의 가르침은 명확했다. 사도 바울은 "믿
음과 소망과 사랑, 그중에 제일은 사랑이다"라고 말한
다.[2] 여기서 사랑은 '이웃에 대한 사랑'으로 '너그럽게
베푸는' 자선을 의미한다.

중세에 들어 복지는 교회의 몫이 됐고 이에 필요한 자
금은 십일조로 조달됐다. 성 베르나르가 수도원에서
자선의 전통을 시작했다면 성 프란체스코는 지역 사
회에서 사회운동의 전통을 시작했다. 많은 이가 두 사
람의 뒤를 이었다. 왕족과 귀족, 지역 후원자들이 나
서서 병약자들을 위한 메종디유maisons-Dieu(신의
집)와 순례자나 여행자, 이방인들을 위한 휴식소, 극
빈자들을 위한 구빈원, 나병 요양소를 아우르는 광범
위한 체제를 구축했다. 런던 같은 대도시는 성바르톨
로뮤병원과 '베들람Bedlam'이라는 별칭으로 불린 베
들레헴의 성모마리아정신병원, 고향에서 추방된 유대
인 개종자들을 위한 성모마리아 '개종자'의 집을 비롯
해 좀 더 특화된 기관들을 갖춰 나갔다.[3] 다른 지역들
과 마찬가지로, 시장을 지낸 한 리처드 휘팅턴Richard
Whittington(1423년 몰) 같은 번창하는 상인들이 후한
기부금을 내놓기도 했다. [문둥이] [메르칸테]

종교개혁 시기에 이르자 이와 같은 중세의 체제가 무
너지기 시작했다. 이러한 현상은 특히 개신교 국가들
에서 두드러졌다. 영국 수도원들의 해체(1540)로 인한
사회적 파장은 많은 자금을 필요로 하는 엘리자베스
구빈법으로도 해결할 수 없었다. 근대 유럽은 새 해법
을 찾아야 했다. 인구가 증가하면서 자선기관들은 점
차 규모가 커지고 세분화됐다. 18세기와 19세기에는
퇴역군인을 위한 시설이나 정신병원, 교화시설, 감옥,
진료소, 구빈원, 노동자 숙소, 자선학교 등 특별한 목
적의 기관들이 빠르게 증가했다. 자유주의와 인도주의
운동이 일면서 노예제와 고문, 모멸적 대우의 폐지가
강요됐다. 기금 조달과 관리의 책임은 교회에서 교구
와 시의회로, 민간 자선협회로 넘어갔고 그러다 결국
에는 정부의 몫이 됐다. [피카로] [토르멘타]

휘그당의 전통에서는 자선 활동의 확대가 주로 문명
의 진보를 보여주는 증거로 간주됐다. 그러나 일부 역
사학자들은 다른 주장을 펼친다. 그들은 사회복지제
도가 대단히 확대됐지만 입소자들이 끝없이 증가하면
서 이들에게 가해지는 억압의 수준도 끝없이 높아졌

다고 지적한다. 수혜자들은 과거처럼 가혹한 신체적 학대를 걱정하지는 않지만 엄격한 정신적·도덕적 강제 체제가 이들의 자유와 위엄, 개성을 앗아갈 수 있다는 논리. 광범위한 사회생활 전반에 걸쳐, 즉 군대의 연병장에서, 학교 교실에서, 공장에서, 병동에서, 구빈원에서 편제와 통제가 강화되기 시작했다. 그 창시자들은 이를 효율성에 수반되는 불가피한 대가로 보았다.

그러나 더 어두운 이면이 있었을 것이다. 이러한 대중의 통제가 좀 더 자유로운 정치제도에 대한 충동과 다소 단절된 것은 아닐지 생각해볼 필요가 있다. 노동자들과 실업자들이 모두 끊임없이 노동을 해야 하는 운명이었다. 프리드리히 니체는 이렇게 냉소했다. "일자리는 가장 효율적인 치안 유지의 방법이다." 사회적 통제가 강화돼야만 정치적 통제가 느슨해질 수 있다.

이러한 사상은 프랑스의 철학자이자 역사학자인 미셸 푸코Michel Foucault(1926~1984)의 저작에도 암시돼 있다. 가학피학성 성애자이자 에이즈로 세상을 떠난 그는 과감하게 극단적 체험들을 탐구하며 근대 사회 개혁의 가혹한 비판자가 됐다. 가장 취약한 이들을 눈에 띄지 않게 가둬놓은 정신병원의 역사나 기본적 인간의 충동을 위선과 금기의 영역으로 몰아넣은 성적 태도를 연구한 끝에 그는 현대를 '억압의 시대the Age of Repression'라 일컬었다.[4] 모든 사회적 관계는 권력에 의해 결정된다. "부르주아 사회는 노골적이고 분열적인 도착증의 사회"라고 그는 선언했다.[5] 19세기의 노동자 숙소 입소자들은 그의 문제의식에 크게 공감했을 것이다.

않은 유동적 사회에서 자기 지위를 확신하지 못하는 불안한 사람들 사이에서는 계급의식이 생겨났다. 시골의 촌락에 살 때만 해도 자신의 정체성이나 사용 언어에 대해서는 생각해본 적 없었던 새로이 교육받은 세대들 사이에서는 민족의식이 커져갔다. 또 더 이상은 무력한 농노가 아니기에 갖가지 정치적 사건에 대해 무엇이 옳고 그르다는 개인 의견을 낼 수 있게 된 사람들 사이에서 정치의식이 싹텄다. 아닌 게 아니라, 이런 민족의식과 정치의식은 자유로운 표현과 자유로운 투표권을 빼앗긴 나라들의 억압받는 사람들에게서 가장 극심하게 일어나는 경우가 많았다. 마지막으로 이 시기에는 19세기 후반의 제국주의의 심리도 엿보였으니, 제국주의 정서 속에서 벼락출세한 유럽인 세대 전체는, 안전하고 안정된 사회에서라면 결코 용인되지 않았을 다른 인종이나 문화를 업신여기는 태도를 교육받았다.

정치 영역에서는 유럽 각국의 정부들이 전에 없던 유형의 도전들에 직면해야 했다. 정부들은 정부를 구성하는 협소한 엘리트층이 아니라 납세자이자 더욱 자신감 있고 세련된 방식으로 폭넓은 분야에서 다양한 견해를 주장하게 된 대중을 상대로 국정 운영을 설명해야 했다. 정치 생활 역시 종래부터 그런 권리를 누려온, 재산을 가진 남성 계층에게만 계속 부여할 수 없었다. 정부를 상대로 남성의 보통선거권을 비롯해, 나중에 가서는 여성의 선거권 보장을 목표로 하는 조직적 운동이 점점 더 거세졌다. 대다수의 유럽인들이 참정권을 얻게 된 것은 1848년에서 1914년의 일이었다. 이에 뒤따른 결과로 여러 정치 당파가 일어나니, 이들 당파는 자신들을 추종하는 대중을 각기 거느리고 자유주의파, 보수주의파, 가톨릭파, 농민층, 노동자층 등 다양한 집단의 이해 추구에 헌신했다. 유럽의 각국 정부들은 광범위한 분야에 특화된 전문 부처들을 설립해나가는 한편, 독자적 생각과 의지를 가지고 그 몸집을 나날이 불려가는 관료집단도 운영해나가야 했다. 정부는 이제 거대한 고용자로서, 국가보험과 연금으로 피고용자들의 복지를 고려해야 했다. 정부는 자부심이 강한 도시들 및 새로이 인구가 증가한 지방의 요구사항에 맞게끔 지방정부의 조직을 재편하지 않으면 안 됐고, 그 과정에서 수도와 주변부 사이의 전반적 관계에 관해 다시금 고심하지 않을 수 없었다. 이와 함께 정부는 광범위한 종류의 전문직·상업·산업 협회들을 상대해야 했으니 —특히 19세기 후반부에는 노동조합과의 대치가 그 어느 때보다 심했다— 이들은 정치적 삶에 공식적으로 발 들이기 훨씬 전부터 압력단체로 활동할 자신들의 권리를 요구했다.

마지막으로, 군사 영역에서는 장군과 정치인 모두 새로운 방식의 충돌을 구상해야만 했다. 그런 충돌에서는 민간인과 여성들까지 총력전에 투입되고, 전대미문의 대규모 징집병이 전쟁에 동원되며, 열차 시간표로 무장한 참모장교의 지휘 아래 기관총을 멘 병사들이 1제곱피트에 시간당 20톤의 포격이 쏟아질 수 있는 전장에 속속 집결할 것이었다. 유럽 각국은 많은 도전과제를 안고 있었지만, 1914년 무렵까지 가장 미흡했던 게 바로 이 부분이었다. 유럽인들이 전쟁의 함의를 아무리 숙고했다 해도 그것이 군비 감축으로 이어지지는 않았다. 일찍이 1797년 이마누엘 칸트는 전쟁에 확실한 도덕적 비난을 던졌다. 《윤리 형이상학Die Metaphysik der Sitten》 말미에 그는 다음과 같이 썼다. "전쟁은 모름지기 그 설 자리가 없어야 한다." 그러나 유럽에는 칸트의 이런 견해보다 조제프 드 메스트르의 가정 즉 전쟁은 "인간이라는 종족의 습관적 상태"라는 생각이 더 일반적으로 통했다. 프로이센의 장군 카를 폰 클라우제비츠Karl von Clausewitz(1780~1831)의 《전쟁론Vom Kriege》(1832)은 19세기를 통틀어 가장 명쾌하고 영향력 큰 책 중의 하나로 꼽혔다. 클라우제비츠는 다음과 같이 썼다. "전쟁이란, 다른 방편에 의지한다는 점이 다를 뿐 결국에는 정치의 연속이다."

근대화의 진격을 다시 생각해보면, 그 길이 무척 순탄하고 방향도 명확했으리라는 인상을 갖기 쉽다. 하지만 그랬다간 오산을 범하는 꼴이 된다. 근대화는 척박한 땅에서 이루어진 경우가 많았고, 그 앞에 놓인 장애물도 엄청나게 컸으며, 갖가지 사건사고도 끊이지 않았다. 기업가가 있으면 자신의 땅으로 철로가 지나기를 원하지 않는 귀족이 있기 마련이었고, 기계가 있으면 그것을 때려 부수고 싶어 하는 일자리 잃은 수공업자들이 있기 마련이었다. 생겨나는 공장들이 있으면 버려지는 촌락들이 있었고, 호화로운 시청사가 들어서는가 싶으면 빈민가들도 생겨났다. 이 시기 자부심과 진보라는 말로 수식되는 유럽에는 많은 아이들이 태어났지만, 10명에 3~4명은 그대로 목숨을 잃었다. 경제 성장도 꾸준히 상승곡선을 탄 것이 아니었다. 새로 모습을 나타낸 자본주의는 변덕스러웠다. 맹렬한 기세로 호황이 일어났다가는 급작스레 경기침체가 이어지곤 했다. 1815년 이후 첫 10년의 평화기 동안 유럽 전역은 장기간 경기후퇴를 경험했다. 그 이후의 불경기는 1848년 이후 그리고 1871년 이후에 찾아왔다. 이와 함께 어느 시기에나 짧은 주기로 경기가 나아졌다 다시 후퇴하는 사이클을 볼 수 있었다. 임금과 물가는 수시로 바뀌었다. 옛날만 해도 경제적 위기는 역병이나 기근처럼 눈에 보이는 것들이 원인이 돼 일어나곤 했다. 그러나 이제는 과잉생산, 시장 여건, 통화정책 실패 같은 이해할 수 없는 것들이 경제 위기를 일으킨다고들 말하게 됐다. 평균적인 물질적 조건이 확실히 개선되고 있는 것은 사실이었다. 그러나 각 가정에 이런 상황은 익숙지 않은 부를 갑자기 갖게 되거나, 뼈저린 가난을 겪어야 한다는 뜻이었다. 물질적 측면에서 유럽 사회는 분명 한결 나아졌지만, 심리적 측면에서 유럽인들의 마음은 영 불편하기만 했다.

그렇긴 했지만 유럽의 근대화로 탄생한 세상은 그 주요 수혜자인 중산층에는 어머어마하게 풍요로운 곳이었다. 물질적 소유면에서도, 다양성 면에서도, 문화와 양식 면에서도, 새로운 경험 면에서도 풍요로웠다. 1880년대에 스코틀랜드의 한 대학교수는 600파운드의 연봉을 받았을 것으로 보이는바, 이는 노동자 상위층의 10배에 달하는 연봉이었던 것은 물론, 이 돈이면 침실이 6개 딸린 저택을 살 수 있었다. 1890~1891년에는 공식적으로 오스트리아-헝가리 국적의 시민 17인이 215개의 공식 등록 휴양시설과 함께 1801개의 신문 및 정기간행물을 공동 소유 했다. '벨 에포크La Belle Époque'[19세기 말부터 제1차 세계대전 발발까지 유럽의 평화롭고 풍요로웠던 시대로, 흔히 "좋은 시절" "아름다운 시절"로 번역된다]로도 일컬어진 이 시기에 사람들은 왈츠를 추러 다니고, 카페 루아얄Café Royale에서 저녁 식사를 하고, 인상파 화가들의 그림들을 사고, 아르누보풍의 화려한 사치품들을 쓰며 생활했다. 리옹 시장을 지낸 프랑스 정치인 "에두아르 에리오Édouard Herriot는 멋진 독일어를 구사할 줄 알았고, 바그너와 칸트에 관해서도 그 자신만의 주장을 펼칠 줄 알았다." 미국인 소설가로서 유럽에 머물며 생활했던 헨리 제임스Henry James는 1895년 자신의 거처에 전기 조명을 설치할 수 있었다. 1896년에는 자전거를 탔고, 1897년에는 타자기를 이용해 글을 썼다. 더구나 이 시기는 영국왕립위원회British Royal Commission가 "대공황the Great Depression"이라고 일컫던 때였다. 물가가 완만한 하락세를 보이는 사이 화폐의 실질적 가치는 점점 증가하고 있었다. 가난한 사람들도 최소한 값싼 음식을 사 먹을 정도는 됐다. 괴로움에 비명을 지른 것은 지주 귀족들뿐으로, 이들은 자신들의 재산이 부쩍 줄어든 데 경악할 수밖에 없었다. 대규모 전쟁도 40년 넘게 벌어지지 않고 있었다. "이런 세상이 영원히 굴러갈 것처럼만 보였다."[9]

인구 증가야말로 유럽의 역동성을 보여준 가장 확실한 지표의 하나였다. 당대의 적나라한 통계를 보면, 1800년만 해도 1억 5000만 명 정도였던 유럽의 인구는 1914년 무렵에는 4억 명이상으로 늘어났다. 이 증가세는 지난 3세기 동안 인구 증가세의 두 배 이상이었다(부록 1636쪽 참조). 이와 같은 인구 증가가 어떤 함의가 있는지를 유럽인들도 따져보지 않은 게 아니었다. 잉글랜드 경제학자 토머스 로버트 맬서스Thomas Robert Malthus(1766~1834)는 1816년에 암울한 내용의 《인구의 원리에 관한 소론An Essay on the Principle of Population》 최종본을 펴냈다. 책에서 그는 식량 생산은 산술적으로 늘어나는 데 반해 인구 증가는 기하급수적으로 일어날 것이라 내다보았다. 그의 예상이 옳았다면, 유럽인들은 수십 년 내에 굶어 죽기 시작했을 것이다. 실제로 몇몇 사람들에게는 1840년대의 아일랜드감자기근Irish Potato Famine이 조만간 유럽 전역을 덮칠 대재앙의 전조로 여겨졌다. [기근]

당시 영국제도는 경작가능한 땅의 공급이 제한된 수준에 그치고 인구는 치솟은 만큼, 이런 재앙에 특히나 취약할 것처럼 보였다. 그러나 막상 현실에서는 그런 전반적 재난이 닥친 적은 한 번도 없었다. 아일랜드에서와 같은 대기근이 일어나기는 했으나, 갈리치아나 볼가강 유역 등 유럽의 가장 낙후된 시골 지역들이 그랬을 뿐, 인구가 밀집된 유럽의 도시들에서는 그런 재난이 찾아오지 않았다. 그러다 1870년대에 북아메리카로부터 다량의 곡물이 수입되기 시작하면서 전환점을 맞았다. 오히려 우크라이나와 프랑스 같은 몇몇 유럽 국가들이 상당한 잉여농산물을 생산하면서, 1870~1900년에는 식료품 가격이 어디서나 하락세를 보였다. 그 어느 때에도 전반적 상황이 위기로 치닫는 적은 단 한 번도 없었다.

당시 유럽 인구가 보인 역동성은 19세기가 흘러가는 사이에 이해가 훨씬 쉬워지게 된다. 매우 예외적인 일이지만, 스웨덴에서는 일찍이 1686년부터 전국 인구조사가 시행됐다. 그러나 이제는 유럽의 모든 정부가 정기 조사를 하기 시작했다. 프랑스와 영국에서는 1801년부터 인구조사가 시행됐고, 독일관세동맹Deutscher Zollverein에서는 1818년, 오스트리아-헝가리에서는 1857년, 이탈리아에서는 1861년, 러시아에서는 1897년부터 인구조사가 시행됐다. 19세기가 끝나갈 무렵에는 유럽의 모든 국가에서 정교한 통계 수치가 나왔다. (동유럽은 20세기에 나온 수많은 통계치보다 이 시기의 통계치가 훨씬 훌륭했다.)

유럽의 전체 인구가 늘어난 데에는 자연적 증가가 주효했다. 19세기 초반에는 유럽의 연年 출생률이 그 어느 때보다 높았는데, 그와 함께 사망률도 높았다. 출생률은 1900년에도 여전히 좀처럼 낮아지지 않아 많은 국가에서 1000명당 40명에 이르렀다. 그러나 의학 발전에 힘입어 사망률은 1000명당 40명 정도에서 20명으로 절반가량 급감했다. 신기하게도 프랑스는 예외였지만, 과거와 이후를 통틀어 유럽에서 다산과 생식 활동에 대한 열의가 이토록 높았던 적은 또 없었다. 도시의 성장은 극적이었다. 1914년에 이르자 유럽에는 인구가 100만 명 이상의 광역도시가 십수 개에 달했다. 런던, 파리, 베를린, 빈, 상트페테르부르크, 이스탄불은 이미 그런 대도시의 반열에 올라 있었고, 글래스고, 맨체스터, 리즈, 리버풀, 버밍엄, 루르, 함부르크, 모스크바도 뒤를 이었다. 마드리드에서 오데사에 이르기까지의 또 다른 20여 개 도시들도 이때 이미 인구

50만 명을 넘긴 뒤였다. 선진국에서는 시골의 인구가 일정 수준에서 꽤 잘 유지됐으나, 전체 인구수에서는 그 비율이 급감했다. 1900년 영국에서는 시골 지역 인구가 전체 인구의 8퍼센트밖에 되지 않았고, 독일에서는 30년 새에 75퍼센트였던 시골 인구가 40퍼센트대로 떨어졌다. 저개발국에서는(러시아에서처럼 시골 지역 인구가 최대 80퍼센트에 이르는 경우도 있었다) 시골 지역 인구가 오히려 눈에 띄게 증가했다. 유럽은 19세기의 마지막 사반세기 동안에는 미국으로의 이주가 늘면서 2500만 명의 인구를 잃어야 했다. 갈리치아에서는 1914년이 되기 전의 마지막 20년 동안 인구의 4분의 1이 빠져나갔다(부록 1636쪽 참조).

19세기에 일어난 놀라운 사회적·경제적 변화들을 단순히 당시 사람들이 영위한 문화적 삶의 '배경'쯤으로 봐야 하는지 아니면 그 결정적 요인으로 봐야 하는지는 역사학자들 사이에서 의견이 엇갈리는 문제다. 예를 들어 마르크스는 결정론자였다. "그는 모든 형태의 사고와 인식은 계급투쟁에 의해 결정되며, 이 계급투쟁은 다시 그 기저에 깔린 경제적 관계에 의해 결정된다고 보았다." (만일 정말로 그렇다면 마르크스 자신도 독창적 사상가라기보다는 시대의 산물에 불과한 셈이었다.) 이와는 정반대 극단에 서서, 문화란 그 자신만의 생명력이 있다는 의견을 가진 이들도 찾아볼 수 있다. 요즘에는 이 둘의 중간 입장을 취해, 문화를 제대로 이해하기 위해서는 그것의 정치적·사회적·경제적 맥락을 고려하지 않으면 안 된다는 견해가 중론으로 통한다.

낭만주의. 낭만주의Romanticism는 19세기의 두 번째 사반세기에 유럽의 수많은 나라에서 지배적인 지적 추세로 군림하게 된 사조로, 몇몇 역사학자들은 계몽주의에 대한 반발이 낭만주의의 본질적 특성이었다고 본다. 그와 달리, 산업혁명 및 나폴레옹전쟁으로 생겨난 여러 사고관이 유럽 전역으로 퍼져나간 것이 낭만주의였다고 보는 이들도 있다. 사실상 낭만주의는 그 모든 것을 포괄하는 것이라 할 수 있었다. 1770년대에 낭만주의가 탄생하게 된 여러 상황은 확실히 계몽주의의 호소력이 점차 퇴색해간 상황과 밀접한 연관이 있었다(9장 참조). 이와 함께 1820년대와 1830년대에 낭만주의가 대중에게 호소력을 갖게 된 여러 이유는 특정 세대 즉 혁명기의 시련을 온몸으로 체험하고, 각종 기계와 공장이 가하는 영향력을 실감하고, 또 1815년 이후 탄생한 반동 정권의 중압감에 분노한 세대의 경험들과 단단히 얽혀 있었다. 낭만주의는 유럽 거의 전역에서 모습을 드러냈으니, 심지어는 가톨릭/프로테스탄트와 가톨릭/정교회의 구분을 별 생각 없이 사용하는 러시아에서조차 그러했다. 낭만주의는 예술의 전 분야에 영향을 끼쳤지만, 특히 시·회화·음악 그리고 모든 인문학 분과가 많은 영향을 받았다. 유럽 안에서 낭만주의의 세가 무척 강성했던 곳은 독일이었다. 영국에서도 낭만주의가 확연하게 모습을 드러냈으나, 바이런 경 같은 영국 최초의 낭만주의자들은 본국보다 유럽 대륙에서 더 나은 대접을 받았다. 얼마간 시간이 지체된 후에는, 고전주의와 합리주의의 뿌리 깊은 전통들에 평형추를 맞추듯 프랑스와 이탈리아에서도 낭만주의가 대두했다. 나라의 패망이라는 시름에 젖어야 했던 폴란드와 헝가리에서 도 낭만주의가 지배적 사조로 자리잡았다.

낭만주의 운동의 주된 교조는 계몽주의가 지지해온 모든 것에 반대했다. 계몽주의가 이성 의 힘을 강조했다면, 낭만주의는 비합리적 인간의 경험에 담긴 모든 것 즉 열정, 초자연적인 것, 미신, 고통, 광기, 죽음 같은 것들에 매료됐다. 계몽주의가 점점 커지는 자연에 대한 인간의 지배 력을 강조했다면, 낭만주의는 길들지 않은 자연의 막강한 힘 즉 폭풍우와 폭포의 가공할 위력, 광대한 산맥, 황량한 사막, 쓸쓸한 망망대해 앞에서 전율하며 기쁨을 느꼈다. 또 계몽주의가 조 화 및 절제와 함께, 문명화된 관습의 바탕에 깔린 규칙들을 선호하는 고전적 취향을 따랐다면, 낭만주의는 기존의 관습에 저항하는 모든 것 즉 야성적이고, 기이하고, 이국적이고, 생경하고, 비정상적인 것에 관심을 보였다. 계몽주의가 세상의 표면적 혼돈 아래 자리한 질서를 설명하고 자 노력했다면, 낭만주의는 살아 있고 움직이는 모든 것의 내면에 자리한 '영혼'에 호소하는 경 향이 있었다. 계몽주의가 비종교적이거나 혹은 반종교적인 성향을 보였다면, 낭만주의는 기독교 종래의 관행을 비웃을 때조차도 기질적으로 지극히 종교적인 성향을 보였다. 계몽주의가 엘리 트 지식층의 구미를 맞추기 위해 노력했다면, 낭만주의는 새로이 자유를 얻고 교육을 받은 대중 의 구미를 맞추기 위해 노력했다. [파르나스] [렐락사티오]

낭만주의가 유럽 전역에서 호소력을 가졌다는 사실은 여러 측면에서 여실히 드러나지만, 시 詩작품들만큼 그것을 잘 보여주는 것도 없을 것이다. 존 키츠John Keats(1795~1821)는 중세시대 처녀의 매력 앞에서 애타는 사랑의 마음을 예스러운 어투로 노래했다(아래는 〈무자비한 미녀La Belle Dame sans Merci〉라는 시다.).

> 오, 무엇이 그대 마음 아프게 하나요? 갑옷 입은 기사여
> 혼자서 창백한 얼굴로 서성이고 있으니.
> 호숫가의 사초莎草는 시들고
> 새들은 노래하지 않는데.[10]

알퐁스 드 라마르틴Alphonse de Lamartine(1790~1869)은 부르주호湖(프랑스 쥐라산맥 최남단의 호수)의 아름다움과 시간의 영원성을 함께 노래하며 다음과 같은 시의 향연을 벌였다(아래는 〈호 수Le Lac〉라는 시다.).

> Ô temps, suspends ton vol! et vous, heures propices,
> Suspendez votre cours!

Laissez-nous savourer les rapides délices

Des plus beaux de nos jours.

오, 시간이여, 날갯짓을 잠시 멈추어다오! 희망찬 시간들이여,

잠시 너의 행로를 멈추어다오!

이 일순간의 기쁨을 우리가 한껏 음미할 수 있도록

우리 가장 아름다운 시절의.[11]

자코모 레오파르디Giacomo Leopardi(1798~1837)는 〈아시아의 방랑하는 양치기가 부르는 밤의 노래Canto notturno di un pastore errante dell'Asia〉(1829~1830)〉를 노래 불렀다.

Pur tu, solinga, eterna peregrina,

che sì pensosa sei, tu forse intendi,

questo viver tereno,

il patir nostro, il sospirar, ché sia;

ché sia questo morir, questo supremo

scolorar del sembiante

e perir dalla terra, e venir meno

ad ogni usata, amante compagnia...

그러나, 쓸쓸하고 영원히 떠도는 방랑자여,

지극히 생각이 깊은 그대는 아마 알겠지,

이 지상에서의 삶이 어떤 것인지

우리의 고통 그리고 한숨이 무엇인지를

그리고 이 죽음이 어떤 것인지도, 이렇듯 종국에는

뚜렷했던 모습들 차츰 희미해져

지상에서 완전히 자취를 감추고

모든 익숙하고 사랑스러운 벗들로부터 떠나가네.[12]

요제프 폰 아이헨도르프Joseph von Eichendorff(1788~1857) 남작은 자신의 고향 땅 슐레지엔에서 지내면서 자신이 가장 애호한 주제들 즉 욕망Lust, 고향Heimat, 숲속의 고독Waldeinsamkeit

파르나스 PARNASSE

■
■ 1835년 여름, 헝가리의 피아니스트 프란츠 리스
트Franz Liszt와 프랑스의 작가 조르주 상드
Georges Sand가 끼어 있는 한 여행자 그룹이 제네바
의 뤼니옹 호텔에 묵었다. 이들이 호텔 숙박계에 적은
내용을 보면 뛰어난 유머 감각과 낭만주의 세대의 세
계관을 엿볼 수 있다(오른쪽 참조).

1835년에 '유럽'의 개념은 '파르나소스' 못지않은 공상
적 개념이었다. (파르나소스Parnassus는 그리스신화의 아폴
론과 뮤즈가 살았다는 산의 이름이며, 파르나스Parnasse는 그
프랑스어 명칭이다.)

	리스트	상드
출생지	파르나소스	유럽
거주지	–	자연
직업	음악가 겸 철학자	–
출발지	의심	신
목적지	진리	천국
여권만료일	–	무한
발행기관	–	여론[1]

렐락사티오 RELAXATIO

■
■ 1865년 7월 14일 영국의 젊은 삽화가이자 등산
가 에드워드 휨퍼Edward Whymper가 일곱 번
의 시도 끝에 마터호른Matterhorn, 일명 몬테체르비
노Monte Cervino 등반에 성공했다. 체르마트 위로 우
뚝 솟은 해발 4440미터의 이 피라미드형 바위산을 내
려오는 길에 휨퍼의 일행 가운데 네 명이 추락해 목숨
을 잃었다.[1] ("렐락사티오"는 라틴어로 "오락"이라는 뜻이다.)
이 등반이 최초의 알프스 등정은 아니었다. 1787년
스위스의 오라스 베네딕트 드 소쉬르Horace Bénédict
de Saus-sure가 이미 몽블랑 등반에 성공했다. 하지
만 비극으로 얼룩진 휨퍼의 위업은 알피니즘alpinism
(알프스 등반에서 발원한 근대적 스포츠 등반)이라는 새로
운 스포츠를 널리 알리고 오락에 대한 태도가 점차 변
화하고 있음을 분명하게 보여주었다. 더 이상 스포츠
는 여유 있는 엘리트들의 전유물이 아니었다. 사냥, 사
격, 낚시, 승마, '온천 치료', 유럽 순회여행과 같은 전
통적 활동에 국한되지도 않았다. 각계각층의 유럽인
들이 새로운 스포츠와 새로운 도전, 새로운 신체 단련

활동을 모색하기 시작했다.
그보다 2년여 전인 1863년 10월 26일 런던의 프리메
이슨스 테이번이라는 선술집에서 '잉글랜드축구협회'
가 창설됐다. 목표는 축구의 규칙을 표준화하고 조직
적인 대회의 틀을 마련하는 것이었다. (이에 동의하지 않
는 대표들은 이 협회를 떠나 '럭비협회'를 결성했다.) 곧 프
로 클럽들이 줄줄이 결성됐다. 1888년에는 '잉글리시
축구리그'가 창설됐다.[2]
잉글랜드축구협회의 '축구'는 유럽 대륙으로 빠르게
퍼져나갔다. 19세기 말에 이르자 축구는 유럽에서 가
장 인기 있는 스포츠이자 가장 빈도 높게 이뤄지는 관
객 동원 오락으로 자리잡았다. 1904년 5월에는 오스
트리아, 벨기에, 덴마크, 잉글랜드, 핀란드, 프랑스, 독
일, 헝가리, 이탈리아, 네덜란드, 노르웨이, 스웨덴, 스
위스의 대표들이 파리에 모인 자리에서 국제축구연
맹Fédération internationale de football association,
FIFA이 발족됐다. 축구는 가장 평등주의적인 경기였
다. "축구에서는 모두가 동등한 인간이다"라는 속담도
있었다.[3]

에 대한 이야기를 풀어내곤 했다(아래는 〈깨어진 반지Das zebrochene Ringlein〉).

In einem kühlen Grunde,　　　　　　　　서늘하고 그늘진 계곡에서

Da geht ein Mühlenrad,　　　　　　　　오래된 물레방아 돌아가네

Mein' Liebste ist verschwunden,　　　　허나 내 사랑하는 이는 이미

Die dort gewöhnet hat...　　　　　　　살던 데를 떠나가고 말았으니

Sie hat mir Treu' versprochen,　　　　약속했는데, 내 진실한 사랑이 되겠다고

Gab mir ein'n Ring dabei,　　　　　　반지를 걸고 굳게 맹세했건만

Sie hat die Treu gebrochen,　　　　　그녀의 모든 맹세는 지금 깨어지고

Mein Ringlein sprang entzwei.　　　　반지는 산산조각 나버렸네

Hör' ich das Mühlrad gehen:　　　　　물레방아 바퀴 소리 귓전에 들려오면

Ich weiss nicht, was ich will—　　　나의 모든 생각과 의지는 사라지니

Ich möcht' am liebsten sterben,　　　가장 좋은 길은 죽어 사라지는 것

Da wär's auf einmal still!　　　　　그러면 모든 게 다 조용해지리니.[13]

율리우시 스워바츠키Juliusz Słowacki(1809~1849)는 열정과 유창한 언변이 특색으로, 고상한 내면적 삶이 가지는 가치를((베니오프스키Beniowski)에서) 이렇게 칭송했다.

Kto mogąc wybrać, wybrał zamiast domu,

Gniazdo na skałach orła, niechaj umie

Spać gdy źrenice czerwone od gromu

I słychać jęk szatanów w sosen szumie.

누구든, 자신의 거처를 선택할 여지가 있는 자,

벼랑 위의 독수리 둥지를 보금자리로 택할지니, 그는 알리라

번쩍이는 번갯불에 두 눈 충혈돼도 그 속에서 잠을 청하는 법을

소나무의 속삭임 속에서 영혼들의 신음에 귀 기울이는 법을.[14]

이렇듯 낭만주의가 기세 좋게 성공을 거두는 듯하자 그에 대한 반작용도 일어나게 됐다. 이

반작용은 고전주의가 내걸었던 이상들이 부활하는 형태를 띠었으니, 바로 신고전주의의 등장이었다. 신고전주의Neo-classicism는 한번 등장을 하고 난 이후에는 19세기 내내 줄곧 커다란 영향을 끼치게 된다. 낭만주의와 신고전주의의 경쟁이 특히 분명하게 나타난 곳은 건축 분야였다. 경쟁관계의 철도회사들은 완전히 상반되는 양식으로 철도 종착역 건물을 짓곤 했다. 일례로 런던앤드노스웨스턴철도회사London and North Western Railway가 우아한 고전주의 양식을 활용해 유스턴역을 지었다면, 미들랜드철도회사Midland Railway에서는 인접한 곳에 신고딕 양식을 활용해 세인트판크라스역을 지었다.

이 고전주의와 낭만주의의 배합은 특히 문학에서 결실을 맺었다. 당대의 거물 셋 즉 알렉산드르 푸시킨Александр Пушкин(1799~1837), 아담 미츠키에비치(1798~1855), J. W. 괴테는 고전주의나 낭만주의 어느 한쪽에 속한다고 말하기가 무척 어려운바, 이들의 작품에는 고전주의와 낭만주의의 여러 요소가 함께 녹아들어 잘 분리되지 않는다. 이들의 걸작들—《예브게니 오네긴Евгений Онегин》(1832), 《판 타데우시》(1834), 《파우스트Faust》(1808~1832)—은 모두 시-소설, 시-드라마라 할 작품들로 거의 같은 시기에 완성됐다. 이들은 문해력이 한참 확산해가는 시기에 탁월한 언어의 경지에 도달해 국민 시인의 반열에 올랐고, 이들의 고국에서는 그 작품들의 한 구절을 읊을 줄 모르면 일상적 의사소통에도 장애가 있었다. 지금도 폴란드인이라면 누구나 "오, 리투아니아, 나의 조국, 너는 건강과도 같도다" 시구(미츠키에비치의 〈판 타데우시Pan Tadeusz〉)를 읊조리고, 독일인이라면 누구나 "당신은 아시나요, 저 레몬꽃 피는 나라" 어구(괴테의 《빌헬름 마이스터의 수업시대Wilhelm Meisters Lehrjahre》)에 감동받으며, 러시아 학생이라면 누구나 상트페테르부르크의 〈청동기마상Медный всадник〉이라는 시(푸시킨)를 공부할 것이다.

Природой здесь нам суждено	우리는 이 땅과 하나의 운명으로 얽혀 있으니
В Европу прорубить окно,	이곳에 우리는 유럽으로 통하는 창을 내고
Ногою твёрдой стать при море.	바다 옆에 발판을 얻었도다.
[…]	[…]
Люблю тебя, Петра творенье,	나는 사랑하노라
Люблю твой строгий, стройный вид,	네 근엄하고도 기품 넘치는 모습을
Невы державное теченье,	표트르의 도시여,
Береговой её гранит,	그 곁의 화강암 강둑도
[…]	[…]

Красуйся, град Петров, и стой   네 위용을 한껏 뽐내며 너는 서 있구나,

Неколебимо, как Россия!   마치 러시아와 같이 흔들리지 않고!

И побеждённая стихия;   정복당한 자연의 위력에도

Да умирится же с тобой   부디 나름의 평화가 깃들기를.[15]

[…]   […]

요한 볼프강 폰 괴테Johann Wolfgang von Goethe(1749~1832)는 국민시인 정도에 그치지 않았다. 지적 영역이라면 어디 한 군데 발 들이지 않은 데가 거의 없는 그는 거의 신에 버금가는 존재였다. 다양한 장르에서 탁월한 재주를 보이고, 재빠르게 변화하는 세상을 기민하게 의식하고, 수많은 발전 과정을 자신만의 창의성으로 헤쳐나갔다는 점에서 그는 최후의 "보편인普偏人 universal man"이라 불려도 손색이 없었다. 괴테는 프랑크푸르트암마인에서 태어나 라이프치히와 스트라스부르에서 공부하고 50년을 바이마르에 머물며 살았으며, 시인, 극작가, 소설가, 철학자, 과학자, 여행가, 법률가, 행정관의 다방면에 이력을 쌓았다. 처음에는 낭만주의에 탐닉하는 성향을 보였으나, 1780년대에 들면서 그 색채가 점차 옅어졌다. 이후로는 친구 프리드리히 실러를 통해 한층 강해진 고전주의 시기가 1820년경까지 이어지게 된다. 광대한 심리 파노라마가 펼쳐지는 《파우스트》에는 괴테가 인간 조건에 관해 평생 고심한 결과가 담겨 있었다. 일평생 닿을 수 없는 무언가에 닿기 위해 끊임없이 애를 쓴 그는 세상을 떠날 즈음 유럽이 이룩한 가장 위대한 문화적 시대에서도 가장 위대한 인물로 자리매김하게 된다.

Alles Vergängliche   순간 머물고 가는 것들은

Ist nur ein Gleichnis;   모두 하나의 우화일 뿐

Hier wird's Ereignis;   다가갈 수 없는 것도

Das Unbeschreibliche,   여기서는 현실이 되니

Hier ist's getan;   말로 할 수 없는 것도 이루어지네

Das Ewig-Weibliche   결국에는 영원한 여성성이

Zieht uns hinan.   우리를 이끌 것이노라.[16]

낭만주의는 후반기에 들어서며 특히나 암울한 정서를 띠게 됐다. 그렇게 된 데는 이 무렵 상당수 예술가들이 결핵에 걸렸다는 점, 그리고 이를 고치기 위해 일상적으로 아편을 처방받곤 했다는 점과 연관이 있었다. 이런 예술가들 가운데서도 중요한 인물로 꼽혔던 이는 토머스 드퀸시Thomas De Quincey(1785~1859)로, 맨체스터 그래머스쿨을 다니다 학교를 뛰쳐나온 그는 이후

길거리를 떠도는 노숙자로 생활하다 옥스퍼드의 마약중독자가 된다. 그의 《어느 잉글랜드인 아편쟁이의 고백Confessions of an English Opium Eater》(1822)은 그로테스크를 표방한 미국 소설가이자 시인 에드거 앨런 포Edgar Allan Poe(1809~1849)나 프랑스 시인 샤를 보들레르 같은 작가들의 작품 탄생에 지대한 영향을 미쳤다. 스워바츠키가 말년에 기이하고 신비주의적인 분위기의 작품들을 쏟아낸 것도 이와 같은 맥락에서였으며,[17] 그러기는 정신분열증 환자로 "최고의 낭만주의자"이자 "모든 작가를 통틀어 낭만주의 색채가 가장 농후했던 이"로 평가받는 제라르 라브뤼니Gérard Labrunie(필명은 제라르 드 네르발Gérard de Nerval)도 마찬가지였다(아래는 〈레 시달리즈Les Cydalises〉라는 시다).

Où sont nos amoureuses?	우리의 애인, 우리의 아가씨들은 어디에?
Elles sont au tombeau	자기들 무덤 속에.[18]

이렇듯 후기 낭만주의에서는 광증으로 치달으며 환시와 환각에도 관심을 가졌는바, 여기서 후일 모더니즘 형성에 무엇보다 중요한 요소로 작용하는 상징주의, 프로이트주의, 퇴폐주의의 때 이른 씨앗들도 어렵지 않게 찾아볼 수 있다(뒤의 내용 참조).

라파엘전파前派, Pre-Raphaelite Brotherhood는 1848년에 런던 가워가街의 한 저택에서 창립된 단체로, 단테 가브리엘 로세티Dante Gabriel Rossetti(1828~1882, 아버지는 나폴리에서 망명해 나온 유력인사였다)를 주축으로 형성된 일군의 시인 및 화가의 모임이었다. 모임은 유럽 대륙의 여러 나라에서 두루 창작의 영감을 얻었지만 줄곧 잉글랜드 안에서만 활동했으며, 그랬음에도 당대를 대표하는 전형적 특징을 보여주었다. 로세티가家의 형제들을 제하고, 모임을 주도한 주요 인물로는 존 에버렛 밀레이John Everett Millais(1829~1896), 윌리엄 홀먼 헌트William Holman Hunt(1827~1910), 포드 매독스 브라운Ford Madox Brown(1821~1893), 에드워드 번-존스Edward Burns-Jones(1833~1898) 같은 이들을 꼽을 수 있었다. 이와 함께 라파엘전파의 기치를 제일선에서 전파한 이는 비평가 존 러스킨John Ruskin(1819~1900)이었다. 이들 모임이 라파엘전파라는 이름을 얻은 것은, 모임 회원들이 공통적으로 15세기의 이탈리아 예술에 열정을 보이면서 그 열정을 원동력으로 당대의 정형화된 회화에 반기를 들었기 때문이다. 이들은 예술과 문학 사이 연관으로부터도 강한 영향을 받았고 —D. G. 로세티는 단테와 프랑수아 비용François Villon의 작품을 번역했다—자신들의 원칙을 건축과 가구에서부터 모자이크, 태피스트리, 스테인드글라스, 인테리어디자인에 이르기까지 모든 것에 적용했다. 라파엘전파는 자신들이 기법이라 여기는 것도 주로 활용했지만, 그와 함께 중세 후기 예술 속에 담긴 정신까지 함께 계발하는 데 무엇보다 역점을 두었다. 라파엘전파는 성상聖像회화의 명확한 형태와 밝은 색조를 모방하고자 했고, 이들의 작품 안에서는 종종 신비주의적 종교성의 형태로 도덕적 진지함이 배어 나왔다. 라파엘전파의 작품 가운데 가장 많은 칭송을 받은 작품으로는 밀레이의 〈오필리아Ophelia〉(1851), 헌트의 〈세상의 빛Light of the World〉(1854)을 꼽을 수 있다. 라파엘전파에 뒤늦게 합류한 이로는 시인이자 원시 사회주의자, 공예가, 인쇄업자, 디자이너 윌리엄 모리스William Morris(1834~1896)도 있었다. 모리스의 주도로 켈름스코트 저택에서 라파엘전파 역사상 가장 창의적인 활동들이 이루어졌으나 이때는 이미 라파엘전파가 해체되고 한참 지난 후였다.

당대는 유럽 전역에서 소설 창작이 꽃핀 시기이기도 했다. 오노레 드 발자크Honoré de Balzac(1799~1850)와 찰스 디킨스Charles Dickens(1812~1870)는 각기 루앙과 포츠머스에서 태어났으며, 소설 장르가 탄생한 이래 처음으로 대중의 상상력을 작품에 포착해낸 작가로 손꼽혔다. 그러고 얼마 지나지 않아 유럽의 모든 주요 소설작품이 유럽에서 쓰이는 모든 주요 언어로 번역돼 나왔다. 비평가들마다 이들 작품에 내리는 평가는 천차만별이겠으나, 주요 번역 작품의 반열에 제일 먼저 들어갈 것들로는 분명 알레산드로 만초니Alessandro Manzoni의 《약혼자들I promessi sposi》(1825), 발자크의 《고리오 영감Père Goriot》(1834), 디킨스의 《올리버 트위스트Oliver Twist》(1838), 미하일 레르몬토프의 《우리 시대의 영웅Герой нашего времени》(1840), 샬럿 브론테Charlotte Brontë의 《제인 에어Jane Eyre》(1847), 윌리엄 메이크피스 새커리William Makepeace Thackeray의 《허영의 시장Vanity Fair》(1848), 귀스타브 플로베르Gustave Flaubert의 《마담 보바리Madame Bovary》(1857), 빅토르 위고Victor Hugo의 《레 미제라블Les Misérables》(1862), 레프 톨스토이의 《안나 카레니나Анна Каренина》(1877), 표도르 도스토옙스키Фёдор Достоéвский의 《죄와 벌Преступление и наказание》(1866) 및 《카라마조프가의 형제들Братья Карамазовы》(1880), 볼레스와프 프루스Bolesław Prus의 《인형Lalka》(1890)을 빼놓을 수 없을 것이다. 이들 소설작품은 갖가지 사회적 및 심리적 문제들에 대한 분석을 제시하며 이미 유럽의 공통문화로 자리잡은 터였다. 당시 작가들이 창작 관례로 삼았던 것은, 작자 자신의 가장 내밀한 관찰을 허구의 작중 인물에게 투영하는 것이었다. 생전 플로베르는 다음과 같이 말한 것으로 전해졌다. "마담 보바리는 곧 나다Madame Bovary, c'est moi."

음악의 영역에서도, 문학의 영역에서와 마찬가지로, 19세기 들자 방대하고 다양한 작품들이 쌓이니, 이들 작품은 고전주의와 초기 낭만주의 대가들의 레퍼토리를 대거 확장시켜주는 역할을 했다. 함부르크 태생의 요하네스 브람스Johannes Brahms(1833~1897)는 이 대목에서 반드시 핵심 인물로 평가받아야 할 것이다. 브람스는 고전주의에 대한 지적 관심을 서정성 및 감정의 격정이라는 낭만주의의 열정과 결합함으로써, "바흐와 베토벤의 진정한 후계자"라는 이름을 얻었다. 이후 낭만주의의 색채가 더 분명하게 배어나는 오케스트라 작품을 써낸 이로는 엑토르 베를리오즈Hector Berlioz(1803~1869)를 꼽는바, 그가 작곡한 〈환상교향곡Symphonie Fantastique〉

(1831)은 기존의 규칙을 모조리 깨는 파격을 선보였다. 베를리오즈는 작품 구상을 위한 영감을 얻을 때 낭만주의 문학에 크게 의지했다. 그래서 세간에 이런 말이 돌았다. "빅토르 위고야말로 낭만주의자지만, 베를리오즈는 낭만주의 그 자체다." 낭만주의 음악가는 음울했던 폴란드인 망명자이자 피아노연주자로서 탁월한 대가였던 프레데리크 쇼팽Frédéric Chopin(1810~1849)에서 시작해, 불굴의 헝가리 태생의 거장 프란츠 리스트Franz Liszt(1811~1886), 로베르트 슈만Robert Schumann(1810~1856)과 펠릭스 멘델스존-바르톨디Felix Mendelssohn-Bartholdy(1809~1847)로 이어진다. 이 계보에는 국민악파national schools의 지도자들로 분류되는 음악가도 대부분 포함돼 있었다(1056~1058쪽 참조). 19세기 후반에는 걸출한 러시아인들 즉 안톤 루빈시테인Антóн Рубинштéйн(1830~1894), 표트르 차이코프스키Петр Чайкóвский(1840~1893), 세르게이 라흐마니노프Сергей Рахманинов(1873~1943) 같은 이들과 함께, 독일인 프로테스탄트 음악가 막스 브루흐Max Bruch(1848~1920)와 스위스 태생의 유대교도 에르네스트 블로흐Ernest Bloch(1880~1959) 같은 이들이 그 계보를 이어갔다. 오스트리아-독일의 신낭만주의 파도 안톤 브루크너Anton Brückner(1824~1896), 구스타프 말러Gustav Mahler(1860~1911), 리하르트 슈트라우스Richard Strauss(1864~1949), 작곡가 후고 볼프Hugo Wolf(1860~1903) 같은 이들의 지휘하에 음악계에서 하나의 강력한 분대를 형성했다. 19세기 내내 프랑스파에서는 세자르 프랑크César Franck(1822~1890)와 카미유 생상스Camille Saint-Saëns(1835~1921)에서 가브리엘 포레Gabriel Fauré(1845~1924), 클로드 드뷔시Claude Debussy(1862~1918), 모리스 라벨Maurice Ravel(1875~1937)에 이르기까지 잇따라 눈부신 재능을 가진 귀재들을 배출하니 이들의 음악은 지극히 섬세하고 독창적이었다.

그랜드오페라Grand Opera[대가극大歌劇]는 음악을 역사드라마 및 문학드라마에 접목시킨 장르로, 당대 낭만주의 양식에 무척 잘 맞는 표현 수단이었다. 그랜드오페라가 성공을 거둔 것은 이 장르의 세 주요 중심지가 각축을 벌인 데 그 원동력이 있었다. 그 하나인 프랑스 오페라는 샤를 구노Charles Gounod(1818~1893), 자코모 마이어베어Giacomo Meyerbeer(1791~1864), 조르주 비제Georges Bizet(1838~1875), 쥘 마스네Jules Massenet(1842~1912)가 선봉으로 꼽혔다. 독일 오페라는 모차르트와 베버에서 출발해 리하르트 바그너Richard Wagner(1813~1883)라는 걸물을 만나며 절정에 이르렀다. 독보적으로 아름다운 선율의 전통을 자랑하는 이탈리아 오페라는 조아키노 로시니Gioachino Rossini(1792~1868), 가에타노 도니체티Gaetano Donizetti(1797~1848), 주세페 베르디Giuseppe Verdi(1813~1901), 자코모 푸치니Giacomo Puccini(1855~1924)를 통해 격을 높여나갔다. 오페라 코미크opéra comique, 오페레타operetta, 희가극musical comedy 등의 다양한 이름으로 일컬어진 장르도 크게 번성했는데, 특히 자크 오펜바흐Jacques Offenbach(1819~1880)가 활약한 파리, 요한 슈트라우스 2세Johann Strauss II(1825~1899)와 프란츠 레하르Franz

Lehar(1870~1948)가 활약한 빈, 길버트와 설리번Gilbert and Sullivan가 활약한 런던에서 그 인기가 대단했다(부록 1620쪽 참조).

19세기는 온갖 제도—음악학교, 오케스트라단, 합창단, 특수 설계된 콘서트홀, 음악 출판사, 음악학과—가 발전해, 음악이라는 예술이 장차 중대한 대중적 사업으로 탈바꿈하게 되는 밑거름이 마련된 시기였다.

철학. 낭만주의 시대에 들어서서 유럽의 철학을 지배하게 된 것은 피히테의 뒤를 이어 베를린대학 교수가 된 게오르크 빌헬름 프리드리히 헤겔Georg Wilhelm Friedrich Hegel(1770~1831)의 막강한 사변이었다. 헤겔 자신의 사고관은 여러 면에서 특히나 비낭만주의적이었으며, 철학을 업으로 삼은 만큼 스스로는 자신이 합리주의자들의 노선을 따른다고 여겼다. 생전에 그는 스위스 베른의 고원지대를 여행하다가 주변 경관을 보고 마음이 동해 이런 말을 했다. "영원히 죽어 있는 듯한 이 암석 덩어리들을 보고 있자니 이 한 가지 생각만이 지겹도록 떠올랐다. 이것이 바로 있는 그대로의 모습이려니." 수많은 그의 사상에 담긴 독창성은 지적 열기가 후끈 달아오른 당대에 세간에서 엄청난 주목을 받았다. 이와 함께 헤겔은 상당수의 뛰어난 제자들과 비평가들에게(이들은 헤겔보다 더 반항적인 성향을 보였다) 논쟁에 들고 나가 싸울 수 있는 탄약을 듬뿍 제공해주었다. 1806년 10월 예나에서 잠시 나폴레옹과 스치기도 했던 헤겔은, 자신의 《정신현상학Phänomenologie des Geistes》을 탈고한 그날, 프랑스의 황제가 지닌 '벨트젤레Weltseele'〔세계혼, 세계령World Soul)를 칭송해 마지않는 글을 썼다.

헤겔의 사상 중에 특히나 많은 결실을 맺은 것으로는 두 가지가 꼽혔다. 그중 하나는 변증법Dialektik으로, 서로 반대되는 것 사이의 생산적 충돌을 일컫는다. 다른 하나는 순수한 정체성의 본질이라 할 '가이스트Geist'〔정신Spirit)로, 헤겔은 《역사철학강의Vorlesungen über die Philosophie der Weltgeschichte》(1837)에서 모든 정치적 국가는 물론 한참 발전 중인 문명의 매 단계에도 이런 정신을 부여할 수 있다고 보았다. 헤겔 자신은 순수한 사상의 영역에만 한정해 활용한 변증법은 추가로 응용될 만한 부분이 상당히 많은 것으로 드러났으니, 이 변증법을 통해 진보라는 전반적 개념에도 역동적이고 보편적인 설명이 부여될 수 있었다. 변증법의 개념이 나오고 나서야 사람들은 비로소 격변의 의미를 이해할 수 있을 것처럼 보였고, 충돌을 거친 끝에 종국에는 좋은 것이 나타나리라는 기대를 가질 수 있었다. 반면 헤겔이 국가의 영광을 찬양할 때 사용한 역사적 맥락에서의 '가이스트'는 당시 강대국들에 맞서 싸우는 민족주의 운동의 무기가 됐다. 헤겔의 관점은 지극히 독일중심적이었고, 그는 자신의 생전에 전면으로 부상하고 있던 프로테스탄트 및 프로이센의 패권을 합리화하는 측면도 있었다. 그는 전쟁과 군대의 영웅들을 찬미했으며, 독일인들이 근대 문명에서 주도적 역할을 맡아야 한다고 보았다. "독일인의 정신이 곧 새로운 세계의 정신이다. 이 정신의 목적은, 자유에 대한 무제한적 자기결정권으로서의 절대적 진리를 실현하는 데 있었다." 자못 근엄한 얼굴로 신비주의적 형이상학을 전파한 이 철학자가 "종국에 절대 사상이 구현될, 그 이상의 발전은 더 일어날 수 없는 곳"의 영예를 미국에 돌렸다는 사실을 알면 미국인들도 우쭐한 마음이 들지 모르겠다.[19] 미국 학계에 독일친화적 성향이 깊이 배어 있는 것도 어쩌면 이 때문일지 모른다.

과학적 사고를 통해서는 낭만주의보다 계몽주의 전통을 한층 발전시키는 요소가 형성될 수 있었다. 그러나 오귀스트 콩트Auguste Comte(1798~1857)의 작업이 극단으로 치닫자, 과학적 사고는 단순히 '실증주의Positivism'라고 불린 철학의 한 분파만이 아니라 그 자체의 의례, 교리, 사제단을 지닌 새로운 형태의 유사종교로까지 발전했다. 콩트는 모든 지식이 잇따라 이어지는 세 단계를 거치며 발전한다고 주장한바, 각각 신학적 단계, 형이상학적 단계, '실증적' 혹은 과학적 원리의 단계로 체계화될 수 있었다. 이 '3단계 법칙'의 내용을 처음으로 세세하게 담은 저작이 《실증정치체계Système de politique positive》(1842)로, 여기서 콩트는 학문들을 정교하게 범주화하는 한편 그가 《실증철학강의Cours de philosophie positive》(1850~1854)에서 제시한 새로운 '사회과학 social physics'의 기본적 윤곽을 이해하는 핵심 개념들을 제시했다. 그의 '사회물리학공학자social physics' 원칙들을 이용하면, 인간 사회를 과학적 노선에 따라 재정리하는 일이 가능해질 것이었다. 당시의 '사회학기술자social engineer' 군단들은 다음과 같은 슬로건으로 단단히 무장하고 있었다. "우리가 알고자 하는 것은 예측하기 위함이요, 우리가 예측하고자 하는 것은 방지하기 위함이다Savoir pour prévoir, prévoir pour prévenir." 콩트는 근대 사회학의 시조로 여겨져야 마땅한데, 여러 학문 중에서도 그는 근대 사회학을 가장 으뜸으로 쳤다. 그러면서도 콩트는 제도화된 영적 권력의 필요성을 역설해 실질적으로 과학적 교회와 다름없는 것을 탄생시켰으니, 종국에 가서 그 자신이 과학을 신비적 숭앙의 대상으로 만들어버리는 자기모순적 상황에 처한 셈이었다. 콩트의 비판가 중 한 사람인 〔생물학자〕 토머스 헨리 헉슬리Thomas Henry Huxley(1825~1895)가 보기에, 콩트의 실증주의는 "가톨릭에서 기독교를 뺀 것"에 지나지 않았다.

과학과 기술이 전례 없는 수준으로 속도를 내며 앞으로 치고 나간 것도 이 시기였다. 당대의 과학적 발견이 니콜라우스 코페르니쿠스, 아이작 뉴턴, 혹은 알베르트 아인슈타인의 그것만큼 근본적이지는 않았지만, 완전히 새로운 지식의 땅들이 열려 자리를 잡았다. 과학은 대중의 관심에서 선두로 뛰어올랐다. 가장 명망을 떨친 인물들의 이름은 물리학, 화학, 의학, 생물학 분야에서 찾아볼 수 있었다. 가장 대표적인 인물들로는 마이클 패러데이Michael Faraday, 드미트리 멘델레예프Дмитрий Менделеев, 루이 파스퇴르Louis Pasteur, 그레고어 멘델Gregor Mendel, 하인리히 루돌프 헤르츠Heinrich Rudolf Hertz, 찰스 다윈Charles Darwin을 꼽을 수 있었다. 이때 이루어진 주요 발견 및 발명들의 목록은 수십 개 혹은 수백 개에서 끝나지 않고 수천 개를 헤아린다(부록 1614~1615쪽 참조). 천재적 재능을 지녔던 한두 명의 미국인을 제하고, 이와 같은 발견과 발명의 분야는 거의 유럽인들이 독차지했다. 1851년 만국박람회Great Exhibition는 빅토리아 여왕의 남편 앨버트 공의 후원하에 런던에서 열렸으며 박람회의 수익금은 런던 과학박물관을 비롯해 런던 임페리얼칼리지Imperial College(당시 이름은 '왕립화학칼리지')에 전달됐는데, 전 세계 각국에서 수백만 명의 관람객이 몰려들었다. [엘리멘타] [유전자]

　　종교의 전통적 가정들에 과학이 점차 거센 도전을 가하는 일은, 다윈의 《종의 기원On the Origin of Species》(1859) 및 이와 관련된 진화 이론Theory of Evolution을 둘러싸고 세간에 한바탕 논전이 벌어지면서 절정에 이르렀다. 기독교를 신봉하는 근본주의자들은, 학교에서 창세기에 쓰인 그대로 하느님이 6일 낮과 6일 밤 동안 이 세계를 창조하셨다는 것을 진실이라 믿었고, 따라서 인류가 세대에서 세대를 거듭하면서 수백만 년이 넘는 동안 서서히 진화했다는 이론은 어떤 식으로든 받아들일 의사가 없었다. 과학과 종교 사이의 이런 실랑이는 훨씬 더 일찍 벌어질 법도 한데, 이제 와서야 벌어진 게 어쩌면 이상한 일이었다. 어찌 됐든, 덴마크 지질학자 니콜라우스 스테노Nicolaus Steno가 화석 속의 고대 생물들을 연구하는 고생물학 분야에서 선구적 논문을 써낸 것이 벌써 1669년의 일이었으니까 말이다. 역사상 처음으로 지구의 나이를 과학적으로 계산한 결과가 출간된 것도 1778년이었다. 그해 조르주루이 뷔퐁Georges-Louis Buffon은 《자연의 신기원Époques de la Nature》에서 지구의 나이가 대략 7만 5000년이라는 수치를 제시했다. 우주의 기원을 가스 구름의 팽창에서 찾을 수 있다고 본 라플라스의 성운설Nebular Hypothesis은 1796년부터 널리 통용되기 시작했다. 어떤 개체가 획득한 특성들이 대대손손 물려진다는 사실을 밑바탕 삼아, 프랑스 생물학자 장-바티스트 라마르크Jean-Baptiste Lamarck(1744~1829)가 진화 이론을 처음 제시한 것도 1809년이었다. 과학적 방법론을 추구한 지질학자들은 스테노의 시대 이후로 줄곧, 지구상의 모든 물리적 지형은 대홍수의 여파로 형성된 것이라고 보는 '노아의 홍수 이론가들'을 상대로 한 싸움에 발목이 잡혀 있었다. [원숭이]

　　다윈이 커다란 영향력을 끼친 것은 과학적 논쟁이 종전보다 훨씬 폭넓은 사람들의 관심을 끈 때문이기도 했지만, 대체적으로는 인간적 측면에서 비롯한 것이었다. 모든 사람은 사실 아담의 후손이 아니라 유인원(즉 "털북숭이에 네발로 걷고, 꼬리와 뾰족한 두 귀가 달리고, 주로 나무에서 생활하는 습성을 가졌을 것으로 추정되는 동물")에서 나왔을 거라는 데 사람들은 큰 충격을 받았다. 다윈은 1831~1836년에 걸쳐 비글Beagle호를 타고 남아메리카와 갈라파고스제도를 답사한 이후 줄곧 종의 형성과 관련한 자료를 수집해오고 있던 터였다. 그러다 처음으로 퍼뜩 영감이 떠오른 것이 1838년에 맬서스의 책을 읽고서였다. 그로부터 20년이 더 흘렀을 때 다윈은 주변의 압박을 이기지 못하고 자신의 주장을 《종의 기원》에 담아 펴냈고, 그로부터 다시 10년 이상이 더 흐르고 나서야 《인간의 유래와 성 선택The Descent of Man and Selection in Relation to Sex》

엘리멘타 ELEMENTA

■
■ 1869년 3월 1일, 제정러시아의 상트페테르부르크대학의 화학과 교수인 드미트리 I. 멘델레예프(1834~1907)는 트베리 여행을 준비하고 있었다. 교과서 《화학의 원리Основы химии》(1868~1870)를 집필하느라 여념이 없는 가운데서도 과학을 러시아의 일상생활에 응용하는 진보적 계획에 깊이 관여했던 그는 농민들을 위한 치즈 제조법을 연구해달라는 의뢰를 수락한 터였다. 이 무렵 교과서 집필 과정에서는 화학 원소들을 분류하는 체계를 찾고 있었는데, 이날 문득 원소들을 원자량과 공통 성질에 따라 표로 정리하는 발상을 떠올렸다. ("엘리멘타"는 라틴어로 "원소元素"를 뜻하는 "엘리멘툼elementum"의 복수형이다.)

9년 전 카를스루에에서 열린 제1회 국제화학학회에 참석한 멘델레예프는 이탈리아의 화학자인 스타니슬라오 칸니차로Stanislao Cannizzaro가 원자량을 기준으로 정리한 원소 목록을 눈여겨보았다. 그때부터 멘델레예프는 원자들을 원자가와 비슷한 성질에 따라 분류·배열하며 머릿속으로 일종의 카드놀이를 즐겼다. 이제 그는 칸니차로의 목록과 자신의 유형학적 분류를 조합했다. 그렇게 해서 원시적 형태의 주기율표와 잠정적 주기율이 탄생했다. "원자량의 값에 따라 배열된 원소들은 그 성질의 주기적 반복을 명확하게 보여준다"라는 것이 잠정적 주기율의 원리였다. 같은 달에 그는 러시아화학협회에서 〈원자량과 화학 친화력을 토대로 한 원소의 구성 체계 제안〉이라는 논문을 발표했다. 이 논문은 1871년 3월에 독일의 한 학술지에 실렸다.

이전까지 원소에 대한 이해는 매우 단편적이었다. 고대인들이 10가지의 원소를 발견하긴 했지만 흙·불·공기·물이라는 네 가지 자연력 즉 4'원소에 대해 갖고 있던 믿음이 혼동을 불러왔다. 이후 앙투안 라부아지에가 23개의 원소를 밝혀냈고 험프리 데이비는 전기

분해를 통해 소듐과 칼륨을 분리했다. 1860년 카를스루에에서 칸니차로가 발표한 목록에는 60개의 원소—자연적으로 존재하는 원소 90개 가운데 정확히 3분의 2에 해당한다—가 있었다.

하지만 멘델레예프의 발표는 학계의 지지를 받지 못했다. 그가 한때 하이델베르크대학교에서 함께 연구했던 로베르트 분젠을 포함해 영국과 독일의 유수 화학자들은 그의 결과를 받아들이지 않았다. 마침내 변화가 찾아온 것은 1875년, 한 프랑스인이 '갈륨'이라는 새로운 원소를 발견하면서부터였다. 멘델레예프는 아직 발견되지 않은 여섯 가지 원소의 존재와 원자량, 성질을 예측했는데, 갈륨이 그중 하나라는 사실이 입증된 것이다. 러시아의 이론가가 실증 연구에 앞서 이를 입증했다는 사실에 화학자들은 놀라움을 금치 못했다. 멘델레예프는 국제적 명성과 부를 얻게 됐다. 하지만 러시아 내에서는 그의 진보적 태도가 문제시됐다. 그는 1880년 제국아카데미(현재의 러시아과학아카데미에 병합됐다)의 정회원 자격을 얻는 데 실패했고 1890년에는 교수직에서 해임됐다. 말년에는 화약과 쇄빙선에서부터 도량형, 항공술, 석유공업에 이르기까지 온갖 분야에 대한 자문역을 도맡았다.

놀랍게도 원자 구조를 알게 됐을 때 멘델레예프는 방사능 이론이 자신의 주기율과 양립할 수 없다고 생각했다. 그러나 실제로 방사능 이론은 그의 위대한 발견을 최종적으로 확인해주었다. 각 원소의 원자에 존재하는 전자 수는 원자량과 원소의 성질과 밀접하게 연관되기 때문이다. [전자]

멘델레예프가 세상을 떠났을 때 제자들은 주기율표 사본을 그의 관 위에 바쳤다. 그 무렵 주기율표는 물질의 화학적 분류의 기본 원리로 인정받고 있었을 뿐 아니라 근대 화학과 물리학의 연결지점이 됐다. 1955년 아인슈타이늄-253에 헬륨 이온을 충돌시켜 생성된, 19개의 인공 방사성 원소 가운데 하나에 그를 추모하는 이름이 붙었다. 바로 멘델레븀Md[101]이다.[1]

(1871)에 오롯이 자신의 사상을 담아냈다. 세간에는 '적자생존the survival of the fittest'의 원칙으로 널리 알려져 있는 자연선택과 관련한 다윈의 설명은 여러 세부적인 점에서는 후대의 비판을 면치 못해온 것이 사실이다. 그러나 진화론의 주된 주장 즉 살아 있는 모든 식물계 및 동물계의 종들은 자신이 처한 환경과의 끊임없는 상호작용 및 자신들끼리의 경쟁 속에서 발전해왔다는 사실은 이내 거의 모든 곳에서 받아들여졌다. 시간이 흐르자 주류 기독교에서도 별 어려움 없이 인간의 진화를 하느님 목적의 일부로 받아들였다. 사회과학자들은 다윈의 이 진화 이론을 수많은 분과에 적용했으니, 이른바 이러한 '사회다윈주의'—갖가지 일이 벌어지는 인간사도 일종의 정글로, 가장 뛰어난 국가, 계급 혹은 개인이 종국에는 살아남는다는 생각—는 향후 오랫동안 영향을 끼쳤다.

아닌 게 아니라, 갖가지의 과학적 방법이 자연 현상뿐 아니라 인간을 연구하는 데까지 적용될 수 있고 또 그래야 한다는 이런 일반적 믿음은 이 시대의 특징적 변화의 하나였다. 이후 경제학과 민족지학에 더해 사회학, 인류학, 인문지리학, 정치학까지 추가로 탄생했고, 종국에는 심리학과 정신의학까지 등장했다. 자연과학과 사회과학의 범위가 이렇듯 확장되자, 순수철학의 고유 영역은 부쩍 줄어 5~6개의 전통적 분야—인식론, 논리학, 윤리학, 미학, 정치 이론—밖에는 남지 않게 됐다.

종교. 종교는 다시 그 세가 살아났다. 신학 저술이 쏟아져나오고, 미사에 대한 열의가 일고, 교회의 교리 및 조직이 강화된 것이 종교가 다시 세를 일으켰음을 알려주는 신호였다. 이러한 새로운 분위기가 조성된 것은, 도를 넘어선 혁명기의 양태에 대한 뿌리 깊은 반감 때문이기도 했지만, 과거 존재했던 갖은 종교적 차별의 양상이 완전히 종식된 데에도 원인이 있었다. 이즈음 계몽주의는 확실히 기한이 다해가는 중이었지만, 종교적 관용의 원칙이 받아들여지기 전까지는 위력을 떨쳤다. 대부분의 프로테스탄트 국가들에서 17세기부터 시행돼온 가톨릭교도들에 대한 차별 법령들은 철폐됐다. 대부분의 가톨릭 국가의 프로테스탄트들도 가톨릭교도와 동등한 권리를 얻을 수 있었다. 중세 이후로 줄곧 배척당해온 유대교도 여러 지역에서 다시 받아들여졌다. 프로이센에서는 1817년에 루터파와 칼뱅파의 요소들이 합쳐지며 새로운 종류의 국가 교회가 생겨났으며, 1850년의 헌법을 통해 가톨릭교회가 완전하게 세를 확립했다. 오스트리아-헝가리에서는 1867년의 아우스글라이히Ausgleich(대타협)의 일환으로 전면적인 종교적 관용이 보장됐다. 영국에서는 로마가톨릭교도들이 1829년의 의회제정법을 통해 대체로 자유를 얻었으며, 1888년에는 유대교도들이 자유를 얻었다. 물론 둘 다 왕위계승권에서는 여전히 배제됐다. 네덜란드에서도 유사한 방책들이 1853년에 완전히 마련됐다. 프랑스에서는 나폴레옹의 정교협약이, 가톨릭교도들과 공화주의자 사이의 알력 다툼 와중에도 1905년까지 효력을 발휘했다. 극단적

원숭이 | MONKEY

■ 1860년 6월 30일 토요일, 옥스퍼드대학의 한
■ 강연장에서 열린 영국과학진흥협회 회의에 700
여 명이 모였다. 표면상으로는 미국인 학자 존 윌리엄
드레이퍼John William Draper의 논문 〈다윈의 관점
에 비춰 고찰한 유럽의 지적 발전〉 발표를 들으러 왔
지만 실제로는 논문의 두 주요 토론자 사이 논쟁을 보
러 모인 것이었다. 한쪽에는 진화론을 맹비난하는 옥
스퍼드의 주교 새뮤얼 윌버포스Samuel Wilberforce,
'미꾸라지 샘Soapy Sam'이 앉아 있었다. 다른 한쪽에
는 다윈 대신 '다윈의 불독Darwin's Bulldog'이라는 별
칭의 고생물학자 토머스 헨리 헉슬리가 앉아 있었다.
드레이퍼 박사의 논문은 아무도 기억하지 못했다. 윌
버포스 주교는 헉슬리 교수에게 "당신이 원숭이의 후
손이라면 그 핏줄이 할아버지 쪽입니까, 할머니 쪽입
니까?" 하는 물음으로 발언을 마무리 지었다. 헉슬리
는 침착하게 다윈의 진화론은 단순한 가설에 불과한
것이 아니라고 설명했다. 그러곤 이렇게 말을 이었다.
"진실을 왜곡하는 데 뛰어난 재능을 허비하는 사람보
다는 차라리 원숭이가 조상인 게 낫지요."[1] 장내가 시
끌벅적해지자 한 여성이 혼절했다.
이 장면은 근대 과학의 대중적 수용의 측면에서 결정
적 계기가 되는 순간이었다. 《종의 기원》이 출간되고
불과 1년이 지난 시점이었고 2년 전에 다윈은 〈종이
변이를 형성하는 경향에 관하여: 자연선택 방법에 의
한 변이와 종의 영속화에 관하여〉라는 [앨프리드 러셀
월리스와의] 공동 논문을 발표했다. 4년 뒤 셸도니언 극
장에서 열린 2차전에서 벤저민 디즈레일리도 끝내 참
지 못하고 '미꾸라지 샘'과 비슷한 조롱을 내놓았다.
"그러니까 인간이 원숭이냐 천사냐 하는 문제잖아요.
아아, 나는 천사 쪽을 택하겠습니다!"
그 후 진화론은 탄탄대로의 역사를 걸었다. 다윈 자
신이 발전시킨 한 계보에는 '사회다윈주의Social
Darwinism'라는 명칭이 붙었다. 이는 적응하는 자가

생존할 뿐 아니라 적응하는 자만이 생존할 자격이 있
다는 불편한 주장을 설파했다. 또 다른 계보는 '인종
표준의 개량' 즉 인간 품종 개량의 실학과 관련된 것
이었다. 유니버시티칼리지런던 교수 프랜시스 골턴
Francis Galton(1822~1911) 경이 창시한 이 학문은 우
생학eugenics으로 알려지게 된다. 그의 뒤를 이어 통
계학자이자 마르크스주의자이며 골턴의 제자로 그의
전기를 집필하고 '사회제국주의' 이론을 창시한 칼 피
어슨Karl Pearson(1857~1936)과, 이들의 사상을 독
일어로 출판한 휴스턴 스튜어트 체임벌린Houston
Stewart Chamberlain이 이 학문을 지지했다.
당대의 가장 영향력 있는 연구 및 유사 연구를 수행한
사람은 골턴이었다. 그가 서남아프리카 내륙을 선구적
으로 탐험하고 저술한 《여행의 기술》(1855)은 아프리
카 탐험의 유행을 주도했다. 그의 《기상관측학》(1863)
은 현대 기상학meteorology의 시초가 됐다. 골턴은
초창기 심리학자로서 최초로 쌍둥이의 행동에 대한
연구를 수행했고 세계 최초의 지능검사 센터를 세웠
다. 그는 또한 열렬한 우생학 주창자로서 《가축과 인
간의 군거성》(1871), 《인간 능력의 탐구》(1883), 《자연
적 유전》(1889) 같은 일련의 저작을 발표했다. 그에 앞
서 《유전적 천재성: 그 법칙과 결과》(1869)라는 연구
를 완성해 선풍적 인기를 끌었다. 책에서 그는 판사들
에서부터 레슬링 선수에 이르기까지 각계각층에서 성
공한 이들의 계보에 통계적 방법을 적용해 '재능과 천
재성, 도덕적 특성이 가계를 타고 흐르는 경향'이 있음
을 증명하고자 했다. 책의 말미에서는 '다양한 인종의
상대적 가치'를 분석했다. 그는 각 인종에 A부터 I까지
등급을 매기고 고대 그리스인들이 '역사상 기록된 가
장 유능한 민족'이며, 아프리카 흑인들은 뛰어난 개인
들이 있기는 하지만 결코 앵글로–색슨의 평균에는 이
르지 못하고, 애버리지니[오스트레일리아 원주민] 흑인
보다 한 등급 아래라는 결론을 내렸다.[2] 다윈은 이처
럼 '독창적이고 흥미로운' 연구는 읽어본 적이 없다고
평하면서도 우생학은 '공상'에 불과하다고 치부했다.

웨스트민스터사원에서 열린 다윈의 장례식에서 골턴은 사원의 창조의 창을 진화론에 적합한 것으로 바꾸라고 공개적으로 요구했다.[3] 여기서 주목할 사실은 '유전적 천재성'의 주창자인 골턴이 다윈의 사촌이었다는 점이다.[4]

성향의 프랑스 합리주의자들은 이 무렵 자신들만이 열성적으로 믿게 된 신앙을 공언했다. 이들은 성모승천축일과 경쟁을 벌이듯 리모주에서 수학 축제를 벌였다.

반면 러시아에서는 정교회 기득권층이 종교적 다양성을 가혹하게 억누르는 정책들을 시행했다. 발트해 구舊스웨덴 속주의 프로테스탄트나, 캅카스 지역의 토박이 기독교도, 중앙아시아의 무슬림은 상당한 수준의 자치를 누렸으나, 유대교도, 로마가톨릭교도, 구舊폴란드 속주들의 합동동방가톨릭교도들은 국가의 통제와 괴롭힘 및 차별을 받으며 지내야 했다. 유대인들은 법에 따라 반드시 유대인 집단거주구역Pale of Settlement 내에서만 생활을 해야 했고(부록 1653쪽 참조), 그 외 지역에서 거주하려면 반드시 특별 허가증이 있어야 했다. 러시아의 로마가톨릭교회는 일명 신성종무원Holy Synod에서 따로 관할했고, 따라서 로마교황청과 직접 교류할 여지는 전혀 주어지지 않았다. 상트페테르부르크는 로마와의 모든 공적관계를 거부하다가, 자신들의 요구를 관철시킨 내용으로 1849년 정교협약을 맺는 데 성공했다. 합동동방가톨릭교도는 정교회로 개종을 강요당하니, 러시아제국에서는 1839년에, 구舊폴란드 의회 왕국에서는 1875년에 이 조치가 시행됐다.

유럽 전역에서 불붙은 신학 논쟁은 뚜렷이 구분되는 세 가지의 전개 양상에 자극을 받았다. 첫 번째는 프로테스탄트와 가톨릭의 종교적 관점들이 그간 고립돼 있던 울타리를 벗어나 서로 의견을 나누기 시작했다는 것이었고, 두 번째는 낭만주의 시기에 이국적 종교들 특히 불교와 힌두교에 대한 심대한 관심이 일었다는 것이었으며, 세 번째는 과학적 태도가 성장했다는 것이었다. 19세기 동안 교파와 나라를 떠나 유럽 전역에서 두루 명성을 얻은 신학자들만 해도 한둘이 아니었다. 그 가운데서도 대표적인 이들로는 슐레지엔 출신의 프리드리히 슐라이어마허Friedrich Schleiermacher(1768~1834. 칼뱅주의자로 베를린대학에서 교수로 일했다) 브르타뉴 출신의 급진파 사제 위그 라므네Hueges Lamennais(1782~1854) 바이에른의 가톨릭교도 요한 요제프 이그나스 폰 될링거Johann Joseph Ignaz von Döllinger(1799~1890, 뮌헨대학 총장을 지냈다), 존 헨리 뉴먼John Henry Newman(1801~1890 영국국교회 성직자였다가 로마가톨릭으로 개종했다), 우울한 덴마크인 쇠렌 키르케고르Søren Kierkegaard(1813~1855, 그의 저작들은 그가 세상을 떠나고 나서 몇십 년이 지난 뒤에야 비로소 제대로 이해를 받게 된다)를 꼽을 수 있다.

프리드리히 슐라이어마허는 프로이센교회연합Prussian Union of Churches에서 막강한 영향력을 행사한 인물로, 인본주의 예술 및 문화에 대한 통합적 관점에 신학적 열의를 불어넣은 것이 특징이다. 그의 《종교론Über die Religion》(1799)은 낭만주의 세대에 가르치길, 바깥세상을 향한 그들의 경멸에는 사실 깊은 동정심이 깔려 있다고 했다. 그의 주저 《기독교 신앙Der Christliche Glaube》(1821~1822)은 프로테스탄트의 교리 이론을 잘 정리한 표준 요약집이었다. 《신학연구 약술Kurze Darstellung》(1811)은 1989년에도 여전히 신참 신학도들 사이에서 최고의 입문서로 인용되곤 했다.[20]

사제 위그 라므네는 혁명의 전통 안에도 기독교 신앙과 양립할 부분이 있다고 보고 그 내용을 교회와 화해시키기 위한 노력을 개시했다. 그는 '신과 자유Dieu et Liberté'라는 기치를 내걸고 서서히 로마를 압박하다 종국에는 로마로부터 의절을 당했다. 1830년 혁명(1830년 7월 프랑스에서 일어난 혁명으로, 이 혁명으로 루이 필리프가 프랑스의 왕위에 올랐다)의 실망스러운 결과, 가톨릭 국가 폴란드에 대한 로마교황청의 배신, 사회 정의에 무관심한 교회의 태도에 분노가 치민 라므네는 이후 교회 기득권층을 휘갈기는 채찍 역할을 도맡았다. 모름지기 애국심과 국가에 대한 충성을 혼동해서는 안 되듯이, 신앙과 교회에 대한 충성을 혼동해서도 안 됐다. 라므네의 이런 신조는 그의 책 제목들—《어느 신앙인의 말Paroles d'un croyant》(1833), 《로마에서 벌어지는 일들Les Affaires de Rome》(1836), 《민중의 책Le Livre du peuple》(1837), 《현대의 노예L'Esclavage moderne》(1840)—에서부터 웅변하듯 드러나 있었다. 라므네의 저작은 유럽의 가톨릭 신앙에서 다양한 목소리가 나오게 되는 추세에 심대한 영향을 끼쳤는바, 이런 분위기에서는 비판적 사고가 깊은 믿음에 전혀 장애가 되지 않았다.

요한 요제프 이그나스 폰 될링거는 교황의 무오류성 교리에 대한 반대운동을 이끌었다(뒤의 내용 참조). 그가 지은 《교황과 공의회Der Papst und die Konzil》(1869)에는 "천 년을 통틀어 교황청에 가해진 가장 가열한 공격"이란 수식어가 붙었다. 한때 옥스퍼드의 성모마리아대학교회에 교구목사로 재직했던 뉴먼은 특별히 흥미를 끄는 인물로, 그가 밟은 이력만 따라가 봐도 당시 프로테스탄트교도와 가톨릭교도 간에 어떤 식의 교류가 있었는지를 한눈에 알 수 있다. 뉴먼이 두각을 나타낸 것은 1830년대에 영국국교회 내에서 소책자 운동(일명 옥스퍼드운동)을 이끌면서였다. 세간에 격론을 일으킨 '시대에 응답하는 소책자Tracts for Times' 시리즈는 —에드워드 퓨지Edward Pusey(1800~1882)와 존 키블John Keble(1792~1866) 같은 이들이 소책자 준비 작업에 함께 해주었다— 영국국교회와 로마가톨릭교의 전통들을 화해시키기 위해 여러 노력을 기울였다. 그러나 뉴먼이 《소책자 90호Tract 90》(1841)에서 39개 조항Thirty-Nine Articles('영국국교회 39개 신앙조항'이라고도 하며, 잉글랜드 성공회의 신학적 선언을 담은 문서로 1556년에 발표됐다) 내용을 초기 교부들의 관점과 연관시켰다는 이유로 영국국교회로부터 공격을 받자, 신앙심이 무너진 그는 결국 영국국교회 교구목사직에서 물러났다. 뉴먼의 《삶을 위한 변론Apologia pro Vita Sua》은 자신이 겪은 영적 사투의 과정을 대단히 진술한 심경으로 써 내려간 책이다. 그의 책에도 기록돼 있지만, 뉴먼이 개종하고 가톨릭교의 울타리 안으로 들어가는 과정에서도 상당한 잡음이 일었다. 뉴먼은 나중에 가서는 동료 개종자이자 추기경 헨리 에드워드 매닝Henry Edward Manning(1808~1892)과 교황의 무오류성 문제를 두고 충돌을 벌였으나, 비록 의견은 달랐어도 불복종의 단계까지 밀고 나가지는 않았다.

쇠렌 키르케고르의 저술들은 일차적으로 헤겔의 철학을, 이차적으로는 덴마크 교회의 나태한 관습들을 다루는 데 그 목적이 있었다. 그러나 그의 저술들은 애초 목적보다 훨씬 광범위한 영역을 파고들어, 다른 저작들에서는 미처 탐구하지 못한 지적 영역들을 개척해나갔다. 키르케고르의 《두려움과 떨림Frygt og Bæven》(1843),《불안의 개념Begrebet Angest》(1844),《죽음에 이르는 병Sygdommen til Døden》(1849) 같은 저작들은 무의식의 심리를 파고들어 탐구하는 내용이다. 《비학문적 해설문Afsluttende uvidenskabelig Efterskrift》(1846)은 오늘날에도 종종 실존주의의 선봉에 선 문헌으로 여겨지곤 한다. 그의 저작들은 하나같이 합리주의에 대한 맹렬한 공격을 담고 있는 것이 특징이다. 키르케고르에 의하면, 주관성이 곧 진리다. 그는 이렇게 썼다. "기독교왕국의 역사는 기독교 신앙을 교묘히 무시해온 역사다." 그는 한번은 타이태닉호의 비극을 절묘하게 예언이라도 하듯, 당시 유럽을 거대한 배에 올라탄 승객들 즉 밤새 시끌벅적하게 먹고 마시느라 자신들이 죽음의 빙산을 향해 다가가고 있는 줄은 꿈에도 모르는 사람들로 묘사한 바 있었다.

이와 같은 논쟁들이 벌어지는 동안, 신학과 성경연구에서도 문학비평 및 역사비평의 방법과 가치를 인정하고 그것을 채택해 쓰기 시작했다. 이 방향으로 가장 대담한 시도를 한 책이 프랑스의 종교역사학자 에르네스트 르낭Ernest Renan(1823~1892)의 《예수의 생애Vie de Jésus》(1863)로, 작자는 이 책 때문에 결국 콜레주드프랑스에서 정직 처분을 받았다. 하지만 이런 상황에서도, '모더니즘'의 거침없는 진격은 계속됐으니, 지배층에서 그런 움직임을 단호하게 배격하려고 할 때 오히려 그 위세가 특히 거셌다.

종교적 열의는 그 정도를 헤아리기가 쉽지 않다. 그러나 이 무렵 기독교 신앙이 과거 세기에 비해 더욱 숱한 사람들 사이에서 더 커다란 열의를 불러일으켰다는 것만큼은 의심의 여지가 없다. 누구나가 문해력을 갖추려는 추세로, 세속 교육은 물론 종교 교육도 한층 강화됐다. 선교활동 또한 머나먼 대륙의 이교도는 물론 새로 조성된 산업도시의 빈민들 및 신앙을 잃은 사람들을 주 대상으로 삼았다. 특히 프로테스탄트 국가들에서는 교회가 주도적으로 나서서 사회적 지도력을 발휘하는 동시에 종전에는 잘 알려져 있지 않던 사회적 규율들을 제시했다. 독일의 경건주의Pietism나 잉글랜드의 감리교파 같은 신앙부흥운동이 전 지역과 사회 각 분야를 장악했다. 아일랜드나 폴란드 일부 지방 등 대중의 신앙심이 민족적 저항운동과 결부되기도 했다. 어딜 가나 종교예술이 쏟아져 나오는 것도 볼 수 있었는데, 중세의 본보기들에서 영감이나 영향을 받은 경우가 많았다. 이런 종교예술들은 고딕 양식의 교회건물, 찬송가 작곡, 잉글랜드의 라파엘전파나 독일의 나자렛파와 같은 종교적 성향의 예술운동 그리고 대규모의 교회음악에서 그 모습을 엿볼 수 있었다. 신고딕양식 건축가 카를 프리드리히 싱켈Karl Friedrich Schinkel(1781~1841)에 따르면, "예술 자체가 곧 종교"였다. 베를리오즈에서 프랑크에 이르기까지 작곡가들도 새로운 미사곡에 대한 요구에 부응하는 작업을 행했다. [미사]

로마가톨릭교회 역시, 시대의 조류에 맞추길 꺼려 하는 기색은 역력했지만, 이러한 변화의 흐름에서 절대 자유로울 수 없었다. 스페인, 이탈리아, 오스트리아, 폴란드, 남부 독일에 자리한 가톨릭 심장부들은 다른 데에 비해 산업화와 근대화의 영향이 그렇게 즉각적이지는 않았다. 이뿐 아니라 가톨릭 위계질서의 상층부는 혁명기 사건들에서 큰 충격을 맛본 터라, 초보수적 입장을 고수했고, 1960년대에나 들어서서 그 입상에서 탈피했다. 이탈리아에서 교황령을 두고 장기간 승산 없는 싸움들이 벌어지면서 바티칸은 또다시 겁에 질리지 않을 수 없었다. 교황령은 1870년에 멸망했다. 교황지상주의도 유럽에서 다시 유행하기 시작했는바, 궁지에 몰린 프랑스 주교들과 1814년 복권된 예수회의 압박이 가해지는 곳들에서 특히 이러한 경향이 강하게 나타났다. [베르나데트]

메테르니히는 처음에 비오 9세Pius IX(재위 1846~1878)가 자유주의자일 거라 착각했다. 하지만 그가 교황직에 있는 동안, 로마가톨릭은 중세에 가장 독단적이었던 교황들보다도 더 강도 높은 교리들을 채택해 제시하게 된다. 1854년 동정녀 마리아의 원죄 없는 잉태Immaculate Conception of the Virgin 교리가 반포됐다. 1864년에는 회칙 〈콴타 쿠라Quanta Cura〉('전적인 돌보심'으로 번역되기도 한다)를 통해 교회의 최고권이 모든 형태의 민간 행정당국의 권위 위에 군림한다고 발표하는 한편, 〈교서요목教書要目, Syllabus〉에서는 기이한 목록을 만들어 민간인이 주재하는 결혼부터 종교적 관용에 이르기까지 '현대의 오류들'을 하나도 빠짐없이 조목조목 나열했다. 1870년에는 바티칸공의회에서 통과된 교리 헌장 〈파스토르 아에테르누스Pastor Aeternus〉(영원한 목자)를 통해, 교황의 무오류성 교리가 신앙과 도덕의 문제들에까지 도입됐다. 이러한 입장들은 지극히 극단적이었기 때문에, 이들 입장 표명을 계기로 교황은 교회 안팎에서 명망을 상당히 잃었다. 독일에서는 문화투쟁Kulturkampf(굴투르캄프)이라는 심각한 갈등이 일어나는가 하면, 스위스, 독일, 네덜란드의 성직자들이 떨어져나와 구가톨릭교회Altkatolisch Kirche를 성립시켰다. 종국에 비오 9세는 자신이 쥐고 있던 모든 속세의 권력을 빼앗긴 채 스스로를 "도덕적인 죄수"라고 항변하다가 바티칸궁에서 죽음을 맞았다. 비오 9세의 충직한 종복이었던 예수회는 1872년 독일에서 추방당하고, 이어 1880년에는 프랑스에서도 추방당했다. [교서요목]

"평화의 교황"이라 불린 레오 13세Leo XIII(재위 1878~1903)대에, 교회는 정치 그리고 특히 사회 문제들에서 근대적 사상에 훨씬 가까이 다가갔다. 회칙 〈리베르타스Libertas〉(자유)(1888)는 자유주의, 민주주의, 양심의 자유가 가진 긍정적 측면을 인정하고자 노력했다. 또 다른 회칙 〈레룸 노바룸Rerum Novarum〉〔새로운 사태〕(1891)에서는 교회가 사회 정의의 편에 서 있음을 밝히며, 무절제한 자본주의에서 비롯되던 과도한 폐해들을 규탄하는 한편 세계의 모든 국가를 향해 특정인이 아닌 그 나라 시민 전체의 복지를 증진시키기 위해 힘쓸 것을 촉구했다. 하지만 비오 10세Pius X(재위 1903~1914) 대에는 회칙 〈파스켄디 도미니키 그레기스Pascendi Dominici Gregis〉〔주님 양떼의 사목〕(1907)를 통해 근대성을 '모든 이단의 축약판'이라고 단호하게 비판하면서, 가톨릭교회가 반동의 기치를 다시 한 번 쳐드는 것처럼 보였다.

정교회 세계의 변화는 민족 정치 영역에서 주로 찾아볼 수 있었다. 발칸반도에서 힘을 떨치던 오스만제국이 퇴조하면서, 그리스, 세르비아, 루마니아, 몬테네그로, 불가리아에는 독립된 자치 교회들이 설립됐고 각자 자신들의 종교회의나 대주교의 결정에 따라 교회를 운영해나갔다. 이들 교회는 발칸반도 국가들이 자신들의 정체성을 발달시키는 데 중요한 구심점 역할을 했다. 그에 맞추어 콘스탄티노폴리스의 세계 총대주교들은 종래의 특권과 영향력을 점점 상실해갔다. 이들은 오스만제국 정부의 힘에 밀려 세계 총대주교직에서 거듭 물러나야 했고 러시아 정교회로부터 특히 거센 암묵적 요구가 있었으니, 러시아정교회에서는 갈수록 술탄의 정교회 신민들을 모두 자신들이 보호해주고 은덕을 베풀어야 한다고 주장하고 있었다. 기독교도 사이의 분열은 좀처럼 나아질 기미가 없는 것으로 드러났다. 기독교 전체가 하나로 통일을 이루거나 친교를 맺어야 한다는 대승적 차원의 바람은 그 어디서도 찾아볼 수 없었다. 러시아정교회가 구舊가톨릭교도에게 얼마간 관심을 보였고, 1895년 차르의 대관식 때 영국국교회와 역사상 처음으로 일련의 교류가 있었다. 그러나 에큐메니즘ecumenism〔교회일치운동〕의 첫출발은 어쩔 수 없이 프로테스탄트 세계에 국한됐다. 1817년 프로이센에서 생겨난 교회 연합은 루터파와 칼뱅파를 하나로 뭉치게 했다. 영국성서공회British and Foreign Bible Society(1804), YMCA(1844), YWCA(1855) 등이 선봉에 서서 초교파적이고 초국가적인 협동을 위해 노력한 사례로 꼽힌다. 일반적으로 볼 때 로마가톨릭교회의 권력층은 이런 분위기에서 시종 한 발짝 떨어져 있다가, 나중에 아프리카와 아시아에 경쟁적으로 설립된 선교 단체들 때문에 불미스러운 일이 벌어지자 그제야 본격적 행보에 나섰다. 1910년 에든버러에서 개최된 세계선교대회World Missionary Conference는 국제선교협의회International Missionary Council의 창설로 이어지니, 이 단체는 차후 일어나게 될 에큐메니즘의 유명한 두 진원지의 하나였다.

정치. 19세기 정치에서 가장 핵심적인 화두는 각국의 군주제가 과연 어떤 운명을 맞을까 하는 점이었는데, 이 무렵 군주제는 얼마간 그 위세를 회복할 수 있었지만 거대한 시대적 운동 세 가지—자유주의, 민족주의, 사회주의—에 밀려 서서히 그 기반이 약화돼갔다. 일반적으로 논할 때, 비록 사상자들이 꽤 많이 발생하기는 했지만, 군주제는 온전한 모습으로 명맥을 유지해나갔

베르나데트 BERNADETTE

■ 1858년 영양실조에 천식을 앓는 소녀 마리-베
■ 르나르드 수비루Marie-Bernarde Soubirous(루르드의 베르나데트)는 프랑스 비고르의 루르드 인근 한 동굴에서 2월 11일부터 7월 16일 사이에 18차례나 놀라운 환영을 목격했다. 먼저 강풍이 몰아치는 소리가 들린 뒤 하얀 드레스에 푸른 띠를 두른 아름다운 여인의 모습이 보였다. 발밑에는 황금빛 장미들이 피어 있었다. 이 환영은 베르나데트에게 기도하고 참회하며 예배당을 세우고 샘물을 마시라고 청했다. 환영은 한번은 방언으로 자신의 '무원죄 잉태immaculada concepciou'를 알렸다. 또한 악령이 아니라는 증거로 자신에게 성수를 뿌리게 했으며, 처벌과 보상을 내릴 수 있음을 보여주었다. 이 환영에 대해 신성 모독적 발언을 한 마을 사람들은 모두 병에 시달렸다. 동굴 근처의 장미를 짓밟은 사람들은 재산을 잃었다. 루르드의 샘물은 치유력을 가진 것으로 입증됐다.

처음에는 행정 당국이나 교회 당국 모두 대수롭게 여기지 않았다. 그들은 베르나데트를 상세하게 심문해 많은 증언을 모은 뒤 동굴 주위에 울타리를 둘렀다. 현지인들과 끊임없이 찾아오는 외지인들을 막을 수 없게 되자 그들은 베르나데트를 느베르의 한 수녀원으로 보냈다. 그러다 결국 피할 수 없으니 차라리 동참하기로 하고, 커다란 성당을 지어 순례자들을 받고 가톨릭 의료기관을 만들어 기적과도 같다는 샘물의 치료 효능을 검사했다. 이후 루르드는 유럽 최대의 기독교 신앙요법의 중심지가 됐다.[1]

교회의 역사에서 성녀 베르나데트(1844~1879)는 세속주의에 반대하고 전통적 종교를 옹호한 가톨릭 경건주의자들 및 성모의 환영을 본 사람들과 계보를 같이한다. 베르나데트는《한 영혼의 이야기Histoire d'une âme)라는 선풍적 베스트셀러 자서전을 쓴, 폐결핵을 앓은 일명 '리지외의 소화小花' 성녀 테레즈 마르탱 Thérèse Martin(1873~1897)과 함께 수난에 시달리는 신자의 신성을 보여주었다. 이로써 그녀는 사방의 적에 맞서는 프랑스 교회의 싸움에 이용됐다. 베르나데트는 성녀 테레즈보다 8년 뒤인 1933년에 시성諡聖됐다.

다른 관점으로 접근하면, 베르나데트 수비루의 사례는 그녀가 살았던 시대의 사회적 근대화가 일반적으로 묘사되는 것처럼 단순하지 않았음을 시사한다고 볼 수 있다. 역사학자들은 농민들이 정부의 의무 교육과 병역으로 인해 끊임없이 획일적 프랑스인으로 변화된 과정을 묘사한 바 있다.[2] 그러나 1858년의 사건들은 다른 요인들이 작용했음을 예시해준다. 루르드 사람들은 주교를 포함해 모두가 방언을 사용했다. 아무도 베르나데트를 미쳤다거나 악마숭배자라고 말하지 않았다. 베르나데트는 평범한 성모나 아기 예수를 묘사하지 않았다. 그녀는 시간이 지나도 변하지 않는 지역사회에 속해 있었다. 그곳 사람들은 물을 숭배했고, 옷이든 죽은 자나 갓난아기든 물에 씻기는 제의적 행위를 엄격히 여성의 일로 간주했다. 이곳에서는 주교가 성모의 성지들을 보수하긴 했으나, 피레네산맥의 깊은 동굴 속에는 여전히 요정들이 살고 있다고 믿었다. 베르나데트는 그 환영을 '프티 드무아젤petite demoiselle'(작은아씨들)라고도 불렀는데, 이는 '요정'을 일컫는 말이기도 했다. 베르나데트의 맨발과 이가 들끓는 몸, 고집스러운 일관성, 무엇보다도 황홀경에 빠져 무릎을 꿇고 오랜 시간을 보낸 점은 굉장한 설득력을 발휘했다. 그녀의 몸짓 언어는 "비언어적, 사회적 기억의 매개체"로 작용했다고 보는 관점이 있다.[3] 베르나데트는 마을 사람들이 진정성 있게 받아들일 법한 메시지를 전달한 것이다.

다. 1914년의 시점에 유럽의 신성한 권좌 위에 올라앉아 있는 통치자 수는 100년 전보다 오히려 늘어나 있었다. 물론 군주제는 통치자와 피통치자 사이 관계에 대대적 수정을 가함으로써 이렇게 명맥을 유지했을 뿐이었다.

자유주의. 자유주의Liberalism는 나란히 달리는 정치와 경제의 두 노선을 따라 발달해나갔다. 당시 정치적 자유주의는 국민의 동의에 의한 통치라는 본질적 개념에 초점을 맞추었다. 자유주의라는 말은 스페인의 자유주의파liberales(스페인 군주제가 자의적으로 권력을 휘두르는 것에 반발해 1812년 헌법을 만들었다)에서 연원했지만, 그 뿌리는 사실 훨씬 이전인 계몽주의 시대에 나온 여러 정치 이론 및 그 밖의 여러 가지 것들에서 찾아볼 수 있다. 아닌 게 아니라, 자유주의의 초기 역사 상당 부분은 제한된 정부limited government의 성장과 떼어 생각할 수 없다. 자유주의가 역사상 처음으로 지속적 성공을 거둔 것은 아마도 미국독립혁명에서일 것이나, 그렇다고 해도 자유주의는 영국의 의회정치 경험에 의존한 바가 컸고, 무엇보다 일차적으로 프랑스혁명의 헌법 제정 단계에서 큰 영향을 받았다. 가장 철두철미한 형태의 자유주의는 공화제를 수용했으나, 당시 대부분의 자유주의자들은 나라의 안정을 도모하는 차원에서 대중에게 인기가 많고, 제한된 권력을 지니며, 공평성을 지향하는 군주제를 기꺼이 받아들였다. 자유주의의 옹호자들이 무엇보다 강조한 것은 법의 지배, 개인의 자유, 헌법 절차, 종교적 관용, 인간의 보편적 권리 같은 것들이었다. 그에 반해 국왕, 교회, 혹은 귀족 등이 본래부터 갖고 있던 특권에 대해서는, 이런 특권이 어디 남아 있건 간에 반대했다. 19세기의 자유주의자들은 사유재산도 무척 중요시한바, 사유재산이 책임감 있는 판단을 내리고 건실한 시민의식을 기르는 일차적 원천이 된다고 보았기 때문이다. 그 결과, 이들은 절대주의의 양 날개를 자르거나 근대 민주주의의 초석들을 놓는 데에는 얼른 선두에 나섰으나, 보통선거권이나 평등주의를 지향하는 급진적 체제를 구상할 채비는 아직 돼 있지 않았다.

경제적 자유주의는 자유무역의 개념 그리고 그와 결부된 자유방임주의Laissez-faire 신조에 초점을 맞추었다. 이 기조에서는 각국 정부가 보호주의 관세를 통해 경제생활을 규제하던 습관에 반대했다. 경제적 자유주의에서는 사람들이 과도한 제약을 받지 않고 상업 및 산업 활동에 종사할 수 있도록 개인의 사유재산의 권리를 무엇보다 강조했다. 경제적 자유주의는 그때껏 한 국가 내 혹은 여러 국가 사이에 널리 퍼져 있는 관세 장벽을 허무는 데 에너지를 쏟아부었고, 먼 옛날 생겨난 길드 조직부터 새로이 생겨난 노동조합에 이르기까지 모든 형태의 집단주의 조직을 상대로 싸움을 벌여나가는 데에도 에너지를 쏟아부었다.

오늘날 자유주의는 이 무렵 새로이 생겨난 중산층의 이데올로기로 분류되는 경우가 많다. 그럴 만도 한 것이 당시 자유주의가 호소한 대상은 과거 여러 특권을 누리던 귀족층과 한 푼

교서요목 SYLLABUS

■ 1864년 12월 8일, 교황 비오 9세는 회칙 〈콴타 쿠
라〉와 함께 〈우리 시대 가장 중요한 오류에 대한
교서요목〉을 발표했다. 이 문헌은 바티칸에서 15년이
넘도록 준비됐고 여러 차례 개정됐다. 하지만 1862년에
이미 토리노의 반反교권 저널 《메디아토레Mediatore》에
그 내용이 유출돼 실리면서 비난을 샀다.
이 오류 목록의 조항들은 10가지 수제로 분류돼 있다.
오류를 폭로하는 것이 이 문헌의 목적이므로, 각 쟁점
에 대한 로마가톨릭교회의 입장은 관련 조항이 '사실
이 아니다'라는 것이었다.

무신론과 절대적 합리주의

1. 신은 존재하지 않는다.

2. 신의 계시는 모든 과학과 철학적 사색을 반대하는
   데 이용될 수 있다.

중도적 합리주의

종교무차별주의

15. 모든 종교와 종단은 동등하다.

정치적 결사

18. 모든 사회주의 결사와 공산주의 결사, 비밀 결사, 성
    경 강독 결사, 성직자 자유주의 결사는 허용된다.

교회의 권리

24. 교회는 세속적 권력을 가질 수 없다.

26. 교회의 재산 소유권은 불허될 수 있다.

28. 주교들은 정부의 허가를 받아야만 교황의 교서를
    공포할 수 있다.

30. 교회의 권한은 오로지 국법에서 나온다.

32. 성직자의 병역 면제는 폐지될 수 있다.

33. 신앙 교리를 가르칠 수 있는 교회의 권리는 불허

될 수 있다.

37. 국가 교회는 교황의 통제에서 벗어나 건립될 수 있다.

국가의 권리

39. 오직 국가만이 사회적 권위를 가질 수 있다.

43. 국가는 일방적으로 정교협약을 파기할 수 있다.

44. 국법은 교회법에 우선한다.

45. 교육정책의 결정에 대해서는 국가가 절대적 권한
    을 갖는다.

46. 국가는 신학대학에 대해 전면적 통제권을 행사할
    수 있다.

49. 국가는 로마 교회와의 소통 없이 교권제를 거부할
    수 있다.

50. 세속의 기관들이 주교 임명 또는 퇴위의 권한을
    갖는다.

54. 왕과 군주는 교회법에 종속되지 않는다.

55. 정교는 반드시 분리돼야 한다.

윤리

56. 세속의 법은 자연법이나 신법에 부합하지 않아도
    된다.

58. 사안과 관련 있는 권력만 인정돼야 한다.

63. 합법적 군주에 대한 저항은 허용될 수 있다.

기독교의 혼인

66. 혼인은 본질적으로 신성한 것이 아니다.

67. 혼인의 결속은 해체될 수 있으며, 따라서 엄격한
    의미의 이혼은 국가가 허락할 수 있다.

68. 혼인에 대한 제약은 국가가 단독으로 정할 수 있다.

교황의 세속적 권리

75. 가톨릭 신자들은 교황의 세속적 권력이나 종교적
    권력에 이의를 제기할 수 있다.

76. 세속적 권력을 포기하는 것이 교회에는 이익이 된다.

자유주의

77. 가톨릭이 유일한 교파라는 논리는 더 이상 통하지 않는다.

78. 가톨릭 국가로 이주한 이들이 공개적으로 다른 종교 활동을 할 수 있도록 허락해야 한다.

80. 로마 교황은 '진보' '자유주의' '현대 문명'과 타협하고 조화를 이룰 수 있으며 그렇게 해야 한다.[1]

이 교서요목은 이탈리아왕국의 건립을 둘러싼 논쟁의 혼란 속에서 길잡이를 찾고자 하는 이탈리아 주교들의 요구에서 나온 것이다. 교황은 이 정치 투쟁의 적극적 참가자였다. 이 가운데 많은 조항은 보편적 표현으로 제시됐으나 사실은 아주 특정한 지역 상황을 반영하고 있다. 이로 인해 빚어진 심각한 결함이 오해로 이어졌다. 일례로, 18항의 '성직자 자유주의' 결사에 대한 비난은 일반론인 듯하지만 샤를 몽탈랑베르Charles Montalembert(교회를 국가의 감독에서 해방시키기 위해 노력한 19세기 프랑스의 정치가이자 가톨릭역사학자)의 뒤를 이은 모든 개화된 성직자들에 대한 공격으로 받아들여졌다. 원래 의도는 그저 피에몬테의 성직자들 가운데 정부의 수도원 해체 계획을 지지하는 무리들을 제지하려는 것이었다.

꼼꼼히 들여다보면, 대다수의 조항은 그저 바티칸이 기존의 입장을 유지하기 위한 것임을 알 수 있다. 교서요목은 '교황이 현대 문명과 조화를 이뤄야 한다는 것은 사실이 아니다'라고 밝힘으로써, 교회는 시대를 초월하는 종교적 원칙을 따라야 하며 시류에 굴복하지 않는다고 분명하게 강조한 셈이었다.

그러나 사뭇 다른 결과가 도출됐다. 주요 조항 가운데 몇 가지는 넣지 않은 편이 나았을 만큼 한심하게 비춰졌다. 한 적대적 언론에서 이중 부정 조항들을 보도하자 많은 사람은 로마가톨릭교회가 모든 관용과 모든 합리적 사고, 모든 형태의 혼인 파기, 모든 국가의 자결권, 모든 형태의 사회적 자선에 완강히 반대한다고 믿게 됐다.

정치적 측면에서 현재의 시선으로 돌아보면, 바티칸의 변호사들이 모든 사회주의 결사, 공산주의 결사, 비밀 결사, 독립적 성경 강독 결사, 자유주의 성직자들을 악마의 무리로 한데 묶을 수 있었다는 것은 놀라운 일이다. 그러나 이는 시대상의 일면이었다. 유럽 다른 지역의 보수주의 식자층도 이와 같은 생각을 갖고 있었다. 그 시대의 가장 위대한 인물로 거론되는 표도르 도스토옙스키도 18항에 동의했을 것이다. 단, 그는 지극히 러시아 중심적 관점을 고수했으니 여기에 '모든 로마가톨릭 신자들'을 추가하고 싶었을 것이다.[2]

의 재산도 못 가진 산업 분야의 대중 사이에 끼어 점점 그 영역을 넓혀가던 광범위한 사회 계층이었기 때문이다. 그러나 당시 자유주의가 지닌 호소력을 특정한 한 곳에만 한정할 수는 없다. 자유주의는 반드시 사회적이거나 경제적인 동기를 갖지 않은 광범위하고 다양한 이해집단을 상대로도 호소력을 지니고 있었기 때문이다. 1820년대에 결성돼 각지로 퍼져나간 부르셴샤프트Burschenschaft(대학생조합)를 비롯해, 프리메이슨 단원들, 문화계의 반체제인사들, 교육 및 형법 방면의 개혁 세력들, 귀족층이었던 영국의 휘그당원들 및 폴란드의 대부호들, 심지어는 러시아의 반체제 육군 장교들인 '데카브리스트Decembrist'(1825년에 전제정치의 악정에 반발하며 반역을 꾀했다)들까지도 자유주의의 영향을 받았다.

잉글랜드는 이런 발전들을 어디보다 일찍 겪었고, 따라서 당대의 자유주의를 가장 설득력 있게 표현한 글을 잉글랜드에서 찾아볼 수 있었던 것도 어쩌면 당연했다. 경제학에서는 데이비드 리카도David Ricardo(1771~1823)의 《정치경제학과 과세의 원리에 대하여On the Principles of Political Economy and Taxation》(1817)가 출간돼, 애덤 스미스를 필두로 시작된 고전주의 경제학자들의 작업을 완결지었다. 리카도의 제자들은 곡물법반대연맹Anti-Corn Law League의 활동과 맨체스터학파Manchester School—자유무역을 옹호한 학자들의 모임으로 리처드 코브던Richard Cobden(1804~1865)과 존 브라이트John Bright(1811~1889)가 주도했다—의 운동에 참여해 실질적 조치들을 취했다. 정치철학 분야에서는 존 스튜어트 밀John Stuart Mill(1806~1873)의 저작들이 나와 관용의 정신과 균형감을 갖춘 자유주의를 표방하는 최고 걸작으로 지금까지도 그 명성을 자랑하게 되니, 이들 서작 속에서 초기 사유주의 옹호자들이 내세운 다소 투박한 원칙들은 이즈음의 논쟁과 경험 속에서 한층 세련되게 다듬어졌다. 예를 들어 밀은 자신의 저작들 속에서 자유방임주의 경제학을 변호하면서도, 그러기 위해서는 반드시 자본가 고용주들의 권력이 피고용인들이 만든 노동조합의 제 권리에 상응해야 한다는 점을 강조했다. 아울러 그는 —철학자이자 그의 아버지 제임스 밀James Mill(1773~1836)이 선언한 것처럼— 공리주의자들이 주창한 '최대 행복greatest happiness' 원칙도 지지했으나, 이때에도 반드시 행복을 쾌락과 혼동하지 말아야 한다는 단서를 붙였다. 존 스튜어트 밀은 《자유론On Liberty》(1859)에서 개별 인간이 가진 권리들과 관련한 표준 선언문을 내놓으며, 이 권리들이 제한돼야 하는 것은 오로지 타인의 권리들을 침해할 때뿐이라고 밝혔다. 그는 다음과 같이 썼다. "그 횟수가 얼마를 헤아리든 간에 행동의 자유를 방해해도 좋다고 […] 인류가 보장받을 수 있는 경우는 단 하나, 그것이 자기방어의 수단이 될 때뿐이다."《여성의 종속The Subjection of Women》(1869)에서는 그 누구보다 가장 명쾌한 논변으로 페미니스트의 대의를 지지한바, 여성과 남성 간에는 수많은 차이가 존재하나 그 어떤 것도 두 성별이 다른 권리를 가져야 한다는 점을 정당화하지는 못한다는 것이 이 책의 주장이었다.

그러나 자유주의를 둘러싸고 핵심적 정치 드라마가 펼쳐질 수밖에 없었던 곳은 당연히 프랑스였으니, 이 나라야말로 좌절된 혁명의 본고장이자, 가장 선진적이고, 가장 날카롭고, 가장 첨예하게 대립하는 정치적 의견들이 공존하는 곳이었다. 프랑스 정치를 특징지은 것은 단순히 가톨릭교를 신봉하는 보수적 군주제 지지자들과 급진적 반성직자파 공화주의자들만은 아니었다. 모순적 행보를 보인 수많은 인물, 일례로 과거 자코뱅파이자 공화주의자로서 '시민왕Citizen-King'에 오른 루이 필리프(재위 1830~1848), 혹은 자유주의자이자 혁명가가 되려 했으나 황제로 변모한 루이 나폴레옹(나폴레옹 3세, 재위 1848~1870) 같은 이들로 인해 프랑스 정치는 더욱 복잡한 양상을 띠었다.

그 결과 프랑스에서는 이따금 모든 것을 뒤엎을 듯한 일련의 폭력 사태가 일어나는 가운데 보수주의 정권과 자유주의 정권이 번갈아 세워지며 권력의 추가 한쪽에서 다른 한쪽으로 옮겨 가길 반복했다. 루이 18세Louis XVIII(재위 1815~1824)와 샤를 10세Charles X(재위 1824~1830) 대의 부르봉 왕정복고 체제는 1830년의 7월혁명July Revolution으로 전복됐다. 루이 필리프 대의 7월왕정July Monarchy도 1848년 2월 23일의 혁명(2월혁명)으로 전복됐다. 단명에 그친 프랑스 제2공화정(1848~1852)은 이 정권의 애초 수혜자에게 전복당했다. 이후 루이 나폴레옹은 스스로를 황제로 선포하는 단계까지 나아갔다. 제2제국(1851~1870)은 프랑스가 프랑스-프로이센전쟁에서 한창 굴욕을 당하고 파리코뮌의 폭력 사태가 벌어진 와중에 전복됐다. 1870년에 첫발을 내디딘 제3공화정(1870~1940)은 그래도 70년간 명맥을 유지했다. 하지만 제3공화정에서 정부는 극심한 불안정을 보였고, 대중의 논쟁은 지극히 활발했으나 극도로 무용했으며, 반대 진영들이 서로에 대한 적의를 역력히 드러냈다. 1894년에서 1906년 사이에 프랑스 정국을 장악한 그 악명 높은 알프레드 드레퓌스Alfred Dreyfus 대위 사건은 프랑스의 자유주의와 반자유주의의 열정이 아직 합의점을 찾지 못했다는 사실을 방증했다.

국운이 이렇듯 극심한 부침을 겪은 상황은 스페인도 비슷했는바, 스페인은 일종의 자유주의 실험실 같은 역할을 했다. 엑살타도exaltados(극단적 급진파)와 아포스톨리코apostolicos(교회의 지원을 받는 극단적 군주제 지지파) 사이에는 어마어마한 간극이 생겨나 도저히 그 틈이 메워지지 않았다. 1829년 이후 군주제 지지파 상당수는 왕위에 오르고자 한 돈 카를로스Don Carlos(1855년 사망)와 주로 바스크족 카탈루냐인들 사이에 충직한 추종자를 거느린 그의 후계자들의 주장을 지지했다. 그러나 정작 스페인의 왕위에는 불우하고 방탕한 군주들—페르난도 7세Fernando VII(재위 1814~1833), 이사벨 2세Isabel II(재위 1833~1868), 알폰소 12세Alfonso XII(재위 1874~1885)—이 잇따라 왕위에 오르며 나라는 위태위태했다. 그 결과, 스페인에서는 자유주의 헌법이 도입되는 일과 함께, 그것이 무효화되는 일이 잦았다(1812, 1820, 1837, 1852, 1855, 1869, 1876). 성직자의 음모, 무절제함, 내전이 스페인을 지배한 질서였다. 아오스타 공작 아마데오Amadeo(아마데오 1세)(재위 1870~1873)의 짧은 통치기를 거치고 나서 스페인에는 잠시나마 공화국이 건립됐다. 그러다 1876년 이후 알폰소 13세(재위 1885~1931)의 통치 속에서 마침내 자유주의의 핵심부가 1920년대까지 입헌군주제를 유지해갈 만큼 강한 힘을 갖추게 됐다. [프라도]

포르투갈은 80년간의 입헌주의 투쟁을 벌인 끝에 종국에는 군주제를 폐지했다. 포르투갈에서 입헌주의의 원칙에 입각한 헌장이 공식 인가를 받은 것은 1826년, 브라질이 독립국의 지위를 확립하고 왕 페드루가 브라질 황제(페드루 1세Pedro I, 포르투갈 왕 페드루 4세)로 계속 남겠다는 결정을 내리고 얼마 지나지 않아서였다. 그러나 포르투갈에서는 이 헌장의 실행을 막기 위해 온갖 술수가 동원됐다. 그리하여 1853년에 이르도록 마리아 2세Maria II와 그녀의 두 아들(페드루 5세Pedro V, 루이스 1세Luis I)이 지배하는 절대주의의 조정이 전횡을 일삼았다. 카를루스 1세Carlos

프라도 PRADO

■
■　1819년 11월 19일 마드리드 프라도거리의 스페인 왕립미술관이 대중에게 공개됐다. 미술관은 당시 왕위를 되찾은 페르난도 7세의 열정과 그의 두 번째 부인 (포르투갈의) 마리아 이사벨라 데 브라간사 Maria Isabella de Braganza의 지원으로 탄생한 곳이었다. 대공들로 구성된 위원회와 초대 관장 앙글로나 대공príncipe de Anglona이 운영을 맡았다. 전면이 코린트 양식으로 장식된 이 건물은 30년 전 건축가 돈 후안 비야누에바Don Juan Villanueva가 자연사박물관으로 설계한 것이었다. 초기 전시 작품은 회화 311점이었다. 6년 전 웰링턴 공작이 조제프 보나파르트에게서 빼앗은 많은 걸작은 반환되지 않은 탓에 전시되지 못했다.

이 미술관의 첫 카탈로그는 1823년에 프랑스어로 발행됐다. 앙굴렘 공작Duke of Angoulême(프랑스의 마지막 황태자 루이 19세)과 당시 프랑스 점령군 '성왕 루이 9세의 아들들'이 스페인 왕을 백성들로부터 구하기 위해 진주해 있었던 까닭이다. 반란을 일으킨 수도원들에서 몰수한 트리니다드미술관 소장품을 인수한 뒤 1838년 국립미술관으로 이름이 바뀌었다. 자유주의 혁명 이후 1873년에 프라도미술관Museo del Prado이라는 이름을 얻었다. 스페인내전(스페인내란) 기간인 1936~1939년에는 폐관됐고, 그사이 많은 소장품이 전쟁을 피해 제네바로 옮겨져 전시됐다.

스페인 왕립미술관의 소장품은 로히어르 판데르 베이던Rogier Van der Weyden(1464년 몰)의 그림들을 사들인 것으로 유명한 카스티야의 후안 2세(1445년 몰)로 거슬러 올라간다. 미술관의 주요 후원자로는 티치아노 베첼리오를 후원한 카를 5세(카를로스 1세)와 펠리페 2세, 벨라스케스를 고용한 펠리페 4세, 1774년에 예수회의 전 재산을 압류한 카를로스 3세를 꼽을 수 있다. 미술관은 화재와 프랑스 군대로 인해 심각한 손실을 입었음에도 세계 최고의 작품들을 보유한 미술관으로 성장했으며 카스티야의 건조한 기후 덕분에 소장품들의 보관 상태도 매우 훌륭하다.

프라도의 주요 소장품은 이탈리아, 플랑드르, 독일, 네덜란드, 프랑스 유파의 거장들을 아우른다. 무엇보다도 스페인 유파의 본거지가 된 이곳에는 톨레도에 정착한 크레타인 엘그레코(1541~1614), 세비야의 디에고 데 벨라스케스(1599~1660)와 바르톨로메 무리요(1618~1682), 발렌시아의 호세 데 리베라(1591~1652) 프라도 개관 당시 스페인에서 가장 유명한 화가로 독보적 입지를 차지했던 프란시스코 데 고야(1746~1828)의 작품이 전시돼 있다.

"모든 미술관은 인간의 천재적 창의력의 정수를 보관하고 있다."[1] 미술관은 역사책과 달리 감각을 자극하고, 상상력을 불러일으키며, 유럽의 과거로 가장 손쉽게 들어가는 길을 제공한다고 말할 수 있다. 프라도미술관은 파리의 루브르박물관과 암스테르담의 국립미술관, 빈의 미술사박물관, 런던의 내셔널갤러리, 상트페테르부르크의 에르미타시박물관, 피렌체의 우피치미술관과 바티칸궁전을 비롯한 수준급 국립미술관 중에서도 최고로 손꼽힌다. 그다음으로는 뮌헨, 크라쿠프, 옥스퍼드의 훌륭한 2군 '지방' 미술관 및 박물관, 여러 현대 미술관, 그리고 솔레·옝제유프·덜위치 등에 포진해 있는, 비교적 알려지지 않았지만 알찬 미술관들을 꼽을 수 있다.

1784년 페르난도 7세의 출생과 함께 프라도 건립이 시작됐을 때 유럽에서 공공미술관을 계획하고 있는 군주가 또 하나 있었다. 폴란드의 스타니스와프 아우구스트 포니아토프스키 왕(재위 1764~1795)은 런던의 한 미술상에게 바르샤바에 있는 자신의 개인 소장품을 옛 거장들의 선별된 작품들로 보완해달라고 의뢰했다. 그러다 러시아-폴란드전쟁이 일어나고 폴란드는 분할됐다. 왕은 소장한 그림 2900점과 함께 러시아로 추방됐고 이 그림들은 결국 폴란드가 아닌 러시아의 미술관들을 장식하게 됐다. 대금을 치를 수 없었던 왕은 자신이 의뢰한 런던의 그림들을 끝내 보지 못했다. 이 작품들은 가치에 비해 잘 알려지지 않은 수많은 보물창고들 중 하나인 런던의 덜위치미술관Dulwich Picture Gallery의 주요 소장품이 됐다.[2]

I(재위 1889~1908) 대에 들어서는, 진보당 및 개혁당이 주축을 이룬 '회전내각rotativos'이 포르투갈 의회를 장악한 데 이어, 두 당이 손을 잡고 점차 커져가는 공화주의의 정서를 배격했다. 카를루스의 통치는 단기간 왕의 독재가 이루어지면서 절정을 맞았으나, 왕과 왕세자가 함께 암살을 당하면서 끝났다. 포르투갈의 마지막 왕 마누엘 2세Manuel II(재위 1908~1910)는 무장 군대가 1910년 10월 5일 막후에서 혁명을 지원하고 공화제를 선포하자 이내 퇴위하고는 잉글랜드로 건너가 그곳에서 여생을 보냈다.

프랑스에서 일어난 '혁명들'은 매번 유럽 전역에 여러 여파를 몰고 왔다. 1830년의 '7월의 날들July days'("영광의 3일", 7월 혁명)은 브뤼셀에서 8월의, 바르샤바에서 11월의 봉기를 촉발했다(뒤의 내용 참조). 파리에서는 라파예트가 반란군의 선두에 서면서, 복고주의자 샤를 10세와 그를 따르던 '성직자 당파parti prêtre'가 권좌에서 물러났고, 하원을 통해 루이 필리프 1세Louis Philippe I(재위 1830~1848)가 왕으로 선출됐다. 브뤼셀에서는 혁명군이 시청사를 장악하고, 그곳의 질서를 다시 세우겠다며 파견된 네덜란드 군대가 임무 완수에 실패하자, 루이 필리프 1세의 아들인 느무르 공작Duc de Nemours(루이Louis)이 벨기에인의 차기 왕으로 선출됐다. 네덜란드연합왕국United Kingdom of Netherlands에 속해 있던 벨기에 속주들은 1815년 이래로 자신들이 네덜란드의 이해관계에 종속돼 있다는 사실을 무척 원통하게 여기고 있었던 터라 벨기에의 독립을 유럽의 강국들이 흔쾌히 받아들이니, 이들은 모범적 입헌주의 군주제가 탄생하는 것에 찬성했다. 그러나 벨기에에서 정작 왕으로 즉위한 것은 느무르 공작이 아닌 작센-코부르크-고타 가문의 레오폴드 1세Leopold I(재위 1831~1865)였다. [고타]

1848년 2월에 접어들자 혁명의 열기는 1830년보다 훨씬 강하게 달아올라 있었고, 유럽 각지에서 폭발하듯 터진 수많은 혁명은 이제 영국과 러시아를 제외한 모든 주요 국가로 확산됐다. 이런 혁명과 관련해 스위스는 1845년부터 이미 문제를 겪고 있었고, 크라쿠프공화국은 1846년부터, 시칠리아는 1847년부터 매한가지 상황에 처해 있었다. 루이 필리프의 실각을 신호탄으로 삼아 독일, 이탈리아, 오스트리아, 헝가리의 모든 주요 도시에서 혁명의 불이 붙었다. 지금까지 1848~1849년에 유럽에서 일어난 사건들은 "지식인들의 혁명the Revolution of the Intellectuals"이라는 말로 일컬어지는바, 이런 용어가 붙은 것은 무엇보다 당대에 프랑크푸르트의 예비의회 및 프라하의 슬라브민족회의에서 강한 격론이 일었던 데다, 역사에 한 획을 그은 《공산당선언》(1848)이 출간됐다는 점에서다(뒤의 내용 참조). 하지만 실상을 보면, 당시는 몇 마디 말보다 잔학한 행동이 훨씬 더 효력을 발휘했다. 알퐁스 드 라마르틴, 아담 미츠키에비치, 샨도르 페퇴피

고타 GOTHA

■
■ 튀링겐의 작센-코부르크-고타공국Herzogtum Sachsen-Coburg und Gotha은 1826년 작센-코부르크-잘펠트Sachsen-Coburg-Saalfeld 공작(에른스트 1세)이 이혼과 함께 잘펠트와 고타를 맞바꾸면서 탄생한 공국이다. 8개의 작은 지역으로 구성된 이 공국은 작센-알텐부르크, 작센-마이닝겐, 작센-바이마르-아이제나흐와 함께 훗날 독일제국에 편입된다. 공작에게는 두 아들—에른스트Ernest(1819~1893, 에른스트 2세)와 앨버트Albert(1819~1861)—이 있었다. 그의 동생 레오폴드Leopold(1790~1865)는 하노버왕가의 계승자 샬럿 오거스타Charlotte Augusta와 결혼했다. 역시 하노버왕가와 결혼한 그의 여동생 루이제Louise는 빅토리아Victoria(1819~1901) 공주의 어머니로, 프랑코니아의 아모르바흐에서 딸을 잉태했다. 빅토리아가 먼저 세상을 떠난 샬럿 숙모처럼 1830년 하노버왕가의 추정 후계자로 예기치 않게 부상하고 레오폴드는 벨기에의 선출군주로 부상하면서 공작의 가문은 전도유망한 집안이 됐다.

'레오폴드 삼촌'은 뛰어난 왕실 중매쟁이였다. 작센-코부르크-고타의 앨버트와 하노버왕가의 빅토리아는 둘 다 그의 조카였다. 1836년 5월 그는 두 사람을 엮어주었다. 당시 두 사람은 열일곱 살이었다. 그들은 "유럽의 아버지와 어머니"가 될 운명이었다(부록 1642~1643쪽 참조).[1]

한때 '뤼네부르크-첼레Lüneburg-Celle'와 '브라운슈바이크-뤼네부르크Braunschweig-Lüneburg'라는 칭호를 사용한 하노버왕가는 1714년부터 하노버공국의 선제후(이후 하노버왕국의 국왕)와 영국의 국왕을 겸했다. 이들의 거주지는 영국이었지만 언제나 독일에서 신부를 영입했으며, 조상 전래의 영토는 대리인 staathalter이 국정을 보았다. 하노버의 법은 여성 군주를 인정하지 않았으므로 1837년 빅토리아가 영국의 왕위에 오르자 하노버는 빅토리아의 숙부를 거쳐 프로이센으로 넘어갔다. 앨버트와 빅토리아는 1840년 2월 10일에 결혼하여 슬하에 아홉 자녀를 두었다. 1858년부터 장녀, 장남, 2녀는 각각 훗날 독일의 황제가 되는 호엔촐레른의 프리드리히 빌헬름Frederick William of Hohenzollern(프리드리히 3세), 덴마크의 알렉산드라Alexandra 왕녀, 장래의 헤센-다름슈타트 대공 루트비히Grand-Duke Louis of Hesse-Darmstadt(루트비히 4세)와 결혼했다.[2]

헤센-다름슈타트 대공(루트비히 2세)은 딸 마리아Marie가 1841년 장래의 러시아 차르 로마노프왕가의 알렉산드르 2세와 결혼하기 전까지는 그리 주목받는 귀족이 아니었다. 마리아의 아들 가운데 두 명은 슐레스비히-홀슈타인-존더부르크-글뤽스부르크 Schleswig-Holstein-Sonderburg-Glücksburg왕가와 혼인했다. 역시 이름이 마리아(마리아 알렉산드로브나)인 그녀의 딸은 영국 해군 제독이자 장래의 작센-코부르크-고타 공작이 되는 에든버러 공작 앨프레드 Alfred(1844~1900) 왕자와 결혼했다. 헤센의 엘리자베타Elizabeth와 러시아 대공의 결혼에 이어 엘리자베타의 여동생 알릭스Alix가 마지막 황제 니콜라이 2세와 결혼하면서 다름슈타트-상트페테르부르크동맹은 더욱 굳건해졌다.

독일의 슐레스비히-홀슈타인-존더부르크-글뤽스부르크왕가는 1853년에 덴마크의 왕위를 이어받았다. 그러나 왕가는 여기에서 멈추지 않았다. 크리스티안 9세Christian IX의 장남 프레데리크 8세Frederick(1843~1912)는 덴마크와 노르웨이 군주의 시초가 됐다. 2남 빌헬름William(1845~1913)은 러시아의 대공녀와 결혼해 요르요스 1세George I로 그리스 왕위의 시초가 됐다.[3] 장녀 알렉산드라Alexandra(1844~1925)는 웨일스 공(영국 황태자의 칭호) 에드워드 7세와 결혼해 영국의 왕비가 됐다. 2녀

마리아Marie(1847~1928)는 로마노프왕가의 알렉산드르 3세의 아내로 러시아의 황후가 됐다.

이처럼 복잡하고 촘촘한 독일계 혈족 사이의 결합에 끼어든 이들이 있었으니 바로 야심만만한 바텐베르크Battenberg가문이었다.[4] 헤센의 바텐베르크 백작 가문은 14세기에 맥이 끊겼다. 하지만 1858년 귀천상혼貴賤相婚, 덕택에 그 칭호가 부활됐다. 헤센의 알렉산드르Alexander of Hesse(1823~1888) 대공은 러시아로 간 여동생 마리아를 수행해 차르의 근위대에서 복무했다. 그러다 살해당한 폴란드 장군의 딸이자 황후의 궁녀 율리아 하우케Julia Hauke(1825~1895)와 눈이 맞는 바람에 러시아를 떠나 빈에서 장교로 임관했다. 귀천상혼을 통해 바텐베르크 여백작이 된 그의 아내는 자손들에게 미모와 그들의 성을 물려주었다. 그녀의 언니는 아동 문학을 썼다. 오빠는 1848년 토스카나에서 폴란드 군단의 지휘관으로 복무했다.[5]
알렉산드르와 율리아에게는 네 아들이 있었다. 둘째는 몬테네그로왕국의 공주와 결혼했다. 셋째는 불가리아에서 왕위에 올랐다가 폐위됐다. 넷째 헨리 백작은 앨버트와 빅토리아의 막내 비어트리스Beatrice와 결혼했다. 이 가문에서 가장 성공한 사람은 장남이었다. 빅토리아 여왕이 가장 아끼는 손녀 헤센의 빅토리아Victoria of Hesse와 결혼한 루이스 바텐베르크Louis Battenberg(1854~1921) 백작은 에든버러 공작 앨프레드 그리고 러시아 황제 알렉산드르 3세와 부계 사촌지간이었고, 알릭스 황후의 형부였다. 간부 후보생으로 영국 해군에 입대한 그는 제독이 돼 해군정보국을 지휘했으며 1914년에 전쟁이 일자 영국의 제1해군경이 됐다. 그러나 안타깝게도 독일인이었던 탓에 곧 퇴임해야 했다. 그 무렵 그의 장녀 앨리스Alice는 그리스의 왕자비가 됐고 차녀(루이즈)는 스웨덴의 왕비가 됐다. 그의 조카는 스페인의 왕비였다. 훗날 버마의 백작이 되며 "디키Dickie"로 알려진 차남 루이스Louis(1900~1979)는 그의 뒤를 따라 영국의 해군 제

독이 됐다. 1917년 7월 이 가문의 성은 바텐베르크에서 마운트배튼Mountbatten으로 다시 한 번 바뀌었다. 그들의 로마노프왕가 친척들은 체포됐고 작센-코부르크-고타-하노버-테크Teck 친척들은 서둘러 '윈저Windsor'로 성을 바꾸었다.

한편 루이스 마운트배튼 제독은 빅토리아 여왕의 레오폴드 삼촌과 비슷한 중매 실력을 선보였다. 그가 가장 아끼는 조카는 그리스에서 추방된, 필립이라는 이름의 어린 왕자였다.[6] 윈저 가문에서는 어린 엘리자베스 공주가 예상치 않게 1937년 영국의 추정 상속인이 됐다. '디키 삼촌'은 이 두 사람을 엮어주었다. 슐레스비히-홀슈타인-존더부르크-글뤽스부르크의 필립 왕자(1921년생)와 윈저의 엘리자베스 공주(1926년생)는 1947년에 혼인했다. 두 사람 모두 작센-코부르크-고타와 하노버, 헤센, 덴마크의 핏줄을 동등하게 물려받았다. 스코틀랜드 출신인 엘리자베스 어머니의 친척들을 제외하고는 두 사람 모두 근대 영국의 선조를 갖지 못했다. 그리고 두 사람 모두 성을 두 번 바꾸었다. 필립은 삼촌이 채택한 성 마운트배튼을 이어받았다. 1952년에 아내가 엘리자베스 2세(재위 1952~2022)로 즉위하자 그와 그의 가족은 추밀원칙령에 따라 여왕의 처녀 때의 성인 윈저를 따랐다. 노련한 계보학자들은 그들이 플랜태저넷Plantagenet왕조와 튜더Tudor왕조, 스튜어트Stuart왕조, 심지어는 샤를마뉴Charlemagne와 에그버트Egbert, 앨프레드Aflred 왕의 핏줄을 이어받았음을 입증했다.
1917년 날인증서에 따라 윈저왕조가 만들어졌을 때 공화주의자 H. G. 웰스는 '이방인인 데다 밋밋한' 왕조라고 비난했다. 그러나 그들의 사촌인 독일 황제는 좀 더 호의적이었다. 그는 드물게 재치를 발휘해 '작센코부르크고타의 즐거운 아낙네들'(원래 제목은 《윈저의 즐거운 아낙네들The Merry Wives of Windsor》) 공연을 보러 극장에 가야겠다고 말했다.[7]

Sándor Petőfi 같은 시인들이 실제 직접 난투에 뛰어들기도 했지만, 바리케이드의 선두에 선 것이 지식인들만은 아니었다. 라마르틴의 경우 프랑스의 초기 혁명정부 시기(1848) 외무장관으로 봉직한 바 있었다. 미츠키에비치는 로마공화국을 위해 싸우려고 폴란드인 망명자들을 모아 군단을 양성했다. 페퇴피는 오스트리아군에 맞서 싸우다 전장에서 목숨을 잃었다. 파리에서는 '6월의 날들June days'(1832년 6월 5일부터 6월 6일까지 파리에서 군주제 폐지를 기치로 일어난 6월봉기) 때 노동자의 저항운동을 루이-외젠 카베냐크Louis-Eugène Cavaignac 장군이 무참히 진압하면서 1만 명 이상이 목숨을 잃었다. 베를린을 비롯한 다른 도시들에서는 군주들이 발포부터 하고 나서 헌법과 관련한 논의에 들어가는 경향을 보였다. 이탈리아에서는 사르데냐왕국이 오스트리아의 롬바르디아 지방 통치에 반대하며, '성전Guerra Santa'에 돌입했다. 헝가리에서는 합스부르크가 일원들이 왕위에서 내려오고 대신 러요시 코슈트Lajos Kossuth가 섭정과 독재를 선포한 상태였다. 헝가리는 러시아의 2개 군대가 침공해 1년간 군사작전이 전개된 끝에야 비로소 예전으로 돌아갔다. 이탈리아에서는 로마와 베네치아에 수립된 공화국을 무너뜨리고자 프랑스, 오스트리아, 나폴리의 군대를 불러들이지 않으면 안 됐다.

따라서 당장 일어난 사건들만 헤아려도 1848년은 일련의 자유주의의 재앙을 불러일으켰다. 군주제가 전복된 곳은 단 한 군데 프랑스로, 이곳에서 대통령 루이 나폴레옹은 공화국 제도들을 통해 권좌에 올라놓고도 막상 권력을 잡자 그 제도들을 약화시키기 위해 재빠르게 움직였다. 프랑스인들은 자신들의 왕을 스스로 내쫓은 지 3년도 채 지나지 않아, 또 한 번 자신들 등위에 독재적 황제를 앉힌 꼴이 됐다. 이때 세워진 유럽의 새 공화국 중 명맥을 이어간 곳은 한 곳도 없었다. 19세기를 대표하는 상징이었던 클레멘스 폰 메테르니히는 런던에 망명했다가 빈으로 돌아와 있었다(1851). 메테르니히가 본국으로 돌아옴과 함께, 새 지도자들 아래서 새로운 억압이 다시 시작됐다.

그러나 오래 지나지 않아 1848년은 유럽의 정세를 결정짓는 중대한 분수령으로 여겨지게 된다. 유럽에서 반동주의 정권들이 승리를 거두기는 했어도, 그 승리에 들어간 손실이 워낙 막대했던 탓에 똑같은 상황이 되풀이되자 유럽은 그것을 더 는 감당할 여력이 없었다. 한때 각국에 부여되고 강제되고, 어떤 경우에는 철회된 헌법들도 차차 재도입되거나 확대됐다. 혁명파의 폭력적 방법들은 거부를 당했지만, 그들이 요구했던 정치적·사회적 개혁들은 이제 진지한 고려의 대상이 되고 있었다. 다소 시일이 걸리기는 했으나, 군주들도 대중이 내거는 요구에 현명하게 양보를 하는 것이 그들의 요구를 끝없이 억누르는 것보다 낫다는 사실을 깨달았다. 국민의 동의에 의한 통치라는 기본적 자유주의의 원칙도 서서히 폭넓게 받아들여지게 됐다. 그러자 이후 20년에 걸쳐, 1848년의 승리자들도 차례로 하나씩 얼음장처럼 꿈쩍 않던 자세를 벗어던졌다. 민족적·입헌주의적 열망도 다시금 전면에 등장했다. 심지어는 독재적 유럽 동쪽의 제국들까지도 몸을 낮추기 시작했다. 1855년에는 알렉산드르 2세(재위 1855~1881)의 즉위와 함께, 로마노프왕가에서도 러시아 방식의 자유화 시기가 진행될 본격적 움직임이 시작됐다. 합스부르크가는 1867년 아우스글라이히(대타협)을 통해 마침내 헝가리인들의 오랜 열망에 화답해 오스트리아-헝가리 이중군주국Kaiserlich und Königlich(오스트리아-헝가리제국의 별칭으로 '제국이자 왕국'이라는 의미)을 세웠다.

물론 당대의 경제적 자유주의가 반드시 정치적 자유주의와 연결돼 있는 것은 아니었다. 일례로, 독일 관세동맹Zollverein(졸페라인)은 1818년 프로이센의 프리드리히 빌헬름 3세가 처음 창안해냈는데, 이때는 정치적 자유주의가 급격히 퇴조하는 시기였다. 프로이센의 영토 안에서만 적용될 예정이던 관세동맹은 차츰 오스트리아를 제외한 독일연방의 모든 국가에 확대 적용됐다. 관세동맹은 국내에서 관세가 부과되는 것을 일절 금함으로써, 점차 확대해가는 자유무역 지대를 만들어내는 동시에 유아 단계에 머물러 있던 독일의 산업을 크게 키워나갔다. 1828년에는 두 개의 관세동맹이 생겨나 각축을 벌이게 되는바, 하나는 바이에른과 뷔르템베르크 지방에 근거지를 두었고, 다른 하나는 작센 지방에 근거지를 두었다. 하지만 4년도 지나지 않아 이들 관세동맹이 하나로 통합됐다. 1852년에는 오스트리아가 중부유럽Central Europe 전체와 북이탈리아를 아우르는 관세동맹을 제안하면서 자국의 고립을 타파하려 시도했다. 그러나 프로이센이 이 제안에 반기를 들었다. 1854년 하노버가 이 동맹에 가입하면서 승리는 프로이센 쪽으로 굳어졌으나, 이런 상황에서도 브레멘과 함부르크만은 끝까지 고집을 꺾지 않았다. 이렇게 해서 오스트리아는 배제한 채 하나로 통일된 독일 경제의 초석이 놓이게 됐으나, 독일의 정치적 통일은 여전히 요원해 보였다.

대륙의 자유주의 기준에서 판단할 때, 영국은 주요 경쟁국들에 앞서기도 하고 뒤처지기도 했다. 한편으로, 영국은 '의회를 탄생시킨 어머니,' 법의 통치, 권리장전, 자유무역의 본고장임을 내세워도 무색하지 않은 곳이었다. 오랫 동안 영국 사회는 유럽에서 근대화와 산업화가 가장 많이 이루어진 곳이자, 짐작건대 자유주의 사상에 가장 개방적인 태도를 보인 곳일 터였다. 그러나 다른 한편으로, 영국의 제도들은 다른 데와는 달리 혁명이나 타국의 점령 같은 충격적 사건들을 단 한 번도 경험한 바 없었다. 영국의 정치적 태도는 시종일관 지극히 실용적인 경향을 띠었다. 군주제는 17세기 후반의 사회적 합의에 의해 만들어진 규칙들 및 관습들에 따라 통치를 계속해나갔고, 이러한 영국의 제도들만 보면 프랑스혁명이 정말 일어나기는 했었나 하는 생각이 들 정도였다. 빅토리아 여왕Queen Victoria(재위 1837~1901)과 이후 점점 세를 늘린 그녀의 가문에 군주제는 의회 정부를 위한 이상적 장식품이자 안정적 구심점이었고, 대외적으로 조심스럽게 영향력을 행사할 통로였다. 영국에서도 공화주의에 찬동하는 입장들은 있었지만, 군주제를 폐지하거나 헌법을 도입하려는 진지한 움직임은 전혀 없었다. [고타]

영국의 오래된 제도들을 개혁하는 데는 긴 시간이 걸렸다. 급진적 성향의 개혁가들은 일을 추진했다 헛물만 켰고, 그런 일들이 수십 년간 이어진 경우도 허다했다. 개혁을 거치지 않은 영국 의회는(1832년까지 명맥을 이었다), 7월왕정 당시의 프랑스 의회와 마찬가지로, 갖가지 추문을 낳는 시대착오적 제도에 지나지 않았다. 곡물법도 자유무역을 반대하는 기조로 1846년까지 그대로 유지됐다. 민간인이 주재하는 결혼과 이혼은 각각 1836년과 1857년에야 비로소 가능해졌다. 또 1838~1848년에 차티스트Chartist 운동을 통해 처음으로 표명된 보통선거권에 대한 요구도 절대 전면 수용되지 못했다. 영국국교회는 단 한 번도 국교 폐지 조치를 당하지 않았다. 아일랜드(1869)와 웨일스(1914)에서만 국교의 지위를 잃었을 뿐이다. 영국 상원의 봉건적 특권들은 심지어 1911년에 가서야 비로소 정리될 수 있었다. 종교적 관용도 온전하게 보장된 적이 없었다. 아주 오래된 휘그당과 토리당이 자유당과 보수당으로 옷을 갈아입은 뒤임에도, 양당 체제는 사회주의 운동을 비롯해 사회주의적 입법 활동도 상당 부분 지연됐다. 윌리엄 글래드스턴William Gladstone(1809~1898)과 벤저민 디즈레일리(1804~1881) 시대에는(이 둘은 19세기 중반 이후 25년간 영국 정계를 주름잡은 인물들로 모두 자유주의적 성향이 강했다), 국내의 개혁 작업들은 영국이 제국으로서 추진한 현안들에 밀려 뒷전이 될 때가 많았다. 웨일스는 잉글랜드 행정구역의 일부로 남아 있었다. 스코틀랜드는 1885년 그곳을 관할하는 국무장관(2등급 장관)을 임명받을 수 있게 됐다. 아일랜드는 자치권을 전혀 얻지 못했다(뒤의 내용 참조). 영국은 자국이 보유한 영어권 영지들에 대해서는 자유주의적 정책을 추진했지만, 대체로 식민지들에 대해서까지 자유주의적 정책을 확대하려는 바람은 거의 갖지 않았다. 영국인들은 자신들이 관용 정신과 자유주의를 표방했다는 점에서 스스로를 무척이나 자랑스럽게 여겼다. 그러나 영국인의 이런 자부심은 상당 부분 옛말이 되고 말았다. 이후 수십 년도 채 지나지 않아 영국은 국내 민주주의 면에서는 프랑스에, 사회적 입법 면에서는 독일에, 민족주의 정책 면에서는 오스트리아-헝가리에 한참을 뒤처지게 됐다. [렐락사티오]

자유주의 정치와 막강한 힘을 가진 부르주아의 성장 사이에 어떤 상관관계가 있는가는 이제껏 역사학자들 사이에서 많은 논평을 이끌어낸 주제였고, 그럴 때면 영국과 독일 사이의 선명한 대비가 화두에 올랐다. 그러면서 학자들은 주로 영국은 안정적 의회 체제를 건설하는 데 성공했고 독일은 그렇지 못했다는 점, 그에 따라 두 국가의 중산층 구조 및 정신에 차이가 나타나게 됐다는 사실에 초점을 맞추었다. 영국의 자본가들과는 달리, 이 무렵 새로이 출현한 독일의 자본가들은 '국가에 의존하는 경향을 가진' 것으로 여겨진바, 이들은 자신들이 짊어진 민주주의 의무는 회피하고 (계몽주의 기조는 띠었으나 본질적으로는 비자유주의적인) 프로이센 황실의 각료로 일하는 것을 마다하지 않았던 것 같다. 독일의 '특수한 길Sonderweg(존더베크)'이라는 주제는 히틀러가 어떻게 권력자로 부상했는지에 대한 관심과, 1930년대 무력한 '자본주의자들의 협력'으로 입증된 독일 자유주의의 취약성으로 더욱 논쟁거리가 됐다.[21] 프로이센이 법치 국가Rechtsstaat의 본보기를 세운 것은 분명했으나, 이 법치의 원칙을 통해 프로이센은 법적 형식을 중시하면서도 헌법의 내용들은 왕실, 군대, 관료제라는 권위주의적 전통에 종속시켰다. 1871년 이후 독일 황실의 통치에 '외양 민주주의façade democracy'라는 꼬리표가 붙게 된 까닭도 바로 여기에 있다. 다른 한편으로, 또 하나 기억해야 할 사실은 독일 제국은 연방국가였다는 점, 제국 내의 몇몇 왕국들은 프로이센에 비해 훨씬 덜 권위적이었다는 점이다.

여하간 당시 상황을 비교해볼 견본의 폭을 약간만 넓혀봐도 당대에 독일이 걸었던 길이 결국 그렇게 특별한 것은 아니었다는 생각이 들 것이다. 일례로 스웨덴도 영국식 의회 체제를 점차 확장하면서, 이를 독일식의 계몽주의 기조를 지향하는 관료제 및 그다지 자유주의적이지 않은 자본주의자들과 결합했다. 스웨덴의 양원제 의회는 자유주의를 지향하는 관료들이 선동해 1866년에 그 체제가 마련될 수 있었다. 그러나 이후 수십 년에 걸쳐 급속한 산업화와 함께 세력을 키운 스웨덴의 자본주의자 부르주아 계층은 선거권이 확대되는 데 반대했을 뿐 아니라, 19세기가 끝나갈 무렵 자유주의의 횃불을 치켜든 자유통합당이 벌이는 일에도 적극적으로 가담하지 않았다. 자유주의에 그다지 관심이 없기는 스웨덴의 자본가들도 독일의 자본가들과 마찬가지였다. 스웨덴의 자유주의를 일으킨 원동력은 각료들, 비자본가 계층이었던 '교양시민층Bildungsbürgertum(빌둥스뷔르게르툼)', 심지어는 농민들까지 연대한 연맹이었고, 이들이 서로 힘을 합쳐 차차 발전해나가던 스웨덴의 민주주의를 반드시 지켜나가고자 했다.[22] [노벨]

유럽의 모든 주요 강국을 통틀어 자유주의에 가장 심하게 저항한 나라는 러시아였다. 러시아에서도 한바탕 요란하게 개혁들이 일어나—1815년, 1855년, 1906년 이후— 일정 부분에서는 괄목할 성과들을 냈다. 알렉산드르 1세 대에 국무협의회가 설치되고 국영 학교들이 생겨났으며, 알렉산드르 2세 대에 농노 해방(1861)이 이루어진 이후로는 꽤 높은 수준의 자치가—미르mir(농촌 공동체 또는 자치조직), 젬스트바zemstva(지방의회), 각지 대학들,— 형사 법정에 부여됐다. 국가 두마State Duma라고도 불리며 자문기구의 힘도 가지고 있던 입법의회도 두 번째 시도 끝에 결국 성립됐다. 이 의회는 1906년에서 1917년 사이에 간헐적으로 운영되다 나중에는 러시아를 확실히 입헌주의의 길로 이끌겠다는 약속을 내놓았다. 그러나 그 과정에는 실보다 허가 더 많은 것으로 드러났다. 개혁을 추진한 차르 중 장기간 자유주의 노선을 유지해나갈 수 있었던 이는 하나도 없었다. 알렉산드르 2세와 니콜라이 2세Николай II(재위 1894~1917) 모두 러시아 군대의 패배로 억지로 자유주의의 길로 내몰린 것처럼 보였다. 하나는 크름반도에서 일어난 전쟁에서의 패배였고, 다른 하나는 러일전쟁에서의 패배와 이후 일어난 1905년의 '혁명'이었다. 두 차르는 모두 종전과는 정반대 노선을 걷는 것 외엔 달리 방법이 없었다. 그리고 한바탕 개혁이 일어날 때마다 늘 불가항력Force majeure의 일들이 일어나 중단되곤 했다. 1825년에는 데카브리스트의 난이 일어났고, 1863~1864년에는 폴란드에서 봉기가 일어났으며, 나중에는 제1차 세계 대전이 발발했다. 이 일들이 터질 때마다 주기적으로 격렬한 반동이 일었고, 이때 자유주의 세력도 억압을 당했다. 빈회의 이후 100년이 흐른 뒤에도, 러시아의 독재정치와 경찰 정권은 본질적 측면에서 여전히 건재했다. 그간 러시아에서 이뤄진 양보들은 차르-독재자에 의해 얼마든 철회될 수 있었고, 차르의 이런 권리를 제한하는 조치는 전혀 시행되지 않았다. 그뿐만 아니라, 러시아는 자유주의가 해외로 뻗어나가는 것도 막기 위해 이따금 타국의 내정에 개입하는 움직임도 보여온 터였다. 알렉산드르 3세가 러시아의 직접적 개입주의를 폐기한 것은 맞으나, 러시아가 '유럽의 헌병대Europe's gendarme' 노릇을 해야 한다는 오랜 본능은 이때까지 그대로 남아 있었다. 니콜라이 1세Николай I〔재위 1825~1855〕1848년 2월에 열린 궁전 무도회에서 루이 필리프가 실각했다는 소식을 전해 듣고는 이렇게 밝혔다. "신사 여러분, 말에 안장을 얹으십시오! 프랑스가 공화국이 됐다고 합니다."

따라서 저마다 정도의 차이는 있었지만, 당시 자유화의 바람은 유럽의 군주제 나라라면 어디고 미치지 않은 데가 없었다. 그러나 자유주의의 돌풍은 불규칙하게 불어닥쳤거니와, 그 여파도 고르지 못했다. 유럽의 자유주의는 1815년 이후 반동주의가 지배한 몇십 년 동안 그 열기를 고조시킨 뒤, 1848년 급작스레 그 힘을 폭발시키며 막강한 영향력을 끼쳤다. 그리고 나서 19세기의 후반부 동안에는, 자유주의자들도 계속 분투는 했으나, 완결되지 못한 자유주의의 현안들이 보수주의, 민족주의, 사회주의, 그리고 제국주의의 각종 요구와 경합을 벌여나가야 했다.

보수주의. 보수주의가 하나의 일관된 이데올로기로서 그 모습을 명확하게 드러낸 것은 자유주의의 여러 조류와 맞물리면서였다. 보수주의는 보통 생각하는 것과는 달리 민주주의 또는 변화와 반대되는 것이 아니었으며, 보수주의를 단순한 반동주의 입장들과 혼동하는 일도 없어야 할 것이다. 당시 보수주의가 내건 주장은, 변화를 이루되 그 변화들은 모두 국가와 사회의 기존 제도—군주제, 교회, 사회적 위계, 사유재산, 가족—의 유기적 성장이 위협받지 않는 방향을 향해 지속적으로 진행돼야 한다는 것이었다. 보수주의conservatism라는 명칭도 "지키다to Preserve"라는 뜻의 라틴어 '콘세르바레conservare'에 그 연원이 있었다. 일반적으로, 보수주의의 시조로 여겨지는 에드먼드 버크도(앞의 내용 참조) 프랑스혁명을 환영했다가 나중에 사태가 과도하게 치닫는 것을 보고 혁명에 단호하게 등을 돌렸다. 자유주의자들이 그랬듯, 보수주의자들도 개인의 가치를 중시하고, 전제적 국가에 반대하고, 중앙정부의 행정 권한을 제한하는 방법을 모색했다. 보수주의자들은 이런 방식을 통해 자신들이야말로 장차 지속적으로 개혁을 추진할 인물들로서 가장 실질적인 힘을 가지고 있음을 입증해 보인 경우가 많았으니, 이들이 더 급진적인 정치 진영에서 나온 제안들을 적절히 중화시키는 한편 급진파와 왕실의 통치층 사이에서 중개자 노릇을 한 때문이다. 영국에서 이런 보수주의의 기술을 선두에 서서 선보인 인물들로는 로버트 필 Robert Peel(1788~1850) 경과 그의 제자 벤저민 디즈레일리를 꼽을 수 있다. 이 두 사람은 영국뿐만 아니라 유럽 대륙 안에서도 많은 칭송을 받았다. 자유주의적 보수주의자와 온건한 자유주의자 사이의 궁극적 차이는 아주 미미했다. 아울러 상당수 민주주의 사회에서는 이 둘 사이에서 의견합치를 이룬 커다란 영역을 정치계의 '중도파'로 부르게 됐다.

민족주의. 민족주의Nationalism(민족과 관련한 여러 사상이 결집된 것으로, 이들 사상에서는 민족이 추구하는 바가 곧 최고의 선으로 여겨진다)는 이제 근대를 구성하는 기본적 힘의 하나로 자리잡았다. 민족주의가 가장 큰 동력을 얻은 계기는 단연 프랑스혁명이었으며, 19세기 유럽이 여러 사회적·정치적 변화를 겪는 동안 명확한 형태를 갖추었다. 이후로 민족주의의 행보는 지구상의 모든 대륙에 두루 가닿았다. 민족주의에서는 이내 상반되는 두 개의 변종이 갈라져 나오게 된다. 하나는 국가민족주의state nationalism 혹은 시민민족주의civic nationalism로, 기존 국가들을 다스리는 기득권 통치층의 후원을 받아 성장한 것이 특징이다. 다른 하나는 대중민족주의popular nationalism 혹은 종족민족주의ethnic nationalism로, 기존의 국가들 안에 살면서 자신들을 통치하는 정부의 정책에 반대해온 공동체들이 이런저런 요구들을 하면서 발전한 것이 특징이다. 이런 관점에 비추어, '국가 건설'의 과정을 '민족 건설'의 과정과 대조해 살펴본 역사학자들도 일부 있었다. 그 본질적 차이는 민족주의의 사상 및 행동의 원천이 어디에 있느냐에서 찾을 수 있었다. 국가민족주의의 경우는 사회의 '맨 꼭대기' 즉 민족주의의 가치를 사회 전반에 두루 투영하고자 했던 정치 엘리트층의 주도로 전파됐다. 그에 반해 대중민족주의는 맨 밑바닥의 '풀뿌리에서' 시작된 것으로, 먼저 대중의 지지를 이끌어낸 뒤 기존 질서에 영향을 미치거나 혹은 그것을 전복하고자 했다는 특징이 있다.[23] 그 외에 또 하나의 중요한 구분으로 요한 고트프리트 폰 헤르더식의 평화로운 문화적 민족주의와 공격적인 정치적 민족주의가 있는데, 전자의 역할은 민족공동체의 문화를 보급하고 수호하는 데 그친 반면 후자는 국민국가(민족국가)란 수립을 위한 자결의 권리를 주장했다.[24] 국민국가(민족국가)란 그 안에서 살아가는 시민들 대다수가 공동의 정체성을 의식하면서 동일한 문화를 공유하는 나라를 말한다.

민족의 본질과 관련해서는 수많은 이론가가 있는 것만큼이나 수많은 이론이 있다. 그렇다고는 해도 민족의 본질적 특성은 정신적인 데에서 찾을 수 있는 것으로 여겨진다. "민족은 영혼이다"라고 르낭은 책에 썼다. "그것은 하나의 정신적 원리다. 민족은 두 가지로 이루어진다. 과거로부터 전해지는 풍성한 기억이라는 공동의 유산이 그 하나고, 현재의 합의 즉 함께 살아가겠다는 의지가 나머지 하나다." 그러한 합의에 이르기 위해서는 민족을 구성하는 성원들 상당수가 한때 그들을 갈라놓았던 갖가지 압제와 부당함의 기억을 잊어야만 할 것이었다. "민족이 만들어지기 위해서는 이른바 망각L'oubli이라는 행위와 어쩌면 역사적 거짓historical falsehood이라 할 수도 있는 것, 이 두 요소가 반드시 필요하다."[25]

국가민족주의는 통치 엘리트층의 이해관계를 주된 원동력으로 삼아 움직이며, 이런 민족주의가 여실히 드러난 사례로는 영국이 꼽히며 미국에서는 이런 경향이 훨씬 더 강하게 나타났다. 1707년에 연합왕국이 탄생했을 때만 해도, 영국민British nation이란 것은 존재하지 않았다. 영국 제도에서 살아가는 사람들은 스스로를 잉글랜드인, 웨일스인, 스코틀랜드인, 아일랜드인이라고 여겼다. 그러나 우세한 힘을 가진 잉글랜드의 문화가 널리 보급되고, 프로테스탄트이며 영어를 구사하는 관리들이 높은 자리에 오르면서 차츰 영국(인)의 정체성에 대한 인식이 굳어졌다. 그리고 19세기 들어 자유주의를 지향하는 기득권층이 대중교육을 선호하게 되면서, 비非영국non-English 문화는 적극적으로 억눌리게 됐다. 예를 들어 웨일스 출신의 아이들은 감히 웨일스어를 썼다간 웨일스 '노트Note'라고 불린 작은 목판을 목에 건 채 벌을 받아야 했다. 이제 모든 '영국인들Britons'은 새로이 형성된 영국 국민성(민족성)을 상징하는 것들에 충성심을 보여야 마땅하다고 여겨졌다. 표준 영어를 구사하고, 자리에서 일어나 영국 국가〈하느님, 우리의 국왕 폐하를 지켜주소서God Save the King〉(1745)를 불러야 했으며, 영국 국기 유니언 잭Union Jack(1801)에 경의를 표해야 했다. 이런 방식을 통해 새 영국 민족은 한 덩어리로 단단히 뭉치는 데 성공할 수 있었다. 영국민의 오랜 구성원들은, 비록 완전히 뿌리뽑히지는 않았지만, 보다 열등한 위치에서 종속된 채 지내야 하는 처지로 강등됐다(8장 참조).

공식적 민족문화를 하나 채택하고 그것으로 잡다한 이민자(이주민)들의 문화를 대신할 수밖에 없는 상황에 처하기는 미국 정부도 마찬가지였다. 일설에 의하면, 남북전쟁이 벌어지는 동안 미국 의회는 투표를 통해 영어와 독일어 중 하나를 필수 언어로 선정해야 했는데, 한 표 차이로 (당시 표 차이가 얼마나 났는지는 사람들마다 의견이 엇갈린다) 영어가 선정됐다고 한다. 이 이후로, 미국에 새로 온 시민들이 '성조기'에 충성을 맹세하도록 허락받기까지, 영어를 할 줄 아는 것이 미국 헌법을 아는 것만큼이나 중요하게 여겨졌다. 이렇게 해서 영어를 말하는 이 새 미국 민족은 정부의 후원을 통해 하나로 단단히 벼려지니, 여기에는 무엇보다 교육이 중요한 방편으로 기능했다. 미국식 영국 문화를 택하는 것은 이제 모든 이민자 가정에게 미국에서의 성공 여부를 가늠해주는 시금석이 됐다.

국가민족주의의 공통적 특징 하나는 '시민권(시민의 자격/신분)citizenship'의 개념과 '국적(국민성/민족성)nationality'의 개념을 동일시하는 관행에 있다. 영국의 공식적 용법에서, 국적은 시민권을 의미하도록 만들어져서 곧 영국법에 의해 부여된 것이다. 미국의 용법에서, '민족nation'은 지리적 영역의 국가country나 정치적 국가political state와 동일시돼왔다. 이러한 용어법은 문제를 혼동되게 할 뿐으로, 아마도 의도적일 수 있다. 이와 같은 용어법은 끝없는 인식상 오류를 발생시키는 일부 원인이었는바, 일례로 러시아제국이나 소련의 영내에서 살아가는 모든 주민을 '러시아인Russians'이라고 생각해온 것 등이 그러하다. 이런 용어법은, 한 나라의 시민권(시민의 자격/신분)이 더 정확히 정의돼야 하는 관행과 대조해봐도 그리 바람직하지 않다.26 국가민족주의에서는 각 나라의 정부가 국민성(민족성)을 결정하는 것이 옳다고 믿는 동시에, 민족이 주체가 돼 국가를 구축할 수 있다는 생각은 매우 꺼리는 경향이 있다. 존 달버그 액턴 경은 이렇게 썼다. "국가state가 민족nation을 만드는 일은 때때로 가능하지만, 민족이 국가를 만드는 일은 순리에 반한다."

유럽 국가 대부분의 정부는 자신들이 통치하는 국민들의 민족적 단결성을 강화하기 위해 무던히 노력했다. 이를 위해 각종 행사, 상징적 예술, 다양한 역사 해석이 동원됐고 무엇보다 교육과 공통된 문화 장려가 주된 수단으로 활용됐다. 19세기 정부 중 전 국민 초등교육 도입을 계획하고 있던 나라들은 하나같이, 어떤 언어(혹은 언어들)로 자국 아이들을 가르쳐야 하는가 하는 문제에서 중대한 선택의 기로에 설 수밖에 없었다. 이때까지 소수집단에 대체로 자치를 부여해온 오스만제국만이 공통된 국가문화를 단 한 번도 강요한 적 없는 유일한 나라였다. 오스트리아-헝가리는 1867년 이후로는 그러한 노력을 포기하게 되는데, 바로 대중민족주의라는 반대조류가 거세게 일어나 국가민족주의를 압도했기 때문이다.

대중민족주의는, 풀뿌리에서부터 커 나온 것인 만큼, 이 시대 왕조국가는 물론 각지에 나라를 거느린 제국들에 무수한 나무 열매처럼 심어져 있었다. 장-자크 루소의 국민주권popular sovereignty 교조에 단단히 뿌리 내린 대중민족주의는 일반의지의 장場은 민족 혹은 인종 공동체를 통해 마련될 수 있지, 기존 국가들의 인위적 국경선을 통해 마련될 수 있는 게 아님을 기본 가정으로 깔았다. 민족의 '피blood'는 민족이 살아가는 '땅soil'과 하나로 섞여 도저히 뗄 수 없다는 정교한 신화를 만들어낸 것이 대중민족주의였다. 이런 이유로, 이탈리아인들이 스위스에서 시칠리아에 이르기까지의 대여섯 개 국가에서 살아가고 있다면, 이탈리아 민족을 위하는 길은 그런 국가들을 없애고 하나의 통일된 이탈리아왕국을 세워 그 자리를 대신하는 것이었다. 물론 현실적 민족주의자들은 균일한 민족문화를 온전히 인식하는 완전히 성숙한 민족은 대체로 꿈에서나 가능한 일이라는 사실을 깨달았다. 이탈리아가 국가로 성립되고 난 뒤, 수많은 이탈리아의 지도자는 자신들도 타국 정부를 본보기 삼아 시민들의 문화와 의식을 통합하기 위해서는 국가권력을 이용할 수밖에 없으리라는 사실을 알게 됐다. 마시모 다첼리오Massimo d'Azeglio는 1861년에 통일된 이탈리아에서 의회가 개회할 때 이렇게 말했다. "우리 손으로 이탈리아를 만드는 일을 마쳤으니, 이제는 이탈리아인들을 만들어내는 일을 시작해야 할 차례입니다."

19세기의 국민성(민족성) 관련 논쟁 상당 부분에서는 유럽의 민족들이 '역사에 남을' 민족과 '역사에 남지 못할' 민족으로 나뉠 수 있다는 확신이 지배적으로 깔려 있었다. 이런 생각이 처음으로 모습을 드러낸 것은 헤겔의 철학에서였다. 그것을 사회다원주의자들이 채택하게 되는바, 이들은 민족들 사이의 경쟁을 진화의 한 과정으로 보아 능력을 갖춘 민족은 독립적으로 생존해 나가게 되고 그렇지 못한 민족은 멸망의 운명을 맞을 수밖에 없다고 여겼다. 그러다 카를 마르크스가 등장하면서 경제적 요인이 전면으로 부상했다. 능력을 갖춘 민족에 대해서는 그 기준이나 계산법이 다양할 수밖에 없었던 만큼, 장차 국민국가(민족국가)로 태어날 수 있는 민족의 목록도 경우에 따라 크게 차이를 보였다. 그랬음에도 19세기 중반에는 사람들이 어느 정도 합의에 도달한 상태였다. 일반적으로 기존의 강국들—프랑스, 영국, 프로이센, 오스트리아, 러시아—은 역사에 남을 운명을 가졌다고 여겨졌으며, 이와 함께 이들 유럽의 강국들로부터 이미 인정을 받은 나라들 스페인, 포르투갈, 벨기에, 네덜란드, 스웨덴, 덴마크, 그리스—과 장차 국민국가(민족국가)로 나설 가능성이 큰 나라들—이탈리아인, 독일인, 폴란드인— 역시 역사에 남을 운명을 가졌다고 여겨졌다. 이 무렵 주세페 마치니가 그린 미래 유럽의 지도에는 총 12개의 국민국가(민족국가)가 포함돼 있었다.

실질적으로, 이런 역사성 개념은 허울에 불과한 것은 아니지만 전적으로 주관적 성격을 갖는다. 유럽의 5개 강대국만 해도 유럽의 지형에서 고정적으로 자리잡고 영원히 사라지지 않을 거라고 찬미자들 사이에서 여겨졌으나, 실제로는 그중 3개국이 백 년도 지나지 않아 사라지는 운명을 맞았다. 덴마크 혹은 영국처럼, 자신들은 스스로를 단결력 강한 민족이라고 믿었으나 나중에 전혀 그렇지 않음을 알게 된 나라도 여럿이었다. 또한 자신들이 자결권을 가진다고 철석같이 믿었던 민족들도 얼마 안 가 망상에서 깨어나야 했던 경우가 많았다. 나중에 드러나지만, 이 부분에서 결정적 요인은 나라의 크기도, 경제적 생존력도, 정당한 역사적 권리도 아닌, 정치적 상황이었다. 독일 민족주의자들도 프로이센의 막강한 힘에 밀려 반대에 직면했을 때에는 좀처럼 기회를 잡지 못하다, 프로이센이 마음을 바꾸자 그 즉시 성공을 확신할 수 있었다. 이탈리아인들의 희망도 프랑스가 얼마나 적극적으로 그들을 지지해주느냐에 달려 있었다. 한편 폴란드인들은, 자신들이 역사적으로 한 나라를 이루고 살았다는 기억이 1860년까지도 생생히 남아 있었음에도, 외부의 지원을 전혀 얻지 못했고 운도 전혀 따르지 않았다. 그리스인, 벨기에인, 루마니아인, 노르웨이인이 국민국가(민족국가)를 이룰지 모른다고 점쳐졌던 것도, 한동안이나마 아일랜드인, 체코인, 폴란드인들은 그러기 불가능하다고 여겨졌던 것도 오로지 정치 하나로만 결정됐다. 애초 국민국가(민족국가) 수립이라는 전망을 가장 분명하게 보여준 곳은 이 무렵 한창 무너져던 오스만제국이었다. 차르제국과 합스부르크제국은, 나중에 이들 제국 안에서 가장 많은 수의 국민국가(민족국가)가 탄생하게 되지만 세기가 바뀔 무렵에야 국민성(민족성)이 전면에 부각됐다.

[압하지야]

민족주의가 그것이 성공을 거둘 공산이 가장 큰 곳에서만 번성한 것은 아니었다. 오히려 민족주의는 박탈과 억압이 존재하는 곳에서 그 세가 크게 자라났다. 민족주의가 성공하지 못할 가능성이 얼마나 큰가에 따라 민족주의의 이상에 대한 열망이 함께 커진다고 해도 과언이 아닐지 모른다. 19세기 내내, 헌신적 민족주의 운동가들은 그들이 운동에 끌어들이고 싶은 사람들의 의식 수준을 높이려 고군분투했다. 여러 시인, 화가, 학자 정치인들이 충실한 민족주의 지지자들을 고무시킬 실제적 이미지를 구축하는 데 주로 기댄 정보의 원천은 크게 여섯 가지였다.

우선 역사적 사실들을 최대한 수집해 해당 민족이 자신들의 권리와 땅을 차지하기 위해 오랫동안 힘겨운 싸움을 벌여왔음을 보여주는 증거를 제시하고자 했다. 이와 관련해 큰 인기를 끈 것은 선사시대로, 토착 원주민이 해당 지역에 어떻게 정착하게 됐는가를 입증하는 데 유용했기 때문이다. 자신들이 내세우는 주장과 관련된 사실들이 발견되지 않을 경우에는, 신화나 순전히 만들어낸 이야기에라도 의지해야 했다. 어딘가에 묻혀 있는 민족의 영웅들, 먼 옛날 민족이 승리를 거둔 이야기들이 곳곳에서 발굴돼 사람들 사이에서 두루 칭송을 받았다. 이때에는 전 세계 사람들의 관심사가 될 만한 것은 모두 무시를 당했다. 그와 함께 민족의 불명예나 민족의 적에 자랑거리로 여겨지는 것들도 다 제외됐다.

언어도 그 민족의 개별적이고 독자적인 정체성의 증거로서 일대 혁신과 표준화 작업을 거치게 됐다. 갖가지 사전과 문법책이 편찬됐고 장서들도 수집됐는바, 이전까지만 해도 모두 세상에 존재하지 않았던 것들이었다. 국립학교와 국립대학들에서 쓰기 위한 교과서들도 마련됐다. 언어학자들은 옛날만 해도 무시당하던 각지의 방언들이 모든 면에서 라틴어 혹은 그리스어에 못지않게 정교함을 갖췄다는 사실을 입증하기 시작했다. 이와 함께 체코어, 카탈루냐어, 게일어, 노르웨이어도 기존의 국가 언어만큼이나 효율적 의사소통 수단이 된다는 사실을 밝히고자 했다. 노르웨이어가 특히 흥미로웠다. 기존 덴마크와 노르웨이의 '국가말riksmål(리크스몰)' 혹은 '책말bokmål(보크몰)'에 대항하기 위해 농민층의 방언을 기초로 하는 일명 신노르웨이어nynorsk(뉘노르스크) 혹은 향토어landsmål(란스몰)라는 합성 언어 체계가 만들어졌다는 점에서다. 이 신노르웨이어 운동은 1899년에 무르익으면서, 정치적 독립을 위한 원동력을 얻으려면 반드시 자신과 같은 운동이 동반돼야 한다는 신조를 예시해주었다. 그러나 아일랜드의 게일어가 그랬듯, 신노르웨이어 운동은 제한적 성공을 거두는 데 그쳤다. [노르게]

민속학Folklore, Volkskunde(폭스쿤데)도 최대한 많이 발굴됐다. 그렇게 된 데에는 첫째, 민속학이야말로 근대 민족이 자신의 가장 유서 깊은 문화적 뿌리에 동참할 수 있는 길이었기 때문이다. 또 다른 이유로 민속학은 그 진위 여부를 확인하기가 어렵다는 것이었다. 《민요Volkslieder》(1778)라는 선집에 그린란드에서부터 그리스에 이르기까지 다양한 유럽 지역의 민요를 실은 요한 고트프리트 폰 헤르더와는 달리, 민족주의 학자들은 자기 민족의 민속학에만 매달렸다. 이와 관련하여, 야코프 그림Jakob Grimm(1785~1863)과 빌헬름 그림Wilhelm

압하지야 ABKHAZIA

■
■ 압하지야는 크름반도(크림반도)에서 동쪽으로 450여 킬로미터 떨어진 흑해 연안에 살고 있는 25만여 명의 작은 민족이다. 이들의 중심 도시는 수후미다. 압하지야의 언어와 이슬람 문화는 체르케스인들과 유사하며 북쪽의 러시아나 동쪽 조지아(그루지야)의 기독교인들과는 공통점이 거의 없다. 압하지야인들은 스스로 '유럽의 끝에' 살고 있다고 말한다.

비잔티움-그리스의 영향권에서 번성했던 중세 왕국의 자리에 위치한 압하지야인들의 터전은 오래전부터 러시아 남부와 캅카스를 잇는 요충지였다. 1810년부터 1864년 사이에 일어난 러시아의 정복(부록 1632쪽 참조)으로 많은 토착민이 고향을 떠났다. 1931년부터 이곳은 그루지야소비에트사회주의공화국을 이룬 명목상의 자치공화국 3개 가운데 하나가 됐고 이후 러시아인들과 민그렐리아-그루지야인들이 대거 유입되면서 현지인들은 자기들의 영토에서 절대적 소수민족이 됐다. 민그렐리아족 출신인 스탈린 정권의 비밀경찰 총수 라

블렌티 베리야는 흑해 연안의 그리스인을 모두 강제추방하고 가혹한 그루지야화 정책을 시작했다.

1991년 그루지야가 모스크바로부터 독립했을 때 압하지야인들은 그루지야로부터 진정한 자치를 얻는 방안을 모색했다. 하지만 1992~1993년 그루지야의 참담한 내전 기간 동안 트빌리시(그루지야의 수도)와 대립함으로써 결국 러시아 군대에 점령의 길을 열어주었다. 한 외국인 기자가 카자크 지도자에게 들은 바에 의하면, 압하지야나 쿠릴열도 같은 주변 지역들의 운명이 러시아의 위대함을 시험하는 수단이었다. "그들은 우리 소유다. 그것이 진실이다."[1]

소련에서 분리된 민족들 사이의 불화는 추악한 러시아 민족주의에 더욱 불을 지폈다. 모스크바에서는 러시아의 '인접한 외국'을 정복해야 한다는 목소리가 높아졌다. 압하지야에 이어 타타르스탄과 체첸 공화국, 여타 러시아연방 내의 자치 영토를 포함해 러시아의 개입을 확대해가야 하는 표적들이 기다리고 있었다. 조만간 러시아는 새 방식의 민주주의와 낡은 제국주의 사이에서 선택을 해야 하는 상황에 설 것이다.

Grimm(1786~1859) 형제의 작업은 역사에 한 획을 그은 일로 여겨져야만 할 것이다. 그들의 작업 영역은 《고대 독일 가인歌人의 노래에 대하여 Über den altdeutschen Meistergesang》(1811), 《독일의 전설 Deutsche Sagen》(1816~1818), 《독일어 문법 Deutsche Grammatik》(1819~1837), 세계적 명성을 얻은 《어린이와 가정을 위한 동화 Kinder-und Hausmärchen》(1812~1815, '그림동화집') 같은 작품들을 포함할 만큼 방대한 영역을 아울렀다. 세르비아 태생의 동시대인 부크 카라지치 Vuk Karadzić(1787~1864)도 문법책과 사전을 펴내고, 키릴문자 알파벳을 개선하는 일과 더불어 세르비아인-슬라브족의 이야기를 모은 유명한 선집을 출간했다. [칼레발라]

종교도 민족주의 정서를 신성한 것으로 승화시키는 데 동원된바, 이 경우에는 종교가 민족 집단들 사이에 장벽을 세우는 데 이용됐다. 민족주의 성향의 프로테스탄트나 정교회 영역에서는 이런 형태의 분리주의가 존재해온 지 이미 오래였다. 그러나 로마가톨릭교조차도 그것이 짊어진 만인에 대한 선교 사명을 저버린 채, 크로아티아인을 세르비아인과 분리시키고, 리투아니아인들이 러시아에 동화되지 못하게 막고, 폴란드인들이 독일에 동화되지 못하게 막는 일에 이

용되는 수가 있었다. 기독교도들은 사람들 사이에 자기네 민족의 이교도 신들을 모시는 예식과 관습에 대한 관심이 되살아나자 어안이 벙벙해졌다. 웨일스의 침례교 목사들은 웨일스 고유의 이스테드보드Eisteddfod 민족 축제에서 드루이드 교도들의 복장을 입었으며, 독일제국의 무대와 책에도 게르만족의 신들이 다시금 모습을 드러냈다. [샤먼]

인종 관련 이론들도 강한 매력을 발산했다. 코카서스(코카시아) 인종이 처음 만들어진 것은 18세기 후반이었다. 이 개념과 관련해 1848년에 "아리아 인종Aryan race"이라는 말을 처음 사용한 것은 옥스퍼드대학의 독일인 교수 막스 뮐러Max Müller였다. 이 무렵 유럽에서 모든 민족은 저마다 스스로를 고유한 인종적 특성을 가지는 친족집단이라고, 즉 모든 민족이 저마다 뚜렷하고 별개인 혈통을 이룬다고 여기는 경향이 있었다. 이 시기에는 민족학에 대해서뿐만 아니라, 모든 근대국가들에 하나씩 대응된다고 여겨지는 '인종 유형' 연구에 대한 관심이 그 어느 때보다 높았다. 런던에서는 왕립역사학회의 후원을 받은 학회 회원들이 일련의 실험을 진행해, 켈트족 이름을 가진 이들의 두개골이 앵글로-색슨족이었던 이들의 두개골보다 작다는 사실을 입증해 냈다.[27] (그렇다면 데이비스 가문에는 영 희망이 없는 셈이다.) 독일에서도 우생학 연구가 진행되면서 비슷한 결과들이 나타났다. 독일에 살던 영국인 휴스턴 스튜어트 체임벌린(1855~1927)은 창의적 인종의 폭을 아리아인부터 튜턴인까지로만 한정시켰다. 그는 다음과 같이 썼다. "진정한 역사는 막강한 힘을 가진 게르만족이 고대의 유산을 탈취하는 순간 비로소 시작된다." 혹은 다음과 같이 말했다. "누구든 그리스도가 유대인이었다고 주장하는 사람은 무지하거나 아니면 정직하지 못한 것이다."[28] [코카시아]

러시아에서는 범슬라브족 운동에 인종적 색채가 농후해지는 양상이었다. 이 운동은 모든 슬라브 민족이 차르의 방패 아래서 하나로 통일돼야 한다고 주장했으니, 그 안에 깔려 있는 가정은 슬라브 민족의 (존재하지 않는) 인종적 친연성으로부터 정치적 연대의식이 나타날 수 있다는 것이었다. 가톨릭을 신봉한 폴란드인과 크로아티아인 사이에서는 이런 주장이 거의 공감을 얻지 못했는바, 이 두 민족 모두 이미 예전에 범슬라브주의Pan-Slavism를 제창한 적이 있을 뿐 아니라 이 무렵에는 과학적 증거들을 들어 러시아인은 사실 슬라브족이 아니라 슬라브족에 동화된 핀인이라는 주장을 펼치고 있었기 때문이다.[29] 한편 범슬라브주의는 세르비아인, 체코인, 불가르족 사이에서 어디보다 큰 호응을 얻게 됐고, 이들은 하나같이 자신들을 해방시켜줄 곳으로 러시아를 바라보았다. 러시아의 민족주의는, 이런 범슬라브주의와 한데 섞인 채로 전례 없는 수준의 메시아적 열정을 보여주었다. 도스토옙스키는 전혀 그럴 성싶지 않은 내용으로부터도 다음과 같은 낙관적 논조를 쥐어 짜낼 줄 알았다.

우리 위대한 민족은 짐승과도 같이 자라왔다. 이 세상에 존재한 이래 그들은 갖은 고문에 시

칼레발라 KALEVALA

■ "영웅들의 땅"이라는 뜻의 《칼레발라》는 일반적
■ 으로 핀란드의 민족 서사시로 간주된다. 50편, 2
만 2795행의 이 서사시는 1835년에 처음 출간된 뒤,
1849년에 제2판이자 확정판이 출간됐다. 주로 민간전
승들을 모은 반半문학적 서사시지만, 대체로 주 편찬자
엘리아스 뢴로트Elias Lönnrot(1802~1884)가 만들어
낸 작품이라 할 수 있다. 그는 핀란드 동부와 러시아령
카렐리야의 농민들 사이에서 전해지는 이야기들을 수
집한 뒤, 이를 변형하고 윤색하는 고전적 방법을 사용
했다. 따라서 《칼레발라》는 유럽의 비기독교 민간전승
문학의 유산을 보여주는 동시에, 19세기의 사회운동가
들이 그동안 경시된 대중의 자원을 이용해 민족의식을
고취하려 시도한 과정을 엿보게 해준다. 요한 고트프
리트 폰 헤르더(1744~1803)는 근대국가들이 대중의 언
어와 민간전승 문학을 토대로 하는 뚜렷한 문화적 정
체성을 지녀야만 발전할 수 있다고 설파했다. 《칼레발
라》는 헤르더의 철학이 확실하게 적용된 사례였다.
뢴로트의 시대에 스웨덴의 통치를 받던 핀란드는 통
치가 제정러시아로 넘어갔고 핀란드 국민은 스웨덴
이나 러시아 지배자들의 문화에서 독립하려 하는 충
동을 느끼고 있었다. 이 서사시는 신들, 거인들, 보이
지 않는 정령들이 살고 있는 포욜라와의 투쟁을 주도
한, 칼레발라의 지도자이자 '영원한 현자' 베이네뫼이넨
Vainamoinen을 중심으로 펼쳐진다.

> Siitä vanha Väinämöinen,
> Laskea karehtelevi
> Venehellä vaskisella,
> Kuutilla kuparisella
> Yläisihin maaemihin
> Alaisihin taivosihin,
> Sinne puuttui pursinensa,
> Venehinensä väsähyti.

> Jätti kantelon jälille,
> Soiton Suomelle sorean,
> Kansalle ilon ikuisen,
> Laulut suuret lapsillensa.

> 노장 베이네뫼이넨은
> 노래를 부르며 계속 나아갔다.
> 구리 배를 타고 항해했다.
> 구리로 만든 선박을 디고
> 하늘 아래 자리한 땅을 향해
> 더 고귀한 곳으로 떠났다.
> 그곳에서 자신의 배와 함께
> 지친 몸을 뉘었다.
> 하지만 그는 우리에게 칸텔레(하프)를 남겼다.
> 그의 아름다운 하프가 수오미(핀란드)에 남았다.
> 그의 동포들이 기쁨을 누릴 수 있도록.
> 수오미의 아이들에게 아름다운 선율을 들려주도록.[1]

유럽의 모든 민족은 저마다의 민간전승을 수집하고
윤색해 재창조하는 단계를 거쳤다. 크레티앵 드 트
루아Chretien de Troyes와 토머스 맬러리Thomas
Malory 경이 아서왕의 이야기를 출간한 것도 이러한
흐름의 일환이었다. 미국인들도 이에 동참했다. 뢴로
트의 작품은 헨리 롱펠로Henry Longfellow의 《히아와
타의 노래Song of Hiawatha》(1855)에도 중요한 영향
을 끼쳤다. 롱펠로는 상트페테르부르크의 제국과학아
카데미의 일원이 1851년에 출간한 《칼레발라》 독일어
판을 접한 바 있었다.
핀란드의 《칼레발라》나 웨일스의 《마비노기온
Mabinogion》 같은 민족 서사시는 정치적 예속으로 인
해 독자적인 문화적 정체성을 억압받는 민족에 특히
큰 영향력을 발휘했다. 《히아와타의 노래》와 《칼레발
라》가 모두 1860년대에 폴란드어로 번역됐다는 것은
그리 놀라운 일이 아니다.

달렸으니 다른 민족은 그 누구도 견디지 못했을 정도였으나, 이런 불행 속에서 그들은 더욱 강해지고 더욱 단단해졌을 뿐이다. […] 러시아는, 슬라브족 왕국과 하나 되고 또 그것의 선두에 서서, 장차 그 누구도 들어보지 못한 위대한 말을 이 세상을 향해 하게 될 것이다. 아울러 그 말은 인류의 동료애를 약속하는 내용이 될 것이다. […] 러시아의 민족 이상은, 결국에는, 인간을 아우르는 보편적 형제애와 다르지 않기 때문이다.[30]

이것은 러시아라는 나라의 크기에 딱 걸맞은 거대한 희망 사항일 뿐이었다.

유럽 전역에서는 민족주의의 주제를 명확히 드러내고 장식하는 데 모든 예술과 문학 분야가 동원됐다. 시인들은 국민시인이나 '계관시인poet laureate'의 영예를 얻기 위해 갖은 노력을 기울였다. 소설가들 사이에서는 민족의 영웅이나 민족의 관습을 소재로 역사 로맨스나 가상역사 로맨스 작품을 쓰기를 좋아하는 성향이 나타났다. 월터 스콧Walter Scott(1771~1832)의 웨이벌리 waverley 소설들이 이 분야에서 정평이 난 본보기로 꼽혔으나("웨이벌리"는 소설 속 주인공 이름이다), 이 소설들이 나오기 전에도 선례가 된 작품들이 있었다. 제인 포터Jane Porter(1776~1850)가 지은 《바르샤바의 타데우시Thaddeus of Warsaw》(1803)는, 타데우시 코시치우슈코의 삶을 소설화한 작품으로, 국제적 명성을 얻었다. 화가들과 조각가들도 낭만주의의 성향을 따르며 이들과 동일한 방향으로 나아갔다. 프랑스 낭만주의의 선봉에 섰던 빅토르 위고(1802~1885)는 일약 모든 분야에서 눈부신 빛을 발하는 능력을 보여주었다.

음악가들 역시 자신들 고향의 민속춤과 민요에 담긴 하모니와 리듬을 끌어다 독특한 민족적 스타일을 만들어냈고, 이것이 다양한 '국민악파(민족악파)'의 고유한 특징으로 자리잡았다. 쇼팽의 정교한 마주르카와 폴로네즈, 리스트의 〈헝가리 광시곡〉에서 시작된 이 찬란한 여정은 체코 음악가 베드르지흐 스메타나Bedřich Smetana(1824~1884), 안토닌 드보르자크Antonin Dvořák(1841~1904), 레오시 야나체크Leoś Janáček(1854~1928)는 물론, 노르웨이 음악가 에드바르 그리그Edvard Grieg(1843~1907), 핀란드 음악가 장 시벨리우스Jan Sibelius(1865~1957), 덴마크 음악가 카를 닐센Carl Nielsen(1865~1931), 스페인 음악가 이사크 알베니스Isaac Albeniz(1860~1909), 엔리케 그라나도스Enrique Granados(1867~1916), 마누엘 데 파야Manuel de Falla(1876~1946), 헝가리 음악가 벨라 바르톡Béla Bartók(1881~1945), 졸탄 코다이Zoltán Kodály(1882~1967), 영국 음악가 에드워드 엘가Edward Elgar(1857~1934), 프레더릭 딜리어스Frederick Delius(1862~1934), 랠프 본 윌리엄스Ralph Vaughan Williams(1872~1958), 러시아 '5인조' 음악가—체자르 큐이Цезарь Кюи(1835~1916), 밀리 발라키레프Милий Балакирев(1836~1910), 알렉산드르 보로딘Алекса́ндр Бороди́н (1833~1887), 니콜라이 림스키코르사코프Никола́й Ри́мский-Ко́рсаков(1844~1909), 모데스트 무소릅스키Моде́ст Му́соргский(1839~1881)—로까지 두루 이어졌다. 국민악파는 음악이 갖는

샤먼 SHAMAN

■
■ 샤먼은 부족의 "치료 주술사medicine man"를 뜻하며, 샤먼은 시베리아 원주민, 더 넓게는 이누이트족과 아메리카 원주민들에게도 익숙한 존재다. 민간요법사이자 현인이자 마술사인 샤먼은 태곳적부터의 직업으로, 묘약, 의식, 금언 등으로 특별한 권한을 얻는다. 대개는 뿔 투구를 쓰고 나무, 돌, 하늘의 정령과 교감하게 해주는 특별한 교류 도구 즉 북을 갖고 다니며 선한 힘을 발휘하기도 하고 악의 힘을 발휘하기도 한다. 천상과 지하의 다른 세계로 보이지 않게 이동하며 사람들에게 위대한 영(신)의 지혜를 전달한다. 러시아의 여러 외딴 지역에는 샤머니즘이 현대까지 남아 있지만 중부유럽에도 그럴 것이라고는 예상되지 않는다.[1] 여성도 샤먼이 될 수 있다.

헝가리에서는 19세기반에 걸쳐 마자르족의 기원에 대한 논쟁이 뜨거웠다. 마자르족은 일반적으로 훈족과 연관이 있다고 여겨졌다. [처버] 학자들의 생각은 달랐다. 페르시아인이나 하자르족과 연관돼 있다고 보는 학파가 있는가 하면, 야노시 셔이노비치János Sajnovics(1733~1785)가 이끄는 학파는 좀 더 동쪽으로 눈을 돌렸다. 그 후 언어학자, 고고학자, 인류학자들에 의해 핀-우그리아족과의 연관성이 확실하게 입증됐다. 일례로 1974년에 발견된 카마강가의 볼셰티간Bol'she Tigan 매장지는 마자르족이 서부로 이주하기 전 주요 기착지의 하나였던 것으로 확인됐다. 유사하게 마자르의 민간전승 설화에 대한 현대의 연구를 통해 수많은 샤머니즘의 흔적이 드러났고, 이로써 이전에는 고려하지 않은 시베리아와의 확실한 연관성이 부각되고 있다.[2]

사회적 호소력을 폭넓게 확산시키는 데 기여했다. 그뿐만 아니라, 언어라는 장벽에 가로막혀 문학으로는 자신들의 대의를 더 널리 주창하지 못한 민족들은 콘서트홀을 통해 자신들의 이야기를 유럽 전역에 두루 전달할 수 있었다.

홍미롭게도, 음악의 추상적 속성은 같은 음악이라도 무척 다양한 반응을 이끌어냈다. 쇼팽 같은 작곡가들은 단순히 그가 던지는 정치적 메시지를 잘 읽어내는 청자들만이 아니라 그런 메시지가 전혀 귀에 들리지 않는 사람들에게까지 감동을 안겨줄 수 있었다. 쇼팽의 천재성은 민족주의의 측면과 보편주의의 측면 사이에서 전혀 모순을 보이지 않았다. 쇼팽의 달콤하면서도 쌉쌀한 폴란드풍 선율에는 미묘하게 알 듯 말 듯한 정서적 특질들이 담겨 있고, 그것이 불끈거리는 저항정신과 우울한 무기력증이 교차하는 분위기 속에 얽혀 들어가 있다. 어떤 이들에게 쇼팽은 폴란드의 역사를 건반의 음표로 번역해놓은 작곡가였지만, 어떤 이들에게는 그만의 순전히 개인적이고 내밀한 성격을 날카롭게 표현해낸 작곡가였다. 로베르트 슈만이 아마도 쇼팽의 가장 위대한 명곡으로 손꼽힐 〈혁명 에튀드Revolutionary Étude〉(연습곡 Op. 10, 12번)를 두고 말했듯, 이 작품은 "꽃들 속에 파묻힌 총들"을 이야기한 음악이었다(다음 쪽 악보 참조).

오페라의 세계에서는 민족의 신화들과 웅대한 소리들이 하나로 엮여 타의 추종을 불허하는 막강한 힘을 지닌 음악극이 탄생했다. 객석의 의자에 못 박힌 듯 앉아 무소륵스키의 〈보리스 고두노프Борис Годунов〉(1869)나 바그너의 〈니벨룽의 반지Der Ring des Nibelungen〉(1876) 공연을

감상하노라면, 거기에 온통 정신이 팔려 역사의 옳고 그름 따위는 따질 겨를이 없어지기 마련이었다. 이런 민족 가극은 음악극 대본의 내용이 황당무계할수록 음악이 더욱 웅대하게 들리는 유일한 분야이기도 하다. [니벨룽] [오페라] [수사닌] [트리스탄]

이 시기 민족주의의 성장이 유럽 사회의 근대화와 긴밀하게 얽혀 있다는 것은 부인할 수 없는 사실이다. 아닌 게 아니라, 일부 마르크스주의 신조의 역사학자들은 이런 논지를 극단적으로 밀어붙여 둘 사이 상관관계가 절대적이라고까지 주장했다. "근대 민족, 아울러 그것과 연관된 모든 것의 기본적 특성은 바로 그것의 근대성에 있다."[31] 이와 같은 종류의 주장은 과장된 어법으로 훌륭한 논지를 흩뜨린다는 특징이 있다. 생각해보면 정치적 압제도 근대의 민족주의를 자극하는 데에는 사회경제적 근대화 못지않게 효과적일 수 있었으며, 근대화가 일어나기 훨씬 전에도 때 이르게 민족주의 운동이 꽤나 발전했던 사례도 여럿 찾아볼 수 있다. 확실히 근대화가 해냈다고 할 부분은, 기존의 민족주의가 갖고 있던 성격을 변화시켰다는 것, 아울러 과거의 모든 한계를 뛰어넘는 데까지 민족주의의 사회적 지지층을 확대시켰다는 것이다. 물론 1870년대 이후 유럽 근대화의 황금기에 이른바 '민족주의의 변환The Transformation of Nationalism'이 일어났다는 것은 그 누구도 논박하기 어려운 엄연한 사실이다.

민족주의를 통해 '문명'과 '문화' 사이에는 중대한 차이가 있다는 사실이 강조됐다. 문명 civilization이란 고대 세계와 기독교로부터 물려받은 사상과 전통의 총합이라 할 수 있었다. 그리고 이 문명이 유럽에서 살아가는 모든 민족의 토착 문화에 접목돼 공통의 유산을 형성했다. 문화culture(독일어 쿨투어Kultur와 일맥상통한다)는 사람들의 일상생활에서부터 커 나온 것이었다. 문화에는 어떤 특정 민족에서만 볼 수 있는 모든 것이 포함됐는바, 그 민족의 토착어, 민속문화, 변형된 형태의 종교, 특이한 관습 같은 것들이다. 인류 역사의 초반만 해도 사람들은 문명을 크게 숭앙하고 문화는 멸시하는 경향이 있었다. 민족주의는 그와는 정반대였다. 민족주의에서는 민족의 문화들이 크게 숭앙받았고 공통의 문명은 격하됐다. 이제 교육받고, 다국어를 구사하고, 세계를 집으로 삼는 유럽의 엘리트는 그 세가 점차 약해져갔다. 그 대신 제대로 교육받지 못했지만 민족주의를 지향하는 대중, 스스로를 오로지 프랑스인, 독일인, 잉글랜드인, 러시아인이라고만 여기는 이들의 세가 점차 강해져갔다.

민족주의를 이론화하는 작업은 시간이 지나도 그 열기가 식지 않았다. 20세기 후반에 큰 인기를 끈 사상 중에서, 위에서 말한 민족주의와 근대화의 사회학적 연관성은 한 번은 반드시 숙고해봐야 하는 부분이었다. 또한 그런 사상으로는, 민족이란 달리 뿌리내릴 데가 없어진 새로이 교육받은 개인들이 스스로 속해야겠다고 선택한 '상상된 공동체imagined community'로서 심리적 개념이라거나, 신생 국가들이 자기만의 신화를 만들어낸 기제로서 '만들어진 전통invented tradition'이라는 개념도 있다. 흥미로운 것은, 매우 현대적이라 할 이런 사상들을 거의 무명에 가까웠던 폴란드 사회주의자이자 사회이론가 카지미에즈 켈레스-크라우즈Kazimierz Kelles-Krauz(1872~1905)의 저작 속에서도 찾아볼 수 있다는 사실이다.[32]

민족주의의 들끓는 열정이 도화선이 돼 각지에서 충돌이 불붙는 것은 피할 수 없는 일이었다. 유럽에는 거의 어디에나 소수인종들이 있었으니, 이들의 대중민족주의는 당연히 정부 당국자들이 이끄는 국가 주도의 민족주의와 충돌을 일으킬 수밖에 없었다. 영국에서는 장차 분리주의로 번지게 되는 운동이 세 차례 일어났으며, 러시아제국에서는 그런 일이 70차례에 달했다. 심지어는 인종적 관점에서 볼 때 동질성이 유달리 두드러지는 독일제국에서조차도 과거 폴란드 속주, 슐레스비히-홀슈타인의 덴마크 국경지대, 알자스-로렌에서 수차례 충돌이 일어나 장기간 그치지 않았다. [엘자스] [슐레스비] 이뿐만 아니라 민족주의 운동의 지도자들과, 민족주의 자체에 동의하지 않거나 민족적 목표를 우선하는 것에 반대하는 자유주의 혹은 사회주의 지도자들 사이에서도 꽤 큰 충돌이 일어났다.

러시아야말로 이런 충돌이 발생하기 딱 좋았는데, 로마노프왕조가 주도하는 제국주의 국가 건설 사업은 제국 안의 비러시아 민족들뿐 아니라 러시아인들 자신의 대중민족주의 국가 건설 정서와도 충돌을 빚었다. 옛 모스크바대공국의 심장부에서 '제국'과 '민족'은 불편한 동거를 했다. 궁정·귀족·관료제를 기반으로 한 제국의 각종 제도는, 자신들과 거의 공통점을 갖지 못한 농민 주류의 사회에서, 마치 외세의 점령 세력이라도 되는 것처럼 어색하게 기능을 해나갔다. 농노 해방은, 촌락 공동체와 러시아정교회를 기반으로 삶을 살아가던 이 농업국가의 좌절감을 뒤로 미뤄주었을 뿐이었다. 19세기 초반에 자국어로 된 '러시아어 성경'을 펴내려던 노력이 성공적으로 진행됐다면 민족 문화의 초석 역할을 해냈겠지만, 이 노력의 실패는 지금까지도 중대한 영향을 끼치는 것으로 여겨지고 있다.[33]

수십 년이 흐르면서 민족주의는 전에 비해 과격한 색채를 띠는 일이 잦아졌다. 반동주의 왕조들에 대한 자유주의 성전聖戰의 일환으로 시작된 민족주의 운동은 자신들의 요구가 온전히 실현되지 못하자 절망에 빠졌다. 이후 19세기의 마지막 사반세기 동안, '과거 자유와 통일을 지향하던 민족주의'는 물러가고 관용과는 거리가 먼 '통합민족주의integral nationalism'가 모습을 드러냈다. 이때부터 소수민족을 축출해야 한다는 논의와 함께, 자신들 공동체 안에서 민족주의자들이 내건 교조적 정의에 순응하지 않는 자에게는 누구든 '반역죄'를 씌워야 한다는 논의가 시작됐다. ('민족주의'란 말이 1890년대 들면서 두루 통용된 것은 바로 이런 부정적 의미를 담은 채였다.) 독일은 오로지 독일인만을 위해 존재해야 했고, '루마니아는 오로지 루마니아인만을 위해', 루리 타니아왕국은 오로지 루리타니아인을 위해서만 존재해야 했다("루리타니아왕국"은 소설 《젠다 성 의 포로The Prisoner of Zenda》(앤서니 호프, 1894)에 등장하는 가상의 국가. 기이한 소수 유럽 국가나 학술 토론에서 지정되지 않은 국가를 표시할 때 그 명칭으로 사용되곤 한다).

이 무렵 유럽에서 피와 땅Blut-und-Boden의 사상이 가장 깊숙이 뿌리 내렸던 나라는 아 마도 제국 독일이었을 것이다. 통합민족주의를 가장 일관된 목소리로 옹호한 곳은 프랑스였 으니, 악시옹프랑세즈Action Française("프랑스의 행동"이라는 뜻으로 로마가톨릭교도들을 중심으 로한 반공화주의 단체, 또는 그들이 발행한 신문의 이름)의 공동 창립자 모리스 바레스Maurice Barrès(1862~1923)와 샤를 모라스Charles Maurras(1868~1952)의 저술들에 그런 주장이 담겨 있 는 것을 볼 수 있었다. 이들에게 프랑스는 오로지 프랑스인, 그중에서도 충성스럽고, 프랑스 토 박이 태생이며, 가톨릭을 신봉하는 프랑스인만을 위해 존재하는 곳이었다. 모젤주州의 하원의 원 바레스는, 의원으로 일하는 동안 알자스-로렌 지방을 독일로부터 되찾아오기 위해 싸움을 벌였다. 그의 《뿌리 뽑힌 사람들Les Déracinés》(1897)은 뿌리 내릴 데를 잃고 사회 안에서 별 쓸 모 없는 존재로 전락하게 된 사람들에 대한 생각을 확실히 규정짓는 계기가 됐다. 책은 이내 다 른 누구보다 유대인들에 대한 반감을 일으키는 데 활용됐다. 바레스의 《영감靈感받은 언덕La Colline inspirée》(1913)은 가톨릭 신앙과 진정한 프랑스성Frenchness은 뗄 수 없는 관계에 있다는 생각을 개진한 책이다. 모라스는 반드레퓌스파이자, 나중에 비시 프랑스에서 활동한 필리프 페 탱Philippe Pétain의 지지자로서 선봉 노릇을 했다. 모라스의 언어는 지나치게 극단적인 면을 띠 어서 1926년에 그의 저작들은 가톨릭의 금서목록에 올랐다.

통합민족주의는 이른바 세기말Fin de siècle의 모든 민족주의 운동에 빠짐없이 영향을 끼쳤 다. 독일과 프랑스는 물론 폴란드에서도 통합민족주의에 큰 영향을 받았는데, 로만 드모브스 키Roman Dmowski(1864~1939)가 이끈 민족민주주의 운동은 이런 통합민족주의의 특성을 매 우 잘 드러내고 있었다. 이탈리아에서는 민족통일주의자들의 활동 속에 통합민족주의의 요소 가 내재해 있었으니, 일례로 오스트리아로부터 트리에스테와 티롤을 우악스럽게 빼앗아오려 한 가브리엘레 단눈치오Gabriele D'Annunzio(1863~1938)가 그러했다. 러시아에서는 통합민족주의가 러시아 민족성을 정교회와 순순히 동일시하지 않는 모든 이를 거부하는 태도로 이어졌다. 영국 에서는 '영국인'을 '잉글랜드인'과 동일선상에서 놓고 보는 모든 이 사이에서 통합민족주의 태도 를 엿볼 수 있었다. 아일랜드의 얼스터 땅에는 가톨릭교도들이 발 들일 여지가 없다고 본 프로 테스탄트인 및 수많은 얼스터인의 입장과, 프로테스탄트인 및 잉글랜드-아일랜드 혼혈인들은 모두 외세 지배의 하수인이라 여긴 아일랜드의 가톨릭교도 민족주의자들의 극단주의 경향, 이 두 가지 모두를 통해 통합민족주의가 드러나는 것을 볼 수 있었다. 유대인들 사이에서는 시온주의 계파 쪽에서 통합민족주의를 엿볼 수 있었는바, 이들은 팔레스타인을 단순히 억압받는 유대인들의 피신처가 아니라, '유대인 국가'가 세워질 땅으로 보았기 때문에 비유대인들이 이곳에 들어와 살아가기 위해서는 얼마간의 고통을 감내할 수밖에 없을 것이었다.

다양한 민족주의 운동은 처해 있는 정치적 환경에 큰 영향을 받았다. 지금까지 일부 정치이론가들은 '온건하고, 인도적이고, 자유화를 위한' 민족주의의 형태들은 대체로 서유럽에서 찾아볼 수 있고, 동유럽의 민족주의는 한데 싸잡아 무관용적이고 인종적인 범주로 분류하는 경향을 보여왔다.[34] 이런 식의 범주화는 분명히 온당치 않다. 서유럽에서도, IRA(Irish Republican Army, 아일랜드의 무장 테러 단체)에서부터 플랑드르의 조국전선Fatherland Front(오스트리아 제1공화국과 오스트리아연방국의 파시즘 집권 여당)에 이르기까지 무관용적이고 인종주의적인 경향의 민족주의 사례를 다수 찾아볼 수 있다. 동유럽에서 일어난 수많은 민족주의 운동도 '서유럽적' 요소와 '비서유럽적' 요소들을 동시에 포함하고 있었다. 따라서 위의 명칭들은 전혀 들어맞지 않는다고 할 수 있다. 여기서 우리가 옳다고 인정할 수 있는 부분은, 독재적이었던 동유럽의 제국들은 자유주의 유형의 민족주의를 금하면서도 그야말로 갖가지 원인으로 일어난 폭력적 저항은 부추겼다는 점이다. 1870년 이후로 50년이 지나는 동안 유럽의 대부분 지역에서는 대중민족주의가 마음껏 활개 칠 수 있었던 데 반해, 자신도 모르는 사이 러시아제국의 통제 속에 들어와 있음을 알게 된 상당수 민족들은 해방의 날을 맞을 수 있으리라는 희망을 100년 가까이 미뤄야 했다. 해방이 이렇듯 지체된 것은 러시아에 포로로 붙잡힌 민족들의 본래 성격 탓이라기보다는 러시아에 잇따라 세워진 여러 나라의 성격에서 그 원인을 찾을 수 있었다.

이탈리아에서 민족해방 운동은 75년에 걸쳐 활발히 진행된 끝에 1871년 자신의 목표를 이룰 수 있었다. 이탈리아의 이 민족해방 운동은 일명 리소르지멘토Risorgimento(부흥)로도 알려졌는데, 이 운동을 가장 효과적으로 이끈 카밀로 디 카보우르Camillo di Cavour(1810~1861, 당시 사르데냐 왕국의 총리였다)가 1847년 토리노에서 창간한 신문의 이름에서 따온 것이다. 그러나 이탈리아 민족해방 운동은 곳곳의 비밀 독립 결사체들에 기원을 두고 있었는바, 대표적으로 유명한 카르보나리당—이들은 나폴리(1820), 토리노(1821), 로마(1830)에서 반란을 일으켰으나 무위에 그쳤다—과 주세페 마치니Giuseppe Mazzini(1805~1872)가 이끈 청년이탈리아당Giovane Italia을 꼽을 수 있었다. 마치니는 민족주의 혁명가이자 예언가로서, 생애 많은 시간을 마르세유, 베른, 런던 같은 망명지에서 보냈다. 그는 민족주의 이데올로기를 창안하고, 무관심하던 동포들을 일깨우고, 사르데냐의 카를로 알베르토Carlo Alberto처럼, 이탈리아 민족해방 운동에 동조하는 통치자들에게 자신들을 지원해줄 것을 요청했다. "동일한 언어를 말하는 시민들에게서 찾아볼 수 있는 보편성이 곧 민족이다"라고 그는 선언했다. 1834년에는 자신이 펼치는 운동의 국제 지부인 청년 유럽당Young Europe을 창설하고, 조직망을 이룬 공모자들을 양성해 유럽 대륙 전역에 민주주의 헌법이 마련될 수 있도록 했다.

혁명의 해인 1848년을 기점으로 이탈리아는 폭발하듯 유럽을 휩쓴 민족해방 운동의 전면에 나서게 됐다. 베네치아와 로마에 독립 공화국이 선포된 것이 이때였다. 시칠리아와 나폴리는 자신들을 지배하는 부르봉왕가 군주 페르디난도 2세에게 반기를 들었다. 카를로 알베르토는 밀라노의 반란에서 모종의 이득을 얻기를 기대하며 오스트리아를 상대로 이른바 '성전'에 돌입했다. 그러나 이런 움직임은 요제프 라데츠키Joseph Radetzky 장군의 반격과 '포격왕King Bomba'(페르디난도 2세의 별칭)의 가차 없는 포격 속에서 모두 무참히 진압당했다. "이탈리아 혼자서 해낼 것이다Italia farà da sé"라던 마치니의 슬로건이 공허한 말로 끝나는 순간이었다. 마치니와 손을 잡고 로마와 베네치아 모두에서 싸운 낭만적 성향의 주세페 가리발디Giuseppe Garibaldi(1807~1882)는 도망치듯 남아메리카로 떠났다.

이탈리아의 상황이 호전된 것은 그로부터 10년 뒤였다. 우선 카보우르 백작의 사르데냐가 오스트리아인들을 몰아낼 최상의 방책이라 믿고 이탈리아 민족해방의 대의로 돌아섰다. 크름반도에서 사르데냐 군대가 훌륭한 전과를 올리자 나폴레옹 3세는 짐짓 예를 갖춰 "이탈리아를 위해 제가 할 수 있는 일이 무엇입니까?"라고 물었고, 그러고서 얼마 안 가 프랑스-사르데냐 협정이 조인됐다. 프랑스는 오스트리아에 맞서 북쪽에서 사르데냐를 지원하기로 약속했고, 이탈리아 중부에서는 교황령 방어를 계속해나갔다. 이후 세 차례의 전쟁 끝에 게임은 완결됐다. 1859~1860년, 마젠타와 솔페리노에서 승리하면서 오스트리아령 이탈리아에 대한 프랑스-사르데냐의 공격이 확실한 성공을 거두었다. 한편 가리발디의 '붉은셔츠대Camicie Rosse'도 세간을 떠들썩하게 하며 원정에 나서, 시칠리아와 나폴리 함락을 확실히 매듭지었다. 파르마, 모데나, 토스카나에서 치러진 국민투표도 모두 이탈리아의 손을 들어주었다. 프랑스는 사부아와 니스를 차지하게 됐고, 여전히 오스트리아는 베네치아를 수중에 쥐고 있었으며, 교황은 프랑스의 도움을 받아 계속 로마에서 통치를 해나갔다. 하지만 1861년 5월, 전원이 이탈리아인으로 구성된 의회가 토리노에서 열려 비토리오 에마누엘레 2세Vittorio Emanuele II(재위 1839~1878)를 이탈리아 왕으로 선포했다. 1866년에는 오스트리아가 프로이센과 전쟁을 벌이는 틈에 이탈리아가 베네치아를 양도받는 데 성공했다. 1870년에는 프랑스가 프로이센과 전쟁을 벌이는 사이, 이탈리아가 교황령의 나머지 땅을 탈취한 후 교황을 바티칸궁에 가두었다. 이렇게 해서 아직 트렌티노(남南티롤)와 이스트리아반도는 빠져 있었지만, 이탈리아왕국의 모습이 갖춰졌다. 카보우르는 세상을 떠났고, 가리발디는 카프레라섬에 들어가 조용히 여생을 보냈다. 공화주의자 마치니는 계속 망명 생활을 하며 상심에 젖어 지냈다(부록 1647쪽 참조). [가토파르도]

가토파르도 GATTOPARDO

■
■ 1860년 5월. "지금도 그리고 죽음 앞에서도 기도를Nunc et in hora mortis nostrae, 아멘." 매일 올리는 묵주기도가 끝났다. 공작은 30분에 걸쳐 일정한 목소리로 슬픔의 신비와 영광의 신비를 환기했다. 이윽고 사람들의 목소리가 끼어들더니 사랑이니, 동정이니, 죽음이니 하는 범상치 않은 단어들이 들려왔다. 이 웅성거림과 함께 로코코풍의 응접실이 변해가는 듯했다. 실크 벽지 위에서 무지갯빛 날개를 펼치고 있는 앵무새들조차도 숙연해 보였다. 두 개의 창문 사이에 걸린 막달라 마리아 상도 참회하는 듯했다. […]

곧 평소의 질서 혹은 무질서가 돌아왔다. 하인들이 나가고 그 문으로 그레이트데인종의 개 벤디코가 꼬리를 흔들며 들어왔다. 여자들이 치맛자락을 흔들며 천천히 일어나자 우윳빛 타일 위에 그려진 발가벗은 신화 속 인물들이 모습을 드러냈다. 안드로메다만이 추가 기도문을 읽느라 심취해 있는 피로네 신부의 법의에 가려져 있었다.[1]

살리나 공작 돈 파브리치오 코르베라는 팔레르모가 내려다보이는 자신의 저택에서 아주 오래전부터 이어져온 가문의 의식을 수행하고 있었다. 시칠리아는 4월의 메시나 봉기가 수포로 돌아간 뒤 5월 11일 가리발디가 마르살라에 상륙하기 전까지 불안한 정체기를 보내고 있었다. 문장紋章 때문에 '표범'으로 알려진 공작

은 부르봉왕조와 봉건제의 특권이 허물어지고 감정적으로도 피폐해진 쇠퇴기로 들어서고 있었다.[2]

역사소설에는 여러 종류가 있다. 저급한 소설들은 아무 상관도 없는 허구에 이국적 배경을 부여하기 위해 과거를 약탈한다. 시대를 초월하는 쟁점을 논의하기 위한 중립적 무대로 과거를 활용하는 소설도 있다. 때로는 역사뿐 아니라 인류에 대한 이해의 범위를 넓혀주는 소설도 있다. 《일 가토파르도Il Gattopardo》(일탈리아어로 "표범")(1958)는 팔마 공작이자 람페두사의 왕자 주세페 토마시Giuseppe Tomasi(1896~1957)의 작품으로, 그의 사후에 출간됐다. 이토록 굉장한 공감 능력과 역사적 감성을 보여준 소설가는 드물다.

1910년 5월. 아직 결혼하지 않은, 돈 파브리치오의 세 딸은 여전히 살리나 저택에 살고 있다. 추기경 대주교는 가족 예배당의 유물들이 모두 가짜라며 처분하라고 지시했다. 카펫으로 오랫동안 보존해온 벤디코의 모피도 유물들과 함께 버려졌다. 질질 끌려 나오는 이 동물 가죽의 유리 눈알이 그녀를 원망하듯 노려보았다. 벤디코의 잔해는 마당 한구석에 내던져졌다. 창문에서부터 그리로 날아가는 짧은 순간, 녀석의 형체가 바뀌었다. 저주를 퍼붓듯 오른쪽 앞다리를 올린 모습은 흡사 긴 수염 달린 네발짐승이 춤을 추는 모양새였다. 곧 그 모든 것이 작고 검푸른 티끌이 돼 평화가 찾아왔다Poi tutto trovo pace in un mucchietto di polvere livida.[3]

독일의 민족주의 운동의 진행 과정은 모든 본질적 측면에서 이탈리아의 민족주의 운동과 조금도 다를 바 없었다. 독일에서 민족주의 운동은 1813~1814년 '해방전쟁'이 한창 전개되고 왕정복고 기간에 조직된 수많은 비밀 결사체가 열성적으로 활동을 벌이면서 시작됐다. 독일의 민족해방 운동이 가장 커다란 차질을 빚은 것은 1848년, 전원 독일인으로 구성된 의회가 소집됐다가 그대로 해산되고 말았을 때였다. 그러다 독일은 프로이센의 왕이 독일 해방의 대의에 뜻을

함께 하기로 한 1871년, 끝내 자신의 목표에 도달했다.

1848년 3월 이전 시기인 일명 포어메르츠Vormärz라고 하는 기간은 독일연방의 무용성이 자명하게 드러난 시기였다. 독일 의회는 결국 최고법원에 지나지 않는 기관으로 전락했다. 이때까지도 독일 의회는 삼십년전쟁 때의 채무를 정산하는 일에 여념이 없었다. 독일의 제후들이 제각각 의회를 소집해야 한다는 조항이 헌법에 마련돼 있었지만, 그것을 준수하는 제후가 있는가 하면 무시하는 제후들도 있었다. 법 제정을 무효화하고 외부의 지원 세력을 끌어들일 수 있는 제후의 권리에 의해 자유주의적 발의는 압살당했다. 그러다 1848~1849년에 빈, 베를린, 쾰른, 프라하, 드레스덴, 바덴 등 각지에서 봉기가 일어나면서 독일도 프랑스나 이탈리아와 마찬가지로 혁명의 불길에 휩싸였다. 프랑크푸르트의 성바오로성당에서는 민족주의 성향의 예비의회Vorparlament가 열려, 미래의 독일제국의 초석을 놓을 헌법을 기초했다. 그러나 헌법에 대한 심의가 전혀 실행되지 못했다. 예비의회가 슐레스비히-홀슈타인 문제로 사분오열돼 있었던 탓이었다. 아울러 예비의회는 독일 땅이 독일인의 인종적 영역에 한정돼야 하는지, 아니면 비독일적 경향이 우세한 오스트리아제국까지 아울러야 하는지 같은 문제도 결정하지 못했다. 의회는 결국 프로이센의 프리드리히 빌헬름 4세Friedrich Wilhelm IV에게 왕관을 건네주고자 했으나, 이 국왕은 그 자리가 "시궁창 냄새가 풍기는" 영예일 뿐이라며 제안을 거절했다. 예비의회는 1849년 7월 갖은 비난과 억압을 받으며 해산됐다(부록 1645쪽 참조).

프로이센이 독일 재통일에 뜻을 모으기로 행보를 바꾼 것은 1860년대로, 프로이센은 이를 방편 삼아 독일연방에서는 물론 오스트리아와의 헤어날 길 없는 유착에서 벗어날 수 있기만을 바랐다. 빌헬름 1세Wilhelm I(재위 1861~1888)의 통치 초반 프로이센의 정국은 무척 애매한 상태가 돼 있었다. 프로이센은 알브레히트 폰 론Albrecht von Roon이 주도한 군사 개혁을 통해 권위주의적 기득권층의 세가 강성해졌으나, 다른 한편으로는 주의회Landtag 선거에서 발데크 지방의 진보당Fortschrittspartei의 주도로 자유주의파가 과반을 차지한 상태였다. 1862년 프로이센이 그에 뒤따른 위기를 —필요하다면 비헌법적 수단을 동원해서라도— 정리하라고 총리직에 앉힌 인물이 오토 폰 비스마르크Otto von Bismarck(1815~1898)였다. 이때 비스마르크의 목표는 프로이센을 독일의 '안장'에 앉히고, 나아가 독일을 유럽의 안장에 앉히자는 것이었다. 하지만 슐레스비히-홀슈타인에 대한 프로이센-오스트리아 공동 관리에서 심각한 마찰이 빚어졌다. 빌헬름 1세는 자신이 연방을 이끌어야 하는지, 아니면 1863년 프랑크푸르트 제후회의Fürstentag에서 그랬던 것처럼 그 문제를 프란츠 요제프 1세에게 맡겨야 할지 결정하지 못했다. 이 모든 문제는 비스마르크의 결단으로 일단락 지어지게 되는바, 그가 오스트리아를 배제한 새로운 북독일연방을 구성하는 한편 국지전 전법을 기막히게 활용하는 조치를 취한 것이다. 1864년 프로이센은 덴마크를 공격해 패퇴시키고 슐레스비히를 합병했다. 1866년 오스트리아가 슐레스비히 문제를 연방의회에 넘기자, 프로이센은 곧바로 연방에서 탈퇴한 후 오스트리아와 오스트리아의 독일 동맹군들을 공격해 패퇴시켰다. 흐라데츠크랄로베(쾨니히그레츠) 근방의 사도바에서 순식간에 거둔 이 승리로, 프로이센의 패권과 북독일연방의 형성이 확실히 굳어졌다. 1870~1871년에는 프로이센이 프랑스를 공격해 패퇴시켰다. 연전연승으로 한껏 분위기가 고조된 가운데, 비스마르크는 북독일연방이 남독일 국가들을 인정하도록 했고 빌헬름 1세를 독일의 황제로 선포하도록 했다. 독일이 재통일되는 순간이었다. 이로써 보수주의의 성채는 득의에 찼고, 자유주의자들은 허망한 심경에 빠졌다. [헤르만]

폴란드의 민족주의는 가장 긴 계보와, 가장 훌륭한 자격요건, 가장 대단한 결의를 갖추었으나 언론에서 가장 푸대접을 받았으며, 제일 형편없는 성과를 낸 운동이었다. 폴란드 민족주의의 연원은 18세기에 형성된 반러시아 연맹체까지 거슬러 올라간다. 이와 함께 폴란드분할과 제2차 세계대전 사이에 30년이 멀다 하고 일어난 무장봉기들—1733, 1768, 1794, 1830, 1848, 1863, 1905, 1919, 1944년—에서도 민족주의가 그 산파 역할을 했다. 이와 같은 분위기는 폴란드에서 민족주의라는 이름이 일찌감치 등장하는 자양분이 됐고, 그렇게 생겨난 민족주의는 나폴레옹 시대부터 무르익었다. 핵심적 부분에서 폴란드의 민족주의는 경제적 이유와는 거의 상관이 없었으니, 폴란드 민족주의가 이루고자 한 것은 오로지 폴란드의 문화, 정체성, 명예를 지켜내자는 것뿐이었다.

19세기 초반 폴란드에서 일어난 수차례의 봉기는 십자가에 못 박히듯 처형당한 폴란드-리투아니아연방을 되살리는 것을 목표로 삼았다. 이들 봉기를 이끈 원동력은 낭만주의적 시구 속의 신비주의적 이미지들, 다시 말해 '민족들의 그리스도the Christ of Nations인 폴란드가 부활의 '사흘째Third Day'를 맞아 세상에 존재하게 되리라는 확신이었다.

> 만세, 오 그리스도, 인간의 주군이시여!
> 당신께서 즈려밟고 지나시는 이 땅 폴란드도
> 당신처럼 고통을 받지만, 당신의 분부에 따라
> 언젠가는 당신처럼, 다시 일어설 것입니다.35

이때의 주된 조치들은 러시아에 대항한 의회왕국Congress Kingdom을 통해 주로 취해졌으나, 오스트리아와 프로이센에 있는 폴란드인들도 이런 움직임에 동참했다. 리투아니아, 벨라루스, 우크라이나에서도 이 운동에 동조하는 사건들이 일어났다. 1830년 11월에는 차르가 휘하 폴란드인 군대를 벨기에와의 전투에 파견할 계획이라는 무모한 음모론이 퍼지면서 결국 러시아-폴란드 사이에 전쟁이 불붙었다. 차르는 보수파 아담 예지 차르토리스키 대공이 장악한 바르샤바 행정부의 권고를 거절하고는 일체의 대화를 용납하지 않았다. 따라서 사태의 추이는 이제 대화를 하지 않으려는 강경파들에게 맡겨져 있었다. 폴란드 정규군은 차제에 승리를 거둘 기회를 맞았으나 점차 우회 공격을 받고 열세에 놓이게 됐다. 1831년 9월 러시아군이 바르샤바 근방에 설치된 마지막 포좌를 향해 물밀 듯 쏟아져 들어갔을 때, 러시아인들의 눈에 들어온 광경은 송장이 된 사람들과 숨이 끊어져가는 사람들이 허허벌판에 이미 즐비한 가운데 유제프 소윈스키Józef Sowiński 장군의 시신이 꼿꼿이 서 있는 모습이었다. 나폴레옹 휘하에서 장교로 복무했던 이 늙은 장군은 숨을 거두기 전, 독재자들에게 머리를 조아리지 않도록 자신의 목재 의족을 '폴란드의 땅속에 단단히' 박아달라고 당부한 터였다. 결국 의회왕국의 헌법은 유예됐다. 반란군들은 자유와 가진 재산을 모조리 빼앗겨야 했다. 망명길에 올라 프랑스로 떠난 폴란드인들만 1만 명에 이르렀고, 쇠사슬에 묶인 채 시베리아로 행군해야 한 사람들도 수만 명이 넘었다.

1848년 폴란드인들의 운동들은 그보다 2년 전에 일어난 의도적이고 대대적인 봉기의 실패로 다소 힘이 빠질 수밖에 없었으니, 이때 크라쿠프공화국은 혁명가들을 제대로 통제하지 못하면서 종말을 맞고 말았다. 수천 명의 귀족이 갈리치아 시골 지역 인근에서 오스트리아 관료들의 사주를 받은 농민들 손에 무참히 학살당했다. 따라서 '다른 민족들도 봄'을 맞을 수 있게 폴란드가 한몫한 부분이 있다면, 포스나인에서 한 차례 소규모 봉기가 일어난 것, 크라쿠프와 렘베르크(폴란드의 르부프, 우크라이나의 르비우)에서 두 차례 소요가 일어난 것, 대규모 망명자 분견대가 편성돼 유제프 벰Józef Bem의 지휘하에 헝가리를 위해 싸운 것이었다.

1863년 1월, 의회왕국은 '해방자 차르'라고 불린 알렉산드르 2세의 모순된 행태에 절망한 나머지 다시 한 번 폭발했다. 알렉산드르는 자기 제국의 농노들은 해방하면서도 폴란드인들에게 헌법을 부여하려고는 하지 않았다. 2년에 걸쳐 바르샤바에서 사제, 목사, 랍비들을 주축으로 애국주의 시위가 수차례 벌어진 끝에 비밀리에 민족주의 정부가 수립됐다. 그러나 16개월 동안 치러진 치열한 게릴라전은 반란군 지도자들이 성채 성벽 위에서 대거 처형당하는 사태를 불러왔을 뿐이었다. 이 일로 말미암아 의회왕국까지 함께 억압을 받았다. 이때에만 무려 8만 명에 이르는 폴란드인들이 끔찍한 여정을 거쳐 시베리아로 끌려갔는데, 차르의 통치 역사에서 가장 대규모의 정치적 유배였다.

1905년에 들어 애국주의 반란의 횃불을 치켜든 것은 폴란드사회당이었다. 바르샤바와 우치 파업과 시가지 전투의 물결은 상트페테르부르크에서 러시아인들이 일으킨 반란보다 더 오래도록 잦아들지 않았다. 그러자 러시아는 폴란드 속주의 젊은이들을 대거 징집해 러시아 군대의 머릿수를 채웠고, 이들은 멀리 만주까지 가서 왜 싸우는지도 잘 모르는 채 일본인들을 상대로 일전을 벌여야 했다.

헤르만 HERMANN

■ 베스트팔렌주 데트몰트 인근의 울창한 토이토부
■ 르거발트 산비탈 위로 아르미니위스Arminius를
기리는 헤르만기념상Hermannsdenkmal이 우뚝 솟아
있다. 서기 9년 이 지역에서 로마 침략군을 격퇴한 게
르만의 수장 헤르만 즉 체루스키족의 아르미니위스를
기리는 기념상이다. 구리를 다져 만든 30여 미터 높이
의 이 기대한 동상은 콜로네이드기 갖춰진 받침대기
떠받치고 있다. 그 위에서 실물 크기의 10배에 달하는
헤르만이 날개 달린 투구를 쓰고 험악한 얼굴을 한
채 발밑에 펼쳐진 평원을 향해 거대한 복수의 칼을 휘
두르고 있다.

기념상을 완성하기까지는 40여 년이 걸렸다. 도나우
강이 내려다보이는 레겐스부르크 인근 절벽에 바이에
른 왕이 세운 고전적 발할라신전(1830~1842)과 마찬
가지로, 이 기념상도 나폴레옹과 해방전쟁을 기억하는
세대에 의해 기획된 것이었다. 그러나 독일이 통일되고
독일 민족주의가 더 강경한 형태를 취할 때까지 기념
상은 완성되지 못했다. 이 프로젝트의 기획자이자 주
요 추진자 에른스트 폰 반델Ernst von Bandel은 번번
이 필요한 자금을 구하지 못했다. 그러다 독일제국 전
역의 학교들에서 기금을 모아 마침내 뜻을 이루었다.
1875년에 베일을 벗은 헤르만기념상은 새로이 다진

독일제국의 자부심에 꼭 어울리는 상징물이었다.

민족주의의 열풍이 불면서 자부심을 중시하는 민족은
저마다 민족의 영웅으로 기릴 만한 대상을 찾기 시작
했고 공공 기념상이 사회적으로나 교육적으로나 확실
한 효과를 냈다. 헤르만기념상을 시작으로 독특한 유
사역사 장르가 유럽을 휩쓸었다.[1] 독일 내에도 경쟁 상
대들이 있었다. 라인강가의 니데르발트기념상, 튀링겐
의 키프호이저산에 세워진 카이저 빌헬름 1세의 기마
상, 국기간전투(리이프치히전투) 100주년에 리이프치히
의 애국자연맹이 세운 전승기념비(1913) 등이 그것이
다. 런던 국회의사당 옆에 세워진, 의회와 가장 어울리
지 않는 사자왕 리처드(리처드 1세)의 동상, 크라쿠프
의 그룬발트전투기념비(1910), 클레르몽페랑 인근의 제
르고비고원에 세워진 베르킨게토릭스Vercingetorix 기
념상도 시기와 정신의 측면에서 비슷한 범주로 분류할
수 있다.

민족 정서를 정치적으로 이용한 최고의 사례로는
1790년대에 북웨일스 베드겔러트("겔러트의 무덤"이라
는 뜻)에 세워진 흐웰린Llywellyn(1240년 몰) 공의 개
겔러트Gelert의 기념상(오해로 인해 자신의 충견 겔러트
를 죽인 흐웰린이 사죄의 의미로 세운 기념상)을 꼽을 수
있다.[2] 그것이 자극하는 연민이 클수록 그리고 시대적
으로 오래된 것일수록 낭만주의 세대는 자신들의 뿌
리를 기억하게 하는 상징물에 더욱 열광한다.

폴란드의 민족주의가 시종 패퇴를 당한 것은 두 가지의 중대한 발전 국면을 낳는 계기가 됐
다. 애국파의 후반 세대들은 조국을 위해 싸우기보다는 조국을 위해 일하는 노선을 채택하는 일
이 많았다. '유기적 노동'이라 일컬어진 이들의 개념은 경제적·문화적 자원의 힘을 키우는 한편,
지방자치 이상의 차원의 모든 정치적 요구는 억제하는 것에 목표를 두고 있었다. 이와 같은 방식
은 향후 군사 및 외교 지원을 충분히 받지 못하는 모든 민족주의 운동의 표준 전략으로 자리잡
게 된다. 이와 동시에 '통합민족주의' 역시 폴란드의 땅에서 살아가는 여러 민족에서 제각기 모습
을 드러냈다. 리투아니아, 벨라루스, 우크라이나, 시온주의파 유대인들의 민족주의가 저마다 자기
입장을 내걸면서, 어떤 식으로든 공동 투쟁을 벌인다는 의식을 실질적으로 무력화시켰다. 로만

드모브스키가 이끈 폴란드 민족주의자들은 유제프 피우수트스키Józef Piłsudski가 이끈 폴란드 독립운동 세력들과 살벌한 경쟁을 벌였다. 이들이 내건 '폴란드인들을 위한 폴란드'에는 반독일인, 반우크라이나인, 반유대인 콤플렉스가 깊이 깔려 있었다.

러시아제국 내에서는, 민족주의의 조류가 점차 강하게 일어나는 가운데 지역에 따라 당국의 공식적 태도가 천차만별로 차이를 보였다. 벨라루스인들과 우크라이나인들의 경우 별개의 정체성을 갖는 것 자체가 용납되지 않았다. 폴란드인들 역시 1906년까지는 어떤 식으로든 정치적 표현이 허용되지 않았다. 그러나 핀란드대공국Grand Duchy of Finland에서만큼은 핀란드인들이 자신의 숱한 이웃은 빼앗긴 자치의 자유를 누릴 수 있었다. 대체로 루터파 교도였던 발트해의 독일인들도 발트해 속주들의 다른 주민들에게는 허용되지 않은 종교적·문화적 관용의 혜택을 누렸다. '제 민족을 가둔 감옥'은 창살도 많았지만 벽에 난 구멍도 그만큼 많았다.

오스트리아-헝가리제국에서 민족주의는 특히나 까다로운 문제였다. 1867년의 아우스글라이히[대타협]는 이 문제를 원만히 해결하기 위해 나온 것이었으나 실제적으로는 이 문제를 해결 불능으로 만드는 결과를 초래했다. 독일어를 사용하는 엘리트층은, 자신들의 문화를 오스트리아와 헝가리의 이중군주국Dual Monarchy으로 확장하기는커녕 오스트리아 전역에 강요할 기회마저 갖지 못했다. 어쨌거나 "오스트리아는 독일의 외양을 한 슬라브족 왕가"였다. 실질적으로 볼 때, 이곳에는 3개 '지배자 인종'—독일인, 마자르인, 갈리치아 지방의 폴란드인—들이 다른 인종들 위에 군림하는 분위기가 형성돼 있었다. 행정구조도 그러한 분위기에 맞게 정비돼 있어서 그것을 토대로 보헤미아의 독일인 소수 계층이 체코인들을 제압할 수 있었고, 헝가리에서는 마자르인들이 슬로바키아인·루마니아인·크로아티아인을 제압할 수 있었으며, 갈리치아의 폴란드인들 역시 그런 방식으로 루테니아인[우크라이나인]들을 제압했다. 이런 식의 소외를 당하는 민족들이 민족주의의 마력에 사로잡힐수록 압박의 강도도 더욱 높아져갔다. 그뿐만 아니라, 오스트리아-헝가리 역사상 최초로 제국참사회Reichsrat가 도입되고 종국에는 1896년 보통선거권까지 도입돼 합스부르크가의 정치가 복잡한 양상을 띠자, 3개 통치층 집단은 이제 거래와 협상이라는 게임을 끝없이 벌이지 않고는 자신들의 패권을 유지해나가지 못하는 처지가 됐다. 궁정과 군대를 장악한 오스트리아의 독일인은, 극단적 보수주의 성향을 보인 갈리치아의 폴란드인 귀족들의 이해관계를 보장해 줌으로써 열화와 같이 들고 일어나는 마자르인들을 막아냈다. 이로 인해 갈리치아 출신의 폴란드인들은 오스트리아-헝가리의 수명이 다하는 그날까지 가장 우직한 황제충성Kaisertreu파로 남아 있게 된다. 마자르인들은 자신들이 원하던 것을 끝내 얻지 못했다. 오스트리아 내 독일인의 여론은 날이 갈수록 대大독일Greater Germany이라는 과거의 이상에 이끌려 들어가고 있었다. 특히나 체코인들은 자신들이 도저히 헤어날 수 없는 난국에 처했다는 심경에 젖어 있었다. 스스로를 "옛날 양식을 따른 최후의 군주"라고 표현한 프란츠 요제프

1세Franz Joseph I(재위 1848~1916)는 진정 다민족국가를 다스렸으니, 이 나라에서는 황제 찬가가 총 17개의 공식 언어 중 어느 것으로도 불릴 수 있었다. 황제가 대중에게 인기가 높았던 까닭도 정치적으로 그가 취할 수 있는 행보가 없어서였다. 치료받지 못한 병은 내부에서 곪아가기 시작했다. 오스트리아의 한 총리는 선뜻 다음과 같이 인정했다. "왕국의 모든 민족이 잘 조절된 불만 상태에서 저마다 균형을 이루게 하는 것이 저의 정책입니다."36 [유전자]

당시 유럽은 교과서에서는 찾아볼 수 없는 종류의 민족주의 운동도 도처에서 일어났다. 더 소규모 공동체들은 문화적 과업을 완수하는 데 선뜻 자신들의 노력을 쏟아붓는 일이 많았다. 프로방스에서는 프레데리크 미스트랄Frédéric Mistral(1830~1914)이 프로방스의 언어와 문화 부흥 작업을 조직화하고 나중에는 아카데미프랑세즈Académie Française(프랑스어를 표준화하고 다듬는 역할을 하는 기관)의 회원으로 선출됐다. 웨일스에서는 연례행사인 이스테드보드 풍습 즉 음유시인의 모임이 수백 년간 열리지 않다가 1819년에 되살아났다. 1858년 란골렌에서 시작된 유사 드루이드교 행사들은 이러한 일련의 움직임 속에서 빼놓을 수 없는 특성으로 자리잡았다. 독일에서는 슬라브계 폴라브인, 소르브인, 카슈브인들이 자신들의 고대 슬라브족 문화를 부활시켰다. 폴라브인은 하노버 근방의 뤼호를 중심으로 아주 작은 규모의 외지인 거류지를 조성하고 그곳에서 명맥을 이어온 터였다. 이들은 1871년 자신들의 문학 및 문법책 선집을 러시아의 지원을 받아 출간했다. 20만 명을 헤아렸던 것으로 보이는 루사티아 지방의 소르브인들은 1847년에 부디신(바우첸)에서 문화모임Maćica을 창설했다. 포메라니아 지방의 카슈브인들 역시 이와 비슷한 일들을 했다.

이런 민족주의의 열망에 적의를 보일 수 있기는 입헌 체제와 전제주의 체제 모두 마찬가지인 것으로 드러났다. 이와 관련해서는 아일랜드인들과 우크라이나인들이 겪은 일들을 함께 비교해보는 게 좋은바, 두 민족 모두 당시의 정치적 계산은 이들에게 계속 불리하게만 돌아갔다.

아일랜드인들도 세간의 주목을 받은 '서구의 민주주의'에 동참했다. 1801년 아일랜드와 그레이트브리튼의 연합이 시행됐고, 이후 웨스트민스터의 영국 의회에서는 아일랜드 출신 하원의원들이 차지한 의석이 늘 50석을 웃돌았다. 영국 의회는 이들에게 모든 종류의 혜택을 부여했으나 아일랜드인들이 가장 원하던 한 가지만은 끝내 부여하지 않았으니, 그것은 바로 자기들 문제를 알아서 처리할 자치권이었다. 그랬음에도 아일랜드인들은 끊임없이 정치적 활동을 벌였다. 대니얼 오코넬Daniel O'Connell(1775~1847)의 가톨릭협회Catholic Association는 수년 동안 대규모의 '괴물Monster' 공청회 자리를 마련하며 1829년 종교적 관용 시책이 시행되도록 했다. 그러다 대기근의 고통, 잇따라 제정된 토지법들의 부당함, 지지부진한 정치적 발전들로 아일랜드인 사이에는 불만이 끓어올라 한동안 가라앉지 않았다. 그러나 잉글랜드 보수파의 무사안일한 태도, 얼스터 지방 프로테스탄트들의 완강한 저항, 거기에 아일랜드 급진파의 폭력적 사태 해결—이런 사태를 주도한 단체로는 대표적으로 페니언형제단Fenian Brotherhood(아일랜드공화주의형제단Irish Republican Brotherhood, 1858년 이후)과 신페인당Sinn Fein(1905년 이후)을 꼽을 수 있었다—이 겹치면서, 정국은 교착상태를 벗어나지 못했다. 아일랜드의 시골 지역에서는, 정부의 지원을 받는 지주들과 토지동맹(1879)을 결성해 반란을 일으킨 소작인들 사이에서 전쟁이 벌어져 장기간 끝나지 않으면서 사회 전반에 공포 분위기가 조성됐다. 심지어 찰스 스튜어트 파넬Charles Stewart Parnell(1846~1891) 및 그가 이끈 웨스트민스터의 아일랜드 당파가 글래드스턴이 이끈 통치층 진보파로부터 지원을 얻어냈을 때에도, 아일랜드 자치법은 연달아 세 차례 통과되고도 상원에서 모두 거부당했다. 아일랜드인 사이에 진정한 문화적 각성이 일어난 것은 더 이후인 1890년대, "아일랜드인에게서 영국적 요소를 없애야 할 필요성에 따라" 아일랜드문학극장Irish Literary Theatre, 게일체육협회Gaelic Athletic Association, 게일어연맹Gaelic League이 다 함께 세워지면서부터였다. 1900년에는 빅토리아 여왕이 40년 만에 처음으로 더블린을 찾아, 녹색 옷 금지를 철회하고, 영국제국 전역에 성 파트리치오[아일랜드의 수호성인] 축일을 기념하는 가두행진을 대대적으로 열 것을 독려했다. 그러나 상징적 제스처로 사태가 해결되기에는 이미 때가 너무 늦어 있었다. 1912년 네 번째 자치법이 준비작업에 들어갔을 때, 벨파스트의 얼스터 의용군과 더블린의 국민 의용군은 막강한 군사력을 결집한 상태였다. 유럽이 대大전쟁을 향해 한 발 한 발 다가가고 있을 때, 아일랜드도 여차하면 내전에 돌입할 태세였다. 아일랜드의 분열은 심각했다. 반항적 성향의 얼스터에서는 자신들이 아일랜드인이라는 의식을 전혀 찾아볼 수 없었다. 향후 영국 총리직에 오르게 되는 한 인물은 다음과 같이 말했다. "아일랜드는 한 민족이 아닙니다. 그들은 두 민족이고, 그들 사이에는 아일랜드와 그레이트브리튼 사이보다도 더 깊은 골이 패여 있습니다."[37] 그동안 아일랜드를 도와줄 강국으로 미국을 바라본 신페인당은, 이제 고개를 돌려 독일로부터 그런 도움을 받을 수 있기를 열망하게 됐다. [기근] [오랑주(오라녀, 오렌지)]

우크라이나인들은 '동쪽의 전제군주국' 두 곳의 통치 속에서 살아갔다. 한때 폴란드의 신민이었던 우크라이나인들은 이제 러시아 아니면 오스트리아의 신민이 돼 있었다. 인구에서 압도적 대다수를 이룬 농민층의 민족의식은 당연히 낮을 수밖에 없었으나 19세기 중반 그들을 옭아매고 있던 봉건제의 족쇄가 끊어지며 변화가 찾아왔다. 전통적으로 루시니Rusini(루테니아인Ruthenians)로 통했던 이들은 이제 차르를 신봉한 관료집단이 만들어낸 '소小러시아인'Little Russians이라는 그릇되고 모욕적인 명칭에 반대하며 차차 단순히 정치적 의식을 지닌 루테니아인이라는 뜻의 '우크라이나인Ukrainian'을 자신들의 명칭으로 채택하기 시작했다. 우크라이나인들이 문화적 각성을 하는 데에는 타라스 셰우첸코Taras Shevchenko(1814~1861)의 시들이 커다란 자극제가 됐다. 그에 뒤따라 정치적 각성도 이후 수십 년 새에 부쩍 속도를 붙였다. 우크라이나

유전자 GENES

■ 1866년 모라비아 지방의 브르노(당시에는 오스트리아의 브륀. 현재는 체코에 속한다)에 있는 아우구스티누스회수도원의 수도원장 그레고어 멘델Gregor Mendel(1811~1884) 신부는 완두콩Pisum sativum의 유전에 대한 실험 결과를 발표했다. 신부는 여러 해에 걸쳐 수도원 정원에서 완두콩을 관찰해왔다. 주의 깊게 타가수분을 하고 길이와 색깔 등의 몇 가지 구체적 특질에 집중함으로써 그는 식물에서 여러 세대에 걸쳐 나타나는 명확한 유전의 양상을 입증할 수 있었다. 또한 우성 형질과 열성 형질의 존재를 확인하고 이것이 잡종에서 반복해서 나타난다는 점을 경험적으로 예측했다. 그러나 그의 발표는 철저히 무시됐다. 근대 유전학의 시초가 된 '멘델의 유전 법칙'은 1900년에 이르러서야 제각기 세 독자적 생물학자에 의해 재조명됐다.[1]

멘델의 법칙은 수십 년 동안 실험 단계에 머물렀다. 살아 있는 세포 안에 염색체가 존재한다는 사실은 20세기 초에 확증됐지만 유전자 즉 멘델의 용어로 '단위형질unit character'의 역학은 오랫동안 연구자들의 주목을 받지 못했다. 1944년이 돼서야 디옥시리보핵산DNA이 밝혀졌고 DNA 분자의 이중나선 구조는 1953년에야 확인됐다. 이렇게 보면 생물학은 근대 물리학과 화학의 발전에 비해 크게 뒤처져 있었다.

한편, 자신이 여러 근본적 문제들을 해결했다고 주장하는 소련의 과학자가 있었다. 트로핌 데니소비치 리센코Трофим Денисович Лысенко(1898~1976)는 염색체에 근거한 유전 이론을 부인하고 환경적 영향과 접목을 통해 식물에 유전가능한 변화를 유도할 수 있다고 주장했다. 그는 밀 종자를 저온 처리하면 발아가 극적으로 개선된다는 실험 결과를 발표했다. 그는 밀에서 호밀 종자를 얻는 실험을 시도하기도 했다. 이 모든 것이 사기였다. 그의 실험 결과는 조작된 것이었다. 그러나 자신의 이론이 방해가는 소련의 농업을 구제할 수 있다고 스탈린을 설득한 그는 30년에 걸쳐 출세가도를 달렸다. 1938년 그는 레닌농업과학아카데미의 지도자로 선출돼 수백만 에이커의 땅에 자신의 방식으로 처리한 종자를 뿌리게 지시했다. 싹이 트지 않자 농부들이 사보타주 혐의로 체포됐다. 러시아의 선구적 유전학자 니콜라이 이바노비치 바빌로프 Николай Иванович Вавилов 등 리센코를 비판하는 이들은 굴라크ГУЛаг(1930~1955년에 있었던 소련의 교정 노동수용소)로 보내졌다. 교사들도 리센코의 이론을 절대적 진리로 가르쳐야 했다. 소련의 생물학은 손댈 수 없을 만큼 망가졌다. 리센코는 두 번의 스탈린상과 레닌훈장을 받고 소련의 영웅으로 추앙됐다.[2]

서양의 생물학자들은 리센코를 '문맹'으로 치부했다. 이에 리센코는 모든 정통 유전학자를 "서구의 자본주의 앞에 무릎 꿇은 반동적 퇴폐주의자"라고 조롱했다. 이 비난의 주요 대상은 그레고어 멘델 신부였다.[3]

인들은 러시아 땅의 정권이 자신들의 존재를 인정하지 않고, 자신들을 해당 지역의 러시아 소수 민족 정도로 여기며, 하나의 종교—러시아 정교회—만을 허용하는 것에 맞서야 했다. 오스트리아에서는 더 폭넓은 문화적·정치적 자유를 누리며 합동동방가톨릭교회의 의례를 지켜갔으며, 서서히 우크라이나인이라는 명칭을 사용할 수 있게 됐다. 20세기로 넘어갈 무렵에는 루테니아인 식 학교 교육을 폭넓게 조직했다. 하지만 그렇게 된 뒤에도 이들은 렘베르크를 포함해 갈리치아 전반에서 수적 우세를 보인 강력한 폴란드인 공동체에 맞서야 했다. [우크라이나]

따라서 양 제국 모두에서 우크라이나인들은 자신들의 고향이 여러 다른 민족—폴란드인, 유대인, 러시아인—도 함께 살아가는 땅이라는 사실과 늘 싸워야만 했으며, 이들 민족은 하나같이 우크라이나인들의 민족주의에 적대적 태도를 보였다. 한마디로 우크라이나인들로서는 절망적일 수밖에 없었다. 우크라이나 민족이 생겨난다면 거기에 속할 사람들의 수는 프랑스인이나 잉글랜드인만큼 많았다. 그러나 그 어디에도 그 많은 사람을 받아줄 땅은 찾을 수 없었다. 아일랜드인들처럼 우크라이나인들도 계속 나라 없는 민족으로 지내야 했다. 그리고 아일랜드인들이 그랬듯, 우크라이나인들도 차차 자신들을 도와줄 강국으로 독일을 바라보기 시작했다.

발칸반도에서 일어난 민족주의는 그 세가 유난히 강렬했다. 과거 오스만제국은 늘 자신들이 지배한 땅에 종교적·문화적 자치를 대폭 허용하되, 정치적 저항은 제거하는 정책을 펴왔다. 따라서 보스니아, 알바니아, 불가리아 일부 지역을 제했을 때, 이 지역에서 통치층의 무슬림 문화에 융화된 수준은 낮은 편이었다. 그 결과, 발칸반도에서는 만반의 태세를 갖춘 기독교 국가들이 오스만 세력이 물러가는 즉시 독립하기만을 기다렸다. 보통 이들은 명목상으로는 오스만제국 수비대의 주둔에 예속돼 있었으나, 절대적 주권을 획득하기 전에 오랫동안 실질적 자치를 누려왔다. 또한 이들의 자치는 최소한의 영토 기반으로 시작됐는데, 그 땅만으로는 자신들의 포부에 차지 않았고, 이 때문에 이웃 나라들과 거듭 갈등을 빚었다. 사실 발칸반도 민족들은 그 누구도 인종적 동질성과 비슷한 것도 갖지 못했다. 그리스가 공식적으로 독립을 얻은 것이 1832년이었고, 루마니아 공국들(왈라키아와 몰도바)은 1856년, 몬테네그로는 1860년, 세르비아와 불가리아는 1878년에 각각 독립을 쟁취했다. 발칸반도 안에서 유일하게 무슬림 세력이 지배적인 알바니아인들은 기독교 세력의 지원을 충분히 받지 못했고, 따라서 1913년까지 기다려야 했다(부록 1644쪽 참조). [슈치퍼리아]

그리스인들이 겪은 독립의 경험은 그렇게 기쁨에 겨울 일만은 아니었으니, 그들의 군주와 관련해서 특히 그러했다. 1833년에서 1973년 사이, 그리스에서는 총 일곱 번의 통치 가운데 퇴위로 끝난 군주만 다섯이었다. 그 첫 번째인 헬레네스의 왕 바이에른의 오토 1세Otto I of Bavaria(재위 1833~1862)는 독일적 효율성을 신봉한 열렬한 가톨릭교도였으나, 오스만인보다도 대중의 민심을 얻지 못하는 군주로 드러났다. 두 번째로 왕위에 오른 요르요스 1세George I(재위 1864~1913)는 그리스가 저 멀리 덴마크에서부터 데려온 인물이었으나 결과적으로 그는 사건사고가 많은 왕조만 세운 꼴이었다. 민족주의와 외국 출신의 왕들은 원래가 잘 섞일 수 없었다. 세르비아의 경험도 이에 비해 더 행복할 것은 없었다. 세르비아에서는 숙적 카라조르제비치 왕조와 오브레노비치 왕조 사이에 유혈 충돌이 일어나면서, 왕실 가문 일원 10명이 암살당하는 사태가 일어났다. 러시아의 지원은 오스트리아의 강한 반발을 불러일으켰는데, 이중군주국의 슬라브족들이 세르비아의 사례에서 점차 큰 감화를 받는 상황이었기에 특히 그러했다. 세르비아

기근FAMINE

■
■   1845년에서 1849년까지 아일랜드는 유럽 역사
상 최악의 자연재해를 겪었다. 아일랜드감자기근
으로 100만 명이 목숨을 잃었고 100만 명이 이주
820만 명(1845)이었던 아일랜드 인구는 최소 4분의 1
이 감소했다. 아일랜드는 당시 최강대국 영국에 속해
있었 이렇다 할 구제를 받지 못했다. 한편에서는 이를
맬서스의 인구론에 따른 궁극의 대재앙으로 보았지
만, 다른 한편에서는 수 세기에 걸친 실정의 결과로 보
기도 했다.[1]

이 재앙의 직접적 원인은 곰팡이에 의한 마름병 즉 감
자역병균phytophthora infestans으로 인해 3년 동안
연이어 감자 수확량이 크게 줄어든 것이었다. 이 병은
1845년에 아일랜드해를 건너가기 1년 전 잉글랜드의
아일오브와이트에서도 발병한 기록이 있었다. 잉글랜
드에서는 대수롭지 않은 문제로 넘어갔으나 아일랜드
에서는 죽음의 매개가 됐다.

19세기 초반부터 아일랜드 농촌 인구의 상당수는 '감자
재배'에 전적으로 의존했다. 감자는 비타민과 단백질이
풍부한 데다 습한 아일랜드 토양에서도 잘 자랐다. 따라
서 춤, 노래, 밀조 위스키, 이야기를 즐기며 많은 시간을
보내는 가난한 아일랜드 사람들의 삶을 부양해주는 원천
이었다. 영국에 장미꽃의 별칭이 많았다면 아일랜드에는
감자를 부르는 이름이 여러 가지였다. 머피murphy, 스
퍼드spud, 테이터tater, 프레이티pratie, "위험한 외래
종precarious exotic"이 모두 감자의 별칭이었다.

이러한 감자 의존성은 수많은 무질서가 만들어낸 산
물이었다. 아일랜드는 1780년부터 60여 년에 걸쳐 인
구 폭증을 겪었다. 잉글랜드와 웨일스의 인구는 88퍼
센트 증가한 데 반해 아일랜드의 인구증가율은 300
퍼센트에 달했다. 나폴레옹전쟁 이후 미국과 오스트
레일리아로의 이주가 시작됐으나 얼스터 지방을 제외
하고는 불어난 인구를 흡수할 만큼의 산업화가 이뤄
지지 않았다. 가장 심각한 문제는 아일랜드 사회가 억

압적 법률에 매여 있는 탓에 자명한 해법들조차 자유
롭게 시행할 수 없었다는 점이다. 특히 토지에 대해서
는 오랜 기간 극악의 제약이 있었다. 1829년까지 가
톨릭교도 아일랜드인들에게는 토지 매입이 허용되지
않았고 땅을 살 돈을 가진 사람도 드물었다. 영국계
아일랜드 지주들은 부재지주인 경우도 많았는데 높은
지대地代나 현물 전달을 요구하기 일쑤였고, 이를 이행
하지 못하면 즉각적 퇴거 조치에 들어갔다. 퇴거는 군
대에 의해 집행됐고 대개는 제납자들의 집을 파괴하거
나 '무너뜨리는' 것이 관례였다. 안위를 보장받지 못하
는 아일랜드 소작농들은 노동의 의지를 끌어모을 수
없었다. 그래서 빈번히 박해자들을 살해했고 영국 군
대에 입대하기도 했다. 웰링턴 공작은 "아일랜드는 최
고의 군인들을 배출하는 마르지 않는 샘"이라고 말했
다. 하지만 아일랜드의 삶은 비참했다. 누더기를 걸친
대가족이 가구도 없는 흙집에서 돼지들과 함께 생활
하기 일쑤였다. 이곳을 여행한 독일인은 "라트비아, 에
스토니아, 핀란드의 극빈자들도 그들에 비하면 안락한
삶을 사는 듯 보인다"라고 썼다.[2]

어느 너그러운 아일랜드 역사학자는 로버트 필 경의
정부가 "사람들이 인정하는 것보다 더 효과적"이었다
고 주장한다.[3] 1846년 물가가 통제되고 옥수수가루
가 배급됐으며 공공사업들의 일자리가 제공되기 시작
했다. 그러나 필 내각이 곡물법 폐지 문제로 무너지고
국가의 개입에 회의적인 휘그당 내각이 구성됐다. 철
의 공작(웰링턴)은 "이 모든 게 썩은 감자 때문"이라고
한탄했다. 아일랜드 사람들은 소작료를 지불하고 쐐기
풀을 먹었다.

1847년 300만 명분의 수프가 배급됐다. 그러나 이것
으로는 발진티푸스도, 대규모 농촌 이탈도 막을 수 없
었다. 12명의 지주가 5만 파운드의 임대료를 갈취해
가는 코크주의 스키버린 지구에서는 시체들이 들판을
나뒹굴고 구빈원에서는 아이들이 죽어가고 있었다. 게
다가 여전히 감시하에 영국으로 곡물이 수출됐다. 강
도 무리들이 시골 마을들을 약탈했다. 구제를 책임져

야 할 재무장관은 이렇게 말했다. "우리가 맞서 싸워야 할 대상은 기근이라는 물리적 악이 아니라 이기적이고 괴팍하며 사나운 인성이라는 도덕적 악이다."[4]

1848년 또다시 감자 작물이 실패하자 탈출의 물결이 홍수처럼 불어났다. 굶주린 이들이 가족을 데리고 마지막 힘을 끌어모아 항구로 걸어갔다. 지주들이 돈을 주며 등을 떠미는 경우도 있었다. 누군가는 길에 쓰러지고, 누군가는 붐비는 하급 선실에서 비명횡사했으며, 뉴욕이나 몬트리올에 도착해 선착장에서 떼죽음을 당하는 이들도 있었다. 이들은 상륙할 때부터 열, 복통, 영국혐오증anglophobia에 유린된 상태였다. 기근은 결국 영국과의 통합을 반대하는 대니얼 오코넬의 운동에 종말을 고했다. 그러나 한편으로는 화해의 희망도 말살했다. 그리고 탈출의 행렬은 계속됐다.

10년에 100만 명! 차분하고 냉정하고

우리의 똑똑한 정치가 읽어 내려간다.
역사의 장에서 사라져가는
민족에 대해서는 생각하지 않은 채.
적막한 바닷가에 잡초처럼 버려진 사람들
떨어진 인간애의 낙엽들![5]

이것이 유럽의 마지막 기근은 아니었다. 1867~1868년에 핀란드와 벨기에에서 유사한 재앙이 뒤따랐다. 규모 면에서 감자기근은 1921년 볼가강대기근에 미치지 못했고 1932~1933년의 우크라이나대기근과도 성격이 달랐다. [추수] 그러나 아일랜드 감자기근은 지리적 위치와 경과를 감안할 때 더욱 수치스러운 사건이었다. 1849년 8월의 영국 정부에서 취한 마지막 구제책은 빅토리아 여왕과 앨버트 대공이 더블린을 국빈 방문하는 것이었다.

가 발칸전쟁Balkan Wars[제1차 세계대전이 발발하기 직전인 1912~1913년에 발칸 지역에서 일어난 두 차례의 군사 충돌]에서 성공을 거두자 마침내 빈 정부도 최후의 결전에 나서게 됐다.

안타깝게도 각양각색의 인종이 뒤덮고 있던 발칸반도의 상황은 안정적 국민국가[민족국가]가 생겨나는 데엔 장애일 수밖에 없었다. "발칸화Balkanization"라는 말은 곧 정치적 분열, 편협한 민족주의, 악의에 찬 충돌을 뜻하는 것으로 통했다. 20세기 초반 발칸반도에서 세 차례 싸움이 벌어지는 사이, 기독교 계승국들은 물러나는 튀르크족을 상대할 때만큼이나 자기들끼리도 치열하게 싸움을 벌였다(뒤의 내용 참조).

역사학자라면 반드시 짚고 넘어가야 할 문제가 하나 더 있는데, 유럽 대륙이 한창 대중민족주의의 열기로 고조된 이 시기 왜 몇몇 나라들은 그러한 일반적 추세를 따르지 않았는가 하는 점이다. 일례로, 19세기의 스코틀랜드에서는 왜 실질적 민족주의 운동이 전개되지 않았을까? 어쨌거나 스코틀랜드인들도 일찍부터 고강도의 근대화에 노출됐는데 말이다. 거기다 연합왕국 안에서 지위가 낮은 동반자로 대우받은 만큼 이들은 잉글랜드인들의 지배에 분개할 명분을 일찍부터 쉽게 가질 수 있었다. 그러나 스코틀랜드인은 그러지 않았다. 이 물음에 대한 답은 스코틀랜드 문화에서 게일어권과 저지대권이 분리돼 있어서 공동의 정체성이 커나가는 데 장애가 됐다는 것과 함께, 영국의 국가민족주의가 막강한 견인력을 갖고 있었다는 사실에서 찾아야만 할 것이다. 카디프나 벨파스트와 마찬가지로, 스코틀랜드의 주도였던 글래스고는 영국제국이 이끌어간 사업으로부터 막강한 동력을 얻어 성장해나갔다. 성공적 연합왕국에 대한 스코틀랜드의 집착이 줄어든 것은 영국제국의 위세가 이울기 시작하고 나서부터였다. 스코틀랜드 민족주의를 주창한 선구자 시인 휴 맥더미드Hugh MacDiarmid(1892~1978)는 1920년대에나 들어서야 글을 쓰기 시작했다. 스코틀랜드 민족주의 운동을 다룬 핵심적 정치 논문 톰 네언Tom Nairn의 《영국의 해체Break-up of Britain》가 출간된 것도 1977년이었다.[38]

그러는 사이, 누구보다 뛰어난 선견지명을 가진 이들 중 한 명이 민족주의란 하나의 단계에 지나지 않는다고 결론 내렸다. 에르네스트 르낭은 1882년의 연설에서 그 어떤 국가나 민족도 영원하지 않다는 놀라운 발언을 했다. 그런 것들은 얼마 안 가 "아마도 유럽 연맹체" 같은 다른 것이 대신하게 될 것이다. 메테르니히도 다음과 같이 말한 바 있다 "나에게 오랫동안 조국의 본질을 지녀왔던 곳은 유럽이었다."[39] 그런 감정이 언젠가 더 구체적인 형태로 되돌아오리라는 희망이 심어진 것이다.

사회주의. 사회주의socialism는 민족주의와 마찬가지로, 집단주의 교조를 따랐다. 사회주의는 사람들을 착취하고 교묘히 속이는 자들의 대척에 서서 단순히 사람들 개개인이 아닌 사회 전체를 지켜내려 한 사상이었다. 사회주의라는 명칭이 비롯한 것도 동료애라는 개념 즉 오늘날의 관용구로는 이른바 '연대solidarity'였다(라틴어 "소시우스socius"는 "동료"를 뜻한다). 사회주의는 빈자, 약자, 억압받는 자들이 자원을 한군데로 모으고, 부를 균등하게 분배하고, 또 개인의 권리보다 공공의 선을 우선시하지 않는 한 견딜 만한 삶을 살아갈 수 없다고 주장했다. 사회주의는 자유주의와 달리, 근대국가를 두려워하지 않았다. 반대로 사회주의에서는 근대의 국가가 중재자 노릇과 함께, 가끔은 온정 어린 방책들을 주도적으로 시행하는 주체의 역할을 해야 한다고 보았다. 사회주의는 그것이 탄생한 본고장에서도 그리고 해외에서도 압제자들에게 반기를 드는 방향으로 전개됐다. 사회주의는 국제 연대를 강조했기에 민족주의와는 자연스레 적대하게 됐다. 19세기의 사회주의는 일반적으로 네 가지의 원천에서부터 그 힘을 끌어냈다고 여겨지는바, 기독교사회주의, 노동조합 운동, 협동조합 운동, '유토피아적utopian' 사회주의 이론가들이 그것이다(부록 1650쪽 참조).

그때껏 그런 명칭은 사용된 적이 없었지만, 기독교사회주의Christian socialism는 수백 년의 전통을 지닌 것이었다. 이전에도 기독교 교리에서는 공동체에 봉사하고 개인이 부를 쌓는 일은 삼가라고 늘 강조해왔다. 산상설교는 집단주의에 기반한 경제적 구상들—수도회의 실생활 노동에서부터 토머스 모어, 톰마소 캄파넬라, 제임스 해링턴, 에티엔 가브리엘 모렐리의 유토피아 사상에 이르기까지—을 정당화하는 논거로 주기적으로 언급됐다. 19세기에 들어서서는 프로테스탄트들이 사회주의에 가장 솔선했으니, 그런 활동을 한 이들로는 노동자대학Working Men's

College(1854)을 설립한 프레데릭 데니슨 모리스Frederick Denison Maurice(1805~1872), 찰스 킹즐리Charles Kingsley(1819~1875), 아돌프 바그너Adolph Wagner(1835~1917), 카이저의 목사 아돌프 슈퇴커Adolf Stoecker(1835~1899)를 꼽을 수 있다. 옥스퍼드 운동에서도 사회주의적 면모를 엿볼 수 있는바, 도시 빈민가를 향해 나름의 '선교활동'을 한 데서 그런 경향이 드러났다. 그에 비해 로마가톨릭교도들은 1891년에 〈레룸 노바룸〉이 발표되기 전까지는 사회주의 활동을 억제당했다. 러시아에서는 정교회의 교리, 농민 코뮌들의 집산주의 전통, 전능한 국가의 존재라는 모든 요소가 그 땅에서 사회주의 사상이 받아들여질 수 있는 비옥한 기반을 마련해주었다.

노동조합 운동이 성장하게 된 배경은 자유시장경제에서는 임금노동자들의 입지가 약해지기 매우 쉽다는 데 있었다. 영국 도싯에서 톨퍼들의 순교자들Tolpuddle Martyrs(1833년 영국 남부 도싯의 톨퍼들에서 농업 노동자들이 결성한 단체. 역사상 최초의 노동조합으로 여겨진다)이 생겨난 이래, 노동하며 살아가는 남성과 여성들은 힘겨운 과정 끝에 조합을 결성할 권리, 임금 및 노동 조건을 두고 단체로 협상을 벌일 권리, 파업할 권리를 얻어낼 수 있었다. 노동조합 출범의 중대 시점은 영국에서는 1834년, 프랑스는 1864년, 독일은 1869년이었다. 1900년 무렵에는 유럽 국가 대부분에서 활발한 노동운동을 접할 수 있었다. 이들 노동조합은 시작 단계에서부터 각양각색의 구조와 이데올로기를 채택했다. 영국처럼 그 어떤 이데올로기도 표방하지 않은 노조들 외에도, 과거 길드 조직을 기반으로 성장한 '수평적' 구조의 직종별 노조, '수직적' 구조의 산업별 노조, 프랑스나 스페인의 조합을 본보기로 삼은 무정부주의-생디칼리슴anarcho-syndicalism 노조, 자유주의 노동자들이 결성한 협회, 파업과 전쟁 모두에 반대하며 평화주의 노선을 추구한 '황색' 노조, 교회에 기반을 둔 기독교 노조들도 찾아볼 수 있었다. 벨기에의 경우처럼, 유럽의 많은 국가에서 다양한 유형의 노조가 여럿 생겨나 제각기 활동해나갔다. 러시아에서는 차르의 경찰대가 노조 결성을 주도했는데, 경찰이 직접 먼저 공식 노조를 결성함으로써 다양한 불법 조직들을 타파하려는 심산이었다. 이러한 '경찰사회주의police socialism' 실험은 1905년 1월 5일 기어이 좋지 않은 결말을 맞으니, 게오르기 가폰Георгий Гапон 신부가 이끈 시위대가(가폰 신부는 경찰측 첩자였다) 경찰의 진압으로 대거 총살당하는 일이 벌어졌다. 이 '피의 일요일Bloody sunday'이 발단이 돼 1905년 혁명이 발발했고, 가폰 신부는 살해당했다. 러시아의 노조 운동은 독립적 존속을 불과 10년도 이어가지 못한 채 얼마 뒤 볼셰비키당원들에게 억압을 받게 됐다.

협동조합은 거대 산업의 갖가지 악으로부터 조합원들을 지키겠다는 목적하에 결성된 것으로, 세 분야—생산, 소비, 농업—에서 주로 결성됐다. 1800년 로버트 오언Robert Owen (1771~1858)의 주도로 뉴래너크공장New Lanark Mill이라는 실험적 성격의 방적 정착촌이 스코틀랜드에 건설됐다. 이 정착촌에서는 일일 노동 시간을 10.5시간으로 정하고 노동자들의 질병보험을 들어주었으나, 창건자가 세상을 떠나기도 전에 사라졌다. 1844년에는 역사상 최초의 소비자 협동조합인 로치데일개척자조합Rochdale Pioneers이 랭커셔에 등장했다. 농업협동조합은 프리드리히 빌헬름 라이파이젠Friedrich Wilhelm Raiffeisen(1818~1888)의 주도로 독일에서 처음 등장했으며, 농민들의 자유로운 결성이 가능한 곳에서는 어디든(아울러 동유럽에서 특히) 창창한 미래를 경험하게 된다.

사회주의를 이론화하는 작업은 1796년에 프랑스 파리에서 프랑수아-노엘 바뵈프François-Noël Babeuf(1760~1797)의 주도로 '평등파의 음모Conspiracy of Equals' 이후 줄기차게 진행되고 있었다. 총재정부에 의해 처형당한 바뵈프와 마찬가지로, 사회주의의 초기 이론가들은 모두 프랑스의 이상주의자들이었다. 여기에 속했던 이들로는 생시몽 백작 클로드 앙리 드 루브루아Claude Henry de Rouvroy, Comte de Saint-Simon(1760~1825), 샤를 푸리에Charles Fourrier(1772~1837), 에티엔 카베Étienne Cabet(1788~1856), 루이 오귀스트 블랑키Louis Auguste Blanqui(1805~1881), 루이 블랑Louis Blanc(1811~1882), 피에르-조제프 프루동Pierre-Joseph Proudhon(1809~1865)을 꼽을 수 있다. 콩트와도 친분이 깊었던 기독교 사회주의자 생시몽은 과학과 기술의 역량을 총동원해 전문가들이 운영해나가는 이상적 공동체 건설을 위해 각고로 노력했다. 그의 《새로운 기독교Nouveau Christianisme》(1825)를 계기로 종파주의 교회, 모범적 코뮌model commune, 비도덕성 재판이 생겨났다. 푸리에와 카베 두 사람은 모두 미국에 시범 협동조합 정착촌을 세우는 작업을 했다. 푸리에는 《4가지 운동의 이론Théorie des Quatre Mouvements》(1808)에서 과학적으로 질서 잡힌 사회의 모습을 그려냈는데, 일체의 통치에서 자유롭게 해방된 이 사회는 다양한 완성의 단계를 거쳐 종국에는 '조화'에 이르는 길로 들어선다(이 저작에서 마르크스의 역사 단계와 국가 소멸 개념이 나왔다고 보는 경우도 많다).

루이 오귀스트 블랑키는 바뵈프주의를 신봉한 계급 음모가로서, 33년을 옥에 갇혀 지내며 시종일관 군주제와 공화제 모두에 반대하는 혁명 조직들을 쉼 없이 양산했다. 1839년에 그가 이틀 동안 파리시청사를 강제 점거한 일은 완전히 실패했다. 하지만 1871년의 코뮌Commune of 1871('파리코뮌' 혹은 '프랑스 제5차 혁명'이라고도 하며, 파리에서 프랑스 민중이 처음으로 세운 사회주의 자치 정부를 말한다)에서 주도적 역할을 한 것이 이 블랑키의 추종자들이었다(블랑키 자신은 파리코뮌이 성립되기 바로 전날에 체포를 당해 이 거사에 참가할 기회를 잃었다). 당시 블랑키가 내건 모토는 이 세상에는 "신도 없고, 지배자도 없다Ni Dieu, ni maître"였다. 이와 반대로 루이 블랑은 평등주의적이고, 노동자가 제어하고, 국가로부터 자금을 지원받는 작업장을 만들어 그곳에서 노동자들이 각자의 능력에 따라 일에 기여하고, 그들이 필요로 하는 만큼의 임금을 지급받아야 한다고 주장했다. 《노동자 조직L'Organisation du Travail》(1839)에서 제시된 이러한 구상은 1848년 혁명 기간에 잠시나마 현실에서 실행되기도 했으나, 이후 그는 잉글랜드에서 망명 생활을 해야 하는 처지가 됐다. 피에르-조제프 프루동은 일부 측면에서는 이들 인물을 통틀어 가장 막강한 영향력을 끼쳤다고 할 수 있다. 《소유란 무엇인가? Qu'est-ce que c'est la propriété?》(1840)에서 프루동이 행한 (과도한) 사유재산에 대한 공격은 세간에 풍파를 일으켰는바, 이 저작에서 가장 유명한 구절 "재산은 곧 훔친 것이다"가 문맥에 어긋나게 인용될 때 특히 그러했다. 프루동의 《빈곤의 철학Philosophie de la Misère》(1846)은 마르크스가 《철학의 빈곤La Misère de la Philosophie》(1847)에서 그보다 더욱 예리한 논거를 내놓는 계기를 만들어주었다. 한편 프루동의 《19세기 혁명관Idée générale de la Révolution au XIXe siècle》(1851)에서는 국가 간의 경계, 중앙 정부, 국가의 법률이 사라진 미래 유럽의 모습을 그려냈다. 프루동은 근대 무정부주의의 창시자였고, 이 때문에 그의 추종자들은 얼마 지나지 않아 주류 사회주의와 갈등을 빚었다. 그러나 국가에 대항해 노동자들이 직접 행동에 나설 것을 지지했던 프루동의 주장이 프랑스에서 탄생한 생디칼리슴syndicalisme(무정부주의적 노동조합 지상주의)의 초석이 된 것만은 사실이었다.

프랑스는 초기의 독일인 사회주의자들의 사상에 강한 영향력을 끼쳤다. 페르디난트 라살Ferdinand Lassalle(1825~1864)은 슐레지엔 태생의 유대인으로 최초의 독일 사회주의 정당(전독일노동자동맹)을 창립하고 낭만적 분위기의 결투를 벌이다 목숨을 잃었는데, 사상 형성기의 주요 시기를 파리에 머물며 보냈다. 또 서로 떼려야 뗄 수 없는 관계인 두 망명객 프리드리히 엥겔스Friedrich Engels(1820~1895)와 카를 마르크스Karl Marx(1818~1883)가 만난 것도 파리에서였으며, 이들은 자신들의 주장을 뒷받침하는 상당 부분을 프랑스혁명 연구에 두었다. 이들이 내놓은 《공산당선언Manifest der Kommunistischen Partei》(1848)은 참으로 시의적절한 것이었다. "하나의 유령이 유럽을 떠돌고 있다"라고 이 선언은 외쳤다. "공산주의라는 유령이 통치층을 두려움에 떨게 만들자. […] 프롤레타리아들은 자신들을 묶고 있는 족쇄 말고는 더 이상 잃을 것이 없다. […] 만국의 노동자들이여, 단결하라!"

마르크스와 엥겔스는 사실 잘 어울리지 않는 한 쌍이었다. 이들은 언론에 급진적인 글을 실었다는 이유로 프로이센으로부터 추방당하자 잉글랜드로 들어와 정착했다. 얼마 안 가 엥겔스는 맨체스터에서 면화공장을 운영하며 부유한 자본가로 자리를 잡았다. 하지만 마르크스는 개인 학자로서 엥겔스가 후원해주는 약간의 생활비를 받으며 런던에서 근근이 살아갔다. 마르크스가 평생에 걸쳐 작업한 《자본론Das Kapital》(총 3권, 1867~1894)은 그가 영국박물관 열람실에서 30년 동안 홀로 연구한 결실을 담은 작품이었다. 사변적speculative 사회철학이 일관되게 전개되는 이 책에는, 번뜩이는 통찰력과 따분한 현학이 섞여 있다. 이와 함께 마르크스는 당시 통용되는 갖가지 이질적 사상들을 빌려와서는, 그것들을 '변증법적 유물론dialectical materialism'이라는 독창적 방법으로 재조합해냈다. 이를 통해 마르크스가 목표한 바는 바로 다윈이 자연사에 대해 했던 선례에 따라, 인간 사회에 대해 똑같은 종류의 보편적 이론을 만들어내는 것이었다. 그래서 마르크스는 《자본론》 제1권을 다윈에게 바치고 싶다는 바람을 갖기도 했다. 마르크스의 유물론적 역사관은 루트비히 포이어바흐Ludwig Feuerbach에게서 가져온 것이었으며, 생시몽으로부터는 계급투쟁론을, 바뵈프로부터는 프롤레타리아 독재〔마르크스의 1875년 저서 《고타강령비판Kritik des Gothaer Programms》에서 사용된 어휘로 자본주의와 공산주의 사이의 과도기적 사회를 일컫는다〕를〔하지만 마르크스는 곧 이를 거부했다〕, 애덤 스미스로부터는 노동가치론을, 존 프랜시스 브레이John Francis Bray와 윌리엄 톰슨William Thompson으로부터는 잉여가치 이론을, 헤겔로부터는 변증법적 발전의 원칙을 가져왔다. 이 모든 요소가 일종의 구세주 신앙 교리에 녹아들어 있는 것이었으니, 이 신앙은 마르크스의 어린 시절에 그의 가족들이 버렸던 유대교에 그 심리적 뿌리를 두고 있다고 여겨진다. 결국 마르크스는 '예언자'였던 셈이다. 프롤레타리아는 '선민選民' 이었고, 사회주의 운동은 '교회'였으며, 혁명은 '재림'이었고, 공산주의는 '약속의 땅'이다.[40]

마르크스는 현실 정치와는 거의 연이 없었다. 그는 '제1인터내셔널First International'로 널리 이름이 알려진 유령조직 국제노동자협회International Working-men's Association 창설에 일조했고, 이 협회를 위해 규약을 쓰고 몇 차례 열정적으로 연설했다. 말년에 그는 독일인 사회주의자들을 비롯해 그들의 러시아 제자들 사이에서 상당한 추종자 무리가 생겨났으나, 영국에서는 그렇지가 않았다. 마르크스는 세상을 떠난 후 런던 하이게이트 묘지에 묻히는데, 허버트 스펜서Herbert Spencer〔영국의 사회학자, 철학자〕의 무덤이 마주 보이는 그의 무덤에는 다음과 같은 비문이 새겨져 있다. "지금까지 철학자들은 다양한 방식으로 이 세상을 설명해왔다. 하지만 가장 중요한 핵심은 이 세상을 변화시키는 것이다."《자본론》의 마지막 두 권은 마르크스가 종이에 쓴 초고를 밑바탕으로 엥겔스가 완결 짓게 되는데, 그렇게 해서 두 사람의 개별적 성향을 구분하기 어려운 합작품 전집이 완성될 수 있었다. 그렇긴 했으나 엥겔스도 그 자신만의 고유한 사상이 있었다. 엥겔스는 마르크스보다 당시 사회의 여건들을 더 잘 접하고 있었을 뿐 아니라 자신들의 이론이 현실적으로 어떤 함의를 지니는가에도 더 신경을 썼다. '국가권력의 소멸'이 어떤 것인지를 명확히 밝힌 엥겔스의 《반뒤링론Anti-Dühring》(1878) 및 《가족, 사유 재산, 국가의 기원Der Ursprung der Familie, des Privateigentums und des Staates》(1884) 같은 저작들은 적극적 혁명가들의 활동을 고무하는 데 지대한 영향을 끼쳤다.

후대의 논평가들은 마르크스주의가 사상으로서 제대로 자격을 갖췄는가와 관련해 다소 부정적인 논조를 보이는 경향이 있다. 그들 말에 의하면, 마르크스는 "자유주의 유럽의 실례를 보여주었을 뿐"이거나 "19세기 사회이론가의 전형을 보여준 사례"일 뿐이었다.[41] 어쩌면 그들의 말도 옳을지 모른다. 그러나 그런 이들의 주장은 확실히 핵심을 놓치고 있다. 마르크스주의에 담긴 지적 철저함보다 훨씬 월등했던 것은 그 속에 담긴 감정적 힘이었다. 마르크스가 사회 정의라는 자신들의 꿈에 과학적 토대를 마련해주었다고 믿은 사람 대부분은 단 한 순간도 마르크스의 저술들에 비판적 생각을 가질 겨를이 없었다. 마르크스는 그 자신도 미처 모르게 이들에게 또 하나의 대체 신앙을 제공했던 셈이다.

　사회 구성원 중 사회주의를 지지할 이들은 당연히 새로이 형성된 노동자계층에서 나와야 할 것이었다. 그러나 실제로 노동자 상당수는 사회주의를 가까이 하지 않았을 뿐 아니라 거의 모든 사회주의 조직에서 지배적 위치를 점한 세력은 중산층 지식인들이었다. 잉글랜드에서 조직된 페이비언협회Fabian Society를 가장 전형적인 사례로 꼽을 수 있을 것이다. 한편 갓 생겨난 노동자계층이 여전히 소규모인 동유럽에서 사회주의를 주도적으로 이끌어나간 것은 러시아의 경우처럼 국제 조직을 갖춘 공모자들이거나, 폴란드의 경우처럼 민족주의를 내건 경쟁자들로 인한 민족 분열을 극복하고자 독립운동을 펼친 조직이었다. 사회주의 운동에 그것을 추종하는 대규모의 군중을 끌어들이려는 시도는 지역의 이해관계, 정부의 압박, 혹은 지식층의 유약함이라는 암초를 만나 번번이 좌초당했다. 대부분의 나라에서 이런저런 종류의 사회주의 정당들은 수십 년 혹독한 좌절의 시기를 겪고도 계속 생존을 위해 분투해야 했다. 그러다 1890년대에 이르러서야 비로소 제법 많은 수의 정당이 기반을 굳힐 수 있었다(부록 1650쪽 참조). 이 중 가장 중요했던 곳이 독일 사회민주당Sozialdemokratische Partei Deutschlands, SPD으로 비스마르크의 반사회주의법에 묶여 12년 동안 불법화된 뒤 1890년에야 상시 설립이 됐다. 독일 사회민주당의 기원은 1875년의 고타강령Gotha Programme과, 라살이 결성한 동맹이 다양한 마르크스주의 집단과 통합된 것으로까지 거슬러 올라간다. 카를 카우츠키Karl Kautsky(1854~1938)가 대부분 입안한 1891년의 에르푸르트강령Erfurt Programme은 마르크스주의를 공식적으로 표방했다. 그러나 이 강령은 얼마 안 가, 사회주의의 종말론적 관점을 거부한 에두아르트 베른슈타인Eduard Bernstein(1850~1932)의 수정주의 비판들과 제국의회 의사당에서 활동한 당 지도자들의 실용주의 경향을 통해 수정을 거치게 된다.

　사회주의 운동을 이끈 국제 조직들도 비슷한 곤경을 겪었다. '제1인터내셔널'은 마르크스주의자들과 무정부주의자들 사이에 비난이 오가면서 파가 갈렸다. 1889년 벨기에 브뤼셀에 상시 사무국을 설치한 '제2인터내셔널Second International'에서는 이내 독일 사회민주당 대표들이 지배적 위세를 점하게 됐다. 제2인터내셔널은 여러 대회를 조직했고, 대체로 평화주의 노선을 내걸고 일종의 압력단체로 활동했으나, 그 어떤 국가의 지부들도 전쟁에 반대하지 못하면서 1914년 사실상 공중분해됐다. 이처럼 제2인터내셔널이 종말을 맞으면서 혁명적 러시아 당파를 제외한 모든 이가 국제사회주의운동에서 손을 뗐고, 그렇게 해서 이 분야는 러시아의 블라디미르 일리치 울리야노프Влади́мир Ильи́ч Улья́нов[레닌Ле́нин](1870~1924)와 같은 망명자들을 비롯해 그와 비슷한 사상을 가진 공모자들의 손에 넘어가게 됐다.

　러시아에서 혁명의 전통은 혁명에 불을 지핀 전제정치만큼이나 오랜 역사를 지니고 있었다. 혁명의 전통이 19세기에 처음으로 수면 위로 모습을 드러낸 것은 1825년 데카브리스트

Dekabrist―프랑스와 폴란드의 이상에 영향을 받은 러시아의 군 장교들이 결성한 단체―의 난이었다. 그러나 이후 몇십 년 새, 알렉산드르 게르첸Алекса́ндр Ге́рцен(1812~1870)과 니콜라이 체르니솁스키Никола́й Черныше́вский(1828~1889)의 지도하에 러시아의 혁명 전통은 점차 사회주의, 포퓰리즘, 무정부주의의 색채를 띠게 됐다. 1860년대와 1870년대의 러시아 포퓰리즘 populism―일명 나로드니체스트보народничество 즉 인민주의라고도 불렸다― 시기에는 반짝이는 눈으로 시골 촌락을 찾아가 그곳의 농민들을 사회주의로 전향시키려는 이상주의자들을 찾아볼 수 있었으나, 이들은 사회주의는 도통 모르겠다는 사람들만 만날 뿐이었다. 1879년에 들면서 포퓰리스트는 크게 두 파벌로 갈려, 한 파벌에서는 농업 및 교육 분야의 개혁을 강조했고 다른 파벌에서는 이른바 나로드나야 볼랴Наро́дная во́ля 즉 '인민의 의시'를 강조하며 폭력을 옹호했다. 1881년 후자 파벌의 당원 하나가 차르 알렉산드르 2세를 암살했다.

표트르 니키티치 트카체프Пётр Ники́тич Ткачёв(1844~1885)는 당대에 활동한 핵심 인물이었으나, 서유럽인들의 역사 서술에서는 간과되는 경우가 많다. 그뿐만 아니라 트카체프는 후일 일어난 볼셰비키혁명을 이끈 신성한 성인의 반열에도 끼지 못했다. 그러나 트카체프는 볼셰비즘의 진정한 선구자였다. 포퓰리스트와 경제유물론자들 사이에서 '자코뱅'(급진혁명주의자)이었던 그는 체르니솁스키와 레닌을 잇는 지적 연결고리를 마련해주었다. 그는 대중교육은 무용하다며 그 가치를 일축하는 대신, 혁명을 이끄는 엘리트층을 양성해야 한다고 주장했다. "무엇이 행해져야 하는가?' 하는 물음은 우리에게 더 이상 중요하지 않다"라고 그는 1870년대의 글에 썼다. "그 물음에 대한 답은 이미 오래전부터 나와 있었다. 이제는 실제 혁명을 이루어야 할 때다!" 트카체프는 스위스의 망명지에서 말년을 보내게 되는데, 레닌은 대중 앞에서는 그를 맹비난했지만 막상 스위스에 가서는 트카체프의 저작들을 탐독했다. 둘 사이에는 '부모 자식 같은 끈끈한 유대'는 없었으나, 서로에 대한 동료 의식은 확실히 자리잡고 있었다.[42]

레닌이 결성한 단체의 역사를 더듬어보면, 장차 사회주의자들로 활동하게 되는 이들이 적대적 환경에 놓였을 때 어떤 식으로 해결 불능의 딜레마를 겪는지 잘 드러난다. 당시 레닌이 이끈 단체는 망명자 아니면 범법자들로 구성돼 있는 만큼, 이들은 독일 사회민주당으로부터 영감을 얻었음에도 그들처럼 현실에 민주적 방법을 실행해볼 기회가 없었다. 또 혁명가였던 만큼, 이들의 주장은 차르와의 일전을 다짐하는 모든 이를 격려한 러시아 내의 특정 여론 형성 집단에나 호소력을 가질 수 있었다. 그러나 또 사회주의자였던 만큼 이들은 사회주의의 다른 지파들과는 갈등할 수밖에 없었으니, 특히 (제국에서 가장 비중이 큰 두 유권자 계층 즉 농민층과 비非러시아인 민족주의자들의 민심을 잘 헤아린) 사회주의혁명당Партия социалистов-революционеров과의 반목이 두드러졌다. 아울러 이들은 마르크스주의자로서, 진정한 노동자계층 혁명은 러시아처럼 노동자계층이 소규모에 그치는 곳에서는 거의 성공할 가능성이 없다는 사실을 인정할 수밖에 없었다. 거기다 이 단체는 음모를 방책으로 활용하는 데 누구보다 열심이었기 때문에, 공개적 대중 추종 세력이 조직되는 것은 꺼리는 경향이 있었다. (정작 당명은 볼셰비키Большевики―'다수 파'라는 뜻으로, 레닌은 적절한 순간에 이 이름을 덥석 가져다 자신의 당파에 붙였다―였음에도, 이들은 러시아사회민주노동당Российская социал-демократическая рабочая партия 안에서조차 보통은 소수 파였다.) 트카체프와 마찬가지로, 레닌 역시 소수파라도 기강만 잘 잡혀 있으면 대중의 지지 없이도 얼마든 권력을 거머쥘 수 있다는 사실을 제대로 간파하고 있었다. 그러나 사회주의의 원칙 위에서 그러한 전략을 정당화하고자 노력하다 보니, 레닌은 환상으로 은폐하려 한다는 비판을 애초부터 피하지 못했다. "허위야말로 볼셰비즘의 기조다."[43] 달리 말하면, 레닌의 사상은 화물숭배식(죽은 조상들이 배나 비행기로 특별한 화물을 가져다주리라 믿으며 기다리는 멜라네시아의 종교) 사회주의cargo-cult socialism 즉 본래 모델이 되는 사상을 기이하고 동떨어지게 모방한 것에 지나지 않았다. 포스트공산주의 러시아에서 높은 명망을 얻게 되는 한 러시아인 비평가는 이와 관련해 다음과 같이 말했다. "러시아혁명 당시 퍼져 있던 마르크스주의와 본래의 마르크스주의 사이의 연관성은, 태평천국운동太平天國運動의 '기독교'와 토마스 아퀴나스의 '기독교' 사이의 연관성과 엇비슷한 수준이었다."[44] 이와 같은 사실이 일반적으로 인정받기까지 이후 족히 한 세기에 가까운 시간이 걸렸다.

무정부주의. 무정부주의Anarchism는 탄생 뒤 얼마 동안은 사회주의와 함께 유년기를 보냈으나 이내 사회주의와 양립이 불가능할 정도로 성장했다. 무정부주의 사상의 핵심에 자리잡은 주장은 모든 형태의 지배는 사람들의 원성을 살 수밖에 없으며, 정부는 단순히 불필요할 뿐만 아니라 유해하기까지 하다는 것이었다. 연원이 17세기의 재세례파再洗禮派, Anabaptists 및 디거파 Diggers(1649~1650년 영국에서 토지 균등 분배를 주장한 집단)까지 거슬러 올라가는 이런 무정부주의의 초기 갈래 중 하나가 잉글랜드에서 본격적으로 결실을 맺은 것은 윌리엄 고드윈William Godwin(1756~1836)의 《정치적 정의에 대한 고찰Enquiry Concerning Political Justice》(1973)과 고드윈의 사위 퍼시 비시 셸리Percy Bysshe Shelley의 《사슬에서 풀려난 프로메테우스Prometheus Unbound》(1820)라는 작품들을 통해서였다.[45]

> 그 혐오스러운 가면이 떨어져 내리며 이제 남자는
> 홀笏을 들 필요 없이, 자유롭고, 제약도 없는 몸, 하지만
> 평등하고, 계급도 없고, 부족도 없고, 민족도 없는 몸이 되니
> 경외, 숭배, 관작, 왕으로부터
> 그 자신의 위에 군림하던 것들로부터 벗어났노라 […]

여자들도, 또한 진솔하고, 아름다우며 다정하네 […]

관습에 묻은 악의 때에서 해방돼 순수한 몸

한때 그들이 생각할 수 없었던 지혜를 말하고

한때 두려움에 떨며 느끼지 못하던 감정들을 바라보고

한때 감히 엄두도 내지 못하던 그 모든 것들로 변화하니

아직은 그렇게 돼가는 중이나, 이로써 지상은 천국과 같이 됐노라 […] 46

무정부주의의 두 번째 갈래는 프랑스에서 활동한 피에르-조제프 프루동과 그의 제자인 잉셀름 벨가리그Anselme Bellegarrigue의 작업과 저작들 속에서 찾아볼 수 있는바, 상호부조론mutualité의 교리를 핵심으로 삼은 것이 특징이었다. 이 기조에서 주장한 바에 의하면, 노동자들은 의회 정치에 연루되지 말아야 하며, 길거리와 공장에서 벌이는 직접적 행동을 통해 스스로를 해방시켜야 할 것이었다.

무정부주의의 세 번째 갈래는 러시아제국의 극단적 전제정치에 대한 극단적 반발에서부터 성장해 나왔다. 이 기조가 성장하는 데 자양분을 마련해준 이로는 귀족계층의 러시아인 망명자 둘, 미하일 바쿠닌Михаил Бакунин(1814~1876)과 표트르 크로폿킨Пётр Кропóткин 공작(1842~1921)이 꼽힌다. 한때 "파괴하고자 하는 열정은 곧 무언가를 창조하고자 하는 충동이다"라고 주장했던 바쿠닌은 마르크스의 제1인터내셔널을 해체시킨 이였다. "공산주의자들은 국가권력을 장악하기 위해서 노동자계층을 조직화해야 한다고 믿는다"라고 그는 선언했다. "혁명적 사회주의자들[무정부주의자들을 의미한다]이 조직을 이루는 것은 국가를 파괴하기 위해서다." 라틴 국가들에서는 한때 무정부주의에서 파생한 집산주의가 위세를 떨쳤는데, 이런 기조가 탄생하도록 영감을 불어넣은 것도 바쿠닌이었다. 저명한 저술가이자 지리학자 크로폿킨은 중앙정부의 모든 통제에서부터 벗어난 공산주의 사회를 건설하기 위한 운동의 일환으로 《빵의 정복La Conquêtedu pain》(1892), 《전원, 공장, 작업장Fields, Factories and Workshops》(1899), 《만물은 서로 돕는다Mutual Aid》(1902) 등을 저술했다.

무정부주의의 네 번째 갈래는 《유일자와 그의 소유Der Einzige und sein Eigentum》(1845)라는 저작 속에 처음 표명됐으며, 베를린의 언론인 막스 슈티르너Max Stirner(1806~1856)가 제창했다. 이 기조는 개인이 제도의 통제로부터 자유로워야 할 절대적 권리를 지닌다는 점을 강조했다. 후일 이 사상은 귀스타브 쿠르베Gustave Courbet부터 카미유 피사로Camille Pissarro, 오스카 와일드Oscar Wilde에 이르기까지의 수많은 아방가르드 화가 및 작가를 매혹시킨 것으로 드러났다. 그러나 무정부주의자들이 효과적 무정부주의 조직을 갖추지 못한 이유가 바로 그들 자신이 세운 원칙에 있었음을 우리는 이 네 번째 기조를 통해 알 수 있다.

현실적 측면에서 볼 때, 무정부주의는 여러 방향에서 결실을 맺었다. 프랑스, 이탈리아, 특히 스페인에서(전국노동자연합Confederacíon Nacional del Trabajo, CNT 결성이 대규모의 민중 운동으로 발전했다) 일어난 노동자 운동에서는 혁명을 지향하는 무정부주의-생디칼리슴이 지배적 위세를 떨쳤다. 당시 무정부주의자들이 애용한 무기는 총파업으로, 이를 통해 사회에서 기능하는 모든 제도를 무력화시키고자 했다. 농민 출신의 무정부주의자들도 안달루시아부터 우크라이나에 이르기까지 다양한 지역에서 위세를 떨쳤다. 또한 무정부주의는 근대의 테러리즘의 ─초기 이탈리아의 무장운동가 에리코 말라테스타Errico Malatesta는 근대의 테러리즘을 "행동을 통한 프로파간다"라 불렀다─ 탄생에도 영감을 불어넣었다. 거기 담긴 생각은 살인이나 파괴처럼 세상을 떠들썩하게 하는 행동을 하면 세상의 부정의를 널리 알릴 수 있고, 그렇게 되면 단호한 정부 정책의 결의가 무너지고, 통치층 엘리트의 중추도 허물어지리라는 것이었다. 이 희생자들의 목록에 포함돼 있었던 것이 러시아 차르 알렉산드르 2세(1881), 프랑스 대통령 사디 카르노Sadi Carnot(1894), 오스트리아 황후 엘리자베트Elizabeth(1898), 스페인 총리 카노바스 델 카스티요Cánovas del Castillo(1897), 이탈리아 왕 움베르토 1세Umberto I(1900) 같은 이들이었다. 그러나 이런 식의 폭력적 서막이 무정부주의자들이 자신들의 궁극적 목적이라 여긴 평화와 화합을 더 앞당겨주는 일은 이 세상 어디서도 일어나지 않았다.

마지막으로 위와는 정반대로, 무정부주의는 모든 형태의 억압에 대한 도덕적 항의라는 중요한 전통을 고무해온 면도 있었다. 레프 톨스토이 백작에서부터 시작된 이러한 비폭력의 복음은 인도의 마하트마 간디Mahatma Gandhi부터 폴란드의 자유노조운동과 현대의 환경주의에 이르기까지 헌신적 추종자들을 숱하게 끌어들였다.[47] 앙셀름 벨가리그가 외친 유명한 투쟁구호 "무정부상태, 이것이야말로 질서다L' Anarchie, c'est l'ordre"는 그 부정적 정서만 담았다고 여겨져 그 가치를 제대로 인정받지 못하고 있다. 그러나 이 말은 자못 진지한 도덕적 목소리를 담고 있으니, 분별없이 행사되는 거대 정치권력과 첨단기술의 힘에 대한 현대의 우려를 강조하는 것이기도 하다. 이제까지 무정부주의가 '가장 매력적인 정치 신조'로 분류돼온 까닭도 여기에서 찾을 수 있다.[48] 이 정치 스펙트럼의 정반대 신조를 대변한 정치인은 비스마르크였으니, 무정부주의자들이 유럽 정치의 변방을 차지하고 있었다면 그는 유럽 정치의 한복판을 차지하고 있었다.

오토 폰 비스마르크(1815~1898)는 독일이 독일제국으로 존재한 19세기의 후반 상당 기간 독일에서 군림했고, 그가 설계해낸 독일제국은 유럽의 나머지 지역에서 군림하며 힘을 떨쳤다. 1848년의 대혼란에서부터 유럽의 질서가 등장할 때 그 설계에 누구보다 큰 일익을 담당했던 이가 비스마르크였다. 1848년은 그가 정계에 입문한 해로, 이해에 일어난 혁명들을 그는 무엇보다 질색했다. 개인적 성격에서도, 정책에서도 그는 엄청난 모순을 보였다. "철의 재상Iron Chancellor"

으로 불리며 제국의회Reichstag나 외교적 만남에서 뭇 사람에게 두려움의 대상이었던 그는 개인적으로는 히스테리성 발작과 불면증에 시달렸으며, 최근에 드러난 바에 따르면 모르핀중독자였다. 쇤하우젠과 바르진에 광대한 사유지를 보유한 지주(융커Junker)였던 그는, 한편으로는 유럽에서 가장 강력한 산업화 계획을 추진한 인물이였다. 그는 옛것을 고집하는 프로이센의 보수주의자로 그는 군주제 지지자이면서도 자신의 군주를 경멸했으며, 자유주의적 반대파가 내건 민족주의를 채택하는가 하면, 독일에 보통선거권과 사회보험을 도입했다. 비스마르크는 군국주의자로서 곧잘 승리를 거머쥐었지만, 승리가 가져다주는 결실에 대해서는 끝없는 의구심을 가졌다. 이른바 독일 통일의 영웅으로 불렸으나, 대독일을 끝까지 분열 상태로 두는 길을 택한 것도 그였다. 비스마르크가 성공을 거둔 핵심 열쇠는 강인함과 절제를 기막히게 결합해내는 능력에 있었다. 그가 막강한 권력을 구축한 것은 결국, 정교하게 급을 나눈 양보안들을 통해 자신의 반대파들에 안도감과 안정감을 줌으로써 그들을 무장해제시키는 데 최종적 목적이 있었다. 그는 한때 다음과 같이 말했다. "총검을 가지고 우리가 하지 못할 일은 없다. 총검을 내려놓고 그 위에 앉는 것을 하지 못할 뿐."

그러나 비스마르크가 일관된 명성을 누렸던 것은 아니었다. 그가 정치술을 발휘하는 데 누구보다 뛰어난 대가였다는 사실은 아무도 부인하지 못할 것이다. 하지만 그의 도덕성과 그의 의도에 대해서는 숱한 질문이 제기된다. 독일의 애국자들과 보수주의 옹호자들이 보기에, 비스마르크는 자신의 조국 그리고 자신의 대륙에 전례 없는 안정을 가져다준 사람이었다. 빌헬름 2세가 어쩌다 '조종석에서 떨어지면서' 비스마르크가 실각한 이후 유럽에 어떤 갈등들이 불거졌는지만 봐도 그 점이 증명된다는 것이 이들의 주장이다. 그러나 자유주의 비평가들이 보기에, 비스마르크는 과거에는 물론 지금도 아이제이아 벌린Isaiah Berlin의 말마따나 "위대하지만 악한 인간"이었다. 자유주의 비평가들에게 비스마르크는 전쟁을 정책의 의도적 방편으로 활용한 침략자였고, 더욱 참혹한 사실은 그의 그런 방법이 현실에서 통했다는 것이었다. 또한 그는 전혀 민주적이지 않은 프로이센의 기득권층을 지켜내기 위해 민주주의의 형식을 도입한 사기꾼이었다. 국가권력을 과잉 행사해 반대파들을 협박한 깡패이기도 했다. 문화투쟁 당시의 가톨릭교도들, 식민위원회Colonization Commission의 폴란드인들, 결국 나라에서 쫓겨난 사회민주당원들이 그러한 핍박의 희생양들이었다. 이와 같은 혐의를 비스마르크 자신은 부인하지 않을 것이다. 그는 중병을 막을 수만 있다면 몸에 약간 칼을 대거나 조금 쓴 약을 삼키는 것쯤은 필요하다고 믿었던 게 틀림없다. 좌파 가운데 드물게 비스마르크를 숭배한 한 사람(영국 역사학자 A. J. P. 테일러)의 말을 빌리면 이렇다. "현대 유럽의 역사는 세 명의 거인이 썼다고 해도 과언이 아니니, 나폴레옹, 비스마르크, 레닌이 그들이다. 이 세 인물 가운데 그나마 가장 적게 폐를 끼친 인물이 비스마르크가 아닐까."[49]

유럽 유대인. 유럽 유대인Europe Jewry도 근대사에서 아주 막중한 역할을 맡아왔다고 할 수 있으며, 이들의 이야기는, 거기에 동정과 적의 중 무엇이 어려 있든 간에, 온갖 종류의 신화와 오해가 탄생하는 소재가 되곤 했다. 그래도 주된 맥락들만큼은 명확하다. 이전 몇 세기 동안 유대인들에게 유일하게 안전한 피난처였던 폴란드-리투아니아가 분할된 이후, 매우 밀접하게 관련된 다음의 세 가지 발전 양상이 전개됐다. 첫째, 유대인들이 새로운 이주의 시대를 시작했다. 둘째, 이 유대인들은 대부분의 유럽 국가에서 온전한 시민권을 보장받았다. 셋째, 자신들의 공동체가 가해온 전통적 구속에 반기를 들고 일어선 유대인이 그 어느 때보다 많아졌다.[50]

유대인의 이주는 폴란드분할이 이루어진 1773년 이후 주로 시작됐다. 폴란드 서쪽 거주지구(포젠이나 단치히 등)에 살던 유대인들은 어느 순간 자신들이 프로이센 시민이 돼 별다른 제약 없이 베를린, 브레슬라우 등 독일의 여타 지역을 자유롭게 오갈 수 있음을 알게 됐다. 갈리치아의 유대인들은 오스트리아의 시민이 돼 다른 합스부르크왕가의 속주들, 그중에서도 부코비나, 헝가리, 보헤미아, 모라비아, 그리고 후반에 들어서는 빈으로 이주해 들어가기 시작했다. 리투아니아대공국이나 폴란드 동부의 유대인들은 어느새 러시아제국의 시민이 돼 있었는데, 이곳에서 이들은 법에 묶여 반드시 유대인 집단거주구역Pale of Settlement 안에서만 살아가야 했다(부록 1653쪽 참조). 그러나 이 법령은 제대로 지켜지지 않을 때가 많았고, 새롭게 형성된 역동적 유대인 공동체들이 러시아의 대도시들—상트페테르부르크, 모스크바, 키이우(키예프), 오데사—에 형성되기 시작했다. 유대인 이주민들은 초보수적 성향을 띤 폴란드의 종교 공동체 속 고향을 떠나오면서 여러 새로운 추세에 따라야만 했는바, 하스칼라Haskalah 즉 '유대계몽주의Jewish Enlightenment', 동화, 세속적 유대인 정치 같은 것들이 그러했다.

유대인 이주의 규모와 속도는 19세기 후반부 들어 눈에 띄게 증가했다. 이러한 대규모 이주 물결은 점차 가중되는 인구 압박과 더불어 근대화 및 도시화의 규칙적 과정을 통해 얼마간 설명이 가능할 것이다. 유대인 인구는 1800년에 약 200만 명이던 것이 훌쩍 늘어 1900년에는 약 900만 명에 달했다. 그러나 인구와 함께 유대인 박해 그리고 그보다 훨씬 주요했던 박해에 대한 두려움이 유대인 이주의 주요한 요인이었다. 알렉산드르 3세Alexander III(재위 1881~1894) 통치 동안 차르 정부는 유대인 강제 거주 법령을 집행하기 위해 필사적으로 노력했다. 그에 뒤이어 쇄도하듯 일어난 유대인 이주의 물결에서 이주민과 난민 사이 경계는 찾아볼 수 없을 때가 많았다. 수십만 명에 이르는 유대인들이 영원히 러시아를 떠나, 서유럽과 미국 땅을 찾아 들어갔다. [포그롬]

유대인 이주에 큰 도움이 된 것은 유대인에게 온전한 시민권을 누리게 하는 유럽 국가들의 대열이 점차 늘어난 점이었다. 이 부분에서 가장 앞장선 나라가 혁명기의 프랑스로, 프랑스는

포그롬 POGROM

■
■ 1881년 4월 우크라이나의 옐리자베트그라드(지금의 키로보흐라드)는 조직적 포그롬의 현장이었다. 이를 시작으로 이후 3년여에 걸쳐 키이우, 오데사, 바르샤바, 니즈니노브고로드의 유대인 사회는 여러 차례 공격에 시달렸다. 러시아 황제 알렉산드르 2세의 암살에 겁을 먹은 러시아 정부는 유대인들을 공공의 희생양으로 삼으려는 반동 단체들과 폭도들을 막지 않았다. "포그롬norpoм"은 옛 러시아어로 "소탕round-up" 또는 "린치lynching"를 뜻하는 말이다. 민족 사이의 조직적 공격을 지칭하는 말로, 아르메니아인과 타타르족을 비롯해 여러 희생자 집단에 적용됐지만 1881년부터는 특히 유대인에 대한 공격을 뜻하는 말이 됐다.[1]

포그롬의 두 번째 풍랑이 일어난 것은 1903~1906년이었다. 유대인을 혁명 분자로 각인하려는 공식적 프로파간다 탓이었다. 키시네프에서 45명(1903), 오데사에서 300명(1905), 비아위스토크에서 80명이 목숨을 잃었다. 제국 전역에서 일어난 분쟁으로 총 800명이 넘는 사망자가 나왔다.

1917~1921년의 세 번째 풍랑은 이전의 모든 공포를 크게 뛰어넘었다. 노브고로드세베르스키에서 적군에 의해 첫 집단학살이 일어났다. 이들은 "부르주아와 유대인을 괴멸하라"라는 구호를 내걸었다. 우크라이나 민족주의자들과 러시아 '백군'은 훨씬 더 무자비했다. 안톤 데니킨의 군대는 "유대인을 타도하고 러시아를 구하라Bid zhyda, spassiy Rossiyu"라는 구호를 내세웠다. 프로스쿠로프(지금의 흐멜니츠키)에서 1700명(1919), 파스티브에서 1500명(1919년 9월), 테티브에서 4000명이 살해됐다. 유대인 사상자는 총 6만 명을 넘어섰다. 그중 내전의 희생자와 반유대주의에 의한 희생자를 구분하는 것은 별개의 문제다.[2]

1918년 11월 22~23일 밤, 폴란드 군대가 우크라이나로부터 르비우(렘베르크)를 탈환한 직후 이 도시의 여러 지역에서 폭동이 일어났다. 폴란드 군대는 총격을 받았다고 주장했다. 잇따른 대학살에서 374명이 사망한 것으로 추정됐고 그 가운데 55명이 유대인이었다. 연합국의 세 사절단은 그 원인에 대해 의견 일치를 보지 못했다. 희생자의 대다수가 기독교도인 학살이 반유대주의를 둘러싼 것이었다고 볼 수 있었을까? 그럼에도 '렘베르크 포그롬Lembergerpogrom'(르비우포그롬)은 널리 보도됐고 '폴란드에서의 포그롬들'은 전후에 언론의 큰 주목을 받았다. 다른 곳에서도 끔찍한 잔혹행위들이 일어났다. 그러나 폴란드가 부정적 언론보도로 가장 큰 타격을 받았고, 폴란드에게 이런 일은 그 후에도 일어났다.[3]

1791년 9월 27일 국민공회를 통해 충성서약을 맹세하는 모든 유대인에게 시민권을 부여했다. 이 움직임을 주도한 당시 프랑스 국민공회의 의장 앙리 그레구아르Henri Grégoire(1750~1831)는 유대인들을 평등하게 대우하는 것이 자신이 기독교도로서 짊어진 의무의 하나라고 여겼다. 이와 관련한 논쟁에서 클레르몽-토네르 후작Marquis de Clermont-Tonnerre은 이런 유명한 구분을 했다. "유대인은 하나의 독립된 민족으로서는 모든 것을 거부당해야 하지만, 개인으로서는 모든 것을 부여받아야 합니다."[51] 이후 유대인을 법적으로 해방시키는 것이 유럽의 자유주의가 지향하는 표준 조항으로 자리잡았고, 그리하여 러시아제국을 제외한 거의 모든 곳에 차차 유대인 해방 법령이 도입됐다(부록 1637쪽 참조).

그러나 유대인 해방은 양날의 검으로 작용했다. 유대인 해방을 위해서는 유대인이 정착사회에는 물론, 유대인 자신들의 행동과 사고방식에 근본적 변화가 반드시 필요했다. 그러려면 외부에서부터 유대인들에게 부과된 여러 제약뿐 아니라 유대인들 자신의 마음속에 자리한 '내면의 게토internal ghetto'도 함께 허물어야만 했다. 오늘날 반反유대주의의 뿌리가 어디인가 하는 관심에서는 유대인들 자신의 엄격한 분리의 율법을 간과하는 경향이 있다. 율법 준수에 충실한 유대인이 폐쇄된 공동체를 벗어나 살아가려 한다 해도 의복, 식사, 위생, 그리고 예배에 관한 무려 613개에 달하는 규칙을 다 지킬 수는 없었다. 이와 함께 유대인들은 다른 민족과의 결혼도 엄격히 금지됐다. 유대교의 율법에서부터 유대인 본연의 특성은 생물학적으로 모계를 따라 계승된다고 가르쳐서, 유대인 사회에서는 유대인 여성들을 지독하다 싶을 만큼 철저히 보호했다. 젊은 여성인 유대인 사회를 벗어나 바깥에서 결혼하려는 무모한 일을 감행했을 경우에는 가족들로부터 버림받는 것은 물론 종교 의례에 따라 죽은 사람으로 선언됐다. 이와 같은 혹독한 사회적 압박들을 견뎌내려면 유대인들은 지독한 결의를 갖지 않으면 안 됐다. 자신들의 종교를 거부한 유대인들이 종종 무신론이나 공산주의 등 극단적 형태의 대안 사상으로 돌아서는 것도 알고 보면 그리 놀라운 일이 아니다.

하스칼라(유대계몽주의)는 베를린에서 처음 등장했으며, 고트홀트 에프라임 레싱Gotthold Ephraim Lessing(1729~1786)이 묘사한 '현자 나탄Nathan der Weise'의 원형인 독일의 철학자 모제스 멘델스존Moses Mendelssohn(1729~1786)과 관련돼 있었다. 한동안 기독교 세계 안에서 영향력을 발휘한 계몽주의에서 자연스럽게 자라난 이 유대계몽주의는 종교적 내용 일색인 유대 교육을 수정하는 한편, 유대인들에게 유럽의 주류 문화를 접하게 하고자 많은 노력을 기울였다. 마스킬림maskilim 즉 "지혜로운 자들men of understanding"로 알려진 이 계몽주의의 사도들은 먼 동쪽의 유대인 공동체 마을shtetlakh에 일부 추종자들이 있었고, 독일어를 사용하는 유대교 세속 학교가 문을 열기 시작한 갈리치아 지방에서 특히 그런 경향이 두드러졌다. 1816년 렘베르크의 랍비가 발표한 마스킬림 금지령에는 이들에 대한 정통파 유대교 지도자들의 우려가 고스란히 드러나 있었다.

초기 하스칼라의 제한된 교육 이상들은 얼마 안 가 그 영역을 점차 확대해나갔다. 일부 유대인 지도자들은 전면적 동화를 옹호하기 시작했고, 이를 통해 유대인들에게 공적 생활의 모든 부문에 참여해야 한다고 촉구했다. 이런 추세에서 노력을 기울인 부분은 유대교의 관습을 가정 및 시너고그(유대교회당)의 사적 영역에만 국한하고, 그 이외의 다른 영역에서는 유대인들을 그들과 함께 살아가는 시민들과 전혀 구분되지 않는 이들로 만들고자 하는 것이었다. 그럼으로써 수많은 전통적 금기를 깨뜨리고자 했으며, 그에 따라 1825년 독일에서 모습을 드러낸 새로운 교파, 개혁유대교Reformed Judaism의 토대가 만들어질 수 있었다. 개혁유대교가 추구한 바는 유대교의 원칙들을 근대 사회에서 살아가는 데 필요한 갖가지 요구사항과 화해시키자는 것이었다. 이 개혁 운동을 옹호하는 사람들은 여러 규칙과 제약을 이전과 동일한 정도로 준수할 필요가 없었다. 이후에는 이것이 서유럽 및 미국의 대다수 이민자 유대인의 표준으로 자리잡았으나, 중부유럽 및 동유럽의 전통적 유대인 공동체 대다수는 거의 실제적 힘을 미치지 못했다.

서유럽에서 그리고 동유럽의 대규모 중심지 일부에서 법적 제재가 완화된 것과 함께 유대인의 동화가 점차 이루어지면서 전에 없던 새로운 기회들이 생겨났다. 이제는 당대를 대표하는 재무가, 법률가, 의사, 작가, 학자, 예술가, 정치인들의 목록에서도 유대인의 이름을 어렵지 않게 찾아볼 수 있었다. 이러한 현상의 수혜자 중 한 사람인 지크문트 프로이트의 말을 빌리면, 당대는 그야말로 "근면 성실한 유대인 학생이면 누구나 자신의 책가방에 정부 각료의 포트폴리오를 넣어 들고 다닐 수 있던" 시대였다. 일례로 이와 관련해 중대한 성과가 나타난 곳은 영국이었는바, 1841년에는 시티오브런던이 라이어널 드 로스차일드Lionel de Rothschild 남작을 하원의원으로 선출했고, 1868년에는 벤저민 디즈레일리가 유럽 최초로 유대인 출신 총리직에 올랐다.

비컨즈필드 백작이자 베네치아에서 이주한 스페인계 유대인 이민자의 손자 벤저민 디즈레일리(1804~1881)는, 엄밀히 말해 스스로를 전前-유대인의 범주로 여겨야 할 인물이었다. 자신의 가족들과 다 같이 세례를 받고 영국 국교회로 개종한 이후 그는 유대교와의 인연을 완전히 끊었는바, 그의 부친에 의하면 유대교는 "유대인을 인류라는 대가족으로부터 단절시키는 것"이었다. "그랬지"라고 디즈레일리는 자신의 친구들에게 말했다. "하지만 덕분에 기름 바른 장대의 맨 꼭대기까지 올라갈 수 있었어."

그러나 디즈레일리의 경력이 잘 예시해주듯, 유대인들이 사회에 성공적으로 동화된 것이 유대인 공동체의 존립 자체에는 위협이 됐다. 만일 모든 유대인이 디즈레일리의 본보기를 따른다면, 얼마 안 가 모든 유대인이 전-유대인이 될 것이었기 때문이다. 따라서 이주와 동화가 가속화할수록 그에 대한 반발도 심각하게 일어났다. 처음에는 문화적 형태로, 나중에는 정치적 형태로 그 모습을 드러낸 유대민족주의(시온주의Zionism)의 발단은 당시 유럽 전역을 휩쓴 민족주의 추세의 일부였다. 그러나 유대민족주의는 유대인만이 특별히 당한 경험에서 비롯한 설움으로 그 세가 크게 강화됐다. 문화적 시온주의의 경우는 히브리어 재생운동Hebrew Revival의 형태로 등장해, '죽은' 전례 언어를 근대 문학 및 정치에 활용하는 방편을 통해 성공을 거두었다. 이 운동의 선구자로는 갈리치아 출신의 풍자시인 요제프 펄Józef Perl(1788~1860)과 철학자 아이작 베어 레빈슨Isaac Baer Levinsohn(1788~1860), 테르노플의 역사학자 나흐만 크로흐말Nachman Krochmal(1785~1840), 빌뉴스의 시인 예후데 로엡 고든Jehudeh Loeb Gordon(1830~1892)(《깨어나라, 나의 민족이여Hakitzah Ammi》(1863)의 저자) 등을 꼽을 수 있었다. 문화적 시온주의는 이로부터 1세기 후 이스라엘에서 채택되는 세속적 유대 문화의 전형 확립에서는 매우 중요한 요소였으나, 정작 유럽에서는 영향이 미미했다.

대항적 성격의 이디시어 부흥운동Yiddish Revival은 조금 뒤에 일어났다. 1897년 당시, 강제 거주지역 및 갈리치아의 유대인 90퍼센트는 여전히 이디시어를 모국어로 사용하고 있었다. 유대교의 하시딤Hasidim(경건한 자들, 경건주의자)들 사이에서는 이디시어가 문어 형태로 널리 쓰이되 종교적 목적으로만 사용됐다. 그러다 세기가 바뀔 무렵 시온주의 및 폴란드, 러시아, 독일의 동화정책 교육 모두에 반대하는 지도자들이 나서서 히브리 문자로 적힌 이디시어 사용을 장려했다. 이후 40년 내지 50년 동안 이 운동을 계기로 언론이 활발한 활동을 보였고, 생생한 생명력의 순수문학 선집들이 만들어졌으며, 특히 '유대인노동자연맹'의 지원을 받은 세속적 학교 교육 체계가 생겨날 수 있었다. 이 운동의 가장 저명한 실천가들로는, 처음에는 폴란드어로 글을 쓰기 시작한 두 명의 작가 자모스치의 아이작 레이브 페레츠Isaac Leib Peretz(1852~1915)와 아이작 바셰비스 싱어Isaac Bashevis Singer(1904~1992)를 꼽을 수 있었다.

정치적 시온주의는 유럽에서 표명된 다른 민족주의와는 확연히 다른 데가 있었는바, 시온주의의 신성한 민족 영토는 유럽 대륙의 바깥에 자리했다는 점에서 주로 그러했다. 이 점을 제외한 다른 면에서는 시온주의도 다른 민족주의 운동의 특성들을 모두 가지고 있었다. 즉 헌신적이고 비전을 가진 엘리트층, 역사와 문화에 대한 민족주의적 해석을 밑바탕으로 한 복잡한 이념, 여러 정치적 견해의 광범위한 스펙트럼, 여전히 시온주의에 대한 납득이 필요한 대중, 온갖 대항 세력, 그리고 시온주의 등장 초반부터 나타났듯 실질적으로 성공할 가능성이 명확히 보이지 않았던 점 등이 그러했다. 시온주의는 1860년대 유대인 식민주의자를 팔레스타인으로 보내려는 노력이 처음 이루어지면서 함께 시작됐다. 식민주의 협회의 하나였던 '시온의 친구들Hoveve Zion'이 1882년 에드몽 드 로스차일드Edmund de Rothschild 남작으로부터 재정적 지원을 받아내는 데 성공했다. 2년 뒤, 이들의 연합 회의가 슐레지엔의 카토비츠(카토비체)에서 처음 개최됐다. 1897년에는 스위스 바젤의 회의에서 하나로 통합된 세계시온주의자기구World Zionist Organization, WZO가 창설됐다. 이 운동의 창시자들은 대체로 토룬의 즈비 히르슈 칼리셔Zvi Hirsch Kalischer(1795~1874)나 비아위스토크의 사무엘 모힐레베르Samuel Mohilever(1824~1898) 같은 폴란드 출신의 랍비들로 구성돼 있었다. 그러나 WZO를 이끌어 갈 권한은 결국 평신도 운동가들 손에 들어가니, 이들의 수장을 맡은 부다페스트 태생의 언론인 테오도어 헤르츨Theodore Herzl(1860~1904)을 비롯해, 나중에는 쾰른의 은행가 다비드 울프슨David Wolfson(1856~1914)과, 맨체스터의 화학자 차임 바이츠만Chaim Weizman(1874~1952) 같은 이들이었다. 시온주의를 탄생시킨 연원은 크로흐말의 《당황하는 사람들을 위한 지침서Moreh nevukhe ha-zman》(1851)로까지 거슬러 올라갈 수 있으나, 시온주의를 가장 설득력 있게 제시한 내용들은 오데사 출신의 의사 레오 핀스케르Leo Pinsker 박사의 소책자《자력 해방Auto-emancipation》(1882)와 헤르츨의 《유대국가Der Judenstaat》(1896)에서 찾아볼 수 있었다.

미즈라히Mizrachi 즉 "영혼의 중심"이라고 불린 시온주의의 종교적 당파는 극심한 분열을 해소하지 못하고 시작부터 지배적 세력이던 세속적 민족주의자들로부터 떨어져나와야 했다. 이와 함께 여러 격심한 차이로 인해 사회주의 당파도 분리되니, 이들이 기반으로 삼은 곳은 다비드 그루엔David Gruen의 시온주의 노동자 단체인 포알레이시온Poalei Zion이었다. 벤구리온Ben-Gurion(1886~1973)으로 알려져 있는 그루엔은 비스와의 프워츠크 태생으로, 통합 유대인 민족주의자로 활동하다 적절히 때를 골라 블라디미르 자보틴스키Влади́мир Жаботи́нский(1880~1940)가 이끄는 시온주의 수정주의자Zionist Revisionist 집단에서 두각을 나타냈다. 이 둘이 서로 공유한 것이 하나 있다면, 유럽에서 유대인의 삶이 이제 점차 견딜 수 없는 지경이 되고 있다는 확신이었다. 이후 얼마 동안 시온주의의 미래는 종잡기 힘든 세 가지의 거대한 변수―쉼 없이 변하는 반유대주의의 수위, 동유럽 유대인 대중의 급진화, 적절한 토지 매매를 위한 협상― 위에서 위태롭게 움직이는 듯 보였다. 초기 해법에 대해서는 그 어떤 시온주의자도 자신감을 느끼지 못했다. 그러는 사이 시온주의자의 본거지를 얻기 위한 협상은 거의 아무 성과도 내지 못했다. 1901~1902년에 헤르츨이 오스만 술탄과 연 회담에서도 별 성과가 없었다. 거기에 1903년 영국이 동아프리카의 케냐 고지대 땅 일부를 양도하겠다고 제안하면서 WZO는 완전히 사분오열됐다. 이 마지막 경험을 통해 시온주의자는 자신들의 꿈이 유서 깊은 팔레스타인 지방의 '이스라엘의 땅'과 분리될 수 없다는 강한 확신을 갖게 됐다. 이런 상황은 1916년에 영국이 예루살렘을 정복하고 뒤이어 벨푸어선언Balfour Declaration이 나오기 전까지는 별반 달라지지 않았다〔"밸푸어선언"은 1917년 영국의 외무장관 아서 밸푸어가 유대인이 팔레스타인에 민족 국가를 건설하는 것을 지지한 선언이다.〕.

반유대주의antisemitism는 '유대인 혐오'라는 의미로 유럽 역사 전역에서 고질적으로 나타나고 있었다. 반유대주의의 원인은 종교적, 경제적, 사회적, 문화적인 것으로 분류돼왔다. 하지만 본질적 측면에서 반유대주의는 악의적 심리 징후군으로, 이런 심리 상태에서는 음모나 배신의 혐의를 씌우기에 앞서 늘 유대인에 대한 편견이 먼저 자리잡곤 한다. 유대인 공동체가 온갖 종류의 결점을 대변하는 전형적 희생양으로 변모한 것도 이런 심리에서 말미암은 것이었다. 반유대주의의 불씨는 시간이 흘러도 늘 불타오르며, 일순 거센 불길로 타올랐다가 쉽사리 설명되지 않는 패턴들 속에서 그 기세가 수그러들곤 했다. 그러나 19세기 말 수많은 유럽인이 유대인의 이주 물결을 통해 난생처음 유대인을 직접 접촉하면서 반유대주의의 정서가 널리 퍼져나갔다. 이렇게 된 요인으로는 부쩍 성장한 도시들에서 특히나 가혹한 사회적 여건이 조성된 것과 함께, 민족주의 조류가 점차 거세지면서 이로 인해 많은 사람이 인종적·문화적 차이를 견디기 어려워하게 된 것을 꼽을 수 있었다. 그러다 러시아의 유대인 학살, 프랑스의 드레퓌스사건, 그리고 날조로 악명 높은 '시온 장로들의 의정서Protocols of the Elders of Zion'를 계기로 반유대주의가 수면 위로 떠올랐다.[52]

다른 한편으로 자유주의 진영에서는 세간에 두루 퍼져 있는 갈등도 인내심과 교육으로 얼마든 없앨 수 있다는 주장을 견지했다. 런던의 앵글로-유대인 협회Anglo-Jewish Association와 같이 훌륭하게 통합된 유대인 공동체에서는 자신들 눈에 비치는 상황은 시온주의자들이 정치적 목적을 위해 반유대주의를 과장하는 것일 뿐이라고 비난했다. 예를 들어 1911년 《브리태니커백과사전》에는 "반유대주의가 사망한다면, 그와 함께 유대인의 민족주의도 종적을 감출 것이다"라는 견해가 표명되기도 했다.[53] 그러나 이보다 더한 오산도 없었다. 이후로도 반유대주의와 유대민족주의는 계속 그 세를 키워나가게 된 점에서다. 어느 정도는 이 둘이 서로 세를 불려가는 원동력이 된 면도 있었다. 쉽사리 예측할 수 없는 것이 있었다면, 반유대주의가 널리 퍼진 곳은 유대인 숫자가 가장 많다고 여겨진 러시아, 폴란드, 우크라이나였지만 그것이 가장 극악한 형태로 나타난 것은 유대인의 수가 상대적으로 극소수에 머물렀던 독일과 오스트리아라는 점이었다.

급진적 유대인 정치 운동은 동유럽의 유대인 대중 사이에서 특히 그 세를 키워나갔다. 시온주의는 각축을 벌이는 여러 추세 중 하나에 불과했다. 시온주의를 비롯해 온갖 민족주의를 비난한 혁명적 공산주의는 유대인(엄밀히 말하면 전前-유대인) 사이에서 새로운 추종자들을 꽤 많이 확보할 수 있었다. 나중에 이들 세력 중 누군가가 '비유대인적 유대인the non-Jewish Jew'이라고 정의한 현상이 나타나는 데 중요한 일익을 담당했다.[54] 사회주의적 유대인노동자연맹, 일명 분트Bund는 유대인이 실제 거주하는 사회에서 유대인이 처한 조건을 향상시키기 위한 목적으로 만들어진 단체로, 시온주의와 공산주의 모두에 반대했다.

오늘날에도 유럽의 유대인이 왜 유럽의 문화와 성취의 모든 면면에서 그토록 어마어마한 기여를 해냈는가 하는 점은 여전히 매혹적인 수수께끼로 남아 있다. 이 시기에 유대인이 이룬 발전은 사람들의 질투와 동경을 동시에 불러일으켰고, 지금까지도 여러 폭넓고 다양한 추측을 낳고 있다. 당시 유럽의 기독교 문명을 사활을 걸고 지키려 했던 이들에게, 나아가 '뿌리 없는 세계주의자' 및 '이방인'의 성공에 위협을 느낀 무능력한 이들에게 유대인의 이 가공할 위력은 확실히 그들의 신경을 건드린 사건이었다. 그러나 돌이켜 생각해보면, 유대인의 이 위력은 유대인 가문들이 결집해낸 거센 심리적 추동들과도 연관이 있다고 봐도 무방한데, 이들 가문은 자신들이 떠나온 폐쇄적 유대인 공동체의 거부감과는 물론 그들이 그토록 받아들여지길 원했던 주류 기독교 사회의 의구심과도 사투를 벌이며 자신들의 힘을 쌓아나간 셈이었다. 유대인의 위력은 유대인의 교육열과도 연관이 있었으니, 토라 공부에 그 뿌리를 두고 있던 이 열정은 이내 외국어 능력, 법적 자격, 과학적 전문성을 조기에 습득하고 획득하는 방향으로 투자됐다. 이와 함께 유대인의 위력은 점차 넓어져가던 지식 및 의사소통의 지평과도 필연적으로 연관되는바, 이와 같은 면에서는 자국 안에서 성장한 전문인보다는 유대인처럼 국제적 교류망을 가진 사람들이 더 우위에 설 수 있었기 때문이다. 이는 뛰어난 재능을 가진 개인들 차원에서는, 적절한 수준의 불안정이 오히려 긍정적 이득을 가져다줄 수 있었다는 점을 증명해준 셈이었다. [E=mc²] [빈의 세계]

물론 유대인이라도 빛을 발하거나 크게 성장하지 못한 이들이 대부분이었다. 통계적으로 볼 때, 20세기 초반 유럽 유대인의 대다수는 여전히 100년 전과 똑같은 수준에 머물러 있었다. 여기저기 흩어진 채 대다수가 빈곤을 면치 못했고, 고도로 종교적인 생활을 했으며, 변화라곤 없는 과거 폴란드 속주의 외진 땅에서 촌락을 이룬 채 모여 살았다. 여러 면에서 유대인 대다수의 세계관은 자신들이 그간 늘 곁에서 함께 지내온 가난하고, 지극히 종교적인 시골 농민들과 더 공통된 부분이 많았지 서쪽으로 이주한 그들의 자손과 더 많지는 않았다. 짓밟힌 이들 동東유대인Ostjuden도 사람들의 심한 편견에서 벗어나지 못했으니, 그런 대우를 받기는 해당 지역민들에게서는 물론 독일과 오스트리아에서 성공을 거둔 동료 유대인들, 과거의 유대인 세계를 완전히 등지고 떠난 이들로부터도 마찬가지였다.[55]

유럽 제국주의. 19세기 후반 유럽 제국주의European Imperialism는 여러 중요한 면에서 초기의 제국주의 형태들과는 달랐다. 착취하기 좋은 마지막 나라들을 장악하려고 전 세계에 걸쳐 한바탕 난투가 벌어진 것이 당시 유럽 제국주의의 양상이었다. 세계의 자원이 한정돼 있다는 사실은 누가 봐도 자명했다. 이 말은 곧 식민 제국을 세운 국가들이 영구적으로 유리한 입지를 단번에 확보한다는 뜻이었다. 이 경쟁에서 뒤처졌다간 '1부 리그' 대열에서 영원히 배제돼버릴지도 몰랐다. 1875년을 기점으로 이후 20년 동안, 지구 땅덩이의 4분의 1 이상이 6개 유럽 강국들의 수중에 들어갔다. 식민지들은 앞서 나가는 산업경제에 없어서는 안 될 필수 요소로 여겨졌다. 원자재, 값싼 노동력, 반半제품 공급 계획들이 '모국mother country'의 이익을 최대화한다는 목적 아래 속속 마련됐다. 착취의 강도 역시 양적측면에서는 물론 질적 측면에서도 급격하게 심화됐다. 마르크스주의자들을 비롯한 일부 사람들이 보기에, 식민지 자원을 서로 차지하기 위한 점차 거세지는 경쟁은 필연적으로 국제 분쟁으로 이어질 수밖에 없었다. 블라디미르 일리치 레닌의 《제국주의, 자본주의의 최고 단계Империализм, как Высшая Стадия Капитализма》(1916)가 이 분야를 대표하는 전형적 작품이었다.

정치적·경제적 제국주의에는 식민지 땅들을 모국의 이미지에 맞게 '유럽화'하겠다는 의식적인 문화적 사명이 함께 따라다녔다. 이런 면에서는 기독교 선교사들이 중요한 요소를 구성했으나, 이들이 정치 당국자 및 상업 회사들과 직접적 연고를 맺고 있는 경우는 매우 드물었다. 아메리카대륙에서 활동했던 선대의 스페인 선교사들과는 달리, 당대의 기독교 선교사들은 자신들 과업이 광범한 분야에 걸쳐 있다고 보고 의학, 세속 교육, 행정 개혁, 기술 혁신과 같은 영역에서 두루 활동했다.

　제국주의 강대국들은 식민지들의 군사적 잠재력을 십분 활용하고자 각고의 노력을 기울였다. 유럽에 식민지인 부대가 처음 도입됐을 때의 모습은, 얼마 전 유럽 병사들이 바다 건너 땅에 발에 들었을 때만큼이나 사람들에게 낯설게 다가왔다.

　세계 지도가 빠르게 채워져 갈수록, 유럽 제국주의자들은 자신들이 차지할 땅의 범위가 순식간에 오그라든다는 사실에 온통 신경이 쓰일 수밖에 없었다. 이때 아메리카인들은 벌써 식민지 경험에서 벗어난 뒤였다. 대부분의 아시아 땅은 이미 초기에 정복당했다. 1880년대 무렵 식민지가 될 만한 땅으로 남은 곳은 이제 아프리카, 인도차이나, 중국, 태평양 제도뿐이었다.

　당대 식민지와 관련해서는 그 다양한 종류를 구분짓는 일이 반드시 필요하다. 영국은 최소한의 병력을 동원해 가장 넓은 제국을 지탱해낸 경우였다. 영국은 식민지의 토착 제후 및 지방의 군대에 의존하는 방침을 시종 유지해나갔다. 델리에 주재한 영국 관료들은, 관할하는 인도인 인구만 무려 4억 명이었음에도, 그 수가 프라하의 오스트리아 관료보다 적었다. 영국인 이민자들이 정착한 인도보다 더 광범한 영토들은 모두 영연방 내의 자치령의 자격을 얻었다. 캐나다는 1867년, 오스트레일리아는 1901년, 뉴질랜드와 뉴펀들랜드는 1907년, 남아프리카공화국은 1910년 영연방 내의 자치령이 됐다. 이와 반대로 프랑스는 더욱 밀접한 통합 정책을 추진했다. 알제리와 튀니지에 설치된 프랑스의 행정구역(데파르망département)은 이내 프랑스의 중앙 행정부와 합쳐지게 됐다. 프랑스에서는 북아프리카로의 이주를 공식적으로 권장했다. 특히 프랑스-프로이센전쟁으로 난민이 된 알자스-로렌 지방 주민들에게 그러했다. 이와 같은 중앙집권화는 영국보다는 러시아의 방침에 더 가까웠다. 프랑스의 중앙집권화는 중앙과 지방의 관계가 단절된 순간 엄청난 문제들을 야기하게 된다.

　'검은 대륙the Dark Contient'이라 불린 아프리카는 극히 최근까지 수많은 지리상 비밀을 간직한 땅이었다. 물론 아프리카 북부 해안에 아득한 고대부터 유럽의 식민지가 건설돼 있었지만 말이다. 하지만 파라오의 땅에 물을 대주던 나일강의 수원이 확실히 밝혀진 게 1888년의 일이었다. 데이비드 리빙스턴David Livingstone 같은 선교사 탐험가들은 1870년에 들어서까지도 목적지에 가닿지 못하고 몇 년이나 길을 헤맸다. 애초 유럽인들이 가졌던 믿음과는 반대로, 이 시기 아프리카에 조직화된 정부나 질서 잡힌 종교가 전혀 없었던 것은 아니었다. 그뿐 아니라, 엄청나게 다양한 종류의 언어와 문화를 접하게 되면서 아프리카 사람들은 모두 석기시대 야만인이라는 인식도 잘못된 것임이 드러났다. 그러나 '아프리카 분할scramble of Africa'이 이곳의 땅과 사람들은 누군가가 차지하려 존재한다는 가정 위에서 출발한 것만은 분명했다. 유럽과 아프리카의 군사상 기술의 차이는 그야말로 엄청나서 꽤 온전하게 서 있던 서아프리카의 왕국들도 아스테카나 잉카 제국과 별로 다를 바 없이 맥없이 무너졌다. 당시 독립을 유지한 토착 제국으로

빈의 세계 WIENER WELT

■ 1848년부터 1914년 사이에 빈의 인구는 다섯
■ 배 넘게 증가해 약 200만 명이 됐다. 빈의 유대
인 인구는 5000명에서 17만 5000명으로 35배 늘었
고 빈의 인구 대비 비율은 약 1퍼센트(1848)에서 약 9
퍼센트(1914)로 증가했다.

유대인들이 빈으로 이주한 것은 동유럽, 특히 보헤미
아와 갈리치아의 전통적 유대인의 삶에서 벗어나 종
교와는 무관한 현대적 교육을 받기 위해서였다. 따라
서 빈의 고등학교, 대학, 전문직 가운데서 유대인의 비
중이 크게 높아졌다. 절정에 해당하는 1881~1886년
에는 전체 학생의 33퍼센트가 유대인이었다. 1914년
에는 법학도의 26퍼센트, 의학도의 41퍼센트를 유대
인이 차지했다. 교직원과 교수진 중 유대인의 비중은
43퍼센트(1910)까지 치솟았다. 1936년에 이르자 빈의
변호사의 62퍼센트, 의사 47퍼센트가 유대계였다.[1]
그러나 이러한 숫자는 단면에 불과했다. 부상하는 전
문직이라는 특수한 배경 덕분에 빈의 유대인들은 탄
탄한 유산계급을 형성했다. 이들은 교육, 문화, 예술
관련 자선사업의 주요 후원자이자 활동가였다. 주로
이민자로 구성된 소수민족으로 평등한 지위를 확립하
려고 분투해 자유주의 정치와 사회주의 운동의 근간
을 이뤘다. 정도의 차이가 있을 뿐 모두 자신의 문화
를 거부하고 떠나온 그들은 문화계에서 현대적이고 혁
신적인 것이라면 무엇이든 받아들일 준비가 돼있었다.
이들은 훗날 미국으로 옮겨간 유대인들의 이주 물결
을 엿보게 해주는 예고편과도 같았다. "빈의 유대인들
은 1900년경 유럽의 아방가르드운동을 이끈 주요 무
리의 하나일 뿐이었다. 그러나 현대 문화의 영역에서
빈의 정체성을 확립한 것은 그곳의 유대인들이었다."[2]
당시의 인사들을 꼽아보면 유대인들이 얼마나 깊고
다양한 재능을 가졌는지 엿볼 수 있다.

음악: 작곡가 구스타프 말러Gustav Mahler, 아널드 쇤
베르크Arnold Schönberg, 에리히 볼프강 코른골트
Erich Wolfgang Korngold, 음악학자 구이도 아들러
Guido Adler, 전례학자 살로몬 줄처Salomon Sulzer,
평론가 에두아르트 한슬리크Eduard Hanslick, 바이올
리니스트 요제프 요아힘Joseph Joachim.

철학: 테오도어 곰페르츠Theodor Gomperz, 루트비히
비트겐슈타인Ludwig Wittgenstein, 빈 학파 필리프 프
랑크Philipp Frank, 한스 한Hans Hahn, 오토 노이라트
Otto Neurath.

법학: 법학자 율리우스 안톤 글라저Julius Anton
Glaser, J. 요제프 웅거Joseph Unger, 사회법률가 에
밀 슈타인바흐Emil Steinbach, J. 오프너Ofner,범죄
학자 A. 뢰플러Loeffler, 지크프리트 튀르켈Siegfried
Türkel.

의학: 해부학자 에밀 추커칸들Emil Zuckerkandl, 발
생학자 레오폴트 솅크Leopold Schenk, 생리학자 오
이겐 슈타이나흐Eugen Steinach, 위생학자 막스 폰
그루버Max von Gruber, 혈액학자 카를 란트슈타이
너Karl Landsteiner, 병리학자 사무엘 지크프리트 카
를 폰 바슈Samuel Siegfried Karl von Basch, 약
리학자인 피크Pick, 신경병리학자 모리츠 베네딕트
Moritz Benedikt, 신경학자 요한 파울 카르플루스
Johann Paul Karplus, 정신치료사 지크문트 프로이트
Sigmund Freud, 알프레트 아들러Alfred Adler, 소아
과의사 막스 카소비츠Max Kassowitz, 안과의사 살로
몬 클라인Salomon Klein, 외과의사 만틀Mandl, 요제
프 폰 할반Josef von Halban, 의료사학자 막스 노이부
르거Max Neuburger.

문학: 작가 아르투어 슈니츨러Arthur Schnitzler, 요제
프 로트Joseph Roth, 슈테판 츠바이크Stefan Zweig,
리하르트 비어 호프만Richard Beer-Hofmann, 마
리 헤르츠펠트Marie Herzfeld, 편집자와 저널리스
트 모리츠 쳅스Moritz Szeps, 모리츠 베네딕트Moriz
Benedikt, 테오도어 헤르츨, 프리드리히 아우스터리
츠Friedrich Austerlitz, 평론가인 카를 크라우스Karl

Kraus.

정치: 유대인 자치론자 N. 비른바움Birnbaum, 시온주의자 T. 헤르츨Herzl, 교육개혁가 위제니 슈바르츠바흐Eugenie Schwartzbach, 여성 자유주의자 조제핀 폰 베르트하임슈타인Josephine von Wertheimstein.

빈의 유대인과 유대교의 관계는 그리 단순하지 않았다. 직설적 성향의 수석 랍비 모리츠 귀데만Moritz Güdemann(1835~1918)이 이끄는 빈의 시너고그(유대교 회당)들은 한 막강한 종교단체의 후원을 받고 있었다. 또한 세파르디Sephardi(이베리아반도의 스페인 및 포르투갈계 유대인)와 하시드Hasid파(유대교 율법과 안식일을 엄격히 지키는 고대 유대교의 분파)도 있었다. 그러나 유대인으로 분류된 이들 가운데 많은 사람은 스스로를 그저 '유대인 출신ex-Jews'이라고 여겼다. 말러는 가톨릭으로 옮긴 많은 개종자 가운데 하나였고 프로이트는 모든 종교를 거부했다. "나는 내가 유대인이라는 사실을 기꺼이 떳떳하게 인정하지만 어떠한 종교에 대해서든 비판적이고 부정적인 태도를 갖고 있다."[3] 유대인이 빈의 유일한 이민자(이주민)도, 가장 큰 이민자 집단도 아니었다는 점 역시 기억할 필요가 있다. 유대인보다 슬라브족과 헝가리 이민자들이 더 많았으며 그중 상당수가 사회의 최하위 계층을 형성했다. 세기가 바뀔 무렵에 오스트리아의 반유대주의는 외국인에 대한 일반적 혐오증의 일부였다는 점을 간과해선 안 된다. 빈의 반유대주의자로 가장 유명한 아돌프 히틀러가 보여주었듯이 유대인 혐오에는 슬라브족에 대한 경멸이 동반됐고 때로는 이 두 가지가 혼동되기도 했다. '유대볼셰비즘Jewish Bolshevism'에 대한 편집증은 빈에 깊이 뿌리를 내리고 있었다. 이와 더불어 유대인이 갖고 있던 편견도 간과해선 안 된다. 서구화한 유대인들은 동구의 유대인을 무시하는

경향이 있었다. "프랑크푸르트 유대인은 베를린 유대인을 멸시하고, 베를린 유대인은 빈 유대인을 멸시하고 빈 유대인은 바르샤바 유대인들을 멸시한다." 그리고 모든 유대인이 갈리치아 유대인을 "최하위"로 치부하는 경향이 있었다.[4]

수석 랍비까지도 미심쩍은 감정을 드러냈다. 한 가톨릭교도 여성이 그에게 반유대주의에 대한 자신의 소논문을 읽어달라고 청하자 그는 "기독교는 자신도 모르게 꺼림칙한 자웅동체의 역할을 맡고 있다"라는 정신분석학적 대답과 함께 다음과 같이 말했다.

> 기독교도는 유대인의 형상 앞에 무릎을 꿇고 유대 여인의 형상 앞에 두 손을 모아쥡니다. 기독교의 사도, 축제, 찬송들도 유대인의 것입니다. 많은 이가 반유대주의를 통해 [이러한 모순으로부터] 벗어나려고 하지요. 한 유대인을 신으로 섬겨야 하니 나머지 유대인은 악마 취급 하며 화풀이를 하는 겁니다. [...] 부인께서는 아리아인들이 유대인을 해방시켰다고 알고 계시겠지요. 그것은 사실이 아닙니다. 아리아인들은 스스로 중세에서 해방된 것입니다. 이는 유대 성경이 인류에 미친 조용하고 점진적인 영향 가운데 하나입니다.[5]

그런 뒤 수석 랍비는 이렇게 충고했다. "유대교는 내게 모두를 사랑하고 존경하라고 가르칩니다."

빈의 달콤쌉쌀한 분위기에는 울분과 환락이 섞여 있었다. 황제는 균형을 유지해야 했다. 반유대주의를 공개적으로 표방하는 정치인 카를 뤼거Karl Lueger가 1897년 시장으로 선출되자 프란츠 요제프는 이를 승인하지 않았다. 이틀간의 숙고 끝에 그는 결국 뤼거의 임명을 인정했지만 그와 함께 수석 랍비 귀데만에게도 훈장을 수여했다.

는 아비시니아(에티오피아의 옛 이름)가 유일했는바, 콥트파 기독교를 고수했던 것이 주효했던 것 같다.

한편 세계에서 가장 오랜 문명의 중국에는 유럽 정부들도 인정하는 황제가 존재하고 있었다. 그랬던 만큼 아프리카에서와 같은 공식적 식민화 작업은 중국에서는 허용되지 않았고, 영토 조차租借, 무역 허가 같은 방침이 지배 질서로 자리잡았다. 당시 유럽인들에게 중국 황실은 너무도 하찮은 존재로 인식돼서, 1901년에는 중국 황실 정부를 유럽의 연합 보호령 대상으로 삼을 정도였다. 이와 같은 굴욕적 사건들에서 추진력을 얻어, 10년 후 중국은 중화민국中華民國을 건립하고 중국의 근대사를 열어가게 된다. [복서]

중국의 이웃 일본은 1855년까지만 해도 외부에 완전히 문을 걸어 잠그고 있었다. 그러나 유럽 방식의 본질을 단기간에 아주 훌륭히 습득한 일본은 이후 자신만의 독자적 식민지 제국을 건설하게 됐다. 일본이 1904~1905년 러일전쟁을 벌여 육지와 바다 양면에서 러시아를 대파한 것은 당대를 떠들썩하게 만든 사건으로, 이로써 유럽이 가장 애지중지하던 망상의 상당수가 허물어졌다.

태평양제도는 식민화의 손길이 가장 오랫동안 미치지 않은 곳이었다. 제국주의 서사의 마지막 발걸음들은 독일이 서사모아를 차지하고(1898), 미국이 하와이를 차지하고(1900), 영국과 프랑스가 뉴헤브리디스제도(바누아투공화국의 옛 이름)를 공동통치령으로 삼는(1906) 일련의 사건 속에서 찾아볼 수 있었다.

유럽 제국주의가 '유럽화europeanization'라는 방법을 통해 근대 세계의 대체적 형성에 가장 막강한 경험들을 제공하기는 했으나, 그 과정에서 유럽 자신도 광범위한 스트레스와 위압을 겪을 수밖에 없었다. 제국주의로 유럽의 민족들은 이제 '제국에 상당하는' 나라와 그렇지 못한 나라로 나뉘었다. 종래의 '역사에 남을' 민족과 '역사에 남지 못할 민족'이라는 구분에 하나가 더 추가된 것이었다. 유럽 제국주의는 제국의 지위를 획득한 나라의 경제력과 함께 군사적 잠재력을 크게 향상시켜주었고, 그렇게 해서 서유럽의 나라들에 유리한 전략적 균형의 초석이 마련될 수 있었다. 또한 제국주의 덕에 유럽은 비유럽권 문화들과 이국적 식민지 물품들 모두에 훨씬 더 친숙해질 수 있었다. 영국처럼, 유럽 제국주의로 자국 국민들이 인접한 이웃국들보다 멀리의 티베트나 보츠와나를 더 친숙하게 여기게 된 경우도 있었다. 그러나 유럽 제국주의는 유럽의 종교적·인종적 편견을 강화시켰으니, 이때 생겨난 갖가지 장벽과 콤플렉스는 제국의 존재 자체만큼이나 오랫동안 사라지지 않았다. 일례로 이런 편견들이 극단적 양상으로 치달아 1904년 도시 함부르크에서는 사모아 여인들을 지방 동물원에 가두어 놓고 전시했다.[56]

비관론자들의 예언은 그대로 적중해, 세기가 바뀔 무렵에 이르자 식민지를 둘러싼 충돌이 일어나기 시작했다. 1898년에는 수단의 파쇼다에서 영국과 프랑스의 원정군이 대치하면서 거의 일촉즉발의 상황까지 갔다(파쇼다사건). 1899~1902년에는 보어인Boer들이 남아프리카공화국에서 세운 두 보어공화국Boer Republics(트란스발공화국, 오렌지자유국)을 상대로 영국이 전쟁을 벌이게 됐는데, 독일이 보어인을 지원하면서 상황이 복잡하게 꼬였다. 1905년과 다시 1911년에는 모로코를 차지하려는 프랑스의 움직임을 기화로 독일에서 적극적 저항전이 불붙었다(모로코위기). 하지만 그 어떤 경우에도 이들 사태 때문에 전면전까지 일어나지는 않았다. 식민지 쟁탈전으로 국가들 사이에 서로에 대한 반감이 더 커지긴 했지만 말이다. 그러나 이러한 식민지 쟁탈전의 갈등도 중국과 모로코 모두에서 보듯 상업적 이득과 관련한 '문호 개방 정책open-door policy'을 통해 보통은 다소 완화될 여지가 있었다.

제국주의의 성공에서 핵심은 해군력이었다. 지상군으로는 절대 불가능한 상업적 이익을 장악하는 수단으로서 전함은 절대 빠질 수 없는 부분이었다. (이 분야의 고전인 《해양력이 역사에 미치는 영향The Influence of Sea Power upon History》(1890)은 미국의 제독 앨프리드 세이어 머핸Alfred Thayer Mahan이 썼다.) 이와 관련해 중요한 이슈가 1898년 전면으로 부상했다. 스페인과 미국 사이에 전쟁이 한창인 중에 미국 해군이 이해에 스페인으로부터 쿠바에서부터 필리핀제도에 이르기까지의 남은 식민지를 빼앗은 것이다. 그리고 이해에 독일의 전쟁장관 알프레트 폰 티르피츠Alfred von Tirpitz도 영국의 초강력 전함에 도전한다는 전략적 결단을 내리고 선박 건조 계획에 돌입했다. 군비 경쟁의 막이 오른 것이다.

제정 후기의 러시아는 덩치 큰 야수와도 같았다. 러시아제국은 분명 숱한 결점들을 안고 있었지만, 밑도 끝도 보이지 않을 만큼 쌓인 제국의 힘과 에너지가 그 결점들을 다 상쇄해주었다. 알렉시스 드 토크빌과 같은 이들이 향후 미국에 대적할 유일한 강국으로 러시아제국을 점찍은 지는 이미 오래였다. 러시아는 하나로 통일된 채로 세상에서 가장 커다란 국가 영토뿐 아니라, 전 유럽을 통틀어 가장 많은 인구, 거기에 세계 최대의 군사력까지 보유하고 있었다. 또한 농산물 수출 규모가 제일 큰 나라이자, 헤아릴 수 없이 많은 광물 자원을 가진 나라이자, 외부 투자를 가장 많이 받는 나라였다. 문화적으로도 러시아는 유럽이라는 창공에서 가장 매혹적으로 빛나는 별로 두각을 나타내고 있었다. 초기만 해도 일정 수준의 문학적 전통밖에 갖고 있지 못하던 러시아어는 급작스레 성장해 성숙기에 이르렀다. 푸시킨, 레르몬토프, 톨스토이, 도스토옙스키, 안톤 체호프Антóн Чéхов 같은 이들이 세계적 문학 거장의 반열에 올랐다. 무소륵스키, 차이코프스키, 림스키-코르사코프의 손끝에서는 타의 추종을 불허하는 러시아 음악들이 만들어져 나왔다. 발레뤼스 발레단과 스타니슬랍스키 연극학교는 각 분야의 선두주자로 꼽혔다. 사회적 측면에서 러시아는 여전히 과거 농노 출신들로 구성된 후진적 농민사회에 머물렀다. 그러나 농민들 상당수의 처지가 꾸준히 개선되고 있던 것도 사실이었다. 그뿐만 아니라 이제는 그 어떤 곳에서도 이른바 농민문제Peasant Question는 크게 주목받지 못했다. 1906~1911년 표트르

복서〔권비拳匪〕BOXER

■ 1900년 8월 14일 오후 2시경, 다국적 구원병이
■ 톈진에서부터 열흘간의 행군 끝에 베이징에 입
성했다. 그들은 8주 동안 외부세계와 단절됐던 베이징
외국인 지구의 포위를 풀어주었다.

서태후 말기의 중국은 의화단의 난Boxer Rebellion —
'외국 악마들'과 그들이 들여온 것들을 모조리 추방하
려 했던 외국인 혐오 운동—에 발목이 잡혀 있었다.
의화단義團은 '정의와 조화의 주먹'이라는 뜻으로 영
어로는 '복서'라는 이름을 갖게 됐으며 철도에서부터
기독교에 이르기까지 유럽에서 들어온 모든 것을 배척
했다. 그들은 외국 사절들이 자국 정부에 극악한 영향
을 끼친다고 믿었다. 따라서 이들을 내쫓기 위해 유럽
선교사들과 외교관들을 서슴없이 살해했고 중국인 기
독교인들을 대량학살했으며 이 유서 깊은 도시의 상
당 부분을 불태웠다. 적어도 일부 정부 관료들이 이들
과 결탁했고 청나라 정규군이 합세했다.

유럽의 역사에서 1900년의 중국 출정은 짧은 기간이
나마 모든 열강이 공통의 목표하에 결속했다는 점에

서 특징적 사건이었다. 영국, 프랑스, 독일, 이탈리아,
러시아, 미국, 일본이 공통의 위협을 진압하려 힘을 모
았다. 영국의 공사 클로드 맥도널드Claude Macdonald
경 휘하의 다국적 해병대가 외국인 지구의 방어를 맡
았다. 영국의 앨프리드 게이슬리Alfred Gaselee 장군
이 러시아군, 미국군, 일본군, 인도의 일개 여단으로
이뤄진 2만 명 규모의 구원병을 이끌었다. 육군원수
알프레트 폰 발더제Alfred von Waldersee 백작이 지
휘하는 2만 명의 독일 원정 부대가 9월 말에 도착했다
곧바로 철수했다.

긴급한 상황이 해결되자 유럽 국가들의 연대는 바로
붕괴됐다. 독일과 이탈리아는 다른 동맹국들보다 훨씬
더 많은 배상금을 중국에 요구했다. 러시아는 대량학
살에 책임이 있는 중국인들을 처형하는 일에 가담하
지 않으려 했다. 사실, 만주를 장악한 러시아군도 대
규모 학살을 자행한 터였다. 영국과 독일은 사후 조약
을 매우 다르게 해석했다. 어쨌든 모든 참가국이 유럽
의 통합은 있을 수 없으며 설사 가능하다고 해도 일순
간에 끝나버린다는 사실을 보여주었다. 게다가 이것은
처음 있는 일도 아니었고 마지막도 아니었다.[1]

스톨리핀Пётр Столыпин의 농지개혁 덕에 농민들이 이동성 및 토지 구매 방편을 갖추게 된 것
이 주효했다. 유럽인이 보기에 러시아의 후진성은 호화로운 차르의 궁전, 모든 면에서 유럽식 생
활방식에 철저히 동화된 러시아의 귀족·상인·예술가·교수들의 물결에 가려 잘 보이지 않았다.
정치적 측면에서는 러시아가 1905년 이후로 진지하게 자유주의를 향해 발전해가는 것으로 여
겨졌다. 민족주의의 문제는 대체로 수면 아래로 가라앉아 있었다. 당시 러시아에 최우선으로 필
요했던 것은 안정이었다. 그랬음에도 타지에서 벌어진 전쟁들의 불똥이 국내의 위기로 번지는
일이 되풀이됐다. 러시아가 자신에게 잠재된 거대한 힘을 깨닫기 위해 필요했던 것은 하나, 유럽
의 평화가 무한정 지속되는 것이었다. [체르노빌]

제정 후기의 독일은 제국주의를 겪는 동안 가장 원통한 사기를 당했다고 느끼는 나라로 보
였다. 여러 면에서 독일 제국은 19세기 국가의 본보기로 손색이 없었다. 근대적이고, 학구적이
었으며, 민족주의를 지향했고, 부유하고, 강한 힘을 가지고 있었다. 이런 독일을 사람들은 나

사가 하나 풀린 덩치 큰 기계—굉음을 내며 작동하는가 싶더니 금세 과열돼 종국에는 폭발로 공장 전체를 아수라장으로 만들어버리는 기계—에 비유하곤 했다. 빌헬름 2세Wilhelm II(재위 1888~1918)의 병약했던 한쪽 팔은 조국의 결함을 상징한다고 여겨졌다. 그의 통치에 독일은 오만하고 호전적인 태도로 일관했다. 독일의 산업화는 그 위세는 막강했으나 영국이나 프랑스에 비해서는 한 발 늦은 면이 있었다. 정치적 통일도 1871년에야 이루어졌다. 따라서 독일 식민 제국은 자국의 자부심이나 용맹함에 어울릴 만큼의 땅은 소유하지 못한 상태였다. 그러다 독일이 타국의 식민지를 얼마쯤 빼앗아오면서 이른바 레벤스라움Lebensraum 즉 '생활권' 사상이 처음 표명되기에 이른다. 독일의 상황이 불리했다고 하지만 이는 사실이라기보다 상상에 근거한 면이 컸다. 독일이 먼 타지에 식민지를 갖지 못했다 해도 이미 인접한 동유럽에 경제적으로 침투했기 때문에 식민지를 갖지 못한 결점을 상쇄하고도 남았다. 그럼에도 독일의 심리적 원한은 깊어만 갔다. 독일 황제와 그의 조신들이 보기에, 독일이 종국에 유럽의 정치와 경제를 지배할 핵심 열쇠는 평화에 있지 않았다. [E=mc²]

모더니즘. 유럽의 정치적 불안은 세기말의 수많은 문화적 추세와 맥을 함께했으니, 이런 추세들을 한데 아우를 때 쓰는 용어가 모더니즘Modernism이다. 모더니즘은 근본적 차원에서 전통과 단절할 수밖에 없었는바, 그 단절은 지적 사조가 일순 유행했다 사라지는 그런 수준을 훨씬 넘어서는 것이었다. 한 비평가는 다음과 같이 썼다. "유럽이 지난 5세기 동안 공들여온 목표가 지금 공개적으로 내팽개쳐지고 있다."[57] 모더니즘은 모든 예술 분야에 영향을 끼쳤으며, 이론가들을 통해 다른 근본적 차원의 발전들과도 곧잘 연관성을 갖게 되니, 특히 프로이트의 심리학, 아인슈타인의 상대성이론, 제임스 조지 프레이저의 인류학, 이에 더해 무정부주의 정치학까지도 그러했다. 모더니즘이 정말로 정치와 사회의 긴장감을 직접적으로 표현했는지 여부는 알 수 없지만, 모더니즘에 뿌리 깊은 불안감이 함께하는 것만은 분명했다. [아리키아] [소리]

눈부신 재능을 지녔지만 불안정했던 독일인 프리드리히 빌헬름 니체Friedrich Wilhelm Nietzsche(1844~1900)는 바젤에서 교수 생활을 하며 이 시대의 가장 충격적 사상들을 숱하게 표명한 인물이었다. 그는 철학자를 '다이너마이트'라고 했으며, 《차라투스트라는 이렇게 말했다Also sprach Zarathustra》(1883~1884), 《도덕의 계보Zur Genealogie der Moral》(1887), 《우상의 황혼Götzen-Dämmerung》(1889), 《권력 의지Der Wille zur Macht》(1901) 같은 작품들을 통해 사람들 간에 일반적으로 통하던 사고관을 가차 없이 허물어뜨렸다. 기독교 신앙, 민주주의, 세간의 도덕 기준 모두가 니체의 공격 대상이었다. 그의 설명에 의하면 "도덕은 개인 안에 들어 있는 집단본능과 전혀 다르지 않았다." 종교는 "순전히 허구의 세계"였다. 근대 인류는 야비하기 짝이 없는 존재였다. 그 자리를 대신해 "내가 초인에 대해 가르쳐주겠다"라고 그는 말했다. 니체에 따르면,

체르노빌 CHERNOBYL

■ "체르노빌CHERNOBYL, 혹은 차르노빌CZARNO
■ BYL(체르노빌의 폴란드명). 드니프로강(드네프르강)
의 합류지점에서 20베르스타(러시아의 옛 거리 단위로
약 1067킬로미터), 키이우에서 120베르스타 떨어진 우
크라이나 프리퍄티 강변의 작은 도시. 주민 6483명—
정교회교도 2160명, 복고신앙파 566명, 가톨릭교도
84명, '유대인' 3683명. 브와디스와프 호트키에비치
Władysław Chodkiewicz 백작이 소유한 성이 3개의
강을 굽어보는 언덕 위에 소담스레 자리하고 있다. 주
업은 하천무역, 어업, 양파 재배다."[1]

위의 설명이 실린 폴란드의 《지리사전》은 1880년에
제정러시아의 검열을 피하려 다른 제목으로 출판됐다.
책에는 폴란드연방에 속한 모든 도시와 마을에 대한
설명이 담겨 있다. 체르노빌은 한때 폴란드의 영토였
다가 훗날 제정러시아와 소련의 일부가 되는 광대한
지역의 일부였다. 유대인 주민들은 이곳을 자신들의
'슈테틀shtetl(동유럽의 작은 유대인 정착촌)'로 여겼을 것
이다. 폴란드인 지주들, 유대인 주민들, 루테니아인 농
민들이 수세기에 걸쳐 함께 살아온 터전이었다.
체르노빌이 공식 문서에 처음 등장한 것은 1193년이
었다. 이 문서에는 이곳이 루테니아 대공 로스티슬라
비치Rostislavitch의 사냥터로 기록돼 있다. 얼마 후
체르노빌은 리투아니아대공국에 통합돼 대공의 마을
이 됐다. 그리고 사냥감을 찾아 돌아다니는 타타르족
을 막기 위해 성이 지어졌다. 리투아니아대공국의 우
크라이나 지방이 폴란드왕국으로 넘어가기 3년 전인
1566년, 체르노빌은 근위 기병대 대장 필론 크미타
Filon Kmita에게 영구 수여됐다. 이후 그는 자신을 '크
미타 차르노빌스키Kmita Czarnobylski'(차르노빌의 크
미타)로 칭했다. 이후 혼인을 통해 이곳은 사피에하
Sapieha가문에 넘어갔고 1703년에 호트키에비치가문
의 소유가 됐다. 그리고 1793년 제2차 폴란드분할 이

후 제정 러시아에 합병됐다.
체르노빌은 매우 풍부한 종교적 역사를 가졌다. 절대
다수를 차지한 유대인 공동체는 폴란드의 식민 사업
이 한창일 때 필론 크미타가 중개인과 토지 임차 관리
인으로 유치했을 가능성이 높다. 나중에는 정통파 유
대인뿐 아니라 하시디즘 유대인도 유입됐을 것이다.
이 지역의 루테니아인 소작농들은 1596년 이후 대부
분 그리스 가톨릭(합동동방가톨릭교회)으로 전향했다가
결국 제정러시아의 강압에 의해 러시아정교로 개종
했을 것으로 보인다. 1626년 반反종교개혁운동이 한
창일 때 우카시 사피에하Łukasz Sapieha가 도미니크
회 성당과 수도원을 설립했다. 당시 체르노빌은 신앙
의 자유를 허용하는 훌륭한 피난처였을 것이다. 트리
엔트공의회의 결정에 반대하는 자유주의 가톨릭(구 가
톨릭 분리교)도 있었고, 17세기에는 러시아의 분리교파
즉 '라스콜니키раскольники'(복고신앙파)도 유입됐다.
이들은 1648~1654년의 흐멜니츠키봉기의 공포에서
피신한 사람들이었다. 1768~1769년의 봉기에서는 반
란군 지도자 이반 본다렌코Іван Бондаренко가 호
트키에비치의 경기병들에게 붙잡혀 잔혹하게 살해당
했다. 도미니크회수도원은 1832년에, 라스콜니키교회
는 1852년에 제정러시아에 의해 해체됐다.

1880년부터 체르노빌의 운명은 수많은 변화를 겪었
다. 1915년에는 독일이 이곳을 점령했고 이후 내전 당
시에는 볼셰비키, 백군, 우크라이나인들이 이 도시를
놓고 싸웠다. 1919~1920년의 소련-폴란드전쟁에서
는 폴란드 군대에 점령당했고 이후 적군 기병대에 넘
어갔다. 1921년부터는 우크라이나소비에트사회주의공
화국으로 통합돼 스탈린의 집단화운동과 대기근으로
인한 집단학살을 겪었다. 폴란드인들은 1936년의 국
경 정리로 강제 추방 됐다. 유대인들은 1941~1944년
독일 점령 기간 동안 나치에 살해됐다. 20년 뒤 체르
노빌은 소련의 첫 원자력발전소 건설부지의 하나로 선
정됐다. 1991년부터 체르노빌은 우크라이나공화국에

통합됐다. [추수] [코나르미야]

그러나 《소비에트대백과사전Большая советская энциклопедия》에는 이런 사실이 전혀 언급되지 않는다. 여섯 줄짜리 설명 속에서 체르노빌은 철공소, 치즈 공장, 선박수리소, 예술작업실, 의학대학이 갖춰진 우크라이나소비에트사회주의공화국의 한 도시로 소개돼 있을 뿐이다.[2]

공교롭게도 체르노빌/차르노빌이라는 이름은 주변의 늪지대에서 잘 자라는 쓴쑥(학명 artemisia)을 의미하는 슬라브어에서 파생했다. 성경에서 쓴쑥은 쓴맛의 동의어로 신의 분노를 나타낸다.

횃불처럼 이글거리는 큰 별이 하늘에서 떨어져 강의 세 번째 부분과 여러 물샘에 떨어지니. 이 별의 이름은 쓴쑥이라 [⋯] 그 물이 쓴 물이 되므로 많은 사람이 죽더라.[3]

신약성경을 문자 그대로 받아들이는 사람이라면 1986년 4월 26일에 일어난 체르노빌의 폭발을 신이 노한 결과로 여길 것이다.

이제껏 통치 엘리트층은 늘 폭력을 동원해 자신들의 위세를 떨쳐왔다. "약탈과 승리에 굶주린 그 금발의 야수를 못 알아보는 일은 이제 없어야 한다." 니체가 가장 담대하게 한 말은 "신은 죽었다Gott ist tot"라는 선언이었고, 그는 이렇게 덧붙였다. "앞으로도 세상에는 그[신]의 그림자가 여전히 어른대고 있을 동굴이 존재할지 모른다." 신의 죽음은 인간을 해방시키는 사건이 될 것이었다.

생전에 니체는 강함을 숙달하는 것 외에는 삶에서 그 어떤 의미도 찾을 수 없다는 사상을 설파하는 듯했다. 그의 적들에게 그는 사악함과 세련된 비합리성을 대변하는 예언자로 비쳤다. 니체가 철학계에서 점한 위치는 과거 키르케고르가 신학계에서 점했던 위치에 비견될 수 있었다. 둘 모두 실존주의의 선구자인 셈이었다. "과거에 기독교는 이 세상이 추악한 곳임을 밝히고 말겠다는 결의에 차 있었다"라고 니체는 선언했다. "그리고 그 이후로 기독교는 이 세상을 추악한 곳으로 만들어왔다."[58] [우행]

니체만큼 막강한 영향을 끼치기는 그의 누이동생의 손에서 자의적으로 해석된 그의 철학도 마찬가지였다. 엘리자베트 푀르스터-니체Elisabeth Föerster-Nietzsche(1846~1935)는 1886년 파라과이에 건설된 누에바 게르마니아Nueva Germania에서 '아리아인' 정착민 무리를 이끈 인물로, 죽을 날을 기다리는 오빠를 돌보는 사이 그의 사상들을 도용했다. 엘리자베트는 리하르트 바그너 및 무솔리니 모두와 친분을 쌓고 지냈고, 나치를 우상화했으며, 니체라는 이름을 인종주의 및 반유대주의와 연결시키기도 했다. 독일의 총통은 비통해 하며 그녀의 장례식에 참석하기도 했다.[59]

사회학의 관점에서, 니체의 견해는 대중의 문해력 향상, 대중문화 전반에 대한 지식인의 혐오로 비칠 수도 있다. 그의 견해는 국제적 예술가 및 작가들로부터도 옹호를 받았으니, 이들은

E=mc²

■ 1896년 1월 28일, 독일의 내무부는 이례적인 시
■ 민권 포기 신청을 승인했다. 신청자는 겨우 16
세의 스위스 거주자였다. 이 소년은 취리히연방공과대
학Eidgenossische Technische Hochschule 입학시험
에 낙방한 뒤 아라우의 주립학교에서 수학 중이었다.
울름에서 나고 뮌헨에서 자란 이 망명 학생은 독일의
학교제도를 못 견뎌 했다. 자신이 다닌 가톨릭 초등학
교를 혐오했고 고등학교도 중간에 그만두었다. 가족과
함께 밀라노로 이주한 뒤로는 몹시 불안정한 상태였
다. 유대인 혈통의 많은 젊은이가 그랬듯 그도 종교를
거부했고 평화주의와 급진적 사회주의에 매료됐다. 그
가 유일하게 두각을 드러낸 분야는 수학이었다.

마침내 취리히연방공과대로부터 입학 허가를 받은 알
베르트 아인슈타인Albert Einstein(1879~1955)은 강
의에 출석하지 않고 혼자 실험실에서 전기역학 실험
에 몰두했다. 또한, 훗날 빈에서 오스트리아 총리를 암
살하는 프리드리히 아들러Friedrich Adler와 친구가
됐다. 1901~1905년에는 베른에 있는 스위스 특허
청에서 일하면서 제임스 클러크 맥스웰James Clerk
Maxwell, 하인리히 루돌프 헤르츠, 에른스트 마흐
Ernst Mach의 연구의 이론적 의미에 대해 고심했다.

당시 매일 전차를 타고 베른의 중심가 크람가세를 오
가는 여정이 시공간의 상대성에 대한 그의 직감을 자
극했을 것으로 세간에서는 추정한다. 전차를 탈 때마
다 아인슈타인은 자신이 빛의 속도로 시계탑을 향해
가고 있다고 상상했다. 그의 모습을 반사하는 빛의 파
동이 동일한 속도로 움직인다고 가정하면 운전사의
거울에 자신의 모습이 비칠지 여부를 수년 동안 고심
했다. 결국 그는 자연계에는 동시에 일어나는 상호작
용은 없다는 것을 깨닫게 됐다. 이 원리가 바로 '동시
성의 상대성relativity of simultaneity'이다. 빛의 속도
는 초속 약 30만 킬로미터로 절대적이지만 시공간 간
격interval은 상대적이다. 1905년, 그는 《물리학 연
보Annalen Der Physik》에 〈물체의 관성은 에너지 함
량에 의존하는가?Ist die Tragheit eines Korpers von
seinem Energieinhalt abhangig〉를 발표했다. 여기에
는 고전 물리학을 뒤엎고 핵 시대의 초석을 놓게 되는
공식이 담겨 있었다. e=mc². 여기서 e는 에너지, m은
질량, c=빛의 속도다.

그 후 특수상대성이론Special Theory of Relativity과
더불어 아인슈타인은 뉴턴의 중력법칙을 대체하는 일
반상대성이론General Theory of Relativity(1916)을 발
표했고, 이 이론은 양자물리학에 중요한 기여를 했다.
1914년 그는 베를린의 카이저빌헬름연구소로 옮겼고
1921년에 노벨상을 받았다.

아인슈타인은 자기 이론의 정확성이 입증되기 전까지
늘 노심초사했다. 한 번은 이렇게 말했다. "상대성이론
이 입증되면 독일인들은 내가 독일인이라고 주장할 것
이고 스위스인들은 나를 스위스인이라고 주장할 것이
며 프랑스에서는 나를 위대한 과학자라 부를 것이다.
상대성이론이 틀린 것으로 드러나면 프랑스인들은 내
가 스위스인이라고 주장할 테고 스위스인들은 내가 독
일인이라고 할 것이며 독일인들은 나를 유대인으로 치
부할 것이다."[1]

1933년 아인슈타인은 나치 정권을 피해 파리에서 은
신하려 했지만 콜레주드프랑스는 그가 독일 시민권자
라는 이유로 일자리를 내주지 않았다. 결국 그는 미국
으로 떠나야 했다. 유럽에서 가장 명석한 인물이 유럽
에서 살 곳을 잃은 것이다.

'고급문화'와 '저급문화' 사이의 방벽이 더욱 단단해지기를 바란 한편 그것을 통해 스스로에게 부여한 사상계의 귀족 역할을 계속 지켜나가고자 했다. 이런 점에서 니체의 견해는 당대 예술계를 풍미한 모더니즘에 딱 걸맞은 짝이었다. 평범한 사람은 여간해서 그 의미를 헤아릴 수 없다는 것이 모더니즘의 가장 큰 매력의 하나였으니까. 최근의 한 비평가는 "대중문화가 자신에게 맞설 대항마로서 낳은 인물이 바로 니체였다"라고 썼다. "그의 사상이 20세기 초반 지식인들 사이에서 어마어마한 인기를 얻었다는 것 자체가 대중이 일으킨 위협에 지식인들이 얼마나 큰 공포를 느꼈는지를 방증한다."[60]

돌이켜볼 때, 이 대목에서 가장 충격적으로 여겨지는 것은 니체와 그의 숭배자들이 이 정도로 모멸감을 보일 만큼 '대중'에게 악의를 품고 있었다는 사실이다. 니체는 차라투스트라의 입을 통해 다음과 같이 말했다. "많은 이가, 너무도 많은 이가 세상에 태어나고 있다. 더구나 그들은 너무도 오랜 시간을 머물다 간다." 《권력 의지》에서는 "고결한 사람들이 대중을 상대로 전쟁을 선포"해야 한다고 요구했다. "인류의 태반은 이 세상에 존재할 권리를 갖고 있지 않다." D. H. 로런스David Herbert Lawrence는 런던 크로이든공공도서관에서 니체의 저작을 읽은 직후인 1908년에, 쓸모없이 넘쳐나는 사람들을 고통 없이 제거하는 가스실을 자신의 개인 서한에서 실제로 구상했다.

> 만일 내게 방법만 있다면, 나는 수정궁Crystal Palace만큼 거대한 죽음의 방을 만들 것이오. 거기서 군악대는 감미로운 선율로 연주를 하고, 신나는 분위기에서 영화가 상영될 거요. 그러면 나는 뒤쪽 거리와 한길로 나가 그들을 데려올 것이오. 병들고, 절름거리고, 불구가 된 모든 이를. 나는 그들을 부드럽게 이끌고 올 테고, 그러면 그들은 삶에 지친 감사의 미소를 짓겠지. 그런 뒤에는 군악대가 허공에 대고 할렐루야 합창을 잔잔하게 연주해줄 거요.[61]

아우슈비츠수용소가 생겨나기 33년 전, 잉글랜드에서 이미 이런 구상이 등장했던 것이다. 또한 H. G. 웰스Hebert George Wells(1866~1946)의 사상을 깊이 파고 들어가도 이런 사상을 마주칠 수 있었으니, 웰스는 선각자이자 사회주의자로서 《타임머신The Time Machine》(1895)과 《우주전쟁The War of the Worlds》(1898) 같은 작품들을 쓴 당대에 가장 인기 있는 다작 작가였다. 웰스는 《예지Anticipations》(1902)에서 스스로가 우생학優生學, eugenics[약하고, 열등하고, 존재 가치가 없는 이들을 제거하는 과정을 필히 거쳐 인간의 품종을 개량하려는 과학]의 열렬한 신봉자임을 분명히 드러냈다. 그는 다음과 같이 물었다. "그렇다면 이제 새로운 공화국은 열등한 인종들을 과연 어떻게 다루어야 할 것인가. 흑인종 [⋯] 황인종 [⋯] 아울러 문명화된 세계의 흰개미로 보여지는 유대인들을."[62]

소리 SOUND

■ 1888년 후반 또는 1889년 초반에 노년의 로버
■ 트 브라우닝Robert Browning은 자택에서 에디
슨의 '완성된 축음기'를 앞에 놓고 시를 암송해달라는
요청을 받았다. 그는 가장 사랑받는 시를 읊기 시작했다.

> 나는 안장에 뛰어올랐다. 요리스도, 그도
> 나는 달렸다. 더크도 달렸다. 우리 셋 모두 달렸다.
> "성공을 빕니다!" 빗장이 풀리자, 경비병이 소리쳤다
> "빕니다!" 성벽을 나서는 우리에게 메아리가 외쳤다.
> 뒤에서 문이 닫히고, 빛이 사그라졌다
> 우리는 나란히 밤 속으로 달려 들어갔다.
>
> 한 마디 말도 없이 끝없이 속도를 내며,
> 앞서거니 뒤서거니 엎치락뒤치락 하염없이 달려갔다.
> 말 위에서 돌아보며 [...] 1

시인은 (자신의 시를) 몇 구절을 읊다 말고 머뭇거리더
니 40여 년 전에 쓴 시라 기억이 나지 않는다고 솔직
하게 털어놓았다. 박수가 쏟아지자 그는 마음을 추스
르고 에디슨 선생의 유명한 기계를 기념하는 행사를
가진 이날만큼은 절대 잊지 않겠다고 화답했다. 날짜
를 알 수 없는 이 즉흥 공연은 지금까지 보존된 최초
의 음향 기록 가운데 하나로 남았다.2
같은 해 독일 태생의 에밀 베를리너Emil Berliner가
밀랍 실린더 대신 복제가 좀 더 용이한 원반을 사용하
는 그라모폰gramophone을 시연했다. 이 축음기는 튀
링겐 발터스하우젠의 장난감회사 캄머러 운트 라인하
르트Kammerer und Reinhardt에서 제조돼 대량 판매
를 위한 녹음 기술의 기반으로 자리매김했다.3

녹음은 음악과 음악 감상의 세계에 큰 변화를 가져왔
다. 일례로, 1991년 모차르트 200주기를 맞이하여 이
전 200년 동안 연주된 소리의 다양성 및 질적 발전을
보여주는 전시회가 열렸다. 빈의 노이에부르크Neue
Burg(신왕궁)를 방문한 사람들은 적외선 신호에 반응
하는 스테레오 헤드폰을 쓰고 한 '음향 존'에서 다른
존으로 이동했다. 그들은 볼프강 모차르트가 탄생한
해(1756)에 발표된 아버지 레오폴트 모차르트의 초급
독본 일부를 그의 바이올린 연주로 감상하고, 밸브 없
는 나팔과 트럼펫의 소리를 현대 금관악기의 소리와
비교해볼 수도 있었다. 빌헬름 허시Wilhelm Hersch가
부른 아리아 '오 이시스와 오시리스 신이여O Isis und
Osiris'의 1900년 초창기 녹음 자료를 통해 놀랍도록
느린 템포의 가극을 감상했고, '밤의 여왕Königin der
Nacht'의 아리아를 부르는 에디타 그루베로바Edita
Gruberova(슬로바키아 출신의 소프라노 가수)의 배음 범
위가 분석되는 초음파 화면을 관람했다. 안타깝게도
모차르트의 연주는 들을 수 없었다. 하지만 음악에 대
해 전혀 모르는 사람이라고 해도 모차르트 곡의 연주
가 시간의 흐름에 따라 얼마나 많이 진화했는지는 구
분할 수 있었다. 이렇게 모차르트의 변화하는 '소리 세
계'가 생명력을 갖게 됐다.4

녹음, 즉 소리의 기록은 이러저러한 면에서 과거에 대
한 사람들의 인식을 크게 바꿔놓았다. 1888년 이전에
는 역사의 기록에서 가장 중요한 차원 하나가 빠져 있
었다. 수많은 기록과 재현물이 모두 소리가 없었던 것
이다. 나폴레옹 전투의 함성, 베토벤 연주회의 템포,
카보우르의 연설의 어조는 남아 있지 않다. 1888년
이후 역사는 사운드트랙을 갖게 되면서 헤아릴 수 없
이 풍부해졌다.
브라우닝의 매끈하지 못한 시 낭송 자료가 보관된 영
국도서관의 국립음향보관소는 이제 유럽의 어느 나
라에나 있는 유사한 자료보관소의 전형이 됐다. 이러
한 녹음자료 보관소는 1910년 파리에서 처음 문을 열
었다. 국제청각자료협회International Association of
Sound Archives, IASA는 전국 규모 방송국들의 방대
한 자료 모음에서부터 작은 지방 또는 민영 방송국의

자료들까지 모두 포괄하고 있다. 음악 외에도 민간전승 문화, 문학, 라디오, 구전역사, 방언 등도 중요한 자료로 관리되고 있다.[5]

동유럽에서 후대를 위해 녹음 기록을 남긴 선구자 한 명은 톨스토이 백작이었다. 《토킹 머신 뉴스Talking Machine News》 1910년 3월 호에는 이러한 논평이 실렸다. "차르의 영토 안에서 톨스토이의 녹음 판매를 금지하는 법안이 발의됐다. 슬라브족은 언제 일어나 이런 편협함에서 벗어날 것인가?[6]

여기서 우리가 반드시 유념해야 할 사실은, 그 혐오자들이 그렇게나 매도했던 '대중the masses'이라는 존재는 사실 그때에도 존재하지 않았고 지금도 존재하지 않는다는 점이다. "군중은 눈앞에 보일 수 있다. 하지만 대중―존재가능한 모든 군중의 총합―은 형이상학적 차원에서 존재하는 군중이자 […] 은유일 뿐이다. […] [대중이라는 개념은] 타인들을 하나의 집합체로 만들어 […] 우리가 자신 및 우리가 알고 지내는 사람들에게 부여하는 그런 개체성을 부인하게 만든다."[63]

이와 함께 마르스크주의의 도전이 일어나, 협소한 정치의 경계를 훨씬 넘어서는 지적 토론이 이루어지는 계기가 됐다. 예를 들면, (역)사적 유물론historical materialism을 다룬 초기 저작들은 나폴리의 작가 베네데토 크로체Benedetto Croce(1866~1952)가 '정신철학Filosofia dello spirito'을 탄생시키는 촉매제가 됐다. 《미학L'Estetica》(1902), 《논리학Logica》(1905), 《역사서술의 이런과 역사Teoria e storia della storiografia》(1917)을 써내는 과정에서 크로체는 나폴리, 근대 유럽, 동시대 이탈리아에 대한 역사연구도 잊지 않았다. 형이상학과 종교를 모두 거부한 그는 인간의 직관이 하는 역할과 진화하는 정신을 연구하는 학문으로서 역사가 얼마나 중요한지를 역설했다. 1903년에 창간한 《크리티카Critica》라는 자신의 저널을 연단으로 삼아 반세기 동안 그는 자신의 사상을 세상에 두루 전파했다. 말년에 가서 크로체는 이탈리아 파시즘에 대항하는 세력에서 지식층의 선봉으로 자리매김하게 된다.

지크문트 프로이트Sigmund Freud(1856~1939)는 오스트리아의 의사로서 정신분석이론 및 그 실질적 방법을 창시한 인물이다. 그의 저작은 당시 막 탄생한 심리학과 정신의학 분야만이 아니라, 마음과 성격의 작동과 관련된 인문학의 모든 분과에 심대한 영향을 끼쳤다. 프로이트는 최면술에서부터 시작해 인간의 마음이 외적·내적 압박에 대항해 스스로를 방어할 때 일어나는 무의식적 과정을 탐구했다. 특히 무의식이 지배하는 삶에서 성性이 하는 역할 및 노이로제의 형성에 심리적 압박이 미치는 영향을 밝혀냈다. 프로이트의 《꿈의 해석Die Traumdeutung》(1900) 출간을 계기로 그에게는 수많은 추종자가 모여들었고 이들은 이내 국제정신분석협회IPA를 창설했다. 그러나 얼마 안 가 여러 견해 차이가 등장하게 되니, 프로이트의 동료 카를 융Carl Jung(1875~1961)이 《무의식의 심리학Wandlungen und Symbole der Libido》(1912)에서 '집단 정신분

우행 愚行 FOLLY

■ 니체는 역사학자들이 역사를 진정으로 흥미롭
■ 게 만드는 주제들—분노, 열정, 무지, 어리석음—에 대해서는 도통 쓰지 않는다고 불평한 바 있다. 이러한 불평은 독일의 역사학자들에게만 적용되는 듯하다. 예를 들어 폴란드에는 과거를 선과 악의 측면에서 분석하는 오랜 전통이 있다. 알렉산드르 보헨스키 Aleksander Bocheński의 고전 《폴란드 우행의 역사 Dzieje głupoty w Polsce》는 1847년에 출간됐다.[1] 1985년 반체제 역사가 아담 미흐니크 Adam Michnik는 폴란드의 대對공산주의 저항을 《영광의 역사 Z dziejów honoru w Polsce》와 관련지어 기술했다.[2]

이제는 '심리 또는 정신 상태'에 대한 연구가 역사학자의 주요 과제라는 사실을 누구나 알고 있다. 미국의 한 역사학자는 유럽의 역사가 처음부터 끝까지 우행과 함께 했음을 입증했다. 트로이 사람들은 목마를 들였고, 르네상스 교황들은 프로테스탄트의 분리를 부추겼으며, 영국 정부는 미국 식민지 주민들의 반란을 부추겼다.[3] 하지만 누구나 실수를 통해 교훈을 얻을 수 있다. 폴란드에는 "고통을 겪고 나면 현명해진다 Polak mądry po szkodzie"라는 속담이 있다. 윌리엄 블레이크도 《지옥의 격언 Proverbs of Hell》에서 비슷한 이야기를 했다. "아무리 바보라도 우행을 거듭하면 현명해진다." 진짜 어리석음은 같은 실수를 되풀이하는 것이다. 이를 주제로 유럽의 역사를 써도 좋을 것이다. [아날]

석' 개념을 제시하는 한편 내향적 성격과 외향적 성격을 확실히 구분지으면서 그러한 양상이 특히 두드러졌다. 프로이트는 《문명과 그 안의 불안 Das Uehagen in der Kultur》(1930)을 통해 선진화된 사회가 삶에 요구하는 욕구의 억압이 행복의 개념을 사실상 존재할 수 없게 만들었다고 주장했다. 나치의 세가 커지자 프로이트는 1938년 잉글랜드로 도망치듯 떠나지 않으면 안 됐다. 이 무렵 정신분석은 이미 여러 갈래로 나뉘는 동시에, 비판 세력도 많았다. 그러나 이 심리학이 인간의 스스로에 대한 인식 안에 새롭고도 불편한 일면을 자리잡게 한 것만은 분명했다. "에고 Ego(자아)는 집에서 주인 노릇을 하지 못한다."[64]

데카당스. 데카당스 Decadence는 하나의 예술운동으로서, 후기 낭만주의에서 성장해 나온 것이라 여겨진다. 인간의 감수성과 관련한 가장 극단적 경험이 무엇인지 탐구하려는 욕망이 데카당스를 탄생시킨 계기였다. 이 탐구 과정에서 데카당스 운동은, 비록 끝없이 추문을 낳긴 했으나, 유럽 문화에서 가장 창의적인 걸작들이 탄생하는 토대를 마련해주었다. 데카당스와 이전 시대 낭만주의가 맥을 같이하고 있다는 사실은 샤를 보들레르 Charles Baudelaire(1821~1867)에서 그 연원을 찾을 수 있다. 보들레르는 토머스 드 퀸시와 에드거 앨런 포의 작품을 프랑스어로 번역했다. 그의 《악의 꽃 Les Fleurs du Mal》(1857) 선집은 후일 시적 상징주의(현실의 추악한 표면 아래 깔린 질서와 미의 숨겨진 '조화'를 찾아내려는 양식)의 선언문이라는 평가를 받았다(아래는 〈만물조응 Correspondances〉이라는 시다.).

La Nature est un temple où de vivants piliers

Laissent parfois sortir de confuses paroles;

L'homme y passe à travers des forêts de symboles

Qui le regardent avec des regards familiers.

자연은 살아 숨 쉬는 기둥을 통해

이따금 알 수 없는 말들을 내뱉는 신전

그곳에서 인간은 자신을 친숙한 눈으로 바라보는

상징의 숲 사이를 지나네.[65]

〈여행에의 초대L'invitation au voyage〉에서 보들레르는 "모든 것이 질서와 아름다움이요, 기쁨 이며, 고요와 은총인Là, tout n'est qu'ordre et beauté, │ Luxe, calme et volupté" 상상 속 낙원을 향해 길을 떠난다. 보들레르의 후계자들, 특히 폴 베를렌Paul Verlaine(1844~1896)과 장 니콜라 아르튀 르 랭보Jean Nicolas Arthur Rimbaud(1854~1891)는 자신들이 동경해 마지않은 인상주의 화가들에 못지않게 언어를 도구로 이미지를 재현해내는 시적 효과들을 이룩했다(아래는 각각 베를렌의 〈가 을의 노래Chanson d'automne〉, 랭보의 〈모음들Voyelles〉이라는 시다.) .

Les sanglots longs   바이올린의

Des violons   가을의

De l'automne   오랜 흐느낌

Blessent mon cœur   그 권태롭고도

D'une langueur   단조한 소리

Monotone.   내 마음에 생채기를 내네.[66]

A noir, E blanc, I rouge, U vert, O bleu: voyelles

A는 검고, E는 하얗고, I는 빨갛고, U는 푸르고, O는 파랗네. 이것이 모음들[67]

데카당파는 자신들의 저항 기질에 대한 대가를 톡톡히 치러야 했다. 베를렌 같은 이는 다음 과 같은 견해를 표명했다. "데카당스 운동에는 […] 극단적 문명의 가장 세련된 사상들이 함축 돼 있다." 그러나 동시대인 가운데 이 견해에 동조하는 이는 거의 찾아볼 수 없었다. 보들레르

는 그의 시에 '공공 도덕에 어긋나는' 내용이 들어 있다는 혐의 때문에 과중한 세금을 떼이고 모욕을 당해야 했다. 베를렌은 랭보와 함께 도망쳐 다니다 말다툼 중 그에게 총을 쏴 옥에 갇히기도 했다. 1893년 파리의 한 독일인 작가는 마약, 동성애, 포르노, 히스테리, 그리고 "수천 년 동안 올바른 도리를 충족시키고 비행을 막아준 기존 질서가 사라진 것"을 한탄했다. 막스 노르다우Max Nordau는 다음과 같이 썼다. "현재 세상에 팽배한 감정은 파멸과 멸절이 목전에 닥쳤을 때의 바로 그 심정이다."[68] 잉글랜드에서는 유명한 《진지함의 중요성The Importance of Being Earnest》(1895)을 비롯해 훌륭한 희극작품을 여러 편 써낸 오스카 와일드(1854~1900)가 동성애 죄목으로 2년을 레딩교도소에서 보내야 했다. 한편 오스카의 협업자이자 에로틱한 삽화를 주로 그린 오브리 비어즐리Aubrey Beardsley(1872~1898)의 작품들은 출간에 부적합했고, 그리기는 시인이자 비평가이자 이튼 출신의 변태 성욕자 앨저넌 스윈번Algernon Swinburne(1837~1909)의 작품도 마찬가지였다. 이러한 탐미주의자의 정조는 사회의 지배적 정서와 상충했는바, 사회 대부분의 영역에서는 종교 계율, 사회 개량 그리고 절제가 여전히 한창 강조되고 있었다. [밤비니] [투르]

근대 회화는 르네상스 이후 줄곧 미술계를 지배하다 이즈음 사진술이 발명되면서 퇴물로 전락한 재현예술representational art과 영원히 갈라섰다. 결별의 순간이 찾아온 것은 1863년, 에두아르 마네Édouard Manet(1832~1883)가 일종의 자기 과시욕을 이기지 못하고 파리의 '샬롱데 르퓌제Salon des Refusés'(낙선전)에 〈풀밭 위의 점심Le Déjeuner sur l'herbe〉을 출품하면서였다. 이후 미술계에는 장르, 테크닉, 색, 형태를 통해 끊임없이 실험을 해나가는 조류와 화파들이 생겨나, 이들의 행적을 일일이 기록하기 위해서는 수많은 명칭을 계속 만들어내야 했다. 인상파의 원조라 할 클로드 모네Claude Monet(모네의 〈인상, 떠오르는 태양Impression, soleil levant〉(1874)으로부터 인상파라는 이름을 얻었다), 알프레드 시슬레Alfred Sisley, 피에르 오귀스트 르누아르Pierre-Auguste Renoir, 폴 세잔Paul Cézanne, 에드가 드가Edgar Degas의 뒤를 이어, 조르주 쇠라Georges Seurat를 주축으로 한 점묘파(1884)가 등장하는가 하면, 신인상파(1885), 폴 세뤼지에Paul Sérusier와 피에르 보나르Pierre Bonnard의 나비파(1888), 폴 고갱Paul Gauguin으로부터 영감을 받은 종합주의(1888), 제임스 앙소르James Ensor, 빈센트 반 고흐Vincent van Gogh, 독일의 다리파Brücke Group가 선구적으로 개척한 표현주의파(1905)도 등장했다. 그들의 뒤를 이어 오르피즘, 앙리 마티스Henri Matisse, 라울 뒤피Raoul Dufy, 모리스 드 블라맹크Maurice de Vlaminck가 이끈 야수파(1905), 조르주 브라크Georges Braque와 파블로 피카소Pablo Picasso의 입체파(1908), 미래파, 블랙캣, 청기사파(1912)가 등장했다. 1910년 혹은 1911년 무렵에는 독일에 정착한 러시아인 바실리 칸딘스키Vassily Kandinsky(1866~1944)의 작품을 통해 회화가 순수 추상주의의 단계를 향해 나아갔다. [인상]

건축과 설계에서는 유럽 전역을 휩쓴 아르누보Art Nouveau의 물결이 당대 성행하던 표준과 관습에서 '분리독립secession'의 움직임을 보였다. 이러한 기조의 가장 초기 사례로 꼽히는 것이 빅토르 오르타Victor Horta가 브뤼셀에 지은 타셀하우스Tassel House(1893)였다. 그러나 아르누보의 기념비적 작품들로는 찰스 레니 매킨토시Charles Rennie Mackintosh의 글래스고 스쿨오브아트Glasgow School of Art(1898), 독일의 페터 베렌스Peter Behrens의 공장들, 카를스바트에서 체르니우치로 이어지는 오스트리아-헝가리 철도의 역사들이 손꼽혔다. 빈의 제체시온스하우스Secessionshaus(1898)는 분리파 예술가들의 작품들을 전시하기 위한 목적으로, 이른바 유겐트슈틸Jugendstil(유겐트양식, 청춘양식)에 따라 요제프 마리아 올브리히Joseph Maria Olbrich가 건설했다. 지금도 이 건물에 가면 다음과 같은 비문이 새겨져 있는 것을 볼 수 있다. "시대를 위한 예술: 예술을 위한 자유DER ZEIT IHRE KUNST: DER KUNST IHRE FREIHEIT."

음악에서는 클로드 드뷔시와 모리스 라벨이 음악의 인상주의를 탐험했다. 이어 아르놀트 쇤베르크Arnold Schönberg, 파울 힌데미트Paul Hindemith, 안톤 폰 베베른Anton von Webern과 함께 아방가르드파가 등장해 중세 이후 음악계를 지배해온 기본 화음과 리듬을 내던졌다. [톤]

문학에서는 사회적 관행과 성적 규율에 저항하는 데카당파를 누르고 훨씬 심원한 질서를 추구하는 지적 급진주의가 맹위를 떨쳤다. 프랑스인 마르셀 프루스트Marcel Proust (1871~1922)와 아일랜드인 제임스 조이스James Joyce(1882~1941)의 활약에 이어, 프라하 출신의 독일계 유대인 프란츠 카프카Franz Kafka(1893~1924)가 등장해 세상의 현실에 대한 사회의 통념과 함께 인간존재가 현실을 받아들이는 방식들까지 전복시켰다. 문학 방면에서 이들은 프로이트나 아인슈타인에 버금갔다. [콩브레]

1913년은 프루스트의 《잃어버린 시간을 찾아서À la recherche du temps perdu》 제1권과 함께 카프카의 첫 번째 단편선이 출간된 해였다. 이고리 스트라빈스키Игорь Стравинский의 〈봄의 제전Sacre du Printemps〉 초연에서는 파리에서 관객들이 공연에 항의해 난동을 부렸다. 더블린의 한 출판업자는 명예훼손죄가 두려워 조이스의 초고를 찢어버렸지만, 용기를 낸 다른 출판업자들이 D. H. 로런스의 《아들과 연인Sons and Lovers》(1913)과 기욤 아폴리네르Guillaume Apollinaire의 《알코올Alcools》(1913) 원고를 받아들였다. 이러한 노력의 일환으로 가장 먼저 세상의 빛을 본 작품들은 막스 에른스트Max Ernst의 〈풍경: (마을과 동물)Landscape(Stadt mit Tieren)〉(1914~1916년경)과 오스카어 코코슈카Oskar Kokoschka의 〈자화상Selbstbildnis〉(1918) 같은 작품들이었다. 유럽 사회들이 대부분 그랬듯, 유럽에서 시도된 예술 분야의 모험들 역시 대부분은 아직도 믿을 만한 전통적 형태를 그대로 고수하고 있었다. 그러나 모더니즘 세계에서는, 인습에 빠진 문화를 지탱하는 토대 자체를 허무는 것이 대세로 통했다.

국제 관계. 국제관계는 19세기를 거치는 동안 놀라울 만큼 내내 안정적 상태를 유지해온 터였

밤비니 BAMBINI

■
■ 1907년 1월 6일, 로마 외곽의 산로렌초 빈민가에서 방 한 칸짜리 유치원이 문을 열었다. 어린이용 가구와 퍼즐 및 교구가 들어찬 수납장이 갖춰졌지만 제대로 된 교사는 없었다. 이곳은 부모들이 모두 일하러 나가는 탓에 낮이 되면 거리에 방치되는 아이들을 위한 시설이었다. 이곳에는 '카사 데이 밤비니La Casa dei Bambini' 즉 '어린이의 집'이라는 이름이 붙었다. ('밤비니'는 이탈리아어로 "남자애" "소년" "아동"을 뜻하는 "밤비노bambino"의 복수형이다)

이 시설을 설립한 마리아 몬테소리Maria Montessori (1870~1952)는 시대를 앞서간 여성이었다. 동일노동 동일임금을 주장한 여권운동가이자 정식 의사고 정신지체 아동을 위한 기관의 책임자였다. 그녀가 남몰래 낳은 사생아 아들 마리오 몬테소리Mario Montessori 는 훗날 암스테르담의 국제몬테소리협회Association Montessori Internationale를 운영하게 된다.

1910년에 출간된 《몬테소리 교육법Il Metodo della Pedagogia Scientifica》은 아동 중심의 교육 원리를 역설하는 책이었다. 아이들은 배우고 싶어 한다. 아이들은 자율적으로 학습할 수 있다. 아이들은 오감을 갖고 있으며 그것을 모두 직접 경험해야 한다. 아이들은 언제 무엇을 배울지 자유롭게 선택할 수 있어야 한다. 아이들에게 필요한 것은 위협이 없는 장소와 적절한 교구, 격려뿐이다. 이러한 견해는 '칠판을 이용한 강연', 종교적 가르침, 혹독한 징계, 엄격한 강의 계획서와 시간표를 선호하던 당시 대부분의 교육자에게 반감을 불러일으켰다. 몬테소리 박사는 "교육은 말로 가르치는 것이 아니라 적절한 환경에서 여러 가지를 경험함으로써 이뤄지는 것"이라고 반박했다.[1]

몬테소리가 제시한 방안들 가운데는 여전히 선뜻 납득되지 않는 부분도 있다. 그녀는 아이들이 단것을 싫어하고 침묵을 좋아한다고 믿었다. 또한 쓰기가 읽기에 선행돼야 한다고 주장했다. 그러나 아이들의 필요를 가장 중시해야 한다는 그녀의 핵심 원칙은 현대적이고 진보적 교수법의 초석이 됐다. 유럽과 미국에 몬테소리의 원칙을 따르는 학교 수백 개가 문을 열었다. 그러나 파시스트 이탈리아와 나치 독일에서는 운영되지 못했다.

여러 면에서 몬테소리는 이전의 두 선구자—스위스의 요한 하인리히 페스탈로치Johann Heinrich Pestalozzi(1746~1827)와 튀링겐의 프리드리히 프뢰벨Friedrich Froebel(1782~1852)—와 궤를 같이했다. 1837년 베른 인근의 부르크도르프에 세워진 프뢰벨의 첫 킨더가르텐Kindergarten 즉 '어린이의 정원'은 카사 데이 밤비니의 진정한 전신이었다. 몬테소리의 아동심리 이론은 이후 스위스의 교육가 장 피아제Jean Piaget(1896~1980)가 이어받아 발전시켰다.[2]

투르 (드 프랑스)TOUR

■
■ 1903년 7월 1일 오후 2시 15분, 60명의 사이클리스트가 프랑스 파리 외곽 몽주롱의 레베유 마탱 카페 인근에서 출발했다. 그들은 첫 투르드프랑스Tour de France 경기 코스로 정해진 6개의 구간 가운데 평탄하지 않은 첫 구간 467킬로미터를 달려 리옹으로 향했다. 참가자들은 밤낮으로 자전거를 달렸다. 19일 뒤 모리스 가랭Maurice Garin이 평균 시속 26.5킬로미터로 총 2430킬로미터를 달려 환호를 받으며 파르크데프랭스경기장에 선두로 들어섰다. 그는 헐렁한 반바지, 무릎까지 오는 양말, 터틀넥 스웨터를 입고 귀마개가 달린 모자를 쓰고 있었으며, 그의 자전거는 핸들이 떨어진 채였다. 상금은 6125프랑스프랑, 환산하면 242파운드였다. 그 후 양차대전 시기를 제외하고는 해마다 7월에 경기가 열렸다.[1]

유럽에서 가장 오래되고 가장 인기 있는 이 스포츠 대회는 여러 근대적 현상이 맞물려 양산된 결과물이었다. 여가 및 오락의 개념과, 대중 (남성) 스포츠의 조직, 세부 기술의 발전—이 경우에는 케이블 브레이크와 자전거 기어, 고무바퀴— 그리고 대량부수 발행 신문들의 경쟁 등이 그것이었다.

투르드프랑스의 직접적 기원은 파리의 두 주간지 《로토L'Auto》'자동차'와 《르벨로Le Vélo》'자전거'에서 찾을 수 있다. 《로토》의 발행인 앙리 데그랑주Henri Desgrange는 자전거 시장에 진입하기 위해 《로토》를 《로토-벨로L'Auto-Vélo》로 바꾸었다가 소송을 당했다. 투르드프랑스는 이에 대한 그의 대응이었다. 그 후 그는 성공 가도를 달렸다. 《로토》의 발행부수는 기하급수적으로 증가한 반면, 《르벨로》는 점차 쇠퇴해갔다. 데그랑주는 1936년 은퇴할 때까지 투르드프랑스의 후원자로 남았다.

투르드프랑스가 최종적 형태로 완성되기까지는 오랜 시간이 걸렸다. 특히 코스가 여러 번 바뀌었다. 1906년부터 5년 동안은 알자스가 코스에 포함됐으나 도로변에 모여든 관중이 프랑스 국가 〈라 마르세예즈〉를 부르기 시작하자 독일 정부에서 허가를 철회했다. 피레네산맥의 투르말레고개(2122미터)와 사부아의 험악한 갈리비에고개(3242미터)에서는 출전자들이 자전거를 들고 비포장도로를 걸어가야 했다. 코스는 최대 5000킬로미터가 넘었지만 1930년대에 하루에 소화할 수 있는 구간 30개의 약 3700킬로미터 코스로 정착됐다. 밝은색 옷으로 경주의 선두를 표시하는 관행은 1913년 7월에 시작됐다. 이때 데그랑주는 노변의 상점으로 달려 들어가 노란색 옷을 구입했다.

제1차 세계대전 이후 투르드프랑스는 국제 대회로 성장했다. 벨기에, 이탈리아, 스페인 참가자들이 빈번히 월계관을 차지했다. 에디 메르크스Eddie Merckx나 자크 앙크틸Jacques Anquetil 같은 우승자들은 여느 스포츠 스타 못지않게 많은 팬을 거느렸다. 1991년 7월, 2200만 관중이 지켜본 79번째 투르 드 프랑스에서 스페인 출신의 바스크족 미겔 인두라인Miguel Indurain이 평균 시속 39.504킬로미터로 우승을 차지했다.[2] 1994년 영국해협을 건너 잉글랜드로 확장된 코스의 82번째 투르드프랑스에서 인두라인은 종합 4연패라는 유례없는 기록을 세웠다. 그리고 그 후에도 그의 질주는 계속됐다(인두라인은 1995년 대회에서도 우승해 5연패를 달성했다).

인상·IMPRESSION

■ 1860년대에 클로드 모네와 오귀스트 르누아르
■ 는 함께 그림을 그리곤 했다. 그들은 같은 장면을 보고 서로 다른 느낌을 받는지 확인하고 싶어 했고 서로 결과물을 비교해 보았다. 그들이 즐겨 찾은 장소 중 하나는 파리 인근 생클루 옆 강변의 교외 지역 부지발이었다.

모네의 〈부지발의 센강La Seine à Bougival〉은 1869년 작품이다(1486쪽 도판 67 참조). 얼핏 보기에 그는 석양 속에서 사람들이 한가로이 다리를 건너는, 평범하면서도 흔치 않은 풍경을 그리려 한 듯 보인다. 그러나 사실은 아주 참신한 효과를 얻으려 시도했다. 그는 세상을 있는 그대로 또는 당위에 따라 즉 사실적으로나 이상적으로 그리기보다는 세상에 대해 자신이 받은 인상을 표현하려 했다. 그의 또 다른 작품 〈인상: 떠오르는 태양〉(1874)은 의도를 갖고 과감하게 주관을 따르고자 했던 예술운동의 이름이 됐다. 모네는 자신이 택한 길을 고집하느라 큰 대가를 치러야 했다. 수년 동안 그림을 한 점도 팔지 못한 것이다. 당대 사람들은 그의 작품이 무가치하거나 터무니없다고 느꼈다. 그가 갓 태어난 아들을 보러 파리를 떠난 사이에 채권자들은 그의 화실에 있던 그림과 도구들을 압류해 헐값에 팔아버렸다. 이로 인해 그는 자살을 시도했다.[1]

인상주의 화가들이 흥미를 갖는 문제는 세 가지였다. 첫째, 대상의 일부만 보고 나머지는 보지 못하는 기만적인 인간의 눈의 맹점을 탐구하고자 했다. 이런 이유에서 그들은 의도적으로 부정확하거나 선택적인 이미지를 구상했다. 부지발에서 모네는 일부러 거친 느낌의 붓질로 얼룩덜룩한 물결, 비스듬한 창문들, 어스름한 나뭇잎, 뒤엉킨 구름을 만들어냈다.

둘째, 인상주의 화가들은 기막힌 빛의 작용에 매료됐다. 2년 동안 아프리카 추격기병대에 복무한 모네는 사하라사막에서 극적 빛의 효과를 목격했다. 훗날 그는 같은 대상을 반복적으로 그리면서 빛으로 일련의 체계적 실험을 수행했다. 시간대에 따라 다른 빛에 물들어 있는 루앙대성당의 파사드를 그렸는데, 이 12점의 그림은 모네의 열정을 대중에게 납득시키는 데 크게 기여했다.

셋째, 인상주의 화가들은 예술가의 감성과 해석에 작용하는 복잡한 변수들을 탐구하고자 했다. 이는 그들이 현대 미술에 제공한 획기적 자극의 핵심이 됐다.

현대 미술, 그중에서도 인상파는 사진술로 가능해진 사실적 이미지에 대한 반작용으로 간주되기도 한다. [사진] 하지만 특정한 노출과 각도에서 찰나의 순간에 카메라 렌즈로 들어온 빛이 만들어낸 이미지보다 더 선택적이고 일시적인 이미지는 없을 것이다. 인상파는 사진에 큰 흥미를 보였다. 그들은 준비 작업에 사진을 자주 활용했다. 예를 들어 세잔은 풍경화와 자화상에 스냅사진을 사용했다. 그러나 카메라는 인간의 눈처럼 선택적이며 빛의 장난에 쉽게 현혹되기만 할 뿐 정신을 갖고 있지 않다. 현대 미술가들은 인간의 정신의 영역에서 역량을 발휘한 것인데 말이다. 그들이 목표를 이룰 수 있었던 것은 바로 이런 이유 때문이었다. 세잔의 표현을 빌리면 그 목표는 바로 "옛 거장들보다 더 유명해지는" 것이었다.

콩브레 COMBRAY

■ 유럽에는 과거를 떠올리게 하는 지역이 무수히
■ 많지만 샤르트르 인근에 위치한 일리에Illiers 마을에 비견되는 지역은 없을 것이다. 마르셀 프루스트Marcel Proust가 유년 시절 방학을 보낸 이 마을은 훗날 그의 머릿속에서 '콩브레'로 재탄생한다.

문학의 대가들을 통틀어 프루스트는 시간을 다루는 재주가 가장 뛰어난 인물이다. 따라서 역사학자들이 유독 흥미를 갖는 작가이기도 하다. 그는 과거는 결코 사라지는 것이 아니라고 믿었다. 예술을 통해 가장 깊은 곳에 자리한 무의식의 기억으로부터 과거를 다시 끄집어낼 수 있으며, 따라서 마들렌 한 조각을 홍차에 찍어 먹은 시시콜콜한 사건이 영원히 잃어버린 줄로만 알았던 장소나 사건들을 회상하도록 자극할 수 있다고 그는 생각했다. 좀 더 정확히 말하면, 과거의 유사한 일상적 사건뿐 아니라 그와 불가분의 관계로 연결돼 있는 경험과 감정의 세계에 대한 기억도 불러일으킬 수 있다고 생각한 것이다.

이러한 이유로 프루스트는 1903년부터 1922년까지 19년 동안 파리에서 세상과 단절된 채 코르크를 덧대고 훈증 소독한 방안에 틀어박혀 과거를 되살리려 시도했다. 그가 유년 시절에 품었던 수많은 생각과 불안을 포함해 그가 부활시킨 많은 것—'레오니 숙모의 집la maison de Tante Leonie' '루아조 플레시 거리la rue de l'Oiseau-Fleche' '탕송빌 정원le Parc de Tansonville' '스완네 집으로 가는 길le côté chez Swann'—은 일리에에서 찾을 수 있었다

> 이곳은 위인이 태어나거나 사망한 장소도, 위인을 기리기 위해 찾아가는 장소도 아니다. 그보다는 위인이 동경한 장소, 생각의 원천이 된 장소, 여전히 그 생각을 지켜주는 장소다.[1]

대개의 경우, 과거의 망령이 가장 잘 보존돼 있는 곳은 작고 친밀한 미술관이나 박물관이다. 찰스 디킨스가 살았던 런던 WC1 다우티가의 집에서 그의 자취를 느낄 수도 있고, 수많은 역경 앞에서도 독일 사회민주당이 잘 보존해온 트리어의 마르크스 생가에서 유년 시절 카를 마르크스의 삶을 엿볼 수도 있다. 빈의 베르크스트라세 19번지에서 프로이트가 썼던 빨간 벨벳 소파에 누워 있는 상상을 해볼 수도 있다. 그러나 잃어버린 시간을 찾아 떠나는 순례는 외르에루아르의 아주 평범한 마을, 지금은 프루스트를 기려 '일리에-

다. 유럽에서는 과거 빈회의를 기획한 5대 강국의 지배가 계속 이어지고 있었다. 이와 함께 1815년 이후로는 이들 강대국 사이에서 전면적 갈등이 전혀 불거지지 않고 있었다. 전쟁이 일어나기는 했어도 시간과 범위 모두에서 제한적 수준에 머물렀다. 국제적 차원의 경찰 활동이 이루어져서, 이를 통해 유럽의 한 지역에서 통제 불능의 혁명 사태가 발생하면 그것을 강대국 중 하나가 개입해 억누를 수 있었다. 그렇게 해서 스페인과 이탈리아에서는 프랑스의 개입이 되풀됐고, 폴란드와 헝가리에서는 러시아의 개입이 있었다. 수차례에 걸쳐 지역적 차원의 분쟁도 일어났는바, 이탈리아·독일·발칸반도에서 특히 그러했다. 바다 건너에서는 다양한 양상의 식민지 전쟁이 벌어졌다. 그러나 그 어떤 전쟁도 1815년 이전의 나폴레옹전쟁이나 1914년에 시작된 대大전쟁의 규모에 맞먹지는 못했다. 유럽은 오랜 기간 내적 변화라는 과업을 달성하기 위해 자신이 가진 에너지를 쏟아붓는 동시에, 지구 각지에서 새로운 제국주의 정복 사업을 벌이느라 국외에까지 에너지를 쏟아부어야 했다. 복잡하게 꼬여 있던 여러 문제들 가운데 이와 같은 국제 질서를 뒤엎을 만한 힘을 가졌던 것은 단 두 가지뿐이었다. 그중 하나는 프랑스와 독일 사이의 경쟁이 점차 격화하고 있다는 것이었다. 그리고 다른 하나는 이른바 '동방문제'였다.

프랑스-독일 사이 경쟁은 카롤루스의 제국이 여러 개로 분열된 시기로까지 그 연원을 거슬러 올라갈 수 있다. 그러나 근대 들어 불거진 경쟁은 혁명전쟁에 그 뿌리를 두고 있었다. 프랑스인들은 독일의 두 강국 즉 프로이센과 오스트리아를 1793년과 1814~1815년의 침략자로 기억하고 있었다. 프로이센인들과 오스트리아인들은 프랑스를 1805~1813년의 점령군으로 기억하고 있었으니, 이들은 프랑스군에 대항했던 것을 계기로 근대 들어 자신들의 존재감을 확인하고 그 의미를 정의한 터였다. 1815년 이후 수십 년 동안은 패배한 프랑스나 분열된 독일이나 알력 다툼에 신경 쓸 겨를이 없었다. 하지만 해묵은 적의가 뭉근히 끓고 있었다. 1840년에 프랑스가 다시 한 번 라인강 유역에 대해 영유권을 주장했고, 그러자 당대에 만들어진 군가 〈라인강의 파수꾼Die Wacht am Rhein〉와 국가 〈독일의 노래Deutschlandlied〉 같은 애국적 노래들에서 볼 수 있듯 독일에서도 사람들이 거세게 들고일어나 항의했다. 그러다 1848년 프랑스는 독일에 재차 내적 불안의 원흉으로 여겨지게 됐다. 1860년대에 접어들자 프랑스는 제2제국이라는 당찬 모험에 발을 들이고 독일에서는 프로이센이 스스로의 존재감을 명확히 표명하면서, 양 강대국 다 서로의 공격적 태세에 주눅이 들었다. 그러다 비스마르크가 엠스전보Ems Telegram를 빌미로 완벽한 전쟁 구실을 마련하기에 이른다. 나중에 드러난 사실이지만, 그가 기획한 이 사건에서 일련의 결과가 빚어지며 유럽의 세력균형을 깨뜨리게 된다. 〔"엠스전보사건Emser Depesche"은 1870년 7월 13일 라인란트팔츠 엠스에서의 프로이센 왕 빌헬름 1세와 프로이센 주재 프랑스대사 간 회담 내용을, 프랑스와의 개전을 의도한 비스마르크가 양국 간 감정이 악화되게끔 왜곡되게 편집해 공개한 일이다. 이 사건으로 6일 뒤 프로이센-프랑스전쟁이 촉발됐다.)

1870~1871년 비스마르크가 치른 세 번째 전격전, 프랑스-프로이센전쟁이 세간에 일으킨 반향은 사도바(1866년 프로이센-오스트리아전쟁 중 프로이센군이 보헤미아의 도시 쾨니히그레츠 북서쪽의 사도바 마을에서 벌인 전투. 프로이센이 대승했다.) 때보다 훨씬 컸다. 당시 전쟁에 적극적으로 임한 쪽은 프랑스로, 프랑스인들이 프로이센인에 본때를 보이겠다며 한참 벼르던 중이었다. 그러나 전쟁에 돌입하려고 보니, 독일 국가들이 의기투합해 연맹을 구성하고 있는 데다 이들 나라의 군대가 무장, 조직, 지휘 면에서 프랑스보다 더 낫기까지 했다. 1643년의 로크루아전투 이후 유지돼온 프랑스의 군사적 패권은 이즈음 불과 한두 달 만에 공허한 말이 돼 있었다. 1870년 8월 1일, 황제 나폴레옹 3세의 아들이 "베를린으로"라는 구호를 외치며 의례적으로 첫 번째 대포알을 날렸다. 이 발포 이후 독일의 막강한 급습부대가 국경 너머로 돌진해와 메스에서 프랑스의 주력 부대를 에워쌌다. 메스를 구하려고 황제를 선봉에 세우고 행군하던 또 다른 프랑스 군대는 독일군이 스당 근처에 정교하게 쳐놓은 함정에 걸려들었다. 프랑수아 아실 바젠François Achille Bazaine 장군은 프랑스의 패배가 거의 굳어지기 직전 불후의 명언을 남겼다. "지금 우리는 변기 안에 들어와 있고, 내일이면 똥을 뒤집어쓸 것이다Nous sommes dans le pot de chambre, et demain nous serons emmerdés."[69] 사방에서 포위당한 채, 정면 공격을 자제하는 적군이 지척에서 난타를 가하자, 프랑스 군대는 크루프사의 강철 총으로 저항하다 결국 몇 시간 뒤에 독일군에 항복했다. 프랑스 황제는 포로로 잡혀갔다 퇴위를 당했고, 종국에는 본국을 떠나 잉글랜드로 들어갔다. 이후에도 프랑스의 싸움은 8개월 동안 더 이어졌다. 그러나 파리가 포위를 당해 도시 안의 식량이 바닥나고 프로이센 군대의 포격으로 도시 곳곳이 무너져내리자, 제3공화국 정부는 굴욕적 평화조약을 맺자고 청할 수밖에 없었다. 1871년 5월 프랑스는 독일에 항복하면서, 독일에 알자스-로렌을 넘기고, 막대한 배상금을 지불하며, 2년간 독일군을 프랑스에 주둔시키는 데 합의했다.

프로이센의 더없이 완벽한 승리는 여러 장기적 결과를 낳았다. 이로써 통일 독일 제국의 선포가 한층 용이해져, 제국의 초대 황제이자 프로이센의 왕 빌헬름 1세(재위 1871~1888)가 베르사유에 모인 독일의 제후들로부터 찬사를 받았다. 이로써 새로 탄생한 독일은 군사적 위용에서 그 누구에게도 뒤지지 않는다는 사실을 공표한 셈이었다. 프랑스는 독일에 패하면서 파리코뮌 Paris Commune이라는 처참한 사태들을 겪게 됐고, 반독일 정서가 그 어느 때보다 불타올라 반드시 이에 대한 앙갚음을 해야 한다는 목소리가 줄기차게 일었다.

'동방문제Eastern Question'는, 그 명칭에도 잘 나타나 있듯, 서로 연관돼 있으나 도무지 멈춰지지 않던 두 과정—러시아제국의 팽창과 오스만인들의 계속된 퇴조—에서 비롯했다. 이를 기화로 발칸반도 민족들이 독립하고, 크림전쟁이 일어나게 되며, 종국에는 1914년의 참화에 불을 당기는 일련의 복잡한 상황이 이어지게 된다. 오스만제국이 조만간 멸망하리라는 전망은 20세기 내내 그 어느 때보다 더욱 극명하게 드러났다. 러시아인에게는 이것이 더할 나위 없이 바람직한 일이었다. 보스포루스에 다시 기독교의 힘을 확립하는 것은 러시아가 제3의 로마the Third Rome(모스크바)라는 구상을 품은 이래 늘 차르의 정책이 지향해온 궁극적 목적이었다. 러시아가 보스포루스해협을 차지하게 되면, 따뜻한 물에 마음껏 손을 넣어보고 싶다는 러시아인의 꿈도 실현될 수 있을 것이었다. 1871년에 도스토옙스키는 기대에 들떠 이렇게 말했다. "이제 콘스탄티노폴리스는 우리 차지가 될 것이다!" 한편 유럽의 여타 강국들에 '유럽의 병자the Sick man of Europe'(오스만제국)가 임종을 맞는다는 것은 다양한 위험을 내포한 일이었다. 영국은 오스만제국이 사라지면 인도와의 통신망이 무너지지는 않을까 염려스러웠다. 오스트리아는 자국의 남동쪽 국경지대에 러시아의 후원을 받는 국가들이 우후죽순 일어날 것에 위협을 느꼈다. 독일 역시 이러다 유일한 육상의 강국 즉 군사력으로 언젠가는 자신들까지도 압도할지 모르는 국가가 결국 세를 키우게 될 것에 위협을 느꼈다.

러시아의 강박적 팽창은 그때까지 꾸준한 속도로 지속되고 있었으니, 1683~1914년을 잡아 보수적으로 가늠해봐도 하루에 평균 142제곱킬로미터씩 영토를 넓혀왔다는 계산이 나온다.[70] 러시아의 팽창이 유럽을 늘 직접적으로 위협한 것은 아니었다. 나폴레옹 시대에 득을 본 이후, 러시아군의 주된 공격은 이제 러시아인들이 이따금 '중남부 지방Middle South'이라고 부르는 캅카스와 중앙아시아 일대, 그리고 중국과 일본을 목표로 했다. 그렇긴 했어도 유럽은 늘상 인내심의 한계를 시험하는 불곰국(러시아의 별칭)으로부터 아직 면역이 안 돼 있었다. 러시아의 그리스독립전쟁Greek War of Independence(1821~1829) 관여로 유럽인들은 경각심을 품게 됐으나, 아드리아노플조약Treaty of Adrianople(1829)에서 러시아가 얻은 이득은 도나우강 삼각주 한구석의 소규모 지대에 한정됐다(1828년에 러시아가 그리스독립전쟁에 개입해 이듬해 아드리아노플을 점령하면서 러시아와 오스만제국 사이에 조약이 맺어졌다). 러시아가 1831년과 1863년에 두 번이나 폴란드의 명목상 독립을 지키지 않자 영국과 프랑스에서는 격렬한 항의가 일었다. 그러나 베를린과 빈은 이를 대수롭지 않게 넘겼는데, 독일과 오스트리아에도 그런 식으로 억눌러야 할 폴란드의 영토가 있었기 때문이다. 따라서 실제로 취해진 조치는 하나도 없었다. 1853년에는 러시아가 도나우강 공국으로 진격하자 오스트리아가 즉각 군사적 대응을 했고 이것이 크림전쟁의 발단이 됐다(뒤의 내용 참조). 이후 상트페테르부르크에서는 유럽을 직접 병합하려면 꽤 큰 대가를 치르리라는 사실, 나아가 러시아제국 땅도 우월한 해군력을 가진 적국의 공격에 맥없이 무너질 수 있다는 사실을 인지하게 됐다. 그리하여 내려진 결정이 북아메리카로부터의 철수였다. 1867년에는 알래스카 땅이 800만 달러라는 헐값에 미국에 넘어갔다. 부동산이라면 다른 곳에서도 얼마든지 손쉽게 손에 넣을 수 있을 것이었다. 잔혹한 야만성과 파괴로 점철된 반세기가 지난 1859년에는 캅카스 산악부족들에 대한 정복작업이 완결됐고, 이들의 체첸족 영웅 이맘 샤밀Imam Shamil이 포로로 붙잡혔다. 1860년 러시아는 중국으로부터 아무르와 연해주를 얻어내는 한편, 1864년 페르시아로부터 투르키스탄을, 1875년 일본으로부터 사할린과 쿠릴열도를 얻어냈다. 러시아가 이렇게 얻어낸 모든 땅은, 나중에 땅을 잃은 나라들로부터 '불평등조약'의 산물이었다는 비난을 받았다. 1900년에는 러시아의 만주 점령을 계기로 러일전쟁Russo-Japanese War(1904~1905)이 벌어져 러시아가 대패했다. 1907년에는 페르시아가 영국과 러시아 두 나라의 영향권으로 분열되는데, 이로써 수십 년 동안 영국이 중앙아시아에 품고 있던 두려움은 완전히 걷혔고 러시아가 페르시아만을 차지하려는 것 아닌가 하는 의혹은 너욱 짙어졌다.

크림전쟁〔크름전쟁〕Crimean War(1853~1856)은, 도나우강 공국들을 보호하겠다는 영국과 프랑스의 결정에 러시아가 오스만제국의 기독교 신민은 자국이 보호해야 한다고 나서자 영국과 프랑스 양국이 이에 다시 저항하고 오스만제국을 지원하면서 일어났다. 오스트리아는 즉각 도나우강 공국들을 점령했고, 이에 서쪽의 강국들이 사르데냐의 지원을 받아 크림반도〔크름반도〕에 응징 차원의 원정군을 파견했다. 연합국의 세바스토폴포위전Siege of Sebastopol(1854~1855)은 처참한 참호전에 콜레라까지 겪으며 엄청난 사상자를 내긴 했으나 결국 성공했다. 1856년 파리조약Treaty of Paris을 통해 흑해는 중립지역으로 선포되고, 오스만제국의 기독교도들은 유럽합동보호령joint European protectorate의 통치를 받게 됐으며, 오스만제국과 도나우강 공국들은 모두 영토 보전을 보장받았다. 【압하지야】

그랬음에도 러시아는 20년도 채 지나지 않아 다시 발칸반도에 발을 들였다. 이번에는 오스만제국의 속주 세 곳—보스니아, 헤르체고비나, 불가리아—에서 동시에 일어난 반란이 사태의 포문을 열었다. 이에 세르비아와 몬테네그로는 군사 개입을 하고, 오스트리아는 외교 간섭을 하고, 불가리아는 136명의 튀르크족 관료가 살해당하니, 오스만제국도 격렬하게 대응하는 것 외엔 도리가 없었다. 1876년 5월에는 악명 높은 '불가리아 공포Bulgarian Horrors' 사태가 일어나 2만 명이 넘는 농민들이 오스만제국 군대에 살육당했다. 런던의 글래드스턴은 격노했다. "이제 튀르크족이 잘못된 짓을 그만하게 할 방법은 오직 하나뿐이오. 가만히 두면 자기들끼리 알아서 서로를 해치울 거요." 콘스탄티노폴리스에서는 두 명의 술탄이 연이어 권좌에서 끌어내려졌다. 상트페테르부르크에서는 차르가 발칸반도의 기독교도는 자신이 지켜야 한다는 의무감을 강하게 느끼고 있었다. 이와 함께 국제회의가 두 번 열려 새로 즉위한 압둘하미드 2세Abdul Hamid II(재위 1876~1909)에게 여러 조건을 강제했고, 이 오스만제국 술탄은 의회에서 제정한 헌법을 마련하겠다고 약속해 모든 이를 당혹스럽게 만들었다. 1877년 4월에는 러시아 군대가 도나우강과 아르메니아의 오스만제국 영토를 침략했다. 러시아 군대는 발칸반도 길목 곳곳에서 튀르크족이 완강하게 저항하는 바람에 진군을 미뤄야만 했다. 그러나 1878년 1월에 결국 카자크인이 콘스탄티노폴리스의 성벽에 위협을 가하는 상황이 벌어졌다. 오스만 정부는 산스테파노조약Treaty of San Stefano(1878)을 통해, 놀랄 만한 영토를 가진 독립국인 '대大불가리아Greater bulgaria'를 탄생시키는 등 차르가 제시한 엄격한 조건들을 수용해야 했다(부록 1587쪽 참조).

베를린회의Congress of Berlin는 1878년 6월 13일에서 7월 13일 사이에 영국과 오스트리아의 요구에 따라 열린 것으로, 산스테파노조약을 개정해 러시아의 야욕을 꺾고자 하는 것이 목적이었다. 회의는 대규모 외교 행사를 방불케 했으니, 유럽의 강대국들이 한데 모여 동등한 조건으로 각자의 입장 차를 해소하고자 노력한 것도 이때가 마지막이었다. 자칭 "정직한 중개자honest broker" 자리에 비스마르크를 앉힌 회의는 이제는 통일 독일이 유럽에서 최고의 위치에 올라 있음을 확실히 보여주었다. 그리고 이미 런던의 음악당을 가득 채우고 있던 전쟁 열기를 누그러뜨렸다.

> 우리는 싸우고 싶지 않다, 하지만 맹세하건대 만일 싸운다면
> 우리는 이미 배도 있고, 병사들도 있고, 돈도 있다네.
> 일전에 불곰국과도 싸워봤으니, 영국인이 본분에 충실하는 한
> 러시아인이 콘스탄티노폴리스를 차지하지는 못하리라![71]

그러나 여러 면에서, 베를린회의는 유럽의 파워게임에 내재한 가장 냉소적인 측면들을 구체적으로 예시해주었다. 우선 발칸반도에서 살아가는 사람은 아무도 이 회의에 대표단을 보내 자신들 뜻을 전하지 못했다. 사려 깊은 대우를 받은 나라도 없었으니, 보스니아와 헤르체고비나는 오스트리아 점령군에 넘어갔고, 불가리아는 둘로 쪼개지는 한편 에게해의 영토도 떼어주어야 했다. 세르비아·몬테네그로·루마니아는 유럽 강대국들의 생색 속에서 독립을 확인받았으나, 정작 자신들이 가장 중요하게 여긴 땅들은 받지 못했다. 반대로 유럽의 강국들은 자기 배를 채우기에 급급했다. 러시아는 보스포루스해협으로의 진출은 거부당했지만, 루마니아 동맹으로부터 베사라비아를 얻어냈다. 영국은 오스만제국으로부터 키프로스를 얻었다. 오스트리아는 노비바자르주를 얻어낼 수 있었다. 벤저민 디즈레일리는 베를린을 떠나며, 이것이야말로 "명예로운 평화Peace with Honour"라 주장했다. 따라서 발칸반도의 민족들이 이내 스스로 종종 폭력을 동반한 해법을 찾아 나서게 된 것도 그리 놀랄 일은 아니었다. 유럽의 강국은 다국 간 협조는 포기한 채, 양자 조약 및 동맹 체결을 통해 안전을 확보하려 했다. 온갖 방법을 동원해 민족의 이익을 추구하는 데 제동을 걸 만한 것은 이제 어디에도 없었다.

아직도 유럽 대륙의 정치에서는 지상군이 핵심적 역할을 제공하고 있었다. 이와 같은 사실

이 변하지 않는 한, 앞으로도 어떤 식이든 전면적 분쟁이 발생할 시에는 독일과 러시아가 한데 엮여 주도적 역할을 맡게 될 것이 분명했다. 유럽에는 5대 강국이 있었지만, 그중 세 나라는 군사적으로 다음과 같은 심각한 결점을 안고 있었다. 영국은 막강한 해군력은 보유했지만, 징집병으로 이루어진 군대가 없었다. 프랑스는 출생률이 재앙 수준으로 급격히 떨어지면서 징집병 공급에 심각한 위협을 받고 있었다. 오스트리아-헝가리의 군대는 기술적으로나 심리적으로 독일에 의존하고 있었다.

유럽에 상반된 입장의 두 외교 및 군사 블록이 형성되는 데에는 30년이 넘게 걸렸다. 영국과 프랑스는 식민지 경쟁에 발목이 잡혀 관계가 소원했고, 영국과 러시아는 중앙 아시아를 두고 서로에 대한 의구심을 버리지 않았으며, 러시아와 프랑스는 차르-공화국 체제를 둘러싼 적대감으로 관계가 틀어져 있었다. 따라서 한동안은 비스마르크가 마음껏 프랑스의 앙갚음으로부터 독일을 지켜낼 체제를 구축할 수 있었다. 비스마르크는 1879년에는 오스트리아와 이국동맹Dual Alliance(독오동맹)을, 1881~1887년에는 독일·오스트리아·러시아의 삼제동맹三帝同盟, Dreikaiserbund을, 1882년 이후로는 독일·오스트리아·이탈리아의 삼제동맹을, 1884~1887년, 1887~1890년에는 러시아와 두 차례 '재보장조약'을 맺었다. 그러나 유럽에서 가장 거세게 일어난 두 정치적 열의—독일에 대한 프랑스의 혐오와 보스포루스해협을 차지하려는 러시아의 갈망—의 논리가 자기주장을 굽힐 리 없었다. 프랑스는 비스마르크가 빈틈없이 짠 그물망을 빠져나올 궁리를 해야 했고, 러시아는 발칸반도에 대한 야욕에 발이 묶여 안달을 낼 수밖에 없었다. 따라서 비스마르크가 정계를 은퇴하고(1890) 몇 년 사이 러시아와 독일 사이 관계는 냉각되는 게 당연했다. 차르는 새 협력자를 모색했다. 1893년, 프랑스 은행들이 러시아 관련 현안들에 이미 막대한 금액을 투자하고 있는 동안 파리와 상트페테르부르크 사이에 프랑스-러시아동맹이 맺어졌다. 프랑스는 단숨에 고립을 벗어나 자신감을 되찾고 독일을 양쪽에서 위협할 수 있게 됐다. 1904년에는 프랑스가 영국과의 의견 차이 조정에 나서 화친협상(앙탕코르디알Entente Cordiale, 영-프협상)에 돌입했다. 페르시아를 두고 영국-러시아의 합의 난 뒤인 1907년에는 프랑스·영국·러시아의 삼국협상Triple Entente의 길이 마침내 열렸다.

이때만 해도 유럽의 변화무쌍한 외교 국면은 그저 또 한 차례의 일시적 합종연횡을 이룬 것처럼 보였다. 삼국동맹과 삼국협상은 모두 본질적으로 방어적 성격을 갖고 있었다. 거기다 여전히 미해결로 남은 부분도 여러 군데였다. 일례로 영국과 독일은 각국의 입장 차이에도 여전히 타협에 이르고자 하는 희망을 안고 있었다. 아닌 게 아니라, 유럽의 강국들은 유럽 중앙부에 대항해 서구와 동구가 한데 결합하는 방법을 통해 자신들의 전략적 입지를 마련했고, 바로 이 부분에서 상당한 긴장 관계가 발생해 20세기의 나머지 기간을 장식하게 된다. 유럽 자신은 거의 인지하지 못했지만, 이제 유럽은 두 거대한 군사 진영으로 나뉘게 됐고, 남겨진 '정직한 중개자'

도 더는 없었다(부록 1654쪽 참조).

19세기의 상당 기간을 거치는 중에도, 군사 조직 및 병참 측면에서는 중대한 변화가 있었으나, 군사기술의 발전은 여전히 매우 더뎠다. 물론 수송, 동원, 공급과 관련한 종래의 방식들에서는 철도 덕에 일대 혁명이 일어났다. 이제는 프로이센의 모델에 따라 참모본부의 작업도 징집병을 상시 이동 시킬 수 있는 방식으로 재설계됐다. 그러나 격발구식 소총을 제외하면, 크림전쟁 당시의 군대는 아우스터리츠전투 때의 군대와 크게 다르지 않았다. 소총에 달린 총열의 위력을 실감하는 일도 그 속도가 더뎌서, 1866년 프로이센의 드라이제 다발식 후장총(탄알을 총신의 뒤쪽에서 장전하는 총)에 이르러서야 처음으로, 나중에는 뛰어난 성능을 가진 프랑스군의 샤스포 소총 및 1870년 크루프사의 후장식 대포에서 그 힘을 느낄 수 있었다. 해군 설계에서는 증기로 움직이고 철갑으로 무장한 전함이 크게 유행했다. 그러나 근대의 기계와 근대의 화학품이 전쟁에 십분 활용되려면 1880년대에 접어들어야 했는바, 이때야 비로소 고성능 폭약, 기관총, 장거리 대포 같은 것들이 모습을 드러냈다. [노벨]

1871년 이후로 대규모 교전은 벌어지지 않았지만, 군사이론가들이 신식 무기의 영향을 미처 헤아리지 못했다고 하는 것은 옳지 않다. 한 작가 즉 폴란드 태생의 철도산업 부호 얀 블로흐Jan Bloch는 《미래의 전쟁La Guerre future》(1898)에서 공세적 전쟁은 더는 실행가능한 제안이 되지 못한다고 주장했다. 대부분의 장군들이 보인 반응은 더 많은 군대를 대달라는 것이었다.[72] 병력의 급증과 함께 향후 전쟁은 대체로 교착상태에서 끝날 거라는 예견이 나오면서, 이제는 동원 절차가 전쟁 승리의 핵심 열쇠가 될 수도 있다는 인식이 차츰 생겨났다. 곧 단순한 선전포고보다는 총동원이라는 방법이 적국에 더 위협적일 것이라 판단됐다. 하지만 이때까지만 해도 비상상황에 돌입했다는 신호는 거의 감지되지 않았다. 제국주의가 한창인 시기, 유럽의 군대들은 유럽인 병사보다도 창을 든 부족민들과 대결해야 할 가능성이 훨씬 높았다.

그렇긴 했으나 대규모 분쟁의 가능성에 대한 인식이 점차 커지면서 지정학의 위상이 높아졌다. 제국주의 권력의 촉수가 전 지구를 둘러싼 만큼 이제 전 세계적 통신망은 거미줄처럼 얽혀 있었다. 따라서 군사적·정치적 전략도 전 지구적 차원에서 논하는 것 외에는 다른 도리가 없었다. 옥스퍼드대학 최초의 지리학 교수 해퍼드 매킨더Halford Mackinder(1861~1947)는 〈역사의 지리적 추축Geographical Pivot of History〉(1904)이라는 기념비적 논문에서, 제국들이 뻗어 들어갈 처녀지가 더는 남아 있지 않다고 했다. 그런 만큼 앞으로는 기존 자원을 두고 경쟁이 격화될 수밖에 없었다. 그리고 그러한 경쟁의 과정은 인구의 분배 양상 및 지구 각 대륙의 상황별 입지에 제약을 받게 될 것이었다. 일명 '권력의 자연적 위치The Natural Seats of Power'라는 다소 도발적인 제목이 붙은 지도에서, 그는 유라시아 대륙의 러시아를 세계 제일의 천연 요새의 입지를 가진 곳으로 지목했다. 이 '심장부heartland'는 영국에서 중국까지의 반半대륙 강국들로 구성된

노벨 NOBEL

■ 물리학, 화학, 문학, 의학, 무엇보다도 평화 부문
■ 의 성취를 기리는 세계에서 가장 권위 있는 상
의 기금이 군수사업의 수익에서 나온다는 것은 엄청
난 아이러니다. 알프레드 베른하르드 노벨Alfred
Bernhard Nobel(1833~1896)은 스웨덴에서 태어나 상
트페테르부르크에서 자랐다. 그의 아버지는 그곳에서
기뢰 공장을 운영했다. 화학자로 성장한 노벨은 스웨
덴으로 돌아가 폭발물 개발에 몰두했다. 그는 니트로
글리세린을 처음 합성한 후 다이너마이트(1867), 젤리
그나이트(1876), 코르다이트 화약의 전신 발리스타이
트(1889)를 발명했다. 그의 가족 기업은 폭발물 제조
와 바쿠 유전 개발로 큰 부를 얻었다. 어릴 때부터 평
화주의자였던 노벨은 유증을 통해 자신의 이름을 붙
인 다섯 가지 상을 만들었다. 노벨 평화상이 제정된
후 90년 동안 수상자 대다수는 유럽인이었다. 추정하
건대 유럽의 평화 유지가 시급한 탓이었을 것이다.

1901년 장 앙리 뒤낭J. H. Dunant, 프레데리크 파
시Frédéric Passy
1902년 엘리 뒤코묑Élie Ducommun, 샤를 알베
르 고바Charles Albert Gobat
1903년 윌리엄 랜들 크리머William Randal
Cremer
1905년 베르타 폰 주트너Bertha von Suttner
1907년 에르네스토 모네타Ernesto Moneta
1908년 클라스 폰투스 아르놀드손K. P. Arnoldson,
프레드리크 바예르Fredrik Bajer
1909년 오귀스트 베르나르트Auguste Beernaert
바롱 P. 데스투르넬Baron P. d'Estournelles
1911년 토비아스 아서르Tobias Asser, 알프레트
헤르만 프리트A. H. Fried
1913년 앙리 라퐁텐Henri L. Fontaine
—

1920년 레옹 빅토르 부르주아L. V. Bourgeois
1921년 칼 브란팅Karl Branting, 크리스티안 랑
에Christian Lange
1922년 프리드쇼프 난센Fridtjof Nansen
1925년 조지프 오스틴 체임벌린J. Austen
Chamberlain
1926년 아리스티드 브리앙Aristide Briand, 구스
타프 슈트레제만Gustav Stresemann
1927년 페르디낭 에두아르 뷔송F. E. Buisson, 루
트비히 크비데Ludwig Quidde
1930년 나탄 쇠데르블롬 대주교Nathan
Söderblom
1935년 카를 폰 오시에츠키Carl von Ossietzky
1937년 에드거 세실Edgar Cecil 경
—
1946년 에밀리 볼치Emily Balch, 존 롤리 모트J.
R. Mott
1949년 보이드 오어Boyd Orr 경
1951년 레옹 주오Léon Jouhaux
1952년 알베르트 슈바이처Albert Schweitzer
1958년 도미니크 피르Dominique Pire 신부
1959년 필립 노엘베이커Philip Noel-Baker
1961년 다그 함마르셸드Dag Hammarskjöld
1962년 라이너스 칼 폴링Linus Carl Pauling(미국)
1968년 르네 사뮈엘 카생René Samuel Cassin
1971년 빌리 브란트Willy Brandt
1974년 숀 맥브라이드Seán MacBride
1976년 엘리자베스 윌리엄스Elizabeth Williams,
메어리드 코리건Mairead Corrigan
1979년 테레사Teresa 수녀
1982년 알바 뮈르달Alva Myrdal
1983년 레흐 바웬사Lech Wałęsa
1986년 엘리 위젤Elie Wiesel
1990년 미하일 고르바초프Mikhail Gorbachev

역대 수상자를 통틀어 평화를 지지한 대가로 고통을 치른 사람은 두 명뿐이었는데 공교롭게도 둘 다 독일인이었다. 루트비히 크비데(1858~1941)는 독일의 군비 확장에 반대했다는 이유로 투옥됐다. 독일의 반전 운동을 이끈 카를 폰 오시에츠키(1889~1939)는 나치 강제수용소에서 생을 마감했다.[1]

'안쪽 초승달 지대inner crescent'뿐만 아니라, 아메리카대륙을 아프리카·오스트랄라시아·일본과 연결시키는 대양의 '바깥쪽 초승달 지대outer crescent'에도 에워싸여 있었다. 매킨더의 목적은 서구 강국들에 이런 러시아와 독일 사이에 형성될지 모를 연합에 대항해야 한다는 점을 역사상 처음으로 경고해주려는 것이었다. 후반에 가서 그는 띠 모양의 강력한 신생 국가 무리가 유럽 안에 생겨나, 러시아와 독일 사이를 갈라놓아야 한다고 주장하며 다음과 같은 유명한 공식을 고안해냈다.

> 동유럽을 통치하는 자, 심장부를 호령한다
> 심장부를 통치하는 자, 세계도鳥World-island(유럽, 아시아, 아프리카의 총칭)를 호령한다.
> 세계도를 지배하는 자, 전 세계를 호령한다.[73]

매킨더의 사상은 향후 독일에서 매우 진지하게 받아들여지게 되며, 이어지는 공군력의 시대에는 미국에서도 마찬가지였다.

20세기에 들어서고 12년 동안은, 장기간 이어진 유럽의 평화가 계속 지켜졌다. 그러나 이제는 그런 평화가 조만간 깨질 우려가 고개를 들고 있었다. 프랑스와 독일의 경쟁, 발칸반도의 되풀이되는 위기, 외교 블록의 대립, 제국주의자들의 마찰, 해군력 군비 경쟁의 모든 요소가 한데 맞물려 국제관계의 온도를 달구고 있었다. 1908년 보스니아에서 한 차례 경고음이 울리더니, 1911년 모로코 아가디르에서 또 한 차례 경고음이 울렸다. 유럽의 강국들은 하나같이 평화가 지속되길 바란다고 공언했지만, 한편으로는 하나같이 전쟁 준비에 돌입해 있었다. [오일렌부르크]

보스니아위기Bosnian Crisis는 유럽에서 제일 터지기 쉬운 화약고가 어디인지 알려준 사건이었다. 1908년 오스트리아-헝가리가 지난 30년간 국제사회의 위임하에 군사점유 및 행정관리를 해온 보스니아를 그 어떤 법적 정당성도 확보하지 않은 채 자국 안으로 합병했다. 하지만 이에 아랑곳하지 않고 카이저 빌헬름(빌헬름 2세(재위 1888~1918))은 자신은 "번쩍이는 갑옷을 입은 기사처럼" 오스트리아의 편에 서서 싸울 것이라고 선언했다. 유럽의 강국들은 사태에 개입할 엄두가 나지 않았다. 오스트리아의 이 외교전환Démarche으로 베오그라드는 대大세르비아 건립이라는 희망을 빼앗겼고, 러시아는 향후 이 지역을 건드리지 말라는 언질을 받은 셈이었다. 보스니아위기는 1908~1909년 '청년튀르크당'이 혁명을 일으키는 요인이었는바, 이들은 오스만 정부

오일렌부르크 EULENBURG

■
■ 1907년 10월 23일 베를린의 한 법정에서 몰트 케 대 하르덴Moltke v. Harden의 재판이 열렸다. 이것은 '오일렌부르크 사건Eulenburg Affair'이라는 이름으로 세상에 널리 알려지는 여섯 번의 재판 가운데 첫 재판이었다. 이로 인해 카이저의 측근들 사이에 만연해 있던 동성애 관계가 세상에 드러났다.

다른 나라에서와 마찬가지로 독일에서도 남성 간 동성애는 불법이었다. 형법 175조에는 남성 간 '비정상적인 성적 부도덕'에 대해 징역 1∼5년에 처한다고 명시돼 있었다. 쿠노 폰 몰트케Kuno von Moltke 장군은 '예쁜이'와 '하프 연주가'라는 익명의 두 고위 조신을 조롱하는 기사를 낸 신문 《디 추쿤프트Die Zukunft》 미래의 편집장 막시밀리안 하르덴Maximilian Harden 을 고소했다. 몰트케는 자신과 친구 오일렌부르크 대공 필리프Philipp, Prince of Eulenburg(1847∼1921) 가 명예 훼손을 당했다고 주장했다. 적나라한 세부사항이 공개 재판에서 폭로됐다. 폭로한 이는 오일렌부르크의 전 부인과 볼하르트Bollhardt라는 군인이었다. 그러나 결정적 증거는 성 전문가 마크누스 히르슈펠트Magnus Hirschfeld 박사가 제공했다. 그는 남성 간 성적 행위는 불법이지만 잠재적 동성애 성향은 불법이 아니라고 설명했다. 법정은, 고소인이 동성애 성향을 가진 것은 분명하며 그렇다고 해도 자신의 기사에 175조를 위반했다는 내용은 실지 않았다는 하르덴 측의 변론을 받아들였다.[1]

이 사건은 엄청난 정치적 파장을 불러왔다. 몰트케는 베를린의 참모총장이었다. 이따금씩 빈에 사절로 파견됐던 오일렌부르크는 카이저와 특히 가까운 사이였을 뿐 아니라 차기 총리 후보로 공공연히 거론되고 있었다. 하르덴과 히르슈펠트는 둘 다 자유주의 관점을 견지하며 카이저의 외교정책에 반대했다. 두 사람 모두 175조 폐지 운동을 벌였고 유대인이었다. 황실 측에서는 이를 반역 분자들의 공격으로 느꼈다.

이후 베른하르트 폰 빌로Bernhard von Bülow 총리가 또 다른 자유주의 성향의 편집장 아돌프 브란트Adolf Brand를 고소했고, 카이저의 군부대신 휠젠-헤젤러 Hülsen-Haeseler 백작이 여장 공연을 하던 중 발레복 치마를 입은 채로 카이저의 앞에서 쓰러져 사망했으며, 몰트케 대 하르덴 사건은 두 번 재심을 받았다. 포츠담 수비대는 잇따른 동성애 관련 군법회의와, 많은 관련 자살 사건으로 휘청거렸다. (꼭 죄는 흰색 반바지와 허벅지까지 올라오는 흉갑기병의 군화가 법정에서 유난히 도발적이라고 지목됐다.) 제국 정부는 하르덴의 법정 부담금을 비밀리에 돌려주었다. 오일렌부르크는 몰락했다. 평생 방종한 삶을 살았음에도 그는 무죄를 주장했다. 그러나 결국 위증죄를 선고받았고, 1918년까지 반복적으로 투병을 가장하며 법 집행을 연기해 간신히 체포를 면했다.

음란한 사건으로 정치적 파장을 겪은 나라는 독일만이 아니었다. 동시대에 영국은 오스카 와일드 재판과 반역죄로 처형된 로저 케이스먼트Roger Casement(영국의 외교관이자 아일랜드 민족운동가(1864∼1916). 반역죄로 몰려 처형당하는 과정에서 동성애 행위를 폭로당했다) 경의 비극으로 비틀거렸다.[2] 그러나 1920년대 들어 패배의 치욕에 시달리던 독일에서는 이전에 일어난 성적 추문의 흉터들이 다시 주목을 받았다. 1922년 동성애자 유대인 재무장관 발터 라테나우Walter Rathenau 의 살해로 시작된 일련의 연상 작용으로 대중의 머릿속에는 동성애-반역자-유대인의 연결고리가 더욱 깊이 각인됐다. 카이저는 회고록에서 하르덴의 기소로 인해 '국제 유대인 무리'의 음모가 드러났다고 주장하며 대大전쟁의 참사를 이것과 연결지었다. 역사학자들은 1907∼1909년의 사건들로 인해 카이저가 장군들에게 더욱 의존하게 됐으며 이로 인해 선제공격의 정책을 취했다고 간주하기도 한다.[3]

나치당은 동성애자들에게 유독 적대적으로 굴며 이러한 문제를 프로파간다에 적극 활용했다. 히르슈펠트 박사의 성연구소는 1933년 5월에 이미 나치 폭도에 의해 파괴됐다. 1936년 올림픽경기 직전 게슈타포는 여러 차례의 급습으로 베를린의 대규모 동성애 집단을 제거했다. 강제수용소에서 남성 동성애자 표시의 '분홍 삼각형'을 단 무리는 나치의 범죄 목록에서 상위를 차지했다(여성 동성애자는 '검은 삼각형').[4] 175조는 1969년에야 폐지됐다.

를 장악한 뒤 스스로 민족주의와 근대화의 길에 매진하게 된다. 그러나 보스니아위기는 무엇보다 발칸반도의 국가들에 자신들의 입장 차는 오로지 자신들끼리의 무력사태로만 해소될 수 있다는 사실을 납득시켜주었다.

1912~1913년에는 발칸반도에서 세 차례 국지전이 치러졌다. 1912년 5월, 이탈리아가 오스만제국을 침략해 로도스섬, 트리폴리, 키레나이카를 빼앗았다. 1912년 10월에는 오스만제국 정부가 알바니아의 소요에 정신이 팔린 사이 몬테네그로·세르비아·불가리아·그리스로 구성된 발칸동맹Balkan League이 마케도니아의 오스만인들에게 공격을 가했다. 1913년 6월에는 불가리아가 세르비아를 공격해 영토 분할을 두고 발칸전쟁Balkan War of Partition(제2차 발칸전쟁)이 일어나는 발단이 됐다. 이 세 차례의 전쟁에 매번 국제회의가 열리고 조약이 체결됐다. 그 과정에서 알바니아는 주권국가로 부상했으나, 마케도니아는 그러지 못했다. 오스트리아가 벌인 도박이 나름의 성과를 올린 셈이었다. 이와 함께 독일이 터키에 끼치는 영향력이 대폭 커졌다. 러시아의 야욕은 충족되지 못한 채 그대로 남아 있었다. 동방문제 역시 미해결의 상태 그대로였다(부록 1651쪽 참조). [마케돈] [슈치퍼리아]

불안감이 높아져가는 분위기 속에서 국제적 차원의 분쟁을 최소화하기 위한 방안들이 진지하게 고려됐다. 이를 주도적으로 해결해나갈 정부 차원의 지도력은 부재한 까닭에, 개별 인물들이 사적으로 내놓은 제안들을 통해 국제법연구소Institute of International Law(1873), 국제의원연맹Inter-parliamentary Union(1887), 노벨위원회Nobel Committee 등이 생겨났다. 1843년을 기점으로(이해에 런던에서 최초의 평화회의가 열렸다) 장시간의 잉태기를 거친 후, 스위스의 베른에서 출범한 국제평화국International Peace Bureau이 1891년부터 정기적 활동을 시작해 각국 지부의 이견을 조율하며 회의를 주선해나갔다. 스위스 법률가 요한 카스퍼 블룬칠리Johann Kaspar Bluntschli(1808~1881), 독일 평화주의자 베르타 폰 주트너Bertha von Suttner(1843~1914), 오스트리아 평화주의자 알프레트 헤르만 프리트Alfred Hermann Fried(1864~1921), 프랑스 사회주의자 장 조레스Jean Jaurès(1859~1914), 영국 경제학자 노먼 에인절Norman Angell(1873~1967)을 비롯해 평화주의를 호소하는 주장들이 각계에서 표명됐다. 에인절의 《위대한 환상The Great Illusion》(1910)에서는 민족들의 경제적 이해관계로 전쟁은 이미 쓸모없어졌다는 주장이 나왔다. [노벨]

그러나 행동 촉구에 가장 성공한 것은 러시아 차르의 제안에 의해서였다. 차르의 중재에 이어, 1899년과 1907년 헤이그에서 두 차례 대규모 평화 회담이 열려 군비축소, 국제 분쟁 조정, 지상전 규칙을 논의했다. 실질적 성과도 없지는 않았다. 1900년 국제사법재판소가 탄생했고, 1907년 헤이그협약Hague Convention[헤이그평화회의]이 체결됐다. 1908~1909년 런던에서는 해군 회담[런던군축회의London Naval Conference]이 열렸다.

그럼에도 평화주의는 시민은 물론이고, 당시 국제질서 선도국의 정치인들 사이에서 폭넓은 지지를 얻지 못했다. 국가권력은 제약을 받지 않는다는 정서가 깊이 뿌리내려 있었다. 독일의 육군원수 헬무트 폰 몰트케Helmuth von Moltke는 블룬칠리에게 보내는 답신에 이렇게 썼다.

> 항구적 평화는 꿈일뿐더러, 아름다운 꿈도 못 됩니다. 전쟁이야말로 하느님께서 만든 질서의 일부입니다. 전쟁이 없으면, 이 세상은 무기력에 빠져 스스로를 잃어버리고 물질주의에 탐닉할 것입니다. 오히려 전쟁 속에서 인간이 가진 가장 고귀한 덕들—용기와 극기심, 의무에 대한 헌신, 자기희생 정신, 자신의 목숨까지도 내거는 자세—이 나타나는 법입니다.[74]

프랑스와 영국에서도 이와 비슷한 정서가 표명됐다. 1914년 7월 31일, 조레스는 평화운동은 곧 반역행위나 다름없다고 주장하는 사람들 손에 살해를 당했다.

이와 동시에 장군들은 향후 전쟁의 파괴력은 과거 알려진 수준을 훨씬 넘어설 것이며, 강대국들이 전쟁을 시작하는 순간 스스로 위험에 빠지는 꼴임을 깨달아가고 있었다. 1890년 5월 제국의회의 마지막 연설에서, 노령에 접어든 몰트케는 엄중한 경고를 잊지 않았다.

> 이와 같은 전쟁이 벌어진다면, 그것이 얼마나 오래 이어질지, 또 어떤 식으로 끝날지는 아무도 예측할 수 없습니다. […] 여러분, 그것은 7년 전쟁이 될 수도 있고, 30년 전쟁이 될 수도 있습니다. 화약통에 제일 먼저 성냥불을 갖다 붙이는 자 […] 그에게 저주 있으라.[75]

그 결과 유럽의 군사 참모들은 현재 지배적 군국주의의 기조와 점차 커져가는 신중론 사이에서 사분오열됐다. 이 분열 후 이들은 무엇보다 위험천만한 길로 들어섰다. 이들은 전쟁 준비에 속도를 붙여 대규모로 무기를 확보하고 방대한 규모의 징집병들을 훈련켰고, 그런 식으로 10~20년이 흐르는 동안은 되도록 충돌을 피하려 신중을 기했다. 경쟁심, 두려움, 적의의 도가니에는 차츰 증기가 꽉 차올라 언제 터질지 모르는 지경까지 치달았다.

도가니를 덮고 있던 뚜껑이 마침내 날아간 것은 조레스가 피살되기 한 달 전에 또 한 번의 피살이 일어나면서였다. 1914년 6월 28일, 오스트리아-헝가리의 황태자 오스트리아-에스테 가문의 프란츠 페르디난트Franz-Ferdinand 대공은 국빈 자격으로 보스니아의 수도 사라예보를 순방하고 있었다. 귀천 상혼을 한 체코 출신의 부인이자 호헨베르크 여공작 조피Sophie와 함께 페르디난트 대공은, 주변의 만류를 뿌리치고 군이 세르비아의 국경일인 성 비투스의 날Vidovdan이자 코소보전투 기념일에 맞춰(6장 참조) 순방 일정을 변경한 참이었다. 세르비아인들 입장에서 이는 계산된 모욕이나 다름없었다. 그 결과 사라예보의 길거리에 늘어선 군중 사이로 젊은 암살자단 무리가 숨어들었으니, 합스부르크가의 통치에 반대하는 세르비아인들의 비밀결사단 '흑수단Ujedinjenje Ili Smrt'이 보낸 자들이었다.

이날(28일) 아침 대공이 탄 자동차인 28마력의 '그라프운트스티프트Gräf und Stift'(1910년산) 가 계획에 없는 길을 따라 사라예보에 도착했다. 덕분에 방문객들은 시청사에 마련된 점심 식사 자리에 무사히 도착했고, 무슬림 부인들의 대표단이 조피를 접견했다. 그 과정에서 폭탄이 하나 투척되기는 했으나, 남성 1명만 체포됐을 뿐 이 폭발에서 사상자는 발생하지 않았다. 하지만 점심 식사 후, 대공의 운전사가 그만 잘못된 길로 들어섰다. 운전사가 방향 전환을 위해 차를 돌리는 순간 지붕이 없는 차에 타고 있던 대공과 부인이 또 다른 공모자인 19세의 폐병 환자 학생 가브릴로 프린치프Gavrilo Princip의 사정권에 그대로 노출됐다. 사정거리에서 프린치프가 쏜 연발 권총의 총알들이 황태자 부부에게 치명적 부상을 입혔다. 프란츠 페르디난트는 "조피, 조피, 죽지 마! 아이들을 위해서라도 살아 있어줘!'Sopherl, Sopherl! Sterbe nicht! Bleibe am Leben für unsere Kinder!"라고 웅얼거렸다. 그러나 조피는 숨을 거두었고, 남편 역시 한 시간도 채 지나지 않아 세상을 떠났다. 둘의 시신은 모두가 잠든 한밤중, 도나우강의 암스테텐에 자리한 부부 사저의 예배당에 묻혔다. 부부가 탔던 차와 피범벅이 된 옷가지는 이후 빈의 육군박물관에 소장됐다.[76] [코노피슈테]

사라예보의 총격은 4주도 지나지 않아 유럽의 외교적·군사적 자제심을 밑바닥까지 떨어뜨렸다. 최후통첩, 동원령, 선전포고 같은 방안들이 각국 정부의 주요 인사들 사이에서 숨 가쁘게 논의됐다. 빈은 세르비아를 응징하고 싶어 했고, 이에 베를린은 빈에 일명 백지 위임장carte blanche(카르트블랑슈)을 건넸다. 7월 23일, 암살자 색출 작업에 오스트리아가 참여할 것을 요구하는 최후통첩이 베오그라드에 전해졌다. 세르비아 정부는 갖가지 구실을 대며 이를 피하는 동시에 일부 동원을 명했다. 7월 25일, 러시아 제국의회에서 세르비아를 지원하겠다는 결의가 나왔지만, 이 사안을 영국이나 프랑스의 어느 한쪽과 논의하는 데에는 실패했다. 7월 28일, 오스트리아-헝가리가 세르비아에 공식 선전포고를 했다. 이에 러시아는 군대를 동원했고, 독일은 바삐 움직여 처음에는 러시아에, 나중에는 프랑스에 최후통첩을 발표했다. 알프레트 폰 슐리펜Alfred von Schlieffen 장군이 구상한 전쟁계획에 따라, 독일군 참모부는 양쪽 전선에서 동시에 공격을 받는 함정에 빠지지 않으려 만전을 기해야 했다. 주사위는 던져졌다. 두 번의 최후통첩에 프랑스와 러시아가 전혀 반응을 보이지 않자, 카이저(빌헬름 2세)는 제국의 안전을 지키는 일

코노피슈테 KONOPIŠTE

■ 코노피슈테(옛 이름은 코노피슈트Konopischt)성
■ 은 중부 보헤미아 지역의 깊은 소나무 숲에 자리하고 있다. 이곳은 프란츠 페르디난트(1863~1914) 대공이 사냥용 별장으로 즐겨 찾은 1890년대에 가죽과 마호가니로 호화롭게 꾸며졌다. 대공의 수많은 사냥 전리품이 이곳에 보관돼 있다. 예나 지금이나 코끼리엄니부터 사슴뿔에 이르기까지 온갖 노획물이 가득 들어차 있어 성은 우아한 시체안치소를 연상시킨다. 훗날 이곳은 나치 친위대의 휴식처가 됐고, 그들은 이곳을 검은색으로 칠했다.

프란츠 페르디난트 대공은 다음 네 가지로 잘 알려져 있다. 첫째는 자기 자손의 제위 계승권을 포기하면서까지 조피 폰 코테크Sophie von Chotek 체코 여백작과 귀천상혼을 했다는 점이다. 둘째는 조피와 함께 "오스트리아에서 종교의 이름으로 통한 편협한 (가톨릭) 신앙의 단호한 옹호자"였다는 점이다.[1] 세 번째로 그는 이중군주국을 동등한 국가들의 연합으로 바꾸고자 했다는 점이다. 네 번째는 1914년 여름 보스니아를 멀리하라는 조언을 무시하고 제1차 세계대전의 도화선을 놓았다는 점이다.

프란츠 페르디난트의 암살은 그의 가문에 일어난 연이은 죽음 가운데 세 번째였다. 그가 제위 계승자가 된 것은 25년 전 사촌 루돌프가 사망한 탓이었다. 루돌프는 극심한 전통주의자인 아버지 프란츠 요제프와 제멋대로이고 고집 센 어머니 엘리자베트 황후의 상충하는 영향 속에서 몹시 괴로워했다. 교권을 열렬히 반대

한 그는 수첩에 다음과 같이 적었다. "우리는 고차원적 영혼인가 짐승인가? 우리는 짐승이다 [...]."[2] 1889년 오스트리아 마이얼링에 있는 또 다른 합스부르크가의 사냥용 별장에서 그는 17일간 연인이었던 마리 베체라Mariy Vetsera와 자신을 총으로 쏘았다. 그 후 1898년 엘리자베트 황후가 제네바에서 어느 무정부주의자의 칼에 찔려 사망했다.

프란츠 페르디난트가 얼마나 사냥에 열광했는지 알려주는 사료는 많지 않다. 그러나 그는 그 딩시의 싱식으로는 이해할 수 없을 만큼 열정적으로 사냥감을 찾아 세계 곳곳을 누볐다. 나온 지 얼마 안 된 기관총을 잘 다룬 그는 숲에서 눈에 띄는 짐승은 모조리 잡아들였다. 단 두 차례의 폴란드 여행으로 들소를 멸종 직전까지 몰고 갈 지경이었다. 그는 또한 희생양의 잔해들을 잘 보관하라고 지시했다. 이러한 사체 수천 구가 코노피슈테에서 박제돼 유리 속에 보존됐다. 페르디난트는 벽에 머리를 걸어놓기도 했고 황실 치과의사가 이 짐승들의 이를 세심히 복구하여 진열장에 전시해놓기도 했다.

1914년 6월 23일, 대공은 아내와 함께 코노피슈테를 떠나 사라예보로 향했다. 그가 암살된 후 황제는 안도의 한숨을 쉬며 그의 부관에게 이렇게 속삭였다고 한다. "신은 도전을 허용하지 않는다. 내 힘으로 더는 유지할 수 없던 질서를 신께서 바로잡으셨다."[3] 대개는 이러한 평가가 대공의 귀천상혼을 지칭하는 것이라고 여겨진다. 그러나 이는 무력한 생명을 제멋대로 살해한 학살자에게도 적용할 수 있는 말이다.

이 더 이상 지체돼서는 안 된다는 장군들의 조언을 따랐다. 독일은 8월 1일 러시아에 이어 3일에는 프랑스에 전쟁을 선포했다. 영국 정부는 그보다 한 발 늦게 즉 독일군이 프랑스로 진격하기 위해 벨기에의 국경을 넘은 이후에 베를린에 최후통첩을 보냈다. 유럽의 5대 강국들이 99년 동안 그토록 고심하며 피해온 전면전에 막 돌입하려는 순간이었다.

1914년 8월 3일 월요일, 런던 SW1번지 영국 정부 외무부. 이날 영국의 외무장관은 서재에서 밖을 내다보며 평화로운 여름날 저녁의 광경을 바라보는 중이었다. 이제까지의 역사상 제일 큰 제국의 국제관계를 책임지고 이끌어가는 것이 에드워드 그레이Edward Grey 경의 일이었다. 오스트리아는 세르비아와 교전 중이었다. 이틀 전, 독일은 러시아에 선전포고를 한 참이었고, 프랑스는 군대 동원을 발표했다. 이미 룩셈부르크를 점령한 독일의 군대는 이제 벨기에를 공격할 태세였다. 러시아 군대는 동프로이센에 발을 들인 참이었다. 하지만 이런 상황에서도 영국은 여전히 평화로웠다. 에드워드 경은 하원에서 장시간 연설을 한 뒤, 당시 영국 총리 헨리 애스퀴스Henry Asquith를 도와 벨기에가 침략을 당할 경우 베를린에 보내게 될 최후통첩의 초안을 막 잡은 참이었다. 그 시각은 저녁 8시경 아니면 9시였을 게 틀림없는데, 등지기가 집무실 안뜰의 가스등에 불을 켜고 있는 광경을 기억했기 때문이다. 에드워드 경은 곁에 있던 친구에게 몸을 돌려 이렇게 말했다고 후일 그 친구는 회상했다. "이제 얼마 안 있으면 전 유럽의 등불이 나갈 걸세. 과연 우리 생애에 그 빛이 다시 켜지는 걸 볼 수 있을까." 이 장면은 영국 역사에서 가장 유명한 대목의 하나로 손꼽히며, 수없이 많은 교과서에 그 내용이 실려 있다. 에드워드 경이 한 말은 거의 모든 명언 선집에도 빠짐없이 실려 있다.[77]

애석하게도, 에드워드 경 자신의 회고록을 보면 당시 상황이 위에 적힌 것과 전적으로 똑같지는 않았다.

> 내가 기억하는 바에 따르면 8월 1, 2, 3일의 사흘은 거의 쉴 새 없이 각료회의가 열리며 엄청난 긴장감이 감돌았다. 하지만 논의 내용 중 지금까지도 내 머릿속에 남아 있는 것은 거의 없다. […] 당시 내가 할 수 있는 일은 거의 없었다. 그저 갖가지 상황과 사건에 떠밀려 저절로 결정이 내려지고 있었다. […]
> 마지막 주의 어느 날 저녁 한 친구가 나를 보겠다며 찾아왔다. 친구에 따르면, 그날이 8월 3일 월요일이었다고 한다. 우리는 외무부의 내 집무실 창가에 서 있었다. 땅거미가 내리깔리고, 저 아래쪽에서부터 차례차례 등이 켜지고 있었다. […] 친구는 그날 내가 이런 말들을 했다고 기억한다. "저런 가스등들이 이제는 유럽 전역에서 나가버릴 거네. 그 빛이 다시 켜지는 걸 우리 생애에는 못 보겠지."[78]

이 안에 드러난 당시의 정확한 전모는 우리를 다소 당혹스럽게 한다. 등불이 하나둘 켜지는 광경을 보면서 등불들이 다 꺼져버릴 것이라는 은유를 했다는 것부터가 묘하다. 에드워드 경의 전기작가는 그래서인지 이 장면에 대해서는 일절 언급하지 않는 신중함을 보였다.[79] 이뿐 아니라, 외교전이 가장 치열하게 전개됐을 것으로 보이는 전쟁 직전 태풍의 눈 속에 서 있던 이 남자는 자신이 할 수 있는 일이 "거의 없었다"라고 서술했다. 친구를 맞아들이거나, 그리 중요치 않아 세세히 기억조차 나지 않는 그런 한담을 그 친구와 나눌 시간은 있었어도 말이다.

같은 날 저녁, 베를린은 자국 외교관들이 독일을 방금 동맹국 하나 없이 두 개의 전선에서 싸워야 하는 전쟁에 끌어들였다는 현실을 점점 마주하고 있었다. 독일 총리 테오발트 베트만-홀베크는 제국의회에 나가 그러한 상황을 모두 러시아 탓으로 돌렸다. "러시아가 우리들의 집에 횃불을 던져넣었다"라고 그는 선언했다. 한편 이틀 전 독일로부터 전쟁 선언을 전해 들은 상트페테르부르크에서는 차르와 휘하 장군들이 이미 강경 대응에 착수해 있었다. 파리의 프랑스 정부는 프랑스의 비행기가 뉘른베르크를 폭격했다는 베트만-홀베크의 근거 없는 주장에 우왕좌왕하고 있었다. 빈의 경우 오스트리아 정부가 지난주부터 세르비아 공격을 한창 밀어붙이는 중이라, 황제 왕Emperor-King과 그의 대신들은 러시아를 상대로 한 또 한 차례의 전쟁에 성급히 합류할 필요가 전혀 없었다. 삼국동맹의 세 번째 협력국 이탈리아 정부는 납작 엎드린 채 상황을 예의주시하고 있었다. 이 시점에서 실제 총성이 울려 퍼지기 시작한 곳은 베오그라드 단 한 군데뿐이었다.

대전쟁the Great War(제1차 세계대전)의 원인을 둘러싼 논쟁이 끝없이 계속되는 가운데, 그동안은 20세기 초기의 외교 체제가 전쟁의 주범으로 지목된 적이 많았다. 이와 관련해 종종 나오는 주장은 삼국동맹과 삼국협상이라는 적대적 두 블록의 논리를 통해 전쟁 쪽으로 주사위가 굴러갔다는 것이다. 당시에는 거대한 경제적·정치적 힘들이 존재했고, 이것들이 만들어낸 '지정학적 합의'에 따라 삼국동맹과 삼국협상 양측은 자신들이 반드시 동맹을 지원해야만 하며 자칫 행동에 나서지 않았다간 혹독한 대가를 치르게 될 것이라는 데 생각이 모아졌다. 이러한 합의가 외교관들의 손을 묶어버렸고, 그 결과 이들은 발칸반도의 사소한 사건 하나가 전 세계적 사태로 비화하는 끔찍한 길을 향해 자신들도 모르게 내달리게 됐다는 주장이다. 그러나 이런 주장은 검증해볼 필요가 있다. 제1차 세계대전에서 연합국과 싸운 동맹국Central Powers은 애초부터 삼국동맹의 틀에 묶여 있었다. 실제로도 오스트리아가 공격 당할 경우, 독일은 자국의 동맹 오스트리아를 지원해야 하는 처지였다. 하지만 오스트리아는 공격당하지 않았고, 따라서 빈은 기존의 평화협정 내용을 들먹일 수 없었다. 사라예보의 암살은 오스트리아에 대한 전쟁행위로 간주할 수 없었던바, 베오그라드가 오스트리아의 최후통첩에 회유하는 반응을 보낸 이후로 특히 그러했다. 그뿐 아니라, 독일은 뼈아픈 사실이기는 하지만, 자신의 세 번째 동맹 이탈리아가 절체절명의 상황이 아닌 한 절대 오스트리아 방어를 위해 무기를 집어들 리 없음을 알았다. 따라서 세르비아를 응징하겠다는 오스트리아의 결의도, 이에 대해 오스트리아가 독일에 승인을

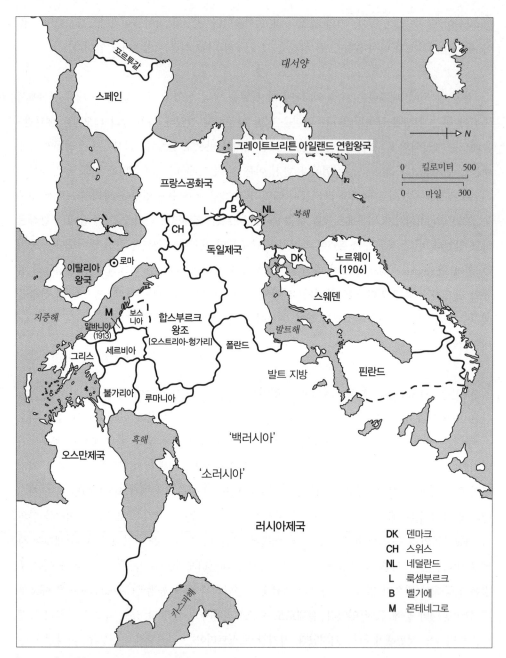

[지도 23] 유럽, 1914

구한 것도 삼국동맹의 선결 요건은 아니었다.

삼국협상의 경우에는 의무의 사슬이 훨씬 헐거웠다. 삼국협상은 말 그대로 협상이지 동맹이 아니었다. 러시아와 프랑스는 만에 하나 공격을 당할 시, 평화조약의 내용에 따라 서로를 도울 의무는 있었다. 그러나 이들은 삼국협상의 세 번째 국가 영국이 자신들을 지켜주기 위해 무기를 집어들 의무를 공식적으로는 지고 있지 않다는 사실을 통렬하게 인식하고 있었다. 그뿐만 아니라, 삼국협상의 강국 어디도 베오그라드와는 동맹관계가 아니어서, 오스트리아가 세르비아를 침공하더라도 그것이 전쟁명분casus belli이 될 수 없었다. 특히 러시아-세르비아 사이의 조약도 전혀 실행되지 못하는 터였다.[80] 1839년의 조약에 따르면, 영국은 벨기에의 독립을 지켜주기 위해 노력해야 했다. 하지만 그것은 삼국협상에서 해야 하는 일들보다 훨씬 오래전에 떠맡은 해묵은 임무였다. 따라서 외견과는 달리 1914년의 외교 체제는 유럽의 국가들이 노회하게 협의할 수 있는 여지를 상당 부분 남겨주고 있었다. 그 안에서 독일은 어느 상황에서나 오스트리아를 지원해야 할 의무를 지고 있지 않았고, 러시아도 세르비아를 지원할 의무가 없었으며, 영국 역시 러시아나 프랑스를 지원하지 않아도 됐다. 당시 내려진 핵심적 결정들은 거의 하나같이 "명예" "우정" "두려움" "편의"라는 말로 정당화됐을 뿐 각국의 조약을 통해 정당화되지는 않았다. 그러나 어떤 경우가 됐든 지금은 외교 체제보다 외교관들을 더 자세히 살펴보는 것이 적절할 것이다.

팰러던의 그레이 백작 에드워드 그레이 경(1862~1933)은 영국 신사에 딱 걸맞은 인물이었다. 잘생긴 얼굴에, 겸손하고, 앞에 나서기를 꺼려한 그는 조국을 위해 봉사하겠다는 생각으로 투철했다. 조지 버나드 쇼는 장난삼아 그를 "전형적 영국인 융커"라 불렀다. 그레이 경은 노섬벌랜드 지방의 유지 가문 출신으로, 이 가문은 1759년의 민덴전투에서 한 선조가 군인으로 활약하면서 처음으로 영국 역사에 등장했으며, 나중에는 휘그파 제2대 백작이 1832년 선거법 개정을 후원하면서 명성을 얻었다. 이 가문의 이름을 가장 널리 알린 것은 제2대 백작, 얼그레이의 이름을 딴 향기가 가미된 인도산 홍차 브랜드를 통해서였다. 에드워드 경 자신도 이제는 프랑스-프로이센전쟁이 일어난 것을 기억할 만큼 나이가 지긋해져 있었다. 그가 여덟 살 때 아버지에게 영국은 두 나라 중 누구 편이냐고 물었을 때 아버지의 대답은 이러했다. "독일인들 편이지." 어린 시절 그는 자신의 두 형제와 함께 배를 타고 윈체스터의 기숙학교에 보내졌고, 이후 옥스퍼드의 베일리얼칼리지를 거쳐 노스버릭 자유당 의원, 1892~1895년 외무차관, 1906~1916년 애스퀴스 자유당 정부의 외무장관으로 흠잡을 데 없는 이력을 쌓았다.[81]

그레이의 생활은 단순함 그 자체였다. 그는 아내 도로시Dorothy에게 누구보다 헌신적이었다. 부부는 함께 자연을 열렬히 사랑하는 삶을 살았고, 그레이는 아내와 떨어져 있을 때에는 하루도 거르지 않고 그녀에게 매일매일 편지를 써서 보냈다. 그녀와 함께 살면서 그레이는 팰러던의 저택을 개조해 야생조류들이 모이는 광대한 보호구역을 만들었다. 그는 틈만 나면 이곳에 들러 낚시를 하고 새들을 관찰하며, 아름다운 글을 쓰는 학자로서의 명성도 쌓았다. 런던에서 장관으로 일할 때는 매주 토요일 아침 6시에 워털루에서 출발하는 기차를 잡아타고, 햄프셔의 이첸 압바스에 자리한 자신의 오두막에서 낚시를 하며 주말을 보내는 것이 성스러운 일과의 하나였다. "아마도 하원에 나가서 기막힌 연설을 하는 것보다 플라이 낚시로 3파운드짜리 송어를 낚는 편이 그에겐 좀 더 짜릿했을 것이다."[82]

그레이는 나중에 이러한 소박한 기쁨들을 소재로 장문의 글을 썼다. 플라이 낚시, 팰러던의 야생 조류, 윌리엄 워즈워스의 〈서곡Prelude〉을 소재로 한 책들이 그의 손을 거쳐 출간됐다.

> 고요하고 축복이 어린 분위기
> 그 속에서 […]
> […] 우리는 잠든 채 누워 있네
> 몸 안에서, 하나의 살아 있는 영혼이 되니
> 조화의 힘, 그리고 저 깊은 곳 기쁨의
> 힘을 통해 고요해진 눈으로
> 우리는 만물의 생명력을 꿰뚫어 보네.

그레이는 한때 초빙강사가 돼 미국에서 일한 적도 있는데 그때 택한 강연 주제도 "여가생활"이었다. 또 외무장관으로 일할 때에는 미국의 전직 대통령 시어도어 루스벨트Theodore Roosevelt를 24시간 동안 꼬박 햄프셔의 시골 지방을 돌면서 즐겁게 해준 일화를 전하기도 했다. 영국을 찾은 전직 대통령은 새소리에 민감한 귀를 가진 것은 물론 조류학에도 조예가 깊었다. 그레이는 루스벨트가 황금깃장식굴뚝새—굴뚝새 종 중에서 유일하게 잉글랜드와 미국 두 곳에 모두 서식하고 있었다— 울음소리를 단번에 알아맞히는 것에 대단히 깊은 인상을 받았다. 그때 그는 다음과 같이 말했다고 한다. "오늘 우리가 듣고 있는 노래들은 분명 역사에 기록되지 않은 인간 종족들의 귀에는 이미 익숙한 노래였을 겁니다."[83]

그레이는 전형적 제국주의자도, 세계 전역을 거침없이 활보한 외교관도 아니었다. 자신의 두 형제와 달리(한 명은 아프리카에서 사자에 물려 죽고, 다른 한 명은 버팔로에게 목숨을 잃었다) 그는 영국 제국의 영토조차 거의 둘러보지 않았다. 프랑스어로 쓰인 글은 읽을 줄 알았지만, 말할 줄 아는 외국어는 없었다. 거기다 유럽 대륙으로 건너가 휴가를 보낸 것을 제외하면 외국에 대해서도 그다지 잘 안다고 할 수 없었다. 그레이는 1890년대의 '위대한 고립' 정신에 매우 투철했는바, 그가 외교 방면에 처음 발 들인 것이 이때였다. 그레이는 영국이 유럽의 정세에 과도하게 개입해야 할 이유를 전혀 찾지 못했다. "개입 금지"와 "우리는 반드시 손을 뗀다"라는 것이 그의 내건 표어였다. 52세가 된 1914년에 그레이의 개인적 삶은 피폐해져 있었다. 아내는 8년 전 마차 사고를 당해 세상을 떠나고 없었다. 그는 자연과 홀로 교감을 해야 했고, 두 눈은 점점 보이지 않았다. 이때 그는 신문도 쉽사리 읽을 수가 없었는데, 백내장과 함께 망막 손상이 심해져가고 있었기 때문이다. 업무의 압박만 없었다면, 1914년 여름 그는 안과의사를 만나러 독일에 건너갔을 터였다.

그레이는 독일에 적대적 견해를 갖고 있지 않았다. 사실 그는 그 어떤 것에도 적의를 갖지 않았다. 다만 독일이 품은 야욕만은 그에게 영 불편하게 느껴졌다. 식민지 경쟁을 둘러싼 논의나 '양지바른 땅'을 얻고자 하는 독일의 바람과는 반대로, 그레이는 카이저의 야욕이 다른 데를 향하고 있다고 판단했다. 전쟁이 끝나고 난 뒤 그는 이렇게 썼다. "독일이 진정으로 원한 것은 독일의 깃발이 펄럭이는 속에서 [···] 온화한 기후와 비옥한 땅이 있는 곳 즉 자신의 백인 주민들이 살아갈 곳이었다. 그런 공간을 제공할 여력이 우리에게는 없었다."[84] 한편으로 그레이는 동유럽에 관해 독일이 품고 있는 구상이 영국 제국에는 위협이 되지 않는다는 주장에도 동의하지 않았다.

사라예보 사건 이후 한 달 동안 이어진 대부분의 뉴스는 유럽의 위기와는 거의 아무 상관이 없었다. 대공이 저격당한 그날 오후, 로스차일드 남작의 경주마 사르다나팔Sardanapale이 간발의 차로 파리 그랑프리 대회에서 우승했다. 1914년 7월의 한 달 동안 영국의 달력은 여느 여름철과 다름없는 소식들로 가득 차 있었다.

2일 조지프 오스틴 체임벌린 사망.

3일 장-바티스트-카미유 코로 작作 〈님프들의 춤〉이 크리스티 경매에서 6600기니에 낙찰

4일 하버드대학이 국제보트경주에서 그랜드챌린지컵 획득

7일 건지섬 캉디드 공원에서 빅토르 위고 동상 제막식이 열림

9일 영국 성공회에서 여성의 교구위원회 참석을 허용함

11일 런던-파리-런던의 비행기 경주에서 7시간 13분 6초의 기록이 수립

12일 1300회 성 시기스베르트 기념 축제가 스위스의 디센티스에서 열림

16일 인디언 족장의 딸 포카혼타스를 추모하며 제작된 스테인드글라스 작품 제막식이 미국 대사가 참석한 가운데 그레이브젠드 교구 교회에서 열림

24일 아일랜드 자치법 통과를 위한 회담이 결렬됨

26일 아일랜드 총기 사건 직후, 하우스에서 스코틀랜드 보더러 연대가 군중에게 총격을 가함

31일 파리에서 프랑스 사회주의의 수장인 장 조레스가 피살당함

8월 1일 어니스트 섀클턴 경이 이끄는 원정대가 남극을 향해 출항함[85]

그러다 7월 31일 처음으로 영국 런던에 진정한 곤경의 징후가 나타나, 주식시장이 폐장하고 잉글랜드은행 할인율이 8퍼센트까지 치솟았다. 8월 2일 일요일에는 '민족을 위한 기도회'가 영국 전역의 교회당과 예배당에서 열렸다. 불길한 징조를 전하듯, 8월 3일로 예정돼 있던 카우스 요트경주Cowes Regatta도 취소됐다.

1914년의 위기 동안 에드워드 그레이가 행한 일들에 대한 평가는 찬사와 맹비난을 동시에 받았다. 초대 해군장관 윈스턴 처칠Winston Churchill은 그레이의 숭배자였다.

> 그레이는 a)전쟁을 막고 b)전쟁이 일어날 경우 프랑스를 져버리지 않는 것, 이 두 가지 모두를 위해 각고로 노력했다. 나는 […] 그의 냉철한 기술을 […] 경의에 찬 눈으로 바라보았다. 그는 독일인에게 우리가 작금의 상황을 잘 인식하고 있음을 깨닫게 해야 했다. 프랑스나 러시아가 우리를 마음대로 주무를 수 있다는 생각을 갖지 못하게끔 하면서.86

영국의 대표적 자유주의 언론《맨체스터 가디언Manchester Guardian》은 그레이에게 강하게 반대했다. 영국은 끝까지 중립을 지킬 것이라고 믿은 상황에서 전쟁 선포는 끔찍하게 느껴졌다. 신문은 "지난 수년 동안 [그레이가] 온전한 진실을 뒤에 감추고 있었다"라고 성토했다.87

재무장관 데이비드 로이드 조지David Lloyd George 역시 그레이에게 매우 비판적이었다. 1914년 초반부터 그는 영국과 독일의 관계가 "지난 수년 동안 훨씬 우호적이 됐다"라고 믿었기에 이제는 군비 지출을 삭감할 때가 왔다고 주장해온 터였다. "그레이는 우리 영국 정치인 중 누구보다 편협한 사람이다"라고 그는 나중에 썼다. "그에게는 노섬벌랜드 땅으로 충분히 족할 것이다." 이와 함께 로이드는 자신이 생각하는 그레이의 치명적 결함을 지적했다. "그레이가 적절한 때를 골라 영국이 전쟁 선포를 할 것이라고 독일에 경고만 했더라도 […] 이 사안은 전혀 다른 식으로 전개됐을 것이다."88

독일에서도 이와 비슷한 비판들이 더욱 날 선 어조로 표명됐다. 많은 이가 그레이를 "사태를 망친 인간" "교활한 위선자" "전쟁 수석 설계자"라고, 그로 인해 독일이 나락으로 떨어졌다고 믿었다. 심지어 그레이의 선의를 이해하고 있던 독일인들조차도 그에 대해 혹독한 평가를 내렸다. "에드워드 경은 자신의 손이 확실히 배의 키를 잡고 있다고 믿었다. 다른 이들도 배의 키 위에 손을 올리고 있다는 사실을 알지 못한 채 말이다." 그는 "인간으로서 두 종류의 가치 […] 이중의 도덕성을 지녔던 사람이다."89

그레이는 전쟁이 끝난 후에도 집합적 유죄collective guilt에 대해서는 물론, 외교관들의 실책에 대해서는 더더욱 말을 아꼈다. 오히려 그는 이와 관련해 일본의 일화를 꺼냈다. 언젠가 한 일본인 외교관이 그레이에게 다음과 같이 말한 적이 있었다. "우리 일본은 과거에도 예술가들의 나라였습니다. 하지만 우리가 목숨을 앗는 방법을 터득한 지금에야 […] 당신은 우리가 문명화됐다고 말하는군요."[90]

사실 에드워드 그레이 경은 매우 뒤늦게—7월의 마지막 주에— 전쟁의 길로 들어서기 시작했다. 7월 25일 그는 여느 때와 다름없이 이첸 압바스에서 주말 낚시를 즐기기 위해 —"동요되지 않는 담담한 심정으로 […] 혹은 뻔뻔하게도 자신의 의무를 내팽개친 채로"[91]— 여정에 올라 있었다. 이 단계에서 "그는 전쟁을 할 생각이 전혀 없었다." 애초 그는 오스트리아를 동정했으나, 그가 보기엔 오스트리아가 세르비아의 유화적 입장을 단칼에 거절하면서 사태가 일파만파로 커진 듯했다. 그가 당시 가졌던 확신은 유럽의 강국들이 나락으로 떨어지지 않기 위해 몸을 사릴 것이라는 점, 전쟁이 발발할 경우 영국은 프랑스를 지원할 수밖에 없으리라는 것, 하지만 영국은 실행하지 못할 약속을 해서는 안 될 것이며, 따라서 우리(영국 정부)는 반드시 "독일을 상대로 교섭을 해야만 한다"라는 것이었다. 7월 26일 리처드 홀데인Richard Haldane 자작과 저녁식사를 마친 뒤 그는 독일의 밀사 알베르트 발린Albert Ballin과 이야기를 나누었고, 발린은 독일이 벨기에를 완전히 "집어삼키지" 않는 한 영국은 계속 중립 상태로 남아 있을 것이라고 본국에 보고했다. 7월 27일에는 그레이가 국제회의를 제안했으나 이 제안이 받아들여지지 않는다는 걸 그는 곧 알게 됐다.

독일과 러시아 양국 모두가 동원령을 내려둔 7월 31일에도 그레이는 여전히 그 어느 쪽에도 적극적 입장을 표명하지 않았으나, 독일이 불가침조약 관련 제안을 해온 것에는 거부 입장을 전한 터였다(뒤의 내용 참조) 8월 1일 토요일, 햄프셔 여행을 취소한 그레이는 브룩스클럽에서 저녁식사를 했고 이후 그곳에서 당구를 치는 모습이 목격됐다. 8월 2일에는 전례 없이 일요일에 열린 각료회의에 참석했으나, 장관들은 독일의 벨기에 침공이 불러올 결과들에 대해 명확한 결론을 내리지 못했다. 추밀원 의장 존 몰리John Morley와 통상장관 존 번스John Burns를 비롯한 몇몇 각료들은 영국이 중립 상태를 지키지 않으면 직위에서 물러나겠다는 의사를 표명했다.

에드워드 경의 8월 3일 일과표는 또 한 차례의 오전 각료회의로 시작됐다. 점심 식사를 마치고 난 오후 2시, 그는 외무부로 가서 독일대사 카를 막스 리히노프스키Karl Max Lichnowsky 공을 만났는데, 리히노프스키는 이 자리에서 독일의 벨기에 침공이 임박했다는 소식을 전하며 앞으로 몇 시간 안에 에드워드 경이 하게 될 연설의 초안을 자신에게 보여달라고 부탁했다. 그레이는 연설 내용은 사전에 누설할 수 없다고 거절한 뒤, 길을 건너 웨스트민스터궁으로 갔고 오후 3시에 연단에 올라 연설을 했다.

지난주에 저는 우리가 유럽의 평화를 지키기 위해 […] 노력 중이라고 말씀드렸습니다. 오늘 이 순간 […] 유럽의 평화는 이제 지켜질 수 없다는 게 자명합니다. 어쨌거나 러시아와 독일이 선전포고를 해버렸기 때문입니다.

연설에서 에드워드 경은 영국에는 여전히 자국의 정책을 결정할 자유가 있다고 설명했다. 영국은 프랑스-러시아 동맹의 일원이 아니었을 뿐 아니라 "[동맹 협약의] 내용조차 알지 못했다." 그러나 영국이 행동에 나서도록 결정한 요인들을 약술하면서 그는 프랑스가 처한 곤경에 동정을 표하기 시작했다. "오스트리아와 세르비아 분쟁을 둘러싼 전쟁에 프랑스만큼 휘말려 들고 싶지 않았던 나라도 없을 것입니다. 프랑스가 지금 전쟁에 휘말려 드는 것은 명예를 지켜야 한다는 의무감 […] 프랑스와 러시아가 분명 동맹관계에 있다는 점 때문입니다." 그레이는 영국의 이해관계를 일일이 열거하는 과정에서, 영국해협과 1839년의 영국-벨기에조약을 특별히 언급했다. 그리고 이로부터 영국의 '무조건적 중립'은 이제 받아들여질 수 없는 입장이라고 결론 내렸다. 해군이 건재한 까닭에, 전쟁에 발을 들인다고 해서 수수방관할 때보다 고통을 훨씬 더 많이 받을 것도 아니었다. 그러나 '명예와 이해추구의 의무'를 무시할 경우, 영국의 위신은 심각하게 손상될 터였다. 영국은 자신이 짊어진 의무에서 물러서지 않을 것이라고 그레이는 자신했다.

그런 일이 일어날 가능성이 충분히 있어 보이는바, 우리가 이 문제와 관련해 입장을 반드시 택해야만 하는 상황에 처한다면, 저는 […] 전 국민이 단호한 의지, 결의, 용기 그리고 인내로 저희를 지지해줄 것이라 믿습니다.[92]

모호한 논조로 말을 하기는 했지만, 마침내 에드워드 경은 독일이 벨기에와 영국해협 항구들에 대한 위협을 철회하느냐에 따라 영국의 지속적 중립도 조건부로 유지될 것이라는 점을 전 세계에 밝힌 셈이 됐다.

에드워드 경이 연설을 마치자 윈스턴 처칠이 다가와 말했다. "그다음엔 어떻게 하실 겁니까?" "이제는 그들에게 최후통첩을 보내 24시간 안에 벨기에 침공을 멈추라고 할 것입니다."[93] 이 하원의 총리실에서는, 헨리 애스퀴스가 자신을 찾아온 아내를 만나고 있었다. 부인이 말했다. "그래서 이젠 다 끝난 건가요?" "그렇소, 다 끝났어." "그때 헨리는 자신의 책상 의자에 앉아 몸을 뒤로 기댄 채 손에 펜을 들고 있었다. […] 나는 자리에서 일어나 그의 머리에 내 머리를 기댔다. 눈물이 흘러내려 우리는 아무 말도 할 수가 없었다."[94]

1914년 당시 영국의 방어력은 거의 전적으로 해군력에 의존하고 있었다. 초대 해군장관도, 제1해군경 바텐베르크 공자公子 루이스Prince Louis of Battenberg〔제1차 세계대전 이후 바운트배튼Mountbatten이라는 영국식 성으로 바꿨다)도 전쟁을 선호하는 이들은 아니었다. 그러나 공자 루이스는 여름 기동훈련 뒤에 해군 해산을 중지시켰고, 8월 2일에는 해군 전면 동원을 권한 바 있었다.[95] 처칠도 거기에 동의했다. 8월 3일의 이른 시각, 처칠은 자신의 집무실 책상에 앉아 있다가 아내의 편지를 받았다. "이 일은 사악한 전쟁이 되고 말 거예요." 여기에 처칠은 다음과 같이 답했다.

> 여보, 다 끝났소. 독일은 러시아에 전쟁을 선포함으로써 마지막 남아 있던 평화의 희망을 날려버렸소. 거기다 프랑스에 대한 전쟁 선포도 이제 얼마 남지 않은 것으로 보이오.
> 당신의 의견도 마음 깊이 이해하고 있소. 하지만 지금 세상은 광란으로 치닫고 있고, 우리는 자신과 우리의 친구들까지 반드시 돌보지 않으면 안 되오. [⋯] 사랑스러운 고양이, 나의 소중한 사랑, 당신을 열렬히 사랑하는 W가. 우리 새끼 고양이들에게 입 맞춰주오.[96]

그레이와 이야기를 나눈 뒤, 처칠은 총리에게 메모를 하나 보냈다. "그렇게 해도 된다면, 영국-프랑스 해군을 보내 영국해협을 지키겠습니다."[97]

8월 4일 화요일은 런던에는 기다림의 시간이었다. 독일 군대가 무력을 앞세워 벨기에의 국경을 넘었다는 소식이 전해진 것이 이날 아침이었다. 오후 2시 영국은 베를린에 최후통첩을 보내며 그날 중으로 응답할 것을 요구했다. 애스퀴스는 막역한 여자친구 베네치아 스탠리Venetia Stanley에게 이런 편지를 썼다. "윈스턴은 지금 자신의 몸통을 온통 출진물감warprint(북아메리카 인디언 등이 출진 전에 얼굴·몸에 바르는 물감)으로 칠을 하고는, 해전을 한판 벌이자고 성화하고 있어 [⋯]."[98] 이 시각 독일 선박 두 척이(괴벤호와 브레슬라우호) 지중해를 지나 터키를 향해 가고 있었다. 영국군은 이 선박들을 나포할 수 있을 것이라 자신했다.

밤 11시(베를린은 이때 이미 자정이었다), 최후통첩의 기한이 다하도록 독일의 답은 오지 않았다. 15분 뒤 다우닝가 10번지에서 내각회의가 소집됐다. 당시 상황을 후일 데이비드 로이드 조지는 애스퀴스 부인에게 보내는 개인 서한에 다음과 같이 묘사했다.

> 밝게 불이 켜진 방 안으로 윈스턴이 급히 뛰어 들어왔습니다. 밝은 얼굴과 열의에 차서 그는 지중해, 북해, 그리고 하느님께서 아시는 요소요소에 어떤 식으로 전보를 보내고 있는지 이런저런 말들을 정신없이 쏟아냈습니다. 당신도 그 자리에 있었다면 그 순간 그가 얼마나 행복한 사람인지 알 수 있었을 것입니다.[99]

그 순간 해군장관은 영국의 전 함대에 다음과 같은 내용을 전달했다. "지금 당장 독일에 적대행위를 개시한다." 당시 영국 정계를 이끌던 주력 정치인들의 성향과는 정반대로, 이제 영국은 평화적 중립노선을 내던졌다. 이 결정으로 말미암아 유럽 대륙의 전쟁이 전 세계적 전쟁으로 비화하게 됐다.

영국의 전쟁 선포는 현대 들어 가장 커다란 외교 재앙에 최종 봉인을 찍어준 셈이었다. 이렇게 해서 외교관들이 지난 몇 달 동안 머릿속에서 그려온 것 중에서 그야말로 가장 끔찍한 시나리오가 완성됐다. 영국의 전쟁 선포는 네 번째였다. 첫 번째는 오스트리아에서, 두 번째와 세 번째는 독일에서 했다. 주도권을 쥐고 전쟁에 돌입하는 국가 가운데 삼국협상에 속한 강국은 영국뿐이었다.

4주 전, 빈이 사라예보 사건에 대해 베오그라드에 만족할 만한 해명을 요구했을 때만 해도 분석가들은 유럽의 위기는 네 가지 방식 중 하나로 해결될 수 있으리라 예견했을 것이다. 일단 보스니아 사건 이후 1908년에 그랬던 것처럼, 전쟁 없이 상황이 해결되리라고 충분히 생각할 수 있었다. 다른 한편으로는 오스트리아와 세르비아에 국한된 국지전이 발발할 가능성이 있었다. 세 번째로는, 유럽의 강대국들이 자제력을 보이지 못한다면, 유럽 대륙을 아우르는 전쟁이 불붙을 수도 있었으니 당시의 외교 동맹이나 참모본부의 작전 계획이 세워지고 있었던 것도 바로 이런 전쟁을 염두에 두고서였다. 이 경우 독일과 오스트리아는 러시아와 프랑스를 상대로 대치를 할 터였고, 영국은 계속 중립 상태로 남아 있었을 터였다. 마지막으로, 그럴 리는 없겠지만, 영국이 전쟁에 직접적으로 관여하게 돼 통제 속에 행해지던 대륙 전쟁이 전적으로 통제불가능한 전 세계의 분쟁으로 확대될 수 있다는 것이었다. 런던과 베를린 사이 외교관계가 유럽의 여타 수도들 사이 외교관계보다 훨씬 중요했던 이유가 바로 여기에 있었다. 빈이 국지전을 여는 핵심 열쇠이고 베를린이 대륙 전쟁을 여는 핵심 열쇠였다면 런던은 국제 분쟁을 일으킬 핵심 열쇠였다.

똑똑한 학생들이라면 아마도 누구나 당시 영국의 관여가 왜 그토록 사태를 특별히 꼬이게 했는지 그 이유들을 충분히 열거할 수 있을 것이다. 전략적 관점에서 보면, 영국의 자산은 전 지구에 두루 퍼져 있었고, 따라서 영국의 운명은 단순히 유럽의 이해관계에만 영향을 끼치지 않을 것이었다. 정치적 관점에서 보면, 1914년만 해도 영국제국은 여전히 전 세계에서 가장 강력한 제국이었고, 따라서 영국을 상대로 전쟁을 벌이는 것은 패권을 차지하기 위해 세계에 도전장을 던지는 것으로 여겨질 것이었다. 경제적 관점에서 보면, 영국은 여전히 세계 금융의 중심지였다. 당시 영국의 기술력 및 산업력은 더 이상 독일에 미치지 못했지만, 영국은 어마어마한 자원을 동원할 여력이 있었다. 외교적 관점에서 보면, 거만한 '앨비언Albion(영국이나 잉글랜드를 가리키는 옛 이름)의 주군들'은 절대 패배를 몰랐다. 이들은 형언하기 힘들 만큼의 자신감, 독선적 태도, 불충不忠을 가지고 있기로 명성이 높았다.

그러나 가장 중요한 부분인 순수한 군사적 관점에서 보면, 영국은 와일드카드이자 스포일러이자 참가자로서 영국의 행보가 사태에 어떤 영향을 끼칠지를 전혀 예측할 수 없었다. 해군력의 패권 덕에 영국제도는 유럽 대륙에서 가장 결정적인 전역이 치러지는 상황에서도 명맥을 유지해올 수 있었다. 동시에 영국은 카이저(빌헬름 2세)가 "경멸받을 만한 정도로 작은 군대a contemptibly small army"*라 했을 만큼 소규모 군대를 보유한 유일한 나라였는바, 영국은 징집을 통해 군대의 규모를 차츰 확대해나가기 전까지는 유럽 대륙에서 큰 역할을 할 수 없었다. 영국 정부는 갑작스레 패해도 전전긍긍하지 않아도 되고, 또 전쟁이 장기전으로 이어져도 2~3년 새에 오히려 군사적 역량을 꾸준히 키워나가는 예외적 사치를 누릴 수 있는 위치에 있었다.

이와 같은 사실들은 분명한 결과들을 가져왔다. 만일 대륙에서의 전역이 초반 단계들에서 프랑스와 러시아에 유리하게 전개됐다면, 영국의 참전은 결정적 승리를 거두게 될 나라를 편드는 쪽으로 균형을 잡았을 것이다. 그러나 상황이 동맹국들에 유리하게 돌아갔다 해도, 베를린과 빈은 어떤 식이든 그런 유리한 결과를 기대할 수 없었을 것이다. 설령 프랑스와 러시아 군대가 최초의 격돌에서 대패를 당한다 해도, 동맹국들은 (나폴레옹 시대의 프랑스가 그랬던 것처럼) 여전히 반항적이고 패배를 모르는 영국을 상대해야 했을 것이고, 영국은 아마 모든 간계를 동원해 그들을 상대로 새 동맹을 구축할 것이었다. 또 만일에 초반전에서 결정적 승부가 나지 않았다 해도, 영국은 그 누구보다 유리한 위치에서 전쟁의 후반 격전 때 자국의 상대적 강점을 쌓을 수 있었을 것이다. 독일과 달리, 영국이 유럽 대륙의 전역에서 승리를 거둘 가능성은 없었다. 하지만 영국은 그렇게 쉽게 패배할 나라도 아니었다. 다시 말해, 어떤 일이 일어나든 상관없이, 영국은 당시 모든 독일인 장군들이 꿈꾸었던 신속한 '제한전limited war'에 대한 구상을 여지없이 무너뜨릴 능력을 갖고 있었다.

한편 당시의 군국주의에 대해서도 많은 논의가 있었다. 미국인으로서 1914년에 베를린을 찾은 에드워드 하우스Edward House 대령은 독일의 과장된 프로파간다를 보고 충격을 금치 못했다. 그러나 원래 당대에 군사상의 허세와 과장을 보이기는 모든 강국이 마찬가지였다. 차이가 있다면 기껏해야 스타일의 차이뿐이었다. 1939년과 달리, 1914년에 모든 나라의 군사적 윤리는 명예규율과 단단히 얽혀 있었다. 당시 사태를 지켜본 한 독일인은 씁쓸하다는 듯 이렇게 말했다. "영국의 군국주의는 [영국인들에게는] 신의 것이라고 간주되고, 독일의 군국주의는 악마의 것으로 간주된다."[100] 전문적 군사 지식도 활발히 활용됐다. 어떤 이는 영국해협을 장악하는 문제에 관심을 기울이기도 했다. 영국과 프랑스 해군의 참모들은 이미 프랑스의 해군력을

---

* 이 말은 영국에서 "작고 경멸받을 만한 군대a small contemptible army"로 잘못 번역돼 널리 알려졌다. 그리고 이 말에서 1914년 영국의 프랑스 파병군의 별명인 "늙고 경멸받을 만한 자들The Old Contemptibles"이 생겨났다.

지중해에 집중시키는 한편, 영국해협을 순찰하는 일은 영국 해군이 맡아야 한다고 사전에 합의한 터였다. 이 말은 곧 벨기에서 벌어진 프랑스-독일 간 전역에서 영국이 중립을 지킬 경우, 독일 전함이 마음대로 프랑스와 영국의 해안가로 질주해올 수 있다는 뜻이었다. 또 다른 중요한 세부 사안은 동원 절차에 관한 것이었다. 독일의 법조항에는 "전쟁 임박 상태"라 불리는 전쟁 예비 단계가 마련돼 있었고, 이 단계를 지나 2단계에 가면 총동원이 거의 즉각적으로 완결될 수 있었다. 실질적 측면에서, 독일의 전쟁준비선언Kriegsbereitschaft은 다른 나라의 총동원령 선언에 맞먹었다.

이상이 테오발트 베트만-홀베크 총리(재임 1809~1817)가 이끈 독일의 외교관들이 최후의 결전에 임하기 전 자신들의 마음을 바꿀 수밖에 없던 일련의 상황이었다.

테오발트 폰 베트만-홀베크Theobald von Bethmann Hollweg(1856~1920)는 전형적 프로이센 공무원이었다. 박식하고 예의 바르며 성실한 그는 평생을 국가 관료제의 상층부에 머물렀다. 그의 가문은 프랑크푸르트에 근거를 두고 금융업을 해온 집안으로, 후일 베를린으로 이주해 2세대 전에 귀족 가문으로 승격했다. 가문이 명성을 얻게 된 것은 테오발트의 조부 모리츠 아우구스트Moritz August 때로, 법학 교수였던 조부는 스스로를 비스마르크 정권에 저항하는 자유주의자로 규정했다. 조부가 크게 못마땅해 했던 프랑스-프로이센전쟁 때, 테오발트 자신은 나이가 너무 어렸던 까닭에 군 복무를 면했다. 테오발트는 동생 막스와 함께 타지로 나가 포르타왕립학교에서 수학한 후 스트라스부르와 라이프치히에 머물며 법학 공부까지 마친 뒤 그 어렵다는 고등 공무원 시험들을 줄줄이 통과했다. 학교에 다닐 때에도 우등생이었고 20대 후반에는 법학 이론에서 박사학위를 취득한 만큼, 그는 관료계급의 사다리를 번개처럼 치고 올라갈 준비가 완벽하게 돼 있던 셈이었다. 포츠담에서 주정부위원회Oberpräsidialrat, 브롬베르크(비드고슈치)에서 행정관구청장Regierungspräsident, 마르크 브란덴부르크에서 주지사Oberpräsident로 일한 데 이어, 1905년에는 내무장관, 1907년에는 부총리, 1909년 이후로는 제국 총리 및 프로이센 총리로 재임했다. 그때부터 1917년 7월까지 유럽에서 가장 막강한 힘을 자랑하는 국가의 모든 민간 정책과 국내 및 해외 정책은 모두 그의 소관이었다.[101]

베트만-홀베크는 전형적 융커는 아니었다. 베를린 동부 호엔피노의 근사한 땅을 물려받기는 했지만, 이 영지Rittergut는 그의 조부가 매입한 땅으로, 가문의 전통이 깊이 뿌리내리고 있지는 않았다. 젊은 시절 그는 제15중기병 지방 연대에서 복무했으나, 학교를 졸업한 후 1년을 복무한 것이 전부였다. 그는 호엔피노에 ―오데르강을 굽어보는 7500에이커의 절벽지대 한가운데를 참피나무가 서 있는 큰 길이 가로지르고, 그 끝에 빨간 벽돌로 쌓아올린 3층짜리 건물이 자리잡고 있었다― 깊은 애착을 가졌다. 홀베크는 "나와 나의 집은 주군을 위해 봉사할 것이다Ego et domus mea serviemus domino"를 모토로 택하고 살았다. 하지만 그는 젊은 시절 한동안은 불안 감과 낭만주의에 젖어 방랑벽을 버리지 못했으니, 시를 탐독하고 자유분방하게 살아가는 친구들과 어울리며 아이펠산과 지벤게비르게 일대를 떠돌곤 했다. 또 공무원 시험을 제쳐두고 집을 떠나 텍사스 땅을 매각하려 한 동생 때문에 황당한 상황에 처했다. 홀베크는 제국의회에 진출하기 위해 지역 선거구에서 출마한 적도 있었다. 근소한 표 차이로 홀베크는 의원에 당선됐지만, 선거위원회가 절차상의 문제를 들어 그의 당선을 무효화했다. 이후 그는 절대 대중 정치라는 모험에 뛰어들지 않았다. 홀베크와 결혼한 여인은 마르타 프뮐 빌켄도르프Martha Pfuel-Wilkendorf 라는 인습에 얽매이지 않는 다소 자유분방한 아가씨로, 홀베크가 제국의 최고위직을 제안받았을 때 그녀는 이렇게 말했다. "여보, 테오, 당신은 그 일 못해요!"[102]

베트만-홀베크 개인의 성격은 단순함과는 거리가 멀었다. 물론 규칙적 생활이 늘 몸에 배어 있어서, 심지어는 베를린에 가서도 아침 7시면 말을 타며 격렬하게 아침 운동을 하곤 했다. 그러나 그의 규칙적 습관이 효율성이나 결단력에는 별반 도움이 되지 않았다. 베트만-홀베크는 지극히 논리정연했으며, 수많은 정보를 꿰뚫고 있었다. 하지만 그는 형세를 관망하고 마는 매우 치명적인 경향이 있어서, 영민한 정치인이라면 피하고 봐야 할 여러 과오를 거듭 범하곤 했다. 그는 당시 카이저의 측근으로 자리잡은 기득권층 군부 세력과 원만히 지내는 것을 특히나 난감해했다. 그러면서도 독일 정계에서 다소 세력이 약해진 민주주의 진영에 큰 힘을 행사한 사회민주당 당원들도 두려워했다. 그가 총리직에 있을 때 벌어진 일들의 내부 정보는 상당수 그의 개인비서 쿠르트 리츨러Kurt Riezler의 일기에서 유출된 것으로, 1914년도의 위기 상황 내내 그는 베트만을 칭송하며 그의 곁에서 일했다. 리츨러는 다음과 같이 말했다. "그는 일을 망치는 능력도 대단하지만, 그에 못지않은 교활함도 갖고 있다."[103] 베트만-홀베크의 전기작가는 그에게 "공격적이라 할 만큼 자의식 방어가 강한 성향"이 있었다고 말한다.[104]

베트만-홀베크가 고위직에 오를 수 있었던 것은 공무원으로서의 오랜 연륜 때문이었지만, 동시에 그가 보수파와 급진파 사이에서 중도를 지킬 수 있다는 믿음 때문이기도 했다. 독일인의 기준에 의하면, 그는 매우 온건한 보수주의자였다. 외교 정책에서 그는 누구보다 평화를 위해 노력한다는 말을 자주 입에 올렸으며, 군국주의의 위험성에 대해서도 경고했다. 이 때문에 베트만-홀베크는 범독일연방의 눈엣가시였고, 범독일연방에서는 그의 사퇴를 요구한 적이 많았다.

베트만-홀베크가 제국을 이끌어간 원칙은 전쟁 없는 세계대국Weltmacht und kein Krieg이었던 것 같다. 전년 11월만 해도 그는 황태자가 자제력을 갖지 못했다며 심하게 질책한 바 있었다. "복잡하게 얽힌 모든 외교적 사태에 칼을 맞대고 싸우는 것은 […] 앞을 못 보는 것일 뿐 이니라 범죄이기도 합니다."[105] 그는 사라예보 사건 직후의 전망에 대해 한동안 고심한 뒤에 리츨러에게 이런 심경을 밝혔다. "어떤 식이든 전면적 분쟁이 일어나면, 기존의 모든 상황을 뒤엎는 사태로 이어질 것이다."[106] 2주 후, 베트만-홀베크는 황태자가 요란한 성명을 낸 것과, 언론의 특정 지면에 실린 기사들에 대해 카이저에게 개인적으로 항의했다.

1914년 7월, 58세의 나이에 접어든 베트만-홀베크 개인적 삶도 불과 2개월 전 아내가 먼저 세상을 떠나면서 피폐해져 있었다. 이제 그는 혼자서 쓸쓸히, 혹은 비서 리츨러와 함께 호엔피노와 베를린을 오가고 있었다. 사실 잉글랜드에 대해 베트만-홀베크가 갖고 있던 감정은 매우 호의적이었다. 전쟁에 나갔다가 사망한 그의 아들 에른스트Ernst는 1908년 옥스퍼드대학에서 로즈장학생 자격으로 공부를 했다. 위기가 터지기 전 베트만-홀베크가 한 모든 말과 글에는 자신은 누구보다 영국-독일 간의 화해와 협력을 바란다는 입장이 강조돼 있었다.

베트만-홀베크의 이와 같은 행보는, 그와 가장 가까웠던 동료들을 제외하고는, 거의 찬사를 끌어내지 못했다. 쿠르트 리츨러는 압박에 시달리는 동안 베트만-홀베크가 보여준 불굴의 의지에 탄복하면서, 그의 '양심'을 에드워드 그레이[영국 외무장관]의 '냉철한 위선'과 비교했다. "총리야말로 19세기 전반부가 길러낸 인물이며, 더 이상적인 문화의 계승자였다."[107] 그러나 카이저[빌헬름 2세]는 무자비했다. 7월 중반에 사태가 잘못되기 시작해 베트만이 사의를 표명했을 때, 카이저는 이렇게 말했다고 한다. "이 스프를 끓인 건 자네가 아닌가. 그러니 자네가 해치우게."[108] 함부르크-아메리카해운사 사장이자 런던과의 사이에서 비밀 연락망 역할을 한 알베르트 발린 Albert Ballin은 더 이상 일말의 동정도 표하지 않았다. 전임 총리의 친구였던 그는 베트만-홀베크를 '폰 뷜로의 복수'라고 부르며 그가 "무기력하고" "수동적이고" "추진력이 없으며" "너무도 기량이 부족하다"라고 이야기했다. "베트만-홀베크는 논리정연함에서는 보기 드물게 탁월한 능력을 가졌지만 […] 정치판은 추악하다는 사실을 미처 몰랐다"라고 그는 말했다.[109] 전임 총리 폰 뷜로는 그의 눈에 치명적 결점으로 여겨지는 것을 이렇게 지적했다. "사라예보 사건 이후 어떤 식이든 세르비아와 오스트리아-헝가리 사이에서 벌어지는 위법을 우리가 절대 용인하지 않을 것임을 밝히는 것만으로도 빈에게는 아주 충분했을 것이다."[110]

잉글랜드에서도 베트만-홀베크에 대해 가차 없는 비판 여론이 일었다. 대중 언론에서는 그가 "무성의하고" "결단력 없는" 인물일 뿐 아니라 "정치 도덕에 관해 프로이센과 전혀 다르지 않은 사고관"을 가지고 있다고 입을 모았다. 베트만-홀베크는 독일이라는 나라의 조종간을 쥐고 있던 것이 군부라는 사실을 미처 깨닫지 못한 채 독일 외교를 이끌어갔다는 것이 세간의 중론이었다.[111] 전쟁이 끝나고 난 후 베트만-홀베크는 공동 책임을 강하게 주장하게 된다. 《회고록》에서 그는 "모든 나라에 다 죄가 있다"라는 주장을 굽히지 않았다. "전쟁이 일어난 데에는 독일의 책임도 크다."[112]

베트만-홀베크가 전쟁의 길로 들어선 것은 1914년 7월의 첫 번째 주였다. 외무장관이 신혼여행을 떠나 그의 자리가 공석이 됐던 탓에, 베트만-홀베크는 당시 독일 외교를 처음부터 직접 이끌었다. 그는 시종일관 국제 분쟁을 피하고자 하는 자신의 결의를 분명히 밝혔다. 7월 5일 아침, 카이저는 베트만-홀베크를 불러 오스트리아가 세르비아의 분쟁에 독일의 지원을 요청한 데 대한 자문을 구했다. 이때 두 가지 상충하는 결정이 내려졌다. 하나는 직접적 반응은 되도록 자제하자는 것이었고, 다른 하나는 프란츠 요제프 1세에게 독일이 그를 버리는 일은 없을 거라는 점을 확실히 밝히자는 것이었다. 이날 오후 베트만-홀베크는 카이저가 주재한 군부자문회의에 참석했는데, 현 사태에 러시아가 개입하지는 않을 것이며 세르비아는 "되도록 빨리" 응징해야 한다는 의견이 지배적이었다. 이 회의를 계기로 베트만-홀베크는 오스트리아-헝가리의 대사에게 다음과 같이 말했다.

> 빈은 오스트리아와 세르비아의 관계를 명확히 하는 데 필요한 일들이 무엇인지 판단해야만 합니다. 그럼에도 불구하고 이와 같은 사태가 전개되는 과정에서 독일은 동맹이자 친구로서 오스트리아-헝가리의 군주를 지지할 것이라는 사실은 안심하고 믿어도 좋습니다. 어떤 결정이 내려지든 간에 말입니다.[113]

오스트리아가 세르비아를 상대로 전쟁을 벌이면서 독일로부터 그 악명 높은 "백지 위임장 blank cheque"를 전달받았다는 것이 바로 이 대목이다.

8일 저녁 호엔피노로 돌아온 베트만-홀베크는 "밤하늘을 수놓은 별빛 아래의 베란다에 서서" 리츨러와 이야기를 나누었다. 그는 분쟁이 전면적으로 번질 때의 위험에 대해 설명했다. 그런 다음 아무 조치도 취하지 않는 것은 최악의 정책이 될 것이라고 말했다. 무엇보다 그는 러시아에 대한 두려움에 사로잡혀 있었다. "앞으로 미래는 러시아의 것이 될 걸세. 그 힘은 계속 자라 끝내는 갈수록 끔찍해지는 악몽이 돼 우리 머리 위에까지 덮칠 걸세."[114] 따라서 가장 솔직한 심경에서 총리의 의사는 당시 더 큰 목소리를 냈던 장군들과 다르지 않았던 셈이었다. 장군들은 결정을 미룰수록 독일의 입지가 더욱 곤란해질 뿐이라고 생각했다. 그로부터 엿새 후인 14일, 특별한 일은 단 하나도 일어나지 않은 상황에서, 리츨러가 총리에게 다음과 같은 내용의 보고를 올렸다. "지금 우리 독일의 상황은 절망적입니다. […] 이 조치는 암흑 속에서 뜀뛰기를 하는 것처럼 위험천만하지만 그 어느 때보다 진지하게 수행해내야 할 의무입니다." 이 무렵 베트만-홀베크는 이미 대륙 전쟁이라는 '계산된 리스크'에 스스로를 내맡겼던 것으로 보인다.[115]

7월의 셋째 주, 베트만-홀베크는 자신이 벌인 도박에 대해 잘못 생각한 것은 아닌지 의구심을 갖기 시작했다. 퍼즐을 맞추는 데 꼭 필요한 조각들 그 어느 하나도 판에 들어맞지 않고 있었다. 그는 카이저에게 자신의 발트해 유람선 여행 일정을 늘려 독일이 아무렇지 않음을 과시하는 것이 어떻겠느냐고 했다. 자신의 의견이 거절당하고 베트만-홀베크는 조심스레 사의를 표명했으나, 그것 역시 받아들여지지 않았다. 리츨러에 따르면, 당시 총리는 숙명론에 빠져 있었으며 독일의 여론이 오히려 전쟁을 원하는 쪽으로 흐르고 있음을 감지했다고 한다. "방향을 잡아주지 않으면 사람들 사이에서 거대한 전쟁 요구가 일어날 것이다."[116] 베트만-홀베크는 그렇게 인식을 한 후 두 가지의 실질적 행보를 내디뎠다. 그는 내무장관에게 명해 사회주의자, 폴란드인과 함께 자국 안에서 이른바 "제국의 적Reichsfeinde"에 대한 체포를 중지하라고 명했다. 또 사회민주당의 지도자와 비밀회의를 열어 이 반대파에 사태의 위중함을 알렸다. 베트만-홀베크는 이 두 가지 행보는 모두 전쟁에 대한 대중의 반감을 누그러뜨리는 효과를 냈다.

7월 29일, 러시아가 부분 동원령을 내려 베오그라드의 공격에 대응하자 베트만-홀베크는 마침내 전면전의 가능성을 심각하게 고려하게 됐다. 그는 영국에 중립 협정을 제안하면서, 프랑스에 자리한 대도시의 영토들은 반드시 온전히 보전해주겠다고 했다. 그날 밤에는 종전의 입장과는 정반대로, 빈에 "화염에 휩싸인 세계"라는 전보를 보내 화해를 권유했다. 베트만-홀베크의 이런 조치는 그 어느 것도 실질적 효과를 내지 못했다. 그 결과, 독일은 오스트리아의 지원을 확실히 보장받지 못한 채 러시아와 전쟁을 해야만 하는 상황에 처했다. 베를린은 언제든 빈을 도우려는 태세였으나, 이제 빈이 베를린을 도울지 말지는 잘 알 수가 없었다. 동맹은 완전히 어그러졌다.

결정의 순간은 7월 30일에 찾아들었다. 상트페테르부르크에서 날아온 전보를 보고 카이저는 경악했다. 전보의 한 귀퉁이에 그는 "우리를 절멸시키려는 전쟁"이라는 내용의 메모를 휘갈겼다.[117] 베를린은 자신들이 '포위'당했음을 알 수 있었다. 밤 9시, 베트만-홀베크가 군 장성 폰 몰트케와 에리히 폰 팔켄하인Erich von Falkenhayn과 만나 회의를 열었다. 그들은 '즉각적 전쟁 상태'를 선포하기로 결정했고, 그렇게 해서 자동적으로 8월의 첫날에 전면적 대륙 전쟁 발발을 앞둔 카운트다운이 시작됐다. 이런 결정을 내리면서도 그들은 러시아가 총동원령을 내렸는지, 또 벨기에와 영국이 참전 의사를 갖고 있는지 전혀 알지 못했다. 철회가 불가능해진 이때가 주사위가 던져진 순간이었다.

7월 5일과 7월 30일의 두 차례 핵심적 결정과 관련해, 장군들이 베트만-홀베크의 충고를 물리치고 강경하게 주전론을 밀고 나갔다는 주장에는 신빙성이 거의 없다. 카이저가 최후의 수단으로 장군들과 각료들 모두에 대해 전통적 프로이센의 방식이라 할 '통수권Kommandogewalt'을 갖고 있었던 것은 사실이다. 그러나 이 무렵 총리는 그러한 통수권이 자신에게 불리하게 사용될 상황까지 간 적이 없었다. 그는 어쩌다 전쟁에 발을 들이게 된 것이 아니었다. 전쟁을 일으키겠다는 결정을 내린 부류에는 그도 분명 끼어 있었다.[118] 그의 책임을 덜어줄 한 가지 사실은, 종종 연합국의 역사학자들은 간과하곤 하지만, 당시 러시아가 독일만큼이나 성급하게 이미 동원령을 내려두고 있었다는 점이다.

이후로 총리가 주로 염두에 둔 것은 이 사태의 책임을 삼국협상 측에 확실히 돌리는 것이었다. 7월 30일 밤 11시가 됐을 때 총리는 러시아의 총동원이 순조롭게 진행되고 있다는 사실을 알았고, 이 정보를 활용해 얼마 전 한 치 앞도 내다볼 수 없던 상황에서 자신이 내린 결정을 정당화했다. 8월 1일, 베트만-홀베크는 러시아에 전쟁을 선포하는 한편 프랑스에게 프랑스-러시아 동맹을 파기한다는 불가능한 확답을 하라고 요구했다. 발린은 총리 공관 안 정원이 내다보이는 방에 있으면서 이 광경을 직접 접했는데, 베트만-홀베크가 전쟁선포문 초안을 어서 완성하라며 서기관들을 미친 듯이 닦달하고 있었다. "각하, 러시아에 대한 선전포고를 왜 그렇게 서두르시는 것입니까?"라고 발린이 물었다. "그렇게 하지 않으면 이 싸움에 사회주의자들을 끌어들이지 못할 것이기 때문이오."[119] 8월 2일, 브뤼셀의 독일대사가 명을 받고 봉인된 봉투 안에서 편지를 한 통 꺼냈다. 7일 전 폰 몰트케가 미리 써둔 편지였다. 편지에는 실재하지 않는 프랑스의 공격에 대비해 벨기에가 독일의 보호를 받아들여야 한다는 내용이 담겨 있었다. 8월 3일, 독일은 프랑스에 선전포고를 했다.

8월 3일 오후, 에드워드 그레이가 하원에 나가 연설을 하던 그 시각에 베트만-홀베크도 제국의회에 나가 러시아의 '선동'에 대해 연설했다. "러시아 및 프랑스와 전쟁을 벌이는 것은 우리에게 어쩔 수 없는 선택이 됐습니다." 단호한 결의와 의지를 논한 그레이의 연설이 울려 퍼지던 바로 그 시각에, 베트만-홀베크는 이렇게 말했다. "독일 민족 전체는 […] 지금 마지막 한 사람까지 단결해 있습니다."[120]

8월 4일, 독일 군대가 벨기에를 침공했다. 이날 오후 중반 베트만-홀베크는 독일 외무부로부터 영국의 최후통첩이 도착했다는 소식을 전해 들었다. 카이저는 옥좌에 앉아 행한 연설에서 차분한 어조로 "떳떳한 마음과 깨끗한 손으로 칼을 뽑아 들 것"이라고 말했다.[121] 그러나 베트만-홀베크는 새파랗게 질려 있었다. 영국대사가 독일을 떠나겠다는 요청을 해왔을 때, 전례 없이 살벌한 분위기 속에서 고성이 쏟아져 나오는 바람에 총리관저의 벽들이 다 떠나갈 듯했다. 총리는 프랑스어로 고함을 치면서 20분은 족히 대사에게 장광설을 쏟아냈다.

이 전쟁은 지금 잉글랜드의 참전 때문에 한계가 없는 세계적 대참사로 커지고 있어. 프랑스의 보복정책과 범슬라브족의 국수주의를 막는 것은 런던의 손에 달린 일이었다고. 화이트홀은 지금까지 프랑스와 러시아를 막기는커녕, 그들을 거듭 부추겼어. […] [평화를 위한] 나의 노력은 모두 이제 내 손을 떠났네. 그렇게 한 게 누굴까? 잉글랜드야. 그럼 왜 그랬을까? 벨기에의 중립을 위해서였지. 이 중립의 문제가, 우리의 존립 자체를 위해 싸우느라 어쩔 수 없이 어기게 되는 이 문제가, 진정으로 세계대전을 일으킬 이유가 된다고 보는가? […] 홀로코스트 같은 재앙에 비하면, 이런 중립성의 문제는 한낱 종이 쪼가리에 불과하지 않은가? 독일, 황제, 독일 정부는 평화를 사랑하네. 대사도 알겠지, 나 자신도 그렇다는 것을. 우리는 지금 떳떳한 마음을 가지고 전쟁에 돌입하고 있어. 하지만 잉글랜드의 책임은 엄청나게 크다는 사실을 알아야 하네.[122]

대사는 눈물을 쏟아냈다. 외교로 할 수 있는 일은 이제 없었다.

묘한 이야기지만, "종이 쪼가리un chiffon de papier"라는 베트만의 표현은 영국대사가 당시 장광설을 추려놓은 원래 글에는 등장하지 않는다. "등불들이 하나둘 꺼지고 있다"라는 그레이의 표현처럼, 이 숙명적 만남에서 베트만이 정말 이 말을 했는가에는 다소 의심의 여지가 있을 수밖에 없다.[123]

1914년 여름날을 지배한 감정들은 외교관들의 소굴과 멀찍이 떨어진 곳들에서 가장 잘 드러날 때가 많았다.

8월 3일 파리에서 마르셀 프루스트는 군의관으로 복무 중인 동생이 베르됭에 갈 수 있게 파리 동東역Gare de l'Est에 데려다준 뒤, 자정이 지난 시각 오스만대로로 돌아와 자신의 책을 담당하고 있던 에이전트에게 이런 편지를 써서 보냈다. "웰스의 소설에서처럼, 이제 수백만 명이 세계 전쟁에서 대량학살을 당하게 될 겁니다."[124]

잉글랜드에서는 버지니아 울프Virginia Woolf가 서식스주 루이스 인근의 로드멜에서 공휴일을 즐기고 있었다. 8월 3일 오후 4시, 울프는 바네사 벨Vanessa Bell에게 편지를 써 보냈다. "친애하는 바네사, 혹시 집세의 절반—15파운드—을 우리가 떠나기 전에 내어줄 수 있을까요? […] 우체부들이 전해주는 소문들을 들으니 우리 쪽 전함 두 척이 가라앉았대요. 하지만 우리는 알 수 있었어요. […] 여전히 평화가 존재한다는 것을 […] 당신을 사랑하는 마음을 담아."[125]

바로 전주에 다우닝가 10번지에서 애스퀴스 및 처칠과 저녁 식사를 했던 젊은 시인 루퍼트 브룩Rupert Brooke은 그웬 다윈Gwen Darwin(결혼 후인 당시는 라베라트Raverat 부인이라고 불렸다)에게 부리나케 편지를 한 통 보냈다.

방금 모든 게 어그러졌습니다. 저는 독일이 러시아를 산산이 부숴버리고, 그런 독일을 프랑스가 또 산산이 깨부수기를 원합니다. 하지만 그러기는커녕 독일이 프랑스를 여지없이 부수고, 그런 다음에는 독일이 러시아에 일망타진당하지 않을까 두렵습니다. 지금 어떤 식으로든 힘을 가져야 할 곳은 프랑스와 잉글랜드 두 나라뿐입니다. 지금 프로이센은 악마와 다름없어요. 러시아가 힘을 갖게 된다는 것은 유럽도 그렇고, 모든 신사도가 종말을 맞는다는 말이나 다름없습니다. 그런데도 미래는 슬라브 제국의 시대가 될 것 같다는 생각이 듭니다. 전 세계적으로 독재와 광기가 판을 치는 그런 시대가요.[126]

D. H. 로런스는 이때 레이크 지구에서 세 명의 친구와 함께 휴일을 즐기고 있었다.

> 그때 나는 웨스트멀랜드의 거리를 거닐고 다녔다. 모자 위에 수련을 엮어 얹고 다니던 나는 얼마쯤 행복한 기분이었다. […] 나는 비를 맞으며 장난을 쳤고, 코틸리안스키는 히브리 음악 '라나니 사데킴 바다노이Ranani Sadekim Badanoi'를 흥얼거렸다. […] 그런 다음 우리는 배로 인퍼니스로 내려갔고, 그때 전쟁이 선포된 것을 보았다. 우리는 모두 미칠 지경이었다. 배로역에서 병사들이 사람들에게 키스를 하던 모습이며, 한 여자가 자신의 애인에게 본때를 보이라는 듯 소리 지르던 모습이 기억난다. "그 자식들을 만나면, 클렘, 한 방 먹여줘." […] 전차들에는 빠짐없이 "전쟁─맥심 기관총이 일꾼들을 소집하노라"라는 문구가 붙어 있었다. […] 그런 다음 나는 해변으로 내려가 몇 마일을 걸어 다녔다. 평평하게 펼쳐진 모래사장과 희뿌연 바다 위로 노을이 지는 기막힌 광경 […]. 놀랍도록 생동감 넘치고, 또렷한 모든 것의 아름다움이 엄청난 고통과 대비돼 더욱 뚜렷이 드러나 보였다. [127]

독일과 오스트리아에서도 마찬가지로 흥분이 크게 고조되고 있었다. 토마스 만Thomas Mann은 바이에른의 바트 틸츠 온천에 머물며, 전시총동원Landsturm은 언제쯤 소집될까 궁금해하는 중이었다. 그는 형 하인리히Heinrich의 결혼식에 증인으로 서달라는 부탁을 거절하면서 당시 심정을 이렇게 기록해놓았다.

> 전혀 예기치 못한 상태에서 이런 엄청난 사건을 경험할 수 있게 된 것에 감사하면 안 되는 일일까? 지금 내게 느껴지는 주된 감정은 엄청난 호기심이다. 아울러 이 넌더리 나고, 이해불가하고, 저주스러운 독일에 그 어느 때보다 깊은 공감이 우러나온다는 사실도 인정하지 않을 수 없다. 독일이 지금까지 '문명'을 최고선으로서 전폭적으로 지탱해온 건 아니라 해도, 어쨌거나 지금은 그곳이 세상에서 가장 악독한 경찰국가를 때려 부술 채비를 하고 있으니까. [128]

빈에서는 교황대사가 황제 접견을 거부당했다는 소식이 한창 떠돌았다. 피우스 10세Piux X는 자신이 평화를 지켜내지 못했다는 사실에 상심이 이만저만이 아니라고도 했다. (결국 그는 8월 20일에 선종했다.) 후일 공개된 바티칸궁 문서에 따르면, 이 무렵 떠돌던 소문은 사실이 아니었던 것으로 드러났으니, 문서에는 교황청의 국무원장이 오스트리아제국의 정책을 승인해준 것으로 돼 있다.

빈은 공격 태세에 들어가 있었다. 이로부터 6개월 전, 오스트리아의 참모장인 프란츠 콘라트 폰 회첸도르프Franz Conrad von Hötzendorf 장군은 독일군 참모장에게 이렇게 물었다. "우리가 이렇게 기다리고 있는 이유가 무엇입니까?" 그는 시간이 지체되는 것에 여간 격분한 게 아니었다. 심지어 회의적 성향의 헝가리 총리 이슈트반 티서István Tisza 백작조차 설복당한 터였다. 7월 31일 벨기에 대사에게 그는 이렇게 말했다. "나의 친애하는 친구여, 독일은 천하무적입니다."[129]

나중에 전쟁을 맹비난하게 되는 시인 슈테판 츠바이크Stefan Zweig도 이때에는, 애국심에 불타 시위를 벌이는 군중의 모습에 마음이 울렁였다. 그는 오스텐데 인근 르코크 해변에서 휴가를 보내던 것을 멈추고 마지막 오리엔트 특급열차를 잡아타고 고향으로 돌아와 여기저기를 뛰어다니며 막 사태를 파악한 참이었다. 슈테판은 한 벨기에 친구에게 다음과 같이 말한 적이 있었다. "만에 하나 독일인이 벨기에 영토로 행군해 들어간다면, 그때엔 나를 가로등 기둥에 매달아 죽여도 좋아." 그러던 그가 헤르베스탈의 국경지대에서 군용열차가 출발하는 모습을 보게 된 것이었다. 〔아래는 츠바이크의 전기(Donald A. Prater)에 나오는 내용이다.〕

> 수십만, 수백만의 사람들이 평화시에 맛보았다면 정말 좋았을, 전에는 단 한 번도 경험한 적 없던 기분을 느꼈다. 사람들은 어떤 알 수 없는 힘이 자신을 일상의 존재 너머로 끌어올려 주었다는 인식과 함께, 모두가 함께 어딘가에 속해 있다고 생각했다.[130]

츠바이크는 동부 전선에서 복무하게 될까 두려워하고 있었다. "나의 위대한 야망은 [⋯] 프랑스를 정복하는 것이다"라고 그는 털어놓았다. "사랑하기 때문에 탐하지 않을 수 없는 나라 프랑스를." 이내 그는 적진에 있는 친구들에게 공개적으로 작별을 고하는 인쇄물을 펴냈다. "나 자신은 당신들에게 그런 적의를 느끼지 않지만, 사람들이 당신들에게 품고 있는 이 [광범위한] 적의를 누그러뜨리려 하지는 않을 것이오. 승리와 영웅적 힘들은 이와 같은 적의에서부터 나오니까."[131]

츠바이크가 오스트리아 빈의 베스트반호프에 도착한 8월 3일, 레프 다비도비치 브론시테인Лев Давидович Бронштейн―트로츠키Тро́цкий―은 그곳을 떠났다. 그도 츠바이크와 똑같은 시위대의 모습을 보았고, 사회주의자 동료들이 《노동자신문Arbeiterzeitung》의 사무실에서 우왕좌왕하는 것도 봤으며, 자신이 억류당할 수 있다는 경고도 들은 참이었다. 트로츠키는 즉각 취리히로 가는 열차를 잡아타고, 스위스에 도착해 《전쟁과 국제정세Der Krieg und die Internatsionale》를 집필하기 시작했다. 바로 이 저작에서 트로츠키는 사회주의 미래를 지지하는 자신의 비전을 드러내기 위해 "민족자결the self-determination of the nations"이나 "유럽합중국the united States of Europe"과 같은 유명한 어구를 동원했다.[132]

이와 반대로 레닌은 독일 사회민주당의 반대가 대규모 분쟁을 막을 것이라고 확신하며, 갈리치아의 자코파네 근방 포로닌에 은신한 채 별 움직임을 보이지 않았다. 독일의 동지들이 전시 채권에 찬성표를 던졌다는 사실을 전해 들었을 때, 레닌은 다음과 같이 외쳤다고 한다. "오늘부로 나는 사회주의자는 그만두고 공산주의자가 되겠다."[133] 인근의 크라쿠프에서는 대학의 한 학년이 막 마무리된 참이었다. 상당수가 예비장교였던 졸업생들은 이제 각자 자신들의 연대에 합류하기 위해 길을 떠나야 했다. 황제-왕을 위해 싸우러 떠나는 이들이 있는가 하면, 카이저를 위해 떠나는 이들도 있었고, 차르를 위해 떠나는 이들도 있었다.

상트페테르부르크의 니콜라이 2세 궁전에서는 지난날에 내려진 결정들을 차차 마무리해가고 있었다. 차르는 7월 30일(러시아력 7월 17일) 목요일에 총동원을 명해두었는데, 아마도 전쟁장관과의 협의를 거치지는 않은 듯하다. 그로 인한 독일의 최후통첩에는 답을 하지 않았다. 토요일에 상트페테르부르크는 독일의 선전포고를 들었고, 일요일에 독일에 선전포고를 했다. 따라서 8월 3일(러시아력 7월 21일) 월요일이 전쟁 개전일인 셈이었다. 오후 7시 군부 검열국이 활동에 돌입했다. 신문들은 "국민들은 정보 공개의 제한을 받아들여야 한다. 나아가 이러한 희생이 군사적 필요에 의한 어쩔 수 없는 일임을 알고 만족해야 한다"라고 발표했다.[134] 차르가 모스크바를 찾아 크렘린대궁에서 연설을 한 것도 이날이었다. 이날 차르는 이베론성모성당을 찾아 기도를 드렸는바, 이곳은 러시아의 종교가 가장 초기에 아토스산과 맺은 인연을 상징하는 성소였다.

러시아의 낙관론자들은, 1914년에 처음 시작돼 제국 군대의 동원에 걸리는 기간을 18일로 단축한다는 데 역점을 두고 추진된 이른바 '대규모 군사계획Большая военная'에 희망을 걸었다. 영국의 군사무관이 보고한 것처럼, "독일인들이 파리에 발을 들이기 전, 러시아인들이 먼저 베를린에 발을 들이겠다"라는 것이 이들의 희망이었다. 한편 내무장관이자 경찰총장 표트르 두르노보Пётр Дурново를 선봉에 세운 비관론자들은 불길한 예감이 강하게 드는 것을 감출 길이 없었다. 그해 2월 두르노보는 전쟁이 러시아에 불리하게 전개되면, "가장 극단적인 형태의 사회 혁명을 피할 수 없을 것"이라고 차르에게 보고했다.[135]

스위스의 브베에서, 음악학자이자 소설가이자 국제 문학계의 스타로 명성을 얻은 로맹 롤랑 Romain Rolland은 자신의 친구들이 전쟁 열기에 굴복한 것을 보고 경악을 금치 못했다. 바티칸의 입장에 격분한 그는, 바로 얼마 전 톨스토이의 전기 집필을 마친 참이었기에, 톨스토이가 세상을 떠난 이래 유럽은 모든 도덕적 길잡이를 잃고 말았다고 주장했다.

> 8월 3~4일. 망연자실하다. 죽고만 싶다. 인간성이 광증으로 치닫는 한가운데서 살아야 한다니, 문명이 주저앉는 광경을 눈앞에서 보고도 무력하게 손 놓고 있어야 한다니 끔찍하다. 이 유럽전쟁European War은 수 세기를 통틀어 가장 대규모의 참사다. 이것으로 인류의 형제애를 위해 우리가 간직하고 있던 가장 거룩한 희망들도 무참히 파괴당했다. [⋯] 유럽에서 지금

나는 거의 혼자다.[136]

1914년의 전쟁 발발은 현대의 그 어떤 사건보다 역사적 인과관계를 따져보게 하는 계기가 됐다. 당시 많은 사람이 가지게 된 믿음은, 이렇게 엄청난 규모의titanic 대재앙이 터지게끔 결정 지은 원인은 그와 비슷한 엄청난 규모일 게 틀림없다는 것이었다. 이 사태가 몇몇 개인들만의 탓 이라고 생각하는 이들은 거의 없었다. 전쟁을 일으킨 '심오한 원인들profound causes'을 다룬 방 대한 저작들이 저술됐다. 실제로도 당시 역사학자들은 두 번째 전쟁이 터져 생각할 거리가 훨씬 많아졌을 때에도 여전히 제1차 세계대전을 일으킨 원인을 두고 논쟁 중이었다.

여기서 "타이태닉titanic(엄청난 규모의)"이라는 용어는 의미심장하다. 제1차 세계대전이 터지 기 바로 직전, 유럽은 모든 전문가가 절대 일어날 수 없다고 입을 모았던 그런 대재앙을 바다에 서 겪었다. 1912년 4월 15일, 4만 3500톤의 선적 규모를 자랑하며 전 세계에서 가장 크다고 손 꼽히던 화이트스타 해운의 증기선 타이태닉Titanic호가 처녀 항해에 나섰다가 대서양의 빙산에 부딪히고 바다 밑으로 가라앉아 1513명의 인명 손실을 일으킨 것이다. 그 크기로 볼 때, 이런 선 박이 사고를 당하면 그야말로 전대미문의 피해가 발생할 것이 뻔했다. 그러나 한편으로 생각하 면 재앙의 원인을 그 규모와 관련지을 이유는 전혀 없었다. 두 개의 조사위원회는 이 특별한 선 박과 특별한 항해가 갖고 있던 매우 세세한 특징들을 사고의 원인으로 지목했다. 선체의 설계구 조, 구명정 보급상태, 사고 당시 북극의 빙산이 여느 때와는 다른 상태였던 점, 과속, 스미스 선 장이 택한 북쪽 항로, 빙산과의 처음 충돌 후 1시간 45분 동안 협력이 이루어지지 못한 점 등이 사고 원인으로 꼽혔다. 난파를 연구하는 학자들은 타이태닉호가 가라앉은 원인을 밝혀내려 노 력해야겠지만, 그와 함께 왜 다른 수많은 거대 선박은 완벽하게 안전한 상태에서 대서양을 건널 수 있었는지에 대한 이유도 함께 밝혀내야만 할 것이다.[137]

이 사건을 전쟁에 비유하는 것이 완전히 맥락에 어긋나는 것은 아니다. 전쟁사가들은 1914 년에 왜 평화가 이루어지지 못했는지와 더불어, 1908년이나 1912년 그리고 1913년에는 왜 평화 가 유지될 수 있었는지도 함께 규명해내야만 할 것이다. '냉전Cold War'이라는 최근의 실험에서 드러난 것처럼, 비록 대규모의 재앙이 터질 가능성은 있었을지언정, 서로 경쟁하는 두 개의 군사 및 정치 블록의 역학이 반드시 아마겟돈으로 귀결되는 것은 아니다.

이 문제들과 관련해서는 아는 체하기로 명성 높았던 모들린칼리지의 A. J. P. 테일러Alan John Percivale Taylor만큼 많은 논의를 불러일으킨 이도 없을 것이다. 전쟁과 직접 관련 있던 세대에, 전쟁사는 수백만 명이 당한 죽음으로 말미암아 갖가지 감정과 도덕적 논조가 강하게 배어 있을 수밖에 없었다. 그러다 한 사람이 나타나 전례 없이 불손한 태도로 그간의 인습적 사고방식에 도전장을 던졌다. 테일러는 1914년의 사태들을 논하며, 전쟁을 일으킨 것으로 보이는 사람들을 지목했다. "이들 역시 상황의 희생양이기는 마찬가지라 하더라도, 실질적으로 전쟁을 결정한 세 사람은 레오폴트 베르히톨트Leopold Berchtold(오스트리아 외무장관), 베트만-홀베크, 그리고 지금은 세상을 떠나고 없는 알프레드 폰 슐리펜(독일제국의 육군원수로 1913년 사망했으나 제1차 세계대전 초반 독일군의 작전 계획이 된 '슐리펜계획'을 수립했다)이다." 테일러는 독일공포증만큼은 도무지 떨쳐낼 수 없었던 까닭인지, 에드워드 그레이 경에 대해서는 한마디도 하지 않았다.[138]

1914년의 군사병참을 다룬 또 한 편의 뛰어난 논문에서 테일러는, 인과관계라는 개념 자체가 사실상 불필요한 것처럼 보인다는 매우 극단적 입장을 보였다. "요즘에는 거대한 사건이 발생한 심오한 원인들을 찾아내는 것이 유행이다. 그러나 1914년에 발발한 전쟁에는 심오한 원인들 같은 것은 없었던 것 같다. […] 1914년 7월에는 확실히 많은 일들이 틀어져버렸다. 이와 관련해 내놓을 수 있는 유일하게 안전한 설명은, 당시 사건들은 그저 일어났기 때문에 일어났다는 것이다."[139]

또 다른 저술에서 테일러는 이보다는 납득할 만한 입장에서 사건의 원인을 찾았는바, 역사 속의 대재앙들은 보편적 원인과 구체적 원인이 숙명적으로 결합한 결과라는 것이었다. 그간 다른 학자들이 그토록 강조해온 '심오한 원인들'은 전쟁 이전의 평화기를 지속시키거나 혹은 깨뜨리는 데 본질적 요소가 되는 것으로 드러났다. 그러나 이들 보편적 원인도 '구체적 원인'이 동반하지 않으면 거의 아무런 결과도 낳지 못했다.

> 1914년의 전쟁을 일으킨 주범인 것들—비밀외교, 세력견제, 대규모의 대륙 군대들—은 사실 유럽에 전례 없는 평화기를 가져다준 것들이다. […] "과연 어떤 요인들이 전쟁을 발발하게 했는가?"라는 질문은 전혀 쓸모가 없다. 그보다는 "오랜 시간 유럽의 평화를 지켜주었던 요인들이 왜 1914년에는 유럽의 평화를 지켜주지 못했는가?"라고 묻는 편이 낫다.[140]

다시 말해, 화약통에 불을 붙인 불씨는 반드시 있었다는 이야기다. 그 불씨가 없었다면 화약은 터지지 않고 그대로였을 것이다. 또한 화약통이 열려 있지 않았다면, 불씨가 있었대도 아무 소용이 없었을 것이다.

자신의 논점을 뚜렷하게 전달하는 데서 어쩌면 테일러는 타이태닉호의 비유를 사용해도 무방했을 것이다. 그러나 테일러는 배 대신 자동차의 비유를 이용하는 편을 택했다. 그리고 이 비유를 통해 대부분의 다양한 대재앙 이론에 공통적으로 담겨 있는 역학의 요소를 강조한바, 그에 따르면 세상에는 이미 임계점을 향해 걷잡을 수 없이 치닫는 일련의 사건이 존재한다는 것이었다.

> 전쟁은 도로에서 일어나는 사고와 훨씬 비슷하다. 도로에서 일어나는 차 사고는 보편적 이유

와 특정한 이유를 동시에 가진다. 결국 모든 도로사고는 내연기관이 발명된 데에서 기인한다고 할 수 있다. […] [하지만] 경찰이나 법원은 그런 근본적 원인을 중시하지 않는다. 그들이 찾고자 하는 것은 각 사건을 일으킨 구체적 원인이다. 운전자의 과실, 과속, 음주, 잘못된 브레이크 제동, 도로 표면의 불량 같은 것들을 말이다. 이는 전쟁에서도 마찬가지다.[141]

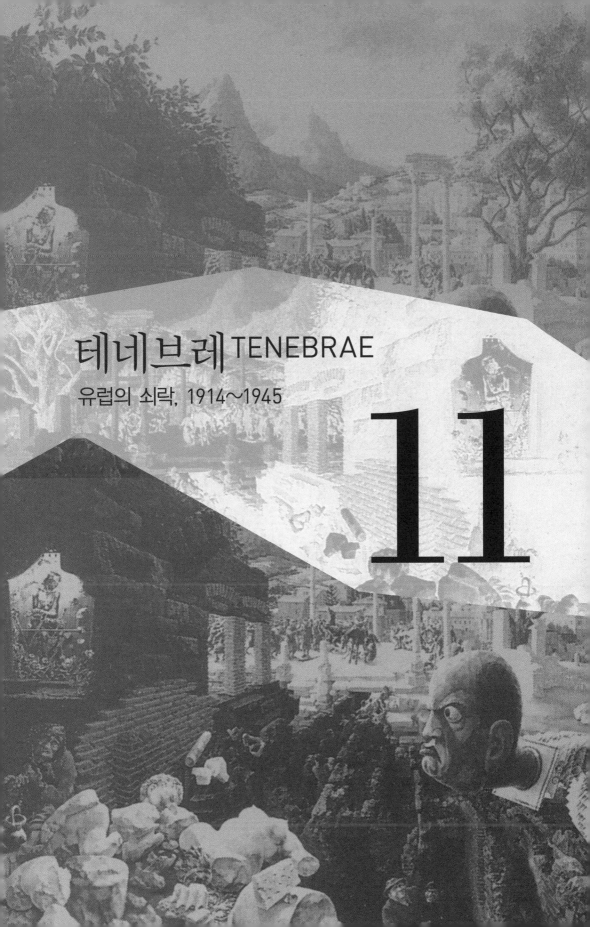

테네브레 TENEBRAE

유럽의 쇠락, 1914~1945

11

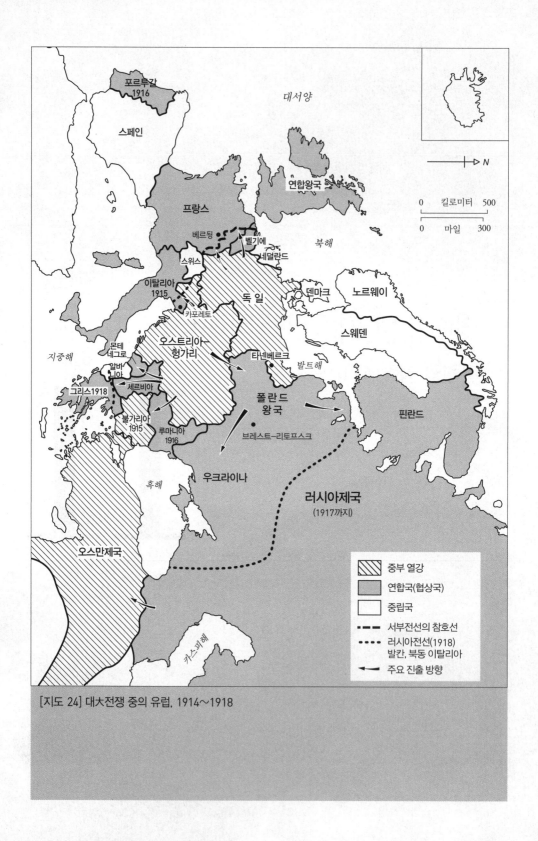

포르투갈
1916

스페인

대서양

프랑스

연합왕국

베르됭
벨기에
스위스
네덜란드

이탈리아
1915

독 일

덴마크

노르웨이

카포레토

북해

오스트리아
헝가리

타넨베르크

발트해

스웨덴

지중해

몬테
네그로
알바
니아

세르비아

폴란드
왕국

핀란드

그리스1918

불가리아
1915

루마니아
1916

브레스트-리토프스크

우크라이나

흑해

러시아제국
(1917까지)

오스만제국

카스피해

▨	중부 열강
▦	연합국(협상국)
□	중립국
▬ ▬	서부전선의 참호선
•••	러시아전선(1918) 발칸, 북동 이탈리아
◀	주요 진출 방향

0   킬로미터   500
0   마일   300

N

[지도 24] 대大전쟁 중의 유럽, 1914~1918

20세기 유럽은 그 누구보다 악랄한 야만족이라도 깜짝 놀라게 했을 만큼의 대단한 야만성의 그림자가 뒤덮고 있었다. 건설적 변화의 방편들이 이전에 알려진 모든 것을 능가했을 때, 유럽인들은 그 모든 과거의 격변보다 더 많은 인간을 살상한 일련의 분쟁 속으로 빠져들었다. 특히 1914~1918년과 1939~1945년에 일어난 두 차례의 세계대전은 그 정도를 가늠할 수 없을 만큼 파괴적이었으며 지구 구석구석으로 확대됐다. 그러나 이들 전쟁의 주된 구심점이 유럽에 있었다는 사실에는 의심의 여지가 없었다. 그뿐만 아니라 전쟁의 피로 물든 채로 두 세대가 지나는 동안 세계에서 가장 많은 인구를 자랑하던 두 나라는 살인적 정치 정권의 손아귀에 떨어졌으니 이 두 살인적 정권에서는 국내에서 일어난 적의로 인해, 다른 나라와 전쟁을 치를 때보다도 훨씬 많은, 수천만 명이 목숨을 잃었다. 드물긴 했어도 무언가 악독한 일이 벌어지고 있다는 양심의 목소리는 이미 일찌감치 들려오고 있었다.

왜 이 시대는 과거 시대들보다 더 흉악한가?
슬픔과 공포에 넋을 잃은 채
우리는 왜 더럽기만 한 상처들을 손가락으로 만지작거리다
더는 손 쓸 수 없는 지경까지 덧나게 하는가?

서쪽 땅에서는 꺼져가는 불빛 여전히 타오르고
옹기종기 모여 앉은 집들의 지붕들도 햇빛 속에서 반짝이는데
죽음의 신은 벌써 십자가를 걸머지고 문들에 분필로 표시하며
까마귀들을 부르네, 그렇게 마을로 까마귀들이 날아드네.[1]

따라서 미래의 역사학자들은 1914년의 8월에서 1945년의 5월 사이의 30년을 유럽이 정신을 잃고 날뛰던 시기로 돌이켜볼 것이 틀림없다. 공산주의(코뮤니즘)와 파시즘이라는 전체주의는

끔찍한 총력전[전면전]total war과 더해져 역사상 유례없는 인명 손실, 불행, 타락을 낳았다. 이 시기 인간이 겪은 일을 가장 잘 표현해주는 상징을 고르라고 할 때, 20세기의 죽음을 연상시키는 것들—탱크, 폭격기, 방독면, 참호, 무명용사의 무덤, 죽음의 수용소, 공동묘지— 말고 다른 것을 꼽을 이들은 거의 없을 것이다.

이 시대의 생명력 넘치는 모든 위업을 덮어 가리는 이 끔찍한 사태들에 대해 숙고하려면 먼저 몇 가지 일반적 사항을 짚어봐야 한다. 우선 끔찍한 사태들이 벌어지는 도중에 유럽은 세계를 주도적으로 이끌어가던 자신의 입지를 내던졌다. 1914년에만 해도 유럽은 타의 추종을 불허하는 힘과 특권을 갖고 있었다. 사람들이 화두로 삼을 만한 거의 모든 영역—과학, 문화, 경제 상태, 패션 등—에서 유럽인들은 선두에 섰다. 유럽인들은 자신들이 세운 식민제국과 무역회사들을 통해 전 지구에 지배적 힘을 떨쳤다. 그러나 1945년에 이르렀을 때, 유럽인들은 거의 모든 것을 잃은 상태였다. 유럽인들은 서로를 상대로 거의 녹초가 될 때까지 싸움을 그치지 않았다. 유럽의 정치력은 크게 약화했고, 군사력과 경제력 또한 이제는 최고가 아니었다. 유럽이 식민지에 행사하던 힘도 더는 유지되지 않았다. 유럽의 문화는 자신감을 잃었으며, 유럽의 특권과 도덕적 입지는 증발하듯 사라져버렸다. 한 가지 눈에 띄는 예외를 제외하면, 1914년의 난투에 뛰어든 유럽 국가는 하나같이 1945년에 이르러서는 군사적 패배와 정치적 붕괴로 고통을 겪어야 했다. 총체적 재앙을 피한 나라가 딱 한군데 있기는 했으나, 이곳도 자국의 정치적·재정적 독립을 포기해야만 명맥을 이어갈 수 있었다. 전쟁의 분진이 마침내 가라앉았을 때, 폐허가 된 유럽을 장악한 곳은 유럽 외부의 강국 아메리카합중국[미국]USA과 소비에트사회주의공화국연방[소련]USSR으로, 둘 다 개전 당시에는 참전하지 않은 국가였다.

도덕적 측면에서, 유럽 문명의 물질적 진보와 정치적·지적 가치의 처참한 퇴행 사이 극단적 대조에 주목해야 한다. 군국주의·파시즘·공산주의를 옹호한 이들은 가장 모진 고통을 당한 민족의 선동당한 대중들 사이에서도 볼 수 있었지만, 가장 민주적인 나라들에서 가장 많은 교육을 받은 엘리트들 사이에서도 찾아볼 수 있었다. 그리고 바로 그런 방식을 통해 가치 있는 이상들이 왜곡된 것이었는바, 지식층 남녀 사이에서는 '전쟁을 끝내기 위한 전쟁the war to end war'을 벌여야 하고, '유럽 문명European civilization'을 구하기 위해 파시스트들의 인종학살 십자군 전쟁에 참여해야 하며, 대중학살이라는 방법으로 평화와 진보를 이룩해야 한다며 공산당의 주장에 명분을 마련해주는 이들을 어렵지 않게 볼 수 있었다. 1941년 진실의 순간[결정적 순간]the moment of truth이 도래했을 때, 연합국 지도자들은 자유와 민주주의를 위해 싸운다는 명분으로 한 범죄자를 끌어들여 다른 범죄자를 패퇴시키길 주저하지 않았다.

역사서술의 측면에서, 유럽에서 벌어진 끔찍한 사태들이 사람들의 기억에 여전히 생생히 살아 있었다는 사실, 따라서 세계대전들에 대한 대중의 이야기에는 주관적·정치적·당파적 견해가 계속해서 지배적이었다는 사실을 반드시 염두에 두어야 한다. 모든 대규모 분쟁의 역사는 승리자들의 손으로 다시 쓰이는 경향이 있으니, 승리자들은 패배자들의 범죄와 과오는 최대한으로 늘이면서 자신의 것은 최소한로 줄인다. 그런 것이, 결국, 인간의 본성이다. 두 차례의 세계대전 모두에서 공교롭게도 승리를 일구어낸 것은 '서구 열강Western powers'이 이끈 비슷한 연합들과 서구 열강이 동구와 맺은 전략적 동맹이었다. 그리고 이들의 해석이 전후戰後의 교육, 미디어, 역사책 내용을 계속해서 지배하고 있다. 이 '연합국 버전'의 역사서술이 처음으로 공신력을 얻은 것은 1918년 이후인바, 당시 패전국 대표들은 전쟁범죄의 책임은 오직 자신들에게만 있다고 인정해야만 했다. '연합국 버전'의 역사서술이 공고해진 것은 1945년 이후인바, 당시 연합국 법원은 오로지 적국의 선생범죄를 부각하는 데에 진력했다. 그에 반해 연합국을 동일한 전쟁범죄라는 방편 혹은 기준과 결부해 평가하려는 공개적 시도는 그 어떠한 것도 정치적으로 불가능했다. 램버스(런던)에서 모스크바와 워싱턴에 이르는 공식 전쟁박물관들은 당시 줄기차게 싸움을 치른 악마와 영웅 어느 한편의 시각만을 전시하고 있었다. 패자들에게서 빼앗아온 문서 기록은 그 내용을 소름끼칠 만큼 자세히 뜯어볼 수 있었던 한편, 승전국들의 핵심 문서기록소는 여전히 굳게 닫힌 채 열릴 줄 몰랐다. 세계대전이 일어나고 50년이 흘러 있었지만, 전쟁 상황과 관련해 공평하고 객관적인 대차대조표가 작성된다는 것은 아직 일렀다.

해석의 측면에서, 일부 역사학자들이 '유럽내전European civil war'의 통일성에 대해 고심하기 시작하기까지는 많은 시간이 흘러야 했다. 양차 세계대전의 와중에 살아간 사람들은 그 불연속성에 깊은 인상을 받을 때가 많았다. 1914~1918년에 '병사들이 치른 전쟁soldiers' war'은 1939~1945년에 '국민들이 치른 전쟁people's war'과는 그 양상이 사뭇 다르게만 느껴졌다. 공산주의와 파시즘 사이의 갈등에 휘말렸던 이들이라면 누구나 두 운동을 정반대의 것으로 생각해야 한다는 분위기가 조성돼 있었다. 이제, 뒤늦게 깨닫는 바지만, 당시 일어난 연속적 분쟁들은 하나의 역동적 과정의 일부를 형성하고 있었음이 점점 더 분명해지고 있다. 지금 보니, 양차 세계대전은 한 드라마 안에 들어 있는 별개의 막幕이었다. 무엇보다, 주된 참가자로서 제2차 세계대전에 뛰어들겠다는 나라들이 생겨난 것도 제1차 세계대전의 미결 문제가 만든 것이었다. 1914년의 군사 분쟁에 발을 들이면서 유럽 국가들은 걷잡을 수 없는 대혼란을 일으킨 셈이었고, 이로부터 하나도 아닌 두 개의 혁명 운동이 탄생하게 된다—그중 하나는 1945년에 분쇄당했고, 다른 하나는 얼마간 이어지다 1989~1991년의 극적 사태 속에서 무너졌다(12장 참조).

독일의 팽창주의와, 이어 공산주의와 파시즘이라는 쌍둥이 히드라에게 길이 막힌 서구 민주주의 열강은 미국을 호출해야만 살아남을 수 있었다—처음에는 1917~1918년에, 다음에는 1941~1945년에. 1945년 이후로 서구 민주주의 열강은 급작스레 불어난 소비에트제국의 도전을 견디기 위해 미국의 힘에 크게 의존해야 했다. 1990년대에 독일이 재통일되고 소비에트제국이 붕괴하고 나서야 비로소 유럽 사람들은 1914년의 아름다운 여름날 이후 어이없이 끊겨버린 자신들의 자연스러운 발전 노정을 재개할 수 있었다.

따라서 이와 같은 시나리오 속에서 1914년에서 1945년 사이는 유럽의 곤경의 시대로 보일 수밖에 없으니, 19세기 후반의 오래도록 이어진 평화기와 그보다 훨씬 더 오래 이어진 '냉전Cold War'의 평화기 사이를 바로 이 시기가 메우고 있었다. 이는 대륙판의 요동과 그에 따른 지진의 시기에 비유될 수 있다. 1914~1918년 초기의 군사 방면의 지각변동, 4개 제국(독일, 오스트리아-헝가리, 러시아, 오스만 제국)의 붕괴, 러시아에서의 공산주의 혁명 발발, 십수 개 새로운 주권국가의 출현, 양차 대전 사이 수십 년 간의 무장(한 채로의) 휴전armed truce, 이탈리아·독일·스페인에서의 파시스트의 점령, 그런 후 1939~1945년에 일어난 두 번째의 전면적 군사 분쟁에 이르기까지가 모두 이 시기에 들어가는 사건들이다.

이 곤경의 핵심부에 자리한 국가는 독일로, 유럽에서 가장 갓 생겨난, 가장 역동적인, 그리고 가장 불만이 많은 국민국가(민족국가)였다. 이 시기에 형성된 지진대의 단층선은 독일의 동쪽 국경을 따라 뻗어 있었다. 독일은 서유럽에 대해서는 거의 아무런 구상도 품지 않았다. 그러나 독일은 동유럽에서는 상대적으로 힘없고 가난한 그곳의 이웃국을 차지하고픈 유혹에 직면했고, 러시아땅에서는 자국의 군사력에 맞설 만큼 커다란 덩치를 자랑하는 유일한 강국의 도전에 직면했다. 그런 만큼 애초부터 유럽의 미래를 놓고 벌어진 대전大戰은 독일과 러시아 사이에서 찾아볼 수 있었다. 이 결투는 조만간 전체주의자 혁명가들 손에서 목숨 건 사투로까지 발전하게 된다. 애초부터 서구의 민주주의 국가들은 스포일러의 역할을 한 터라 사실상 동유럽인의 운명에는 별 관심이 없었으나, 어느 쪽이든 자만심에 찬 유럽의 강국이 세를 키워 종국에 서구의 뒤를 칠 때에는 그 힘을 반드시 저지하겠다는 결의에 차 있었다. 바로 이것이 20세기의 남은 기간에 유럽의 정치를 지배한 힘의 구도였다. 양차 세계대전의 밑바탕이 된 것도 이것으로, 만일 핵무기가 발명되지 못했거나 미국이 개입하지 않았다면, 이러한 힘의 구도에 따라 제3차 세계대전이 일어날 가능성도 충분히 있었다.

실제 일어난 일들에서, 공공연하고 전면적인 기간은 사람들이 엄청난 피를 흘린 이 시기의 30년 정도에 한정됐다. 그 전쟁은 독일의 수도 베를린에서 처음 시작돼 그곳에서 끝을 맺었다고 해도 과언이 아니었다. 카이저가 러시아에 전쟁을 선포함과 동시에, 1914년 8월 1일 독일제국 총리의 손에서 전쟁은 그 막이 올랐다. 그리고 1945년 5월 8일, 베를린-카를스호르스트Berlin-Karlshorst의 소비에트군 야전본부에서 그 막을 내리니, 여기서 독일의 세 번째 항복행위를 통해 독일의 무조건적 항복이 마침내 마무리됐다.

제1차 세계대전, 1914~1921년

1914년 8월에 시작된 대大전쟁the Great War은 그 처음에만 해도 3~4개월 지속되다 끝날 것이라는 게 대체적 예상이었다. 크리스마스 무렵이면 전쟁은 다 끝나 있을 예정이었다. 당시의 통념에 따르면, 현대전은 과거에 비해 강도가 한층 높을 것이되 한층 결사적일 것이었다. 어떤 쪽이든 초반에 승세를 잡는 쪽이 신속한 승리로 이르는 방편을 손에 쥘 터였다. 그런데 막상 시작하고 보니 전쟁은 4개월이 아닌 4년 넘게 지속됐다. 거기다 4년이 지난 뒤였는데도 결정적 승부는 나지 않고 있었다. 군사적·정치적 강국 블록들로 이루어진 '대大삼각Great Triangle' 구도는 1945년까지도 해제되지 않았고 어떤 면에서 보사면 1991년까지도 사라지지 않았다고 할 수 있었다(부록 1654쪽 참조).

초기 구도에서, 대삼각의 지정학적 구조는 얼마간은 잠정적이었다. 서구의 연합국들(영국과 프랑스)로서는 대규모 상비군을 보유한 데가 프랑스뿐이라는 사실이 무척 불리하게 작용했다. 연합국 측은 2년간 위태로운 시간을 보낸 뒤에야 자신들의 잠재력을 온전히 현실화할 수 있었다. 연합국은 1915년에 맨 먼저 이탈리아에 연합국 진영에 동참할 것을 권유했고, 두 번째로는 영국과 영국제국의 군비를 꾸준히 증강시켰으며, 세번째로는 1917년 4월 미국을 동맹에 가입시켜 자신들의 입지를 계속 지켜나갔다. 영국의 아시아 동맹 일본은 1914년 8월 23일 독일에 전쟁을 선포했으나 유럽 대륙의 분쟁에서는 어떤 역할도 하지 못했다. 연합국의 주된 협력국 제정러시아는 열악한 동원 절차, 방대한 국내 통신망, 자국의 산업 역량에 대한 의구심, 전략적 목표들을 둘러싼 자문단의 분열로 불리함을 안고 있는 것으로 여겨졌다. 그렇긴 했어도 러시아는 일찌감치 공세로 밀고 나왔다. 그러다 결국 무너졌는데, 포탄이나 병력 부족이 아닌, 정치적·도덕적 부패가 그 원인이었다.[2]

동맹국Central Powers(제1차 세계대전 중에 연합국(협상국)과 싸운 독일, 오스트리아-헝가리)은 통합된 정책과 국내 통신망의 온갖 이점을 누릴 수 있었다. 이들은 이탈리아의 이탈로 동료를 하나 잃었지만 오스만제국 안에서 뜻하지 않게 기운을 차린 동맹을 하나 얻게 되니, 이 나라는 러시아에 대한 두려움으로 말미암아 1914년 자기 나름으로 편을 선택하지 않을 수 없었다. 1914년만 해도 동맹국은 전선을 두 개 펼치고 전쟁을 치러야 하지 않을까 크게 우려했었다. 그런데 막상 닥쳐보니 그 우려는 무색한 것으로 드러났다. 이들은 8개 전역戰役—벨기에와 프랑스의 서부전선, 러시아를 상대로 한 동부전선, 발칸반도 전선, 레반트 전선, 캅카스 전선, 이탈리아 전선, 식민지 전선, 해상 전선—에서 자신들이 한꺼번에 대규모 전역을 치를 역량이 있다는 사실을 증명해 보인다.

전쟁이 발발했다고 해서 전투원들의 전쟁 목표가 확실히 정립돼 있었던 것은 아니었다. 동맹국은 방어와 억지력에 안중을 두고 전쟁을 시작했다. 오스트리아에 대한 세력 침탈을 막고, 독일에 대한 포위를 깨뜨리고, 프랑스와 러시아의 요구들을 사전에 차단한다는 것이 동맹국의 목표였다. 그러나 얼마 지나지 않아 이들 나라는 갖가지의 요구사항을 공식적으로 제시하게 된다. 우선 벨기에의 동부 지방(리에주와 안트베르펜)을 독일이 넘겨받고, 세르비아와 루마니아 의 일부 지역을 오스트리아가 넘겨받는다는 계획이 세워졌다. 이와 함께 독일의 식민지를 늘려 영국과 러시아제국의 기반을 약화시키고자 했으며, 폴란드를 비롯한 '미텔오이로파(중부유럽) Mitteleuropa'에 대한 정치적·경제적 패권을 확립하고자 했다. 이들 동맹국 가운데 그저 명맥을 잇는 것으로 족했던 곳은 오스만뿐이었다.

협상국Entente Powers(연합국)은 공격을 당한 터라 무기를 집어든 것이었고, 따라서 자신들이 도덕적으로 우월한 위치에 서 있다는 인식을 버리지 못했다. 하지만 세르비아는 보스니아 지방에서 오스트리아를 몰아내고 싶다는 바람을, 프랑스는 알자스-로렌을 수복하겠다는 목표를 갖고 있었고, 영국은 이내 식민지를 통한 경제적 보상을 바라게 됐으며, 러시아는 자국의 세력 강화라는 방대한 구상을 품고 있었다. 1914년 9월, 러시아의 참모본부는 '미래 유럽의 지도'를 펴내게 되는데, 그 지형이 1945년에 실제 형성된 유럽의 지형과 놀라울 만큼 흡사했다.[3] 여기 더해, 러시아는 전후에 영국해협을 자신들이 장악하겠다는 비밀 약속을 동맹국들로부터 받아내기도 했다. 이탈리아는 이레덴타irredenta(미수복지, 미회수지)를 얻어내겠다는 목표를 가지고 있었다.

몇몇 개 국가는 중립을 고수했다. 스페인, 스위스, 네덜란드, 스칸디나비아3국(노르웨이·덴마크·스웨덴)은 이 기간 내내 자국의 중립성을 유지했고 중립을 통해 세를 키워나갔다. 불가리아는 1915년에, 루마니아는 1916년 8월에, 그리스는 1917년 6월에 떠밀리듯 참전하게 됐다. 중국은, 독일에 조차한 외국인 거류지를 일본에 강제 탈취 당했음에도, 일본이 공격을 가해오자 1917년에 전쟁에 가담해 연합국 편에 섰다. 그 외는 전쟁에 나서기를 주저하지 않았다. 1914년 8월 6일, 유제프 피우수트스키가 이끄는 폴란드 군단 수백 명이 크라쿠프 근방의 러시아 국경지대를 가로질러 행군해 들어오면서 동부전선이 열렸다. 이들 군단은 혹시나 말을 구할 수 있지 않을까 기대하며 기병대의 안장까지 구비하고 다녔다. 분할된 지 벌써 1세기가 넘었으나, 폴란드가 여전히 명맥을 잇고 있음을 만방에 알리는 것이 이들의 목표였다. 이들은 카자크족이 진격해오자 슬기롭게 뒤로 물러났다가 나중에 오스트리아 군대에 편입됐다.

당시의 군사적 전략과 전술도, 늘 그렇듯, 바로 직전의 전쟁들에서 얻은 교훈을 토대로 했다. 이즈음 보병 공격은 프로이센-프랑스전쟁(1870~1871) 및 보어전쟁Boer War(1899~1902)을 통해 그 취약성이 증명된 터였다('보어전쟁'은 영국이 남아프리카의 금·다이아몬드를 획득하기 위해 보어인이 건설한 트란스발공화국과 오렌지자유국을 침략해 벌어진 전쟁이다). 이 문제의 해결책은 세 분야에서 찾을 수 있다고 여겨졌다―일단―團의 밀집한 포병부대를 전장의 병력을 상대하는 제1의 공격력으로 활용하는 것, 철도를 이용해 공격부대를 신속 배치 하는 것, 기병대를 포위와 추적에 활용하는 것이다. 이러한 가정들은 동부전선에서는 별 효과가 없는 것으로 판명됐다. 하지만 요새화한 참호가 줄지어 형성돼 있던 서부전선에서는 헤아릴 수 없이 많은 작전이 수포로 돌아가자, 콘크리트 방어벽이 과연 고성능 포탄을 충분히 막아낼 수 있을까 하는 의구심마저 생겨났다. 공격보다는 방어가 이점이 확실한데도, 장군들은 자신들의 가정을 좀체 바꾸려 들지 않았다. 엔진의 힘이 약한 데다 성능도 미덥지 못했던 비행기는 정찰, 포격 유도, 공중전에 활용되는 것이 고작이었다. 이때도 대다수 지역에서는 자갈을 깐 도로를 찾아보기 힘들었던 터라 말의 힘을 빌리는 깃도 여진히 빼놓을 수 없는 부분이다. 바다에서는 드레드노트Dreadnought급 대형전함의 15인치(38센티미터) 함포보다도 잠수함 어뢰가 적에게 더욱 치명적 위력을 가하는 것으로 드러났다.

　서부전선에서, 독일군은 소모전이 시작되기 전 전격 공격을 감행해 거의 승리를 거머쥘 뻔 했다. 독일 중부의 급습부대가 상파뉴의 심장부를 뚫고 들어가는 동안, 독일군 우익이 말을 타고 거대한 원호를 그리듯 프랑스 북부를 관통해 들어갔다. 독일군은 1870년의 승리(프로이센-프랑스전쟁의 승리)를 똑같이 되풀이하겠다는 목적으로 세 방면에서 프랑스를 향해 밀고 들어갔다. 이들의 진격은 리에주에서 벨기에군을 만나고 이프르Ypres(이에페르/이퍼르Ieper)에서 서부전선에 파견된 영국해외파견군(영국원정군)British Expeditionary Force을 만나면서 잠시 저지당하는 듯했다. [랑에마르크] 중부 독일 군대는 에페르네의 포도주 지하저장고를 지나다 발목을 잡혔다. 그런데 1914년 9월 첫 주에 이르자, 프랑스의 수도에 차차 재앙이 덮쳐왔다. 파리가 막 함락되려는 순간, 조제프 자크 세제르 조프르Joseph Jacques Césaire Joffre 장군이 600대의 르노 택시를 움직여 전장에 동원가능한 전全 예비군 병력을 마른강 전선으로 수송했다. 이쯤 되자 독일 중부군의 사기는 완전히 밑바닥까지 떨어진 데다, 독일군 우익은 전장에서 너무 멀리 떨어져 있었다. 결국 독일군은 전선을 뒤로 물릴 수밖에 없었다. 10월과 11월, 서부전선은 이중 참호가 스위스에서 영국해협에까지 빈틈없이 죽 늘어서면서 안정화됐다(1154쪽 지도 24 참조).

　이후 3년 동안 이 전선은 거의 움직이지 않았다. 양 진영 모두 병사와 물자를 엄청난 규모로 늘려 이따금 엉뚱한 방향으로 돌출하는 참호를 바로잡거나 돌파구를 마련하려 했다. 그러나 이런 '밀어붙이기' 전법은 하나같이 아무 소용이 없었다. 이제껏 유럽인들이 전장에서 이처럼 피를 철철 쏟았던 적은 단 한 번도 없었다. 이프르, 비미리지(비미능선전투Battle of Vimy Ridge, 1917. 4), 솜에서 벌어진 세 번의 전투와, 무엇보다 베르됭에서 치른 전투에서 일어난 인명 손실만 해도 때에 따라 1시간당 수만 명 혹은 1제곱야드(8.4제곱킬로미터)당 수백 명에 이르는 것으로 추산됐다. 그 누구도 예견하지 못했고, 그 누구도 멈추는 방법을 알지 못한 어리석은 비극이 펼쳐진 것이 바로 이 부분이었다. 1917년 2월 독일군이 아라스와 수아송 사이에서 방어 태세에 돌입하려 계획적으로 진행한 철수가 보기 드문 합리적 군사행동으로 꼽힐 정도였다. 대중의 손가락이 무능한 장군들을 향하는 것도 피할 수 없었다. 영국 군대를 두고 사람들은 이렇게 말했다. "사자들을 당나귀들이 이끌고 있네." [두오몽] ("당나귀가 이끄는 사자lions led by donkeys"에서 "사자"는 서부전선의 용감했던 영국 육군 사병(보병)들을, "당나귀"는 무능해 부하들을 무모하게 사지로 내몬 영국 육군 장군들을 빗댄 표현이다.)

폴란드의 심장부를 관통하며 형성된 동부전선에서는, 동맹국이 훨씬 큰 성공을 맛보면서 끊이지 않는 참호전의 지옥을 피해갔다. 1914년 8월, 2개 러시아 군대가 국경을 넘어 하나는 북쪽의 동프로이센으로 들어갔고 나머지 하나는 남쪽의 갈리치아 지방으로 깊숙이 침투해 들어갔다. '러시아의 스팀롤러Russian steamroller'가 일대를 단숨에 제압해도 그 움직임이 워낙 느리다는 사실을 감안할 때, 이는 상당한 성과였다. 그러나 이후 운이 바뀌었다. 9월 마주리아호전투Battle of the Masurian Lakes(제1차, 1914. 9. 7~14)에서 독일의 파울 폰 힌덴부르크Paul von Hindenburg와 에리히 루덴도르프Erich Ludendorff가 러시아 북부군을 완전히 격파하면서, 마른전투Battle of the Marne(제1차, 1914. 9. 6~10)에서의 독일군 실수를 설욕했다. 러시아의 남부군은 크라쿠프 외곽에서 진군을 저지당했다. 1914~1915년 겨울에는 우치 근방의 독일/러시아 국경과 카르파티아산맥에 자리한 헝가리 국경 모두에서 싸움이 벌어졌지만 승부가 나지 않았다. 그러다 1915년 5월, 갈리치아의 고를리체에서 독일 군대가 서부전선에서는 도저히 불가능하다고 판명난 일을 성공시켰다. 적진의 전열을 깨뜨린 뒤 병력을 산개시켜 평원 너머까지 진입한 것이다. 그리하여 8월에는 이들이 바르샤바를 점령하는 한편, 르부프(리보프)도 탈환할 수 있었다. 가을에 이들 독일 군대는 리투아니아에 발을 들이니 이제는 산맥을 넘어 루마니아로 진격할 태세였다. [페트로그라드]

러시아제국이 약 1600킬로미터에 걸쳐 펼쳐진 전선에서 적군의 침공에 직면하고 있었던 만큼, 차르는 직접 군대를 이끌고 전장으로 나갔다. 1916년 1월, 알렉세이 알렉세예비치 브루실로프Алексéй Алексéевич Брусúлов의 반격으로 러시아군이 갈리치아 깊숙이까지 다시 밀고 들어가, 프셰미실 요새를 에워싸고 18개월의 포위전에 돌입했다. 하지만 그 대가는 엄청났고 결국 작전도 이쯤에서 멈추었다. 루마니아에서는 독일군이 12월에 부쿠레슈티를 점령했다. 1917년에는 독일과 오스트리아 주력 부대가 진격을 재개해 발트해 지방들, 벨라루스, 우크라이나로 꾸준히 밀고 들어갔다. 이즈음에는 러시아 국내의 혁명 상황과 러시아의 군사적 실패가 맞물려 있던 만큼, 러시아가 제풀에 무너지기 전에 동맹국이 차르의 제국을 격파할 수 있을지는 그들이 얼마나 훌륭한 판단을 내리느냐에 달려 있었다. 풍문으로는 러시아 군대가 사상자를 지나치게 많이 내는 바람에 고통을 겪고 있다고 했다. 그러나 실제로 러시아 군대가 잃은 병사들의 비율은 다른 교전국에 비하면 낮은 편이었다. 이와 관련해 핵심 통계자료로 들 수 있는 것이 전쟁포

랑에마르크 LANGEMARCK

■ 랑에마르크는 벨기에 이프르 북쪽으로 약 8킬로
■ 미터 떨어진 작은 마을이다. 랑에마르크에도 이 지역 마을이 모두 그렇듯 1914~1917년 이프르 돌출부Ypres Salient를 둘러싸고 영국과 독일 사이에 벌어진 전투의 전몰장병들이 묻힌 공동묘지가 있다. 겉보기에 이곳은 다른 많은 공동묘지와 크게 다르지 않다. 그러나 영국군 4만 명의 이름이 새겨신 인근의 웅장한 메닌게이트Menin Gate 기념비와 견주면 2만 5000명의 신원 미상 독일 병사들이 묻힌, 풀과 잡초가 웃자란 이 공동묘지는 더없이 초라한 모습이다. 그럼에도 주요 군사사가史家에 따르기로 "이곳은, 진정한 의미에서, 제2차 세계대전의 발상지"다.[1] 오늘날 이곳을 찾는 수많은 방문자에게는 잘 알려지지 않았으나 랑에마르크에는 신이 훨씬 더 큰 공훈을 세우라고 따로 예비해놓은 젊은 오스트리아 자원병의 전우들이 안치돼 있다.

아돌프 히틀러는 실패한 미술학도이자 오스트리아의 병역 기피자였지만, 1914년 8월 1일 뮌헨의 군중 속에서 전쟁의 선포를 듣고 열광하며 곧바로 독일 군대에 자원했다. 그는 제16 바이에른 예비보병연대에 배정받아 이프르에서 첫 전투가 시작된 10월에 서부전선에 도착했다. 이러한 경위로 그는 그 끔찍한 '킨더모르트 Kindermord'(어린양들의 학살)를 목격하게 된 것이었다(훗날 히틀러는 나치의 프로파간다용으로 '이프르에서 학살당한 어린양들Kindermord bei Ypern'이라는 신화를 퍼트렸다). 제대로 훈련받지 못한 열혈 대학생 신병 수만 명이 노련한 영국군의 끈질긴 포화에 처참하게 쓰러졌다. 이는 독일이 처음으로 겪은 대규모 괴멸이었다. 이후 파스샹달과 솜에서 이에 대한 보복이 있었다. 히틀러는 그날의 전투를 결코 잊지 않았다.

용감한 연락병Meldegänger으로 불사신적 군생활을 참호에서 보낸 그 4년 동안의 '굉장한 경험supreme experience'은 분명 히틀러의 향후 행보를 이끈 병적病的 동력에 불을 붙였을 것이다. 전우들의 사망과 부상, 그리고 그런 엄청난 희생에도 결국 독일이 패전했다는 사실에 괴로워한 그는 망자들을 위해 복수하고, 독일의 정복자들에게 굴욕을 주며, 독일인들에게 다시 한 번 자부심·우월감·증오·패기를 심어주기 위해 나섰다. 복수심에 불타는 히틀러의 맹세는 상처 입은 수백만 독일인들의 심금을 울렸다.

따라서 랑에마르크는 제1차 세계대전을 제2차 세계대전과 연결하고, 이프르와 베르됭의 살육을 런던대공습 London Blitz과 바르샤바·스탈린그라드의 대학살과 연결하는 핵심적인 심리적 고리를 상징하는 곳이다.

두오몽 DOUAUMONT

■ 1916년 2월 25일 독일의 베르됭 요새 공격 나
■ 흘째 날, 황태자의 군대는 돌과 콘크리트로 만들어진 두오몽요새Fort de Douaumont를 점령했다. 요새는 돌출부 전투의 시작 지점에서부터 6킬로미터 거리였고 도심으로 가는 길의 중간지점이었다. 이후 18개월에 걸쳐 이곳은 비할 데 없이 길고 지독한 전투의 중심지가 됐다. 두오몽요새는 뫼즈강 우안에서 보요새Fort de Vaux의 서쪽에 접해 있고 좌안의 언덕들, 특히 304고지와 르모르옴므를 마주하고 있다. 독일 공격군에 이곳은 포물선 모양으로 210여 킬로미터에 걸친 14개 철도 노선을 이용해 대규모 협공 작전을 벌일 수 있는 구심점이었다. 프랑스 방어군에 이곳은 바르르뒤크에서부터 주민들이 대피한 도시를 통과해 지원병을 수송할 수 있는 좁은 통로 보예사크레Voie Sacrée('신성한 길')의 종착지가 되는 곳이었다. 밤낮 없이 폭격이 쏟아지고, 쉴 새 없이 지뢰가 터지며, 끊임없이 폭발이 일어나는 가운데 돌무더기와 터널들 속에서 백병전이 벌어졌고 일개 중대 전체가 생매장되기도 했다. 황량했던 풍경은 진흙, 돌, 인간 잔해가 한데 썩인 차가운 스튜처럼 차츰 변해갔다. 10월 24일 프랑

스군이 두오몽요새를 탈환했으나 1917년 8월까지 독일군의 위협에 시달렸다. 마침내 1918년 9월 미군의 생미셸 공세가 있고 나서야 요새의 수복이 확실해졌다. "기운을 내라! 우리는 저들을 처치할 것이다!Courage! On les aura!"〔프랑스 지휘관〕앙리 필리프 페탱의 약속은 현실이 됐다.

베르됭전투Battle of Verdun는 80만 명—이 도시 인구의 40배—의 목숨을 앗아갔다. 영국인들의 뇌리에는 솜전투〔1916. 7~11〕와 이프르전투〔제1차, 1914. 10~11. 제2차, 1915. 4~5〕가 깊이 각인됐고 이탈리아인들에게는 카포레토전투Battle of Caporetto〔이탈리아군과 독일·오스트리아 동맹군, 1917. 10~11〕가, 훗날 러시아인들에게는 스탈린그라드전투〔1942. 8~1943. 2〕가 깊이 각인됐지만 프랑스인들의 기억에 깊이 박힌 전투는 바로 베르됭전투였다. 독일인들에게 베르됭전투는 무의미한 대규모의 희생을 낳은 최악의 군사적 실패로 남았다.

1984년에 프랑스 대통령〔프랑수아 미테랑〕과 독일 총리〔헬무트 콜〕가 베르됭에서 화해의 기념식을 갖고 손을 맞잡았다. 전쟁을 치른 다른 유럽 국가의 지도자들은 좀처럼 시도하지 못한 일이었다. 〔1984년 9월에 이어 2016년 5월에도 프랑수아 올랑드 프랑스 대통령과 앙겔라 메르켈 독일 총리가 베르됭에서 열린 베르됭전투 100주년 기념식에 함께 참석했다.〕

그 무렵 이 황폐해진 지역의 많은 부분이 다시 초목으로 뒤덮였다. 그러나 네 개의 십자가로 장식된 높은 탑이 있는 거대한 두오몽 납골당에는 신원이 확인되지 않은 〔프랑스와 독일〕 양측 병사들의 유해 13만 구가 공동 화강암 무덤에 안치돼 있다. 추모관에는 어느 퇴역 군인이 "말로는 형언할 수 없다"라고 했던 참상을 말해주는 전시품과 안내서, 영상 자료가 갖춰져 있다. 플뢰리-드방-두오몽Fleury-devant-Douaumont이라는 사라진 마을의 자리에는 추모 예배당이 자리해 있으며 마리아상이 그 전면을 장식하고 있다. 그녀는 유럽의 성모 마리아다.[1]

페트로그라드 PETROGRAD

■ 1914년 러시아 수도 상트페테르부르크에서 좀
■ 더 애국적인 느낌의 페트로그라드Петроград로 이름이 바뀌었다. 윈저Windsor로 이름을 바꾼 영국의 하노버-작센-코부르크Hanover-Saxe-Coburg 왕가가 그랬듯, 독일과 전쟁을 치르는 상황에서 수도에 독일식 이름을 사용하는 것은 부적절하다고 여겨졌기 때문이다. 그러나 페트로그라드는 10년을 넘기지 못하고 다시 레닌그라드Leningrad, Ленинград로 이름이 바뀌었다. 〔고타〕

상트페테르부르크Sankt Petersburg는 유럽에서 가장 웅장한 도시의 하나로 성장했다. 고전적 궁전들과 정부 청사들뿐 아니라 주요 항구, 상업 중심지, 훌륭한 문화 공동체, 갈수록 확대되는 공업 지구, 커다란 요새가 네바 강변을 에워쌌다. 예카테리나 여제가 선황인 표트르 대제를 위해 바친 청동기마상은 200만 시민사회의 기백을 표상했다.

처음 레닌그라드로 이름이 바뀌었을 때 훗날 이 도시를 헌정받게 될 주인공은 스위스에 망명 중이었고 귀환한다는 기약도 없었다. 그는 평화주의자가 아니었다. 〈유럽전쟁에서 혁명적 사회민주주의의 임무 The Tasks of Revolutionary Social-Democracy in the European War〉를 통해 갈등을 이용하는 '국제 내전 international civil war'을 주장하며 차르 제국의 패배를 도모하기도 했다. 러시아에 있는 그의 주요 지지자들은 모두 반역 혐의로 체포됐다. 재판에서 이들을 변론한 자유주의 변호사 알렉산드르 표도로비치 케렌스키는 틀림없이 훗날 자신의 잘못된 의뢰인 선택을 후회했을 것이다.[1]

소비에트 체제에서 페트로그라드〔1914~1924〕/레닌그라드〔1924~1991〕는 가장 극단적인 경험을 하게 된다. 볼셰비키가 모스크바로 수도를 옮기며〔1918〕 버림받은 페트로그라드/레닌그라드는 혁명 당시를 비롯해 대숙청 때에도 많은 인구를 잃었다. 1941~1944년에는 독일–소련 공방전의 전선으로 900일 동안 봉쇄돼 말할 수 없는 추위와 굶주림과 기아로 100만 명의 주민을 잃기도 했다.[2] 정부 관리들과 군대는 3년 동안 싸울 재원을 확보했으나, 능력 또는 의지의 문제로 소비에트 당국은 민간인들을 대피시키지도, 보급품을 내주지도 않았다. 그 결과, 코번트리(제2차 세계대전 당시 독일 공군의 폭격으로 거의 파괴된 영국 잉글랜드의 도시)와 바르샤바의 게토를 합쳐놓은 듯한 상황이 일상적으로 반복됐다. 시체가 거리에 나뒹굴고, 과학 종사자들이 연구실에서 죽어가는 와중에도 공산당 당사에서는 술을 마시며 흥청거렸다는 기록은 비인도적 상황의 일면만 예시해줄 뿐이다.[3] (이 대목은 1941년 9월 8일부터 1944년 1월 27일까지 29개월에 걸쳐 지속된 레닌그라드포위전을 말한다.)

시련이 한 차례씩 지나갈 때마다 레닌그라드에는 새로운 이주민이 유입됐다. 이 '영웅 도시Hero City(고로드 게로이город-герой)'는 인간의 재건 능력을 보여주는 상징이 됐다. 그러나 1991년 소비에트가 붕괴되기 전날 밤, 세 번째로 도시 명칭의 문제가 거론됐다. 시민들의 투표로 새로 정해진 이름은 레닌그라드도 페트로그라드 아닌 상트페테르부르크Санкт-Петербург였다. 은퇴한 공산주의자들은 경악했다.

로의 수치다. 전장에 정렬해 있던 차르의 병사 가운데 적군에 항복한 병사는 1000명당 300명이었다. 이를 다른 나라의 수치와 비교해보면, 영국군은 30명, 프랑스군은 24명, 독일은 26명이었다. 차르의 병사들은 싸울 의지가 거의 없었다.[4]

그사이, 발칸반도 전역戰域에서는 전력이 우월한 오스트리아 군대가 차츰 승세를 잡아가고 있었다. 이들은 베오그라드(1915. 10), 몬테네그로, 알바니아(1916)를 점령했다. 세르비아 군대가 갖은 역경을 뚫고 산맥을 넘어 달마티아 해안까지 퇴각한 것은 전설적 일화로 통했다. 1915년 세르비아인은 마케도니아에 진입했다 그곳에 갇히고, 여기서 불가리아가 오스트리아 공격에 가담했다. 이 와중에도 테살로니카를 경유한 프랑스의 지원군으로부터 일부 지원을 받아 마케도니아의 전선은 계속 유지됐다. 그리스에 대한 서구의 무자비한 압박은 그리스 정부를 결국 무너뜨렸고, 이로 말미암아 그리스의 중립도 종지부를 찍었다. [플로라]

지중해에서는 서구 열강이 해상 패권의 덕을 톡톡히 보면서, 프랑스에서의 교착상태를 타개하려는 시도가 몇 차례 이루어졌다. 1915년 4월 25일, 영국군이 다르다넬스의 갈리폴리에 상륙했다. 이들의 목적은 콘스탄티노폴리스를 빼앗고, 러시아와 직접적 교류를 트고, 나아가 (제1대 해군장관 윈스턴 처칠의 말을 빌리면) 동맹국의 "취약한 아랫배(급소)the soft underbelly"를 공격하자는 것이었다. 이 작전은 계획 단계에서는 그 구상이 기가 막혔으나 결국 비극으로 끝났다. 오스트레일리아와 뉴질랜드에서 활약하던 그 대단한 안자크 사단이 포진해 있었던 이 원정군의 동태가 사전에 적군에 누설된 것이다. 이 소식을 전해 들은 튀르크족은 케말 파샤Kemal Pasha(케말 아타튀르크Kemal Atatürk)라는 한 에너지 넘치는 젊은 장교의 지휘를 받으며 절벽 꼭대기에서 대기했다. 이후로 서구 열강은 자신들의 군사작전을 오스만제국의 주변 지대에 한정시켰다. 우선 잉글랜드 출신의 젊은 몽상가 토머스 에드워드 로런스Thomas Edward Lawrence[아라비아의 로런스Lawrence of Arabia]가 혈혈단신으로 아라비아반도의 부족들을 이끌고 난을 일으켰다. 프랑스 군은 레바논에 근거지를 확립했다. 1916년에는 에드먼드 앨런비Edmund Allenby 장군이 이집트 영국군 기지에서 팔레스타인으로 진격해 들어가 크리스마스에는 말을 타고 예루살렘에 입성했다. 영국군은 메소포타미아에도 발을 들였다. 1917년 3월 이들은 한 차례 굴욕적 패배를 맛본 뒤 바그다드를 장악했고 이어 페르시아까지 밀고 들어갔다. 이러한 영국군의 승리에 아랍인들과 시온주의자 유대인들 모두 부쩍 힘을 얻었다. 1917년 11월 2일, 영국의 외무장관 아서 밸푸어Arthur Balfour는 각계의 의견을 수렴해 유대인 민족의 고향이 팔레스타인에 있다는 원칙을 받아들인다고 선언했다. 캅카스에서는 러시아 군대와 오스만 군대와 아르메니아 국경지대의 산맥을 두고 싸움을 벌이며 치고 빠지기를 계속했다. 이 싸움은 오스만정부가 아르메니아 국민들에게 복수를 다짐하는 계기가 됐다. [제노사이드]

이탈리아에서는, 이탈리아인이 영유권을 주장한 땅 끄트머리의 험준한 알프스 산악지대에서의 싸움에 오스트리아군이 가담했다. 이손초강에서 11차례 벌어진 이 대규모 전투로 서부전선만큼이나 대규모 사상자가 발생했다. 카포레토에서 목숨을 잃은 병사들만 50만 명을 헤아렸다 (1917. 10~12). 이탈리아 쪽에서도 영국군과 엇비슷한 만큼의 사상자가 발생했다. 이탈리아가 벼랑 끝에 몰렸던 상황을 타개하고 대단한 기세로 힘을 회복하면서 동맹국은 입지가 크게 약화됐다. 오스트리아군도 이탈리아에서 패배를 당했다. 그러나 이탈리아의 동맹들이 이탈리아가 치른 희생을 대수롭지 않게 여기면서 이탈리아 국민에게는 자부심에 상처를 입었다는 생각이 깊숙이 자리 잡았다.

교전국의 식민지들에서는, 전투에 참가한 강국들의 모든 전초기지가 제각기 자신의 모국의 대의를 지지해야만 했다. 저 멀리 카메룬에서는 프랑스파와 독일파로 나뉜 카메룬인들 사이에서 전쟁이 일어났다. 영국군은 독일이 영유하고 있던 동아프리카 땅(탕가니카)과 남서아프리카 땅을 강제 탈취 했다. 이 불평등한 싸움에서 더욱 기지를 발휘한 쪽은 힘이 열세였던 독일군 진영인 것으로 드러났다. 파울 폰 레토프-포어베크Paul von Lettow-Vorbeck(1870~1964) 장군이 이끈 동아프리카의 독일군은 세계대전이 종전에 이를 때까지도 건재했다.

바다에서는 이론상 싸움이 벌어진다고 하면, 빽빽이 늘어선 각국 전선戰船들 사이에서 치열한 교전이 벌어지는 것으로 생각하기 십상이다. 그러나 정작 현실에서 프랑스 전선戰船들은 지중해 쪽을 향해 얼마쯤 이동하는 데 그쳤고, 독일 전선들은 유틀란트 인근 해상에서 영국 해군과 승부 안 나는 교전(1916. 5. 31~6. 1)을 치른 끝에 주로 항구에 기항해 있었다. 영국군은 명목상 해상의 패권이 자신들에게 있다고 주장할 만했으나 1200만 톤 이상 나가는 연합국의 선박을 침몰시킨 전력의 키엘·브레머하펜에서 출발한 독일 잠수함을 만나서는 속수무책이었다. 영국

플로라 FLORA

■ 1914년 8월 하순, (영국 잉글랜드) 서퍽의 성직자
■ 의 딸인 35세의 플로라 샌더스Flora Sandes가 동료 7명과 함께 세르비아의 도시 크라구예바츠에 도착했다. 수도 베오그라드에서 80여 킬로미터 떨어진 크라구예바츠는 오스트리아-헝가리제국의 공세에 맞서 수도를 지키는 세르비아 군대의 주요 기지였다. 플로라 일행에 이어 세르비아구호기금Serbian Relief Fund이 파견한 영국·프랑스·러시아·미국의 의료 지원단이 도착했다. 1915년 4월 중순, 발칸전쟁에서 여성의료수송대Women's Sick and Wounded Convoy Corps, WSWCC를 조직한 불굴의 여인 메이블 애니 세인트클레어 스토바트Mabel Annie St Clair Stobart 부인이 합류했다. 그녀는 얼마 전까지 살로니카에서 회계를 담당한 남편 존 그린핼시John Greenhalgh를 제외하고는 70명의 여성으로만 꾸려진 야전병원을 지휘했다. 그녀는 말을 타고 '별동대flying column'를 이끌며 부상자들을 수송했다. 600명이 넘는 영국 여성 자원자들이 세르비아에서 활동했다.

전시의 여성 단체들을 통틀어 영국의 여성 의료단은 의심할 바 없이 가장 전문적인 조직에 속했다. 창시자가 에든버러 출신의 외과의사 엘시 잉글리스Elsie Inglis여서 스코틀랜드여성병원연합Scottish Women's Hospitals, SWH이라고 불린 이들은 여성도 긴장감이 따르는 중요한 책임을 맡을 수 있다는 사실을 입증했다. 이들은 계속해서 영국군이 통제하는 곳을 제외한 모든 연합국 전선에 시설이 완비된 야전병원 14개를 파견했다. 세인트클레어 스토바트 부인은 세르비아로 오기 전에 셰르부르와 앤트워프에서도 환자들을 치료했다. 잉글리스 박사는 러시아에서 1년을 보낸 뒤 1917년 11월에 세상을 떠났다.[1] 여전히 여성 외과의사가 드문 시대였고, 특히 군 병원에서는 여성을 더욱 찾아보기 어려웠다. 잉글리스 박사의 치료 과정을 취재하러 파견된 한 프랑스 기자는 창백한 얼굴로 나와서 이렇게 소리쳤다. "정말입니다. 정말 잉글리스 박사가 절개를 하고 있습니다!C'est vrai, elle coupe!"[2]

1915년 10월, 오스트리아군과 불가리아군이 진주하자 세르비아군은 겨울 산을 넘어 알바니아 해안으로 탈출해야 했다. 이 끔찍한 행군에서 진흙, 눈, 굶주림, 동상, 발진티푸스, 괴저로 4만여 명이 목숨을 잃었다. 스토바트의 의료 부대도 함께 행군했다.

모든 자원자 가운데 플로라 샌더스(1879~1961)는 성별에 대한 직업적 선입관을 가장 파격적으로 뒤엎은 사람이었다. 그녀는 세르비아 보병대에 입대해 알바니아까지 행군했고, 전장에서 싸우다 큰 부상을 입기도 했으며, 이러한 용맹한 행동으로 무공훈장을 받았다. 전쟁이 끝날 무렵에는 장교로 임관했다. 이후 러시아 망명자와 결혼해 베오그라드에 정착한 샌더스는 게슈타포에 저항하다가 남편을 잃고 영국으로 돌아왔다.[3] 샌더스는 러시아에서부터 폴란드와 알바니아를 거치는 동안 목격한 동유럽의 오랜 전통에 따라 힘든 시기에 격감한 남성들의 역할을 대신한 셈이었다.

영국 여성들이 굳건한 의지를 다지게 한 원인 하나는 영국 정부의 태도였다. 1914년 8월 엘시 잉글리스는 영국 육군성War Office에 스코틀랜드여성병원 연합을 조직하자고 제안했다가 다음과 같은 답변을 들었다. "아이고, 부인, 집에 가서 가만히 앉아 계시죠."[4]

제노사이드 GENOCIDE

■ 1915년 5월 27일 오스만제국 정부는 동부 아나
■ 톨리아의 아르메니아인들에게 강제 이주 명령을 내렸다. 기독교도인 아르메니아인들은 코카시아(코카서스, 캅카스) 전선에서 적군인 러시아의 편에 섰으며 러시아의 비호 아래 아르메니아 통합을 도모하고 있다는 의혹을 샀다. 이 지역의 아르메니아인들은 대략 200만~300만 명이었다. 정확한 수치는 확인되지 않았으나 이들 아르메니아인 가운데 3분의 1이 학살됐

고, 3분의 1은 추방 과정에서 변을 당했으며, 3분의 1은 살아남았다. 이 사건은 현대에 일어난 최초의 제노사이드 사례로 자주 거론된다. 세브르조약(1920)에서 연합국은 통일 아르메니아를 주권국으로 인정했다. 그러나 실제로는 이 나라가 소련과 터키(튀르키예) 사이에서 분할 점령 되는 것을 방관했다.[1]

아돌프 히틀러는 아르메니아의 선례에 대해 잘 알고 있었다. 폴란드 침공 전날 밤 그는 오버잘츠베르크에서 장성들을 모아놓고 폴란드 민족에 대한 계획을 다음과 같이 드러냈다.

> 칭기스칸은 계획적으로 기꺼이 수백만 명의 남녀를 죽음으로 몰아넣었다. 역사는 그를 위대한 국가 건설자로 기록하고 있다. [...] 나는 동부로 해골단Death Head units을 파견해 폴란드 혈통을 가졌거나 폴란드 언어를 쓰는 이들은 남녀노소 할 것 없이 무자비하게 처형하라는 지시를 내렸다. 그래야만 우리에게 필요한 레벤스라움(생활권)을 확보할 수 있을 것이다. 오늘날 아르메니아인의 학살을 이야기하는 사람이 어디 있는가?[2]

그러나 '제노사이드'라는 말은 1944년이 돼서야 처음 사용됐다. 이는 미국에서 활동하던 폴란드 출신의 유대인 변호사 라파우 렘킨Rafał Lemkin(1901~1959)이 만든 말이다. 폴란드와 폴란드 유대인들의 운명에서 실질적 결론을 도출하려 했던 렘킨의 노력은 1948년 유엔이 "제노사이드 범죄의 방지와 처벌에 관한 협약Convention on the Prevention and Punishment of the Crime of Genocide'을 제정(1951년 발효)하면서 빛을 보게 됐다.[3] 그러나 안타깝게도 옛 유고슬라비아에서 벌어진 전쟁의 사례에서 볼 수 있듯, 이 협약만으로는 제노사이드를 방지할 수도 처벌할 수도 없다. ("협약"에서 "제노사이드 범죄(집단살해죄)"는 국민적, 인종적, 민족적 또는 종교적 집단의 전부 또는 일부를 파괴하는 의도로 행하는 집단 구성원에 대한 살해, 육체적 또는 정신적 위해, 육체적 파괴를 초래할 목적으로 의도된 생활조건의 부과, 의도된 출생 방해 조치, 아동을 강제적으로 타 집단으로 이동시키는 것으로 정의됐다.)

의 봉쇄작전은, 이로 말미암아 북해에서 무제한 잠수함 작전unrestricted submarine warfare이 전개되긴 했으나, 독일이 식량난을 겪는 데 한몫한 것이 사실이었다. 그런데 영국도 극심한 물자 부족 사태에 직면하기는 마찬가지였다. 1915년 5월 7일 독일 잠수함 U20호의 공격을 받고 (영국 선적의) 민간 선박 루시타니아 호RMS Lusitania가 침몰하고, 이어 독일이 무제한의 잠수함전을 대서양으로까지 확대하니(1917) 이를 중대 계기로 미국의 중립이 종지부를 찍었다.

전쟁 3년째에 접어들자 전쟁으로 인한 긴장감이 정치계에도 그대로 반영되기 시작했다. 더블린에서는 아일랜드인들이 영국으로부터 독립을 성취하기 위해 일으킨 부활절봉기Easter Rising(1916)가 무력으로 진압당했다. 런던에서는 로이드 조지Lloyd George의 전시연립 내각이 형성되면서, 규칙적으로 운영되던 정당 통치 체제가 전복됐다(1916. 12). 동시에 오스트리아-헝가리에서는 프란츠 요제프 1세Franz Joseph I가 세상을 떠나면서(1916. 11) 심히 불길한 징조를 전했다. 전쟁기에 처음 열린 오스트리아 의회 라이히스라트Reichsrat(1917. 5)는 체코인들이 자치를 요구하고, 단독 강화에 대한 소문이 돌면서 해산됐다. 프랑스에서는 도처에 만연한 반란의 기미로 장기간 소요사태가 이어지다, 신임 사령관 앙리 필리프 페텡Henri Philippe Pétain 원수와 신임 총리 조르주 클레망소Georges Clemenceau의 합동 노력으로 사태가 진압됐다. 독일에서는 1917 년 카이저〔빌헬름 2세〕의 부활절 메시지를 통해 민주주의 개혁안이 제시됐다. 1914년만 해도 전 쟁 융자에 찬성했던 오스트리아 의회 정당들이, 이해 7월에는 모두 화해를 통한 평화에 표를 던 졌다. 동부전선에서는 동맹국이 러시아와의 단독 강화 움직임이 실패로 돌아가자 바르샤바에 폴란드 꼭두각시 정권을 세우고 거기에 의지하는 모습을 보였다. 이 나라는 왕국이되 왕이 없 었고, 섭정위원회는 있되 섭정은 없었다. 또한 프로이센, 오스트리아, 혹은 부크강 동부 지방의 폴란드 지역들과도 전혀 관련성을 갖지 못했다. 이 왕국의 형성에 뒤이어, 독일 카이저에 대한 충성서약을 거부한 바 있는 유제프 피우수트스키가 이끌던 폴란드 연대도 이내 해산됐다. 러시 아에서는 혁명이 일어났고, 미국에서는 전쟁 열기가 고조됐다. [겁쟁이] [릴리]

오스트리아의 젊은 프리덴스카이저Friedenskaiser(평화황제)는 수차례에 걸쳐 친히 연합국의 강국들과 비밀협상에 나섰다. 1917년 봄, 스위스에서, 그〔카를 1세〕는 벨기에 장교로 복무하고 있던 처남 식스투스 폰 부르봉-파르마Sixtus von Bourbon-Parma와 두 차례 만남을 가졌다. 그는 이탈리아에 영토를 양여할 의사를 비쳤고, 알자스-로렌 지방의 영유를 주장하는 프랑스의 요 구도 받아들였다. 그러나 황제는 이탈리아인들이나 프랑스인들에게 그가 베를린에 충분히 힘을 행사할 수 있다는 확신을 심어주지 못했던 터라, 클레망소가 계약 내용을 공개하면서 독일 황제 앞에서 체면을 구겨야 했다. 이 시점 이후, 합스부르크 군주제의 운명은 독일 군대의 운수와 불 가분의 것이 됐다. 이와 함께 오스트리아-헝가리 내에서 평화적 민족주의의 발전이 일어나리라 는 희망도 일거에 사라졌다.[5]

1917년 4월 6일 일어난 미국의 제1차 세계대전 참전은 평화 도모를 위한 미국의 수차례 의 노력 끝에 이루어진 일이었다. 미국의 제28대 대통령 토머스 우드로 윌슨Thomas Woodrow Wilson(재임 1913~1921)은, 동부 해안 출신의 자유주의자이자 프린스턴대학 교수이기도 했는데, 미국은 앞으로도 중립노선을 지킬 것임을 내세워 1916년 11월에 재선된 터였다. 그 뒤 대통령 특사 에드워드 M. 하우스Edward M. House 대령이 유럽의 수도들을 빠짐없이 순방했다. 1917년 1월에만 해도 윌슨은 양원 합동연설에서 "승리 없는 평화peace without victory"를 주장했다. 그러 나 독일의 잠수함에 미국의 해운경제가 치명적 위협을 당하는 사태가 일어났다. 이와 함께 1917 년 1월의 치머만 전보Zimmermann Telegram를 통해 독일이 조잡한 계획으로 멕시코를 전쟁에 동원하려 한다는 사실이 밝혀지면서, 전쟁에 대한 미국의 의구심이 모조리 없어졌다("치머만 전 보"는 독일제국 외무장관 아르투르 치머만Arthur Zimmermann이 멕시코 주재 독일 대사에게 보낸 비밀 전 보문이다). 미국 대통령 윌슨의 이상주의는 영국 및 프랑스의 비밀외교와 공개적으로 마찰을 빚 곤 했다. 그러면서도 윌슨의 14개조〔14개조평화원칙〕Fourteen Points(1918. 1)는 연합국의 전쟁 목 표들에 일관성과 신뢰성을 실어주는 역할을 했다. 윌슨은 어디에나 평등하게 적용되는 민족자결주의 national self-determination의 원칙에 강한 집착을 보였다. 한편 이그나치 얀 파데레프스키 Ignacy Jan Paderewski(폴란드공화국 초대 총리이자 피아니스트. 재임 1919. 1~12)의 지휘로 백악관에서 열린 음악회 이후, 윌슨은 폴란드의 독립 문제도 주요 현안으로 다루게 된다.

그러나 종합적으로 봤을 때, 1917년에 일어난 변화들은 연합국 진영에 커다란 불안을 일으킨 것이 사실이었다. 당분간은 러시아에서 벌어진 대혼란으로 미국의 참전은 그 효과가 미미할 터였다. 협상국은 대단한 잠재력을 가진 국가를 협력국으로 확보하고 있었지만, 그와 동시에 이 분야에서 가장 막강한 힘을 떨치고 있던 협력국을 잃어가고 있었다. 이후 미국의 병력과 산업 생산이 전장에서 체감되기까지는 12개월이 걸리게 된다. 그러는 동안 러시아의 저항이 수그러들면서, 동맹국은 자신들의 자원에서 점점 더 많은 부분을 동쪽에서 서쪽으로 이동시킬 수 있었다. 이제는 미국의 군대 동원 효과와 러시아혁명 효과 중 어느 것이 더 빨리 힘을 발하느냐에 따라 전쟁의 결과가 갈릴 것으로 보였다.

러시아혁명. 1917년의 러시아혁명 Russian Revolution은 서로 얽혀 있는 일련의 연쇄적 몰락 과정으로 구성돼 있었다. 두 번에 걸친 정치적 폭발—차르제를 전복시킨 2월혁명 February Revolution과 볼셰비키 독재정권을 세운 두 번째의 10월혁명 October Revolution 혹은 쿠데타—과 함께 러시아제국의 사회적·경제적·문화적 토대를 송두리째 뒤흔드는 대규모 격변들이 찾아왔다. 아울러 이 무렵 비非러시아 국가들에서 제각기 일어난 민족봉기도 줄을 이었으니, 이 국가들은 얼마 전까지 러시아제국 안에 통합돼 있다가 독립을 이룰 기회를 맞이했다.

전쟁이 실제로 일어나면서 러시아는 극적 변화를 맞았다. 1917년 2월 중순만 해도 로마노프가의 마지막 황제(니콜라이 2세)는 여전히 유럽에서 가장 규모가 많은 군수물자를 가지고 있었다. 그러나 불과 12개월도 채 되지 않아 로마노프가는 종언을 고했다. 제국은 이제 20여 개의 자치국가로 해체됐다. 거기다 중부에서 남은 땅덩이를 차지한 볼셰비키 통치자들은 전쟁에서 영구히 발을 뺄 참이었다. 브레스트-리토프스크 Brest-Litovsk에서 소비에트 정부와 독일 등 동맹국 사이에 협상이 시작되면서 1917년 12월 6일부터 러시아의 모든 실질적 참전 활동이 중단됐다. 한편, 분리주의자들의 열망과 볼셰비키의 책략을 모두 지원하고 있던 독일의 정책은 이로써 유례없는 승리를 거두었다.

러시아제국의 분열은 단순히 혁명에서 비롯된 결과의 하나로서만 아니라 그것을 일으킨 원인의 하나로 여겨져야만 한다. 그간 러시아의 차르는 볼셰비키 독재정권의 분리독립 열망을 명확히 승인하기 훨씬 전부터 비러시아 신민들로부터 충성심을 잃고 있었다. 1915년 독일군의 진격으로 폴란드 지방들을 조만간 잃을 듯하자, 러시아제국의 지도급 인사였던 폴란드 출신 정치인 로만 드모프스키 Roman Dmowski는 러시아에 완전히 등을 돌렸고, 이로써 폴란드는 독립을

겁쟁이 COWARD

■ 1916년 10월 18일 새벽 6시, 서부전선의 〔프랑스〕
■ 카르누아에서 웨스트요크셔연대West Yorkshire Regiment 해리 파Harry Farr 일병이 영국군에 의해 총살형을 당했다. 징집병도 아니고 6년 복무를 자원한 그는 포탄충격shell-shock으로 이미 두 차례나 최전선에서 쫓겨난 적이 있었다. 세 번째 때 그는 외상이 없다는 이유로 의무醫務 치료를 거부당했고, 참호로 호송하는 하사관에게 저항하다가 체포됐다. "저, 견딜 수가 없습니다." 그는 거듭 호소했다. 군법회의에서 14군단 사령관은 비겁 혐의가 "분명하게 입증된" 듯 보인다고 보고했다. 총사령관 더글러스 헤이그Douglas Haig는 비겁 혐의를 인정했다. 〔"포탄충격"은 제1차 세계대전에서 포탄의 폭발 등으로 인해 군인들 사이에서 일어난 여러 정신적 장애(전쟁신경증)의 유형을 설명하기 위해 영국 심리학자 찰스 새뮤얼 마이어스Charles Samuel Myers가 만든 용어다 (1915년 의학저널 《랜싯》에 발표). 제2차 세계대전에는 "전쟁 피로battle fatigue"라는 용어가 쓰였다. 오늘날에는 외상후 스트레스장애PTSD로 분류된다.〕

얼마 후 파의 부인 거트루드Gertrude는 육군성으로 부터 다음과 같은 편지를 받았다. "부인, 유감스럽게도 남편 분의 사망 소식을 전합니다. 남편 분은 비겁죄cowardice로 10월 16일 새벽에 총살형에 처해졌습니다." 거트루드는 전쟁미망인 연금도 딸의 자녀 수당도 받지 못했다. 다만 교구 목사를 통해 연대 군목의 전갈만 받았을 뿐이다. "그분은 겁쟁이가 아니었다고 부인에게 전해주십시오. 그보다 더 훌륭한 군인은 지금껏 없었습니다." 파의 아내는 99세까지 살아서 영국 공문서보관소가 1992년에야 비로소 공개한 당시 군법회의 기록을 열람했다.

파 일병은 1914~1918년에 군법회의에서 사형을 선고받은 영국군 3080명 중의 한 명으로, 이들의 죄목은 주로 탈영이었으며, 그 가운데 형 집행이 취소되지 않은 사람은 파를 포함해 총 307명이었다. 비슷한 사건에서 더글러스 헤이그는 선처에 대한 탄원을 거절하며 다음과 같이 기록했다. "이런 탄원을 한없이 받아들인다면 우리가 어떻게 승리할 수 있겠는가?"[1]

제2차 세계대전에서는 10만여 명의 영국 병사들이 탈영했지만 총살당한 사람은 아무도 없었다. 그러나 붉은군대나 독일군의 탈영자들 가운데 체포된 자들은 영국군과 같은 행운을 누리지 못했다.[2]

릴리 LILI

■ 1915년의 어느 날, 폴란드 중부 동부전선에서
■ 젊은 독일 보초병이 고향집 꿈을 꾸고 있었다. 한스 라이프Hans Leip라는 이름의 이 청년은 자신의 두 여자 친구 릴리와 마를렌Marlene이 부대 막사 입구의 등불 아래서 자신과 함께 서 있다고 상상했다. 그는 우울함을 달래려 휘파람을 불며 감상조의 노랫말을 읊조렸다. 하지만 그 노래는 이내 기억에서 지워졌다. 20년 뒤 그는 베를린에서 그 곡조를 떠올리고 두 여인의 이름을 하나로 합쳐 노랫말 몇 구절을 썼다. 이후 노르베르트 슐츠Norbert Schultz가 노랫말에 곡을 붙여 1937년에 노래가 발표됐다. 양차 대전 사이의 베를린은 카바레와 유행가의 중심지였다. 그러나 이 〈외로운 보초병의 노래The Song of a Lonely Sentry〉는 인기를 끌지 못했다.[1]

1941년 유고슬라비아를 점령한 독일군은 라디오베오그라드의 고성능 송신기를 접수했다. 그 라디오 방송국에 보관돼 있던 낡은 음반들 가운데 전쟁 전에 녹음한 한스 라이프의 노래가 있었다. 때마침 발칸반도 너머 북아프리카에서 에르빈 로멜과 "사막쥐desert rat"라는 별명을 가진 〔야전군〕 영국 제8군Eighth Army도 베오그라드의 밤 시간대 음악 방송을 들을 수 있었다. 지중해의 별이 빛나는 하늘을 채우는 랄레 안데르센 Lale Andersen(《릴리 마를렌》을 부른 독일의 가수)의 목소리는 병사들의 넋을 빼놓았다. 〔《릴리 마를렌》은 곧 가사가 영어로 번역돼 앤 셸턴Anne Shelton에 의해 다시 녹음됐다. (리비아 동부 지중해 연안) 토브루크의 포위로 영국 포로들이 줄지어 독일 아프리카군단의 전선을 지나갈 때 양측 병사들은 모두 같은 곡을 흥얼거렸다. (참고로, "사막쥐"는 영국 제7기갑사단7th Armoured Division을 지칭하는 것이었으나 점차 사막 지역에서 복무한 군대 전체를 가리키게 됐다.)

〈릴리 마를렌〉　1. Lili Marleen

Vor der Kaserne vor dem großen Tor	Underneath the lantern by the barrack gate
막사 앞에 커다란 정문 앞에	막사 입구 등불 아래
Stand eine Laterne und steht sie noch davor	Darling I remember the way you used to wait
가로등 하나 불 밝히고 그녀 아직 거기 서 있네	나 기억하네 그대 나 기다리곤 했던
So woll'n wir uns da wiederseh'n	'Twas there that you whispered tenderly
그렇게 그곳에서 다시 만나고자 하네	그대 그곳에서 귓가에 속삭였던 다정한 목소리
Bei der Laterne woll'n wir steh'n	That you loved me you'd always be
가로등 옆에 우리 서 있고자 하네	나를 사랑한다는, 언제나 그러겠다는
Wie einst Lili Marleen	My Lili of the lamplight
언제가 그랬듯이 릴리 마를렌이	나의 등불 릴리 마를렌
Wie einst Lili Marleen	My own Lili Marleen
언제가 그랬듯이 릴리 마를렌이	나만의 릴리 마를렌

미국이 참전한 뒤 (독일 태생의 미국 배우·가수) 마를레네 디트리히가 〈릴리 마를렌Lili Marleen〉을 이어받았다. 그녀의 노래는 모든 국경을 가로질렀다.[2] 1943년 모두가 〈릴리 마를렌〉을 흥얼거리던 전시의 파리에서는 〈고엽枯葉, Les Feuilles mortes〉이 만들어졌다. 자크 프레베르Jacques Prévert의 달콤하면서도 씁

쓸한 시에 조제프 코스마Joseph Kosma가 쉽게 잊히지 않는 멜로디를 붙인 노래였다. 헤어진 연인의 이야기를 담은 노래였으니 이 역시 수백만의 마음을 울렸을 것이다. 〈고엽〉은 영화〈밤의 문〈Les portes de la nuit(1946) 삽입곡으로 만들어졌는데 당시 영화가 흥행에 실패하면서 크게 알려지지는 못했다. 영어로 번역

〈고엽〉

C'est une chan-son,—— Qui nous res-sem-ble,—— Toi tu m'ai-

된 가사는 원곡의 맛을 느낄 수 없었다.

C'est une chanson, qui nous ressemble
이 노래는 우리를 떠오르게 하지.
Toi tu m'aimais, et je t'aimais
당신은 나를 사랑했고 나는 당신을 사랑했어.
Nous vivions tous les deux ensemble
우리는 삶을 함께했지.
Toi qui m'aimais, moi qui t'aimais
나를 사랑한 당신과 당신을 사랑한 나.
Mais la vie sépare ceux qui s'aiment
하지만 삶은 사랑하는 사람들을 떼어놓기도 하는 법.
Tout doucement, sans faire de bruit
천천히 소리도 없이.
Et la mer efface sur le sable
모래밭으로 밀려온 바닷물은
Les pas des amants désunis
헤어진 연인들의 발자국마저 지워버리지.

The falling leaves drift by the window
낙엽이 창문을 스치네
The autumn leaves of red and gold
붉은 빛과 금빛의 가을 낙엽
I see your lips, the summer kisses
그대의 입술, 여름날의 입맞춤이 눈앞을 스쳐가네
The sun-burned hands I used to hold
햇볕에 그을린 손을 내가 잡아주었는데
Since you went away, the days grow long
그대가 떠난 뒤 점점 더 길어지는 나날들
And soon I'll hear old winter's song
머지않아 겨울의 노래를 들을 테지만
But I miss you most of all, my darling
그래도 가을 낙엽이 떨어질 때면
When autumn leaves start to fall
내 사랑 그대가 너무도 그리워

해안의 파도가 지워버린 모래밭 위 연인의 발자국은 어디로 갔을까? 그럼에도 1950년대에 〈고엽〉은 큰 인기를 끌었다.[3]

전후戰後 시대의 유행가는 미국 문화의 흐름을 선도했고 이후 미국 문화는 유럽을 휩쓸었다. 결국에는 대서양을 사이에 두고 영국과 미국의 노래들이 주도권을 쥐게 됐다. 그러나 나폴리, 바르샤바, 파리, 모스크바를 비롯한 유럽의 많은 지역에도 자국의 언어로 된 훌륭한 노래들이 많다. (아래는 미하일 르보비치 마투소프스키 Михаил Львович Матусовский 작사, 바실리 파블로비치 솔로비요프–세도이 Василий Павлович Соловьёв–Седой 작곡으로 1958년경에 발표된 러시아 노래 〈모스크바 근교의 밤 Под московные вечера〉이다.)

Не слышны в саду даже шорохи
정원에는 바스락 소리조차 들리지 않고

Всё здесь замерло до утра
여기 모든 것이 아침까지 멎었네

Если б знали вы, как мне дороги	Низко голову наклоня?
아나요 그대, 얼마나 내게 소중한지	낮게 고개를 떨구고 있나요?
Подмосковные вечера	Трудно высказать и не высказать
모스크바 근교의 밤이	말하기 어렵고 말하지 못하는
Если б знали вы, как мне дороги	Всё, что на сердце у меня
아나요 그대, 얼마나 내게 소중한지	내 마음 속의 모든 것
Подмосковные вечера	Трудно высказать и не высказать
모스크바 근교의 밤이	말하기 어렵고 말하지 못하는
[···]	Всё, что на сердце у меня
Что ж ты милая смотришь искоса	내 마음 속의 모든 것4
하지만 왜 그대 흘깃 쳐다보며	

쟁취할 기회를 본격적으로 맞이했다. 이후로 드모프스키는 서구 열강의 보호 속에서 폴란드 독립을 위한 일들을 해나갔다. 1916년 8월, 폴란드에는 드모프스키를 의장으로 삼아 코미테트나로도비폴스키Komitet Narodowy Polski(폴란드민족위원회)가 세워졌다. 리투아니아에서는 1917년 9월, 독일의 후원 속에서 타리바Taryba(민족의회)가 창설됐다. 핀란드에서는 독립공화국이 1917년 중반부터 1918년 5월까지 독일의 지원을 받아 존립을 위한 싸움을 벌였다. 우크라이나에서는 황제 권력이 약화되자마자 곧바로 민족운동이 전면으로 부각했다. 1917년 11월에는 키이우[크이우, 키예프)에서 우크라이나공화국이 형성됐다. 1918년 2월 9일의 이른바 '빵조약Bread Treaty'에 의해, 우크라이나공화국은 곡물 계약들을 담보로 동맹국으로부터 인정을 받을 수 있었다("브레스트-리토프스크조약"으로 앞 단락의 조약과는 명칭은 같지만 세부 내용이 다르다). 이와 동시에 코카시아[코카서스)에서는 독립적 트랜스코카시아연맹Transcaucasian Federation[자캅카스공화국)이 결성됐다.

이와 같은 자발적 분리주의 움직임에 직면하자, 페트로그라드[지금의 상트페테르부르크)에 연이어 세워진 러시아 정부들은 그 폭풍 같은 기세 앞에서 머리를 숙이는 것 외에는 별수가 없었다. 1917년 4월에는 러시아 임시정부가 직접 나서서 민족들의 독립을 지지한다고 선언했다. 볼셰비키Bolsheviks(Большевики, 러시아사회민주노동당의 다수파)를 비롯한 여타 세력도 그 뒤를 따랐다. 하지만 겉으로는 그런 수사를 내걸었어도 현실에서 볼셰비키는 민족들의 독립을 인정해줄 뜻이 전혀 없었다. 이들은 페트로그라드에서 권력을 탈취하자마자, 볼셰비키의 민족문제 담당 인민위원으로 아직은 별달리 알려져 있지 않던 그루지야[조지아) 출신의 혁명가 이오시프 비사리오노비치 스탈린Иосиф Виссарио́нович Ста́лин은 신생 공화국들 안에 빠짐없이 볼셰비키 지부를 조직하기 시작하더니 갓 태어난 국민국가(민족국가)의 정부마다 분란을 일으켰다. 당시 볼셰비키의 목적은 사라지고 없는 러시아제국을 새로이 공산주의로 포장해 다시 일으켜 세우겠다는 것이었다. 이 이후로 볼셰비키는 자율성과 명목상 국가구조라는 허울을 정면에 내걸고, 그 뒤에서는 중앙집권화된 1당독재를 강제할 방법을 모색하게 된다. 여기에 이른바 '러시아 내전'이 발발하는 주된 원인의 하나가 자리 잡고 있었다(뒤의 내용 참조).

따라서 페트로그라드 혁명은 이미 해체가 꽤 진행된 국가의 중앙정부를 상대로 일어난 것이었다. 그 직접적 원인은 차르 황실의 운영 위기에서 찾을 수 있었다. 혁명 당시 차르는 전면에 등장하지 않았는바, 그는 섣부르게도 직접 전장에서 지휘를 하겠다는 각오를 다지며 허둥대고 있었기 때문이다. 두마Duma(дума, 러시아 의회)의 뜻은 무시당했다. 편집증이 있는 '독일 태생' 황후(니콜라이 2세의 황후 알렉산드라 표도로브나)와 '요승妖僧'이라 불린 그녀의 협잡꾼 동료 그리고리 예피모비치 라스푸틴Григо́рий Ефи́мович Распу́тин(1872~1916)이 횡포를 부려도 차르 휘하 각료들은 아무 힘도 쓰지 못했다. 인플레이션, 식량 부족, 군수품 보급과 같은 전시의 비상 상황에 처리되지 못한 일들이 쌓이자, 차르의 최측근이 들고일어났다. 라스푸틴이 이때 옥스퍼드에서 수학한 펠릭스 펠릭소비치 유수포프Фе́ликс Фе́ликсович Юсу́пов 공작에게 살해당했는데, 유수포프는 러시아에서 가장 부유한 여인의 아들이자 차르의 조카사위이기도 했다. 만일에 다른 상황이었다면, 이 사건은 러시아 궁정 안에서 벌어진 사소한 음모쯤으로 후대 역사에 전해졌을지도 모른다. 그러나 실제로는 이 사건을 계기로 그간 사람들 사이에 쌓여 있던 울분이 봇물 터지듯 쏟아져 나와 국가체제 전반을 무너뜨렸다. 바깥세상과 차단된 러시아 궁정 너머에는 목소리를 내지 못하고 숨죽여 살아온 차르의 신민들이 수천만에 이르렀다—체제에 만족하지 못하는 지식인들, 절망에 빠진 입헌주의자들, 혼란에 빠진 관료들, 권리를 가지지 못한 노동자들, 땅을 가지지 못한 농민들, 삶에도 또 승리에도 희망을 갖지 못한 병사들까지. 화려하게 반짝이던 차르 체제의 껍데기는 최후의 순간까지 꼿꼿이 서 있다 마침내 사상누각처럼 무너졌다.

1916년 12월 17일 라스푸틴이 살해되고 10개월이 흐르는 동안, 볼셰비키가 권력을 거머쥐기까지의 일련의 사건은 제대로 된 계획 하나 없이 지극히 고통스럽게 진행됐다. 2월 하순, 식량 공급마저 얼어붙게 한 북극의 겨울 한파가 갑자기 초봄의 햇살로 바뀌었다. 그러자 수천 명의 파업 노동자와 시위대가 페트로그라드 길거리로 쏟아져 나와 평화, 빵, 땅, 자유를 외쳤다. 2월 26일에는 즈나멘스카야광장에서 일단의 황실 친위대가 시민들을 향해 최초로 치명적 일제 사격을 가했다. 이튿날에는 수도수비대의 농민군 징집병 16만 명이 폭동을 일으키며 반란군에 가담했다. 차르 휘하의 장군들은 발뺌만 하려 들었다. 결국 과감하게 두마가 나서서 차르를 배제한 임시정부 수립을 선언했고, 그동안 다양한 사회주의 당파 대표들이 '노동자 및 병사 대표 평의회'인 페트로그라드소비에트Petrograd Soviet(Петроградский совет)를 소집했다.

이렇게 해서 러시아에 이중권력(이중정권)Dual Power 곧 드바예블라스티예Двоевластие 체제가 등장하게 됐고, 이 안에서 두마는 페트로그라드소비에트와 각축을 벌이지 않으면 안 됐다. 양측은 제각기 중대한 결정을 내리게 된다. 3월 1일에는 페트로그라드소비에트가 일반 명령 제1호를 발표하니, 모든 군부대로 하여금 소비에트 위원을 한 사람씩 선출하라는 내용이었다. 이 조치로 러시아 육군 전체에 걸쳐 장교들이 갖고 있던 권위가 일거에 무너졌다. 3월 2일에는 임시정부 측에서 8개항 정책을 발표하니, 지방정부에 선출직 관료들을 두는 한편 국가 경찰을 인민 민병대로 대체한다는 내용이었다. 러시아 전역에 걸쳐 경찰과 지방 관료들이 갖고 있던 권위를 일거에 무너뜨리는 조치였다. 러시아제국은 '전보를 받은 후' 완전히 사분오열 됐다. 그날 밤 니콜라이 2세Николай II는 황제 자리에서 내려왔다(구력 1917년 3월 2일).

이후 러시아에서는 두마 내부에 근거한 입헌제 자유주의자 세력과, 소비에트 내부에 근거한 온건파 사회주의자—주로 멘셰비키Mensheviks(меньшевики́, 러시아사회민주노동당의 소수파)와 사회주의혁명당Socialist Revolutionaries, SR(Па́ртия социали́стов-революционе́ров)으로 둘 모두 볼셰비키와는 대척에 서 있었다— 사이에 불편한 동맹관계가 한동안 이어지며 균형 잡힌 상태에서 이중권력 체제를 유지해갔다. 이 체제에서 핵심 역할을 한 인물이 알렉산드르 표도로비치 케렌스키Алекса́ндр Фёдорович Ке́ренский(1881~1970)로, 사회주의자이자 법률가였던 그는 임시정부와 소비에트 양쪽 모두에서 활동했다. 그러나 이들의 전쟁 지속 정책은 민심을 지극히 얻지 못했다. 이들이 유일하게 성공을 거둔 것이 있다면, 사회에 팽배한 불만의 분위기를 한층 고조시켰다는 것뿐이었고 이런 분위기는 더욱 급진적 성향의 사회 성원들에게 더 유리한 것으로 드러났다. 임시정부는 제헌의회를 구성하기 위해 총선거를 실시하겠다는 뜻을 공식 발표 했고, 의회가 구성되면 장차 러시아 민주주의의 항구적 토대가 마련될 터였다. 이것이 볼셰비키에는 계획 추진 일정표를 잡는 계기가 됐다. 어떤 식으로든 러시아를 통치할 가능성을 마련하려면, 제헌의회가 열리기 전에 한 발 앞서서 반드시 소비에트를 장악한 뒤 임시정부를 전복시켜야만 했다. [파티마]

그해(1917) 4월 블라디미르 일리치 레닌이 페트로그라드로 돌아오기 전까지만 해도, 볼셰비키가 일련의 혁명 사태에서 수행한 역할은 미비했다. 그러나 그해 봄과 여름, 러시아의 상황이 악화하면서 기강을 중시하는 체제 전복파에 매우 유리한 환경이 조성됐다. 4월, 6월, 7월의 세 차례의 사태에서 볼셰비키는 자신들의 영향력이 페트로그라드의 수비대 안에서 점차 커지는 점을 십분 활용해 길거리 시위를 무장봉기로 승화시키려 각고의 노력을 기울였다. 마지막 7월 사태 때에는, 볼셰비키가 독일과 접촉을 했었다는 사실을 알고는 임시정부가 실제로 당 지도부 체포를 명하기도 했다. 레닌은 시골로 들어가 은신하는 수밖에 없었다. 그러나 그해 8월과 9월, 라브르 게오르기예비치 코르닐로프Лавр Гео́ргиевич Корни́лов의 군대와 충돌을 빚으면서 임시정부의 기능이 마비됐다. 비록 실패로 돌아가긴 했으나, 이 코르닐로프의 정부 전복 시

파티마 FÁTIMA

■ 1917년 5월 3일, 제1차 세계대전이 절정에 달했
■ 을 때 교황 베네딕토 15세Benedict XV는 성모 마리아에게 평화의 계시를 내려달라고 호소했다. 열흘 뒤, 글을 모르는 세 어린이가 포르투갈의 파티마 마을 앞에서 성모의 환영을 보았다고 전했다. 이 아이들에 따르면, 그녀는 자신이 "로사리오의 성모the Lady of the Rosary"(묵주기도의 성모)이며 곧 적敵그리스도가 나타날 것이니 이 자리에 예배당을 지어야 한다고 말 했다고 했다. 얼마 후 세 아이 중 하나인 루시아 두스 산투스Lúcia dos Santos는 다음과 같이 성모의 예언 에 러시아가 언급됐다고 전했다.

> "나는 러시아가 나의 티 없는 성심에 봉헌할 것을 청 하러 올 것이다. 그들이 나의 청을 듣는다면 러시아 는 마음을 돌릴 것이고 평화가 올 것이다. 그렇지 않 다면 러시아는 그들의 죄를 전 세계에 퍼트려 전쟁 을 일으키고 교회를 박해할 것이다. [...] 그러나 결국 나의 티 없는 성심이 승리할 것이다."[1]

성모마리아 숭배는 반反공산주의와 연관되는 경우 가 많았으며, 이러한 경향은 특히 스페인내전(1936~ 1939) 시기에 두드러졌다. 1942년 (파티마 성모 발현 25

주년을 맞아) 교황 비오 12세Pius XII는 성모성심聖母聖 心축일Feast of the Immaculate Heart of Mary을 제정 했다. 공산주의 몰락에 몸소 활약한 교황 요한 바오로 2세는 1981년 5월 13일 로마에서 암살 미수자(튀르키 예인 청년 메흐메트 알리 아자)의 총알을 맞고 쓰러졌다. 바오로 2세는 로사리오의 성모에게 기도한 뒤 회복돼 파티마 순례에 참가했다.[2]

실천적 기독교도들은 여전히 예언의 신비를 풀지 못했 다. (독일) 쇠나우의 엘리자베트Elisabeth of Schönau 성녀 발현(1164)으로 처음 기록된 성모 발현은 근 대에서 현대에 이르기까지 끈질기게 이어지고 있 다. (프랑스) 라살레트Our Lady of La Salette(1846) 와 루르드Our Lady of Lourdes(1858), 퐁맹Our Lady of Pontmain(1871), (아일랜드) 메이요의 녹Our Lady of Knock(1879), 벨기에의 바뇌Our Lady of Banneux(1933), 보스니아의 메주고리예Our Lady of Medjugorje(1981) 등에서 일어난 발현을 꼽을 수 있 다. 모스타르 인근 메주고리예에서 일어난 성모 발현 은 수천 명의 발길을 끌었지만 가톨릭 정교의 인정을 받지 못했다. 게다가 성모 발현지가 전시에 대학살이 있었던 곳으로 추정된다는 점, 1992~1933년의 보스 니아 참상을 예고했다는 점이 혼란을 더했다.[3] [베르나 데트] [성모마리아]

도putsch 덕에 레닌은 한숨 돌리며 그 자신의 쿠데타 계획을 짤 수 있었다.

그해 10월 초순 레닌이 비밀리에 페트로그라드로 돌아왔을 때, 케렌스키의 정부는 고립된 데다 신망도 완전히 잃은 뒤였다. 군대도 불만을 품고 있었고, 소비에트 당은 분열돼 있었다. 이 무렵 볼셰비키는 러시아 각 지방을 대표하는 볼셰비키파가 대거 포진한 소비에트회의를 열어, 페트로그라드소비에트의 주류를 중립화하자는 목적의 계획을 마련해두고 있었다. 동시에 볼 셰비키가 소비에트의 핵심으로 부상하면서 장악하게 된 군사혁명위원회Military-Revolutionary Committee(Военно-революционный комитет)에는 전쟁에 필요한 병사, 선원, 무장 노동자 동원의 임무가 하달되니, 얼마 전까지만 해도 소비에트 당은 이를 승인해주지 않던 차였다. 이 업무를

맡아 지휘한 것이 트로츠키였다. [소브키노]

10월 25일 밤, 이 계획이 실행됐다. 볼셰비키의 피켓이 모든 정부 건물을 에워쌌다. 저항은 일어나지 않았다. 26일 오전 10시, 레닌은 언론 보도문을 내보냈다.

> 러시아 시민들이여
> 임시정부는 무너졌습니다. 지금은 정권을 페트로그라드소비에트의 조직이자 […] 페트로그라드 프롤레타리아, 그리고 수비대를 선봉에 세운 군사혁명위원회가 장악했습니다. 우리 인민들이 오랫동안 싸워 이룩하고자 했던 임무들, 민주적 평화를 즉각 제안하고, 지주의 토지 소유를 철폐하고, 노동자들이 생산을 제어하고, 소비에트 정부를 창설하자는 임무들이 마침내 완수됐습니다. 노동자, 병사, 농민의 혁명, 만세![6]

실제로는 이 포고문의 어느 구절 하나 거짓 혹은 위선 아닌 것이 없었다. 하지만 그러한 사실은 사태가 진전되는 데에 아무런 영향도 미치지 못했다. 레닌과 트로츠키가 정확히 계산한 것처럼, 감히 이들에게 맞서고 나설 사람들은 수도首都 어디에도 없었다. 동궁冬宮〔Зимний дворец, 겨울궁전〕에 있던 정부 각료들은 절대 찾아오지 않을 구원만 기다리며 우왕좌왕했다. 이 와중에 제국의 군대도 모습을 찾아볼 수 없기는 마찬가지였다. 오후 9시, 볼셰비키의 수병들이 아브로라Аврора〔로마 신화에 나오는 새벽의 여신 "아우로라"〕호에 올라 동궁을 향해 위협 사격을 가했다. 페트로바블로프스크요새로부터도 약 30발의 포탄이 날아들었다. 오후 11시경, 그렇게 발사된 포탄 가운데 두 발이 목표물을 파괴했다. 정부 수비대가 대부분 줄행랑을 놓은 것이 이때였다. 동궁에 군중이 밀물처럼 들어왔을 때에는 이미 저항 자체가 불가능했다. 이 '동궁 돌격storming of the Winter Palace'은 후대 들어 지어낸 이야기인 것으로 보이지만 말이다. 이튿날 오전 2시 30분, 각료들이 군대에 항복했다. 마침내 페트로그라드에서 볼셰비키가 권력을 거머쥐었다. 사태는 이것으로 끝이 아니었다. 그날 아침 레닌은 잠시 소비에트대회에 모습을 드러낸 자리에서, "전세계 만방에서 사회주의 혁명"이 일어나야 한다고 외쳤다. 상황은 전혀 그럴만하지 않았다. 당시 일은 페트로그라드 사회주의자들의 봉기라고도 할 수 없었다. 26일 보도문의 초안을 보면, 레닌은 당시 "사회주의 만세"라는 말로 연설을 마칠 예정이었다. 그런데 어느 시점엔가 레닌은 이 초안을 없애버렸다.

그렇다고 레닌과 그의 동지들이 철두철미한 혁명가였다는 점을 이제 와서 부인하는 것은 아니다. 이들은 권력을 거머쥔 그 순간부터 러시아를 철저히 해체하는 작업에 돌입했다. 1917~1921년에 레닌의 통치를 받을 때, 그리고 1929년 이후로 더 오랜 기간 스탈린의 통치를 받을 때에 러시아인들의 삶은 그 이전과 거의 모든 면에서 달라졌다고 해도 과언이 아니었다.

소브키노 SOVKINO

■
■ 1917년 10월 24일, 상트페테르부르크의 극장들
은 〈소리 없이 삶을 장식하는 것들The Silent
Ornaments of Life〉—오볼렌스키 공작과 온화한 클라
우디아, 교활한 넬리 사이의 복잡한 관계를 다룬 심리
극—을 상영했다. 그 이튿날 볼셰비키가 정권을 장악
했다. 볼셰비키는 영화예술에 대해 매우 이색적이고
매우 확고한 관점을 갖고 있었다. 레닌은 다음과 같이
썼다. "모든 예술 가운데 우리에게는 영화가 가장 중
요하다." 영화는 레닌에게 오락의 도구가 아니라 프로
파간다의 수단이었다. 1919년 레닌은 사진 및 영화 산
업을 인민위원회 계몽분과로 이양한다는 법령에 서명
했다. 이후 정치 경찰 조직(체카ЧК)을 이끌던 펠릭스 예
드문도비치 제르진스키(1877~1926)에 의해 소비에트
영화후원협회Obshestvo Druzey Sovetskogo Kino,
ODSK가 창설됐다.[1]

러시아영화는 1895년 12월 28일 파리의 그랑카페
Grand Café에서 루이 뤼미에르Louis Lumière(와 오귀
스트 뤼메에르Auguste Lumière)가 무성영화를 상영한
직후에 첫 발걸음을 내딛었다. 러시아 영화감독과 뉴
스릴newsreel(뉴스필름), 러시아 영화스튜디오뿐 아니
라 베라 바실리예브나 홀로드나야Вера Васильевна
Холодная(1893~1919) 같은 러시아 스타 배우들도 있
었다. 러시아의 첫번째 피처필름은 알렉산드르 오시포
비치 드란코프Алекса́ндр Оси́пович Дранко́в의 역사극
〈스텐카 라진Sten'ka Razin, Стенька Разин〉(1908, 무
성영화, 10분)이었다. 1917년 2월혁명 이후 〈그리고리
라스푸틴의 호색적 일탈〈Grisha Rasputin's Amorous
Escapades〉 같은 당대 정치에 관한 선정적 영화들이
잠시 태동하기도 했다. 볼셰비키 정권에서는 이런 경
박한 문화가 살아남을 수 없었다.

볼셰비키는 영화를 당의 무기로 만들려는 계획을 숨
기지 않았다. 이를 위해서는 먼저 기존 제도를 파괴해
야 했다. 시인 블라디미르 블라디미로비치 마야콥스키

는 마치 아지프로agitprop(선전선동) 부서의 지시를 받
기라도 한 듯 《키노포트Kino-Fot, Кино-фот》지(1922)
에 다음과 같은 글을 실었다.

> 영화는 당신에게 구경거리
> 내게는 하나의 '세계관Weltanschauung'!
> 영화—운동의 원동력
> 영화—문학 일신의 힘
> 영화—미학의 파괴자
> 영화—용맹의 새 이름
> 영화—정정당당한 투사
> 영화—사상의 파종기
> 그러나 지금 영화는 병들었다. 자본주의가 황금으로
> 　영화의 눈을 가려버린 탓이다. [⋯]
> 공산주의가 영화를 투기꾼들로부터 구출해야 한다.[2]

수년간 혼돈의 시기가 지난 뒤 1920년대 중반에 이르
러서야 소비에트 국가영화위원회인 소브키노가 운영
되기 시작했다. 그러나 소브키노는 1930년대에 스탈
린의 철저한 계획에 종속될 때까지 기대했던 만큼의
성공을 거두지 못했다.

소련 영화 역사의 많은 부분은 사회주의 리얼리즘과
제2차 세계대전의 영웅들에게 잠식당했다. 그러나 이
러한 암흑기를 비추는 몇 줄기의 빛이 있었다—그중
하나는 1960년대 이른바 '해빙기The Thaw'의 눈부신
작품들이다. 세르게이 표도로비치 본다르추크Серге́й
Фёдорович Бондарчу́к의 〈전쟁과 평화War and Peace,
Война и мир〉(1965~1967)나 미하일 콘스탄티노비치
칼라토조프Михаил Константинович Калатозов의 〈학
이 난다The Cranes are Flying, Летят журавли〉(1957)
를 비롯한 천재 감독들의 작품이 이 시기에 상영됐다.
특히 두드러지는 감독은 예이젠시테인이다.

〔소련의 영화감독〕세르게이 미하일로비치 예이젠시테인
Сергей Михайлович Эйзенштейн(1898~1948)은 리가
의 수석건축가의 아들로 태어나 부유한 어린 시절을

보낸 뒤 볼셰비키 편으로 넘어갔다. 예이젠시테인은 〔영화를 만드는 데서〕 기술적으로도 탁월하면서 뚜렷한 목적의식을 갖고 있었고, 그가 가장 중요하게 생각하는 목표는 거스를 수 없는 역사의 흐름을 전달하는 것이었다. 그의 완성작은 여섯 편뿐이지만 여섯 편 모두 인간 공동체의 문제를 전면에 다루고 있다.

첫 영화 〈파업Strike, Стачка〉(1925)에서 예이젠시테인은 자신의 힘을 깨닫는 노동자들의 열정을 그렸다. 또한 '크로코딜Krokodil'식으로 경영주들을 희화하기도 했다("크로코딜Крокодил"은 1922년부터 출간된 "악어"라는 뜻의 러시아의 풍자잡지다). 1905년 혁명(피의 일요일. 제1차 러시아혁명)의 실화를 각색한 〈전함 포툠킨 Battleship Potemkin, Броненосец Потёмкин〉(1925)에서는 〔흑해 함대 포툠킨호〕 수병水兵들의 감정과 민중 탄압을 집중 조명 했다. 카자크 연대가 무고한 저항자들을 살해하는 오데사의 계단Odessa Steps 장면은 영화사에서 가장 유명한 형식의 하나로 손꼽힌다. 볼셰비키혁명 10주년을 기념해 만든 영화 〈10월October, Октябрь〉(1927)에서는 겨울궁전의 습격 장면 같은 감동적인 (그러나 허구의) 장면을 통해 다시 한 번 민중의 역할을 강조했다(1178쪽 참조). 〈낡은 것과 새로운 것 Old and New, Старое и новое〉(1929)에서는 소작농 공동체의 삶을 탐구했다.

몇 년간 해외에 체류한 뒤 러시아로 돌아온 예이젠시테인은 좀 더 먼 역사를 다루기 시작했다. 〈알렉산드르 넵스키Alexander Nevsky, Александр Невский〉(1938)는 곧 닥쳐올 독일과의 전쟁에 대한 예언적 연구와도 같았다. 독일 기사들이 갑옷의 무게로 인해 집단으로 익사하는 중세의 빙상 전투 장면은 4년 뒤에 일어날 스탈린그라드전투를 소름 끼치도록 완벽하게 풍자한다("알렉산드르 넵스키"는 러시아의 대공(1263년 몰)으로 노브고로드에 침입한 스웨덴군을 물리치고, 독일 기사단군을 격파하는 등 서북 러시아를 외적의 침입에서 보호한 인물이다). 예이젠시테인이 스탈린이 생전에—스탈린은 열성적 영화광이었다—영화 〈이반 뇌제Ivan the Terrible, Иван Грозный〉(1944)를 만들었다는 사실은 그의 비할 데 없는 입지를 가늠케 한다(본문의 영화는 1944년에 개봉된 것이고, 제2부는 정치적 이유 등으로 1958년에야 개봉됐다. 영화는 3부작으로 구성됐으나 2부작까지만 제작됐다. "폭군 이반"으로도 알려져 있다).

에이젠시테인의 영화들은 훌륭한 예술이 노골적 프로파간다와 양립할 수 있음을 입증해준다. 종교예술에서처럼 메시지가 명확한 경우 관객은 그 메시지를 전달하는 기술에 집중할 수 있다. 1958년 브뤼셀영화제에서 〈전함 포툠킨〉은 투표를 통해 세계 최고의 영화 12편 가운데 1위로 선정됐다(본문의 "브뤼셀영화제"는 구체적으로는 "1958년 브뤼셀세계박람회1958 Brussels World's Fair, Expo 58"에서 26개국 117명의 영화평론가들을 대상으로 한 설문조사를 말한다). [포툠킨]

그러나 이런 일이 발생한 것은 상부에서부터 억압이 가해진 결과였으며, 또한 러시아의 급진 운동이나 주류 사회주의 운동에 저항한다는 뜻도 담겨 있었다. 볼셰비키는 아래로부터 자생적으로 일어난 혁명 내용으로 교과서를 메웠으나, 정작 그들 자신이 택한 방식은 그런 혁명과는 거의 아무 공통점도 없었다.

쿠데타 직후 볼셰비키가 취한 조치들은 10월 26일 저녁 레닌이 소비에트대회에 제출한 세 가지의 유명한 '포고'에 간략히 정리돼 있었다. 그러나 그 내용 중 원래 의도를 제대로 담은 것은 하나도 없었다. 평화에 관한 포고Decree on Peace는 사실상 강대국들에 3개월 동안 화의를 맺자고 청하는 개인적 호소에 지나지 않았다. 토지에 관한 포고Decree on Land에는 개인이 가진 토지 재산을 촌락공동체에 넘기라는 명령이 담겨 있었다. 이는 사회주의혁명당의 강령을 그대로 집어온 것이었으니, 그 명령은 토지를 국가가 소유할 것을 지지했던 과거(훗날에도 그랬지만) 볼셰비키의 노선과 완전히 상충했다. 정부에 관한 포고Decree on Government는 레닌을 의장으로 삼아 인민위원회Council of People's Commissars인 소브나르콤Sovnarkom(Совнарко́м)을 창설하라는 명을 담고 있었으니, 이 포고는 나중에 제헌의회의 승인을 받지 않으면 안됐다. 그런데 어떤 근거를 놓고 봐도 당시 레닌이 궤변에 빠져 있었던 것만은 사실이었다. 1917년 12월의 일시적 휴전과 1918년 3월 3일 독일과의 브레스트-리토프스크조약에 따른 대외적 평화도 국내에서는 본국의 볼셰비키 반대파에 총공격을 퍼붓는 기회로 활용됐을 뿐이다. 농민들에게 토지를 나눠준 것 역시 호시탐탐 기회를 노리다가 러시아에서 가장 많은 인구를 구성하는 계급들의 분노를 결정적 순간에 조용히 가라앉힌 전술이라 할 수 있었다. 그러나 볼셰비키가 물가와 식량 거래를 국가가 독점할 것을 강요하면서, 얼마 가지 않아 전면적 '촌락에서의 전쟁War on the Village'이 뒤따랐다.

제헌의회에 대한 입장 역시 순전한 기회주의의 면모를 보였다. 볼셰비키는, 한때 임시정부가 구상한 바에 따라, 의회의 진행을 위해 러시아 총선거를 허용했다. 그해 11월 후반만 해도 선거는 정당한 절차에 따라 진행됐다. 볼셰비키 진영의 후보자들은 투표에서 24퍼센트의 지지율은 얻었다. 소비에트 역사에서 유일하게 자유선거로 기록된 이 선거는 40.4퍼센트의 지지율을 얻은 사회주의혁명당의 완승으로 끝났다. 하지만 이런 선거 결과도 레닌의 행보를 막지 못한다. 레닌은 1918년 1월 5일에 제헌의회 개회를 허용했으나, 그러고서 막무가내로 의회를 폐쇄했다. 1월 6일 오전 3시와 4시 사이, 제헌의회의 의장이자 사회주의혁명당의 지도자 빅토르 미하일로비치 체르노프Ви́ктор Миха́йлович Черно́в(1873~1952)가 토지소유권 철폐를 골자로 하는 법률을 통과시키려 애쓰던 바로 그 순간, 볼셰비키 경비대 지휘관인 한 선원이 다가오더니 그의 어깨를 두드렸다. "여기 모인 모든 참석자에게 의사당을 떠나라고 전하라는 지령이 내려졌소. 경비대가 힘들어서 이제 더는 안 되오."[7] 러시아가 동부전선보다 더 많은 러시아인이 죽게 되는 분쟁에 휘말려 든 것이 바로 이 시점부터였다(부록 1662쪽 참조).

1918년은 대전쟁(제1차 세계대전)의 마지막 해로, 동맹국이 전쟁에서 승리하기 위한 공격 계획을 세우면서 서막을 열었으나 결국에는 동맹국의 완전한 퇴각으로 막을 내렸다. 동부전선은 이즈음 폐쇄된 상태였다. 이탈리아 산악지대에서 펼쳐지던 전투는 교착상태에서 헤어날 줄 몰랐다. 따라서 이제는 모든 것이 서부전선에 집중됐다. 이해 3월에서 7월 사이, 독일의 사령탑은 수중에 남아 있던 자원들을 죄다 서부전선에 쏟아부었다. 이 방법은 얼마간은 성공을 거두었다고 할 수 있었다. 영국군 전역에서 독일이 아미앵 남쪽 56킬로미터 정도까지 밀고 들어간 것이다. 중앙에서도 독일이 또 한 번 마른까지 진격할 수 있었다. 그러나 이들도 저항선을 돌파하거나 연합국의 사기를 꺾지는 못했다. 그해 7월, 제2차 마른전투Second Battle of the Marne에서, 앙리 필리프 페탱Henri Philippe Pétain의 '유연한 방어elastic defence'는 결국 공격자들이 공격적 우위를 점하고도 끝내 승리는 쟁취하지 못할 수 있음을 보여주었다("유연한 방어" 곧 "탄성방어" "종심縱深방어Defence in depth는 공격자의 진격을 막는 것이 아니라 지연시키려는 군사 전략으로, 선 방어線防禦의 결점을 보완하기 위해서 이중, 삼중으로 진지를 배치해 계속적으로 적의 진출을 차단하는 방어를 말한다). '독일의 검은 금요일the Black Friday of the German Army'이라 불리는 8월 8일에는, 영국군 측 탱크 456대가 맹렬한 기세로 전선을 뚫으며 단 하루 만에 자신들이 전쟁에서 잃은 56킬로미터 중 13킬로미터를 되찾았다. 1주일 후, 장군들은 독일 황제와 오스트리아 황제들을 상대로 이제는 전쟁을 멈춰야만 한다는 진언을 올렸다. 9월과 10월, 동쪽 전역에서는 처음에는 생미엘(가장 대규모의 핵심 전력이 제거당한 상태였다)에서, 그리고 나중에는 아르곤에서 미군이 위력을 드러내기 시작했다. 그래도 독일의 전선은 끝까지 깨지지 않았다. 이와 함께 독일군은 자신들이 패배하리라고도 생각지 않았다. 그러나 10월 3일, 충분히 심한 압박을 느낀 독일군은 결국 윌슨 대통령에게 화의의 뜻을 전해야 했다. [증오]

1918년 10월은 역사에 길이 남을 달이었다. 4년 동안 전쟁을 치러온 것보다도 평화의 내음이 이제 동맹국을 더 뒤흔들고 있었다. 소규모 전선에서 전해지는 소식은 나쁘기만 했다. 협상국은 마케도니아에서 벌인 공격에서 성공을 거두었고, 불가리아는 무너졌다. 팔레스타인에 주둔하던 영국군은 마침내 카르멘 인근의 메기도에서 결정적 승리를 거둘 수 있었고, 이에 오스만제국은 화의를 요청하지 않으면 안 됐다. 이탈리아에서 오스트리아-헝가리제국 군대는 이탈리아 피아베를 노린 최후 공격이 실패로 돌아간 끝에 전투를 단념한 상태였다. 이제 전쟁은 협상국 측에 유리하게 돌아가고 있고, 평화의 기운이 감돌고 있으며, 여기서 더 항전을 펼치는 것은 고통만 연장시킬 뿐임을 유럽에 사는 이들이라면 누구나 알 수 있었다. 그럴 여력이 되는 곳에서는 군대가 상황을 판단해 스스로 자신들의 노선을 택하기도 했다. 동부전선에서 태만하게 지내던 독일군과 오스트리아군 수비대에는 러시아 소비에트를 모방한 병사협의회Soldatenräte가 설립됐으나, 그것이 상황을 더욱 어수선하게 만들었다. 오스트리아군은 체코인, 폴란드인, 크로아티아, 헝가리인, 그리고 설마 하던 독일인들까지 제멋대로 본국 귀환을 결정해 이탈하면서 사분오열됐다. 이제는 어느 민족 하나 독립을 주장하지 않는 곳이 없었다. 10월 20일, 빈에서 오스트리아공화국을 준비하기 위해 독일-오스트리아 간에 회의가 열렸을 때 게임은 이미 끝난 것이나 다름없었다. 불과 하룻밤 새에, 카를[카를 1세] 황제는 물론이고 500년간의 합스부르크가 시대가 막을 내렸다. 그때껏 이름조차 알 길 없던 숱한 국가들이 독립선언을 내놓았다. 체코슬로바키아(10월 28일), 유고슬라비아(10월 29일), 헝가리(11월 1일)가 독립을 선언했고, 렘베르크에서

증오 HATRED

- 1918년 8월 3일 캔터베리 대주교 랜들 데이비드
- 슨Randall Davidson은 웨스트민스터의 세인트
마거릿교회에서 국왕 내외, 각료, 상하원 의원들 앞에
서 설교하고 있었다. 회중 가운데 많은 이는 대주교가
개인적으로 정부의 전시戰時 정책의 도덕성에 여러 차
례 의문을 제기해온 사실을 알았을 것이다. 그리고 그
날 대주교의 설교는 많은 이를 실망에 빠뜨렸을 게 분
명하다. 그는 나긋한 스코틀랜드인의 목소리로 다음과
같이 말했다. "때로 분노는 기독교 교리의 원칙에 정면
으로 위배되는 지독한 증오를 낳기도 합니다. 자신을
증오하는 모든 이를 대신해 십자가에 못 박혀 죽음에
이르신 성육신 주님의 제자들로서 우리는 증오의 싹
이 마음에서 자라나는 것을 막아야 합니다."[1] 대주교
옆에 자리한 그의 사제는 훗날 그의 전기작가가 되는
목회자 조지 벨George Bell(1883~1958)로 장래의 (잉
글랜드)치체스터 주교였다. 선구자의 뒤를 이어 이 목
회자는 프로테스탄트 유럽에서 '기독교 국제주의
Christian Internationalism'의 선도적 주창자로 피어
날 사람이었다.[2]

조지 벨 주교는 국제주의와는 거리가 먼 사람이었다.
그는 외국어를 전혀 하지 못했다. 그러나 기독교 교리
를 확실하게 알고 그것을 표현할 수 있는 용기를 지
녔다. 전후戰後 시대에는 독일 라이프치히에서 교수를
지낸 스웨덴 루터교의 웁살라 주교 나탄 쇠데르블롬
Nathan Söderblom에게 큰 영향을 받았다. 1919년 벨
주교는 전쟁범죄에 대해 논하는 네덜란드 바세나르 컨
퍼런스에 참석했고 1925년에는 훗날 세계교회협의회
WCC의 씨앗이 된, 기독교인의 '생활과 사역Life and
Work'에 관한 스톡홀름 컨퍼런스의 조직을 도왔다.
1930년대 초반 벨은 '생활과 사역에 관한 보편적 기
독교협의회Universal Christian Council for Life and
Work, UCCLW'의 회장으로 나치 정권의 압제에 시달
리는 독일교회들을 도왔다. 1935년에는 공개적 항의

결의를 주장하며 '고백교회Confessing Church'(나치의
교회 지배와 정치적 이용에 반대한 독일 프로테스탄트교회
들의 단체) 편에 서서 제국주교 루트비히 뮐러Ludwig
Müller에게 강경한 편지를 썼고, 이에 분개한 요하힘
폰 리벤트로프(나치 독일 정치인)가 치체스터로 직접 그
를 찾아왔다. 벨 주교가 노비사드(1933)와 파노(1934)
에서 개최한 생활과 사역에 관한 보편적 기독교협의회
모임은 1937년 교회 일치 운동 단체들을 하나로 통
합한 옥스퍼드 컨퍼런스의 기반이 됐다. 이 컨퍼런스
에서 나치와 공산주의가 드리우는 전체주의의 위험을
예견하고 도덕재무장 운동Moral Rearmament을 위한
옥스퍼드그룹Oxford Group이 발족됐다.

전쟁이 임박하자 벨 주교는 대담하게 자신의 생각을
표현했다. 1939년 6월 그는 옥스퍼드대학에서 "국가
를 넘어서는 신"이라는 주제의 연설을 통해 국가주권
에 대한 '극악한' 주장과 '집단이기주의로 인한 참혹한
피해'를 맹비난했다.[3] 11월에 그는 아래와 같이 '전시의
교회의 역할'에 대해 발표했다.

> 한 나라의 국민은 다른 모든 나라의 국민과 연대를
> 맺고 있다는 점을 망각한 교회는 교회라고 말할 수
> 없다. [교회는] [...] 자국의 군대가 보복이나 폭격을 통
> 해 피해를 야기하면 이를 비난해야 마땅하다. 교회는
> 허위와 증오의 프로파간다에 맞서야 한다. 언제든 적
> 국과의 우호적 관계 재개를 독려하도록 준비해야 한
> 다. 절멸 또는 노예화를 야기하는 모든 전쟁, 그리고
> 주민들의 사기 저하를 목적으로 하는 모든 조치에
> 반대해야 하며 [...].[4]

이러한 조지 벨 주교의 주장은 영국 정부나 그의 관
구管區 신도들에게도 지지를 얻지 못했다. 그러나 그
는 계속해서 상원에서 외국인 억류(1940. 8)와 '말살 폭
격'(1944. 2. 9), 원자폭탄의 사용에 반대하는 연설을 이
어갔다. [알트마르크트] 연합군의 폭격에 대해서도 그는
노골적으로 비난했다.

더는 폭격의 표적은 방어시설이나 군사시설, 산업시설이 아닙니다. 그보다는 도시가 통째로 [⋯] 사라지고 있습니다. 민간인, 기념물, 군사시설, 산업시설이 모두 표적이 된 상황에서 어떤 구별이 있을 수 있겠습니까?[5]

1942년 7월 조지 벨 주교는 위험을 무릅쓰고 스톡홀름으로 날아가 독일의 기독교 저항 조직을 만났다. 그리고 그들을 대신해 연합군 측에 탄원을 보냈으나 거절당했다. 그러나 디트리히 본회퍼 목사가 나치 감옥의 사형수 감방에서 몰래 내보낸 마지막 전갈은 벨을 향한 것이었다. "그와 함께 나는 우리가 세계 기독교 통합을 이룰 것이라 믿는다고, 그리고 우리는 반드시 승리할 것이라고 그에게 전해달라."[6]

벨 주교는 미래를 생각할 때 늘 '기독교 유럽Chrisian Europe'을 최우선으로 여겼다. 폭격을 지시한 사람들에 대해 그는 다음과 같이 물었다. "그들은 자기들이 향후 유럽 여러 민족의 관계에 어떤 영향을 끼칠지 알고 있는가?" 전후 1945년의 한 독일 방송에서 그는 '유럽의 정신the spirit of Europe'에 호소했다.

이제 기독교 세계의 회복이 주요 목표 가운데 하나가 돼야 합니다. 유럽은 하나의 기독교 세계가 돼야 합니다. [⋯] 국가, 교회, 개인을 통틀어 모두가 죄를 지었습니다. 회개와 용서 없이는 쇄신도 없을 것입니다.[7]

이러한 조지 벨 주교의 주장은 전후 경제학자들이 끼어들기 전까지 유럽 운동의 초기 단계에 중요한 바탕이 됐다(1356~1360쪽 참조). 벨은 1948년 8월 22일—데이비드슨 대주교가 웨스트민스터에서 설교한 뒤 거의 정확히 30년이 지난 시점—에 암스테르담 콘세르트헤바우(암스테르담 콘서트홀)에서 세계교회협의회가 창설될 때 적절하고도 중요한 역할을 맡았다.

는 서우크라이나공화국(11월 1일)이 독립을 선언했다. [위차쿠프]

이 평화의 질병[평화병平和病], peace disease은 독일까지 퍼져나갔다. 평화에 대한 요구는 어느 순간 과격하게 모습을 바꾸어 카이저의 처형을 요구할 정도가 됐다. 빌헬름스하펜 군항의 제국 함대에서는 반란이 일어났다. 11월 7일 뮌헨에서는 사회주의 혁명이 일어난 한편, 9일에는 베를린 혁명이 일어나 독일공화국이 선포됐다. 10일에는, 며칠 전 황위에서 내려온 빌헬름 2세와 황태자가 네덜란드로 망명한 터였다. 그리고 이것이 마지막 기회라는 듯, 독일군 정보부가 가장 위험한 인물로 꼽던 유제프 피우수트스키를 석방해 바르샤바로 떠나는 기차에 태웠다. 11일 아침 행선지에 도착한 피우수트스키는 독일 수비대를 무장 해제 시킨 뒤, 서방의 동맹국들로서는 분하게도, 독립국 폴란드에서 국정 운영의 고삐를 손에 쥐었다.

따라서 러시아와 마찬가지로 동맹국 역시 명백한 군사적 패배보다는 정치적 혼란으로 인해 무너졌다고 할 수 있었다. 이 무렵 독일군은 동부전선에서 승리를 거둔 것은 물론 서부전선에서도 여전히 자신들의 전력을 온전히 유지하고 있었다. 독일군이 자국의 영토 안으로 밀려난 적은 이때껏 단 한 차례도 없었다. 하지만 이 무렵 군에 명령을 하달하던 정치계의 당국자들과의 교류가 끊긴 것이 문제였다. 휴전 협상은 11월 8일 이후 수아송 인근의 레통드 쉬르엔에서 열리게

위차쿠프 ŁYCZAKÓW

■ 1918년 11월 24일, 르부프(르비우) 외곽 위차쿠
■ 프에 위치한 가톨릭 공동묘지의 특별 군사 구역
에 세 청년이 묻혔다. 23세의 지그문트 멘첼Zygmunt
Menzel, 19세의 요제프 쿠르디반Jozef Kurdyban, 21
세의 펠리차 술리미르스카Felicja Sulimirska였다. 이
셋은 모두 이 오스트리아 갈리치아의 옛 중심지를 차
지하기 위한 폴란드와 우크라이나의 교전에서 목숨을
잃은 병사들이었다. 이를 기점으로 공원이나 광장 등
의 임시 무덤에 묻혀 있는 폴란드 전사자들의 시신 수
천 구가 르부프 수비대의 묘지인, '어린 독수리들
Young Eagles'의 캄포산토Campo Santo(공동묘지)로
이장됐다.[1] 여기에 묻힌 병사들 가운데 최연소자는 13
세의 안토시 페트리키에비치Antoś Petrykiewicz였다.
위차쿠프 묘지도, 19세기 유럽의 다른 대규모 도시 공
동묘지와 마찬가지로, 이미 훌륭한 역사와 예술의 보
고였다. 파리의 페르라세즈Père Lachaise 묘지와 런던
의 하이게이트Highgate 묘지처럼 울창한 숲이 주요
도시의 성장에 활력을 더한 가문들의 화려한 무덤을
수호하고 있었다. 따로 마련된 두 개 구역에는 1830년
과 1863년 폴란드봉기에서 사망한 군인들의 무덤을
표시하는 단순한 십자가들이 늘어서 있었다.
위차쿠프 군인묘지와 비슷한 묘지들이 대大전쟁 이후
벨기에와 프랑스 북부를 비롯해 수백 군데에 생겨났
다. 폴란드의 통치기인 1919~1934년에 만들어진 이
위차쿠프 군인묘지의 특징은 사자 석상이 양옆을 지
키는 높은 '개선문'과 반원의 콜로네이드였다. 가운데
아치에는 "MORTUI SUNT UT LIBERI VIVAMUS"(이
들은 우리의 자유로운 삶을 위해 목숨을 바쳤노라)라
는 명문이 새겨져 있었고, 사자들은 이 도시의 표어
인 "SEMPER FIDELIS"(언제나 신실하길)과 "TOBIE
POLSKO"(그대, 폴란드를 위하여)가 적힌 방패를 들고

있었다. 묘지 뒤편에는 아치가 이어진 지하 회랑이 자
리했고 그 양옆의 계단은 원형의 예배당으로 이어졌
다. 상록수 관목 숲이 부지를 에워싸고 청동 등잔대가
불을 밝혔다. 곳곳에 1919~1920년에 볼셰비키에 맞
서 이 도시를 지키려다 목숨을 잃은 포즈난의 지원병
과 프랑스 보병대, 미국 조종사들을 기리는 개별 기념
비들이 서 있었다. [두오몽] [랑에마르크]

위차쿠프는 기원이 그리 특별할 것이 없으나 그 운명
은 그렇지 않았다. 1945년 이후 소련에 병합된 뒤로
이 군인묘지는 훼손에 시달려 황폐하게 변했다. 십자
가는 뽑히고, 비문은 더럽혀지고, 기념비는 훼손되고,
예배당은 석공의 작업실로 전락했다. 사나운 개들이
지키는 풀이 무성하게 뒤덮인 이곳을 방문하려면 체
포의 위험을 감수해야 했다. 묘지의 쇠락은 비밀에 부
쳐졌고, 방문객들은 그 옆에 지어진 넓은 소비에트전
쟁기념관만 둘러볼 수 있었다. 묘지는 1989년에 이르
러서야 바르샤바 정부의 요청에 의해 복원되기 시작
했다.

서유럽의 오래된 공동묘지들은 대부분 제2차 세계대
전에도 온전하게 살아남았다. 그러나 동유럽 곳곳에
자리한 독일인, 유대인, 폴란드인, 리투아니아인, 우크
라이나인의 묘지들은 공산주의 선동으로 잊혔다. 이
들 공동묘지가 역사를 수정하는 데 걸림돌이 됐기 때
문이다. 1918~1919년 교전에서 패한 우크라이나군의
사망자는 적군인 폴란드군의 사망자와 비슷한 수준이
었다. 그럼에도 폴란드 통치기 내내 르부프의 우크라
이나 군인묘지는 적절히 받들어지고 관리됐다. 그러나
소비에트 통치기에 이 묘지는 망각됐다.

1991년 서부 우크라이나의 중심지 르비우는 독립한 우
크라이나공화국의 제2도시가 됐다. 1918~1919년에
좌절된 꿈이 다시 생명을 얻었다. 위차쿠프에 묻힌 폴란
드 청년들의 희망은 결국 짓밟히고 말았다. [엘자스]

됐다. 얼마 안 가 토머스 우드로 윌슨의 14개조에 더해 연합국 측이 요구한 18개항을 토대로 교전국 사이에 합의가 도출됐다. 연합국 측이 제시한 요구에는 점령지에서의 철수, 라인란트에 중립지대 설치, 독일 함대를 비롯한 중장비 화기 및 수송수단의 연합국 측 양도, 전쟁 배상금 지불, 브레스트-리토프스크조약 및 부쿠레슈티조약 폐기 등의 내용이 담겨 있었다. 연합국이 동맹국에 항복을 강력하게 밀어붙이는 입장이었기에, 강화조약의 내용도 연합국 측의 요구에 따라 일방적으로 정해졌다. 11월 오전 3시, 멈추어 선 열차 안에서 연합국과 동맹국 양측의 대표들이 자리한 가운데 휴전 협상 서명이 이루어졌다. 그렇게 해서 1918년 11월 11일 11시에 총성이 멈추었다.

이 전쟁에 희생된 병사들의 수만 1000만 명을 넘었다. 대부분이 결혼한 지 얼마 되지 않았거나, 미혼의 젊은 남성들이었다(부록 1668~1669쪽 참조). 초보 장교들 사이에서 사망률이 유난히 높았다. 세간에서 이들은 "잃어버린 세대lost generation"라 불렸다. 그 부담은 고스란히 가족들, 특히 가정에 머문 여성들이 짊어져야 했다. 전쟁이 치러지는 동안 병사들이 떠나고 생겨난 빈자리를 메우기 위해 여성들이 산업활동의 전선에 동원됐다. 군수품 공장과 사무실을 비롯해 얼마 전까지만 해도 여성들에게 문을 걸어 잠갔던 수많은 직종에서—전차 운전, 관리직, 언론처럼— 여성들이 일할 수 있었다. 수많은 여성에게 이는 사회적 해방을 향한 길을 열어주었으니, 짧은 바지와 치마 패션, 짧게 자른 '단발', 공공장소에서의 흡연이 그런 경향을 상징했다. 최소한 유럽 산업국가에서는, 여성들이 가정과 가족이라는 보호막으로부터 전례 없던 수준으로 과감히 벗어났다. 이와 같은 변화는 여성 참정권의 광범위한 확대에서도 그 모습을 드러냈다. 하지만 그로 인한 사회적, 심리적 대가도 엄청났다. 잃어버린 세대가 있었다는 것은 그에 짝하는 젊은 미망인과 홀로 남은 약혼녀 세대가 있다는 뜻이었고, 참호의 진흙 안에서 사랑하는 이가 떠나면서 이들 여인은 그 동반자와 함께 할 삶의 기회를 영영 잃었다. 이 시대의 인구 손실과 성비 불균형은 이후에도 오랫 동안 지속적으로 영향을 끼치게 된다.

그러나 이러한 상황을 이해하는 데서는 통계 수치보다도 개별 가족들이 겪은 경험이 훨씬 더 도움이 된다. 1918년 9월 5일, 영국 잉글랜드 랭커셔 볼턴에서 태어난 18세의 중위 노먼 데이비스Norman Davies는 제11비행단 48전투기 중대 소속으로 프랑스에 도착한 지 이틀째 한창 연습 비행을 하던 도중 비행기와 함께 생토메르 근방에 추락했다. 데이비스의 지휘관의 보고서에는 조종사의 죽음보다 비행기의 손실을 더 염려하는 듯한 내용이 담겨 있었다.[8] 1918년 11월 11일, 볼턴을 근거지로 살아가는 볼턴가家 사람들은 종전 소식을 듣고 기뻐해 마지않았다. 하지만 12일에 이들은 애도가 담긴 '왕의 전보'를 받아드니, 동東랭커셔 연대 제11대대 소속으로 19세의 볼턴가 장남 제임스 볼턴James Bolton이 불과 휴전 몇 분 전에 목숨을 잃었다는 내용이었다. 프랑스, 독일, 이탈리아, 오스트리아, 러시아 등지에서 살아가는 수백만의 가족이 똑같이 이와 같은 고통을 겪어야 했다.

유럽은 피난민들로 북새통을 이루었다―벨기에, 갈리치아, 세르비아에서 발생한 난민들이 주류를 이루었다. 거기 더해, 흑사병 이래 가장 대규모의 전염병이 유럽에 창궐했다. 전쟁보다 '스페인독감Spanish flu'에 걸려 목숨을 잃은 사람이 더 많았는데, 볼턴 일병도 이 병에 목숨을 잃은 것이었다. [에피데미아] 유럽 대륙은 하나의 거대한 구호민 수용소로 화했다. 국제적십자International Red Cross와 미국구호국American Relief Administration이 나서서, 특히 동유럽에서, 전례 없는 수준의 활발한 구호 활동을 펼쳤다.

그렇다고 유럽에 평화가 찾아왔다고 말하는 것은 과장이었다. 서유럽에 얼마간 숨 돌릴 틈이 생기기는 했으나, 중부유럽과 동유럽의 광대한 지역에서는 기존의 질서가 완전히 무너져내렸다. 20여 개에 이르는 신생 독립국 역시 하나같이 이웃 국가들과 마찰을 빚고 있었다(1206쪽 지도 25 참조). 개중 가장 큰 규모를 자랑했던 소비에트러시아는 국내에서 시민들 대부분은 물론 자국에 인접해 있는 모든 국가와도 전쟁을 벌이고 있었고, 거기에 더해 타지 어디선가 벌어지는 온갖 종류의 혁명에서 선동가provocateur 역할을 자처하고 있었다. 따라서 서유럽 승전국들이 평화가 찾아왔다며 한창 축하하고 있던 그 순간에도 유럽 대륙에는 여전히 극심한 분쟁을 겪고 있는 지역들이 한둘이 아니었다. 처칠은 다음과 같이 말했다. "거인의 전쟁은 막을 내리고, 피그미족의 전쟁이 시작된다." 지정학적 측면에서, 대삼각 구도는 그 세가 시시해지고 서방 열강만이 온전한 모습으로 남아 있게 됐다. 러시아는 동맹국에, 그리고 동맹국은 서방 열강에 막강한 타격을 입고 쓰러진 상태였다. 그러나 러시아와 독일은, 오스트리아-헝가리제국 혹은 오스만제국과는 달리, 완전히 명줄이 끊어진 것은 아니었다. 1918년 11월 서방 열강은 겨우 한숨 돌릴 틈을 가질 수 있었으니, "러시아와 독일이 잠에 빠져 있는 사이에" 안정적 유럽 질서를 구축할 기회는 이때뿐일지도 몰랐다. 그러나 안타깝게도 평화를 이룩하겠다는 서방 열강의 이런 노력에는 처음부터 심각한 결함이 내재해 있었다.

강화회의. 강화회의Peace Conference는, 1919년 내내 파리에서 숙의를 거쳐 진행됐으며, 유럽 국가 전체의 회의라기보다는 승전국들의 모임이었다(파리강화회의). 소비에트러시아와, 독일 모두 자국 대표단을 회의에 보낼 수 없었으며, 다른 승계국들도 보호국이나 청원자로서만 회의에 참석할 수 있었다. 이 회의에서 주요 결정들이 내려진 것은 10인 회의와 그 후속 회의인 4자 회의―(프랑스의 총리) 조르주 클레망소, (영국의 총리) 데이비드 로이드 조지, (미국의 대통령) 토머스 우드로 윌슨, 때로 이탈리아의 (총리) 비토리오 에마누엘레 오를란도Vittorio Emanuele Orlando가 참석했다―를 통해서였고, 1920년 1월 이후로는 (연합국 측) 대사들의 상시 회의가 그 역할을 이어받았다. 이 방식대로라면 회의는 디카타트Diktat(강권)라는 인상을 주기에 충분했다. 회의를 주선한 이들이 거창한 주장들을 내세웠음에도, 유럽에서 가장 긴급히 해결해야 할 여러 문제를 강화회의는 책임지려 하지 않았다. 회의는 종전의 방식을 되풀이해 어떻게 하면 과거의 적국에 서명을 시킬지 그 준비 작업에만 매달려 있었다. 특히 '갖가지 이해관계를 갖고자' 노력했던 러시아제국이 끝내 무너졌다는 사실을 인정하지 않으려 한 데서 빚어진 결과는 그야말로 처참했다. 한편 러시아에 대한 연합국의 애매한 개입 정책은 1919년 내내 어설픈 방편으로 별 열성 없이 진행된바 곧장 볼셰비키당에 결정적 입지를 제공해주었다.

이즈음 윌슨의 민족자결주의 이상에 폭넓은 공감대가 형성된 것은 사실이었으나, 그렇다고 이 원칙이 어디에나 일관되고 공정하게 적용된 것은 아니었다. 승리를 쟁취한 연합국 측은 아일랜드의 경우처럼 제국 속국들의 독립 열망에는 일고도 논의할 가치를 느끼지 못했고, 식민지 사람들의 자결 희망에는 훨씬 더 무심했다. 승전국들은 패전국의 희생을 통해 영토에 거대한 변화가 일어나게끔 조성했고, 자신들이 입을 손실에 대해서는 요구 자체가 나오지 못하게 차단했다. 일례로, 체코인들이 중세에 존재했던 '성 바츨라프의 땅lands of St Wenceslas'을 재건하고자 했던 것은, 오스트리아의 이익을 침해하는 일이었음에도, 연합국은 이 안을 전폭적으로 지지했다 (부록 1659쪽 참조). 폴란드인들도 1772년경 형성돼 있던 자국 국경을 회복해야 한다고 요구했지만, 이는 제정러시아가 주장하는 토지수복 주장과 상충할 가능성이 높았던 만큼 '약소국의 제국주의small-power imperialism'라며 거센 비난을 받았다. 강화회의에서 어느 한 국가가 만족하면 두어 국가는 잔뜩 불만을 품을 수밖에 없었다.

당시 서방 열강 사이에서는 단결력을 거의 찾아볼 수 없었다. 미국은 영국과 프랑스가 제국주의의 구상을 품고 있다는 의구심을 떨치지 못했다. 영국은 프랑스가 나폴레옹 시대의 경향을 보이지 않을지 의심스러웠다. 또한 영국과 프랑스는 미국이 얼마나 열의를 갖고 동맹에 참여할지 알 수 없었다. 독일과의 베르사유조약Treaty of Versailles과 윌슨이 애착을 가지고 구상한 미국의 국제연맹 가입이 미국 의회에서 모두 부결되면서, 영국과 프랑스의 두려움은 더욱 커졌다. 연합국의 외교는 실행의 문제를 너무도 얕잡아본 면이 있었다. 정치인들이 파리에 모여 거창한 결정들을 내리기는 했다. 그러나 그러한 결정들을 서방 열강의 힘이 거의 미치지 않고 또 전혀 제어도 되지 않는 먼 유럽 지역들에까지 유효하게 만드는 것은 전혀 별개의 문제였다. 분쟁 지역들에서 갖가지 문제가 터지면 갖가지의 연합국간위원회Inter-Allied Commission가 설치돼 일시적으로 사태를 무마할 뿐이었다. 국제연맹은 애초부터 이빨 빠진 호랑이였다. 미국은 각국의 이해조정을 외면했고, 영국은 군대를 해산시켰으며, 프랑스는 유럽 전체를 혼자 주무르던 때가 무색하게 그 세가 오그라들어 있었다. 협상 내용에 심기를 상한 국가들 사이에서는 이 정도면 휴전협정에도 반기를 들어볼 만하겠다는 생각이 드는 것은 시간문제였다.

물론 강화회의에서 숱하게 쌓인 난제들을 하나하나 해결해나간 면이 있는 것은 사실이다.

주요 조약만 해도 5개가 실제로 실행이 됐다. 12개 신생국이 이 강화회의를 통해 국제사회의 승인을 받았다. 각국의 영토 보상 사례도 20여 건에 이르렀다. 국민투표가 준비되고 실제 실시된 일도 여러 차례 있었다. 이제 유럽의 상당 지역에는 수많은 이가 그토록 바라온 새 출발을 위한 토대들이 놓였다. 당시 강화회의를 가장 압도적으로 지배한 정서가 복수심이었다고 평하는 것은 공정치 못한 일이다. 회의가 진행될수록 각국의 논조가 점차 부드러워졌던 것도 사실이었다. 데이비드 로이드 조지는 '거물 3인Big Three'(미국의 토머스 우드로 윌슨, 프랑스의 조르주 클레망소) 가운데서도 가장 유연한 태도를 보였는데, 1월에 그가 도착했을 때만 해도 회의장에는 "카이저의 목을 매달자"라는 구호로 떠들썩했지만 나중에는 그의 주도로 화해의 길을 모색하게 된다. 그단스크 사유시를 설립한 일 역시, 비록 감사인사도 제대로 못 받았으나, 그가 훌륭한 조정력을 갖고 있음을 보여준 본보기였다. 물론 전쟁범죄 조항, 모든 전쟁비용을 독일에 청구하는 배상 원칙, 일방적 군비 감축에는 복수심의 정서가 깔려 있었음을 부인할 수 없다. 이와 함께 클레망소가 비타협으로 일관하긴 했으나, 연합국 측도 독일이 충분히 감당할 수 있는 수준으로 요구를 해야 한다는 인식이 점차 커졌다. [슬레스비]

그러나 결과적으로 봤을 때, 국제 분위기는 안녕과는 거리가 멀었다. 복수와 냉소가 뒤섞인 분위기를 전쟁에서 이긴 연합국 측에서 조성한다는 것이 확실히 좋은 징조는 아니었다. 전쟁의 빌미를 마련해준 동유럽은 아직까지 제대로 통제되지 못하고 있었다. 결국 조약서의 잉크가 채 마르기도 전에, 이해관계가 걸린 각계각층이 모여 조약 수정 작업에 착수했다.

1918년~1921년에 일어난 전쟁들은 순전히 지역적 이해관계의 분쟁 차원에서 불붙은 경우가 대부분이었다. 이들 전쟁과 관련해서는 백과사전도 온통, 알렌슈타인에서 지프스에 이르기까지, 어딘지도 모를 지방에서 벌어진 일들의 시시비비만 잔뜩 실어놓은 실정이다. 그 가운데서도 더 폭넓은 함의를 지닌 전쟁이 4개 있었다. 러시아내전, 헝가리내전, 폴란드-소비에트전쟁, 그리스-튀르크전쟁이다. 이 전쟁들은 발발할 때마다, 서방 열강이 동유럽 문제를 다루는 데서 얼마나 우유부단했는지를 잘 보여주었다.

러시아내전. 1918~1921년의 '러시아내전Russian Civil War'이 잘못된 명칭의 희생양이라는 데에는 의심의 여지가 없다. 실제로도, 이 전쟁은 잇따른 내전과 잇따른 국제 분쟁이 뒤섞여 있었다. 러시아내전에서는 두 가지 주요 흐름을 찾아볼 수 있다. 첫 번째 흐름은 러시아 중앙정부의 지배를 둘러싸고 벌어진 싸움이 핵심이었으며, 볼셰비키의 '적군Red Army'(노농적군勞農赤軍, 적위군赤衛軍, 크라스나야 아르미야Красная Армия)과 그에 도전한 다양한 파의 '백군White Army'(하얀 군대, 백위군白衛軍, 벨라야 아르미야Белая Армия)으로 나뉘어 싸움이 벌어졌다. 당시 벌어진 일련의 사태에 동참했던 사람들은 러시아제국이 어떤 형태로든 다시금 일어나기를 누구보다 갈망한 이들이었다. 두 번째 흐름은, 적군과 백군 사이에 잇달아 싸움이 벌어지는 와중에, 종전의 제정 러시아 지역들에도 독립 공화국들의 등장으로 일련의 싸움이 벌어진 것이었다. 공화국들은 너나없이 자신들이 새로이 손에 쥔 주권을 지켜내려 싸움을 벌였다. 그러나 이것으로 끝이 아니었다. 적군은 모스크바를 중심으로 중앙의 예비병력을 편성하는 것과 함께 공화국마다 지역부대를 편성했다. 백군 역시 독자적으로 부대를 여럿 배치했다. 여기에 외국의 군대들까지 다수 개입했다. 민족공화국 정부들은 국정을 운영하며 지방의 경쟁 세력들과 맞서 싸워야 할 때가 한두 번이 아니었다. 거기에다 1918년에 시베리아 횡단철도를 무력으로 탈취한 체코 군단에서 보듯이, 마치 '헐거운 대포loose cannon'처럼 위험천만하게 행동하는 돌출적인 이들도 많았다. 그 결과, 이 난투는 대부분의 지역에서 여러 편으로 나뉘어 누구나 참전할 수 있는 형태를 띠었다.

[벨라루스인민공화국]

예를 들어, 우크라이나는 당시 상황에서 가장 귀중한 전리품 중 하나로 여겨졌던 만큼 이 지역의 전쟁에 참여한 군대만 해도 그 수가 11개였다. 우크라이나 군대는 1918년 1월에 결성됐으나, 이내 민족평의회인 라다Rada〔рада〕의 지지자들과 향후 집정관 자리에 오를 자들 사이에서 분열이 일어났다. 동부전선에 주둔하고 있던 독일 점령군은 1919년 2월까지는 전선에 머물며 우크라이나 독립을 지원해주었다. 우크라이나의 적군은 돈바스 지역의 러시아 출신 노동자들로부터 강한 지지를 받았으며, 모스크바에 자리한 볼셰비키의 중앙사령부로부터 병력을 보충받을 수 있었다. 프랑스군의 지원을 받는 안톤 이바노비치 데니킨Антóн Ивáнович Деникин 장군이 이끄는 러시아의용군Russian Volunteer Army〔Добровольческая армия〕이 오데사에 상륙했고, 이어 표트르 니콜라예비치 브란겔Пётр Николáевич Врáнгель 남작이 이끄는 백군이 크름반도〔크림반도〕에 진을 쳤다. 1919년 초반에는 유제프 피우수트스키가 이끄는 폴란드군이 서우크라이나공화국 군대를 패퇴시키더니, 1920년 4월 우크라이나의 집정관과 동맹을 맺고 키이우로 진격했다. 〔우크라이나의〕 무정부주의자 네스토르 이바노비치 마흐노Нéстор Івáнович Махнó가 이끄는 농민군 유격대는 우크라이나 중부의 광활한 지대를 장악했다. 우크라이나의 수도 키이우는 이즈음 2년 동안 주인이 15차례나 바뀌었다. 이렇듯 만화경처럼 시시각각 변화한 상황을 적군과 백군 사이 양자 간 싸움으로 환원하는 것은 어리석음을 향해 내닫는 단순화나 다름없다(부록 1657쪽 참조).

사태의 추이 또한 당시의 전투서열序列ordre de bataille만큼이나 복잡했다. 하지만 중앙부를 장악한 볼셰비키의 입장에서, 그들이 무엇보다 우선시한 두 차례의 연속적 국면이 있었다. 첫 번째는 1918년과 1919년의 꼬박 2년 동안, 백군이 소비에트러시아를 향해 도처에서 진격을 해나간 시기였다—니콜라이 니콜라예비치 유데니치Николáй Николáевич Юдéнич 장군이 이끄

슬레스비 SLESVIG

■
■ 1920년 7월 10일, 덴마크 국왕 크리스티안 10세Christian X(재위 1912~1947)는 얼마 전 주민투표로 덴마크에 반환된 쇠네르윌란Sønderjylland(유틀란트반도 남부South Jutland 또는 북슐레스비히North Schleswig)을 되찾고자 백마를 타고 덴마크 국경을 넘었다.[1] 이로써 근대 유럽에서 가장 격렬하고 가장 오랜 기간 지속된 영토분쟁의 하나가 막을 내렸다.

유틀란트반도 아랫쪽에 위치한 두 인접 지역 슐레스비히Schleswig와 홀슈타인Holstein은 오랜 기간 동안 독일과 덴마크의 국경지대를 형성했다. 역사적으로 슐레스비히─덴마크어로 '슐레스비'─는 덴마크 영지였고 홀슈타인은 신성로마제국에 속해 있었다. 렌츠부르크Rensburg(슐레스비히와 홀슈타인의 경계인 아이더강 인근의 도시. 현재는 독일령이다)의 관문에 박힌 고대 '아이더의 돌Eider Stone'은 신성로마제국의 옛 국경을 표시한다. 양쪽의 민족이 섞여 있었지만 북부에는 덴마크어를 쓰는 사람들이 우세했고 중부와 남부에는 독일어를 쓰는 사람들이 우세했다(부록 1647쪽 참조).

'슐레스비히─홀슈타인 문제Schleswig-Holstein Question'가 처음 제기된 것은 1806년, 프랑스가 두 지방을 모두 덴마크에 넘겨주면서였다. 이 보상은 빈 회의(1814. 9~1815. 6)에서 확정됐지만 뒤이어 홀슈타인이 독일연방의 일부로 선언되면서 그 소유권이 모호해졌다. 문제를 야기하기에 더없이 좋은 상황이었다. 이후 민족주의의 열풍이 불면서 "이 북쪽 경계 지방의 토착 독일인"들은 덴마크로부터 분리되길 원했다. 애국적 "아이더 강변의 덴마크인들"은 결집해 그들과 맞섰다. 민족주의적 요구는 곧 입헌정체를 세우려는 투쟁과 맞물렸다. 독일인이 지배적이었던 지방 의회들의 요구에 따라 1848년 프로이센 군대가 슐레스비히─홀슈타인을 점령했다. 그러나 영국과 러시아가 모두 대항 조치의 위협을 가하자 결국 프로이센 군대는 물러날 수밖에 없었다. 프로이센은 킬의 군항軍港에 눈독을 들이고 있었다.[2]

1863년 11월 덴마크의 프레데리크 7세Frederick VII(재위 1848~1863)가 '덴마크─슐레스비히' 연합 정체를 승인한 뒤 남자 후계자도 없이 사망하면서 또다시 위기가 찾아들었다. 작센과 하노버의 군대가 즉각 개입해 홀슈타인을 수비했다. 갈등이 고조되는 가운데 1864년 프로이센과 오스트리아가 연합해 모든 문제의 종결을 위해 두 지역을 6년간 공동 점령 하기로 협의한다. 그러나 1866년 오스트리아─프로이센전쟁Austro-Prussian War(프로이센─오스트리아전쟁)으로 이 협의는 깨지고 만다. 전쟁에서 승리한 프로이센은 공동 점령지를 단독으로 통치하게 됐고 뒤이어 점령지를 완전히 병합했다. 주민투표를 실시하고 덴마크 시민권을 선택할 수 있게 해주겠다는 협의는 지켜지지 않았다.

1848~1851년과 1863~1864년의 전쟁은 덴마크의 민족적 자존심을 크게 고무했다. 다네비르케전선Dannevirke Line(슐레스비히─홀슈타인의 덴마크 방어선)의 격전이 전개됐다. 뒤뵐밀Dybbøl Mill 같은 맹렬한 저항의 중심지는 훗날 민족의 성지가 됐다. 사람들 사이의 반감은, 덴마크 '국적 선택자'들이 부당한 처우를 당하고, 한때 프로이센령 폴란드에서 시행된 것과 같은 노골적 독일 동화 정책들이 1880년대와 1890년대에 시행되면서 훨씬 더 끈질기게 일어났다.

1920년 베르사유조약에 따라 연합국의 감시 아래 슐레스비히에서 주민투표가 실시됐다. 북부에서는 92퍼센트가 덴마크를 택했고, 플렌스부르크Flensburg와 중부 슐레스비히에서는 75퍼센트가 독일을 택했다. 이에 따라 협의된 국경이 지금까지 유지되고 있다.

제3대 파머스턴 자작 헨리 존 템플Henry John Temple(영국 외무장관, 총리)은 슐레스비히─홀슈타인 문제를 이해하는 사람은 단 세 명뿐인데, 그중 여왕의 부군은 이미 고인이 됐고, 독일인 교수는 실성했고, 자신은 이에 대해 전부 다 잊어버렸다고 말한 바 있다. 1920년 이후 유럽 전역이 자유롭게 파머스턴의 선례

先例를 따를 수 있었지만 여전히 이처럼 다루기 힘든 영토분쟁이 곳곳에 남아 있었다. 묵은 영토분쟁이 하나 해결될 때마다 새로운 분쟁이 몇 개씩 생겨나는 시대였다. (파머스턴의 말은 외교를 통한 중재가 실패로 끝난 덴마크-독일 간 슐레스비히-홀슈타인 문제가 역사적, 법적, 윤리적, 국제적 쟁점 등으로 대단히 복잡하게 얽혀 있어서 이를 제대로 이해하는 사람이 없다는 의미다. "여왕의 부군"은 —자신과 대외 정책 등에서 의견 차이가 있기도 했던— 빅토리아 여왕의 외사촌이자 남편인 작센공작령의 작센-코부르크-고타 공작 앨버트를 말하고, "독일인 교수"는 박식해서 이 문제를 이해했으나 결국 이 일로 미쳐버리게 된 경우를 비유한 것으로 특정의 인물은 아니다. 파머스턴에 따르자면, 한 명은 죽고, 한 명은 실성하고, 한 명은 다 잊어버렸으니 이제 슐레스비히-홀슈타인 문제를 이해하는 사람은 아예 없는 것이다. (파머스턴의 이 말 자체도 버전이 여럿이다)).

는 군대는 서쪽의 에스토니아로부터, 알렉산드르 바실리예비치 콜차크Алекса́ндр Васи́льевич Колча́к 장군이 이끄는 군대는 동쪽의 시베리아에서부터, 데니킨 장군이 이끄는 부대는 남쪽의 우크라이나에서부터 치고 올라왔다. 볼셰비키는 모스크바의 심장부를 지켜내려 필사적으로 저항했고 그렇게 해서 진격해오는 군대를 차례로 패퇴시켰다. 1919~1920년의 겨울에 시작된 두 번째 국면에서는 적군의 공세가 펼쳐졌는바, 이들은 전장을 버리고 퇴각하는 백군을 끝까지 뒤쫓았고 그런 뒤에는 민족공화국들을 차례로 각개 격파 했다.

이 국면에서 결정적 시점은 1919년 11월, 데니킨이 모스크바에서 불과 160킬로미터밖에 떨어지지 않은 툴라에 도착해 있고, 폴란드 군대 역시 그리 멀지 않은 스몰렌스크 인근 그리 멀지 않은 곳에 주둔해 있을 때였다. 여기서 집중 공격이 제대로 한 번만 가해졌다면, 아마 볼셰비키 체제는 그대로 종말을 고했을지도 몰랐다. 그러나 데니킨을 만나본 피우수트스키의 밀사들은 폴란드 독립과 관련한 그의 태도에서 전혀 만족스러운 답을 얻지 못했다. 폴란드군은 그 자리에서 꿈쩍 않은 채 레닌과 협상에 들어갔다. 데니킨의 망설임은 명을 재촉할 정도여서, 차리친(지금의 볼고그라드) 포위공격에서 승리를 코앞에 둔 데니킨의 부대는 바로 그 순간 적군 기병대의 기습을 받고 순식간에 궤멸당하고 말았다. 회고록에서 데니킨은 볼셰비키가 최종 승리를 거머쥔 것은 다 피우수트스키 탓이었다고 썼다.[9]

이 사태 이후, 중앙부를 확실히 장악한 수많은 적군 부대는 자신들 앞을 막아서는 것들은 빠짐없이 제거해나가며 각 방면으로 진격했다. 볼셰비키가 과거 러시아제국 안에서도 유럽 영토에 자리 잡은 공화국들을 재정복하는 작업을 마무리 지은 것은 1921년으로, 그루지야의 멘셰비키 정권이 이때 전복당했다(부록 1656쪽 참조).

볼셰비키가 군사전문가들을 혼란으로 몰며 승리를 거둘 수 있었던 요인으로는 적의 분열, 전쟁 인민위원으로 '러시아의 카르노Russian Carnot'라고도 불린 레온 트로츠키의 재능, 국내 통신망 확보를 가능하게 한 유리한 전략적 입지, '전시 공산주의war communism'라는 지독히 가혹한 정책을 꼽지 않을 수 없다(카르노 곧 라자르 카르노Lazare Carnot(1753~1823)는 프랑스 물리학자·

수학자이자 장군으로 프랑스혁명전쟁과 나폴레옹전쟁에서 신속하게 군대를 조직해 전쟁의 흐름을 바꾸어 "승리의 조직자l'organisateur de la Victoire"로 알려진 인물이다). 볼셰비키 체제를 석연치 않아 하기는 사실, 농민을 포함해 러시아 사회의 모든 주요 계급, 복고주의를 지향하는 왕당파부터 자유주의자, 사회주의자에 이르기까지의 모든 주요 정치 파당, 그리고 모든 비러시아계 민족들까지 다 마찬가지였다. 그러나 러시아내전의 발발로—레닌이 직접 불을 댕겼다— 모든 기존 제도가 작동을 멈출 구실과 함께, 모든 사회적·정치적 반대파를 제거할 빌미가 마련됐다. 펠릭스 예드문도 비치 제르진스키Фéликс Эдмýндович Дзержúнский(1877~1926)의 주도하에 혁명파 경찰대로 소련 통합국가정치보안부OGPU(Объединённое государственное политическое управление), 내무인민위원회NKVD[엔카베데НКВД], 국가보안위원회KGB[카게베КГБ]의 전신인 체카Cheká(ЧК, 반혁명과 사보타주 분쇄 전소러시아특별위원회)가 조직된 것도 이때였다 이 체카의 만행이 얼마나 심했는지, 그에 견주면 로베스피에르는 심약한 인물로 비칠 정도였다. 체카는 '계급의 적'이란 적은, 실제든 가상이든 가리지 않고, 1918년 7월 레닌의 명령에 따라 예카테린부르크에서 차르(니콜라이 2세)와 그의 가족들을 살해하는 것에서부터 세간의 수많은 무명의 대중 희생자까지 모두 제거했다. 또한 볼셰비키는 노동·수송·생산을 비롯한 경제 각 분야의 군사화를 통해 모든 기업과 노동조합을 장악했고, 이런 움직임에 반대하는 이들을 모두 '반혁명 파괴세력'으로 몰아 총살형에 처했다. 볼셰비키는 대중의 지지를 중요하게 여기는 일이 드물었으나, 외국의 '간섭주의자(개입주의자)interventionist들'의 득세에 반대하며 러시아인의 애국심 정서에 호소할 때만은 예외였다. 그러다 1920년 4월, 폴란드인이 우크라이나의 키이우 탈환을 돕자 모든 이념적 수사는 뒷전이 됐다. 레닌은 신성한 러시아를 지켜내야 한다고 사람들에게 호소했고, 트로츠키는 차르 시대에 장교로 복무했던 모든 이에게 군복무에 임해줄 것을 호소했다. 극단적 필요가 극단적 발명품을 낳은 셈이었다.

외세의 러시아에 대한 간섭은 지금껏 과장돼온 면이 있다. 물론 겉으로 봐서는, 러시아가 처한 곤경을 틈타 악의를 품은 끔찍한 이방인 무리가 러시아 내정에 왈가왈부하는 것처럼 보이기도 했다. 독일의 정규군만 해도 제1차 세계대전 직후 오베르오스트Oberost(동부전선의 독일 점령지(폴란드 제외))에 계속 남아 있었다. '발트해 연안'의 독일 민병대는 라트비아와 리투아니아 일대를 떠돌고 있었고, 스타니스와프 불라크-발라호비치Stanisław Bułak-Bałachowicz 장군이 이끄는 폴란드 비정규군도 벨라루스 일대에 머물고 있었으며, 오베르오스트에서는 독일군이 철수하기 무섭게 폴란드 정규군이 모습을 드러냈다. 영국 원정군은 무르만스크와 그루지야의 바툼에 상륙했고, 프랑스군은 오데사를 점령했으며, 미국과 일본은 블라디보스토크와 극동 지방을 장악했다. 소비에트의 프로파간다가 이들 외국 세력을 사악한 자본주의자들이 합세한 음모로, 러시아를 파멸시키기 위해 일어난 사주로 몰아가는 것은 어려운 일이 아니었다. 그런데 그런 음모는 실제로는 전혀 존재하지 않았다. 연합국의 정부들의 주된 관심사는 오히려 어떻게 해야 러시아제국을 하나로 단결시킬 수 있을까 하는 것이었다. 연합국의 정부들은 독일, 특히 이 사태에서 물러나 있으라는 연합국 측의 충고를 공공연히 무시한 폴란드의 주둔은 아무래도 상관없었다. 연합국이 파병을 한 이유도, 자신들이 임시정부를 위해 러시아 항구들에 보내놓은 군수물자를 반드시 사수하겠다는 목적에서였다. 물론 연합국 측이 볼셰비키의 쿠데타에 전복당한 이후 이제는 자신들에게 지원을 청해오고 있는 구러시아에 동정적 태도를 보인 것은 사실이었다. 하지만 연합국들은 본격적 군사작전을 벌일 목적으로 병력과 물자를 보내지 않았다. 연합국 군대는 자신들이 그곳에 주둔하는 것이 볼셰비키의 효과적 프로파간다 수단으로 활용되고 있다는 사실을 눈치 채자 이내 철수를 단행했다. 그러나 여기까지 온 것으로도 타격은 충분했다. 이후 소비에트의 역사책들은 수십 년 동안 이 대목을 지적하며 사람들의 민족주의 정서를 끓어오르게 했다.

서구의 역사책들은 특유의 별난 데가 있다. 이들 책은 러시아제국의 붕괴를 오스트리아-헝가리제국이나 오스만제국의 붕괴와 비슷한 맥락에서 논의하는 일이 거의 없다. 각자 평화조약을 맺어 독립을 인정받은 폴란드, 핀란드, 발트삼국을 제외하면, 러시아의 지배에서 벗어나 자유를 맛본 민족들에 동맹국의 지배에서 벗어난 국가들과 동등한 지위를 부여해주지 않는 것이다. 이와 함께 거의 모든 역사학자가 소비에트러시아의 우크라이나 및 캅카스 재정복 시도를 러시아의 국내문제로 한정하고 있다. 더욱 안타까운 사실은, 1922년 12월에 시작된 소비에트연방의 창설도 그저 국명 변경에 결부된 일쯤으로 여겨져왔다는 것이다. 이런 식으로 해서 오랜 세월에 걸친 제국의 해체 과정, 그 제국을 대체하려 5년에 걸쳐 볼셰비키가 노력한 과정은 조용히 한쪽 구석으로 밀어놓을 수 있다. '러시아Russia' '러시아제국Russian Empire' '소비에트러시아Soviet Russia, RSFSR' '소비에트연방Soviet Union(소련USSR)' 같은 개념을 확실히 구분 짓는 일반적 논의가 시작된 것은 그로부터 70년 뒤, 볼셰비키가 공들여 이룩한 작품이 허물어지기 시작하면서였다. [벨라루스인민공화국]

러시아내전의 규모가 얼마나 컸는가도 그만큼 간과되는 부분이다. 전투에서 희생당한 사람들에 적색테러와 백색테러, 아울러 그 끔찍한 볼가강 유역 기근 사태의 희생자 수까지 합친다면, 러시아내전 당시 사망한 사람들의 전체 숫자는 대大전쟁의 모든 전역戰域에서 발생한 사망자 수보다 적지 않을 것이다.[10]

합스부르크제국의 붕괴에는 다양한 유형의 지역 갈등이 뒤따랐으나, 헝가리에서 일어난 것만큼 심각한 사태는 없었다. 헝가리소비에트공화국이 역사에 존재한 시간은 1919년 3월부터 8월까지의 5개월이었다. 이즈음 유럽에서는 공산주의 정당이 숱하게 생겨났으나, 러시아 바깥에

벨라루스인민공화국 B.N.R.

■ 최근까지 대부분의 서구 역사학자들은 1918년
■ 3월 25일 미엔스크Miensk(민스크Minsk)에서 공표된 벨라루스인민공화국Byelorussian National Republic, BNR에 대해 전혀 알지 못했다. 사실, 서구인 대부분은 벨로루시야Byelorussia 또는 벨라루스Belarus를 러시아의 한 지역으로만 알고 있다.[1] 1918년 이전까지 벨라루스는 폴란드와 러시아 사이에 끼어 독립된 정체로 서지 못했다. 한때 외부에 '백白루테니아White Ruthenia'로 알려져 있던 벨라루스는 리투아니아대공국의 주요 일부였지만 폴란드분할 이후 제정러시아에 합병돼 '백러시아White Russia'로 이름이 바뀌었다(856, 866쪽 참조).

제1차 세계대전 시기에 독일의 지원은 벨라루스의 민족의식을 크게 고취했다. 1914~1915년 빌나Vilna(빌노Wilno)와 민스크에서 벨라루스 학교, 서점, 신문, 출판사 등이 운영되기 시작했다. 1916년 1월 1일 독일 육군원수 파울 폰 힌덴부르크는 독일군 점령지에서 벨라루스어를 공식언어로 인정한다는 포고에 서명했다. 1916~1917년, 벨라루스 극장, 신학대학, 교육기관, 마침내는 정당들이 자유롭게 조직됐다.

그 가운데 가장 먼저 조직된 것은 사회민주당 '흐라마다Hramada'였다. 1917년 12월에는 민스크에서 벨라루스 국민의회가 조직됐지만 볼셰비키에 의해 해산됐다. 그러나 1918년 2월 독일군이 진격해 붉은군대를 몰아내고 지역민들에게 자치권을 찾아주었다. 국적―루테니아인, 폴란드인, 유대인, 리투아니아인, 타타르인―을 막론하고 모든 이의 복지가 약속된 벨라루스인민공화국은 그해 말까지 운영됐지만 1919년 붉은군대가 돌아오면서 강제 진압됐다. 붉은군대는 리투아니아-벨로루시소비에트사회주의공화국Lithuanian-Byelorussian SSR을 세웠고 이것이 벨로루시소비에트사회주의공화국Byelorussian SSR으로 바뀌었다. 1919~1920년 폴란드-소비에트전쟁 동안(1196~1200쪽 참조) 폴란드가 벨로루시의 영토 대부분을 점령했다. 이후 리가조약(1921)에 의해 벨로루시는 주민들의 의지와 상관없이 분할됐다. 소련이 통치한 동부 지역은 탄압에 시달렸고, 그 피해자들은 이를 "제노사이드genocide"라 일컬었다.[2] 이러한 참상은 1939~1945년에도 나치의 학살과 스탈린의 추방을 통해 계속 이어졌다. 그러나 벨라루스인민공화국에 대한 기억은 지워지지 않았다. 1992년 벨라루스공화국이 재건됐을 때 이곳을 찾은 유럽의회의 사절단 대표는 벨라루스가 유럽공동체의 회원국 후보가 될 자격이 충분하다는 확신을 표명했다.[3] 이 문제에 관한 한 그는 많은 현지인들보다 훨씬 더 낙관적이었는바, 당시 벨라루스의 행정 및 관리 계층은 소비에트화되고 러시아화되어 있었다. 벨라루스의 기막힌 근대사를 보면 그들은 한때 소비에트연방에 속했던 그 어떤 나라보다도 러시아에 크게 의존할 수밖에 없었다. (이 나라는 국내에서는 "벨로루시" "벨로루시야Белоруссия"(러시아어로 "백白러시아")로 불리다가 벨라루스 정부의 요청에 따라 2008년 12월 표기법이 "벨라루스"로 바뀌었다.)

자리한 도시 중에서 일정 기간이나마 공산당이 실제 정권을 잡는 데 성공한 것은 부다페스트(부더페슈트)뿐이었다. 사상 최초였던 이 '헝가리혁명Hungarian Revolution'의 짧은 이력은 우리에게 시사해주는 바가 무척 많다. 혁명이 기회를 잡은 것은, 평화조약의 보복적 성격에 항의하는 세력에 떠밀려 헝가리의 초대 자유주의 정부가 사퇴당하는 혼란스러운 상황이 펼쳐지면서였다. 헝가리인 대부분은 그간 자신들이 문명의 발상지로 여겨온 슬로바키아와 트란실바니아 땅을

한꺼번에 잃게 될 거란 사실에 경악했다. 공산당 지도자 벨러 쿤Béla Kun(1886~1939)은 유대인 전쟁포로로 러시아에서 막 귀국한 참이었는데, 그는 이 대목에서 민족주의 열기를 십분 활용했다. 헝가리공산당은 사회민주주의자들과 종래의 장교 집단들 모두로부터 지지를 이끌어내며 권력을 차지했고, 분쟁 지역들에서 슬로바키아인과 루마니아인을 몰아내겠다고 약속했다. 1919년 6월 헝가리 군대는 실제로 슬로바키아 침공을 감행했다. 동시에 소비에트를 본보기 삼아 '노동자, 병사'로 이루어진 평의회 대표자들을 선출했고, 이들이 새 헌법을 통과시키면서 급진적 내용의 개혁안이 발표됐다. 이로써 모든 산업은 국유화됐고, 교회는 가진 재산을 몰수당했으며, 성직자와 농민은 너나없이 강제노동에 동원됐다.

그동안 먹이를 먹여가며 키우던 괴물을 헝가리가 일깨운 순간이었다. 파업 노동자들은 총알 세례를 받아야 했다. 수차례의 무장 농민봉기는 대규모의 처형을 마주해야 했다. 체제에 불만을 품은 일단의 장교가 프랑스가 점령하고 있는 세게드를 중심으로 조직을 결성했다. 이 대열에 전임 합스부르크군 제독 출신의 미클로시 호르티Miklós Horthy(1868~1957)가 합류하면서 정부가 수립됐다. 이 상황을 루마니아인들이 적극적으로 활용하게 되니, 8월에 부다페스트에 입성해 헝가리소비에트공화국에 종지부를 찍은 것이 바로 루마니아 군대였다.

이제 적색테러에 백색테러가 답할 차례였다. 쿤의 동료들, 특히 공산주의자와 유대인에 대해 무차별적 복수가 자행됐다. 1920년 호르티는 섭정 체제를 선포한 뒤, 독재체제를 세워 24년간 이어갔다. 전 황제 카를(카를 1세)이 두 차례 헝가리의 제위를 되찾고자 했으나 모두 무위로 끝났고, 그러기는 군부 세력을 내쫓으려 했던 의회의 노력 역시 마찬가지였다. "파시스트Fascist"라는 말은 아직 쓰이지 않고 있었던 데다 이런 상황에 그런 말을 쓰는 것이 전적으로는 적절치 않을 수 있으나, 더러는 호르티 제독을 "유럽 최초의 파시스트"라 평가하기도 한다. 그런데 공산주의자들의 극단적 모험에 대해 반공산주의의 반발이 강하게 일어난 것은 이곳 헝가리가 마지막이 아니었다(부록 1660쪽 참조).[11]

폴란드-소비에트전쟁. 1919~1920년의 폴란드-소비에트전쟁Polish-Soviet War은 유럽 전역에 함의하는 바가 컸다. 이 전쟁은, 볼셰비키의 해석과는 정반대로, 협상국의 사주로 벌어진 일도 '아니었고', 연합국의 러시아 개입으로 일어난 전쟁도 '아니었으며', 1920년 4월 유제프 피우수트스키의 키이우 공격을 빌미로 시작된 전쟁도 '아니었다'. 물론 이때 영토 분쟁이 벌어졌던 건 사실이다. 그러나 그보다는 볼셰비키가 차후 일어날 것으로 보이는 독일혁명을 러시아혁명과 연관 지으려 하는 의도, 나아가 러시아 군대를 폴란드를 관통해 진격시키겠다는 의도를 공공연히 비친 데에 전쟁의 직접적 원인이 있었다. 이런 행동노선은 볼셰비키의 초기 이데올로기에 지극히 노골적으로 드러나 있었을뿐더러 러시아에서 행해진 소비에트 실험을 마르크스주의 교조와 일치시켜야 할 경우 반드시 필요한 행보이기도 했다.

볼셰비키가 상트페테르부르크의 '붉은다리Кра́сный мост'를 건너 독일을 향해 진격해야겠다는 구상을 처음 품은 것은 1918~1919년 겨울이었다. 당시 볼셰비키는 '서쪽의' 붉은군대에 폴란드 국경지대를 정찰하라는 명령을 내렸다. 하지만 1년이 지나도 100만 명의 기동대를 끌어모으지 못하리라는 것은 곧 내전이라도 벌여야 한다는 뜻이었다. 트로츠키는 시종 신중한 태도를 보였다. 그러나 공개적으로는 '좌파의 소아병小兒病'을 입에 담았던 것과는 달리, 이 혁명 전쟁을 누구보다 옹호한 이는 다름 아닌 레닌이었다.[12] 폴란드군과 소비에트군 사이에 거의 우연으로 말미암아 이따금 싸움이 벌어지기 시작한 것이 1919년 2월이었고, 이런 양상은 이후 20개월 동안 계속됐다. 전쟁이 본격적으로 막을 연 것은, 중간에 낀 오베르오스트Oberost에서 독일군이 철수하면서였다. 폴란드군과 소비에트군은 양쪽 모두 진공 안으로 빨려들듯 전쟁에 휘말려 들었다. 최초 충돌이 일어난 것은 2월 14일 아침 6시 벨라루스에서였으니, 볼셰비키 군대가 야영지에서 아침을 먹는 사이에 폴란드의 기병 순찰대가 치고 들어왔다. 이 무렵 피우수트스키는 핀란드에서 그루지야에 이르기까지의 모든 변경지대 공화국이 참여하는 연맹을 조직하려는 희망을 품고 있었다. 그런데 폴란드가 리투아니아와 분쟁을 벌이면서 그의 구상은 줄줄이 무산됐다. 하지만 1919년 8월에 이르렀을 때, 피우수트스키는 빌뉴스와 민스크를 모두 점령한 뒤 폴란드의 유서 깊은 국경지대에 발을 디디고 서 있었다. 그는 마음 같아서는 데니킨을 돕고 싶었으나(앞의 내용 참조), 결국에는 볼셰비키와 협상에 들어갈 수밖에 없었다.

폴란드인으로서는 볼셰비키의 슬로건과 행동이 전혀 다른 식으로 흘러간다는 것이 문제였다. 레닌은 수사로 한껏 치장한 연설로는 폴란드와의 평화를 늘 강조했지만, 그 와중에 베레지아에 주둔한 붉은군대의 전력은 계속 강화되고 있었다. 폴란드군은 때를 기다렸다. 1920년 1월, 피우수트스키가 라트비아의 독립을 보장한다는 명분으로 꽝꽝 얼어붙은 드비나강을 급습했다. 하필 이때 그가 가장 듣고 싶지 않던 소식이 날아들었다. 붉은군대에서 가장 큰 무공을 세운, 시베리아 땅을 정복했으며 혁명전쟁의 이론가인, 한창 젊은 나이의 미하일 니콜라예비치 투하쳅스키Михаи́л Никола́евич Тухаче́вский(1893~1937) 장군이 폴란드 국경을 지키는 소비에트군 사령관에 임명됐다는 것이었다. 피우수트스키는 차일피일 지체되던 볼셰비키의 공세가 목전에 닥쳤다고 확신하고, 우크라이나에 결성돼 있던 분파와 뒤늦게 동맹을 맺어 대강이라도 전력을 보강하고는 볼셰비키가 장악한 곳 중 가장 약한 남부지대를 공략했다. 폴란드와 우크라이나 군대는 키이우로 진격해 들어갔고 사람들에게서 해방자라며 환대를 받았다. 그러나 투하쳅스키의 전쟁 준비는 순조롭지 못했다. 서쪽에서는 정치와 지리 양 측면 모두에 어두운 사람들이 "러시아에서 손을 떼라"는 볼셰비키의 구호를 별 생각 없이 따르고 있었다.

1920년의 전쟁은 절대 사소한 국경지대 충돌이 아니었다. 1920년의 전쟁은 유동을 동반하 대규모의 전쟁이었으니, 바르샤바에 주둔하고 있던 프랑스군의 젊은 고문 샤를 드골Charles de Gaulle 대령은 이 전쟁에서 영감을 받아 현대전에 관해 새로운 개념들을 세울 수 있었다. 폴란드군과 소비에트군 모두 100만 명의 병사들이 족히 1600킬로미터에 가까운 거리를 진격하고 후퇴하는 일을 6개월 동안 반복했다. 그러다 5월과 6월 사이, 붉은군대의 기병대가 우크라이나에서 폴란드군을 몰아냈다. 붉은군대의 사령관은 "이 여름이 가기 전에, 우리는 파리의 길거리를 거닐며 떠들 수 있을 것"이라고 자랑하듯 말했다. 7월 4일, 투하쳅스키의 입에서 마침내 공격 명령이 떨어졌다. "서쪽으로 진격하라! 백색 폴란드의 시체들을 밟고 넘어가는 것이 전 세계를 화염에 휩싸이게 하는 길이다." 투하쳅스키 부대의 진격 속도는 가히 압도적이었다. 그의 기병대는 8월 중순 토른 근처의 비스와 강변에 도달했다. 이곳에서 불과 닷새 거리에 베를린이 있었다. 이런 투하쳅스키의 후방을 제르진스키가 따르고 있었으니, 그는 폴란드임시혁명위원회Tymczasowy Komitet Rewolucyjny Polski를 내걸고 폴란드의 권좌를 넘겨받을 태세였다. 레닌이 그에게 전보를 보내 더 많은 지주를 총살형에 처하라고 명했다. 향후 비오 11세Pius XI가 되는 당시의 교황 특사는 바르샤바에서 머물며 몸소 적敵그리스도 세력에 대항할 채비를 하고 있었다. 조국을 수호하겠다며 상당수의 유대인을 비롯해 지원병이 속속 몰려들었다. 서방의 각국 정부는 장군은 몇몇 파견했으나, 정작 지원군은 보내지 않았다. [코나르미야]

'비스와강의 기적Miracle on the Vistula'(Cud nad Wisłą)이 일어난 것은 8월의 15~16일이었다. 피우수트스키는 진작부터 비밀리에 남쪽 측면에서 치고 올라가는 반격을 준비한 터였다. 그에 반해 투하쳅스키는 광범위해진 통신망을 제대로 지켜내지 못하고 있었다. 그렇게 해서 피우수트스키가 공격을 감행했을 때는 소비에트군 5개가 수장을 잃었다. 그중 3개 군은 완전히 섬멸당했고, 목숨을 부지한 군대는 동프로이센으로 줄행랑을 쳤다. 소비에트의 완패였다. 8월 31일에는 남쪽에 자리한 '자모시치 링Zamosc Ring' 지대에서 붉은군대 기병대가 호적수를 만났다. 유럽 역사의 마지막 대규모 기병대 대결로 남은 이 전투에서, 기병들은 완전한 전열을 갖추고 돌격과 반격을 되풀이했고, 결국에는 폴란드 창기병들의 손에 승리가 돌아갔다. 창설 이래 처음으로 치른 전쟁에서 붉은군대가 패배하는 순간이었다. 레닌 측에서 강화를 요청했다. 10월 10일에는 휴전협정이 이루어졌고, 1921년 3월 18일에는 [폴란드, 우크라이나 소비에트사회주의공화국, 러시아 소비에트연방사회주의공화국 사이에] 리가조약Treaty of Riga이 체결됐다.

폴란드의 이 승리가 갖는 커다란 함의가 언제나 제대로 이해를 받은 것은 아니었다. 베르사유조약의 합의에도 명시돼 있었다시피 폴란드의 독립은 이미 담보돼 있었다. 베를린에 머물고 있던 영국 대사는 자신의 롤스로이스 쿠페를 타고 가다 바르샤바 인근에서 벌어진 폴란드-소비에트 군사작전 일부를 두 눈으로 목격했는데, 에드워드 기번을 연상시키는 듯한 논조로 당시 일을 이렇게 정리했다.

코나르미야KONARMYA

■
■ 1920년 여름, (현 우크라이나 오데사 출신의) 이사
크 옘마누일로비치 바벨Исаак Эммануилович
Бабель(1894~1941)은 남러시아 통신사 유그로스타
Yug-ROSTA의 종군기자로 폴란드 전선에서 복무하고
있었다. 그는 스탈린이 인민위원으로 있던 세묜 미하
일로비치 부돈니Семён Михайлович Будённый 장군
의 제1기병대 소속이었다(1228쪽 참조). 훗날 바벨은
자신의 경험을 토대로 긴박감이 살아 있는 역사적 사
실주의의 걸작인 연작 형태의 《기병대Конармия》
(1926)를 집필한다. (〈코나르미야Конармия〉는 러시아어로
붉은군대의 기병대騎兵隊를 말한다.)

〈즈브루치강 도하〉

사단장은 새벽에 노보그라드–볼린스키가 함락됐다
고 전해왔다. 참모부는 크라피브노를 떠나 나아갔고
우리 전열의 뒤쪽에서 후진 부대가 요란한 소리를 내
며 끝없는 길을 줄줄이 따라왔다. 과거 니콜라이 1세
가 소작농들을 착취해 브레스트에서부터 바르샤바
까지 놓은 도로였다.[1]

《기병대》 중 〈즈브루치강 도하〉의 첫 단락은 전쟁의
실제 상황이 그대로 생중계되고 있는 게 아닌가 할 정
도로 생생함을 안겨준다.

그러나 폴란드–소비에트전쟁에 대해 잘 아는 사람이
라면 석연치 않은 점을 금세 알아챌 것이다. 물론, 노
보그라드–볼린스키라는 도시는 실제로 있는 곳이다
(지금의 우크라이나 노보흐라드–볼린스키). 1920년 이 도
시는 시몬 바실료비치 페틀류라Симон Васи́льович
Петлю́ра가 이끈 우크라이나 집정부執政府의 본거지
였다. 그러나 이 도시는 즈부르치 강변이 아니라 슬루

치 강변에 있으며 붉은군대 제1기병대가 아니라 소비
에트 제14군에 함락됐다. 실제로 니콜라이 1세 치하
(1825~1855)에서 농노들이 바르샤바에서 브레스트까
지 도로를 놓긴 했으나, 이 도로 역시 노보그라드에서
약 300킬로미터 떨어진 곳에 있었으니 후진 부대가
줄지어 오기란 불가능했다. 기타 등등.

이와 같은 사례가 수없이 많은 것을 보면 이는 이사크
바벨의 단순한 착오가 아니었다. 바벨은 효과를 치밀
하게 계산해 일부러 날짜, 인명, 지명, 사건 등을 뒤죽
박죽 섞어놓았다. 역사를 있는 그대로 보여주기보다는
'역사'처럼 보이게 하는 일종의 문학적 콜라주를 시도
한 셈이다. "예술적으로 만족스러운 결과물이 나올 수
만 있다면 기꺼이 역사를 훔치려 들 것이다." 이 말은
바벨의 폭력에 대한 열정에도 적용할 수 있다. 《기병
대》는 역사를 정확히 다루지 않는 '팩션faction'이라는
장르로 분류된다.[2]

그렇다고는 해도 《기병대》에서는 실화를 바탕으로 한
단편적 이야기들을 많이 찾아볼 수 있다. 〈기병중대장
트루노프Squadron Leader Trunov〉에는 어느 날 폴
란드 편에서 싸우는 미국인 자원병 조종사를 격추하
러 나온 허세 심한 코사크 기병 지휘관의 일화가 담
겨 있다. 세드릭 E. 폰틀로이Cedric E. Fauntleroy 대
령이 지휘한 미국 '코시치우슈코 비행중대Kościuszko
Squadron의 회고록에서 이와 정확히 일치하는 이야
기를 찾을 수 있다. 이 회고록에 따르면, 소련의 무모
한 기관총 사수가 방비도 없는 공터에서 미국 항공기
들을 향해 연발을 날렸고 그중 한 대가 저공 활강
하며 총을 쏴서 그를 산산조각 낸 일이 있었다.[3]

이사크 바벨의 삶도 그보다 좋을 게 없었다. 붉은군대
의 명성을 전파하는 데 가장 크게 기여한 것으로 추정
되는 이 작가는 결국 스탈린의 굴라크에서 생을 마감
했다.

만일 카를 마르텔이 사라센인의 투르 정복을 막지 못했더라면 [⋯] 지금 옥스퍼드에서는 쿠란(꾸란, 코란)의 한 대목을 가르치고 있지 않았을까. [⋯] 만일 피우수트스키와 그 휘하의 베이강(막심 베이강Maxime Weygand) 장군이 바르샤바전투에서 득의양양한 소비에트 군대의 진군을 제지하지 못했다면, 기독교 세계는 위태하게 뒤로 물러나야 했을 테고, 아마도 서양문명 자체가 존망의 위협에 처했을 것이다.[13]

폴란드-소비에트전쟁은 볼셰비키에도 그만큼 커다란 영향을 끼쳤다. 1920년의 이 패배로 볼셰비키는 독일 혁명파와 하나로 연대한다는 전략적 희망을 접을 수밖에 없었다. 이는 볼셰비키가 국제주의에서도 물러나야 한다는 뜻이었다. 소비에트러시아는 스탈린이 이른바 '일국사회주의socialism in one country(Социализм в отдельно взятой стране)라 부른 기반으로 선회하는 것 외엔 별다른 수가 없었다. 한편 레닌은 좌파의 저돌적 노선에서 황급히 발을 뺐다. 전시공산주의war communism(Военный коммунизм)가 폐기된 것도 이때였다. 폴란드와 강화가 맺어진 1921년 3월의 바로 그 주, 레닌은 자본주의와 손을 잡는 일종의 전술적 타협책—네프NEP(НЭП)로도 통했던 신경제정책—을 도입하게 된다.

그뿐만 아니라 벨라루스와 우크라이나가 폴란드와 분할되자, 볼셰비키는 마음대로 자신들 국가를 연방제의 형태로 재조직했다. 폴란드전쟁이 국경지대 운명을 결정지어버리기 전까지는 USSR—애초 소비에트벨라루스, 소비에트우크라이나, 소비에트캅카스로 구성돼 있었다—가 형성되는 일도 아마 불가능했을 것이었다. 실질적으로 봤을 때 폴란드군은 이때 잠시 숨 돌린 틈을 얻은 것에 불과했으니, 유럽을 향한 소비에트군의 진군은 격퇴는 당했을지언정 완전히 끝난 것은 아니었다(부록 1658쪽 참조).

오스만제국이 끝내 무너진 것은 그다지 놀랍게 다가올 일은 아니었다. 그러나 서방 열강은 우발사태에 대한 대비책은 없었다. 한때는 다르다넬스해협 문제를 동맹국 러시아에 맡길까 하는 생각까지 했었다. 그러나 볼셰비키에 군이 그런 선물을 안겨줄 까닭은 없었다. 그래서 그리스가 연합국의 승인을 얻어 정국 공백을 채우는 행보에 나섰다.

1920년 8월, 거의 아무 힘도 갖지 못한 오스만 정부의 잔류파와 연합국 사이에 세브르조약Treaty of Sèvres이 맺어졌다. 연합국 측 해군 함대가 이스탄불을 점령했다. 이탈리아는 그리스 남부 해안을 차지했고, 프랑스는 킬리키아를, 분리주의자였던 쿠르드족과 아르메니아인은 동쪽 지방에서 광대한 지역들을 차지했다. 그리스군은 트라키아와 스미르나(이즈미르)를 점령했다. 그리스인들은 1453년 이후 기독교 세계에서 떨어져나간 콘스탄티노폴리스에 오래도록 향수를 버리지 못하고 있었으나, 한편으로는 소아시아에서 살아가던 수많은 그리스 주민에 대해서도 진심 어린 걱정을 품고 있었다. 따라서 오스만제국에서 마지막으로 열린 의회가 끝내 조약 비준을 거부하자, 파리의 연합국최고위원회Supreme Allied Council는 '아나톨리아의 질서를 다시 세우려' 그리스에 파병을 요청했다. 이는 케말 파샤를 미처 염두에 두지 못한 조치였다.

지난 2년 동안 케말 파샤는 터키(튀르키예) 민족주의운동을 이끄는 인물로 부상해, 근대적이고 세속적인 사회에 기반을 둔 민족공화국을 탄생시키고자 헌신적 노력을 쏟고 있었다. 터키어(튀르키예)를 쓰는 중심지에 자리한 앙카라가 케말 파샤의 주된 활동 근거지였다. 갈리폴리의 영웅으로 불렸던 그는 술탄, 모스크, 베일veil(여성의 베일 착용)에 가차 없이 적대감을 보였다. 외국의 침략자를 맞아 싸움을 벌이는 것이야말로 그가 염원하던 일이었다. 이런 점에서, 1919~1922년의 그리스-터키전쟁Greco-Turkish War이 어떤 식으로 결말이 날지는 누구라도 쉽게 예측할 수 있었다. 그리스군은 아나톨리아 지방까지 들어가는 데는 성공했지만, 사카리아 강에서 발목이 잡혔다. 케말은 그들이 나고자란 땅을 지켜내자며 튀르크족의 열의를 일깨웠다. 1922년 퇴각하던 그리스군이 결국 궤멸당했다. 이와 함께 스미르나가 함락당하는 한편, 그리스군은 바다까지 퇴각하지 않으면 안 됐다. 소아시아 출신의 그리스인 태반은 흑해 연안에서 살아가던 폰토스 그리스인들과 함께 조상 대대로 3000년을 살아온 고향에서 쫓겨나는 신세가 됐다. 그들에게는 '대재앙the Great Catastrophe'이나 다름없는 일이었다. 이들 대부분은 나중에, 같은 시기에 고향에서 쫓겨난 북부의 튀르크족 주민과 맞교환됐다. 이 와중에 케말 파샤는 스스로를 '전사의 군주Warrior Load'라는 가지 파샤Ghazi Pasha로 그리고 종국에는 '튀르크족의 아버지'라는 뜻의 아타튀르크Atatürk로 위치 지우게 된다. 이와 함께 술탄은 권좌에서 물러났다.

연합국의 튀르키예 개입은 러시아 내정 개입보다 더 뻔뻔스러운 외세의 방해였다. 그러나 종국에 결과는 똑같았다. 외세가 개입하면 억눌러지라 여겨졌던 것들이 오히려 자극을 받아 더 심하게 불거져 나왔다. 튀르키예공화국은 튀르크족의 영토를 배타적으로 지배할 권리를 확립했다. 강제적 성격을 띠었던 세브르조약은 협상을 위주로 하는 로잔조약Treaty of Lausanne(1923)으로 대체되지 않으면 안 됐다. 그리스와 튀르키예는 대규모의 주민 교환 계획을 마련해 진행했고, 비무장화된 다르다넬스해협은 또 다른 국제위원회에서 관할하게 됐다.[14] 대大전쟁으로 인해 연달아 터지던 분쟁이 마침내 일시적으로 잦아든 것이 바로 이 시점이었다. [소키알리스]

양차 대전 사이의 기간

양차 대전 사이의 기간은 통상 1918년 11월 11일의 종전 때 시작돼 1939년의 9월 1일에 끝났다고 보는바, 유럽은 전쟁의 그림자에서 벗어날 줄 몰랐다. 유럽은 1920년대를 세계대전으로 인한 후유증 속에서 보내야 했다. 1930년대는 두 번째의 지진이 목전에 닥쳤다는 확신이 점차 굳어져가는 가운데에서 보냈다. 윈스턴 처칠을 비롯한 정치가와 역사학자들은 평화를 깨는 자들에겐 단호한 조치를 취해야지 안 그랬다간 바로 얼마 전의 분쟁이 되풀이될 것이라고 주장했다. 이론적으로 보면 이 경고가 옳았다고 입증된 셈이었어도, 이들은 정치와 군사 양면의 현실을 모두 간과하고 있었다. 서구의 민주주의 국가들은 1914~1918년의 상실로 잔뜩 겁에 질려, 분쟁의 징후가 처음 보였을 때에 섣불리 싸울 마음을 내기가 어려웠다. 더구나 제한적인 '소방대fire-brigade' 작전을 겪고 나서 이들은 여간 낙심하고 있는 것이 아니었다. 연합국의 러시아 개입은 서구가 볼셰비키를 제지할 의지도 능력도 없다는 사실만 드러낸 셈이었다. 프랑스의 루르 점령〔1923. 1~1925. 8〕도 신중한 방책으로는 독일에 강제력을 행사할 수 없다는 사실을 보여주었다. 군사전문가 대부분도 이때부터 앞으로는 전면전이 벌어지든 아무 일도 없든 둘 중 하나라고 확신했다. 그러나 전면전은 하루 이틀 준비한다고 치를 수 있는 것이 아니었다.

그뿐만이 아니었다. 러시아와 독일을 각기 제어하는 것이 불가능하다면, 이 두 나라가 서로 의기투합하는 쪽을 선택했을 때 이들을 제어하지 못할 것이 뻔했다. 이러한 악몽이 처음 설핏 모습을 드러낸 것이 1922년 4월이었다. 제노바에서 열린 연합국 간 경제회담에 참석한 독일과 소비에트 대표단이 예정에도 없이 라팔로〔이탈리아〕에 도착하는 휴양지 경유 열차를 잡아타고, 단단히 부아가 치민 연합국 회담 개최자들은 아랑곳 않고 독소 무역협정에 서명을 한 것이다. 사실 라팔로 휴양지 사건 자체는 그다지 중대한 문제는 아니었다. 그러나 이 일로 연합국의 승리가 안고 있는 핵심적 약점과 함께, 모스크바와 베를린이 서로 공조하면 두 나라가 그 누구의 제지도 받지 않고 서구에 저항할 수 있다는 사실이 드러났다. 공개적으로 표명된 일은 없었으나, 악몽이 막상 눈앞의 현실로 나타나기 전에 평화기 유럽의 모든 고심 속에는 이런 상황이 전제로 깔려 있을 때가 많았다.

서구 열강이 가진 한계들은 유럽 대륙을 벗어나 더 넓은 세계 속에 섰을 때 더욱 명확하게 드러났다. 태평양, 중국, 나아가 세계 차원에서 해군력을 적절히 안배하는 중차대한 문제는 파리강화회의가 아니라, 1921~1922년의 워싱턴회의Washington Conference〔국제 군비축소 회의〕에서 마무리 지어야 했다. 워싱턴해군군축조약Washington Naval Agreement(1921)으로 해군력 보유 총량이 미국 5, 영국 5, 일본 3, 프랑스 1.5, 이탈리아 1.5의 비율로 제한됐다. 1923년의 곤드라조약Gondra Treaty에서는 미국이 전쟁 당시의 유럽 파트너들은 배제한 채 라틴아메리카에 자국 군대들을 배치했다. 세계 권력을 거머쥐기 위한 힘의 중심축이 급격히 옮아가고 있었다. 유럽은 더는 자신의 운명을 혼자서 결정할 수 있는 지배자로 군림하지 못하게 됐다.

평화회담의 유산도 당사국들의 애초 바람과 일치하지 않았다. 독일은 전쟁으로 인한 상처가

소키알리스 SOCIALIS

■ 1920년 봄, 선거 결과에 따라 스웨덴 국왕(구스
■ 타프 5세)은 사회주의자socialist를 내각의 책임
자로 들여야 했다. 그러나 그에게는 내키지 않는 일이
었다. 국왕은 사회민주노동당 지도자 칼 얄마르 브란
팅Karl Hjalmar Branting(1860~1925)을 불러 '사회주
의, 군비축소, 헌법 개정을 금하는' 조건으로 그에게
총리 자리를 승인해주겠다고 제안했다. 국방비 삭감을
통해 사회복지를 확충하고 공화제를 수립할 것을 요구
해온 사회주의 정당에는 받아들이기 쉽지 않은 조건
이었다. 그러나 협상은 체결됐고 브란팅은 연립내각을
수립했다. 민주 세계에서 독보적 집권 기록을 세우게
되는 정당은 이렇게 정치 경력의 첫 걸음을 내딛었다.
('소키알리스sociális'는 라틴어로 "사회의" "사회적" "사회에
관한/대한"의 의미다.)
스웨덴사회민주노동당Sveriges Socialdemokratiska
Arbetareparti은 1889년에 창당됐다. 독일 사회민주당
SPD을 본보기로 삼고 초기에는 마르크스주의를 지향
했지만 곧 의회 쪽으로 방향을 틀고 사회개혁, 부 재
분배, 국가 개입 강화를 꾀하는 노선을 택했다. 스웨덴
사회민주노동당은 영국 노동당처럼 제휴를 통한 집단
당원제 등을 포함해 노동조합들과 강력한 연계를 맺
었고 지역별 노동자 공동체 단위로도 적절하게 조직
돼 있었다. 스웨덴사회민주노동당의 유권자 기반은 주
로 스웨덴의 신흥 산업노동자 계층이었고 중산층과
지식층의 지지가 중요한 잠재적 요소였다. 스웨덴사회
민주노동당은 1896년에 스웨덴 의회에 발판을 마련
한 뒤 1914년 선거에서 비약적 득표를 거뒀다. 1920
년 브란팅은 상원과 하원 모두에서 가장 많은 의석수
를 차지하는 단일 정당을 이끌고 있었다.
스웨덴에서는 1909년 남성의 보통선거권과 함께 비례
대표제가 도입되면서 어느 한 정당이 절대다수를 차지
하기가 어려웠다. 4개 민주 정당—보수당, 자유당, 농
민당, 사회민주노동당—이 주요 토론에 참여했고 연립

내각 또는 임시 부처가 빈번하게 나타났다. 소수 의석
의 공산당이 연립내각에 참여하기도 했다. 1952년 개
헌 전까지 정당들은 선거 카르텔을 통해 의석을 늘릴
수 있었다.
스웨덴사회민주노동당의 집권과 영향력 행사는 여러
단계를 거쳤다. 1920년대에 칼 알마르 브란팅은 세 차
례 연립내각을 이끌었다(총리)—1920, 1921~1923,
1924~1925(6)년. 그리고 한 번은 실업 법안으로, 또
한 번은 국방비 삭감 추진으로 실각했다. 끝내 다수
정권은 이루지 못했다.
1932년부터 브란팅의 뒤를 이은 페르 알빈 한손Per
Albin Hansson(1885~1946)은 사회민주노동당을 영
구 집권당으로 이끌어가기 시작했다. 중간에 짧은 기
간을 제외하고 그는 14년(1932~1946) 동안 스웨덴
정부를 이끌었다. 1936~1939년의 내각은 농민운
동과의 '적-녹연정Red-Green Coalition'의 형태였고
1939~1945년에는 국가의 단결을 위한 전시戰時 다
당 연정의 형태를 취했다.
전쟁이 끝난 뒤, 사회민주노동당은 스웨덴을 자신들
이 구상한 모습으로 바꿀 수 있는 기반을 확보했다.
타게 엘란데르Tage Erlander는 1946년부터 23년 동
안 집권했다. 세율이 높아지고 정부가 지원하는 의료·
교육·사회보장의 수준도 높아지면서 스웨덴은 번영
의 길을 걸었다.[1] 그 후 올로프 팔메(1927~1986)의 사
회주의 내각이 두 차례에 걸쳐 집권했고(1969~1976,
1982~1986), 그 중간에 짧은 보수당의 집권이 있었다.
사회민주노동당의 요새는 1988년까지 반세기가 넘게
무너지지 않고 훌륭하게 운영됐다. 게다가 1920년 국
왕이 우려했던 바와 달리 스웨덴 왕조는 이 사회민주
노동당보다 더 오래 살아남았다.
유럽에서 가장 부유한 축에 속하는 국가에 사회주의
가 걸맞지 않는다는 우려는 실제보다 과장된 것이었
다. 사회주의 이념은 분배할 만큼의 실질적 잉여 생산
물과 동등한 분배를 보장하는 민주 정부가 갖춰져야
만 효과적으로 실현될 수 있다. 오히려 스웨덴에서는

가용 자원과 대중의 염원 사이 격차가 좁혀지면서 그 효용이 점차 떨어졌다. 그러나 잉여 자원이 미미하거나, 독재정권이 들어선 국가, 혹은 이 두 가지에 다 해당하는 국가에서는 공동경제의 노동자들이 착취당하고 지배계층이 모든 이익을 독식하기 쉽다. '세계 최초의 사회주의 국가' 소비에트연방이 바로 이런 경우에 속했다. 이상적 측면에서든 실천적 측면에서든 그들은 진정한 사회주의가 아니었다.

깊은 터라 다른 나라들과 화해할 입장이 아니었다. 걸음마 단계의 독일공화국은 취약하기 짝이 없었다. 1919년 바이마르에서 의회가 소집됐지만, 의회를 실제로 움직인 것은 사회주의 민주주의자들이 주축이 된 연합 세력이었다. 독일의 대표단이 베르사유조약에 서명한 것도 강압성이 느껴지는 위협의 분위기가 조성된 때문이었다. 이 무렵 독일에서는 만감에 젖게 하는 행사들이 열려 제국에서 떨어져나가는 독일인들에게 작별 인사를 고했다. 베를린은, 로자 룩셈부르크Rosa Luxemburg(폴란드 태생의 독일 혁명가)가 피살당하기도 한, 1919년 1월 좌파가 일으킨 봉기를 경험한 후 1920년 3월에는 우파 진영이 일으킨 카프폭동Kapp Putsch(카프반란. 바이마르공화국을 전복시키고 독재정부를 수립하려 시도한 반란)를 겪고, 그해 8월에는 붉은군대가 베를린으로 진격해왔다. 투하쳅스키가 자신의 목적지점에 도달했더라면 과연 어떤 일이 벌어졌을지는 누구도 단언할 수 없다. 그러나 분쟁 도시들에서 폴란드인들을 추방한 뒤 그곳을 현지의 독일인들에게 넘겨주려 했다는 점에서 투하쳅스키는 독일이라는 패를 써서 베르사유체제를 전복시키겠다는 자신의 의도를 이미 드러낸 셈이었다. 당시 독일에서는 탈주 중인 프라이코어Freikorps(자유군단, 의용군)가 여전히 30만 명에 달했다. 공산주의자들은 '붉은 작센Red Saxony'을 차지했고, 분리주의를 입에 담는 극우 보수주의자들은 바이에른을 차지했다. 이제 한 발만 더 내디디면 독일은 아수라장이 될 것이었다.

사회적 소요의 유령이 땅 위를 활보했다. 독일 좌파와 독일 우파의 폭력적 적의는 커져만갔다. 1922년에는 외무장관 유대인 발터 라테나우Walter Rathenau가 암살당했다. 급진파 사회주의자들은 대규모 실업사태와 초인플레이션의 뼈아픈 결과들을 논거 삼아 세를 키워나갔다. 급진파 민족주의자들은 전쟁범죄 조항과 관련한 굴욕, 배상에 대한 저항, 연합국의 라인란트 점령을 근거로 세를 키워나갔다. 그러다 좌파와 우파 진영의 불만을 한데 아우르는 새로운 무법자 파당이 나타난바, 1920년 이후 국가사회주의독일노동당NSDAP 이름으로 부상하게 된다. 이들을 이끌었던 아돌프 히틀러Adolf Hitler는 뮌헨에서 무위에 그친 '비어홀폭동Beer Hall Putsch'(비어홀반란, 뮌헨폭동München Putsch)을 일으켜 1923년 11월 8일과 9일에 신문 표제를 장식했다.

그래도 한동안은, 총리였다가 1923년 이후로는 외무장관으로 일한, 구스타프 슈트레제만Gustav Stresemann(1878~1929) 덕에 독일도 약간이나마 자신감을 회복할 수 있었다. 슈트레제만은 소비에트와 비밀 협상을 벌여, 독일 군대가 무장해제 조항을 피해갈 수 있도록 해주었다.

하지만 슈트레제만은 서구의 지지를 얻기 위해 작센과 튀링겐의 공산주의 정부들을 억눌렀고 배상금 지불도 재개했다. 그런 뒤에는 배상금 문제를 두고 전쟁이 벌어지면 유럽의 경제에 도리어 해가 되리라는 식으로 연합국을 설득했다. 1924년에는 도스플랜Dawes Plan으로 미국과 협상을 벌여 금으로 뒷받침되는backed〔금 태환兌換이 가능한〕8억 마르크의 차관을 도입하니, 이는 독일 산업의 희생을 보장했다〔"도스플랜"은 독일의 전쟁 배상금 지급에 관한 계획안으로 미국의 찰스 게이츠 도스Charles Gates Dawes를 위원장으로 하는 배상문제 전문가위원회가 입안했다〕. 1925년 로카르노에서 프랑스-독일 국경을 확정하는 대가로 독일을 국제사회의 일원으로 복귀시켰으며, 1926년에 독일은 국제연합 가입 승인을 얻어냈다. 1927년에는 마지막 연합국간위원회가 활동 중지에 들어갔다. 이때에는 서구와의 관계 개선 선망이 밝았던 만큼, 독일의 동쪽 국경을 비롯해 독일의 동구정책에 아직 수정의 여지가 남아 있다는 사실에는 거의 아무도 신경 쓰지 않았다.

국제 금융 분야에서는 몇 년이 지나도록 혼란이 사라질 줄 몰랐다. 전쟁 당시 협상국 사이의 조정으로 영국과 프랑스는 주로 러시아에 막대한 양의 차관을 제공했으나, 그와 반대로 그들 자신도 미국에는 엄청난 채무를 지게 됐다. 베르사유조약에 배상 계획이 별도로 들어가게 된 것도 전비 부담을 전액 독일에 지우려는 것이었고, 그 연후에 전쟁부채를 해결하겠다는 것이 연합국의 계획이었다. 그런데 이 계획들은 실행이 불가능한 것으로 드러났다. 전쟁에 소요된 비용을 알맞게 계산한다는 것이 불가능했던 데다, 독일은 배상금 전액을 자신들이 지불할 수는 없다는 입장이었다. 소비에트에서는 차르 통치기에 졌던 채무는 자기들 것이 아니라며 인정하지 않았고, 미국은 채무 일정을 재조정하자는 의견을 거부했다. 이에 새로운 방식으로 조정안을 마련해야만 하는 상황이 됐다. 강화회의 당시 영국 대표였던 존 메이너드 케인스John Maynard Keynes는 이미 당시 우세하게 부상해 있던 해법으로는 문제 해결이 절대 불가하다는 신랄한 비판이 담긴 책을 발간한 바 있었다. 《평화의 경제적 결과Economic Consequences of the Peace》(1919)에서 케인스는 유럽 전체가 오롯이 재건되려면 무엇보다 독일의 경제 회복이 선결돼야 하며, 독일에 전쟁 배상을 강요하는 것은 연합국에 도리어 해를 불러올 수 있다고 주장했다. 그의 이런 주장은 강한 정치적 반발에 부딪혔는바, 케인스의 주장은 독일에 피해를 입은 것으로 보이는 국가들보다 독일을 특별대우 하는 것처럼 비쳤기 때문이다. 그러나 이를 계기로 재건이 무엇보다 중요하다는 인식이 서서히 생겨났다.

전쟁 배상금은 그때부터 1962년까지의 42년 동안 2690억 골드마르크〔금마르크〕Goldmark를 지불하는 것으로 정해져 있었으나, 이 액수는 연달아 계속 줄어들었다. 1921년 영국은 소비에트와 무역협정을 체결해 볼셰비키에 대한 경제봉쇄 정책을 해제하는 수를 썼다. 연합국은 독일의 배상금을 1320억 골드마르크로 탕감해주기로 했으나, 그대신 이렇게 줄어든 배상금 지불을 독일이 제대로 이행하지 않을 경우 루르 지방을 점령하겠다는 프랑스의 요구를 받아들여야 했다.

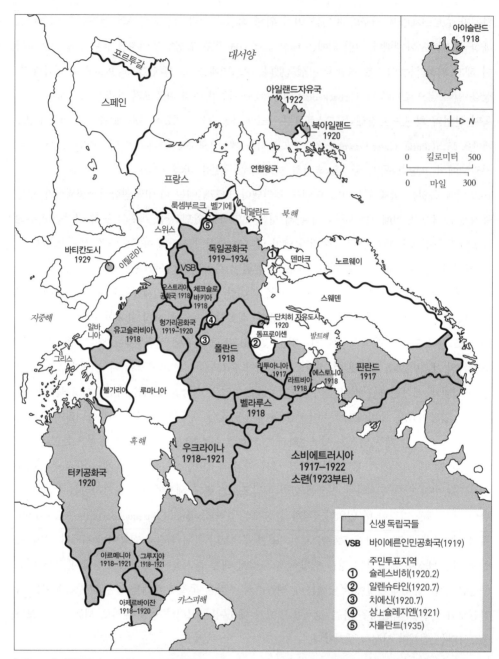

포르투갈

대서양

아이슬란드
1918

스페인

아일랜드자유국
1922

북아일랜드
1920

프랑스

연합왕국

룩셈부르크 벨기에

네덜란드

북해

N

스위스

⑤

독일공화국
1919-1934

①

덴마크

노르웨이

0   킬로미터   500

0   마일   300

바티칸도시
1929

이탈리아

VSB

오스트리아
공화국 1918

체코슬로
바키아
1918

스웨덴

지중해

헝가리공화국
1919-1920

④

단치히 자유도시
1920

알바
니아

유고슬라비아
1918

③

폴란드
1918

동프로이센

②

발트해

그리스

리투아니아
1917

핀란드
1917

라트비아
1918

에스토니아
1918

불가리아

루마니아

벨라루스
1918

흑해

우크라이나
1918-1921

소비에트러시아
1917-1922
소련(1923부터)

터키공화국
1920

아르메니아
1918-1921

그루지야
1918-1921

신생 독립국들

VSB   바이에른인민공화국(1919)

아제르바이잔
1918-1920

카스피해

주민투표지역

①   슐레스비히(1920.2)

②   알렌슈타인(1920.7)

③   치에신(1920.7)

④   상上슐레지엔(1921)

⑤   자를란트(1935)

[지도 25] 신유럽New Europe, 1917~1922

1922년에는 대안이 제시돼 독일이 진 모든 부채를 없애주는 한편, 미국에 대한 영국의 지불 금액 상한선을 63년 동안(즉 1985년까지) 매년 3300만 파운드로 제한하자고 제안했다. 프랑스는 요구사항을 내걸어 독일의 초인플레이션에 불을 붙여놓고 나서, 1923년에 기어코 루르를 점령했으나 거기에서 실익을 얻지는 못했다. 그러다 1924년 도스플랜을 통해 마침내 조정이 이루어졌다. 이 조정으로 독일은 1929년까지는 낮은 비율로 배상금을 지불하고 이후로는 연간 25억 라이히스마르크(제국마르크)Reichmark를 배상금으로 지불하게 됐다. 연합국은 독일의 다음 회차 분할금 지불 이행을 돕는 차원에서 8억 라이히스마르크에 달하는 차관을 독일에 빌려주기로 했다. 하지만 이 대안조차도 실행불가능한 것으로 드러났다. 독일은 결국 1929년의 영플랜Young Plan(오언 D. 영Owen D. Young)을 통해 58년 동안(즉 1988년까지) 총 345억 골드마르크를 배상하기로 하고, 이를 위해 독일의 국가 철도를 담보로 설정했다. 그리고 1932년에 열린 로잔회의Lausanne Conference에서 독일의 배상금이 30억 라이히스마르크로 최종 결정 됐으나, 이 결정도 끝내는 이행되지 못했다. 이 시점에 이르자 종전 이후 진행된 모든 과정이 거의 아무 의미를 갖지 못하게 됐다. 당시 독일은 자신이 배상금으로 주어야 할 금액보다 훨씬 더 많은 금액을 미국으로부터 빌리고 있었다. 여하간, 1929년 10월 24일 뉴욕증권거래소에서 대폭락Great Crash이 일어난 그 시점부터 세계경제는 걷잡을 수 없는 공황 상태로 빠져들었고, 이와 함께 미국이 유럽에 대주던 차관도 모두 정지됐다.

양차 대전 사이의 정치. 양차 대전 사이의 정치는 자유민주주의liberal democracy가 독재정치의 먹잇감이 되는 일이 되풀이해서 벌어졌다는 것이 주된 특징이었다. 전쟁이 끝났을 때만 해도 서구 열강은 자신들의 승리를 통해 본인들 모습을 본보기로 삼은 시대가 열리리라는 희망을 품었었다. 대大전쟁이 시작됐을 때만 해도 유럽 대륙에 왕정 체제는 19개, 공화정 체제는 3개였다. 전쟁이 끝나고 났을 때 유럽에 왕정 체제는 14개, 공화정 체제는 16개였다. 그런데 이와 같은 '민주주의혁명Democratic Revolution'은 이내 공허한 환상이었던 것으로 드러났다. 민주적 헌법을 채택한 나라들이 1년도 채 지나지 않아 다양한 방식으로 독재 체제가 가한 공격에 밀려 쓰러졌다. 서방 열강이 자신들이 영감을 불어넣던 그 정권들을 방어하지 못했다는 점을 제외하고는, 이런 현상이 어디서 비롯됐는지 그 단순한 이유를 찾기는 불가능하다. 우선 독재의 유형과 규모부터가 다양했다─공산주의자, 파시스트, 급진파, 반동 세력, (유제프 피우수트스키 같은 유형의) 좌파 권위주의, (프란시스코 프랑코 같은 유형의) 우파 군국주의자, 왕당파, 반反왕당파, 심지어는 슬로바키아에서 활동한 신부 요제프 티소Jozef Tiso 같은 성직자에 이르기까지. 이들이 유일하게 공유했던 것은 단 하나, 서구식 민주주의는 자신들에게 안 맞는다는 확신뿐이었다. [에스티]

이 시기에 탄생한 두 개의 신생국 중 아일랜드는 공화국이었고, 바티칸은 교황의 독재 체제였다. 대영제국의 자치령이라는 명목으로 아일랜드자유국Irish Free State이 수립된 것은 1922년이었다. 대大전쟁 동안만 해도 아일랜드인 중에는 영국군에 들어가 충성을 바쳐가며 복무한 이들이 많았다. 그러나 전쟁이 끝난 1918년, 아일랜드에서는 자치를 둘러싸고 여전히 여론이 갈리고 있었다. 얼스터Ulster는 무력을 재차 동원하는 한이 있어도 일단 영국과의 연합을 방어하고자 했고, 그렇게 해서 1920년 따로 분리돼 영국의 자치령으로 편입됐다. 한편 가톨릭교도가 압도적 우위를 점하고 있던 아일랜드 남부는 독립 채비에 들어갔다. 남부는 두 번의 처참한 전쟁을 겪고 나서야 비로소 독립을 이룰 수 있었다—하나가 영국의 준군사 경찰조직 '블랙앤드탠스Black and Tans'와의 사이에서 벌어진 투쟁이었다면, 다른 하나는 아일랜드인 사이의 내홍이었다. 독립을 주도한 인물로 수차례 총리를 지낸 에이먼 데벌레라Éamon de Valera(1882~1975)는 절반은 쿠바인의 피가 섞인 가톨릭교도로, 아일랜드인이었던 모친은 뉴욕에서 그를 낳았다. 1937년에 들어서면서 아일랜드자유국은 에이레공화국Republic of Éire으로 국명을 바꾸었고, 1949년에는 영국과의 모든 공식 관계를 끊었다.

에이레만큼 가톨릭을 신봉했던 바티칸시국Vartican City State은, 1929년 베니토 무솔리니의 이탈리아와 교황 비오 11세 사이에 라테란조약Lateran Treaty이 이행되면서 성립됐다. 이로써 로마의 심장부에 자리한 테베레강 오른쪽 제방 위쪽의 44만 제곱미터의 땅이 바티칸시국의 영토를 이루게 됐다. 교황이 행사하는 절대적 권위의 통치를 받으며 살아가는 주민들은 약 1000명에 이를 것이었다. 1870년에 교황국이 폐지되고 난 이후로 60년을 정처 없이 떠돌아야 했던 교황의 '유수幽囚'는 이렇게 바티칸국이 수립되면서 끝을 맺게 됐다.

대大전쟁에서 승리를 거둔 쪽은 서구의 민주주의였음에도, 전쟁을 통해 가장 넘치는 생명력을 보여준 정치적 산물은 반反자유주의적이며 반민주적이었던 전체주의라는 괴물이었다. 전체주의totalitarianism라는 말은 이탈리아의 파시스트들이 자신들의 포부를 표현하면서 등장했다〔이탈리아어로는 토탈리타리스모Totalitarismo〕. 그러다 1928년에는 이 말이 파시즘fascism과 공산주의communism 사이의 공통분모를 통칭하는 용어로 자리 잡게 된다. 소비에트헝가리가 진압당한 이후, 유럽에서 오랜 기간 공산국가로 명맥을 유지한 곳으로는 소비에트러시아(1917~1922)와 그 뒤를 계승한 소비에트연방 즉 소련(1923년 이후)이 유일했다. 그리고 이 공산주의 국가는 이후 실로 막대한 영향력을 과시했다. 한편 주요한 파시스트 정권들은 이탈리아(1922), 독일(1933), 스페인(1936)에서 등장했다.[15]

사실 공산주의와 파시스트 즉 전체주의자들 자신은 전체주의라는 개념을 인정하지 않았다. 시간이 흘러 냉전시대에 접어들었을 때 전체주의 개념은 정치계의 축구공이 되는 운명을 맞았으며, 서유럽의 학계와 정치이론가들 사이에서도 잘해야 잡다한 부침을 겪은 게 고작이었

에스티 EESTI

- 1923년 리하르트 니콜라우스 코우덴호페-칼레
르기Richard Nikolaus Coudenhove-Kalergi 백
작이 이끈 범유럽연합Pan European League(유럽합중
국의 창설을 주장하며 범유럽 운동을 전개한 기구)의 첫 지
부 사무소가 에스토니아의 수도 탈린Tallinn에서 문을
열었다. 출입구에는 'PANEUROPA UNION ESTONIA(범
유럽연합 에스토니아 지부)'라는 명문이 새겨진 황동 간판
이 걸렸다. 17년 뒤 소비에트 군대가 에스토니아를 침
공했을 때 회원들은 이 간판을 숨겼다. 1992년 유럽
의회의 사절단이 에스토니아를 방문했을 때 이 황동
간판은 다시 세상으로 나와 사절단 대표 오토 폰 합스
부르크Otto von Habsburg 박사(대공) 앞에 선보였다.
그것은 반세기 동안 감춰져 있던 에스토니아의 포부를
상징하는 징표였다. 폰 합스부르크 박사는 다음과 같
이 말했다. "에스토니아인들을 기억합시다! 그들은 가
히 유럽에서 가장 훌륭한 민족입니다."[1] (에스티는 에스
토니아어로 에스토니아를 칭하는 말이다.)

당시 소비에트연방의 추종자들은 발트삼국(에스토니아,
라트비아, 리투아니아)이 주권국으로 독자 생존하기에는
규모가 너무 작다고 주장하고 있었다. 새로 탄생한 유
고슬라비아공화국에 대해서도 비슷한 평가가 오갔다.
요지는 에스토니아, 라트비아, 슬로베니아, 크로아티
아 등의 국가들은 독자적으로는 극도로 취약한 상태
가 된다는 것이었다. 그러나 유럽공동체의 일원으로서
이 국가들은 룩셈부르크대공국이나 독립한 웨일스 또
는 스코틀랜드처럼 독자적으로 생존할 수 있었다. 사
실, 에스토니아는 룩셈부르크보다 면적은 스무 배 더
크고 인구는 네 배 더 많다. 통합된 유럽에서는 아무
리 작은 국가라도 과거의 강대국들과 어깨를 나란히
할 수 있을 것이다.

다.[16] 전체주의는 깔끔하게 정돈된 빈틈없는 정치 모델을 더 선호하는 이들이나, 정치 현상을 사
회적 동력과 동일시하는 이들에게는 호소력을 갖지 못했다. 공산주의나 파시즘을 전대미문의
악으로 보았던 사람에게 전체주의라는 개념은 넌더리나는 저주이자 혐오스럽기만 한 '상대주
의relativism'나 다름없었다. 반대로, 공산주의와 파시즘이 어떤 것이었는지를 몸소 경험한 사람
들은 전체주의 개념을 강하게 옹호하는 경향을 보였다. 사실 공산주의와 파시즘은 결코 같지
않았다. 시간이 가면서 이 둘은 그 자체의 성격이 변화했거니와 다양한 변종을 낳기도 했다. 그
러면서 이 둘은 그것을 겪은 사람들이 선뜻 인정하기보다 훨씬 더 많은 면에서 공통점을 보였
다. 이 둘이 나눠 가지고 있던 특징만 열거해도 그 목록이 한참이나 길어진다. 그러나 이 문제와
관련해 타의 추종을 불허하는 독보적 연구 성과를 낸 내용에 의하면, 이 둘 공산주의와 파시즘
사이에는 '여섯 가지의 증후군'[17]이 공통적으로 나타나는 것으로 보인다. 물론 이 여섯 가지로
는 충분치 않다.

국가사회주의 이데올로기Nationalist-Socialist ideology. 공산주의와 파시즘은 모두 급
진적 성격의 운동으로, 민족주의와 사회주의의 여러 요소가 섞인 이데올로기를 발전시켰다.
1920년대 동안 볼셰비키는 국제주의 원칙들의 수위를 차차 낮추되 극단적 형태의 러시아 민

족주의가 두드러진 공리들을 채택했다. 이런 식의 이데올로기 결합을 스탈린 통치기에 따로 분류한 말이 '민족적 볼셰비즘National Bolshevism'이었다. 이와 동일한 기간에 독일의 나치도 자신들의 이데올로기에 내재돼 있던 사회주의의 요소들에 수정을 가했다. 두 경우 모두 1943 년이라는 똑같은 시점에 사회주의-민족주의와 함께 민족주의-사회주의의 결합이 단단히 굳 어졌다.

의식적 차원에서 공산주의와 파시즘은 교육을 통해 둘 사이의 차이점을 강조했다. 그러나 다른 한편으로 이들의 신념을 정리해야 했을 때, 이 둘은 놀라울 만큼 비슷한 답변들을 내 놓곤 했다. 한 진영에서는 이렇게 말했다. "우리 같은 소련 애국자들에게 조국과 공산주의는 떼려야 뗄 수 없는 온전한 하나다." 다른 진영에서는 다음과 같이 응수했다. "우리가 전개하 는 운동은 비겁한 마르크스주의를 꽉 쥐고, 거기서 사회주의가 가진 참된 의미를 뽑아냈다. 또한 옹졸한 부르주아 정당의 수중에서 민족주의를 구해냈다. 우리가 살아가는 삶 속의 도 가니에 이 두 가지를 함께 집어넣자, 그 종합의 결과물이 수정처럼 반짝이는 결정체로 —독 일의 국가사회주의National Socialism(나치오날조치알리스무스Nationalsozialismus, 나치즘)의 형 태로— 나타났다."[18] 이런 논법을 대한 사람들이 공산주의자들을 "붉은 파시스트red fascists" 로, 파시스트들은 "갈색의 공산주의자brown communists"라고 여기기 십상인 데에는 다 그만 한 이유가 있다.

사이비과학Pseudo-science. 공산주의나 사회주의 모두 자신들의 이데올로기가 기본적 과 학의 법칙들 즉 인간의 삶의 방향을 결정짓는 법칙들을 기반으로 삼고 있다고 똑같이 주 장했다. 공산주의가 내건 것은 '과학적 마르크스주의scientific Marxism' 혹은 사적 유물 론historical materialism이었고, 나치는 우생학eugenics 혹은 인종학을 자신들의 근거로 제시 했다. 하지만 이 둘이 내건 과학적 방법론과 발견 내용은 당시 사람들 사이에서 어느 것 하 나 폭넓고 자주적인 지지를 받지 못했다.

유토피아적 목표Utopian goals. 새로운 인간New Man이 나타나 현재 묻은 온갖 더러움을 씻어내고 새로운 질서New Order를 탄생시킨다는 것이야말로 모든 전체주의가 소중하게 여 겨온 비전이었다. 이 비전은 다양한 특성을 가지고 있었다. 여기에서 말하는 새로운 질서란, 마르크스-레닌주의자들의 설교대로 마지막 단계에서 일체의 계급이 없어진 순수한 형태의 공산주의일 수도 있었고, 인종차별주의자 나치들에는 유대인들은 하나도 찾아볼 수 없게 된 아리아인들만의 지상낙원일 수도 있었다. 아니면 그 비전은 이탈리아에 가짜 역사를 가진 로 마제국을 다시 세우는 것일 수도 있었다. 이와 같은 식으로 새로운 체제를 건설하는 것이 현

재의 모든 희생과 야만적 행위를 정당화하는 구실이 됐다. [유토피아]

이원적 체제의 당-국가 체제The dualist party-state. 전체주의 정당들은 권력을 일단 손에 쥐면, 기존의 모든 제도를 복제해 그것들을 감독할 기관들을 자신의 기구 안에 만들었다. 국가의 구조는 당이 원하는 바를 이행하기 위해 작동되는 컨베이어벨트로 전락했다. 우리에게는 '일당국가one-party state'라는 말이 친숙하지만 따지고 보면 이는 잘못된 표현이고, 이보다는 이원적 체제의 독재체제라고 하는 것이 훨씬 더 납득할 만한 표현이었다(부록 1663쪽 참조).

퓌러프린치프Führerprinzip(지도자원리Leader Principle). 당시의 전체주의 정당들은 엄격한 위계구조 위에서 운영됐다. 이들 정당은 모든 지혜와 은덕이 지도자로부터 나온다고 보고 그를 무조건적으로 숭배하고 그에게 맹목적으로 복종할 것을 강요했다―퓌러Führer(총통, 독일), 보즈드Vozhd(Вождь, 지도자, 소련), 두체Duce(통령, 이탈리아), 카우디요Caudillo(총통, 스페인) 모두 '위대한 키잡이'를 뜻하는 말이었다. 레닌은 그와 같은 숭배를 피했지만, 스탈린주의와 히틀러주의에서는 지도자 숭배가 핵심이었다.

폭력배 같은 행동양태Gangsterism. 전체주의를 지켜본 수많은 이는, 전체주의 정권에서 엘리트들이 행한 일들과 전문적 범죄집단들이 저지른 일 사이에는 꽤나 많은 유사점이 발견된다는 점에 주목하지 않을 수 없었다. 폭력배들은 자신들이 폭력을 낳아놓고 그것으로부터 '보호'를 해주겠다는 명목으로 공동체에 빌붙어 살아간다. 내부 구성원 및 피해자 협박과 함께 경쟁자 제거가 이들의 습관적 행태였다. 그럴싸하게 사회적 지위로 무장한 이들은 각종 법령을 자신들에게 유리하게 조직하는 것은 물론, 갈취와 강탈을 되풀이하며 자신들이 근거지로 삼은 지역의 모든 조직을 장악하기 위해 애썼다.

관료주의Bureaucracy. 당-국가라는 이원적 체제가 거대하게 자리하고 있었던 까닭에 모든 전체주의 정권은 그것을 떠받칠 수많은 관료집단이 필요했다. 이 무렵 새로이 구성된 관료제는 사회적 출신과는 상관없이 수많은 기회주의자에게 빠른 출세 기회를 제공했다. 관료집단이 당에 철저하게 의존한 터라, 이 관료집단은 당이 이해관계를 고려해야만 하는 유일한 사회 성원을 구성하기도 했다. 이와 함께 관료집단 내에는 서로 각축을 벌이는 '힘의 중심축'들이 여럿 포진돼 있었고, 이들의 숨겨진 경쟁관계가 전체주의 내에 실제 존재한 진정한 정치생활의 유일한 형태였다.

프로파간다Propaganda. 전체주의의 프로파간다(선전)는 오늘날 대중광고가 그러하듯 잠재의식을 이용하는 기법을 상당 부분 활용했다. 전체주의는 감정적 상징, 송에뤼미에르son et lumière(소리와 빛의 연출), 정치적 기술, 인상적 건축물, '새빨간 거짓말(허위선전)Big Lie'의 원칙을 적극적으로 동원했다. 그 안에 담긴 파렴치한 데마고기demagogy(대중을 선동하기 위한 정치적 허위선전이나 인신공격)는 전쟁과 현대화 물결에 휩쓸려 뿌리 뽑힌 사회의 상처받기 쉽고 원한에 사무친 사람들을 공략했다. [프로파간다]

권력의 미학The Aesthetics of Power. 전체주의 정권은 예술 분야에서 실질적으로 자신들이 독점하는 정책을 실행했다. 그렇게 해서 집권당에 깃든 영광을 찬양하고, 당과 인민이 맺고 있는 돈독한 유대를 그럴듯한 수사로 포장하고, 민족신화에 등장하는 영웅의 이미지를 부각시키는 등 모종의 미학적 배경을 조성하고, 사람들이 과대망상과 다름없는 환상에 빠져들게 했다. 당대에는 이탈리아의 파시즘, 독일의 나치, 소비에트의 공산주의 모두 지도자의 근엄한 모습을 담은 작품과 근육질의 노동자들을 묘사한 무척 커다란 조각상들을 만들고, 과시로 여겨질 만한 초대형 공공건물들을 짓는 것을 선호했다.

변증법적 구도의 적The dialectical enemy. 모든 전체주의 정권은 자신들과 경합을 벌이는 사악한 반대파의 존재 없이는 자신들의 사악한 구상을 정당화하기가 어렵다. 공산주의자가 봤을 때, 유럽에서의 파시즘은 하늘이 내린 선물이나 다름없었다. 파시즘이 존재하지 않았다면, 공산주의자들은 자유주의·제국주의·식민주의처럼 자신들과 다소 거리가 있는 악을 들먹이며 자신들의 정당성을 논해야 했을 터였다. 파시스트 쪽에서도 자신들이 볼셰비즘을 상대로 성전을 치르고 있다는 식으로 스스로의 입장을 정당화하는 것을 멈추지 않았으며, 공산주의자 역시 자신들이 '파시즘과의 투쟁'을 벌이고 있다는 점을 강조했다. 전체주의 사이의 이와 같은 대립은 전체주의자들이 부추기려 한 증오와 갈등의 동력이 됐다.

적의의 심리The psychology of hatred. 전체주의 정권에서는 사람들이 내부와 외부의 '적들'에게 적의를 품도록 대대적으로 조장했고, 이런 방법을 통해 감정의 온도를 높였다. 이들에게는 정직한 적이나 존경할 만한 반대파는 존재하지 않았다. 파시즘이 적의를 가졌던 대상의 목록에서 가장 상위를 차지한 것은 유대인과 공산주의자였다. 공산주의자 입장에서 파시스트, 자본주의의 맹목적 추종자, 쿨라크kulak(кулáк, 부농), 사회에 위협을 가한다고 의심되는 자들은 가차 없이 척결해야 할 대상이었다.

선제적 검열Pre-emptive censorship. 전체주의의 이데올로기는 모든 정보의 원천을 장악해 물 샐 틈 없이 관리하는 검열기구가 존재하지 않으면 작동할 수 없었다. 검열기구의 활동은 알려져서는 안 될 견해나 사실들을 없애는 것으로는 부족했으니, 사람들 사이에 돌리라고 허가를 받은 모든 자료를 정해진 구상에 따라 잘 짜 맞추는 일이 필요했다.

제노사이드와 강압Genocide and coercion. 전체주의 정권들은 정치적 폭력의 수준을 전무후무한 수준으로 밀어붙였다. 정치경찰과 보안요원들은 하나의 네트워크로 정교하게 연결돼 있었고, 이들은 바쁘게 움직이며 일차적으로는 〔전체주의 정권에 대한〕 모든 반대파와 바람직하지 않은 깃들을 없앴고, 나중에 가서는 그 기제가 반대파에까지 작동하게 만들었다. 전체주의 정권은 아무런 죄가 없는 사회적·인종적 '적'에게 제노사이드를 자행하는 방법을 통해 자신들의 이데올로기에 신뢰성을 부여했거니와, 자신들 체제 안에서 살아가는 사람들을 늘 공포에 떨게 했다. 대량 체포, 강제수용소, 자의적 살육은 일상에서 흔히 볼 수 있는 일이었다.

집단주의Collectivism. 전체주의 정권에서는 집단적 유대를 강화하고 개인이나 가정의 정체성은 약화하는 모든 활동에 역점을 두었다. 사회의 기강을 잡고 그에 확실히 순응하도록 만드는 데에는 국가가 운영하는 보육시설, '사회주의 예술', 청년운동, 당 차원에서 행해지는 행사, 군부대 퍼레이드, 집단의 제복 등이 그 일익을 담당했다. 파시스트가 지배한 이탈리아에서는 당이 운영하는 협동조합 체제가 정립돼 종래의 노동조합 및 고용주의 원칙의 조직을 밀어냈으며 1939년에는 하원까지 장악했다.

군국주의Militarism. 전체주의 정권은 '외부위협external threat'을 과장하거나, 혹은 있지도 않은 위협을 만들어내 걸핏하면 조국을 지키는 일에 시민을 동원하곤 했다. 경제 분야 최우선 과제도 군비 확장이었다. 군부를 당이 장악한 가운데 국가의 무장 군부가 무기를 독점했고 사회적으로도 높은 지위를 누렸다. 모든 공격적 군사 계획은 방어를 그 구실로 삼았다.

보편주의Universalism. 전체주의 정권은 자신들의 체제가 전 세계에 두루 퍼질 것이라는 가정 위에서 활동했다. 공산주의 이데올로그들은 마르크스-레닌주의를 과학으로 여겼던 만큼, 이것이 전 세계에 적용될 수 있다고 주장했다. 나치는 행진을 벌일 때 다음과 같은 구호를 후렴구로 외쳤다. "오늘은 독일이 우리 땅이지만, 내일은 전 세계가 우리 땅Denn heute gehört uns Deutschland, / Und morgen die ganze Welt" [레틀란트]

자유민주주의에 대한 경멸Contempt for liberal democracy. 모든 전체주의 정권은 자유민주주의가 인도주의humanitarianism, 타협과 공존, 상업주의mercialism, 법과 전통에 집착한다는 이유로 경멸했다.

도덕적 허무주의Moral nihilism. 모든 전체주의자들은 목표가 수단을 정당화한다는 생각을 공유하고 있었다. 한 영국인의 논평에 따르면 "도덕적 허무주의야말로 국가사회주의의 핵심적 특징일 뿐 아니라 민족주의 사회주의와 볼셰비즘 사이 공통점이었다."[19]

전체주의라는 개념은 주요 전체주의 체제 사이에서 위의 비교 항목들이 실제로 얼마나 나타났느냐에 따라 유효하기도 하고 쓸모없기도 하다. 이후 벌어진 다양한 지성적·정치적 게임에서 전체주의의 용어가 사용됐다고 해서 전체주의라는 말을 사용하는 것이 정당화되지는 않는다.

그러나 공산주의와 파시즘은 각자가 가진 자기정체성 면에서 확실히 뚜렷한 차이를 보였다. 공산주의가 계급투쟁을 고집했다면, 나치는 인종의 순혈성을 지키는 운동에 골몰했다. 공산주의와 파시즘 사이 중대한 차이는 사회적, 경제적 측면에도 있었다. 파시스트들은 사유재산권을 온전히 지키기 위해 신중을 기했고, 그렇게 해서 대기업들을 자신들의 대의에 동참시키려 했다. 공산주의자들은 사유재산의 성격을 가진 것을 대부분 철폐했다. 산업을 국유화하고, 농업을 집단생산 방식으로 변화시켰으며, 중앙집중적 계획경제를 수립했다. 이와 같은 점들에서, 전체주의 가운데서도 가장 전체주의적인 체제는 공산주의인 것이 틀림없다. [고슈]

물론 전체주의에서 때때로 주장하는 '전면적 인간 통제'는 필시 머릿속에서나 가능한 일이라고 할 수 밖에 없을 것이다. 전체주의의 유토피아와 전체주의의 현실은 전혀 달랐다. 엄청난 전체주의의 구상은 엄청나게 비효율적일 때가 많았다. 그뿐 아니라, 전체주의라는 병은 그 자신이 항체를 만들어내기도 했다. 어마어마한 억압을 계기로 영웅적 저항운동이 벌어질 때가 많았다. 사이비철학에 노출된 것이 때로 고상한 도덕적 원칙을 가진 이들을 낳기도 했다. 가장 투철하게 '반反공산주의'를 외친 인물들은 과거 공산주의자들이었다. 가장 훌륭한 '반反파시스트'들도 독일, 이탈리아, 혹은 스페인의 진심 어린 애국자들이었다.

역사적 관점에서 볼 때, 공산주의와 파시즘이 과연 어느 정도까지 서로에 자양분이 돼주었는가 하는 점이 무엇보다 흥미로운 문제다. 1914년 이전까지만 해도 두 운동을 구성했던 주된 세력—사회주의, 마르크스주의, 민족주의, 인종주의, 독재—은 유럽 전역을 휩쓸고 다니며 이러저러한 방식으로 합종연횡했다. 이때 제일 먼저 그 틀을 형성한 것은 공산주의였다. 1917년에 공산주의는 파시즘이 일관된 양상을 띠기 전에 먼저 세를 부각시켰다. 따라서 공산주의가 먼저 선두에 섰고, 파시즘이 그런 공산주의를 재빨리 모방했다고 보는 것이 분명히 맞다. 요는 이렇다. 시간상으로 먼저 일어났다고 해서 그것을 과연 원인과 결과라는 도식에 넣을 수 있는가? 수많은 파시즘 옹호자가 주장하듯, 단순히 볼셰비즘으로부터 세상을 구하려 벌인 성전이 파시즘이었을까? 파시즘이 공산주의로부터 배운 것은 정확히 무엇일까? 벨러 쿤(헝가리 공산주의지도자)이 미클로시 호르티 독제정권에 레종데트르raison d'être(존재이유)를 마련해준 것은 부인하기 어려운 사실이다. 1922년 공산주의자의 주도로 일어난 이탈리아의 총파업이 무솔리니에게 '로마진군March on Rome'의 빌미를 마련해준 것도 사실이다("로마진군" 곧 마르시아수로마Marcia su Roma"는 1922년 10월 28일에 베니토 무솔리니가 파시스트 전위대인 검은셔츠단Camicie Nere을 로마로 진군시켜 정권을 장악한 사건이다). 이 무렵 독일의 보수주의파가 히틀러에게 권력을 넘겨준 것도 독일의 투표소 및 길거리에서 목격한 공산주의자의 힘을 보고 놀라움을 금하시 못한 때문이었다.

그런데 이것으로 끝이 아니다. 파시스트들도, 공산주의자들과 마찬가지로, 사기꾼으로 악명 높았다. 누구라도 파시스트들이 하는 주장들을 너무 심각하게 받아들여서는 안 될 것이었다. 베니토 무솔리니Benito Mussolini(1883~1945)는 한동안 사회주의 신문 《아반티Avanti》(전진)에서 편집자로 일한 인물로, 계급투쟁을 논한 사이비 마르크스주의 저작을 저술하기도 하고(1912) 공금을 횡령하고 길거리에서 난동을 피울 줄은 알았으나, 정치적 원칙에는 거의 신경 쓰지 않았다. 무솔리니는 거리낌 없이 휘하의 파시스트 집단을 동원해 1920년에 민족주의자들이 잔혹하게 피우메(리예카)를 점령하는 것을 도왔고, 1921년에는 조반니 졸리티Giovanni Giolitti가 이끌고 있던 자유주의 진영이 총선에서 승리하도록 지원을 아끼지 않았으며, 그러고 난 뒤에는 사회주의 지도자 자코모 마테오티Giacomo Matteotti를 죽였다(1924). 무솔리니는 입헌주의를 주장했지만 그로부터 얼마 지나지 않아 자신의 주장을 뒤엎었다. 무솔리니의 이러한 행동에서 일관된 이데올로기를 찾으려 하는 것은 별 의미가 없으니, 자신도 힘을 보태 만들어낸 아수라장을 스스로에게 유리하게 이용하는 것 외에 다른 것은 안중에 없었다.

1922년 10월에 무솔리니가 보여준 파격적 행보와 성공 역시 마찬가지 맥락에서 생각해야만 한다. 무솔리니는 총파업이 일어날 수 있게 혼란스러운 상황을 조성한 뒤, 국왕(비토리오 에마누엘레 3세)에게 전보로 최후통첩을 보내 자신을 총리로 임명할 것을 요청했다. 국왕은 이 전보를 무시했어야 했으나 그러지 않았다. 무솔리니는 권력을 빼앗지는 않고 그렇게 하겠다고 위협한 것뿐이었지만, 이탈리아의 민주주의자들은 어쩌면 지금보다 더 큰 혼란이 벌어질지 모른다는 위협이 가해지자 제풀에 항복했다. 한 이탈리아사 역사학자는 다음과 같이 말했다. "당시의 로마진군은 기차를 타고 로마까지 편하게 여행한 것이나 다름없었다. 시위대의 보잘것없는 항의가 이어졌을 뿐, 나머지는 왕의 다급한 요청에 응한 것이 전부였다."[20] 이로부터 몇 년 후, 히틀러는 무솔리니 정권이 극심한 곤경에 처했을 때 무솔리니를 구해줄 것을 강력히 주장했다. 당시 세간에 전한 바에 의하면, 이때 총통은 "어쨌거나 무솔리니야말로 모든 것이 가능하다는 점을 보여준 사람이다"라고 말했다고 한다.[21] 그러나 무솔리니가 정말로 보여준 것은 자유민주주의가 전복될 수도 있다는 사실, 나아가 유럽에 두 번째의 끔찍한 '총력전(전면전)'이 벌어질 수도 있다는 사실이었다.

이 시기의 국제관계는 전쟁에 대한 거의 전 세계적 혐오가 밑바탕에 깔려 있다고 할 분위기였다. 적어도 겉으로는 '불가침non-aggression' 원칙이 의무로 통했다. 20년 사이에만 상당히 많은 수의 불가침조약이 체결됐다(부록 1664쪽 참조). 그러나 애초 침략할 의사가 없는 국가들에 이런 조약은 별 의미가 없었다. 침략 의사를 가진 국가들에는 불가침조약이 더할 나위 없이 훌륭한 차폐막이었다. 아닌 게 아니라, 히틀러도 스탈린도 자신들은 불가침조약을 옹호한다고 밝혔다.

그래도 국제연맹League of Nations(1920~1946)이 창설된 것은 평화회담이 이룩한 성과로 봐야만 한다. 국제연맹의 규약이 효력을 발휘한 것은 1920년 1월 10일 베르사유조약이 발효된 바로 그날로, 다소 일관적이지 못한 내용으로 조약 안에 그 내용이 들어가 있었다. 국제연맹이 추구했던 것은 조정과 합의를 통해 분쟁을 해결하고, 침략을 감행하는 국가에 대해서는 집단적으로 무력을 발동한다는 것이었다. 국제연맹은 해마다 총회를 열고, 모든 가맹국이 동등한 투표권을 가지게 한다는 구상을 세웠고, 집행위원회를 비롯해 상임비서국의 모든 기구를 제네바에 설치했다. 이와 함께 헤이그국제사법재판소International Court of Justice를 비롯해 국제노동회의소International Chamber of Labour에 대한 권한도 국제연맹이 넘겨받았다. 국제연맹의 총회는 1920년 11월에 처음 소집돼 이후 1941년까지 매년 열렸다. 국제연맹은 1946년 4월에 자진 해산에 이르게 되고, 이후 연맹이 처리하도록 남겨진 일들은 뉴욕에 본부를 둔 국제연합United Nations, UN으로 이관됐다.

국제연맹의 활동은 대大전쟁의 매듭 직후 생겨난 시급한 문제들을 해결하기에는 너무 뒤늦게 시작된 감이 있었다. 거기에다 일부 강대국이 연맹에 참여하지 않았고, 그 때문에 불구가 된 연맹의 활동은 그다지 효율적이지 못한 것으로 드러났다. 국제연맹이 존속한 기간에 유럽의 3대 강국이 동시에 제대로 활동한 적은 단 한 순간도 없었다. 서방 열강 중 오로지 프랑스만이 연맹 활동에 적극적으로 참여했다. 미국은 국제연맹을 처음 제안해놓고 정작 자신은 연맹에서 한발 떨어져 있었다. 영국은 분쟁을 평화적으로 해결하다는 내용을 골자로 하는 제네바의정서Geneva Protocol(1924)에 끝내 서명하지 못했다. 독일과 이탈리아는 연맹에 참여한 기간이 각각 1926~1933년, 1920~1937년이었다. 소련은 1934년 국제연맹 가입을 승인받았으나 1940년에 탈퇴당했다. 1928년 프랑스와 미국은 연맹의 명백한 결함을 일부라도 보완하기 위해 중대한 제안을 내놓았다. 이 켈로그-브리앙조약Kellog-Briand Pact은 전쟁 포기를 골자로 한 협약으로, 최종적으로 소련을 비롯해 총 64개국이 문서에 서명했다. 그런데 이 협약은 끝내 국제연맹의 규약에 포함되지 못했다. 이후 국제연맹은 침략국은 군사적·경제적 제재로 응징한다는 원칙을 천명해놓고도, 정작 그 원칙을 실행에 옮길 수 있는 방편은 마련하지 못했다. 따라서 당대 국제연맹의 주된 역할은 주로 사소한 사안을 처리하는 데에 그쳤고, 중대 사안에 대해서는 누가 봐도 미미한 역할밖에는 하지 못했다.

서방 열강의 모호한 태도로 말미암아 국제연맹은 전반적 유럽의 합의에 이의를 제기할 힘을 갖지 못했는바, 서방 열강은 1919~1920년에 자신들이 유럽의 합의를 도출해냈다고 생각한 터였다. 확정된 사안은 번복이 불가해서 조약 수정 요구는 제네바의정서 아래서는 '논쟁'으로 받아들여질 수 없다고 결성이 내려졌다. 또한 총회 및 집행위원회의 표결은 만장일치 방식이어서 강국들의 뜻에 반하는 결정도 절대 이뤄질 수 없었다. 무엇보다 중대했던 군축회담Disarmament Conference은 1932년이나 돼서야 비로소 열렸는데, 이 무렵 이미 소련에서는 재무장rearmament이 한참 진행됐고 독일도 막 재무장에 돌입하려는 상황이었다.

따라서 전체적으로 평가할 때, 국제연맹의 후원국들은 원래의 이상은 높았으나 그것을 현실에서 실행할 수단은 빼앗긴 셈이었다. 국제연맹은 팔레스타인과 시리아에서 식민지 위임통치위원회를 운영했다. 또한 그단스크자유시, 자를란트, 다르다넬스해협을 관할하는 일도 맡았다. 1925년에는 모술을 두고 일어난 터키(튀르키예)와 이라크 사이 분쟁, 마케도니아를 두고 일어난 그리스와 불가리아 사이 분쟁을 조정했으며, 무위에 그치긴 했지만 빌뉴스를 두고 폴란드와 리투아니아 사이 분쟁(1925~1927) 또한 조정했다. 그러나 일본의 만주 침략(1931)과 이탈리아의 아비시니아(에티오피아) 침략(1936)에는 제대로 대응할 수 없었다. 스스로의 잘못은 하나도 없는 가운데, 1930년대 후반 유럽의 주요 열강이 발톱을 드러내기 시작하자 국제연맹은 완전히 두 손을 놓았다.

유럽이 평화를 이루고 서로 협력할 수 있게 누구보다 활발히 활동했던 정치가는 아리스티드 브리앙Aristide Briand(1862~1932)이었다. 낭트 태생으로 개혁적 성향의 사회주의자였던 브리앙은 프랑스의 총리직만 11차례 지냈다. 하지만 그가 가장 다방면에서 활동한 것은 외무장관으로 일한 1925~1932년의 시기였다. 그는 정치인으로 일하며 프랑스와 독일을 화해시키는 데에 특히 힘을 쏟았다. 로카르노조약Locarno Pact(중부유럽의 안전보장에 관한 조약)의 내용을 입안한 핵심 인물도 브리앙이었다. 아울러 전쟁 포기를 골자로 하는 켈로그-브리앙조약을 마련했으며, 유럽 통합을 위한 여러 안을 제시하기도 했다. 브리앙의 고결한 이상들도, 그것이 거둔 미진한 성과도 똑같이 이 시기를 단적으로 예시해주는 것이라 할 수 있었다.

유럽 통합을 위해 브리앙이 내놓은 제안(유럽연방연합안案)들이 당장 어떤 결과로 이어진 경우는 거의 없었다. 그러나 20년 뒤에 열매를 맺을 정책의 씨앗들을 찾고 있던 모든 이에게는 브리앙의 제안들이 자못 큰 의미를 지녔다. 그런 안이 처음 제시된 것은 1929년 9월 5일 국제연맹의 총회 연설에서였다.

> 유럽의 민족들처럼 지리적 영역을 공유하는 사람들 사이에는 연방과 유사한 형태의 유대가 필요하다고 생각합니다. […] 이는 대체로 경제적 측면의 결합이 될 것이 분명한데, 결국에는 경제가 가장 절박한 문제이기 때문입니다. […] 이런 연방 차원의 연대가 정치적 혹은 사회적으로 유리한 환경을 만들어주기는 하겠지만, 그것이 연방에 속한 각국의 주권에는 어떤 식으로든 전혀 영향을 끼치지 않을 것이라고 저는 생각합니다.[22]

브리앙의 이 연설에서 핵심 부분을 꼽자면 "지리적 영역" "대체로 경제적" "주권"이었다.

1930년에는 이보다 자세한 내용이 담긴 각서Memorandum가 나왔다. 이 문서에서는 '유럽의 도덕적 통합'을 이야기하며, 이를 위해 어떤 원칙과 기술적 부분을 정립해야 할지 간략하게 제시했다. 이 글은 "경제문제는 일반적으로 정치문제에 종속시킬 것"을 고집했다. 이와 함께 최종 결정을 내릴 상임정치위원회Permanent Political Committee를 구성하고, 토론의 장이 될 대의기구로 유럽의회European Conference를 성립시켜야 한다는 안을 제시했다. 이와 함께 국제연맹에 가입한 27개국이 조속히 회의를 열어 금융, 노동, 의회 사이 관계 등 광범위한 분야의 사안들을 논의할 것을 제안했다. 1931년 1월 이후로는 브리앙이 직접 소위원회를 주관해서는 이 각서에 대해 연맹의 회원국들이 각기 어떤 입장을 갖고 있는지를 점검했다. 연맹국 가운데 주권 침해를 당할 것이 뻔한데도 그 위험을 감수하면서까지 유럽 통합을 수용할 의사가 있었던 국가는 네덜란드 한 곳뿐이었다.

나중에 드러나는 사실이지만, 1931년은 아리스티드 브리앙과 그의 구상 모두가 종말을 맞은 해였다. 유럽 통합을 논하는 이 첫 연설 직후, 월가에 재앙이 닥쳤다. 독일에서는 브리앙의 각서에 대한 논의가 시작되려는 시점에, 나치가 역사상 처음으로 선거에서 승리를 거두었다. 또 브리앙이 만주위원회Manchurian Committee 의장직을 맡으면서 유럽에 대한 구상은 뒷전으로 밀리는데, 상당한 숙의 끝에 만주위원회는 일본의 중국 침략에 대해 구두징계를 발표하는 데에 그쳤다. 아시아에서는 일본이 국제연맹을 무시하고 보란 듯 침략의 열매를 거두어갔다. 유럽에서는 '로카르노의 정신'이 차차 힘을 잃어갔다. 구스타프 슈트레제만이 세상을 떠난 데다(1929) 브리앙 자신도 병에 걸려 외무장관직에서 물러날 수밖에 없었다(1932). 영국의 외무장관직을 맡고 있던 조지프 오스틴 체임벌린Joseph Austen Chamberlain은 브리앙의 사망 소식을 접하자 감동적 추도문을 내놓았다. 브리앙은 "자신의 조국을 자랑스러워했고, 조국의 특별한 권리들을 지키고자 누구보다 애썼습니다. 하지만 그분이 조국에 대해 진정한 자부심을 느낀 것은, 프랑스가 여신처럼 앞장서서 다른 민족들을 평화와 문명의 길로 인도할 때였습니다. 생전에 그분이 남긴 고매한 이상은 그 누구도 갖지 못한 것이었습니다."[23] 영국과 프랑스가 이렇듯 손을 맞잡은 것처럼 말하는 것은 당대에는 무척 보기 힘든 일이었다.

이와 같은 상황 속에서 파시스트 정권하의 이탈리아가 유럽의 안보와 관련해 새로운 대안을 제시했다. 무솔리니가 영국·프랑스·독일·이탈리아의 4대 강국 사이에 협약을 맺자고 제안한 것이다. 무솔리니의 이 구상에는 유럽의 협조체제Concert of Europe라는 악습에 대한 냉소뿐만이 아니라, 각국이 모두 동등한 위치에 선다는 전제를 무시하는 듯한 태도도 담겨 있었다. 이는 '동쪽'으로부터 가해지는 위협 즉 신생국에서 일어나는 사소한 분쟁들 및 공산주의 세력이 향후 팽창할 가능성을 '서쪽'의 힘을 농원해 저지하려는 매우 파렴치한 시도였다. 이탈리아의 이 제안에 영국 외무부는 얼마간의 호의를 내비쳤다. 그러나 프랑스의 케도르세(파리 센 강변의 프랑스 외무부 소재지. 여기서는 곧 프랑스 외무부)는 이탈리아의 이 안을 거절하고 종래의 조정안을 고수하는 편을 선호했다. 뮌헨회담을 제하면, 이탈리아의 제안들은 이후 사문서로 남았다 ('뮌헨회담'은 1938년에 독일 뮌헨에서 열린 독일·이탈리아·영국·프랑스의 정상회담이다. 전쟁을 피하기 위해 체코슬로바키아의 수데텐(수데테란트) 지방을 독일이 합병하도록 승인했다).

유럽의 문화생활은 전쟁의 여파에 심대한 영향을 받을 수밖에 없었으니, 전쟁으로 말미암아 전통적 가치들은 의심받았고 종전부터 진행돼온 구심력 상실도 가속화됐다. 오스발트 슈펭글러Oswald Spengler의 《서구의 몰락Der Untergang des Abendlandes》(1918, 1922)은 '서구 문명'을 독일인 특유의 관점으로 바라본 저작으로, 당대를 지배하던 불안과 비관주의의 풍조가 그 배경으로 깔려 있었다. 공산주의 등장은 서유럽의 수많은 지식인을 흥분시켰으니, 러시아의 볼셰비키가 꿈꾸는 반항적 유토피아가 그들에게는 유달리 매력적으로 비쳤다. 실질적 공산주의 정치는 극소수를 위해 행해졌으나, 그럼에도 마르크스주의의 견해들이 크게 인기를 끌었다. 이 무렵 모스크바를 성지처럼 순례하는 사람들의 행렬이 길게 이어진 것은, 소련은 유럽 역사상 가장 많은 이의 목숨을 앗았으나 정작 순례자들에게는 일절 나쁜 짓을 하지 않았기 때문인바, 이렇듯 대중이 다 같이 망상에 빠지는 일은 역사 속에서도 보기 힘든 기묘한 광경이다.[24] 파시즘도 학문계 및 문화계에서 동조자를 수없이 동원하기는 마찬가지였다. 조지 버나드 쇼George Bernard Shaw(영국의 극작가·소설가·비평가)를 비롯한 몇몇 이는 독재자를 향해 온갖 감언이설을 쏟아냈다. 1931년 소련을 방문한 자리에서 쇼는 다음과 같이 말했다. "잉글랜드에도 강제노동이 있으면 좋겠군요. 그러면 우리도 200만명이나 되는 실업자가 없어질 것 아닙니까." 스탈린과 개인적으로 만남을 가진 뒤에는 "스탈린은 단란한 가정생활이 몸에 밴, 덕과 순수함을 대변하는 인물"[25]이라고 표현했다. 뒤돌아 생각해보면, 이 무렵 비어트리스 포터 웨브Beatrice Potter Webb

〔영국 사회학자〕가 쓴 《소비에트 공산주의: 새로운 문명Soviet Communism: A New Civilisation》 (1935) 같은 책들은 그 내용이 그야말로 터무니없었다. 하지만 이런 책들은 전후 세대의 진정한 우려를 파고들었고, 전 세계가 소련의 참상을 알지 못하게 덮어 가리는 역할을 했다. 쥘리앵 방다Julien Benda〔프랑스 사상가·작가〕의 《성직자의 배반La Trahison des clercs》(1927)에도 드러나 있듯, 정치적으로 편향된 지식인이 도덕성을 갖추기 힘들다는 사실은 역사에서 되풀이되는 문제이기도 하다. 만일 방다가 여론 조작을 위해 스탈린이 연 재판들을 나서서 정당화하지만 않았더라도, 그의 주장은 더욱 설득력 있게 들렸을지 모른다. 스페인 태생의 사회철학자 호세 오르테가 이 가세트José Ortega y Gasset는 전체주의를 대중문화가 가하는 위협의 징후로 보았다. 《대중의 반란La rebelión de las Masas》(1930)에서 그는 민주주의에는 다수의 의한 독재의 씨앗이 담겨 있다고 경고했다.

종교사상 방면에서는, 프로테스탄트교회보다는 보수적 성향의 가톨릭교 고위 성직자들이 공산주의에 더욱 완강한 반대를 보였다. 1937년 비오 11세〔교황, 재위 1922~1939〕는 서로 빼닮은 2개의 회칙 〈미트 브레넨데르 조르게Mit brennender Sorge〉〔심각한 우려를 표하며〕와 〈디비니 레뎀토리스Divini Redemptoris〉〔하나님이신 구세주〕를 발표해, 나치즘과 공산주의는 기독교 신앙과 양립할 수 없다고 결정했다. 동시에 신新토마스주의자 자크 마리탱Jacques Maritain(1882~1973)을 비롯해 근대주의자로 꼽히는 가톨릭 철학자들이 교회의 사회적 인식을 일신하려 노력했다. 교파를 초월한 종교 논쟁에 자극제가 된 대표적 인물로는 유대교 신학자로서 프랑크푸르트 대학 교수를 지낸 마르틴 부버Martin Buber(1878~1965)와 스위스에서 활동한 카를 바르트Karl Barth(1886~1968)가 꼽혔다. 바르트가 써서 세간에 큰 영향을 끼친 《교회 교의학Die kirchliche Dogmatik》(1932)은 프로테스탄트의 기본 원리들을 복원하려 각고의 노력을 기울인 작품이었다.

문학 방면에서는, 전후 시대 사람들의 처참함과 갈 곳 잃은 심정을 가장 큰 목소리로 담아낸 작품들로 T. S. 엘리엇T. S. Eliot의 경이로운 역작 장시長時 《황무지Waste Land》, 루이지 피란델로Luigi Pirandello의 희곡 《작가를 찾는 6인의 인물Sei personaggi in cerca d'autore》(1921), '의식의 흐름 기법'으로 쓰인 제임스 조이스James Joyce의 소설 《율리시스Ulysses》(1922)와 《피네간의 경야Finnegans Wake》(1939)를 꼽을 수 있다. 1928년은 영국인의 성性적 측면의 알량한 도덕심을 과감히 공격한 D. H. 로런스D. H. Lawrence의 미출간 소설 《채털리 부인의 사랑Lady Chatterley's Lover》과, 정치적 좌파 성향 및 나치 이전 시대의 비인습적 예술 풍조가 함께 낳은 작품 중 가장 유명한 베르톨트 브레히트Bertolt Brecht의 《서푼짜리 오페라Dreigroschenoper》가 쓰인 해이기도 했다. 전쟁이 일어나기 전에 이미 《부덴브로크가의 사람들Buddenbrooks》(1901)과 《베네치아에서의 죽음Der Tod in Venedig》(1912)을 써내 문필가로서의 명성을 떨쳤던 소설가 토마스 만Thomas Mann(1875~1955)은 독일 정치의 오명으로부터 독일 문화를 수호해내는 데 앞장섰다. 만은 《마의 산Der Zauberberg》(1924)과 같은 후속 작품을 집필하며, 리하르트 바그너와 프리드리히 니체가 남긴 미심적은 유산을 탐구했고 그 후로 망명길에 오른 '선한 독일인the good German'의 표상이 됐다. 러시아에선 1920년에 잠시나마 문학의 자유가 허용되면서 혁명파 시인인 알렉산드르 알렉산드로비치 블로크Алекса́ндр Алекса́ндрович Блóк(1880~1921)와 블라디미르 블라디미로비치 마야콥스키Влади́мир Влади́мирович Маякóвский(1893~1930)의 재능이 꽃을 피웠다. 그러다 스탈린주의가 득세하자 소련의 작가들은 두 파로 나뉘어, 막심 고리키Максúм Гóрький (1868~1936)와 미하일 알렉산드로비치 숄로호프Михаил Александрович Шолохов(1905~1984)처럼 당에 예속된 채 지낸 사람들이 있었고, 도시프 예밀리예비치 만델슈탐Осип Эмильевич Мандельштам(1891~1938)이나 안나 아흐마토바Анна Ахматова(1889~1966)처럼 반동분자로 활동하다 숙청을 당한 사람들도 있었다. 만텔스탐의 미망인 나데즈다 야코블레브나 만델슈탐Надежда Яковлевна Мандельштам(1899~1980)이 쓴《희망에 반대하는 희망Hope against Hope》은 1960년대에야 비로소 출판됐다. 그러나 이들 작품들이야말로 지하에 묻힌 러시아 문화를 가장 당차게 웅변하는 증거였다. 중부유럽에서는 전체주의의 도래를 불길하게 예감하며 그에 대한 불안을 드러내는 문학이 모습을 드러낸바, 체코 출신의 프란츠 카프카Franz Kafka의《소송Der Prozess》(1925),《성Das Schloss》(1926), 역시 체코 출신의 카렐 차페크Karel Čapek의 풍자극《곤충 극장Ze života hmyzu》(1921), 폴란드 출신의 스타니스와프 이그나치 비트키에비치Stanisław Ignacy Witkiewicz의《채워질 수 없는 것Nienasycenie》(1930), 루마니아 태생의 루치안 블라가Lucian Blaga(1895~1961)와 크로아티아 태생의 미로슬라브 크를레자Miroslav Krleža(1893~1975)의 작품이 이에 해당했다. 카프카의 작품에서 반反영웅으로 등장하는 'K'는 그 자신이 절대 진상을 밝히지 못할 죄목으로 체포돼, 종국에는 오페라해트opera-hat를 쓴 두 남자에게 "개 같은 놈"이라는 말을 들으며 살해당한다. '비트카시Witkacy'라는 별칭으로 알려진 비트키에비치(1885~1939)는 작가이자 화가이자 수학자로서 오늘날에는 부조리극의 선구자로 인정받고 있다. 생전에 폴란드 이외 지역에 거의 이름이 알려져 있지 않던 그는 독일 국방군의 침략에 소비에트의 붉은군대까지 합류한 날 스스로 목숨을 끊었다. 그러나 이 중에서도 대중으로부터 가장 많은 갈채를 받은 작품으로는 카프리에 살던 스웨덴 의사 악셀 문테Axel Munthe(1857~1949)의 작품만 한 것이 없었으니, 그가 쓴《생 미셸의 이야기The Story of San Michele》(1929)는 41개국 언어로 번역됐다. [금서목록] [황무지]

사회과학 방면에서는, 프랑크푸르트학파Frankfurt School가 단기간에 엄청난 영향을 미쳤다. 프랑크푸르트대학 사회연구소Institut fur Sozialforschung는, 1923년에 문을 열어 1934년 나치의 손에 폐쇄를 당할 때까지, 철학·심리학·사회학 분야의 지식인들이 서로 교류하며 일할 수 있는 안식처 노릇을 해주었다. 막스 호르크하이머Max Horkheimer(1895~1973), 테오도르 비젠그룬트 아도르노Theodor Wiesengrund Adorno(1903~1969), 카를 만하임Karl Mannheim(1893~1947) 같은 이들이 생각하기에, 현대 과학은 아직도 인류 역사를 분석하고 인류의 삶을 개선하는 데 필요한 효과적 방법을 터득하지 못하고 있었다. 급진적 좌파 성향의 이들 학자는 마르크스주의를 포함한 모든 이데올로기에 반대하고 전통 논리와 인식론을 거부했으나, 한편으로는 기술과 산업사회, 지엽적 개혁이 가져올 해악에 두려움을 느꼈다. 자유롭게 경계를 넘나드는 듯한 이들의 '비판이론 Critical Theory'은 시대의 제약을 받았을지언정 시대에 좌지우지당하지는 않았으며, 미국과 1945년 이후 유럽 대륙의 사회과학 전 분야에 큰 인상을 남겼다. 이들의 일반적 연구 업적 중 가장 널리 알려진 것이 막스 호르크하이머와 테오도어 비젠그룬트 아도르노Theodor Wisengrund Adorno가 함께 저술한 《계몽의 변증법Dialektik der Aufklärung》(1947)이다.[26] [아날]

미술 방면에서는, 전통주의 양식의 해체에 속도가 붙었다. 상징주의Symbolism, 입체파Cubism, 표현주의Expressionism의 뒤를 이어 원시주의Dadaism, 다다이즘Dadaism, 절대주의suprematism, 추상주의Abstractionism, 초현실주의Surrealism, 구성주의Constructivism가 등장했다. 이 무렵 실험에 앞장선 예술가로는 러시아 출신의 망명객 바실리 바실리예비치 칸딘스키Василий Васильевич Кандинский(1866~1944), 유대인 망명객 마르크 샤갈Marc Chagall(1887~1985), 좌파 성향으로 스페인 말라가 태생의 파블로 피카소Pablo Picasso(1881~1973), 이탈리아 태생의 아메데오 모딜리아니Amedeo Modigliani(1884~1920), 스위스 태생의 〔독일 화가〕 파울 클레Paul Klee(1879~1940), 오스트리아 태생의 오스카어 코코슈카Oskar Kokoschka(1886~1980), 프랑스〔독일 태생〕의 장 아르프Jean Arp〔한스 아르프Hans Arp〕(1887~1966), 스페인 태생의 살바도르 달리Salvador Dali(1904~1989) 같은 이들이 꼽혔다. 프랑스가 이들의 메카였다. 이들은 장수를 하며 오랜 기간 자신들의 독특한 창의성을 뽐냈다. 클레는 단순한 색조로 추상화 작품들을 그렸고, 달리는 다소 심란해 보이는 프로이트풍의 꿈꾸는 듯한 의식 풍경을 화폭에 담았으며, 아르프는 마룻바닥에 종잇조각을 떨어뜨려 작품을 만들었다.

음악 방면에서는 신낭만주의와 모더니즘 양식이 본격적으로 막을 여니, 전쟁 동안 러시아의 이고리 페도로비치 스트라빈스키Игорь Фёдорович Стравинский(1882~1971), 세르게이 세르게예비치 프로코피예프Сергéй Сергéевич Прокóфьев(1891~1953), 드미트리 드미트리예비치 쇼스타코비치Дми́трий Дми́триевич Шостакóвич(1906~1975), 세르게이 바실리예비치 라흐마니노프Сергей Васильевич Рахманинов(1873~1943), 폴란드의 카롤 시마노프스키Karol Szymanowski(1882~1937), 헝가리의 벨러 버르토크Béla Bartok(1881~1945)가 새로이 각광을 받았다. 작곡과 연주의 양쪽 분야 모두에서 동유럽인들이 두각을 나타내며, 서유럽과 동유럽 사이에 벌어진 정치적 간극을 문화적 유대로 극복했음을 극명히 보여주었다. [스트라드] 독일의 카를 오르프Karl Orff(1895~1982)는 작곡과 음악교육 양 방면에서 뛰어난 기량을 발휘했다. 세간에서

황무지 WASTE LAND

■
■ 1922년에 발표된 〈황무지The Waste Land〉의 저자 T. S. 엘리엇T. S. Eliot(1888~1965)은 유럽에 정착한 미국인이었다. 이 시의 초고는 이렇게 시작한다. "먼저 우리는 톰의 가게에서 두어 잔을 마셨지." 나중에 출판된 시의 도입부는 아래와 같다.

> 4월은 가장 산인한 달
> 죽은 땅에서 라일락이 피어나고
> 기억과 욕망이 뒤섞이고
> 봄비가 잠든 뿌리를 깨운다.

엘리엇이 대부분 스위스에서 쓴 이 433행의 시는 성배의 전설에서 영감을 얻었고, 일련의 신비로운 문학적 인유隱喩. allusion와 단편fragment들로 구성돼 있다. 시는 전반적으로 파괴된 문명의 유물 사이를 거니는 느낌을 준다.
특히 마지막 부분은 동유럽의 쇠퇴를 다루고 있다.

> 평평한 지평선에 에워싸인 채
> 비틀비틀 갈라진 땅을 밟고 끝없는 벌판을 걸어오는
> 저 두건 쓴 무리는 누구인가

이에 관한 한 주석은 스위스 소설가 헤르만 헤세의 구절을 인용하기도 한다(독일 남부 태생의 헤세는 1923년에 스위스 국적을 재취득한다). "술에 취해 드미트리 카라마조프처럼 노래하며 성배를 쫓아 혼돈의 길을 걷는 유럽의 동부는 적어도 아름답다."
〈황무지〉는 다음과 같이 마무리된다.

> 런던교가 무너진다 무너진다 무너진다.
> '그리고 그는 정화되는 불속으로 사라졌다.'
> '나는 언제쯤 제비처럼 될까'—오 제비여 제비여
> '무너진 탑의 아키텐 왕자'
> 이런 단편들로 나의 폐허를 버텨왔노라
> 그렇다면 분부대로 하옵지요, 히에로니모는 다시 미쳤다.
> 다타 다야드밤 담야타
>
> 샨티 샨티 샨티

T. S. 엘리엇은 훗날 하버드 강연에서 이렇게 설명했다. "영광스럽게도 많은 비평가가 현대의 비평으로 이 시를 해석했습니다. […] 나에게 이 시는 […] 그저 한 편의 구성진 투덜거림이었죠."[1] (바로 앞의 인용 부분은 제5부 '천둥이 한 말What the Thunder Said'에 나온다. 여러 해석이 나올 수 있겠으나, "다타 다야드밤 담야타"는 산스크리트어로 "주어라. 교감하라, 절제하라" 정도의 의미고, "샨티 샨티 샨티"는 "평화"를 기원하는 산스크리트어 주문이다. T. S. 엘리엇은 1948년 노벨문학상을 수상했다.)

아날 ANNALES

■
■ 1929년 1월 15일 파리에서 학술지 《사회경제사 연보Annales d'histoire économique et sociale》 제1권 1호가 출간됐다.[1] 두 창간자 뤼시앵 페브르 Lucien Febvre(1878~1956)와 마르크 블로크Marc Bloch(1886~1944)의 서명이 달린, 〈독자들에게À nos lecteurs〉라는 짧은 서문에는 이 신간 논평지가 "세간의 주목을 끌 것"이라는 믿음이 드러나 있다. 주요 수록 논문은 네 편으로, 귀스타브 글로츠Gustave Glotz의 〈고대 그리스의 파피루스 가격Le prix du papyrus dans l'antiquité grecque〉, 앙리 피렌Henri Pirenne의 〈중세 상인의 교육L'instruction des marchands au moyen age〉, 모리스 보몽Maurice Baumont의 〈지난 전쟁 이후 독일의 산업활동L'activité industrielle de l'Allemagne depuis la dernière guerre〉, 조르주 메퀘 Georges Méque(제네바)의 〈소련의 인구문제Le problème de la population en U.R.S.S.〉였다. "과학적

삶La vie scientifique"이라는 두 번째 부문에는 각종 뉴스와 함께 (독일, 영국, 덴마크, 프랑스의) "지적도plans parcellaires"를 전문적으로 설명하는 블로크 등의 글과, 막스 베버의 경력을 개관하는 모리스 알박스Maurice Halbwachs의 개관이 실렸다. 논평 부문에는 시칠리아의 노예제도에서부터 웨일스의 경제사에 이르기까지 다양한 주제의 글 12편이 실렸다. 뒤표지에는 이 학술지의 주요 후원자인 '아르망콜랭(출판사) 컬렉션Collection Armand Colin' 광고와, 폴 비달 드 라 블라슈Paul Vidal de La Blache와 뤼시앵 갈루아Lucien Gallois가 저술한 《세계지리Géographie universelle》 22권의 광고가 실렸다. ("아날Annales"은 프랑스어로 "연보"라는 뜻이다. 《사회경제사연보》는 이후 "아날"이라는 이름으로 바뀌었다.)

《사회경제사연보》는 단순한 학술지를 넘어 비할 바 없는 권위의 역사학파를 탄생시켰다. 기존의 지배적 영역들의 틀을 깨고 사회과학에서 이끌어낸 주제 및 기법으로 역사연구의 지평을 확대하는 것이 이 학파의 목표였다. 이들은 경제학과 사회학뿐 아니라 심리학, 인구학, 통계학, 지리학, 기후학, 인류학, 언어학, 의학 등을 폭넓게 아울렀고 특히 학제 간 접근법의 중요성을 강조했다.[2]

《사회경제사연보》의 지적 계보는 많은 것을 시사한다. 페브르는 스트라스부르대학에서 블로크를 만났다. 페브르는 프랑슈콩테 지역연구로 이름을 알린 터였다. 블로크는 프랑스의 지방사를 연구하고 있었다. 두 사람 모두 외교사학자(국제관계사 연구) 피에르 르누뱅Pierre Renouvin이나 문헌연구documentary research 주창자 뉘마 드니 퓌스텔 드 쿨랑주Numa Denis Fustel de Coulanges 같은 당대의 인기 역사학자들에게 별다른 매력을 느끼지 못했다. 그보다는 이들과 매우 상이한 거장들에게 영향을 받았다. 그중 한 사람은 선구적 사회학자 에밀 뒤르켐Émile Durkheim(1858~1917)이었다. 또 한 사람은 중세 민주주의와 '자본주의 사회사'에 대해 문제중심적problem-centered 연구를 수행한 벨기에 출신의 앙리 피렌(1862~1935)이었다. 마지막 한 사람은 에콜노르말쉬페리외르École Normale Supérieure(고등사범학교, 프랑스의 국립 교원양성기관) 교수이자 인문지리학 창시자 폴 비달 드 라 블라슈(1845~1918)였다. 페브르와 블로크가 지방으로 나가 과거에 대한 새로운 정보와 관점을 찾도록 영감을 준 사람은 바로 블라슈였다.[3]

그러나 이 학파(아날학파)의 성격을 가장 단적으로 말해주는 것은 이 두 발행인이 맞서 싸우고자 했던 학자들의 직업적 오류였다. 그것은 이른바 제한specialization(특수화, 전문화)의 오류였다. 역사학자은 갈수록 자신의 '담장cloisonnement'(분할, 세분화)에 갇히는 경향이 있었다. 두 사람은 이에 대해 다음과 같이 분명하게 호소했다.

> "모든 전문가가 자신의 텃밭을 정성스레 돌보는 동시에 기꺼이 이웃의 밭까지 살펴보는 수고를 피하지 않는다면 더할 나위 없이 좋을 것이다. 그러나 높은 담장이 시야를 가려 남의 밭이 보이지 않는 경우가 너무도 많다. 이 난공불락의 담장을 허무는 것, 그것이 우리가 취하려는 태도이자 입장이다."[4]

1929년에 공표된 이 위협은 그 후 수십 년에 걸쳐 거침없이 세를 확장해나갔다.

많은 인기를 얻은 그의 세속 오라토리오secular oratorio 〈카르미나 부라나Carmina Burana〉(1937)는 중세의 시구를 의도적으로 강하면서도 원시적인 리듬에 접목한 것이 특징이다. [음조]

건축과 설계 분야에서는, 발터 그로피우스Walter Gropius(1883~1969)의 손에서 탄생한 독일의 바우하우스Bauhaus가 바이마르에 문을 열었다가 나치에 의해 폐쇄당했다. 독일의 이 바우하

음조TONE

■ 1923년 〔오스트리아 태생의 미국 작곡가〕 아널드
■ 쇤베르크(1874~1951)는 〈세레나데〉를 완성했다.
이는 온전한 도데카포니dodecaphony 즉 '12음기법'으
로 구성한 최초의 곡이었다. 도데카포니는 무조음악無
調音樂, atonal music〔악곡의 중심이 되는 조성調性이 없는
음악〕의 개척자들이 선택한 기법이었다.[1]
중세 이래로 12개 장조 또는 단조는 유럽 악전樂典
의 기본 요소가 됐고 작곡가들은 8도로 이뤄진 각 조
의 옥타브에서 멜로디, 화음, 화성을 만들었다. 반면,
12음기법에서는 전통적 조성과 옥타브를 버리고 12
개 반음으로 이뤄진 반음계半音階, chromatic scale의
모든 음을 사용하는 기본적 '음렬音列, row(tone row)'
을 택했다. 이 음렬은 음계의 어떤 음에서나 어떤 음
조로든 시작할 수 있으며 전회(자리바꿈)inversion와
역행retrograde으로 총 48개 패턴을 만들 수 있다.
이런 방식으로 탄생한 음악은 이전까지 들어보지 못
한 음의 간격과 음의 조합으로 가득했고 익숙하지 않
은 사람들에게는 아주 거슬리는 불협화음으로 들리
기도 했다. 이는 비재현미술non-representational
art〔곧 추상미술〕 혹은 문법을 무시한 '의식의 흐름
stream of consciousness' 기법의 산문처럼 과거와
의 급진적 단절을 상징하는 음악이었다. 쇤베르크
를 위시해 알반 마리아 요하네스 베르크Alban Maria
Johannes Berg, 안톤 폰 베베른, 루이지 달라피콜라
Luigi Dallapiccola, 엘리자베스 루티언스Elisabeth
Lutyens, 이고리 페도로비치 스트라빈스키가 12음
기법을 이어갔다.

음악의 형식을 파괴한 것은 무조음악만이 아니었다.
에리크 사티Erik Satie(1866~1925)를 필두로 아르
튀르 오네게르Artur Honegger(1892~1955), 다리우
스 미요Darius Milhaud(1892~1974), 프랑시스 풀랑
크Francis Poulenc(1899~1963) 등의 프랑스 '6인조'
는 두 개 이상의 조성을 동시에 사용하는 '다조성多
調性, poly-tonality' 음악을 실험했다. 파울 힌데미트
(1895~1963)는 배음렬을 사용해 조성을 확대했다. 생
쉴피스성당의 오르간연주자 올리비에 메시앙Olivier
Messiaen(1898~1993)은 동양음악과 새소리를 토대
로 한 멜로디, 시각 색채와 어울리는 음조 등에서 영
감을 얻은 복잡한 리듬을 발전시켰다. 헨리크 구레츠
키Henryk Górecki(1933~2010)는 중세 화음과 자유
시간에서 영감을 찾았다. 해리슨 버트위슬Harrison
Birtwistle(1934~2022)은 르네상스 시대의 모노디
monody〔단순하면서도 종종 표현적인 화성 반주가 따르
는 단선율의 독창 양식〕를 새로이 응용했다. 앤서니 버
지스(1917~1993)는 평론 및 소설(《시계태엽 오렌지A
Clockwork Orange》)과 더불어 '후기조성post-tonal'
음악을 썼다.[2]
이 가운데 가톨릭교도였던 메시앙과 구레츠키는 옛
기법을 현대적으로 재현하는 방법을 모색했다. 메시
앙이 전쟁 기간 슐레지엔에 투옥돼 있는 동안 작곡
한 〈세상의 종말을 위한 4중주Quatuor pour la fin du
Temps〉(1941)와 역시 전시에 슐레지엔에서의 경험을
토대로 만들어져 굉장한 인기를 끈 구레츠키의 교향
곡 3번(1976)은 특별한 시대적 감성을 담고 있다. 이
들의 음악은 지적cerebral 12음기법 음악들보다 훨씬
더 많은 이들의 심금을 울렸다.[3]

우스는 표현주의와 구성주의로부터 차례로 영감을 받았으며, 기능적 방법들을 선구적으로 개혁
했다. 바우하우스를 대표하는 기라성 같은 인물로는 스위스의 요하네스 이텐Johannes Itten(1888
~1967), 헝가리 태생의 라슬로 모호이너지László Moholy-Nagy(1895~1946), 칸딘스키, 클레 등이
있었다.

국가 간 장벽이 가장 손쉽게 허물어진 음악 분야를 제외하면, 동유럽이 문화적 조류였던 아방가르드avant-garde에 기여한 바는 오랜 기간 많은 곳에서 별 인정을 받지 못했다. 동유럽 출신의 집단이나 개인 중에는 고향을 떠나 서유럽으로 이주하면서 명성을 얻은 이가 많았는바, 루마니아 태생의 조각가 콩스탕탱 브랑쿠시Constantin Brancuşi(1876~1957), 러시아 태생의 화가 카지미르 세베리노비치 말레비치Казимир Северинович Малевич(1878~1935), 러시아 태생의 화가 파벨 니콜라예비치 필로노프Пáвел Николáевич Филóнов(1883~1941), 러시아의 화가·조각가 블라디미르 예브그라포비치 타틀린Владимир Евграфович Татлин(1885~1953), 러시아의 화가·조각가 알렉산드르 미하일로비치 로드첸코Алексáндр Михáйлович Рóдченко(1891~1956) 같은 이들이 그러했다. 당연한 일이겠지만, 유럽 어디서건 아방가르드 기조는 오랜 시간이 걸려서야 사람들에게 온전히 받아들여질 수 있었다. 그러나 동유럽의 경우 파시즘의 등장과 함께 나중에는 그보다 훨씬 더 오랜 기간을 공산주의 아래서 살아가면서, 체제 비순응적의 이 문화는 반세기 동안 그늘을 벗어나지 못했다. 예를 들면, 체코의 초기 입체파 '오스마 룹Osma Group'은, 안토닌 프로하즈카Antonín Procházka(1882~1945)나 보후밀 쿠비슈타Bohumil Kubišta(1884~1918) 같은 이들이 여기 속했는바, 최고 기량을 가진 전문가들 사이가 아니면 그 이름이 잘 알려져 있지 않았다. 리투아니아 태생으로 상징주의의 선구자 미칼로유스 치우를리오니스Mikalojus Čiurlionis(1875~1911)나 구성주의 이론가이자 작가 브와디스와프 스트르제민스키Władysław Strzemiński(1893~1952)의 중요성, 혹은 유대인의 막강한 존재감도 1990년대에 들어서야 비로소 그 모습을 드러냈다.[27] 정치적으로는 분열돼 있었을지언정, 유럽의 문화적 통합성은 당시 사람들이 알고 있던 것보다 훨씬 그 뿌리가 깊었다.

모더니즘이 아무리 두각을 나타내고 있었다고는 해도, 양차 대전 사이에 유럽에 여파를 끼친 가장 막강한 힘들이 서로 다른 방향에서 —하나가 기술의 변화였다면 다른 하나는 미국이었다— 비롯됐다는 사실까지 간파 못 할 것은 아니었다. 라디오, 코닥카메라, 대중용 축음기, 무엇보다 영화가 대중의 인식에 그야말로 막대한 영향을 끼쳤다. 런던의 이스트엔드 출신의 고아 배우 찰리 채플린Charles Chaplin(1889~1977)이 세계에서 아마도 제일 유명인사가 된 것도 할리우드 덕택이었다. 채플린(본명 찰스 스펜서 채플린Charles Spencer Chaplin)의 수많은 작품 가운데서도 〈시티 라이트City Lights〉(1931), 〈모던 타임스Modern Times〉(1936), 〈위대한 독재자The Great Dictator〉(1940)에는 사회적·정치적 메시지가 뚜렷하게 담겨 있었다. 은막 속에서 재조명을 받은 또 다른 인물들로는 스웨덴 태생의 그레타 가르보Greta Garbo(1905~1990), 독일 태생의 마를레네 디트리히Marlene Dietrich(1901~1992), 폴란드의 폴라 네그리Pola Negri(1897~1987)를 꼽을 수 있다. 미국에서부터 들어온 주된 수입품으로는 대중의 자동차 운행, 월트 디즈니Walt Disney 애니메이션(미키마우스 탄생)(1928), 재즈, 대중적 댄스음악 등을 꼽을 수 있다. 유럽의 수많은 젊은이는 래그타임ragtime, 찰스턴Charleston, 탱고tango 가락에 몸을 흔들며 한 발 한 발 다음 전쟁을 향해 길을 밟아나가고 있었다.

사회경제적 측면에서는, 유럽 사회의 근대화의 세가 갑자기 두드러졌으나 그 패턴은 무척 불규칙했다. 전시에 발생한 수요는 중공업을 비롯한 광범한 분야에서 기술 혁신을 이루는 강력한 자극제가 돼준 참이었다. 그러나 시장, 무역, 신용 분야에 대대적 혼란이 덮친 와중에도 평화기도 함께 막을 열려 하고 있었다. 특히 석유와 자동차 같은 새 산업 분야들의 성장 잠재력이 막강했지만, 산업국가들 앞에는 전후 불경기, 대량실업, 그에 뒤따른 사회적 저항 같은 위협이 다가와 있었다.

여성의 권리를 위한 투쟁은 이 시기에도 승리를 거머쥐기는커녕 간신히 첫걸음을 뗀 상황이었다. 일례로, 영국에서는 부활절봉기에 일익을 담당했다는 이유로 한때 사형선고까지 받은 콘스탄스 고어부스Constance Gore-Booth(마키에비츠 백작부인Countess Markiewicz, 1868~1927)가 여성 최초로 의원으로 선출되는 한편 아일랜드 최초의 여성 각료가 돼 두각을 나타냈다.[28] 여성 참정권 운동은, 영국의 헌신적 활동가 에멀라인 팽크허스트Emmeline Pankhurst(1858~1928)가 어렸을 때부터 전개되기 시작했으나 그녀가 세상을 떠날 때까지도 끝내 성공을 거두지 못했다. 산아제한 운동의 선구자 마리 스톱스Marie Stopes(1880~1958)는 1921년 미국에서 최초로 산아 제한 의료시술을 개설한 인물로, 맨체스터대학에서 고용한 전문직 고생물학자의 이력도 갖고 있었다. [콘돔]

동유럽 농민사회는 인구 과잉, 이주 기회 감소, 곡물 가격 급락, 자본 투자 부족(국내외 모두)의 문제를 피할 수 없었다. 이런 와중에 독일의 경제 마비와 소련의 부자연스러운 고립으로 이들 나라의 국경 너머로까지 전대미문의 혼란이 벌어졌다. 하지만 안정을 도모하는 방책들이 다시금 자리를 잡기가 무섭게, 유럽 전역에 대공황이라는 충격이 날아들었다.

독일과 소련 사이에 옴짝달싹 못하고 끼어 있던 중동부유럽의 국가들은 매우 곤혹스러운 상황에 처해 있었다. 폴란드, 체코슬로바키아, 헝가리, 발트삼국(에스토니아·라트비아·리투아니아)은 안정된 체제 수립을 위해 한창 노력해가던 중 러시아제국의 붕괴로 갖가지 경제적 결과를 고스란히 떠안아야 했다. 이들 나라는 반半산업화는 됐지만 농업적 특성이 여전히 상당히 남아 있었고, 따라서 인플레이션을 비롯해 전후 산업 불경기, 농촌 빈곤의 문제를 짊어진 채 아직 걸음마 단계의 경제에 생명력을 불어넣기 시작해야 했다. 일례로, 이 근방 최대의 섬유생산 도시 (폴란드의) 우치Lódz는 전통적으로 이어져오던 러시아 시장이 폐쇄되면서 1918년과 1939년 사이에 생산량이 75퍼센트나 급감했다. 농민사회는 보수적 성향의 지주와 급진적 성향의 농민당파 사이에 갈등이 일고, 새로운 관료제와 외국 기업들은 각종 부담을 강제하고, 계급과 인종 문제로 인한 저항이 그치지 않으면서 점차 양극화됐다. 이와 같은 상황에서도 교육 및 문맹률 감소, 토지 대규모 분할, 도시 성장 등에서 이룬 장족의 진전은 꽤나 괄목할 일이었다―이후 권력을 잡게 되는 정권들이 이런 진보가 이뤄진 적이 없다고 부정했다는 점에서 더욱 그러했다.

러시아에서 역사상 최대의 근대화 실험이 계획대로 진행된 것은 1929년부터였다. 이 실험이 얼마나 급진적이고 혹독했던지, 1917년의 사태들보다 오히려 이때의 일들을 참된 의미의 러시아혁명이라 평하는 분석가도 많다.[29] 이러한 실험이 가능했던 것은 1922년부터 소련공산당 총서기직에 오른 스탈린이 최고 권력을 거머쥐면서였다.

이오시프 비사리오노비치 주가시빌리Иóсиф Виссариóнович Джугашвúли(1879~1953)는, '코바Koba' 혹은 '스탈린Stalin'이라는 별칭으로도 불리며, 범죄 재능을 이용해 최고 권력까지 손에 넣은 인물로서, 역사상 그보다 더 심한 병리학적 범죄자의 징후를 드러낸 사람은 또 찾아볼 수 없다. 《기네스북Guinness Book of Records》에서 '대량학살mass murder' 항목 1위에 올라 있는 인물이 스탈린이다. 그는 그루지야(조지아) 고리 근방의 디디-릴로라는 산촌 태생으로, 술주정뱅이 아버지와 독실한 신자지만 제멋대로였던 어머니 사이에서 태어났다. 그루지야인 사이에서는 스탈린이 오세티아 출신이라는 이야기도 있다. 어쨌거나 스탈린은 러시아인은 아니었던 셈이다. 스탈린은 정교회에 속한 신학교에서 공부했는데, 비록 얼마 안 돼 퇴학을 당했지만, 이 학교에서 그는 러시아 교회의 망상에 가까운 민족주의를 받아들이게 되는데 그루지야에서는 이런 믿음을 갖는 일이 흔치 않았다. 학교를 나온 이후 그는 혁명 운동에 가담하는바, 당시 혁명운동은 정치와 범죄의 지하세계가 얽혀 있어 지저분했다. 스탈린이 볼셰비키당에서 그 나름으로 유명해진 것은 1908년으로, 역사에 길이 남을 극적 무장 강도 사건을 지휘한 것이 바로 이 해인바, 그는 티플리스(지금의 조지아 수도 트빌리시)의 우편마차를 습격해 상당량의 금을 탈취했다. 그는 여러 번 체포되는가 하면 유배자 신분으로 시베리아로 보내지기도 했으나 그때마다 탈출에 성공했다. 그랬으니 사람들이 의구심을 갖는 것도 당연했는데, 그런 입장을 맨 처음 표명한 트로츠키는 스탈린에 대한 전기를 쓰며 누구보다 회의적인 시각을 보이면서 스탈린이 러시아 비밀경찰 오흐라나Okhrana(Охрана)의 앞잡이라고 주장하기도 했다. 유배지에서 탈출한 스탈린은 1917년 초반 페트로그라드에 모습을 드러냈다. 그는 언론이나 마르크스주의에 대해 전문지식을 갖추진 못했음에도 용케 《프라브다Правда》지의 편집장직을 맡았다. 혁명 기간 동안에는 레닌에게 민족인민위원으로 발탁됐으며, 특히 차리친(훗날 스탈린그라드로 개명(지금의 볼고그라드))을 거점으로 나중에 자신의 운명을 그대로 뒤따르는 추종자 세력을 형성했다. 스탈린의 경력에서 가장 위태위태한 순간이 찾아온 것은 그가 1920년 8월 폴란드에서 남서전선의 정치위원으로 복무했을 때였으니, 그는 미하일 니콜라예비치 투하쳅스키와 협력하라는 당의 명령을 무시했다가 이를 기화로 붉은군대가 대참사를 맞았을 때 당 차원의 조사를 피하지 못했다. 으레 그랬듯이, 이번에도 스탈린은 실도힐 리 없었지만, 실면서 스딜린은 이 일을 두고두고 잊지 않았다. (17년 후, 투하첩스키 외 관련자 4명이 1920년의 이 사건을 구실로 처형당했는데, 이들의 사망 집행 영장에 서명한 장군 셋 모두 스탈린이 이끌던 남서전선에 복무했었다.)

스탈린은 레닌이 병을 처음 앓았을 때 당의 총서기 자리에 올랐으며, 레닌이 뒤늦게 스탈린을 숙청할 것을 권했으나 스탈린은 끝까지 살아남았다. 트로츠키는 추가 조사를 사전에 막기 위해 스탈린이 레닌을 독살한 것이라고 했다. 스탈린이 러시아의 비밀경찰 체카와 당중앙위원회를 장악하면서, 이제 그를 막아설 수 있는 것은 아무것도 없었다. 스탈린은 경지에 오른 듯한 교활함과 냉소주의를 선보이며 서침없이 나아갔다. 그는 치밀하게 계산된 정치적 이슈를 양산해 자신의 평판은 높이고 정적의 신망은 떨어뜨렸고, 그 능력에서는 자신의 모든 선배 정치인을 압도했다. 그렇게 해서 5년 만에 레프 보리소비치 카메네프Лев Бори́сович Ка́менев, 그리고리 옙세예비치 지노비예프Григо́рий Евсе́евич Зино́вьев, 니콜라이 이바노비치 부하린Никола́й Ива́нович Буха́рин을 파멸시켰고, 트로츠키는 7년 만에 파멸시켰다. 그런 후에는 죽음으로 몰아넣었다. 스탈린은 가정생활이라 할 만한 게 없었다. 그는 두 번째 부인을 자살로 몰아넣기도 했다. 스탈린은 크렘린궁의 방 하나를 차지한 채 은자처럼 지냈고, (두 번째 부인 사이에서 난) 딸 스베틀라나 이오시포브나 알릴루예바Светла́на Ио́сифовна Аллилу́ева가 아버지의 수발을 들었다. 이 딸이 쓴 회고록이 스탈린을 알 수 있는 최고의 자료다. 스탈린은 낮엔 온종일 잠을 자두고 밤새도록 자신들의 친구들과 어울리곤 했으며, 시종일관 축음기를 틀어놓거나 무성영화를 보거나 별장을 찾아 휴가를 보냈다. 스탈린은 대중 앞에 모습을 드러내거나 연설을 하는 일이 거의 없었다. 그가 매년 그루지야로 여행을 떠날 때마다 매번 5량의 객차가 연결된 똑같은 기차를 탔는데, 암살당할 가능성을 줄이려 객차마다 스탈린 '대역자'들이 앉아 있었다. 스탈린은 평상시 성가신 일은 하지 않았다. 결국 그는 천수를 다하고 세상을 떠났다(1879~1953). 스탈린은 러시아어 외에는 외국어 하나 구사할 줄 몰랐으나, 러시아 안에서의 독재 및 전쟁 수행에서는 물론 외교 분야에서도 뛰어난 재능을 나타냈다. 스탈린이 명줄이 마침내 다했을 때, 그는 명실상부한 최고 권력자 자리에 올라 있었다.

스탈린 제1의 정적이었던 트로츠키를 묘사한 가장 기막힌 표현은 아마 페트로그라드의 한 미국인 장교가 말한 "최하류의 개새끼지만, 그래도 예수 그리스도 이래 가장 위대한 유대인"이라는 말일 것이다.[30] 그러나 스탈린의 기록 속에서 트로츠키의 성취는 변화하는 역사의 거대한 흐름안의 하찮은 일로 치부됐다. 트로츠키 역시 그렇게 되리라 여겼으니, 그는 1924년부터 벌써 "혁명정당Party of the Revolution의 사토장이(무덤 만드는 일을 직업으로 하는 사람)가 모든 것을 탈취할 것"이라고 정확히 예견했다.

역사에 내재한 변증법의 힘이 이미 그를 낚아채 위로 끌어올렸다. 지금은 모두가 그를 필요로 하고 있다. 혁명으로 세상이 뒤집혔고 그 덕에 땅 위로 기어올라온 노곤한 급진파, 관료, 네프 지지자, 부농, 벼락출세자, 날강도 등의 모든 사람이. [⋯] 그는 이들의 언어로 말할 줄 알고, 이들을 이끌 줄도 안다. 종국에는 스탈린이 소련의 독재자가 될 것이다.[31]

정치권력을 교묘하게 조종할 알았다는 점에서는 스탈린도 20세기의 가장 위대한 인물로 여겨지기에 손색이 없다. 한때 그는 겸손을 떨듯 다음과 같이 말한 바 있다. "지도자는 나타났다가 사라지지만, 인민들은 남는다."[32] 실제 현실에서는 그의 통솔 아래에서 인민들이 왔다가 사라지고 지도자만이 남았다. 악독함에서 스탈린과 견줄 수 있는 유일한 사람은 다른 모양의 콧수염을 기른 또 한 사람의 땅딸막한 남자였으니, 스탈린은 생전에 그를 한 번도 만난 적 없을뿐더러 그는 스탈린만큼 커다란 성공을 거두지도 못했다.

스탈린이 러시아라는 말의 안장에 확실히 걸터앉은 그 순간부터 소련의 삶은 속도를 높여가기 시작했다. 레닌이 수립했던 신경제정책도 소련의 사회·경제를 정상으로 돌려놓는 데 상당히 공헌했었다. 그러나 그것은 공산주의의 이상을 고양하거나, 소련이 현대전에 대비하는 데는 아무 소용이 없었다. 그랬던 만큼 스탈린은 자신이 무소불위의 권력을 휘두를 수 있게 되자 위험한 계획부터 실행에 옮기니, 앞으로 10년 동안 소련에 일급의 산업 능력 및 군사 능력을 갖춘다는 것이었다. 그가 품은 야망은 확실히 대단하다고 할 만했다. 그런데 인명 손실의 측면에서 보면, 스탈린의 이 야망에서 비롯된 해악은 제2차 세계대전을 비롯해 그간 유럽 역사가 겪은 그 어떤 재앙보다도 컸다. 스탈린을 변호하는 이들은 먼 곳에 있는 대학들에서 여전히 위세를 떨치고 있는바 "달걀을 깨뜨리지 않고는 오믈렛을 만들 수 없다"라는 논지를 펼치는 경향이 있다.[33] 그러나 스탈린이 깨뜨린 것은 차츰 나아져가는 삶을 살아갈 수도 있었던 사람들의 삶이었다. 더구나 스탈린이 만든 오믈렛은 입에 댈 수 없는 것으로 드러났다. 스탈린주의에는 총 여섯 가지의 요소가 한데 얽혀 있었으니, 중앙 통제 계획, 가속화한 산업화, 재무장再武裝, 집단농장, 이데올로기 전쟁, 정치적 테러가 그것이다.

스탈린주의의 계획경제는 과거 행해진 모든 시도를 뛰어넘는 것이었다. 국가계획위원회State Planning Commission 즉 고스플란Gosplan(Госплáн)이 권력을 위임받아 5개년 경제계획을 세웠고, 이에 따라 생산·거래·서비스·가격·임금·비용 등 경제활동과 관련한 모든 세목이 결정됐다. 소련의 모든 기업과 모든 노동자는, 논의도 없이, 반드시 채워야 할 '기준 할당량norm'(노르마Норма)을 부여받았다. 국가 자신이 독점 고용주 노릇을 했기에, 이제 모든 노동자들은 '계획의 노예slaves of the Plan'나 다름없었다. 아닌 게 아니라 당이 나서서 '사회주의적 경쟁socialist emulation'(социалистическое соревнование)을 부추기면서, 노동자들은 전설적 광부 알렉세이 그리고리예비치 스타하노프Алексей Григорьевич Стаханов(1906~1977)가 하듯 자신에 주어진 기준 할당량을 넘어서는 수준까지 일해야 했고, 계획했던 양을 초과해 달성하라는 요구도 주기적으로 떨어졌다. 1928~1932년, 1933~1937년, 1938~1942년의 5개년계획에도 경제성장률 및 노동생산성은 전례 없이 높은 수준으로 설정됐다. 산업화는 소비의 현저한 감소라는 대가를 치러야만 이룩할 수 있는 것이었다. 현실적으로, 이 말은 "더 많이 일하고, 더 적게 먹는다"라는 뜻이었다. 산업성장률은 매해 20퍼센트 이상으로 설정됐다. 대략적 지표만 봐도, 총생산이 천문학적 수준으로 늘었음을 알 수 있었다. 1913년을 기준으로 1928년의 총생산 증가율은 111퍼센트였다. 이것이 1933년에는 281퍼센트로 성장하더니 1938년에는 658퍼센트까지 증가했다. 소련은 중공업 분야─철강·석탄·동력·화학─를 절대적으로 우선시했다. 양이 질을 누르고 군림했다. 조작된 통계는 공식적 의식의 숭배 대상이었고, 모스크바의 경제업적상설전시관이 이 신앙의 본당 노릇을 했다.

이런 변화 속에서 주된 수혜를 입은 곳은 군수산업 복합체일 게 분명했지만, 재무장이 공식 발표되지는 않았다. 비밀리에 운영되는 별도의 산업 부문을 조성하고 거기에 좋은 시설을 갖춘 공장, 인력, 예산을 배치했다. (소련은 1989년까지도 별도 예산이 존재했다는 사실 자체를 인정하지 않았다.) 1932년 이후 붉은군대는 독일군을 초빙해 기동훈련을 벌일 수 있었고, 탱크, 전투기, 공수부대를 포함해 가장 현대화된 장비들이 이 훈련에 동원됐다.

1917년까지 차일피일 미뤄지던 농장집단화 작업도 인간의 존엄성 따위는 아랑곳하지 않은 채 이즈음 실행됐다. 수많은 농촌 인구가 새로운 산업도시로 유입되는 가운데에 국가가 식량 공급을 완전히 통제한다는 것이 이 작업의 목표였다. 1929~1938년 사이, 농민 2600만 명이 보유하고 있던 토지 중 94퍼센트가 100만 개의 콜호스kolkhoz(колхо́з) 즉 국영 '집단농장'에 편입됐다. 농노 해방 70년 만에, 러시아 농민들은 총부리 앞에서 다시 농노제로 돌아갔다. 저항하는 사람들은 모조리 처형당하거나 유배당했다. 소련은 쿨라크kulak(кула́к) 즉 수전노 부농tight-fisted peasant이라는 있지도 않은 사회의 적을 만들어내 자신들의 살육을 정당화했다. 남녀노소를 막론하고 이 살육으로 목숨을 잃은 농민만 1500만 명으로 추산된다. 농업 생산력은 30퍼센트가 떨어졌고, 인재人災이기도 하고 천재天災이기도 한 기근이 러시아 땅을 떠나지 않았다.

1930년대에 도입된 스탈린주의는 당에서 내거는 공식적 허구를 여럿 끌어안은 채 그것들을 절대적이고 뒤집을 수 없는 진리로 강요했다. 스탈린주의에서는 진지한 정치철학의 요소를 찾아볼 수 없었던 것은 물론, 레닌의 국제주의적 마르크스주의와도 대척에 서 있었다. 스탈린주의의 내용을 꼽아보면, 스탈린이 레닌을 잇는 '최고의 사도the best disciple'이고, 공산주의자는 인민이 선택한 지도자이며, 위대한 러시아는 소비에트 제 민족의 '맏형elder brothers'이고, 소련이야말로 모든 애국적 진보 운동의 최고 성과이며, 헌법은 민주적 권력의 원천이고, 소비에트 인민은 하나로 단결해 공산주의 체제를 누구보다 지지하며, 소련은 '자본주의 체제를 포위'하고 있고, 부는 공정하게 분배돼야 하며, 지식과 예술은 누구나 향유할 수 있어야 하고, 여성은 해방돼야 하며, 노동자와 농민은 하나로 단결해야 하고, 적에 대한 '인민의 분노the people's wrath'는 당연하다는 것 등이었다. 스탈린이 공산당의 역사를 기술한 《짤막한 여정Short Course》(1939)에 이러한 허구 상당수가 신성하게 모셔져 있었으니, 이 책은 스탈린주의 충성파에 성경이나 마찬가지였다(러시아어 원제는 "소련공산당(볼셰비키)의 역사История Всесоюзной коммунистической партии (большевиков). Краткий курс"이다). 소련의 학자·교육자·법률가들은 목숨을 부지하려면 이런 스탈린주의를 전파해야 할 의무가 있었다. 서구의 학자들은 그럴 필요가 없었다.

스탈린 개인숭배는 그 끝이 없었다. 공산당에 합창단으로 강제 징발 당한 러시아 최고의 시인과 예술가들은 다음과 같이 노래 불렀다.

> 그대, 여러 민족을 밝게 비춰주는 태양,
> 저물지 않는 우리 시대의 태양,
> 태양은 지혜를 갖지 못했으니
> 태양보다 더 빛나는 존재시여. […][34]

종교적 문제들에서 스탈린주의는 기존의 무신론 노선을 따랐다. 국가교육은 엄격하게 반反종교적 내용들을 담고 있었다. 1920년대와 1930년대에는 정교회가 가차 없이 공격당하는가 하면, 교회가 파괴당하고, 성직자들이 목숨을 잃었다. 나중에는 종교를 교묘히 이용하는 쪽으로 노선이 바뀌어, 제2차 세계대전 동안 스탈린은 교회의 문을 다시 열게 한 뒤 성스러운 러시아 땅을 지켜내자고 호소했다. 성숙 단계에 접어든 스탈린주의에는 무신론과 정교회의 애국적 충정이 기이한 형태로 공생하고 있었다.

소련이 강압과 테러에 동원한 주된 방편들—체카(OGPU/NKVD/KGB), 굴라크Gulag(ГУЛаг)(국가강제수용소, 당에 종속된 사법체계로 이루어진 망)—은 볼셰비키가 집권한 초기 단계에 이미 정교하게 다듬어져 있었다. 사람들을 억압하는 이런 기구들은 1930년대에 그 규모가 확대돼, 보안국에 몸담고 있는 이들이 붉은군대의 병사들 수에 맞먹었고, 수용소에 감금된 인원만 해도 전체 인구의 약 10퍼센트에 달했다. 1939년경이 이르자 이제 노동수용소관리국은 유럽에서 가장 규모가 큰 고용주였다. 그 안에서 일해야 했던 죄수이자 피고용인 즉 체크zeks(зэк)들은 매서운 추위를 견디는 동시에, 수용소 계획에 따라 기아와 중노동에 시달려야 했고, 한 번 들어오면 이제 남은 생은 겨울 한 철이라고 봐야 했다. 일반 가정과 마을에서 죄 없는 사람들이 끌려 나오는가 하면, 어떤 이들은 '파손' '반역' '간첩' 같은 저지르지도 않은 죄목을 뒤집어쓰고 자백할 때까지 고문을 당하기도 했다. 대체로 이러한 이들은 약식 처형을 당하거나, 8년·12년·15년의 징역형 혹은 유배형을 선고받았으며, 이 중에서 목숨을 부지한 사람은 찾아보기 힘들었다. 대중을 위한다는 명목으로 가장 저명한 인사들을 골라 여론을 조작하는 재판이 열리기도 했다. 이는 당의 주된 활동들의 성격과 규모를 덮어 가리는 데에도 도움이 됐다. 이 무렵 세계에서 가장 넓은 땅덩이를 갖게 된 나라는 30년을 이런 숨 막히는 공포에 사로잡혀 지내야 했다. 이와 같은 공포가 어떤 식으로 일어나는가에 대한 구체적 정보는 대부분 알려지지 않게 잘 틀어막은 채로. [보르쿠타]

스탈린주의의 공포는 총 3단계로 연이어 일어났고, 각 단계마다 잔혹함과 비합리성의 파고는 점점 높아져만 갔다. 예비 단계의 테러에서는 조심스럽게 설정한 목표물을 대상으로 폭력이 가해졌다. 이 단계에서 희생당한 이들은 주로 2류 인물들이었다—1929년의 경제개발계획이 진행되기 전 활동한 멘셰비키 출신의 관리자, 국제주의를 옹호한 마르크스주의 역사학자, 벨라루스의 지식인층, 유명 인사 지지파 등이었다. 레닌의 미망인 나데즈다 콘스탄티노브나 크룹스카야Надéжда Константи́новна Кру́пская도 '귀하신 몸' 대접을 받지 못할 것이라는 경고를 받았다. 1932년에 집단화에 반발하는 항의 표시로 농민들이 가축을 도살한 이후로는 농민 테러 혹은 '반反쿨라크 운동anti-kulak drive'이 도처에서 일어났다. 쿨라크가 무엇을 말하는지 그에 대한 명확한 정의는 찾아볼 수 없었고, 그저 빈곤한 농민들에게 자신보다 부유한 농민들을 비난하라는 강요가 일어났다. 1932~1933년에 발생한 테러기근Terror-Famine은 이중의 목적하에 진행된 집단화의 부산물이라고 할 수 있었으니, 이 집단화를 통해 소련은 우크라이나 민족주의와 부유한 농민집단의 세력을 일거에 잠재우려 했다. [추수]

소련에서 정치테러Political Terror 즉 '숙청Purge'이 시작된 것은 당 지도자 세르게이 미로노비치 키로프Сергéй Миро́нович Ки́ров(1886~1934)가 레닌그라드에서 1934년 12월에 살해당하면서였다. 이때를 기점으로 소련의 정치테러는 그 반경을 전례 없이 크게 넓혀가며, 붉은군대 장교들과 국가보안부 자체를 비롯한 소련공산당 지도부는 물론 종국에는 소련의 국민 전체를 에워쌌다. 일단 피의자가 된 사람은 누구든 자신의 '공모자'나 가족을 고발해야 해서, 순식간에 연루자들이 수천 명까지 늘어나고 종국에는 수백만 명까지 불어나는 것은 시간문제였다. 이러한 정치적 숙청 작업의 애초 목표는 살아남은 모든 볼셰비키 당원과 그들을 상징하는 모든 것을 멸절시킨다는 것이었다. 이것은 시작에 불과했다. 1934년 열린 제17차 공산당대회('승자회의Congress of Victors'라고 불렸다) 참석자들은 스탈린이 '반대파'에 승리를 거둔 것에 순순히 환호를 보냈으나, 이들도 결국에는 혐의를 쓰고 처형당했다. 그리고리 옙세예비치 지노비예프(1936), 게오르기 레오니도비치 퍄타코프Георгий Леонидович Пятаков(1937), 부하린(1938)을 노린 굵직한 여론재판이 세 번 끝나고 났을 때, 살아남은 볼셰비키 지도자는 트로츠키뿐이었는바 트로츠키는 방비를 단단히 한 멕시코의 은신처에서 지내며 1940년까지 목숨을 부지했다. 그러나 스탈린의 앞잡이 노릇을 한 니콜라이 이바노비치 예조프Николай Иванович Ежов(1895~1940)의 테러(대숙청) 예조프시나(예좁시나)Ежовщина의 무차별적 맹포화는 여전히 더 뿜어져 나올 여지가 있었다. 이 테러의 추진력은 시한폭탄을 방불케 해서, 1939년 초반에도 스탈린과 바체슬라프 미하일로비치 몰로토프는 수천 명의 이름이 적힌 희생자 명부에 아침마다 서명하고 있었으며, 전국의 보안경찰 지부에서도 무고한 시민들을 마구잡이로 희생시키며 당이 정한 할당량을 채워나갔다. 이러한 테러는 숨 돌릴 틈 없이 계속되다, 1939년 3월 제18차 당대회에서 스탈린이 예조프를 차갑게 변절자라고 비난하면서 마침내 주춤하게 됐다. 그러나 테러는 보즈드(지도자) 자신의 명이 다하고 나서야 비로소 완전히 멈추었다.

소련 바깥 세계의 여론은 수십 년이 지나도록 이와 같은 사실들을 파악할 수 없었다. 1960년대에 알렉산드르 이사예비치 솔제니친Александр Исáевич Солженúцын의 기록이 공개되고, 용기를 낸 일부 학자들이 각고의 노력이 담긴 연구를 책으로 펴낼 때까지도 대부분의 서유럽인은 소련에서 자행되는 테러 이야기는 지나치게 과장된 것인 줄로만 알았다. 대부분의 소련학 연구자는 테러 이야기는 가급적 줄이려고 노력했다. 소련 당국은 1980년대에나 들어서야 비로소 숙청에 대해 인정했다. 히틀러와는 달리, 스탈린은 만천하에 자신의 죄가 공개돼 응분의 대가를 치르는 일은 겪지 않았다. 이 시기 소련에서 실제로 얼마나 많은 사람이 희생됐는지 그 총인원을 정확히 알 수 없으나, 5000만 명을 훨씬 밑돌지는 않았을 것으로 보인다.[35]

스탈린주의가 레닌주의를 계승했다는 것은 의심의 여지가 없었다. 그러나 다른 한편으로 스탈린주의는 레닌 생전에는 별로 대수롭게 여겨지지 않던 구체적 특성을 여럿 얻기도 했다. 트로츠키는 이와 같은 변화를 '테르미도르의 반동Thermidorian Reaction'으로 분류했고, 이 변화로 소련 및 공산주의 역사에 관한 모든 논의는 훨씬 복잡한 양상을 띠게 된다. 여기서 기억해야 할 핵심 사실은 1991년까지 스탈린주의의 방식 안에서 소련 공산주의는 안정을 찾았고, 1991년까지는 소련 안에서 소비에트적 삶의 토대를 제공해준 것도 스탈린주의였다는 점이다. 따라서 소련의 공산주의 체제를 일반적으로 평가하고자 할 때는 항상 레닌 버전의 공산주의가 아닌 스탈린 버전의 공산주의에 대해 논의하지 않으면 안 된다(부록 1663쪽 참조).

소련에서 스탈린의 혁명이 시작된 1929년은 하필 자본주의 세계에도 위기의 해였다. 지금까지 역사학자들은 이 두 가지 사태가, 아마도 전후戰後 경제 조정의 리듬을 통해, 서로 얼마간 연결돼 있지 않았을까 하는 점에 관심을 기울여왔다. 어찌 됐든, 1929년 10월 24일의 '검은 목요일Black Thursday'에 뉴욕증권거래소New York Stock Exchange 주가가 갑자기 폭락했다. 공포가

보르쿠타 VORKUTA

■
■   인간이 당한 고통에 비례해 역사서의 지면을 할
   당한다면 보르쿠타(Воркута)는 틀림없이 가장
많은 지면을 차지하는 단원의 하나가 될 것이다. 러시
아 북극권의 페초라강江 유역에 자리한 이 탄광촌은
1932년에서 1957년까지 유럽에서 가장 큰 강제수용
소 단지의 중심지였다. 스탈린의 수용소군도Gulag
Archipelago에서 보르쿠틀라크Vorkutlag(Воркутлаг)
굴라크는 '노동은 영예와 용기, 영웅적 행위의 집약체
LABOUR IS A MATTER OF HONOUR, COURAGE, AND
HEROISM'라는 간판이 입구에 붙어 있었던 시베리아
북동부의 콜리마Kolyma(Колымá)에 다음가는 곳이었
다("수용소군도"는 자신의 수용소(굴라크) 체험을 바탕으로
한 알렉산드르 이사예비치 솔제니친의 기록문학 《수용소군
도Архипелаг ГУЛАГ》의 표현이다). 1953년 수용자zek 폭
동이 일어났을 때 보르쿠타에는 30만 명이 수용돼 있
었다. 수년에 걸쳐 이곳에서는 아우슈비츠에서보다 더
많은 수가 처참히 목숨을 잃었다. [아우슈비츠] 그들은
절망 속에서 서서히 죽음을 맞았다. 그러나 그들을 기
억하는 역사서는 찾아보기 어렵다.[1] 보르쿠타에서 수
많은 목격담이 나왔고 그 가운데 일부는 영어로 출판
되기도 했지만,[2] 이를 읽은 사람은 드물다. 심지어
1970년대에 한 유대인 생존자가 2000여 개의 소비에
트 굴라크 '시설'에 대해 상세한 안내서를 쓰기도 했으
나 이 역시 거의 주목을 받지 못했다.[3] 이 책에서 그는
수용소, 감옥, 정신병자 수용소와 같은 익숙한 주제들
과 함께, [데비아티오] '죽음의 수용소death-camp'에
대해서도 다루었다. 팔디스키만Paldiski Bay(에스토니
아)과, 오트무트닌스크Otmutninsk(러시아), 콜로프카

Cholovka(우크라이나)의 수용소들처럼 아무런 보호 장
비도 없이 지하 우라늄 채광이나 원자력잠수함 청소
와 같은 일을 강제한 수용소들이 여기에 속한다. 이런
곳에서는 방사능으로 인한 죽음이 시간문제일 뿐이었
다(부록 1670쪽 참조).[4]

글라스노스트 시대에 이르러 벨라루스 민스크 인근의
쿠라파티숲Kuropaty Forest에서 현지인들이 땅을 뒤
엎기 시작했다. 그들은 50년 전 대공포Great Terror
시대에 처형된 남녀와 아이들의 잔해가 이곳에 묻혀
있다는 것을 알고 있었다. 그들이 파헤친 둥근 구덩이
여러 개에는 시신이 약 3000구씩 묻혀 있었다. 이 울
창한 소나무 숲에는 이런 구덩이가 수십 개, 어쩌면
수백 개쯤 더 있었다. 그러나 1991년에 이를 중단하라
는 지시가 내려왔다. 주민들은 도로변에 십자가가 하나
를 박고 더는 이 숲의 비밀을 건드리지 않았다.[5] ("대공
포" 곧 "대숙청"은 소련에서 스탈린 정권 중기인 1930년부터
1938년까지 행해진 반反스탈린파 숙청 사건을 말한다. 러시
아어로는 볼샤야 치스트카Большая чистка라고 한다.)
1989년, 스탈린 시대의 진실을 폭로하는 러시아의 '메
모리알Memorial'(Мемориал) 단체가 1930년대에 만
들어진 우랄산맥 첼랴빈스크의 구덩이를 파헤쳤다. 그
안에는 유골 약 8만 구가 묻혀 있었다. 두개골에 난 총
알구멍들로 보아선 의심의 여지가 없었던 것이 이들은
굴라크에서 강제노동을 하다 사망한 것이 아니었다.
현지의 사진사는 이렇게 말했다. "집에 있던 사람들이
끌려 나와 자식들과 함께 이곳에서 총살당했다."[6]
그 광활한 러시아에 이런 곳이 얼마나 더 숨어 있을지
묻지 않을 수 없었다.

추수 HARVEST

■
■   "4000만여 명의 터전인 광활한 영토에서 남녀
   노소를 불문하고 농촌 인구의 4분의 1이 죽었거

나 죽어가고 있었다." "마치 거대한 벨젠Belsen(나치
강제수용소가 있던 독일 동북부의 지명)과도 같았다." "나
머지 주민들도 모두 쇠약해져서 가족이나 이웃을 묻
어줄 힘이 없었다." (벨젠에서처럼) 잘 먹은 경찰들이나

당 소속 관리들이 피해자들을 감독했다."[1] (영국의 시인이자 역사학자 로버트 콘퀘스트Robert Conquest의 《슬픔의 추수: 소비에트의 집단화와 테러기근The Harvest of Sorrow: Soviet Collectivization and the Terror-Famine》(1986)에 나오는 대목이다).

1932~1933년, 스탈린 정권은 소비에트 (농업의) 집단화 정책의 일환으로 우크라이나와 이웃 카자크 지방에 인위적 기근을 일으켰다("홀로도모르Голодомóр" "테러기근"을 말한다). "홀로도모르"는 우크라이나어로 "기아에 의한 죽음" "기아를 통한 살인"의 의미다). 남아 있던 식량을 모조리 징발됐고 군사저지선에 의해 보급이 막힌 채 주민들은 죽어가도록 방치됐다. 우크라이나의 민족됨nationhood과 함께 "계급의 적class enemy"을 말살하는 것이 그 목표였다. 사망자수는 700만여 명에 이르렀다.[2] 전 세계적으로 참혹한 기근은 여러 차례 있었고 그 가운데 상당수는 내전에 의해 악화되기도 했다. 그러나 국가정책의 일환으로 민족학살을 위해 조직된 기근 어디에서도 찾아볼 수 없을 것이다.

훗날 소련 작가 바실리 세묘노비치 그로스만Василий Семёнович Гро́ссман은 이 지역 아이들을 아래와 같이 묘사했다.

신문에서 독일 강제수용소의 아이들 사진을 본 적이 있는가? 그곳의 아이들도 똑같았다. 가느다란 목에 머리가 무거운 공처럼 올라앉은 모습은 마치 황새 같았고 [⋯] 피부는 마치 노란 거즈처럼 뼈에 들러붙어 있었다. [⋯] 봄이 되자 그런 얼굴마저 찾아볼 수 없었다. 사람의 얼굴이라기보다는 부리가 달린 새의 두상 같았고, 때로는 얇고 하얀 입술 때문에 개구리의 머리통 같기도 했다. 어떤 아이들은 아가리를 벌린 물고기의 형상이었다. [⋯] 그들은 소비에트의 아이들이었고 그들을 죽음으로 몰아넣은 이들은 소비에트 사람들이었다.[3]

이러한 사실은 외부 세계에 알려지지 않았다. 미국에서 퓰리처상은 수백만 명의 죽음에 대해 비공식적으로는 자유롭게 떠들어댔지만 그중 어느 것도 보도하지 않은 《뉴욕타임스》 특파원에게 돌아갔다(월터 듀런티Walter Duranty, 1932년).[4] 영국의 조지 오웰은 "영국 친러파 대다수가 [이 인위적 기근에 대해] 관심을 갖지 않는다"라고 불평했다.[5]

결국 이 사건에 대해 신뢰할 만한 증거를 제시한 역사학자(로버트 콘퀘스트)는 그 엄청난 규모를 전달하려 애썼다. 한 쪽당 약 500단어가 담긴 412쪽짜리 책을 쓴 그는 서문에서 다음과 같이 밝혔다.

"이 책의 단어가 아닌 철자 하나당 약 20명꼴로 인간들이 목숨을 잃었다."[6]

감돌기 시작했고, 은행들은 대출금 회수에 나섰으며, 누군가 미처 손을 쓰기도 전에 미국과 경제적 이해관계를 가진 모든 국가에도 대공황Great Depression의 여파가 퍼져나갔다. 우회적으로나마 세계경제에서 미국이 차지하는 비중이 얼마나 큰지를 실감할 수 있는 대목이었다. 미국 자신도 이 '광란의 20년대roaring twenties'를 겪던 내내 그간 손쉽게 이용해오던 신용대출이 갑작스레 중단되면서 대규모 파산이 줄을 이었고, 이는 또다시 대규모 실업사태를 불러왔다. 이러한 '슬럼프Slump'가 가장 심했던 1933년에는 미국 전체 노동인구의 3분의 1이 실업자 상태였다. 철강산업도 전체 생산 능력의 10퍼센트만 가동됐을 뿐이었다. 노동자들이 배는 고파도 식품을 살 수 없게 되면서 식품 재고들이 그대로 폐기됐다. '풍요 속 빈곤이 판을 치는poverty raged amidst plenty' 시기가 온 것이다.

유럽은 전쟁부채 지불을 위해 악전고투하는 중인 데다 종종 금 보유량까지 감소하고 있는 상황이었는바 대공황의 여파를 체감하는 데에 1년 남짓한 시간밖에 걸리지 않았다. 1931년 5월, 오스트리아를 대표하는 은행인 빈의 크레디트안슈탈트Kreditanstalt가 파산을 선언했다. 6월에는 미국이 유럽 정부가 진 모든 부채에 대해 지불유예 선언을 받아들여야만 했다. 9월에는 영국 은행이 자국 통화를 버리고 금본위제를 택할 수밖에 없었다. 자본주의의 시금석이라 할 신용도 차차 허물어지고 있었다. 이로부터 2년도 채 걸리지 않아 기업이 무너지면서 3000만 명에 이르는 노동자들이 일자리를 잃었다. 그러다 1934년에 들어서서 패기 넘치는 새 인물인 프랭클린 D. 루스벨트Franklin D. Roosevelt가 미국의 새 대통령으로 당선되니(재임 1933~1945), 그가 정부의 자금 지원을 통해 일자리를 창출하는 뉴딜New Deal정책을 시행하면서 미국을 다시 번영을 향해 끌어올렸다. 루스벨트는 다음과 같이 말했다. "우리가 두려워할 것은 단 하나, 두려움뿐입니다." 그런데 유럽에는 루스벨트도, 뉴딜도 찾아볼 수 없었다. 불황은 갑작스레 덮쳤으나 회복은 더디기만 했다.

대공황 사태는 순전히 경제적 측면만이 아니라 심리적 측면과 정치적 측면에까지 영향을 끼쳤다. 은행가부터 사환에 이르기까지 모든 이가 어찌할 바를 몰랐다. 얼마 전 일어난 대大전쟁은 죽음과 파멸을 몰고 왔으나, 한편으로는 사람들에게 삶의 활기를 불어넣고 완전고용을 이룩했다. 평화는 둘 중 어느 것도 가져다주지 못하는 것처럼 보였다. 실업연금으로 하루하루를 연명하느니 위험 한가운데에 살고 참호 속에서 전우애를 느끼는 편이 더 낫다고 말하는 사람들까지 생겨났다. 세상이 암흑시대로 돌아갈 거라 한 오스발트 슈펭글러의 우울한 예언이 맞아떨어졌다고 말하는 사람들도 있었다. 가득 차오른 두려움은 길거리의 폭력으로 터져 나왔다. 유럽의 수많은 도시에서는 전투집단 같은 좌파와 깡패집단 같은 우파가 서로 서로 맞붙어 싸웠고, 사기꾼·투기꾼·극단주의자들이 판을 쳤다. [모아르테]

독일에서는 히틀러와 나치당의 세력 부상이 대공황 사태와 밀접히 관련됐다. 그러나 둘 사이 관계는 그렇게 단순하지만은 않았다. 나치는 실업자 군단의 선두에 서서 베를린으로 진군한 것이 아니었으며, '권력 탈취' 같은 것도 없었다. 히틀러는 볼셰비키와는 달리 힘이 빠진 정부를 전복시킬 필요도 없었고, 무솔리니와도 달리 국가수반에게 위협을 가할 필요도 없었다. 히틀러는 독일의 민주주의 과정에 동참하고 합법적 절차를 따르는 방식을 통해 정권을 장악했다. 히틀러와 그의 수하들이 진정한 의미의 민주주의자나 입헌주의자가 절대 아니었다고 하는 것은 핵심을 비켜가는 얘기일 뿐이다.

당시 독일의 정치는 대공황에 특히나 취약했으니, 이미 위기가 차오를 대로 차오른 상황에 대공항이 불안정을 한 컵 쏟아부은 격이었다. 패전에서 비롯한 원한도 여전히 사라지지 않고 있었다. 극좌파와 극우파 두 극단주의자들 사이 길거리 싸움은 늘 있는 일이었다. 민주주의 지도자들은 연합국과 유권자들의 두려움 양쪽 모두로부터 압박을 받았다. 독일 경제는 처음에는 배상문제, 나중에는 살인적 수준의 인플레이션으로 고통받아온 지 이미 10년이었다. 1920년대 말무렵 독일은 예외적으로 미국의 차관에 의존하고 있었다. 1929년 10월 충돌을 며칠 앞두고 (당시 외무장관) 구스타프 슈트레제만이 세상을 떠났을(1929) 무렵에는, 독일에 곧 태풍이 몰아닥칠 것을 예견하기란 그리 어려운 일이 아니었다. 그렇긴 했으나, 1930~1933년의 이 태풍은 몇 가지 특이하고 예상치 못한 상황들을 동반했다.

이 기간에, 나치가 잇따라 치러진 다섯 번의 의회선거에 사상 처음으로 참여했다. 세 번의 선거에서 연속으로 나치는 대중으로부터 점점 더 많은 표를 얻고 선출 후보 명단도 더 늘릴 수 있었다. 그러다 1932년 11월 네 번째 선거에서 처음 지지율이 떨어지면서 결국 절대과반으로 승리하는 데 실패했다. 하지만 나치는 그러고도 금세 제국의회 내에서 최대 단일 정당으로서 입지를 확립했다. 이와 함께 독일에 한층 거세진 시가지 폭력은 나치의 폭력조직이 대거 가담했는바, 이는 크게 변화한 국제정세 속에서 일어난 것이었다. 1920년대에는 공산주의자들이 주도해 파업과 시위가 일어났으나, 한계가 없는 듯한 협상국(연합국)의 위세에 맥을 추지 못했다. 독일의 기업가와 민주주의자들은 만에 하나라도 공산주의자들이 실제로 정권 장악을 시도할 경우 어디에 도움을 요청해야 할지 정확히 알고 있었다. 그러나 1930년대 초반에는 영국도 프랑스도 그리고 미국도 독일과 견주어 상황이 전혀 낫다고 할 수 없었으며, 다른 한편에서는 소련이 맹렬한 기세로 현대화를 추진하는 광경이 연출되고 있었다. 유권자들 사이에서 공산주의자들이 나치만큼 많은 표를 얻고 있었던 만큼, 공산주의의 위협을 저지하려 독일의 보수파 지도자들이 선택할 수 있는 방편은 별로 남아 있지 않았다.

독일의 정치문화에는, 논쟁이 특히 잘 불거지는 사안에 대해서는 총선거에 더해 국민투표까지 실시해 결정을 내린다는 정서도 자리 잡고 있었다. 그러한 기회가 오면 히틀러는 그것을 놓치지 않을 터였다. 내각이 무너지면서 일대 혼란이 이는 와중에, 과도내각 각료 하나가 대통령에게 긴급권한을 사용할 것을 청원했다. 1930년 9월에는 소수 정당 소속 총리(하인리히 브뤼닝)가 대통령 파울 폰 힌덴부르크(재임 1925~1934)를 설득해, 그것이 민주주의를 위한 일이라며, 바이마르헌법 제48조를 발동하라고 요청했다. 이 조항에 따르면, "질서와 안전 회복을 위해서는" 대통령이 "무력을 사용하고 시민의 기본권까지 정지시킬" 수 있었다. 이는 누군가가 민주주의를 뒤엎으려 할 때도 똑같이 사용할 수 있는 방편이었다.

사태는 이제 중대 기로에 서 있었다. 폭풍우 같은 혼란이 3년간 그치지 않았다. 불경기는 한층 심해졌고, 실업자는 점차 불어났으며, 공산주의자들과 반공산주의자들은 서로 시가전을 벌였고, 선거는 그 결과가 결정되지 않았으며, 내각은 위기가 끝이 없었다. 1932년 6월에는 다른

모아르테 MOARTE

■ 1927년 부쿠레슈티에서 코르넬리우 젤레아 코
■ 드레아누Corneliu Zelea Codreanu(1899~1938)
가 대천사 미카엘 군단Legion of the Archangel
Michael(Legiunea Arhanghelul Mihail)을 조직했다. 이
부대는 준군사조직 철위대鐵衛隊, Iron Guard(철위단鐵
衛團, 가르다 데 피에르Garda de fier)와 함께 유럽에서
가장 폭력적인 파시스트 단체의 하나로 성장했다.
1937년 선거에서 우익 과격파의 지지를 확보했고
1940~1941년 이온 안토네스쿠Ion Antonescu 장군의
군대와 동맹해 잠시 루마니아 '국민군단국가National
Legionary State'(스타툴 나치오날 레지오나르Statul
Naţional Legionar)를 이끌기도 했다. 1941년 2월 이 부
대는 군부 동맹을 전복하려다 진압당했다. ('모아르테'
는 루마니아어로 "죽음"이라는 뜻이다.)

이 군단의 이념은 "조상들의 뼈"를 특별히 부각시키
며 '혈통과 대지'라는 주제를 독특하게 변형한 것이었
다. 그들은 루마니아의 영광을 부활시키기 위해 산 자
들과 죽은 자들이 함께 하는 국가공동체를 만들었다
고 주장했다. 이들의 의식은 죽음의 숭배를 중심으로
이뤄졌다. 죽은 전우들의 점호로 집회가 시작됐고 이
들의 이름이 불릴 때마다 "출석"했다는 외침이 이어졌
다. 성도聖徒들의 무덤의 흙을 전장의 '피 묻은 대지'와
섞기도 했다. 군단의 순교자들의 시신을 발굴하고 정
화해 다시 매장하면서 성대한 의식을 치르기도 했다.
1938년에 처형된 코드레아누 '대장'의 발굴 의식은 이
군단의 집권 기간 전체에서 가장 성대한 행사였다. 나
치의 항공기들이 하늘을 날며 열린 무덤으로 화환들
을 떨어뜨렸다. 코드레아누의 죽음은 1930년대 후반
루마니아에서 일어난 수백 건에 이르는 정치적 암살
의 하나였다. 당시 이 군단의 암살단은 왕의 정치경찰
과 끊임없는 싸움을 벌였다. 코드레아누는 교살과 총

살을 당한 뒤 산酸으로 형체가 손상된 채 7톤 무게의
콘크리트 아래 비밀리에 매장됐다.

루마니아와 세르비아, 그리스의 정교회에서는 사람이
죽으면 육신이 부패하기 전까지 죽은 자의 영혼이 지
상을 떠나지 못한다고 믿는다. 따라서 전통적으로 유
가족은 첫 매장 후 3~7년 뒤에 다시 모여 유골을 발
굴한 뒤 포도주로 정성스레 씻고 닦아서 죽은 자를 다
시 영면에 들게 한다. 개중에는 끝내 썩지 못하는 시
신도 있다. 정교회의 파문 기도에는 "그대의 육신은
끝내 분해되지 않으리라"라는 구절이 들어가 있다. 살
인이나 자살로 죽은 영혼은 무덤에 영원히 갇혀 있다
고 믿는다. 마라무레슈 지방(루마니아 북서부)에서는 그
들의 영혼을 달래기 위해 "영혼결혼식"을 치러준다.

루마니아 일부 지역에서는 전통적으로 무덤에 갇힌
영혼이 해거름에서 새벽 사이에 도망갈 수도 있다고
믿는다. 특히 세인트앤드루데이(11월 30일)와 세인트미
카엘이브(11월 8일)에는 시신들이 깨어나 세상을 떠돌
면서 열쇠구멍으로 들어가 잠든 이들을 성적으로 희
롱하거나 그들의 피를 빨아먹는다는 믿음이 있다. 이
를 막기 위해 농부들은 검은 종마種馬를 묘지로 끌고
간다. 이 종마가 뛰어넘지 못하는 무덤에는 되살아난
영혼의 용의자가 묻혀 있다고 간주해 그 시신에 커다
란 말뚝을 박아 시신이 나오지 못하게 한다. 민족지학
연구의 초창기부터 루마니아는 흡혈귀의 나라로 잘 알
려져 있다.[1]

정치학자들은 루마니아의 파시즘이 반유대주의와 시
체애호증necrophilia이 강조된 고약한 파시즘의 변종
이라고 단정 지었다. 인류학자라면 여기에 뿌리 깊은
종교적 전통과 토속 전통이 더해졌다고 결론 내릴 것
이다. 1991년 12월 공산주의 독재정치가 무너지는 순
간 코드레아누를 영웅으로 내세운 새로운 '루마니아
운동Movement for Romania'이 등장했다.[2]

소수당 소속 총리 프란츠 폰 파펜Franz von Papen이 나치당 의원들과 의기투합해 제국의회의 지지를 손에 넣었다. 6개월 뒤 그는 또 다른 연정 구성에 돌입해 히틀러를 총리에 앉히고 그 자신은 부총리를 맡는 한편, 총 12인 내각 관료 중 3개 자리를 나치당원에게 내어주었다. 대통령 힌덴부르크와 독일의 우파 대다수에 이는 무척 영리한 구상으로 여겨졌다. 공산주의자들과의 싸움에 히틀러를 이용하자는 것이었으니 말이다. 그러나 실크해트와 연미복으로 그럴싸하게 차려입은 히틀러가 파펜의 이 제안을 받아들였을 때, 실제 이용당하고 있던 것은 히틀러가 아니라우파였다.

히틀러가 총리직에 앉은 지 한 달도 안 됐고 다음 선거를 일주일 앞둔 시점에, 원인 모를 화재가 일어나 제국의회 건물이 파손됐다. 나치는 이를 적색분자의 책략이라 공언하고는 공산당 지도자들을 체포했고, 그렇게 해서 반反공산주의의 분위기가 광적으로 치닫는 가운데 나치는 44퍼센트의 유권자 표를 얻었고, 이어 4년간 총리에게 독재적 권력을 부여하는 내용의 수권법授權法, Enabling Act을 조용히 통과시켰다. 10월에는 히틀러가 국제연맹 및 군축회담 탈퇴 여부를 국민투표에 부쳤다. 히틀러는 96.3퍼센트의 지지를 얻었다. 1934년 8월, 힌덴부르크가 세상을 떠나고 나자, 히틀러는 또 한 번 국민투표를 실시해 자신이 비상시의 전권과 함께 '총통 겸 제국총리'라는 새로운 당-국가의 직위에 올라도 좋을지 물었다. 이번에는 90퍼센트의 지지를 얻었다. 그래도 히틀러는 지킬 것은 지킨 사람이었다. 최고권력자의 자리에 오르는 마지막 행보에서도 그는 헌법은 한 번도 위반하지 않았다. 히틀러의 정권 장악에서 누구의 책임이 가장 큰지 따지기란 그리 어렵지 않다. 이 일이 있고 4년 뒤 히틀러는 한때 협력자였던 파펜을 베르히테스가덴에서 접견했다. 히틀러가 말했다. "파펜 선생, 당신이 날 독일 총리로 만들어준 덕에 독일에서 국가사회주의 혁명이 일어날 수 있었소. 당신 은혜는 절대 잊지 않겠소." 파펜이 대답했다. "지당한 말씀입니다. 총통 각하."[36]

히틀러의 민주적 승리는 민주주의가 진정 무엇인가를 드러내준 사건이었다. 민주주의는 그 자체로는 거의 아무 가치도 갖지 못한다. 민주주의는 그것을 이끌어가는 사람들이 어떤 원칙을 가졌느냐에 따라 선해지기도 하고 악해지기도 한다. 민주주의가 자유를 지향하는 관용적인 이들의 손에 들어가면 자유롭고 관용적인 정부가 탄생하고, 민주주의가 야만인들의 손에 들어가면 야만적인 정부가 탄생한다는 이야기다. 1933~1934년에 민주주의가 나치 정부를 낳은 것은, 당시 독일 유권자들 사이에는 깡패를 몰아내는 것을 가장 시급한 현안은 아니라는 문화가 팽배했기 때문이다.

아돌프 히틀러Adolf Hitler(1889~1945)는 오스트리아 태생으로, 그때껏 어떤 독일인도 오르지 못한 독일 전全 영역의 지배자 자리에 오른 인물이다. 히틀러는 바이에른 국경 근처의 브라우나우에서 세관 공무원의 아들로 태어났으며, 아버지가 서자라는 사실을 오명으로 안은 채 유년 시절을 보냈다(앙숙이었던 친구들은 히틀러를 [서자 아버지를 낳은 할머니 마리아 안나 시클그루버의 성姓을 따] '시클그루버Schickelgrüber'라 부르곤 했다). 히틀러의 인생 초반은 고생스러웠고, 이력 면에서는 그야말로 처참했다. 예술에 약간의 재능이 있었으나 예술가의 필수 과정을 밟지는 못했고, 따라서 빈의 여인숙들을 전전하면서 시간제 삽화가나 엽서화가로 생계를 이어갔다. 내향적이고, 성마르고, 고독했던 히틀러는 점차 빈의 사교계의 병리인 반反슬라브주의적이고 반유대주의적인 데미몽드demi-monde[보통 사람들로서는 이해하기 어려운 무모하면서도 유별난 행동으로 쾌락적인 생활스타일을 추구하는 사람들]의 기질을 농후하게 드러냈다. 그러다 히틀러는 뮌헨으로 거처를 옮기게 됐는데, 이때 터진 제1차 세계대전은 그를 불행에서 구해준 은총이나 다름없었다. 히틀러는 전쟁에 나가 용감하게 싸웠고, 덕분에 철십자훈장을 두 번이나(이등훈장과 일등훈장이었다) 받았으며, 전우들이 곁에서 죽어가고 그 자신은 가스를 들이마셨는데도 그는 끝까지 살아남았다. 종전 소식이 전해졌을 때 히틀러는 야전병원의 침상에 누워 심히 원통해했다. [랑에마르크]

히틀러의 전후戰後 정치 이력은 초기의 실패에서 비롯된 공백을 꽉 채워주었다. 그가 창설한 국가사회주의독일노동당NSDAP이 채택한 노선에는 세간에서 흔히 볼 수 있던 인종주의, 독일 민족주의, 저속한 사회주의가 고루 섞여 있었는데, 이런 기조가 처음에는 히틀러처럼 방황하는 이들, 나중에는 수백만 유권자의 마음에까지 가닿은 것으로 드러났다. 패전국 독일의 길거리 한 귀퉁이에 쌓은 비누상자 위에 올라서서 히틀러는 자신에게 웅변의 재능 즉 대중선동의 재능이 있음을 깨달았고, 연설을 하고 있는 동안만큼은 자신이 높다란 경지에 다다른 듯했다. 그는 자기 목소리의 강약과 박자를 조절하고, 몸짓으로 뜻을 전달하고, 득의에 찬 미소와 이글거리는 분노를 얼굴에 담아내는 법을 익혔으니, 이런 식으로 청중을 얼마나 홀렸던지 그의 말에 실제 담긴 내용은 거의 아무 의미가 없을 정도였다. 이 기술은 이내 조명등, 확성기, 합창단까지 더해져 그 효과가 배가되면서, 이에 비견될 것으로는 거의 최면술에 가까운 공연을 펼쳐 집단 히스테리를 이끌어낸 부흥회 목사들 혹은 후대 팝스타의 기술 외에는 달리 없을 것이었다. 히틀러의 격한 감정은 치욕을 당한 독일 민족의 정서와 잘 맞아떨어지는 구석이 있었다. 그는 '유대인 및 볼셰비키의 음모'와 '등에 칼을 꽂는 배신'에 대해 열을 올리며 사람들의 두려움을 십분 이용했다. 그도 한 차례 권력 탈취를 시도하기는 했으나 완전한 낭패로 돌아갔다. 1923년 11월에 일어난 '비어홀폭동'은 그가 '합법적 수단'—즉 대중의 결집, 선거 절차, 정치적 공감political blackmail을—을 고수해야 한다는 사실을 배우는 계기가 됐다. 히틀러는 재판정에서 판사들에게 신랄한 공격을 퍼부으면서 일약 전국적 유명 인사로 부상했다. 이후 란트스베르크에서 2년을 여유롭게 보내며 두서없이 장황하기만 회고록 《나의 투쟁Mein Kampf》(1925~1927)을 집필했으며, 향후 책은 베스트셀러가 됐다. 여기에 담긴 "아인 볼크, 아인 라이히, 아인 퓌러Ein Volk, ein Reich, ein Führer"("하나의 민족, 하나의 제국, 하나의 지도자[총통]")야말로 수많은 독일 민족이 듣고 싶어 한

바로 그 말이었다. 히틀러는 자신이 위대한 독일을 재건해 1000년 넘게 명맥을 이어갈 '제3제국Third Reich'을 건설하겠노라고 약속했다. 이 제3제국은 12년 3개월 명맥을 잇다가 막을 내렸다. 히틀러 자신이 한때 다음과 같이 말했다. "새빨간 거짓말 속에는 항상 일정 강도의 신빙성이 존재한다."

사생활 면에서 히틀러는 늘 자기 안에만 들어가 있는 듯했고, 생애 마지막 순간까지 결혼은 하지 않았다. 그는 동물과 아이들을 무척 좋아했으며, 매우 가정적인 성격의 연인도 있었다. 히틀러는, 그의 동료들이 젠체하기 좋아하는 촌뜨기 같았던 데 반해, 늘 정돈되고 세련된 차림을 했으며 예의도 발랐다. 히틀러가 제노사이드를 명한 것은 분명하지만(기록에는 남아 있지 않다) 히틀러 자신이 개인적으로 폭력에 연루된 일은 한 번도 없었다. 그러나 히틀러의 마음 안에는 늘 적의가 가득했다. 히틀러가 세상을 떠난 마지막 순간까지 그의 서재에는 프리드리히 2세의 초상화가 걸려 있었으며, 히틀러는 평소 프리드리히 2세의 이 말을 자주 인용하곤 했다. "나는 이제 인간을 좀 안다고 하겠는데, 개dog들이 더 좋다네."[37] 히틀러는 건축에도 열정을 쏟았다. 1920년대에 베르히테스가덴 인근 봉우리의 거대한 산장[별장] '베르크호프Berghof'는 그가 직접 지은 것이었다. 히틀러는 언젠가는 베를린의 빈민가에 재건축을 하고, 자신이 태어난 린츠를 유럽 예술의 중심지로 만들겠다는 웅대한 구상을 품기도 했다. 서유럽의 주석가들은 히틀러를 '사악한 천재evil genius'의 이미지로 키우는 데 성공했다. 그가 '사악'했다는 것은 정확히 맞지만, '천재'였는지는 잘 모르겠다. [보기]

국정의 키를 일단 손에 쥐자 히틀러는 잽싸게 움직이며 경쟁자와 반대파를 제거해나갔다. 성공으로 나아가기 위해서는 무엇보다 국가사회주의독일노동당 내의 사회주의 분파부터 척결해야 했으니, 이들 분파는 이미 제법 규합한 채로 '두 번째의 사회주의혁명'을 요구하고 있었다. 1934년 6월 30일 밤에 일어난 '장검의 밤Night of the Long Knives'(Nacht der langen Messer) 사건 때에는, 히틀러가 당에서 새로운 엘리트층으로 부상한 '검은셔츠단Blackshirts' 곧 친위대[슈츠슈타펠Schutzstaffel, SA]를 불러들여 얼마 전까지 당의 중추였던 '갈색셔츠단Brownshirts' 곧 돌격대(슈트룸압타일룽Sturmabteilung SA)를 소탕하라고 지시했다. 총통에게 당장이라도 대적할 가능성을 지녔던 모든 경쟁자가 일거에 제거되는 순간이었다. 이 숙청사건에서 제거된 이들로는 돌격대를 이끌던 에른스트 룀Ernst Röhm, 당내에서 사회주의 분파를 이끌던 그레고어 슈트라서Gregor Strasser, 의회 안에서 앞장서서 나치와 손 잡았던 쿠르트 폰 슐라이허Kurt von Schleicher 장군 등이 있었다. 1933년 히틀러는 독일공산당을 불법단체로 규정했고, 다른 정당들도 모두 해산시켰다. 이어 히틀러는 힌덴부르크 휘하에서 참모총장직을 맡으며 군부를 자신의 편으로 만든 뒤 자신이 믿지 못할 주요 인물들을 제거해나갔다.

여기까지 왔을 때 히틀러는 어떤 원대한 경제적 구상도 없었다. 어쨌거나 당시 독일은 러

보기|BOGEY

■ 1938년 3월 독일군이 오스트리아를 점령한 직
■ 후, 아돌프 히틀러는 독일군 제17군관구
Wehrkreis XVII의 지휘관에게 '사격연습target
practice'을 통해 될레르스하임Döllersheim 마을을
파괴하라는 지시를 내렸다고 한다. 주민들을 대피시킨
뒤 공동묘지를 포함해 마을의 모든 건물이 예정된 포
격으로 놀무더기가 됐다. 이 만행의 이면에는 히틀러
의 부친과 친할머니 마리아 아나 시클그루버Maria
Anna Schicklgruber가 있었던 것으로 추정된다. 두 사

해 총통을 치료했다. 위장에 가스가 차는 증상에 민감
했던 총통은 아트로핀atropine(유독성 알칼로이드로 항
경련제抗痙攣劑로 사용된다)과 스트리크닌strychnine(역
시 유독성 알칼로이드로 미소량은 신경자극제로 사용된다)
기반의 가스 방지 알약에 중독돼 이 약 역시 매일 많
은 양을 섭취했다. 모렐의 경쟁자들은 모렐이 몰래 총
통을 독살하고 있다고 게슈타포에 신고하려 했지만
소용이 없었다.[2]

군인들은 때로 뛰어난 직감을 보인다. 제2차 세계대전
당시 한 영국군이 〈보기 대령Colonel Bogey〉 행진곡
의 웅장한 박자에 맞춰 불후의 명곡을 만들었다.

람 모두 될레르스하임에 묻혀 있었고, 당시 히틀러는
부친의 어린 시절에 대해 알게 됐다. 게슈타포 보고서
에 따르면, 미혼의 젊은 프로일라인Fräulein(독일어로
혼인하지 않은 여성에게 붙이는 경칭) 시클그루버는 부유
한 유대인 가정의 가사를 돌보던 중에 히틀러의 아버
지를 임신했다. 히틀러가 보기에 이는 불편한 의미를
함축하고 있었다.

이외에 다른 많은 지표로 미루어 히틀러는 자신의 기
원, 혈통, 육체, 성격에 대해 강한 죄책감, 수치심, 자기
혐오를 억누르고 있었을 개연성이 충분하다. 이 상충
하는 증거를 그대로 믿지 않는다고 해도 히틀러는 '역
사심리학psychohistory'의 훌륭한 연구대상이라는 결
론을 내릴 수 있다.[1]

특히 흥미로운 점은 이 총통의 지독한 건강염려증
hypochondria이었으며, 이는 또한 전쟁 기간 그의 정
신 상태에 관한 중요한 단서가 될 수도 있다. 히틀러는
1936년부터 1945년까지 다소 미심쩍은 의사 테오 모
렐Theo Morell을 전적으로 신임했다. 이 의사는 다량
의 포도당, 비타민, 흥분제, 식욕항진제, 이완제, 진정
제, 신경안정제 등을 주로 정맥주사로 끊임없이 투여

히틀러의 고환은 하나지
괴링은 두 개지만 너무도 작지.
힘러는 더 작지.
하지만 게르발스(괴벨스)는 고환이 하나도 없다네.[3]

여기서 주목해야 할 점은 20년 뒤 소련 당국이 총통
의 부검 기록으로 추정되는 문서를 공개했을 때 총통
이 "왼쪽 고환이 없었다"고 적혀 있었다는 사실이다.[4]
이 기록은 KGB의 조작일 가능성이 있었고 진짜 총통
의 부검 기록이라는 다른 증거는 없다. 그러나 일부
역사학자들은 이를 진지하게 받아들였다. 그들은 선
천적으로 고환이 하나인 경우는 드물다는 이유로 히
틀러가 자신의 고환을 직접 거세했다는 결론을 내렸
다.[5] 이 미스터리는 1990년대에 KGB 기록이 공개된
뒤에도 풀리지 않았다.

그러나 이러한 관측은 물리적 증거에서 끝나지 않는
다. 히틀러의 행동 가운데 수많은 측면은 그 조용한
겉모습 속에 무언가가 감춰져 있음을 암시한다. 히틀
러는 자신의 앞에서 성性적 이야기가 오가는 것을 철
저히 금지했다. 그는 근친상간에 깊은 두려움이 있었

으며, 모든 종류의 '타락'에 혐오감을 표했다. 다소 모순적 증거로 유추해볼 때, 히틀러의 성생활은 완전히 승화됐거나 추악하게 왜곡됐거나 둘 중 하나였다. 히틀러의 화려한 시작에는 늘 패배감이 깃들어 있었다. 또한 그는 여러 번 자살을 고민했다. 그는 정치적 의례를 자주 가졌지만 이와 관련해서도 다양한 사이비 종교적 가톨릭 패러디에 탐닉했다. 무엇보다도 그는 역사든 독일 민족이든 혹은 신이든 자신을 '가치

Frederick J. Ricketts(본명 케네스 J. 앨퍼드Kenneth J. Alford)가 1914년 작곡했으며, 영화 〈콰이강의 다리〉(1957)에서 편곡돼 유명한 휘파람 곡조로 쓰이기도 했다.)

자조가 자찬보다 더 건강한 기제임은 말할 필요도 없다. 제1차 세계대전 당시 영국군은 또 다른 웅장한 곡 〈그린란드의 얼음산에서Greenland's Icy Mountains〉의 침울한 곡조에 맞춰 다음과 같이 노래하며 행진했다.

있게würdig' 여긴다는 점을 끊임없이 역설하려 애썼다. 히틀러의 안에서 끓어오르던 자기혐오가 노골적 증오심에 불을 붙여 히틀러로 하여금 이를 유대인, 슬라브족, 공산주의자, 동성애자, 집시, 그리고 결국에는 독일에까지 투사하게 했다고 유추할 수도 있다. ("보기 대령"은 골프 치는 사람의 실력을 평가하는 상상의 표준상대standard opponent를 지칭하는 것으로, 그라운드 스코어가 들쑥날쑥한 것을 "(말 안 듣는 어린이를 잡아간다는) 유령/도깨비/무서운 사람" 또는 "골칫거리"를 뜻하는 "보기맨(부기맨)bogeyman에 빗댄 데서 그 이름이 유래했다고 많이 알려져 있다. 영국 육군 군대 악단장 프레더릭 J. 리케츠

우리는 프레드 카노의 군대, 우스꽝스러운 보병대.
우리는 싸울 수 없어, 총을 쏠 수 없어.
우리는 아무짝에도 쓸모가 없지.
베를린에 가면 카이저는 이렇게 말할 거야.
'호흐! 호흐! 마인 고트!!' 이 웬 오합지졸인가
한심한 영국 보병대![6]

[1행의 프레드 카노Fred Carno는 당대 인기 서커스단의 소유주였다.] [5행의 "호흐! 호흐! 마인 고트Hoch! Hoch! Mein Gott"는 "만세! 만세! 신이시여!!(맙소사!!)" 정도의 의미다.]

시아가 했던 식으로 현대화를 이룰 필요는 없었다. 그러나 이내 히틀러는 독일에 집산주의集産主義 경제학coloectivist economics이 필요하다고 느꼈고, 제국은행 총재 얄마르 샤흐트Hjalmar Schacht 박사가 이와 관련해 준비해둔 안을 내놓았다. 히틀러를 지원했던 산업부문 인사들은 행동을 요구하고 있었고, 히틀러는 그 조치라면 곧 신용과 고용이 창출될 것이라 생각했다. 샤흐트가 내놓은 구상은 케인스식으로 재정을 관리하되 산업과 농업 부문에 국가가 전면적 지원을 아끼지 않는다는 것이었다. 이와 함께 노동조합은 설 자리를 잃고 나치당의 노동전선이 그 자리를 대신했다. 이제 파업은 불법으로 규정됐다. 새로이 만들어진 정책의 목표는, 미국의 뉴딜정책과 마찬가지로, 국가의 자금 지원을 통한 일자리 창출 프로그램을 통해 완전생산 및 완전고용

을 이룬다는 것이었다. 독일의 아우토반Autobahn 건설(1933~1934), 폴크스바겐Volkswagen의 자동차 생산 개시(1938), 무엇보다 재무장 작업이 대표적 사업으로 손꼽혔다.

당시 나치즘이 독일 산업과 맺고 있던 관계는 가장 뜨거운 논쟁거리를 일으키는 화두다. 이와 관련한 한 가지 표준적 해석은, 공산주의 학자들이 꽤 선호하는 것으로, '경제 최우선'에 중점을 둔다. 이 학설에 따르면, 독일에서는 단순히 좌파 제거를 목적으로 한 단기적인 정치적 방침만이 아니라 장기적인 전략적 정책까지 모두 대기업의 이해관계가 결정했다. 독일이 동쪽으로 세력을 확대한 것은 아마도 원료와 원유 등을 안정적으로 확보하고, 산업계에 값싼 노동력을 대주기 위해서였을 것이라는 주장이다. 이와 상반되는 해석에서는 '정치 최우선'을 내세운다. 이 학설에 따르면, 히틀러는 권좌에 오른 뒤 이내 기업가들이 제공하는 보호막을 내던지고 민간산업에 대한 균형추로서 국영 부문을 발달시켰다. 1936년 이후의 변화들 즉 4개년 경제계획 도입, 경제 최고자문이었던 샤흐트의 교체, 국영철강회사 '헤르만괴링제국제철Reichswerke Hermann Göring'의 지위 격상은 모두 정치 최우선 학설과 잘 일치했다. 둘 사이에서 중도를 취하는 관점에서는 국가사회주의독일노동당, 군부, 산업계라는 '권력의 삼각구도'가 얽히고설킨 채 함께 변화해갔다고 본다.[38] 군사적 재무장은 정치적 이유 및 심리적 이유 모두에서 중요했다. 한때 인위적 조치에 따라 축소돼야만 했던 독일의 군사산업은 이 무렵 매우 빠른 속도로 예전의 규모를 회복했다. 1993년 이후 크루프Krupp사의 총매출이 급증한 것이 그 일례였다. 군사 재무장은 상처가 깊이 팬 독일의 자존심을 치유하는 길이기도 했다. 독일은 군부도 설득해, 1935~1936년에는 징병제를 재도입할 수 있었다. 히틀러는 이 무력을 어떻게 사용할지 정확한 구상을 갖고 있지는 않았다. 다만 독일인들에게 그의 웃옷 아래 장전된 총이 있음을 넌지시 알리는 것이 편리했다.

농업은 나치의 관심사가 아니었다. 나치가 협동조합 구성을 위해 안을 내놓기는 했다. 그러나 이 안이 추진하려 했던 것은 국가에서 정한 농산물 가격을 보장하고, 그것을 통해 농민들의 삶을 안정되게 만든다는 것이었다.

부드럽게 표현하면, 나치의 이데올로기는 그렇게 정교하지는 않았다. 히틀러에게는, 스탈린과는 달리, 곡해를 통해서라도 자신의 목적을 달성하게 해줄 당 차원의 사상 집적이 없는 상태였다. 히틀러의 유일한 저작 《나의 투쟁》은 독일인 가정의 서가에는 반드시 한두 권쯤은 꽂혀 있었지만, 책에는 일관된 발상 고작 두어 개뿐 독창성이라곤 하나도 없었다. 그나마 헤렌볼크Herrenvolk(지배민족)의 존재 상정부터 독일인의 레벤스라움(생활권) 권리까지의 논지 전개 사슬이 그의 사상에서 가장 중요한 부분이었다.

히틀러는 인종 간 위계질서를 당연하게 받아들였다. 인류를 그는 "문화 창시자culture founder" "문화 담지자culture bearer" "문화 파괴자culture destroyer"로 분류했다. 오늘날 "인류가 이룩한 문화 발전을 담지하는 이"들은 '아리아인the Aryans'이었다. 그리고 "이 아리아인에 맞서는 가장 막강한 힘을 가진 자는 유대인이었다." 유대인은 토트파인트Todfeind(불구대천의 적)였다. 이때 히틀러는 아리아인을 정확히 규정하지 않았을뿐더러, 아리아 인종에 속하는 민족 사이에 위계를 정하지도 않았다. 이 문제를 논한 장은 어떤 것들은 하도 명백해 설명조차 필요가 없다는 구절로 시작한다.[39] 히틀러는 "인종적 순혈성racial purity"의 "철의 논리"도 믿었다. 그는 "아리아인의 피가 그보다 하위 인종에 속하는 이들의 피와 섞이면 어김없이 개화된 민족은 종말을 맞고 말 것"이라고 했다. 또 "과거 존재했던 모든 위대한 문화는 패혈증에 걸려 [⋯] 비명에 갔다"라고도 했다.[40] 히틀러는 어떤 민족이 건강한지는 그 민족이 살아가는 영토의 가치에 달렸다고 믿었다. "이 지구 위에서는 적당한 크기의 영역을 확보하고 살아가는 것만이 한 민족이 누리는 존재의 자유를 보장해준다." "순민족국가folkish state의 대외정책은 반드시 [⋯] 그 국가의 인구수, 영토의 양, 영토의 질 사이에서 건전한 비례를 만들어내야 한다."[41]

독일의 이웃국들은 식민지를 통해서든 아니면 러시아처럼 스텝지대 정복을 통해서든 이미 꽤나 많은 영토를 차지하고 있었던 만큼, 독일은 동쪽에 인접한 땅들을 강탈하는 식으로 경쟁을 벌여나가는 수밖에 없었다. "남쪽과 서쪽을 향해 끝없이 나아가던 게르만족의 이동을 이쯤 멈추고, 이제는 동쪽 땅으로 시선을 돌려야 한다."[42] 독일이 폴란드와 우크라이나까지 영토를 넓힐 수 있다면, 러시아와 각축을 벌일 힘만이 아니라 독일의 또 다른 "불구대천의 적"인 프랑스를 제압할 힘까지 얻을 것이었다. 생존을 위한 이 투쟁에서 히틀러는 독일이 불리한 입지에서 싸움을 벌이게 될 것이라 믿었다. "독일은 절대 세계의 강국이 아니다"라고 히틀러는는 통탄하듯 말했다. "독일이 세계 강국이 되거나, 독일이라는 나라가 아예 존재하지 못하게 되거나 둘 중 하나다."[43]

독일의 공공연한 인종주의의 한편에는 종종, "군집의 본능the herd instinct"이라는 모호한 말로 표현되는 집단주의적 교조가 따라다녔는바, 그것은 마르크스주의에 담긴 함의와는 전혀 달랐다. 자신이 전전戰前 독일사회민주당SPD의 마르크스주의에 진 빚을 히틀러는 다음과 같이 표현했다.

> 나는 사회민주주의가 어떤 면에서 실패했는지 논리적으로 의견을 개진하지 않으면 안 됐다. [⋯] 국가사회주의는, 마르크스주의가 민주주의적 질서와 맺고 있는 터무니없는 관계를 완전히 청산했을 때 마르크스주의가 갖게 될 모습일 것이다. [⋯] 우리가 왜 굳이 은행이나 공장을 사회화하며 고생해야 하는가? 우리는 인간을 사회화하면 그만이다.[44]

최근 연구에 따르면, 히틀러는 젊은 시절 마르크스주의 저작들을 익히 알고 있었으며, 오스트리아 사회민주주의자들이 주도한 열성적 집회에 커다란 감화를 받곤 했다.[45] 히틀러는 아마도 머리로 아는 것보다 더 많은 것을 몸으로 빨아들였던 것 같다. 나치당은 강력한 지적 전통은 갖지 못했으나 이들이 말로 떠들지 않았다고 해서 이들이 사회주의의 가장 초기 형태를 자신들의 영역 밖에 둔 것은 아니었다. (독일의) 노동자를 위해 세계 최초로 노동절May Day을 국경일로 지정한 것도 나치당이었다.

나치가 추진한 정책들은 이런 극소수의 불안전한 전제들을 토대로 무척이나 합리적인 방식에 따라 도출됐다. 히틀러의 인종주의적 민족주의는 즉각 반유대주의 조치들이 도입되는 결과로 이어졌다. 유대인들은 공직에서 쫓겨났고 독일 시민권도 박탈당했다. 유대인 상인들을 상대로 공식적 불매운동이 전개됐으며, 유대인과 비유대인 사이는 결혼도 성관계도 금지됐다. 이와 같은 조치들을 가장 명확히 담고 있던 것이 1935년의 뉘른베르크법Nürnberger Gesetze이었다. 나치들은 애초부터 정신적, 유전적 장애가 있는 사람들의 안락사를 찬성하고 독일인의 대단한 모성애로 자식을 여럿 낳는 사람에게는 보상을 해주었다. 사회적 측면에서 나치당원들은 귀족, 장교단, 교수, 길드처럼 기존의 상위 지배층은 하나같이 경멸했다. 그 대신 수치심도 이견도 없이 나치를 위해 복무할 각오가 돼 있는 사람이면 누구나 나치당 및 국가기관 상층부의 직위가 주어졌다. 따라서 이 시기 독일의 공직은 독일 각지 도시와 촌락에서도 가장 천박하고 자격 미달에, 욕심 많은 이들로 채워졌다. 양계사업에 실패한 후 친위대 대장이 된 하인리히 힘러Heinrich Himmler나 몸집이 불어 더는 조종간에 앉을 수도 없었던 전직 조종사 출신의 제국원수 헤르만 빌헬름 괴링Hermann Wilhelm Göring 같은 이들이 독일의 우상으로 통했다.[46] 소련에서 한참 몸을 불려가고 있던 스탈린주의 관료제에 견줄 만한 또 하나의 사례가 여기에도 있는 셈이었다.

나치즘도, 스탈린주의와 마찬가지로, 공식적 허구를 만들어내는 데에 강했다. 나치의 프로파간다는 생경한 개념들을 숱하게 실어 날랐다. 히틀러는 프리드리히 대왕과 비스마르크가 새로 태어난 것이었다. 나치는 게르만족의 신들과 독일기사단의 계승자였다. 제3제국은 당연히 신성로마제국이나 호엔촐레른가의 대를 잇는 곳이었다. 자유롭게 하나로 단결한 독일인은 이제 자신들이 조국에 무한한 애정을 갖고 있음을 알고, 학문과 예술에 무한한 기쁨을 느끼며, 해방 여성을 더없이 자랑스러워하고, 배신자와 적에게는 처절한 복수를 다짐하는 이들이었다. 이 모든 것이 독일 국민들에게는 이제 무척이나 친숙했다. 히틀러에 대한 개인숭배는 끝을 몰랐다. 총통은 아름답고, 지혜롭고, 선한 모든 것을 체현하는 존재였다.

대부분의 나치 지도자에게는 신앙이 없었다. 히틀러 자신부터 가톨릭을 믿었다 저버렸다. 나치당원들이 받든 의례는 현대의 종교보다 고대 게르만족의 우상숭배에서 더 많은 것을 빌려왔다. 따라서 나치로서는 기독교도가 여전히 압도적 다수를 차지하고 있는 독일 민족과의 사이에서 어떤 식으로 관계를 설정해나갈지가 커다란 고민거리였다. 대체로 신학적 쟁점들은 무시하고 넘어갔다. 그러나 1933년 7월에는 히틀러가 가톨릭교도들의 마음을 달래겠다며 바티칸과 협약을 하나 맺으니, 고위 성직자가 정치 개입을 중단한다면 그 대가로 독일 교구에 자율성을 보장해주겠다는 것이었다. 이 타협에 따라 빈의 대주교 테오도어 인니체르Theodor Innitzer 같은 고위 성직자는 자신들도 나치의 목표에 뜻을 함께하겠다고 선언했다. 그러나 이러한 행보에도 바티칸은 결국 1937년 〈미트 브레넨데르 조르게〉(심각한 우려를 표하며)를 발표하는 한편, 독일 내의 모든 가톨릭 성당들에서도 나치의 이데올로기를 비난하는 이 회칙을 낭독하도록 했다. 1935년에는 히틀러가 프로테스탄트를 관리한다는 명목으로 국가의 통제를 받는 프로테스탄트교회연합Union of Protestant Churches의 창설을 발표했다. '독일인 기독교도'들을 위한 운동을 새롭게 추진하려는 노력도 일어나, 제국주교 루트비히 뮐러Ludwig Müller의 주도로 나치의 스바스티카swastika(나치의 상징인 갈고리 십자)가 교회의 십자가를 포옹하는 식으로 전개됐다. 1933년 11월 베를린에서는 이들 가짜 기독교도 나치 대리인들이 베를린에서 '영웅 예수 그리스도'를 기리는 시위를 기획하기도 했다. 종국에 가서 종교와 무종교는 최대한 공존해나가는 수밖에는 없었다.

억압과 테러의 영역에서 나치는 습득이 빨랐다. 나치당의 갈색셔츠단이나 검은셔츠단이나 사기, 협박, 범죄에 기반을 탄탄히 두기는 마찬가지였다. 그러나 다른 한편에서 보면, 독일 레히츠슈타트Rechtsstaat(법치국가)의 맨 꼭대기에서 군림하던 나치는 모스크바 오프리치니키oprichniki(Опричники, 친위대)의 정치처럼 500년의 전통은 갖고 있지 못했다. 독일의 사회 통제 구조도 소련만큼 완벽하지 못했다. 고용 분야를 국가가 완전히 독점하지도 않았고, 집단화가 이루어진 시골 지역 역시 찾아볼 수 없었다. 또한 1944년까지 독일 국방부 안에는 당 세포party cell나 인민위원도 일절 찾아볼 수 없었다. 이 모든 사실은 나치 특유의 스타일을 설명해주는 데 일정 부분 도움이 되니, 나치는 구조적 약점을 메우기 위해 세심하게 계획된 잔혹한 만행을 동원할 수밖에 없었다. 나치가 잔혹성을 대대적으로 선전해야만 했던 것도 다른 이유에서가 아니라 나치가 그 외에 더 정교한 통제 수단들을 갖고 있지 못할 때가 많기 때문이었다.

독일제국의 공안기구들은 소련과는 달리 괴물처럼 비대해진 적이 없었다. 친위대 슈츠슈타펠Schutzstaffel(SS, 친위대)과 비밀국가경찰 게슈타포Gestapo 모두 나치당이 기존의 군사력과 경찰력을 보충하기 위해 활용한 것들이었다. 그런데 이 두 기구는 모두 소련의 내무인민위원회NKVD가 부여받은 것만큼의 힘을 갖지는 못했다. 1934년에는 뮌헨 근방 다하우에도 강제수용소가 하나 문을 열었으나, 1930년대 후반에는 이 수용소 안의 죄수들은 그 수가 점차 줄고 있었다. 종래의 사법체계가 관할했던 일들은 점차로 나치가 운영하는 인민법정 및 인민재판에서 도맡게 됐다. 그래도 독일에서는 대대적인 공포가 일상은 아니었다. 독일 국내에서도 나치의 폭력은 예상가능한 수준을 넘어서지 않았다. 독일인은 나치에 순종하기만 하면 얼마든지 별

탈 없이 살아갈 수 있었다. 독일의 유대인의 경우에는 기소를 당하거나 추방당한 이들만 약 50만 명에 이르렀다. 1938년의 '크리스탈나흐트Kristallnacht'(깨진 수정의 밤Night of Broken Glass) 사건 때에는 250여 개의 시너고그(유대교회당)와 수만 개의 유대인 상점이 파괴를 당해 독일 전역에 심각한 피해와 우려를 낳았다. 그러나 '최종 해결책Final Solution'이 미리 계획된 일은 아니었던 것 같다. 훗날 이용한 살육 기술 및 시설들을 독일제국은 전쟁 발발 이전에는 전혀 갖고 있지 않았다. 나치가 과연, 자신들에 비해 훨씬 연륜도 깊고 규모도 컸던, 소련의 이런 공포 기제를 얼마나 모방했는가는 아직 확실히 결론이 나지 않은 문제다.

나치즘을 이론적으로 어떻게 분류할 것인가는 정치학자들이 심히 고민에 고민을 거듭하는 문제다. 일부는 해나(한나) 아렌트Hannah Arendt를 주종해 나치즘이 전체주의의 일파였다는 견해를 받아들이는 한편, 에른스트 놀테Ernst Nolte를 추종하는 이들은 나치즘을 '파시즘의 세 얼굴'의 하나라고 여기며, 그와는 또 달리 나치즘을 굳이 특정 분류에 넣지 않고 수이 제네리스sui generis(독자적) 운동으로 보고자 하는 이들도 있다.[47] 어떤 범주를 택하느냐에 따라 나치즘은 이러한 평가 중 어느 하나 또는 전부에 속하거나, 혹은 그 어디에도 속하지 않았다. 마지막 남은 나치까지 끝내 몰락하고 아직 50년도 채 흐르지 않아서인지, 아직까지 개인적 원한, 정치적 편향, 혹은 승리자증후군에 강하게 휘둘리는 분석가들을 많이 볼 수 있다. 이 지면에 나의 개인적 견해를 밝혀도 좋다고 하면, 나치즘은 그저 현대에 일어난 가장 역겨운 운동이었다고 말하는 것으로 충분할 것 같다. 나치즘이 지향했던 유토피아의 이상들은 나치가 이끈 독일제국의 현실만큼이나 추악했다.

유럽은 대공황으로 만신창이가 된 채 스탈린과 히틀러의 도전에 응해야 하는 열악한 상황에 있었다. 서구 열강은 국내 정세 해결에 여념이 없었다. 미국은 존재감이 없었다. 중동부유럽East Central Europe의 국가들은 힘도 없고 분열돼 있었다. 집단안보에 대한 구상이 제기되던 그때, 유럽의 관심은 스페인내전(1936. 7~1939. 4)에 쏠려 있었다.

대大전쟁이 종료된 시점에 영국은 본토 및 제국의 주요 현안을 해결하느라 밖으로 눈을 돌릴 겨를이 없었다. 영국으로서는 아일랜드, 인도, 팔레스타인에서 일어나는 위기들만으로도 힘에 부쳤다. 노동당 정부가 두 번이나 집권한 뒤였는데도, 국내의 노동 문제는 악화일로를 걸었다. 1926년 5월 총파업이 일어났고, 공산주의 언론 《데일리워커Daily Worker》(1930)가 발간되기 시작했으며(영국공산당이 창간했고, 지금의 《모닝스타Morning Star》다), 노동당이 거국내각 수립을 명분으로 수장이었던 제임스 램지 맥도널드James Ramsay MacDonald를 축출했고(1931), 오즈월드 모슬리Oswald Mosley 경이 이끄는 영국파시스트연합British Union of Fascists이 탄생했으나 (1932) 그러고도 실업자는 300만 명에 육박했다. 보수당 정부는 처음에는 스탠리 볼드윈Stanley

Baldwin이 이끌다가, 나중에는 안정과 훌륭한 국정 운영을 내걸고 1937년부터 네빌 체임벌린Neville Chamberlain 총리가 이끌어갔다. 뮌헨위기(1938. 9) 이전에 보수당 정부가 떠안은 가장 큰 골칫거리는 한창 나이의 국왕이 미국인 이혼녀와 사랑에 빠져 급기야 퇴위까지 감행한 것이었다(원저공 에드워드 8세와 월리스 심프슨이 1937년에 결혼한 일을 말한다). 그러는 가운데서도 엄청난 사회적·기술적 발전도 줄을 이었으니, BBC가 방송을 시작했고(1922), 가족계획이 시행됐고(1922), 모든 여성에게 보통선거권(21세 이상 모든 성인에게 보통선거권)이 주어졌고(1928), 보급판 도서paperback book가 나왔고(1935), 텔레비전(1926), 페니실린(1928), 제트엔진(1937) 등이 발명됐다. 세계대전을 겪고 장년에 접어든 영국의 세대는 자신들 생애에 고생은 이 정도면 충분하다고 느꼈다. 유럽 대륙에 전운이 덮이는 일만은 부디 다시는 없어야 할 것이다.

프랑스는 유럽 대륙의 문제에서 발을 뺄 형편이 아니었다. 1920년대에 프랑스의 정책이 가장 우선시한 것은 안정 확보였고, 이를 위해 독일에는 강경노선을 취하되 동쪽에는 '소협상Little Entente'을 두는 것이 전략의 일환이었다("소협상小協商, Petite Entente"은 제1차 세계대전 후 체코슬로바키아·유고슬라비아·루마니아 3국이 국경을 유지하기 위한 목적으로 맺은 동맹으로, 프랑스는 이들 동유럽 국가와 조약을 체결해 동맹을 지원했다). 그러나 얼마 뒤 프랑스는 주안점을 급히 변경하게 된다. 1930년대에 들어서자 프랑스령 알제와 인도차이나 사이공(지금의 호찌민)은 경제가 활황기에 접어든 반면, 프랑스 국내는 대공황의 여파로 노동 문제가 전면으로 떠올랐다. 에두아르 달라디에Édouard Daladier(1884~1970)는 급진파 사회주의자로 총리직을 세 차례(1933. 1~10, 1934. 1~2, 1938. 4~1940. 3)나 지냈지만, 정략적으로 연립내각을 교체한 것과 함께 스타비스키사건Stavisky Affair(1934)이 터지면서 대다수 국민으로부터 환멸을 샀다("스타비스키사건"은 금융가 알렉산드르 스타비스키Alexandre Stavisky가 연루된 횡령사건으로 정치적 스캔들을 낳았다). 이로써 프랑스의 정치적 견해들은 양쪽으로 극명히 대립된 가운데, 프랑스공산당Parti Communiste Français도 악시옹 프랑세즈Action Française("프랑스의 행동." 반反공화주의 극우파 단체)도 혼란을 가중시키기는 마찬가지였다. 당시 유럽 정세에서 프랑스군이 수동적 태도로 일관했다는 생각이 굳어지는 데에는 앙드레 마지노André Maginot 곧 1929~1932년 프랑스 국방장관이자 프랑스 동부 국경을 따라 대규모 요새를 조성하는 데 앞장선 인물의 이름이 빠지지 않게 됐다. 그러나 이는 전적으로 온당치 못한 처사였다. 나중에 영국이 비난했던 것과는 달리 당시 프랑스군은 싸울 의지가 없었던 게 아니었다. 프랑스는 영국군의 주력이 부재한 상황에서 홀로 독일에 맞서 싸울 마음이 선뜻 나지 않았고, 초반 공세를 가로막은 여러 조직적 계획에도 발목이 잡혀 있었다.

1930년대에 스칸디나비아는 다행히 전략적 긴장관계의 영역에서 벗어나 있었다. 철강산업의 불황으로 커다란 타격을 입기는 했지만, 스웨덴은 사회민주당의 주도로 세계에서 가장 포괄적인 사회복지 체계를 구축해 위기에 대응해나갔다. [소키알리스]

그에 반해 중동부유럽은 점차 커지는 폭풍의 눈에 들어 있었다. 이들 국가의 지도자들은 한쪽에서는 히틀러를 다른 한쪽에서는 스탈린을 예의 주시하느라 하루도 마음 편한 날이 없었다. 1920년대에 프랑스의 주도로 행해진 안보 조치들은 확실히 심각한 결점들을 안고 있었다. 이른바 코르동 사니테르cordon sanitaire(방역선防疫線)도 애초에는 소비에트러시아를 견제할 국가들을 한데 결집하려 만들어진 것이었으나, 이를 위한 실질적 조치들은 일관되게 시행되지 못했다. '소협상'에는 세를 회복한 헝가리를 봉쇄하기 위해 체코슬로바키아와 루마니아, 유고슬라비아가 합류한 상태였는데 폴란드가—중동부유럽에서 가장 큰 국가였다— 빠져 있었던 데다, 1934년부터는 루마니아·유고슬라비아·그리스·터키로 구성돼 발칸협정Balkan Pact이 따로 성사돼 세를 겨루었다. 서구 열강은 결단력 면에서 절대 높은 명성을 자랑하지 못했다. 1920년 붉은 군대가 바르샤바를 공격했을 때에도, 서구 열강은 지원군을 보내기는커녕 상대 국가가 요구하지도 않은 사절단부터 서둘러 파견한 바 있었다. 1934년 파리에서 폴란드의 유제프 피우수트스키 원수가 예방 차원에서 나치 독일을 상대로 전쟁을 치르는 것이 어떻겠냐는 의견을 신중하게 내비쳤으나, 반응을 보인 국가는 하나도 없었다. 서구 열강은 폴란드와 같은 신생국을 중심으로 동유럽 정책을 전개해나갈 것인지, 아니면 한 번도 실행된 적은 없지만 서유럽에 호의적으로 나오는 볼셰비키 이후의 러시아를 중심으로 정책을 전개할지조차 결정을 내리지 못했다. 그러다 1935년 이후 스탈린에 대한 두려움보다 히틀러에 대한 적의가 더 높아지면서, 서구 열강은 늑대를 길들이기 위해 하이에나에게 눈을 돌리게 된다.

중동부유럽에서는 1930년대에 발생한 국제적 차원의 위기에서 국내 정세가 타격을 받지 않을 수 없었다. 공산당은 이제 대체로 불법으로 규정돼 체코슬로바키아를 제외하고는 대중에게서 거의 지지를 받지 못했다. 그러나 민족주의 진영에서 반항을 유발하는 데에 공산당이 중요한 외부 자극제가 된 것은 사실이었다. 히틀러는 폴란드·체코슬로바키아·루마니아의 독일계 소수 인종을 자극하지는 않았지만, 다른 민족주의자들이 자신을 따라하도록 부추겼다. 그 과정에서 독재는 강화됐고, 군사 예산은 치솟았으며, 장교 계급의 정치적 역할은 늘어났다. 민족주의를 비롯한 모든 종류의 인종 간 갈등도 격심해졌다.

일례로, 폴란드에서는 히틀러와 스탈린의 힘이 지척에서 미치고 있음을 모든 방면에서 감지할 수 있었다. 피우수트스키 원수는 1932년에는 소련, 1934년에는 독일과 불가침조약을 체결해 '두 개의 적 독트린doctrine of two enemies'으로 요약되는 중립노선을 추구했다. 폴란드공산당은 1918~1920년만 해도 폴란드 독립을 반대하다, 이즈음에는 국제주의와 함께 트로츠키의 노선을 채택했다. 유대인이 주류를 이룬 폴란드의 공산당 지도부는 스탈린의 숙청 때에 집단으로 처형당했다. 또 다른 극단에서는, 국가 민주주의 운동이 낳은 파시스트 분파인 팔랑가Falanga(국민급진기지 팔랑가, 루흐 나로도보 라디칼니-팔랑가Ruch Narodowo Radykalny-Falanga)가 활동을 금지당했다. 제각기 호전성을 띤 민족주의 결사조직이 소수민족들 내부에서 생겨났다. 일례로 우크라이나민족주의자단OUN(Організація українських націоналістів, ОУН)이 생겨나 테러에 가담했으며 가혹한 방법으로 농민들 사이의 분위기를 조용히 가라앉히곤 했다. 시온주의가 유대인 공동체 안에서 빠르게 확산해, 베타르Betar(베이타르, Beitar) 같은 '수정주의자' 집단들로부터 메나헴 베긴Menachem Begin이나 이츠하크 샤미르Yitzak Shamir 같은 호전파가 배출돼 향후 도처에서 활약하게 된다. 독일계 소수인종 사이에서는 나치 제5열Nazi Fifth Column이 조직됐다. 이들 집단의 활동은 하나같이 서로 간의 적의에 한층 불을 지폈다. 1935년 유제프 피우수트스키가 세상을 떠난 이후로는, 이른바 '대령들의 정부Government of Colonels'가 국민통합캠프Obóz Zjednoczenia Narodowego, OZON를 결성해 이탈 세력을 저지하려 각고로 노력했다. 그러나 주류 반대파 인사들은 이미 세력을 규합하고 있었다. 브와디스와프 시코르스키Władysław Sikorski 장군은 스위스에 망명 중이던 이그나치 얀 파데레프스키와 힘을 합쳐 반정부 성향의 전선모르주Front Morges을 결성했다. 비록 뒤늦은 감은 있으나 군사개혁과 함께, 국가 경제계획의 형태로 재무장 작업에도 역점이 두어졌다. 외무장관 유제프 베크Józef Beck 대령은 중립 정책을 계속 밀고 나갔지만, 서구 열강은 그가 스탈린과 손 잡기를 바랐던 만큼 폴란드의 이런 중립을 달가워하지 않았다. 그러나 주변의 약소국에 대해서는 베크도 민족주의의 기치를 올리긴 마찬가지였다. 그는 1919년에 체코에 무력으로 강탈당한 자올지에Zaolzie(폴란드어명 치에신Cieszyn)에도 눈독을 들였다. 1939년 초반, 그는 리투아니아에 퉁명스러운 최후통첩을 보내, 전시나 다름없는 현 상황을 종결짓겠다고 단언했다. 폭력사태는 거의 일어나지 않았지만, 폭력의 위협이 도처에 도사리고 있었다.

이때에도 폴란드의 유대인 공동체는 —유럽에서 가장 큰 규모를 이룬 채— 생애의 마지막 여름날들을 만끽하고 있었다. 그러다 공동체는 1930년대 후반 들면서 자신들의 미래가 어찌 될지 불안해하게 되는데, 독일에서 도망쳐 나오거나 혹은 추방당하는 유대인들이 급증하자 특히 그런 불안을 떨치기 어려웠다. 유대인이 교육·자치·법률·고용 면에서 다양한 형태의 괴롭힘을 당하는 일이 늘고는 있었으나, 나치가 광란에 빠져 유대인에게 행했던 일들과 비교하면 그런 것들은 아무것도 아니었다. 누구든 이 시기 유대인 공동체를 기록해놓은 사진이나 자료들을 본다면, 그 안에 담긴 유대인의 다채롭고 활기 넘치는 모습이 인상 깊게 다가올 것이다. 유대인 거주지 카할kahal은 오롯이 자치를 누렸다. 다양한 색채(경향)의 유대인 정당들도 자유롭게 활동했다. 유대인 영화스타는 물론 유대인 권투 챔피언, 유대인 여성의원, 유대인 백만장자도 찾아볼 수 있었다. 더러 말하듯이, 폴란드에서 살던 유대인들이 이 무렵 "멸절 직전on the edge of destruction"에 있었다는 것도 충분히 맞는 말이다. 그러나 이런 표현은 분명 역사를 역으로 되짚을 때에나 나올 수 있는 말이다.[48]

이 시기 체코슬로바키아는 민주주의로 명성이 높아, 체코의 민주주의는 독일인, 슬로바키아인, 헝가리인, 폴란드인, 루테니아인 등 국내의 소수인종보다 해외에서 더 커다란 칭송을 받았다. 고도로 산업된 상태에서, 진정한 공산주의 운동이 일어난 국가는, 더 나아가 혁명의 도덕적 기반을 러시아에서 찾을 수 있으리라 기대한 국가는 이 체코슬로바키아밖에 없었다. 위대한 토마시 가리구에 마사리크Tomáš Garrigue Masaryk(1850~1937)가 오랜 기간 대통령직에 재임하는 동안(1918~1935) 체코슬로바키아는 별 탈 없이 통일을 유지해나갔다.

'세르비아인, 크로아티아인, 슬로베니아인 왕국'이 유고슬라비아로 국명을 고친 것은 1929년이었다. 사실 이 3개 민족 사이에는 공통적인 역사, 언어, 종교가 없었다. 오스트리아-헝가리제국에서 갈라져 나온 슬로베니아와 크로아티아가 국가 창건을 제안하고, 세르비아 기득권층에 자신들을 받아들여달라고 강력하게 청한 것이었는데 나중에 슬로베니아와 크로아티아는 세르비아의 지배에 원성을 표하게 된다. 유고슬라비아에서 핵심 역할을 담당한 것은 세르비아 왕실과 군부로, 1929년 단일 왕실 독재 체제가 수립된 이후 특히 그러했다. 가톨릭을 신봉한 크로아티아에서는, 스체판 라디치Stjepan Radić가 헝가리 통치 시기에는 갖지 못한 지방의 현안을 처리할 재량권을 얻게 됐으나 정작 베오그라드에서는 자신들의 목소리를 내지 못했다. 슬로베니아는 유고슬라비아민족회의Yugoslav National Council를 소집한 안톤 코로셰츠Anton Korošec의 영도하에 조용히 번영해나갔다. 마케도니아에서는 분노가 끓어올랐다. 그러다 라디치(1928)와 왕 알렉산다르 1세Aleksandar I(1934)가 차례로 암살당하면서 폭력사태 분위기가 절정에 달했다. 세르비아인 민주주의 반대파는 크로아티아인들과 손을 잡고 공동 명분을 세우는 작업에 돌입했다. 그런데 시간이 얼마 없었다. 당시 상황을 지켜보던 누군가는 다음과 같이 썼다. "유고슬라비아는 숙명으로 얽힌 조화로운 통일체가 아니라 하나의 필요물일 뿐이다(부록 1661쪽 참조)."[49]
[사라예보]

지중해 세계에서는 파시스트 이탈리아가 커다란 충격파를 일으키고 있었다. 베니토 무솔리니는 고대 로마인들이 그랬듯 지중해를 곧잘 "마레 노스트룸Mare Nostrum"(우리의 바다)이라 일컬으며, 이탈리아를 그 권역의 패자로 만들고야 말겠다는 결의에 차 있었다. 무솔리니의 강성 반대파가 사회주의자 의원 살해를 빌미로 의회를 해산하자 무솔리니는 그들 세력을 일소하고 자기 마음대로 행보를 취할 길을 열었다. 거기에 순종적인 국왕과 매끈하게 다듬어진 '조합국가coporate state'라는 연출된 기구체가 생겨나면서 이탈리아를 패자霸者로 만들겠다는 그의 구상들에 한층 속도가 붙었다. 1930년대에는 더 먼 데까지 눈을 돌리니, 이탈리아군이 아비시니아, 스페인, 그리고 1939년 3월에는 알바니아에까지 파견됐다. 국제연맹이 제재를 권고하고 영국과 프랑스가 보복 조치를 가하겠다고 위협했으나, 실제로 실행에 옮겨진 것은 하나도 없었다. 오히려 무솔리니는 남南티를 문제를 두고 오스트리아를 미끼로 삼아 세를 부쩍 키워나갔다. 1939년 5월 22일 독일과의 동맹조약인 '강철협약Pact of Steel'이 맺어진 데 이어 로마-베를린 축Rome~Berlin Axis이 형성되기 전까지만 해도, 무솔리니는 자신이 독일에 아랑곳하지 않는다는 점을 즐겨 과시했다.

이 무렵 스페인에서는 내란에서 빚어진 충돌이 악화일로를 걸은 것이 최소한 20년은 돼가고 있었다. 더구나 스페인으로서는 운이 없었던 것이, 내란이 걷잡을 수 없이 번져가던 시기에 하필 공산주의와 파시즘 사이 대립도 한창 극으로 치달았다는 것이다. 그랬던 만큼, 히틀러도 스탈린도 스페인에서 일어난 1936년의 반란[스페인내전. 1936~1939]에서 눈을 떼지 못했다. 이제 스페인은 유럽의 가장 추악한 정치적 책략이 어디까지 행해질 수 있는지 실험하는 온상으로 전락했다. 3년의 힘겨운 사투를 벌이고도 민주주의는 끝내 처절한 패배로 막을 내렸다. 불안정한 역사, 양극화된 사회, 해결이 어려운 토지 문제 모두에 스페인에서 분쟁이 자라날 소지가 깊숙이 내재하고 있었다. 스페인에서는 국가의 토지 절반 이상이 전체 인구의 1퍼센트도 채 되지 않은 사람들의 수중에 들어가 있었다. 농민 대중은 얼마 안 되는 재산과 입에 겨우 풀칠할 만큼의 급료에 의지해 살아갔다. 그나마 얼마 되지 않았던 스페인 노동자계층은 대공황으로부터 격심한 타격을 입었다. 스페인에서는 로마가톨릭교회를 복고주의 성향의 고위 성직자들이 지배하고 있었던바, 이들이 스페인의 토지를 주로 소유한 것은 물론 에스피리투산토은행Banco Espíritu Santo에서 마드리드 전철에 이르는 수많은 기업까지 실질적으로 보유한 채 스페인의 경제 문제에 깊숙이 발을 들였다. 스페인 군부는 사병과 비교해 장교들이 압도적으로 높은 비중을 차지한 채 교황 지상주의와 왕당파를 수호하는 아성 노릇을 했다. 그 결과 사제·대지주·장교들로 이루어진 지독히 둔하고 저항적인 사회적 요새가 조성돼, 자신들의 이해를 건드리는 개혁이 단행된다 싶으면 습관적으로 개혁에 제동을 걸었다. 이에 사람들 사이에서는 필사적 결의에 찬 반反교권주의적인 공격적 저항운동이 벌어지곤 했다 스페인 남부의 농촌 노동자과 바르셀로나의 노동조합 사이에서는 무정부주의가 위세를 떨쳤다. 카탈루냐, 바스크, 갈리시아에서도 어느 정도는 분리주의 운동이 일어났다. 그러다 모로코에서 1925년에 리프족Riffs과의 해묵은 전쟁이 마침내 종지부를 찍으면서 군부가 최고 통치권을 장악하게 됐다. 1930~1931년 정치적 실랑이에서 최종 대패하면서 군부 독재자였던 미겔 프리모 데 리베라Miguel Primo de Rivera 장군도 끝내 실각[1923~1930]했고, 그 뒤로는 왕 알폰소 13세Alfonso XIII[재임 1886~1931]의 퇴위로 왕정이 폐지돼 마침내 스페인에 제2공화국이 선포됐다.

스페인에서 1931년부터 1936년까지 입헌정부가 장악한 5년은 혼돈은 벗어났으나 이내 아수라장이 돼가는 시기였다. 1931년 톨레도 대주교[페드로 세구라 이 사엔스]가 공화국을 비난했다는 이유로 추방을 당했다. 1932년 장군들이 일으킨 프로눈시아미엔토pronunciamiento[군사쿠데타]는 실패로 돌아갔다. 1933년에는 스페인 남쪽 지방의 지주들이 개혁을 용납하지 않고 농

사라예보 SARAJEVO

■ 사라예보에서 깨어 있으면 어김없이 사라예보의 밤
■ 의 소리들이 들린다. 가톨릭 성당의 시계가 당당하
게 새벽 2시를 알린다. 1분여—정확히 75초—가 지나
면 그리스정교회의 차임벨이 새벽 2시를 알린다. 잠
시 후 가지 후스레브-베이 모스크Gazi Husrev-beg
Mosque의 탑시계가 거칠고 아득한 소리로 열한 번
을 울리며 아리송한 터키 시간을 알린나. 유내인의 시
계는 없다. 그들의 시간은 신이 알고 있다. [...] 그렇게
분열은 밤을 지새우며 잠자는 이들을 갈라놓는다. 네
개의 달력에 맞춰 잠을 깨거나, 축하를 하거나, 애도
를 하거나, 축제를 벌이거나, 금식을 하는 사람들. [...]
보스니아는 증오와 두려움의 나라다. 보스니아 사람
들이 내면에서 살이 숨 쉬는 **증오를** 자각하지 못하
고 분석하려 하지도 않는다는 —게다가 분석하려는
사람을 증오한다는— 것은 치명적인 특징이다. 어쨌
든 훨씬 더 큰 땅덩이와 견주어도 이곳에는 잠재된
증오로 언제든 죽고 죽일 각오가 돼 있는 사람들이
너무도 많다. 독자적 힘을 가진 증오, 마친 암처럼 주
변의 모든 것을 집어삼키는 그런 증오 말이다.
또 한편으로는 기이하게도, 이처럼 확고한 믿음, 애정,
충성, 흔들림 없는 열성을 가진 나라를 찾아보기 어
렵다. 그러나 내밀한 곳에는 억눌린 증오가 서서히 숙
성되며 회오리처럼 살아나려 때를 기다리고 있다. 사
랑과 증오는 높다란 산과 그 아래 보이지 않는 지층
의 관계와도 같다. 당신은 이따금씩 다름 아닌 사랑
의 불씨로 불이 붙는 폭발물 위에서 살아가야 한다.
보스니아 같은 나라에서는 선한 말과 행동도 증오를
거쳐 나온다. 믿고 사랑하는 이들은 그렇지 않은 사
람들, 혹은 다른 방식으로 믿고 사랑하는 이들에게
지독한 증오를 느낀다. (악하고 못된 얼굴을 가장 많이 마주
하는 곳은 바로 숭배의 장소 즉 수도원과 데르비시(극도의 금욕
생활을 서약하는 이슬람교 일파. 탁발수도승) 수도장dervish
tekke이다.)

사방에서 이런 말을 듣게 된다. "종교가 달라도 네 형
제를 사랑해라. 슬라브인은 십자가로 표시되지 않는
다. 다른 이들의 방식을 존중하고 자기 방식에 자부
심을 가져라." 그러나 허울뿐인 호의는 태곳적부터
있었다. 이와 같은 금언의 연막 속에는 오랜 본능과
카인의 음모가 잠들어 있을 것이다. 물질적 삶과 영
적 삶의 토대가 완전히 바뀌기 전까지는 사라지지 않
을 것이다. 그게 언제가 될 것인가? 또 누가 그런 변
화를 가져올 수 있을까?
기 드 모파상Guy de Maupassant의 어느 단편에는
디오니소스적 봄의 묘사가 나온다. 이 묘사는 그런
날이면 "시민들이여! 봄이 왔습니다. 사랑을 경계하
십시오!"라는 경고문을 길모퉁이마다 붙여놓아야 한
다는 문장으로 끝을 맺는다.
어쩌면 보스니아 사람들에게도 경고문이 필요할지
모른다. [...][1]

이 글은 허구fiction로 분류되는 작품의 일부다. 1920
년 보스니아를 떠난 한 이민자의 생각을 작가의 상상
력으로 표현한 것이다. 1946년에 이 글을 쓴 작가는
(보스니아의) 트라브니크에서 태어나 자그레브·빈·크라
쿠프 등에서 수학하고, 합스부르크왕가에 의해 투옥
되기도 했으며, 전쟁 전에는 유고슬라비아 외교관이었
고, 노벨문학상(1961년)을 수상하기도 한 이보 안드리
치Ivo Andrić(1892~1975)다. (위 인용문은 이보 안드리치
의 《1920년으로부터의 편지Pismo iz 1920. godline》의 일
부다.)

이 글이 정말 허구일까? 이보 안드리치의 편집자는
다음과 같이 설명한다. (안드리치의 작품은) "상당 부분
보스니아를 배경으로 하며 이 배경과 밀접하게 연관
돼 있다. 그의 단편들은 특정한 지리적, 역사적 맥락에
깊이 뿌리내리고 있다."[2] 이는 안드리치의 단편들의 중
요한 요소가 허구가 '아니라'는 뜻이다. 안드리치는 사
라예보의 밤의 소리를 정확히 묘사했듯, 보스니아 사
회의 심리적 풍경을 정확하게 채색한다. 이러한 묘사

는 귀중한 역사 자료로 분류할 수 있다.

같은 시기인 1946년, 한 경험 많은 복지 전문가가 사라예보의 국제연합 구호및재건기구UNRRA에서 일하고 있었다. 그녀는 정반대의 의견을 내놓았다. "이러한 증오를 극복하는 길은 모두가 함께 협력하는 방법뿐이다. 지금이 적기다. 젊은이들은 모두 올바른 생각을 갖고 있다. […] 이제 우리는 누가 이슬람교 신자이고 누가 가톨릭 신자인지 누가 그리스정교회 신자인지 따위는 신경 쓰지 않는다. 모두가 형제고 모두가 하나다."[3]

민들을 땅에서 쫓아냈다. 입법 절차가 진행돼 국립학교 및 이혼 허용을 골자로 하는 법안이 도입됐지만 실행되지는 못했다. 농업개혁이 백지화되면서, 몰수됐던 토지도 옛 주인에게 도로 돌아갔다. 1934년에는 아스투리아스에서 광부들이 결사적으로 일으킨 파업이 분리주의 운동으로 번졌으나 결국 유혈사태 속에서 막을 내렸다. 그러다 1936년 2월에 치러진 선거들에서 공화파, 사회주의자, 카탈루냐인, 공산주의자로 구성된 좌파 인민전선Frente Popular(프렌테 포폴라)이 승리했다. 그러나 스페인 중앙정부는 이미 통제력을 상실해가는 중이었다. 저항세력 농민들이 토지를 대거 차지해나갔다. 노동자들은 파업이 하나 끝나는가 싶으면 다시 파업을 기획하고 있었다. 카탈루냐에서는 자치 요구가 일어났다. 정치적 암살과 교회 방화가 곳곳에서 걷잡을 수 없이 일어났다. 가톨릭을 신봉하던 스페인 총리는 자리에서 물러나며 다음과 같이 말했다. "오늘 우리는 민주주의의 장례식에 참석해 있습니다." 스페인은 점점 통제 불능이 돼가고 있었다.

1936년 7월 18일, 스페인에서 장군들의 주도로 두 번째 반란이 일어났다. 프란시스코 프랑코Francisco Franco(1892~1975) 장군은 카나리아제도의 참모본부에서 테투안으로 건너와 성명서를 발표했다. 스페인은 이제 적색혁명에서 해방될 것이니, 이를 위해 북아프리카의 스페인 주둔군이 주저 없이 무어인 부대를 동원할 것이라는 내용이었다. 한 공화파의 표현을 빌리자면, "가톨릭에 맞서 싸우던 무어인들이 마르크스주의에 맞서 싸워야 하는 십자군의 사명을 짊어지게 됐다."[50]

처음부터 스페인의 정치 스펙트럼은 지극히 광범위하고 복잡한 양상을 띠었다. 코르테스에서는 인민전선에 대항해 인민행동당Acción Popular(악시온 포폴라)과, 미겔 프리모 데 리베라의 아들(호세 안토니오 프리모 데 리베라)이 얼마 전 창립한 파시스트 조직인 스페인팔랑헤당Falange Española(팔랑헤 에스파뇰라)을 포함한 우파연합이 반기를 들었다. 좌파에서는 인민전선의 277개 의석 가운데서 공산주의 정당(스페인공산당) 의석은 단 16석에 그쳤고, 프란시스코 라르고 카바예로Francisco Largo Caballero가 이끈 사회주의 정당(스페인사회노동당)은 89석, 마누엘 아사냐Manuel Azaña가 이끈 공화주의 정당(좌파공화당)은 84석을 차지했다. 하지만 가장 폭력적이고 급진적인 두 극단주의 당파가 세를 키워가면서 스페인에서 내란의 기운이 높아가는 것은 이제 어쩔 수 없는 일이었다. 팔랑헤당은 이내 군부의 정치 도구로 전락했다. 그러자 곤경에 빠진 공화국을 공산주의자들이 지배하게 됐다. 프랑코는 자신이 지금 싸우고 있는 것은 볼셰비즘을 제압하기 위한 것이라고 말했고, 아마 실제로도 그렇게 믿었을 것이다. 페 시에가 엔 라 빅토리아Fe ciega en la victoria(승리에 대한 무조건적 믿음)가 그가 내걸었던 구호였다. 이 시기 스페인에 가해진 공산주의의 위협이 과장됐다는 주장은 논점을 벗어나는 것이며, 정작 중요한 문제는 이 시기 수많은 스페인이 공산주의에 두려움을 품고 있었다는 사실이었다.

스페인의 정치적·지리적 지지는 무척 복잡해지는 양상이었다. 모로코에서 프랑코 군부가 반란을 선포했을 당시, 군부가 항거를 일으킨 상대는 마누엘 아사냐Manuel Azaña(마누엘 아사냐 이 디에스Manuel Azaña y Díaz, 제2공화국 대통령(재임 1936. 5~1939. 3))가 이끌던 마드리드의 스페인 공화국 정부였다. 군부가 이때 기댄 세력으로는 본토 주요 도시에 빠짐없이 주둔해 있던 수비대, 팔랑헤당의 불법 무장 군대, 일부 지역의 초강경 가톨릭교도로 리케테스Requetes라고 불린 카를로스 시대의 왕당파 잔당 등이었다. 일반적으로 말해, 군부는 가톨릭 고위 성직자, 대지주, 법과 질서 회복을 무엇보다 중시한 모든 이의 정치적 지지에 기댔다고 할 수 있었다. 이와 함께 초기 단계부터 군부는 포르투갈, 나치 독일, 파시스트 이탈리아로부터 군사적 지원을 받았다. 포르투갈에서는 스페인에 안전한 기지를 제공해주었다. 독일의 콘도르 군단 전투기는 스페인 상공에서 패권을 장악했다. 1937년 초반에는 이탈리아 군대가 발레아레스제도와 말라가 일대의 남부 해안을 점령했다.

반대로 스페인 정부는 자력 동원이 가능한 전문 군대가 거의 없었다. 이윽고 정규군을 양성해 실전에 배치하기는 했지만, 정부군은 다양한 좌파 결사—사회주의 성향의 스페인사회노동당PSOE, 무정부주의 성향의 이베리아아나키스트연맹FAI, 마르크스주의 및 반反스탈린주의 성향의 마르크스주의통일노동당POUM과 노동총동맹UGT, 공산주의자 주도로 운영된 전국노동연합CNT—의 무장 민병대에 크게 의지할 수밖에 없었다. 일반적으로 말해, 정부는 시골의 농민, 도시의 노동자, 도처의 교권 반대파, 입헌정부를 무엇보다 중시한 모든 이의 지지에 기대야 했다. 이와 함께 스페인 정부는 초기 단계부터 해외 원조를 받았으니, 소련으로부터는 탱크, 비행기, 군수품, 군사자문단을 지원받는가 하면, 국제여단에서는 5만 명에 이르는 외국인 자원병들이 몰려들었다. 그러다 1938~1939년의 후반 단계에 접어들고는 파시스트의 프로파간다가 그려냈던 악몽이 '실제로' 눈앞에 펼쳐졌다는 것 말고는 달리 말할 방법이 없다. 후안 네그린 Juan Negrin의 주도하에 강경파 공산자의자들이 득세하면서 정부가 무너졌고, 정부 직속의 보안기구 군사조사국Servicio de Información Militar, SIM은 소련의 국가정치총국GPU(게페우, ГПУ)의 직접 통제를 받게 됐다. 스페인공화국의 금gold은 안전상의 이유로 1936년 9월 오데사로 이송된 후 두 번 다시 본국으로 돌아오지 못했다. [아델란테]

싸움은 오랜 시간 각지에서 전개되며 종종 혼전을 연출했다(부록 1666쪽 참조). 지속적 전투나 회전會戰식 전투보다는 지방에서 산발적으로 치열한 대치가 형성되는 것이 더 일반적인 양상이었다. 포로 및 민간인을 상대로 학살을 자행하기는 양 진영 모두 마찬가지였다. 스페인내전에서는 전략 수립 자체부터 간단치 않았다. 초반의 교전 이후 마드리드와 바르셀로나 군 수비대가 궁지에 몰려 항복을 선언했고, 정부군이 코루냐 북서부와 세비야 남부 끝단을 제외한 스페인의 영토 대부분을 장악할 수 있었다. 그러나 군부가 포르투갈 국경을 따라 조직을 재정비하더니 톨레도 중앙부의 요새를 수중에 넣었고, 그러면서 정부의 근거지인 북쪽 해안과 마드리드에서 발렌시아로 이어지는 회랑지대를 서서히 에워쌀 수 있게 됐다. 군사 정부는 살라망카를 본부로 둔 군사혁명평의회military junta를 수립하고, 발렌시아를 본거지로 삼았다. 그로부터 1년 새에만 굵직굵직한 사건들이 터져, 민족주의자 세력의 1년에 걸친 오비에도 포위공격, 1937년 4월 독일의 게르니카 폭격, 1938년 돌격작전을 통한 에브로강 및 테루엘 장악, 1939년 1월의 바르셀로나, 3월의 마드리드 최종 포위공격이 있었다. '유럽에서 가장 거친the wildest 도시'라 일컬어진 바르셀로나에서는, 카탈루냐인들과 무정부주의자들이 모든 형태의 스페인 정부에 적군 백군을 가리지 않고 반기를 들었다. 결국 이 비극은 패배한 공산주의자들과 한때 손을 잡은 무정부주의자들이 함께 자행한 끔찍한 대량학살로 막을 내렸다. 마드리드에서는 인민전선 방어위원회의 잔류 세력이 공산주의자들과 관계를 단절하고 끝까지 저항했으나, 이 노력도 3월 29일 반란군이 득의에 차 입성하면서 막을 내렸다. 이 군대 개선 행선에서, 프랑코는 마침내 확신에 차 다음과 같은 슬로건을 소리 높여 외칠 수 있었다. "아이 오르덴 엔 엘 파이스Hay orden en el país(비로소 나라에 질서가 세워졌다). 에스파냐, 우나, 그란데, 리브레España, una, grande, libre(이제 스페인은 하나요, 위대하며, 자유롭다)." 공화파 지도자들은 도망치듯 나라를 빠져나갔다. 피레네산맥을 넘은 피난민도 수천을 헤아렸다.[51] 이후 40년 간 스페인은 파시스트의 손아귀 속에서 꼼짝 못한 채 지내야 했다. [파라온]

프란시스코 프랑코가 '스페인 인민'을 상대로 승리를 거둔 것은, 반대파의 말마따나, 앞선 군사력과 외국의 원조 덕이었다는 평가가 많았다. 그러나 진실은 그렇게 간단하지도 또 달갑지도 않았다. 당시 '스페인인'은 어느 한편에 다 같이 서지 않았고, 그렇다고 스페인인 모두가 '반민주주의' 세력도 아니었다. 스페인공화국을 더 불편하게 만든 것이 과연 민족주의 진영의 반란군이었는지, 공화국 내의 전체주의 당파였는지 판단하기란 쉽지 않다. 다만 프랑코는 확실히 지지자를 한데 결집할 수 있었고, 공화국 지도자들은 효율적이고 하나로 단결된 민주 진영을 건설해내지 못했다.

스페인에 스페인내전은 동족상잔의 비극으로 이어질 수 있다는 뼈아픈 교훈을 일깨워준 사건이었다. 스페인내전에서 목숨을 잃은 사람만 40만 명에서 100만 명으로 추산된다.[52] 유럽으로서는 기강 잡힌 소수가 자신을 키워준 국가를 어떻게 장악할 수 있는지 그 기제들을 파악함

아델란테 ADELANTE

■ 1936년 9월, 코민테른의 서유럽 담당 프로파간
■ 다 책임자는 스페인공화국을 지원할 국제여단
國際旅團, International Brigades(Brigadas Interna-
cionales)을 조직하라고 모스크바에 조언했다. 이를
처음 제안한 사람은 프랑스공산당Parti Communiste
Français, PCF의 모리스 토레즈Maurice Thorez였다.
리시아내전에 참전했던 '국제붉은군대International
Legion of the Red Army'에 착안한 것이었다.[1]
따라서 국제여단은 지원병들의 자발적 참여로 구성됐
음에도 처음부터 공산주의 운동에 철저히 종속됐다.
국제여단은 스페인공화국 정규군의 지휘를 받지 않
았고 군사·정치 활동의 참모들은 모두 공산당이 지
명했으며, 소련의 대리인들이 지원병들을 심사했다.
이들의 구호는 "스페인—유럽 파시즘의 무덤" "노 파
사란No Pasarán"(놈들은 통과하지 못한다) "아델란테
Adelante"(전진)였다. 파리의 모병사무소 책임자는 훗
날 유고슬라비아의 독재자가 되는 일명 '티토Tito' 요
시프 브로즈(요시프 브로즈 티토)였다. 이 모병사무소는
'비밀철도'를 마련하고 위조 여권을 만들어 지원병들을
스페인 국경으로, 거기서 다시 국제여단의 본거지가 있
는 라만차의 알바세테로 보냈다.
대공황을 겪은 유럽에는 실업자들, 파시스트 국가들
의 난민들, 지식인 반역자들을 비롯해 여단으로 끌어
올 인력이 넘쳐났다. 여단 복무자 5만여 명 가운데 가
장 규모가 큰 집단은 프랑스 노동총연맹Confédération
Générale du Travail, CGT과 벨기에 및 프랑스 북부
의 폴란드인 광부 조직, 독일의 좌익 망명자들로 구성
된 파견대들이었다. 그중 80퍼센트가 노동자였다. 이
미 전선에서 복무 중인 소규모 외국 자원병들도 있었
다. 여기에는 독일, 이탈리아, 프랑스, 영국 부대들도
포함됐다(부록 1667쪽 참조). 이탈리아의 파시스트 감옥
을 탈출한 사회주의자 카를로 로셀리Carlo Rosselli와
다하우 출신의 독일 망명자 한스 바임러Hans Beimler
등이 이들을 이끌었다.
지식인들은 극소수였지만 높은 목소리를 냈다. 아래와
같이 때로는 내포된 의미도 모른 채로 지원한 경우도
많았다.

> 많은 이가 저 먼 반도들에서,
> 나른한 들판에서, 일그러진 어부의 섬에서,
> 타락한 도시의 한복판에서,
> 부름을 듣고 길매기들처럼, 꽃씨처럼 날아들었다.[2]

국제여단의 군사지도자들은 전쟁 경험이 없었다. 총사
령관 앙드레 마르티André Marty는 페르피냥 출신의
카탈루냐 선원으로, 1919년 오데사에서 프랑스 함
대의 반란을 주도한 바 있었다. '월터Walter'라는 이름
으로 통하던 수석 군사고문관 카롤 시비에르체프스
키Karol Świerczewski 대령은 폴란드 장교로 소비에
트 정보국에서 복무하고 모스크바군사학교 교수로 일
한 경험이 있었다. 감찰관 루이지 롱고Luigi Longo와
수석행정관 주세페 디 비토리오Giuseppe di Vittorio
는 이탈리아 출신의 공산주의자였다. 실제로 군사적
재능을 보여준 지휘관은 오스트리아 부코비나 출신의
유대인인 일명 '클레베르Kléber 장군' 라차르 슈테른
Lazar Stern으로, 러시아에서 전쟁포로로 볼셰비키에
넘어간 인물이었다. 그는 같은 처지의 수많은 전우가
그랬듯 러시아로 돌아가는 길에 스탈린의 명령으로 총
살된다.
이들의 용기는 의심할 여지가 없었다. 열악한 환경에
서 지내며 맹훈련을 받았고 조금만 규율을 어겨도 처
형되기 일쑤였다. 이들은 필사적으로 용기를 내어 싸
웠다. 일례로, 1936년 11월 마드리드공방전Siege of
Madrid에서 영국 부대는 병력의 3분의 1을 잃었다. 자
라마에서는 600명 가운데 사상자가 375명이 나왔다.[3]
무엇보다도 국제여단은 공산주의자들의 동지였던 사회주
의자들과 무정부주의자들을 무력으로 진압하는 데 이용
됐다.

1938년 말, 크렘린은 국제여단을 철수하는 데 동의한다. 약 1만 2000명이 떠났고 6000명의 독일인들은 갈 곳이 없어 남아야 했다. 11월 15일 바르셀로나에서 후안 네그린과 마누엘 아사냐(각각 당시 스페인 총리와 대통령), 스탈린의 초상화를 내건 고별 행진에서 '라 파시오나리아La Pasionaria'는 다음과 같이 연설했다.

여러분은 역사입니다. […] 여러분은 전설입니다. […] 우리는 여러분을 잊지 않을 것입니다. 평화의 올리브 나무가 다시 잎을 틔우고 승리한 스페인공화국의 월계관과 어우러지는 날이 […] 다시 올 것입니다![4]

이후 서구 열강들이 반파시즘 노선을 택하면서 국제여단으로 스페인에서 싸운 경력은 호의적 평판을 받았다. 그러나 수적으로는 프란시스코 프랑코 편에 싸운 외국인들에게 상대가 되지 않았다. 이들은 파시스트

정규군과 이상주의적 지원병들, 오더피 장군의 아일랜드 여단과 같은 뻔뻔한 모험가들이었다("오더피"는 이오인 오더피Eoin O'Duffy로, 아일랜드공화국군IRA 모나한 여단Monaghan Brigade의 지도자를 말한다). 큰 그림을 이해하기 위해서는 1936~1937년에 공산주의자들이 모집한 지원병들을 스페인에서뿐 아니라 제2차 세계대전 당시에 파시스트들이 끌어모은 지원병들과 비교해봐야 한다. [레틀란트] (인용문의 화자 "라 파시오나리아"는 스페인어로 "시계꽃passionflower"이라는 뜻으로 "정열/수난의 꽃(여인),"으로 불리는 돌로레스 이바루리 (고메스) Dolores Ibárruri (Gómez)를 일컫는다. 이바루리는 탁월한 웅변가이기도 해서 스페인내전 당시 공화파의 주요 지도자로서 앞서의 "노 파사란" 구호도 마드리드공방전 때 "라 파시오나리아"에게서 나온 것이다. 이후 이바루리는 스페인공산당의 총서기(1942~1960)를 지냈다.)

파라온 FARAON

■
■   1939년 프란시스코 프랑코 장군이 승리를 거둔 뒤 마드리드 인근 전몰자들의 계곡Valley of the Fallen에 있는 쿠엘데모로스Cuel de Moros에 프랑코의 웅장한 영묘가 만들어졌다. 성베드로대성당의 네이브보다 큰 규모의 장엄한 지하 교회당은 화강암을 뚫어 만든 터널로 입구를 설치했고 그 옆에는 내전으로 사망한 이들의 무덤이 늘어서 있다. 외부는 '역대 최대 규모의 기독교 상징물'—높이 약 150미터, 무게 18만 1740톤의 돌십자가—로 장식돼 있다.[1] 이 묘는 전쟁포로들의 노예노동으로 건설됐다. 트라바하도르 trabajador(스페인어로 노동자worker)를 뜻하는 'T'자의 낙인이 찍힌 이 포로들은 공사 현장과 채석장을 오가고 인근 에스토리알의 교회에서 열리는 예배에 강제로 참석하며 20여 년간 노역의 삶을 살았다. 공식적으로 이들은 나치의 구호를 연상케 하는 '노동을 통한 사면 위원회Board for the Redemption of Penalties through Labour' 소속이었다. 1940년에 이 현장을 방문한 한 나치 장교는 어떻게 생각하느냐는 질문에 다음과 같이 답했다. "프랑코는 자기가 파라오라도 되는 줄 아나보죠?" ("파라온"은 스페인어로 "파라오"라는 의미다.)

으로써 또 하나의 엄연한 교훈을 얻은 셈이었다. 또한 서구인들은 심정적 측면에서 대체로 패배당한 공화국 편에 섰던 만큼, 스페인내전을 계기로 파시즘에 대한 대중의 두려움이 큰 폭으로 증가했다. 그리고 똑같이 스페인내전을 계기로 '적색공포Red Bogey'에 대한 두려움은 한층 줄어들었다. 프랑코가 반갑지 않은 성공을 거두는 통에, 서구 민주국가들의 여론은 이내 '반反파시스트적' 논조로 돌아섰고 한동안은 이 기류가 가장 주된 현안으로 자리 잡았다. 프랑코를 통해

서구는 히틀러와 무솔리니에 대해서는 맞서겠다는 결의를 한층 강하게 다졌고, 스탈린에 대해서는 다소 경계를 늦추게 됐다. 1939년 3월 이후로는, 서구의 그 어떤 정치인도 공산주의도 파시즘만큼이나 커다란 위협이라고 주장하기가 영 어려워졌다.

역설적으로 들리겠으나, 프랑코의 승리는 사태의 전반적 흐름을 막아내기엔 너무 늦은 감이 있었다. 만일 스페인에서 파시즘이 1937년이나 1938년에 승리했다면, 어쩌면 서구도 사전에 위협을 감지하고 서둘러 히틀러의 싹부터 얼른 잘랐을지 모른다. 어쩌면 유화정책이라는 유감스러운 사태 전개도 사전에 피할 수 있지 않았을까 하는 생각도 든다. 그러나 정작 현실은 그렇게 흘러가지 않았으니, 스페인내전이 3년을 끄는 동안 독재자들은 자신의 세력을 착실히 쌓아나갔고, 그렇게 해서 유럽은 집단안보의 기회는 사라졌다.

'집단안보(집단안전보장)collective security'는 서구 열강, 특히 다른 누군가가 자국을 위해 싸우도록 만드는 데 명수였던 영국의 머리에서 나왔으나 별다른 결실 없이 사장된 여러 구상의 하나였다. 집단안보에 대한 논의는 히틀러가 국제연맹을 독일에서 탈퇴시킨 1933년 후반으로 거슬러 올라간다. 이 일이 있기 전에는 소련이 서구에 직접 부딪친 일이 없었던 만큼, 서구 국가들도 공산주의에 크게 우려를 품지 않았다. 그보다는 중부 유럽 안에서 활개 치는 나치 독일의 행태가 더욱 가까이에 도사린 위협으로 여겨졌다. 런던과 파리로서는 제1차 세계대전 당시의 전략적 삼각구도를 되살려, 소련을 독일에 맞설 방편으로 활용하는 것이 확실한 방책으로 여겨졌다. 이 방안은 1917년 이래로 특히 영국이 실행을 숙원해온 정책이기도 했다. 물론 그동안 서구 정치인들이 열심히 소련 공산주의를 깎아내려온 만큼, 이 노선을 대외적으로 어떻게 설명할 것인가 하는 문제가 있었으나, 소비에트 체제가 건설 단계에 들어섰다느니 민주적 측면에서는 스탈린이 레닌이나 트로츠키보다 낫다느니 하는 설명은 임기응변의 외교적 수사 이상으로는 들리지 않았다. 서구 국가들의 이와 같은 노선 덕에 스탈린은 유럽 역사상 최악의 대량학살이 자행되는 와중에도 존경받는 인물로 부상해 평화로운 국가들 부류에 낄 수 있었다. 히틀러가 파견한 대표단은 1933년 10월 14일 국제연맹을 박차고 나왔으며, 스탈린이 파견한 막심 막시모비치 리트비노프Макси́м Макси́мович Литви́нов는 1934년 9월 18일 국제연맹에 합류했다.

스탈린의 입장에서, 서구와의 라프로슈망(화해·협력)은 여러 이점이 있었다. 우선 무역량이 늘어나는 것과 함께 첨단기술 수입이 가능해질 것이었다. 소련의 이미지는 나아질 것이었고, 나치는 계속해서 러시아의 향후 행보를 예측해야만 할 것이었다. 또 잘만 하면 모스크바에 충성을 바치는 서구의 각국 공산당도 사회에 용인될 수 있었으니, —스페인처럼— 인민전선을 통해 민주주의 의회와 노동조합에 침투하면 될 것이었다. 그러나 이번에도 공중 관계public-relation가 문제였던바, 스탈린주의자들이 민주주의 정치인들에게 '부르주아 착취자'나 '국제 제국주의의 시녀' 등의 온갖 말을 열심히 붙여왔기 때문이었다. 하지만 그렇다고 해서 스탈린이 베를린과의 관계에서의 신중한 행보나, 히틀러와 최종 담판 가능성을 지레 포기해야 한다는 뜻은 아니었다. 적어도 당분간 스탈린은 모든 가능성을 열어둘 수 있었다.

그 이후의 몇 년 새, 나치는 겉으로는 경멸감을 얇게 두르고 서구의 헛짓들에 대응해갔다. 나치가 취한 모든 행보는 하나하나가 베르사유의 합의에 재앙을 안겼다. 1934년 7월, 나치는 오스트리아에서 쿠데타에 버금가는 작전을 벌여 오스트리아 총리 엥겔베르트 돌푸스Engelbert Dolfuss를 살해하는데, 그가 결성한 조국전선Fatherland Front[파테를렌디셰 프론트Vaterländische Front]이 일당 체제의 반나치 국가를 조직한 때문이었다. 나치는 1935년에는 베르사유조약에 규정된 국민투표 절차에 따라 자를란트의 제3제국 가입을 축하하더니, 이후 신속히 징병제를 재도입했고, 독일 공군을 재건했으며, 무장해제 조항의 포기를 선언했다. 1936년 3월에는 라인란트의 비무장 중립지대를 재점령함으로써 베르사유조약에 공공연히 반기를 들었다. 1937년에는 외세가 스페인내전에 개입하는 것을 막겠다며 영국이 결성한 불간섭위원회Non-Intervention Committee를 탈퇴하고, 이탈리아와 반反코민테른협약Anti-Comintern Pact을 맺었다. 1938년 3월 히틀러는 오스트리아와의 병합[안슐루스Anschluss]을 위한 교묘한 책략을 마련하고, 대독일제국[그로스게르마니셰스 라이히Großgermanisches Reich]을 선언하고는 득의에 차 빈을 향해 밀고 들어갔다(부록 1665쪽 참조).

이 기간 내내 히틀러는 독일이 진행하고 있던 재무장의 규모를 과시·과장하고 있었다. 참모들에게는 이미 전쟁 준비를 지시해둔 터였으나, 그 사실에 대해서는 끝까지 함구했다. [호스바흐] 그렇다고 히틀러가 향후 어떤 식으로 사태를 전개시킬지 일정표를 미리 다 짜두었다는 뜻은 아니었다. 외려 그 반대로, 독일의 산업가들과 장군들이 힘을 모아 준비하고 있던 주된 분쟁은 1942년 전에는 아직 구상돼 있지 않았다. 그러는 사이 히틀러가 주로 구사하게 되는 전략은 허세와 위협이었으니 한마디로 '전쟁 없는 침략peaceful aggression'이라도 불러도 좋을 정도였다. 그는 전쟁을 치르지 않아도 혹은 국지전만 치러도 자신이 원하는 바를 모두 손에 넣을 수 있을 것이라는 생각이 들었다. 이를 위해 1938년 봄, 히틀러는 체코슬로바키아의 수데테란트[독일어명 주데텐란트]에 거주하는 독일인들이 탄압당하고 있다며 문제 삼기 시작했다. 사태가 여기까지 오자 서구의 지도자들은 그제야 나치 독일이 영토 확장 작업에 나섰음을, 나아가 집단안보가 구체적 성과를 내지 못하고 있음을 눈치 채지 않을 수 없었다. 이러한 인식이 들자 신임 영국 총리 네빌 체임벌린의 주도로 서구 지도자들이 유화정책에 나섰다. 만에 하나 유럽에서 또다시 전쟁이라도 터졌다간, 영국의 취약한 경제 회복 기반과 해외 제국의 위상이 함께 타격을 입을 것임을 체임벌린은 뼈저리게 인식하고 있었다.

독일에 대한 유화정책은, 후일의 세평에도 불구하고, 반드시 비굴한 굴종으로 볼 것만은 아

호스바흐 HOSSBACH

■
■ 1937년 11월 5일 오후 4시 15분부터 8시 30분에 걸쳐 베를린의 총통부에서 회의가 열렸다. 헤르만 괴링, 콘스탄틴 폰 노이라트, 에리히 레더Erich Raeder를 비롯해 독일의 고관들이 참석한 이 회의에서 아돌프 히틀러는 "외교 분야에서 우리의 위상을 높이는 기회"라는 주제로 연설을 했다. 자신이 사망할 경우 유언이 될 수도 있는 내용인 만큼 종종의 어조는 감상적이었다. 이 연설은 회의록을 기록한 호스바스의 비망록을 통해 공개됐다. ("호스바흐"는 히틀러의 부관을 지낸 프리드리히 호스바흐Friedrich Hoßbach를 말한다. 아래는 그가 남긴 비망록의 내용이다)

독일 정책의 목표는 '폴크스마세Volksmasse' 즉 민족공동체를 보존·확대해나가는 것이었다. 이는 영토의 문제였다. […] 독일은 증오에 찬 두 적대국 영국과 프랑스를 처리하는 정책을 마련해야 했다. 영국과 프랑스에 이 위대한 독일은 […] 눈엣가시였다.

독일의 문제는 무력을 동원해야만 해결할 수 있었고 여기에는 위험이 따랐다. […] 남은 문제는 '시기'와 '방식'을 정하는 것이었다. 가능한 해결책은 다음 세 가지였다.

1. 시기는 1943~1945년. 우리의 관점에서 이때가 지나면 상황은 더욱 악화될 수밖에 없었다. […] 총통이 살아 있는 한 늦어도 1943~1945년까지는 독일의 영토 문제를 해결한다는 것이 총통의 확고한 입장이었다.
2. 프랑스가 내부 갈등으로 […] 완전히 마비돼버리면 체코를 처리할 시기가 올 것이다.
3. 프랑스가 다른 국가와의 전쟁을 꺼려 독일에도 적극적으로 맞서지 못할 경우 […] 전쟁에 휘말렸을 때 우리의 최우선 목표는 체코슬로바키아와 오스트리아를 동시에 무너뜨리는 것이다. […]

폴란드는 러시아가 배후에 있으니 개입하려 들지 않을 것이다. […]

러시아가 군사적으로 개입할 가능성은 일본의 태도를 감안할 때 희박해 보였다. […]

이탈리아와 대립 중인 영국은 독일에 적대적으로 행동하지 않을 것이라고 추정됐다. […][1]

호스바흐비망록Hossbach Memorandum(Hoßbach-Niederschrift)은 제2차 세계대전의 기원에 관한 논쟁에서 다른 어떤 기록보다도 빈번하게 논의됐다. 뉘른베르크재판에서 연합국 측 검사들은 괴링을 비롯해 1939~1945년의 전쟁을 계획하는 데 동참한 이들을 기소하는 증거로 호스바흐의 비망록을 사용했다. 그러나 영국의 한 역사학자가 호스바흐의 비망록은 뉘른베르크에서 연합국 측의 의견을 뒷받침하지 못한다는 점을 입증하면서 그 중요성이 크게 축소됐다. 오히려 이 비망록은 1937년 11월에 나치는 구체적 전쟁 계획을 갖고 있지 않았으며 히틀러는 당시 상황 전개에 대해 분명한 판단을 하지 못했음을 말해주는 증거였다. 이는 1943~1945년 이전에 국지전이 일어날 가능성에 대해 총통이 이렇다 할 확신을 보이지 않았음을 얘기해주는 셈이었다.

히틀러의 계획은 대체로 몽상으로 끝났다. […] 그는 마음속에 있는 생각을 드러내지 않았다. […] 이 비망록이 말해주는 것은 우리가 이미 알고 있다시피 히틀러가 (여느 독일의 정치인과 똑같이) 유럽을 지배하고자 했다는 사실이다. 이와 함께 이 비망록은 이를 실현하는 방법에 대한 그의 구상을 보여준다. 그의 구상은 적중하지 않았다. 이 가운데 1939년에 발발한 실제 전쟁의 상황과 일치하는 것은 찾아보기 어렵다. 히틀러와 같은 적중률을 가진 경마 정보 제공자가 있다면 그의 고객들은 그다지 만족하지 못할 것이다. […][2]

위와 같은 A. J. P. 테일러A. J. P. Taylor의 분석이 놀라운 것은 그가 독일혐오증Germanophobia이 있는 것으로 유명한 역사학자였다는 점에서다.

테일러의 주장은 나치 팽창주의의 역학과 '역사적 맥락'을 고려하지 않았다는 비판을 불러일으켰다. 비판자들은 1937년 12월 중반에 독일군의 작전 명령이 오스트리아와 체코슬로바키아 침략을 염두에 두는 것으로 바뀌었다고 주장했다. 이는 그들의 비망록 해석이 정당하다는 것을 입증하는 셈이며 그날의 회의는 "제3제국의 팽창에 대한 숨은 야심이 표면으로 드러난 시점"이라는 것이 그들의 논리였다.[3] 이들이 간과한 것이 있었으니, 바로 총통의 다른 허술한 계획들과 마찬가지로 오스트리아 및 체코슬로바키아 침공 계획도 실현되지 않았다는 점이었다.

이들은 "히틀러가 제2차 세계대전을 계획했다는 보편적 관점"을 반박하는 테일러의 주장이 히틀러에게 면죄부를 주는 셈이라고 비난했으나, 사실 이는 오판이었다. 오히려 테일러는 총통이 전반적으로 공격적 의도가 있었음에도 체계적 전쟁 계획을 수립하는 능력을 갖지 못했음을 입증한 셈이었다.

거의 30년이 지난 뒤에 불거진 제2차 세계대전의 기원을 둘러싼 논쟁에서 가장 놀라운 특징의 하나는 스탈린에 대한 언급이나 독일 및 소비에트 정책의 역동적 상호작용에 대한 언급을 찾아보기 어렵다는 점이다. 테일러를 포함해 이 논쟁에 참가한 모든 이가 그저 독일의 의도에만 주력했다. 소비에트의 의도에 대해서도 논할 필요가 있다고 생각하는 사람은 아무도 없었다. 역사학자들은 소비에트의 문서보관소에 접근할 수 없었다. 소비에트에도 호스바흐의 비망록에 해당하는 자료가 존재하는지는 알 수 없으나 설사 있다 해도 그것은 아직 세상의 빛을 보지 못했다. 스탈린도 히틀러처럼 전쟁을 구상했는지 여부는 알 길이 없다. 스탈린의 의도에 관한 사료가 없다는 이유로 대부분의 논평가는 그에 대해 논할 필요조차 없다는 노선을 택했다.

이렇듯 사료를 토대로 하는 오랜 전통의 역사 서술은 양극단의 입장을 양산했다. 한쪽은 관련 사료가 없다면 아무 일도 일어나지 않았다고 가정하는 입장이다. 다른 한쪽은, 테일러를 폄하한 이들이 만들어낸 "테일러의 법칙Taylor's Law"이 잘 예시해주듯, 사료는 중요하지 않다는 입장이다. 양쪽 모두 위험하기는 매한가지다.

니었다. 이 정책에는 현실주의와 관용의 요소가 모두 담겨 있었으나, 분명한 점은 독일과의 우호적 협상을 추구하고 과거 프랑스-영국이 이탈리아와 협상을 벌이면서 드러냈던 냉소주의는 거부한 사실이었다. 체임벌린도 잘 알고 있었듯, 1935년 12월의 호어-라발협정Hoare-Laval Pact은 단순히 이탈리아의 아비시니아[지금의 에티오피아] 침략을 용인해주는 구실밖에 돼주지 못했는바 협정은 이미 런던과 파리의 손을 떠나 있었고, 따라서 협정은 입안 당사자들[영국 외무장관 새뮤얼 호어Samuel Hoare와 프랑스 총리 피에르 라발Pierre Laval]의 몰락으로 이어졌다. 그뿐만 아니라, 제1차 세계대전이 끝나고 20년이 지나 있었던 만큼 독일이 동유럽의 독일계 소수인종의 처지를 안타까워할 만하다는 인식이 진보적 여론 쪽에서 대체로 받아들여지는 추세였다. 이와 함께 연합국의 군사적 우위가 무한적으로 지속되도록 두는 대신 균형 잡힌 군비 확장을 제안한 1933년의 맥도널드플랜MacDonald Plan에 동의하는 이들도 상당수에 달했다[("맥도널드"는 당시 영국 총리 램지 맥도널드를 말한다) 장군들은 조언하길, 독일의 동유럽 침략을 연합국이 효과적으

로 제어할 방법은 딱 두 가지뿐이었다. 하지만 그렇다고 해도 스탈린의 붉은군대와 협력하자니 여러 위험이 도사리고 있었다. 거기에다 독일에 대한 직접적 행동은 그동안 그토록 열심히 피하고자 했던 전면전을 벌이겠다는 것이나 다름없었다. 전반적 측면에서, 체임벌린이 독일에서 헤어 히틀러Herr Hitler("헤어"는 독일어에서 남성용 경칭이다)를 만나 협상을 하려 했던 것이나, 수데텐(주데텐란트) 문제를 어떻게 풀어갈지 해결책을 모색했던 것이 망신스러운 일은 아니었다. 잘못이 있었다면 그것은 협상 자체가 아니라 협상가들이 가진 기술과 그들이 매긴 우선순위였다. 체임벌린은 멋도 모르고 사자 우리 안에 들어간 양이나 다름없었는바, 애석하게도 '저 멀리 조국'의 운명이 갈림길에 선 채 갈팡질팡하고 있다는 것은 미처 모르고 있었다. 이와 함께 유화정책의 역사를 오로지 히틀러에 대한 서구 열강의 정책에만 한정된다고 생각해서도 안 될 것이다. 약간의 시간이 흘러 서구 열강이 스탈린과 맺은 관계에는 훨씬 더 많은 유화정책의 내용이 담기게 된다. 결국 민주주의 정부들은 도덕적 근본 원칙들은 무시한 채 위험을 무릅쓰고 독재자들과의 협상에 들어간 것이다.[53]

따라서 1938년 9월에, 나중에 붙여진 말인, 뮌헨위기Munich Crisis가 전개된 배경은 히틀러가 설정하고 그 누구도 토를 달지 않았던 규정에서 찾을 수 있었다. 그 내용은 주로 프랑스의 동맹국 체코슬로바키아에 대한 독일의 구상과 관련돼 있었다. 그러나 프랑스는 별반 나서지 않았고 체코슬로바키아 정부는 주요 협상에는 아예 끼지도 못했으니, 끝까지 체코슬로바키아가 지켜질 수 있을 것이라고는 도무지 여겨지지 않았다. 협상을 통해 각국은 독일이 동유럽의 어디까지 진출할지 그 선을 정하고자 했다. 그럼에도 가장 중요한 이해 당사국 폴란드와 소련이 끼지 못한 채 협상이 진행됐다. 서구 열강은 히틀러에게 그가 지금 어떤 위험을 무릅쓰려 하는지를 각인시키고자 했다. 그러나 서구의 협상가들은 끝내 테이블에 가장 강력한 카드를 내놓지 않았다. 히틀러가 제대로 간파했듯, 그가 내세운 주장 중에서도 더 파격적인 내용들은 협상에서 검증될 성질의 것이 아니었다. 여기에 남의 말을 한없이 믿기만 하는 체임벌린의 순진함까지 더해져 협상 결과가 결정됐다. 체임벌린은 히틀러를 만난 일을 곱씹으며 다음과 같이 말했다. "얼굴에서는 딱딱하고 무자비함이 묻어났지만, 여기 있는 이 남자는 의지할 만한 사람이라는 인상을 받았다."[54]

네빌 체임벌린은 총 세 차례에 걸쳐 독일을 방문했다. 첫 번째였던 9월 15일, 체임벌린은 베르히테스가덴을 찾았다가 아돌프 히틀러로부터 수데텐란트를 분리 독립 해달라는 —'총통의 마지막 요구'라며 명확하게— 요구를 받았다. 체임벌린은 면밀히 검토해보겠다고 약속했다. 23일에는 고데스베르크를 찾았다가 예상치 못한 최후통첩을 받게 되는바, 앞으로 5일 내에 영국군을 철수하고 수데텐란트를 독일에 합병한다는 내용이었다. 이 제안은 영국 내각을 비롯해 당사국들 모두에 의해 거부당했다. 프랑스와 독일에서는 동원이 시작됐다. 9월 29~30일 뮌헨에서는, 에두아르 달라디에와 베니토 무솔리니가 배석한 가운데, 체임벌린이 총통을 만나 최후의 담판을 벌였다. 체임벌린이 건넨 메모에는, (수용불가한) 고데스베르크의 최후통첩을 받아들인다는 내용이 담겨 있었다. 그 후로는 명망 있는 동료들의 도움을 받아, 바로 옆방에 모여 있던 체코인들에게 최후통첩을 전하니, 그들도 수용불가한 최후통첩을 받아들이든지 아니면 그러지 않을 경우 따를 응분의 대가를 치르라는 것이었다. 이 협상에 체임벌린이 마지막으로 기여한 것은 연합국이 체코슬로바키아의 남은 영토를 보전해줄 것임을 보장하고, 국경지대의 장대한 요새는 잃더라도, 영국과 독일의 우정을 선언하는 발표문의 내용을 기초한 것이었다. 체임벌린은 비행기에서 내릴 때 문서를 하나 손에 들고 흔들며 이것이 "우리 시대의 평화"를 가져다줄 것이라고 주장했다. 이러한 기조는 바로 그해 영국 외무부에서 잉글랜드 축구대표 팀에 했던 모종의 권고—베를린에서 독일을 상대로 시합을 시작할 때 나치식 경례를 하도록 했다—에 깔려 있던 기조와 전혀 다르지 않았다.

체임벌린과 히틀러 사이의 세 차례 외교 담판은 역사에서 가장 치욕적인 항복의 하나로 평가돼야만 한다. 마구잡이로 가차 없는 폭력을 가하겠다는 압박에, 별 가치 없는 일을 이룩하겠다며 분별없음과 줏대 없음을 함께 내세운 꼴이었다. 체임벌린은 체코슬로바키아의 안전을 보장하겠다는 군은 약속을 하지 않는 한, 총통의 요구들을 어느 것도 들어줄 필요가 전혀 없었다. 그러나 체임벌린은 독일의 요구를 들어준 셈이 됐다. 체코슬로바키아 대통령 에드바르트 베네시Edvard Beneš는 고작 개인적 항의나 할 수 있었을 뿐 조국을 타국에 떼어주는 문서에 서명할 권리조차 갖지 못했다. 그러나 에드바르트 베네시 대통령도 결국 조국을 타국에 떼어준 셈이 됐다. 윈스턴 처칠은 하원 연설에서 그 결과를 다음처럼 정리하게 된다.

"그들은 총구를 들이대면서 1파운드를 달라고 했다. 그것을 내어주자, 총구를 들이대며 이번에는 2파운드를 달라고 했다. 마침내 그 독재자는 1파운드 17실링 6다임을 갖기로 합의하고, 나머지는 미래의 좋은 일에 쓰겠다고 약속했다. […] 우리는 전쟁 한 번 안 치르고 패배를 경험했다."55

또 다른 데서 처칠은, 영국은 "수치심과 전쟁 사이에서 수치심을 택했다. 그리고 이제 우리는 전쟁을 얻게 될 것이다"라고 쓰기도 했다. 그로부터 6개월도 지나지 않아 남은 체코슬로바키아는 분열됐고, 히틀러는 프라하에 발을 들였다.

뮌헨위기가 양차 대전 사이 기간의 외교에서 심리적으로 결정적 순간이었다는 사실에는 의심의 여지가 없었다. 전쟁을 피할 수 없게 된 게 뮌헨위기 때문은 아니었으나, 뮌헨위기가 뿌린 혼란의 씨앗에서 두 개의 치명적 가정이 탄생한 것은 사실이었다. 첫째, 뮌헨위기를 계기로 히틀러는, 그리고 아마도 스탈린도, 평화적 공격을 더 밀고 나가면 아무 비용도 들어가지 않는 배당금이 더 생겨날 것이라 확신했다. 둘째, 뮌헨위기를 계기로 서구에는 나치와 대화를 나눈 게 실수였다는 인상이 생겨났다. 뮌헨에서의 일들로 말미암아 이제 벌어질 다음 라운드에서, 지도상으로만 봐도 폴란드가 위협받을 것이 뻔했는바, 히틀러와 스탈린은 평화적 방법들로 공격을 감행할 수밖에 없게 됐고, 서구는 협상 없이 그들을 억제할 방법을 찾아야만 했으며, 폴란드인들은 무슨 수를 써서라도 체코슬로바키아의 운명은 피하는 길을 찾아야만 했다. 이것은 극약처방이나 다름없었다.

수많은 유럽사 책을 보면 어디나 1939년은 '세계가 다시 전쟁에 돌입한 해' 혹은 사실상 그와 같은 뜻을 가지는 말들로 묘사된다. 과거 소련에서 출간된 것들을 제외하면, 모든 연대기에도 1939년은 '제2차 세계대전이 발발한' 해로 표기돼 있다. 그러나 이는 유럽인들이 얼마나 자기중심적 사고에 매몰될 수 있는지를 증명할 뿐이다. 전쟁은 이미 8년 전부터 계속 전 세계를 전장으로 삼아 행군 중이었다. 일본인은 1931년 만주를 침략해 1937년 이후 계속 중국 중심부에서 전쟁을 벌여오고 있었다. 1938년 8월부터는 몽골의 국경 일대에서 소련을 상대로 싸움을 치르고 있다. 이 분쟁의 일부를 구성했던 일본은 독일 및 이탈리아와 손을 잡고 추축국樞軸國, Axis Powers의 일원이 돼 있었다. 따라서 1939년의 사태는 이미 펼쳐져 있던 전역에 유럽이 추가로 참가한 것에 불과했다. 일본인들의 슬로건을 빌리자면 이제껏 "아시아인들을 위한 아시아Asia for the Asiatics"로 요약될 수 있는 일련의 전투에 유럽이 가세한 제2차 국면이 전개되기 시작한 것이었다. 이와 같은 의미에서, 유럽의 참여는 국지적 차원의 전쟁이 전 지구적 전쟁으로 비화한 계기였다. 일각에서는 제2차 세계대전을 "히틀러의 전쟁Hitler's War"으로 일컫기도 한다. 그러나 이 역시 정확한 표현은 아니다.

1939년에 이르자 전반적 재무장으로 긴장이 크게 고조됐다. 모든 강대국이 재무장 작업을 진행하고 있었다. 처칠의 주장에 따르자면, 영국은 2년 전부터 공군RAF 규모 확대 및 재정비를 결정한 참이었다. 이것이야말로 영국이 계속 살아남을 수 있도록 보장해줄 결정이었다. 한편, 프랑스는 새로이 국방부를 창설하고, 대규모의 종합철강회사 슈나이더-크뢰조Schneider-Creusot를 국유화했다. 이는 유럽의 각국 정부가 장기전에 대비하고 있다는 신호이기도 했으니, 장기전에서는 이제 훈련받은 병력의 수만큼이나 산업생산력도 결정적 요소로 작용하게 될 것이었다. 그런 면에서 전문가들의 연구에는 이즈음 10년 사이에 각국에 일어난 극적 변화들이 잘 드러나 있었다(다음 쪽 표 참조).

추정치들은 당연히 다양하게 나와 있었다. 그러나 영국의 지표들을 보면 몇 가지 엄연한 사실들을 확실히 알 수 있었다. 일단 전체주의 강국들은 서구 민주주의 국가들과 비교해 대공황의

	미국	영국	프랑스	독일	소련
생산량(1938) (1932년 GNP = 100%)	153	143	108	211	258
상대적 제조업 능력 (세계 산출량 = 100%)　1929년 　　　　　　　　　　　 1938년	43.3 28.7	9.4 9.2	6.6 4.5	11 13.2	5 17.6
군비 지출 (1933~1938) (백만 파운드)	1,175	1,201	1,088	3,540	2,808
상대적 전쟁수행력(1937) (세계 = 100%)	41.7	10.2	4.2	14.4	14.0 [56]

타격을 덜 받았다. 전체주의 국가들의 군비 지출은 서구 열강의 군비를 총합한 것의 두 배에 이르렀다. 독일과 소련의 '상대적 전쟁수행력'은—공작기계machine-tool〔기계나 기계 부품을 만드는 기계〕 수준 지표 등을 통해 산업생산력을 군사력으로 전환할 수 있는 능력을 계산한 것—대체로 엇비슷했고, 각기 영국과 프랑스 양국을 합친 것과 맞먹었다. 이탈리아는 이 계산에 낄 처지가 못 됐다. 일본의 전쟁수행력도 기껏해야 3.5퍼센트에 그쳤다. 전 세계의 나머지 모든 국가의 전쟁수행력은 모두 합쳐야 10퍼센트가 되지 않았다.

특별한 능력을 가진 사람이 아니라도 여기서 도출해낼 수 있는 결론은 뻔했으니, 스탈린과 히틀러는 이미 유럽의 모든 국가를 훨씬 앞지르는 군수품을 보유하고 있다는 것이었다. 만일 미국이 시종 냉담한 태도를 보인다면, 서구 열강은 스탈린이나 히틀러 어느 한쪽을 제압하는 데 여간 압박을 받을 것이 아니었다. 거기에다 스탈린과 히틀러가 군사력을 합친다면, 서구는 이들을 도무지 막아낼 힘이 없을 것이었다. 이제는 스탈린과 히틀러에게, 그리고 그들 사이에 끼어 있는 불쌍한 국가들에 모든 시선이 쏠려 있었거나, 또는 그래야만 했다. 그 외에 다른 모든 것은 부차적 문제일 뿐이었다.

1939년에 스탈린의 뜻이 과연 어떤 요소들에 지배를 받았는지는 늘 온전히 논의되지 못하는 부분이다. 학계 역사학자들은, 이와 관련된 문서를 단 한 번도 입수한 적이 없었던 까닭에, 이런 문제가 애초 존재하지 않는 것처럼 무시해왔다. 그러나 그 요소들을 간략하게 추려보는 것이 불가능하지는 않다. 일반적으로 말해, 당시 소련의 국내 혁명은 상대적 안정의 평탄한 시기에 접어들어 있었고, 이에 보즈드Vozhd〔지도자〕는 더욱 자신감을 갖고 더욱 적극적으로 해외 정세에 개입하리라 기대할 수 있었다. 제1차 5개년계획과 집단화작업의 가장 힘든 시기도 지난 참이었고, 대공포 시대는 막을 내리고 있었으며, 재무장을 이룬 붉은군대는 이미 유럽에서 가장 막강한 전력으로 손꼽혔다. 그런데 소련 앞에는 아직 큰 장애물이 둘 버티고 있었다. 일단은, 장교단을 겨냥한, 최후 단계의 숙청 작업이 아직 마무리되지 않은 터라 1939년에도 종래의 장교단을 대상으로 계속 살육이 자행되고 있었다. 거기에다 몽골에서는 붉은군대가 여전히 일본을 상대로 싸움을 벌이고 있었다. 스탈린은 시종 조심스럽고, 치밀하고, 비밀주의를 중시했던 만큼 새로운 장교단이 양성돼 일본과의 분쟁이 최종 해결 되기 전에는 섣불리 유럽에서 대규모 모험을 벌일 인물이 아니었다. 스탈린의 일차적 목적은 무엇보다 독일을 서구 열강을 상대로 한 전쟁에 끌어들이되, 그러는 사이 소련은 막강한 힘을 얻는 것이었다.[57]

히틀러의 입장도 그렇게 갑갑한 것만은 아니었다. 히틀러는 바로 얼마 전 독일 국방군을 완전히 장악한 참이었고, 따라서 군사적 측면에서 매진할 일은 없었다. 전쟁장관과 참모총장의 직책을 이제는 그가 모두 차지하고 있었다. 히틀러는 참모본부 내 반대파도 모두 잘라낸 참이었고, 얄마르 샤흐트를 면직시킨 뒤에는 독일 산업계도 직접 장악했다. 스페인에서도 그를 따르는 무리가 승리를 거둘 태세였으며, 그 자신이 뮌헨에서 승리를 거둔 덕에 동유럽 이웃국들의 방어 구상은 만신창이가 된 터였다. 히틀러의 하수인들은 각지에서 분란을 일으켜 사회를 소란스럽게 만들고 있었다—리투아니아의 클라이페다(메멜), 그단스크 자유시, 폴란드 내 독일인 공동체, 슬로바키아(어떤 지방의 민족주의 운동에서는 베를린의 지원을 기대하고 있기도 했다). 이때만 해도 히틀러에게는 돌아올 시즌에 대비한 명확한 전쟁 계획이 전혀 없었다. 다만 베르히테스가덴에 자리한 '독수리 둥지Eagle's Nest'(켈슈타인하우스Kehlsteinhaus)의 판유리 앞에서 넓게 펼쳐진 지도를 보면서, 유럽이야말로 기회에 가득 찬 땅이라 여겼을 것임은 틀림없다. 그중에서도 독수리가 위에서 덮치기로 선택한 가련한 먹잇감은 과연 어디일 것인가?

1939년 초반, 히틀러는 폴란드와 모종의 거래를 하는 편이 좋겠다고 여기고 있었다. 뮌헨회담이 있고 3주 후, 히틀러는 폴란드 대사를 베르히테스가덴으로 소환해 협상 가능성을 대략 가늠해보았다. 이는 오래도록 진행돼온 준비 작업이 절정에 이른 것이었는바, 그 준비 과정 속에서 헤르만 괴링은 폴란드의 숲속으로 몇 번이나 수렵 출행을 해야 했고, 공산주의 프로파간다는 나치-폴란드 사이에 이미 동맹이 형성됐다고 지레 가정하기도 했었다.[58] 히틀러가 내건 제안의 핵심은, 폴란드가 그단스크 영유권을 포기하고 폴란드 영토를 가로지르는 베를린-쾨니히스베르크 고속도로 연결을 허용한다면, 그것이 소련을 상대로 유리한 정치적·경제적 유대를 양국 사이에 맺는 길이 될 것이라는 점이었다. 그러나 여기에 어떤 위협이 암시돼 있었는지는 굳이 설명할 필요가 없었다. 폴란드인들이 마냥 어리석어 이 제안을 거절한다면, 그때엔 히틀러가 갖은 수를 써서 그단스크를 수중에 넣는 한편 폴란드를 상대로 소련과 다시 정치적·경제적 유대를 맺으려 할 터였다. 히틀러는 인종적·이념적 편견을 갖고 있기로 유명했던 만큼, 폴란드가 이 제안을 일찌감치 받아들이리라 기대했을 것임은 누구나 가정해야 하는 바다. 어쨌거나, 당시 폴란드군 대령들은 유럽에서 가장 거대한 유대인 공동체와 싸워야만 했고, 또 폴란드가 격렬하게 반공산주의 성향을 보였던 만큼, 히틀러로서는 폴란드와 독일이 서로에게 딱 맞는 파트너로 여겨졌을 게 틀림없다.

안타까운 일이지만, 히틀러 자신도 그리고 그의 독일인 보좌진 그 누구도 폴란드인의 기개에 대해 잘 알지 못했다. 폴란드의 민족주의가 단순히 러시아만 아니라 독일에도 적의를 품고 있다는 사실도 그들은 미처 몰랐다. 또한 폴란드군의 대령들은 유대인 문제를 다룰 때에는, 특히 외국인들이 개입했을 때에는, 방어적 태세가 될 수 있다는 사실도 모르고 있었다. 무엇보다, 그들은 유제프 피우수트스키 원수의 계승자들은 네빌 체임벌린(영국)이나 에드바르트 베네시(체코슬로바키아)와는 완전히 다른 반응을 보이리라는 점을 이해하지 못했다. 폴란드 대령들은 오스트리아군의 상등병으로 복무한 자에게 머리를 조아리고 굽실거릴 사람들이 아니었다. 그들 안에는 맞붙어 싸운다는, 그것도 끝까지 맞붙어 싸운다는 본능이 자리 잡고 있었다. 1939년에 나치와 소련의 위협에 대응해야 했던 폴란드의 관료들은 피우수트스키의 다음과 말을 금과옥조로 새기고 길러진 사람들이었다. "패배했으되 항복하지 않는 것, 그것이 바로 승리다."[59]

총통은 발만 구르고 있는 수밖에는 없었다. 몇 주가 그냥 지나갔고, 폴란드는 이때를 놓치지 않고 소련과의 사이에서 '무역 및 우호 회담'을 열었으나 베를린의 제안에는 아무런 답도 하지 않았다. 체코슬로바키아가 무너지고 일주일이 지난 1939년 3월 21일, 폴란드 대사는 또 한 번 독일 관저로 불려가 일이 아무 진척이 없는 데에 총통이 진노했다는 소식을 전해 들어야 했다. 3월 28일, 독일은 폴란드와의 불가침조약을 파기했다. 나치의 프로파간다 기구는 다시 단치히 문제를 거론했고, 독일계 소수인종이 폴란드에서 참기 힘든 탄압을 당하고 있다고 항의했다. 3월 31일, 폴란드는 따로 청하지도 않았음에도 영국으로부터 독립 보증을 받을 수 있었다. 이에 대해 총통 히틀러는 4월 3일, 단치히 탈취 계획 및 폴란드와의 전쟁 가능성에 대한 비밀지령을 발송했다. [수사닌]

그러는 사이 전리품들이 하나씩 차례로 총통의 무릎 위로 떨어졌다. 1939년 3월 10일, 프라하의 슬로바키아 중앙 당국자들이 슬로바키아 정부의 자치를 폐지했고, 그러자 심기가 뒤틀린 슬로바키아의 지도자 요제프 티소 신부가 총통에게 슬로바키아를 지켜달라고 호소했다. 그때 체코슬로바키아 대통령은 베르히테스가덴에서 총통에게 면담을 간절하게 요청했다. 그러나 체코슬로바키아 대통령 에밀 하하Emil Hácha는 조국 분할은 이제 불가피하다는 사실을 순순히 받아들일 수밖에 없었다. 보헤미아와 모라비아는 나치의 보호령이 됐고, 슬로바키아는 주권 공화국이 됐으며, 카르파티아 이남 루테니아는 헝가리에 넘겨졌다. 히틀러는, 일전에 빈에 발을 들일 때도 그랬듯, 총 한 발 쏘지 않고 개선하듯 프라하에 입성했다. 21일에는 독일 군대가 리투아니아의 메멜을 탈취했다. 히틀러는 '자신이 한 말을 지키는 사람'이 '아님'을 체임벌린이 간파한 게 바로 이 시점이었다. 영국의 폴란드 독립 보장은, 약자의 입장에서 허세를 부린 것에 불과했는데, 그의 뒤늦은 현실 인식에서 비롯된 산물이었다. 이 모든 사태를 일단락 짓듯, 헝가리인들이 그 누구의 허락도 없이 루테니아를 탈취했다. 4월 2일 성금요일Good Friday(부활절 전의 금요일. 에

수사닌 SUSANIN

■ 1939년 2월 26일 모스크바의 볼쇼이극장에서
■ 는 러시아에서 가장 인기 있는 오페라가 화려하
게 재연됐다. 제정러시아의 작곡가 미하일 이바노비치
글린카Михаил Иванович Глинка(1804~1857)의 〈황
제에게 바친 삶 A Life for the Tsar〉(1836)은 볼셰비키
혁명 이후 상연이 중단됐고 1924년에 〈망치와 낫을
위하여For Hammer and Sickle〉라는 제목으로 축약판
이 만들어졌지만 성공하지 못했다. 그러나 정치적으로
개작된 대본과 〈이반 수사닌Ivan Susanin〉이라는 새로
운 제목으로 무장하고 나자 작품은 혁명 이전에 수십
년 동안 구가했던 폭넓은 인기를 되찾을 수 있었다.[1]
이는 당의 노선이 전통적 러시아 민족주의를 포용하
는 쪽으로 기울었다는 확실한 신호였다.

글린카의 오페라는 처음부터 이념의 산물이었다.
1830~1831년 폴란드봉기의 여파 속에서 탄생한 이
작품은 '상징적 음악으로 국가의 이념을 구현하려는'
작곡자의 '결의'가 담긴 '애국적 영웅의 비극'으로 묘
사됐다.[2] 배경은 로마노프왕조의 창시자가 동란시대
에 질서를 바로잡으려 애쓰던 1613년이었다(728~729
쪽 참조). '구출 오페라rescue opera'의 전통에 따라 악
랄한 폴란드 침략자들의 손아귀에서 황제를 구출하는
선량한 러시아 농민 이반 수사닌Иван Сусанин(1613
년 사망)의 이야기를 담고 있다. 이와 관련해 오페라
는 작곡자의 형이 엮은 애국의 교과서 《교육용 러시아
사Russian History for the Purposes of Upbringing》
(1817)를 충실하게 따르고 있다.

글린카의 미학적 주제는 화려한 볼거리와 함께 러시아
영웅들과 폴란드 악당들을 확실하게 대비하는 것이었
다. 이야기를 주도하는 등장인물은 폴란드인과 러시아
인 두 부류로, 대비적 배경과 음악 양식을 사용해 이
들이 번갈아가며 합창을 한다. 얼굴 없는 폴란드인들
은 '폴로네즈polonaise, 마주르카mazurka, 크라코비
아크Krakowiak'(모두 폴란드의 대표적 민속 춤곡)의 멜로
디에 맞춰 늘 단체로 합창하고 춤을 추며 난폭한 인물

로 묘사된다. 러시아인들은 당시 유행하던 '이탈리아-
러시아 스타일'의 낭만적 가사의 노래나 매력적인 민
요를 부른다. 그 하나하나가 모두 정치적 메시지를 담
고 있다.

수사닌이 살해된 뒤 승리를 거둔 미하일 로마노프가
붉은광장으로 입성하는 장면이 에필로그의 정점을 이
룬다. 이 대목에서 음악은 신성한 '찬미의 행진곡'으로,
노랫말은 극도로 애국적인 찬양으로 바뀐다.

> 우리의 러시아 차르에게,
> 신이 내린 우리의 지배자에게 영광을.
> 우리의 황실은 불멸하리니!
> 러시아 국민이 그들을 축복하리니.

1939년판에서는 가사가 다음과 같이 수정됐다.

> 그대, 나의 러시아에 영광을
> 우리의 러시아 땅에 영광을
> 우리의 사랑하는 조국이
> 영원히, 영원히 건재하기를.

오페라가 민족주의에 이용된 사례로 가장 빈번하
게 논의되는 인물은 (독일의) 빌헬름 리하르트 바그너
(1813~1883)다. 그러나 글린카의 경우가 훨씬 더 노
골적이었다. 사실, 오페라의 상연 장소와 시기를 결정
하는 것은 러시아의 민족주의를 얼마나 자극하느냐였
다. 제정러시아에서는 이 오페라가 늘 모스크바와 상
트페테르부르크의 오페라 주간 개막작으로 선정됐다.
1879년 이 작품은 상연 500회를 맞이했다. 1866년
에는 체코의 프라하에서 상연됐고, 1878년에는 라트
비아의 리가에서, 1899년에는 프로이센 포즈난의 독
일극장에서 상연됐다. 그러나 바르샤바나 크라쿠프에
서는 아무도 이 오페라를 본 사람이 없었다. 더 의미
심장한 사실은, 이 오페라가 모스크바 재연 1주년인
1940년 2월에 나치의 후원을 받아 베를린에서 처음으
로 상연됐다는 것이다.

수가 십자가에 못 박힌 날을 기억하기 위한 날〕에는 이탈리아가 알바니아를 침공했다. 유럽은 이미 전쟁 중이었다.

서구 열강은 폴란드에 구체적으로 약속 이행을 해야 하는 상황에 처한지라 이제 실질적 조치들을 모색했다. 4월과 5월 연합국 사절단이 바르샤바를 방문했다. 이때의 방문을 통해, 독일이 폴란드를 침공할 경우, 폴란드군이 진격해오는 독일 국방군을 저지하는 사이 연합국이 서쪽에서 반격 태세를 갖춘다는 이해가 확고히 자리 잡았다. 프랑스 모리스 가믈랭Maurice Gamelin 장군의 계획은 꽤나 구체적이어서, 그는 동원령이 내려진다면 아무리 늦어도 15일째 되는 날에는 "우리 군의 주력le gros de nos forces"이 프랑스-독일 국경을 돌파할 것이라고 했다. 모스크바에는 또 다른 군사 사절단이 도착해 붉은군대와 어떤 식으로 협력할지 논의했다. 이 사절단은 사태의 큰 줄거리는 전혀 파악하지 못한 채 8월 5일 그저 기쁜 마음으로 레닌그라드를 향해 유유히 나아가는 배에 몸을 실었다. 그러나 한참 전에 스탈린과 히틀러는 이미 폴란드 문제를 자기들끼리 알아서 처리하기로 결정한 참이었다.

나치와 소련 사이에 본격적으로 라프로슈망〔화해·협력〕 분위기가 무르익기 시작한 것은 5월 첫째 주, 스탈린의 충복 뱌체슬라프 미하일로비치 몰로토프Вячеслав Михайлович Молотов가 외무인민위원이 돼 모습을 드러내면서였다. 몰로토프의 선임자로, 영국 태생의 아이비Ivy라는 여인을 아내로 둔 유대인 막심 막시모비치 리트비노프Максим Максимович Литвинов는 서유럽은 물론 당시 맥을 추지 못하던 집단안보 정책과도 밀접한 관련이 있는 인물이었다. 영국과 소련 사이에 방어체제를 구축하기 위해 그가 마지막으로 기울였던 노력은 소기의 성과를 거두지 못한 참이었다. 몰로토프가 임명됐다는 것은 모스크바가 베를린과의 관계를 다시 활성화시키고 싶어 한다는 뜻이었다. 6월 모스크바에서, '무역회담'을 명목으로 내걸고 양국 사이에 협상이 시작됐다.

일단 스탈린과 히틀러가 서로에 대한 불신을 내려놓은 상태에서 양국 대표들 사이에 논의가 시작되기 무섭게, 그들은 엄청난 기회가 놓여 있음을 알아차렸을 게 틀림없다. 서구 열강이 갈팡질팡하는 상황에서, 독일과 소련이 동유럽을 분할하지 못하도록 가로막고 있는 장애물은 폴란드뿐이었다. 휘황찬란한 전리품들이 눈앞에서 반짝이는 상황에서, 스탈린과 히틀러가 향후 독일과 러시아가 약탈품을 두고 싸우게 되지 않을까 염려하는 것은 지나친 기우였을 것이다. 서구가 장기적 차원에서 어떻게 대응하고 나올지도 이들이 크게 염려할 바가 아니었다. 스탈린의 찬동을 얻은 이상 히틀러는 이제 영국과 프랑스를 혼자 힘으로 얼마든 감당해낼 수 있었으며, 그러다 보면 독일의 힘은 크게 강화될 터였다. 히틀러가 그런 시도를 해보게 하는 것은 스탈린으로서는 퍽 만족스러운 일이었다. 스탈린도, 히틀러의 찬동을 얻은 이상 동유럽 국가들을 가차 없이 휩쓸 것이었고 그러다 보면 러시아의 힘이 크게 강화될 터였다. 둘은 미국이 위험 경보를 받기 전에 즉 미국의 군비 지출액이 영국에 못 미치는 지금, 유럽 문제를 해결 짓는 편이 나을 것이라 믿었던 듯하다. 기회가 왔을 때 반드시 그것을 붙잡아야 했고, 이런 기회는 두 번 다시 없을 것이었다. 영국 사절단이 모스크바를 향해 천천히 움직이고 1주일이 지났을 때, (독일 외무장관) 요하임 폰 리벤트로프Joachim von Ribbentrop가 재빨리 모스크바행 비행기에 올랐다.

정치판의 예보는 음울한데 정작 날씨는 쾌청하기만 했던 그해 여름날, 히틀러는 사기가 점점 충천해갔다. 히틀러의 군사 재무장 정책에 따라 독일의 전방 사단은 3년 새에 7개에서 51개로 늘어나 있었다. 카이저가 통치하던 1914년 이전의 10년 동안에도 군대가 이 정도로 증강된 적은 없었다. 히틀러는 평소와 똑같이 서구는 자기 꾀에 속을 것이고, 배은망덕한 폴란드는 고립무원의 처지가 돼 혹독한 대가를 치르게 될 것이라 믿었다. 위대한 스탈린 역시 마찬가지 생각을 하는 가운데, 히틀러는 전쟁이 과연 필요한지도 잘 알지 못한 채 국지전 준비에 돌입했다. 히틀러는 서구 외교관들의 불평 섞인 목소리는 물론이고, 괴링과 무솔리니처럼 자신과 한 진영에 속해 있는 이들의 목소리에도 귀 기울일 마음이 거의 없었다. 5월 23일, 군사회의에 출석한 그는 동구에서의 레벤스라움(생활권)과 조만간 일어날 일어날 전쟁의 불가피성을 누이나 강조했다. 6월 14일, 히틀러는 일정표를 제시하며, 장군들에게 8주의 시간을 줄 테니 그 안에 모든 준비를 마치라고 지시했다. 그러고 나서 딱 8주가 흐른 8월 22일, 베르고프에서 또 한 번의 군사회의가 열렸을 때 히틀러는 "이제는 전쟁을 하는 편이 더 낫다"라고 말했다. 히틀러의 노트에는 다음과 같은 말들이 적혀 있었다. "동정은 금물—가차 없는 태도—힘이 옳다—최고의 혹독함."[60]

침략에 나서기 위한 최종 준비가 마무리된 것은 바로 이튿날이었다. 8월 23일 견원지간이 따로 없던 나치 독일과 소련이 얼마 전의 무역협정에 이어 불가침조약에도 서명했다는 내용이 모스크바로부터 날아들었다. 이와 함께 (모스크바와 베를린 바깥의 세상 사람들은 누구도 6년 후 나치의 문서보관실을 손에 넣기 전까지는 사태가 이렇게 전개됐다는 사실을 전혀 알 수 없었다), 리벤트로프-몰로토프조약Ribbentrop-Molotov Pact(독일-소련불가침조약)에는 다음과 같은 비밀 의정서가 덧붙여져 있었다.

모스크바, 1939년 8월 23일

독일제국과 소련의 불가침조약에 관해, 아래에 서명한 전권대사들은 […] 동유럽에서 양국의 세력권 경계에 대해 논의했다. 회담은 다음과 같은 결론에 합의했다.

1. 발트제국Baltic States(핀란드, 에스토니아, 라트비아, 리투아니아)에 속하는 지역들의 영토와 정치를 재편성하는 문제에 대해, 리투아니아의 북쪽 경계선이 독일과 소련의 각 세력권을 형성하게 될 것이다. 이와 관련해, 빌뉴스 지방에서 리투아니아의 이해를 양국 모두가 인정하는 바다.

2. 폴란드에 속하는 지역의 영토와 정치를 재편성하는 문제에 대해, 독일과 소련의 세력권 경계는 대략 비스와강, 나레프강, 그리고 산강을 잇는 선에 의해 규정될 것이다. 양국의 이해관계가 폴란드의 독립 유지에 바람직한가의 여부, 향후 생겨날 국가의 영토 관련 경계 문제는 앞으로 전개될 정치 상황의 변화에 따라 명확하게 결정될 수 있을 것이다. 어떤 경우에도, 양국 정부는 우호적 합의의 방법에 의지해 이 문제를 해결할 것이다.

3. 남동 유럽에 관련해, 베사라비아에서의 이해에 따라 소련이 중요 문제를 주도해 처리한다. 독일은 이들 지역에서는 이해관계가 없음을 선언하는 바다.

4. 이 의정서를 양국은 극비로 다루기로 한다.

독일 정부를 대신해   소련 정부 전권대사

J. 폰 리벤트로프   V. 몰로토프 61

히틀러와 스탈린은 동유럽을 여러 개 세력권으로 분할했다. 그들이 말한 '불가침조약'은 침략을 염두에 둔 완벽한 청사진이었다.

독일과 소련 양국 어느 쪽도 서유럽 열강에 대해서는 이렇다 할 말을 한마디도 하지 않았다. 요아힘 폰 리벤트로프는 독일이 프랑스군을 충분히 감당할 수 있다고 믿었다. 영국에 대해서는 "독일제국의 외무장관은 다음과 같이 말했다. […] 잉글랜드는 힘이 약하고, 따라서 독일과 소련 자국이 세계 패권을 차지하고 있다는 주제넘은 주장을 자국 대신 나서서 싸워서 지켜주길 원한다. 스탈린 각하도 이에 열렬히 동의했다. […] [그러나 그는] 추가로, 잉글랜드는 힘이 없음에도 결국엔 교활하고 완강한 방법을 통해 전쟁을 수행하고자 할 것이라고도 했다."62

이 독일-소련 간 불가침조약은 히틀러의 전쟁면허증으로 종종 표현되고는 한다. 이는 사실이기는 하나 이야기의 절반에 불과하다. 왜냐하면 이 협정은 스탈린에게도 역시 전쟁면허증이었기 때문이다. 문서에 잉크가 마르기 시작한 바로 그 순간부터, 문서에 서명한 양국은 상대의 제지를 받지 않고 이웃국들을 자유롭게 침략하기 시작했다. 바로 그것이 양국 모두가 똑같이 저지른 일이었다.

독일 국방군은 8월 24일을 진격 예정일로 잡아놓고 있었다. 하지만 총통은 신경발작이 도지는 통에 결국 최후의 진격 명령은 내리지 못했다. 또 그는 제2차 뮌헨회담이 가능한지도 무척 궁금해했다. 나치 언론은 독일인을 잡아다 거세하는 폴란드인에 관한 내용을 연일 기사로 싣고 있었다. 헤르만 괴링은 히틀러에게 얼른 런던을 접촉해야 한다고 재촉했다. 25일 영국대사가 소환돼 수용 가능성이 없는 일련의 제안을 건네받았다. 화이트홀[영국 관청이 늘어선 거리. 여기서는 영국 정부]과 직접 협상을 한다는 명목으로 괴링의 스웨덴인 친구가 영국으로 파견됐다. 그러나

체임벌린은 공식적 영국-폴란드 간 조약을 통해 폴란드의 독립을 보장함으로써 총통의 신호를 놓치고 만다. 이제 더는 외교에 시간을 낭비할 틈이 없었고, 제2차 뮌헨회담도 일어날 일이 없었다. 1939년 8월 31일 오후 1시, 히틀러가 폴란드와 전쟁을 벌인다는 내용의 작전명령 제1호를 발동했다. [제노사이드]

폴란드 전쟁의 발발은 나치가 가장 잘 쓰는 스타일로 연출됐다. 선전포고 같은 것은 없었다. 그 대신 친위대 사령관 알프레트 헬무트 나우요크스Alfred Helmut Naujocks가 깡통Konserven이라는 암호명의 작전에 따라 독일인 죄수들로 구성된 파견대를 하나 모아 폴란드 국경에 인접한 글리비체의 독일 라디오방송국으로 이송하라는 지시를 받았다. 라디오방송국은 이내 폴란드군 제복을 입은 사람들로 꽉 메워졌고, 폴란드의 군가가 울려 퍼지는 가운데 몇 발의 총성이 울렸다. 이 깡통들이 놀라 방송국 밖으로 뛰쳐나오자, 친위대가 기관총을 난사해 이들을 고꾸라뜨렸고 피에 흠뻑 젖은 채 어딘가에 유기된 시신을 이내 지방의 경찰들이 발견했다. 이 전쟁의 첫 번째 희생자들은 독일 범죄자들에게 죽임을 당한 독일인 죄수들이었다. 그날 밤이 채 지나기 전, 나치의 뉴스 방송에서는 폴란드인 군대가 아무 이유 없이 제3제국에 공격을 감행했다는 소식이 흘러나오고 있었다.[63]

유럽에서의 제2차 세계대전, 1939~1945년[64]

1939년의 9월 1일에 시작된 독일의 폴란드 침공은 유럽에서 싸움이 시작된 기점은 아니었다. 1939년 3월에는 독일이 리투아니아를, 그해 4월에는 이탈리아가 알바니아를 이미 침략했었다. 그러나 9월 1일의 공격을 계기로 국지전에 불과했던 전쟁들이 전 세계적 분쟁으로 비화했다. 몽골에서 이미 일본과 대치 중인 소련이 개입함으로써, 폴란드 침공은 유럽과 아시아 전역을 연결하는 고리가 됐다. 이론적으로 일본은 나치의 동맹체제에 속해 있었는바, 심지어 나치-소련의 불가침조약이 반反코민테른 클럽을 옥죄었을 때에도 그러했다. 그러나 일본, 소련, 폴란드, 독일, 거기다 서구 열강까지 모두 분쟁의 그물망에 걸려들었다는 사실이야말로 제2차 세계대전이 진정 막이 올랐다고 하기에 더할 나위 없이 좋은 논거였다.

일본과의 대치 문제가 완전히 해결되기 전까지, 폴란드 안에서 붉은군대의 역할은 여전히 불명확했다. 8월 28일 할힌골전투Battles of Khalkhin Gol에서 소련의 무명 장군 게오르기 콘스탄티노비치 주코프Гео́ргий Константи́нович Жу́ков의 장갑부대가 거둔 승리는 소련가 유럽에서 적극적 방침을 시행하는 전제조건이 된 것처럼 보인다(몽골과 만주국의 국경지대인 할하강 유역에서 소련군·몽골군과 관동군·만주국군 사이에 벌어진 전투다. 노몬한사건Nomonhan Incident이라고도 한

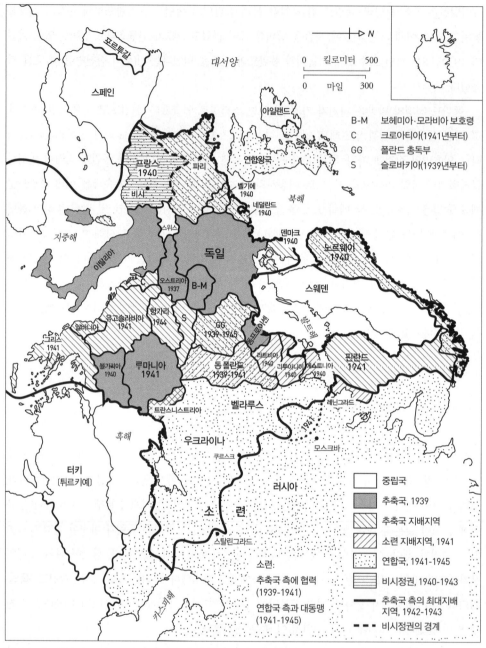

소련:

추축국 측에 협력
(1939-1941)

연합국 측과 대동맹
(1941-1945)

	중립국
	추축국, 1939
	추축국 지배지역
	소련 지배지역, 1941
	연합국, 1941-1945
	비시정권, 1940-1943
	추축국 측의 최대지배 지역, 1942-1943
	비시정권의 경계

[지도 26] 제2차 세계대전 중의 유럽, 1939~1945

다). 9월 15일 몽골에서 휴전협정이 체결되고, 나아가 주코프의 분대가 우랄산맥을 넘어 회군할 때까지 스탈린이 폴란드 입성을 미루며기다린 것도 아마 우연은 아니었을 것이다.[65]

독일-소련조약German-Soviet Pact은 유럽에 새로운 지정학적 틀을 탄생시켰다. 대大삼각 구도는 한 바퀴 방향을 틀어 서구 열강(영국, 프랑스, 캐나다)이 중부유럽과 동유럽 연합에 맞서는 형태로 바뀌었다(부록 1654쪽 참조). 그러나 대삼각 구도는 온전한 형태를 이루지는 못했는데, 서구 열강이나 소련이나 직접적 분쟁은 피하려 했기 때문이다. 이는 곧 스탈린이 반서구 활동들을 프로파간다 및 독일에 대한 병참 지원에만 한정한다면, 서구 역시 스탈린의 침략행위를 눈감아주리라는 뜻이었다.[66] 그렇긴 했어도 독일-소련조약이 유럽의 지형을 변화시킨 것은 사실이었다. 독소조약으로 독일과 소련은 19세기 내내 그랬던 것처럼 다시 국경선을 접하게 됐다. 그러고 난 뒤 양국은 자기들 앞길에 어지럽게 널려 있는 약소국들을 말끔히 정리했다. 약간 장기적 관점에서, 이것이 히틀러에게는 스탈린의 지지와 격려를 얻어 서구를 공격할 수 있는 기회가 됐다.

후일 이 리벤트로프-몰로토프 간 조약이 정당화된 것은 소련이 방어를 구축할 시간을 벌어주었기 때문이었다. 2년 후 발생한 사태들을 보면, 이 주장은 일리 있어 보이나, 이는 역사를 역으로 읽을 때 나타나는 전형적 주장의 하나일 수 있다. 히틀러가 서구를 패퇴시킨 후 소련에 총구를 들이댈 가능성은 1939년에도 있었다. 그러나 그것은 하나의 우연일 뿐이지 그런 가능성이 어느 때보다 높았다거나 당장 일어날 것처럼 보인 것은 아니었다. 당시 반드시 고려해야 했던 시나리오는 최소한 세 가지였다. 하나는 1918년처럼 독일이 서부전선에서 패배할 가능성이었다. 또 다른 하나는 독일과 서구 열강이 서로 한바탕 싸움을 벌인 뒤 상황이 처참한 교착상태에 빠지고 나면, 바로 그 순간에 소련이 총 한 발 쏘지 않고 유럽의 중재자로 나설 수도 있으리라는 것이었다. 파울 요제프 괴벨스Paul Joseph Goebbels가 보기에는 바로 이것이 소련이 벌이고자 하는 게임이었다. "유럽 대륙이 남김없이 피를 다 흘릴 때까지 […] 모스크바는 전쟁에서 발을 빼고 있을 작정이다. 그런 다음 스탈린은 행동에 돌입해 유럽 각국을 볼셰비키화하고 자신의 통치를 강제할 것이다."[67] 세 번째 시나리오는 히틀러가 서구와 전쟁을 벌이는 틈을 이용해 스탈린은 준비를 갖추어 공격에 돌입하리라는 것이었다.

이와 관련한 소련의 문서보관소는 폐쇄돼 있는 만큼, 이 문제에 관한 역사 지식은 여전히 추론에 머물러 있다. 그래도 두 가지 점만큼은 확실히 중요하다. 첫째, 1939년 8월 이후로 붉은군대가 심도 있는 방어막 구축에 우선순위를 두었다는 증거는 거의 발견할 수 없다. 반대로 소련에서는 혁명적 공격을 감행해야 한다는 이론을 선호했다. 스탈린도 공산주의와 평화주의는 엄연히 구별돼야 한다는 점을 누차 강조해온 터라, 그는 1938년에 사관생도들을 모아놓고 한 연설에서는 결국에는 소비에트 국가가 선제공격에 나설 것이라 공포하기도 했다. 둘째, 1941년 여름 초반 진행된 붉은군대 배치를 면밀히 살펴보면, 이전 2년의 뚜렷하게 공세의 입장을 구축하는 데 쓰였음을 알 수 있다.[68] 그 내용은 결국 먼 길을 돌아 닥친 재앙이 무엇이었는지 설명해준다. 이 설명을 받아들일 경우에는, 스탈린이 나치와 협정을 맺었던 것은 시간을 벌어 방어막을 구축하기 위해서가 아니라 치밀하게 계산된 공격 계획에서 히틀러를 제치기 위해서였다고 결론 내려야만 할 것이다.[69]

확실한 것은 이 무렵 독일-소련조약을 계기로 유럽이 그 누구도 예상하지 못한 사태 속으로 휘말려 들어갔다는 것이다. 독일-소련조약이 여전히 유효했던 1939~1941년의 제1단계에서는, 나치와 소련이 제각기 할당된 구역 안에서 과감한 행보의 속도를 높여갔다. 다양한 행운을 맞은 것은 붉은군대였으나, 독일 국방군도 가장 몽상적인 장군조차 상상하기 힘들 만큼 잽싸게 서유럽을 정복해 세상을 놀라게 했다. 1941~1943년의 두 번째 단계에서는, 나치의 군수물자가 동쪽에 투입됐다. 독일-소련의 전쟁은 장차 유럽의 전체 운명을 결정지을 제2차 세계대전에서 핵심적 부분을 구성하고 있었다. 이제 서구 열강은 궁지에 몰린 섬나라(영국)의 뜻에 따라 움직이게 돼 서구 열강은 부수적 영향력밖에 행사하지 못했다. 1943~1945년의 마지막 단계에서는, 동구의 소련군과 군대를 증강한 영국군 및 미국군까지 합세해 독일을 확실히 몰락시키게 된다.

나치-소련의 협력관계(1939~1941. 6). 독일-소련조약의 비밀조항 때문에, 제2차 세계대전의 초반 전투에 참여한 국가는 잘못된 전제를 갖고 전쟁에 임한 경우가 많았다. 서구 열강은 자신들이 나치의 침략 위협이 가해지는 상황에서도 동맹국의 안전만큼은 보장했다고 생각했다. 그러나 실질적으로 보면 이들은 한 동맹국이 제3제국만이 아니라 소련의 공격까지 받게끔 보장한 셈이었다. 폴란드인들로서는 15일 동안 어떻게든 독일의 진격을 막아, 프랑스가 서쪽에서 독일 국경을 넘도록 하는 게 자신들의 일이라고 여겼다. 그러나 실질적으로 보면, 이들은 독일 국방군과 소련 붉은군대의 협공을 자력으로 저지해야만 하는 불가능한 과업에 맞닥뜨린 것이었다. 프랑스는 공격 기미를 전혀 보이지 않았고, 영국의 도움은 베를린 상공에 전단을 뿌리는 것에 그쳤다.

이와 같은 구도 속에서 폴란드 침략자들은 취할 수 있는 이점은 전부 만끽했다. 당시 독일군 사령부가 보유한 병력은 적군 폴란드와 대략 비슷한 60개 사단 정도였다. 그런데 독일은 체코슬로바키아를 점령한 덕에 일시에 삼면에서 폴란드를 에워쌀 수 있었다. 무기의 질이나 공군력 면에서도 독일군이 압도적 우위를 보여, 개전 시기에 독일군이 폴란드에서 파괴한 '게르니카'만 100여 곳에 이르렀다. 무엇보다도 독일은 기갑사단을 폴란드 영토 깊숙이까지 진입시켜 움직일 수 있었던바, 그 정도면 소련이 뒤쪽에서 폴란드군으로부터 받는 모든 반격을 확실히 파악할 수 있었다. 비장의 카드를 쥔 것은 소련 사령부였다. 소련 장군들은 독일과의 합동 일정은 모두 거부한 뒤, 독일군의 고문대 위에 폴란드가 널부러질 때까지 잠자코 지켜보며 기다렸다가 마지막 순간에 폴란드로 행군해 들어가 쿠드그라스coup de grâce(최후의 일격)를 날렸다. 따라서 1939

년 9월의 폴란드 전쟁(독일의 폴란드 침공)은 정략과 배신의 그림자가 드리운 군사작전이었다. 아무런 희망도 없는 상황에서도 폴란드인들은 5주 동안 싸움을 벌이며 자신의 의무를 다했다. 결국 서구 열강이 독일에 전쟁을 선언했으나, 소련의 공모가 자명해진 뒤에도 서구 열강은 정작 소련에는 아무 조치도 취하려 하지 않았다. 그뿐 아니라, 싸움을 중재하려는 노력도 전혀 보이지 않았다. 영국이 그럴 능력이 없었다면, 프랑스는 그럴 의지가 없었다. 프랑스에서는 장기전에 대비해 동원 절차 계획이 세워졌으니, 모든 전선의 사단들을 조직 정비를 통해 임시 간부단의 지위로 만들었고 장기간의 재편 동안 즉흥적 공세 작전은 일체 배제됐다. 히틀러와 스탈린으로서는 자신들 뜻대로 해나갈 모든 여건이 갖춰진 셈이었다.

1939년 9월 1일 새벽, 독일군 선열이 북쪽·서쪽·남쪽에서부터 폴란드 안으로 물밀듯 몰려들었다. 폴란드가 자국 국경 가까이에 구축한 방어선이 독일군에 에워싸였다. 9일에는 바르샤바가 포위당했다. 폴란드 민간인에 대해서도 전무후무한 대규모 폭격이 가해졌다. 전선 뒤쪽에서는 독일군 제5열이 작전을 펼쳤다. 후방에서는 나치의 특수임무부대 아인자츠그루펜Einsatzgruppen이 나타나, 저항군·낙오병·유대인들에게 총격을 가했다. 굉음을 내는 슈투가Stuka 폭격기가 상공을 날며 철도·도로·교량 등을 그 안에서 북새통을 이룬 사람들과 함께 무참히 파괴했다. 바르샤바는 이미 도시 절반 정도가 파괴당한 채 적군의 기나긴 포위공격을 견디는 중이었다. 폴란드군은 남동부에 재집결해 르부프 방어 임무에 나섰고, 브주라 한가운데서 결의에 찬 반격에 돌입했다. 15일, 나치는 공식성명을 통해 바르샤바가 함락당했다는 허위 내용을 발표했다. (이 이후로도 바르샤바든 2주나 더 항전을 계속했다). 그런데 이 성명을 듣고 스탈린은 자신이 밀리고 있다고 생각한 듯하다. 17일 붉은군대도 기어이 동쪽 국경을 넘어 쏟아져 들어가 확실한 타격을 가했다. 붉은군대는 또 그들 나름대로 자신들이 나치로부터 폴란드를 구한다는 거짓 성명을 통해 전황을 완벽한 혼란에 빠뜨렸다. 그러나 사실 알고 보면 이들은 부크강을 기준으로 한 양자 간에 합의된 경계까지만 진군한 것이었고, 이후로는 봉쇄를 명분으로 루마니아 및 헝가리와 함께 남쪽 국경을 향해 나아갔다. 독일과 소련은 승리를 세부적으로 정리하는 작업은 뒤로 미룬 채, 브제시치(브레스트리토프스크)에 결집해 먼저 승전 퍼레이드부터 벌였다.

9월 28일, 독일과 소련 사이 우호, 협동, 경계 조약에는 5주 전 맺어진 독일-소련조약보다도 훨씬 진전된 내용들이 담겨 있다. 이에 따라 국가의 경계선이 새로이 그어져, 소련이 폴란드 중앙 일부를 독일에 넘겨주는 대신 리투아니아는 소련이 차지하기로 했다. 이 조약에는 폴란드인들이 일으킬 '동요'에 대비해, 독일과 소련 양국이 향후 어떤 식으로 공동조치를 취할지에 관한 비밀 조항도 부가돼 있었다. 바르샤바가 마침내 항복했을 때 양국은 이 조치를 실제로 실행에 옮겼다. 폴란드 정부는 이미 본국을 빠져나와 망명길에 오른 뒤였다. 꽤 많은 수의 폴란드군 병사들은 숲으로 들어가거나 외국으로 피신하는 수밖에 없었다. 10월 4일 폴란드가 최종적으로 항복한 그날, 히틀러가 자신을 칭송해 마지않는 독일 군단의 경례를 받으며 바르샤바에 도착했다. 부크강 동쪽에 자리한 모든 것은 이제 소련군의 차지였다.

이 시점에서 히틀러가 어떤 생각을 품고 있었는지는 곁에서 충직하게 보위한 프로파간다 담당관이 다음과 같이 기록해두었다.

> 폴란드인에 대한 총통의 평결은 가차 없다. 이들은 인간이기보다는 짐승에 가까우며, 완전히 원시적이고 제대로 된 틀도 없다. 폴란드인들은 지배계급도 그 혈통을 따져보면 열등한 자들과 지배인종인 아리아인이 뒤섞여 생겨난 만족스럽지 못한 결과물에 불과하다. 폴란드인들의 추잡함은 상상할 수조차 없다. 그들의 지적 판단 능력은 절대적으로 없다고 봐야 한다. [⋯] 총통은 폴란드인들을 동화시키려는 뜻은 전혀 없다. [⋯] 만일 하인리히 사자공Henry the Lion(1195년 몰)이 동쪽을 정복했더라면 슬라브족에 강하게 동화된 독일인 잡종 인종이 출현했을 게 확실하다. 그렇게 생각하면 현재 상황이 더 낫다고 하겠다. 이제 우리는 인종 차원의 유전 법칙들에 대해 알고 있고, 제반 사항을 그 법칙에 맞추어 다룰 수 있게 됐으니까.[70]

독일과 소련의 폴란드 점령으로 전체주의를 실험하던 두 개의 장이 직접 만나게 됐다. 2년 동안 나치와 소련이라는 두 마리 독수리는 땅에 널브러진 폴란드의 시신을 사정없이 파먹었고 이를 말리는 곳도 없었다. 독일 구역에서는 폴란드 서쪽 지구가 제국에 병합되는가 하면, 강력한 인종 차단 및 동화가 이루어지는 정권에 예속당했다. 그 외 지역들은 이른바 폴란드총독부General Government(Generalgouvernement)에 편입돼 친위대와 군부의 통치를 받았다. 이 '게슈타포지대Gestapoland'야말로, 폴란드 법에도 독일 법에도 구속되지 않아서, 나치 이데올로기의 궁극적 실험장이었다. 동시에 이곳은 나치 치하에서 일한 정책입안자들이, 동쪽에서 삶의 공간을 확보하는 일과 더불어, 서서히 전 국민을 대상으로 전력을 다해 인종정책을 추진한 유일한 곳이기도 했다.[71] 하인리히 힘러의 최초 시찰 이후, 이제 노령에 접어들었거나 정신적 장애를 안은 이들은 강제로 병원에서 나와야 했고, 고아원도 순식간에 레벤스보른Lebensborn(생명의 샘)이라는 인간교배 프로그램에 적합한 소년들과 소녀들을 양성해내는 시설로 바뀌었다. 아우슈비츠Auschwitz와 마이다네크Majdanek에는 강제수용소가 세워져 저항 세력을 처리했다. 일명 평화특별행동(Außerordentliche Befriedungsaktion, 아베악치온AB-Aktion)라는 냉혹한 제노사이드 법령을 근거로 처참한 인종학살이 벌어지는 동안, 총살을 당하거나 수용소에 구금당한 폴란드 지식인, 관리, 정치인, 성직자들이 약 1만 5000명에 달했다. 1939년 후반부터는 폴란드의 대규모 유대인 공동체에 각기 정해진 게토로 이동하려는 명령이 내려졌고, 이들 게토 지구는 사방이 점차 벽들로 가로막혀 폐쇄적 공간으로 변해 나중에는 외부와 완전히 단절됐다. 독일은 나치 감독 속에서

유대인 치안대로부터 지원을 받으며 이 게토를 운영할 유대인위원회를 모집했다.[72] [아우슈비치]

인접한 소련 점령 지역에서는 가짜 국민투표가 실시돼 '서벨라루스'와 '서우크라이나'가 자의로 소련 합병을 택했다는 주장을 정당화했다. '국가정치보위부지대GPU-land'라고 일컬어진 이 지역은 소련의 나머지 지역들과 단절된 채 스탈린주의자들이 힘껏 가하는 테러에 처참한 상처를 입어야 했다. 소련에서는 경찰에서 우표수집가에 이르기까지 총 40여 개 범주를 선별한 후 거기 해당하는 사람들은 즉각 체포하거나 고향에서 추방했다. 1941년 여름에 이르자, 소련이 북극에 건설한 수용소에 구금을 당하거나 소련의 지시로 중앙아시아로 강제로 이주당한 사람만 약 100만~200만 명에 이르렀다. 이 테러는 시골 학교 교사와 삼림관리인에 이르기까지 과거 폴란드에서 일한 모든 관리를 비롯해 벨라루스, 우크라이나, 유대인의 모든 공동체 조직까지 겨냥했다. "폴란드의 지배에서 해방"되는 것을 환영했을 법한 사람들도 이 테러에 무자비하게 상처 입기는 다른 모든 이와 마찬가지였다. 냉혹한 제노사이드 법령을 통해 수용소에 갇혔다가 카틴 숲으로 이송돼 집단학살을 당한 폴란드 전쟁 포로만 2만 6000명을 헤아렸다―대체로 예비군 장교들이었고, 이후에는 지식인, 관리, 정치인, 성직자까지 대상이 됐다. 브제시치의 부크강을 가로지르는 다리 위에서는 러시아 내지로 들어가려는 사람들이, 유대인을 비롯해, 제3제국에서 피난처를 찾으려는 이들과 엇갈리곤 했다. 한번은 친위대 장교가 그런 사람들을 보고 다음과 같이 말했다. "대체 당신들은 어디로 가는 거요? 그래봤자 우리가 어떻게든 당신들을 찾아내 죽일 텐데."[73]

이 시기 나치의 친위대SS와 소련의 내무인민위원회NKVD 사이 협력관계는 그 전모가 한 번도 제대로 밝혀진 적이 없다. 나치가 보관했던 서류가 유실되고 없는 데다, 소련의 문서보관서는 시종 폐쇄돼 있었기 때문이다. 그렇긴 했으나 소련의 한 고위급 장교가 1941년까지도 크라쿠프의 친위대 참모본부에 배속돼 복무했다는 것은 사실이었다. 나치와 소련 대표단이 합동회의에 참석했었고, 포로 교환이 있었으며, 나치와 소련이 한결같이 프로파간다에 진력한 것도 사실이었다. 그러다 8월 24일부터 소련 언론이 종전의 방침을 바꾸어 《푈키셔 베오바흐터Völkischer Beobachter》(민족 관찰자. 나치스 기관지)를 신빙성 있는 정보원으로 활용하며 그 내용을 싣기 시작했다. 《프라브다》지에는 "이제 독일-소련의 우정은 영원히 자리 잡았다"라는 성명이 실렸다.[74] [카틴]

서구 열강의 무능함 덕에 히틀러와 스탈린이 심기일전한 것만은 분명했다. 한 프랑스 정치가는 폴란드 침공을 드롤 드 게르drôle de guerre(가짜전쟁Phony War)라 일컫기도 했지만, 이것은 폴란드 침공에 직접적으로 휘말리지 않은 이들의 입에서 나온 어이없는 우스갯소리에 불과했다. 폴란드가 무너지고 난 뒤 20개월 만에 유럽의 13개 국가가 무참히 짓밟혔다―8개 국가는 히틀러에게, 5개 국가는 스탈린에게. 스탈린은 1939년 11월 30일 핀란드로 붉은군대를 파견하면서 이에 앞장섰다. 〔"가짜전쟁" 또는 "전투 없는 전쟁" "개전 휴전 상태"는 1939년 9월 1일 독일이 폴란드를 침공하자 폴란드와 동맹관계인 영국과 프랑스가 독일에 선전포고를 했으나 정작 서부전선에서 이들 연합국과 독일 사이에 전면적 군사적 충돌은 없었던 교착상태의 시기를 말한다. 일반적으로, 영국과 프랑스가 나치 독일에 선전포고를 한 1939년 9월 3일부터 독일이 프랑스와 벨기에·네덜란드·룩셈부르크 베네룩스 3국을 침공한 1940년 5월 10일까지의(이후 전면전 시작) 8개월간을 말한다. 독일에서는 "앉아서 하는 전쟁"이란 의미의 "착석전Sitzkrieg"이라 부른다.〕

1939년 11월~1940년 3월의 '겨울전쟁Winter War'〔제1차 소련-핀란드전쟁〕에서는 붉은군대의 심각한 결점도 여럿 드러났으나, 다른 한편으로 전쟁은 서구 열강의 인내심의 한계를 시험하는 계기가 되기도 했다. 사기가 충천한 핀란드 군대는 5개월의 시간이 걸려 소련 침략자들을 몰아낼 수 있었다. 만네르헤임선Mannerheim Line〔핀란드가 핀란드만과 라도가호湖 사이 카렐리야지협에 구축한 대對소련 요새방어선〕을 단기간에 뚫겠다는 소련의 어설픈 시도에 핀란드가 초반의 몇 개월 새에 피비린내 나는 타격을 가한 것이 주효했다. 이로써 소련은 전술도 장비도 변변히 갖추지 못한 것처럼 보이게 됐다. 이와 함께 소련의 방침에 대해서도 노골적 공격을 문제 삼는 비난이 이어졌다. 국제연맹은 소련을 퇴출시켰고, 그러자 서구 열강도, 폴란드 사태 때에 그랬던 것처럼, 스탈린의 방침이 히틀러보다는 정당하다는 식의 태도를 더 이상 보일 수 없었다. 1940년 봄, 붉은군대가 전면전 공략 시도를 준비하는 사이, 영국 정부는 나르비크와 라플란드 철도를 통해 지원과 원조를 해달라는 핀란드의 요청을 더는 무시할 수 없었다. 심지어 소련이 독일에 원유를 공급한 데 대한 보복 조치로 바쿠 유전지대를 폭격하겠다는 계획이 세워지기도 했다. 그런데 영국 공군의 폭격기 편대가 동체 위에 핀란드 공군의 스바스티카 문양을 덧칠하고 대기하던 중, 핀란드-소련조약Finno-Soviet Treaty〔모스크바평화조약Moscow Peace Treaty, 1940. 3〕 소식이 날아들면서 런던도 겨우 딜레마를 벗어났다. 이 휴전으로 핀란드는 동부 국경지대 카렐리야의 땅을 큼지막하게 떼어 소련에 넘겨주어야 했지만 이 할양으로 자국의 독립과 중립은 지켜낼 수 있었다. 독일군 참모부가 소련군이 어딘가 약점이 있다는 이 낌새를 그냥 놓칠 리 없었다.

핀란드 전쟁으로 독일이 스칸디나비아에 가지고 있는 이해가 쉽사리 침해당할 수 있다는 사실이 드러난 셈이었는바, 특히 나르비크를 경유해 수출되는 스웨덴 철광석이 그러했다. 1940년 4월 9일 히틀러가 타격을 가했다. 이 일격에 덴마크 정부가 순식간에 무너졌고, 얼마 뒤에는 노르웨이가 공격당했다. 이에 연합군 함대가 나르비크로 파견됐으나 독일로부터 심각한 피해만 입은 채 격퇴당했다. 폴란드인들이 처음으로 그 암호의 비밀을 풀어낸 나치의 에니그마 코드Enigma Code에 대해 알고 있으면서도 영국첩보부가 관련 사실을 털어놓기보다 생명을 구할 수 있는 정보에 대해 끝까지 입을 닫는 일이 처음 발생한 것이 이때였다.[75] 이후로, 스칸디나비아 땅은 독일이 틀어쥐게 됐다. 그 와중에 덴마크는 국왕과 정부를 그대로 유지했고, 노르웨이

카틴 KATYŃ

■
■ 1940년 3월 5일, 스탈린은 소련 내무인민위원회 NKVD가 2만 6000명 이상의 연합국 전쟁 포로들을 총살하는 지령을 승인했다.[1] 1939년 9월 독일-소련이 합동으로 폴란드를 침공했을 때 붙잡힌 포로들은 소련의 강제수용소 세 군데에 수용돼 있었다—코젤스크, 오슈타코보, 스타로빌스크. 이들은 대부분 폴란드의 예비역 장교들—의사들, 변호사들, 교수들, 공학자들, 경찰들, 사제들, 여성 한 명—로, 훨씬 더 많은 소련의 전쟁포로들과는 별도로 관리됐다. 이들은 소규모 집단으로 나뉘어 비밀 사형장으로 끌려간 뒤 손발이 묶이고 눈이 가려진 채로 머리에 총을 맞고 공동묘지에 묻혔다. 이 작전은 6월 6일에 마무리됐다.

당시 나치 친위대와 소련 NKVD는 독소불가침조약의 비밀 조항에 따라 서로 긴밀하게 협력하고 있었다. 바깥세상에는 알려지지 않았으나 두 점령국 모두 비슷한 대량학살과 강제추방을 여러 차례 자행했다.[2] 서방 세계가 '가짜전쟁'에 매여 있는 사이, 폴란드인들은 체계적이고 무자비한 학살에 시달린 것이다.

1941년에 나치-소련 협정이 무너지고 스탈린이 폴란드 망명정부와 동맹을 맺자 폴란드인들은 사라진 장교들의 행방을 수소문했다. 크렘린에서 열린 회담에서 스탈린은 장교들이 브와디스와프 시코르스키 장군에게 도망친 것이 틀림없다고 말했다. "하지만 그들이 도망칠 곳이 어디 있습니까?" 그러자 스탈린은 이렇게 대꾸했다. "뭐, 만주 같은 곳으로 갔겠지요."[3]

1943년 4월 바르샤바의 게토(유대인 거주 지역)에서 봉기가 일어났을 때 폴란드의 나치 당국은 스몰렌스크 인근 카틴 숲에서 약 4500명에 이르는 폴란드 장교들의 시신이 발굴됐다는 뉴스영화를 발표했다(이들에게 발견된 희생자들은 코젤스크에서 끌려온 포로들이었다). 이를 나치는 소련의 범죄로 몰았다. 소련은 나치의 도발로 몰았다. 폴란드 망명정부는 국제적십자에 조사를 요청했다. 이에 대해 크렘린은 '파시스트의 조력자'라고 맹비난하며 망명정부에 대한 승인을 즉각 철회했다. 1943년 독일의 원조를 받아 현장을 방문한 한 국제 위원단은 독일의 주장을 지지했다. 1944년 소련의 원조를 받은 또 다른 위원단은 소련의 주장을 지지했다.[4]

카틴집단학살Katyń Massacre은 영국의 정책에도 중요한 걸림돌이 됐다. 폴란드 망명정부를 수용한 런던은 스탈린과의 동맹을 매우 중시했다. 영국의 한 미발표 공식 보고서는 카틴집단학살이 소련의 범죄가 "거의 확실하다"고 결론지었다. 그러나 이로 인해 연합국의 도덕적 대의가 위험에 처했다. 따라서 진실을 숨기기 위해 많은 노력이 이뤄졌다. 정부기관들은 소련의 주장이 신뢰를 얻도록 독려했다. 반대 주장에 대해서는 철저한 검열이 이뤄졌다.[5] 특수작전집행부Special Operations Executive, SOE(제2차 세계대전 당시 활동한 영국의 비밀조직)의 기밀문서에는 당시의 상황이 다음과 같이 요약돼 있다. "공식적으로 영국은 해당 사건이 날조된 것이라는 입장을 취해야 했다. [⋯] 다른 입장을 택했다면 우리가 독일인들과 똑같은 잔혹행위를 저지른 세력의 동맹이라는 의미가 돼 대중의 반감을 샀을 것이다."[6]

더욱 놀라운 점은 전쟁이 끝난 뒤에도 카틴집단학살의 실상이 거의 밝혀지지 않았다는 것이다. 뉘른베르크재판에서 소련 측 검사들이 카틴집단학살을 거론했으나 독일에 대한 기소는 곧 철회됐고 수사도 중단됐다. 냉전시대 동안 런던의 폴란드 망명자들은 공식 추모비를 세울 수 없었고 영국 관리들이 연례 추모식에 참석하는 것도 금지됐다. 1950년대에 미국의회위원회가 명백한 증거들을 찾았음에도 1989년 영국 외무장관은 여전히 카틴집단학살의 시시비비를 분명하게 가릴 수 없다는 입장을 취했다. 카틴집단학살에 대해 1990~1991년 고르바초프 대통령이 소련의 책임을 일부 인정하고 뒤이어 옐친 대통령이 모든 책임을 시인했지만, 영국의 전쟁범죄 법령은 연합국의 범죄들이 처벌되지 않게끔 교묘하게 조정됐다. 학살에 참여

한 것으로 추정되는 NKVD 몇 명은 소련에서 평안한 삶을 영위하고 있는 것으로 보고됐다.[7]

소련과 공산당 통치하의 폴란드에서 정확히 50년 동안 "카틴"은 꺼낼 수 없는 주제였다.[8] 나치의 잔혹성을 말해주는 소련의 추모비가 인근 벨라루스의 카틴 Khatyń이라는 마을에 세워졌고 교묘한 정보 왜곡 정책에 따라 수백만 명의 방문객들이 이곳을 찾았다. 〈폴란드 검열에 관한 비밀 지침서The Black Book of Polish Censorship〉는 카틴집단학살을 언급할 수 없는 사건으로 분류했고, 나치를 비난하는 목적이라 해도 이를 허용하지 않았다.[9] 해외에서 발표된 명부 리스타 카틴스카Lista Katyńska(카틴스카 명단)를 소유하는 것도 범죄행위로 간주됐다.[10]

이 반세기 동안 '카틴집단학살'은 역사학자들의 직업적 양심과 대동맹의 실체에 대한 이해 여부를 판가름하는 시험지와도 같았다. 이 사건은 소련이 저지른 폭력행위 가운데서 딱히 극악한 축에 속하지 않았다. 그러나 승리를 거머쥔 서방 및 소련 정부의 이기적 진술과 갈수록 힘을 얻는 증거 사이에서 어느 한쪽을 택하도록 강요한다는 점에서 골치 아픈 쟁점이 아닐 수 없었다. 진실의 목소리는 '비과학적'이라는 이유로 묵살됐다.[11]

는 통치권이 나치의 협력자 비드쿤 크비슬링Vidkun Quisling에게 넘어갔으며, 스웨덴은 철광석이 원활히 공급되는 한에는 중립성을 유지했다. 독일의 정책이 동쪽보다 서쪽에서 훨씬 관대하게 전개됐음을 엿볼 수 있는 대목이 이런 부분들이다.

1940년 초여름에 접어들자, 나치라는 전쟁기계는 서구 연합을 공격해 들어갈 태세를 갖추었다. 나치로서는 독일군의 사기가 하늘을 찌르고 영국의 재무장은 아직 결실을 못 맺었을 때 치고 들어가는 게 관건이었다. 이 전투는 서로 관련된 세 가지 전략을 기반으로 하고 있었다―저지대 국가들 안에서 작전을 펼치며 전선들을 정리할 것, 프랑스를 상대로는 대대적 지상전을 전개할 것, 영국을 상대로는 공중전을 전개해 영국해군을 무력화하고 연합국들이 뭉치지 못하게 할 것. 이번에도 독일은 모든 예상을 다 뛰어넘는 전쟁수행력을 보여주었다. 5월 10일의 로테르담 무차별 폭격에서부터 28일 벨기에 항복에 이르기까지, 독일의 저지대 국가들 정복에 걸린 시간은 총 18일이었다. 5월 14일에 프랑스 국경을 넘어 6월 16일 파리를 함락하며 프랑스를 패배로 몰아넣는 데도 채 5주가 되지 않았다.

프랑스의 몰락은 한 시대의 종말을 알리는, 통탄할 만한 사건의 하나였다. 이전의 3세기 동안 프랑스는 누가 봐도 강력한 군사 대국의 면모를 자랑했다. 1870년에도 대재앙(프로이센-프랑스전쟁의 대패)이 닥쳤었으나 1918년의 승리(제1차 세계대전의 승리)로 충분히 만회한 것처럼 보였었다. 그러나 프랑스군은, 영국군과 폴란드군의 지원까지 받고도, 독일과 러시아가 의기투합해 폴란드를 의식불명으로 만들었을 때보다 더 순식간에 나치의 국방군에 녹다운당했다. 1940년의 사태는 1870년의 사태가 전혀 대수롭지 않은 일임을 예시해주었다. 독일 침략자들은 전체 병력 수에서는 물론이거니와 심지어 보유한 장갑차 수에서도 우위를 점하고 있지 못했다. 그렇긴 했어도 독일 기갑사단은 이 두 번째 전격전을 엄청난 속도와 기세로 수행했다. 사람들이 난

공불락이라 생각한, 벨기에까지는 이르지 못한, 마지노선Maginot Line은 간단히 뚫려버렸고 독일 기갑사단은 북부에 자리한 영국군과 중부에 밀집해 있던 프랑스의 주력군 사이로 강철 기둥을 밀고 들어갔다. 이에 프랑스군이 허를 찔린 채 뒤로 물러나자, 적군은 더욱 막강한 기동력과 화력으로 무장하고 프랑스군의 뒤를 쫓았다. 샤를 드골Charles de Gaulle이라 불린 여단장의 여단만이 독일의 기갑부대에 어느 정도의 반격을 가할 수 있을 뿐이었다. 그러나 혼란은 도처에 퍼져 있었다. 영국의 파병군들도 독일군에 완전히 괴멸당해 궁지에 빠진 병사들이 됭케르크 해변의 모래언덕 위에 줄지어 모여들었다. 제51 (하일랜드) 보병사단51st (Highland) Infantry Division은 생발레리앙코Sainte-Valérie-en-Caux의 절벽 위에 모여 있다 소중한 목숨을 재촉했다. 죽거나, 생포당하거나 내피하는 것 외에는 달리 할 수 있는 일이 없었다.

6월 중순경, 파리가 70년 전에 겪은 그 끔찍한 포위전을 재차 겪으며 프랑스의 정치적 기득권층이 툭 무너졌다(1870년 프로이센-프랑스전쟁 당시 파리가 포위당했었다). 침략자와는 타협하지 않는다는 원칙을 내세웠던 폴란드와는 달리, 프랑스에서는 지도층이 먼저 나서서 협상을 제안했다. 베르됭의 영웅으로 불리던 앙리 필리프 페탱 원수는 항복 문서에 서명하라며 휘하 부하들을 상징적 의미가 있는 콩피에뉴Compiègne(프랑스 파리의 동북쪽에 있는 도시)의 마차에 태워 보냈다(1918년 11월 11일 파리 시간 오전 11시, 제1차 세계대전을 종결하기 위해 콩피에뉴 객차에서 콩피에뉴 정전협정이 체결된 바 있다). 프랑스는 무장해제를 해야 했고, 200만 명에 이르는 프랑스 병사들이 제국에서의 노역을 명목으로 억류당했으며, 오베르뉴 지방의 비시Vichy에 근거지를 둔 프랑스 자치정부는 남쪽 국토 절반만 통치할 수 있을 뿐, 알자스와 로렌은 독일에 되돌려주고 프랑스 북부는 독일군이 점령한다는 조건이 붙었다("비시정부/비시정권Régime de Vichy"은 1940년 6월에 프랑스가 독일에 항복한 후 비시에 세운 친독親獨 정권이다. 필리프 페탱, 피에르 라발을 정부 수반으로 한 반동적 파시스트 정부로, 독일군이 점령하지 않은 명목상의 자치 지역인 비점령 지대를 다스렸으나 나치스 독일의 패망과 더불어 무너졌다. "비시 프랑스"라고도 한다). 히틀러가 자기 군단 병사들의 경례를 받으며 샹젤리제거리에 발을 들였을 때, 이제 그는 피레네산맥에서 프리치피강에 이르기까지의 유럽을 지배하게 된 것이었다. 얼마 안 되는 각양각색의 영국군, 폴란드인, 자유프랑스군만이 영불해협 너머로 몰려들었다. 새로이 부상한 한 저항적 잉글랜드인 즉 윈스턴 처칠이 형편없는 프랑스어로 연설하는 목소리가 치직거리는 방송을 타고 흘러나왔다. "300가지 종류의 치즈를 생산하는 국가는 망할 수 없다Une nation qui produit trois cents sortes de fromage ne peut pas périr." 드골 장군은 다음과 같이 선언했다. "프랑스는 전투에서는 졌지만 전쟁에서는 패하지 않았다." [유럽통화동맹] ("자유프랑스Free Frence, La France Libre"는 프랑스 제3공화국 해체 이후, 1940년 6월에 런던에 망명해 있던 샤를 드골 장군의 주도로 성립된 망명정부다. 대독對獨 프랑스 해방 운동을 벌였다)

프랑스 정복을 엄청난 부담으로 느꼈던 것과 비교해, 독일은 영국을 상대로 한 공중전은 부차적 문제로 치부했던 게 틀림없다. 그러나 이 판단은 나치에 가장 혹독한 대가를 치르게 한 오산으로 밝혀진다. 독일이 제국원수Reichsmarschall(라이히스마르샬) 헤르만 괴링에게 일임한 이 공중전은 크게 두 부분으로 구성돼 있었는바, 이른바 '런던대공습The Blitz'처럼 항구와 공장을 겨냥해 강도를 높이며 야간폭격을 감행하는 것과 동시에 잉글랜드 남부와 해협의 패권을 차지하기 위해서도 공중전을 펼친다는 것이었다. 이때 사용된 전투기는 1330대의 하인켈Heinkel 폭격기와 융커Junker 폭격기로 이루어진 대규모 비행단으로, 프랑스 북부에 기지를 두고 메서슈미트Messerschmitt 전투기와 포케불프Focke-Wolf 전투기의 지원을 받았다. 이는 영국 침략을 목표로 했던 '바다사자 작전Operation Sealion'(1940. 9)의 서곡 격으로 계획된 것으로서, 저명인사 1100명의 생포를 포함한 세부 지침이 담겨 있었다. 그러나 이 작전을 허리케인Hurricane 전투기와 스핏파이어Spitfire 전투기로 전열을 갖춘 영국군이 막아내니, 영국 측 전투기에 올라탄 병사들 가운데에는 폴란드인, 체코인, 자유프랑스인 조종사들이 대략 10퍼센트에 이르렀다. (최고 실력을 뽐낸 조종사도 폴란드 제303편대에 소속의 체코인 조종사로 밝혀졌다.) 독일의 코번트리 공습은 탱크 공장들을 폭파하지는 못했으나 성당과 가옥 500채를 풍비박산냈는데 나중에 영국 공군이 독일에 거둔 승리와 비교하면 아무것도 아니었다. 그러나 연합국 사이에서는 이 공습이 나치의 야만성을 적나라하게 드러내는 상징으로 회자됐다. 4개월 동안 펼쳐진 영국전투Battle of Britain (영국본토항공전, 영국공중전, 1940. 7~10)는 9월 15일 절정에 달했다—이날 영국군은 예비 비행기마저 거의 다 내보낸 상황으로, 마침 괴링이 머뭇대며 여기서 더 큰 손실은 감당할 수 없다는 결정을 내렸다. 그렇게 해서 공습과 함께 영국 본토 침공도 무기한sine die 연기됐다. 처칠은 하원에 나가 다음과 같이 말했다. "불과 몇 안 되는 이들에게 이토록 많은 사람이 이토록 많은 빚을 지게 된 것은 지금껏 인류 분쟁의 장에서 단 한 번도 없었던 일입니다." 됭케르크 패주 이후, 영국에는 그야말로 (처칠의 연설 표현대로) "최고의 순간Finest Hour"이었다.

영국의 공중전 승리는 세 가지 면에서 중대했다. 영국의 승리로 연합국의 대의에 난공불락의 근거지가 생겼고, 이 근거지에서는 독일군이 그 대단한 우위를 자랑하는 지상군을 쏟아놓는 일은 절대 불가능할 것이었다. 둘째, 영국이 "추락을 모르는, 세계에서 가장 막강한 비행선단 국가"로 거듭나면서 연합국도 공군력을 놀라울 만큼 대폭 증강할 토대를 마련하게 됐다—이것이 서유럽에서 일어난 전쟁의 결정적 요소였다. 셋째, 외교적 측면에서 연합국들은 시간을 갖고 아직 모습을 드러내지 않는 영어권 국가들의 동맹관계가 더 영글기를 기다릴 수 있었다. 프랑스의 위기가 절정으로 치달은 1940년 5월 7일에 총리직에 오른 처칠은, 미국과 돈독한 연고를 다져놓고 되도록 빨리 미국을 전쟁에 참가시키려는 강력한 결의를 보였다. 그러나 1940년 가을에 이르자 영국이 유럽 땅에 남은 연합국 대의의 마지막 발판이 돼 있었다. 공군을 통해 영국을 지켜내지 못했다면, 미국이 유럽전쟁에 개입하는 일도 절대 없었을지 모른다. 그러나 현실은 그렇

유럽통화동맹 EMU

■ 1940년 여름 독일의 라이히스방크Reichsbank
■ 〔독일제국의 성립 시점부터 1945년까지 존속한 독일 의 중앙은행〕는 독일의 라이히스마르크Reichsmark를 유럽 내 독일 점령국들의 경제 통합을 위한 공동통화로 만드는 방안을 구상했다. 그러나 이 방안은 나치가 안정적 정치질서를 확립하지 못한 탓에 실현되지 못했다.

30년 뒤 유럽 집행위원회〔지금의 유럽연합 집행위원회〕의 지원으로 다시 한 번 통화 단일화 시도가 이뤄졌다. 미국의 금본위제 달러화를 기반으로 한 전후戰後 경제 제도가 골머리를 앓고 있었고 유럽공동시장European Common Market〔유럽경제공동체〕의 통화들, 그 가운데서도 특히 독일의 마르크화가 유독 강세를 보인다는 점도 문제였다. 1969년 바르Barre 보고서〔유럽연합 집행위원회 경제 담당 집행위원 레몽 바르Raymond Barre 의 보고서〕에 이어 룩셈부르크의 피에르 베르너Pierre Werner가 이끄는 위원회가 1980년까지 전면적 유럽통화동맹European Monetary Union, EMU에 대한 기획안을 내놓았다. 그사이 '스네이크the Snake'라는 별칭으로 불리던 체계를 통해 회원국들 사이에서 그리고 미국 달러와의 사이에서 통화 환율을 유지하려는 시도가 이뤄졌다. 그러나 이 체계는 1971년 미국이 달러의 금 태환兌換 정지를 선언하고 영국이 공동시장에 가입한 뒤 스네이크를 떠나면서 곧 힘을 잃었다. 1970년대에 총 9개의 통화 가운데 5개만이 크게 변경된 스네이크를 고수하고 있었다.[1]

세 번째 시도는 1977년 유럽공동체 집행위원회 위원장〔1977~1981〕 영국인 로이 젱킨스의 발언으로 시

작됐다. 그로부터 2년 뒤 새로운 유럽환율조정장치 European Exchange Rate Mechanism, ERM 및 이를 뒷받침하는 통화 에큐écu와 함께 유럽통화제도 European Monetary System, EMS가 도입되면서 그의 발의는 결실을 보게 됐다〔1387쪽 참조〕. 1980년대 프랑스의 프랑 포르franc fort〔"강한 프랑화"〕 정책이 독일 마르크화와 연계를 꾀하고 단일유럽의정서Single European Act〔1986〕를 통해 영국의 파운드화가 유럽환율조성상지에 통합되면서 뉴럽통화제도는 더욱 확고한 발판을 다졌다. 이로써 모든 과정이 순조롭게 진행되는 듯했으나, 1990년 독일의 통일과 함께 동독의 무가치한 마르크화를 서독의 마르크화와 등가로 교환해야 한다는 결정이 내려졌다. 그 후 독일의 높은 금리로 인해 약한 통화들이 불리해지면서 허용 범위 아래로 평가절하 되거나 유럽통화제도에서 완전히 배제되는 상황에 처했다. 1993년 8월, 마스트리흐트조약의 초창기 지지자들이 "유럽통화동맹으로 향하는 활주로"라고 말한 유럽환율조정장치에는 독일의 마르크화와 네덜란드의 길더guilder〔휠던gulden〕화만이 남아 있었다〔1446쪽 참조〕.

1940~1945년, 독일이 군사적으로 승리를 거두고 있음에도 제국에 종속된 라이히스방크는 통화 계획을 실행에 옮길 만큼의 힘을 갖지 못했다. 1969년 이후 국가와는 독립적으로 운영된 분데스방크Bundesbank 〔독일의 중앙은행〕는 자조직의 우선순위를 독자적으로 실행할 수 있는 힘을 갖게 됐다. 여기서 도출할 수 있는 결론은, 효율적 정치제도가 뒷받침되지 않는 경제 계획은 실패할 수밖에 없다는 것이다.

지 않았으니 '가장 암울한 시기the darkest days'에도 영국이 재정적·심리적 측면에서 도산을 면한 것은 시종 미국의 지원 덕이었다. 1940년 9월, 미국은 영국에 낡은 구축함들을 넘겨주고, 그 대가로 카리브해의 영국령 섬들에 미국의 군사기지를 건설할 권리를 얻어냈다. 이는 1941년 3월

무기대여법의 더욱 폭넓은 원칙들을 통해 확대됐다. 독일이 불만을 품는 것은 당연했다. ("무기대여법Lend-Lease Act of 1941"은 미국이 영국·소련·중국 및 기타 연합국에 1941년부터 1945년까지 석유·원자재 등 전쟁 물자를 공급할 수 있게 한 법이다. 정확한 명칭은 미합중국방위촉진법An Act to Promote the Defense of the United States이다.)

바다에서 치러진 전쟁에서는 신속히 결론이 나지는 못했다. 독일 해군이 초현대적 '1만 톤 급의 소형전함pocket battleship'과 U보트U-boat로 군력을 증강해 영국의 제해권에 결사적으로 도전해왔기 때문이다. 제1회전에서는 영국 해군의 베테랑급 전함 로열오크Royal Oak호가 스캐퍼플로Scapa Flow(영국 스코틀랜드 북부 오크니제도의 작은 만灣으로 영국 해군 근거지) 정박지에서 침몰하는 한편, 독일의 그라프쉬페Graf Spee호는 라플라타강에서 짧은 생을 마감해야 했다. 그러자 비스마르크Bismarck호와 티르피츠Tirpitz호가 출격했다. 비스마르크호는 자신이 뒤쫓던 HMS후드HMS Hood호를 단 한 방에 격파하는 장관을 연출했으나, 이 배는 공중 어뢰의 타격을 받고 성능이 마비되더니 결국 선단에 공격을 당하고 침몰했다. 티르피츠호는 영국 전함에 쫓기던 끝에 노르웨이 인근의 피오르해안까지 들어갔다. 그러나 제1차 세계대전 때에도 그랬듯, 독일이 주력을 쏟아부은 부문은 역시 잠수함 작전이었다. 결국 프랑스의 브레스트항과 낭트항이 나치의 수중에 떨어지면서, 이후 3년 동안 '대서양전투Battle of the Atlantic'가 치열하게 불붙었다(뒤의 내용 참조).

지중해에서는 북아프리카와 수에즈운하를 장악하는 문제를 두고 연합국과 추축국 사이 이해가 충돌했다. 이 문제가 전면으로 불거진 것은 1940년 5월, 베니토 무솔리니가 프랑스에 선전포고를 한 뒤 프랑스령 알프스산맥을 침략하면서였다. 그러자 팔레스타인과 이집트에 주둔하고 있던 영국군과 튀니스와 알제에 주둔하고 있던 프랑스군이 트리폴리의 이탈리아군 기지를 에워쌌다. 이탈리아는 이내 상황 유지를 명목으로 독일에 아프리카군단Afrika Korps(Deutsches Afrikakorps, DAK)을 파견해달라고 요청했다. 지브롤터에서 알렉산드리아 사이에 약 3200킬로미터 길이로 뻗어 있던 대양항로를 지킨 곳은 이 항로의 중간지점인 몰타에 근거한 영국군 기지뿐이었고, 이곳은 결국 끝없는 봉쇄와 폭격을 불굴의 의지로 견뎌내고 살아남았다. 그러나 전쟁초기에 가장 참혹한 비극은 도리어 서구 강국들 사이에서 벌어졌다. 파리가 나치에 함락된 후, 영국은 프랑스 함대 전체의 항복을 요구했는바 프랑스 함대 태반은 알제리의 메르스엘케비르에 정박하고 있었다. 영국의 이 요구를 프랑스 제독이 거절하자, 1940년 7월 3일 영국 해군이 정박 중인 모든 프랑스 함선과 승무원을 파괴하고 죽이라는 무자비한 명령을 내렸다. 그러고 난 뒤에는 리비아의 사막으로 이목이 쏠렸다. 한편에서 독일 아프리카군단이 진격해오고 다른 한편에서는 팔레스타인에서 유대인의 테러가 점차 격화되고 있던 만큼, 이 무렵 영국의 이집트 영유는 시종 위태로웠으나 1942년 10월 23일 영국이 (이집트) 엘알라메인에서 두 번째 치러진 전쟁에서 승리하면서 사태가 다소 진정됐다. 다음 달에는 영국과 미국의 연합군이 모로코와 알제리에 상륙했다.

그러는 사이 히틀러는 서쪽에서의 전쟁에 골몰해 있었고 스탈린은 동쪽에서 재차 공격을 감행했다. 핀란드에서 낭패를 당한 뒤였기에, 스탈린은 이제 "히틀러의 사자를 연기하는 하이에나playing the hyena to Hitler's lion"라는 《뉴욕타임스The New York Times》의 촌철살인의 표현처럼 자기 본연의 모습으로 되돌아가 있었다. 그에게는 발트삼국과 루마니아 일부를 차지하는 것이 무엇보다 중요했고, 세상의 이목이 프랑스의 운명에만 쏠려 있는 동안 그는 힘 하나 안 들이고 이들 지역을 빼앗았다.

발트해에서는 소련이 그곳의 국가들을 전복시키려는 공조 작전을 펼쳤다. 1940년 6월 에스토니아·라트비아·리투아니아(발트삼국)의 공산주의자 당세포들이 소련의 '지원'을 요청하는 적극적 움직임을 보였다. 모스크바에서도 소련의 안보를 구실로 이들 지역에 붉은군대의 진주를 명했다. 뒤따른 소요에 정부들이 차례로 무너졌고, 그 빈자리에 붉은군대가 행군해 들어갔다. 미리 정해진 각본에 따른 국민투표는 결과가 이미 정해져 있었고, 스탈린주의의 공포정치가 전무후무한 흉포함을 보이며 위력을 발휘하기 시작했다. 대량학살과 강제이주가 자행되는 가운데, 발트해 국가들의 독일계 주민 전체를 독일이 점령한 폴란드로 이주시킨다는 합의가 이루어졌다. 서구인은 이해하기 어렵겠지만, 이 대목에서 반드시 헤아려야 할 게 탈린·리가·빌뉴스 같은 곳은 나치의 진주 가능성이 커지자 이를 '해방운동Liberation'으로부터의 해방이라 여기고 무척이나 고마워했다는 점이다. 루마니아의 경우에 스탈린은 독일의 직접적 도움에 더 의지했다. 루마니아가 위태위태하게나마 자유를 유지할 수 있느냐는 대체로 독일로부터 석유 공급을 지속적으로 받을 수 있느냐에 달려 있었다. 따라서 모스크바가 요구를 하고 베를린이 그것에 군말 없이 따르라고 조언했을 때, 부쿠레슈티로서는 독일의 그 조언을 손쉽게 거절할 방법이 없었다. 1940년 6월 27일로 발트해 국가들이 붕괴되고 10일 후에 '소련 조국과의 재통합'을 축하하는 나팔소리가 요란하게 울려 퍼지는 가운데, 루마니아의 부코비나와 베사라비아가 소련의 차지가 됐다. 루마니아는 굴욕감 속에서 복수를 다짐하며 절치부심했다. [몰도바] [체르노비츠]

1940년 가을 무렵에 나치와 소련은 상호 협력으로 얻은 이득들을 헤아릴 수 있었는바, 분명한 점은 히틀러가 스탈린보다 더 많은 걸 챙기고 있다는 것이었다. 프랑스, 저지대 국가들, 스칸디나비아가 가진 산업적·전략적 측면의 중요성은 소련이 점령한 지역들에 비해 훨씬 컸다. 파시스트 블록은, (1940년 10월) 총통이 프랑스 앙다이Hendaye에서 교활한 프란시스코 프랑코를 만난 이후 잠깐 주춤하긴 했으나, 유럽 대륙 태반을 통할하게 됐다. 그뿐만 아니라 독일은 자국의 희생은 최소화하면서 엄청난 결실을 얻었으니, 애초 서구가 치러야 했을지 모를 장기전을 피한 셈이었기 때문이다. 스탈린의 입장에서는 히틀러의 성공이 점차 위협적으로 보이기 시작했다.

프랑스의 항복 이후, 독일이 영토를 확장해나갈 수 있는 목적지로 남은 곳은 단 두 군데뿐이었다. 종래부터 러시아의 사냥감이었던 발칸제국이 그 하나였다면, 남은 하나는 다름 아닌 소련이었다.

소련과 독일 사이 긴장이 표면화한 것은 1940년 11월 뱌체슬라프 몰로토프가 베를린을 방문했을 때였다. 몰로토프는 참기 힘들 만큼 치졸하게 행동하며 독일을 상대로 무리한 요구들을 거침없이 쏟아냈다. 일각에서는 몰로토프가 지령을 받고 독일의 인내심을 시험 중이라는 말이 나올 정도였다. 독일은 지금 "사활이 걸린 사투"를 벌이는 중이라는 히틀러의 얘기에 몰로토프가 말했다. "네. 독일은 지금 자기가 살려고 싸우는 중이고, 영국은 독일을 죽이려고 싸우는 중이지요." 소련과 독일 사이 협력이 명이 다했다는 생각이 들기는 양 진영 모두 마찬가지였다. 당시 스탈린이 붉은군대에 정확히 어떤 지침을 내렸는지는 지금은 알 수가 없다. 그러나 12월 18일 히틀러가 명령 21호를 발동해 바르바로사작전 준비를 지시한 것만은 분명했다.

1941년 4월의 발칸위기Balkan Crisis는 무솔리니의 어리석은 실수들에서 비롯한 면이 컸다. 이탈리아군은 알바니아에 머물다 그리스로 진격했으나 용맹한 그리스군을 만나 큰 타격을 입었다. 이에 무솔리니가 독일에 재차 구원을 요청했다. 이들 이탈리아군의 상황과는 별개로, 독일에 충성하며 국정을 운영하던 유고슬라비아 정부도 이즈음 국내는 물론 해외로부터 갖가지 공세에 시달리고 있었다. 유고슬라비아에 세워진 섭정정부가 독일과 협정을 맺으려 하자, 결국 군부가 들고 일어나 정권을 전복시켰다. 이에 독일 군부가 유고슬라비아에 진주하면서 나라는 사분오열됐다. 독일은 11일간의 전투 끝에 거대하고 적의가 들끓는 유고슬라비아 강역을 차지하게 됐다. 유고슬라비아 정부는 도망치듯 고국을 떠나 런던으로 망명했다. 크로아티아는 독립 공화국임을 선포했다. 헝가리인, 불가리아인, 이탈리아인은 하나같이 명을 다한 유고슬라비아의 사체를 파먹겠다고 달려들었다. 지하조직으로 활동하는 저항군도 도처에서 기승을 부렸다. 잔혹한 크로아티아의 우스타샤Ustaša(반反유고슬라비아 분리주의 운동 조직이자 극우 파시스트 조직)는 세르비아 소수인종을 상대로 인종청소를 자행하면서, 수용소와 집단처형 같은 파시스트의 고전적 수법들을 빠짐없이 활용했다. 유고슬라비아의 초기 저항 운동은 왕정주의의 체트니크 조직이 이끌었으나, 이윽고 요시프 브로즈 '티토'Josip Broz 'Tito'(1892~1980)의 경쟁파 공산주의 운동이 저항운동의 선봉에 섰다. 유고슬라비아의 유격대들은 침략자 독일을 반드시 몰아내겠다는 결의로 똘똘 뭉쳐 있었으나, 그 결의보다 서로에 대한 불신이 더 컸던 터러 자기들끼리 학살을 저지르기도 했다. [누아야드]

더 남쪽의 그리스에서도 독일군의 진격을 막을 방법이 없었다. 아테네가 점령당했고, 영국군이 크레타를 사수하기 위한 노력을 펼쳤으나 5월 말에는 독일군에 완전히 제압당했다.

스탈린은 발칸반도 위기에 대한 대응에서는 히틀러와 연대를 맺은 기미를 전혀 찾아볼 수

몰도바 MOLDOVA

■
■ 황금빛 들판 속에 자리한 언덕에서 수확을 하던
젊은 농민 다섯 명이 깔개 위에 앉아 점심을 먹고 있다. 다홍빛 두건을 두른 여자는 무릎 위에 펼쳐 놓은 신문을 미소 띤 동료들에게 읽어준다. 이 다섯 사람은 포도주 혹은 물 한 병, 빵 또는 밥, 빨갛게 익은 커다란 수박을 나눠먹는다. 드넓게 펼쳐진 밀밭과 벗단을 따라가면 푸른 계곡이 보이고 그 너머에는 울창한 언덕들이 펼쳐져 있다. 전경前景에는 반짝이는 연한 녹색의 오토바이가 서 있고 멀리서 콤바인이 농작물을 수확한다. 깔개의 무늬로 보아 이곳은 몰다비아 Moldavia(지금의 몰도바)다. 시기는 몰다비아가 소련에 병합된 1940년 이후로 추정할 수 있다. 알렉세이 미하일로비치 바실레프Алексе́й Миха́йлович Васи́льев 가 그린 이 그림의 제목은 "그들은 《프라브다》에서 우리에 대해 쓰고 있다They are writing about us in Pravda"다(1487쪽 도판 70 참조).[1]

이 그림은 뛰어난 작품이라고는 말할 수 없다. 그러나 노련한 기법을 보여주고 기분 좋은 느낌을 안겨준다. 바실레프는 노골적인 정치적 표현을 삼가면서도 1934년 공산당이 공표한 사회주의 리얼리즘 Socialist Realism—안드레이 알렉산드로비치 즈다노프의 표현을 빌리면 "혁명적 낭만주의revolutionary romanticism"—의 모든 주요 요소를 동원하는 데 성공했다. 스탈린의 표현으로 "형식은 민족주의, 내용은 사회주의"인 작품이다. 작품의 민족성(인민성) narodnost은 몰다비아 농민들과 이들이 우러르는 모

스크바의 지도층을 연결한 데서 찾을 수 있다. 당 기관지의 기사에 대해 이야기하는 이들의 환한 얼굴은 당파성Partiinost을 명시적으로 드러낸다. 이들의 옷차림과 육체노동은 계급성klassovost을 강조하며, 낙관적이고 정치적으로 올바른 태도는 이념성ideinost을 뚜렷이 예시해준다. 이 그림이 전하는 전형성 tipichnost은 매우 명백하다. 행복한 노동자들과 현대의 기계화가 생산성 및 대중의 복지 향상에 이바지한다는 것이다. 이 작품은 지극히 사회주의적이며 다소 현실적으로 보인다.

그러나 소련에서의 삶 가운데 가장 중요한 현실은 모든 것이 체계적으로 왜곡됐다는 것이 실상이다. 실제로 당시 몰다비아의 농민들은 영토뿐 아니라 문화까지 몰수당했다. 이들은 집단농장에서 강제노동을 하며 삶을 이어갔고 잉여물은 소련 정부가 모두 강탈해갔다. 수천 명이 굴라크에서 죽음을 맞았거나 이른바 방해자saboteur로 몰려 총살당했다. 소련의 교육을 받은 아이들이 더는 전쟁 전의 루마니아문학이나 몰다비아 문학을 읽을 수 없도록 언어는 키릴 알파벳으로 강제 전환 됐다. 루마니아에 속한 몰다비아 서쪽 지역은 외국으로 간주돼 그곳과의 접촉이 전면 금지 됐다. 이들은 통제와 굶주림, 괴롭힘에 시달렸다. 그런데 세상에는 이들이 놀랍도록 만족스러운 삶을 살고 있다고 알려졌다.

공정한 시각을 견지한 사람이라면 다음과 같은 문제를 생각해봐야 한다. 인도적, 도덕적 측면에서 기만을 주요 목적으로 하는 예술은 그 미적 가치를 인정받을 수 있을까?

체르노비츠 TSCHERNOWITZ

■
■ 1940년 6월 소련군이 부코비나Bukovina 북부에 입성하면서 하나의 문명을 파괴하기 시작했다. 1775년 오스만제국령의 이곳을 오스트리아가 정복하면서 옛 몰다비아의 일부였던 이 지역은 합스부르

크제국의 경계를 이루는 전초기지로 150년을 보냈다. 이후 이곳은 20년 동안 루마니아의 지배를 받았다. 프루트 강변에 위치한 이곳의 수도 체르노비츠 또는 체르니우치Chernivtsi(우크라이나어 Чернівці)는 여러 언어와 여러 교파가 어우러진 위계 사회의 중심지였다. 현지의 유대인, 루마니아인, 폴란드인, 루테니아인이 다

양한 계층을 이룬 가운데 미텔오이로파(중부유럽)의 독일제국 문화가 마치 투명 막처럼 그 위를 덮고 있었다. 그러나 50년 간 체르노프치Chernovtsy("체르니우치"의 러시아 이름. Черновицы)라는 이름으로 소련의 획일화에 시달린 이후 이곳은 우크라이나의 개성 없는 벽지로 남았다.

옛 부코비나는 사라졌다. 그러나 소련의 지배가 끝나갈 무렵 이곳으로 돌아온 한 망명자의 향수를 통해 예전 모습을 조금이나마 엿볼 수 있다. 이 망명자는 1920년대에 "이미 사라진 제국의 국경 지역에서 독일 지배 계층의 위엄을 지키려 했던 헛된 시도" 속에서 자란 사람이었다.[1]

오래된 집들은 여전히 계란노른자 같은 오스트리아의 노란색과 제정러시아의 연두색으로 칠해져 있다.

그러나 다양한 문화가 공존하던 부코비나는 사라지고 없다. […] 모두 처형됐거나 본국으로 송환됐고 양배추를 먹는 무신경한 우크라이나인들이 그들의 자리를 메우고 있다. 야생적이고, 형형색색이고, 살벌하기까지 했던 그 다양성은 […] 체르노프치의 스탈린적 획일성이 집어삼켰다. '마늘의 풍미 구름' 아래 유대인, 아르메니아인, 리포바니아인, 독일인들이 양가죽, 톡 쏘는 치즈, 질 낮은 술, 담배, 요리용 기름과 소똥 따위를 놓고 흥정을 벌이던 도시 광장의 시장은 이제 콘크리트가 덮인 가두 행진의 장이 됐고 그 위에는 거대한 레닌의 얼굴이 걸려 있다. 오스트리아-헝가리제국과 제정러시아가 만나는 이 범세계적 변경 지역은 '거대한 빈민촌'으로 전락했다. 언젠가 이 빈민촌의 장벽도 무너질 것이다.

없었다. 오히려 독일이 유고슬라비아를 공격하기 전인 4월 5일, 스탈린은 유고슬라비아와 우호 조약을 체결한 참이었다. 4월 13일에는 일본과 무척이나 큰 함의를 갖는 중립협정을 맺었다. 이와 함께 소련은 유럽에서의 대규모 결전을 앞두고 전투 준비에도 돌입했다. 5월 15일에는 붉은 군대가 독일 국방군보다 선수를 쳐야 하고 그러기 위해서는 소련이 선제공격을 하고 독일군의 전투 준비를 방해하는 전법을 써야 한다는 안을 주코프가 내놓은 것으로 알려져 있다.

그러자 유고슬라비아에 있던 독일의 전투사단들이 제국의 동쪽 국경지대로 자리를 옮겼다. 1941년 6월 초반, 동프로이센에서 루마니아까지 펼쳐진 삼림지대와 샛길이 바삐 움직이는 독일 군 임시야영지와 탱크들의 요란한 굉음으로 북새통을 이루었다. 히틀러가 소련 침공을 준비하고 있음은 이제 전 세계 각국의 정보부는 물론 폴란드의 촌부들까지 알 정도였다. 이 사실을 미처 모르는 것처럼 보였던 사람은 단 하나 스탈린뿐이었다. 그는 소련이 어떤 희생을 치르더라도 독일과 국경에서 충돌하는 일만은 막아야 한다는 명령을 내렸다.

논의 전개에 필요한 자료들이 마땅치 않은 까닭에 당시 상황이 어떻게 전개됐는지는 지금까지 단 한 번도 명확히 설명된 적이 없다. 세간의 일반적 해석에서는 스탈린이 히틀러가 얼마나 심하게 배신한 것인지를 미처 몰랐다거나, 아니면 스탈린이 방어에 완벽을 기하려 시간 벌기를 하고 있었다고 보았다. 둘 다 가능성이 없어 보이는 이야기다. 군이 전문가가 아니라도 누구나 독일군이 진격할 데가 이제 동쪽밖에 남지 않았다는 사실은 충분히 간파할 수 있었다. 히틀러가 전면전 구상을 처음 품은 것은 1942년 혹은 1943년이었으나, 이제 그는 성공의 여세를 몰아 독일군을 계속 진군시킬지 아니면 뜸을 들이다 국제 정세의 주도권을 잃고 말지 결정해야 했다. 상등병 출신의 히틀러와 그 곁의 호사가 집단들로서는 주저하고 있을 틈이 없었다. 그들은 충동을 못 이기고 영광 아니면 괴터데머룽Götterdämmerung("신들의 황혼." 북구 신화의 용어로 "옛 신들과 세계의 멸망"을 의미한다)을 향해 말 등 위에 올라탔다.

비밀주의의 명수였던 스탈린에 대해서는 그저 추측만 할 수 있을 뿐이다. 그러나 독일이 이 내 깨닫게 되듯, 소련은 그간 두 손 놓고만 있었던 것은 아니었다. 공격에 취약한 전방에는 어마어마한 규모의 군사시설이 집중 배치 돼 있었고, 전방의 비행장에는 소련 공군의 전투기들이 출격 대기 중이었다. 국경을 지키는 군대 저지선은 뒤쪽으로 물러나 있었으며, 중화기의 이동을 용이하게 하기 위해 곳곳의 도로며 교량은 보수 정비를 한 참이었다. 이제 붉은군대는 언제라도 공격에 나설 수 있는 태세였다. 이 모든 사실에 비춰봤을 때, 스탈린은 자신이 염두에 둔 기습 공격 구상을 들키지 않기 위해 독일군의 침공을 예견하지 못한 것처럼 행동했을 가능성이 있다.[76] 그런데 만일 그렇다 해도, 스탈린은 이미 선수를 놓친 셈이었다. 결국에는 6월 22일 새벽, 독일군이 먼저 전면 공격을 감행했다.

유럽에서의 나치의 패권(1941. 6~1943. 7). 바르바로사작전Operation Barbarossa(1941. 6~12)은 독일군을 소련 영내 깊숙이 진격시키는 작전이었고, 이 작전을 서막으로 정치 및 군사 양면에서 유럽에서 제2차 세계대전의 핵심적 양상들이 펼쳐졌다. 이때 형성된 독일-소련 사이의 전선에서 희생당한 독일군 전사자가 전체 희생자의 약 75퍼센트였고, 따라서 이 전장에서의 성패가 히틀러의 궁극적 패배에 결정적 요소였다고 봐야만 할 것이다. 그러나 독일은 놀라울 만큼 완전한 성공에 바싹 다가갔고, 초반의 2~3년 동안만 해도 나치가 구축한 신질서의 영역도 엄청나게 확대됐다. 1941년의 공세로 독일 국방군은 모스크바의 관문에 이르렀고, 1942년에는 볼가강과 캅카스산맥을 점유할 수 있었다(1276쪽 지도 26 참조). 〔"바르바로사"는 12세기 신성로마제국의 황제이자 독일 왕으로 예루살렘을 해방시키려는 제3차 십자군 원정을 이끈 프리드리히 1세를 말한다. "바르바로사"는 그의 이명異名으로 "붉은 수염"이라는 의미다.〕

1941년 6월의 첫 공격에서 독일이 보여준 전과는 감탄이 절로 나오는 수준이었다. 약 300만 명의 총 156개 사단이 리벤트로프-몰로토프선을 넘어 진군해나갔고, 그 과정에서 붉은군대를 완전히 섬멸했다. 소련 공군의 전투기들은 하늘로 떠올라보지도 못한 채 불과 이틀 새에 모두 파괴당했다. 소련군 전원이 포위당했고, 포로로 붙잡힌 병사들만 해도 엄청났다. 독일의 기갑부대는 경주라도 벌이듯 그 어느 전쟁에서도 보기 힘든 속도를 내며 진격해나갔다. 발트해 국가들, 벨라루스, 우크라이나는 해방군이 왔다며 독일군을 환영했다. 지방의 농민들은 전통적 방식에 따라 병사들에게 빵과 소금을 내밀어 환영을 표했다. 수천 명에 이르는 정치범이 소련의 NKVD

손에 학살당했었던 르부프에서는 공개시위가 열려 우크라이나의 독립을 공식 선언 했다. 12월에 이르자, 겨울철 장비 부족에도 불구하고, 독일의 선두 부대가 러시아 땅을 깊숙이 파고 들어가 레닌그라드를 포위했다. 쌍안경으로 모스크바의 크렘린궁까지 시야에 들어왔으나, 얼마 후인 일본이 진주만을 공습한 바로 그날에 스탈린이 숨겨둔 예비병력인 시베리아사단이 쌩쌩한 기세로 전장에 도착해 반격에 들어갔다. [스몰렌스크]

1942년, 독일군 사령부는 병사들을 남쪽의 초원지대를 따라 진격시키는 전략을 택했다. 우크라니아의 기름진 땅과 바쿠 유전부터 차지하겠다는 심산이었으나, 이내 이들은 종전보다 더 격렬한 저항에 부딪혔다. 더구나 소련군은 퇴각을 결행하게 될 경우 뒤에는 더 이상 아무것도 남기지 않는 전법을 구사하고 있었다. 소련군이 떠나고 나면 산업지구는 텅 비었고, 공장의 설비들은 전부 해체돼 동쪽으로 이송됐으며, 노동자들도 다 함께 철수했다. 엄청난 규모의 드네프로페트롭스크댐도 소련의 5개년계획을 상징하는 건축물이었지만 이때 다이너마이트를 설치해 폭파했다. 독일군 병사들은 엘부르즈산을 올랐다. 그리하여 전쟁이 시작되고 두 번째의 겨울이 찾아왔을 무렵, 독일군은 볼가강에 자리한 스탈린그라드로 다가들고 있었다.

이 볼가강으로의 진격을 통해 히틀러의 수중에 들어온 영토는 나치가 서유럽에서 정복한 땅의 크기와 거의 비슷했다. 그동안 히틀러가 숙원으로 품었던 이른바 레벤스라움〔생활권〕을 가지고 싶다는 꿈이 마침내 실현된 것처럼 보였다. 제국 너머의 무법지대 영역만 1600킬로미터가 넘었다. 나중에 드러난 사실이지만, 사실 나치는 지역 주민의 숙원을 이뤄줄 뜻이 전혀 없었다. 독립 공화국을 세워주겠다던 약속은 거짓이었다―볼가강 인근 국가들의 접경 지역에는 이내 군사정부가 수립됐고, '오스틀란트Ostland'〔동방영토〕와 우크라이나에서 제국판무관구 Reichskommissariats는 친위대에 의해 통치됐다. 우크라이나의 민족운동도 1917~1918년 사이 독일로부터 전폭적 후원을 받았던 것이 무색하게 철저히 진압됐다. 이 고의적 우둔함으로 나치는 이 일대 주민들을 자기편으로 끌어들일 기회를 스스로 내던진 셈이었다. 그야말로 오만이 지나쳤던 나치는 가장 큰 자산을 가장 버거운 부담으로 짊어지게 됐다. 나치의 야만적 행위는 끝을 몰랐다. 나치의 지배 아래 들어간 사람들은 저항하는 것 외엔 별 도리가 없었다. 독일은 병사 한 명이 일명 '도적떼bandits'를 만나 죽임을 당할 때마다 농민 100명을 데려다 학살했다. 마을을 파괴하는 일들이 주기적으로 어김없이 되풀이됐고 주민들도 살육당하는 일을 면치 못했다. 나치 장교들은 사람들을 제멋대로 대량학살하고도 아무 거리낌을 느끼지 않았다. 폴란드와 마찬가지로, 제국의 땅 안에서 살아가는 모든 사람은 신원을 확인받아 갖가지의 인종집단으로 분류됐으며, 인종 카드 및 분류에 준해 노동카드를 발급받았다. 당장 처형되는 것을 면한 유대인들은 게토에 수용됐다. 슬라브 민족은, 이들의 지배층에 대해서는 조만간 숙청이 진행될 예정이었는바, 일만 하는 노예노동에 적합한 인력 정도로만 취급됐다. 수백만 명의 남녀가 제국으로

스몰렌스크 SMOLENSK

■ 1941년 7월 독일 국방군은 단시간에 스몰렌스
■ 크(Смоленск, 러시아 서부)를 점령해 지역 공산당
사와 그 안에 보관된 모든 것을 손에 넣었다. 스몰렌
스크 기록보관소에는 스탈린의 숙청과 대공포 시대를
포함해 혁명 이후 공산당의 모든 활동에 관한 상세한
기록들이 보관돼 있었다. 독일로 옮겨진 이 자료들은
1945년 다시 미군이 적절한 절차에 따라 차지해 미국
으로 가져갔다. 이 자료는 미국의 손에 들어가 미국이
운영하는 베를린의 문서센터의 핵심 보관 자료가 된
방대한 나치 기록들에 비하면 미미한 수준이었다. 그
러나 소련 당국은 공산당의 비밀 기록뿐 아니라 국가
문서에 대해서도 자유로운 접근을 허용하지 않았다.
그런 만큼 스몰렌스크에서 얻은 이 뜻밖의 소득은 말
할 수 없이 귀중한 자료였다. 이를 토대로 한 역사연구
는 소련의 프로파간다와 서방의 공론公論이라는 안개
속에서 처음으로 공산주의 통치의 실체를 조금이나마
엿볼 수 있게 해주었다.[1]

그러나 많은 소련 연구자와 소련 옹호자는 기쁘지 않
았다. 이렇다 할 증거가 거의 혹은 전혀 없다는 사실
을 전제로 상상에 근거해 자신들 나름의 이론을 만들
어온 그들은 확실이라는 사실을 마주하려 들지 않았
다. 따라서 처음으로 스몰렌스크의 기록을 분석한 학
자는 스탈린이 1930년대에 "거의 끊임없는 숙청"을
자행했다는 결론을 내놓은 뒤 즉각 맹비난에 시달렸
다. 주요 소련 옹호자는 "이 견해를 강력하게 입증하
는 증거가 미비하다"라고 교묘히 반박했다.[2] 이와 같은
궤변은 소련이 몰락할 때까지 과학으로 통했다.

기록보관소는 오래전부터 역사기록을 조작하고자 하
는 이들을 현혹해왔다. 1992년 러시아 당국은 소련
정권이 다른 모든 기록과는 별도로 관리해온 이른
바 특별기록보관소Osobii Arkhif가 존재했음을 시인

했다. 이곳에 보관된 자료들은 완전히 공개되지 않았
지만 괴벨스의 일기뿐 아니라 프랑스의 국가안보국
Sûreté Nationale 문서와 제2차 세계대전 이전의 폴란
드 군사정보부Dwójka 문서, 심지어는 영국해외파견군
(1940)과 룩셈부르크대공국의 문서까지 보관돼 있었
다. 제국보안본부Reichssicherheitshauptamt, RSHA
의 사라진 문서들도 모두 이곳에 남아 있다는 이야기
가 돌았다. 나치 문서 사냥꾼들은 유럽 전역에서 탈취
한 자료들을 폴란드와 동독의 여러 성城과 지하실에
숨겨두었고, 이를 다시 붉은군대가 약탈해갔을 것이
다. 소련은 스몰렌스크 자료의 손실에 대해 여러 차례
되갚음을 했다. [메트리카]

이보다 더 흥미로운 점은 나치의 자료 일부가 소련
공산당의 손에 들어간 뒤 왜곡됐을 가능성이 있다
는 것이다. 예를 들어, 제2차 세계대전 후 바르샤바
게슈타포 사무실의 자료들은 바르샤바 공안부Urząd
Bezpieczeństwa, UB의 손에 들어갔다. 예전에 사용하
던 명부, 암호, 서간 용지, 보고서 양식, 도장 등이 그
대로 있었으니 쉽게 기록을 고칠 수 있었다. 공산당 보
안국은 폴란드의 저항 운동이 나치 협력자들에 의해
조직됐다는 사료를 어렵지 않게 선보일 수 있었다.[3]

그렇다면 50년 동안 20세기 중반에 대한 역사학자들
의 견해는 이러한 자료의 일방적 속성으로 인해 한 면
으로 편향돼 있을 수밖에 없었다.[4] 그러나 1990년대
들어 옛 공산주의 세계의 숨겨져 있던 보물이 드러나
면서 다시 균형이 잡히기 시작했다. 독일에서는 동독
슈타지(국가보위부)의 숨겨진 자료가 공개되자 베를린
문서센터의 나치 관련 자료들을 연방정부로 이관하려
준비했다. 워싱턴에서는 이를 막기 위한 의회 청문회
가 열렸다.[5] 제2차 세계대전의 승리자들이 너무도 잘
알고 있듯이 '힘이 지식을 낳고 지식이 힘을 낳는' 법
이다.

이송돼 강제노동에 처해졌다. 사회 내에서 '살 가치가 없는 존재undesirables'로 낙인찍히는 부류가 늘어나면서 나치의 포로수용소와 집단수용소는 규모가 날이 갈수록 커졌다. 소련의 전쟁포로들은 아무 권리도 부여받지 못했고, 따라서 구획된 공개 장소에서 비명에 간 인구만 최소 300만 명에서 최대 400만 명을 헤아렸다. 동유럽은 끝없는 인력 및 물자 착취를 이루어지게 하는 자금일 뿐이었다. 3년 새 우크라이나의 인구는 900만 명이나 급감했다.

그러나 나치의 자칭 '문명을 위해 싸우는 십자군Crusade for Civilization' 운동은 제법 많은 사람로부터 지지를 받을 수 있었다. 루마니아, 헝가리, 이탈리아는 이에 동참해 동부전선으로 대규모 분견대까지 파견했다. 루마니아가 오데사와 '트란스니스트리아Transnistria'를 맡았다. 스페인에서는 프랑코 장군의 정예 청색사단Blue Division(디비시온 아술, División Azul)이 파견됐다. 발트해 국가들에서는 기존의 군사 및 경찰 부대 조직이 독일군 복무를 위해 파견됐다. 독일이 점령한 거의 모든 국가로부터 신병과 지원병들이 몰려들었다. 물론 개중에는, 특히 소련 전쟁 포로들 사이에서는, 군복무와 아사餓死 사이에서 선택을 강요당하고 명목상으로만 군대에 지원한 이들도 있었다. 그러나 그 외 사람들, 특히 서유럽 출신 중에는, 자원해 독일에 합류한 이들도 상당히 많았다. 소련 장교 출신 안드레이 안드레예비치 블라소프Андре́й Андре́евич Вла́сов의 러시아해방군Russian Liberation Army(Русская освободительная армия, ROA)은 그 규모가 100만 명에 이르렀다. 카사크족 여단으로도 전쟁 발발 전에 망명길에 올랐던 사람들이 대거 합류했다. 심지어 무장친위대에조차 외국인이 상당수 포진해 있었다. [레틀란트]

홀로코스트. 나치는 동쪽에서의 레벤스라움(생활권)을 확보하는 일과 맞물려, 그 어느 때보다 대규모에다 가장 체계적인 인종제노사이드 작업에 돌입했다. '유대인 문제에 대한 최종 해결책the Final Solution of the Jewish Question'(엔드뢰중 데어 유덴프라게, Endlösung der Judenfrage)이라는 이름이 붙은 이 작업은 홀로코스트the Holocaust라 불렸으며, 히브리어로는 쇼아Shoah라고 했다. 유럽에 거주하는 유대인들을 남녀노소 가리지 않고, 그저 유대인이라는 이유만으로, 현대의 기술을 동원해 무차별적으로 없애버리려 했던 것이 이 작업이었다. 홀로코스트가 처음 시작된 때가 언제인가는 확실히 알 수 없다. 이 일과 관련해 히틀러에게 최종 책임이 있음은 다시 생각할 것도 없는 문제지만, 총통이 직접 홀로코스트를 명했는가는 아직 명확히 판명되지 않았다. 그러나 히틀러가 자신의 개입을 되도록 숨기려 했으며, 초기에 벌어진 안락사 운동과 관련한 기밀이 누설되면서 자신에게 추악한 세평이 쏟아지자 그가 이를 피하려 했던 것만은 분명했다.77 유럽의 유대인은 나치가 기획한 인종학살 계획에서 유일한 목표물은 아니었어도 확실히 주된 목표물이기는 했다.

히틀러는 몇 년 신중하게 자중하더니, 1938~1939년에 들어 어느덧 극단적 용어를 입에 담

레틀란트 LETTLAND

- 라트비아인들은 딱히 독일에 우호적이지 않았
- 다. 독일인들은 중세 이래로 발트삼국(에스토니아, 라트비아, 리투아니아)의 지배계급을 형성했고 제정러시아의 충실한 신하이기도 했다. 그러나 1940~1941년 소련의 통치를 받으며 대량학살과 강제추방에 시달린 여파로 독일 국방군의 침입은 오히려 반가운 축복이 됐다. ("레틀란트'는 유럽 러시아 서북쪽에 있는, 발트해와 리가만灣에 면한 "라트비아"의 독일어 명이다.)

따라서 독일군은 1941년 7월 1일 리가에 도착하자마자 라트비아 군대를 조직하기 시작했지만 별다른 저항을 받지 않았다. 처음에는 독일군의 지휘 아래 기존 라트비아 군대, 경찰 병력, 소련 탈영병들로 군대가 재조직됐다. 훗날 슈츠만샤프트Schutzmannschaft(경찰대)로 이름이 바뀌는 이 '의무보안경찰Auxiliary Security Police'은 최전방 복무, 경호, 노동, 화재 진압, 그리고 '특수작전'에 동원됐다. (이 '특수작전'에는 나치친위대의 지도하에 유대인을 학살하는 의무도 포함돼 있던 것으로 밝혀졌다.) 1942년 발효된 징병법에 따라 이들의 병력은 크게 늘었고 하류 부역자Hilfswillige 부대와 정규 라트비아군단Latvian Legion도 편성됐다. 1943년부터 지원병이 늘면서 라트비아군단은 무장친위대 라트비아 사단 3개의 주요 병력이 됐다. 이들은 '볼셰비키와의 투쟁'과 '독일군 총사령관 아돌프 히틀러에 대한 복종'을 맹세했다. 언어는 라트비아어를 사용했고, 라트비아Latvija라고 새긴 수장袖章arm-shield을 착용했다. 레닌그라드 전투에서 싸웠으며 독일군과 함께 베를린까지 후퇴하기도 했다.[1]

1944년의 회담에서 라트비아군단의 참모총장은 독일의 제국지도자 하인리히 힘러의 새로운 나치 질서 확립 계획을 다음과 같이 기록했다.

> 이제 모든 친위대 장교는 국적에 관계없이 [⋯] 게르만 일족의 모든 레벤스라움(생활권)을 살펴야 한다. [그런 뒤 그는 독일인 네덜란드인, 플랑드르인, 앵글로-색슨족, 스칸디나비아인, 발트 사람들을 게르만 일족으로 간주한다고 특정했다.] 이들을 모두 하나의 커다란 일족으로 통합하는 것이 가장 중요한 당면 과제다. 이 과정에서는 가장 규모가 크고 가장 막강한 독일인들이 마땅히 주도권을 잡아야 한다. [그러나] 이러한 통합은 평등을 원칙으로 이뤄져야 하며 [⋯] [훗날] 로마인과 슬라브족도 이 일족에 포함시켜야 한다. 그들 역시 백인종이기 때문이다. 백인들을 모두 통합해야만 서구 문화를 황인종의 위험에서 구할 수 있다.
>
> 무장친위대는 평등을 바탕으로 조직돼 있으므로 현재 이 부분에서 주도적 역할을 수행하고 있다. 여기에는 독일인 부대, 로마인 부대, 슬라브인 부대뿐 아니라 이슬람 부대도 포함돼 있으며 [⋯] 이들 모두가 힘을 합쳐 싸우고 있다. 따라서 모든 무장친위대 장교가 같은 사관학교에서 훈련받아야 하며 [⋯].[2]

나치의 국제주의는 독일이 패전의 위기에 처해 있던 전쟁 막바지에 이르러서야 표면화했다. 파시스트 이데올로기에 대한 기록에서는 이러한 특징이 두드러지지 않는다. 그토록 많은 유럽인이 이를 위해 싸운 이유도 다뤄지지 않는다. 나치가 《유럽 민족Nation Europa》이라는 간행물을 발간했다는 사실을 기억하는 이는 많지 않다.

던 초기 시기로 돌아가 있었다. 1939년 1월 30일, 그는 방송에 나와 유대인이 또다시 전쟁을 일으키는 빌미를 만든다면 그때엔 유대인 전체가 멸절Vernichtung당할 것이라고 '예언'했다. 그러나 나치가 폴란드의 점령지에 조성한 게토의 유대인 사망률이 높긴 했어도, 1941년 7월 이전에는 독일이 전면적 유대인 살육을 벌일 듯한 징후를 전혀 찾아볼 수 없었다. 그저 유대인을 먼 타지로 이송하거나, 아니면 중립국 미국이 이 문제를 예민하게 받아들이고 있다는 애매한 이야기만 나돌 뿐이었다. 그러나 1941년 7월 31일 괴링은 제국보안본부Reichssicherheitshauptamt, RSHA 책임자에게 '최종 해결책' 작업을 준비하라는 지시를 내렸다. 이 책임자는 괴링의 명을 받기 직전 총통으로부터도 분명 시급하게 명을 받았을 게 틀림없다.[78] 이제 머뭇거리는 일은 없어야 했다. 정책은 멸절이 골자였다. 그러나 제노사이드 대신 '재정착Resettlement'이라는 말이 공식적 표현으로 사용됐다. 그렇게 해서 과거 제정러시아 땅의 유대인 정착촌으로 독일군이 진격해갈 때, 다시 등장한 것이 악명 높았던 특수임무부대 아인자츠그루펜이었다. 이들은 유대인을 1000명 단위로 집결시킨 후 구덩이나 계단 쪽으로 데려가 단체로 총살했다. 키이우 인근의 바비야르Babi Yar라는 깊은 골짜기에서는 이와 같은 방식으로 처형당한 유대인이 7만 명에 이르렀다.

1942년 1월, 국가보안본부 IV-B-4 유대인 지구 책임자 아돌프 아이히만Adolf Eichmann을 비롯한 친위대 지도자들이 베를린 근방 반제Wannsee의 저택에서 1일 회의를 열고 이 정책의 기술적·조직적 측면 조정을 논의했다. 이때 나온 안이 치클론-BZyklon-B 가스 실험을 가속화하는 것, 헤움노·베우제츠·소비부르·트레블링카의 곳곳에 죽음의 수용소를 추가로 건립하는 것 등이었다. 이와 함께 폴란드 점령지 내에 나치수용소를, 특히 제2의 아우슈비츠를 확장하는 문제, 일류 독일 회사들에 화장장 설계 및 '추가 처분surplus disposal'에 대해 자문을 구하는 문제, 국가 간 철도 수송을 위한 일정표를 구성하고 차량을 확보하는 문제, 예비편대 모집을 계획하는 문제도 논의됐다. 이 실행안의 목적을 전혀 모르는 사람이 이 내용을 봤다면, 독일인 도축업자들이 이사회를 여는 것으로 착각해도 이상하지 않았을 것이었다. 그도 그럴 것이 처리 대상으로 논의됐던 '단위'가 700만~800만 명이었다. 이 인원들을 얼마나 조용하고 효율적으로 집결시키고, 수송하고, 시설에 배치하느냐가 관건이었다. [누아야드] 이 이후로 3년 동안 이 '최종 해결책'은 —유럽 곳곳의 마을, 게토, 지역, 국가 사이를 거치며— 막힘없이 실행됐다. 1942~1943년에 이 계획은 가장 규모가 큰 하나의 범주에만 집중됐다—폴란드 점령지의 유대인 300만 명. 1943~1945년에는 발칸 지역을 비롯해, 저지대 국가들, 프랑스, 헝가리로 작전 지역이 확대됐다. 결국 이 정책은 선정된 목표치의 65퍼센트를 달성했다. 이들 시설은 나중에 연합국 군대가 해당 지역에 진주하고서야 비로소 가동을 중단했다.

그로부터 얼마 지나지 않아 숱한 회고록과 기록물이 세상에 나와 '극단적 상황'에서 소름 끼치는 인간성의 일면이 세상에 적나라하게 드러났다. 그중에서도 쾌활한 한 유대인 소녀가 암스테르담 프린선흐라흐트 263번지에서 은신하며 느낀 심정을 적은 일기가 남아 전해졌다(《안네의 일기Het Achterhuis》).[79] 바르샤바에서 유대인위원회 수장을 맡았던 이(아담 체르니아쿠프Adam Czerniaków)는 자신이 유대 민족과 독일의 나치 양쪽 모두를 위해 일하며 느낀 고뇌를 기록해두었다.[80] 수용소 사령관(아우슈비츠 강제수용소 소장 루돌프 회스Rudolf Höss)이 사형수 감방에 갇힌 채 집필한 자서전을 보면, 분명히 양심적이고 온정 많은 이가 도덕적 사고를 갖는 데에는 전적으로 둔감할 수 있음을 잘 알 수 있다.

> 아우슈비츠에서는 지루하다고 불평할 이유가 성말이지 하나도 없었다. […] 그때 내 시야에 들어온 목표는 단 하나, 모든 사람을 적재적소에 데려가고 일을 순조롭게 진행시켜 주어진 임무를 완수하는 것이었다.
> 품속에 울부짖거나 웃는 아이들을 안고 엄마들이 가스실로 들어가는 광경을 나는 냉정하게 바라봐야만 했다. […] 그리고는 가스의 악취가 풍겨 나오는 것을 느끼며 선 채로 몇 시간을 대기해야 했다. […] 감시 구멍에 눈을 대고 안에서 일어나는 일들을 살피고 […] 사람들이 죽어가는 모습을 그대로 지켜봐야 했다.
> 내 가족은 확실히 아우슈비츠에서 잘 지냈다. 우리 아이들이 행복하게 뛰노는 모습을 보거나 한창 젊은 시절의 내 아내가 즐거워하는 모습을 보면, 때때로 우리의 이 행복은 과연 얼마나 오래갈까 하는 생각이 나를 엄습했다.[81]

소설에서 쓰는 상상의 통찰력을 통해 이 비참한 세계에 접근하려 노력한 이도 있었다.[82] 그러나 사람들의 심금을 가장 크게 울리는 증언은, 그저 인간으로서의 자기 존엄성을 지키고자 했던 이들에게서 나오는 법이다. [레스폰사]

동시대인의 태도에 관한 논의들은 지금까지는 주로 유대인의 수동성(무저항)과 비유대인의 현실안주를 중심으로 전개돼왔다. 그러나 이들 혐의는 모두 지나친 데가 있다. 전장에서 살아남은 한 전투원은, 명망 있던 폴란드 작가 야누시 코르차크Janusz Korczak가 고아들이 게토를 떠나 생의 마지막 여정에 오르는 길을 묵묵히 동행한 것 같은 감동적 사연을 잊지 않고 다음과 같은 말을 남겼다. "묵묵히 함께 길을 가주는 것도 대단한 용기를 발휘해야 하는 일이었다."[83] 그런가 하면 같은 유대인이면서도 자기 가족은 남고 이웃들만 가스실로 끌려가는 것을 무기력하게 지켜본 이가 남긴 회고도 있다.[84] 이러한 상황에서 유대인들은 지하운동원으로 활동하기도 했고 더러는 개별 분대를 형성하기도 했다. 무장봉기를 일으킨 게토도 여럿이었다. 1943년 4월 바르샤바에서는 최후 정리에 항거하며 대대적 게토 봉기가 일어났다. 3주 동안 이어진 이 저항에서 모든 전사가 목숨을 잃고 80명만이 살아남았다. 봉기를 이끈 모르데카이 아닐레비치Mordecai Anielewicz는 밀라거리에 자리한 최후의 보루에서 끝까지 살아남은 자신의 친구들과 함께 스스로 목숨을 끊었다.[85] 트레블링카에서는 수용소에 갇혀 있던 300명의 수감자들이 필사적 노력 끝에 탈출에 성공했다. [카틴]

　비유대인의 반응은 획일적이지 않았다. 이들도 대부분은, 테러의 그늘 속에서 살면서, 아무 짓도 저지르지 않았다. 제노사이드를 도운 이들은 몇몇에 불과했다. 오히려 많은 이가 동정심을 보였다. 한 시인은 바르샤바의 게토 담장 옆의 아이들 놀이터를 보고는 비통함을 느꼈다. 조르다노 브루노가 외로이 세상을 떠난 것이 떠올랐기 때문이다("한 시인"은 폴란드 시인 체스와프 미워시Czesław Miłosz를 말하고, "조르다노 브루노"는 이탈리아의 철학자·성직자(1548~1600)로 우주의 무한성과 지동설을 주장하고 반교회적 범신론을 논하다가 이단으로 몰려 로마의 캄포데피오리 광장에서 화형을 당한 인물이다).

> 어느 화창한 봄 저녁,
> 사육제의 가락이 흐르는 가운데
> 회전목마 옆에서 바르샤바의
> 캄포 디 피오리를 떠올렸네
> 경쾌한 선율은
> 게토의 벽 너머에서 울려오는
> 사격 소리에 파묻히고
> 구름 한 점 없는 하늘 높이
> 새들이 짝지어 날아가네
> 　　　[…]
> 세상으로부터 잊힌 채
> 이곳에서 외롭게 죽어가는 이들,
> 우리의 말은 그들을 위해
> 태곳적 행성의 언어가 된다
> 모두가 전설이 되고
> 수많은 세월이 흘러,
> 새로운 캄포 디 피오리 위에
> 분노가 시인의 말을 불붙일 때까지.[86]

레스폰사RESPONSA

■ 1943년 10월 3일, 나치가 만든 리투아니아 카
■ 우나스(코브노)의 게토에서 많은 유대인 아이를
살해하는 행위인 킨더악치온Kinderaktion으로부터
한 소년이 구출됐다. 소년을 구출한 사내는 자신의 랍
비에게 이 아이를 자기 아들로 키우면 안 되겠느냐고
물었다. 랍비는 위로의 말을 건넨 뒤 "안 된다"라고 대
답했다. 소년이 자기 아버지와 어머니를 손경하도록
가르쳐야 한다는 것이었다.[1]

유대인 홀로코스트와 관련한 문헌은 수없이 많지만
이 가운데 유대인들의 도덕적 위엄을 가장 잘 말해주
는 자료는 나치가 점령한 유럽의 게토들에서 나온 랍
비의 레스폰사(회답서)다. 신도들의 종교적 딜레마에 관
한 질문에 회답하는 것은 랍비의 주요 의무의 하나였
고, 질문의 내용과 그 회답을 기록으로 보관하는 것은
이들의 관례였다. 그러한 기록 가운데 일부가 남아 있
지만 그중 가장 뭉클한 것은 카우나스의 생존자인 랍
비 에프라임 오슈리Ephraim Oshry가 전쟁이 끝난 뒤
에 엮은 기록이다. 그 내용을 조금만 들여다보아도 유
대인 공동체가 몰살의 위험 속에서도 얼마나 교리에
따른 삶을 살고자 했음을 알 수 있다.

- 유대인이 살 길을 찾기 위해 날조된 (기독교) 세례증
  명서를 얻어도 되는가?—절대 안 된다.
- 게토에서 임신한 여인이 낙태를 시도해도 되는
  가?—그렇다. 낙태하지 않으면 산모와 아기가 모두
  목숨을 잃을 것이다.
- 남편의 행방을 알 수 없는 게토의 여성은 재혼에
  관한 일반적 규율에서 제외될 수 있는가?—그렇지
  않다.
- 게토에 사는 유대인은 자살을 기도해도 괜찮은
  가?—절멸당한 뒤 화장되기보다는 자살 후에 매장
  되는 것이 낫다.
- 변절했던 유대인이 십자가를 걸고 신성한 땅에 매

장될 수 있는가?—그렇다. 다만 다른 무덤들과는
조금 떨어진 곳에 묻어야 한다.
- 간음으로 태어난 아이도 피디온 하벤pidyon haben
  (유대교의 신생아 속죄의식)을 받을 수 있는가?—그
  렇다.
- 살해된 유대인의 의복은 어떻게 해야 하는가?—유
  대교 율법에 따르면 피 묻은 의복은 땅에 묻어야
  하지만 깨끗한 의복이라면 희생자의 자식들에게
  주어노 좋나.[2]

홀로코스트의 위협 속에서 발행된 레스폰사는 지나
치게 관대하다는 통설이 있었다. 이는 전문가가 판단
할 문제다. 그러나 엄격한 유대교 율법에 측은지심을
가미하려 했던 노력은 인정받아야 마땅하다. 일례로,
1941년 8월 독일 병사들은 슬로보드카의 시너고그
(유대교회당)에 죽은 고양이와 개를 채워 넣은 뒤 유대
인들에게 율법을 찢어 고양이와 개의 사체 위에 뿌리
고 건물에 불을 놓으라고 지시했다. 랍비 오슈리가 이
에 대해 어떻게 속죄할 수 있느냐는 질문을 받았을 때
이 사건에 관련된 사람들은 굶주리고 있었다. 랍비 오
슈리의 회답은 분명하면서도 따뜻했다. "할 수 있다면
속죄의 의미로 금식을 해야 한다."[3]

일각에서는 유럽의 처형당한 유대인들의 '수동성(무저
항)passivity'을 비난해왔다. 일부 사회에서는 협력을
강요당한 유대인들이 "전쟁범죄자war criminal"로 낙
인찍혔다.[4] 하시드Hasid파(율법과 안식일을 엄격히 지키
는 고대 유대교의 분파)는 유대인 몰살의 시기에 '신이
눈을 가리고' 있었으며 독실한 유대인이라면 운명을
받아들여야 한다는 입장을 고수했다.[5] 비非하시드파
랍비들은 이 땅의 율법을 존중하는 오랜 전통이 있긴
했으나 그렇게 엄격한 계율을 따르지 않았다. 아테네
주임 랍비는 신도들의 명부를 파괴해 많은 목숨을 살
렸다. 살로니카 주임 랍비는 그렇게 하지 않은 탓에 그
의 신도 대부분이 목숨을 잃었다.

중요한 것은 협력을 택하든 저항을 택하든 이와 같은

유대인들의 선택이 확실한 도덕적 원칙을 바탕으로 했다는 점이다. 아무런 조치가 이뤄지지 않은 경우에도 유대인들이 도덕적 소극성이나 무관심을 보였다는 증거는 존재하지 않는다. 유대인들이 개인에 따라 다양한 방식으로 배반행위를 저질렀을 가능성도 있다는 점은 부인할 수 없다. 그러나 이를 반증하는 사례도 무수히 많다. 바르샤바 게토에 거주하던 유대인 의사들은 자신들의 참상을 좋은 목적에 활용하기로 결심하고 자신들의 굶주림에 따른 신체적 변화와 증상들에 대해 과학적 연구를 수행했다. 이들의 연구는 우유통 속에 보관돼 있다가 전쟁이 끝난 뒤 바르샤바에서 출간됐다.[6]

작센하우젠 나치 강제수용소에서는 실질적 유대인 멸절 작업을 맡았던 유대인 작업단 존더코만도 Sonderkommando의 일원이 처형실로 향하던 자신의 랍비와 마주쳤다("존더코만도"는 독일어로 "특공대"라는 뜻으로 가스실 등에서 사망한 유대인들의 시체를 화장터로 운반하는 유대인 특수 부대를 일컫는다). 랍비의 마지막 청은 자신의 척추골 가운데 맨 위쪽 또는 아래쪽 뼈luz를 빼달라는 것이었다. (유대교에서는 내세에 이 뼈를 중심으로 육체가 거듭난다고 믿는다.) 사내는 랍비의 시신에서 이 뼈를 빼내어 전쟁이 끝나면 예루살렘의 신성한 땅에 묻어주겠노라 맹세했다.[7]

한 사려 깊은 가톨릭 지식인은 실질적으로 아무 짓을 저지르지 않은 사람들조차 도덕적으로 얼마나 곤혹스러운지를 글로 적기도 했다.[87]

홀로코스트에 대한 유럽의 반응은 심각한 타락에서부터 고매한 영웅주의에 이르기까지 다양했다. 폭풍의 눈이라 할 폴란드 점령지에서는 분리 조치 된 유대인을 구할 기회가 결코 많지 않았다. 전체주의 정권에서 어떤 식으로 권력이 작동해 모든 이를 다양한 범죄 공모에 연루되게 하는지는, 더 유복한 국가의 비평가들이 항시 그 진상을 파악할 수 있는 부분은 아니다. 자유를 갖지 못한 이들을 자유사회의 기준으로 판단할 수도 없는 노릇이다. 그렇다 해도 한편에 일명 슈말초브니크szmalcownik(밀고자, 협박자. 나치 점령기에 숨어 있던 유대인을 협박하거나, 유대인을 도운 폴란드인을 고발하겠다고 협박하는 사람을 가리키는 폴란드어)라 하여 도망치는 유대인을(그리고 그와 함께 레지스탕스의 조직원들도) 붙잡아 게슈타포에 팔아넘긴 이들이 있었다면, 다른 한편에는 도망자를 숨겨주고 지켜주기 위해 스스로와 가족의 목숨까지 담보로 했던 이들도 있었다. 1943년 폴란드 레지스탕스에서는 젱고타Zegota라는 기구를 설립해 유대인 구출을 돕기도 했다.[88] 유대인 15만 명이 곧 전체 유대인의 약 5퍼센트가 헛간·지하실·수녀원 등에 숨거나, 서류를 위조하거나, 숲으로 피신해 목숨을 건진 것으로 보인다.[89] [101예비경찰대대]

상황이 그렇게까지 극단으로 치닫지 않은 다른 지역들에서도, 유럽인들이 고상한 희생에서부터 냉담한 태도에 이르기까지의 반응을 보여주었다. 코펜하겐에서는 국왕이 유대인들을 동정해 '다윗의 별' 휘장을 차고 거리로 나서기도 했던 만큼, 덴마크에 있던 300명의 유대인 대부분이 탈출에 성공했다. 루마니아에서는, 군대 및 경찰의 자체 추산으로 그들 손에 처형당한 유대인만 수십만 명이었으나, 루마니아 정부가 나치에 루마니아 유대인을 넘겨주길 주저했던 것만은 사실이다. 프랑스에서는, 비시정부가 독자적으로 열악하기 짝이 없는 유대인수용소를 운영했는바, 르베르네Le Vernet에서처럼 지방 밀리스milice(민병대)의 주도로 유대인 모집이 이루어졌다. 이들 민병대는 본거지에서 피신해온 '이방인' 유대인과 '프랑스 본토박이' 유대인을 구별했는데, 후자가 목숨을 잃은 경우는 8퍼센트에 불과했다. 프랑스의 프로테스탄트교회들에서는 저항운동이 조직화했고, 프랑스의 레지스탕스 세력은 유대인 수송 작업을 방해하기도 했다. 네덜란드에서는, 레지스탕스 운동이 활발히 벌어졌음에도, 유대인은 대부분 실종돼 행방이 묘연했다. 헝가리에서는, 1944년까지 나치의 지배를 받지 않았는바, 훌륭한 수완을 발휘한 외교관 라울 발렌베리Raoul Wallenberg의 주도로 유대인을 피신시키는 작업이 상당수 기획됐다. 이런 고생들을 무릅썼음에도 발렌베리는 나중에 소련로 끌려가 구금당한 후 종적이 묘연했다. 해당 지역 시온주의 지도자들은 다른 유대인을 희생시키는 경악할 거래를 했다는 이유로 비난받곤 했다. 심지어 독일군이 점령하고 있던 채널제도(영국해협 남부, 노르망디반도 서쪽)에서조차 사람들이 유대인을 나치에 넘겨주었다. 그나마 유대인들에게 가장 안전했던 땅은 파시스트가 통치하던 이탈리아, 그 이탈리아가 점령한 유고슬라비아, 역시 파시스트가 통치하던 스페인과 포르투갈이었다.[90]

[테제]

유대인 학살에 대해 바티칸이 침묵을 지킨 것도 그간 수없이 논쟁거리가 된 문제였다. 비오 12세Pius XII(재위 1939~1958)를 극렬히 비판하는 이들은 교황이 유대인의 비극에 무심했다고 믿는다. 반면, 교황 옹호자들은 독일 가톨릭이 나치에 보복을 당할지 모른다는 데 대한 두려움과 파시즘 및 공산주의의 두 악 사이에서 '불편부당'한 태도를 유지해야 한다는 희망 사이에서 교황이 갈피를 못 잡았다는 점도 이야기한다.[91] 한 가지 확실한 점은, 나치의 손에 가톨릭 신자 수백만 명이 목숨을 잃었으나 교황이 그들을 위해 한 일은 아무것도 없었다는 것이다.

유대인 총 사망자가 정확히 몇 명이었는지는 절대 알 길이 없다. 뉘른베르크재판Nuremberg Tribunal에서 약 585만 명이라는 추산치가 나오기는 했다. 이것은 부정확한 수치일 가능성이 높다. 전쟁 이전 폴란드의 유대인 약 300만, 소련의 유대인 약 200만, 타국의 희생자 약 100만 명만을 총합한 수치라는 점에서다. 1939년에 폴란드 동부가 소련에 병합된 만큼, 폴란드와 소련의 희생자가 중복됐을 가능성도 있다. 그러나 이때 희생당한 유대인을 500만 명 이하로 추산할 신빙성 있는 근거는 그 어디에도 없다.[92] 양적 측면에서는 그 수치를 각각 약 870만 명과 350만 명의 소련군 및 독일군 전사자와, 수백만 명으로 추정되는 우크라이나·벨라루스·러시아·폴란드 비유대인 민간인 희생자의 추정치와 비교해볼 수 있을 것이다.[93] **[부차치]**

전쟁이 끝나고 오랫동안 사람들의 입에 두루 오르내린 대략적 유대인 사망자 수치는 두 개였다. 홀로코스트 희생자 '600만 명', 아우슈비츠 사망자 '400만 명'이다. 첫 번째 것은 다소 높게 설정됐으나 어느 정도 근거 있는 수치다. 반면 두 번째 것은 불가능한 수치이다. 아우슈비츠에는 훗날 기독교의 성인으로 시성된 두 명이 수용돼 있었다. 에디스 슈타인Edith Stein은 가톨릭으로 개종한 유대인으로, 네덜란드에 체류하다 나치에 체포됐다. 막시밀리안 콜베Maximilian Kolbe(막시밀리아노 마리아 콜베)는 가톨릭 신부로, 수감자를 살리기 위해 자신의 생명을 버렸다. 50년이 흘렀으나, 다민족에 다종교였음을 감안해 희생자들을 추모하는 방법을 찾기는 그렇게 쉽지않다.[94]

이 대목의 주된 문제점 하나는 수용소에서 이와 같은 극악무도한 범죄행위가 일어났는데도 바깥세상에서는 무슨 일이 벌어지는지 잘 알 수 없었다는 점이다. 1940년 9월 초반, 폴란드 지하조직을 이끈 용감한 장교 비톨트 필레츠키Witold Pilecki(1901~1948)가 아우슈비츠 제1수용소 침투에 성공했다. 그는 2년간 그곳에 머물며 수용소 내 비밀 저항 세력을 결성한 뒤 수용소를 탈출했다.[95] 하지만 그가 취합한 정보를 제공해도 폴란드 바깥에서는 그의 말을 믿어주는 국가가 없었다. 런던의 폴란드 망명정부가 폴란드 유대인의 운명과 관련해 보고서를 내놓았으나, 여론의 반응은 미지근하기만 했고 망명정부의 대표 인물이었던 한 유대인 각료는 이에 절망감을 이기지 못하고 스스로 목숨을 끊었다.[96] 미국에서도 워싱턴에 파견된 폴란드 특사가 목격자의 증거를 제시하며 죽음의 수용소에 관한 이야기를 꺼냈으나, 그에게 돌아온 것은 법무차관 펠릭스 프랑크푸르터Felix Frankfurter의 냉정한 대답뿐이었다. "당신이 지금 거짓말을 한다는 건 아니오. 하지만 […]." 당장 행동에 나서야 한다며 다른 누구보다 득달같이 일어선 것은 미국의 유대인들이었다.[97] 중국에는 수송 자체가 불가하게끔 아우슈비츠로 통하는 모든 길목을 폭격으로 파괴하자는 제안까지 나왔으나, 연합국은 갖은 이유를 대며 이를 거부했다.[98] 사실 1930년대에 스탈린이 자국민 수백만 명을 죽음에 내몰았을 때에도 세상은 별다른 반응을 보이지 않았었다. 1940년대에는 히틀러 역시, 국외자들이 두 눈으로 증거를 직접 목격하기 전까지, 그와 똑같은 짓을 저지를 수 있었다. [아우슈비츠]

홀로코스트는 수많은 연구가 충분히 논의 대상으로 삼을 만한 내용이었다. 이 문제와 관련해 대표적으로 손꼽히는 역사학자들은 대부분 유대인들로, 이 학자들은 홀로코스트가 사상 유례 없는 일임을 강하게 확신했다. 이들은 "사악함은 어디에나 존재하는 법"[99]이라는 사실도 거부했지만, 그만큼 "당신은 유대인의 그 특별한 한恨을 왜 붙들고 있는가?"[100]라는 해묵은 질문도 거부한다. 이런 상황에서도 수없이 다양한 방식으로 홀로코스트를 강조한 연구들이 나와 세간을 풍미했다. 엘리 위젤Elie Wiesel은 홀로코스트라는 용어에 현대적 의미를 부여하는 공적을 쌓았다.[101] 루시 다비도비치Lucy Dawidowicz는 나치의 인종학살 프로그램이 계획적이라는 주장을 펼쳤다.[102] 라울 힐베르크Raul Hilberg는 2000년에 걸친 기독교 세계의 반유대주의가 결국 절정에 이른 것이 홀로코스트라고 보았다.[103] 예후다 바우어Yehudah Bauer는 나치를 '살육자', 유대인을 '희생자', 비유대인 기독교도를 '방관자'로 뚜렷하게 대비시켰다.[104] 마틴 길버트Martin

101예비경찰대대 BATT-101

■ 1942년 7월 13일 동이 트기도 전에 폴란드의
■ 유제푸프 마을에서 잠들어 있던 독일 101예비경
찰대대Reserve Police Battalion 101(Reserve-
Polizei-Bataillon 101) 대원들은 인근의 오트보츠크
마을로 이동하라는 명령을 받았다. 이유는 말해주지
않았다. 그곳에 도착하자 나치 친위대 장교들이 이 마
을의 건강한 유대인 남성들을 모두 잡아들이고 유대
인 여성들, 아이들, 노인들은 사살하라고 지시했다. 그
날 1500여 명을 사살한 101대대는 이를 시작으로 이
후 총 8만 3000여 명을 학살한 것으로 추정된다.
1962~1972년, 서독의 검찰관들은 101대대 부대원
210명을 조사해 상세한 문서를 작성했다. 이제 중년이
된 이들은 모두 정당에 가입한 적이 없었고 대개는 독
일에서 나치의 영향을 가장 적게 받은 도시의 하나인
함부르크에서 징집된 노동자계층이었다. 이들은 지극
히 평범한 시민이었다. 대부분은 자신이 전시에 맡았
던 임무에 대해 혐오감을 표했고 많은 이가 자신은 직
접적 살인을 하지 않았다고 주장했다. 그러나 대다수
가 살인에 참여했다. "그들에게는 총을 쏘는 것이 그
리 어렵지 않은 일이었다."

> 현대 사회의 관료화와 전문화는 공식적 정책을 수행
> 하는 이들의 개인적 책임감을 약화시킨다. 동료 집단
> 이 행동에 막대한 압박을 가하며 도덕규범의 기준이
> 된다. 그러한 상황에서 101예비경찰대대의 대원들이
> 살인자가 될 수 있었다면 어떤 집단이든 마찬가지가
> 아니겠는가?[1]

여러 자명한 이유로 101대대와 비슷한 도덕적 입장
에 놓였던 유대인들에 대해서는 알려진 바가 거의 없
다. 그 가운데 살아남은 사람도 거의 없다. 그러나 게

토의 친위대가 유대인 경찰을 고용하고 강제수용소에
서 가장 끔찍한 일을 처리할 유대인 '존더코만도'를 선
발하는 것은 일반적 관행이었다. 카렐 페레호드니크
Calel Perechodnik(1916~1944)도 그러한 유대인 중
한 명이었다. 교육수준이 높았던 그는 죽음을 모면하
고 가족을 먹여 살리려 오트보츠크의 게토에서 유대
인 경찰이 됐다. 그는 나치의 명령에 복종하며 어렵
지 않게 삶을 영위했다. 그러다 비유대인 친구들의 도
움으로 '아리안 쪽Aryan side'(유대인 거주구역을 에워
싼 도시의 나머지 지역)으로 탈출해 훗날 회고록을 썼다.
회고록의 제목은 이러했다. "내가 살인자인가?Am I a
Murderer?"[2]

동유럽에 대해 잘 모르는 사람이라면 1944~1945년
에 폴란드를 휩쓴 공산당 정치경찰의 활동이 훨씬 더
믿기 어려울 것이다. 악명 높은 공안부UB에 유대인(혹
은 '전前' 유대인)의 수가 압도적으로 많았고 이들의 범
죄가 극악무도했다는 주장이 폴란드에서는 상식으로
통했다. 그러나 이와 관련해 공개된 증거가 거의 없는
탓에 그 무엇도 확실한 근거를 얻지 못했다. 그러다 최
근 이 금기를 깨는 폭로가 있었다. 이는 유대인 조사
자들이 제공한 증거를 토대로 유대인 연구자가 유대인
의 죄를 사해줄 목적으로 작성한 보고서라는 점에서
더욱 신뢰할 만하다. 여기에는 상上슐레지엔(북부 슐레
지엔) 지역, 그 가운데서도 글리비체Gliwice(글라이비츠
Gleiwitz)라는 도시의 사례가 담겨 있다. 이에 따르면,
1945년 공안부의 모든 지휘관과 지역 요원의 4분의 3
이 유대인 출신이었고, 예전 나치수용소와 감옥은 무
고한 민간인, 특히 독일인들로 채워졌고, 고문과 굶주
림과 가학적 구타와 살인이 일상적으로 자행됐다. 공
산당 정권에 의해 목숨을 잃은 독일인은 6만~8만 명
으로 추산된다. 이런 면에서 볼 때 전시의 폴란드 상
황에서 살인자, 희생자, 방관자를 특정한 민족집단으
로 분류하는 일반적 관행은 정당화되기 어렵다.[3]

테제 TAIZÉ

■ 1940년 8월 프랑스가 함락된 지 얼마 지나지 않
■ 은 어느 날, 스위스 출신의 25세 신학생이 브루
고뉴 지방의 소도시 클뤼니에 들어섰다. 그는 베네딕
트 이전의 수도원에 관한 논문을 쓰고 있었다. 그러나
그는 이 수도원의 유적지보다는 자신이 직접 수도원
공동체를 설립할 수 있다는 막연한 가능성에 더 흥미
를 느꼈다. 뇌샤텔 출신의 개신교 목사의 아들이었던
그는 얼마 전까지 불가지론자로 혼란에 빠져 있었다.
그는 '테제의 주택 매매'라는 표지판을 발견하고 10킬
로미터의 계곡을 자전거로 올라가 절반쯤 비어버린 마
을의 그 주택을 매입했다. 이 청년은 로제루이 슈츠-
마르소슈Roger-Louis Schutz-Marsauche(1915~
2005)였다.[1]

테제는 전시의 독일 점령 지역과 비시정부 지역의 경
계 인근에 자리했다. 자칭 수도사가 된 로제는 간헐적
으로 이곳에서 혼자 지냈다. 2년간 유대인 피난민들에
게 은신처를 제공했으나 결국 게슈타포가 그의 손님
들을 체포해갔다. 프랑스 해방 이후 1944년 9월에 다
시 이곳을 찾은 그는 이제 독일인 전쟁포로들에게 집
을 내주었다. 마을 주민들의 격한 반발로 포로 가운데
병든 가톨릭 신부 한 사람이 목숨을 잃었다. 전쟁이
끝나자, 로제의 여동생 준비에브Geneviève가 합류해
남매가 20명의 시골 지역 고아들을 품어주었다. 7명
의 다른 '형제들brothers'도 이들을 찾아왔다. 비가톨
릭교도였던 이들은 버려진 교회를 쓰기 위해 특별 허
가를 신청해야 했다. 1948년 이들은 로마교황청 대사
론칼리 추기경(안젤로 주세페 론칼리, 이후의 요한 23세)의
서명이 담긴 허가서를 받았다.

테제(떼제)공동체Taizé Community는 계층의 분류를
거부한다. 정해진 규칙이 없으며, 특정한 교파에 속하
지도 않는다. 가장 순수한 형태의 참행복—기쁨, 간
소함, 자비, 젊음의 봉사, 화해의 임무, 그리고 로제의
책 제목이기도 한 《미정인 것들의 역학Dynamique du

provisoire》(1965)에 대한 인식—을 기본 정신으로 삼
는다. 이는 독특한 '테제의 소리Taizé Sound'—리드미
컬하고 반복적인 사성부(소프라노, 알토, 테너, 베이스) 화
음으로 아주 간결한 가사와 멜로디를 젊고 원기 왕성
한 목소리로 합창하는—에도 잘 드러나 있다.

1962년 인근 언덕에 화해의 교회Church of
Reconciliation가 지어졌다. 이곳은 영속적인 '젊
음의 공의회Council of Youth'와 '믿음의 지상 순례
pilgrimage of trust on earth'에 헌신하는 세계적 양방
향 소통 운동의 중심지가 됐다. 하얀 예복을 걸친 80
명의 형제들이 이뤄낸 영적 성과는 모든 대륙으로 뻗
어나갔다. 아시아, 아프리카, 라틴아메리카, 뉴욕으로
선교단이 파견됐다. 테제의 정신은 인간들 사이의 분
열이 있는 곳이라면 어디서든 치유를 제공하는 것이
었다. 처음에는 세계교회협의회WCC와 바티칸이 모두
이들을 외면했지만 결국에는 양쪽 모두 이들을 인정
해주었다. 유럽에서는 콘스탄티노폴리스의 그리스정
교 대주교에 이어 크라쿠프의 대주교도 이들을 지지
했다. 1980년대에는 철의장막을 뚫고 유럽 회합의 장
소를 성베드로성당과 세인트폴대성당에서 동베를린과
바르샤바로 옮기는 데 성공했다.

현대 유럽의 기독교에서는 기존의 모든 장벽을 뛰어넘
고 감화를 준 인물이 많이 배출됐다. 그중 한 사람은
캘커타의 마더 테레사 수녀Mother Teresa of Calcutta
로 잘 알려진 알바니아 출신의 수녀 아녜저 곤제 보야
지우Anjezë Gonxhe Bojaxhiu(1910년 지금의 마케도니아
의 스코피 출생)다 (1997년 선종, 2016년 시성).[2] '어려움
에 처한 교회 원조 기금Aid to the Church in Need'의
설립자 네덜란드인 베렌프리트 판스트라텐Werenfried
van Straaten(1913~2003) 신부도 그런 사람 가운데
한 명이다.[3] 단순한 마음에 그리 단순하지 않은 이름
을 가진 로제 수사도 단연 이런 인물에 속한다. 요한
바오로 2세는 이렇게 말했다. "테제를 지나가는 것은
샘물을 지나가는 것과 같다."

아우슈비츠 AUSCHWITZ

■ 1944년 5월 31일 영국 제60공중정찰중대의 정
■ 찰기 '모스키토Mosquito'가 남부 이탈리아 브린
디시의 공군기지에서 이륙했다. 이 정찰기의 임무는
독일이 점령한 폴란드까지 약 1500킬로미터를 날아가
오슈비엥침Oświęcim(아우슈비츠의 폴란드어 명)의 합성
연료 공장을 촬영하는 것이었다. 공교롭게도 남아프리
카 출신의 승무원들이 카메라를 끄지 않은 탓에 약
800미터 상공에서 촬영한 필름의 마지막 부분에는 인
근의 나치 강제수용소 두 곳 즉 아우슈비츠 제1수용
소와 아우슈비츠 제2수용소인 비르케나우Birkenau의
최초 항공 영상이 포착됐다.[1]
그 후에도 연합국의 정찰비행을 통해 이러한 사진이 많
이 촬영됐다. 1944년 8월 25일 이보다 좀 더 낮은 고도
에서 찍힌 아우슈비츠–비르케나우 수용소의 사진은 선
명해서 새로 끌려온 포로들이 감시를 받으며 철도에서
줄지어 제2화장장의 열린 대문으로 향하는 광경이 확연
하게 구분돼서 철도 측선에 서 있는 기차들, 가스실 지
붕의 배기관, 용광로의 굴뚝, 무리 지어 모여 서 있는 포
로들까지 알아볼 수 있었다.[2] 이후 12월에 찍은 사진에
는 화장장 해체 작업이 시작된 광경이 잡혔다.

항공사진aerial photography은 역사연구의 여러 분야
에서 유용한 수단이다. 고고학자, 도시학자, 지형분석
가들도 항공사진을 널리 사용한다. 제2차 세계대전과
관련해 항공사진은 전후戰後에 '수정주의 역사학자'들
이 부인하려 노력해온 집단학살에 대해 확실한 증거
를 제공했다.
서방 세계에서 나치 강제수용소에 대해 불완전하게나
마 알려지게 된 것은 1942년 후반 런던의 폴란드 망명
정부가 지하 정보원들이 제공한 정보를 발표하면서부
터였다. 그 후에도 연합국 측은 이렇다 할 조치를 취하
지 않았다.[3] 아우슈비츠 제2수용소가 유럽 전역의 유
대인들이 끌려간 '미지의 목적지unknown destination'

라는 사실이 밝혀진 것은 1944년 7월 이곳에서 탈출
한 포로 다섯 명의 진술을 통해서였다.[4]
그 뒤로 시온주의 단체들은 수용소와 철도를 폭격해
학살을 멎게 해달라고 여러 차례 호소했다. 아무도 이
를 들어주지 않았다. 공군은 군사시설과 산업시설을
먼저 폭격해야 한다고 주장했다. 영국 외무성의 한 관
리는 이렇게 기록했다. "이 징징거리는 유대인들에게
[…] 과도하게 많은 시간이 […] 낭비되고 있다."[5]
항공전찰 사진의 운명은 그 내용만큼이나 사람들에
게 알려주는 바가 많다. 이탈리아에서 수송된 사진들
은 버킹엄셔의 메드멘햄 공군기지에서 인화되고 분석
됐다. 그러나 이 작전의 책임자들은 합성연료 공장에
만 관심이 있었던 터라 필름의 마지막 부분은 확인해
보지 않았다. 1944년 5월 31일과 8월 25일에 찍힌 역
사적 사진들은 30년이 지나서야 미국 국방부 정보국
의 기록보관소에서 발견됐다—현상되지 않은 채로.[6]
1945년 1월 27일 아우슈비츠가 소련 군대에 의해 해
방됐다. 서방 정부들은 상세한 정보를 긴급하게 요청
했으나 이는 묵살됐고 4월 27일이 돼서야 모스크바에
서 모호한 전보가 도착했다. 여기에는 "아우슈비츠를
조사"한 결과 "다양한 국적의 시민 400만 명 이상이
살해됐다"는 내용이 담겨 있었다.[7] 이 수치는 아우슈비
츠의 희생자만 따져볼 때 뉘른베르크재판에서 연합국
감찰관들이 추산한 통계와는 맞지 않았다.[8] 그러나 이
것이 상식으로 통용됐다. 그러다 1990년 공산정권이
무너지자 오슈비엥침의 국립박물관은 아우슈비츠 희
생자가 120만~150만 명으로 추산되며[9] 이 가운데 유
대인은 약 80만~110만 명에 이른다는, 좀 더 신뢰할
만한 통계를 공개할 수 있게 됐다.
신빙성과 허위 조작의 양극단을 오가며 현대 역사에
서 가장 열띤 연구 대상이었던 이 문제의 진실이 대
략적으로나마 밝혀지기까지는 정확히 50년이 걸렸다.
〔독일의 사회 철학자〕 테오도어 W. 아도르노는 이렇게 말
했다. "아우슈비츠 이후 이제는 시를 쓸 수 없다." 역
사학자들도 제 기능을 잃어버린 듯 보인다.

Gilbert는 사람들이 저마다 겪은 참담한 고통을 수집해 책으로 펴냈다.[105]

주류를 벗어난 소수 의견 사이에서는 통일성을 거의 찾아볼 수 없다. 바르샤바 게토에 최후까지 살아남은 지도자 마렉 에델만Marek Edelman이 그랬듯, 비시온주의자였던 이들은 사태를 목격했어도 시온주의를 반대한다는 이유로 조롱거리가 됐다.[106] 한 학자는 홀로코스트가 1941년의 미처 예기치 못한 상황에서 비롯했다는 주장을 펼쳤다.[107] 유대인들의 비극은 나치의 테러Nazi Terror 전반이라는 더 넓은 범주 안에서 살펴봐야 한다는 주장도 제기됐다.[108] 《저널오브히스토리컬리뷰Journal of Historical Review》를 중심으로 활동한, 의혹에 가득 찬 일단의 논평가들은 "가스실 이야기"가 날조된 이야기라거나, 통계가 지나치게 부풀려졌다는 주장을 펼쳤다. 스스로 논쟁거리를 낳는 더없이 활발한 이런 토론은 용인돼야 하는 법이다.[109] 그 외에도, 비평가들은 "홀로코스트 산업Holocaust industry'이 유대인의 고통을 정치적 목적에 제멋대로 전용"했다고 불평을 터뜨리기도 했다.[110] 영화제작자 클로드 란즈만Claude Lanzmann은 그의 삶을 떠오르게 하는 작품 〈쇼아Shoah〉(1985)로 전 세계에서 공감을 얻었는데, 지금도 많은 이가 이 영화를 자료주의적 역사로 잘못 알고 있다.[111] 울분은 여전히 들끓고 있다. 마지막 말 한마디는 아직도 밖으로 토해지지 못했다.

홀로코스트로 인해 가장 큰 생채기가 난 곳은 폴란드였다. 이 사건으로 무려 1000년간 이어져온 유대인의 폴란드 거주도 사실상 끝났다. 폴란드인은 물론 폴란드 문화에도 중요한 일익을 담당했던 부분이 떨어져나갔다. 아마도 폴란드의 미래 세대들은 자신들의 조국에서 잔학한 행위가 일어난 추악한 기억뿐만 아니라 비난, 허위정보, 도덕적 혼란이라는 치욕적 유산까지 감당하지 않으면 안 될 것이다. 이러한 정신적 상흔을 충분히 이해할 수 있는 것은 폴란드 출신 유대인들밖에 없을 것이다. "이로써 지구 위에서 가장 큰 슬픔을 간직한 두 민족이 영원히 갈라졌다."[112] [부차치]

독일의 소련 공격은 전 세계의 외교 동맹을 급속히 변화시켰다. 1939년 8월 이후, 중부유럽과 동유럽에 형성돼 있던 삼중의 권력구조는 협력관계 위주였다. 그러나 지금은 서로가 불구대천의 원수가 돼 있었다. 이는 영국이 소련과 손을 잡고 제1차 세계대전 당시의 외교체제를 새로이 재현할 길이 열렸다는 의미기도 했다. 미국을 개입시켜 어떤 식으로든 전쟁 판세에 영향을 주기 전에, 서유럽과 동유럽이 연합해 중부유럽을 제지하려는 행보에 나서야 했다. 이렇게 해서 대삼각 구도가 다시 형성됐다. 공산주의를 평생 적대시한 윈스턴 처칠에게 이는 "악마와의 화해"나 다름 없었다. 스탈린에게는 이것이 소련에 대한 원조를 기대할 유일한 방법이었다. 1941년 7월 12일 모스크바에서 영국과 소련 사이에 상호원조조약이 맺어졌다. 독소조약은 공식 폐기 됐다. 스탈린은 폴란드에 갖고 있던 자만심을 억누르고, 이제는 영국의 동맹국이기도 한 런던의 폴란드 망명정부와도 동맹을 맺어야 했다. 1941년 7월의 소련-폴란드협약에 이어 양국 사이에는 이내 정치 조약까지 체결됐다. 이로써 소련 땅에서 힘겹게 고통 받고 있던 수백만 명의 무고한 폴란드인 유배자와 죄수들이 '사면'받을 길이 열렸다. 소련 땅 한가운데서 새로이 폴란드군도 결성됐다. 당시 지휘권을 받은 것은 브와디스와프 안데르스Władysław Anders 장군으로, 이즈음 루비앙카 감옥을 나와 막 자유의 몸이 된 상태였다. 그 유명한 오디세이가 시작되는 순간이었다.[113]

그런데 결정적 단계가 아직 남아 있었다. 미국을 제외하면, 지금 연합국은 병약자 클럽과 다를 바 없는 상태였다. 이해(1941년) 8월 11일, 처칠과 프랭클린 D. 루스벨트가 8개 항의 대서양헌장Atlantic Charter에 서명했다. 거기엔 다음과 같은 내용이 포함됐다.

> 제1항. 미국과 영국 양국은 영토 확장이나 그 외 다른 수단을 통한 국가 팽창을 추구하지 않는다. […] 3항. 모든 민족이 어떤 정부 형태 속에서 살아갈지 자신의 의지에 따라 선택할 권리를 존중받아야 한다. […] 8항. 우리는 정신적 이유뿐만 아니라 현실적 이유에서도, 이제 전세계 모든 국가는 무력 사용을 포기해야만 한다고 믿는다.[114]

그러나 미국의 의회는 여전히 참전을 주저하고 있었다. 소련 정부는 볼가 강변의 쿠비셰프까지 후퇴했다. 소련과 영국 양국의 공동 작전이 처음 실시된 것은 영국군의 페르시아 점령 원정에 러시아가 참여하면서였다. 런던과 모스크바에 운이 따랐던 것이 이 작전에서였다. 연합국 측에서도 끝내 설득하지 못한 미국을 일본이 자극하는 사태가 발생한 것이다. 1941년 12월 7일, 일본의 전투기들이 하와이 진주만의 해군 태평양 함대를 공격하며 '잠자는 거인'을 깨웠다. 당시 일본이 벌인 일은 유럽에서 일어난 전쟁과는 직접적으로는 전혀 상관이 없었다. 그런데 미국인들의 태도가 하룻밤 새 바뀌었다. 전쟁을 기피하던 미국의 모습은 찾을 수 없었다. 엄청난 규모의 전쟁채권 발행이 미국 의회에서 통과됐고, 대통령 참모들도 일치단결했다. 당시 진주만 공습은 일본이 전쟁에 개입하려 계획적으로 벌인 일은 아니었으나, 이렇게 해서 일본은 대동맹Grand Alliance이 결성될 길을 열었다. '빅 3The Big Three'—윈스턴 처칠, 이오시프 바사리오 노비치 스탈린, 프랭클린 D. 루스벨트—도 행동에 나섰다.

독일로서는 속았다고 여겨지는 게 당연했다. 독일은 루스벨트가 언제든 영국에 대한 원조를 멈추기만 하면 미국과의 분쟁은 어떻게든 피하겠다는 입장이었으니 말이다. 어찌 됐든, 이제 독일은 미국이 본격적으로 싸움에 나서기 전에 서둘러 전쟁을 마무리해야 했다. 이를 위해 베를린이 택한 전략은 허세 부리기였다. 1941년 12월 11일, 히틀러가 제국의회의 연단에 올라 독일은 미국에 전쟁을 선포한다고 밝혔다.

대동맹의 등장은 어느 모로 보나 2년 전 나치-소련의 화해만큼 충격적인 사건이었다. 그간 앵글로-색슨족이 표방하던 민주주의의 원칙은 모든 면에서 소련 체제와 모순을 보였다. 더구나 대동맹 재결성은 단순히 스탈린이 과거에 저지른 범죄들을 잊어주는 수준이 아니었다. 서구의 지도자들은 이제 전쟁이 시작된 후 스탈린이 거의 해마다 자국민들을 100만 명 가까이 죽이고 있다는 사실을 외면해야 했다. 하지만 스탈린의 입지가 약해지고 히틀러의 세가 강해진 상황에서는 스탈린에게 원조를 해주는 수밖에는 없었다. 한편 스탈린의 입장에서, '반사회주의적'이고 넌더리가 나기는 히틀러나 서구의 민주주의 국가들이나 매한가지였다. 그러나 독일의 국방군이 모스크바의 코앞까지 닥친 상황에서, 이제는 소련도 서구가 내미는 구원의 손길을 뿌리칠 수 없었다. 이념상의 차이는 이제 생각할 문제가 아니었다. 반나치 동맹이 자유·민주주의·정의라는 번드르한 말로 포장돼 있기는 했으나, 빅3를 하나로 묶어준 것은 자국의 이익만을 생각하는 편의였다.

　　한동안 대동맹은 독일이 유럽에서 확립한 패권에 거의 위협이 되지 않았다. 이에 연합국은 통신망 확보, 독일의 진격 저지, 독일의 군수사업 타격, 장차 대동맹이 행할 공세의 토대 마련을 급선무로 삼았다. 그리고 이를 실현하고자 영국과 미국 양국이 대서양전투Battle of the Atlantic에 들어가 합동작전을 펼쳤다. 양국은 엄청난 규모의 공중폭격을 계획해두고 있었으며, 소련에는 전쟁물자를 원조해주었다. 이제 전쟁의 모든 관건은 붉은군대가 궤멸을 피할 것인지, 영국이 요새화한 상태나 다름없는 자국을 과연 지켜낼 것인지, 미국이 엄청난 자원을 태평양과 유럽의 전쟁 양쪽에 동시에 동원할 수 있을지에 달려 있었다. [옥스팜]

　　연합국이 대서양전투에서 항로를 확보하면서 영국은 생명줄을 잡게 됐고 미국에는 유럽으로 통하는 길이 열리게 됐다. 결국 연합국이 2119만 4000톤에 이르는 선박을 잃고, 영국 해군이 7만 7000명에 달하는 목숨을 잃고, 독일 U보트의 70대가 파괴되고 나서야 바다의 침입자들은 물러갔다. 그럼에도 U보트 기지는 도무지 무너질 기미가 없었다. 1942년 3월 생나제르에 대한 연합국의 공습은 실패로 돌아갔고, 이를 통해 연합국은 해양에서 패권을 거머쥐고 독일은 내륙에서 우위를 확보한 상황이 뚜렷이 대비됐다. 그런 후에도 대잠수함 작전은, 항공정찰과 수중음파 탐지기를 이용해 호송 체제를 마련하는 계획들도 포함하고 있었는바, 연거푸 몇 개월 지체된 뒤에야 비로소 실행에 들어갔다. 1943년 3월에 연합국 측 선박 손실이 정점을 찍었으나, 그 직후 U보트가 재앙을 만났다. 41척에 이르는 U보트가 ONS-5호송Convoy ONS-5 선단과 만난 지점에서 교전하다 침몰하고, 이 전투 이후 카를 되니츠Karl Dönitz 제독은 U보트를 대서양에서 완전히 철수시킨 것이다.

　　1942년 5월 31일에 연합국 측 폭격기 1000여 기가 처음으로 쾰른을 공습한 이후, 연합국의 공습은 그 규모가 차츰 커져 막강한 수준에 이르렀다. 이런 식의 무차별 폭격은 현실적 측면에서는 물론 도덕적 측면에서도 비난받는 게 당연했다. 정밀폭격, 예컨대 루르분지 저수지에서의

옥스팜OXFAM

■ 옥스퍼드기아구제위원회Oxford Committee for
■ Famine Relief(옥스팜)는 1942년 10월 5일 옥스
퍼드대학 성모마리아교회에서 활동을 시작했다. 당시
의 목적은 전쟁이 야기한 그리스의 고통을 덜어주는
것이었다. 이와 같은 인도적 국제 구호기관은 옥스팜
뿐만이 아니었다. 1863년 솔페리노전투Battle of
Solferino의 참상을 목격한 앙리 뒤낭Henri Dunant은
제네바에서 국제적십자를 조직했다. 제1차 세계대전
당시에도 벨기에, 세르비아[플로라], 갈리치아의 전쟁
희생자들을 돕는 여러 활동이 이뤄졌다. 1918~1921
년 미국구호협회American Relief Administration,
ARA는 특히 동유럽을 중심으로 대규모 원조 활동을
펼쳤고 1945년 이후 국제연합구호및재건기구UNRRA
도 이와 비슷한 활동을 했다. 독일을 포함해 거의 모
든 교전국은 자체적으로 이러저러한 구호기관을 운영
했다. 그러나 옥스팜은 몇 가지 이점을 갖고 있었다.
옥스팜은 먼저, 적십자사와 마찬가지로 정부 정책과는
독립적으로 운영됐다. 또한 연합군 국가에 본거지를
두고 있었으므로 전쟁이 끝난 뒤에도 운영을 이어갈
수 있었다. 세 번째로 영국 기관이므로 대영제국을 통
해 모든 대륙으로 뻗어나갈 준비가 돼 있었다. 곧 옥스
팜은 국제 구호의 초점이 유럽에서 다른 곳으로 옮겨
가도 쉽게 적응할 수 있는 입지를 갖춘 셈이었다.[1]
구호기관의 역사는 유럽의 변화하는 세계적 위상을
반영할 수밖에 없다. 전후의 풍요는 '북반구'와 '남반
구'의 거대한 경제적 불평등을 야기했고 '서구'와 '동
구'의 대립도 시기적으로 맞물렸다. 미국은 예전보다
더 정치에 몰두했다. 소비에트 블록은 인도적 문제
에 관여하지 않았다. 유엔은 회원국 정부들의 제약을
받았다. 상황이 이렇다 보니 옥스팜, 세이브더칠드런
Save the Children, 가톨릭해외발전단Catholic Agency
for Overseas Development, CAFOD, 국경없는의사회
Médecins Sans Frontières 같은 탈제국주의적 유럽의
민간조직들이 중요한 역할을 맡아야 했다. 남북위원회
North-South Commission(1978~1983)와 이와 관련된
(빌리) 브란트보고서Brandt Report는 부국들의 국민총
생산GNP 가운데 1퍼센트가 '제3세계'를 원조하는 데
사용돼야 한다고 주장했다. 그러나 1992~1993년 유
고슬라비아에서 일어난 참상은 유럽의 고난도 아직 끝
나지 않았음을 보여주었다.

'댐 폭파 공습Dan-Buster Raid'이나 노르웨이 텔레마르크에서의 나치 중수공장 파괴는 분명한
목표들이 있었다. 그러나 소이탄을 투하해 독일의 도시를 깡그리 파괴하고자 한 것이나, 민간인
들에게 위협을 가하려 했던 시도들은 기대만큼의 성과를 내지 못했다. 1941년과 1945년 사이에
만 '랭커스터Lancaster' '할리팩스Halifax' '플라잉 포트리스Flying Fortress' 같은 이름의 폭격기들
이 물결을 이루며 날아들어 제국의 영토 안에만 자그마치 135만 톤의 고성능 폭탄을 투하했다.
이미 줄어들고 있던 독일의 자원은 반격을 위해 엄청나게 빨려나갔다. 그러나 나치의 군수공장
은 절대 멈출 줄 몰랐다. 런던대공습 당시 영국 국민들이 하나로 뭉쳤던 것처럼, 이제는 독일의
민간인들이 뭉쳐 민족의 대의를 위해 싸우고 있었다. 1943년 5월 함부르크 대규모 공습에서는
4만 3000명의 민간인이 희생당했다. 드레스덴에 재차 가해진 공습으로 독일은 원자폭탄 투하로
일본이 입었던 것과 거의 맞먹는 피해를 입은 것으로 보인다. [알트마르크트]
    소련을 지원하겠다는 서구의 작전은 1941년부터 속도가 붙었지만, 소련은 이들 원조에서 입

은 혜택을 거의 인정하려 들지 않았다. 영국 해군은 무르만스크로 이어지는 항로를 지키는 임무를 맡았다. 이 작전에서 영국은 수많은 수병과 선박을 비롯해 대규모의 호송선단 PQ17 대부분이 흔적도 없이 사라지는 희생을 치러야 했다. 미국은 광대한 육상 수송로를 건설해 페르시아 만에서 러시아까지를 연결했다. 무기 대여 계획을 통해 진행된 미국의 소련 원조는 소련의 군사 부문 생산량의 약 7퍼센트에 이르는 양이었다고 추산되며, 약 28억 달러에 달하는 비군사 부문의 물품들도 함께 공급됐다.

연합국의 정치 구상은 대서양헌장을 비롯해 1942년 1월 1일의 워싱턴조약Washington Pact을 통해 모습을 갖추었는바, 이들 협약에 따라 추축국과 전쟁을 하던 26개국은 그들과 개별 평화조약을 맺을 수 없게 됐다. 이들 국가가 4년 후 국제연맹의 후신인 국제연합에 핵심 역할을 담당하게 된다.

대동맹이 맡은 바 일을 시작하자마자, 영국과 미국은 스탈린으로부터 유럽 안에 제2전선Second Front(독일군 점령하의 유럽상륙작전)을 구축하라는 압박을 받았다. 당시 독일의 거의 모든 전쟁 전력은 동유럽에 집중돼 있었다. 따라서 스탈린이 동맹국들에 소련의 짐을 나누자고 한 것은 전적으로 타당한 일이었다. 스탈린 자신에게도 그 누구도 모르는 꽤 많은 수의 훈련받은 예비병력이 있기는 했다—독일이 붉은군대의 전력에 대해 늘 잘못된 추산을 내놨던 이유 하나가 여기에 있었다. 그렇다 해도, 붉은군대가 대적해야 하는 것이 독일군 150사단이었던 데다 동유럽 외에 유일하게 전선이 형성된 지역인 북아프리카의 다른 전선에서도 4개 사단을 대적해야 한다는 것은 스탈린으로서는 지극히 열세인 싸움이었다. 그러나 미국과 영국이 맡은 일도 그렇게 녹록지만은 않았다. 양국의 공군력은 결정적 순간에 볼가강에서 독일군을 몰아냈으며, 종국에는 소련이 스탈린그라드에서 포로로 잡은 독일군 포로보다 더 많은 추축국 병사를 아프리카에서 포로로 잡았다. 하지만 영국과 미국은 유럽 본토에 직접 병력을 투입하지 못한다는 것이 문제였다. 지금 유럽 대륙의 항구란 항구는 모두 적군의 수중에 있었으며, 북부 프랑스에서는 대서양 해안 방벽들이 방대한 규모로 조성되고 있었다. 여기에 디에프(프랑스 도시)에 대한 기습 (1942. 8. 19)이 실패로 돌아가면서 연합국이 수행할 대규모 상륙작전은 앞으로 어마어마한 장벽들을 만나게 될 것처럼 보였다. 영국도 미국도 훈련받은 예비병력 같은 것은 없었다. 1943년 스탈린은 서유럽 지역에서 대규모 공습이 진행될 것이라는 언질을 받았으나, 그 후로도 제2전선은 계속 형성되지 못하다 1944년 6월에야 비로소 생겨났다. 영국과 미국이 유럽 본토로 통하는 길목으로 유일하게 뚫어낸 곳은 유럽의 남쪽 변두리인 이탈리아뿐이었다.

그러다 지중해 전역에서 연합국의 전력이 커지기 시작하면서 이탈리아 전투도 치열해졌다. 사람들의 예상을 뒤엎고, 영국군이 몰타와 수에즈운하로 통하는 해상 수송로를 사수하는 데 성공했고, 영미 연합군은 북아프리카에 상륙해 독일 아프리카군단의 간담을 서늘하게 했다. 횟

불작전Operation Torch(1942. 11. 연합국의 프랑스령 북아프리카 상륙작전)을 통해 추축국은 이내 튀니지에서 고립무원의 처지가 됐고, 1943년 5월에는 전면 철수를 단행하는 것 외엔 방법이 없었다. 그 이후로는 연합국이 시칠리아해협을 통과해 장화처럼 생긴 파시스트 국가의 발부리를 공략하는 것쯤은 비교적 간단한 일이었다.

시칠리아 공격이 시작된 것은 1943년 7월 10일, 이날 영국군과 미국군이 동시에 이탈리아의 남부 해안과 동부 해안에 상륙했다. 독일 증원군은 너무 늦게 도착하는 바람에 연합국이 이탈리아섬 전체를 순식간에 정복하는 것을 막지 못했다. 9월에 들어서자 연합국은 시칠리아를 떠나 칼라브리아로 건너갔고, 거기서부터 반도의 산악지대를 따라 북쪽으로 나아가는 고된 진군을 시작했다. 결국 이 임무를 완수하는 데는 총 2년이 걸린 것으로 드러났다. 그러나 남부 이탈리아에 연합국의 거점이 마련된 것은 향후 중요한 결과들을 불러오게 된다. 브린디시에 대규모 기지가 일단 건설되고 나자, 연합국은 폴란드와 유고슬라비아 등 중부유럽과 동유럽 전역의 광활한 지역을 목표물로 삼아 자신의 공군력을 전개할 여지가 생겼다. 이에 독일군 사령부는 구색도 못 갖춘 예비사단을 프랑스 남부 점령지에 배치하지 않으면 안 됐다. 무엇보다 중요한 사실은, 시칠리아 공습이 무솔리니 정권을 무너뜨리는 계기가 됐다는 점이다. 1943년 7월 25일, 피에트로 바돌리오Pietro Badoglio 원수가 국왕(비토리오 에마누엘레 3세)을 만나 이탈리아는 이제 총통을 해임하고 연합국의 강화 제의에 응해야 한다고 권고했다. 그렇게 해서 총통은 체포를 앞두게 됐으나 독일군 낙하산부대가 그란사소디탈리아에서 그를 구출해내며 세간을 떠들썩하게 했고, 그렇게 해서 다시 살게 된 무솔리니는 밀라노를 근거지 삼아 독일이 북이탈리아에 세운 공화국을 통치했다. 그러나 어느덧 추축국의 요새에 생겨나기 시작한 커다란 균열은 메워지지 못했다.

그러는 사이, 동부전선에서는 독일과 소련의 치열한 전투가 절정을 향해 치닫고 있었다. 소련 정권은 1941년의 재앙(레닌그라드포위전)에서 간신히 살아남은 뒤, 러시아 국민들 사이에 한껏 차오른 애국주의를 이용하는 행보를 취했다. 스탈린은 그간 모질게 박해해온 러시아정교 교회의 문을 다시 여는 한편, 레닌의 무덤을 찾아 생전의 레닌처럼 거룩한 러시아를 지켜달라고 간청했다. 1941년 이전만 해도 전혀 생각지 않았던 일이 즉 수백만의 러시아인이 "스탈린을 위하여Za Stalina"를 외치며 한목숨을 기꺼이 내놓겠다고 나서는 일이 일어나고 있었다. 아무리 죽여도 줄지 않는 붉은군대의 엄청난 소모용의 병력은 독일군을 경악케 했을뿐더러 사기까지 얼마쯤 꺾어놓았다. 포병 지원이 전혀 없어 목표물이 고정된 위치에 있을 때에는 보병이 투입돼 작전을 수행하는 수밖에는 별수가 없었다. 시체가 즐비한 들판을 가로질러 군복도 무기도 변변치 못한 '이반Ivan'들(톨스토이 소설의 바보 이반. 여기서는 러시아 병사들)의 물결이 쉬지 않고 들이닥친 끝에, 독일군의 기관총이 과열돼 제 기능을 하지 못했고 사수는 살육을 보다 못해 연거푸 속을 게워냈다. 당시 소련이 독일군보다 사상자를 3배 혹은 4배나 더 내고도 승리했다는 것은 터무니없는 이야기로 들리지만 지금은 확실한 근거가 있는 정설로 통한다. 이와 함께 황량한 땅과 기후, 최고 성능을 보유한 T-34탱크도 붉은군대의 승리에 보탬이 됐으며, 게오르기 콘스탄티노비치 주코프 원수가 이끈 군수 수뇌부도 탁월한 능력을 발휘하며 러시아의 지리 및 병력 측면에서 우위를 극대화했다.

1942년에도 독일군은 진격을 계속해나갔다. 단 소규모 전투에서 거둔 잇따른 승리로 독일군이 미처 몰랐던 것이 있다면, 지금 잡힐 듯 말듯 빠져나가고 있는 소련의 적군enemy은 함정에 빠지지도 포위를 당하지도 않았다는 사실, 그리고 독일군의 길기만 한 통신선은 그 어느 때보다 늘어지고 있었다는 사실이었다. 거기에다 기상 여건이 악화하면서 초가을에 접어들어서도 독일군은 볼가강은 물론 카스피해에도 다다르지 못한 상황이었다. 그렇다고 독일군이 스탈린그라드로 진격했다가는 위험에 맞닥뜨릴 것이 뻔했다. 이때 독일군이 전술적으로 후퇴했다면 상황이 어느 정도 나아졌을지 모른다. 그런데 총통이 완강하게 버텼다. 히틀러는 프리드리히 빌헬름 에른스트 파울루스Friedrich Wilhelm Ernst Paulus 장군에게 무슨 일이 있어도 스탈린그라드를 지켜내라고 명했다. 총통의 이 명에 아직 싸울 힘이 남아 있던 독일군이 종국에는 '스탈린의 도시' 우측 외곽까지 진출했다. 하지만 이는 스스로 올가미에 걸려든 꼴이었다. 주코프의 군대가 매일같이 독일군의 측면을 야금야금 싸고 돌아오기 시작해 어느 순간 한 번의 기습으로 폰 파울루스를 완전히 포위한 것이다. 그 후 얼음으로 뒤덮인 허허벌판에서 3개월간 양국 군대가 필사적 백병전을 치른 끝에 1943년 2월 2일 마침내 폰 파울루스 장군이 항복을 선언했다. 이 스탈린그라드전투Battle of Stalingrad(Сталинградская битва, 1942. 8~1943. 2)에서 목숨을 잃은 병사만 100만 명이 넘었다. 단일 전투가 이렇게 대규모로 치러진 것은 세계 역사상 이번이 처음이었다. 이는 무적의 거인 나치도 무너질 수 있다는 사실이 드러난 사건이기도 했다.

스탈린그라드 소식은 순식간에 전 세계로 퍼져, 유럽 전역의 반反나치 레지스탕스 운동에 희망을 안겨주었다. 스탈린그라드전투 이전에 반나치 레지스탕스 운동원들이 할 수 있었던 일이라곤 소규모로 사보타주를 벌이거나 연합국의 조종사들이나 포로들에게 몰래 탈출구를 마련해주는 것이 전부였다. 스탈린그라드전투 이후, 이들은 이제 해방을 꿈꾸기 시작했다.

서유럽에서는 레지스탕스 운동이 상대적으로 단순하게 전개됐다. 용맹하고 헌신적인 이들이 BBC 방송이나 영국 특수작전집행부Special Operations Executive, SOE의 공작에 자극받아, 종국에는 연합국의 진격에 도움이 되도록 사보타주와 방해활동을 펼치는 식이었다. 나치가 본보기가 될 보호국을 탄생시키려 염두에 둔 덴마크에서도 레지스탕스 운동이 일어나 1943년 8월에는 계엄령까지 선포됐다. 노르웨이에서도 나치는 비드쿤 크비슬링이 이끄는 반反파시즘 괴뢰정부를 통해 통치하려는 시도를 결국 포기했다. 이 무렵 노르스크 하이드로Norsk-Hydro 플랜트 회사의 중수 운송선은 단 한 척뿐이었는데 이것을 노르웨이의 레지스탕스 운동가가 파괴해 틴

쇼호湖에 침몰시켰다. 네덜란드에서는 나치에 대한 이런 식의 항거가 덜했는데, 나치가 진작에 엥글란트슈필Englandspiel("English Game")이라는 기막힌 프로젝트를 통해 네덜란드의 레지스탕스 세력 안으로 침투했기 때문이다. 벨기에, 프랑스, 이탈리아, 그리스의 레지스탕스 운동에서는 공산주의자들의 입김이 점점 더 거세지고 있었다. 프랑스에서는 1942년에 독일이 비시정부의 통치 지역을 점령하면서 레지스탕스 운동이 본격화했으니, 이때부터 프랑스의 수많은 애국자가 마키maquis(프랑스의 반나치 유격대)에 가담했다. 바로 이 시기에 이탈리아의 유격대도, 훨씬 커다란 전과를 올리며, 무솔리니가 통치하던 이탈리아 북부 일대를 중심으로 활동하다 종국에는 무솔리니를 붙잡아 처형했다.

그러나 소국 룩셈부르크만큼 대중의 서항운동이 결의에 차 있는 곳은 없었다. 1941년 10월의 국민투표에서 독일제국과의 합병에 찬성한 국민은 룩셈부르크 전체 국민의 3퍼센트에 불과했다. 그 후로도 룩셈부르크 국민들은 나치의 지배에 항거해 유일하게 실효성을 거둔 총파업을 기획했으며 지속적 방해작전과 프로파간다활동도 끈질기게 이어갔다.

동유럽에서 전개된 레지스탕스 운동은 더욱 복잡한 양상을 띠었다. 이곳에서는 나치의 정책이 훨씬 가혹하게 시행됐다. 정치적 색깔이 저마다 매우 달랐음에도, 지하운동을 일선에서 이끈 세력들—폴란드에서는 민주주의를 지향한 아르먀 크라요바Armia Krajowa, AK(국내군), 우크라이나에서는 비민주적이었던 우크라이나반역군Українська повстанська армія, УПА, 세르비아에서는 체트니크—은 정치적으로는 하나같이 심각한 곤경에 처해 있었는바, 민족의 독립이라는 목표를 위해서는 히틀러는 물론 스탈린에게도 저항하지 않으면 안 됐다. 진격해오는 붉은 군대 혹은 '부르주아지 독립'의 원칙을 인정하지 않는 공산주의 파당과 협력할 경우, 아무리 잘된다 해도 그들에게 비굴하게 복종해야 할 것이었고 더욱 일반적으로는 체포와 죽음을 피할 수 없을 것이었다. [부차치]

예를 들어, 유럽에서 가장 오래 가장 큰 규모로 전개된 폴란드 레지스탕스 운동만 해도 거의 실현이 불가능한 임무를 떠안아야 했다. 1939년 후반 폴란드는 나치와 공산당을 모두 폴란드 점령군으로 지목하면서 일찌감치 그들과 갈등을 빚어오던 참이었다. 그 주된 세력은 폴란드의 국내군AK이었지만 이 집단은 오합지졸의 느슨한 연합체였다. 제법 많은 병력을 보유한 농민대대Bataliony Chłopskie, BC는 국내군의 권위를 존중해주었지만, 준파시스트였던(그러면서도 격렬하게 반독일 성향을 보였다) 무장민족군대Narodowe Siły Zbrojne, NSZ나 공산주의인 인민수비대Gwardia Ludowa, GL는 그렇지 않았다. 폴란드 국내군은 게토에 형성돼 있던 유대인투쟁결사Żydowska Organizacja Bojowa, ŻOB와도, 미약하게나마, 적절한 관계를 유지해오고 있었다—한편 우크라이나인, 소련 유격대, 탈영병 무리, 도망자들, 산적 떼 등 숲을 함께 써야 했던 이들과는 매섭게 대치했다. 폴란드 국내군은 무척 인상적인 형태의 '비밀국가Secret State'를 조직해 운영했다—비밀 정보기관은 물론 교육, 감사, 사법, 정치와 관련한 각종 기구가 정비돼 있었다. 그러나 소련 '해방' 이후로는 명맥을 잇지 못했다. 폴란드에서 활동한 민주주의 지도자들도 결국 모스크바의 여론조작 재판에 끌려가 목숨을 잃었다. 개중에는 꺾이지 않던 국내군의 마지막 사령관 레오폴트 오쿨리츠키Leopold Okulicki 장군처럼, 끝까지 연합국의 대의를 지켜내 영웅의 반열에 오를 만한 훌륭한 인물들도 있었다. 서구의 민주주의 동지들이 파렴치하게 침묵하는 중에, [동구의] 이들은 아무도 모르게 갖은 모욕을 받으며 일찌감치 생을 마감해야 했다.[115]

유고슬라비아에서는 영국과 미국 사이에 논란의 여지와, 몇몇 사람 말로는, 추악한 구석이 많은 결정이 이뤄지며 사태가 해결됐다. 유고슬라비아는, 폴란드와 달리, 소련의 직접적 영향권이 아니었다. 그러나 1943년 들어 이탈리아를 근거지로 하는 연합국의 지원작전 범위에 유고슬라비아도 포함됐다. 런던과 워싱턴은 요시프 브로즈 티토가 이끄는 공산주의자들을 지원하는 노선을 택했다. 이후 티토의 라이벌 체트니크에는 온갖 중상이 덧씌워졌다. 결국 체트니크파 지도자들은, 드라자 미하일로비치를 포함해, 티토의 법정에서 '반역죄'를 선고받고 처형당했다. [유고슬라비아 육군 체트니크 분견대Chetnik Detachments of the Yugoslav Army 곧 체트니크Četniks/Chetniks는 제2차 세계대전 당시 유고슬라비아가 나치 독일에 점령당하자 드라자 미하일로비치Draža Mihailović가 결성한 세르비아 민족주의 유격대였다. 결성 목적인 나치나 추축국, 추축국에 협력하는 크로아티아 등에 대항하기보다는 티토와 싸우는 데 주력했다.]

이런 식으로 사태가 전개된 것을 보면, '저항resistance'과 '협력collaboration'이라는 말이 영미권에서 얼마나 편의에 따라 정의됐는지를 잘 알 수 있다. 외세의 침략을 한 번도 당해보지 않은 민족은 그로 인해 얼마나 고달픈 일들을 겪어야 하는지 알기 힘들 것이다. 물론 유럽 일부 지역에서는 개인적 이득을 염두에 두고 침략자들을 위해 일한 이들도 있었다. 그와는 달리 벨기에에서 레옹 드그렐Léon Degrelle[나치부역자. 파시스트 정당인 렉스당 지도자]이 전개한 렉스운동Rexist Movement에서처럼, 전쟁 이전에 발달한 원칙들에 따라 행동한 이들도 있었다. 그러나 대다수는 협력의 길을 택해서는 온건한 영향력을 끼치며 피해를 일정 수준으로 제한하는 행보를 취했다. 프랑스에서는 앙리 필리프 페탱이 아돌프 히틀러와 숙명적 만남을 가진 이후로는, 협력 방침은 방향을 잘못 잡았을 수도 있고 혹은 그렇지 않을 수도 있었다. 그러나 애국적 입장에서는 그런 정책 노선이 꼭 필요한 면들이 있었다.

유럽의 광범위한 영역이 잇따라 소련과 나치에 점령당하던 이런 상황에서는 실상 선택의 여지가 별로 없었다. 이 두 전체주의 체제는 노골적인 공포를 조장하며 어떻게든 복종을 강요했다. 대부분의 일반 시민들에게 소련에 복무하는 것은 파시스트에 복무하는 것만큼이나 도덕적으로 난감한 문제였다. 애국주의자이자 민주주의자가 취할 수 있는 주된 행보는 단 하나 스탈린과 파시즘에 동시에 반대하는 것뿐이었으나, 이는 자살행위나 다름없었다.

부차치 BUCZACZ

■
■ 부차치 부제副祭 교구. 1939년 이 지역에는 4만 5314명의 폴란드인이 거주하고 있었다. 17개 교구 가운데 바리치에 4875명, 부차치에 1만 257명, 코로피에츠에 2353명, 코발로프카에 3009명, 모나스테지스카에 7175명이 살았다. [...] 1939년 바리치의 폴란드인 두 가족이 우크라이나인들에게 살해됐다. [...] 비에르나츠키 집안의 한 사람은 다리가 절단됐다. [...] 그러나 주요 공격이 일어난 것은 1944년 7월 5일과 6일 사이 밤이었다. 이날 126명의 폴란드인 남녀와 아이들이 총에 맞거나 도끼에 찍혀 목숨을 잃었다. '마주리Mazury'구는 불타 없어졌다. 침략자들은 기관총으로 무장한 채 소리쳤다. "죽여라! 불태워라!Rizaty, palyty." 생존자들은 부차치로 달아나 문과 창문이 사라진 옛 유대인들의 집에서 혹독한 겨울을 보냈다. [...]

노보스타프체Nowostawce의 [가톨릭] 교구는 인구가 적었으나 그 안에 3개 그리스 가톨릭 교구가 자리하고 있었다. 폴란드인과 우크라이나인의 비율은 2 대 3이었다. 1939년에만 해도 이들은 공존할 수 있었다. 그러나 독일의 점령 이후 상황이 나빠졌다. 1944년 독소 전선이 휩쓸고 지나간 후 이곳에는 폐허만이 남았다. [...]

코로시차틴Korościatyn의 교구 신부는 1944년 2월 28일에 일어난 이 마을의 공격을 기록했다. 사제관 지하실에서 78명이 총살되거나 질식하거나 도끼에 맞았다. [...] 그에 앞서 1943년에 일어난 습격에서 90여 명이 끔찍하게 목숨을 잃었다. 그런 뒤 발진티푸스가 50여 명의 목숨을 앗아갔다. 이상한 일이 일어나기도 했다. 마을에 13차례의 이른바 "야만적 결혼"이 있었던 것이다. 그중 한 사람만 제외하고 모두 사망했다.

코로피에츠Koropiec 교구에서는 살해당한 폴란드인이 한 명도 없었다. 그러나 그리스 가톨릭의 설교단에서는 폴란드인과 우크라이나인이 혼인한 가정에게 다음과 같이 요구하는 목소리가 울려 퍼졌다고 기록됐다. "어머니여, 당신은 적에게 젖을 먹이고 있군요. 어서 그 아이의 목을 졸라요!"[1]

이 사건이 있고 40년이 지난 뒤에도 폴란드의 로마가톨릭교회는 여전히 예전 갈리치아와 볼히니아의 동부지방에서 일어난 전시의 '인종청소ethnic cleansing'를 온전히 파악하지 못했다. 사망자는 적게는 6만 명에서 많게는 50만 명으로 추산됐다.[2]

부차치는 비슷한 운명을 맞이한 수십 개 지역의 하나일 뿐이다. 이곳은 적赤루테니아(동부 갈리치아) 일대를 에워싼 르푸프 대주교의 관할구였다. 제2차 세계대전 이전에 주민은 우크라이나인·폴란드인·유대인으로 구성됐고 전쟁 초기에는 이 3개 집단이 모두 소련의 탄압에 시달렸다. 그러다 나치와 현지 조력자들이 유대인들을 살해했다. 그리고 나자 우크라이나인들이 폴란드인들을 공격했다. 마지막으로, 다시 돌아온 소련이 독자적 조직과 연계된 사람들을 모조리 처치했다.

전쟁 동안 폴란드의 인종청소가 시작된 것은 1939~1941년, 나치와 소련에 의해서였다. 나치는 독일인의 재정착을 위해 서부 지역 몇 군데를 정비했고 소련은 동부에서 수백만 명을 추방했다. 1941년 이후에는 폴란드 지하조직의 소규모 파벌들이 이 일을 이어받아 폴란드 중부에서 우크라이나인들을 쫓아내려 했고 우크라이나반역군은 이보다 훨씬 더 큰 규모로 폴란드인들을 공포에 떨게 했다. 1945년 공산당은 '비슬라작전(비스와작전)Operation Vistula'을 통해 우크라이나에서 폴란드인들을 몰아내고 '인민의 폴란드People's Poland'에서 우크라이나인들을 몰아내는 임무를 완수했다. 포츠담회담(1945. 8)에서 연합국은 오데르강 동쪽의 독일인들을 모두 추방하는 안을 승인했다(1333쪽 참조).

우크라이나반역군은 배타적이고 민족주의적인 우크라이나를 구축하고, 독일의 배후에 침투해 점차 세를 확장하는 소련 유격대에 맞설 목적으로 1942년 10월에 조직됐다. (추프린카Chuprynka로 통했던 지휘관 로만 슈헤비치Roman Shukevich 장군은 끝까지 싸우다 1950년에 체포됐다.) 그러나 독일 국방군도, 갈리치아친위대의 조직도 점점 높아지는 공산주의의 파고를 잠재우지 못하자 절박해진 이 우크라이나 지하조직은 무모한 해결책을 택했다. 우크라이나 서부는 다시 소련이나 폴란드의 통치에 들어갈 조짐이 보였다. 따라서 급진적 부류들은 가장 무력한 적 즉 폴란드 민간인들을 쓸어버리기로 결정했다.[3] 그리고 반대하는 자는 누구든 거리낌 없이 사살했다.

1943년 3월 11일. 우크라이나의 리토고스츠Litogoszcz 마을(볼히니아Volhynia(Волынь)에서 우크라이나 민족주의자들이 폴란드인 교사 한 명을 납치한 뒤 살해했다. 이 폴란드인과 함께 학살을 반대하는 여러 우크라이나 가족도 살해했다.[4]

종교적 비판이 강하게 일자 이번에는 성직자를 대상으로 잔혹 행위를 시도했다.

오코피의 루드비크 브워다르치크Ludwik Włodarczyk 신부는 십자가에 못 박혔다. 오스트루프카의 스타니스와프 도브잔스키Stanisław Dobrzański 신부는 도끼로 머리가 잘렸다. 카롤 바란Karol Baran 신부는 코리트니카에서 톱으로 몸이 잘렸다. 자바츠키Zawadzki 신부는 목이 갈라졌고 [...].[5]

전후 동유럽에서는 모든 전쟁범죄의 책임이 공식적으로 나치에 전가됐다. 부차치 같은 곳의 희생자들은 "200만 명의 러시아 전사자"로 뭉뚱그려지거나 침묵 속에 묻혔다.[6] 이 비극의 다국적 차원들은 제대로 공개되지 않았다. 모든 국가가 자국의 손실을 널리 알리고 타국의 손실은 무시하려 들지만 그런 가운데서도 가끔은 아래와 같이 고통을 함께한 기록을 마주하게 된다.

1942년 5월부터 12월까지 14만 명이 넘는 볼히니아 유대인들이 살해됐다. 고국인 폴란드로 피신한 이들은 1943년 봄에 자신들을 보호해준 폴란드인들과 함께 학살됐다. 볼히니아에 살던 폴란드인 30만 명 가운데 4만 명이 우크라이나 '무법자들'에 의해 목숨을 잃었다. 여러 마을에서 폴란드인과 유대인들은 이 공공의 적에 맞서 함께 싸웠다.[7]

그러나 전시의 제노사이드에 대해 총체적이고 공정한 연구는 이뤄지지 않았다. 예컨대, 폴란드나 가톨릭의 손실을 확인하려면 유대인과 우크라이나의 손실을 제쳐놓을 수밖에 없다. 아울러 소련에 협조한 유대인과 우크라이나인의 역할, 혹은 독일의 지휘를 받은 우크라이나 부대의 역할을 강조해야 한다. 독일 보안경찰에서 일한 슐레지엔 폴란드인들의 활동이나 소련군에 협조한 폴란드의 활동은 배제된다. 우크라이나반역군에 의해 희생된 유대인과 우크라이나인들을 추산하는 일도 마찬가지다. 한쪽만을 들여다보는 연구는 왜곡된 결과를 낳을 수밖에 없다.

공교롭게도 부차치는 비범한 나치스 전범 추적자로 이름난 사이먼 비젠탈Simon Wiesenthal(1908~2005)의 고향이었다.[8]

스탈린그라드전투 이후 동부전선에서는 계속해서 베를린을 낙담시키는 소식들만 날아들 뿐이었다. 1943년 3월 봄, 붉은군대가 2년 만에 처음으로 총공세에 돌입했다. 총 5차례에 걸친 초반 격전에서 베를린으로 진격할 길이 뚫리면서, 득의에 찬 스탈린의 장군들이 나치의 군대를 더욱 거세게 몰아붙이기 시작했다. 7월에는 쿠르스크(러시아) 인근 초원지대에서 독일 군대의 전

략 탱크부대가 궤멸됐다. 독일군의 대규모 공격 능력이 깨지는 순간이었다. 윈스턴 처칠의 비유를 빌리자면, 드디어 조류의 흐름이 바뀌었다.

대동맹의 승리(1943. 7~1945. 5). 1943년 중반 이후부터는 전쟁이 벌어지는 거의 전 영역에서 대동맹 측이 우세를 보이기 시작했다. 독일군은 분투했으나 포위를 벗어나지 못했다. 소련군은 육지에서 주도권을 쥐었다. 영국군과 미국군은 해상과 공중을 완전히 장악했다. 히틀러가 차지한 땅들은 점점 줄어들었고 이런 상태에서 히틀러는 미국의 산업생산력, 소련의 인구 자원, 대영제국이 한데 결합해 발휘되는 힘을 도저히 당해낼 수 없었다. 제2전선은 이탈리아 이외 지역에서는 아직도 조성되지 못했고, 독일에서도 심각한 반대의 징후는 전혀 나타나지 않았다. 그렇지만 히틀러의 운을 역전시켜줄 분다바펜Wunderwaffen(기적의 무기들)이 나오지 않는 한, 제국이 패망할 가능성은 그 어느 때보다 높아졌다.

과장된 소문도 무성했음에도 당시의 무기 개발 경쟁은 실로 치열했다. 가장 초점이 맞춰진 부분은 제트엔진, 로켓, 원자폭탄이었다. 이 중 두 가지에서는 독일 과학자들이 완전한 승리를 거두었다. 1942년, 제트 동력 장치를 단 메서슈미트Me 262Messerschmitt Me 262가 원형原型 비행체 비행에 성공했다. 또 페르겔퉁Vergeltung(보복)이라는 이름의 V1과 V2 로켓이 발트해의 페네뮌데에서 개발돼 1944년 6월 이후 계속 런던을 조준했다. 그럼에도 원자폭탄 경쟁에서는 연합국이 저 멀리의 뉴멕시코 땅에서 추진한 맨해튼프로젝트Manhattan Project가 승리했다. 1945년 7월의 이 성공은 유럽전쟁을 치르기에는 너무 뒤늦은 것이었다.

이 무렵 대동맹의 입장에서 가장 난감한 문제는 당사국들의 정치적·전략적 이해를 어떻게 조율하느냐 하는 것이었다. 이 문제를 해결하기 위해 '빅 3' 사이에 세 차례의 사적 회담 자리가 마련됐다―테헤란(1943. 12), 얄타(1945. 2), 포츠담(1945. 6). 이들 회담의 주요 현안은 세 가지였다―전쟁의 목적을 어떻게 정의할 것인가, 태평양전쟁과 유럽전쟁 중 어디에 우위를 둘 것인가, 전후 유럽에 대한 구상은 어떻게 할 것인가. 전쟁 목표에 대해서는 대동맹 국가들 모두 독일의 무조건 항복을 주장하기로 결정했다. 이와 같은 결정은 제2전선에 대한 스탈린의 의구심을 존중하는 것과 함께, 1918년의 실수들을 인정하는 차원에서 나온 것이었다. 이 결정은 동맹을 하나로 결속하는 효과는 가져왔으나, 이로 인해 소련은 동구에서 전체주의 체제를 수립해도 좋다는 일종의 허가증을 받았다. 서구 지도자들이 이쯤 분쟁에서 발을 뺄 가능성을 완전히 배제해버린 이상, 그들은 향후 소련을 억제할 가장 강력한 수단도 함께 포기한 셈이었다.

독일과의 전쟁을 우선시할지 일본과의 전쟁을 우선시할지는 특히 미국인들에게 민감한 문제였다. 전쟁에 참가한 국가들 중 이 양쪽 권역 전쟁 모두에 모든 열성을 쏟아부은 국가는 미국밖에 없었다는 점에서다. 이 문제가 전면으로 부각한 것은 얄타회담Yalta Conference에서였다. 소런은 1941년 이후로 일본에 대해 엄격한 중립을 지켜오고 있었고, 유럽에서의 전쟁이 끝날 때까지는 이 중립노선에서 선회할 것으로 보이지 않았다. 한편 영국은, 소련과는 대조적으로, 일본과의 전쟁에 깊이 개입해 있었다. 영국이 극동에 구축해두고 있던 취약한 방어선은 매우 가늘게 뻗어 있었고, 따라서 자치령들이 특히 오스트레일리아와 뉴질랜드가 독자적으로 전쟁을 수행할 수 있느냐가 무엇보다 관건이었다. 싱가포르는 극적 상황을 연출하며 전쟁 초반부터 이미 무너진 상태였다. 이후 영국은 이 일대에서의 활동을 버마(일본의 세력권과 영국령 인도의 국경이 겹쳤던 곳이었다)에만, 그리고 미국을 보조적으로 지원하는 수준으로만 한정했다.

유럽이 향후 어떤 모습이 돼야 할지에 대해서는 단 한 번도 완전한 의견 합치를 보지 못했다. 서구 연합국들은 이탈리아에서부터 시작되는 서유럽 문제에서는 스탈린의 의견을 배제했고, 스탈린은 또 동유럽 문제에 관련해서는 자기 재량대로 밀고 나갔다. 중대한 예외를 하나 든다면, 처칠이 1944년 10월 모스크바를 찾아 스탈린과 논의한 일명 '백분율 합의Percentages Agreement'였다. 이 내용은 단 한 번도 공식으로 채택되지는 않았지만, 발칸 지방에 대해 양국이 일종의 유효한 지침으로 삼았다고 생각할 근거가 어느 정도 있었다. 전언에 의하면, 당시 처칠은 자신의 주머니에서 백지를 하나 꺼내 발칸반도 국가들의 이름을 몇 개 적고는 그 옆에 서구와 소련의 영향력이 어느 정도로 배분되면 좋겠는지를 백분율로 적어 내려갔다고 한다. 스탈린은 파이프 담배를 피운 뒤, 다음과 같은 내용에 파란색으로 체크 표시를 했다.

	러시아	기타 국가들
루마니아	90%	10%
그리스	10%	90%
유고슬라비아	50%	50%
헝가리	50%	50%
불가리아	75%	25% [116]

윈스턴 처칠 자신이 "못된 문서naughty document"라고 부른 이 종이는 현재 영국의 공문서 보관서 공공자료실에도 남아 있지 않으며, 이런 것이 정말로 있었는지조차도 사실은 의문이다. 그런데도 이 문서가 실제적으로 가졌던 의미는, 목록에서 서구의 영향력이 더 크다고 지목된 나라는 그리스 단 한 곳이었다는 점이다. 실제 역사도 그런 식으로 전개됐고 말이다.

폴란드는 그 미래에 대해 각국이 비공식적 방식으로도 합의에 이르지 못한 국가였다. 당시 폴란드의 난국이 후반기 냉전을 일으킨 원인이었다고 보는 경우도 많다. 폴란드도, 프랑스와 마찬가지로, 1939년 동맹의 원멤버였다. 런던에 수립된 폴란드의 망명정부는 연합국으로부터 전적인 지지를 얻었고, 폴란드의 육군·해군·공군 병사들은 영국군과 소련군의 지휘하에 눈부신 전과를 거두고 있었다. 1943년 4월 스탈린은 카틴숲 사건에 관한 나치의 폭로를 구실로 폴란드 정부와 관계를 끊었다. 그러면서 그는 폴란드애국자연합Związek Patriotów Polskich, ZPP을 승인해주었고, 이 옹색한 이름의 단체는 소련의 괴뢰정권의 핵심이 됐다. 7월, 전 세계적으로 명망을 얻고 있던 폴란드 총리 겸 참모총장 브와디스와프 시코르스키 장군이 지브롤터해협에서 비행기 충돌 사고를 당해 목숨을 잃었다. 이때부터 폴란드의 비극도 인과응보를 향해 나아가기 시작했다. 이제 소련 프로파간다에서는 폴란드를 상대로 리벤트로프-몰로토프조약(1939. 8. 23) 당시 정해진 국경선으로, 이제는 편의상 커즌선인Curzon Line으로 불리고 있는 선으로 돌아가야 한다고 요구하게 된다. 세간에는 폴란드 동부 주민들이 소련과 연합해야 한다거나, 소련과의 관계에 '우호적인' 정부를 수립해야 한다고 주장한다는 근거 없는 풍문이 떠돌았다. 이러한 소문은 대체로 검증되지 않은 것들이었으나, 소련의 대단한 전쟁 노력은 끝을 모른다며 탄복하고 있던 서방 언론은 이런 뜬소문을 얼마든 믿을 태세였다. 그래서 붉은군대가 폴란드의 영내를 그 어느 때보다 깊숙이 밀고 들어왔을 때에도, 서방 열강은 가련한 처지의 동맹국 폴란드에 외려 양보를 강요했다.

당시 런던과 모스크바를 오가는 전시 항공 노선에서 중간 지점에 해당하는 도시가 테헤란이었다. 이 테헤란에 루스벨트, 처칠, 스탈린이 모여 1943년 11월 28일부터 12월 1일까지 첫 번째 회담을 가졌다. 이들은 전쟁을 반드시 지금과 같은 식으로 지속시키는 문제에서는 상당한 진전을 보았다. 하루라도 빨리 제2전선을 프랑스에 형성시키는 문제나, 전후 이란 독립 문제에도 합의를 보았다. 폴란드를 두고는 꽤나 심한 격론이 벌어졌다. 앤서니 이든Anthony Eden(영국 외무장관)과 몰로토프(소련 외무인민위원) 간에 격한 논쟁이 이어지자 루스벨트는 "의자에 앉은 채 잠이 들어버렸다." 결국 서방 지도자들이 한 발짝 물러나 독일의 영토를 떼어주고라도 폴란드 영토를 서쪽으로 옮겨 스탈린의 요구를 들어주겠다고 했다. 그런데 이와 같은 약속을 정작 폴란드인들에게는 비밀로 했다. 이러한 사태가 일이 순조롭게 풀릴 징조일 리는 거의 없었다─그러나 이를 계기로 삼국(영국, 소련, 미국) 사이에 얼마쯤 신뢰가 회복돼 이듬해에 연합국이 독일제국을 상대로 합동 공세에 나서기에는 충분했다.

1943~1945년 붉은군대는 줄기차게 타격을 가해 독일 국방군의 입지를 시종 위태위태하게 흔들었다. 붉은군대의 공세는 발트제국, 벨라루스, 우크라이나의 한가운데서 시작돼 베를린 포위로 끝났다. 이때 붉은군대는 몇 번에 걸쳐 앞쪽으로 성큼성큼 진격해나가는 모습을 보였는데, 지나치게 넓은 지역에 뻗어 있는 독일군 전선을 앞에 둔 상황에서 붉은군대는 그야말로 엄청난 인적 자원과 물량을 동원해야만 할 것이었고, 그런 뒤 누구도 막아설 수 없는 기세로 거침없이 진격해 들어가야 할 것이었다. 그렇게 해서 쿠르스크전투Battle of Kursk(1943. 7~1943. 8)를 치른 이후, 붉은군대는 제2차 공세로 드니프로강 탈취를 목표로 삼았으니 독일군이 광대한 지역

을 초토화하며 이 강을 지키고 있었기 때문이다. 1944년 1월에 시작된 제3차 공세에서는 멀리의 비스와강을 목표로 진격했다. 1944년 8월에 개시된 제4차 공세에서는 발칸반도 남부로 방향을 틀어 도나우강 점령을 목표로 삼았다. 1945년 1월에는 5차 공세에서는 오데르강과 그 너머를 목표로 삼았다.

이와 같은 움직임이 전개될 때마다 연합국의 기본 전략은 저항군의 거점을 포위하고 고립시킨다는 것이었다. 방어 거점이 연결이 끊겨 외부와 단절되고 나면, 그곳을 파괴하는 것은 나중에 가서도 얼마든지 가능했다. 여러 독일군 부대가 쿠를란트에 고립돼 있다가 연합국에 딱히 패배당하지 않은 채 종전을 맞은 것도 이런 전술 때문이었다. 베를린이 함락됐을 때에도, 동유럽에 자리한 브레슬라우(브로츠와프) 등 독일군의 주요 거점들은 온전히 그 세력을 유지하고 있었다. 따라서 관건은 독일 국방군이 반격을 준비하지 못하도록 끊임없이 괴롭히고 타격을 가하는 것이었다. 초원지대에서 싸우는 법이라면 러시아인들이 잘 알았다. 통상적으로 초원에서는 공격작전이 실효가 있지 방어 작전을 폈다간 측면이 뚫리기 십상이었다. 자신들이 차지한 평원이 점점 좁혀 들어오자, 어떻게든 버텨내 싸우려는 독일 국방군의 의지도 더욱 강해졌다. 이에 세 군데 길목 즉 카르파티아산맥의 두클라고개, 부다페스트, 포메른방벽에서의 전투가 그러한 관문이었다. 이들 전장에서는 소련와 독일군 모두의 피가 흥건하게 고였다.

붉은군대—1944년 소비에트군Soviet Army(소비에트육군)으로 명칭을 바꾸었다—는 독일 땅에 들이닥치기 전부터 이미 그 명성이 알려져 있었다. 1939~1941년의 사태에 대한 기억 때문에, 붉은군대는 소련에서조차 별종 군대로 간주될 때가 많았다. 발칸반도에서는 아무리 좋게 말해야 갖가지 감정이 뒤섞인 채로 붉은군대를 맞아들였다고 할 수밖에 없었다. 독일에서는, 붉은군대가 병사들에게 살인과 강간을 부추기곤 해서 사람들이 붉은군대라면 공포에 떨었다. 나치의 수중에서 처음 해방된 독일 마을은 순교지가 됐다. 나치는 주민들에게 헛간 대문에 독일 여인들이 십자가처럼 묶여 있는 사진들을 나누어주며 붉은군대에 강하게 저항하도록 했다. 그러나 1944~1945년 겨울, 독일 주민 대다수는 저항 대신 피난길에 올랐다.

소련이 중부 유럽으로 밀고 들어간 것은 현대사를 통틀어 가장 장대하고 끔찍한 군사작전이었다. 당시 전열에 끼어 있다 전방에서 스스로 붙잡힌 한 병사가 적은 바에 따르기로, "코민테른의 저거너트the Juggernaut of Comintern"(위압적이고 거대한 괴물)는 그 바퀴 아래 깔린 모든 것을 완전히 짓뭉개버렸다.[117] 그랬던 데에는 이유가 있었는바, 소비에트군이 들어와 혐오스러운 나치로부터 해방되는가 싶었는데 소비에트군 역시 사람들을 스탈린주의에 복속시켰기 때문이다. 이 스탈린주의와 함께 약탈, 강간, 일상적 폭력, 공식적 테러가 무시무시한 규모로 일어났다. 이런 일을 목격한 이들에게 그것은 평생 잊지 않는 광경이었다. 만신창이가 된 독일군 진영이 뒤로 물러날수록, 해방자의 물결도 연이어 그곳을 휩쓸고 지나갔다. 대열의 선봉에는 기민하고, 잘 차려입은, 중무장 병사들이 서 있었다. 그 뒤를 이어 2등 부대와 징계 대대(군량은 일절 없이 탄약만 짊어진 채 행군했다)가 지나갔다. 이들 뒤로 전방의 오합지졸—낙오병, 종군 민간인, 도보가 가능한 부상병, 전선 사이에 낀 피난민—의 물결이 이어졌다. 이 무리의 후미는 소련의 NKVD가 지켰는데, 이들은 멀끔한 군복을 입고 미제 지프를 탄 채 행렬에서 뒤처지는 자는 모조리 사살했다. 대열의 맨 마지막에는 '아시아인 무리'가 뒤따랐으니, 끝없이 이어지는 이 보급품 전열은 서쪽을 향해 갈 수만 있으면 어떤 것에든 —고장 난 트럭, 농민에게서 빼앗은 수레, 당나귀, 심지어는 낙타에도— 올라타 있었다. 벌겋게 눈이 충혈이 된 채 붕대를 칭칭 감은 완전히 지친 기색의 독일 병사와 앳된 얼굴의 슬로베니아 및 아시아계 소년들이 끝없이 트럭 보급품을 나르는 모습이 묘한 대비를 이루며 전쟁이 무엇인지를 말해주었다.

1944년 8월에 있은 소련의 발칸반도 진격은 중대한 정치적 결과를 불러왔다. 우선은 루마니아가 입장을 바꾸어 그때껏 자신을 후원해주던 나치와 대치했다. 그러자 부다페스트가 부쿠레슈티의 선례를 따르게 둘 수 없다는 듯 독일군이 헝가리를 점령했다. 불가리아에서는 9월에 왕실 정부가 전복당했다. 유고슬라비아에서는 티토가 이끄는 유격대가 소련군과 손을 잡고, 10월 베오그라드를 해방시켰다. 그리스 및 알바니아에서는, 이 두 나라는 소련 점령지에 포함돼 있지 않았는바, 공산주의자 지하운동 세력들이 정권 탈취를 위해 준비 중이었다. 12월 들어 막 그렇게 되려던 찰나 소련은 부다페스트의 완강한 저항에 부딪쳤고, 소련군은 진격을 이듬해로 늦춰야 했다.

서쪽에서는 일명 디데이D-Day라 불린 1944년 6월 6일에 제2전선이 마침내 형성되니, 바로 이날 영국군, 캐나다군, 폴란드군, 미군이 노르망디 해안에 상륙했다. 이때 이용된 오버로드작전Operation Overlord에서는 전쟁용 첨단기술의 역량이 유감없이 발휘됐다. 노르망디의 해안 요새는 중무장을 통해 4년에 걸쳐 연합국의 상륙에 대비해온 터였고, 따라서 수십만의 병사들은 엄청난 무기와 함께 안전한 상륙에 만전을 기하지 않으면 안 됐다. 상륙작전의 성공은 치밀한 계획 때문이기도 했지만 행운이 따라준 덕도 있었다. 파드칼레(프랑스 북부)를 목표로 폭격을 가한다는 거짓 정보를 포함해 양동작전에 휘말린 독일 참모진은 연합군이 어느 지점에 상륙할지 갈피를 잡지 못했다. 연합국이 노르망디에 상륙할 것이라는 히틀러의 직감이 옳았으나 그의 의견은 무시당했다. 연합국은 공군이 제공권을 장악하고 해변에 밀착해 지원한 것도 중요했으나, 독일의 막강한 무장 예비병력을 사전에 차단한 것이 훨씬 더 주효했다. 노르망디 해안 근방에서 물 위에 뜬 채 가동되던 일명 '뽕나무 부두Mulberry Harbours'(영국이 개발한 임시 이동식 항구)와, 석유 공급을 무한정 보장해준 플루토Pluto(해저에 깔린 파이프라인)는 첨단기술의 경이로 꼽혔다. 거기에다 영국에 지난 25년을 통틀어 최대 규모의 태풍이 불어닥치는 등 기상 변화가 심상치 않은 것을 보고, 독일군 사령관 에르빈 로멜Erwin Rommel(1891~1944)은 마음을 놓고 하필 중대한 그 주말에 군을 떠나 귀가해 있었다.

에르빈 로멜의 적수 드와이트 D. 아이젠하워Dwight D. Eisenhower는 주사위를 던질 기회는 이 한 번밖에 없을 것임을 알았다. 출발은 두 차례 연기됐다. 상륙에 유리한 하현달이 뜨는 밤을 기다리면서, 15만 6000명의 병력, 2000척의 전함, 4000척의 상륙정, 1만 대의 전투기가 며칠째 바짝 긴장한 채로 대기했다. 그러다, 엄청난 동요가 일어난 와중에, 마침내 명령이 떨어졌다. 풍랑이 잦아든 한밤중, 미군 제82공수사단과 제101공수사단 소속 낙하산부대가 독일군 한복판으로 침투하는 데 성공했다. 여기 속해 있던 캔자스 출신의 한 부대원은 자신이 탄 낙하산이 생메르에 글리즈성당 뾰족탑에 걸리는 바람에 얼마간 죽은 척 위장하고 있을 수밖에 없었다고 술회했다. 그 훨씬 서쪽의 '페가수스다리Pegasus Bridge'에서는 짐 월워크Jim Wallwork 하사가 00시 16분에 목표 지점의 약 27미터 안쪽에 자신의 호르사 글라이더를 착륙시키는 데 성공해 프랑스 땅을 맨 처음 밟은 프랑스 병사가 됐으나, 그는 착륙 당시의 충격 탓에 그만 정신을 잃기도 했다. 제2옥스퍼드셔·버킹엄셔경보병단 소속 D중대는 교각을 건너 오르네운하의 갑문을 장악하고, 무시에마담곤드레라는 카페에 들어가 해방의 구호를 외쳤다. "친구들! 이제 안심하세요!"[118]

새벽의 어스름 속에서 상륙정의 철문이 열리자, 진흙 속을 헤집고 주력부대가 해변을 걸어 나왔다. 총 5개로 나뉜 해변에는 저마다 암호명이 붙어 있었다. 7만 3000명의 미군 제1연대가 유타와 오마하 공격을 맡았다. 8만 3000명의 영국 제2군 및 캐나다 제1군은 골드, 주노, 소드에 전격전을 펼쳤다. 독일 수비대는 어디에 있는지조차 알 수 없는 전함에서 포탄이 마구잡이로 떨어지며 무차별 공습이 이어지자 놀란 나머지 벙커에 납작 엎드리는 수밖에 없었다. 독일군은 단 한 곳 "피가 낭자한 오마하"에서만 사격을 통해 차폐막을 치고 공격군을 꼼짝 못하게 할 수 있었다. 빗발치는 총알 사이를 뚫고 오마하의 미군 특공대는 용감하게 절벽을 기어올라 정복했으나, 막상 도착해보니 정상부의 포좌에 있던 독일군은 이미 달아나고 없었다. 하지만 그런 식의 지체작전은 일부 지역에서만 일어났을 뿐이었다. 디데이작전이 먹혀든 것이다. 이탈리아의 거점과 함께, 연합군은 프랑스에도 발판을 확보했다. 이제 독일제국을 사방에서 압박해 들어가는 것이 가능해졌다.

그러나 오버로드작전의 진행은 더디기만 했다. 독일 국방군은 기습의 충격에서 벗어나자 격렬하게 저항해왔다. 미군도 작전이 개시되고 3주가 지나는 동안 노르망디 해안의 주요 거점인 셰르부르항구 점령에는 실패한 참이었다. 영국군도 원래 계획대로라면 디데이 저녁 캉에 진입했어야 했으나, 이로부터 34일이나 지난 7월 9일에야 이 지역을 점령했다. 그러나 이들에게 공급되는 병참이 동유럽과는 비교가 되지 않았다. 증원부대 병사들이 계속해서 뽕나무부두를 통해 쏟아져 들어오고 있었고, 해저 파이프라인을 통해서는 석유가 순조롭게 흘러들어오고 있었다.

마침내 독일의 후방을 미국이 돌파하는 순간이 오자, 이제 독일에 남은 것은 후퇴뿐이었다. 팔레즈에서 연합국이 꽉 조이며 좁혀 들어오자, 독일군은 대량학살이 자행되는 가운데 집중 공격을 받을 수밖에 없었다. 이후 파리로 진격하고 라인강을 차지하려는 연합군의 기세를 막을 수 있는 것은 아무것도 없었다.

2년 동안 패배를 경험하자 독일 군부는 마침내 히틀러에게 반발했다. 1944년 7월 20일, 동프로이센의 라스텐부르크(지금의 폴란드 북동부 켕트신) 근방에 자리한 총통의 동부전선 지휘본부인 볼프스산체Wolfschanze(Wolfsschanze, 늑대소굴)에서 히틀러 암살 시도가 일어났다. 폭탄 하나가 회의실 안 육중한 목재 테이블 아래 서류 가방에 담긴 채 설치돼 있었다. 총통이 배석해 있는 사이 폭탄이 터졌고, 히틀러는 팔에 상처를 입은 재 심하게 비틀거리며 자리를 피했다. 이 폭탄을 심은 이는 클라우스 폰 슈타우펜베르크Claus von Stauffenberg 대령(백작)으로, 몰트케가 귀족가문 일원들을 주축으로 결성한 크라이자우서클Kreisau Circle에 속해 있었다. 암살 실패와 그 모의자들은 정육용 갈고리에 매달린 채로 천천히 죽음을 당했는바, 이 죽음은 필름에 담겨 즐겨 시청했는가 하면 다른 암살 시도를 사전에 방지했다. 현재는 독일인 레지스탕스를 소재로 삼은 글들도 꽤 많이 찾아볼 수 있다. 디트리히 본회퍼Dietrich Bonhoeffer(1906~1945) 목사나 백장미단Weiße Rose 등이 개인이나 소규모 집단으로 훌륭한 역할을 한 것은 분명 사실이다. 그러나 자신들의 목표를 끝내 달성하지 못했다는 것도 엄연한 사실이다.[119] ("백장미단"(바이세 로제)은 1942년에 독일에서 뮌헨대학 학생들(한스 숄, 조피 숄 남매 등)과 교수들(쿠르트 후버 등)이 나치에 대항해 결성한 비폭력 저항 단체. 1943년에 전단을 만들어 뿌리다가 학교 경비에게 발각돼 체포되면서 구성원 전원이 사형당했다. 전단의 표제로 백장미란 이름을 사용했다. 국내에서도 한스 숄의 누나 잉게 숄의 실화소설《아무도 미워하지 않는 자의 죽음Die Weiße Rose》으로 백장미단 이야기가 많이 알려져 있다.)

히틀러 암살 미수가 일어났을 즈음, 독일 바로 옆에 붙어 있던 프랑스와 폴란드는 자유를 누릴 날만 학수고대하고 있었다. 소련군은 이제 바르샤바 동부 외곽을 향해 다가들고 있었다. 미군은 순조롭게 파리 서쪽 교회 지역 포위를 진행하고 있었다. 바르샤바에서나 파리에서나 다양한 저항세력은 주로 런던의 지시를 받아 활동을 벌였고, 언제든 나치 독재자의 압제에 대항해 봉기를 일으킬 태세였다. 바르샤바에서는 본국 군대의 지하조직이, 그리고 파리에서는 자유프랑스가 이 운동을 이끌었다.

1944년 8월 19일, 파리가 궐기했다. 첩보 수준은 형편없었으나, 봉기를 통해 내부의 적을 교란시키고 궁극적으로는 미군의 파리 진주를 돕자는 구상이었다. 프랑스 레지스탕스의 일부 세력이 미군 사령부와 손을 잡고 일하고 있었던 것으로, 미군은 노르망디 상륙작전의 전투 때 프랑스 레지스탕스의 가치를 인정한 터였다. 사방팔방에서 공격이 가해지자 독일군 수비대도 물러날 수밖에 없었다─미군이 이 틈을 놓치지 않고 공격을 감행했다. 필리프 르클레르 드 오트클로크Philippe Leclerc de Hauteclocque 장군의 프랑스 기갑사단도 미군의 지휘를 받아 전투를 벌였고, 이들에게 진격의 선봉에 서는 영예가 주어졌다. 결국 독일군 수비대는 돌덩이 하나 남겨두지 말라는 총통의 명을 무시한 채 그대로 항복했다. 8월 25일, 저격병들이 여전히 곳곳에서 총탄을 날리는 가운데, 드골 장군이 당당히 일어선 채로 샹젤리제거리에서 개선식을 벌였다. 노트르담성당에서는 장엄한 분위기의 테데움 라틴어 찬송가가 울려 퍼졌다. 엄청난 민간인 희생을 입어야 했지만 시민들도 기뻐했다. 전쟁 이전의 프랑스 제3공화국이 다시 들어섰고, 파리는 자유를 되찾았다.

바르샤바는 파리봉기 거의 3주 전인 8월 1일에 이미 궐기한 참이었다. 원래 계획으로는 바르샤바 내부 봉기가 일어나면 그에 맞추어 소련군이 최후로 밀고 들어올 예정이었다. 그런데 바르샤바 시민들은 파리 시민들과 같은 성공은 맛보지 못하게 된다. 폴란드는 역시 첩보가 열악한 상황이었고 또 소련군 사령부가 자신들을 도울 의사가 없음을 너무 뒤늦게야 깨달았다. 소련 장군들은 소련군이 폴란드 국경을 돌파한 이래로 줄곧 폴란드의 지하조직을 모든 전투에 활용해오고 있었다. 그러면서도 스탈린은 독립운동 세력을 인정하려 들지 않았고, 폴란드에 자유를 되찾아줄 생각 또한 없었다. 사방팔방에서 공격이 가해지자 독일군 수비대는 뒤로 물러나기 시작했다. 그런데 바르샤바 초입까지 다다른 소련군 군대가 돌연 진격을 멈추었다. 진작부터 비열한 배신이 계획돼 있었던 것이다. 얼마 전까지만 해도 바르샤바에 궐기를 선동했던 모스크바의 라디오방송은 이제 와서는 봉기를 이끈 지도자들을 "범죄자 집단"이라며 몰아붙였다. 그러자 독일군 2개 사단이 갑자기 진격해 들어왔고, 그렇게 해서 시간을 벌게 되자 나치 부대에서 가장 포악하기로 이름난 나치 예비군이 대규모 증원군을 파견했다. 소련의 지휘를 받던 지그문트 헨리크 베를링Zygmunt Henryk Berling 장군의 폴란드군은 상부의 명령에 불복해 전선에서 철수하고는, 폴란드 봉기를 돕기 위해 달려왔다. 이 일로 베를링은 징계를 받고 면직당했다. 서유럽은 이탈리아에서 출격한 공군의 힘을 빌려 바르샤바를 원조하려 했으나 소련의 비행장 사용과 연료 공급 거부로 계획이 무산됐다. 길거리, 가옥, 하수구 어디건 보이는 데마다 봉기군들이 포탄·총·다이너마이트 공격을 당해 목숨을 잃는 광경이 연출되는 사이, 반대편 강둑에서는 소련 병사들이 한가로이 일광욕을 즐겼다. 나치가 벌인 수차례의 광란의 학살 가운데에서도, 모코투프Mokotów 교외에서 벌어진 대량학살에서는 4만 명의 가련한 시민들이 작년 바르샤바 게토 봉기 진압을 떠오르게 할 만큼 잔혹한 방법으로 목숨을 잃었다. 파리가 독일군으로부터 해방된 지 몇 주 뒤에도 바르샤바에서는 봉기군의 싸움이 멈추지 않았다. 봉기군이 항복한 것은 봉기가 일어나고 63일 뒤인 10월 2일, 지휘관 타데우시 보르-코모로프스키Tadeusz Bór-Komorowski 장군이 제 발로 걸어가 독일군의 포로가 되면서였다. 남은 병사들의 유일한 위안이라면 이제야 그들이 전투부대로서 인정받게 됐다는 것뿐이었다. 바르샤바는 시민 25만 명의 희생을 치르고도 끝내 자유를 얻지 못했다. 전쟁 이전의 폴란드공화국도 수복되지 못했다. 파괴당한 성요하네성 당에서는 테데움 찬송가가 울려 퍼지지 않았다. 그나마 목숨을 건진 주민들도 살던 터전을 떠나야 했다. 히틀러는 분노에 차서 반란을 일으킨 이 도시를 돌덩이 하나 남기지 말고 깡그리 파괴하라고 명했다. 이후 3개월 동안 파괴가 계속되는 사이, 소련군은 꼭두각시에 불과한 폴란드위원회를 대동하고 이 모든 소란을 강 건너에서 그저 구경만 했다. 소련군이 아무것도 남지 않아 적막하기만 한 눈으로 뒤덮인 바르샤바에 발을 들인 것은 1945년 1월 17일이 돼서였다.

노르망디 상륙이 있었음에도 연합국은 이후에도 많은 장애물을 만났다. 우선 이탈리아에서는 로마가 디데이 전날 독일군에 함락당했으나, 연합군 군대도 몬테카시노에서 이미 수 개월간 봉쇄에 묶여 옴짝달싹 못 하던 처지였다. 거기에다 디데이 1주일 뒤에는 런던공습이 재개돼, (웅웅대는 소리가 난다는 데서) '개미귀신doodlebug'이라는 이름의 V1 비행폭탄V-1 flying bomb들이 먼저 런던으로 날아들었고, 9월에는 V2가 날아들었다. 8월에 미군이 프랑스 리비에라에 상륙했으나, 계획 준비가 미흡했던 탓에 작전 전개는 더디기만 했다. 그래도 북부에서는 9월 3일 브뤼셀이 사람들의 환호 속에서 해방을 맞았다. 영국군은 마켓가든작전Operation Market Garden(1944. 9. 17~25)으로 아르헴의 라인강 다리로 곧장 진격해 다리 탈취를 시도했으나 참혹한 재앙으로 끝났다. 12월 중부 유럽의 벌지전투Battle of the Bulge(1944. 12. 16~1945. 1. 25)에서는 미군이 아르덴에서 독일 국방군의 마지막 대규모 무장반격을 고스란히 받아야 했다. 2월에는 바스토뉴(벨기에)에서 미군 제101공수사단이 항복을 요구받았는데, 이에 미군으로부터 "미친Nuts"이라는 답이 돌아오자 독일군 참모진과 통역 모두 진이 빠지고 말았다. 지중해에서는 10월에 영국군이 그리스로 다시 진격했으나, 막상 당도하고 보니 그리스 자체가 이미 내전에 휩싸여 있었다. 처칠이 지체 없이 공산주의의 공격을 받던 아테네 정부를 도왔다. 이제 독일은 멸망을 코앞에 두고 비틀거리고 있었다.

1945년 1월부터 5월까지의 얼마 전까지만 해도 볼 수 없던 광경 속에서 독일군에 대한 마지막 정복이 전개됐다. 서쪽에서는 영국군과 미군의 폭격기들이 꾸준히 독일 주요 도시들을 시체와 벽돌들이 나뒹구는 무덤으로 만들어가고 있었다. 나치의 관리들은 오스트리아와 바이에른의 알프스산맥에 마련된 보루들을 중심으로 최후 저항을 계획했으나 무위에 그쳤다. 동쪽에서는 절망에 빠진 수백만 명의 독일인들이 이제는 피난민이 돼 겨울 한 철 동안 서쪽으로 힘겹게 발걸음을 옮겨나갔다. 빌헬름 구스틀로프Wilhelm Gustloff호를 비롯해 여타 구호 선박까지 침몰을 당하거나, 얼음으로 뒤덮인 비스와석호潟湖를 목숨을 담보로 건너는 일들로 인해 수만 명이 목숨을 잃었다. 총통은 14세 이상의 남성 전원을 폴크스슈투름Volkssturm(국민돌격대)에 징발하는 것으로 마지막 승부를 걸었다. 그러나 독일 군복을 입은 사람은 남녀노소 가리지 말고 전부 사살하라는 소련의 정책에 따라, 이때 징발된 소년·노인·병자 대부분이 그대로 희생당했다. 단치히(그단스크)·브레슬라우(브로츠와프) 같은 주요 도시를 비롯해, 아우슈비츠 같은 강제수용소에서도 독일인의 강제 철수에는 죽음의 행진이 뒤따랐다. 독일은 이제 동쪽에서도 생을 마감하고 있었다. [된호프]

게오르기 주코프가 베를린을 노리고 공세에 들어간 것은 1945년 1월 12일, 베를린을 약 640킬로미터 남겨두고서였다. 서방 동맹국들이 라인강에 한참 못 미친 이 시점에, 붉은군대는 폴란드를 깨끗이 휩쓸었다. 2월 중순 부다페스트를 함락한 덕에, 붉은군대는 이제 베를린과 빈 양쪽을 모두 시야 안에 두고 전열을 길게 늘여 양 갈래에서 공세를 퍼부을 수 있었다. 3월 초에는 미군이 운 좋게도 한숨을 돌릴 여유를 얻은 참이었는데, 독일 공병대가 라인강을 가로지르는 레마겐의 마지막 철교를 폭파하려다 실패한 덕분이었다. 미국의 조지 S. 패튼George S. Patton 장군은 이내 서쪽의 이 교두보에서 득의양양하게 진군해 동쪽에서 들어오는 주코프보다 더 속도를 낼 수 있었다. 그렇게 해서 작센의 토르가우에서 미군과 소련군이 마침내 만난 것이 4월 23일이었다. 영국군도 캐나다와 폴란드의 지원을 받아 네덜란드를 해방시킨 뒤, 이내 다시 북부 평원을 향해 깊숙이 진격해 들어왔다. 베를린은 러시아의 강철 고리에 완전히 가로막힌 형국이 됐다. 총통은 폭탄이 터져 너저분한 잔해 아래의 벙커에서 제국의 방어막이 무너져가는 것을 지켜보았다.

1945년 2월 4일에서 11일 '빅 3'가 다시 크름반도의 얄타에서 회담을 가졌을 때 종전은 이미 임박해 있었다. 여기에서 이들은 독일과 관련해서는, 독일을 4개 연합국 점령지역으로 나누며, 제국의 군사·산업 시설을 파괴하며, 전범을 처벌하며, 독일인들에게는 '최소한의 생존minimum subsistence' 조건만 보장해준다는 내용에 합의했다. 폴란드에 대해서는 '간섭이 없는 자유선거'를 실시하되, 스탈린의 루블린위원회Lubin Committee(폴란드민족해방위원회Polski Komitet Wyzwolenia Narodowego, PKWN)와 런던 임시정부 출신들이 공동으로 임시정부를 구성하기로 했다. 루스벨트를 가장 괴롭혔던 일본 문제에서는, 유럽에서의 적대행위가 종식되고 2~3개월 안에 소련이 태평양전쟁에 합류하기로 했다. 이 회담의 비밀의정서에 따라 소련에 쿠릴열도를 다시 차지할 권한이 주어졌다. 그러나 이 합의는 국제조약으로서의 효력은 갖지 못했으며, 연합국 각국이 모여 합의를 도출한 것에 불과했다. [킬홀]

의사들은 인간의 정확한 사망시점이 심장, 뇌, 폐, 수족 같은 신체 각 부분 중 어디를 기준으로 하는지를 두고 논쟁을 벌이곤 하는바, 이는 정치체의 경우에도 마찬가지다. 제3제국의 경우, 베를린이 포위를 당했을 때 이미 숨통이 막혀오고 있었다. 그러다 1945년 4월 30일 총통이 자살함으로써 재생의 기회를 완전히 잃었으며, 5월 8일과 9일의 전면 항복 행위는 몸이 일으킨 마

된호프 DÖNHOFF

■ 된호프 여백작 마리온Marion Dönhoff은 1909
■ 년 동프로이센 쾨니히스베르크에서 약 32킬로
미터 떨어진 가문의 영지 프리드리히슈타인 저택에서
태어났다. 많은 형제 가운데 일곱째였던 그녀는 귀족
의 시대가 끝나간다는 것을 알지 못한 채 오랫동안 이
어져온 동유럽 봉건귀족의 삶을 영위했다.

1900년내에 프리드리히슈타인에서는 여전히 자연의
아름다움과 많은 특권을 누릴 수 있었다. 호수와 숲에
에워싸인 이곳은 동부의 뚜렷한 계절 변화 덕에 아이
들은 승마와 소풍을 즐기고 마음껏 책을 읽었고, 가정
교사, 다정한 유모, 걸출한 손님들과 소통하며 행복한
삶을 누렸다. 한때 포츠담에서 황후를 모셨던 마리온
의 어머니는 카이저의 궁전에서 익힌 위계질서와 엄격
한 예절로 집안을 다스렸다. 하인들에게는 "미천한 소
인이 문안 인사드립니다, 마님"이라고 인사하게 가르쳤
다. 마리온의 아버지 카를 아우구스트Karl August는
프로이센의 세습 상원의원이자 독일제국 의회의원으
로 선출되기도 했으며, 한가로이 세계 여행을 다니면
서 이따금씩 상트페테르부르크와 워싱턴의 독일대사
관에서 외교관으로 일했다. 대외적으로는 호화로웠지
만 실제로는 독실한 루터파의 금욕적 삶을 살았다.

된호프 가문도 독일의 많은 귀족 가문이 그렇듯 중세
시대에 동쪽으로 이주했다. 가문의 본향은 베스트팔렌
의 루르 강변에 위치한 두네호프Dunehof였다. 두 번
째로 자리 잡은 곳 역시 두네호프로, 1330년 리보니
아의 리가 인근에 위치한 이곳으로 이주한 뒤 18세
대를 이어갔다. 이 리보니아에 뿌리를 둔 일족은 덴
호프Denhoff 가문으로 알려져 있으며, 대법관·군지
휘관·행정관·추기경 등을 배출하며 폴란드에서 이
름을 떨치는 가문이 됐다. 프로이센의 신교도 된호
프Dönhoffs 가문은 작센과 브란덴부르크 주재 폴란
드 대사를 지내고 1620년에 쾨니히스베르크 인근에
정착한 리보니아 출신 마그누스 에른스트 폰 된호프

Magnus Ernst von Dönhoff의 후손이었다. 그의 아들
프리드리히Friedrich는 1666년 프레그드 강변의 영지
를 매입했다. 그의 손자 오토 마그누스Otto Magnus는
메멜의 총독이자 위트레흐트조약에 참여한 프로이센
대사이며 1709~1714년에 프리드리히슈타인 저택을
지었다.

이들은 프로이센 국경 지역에서 여러 번의 전쟁
과 재난을 넘겼다. 대북방전쟁Great Northern War
(1700~1721) 당시에는 동프로이센 인구의 40퍼센트
가 흑사병으로 사망했다. 1791년의 혁명전쟁, 1807년
프랑스 침공, 1810년 농노해방, 1813년 미하일 일라리
오노비치 쿠투조프의 침공에도 된호프 가문의 영지는
건재했다. 제1차 세계대전에서는 1914년 8월 진격해
오는 러시아군을 피해 달아났다가 구원자인 육군 원
수 파울 폰 힌덴부르크를 직접 마주하기도 했다. ("대
북방전쟁"은 제정러시아가(표트르 대제) 발트해 연안 지방의
지배권을 놓고 덴마크·폴란드·프로이센·하노버와 손잡고 스
웨덴과(칼 12세) 벌인 전쟁이다. 제정러시아가 승리해 서방
진출의 근거를 마련했다.)

1939년의 전쟁도 처음에는 이전의 전쟁과 다르지 않
은 듯 보였다. 그러나 1944~1945년 겨울이 되자 끔
찍한 운명이 임박했다는 사실이 분명해졌다. 소련군은
이전의 침공자들과는 달리 동프로이센에서 독일의 모
든 것을 궤멸하겠다는 의지를 공고히 했다. 집안의 성
인 남자들은 죄다 동부전선에서 목숨을 잃거나 히틀
러 암살 미수로 처형됐고, 마리온 된호프가 혼자 프
리드리히슈타인과 쿼타이넨 영지를 관리하고 있었다.
1945년 1월의 어느 날 밤 그녀는 말에 올라타 서쪽으
로 향하는 피난민 무리를 따라 두 달 동안 베스트팔렌
까지 약 1600킬로미터를 달렸다. (포메른의 바르치노에
서 비스마르크의 며느리 집에 묵으면서 단 한 차례 멈췄다.)
600년에 걸쳐 동쪽으로 진출한 된호프 가문은 다시
원점으로 돌아왔다. 버려진 프리드리히슈타인은 러시
아 소비에트연방사회주의공화국에 병합됐다.

프리드리히슈타인과 된호프 가문의 운명은 유럽 전역에서 수백 차례 되풀이됐다. 1918~1921년에는 볼셰비키가 러시아의 귀족제도를 무너뜨렸고 1939~1940년과 1944~1945년에는 붉은군대가 점령한 모든 국가의 지주들이 같은 운명을 맞았다. 프로이센, 보헤미아, 발트삼국의 오랜 독일 가문들은 리투아니아, 벨라루스, 우크라이나의 폴란드 가문들과 슬로바키아 및 크로아티아의 마자르족 가문들을 집어삼킨 나락으로 함께 내던져졌다. 사실, 귀족뿐 아니라 모든 계층의 사람들이 제거됐다. 소련은 귀족뿐 아니라 수백 년에 걸친 문화도 함께 무너뜨렸다.[1]

그 와중에도 마리온 된호프는 살아남았다. 전쟁이 끝나고 된호프는 함부르크에서 기자로 활동했다. 1968년에 《디차이트Die Zeit》의 편집장이 됐고 1973년에는 발행인이 됐다. 회고록에서 마리온 된호프(1909~2002)는 복수의 무용함에 대해 다음과 같이 썼다.

"또한 나는 고향을 빼앗은 자들을 증오하는 것이 반드시 고국에 대한 사랑을 증명한다고 생각하지 않는다. 동프로이센의 숲과 호수, 넓은 초원과 빛바랜 거리를 떠올릴 때면 나는 그 모든 것이 예전 내가 살 때와 똑같이 어디에도 견줄 수 없을 만큼 사랑스러운 모습을 유지하고 있다고 믿는다. 가장 고귀한 형태의 사랑은 아마도 소유하지 않는 사랑일 것이다."[2]

지막 근육경련이나 다름없었다. 1946년의 뉘른베르크재판은 검시관의 사망선고에 비유할 수 있을 것이다.

얄타회담에서도 예견됐듯, 베를린 포위 공격은 소련군에 맡겨졌다. 제2차 세계대전의 종막은 4월 20일을 기점으로 총 3주 동안 이어졌다. 주코프는 희생 따위는 아랑곳없이 예비병력을 전장에 쏟아부었다. 이 한 번의 작전에서 잃은 병사의 수는 미국이 제2차 세계대전을 치르는 동안 잃은 전체 미군 병사들보다 더 많았을 것으로 추정된다. 올가미가 죄어오자 각부 각처를 차지하고 있던 나치의 고관들은 슬며시 줄행랑을 쳤다. 히틀러의 보좌관 마르틴 보어만Martin Bormann도 떠났다—이후 그는 두 번 다시 세상에 모습을 드러내지 않았다. 베를린에서 이륙한 마지막 비행기 한 대도 나치 문서를 실은 채 그대로 사라졌다. 베를린은 그냥 무너질 곳이 아니었다. 시간을 되돌려 바르샤바봉기가 다시 일어난 듯했다. 종국에는, 소련 병사들이 산산이 부서진 제국의회 건물에 붉은 기를 내걸었다.

벨헬름름거리와 운터덴린덴이 만나는 길목의 벙커에 들어가 있던 총통은 연락망 두절로 바깥에서 일어나는 일들에 대해서는 전혀 알 수 없었다. 한때 그는 다음과 같이 말했다. "만일 우리가 전쟁에서 진다면, 독일 민족 역시 멸망하는 것이다."[120] 그의 명령은 이제 아무도 답하지 않는 공허한 울림일 뿐이었다. 4월 29일에 총통은 에바 브라운Eva Braun과 일종의 결혼식을 치렀는데, 그는 에바에게 탈출하라고 했으나 그녀가 말을 듣지 않았다. 4월 30일, 이 신혼부부는 독을 삼킨 뒤 권총을 쏴서 스스로 생을 마감했다. 그렇게 해서 이들은 무솔리니 부부의 운명은 피한 셈이었는바, 무솔리니 부부는 바로 전전날(4월 28일) 밀라노에서 거꾸로 매달린 채 목숨을 잃

킬홀 KEELHAUL

■
■ 1945년 2월, 이탈리아에 주둔한 영국 제8군 장교 데니스 힐스Denis Hills는 '송환자repatriate'로 분류된 제162투르크멘 보병사단 8000명이 수용된 타란토의 포로수용소를 지휘하는 임무를 맡았다. 이 송환자들은 붉은군대에 징집됐다가 동부전선에서 독일군에 붙잡혀 인육을 먹으며 굶주림을 견딘 끝에 독일 국방군 복무를 자원한 이들이었다. 얄타협정(1945. 2)에 따라 오데사로 수송된 이 포로들과 동행한 힐스는 소련으로 송환되는 이들 모두가 고국으로 돌아가 처형될 것임을 확신했다.[1]

이후에도 같은 일을 되풀이하면서 힐스는 양심과 명령 이행 사이에서 갈등하는 예로부터 있은 군인의 딜레마로 끊임없이 괴로워했다. 비밀리에 유대인 이주 희망자들을 가득 싣고 라스페치아를 떠나 팔레스타인으로 향하려 했던 증기선 페데호號의 경우에도 마찬가지였다. 힐스는 상관들에게 그들이 팔레스타인으로 갈 수 있도록 규정을 철회해야 한다고 조언했다. 결국 이 유대인들은 원하는 곳으로 떠날 수 있었다. 그는 다음과 같이 썼다. "나는 증오의 작은 불씨가 불꽃으로 타오르기 전에 꺼지길 바랐다."[2]

킬홀작전Operation Keelhaul(1946~197)이 실시되는 동안, 힐스는 리초네의 한 소용소에서 498명의 소련군 포로들을 심사하는 일을 맡았다. 지령에 따르면, 소련으로 송환해야 하는 포로는 (1) 독일군 제복을 입고 잡혀온 사람, (2) 예전 붉은군대 소속 병사, (3) 적을 도운 사람이었다. 힐스는 '준準군사요원Paramilitary' 같은 허위 범주를 만들거나 포로들에게 몰래 도주를 권하며 송환자의 수를 180명으로 줄였다. 러시아 포로단의 대표는 떠나면서 그에게 이렇게 말했다. "결국 우리를 죽음으로 내모는군요. […] 민주주의도 우리를 버렸네요." 그러자 힐스는 다음처럼 대꾸했다. "당신들은 희생양입니다. 이제 남은 사람들은 안전할 겁니다."[3]

("킬홀"은 선원을 밧줄로 묶어 용골龍骨(선박 바닥의 중앙을 받치는 길고 큰 재목) 밑으로 통과하게 하는 처벌 방식을 일컫는 말이다. 여기서는 독일에 체포된 소련 전쟁포로들의 송환 작전을 말한다.)

니미니에 수용돼 있던 무장친위대 갈리치아 사단 소속 우크라이나인 포로들의 경우, 몇몇 영국 장교들은 소련송환위원회의 요구를 개인적으로 묵살하기도 했으며 힐스 소령도 그중 한 사람이었다. 이 사단의 송환이 유예되자 사단 지휘관은 힐스에게 감사 편지를 보냈다. "제2차 세계대전의 시발점이 된 대의명분을 지키려는 […] 대단히 인도적인 태도에 감사드립니다. […]."[4] 국제법에 따르기로, 갈리치아 사람은 소련 시민이 아니라 폴란드 시민이었다.

힐스는 자신이 "규정을 왜곡했음"을 인정했다.[5] 얼마 후 그는 트리에스테광장에서 새벽에 재주넘기와 공중돌기를 하며 날뛰었다는 이유로 군법회의에 회부돼 부적절한 행동을 한 죄로 강등됐다.

남녀노소 할 것이 수많은 사람을 강제 송환 해 스탈린과 티토에게 처형되도록 방조한 연합국의 정책은 전쟁 범죄로 분류되고 있다. 1945년 6월 오스트리아의 드라우계곡에서 영국군이 이른바 코사크여단과 그들의 가족을 무력으로 잡아들였고, 결국 이는 이들의 집단자살로 이어졌다. 그러나 힐스 소령이 쓴 보고서가 1973년 미국에서 발견되고 영국의 공문서들이 공개될 때까지 이 사건은 완전히 은폐돼 있었다. 솔제니친은 이를 두고 "마지막 비밀The Last Secret"이라고 일컬었다. 이 사건이 세상에 널리 알려지게 된 것은 30~40년이 지난 뒤 관련 서적들이 출간되면서부터였다.[6]

그 후 런던에서 이례적 명예훼손 재판이 열렸다. 영국의 음모와 은폐에 대해 다룬 《장관과 학살The Minister and the Massacres》의 저자 니콜라이 톨스토이Nikolai Tolstoy(1935~) 백작에게 150만 파운드의 손해배상 명령이 내려졌다. 그를 고소한 사람은 코사크 병사들의 송환을 명령한 장관이 아니라 힐스와 똑같은 문제를 마주하고 다른 방안을 모색한 영국군

장교였다. 그러나 피고 측이 유럽 법정에 항소한 탓에 이 장교는 배상금을 한 푼도 받지 못했다.[7]

개인의 책임을 증명하기란 쉬운 일이 아니다. 그러나

도덕적 원칙은 분명하다. '명령에 복종했다'는 이유로 아돌프 아이히만을 옹호할 수 없다면 연합국 장교들의 행위도 이러한 변명으로 옹호할 수 없다는 것이다.

은 터였다. 히틀러 부부가 목숨을 끊은 그 시각, 러시아군은 거기서 약 180미터 떨어진 곳에 있었다. 총통은 시체에 석유를 잔뜩 부어 불태우라는 명과 함께 짤막한 유언 겸 증언을 남겼다.

> 1939년 당시 본인을 비롯해 독일의 모든 이가 전쟁을 원했다는 것은 사실이 아니다. 전쟁을 원했거나 부추긴 이들은 오로지 국제사회의 정치인들로, 이들은 유대인의 후손이거나 유대인의 이익을 위해 일한다. […] 나는 기쁜 마음으로 숨을 거두니, 전선에서 우리 병사들이 보여준 용맹이 머릿속에 남아 있기 때문이다. […] 다른 무엇보다 내가 민족의 지도자에게 지우고자 하는 바는 […] 인종의 법칙을 철저히 지켜야 한다는 것, 그리고 세계에 널리 퍼져 있는 독소인 국제사회의 유대인에게는 가차 없이 반대해야 한다는 것이다.[121]

총통 부부의 최종 유해는 KGB에서 처리를 맡아 독일 동부 지역에 매장됐다가, 종국에는 1970년에 역시 KGB의 손에 소각됐다. 일설에 의하면, 1993년에는 러시아 공문서보관소에서 히틀러의 두개골 파편 두 조각이 나왔다고도 했다.

유럽전승기념일Victory in Europe Day, VE Day은 5월의 둘째 주에 찾아왔다. 나치에는 멸절이자 신들의 복수를 뜻했고, 독일 민족에는 완패를 뜻했다. 몽고메리 장군이 뤼네부르거하이데의 자신의 막사에서 독일 대표단으로부터 항복을 받았고, 아이젠하워 장군은 랭스 인근 미군 기지에서 독일의 공식 항복 문서를 건네받았으며, 주코프 장군도 칼스호르스트의 소련 참모본부에서 똑같은 과정을 따랐다. 독일의 무조건 항복이 이루어진 시간은 그리니치 표준시를 기준으로 1945년 5월 8일 자정으로 정해졌다. 이는 모스크바시로는 9일 새벽 5시였다.

늘 그렇듯이, 평화가 선포됐다고 현실이 그에 걸맞게 평화로운 것은 아니었다. 연합국은 태평양에서 여전히 전쟁 중이었다. 뉴멕시코의 사막에서는 과학자들이 세계 최초의 원자폭탄 테스트에 여전히 온 열의를 쏟아붓고 있었다. 유럽 대륙에서도 포위당한 병사들의 싸움이 계속되고 있었다. 독일군은 프라하에서 완전히 수세에 몰렸다가, 안드레이 블라소프의 러시아해방군에 끝내 전멸당한바, 러시아해방군은 집행유예를 바라고 편을 바꿨던 것이었으나 결국엔 이도 헛된 짓이었다. 동유럽을 비롯한 소련의 서쪽에서는 포위된 채 소련 점령에 반대하는 지방 저항세력의 싸움이 1950년대까지 계속됐다.

그로부터 6주 후인 1945년 7월 17일부터 8월 2일 사이에 포츠담에서 '빅 3'가 마지막으로 만남을 가졌다. 전시를 이끈 지도자 중 유일하게 살아남은 스탈린은 자본주의 강국들이 자신에게 등을 돌릴지 모른다는 의구심을 떨치지 못했다. 한편 모든 이의 예상을 깨고 처칠이 전후 치러진 영국의 선거에서 패배하는 바람에, 영국 측 대표는 회담 중간에 사회주의자 클레멘트 애틀리Clement Attlee로 바뀌었다. 루스벨트 대통령은 독일의 패망 직전 세상을 떠났고, 상식적 인물로 통하던 부통령 해리 트루먼Harry Truman이 그의 뒤를 이어 미국 대통령에 올랐다. 이 인물들은 서로 간에 차이가 너무 컸고, 따라서 평화회담을 기획한 애초 구상은 이내 무너질 수밖에 없었다. 트루먼은 멜로드라마라도 연출하듯 극적으로 미국이 원자폭탄 실험에 성공했다는 소식을 알렸으나, 스탈린은 눈 하나 깜짝하지 않았다.

그래서 포츠담회담Potsdam Conference은 현실적 문제들에 매달렸다. 독일문제는 연합국간위원회에 맡겨져 연합국 4개국 점령지의 관할을 조율했다. 오스트리아는 독립을 되찾게 됐다. 프랑스는 알자스-로렌을 되찾았으며, 체코슬로바키아는 수데테란트를 되찾았다. 폴란드는 자국 국민의 소망과는 관계없이 오데르로렌을 되찾았으며, 체코슬로바키아는 수데테란트를 되찾았다.("오데르-나이세선"은 유럽 중부를 흐르는 오데르강과 그 지류인 나이세강으로 이루어지며 현재 독일과 폴란드의 국경선이다). 이 새 국경선의 동쪽에 거주하고 있던 독일인들은 모두 축출당할 것이었다. 전쟁 중에 연합국 측에 붙잡힌 나치 지도자들은 국제전범재판소 법정에 서야 할 것이었다. 그러나 이 부분 외에는, 연합국들은 그 어떤 문제에서도 거의 합의하지 못했고, 합의를 위한 노력도 하지 않았다.

이쯤에는 이미 재건과 망각의 과정이 한창 전개되고 있었다(아래는 폴란드의 시인 비스와바 심보르스카의 시 〈끝과 시작〉이다).

모든 전쟁은 끝나면
누군가는 반드시 치워야 해
왜냐하면 모든 게 알아서
제자리를 찾아가진 못하니까

시체들을 높이 쌓아 올린
수레들이 지나갈 수 있게
누군가는 도로에 쌓인 돌무더기를
양옆으로 치워야 하지

이런 게 사진으로 남길 멋진 일일 리 없지

또 세월도 걸릴 거야

그새 그 모든 카메라는 또

다른 전쟁들을 찍으러 나갔네

이게 어찌 된 일인지

알 만한 사람들은

거의 영문도 모르는 이들, 혹은 그보다 더 모르는 이들

혹은 그저 아무것도 모르는 이들을 위해

길을 내야만 하네.[122]

1945년 10월 19일 금요일, 뉘른베르크.[123] 뉘른베르크는 이제 미군의 점령지였다. 이 도시의 교도소도 얼마 전부터 미군의 대령이 관할하게 된 참이었으니, 그 건물은 퓌르터슈트라세에 소재한 정의궁Palace of Justice〔유스티츠궁, 유스티츠팔라스트Justizpalast〕 바로 뒤쪽에 자리 잡고 있었다. 여기에 '독일의 주요 전범자 재판' 명부에 피고로 명시된 24인 가운데 총 21명이 수감돼 있었다. 이들 손에 기소장이 전달되기로 예정돼 있던 날이었다.

기소장 전달 임무를 맡은 이는 한때 전쟁포로로 잡힌 적이 있는 영국 태생의 젊은 장교로, 독일어를 유창하게 구사했다. 그가 오후 2시가 되기 직전 독방동棟에 발을 들이자, 방마다 조그만 쇠창살 창문이 나 있는 독방들이 3층으로 죽 늘어선 모습이 눈에 들어왔다. 경비병 한 사람이 방문을 일일이 돌며 그 창살들 사이를 들여다보면서 안의 동태를 살피고 있었다. 위쪽이 트인 맨 꼭대기의 발코니에는 철망이 덮여 있었다. 이곳에 수감돼 있던 22번째 피고는 얼마 전 자살한 참이었다. 10여 명이 이 사건에 대한 증인으로 설 예정이었다. 소령은 구치소를 관할하는 사령관과, 손에 열쇠 꾸러미를 든 상사의 안내를 받아 안쪽으로 들어갔다. 이들 뒤로 통역관을 대동한 국제군사재판International Military Tribunal의 사무총장, 손에 문서 여러 개를 든 미군 병사 두 명, 미국보안청 관리 한 명, 손에 노트를 든 교도소 심리상담사, 루터파 교회 목사가 따라 걸어 들어왔다. 맨 끝에는 '스노드롭snowdrop'—특유의 흰색 헬멧을 쓴 미군 헌병— 몇 명이 따라붙었다.

영어를 독일어로 옮긴 지 얼마 안 되는 기소장은 그 분량만 해도 어마어마했다. 맨 위 표지에는 "미합중국, 프랑스공화국, 그레이트브리튼섬 및 북아일랜드연합왕국, 소비에트사회주의공화국연합은 아래의 이들에 대하여 […]"라는 글귀가 적혀 있고, 그 밑에 헤르만 괴링을 필두로 총 24인의 이름이 죽 적혀 있었다. 기소 내용은 크게 네 가지였다—범죄 공모, 평화 저해 범죄,

전쟁범죄, 반인륜적 범죄. 피고인들은 저마다 사본을 두 부씩 받게 돼 있었고, 그 안에 기소 내용 일반과 각 피고인에게 적용된 기소 혐의가 나열돼 있었다. 영국과 미국에서는 이 기소장은 피고인이 반드시 직접 송달받아야 하는 것이 원칙이었다.

젊은 소령은 법대 졸업생이었음에도 이런 임무를 실제로 수행해본 적은 없었다. 철망을 올려다본 순간 그는 전쟁이 벌어졌을 때 만난 전우 한 명이 떠올랐다. 벨기에인 조종사였으나 게슈타포에게 전쟁포로로 잡힌 그도 쉬렌감옥에서 갇혀 있다가 바로 저런 식으로 생긴 발코니에서 뛰어내려 목숨을 끊었었다. 소령은, 전범재판 일을 맡은 지도 몇 달이 지나 있었으나, 뉘른베르크에는 막 도착한 참이라 죄수들을 직접 만나볼 기회는 한 번도 없었다.

나는 감방 맨 끝에 있는 높은 창문 쪽을 바라다보았다. 가을의 환한 햇살에 비쳐 위층 감방으로 통하는 나선형 계단이 그 윤곽을 드러냈다. 그곳에 자리한 것은 영원한 침묵으로, 위협하는 듯한 열쇠 소리만 들릴 뿐이었다. […]
침묵은 우리가 일렬로 늘어선 감방의 맨 끝 근처에 도착할 때까지 이어졌다. 보초를 서던 경비병이 경례를 붙였다. 권총과 곤봉으로 무장했음을 알 수 있었다. […] 감방 문이 열리자, 한 죄수가 휘청거리며 자리에서 일어섰고 나는 마음을 다잡고 그를 마주했다. […]
내 목소리가 들려오는 것에 내가 놀랐다.
"헤르만 빌헬름 괴링 맞습니까?"
"야볼Jawohl[네, 그렇습니다]."
"저는 [에어리] 니브[Airey] Neave 소령, 국제군사재판에서 임명받은 장교로서 당신에게 기소장 사본을 전달하러 왔습니다. 기소장에는 당신이 피고인으로 적시돼 있습니다."
내가 하는 말을 통역관이 전달해주자 괴링이 얼굴을 찌푸렸는데, 꼭 무대 위 악당 같았다. 기소장 사본을 건네자, 그가 아무 말 없이 기소장을 받아들었다. "재판소 규정 제16조에 대해 설명을 하라는 명령을 받았습니다." 이 말에도 그는 잠자코 듣기만 하고 있을 뿐이었다.
독일어 사본이 전달됐다.
"(c)항에 의하면, 당신은 법정에서 스스로 변론을 하거나, 아니면 다른 이의 도움을 받을 권리가 있습니다."
내 말은 정확하고 간결했다. 말을 멈추고 그를 보니, 심각하고 우울한 기색이었다.
"그렇다는 것은" 그가 말했다. […]
"당신이 직접 변호사를 선택할 수도 있고, 아니면 법정이 당신 변호사를 선임해줄 수도 있습니다."
이 말이 무슨 뜻인지 괴링은 이해하지 못한 게 확실했다. […] 그는 이렇게 말했다. "나는 아

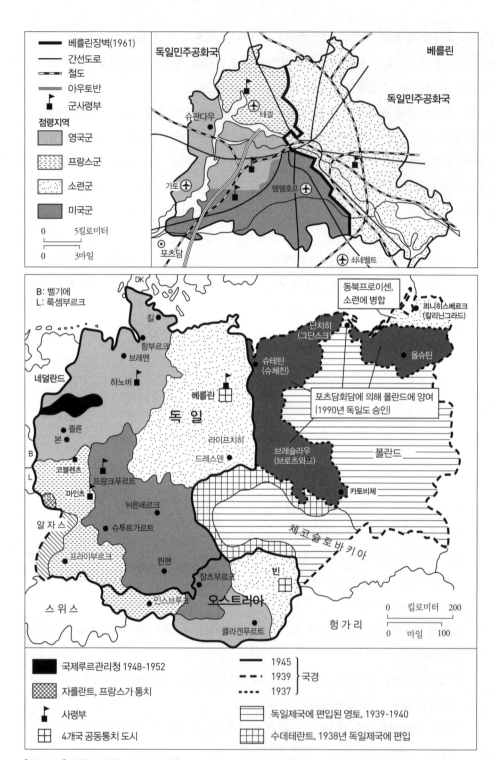

지도 상단 (베를린)

베를린장벽(1961)
간선도로
철도
아우토반
군사령부

점령지역
영국군
프랑스군
소련군
미국군

0   5킬로미터
0   3마일

독일민주공화국   베를린

독일민주공화국

슈판다우
테겔
가토
템펠호프
포츠담
쇠네펠트

지도 하단

B: 벨기에
L: 룩셈부르크

DK

동북프로이센,
소련에 병합

쾨니히스베르크
(칼리닌그라드)

킬
함부르크
브레멘
하노버

네덜란드

단치히
(그단스크)

슈테틴
(슈체친)

올슈틴

베를린

독일

포츠담회담에 의해 폴란드에 양여
(1990년 독일도 승인)

쾰른
본
B
L
코블렌츠
마인츠
프랑크푸르트

라이프치히
드레스덴

브레슬라우
(브로츠와프)

폴란드

카토비체

알자스

뉘른베르크
슈투트가르트

프라이부르크
뮌헨
잘츠부르크

인스브루크
오스트리아
빈

체코슬로바키아

스위스

클라겐푸르트

헝가리

0   킬로미터   200
0   마일   100

국제루르관리청 1948-1952
자를란트, 프랑스가 통치
사령부
4개국 공동통치 도시

――― 1945
－－－ 1939 국경
····· 1937

독일제국에 편입된 영토, 1939-1940
수데테란트, 1938년 독일제국에 편입

[지도 27] 전후의 독일, 1945년 이후

는 변호사가 하나도 없소. 나는 그들과는 아무 관련도 없소."

"제 생각에는, 누군가의 도움을 받는 게 나을 듯합니다. [...]."

그가 어깨를 으쓱했다.

"뭘 해도 가망이 없을 것 같소. 이 기소장은 잘 읽어봐야겠지만, 법의 어떤 부분에 근거한 것인지는 모르겠군요."

내가 괴링의 감방을 나서고 몇 시간 뒤, 교도소 심리상담사인 길버트 박사가 괴링을 찾아가 기소장 사본에 서명하라고 했다. 괴링은 다음과 같이 썼다 "앞으로도 늘 승자가 재판관이 되고, 패자는 피고가 될 것이다."[124]

이와 같은 식으로, 뉘른베르크 전범재판은 시작도 전에 이미 그 근본적 딜레마를 드러내고 있었다.

1945년 가을에도 유럽은 아직 목숨을 건지기 위해 악전고투 중이었다. 전쟁에서 승리한 연합국은 만신창이가 된 독일의 땅을 네 구역으로 나눈 뒤 각기 하나씩을 점령했다. 이들은 어떻게 해야 연합을 계속 유지할 수 있을지도 고민이었다. 영국군과 미군의 힘을 통해 해방을 맞은 서쪽 국가들—프랑스, 이탈리아, 벨기에, 네덜란드—은 이윽고 기운을 추슬러 전쟁 이전의 존재감을 회복할 수 있었다. 한편 소련의 힘으로 해방을 맞은 동쪽의 국가들은 해방이 새로운 형태의 굴종에 함께 참여하는 길임을 깨달아가고 있었다. 참전국 중 유일하게 타국 군대의 점령을 면한 영국은 최근 사회주의 정부(노동당의 클레멘트 애틀리, 총리(1945. 7~1951. 10))를 택한 참으로, 새로 수립된 정부는 전쟁에서의 승리도 영국의 확연한 지위 하락을 막아줄 안전장치가 돼주지 못한다는 사실을 깨달아가고 있었다. 미국과 마찬가지로, 유럽 안의 국가들 가운데 상처 하나 없이 승리한 국가는 단 한 곳도 없었다. 실질적 독립성을 어느 정도 자유롭게 행사하게 된 국가도 스페인부터 스웨덴에 이르기까지의 몇몇 중립국에 그쳤다.

일부 국가에서는 이제는 범죄로 여겨지게 된 전시행위들을 처벌하기 위한 재판이 벌써 열리고 있었다. 오슬로에서는 비드쿤 크비슬링이 재판을 받고 9월에 처형당했으며, 10월 9일에는 파리에서는 피에르 라발이 극형을 당했다(둘 다 반역죄로 총살당했다). 모스크바에서는 6월에 폴란드 지하운동 지도자들에 대한 재판이 열렸다. 당시만 해도 서구의 여론은 이 재판의 피고인들이 파시스트도 아니고 협력자도 아닌, 오히려 영웅적 동맹군 곧 유일한 범죄라면 조국의 독립을 위해 싸운 것뿐이었음을 제대로 인식하지 못하고 있었다. 서구의 정부들은 공식 항의보다는 개인적 차원에서 선처를 요구하는 편을 선호했다.

독일에서 가장 오랜 연륜과 가장 독일다운 모습을 지닌 도시의 하나인 뉘른베르크는 세계대전 당시 11차례나 대규모 폭격을 당한 탓에 도시 전체가 잿더미가 돼 있었다. 거기에다 독일의 친위대 사단 2개가 뉘른베르크에서 마지막 저항을 시도했던 터라, 이들이 항복할 때까지 미국의 중포重砲가 도시를 무자비하게 폭격한 바 있었다. 중세 음유시인들, 알브레히트 뒤러, 파이트 슈토스Veit Stoss 같은 예술가들의 본거지였던 이 도시는, 19세기에는 독일 민족의 예술과 역사를 장대하게 소장한 독일 박물관의 본거지로 선택되기도 했다. 1930년대에는 히틀러가 가장 극적인 나치 열병식을 행하는 시가지로 선택한 바 있었다. 이제 이곳에서 전범재판이 열리게 된 데에는 그러한 상징적 의미가 있었고, 이 도시에 웅대하게 서 있는 정의궁이 엄청난 폭격에도 기적적으로 살아남은 것도 한몫했다. 뉘른베르크에서 재판이 열린 데에는 독일에 대한 연합국의 인식도 반영돼 있었으니, 그 인식이란 독일의 사악함의 뿌리는 프로이센 군국주의에 있는 것(이것이 1918년의 견해였다)이 아니라, 독일의 국가정체성 자체에 있으리란 것이었다. 이 재판의 배경이 뉘른베르크로 설정된 것은 피고 개개인을 단죄하기보다는 역사의 교훈을 훨씬 깊이 가르친다는 목적이 더 큰 것으로 보였다.

그러나 전범재판에 뉘른베르크가 특별히 이바지한 부분은 피고인 8번 율리우스 슈트라이허Julius Streicher(1885년생)에게서 찾아볼 수 있게 되니, 그는 나치의 지방장관으로 1933년부터 1940년까지 뉘른베르크 시정을 맡은 적이 있었다. 정의궁 뒤편 교도소에 그가 수감된 것은 이번이 두 번째로, 교도소를 공식 시찰 하다 그 안에 갇힌 소년범을 추행한 혐의로 수감된 적이 있었다. 교도관들도 알아볼 수 있을 정도로 그는 파렴치한 성도착자였고, 반유대주의를 성性문제와 연관 지어 평생 유대인들을 박해한 것으로 특히 유명했다. 이른바 '인종오염race pollution' 반대운동이 전개될 때에는 생화학적 측면에서 그럴싸한 이론을 창안해냈는데, 그에 따르면 유대인의 정액 안 특정 종류의 배젖은 그와 접촉하는 모든 여성에게 영구적 '감염'을 일으킬 수 있다는 것이 골자였다. 《슈튀르머Der Stürmer》(질풍)란 잡지의 편집자이기도 했던 그는 유대인 유혹자들로부터 독일 여성을 지켜야 한다는 운동도 펼쳤다—이를 명분으로 나중에는 《독일 민족의 건강은 피와 대지로부터Deutsche Volksgesundheit aus Blut und Boden》라는 저널에 사이비과학적 표지를 붙이기도 했다. 슈트라이허는 유대인과 비유대인 사이 모든 성적 접촉을 금한 뉘른베르크법의 주요 발의자의 한 명이기도 했다. 1938년에 수정의밤(크리스탈 나흐트) 행사가 열렸을 때에는, 중세에 이 도시에서 일어났던 유대인 학살의 훌륭한 사례를 다시 따르자고 폭도들을 부추겼다. 독일 국가사회주의독일노동당NSDAP의 초기 당원이었던 그는, 총통에게 두du(당신)라는 칭호를 쓰는 극소수의 나치 지도부 중 한 명이었다. 그러나 슈트라이허가 괴링의 딸이 인공수정으로 아이를 가졌다는 주장을 한 것이 그만 도를 지나쳤다. 분을 참지 못한 제국원수는 조사위원회를 소집했고 이 기구에서 슈트라이허의 엄청난 부패가 적발되면서 총통조차 그를 즉각 사퇴시킬 수밖에 없었다.

연합국이 전범재판을 열기로 한 것은 가볍게 이뤄진 결정은 아니었다. 처칠과 함께 미국 재무장관 헨리 모겐소Henry Morgenthau는 원래는 재판에 반대했다. 이들은 전례를 찾을 수 없는 상황인 만큼 나치 지도자들의 약식 처형이 낫다고 주장했었던 것이다. 이들의 주장은 받아들여지지 않았는바, 연합국들은 이미 세인트제임스선언Declaration of St James(1942. 1)과 모스크바선언Moscow Declaration(1943. 11)을 통해 전쟁범죄의 제 원칙을 천명해두었기 때문이다. 더구나 이와 같은 기존 방침은 그대로 폐기하기에는 너무 높은 지지를 받고 있었다. '빅 3' 중 루스벨트와 스탈린은 전범재판에 찬성했다. 그 결과, 재판은 열릴 수밖에 없었다. 전범재판은 "법의 통치를 구현하려는 진지하고 순수한 시도"로서 뿐만 아니라,[125] 승자의 무제한적 힘을 과시하기 위해서도 꼭 필요했다. 스탈린은 여론 조작용 재판을 국내 정치에서 승리하는 방편으로 이미 활용한 전력이 있었다. 그랬으니 그가 대규모 국제전에서 승리를 거두고 비슷한 쇼를 연출할 기회를 놓칠 리는 절대 없었다. 어쨌거나 뉘른베르크재판의 가장 큰 수혜자는 스탈린인 셈이었던 것이, 공정한 원칙대로 하자면 사실 피고석에 앉아야 할 이는 다른 누구도 아닌 바로 스탈린 자신이었다는 점에서다.

국제군사재판은 포츠담회담의 결과로 열린 것이었다. 재판소 설립 규정은 히로시마에 원자폭탄이 떨어지기 딱 이틀 전인 1945년 8월 8일에 공식 발표 됐다. 향후 도쿄에서도 일본 전범들을 대상으로 재판이 열리는데 뉘른베르크는 그와 유사한 형태의 유럽식 재판으로 구상됐다.

기소장이 피고인들에게 전달되고 나자, 뉘른베르크재판의 공판일이 1945년 11월 20일로 정해졌다. 이때부터 정의궁 중앙 법정에서는 총 403차례의 공개심리가 열리며 재판이 진행됐고, 최종판결문은 그로부터 10개월 뒤인 1946년 10월 1일에 낭독됐다. 재판장 제프리 로런스Geoffrey Lawrence 경을 위시해 4인의 연합국 측 재판부가 배석판사들과 함께 한쪽에 나란히 자리했다. 하나같이 무죄임을 주장하며 재판에 참석한 21명의 피고인은 삼엄한 분위기의 경호 속에서 맞은편 피고석을 가득 메우고 앉아 있었다. 검사 4인—미국, 영국, 프랑스, 소련—은 자신들의 검사보 및 보조원, 많은 서기관, 번역사, 통역사와 함께 재판정 한가운데에 자리 잡았다. 법정 측면 돌출부 한쪽 높은 데에 청중석이 마련돼 있었다. 재판은 영어, 프랑스어, 러시아어로 한꺼번에 진행되며 기록됐다. 참석자 대부분은 언제든 헤드폰을 끼고 동시통역으로 재판을 청취할 수 있었다.

여기 참석한 피고인을 비롯해, 히틀러의 보좌관 마르틴 보어만에 대한 궐석재판도 함께 진행됐으며, 8개 조직도 집단범죄 죄목으로 정식 기소를 당했다(독일 친위대, 보안대, 돌격대, 게슈타포, 국가사회주의독일노동당 지도부, 제국내각, 총참모부, 독일관 최고사령부). 자본가 구스타프 크루프 폰 볼렌 운트 할바흐Gustav Krupp von Bohlen und Halbach(독일의 군수기업 크루프중공업 경영자)에 대한 재판 청구도 있었으나, 청구는 피고가 정상적 생활을 하지 못한다는 점이 참작돼 기각됐다.

전부 합했을 때, 재판에서 검사는 4000건 이상의 자료, 1809장의 진술서, 33회의 직접 증언을 내놓았다. 이와 함께 그들은 영상들을 보여주기도 하고, 잘린 수사슴 머리처럼 목제 스탠드에 사람 머리가 올려진 '인간 램프 갓human lampshade' 같은 섬뜩한 사진들도 함께 제출했다. 변호인 측에서는 수십만 장의 진술서와 143회의 증언을 내놓았다. 이 재판이 1946년에 책으로 출간됐을 때, 그 분량은 총 43권에 이르렀다.[126]

검찰 소추의 서두는 고결한 도덕적 원칙에 호소하는 것으로 시작됐던바, 그렇게 해서 법적 불확실성에 어느 정도 감수성을 드러내려는 시도였다. 판사(미국) 로버트 H. 잭슨Robert H. Jackson은 이번 전범재판이 '새롭고 실험적임'을 인정했다. 하틀리 쇼크로스Hartley Shawcross 경(영국)은 '법에 의한 통치'에 호소했고, 프랑수아 드 망통François de Menthon(프랑스)은 '인간들의 양심'에 호소했다. 로만 안드레예비치 루덴코Рома́н Андре́евич Руде́нко 장군(소련)은 "파시스트 테러에 희생당한 수백만 명의 희생자에 대한 거룩한 기억" "자유를 사랑하는 모든 이의 양심"을 논했다. 그러나 가장 훌륭한 논변은 아마도 전쟁범죄에 대한 무행동은 용납될 수 없다는 잭슨의 다음과 같은 주장일 것이었다. "법이 과연 얼마나 굼떠 이 엄청난 죄악을 단죄하는 데에 지극히 무력할까 하는 점은 문명이 계속 물을 것이다."[127]

재판은 참고할 만한 판례가 제한돼 있었으므로, 상당한 격식을 갖추어 매우 신중하게 진행됐다. 재판장 로런스는 기소 내용을 신랄하게 파고들되, 피고인 각각에 대해서는 정중한 태도를 잃지 않고 필요한 부분에서는 검사 측을 따끔히 질책해 재판관들에게 훌륭한 본보기가 됐다. 뉘른베르크재판이 통제가 되지 않았던 적은 단 한 번, 잭슨이 괴링과 반대심문을 벌이다 자제력을 잃었을 때였다. 재판에서 일괄 판결이 나올 가능성은 절대 없었던 한편, 무죄 석방 가능성은 항상 열려 있었다.

재판에서 가장 강력한 증거가 제시된 것은 전쟁범죄와 비인도적 범죄행위 부분이었다. 이와 관련해 나치당원들에 대한 증거는 유죄를 확증해주는 것이었으니, 특히 나치당 그 자체로부터 나온 것들이 그러했다. 최종 해결책을 위한 죽음의 수용소, 입에 담을 수 없는 잔혹한 방식의 의학 실험, 전대미문의 대규모 흉악 범죄를 광범위하게 담은 이들 내용에는 반박의 여지가 거의 없었다. 반면 가장 약한 증거가 제시된 것은 공모에 관한 부분과, 피고인의 행위가 주권국가의 권력 행사에서 나온 정상적 관행임을 호소할 수 있는 부분이었다. 히틀러가 그의 동료들과 조직한 '비밀회의'가 사악한 의도만을 가졌다거나, 독일의 재무장 자체가 공격이 목적이었음을 증명하기는 어려웠다. 그러나 이를 연합국의 행위와 직접적으로 비교하는 것은 용인되지 않았다. 피고인들은 베르사유조약의 문제점이나, 연합국의 폭격, 소련의 잔혹한 행위에 대해서도 문제제기를 할 수 없었다. 로런스 재판장의 주장은 다음과 같았다. "지금 우리는 주요 전범들에게 판결을 내리려고 여기 앉아 있는 것이지, 검사 측의 강국들을 재판하려고 나온 것이 아닙니다." 이와 함께 연합국이 운영하던 포로수용소의 실태나, 한창 진행 중이던 독일인 강제추방에 대해서도 논의하고자 했지만 묵살됐다. 1946년 5월 8일 자 기사에서 《타임스》는 다음과 같이 보도했다. "피고인 측은 연합국의 국제법을 위반한 사례를 제시하고자 한다. 그러나 이 주장이 받아들여지면, [검사 측은] 이에 대한 재반박 증거를 제시해야 할 것이고, 그렇게 되면 재판이 쓸데없이 길어질 것이다."[128]

카틴집단학살 문제는 재판 초기에 소련 측 검사가 제기한 것이었다. 이에 피고인 측 변호사들은 검사 측이 내놓은 사실 상당수가 거짓임을 입증하려 노력했고, 그러자 소련은 이 부분에 대한 기소를 즉각 취하했다. [카틴]

재판을 직접 목격한 이들의 회상에 의하면, 재판 중 소설 같거나 무척 공교롭다고 느껴진 대목이 여러 차례 있었다고 한다. 피고인 루돌프 헤스Rudolf Hess(히틀러의 비서, 총통 대리)가 눈이 벌겋게 충혈이 된 채 피고석에 앉아 그림형제의 《동화집》을 읽은 것도 묘한 풍경이었다. 소련의 유엔 대표로서 1930년대에는 스탈린 휘하에서 숙청 재판을 전담했던 안드레이 야누아리예비치 비신스키Андрей Януарьевич Вышинский가 11월에 비공식적으로 소련 측 검사 진영에 합류한 것도 소소하게나마 세간의 이목을 끌었다. 법정의 분위기는 살벌하기만 한데 바로 옆 그랜드호텔 바에서는 사람들이 분홍빛 술잔을 든 채 흥겨움에 젖어 있는 광경은 재판을 지켜본 수많은 이에게는 기괴한 대비로 다가왔다.

미국의 보안당국에서는 피고인들의 심신 건강을 위해 심리치료사 2명과 심리학자 1명을 두었다. 심리학자의 경우 피고인들의 아이큐 측정을 위해 테스트를 준비하는 것도 그가 맡은 의무에 들어 있었다.

샤흐트 143, 자이스 인크바르트 140, 괴링 138, 되니츠 138, 폰 파펜 134, 라에더 134, 프랑크 130, 프리체 130, 폰 시라흐 130, 리벤트로프 129, 카이텔 129, 슈페어 128, 요들 127, 로젠베르크 127, 폰 노이라트 125, 풍크 124, 프리크 124, 헤스 120, 자우켈 118, 칼텐브루너 113, 슈트라이허 106.[129]

막상 판결이 나왔을 때 그 내용은 다소 충격적이었다. 은행가(제국은행 총재) 얄마르 샤흐트, 프로파간다 선전원 한스 프리체Hans Fritzsche, 부총리를 지낸 프란츠 폰 파펜은 모든 혐의에 대해 무죄선고를 받았다. 제국의 내각, 참모본부, 최고사령부도 마찬가지였다. 카를 되니츠, 콘스탄틴 폰 노이라트Konstantin on Neurath, 발두어 폰 시라흐Baldur von Schirach(히틀러유겐트Hitlerjugend 지도자), 알베르트 슈페어Albert Speer(군수장관), 루돌프 헤스는 각기 10년부터 종신형까지의 징역형을 선고받았다. 한편 '침략전쟁을 일으킨 장본인'으로 낙인찍힌 괴링은 네 가지 죄목 모두 유죄를 선고받았다. 그를 비롯해 여타 피고인 10명에게 교수형이 선고됐다. 소련 측 검사가 무죄 석방 및 징역형 선고 전체에 대해 반대 의견서를 제출했다. 교수형 판결에 대한 죄수들의 반응은 제각각이었다. 알프레트 요들Alfred Jodl(국방군 장교)은 비통한 어조로 "나는 벌 받을 짓을 하지 않았소"라고 말했고, 요하힘 폰 리벤트로프는 "내 아름다운 회고록을 집필할 수 없게 됐군"이라고 말했으며, 한스 프랑크Hans Frank(고위 관리)는 "나는 벌 받을 만한 짓을 했고, 벌을 받을 줄 알았다"라고 말했다.[130] 헤스는 심리학자가 어떤 형을 받았을 것 같냐고 묻자 다음과 같이 답했다. "전혀 모르겠소, 아마 사형이겠지. 안 듣고 말겠소."[131] 괴링은 치아머리dental crown에 청산가리 알약을 감추어두었다가 형 집행 직전에 그것을 삼켜 자살했다.

죄수 10명에 대한 교수형은 1946년 10월 16일 감옥의 체육관에서 집행됐다. 사형수 대부분이 죽음을 앞두고 자신은 조국을 사랑한다는 식의 유언을 남겼다. 한스 프랑크는 "도이칠란트 위버 알레스Deutschland über alles"("세계에서 으뜸가는 독일." 독일 국가國歌의 한 부분)를 외쳤다. 율리우스 슈트라이허는 "하일 히틀러Heil Hitler(히틀러 만세). 1946년 퓨림Purim((페르시아제국의 궁정 관리) 하만의 유대인 학살 계획이 깨진 날을 기념하는 유대인의 축제일), 볼셰비키가 너희들 모두의 목을 매달 것이다"라고 말한 후 아내에게 근사한 말을 남겼다. 소문에 의하면 처형은 미군 집행관이 직무에 서툴러 다소 지연됐고, 이후 시신들은 다하우에서 화장됐다. 징역형을 받은 나머지 죄수 5명은 베를린에 있는 (독일의) 스판다우감옥으로 이송됐는데, 이들이 수감된 감옥은 1987년에 헤스가 기묘한 죽음을 맞을 때까지 4개국의 공동 관리를 받았다.

뉘른베르크재판에 대해서는 시작부터 광범위하게 비난 여론이 일었었다. 순전히 정치적 측면에서 보면, 일단은 재판을 통해 피고들이 순교자로 변할 우려가 있었다. 그러나 그런 일은 독일은 물론 그 어느 곳에서도 일어나지 않았다. 재판 중간의 폭로로 불거진 분노는 사람들이 피고들에게 동정을 가질 만한 여지를 완전히 사라지게 하기에 충분했다. 나치가 저지른 범죄는 개인에게 행해질 법한 부당한 행위의 차원을 확실히 넘어선다는 것이 당시의 중론이었다. 그러나 기소장의 내용이 소급ex post facto의 성격을 가진다는 것은 많은 법률가가 심히 우려하는 부분이었다. 재판에서는 죄형법정주의Nulla poena sine lege가 원칙이었다. 로버트 H. 잭슨은 "전범재판이 국제법의 신장"에 기여했다고 주장했으나, 비판자들은 그의 주장을 용납할 수 없었다.[132] 이들은 재판이 독립성을 잃었다는 데에도 우려를 표했다. 판사와 검사가 모두 연합국 측에서 나오고 그 조건과 무대를 모두 연합국이 정한 것은 바람직하지 않은 판례를 만들고 여론을 악화시키는 데 좋은 구실이 됐다. 미국의 상원의원 로버트 태프트Robert Taft는 다음과 같이 이의를 제기했다. "정의라는 옷을 입기는 했으나, 사실 [전범재판은] 정부 정책의 수단에 불과했고, 이 정책은 얄타회담과 테헤란회담 몇 개월 전에 결정돼 있었다."[133] 또한 카를 되니츠 제독 같은 명예로운 인물을 헤르만 괴링이나 율리우스 슈트라이허 같은 나치 앞잡이들과 같은 피고인석에 세운다는 것은 온당치 못하다는 여론이, 특히 연합국 군대 안에, 널리 퍼져 있었다. 1956년에 되니츠가 석방돼 나왔을 때, 체스터 윌리엄 니미츠Chester William Nimitz 미국 제독을 그 선두로 해서 명망 있는 연합국 참전 용사 수백 명이 그에게 심심한 유감을 뜻을 전했다.[134]

당시의 시대 정서에 저항할 힘을 가졌던 이들은, 서방의 언론과 정부기관이 자꾸만 집단적 죄의식을 부추기는 것을 가증스럽게 여겼다. 판결이 발표되기 훨씬 전부터 피고인 모두에게는 "범죄자"라는 낙인이 찍히기 마련이었다. 그중 가장 심각했던 문제는, 뉘른베르크재판이 패전국이 저지른 범죄에만 한정됨으로써 전쟁범죄와 비인도적 범죄에 대한 포괄적이고 공정한 조사가 이루어지기에는 엄청난 장애물이 생겨났다는 점이었다. 이로 말미암아 여론에서는 연합국 측 기관들은 애초부터 비인도적 범죄를 저지를 리 없다는 인상이 계속 생겨났다.

역사학자들에게 뉘른베르크재판은 흥미로운 일이 아닐 수 없었는데, 역사적으로 중요해서이기도 했지만 법적 수단을 통해 과거를 평가하려 했다는 점에서도 그러했다. 이 재판의 옹호자들은 "우리가 진실을 규명해냈다"라고 확신했다.[135] 재판 비판자들은 진실이 절반도 채 드러나지 않았다고 주장했다. 엄밀히 말하면, 뉘른베르크재판은 나치가 저지른 범죄의 실체를 모든 합리적 의심의 여지가 없게 확인시켜주었다. 또한 뉘른베르크재판은, 비록 그 과정이 검사 측 의도대로 늘 진행되지는 않았으나, 독일이 제2차 세계대전의 발발과 진행에 어떤 역할을 했는지도 명확히 입증해주었다. 그러나 그와 함께 독일과 관련된 요소를 다른 모든 요소와 떼어 고립시킴으로써, 한쪽에만 치우친, 따라서 최종적으로는 방어되기 어려운 분석을 도출할 수밖에 없었다. 마찬가지로 누락이 있음을 아는 만큼 이제는 더 밝힐 것도 없다는 식의 잘못된 견해들이 재판을 통해 외려 조장되기도 했다. 최종 판결문 안의 역사적 자료들, 나아가 기소장 서문부터 최종 판결문까지도 "국제전범재판의 이해에 부합하려는" 의도를 담고 있었다. 그런데 그 의도가 뻔히 보일 만큼 내용이 선별적이어서, 나치에 열성적으로 반대했던 이들마저 절망감을 느낄 정도였다. 일례로, 나치-소련조약 당시를 이야기하며 독일제국의 조약 위반만을 문제 삼은 것은 중대한 오류가 아닐 수 없었다. 한 저명한 역사학자(영국의 루이스 네이미어)는 다음과 같이 썼다. 독방의 피고인들에게 기소장이 전달된 날 "공개된 기소장의 내용은 마치 역사학자가 아닌 사람이 쓴 역사 같다."[136]

뉘른베르크재판은 가치 있는 역사 정보의 원천인 동시에 명백한 역사 왜곡의 원천이기도 하다. 뉘른베르크재판은 이 재판 덕에 서구에서 일어난 지지 여론과, 재판 결과를 복음처럼 활용한, 소련의 검열에 힘입어 이후 50년 동안 위력을 떨치게 될 '연합국의 역사 도식Allied scheme of history'의 보루로 자리매김한다(서론 참조). 뉘른베르크의 검사들이 사실 규명만이 아니라 사실 은폐의 달인이기도 했다는 사실을 여론이 깨닫기 시작한 것은 1960년대에 알렉산드르 이사예비치 솔제니친과, 1980년대에 글라스노스트Glasnost(гласность, 개방)이 등장하고 나서였다. 속내를 드러내는 일은 좀처럼 없었던 안드레이 비신스키는 뉘른베르크 연회에서 다음과 같이 건배를 권할 때 그 사실을 입증한 셈이었다. "피고들에게 죽음을!"[137] 늘 그렇지만, 비신스키와 손잡은 서구 정치인들은 러시아인이 어떤 자들인지 잘 몰랐다. 비신스키가 외치는 건배에 주저 없이 잔을 비운 그들은, 이 건배의 의미를 나중에야 묻게 된다.

디비사 에트 인디비사

DIVISA ET INDIVISA

분할된 유럽과 분할되지 않은 유럽,
1945~1991

12

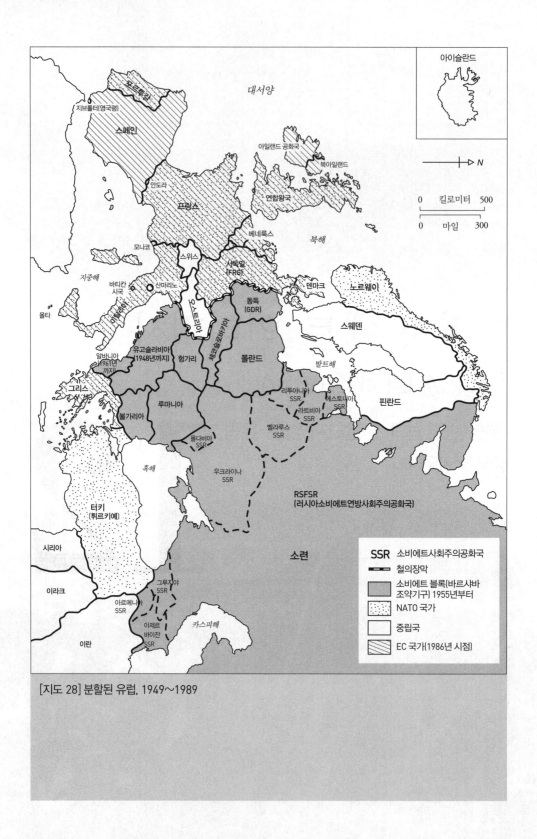

지도 내부 텍스트

아이슬란드

대서양

지브롤터(영국령)
스페인
모르투갈

안도라
프랑스
아일랜드 공화국
북아일랜드
연합왕국

0 킬로미터 500
0 마일 300

모나코
스위스
베네룩스
북해
덴마크
노르웨이

지중해
산마리노
바티칸 시국
서독일 (FRG)
동독 (GDR)
스웨덴

몰타
이탈리아
오스트리아
체코슬로바키아
폴란드
발트해
리투아니아 SSR
에스토니아 SSR
핀란드

알바니아 (1961년 까지)
유고슬라비아 (1948년까지)
헝가리
라트비아 SSR

그리스
불가리아
루마니아
몰다비아 SSR
벨라루스 SSR

터키 (튀르키예)
흑해
우크라이나 SSR
RSFSR (러시아소비에트연방사회주의공화국)

시리아
소련

이라크
그루지야 SSR
아르메니아 SSR
아제르바이잔 SSR
카스피해

이란

SSR 소비에트사회주의공화국
철의장막
소비에트 블록(바르샤바 조약기구) 1955년부터
NATO 국가
중립국
EC 국가(1986년 시점)

[지도 28] 분할된 유럽, 1949~1989

20세기 후반부의 유럽에서는 모든 게 부질없다는 인식이 강하게 배어났다. 제2차 세계대전을 거치며 이러저러한 막대한 희생을 치렀지만 거기서부터 사람들이 안심하고 살아갈 만한 상황은 만들어지지는 않았다. 얼마 지나지 않아 유럽 대륙은 각축을 벌이는 여러 정치적, 경제적 블록으로 분할됐고 그 상태로 자신들이 가진 에너지를 허비하며 거의 50년을 보냈다. 이와 함께 전혀 생산적이지 못한 일들에 어마어마한 자원이 투하되기도 했으니, 특히 동쪽에서 그러했다. 그간의 중립적 입장을 계속 유지한 국가는 거의 찾아볼 수 없었다. 그리고 유럽의 통합을 건설하는 작업은 차일피일 미뤄지고만 있었다.

모든 게 부질없다는 (허무) 풍조는 장-폴 사르트르를 위시한 실존주의 철학자들이 전후戰後에 형성한 철학 유파에서도 뚜렷하게 포착됐다. 대부분의 서유럽 국가에서 그것은 이내 수그러드는가 싶었으나, 이후 평화 운동과 반핵 시위대의 운동이 수십 년 동안 전개되며 다시 표면으로 부상했다. 동유럽에서 그것은 낙관주의 일색의 공식 프로파간다가 허위였다는 인식을 낳았고 1989~1991년의 이른바 '레폴루션Refolution'(개혁을 통한 혁명)이 있기 전까지 사람들의 내면에서 지배적 특징으로 자리 잡았다.

그나마 다행이었던 것은 전쟁의 상흔이 아물기를 희망하는 사람들로서는 당시 유럽의 분할division이 오히려 강력한 유럽 운동을 일으키는 자극제가 된 점으로, 이와 같은 움직임은 전쟁 전부터 그 싹이 터서 이즈음 서쪽에서는 그 세가 부쩍 자라 있었다. 그것은 유럽의 국제관계를 일신하자는 도덕적 차원의 운동에서 시작됐으나 나중에는 유럽 각국의 경제협력 영역으로 퍼져 새로운 공동체 의식이 커나가는 토대가 됐다. 유럽 운동으로 유럽평의회(1949년 이후) 및 유럽경제공동체EEC와 그 관련 기구들(1956년 이후)을 통해 복합적으로 얽힌 일군의 기관이 창설됐고, 이 기관들의 설립 목적은 자신들의 세력권을 넓혀 점점 더 많은 수의 유럽 국가를 자기네 울타리 안으로 맞아들이는 것이었다. 그럼에도, 전全 유럽 공산주의 진영이라는 대안적 전망 역시 수십 년 동안 사그라지지 않았다.

전쟁이 막상 끝났을 때, 유럽의 서쪽은 동쪽보다 가늠도 하기 힘들 만큼 역동적 힘을 가지고 있음을 증명해 보이는 듯했다. 서유럽은 미국으로부터의 지원에 힘을 얻어 단기간에 전쟁의 잔해를 헤치고 나와 누구도 넘보지 못할 번영의 길을 개척했다. 서독의 비르트샤프츠분더Wirtschaftswunder(경제기적)에서 자극을 받아 유럽경제공동체의 원原가입국들은 자신들의 대의명분이 자국에 장차 어떤 이득을 가져다줄지를 유럽 각국에 별 어려움 없이 알릴 수 있었다. 유럽경제공동체 회원국은 1956년 6개국에서 1983년 12개국으로 그 수가 두 배가 됐고, 가입을 희망하는 국가들이 줄줄이 대기했다. 크렘린궁전이 과도하게 몸집이 불어난 제국을 감당하지 못해 그 어느 때보다 우왕좌왕하고 있을 때, 아시아와 아프리카에서는 급속도로 탈식민화 과정이 진행됐고 그 덕분에 서유럽의 제국주의 강국들은 식민통치의 부담에서 벗어나 통합된 유럽이라는 새로운 미래를 향해 나아갈 수 있었다. 나토의 진두지휘 아래, 서유럽은 더는 실질적으로 다가오지 않는 소련의 위협에 맞서 공고한 방어를 유지해나갔다. 1980년 후반 유럽 운동이 한창 성숙 단계를 향해 나아가고 있을 바로 그 무렵, 소련 공산주의는 임종을 맞을 자리를 찾아 들어가고 있었다.

그러나 분할된 상황에서도, 유럽이라는 개념이 생생히 살아 있기는 동쪽도 서쪽 못지않았다. 무엇보다 소련의 독재 체제 자체가 그저 가만히 있는 것만으로도 유럽의 이상을 장려하는 데 매우 효과적이었다. 구 소비에트 블록 시민들로서는 서유럽에 산더미처럼 쌓여 있는 먹을거리에 강렬한 인상을 받지 않을 수 없었다. 그러나 이들이 단순히 물질적 측면에서만 아니라 영적 측면에서도 '유럽Europe'에 복귀하고 싶어 했다는 이유는 얼마든 찾을 수 있다. 슬라브족 출신 교황(폴란드인 요한 바오로 2세(재위 1978~2005)은 당시 다음과 같이 공표했다. "유럽에는 허파가 두 개 있다. 이 양쪽 허파를 다 쓸 수 있게 됐을 때 유럽은 비로소 편안하게 숨을 쉬게 될 것이다."[1]

유럽이 시간과 노력을 허비한 시기는 셋으로 명확히 나뉜다. 그 서막은 연합국 사이에 단결력이 사라진 전후 직후(1945~1948)다. 그리고 나서 이 시기는 40년간 냉전을 겪은 후(1948~1989), 미하일 세르게예비치 고르바초프가 모스크바에서 권력을 장악하고 깜짝 놀랄 만한 행보를 이어간 통치기(1985~1991)로 막을 내린다. 전체적으로 이 시기는 1945년 5월 9일 즉 유럽 전승기념일에 시작돼 1991년 12월 소련이 최종적으로 해체된 날에 막을 내렸다. 이쯤 이르러서야 유럽에서 살아가는 사람들 거의 모두가 비로소 자신의 운명을 스스로 결정할 수 있는 자유를 가지게 됐다.

대동맹의 종식, 1945~1948년

유럽의 분할은 전쟁(제2차 세계대전) 막바지에 이미 엿보였다. 스탈린의 예견이 옳았음을 증명이라도 하듯, 동구와 서구의 사회 및 정치 체계는 해당 지역에 주둔한 군대의 입장을 따라야 할 운명이었다. 그렇다고 해서 유럽의 분할 양상이 단박에 불 보듯 훤하게 드러난 것은 아니었다. 처음에 전쟁에서 승리한 연합국 측은 난민, 재정착, 배상금 같은 당면한 문제 처리에 여념이 없었다. 거기에다 연합국 측은 독일과 오스트리아 공동 관리 문제에서도 협력하지 않으면 안 됐다. 스탈린은 행보에 신중을 기해 각국의 상황에 따라 다양한 정책을 시행했다. 미국 역시 시간을 끌며 자신의 의중을 드러내려 하지 않았다.

1918년과는 달리, 전반적 강화회의가 긴급하게 열려야 한다는 요구는 일지 않았다. 일단 새 조약을 조인할 주체인 독일 정부가 존재하지 않았다. 거기에다 스탈린은 전쟁을 통해 이미 막대한 이득을 챙긴 터라 재협상 의사가 전혀 없었다. 따라서 1946년 7~10월에 파리에서 강화회의가 열린 것이 전부였고, 이는 패전국 가운데 약소국—이탈리아, 루마니아, 불가리아, 헝가리, 핀란드—에 대한 전후 처리를 위한 자리였다. 그 관련 절차는 연합국외무장관협의회Allied Council of Foreign Ministers를 통해 확정됐으며, 사실상 이들이 협상 조건을 제시했다. 협정에 따라 모든 패전국은 영토를 일정 부분 양도해야 할 의무를 지게 됐다. 이탈리아는 아프리카에 있던 자신의 제국을 통째로 상실했지만 남南티롤South Tyrol(이탈리아 북부의 볼차노)은 지킬 수 있었다. 또한 패전국은 모두 총 12억 5000만 달러에 이르는 막대한 배상금을 지불해야 했고, 배상금은 주로 소련과 유고슬라비아로 들어갔다. 또한 강화회의는, 소련의 반대에도 아랑곳없이, 도나우강을 유럽 각국의 공통 수로로 삼는 동시에 (아드리아해의) 트리에스테를 유엔 관할의 자유항으로 만들어야 한다고 고집했다.

트리에스테Trieste는 제2차 세계대전이 끝나고도 공개 분쟁이 일어난 유일한 유럽 영토로 이후 7년이 지나도록 팽팽한 긴장감이 감돌았다. 항구와 도시가 자리한 A지대Zone A는 영국 군대가 지키고 있었고, 동쪽의 B지대Zone B는 유고슬라비아 수중에 들어가 있었다. 이와 같은 분할partition은 1954년 10월 이탈리아-유고슬라비아 간 협정으로 최종적으로 수용됐다(부록 1655쪽 참조).

전후 유럽에는 난민의 물결이 수차례 밀어닥쳤다. 나치와 소련 정권은 대중 강제추방과 강제노동을 주된 통치 수단으로 이용했었다. 이제는 수많은 생존자가 석방된 상태였다. 독일 한 곳에서만 그런 식으로 풀려난 난민displaced person, DP이 900만 명에 달했다. 난민들은 원시적 수준에 인구가 과밀한 수용소들이 생활 거처가 됐고, 얼마 전까지만 해도 전쟁포로들이 갇혀 있던 막사에서 생활해야 할 때가 많았다. 난민들은 붉은군대가 점령한 국가들에서 가장 대규모로 발생했는데, 이들이 보복이 두려운 탓에 본국으로의 귀환을 한사코 거부한 때문이었다. 난민들은 국제연합구제부흥사업국UN Relief and Rehabilitation Administration, UNRRA(운라)에 의해 관리됐고, 처음에는 유럽자원노동자단European Voluntary Workers, EVW 자격으로 서유럽의 다양한 산업 중심지로 그리고 나중에는 체계적 이주민 계획에 따라 캐나다·미국·오스트레일리아·남아메리카로 분산됐다. 마지막 이주민 대열이 자신이 살던 땅을 떠난 것은 1951~1952년에 이르러서였다.

군인들도 엄청난 수가 오도 가도 못하는 실정이었다. 서방 강국들은 연합국 편 부대에조차 제대로 물자 조달을 해주지 못해 애를 먹었다. 일례로, 브와디스와프 안데르스 장군 휘하의 폴란드 군대는 이탈리아 북부까지 진격해 싸움을 벌였는데 그 병사와 군무원 수십 만 명의 고향 집이 전쟁의 와중에 소련에 몰수됐다. 1946년 이들은 모두 영국으로 이송됐고 폴란드재정착군단Polish Resettlement Corps, PRC〔폴란드어 Polski Korpus Przysposobienia i Rozmieszczenia, PKRP〕에 배치돼 재훈련 및 융화 교육을 받았다.2 참으로 아이러니하게도 이들은 영국에서 前 무장친위대 척탄병擲彈兵사단 갈리치엔Galizien〔갈리치아Galicia, 우크라이나어 할리치나Галичина〕과 합류하게 됐는바, 이 사단은 한때 이탈리아에 머물렀던 데다 전쟁 전 폴란드의 시민이었다는 점에서 소련 당국자들의 처분에 넘겨지지 않았다. 과거 베어마흐트〔독일 국방군〕 복무자 대부분에게는 운이 따라주지 않았다. 전쟁에서 소련군에 붙잡힌 독일군 포로들은 대체로 굴라크로 이송돼 과거 독일에서 붙잡혀온 소련 병사들이 당했던 처절한 운명을 똑같이 겪어야 했다. (여기서 살아남은 포로들은 1956년에야 송환됐다.)

서방 연합국들은 공산주의자들이 귀국자들에게 얼마나 악랄한 짓을 저지르는지 모르지 않았다. 그랬음에도 서방 연합국들은 스탈린이 송환을 요구하는 모든 대상에 대해, 민간인과 군인을 막론하고, 일반적으로 강제추방 방침을 고수했다. 1944년 10월, 노르망디에서 영국군에 붙잡힌 前 강제노동자들을 실은 첫 수송선이 영국의 리버풀을 출발해 소련의 무르만스크에 닿았다. 1945년 봄 오스트리아에서는 소련 출신의 수많은 시민이 송환에 앞서 집단자살을 택했고, 이 때문에 송환 정책에 대한 반발이 자못 심각하게 일었다. 수십만 명이, 특히 카자크여단과 상당수의 크로아티아인이 송환이 중단되기 전까지 거의 죽음 직전에까지 내몰렸다.3 [킬홀] 그렇다고 앵글로-색슨계 미국인들이 자신들이 관리하던 전쟁포로들을 제대로 처우해주었다고 자신 있게 말할 수 있는 것도 아니었다. 1945~1946년 미국이 시행한 정책을 다룬 연구에 따르면, 서유럽에 억류된 전쟁포로들은 행정적으로 재분류돼 제네바협약Geneva Convention〔"포로 대우에 관한 조약"〕을 적용받지 않는 대상이 됐고, 그중 상당수가 방치돼 목숨을 잃었던 것으로 보인다.4

포츠담에서 구상된 각국의 주민 교환은 1945년 가을부터 실행됐다. 체코슬로바키아와 폴란드의 거처에서 강제로 쫓겨난 독일인만 최소한 900만 명에 이르렀다. 무방비 상태의 난민은 유럽 각지에서 원한에 사무친 사람들에게 보복의 대상이 됐다. 공산당 보안기관에서는 과거 나치가 지은 수용소를 이들 독일인을 수용하는 시설로 활용했다. 난민들에게 잔학행위가 가해지는 것은 예사였다. 사망자만 수만 명으로 집계됐다. 독일의 영국군 주둔지대 및 미국군 주둔지대로도 처참할 만큼 빽빽하게 사람들을 실은 수송 차량이 속속 도착했다. 이 사태를 계기로 독일에 탄생하게 된 피추방민협회Vertriebene verbände는 전후 독일 정계에서 막강한 반공산주의 세력이 된다. 이 세력을 성공적으로 흡수해낸 것이 서독이 이룬 수많은 기적 중 첫 번째였다.[5]

휠씬 더 동쪽에서는 보상적 성격의 인구 이동이 일어났다. 비어 있던 프로이센의 쾨니히스베르크는 (1945년 포츠담회담의 결과) 칼리닌그라드로 이름이 바뀌고, 러시아소비에트연방사회주의공화국Russian Soviet Federative Socialist Republic의 월경지越境地(해외영토)가 돼 소련 군대의 주도하에 인구 재이주가 이루어졌다. 약 200만~300만 명에 이르는 폴란드인들은 소련에 합병당한 지방들을 떠나 서쪽으로 이주하도록 허용됐다. 일례로, 주민들이 추방돼 텅 비어 있던 프로이센의 브레슬라우는 폴란드에 편입되면서 폴란드명 브로츠와프로 이름이 바뀌어 도시 르부프에서 쫓겨난 폴란드인들이 대거 들어와 정주하니 이들은 대학·시장市長·기업은 물론 국립박물관까지 갖추었다. 폴란드와 체코슬로바키아 양국의 경우, 이전 독일령들은 극빈층의 자국 이주민들에게 집과 일자리를 제공하는 원천이 됐다.

제1차 세계대전 이후 큰 낭패를 본 적이 있던 만큼, 서방 열강들은 독일에 압박을 가해 가혹한 전쟁 배상금을 청구하지는 말아야겠다고 결의했다. 그러나 대조적으로 소련인들은 독일로부터 배상금을 최대한 쥐어 짜내고야 말겠다는 기세였다. 당시 소련이 공식적으로 요구한 배상금 액수는 200억 달러였다. 거기에다 소련은 연합국 간 협상들이 결렬될 때까지 기다리지도 않았는바, 독일 점령 초기부터 소련 배상금 추진 분대를 통해 독일의 산업공장, 철도, 발전소, 가축, 철도 차량 등을 해체하고 제거하는 작업에 나섰다. 소련 약탈자들은, 개인적으로든 집단적으로든, 그곳이 독일 땅인지 폴란드나 체코슬로바키아의 행정기관 관할인지 따지지 않았다.

사람들이 전시 부역자들을 청산하고 싶어 하는 모습은 유럽 전역에서 나타났다. 법적 절차가 동원되기도 했다. 피에르 라발Pierre Laval, 비드쿤 크비슬링Vidkun Quisling, 윌리엄 조이스William Joyce(호호 경Lord Haw-Haw이라는 별칭으로도 불렸다), 요제프 티소Jozef Tiso(티소 신부)가 법적 절차에 따라 형을 언도받고 처형당한 대표적 사례였다. 노령에 접어든 앙리 필리프 페탱(페탱 원수)도 사형을 언도받았으나 감옥에서 숨을 거두었다. 전시 부역자들을 가장 철저히 응징한 곳은 네덜란드와 벨기에로, 네덜란드에서는 부역자라는 혐의를 쓰고 구금당한 사람들 수가 약 20만 명이었으며, 벨기에에서는 총 63만 4000명이 구금을 당하고 이 중 5만 7000명이 형을 언도받았다. 이에 비해 오스트리아에서는 총 9000명만이 재판을 받고 35명이 사형을 언도받았다. 그러나 법적 절차를 따르지 않고 민중이 자신들 손으로 직접 응징을 하는 일도 많았다. 이탈리아에서는 각종 당파 손에 한순간에 목숨을 잃거나 총에 맞은 파시스트들만 수천 명이었다. 프랑스에서도 전시 부역자들에게 복수해야 한다는 움직임이 거세게 일어 최소한 1만 명이 목숨을 잃었고, 터무니없는 조잡한 혐의로 억울하게 죽은 이도 허다했다. 서독에서는 주요 전범들을 대상으로 한 뉘른베르크재판이 끝난 이후로는(1334~1342쪽 참조) 서서히 탈나치화가 진행되다 1950년대 후반에 들어서야 범죄자들에 대한 재판이 열리기 시작했다. 1960년대에는 간헐적으로나마 나치 친위대 장교들, 강제노동자 고용주들, 강제수용소 간부들을 대상으로 재판들이 이어졌다. 하지만 이때면 대어大魚들은 이미 어망을 다 빠져나간 뒤였다. 전전前前 나치 당원들은 900만 명에 이르렀던 터라 그 많은 사람에게 일일이 대가를 치르게 한다는 것은 확실히 버거운 일이었다.

동유럽에서는 공산주의자들이 전시 부역자들의 숙청을 빌미로 자신의 정적들을 하나둘 제거했다. 우선 누구나 아는 나치당원과 전시 부역자 몇몇이 본보기가 됐는바, 1946년 폴란드에서 재판을 받고 교수형에 처해진 아우슈비츠의 사령관 루돌프 회스Rudolf Höss(아우슈비츠강제수용소 소장)가 그런 경우였다. 많은 일반 사병은 전향하면 구제받을 수 있었다. 일례로, 폴란드 파시스트당인 국민급진기지 팔랑가의 당수 볼레스와프 피아세츠키Bolesław Piasecki는 1945년 소련의 옥에서 나와 공산주의 후원을 받는 사이비 가톨릭 연합 기구인 팍스PAX의 수장으로 두각을 나타내게 된다. 그러나 '파시스트'나 '전시 부역자'라는 딱지를 달고 줄줄이 소련의 굴라크나 여타 공산주의자들의 옥에 갇혔던 수많은 동유럽의 정치범 가운데서는 이런 사례를 전혀 찾아볼 수 없었다. 나치당원 전쟁 범죄자가 반나치 저항운동의 귀감이 되는 인물과 한 감방을 쓰는 일은 심심찮게 볼 수 있었다.[6] 부헨발트 같은 나치의 강제수용소는 KGB의 주도하에 다시 문을 열고, 새로운 세대에 속하는 재소자들을 억압하는 시설로 활용됐다.

이 대혼란의 와중에서도 전전前-제국ex-Reich(곧 독일)에 대한 행정적 관리는 반드시 이뤄져야만 했다. 오스트리아는 분봉分蜂되듯 곧장 제국에서 떨어져나왔다. 독일은 군비축소, 세력 축소, 비무장 과정을 거친 뒤 총 5개 지역—군 점령지대 4곳과, 4개 지구로 분할된 베를린까지 더해—으로 나뉘었다(1336쪽 지도 27 참조). 앞으로 독일은 중앙정부를 갖지 못한다는 것이 포츠담에서의 합의 사항이었던 터라, 독일의 경제활동 재개를 위해 일단 각 부처들을 주축으로 조직이 구성돼 연합국간통제위원회Inter-Allied Control Commission, ICC의 감독을 받았다. 지방 행정은 영국, 미국, 프랑스, 소련 장교들을 의장으로 하는 위원회에서 모든 측면을 관리했다. 전쟁이 끝나고 처음 2년 동안은 오로지 살아남는 것이 최우선 목표였다. 이 무렵 독일 도시들에 남은 것은 전쟁의 잔해뿐으로 도로·철도·다리를 전부 새로 놓아야 했다. 그런 상황에서 난민이 5분의 1일을 차지하는 5000만 명에게 어떻게든 식량과 주택을 제공해야 했다.

그러나 독일의 정치는 보란 듯 되살아나니, 그 첫 번째 사례가 나타난 곳은 소련 점령지역Soviet Zone이었다. 발터 울브리히트Walter Ulbricht(1893~1973)가 이끄는 공산주의 행동단원들initiative group(그루페 울브리히트Gruppe Ulbricht)은 종전 거의 직전 모스크바를 떠나 독일에 돌아온 참이었다(동독의 울브리히트는 나치당-공산당 사이 충돌로 나치 집권기 동안 파리·프라하·모스크바 등지에서 생활했다). 1945년 12월 지방선거에서 소련 점령지역을 근거지로 한 사회주의자들이 우세한 것으로 나타나자, 공산주의자들은 공공연하게 사회주의자들을 공격해 지도부를 체포하는가 하면 이들에게 배급카드를 지급해주지 않았다. 소련 점령지역에서 단 한 번 있었던 자유선거에서는 후보들이 선거 결과에 승복하지 않았다. 결국 공산주의자들과 사회주의자들은 무력을 통한 강제 합병을 거쳐야 했다. 1946년 4월 독일 사회주의통일당SED이 결성됐고, 이내 울브리히트의 주도하에 일당 독재 국가를 탄생시킬 태세였다. 이와 같은 상황 속에서 독일 전 국민을 대상으로 한 신생 정당 3개―쿠르트 슈마허Kurt Schumacher 박사의 독일 사회민주당SPD, 콘라트 아데나워Konrad Adenauer 박사의 독일 기독교민주연합CDU, 독일 자유민주연합―도 독일의 '민주국가로의 쇄신'을 명목으로 내걸고 연합국의 계획에 따라 1945년부터 활동을 시작했으나, 세 정당이 자유롭게 활동할 수 있었던 곳은 서방 측 점령지역Western Zone 세 곳뿐이었다.

공산주의의 교묘한 책략은 폴란드에서 특히 노골적으로 드러났다. 1943년 이후 서방 강국들은 동맹국 폴란드가 십자가형을 당하는 고통을 모른 척해오던 터였다. [카틴] 그것도 모자라 얄타에서는 폴란드를 접시에 먹음직스럽게 담아 스탈린에게 건네주기까지 했다. 결과는 참혹했다. 1945년 6월의 모스크바재판Moscow Trial of June 1945을 계기로(1337쪽 참조), 전시 레지스탕스 대원들이 대거 체포를 당했고 비공산주의 당파들은 무자비하게 수모를 당했다("1945년 6월의 모스크바재판"은 폴란드지하정부Polskie Państwo Podziemne 리더 16명에 대한 단계적 재판을 말한다. 폴란드어로는 "16인재판"이라는 뜻의 "프로체스 셰스나스투Proces szesnastu"라고 한다). 이와 함께 남아 있던 지하운동원들을 상대로는 극악한 내전이 전개됐으며, '얄타에서 약속한 "자유롭고, 구속없는 선거"는 차일피일 미뤄졌다. 당시 국정의 고삐를 쥔 것은 소련 내무인민위원회NKVD 의 장교 볼레스와프 비에루트Bolesław Bierut(1892~1956)로, 그는 본심은 숨긴 채 겉으로는 '비당파적' 성향의 지도자임을 공공연히 내세웠다. 런던에 있던 폴란드 망명정부의 대표 한 명도 정국에 뛰어들었으나 아무런 힘이 없었다. 1946년 6월 미심쩍은 국민투표가 치러졌으나, 키엘체에서 당국의 묵인하에 악랄한 포그롬pogrom이 이뤄졌다는 소식이 쏟아지면서 선거 결과는 그대로 묻혔다(1946년 7월 4일의 키엘체포그롬Kielce pogrom을 말한다. "포그롬"은 "인종·종교를 이유로 행해지는 조직적·계획적 (유대인) 대학살"을 말한다. 용어는 19세기와 20세기 초반에 제정러시아에서 일어난 유대인에 대한 대대적 탄압과 학살을 지칭하는 파그롬погром에서 유래했다). 그러다 1947년 1월에 마침내 일련의 선거가 실시됐으나 누가 봐도 명백한 부정선거였고, 바르샤바 주재 미국 대사는 항의의 뜻으로 즉시 사임했다.[7]

그러나 이 단계까지 와서도 스탈린이 전반적으로 어떤 의중을 품고 있는지는 잘 드러나지 않았다. 공산주의자들은 폴란드와 유고슬라비아―티토가 복수를 하겠다며 자신의 적들을 상대로 유혈 숙청 작업을 벌였다—에서는 악행을 저질렀지만 서쪽이 가장 애지중지하는 자식인 체코슬로바키아에서는 그렇게 악랄하게 굴지 않았다. 에드바르트 베네시Edvard Beneš를 비롯해 그의 외무장관 얀 가리구에 마사리크Jan Garrigue Masaryk(1886~1948)도 여전히 권력의 꼭대기에 있었다. 체코슬로바키아의 공산주의자들은 대중으로부터도 지지를 받고 있었으며, 연립정권의 책임감 있는 협력자 역할을 할 것처럼 보였다. 그러나 동유럽 다른 지역들에서는 정치 상황이 혼란에 빠져 있었다. 공화주의제 헌법은 헝가리·불가리아·알바니아에서 1946년에, 루마니아에서 1947년에 채택될 수 있었다. 그럼으로써 발칸반도에 마지막까지 남아 있는 군주제 국가들이 모두 사라졌으나, 이 국가들이 다 독일과 연고를 가지고 있었던 까닭에, 사람들이 애석해하지는 않았다. 프랑스와 이탈리아에서처럼, 공산주의의 영향력이 대체로 커진 것은 파시스트시대에 대한 자연스러운 반작용으로 여겨졌다. 어떤 식으로든 소련의 청사진이 명확히 정해졌다는 조짐은 그 어디서도 찾아볼 수 없었다.

스탈린이 신중을 기한 까닭은 쉽게 설명된다. 소련은 이때까지는 아직 서방의 여론으로부터 좋은 평판을 얻고 있었고, 특히 미국에서 그러했다. 이와 함께 소련도 상상을 초월하는 엄청난 파괴를 당한 터라 당분간은 한숨 돌릴 틈이 절실히 필요했다. 이 무렵 소련은 70만 5700제곱킬로미터의 영토를 병합하고 2500만 명의 주민까지 추가로 끌어안게 된 만큼, 숙청을 통해 그들에게 소련식 삶의 방식을 준비시키기 위한 시간도 필요했다. 무엇보다 중요했던 점은, 소련이 아직 원자폭탄은 보유하지 못했다는 것이었다. 이 한 가지 측면만 생각해봐도, 소련이 미국과 물리적 충돌을 일으킨다는 것은 시기상조일 터였다. 그저 가만히 기다리며 미국이 과연 약속대로 유럽에서 자국 군대를 철수할지 여부를 지켜보는 것이 소련으로서는 가장 합리적인 접근법이었다.

미국 내 전문가들의 의견은 장기간 분열돼 있었다. 의회 쪽에서는 소련의 위협이 실제보다 훨씬 과장돼 있고, 유럽의 문제는 유럽인들에게 해결을 맡겨야 한다는 주장을 내걸고 강력한 로비가 전개됐다. 이와 정반대되는 의견을 고수한 것은 해리 트루먼 대통령(재임 1945~1953)으로, 그는 처칠이 풀턴 연설에서 마지막으로 했던 말에 동의했다. "우리의 러시아인 친구들은 […] 무엇보다 무력을 가장 숭배한다." 따라서 2년 동안 미국의 정책은 우왕좌왕했다. 그 와중에 개입론자들은 한 치의 양보도 없이 싸움을 벌여나가지 않으면 안 됐다. 그러다 소련의 프로파간다가 모욕적 성격을 띠고, 소련 동조자들이 국가전복 활동들을 벌이고, 독일의 소련 행정관들이 방해를 일삼고, 소련이 미국의 경제계획안을 받아들이길 거부한 것과 함께, 영국의 조언까지 더해지면서 유럽 사태에 개입해야 한다는 결의가 서서히 힘을 얻게 됐다. 1947년 봄 그리스에서 위기가 불거져 트루먼 대통령이 부득불 전략적 결정을 내리게 된 이후 개입론자들은 마침내 확실히 주도권을 거머쥘 수 있었다. 여기에다 공산주의자들이 중국으로 진주했다는 소식이 전해지며 미국의 우려가 높아진 것도 개입론자들의 힘이 강화되는 배경으로 작용했다.

서유럽 공산주의 파당들의 힘이 대폭 강화된 것은 이들이 파시스트들을 상대로 승리를 거둔 덕분이었다. 공산주의 세력이 특히 활발하게 활동을 펼친 곳은 프랑스·벨기에·이탈리아로, 공산주의자들은 레지스탕스에서 펼친 활약으로 이 나라들에서 널리 존경을 받으면서 전체 유권자의 4분의 1로부터 지지를 받았다. 1944년 11월 브뤼셀에서 공산주의자들이 쿠데타를 일으켰다가 실패로 돌아가 큰 낭패를 당한 이후, 공산주의자들은 의회 및 정부의 연정 참여를 전력으로 밀고 나갔다. 그러나 1947년 이탈리아와 프랑스 곳곳의 광산에서 조직적으로 파업이 일어나면서 당대의 지배적 분위기였던 평화가 깨졌다. 서방의 스탈린 지지자들은 민주주의 발전과 경제 부흥에 해를 끼치는 존재로 여겨졌다. 독일에 주재하던 서방 및 소련 행정관들 사이의 관계도 온건하나 점차 악화일로를 걸었다. 이들 사이에는 공통된 언어가 없었고, 베를린도 시종 별개 구역들로 나뉘어 서로에 대한 적의를 거두지 못했다. 그러다 1946년 중반, 서방 열강들이 포츠담의 구상에 따라 하나로 통일된 독일 경제 구역 조성 방안을 모색한다. 소련은 참여를 거부했다. 이후 서방 측 점령지역들은 각자의 길을 걸으니, 1947년 6월 영국-미국의 후원 속에 결성된 미영양국점령지역경제위원회Bizonal Economic Council(독일어 Wirtschaftsrat)가 이런 움직임을 지원해주었다.

1947년까지만 해도 페르시아와 그리스 양국은 영국의 관리를 받고 있었다. 그런데 인도·이집트·팔레스타인 같은 여타 지역에서 대규모 위기가 불거지면서, 파산 지경에 몰린 영국이 페르시아와 그리스는 더 이상 자국이 감당하기 어렵겠다는 결정을, 그야말로 느닷없이, 내리게 된다. 페르시아에서는 북부에 주둔한 소련군을 막대한 양의 석유를 공급해준다는 조건으로 물러나게 한다는 제안을 의회가 거부한 터였다. 이에 페르시아가 소련군의 보복을 당할 수 있는 상황에 처하자, 미국 자문단이 테헤란에 발을 들였다. 이렇게 해서 소련-미국 간 대립의 새로운 빌미 하나가 생겨났다. 그리스에서는 1946년 5월에 내전이 재개됐다. 알바니아, 유고슬라비아, 불가리아에 근거해 있던 공산주의자 반군들이 남쪽을 향해 밀고 내려간 것이다. 이 때문에 아테네의 그리스 왕실 정부를 방어하기 위해 영국이 들여야 하는 비용이 천정부지로 치솟았고, 런던은 워싱턴에 재정적 지원을 요청했다. 미국은 유럽에서 발을 빼기는커녕 오히려 공산주의의 세력이 확대되는 데 저항하는 부담을 두 어깨에 짊어져달라는 요청을 받는 셈이 됐다. 전 지구적 권력 구도의 판세가 결정적으로 바뀌려 하고 있었다.

트루먼 대통령의 대응은 명확했다. 그리스와 터키(튀르키예)에 대한 4억 달러의 경제원조를 의회에 요청하면서 그는 확고하고도 새로운 미국의 정책이 어떤 원칙들을 지향하는지를 세세히 밝혔다. 그는 이렇게 천명했다. "무장한 소수가 됐든 외세의 압력이 됐든, 자신들을 정복하고자 하는 세력에 저항하는 자유로운 국민들을 돕는 것이 미국이 추진하는 정책이 돼야만 합니다." 1947년 3월 12일에 발표된 이 트루먼독트린Truman Doctrine을 기점으로, 미국은 자발적으로 자유세계를 이끌어갈 역할을 도맡았다. 오래도록 이어지던 미국의 우유부단함은 찾아볼 수 없게 됐고, 당분간 유럽에는 미국의 군대가 계속 머물 것이 분명해졌다. 트루먼이 이때 공산주의에 대해 보인 태도는 '봉쇄containment' 정책으로도 일컬어졌다—세계대전 이전의 이른바 코르동 사니테르(방역선防疫線) 정책의 새 버전이라 할 수 있었다. 때마침 〈소련 행동의 원천The Sources of Soviet Conduct〉이라는 제목의 분석 논문이 나왔는데, 노련한 외교관인 조지 케넌George Kennan이 1947년 7월에 가명으로 발표한 것이었다(보고서는 "X"라는 가명으로 나와 "X논설X Article"로도 불린다). 분석서는 "소련의 정책이 급변하고 술수를 동원하는 것에 […] 늘 촉각을 곤두세우고 능숙하게 반격을 가할 것"을 요구했다. 그 내용은 순전히 방어적 차원에만 국한된 것으로, 일부 성급한 사람들이 주장했던 것처럼 제3차 세계대전을 논한 것이라고 하기는 힘들었다.[8]

이쯤 이르자 미국은 유럽에 대한 정치적 개입을 늘리는 자국 정책의 보완책으로 관대한 경제계획안을 내놓는다. 국무장관 조지 C. 마셜George C. Marshall이 유럽부흥계획European Recovery Program, ERP 구상을 공개한 것은 1947년 6월 5일 하버드대 졸업식 연설에서였다. 마셜은 다음과 같이 선언했다. "지금 미국은 이 세계를 다시 경제적으로 건강하게 만드는 데 도움이 되는 일이 있다면 능력이 되는 한 무엇이건 해야만 합니다. 그런 노력 없이는 정치적 안정도, 사람들이 안심하고 살아갈 수 있는 평화도 있을 수 없습니다." 1920년대와는 반대로, 이제 미국은 공공의 이익을 위한다는 명분으로 유럽 부흥을 위한 자금을 지원하겠다고 제안했다. 그렇게 해서 마셜플랜Marshall Plan이 1948년에서 1951년 말까지 총 4년에 걸쳐 진행됐다. 16개 참여국에 총 125억 달러가 지급됐다. 이 자금을 관리하기 위해 경제협력개발기구Organization for Economic Co-operation and Development, OECD의 설립이 필요해졌고, 마셜플랜의 자금을 받은 나라들은 이 기구의 요구에 따라 생산량을 늘리고, 교역을 확대하고, 각자 상황에 '상응하는 기여'를 해야 했다. 이 마셜원조Marshall Aid의 4분의 1과 5분의 1이 각기 영국과 프랑스에 배당되기는 했으나, 이 자금을 동맹국, 중립국, 과거의 적국 누구나 이용할 수 있었던 것은 사실이었다. 계몽된 자기이익(계몽된 이기심)enlightened self-interest의 역사에서 봤을 때, 이 마셜플랜과 어깨를 견줄 만한 것은 없다. 소련에서는 마셜원조를 자본주의의 책략이라며 맹비난했다. 모스크바 정부는 마셜플랜 참여를 거부한 것은 물론 자국의 통제하에 있는 나라들에도 똑같은 행보를 취할 것을 명했다. 그 결과, 경제적 분열 양상이 뚜렷해지면서 정치적 분열도 한층 견고해졌다. 마셜원조의 수혜를 받은 서유럽의 16개국은 한 단계 강고하게 뭉치게 된 데 반해, 소련을 비롯한 그 종속국들은 스스로를 고립무원의 틀에 가둔 채 꿈쩍도 하지 않았다.

유럽 운동Europe movement의 연원은 17세기로 거슬러 올라갈 수 있다(37, 1216~1219쪽 참조). 그러나 국민국가(민족국가)들의 야심은 그 방향으로 가려는 모든 실질적 시도를 망쳐놓았다. 유럽인들은 찌꺼기뿐인 패배와 굴욕의 쓴 잔을 밑바닥까지 싹 들이켠 뒤에야 비로소 초기 이상주의들이 품었던 꿈을 실현할 수 있었다. 자신들이 가졌던 제국 그리고 그 제국에 걸었던 희망까지 유럽인들이 모두 잃고 난 뒤에야 비로소, 유럽 각국 정부는 자신들의 이웃과 더불어 살아가는 일에 무엇보다 역점을 두게 됐다.

우리는 전후 유럽 운동이 도덕적 차원에서도 전개됐다는 점은 종종 잊는 경우가 있다. 그런 운동의 한 갈래는 독일에서 일어난 반나치 저항운동의 생존자들을 중심으로 형성됐는바, 이들은 유럽 각국을 서로 화해시키는 것을 최우선 과제로 여겼다. 1945년 10월에 독일 복음주의 교회에서 슈투트가르트회의Stuttgart Conference를 열어, 마르틴 니묄러Martin Niemöller 목사가 기초한 〈슈투트가르트 죄책고백Stuttgarter Schuldbekenntnis〉을 발표한 것이 이들에게는 활동의 중대 기점이 됐다. 프랑스에서도 이런 도덕적 측면의 운동을 찾아볼 수 있었는바, 그 주축은 마르크 상니에Marc Sangnier(1873~1950)의 영감을 받아 설립된 다수의 급진적 가톨릭 조직으로, 평화주의 운동의 정신적 지주인 그가 창설한 그라트리협회Gratry Society는 펠리시테 로베르 드 아베 라므네Félicité Robert de Lamennais(프랑스 종교철학자. 1782~1854)의 사상을 직접적으로 계승했다. 상니에는 그전에도 '새로운 국제 정신의 상태a new internal state of mind'를 위해 30년간 싸움을 전개한 이력이 있었다. 그는 로베르 쉬망Robert Schuman의 스승으로서, 독일 내 프랑스 점령지역에서 실행되는 정책에 막강한 영향력을 행사하기도 했다. 1947년 8월에는 프랑스 몽트뢰에서 유럽연방주의자연합European Union of Federalists의 주도하에 50개 사회운동 집단이 참가하는 창립 회의가 열리기도 했다. 그 외에도 전쟁 이전 왕립국제문제연구소Royal Institute of International Affairs의 창립자이기도 한 라이어넬 커티스Lionel Curtis가 이끈 옥스퍼드모임Oxford Group을 비롯해 활발하게 반공산주의 활동을 펼친 도덕재무장운동Movement for Moral Rearmament에서도 도덕적 차원에서 이루어진 유럽 운동의 갈래들을 찾아볼 수 있었다.

그러나 1945년에 당장 급박했던 문제들은 영국 정부와 미국 정부의 의중이 과연 무엇인가 하는 점이었다. 당시 서유럽에서는 런던과 워싱턴이 정계에서 최고의 힘을 자랑하고 있었다. 따라서 유럽의 기관들을 새로 탄생시키는 데서도 혹은 반대로 그것을 반대하는 데서도 두 나라가 쉽사리 주도권을 쥘 만했다. 하지만 영국도 미국도 그런 행보를 보이지 않았다. 국제관계의 협력 분야에서 영국과 미국은 일차적으로 유엔에 의지했다. 정치적 측면에서 보자면, 양국은 스탈린과의 대치가 점차 심해지는 상황에서 다른 데에 한눈팔 겨를이 없었다. 양국은 유럽에 대해 이렇다 할 비전도 갖고 있지 않았다.

그렇다고 영국과 미국이 (유럽 운동에) 아무 의중이 없다는 사실이 당장 명확히 드러난 것은 아니었다. 처칠이 전후 초기에 유럽에 개인적으로 개입한 것은 영국의 공식 지원에 좋은 징조였다. 집권 노동당이 처칠과 동일한 견해를 갖고 있지 않다는 사실이 드러난 것은 나중의 일이었다. 당시 영국이 실제로 한 역할은 기껏해야 후일 유럽평의회가 탄생할 수 있게 수차례 논의를 장려한 정도였다. 《유럽의 통합European Unity》(1950)이라는 제목으로 간행된 영국노동당의 한 소책자에서는 "영국의 주권은 추호도" 협상 대상이 될 수 없다는 사실을 강조했다. 미국역시 겉으로는 호의적 인상을 풍겼다. 마셜원조의 도관 역할을 한 OECD야말로 유럽 통합으로나아가는 첫 번째 발걸음이 될 것처럼 보였다. 그러나 불과 얼마 뒤 마셜원조가 차차 바닥을 드러내가던 1949~1950년에 접어들자, 영국은 물론 미국도 유럽 통합과 관련한 문제에 제한적 관심 밖에 가지고 있지 않다는 사실이 명확해졌다.

명망 있는 인물 중 유럽이 어디로 나아가고 있는지 맨 먼저 알아차린 사람은 윈스턴 처칠이었다. 유럽에서 가장 존경받는 이 전시 지도자였던 처칠은 1945년 7월 영국 유권자들의 선택을 받지 못한 덕에 당시 유럽이 처한 상황을 반추해볼 여유를 가질 수 있었다. 그는 다음과 같이 썼다. "유럽은 무엇인가? 돌무더기가 그득 쌓인 땅, 납골당, 역병과 증오를 키워내는 온상이다." 1946년에 그는 미래를 내다보기라도 한 듯한 두 차례의 기념비적 연설에서 그때만 해도 별인기를 얻지 못한 견해들을 표명했다. 그해 3월 5일 트루먼 대통령이 배석한 미국 풀턴(미주리주)의 웨스트민스터칼리지 연설에서 그는 "철의장막the Iron Curtain" 이야기를 꺼냈다.

> "지금 유럽 대륙 전역에는 발트해의 슈체친에서 시작해 아드리아해의 트리에스테에 이르기까지 철의장막이 드리워진 참입니다. 그 장막 뒤를 따라서는 바르샤바, 베를린, 프라하, 빈, 부다페스트, 베오그라드, 부쿠레슈티, 소피아 등 중부와 동부 유럽의 유서 깊은 국가들의 수도가 전부 자리 잡고 있습니다. [⋯] 우리가 싸움을 벌였던 것은, 이런 식으로 해방된 유럽을 건설하기 위해서는 분명 아니었습니다."[9]

처칠은 서방에 대한 소련의 조기 공격 가능성은 일축했지만 그 역시 모스크바가 "끝없는 확장"을 염두에 두고 있다고는 생각했다. 따라서 10년 전 나치 독일에 대해 취하지 못했던 종류의 "시의 적절한 작전행동"을 수행해야 한다고 주장했다. 이에 미국의 여론은 "거의 적대적 반응 일색이었다."[10] 런던에서도 《타임스》가 반대 의견을 쏟아내면서, "서방의 민주주의와 공산주의는 지금 서로 간에 배울 것이 많다"라고 공언했다.[11]

그해(1946년) 9월 19일 취리히를 방문한 자리에서 처칠은 "일종의 유럽합중국a kinds of United States of Europe"이 필요하다고 호소했다. 그의 말에 의하면 이제는 시간이 얼마 남지 않았을 수도 있었다. 핵무기 확산으로 자칫하면 기존의 분열이 더욱 공고해질 수도 있었다. "만일 우리가 하나의 유럽합중국을 만들고자 한다면 [⋯] 지금 바로 시작해야 한다"라고 그는 단언했다.[12] "유럽 가족European family"의 미래는 이제 "잘못된 행동 대신 올바른 행동을 실행하겠다는 수백만 사람들의 결의에 달려 있다." 따라서 처칠의 호소는 경제적 차원이거나 정치적 차원의 것이기보다는 도덕적 차원의 것이라 해야 했다. 《타임스》는 처칠의 제안을 비웃으며 "그토록 누누이 이야기한 통합에 대한 이야기는 […] 서유럽에서조차 거의 진척되지 못하고 있다"라고 논평했다. 처칠의 행보를 높이 산 이는 극히 드물었는데, 그나마 전쟁 이전 유럽 운동의 창시자 쿠덴호베 칼레르기Coudenhove-Kalergi 백작[리하르트 니콜라우스 에이지로Richard Nikolaus Eijiro, (1894~1972)]이 여기 속했다. 그는 다음과 같이 썼다. "이제 유럽 문제를 처칠 당신이 제기한 이상 각국 정부들도 이 문제를 더는 모른 척할 수 없게 됐다."[13]

당시 처칠의 전략적 구상에는 서로 맞물린 세 곳의 세력 즉 영연방, '유럽연합European Union', 미국이 "형제 연합fraternal association"을 구성해야 한다는 가성이 깔려 있었다. 그 안에서 영국은 "이 모든 세력 사이를 이어줄 필수적 연결고리" 역할을 맡게 될 것이었다. 처칠은 당시 정세에는 이해관계들이 상충하며, 영국의 외교정책을 상이한 세 방향으로 동시에 끌고 갈 경우 그러한 이해관계들로 말미암아 향후 수십 년 안에 막대한 긴장이 발생할 수 있다는 사실을 올바로 간파하고 있었다.

처칠이 이와 같은 견해들을 가졌던 만큼, 1948년 5월 7~10일 헤이그에서 비공식적으로 유럽회의Congress of Europe[헤이그회의 Hague Congress]가 열렸을 때 그가 회의 의장직을 맡게 된 것은 자연스러운 선택이었다. 회의에는 약 800명의 명망 있는 인사들이 초청돼 유럽의 분열과 관련된 제 문제를 진지하게 고민해달라는 요청을 받았다. 강경한 모습의 독일 대표단도 콘라트 아데나워를 수장으로 회의에 참석했다. 문화상임위 의장직은 망명한 스페인 총리이자 작가 살바도르 데 마다리아가Salvador de Madariaga가 맡았다. 토론을 통해 참석자들은 '초超국가성supranationality' 원칙과 함께, 유럽을 공통으로 통합하는 기관들의 이익을 위해서는 유럽 각국이 주권의 일부를 포기해야 할 필요성을 인정했다. 처칠의 발언은 가장 고상한 이상을 담고 있었다.

"이제 우리는 통합된 유럽이라는 사명과 구상을 만천하에 공표해야 합니다. 거기 담긴 도덕적 개념을 통해 우리는 인류의 존경과 감사를 얻게 될 것이며, 거기서 생겨나는 물리적 힘은 통합된 유럽의 고요한 위세를 감히 누구도 해할 엄두를 내지 못할 만큼 대단할 것입니다. […] 저는 희망합니다. 유럽 모든 국가의 남녀 누구나 모국에 속해 있다는 사실만큼이나 자신이 유럽인이라는 사실을 인식할 수 있는 그런 유럽을, 이 넓은 땅 어디를 가든 '지금 내가 있는 곳이 고향이다'라고 느낄 수 있는 그런 유럽을 볼 수 있기를 말입니다."

데 마다리아가 역시 웅변을 토해냈다.

"우리는 이런 유럽을 반드시 탄생시켜야 합니다. 스페인인의 입에서 '우리 샤르트르'라는 말이 나오고, 영국인의 입에서 '우리 크라쿠프', 이탈리아인의 입에서 '우리 코펜하겐', 독일인의 입에서 '우리 브뤼헤'라는 말이 나올 때 그런 유럽은 탄생할 것입니다. [⋯] 그렇게 되면 유럽은 살아나가게 될 것입니다. 그 연후라야 유럽을 이끄는 정신은 비로소 이런 창조의 말을 내뱉은 뒤일 것입니다. '피아트 에우로파FIAT EUROPA'"14 ("피아트 에우로파" 곧 "유럽 있으라"는 성경 창세기의 라틴어 구절 "피아트 룩스FIAT LUX" 곧 "빛 있으라"를 변용한 표현이다.)

이 회의는 열정을 스스로 주체 못하고 분위기에 이끌린 측면도 있었다. 하지만 최종적으로 채택된 성명서에는 유럽총회European Assembly(후일 유럽의회European Parliament로 개칭)와 유럽인권 재판소European Court of Human Rights 창설과 같은 현실적 단계들이 필요하다는 요청이 담겨 있었다. 이와 함께 연락위원회Liaison Committee가 만들어져 회의의 목적들이 계속 명맥을 이어나갈 수 있게 했다. 이 협의회는 나중에 '유럽 운동European Movement'이라는 명칭을 택하게 되는데, 실제로도 협의회가 유럽 운동의 모태 역할을 하게 된다. 윈스턴 처칠 이외에도 로베르 쉬망(프랑스), 알치데 데가스페리Alcide De Gasperi(이탈리아), 폴-앙리 스파크Paul-Henri Spaak(벨기에)가 유럽의회 명예의장직을 맡았다. 이들로서는 이제 유럽 각국의 집권 정부들이 자신들이 제시한 이상을 채택할지 여부를 살피지 않을 수 없었다. 소련이 뻗대고 나오는 것을 봤을 때, 이들이 자신들을 지지해주리라 희망을 걸 수 있는 곳들은 오로지 서쪽의 정부들뿐일 게 분명했다(뒤의 내용 참조).

1947년 말에 이르렀을 때 처칠이 말한 철의장막은 점차 현실이 되고 있었다. 여기에 세 가지 사건이 발생하면서 사람들 사이에 떠돌던 의구심을 말끔히 지워주니, 코민포름 창설, 프라하의 2월쿠데타, 베를린봉쇄가 바로 그것이다.

1947년 10월, 폴란드 산악지대 휴양지 시클라르스카 포렝바에서 소련·동유럽·프랑스·이탈리아에서 온 공산주의 특사들이 모임을 갖고 일명 국제공산당정보국Communist Information Bureau(곧 코민포름Cominform)을 창설했다. 형제애를 바탕으로 한 당파들 간 전략을 잘 조율해내자는 것이 이 기구가 추구한 목표였다. 바깥세상에서 봤을 때, 코민포름은 코민테른Comintern(공산주의인터내셔널Communist International의 약칭. 제3인터내셔널The Third International)의 부활이라는 의심을 벗기 힘들었는바, 이런 기구는 곧 사회 전복의 방편으로 작용하는 동시에 이데올로기를 명분으로 한 새로운 공격이 전개될 것임을 알리는 신호탄이었다.

프라하에서 공산주의자들의 무혈 쿠데타가 일어난 것은 1948년 2월 25일이었다. 쿠데타가 일어나기 전 체코슬로바키아의 공산주의자들은 사회주의자들과 2년 동안 권력을 나눠 갖고 있었다. 하지만 그사이 사회주의자의 득표가 부쩍 늘어났다는 것은 공산주의자들로서는 자신들의 세가 위축될지 모른다는 뜻이었다. 이와 함께 진정한 민주주의 제도에 발 들인다는 것도, 이웃한 폴란드에서 그랬듯이, 더는 조작을 통해 패권을 거머쥐기는 불가능하다는 뜻이었다. 그래서 그들은 무력에 의지하기로 했다. 길거리 곳곳에 무장한 노동자들과 민병대가 모습을 드러냈다. 붉은군대가 출정을 준비하고 있다는 풍문도 돌았다. 비공산주의파 정치인들이 체포를 당하는가 하면, 이들이 결성한 정당들은 해산당했다. 〔외무장관〕얀 마사리크는 자신의 집무실에서 창밖으로 내던져져 그대로 목숨을 잃었다(1948. 3. 10). 체코슬로바키아의 공산당 당수 클레멘트 고트발트Klement Gottwald는 당시 일을 "날이 잘 선 칼로 버터를 자르는 것 같았다"라고 표현했다. 대통령 에드바르트 베네시는 매사에 그랬듯 우유부단한 태도를 보이며 어떤 저항도 하지 않았다. 10년 만에 두 번째로, 동유럽에서 가장 촉망받던 민주주의 체제가 방어를 위한 총성도 한 번 울리지 못한 채 전복을 당했다. 서구의 언론은 겁에 질렸다. 서유럽 5개 국가는 소련의 공격을 우려해 50년 단위의 동맹을 결성하고 서로 간에 경제적·군사적 협력을 제공하기로 했다. 1948년 3월 17일에는 영국, 프랑스, 베네룩스 3국의 조인하에 브뤼셀조약Brussels Treaty이 맺어져 이 무렵 한창 다져지고 있던 새 안보질서의 선구가 됐다.

결정타는 독일에서 있었다. 이즈음 독일 경제위원회〔미영양국점령지역경제위원회〕에서는 한창 새로운 계획을 준비 중이었다. 핵심 골자는 대대적인 화폐개혁이었는바, 그 일환으로 종래의 10제국마르크를 새로운 통화인 1독일마르크로 대체하고 새로운 중앙은행—방크도이처렌더Bank Deutscher Länder 곧 독일주연합은행(분데스방크Bundesbank 곧 독일연방은행의 전신)을 설립하는 안이 논의됐다. 그러나 독일 담당 위원 바실리 소콜롭스키Vasily Sokolovsky가 이 안들을 전혀 염두에 두지 않았다. 1948년 3월 20일, 소콜롭스키는 참모들을 이끌고 연합국통제위원회Allied Control Council를 박차고 나갔고 이후 복귀하지 않았다. 대동맹Grand Alliance이 종언을 고하는 순간이었다.

이즈음 스탈린은 자제력을 발휘한다고 해서 더는 득을 볼 것은 없다는 데에 생각이 미쳐 있었다. 소련의 외교는 미국을 설득해 미국이 유럽 땅을 떠나도록 하는 데에도 실패했거니와 독일의 서방 측 점령지역들이 점차 통합돼가는 것을 사전에 방지하지도 못한 터였다. 오히려 서유럽은 미국의 적극적 지원을 받아가며 그 힘을 키워가고 있었다. 러시아라는 불곰이 크게 울부짖을 때가 온 것이었다. 소련 군대는 직접 공격이라는 위험을 감수하지는 않았다. 그 대신 무척 취약하고 많은 상징적 의미를 지닌 도시 베를린에서 자신의 위세를 과시할 수는 있었다. 1948년 4월 1일, 소련 순찰대가 베를린과 독일의 서방 측 점령지역들을 오가는 회랑에서 양쪽의 통행을 가로막기 시작했으나 별 효과가 없었다. 6월 18일, 독일에 독일마르크와 방크도이처렌더가 도입됐다. 이는 공산주의자의 시각에서는 자신들에 대한 공격행위나 다름없었다. 6월 24일 소련 군대가 베를린을 완전히 봉쇄하며 독일마르크의 침공으로부터 자기네들의 독일 영토를 지키는 조치를 취했다. 독일의 수도는 봉쇄에 들어갔고 이후 베를린봉쇄Berlin Blockade는 15개월 동안 지속됐다. 냉전Cold War이 시작됐다.

서유럽, 1945~1985년

전후戰後 서유럽이 어떤 곳이었는지 정의하기란 어렵지 않다. 소련 군대의 점령을 당하지 않은 국가들, 또 공산주의의 수중에 떨어지지 않은 국가들로 이루어진 곳이 곧 전후의 서유럽이었다. 그러나 서유럽 국가 각각은 확연히 구별되는 두 집단에 속해 있었다. 하나는 이 시기 들어 결성된 다양한 군사적·경제적 연합에 가입하지 않은 채 바깥에 머무른 중립국들이었고, 다른 하나는 이들보다 규모가 큰 나라들로 나토나 유럽경제공동체EEC 혹은 이 둘 모두의 가입국들이었다.

서유럽은 1945년에도 여전히 세계 식민제국colonial empire의 본산이었다는 사실에서 다른 국가들과 구별됐다. 아닌 게 아니라 미국과 소련 곧 제국주의의 전통적 유형을 따르지 않은 두 국가를 제외했을 때, 제국주의 강국 중 서유럽이 아닌 곳은 없었다. 독일은 1919년에 진작 해외 식민지들을 전부 빼앗겼다. 이탈리아는 1946년에 똑같은 운명을 겪었다. 그러나 영국, 네덜란드, 프랑스, 벨기에, 포르투갈이 세운 제국들은 이때에도 대체로 건재했다. 전쟁이 끝나고 초기 몇십 년 사이 이 제국들이 해체된 것이야말로 점차 변화해가는 유럽의 지형에서 근본적 요소를 구성했다. 탈식민화decolonization는 당사국들 사이가 서로 평등하고 민주적인 새로운 유럽 공동체가 출현하는 데서 필수 전제조건이었다.

제2차 세계대전 동안이나 그 직후만 해도, 유럽의 수많은 제국주의자는 자신들의 제국을 그대로 지킬 수 있기를 혹은 다른 모습으로 재구성할 수 있기를 희망했었다. 처칠은 다음과 같이 말하기도 했다. "저는 영국제국 청산 작업을 주관하려고 여왕 폐하를 모시는 총리직에 앉은 것이 아닙니다." 하지만 제국 정리는 결국 처칠의 손에 의해 이루어졌다.

1945년에 이르렀을 때, 유럽 제국의 유지가 사실상 불가능하게 된 데에는 여러 이유가 있었다. 무엇보다, 상당수가 유럽에서 교육받은 식민지 국민들의 엘리트층이 자신들 주인(식민국)의 민족주의와 민주주의를 배운 터라 이제는 큰 목소리로 독립을 요구하고 있었다. 여기에 전쟁 동안 식민지들과 모국 사이 관계도 약해져 있었다. 무력을 써서 관계를 복원할 수도 있었으나 거기 들어가는 자원들을 더는 확보할 수 없었을 뿐만 아니라 한 인종이 다른 인종에 대한 지배를 영속화하겠다는 뜻도 찾아볼 수 없었다. 미국은 이제 서유럽이 의지할 수밖에 없는 나라가 돼 과거 양식의 식민주의에는 단호하게 반대했으며, 그러기는 유엔도 마찬가지였다. 제국주의는 더는 실행이 불가능했을뿐더러 세상의 존경도 받지 못했다. 여기서 관건은 제국주의자들이 과연 이와 같은 변화의 바람에 따를 것인가 아니면 거기에 맞설 것인가 하는 점이었다. 이 단계에서 이 문제보다 동유럽과 서유럽 사이의 격차를 더 잘 드러내주는 것은 없다. 소련이 동유럽의 제 민족을 제압하며 자신의 제국을 하나로 통합해나간 바로 그때에, 서유럽의 제국주의 정부들은 자신들의 제국을 어떤 식으로 허물지 그 방법을 찾는 데 골몰해 있었다. 어떤 이유에서인지, 나란히 전개된 유럽 제국주의의 이 두 양상은 좀처럼 하나의 제목 아래서 논의되는 일이 거의 없다.

탈식민화 과정은 엄청나게 복잡하게 진행됐거니와 그 복잡한 양상은 유럽을 넘어서 갖가지 조건을 통해 빚어지는 일이 많았다. 그렇긴 했어도 제국들은 저마다 특질을 가지고 있었다. 각 제국이 소유한 다양한 영토는 자치령부터 식민지 및 신탁통치령에 이르기까지 다양한 영역에 걸쳐 있었으며, 각 제국이 행사한 군사력 강도 또한 현저하게 차이 났다. 영국과 포르투갈을 제하면, 제국주의 강국들은 모두 세계대전을 거치는 동안 패배를 당하거나 점령을 당한 경험이 있었고 따라서 취약한 입지에서 출발을 했었다.

영국제국은 본국인 그레이트브리튼의 약 125배에 이르는 크기의 지역을 점령하고 있었으며 이때 이미 한 발 앞서 변모의 과정을 거치는 중이었다. 1931년 이후 영국의 '백인자치령white dominion'은 모두 완전히 독립했고, 그 외 다른 수많은 왕령도 자치나 현지인 행정을 위한 준비 작업을 진행하고 있었다. 1945년에 영국식민청British Colonial Office의 직원 총 25만 명 중 영국 출신은 6만 6000명에 불과했다. 그 시험 사례가 바로 인도로, 4억 명 인구의 이 아대륙에서는 마하트마 간디가 비폭력 저항운동을 벌여 전 세계의 이목을 끈 바 있었다. 전후 영국에는 노동당 정부가 들어서 인도에 무조건적 독립을 부여하기로 결정했다. 1947년 8월 15일, 인도 델리에서는 마지막 영국 국기 하강식이 거행됐고, 영국의 통치가 막을 내리는 것에 맞추어 최후의 영국총독이 경례를 붙였다. 인도, 파키스탄, 버마(지금의 미얀마), 실론(지금의 스리랑카)이 모두 독립 국가로 일어섰다. 인도에서는 무슬림과 힌두교도 사이에 대규모의 공동체 간 살육이 벌어졌으나 영국인을 직접 겨냥한 움직임은 일어나지 않았다.

영국제국에서는 더 규모가 작은 몇 개 속령이 훨씬 커다란 문제를 일으켰다. 1948년 5월 영국은 시온주의자 테러리스트들과 아랍인 반군들의 폭력 사태가 몇 년간 끊이지 않자 결국 팔레스타인의 위임통치권을 유엔에 넘겼다. 말라야에서는 1948년부터 1957년까지 공산주의자의 소요가 끊이지 않았다. 키프로스에서는 1950년부터 1960년까지 에오카Eoka에 맞서 전투를 치러야 했다(에오카"는 제2차 세계대전 이후 키프로스의 그리스계 주민들이 그리스 복귀 운동을 추진하기 위해 조직한 민족 투쟁 조직이다). 케냐에서는 1952년부터 1957년까지 마우마우Mau-Mau단의 군사작전이 있었으며, 이집트에서도 투쟁이 일어나 1952년에서 1956년의 수에즈위기Suez Crisis

때 절정에 달했다("마우마우단"은 케냐 원주민인 키쿠유족이 조직한 반反백인 비밀 테러 집단으로, 영국령이었던 케냐 민족운동의 총본산이었다. "수에즈위기" 또는 "제2차 중동전쟁"(1956. 10. 29~11. 3)은 쿠데타를 통해 이집트의 정권을 장악한 가말 압델 나세르 대통령이 1956년 7월 26일 영국 회사가 운영하는 수에즈운하를 점령·국유화하자 운하의 통치권 회복을 위해 1956년 10월 29일 이스라엘, 이어 영국·프랑스 연합군이 이집트를 침입한 사건이다.) 남로디지아(짐바브웨)에서는 백인의 일방적 독립선언Unilateral Declaration of Independence, UDI에 대해 선포된 비상사태가 1959년에서 1980년까지 이어졌다. 아프리카의 다른 지역에서는 1957년 가나, 1960년 나이지리아를 필두로 평화로운 독립의 행렬이 이어졌다. 이 행렬이 끝날 때쯤에는 과거 영국 식민지 거의 모두가 영연방British Commonwealth에 가입한 상태였는바, 원래 영연방은 영국 자치령들을 대상으로 자발적으로 결성된 연합체였다. 1961년에는 남아프리카공화국이, 1973년에는 파키스탄이 영연방에서 탈퇴했다. 1968년 무렵에는 영연방부가 갖고 있던 잔여 행정기능이 단계적으로 영국 외무부로 전부 이관됐다. 1973년에는 영연방 특혜 관세도 종료됐다. 세계에서 가장 거대했던 제국이 본질적 측면에서 완전히 해체되는 데는 사반세기도 채 걸리지 않았다.

네덜란드 본국 크기의 55배에 이르렀던 네덜란드제국은 한 번의 타격에 그대로 없어졌다. 1941~1945년 일본군에 점령된 이후, 네덜란드령동인도(지금의 인도네시아)는 실질적으로 결코 네덜란드인이 다시 차지하지 못했다. 1950년에는 인도네시아공화국이 주권국으로 인정을 받았다.

프랑스 본국 크기의 19배에 이르렀던 프랑스제국은 단말마의 고통 속에서 생을 마감해야 했다. 많은 프랑스 식민지의 주민 중에는 완전한 프랑스 시민권을 소유한 사람이 많았다. 이뿐만 아니라 북아프리카에 설치된 프랑스 행정구역은 프랑스인도 상당수 거주하고 있었다는 점에서 프랑스 본국의 구성에서 빠질 수 없는 부분이었다. 세계대전을 치르는 동안 굴욕을 겪은 프랑스 행정부는, 식민지 곳곳에서 권위라도 내세우지 않으면 안 되겠다고 여겼고 기어이 자신들의 군사력을 십분 행사하다가 매우 비싼 대가를 치르면서 최종 패배를 당했다. 1951년 무렵에는 튀니지와 모로코가 별 탈 없이 프랑스제국에서 떨어져 나왔고, 시리아와 레바논에 자리한 레반트 위임통치령도 마찬가지였다. 그러나 인도차이나에서는 베트콩Việt Cộng("베트남공산주의자", 남베트남민족해방전선)에 맞서 8년 동안 전쟁을 치른 끝에, 1954년 5월 디엔비엔푸 참사를 계기로 파리가 마지못해 이곳을 조심성 없는 워싱턴에 넘겨주었다(디엔비엔푸전투Battle of Dien Bien Phu에서 프랑스 정부군이 베트민Việt Minh(월남민주동맹, 월맹군)에 항복함으로써 프랑스의 인도차이나 지배는 종결됐고, 이후 미국이 이 지역에 본격적으로 개입하게 된다). 알제리에서도 프랑스는FLN Front de Libération Nationale 곧 민족해방전선을 상대로 또 한 차례의 악의에 찬 8년간의 전쟁을 벌여야 했으니, 그 과정에서 프랑스 제4공화국이 무너지고 1962년 5월 종국에는 드골 장군이 극적으로 알제리의 독립을 인정하는 것으로 전쟁이 끝났다. 이 알제리전쟁Algerian War에 매달려야 했던 까닭에 프랑스는 아프리카의 다른 식민지는 이미 모두 해방을 시킨 상태였다.

벨기에 본국 크기의 78배에 이르렀던 벨기에제국이 무너진 것은 1960년으로, 콩고(콩고민주공화국)가 과거 프랑스령에 해당했던 이웃국들을 본보기 삼아 자국도 해방될 길을 적극적으로 모색하면서였다. 하지만 이런 움직임이 별 준비도 없이 진행된 것이 문제였다. 카탕가 지역 분리로 콩고에서는 내전이 일어나 수천 명이 목숨을 잃었고, 소련의 후원을 받았던 파트리스 루뭄바Patrice Lumumba를 비롯해 유엔 사무총장 다그 함마르셸드Dag Hammarskjöld도 이때 (1961) 목숨을 잃었다.

포르투갈제국은 개중 가장 오래 명맥을 이었다. 1975년 포르투갈 본국 크기의 23배에 이르렀던 앙골라가 제국에서 떨어져 나왔으며, 모잠비크와 고아도 그 내열에 합류했다.

이제 한 곳을 제외하고 유럽의 과거 식민지들은 전부 해방됐다. 도데카네스제도the Dodecanese는 이탈리아가 영유하다 1945년에 그리스에 돌려주었다("도네카네스제도"는 남유럽의 에게해 동남부에 있는 12개섬을 통틀어 이르는 말이다). 1964년에는 몰타가 영국으로부터 독립했다. 끝까지 제국에 매달려 있는 곳은 이제 몇몇 소규모 식민지 속령뿐으로, 스페인의 장악 위협을 받고 있던 지브롤터, 1983년 영국-아르헨티나전쟁의 빌미가 된 포클랜드제도(영국령), 프랑스의 핵무기 시험장이었던 마르키즈제도(프랑스령)가 그랬다. 홍콩(영국령)은 1997년 중국에 반환하기로, 마카오(포르투갈령)는 1999년에 반환하기로 일정이 정해졌다.

탈식민화는 과거 제국주의자들이 과거 식민지들에 했던 것만큼이나 엄청난 영향을 끼쳤다. 얼마 전까지만 해도 제국주의 강국으로 꼽혔던 국가들은 위세가 줄어 유럽의 여타 주권국가들과 똑같은 입지에 서게 됐고, 따라서 궁극적 연합과 관련한 문제들도 전과 비교해 줄어들 수 있었다. 과거 제국주의 강국들은 종래에 누려오던 수많은 경제적 혜택, 특히 값싼 원료와 전속 식민지 시장을 잃게 됐다("전속시장captive market"은 물품 구매자가 어쩔 수 없이 특정 상품을 사지 않을 수 없는 시장을 말한다). 그러나 덕분에 먼 타지의 소유지들을 자신들이 방어하고 행정적으로 관리해야 하는 부담 역시 내려놓을 수 있었다. 과거 제국주의 강국들은 저마다 아시아 및 아프리카 사람들과는 강력한 문화적·개인적 연계를 유지해나갔으니, 이제는 아시아·아프리카 후손들이 자발적 이주민 물결을 형성해 자신들 '본국(고국)old country'의 노동인력으로 합류했다. 제국주의 이후의 몇십 년 사이에는 과거 그 어느 때보다 훨씬 더 많은 수가 카리브해나 혹은 인도 아대륙으로부터 영국으로 들어왔고, 프랑스로는 수많은 무슬림이 쏟아져 들어왔다. 이주민이 밀려들면서 제국주의에 내재한 인종 문제도 함께 본국에 발을 들였다.

서유럽의 탈식민화를 동유럽은 놀라움과 질시가 섞인 눈으로 바라봤다. 동유럽의 공식 정치 프로파간다에서는 멀리에 자리한 대륙들의 민족주의 해방 운동을 축하하자니 자국민에게 민족주의 사상을 심어줄까 싶어 여간 곤혹스러운 게 아니었다. 평범한 시민들은 왜 아랍인, 베트남인, 콩고인들에 대한 프로파간다가 그토록 많은지 의아할 뿐이었다. 한편 지식인들은 왜 탈식민화가 자신들에게는 적용돼선 안 되는지 그 이유가 궁금할 뿐이었다. 이 의문을 해소하기 위해, 그들은 미하일 고르바초프 시대까지 기다려야만 했다(뒤의 내용 참조).

트루먼독트린이 선언된 이상, 이제는 유럽 방어 및 안전에 미국이 개입하는 문제를 조율할 공식 기관들을 창설할 필요가 생겼다. 거기에다 베를린봉쇄로 이 작업이 무엇보다 시급하다는 사실이 대두됐다. 그리하여 서유럽 9개국의 외무장관이 미국·캐나다와 함께 1949년 4월 4일 나토를 창설하는 조약에 참여했다.

일면에서, 나토(북대서양조약기구)North Atlantic Treaty Organization, NATO는 예전에 결성된 대동맹을 대체한 것으로도 여겨질 수 있었다. 아닌 게 아니라, 나토 역시 1941년부터 이어져온 영국-미국 간 협력관계를 중심으로 삼고 있었다. 우선 종전의 브뤼셀조약(1948. 3. 영국, 프랑스, 벨기에, 네덜란드, 룩셈부르크)의 서명국에 더해 영국과 미국이 이탈리아·포르투갈·덴마크·아이슬란드·노르웨이와 함께 나토에 합류했다. 나중에 나토는 그 범위가 확대돼 그리스와 터키(1952), 서독(1955), 스페인(1982)까지 포함하기에 이른다. 나토는 북대서양위원회North Atlantic Council라는, 브뤼셀에 본부가 있고 사무총장직도 따로 마련돼 있는, 정치적 성격의 위원회가 운영해나갔다. 공군·육군·해군 전력을 갖춘 나토의 군사적 지휘 권역은 북아메리카와 유럽 사이 대서양의 경로와 함께, 노르곶에서 흑해에 이르는 이른바 철의장막 지대를 빠짐없이 아울렀다. 나토야말로 소련의 '봉쇄containment'에 대응하는 최고의 방편이었는바, 소련의 봉쇄가 이제는 유럽의 평화를 가장 일차적으로 위협하는 요소로 인식되고 있었다. 나토는 이후 40년 동안 논란의 여지가 없을 만큼 성공적으로 자신의 맡은 바 임무를 실행시켰다.

나토의 첫 번째 과업은 베를린봉쇄를 깨트리는 것이었다—나토는 말 그대로 이 과업을 아주 잘 수행했다. 우월한 공군력을 바탕으로, 영국과 미국의 수송기가 200만 명에 이르는 베를린 시민들에게 생활에 필요한 연료, 식량, 원자재를 빠짐없이 공급했다. 이 물자 공수에 총 27만 7264번의 비행이 필요했다. 공수가 절정에 이르렀을 때는, 물자를 잔뜩 실은 항공기가 1분마다 한 번씩 템펠호프비행장의 활주로에 내려앉았다. 하늘에서는 매일 8000톤의 보급품이 공수됐다. 봉쇄 막바지에는 동쪽을 바라보고 뻗은 활주로들이 서독 전역에 건설됐고, 서독에서는 서방 열강의 인기가 치솟았다. 소련은 이 모습을 분을 삼키며 묵묵히 바라만 보다 1949년 5월 12일 마침내 봉쇄를 풀었다.

이쯤 이르렀을 때에는 별도의 서독공화국을 탄생시키기 위한 사전 작업이 순조롭게 진행돼 있었다. 전해 여름에 연합국 측 사령관들이 프랑크푸르트에서 독일 각 주 주지사들에게 권고안을 제시한 바 있었고, 그 안에는 제헌의회를 창설해 연방헌법 초안을 마련하라는 요청이 담겨 있었다. 이 제안이 썩 내키지 않던 독일 지도자들은 독일의 통일을 염두에 두고 차일피일 시간만 끌고 있던 참이었다. 그러나 베를린봉쇄로 더는 망설일 틈이 없었다. 베를린봉쇄가 끝난 그 주에는 독일에 그룬트게제츠Grundgesetz(기본법)가 마련됐고 같은 해 8월에는 독일 각지에서 선거가 실시됐다(당시 서독은 분단국가라 "헌법Verfassung"이 아니라 분단 시대의 잠정적 질서를 정립한다는 차원의 "기본법"이라는 명칭을 사용했다). 이 1949년의 선거에서 콘라트 아데나워가 한 표 차로 과반 찬성을 얻어 독일의 초대 연방총리(재임 1949~1963)에 올랐다. 이렇게 해서 분데스레푸블리크Bundesrepublik(연방공화국. 분데스레푸블리크 도이칠란트Bundesrepublik Deutschland 곧 독일연방공화국, 독일, 통일 전의 서독)가 본Bonn을 수도로 서유럽에서 가장 많은 인구를 자랑하는 주권국가로 자리매김했다.

소련인으로서는 비슷한 식으로 대응하는 것 외엔 별 도리가 없었을 것이다. 독일민주공화국German Democratic Republic, DDR(동독)이 생겨나 독일 사회주의통일당SED이 기존에 행사해오던 독재권력에 공식적 틀을 마련해주게 된 것인데, 공화국은 1949년 10월에 (동)베를린을 수도로 삼아 어엿하게 기능하기 시작했다. 서베를린은, 여전히 서방 연합군에 점령당한 채 그 위상이 논쟁이 되는 월경지로 남아 있었으니, 서쪽의 자유를 계속 추구하는 수천 명의 난민이 이 구멍을 거쳐 서쪽으로 빠져나갔다. 통일 독일에 대한 기억은 이제 그 어느 때보다 빨리 아스라한 옛일로 잊혔다.

서유럽의 정치생활도 이즈음 다시 기지개를 펴는데, 자유민주주의에 대한 헌신이 전역에서 일어나고 국민국가(민족국가)의 가진 절대적 주권을 광범위한 지역들에서 신봉하게 된 것이 주효했다. 군주제는 스칸디나비아, 저지대 국가들, 영국에서는 명맥을 이어나갔지만 그 나라의 민족의 토템 역할만 할 뿐이었다. 영미식 민주주의에 대한 관심도 컸으나 전후 초기 몇 년 동안에는 소련에 대한 동경이 대단했다. 파시즘에 대해서는 반감이 일어 민족주의를 내비치는 진영은 그 세력이 억제됐고, 사회개혁을 추구하는 당파들의 세가 부쩍 커졌으며 공산주의도 평이 좋았다. 비례대표제를 비롯해 다수 정당이 연립한 연정 체제가 가장 흔했다. 스페인과 포르투갈은 얼마 전의 전쟁에 휘말리지 않았던 만큼 전쟁 이전의 파시즘이 여전히 위력을 떨치는 유일한 국가들이었다. 당대 유럽에서는 세 가지의 보편적 추세를 찾아볼 수 있었으니, 기독교민주주의, 사회주의의 시련, 공산주의의 쇠락이 그것이다.

기독교민주주의Christian Democracy는 전쟁 이전만 해도 종종 특정 종파와 성직자를 중시했으나 이제 교회의 후원에서 벗어나 종종 이전의 가톨릭 좌파 세력을 주축으로 새 출발을 했다. 기독교민주주의는 가톨릭계 노동조합과 연계된 '좌파left wing'와 그렇지 않은 '우파right wing'가 있었다. 정당의 실세들은 중립 노선을 유지했다. 이탈리아에서는 알치데 데가스페리가 이끈 기독교민주당DC이 여러 당파로 사분오열돼 있었으나 전국적 세를 형성하는 쪽으로 더디게나마 걸음을 떼나갔다. 프랑스에서는 1944년 조르주 비도Georges Bidault와 로베르 쉬망 등의 주도로 인민공화운동당MRP이 창당됐으나, 주류이자 드골이 결성한 프랑스국민연합RPF과 각축을 벌이며 힘겨운 시간을 보냈다. 서독에서는 아데나워가 이끈 기독교민주연합CDU이 서서히 주요 정치세력으로 두각을 나타냈다. 아데나워는 연륜 있는 보수주의자인 데다 "카이너 엑스페리멘트Keine Experimente"("실험은 없다No Experiments")라는 모토를 좋아했다. 그러나 아데나워는 사회적 시장경제 지지자 루트비히 에르하르트Ludwig Erhard와 손을 잡았고, 이 조합은 곧 승리의 발판으로 기능했다. 네덜란드의 가톨릭국민당KVP은 이런 흐름에서 벗어나 시종일관 특정 종파의 그룹으로 남았다. 예외적으로 영국은 기독교민주주의의 전통들을 전혀 찾아볼 수 없었다.

유럽의 사회주의는 사분오열되는 성향이 유달리 강했고 공산주의와의 경쟁에 시달렸다. 전후의 사회민주주의는 전쟁 이전의 계급투쟁 강조 기조를 버리고, 자본주의 체제에서 인권과 사회정의를 추구하는 방향으로 나아갔다. 이탈리아의 피에트로 넨니Pietro Nenni가 이끈 이탈리아사회당PSI은 기독교민주당과 막강한 공산주의자들 사이에 끼어 교묘한 수를 쓰지 않으면 안 됐다. 프랑스에서는 기 몰레Guy Mollet가 이끈 사회당PS이 전쟁 이전의 교조주의에서 한 발짝 떨어지기는 했으나, 1970년대와 1980년대 프랑수아 미테랑의 시대가 오기 전까지는 이렇다 할 성공을 누리지 못했다. 서독에서도 사회민주당은 1959년에 고데스베르크강령Godesberger Programm을 발표하며 프롤레타리아 전통과 결별했고 1960년대에 이를 때까지는 여전히 야당에 머물러 있었다("고데스베르크강령"에서는 사회주의에 대한 지향을 약화하고 민주주의를 기본으로 삼았다). 영국의 노동당은 각양각색 성향의 사람들이 모여 있어 일명 '광교회파廣敎會派, broad church'로도 통했는바 다시 한 번 중뿔난 사람처럼 굴었다.

서유럽의 공산주의 정당들은 초반에는 그 세가 두드러졌으나 1948년 이후로는 세가 급속히 이울었다. 이들은 모스크바로부터 직접 지령과 재정적 지원을 받아 활동을 하는 것이 보통이었다. 공산주의 정당에 포진한 막강한 지식인층은 사회 기저의 프롤레타리아 계층과는 거리가 멀었고, 이와 함께 스탈린이 저지른 엄청난 범죄들이 드러나면서 서서히 와해됐다. 공산당이 막강한 세력을 유지한 곳은 이탈리아와 프랑스뿐으로, 두 나라에서 공산당이 선거에서 20-25퍼센트의 표를 얻곤 하면서 나머지 정당들이 모두 합심해 강고한 반反공산당 블록을 형성하게 됐다. 이탈리아에서는 지방정부에서 공산당이 실질적 역할을 해나갔는바, 볼로냐 같은 부르주아 도시들을 성공적으로 운영해나간 것이 그 실례였다. 프랑스에서는 종국에는 공산당이 정권을 잡고 1980~1981년에 잠시나마 사회주의자들과 '코아비타시옹cohabitation'(동거정부)에 들어갔으나 이후 바로 관계가 파탄 나 영원히 결별했다.

전후 프랑스 정치에서 두드러지는 특징은 프랑스 해방 이후의 제4공화국(1946~1958)과 그 뒤를 이은 제5공화국(1958. 10. 5~)이 근본적 측면에서 갈라서 있다는 점이다. 이 두 정권 체제에 막강한 영향을 끼친 것이 기라성 같던 샤를 드골Charles De Gaulle로, 그는 1944~1946년 프랑스 총리로 기세등등하게 정계에 복귀해 1958~1969년에는 프랑스 대통령을 지내며 세상을 떠난 뒤에도 쉬이 사라지지 않을 유산을 남겼다. 드골은 그 자신은 민주주의자였으나 강력한 행정부를 옹호했으며, 프랑스의 주권을 그악스럽게 지켜내고자 한 —이는 곧 반反영국, 반미국, 초반에는 반독일 및 반유럽경제공동체 행보를 취했다는 뜻이었다— 인물이었다. 프랑스의 제4공화국은 당시 이모빌리슴immobilisme(정치적 마비 political paralysis)에 빠져 있었는데, 공산주의자들과 극우파—푸자디스트poujadiste들—로부터 공격을 받은 것도 모자라 불안정한 연립정권들이 수시로 뒤바뀌곤 한 때문이었다("푸자디스트" 또는 "푸자드주의자"는 프랑스 포퓰리스트 정치인 피에르 푸자드Pierre Poujade(1920~2003)의 이름을 딴 것이다). 평균적으로 6개월마다 신임 총리가 나왔다. 그러다 드골의 프랑스국민연합이 애국심을 동력으로 삼아 프랑스를 단결시키는 역할을 성공적으로 수행하면서 제4공화국은 1947년이 지나고 일시 안정을 찾는 듯했으나, 이후 인도차이나 문제, 수에즈위기, 알제리전쟁의 여파가 겹치면서 다시 만신창이가 됐다. 프랑스에 제5공화국이 탄생한 것은 1958년으로, 이때 드골이 콜롱베레되제글리즈에서 소환돼 알제리에서 일어난 육군장교들의 반란을 억눌렀는데 이 군사쿠데타는 자칫하면 파리까지 번질 수 있는 요소가 지극히 다분했다("콜롱베레되제글리즈"는 드골의 생가와 매장지가 있는 곳으로 당시 드골은 제4공화국이 붕괴 위기에 처하자 이곳에 머물다 정계에 복귀한다). 이 일을 계기로 프랑스에는 강력한 대통령 체제가 자리 잡아 프랑스 국회와 독립적으로 운영됐을 뿐 아니라 정부의 각 부처 구성도 장악했다. 1968년 여름 한 차례 커다란 위기가 찾아와 파리 시가지에서 경찰과 시위대가 맞붙으며 풍파를 일으켰으나 이 사건은 그쯤에서 지나갔다. 제5공화국은 드골의 후계자들 즉 1969~1974년에는 조르주 퐁피두Georges Pompidou, 1974~1981년에는 발레리 지스카르 데스탱Valéry Giscard d'Estaing, 1981년 이후로는 사회주의자 프랑수아 미테랑François Mitterrand(재임 1981~1988, 1988~1995)의 주도하에 안정을 이루는 동시에 부적 번영을 누렸다. 제4공화국의 실패들을 계기로 프랑스 정치인 사이에서는 유럽 연방주의자로 선회한 부류를 찾아볼 수 있었다. 자기주장을 서슴없이 펼쳤던 제5공화국은 유럽경제공동체 집행위원회와 대대적 마찰을 빚었고(뒤의 내용 참조), 1966년에는 프랑스가 나토의 통합 군사지휘 체계에서 이탈했다.

그러나 1962~1963년, 드골이 향후 오래도록 중대한 의미를 갖게 될 결단을 내렸다. 그는 프랑스-독일의 화해를 단순히 프랑스 정책의 초석으로 삼았거니와 이 양국 간 화해에 제도적으로 실질적 내용을 부여했다. 그는 서독 순방길에 올라서도, 독일의 젊은이들을 "위대한 민족의 자손"이라며 높이 사되, "독일로 인해 빚어진 엄청난 범죄들과 불행"은 그런 민족과는 완전히 대비되는 일이며, 그럼에도 독일은 "용기, 규율, 조직력"을 지닌 나라라며 칭찬을 아끼지 않았다. 이것이 상처 입은 독일의 자존심을 회복시키는 계기가 됐다. 1963년 1월 드골은 서독의 아데나워 총리와 엘리제조약Élysée Treaty에 서명해 여타의 유럽 민족은 절대 갖지 못할 '특별한 관계'를 양국 사이에 성립시켰다. 이후 프랑스와 독일은 외교·국방·교육·청년 문제에서 상호 협조하는 광범위한 프로그램을 마련했고, 이와 같은 협력은 향후 서유럽을 끌어나가는 힘에서 유일하게 일관된 원천으로 기능하게 된다.[15] [두오몽]

전후 이탈리아 정치는 프랑스 제4공화국과 다를 바 없는 결점들을 오래도록 드러냈으나, 드골처럼 나라를 구할 인물은 배출하지 못했다. 1946년 군주제가 폐지된 이래 이탈리아를 계속 버티게 한 힘은 셋 즉 파시즘으로 회귀해서는 안 된다는 강력한 합의, 전후 정부 구성에 빠짐없이 참여한 기독교민주당의 견고한 진영, 활력 있게 돌아간 자치 및 지방 정치였다. 이탈리아의 국가정책이 보인 일관성과는 뚜렷한 대비를 이루듯 정부 각료들의 구성은 불안정하기만 했다. 공산주의자들이 장악한 반反가톨릭에 반교권주의적 성향의 좌파와 보수적 성향의 우파 사이에 양극화 현상이 나타나며 자못 심각한 폭력사태가 빚어지기도 했다. 붉은여단Brigate Rosse의 테러가 1978년 이탈리아 전임 총리(알도 모로)의 살해로 절정에 달했고, 이에 대한 보복 테러로 1980년 볼로냐에서 폭탄이 터지면서 많은 사람이 목숨을 잃었다. 풍요로운 삶을 누리는 북쪽 지방 특히 토리노 및 밀라노와 후진적인 데다 마피아까지 득실대는 이탈리아 남부 사이에서도 심각한 분열 조짐이 일었으나, 이 문제는 개혁 같은 것이 통하지 않을 것처럼 보였다. 이 무렵 이탈리아 경제는 더디게 전쟁의 후유증에서 회복되는 듯하더니, 유럽경제공동체 내에서 성큼성큼 앞으로 치고 나갔다(유럽경제공동체European Economic Community 곧 EEC는 1958년에 프랑스·이탈리아·독일·벨기에·네덜란드·룩셈부르크 6개국이 발족한 경제 통합 기구다. 지금의 유럽공동체EC다). 힘 없는 정치를 경제적 성공이 상쇄해주었다. 이탈리아는 나토 회원국으로서도 적극적 행보를 취해 지중해 남부전선을 지키는 방벽 구실을 했을뿐더러 나폴리는 미국 제6함대에 기지를 제공했다. 무력했던 국내의 정치 상황은 이탈리아가 유럽연방주의European federalism에 더욱 강하게 매달리는 계기가 됐다.

1949년 이후 서독의 정치는, 솔직히 말해, 그렇게 흥분될 만한 일은 없었다―아마도 이것이 서독 정치가 효율성 있게 돌아가고 있었다는 징후였을 테지만 말이다. 아데나워와 에르하르트의 영도하에 17년간 거침없이 이어져온 기독교민주연합의 패권은 1966년 주춤하며 3년간 연립정권에 자리를 내주었고, 이후 서독에서는 빌리 브란트Willy Brandt(1969~1974)와 헬무트 슈미트Helmut Schmidt(1974~1982)의 사회민주당이 지배적 위세를 떨치다 1982년 이후로는 다시 총리가 된 헬무트 콜Helmut Kohl 박사의 기독교민주연합에 패권이 넘어갔다. 서독은 헌법을 통해 연방정부의 통제를 받지 않는 독립적 연방은행 분데스방크를 창설했고, 서독 란트Lant, (주州)들의 정부(일부는 독일 연방공화국보다 먼저 생겨났다)에 광범위한 권한을 보유하게 해주었다. 본의 중앙정부 당국자들은 재량권을 갖고 국내 문제 조정과 외교 문제 처리에만 집중할 수 있었다.

연방의회에서는 바이마르 체제의 비례대표제를 매만져 극소 정당이 끼치는 해악을 최소화하는 방안을 마련했다. 영국의 권고에 따라 그 틀을 다시 다잡은 서독의 노동조합은 시간이 지나자 영국의 노동조합을 뛰어넘을 만큼 실질적 힘을 발휘하는 것으로 드러났다. 독일은 나토 가입 이후 재무장을 추진하기는 했으나, 국방정책은 시종 미국이 이끄는 방향에 크게 의존했다. 1950년 대에 서독의 경제기적 곧 비르트샤프츠분더(뒤의 내용 참조)는 부와 함께 안정과 명망까지 가져다주었으며, 나라가 다시 일어서는 데 막대한 도움이 됐다. 아데나워는 차근차근 행보를 취하며 독일과 협력관계를 구축하게 해주는 대가로 연합국 측으로부터 여러 가지 양보를 얻어냈다. 서독은 1952년 주권국의 지위를 획득한 데 이어, 1955년에는 나토 정회원국이 됐고, 1956년에는 EEC 회원국이 됐으며, 1973년에는 국제연합기구United Nations Organization, UNO(이후의 유엔)에 가입했다. 이 시점 이후 서독의 정계는 활기를 띠게 혹은 소란스러워지게 되는데, 대대적인 선전과 함께 반핵 평화운동이 전개되고, 환경보호를 지향한 '녹색당Greens'을 비롯해 한시적이나마 바더-마인호프Baader-Meinhof 테러단이 활동을 벌인 때문이었다. 오스트폴리티크(동방정책)가 추진된 1970년 이후로는(뒤의 내용 참조) 수십 년 동안 대치 상태에 있던 동독과의 관계에도 변화의 물꼬가 트였고, 이와 같은 노력은 1990년 독일의 재통일로 성공적 마무리를 장식했다. 수년 동안 서독은 경제적 거인이되 정치에서는 피그미족으로 묘사됐다. 물론 이런 표현을 전적으로 옳다고는 할 수 없겠지만, 지난 역사의 부담 때문에 서독이 적극적으로 입장 표명을 하지 못하는 동시에 많은 독일인이 유럽의 연합이라는 구상에 군말 없이 동의하게 된 것만은 분명했다. 이 시대 비평가들은 독일의 번영이 이울게 될 때는 과연 무슨 일이 벌어질지 걱정하곤 했다. 1969년에 한 역사학자는 다음과 같이 썼다. "독일의 독재는 실패했다. 그렇다고 독일의 민주주의가 안정적으로 자리 잡은 것도 아니다."[16] 이와 비슷한 우려는 독일이 재통일된 후에도 재차 등장하게 된다.

전후 영국 정치는 국가의 전통적 정체성이 조용히 와해되는 것을 반드시 타개해야 하는 상황에 처해 있었다. 영국은 웨스트민스터 의회의 힘의 균형추가 양당 사이를 오가고, 경제는 발전과 정체를 반복하고, 무엇보다 제국주의시대 이후 영국의 역할이 무엇인지 오랜 시간 모색하는 속에서 정국이 운영됐다. 그러다 1945년 7월 노동당Labour Party이 선거에서 극적으로 승리한 것을 계기로 영국에는 광범위한 복지국가의 틀과 혼합경제 체제가 도입되니, 이 안에서 민영부문과 국영부문이 균등하게 짝을 이루고 경쟁해나갔다. 이후 반세기 동안 영국에서는 노동당 정부가 세 차례 들어서며 총 17년간 국정을 운영했고, 보수당Conservative Party 정부는 (1992년까지) 세 차례 집권하며 30년 넘게 국정을 운영했다. 영국에서는 의회의 다수당이 독재에 가까운 권력을 휘두를 수 있었던 까닭에, 각 정부가 입안한 계획들은 후임 정부에 의해 뒤집어지는 경향이 있었다. 노동당 정부들을 통해 세를 키울 수 있었던 강성 일변도 노동조합들이 1980년대에 보수당의 강경한 반노동조합 정책에 거꾸러진 것이 그 일례였다. '제3의 정당'들이 나서서 아무 소득 없는 결투를 멈추게 하려 갖은 노력을 했으나—자유당Liberal Party, 1980년대 초반에는 사회민주당Social Democratic Party, 자유민주당Liberal Democrats이 주축이 됐다— 연거푸 실패로 돌아갔다. 여기에 경제가 꾸준한 실적을 내지 못하면서 자신감도 위축되는 분위기였다. 마거릿 대처(재임 1979~1990)가 통화주의자로서 오랜 기간 총리로 집권한 시기, 영국은 권위주의적 예산 관리 방식을 택해 정부가 정부의 힘이 미치는 모든 영역에 기강을 확립하고자 노력했다. 그 결과, 그럴 의도는 없었겠으나, 좀체 보기 힘든 고강도로 중앙집권화된 권력이 탄생했고, 이 때문에 지방정부를 비롯한 각지는 자신의 목소리를 낼 기회를 잃었다. 이때에도 영국의 수많은 제도는 사람들이 기억도 못할 만큼 오랜 기간 제 모습을 유지하고 있었다. 이와 함께 런던 금융가, 왕실, 영국국교회Church of England(잉글랜드 성공회聖公會)에서 잇달아 망신스럽거나 패가 갈리는 일들이 벌어지면서 세간에서는 그 권위가 점점 바닥에 떨어진다는 인식이 강해졌다. 영국 사회는 갈수록 양극화가 심해졌다. 새로운 '기업문화enterprise culture'는 상대적으로 번영을 누렸지만 한편에서는 도심과 그곳에서 살아가는 하층민의 절망적 삶이 퇴락을 면치 못했고, 교육 수준이 낮아졌으며, 청소년 범죄가 기승을 부렸다. 국가의 결속력도 흔들렸다. 1970년대에 웨일스와 스코틀랜드에서 민족주의 분리 운동이 일어나자 영국은 국민투표를 통해 초반에 그 세력을 저지했고, 이것이 영국의 현상태status quo를 유지시켜주었다. 그러나 1969년 이후 북아일랜드에서 내전을 방불케 하는 사건이 터지면서 강력한 군대가 주둔할 수밖에 없었고 이것이 지방 자치정부의 생명에 종지부를 찍었다. 스코틀랜드에서 분리운동이 되살아난 것은 연이은 보수당의 집권으로 정국이 잉글랜드 중심으로 형성된 데 대한 반발이었다. 대처가 단단히 움켜쥐고 있던 국정의 키를 놓았을 무렵, 세간에는 영국의 민주주의가 위기에 처했다는 인식이 널리 퍼져 있었다.

그러나 제국이 물밑으로 가라앉아 시야를 벗어났을 때쯤 영국이 맞닥뜨린 중요한 딜레마는, 미국과 맺고 있던 위태롭지만 '특별한 관계'와 영국이 유럽 이웃국과 더욱 밀접한 관계를 맺어야 한다는 전망 사이에서 선택을 해야 한다는 것이었다. 영국으로서는 양쪽 모두로부터 최대한의 소득을 얻고 싶은 것이 당연했다. 영국은 미국과 나토 양쪽 모두에 지원을 아끼지 않았으며 유럽공동체European Community, EC에도 가입했다. 다행스러웠던 것은 영국이 경제적 이득은 최대한 챙기되 자국의 주권이나 유럽 각국과의 유서 깊은 연대를 지키는 면에서는 손실을 최소화하는 데 성공했다는 점이다. 드골은 생전에 영국의 이와 같은 술책을 간파하고 영국을 저지하려 했다. 드골이 세상을 떠나고 난 뒤, 영국의 EEC 가입은 성공적으로 협상될 수 있었다. 하지만 1980년대 후반에 접어들자 해묵은 딜레마가 다시 수면 위로 떠올랐고, 조만간 영국은 어느 한 쪽을 반드시 선택해야만 하는 상황에 처했다. 영국의 보수파는 연합왕국United Kingdom이 자신만의 고유한 영혼을 잃지는 않을까 염려스러웠다. 보수파 비판자들은 영국의 국내 문제는 유럽의 맥락에서만 해결이 가능하다고 주장하고 있었다.[17] 이 혼란스러운 와중에, 일각에서는 이러다 연합왕국이 탄생 300주년도 맞지 못한 채 명맥을 다 하는 것은 아닌지 우려하기도 했다.

프랑스, 이탈리아, 서독, 영국—모두 인구가 5000만 명을 넘었다—은 서유럽에서 단연 가장 커다란 규모를 자랑하는 국가들이었다. 규모가 더 작은 국가들이 영향력을 행사할 수 있는 길은 기껏해야 해당 권역의 연합에 가입하는 정도였다. 벨기에, 네덜란드, 룩셈부르크는 전쟁 이후 줄곧 비공식적으로 서로의 정책들을 조율해오고 있었으며, 1958년에는 베네룩스경제연합Benelux Economic Union을 완전히 성립시켰다. 민족 간 불화로 만신창이였던 벨기에는 1971년 들어 스스로 3개 자치 주—플랑드르, 브뤼셀, 왈로니아—로 구성된 연방체로 전환했다. 스칸디나비아반도에서는 나토 회원국 덴마크·노르웨이·아일랜드가 중립국 스웨덴·핀란드에 동참해 1952년에 북유럽이사회Nordic Council를 결성했다. 이 국가들의 국내 정치에서는 다양한 부류의 사회민주주의가 위세를 떨쳤다. 일반적으로 말해, 국가의 크기가 작을수록 종국에 탄생하게 는 유럽 연합에서의 비중은 더욱 컸다.

유럽의 파시즘은, 주변부에 머물긴 했지만, 더딘 속도로 자취를 감추어갔다. 포르투갈의 안토니우 드올리베이라 살라자르António de Oliveira Salazar 정권이 전복된 것은 1974년에나 이르러서였다. 스페인의 프란시스코 프랑코Francisco Franco 정권도 1975년 총통〔프랑코〕이 사망할 때까지 명맥을 이었다. 그리스는 키프로스에서 일어난 분쟁으로 나라가 심각하게 분열되면서 1967년에서 1974년까지 대령들로 구성된 군부가 정권을 탈취했다. 스페인은 파시즘에서 민주주의로 이행하는 과정에서 비교적 문제가 거의 나타나지 않았다. 1960년대 초반으로 거슬러 올라가는 경제개혁 프로그램을 통해 양 체제 사이의 수많은 차이를 꾸준히 제거해온 덕분이었다. 그러다 국왕 후안 카를로스 1세Juan Carlos I(재임 1975~2014)가 친정親政을 하는 군주제가 부활하면서 정치 리더십의 중대한 원천이 마련됐다. 이와 함께 스페인에는 자국이 서유럽 기구에 가입해야 한다는 강력한 대중적 합의가 형성돼 있었다. 미국의 지원도 하나의 요인이 됐다. 그 결과, 브뤼셀과 마드리드 사이 협상들이 오래 시간을 끌며 때때로 위태로운 순간을 맞기도 했으나, 141차례의 회기가 진행될 정도면 나토에 가입하고 1년 후인 1983년에 스페인이 EEC에 가입하는 데에는 충분했다. 스페인의 가입 이전에 나왔던 암울했던 예상들과는 달리, 다소 후진적으로 여겨지는 경제와의 통합은 사실상 아무 문제도 일으키지 않는 것으로 드러났다.

서유럽의 문화생활을 좌우한 요인으로는 정치적 자유주의의 풍토, 첨단기술과 대중매체 특히 텔레비전의 엄청난 발전, 미국 문물의 유입을 들 수 있었다. 그 전반적 영향은 갖가지 인습적 제약이 느슨해지고, 어느 정도는 민족의 개별적 특수성이 줄어드는 것으로 나타났다. 이제 예술과 과학의 자유는 당연한 일로 통했다. 다원주의적 견해도 표준으로 자리 잡았다.

철학 분야에서는 전쟁이 종식된 후 마르틴 하이데거Martin Heidegger(1889~1976), 장-폴 사르트르Jean-Paul Sartre(1905~1980)가 한 시대를 풍미했고, 영어권 세계에서는 오스트리아 태생으로 케임브리지대학에서 수학한 루트비히 비트겐슈타인Ludwig Wittgenstein(1889~1951)의 추종자들이 논리실증주의logical positivism를 내세우며 이제 다른 모든 철학은 없어도 그만인 학문으로 전락했다고 생각했다. 프랑스에서는 자크 데리다Jacques Derrida(1930~2004)와 해체deconstruction라는 그의 방법론을 추종하는 사람들 사이에서 모든 합리주의적 사고는 해체가 가능하며 아무 의미를 갖지 않은 것으로 보일 수 있다는 인식이 있었다. 마르크스주의Marxism도 20년 내지 30년 동안 지성계를 풍미했는데, 이는 결국 안토니오 안토니오 그람시Antonio Gramsci, 죄르지 루카치György Lukács, 에른스트 블로흐Ernst Bloch의 사상에서 힘을 얻은 마르크스주의 지성인들과 그들의 비판가들 사이에서 일명 '대규모 대치the Great Confrontation'가 벌어지는 결과로 이어졌다. 당시 마르크스주의에 가장 막강한 타격을 가한 것은 폴란드 태생의 과거 마르크스주의자 레셰크 코와코프스키Leszek Kołakowski(1927~2009)로, 그의 《마르크스주의의 주요 흐름: 기원, 성장, 분해Główne nurty marksizmu. Powstanie, rozwój, rozkład》(전 3권, 1976~1978)는 마르크스주의를 간략히 소개하는 지침서이면서 마르크스주의 죽음을 고한 부고이기도 했다. 유럽 페미니즘이 현대적 기조의 선언문을 마련한 것은 시몬 드 보부아르Simone de Beauvoir의 《제2의 성Le Deuxième Sexe》(1949)을 통해서였다. 사르트르는 한때 다음과 같이 썼다. "타인은 지옥이다." 사르트르의 배우자였던 보부아르는 다음과 같이 썼다. "당신은 안 태어났지. 여자가 돼봐야 할 텐데." [로셀]

매우 미국적인 특징이라 할, 과학을 존중하는 태도가 늘어난 것도 모든 학문 분과에 영향을 끼쳤다. 더 연륜이 오랜 모든 학과가 갖가지 사회과학—심리학, 경제학, 사회학, 정치학—으로부터 심대한 영향을 받았다. 하지만 황량하기 짝이 없던 당대의 학문적 조류들에 가장 큰 결실을 맺어준 대안은 오스트리아 태생의 칼 포퍼Karl Popper(1902~1994)가 제시해주었다. 포퍼가 쓴 《탐구의 논리Logik der Forschung》(1934)는 과학적 방법론과 관련해 당시 군립하던 제 가정을 뒤엎었다. 그는 아인슈타인의 선례에 따라 그 어떤 지식도 절대적이거나 항구적이지 않으며, 제반 가정이 정설로 확립될 수 있는 가장 훌륭한 방법도 그 안에 담긴 생각이 잘못됐다는 증거를 찾는 것이라고 주장했다. 《역사주의의 빈곤Poverty of Historicism》(1957)에서는 역사발전을 주관하는 법칙들을 공식화하고자 하는 사회과학의 허세를 여지없이 허물어뜨렸다. 《열린사회와 그 적들Open Society and Its Enemies》(1945)에서는 자유민주주의가 유럽 전역에서 두루 위세를 떨치기를 바라며 자유민주주의를 정당화하는 논거들을 제시했다.

예술 분야에서는 마침내 흐름이 바뀌어 모더니즘modernism의 해체 경향에 맞서는 조류가 일어났다. 이와 함께 옛것과 새것을 혼합한 '포스트모더니즘postmodernism'이 입지를 마련할 수 있었다. 잘츠부르크, 바이로이트, 에든버러 등에서 열린 국제적 차원의 축제들은 민족 간 장벽을 허무는 역할을 했다.

통신매체도 급증했다. 거의 모든 사람이 글을 읽을 줄 아는 시대에 접어들며 자유언론free press도 크게 번성했다. 《타임스The Times》(영국), 《르몽드Le Monde》(프랑스), 《코리에레델라세라Corriere della Sera》(이탈리아), 《프랑크푸르터알게마이네차이퉁Frankfurter Allgemeine Zeitung》(독일) 같은 고급지, 통속적 시사잡지, 타블로이드판 저급지 등이 속속 등장했고 1960년대부터는 합법화된 포르노도 유통됐다. 영화, 라디오, 음악 기술이 대중 청취자 속으로 대폭 영역을 확장하면서 '뮈지크 콩크레트Musique concrete'와 같은 새 예술 형태도 탄생했다("뮈지크 콩크레트" 또는 "구상음악具象音樂" "구체음악具體音樂"은 제2차 세계대전 후에 생겨난 전위음악의 하나로, 새소리나 도회지의 소음 등을 녹음해 기계나 전기로 조작·변형해 만드는 음악을 지칭한다). 그러나 광범위한 영향을 끼친 매체로 텔레비전에 견줄 것은 없었다—텔레비전 전국 방송이 시작된 것은 프랑스에서는 1944년 12월, 영국에서는 1946년, 서독에서는 1952년이었다.

미국의 영향력은 거의 모든 영역에서 감지된바 특히 할리우드영화, 댄스음악, 대중의상이 대표적이었다. 젊은이들이 유니섹스unisex 청바지를 빼입고 영화 속 우상이나 록스타처럼 자이브를 추거나 멋을 부리는 것으로 대변되는 패션과 '팝문화pop culture'는 대서양 너머까지 전해지며 세계 공통 현상으로 자리 잡았다. 세상이 별 제약 없이 행해지는 상업광고에 휘둘리는 세상이 되면서 일각에서는 "미디어가 곧 메시지the media was the message"가 되고 말 것이라는 우려가 즉 사람들이 아무것이나 믿게 될 수도 있다는 우려가 표출됐다. 이와 함께 미국식 영어—나토, 과학, '팝'은 모두 이 언어를 사용했다—가 국제사회의 주된 의사소통 매체로 자리 잡으면서 다들 영어를 쓰지 않을 수 없게 됐다. 프랑스에서는 공식적으로는 '프랑글레Franglais'(français(프랑스어)와 anglais(영어)가 혼합된 언어)의 사용을 금했으나, 영어를 가르치고 사용하는 일은 점차 서유럽의 모든 나라에서 교육적·문화적 선두에 서는 길로 받아들여졌다. 그러나 미국산 수입품 중 가장 악독한 저의를 품은 것으로 여겨진 대상은 다름 아닌 무분별한 물질주의materialism였다. 유럽인들이 경제동물economic animal로 전락한 것을 미국 탓으로 돌리기는 매우 부당한 처사일 것이다. 하지만 빌리 브란트(독일 사회민주당 당수, 총리(1969~1974))의 다음과 같은 물음에서는 유럽에 광범위하게 펴져 있던 생각들이 고스란히 담겨 있었다. "우리는 전부 미국인이 되고 싶어 하는 것인가?"

전후戰後의 사회생활은 전에 비해 훨씬 편안하고 평등했다. 전쟁이 사람들 삶을 고르게 정리해주는 역할을 훌륭히 해준 덕이었다. 물론 계급, 직업, 출신 가문에 따른 과거의 위계가 완전히 사라지지는 않았다. 하지만 사회에서의 이동성이 더 원활해졌고, 미국에서처럼 높아진 삶의 기준 덕에 부와 소득이 그 사람의 지위를 결정하는 주된 기준이 돼야 한다는 인식이 자리 잡았다. 모터리제이션mortorization〔자동차화, 자동차대중화〕이 가전제품의 대중화와 마찬가지로 빠른 속도로 진행됐다. 1970년대에는 노동자계층을 포함해 서유럽 가정의 절대다수가 차·세탁기·냉장고를 소유한 것은 물론 여름이면 휴가를 맞아 지중해의 해변으로 해외여행을 갈 수 있는 여력도 갖게 됐다. 동유럽인들은 이 모습을 부러움에 찬 시선으로 바라볼 뿐이었다. 동시에 EC의 공동농업정책Common Agricultural Policy, CAP은 막대한 양의 지원금을 쏟아내며 부를 도시에서 시골로 재분배하는 역할을 했다. 1960년대를 기점으로 수백만 명에 이르는 유럽의 농민들은 상대적으로 부유한 농장주로 변모해 있었다. 원시 촌락들도, 특히 프랑스·독일·북이탈리아 등지에서, 급속도로 현대화와 기계화의 과정을 거쳤다.

구조적 측면에서도 여러 변화가 일어나 사람들의 사회적 태도에 깊이 각인됐다. '복지국가Welfare State'—영국의 국민보건서비스National Health Service, NHS(1948), 서독의 모범적 연금계획, 프랑스의 저가 주택 공급을 위한 대규모HLMhabitation à loyer modéré("저가 임대 주택"이라는 뜻이다) 프로젝트와 같이 광범위한 사회 서비스를 제공하는 체제—가 생겨나 건강 악화, 실업, 노숙, 노년과 관련한 종래의 근심을 상당부분 제거해주었다. 그러나 이와 같은 체제는 일종의 심리적 의존이 생겨나는 데에도 한몫했는바, 사람들은 이제 국가가 개인을 요람에서 무덤까지 정성스레 돌보아줄 것이라 기대하며 정작 자신은 아무것도 하지 않는 무기력한 상태에 빠져들기도 했다. 아울러 그런 체제가 있다고 해서 빈곤의 문제가 싹 사라지는 것도 아니어서, 대체로 풍족한 사회에서 빈곤의 문제들은 유독 쓰라리게 다가왔다. 임금 인상은 일반 대중을 '소비자consumer'로 변모시켰고, 공격적 광고와 사회적 모방이라는 방법을 통해 헤픈 소비자가 되도록 압력을 가했다. 소비주의consumerism가 경제를 성장시키는 동력이 된 것은 분명 사실이었다. 하지만 그로 말미암아 물질적 진보는 수단이 아닌 목적이 돼버렸다. 또한 정치는 소비주의의 위협을 받아 재화 공급을 주된 현안으로 삼는 논쟁으로 변질됐다. 소비주의를 통해 젊은이들은 오로지 소유만이 보람을 가져다준다고 배우게 됐다. 소비주의는, 사람들 눈앞에 탐나는 물건들을 휘황찬란하게 선보임으로써 확실히 동유럽의 공산주의 프로파간다가 내거는 것보다는 더 효과적인 형태의 물질주의였다.

1960년대에 일어난 '성性혁명sexual revolution'은 누구나 피임약을 구하게 되면서 더욱 촉진돼 종래의 도덕관념들을 급속히 허물어뜨렸다. 성혁명으로 혼외 성관계, 사생아, 동성애, 이혼, 비혼非婚 동거는 더는 사회적으로 부끄러운 일이 아니게 됐다. 유럽 대부분의 국가에서는 성혁명과 함께 동성애가 밀실을 벗어났고, 개인적 합의에 따른 남색男色, sodomy이 범죄의 딱지를 뗐으며, 포르노 및 외설 관련 법률이 완화됐고, 낙태 합법화가 광범위하게 이루어졌다. 변화의 속도는 지역에 따라 천차만별이었으며, 선두에 선 나라가 덴마크였다면 꽁무니에 선 나라는 아일랜드였다. 성혁명에 대한 반발도 강력하게 일어났는데, 결혼, 가정, 인도적 사랑 같은 근본적 가치들이 위협을 당한다고 여긴 가톨릭계 세력 안에서 특히 두드러졌다.

종교생활은 심각한 쇠락을 겪고 있었다. 전시의 공포와 전후의 물질주의로 수많은 사람의 신앙은 산산이 깨졌다. 교회에 나가는 것은 더는 사회적 관례로 통하지 않았고 각 가정 및 개인의 사적私的 성향에 맡겨졌다. 신자는 물론 정규 성직자도 찾아볼 수 없어 반쯤 버려진 교회들을 만날 수 있기는 단순히 교회 핵심부나 산업지대 외곽만이 아니라 시골 지역도 마찬가지였다. 프로테스탄트를 신봉하는 잉글랜드와 가톨릭을 신봉하는 프랑스 모두 심각한 타격을 입었다. 1500년 만에 사상 처음으로 기독교는 차차 소수의 신앙이 되고 있었다.

이에 대한 한 가지 반응이 에큐메니즘ecumenism이었다("에큐메니즘"은 기독교의 교파와 교회를 초월해 하나로 통합하려는 세계 교회주의 및 그 운동이다). 1948년 이후부터 제네바에 본부를 둔 세계교회협의회World Council of Churches, WCC는 자발적 상호협력이라는 목표 아래 주류 프로테스탄트 및 정교회 교파들을 하나로 결집하는 역할을 했다. 그렇다고 협의회의 고상한 이상이 항상 저급한 정치와 격을 둘 수 있었던 것은 아니었지만.

처음에 로마가톨릭교회는 이런 움직임에 시종 냉담했다. 1950년대, 산업현장에서 일하는 '노동사제worker-priest'를 주축으로 프랑스에서 시도된 소규모 실험은 바티칸에 탄압을 당했다. 그러나 따스한 인간애가 돋보이는 안젤로 주세페 론칼리Angelo Giuseppe Roncalli 추기경이 교황 요한 23세John XXIII(재위 1958~1963)로 즉위하면서, 교회가 대대적 개혁으로 선회하는 전기가 마련됐다. 그가 발표한 회칙 〈파켐 인 테리스Pacem in Terris〉〔지상의 평화〕는, 이례적으로, 종류를 막론하고 신앙을 가진 모든 이를 대상으로 삼고 있었다. 〈마테르 에트 마기스트라Mater et Magistra〉〔어머니요 스승〕에서는 세계의 사회복지에 대한 관심을 보여주었다. 교황이 '제2차 바티칸공의회Vatican II'로도 통한 제21회 보편교회세계회의the 21st Ecumenical Council of the Universal Church를 소집한 것은 트리엔트공의회(1545~1563) 이래 교회가 내디딘 가장 급진적인 방향으로의 첫 행보였다.

제2차 바티칸공의회는 총 4차례의 회기에 걸쳐 1962년 10월에서 1965년 12월까지 이어졌으며 "반종교개혁을 종식시킨 회의"라는 평을 받아왔다. 회의에서 개혁을 위한 수많은 제안이 나왔지만 보수파와 진보파 사이에 한바탕 싸움이 벌어지며 그 의미가 퇴색되거나 혹은 거부당했다. 일례로, 유대인들을 신을 죽인 혐의에서 풀어준다는 선언은 다소 수정된 형태로 통과됐고, 현대의 산아제한을 지지하자는 제안도 중도에 폐기됐다. 하지만 교황청의 권력은 대거 절단을 당했다. 또 의무로 규정돼 있던 트리엔트 라틴 미사를 일상어 전례를 이용하는 로마식 전례로 대체하는 한편, 평신도들이 더욱 많은 일을 책임질 수 있게 했다. 통혼 관련 규제들이 완화됐고, 에큐메니즘도 최종 승인을 얻었다. 그러나 가장 중요했던 것은 새롭고 개방적이며 유연한 기조가 본격적 행보를 시작했다는 것이었다.

새로 생겨난 이러저러한 가톨릭 조직 가운데 세간에서 점점 큰 이목을 끈 곳은 오푸스데이Opus Dei였다. 1928년에 스페인 사제 호세-마리아 에스크리바 데 발라게르Josemaría Escrivá de Balaguer(1902~1975)가 창설한 이 단체는, 제2차 바티칸공의회가 평신도에게 부여한 특별한 역할을 포착했다. 오푸스데이의 창설자가 전무후무한 속도로 시성諡聖의 단계까지 오르게 됐을 때, 비판자들 눈에는 이 조직이 교회 안에 생겨난 사악하고 비합리적인 세력으로 비쳤다. 그러나 그 옹호자들이 보기에 오푸스데이는 영혼, 그중에서도 젊은이들의 영혼을 재생하기 위해 일어난 무엇보다 떳떳한 운동이었다.

요한 23세를 통해 생겨난 이 모멘텀은 이후 그를 계승한 주요 두 인물을 통해 한결같이 유지됐다. 바오로 6세Paul VI(조반니 바티스타 엔리코 안토니오 마리아 몬티니Giovanni Battista Enrico Antonio Maria Montini 추기경)는 교황(재위 1963~1978)이 되자 해외 순방에 올랐는데, 나폴레옹이 비오 7세Pius VII를 강제 추방(1809)한 이래 교황이 이탈리아 땅을 벗어나기는 처음이었다. 바오로 6세가 발표한 회칙 〈후마네 비테Humanae Vitae〉〔인간 생명〕(1968)는 피임 금지 입장을 재확인해 진보주의자들을 경악하게 했으나, 교황이 콘스탄티노폴리스와 예루살렘을 찾아 정교회 지도자들을 감싸 안은 것은 가톨릭교회 역사에 하나의 이정표가 될 만했다. 제한적이나마 영국국교회 및 루터파 신자들에게 다가가려는 노력도 이루어졌다. 요한 바오로 2세John Paul II(카롤 유제프 보이티와Karol Józef Wojtyła. 추기경)는 교황(재위 1978~2005)에 즉위하자 이와 같은 행보에 박차를 가해 가톨릭교회의 노력을 엄청나게 돋보이고 힘차게 만들어주었다〔폴란드 출신의 요한 바오로 2세는 455년 만의 비非이탈리아인 교황이기도 하다〕. 배우이자 언어학자로서, 세계를 누비는 데 남다른 능력을 가졌던 그는 교황직이 어떤 것인가를 세계만방에 알리는 역할을 했다. 1981년 5월에는 성베드로광장에 머물다, 아마 소련의 KGB에 고용됐을 한 터키인 테러리스트의 암살 기도에 목숨을 잃을 뻔하기도 했다. '해방신학liberation theology', 산아제한, 성직자의 기강 문란 문제에서는 한 치의 양보 없이 반대 입장을 표명한 그는 일면에서는 통렬한 전통주의자이기도 했다. 요한 바오로 2세가 스위스 신학자 한스 큉Hans Küng(1928~2021)이 교황의 무오류성 교리에 의문을 제기한 데(1979년) 대해 그의 교수강의〔가톨릭 신학〕 자격을 박탈한 것은 수많은 가톨릭계 지성인에게서 우려를 사기도 했으며, 도덕철학과 관련한 교회의 가르침을 설파한 내용은 〈베리타티스 스플렌도르Veritatis Splendor〉〔진리의 광채〕(1993)라는 회칙에 잘 요약돼 있는바 해당 분야에서 활동하는 '상대주의자relativist'들'에게는 자신들에 대한 공격이나 다름없었다. 그러나 요한 바오로 2세의 시야는 드넓고 연민에 차 있었다. 서쪽에서 교황은 캔터베리를 찾아 영국국교회의 본거지에 발을 들이는가 하면, 아일랜드를 찾아서는 몸소 사람들에게 평화를 호소했다. 동쪽에서는 모국 폴란드에서 매우 중차대한 역할을 수행했던바, 순전히 개인적 인품과 인권 지지 입장만을 들고서 공산주의의 힘을 약화시키는 데 성공했다. 그는 탄압받는 리투아니아인들과 합동동방가톨릭을 신봉하던 우크라이나인들에게도 도움의 손길을 내밀었고, 자신은 동방정교회를 존중하는 입장임을 분명히 선언했다. 나중에 드러난 사실이지만, 요한 바오로 2세는 당시 소비에트 블록에 포로로 잡혀 있던 사람들에게도 서쪽에서 환히 빛을 발하며 꺼질 줄 모르는 희망의 봉화와 같은 존재였다. 자신이 소집한 유럽주교회의Synod of European Bishops(1991)를 거부한 러시아정교회의 저항에도 아랑곳 않고, 요한 바오로 2세는 동쪽과 서쪽을 하나로 결집시키겠다는 목표를 밀고 나갔다. 그는 유럽을 다함께 기독교를 믿는 지역으로 통합시키려 혼신의 노력을 다했다.

전쟁이 끝나고 났을 때 서유럽의 인구는, 세간의 예상을 뒤엎고, 전쟁 이전에 비해 더욱 가파르게 상승했다. 전시의 인구 손실은 전후 10년간 일어난 베이비붐baby boom으로 재빨리 회복됐다. 1940년 당시 2억 6400만 명이던 OECD 16개국 인구는 1966년에 3억 2000만 명으로 불어났고, 1985년에는 3억 5500만 명으로까지 늘어났다. 16개국 가운데 1인당 국민소득이 가장 높았던 스위스는 출생률도 가장 높아서 1950~1985년에 스위스의 인구는 거의 두 배가 됐다. 프랑스의 회복세도 특히나 눈에 띄었다. 거의 1세기 가까이 4000만 명 수준에서 안정세를 유지해오던 프랑스의 인구는 1985년에는 5520만 명까지 이르러 영국 및 이탈리아와의 격차를 해소했다. 서독도 얼마 안 가 유럽 최대의 단일 국가로(1985년 인구 6110만 명) 자리매김하며 최대 규모의 GDP를 자랑하게 됐다. 출생률은 1960년대 이후로는 일반적으로 다시 하락세를 보여, 이후 몇 세대에는 특유의 '바닥'과 '급등' 패턴이 나타났다. 그러나 사망률도 꾸준히 감소했다. 이는 연령대 구조에도 영향을 끼쳤다. 독일·프랑스·영국에서는 난민 및 이주민도 인구 증가에 제법 큰 비중을 차지했다. 전쟁 이전에만 해도 유럽인 가운데에는 중년 인구가 압도적으로 많았으나, 전후 유럽인 사이에서는 고령층과 은퇴자의 비율이 점차 늘어갔다. 한편 농업 인구는 그 규모가 극적으로 감소해 1965년 무렵에는 EEC 전체에서 차지하는 농촌 인구의 비중은 17퍼센트에 그쳤다.

서유럽이 이룩한 사상 최대 성공 스토리의 기반은 다름 아닌 경제 실적이었다. 1948년 이후 서유럽 경제 부흥의 속도와 규모는 유럽 역사에서 전례를 찾아볼 수 없었으며, 일본을 제외하고는 세계 그 어느 곳도 상대가 되지 않을 만큼 대단했다. 경제 부흥은 너무도 예측을 벗어난 데다 엄청난 장관을 연출해 역사학자들 사이에서는 어떻게 이런 일이 일어났는지를 두고 의견이 엇갈릴 정도다. 당시 일과 관련해서는 설명을 시도하기보다 있는 그대로를 그저 묘사하려고 하는 편이 훨씬 쉽다. 서유럽의 경제 부흥이 기지개를 펼 수 있었던 데에는 마셜원조, 미국과의 상호작용, 족쇄 풀린 기업을 대대적으로 선호하는 자유민주주의의 분위기가 커다란 일익을 담당했다. 이와 함께 서유럽의 경제 부흥은 반드시 과학과 기술의 여러 발전을 비롯해 농업, 동력, 수송, 산업, 노사관계에서 일어난 급진적 변화와 관련지어서도 살펴봐야 한다.

마셜원조는 본질적 측면에서 펌프의 마중물을 채우는 일이었으니, 전후 초반의 급격한 물량 증가가 한풀 꺾인 이후로는 마셜원조로 공급된 현금이 유럽의 무역 및 산업을 지탱해주었다. 그러나 마셜원조는 펌프의 설계 자체에는 별 관심이 없었다. 다른 식으로 은유하자면, 마셜원조는 OECD 가입국의 경제가 자력갱생할 수 있게끔 힘을 불어넣어준 일종의 수혈과정인 셈이었다. 이 단계 초반부터 미국 최대 규모 회사 여럿이 서유럽에 투자했다. 듀폰Dupont, 제너럴모터스General Mortors, 나중에는 IBM까지 모두 대서양 건너편에 경쟁세력이 생겨나는 것을 도왔다. 얼마 안 가 유럽에는 더욱 거대한 다국적기업—로열더치셸Royal Dutch Shell, BP, EMI, 유니레버Unilever—이 생겨나 자신들이 받았던 선물을 갚아주었다.

오늘날의 경제 이론 및 실천 방법은 유럽-미국 간 상호작용의 산물일 때가 무척 많다. 거시경제학에서 존 메이너드 케인스(1883~1946)가 일으킨 혁명은 이미 정설로 자리 잡아, 기업 분위기 진작, 완전 고용 유지, 그리고 화폐 공급, 이자율, 통화, 세율 조절로 되풀이되는 경제 위기를 관리하는 데에 정부 개입이 필수적이게 됐다. 얼마 지나지 않아 밀턴 프리드먼Milton Friedman(1912~2006)의 영감을 받아 통화주의자monetarist들이 케인스에 반발했다. 서유럽은 케인스가 영국대표단을 이끈 1944년 7월 브레턴우즈회의Bretton Woods Conference에서 영국-미국의 후원하에 창설된 국제통화 체제에 초기부터 참여했다. 이 체제 속에서 생겨난 국제통화기금International Monetary Fund, IMF과 세계은행World Bank은 모두 유엔에 의해 운영됐고, 유럽이 강하게 관여했으며, 유럽 국가들로만 구성된 다른 기구들과 어느 정도 경쟁을 벌였다. 미국에서 그랬듯, 서유럽에서도 민주주의 정치는 성공적 시장경제를 효과적으로 경영해나가는 데에 필수적 부속품이었다.

과학과 기술도 거대 국가와 국제 자금이 밑받침이 돼야 그 힘을 키워나갈 수 있는 시대로 접어들었다. 세른CERN 곧 유럽원자핵공동연구소Conseil Européen pour la Recherche Nucléaire(1954)와 에르소ERSO 곧 유럽우주연구기구European Space Research Organization, ESRO(1964) 등이 주요 프로젝트로 꼽혔다(전자는 "유럽입자물리연구소"로도 불리고, 후자는 "유럽우주기구European Space Agency"의 전신이다). 항공기 생산 같은 고비용 사업체를 운영하는 것은 이제 국가 차원의 예산으로는 충분치 않았다. 한편 현대적 농업 기술들은 1950년대에나 들어서야 서유럽 지역의 더 많은 지역에까지 보급됐다. 1945년만 해도 트랙터를 몰며 농사를 짓는 영국인 농민의 모습은 다른 데서는 좀처럼 보기 힘들었다. 그러나 1960년에 이르자 유럽 대륙에서는 무척 영세한 자작농도 트랙터로 농사를 지을 수 있게 됐다. 온갖 종류의 기계화, 인공 비료, 집약적 농사법도 뒤이어 등장했다. 이때에도 영국과 서독은 여전히 식량 수입국의 처지를 면치 못했지만, 덴마크·프랑스·이탈리아는 대규모 식량 수출국으로 자리 잡았다. 1960년대부터 서유럽에 공동농업정책CAP에 따른 엄청난 양의 과잉 생산물—그 악명 높은 '버터 산butter mountain', '와인 호수wine lake', '곡물 언덕grain hill'—이 쌓이면서 유럽인도 이것들을 어떻게 처리해야 할지 난감했다. 발전發電 분야는 종래의 석탄에서 벗어나, 석유, 천연가스, 수력전기, 핵연료로 옮아갔다. 특히 프랑스는 수력전기와 원자력발전소에 대규모 투자를 단행했다. 1970년대에 스코틀랜드와 노르웨이는 연안에서 북해의 석유와 가스가 발견되면서 에너지 자원의 해외수입 의존노가 낮아졌다.

교통 기반시설도 옛 모습을 알아볼 수 없을 만큼 대거 확장됐다. 국가철도망은 전기시설과 합리적 체제를 갖추게 됐다. 프랑스는 1981년 도입된 SNCF(프랑스국유철도)의 '초고속열차Train de Grande Vitesse' 곧 테제베TGV로 초고속열차의 시대로 접어들었고, 이에 필적하는 기술을 갖춘 곳은 전 세계에서 일본뿐이었다. 독일의 아우토반autobahn은 체계적 계획에 따라 확장돼나갔다. 독일의 아우토반을 모델 삼아 유럽의 다른 지역들에도 (이탈리아의) 아우토스트라다autostrada, (프랑스의) 오토투트autoroute, (영국의) 모터웨이motorway 등 장대한 그 나라만의 고속도로들이 생겨났다. 알프스산맥 아래 혹은 영국해협을 지나는 터널들(1993), 오스트리아의 오이로파브뤼커Europabrücke(유럽의 다리) 같은 압도적 풍모를 자랑하는 교각들이 생겨나 하나로 통합된 망에 듬성듬성 난 틈을 메워주었다. 엄청난 용적의 국제 운하들이 라인강과 론강, 로테르담과 마르세유를 연결해주었다. 로테르담 근방의 유로포르트Europoort는 세계 최대 규모를 자랑하며, 1981년 마무리된 간척 및 홍수 제어를 골자로 한 야심 찬 라인강삼각주계획Rhine Delta Plan에서 구심점을 형성했다. 항공여행도 크게 발달해 이제 서유럽의 비즈니스맨은 고민할 것 없이 유럽의 도시는 어디든 택해 그곳에서 일과 업무를 보고 그날 저녁에 집으로 돌아오는 것이 가능하게 됐다.

탈산업 경제들은 더는 중공업의 양적 생산에 의존하지 않게 됐다. 산업에서는 서비스 부문이 급증함과 동시에 새로운 슈퍼마켓과 백화점 같은 새로운 소매점 구조를 도처에서 찾아볼 수 있었다. 유럽의 제철 및 제강은, 1950년대의 잘 알려진 활황기를 한 차례 거친 이후, 전기·플라스틱·정밀기계에 자리를 내주었다.

바로 이러한 요소들까지 갖춰진 덕에, 마셜원조를 통해 작동할 채비를 갖추고 있던 강력한 경제 모터가 속도를 내기 시작했다. 한국전쟁으로 인한 1951~1952년과 1957~1958년 두 차례 잠시 정체된 일을 제외하면, 모든 주요 경제지표는 멈추지 않는 기세로 위를 향해 나아갔다.《유럽경제조사Economic Survey for Europe》(1951)는 1950년대 말이면 산업 생산이 40~60퍼센트 성장할 것으로 예측했다. 이 목표치가 초과달성 되는 데는 5년도 채 걸리지 않았다. 1964년 무렵 산업생산량은 1938년의 2.5배 이상으로 늘어났다. 1948~1963년에 연평균 GDP 성장률은 서독 7.6퍼센트, 이탈리아 6퍼센트, 프랑스 4.6퍼센트, 영국 2.5퍼센트에 이르렀다.

이와 같은 서유럽의 부흥에서 가장 핵심에 자리한 것이 서독의 "경제기적"인 비르트샤프 츠분더였다. 그러나 세간의 잘못된 통념과는 반대로, 서독이 실적 면에서 경쟁국들을 모조리 제친 것은 아니었다. 이탈리아의 미라코로miràcolo(기적)도 서독의 비르트샤프츠분더 못지않 을 만큼 대단했고, 유럽 대륙에서 최고의 삶의 기준이 생겨난 곳도 서독은 아니었다. 그렇다고 는 해도 서독 경제가 규모 면에서 워낙 크고 그 위치가 중심적이어서 서독 없이는 유럽의 다 른 모든 사람도 성공을 거두기가 불가능했다. 서독의 경제적 성공에 따른 심리적 효과가 더욱 컸던 것은 애초 서독이 지극히 낮은 데에서 출발한 때문이었다. 독일의 경제기적을 구상한 루 트비히 에르하르트는 프랑스와 이탈리아에서 선호하는 종류의 정부 계획안은 단칼에 거절했 지만, 그럼에도 특정 핵심 부문에서는 국유화가 이루어졌다. 나머지는 이제 효율적인 기구, 대 규모 투자, 건실한 교육, 부지런한 노동이 해결해야 할 것이었다. 서독의 기적은 당시의 수치들 에 그대로 드러나 있다. 1948~1962년 동안 서독은 외국무역에서 연평균 16퍼센트의 성장세 를 보였으며, 자동차 보유 대수에서도 1948년 20만 대에서 1965년에는 900만 대로 치솟았다. 같은 기간 서독에 새로 건설된 주택만 800만 호였다―작은 나라라면 국민 전부가 충분히 들어가 살 수 있는 양이 었다. 실업률은 급격하게 떨어져 서독으로 '가스트아르바이터Gastarbeiter'(초청노 동자guest worker) 이주민 물결이 일었고 특히 터키와 유고슬라비아에서 온 이들이 많았다. 서독에 대한 해외투자는 1961년 서독 정부가 투자를 적극 만류했을 때에야 주춤했다. 다음에 제시된 산 업생산지표(1958년 = 100)를 보면 전쟁에서 가장 큰 타격을 받고 간신히 버텨온 서독이 얼마나 큰 진척을 보였는지 알 수 있다.

	1938	1948	1959	1967
서독	53	27	107	158
프랑스	52	55	101	155
이탈리아	43	44	112	212
영국	67	74	105	133
미국	33	73	113	168
일본	58	22	120	347 [18]

군이 비교를 하자면, 당시 서독의 GNP 규모는 소비에트 블록의 동유럽 국가 전체의 GNP 를 합친 것보다 1150억 달러 더 많았다.

서유럽이 득의양양하게 경제적 성공을 이루자 사람들은 내심 초조할 수밖에 없었다. 유럽 각국의 경제가 저 나름으로도 훌륭히 번영을 이룩했는데, 각 국민국가(민족국가) 사이를 가로막고 있는 그 허다한 장벽이 싹 사라진다면, 그렇게 해서 일치단결을 이룬다면, 유럽은 훨씬 더 번영을 누릴 수도 있지 않겠는가 하는 생각이 든 것이다. 여기에 바로 휘청대던 유럽 연합European union 운동에 새로이 생동감을 불어넣게 되는 사상의 싹이 배태돼 있었다. 유럽 연합 운동은 유럽의 경제적 통합을 그 자체로 제한적 목표로 삼는 사람들에게도 호소하는 바가 있었으나, 그 운동을 한 차원 더 근본적인 정치 과정으로 나아가는 수단이라고 본 사람들에게도 호소하는 면이 있었다.

앵글로-색슨족이 주도권 잡기를 거절한 이상 유럽의 망토가 일차적으로 프랑스의 어깨 위에 걸쳐진 것은 어쩌면 당연한 일이었다. 프랑스인들은, 독일인들이나 이탈리아인들과는 달리, 그간 성공적 연정을 통해 자신들의 원래 위치로 돌아올 수 있었다. 동시에 프랑스인들은 자신들이 부차적 역할밖에 할당받지 못한 것에 분개하고 있었다. 이런 상황 속에서, 당시 프랑스를 주름잡고 있던 드골주의 운동에서 민족적 색채가 덜했던 일파가 그들도 모르는 새에 역사적 기회를 맞게 된다. 1948년 7월 20일, 퇴임을 앞둔 프랑스 외무장관 조르주 비도가 유럽 통합European unification을 지지하는 강력한 성명을 발표한 것이 계기였다. 성명 이후 장 모네, 로베르 쉬망, 르네 플레방 모두 유럽 통합이라는 도전에 달려들게 된다.

장 모네Jean Monnet(1888~1979)는 경제학자로, 코냐크에서 가업인 양주 사업을 이끈 것이 첫 이력이었다. 1920년부터 1923년에는 국제연맹의 사무차장으로 일했으며, 1940년에는 프랑스-영국 연합이라는 구상을 처칠에게 제시했다. 1947~1949년에는 프랑스에서 마련된 국가경제계획을 이끌었는데, 여러 부처의 장관들을 보좌하며 이 계획을 추진했다. 그는 경제적 측면에서는 물론 군사적 측면에서도 온전한 유럽 연합이 가능하다고 열렬하게 믿었다. 모네는 '기능주의functionalism'를 통해, 다시 말해 그 어느 때보다 늘어가던 여러 평시옹fonction 즉 '활동 영역sphere of activity'들을 국가적 통제에서 차츰 초국가적 기구의 통제로 넘기는 방식을 통해 자신의 목적을 한 단계씩 성취해나갔다. 아리스티드 브리앙의 후계자였던 그는 '유럽의 아버지the Father of Europe'로 일컬어졌다. 로베르 쉬망(1886~1963)은 로렌 지방 출신의 가톨릭교도로, 마르크 상니에와 모네 모두를 가장 앞장서서 뒤따랐다. 전쟁 전에는 하원의원으로 오랜 기간 봉직했다. 전쟁 중에는 레지스탕스에 가담해 싸우다 투옥되기도 했다. 전쟁 후에는 가톨릭 MRP(대중공화운동)의 창립회원이 됐는바, 이 당에서 명예의장을 맡은 것이 상니에였다. 의자 앉기 놀이라도 하듯 걸핏하면 사람이 바뀌던 프랑스 제4공화국의 정국 속에서 쉬망은 총리직을 두 차례 지냈다. 그는 1948~1950년 중대한 전기를 맞아 케도르세Quai d' Orsay에, 곧 프랑스 외무부 수장 자리에 오르게 된다('케도르세'는 프랑스 외무부가 자리한 거리 이름이다). 르네 플레방René

Pleven(1901~1993)은 전시 자유프랑스군Forces Françaises Libres의 일원으로 활동했던 인물로 역시 두 차례 프랑스 총리를 지냈다. 플레방은 말이 드골파이지 정작 그 노선은 드골의 신조에서 벗어난 전前드골주의 당파의 지도자였다.

이들 프랑스인 일파에 선뜻 협력자로 나선 것이 폴-앙리 스파크(1899~1972)와 알치데 데가스페리(1881~1954)였으니, 연락위원회가 결성됐을 당시(앞의 내용 참조) 쉬망과 손을 잡았던 인물들이었다. 스파크는 사회주의자로, 1938년에서 1966년 동안 거의 공백 한 번 없이 벨기에에서 외무장관, 재무장관, 총리로 재직했다. 1946년에는 유엔총회 초대 의장을 지내기도 했다. 데가스페리는 남티롤 출신의 기독교민주당원으로 2개 국어를 능통하게 구사했으며, 1945년에서 1953년까지 이탈리아에 잇따라 등장한 연립정부에서 총리로 일했다. 가스페리도, 스파크와 마찬가지로, 나토를 강력하게 지지했다. 이 두 사람이 어마어마한 위력을 가진 팀을 구성해 속도를 내기 시작했다.

유럽평의회Council of Europe가 스트라스부르에서 업무를 개시한 것은 1949년 8월이었다. 유럽평의회가 최소한의 임무 즉 토론·홍보·연구를 통해 유럽 통합의 이상을 고취하는 것만을 맡아 진행하려 한 것은 영국의 유보적 입장에 따른 것이었다. 사실 유럽평의회는 정책을 집행할 실질적 힘이 없었다. 영국을 포함해 11개국이었던 유럽평의회 회원국은 곧 18개국으로 늘어났다. 유럽평의회를 운영해나간 것은 비공개로 열린 각료위원회Committee of Ministers와 공개로 열린 자문회의Consultative Assembly였다. 범죄, 인권, 문화 협력, 법률 공조 분야에서는 따로 상임위가 구성돼, 이 상임위들을 관할한 유럽인권재판소European Court of Human Rights, ECHR와 실질적 작업을 해나갔다. 그러나 이 기구들의 비전은 확실히 모호한 먼 미래에 맞춰져 있었다. 스트라스부르가 유럽평의회의 개최를 환영한 지 1년도 채 지나지 않아 그보다 훨씬 많은 야심을 담은 쉬망플랜Schuman Plan이 파리에서 베일을 벗었다.

운동가들의 전략은 그래야 프로그램이 조금이라도 받아들여지리라는 희망을 갖고 최대한 많은 구상이 담긴 제안들을 내놓고 그것을 밀어붙이자는 것이었다. 운동가들은 여전히 워싱턴과 런던이 지배하는 서방 동맹에서 조직을 운영할 수밖에 없었고, 따라서 이는 나토, 유럽경제협력기구Organisation for European Economic Co-operation, OEEC(후일의 OECD), 유럽평의회 같은 기구의 기존 틀을 보완하는 것으로 비칠 수밖에 없었다. 그랬음에도 1950년 5월에 만들어진 쉬망플랜에는 광범한 분야를 아우르는 경제, 군사, 정치 기구들에 대한 구상이 일괄적으로 담겨 있었다. 쉬망플랜은 경제기구를 창설해 제철 및 제강 산업 분야를 조정하도록 하는 한편 유럽군을 창설해 이 둘이 함께 유럽합중국의 토대를 마련할 것을 요구했다. 이 계획은 런던과의 사전 협의 없이 비밀리에 준비됐다. 쉬망플랜 발표를 계기로 경제적 요소들이 본격적으로 제 궤도에 올랐고, 군사적·정치적 요소들은 답보 상태에 머물렀다. 이후 유럽 통합의 이 세 갈래 요소들은 저마다 다른 속도로 각자의 길을 가게 된다.

쉬망플랜의 주된 강점은 프랑스-독일(서독) 사이에 화해에 대한 호소에 있었다. 마침 분데스레푸블리크(연방공화국 곧 독일)는 대단한 경제적 확장을 거의 다 이룬 참이었지만, 그래도 아직은 정치적 고립을 벗어나지 못한 채였다. 라인란트 출신인 독일의 아데나워 총리는 프랑스-독일 간 숱한 전쟁의 그늘 밑에서 일평생을 보냈고, 쉬망과 함께 진보적이고 민주적인 가톨릭 신앙을 지향한 인물이었다. 프랑스와 독일 사이 화합의 전망은 논리적 반박이 불가한 의견 합치를 통해 합의라는 든든한 자금을 마련해준 셈이었다. 이 움직임은 일단 굴러가기 시작한 이후 계속 추진력을 얻어나갔다.

유럽식탄철강공동체European Coal and Steel Community, ECSC(1952)는 쉬망플랜이 낳은 첫 자식이었다. 이 공동체의 목적은, 모든 가입국에서 별개의 군사-산업 기반시설이 다시 세워지는 것을 사전에 막자는 데 있었다. 유럽석탄철강공동체의 초대 의장을 맡은 것이 장 모네였다. 1951년 5월 유럽석탄철강공동체 창설 조약이 조인됐고, 유럽 '6개국the Six'(또는 가맹 6개국Inner Six)—프랑스, 서독, 이탈리아, 베네룩스—이 하나로 뭉쳤다. 이 6개국은 석탄과 철강 분야에서 자유무역을 시행하고, 제조업 및 경쟁을 관할하는 공통의 규제를 따르며, 국가에 '명백한 위기' 상황이 닥쳤을 때는 물가와 생산을 통제하기로 합의했다. 누가 봐도 성공적 행보였다. 영국은 참여하지 않았다. (유럽석탄철강공동체는 공동체를 탄생시킨 파리조약(1952년 발효)이 2002년에 만료되면서 그 활동이 암스테르담조약과 니스조약 틀 아래의 유럽공동체EC에 흡수됐다.)

군사적 갈래는 심각한 장애물들을 맞닥뜨렸다. 플레방플랜Pleven Plan(1950)은 쉬망플랜의 군사 관련 조항들을 수정해 내놓은 것이었다. 하지만 이 계획은 여전히 드골의 단도직입적 거부에 직면했다. 복잡하기 짝이 없는 협상들이 4년 동안 시일을 끌며 이어졌다. 영국은 나토의 힘을 약화시킬 의향이 없었고, 프랑스는 타협안으로 나온 유럽방위공동체European Defense Community, EDC에 반대했다. 종국에 나온 성과가 서유럽연합Western European Union(1955)이었으나, 독자적 권한이라곤 거의 없는 이 심의기구는 창설되고 얼마 지나지 않아 수에즈위기라는 대혼란을 경험하게 된다.

1955년에 열린 메시나회의Messina Conference를 기점으로 이제 유럽 운동에서는 경제적 통합이 전략적 차원의 가장 주된 요소로 자리 잡게 된다("메시나회의"는 유럽석탄철강공동체 6개 회원국의 회의였다). 정치적 측면에서는 여전히 이렇다 할 진전이 없었다. 아닌 게 아니라, (회의에 참가한) 회원국들은 강하고 성공적인 경제 공동체야말로 장기적인 정치적 목표들을 추구해갈 가장 확실한 길을 터줄 것이란 결의를 다진 참이었다. 회원국들은 이 노정을 이후 30년 넘게 지속적으로 밟아나가게 된다. 로마에서 맺어진 두 개의 조약(1957년 3월 25일) 속에 유럽석탄철강공동체의 성공을 상업 및 경제생활의 전 분야로 확장시키겠다는 6개국의 결의가 잘 드러나 있었다. 두 조약을 통해 탄생한 것이, 똑같이 1958년 1월 1일에 정식으로 출범한, 유럽경제공동체 EEC(공동시장Common Market)와 유럽원자력공동체(유라톰)European Atomic Energy Community, Euratom였다. EEC의 주목적은 공동체 내 모든 관세를 철폐하고, 공통의 외국무역 정책을 수립하고, 교통·농업·조세를 일관되게 조정하고, 자유경쟁을 가로막는 각종 장애물을 없애고, 자본·노동·기업의 이동을 독려한다는 것이었다.

이러한 목적을 추진해나가기 위해 새로운 기구가 창설됐다. 모든 정책 결정을 통제하고 승인하는 각료이사회Council of Ministers, 각료이사회 산하에서 정책 입안을 담당하는 상설사무국Permanent Secretariat, 수많은 이사회를 둔 브뤼셀 소재의 집행위원회Executive Commission, 유럽사법재판소European Court of Justice, ECJ, 스트라스부르와 룩셈부르크에서 번갈아 열리는 유럽의회European Parliament 등이 그런 기구에 해당했다. 유럽의 대담한 시도는 또 한 번 성공을 거두었다. 1968년 무렵에는 EEC의 내부 관세가 철폐됐다. 공동농업정책CAP(1962)은 막대한 양의 지원 덕에, 제조업자들의 항의를 무릅쓰고, 수백만 명에 이르는 농민들에게 일정 기간이나마 든든한 생활을 보장해주었다. 1967년에는 부가가치세VAT의 도입으로 조세 수입이 상당량 늘어나, 커지는 EEC의 부가 궁핍한 사회영역과 낙후된 지역에까지 확산하는 데에 쓰일 수 있었다. EEC집행위원회(지금의 유럽연합 집행위원회) 초대 위원장 발터 할슈타인Walter Hallstein(서독)은 1958년에서 1967년까지 조직을 이끌며 우여곡절을 헤쳐나갔다. 후임자들로는 로이 젱킨스Roy Jenkins(영국, 1977~1981)와, 1985년 이후로는 자크 들로르Jacques Delors(프랑스, 1985~1995)가 대표적이었다. EEC에 대해 어떤 비판들이 나왔건 간에 —실제로 많은 비판이 일었다— EEC 회원국들이 이 공동체 밖 국가들에 비해 더욱 번영을 구가하고 있다는 것은 누가 봐도 명백했다. 할슈타인은 다음과 같이 언급했다. "누구든 지금 유럽의 정세에서 일어난 기적을 믿지 않는 사람은 현실주의자가 아니다."

유럽자유무역연합(에프타)European Free Trade Association, EFTA(1960)은 EEC에 대응해 (EEC를 설립시킨) 로마조약Treaty of Rome(1957)의 참여국이 아닌, 영국이 주도하는 '비가맹 7개국 Outer Seven'에 의해 만들어졌다. 에프타의 관심사는 상업 부문에만 국한됐다. 가입국이 EEC로 이탈할 가능성 때문에 에프타의 장기적 미래는 계속 흐려질 수밖에 없었다. 에프타는 1973년 영국과 덴마크가 가입을 탈퇴하고 EEC에 가입할 때까지 중요한 역할을 했다.

유럽 운동에 대한 영국의 회원 자격을 둘러싼 문제는 40년 넘게 지속돼온 논쟁의 핵심이었다. 1951년 영국 정부는 유럽석탄철강공동체에 참여하지 않았고 로마조약을 위한 수차례 사전 협상에서 중도하차했다. 영국이 이렇듯 주저한 데에는 심리적 측면과 현실적 측면 모두에 원인이 있었다. 영국은 아직 민족이 패망하는 식의 뼈저린 굴욕을 겪어본 적이 없었으므로, 영국은 엄연한 주권국이고 혼자서도 충분히 자급자족이 가능하다는 생각을 많은 국민이 품고 있었다. 영국인들은 영연방 관련 문제들에도 —영연방의 상업 특혜와 같은 골치 아픈 문제를 비롯해— 무척 공을 들이고 있었다. 정치적 영역에서는 미국 및 나토 회원국들과의 관계를 우선하지 않을 수 없었다. 영국은 1961년과 1967년 해럴드 맥밀런Harold Macmillan과 해럴드 윌슨Harold Wilson의 총리 시에 EEC 가입을 지원했으나, 드골이 거부권을 행사하며 가입이 무산되는 충격을 겪어야 했다. 로마조약이 맺어지기까지의 꼬박 10년 동안은 드골이 정계를 은퇴한 상태여서 프랑스의 대유럽 정책은 그보다는 온건한 사람들의 손에 맡겨져 있었다. 그러나 EEC가 막 출범한 시점에 드골도 마침 정계에 복귀해 권력을 잡게 된다(1958. 6. 1, 총리 취임). 충돌은 피할 수 없었다. 드골은 우선은 전쟁 당시에 영국 쪽이, 나중에는 제4공화국의 지도자들이 프랑스의 국익을 해치는 배신행위를 했다고 여겼고 아직 그에 대한 분을 삭이지 못하고 있었다. 아울러 그는 '국민국가(민족국가) 기반의 공동체'인 '국가(민족)들의 유럽l'Europe des patries'에 강한 소신을 갖고 있었으며, 프랑스가 주권국으로서 가지는 어떤 권리들을 반드시 회복해야 한다고 끈질기게 주장했다. 이는 결국 드골이 영국의 EEC 가입을 반대하고, 나중에는 유럽공동체EC 집행위원회를 상대로 오랜 기간 싸움을 —과거 '황제 대 교황' 사이의 싸움으로 일컬어졌다— 벌이는 결과로 나타났다. 프랑스의 대표단은 브뤼셀에서 의사진행을 보이콧했고, 프랑스는 그와 같은 행보를 이어가다 기어이 룩셈부르크타협Luxemburg Compromise(1966)을 —이 타협안에 따라 EEC 회원국들은 최우선의 국가적 사안에 대해서는 로마조약에 명시된 규정을 어겨도 무방하게 됐다(거부권 행사)— 이끌어냈다.

EEC가 창설되고 첫 20년은 여러 중대한 재정적 발전을 이룰 수 있었다. 1979년 시행된 유럽통화제도European Monetary System, EMS는 회원국의 이전 통화 가치의 변동성을 완화하기 위해 회원국의 통화를 유럽환율메커니즘European Exchange Rate Mechanism, ERM과 연계했다. 정책입안자들에게 이는 유럽통화동맹European monetary union, EMU으로 가는 기나긴 노정의 첫 단계로 여겨졌다. 그러다 유럽통화단위European Currency Unit, ECU가 등장하면서 향후 단일 통화를 향한 움직임이 나타날 전망이 뚜렷해졌다. 유럽사회기금European Social Fund, ESF과 유럽발전기금European Development Fund, EDF은 모두 사회적으로 혹은 지역적으로 궁핍한 지역에 부를 재분배하려는 목적으로 창설됐다.

EEC가 경제적 성공을 거두자 당연히 신입 회원국이 되고자 희망하는 국가들의 행렬이 줄을 이었다. 1973년 에드워드 히스Edward Heath 총리 재임 시에, 영국이 세 번의 시도 끝에 덴마크·아일랜드와 함께 EEC에 가입했다. 영국에서는 국민투표를 통해(1975) 국민들이 영국의 EEC 영구회원 가입을 지지하는 것으로 확인됐다. 이제 EEC 회원국은 6개국에서 9개국으로 늘었다. 1981년에는 그리스의 가입으로 9개국이 10개국이 됐다. 1986년에는 장기간 이어진 수차례의 협상 끝에 스페인과 포르투갈이 EEC에 들어오면서 10개국이 12개국이 됐다. EEC는 사상 처음으로 '개발도상국' 3개국(스페인, 포르투갈, 그리스)을 끌어안았고, 그리스는 국경을 바로 맞대고 있는 일종의 동유럽 국가라 할 수 있었다.

유럽의 통합에서 군사적, 정치적 측면은 여전히 정체를 면치 못하고 있었다. 1980년대 초반에는 로널드 레이건과 마거릿 대처 2인조의 적극적 행보를 통해 대서양 동맹이 다시 활기를 띠었다. 이와 함께 소련과 미국의 미사일을 둘러싸고 한바탕 논쟁이 불거지면서 나토의 가치가 강조됐다. EEC가 정치적, 국제적 측면에서 맡은 역할은 주변적 수준에 머물렀다. EEC의 각종 기관은 6개국의 소규모 공동체에 맞게끔 설계된 것들이었고, 따라서 12개국으로 규모가 커진 공동체의 업무를 다루며 점차 많은 압박에 시달리게 됐다. 얼마 지나지 않아 유럽의 지도층 한 사람은 EEC를 "계속 자라나는 성인이 유아복을 입고 걸어다니는 꼴"이라 일컫기도 했다.[19] 그럼에도 조만간은 EEC가 협소한 자신의 경제적 관심사에서 벗어날 가능성은 거의 없어 보였다.

그러나 12개국의 공동체 창설만으로도 질적 측면에서 전혀 새로운 존재가 벌써 탄생한 것이나 다름없다고 생각할 만도 했다. 그전에도 부자이면서 막강한 힘을 가진 국가들 사이에서는 동맹이 얼마든지 맺어져왔고, '서쪽'의 특권을 가진 몇몇 소수 정예 국가 사이에서 비전을 공유하는 일도 얼마든 볼 수 있던 터였다. 그러나 지금 시점에는 확실히 유럽공동체EC가 평등한 국가들의 ―부유한 국가와 가난한 국가, 동쪽과 서쪽, 거대 국가와 군소 국가에 상관없이― 자발적 연합으로 변화하는 단계에 도달한 것처럼 보였다. 유럽에 존재해야 한다는 것을 제외했을 때, 이 공동체에 가입할 수 있는 주된 기준은 회원국들이 과거의 민족주의, 제국주의, 전체주의 전통을 확실히 던져버렸는가 하는 점이었다. 이런 변화가 항구적으로 지속될지는 시간만이 말해줄 것이었다.

중립국들

중립neutrality은 20세기 내내 유럽의 지형에서 하나의 특징적 부분이었다. 1945년 유럽에 존재한 중립국netural state 11개 였다. 4개국은 한 차례 혹은 두 차례 세계대전 모두에 용케 개입을 피했고, 전후 각지에 형성된 군사블록으로도 이끌려 들어가지 않았다. 2개국은 전후 시기 초반에 중립국의 지위를 얻었다. 당시 유럽에서는 중립과 물질적 풍요 사이에 높은 상관관계가 있는 것으로 나타났다. 따라서 중립국들 사이에는 서둘러 EEC에 가입하려는 나라들이 별로 없었다.

스위스는 중립을 곧 삶의 방식으로 삼은 나라로 막강한 성장세를 보였다. 전쟁 동안 스위스는 철통같은 방어로 독일의 침략을 저지해냈고 이후 인구도 눈에 띄게 증가했다. 스위스는 북부 이탈리아와 남부 독일과 인접한 덕을 크게 본 나라로, 두 지역 모두 전후에 어마어마한 경제 성장을 이룬 데다 이후에도 금융업 및 관광업 분야에서 특별한 역할을 해나갔다. 스위스는 바이엘Bayer에서 유네스코UNESCO(국제연합교육과학문화기구)에 이르기까지 다수의 다국적기업 및 국제기구를 자국에 유치하는 데도 적극적이었다. 레토-로망스어Rhaeto-Romance가 스위스 독일어, 프랑스어, 이탈리아어와 함께 국어national language의 지위로 격상된 것이 이때였으며, 프랑스어를 사용하는 쥐라 지역은 특별 구역으로 지정됐다. 스위스는 국방에 많은 예산을 투입했고, 국가민병대 지원을 위해 일반 성인 남성을 대상으로 징병제가 유지됐다. 스위스 여성들은 1980년에 (남성들만 유권자로 참여했던) 국민투표가 치러지고 나서야 비로소 투표권을 가질 수 있었다. 스위스는 1963년까지 시종 유럽평의회에 참여하는 것을 피했으며, EEC와의 유대 역시 1972년 자유무역협정을 조인하는 수준에 그쳤다.

스위스 덕에 스위스에 인접한 지역늘도 관세자유지역의 지위를 주장해올 수 있었다. 여기에는 독일 내 외국인거류지인 뷔징겐, 이탈리아의 캄비오네 디탈리아, 리비뇨, 발레다오스타, 1815년 이후로 프랑스 행정구역département이 된 오트사부아 등을 들 수 있다.

스웨덴은 전쟁 기간 중에도 중립국으로 남아 번영을 누렸으며 평화기에 들어서까지 번영을 이어갔다. 스웨덴은 지역 차원에서 구성된 발트평의회Baltic Council에서 중심점에 위치하고 있었지만, 스칸디나비아의 협력국들이 EEC 가입 행보를 보일 때조차 나토와 EEC에 시종 무관심한 태도를 보였다. 스웨덴에서는 사회민주당의 통치가 1989년의 선거가 치러질 때까지 오랫동안 이어졌다. 특히 1986년 암살당한 올로프 팔메Olaf Palme가 총리로 재임한 시기(1969~1976, 1982~1986)에는 스웨덴이 제3세계, 난민, 환경문제 같은 이슈들에 수차례 적극적으로 개입하며 주도권을 잡아나갔다.

프란시스코 프랑코(재임 1936~1975)의 스페인은 이 카우디요caudillo〔총통〕가 살아 있는 한 정치적으로 계속 겉돌 수밖에 없었다. 사실, 프랑코와 〔포르투갈 총리〕 안토니우 드올리베이라 살라자르가 유난히 오래 집권(1932~1968)한 탓에, 1970년대 중반까지 이베리아반도의 정계는 혼자서 다른 시간대를 사는 듯했다. 한편으로는 파시즘이 아직도 시대착오적으로 살아남아 있는 것은 서유럽에서, 특히 프랑스에서, 반反공산주의 정서를 상쇄하는 역할을 했다. 포르투갈이 나토에 가입하자 스페인도 미군 기지가 자국 안에 들어오는 것에는 동의했지만, 그보다 더한 개입에 대해서는 거부를 표했다〔포르투갈은 1949년 나토 12개 창설 회원국 중 하나다〕. 그러나 대중 관광산업을 무기 삼아 스페인은 전면적 고립에 맞서 싸웠다. 그러다 1975년에 입헌군주제가 다시 성립되면서 스페인도 EEC에 가입하는 한편, 1980년대에 괄목할 경제성장의 길이 열렸다. 스페인 북서부에서 자행된 바스크족의 테러, 바르셀로나의 카탈루냐인의 분리주의 운동, 지브롤터해협을 둘러싼 영국과의 골치 아픈 분쟁은 모두 스페인의 부흥을 더욱 어렵게 했다.

아일랜드공화국은 전쟁 기간에 영국군이 주둔하는 상황에서도 나라의 명맥을 잇는 데 성공했으며 전쟁 막바지에는 영연방에서 탈퇴했다. 그러나 경제적으로는 연합왕국에 의존할 수밖에 없는 것이 여전히 엄연한 현실이었다. 아일랜드로서는 영국이 EEC와의 협상에서 엇나가는 행보를 취하는 것을 따르는 수밖에 없었다. 아일랜드의 정치생활에서 핵심을 차지했던 것은 가톨릭교회가 차지한 특권적 입지, 북아일랜드와의 끝없는 분쟁, 아일랜드 양대 세력인 피어너 팔Fianna Fáil(운명의 전사Soldiers of Destiny)(아일랜드전사당)과 피너 게일Fine Gael(게일 민족 Race of Gaels)(아일랜드가족당) 정당 사이의 각축 같은 것들이었다. 아일랜드 헌법에서는 영국의 얼스터에 자리한 카운티들을 아일랜드공화국의 일부로 명시했다. 하지만 아일랜드공화국군Irish Republican Army, IRA은 국경을 접한 두 나라 사이에서 모두 불법 조직으로 여겨졌다. 오히려 런던과 더블린에 자리한 두 정부 사이의 관계는 양국의 합의에 그다지 커다란 걸림돌은 아니었다.

핀란드는 독일이 소련을 공격할 때 가담한 나라로(1293쪽 참조) 소련의 점령은 피할 수 있었지만, 1944년의 휴전협정에서 영토를, 특히 비푸리(비보르크)와 페차모를 추가로 소련에 할양해야 했다. 그러나 1947년 평화협정을 통해 핀란드는 포르크칼라 해군기지 임대를 대가로 일정 부분 국가의 주권을 회복했다. 이후 핀란드는 중립을 엄격히 고수하며, 무장병력을 줄이고, 대외정책에서는 소련의 이익을 따르는 행보를 취해나가야 했다. 이후 경제가 활황세를 띠며 헬싱키는 유럽에서 가장 우아하고 생활비가 많이 드는 도시의 하나가 됐다—헬싱키는 레닌그라드로 통하는 길목 위에서 서방이 보란 듯 진열해놓은 장식장 같은 도시였다. 소련이 점령한 많은 나라에서는 이와 같은 식의 '핀란드화'를 이루고자 갈망했으나 실제로 그 목적을 이룬 나라는 오스트리아 말고는 없었다.

오스트리아는 연합국 측이 이곳을 나치의 첫 번째 희생양이라고 가정한 덕에 큰 혜택을 본 나라였다. 오스트리아공화국은, 독일과 마찬가지로 4개 지역으로 나뉘어 각국 군대가 주둔했으나, 4개 주둔국 모두가 조인한 '슈타츠페어트라크Staatsvertrag'(1955)를 밑바탕으로 주권을 온전히 회복했다. 슈타츠페어트라크(국가조약)에는 엄격한 중립과, 빈에 조성된 대규모의 소련 전몰장병 기념비의 항구적 보존 같은 내용이 조건으로 들어 있었다. 주권 회복 이후 오스트리아에는, 이웃한 스위스에 버금갈 만큼, 전례 없는 번영과 상대적 데탕트의 시대가 찾아왔다. 오스트리아의 정계는 브루노 크라이스키Bruno Kreisky 내각(1970~1983)의 오스트리아사회당(지금의 오스트리아사회민주당SPÖ)과 보수주의 성향의 오스트리아국민당ÖVP 사이에 각축이 벌어지며 절묘한 균형이 형성됐다. 1986년에는 국제사회에서 유엔 사무총장(1972~1981)을 지낸 오스트리아 대통령 쿠르트 발트하임Kurt Waldheim(1986~1992)을 불신임하는 운동이 벌어졌으나 대통령은 꿈쩍도 하지 않았다. 그러나 이 일은 오스트리아의 과거를 상기시키는 계기가 됐다. 오스트리아 국경 언저리에는 곳곳에서 이탈 움직임이 일어났다. 1868년의 조약으로 융홀츠와 미텔베르크 두 지역이 바이에른 관세지역을 형성하게 됐다. 포어아를베르크와 티롤 지방도 이탈리아의 알토 아디제와 트렌티노를 상대로 자유무역을 행했다.

유럽의 7개 공국公國, principality은 유서 깊은 군소 국가 중 마지막까지 살아남은 곳들로, 그 규모가 너무 작아 국제관계에서 적극적 역할을 수행하기에는 역부족이었다. 그러나 각국은 하나같이 자신들이 가진 기묘한 입지를 십분 이용할 줄 알았다.

산마리노(기원후 4세기에 건국, 영토 62제곱킬로미터)는 유럽에서 가장 유구한 역사를 자랑했다. 1631년에 독립국가로 인정받은 산마리노는 도시 리미니 인근의 티타노산을 끌어안고 있으며, 나라 땅 전체가 이탈리아 영토에 둘러싸여 있다. 세계대전 종전 후 이곳은 부유한 이탈리아인들에게 조세피난처가 됐으며, 공산주의자들과 산마리노기독교민주당PDCS이 번갈아 득세한 현시 정권이 통치했다.

리히텐슈타인공국(1719년 건국, 영토 157제곱킬로미터)은 대외정책을 스위스에 일임하고 지내온 곳이었다. 1980년에 GNP가 1만 6440달러에 이르며 유럽 최고를 기록했다. 신성로마제국을 구성했던 나라 중 마지막까지 살아남은 국가다.

모나코공국(영토 150헥타르[1.5제곱킬로미터], 인구 약 3만 명)은 자치를 행하는 프랑스의 보호령으로, 니스 동부의 리비에라에 자리한 소규모 외국인 거류지였다. 모나코공국이 오늘날 위상을 갖게 된 것은 1861년에 들어서면서였고, 그전에는 스페인(1542년부터), 프랑스(1641년부터), 사르데냐(1815년부터)의 영토에 속했다. 공국은 헌법 제정을 계기로 국정 운영을 그리말디Grimaldi 가문의 손에 맡겼다. 국가 수입은 몬테카를로의 카지노에 많은 부분을 의존했다.

안도라공국(영토 495제곱킬로미터)은 피레네산맥 동부 고지의 국가로, 1278년에 우르헬 교구의 주교와 [프랑스] 푸아Foix 백작의 공동 보호를 받게 된 이후 줄곧 자치령의 지위를 지켜오고 있다["우르헬 교구Bisbat d'Urgell"는 스페인 카탈루냐 지방의 로마가톨릭교구를 말한다]. 최근 들어서는 푸아 백작의 제 권한을 프랑스공화국 대통령을 대신해 아리에주 행정장관이 행사했다. 관광업, 특히 스키산업과 관세면제 무역을 통해 삶을 영위했다.

맨섬(영토 518제곱킬로미터)과 채널제도(저지섬·올더니섬·건지섬·사크섬, 영토 194제곱킬로미터)는 노르만정복[1066] 시기부터 잉글랜드와 연고를 맺어온 영국의 속령들이었다. 두 속령이 연합왕국에 공식적으로 편입된 적은 없다. 두 곳 모두 조세피난처 역할을 했다. 사크 남작 부인은 1960년대에 들어서도 웨스트민스터[영국 의회]를 상대로 자신의 특권들을 가지고 싸움을 벌였다. 1990년대에 맨섬에 성립된 '의회parliament'는 잉글랜드의 선례에 따라 합의한 성인 간의 개인적 동성애 행위를 합법화하려다 실패하며 법정 소송에 휘말렸다.

지브롤터는 영국의 속령 중 유일하게 영국제도 바깥에 있으면서 EC에 가입했다. 이 점에서 지브롤터의 선례가 됐던 곳이 과달루페, 마르티니크, 레위니옹, 기아나 같은 프랑스의 해외 행정구역이었다. 그 외 다른 모든 영국 및 프랑스의 영외 거류지들은, 자치로 운영된 덴마크령 페로

제도 및 그린란드와 마찬가지로, 계속 EC 테두리 밖에 있었다. [페로]

바티칸시국(영토 44헥타르(0.44제곱킬로미터))은 유럽에 마지막으로 남은 전제군주국이었다. 이곳의 통치자인 교황은 현대판 교황령에 로마가톨릭교회에 행하던 것과 다름없는 무제한적 통치권을 행사했다. 바티칸시국과 가장 가까운 사례인 아토스 '신정神政공화국theocratic republic'은 1926년 이후 그리스 안에서 자치를 누려오고 있다.[아토스]

이러한 국가들의 생존은 다양성과 전통이 유럽의 삶에서 중요한 역할을 한다는 것을 상기시켜준다. 유럽은 아직 힘의 정치 power politics에 완전히 침몰되지는 않았다.

동유럽, 1945~1985년

전후 시대에 '동유럽Eastern Europe'이라는 말에는 확연히 차이가 나는 두 가지 의미가 있었다. 동유럽이라고 하면, 철의장막을 기준으로 소련 쪽에 자리한 유럽 대륙의 모든 부분을 지칭한다고 해도 무방했다. 이 의미에 따르자면, 소련에 통합된 적 있는 유럽의 국가들은 물론 그런 적이 없는 국가들까지 동유럽에 들어갔다. 그러나 더 일반적으로, 동유럽 하면 '중동부유럽East Central Europe' 및 '남동부유럽South-Eastern Europe'에서 소련 위성衛星국가(위성국)satellite state와 동의어로 사용됐고, 이들 국가는 소련 자체와는 구별됐다.

후자의 분석과 같은 구분에서 '동유럽'은 제한된 비중만을 갖는다. 레닌주의 노선에 따라 조직된 국가는, '인민민주주의people's democracy'든 소비에트연방의 공화국이든, 향후 어느 정도의 독립을 누릴 여지가 완전히 없어졌기 때문이다. 이들 나라는 하나같이, 소련이 주도하는 공산주의 운동에서 행사되는 독재정치의 특권을 덮어 가리는 일종의 보기 좋은 허울로 탄생했다. 따라서 그 어떤 정의를 가져오더라도 동유럽의 전후 역사를 다루려면 소련공산당CPSU의 방침을 그 출발점으로 취할 수밖에 없으며, 그런 뒤에야 모스크바에 딸린 제멋대로의 국가들이 모스크바의 의중을 난독증 환자처럼 얼마나 못 읽어냈는지 살펴볼 수 있다.

1985년에 최종적으로 무너지기 전까지, 소련의 전후 역사는 총 세 시기로 나뉜다. 첫 시기 (1945~1953)는 주로 위대한 스탈린 동지Great Stalin의 말년에 해당한다. 두 번째 시기(1953~1964)는 탈스탈린화의 움직임이 지배적이었던 때로, 니키타 세르게예비치 흐루쇼프가 권좌에 올라 실각하기까지의 시기다. 세 번째 시기(1964~1985)는 나중에 '정체기Age of Stagnation'라는 별칭을 얻는데, 이 시기를 시작하고 영감을 불어넣은 것이 레오니트 일리치 브레즈네프였다. 전체적으로 보아 이 40년의 시기는 현대 역사가 품었던 위대한 환상 중 하나가 실제 모습을 드러낸 때이기도 했다. 제2차 세계대전을 기점으로 소련은 유럽에서 최대의 군사 강국으로 부상했다. 그와 함께 전 세계를 주름잡는 두 개의 초강대국 중 하나를 향해서도 거침없이 나아갔다. 겉보기에 소련은 상상할 수 없을 만큼 강력하고, 전 세계에서 최대로 꼽히는 핵무기 보유량으로 무장한 난공불락의 요새인 것처럼만 보였다. 그러나 동시에 그 내부도 전례 없는 속도로 와해되고 있었다. 소련이라는 몸에는 정치적 암 덩어리가 꽉 들어차 있었다. 역사에서는 진흙 발feet of clay〔곧 예상외의 결점, 불완전한 토대〕을 가진 거인 같은 나라를 쉽게 만날 수 있지만 —과거 러시아제국이 가장 좋은 실례다— 소련의 모습은 무장을 갖추고 선 채로 목숨이 다해가는 공룡 같았다. 그리고 그 누구도 소련의 이런 처참한 상황을 눈치 채지 못했다—서방의 소련연구자들은 물론 소련 지도자들조차 이런 현실을 너무 뒤늦게 깨달았다. 몇몇 존경할 만한 예외를 제외하면, 두 집단 모두 40년 동안 소련을 튼튼하고 진보적 정치체의 귀감으로 칭송해 마지않았다.

이오시프 비사리오노비치 스탈린이 말년을 맞았다고 공포와 고통으로 얼룩진 긴 밤이 끝난 것은 아니었다. 나이가 들고 승리를 손에 쥐면 스탈린도 부드러워지리라는 추측은 근거 없는 기대로 판명됐다. 전쟁 전부터 뭉쳐 있던 스탈린의 오랜 패거리들은 스탈린이 말년에 들어서도 똑같이 권력에 매달렸다. 테러, 프로파간다, 집단일과日課 등을 섞어 사람들을 억압하는 것도 똑같았다. 굴라크에서도 집단검거 및 노예노동과 같은 평상시 활동을 그대로 유지해나갔다. 강력한 증거를 통해 밝혀진 바에 따르면, 오히려 스탈린은 일명 '의사들의 음모Doctors' Plot'가 밝혀지고 나자, 세상을 떠날 때쯤 또 한 번의 대大숙청을 준비했던 것으로 여겨진다("의사들의 음모"는 1951~1953년에 소련의 유대인 의사들이 스탈린 등 정부 및 당 지도부를 살해하려는 음모를 꾸몄다는 사건이다. 대규모 숙청 작업의 빌미가 됐다).

소비에트제국은 그 크기가 사상 최대로 커져 있었다. 이와 같은 영토 확장이 가능했던 것은 군사적 정복과, 소련을 모델로 그것과 똑같은 정치적·경제적·사회적 복제품들을 생산해내는 정치적 대리모를 통해서였다. 동유럽 점령이 끝나기가 무섭게, 중국에서 공산당이 승리하면서 커다란 전기가 마련됐다. 마오쩌둥毛澤東은 한때 "권력은 총구에서 나온다"라고 했던 인물로, 1949년 모스크바의 직접적 개입 없이 중국에서 승리를 거머쥐었다. 마오쩌둥毛澤東은 이념적 견해가 소련과는 다소 차이가 있었으며, 스탈린이 원래는 자신의 최대 정적 장제스蔣介石를 지원했다는 사실도 잘 알고 있었다. 그래도 마오쩌둥은 한동안 소련 진영의 충성파가 되는 것으로 만족했다. 그 뒤로 12년 동안, 모스크바가 세계에서 가장 큰 국가이자 세계에서 인구가 가장 많은 국가를 장악한 운동을 이끌어나갔다. 이로써 전체 인류의 절반이 '사회주의 진영Socialist Camp'으로 들어왔다.

과거 식민지의 국민들은 소련의 영향력이 점차 커지는 데 큰 의미를 부여했다. 탈식민화 시대에 모스크바는 모든 민족해방 운동에서 자신이 당연히 후원자이자 수혜자가 돼야 한다고 여겼다. 이러한 모스크바와 가장 강력한 연대를 다졌던 곳이 베트남, 아랍 세계, 쿠바였다.

소비에트제국에서 사용가능한 자원들은 모두 군사적 측면의 핵 연구에 투입됐다. 우랄산맥의 마야크를 비롯한 각지에서 정부의 사랑을 한껏 받는 노예 과학자 팀이 소련의 '폭탄bomb'을 만들기 위해 애를 썼다. 제국은 1949년 북극의 노바야제믈라에서 원자폭탄 실험이 성공한 데 이어 1953년에는 수소폭탄 실험에도 성공했다. 이후 미국의 핵 독점 시대도 끝났다. 스탈린이 세상을 떠날 즈음, 소련은 초강대국으로서의 입지를 확실히 확보한 뒤였다.

스탈린은 쿤체보에 있는 자신의 별장에서 뇌졸중으로 몸져누웠다가 1953년 3월 5일 세상을 떠났다. 꼬박 24시간을 맨 바닥에 누운 채 단말마의 고통을 겪었다. 크렘린궁의 의사들은 자칫 했다간 자기 목숨이 날아갈지 몰랐기에 그 누구도 스탈린의 목숨을 구하러 오지 않았다. 그 대신 공산당 정치국 위원들이 번갈아 그의 곁을 지키며 경계를 게을리하지 않았다.

> 스탈린이 의식을 회복하는 기미가 보이자, 베리야도 무릎을 꿇고 스탈린의 손에 입을 맞추기 시작했다. 하지만 스탈린이 다시 의식을 잃으면, 베리야는 자리에서 일어나 […] 솟구치는 적의를 입 밖으로 내뱉었다.[20]

스탈린의 사망 소식이 전해지자 수천만 명이 눈물을 흘렸다.

탈스탈린화de-stalinization는 그 용어에 담긴 뜻 그대로였다. 소련 정권을 스탈린과 직접적으로 연결해주던 특징들—스탈린 개인숭배, 단독책임제edinonachalie[단독관리제, 유일관리제. 예디나나찰리예единоначáлие), 무차별적 집단테러—을 없애는 것이 곧 탈스탈린화였다. 이 과정은 예일리야 그리고리예비치 예렌부르크Илья́ Григóрьевич Эренбýрг(1891~1967)의 소설 제목을 따 '해빙기the Thaw'라 일컬어진 중간기로 막을 열었다(소설은 1954년 출간된 《오테펠Оттепель》(해빙)을 말한다). 라브렌티 파블로비치 베리야Лаврéнтий Пáвлович Бéрия(1899~1953)가 스탈린 사후 열린 첫 정치국 회합에서 암살을 당했을 때, 그의 동료이자 암살단인 집단 지도부는 내무인민위원회NKVD(엔카베데НКВД, Нарóдный комиссариáт внýтренних дел)—이후 국가보안위원회 KGB(카게베КГБ)로 개편됐다—의 권력을 쳐낼 수 있었다. 그러면서도 이들은 소련의 독재 기제는 온전히 지켜냈다. 이들은 전처럼 무거운 공포 분위기는 조성하지는 않았으나, 민주화나 자유화와 관련한 의미 있는 행보는 전혀 도입하지 않았다. 소련 체제는 독재주의 성격을 그대로 유지해나갔다. 그러다 3년 새에 집단 지도부는 흐루쇼프 개인의 패권에 밀려나게 된다.

패기 넘쳤던 니키타 세르게예비치 흐루쇼프Никúта Сергéевич Хрущёв(1894~1971. 소련공산당중앙위원회 제1서기(1953~1964))는 스탈린의 하수인 중에서도 그나마 가장 덜 불쾌한 사람이었을 것이다. 물론 그도 공포정치가 최악까지 치닫던 시기에 공산당에서 출세의 사다리를 밟고 올라온 전형적 프롤레타리아 기회주의자였다. 우크라이나에 머물 때 스탈린의 상관으로 복무했던 것은 그에겐 불리한 과거였다. 뒤늦게야 글을 깨우친 그는 투박하기 이를 데 없을 만큼 문화에는 문외한이었다. 하지만 흐루쇼프에게는 거친 농민들에게서만 볼 수 있는 매력이 있었다—유엔 회의장에서 신발을 벗어 책상을 두드릴 때 특히 두드러졌다(1960년 10월 12일 제902차 유엔 총회에서 필리핀 대표가 소련이 동유럽 등지에서 시민적·정치적 제 권리를 박탈하고 있다며 소련 제국주의를 비난하자 흐루쇼프가 이에 필리핀 대표에게 "미 제국주의의 딸랑이toady"라며 신발을 벗어 책상을 두드렸다는 일화가 전한다. 서방 측이 꾸며낸 이야기라는 얘기도 있다). 거기에다 그는 들뜬 희망의 분위기에 에워싸여 있었다. 흐루쇼프가 1956년 3월에 제20차 소련공산당대회에서 행해 일대 풍파를 일으킨 '비밀연설'은 반드시 당시의 맥락 속에서 그 의미를 살펴야만 한다(흐루쇼프는 연설에서 스탈린의 무자비한 대숙청과 범죄행위를 고발하고 스탈린의 개인숭배를 비판했다). 이 일을 계기로 이제 소련의 지도자들은 의례석으로 자신의 전임자를 범죄자로 깎아내리는 일을 하나같이 되풀이한다. 이와 함께 당을 위한다는 차원에서 스탈린이 저지른 범죄들을 치밀하게 골라 누설하는 작업이 조심스레 진행됐다. 이런 고발에는 누설되는 것보다 감춰지는 것이 더 많았고, 흐루쇼프는 소련의 범죄는 가급적 줄여 자신이 정직한 사람임을 실제보다 부각시켰다. 스탈린 자신의 폭로성 연설에서 시작해 30년 뒤 고르바초프의 위업에 이르기까지, 소련은 늘 진화하는 '개방성(또는 공개성)openness'의 장르를 연출해왔으니 흐루쇼프의 당시 행보도 이에 해당했다.

흐루쇼프의 집권기는 세 가지 뚜렷한 발전을 보였다는 점에서 눈에 띄었다. '사회주의로의 다양한 길Different Roads to Socialism' 정책에 대한 오해는 동유럽 전역에 엄청난 긴장을 가져왔고, 헝가리에 분쟁을 일으켰으며, 중국과 숙명적으로 갈라서는 계기가 됐다. 군사학의 발달과 세계 최초의 인공위성 스푸트니크Sputnik의 발사는 미국과의 경쟁 구도를 격화시켜, 1963년의 쿠바 미사일 위기로 이어졌다(러시아어로 "동행자" "동반자" 뜻의 "스푸트니크Спутник(1호)는 1957년 10월 4일 발사됐다). 소련 경제의 양적 성취가 이뤄지자 흐루쇼프는 소련이 앞으로 20년 안에 서쪽을 추월할 것이라고 만방에 호언했다. "그때엔 당신들을 땅 밑에 묻어주겠소." 흐루쇼프의 이 끝장을 보겠다는 모험정신이 동료들에게는 두렵게 느껴질 뿐이었다. 1964년 10월 흐루쇼프는 크렘린궁에서 일어난 쿠데타에 실각당했다.

또 한 명의 우크라이나 태생의 러시아인 레오니트 브레즈네프Леони́д Ильи́ч Бре́жнев (1906~1982)는 20년간(소련공산당중앙위원회 서기장, (1964~1982)) 소비에트 블록을 지배했다. 그간 그는 소련을 '신스탈린주의', '정체기'에 빠뜨린 장본인으로 비난받아왔다. 그러나 이와 함께 브레즈네프는 당시 체제를 가장 잘 이해한 지도자이자, 체제의 수명을 최대한 연장시킨 지도자로도 평가받는다. 무엇보다 그는 치밀하고 노회한 아파라치크apparatchik로서 고장 난 기계를 잘못 만지작거리면 어떤 일이 닥치는지 잘 알았다("아파라치크аппаратчик"는 러시아어로 "기계조작공"과 함께 "당료" "기관원"을 뜻하는 말이다). 프라하의 봄 시기에 잠시나마 자유화를 겪어본 그는, 가장 가까운 동지조차 믿을 수 없으며 브레즈네프 독트린이, 백번 생각해봐도, 반드시 필요하다고 확신했다(뒤의 내용 참조). 브레즈네프는 본국에 머물며 자신의 최고 협력자 알렉세이 니콜라 예비치 코시긴Алексе́й Никола́евич Косы́гин과 힘을 합쳐 잠시 경제개혁에 애정을 쏟았던 경험을 통해서는, 경제개혁은 득보다는 리스크가 더 크다는 확신을 가질 수 있었다. 우크라이나를 통해 그가 개인적으로 얻은 바는, 민족주의 문제는 조금이라도 방심했다간 순식간에 문제만 불거질 뿐이라는 확신이었다. 브레즈네프는 서방과의 관계에서는 공격적인 군사적 입장과 신중한 영역 설정을 병행해 동-서 데탕트를 추구한 것이 안정적 입지를 확보해서 소련의 국제적 위상을 영구히 보장해줄 것처럼 보였다.

브레즈네프는 소련이 어떻게 건설됐는지 결코 모르지 않았다. 그러나 그는 —후계자들과는 달리— 거짓말과 강압이라는 수단을 완전히 없애면 소련을 지지하는 구조가 와해될 수밖에 없으리라는 것을 잘 알았다. 그래서 브레즈네프는 기존 상태를 지키는 편을 택했다. 반대파가 '정체'라며 깎아내린 당대의 현상들도, 일면에서는 브레즈네프와 그의 세대가 그토록 갈망하던 평화와 안정에 대한 갈망일 수 있었다. 그 상황을 유지하되 무력과 기만이라는 수단을 사람들이 얼마나 참아낼 수 있을지 그 정도를 가늠하는 것이 권력자들이 할 수 있는 최선이었다. 브레즈네프는, 스탈린과 달리, 수백만 명씩 살상하지는 않았다. 또 흐루쇼프와도 달리, '정신 나간 계획들'을 추진하지도 않았다. 또 고르바초프와도 달리, 자신 손에 맡겨진 체제를 허물어버리지도 않았다.

이 시대의 엄청난 아이러니의 하나가 표면에 드러난 것은, 공산당 서기장들이 연이어 소련의 상황을 완벽히 상징하는 다양한 소모성 질환의 징후를 보인 때였다. 1970년 후반에 이르자 안정은 곧 무력의 상태로 빠져들었다. 브레즈네프의 연설은 또박또박 들리지 않았고 움직임도 너무 굼떠져 그를 두고 생명 연장 장치를 달고 연명하는 시체 같다는 농담까지 나돌았다. 브레즈네프가 세상을 떠나면서 무기력은 마비로 이어지니, 병색이 짙은 그의 후계자들은 개혁과 무위의 상반된 이점들에 대해 목소리를 높이는 듯했다. 개혁을 지지했던 서기장 유리 블라디미로비치 안드로포프Юрий Влади́мирович Андро́пов(재임 1982~1984)는 암에 걸려 개혁에 착수하기도 전에 세상을 떠났다. 그의 후임 콘스탄틴 우스티노비치 체르넨코Константи́н Усти́нович Черне́нко(재임 1984~1985)는 폐기종의 고통에서 헤어나지 못하며 무언가를 시작할 엄두조차 내지 못했다.

소련의 정치 독재체제는 스탈린이 세상을 떠난 이후 원숙기에 접어드는데 외국에서 흔히 상상하는 이미지와 일치하지는 않았다. 소련의 독재체제를 지탱해준 것은 세계 최대 규모의 '비밀경찰secret police' 조직, 굴라크, 선제적 검열을 이용한 가차 없는 낙인, 탱크와 보안부대로 무장한 방대한 규모의 무력이었다. 하지만 소련의 독재가 가장 의존했던 것은 무엇보다 당-국가라는 이중구조였다. 다시 말해 공산당을 구성하는 민간기구들이 존재했고, 이 기구들이 각기 자신과 짝을 이루는 국가제도를 장악했다(부록 1663쪽 참조). 국가의 관련 부서에 종속되지 않은 인간 활동 부문은 존재하지 않았다. 당의 관련 '위원회'의 명령에 관할받지 않는 국가의 부서 또한 존재하지 않았다. 어떤 일이 진행되건, 그 일을 벌이는 곳이 각료의 최고 수장 자리이든, 지방 농장, 공장, 혹은 축구 클럽 제일 하층부든, 국가가 기획을 해야만 합법성을 가졌고 기획 또한 당이 승인을 해야만 가능했다.

소련의 시민 개개인이 짊어진 곤경은 지독했다. 국가의 법은 물론 국가의 판사들까지 당이 장악한 실권을 보편적 원칙으로 받아들이고 따라야 했으므로, 당이 싫어하는 모든 것은 즉각 법적으로 억압당했고 이에 항소할 실질적 권리도 없었다. 인간생활에 필요한 모든 생필품은 국가독점으로 공급돼서, 당의 바람을 거스른 사람은 누구든 당장 궁핍한 처지에 내몰렸고 이를 당대 은어로 '늑대 표'(wolf's ticket)(волчий билет)를 받았다고 했다. 당의 말을 잘 듣지 않는 개인이나 그 가족은 거주 허가권이나 식량배급 카드 또는 신원증명서 같은 것을 뺏기기 일쑤였고, 그렇게 되면 취직·주거·교육·의료 관련 서비스를 전혀 이용할 수 없었다. 이와 같은 당의 관료주의 독재체제는 그것이 한번 자리 잡은 뒤로는 유난히 용기백배하고 기지가 번뜩이는 반체제 인사들이 문제를 일으키는 경우가 아니고는 더 폭력적인 억압 수단들을 도입할 필요가 없었다. 이러한 체제에서는, 적어도 이론상으로는, 사적 차원의 솔선수범, 개인적 판단, 자발적 사회활동이 행해질 여지는 전혀 없었다. 평상시에 파업을 계획하고, 사적 모임을 결성하고, 당국으로부터 허가받지 않은 정보를 출판하는 것은 소련에서는 사실상 불가능했다. 대규모 학살로 이어진 1962년 (흑해 연안 로스토프주) 노보체르카스크에서 일어난 반란에서 보듯, 민중봉기 소식은 수십 년씩 은폐되기도 했다(1962년 6월 1~2일 노보체르카스크전기기관차공장НЭВЗ 노동자와 지역 주민들이 파업을 벌였다).

소련 국가기관에 대한 당의 통제는 법률, 각종 수단, 구조, 심리적 금기를 정교하게 배합하는 방식이었다. 당의 통제는 법으로 규정돼 있었다. 소련 헌법에서 중대한 의미가 있는 조항은 단 하나, 당이 국정 운영의 '선도적 역할'을 갖는다고 선언한 부분이었다. 이 간단한 장치를 통해 헌법의 다른 모든 조항과 소련의 다른 모든 법률 내용은 당과 당 관료들이 그것을 어떻게 해석하느냐에 좌우됐다. 외부 세계 기준에서 보자면, 이는 사실 법이라 할 수 없었다. 또 소련의 헌법보다도 공산당의 당 규약집이 훨씬 큰 실효성을 가졌다. 이와 함께 노멘클라투라nomenklatura (러시아어 номенклату́ра, 특권계급명부) 체제는 국가 원수부터 마을 소련 위원장에 이르기까지의 모든 임명직을 당이 천거한 인물로만 채울 수 있게 했다. 당에 설치된 각 상임위는 국가 및 당의 위계 서열에서 각자의 수준에 맞는 직위 명부를 작성할 권리와 함께, 그 자리를 채울 적합한 인물 명부를 작성할 권리를 가졌다(당이 승인한 '비당원'들 명부도 포함됐다). 그 결과, 일반적으로 당원들은 당의 기제에서 하나의 직위를 차지하되 국가기관에서도 또 한 자리를 차지했다. 당중앙위원회Party's Central Committee의 이 노멘클라투라만 있으면 정부 관료는 물론 무장군대 및 KGB의 최고지휘관 자리까지 모두 채워질 수 있었다.

모든 소련 국가기관의 운영은 '당 안팎에서' 행사되는 공산당의 실권을 통해서도 추가 제약을 받았다. 모든 국가기관의 명목상 수장—장관, 장군, 대사, 특사대표, 공장·학교·기관들의 장—은 공식적으로 각 기관에 상응하는 당 상임위에서 하달되는 지시에 따라야 했다. 이들은 더 막강한 권력을 가지고 막후에서 실력을 행사한 당 서기들의 종복이나 다름없었다. 동시에 매일같이 당의 제1기구라 할 '당세포Party cell' 곧 같은 직위 서열의 당원들로 구성된 조직으로부터의 일상적 감시를 받아들여야 했다. 그 결과, 장관들은 제대로 된 자격을 갖고 실질적으로 직무를 수행하지 못했고, 군사령관은 부대를 실질적으로 통솔하지 못했으며, 관리자들은 회사를 실질적으로 운영하지 못했다.

모든 것은 결국 당의 명령이 얼마나 효율적으로 전달되느냐에 달려 있었다. 당의 규율이 엄격했던 터라 '상부기관'의 결정은 즉각 하부로 전달돼 실행됐다. 당원들은 당에 대한 복종과 비밀엄수(특히 당 규약 관련 내용)의 원칙 모두를 맹세해야 했다. 또한 상관의 의중을 묻지 않고 알아서 예견해 실행하도록 훈련을 받았다. 공개토론은 되도록 없어야 했다. 일반적 논의도 상부의 결정을 실행하는 수단으로만 제한적으로 이루어졌다.

이와 같은 소련의 현실은 민주주의를 경험한 입장에서는 너무 생경해, 정치학자들이 그토록 쉽사리 오해를 하는 것도 무리는 아니다. 외부자들에게 상황을 설명하려면 먼저 서방의 개념 및 용어가 소련에 아예 적용이 되지 않는다는 사실부터 반드시 주지시켜야 한다. 예를 들어, 소련의 집권 공산당은 정당이 아니었다. 그것은 정부 일을 실제 집행하는 부서로 변모한 일종의 정치 군대였다. 소련 국가는 공산당의 행정업무를 대리하는 기관에 불과했다. 흔히 소련정부라 불린 곳 즉 각료회의도 공산당 정치국과 서기국에 예속돼 있었던 만큼 사실상 정부가 아니었다. 이 체제를 이끈 최고권위자도 소련 대통령이나 대통령 예하 총리가 아니라 공산당 서기장이었다(서기장은 원하는 경우 대통령이나 총리가 될 수 있었다). 입법부에 해당하는 소비에트최고회의Supreme Soviet(최고소비에트. 러시아어 Верховный Совет)도 공산당중앙위원회가 사전에 준비한 조목을 법령으로 등록하기만 하면 그만이었으므로 사실상 최고기관이 아니었다. 그러나 무엇보다도 국가 선거야말로 선거라고 할 수 없었는바 선택의 요소가 전혀 없었다. 시민들은 당이 마련한 후보자 명부에 법률에 따라 강제로 동의하게 돼 있었다.

따라서 진정한 의미에서 봤을 때, 당의 권력을 위한 허울로 기능할 때 말고는, 소련은 실제로는 존재하지 않았다. 소련은 역사상 가장 거대한 공산주의 전선조직이었다. 종국에 가서 소련공산당이 무너졌을 때, 소련이 소련공산당 없이는 존재할 수 없다고 여겨진 이유도 바로 이 때문이었다.

많은 사람이 간과한 채 지나가지만, 브레즈네프 시대에 정치권력 면에서 한 차례 중대 전환기를 맞았었다. 중앙의 방침에 절대적 충성을 바치는 대가로, 브레즈네프가 소련의 비러시아계 공화국 14개국의 공산당 수장들에게 모스크바의 개입 없이 국정을 운영할 수 있게 한 것이다. 소련의 공화국들은 거의 알게 모르게 저마다의 민족이 점유한 일종의 봉토국으로 변해 있었고, 이런 상황에서는 모스크바에서 내려오는 칙서들도 그 어느 때보다 불확실하게 들릴 뿐이었다. 브레즈네프 휘하의 각 지방 영주들은 동유럽의 위성국가들만큼의 재량권을 누리지는 못했다. 이들은 공산당 정치국의 입장을 그대로 대변하는 경향이 두드러졌고, 보수적 질서를 떠받치는 주된 기둥 노릇을 했다. 그러나 이들의 세력 부각은, 나중에 가서 모스크바의 의중이 도무지 헷갈리게 느껴질 때 소련 각시가 왜 그토록 놀라울 만큼 재빨리 중앙으로부터의 이탈 행보에 가속을 붙였는지 그 까닭을 좀 더 쉽게 이해하게 해준다.

소련의 무장군대는 규모가 엄청나게 방대하고 온갖 특권을 누렸지만 독립적 군사행동의 능력은 전혀 없었다. 당이 그럴 여지를 주지 않았다. 군 장교는 전부 당이 운영하는 사관학교에서 훈련을 받아야 했고, 소련공산당에 가입해야만 진급할 수 있었으며, 그들과 함께 일하는 팔리트루크politruk〔러시아어 политру́к〕곧 정치부 지도원의 부서副署 없이는 그 어떤 명령도 내릴 수 없었다. 그러나 이게 다가 아니었다. 군사 위계 서열의 전체 구조는 정치-군사 본부의 대리인을 통해 운영이 됐으니, 가장 중요한 직급인 총사령관이 조직 상급자에 포진하고 그의 하급자들이 그 아래 서열의 요직을 메웠다. 따라서 로켓포 부대는 탄두 통제권을 갖지 못하고, 낙하산 부대는 운송수단 통제권을 갖지 못하며, 탱크부대는 탄약이나 연료 통제권을 갖지 못하는 게 예사였다.

소련의 군대는 크게 네 부문─전략핵부대, 공군, 육군, 해군─으로 구성됐다. 그 규모가 가장 컸을 때는 병력이 1000만 명에까지 이르렀던 것으로 추산된다. 병사들은 부대장의 바람에 따라, 가장 무시무시한 군대가 되거나 아니면 가장 무기력한 군대가 돼야 했다. 1955년부터 곧 나토에 대한 다소 뒤늦은 대응으로〔소련을 중심으로 한 동유럽의 군사 공동 방위 기구〕바르샤바조약기구(1955~1991)가 결성되고부터, 소련 군대를 옭아매는 관료주의의 층은 또 하나 더 생겨난 셈이었다. 바르샤바조약기구는 바르샤바가 아닌 모스크바에 본부를 두었고, 소련군 지도부가 시종 조약 운영과 관련해 절대적 실권을 유지했다.

소련 보안부대의 규모와 조직은 다른 곳에서는 그에 비견되는 것을 거의 찾아볼 수 없었다. 이들을 사람들이 '비밀경찰'이라 일컫는 것은 궁색한 표현이다. 소련 국가보안위원회인 KGB 〔카게베КГБ, Комите́т госуда́рственной безопа́сности, 1954. 3~1991. 12〕는 미국 중앙정보국Central Intelligence Agency, CIA, 미국 연방수사국Federal Bureau of Investigation, FBI, 미국해안경비대 United States Coast Guard, USCG에 상응하는 조직이었고 그 외 기능들까지 갖고 있었다. KGB가 설치한 다양한 지부는, 해외 첩보 외에도, 굴라크, 정치-군사 본부, 민병대, 감찰기구 같은 조직을 운영했다. 하지만 KGB의 제일 주된 임무는 모든 일과 사람에 관해 일일이 정보를 수집하고, '신뢰할 수 없는 요소들'을 가능한 모든 수단을 동원해 뿌리 뽑는 것이었다. 하늘색 견장이 달린 제복을 갖춰 입은 KGB 장교들을 소련 어느 도시에서나 마주칠 수 있었다. 이들은 주민들 사이에 방대한 수의 정보원, 살인청부업자, 비밀요원들을 심는 한편, 그 조직이 군대와 판박이인 100만 명의 내부 단속부대를 양성해 군대를 정찰하고, 국경을 감시하고, 수용소들을 수비하고, 소요를 진압하고, 당의 엘리트를 경호하게 했다. 이들의 가장 공적이면서도 비밀스러운 임무는 다름 아닌 레닌의 묘를 지키는 것이었다. 모스크바 중앙의 루비안카에 자리한 KGB 본부에서는 창문 너머로 이 기관의 창설자 펠릭스 예드문도비치 제르진스키(1877~1926)의 동상이 보였다. 이 본부 건물에는 러시아 전역을 통틀어 가장 살벌한 지하감옥이 자리했다.

소련 사회는, 공식적으로는 계급은 존재하지 않았지만, 공산당의 엘리트와 나머지 국민 사이의 간극이 벌어지는 분위기였다. 숙청 작업이 일단 멈추자, 노멘클라투라 구성원들은 자신들의 입지를 공고히 했고, 나라의 돈을 슬쩍해 잇속을 차렸고, 후원자의 힘을 빌려 더욱 부유해졌고 막강한 권력을 손에 쥐었다. 더 높은 서열에 자리한 사람은 고급 아파트와 별장, 비싼 리무진을 할당받는 것과 함께, 상점 문을 닫아놓고 혼자 쇼핑하고, 서방의 화폐를 이용하고, 해외여행을 할 권리를 부여받았다. 일찍이 1957년에 밀로반 질라스Milovan Đilas(유고슬라비아 정치가)가 언명한 것처럼, 이제는 이들이 '새로운 계급New Class'—소유계층—이었다. 대조적으로 집단농장 농민들은 많은 것을 빼앗긴 채 농노보다 못한 삶을 살아야 했다. 1970년대까지도 이들 농민은 사회보장제도의 각종 혜택은 물론 개인 신원증명서조차도 갖지 못했다. 한편 산업현장 노동자들에게는 말로는 그들이야말로 땅을 상속받은 주인이라고 했다. 이들 노동자는 주거·임금·안전 면에서 더 나아진 생활을 기대하며 고되게 일했으나 그 희망은 한 번도 실현되지 못했다. 지식인층은 —공식적 정의에 의하면 '정신노동자brain workers'라는 전문직 계층을 대표했다— 명망은 높았으나 수입이 낮았다. 의사와 같은 몇몇 전문직에는 여성이 대거 포진해 있는 것이 사실이었으나, 소련의 여성은 서방의 여성이라면 견디지 못했을 조건 속에서도 거의 아무런 도움도 받지 못한 채 살아야 했다. 소련에서도, 나치 독일에서 그랬듯, 공식적 기조를 통해 출산을 장려했으나 사람들 사이에서 널리 이용가능한 유일한 가족계획의 형태는 낙태뿐이었다. '선진 사회주의developed socialism'는, 유럽의 기준에서는, 매우 낙후돼 있었다.

놀라울 것도 없이, 초기 소련의 인구통계학적 경향은 불안정한 흐름을 보이기 시작했는바, 특히 유럽러시아European Russia(유럽에 위치해 있는 러시아)에서 그러했다. 1950년대와 1960년대에 소련 인구는 스탈린 통치기의 뼈아픈 손실로부터 회복돼 1억 7850만 명(1950)에서 2억 6240만 명(1974)으로 부쩍 늘어났다. 대규모 도시들도 그 규모와 수가 대폭 늘어났다. 그러나 소련

도시에서의 신산한 삶에서는 근심 없이 아이를 낳기가 불가능했다. 1980년대에 이르러서는 출생률과 기대수명 모두 떨어졌다. 중앙아시아의 공화국들이 성장세를 유지한 결과, 지배적 위세를 떨치던 러시아의 민족주의도 이울어갔다. 1979년에 나온 52퍼센트의 공식 통계가 정확하다 하더라도, 이내 러시아인은 절대적 소수의 위치로 전락할 처지에 있었다.

소련의 경제체제는 스탈린이 틀을 짠 방식 및 우선순위―중앙통제계획, 군수산업화, 중공업―를 고수하고 있었다. 소련 경제체제가 근본적으로 실패한 부분들은 조작된 통계에 가려 오래 세상에 드러나지 않았다. 5개년계획은 성장률이 주춤할 수밖에 없고 목표 달성이 불가능한 상황에서조차 지속적으로 양적 성공을 달성하고 있다는 환상을 지속적으로 심어주었다. 1980년까지 소련 경제시표의 전반적 결과는 여전히 인상적으로 비쳤다.

소련: 선별selected 생산지수

	1945	1950	1960	1970	1980
강철(백만 톤)	12.3	27.3	65.3	116	148
석탄(백만 톤)	149	261	510	624	716
석유(백만 톤)	19	40	148	353	603
전기(시간당 백만kw)	43	91	292	741	1,294
자동차(천 대)	75	363	524	916	2,199
A산업군(자본재 1913=1)	15	27.5	89.4	213.8	391.4
B산업군(소비재 1913=1)	2.7	5.7	15	30	49.8
곡물(백만 톤)	47	81	126	187	189
소(백만 두)	30	25	34	39	43 [21]

1980년 초반에 들어서서야 비로소 전반적 생산지표들은 사실상 별 의미가 없으며, 이제는 거의 모든 분야에서 소련의 경쟁국들이 소련보다 훨씬 앞으로 치고 나가고 있다는 사실이 모습을 드러내기 시작했다.

공적 세계나 바깥 세계에는 잘 알려져 있지 않았지만, 특혜를 누린 군사 및 핵 부문이 소련 GNP의 30퍼센트 이상을 소모시키고 있었다―공식적으로 인정된 수치보다 최소 5배 이상 컸다. 동시에, 공산주의자들이 입버릇처럼 강조해 지나치게 덩치가 커진 중공업은 필요치도 않은 철iron, 강steel, 정제되지 않은 화학제품 따위를 계속 쏟아냈다. 그 결과, 경제는 탱크·로켓·항공기는 대규모로 생산해내면서도 국민들의 기본적 욕구는 제대로 충족시켜주지 못했다. 민간경제에서 가장 중요하다고 여겨지는 요소들은 모두 비참하게 무시됐다. 소련의 농업은 낮은 등급의 식량이 어마어마한 양으로 생산됐으나 이 식량들은 일반 가정의 식탁에 오르지 못했다. 소련은 곡물 순수입국이 됐으나, 국내 공급은 집단노동을 하는 농민들의 텃밭에 의존하는 경향이 점차 늘어났다(경작가능한 토지 3퍼센트에서 전체 식량의 50퍼센트가 생산됐다). 과학과 기술도 민간 영역은 당대 수준에서 한참 뒤처졌다. 소련의 제 여건은 컴퓨터화 작업이 진행되거나 중앙 관료제 밖으로 정보가 자유로이 이동하기에는 특히 불리한 것으로 드러났다. 자동차 보급은 1960년대에 피아트Fiat사로부터 라다Lada 자동차 생산 허가권을 사들이면서 대대적으로 시작됐으나 이를 뒷받침해줄 서비스가, 특히 현대식 도로가 갖춰지지 않아 순조롭지 못했다. 서비스 부문은 일반적으로 초기의 미숙한 단계를 벗어나지 못했다. 소비 부문은 시종 재화가 딸렸다. 식량과 주거비용이 정부 지원으로 설정된 덕에 기본 생계는 보장됐지만 이를 온상으로 암시장이 활발히 형성됐다. 이 무렵이면 진보의 길을 걸은 지 70년이 지났는데도, 소련은 아직도 서쪽에서 동쪽으로 이어지는 전천후 도로조차 하나 건설하지 못하고 있었다. 단선 시베리아 횡단철도만이 극동지방으로 통하는 유일한 생명선이었다. 아에로플로트Aeroflot[러시아어 Аэрофлот]는 세계 최대 규모의 항공사이자 과잉운행이 가장 심한 항공사이기도 했다. 이런 형편에서 시베리아의 풍부한 자원들도 제대로 이용될 리 없었다. 모스크바가 많은 명령을 내놓을수록 반응은 점점 심드렁해졌다. 코메콘Comecon[CMEA, Council for Mutual Economic Assistance, 1949~1991]이 창설돼 있음에도, 동유럽의 위성국가들은 소련에 순전히 도움만 주던 존재에서 순전히 부담만 되는 존재로 전락했다("코메콘" 또는 "(동유럽)경제상호원조회의"는 1949년에 소련의 제창으로 유럽경제공동체EEC에 대항해서 창설된 사회주의 국가들의 경제협력 기구를 서방 측에서 이르는 명칭이다. 러시아어로는 세프СЭВ, Совéт Экономи́ческой Взаимопо́мощи라고 한다). 소련의 수출이익도 금과 석유에 지나치게 의존하는 경향을 보였다. 1980년대 초반, 통제되지 않는 군사지출과 내수 실적의 부진이 겹치면서 소련은 당장 처방하지 않으면 곤란한 체제적 위기에 봉착했다.

환경보호는 소련에서 현실적 문제로 심각하게 고려되지 않았다. 생태학적 차원의 고려는 원시적 산업활동 방법과 대량생산이라는 압력에 밀려 그 여지가 전혀 없었다. 환경 관련 법률들이 통과된 상황이었지만, 당 차원의 주요 생산 목표들을 거스르면서까지 하위 관리들이 해당 법률을 실행시킬 리 없었다. 전체주의적 당-국가 체제에서 독립적 환경기구는 물론 일반 시민들의 환경운동도 펼쳐질 여지가 없었다. 그 결과, 소련은 환경문제를 외면하며 끝없이 오염을 일으키는 주범으로서 유럽에서 가장 악명 높은 선례를 조직적으로 만들어갔다. 도시는 시커먼 때에 찌들고, 강은 죽고, 공기에는 독성물질이 떠돌고, 숲은 죽어가고, 방사성 유해물질은 감시받지 않고, 건강지표는 점차 악화돼갔으나, 이 모든 것은 습관과도 같은 비밀주의의 안개에 가려져 보이지 않았다. 1986년 4월 우크라이나 체르노빌에서 원자로가 폭발해 유럽 땅 절반이 그 낙진을 뒤집어쓰고 나서야, 매우 늦은 뒤늦게 소련이 전 세계에 일으키고 있는 환경문제의 위험성에 경고음이 울렸다.

소련의 문화는 국가의 검열이 부지불식간에 모든 활동을 공식 영역과 비공식 영역으로 나누어 버려 자아분열증에 걸린 꼴이었다. 예술가들은 당이 운영하는 협회 중 하나에 소속돼야만 공연을 하거나 책을 출간할 수 있었다. 예술가들의 작품은 노골적으로 체제에 순응한 부류, 알아서 내용을 쳐낸 부류, 용감하게 저항한 부류의 셋으로 나뉘었다. 공식 문화는 안드레이 알렉산드로비치 즈다노프Андрéй Алексáндрович Ждáнов에 의해 1934년 틀이 마련되고 1946년 그 내용이 재천명된 사회주의 리얼리즘Socialist Realism의 원칙들을 중심으로 삼았다. [몰도바] 사회주의 리얼리즘 양식에서는 소련의 삶을 이상화된 방식, 의무적으로 즐거운 방식, 본질적으로 거짓된 방식으로 그려냈다. 스탈린 사후 10년 동안 몇 차례 중요한 일탈이 일어났다. 흐루쇼프 한편으로 알렉산드르 이사예비치 솔체니친Алексáндр Исáевич Солженúцын이 쓴 《이반 데니소비치의 하루Один день Ивана Денисовича》(1962)—굴라크에서의 음울한 생활을 그린 작품이었다—의 출판을 허가해주었다. 다른 한편으로, 흐루쇼프는 모스크바에서 처음 현대회화 전시회가 열렸을 때는 "당나귀 꼬리를 휘갈겨 그린 그림" 같다며 혹평을 서슴지 않았다. 해빙기는 이내 지나가고 예술계는 다시 얼어붙었다. 그나마 몇 손가락 안에 드는 재능 있는 예술가들이 관용의 가장자리에서 다소나마 독립성을 지켜나갔다. 그러나 보리스 레오니도비치 파스테르나크Борúс Леонúдович Пастернáк의 《닥터 지바고Доктор Живаго》(1957)부터 알렉산드르 알렉산드로비치 지노비예프Алексáндр Алексáндрович Зинóвьев와 솔제니친의 주요 소설들에 이르기까지 당대를 풍미한 위대한 작품 대부분은 해외에서 불법으로 출간될 수밖에 없었다. 수많은 걸작이 20년 혹은 30년까지도 세상의 빛을 보지 못했다.

역설적 얘기지만, 소련 사회의 억압적 분위기는 사람들 사이에 독자적 고급문화에 대한 진정한 갈증과 영적·미학적 가치들에 대한 허기를 생겨나게 했고, 이는 대부분의 자유국가에서는 지금도 잘 모르고 지내는 것들이다. 공식 방침에 내재한 비도덕성immorality이 그것(비도덕성)을 없앨 도덕적 항체를 자체적으로 생성해낸 셈이라 하겠다. 시간이 지남에 따라, 점차 많은 교육이 이루어지는 사회의 가장 많은 교육을 받는 집단에서 가장 단호한 반대가 확고해졌다. (1979년 무렵 소련 시민의 약 10퍼센트가 고등학력을 보유했다.) 블라디미르 콘스탄티노비치 부콥스키Vladimir Konstantinovich Bukovsky, Владúмир Константúнович Букóвский(러시아 태생의 영국 인권운동가·작가)는 한때 이렇게 말했다. "원하든 원하지 않든, 소련의 시민이라면 내면에서 늘 당국의 공식 프로파간다와 대화를 나누게 돼 있다."22 초기의 소련 반체제 인사 한 명이 소련의 수소폭탄을 만든 안드레이 디미트리예비치 사하로프Андрéй Дмúтриевич Сáхаров(1921~1989)였으며, 당시 세태를 가장 유려하게 표현할 줄 알았던 작가로는 기독교 시인으로 투옥당했던 이리나 보리소브나 라투신스카야Ирúна Борúсовна Ратушúнская(1954~2017)가 꼽혔다.

그리고 러시아의 슬픈 이야기 속엔

(이게 그냥 꿈은 아닐까?)
마시카 쥐Mashka Mouse, 우리, 라디오가 나오지,
아직 시작되지도 않은, 빈 페이지 위에서,
이 긴 겨울이 열리네,
이제 내일.23

소련의 종교생활은 체계적 박해를 통해 최소한으로만 유지됐다. 소련은 공식적으로 무신론을 내세웠다. 흐루쇼프는 특히 전투적으로 반종교 운동을 전개했으며, 아동에게 종교를 교육하는 것은 범죄행위였다. 타타르스탄과 중앙아시아의 무슬림은 종교활동에 가장 소극적이었던 만큼 문제의 소지도 가장 적었다. 하지만 러시아정교회는 손과 발이 묶였다. 성직자는 국가의 연금을 받아 생활해야 했고, 고위 성직자들은 KGB의 감시를 받았다. 우크라이나의 합동동방가톨릭교회(동방귀일교회)는 1946년에 활동을 금지당하고 지하무덤에서 명맥을 이어갔다. 로마가톨릭교회는 리투아니아에서만 명맥을 이어갔고, 당국의 공격과 추방 조치로 성직자 수는 급감했다. 그러다 시간이 흐르면서 다양한 프로테스탄트와 근본주의 교파의, 특히 침례파와 그리스도재림파의 세가 활발히 일어났다. 유대교는 1970년대에 부흥의 조짐이 보이기 무섭게 괴롭힘에 시달렸다. 소련 정신이 부패해가는 현 세태에서 종교적 요소는 그 의미를 아무리 강조해도 지나치지 않을 것이다.24

소련 공산주의의 본질적 특성을 명확히 규정지으려는 많은 시도가 있었다. 많은 외부인이 이론과 현실 사이의 괴리를 주로 강조했다―이론이 참이고 현실이 잘못됐다는 식이었다. 그러나 지식층 공산주의자들이 공산주의 이론 자체가 사기임을 깨닫게 된 과정이 수많은 연구 문헌을 통해 알려진 상태다. 레닌주의, 스탈린주의, 탈스탈린주의 공산주의는 늘 마르크스와 엥겔스에게 경의를 표했다. 그러나 이 사상들과 이론적 마르크스주의 사이의 관계는, 미국 대통령들을 신처럼 떠받드는 남태평양 섬 주민들이 믿는 '카고컬트cargo cult'와 미국식 민주주의 사이의 관계와 전혀 다르지 않다("카고컬트"는 기술적으로 더 발전한 외부에서 온 문물을 모방·숭배하는 원시부족의 의식과 행태를 말한다. 조상의 영혼이 배나 비행기를 타고 현대문명의 산물을 싣고cargo 와 지복至福의 세계를 가져다준다는 믿음이다. "적하積荷숭배" "적화積貨숭배"로 옮길 수 있고, 제2차 세계대전 중 연합군과 접촉한 이후의 멜라네시아 사례에서 처음 기술됐다). 아주 초기 단계 때부터 공산주의는 스스로 연명해나가는 것 외에는 더 중요한 목표가 없었다. 공산주의의 본질은 허위였다.25

가장 본질적인 측면에서, 소비에트 블록에 통합된 (하지만 소련은 아닌) 동유럽 8개국은 소련과 유사한 발전 패턴을 따랐다. 폴란드, 헝가리, 슬로바키아, 동독, 루마니아, 불가리아, 유고슬라

비아, 알바니아 모두 스탈린화(1948년 이후)와 탈스탈린화(1953년 이후 각기 다양한 시점에) 과정을 거쳤다. 이후 8개국 대부분은 '정상화normalization' 즉 한 차례 대대적 저항을 겪은 후 브레즈네프식 원칙들을 다시금 강요받았다. 8개국 대부분은 소련의 군사'동맹' 바르샤바조약기구 또는 이에 상응하는 소련 경제기구 코메콘(또는 CMEA)에 속해 있었다. 8개국 모두는 소련의 보호를 받던 시기에 전문 기술을 습득한 공산주의 독재정권에 의해 통치돼 똑같이 레닌주의 이데올로기를 바탕으로 자국의 존재를 정당화했으며, (두 나라를 제외하고는) 모스크바에 계속 충성의 의무를 졌다.

물론 중요한 변수와 중요한 공시적 불협화음도 있었다. 예를 들어, 1960년대 중반 체코슬로바키아 같은 일부 나라는 아직 탈스탈린화에 도달하지도 못한 데 반해, 헝가리는 이미 탈스탈린화와 정상화 과정을 모두 겪은 후였다. 일반적으로, 소련식 방법들에 노출된 기간이 더 짧은 만큼 —소련 내부는 70년인 데 반해 동유럽은 40년— 이들 동유럽 8개국은 '소련화sovietization'의 정도가 훨씬 낮았다. 역사학자들 사이에서는 소련과 동유럽 국가들 사이의 차이점과 유사성 중 무엇을 강조해야 할지를 두고 의견이 엇갈린다. 그 가운데에도 변하지 않는 사실은, 전후 40년 사이 이 8개국이 겪은 역사적 경험은 소련과는 엮여 있었고 서유럽의 경험과는 근본적으로 달랐다는 점이다. 8개국은 모두 '인민민주주의' 범주에 들어가는바, 이들 체제는 상상력을 아무리 유연하게 발휘해도 대중사회나 민주주의사회로 불릴 수 없었다.

첫 번째로 스탈린주의 시기(1945~1953)에서는 동유럽의 모든 국가가 당시 소련에 일반적으로 자리 잡고 있던 체제를 강제로 받아들여야 했다. 세계대전 종전 직후 모스크바가 해당 지역 정국을 직접 통제해야 한다고 스탈린이 고집했던 곳은 독일 내의 소련 점령지역, 폴란드, 루마니아가 전부였다. 그 외 지역들에서는, 공산주의가 차차 세를 쌓아가는 동안, 스탈린은 철저한 순응을 강요하지는 않았다. 그러나 1948년 이후부터는 기강을 다잡았다. 트루먼독트린에 대응하는 차원에서 철의장막 사이의 틈이란 틈은 모두 단단히 봉인돼야 했다. 후기 스탈린주의late Stalinism의 모든 주요 특징은 그것이 진작 존재하지 않은 곳에는 어디든 무자비하게 시행돼야 했다는 것이다. 소련의 '자문단'과 전문가들로 구성된 일당이 해당 지역 기구에 편입돼 이와 같은 표준화 및 복종이 반드시 실행되도록 했다.

이 은하계에서도 여전히 스탈린은 "영명한 밝은 태양"이었다. 하지만 각국에는 그 지역의 소小스탈린이라 할 작은 태양이 하나씩 떠서 저마다의 궤도를 돌고 있었다. 볼레스와프 비에루트 [폴란드], 클레멘트 고트발트Klement Gottwald[체코슬로바키아], 마차시 라코시Mátyás Rákosi[헝가리], 발터 울브리히트[동독], 게오르게 게오르기우-데지Gheorghe Gheorghiu-Dej[루마니아], 토도르 흐리스토프 지프코프Todor Hristov zhivkov[불가리아], 요시프 브로즈 티토[유고슬라비아], 엔베르 호자Enver Hoxha[알바니아] 등은 모두 모스크바에서 양성한 스탈린의 복제인간들이었다. 이들에게는 '꼭두각시'라는 말도 과분하다.

유고슬라비아는 초기 단계에서 모스크바에 대한 복종을 거부한 유일한 국가였다. 티토라고도 불린 요시프 브로즈(1892~1980)는 크로아티아 태생으로, 조국에서 전쟁이 벌어졌을 때 서방 열강들과 유대를 맺은 것, 나아가 소련의 지원을 받지 않고 자신의 정권을 세웠다는 점에서 그 위상이 독특했다. 물론 그는 스탈린주의자로서, 갖가지 탄압을 일삼은 추악한 전력도 있었다. 세르비아의 위세가 지배적인 그의 다민족 연맹체는 러시아의 위세가 지배적인 소련을 직접적 본보기로 삼아 민족주의와 관련된 모든 문제를 효과적으로 억눌렀다. 유고슬라비아연방인민공화국Federal People's Republic of Yugoslavia은 1945년에 성립됐다. 헌법도 만들어져, 통치층인 유고슬라비아공산주의자동맹League of Communists of Yugoslavia과 연방 6개 공화국(크로아티아, 슬로베니아, 보스니아헤르체고비나, 마케도니아, 몬테네그로, 세르비아)의 권한을 명시했으며, 1946년 1월 이후부터 발효됐다. 그러나 티토는 이미 독자적 기반을 구축한 뒤였고 누군가로부터 명령을 받을 성향이 아니었다. 그는 집단생산 농업에도 찬성하지 않았으며 노동자들의 자립 경영에 관심이 있었다. 따라서 코민포름이 성토했을 때도, 티토는 자신의 노선을 수정하려는 노력을 전혀 하지 않았다. 1948년 6월, 티토와 그가 이끄는 당은 코민포름에서 축출됐고, 이후 소련의 징벌 위협 속에서 몇 년을 지냈다. 티토와 그의 당은 공산주의를 표방하면서도 독자적 세력을 유지하는, 많은 이가 불가능하다고 믿은 일을 해냈다—이는 스탈린에 저항하고도 살아남을 수 있음을 증명한 셈이었다. 이후 베오그라드는 1955년 흐루쇼프의 순방을 계기로 모스크바와 평화적 관계를 수립했다. 하지만 유고슬라비아가 CMEA나 바르샤바조약기구에 가입하는 일은 없었다. 소비에트 블록을 떠난 이후, 유고슬라비아는 비동맹국가 운동에서 거리낌 없이 주도적 역할을 해나갔다.

동독은 유고슬라비아가 소비에트 블록을 막 이탈할 즈음 소비에트 블록에 합류했다. 소련 점령지역의 정세는 통일된 공산주의 독일의 토대가 마련되고 있다는 희망적 가정하에 전개되고 있었다. 그러나 베를린봉쇄의 실패와 연방공화국(서독)의 선포는 그런 가정이 잘못된 것이었음을 보여주었다. 독일민주공화국Deutsche Demokratische Republik, DDR(데데에르, 동독)이 공식적으로 구성된 것은 1949년 10월 7일로 독일연방공화국Bundesrepublik Deutschland, BDR(베에르데, 서독)이 성립되고 5달 뒤였다. 폴란드에서 그랬듯, 당대 DDR 헌법의 취지는 집권 공산당 곧 독일 사회주의통일당SED이 다수의 위성정당 곧 공산주의자로 구성된 민족전선NF의 세력들과 협력하게 만드는 것이었다. 첫 선거에서 이들 연합 전선은 99퍼센트의 표를 얻었다. 소련 주둔군은 그곳에 존립할 중요한 힘들을 비축한 셈이었다. 농업집단화 작업은, 독일 사회주의통일당이 소작농 소유권을 지지하는 대규모 토지 개혁을 시행한 지 얼마 되지 않은 터라, 차일피일 미뤄지다 1953년에야 시행됐다. 그러나 동독의 큰 골칫거리는 무엇보다 끊이지 않는 시민들의 이탈 행렬이었다. 12년 동안은 프리드리히가街를 출발해 티어가르텐(동물원)에 도착하는 지하철을 타기만 하면 누구나 서독에 발을 들일 수 있었다. 1949~1961년의 그 12년 동안 이런 기회를 틈타 동독을 빠져나간 사람들은 수천 명에 이르렀다. 당시 유럽 국가 가운데 유일하게 인구가 감소세를 보인 곳이 DDR였다.

코메콘이라는 명칭으로 더 잘 알려져 있는 CMEA(동유럽경제상호원조회의)는 1949년 1월 8일 모스크바에서 창설됐으며, 사무국도 모스크바에 자리했다. 창립국들에 더해 알바니아(1949), 독일민주공화국(1950), 몽골(1962), 쿠바(1972) 등이 가입했다. 기구의 주된 기능은 소련의 방법들을 통한 '사회주의 건설'을 이론과 현실 양면에서 지원하는 것이었다.

'인민민주주의People's Democracy' 국가들이 소련의 구조에 얼마나 통합돼 있었는가는 지금도 해결되지 않은 문제다. 그렇다고는 해도 '인민민주주의' 국가들의 의존도가 순전히 운에 맡겨졌다고 하면 생뚱맞을 것이다. 이 문제와 관련한 주된 단서들은 그야말로 독보적이었던 당 내부의 권력 장악 기제에서 찾아야만 한다. '사회주의 국제주의socialist internationalism'라는 것이 어떤 식이든 의미가 있었다면, 그것은 소련공산당이 형제 정당fraternal party들의 내정을 장악하고, 각 형제 정당은 자신이 담당한 공화국의 국정을 장악한 것이었다고 하겠다. 이와 같은 중차대한 임무를 특별히 위임받은 곳이 소련공산당 중앙서기국 국제부였다. 특정 국가의 내정을 감독하는 일은 이 부서의 각 '사무국'이 맡았다. 그 채널을 통해 공산당의 형제 정당에서 요직을 차지한 모든 인사는 모스크바에 자리한 '상급 기관'들의 노멘클라투라 체제에 예속될 수 있었다. 그리고 소련 요원은 소비에트 블록 전역의 요직에 마음대로 배치될 수 있었다. 사실상, 소련 폴리트뷰로politburo(정치국, 러시아어 Политбюро)는 다른 모든 폴리트뷰로 위원들을 임명할 수 있었다. KGB는 다른 모든 공산주의 보안기구들을 운영할 수 있었고, 정치-군사 본부는 당시 형성되고 있던 신생 인민군People's Army의 작전참모들을 지휘할 수 있었다. 1945년 이후 몇 년 동안 스탈린은 자국이 돌보는 국가들이 독자적으로 대규모 군대를 갖추는 것을 바라지 않았다. 실제로도 군대 확충은 1948년 이후에야 시작됐다. 소련의 군사 고문단이 이처럼 직접적으로 타국 군대를 장악했던 까닭에 나토에 필적하는 공식적 군사동맹의 필요성은 아직 대두하지 않았다.

스탈린주의가 기세를 잡았음을 알려주는 가장 명확한 징후는 잇따라 진행된 숙청작업 및 여론조작용 재판에서 찾아볼 수 있었고, 이로 인해 1948년 6월 이후 형제 정당들을 이끈 지도부는 격심한 타격을 입었다. 스탈린은 한때 소련공산당에 했던 방식을 그대로 가져와 동유럽 동지들을 이른바 '고기 분쇄기meat-grinder'에 통과시켰다. 그리하여 바르샤바(폴란드)에서는 1948년 12월 폴란드통일노동당PZPR 창립대회에서, 브와디스와프 고무우카Władysław Gomułka(1905~1982)가 '민족주의적 일탈'이라는 죄목으로 비굴하게 자기비판을 하는 광경이 연출됐다. 소피아(불가리아)에서는 부총리 트라이초 코스토프Traïcho Kostovv(1897~1949)가 티토주의를 따랐다는 죄목으로 재판을 받고 처형당했다. 티라나(알바니아)에서는 코치 조제Koçi

Dzodze(1911~1949)가 유고슬라비아에 알바니아를 넘기려 모의했다는 혐의로 사형을 언도받았다. 부다페스트[헝가리]에서는 외무장관 라슬로 라이크László Rajk(1909~1949)가 재판을 받고 처형당했다. 프라하[체코슬로바키아]에서도 중상과 모의재판이 수년간 이어진 끝에, 서기장 루돌프 슬란스키Rudolf Slánský(1901~1952)가 갖가지 죄목의 원흉으로 직접적 지목을 당했다. 1952년 11월 슬란스키의 재판에서는, 피고인 14명 가운데 11명이 유대인이었는데, 티토주의, 트로츠키주의, 반소련주의, 해외 첩자 활동 같은 더욱 통상적인 죄목들과 함께 시온주의의 죄목도 추가됐다.

두 번째로 탈스탈린화post-Stalinist 시기(1953~1968)는 소련 위성국가들이 독자적인 길을 모색해 '민족공산주의national communism'나 '폴리센트리즘polycentrism' 같은 다양한 말로 명명된 단계를 향해 나아간 때를 일컬었다("폴리센트리즘"이란 국제 공산주의 운동은 소련 중심에서 벗어나 각국의 독자성을 바탕으로 전개돼야 한다는 주장이다. 1956년에 이탈리아 공산당 서기장 팔미로 톨리아티Palmiro Togliatti(1893~1964)의 주장에서 비롯했다. "다중심주의" "다극주의" 등으로 번역되기도 한다). 이 과정에서 형제 정당들은 '사회주의를 향한 길road to socialism'을 저마다 정할 권리가 있다고 주장했다. 소련공산당은 사회주의의 이득이 위험에 처할 시 무력을 동원해 사태에 개입할 권리를 갖기로 했다. 여기서 '사회주의의 이득gains of socialism'이란 공산주의자의 독점 권력, 크렘린궁에 대한 충성을 뜻하는 암호와 다름없었다.

모스크바의 집단 지도층이 내홍에 휩싸이며 불확실성의 분위기가 짙어지는 가운데, 개중에 더욱 용기를 가진 인물들이 손발을 걷어붙이고 나섰다. 1953년 6월 17일, 동베를린의 노동자들이 공공연한 반란으로까지 전개될 수 있는 시위를 벌였다. 시위대는 진주해온 소련군의 탱크들에 가차 없이 짓밟혔다. 체코슬로바키아의 플젠에서도 유사한 사태가 터졌다. 대중의 항의는 눈 감고 넘어갈 수 있는 범위를 벗어나 있었다. 폴란드에서는 당이 몇 가지 핵심 정책을 조용히 철회했다. 강제적 집단화 작업도 멈추었으며, 소련의 주도로 운영되며 세간의 원성을 사던 국가보안부도 다른 부서로 대체됐다. 옥에 갇힌 정당 지도자와 대주교는 석방됐다. 한 공산주의 시인[아담 바지크]은 당의 허가를 받고 《어른들을 위한 시Poemat dla dorosłych》(1955)를 출간했는데, 대담하게도 당대의 삶이 완벽과는 거리가 멀다고 노랬다.

그들은 우리에게 달려와 외쳤지
"사회주의 아래서는
손가락이 잘려도 아프지 않다"
하지만 사람들은 아팠고
그렇게 믿음도 잃었네.

우리 곁에는 있지, 과중한 노동에 시달리는 사람들이 [⋯]

따기는 해도 아이들에게 먹일 수 없는 폴란드산 사과들이 [⋯]

강제로 떠밀려 거짓말을 입에 담아야만 하는 소녀들이 [⋯]

법에도 규정 안 된 저급한 불한당들에게

길거리에서 갖은 비방과 면전에 침을 맞는 모욕과

성난 공격을 당하는 이들이 [⋯]26

바르샤바조약Warsaw Pact(정식 명칭 (동유럽) 우호협력상호원조조약)은 1955년 5월 14일에 체결됐다. 인민민주주의 국가들에서는 지난 7년 동안 군대를 꾸준히 육성해왔고, 그 결과 현지인 장교 군단이 더욱 막중한 책임을 맡아야 하는 시점에 이르러 있었다. 바르샤바조약기구는 여러 정치구조에 통합돼 있었다는 점에서 자유롭고 평등한 협력국 사이에 맺어진 참된 의미의 동맹이라고는 할 수 없었고, 따라서 그 어떤 회원국 국가의 군대도 독립적으로 작전을 수행할 능력이 없었다. 그러나 무기 표준화 작업과 합동 훈련은 군사적 측면에서 확실히 이득이었으며 민족적 자긍심을 높여주는 강력한 계기이기도 했다. 나토에는 서독의 가입을 반대한다는 확실한 신호를 보낸 셈이었다.

결정적 계기가 된 해는 1956년인 것으로 드러났다. 흐루쇼프가 제20차 소련공산당전당대회에서 한 연설이 동유럽 전역에 충격파를 몰고 온 것은 당연했다. 이 자리에서 형제 정당들은 스탈린이 자신들에게 저지른 범죄를 별수 없는 일로 받아들여야 했다. 일례로 폴란드 대표단은, 서방 언론에 전당대회 경과를 누설한 이들이기도 했는데, 전쟁 이전에 폴란드 공산주의 운동의 지도부가 허위 죄목을 쓰고 전원 몰살을 당했음을 알게 됐다. 볼레스와프 비에루트는 이 사실을 알고 그 자리에서 심장마비를 일으켜 세상을 떠났다. 그해(1956) 여름, 사태는 걷잡을 수 없는 지경에 다다른다. 장차 개혁가들의 갖가지 요구에 폴란드 정계를 지배하고 있던 당파들의 옛 비호 세력 입지가 흔들리면서 민중의 소요가 솟구치듯 일어났다. 6월 포츠난에서는 시위대가 "빵과 자유" "러시아는 물러가라" 같은 구호를 내걸고 시위를 벌이다 폴란드 군대가 발포한 총에 노동자 53명이 목숨을 잃었다. 10월 들어서는, 처음에는 바르샤바에서 나중에는 부다페스트에서 형제 정당들이 모스크바에 먼저 의중을 밝히지 않은 채 자신들의 정치국의 구성에 변화를 주는 중차대한 행보를 취했다.

흐루쇼프가 동유럽의 위기를 그나마 손쉽게 넘길 수 있었던 것은 마침 미국에서 대통령선거가 치러진 한편 수에즈위기까지 겹친 덕분이었다. 서방 열강은 중동 문제를 두고 입장이 갈려 동유럽에 신경 쓸 틈이 없었고, 따라서 바르샤바와 부다페스트 문제는 소련이 알아서 처리하도록 맡겨 두었다.

1956년 10월 21일 일요일, 뇌졸중을 앓던 흐루쇼프가 별다른 발표도 없이 비행기를 타고 바르샤바로 날아갔다. 흐루쇼프가 발들이고 보니 도시는 완전무장을 갖춘 폴란드 민병대가 에워싸고 있었고, 블라디스와프 고무우카를 지지하는 폴란드 지도부의 입장은 확고부동해 보였다. (후일의 풍문에 따르면, 폴란드 군대는 동독을 뚫고 지나가 나토의 전선에 합류할 계획을 세웠었다고 한다.) 이틀에 걸친 회담 결과, 고무우카가 내건 '폴란드의 사회주의를 향한 길'은 소련의 기본적 이해에 어긋나지 않았으며, 동맹 가운데서도 가장 규모가 크고 또 가장 용맹하다는 평판을 얻고 있는 나라와 공공연히 전쟁을 벌이는 것은 바람직하지 않았다. 그래서 흐루쇼프는 한 발 물러나기로 했다─고무우카의 서기직[폴란드통일노동당 중앙위원회 제1서기]을 그대로 유지하고, 콘스탄틴 콘스탄티노비치 로코솝스키Константин Константинович Рокоссовски[폴란드계 소련인으로 당시 폴란드 국방장관]와 그의 자문단은 물러나기로 합의한 것이다. 한동안은 고무우카가 폴란드에서 유일무이하게 대중의 지지를 받는 공산주의 지도자로서 그 영예를 누렸다.

부다페스트에서는 사태가 돌이킬 수 없는 국면으로 치달으니, 다행이 모면했지만 어쩌면 바르샤바도 이와 같은 일을 충분히 당했을 수 있었다. 흐루쇼프는 과거 유고슬라비아인들에게도 그렇고 이번에 폴란드인에게까지 관용을 베푼 것으로 자신이 누구에게나 무른 사람으로 여겨지는 것은 아닐까 염려스러웠다. 폴란드에서 군사행동을 취하는 것에 견주면 헝가리를 진압하는 데는 군사적으로 별 문제가 없었다. 거기에다 헝가리 동지들은, 폴란드인들과는 달리, 심하게 사분오열돼 있었다. 일촉즉발이었던 폴란드 위기의 뇌관이 막 제거된 시점인 10월 23~24일 밤, 헝가리공산당의 스탈린주의자 서기이자 보안부의 책임자이며 마차시 라코시의 후계자인 에루뇌 게뢰Ernö Gerö는 서기직에서 쫓겨나는 상황을 면하고자 소련 군대의 개입을 요청했다. 소련군에 만신창이가 된 헝가리는 항복을 선언하기까지 한 달도 채 걸리지 않았다. 처음에는 두 나라가 합의에 이를 것처럼 보였다. 소련 군대가 수도를 떠나 물러났고, 소련 대사 유리 블라디미로비치 안드로포프도 게뢰를 버리고 ─고무우카가 그랬듯 스탈린주의자의 박해를 당한 적이 있는 충직한 공산주의자인─ 야노시 카다르János Kádár를 게뢰의 후임으로 승인해주었기 때문이다. 이러한 행보가 헝가리공산당의 개혁파 수장이며 얼마 전 총리가 돼 두각을 나타내고 있던 임레 너지Imre Nagy가 추진하는 진보 노선을 저지하는 것처럼 보였다. 일각에서는 소련군의 최종 퇴각 문제를 두고 양국 간에 협상이 진행되고 있다는 이야기가 돌았다. 흐루쇼프는 이 무렵 브리오니에서 두 번째로 티토를 만나는 중이었다. 그런데 그때 너지가 비공산주의자 인물 몇몇을 정부 요직에 앉혀 공산주의 권력 독점을 깨뜨렸다. 이와 함께 대주교 요제프 민첸티József Mindszenty 추기경이 석방되자 열띤 시위가 불붙었고, 얼마 안 가 사람들의 원성을 사던 공안경찰에 대한 성난 공격이 이어졌다. 11월 2일, 헝가리 대중의 거센 압박에 정부는 유엔에 지원을 요청하는 탄원을 하고 바르샤바조약기구에서도 탈퇴한다고 발표해야 했다. 4일 새벽, 무장한 소련 연대가 사전 경고도 없이 다시 부다페스트로 들이닥쳤다. 이후 열흘간 헝가리의 젊은이들은 영웅적 용기를 발휘하며 맨손으로 소련의 탱크와 맞붙어 싸웠다. 너지는 유고슬라비아대사관으로 몸을 피한 후, 거기서 소련 통행증을 소지하고 길을 떠났으나 이런 시도들이 무색하게 곧장 붙잡혔다. 그리고 얼마 지나지 않아 너지는 루마니아에 투옥당했고, 너지와 2000명에 이르는 그의 추종자들은 총살을 당했다(1958). 수십만 명의 난민들이 오스트리아로 쏟아져 들어왔다. 이 사태의 최종 사상자 수도 그와 비슷한 수준이었다. 이제 헝가리는 안드로포프의 수하 카다르와 '노동자 및 농부들의 혁명정부' 손에 맡겨졌다

헝가리에서 일어난 민족봉기(1956년 헝가리혁명1956-os forradalom)는 소련의 기록에 지워지지 않는 오점으로 남았다. 이 사건으로 공산주의는 대중의 요구에 꿈쩍도 하지 않는다는 사실이 만천하에 드러났다. 또 이를 계기로 수많은 좌파가 공산주의에 품은 공감대가 무너지고, 서방에 근거한 공산주의 정당들의 미래도 풍비박산 나는 한편, 냉전의 긴장감이 크게 격화됐다. 이 사건은 소비에트 블록 안의 마오쩌둥에게도 불미스럽게 비쳤는바, 그는 전부터 공산주의의 민족주의적 변형에 찬성하는 입장이었던 데다, 고무우카와 너지를 대신해 여러 중개 노력을 펼쳐왔기 때문이다. 아울러 이 사건은 새로운 전반적 경제전략이 수립되는 추동력을 마련해주었으니, 부다페스트에서 승리를 거머쥔 안드로포프와 카다르가 바로 그런 전략의 대표적 옹호자들이었다. 그러나 부다페스트의 교훈을 누구나 다 가슴에 새긴 것은 아니었다. 체코슬로비키아는 끝내 헝가리와 비슷한 시련을 거치고야 탈스탈린화 게임을 지배하는 룰이 무엇인가를 온전히 이해할 수 있었다.

1960년에 시작된 중소분열Sino-Soviet split의 여파가 직접적으로 미친 유럽 국가는 알바니아뿐이었다. 알바니아의 동지들도, 중국인들과 마찬가지로, 탈스탈린화 작업에 꽤 커다란 의구심을 품고 있었다. 그뿐만 아니라 알바니아는 티토가 스탈린과 절연하면서 진작 소련과 관계가 단절된 데다 소련의 나머지 진영들과도 국경이 맞닿은 데가 없었기에 소련의 개입을 충분히 막아낼 수 있는 위치에 있었다(당시 알바니아는 유고슬라비아의 영향력권에 있었다). 그 결과 알바니아인들은 이른바 '중국의 길Chinese Road'을 택했고, 티라나(알바니아의 수도)는 충성의 대상을 모스크바에서 베이징으로 바꿨다. 알바니아는 완전한 스탈린주의 노선을 추구하고, 철저한 농업 집단화 및 종교척결 운동을 진행했으며, 철저히 고립된 채로 자신의 모든 주변국과 마찰을 일으켰다. 알바니아의 이와 같은 상황은 1990년까지도 좀처럼 변할 줄 몰랐다. 엔베르 호자(알바니아 노동당 중앙위원회 서기장(1941~1985))는 다음과 같이 선언했다. "알바니아에서 유일한 종교는 단 하나, 알바니아인에 걸맞는 사람이 되는 것뿐이다." [슈치퍼리아]

소련이 1960년대에 새로운 경제전략을 채택하게 된 것은 EEC를 모방하려는 데서 비롯하기도 했으나 기존 스탈린주의 방법론의 결점들을 인정하는 차원에서 비롯한 것이기도 했다. 한 가

지 진전은 CMEA가 합동 계획경제의 조정자로서 한 단계 높은 위상을 갖게 됐다는 점이었다. CMEA는 회원국들에 제가기 특별 임무를 할당했고 현대과학 및 기술을 보급하는 데도 막대한 공을 들였다. CMEA의 노력은 회원국 모두를, 루마니아를 제외하고, 흡족하게 했다. 그러나 주요 예비계획이 처음 시행된 곳은 헝가리였다. 소련공산당 국제부 수장 안드로포프와 〔헝가리의〕 카다르는 시민들의 봉기 이후 이어진 공포정치로 헝가리에 지금 지적 경제 실험을 할 여지가 마련 됐음을 잘 알았다. 그 상태에서라면 정치적 격변 없이도 경제개혁을 진행시키는 것이 가능할 터 였다. 이른바 '구야시 공산주의Goulash communism'〔헝가리어 gulyáskommunizmus〕를 통해 시민들 을 배불리 먹여주면 사람들이 병처럼 안고 있는 자유에 대한 꿈도 사라질 것이었다〔"구야시" 또는 "굴라시"는 고기에 파프리카를 넣은 헝가리 스튜요리다〕. 거기 담긴 주된 구상은 여전히 국가의 통제 를 받는 체제에 제한적 시장 기제를 도입하고, 강제 납품 및 토지 소유권에 대한 통제를 완화해, 특히 농업 분야에서, 기업활동을 장려하는 것이었다. 이 조치의 성과는 단박에 나타났다. 1960년 대 중반에 이르자 헝가리는 크게 번영해 국민들은 자신이 겪었던 정치적 불행은 까맣게 잊을 정 도였다. 부다페스트는 식당들은 번창하고, 선반들은 물건들이 그득 쌓여 있고, 어디서도 정치색 은 찾아볼 수 없는 도시였다. 이 '카다르화Kadarization'는 공산주의와 자본주의 사이에서 내놓을 수 있는 매력적 타협안처럼 보인바, 특히 정치적 의식을 전혀 갖지 않은 서구의 경제학자들에게 그러했다.

이런 발전 추세에 호응하지 못한 국가도 ―저마다 다른 이유로― 셋 있었다.

독일민주공화국〔DDR, 동독〕은 인민민주주의 국가들을 통틀어 가장 부자연스러웠다. 동독 에서 공산주의 이데올로기에 철저히 순응하고 과도하게 친소련 분위기가 조성된 데에는 악명 을 떨친 공안기구인 슈타지Stasi〔국가보위부, (1950~1990)〕의 역할이 컸다. 베를린이 분할되고, 근 40여 개의 소련 점령군 사단이 주둔하고, 무엇보다 시민들의 탈출 행렬이 꾸준히 이어진 것이 동독의 분위기를 침울하게 했다. 1961년 8월 13일, 동베를린과 서베를린 사이를 가로지르는 길 이 모조리 막혔다. 이후 28년 동안 베를린장벽으로 동독은 동물 우리와 다름없었는바, 유럽에 서 공산주의의 압제를 이만큼 더 생생하게 보여주는 것도 없었다. 통일 독일과 관련된 구상들 은, 이제 동독은 별개의 전통을 가진 별개 민족이 살아가는 곳이라는 이론이 선호를 받으면서 모두 무용지물이 됐다. 동독은 중공업 산업화에 박차를 가하고 올림픽경기를 국가 차원에서 대 대적으로 후원하는 등 국제사회에서 어엿한 국가로 인정받고자 엄청난 노력을 기울였다. 1971 년 발터 울브리히트가 물러나고 에리히 호네커Erich Honecker가 〔독일사회주의통일당 중앙위원회〕 서기장 자리에 올랐을 무렵에는 조만간 동독이 서독과 모두스 비벤디에 이를 것 같은 분위기였 다. 그러나 동독에는 이후 30년 동안 계속 1950년대의 기조가 맴돌았다. "우리는 독일Germany 을 너무도 사랑합니다." 프랑스의 한 총리가 적잖이 비꼬는 투로 한 말이다. "그래서 독일이 지금처럼 두 개였으면 좋겠습니다."

　루마니아는 당시의 모든 변화에 뻗댄 국가였으나 그렇다고 공산주의를 공공연히 저버린 적은 없었다. 니콜라에 차우셰스쿠Nicolae Ceaușescu(1918~1989)는 1965년 루마니아공산당PCR 서기장(1965~1989, 루마니아 초대 대통령(1974~1989))으로 루마니아를 이끌며 악명도 높았지만 그만큼 기이하기 짝이 없는 노선을 추구했다. 콘두카토르Conducător(지도자)로 일컬어진 그는 신스탈린주의 개인숭배와, '일족사회주의socialism in one family'가 특징인 족벌주의 전제체제를 창안해냈다. 그가 만든 헌법에는 루마니아가 가장 고도의 '사회주의적' 발전 단계에 도달했다는 내용이 담겨 있었으나, 바로 이 헌법으로 루마니아 국민들을 시종 두려움과 극빈에 시달리게 했다. 차우셰스쿠가 만든 무시무시한 세쿠리타테Securitate(비밀경찰) 조식은 만행이 얼마나 심했는지, 당대 KGB는 이들에 비하면 진정한 신사처럼 보였다. 차우셰스쿠는 모스크바와 베이징 사이에서 줄타기를 하며 최소한의 외교적 영향력을 손에 넣는가 하면, 이스라엘을 국가로 인정하고 CMEA 및 바르샤바조약기구의 주변부에 머물며 서방으로부터 (당치 않은) 칭송을 받았다. 한때는 직속 음식감별사까지 대동한 채 버킹엄궁전에 머물기도 했으며, 외무부의 권고에 응해 잉글랜드 여왕으로부터 기사 작위도 받았다. 세간에서 그간 루마니아를 동유럽의 북한이라 불러온 것은 아주 적절한 표현이었다―루마니아 역시 폐쇄적 국가로서 자국이 열등한 위치에 있음을 예리하게 간파했고, 자국의 미심쩍은 역사에는 지나치게 커다란 자부심을 가졌으며, 국제사회의 여러 마피아 갱단 사이에 껴서 본능적으로 중개자 역할을 떠맡았다.

　불가리아는 국가가 처한 세태 속에서도 단호하게 꿈쩍도 하지 않았다는 점에서 동독에 견줄 만했다. 불가리아에서는 산업화가 뒤늦게야 시작됐고, 그러기는 국가가 관광업 및 포도주 산업을 개발해 이용하는 일에서도 마찬가지였다. 불가리아공산당БКП 당수 토도르 지프코프는 1954년부터 1990년까지 시종 자신의 조국이 비굴하게 친소련 노선을 따르게 했다.

　체코슬로바키아에서는 1968년 1월까지도 탈스탈린화에 대한 저항이 이어졌다. 1953년 클레멘트 고트발트가 세상을 떠난 후 안토닌 노보트니Antonín Novotný(1904~1975)가 체코슬로바키아공산당KSČ 중앙위원회의 제1서기에 올랐는데, 폴란드에서의 정치적 완화나 헝가리에서의 경제개혁 중 그 어느 쪽에도 관심을 보이지 않았다. 그러다 실각을 당하는바, 이 무렵 체코인들이 실권을 장악하고 체제개혁에 열을 올리자 이에 반감을 품은 슬로바키아인들이 연정을 수립해 기존 정권을 밀어낸 것이다(1968). 새로 수장이 된 알렉산드르 둡체크Alexandr Dubček(1927~1993)는 온화한 인품의 슬로바키아인 공산주의자로, 소비에트 블록의 역사에서 유일하게 두 눈가에 웃음을 머금은 얼굴을 타고난 제1서기였다. 둡체크는 그 인물됨에 맞추기라도 하듯, 제1서기가 되자 '인간의 얼굴을 가진 사회주의'를 선언했다.

　프라하의 봄Prague Spring(프라슈스케 야로Pražské jaro(1968. 1. 5~8. 21))은 주체할 길 없는 열

기와 함께 그 봉우리를 터뜨렸다. 둡체크를 비롯한 그의 팀은 위에서부터 차례차례 개혁을 시행해나갈 계획이었다. 그러나 집권 초기부터 이들은 검열제도를 중단했고 민중도 마냥 즐거운 토론에 끼어 한바탕 설전을 벌였다. 공산주의 정책 입안자들 가운데에 개혁이 진정 세를 펼치려면 심리적 유인들도 반드시 함께 동원돼야 한다는 사실을 깨달은 것은 이들이 처음이었다. 일명 4월계획을 통해서는 국가국민의회State National Assembly의 역할이 더욱 막중해질 것이라고 이들은 내다보았다. 이로부터 19년 후 프라하의 봄과 미하일 고르바초프의 페레스트로이카 정책이 어떻게 다른가 하는 질문을 받았을 때, 고르바초프의 대변인은 "19년"이라고 답했다. 하지만 체코슬로바키아인의 이 실험이 갖가지 난관에 맞서 싸운 기간은 7개월에 불과했다. 처음 일이 빚어졌을 때만 해도 협상이 가능할 것처럼 보였다. 소련 동지들은 언론의 자유 등 당시 체코에서 행해지는 조치들이 과하다며 우려를 표했다. 그러자 체코슬로바키아 정부는 자신들이 누구보다 사회주의에 헌신하며, 소련과의 우정을 소중히 생각하고, 바르샤바조약기구에서도 끝까지 남아 있겠다는 점을 분명히 밝혔다. 그러나 그해(1968) 7월 바르샤바조약기구의 위협적 군사기동 훈련이 체코슬로바키아 전역에서 실시됐고, 이에 국경에 자리한 치에르나-나트-티소에서 브레즈네프와 둡체크 및 체코슬로바키아의 정치국 위원들 사이에 사적 회동이 있었다. 회동 이후 기동훈련은 중지되고 각지에서 군대도 철수했다.

1968년 8월 21일 새벽, 루마니아를 제외한 바르샤바조약기구의 모든 회원국에서 차출된 50만 명의 병사들이 사전 경고도 없이 다시 체코슬로바키아로 쏟아져 들어왔다―북쪽에서는 회색 군복을 입은 동독 병사들과 나란히 폴란드 병사들이, 남쪽에서는 헝가리와 불가리아 병사들이, 동쪽에서는 폴란드와 우크라이나를 경유해 소련 연대가 들이닥쳤다. 기습공격과 집중공격은 압도적이었다. 저항은 미미했다. 둡체크는 쇠사슬에 묶인 채 비행기에 실려 러시아로 갔고, 이로써 개혁도 멈추었다. 체코슬로바키아 국경지대는 이제 바르샤바조약기구의 군대가 상시 지키게 됐다. 얼마 지나지 않아 둡체크의 자리[체코슬로바키아 공산당 제1서기]는 구스타프 후사크Gustáv Husák가 대신하니, 체코슬로바키아에서 고참자로 통했던 그는 고무우카나 카다르와 마찬가지로 개인적으로는 스탈린주의와 관련해 씁쓸한 기억들을 갖고 있음에도 끝까지 스탈린주의를 신봉했다. 모든 사태가 마무리되자, 브레즈네프는 1968년 11월 바르샤바에서 열린 소비에트 블록 지도자 정상회의에 나가 소련의 입장을 명확히 밝혔다. 이 브레즈네프독트린Brezhnev Doctrine을 통해, 모스크바는 동맹국들의 '사회주의의 이익' 수호를 위해 무력으로 개입할 사회주의적 임무를 지고 있음을 그 어디에서보다 명확히 했다. 동베를린(1953), 부다페스트(1956), 프라하(1968)에서의 일 모두 마찬가지의 맥락에서 벌어진 것들이었다. 동유럽에서는 그간 근본적 측면에서의 발전은 없었던 셈이었다. 소비에트 블록 국가들은 주권을 가진 국가라 할 수 없었다.

체코슬로바키아에 대한 침공은 헝가리 봉기의 진압보다 훨씬 덜 잔혹했다. 하지만 체코슬로바키아 침공은 그 장면이 전 세계의 텔레비전 화면을 통해 흘러나갔고, 이는 전 세계 여론에 엄청난 영향을 끼쳤다. 당시 침공을 비난한 공산주의 정당만 해도 한둘이 아니었다. 중국은 "파시스트의 힘의 정치가 적나라하게 민낯을 드러냈다"라고 성토했고, 유고슬라비아는 "불법 점령"이라고 칭했으며, 루마니아는 "민족의 주권을 노골적으로 침해한 사건"이라고 못 박았다. 체코슬로바키아 침공으로 앞으로 유럽에서는 끝나지 않는 빙하기가 이어질 것이었다. 프라하라디오Radio Prague의 마지막 자유 방송을 들은 사람이라면 그 목 메인 목소리를 잊기 힘들 것이다. "우리가 더는 뉴스에 나오지 않게 되더라도 부디 체코슬로바키아를 잊지 말아주십시오."

세 번째로 브레즈네프 시기(1968~1985)에 소비에트 블록은 브레즈네프 독트린의 제 원칙이 점점 거세지는 지적·사회적 항의에, 종국에는 정치적 항의에 꾸준히 도전받았다. 이때에는 권력을 조종하는 수단이 모조리 공산주의 당국자들의 손에 들어가 있었고, 따라서 반대파로서는 새롭고도 비폭력적인 수단들을 강구해야 했다. 당시 정상화의 선례를 가장 모범적으로 보여준 곳은 체코슬로바키아였다. 가장 만만찮은 도전을 가해온 곳은 폴란드였다.

체코슬로바키아가 정상화되는 과정은 안타깝기 짝이 없었다. 구스타프 후사크[공산당 제1서기(1969~1987). 대통령(1975~1989)]는 당의 사회적 통제력을 바탕으로 온갖 치졸한 독재를 일삼아 프라하의 봄 정신을 말살하려 했다. 총살이나 여론 조작 재판 같은 일들은 없었으나, 얀 팔라흐Jan Palach(1948~1969) 같은 어린 학생이 당시 세태에 절망하고 광장에서 끝내 분신자살을 하면서 체코슬로바키아 국민들을 슬픔에 젖게했다.

전직 장관들과 학자들은 말단의 한직으로 좌천됐다―둡체크는 산림관리원으로 일했다. 경찰의 권력 남용은 다반사였다. 이제 프라하는, 유럽에서 가장 아름다운 도시이자, 가장 우울한 도시였다. 그렇게 해서 10년이 흐르고 났을 때, 극작가 바츨라프 하벨Václav Havel을 주축으로 반체제 인사들은 자기들끼리 쓸쓸히 '77헌장Charta 77'―일종의 인권선언문이었다―에 이름을 올렸다(1977. 1. 7).

구획화compartmentalization는 소비에트 블록 후기 단계의 핵심 특징이었다. 입으로는 '사회주의 국제주의'를 줄기차게 내세웠으나, 블록은 각 구획이 저마다 물 샐 틈 없이 나뉘어 있었다. 민족공산주의는 국가들을 모스크바와 긴밀하게 연계시키되 다른 국가들과는 사실상 단절시키는 여건을 조성했다. 폴란드를 리투아니아 또는 우크라이나와, 1968년 이후로는 체코슬로바키아와 분리하기 위한 저지선은 철의장막만큼 그 경계가 구석구석 살벌했다. 이 무렵 발생한 타테르니치Taternicy―운동선수들로 구성된 반체제 인사 모임으로, 금서 작품들을 배낭에 꾸려 넣고 눈으로 뒤덮인 타타르산맥 산등성이를 넘고 있었다―에 대한 체포가 당시 정세를 여실히 보여주었다. 동유럽인들은 자신들 주변의 이웃보다는 서유럽이나 미국의 삶의 모습에 더 익숙할 때가 많았다.

폴란드인민공화국Polska Rzeczpospolita Ludowa, PRL(1952~1989, 지금의 폴란드공화국)은 여느 곳에서는 잘 나타나지 않는 특이체질성 이상징후들을 여럿 보여주었다. 폴란드는 소련 위성국가 가운데서 규모가 가장 컸으며 대영제국보다도 더 큰 군대를 거느렸다. 그럼에도 구조적 측면 및 심리적 측면 양면에서 가장 소련화가 덜 된 국가로 꼽혔다. 폴란드의 농민층은 농업집단화 작업에 성공적으로 저항했고, 폴란드의 법조계도 공산주의의 권력 독점에 저항한 바 있었으며, 폴란드의 지식인 계층은 진작부터 마르크스주의를 대체로 회피해왔었다. 민족연합전선Front Jedności Narodu, FJN의 유사다원주의pseudo-pluralism 덕에 다소나마 비공산당과 정치의 여지도 마련될 수 있었다. 그러나 무엇보다 가장 중요했던 것은 막강한 위세를 떨친 대주교 스테판 비신스키Stefan Wyszyńsk(1901~1981) 추기경(서임 1953. 1)의 지휘 아래 폴란드의 로마가톨릭교회가 다른 지역들에서와 달리 정치적 힘에 절대 굴복하지 않았다는 점이다. 1956년 12월의 협약으로 폴란드교회의 고위 성직자들은, 공산당의 통치를 공공연히 전복시키는 일이 없는 한 온전한 자율권을 보장받게 됐다. 사실 얼마 전까지만 해도 공산당 사회주의자들의 계산으로는 급속한 산업화를 시행해 폴란드를 산업 강국으로 변모시키면 뒤따라 종교의 세도 급속히 위축될 것이라는 가정이 깔려 있었다. 그러나 폴란드교회는 오히려 새로이 생겨난 프롤레타리아 계층으로부터 끝까지 충성스러운 지지를 받았고, 결국 이들이 공산당의 위세를 꺾었다.

폴란드에서 저항과 정상화의 주기는 사반세기에 걸쳐 이어졌다. 한때 민족의 영웅으로 추앙받던 브와디스와프 고무우카는 언제 그랬냐는 듯 성미가 고약한 늙은 두목의 모습으로 전락해갔다. 그는 1960년대 중반 마르크스주의 지식인들을 억누른 데 이어, 1968년 3월에는 학생들을, 1970년에는 발트해 항구들에서 일어난 노동자들의 유혈시위를 강제 진압 했다. 1968년에 (국수주의의) 초국가주의 당파는 공산당 기구의 유대인 세력을 상대로 세력 싸움을 벌였는데 이 움직임이 사회 전반의 치욕스러운 '반시온주의 운동'으로 번지면서, 폴란드에 남은 유대인 거의 전부가 폴란드를 대거 이탈했다. 1970년대에는 에드바르트 기에레크Edward Gierek의 통치기가 10년간 이어지며(통일노동당 서기장(1970~1980)), 서방으로부터 과도한 차관을 받는 '비고스 공산주의bigos communism' 전략이 채택됐다("비고스"는 폴란드의 전통 음식으로, 다양한 고기에 채 썬 양배추와 사우어크라우트(양배추절임) 등을 넣어 끓인 것이다). 그 후 잠시 번영이 찾아오는가 싶었으나 얼마 안 가 새로이 긴축 재정 정책이 시행되고, 대중의 시위가 잇따르고, 지식인과 노동자 계층이 통합 세력을 형성해 결성한 저항조직 노동자보호위원회Komitet Obrony Robotników, KOR는 '솔리다르노시치'의 기원이 됐다. 1979년 6월 폴란드 태생 교황(요한 바오로 2세)의 방문을 계기로 폴란드에는 변화가 잉태돼 나올 도덕적 분위기가 조성됐다.

노동조합 조직 솔리다르노시치Solidarność(연대Solidarity)는 1980년 8월에 그단스크의 조선소에서 결사적으로 파업을 벌인 이들에게서 시작됐다. 파업을 이끈 인물은 '늑대 표'를 받는 바람에 일자리를 구할 수 없었던 무명의 전기공 레흐 바웬사Lech Wałęsa(1943~)였다. 솔리다르노시치는 전국적 규모의 사회 저항 운동으로 확대돼 시위자만 수백만 명을 헤아렸다. 솔리다르노시치는 비폭력을 철칙으로 삼았기에 공산주의자를 상대로 싸움을 벌이지 않았다. 공산주의자 없이 자신들끼리 조직화했다. 솔리다르노시치는 소비에트 블록에서 유일한 독립적 조직으로 이내 파업을 행하고 노조원을 모집할 공식 권리를 얻었다. 공산당 당원들은 줄줄이 이탈했다. 1년도 채 지나지 않아 솔리다르노시치는 기존 질서를 전복시킬 만한 위협적 세력으로 부상했다. 모스크바의 입장에서 솔리다르노시치는 반드시 억눌러야 하는 세력이었다. 모스코바는 비공산주의 노동자들의 운동이라면 아주 질색이었다. 와병 중이던 브레즈네프는 소련 군대에 경계태세 지시를 내렸다가 나중에는 폴란드 군대에 그 일을 맡겼다. 1981년 12월 13일 밤, 두껍게 쌓인 눈이 도운 덕에, 보이치에흐 야루젤스키Wojciech Jaruzelski 장군이 근대 유럽사에서 제일 완벽한 군사쿠데타를 일으켰다. 불과 몇 시간 새에 4~5만 명에 이르는 솔리다르노시치 활동가들이 체포 당했고, 통신은 모두 단절됐고, 주요 기관들은 군대 정치위원들이 장악했다. 계엄령으로 폴란드 전체가 마비됐다. 1982년, 그렇게 나라를 억지로 안정시킨 뒤, 야루젤스키는 경제개혁의 첫 단계를 도입했다. 이로써 공산주의 '정상화'가 완전히 승리를 굳힌 듯 보였다. 그러나 실상을 알고 보면 이것보다 더 공허한 승리도 없었다. 7년도 채 지나지 않아 야루젤스키도 더는 어떤 식으로든 손 쓸 도리가 없어졌다. 소비에트 블록을 무릎 꿇린 일등 공신을 꼽으라 한다면, 역사는 그 자리를 반드시 폴란드인들에게 돌려야 한다.

그 양상과는 달리, 보이치에흐 야루젤스키의 세력 부상은 나중에 모스크바에서도 표면화할 개혁 추세가 처음으로 힘을 발하기 시작한 것으로 여겨지기도 했다. 얼마 안 가 러시아어로 페레스트로이카(재건)라는 이름을 갖게 되는 이 추세는, 당시 체제가 근본적 차원에서 병들어 있다는 깨달음을 근간으로 했다. 중요한 점은 이런 현실 인식이 비롯한 곳이 KGB였다는 것으로, KGB야말로 현실에서 어떤 일이 벌어지는지 그 진상을 파악할 수단을 가진 유일한 기구였기 때문이다. 야루젤스키는 폴란드 군대의 군사-정치 부서 수장으로 25년을 복무했다. 따라서 그라면 필시 1970년대에 KGB를 끌어간 자의 하수인 노릇을 했을 것이었다. 유리 안드로포프의 다른 하수인 미하일 고르바초프에게는 야루젤스키가 '세례자 요한' 노릇을 해주었다. 야루젤스키는 이후 고르바초프와 공모해 폴란드를 '페레스트로이카의 실험실'로 만들게 된다.

1980년대 초반 무렵, 소비에트 블록의 내부 체제는 더 이상 목표치를 성취할 만큼 원활히 작동하지 못하고 있었다. 40년간 진행된 부식이 막강했던 힘을 야금야금 축냈다. 표면적으로는 모든 것이 멀쩡히 제자리를 지켰다. 그러나 그 아래에서는 제대로 돌아가고 있는 것이 거의 없었다. 대륙간탄도미사일ICBM 시대에 접어든 만큼, 바르샤바조약기구의 영역은 더는 실효성 있는 안전 완충지대의 역할을 하지 못했다. 또 고유가 시대에 접어든 만큼, CMEA가 있다 해도 소련에 쌓이는 것보다 소련에서 빠져나가는 것들이 더 많았다. 텔레비전의 시대가 된 만큼, 동쪽과 서쪽의 생활 여건 사이에 격차가 벌어진 것은 동쪽의 각 가정에서도 훤히 알 수 있었다. 또 폴란드의 솔리다르노시치가 보여주었듯, 노동자들은 자칭 '노동자들의 국가'를 전혀 존중할 수 없었다. 공산당 엘리트층 내에서도 중대한 영역이 점차 통치 의지를 잃어가고 있었다. 야루젤스키의 최측근 하나는 진작 애국 충정의 길을 택해 첩자 활동 역사에서 최대 규모로 꼽힐 방대한 작전 문서를 바르샤바조약기구로부터 빼내 10년 넘게 CIA에 제공해주고 있었다.[27]

그러나 소련 체제 붕괴의 이전 단계인 동시에 나중에는 소련 붕괴의 촉매제까지 된 사상 유례가 없던 방향 전환의 핵심 열쇠는 유리 블라디미로비치 안드로포프의 이력이었다. 안드로포프는 부다페스트에서 대사로 일할 당시 정치개혁을 경제개혁으로 대신하는 전략을 공동 입안했다. 소련공산당 국제부 수장 자리에 앉았을 때에는, 헝가리, 체코슬로바키아, 그리고 이제는 폴란드를 괴롭히고 있는 값비싼 반란들이 장차 소련에까지 확산될 수 있음을 알았을 게 틀림없다. 또 데탕트(1423쪽 참조) 시대에 KGB 수장이었던 만큼, 안드로포프는 소련이 외적으로는 어마어마하게 강력해 보이지만 내부는 얼마나 썩어 문드러져 있는지 그 확연한 차이를 누구보다 잘 볼 수 있었다. 그는 1970년대에는 소련의 반체제 인사에게 교묘하면서도 유연한 박해 운동을 전개하기도 했다. 대중의 공포심을 활용할 필요는 없었다. 그 대신 안드로포프는 반체제 인사들이 대중에게 접근할 여지를 줄이는 한편, 끝까지 저항하는 인사들은 정신병원이나 해외 망명지로 보냈다. 소련 내 유대인의 적개심이 커지는 데에는 그들에게 이주 우선권을 주는 식으로 대응했다. 자신의 책상으로 서류철이 넘어올 때 안드로포프는 왜 이 땅에서 가장 뛰어난 인재들이 공산주의를 사랑하지 않는지 의아하기만 했으리라. 이러한 인물의 명부는 길었으니, 정치소설가 알렉산드르 이사예비치 솔제니친, 소련 태생의 영국 무용수 루돌프 누레예프Rudolf Nureyev, 첼로연주자 므스티슬라프 레오폴도비치 로스트로포비치Мстислав Леопольдович Ростропович, 물리학자 안드레이 디미트리예비치 사하로프, 반체제 과학자이자 작가 블라디미르 콘스탄티노비치 부콥스키Влади́мир Константи́нович Буко́вский, [조지] 오웰풍으로 《과연 소련은 1984년까지도 살아남을 것인가?Will the Soviet Union Survive Until 1984?》를 쓴 반체제 지식인이자 작가 안드레이 알렉세예비치 아말릭Андре́й Алексе́евич Ама́льрик가 대표적이었다. 이 인사들은 안드로포프가 신장병 치료를 위해 온천에 머물고 있을 때 인근 스타브로폴 출신의 똑똑한 젊은 당서기로부터 수발을 받으며 두 사람이 유난히 열을 올린 화젯거리였을 게 틀림없다.

그러나 개혁을 원했던 안드로포프의 성향은 번번이 장애물에 부딪혔다. 소련 정치국 내부만 해도 어떻게든 현상태status quo를 수호하려는 이들이 그득했다. 1979년에는 스타브로폴에서 고르바초프를 영입해왔으나 그에게 정작 맡겨진 일은 소련의 농업 경영이라는 한직이었다. 거기에다 권력의 최상부에 오르지 못한 상태에서 불치병이 안드로포프를 덮쳤다. 아말리크의 예언과 달리, 1984년 한 해는 밝아오는 듯하다 그대로 지나갔다. 소비에트제국이 별다른 개혁 없이 계속 명맥을 유지하는 채로.

동서관계: 유럽의 냉전, 1948~1989년

냉전Cold War은 처음부터 마지막까지 유럽에 초점이 맞춰져 있었다. 유럽 강대국들의 '대大심각 구도'가 무너지면서, 전쟁에서 승리한 서방 연합국 측과 역시 전쟁에서 승리한 소련이 일대일로 맞붙게 된 것이 냉전 역학이 생겨난 계기였다(1654쪽 참조). 이후 전시 동맹국들이 폴란드의 독립, 독일의 미래, 나아가 유럽 전체의 분할과 관련해 합의에 이르지 못하면서 냉전은 그 세가 더해졌다. 냉전이 정확히 어느 시점에 시작됐는지를 두고는 다소 논란이 일 수 있겠으나, 냉전이 악화된 것은 1947년의 트루먼독트린 및 마셜플랜에 표명된 것처럼 미국이 유럽 문제에 열성을 다하고, 이후 그에 대해 소련이 반대 의사를 표명하면서였다. 그러다 1948~1949년 소련의 베를린봉쇄를 계기로 나토가 결성되면서 냉전은 확실히 그 강도를 더해갔으며, 그로부터 40년 뒤 유럽에서 철의장막에 틈이 생기고 나서야 비로소 냉전은 막을 내렸다. 냉전이 유럽에 초점을 맞추었던 것은 사실이지만, 그것이 이내 유럽 너머로까지 확대됐다는 점을 확실히 해두는 것도 중요하다. 냉전에서는 아시아도 늘 한몫을 담당했고, 소련-미국 간의 경쟁에서 비롯된 강력한 내부 논리는 결국 냉전을 진정한 의미의 전 지구적 대치로 몰아갔다.

냉전에서 아시아의 요소가 점차 큰 비중을 차지하게 된 것은 유럽에 발생한 것과 매우 유사한 의견 불일치가 아시아에서도 일어난 때문이었다. 아시아에서 냉전은 1945년 8월 소련의 개입이 계기였는바, 일본을 상대하는 태평양전쟁Pacific War[미일전쟁] 최종 작전에 소련 군대가 대거 투입된 것이다. 전쟁에 앞서 열린 얄타회담에서는 스탈린이 전쟁에 참여하는 대가로 쿠릴열도를 소련이 점령한다는 조항이 마련된 터였다. 그러나 얄타회담에 참석한 그 누구도 미국이 히로시마와 나가사키에 떨어뜨린 원자폭탄으로 일본이 일본이 그렇게 갑자기 폭삭 주저앉으리라고는 예상하지 못했다. 미국의 원자폭탄 투하로 소련은 전혀 기대하지 않았던 보너스를 챙길 수 있었다. 소련 군대는 재빨리 만주를 점령해, 60만 명에 달하는 관동군關東軍 병사들을 시베리아의 강제수용소로 보냈다. 또 쿠릴열도라는 커다란 땅들과 함께, 이때까지만 해도 홋카이도의 일부로 여겨진 일본의 북방 4개 섬을 점유하고 이를 '소小쿠릴열도'로 이름을 바꾸고 오호츠크해를 전략적 소련의 내해로 만들었다. 그뿐만 아니라 소련은 중국과 일본에도 직접 발을 들이고 공산주의 혁명가들의 대의를 공공연히 옹호했다. 중국에서 소련 군대는 오랫동안 미국의 지원을 받아온 장제스와 반목을 거듭했는바, 장제스는 대동맹의 일원으로 일본과 전쟁을 벌였었다. 그러다 1949년 마오쩌둥이 베이징에 입성하면서, 극동 지역에도 유럽의 철의장막에 버금가는 '죽竹의 장막Bamboo Curtain'이 드리워졌다.

냉전의 전 지구화는 1950년대 내내 진행됐다. 지정학적 측면에서 한쪽에는 유라시아의 광활한 땅덩어리를 지배한 강국이 버티고 있고 다른 한쪽에는 세계 어디에나 지상군·해군·육군을 투입할 수 있는 강국이 버티고 있는 만큼, 이 둘이 일대일로 맞붙게 된 상황에서 냉전의 전 지구화는 당연한 결과였다. 정치적, 경제적, 이데올로기적 측면에서 냉전은 전 세계 공산주의가 주도하는 혁명의 후원자임을 자처하는 진영과 민주주의·자본주의·자유무역과 한 몸이 된 진영의 경쟁구조를 그대로 드러냈다. 당시 한창 진행 중이던 탈식민화도 냉전에 불을 지폈으니, 불안정한 옛 식민지 국가들은 대리전의 전장이 되기 일쑤였으며, 석유가 풍부하게 매장된 중동에서 보듯, 그런 국가들이 가진 귀한 천연자원을 각국은 무척 탐냈다. 냉전의 전 지구화는 1950년대 ICBM의 개발로 완결되는데, 이로써 지구 전역이 상시 감시 및 즉각 핵 공격이 가능한 범위에 들게 됐다는 점에서다. 이후, 러시아와 미국 심장부의 도시들은 자신들도 타이완이나 베를린 못지않게 최전선에 놓여 있다고 여겼다.

군사적 영역에서 냉전은 확연히 구분되는 몇 단계를 거쳐 진행됐다. 1950년대는 미국이 핵무기 및 항공 운송 측면에서 결정적 우위를 점했던 만큼, 소련으로서는 대규모 충돌은 엄두를 내지 못했다. 그러다 1951년 1월, 미국인들이 한국에 매여 있을 때, 모스크바에서 열린 회담에서 소비에트 블록 지도자들이 스탈린으로부터 제3차 세계대전을 준비하라는 명을 받았던 것으로 보인다. 하지만 이 계획들은 결코 실행에 옮겨지지 못했다.[28] 최초로는 영국이(1952) 그리고 얼마 뒤에는 프랑스가(1960) 독자적 핵전쟁수행력을 갖추게 된 데다, 나토에서 '압도적 보복overwhelming retaliation' 원칙을 천명했기 때문이다. 두 차례의 공산주의 대리전이 치러졌다—하나는 1950~1953년 한국에서 미국이 이끄는 유엔군에 대항한 것이었고(한국전쟁), 다른 하나는 1954년 패배한 프랑스 군대가 미국 군대에 자리를 내준 인도차이나에서 대항한 것이었다(베트남전쟁). 유럽은, 양 진영이 무장한 채 무기를 잔뜩 갖추고 있었으나, 전쟁의 심지에 불을 붙이지는 않았다.

그러다 1950년대 후반에 들어 게임의 판도가 변화했다. (세계 최초의 인공위성) 스푸트니크 1호(1957. 10. 4)와 U-2기사건(1960)을 계기로, 크렘린궁이 자국의 로켓 기술 발전 정도가 미국과의 기술 격차를 좁히는 수준을 넘어섰음을 만방에 알리게 된 것이다. 초강대국들은 '우주경쟁Space Race'을 비롯해, 인공위성 발사 및 ICBM 배치에 방대한 자원을 쏟아부었다. 달에 사람을 착륙시키는 시합에서는 미국이 승리했으나, 진정한 군사 우위를 가진 곳이 어딘가는 도무지

가늠할 수 없었다. 핵무기, 재래식무기, 해군력에서는 소련이 끝도 없이 우위를 다져나가는 것처럼 보였다. 하지만 나토가 새로이 '유연 반응flexible response' 주의를 천명한 것과 함께, '전술핵무기tactical nuclear weapon'와 전장戰場핵병기battlefield nuclear weapon[사정거리가 짧은 소형 핵병기]가 등장하면서, 단순히 양적으로 군사력을 계산하는 것은 쓸데없는 일이 됐다. 이와 함께 ICBM 공격이 실제 일어난다고 해도 주로 북극을 통과하는 방향으로 미사일이 오갈 것임이 알려지면서 유럽 전역戰域에 대한 압박이 다소 완화됐다. 결국 군비 지출이 최대에 이른 순간, 경쟁도 교착상태에 다다랐다. 바르샤바조약기구가 채택한 공격적 원칙들은 실행에 옮겨지지 않았고, 방대하게 규모를 늘린 소련군 함대도 전력 시험을 하지 않았으며, 대규모 재무장 방침과 병행해 훨씬 약한 강도로나마 반복적 군비축소 노력도 계속됐다. 그러나 유럽의 충돌이 냉전 상태로 유지되기는 이번에도 마찬가지였다.

1980년대에 들어 특히 소련의 SS-20 미사일, 미국의 퍼싱IIPershing II 및 크루즈Cruise 미사일 등 더욱 치명적인 무기들이 배치되면서 또 한 번 전쟁 압력이 옥죄인다. 1983년 로널드 레이건 대통령이 수십억 달러를 쏟아부은 '스타워즈Star Wars'—우주공간을 기반으로 한 ICBM 방어체제—라는 별칭으로 통하는 전략방위구상Strategic Defense Initiative, SDI을 발표함으로써[3월 23일, TV 연설] 모스크바가 능력 밖인 경쟁에 뛰어들도록 공공연히 도발했다. 미국과 소련이 각자 보유한 수천 톤의 핵무기는 지구를 몇 번이나 멸망시킬 수 있는 양이었으니, 양쪽 모두 실제 이를 사용할 수는 없었다. 핵 억지력 옹호자들은 이로써 자신들의 주장이 현실에서 통한다고 강하게 믿었다. 한편 반대자들은—오로지 서쪽에서만 자유롭게 발언할 수 있었다— 옹호자들만큼이나 열렬히 군사 계획 입안자들이 스트레인지러브 박사처럼 미치광이가 돼버렸다고 믿었다["스트레인지러브 박사Dr Strangelove"는 스탠리 큐브릭Stanley Kubrick감독의 반핵 전쟁영화 〈닥터 스트레인지러브 또는: 나는 어떻게 걱정을 멈추고 핵폭탄을 사랑하는 법을 배웠나?Dr. Strangelove or: How I Learned to Stop Worrying and Love the Bomb〉(1964)의 등장인물이다]. 그러나 어쨌거나 팍스 아토미카Pax atomica는 지켜졌다["팍스 아토미카" 곧 '핵(무기 균형에 의한)평화'는 냉전 기간 미국과 소련 간 대규모 무력 충돌이 부재했던 심각한 긴장의 시기를 묘사할 때 종종 사용되는 용어다].

냉전시대의 정치 리듬도, 다소 늦은 감은 있었지만, 보통 군사적 발전을 뒤따랐다. 긴장감이 최고조에 이른 것은 1950년대 후반, 소련과 미국 양측이 실패 따위는 아무렇지 않다는 듯 각자 확신에 차 자신들의 대의를 한껏 밀어붙이면서였다. 이 긴장감은 1962년 10월 쿠바미사일위기Cuban Missile Crisis가 터지며 절정에 이르렀다["쿠바미사일위기"는 쿠바에 핵탄도 미사일을 배치하려는 소련의 시도를 둘러싸고 미국과 소련이 대치해 핵전쟁 발발 직전에 이르렀던 국제적 위기다]. 그러다 1960년대에, 불안한 상황이 수차례 조성됐으나, 양측 모두 어느 한쪽이 간단히 승리할 수 있다는 기대는 내려놓았다. 국제공산주의International Communism는 중소분열로 반신불수와 다름

없었는바 1969년에는 베이징에 선제적 핵공격이 가해질 뻔한 상황까지 치달았다. 막강한 힘을 자랑하는 미국은 베트남이라는 작은 국가조차 힘으로 제압하지 못한다는 데에 여간 낙심한 것이 아니었다. 나토는 드골로 인해 심히 난감한 상황에 처해 있었다(프랑스는 나토의 창립 멤버였으나 1967년 드골은 미국의 영향권에서 벗어나 독자적 외교 및 국방 노선을 추구한다며 나토 통합군사령부로부터 프랑스의 탈퇴를 선언했다). 따라서 1970년대에 들어서서는 소련인들과 미국인들 모두 후회 막심을 느끼며, 데탕트라고 확실히 이름 붙일 만한 과정에 더욱 힘을 실어야 한다고 여겼다. 일차적으로 빈에서 솔트SALT 곧 전략무기제한협정Strategic Arms Limitation Talks이 열린 데 이어, 얼마 안 가 정치적 논의들이 더해지며 1975년 헬싱키최종의정서Helsinki Final Act가 나왔다(소련 포함 유럽 33개국과 미국·캐나다 등 35개국이 유럽안보협력회의CSCE에서 채택한 최종 합의로 동등한 주권 인정, 무력 사용과 위협 중단, 영토 불가침, 분쟁의 평화적 해결 등이 주 내용이다. 이 헬싱키협정을 근거로 유럽안보협력기구OSCE가 출범했다). 1980년대에는 소련의 아프가니스탄 침공(1979)—크렘린판 베트남전쟁—과 폴란드의 계엄령 선포(1981) 이후 다시금 긴장감이 높아졌다. 사실 이 시기에 위협과 안도감이 미묘하게 섞인 광경은 어느 단계에서나 볼 수 있었다. 냉전 초기 양측 관계가 가장 냉각됐을 때에도 때때로 긴장이 완화된 순간들이 있었고, 데탕트의 시대에도 관계가 얼어붙은 기간들이 틈틈이 있었다. 확실히 유럽에서는, 40년 간 야전野戰이 없었던 만큼, 냉전이라는 말보다는 한 프랑스 논평가의 말처럼 "뜨거운 평화Hot Peace"라는 말이 더 정확하지 않을까 한다. 전쟁열이 숱하게 오르고 내리기를 반복했으니 말이다.

경제적 관계는 제 역량을 내는 수준에는 한 번도 이르지 못했다. 서방에서는 군사적으로 가치 있는 선진 기술을 팔려 하지 않았다. 미국의 코콤COCOM 곧 대對공산권수출통제위원회Coordinating Committee for Multilateral Export Controls 리스트만 해도 점차 늘어나 수출이 금지된 상업제품들만 수천 가지였다("코콤"은, 1951년 유엔 총회에 의거해 설립된 것으로, 소련 진영에 전략 긴급 자원이 수출되지 않도록 통제한 기구다). 동쪽에서는 그들 나름대로 자급자족 능력이 있다고 강하게 믿었고, 따라서 자본주의의 수입품에 의존하느니 좀 낙후된 채 살아가는 게 낫다고 여겼다. 1970년 후반에 이르자 소련의 거듭되는 작황 실패로 공황에 빠진 사람들이 미국의 곡물을 다량으로 사재기하는 일이 정기적으로 일어났으며, 소련 석유 생산량의 50퍼센트는 CMEA 내 무역 손실을 메우기 위해 따로 비축해야만 했다.

문화적 관계는 그 규모에서나 내용에서나 내내 보수적이었다. 볼쇼이발레단과 붉은군대합창단(알렉산드로프앙살블), 혹은 마조프셰민속춤공연단 등이 서방을 찾아 순회공연을 하면, 그에 응해 다양한 서방의 오케스트라나 로열셰익스피어컴퍼니가 답방 공연을 했다. 소비에트 블록의 국가들은 올림픽경기를 무척 중시해서 운동선수들은 국가의 지원을 받아 올림픽에서 매우 뛰어난 성적을 냈다. 스포츠는 정치적 도구로도 활용됐는바, 이는 1980년 미국의 모스크바 하계

올림픽 불참, 그 맞대응으로 1984년 소련의 로스앤젤레스 하계올림픽 불참 등의 사태에서 가장 공공연히 드러났다.

외교적 관계는 온갖 장애물에 걸려 갖은 시달림을 당했다. 유엔의 안전보장이사회는 40년 동안 제 기능을 못했는데 무엇보다 소련의 거부권 행사로 차질이 빚어질 때가 가장 많았다. 첩보전도 터무니없을 만큼 극에 달했다. 서방의 정보기관은 최상부 조직망마저 소련이 영국에서 포섭한 인물과 동독이 본Bonn〔서독의 첫 입법부 및 행정부 소재지〕에 심은 첩자들에게 뚫리곤 했다. 1950년대 미국 상원의원 조지프 매카시Joseph McCarthy 시기에는, 미국 내 공산주의 첩자들에 대한 공포가 대대적으로 일어 이를 빌미로 터무니없는 마녀사냥이 벌어지기도 했다. 모스크바의 미국 대사관 건물들은 도청 장치로 가득해 대사들은 번번이 옮겨 다녀야만 했다. 신뢰 따위는 없었다.

데탕트détente〔긴장완화〕의 기원은 냉전이 시작된 그 지점으로 거슬러 올라간다. 스탈린은 한때 미국이 철수하면 독일 재통일을 용인하겠다는 제안을 했었다. 1955년 제네바에서 회담이 열려 아이젠하워 대통령이 스탈린의 후계자들을 만났을 때도, 서방은 소련이 매우 광범위한 군축 제안을 해오는 것에 다시금 놀라지 않을 수 없었다. 1959년에는 흐루쇼프가 미국의 캠프데이비드〔미국 대통령 전용 별장, 아이젠하워〕를 방문하는가 하면, 해럴드 맥밀런Harold MacMillan〔영국 총리〕이 코사크족 모자를 쓰고 모스크바〔흐루쇼프〕를 방문하기도 했다. 하지만 한창 무르익던 대화 분위기는 U-2기사건과 제2차 베를린위기가 터지고, 가장 심각하게는 쿠바에 설치된 소련의 미사일들이 발견되면서 중도에 시들해졌다.

U-2기사건 U-2 incident은 —U-2기는 고도 비행이 가능한 미국의 정찰기로 당시만 해도 적의 공격을 받을 염려가 없다고 여겨졌는데— 1960년에 터키에서 출격한 U-2기 한 대가 볼가강 상공에서 격추당한 일이다(1960. 5. 1). 아이젠하워는 얼토당토않게 미군의 정찰 활동 자체를 극구 부인했으나, 흐루쇼프가 해당 정찰기의 조종사와 그가 맡았던 임무를 명백한 증거로 제시하자 모든 사실을 인정할 수밖에 없었다.

1961년의 베를린위기Berlin Crisis of 1961는 몇 년 전부터 그 열기가 뭉근히 끓어왔었다. 독일에서는 동에서 서로 빠져나가는 난민 물결의 속도가 점차 빨라지고 있었다. 1961년 7월의 마지막 한 주에만 1만 명이 국경을 넘었다. 크렘린에서는 독일민주공화국〔동독〕과 단독 조약을 맺고, 독일을 4개 강국이 점령할 권리를 이쯤 종료해야 한다고 위협했다. 해당 권역에서는 소련군이 압도적인 군사적 우위를 갖고 있었다. 그러나 서방은 꿈쩍도 하지 않았다. 그러자 1961년 8월 13일, 베를린장벽the Berlin Wall〔독일어 Die Berliner Mauer〕이 세워졌다. 한창 젊은 나이의 존 F. 케네디John F. Kennedy 대통령〔재임 1961~1963〕은 이로써 과거 누구도 디딘 적이 없는 시험대에 올라야 했다. 케네디는 베를린장벽 덕에 제2차 베를린봉쇄 가능성은 줄어들었다고 안도한 터라 군사적 측면에서는 따로 대응하지 않았다. 그 대신 그는 프로파간다의 방식으로 쿠데타를 일으켰다. 베를린장벽의 한옆에서 특유의 늘어지는 보스턴 지방 억양으로 지지 않겠다는 듯 이렇게 외친 것이다. "이히 빈 아인 베를리너Ich bin ein Berliner."* 〔케네디 연설의 앞뒤 문맥은 다음과 같다. "2000년 전 가장 자랑스러운 말은 '나는 로마 시민입니다Civis romanus sum'입니다. 오늘날, 자유세계에서 가장 자랑스러운 말은 단연 '나는 베를린 시민입니다Ich bin ein Berliner'일 것입니다. […] 모든 자유민은 그 사람이 어디에 살건 베를린의 시민입니다. 고로, 자유민으로서, 전 '나는 베를린 시민입니다'라는 이 말을 자랑스레 여길 겁니다!"〕

그해 10월 터진 쿠바미사일위기Cuban Missile Crisis는 냉전을 벼랑 끝으로 내몬 격이었다. 베를린위기에서 막 빠져 나온 케네디는 빈에서 흐루쇼프를 만난 뒤(1961. 6), 자신이 미국의 결의를 모스크바에 충분히 각인시키지 못했다고 확신했다. 그런 만큼 다음번에는 반드시 확고부동함을 보여야만 했다. 케네디는 남베트남에 미국의 자원 투입을 늘리기로 했다. 그러다 항공사진을 통해 플로리다 해안에서 불과 145킬로미터 떨어진 쿠바의 비밀시설들에 소련의 미사일이 배치된 사실이 드러났고, 이번에 케네디는 강제로라도 크렘린을 한 발 물러나게 해야겠다고 결심했다. 문제는 단 하나, 어떤 방법을 써야 하는가였다. 워싱턴은 집중공습안은 물리치고 그 대신 쿠바를 격리지역으로 만드는 조치를 택했다. 그로부터 일주일간 전 세계가 숨죽인 채 사태를 지켜보았다. 일주일 후 소련의 미사일이 철수했다. 이에 미국도 자국 미사일을 터키에서 철수했고 쿠바 침공 계획도 취소했다.[29]

군축회담은 수십 년간 계속됐다. 제네바 제안은 소련이 사찰을 허용하지 않으면서 결국 무산됐다. 1963년에는 모스크바협정Moscow Agreement이 맺어져 대기권 내 핵실험을 금지했으나, 전 지구의 환경에 엄청난 해가 가해진 뒤였다. 1968년의 핵확산금지조약Treaty on the Non-Proliferation of Nuclear Weapons, NPT은 기존 5개 핵보유국의 입지를 유지하고, 특히, 중국을 배제하려는 목적에서 맺어졌다. 그러나 이 협정은, 일시적 제동장치로서의 효과를 제외하고는 모든 면에서 실패작이었다. 4년 뒤인 1972년, 제1차 전략무기제한협정(Strategic Arms Limitation Talks SALT I)으로 이루어지며 각국은 잠정합의에 이르렀다. 제2차 전략무기제한협정SALT II은 공전을 거듭하다 1980년 미국 의회에서 끝내 부결됐다. 이후 군비증가율 제한 움직임에 반대해, 전략무기 규모의 절대적 감축을 위한 협상 노력이 추가 단계들을 거치며 1970년대 중반 이후 내내 진행됐다. 재래식무기와 관련해서는, 상호 견제 원칙에 따른 〔중부유럽〕상호균형병력감축협상Mutual and Balanced Force Reductions, MBFR이 16년 동안(1973~1989) 빈에서 열렸다. 핵무기와

---

* 이렇게 〔부정관사 ein을 붙여〕 말하면 "나는 베를린 도넛입니다"라는 뜻이 된다. "Ich bin Berliner"라고 말했어야 옳다.

관련해서는, 1982년부터 마드리드에서 전략무기감축협상Strategic Arms Reduction Talks, START 이 진행됐다. 30년간의 정부 간 대화는 1960년대 초반과 이후 1980년대 초반에 서방에서 상당한 지지를 받은 일련의 핵무기 반대 운동과 같이 무력한 것으로 판명됐다.

유럽의 직접적 냉전 개입은 미-소 간 대대적 대치에 견주면 부차적 차원에 머물 수밖에 없었다. 그러나 1950년대 중반부터는 유럽의 개입 의지가 서서히 적극적으로 표명됐다. 1957년에는 소련과의 합의하에 폴란드가 유엔에 라파츠키플랜Rapacki Plan을 제시해 중부 유럽을 비핵화 지역으로 만들고자 노력했고, 1960년에는 고무우카플랜Gomułka Plan을 통해 중부 유럽에서의 핵동결을 선언했다("라파츠키"는 당시 폴란드 외무장관 아담 라파츠키Adam Rapacki를 말한다). 1965년에는 폴란드 가톨릭교회의 주교들이 독일 주교들에게 공개서한을 발표해 자신들은 언제든 "상대방을 용서하고 또 그들에게서 용서받을" 준비가 돼 있다고 밝혔다. 이 용기 있고 주도적인 행보는, 각국의 공산주의 정부는 이를 배신으로 매도했지만, 두려움과 적의라는 도덕적 안개를 헤치고 함께 앞으로 나아갈 길을 뚜렷이 제시했다.

소련의 동유럽 정책에는 독일이라는 망령이 큰 비중을 차지했으며, 공산주의자의 프로파간다에서도 전시의 독일혐오증Germanophobia이 수그러들지 않게 막대한 노력을 기울였다. 서독에서는 기독교민주당 정부가 들어서면서 동독에서 추방당한 이들의 날선 목소리에 힘이 실렸고, 동쪽의 고향 땅 운명이 종잡을 수 없게 되면서 사람들의 울화도 계속 끓어올랐다. 얼어붙어 있던 정치적 분위기가 다소나마 풀리기 시작한 것은 1960년대 후반으로, 이 과정에서 중재 노력을 펼친 것은 대체로 독일교회들이었고, 이를 밑바탕으로 총리 빌리 브란트(1969~1974)의 오스트폴리티크〔동방정책〕가 추진될 길이 마련됐다.

오스트폴리티크Ostpolitik 곧 동방정책은 1969년에 본격적으로 시작된 것으로, 일관된 단기·중기·장기 목표를 기반으로 삼았다. 당면한 상황에서 빌리 브란트가 이루려 한 바는 1968년 8월 20~21일〔소련 등 4개국 바르샤바조약군의〕체코슬로바키아 침공 이후 동-서 관계를 지배하게 된 교착상태를 깨뜨리는 것이었다. 얼마 전까지만 해도 서독은 독일연방공화국이 온전한 국가로 인정받게 된 이후, 할슈타인독트린Hallstein Doctrine에 따라 독일민주공화국(동독)을 상대하는 국가의 정부와는(소련은 제외하고) 일체 상대하지 않는 노선을 취해왔다. 그 결과, 서독은 독일의 동쪽에 자리한 이웃 모두로부터 거의 철저하게 고립을 당해왔다. 이 냉각기가 깨지자, 브란트는 동독과는 물론 소비에트 블록의 다른 국가들과도 모두스 비벤디〔국가 간 분쟁 해결을 위해 간략한 절차로 체결하는 잠정 협정이나 일시적 합의〕를 확립하려 각고의 노력을 펼쳤다. 10년, 20년, 혹은 30년이 흘러, 서독과 동독 사이의 교류가 활발해지면 동베를린 정권도 부드러워져 종국엔 양국이 화해에 이를 수 있기를 브란트는 희망했다. 오스트폴리티크가 첫 20년 동안 그 나름의 목표들을 성취했다는 데에는 의심의 여지가 없었다. 그러나 마지막 10여 년의 기간에 의도와는 정반대의 결과가 나타났다. 아닌 게 아니라 브란트 자신이 독일의 재통일을 진정 기대했었는지도 지금에 와서는 확실치 않다. 그는 퇴임한 이후 다음과 같이 인정했다. "재통일은 독일의 정치적 삶에서 나온 거짓입니다."

그럼에도 빌리 브란트의 국제무대 등장에 따른 여파가 무척이나 컸던 것은 사실이었다. 이때까지만 해도 동유럽은 사회주의자이면서 평화에 대한 뜻을 명확히 드러내는 독일 총리의 사상에 익숙하지 않았었다. 독일 뤼베크 판매원의 사생아로 태어난 브란트(본명 헤르베르트 프람Herbert Frahm, 1913~1992)는 사회적으로 처할 수 있는 모든 불리한 역경을 극복해낸 인물이었다. 전쟁 기간에는 노르웨이에서 생활하면서 나치에 대항해 싸웠던 그는 민주주의를 주창하기에 더할 나위 없는 자격을 갖고 있었다. 그뿐만 아니라, 브란트는 1957년에서 1963년까지는 서베를린 시장으로서 재직하며 공산주의에 굳세게 저항해 명망을 얻었다. 따라서 독일국방군이 패퇴당하고 25년이 지난 1970년 8월에 브란트가 모스크바에 나타난 모습은 무척이나 인상 깊었다. 그해 12월, 그는 폴란드를 방문해 바르샤바의 유대인 게토 위령탑 앞에 무릎을 꿇고 참회했고 이 모습은 오래도록 사람들의 뇌리에 남았다. 동베를린도 브란트의 이런 접근방식을 거부할 수 없었다. 브란트는 3년도 안 돼 독소협동조약German-Soviet Treaty of Co-operation(1970)과함께, 독일이 상실한 영토를 폴란드에 더는 문제 삼지 않기로 한 독일-폴란드협정German-Polish Treaty(1970)을 맺었고, 1972년에는 동독과의 사이에서 양국을 상호 인정 하는 협정을 맺었다〔전자는 포츠담회의에서 오데르강과 그 지류 나이세강의 오데르나이세선線을 독일의 동쪽 경계선으로 정하면서 독일의 영토가 폴란드 영토로 편입된 것 그대로를 독일과 폴란드의 국경선으로 인정한다는 내용이다. "바르샤바협정Treaty of Warsaw"이라고도 한다. 후자는 '기본조약Grundlagenvertrag'으로 "독일연방공화국과 독일민주공화국은 동등한 권리의 토대 위에서 정상화된 선린관계를 발전시킨다" 등 전문 포함 10개조에 대한 합의다〕. 그렇다고 철의장막이나 베를린장벽이 무너진 것은 아니었다. 오히려 둘 모두 새로이 수명만 더 늘어났다. 독일 문제는 아직 해결되지 않았다. 하지만 최소한의 교류가 이어지는 안정적 틀 안에 문제가 맞춰질 수는 있었다. 브란트의 보수주의 반대파들은 브란트가 독일의 상속권을 포기해버렸다고 그를 비난했다. 이에 브란트는 이렇게 대꾸했다. "'도박판에서' 이미 다 날린 걸 어떻게 다시 나누어줍니까."

서독의 오스트폴리티크가 유럽의 분열이 장기화하는 요소로 작용했는지 아니면, 굴욕적 타협을 거쳐, 종국에는 재통일로 가는 길을 다졌는지는 역사학자들 사이에서 늘 논쟁거리가 될 것이다. 하지만 이 두 가지 해석은 배타적이지 않다. 서독의 오스트폴리티크가 이후 10년간 이어질 기조를 설정해준 것은 분명했다. 이 정책은 동독에 대한 거부 운동을 종료하는 방식을 통해, 가시적 성과가 돌아오지 않는 일에 연방정부가 막대한 자금을 들이게 했으며, 패나 많은 수의 수상쩍은 활동을—일례로 동독이 막대한 대금을 받고 정치범들을 내보내주는 등의 추악한 거래를 한 것—하게 만들기도 했다. 그러나 온갖 위험으로 섬찟된 1960년대 후반의 분위기에서 언제 터질지 모르는 뇌관이 하나둘 제거되면서, '데탕트의 시대'로 가는 길이 열렸다.

데탕트는 외교 용어로서 더할 나위 없이 모호한 말이다. 데탕트는 그런 상황을 바라는 사람에게는 '완화' 혹은 '온화한 날씨의 지속'의 뜻으로 쓰일 수 있다. 하지만 데탕트는 프랑스어로 총의 방아쇠를 뜻하기도 한다. 데탕트는 1970년대의 맥락에서는 확실히 긴장완화의 뜻을 가진다고 할 수 있었다. 그러나 그와 같은 긴장완화가 미적지근한 결과를 가져올지 치명적 결과를 가져올지는 전적으로 추측하기 나름이었다.

본(서독)이 추진한 오스트폴리티크 및 SALT I을 제외하고, 데탕트에 박차를 가한 중대한 계기는 멀리의 중국에서 찾지 않으면 안 된다. 1972년 미국 대통령 리처드 닉슨Richard Nixon이 고령의 국가주석 마오를 방문해 '중국이라는 패를 손에 들었다.' 냉전의 양극화 구조가 소비에트 블록, 중국, 서방으로 구성된 새 삼각구도 체제로 탈바꿈한 순간이었다. 소련의 지도자들은 베이징과의 불편한 교착상태를 개선할 뜻이 없었던 만큼 유럽에서 소련의 위치는 확실히 안정시켜야 한다고 느꼈다. 어쨌거나 스탈린그라드가 승리한 지 30년이 지나 있었지만, 이대로라면 소련은 서부전선에서의 문제를 공식적으로 매듭짓지 못한 채 살아가야 할 것이었다. 1970년 시작된 논의들은 1973년에서 1975년까지 헬싱키에서 열린 유럽안보협력회의Conference on Security and Co-operation in Europe, CSCE를 통해 마무리됐다.

소련의 입장에서, 헬싱키최종의정서는 단 한 번도 체결되지 못한 독일과의 평화협정을 대신하는 것이었다. 서방의 입장에서, 헬싱키최종의정서는 동유럽에 대한 소련의 지배는 무력으로 종식시킬 수 없다는 점을 인정하는 것이자 소련이 안정을 얻으려면 커다란 정치적 대가를 치러야 한다는 결의를 보여주는 것이었다. 일괄타결 제1안은 안보 관련 내용으로, 상호 합의에 따른 평화적 변경을 제외하고는 유럽 각국의 기존 경계선 보장에 합의하는 것으로 마무리됐다. 일괄타결 제2안은 경제협력을 확대하는 각종 방안이었다. 일괄타결 3안은 광범위한 문화 및 통신 계획들을 적극적으로 추진하고 인적 교류를 보장한다는 내용이었다. 이는 정치적 경찰제 시행과 다름없었다. 1975년 8월 1일 이 최종의정서가 채택된 그날 이후, 동유럽 정권들은 자국 시민들의 제 권리를 존중하든지, 엄숙한 협정 준수 선언을 파기하는 상황에 놓이든지 둘 중 하나를 택해야 했다.

헬싱키최종의정서가 맺어지자 소련의 동유럽 정복에 굴복한 것이라며 많은 사람이 비난했다. 하지만 동시에 이 의정서는 소비에트 블록 전반에서 정치적 반대의견이 대두하는 공식적 계기가 됐다. 폴란드에서는 솔리다르노시치의 전신 노동자보호위원회KOR가 일찌감치 세를 일으켰고, 체코슬로바키아에서는 바츨라프 하벨의 '77헌장'파가 힘을 얻을 수 있었으며, 소련에서도 다양한 '헬싱키의정서감시위원회Helsinki Watch Committees'가 세력을 늘렸다. 이 의정서를 안드로포프 관할하의 KGB는 추호도 인정하지 않았지만 지미 카터Jimmy Carter 대통령의 미국 정부는 이 협정을 매우 진지하게 받아들였는바, 소련이 걸핏하면 의정서를 어기자 유럽에서 섣불리 발을 빼서는 안 된다는 생각이 들었던 것이다.

1970년대 말, 서방에는 새 인물 셋이 등장했다. 1978년 슬라브족 출신의 교황(요한 바오로 2세, 1978~2005)이 성 베드로의 옥좌에 오르니, 그에겐 기독교를 믿는 유럽을 다시 하나로 통일시키겠다는 비전이 있었다. 1979년에는 엄청난 패기의 여성이 다우닝가 10번지에 입성했다. 얼마 안 가 크렘린궁에서는 그녀에게 "철의 여인the Iron Lady"이라는 별칭을 붙였다. 1980년에는 은퇴한 영화배우가 백악관의 대통령 집무실에 발을 들였다. "위대한 소통가Great Communicator"로 통했던 그는 대통령이 되고 얼마 안 있어 소련을 "악의 제국the evil empire"이라 칭했다. 이 셋은 동-서 관계 속에 새 기류를 불어넣었다. 셋 모두 공산주의에 대해서는 도덕적 원칙에 입각해 반대했다. 아울러 이들은 모두 서유럽보다 동유럽에서 훨씬 더 큰 인기를 누렸으며, 하나같이 과거 10년 동안에 있은 조정안에 대해서는 그다지 흡족해하지 않았다. 로널드 레이건Ronald Reagan(미국 대통령, 1981~1989)과 마거릿 대처Margaret Thatcher(영국 총리, 1979~1990)는 나토의 이중트랙twin-track 정책에 공을 들여 한편으로는 평화의 손바닥을 내밀면서 다른 한편으로는 군사적 방어막을 더욱 강하게 다져나갔다.

1980년대에 이르자, 그간 서방이 세 가지 고질적 환상에 시달려왔다는 사실이 모진 경험 끝에 드러났다. 그간 정치학자 간에는 '수렴convergence'—시간이 흐르면 동-서의 정치 및 경제 체제가 서로 더욱 밀접해지리라는 생각—을 이야기하는 것이 대세로 통했었다. 그러나 이것은 현실과는 먼 순전한 기대에 불과했다. 둘 사이의 차이는 하루가 다르게 벌어져만 갔다. 공산주의 정권 사이에서는 모스크바에 얼마나 복종하느냐에 따라 '차별 대우'를 받아야 옳다는 인식이 자리했었다. 이 방침에 따라, 니콜라에 차우셰스쿠가 이끄는 루마니아처럼, 그 어디보다 국민을 억압하는 국가가 가장 좋은 대우를 받았다. 데탕트는 '조류학적ornithological'이라 불려온 가설을 조성해왔다. 거기서 주장하는 바에 의하면, 공산주의자들이 어떻게 행동할지는 서방이 얼마나 훌륭하게 처신하느냐에 달린 문제였다. 서방의 각국 정부에서 험한 논평을 내놓는 것은 '매파hawks'를 자극하는 일밖에 되지 않을 것인 반면, 호의로 나가면 '비둘기파doves'를 자극할 수 있을 것이었다. 하지만 정작 현실에서 그러한 패턴은 전혀 나타나지 않았다. 보이치에흐 야루젤스키만큼 신랄한 말을 들은 사람은 없었지만, 그는 개혁으로 돌아섰다. 또 에리히 호네커만큼 달콤한 말을 잔뜩 들은 사람도 없었다—그럼에도 그는 평생 매파로 남았다. 공산주의자들은 호의에 이렇다 할 반응을 보이지 않았다. 데탕트를 누구보다 일찍이 비판했던 한 비평가〔폴란드의 철학자 레셰크 코와코프스키Leszek Kołakowski〕가 〈희망과 절망에 관한 테제Tezy o nadziei i beznadziejności〉(1971)에서 한 말마따나, 동-서 관계에서 긴장을 높이는 것은 위험한 책략이기는 했다. 그러나 그것은 궁극적 성공을 약속해주는 유일한 전략이기도 했다.[30]

이와 같이 여러 의견이 엇갈린 와중에 동쪽에서도 새로운 별이 모습을 드러냈다. 1985년 3월 미하일 세르게예비치 고르바초프Михаил Сергеевич Горбачёв(1931~2022)가 3년 만에 제4대 소련공산당중앙위원회 서기장(1985~1991) 자리에 올랐다. 그는 당기구에 의해 선출된 인물로 민주주의와 관련한 성과는 선혀 없었다. 그러나 한 개인으로 봤을 때, 그는 종전의 지도자들과는 완전히 달랐다. 거기에다 스탈린주의를 추종했다는 때가 묻지 않은 최초의 소련 지도자이기도 했다. 또한 다정다감한 성격에, 재치가 넘쳤으며, 메모를 준비하지 않고도 연설이 가능했다. 마거릿 대처가 그를 만나보기 무섭게 공표했던 것처럼, 마침내 "함께 일을 도모해볼 만한" 인물이 나타났다.

고르바초프도 서기장 취임 뒤 초반 몇 달은 정치국 조직 개편, 의례적 전임 서기장 매도, 살벌한 부패 척결 작업에 매달렸다. 그러나 그 스타일이 확연히 달랐다. 스타일이 변한 만큼 내용에도 변화가 있을지 전 세계가 예의주시했다. 외교정책은 소련의 지도자에게 재량을 최대한 보장해주었다. 고르바초프가 어떤 행보를 보인다면 무엇보다 동-서 관계가 먼저일 것이라 예상해도 이상하지 않았다.

고르바초프와 레이건 사이의 초반 회담에서는 이렇다 할 성과가 없었다. 신참자 고르바초프는 연륜 있는 '스타 전사Star Warrior'의 역량이 얼마나 되는지 가늠하는 중이었다. 그렇긴 했어도 군비 지출 부담은 숨길 수 없었다〔'스타 전사'는 레이건 대통령을 미국의 스타워즈 계획 지지자로 이르는 표현이다〕. 중거리핵전력Intermediate-range Nuclear Forces, INF 감축 협정을 위한 오랜 준비 끝에 1987년 12월 아이슬란드의 레이캬비크에서 양국 정상회담 일정이 잡혔다. 회담 중간에 불쑥, 고르바초프가 사전 통지도 없이 파격적 제안을 내놨다. 모든 핵무기를 50퍼센트나 감축하자고 한 것이다. 레이건은 평정을 잃고 움찔하며 난색을 표했다. INF는 결국 조인됐고, 과거의 극도로 신중하고 극도로 의심스러운 미-소 사이 만남은 막을 내렸다. 이 서기장은 양국이 내달리고 있는 냉전의 바퀴를 자기 손으로 반드시 멈추겠다는 심산이었다.

얼마 지나지 않아, 사상 유례가 없는 사건이 일어나며 팽팽히 부풀어 있던 동-서 긴장을 터뜨렸다. 이때까지만 해도 방공防空, air defence은 10년 동안 군사 부문에서 가장 열띤 논쟁이 오간 화두였다. 크루즈미사일 및 스타워즈 계획의 이면에서 작동한 논리가 방공이었고, 그런 만큼 방공은 그 비용만 해도 수십억 달러였다. 상대국 미사일이나 폭격기가 중간에 요격당하지 않고 목표지점을 찾아내리라는 것에 양국 모두 겁에 질렸다. 소련은 크라스노야르스크에 허가도 받지 않은 대륙간탄도탄intercontinental ballistic missile, IBM 방어용 레이더 기지를 짓고, 한국의 여객기 KAL 007이 의도치 않게 노선을 이탈해 소련 영공으로 진입하자 비행기를 격추해 엄청난 원성을 샀다(1983. 9. 1). 하지만 전 세계 모든 군사 계획 입안자들의 전문가적 우려는 한 독일인 남학생의 호기로운 장난 한 번에 일거에 날아갔다. 1987년 5월 28일, 마티아스 루스트Mathias Rust라는 19세 소년이 개인용 소형 단엽비행기를 타고 함부르크를 떠나 발트해로 올라간 뒤, 라트비아에서 소련 국경선을 넘은 후, 나무 꼭대기에 닿을 만한 높이로 날며 세계에서 가장 빽빽한 방공망을 통과해 모스크바의 붉은광장 근처 자갈 위에 착륙했다. 마티아스 하나로 인해 냉전 전체가 우스운 것이 됐다.

1989년 12월 2~3일 몰타회담Malta Summit이 열릴 즈음, 대통령 조지 H. W. 부시George H. W. Bush와 고르바초프는 이제 냉전은 막을 내렸다고 마음 편히 선언했다.

통합과 붕괴, 1985~1991년

미하일 고르바초프가 등장하고 2~3년 동안 유럽 정치 지형의 주요 윤곽은 변했다고 할 데가 없었다. 서유럽에서 미국의 존재는 여전히 결정적 요소로 작용하고 있었고, EEC의 지평은 여전히 경제적 영역에만 한정돼 있었다. 동유럽에서는 여전히 철의장막을 뚫으려 했다간 총살을 당하는 일이 일어나고 있었다. 꿈쩍할 줄 모르는 구세대 정치인들도—에리히 호네커, 구스타프 후사크, 야노시 카다르, 니콜라에 차우셰스쿠, 토도르 지프코프, 엔베르 호자— 계속 공직을 차지하고 있었다. "다른 유럽Other Europe" 역시 여전히 "세상에 마지막 남은 식민제국"의 모습을 하고 있었다.[31] 심지어는 고르바초프조차 겉으로는 완강한 태도를 유지했다. 1987년 11월 그는 전통적 양식에 따라 볼셰비키혁명 70주년 기념행사를 주재했다. 1988년 5월에도 그는 키이우(키예프)에서 정교회 1000주년 기념행사를 스탈린조차 찬동했을 법한 러시아 민족주의의 기조에 따라 널리 홍보했다.

그러나 이즈음 유럽은, 동쪽과 서쪽을 막론하고, 예기치 못한 변모를 목전에 두고 그쪽을 향해 빠르게 움직이는 중이었다. 냉전의 먹구름이 걷히자 새롭고도 흥분되는 광경들이 곳곳에서 펼쳐지는 것이 얼핏 보였다. 레이캬비크에서 고르바초프가 파격적 군축 제안을 하고 2년도 지나지 않아 소련은 자신의 위성국가들을 옥죄던 일을 그만두었다. 3년도 지나지 않아 정치적 통합이 서유럽에서 주요 화두로 떠올랐다. 4년도 지나지 않아 소련 즉 소비에트연방 자체가 증발했다. 서유럽이 통합되는 사이 동유럽은 붕괴됐다.

이렇게 엄청난 규모의 대격변이 일어난 것을 어느 한 사람, 몇몇 개인의 공로로 내세울 수는 없을 것이다. 하지만 휘몰아치는 역사의 격랑 속에서 엉겁결에 중심을 차지하게 된 인물이 둘 있기는 했다. 한 사람이 미하일 고르바초프라면, 다른 한 사람은 유럽공동체집행위원회(유럽연합 집행위원회)European Commission 신임 위원장 자크 들로르였다. 이 둘에게 적대적이었던 사람들 은 고르바초프와 들로르 모두 현실 인식이 부족하다고 말했다―한 사람은 불가능한 개혁을 밀 어붙이는 개혁가이고, 한 사람은 불가능한 통합을 떠안은 통합주의자라는 것이었다.

자크 들로르Jacques Delors(1925~)는 전직 프랑스 재무장관으로, 겉으로는 전형적 테크노크 라트였다. 파리에서 태어난 그는 한때 가톨릭 신자이자 사회주의자였으나 미국을 방문한 적은 없었다. 그러면서도 장 모네와 로베르 쉬망의 진정한 제자로서 임종의 사명감을 짊어진 인물이 있는바, 당시 이 둘의 비전은 30년 동안 동면冬眠에 빠져 있었다. 들로르의 반대파는 들로르를 유럽-근본주의자Euro-fundamentalist라 불렀다. "유럽은 일거에 혹은 하나의 단순한 계획으로 건설될 것이 아니다"라고 쉬망은 말했었다. "유럽은 하나하나의 구체적 성과들을 통해 건설될 것이다." 이 말 속에 들로르의 접근법이 그대로 담겨 있었다. 들로르가 자신의 야망을 위해 이 용한 주된 도구가 바로 단일유럽의정서Single European Act, SEA였다. 10년간의 유럽공동체(유럽 연합) 집행위원장 재임 기간이면(1985~1995) 머릿속 구상이 현실화되는 것을 지켜보기에 충분할 것이었다.

형식적 측면에서 단일유럽의정서는 의정서 본문의 내용 그 이상의 것이 아니었다―EEC 내 무역 및 이동을 막는 장애물을 전면 폐지 하기 위한 세부 프로그램으로서의 의미 말이다. 1986 년 2월에 서명되고 1987년 7월부터 발효된 의정서의 282개 장에는 1992년 말이면 3억 2000만 명의 소비자를 아우르는 단일 통합 시장을 구축하겠다는 목표로, 수많은 항목의 시시콜콜한 방책을 길게 망라하고 있었다. 의정서에 담긴 구상은 유럽 내부의 국경선을 없애고, 자유경제의 경쟁을 활성화하며, 소비자 보호를 표준화하고, 삶의 기준을 평등화하며, 전문 자격증을 상호 인정하고, VAT 등 여타 간접세를 조율하고, 텔레비전·방송·전기통신 관련 통일 지침을 마련한 다는 것이었다. 제148조를 통해서는 집행 각료위원회에서 가중 다수결qualified majority voting의 원칙이 도입됐다. 회원국들의 표는 각국이 할당받은 표에 따라 가중치가 부여됐다―서독, 프랑 스, 이탈리아, 영국(각 10표), 스페인(8표), 벨기에, 네덜란드, 그리스, 포르투갈(각 5표), 덴마크, 아 일랜드(각 3표), 룩셈부르크(2표). 유효 다수표에는 총 72표 중 75퍼센트에 해당하는 54표가 필 요했다.

그러나 단일유럽의정서가 더욱 포괄적인 계획들을 염두에 둔 일종의 트로이의 목마로 활용 될 수 있으리라는 것을 예견하기는 그리 어렵지 않았다. 의정서가 실행에 들어가자, 훨씬 많은 장벽을 제거하지 않고는 단일 시장은 불가능하다는 주장이 틈만 나면 제기됐다. 실제 벌어진 상황도 이와 다르지 않았다. 금융적, 정치적, 법적, 사회적으로 추가적 통합이 었어야 한다는 논의가 잇따라 나왔다. 20년의 지지부진한 발전 끝에, EEC에서 마침내 속도를 높이기 시작했다. 브뤼셀에서 "사 부제ça bouge"("움직이자")를 구호로 내건 것도 이때였다. 1987년에는 이와 같은 시대조류를 반영하듯, EEC는 유럽평의회의 깃발을 공식 채택 했다. 진한 파란색 바탕 위에 수 놓인 열두 개 황금색 별은 더는 스트라스부르의 밤하늘의 별과 같은 고고한 이상을 상징하지 않았다. 이 별들은 이제 완벽한 통합을 이루며 더 확장해나갈 동아리 안의 열두 개 회원국을 상징했다.

유럽공동체 집행위원회에서는 수많은 지시가 점점 더 거세게 쏟아져나왔다. 이들 지시는 따로 떼놓고 보면 시시하게 보일 때도 많았다. 예를 들어 유럽 콘돔의 의무적 측면(이탈리아는 콘돔의 크기를 반드시 줄였으면 하는 것처럼 보였다)을 논의 대상으로 삼은 것도 단순히 음담패설 차원이 아니었다. 지시들은 하나로 합쳐놓고 보면 사태沙汰처럼 쏟아져 내리며 일관된 방향으로 움직였다. 유럽평의회가 자본의 자유로운 이동을 용인한 이후, 유럽공동체 집행위원회에서는 1988년 6월 경제 및 통화 통일 과정을 재개하라는 지시를 내놓았다.

유럽공동체 집행위원회의 의도가 드러나자, 위원회를 비판해온 사람들도 경보 버튼을 누르지 않을 수 없었다. 마거릿 대처는 일찍이 '프로젝트 1992Project 1992'를 받아들일 때도 주저했었다. 대처는 1988년 9월 20일 벨기에 브루게에 자리한 유럽대학College of Europe에서의 연설에서 "유럽이라는 초국가superstate"와 "하나로 빼다 박은 듯한 유럽의 개성personality"에 대해 열변을 토하며 공격했다. 또 다른 행사에서 대처가 새된 목소리로 "노! 노! 노!No! No! No!"라고 외친 것은 20년 전 샤를 드골의 모습을 떠오르게 했다. 대처의 이런 입장은 '소영국주의자Little Englaner'(영국이 국제문제에 관여하지 말아야 한다고 믿는 영국인)와, 반미 성향의 '유럽 요새Fortress Europe'의 세가 커지는 것을 우려한 보수적 미국인 모두로부터 공감대를 이끌어냈다. 그러나 대처는 정작 자기 정당의 분위기는 읽지 못했으니, 1990년 11월의 '각료 쿠데타Cabinet Coup'로 당은 대처를 총리직에서 물러나게 했다.

그런데 이 시점에 유럽공동체 집행위원회에 유리한 쪽으로 시류가 급변하는 듯했다. 소비에트 블록이 분열되면서 정치 및 경제 지형이 예전과 딴판으로 변모하고 있었다. 독일 재통일은 독일의 세가 부적절하게 커질 거라는 불안(특히 독일에서)이 이어졌다. 공통의 정책이 마련되지 못하면 유럽 전체가 정처 없이 표류하기 시작할 위험이 있었다.

이런 분위기 속에서 발의initiative의 물결이 또 한 차례 유럽공동체EC를 휩쓸었다. 1990년 3월에 입안된 벨기에 제안서에는 보충성Subsidiarity, 민주주의Democracy, 효율성Efficiency, 일관성Coherence을 4대 목표로 내걸었다. 한 달 뒤에는 프랑스-독일의 한 공식 문서가 공통된 외교·안보·법무·치안 정책과 관련한 이슈들을 제기했다. 이해에 열린 마드리드 정상회담에서 자크 들로르는 5년 내에 "유럽 정부의 배아"가 생겨날 것이라고 말했다. 이와 함께 EC를 추가적으로 확대하는 한편 유럽의회European Parliament와 유럽의 안보 모두를 강화하는 문제도 주요 화두로 떠올랐다. EC의 확대 계획은 몇 가지 범주로 나뉜 신생 회원국들을 겨냥해 마련됐다. 1991년 무렵에는, 남아 있는 유럽자유무역연합European Free Trade Association, EFTA의 국가들을 공동시장Common Market에 들어오도록 허용하며, 포스트공산주의 3개 국가들에 준회원국 지위를 부여하고, 오스트리아·스웨덴·핀란드·노르웨이에 대해서는 3년 내에 최종 가입 승인을 내리자는 제안이 EC에서 나오고 있었다. 터키나 이스라엘처럼 수많은 유럽 이외 국가도 정회원국이나 준회원국 신청을 해놓고 대기하는 중이었다. EC의 12개국 공동체는 너끈히 20개국, 더 많게는 30개국 공동체도 될 수 있었다.

당시 EC 회원국들이 집행위원회의 이와 같은 발의를 환영한 한 가지 이유는, 그들이 보완성〔보충성〕의 원칙principle of subsidiarity를 익히 알고 있었다는 점이었다. 이 원칙은 가톨릭교의 교회법에서 그 내용("보조의 원리")을 빌려온 것으로, 공동체의 핵심 기관들은 정책의 가장 본질적인 부분들만 관장하고 나머지는 일체를 '운영의 보완적 차원'에 맡겨야 한다는 것이 골자였다. 이에 따라 각 국민국가〔민족국가〕의 정부들은 모든 것이 자신들에게 맡겨져야 한다고 열성적으로 주장했다. 그러나 보완성의 원칙은, 그 내용을 확대 적용 해보면, 브뤼셀(EC, 지금의 EU의 본부) 각국의 권역 혹은 지방 당국자들과 직접 연계시킬 소지가 있었고, 그런 식으로 각국의 정부를 그냥 우회해버릴 수도 있었다. 보완성의 원칙을 정의하는 문제부터 화급히 해결해야 했다.

정치적 통합을 더 철저히 옹호한 이들은 국민국가〔민족국가〕에 대한 반감을 굳이 숨기지 않았다. 국민국가〔민족국가〕는, 역사적으로도 온갖 죄악을 저질러온 것에 더해, 이제는 '커다란 이슈들을 다루기에는 너무 작고, 작은 이슈들을 다루기에는 너무 큰' 공동체로 여겨졌다. EC가, 유엔이 그랬듯, 각국 정부의 모임 정도로 전락할 것이라는 우려에는 얼마쯤 이유가 있었다. 이와 함께, 유럽의 민주주의는 EC 자체의 유럽의회가 회원국들의 별개 모임에 맞서 그 기능을 한 차원 높이기 전까지는 진보할 수 없다는 주장 역시 일리가 있었다.

이른바 유럽의 '지역권region'들을 둘러싼 논쟁이 전면으로 부상한 것은 바로 이러한 맥락에서였다. 어떤 식으로든 EC의 핵심 기구들을 강화하게 되면, 그것이 중앙에서 분리되려는 회원국 내의 성향을 자동적으로 강화하게 될 게 뻔했다. 브뤼셀의 세가 커지자 뒤이어 에든버러, 밀라노, 바르셀로나, 안트베르펜의 세도 당연히 커졌다. 이들 지역적 이해관계는 회원국 내부 및 회원국 사이 이해관계와 일치하는 수도 있었다. 예컨대, 지방분권화된 독일연방공화국 안에서 각 란트〔주州〕 정부들은 광범위한 영역에서 자치를 누렸다. 한때 중앙집권화의 보루로 꼽힌 프랑스에서도, 얼마 전 22개 레지옹région〔지역권〕의 권한을 강화해준 참이었다. (이에 반해 지방으로의 '권한이양devolution'에 반대하며 지방정부의 힘이 점차 약해지는 영국에서는 정반대의 추세가 우세했다.) '유로리전Euroregion' 개념은 EC와 동유럽의 이웃국 사이의 간극을 메우려 생겨난 것이기도 했다. 이탈리아의 발의를 통해서는 아드리아해 내륙의 5개국을 주축으로 '펜타고날레Pentagonale' 가 창설됐다. 독일, 폴란드, 스칸디나비아해 국가들도 발트해 양쪽 지방에 미래 협력 지역권의 탄생 가능성을 논의했다.

정책의 불확실성이 회원국들 안에서 중심을 이탈하려는 압박을 더욱 가중시켰다. 스페인에서는 카탈루냐인과 바스크족의 해묵은 불만이 제어는 되지만 해소는 되지 못하고 있었다. 이탈리아에서는 메초조르노Mezzogiorno(이탈리아 남부)의 부담으로부터 북부를 '해방'시키겠다는 목표를 내걸고 롬바르디아동맹Liga Lombarda이 다시 탄생했다. 영국에서는 (스코틀랜드의 독립을 주장하는) 스코틀랜드민족당SNP파가 재차 세를 끌어모으고 있었다. 스코틀랜드는, 독립할 경우, EC 밖에 있기보다 안에 있는 편이 더 나은 리스크로 여겨졌다.

그렇다고는 하나 현실에서는 모든 것이 여전히 내기의 운수에 달려 있었다. EC는 지리적으로 확장한 뒤 체질적으로 '심화' 작업을 거치는 게 옳은지를 두고 여전히 설전을 벌였다. (집행위원회 위원장) 자크 들로르는 "심화를 먼저, 확대는 나중에" 쪽이었다. 들로르의 비판자는 그것이 EC를 계속 소규모에, 서방 중심으로 만들고, 집행위원회의 통제를 받게 하려는 그럴싸한 책략에 지나지 않는다고 생각했다. 하지만 그렇다 해도 1991년 12월에 12개국 지도자들이 네덜란드 림뷔르흐주州 마스트리흐트에서 회의를 열기로 예정돼 있을 무렵에는, 그 방향으로의 모멘텀이 여전히 강해지고 있었다. 이 목표에 이르고자 방대한 규모의 유럽연합에 관한 조약Treaty on European Union(일명 마스트리흐트조약Maastricht Treaty) 제시를 위한 준비가 진행됐는데 로마조약(1957, EEC 설립)을 확대하고 매만지자는 것이 그 취지였다. 총 6만 1351단어로 된 이 협정 내용은 "유럽 통합 과정의 새 단계"를 알리는 이정표 역할을 했다. 유럽이 "경제 및 통화通貨의 통일"을 이루고, "단일하고 안정적인 화폐"를 사용하고, "공통 시민권" 및 "공통된 대외 및 안보 정책"을 세울 수 있는 여러 가지 길이 그 안에 제시돼 있었다.[32] 그러나 공동체 확대에 관한 내용이나, 유럽 전체를 어떤 식으로 탈바꿈시킬지에 대한 이야기는 없었다. 여전히 서구의 관심사에만 매몰된 집행위원회가 내놓은 구상인 만큼 마스트리흐트조약은 대륙의 나머지 절반에서 조만간 터질 대규모 사태沙汰에 유럽이 대비할 수 있는 방도는 전혀 담고 있지 못했다.

그동안 자크 들로르는 한창 활발하게 멋진 활동들을 펼친 반면, 미하일 고르바초프는 발끈하고 허둥대고 풀썩 주저앉았다. 소련이 맞닥뜨린 위기를 고르바초프가 어떻게 분석하고 있었는지는 그의 이후 행보 속에서 추론할 수 있다. 그중 많은 부분이 그의 책 《페레스트로이카Perestroika》(1989)에 명시적으로 언급돼 있다. 그간 소련이 행한 정책을 구구절절 반성하고 있는 내용이다. 우선 소련은 군사 무기를 추가로 확장해도 더욱 폭넓은 수준의 안전을 보장받지는 못할 것이었다. 군비 지출은 높아질 대로 높아져 시민들의 생활수준이 조금이라도 나아질 여지를 남겨두지 않았다. 아닌 게 아니라, 이즈음 소련 경제는 기존에 확립돼 있던 지출 패턴을 더는 유지해갈 수 없었다. 공산주의자의 계획경제 방식은 실패로 돌아가 서쪽과의 사이에는 하루가 다르게 기술 격차가 벌어졌고, 공산당은 부패에 찌든 채 의기를 잃었으며, 젊은이들은 공산주의 이데올로기에 속속 등을 돌렸고, 시민들은 공허한 약속에 인내심이 이미 바닥났다. 냉담한 정서가 소련사회를 짓눌렀다. 대외정책은 갈피를 잡지 못했다. 아프가니스탄과 치른 전쟁은, 다른 모든 혁명 투쟁과 마찬가지로, 밑 빠진 독이나 다름없었고, 소련이 동유럽에서 패권을 거머쥐고 있다 한들 거기서 얻어지는 것은 아무것도 없었다. 고르바초프의 전략은 우선 구체제 번성의 온상이 된 두려움과 적의의 분위기부터 일소하자는 것이었고, 그 분위기가 정리되고 나면 국내 개혁이리는 더 까다로운 문제들로 발을 옮긴 계획이었다. 대외적 측면에서 고르바초프의 행보는 눈부신 성과를 냈다. 미국과 서독 순방을 계기로 그는 위대한 정복 영웅으로 칭송을 받았다. 순식간에 고르바초프 열풍이 달아올랐다. 고르바초프는 서방 국가 안에서 전통적 공산주의 전복이 일어나는 것은 변함없이 지지했지만, 레이건 대통령의 모스크바 방문도 열렬히 환영했다.

고르바초프가 내건 대내정책의 핵심은 이 치밀한 계획에 의해 세간의 두 가지의 유행어 속에 집약돼 있었다. 페레스트로이카perestroika(перестройка, 재건)에 담긴 구상은 경제 관리에는 시장경제의 제 원리를 주입하는 것과 함께 정치생활에는 비당파적 이해를 주입한다는 것이었다. 글라스노스트Glasnost(гласность)는 '개방openness'이란 말로 번역됐는데 이는 잘못이다. 알고 보면 글라스노스트는 '공표(공개)publicity'를 뜻하는 러시아어로, '침묵silence' 혹은 '금기taboo'의 반대말이다. 소련에서 원래 이 말을 사용한 것은, 그때껏 공산당이 존재 자체를 부정해온 여러 문제의 해결책을 공산당 동지들이 내놓게끔 자극하는 차원에서였다. 고르바초프는 토론을 장려했고, 그러려면 자신이 가진 견해를 밖으로 적극적으로 표명해도 처벌을 받지 않는 일이 무엇보다 중요했다. 그렇게 해서 공산당이 입을 열고 이런저런 말을 하기 시작했고, 그러자 언론과 종국에는 대중들까지 입을 열었다. 난생처음 소련 사람들은 검열제도와 경찰이 자신들을 억압하는 수단이 되지 않으리라는 것을 알 수 있었다. 따라서 글라스노스트는 얼마간 시간이 지난 뒤에야, 전례 없는 자유로운 토론이 봇물 터지듯 쏟아져나오는 가운데 명실상부한 개방을 뜻하는 말이 될 수 있었다. 이 흐름에서 가장 강력한 기류는 공산주의를 거의 전면 폐기 하자는 주장을 담고 있었다.

따라서 서기장 고르바초프가 자신이 무척이나 이례적 입지에 서 있음을 깨닫는 것은 순식간이었다. 서방에서 자유주의자로서의 훌륭한 평판을 가졌으나, 고르바초프는 확고한 공산주의자로서 소련 체제를 인간화해 다시금 체제에 활기를 불어넣고 싶어 했지 체제를 내동댕이치고 싶지는 않았다. 그가 지향한 것도 민주주의democracy가 아닌 '민주화democratization'였다. 고르바초프도 전임자 브레즈네프와 마찬가지로 —마치 자신이 미국 대통령에 준하는 위치인 것처럼— 한 국가의 '대통령president'으로서 직위를 받기 위한 준비 작업들을 행했다. 그러나 고르바초프는 단 한 번도 유권자들을 직접 대면한 적이 없었고, 자신의 주된 직함인 공산당 수장이라는 비非선출직 직위를 절대 내려놓으려 하지 않았다. 따라서 6년에 걸쳐 진행된 고르바초프의 개혁 작업은 목표치의 절반도 —혹은 4분의 1도— 넘어서지 못했다. 그는 중앙당 기관을 자신이 직접 고른 인민당 위원들로 채워나갔으나 자유선거의 기회를 마련한 적은 한 번도 없었다. 경제적 영역에서는 시장경제화의 방편들을 계속 만지작거렸으나 한층 급진적인 계획들은 전부 거부했다. 그는 농업을 탈집단화하거나 가격 보조금을 인하하는 것을 거부했다. 사유재산의 합법화 또한 연기했다. 그 결과, 시장경제가 제 기능을 시작하지도 못할 제 여건 속에서 계획경제가 하나둘 무너져내렸다. 고르바초프는 민족주의 이슈와 관련해서는 각 공화국들에 그들의 요구사항들을 명백하게 밝히도록 독려하되 정작 그들의 요구는 수용하려 들지 않았다.

고르바초프는 정치적 책략에 도가 텄던 인물로, 보수파는 잘 구슬리고 급진파는 적당히 제어했다. 하지만 그는 대중으로부터는 이렇다 할 신뢰를 얻지 못했다. 러시아 일반인들이 보기에 그는 전형적 공산주의 활동가였다. 고르바초프와 그를 추종한 서방 사람들은 그가 경영하고 있는 소련 체제에 대해 그 기본적 특징이나 소련 역사가 반드시 맞닥뜨릴 결과를 전혀 파악하지 못한 것처럼 보였다. 그들은 다른 동력은 전혀 모른 채 강압적 힘만으로 움직여온 기계에서 그 힘을 빼버렸을 때 어떤 일이 벌어질지에 대해서는 무시했다. 그것이 소련이라는 정치적 통일체를 지탱하는 척추와 다름없음에도 불구하고 소련은 공산당의 독재권력을 내던졌고, 그러고 나서 소련의 사지가 더는 두뇌에 반응하지 않자 경악했다. 그들은 거기에다 공산당이 수십 년의 세뇌작업으로 대다수 행정 관료가 독립적 사고를 할 수 없게 만들었던 결과물들도 과소평가했다. 그들은 소련이 하나의 자연스러운 민족적 실체—모야 스트라나moya strana(Моя страна) 곧 "나의 조국"(고르바초프는 1991년까지도 소련을 이렇게 칭했다)—라는 생각을 끝까지 버리지 않았다. 그러나 그들의 가장 잘못된 판단은 글라스노스트가 억압받던 제 민족에게 미칠 영향이었으니, 동유럽의 민족 대부분에 표현의 자유는 곧 독립 요구와 일맥상통했다. 어설픈 땜질은 가능한 경우의 수에서 취한 최악의 행동 노선이었다.

공산주의가 무너진 이유를 밝히기 위해서는 여전히 쏟아야 할 잉크가 많다. 정치학자들 입장에서야 당연히 체제와 관련된 정치적 이유들에 방점을 찍을 것이고, 경제학자들은 공산주의 경제가 안고 있던 갖가지 결함을 강조할 것이다. 일반인들이 매일같이 영위한 일상적 삶에도 관심을 기울여야 할 것이다. 현재는 당시 동유럽인이 공산주의 아래서 어떤 부조리와 맞서 싸웠는지를 연구한 훌륭한 인류학 연구들이 얼마쯤 나와 있다. 지금 보면, 스탈린주의 시대 소련 전역에 팽배했던 두려움을 면한 세대가 느닷없이 이제는 할 만큼 했다고 결단을 내린 것처럼 여겨진다. 공산당 보스들이 권위를 행사할 의지를 잃어버리자, 수백만의 남녀가 당에 복종할 의향을 잃었다. 공산주의 사회는 맨 꼭대기도 그랬지만 아래의 풀뿌리까지 썩어 있었다.[33] 독립적 문화, 특히 종교가 수행한 역할은 우리가 오늘날 흔히 생각하는 것보다 훨씬 컸다. 당시에는 예술가들이나 신앙인들이 공산주의 없는 세상을 상상할 수 있는 유일한 사람들 이었다. 나머지 사람들은, 물 속에 숨어 검열관들에게 발각되지 않는, 공상과학소설 속 행성의 주민들 같았다. 그들은 혹독한 곤경을 견디며 물 밑에서 살아가도록 훈련을 받은 터라 막상 물이 잦아들기 시작했을 때에는 탁 트인 대기 안에서 숨 쉬는 법을 이미 까맣게 잊은 뒤였다.[34]

공산주의의 조각상이 맨 먼저 갈라지기 시작한 곳은 이번에도 폴란드였다. 폴란드는 물질적세 조건이 악화되고 있었고 언제든 새로운 양상의 파업이 전개될 조짐이 엿보였다. 급박한 상황에 빠진 각료들은 활동을 금지당한 솔리다르노시치의 수장 레흐 바웬사에게 도움을 청했다. 폴란드의 정치가 파산했음을 인정하는 것과 다름없는 일이었다. 1989년 초반, 각료들은 원탁회의를 소집해 불법으로 규정된 반대파와 어떻게 권력을 나눌지 논의했다. 그 결과 나온 합의는, 솔리다르노시치도 선거에 후보를 내어 일정 수의 의회 의석을 두고 경합을 벌인다는 것이었다. 그런데 이 선거의 결과가 일대 파문을 일으켰다. 바웬사가 이끄는 세력이 경합이 벌어진 모든 선거구에서 압승을 거두었다. 당선 가능성이 높게 점쳐졌던 많은 공산당 후보까지, 심지어 단독후보조차 재선에 실패했다는 것은 유권자들이 공산당 후보 이름은 투표용지에 없는 것으로 쳤다는 의미였다. '공산주의 국가' 중 가장 근래에 '정상화 과정을 거친' 곳에서 공산주의의 권력은 빠른 속도로 무화無化되고 있었다.

1989년 6월에는 중국이, 공산주의자가 대중의 분노를 마주하자 자신들의 인두겁 속에 어떤 악귀들이 도사리고 있었는지를 전 세계에 보여주었다. 고르바초프는 베이징을 공식 방문 해 시위 상황을, 학살사태까지는 아니더라도, 두 눈으로 목격했다. 이때 그는 모종의 결론을 내리지 않을 수 없었다. 시간이 흘러 동독 수립 40주년을 기념해 동베를린을 찾았을 때, 고르바초프는 동독이 소련 군대를 수단으로 삼을 수 없음을 확실히 못 박았다. 유럽에 톈안먼광장(곧 일종의 1989년 6월 4일의 '톈안먼사건天安門事件')은 없어야 했다. 브레즈네프독트린은 그 누구도 눈치 채지 못하는 새에 그 명을 다했다

그해 8월, 당혹감에 빠진 폴란드의 공산주의자들은 솔리다르노시치 세력을 끌어들여 정부를 구성하되 계속 공산주의의 원칙에 따르는 헌법 및 국가수반 체제를 유지했다. 독실한 가톨릭교도 타데우시 마조비에츠키Tadeusz Mazowiecki가 총리(1989~1991)로 임명됐다. 타데우시는 바르샤바조약기구 의회에서도 의석을 차지했다. 이제 소비에트 블록은 더는 하나의 진영이 아니었다. 헝가리도 자체적 원탁회의 회담을 진행시켰다. 동독에서는 프로테스탄트 교회들이 정기적으로 시위를 기획하고 있었다.

공산주의의 붕괴는, 따라서, 1989년 가을에 사태가 비탈을 미끄러져 내리기 시작했을 때 썩을 대로 썩어 있었다. 이해 10월 23일 부다페스트에서는 헝가리인 민족봉기 33주년 행사에서 헝가리인민공화국Hungarian People's Republic이 폐지됐다. 헝가리 공산주의자들은 야당의 의회 입성을 허가하고, 그들도 사회민주주의 정당social democratic party으로 모습을 바꾸었다. 그러나 이보다 훨씬 더 놀라운 일은 1989년 11월 9일 베를린에서 일어나니, 베를린장벽 양편으로 군중이 몰려들어 신나게 장벽을 허물어뜨려도 동독 국경수비대는 멀뚱히 서 있기만 했다. 동독 정부는 싸울 의지를 진작에 상실했다. 17일 프라하에서는 한 차례 학생시위가 일어났으나 불발에 그쳤고, 한 시위자가 경찰 손에 목숨을 잃었다는 소식이 전해졌다. 하지만 일주일 뒤, 열광하는 군중이 모인 가운데 바츨라프광장의 발코니에 바츨라프 하벨과 알렉산드르 둡체크가 함께 모습을 드러냈다. 이윽고 총파업이 일어나 별다른 저항을 하지 않던 당국을 끝장냈다. 이른바 '벨벳혁명velvet revolution'이 완결되는 순간이었다(비폭력적 정권 이양으로, 시민혁명이 피를 흘리지 않고 벨벳 비단처럼 유연하게 진행된 데서 '벨벳혁명'이라 명명됐다). 현장에 있으면서 그 누구보다 예리한 시각으로 사태를 지켜보았던 외국인은 이후 사람들 입에 수없이 오르내리는 명언을 자신도 모르게 내뱉었다. "공산주의가 무너지기까지 폴란드는 10년, 헝가리는 10달, 동독은 10주, 체코슬로바키아는 […] 10일이 걸렸다."[35] 마지막으로, 크리스마스가 지나는 동안 부쿠레슈티에서는 유혈사태가 일어나 이를 세쿠리타테Securitate(중앙정보국)가 목숨을 걸고 스스로의 입지를 방어했으나, 결국 차우셰스쿠파가 처참하게 처형당하는 것으로 마무리됐다. (차우셰스쿠는 1989년 12월 축출돼 국외로 도망을 시도하다 혁명군에 붙잡혀 루마니아혁명 임시정부인 구국전선救國戰線, Frontul Salvării Naționale의 특별군사재판소 재판에서 부인과 함께 사형을 선고받고 1989년 12월 25일에 총살이 집행됐다.)

당시 고르바초프가 맡은 역할은, 훌륭하기는 했지만, 다소 과장된 면들이 있다. 그는 동유럽의 자유를 구상한 설계자까지는 아니었다. 그보다는 언제쯤 댐의 물이 넘칠지 지켜보다 수문을 열어 물길을 터야 할 시점을 결정한 수문지기였다. 물론 어떤 상황이었어도 댐의 물은 넘쳤겠으나 고르바초프가 수문을 제때 연 덕에 폭력적 재앙의 위협 없이 물길이 트였다.

바로 전해에 벌어진 충돌의 결과가 눈앞의 현실에서 펼쳐지기 시작한 것은 1990년에 들어서였다. 처음에는 CMEA가, 그 뒤를 이어서는 바르샤바조약기구가 기능을 멈추었다. 집권 중이던 공산당도 하나둘 종적을 감추었다. 이후 새로 생긴 정부는 하나같이 민주정치와 자유 시장 경제를 옹호한다고 선언했다. 다급함에서는 저마다 정도의 차이가 있었으나, 소련군을 단계적으로 철수시키는 협정과 일정표들이 마련됐다. 독일에서는 재통일 움직임에 속도가 붙었다. 독일민주공화국DDR(동독)을 구성했던 기관들은 그대로 증발하듯 사라졌다. 서쪽의 정당들이 동쪽에 들어가 선거운동을 벌이기 시작했고, 그리고 총선은 헬무트 콜 총리(서독 1982~1990, 통일 독일 1990~1998)의 승리로 돌아갔다. 10월에는 연방국가(독일연방공화국, 분데스레푸블리크 도이칠란트Bundesrepublik Deutschland)가 동독의 시민, 영토, 자산을 공식적으로 흡수했다. 자유의 불길은 서쪽에서 불어오는 바람을 타고 멀리까지 드넓게 퍼져나갔다. 불가리아와 알바니아에 불이 일었고, 그러기는 유고슬라비아연방과 소비에트연방을 구성하고 있던 공화국에서도 마찬가지였다. 슬로베니아, 크로아티아, 에스토니아, 라트비아, 리투아니아, 체첸 모두 자국의 독립을 선언했다 (이때까지는 공식 인정은 받지 못했지만). 보스니아, 마케도니아, 아르메니아, 그루지야(조지아), 몰도바, 우크라이나도 곧 그 뒤를 따를 태세였다.

유고연방이 사분오열된 과정은 특히나 처참했다. 이즈음 세르비아와 크로아티아 모두에서는 민주적 선거가 치러지며 호전적 성향의 민족주의자들이 정계의 전면에 나선 참이었다. 베오그라드의 연방국가평의회Federal State Council에서도 '대大세르비아Greater Serbia'를 이룩하자며 열정을 북돋우는 세르비아인 지도자의 계획이 넘쳐났다. 1990년 8월 크로아티아 크닌 지방의 세르비아인이 자그레브에 반발해 반란을 일으키면서 전면전의 무대가 마련되고, 이듬해 봄의 사태가 폭발했다. 슬로베니아에서 처참하게 완패당한 후, 세르비아인이 이끄는 유고슬라비아 군대가 크로아티아에 공격을 개시했다. 시시각각 와해되는 국가에서 여러 지방이 순식간에 공포와 지역 간 폭력사태에 휩싸이니, 이곳에서는 견고하게 뭉친 다수인종만큼이나 소수인종들도 곧잘 눈에 띄었다. 요시프 브로즈 티토는 죽음을 목전에 두었을 때 한숨을 푹 내쉬며 다음과 같이 말했다. "유고슬라비아인은 이제 나 하나뿐인데."[36] 물론 이는 사실이 아니었다. 그러나 인종 폭력이라는 지니genie(정령精靈)가 날개를 펴고 날면서, 초민족적 '유고슬라비아인' 정책들이 제시된다는 것은 거의 불가능했다. [크라바트] [일리리아] [마케돈] [사라예보]

붕괴의 속도가 다소 더뎌진 곳은 폴란드뿐이었다. 가장 먼저 공산주의의 멍에를 풀고자 했던 나라가 결국 가장 뒤늦게 그 멍에를 벗어던진 셈이었다. 타데우시 마조비에츠키 정부는 경제에 가장 역점을 두었다. 1990년 12월, 레흐 바웬사가 구舊공안부의 앞잡이에게 총 투표수의 4분의 1을 내주고도 끝내 대통령직(1990~1995)에 올랐다. 여전히 공산주의자들이 장악하고 있던 의회가 진정 해방을 맞는 데는 10개월이 더 걸렸다. 해묵은 편견에 의하자면, 당시의 폴란드의 혁명은 다소 폴란드답지 않은 면이 있었다.

독일 재통일은 무모하다고까지는 할 수 없어도 성급하게 추진됐다. 독일 재통일이 적절한가를 두고는 누구 하나 의문을 제기하지 않았다. 빌리 브란트는 다음과 같이 말했다. "우리가 함께 속해 있는 것이 지금 이 순간 점점 자라나고 있다." 하지만 구舊독일민주공화국(동독)이 독일연방공화국(통일 독일)의 일부가 되자 그 어떤 의구심도 없이 동독은 자동적으로 EC에 합류했다. 연방은행 곧 분데스방크의 권고를 거스르고 오스트마르크Ostmark(동독마르크)와 도이체마르크Deutsche Mark(서독 마르크)도 1 대 1의 비율로 교환됐다. 독일이나 독일 주변국이 얼마큼의 정치적, 재정적 비용을 치를지는 거의 고려되지 않았다. 본에 자리한 독일 정부는 동독인이 이 제 독일인이므로 연방공화국의 갖가지 제도 적용을 당연히 환영할 거라 여겼고, 서독인 역시 독 일인이므로 통일에 뒤따르는 비용을 당연히 유쾌하게 치를 것이라 생각했다. 통일 독일은 과거 분단 독일에 비해 유럽에는 별 관심을 안 가질 거라는 전망이 차차 뚜렷해졌다. 독일의 여론에 서 불안감과 자기중심주의가 짙어지자 연방정부가 유럽 통합을 위해 독일이 애쓰고 있음을 재 차 언명할 필요를 느꼈다. "심대한 의미를 지니는 상징적 행동 차원에서, 연방정부는 독일 통일 을 이룬 그 기본법 제23항의 내용을 매만져 […] '독일의 여타 지역에' 개방적이 되겠다는 노력 을 이제는 '통일 유럽의 실현'에 쏟아부었다."37

탈공산화decommunization는 모든 포스트공산주의post-communism 국가에 무척이나 껄끄러 운 문제인 것으로 드러났다. 공산주의 국가들을 통합한 법들은, 정당성은 없었을지언정, 전면적 으로 폐지할 수는 없었다. 공산주의자 노멘클라투라도 지금은 민주주의를 위해 사그라지지 않 는 헌신을 선언하는 만큼 그들을 싸잡아 물러나게 할 수 없었다. 독일에서는 엄청난 수의 인물 이 슈타지 정보원인 것으로 들통나면서 사회가 뒤흔들렸고, 폴란드에서는 정치적 살인사건들에 대한 조사가 재개됐으며, 루마니아에서는 새로 들어선 정권이 실질적으로는 탈공산화를 반대했 다. 오로지 체코슬로바키아에서만 루스트라치니 자콘Lustrační zákon(정화법Verification Law)이 통 과돼 부패에 찌들거나 범죄를 저지른 관료들은 정계에 발을 못 붙이게 하고자 노력했다.

소련식 경제가 공산주의 국가들에 남긴 유산은 고약했다. 폴란드는 발체로비츠플 랜Balcerowicz Plan(1990~1991)을 시행해 초인플레이션을 잡는 등 초기에 성공을 거두기도 했지 만 하루아침에 병을 치료할 처방은 없다는 사실이 뼈저리게 분명해졌다("발체로비츠"는 당시 폴 란드 재무장관 레셰크 발체로비치Leszek Balcerowicz의 이름이다). 과거 소비에트 블록 국가들 앞에는 하나같이 수십 년은 겪어야 할 고통스러운 재건의 과정이 놓여 있었고, 그 뒤에야 온전히 돌아 가는 시장경제 체제에 다다를 수 있었다.38 그렇게 되기까지 이들 국가가 안고 있던 문제들은 국 가들을 EC에서 배제하는 적당한 구실이 되기도 했다.

공산주의가 낳은 사회적 태도들은 도처에서 사라질 줄 몰랐다. 이제 막 싹이 터가는 시민 사회로서는 공산주의가 몰락하고 생겨난 공백을 얼른 메우기에는 역부족이었다. 정치적 무관 심이 팽배했고, 사소한 다툼들은 일상다반사였으며, 아직 공산주의에 남은 연민은 실업과 같은 충격적 일들을 무감각하게 만들었다. 그 여파는 생각보다 컸다. '물 밑에서만' 살아온 수십 년의 시간으로 군중은 그 어떤 약속도 믿지 못한 채 최악의 상황만 상상하게 됐다. 누군가가 얻으면 누군가는 잃을 수밖에 없다는 냉소주의도 뿌리 뽑기가 여간 힘든 것이 아니었다. 공산주의 사 회가 다방면에서 이 정도로 심하게 황폐화되리라고는 그 누구도 상상할 수 없었을 것이다.

공산주의가 일전 한 번 치르지 않고 제 명을 다했다고 해서 거기서 오는 고통이 누그러지는 것은 아니었다. 고통 뒤의 카타르시스도 없었다. 공산주의 붕괴에 참여한 어떤 이는 이렇게 불평했다. "평화로운 시기에는 하느님께서 이 세상에 모습을 나타내실 수 없는 법이다." 또 어떤 이는 당시를 두고 다음과 같이 말했다. "이 재앙의 끝을 내 두 눈으로 볼 수 있어서 행복하다. 하지만 또 다른 재앙이 시작되기 전 내가 먼저 눈을 감고 싶다."[39]

1991년 사태의 두 번째 단계가 미끄러져 내리기 시작했다. 경제개혁은 이렇다 할 진전을 보지 못했다. 물질적 여건은 악화돼갔다. 이 와중에 고르바초프는 겨울 동안 공산당의 권력기구에 더 바싹 다가가 있었다. 조만간 독재가 다시 모습을 드러낼 거라 여겨지자, 그의 동료 몇몇이 반발의 뜻으로 보직에서 물러났다. 가장 불길했던 징후는 민족 단위의 공화국들이, 해당 민족의 권력자와 소련의 권력자가 병립해 나라를 다스린 발트해 국가의 선례를 따르겠다고 대열을 이룬 것이었다. 모스크바만 해도 시의회에서 민주주의 체제의 시장을 선출했고, 러시아소비에트연방사회주의공화국Russian Soviet Federative Socialist Republic, RSFSR(РСФСР) 정부에서도 보리스 니콜라예비치 옐친Борис Николаевич Ельцин을 민주적 체제의 대통령(1991~1999)으로 선출했다. 옐친은 러시아를 이끌며 고르바초프가 장악한 소련의 크렘린궁과 점점 거리를 두기 시작했다. 아르메니아와 아제르바이잔 사이에서는 나고르노-카라바흐 지방을 두고 전쟁이 벌어진 판이었다. 그루지야(지금의 조지아)에서는, 고르바초프가 살상을 불사하는 무력 사용을 인가했었는바, 모스크바에 대항하는 반란이 막을 내렸다. 빌뉴스에서는, 소련 군대가 민간인 학살을 자행했었는바, 리투아니아 의회가 나라 바깥에서 지원을 얻지 못해 절망에 빠져 있었다. 크렘린궁은 이제 소련USSR을 다수의 주권국이 훨씬 더 느슨하게 결합된 체제로 바꾸려는 움직임을 보이고 있었다. 이 새 연맹을 위한 조약이 조인되기로 정해진 날이 8월 20일이었다.

이 신연방조약New Union Treaty(Новый союзный договор)을 저지하고, 소련공산당의 잔존 권력을 지키고자 1991년 8월 19~22일 동안 모스크바에서 쿠데타가 일어났으나 무위로 돌아갔다. 오히려 이 사건은 그것이 막고자 했던 재앙만 더욱 앞당겼다. 쿠데타 모의자들은 '강경파'라 할 데가 전혀 없었다. 이들은 그 나름의 충분한 근거를 갖고 고르바초프 자신이 선호할 것이라 믿은 제한된 형태의 페레스트로이카에 헌신적 노력을 쏟아부은 것뿐이었다. 아닌 게 아니라, 이들은 고르바초프부터가 이 일을 묵인해줄 것임을 분명히 믿었다. 그랬기에 능숙한 반란 가담자들이라면 미리 했을 대비를 하나도 해놓지 않았다. 사실 이 쿠데타는 진정한 의미에서 쿠데타라고도 할 수 없는바, 이 쿠데타가 숨이 멎어가는 공룡의 꼬리에서 마지막으로 일어난 경련에 그쳤다는 점에서 그러했다. 8월 19일 일요일, 얼굴에 수심이 가득한 기관원 일곱 명이 소련의 텔레비전에 잇달아 출현해 비상위원회를 결성했다고 발표했다. 공산당의 기관들 및 언론도 이들의 뜻에 따랐다. 고르바초프가 크름반도(크림반도)에서 휴가를 보낸 마지막 날이 행동에 돌입할 날짜로 정해진 참이었다. 그러나 고르바초프가 쿠데타 모의자들이 보낸 밀사와의 대면을 한사코 거부하면서 모의자들로서는 별다른 방도를 제시할 수 없었다. 옐친은 도중에 체포당하지 않고 용케 러시아 의회 앞에서 탱크에까지 올라가 명백한 저항의 뜻을 표했다. 옐친의 지지자들을 해산시키려는 조치는 전혀 취해지지 않았다. 길거리의 탱크들에는 탄약 하나 없었던 것은 물론 그 어떤 명령도 내려지지 않았다. 그렇게 해서 사흘이 지나자, 모의자들은 별일 없었다는 듯 각기 자신들의 리무진에 올라탄 채 어딘가로 떠났다. 이러한 식의 쿠데타 시도는 소련의 체제가 뇌사 상태에 빠졌음을 증명해주는 것이 확실했다. 물론 전 세계에서 가장 가공할 위력을 가진 공안 기구를 소련의 공산주의자들이 장악하고 있는 상황은 여전했다. 그러나 이 기구를 움직여 가장 단순한 작동 조차도 이제는 실행시킬 수 없었다.

한동안 고르바초프는 도대체 무슨 일이 벌어진지 몰랐다. 그는 비행기를 타고 크름반도에서 날아온 뒤에도 계속 공산당과 페레스트로이카의 미래를 논했다. 그런 고르바초프에게 옐친이 엄연한 현실을 일깨웠고, 옐친의 압박에 밀려 고르바초프는 소련인민대표대회에서 반란자 명단 을 자기 입으로 읽어 내려가야 했다. 하나같이 고르바초프의 사람으로 알려진 자들이었다. 고 르바초프에 대한 신망은 땅에 떨어졌다. 결국 레닌이 조직한 소련공산당이 스스로 해산하기 직 전에 고르바초프도 서기장직에서 내려왔다. 1991년 9월 5일 인민대표대회에서는 마지막 법령을 통과시켜 권력들을 구연방의 주권 공화국들에 넘겨주었다. 1991년 10월 24일에는 고르바초프 가 마지막 법령을 공표해 KGB를 부서별 조직으로 해체했다. 고르바초프는 유령국가의 꼭두각 시 대통령으로 발이 묶였다.

소련 붕괴의 실상이 어땠는지를 1991년 5월 발사된 우주선을 타고 우주를 비행한 세르게이 콘스탄티노비치 크리칼레프Сергей Константинович Крикалёв의 운명만큼 여실히 보여주는 일도 없을 것이다. 세르게이는 1991년 말이 되도록 귀환 명령을 받지 못해 여전히 지구 주변만 맴돌고 있었다. 그가 지구를 떠날 때만 해도 소련은 여전히 초강대국이었으나, 그가 세상에 돌 아왔을 때 소련은 세상에 존재하지 않았다. 바이코누르 우주기지의 관제소 사람들은 이제 신생 독립국인 카자흐스탄공화국 소속이 돼 있었다.

1991년 12월은 유럽의 양 끝단 모두에 결정적인 한 달이었다. 12월 1일 우크라이나에서 국 민투표가 실시돼 러시아 소수인종 대다수를 포함해 국민의 91퍼센트가 독립 찬성에 표를 던진 것이 시작이었다. 우크라이나공화국은 영토가 유럽에서 두 번째로 크고 인구는 다섯 번째로 많 은 나라였다.

12월 9일과 10일 마스트리흐트에서는 EC의 12개국 국가 수장이 한자리에 모여 포괄적 인 유럽 연합의 구상에 들어갔다. 영국의 총리(존 메이저John Major)는 그토록 치를 떨던 'f 단어 f-word'를 삭제한 뒤,* 단일 통화 예외조항opt-out clause을 삽입하고, 사회 헌장에는 조인을 거부하고, 협력국들을 설득해 나토의 역할을 재확인시켜 탁월한 승리를 거머쥐었다. '가변적 구조variable geometry'와 '이중속도의 유럽two-speed Europe'이 만들어지고 있다며 우려하는 목소리들도 표명됐다. 하지만 마스트리흐트조약의 내용은 상당 부분이 그대로 받아들여졌다. EC 수장들이 서명한 합의 사항들을 보면, 유럽 연합의 시민권을 회원국의 모든 시민에게 부여하며, 회원국은 공동의 경제정책을 따라야 하며, 1999년까지 공동 금융 제도의 틀에서 경제통화동맹EMU과 유럽중앙은행European Central Bank, ECB을 설립하며, 각료이사회Council of Ministers와 공동 결정을 내릴 권한을 유럽의회European Parliament에 부여하며, 자문기구 성격의 유럽지역위원회Committee of the Regions를 설립하며, 공동의 대외 및 안보 정책을 추구하며, 보완성의 원칙에 따라 EC의 활동 대부분을 '회원국 각국'에 맡긴다는 것 등이었다. 유럽의 수장들은 교육, 문화, 건강, 에너지, 정의, 이민, 범죄 관련 세부 내용도 받아들였다. 이 조약과는 별개로, EC의 수장들은 발트삼국(에스토니아, 라트비아, 리투아니아)을 국가로 인정했으나, 크로아티아와 슬로베니아는 국가로 인정하지 않았다. 이 모든 일이 믿기지 않을 만큼 순조롭게 진행됐다. 이제 남은 것은 비준뿐이었다. 물론 얼마 지나지 않아 비관론자들의 입에서는 이 마스트리흐트조약Maastricht Treaty의 종말을 예견하는 목소리가 나오게 될 것이었지만.[40]

같은 주 주말에 고르바초프 대통령은 소련연방공화국들의 수장을 모스크바로 불러들이려는 최후의 헛된 시도를 하고 있었다. 그러나 러시아·벨라루스·우크라이나의 수장들은 폴란드 국경 근처의 숲속에 자리한 사냥꾼 전용 숙소에서 고르바초프 모르게 벌써 협상을 벌이고 있었다. 12월 8일 오후 2시 17분, 이들은 "USSR(소련)은 더 이상 존립하지 않는다"라는 내용의 선언문에 서명했다. 이튿날에는 독립국가연합Commonwealth of Independent States, CIS(Содружество Независимых Государств, СНГ)이 탄생했음을 선언했다. CIS는 여러 소련 기관이 조용히 매장 당하는 동안 전략 무기고의 중추는 계속 단일한 명령권 아래 두게 하는 편리한 가림막이었다. 이렇게 해서 1991년 말 무렵, 유럽에 남은 마지막 제국은 끝내 평화롭게 숨을 거두었다.

동서 분할을 메우려는 발걸음은 소소하게 이어졌다. 나토는 공동협력회의Joint Co-operation Council를 설립해 전前 바르샤바조약 가맹국들을 가입시켰다. EC에서도 폴란드, 헝가리, 체코슬로바키아를 상대로 연대 조약을 체결했다. 합작회사인 유럽부흥개발은행European Bank for Reconstruction and Development, EBRD이 런던에서 문을 열었다. 구소련의 땅으로 식량 및 재정 원조가 이뤄지는가 하면, 구유고슬라비아에는 평화유지군도 파견됐다. 하지만 이와 같은 행보

---

* 영국인의 귀에 연방주의(연방제)는, 독일이나 (유럽) 대륙의 의미와 반대되는, 미국식 의미가 덧입혀진 말로 들렸고 따라서 중앙정부식 유럽합중국을 뜻하는 암호로 받아들여졌다.

는 지극히 미미한 수준에 머물렀다. EC는 여전히 동쪽에서의 농산물 수입을 막고, 무역활동을 옥죄고 있었다. 동독에 대한 독일의 투자를 제외하면, 과거 동유럽에 대한 서유럽의 투자는 극히 적었다. 공동의 노력을 통한 대외정책은 전혀 제시되지 않았고, 크로아티아와 보스니아에서 전쟁의 기미가 엿보이는데도 이를 억제하려는 실질적 조치는 전혀 취해지지 않았으며, 역동적인 리더십도 인물도 나타나지 않았다. 서쪽의 '흰 유럽White Europe'과 동쪽의 '검은 유럽Black Europe' 사이의 격차는 벌어진 채 여전히 메워지지 못했다.

1989년 이후로는 사건들이 너무 급박하게 돌아가 서유럽과 동유럽이 서로 의존하는 관계임을 유념하고 사태를 지켜볼 수 있었던 이는 거의 없었다. 평생의 습관으로 사람들은 동쪽과 서쪽은 엄연히 별개라고 여겼다. 서유럽의 정치인들은 자신들의 정원을 가꾸기에만 여념이 없었고, 따라서 이웃의 집을 주저앉힌 폭발 때문에 자기 집의 울타리와 박공지붕도 날아가고 없다는 사실을 알아차리지 못하고 있었다. "서유럽인들은 그 벽에 느긋하게 몸을 기댔다"라고 한 헝가리인(콘라드 죄르지)은 썼다. "그 벽이 다이너마이트로 만들어져 있다는 사실은 모른 채"[41]

40년 동안 철의장막은 동유럽은 물론 서유럽의 정치적, 경제적 삶에 일정한 틀을 제공했다. 철의장막을 기준으로 정해진 경기장을 무대로 마셜원조, 나토, EEC(유럽경제공동체), 독일의 연방공화국이 활동했고 서유럽의 경제적 성공이 이룩됐다. 철의장막은 공산주의자들뿐만 아니라 서유럽의 금융가·정책입안자·산업가들에게도 지극히 편리했으니, 유럽의 수월한 지역들에만 노력을 쏟아부으면 됐기 때문이다. 철의장막은 EEC 내에서 보호무역주의를 견지했던 이들에게, 따라서 공동농업정책CAP을 왜곡하는 작업에 특히 유리하게 작용했다. 한마디로, 철의장막은 서유럽을 단견을 지닌 채 자기만족에 빠져 지내는, 그래서 다른 사람들이 잘 살건 말건 신경 쓰지 않는 부자들 모임이 되게 했다. 철의장막은 서유럽에 브레즈네프독트린의 사고방식을 양산한 주범이었는바, 서유럽 사람들 사이에는 '자본주의가 가져다준 이익'은 어떻게든 지켜내야 한다는 생각이 퍼져 있었으며 서유럽 정치인들은 철의장막하에서의 고립상태가 무한정 유지되기를 꿈꾸었다. 장기적 관점에서, 향후 유럽인들은 의기투합해 자신들 마을을 재건할지, 아니면 껍풀만 다를 뿐 실질적으로 철의장막과 다름없는 것을 다시 만들어낼지 사이에서 택일을 해야 했다.

알고 보면 동유럽과 서유럽에서 일어난 사건들은 서로 밀접하게 관련돼 있었다. EC(유럽공동체)의 성공은, 동유럽의 견지에서, 소비에트 블록을 실패로 몰고 가는 데 막강한 요소로 작용했다. 포스트공산주의 민주국가들의 성패 여부는 유럽연합EU의 운명을 좌우하게 될 것이었다. 모스크바가 동유럽을 비롯한 유럽의 중대 지점, 예컨대 석유가 풍부하게 매장된 바쿠 지방에서 물러나면 신생 러시아가 서유럽 회사들과 기관들이 확대돼 들어오지 못하도록 저항할 수밖에 없는 새 지역들이 또 생겨날 것이었다.

어떤 사람들에게, 공통분모는 자유민주주의와 자유 시장 경제를 보편적으로 지향한다는 점에 있는 것처럼 보였다. 당시에는 서방이 너무도 완벽한 승리를 거둔 것처럼 보여서, 한 학자(미국 정치경제학자 프랜시스 후쿠야마)는 이 세계가 "역사의 종언the End of History"에 도달하지 않았을까 하는 질문으로 일약 명성을 얻었다.[42] 하지만 이런 주장만큼 진실에서 동떨어진 것도 없었을 것이다. 유럽은 끝이 보이지 않는 세찬 역사적 변화의 시기에서 헤어나지 못했다.

　폴란드 태생의 미국 정치인·정치학자 즈비그뉴 브레진스키의 눈에, 1989~1991년의 혁명으로 세상에는 세 개의 유럽이 존재하게 됐다. "유럽 1Europe One"은 종래부터 있어온 서유럽의 민주국가들로 구성됐다. "유럽 2Europe Two"는 마침 생겨난 폴란드·헝가리·체코슬로바키아로 구성된 비세그라드 3국Visegrád Triangle과 일치했고, 여기에 슬로베니아가 추가됐다("비세그라드 3국"은 1991년 헝가리 비세그라드에서 열린 3국의 정상회담에서 비롯한 명칭이다). 이 포스트공산주의 4개국은 언젠가는 자신들도 EC에 들어갈 수 있을 것이라고, 이를 위해 자신들이 넘어야 할 장애물이 설마 지난 10년 새 스페인·포르투갈·그리스 같은 포스트파시스트post-facist 국가들이 넘었던 장애물보다 더 크겠는가 하는 희망을 가질 만했다. "유럽 3Europe Three"은 그 외 나머지의 구소비에트 블록 국가들로, 유럽을 향한 이 국가들의 열망이 이뤄지려면 21세기에 접어들기만을 기다려야 했다.[43]

　그러나 선의를 분명히 선언한다고 해서 그 자체로 성과들을 낼 수 있는 것은 아니었다. 무엇보다 경제적 일들을 최우선시하는 상황이 더욱 폭넓은 비전을 질식시키고 있었다. 어떤 식으로든 경제적 수렴economic convergence을 완강하게 고집하면 EC의 확대가, 아마도 무한정, 지체될 수밖에 없었다. 다른 한편으로, EC의 몸집을 대대적으로 키우는 데에는 반드시 막대한 비용이 들거니와 제도적 개혁을 단행해야 한다는 목소리를 키울 게 분명했다. 독일인들조차 1700만 명의 독일인 동포 통합 비용을 억울해하기도 하는 마당에, 유럽연합의 다른 회원국은 전보다 훨씬 더 많은 신입 회원국 통합을 위해 치러야 할 희생이 반가울 리 없었다. 유럽 각국 정부가 마스트리흐트조약에 비준하는 데 그렇게나 애를 먹었다면, 조약의 실제 시행에는 그보다 훨씬 더 골치 아픈 문제들을 마주칠 수밖에 없을 것이었다.

　따라서 유럽이라는 공동체의 확대와 통합을 향한 행군이 본격화할수록 그에 대한 저항도 격심해지는 것이 당연했다. 유럽 공동체와 그 공동체 안의 주권국 사이에 장차 분쟁이 일어나 서로가 시비를 가려야 할 때에는, 유럽사법재판소ECJ의 위상이 중차대한 이슈로 떠오를 것이었다. '16개국 유럽Europe of Sixteen'이나 '20개국 유럽Europe of Twenty'은 과거 유럽연합이 '6개국' 및 '12개국' 시기에는 충분했던 구조로는 운영될 수 없었다. 유럽연합은 규모를 확대하고 깊이를 다지려는 동력의 일환으로 자신을 관할하는 각종 제도를 개혁하지 않는다면 서서히 작동을 멈출 것이었다.

한 비관적 관찰자(미국 정치학자 켄 조위트)에 의하면, 유럽은 극단적 재앙—제노사이드, 인구 대이동, 혹은 전쟁—에 닥쳐봐야만 한 차원 높은 통합을 향해 발을 뗄 생각을 할 것이었다.[44] 마찬가지 논리에 따라, 통화 동맹 역시 기존 통화 체제가 무너져야만 비로소 결성될 것이었고, 정치 동맹은 각국의 갖가지 정치정책들이 확연히 실패로 돌아가야만 맺어질 것이었다. '유럽 1'은, '유럽 3'이 얼마간 구색을 되찾아야, 그때에 '유럽 2'를 자기들 안으로 받아들여야겠다고 느낄 것이었다.

1991년 12월에는 유럽 서쪽에서의 통합도 유럽 동쪽에서의 분열도 아직 진행과정에 있지 않았었다. 하지만 유럽 사이사이의 숱한 장벽을 기억하는 이들은 찾아보기 무척 힘들게 됐다. 국경선들이 열렸고, 열린 국경선들과 함께 사람들의 마음도 열리고 있었다. 성인이라도 이젠 너무 어린 시절 일이라 프랑코나 티토의 이름이 가물가물한 이들도 있었다. 드골이나 프라하의 봄을 떠올리려면, 확실히 나이 30줄은 돼야 했고, 헝가리봉기나 로마조약은 50줄, 제2차 세계대전은 나이 60줄은 돼야 했다. 정년에 한참 못 미치는 부류치고 전쟁 이전 유럽의 모습을 명확하게 회상할 이들은 아무도 없었다. 나이 90에 훨씬 못 미치는 이들은 제1차 세계대전에 대한 기억을 생생하게 안고 있을 수 없었다. 100세를 넘기고도 살아남은 사람들이라야만 비로소 유럽 대위기가 시작되기 이전 세기의 전환기에 유럽이 맞았던 황금기를 잘 알고 있을 터였다.

에드워드 라친스키Edward Raczyński(1891~1993) 백작이야말로 마지막으로 몇 안 남은 그런 유럽인의 축에 드는 사람이었다. 그는 오스트리아와 헝가리의 국경에 자리한 자코파네에서 태어났으며, 프로이센에 대규모 영지를 보유한 폴란드인 가문의 후손이었다. 이 가문은 한때 베를린에 궁전도 가지고 있었으나 제국의회의사당으로 통하는 길을 내느라 건물이 통째로 헐렸다. 라친스키는 오스트리아령 크라쿠프와 독일의 라이프치히에서 공부한 뒤, 런던경제대학에 들어가 공부했다. 국제연맹에서 폴란드 대사로 봉직했으며, 1933년에서 1945년에는 영국 주재 폴란드 대사로 일했다. 이후 그는 폴란드 망명정부의 대통령 자리(1979~1986)에 올랐다. 그 뒤로 그가 고국으로 돌아갈 수 있었던 기회는 영영 없었다. 그런데도 1991년 12월 19일, 그의 100세 생일을 축하하는 자리가 기어이 대사관에서 마련됐는데, 하필이면 46년 전 영국과 스탈린이 손을 잡으면서 그에게 항복을 강요했던 바로 그 자리였다. 당시 새로 아내를 맞아들인 라친스키는, 유럽의 위기가 처음 시작돼 최종 끝나기까지의 전 과정을 —유럽의 위기가 정말 끝났다고 한다면— 끝까지 지켜볼 수 있었던 몇 안 되는 불굴의 유럽인 중 하나였다.

1992년 2월 14일 서머타운. 태초에 책은 없었다. 그랬건만 지금은 이 책의 마지막 말들이 마지막 페이지 위의 펜 끝에서 줄줄이 굴러나오고 있다. 동이 터오자 저택 맨 위층 작업실 창가에 놓인 책상으로 어슴푸레 빛이 비쳐든다. 밤새 내린 서리로 옷을 기운 듯한 물기 얼룩들이 창문 유리로 비치며 반짝인다. 구름은 어두컴컴한 스카이라인 위를 느릿느릿 지나 점차 밝아오는 연노랑의 띠를 향해 다가간다. 잎이 다 떨어진 손클리프과수원의 사과나무들이 어두침침한 수풀 사이를 삐져나와 옆쪽에 줄지은 빨간 벽돌의 빅토리아풍 건물들을 향해 제멋대로 손을 뻗고 있다. 가장 높이 솟은 너도밤나무 끝에는 까마귀 하나가 홀로 보초병처럼 서 있다. 이 책의 '에우로페 전설'을 집필하고부터 이후 꼬박 1000번의 새벽을 맞는 동안 늘 그랬던 것처럼. 이 와중에 마음에 걸리는 것 한 가지는, 옥스퍼드자동차부품공장에서 뿜어져 나오는 고약한 연기들이 바람에 날려 어딘가로 흩어지고 있다는 사실이다. 학교 갈 시간이 다가오는 가운데 식구들은 아직 잠에 빠져 있다.

이 집안의 가족들이 어디서 어떻게 만났는지를 보면 유럽 땅 절반이 그 이야기의 무대다. 이 가족의 한쪽은 유럽 대륙 연안의 섬나라에서도 랭커셔에, 역사를 좀 더 거슬러 올라가면 웨일스에 단단히 매여 있다. 다른 한쪽은 구舊폴란드의 동부에 뿌리를 둔 사람들로, 최근의 100년 동안에는 주로 오스트리아령 갈리치아나 소련 땅 안에서 삶을 살아갔다. 이 집의 주인으로 군림하는 두 분이 제각기 옥스퍼드와 크라쿠프에서 공부하고 난 후 서로를 만난 것은 클레르몽-페랑에 자리한 제르고비아 대로에서였으니, 역시 이 도시에서 고고성을 울린 블레즈 파스칼이 알았다면 극히 일어나기 힘든 일이 실제로 일어났다며 무척 즐거워했을지 모르겠다. 이런 유쾌한 우연들은 필연적으로 한 사람의 역사에 대한 감각에 영향을 끼친다. 역사 집필에서 가장 큰 힘을 지니는 것은 역시 시간과 장소다. 역사학자들 역시 자신이 집필하는 역사에서 절대 빼놓을 수 없는 일부다.

오늘은 유럽의 공동 수호자로 꼽히는 성인 키릴로스와 메토디우스의 축일이다. (이날을 맞아) 성 알로시우스 예수회성당에서는 "슬라브어를 쓰는 민족을 있게 하신 분들을 기리며 […] 그분들의 빛이 우리의 빛이 되게 하소서"라고 기도를 올린다. 묵주기도에서는 "동유럽 민족들의 뜻에 따라"라고 읊는다. 신부는 설교에서 키릴로스와 메토디우스가 폴란드인, 체코인, 헝가리인들을 이끈 사도들이었다고 역사적 상식에 부합하지 않는 설명을 하고는 한다(5장 참조).

등교 시간이다. 이번 주 스퀴럴학교Squirrel School(잉글랜드 옥스퍼드)에서는 여교장 선생님이 알바니아의 불쌍한 어린이들을 주제로 훈화를 하신다.

조간신문들은 성인 키릴로스와 메토디우스에 대해서는 일언반구 다루지 않는다. 《인디펜던트Independent》는 '유엔군 크로아티아 파병'이 머리기사다. 《가디언Guardian》의 '유럽Europe' 증보판은 무르만스크에서의 쇼핑에 대한 상세한 보도가 머리기사다. 마드리드에서 발행된 어제 일자 《엘파이스El País》는 프랑스-스페인 간 공동 연대를 구성해 바스크족 결사인 에우스

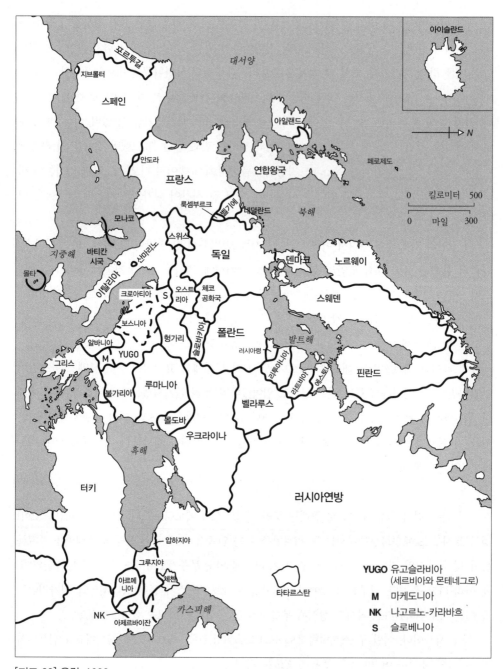

아이슬란드

포르투갈

지브롤터

스페인

대서양

아일랜드

안도라

프랑스

연합왕국

페로제도

룩셈부르크

벨기에

네덜란드

북해

모나코

스위스

독일

덴마크

노르웨이

N

0 킬로미터 500

0 마일 300

지중해

바티칸
시국

산마리노

이탈리아

몰타

크로아티아

S

오스
트
리아

체코
공화국

스웨덴

보스니아

헝가리

슬로바키아

폴란드

러시아령

발트해

알바니아

M

YUGO

루마니아

라트비아

리투아니아

에스토니아

핀란드

그리스

불가리아

몰도바

벨라루스

우크라이나

흑해

터키

러시아연방

압하지야

그루지야

체첸

타타르스탄

아르메
니아

NK

아제르바이잔

카스피해

YUGO 유고슬라비아
        (세르비아와 몬테네그로)

M   마케도니아

NK   나고르노-카라바흐

S   슬로베니아

[지도 29] 유럽, 1992

카디 타 아스카타수나Euskadi Ta Askatasuna, ETA 곧 바스크조국과자유와 싸움을 벌인다는 내용이 머리기사다. 신문은 최근 '미하일 고르바초프'를 영입해 월간 칼럼을 맡겼다.《르몽드Le Monde》에는 북아프리카 기사가 지면을 세 개 차지하고 있다. 헤이그의《데텔레그라프De Telegraaf》에서는 나토 소속 F-16기 조종사들의 저공비행 문제에 관한 기사가 가장 눈에 띈다. 뮌헨의《쥐트도이체 차이퉁Süddeutsche Zeitung》은 온통 연방 재무부의 행정에 관한 이야기다. 이틀 걸려 우편으로 도착한 바르샤바의《가제타비보르차Gazeta Wyborcza》는 폴란드 최고재판소를 비롯해, 이 기관이 공산주의가 주도하는 의회에서 통과된 연금 관련 법령을 거부한 내용 일색이다.《옥스퍼드타임스Oxford Times》는 독자투고란의 내용을 머리기사로 삼았는데, 옥스퍼드의 영국국교회 주교로부터 여성의 사제 서임에 관한 이야기를 듣는 것으로 서두를 열고 있다.[45]

역사적 관심사를 주된 이야기로 담은 기사가 앞면을 장식하고 있는 신문은 [밀라노의]《코리에레델라세라Corriere della Sera》뿐으로, "학살은 레닌의 지령이었다"가 기사 제목이다. 사실 오늘날 모스크바는 현대 유럽사와 관련한 지식이 자라나는 생장점이나 다름없다. 이 기사에서 모스크바 특파원은《콤소몰스카야프라우다Комсомольская правда》지를 인용하며, 마르크스-레닌주의연구소 문서보관서에서 입수한 내용을 통해 이제껏 비밀에 부쳐진 문서들을 열거한다. 문서들에 따르면, 당시 혁명파가 잔혹행위들을 저지른 것은 볼셰비키 지도자 개인의 완강한 고집에서 비롯한 일이었다. 일례로, 1918년 8월 11일 레닌은 펜자에 있던 동지들에게 다음과 같은 서신을 보냈다.

> 5개 쿨라크[부농富農] 지역들에서 일으킨 봉기는 반드시 무자비하게 진압하도록 한다. […] 이번 사태를 일벌백계로 삼을 필요가 있다. 1) 쿨라크, 부자들, 인민들의 피를 빨아먹는 자들을 100명 이상 교수형에 처하라. […] 2) 그들의 이름을 공개하라. 3) 그들이 가진 식량을 모조리 빼앗아라. 4) 어제 일자 전보를 토대로 인질들을 선별하라. 그 광경을 보고, 몸서리치고, 신음하는 사람들이 가는 데마다 계속 나올 수 있게 너희가 할 수 있는 일은 모두 하라. […]. 추신. 강경분자들을 색출해낼 것. 레닌.[46]

이 소름 끼치는 말들은 히틀러의 서신에서 나온 것이 아니라는 게《코리에레》지의 논평이다. 물론 맞는 말이다. 볼셰비키의 야만성이 어디 스탈린에서 시작됐던가.

이번 주 영국 국내에서는 선거를 앞두고 벌어진, 주로 돈과 관련한, 옹졸한 언쟁들을 다루는 소식들이 주다. 해외 소식으로는 프랑스 대통령이 치르고 있는 고역, 구소련이 보유했던 핵무기의 미래, 권투 세계 챔피언이 받은 유죄선고, 아일랜드 최고법원에서 강간당한 14세 소녀의 낙태를 불허한 사건 등이 주요 기삿거리다. EC집행위원회 위원장은 규모가 커진 예산안을 내놓은 참이다—그것이 "마스트리흐트 시대에 걸맞은 것"이라면서. 영국의 타블로이드판 신문들은 위원장의 제안에 조롱으로 화답했다. 《데일리메일Daily Mail》은 사설을 통해 "아닙니다. 자크. 그건 안 됩니다"라는 제목으로 논평을 내놓았다. "그런 식으로 후하게 뿌리는 유로화는 수상쩍은 하청업자들의 호주머니나, 겉은 번드르르하지만 게으른, 지중해에서 일광욕을 즐기는 인간들의 침대 밑으로 들어가기 십상이다."[47] 《르몽드》는 다음과 같이 분석한다. "그레이트브리튼이 'EC 관리'들에 맞서 힘을 결집하고 있다"[48]

무엇보다 지금은 (프랑스) 사부아의 알베르빌과 쿠르슈벨에서 제16회 동계올림픽이 열리고 있다. 동계올림픽의 '최고의 영예'인 알파인 복합 스키(남자)에서는 이탈리아의 조세프 폴리그Josef Polig가 금메달을 땄다.

유럽에서 발간되는 신문 중에서 유일하게 유럽 전역을 아우른다고 자부하는 《유러피언 European》은 최근 자사의 사기꾼 발행인과 함께 크렘린에서 이 신문을 지켜주던 영웅을 모두 떠나보낸 참이다. 이번 주 머리기사는 "이탈리아, 유럽의 분노를 마주하다"라는 제목으로 EC의 지시와 관련해 로마가 형편없는 성과밖에 기록하지 못했다는 내용이다. 경제면 기사에서는 러시아 루블화 안정을 위한 IMF 100억 달러 지원 계획에 "미국의 고립주의자들"이 반대하는 것을 맹비난하고 있다.[49]

느지막한 오전이 되자, 예보대로, 비가 뿌린다. 신문의 일기도를 보면 독자들이 각기 어떤 지역에 관심을 두고 있는지가 잘 드러난다. 《타임스》에는 일기도가 셋 실려 있다—커다란 지도 두 개는 오전과 오후로 나뉜 영국제도의 것이고(아일랜드는 제외), 나머지 지도 하나는 대서양 중부를 중심으로 삼고 있다. 《르몽드》에는 유럽 전역의 일기도 둘, 프랑스의 일기도 하나가 실려 있다. 《코리에레》에는 대서양에서 크름반도에 이르기까지의 유럽의 일기도가 하나, 이탈리아의 일기도가 하나 실려 있다. 《쥐트도이체차이퉁》에는 커다란 일기도가 셋 실려 있는데, 전부 유럽 대륙 전체를 담은 것들로, 레이카야비크·룰레오(스웨덴)·리스본·아테네를 주요 거점으로 그 안에 자리한 20여 개 기상관측소에서 나온 기상정보를 상세하게 싣고 있다. 《가제타비보르차》는 일기도 대신 유럽 주요 대도시들의 어저께 기온을 알려준다—로마와 리스본(13도), 런던(10도), 빌뉴스·리가·탈린·민스크(1도), 키이우·프라하(1도), 부쿠레슈티(3도), 다만 바르샤바에 살아서는 모스크바 기온을 잘 알지 못한다.

《유러피언》은 모든 신문을 통틀어 가장 대문짝만 한 일기도를 색깔까지 입혀 펼쳐놓는다. 그 안에는 슬로베니아·크로아티아·몰도바 같은 신생 공화국들도 찾아볼 수 있으나, 러시아Russia만큼은 없으니 이 지도가 CIS의 일기도라고 생각하면 오산이다. 일기도에 딸려 있는

"유럽의 도로공사"에도 라이프치히 인근의 A9바트 뒤렌베르크A9-Bad Dürrenberg를 끝으로 더 동쪽으로 뻗어 있는 도로에 대해서는 일절 언급하지 않는다. 그도 그럴 것이 동유럽에서는 사실 도로 보수를 아예 하지를 않으니까.

이렇듯 마구잡이로 뒤섞인 일상 정보의 무더기 속을, 나중에 미래의 역사학자들은 역사의 맥을 짚기 위해 뒤적이지 않으면 안 되는 것이다.

오늘은 성 발렌티누스의 축일〔밸런타인데이〕이기도 하다. 전해지기로 매년 새들의 짝짓기가 시작되는 것도 이날이라고 하는데, 그래서인지 이날은 인간들 사이에서도 사랑의 새들이 오가며 적절한 신호들을 전하는 때로 자리 잡았다. 《타임스》에는 한 면 한 년 넘길 때마다 암호문 같은, 더러는 문법도 안 맞는 메시지들이 이렇게 불쑥불쑥 나타나곤 한다.

> AGATHA AARDVAARK, All my love Hector Tree […] ARTEMIS, Not only Hesperus entreats Thy Love, Algy […] CHRISTIANE, Un vraie couscous royale. Je t'aim infiniment, King […] MENTEN, Blue Seas in Basalt Rocks […] MOONFACE loves Baby Dumpling and Smelly […] POOPS, Ich bin deiner, bist du meine? Wirst du sein mein Valentine?[50]

몇몇 신문은 성 발렌티누스 축일의 기원을 두고 서로 엇갈리는 설명을 내놓는다. 한 설명에 따르면, 로마인이 지내던 루페르칼리아Lupercalia를 중세인들이 채택해 축일을 지내게 됐다〔"루페르칼리아"는 고대 로마의 다산과 풍요의 신 루페르쿠스Lupercus를 위한 축제로 2월 15일이다〕. 루페르칼Lupercal은 "늑대의 보금자리"라는 뜻으로 옛날에 암늑대가 로물루스와 레무스를 데려와 젖을 먹여 키웠다는 굴로, 로마인들은 나중에 이 굴을 찾아와 아이를 낳게 해달라고 빌며 염소의 피를 자신들 몸에 발랐다. 로마인 순교자 중에는 발렌티누스라는 이름을 가진 이가 둘인데, 밸런타인데이면 이교도풍의 갖은 장난이 벌어지는 것은 이 두 성인과는 아무 상관이 없다.

오늘은 글렌코집단학살(1692년 2월 13일) 300주년이기도 하다. 현재 밝혀진 바에 따르면, 당시 학살에서 목숨을 잃은 사람은 38명뿐이었다. 스카이섬의 맥도널드 경은 "씨족 역사의 맥락에서 봤을 때, 당시 이 정도 사망자면 최소한이나 다름없다"라고 말한다. 그 덕에 지금도 스코틀랜드에는 파이프를 불면서 눈물의 골짜기로 행진해갈 수 있을 만큼 제법 많은 맥도널드 가문 사람들을 찾아볼 수 있다. 어쨌거나 《타임스》가 보도하기로, 당시 캠벨가는 "웨스트민스트 정부〔곧 잉글랜드〕의 앞잡이" 노릇을 하고 있었다. 지금 시점에서 가장 도마에 오르는 논점도 바로 이 부분이다. 지난주의 《디자이트Die Zeit》는 스코틀랜드가 별개의 정체성을 가지게 된 뿌리들을 파헤치는 주요 특집 기사를 내보냈다 기사에는 커다랗게 다음과 같이 휘갈겨 쓴 낙서를 찍은 사진이 딸려 있었다. "영국인들은 당장 꺼져라Brits Out Now."[51]

음악에 맞추어 글을 쓰는 것은 쓸모 있는 습관이다. BBC 제3라디오 채널을 듣고 있으면 종이 위에 잉크가 술술 잘 미끄러진다. 오전 7시 35분에 맨 처음 단락들을 시작했을 때 나온 노래는 바흐의 〈오보에 다모레 협주곡 A장조 BWV 1055〉였다. 조간신문을 읽는 사이에 흐른 음악은 라흐마니노프의 〈피아노 협주곡 제3번〉이었다. 성 발렌티누스 축일 이야기를 쓰기 전에는 마침맞게도 차이코프스키의 환상교향곡 〈프란체스카 다 리미니〉가 흘러나왔다. 오후 2시에 나온 카토비체 브라스의 연주는 놓치고 말았지만, 베토벤 〈교향곡 제8번〉이 오후에 한껏 힘을 불어넣어주고 있다. 오늘은 서쪽 음악과 동쪽 음악의 균형이 훌륭한 날이다. 한 가지 아쉬운 점이 있다면, BBC 제3라디오는 레오시 야나체크(체코슬로바키아의 작곡가)의 음악은 좀처럼 틀어주지 않는다는 것이다.

역사학자들이, 지나간 과거를 연구하는 사람들임에도, 시종 미래를 예견해야 하는 압박에 시달리는 것은 참으로 아이러니하다. 물론 지금껏 사건들이 어떤 식으로 표류해왔는지 그 흐름을 살펴본 것이 도움은 되겠으나, 큰 도움은 되지 않는다.

서쪽에서는, 대양 너머로, 미국의 위세가 다다라 더는 오를 것이 없는 게 분명하다. 지금으로 봐서 미국은 조만간 자신이 짊어진 부채 문제, 동맹국 문제, 자국 시민들 안에서 불거지는 '다양성diversity' 문제로 곤혹을 치를 것이다. 미국은 일본과의 사이에서도 특히 껄끄러운 문제들을 안고 있는바, 일본은 엄청난 경제적 위용을 과시하며 미국의 자존심에 상처를 입히고 있다. 미국은 냉전 말기의 속박에서도 자유롭게 벗어나 유럽으로부터도 차차 멀어지는 흐름에 있다. 미국의 부통령 댄 퀘일Dan Quayle은 이번 주 런던을 찾았을 때, 오히려 미국은 그와 정반대라고 주장했으나, 그 점을 지나치게 강조하는 모습이었다.

북쪽에서는, 스코틀랜드의 독립 움직임이 다시 펼쳐지기 시작한 참이다. 이번 주에만 해도 스코틀랜드인 절대 대다수가 자국의 지위가 변하는 것이 더 좋다는 뜻을 밝혔다. 스코틀랜드인들은 연합왕국을 무너뜨리고, 브뤼셀에서는 이제껏 도저히 당할 자가 없었던 잉글랜드인들의 콧대를 꺾어놓을 힘도 가지고 있다. 어쩌면 스코틀랜드인들이 우리를 진정한 유럽인으로 거듭나게 할 이들일지도 모르겠다.

남쪽에서는, 곧 오늘날 EC의 심장부에서는, 프랑스인들과 독일인들 모두 압박감에 시달리고 있다. 프랑스는 북아프리카에서부터 건너오는 무슬림 이민자들, 민족주의를 내건 마린 르펜Marine Le Pen의 반동적 움직임, 더는 환영받지 못하는 사회주의 정부의 집권으로 인해 곤경에 처했다. 독일은 재통일 비용의 부담에 짓눌려 휘청이고 있다. 각자의 고충 속에서, 두 나라 정부는 모두 위안과 지지를 얻기 위해 유럽연합 쪽으로 더 가까이 돌아선 참이다. 이번 주 〈저먼스The Germans〉라는 텔레비전 프로그램에는 독일 총리가 나와 "독일의 유럽이 아닌, 유럽의 독일"을 갈망했던 토마스 만의 말을 인용하는 장면이 나왔다. 그러나 자신들의 마르크화를 잃을 수밖에 없게 된다면, 독일은 아마 자신들의 열의도 함께 잃을지 모른다.

동쪽에서는 유럽의 지도가 지금도 시시각각 변하는 중이니, 한 달이 멀다 하고 새 국가가 계속 성립되는 것처럼 보이기 때문이다. 이 지역에서는 지금도 민족주의의 위험성에 대한 논의가 상당히 많이 진행되고 있다. 이 논의들은 대체 어디에서 비롯되는 것일까? 그런 논의들이, 시시한 민족주의가 아닌, 더 규모가 크고 더 위험한 민족주의를 겨냥하는 것이라면 아마도 더 설득력이 있을 것이다. 물론 위험이 존재하지 않는다는 것은 아니다. 발트삼국(에스토니아, 라트비아, 리투아니아)만 해도 지금 곤경의 바다 위를 떠다니고 있다. 폴란드, 헝가리, 체코슬로바키아는 1990년대 말까지 EC의 정회원국이 되겠다는 목표를 밀고 나가는 중이다. 이 와중에 체코인들과 스코틀랜드인들은 어쩌면 완전히 갈라서는 방향으로 나아갈지도 모른다. 루마니아, 불가리아, 알바니아는 정처 없이 헤매고 있다. 유고슬라비아연방은 조만간 쪼개질 것이 틀림없다. 슬로베니아와 크로아티아는, 벨라루스·우크라이나·몰도바가 그랬듯이, 평화 시 상황에 놓이기만 하면 충분히 독자 생존이 가능하다는 사실을 증명해 보여야 할 것이다. 그러나 CIS만큼은 아무래도 명맥을 이어갈 수 있을 것 같지 않다. 현재의 러시아공화국의 모습도 부실해 보이는 데서는 CIS보다 나을 것이 없지만, CIS는 그 크기는 미국의 두 배지만 전혀 균일하지 않은 경제 인프라를 정치라는 접합제 없이 인위적으로 끼워 맞춰 놓은 것에 불과하다. 이곳의 지도자들이 민주주의와 기도만으로 나라를 하나로 지탱해나가기는 무리일 것이다. 모스크바가 극동 권역에 자치와 함께 일본의 투자를 허용한다면, 나아가 시베리아가 외국의 원조를 받아 독자적으로 자원 개발에 나설 수 있는 분위기가 조성된다면, 이들에게도 기회가 있을지 모르겠다. 유럽의 러시아는 늘 그랬듯이 지금도 국민과 군인은 그 수가 지나치게 많고 식량은 충분치 못하다. 소련 붕괴 이후 러시아인들은 그야말로 고행에 가까운 보기 드문 인내력을 끌어모아 지금까지 2년의 시간을 버텨왔다. 하지만 제아무리 러시아인이라도 이런 인내심을 무한정 발휘할 수는 없을 것이다. 민주적 체제의 러시아가 번영을 이루지 못한다면, 나중에 러시아는 과거보다 훨씬 심하게 사분오열되고 말 것이다. 정말로 그렇게 된다면, 독재적 체제의 러시아가 앙갚음을 하겠다며 다시 자기 힘을 과시하려 할 테고 말이다.

소비에트제국의 붕괴가 최근 벌어진 일들 중 가장 '대규모에, 아마도 가장 굉장한 사건'이었던 것은 분명하다. 그 붕괴 속도는 얼마나 빨랐는지 유럽 역사에 일어난 다른 모든 대규모의 사태도 —스페인제국의 해체, 폴란드의 분할, 오스만인들의 퇴각, 오스트리아-헝가리의 분열— 감히 비할 바가 아니었다. 그러나 소비에트제국의 붕괴는, 에드워드 기번이 콜로세움을 찾았을 때 그랬던 것처럼, 역사학자를 크렘린궁의 잔해 위에 주저앉히거나 레퀴엠을 작곡하게 할 만한 사건이라 하기는 어려웠다. 까닭인즉, 소비에트연방 즉 소련은 한때 위대했던 그런 문명까지는 아니었기 때문이다. 소련은 세상을 호령한 그 짧은 동안조차도 유난히 비열하고 가식적인 행태를 보였다. 소련만큼 많은 사람에게 죽음과 불행을 안긴 국가는 역사 사료 그 어디도 없다. 소련은 지배층이었던 러시아 민족에는 물론이고 자국의 통치층에조차 풍족한 삶을 보장해주지 못했다. 제국 시기 소련은 무지막지한 파괴력을 보였고, 러시아 문화가 특히 그 힘에 심한 타격을 받았다. 사려 깊은 수많은 러시아인이 이제 와서 다들 인정하듯, 소련은 애초 절대 지어지지 말았어야 할 거추장스러운 건축물이었다. 주권을 갖게 된 구소련의 민족들은 1918~1922년의 그때로 즉 독립의 불꽃이 처음으로 희미하게 불붙었으나 레닌의 붉은군대에 짓밟혀 그 불씨가 완전히 사그라들고 만 그때로 돌아가는 중이었다. 지금 구소련에서 살아가는 사람들은 거의 다 이런 생각을 하고 있다. "러시아, 그래 좋다. 그런데 어떤 종류의 러시아 말인가?"[52]

소련 붕괴와 관련해 가장 분명한 사실은, 자연스러운 원인들을 통해 그와 같은 사태가 일어났다는 점이다. 소련은 고대의 로마와는 달리 야만족의 침략을 받지도 않았고, 폴란드연방과 달리 탐욕스러운 이웃국들에 분할을 당하지도 않았으며, 합스부르크제국과 달리 대규모 전쟁을 치러야 하는 중압감에 압도당하지도 않았다. 또 나치제국과 달리 싸움에 크게 져서 제 명을 다한 것도 아니었다. 소련이 사망한 것은 그럴 수밖에 없었기 때문 즉 그 내부구조 속의 기괴하게 뒤틀린 기관들이 더는 생명 유지에 필수적인 요소들을 제때 공급해주지 못하게 된 때문이었다. 소련은 핵시대에 접어들어서도, 과거 차르 당시와는 달리, 영토 확장이라는 방법을 통해 국내 문제를 풀어가는 모습을 보여주지 못했다. 자신들이 붙잡고 있는 민족들로부터 더 많은 이득을 빨아들이는 힘도 발휘하지 못했다. 한때는 향후 공산주의가 지구 전체를 장악하자고 약속하며 맺었던 중국과의 공조에서도 인내를 발휘하지 못했으니, 소련은 중국에 차오르던 개혁이라는 산소를 참아내지 못했고 결국 내파內破되고 말았다. 한마디로 소련은 역사에서 나올 수 있는 그 어떤 것보다도 어마어마한 정치적 심장마비를 일으키며 고꾸라진 셈이었다.

이처럼 어마어마한 충격이었던 만큼 거기서 빚어진 결과들은 유럽 전체에 영향을 끼칠 수밖에 없었다. 구소비에트제국 사람들이 최소한의 피와 적의를 보며 자신들이 맞닥뜨린 사태를 계속해서 다시 추슬러갈지는 미지수였다. 붕괴가 그토록 평화적으로 진행된 것은 붕괴할 때가 정말 무르익었다는 증거였다. 다만 캅카스와 유고슬라비아의 전장을 점령했던 민족주의 전사들을 흉내 내고자 했던 이들은 한둘이 아니었다. 따라서 서유럽 국가들이 소련의 붕괴 당시 지나칠 만큼 신중을 기한 것도 어쩌면 당연한 일이었다. 서유럽의 정부들은 곤경에 빠져 허우적대는 동유럽의 공화국들을 서둘러 돕지 못했다. 심지어 잃어버린 동유럽의 안정을 명목으로 내세워 소비에트연방과 유고슬라비아연방이 계속 목숨을 부지하게 하려고 열성을 다해 노력하기도 했다. 당시 서유럽의 국가들은 혼란에, 그리고 서로 각축을 벌이는 기관들이 어설프게 급조한 임시변통에 빠져 있었다.

역설적이게도, 동쪽의 무정부상태라는 위협이 서쪽에는 오히려 더욱 밀접한 통합에 박차를 가하는 계기가 될 수도 있다. 작년에, 알바니아의 난민들이 수만 명 무리를 지어 배를 타고 아드리아해를 건너와 이탈리아 영내로 무작정 밀고 들어가려 시도했다. 러시아·우크라이나·루마니아의 부랑자들과 무역업자들은 폴란드로 쏟아져 들어갔는데, 최근에 폴란드인들이 독일과 오스트리아로 쏟아져 들어갔던 상황과 전혀 다르지 않았다. 독일이 경이로운 흡수 능력을 가진 건 사실이나, 수백만 명에 이르는 동독의 실업자들뿐만 아니라, 많은 사람이 달가워할 리 없는, 수천 명의 합법적 망명 신청자들까지 떠안아야 하는 처지가 되자 독일은 그 어느 때보다 극심한 중압감에 시달리고 있다. 어수선한 사태들이 더욱 대규모가 돼 중부유럽에서 되풀이된다면, 아마도 서유럽의 수도들에서 느끼는 긴박감도 이루 믿을 수 없을 만큼 고조될 것이다. 지금까지의 상황으로만 보면, EC의 강화는 더는 불가능할 만큼 더딘 속도로 진행돼왔다. 혹시나 동쪽에서 찬바람이 폭발하듯 휘몰아치게 된다면 그때엔 그 속도가 좀 빨라질지 모르겠지만 말이다.

많은 것이 미국이 상황을 어떻게 전개하느냐에 따라 달라질 것이다. 미국이 계속 강력한 힘을 갖고 비교적 풍요로운 상태를 유지해간다면, 서유럽의 현상태status quo가 급작스레 뒤바뀔 가능성은 낮다. 나토는 앞으로도 없어지지 않을 것이며, EC는 신중한 행보를 보이며 발전을 해나갈 것이다. 그러나 미국이 위기 속으로 발을 들인다면, 유럽 국가들은 공동 방어를 목표로 내걸고 의기투합하게 될 것이다. 서쪽에서 불어오는 대서양의 돌풍 역시 유럽 동쪽에서 불어오는 거센 바람 못지않은 위력을 가질 수 있다.

유럽은, 자연 그 자체와 마찬가지로, 진공상태를 견딜 수 없다. 머지않아 서쪽의 EC와 동쪽의 후계 국가들은 자신들의 정체성, 경계선, 충성심을 다시 정의할 수밖에 없을 것이다. 그렇게 되면 최소한 얼마 동안은 새로운 평형상태가, 아마도 다자多者의 틀 안에서, 다소 찾아질 것이다. 발트평의회 및 6개국 모임hexagonale과 함께, 모종의 구소련 국가 모임 혹은 그 모임들 모두가 각자 맡은 역할을 수행하게 될 것이다. 그러나 러시아 깊숙한 곳과 유럽의 심장부 사이의 어딘가에는 분명 둘 사이를 가르는 선이 자리를 잡아야만 할 것이다—부디 그 선이 평화의 경계를 따라 자리하기만 바랄 뿐이다.

"유럽, 그래 좋다. 그런데 어떤 종류의 유럽 말인가?" 쇠락 이전에 존재했던 옛 유럽은 이제 영영 종적을 감추고 없다. 다음 시인(아르튀르 랭보)의 말마따나, 우리는 이미 사라지고 없는 고대에 세워졌던 경계가 뚜렷하던 성벽들을 아쉬워하고 있을 수도 있다.

> Fileur éternel des immobilités bleues,
> Je regrette l'Europe aux anciens parapets![53]

> 꿈쩍할 줄 모르는 푸른색의 영원한 방랑자,
> 먼 옛날의 성곽들을 끼고 있던 유럽이 나는 그립네!

그러나 지나간 과거는 되돌릴 수 없는 법. 오늘날의 '유럽Europe'은, 냉전에서 탄생해나온 만큼, 자신이 짊어진 과업을 수행하기엔 버거운 면이 있다. EC의 창건 시조들이 품었던 도덕적, 정치적 비전은 이제 거의 새까맣게 잊히다시피 했다.

유럽은 가까운 장래에 온전하게 통합되지는 않을 것이다. 그러나 유럽은 지난 수 세대보다는 덜 분할될 가능성도 분명 있기는 하다. 행운의 여신이 미소를 보내준다면, 유럽을 가르고 있는 물리적·심리적 장벽은 살아 있는 기억 속의 그 어느 때보다 덜 가혹한 모습일 것이다. 에우로페가 등에 올라탄다. "미풍에 옷자락을 나부끼며."

1. **에우로페**(에우로파)**의 납치** 〈에우로파의 납치Il ratio dell'Europa〉. 폼페이에 소재한 '이아손의 저택House of Jason' 유적지의 그리스 양식 프레스코화. 기원후 1세기의 초반 25년 사이에 제작. 에우로페 전설은 그리스인과 로마인 모두가 무척 소중하게 간직해온 이야기였다. 나폴리국립고고학 박물관. Photo: Anderson/Alinari 23469.

2

3

4

2. 채집인과 수렵인 스페인 레리다Lerida
에 소재한 테루엘 및 코굴 유적지의 구석
기시대 동굴벽화를 기반으로 한 구석기시
대 합성화. '동굴인(혈거인)cavemen' 시대
에는 복잡한 사회질서가 없었을 것으로
사람들은 흔히 치부하지만, 그림 속의 남
자들과 여자들의 모습을 보면 당시에도
그런 사회질서가 있었음을 충분히 짐작할
수 있다. Drawing by Danyon Rey 1993.

3. 미노아인 어부 기원전 제2천년기, 아
테네국립고고학박물관. Photo: National
Archaeological Museum, Athens.

4. 크노소스의 왕자 미노아문명 말기. 미
노스문명 시대의 크레타섬은 요새화되지
않았거니와 전사계급 또한 따로 없었다.
크레타섬(그리스령) 이라클리온고고학박
물관. Photo: Ancient Art & Architecture
Collection.

5. **향연** 그리스 시대 화병 그림(기원전 490~기원전 480), 브리고스의 화가Brygos Painter(고대 그리스의 익명의 도화가). 이러한 '향연symposium' 자리에서 사람들은 먹고, 마시고, 사랑을 나누는 동시에 심각한 담론을 벌이는 시간도 함께 가졌다. 남자들은 그림에서처럼 동양풍 장롱의자에 몸을 길게 뻗고 누워 있곤 했다. 여자들과 나이 어린 소년들은 향응을 제공해야 할 때가 아니고는 웬만해선 이런 자리에 끼지 않았다.
Photo: British Museum BM E 60.

6. **에트루리아인** 타르퀴니아(이탈리아 중부)의 "연회의 무덤Tomb of the Banquet" 벽화 일부(기원전 470년경).
[에트루리아열]
Photo: Hirmer Fotoarchiv BM E 60.

7. 아르카디아의 목가牧歌 〈아르카디아에도 나는 있다Et in Arcadia ego〉(1639~1643), 니콜라 푸생Nicholas Poussin(1594~1665). 1683년 루이 14세가 사들인 것으로 알려져 있다. 고대 그리스에서 아르카디아는 전원 속에서 지고의 행복을 누리며 살아가는 이상향의 땅으로 여겨졌다. 게르치노Guercino(1591~1666)의 원작을 발전시킨 푸생의 유명한 이 작품에서는 수심에 어린 양치기들과 님프들이 무리 지어 다프네의 무덤을 유심히 살펴보고 있다. 사랑 때문에 목숨을 잃은 다프네를 보고, '아르카디아에도 나(죽음)는 있다'는 사실을 깨닫는 모습이다. 루브르박물관. Photo: © RMN.

8. 사비니 여인의 겁탈 〈사비니 여인들Les Sabines〉(1796~1799), 자크-루이 다비드Jacques-Louis David(1748~1825). 리비우스와 오비디우스의 작품 소재가 된 데서도 알 수 있듯, 초창기 로마 역사에서 사람들 입에 가장 많이 오르내린 이 이야기는 왕 로물루스가 키르쿠스 막시무스에서 축제를 열어 근방의 사비니족 여인들을 유인한 일화를 담고 있다. 다비드는 이 작품에서 화가의 압도적 역량을 보여주며 로마의 귀부인들이 중재에 나서 더 이상의 유혈사태가 일어나지 못하게 막는 모습을 담았는데, 그 뒤의 배경은 마치 바스티유광장을 보는 듯하다. 이 작품으로 다비드는 "상퀼로트의 라파엘the Raphael of the Sansculottes"이라는 별칭을 얻었다("상퀼로트"는 프랑스혁명 때의 혁명적 민중 세력을 지칭한다. 이들이 귀족의 퀼로트를 입지 않고 긴 바지를 입은 데서 유래한 말이다). 루브르박물관. Photo: © RMN.

9. 지그프리트의 죽음 〈하겐이 지그프리트를 죽이다Hagen ermordet Siegfried〉(1845), 율리우스 슈노어 폰 카롤스펠트Julius Schnorr von Carolsfeld(1794~1872). 5세기 니벨룽족 전설 일화. 지크프르트가 방심하고 우물에서 물을 마시는 사이, 하겐이 지그프리트를 보호하고 있는 마력을 무너뜨리는 순간을 그렸다. 바이에른 왕 루트비히 2세는 뮌헨을 수도로 삼았으며 빌헬름 리하르트 바그너(1813~1883)의 후원자가 돼 그를 물심양면으로 도왔는바, 이교풍이던 게르만족 민속문화를 독일 전역에 다시 부흥시킨 장본인이 바로 바그너였다. 쾨니히스바우, 뮌헨. [니벨룽] Photo: AKG, London.

10. 로마를 침략하는 아틸라, 452 〈로마의 멸망The Fall of Rome〉(1891), 울피아노 체카 이 사우즈Ulpiano Checa y Sauz(1860~1916). 이 장르의 그림 중에는 야만족 영웅들을 당당한 풍모로 그린 경우가 많은데, 이것만 봐도 19세기 화가들이 고대 역사를 다뤄온 고전적 취향에 얼마나 큰 반감을 품고 있었는지가 잘 드러난다. Photo: © Hulton Deutsch Collection.

11. 동방정교회 기독교 동서분열(1054)의 시기, 그리스도의 판토크라토르pantocrator(기독교 미술의 주제로, 예수를 우주의 전지전능한 지배자로 재현한 그림에 나타나는 일련의 예수상 유형)를 가운데 두고 콘스탄티누스 9세 모노마쿠스(재위 1042~1055)와 황후 조에가 양 옆에 앉은 모습을 묘사한 11세기의 모자이크화. 비잔티움 양식은 전통적으로 영적 권위와 속세 권위의 합일을 중시했다. 하기아소피아, 이스탄불. Photo: Foto Fabbri.

12. 서방 수도원 성 베네딕투스와 529년경 건립된 몬테카시노수도원을 묘사한 11세기의 세밀화. 유럽의 수호성인 손에 건립된 이 서방 최초의 대규모 수도원은 무려 1944년까지 본래의 명맥을 고스란히 유지해나갈 수 있었다. Vatican Photographic Archive. Vat. Lat. 1702 Hr.

13. 콘스탄티누스의 기증 교황이 콘스탄티누스 1세(재위 306~337)로부터 속세 권력을 부여받았다는 중세의 전설을 담은 프레스코화(1246). 하지만 르네상스 시대를 거치는 동안 이 전설은 교황청 측에서 거짓으로 날조해 만든 것이었음이 만천하에 드러났다. 산실베스트로, 로마. Photo: Foto Fabbri.

14. **슬라브족의 전례** 〈슬라브족의 성찬식Zavedeni slovanska liturgie〉(1910), 알폰스 무하Alphonse Mucha(1860~1939). 키릴로스와 메토디우스가 9세기에 모라비아에 가서 전도했던 일을 후기 로마인의 관점에서 묘사했다. 체코 역사를 소재로 한 무하의 연작 중 맨 처음 작품이다. 시티갤러리, 프라하. Photo: State Gallery, Prague.

15. **가톨릭 경건주의** 〈아비뇽의 피에타La Pietá de Villeneuve-les-Avignon〉(1444~1466), 앙게랑 콰르통Enguerrand Quarton(1410년경~1466년경). 성모마리아의 '그리스도에 대한 애도Lamentation of Christ'를 실감나게 묘파한 작품으로 15세기의 프로방스 지방에서 제작됐다. 루브르박물관. Photo: © RMN.

16. **성 아우구스티누스** 〈성 아우구스티누스와 마르시엔수도원의 성인들St Augustin et les patrons de Marchiennes〉(12세기) 세밀화, 시립도서관, 두에.
Photo: Photo Giraudon.

17. **성 샤를마뉴** 〈카롤루스 마그누스 Karl der Große〉(1512), 알브레히트 뒤러Albrecht Dürer(1471~1528). Germanisches Nationalmuseum, Nuremberg.

18. **성 마태오** 린디스판복음서 2절판 25h의 전면全面 채색화(7세기 후반, 노섬브리아). British Library, BL Cott. Nero Div. 25V.

19. **성 세례자 요한과 히에로니무스** 마솔리노Masolino(1383~1447년경), 내셔널갤러리, 런던.
Photo: Bridgeman Art Library.

20. 마트카 보스카 〈성모마리아The Mother of God〉(14세기). 폴란드 쳉스토호바에 소장돼 있는 검은 피부의 마리아 성상으로, 비잔티움에서 제작된 원작일 수도 있고 브와디스와프 2세 야기에우워 왕의 명에 따라 제작된 복제품일 가능성도 있다. [성모마리아]
Photo: Polish Cultural Institute, London.

21. 신학자 성 요한 성 요한이 프로코르 Prokhor에게 복음서 내용을 구술하는 모습 (이탈리아—크레타파Italo—Cretan School, 17세기 초반). 1669년까지 베네치아의 통치를 받는 크레타섬에서는 동방정교회 양식과 가톨릭교회 양식이 절묘하게 뒤섞여 있었다. [그레코]
Photo: Sotheby's, London.

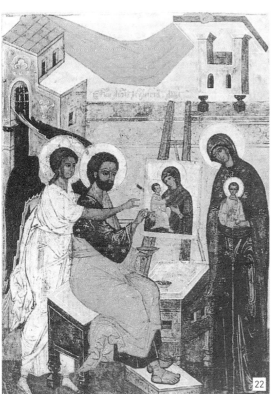

22. 성 루가——성상화가 정교회의 전승에 따르면, 최초로 성상을 그린 이는 성 루가로 성모마리아의 실물을 그린 것이 그 계기였다고 알려져 있다. 성루가교회의 17세기 성상, 오파치카, 프스코프, 러시아 복원 작품. Photo: Church of St Luke, Pskov, Russia.

23. 보고로디카 펠라고니티사 양식의 성모마리아The Virgin of Pelagonitissa("펠라코니티사"는 "노는 아이와 함께 있는 성모마리아"라고 일컬어지는 작품의 유형들을 가리키는 말로, 성모마리아가 버둥거리며 노는 아기 예수를 품에 안고 있는 모습을 담은 것이 특징이다. "보고로디카"는 마케도니아의 지명이다). 성모와 아이를 묘사한 세르비아의 성상(14세기), 스코페, 마케도니아. Photo: AKG London

24. **오토 3세에게 예를 갖추다** 동방과 서방을 재통일하기 위해 애쓰는 황제에게 유럽의 땅 네 곳—슬라보니아, 독일, 갈리아, 이탈리아—이 예를 갖추는 모습. 오토 3세의 복음서, 밤베르크(1000년경). Photo: Staatsbibliothek, Marburg.

25. **정복당하는 잉글랜드** 1066년 해럴드 왕이 헤이스팅스에서 전사하는 모습. 영어로는 〈바이외 태피스트리Bayeux Tapestry〉로 알려진, 11세기 후반의 〈마틸다 여왕 태피스트리Tapisserie de la Reine Mathilde〉의 세부. 스트립 만화strip cartoon(흔히 신문에서 연결된 사각형 박스들 속에 통일된 이야기를 담은 만화)의 초창기 형태라 할 수 있는 이 58장의 패널화는 당시의 사건들, 예컨대 해럴드 왕이 동지에게 배반을 당해 죽고 윌리엄 공이 잉글랜드의 차후 왕위를 주장하게 된다는 등의 이야기를 노르만족의 입장에서 풀어내고 있다. Photo: Michael Holford.

26. 벤트십자군 〈쓰러진 스반테비트The Fall of Svantevit〉(1894), 라우리츠 툭센Laurits Tuxen(1853~1927). 벤트
십자군(12세기) 기간에 슬라브족의 이교도 성상들이 파괴당하는 모습("스반테비트"는 슬라브족의 태양신이다). 카
이사르가 마르세유에서 드루이드교도들의 관목을 쓰러뜨린 일에서 시작해 1386년 리투아니아인들이 끝내 세
례를 받게 된 일에 이르기까지 이러한 광경들은 이른바 유럽 땅에서 '문명의 진격'이 어떤 식으로 이루어졌는
지를 여실히 보여주고 있다. 프레데릭스보르, 코펜하겐. Photo: Fredericksborg, Copenhagen.

27. 레콩키스타 중의 화친 《체스 놀이 책El libro de Juegos de Ajedrez》에서 발췌한 12세기 세밀화. 기독교도와
무슬림 전사가 체스를 두고 있다. 엘에스코리알, 스페인. Photo: Arxui Mas.

28. 트리스탄의 마지막 노래 《트리스탄 이야기Roman de Tristan》에서 발췌한 세밀화(1410년경). 6세기 콘월 지
방에서 지어진 원작들부터 1859년 빌헬름 리하르트 바그너의 작품에 이르기까지 트리스탄과 이졸데의 사랑이
야기는 그것을 소재로 삼은 판본만 해도 이루 헤아릴 수 없이 많다. [트리스탄]
Photo: Austrian Nat. Library, Vienna, MS 2537.

29. 철제 쟁기 〈베리 공작의 아주 호화로운 기도서Les Trés Riches Heures du Duc de Berry〉(15세기 초반) 중 '3월' 부분. 말이 끄는 둔중한 쟁기는 중세 '농업혁명'에 일등공신 노릇을 한 기구였다. 콩데 미술관, 파리. [플로봄]
Photo: Photo Giraudon.

30. 수사슴 냄새 가스통 페뷔스Gaston Fébus의 《사냥서Le Livre de la Chasse》(14세기 후반) 중 '추적' 부분. 근래까지만 해도 사냥은 유럽의 식단과 영양 공급의 한 축을 담당하며 중요한 기능을 했다. 파리국립도서관. MS Français, 616 fol. 57v. [샤스]
Photo: Bibliothèque Nationale, Paris.

31. 사랑에 빠진 단테 〈단테와 베아트리체Dante and Beatrice〉(1883), 헨리 홀리데이Henry Holiday(1839~1927). 피렌체 아르노 강둑에서 두 사람이 마주치는 순간을 담은 그림으로 세간에서 큰 인기를 얻으며 유럽의 걸작 시詩들을 탄생시키는 영감의 원 천이 됐다. 베아트리체 포르디나리Beatrice Portinari는 1290년에 세상을 떠났으나, 우틸 단테의 작품에서 단테를 천국으로 인 도하는 영혼의 길잡이로 등장한다. Photo: Walker Art Gallery, Liverpool, no. 3125.

32. 딜레마에 빠진 바르톨로메아 조반니 보카치오Giovanni Boccaccio(1313~1375)의 《데카메론Decameron》 중 "디오네오의 이 야기Dioneo's Tale." 15세기 세밀화. 피사 지방 재판관의 아내 바르톨로메아Bartolomea가 남편의 홀대를 견디지 못하고 순례 여정에 올랐다가 해적 파가니노 다 나레Paganino da Nare에게 유혹당하는 모습(그림 왼쪽). 바르톨로메아는 숙고 끝에 그 해 적과 함께 살기로 한다(그림 오른쪽). Photo: Bibliothèque de F Arsenal, Paris, Arsenal 5070 fol. 91V.

33. 새들을 축성하는 성 프란체스코 조토 디본도네Giotto di
Bondone의 프레스코화(1295~1300). 동물애호가들의 수호성인 성
프란체스코는 급진적 사회개혁파로서 중세를 주름 잡은 주류 사상
다수에 반기를 들고 빈곤 퇴치와 비폭력을 위해 헌신적으로 노력
했다. 성프란체스코대성당, 아시시. Photo: AKG, London.

34. 유대인과 인사하는 카지미에시 왕 〈카지미에시 대왕과 유대
인Kazimierz Wielki i żydzi〉(1890년경), 보이치에흐 거슨Wojciech
Gerson(1831~1901). 낭만주의 시기 후반의 그림으로 흑사병 당시
유럽 최대 규모의 유대인 공동체가 세력을 확장한 일을 기려 그려
졌다. 그때 많은 수의 유대인은 독일의 박해를 피해 폴란드로 피신
해 들어가야 했다. 국립미술관, 바르샤바.
Photo: H. Romanowski, Museum Narodowe, Warsaw.

35. 피카로 〈부랑자The Vagrant〉, 히에로니무스 보스Hieronymus Bosch(1450~1516). 시골의 빈곤, 부랑생활, 떠돌이 농노들은 중세 후기에서 근대 초기 사이에 유럽을 끝까지 괴롭히던 사회적 병폐의 하나였다. [피카로] Photo: Museum Boymans van Beuningen, Rotterdam.

36. 마르코 폴로 베네치아인 마르코폴로Marco Poro가 1270년경 베네치아의 카날그란데에서 중국을 향해 출항하는 모습. 1400년경의 세밀화. 미지의 세계를 발견하기 위한 유럽의 항해는 콜럼버스 시대 훨씬 이전부터 시작됐다. Photo: Bodleian Library, Oxford. MS Bod. 264 f. 218.

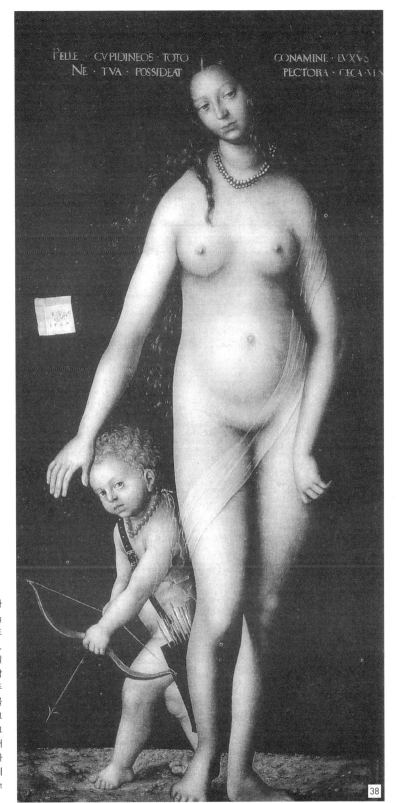

PELLE · CVPIDINEOS · TOTO   CONAMINE · LVXVS
NE · TVA · POSSIDEAT   PECTORA · CECA · VES

38. 비너스 〈큐피드를 제지하
는 비너스Venus restraining
Cupid〉(1509), 루카스 크라나흐
Lucas Cranach(1472~1553).
일찍이 미술계에서는 도나텔
로Donatello(1386~1466)의 청동작
품 〈다비드David〉(1434년경)를 필두
로 중세의 누드 금기 관행에 반기를
든 지 오래였는바, 크라나흐가 그
린 이 여성 전면 전신 누드화는 그
사조의 정점을 장식하며 인체에 대
한 관심을 새로이 일깨웠다고 평가
받는다. 에르미타시미술관, 상트페
테르부르크. Photo: Bridgeman Art
Library.

39. 원근법 〈그리스도의 책형The Flagellation〉 혹은 〈성 히에로니무스의 꿈The Dream of St Jerome〉(1460년경), 피에로 델라 프란체스카 Piero della Francesca(1415년경~1492). 지극히 묘한 분위기의 이 작품에서 화가는 기법상 혁신과 시각적 상징이라는 양면 모두에 실험을 행하고 있다. 국립미술관, 우르비노. [플라겔라티오] Photo: Bridgeman Art Library.

40. 알레고리 〈티부르(테베레강)의 아우구스투스 황제와 무녀L'Empérur Auguste et la Sibylle de Tibur〉(1575년경), 앙투안 카롱Antoine Caron(1521~1599). 카롱은 고대 세계의 이교 신앙을 기독교 신앙과 화해시키려 노력한 화가였다. 로마인 무녀가 아우구스투스 황제에게 예언으로 무원죄 잉태설과 그리스도 탄생을 전하는 이 장면도 그러한 노력의 일환에서 나온 것이었다. 루브르박물관. Photo: Photo Giraudon.

41. 산토도밍고에 상륙하는 콜럼버스, 1493 〈크리스토퍼 콜럼버스의 첫 상륙The First Landing of Christopher Columbus〉(1800~1805), 프레더릭 켐멜마이어Frederick Kemmelmeyer(1755년경~1821년경). 지금은 '발견discovery'보다 '조우encounter'라는 맥락에서 설명되는 콜럼버스의 아메리카대륙 도착 당시 순간을 재현했다. Photo: National Gallery of Art, Washington.

42. 보름스에 입성하는 루터, 1521 〈보름스 제국회의에 참석한 마르틴 루터의 연설Die Rede Martin Luthers von dem Reichstag in Worms〉, R. 지가르트R. Siegard. 가톨릭을 신봉하던 유럽이 사분오열하며 종교개혁이 시작된 날의 광경을 재구성한 그림이다. Photo: Stadtarchiv, Worms.

43. **제국의 꿈** 〈예수의 이름을 경배하며The Adoration of the Name of Jesus〉 (1578년경), 엘그레코El Greco(1541~1614). 〈펠리페 2세의 꿈The Dream of Philip II〉으로도 알려진 스페인 에스코리알 소재의 대형 회화작품을 축소해 자필 서명을 넣은 그림이다. 1571년 신성동맹 군대는 레판토해전에서 튀르크족을 격파해 지옥에 떨어질 뻔한 유럽을 가까스로 위기에서 구해냈는데 스페인 왕, 교황, 베네치아 도제가 나란히 무릎을 꿇고 앉은 모습에서 당시 신성동맹이 짊어진 초가톨릭적 사명을 엿볼 수 있다. Photo: National Gallery, London.

44. **옛 영광을 돌아보다** 〈프스코프의 바토리Bathory at Pskov〉(1872), 얀 마테이코Jan Matejko(1838~1893). 과거를 그리워하는 듯한 낭만주의풍의 회화로, 폴란드 왕이 러시아 보야르boyar(특권귀족층)의 항복을 받아들인 1582년 당시의 일을 회상하고 있다. Photo: Royal Castle, Warsaw.

45. 이사회 〈노인 빈민구호소의
여성 이사회Regentessen Oude
Mannenhuis〉(1664), 프란스 할
스Frans Hals(1666년 몰). 한 단체
구성원들의 자부심이 고스란히 담
긴 초상으로, 네덜란드의 자선단체
를 운영한 귀부인 이사들을 그린 것
이다. 이 작품과 짝을 이루는 〈남
성 이사회The Regents〉라는 초상화
도 제작날짜가 동일하게 표기돼 있
다. Photo: © Frans Halsmuseum,
Haarlem

46. 모스크바의 휴일 〈17세기 휴일의
모스크바 거리Московская улица XVII
века в праздничный день〉(1895), 안
드레이 페트로비치 랴부슈킨Андрéй
Петрóвич Рябушкин(1861~1904). 모
스크바의 옛 정경을 담은 생동감 넘
치는 그림에는 당시 모스크바 사회
의 단면이 잘 드러나 있다. 검은 턱
수염을 기른 채 거들먹거리는 보야
르부터 장님 거지에 이르기까지 다
양한 계층의 사람들이 질척이는 진
흙길을 헤치고 교회에서 집으로 돌
아가는 모습을 담았다. Photo: SCR
Photo Library.

47. 가부장 태양왕 〈루이 14세와 온 가족
Louis XIV en famille〉(1680년경), 장 노크
레Jean Nocret(1615~1672). 루이 14세(재
위 1643~1715)는 왕궁에서 열리는 가면
극과 경축행사라면 만사를 제치고 빠짐없
이 참석했으며, 가족 모두에게 고전 복장
을 입힌 것이 특징이다. 베르사유박물관.
Photo: ⓒ RMN.

48. 바지 벗은 철학자 〈볼테르의 기상Le
Lever de Voltaire〉(1770년경), 장 위베르
Jean Huber(1721~1786). 볼테르가 잠옷
을 갈아입으며 비서에게 자신의 구술을
받아 적게 하고 있다. 볼테르가 페르네에
체류할 당시 그의 사생활을 그린 연작 중
한 편으로, 볼테르의 스위스인 친구이자
저명한 학자가 붓을 잡고 그린 작품이다.
카르나발레박물관. Photo: Giraudon.

49. 대륙의 주인 〈아일라우의 나폴레옹Napoléon à Eylau〉(1808), 앙투안 장 그로Antoine Jean Gros(1771~1835). 나폴레옹의 전투 장면을 덜 미화한 작품의 하나로, 1807년 2월 8일 동프로이센에서 벌어진 아일라우Eylau(폴란드어명 이와바Iława)에서 벌어진 전투를 그렸디. 루브르박물관. Photo: ⓒ RMN.

50. 바다의 제왕 〈스페인제국 기함의 폭발(1607년 4월 25일)Het ontploffen van het Spaanse admiraalschip〉(1621년경), 코르넬리스 클라스 반 위링겐Cornelis Claesz van Wieringen(1633년 몰). 한때 막강한 힘을 자랑한 네덜란드 해군의 패권도(네덜란드인들이 스페인에 항거하는 반란을 일으킬 수 있었던 것도 네덜란드 해군의 막강한 패권 덕분이었다) 17세기 후반 잉글랜드 왕립해군의 세가 급작스레 커지자 심대한 도전을 맞을 수밖에 없었다. Photo: ⓒ Rijksmuseum, Amsterdam.

51. **분홍 드레스를 입은 인판타** 〈유년의 마르카리타Infanta Margarita〉(1664), 디에고 벨라스케스Diego Velazquez(1599~1660) 또는 후안 바우티스타 마르티네스 델 마조Juan Bautista Martínez del Mazo(1612년경~1667). 이 그림은 크기만 작아진 성인을 그리듯 아이의 초상을 그린 것이 특징으로, 비엔나와 키이우에도 동일한 초상이되 다른 방식으로 그려진 그림들이 소장돼 있다. 프라도미술관, 마드리드.
Photo: Bridgeman, Art Library.

52. **책 읽어주는 사람과 듣는 사람** 〈책 읽어주는 사람Le Lecteur〉(1740), 위베르프랑수아 그라벨로Hubert-Francois Gravelot(1699~1773). 마블 힐하우스. Photo: English Heritage.

54. **봄** 〈라 프리마베라La Primavera〉(1573(1563)), 주세페 아르침볼도Giuseppe Arcimboldo(1593년 몰). 작센 선제후에게 선물하기 위해 황제 막시밀리안 2세가 의뢰한 4계절 작품의 하나. 후일 아르침볼도는 '갖가지 사물을 조합한 두상' 작품들을 제작할 때 황제 루돌프 2세를 모델로 삼았다. 루브르박물관. Photo: ⓒ RMN.

53. **어머니** 〈화가의 어머니The Artist's Mother〉(1639), 하르먼스 판 레인 렘브란트Harmensz van Rijn Rembrandt(1606~1669). 어머니의 생애 말년에 아들이 그린 초상이다.
Photo: Kunsthistorisches Museum, Vienna.

55. **왕정주의자** 〈앙리 드 라 로슈자클랭Henri de La Rochejacquelein〉(1817), 피에르나르시스 게랭Pierre-Narcisse Guérin(1774~1833). 프랑스 왕정복고 이후 그려진 방데반란 지도자의 영웅적 초상이다. Photo: Musée de Cholet.

56. **공화주의자** 〈공화국La République〉(1798), A. 캉브롱A. Cambron. 나폴레옹의 쿠데타 1년 전의 공화국 프랑스를 의인화한 작품으로, 이후 프랑스인들은 이와 유사한 이미지 앞에 서면 남녀노소 누구나 '마리안Marianne'(프랑스혁명의 정신인 '자유' '평등' '박애'를 상징하는 여성으로, 프랑스 공화정의 상징)의 이름을 떠올리곤 했다. Photo: Musée de Montaubon.

57. **아이들의 친구** 소련에서 숙청작업이 절정에 달한 1938년 당시 공산당대회에서 어린 숭배자를 품에 안은 이오시프 비사리오노비치 스탈린. 이 그림은 다량으로 복제돼 소비에트 프로파간다 기관들의 주도로 광범위하게 활용됐다. 정치프로파간다 부서에서는 심지어 모스크바 공공광장에 스탈린의 동상을 세우도록 부추기기까지 했다. 스탈린의 품에 안긴 소녀의 이름은 겔랴 세르게예브나Gelya Sergeyevna. 아이는 시간이 한참 흘러서야 자신의 아버지가 스탈린의 발포 명령으로 총탄에 맞았고, 어머니는 남편의 불운한 죽음을 파헤치다 정부군에 붙잡혀 굴라크로 끌려갔다는 사실을 알게 된다. Photo: David King.

58. **빛나는 갑옷을 입은 기사** 〈기사 아돌프 히틀러Adolf Hitler als Ritter〉(1939년경), 후베르트 란칭거Hubert Lanzinger(1880~1950). 동쪽 땅에 레벤스라움Lebensraum(생활권)을 구축하려 했던 나치의 필사적 노력은, 중세의 드랑 나흐 오스턴Drang nach Osten(동부에 대한 갈망) 운동이나 독일 기사단의 동방 정벌과 맥을 같이하는 것으로 여겨질 때가 많았다. Photo: AKG, London.

59. **영원한 방랑자** 〈구름 위에 선 방랑
자Wanderer above the clouds〉(1818),
카스파르 다비트 프리드리히Caspar
David Friedrich(1774~1840). 낭만주의
정신을 표현한 최고의 걸작이다. Photo:
ⓒ Elke Walford, Hamburger Kunsthalle.

60. **발전기** 〈비, 증기, 그리고 속도Rain,
Steam and Speed〉(1844), 조지프 말러
드 윌리엄 터너Joseph Mallord William
Turner(1775~1851). 인상주의를 이끈
선구적 작품으로 '자연'과 '기계동력'의
힘 모두에 뿌리칠 수 없는 경외를 느끼
던 19세기의 분위기를 표현한 최고 걸
작이다. Photo: National Gallery, London.

61. 항복은 없다, 1831 〈볼라 누벽 위의 소빈스키Sowiński on the Ramparts of Wola〉(1922), 보이치에흐 코사크Wojciech Kossak(1856~1942). 바르샤바로 러시아 군대가 들이닥쳐 맹공을 당하게 됐을 당시. 나폴레옹 진영의 백전노장 유제프 소빈스키Józef Sowiński(1777~1831)는 전장에서 죽는 한이 있어도 폭군들에게 머리를 조아릴 수는 없다며 휘하 병사들에게 명해 자신의 나무 의족을 땅바닥에 단단히 고정시키게 해 그 자리에서 그대로 죽음을 맞았다. Photo: Museum Wojska Polskiego, Warsaw.

62. 자유로운 헬라스 〈아테네 올림페이온에서의 민속축제, 1838년Popular festivities at the Olympeion in Athens, 1838〉, 게오르크 크리스티안 펄베르크Georg Christian Perlberg(1806~1884). 신생 독립국 그리스를 배경으로 한 작품으로, 그리스가 고전주의로부터 물려받은 유산과 함께 400년에 이르는 오스만 통치기의 유산까지 더불어 강조하고 있다. Photo: National Historical Museum, Athens.

63. 음악이 있는 저녁 〈피아노를 치는 리스트Liszt am Flugel〉(1840), 요제프 단 하우저Josef Danhause(1805~1845). 왼쪽부터 알프레드 드 뮈세(혹은 알렉상드르 뒤마), 빅토르 위고, 조르주 상드, 니콜로 파가니니, 조아치노 안토니오 로시니, 마리 다구. 국립미술관, 베를린. Photo: Bildarchiv Preussischer Kulturbesitz.

64. 유럽의 화합 〈베를린회의The Congress of Berlin〉(1881), 안톤 폰 베르너Anton von Werner(1843~1915). 왼쪽부터 얼러요시 카로이 백작(오스트리아), 알렉산드르 미하일로비치 고르차코프 공(러시아), 벤저민 디즈레일리(영국), 줄러 언드라시 백작(헝가리), 오토 폰 비스마르크 총리(독일), 표트르 안드레예비치 슈발로프 백작(러시아), 메흐메트 알리(오스만 제국). 국립박물관, 베를린. Photo: AKG, London/Berlin.

65. **농촌의 곤궁** 〈이삭 줍는 사람들Les Glaneuses〉(1857), 장 프랑수아 밀레 Jean François Millet(1814~1875). 프랑스 현실주의 거장이 본 노르망디의 여름철 농촌 풍경이다.
Photo: Bridgeman Art Library.

66. **산업화의 묵은 때** 〈거주하기, 오르드설선線, 샐퍼드Dwelling, Ordsall Lane, Salford〉, 로런스 스티븐 라우리 Laurence Stephen Lowry(1887~1976). 잉글랜드 랭커셔 출신의 이 화가는 20세기 중반에 활동했음에도, 초창기의 산업화 풍경 속에서 시간을 역행해 마치 태곳적 그림을 보는 듯한 정취(이 무렵엔 완전히 사라져버리고 없는 옛 정취)를 불러일으키고 있다.
Photo: Bridgeman Art Library.

67. 인상주의 〈부지발의 센강The Seine at Bougival〉(1869), 클로드 모네Claude Monet(1840~1926). 젊은 시절의 모네가 파리 외곽 지역을 실험적으로 탐구한 작품으로, 화가가 인상주의를 향해 조심스레 첫발을 내딛는 계기가 됐다. [인상]

Photo: The Currier Gallery of Art, Manchester, New Hamphsire.

68. 원시주의 〈전쟁War〉(1894), 앙리 루소Henri Rousseau(1844~1910). '세관원Le Douanier'(르두아니에. 본격적으로 작품 활동을 하기 전에 세관에서 일한 이력 때문에 루소에게 붙은 별칭이다) 루소의 생동감 넘치고 꿈꾸는 듯한 작품 가운데 하나로, 프로이트가 잠재의식을 발견하고 유럽이 한창 위대한 평화기를 구가하던 시대에 나이브naive한 화가가 본능적으로 그려낸 그림이다("나이브"는 정규 미술교육을 받지 않아 세련된 기교는 없으나, 기교 이전의 순수한 즐거움과 충동적 본능으로, 그림 안에서 자연발생적 소박함과 치졸함, 특이한 시각 등의 특징을 보이는 것을 미술계에서 따로 일컫는 용어다). 오르세미술관, 파리.

Photo: Bridgeman Art Library.

69. 초현실주의 〈영원의 도시The Eternal City〉(1937), 피터 블룸Peter Blume(1906~1992). 혼란스럽게 뒤틀린 로마의 모습을 담은 이 작품이 그려진 것은 베니토 무솔리니가 한창 새로운 로마제국 건설에 열을 올리던 시기이자, T. S. 엘리엇T. S. Eliot이 〈황무지Waste Land〉라는 작품 속에서 이미 파국을 맞은 듯한 유럽문명의 참상을 적나라하게 드러낸 시기였다. [황무지] 참조. 현대미술관Museum of Modern Art, 구겐하임 펀드Guggenheim Fund, 뉴욕.
© Estate of Peter Blume/DACS, London/ VAGA, New York 1997.

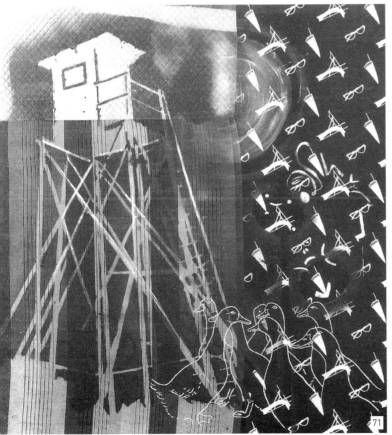

70. 기만당한 유럽 〈그들은 《프라브다》에서 우리에 대해 쓰고 있다They are Writing About Us in Pravda〉(1951), A. 바실레프A. Vasilev. 스탈린주의 한 프로파간다 선전원이 '사회주의 리얼리즘Socialist Realism'을 바탕으로 상상한 몰다비아 집단농장의 목가적 풍경이다. 그러나 이는 상상일 뿐 실제 역사에서 모라비아 주민들은 1940년 소련의 침공 이후 고향땅에서 쫓겨나 탄압을 당해야 했고, 농민들은 무력에 떠밀려 집단농장에 보내졌다. 개인 소장. [몰도바]
Photo: Museum of Modern Art, Oxford.

71. 분열된 유럽 〈거위가 지키는 감시탑Watch Tower with Geese〉(1987~1988), 시그마 폴케Sigmar Polke(1941~2010). 1953년의 냉전 붕괴 당시 독일인이었던 작가 자신이 베를린장벽을 넘어 동독을 탈출한 경험이 있었는데, 이 그림은 그 2년 전 철의장막을 표현한 작품이다. 왼쪽은 동독으로 강제수용소를 표현한 것이며, 오른쪽은 서독으로 종잡기 힘든 소비자의 키치문화를 표현한 것이다. Photo: ⓒ 1994 The Art Institute of Chicago. All Rights Reserved.

72. 수난당하는 유럽 〈하얀 십자가상White Crucifixion〉(1938), 마르크 샤갈Marc Chagall(1887~1985). 유럽을 상징하는 그리스도의 형상이 작품 한가운데를 차지하고 있고, 다양한 형상의 유대인이 그 주변을 에워싸고 있다. 러시아 태생의 유대인 작가가 제2차 세계대전이 발발하기 직전 서유럽으로 망명해 그린 작품이다. © 1993 The Art Institute of Chicago. All Rights Reserved; © 1994 DACS, London.

|본문 미주|

/ 에우로페의 전설 /

1. 제1장 주 15 참조.
2. Ovid, *Metamorphoses*, ii, 862ff. 영어판 A. D. Melville (Oxford, 1986), 50.
3. [여기서 "대갚음"으로 표현된 "tit for tit"의] 좀 더 정확한 표현은 "tit for tat"이다. Herodotus, *The Histories*, 1, 2.
4. Ovid, *op cit*. ii, line 875.
5. 아마도 "서쪽"을 의미하는 아시리아 에레브Ereb에서 유래했을 것이다.

/ 서론 /

1. Henryk Batowski, *Kryzys dyplomatyczny w Europie, 1938-39* (Warsaw, 1962); *Ostani tydzień pokoju i pierwsze tygodnie wojny*, 2nd edn. (Poznań, 1969); *Europa zmierza ku przepaści* (Poznań, 1989); 또한 다음을 참조. Henryk Batowski, *Neidoszła "Biała Księga" z roku 1940: rozprawa zródłoznawcza* (Cracow, 1993); '17 September 1939: Before and After' *East European Quarterly, 27/7* (1993), 523-34.
2. *L'Évolution de l'humanité*, ed. Henri Berr (Bibliothèque de Synthèse Historieque) (Paris). Joseph Vendryes, *Le Langage: introduction linguistique à l'histoire* (Paris, 1921), Hélène Vérin, *La Gloire des ingénieurs* (Paris, 1993).
3. Juliusz Słowacki, *Journey to the East* (1836), trans. by Norman Davies, 이 글이 *Heart of Europe* (Oxford, 1984), xi쪽의 글보다 다소 낫다.
4. *The Cambridge Mediaeval History*, ed. J. B. Bury, H. M. Gwatlin *et al.* (8 vols, Cambridge, 1936-9).
5. *Handbuch der europaischen Geschichte*, ed. T. Schieder (7 vols, Stuttgart, 1968-79).
6. *Periods of European History*, ed. Arthur Hassall (9 vols, London, 1897-1936)
7. 예를 들어, *The Fontana History of Europe* (400-1945), General Editor J. H. Plumb (15 vols, London, 1963-); *The Library of European Civilisation*, General Editor Geoffrey Barraclough (London, 1965-); *A General History of Europe, the Decline of the Ancient World to 1945*, General Editor Denys Hay (11 vols, London, 1968-).
8. John Bowle, *A History of Europe: A Cultural and Political Survey* (London, 1979), 589.
9. Anthony Seldon, *Contemporary History: Practice and Political Survey* (London, 1979), 589.
10. Walter Raleigh, *The Historie of the World*, in his *Works* (London, 1829). 이 책에서 롤리는 역사서술의 범위를 고대 그리스와 로마에만 조심스럽게 한정했다.
11. H. A. L. Fisher, *A history of Europe* (London, 1936).
12. Eugen Weber, *A Modern History of Europe: Men, Cultures, and Societies from the Renaissance to the Present* (New York, 1971).
13. Kenneth Clark, *Civilisation: A Personal View* (London, 1969).
14. Jacob Bronowski, *The Ascent of Man* (London, 1973)
15. Michael Andrews, *The Birth of Europe: Colliding Continents and the Destiny of Nations* (London, 1991)
16. Fernand Paul Braudel, *La Mediterranée et le monde mediterranéen à l'époque de Philippe* II (Paris, 1949), trans. as *The Mediterranean and the Mediterranean World* (London, 1973); 또한 다음을 참조. William McNeil, *The Rise of the West: A History of the Human Community* (Chicago, 1963); 그리고 Immanuel Wallerstein, *The Modern World System* (New York, 1974).

17. A. Low-Beer, 'Empathy in History', *Teaching History, 55* (Apr. 1989), 8 ff.; J. Cairns, ibid. 13 ff.; 또한 K. Jenkins and P. Brickley, 'Reflections on the Empathy Debate', ibid. 18 ff.

18. 다음을 참조. David Lehman, *Signs of the Times: Deconstruction and the Fall of Paul de Man* (New York, 1991). 다음의 리뷰도 참조. Louis Menand, 'The Politics of Deconstruction', *New York Review of Books* 21 Nov. 1991.

19. 출처 불분명. 내 짓궂은 스승에 대해서는 다음을 참조. Adam Sisman, *A. J. P. Taylor* (London, 1994).

20. Claude Delmas, *Histoire de la civilisation européenne* (Paris, 1969), 127. "il n'y a pas une Vérité, mais autant de vérités que de consciences."

21. Norman Davies, *God's Playground: A History of Poland* (Oxford, 1981)의 서문, vol i, vii.

22. Lord Acton, 다음에 의해 인용돼 있음, Geoffrey Parker, *The Thirty Years' War* (New York, 1984), xv.

23. "바른대로 말하면, 유일한 시는 역사뿐이지 않겠어. 그건 내가 굳게 믿는 신조의 하나이기도 해." 토머스 칼라일이 랠프 월도 에머슨에게 쓴 편지, 1834년 8월 12일. *The Correspondence of Emerson and Carlyle*, ed. J. Slater (New York, 1964), 105.

24. Gertrude Himmelfarb, *Telling It as You Like It: Postmodernist History and the Flight from Fact*, TLS, 16 Oct. 1992, 12-15.

25. Ibid. 15.

26. Voltaire, *Le Siècle de Louis XIV*, 다음에 의해 인용돼 있음, Denys Hay, *Europe: The Emergence of an Idea* (Edinburgh, 1957), 123.

27. Edmund Burke, *Letters on a Regicide Peace* (1796), 다음에 의해 인용돼 있음, Hay, *Europe*, 123.

28. William Blake, 'The Ancient of Days' (Urizen Creating the Finite Universe), 다음의 권두삽화, *Europe a Prophecy* (1794), British Museum; 다음에 다시 실림. *William Blake*, ed. Vivian de Sola Pinto (London, 1965). pl. 4.

29. John of Trevisa, Bartholomew the Englishman의 라틴어 백과사전을 번역; 다음에 의해 인용돼 있음. R. Barber, *The Penguin Guide to Mediaeval Europe* (London, 1984), 30.

30. George F. Kennan, *Siberia and the Exile System* (New York, 1891), i. 420-2; 다음에 의해 인용돼 있음. Benson Bobrick, *East of the Sun: The Epic Conquest and Tragic History of Siberia* (New York, 1992), 267-8.

31. 다음을 참조. Hay, *Europe*, 125, Egbert Jahn, 'Wo befindet sich Osteuropa?' *Osteuropa, 5* (May 1990), 418-40.

32. 다음을 참조. W. H. Parker, 'Is Russia in Europe? The Geographical Viewpoint', in *An Historical Geography of Russia* (London, 1968), 27-9.

33. T. S. Eliot, *Die Einheit der Europaeischen Kultur* (Berlin, 1946); 또한 다음에도 수록. *Notes towards the Definition of Culture*의 부록 'The Unity of European Culture' (London, 1948), 특히 122-4.

34. Henri Janne, *Europe's Cultural Identity* (Strasburg, 1981).

35. 다음에 의해 인용돼 있음. Margaret Shennan, *Teaching about Europe* (London, 1991), 241.

36. Jean Monnet, 다음에 의해 인용돼 있음, Anthony Sampson, *The New Europeans* (London, 1968), 6; 또한 다음을 참조. Mia Rodriguez-Salgado, 'In Search of Europe', *History Today*, 42 (Feb. 1992), 11-16.

37. 다음을 참조. J. Tazbir, *Myśl polska w nowożytnej kulturze europejskiej* (Warsaw, 1986), 101-5.

38. L, -P. Ségur, *Tableau historique et politique de l'Europe de 1786 à 1806*, 다음에 의해 인용돼 있음, J. Fabre, *Stanislas-Auguste Poniatowski et l'Europe des lumières* (Paris, 1952), 8.

39. 도스토옙스키, 1880년 6월 8일. 전체 논의의 내용에 대해서는 다음을 참조. Milan Hauner, *What Is Asia to Us? Russia's Asian Heartland Yesterday and Today* (New York, 1990), 특히 pt. i, 'Russian Ideology and Asia: Historians and Geographers'.

40. Alexander Blok, 'The Scythians'. Cecil Kisch, *Alexander Block: Prophet of Revolution* (London, 1960), 152-3.

41. René Albrecht-Carrié, 'Two Special Cases: England and Russia', *The Unity of Europe: An Historical Survey* (London, 1966), 24-7.

42. Timothy Garton Ash, *The Uses of Adversity: Essays on the Fate of Central Europe* (New York, 1989; 2nd rev. edn. London, 1991); 또한 G. Schopflin and Nancy Wood (eds), *The Search for Central Europe* (Oxford, 1989); J. Le Rider, *La Mitteleuropa* (Paris, 1994).

43. *Heart of Europe*은 점령당한 벨기에의 운명을 안타까워하는 내용의 책 제목이다(London, 1915). 이 제목은 폴란드의 짧은 역사를 다룬 Norman Davies(Oxford, 1984)에도 쓰인 바 있으며, Bohomir Mraz가 쓴 프라하 여행 가이드북(London, 1988), 스코틀랜드국립미술관 헝가리미술전시회(Edinburgh, 1992), 독일 문학 및 이념을 다룬 J. P. Stern의 에세이 모음집(London, 1992)의 제목이기도 하다.

44. Hugh Seton-Watson, 'What Is Europe, Where Is Europe? From Mystique to Politique', 11th Martin Wight Lecture. 이 강좌는 1985년 4월 23일 왕립국제문제연구소The Royal Institute of International Affairs 행사 때 진행됐다. *Encounter*, 65/2 (July-Aug. 1985), 9-17.

45. Ibid. 14.

46. Ibid. 16.

47. Ibid. 17.

48. Dimitri Obolensky, 'Huge Seton-Watson, FBA', *Proceedings of the British Academy*, 78 (1987), 631-41.

49. Douglas Johnson, 'What is European History?', *UCL History Newsletter*, 8 (University College London) (Dec, 1991), 9-10.

50. F. Guizot, *The History of Civilisation in Europe* (London, n.d), 32.

51. George Burton Adams, *European History: An Outline of Its Development* (London and New York, 1899), 6.

52. Terne L. Plunkett and R. B. Mowat, *A History of Europe* (Oxford, 1927), preface, vii.

53. Rudyard Kipling, 'The Ballad of East and West', *The Definitive Edition of Kipling's Verse* (London, 1949) 234-8.

54. Kipling, 'Reccessional: June 22, 1897' *The Oxford Book of English Verse*(London, 1939), 1069.

55. Marin Bernal, *Black Athena: The Afroasiatic Roots of Classical Civilization* (2 vols, London, 1987-91). 【블랙 아테나】

56. Molefi Kete Asante, *Afrocentricity* (Trenton, NJ, 1988), 6, 11. 아프리카중심주의자 입장에서는 윌리엄 에드워드 버가트 듀보이스William Edward Burghardt Du Bois처럼 통합과 동화에 힘쓴 미국계 흑인 지도자들이 유난히 못마땅할 수 있다.

"베를린대학과 하버드대학 곧 미국에서 서방의 이미지를 철통같이 지켜온 곳에서 공부한 탓에, 듀보이스에게는 유럽의 학문적 전통이 짙게 배어들어 있다. […] 그는 유럽중심주의의 견지에 서서 서유럽의 철학적 조류를 그대로 따라가는 모습을 보였고, 따라서 그의 주장에는 다윈·마르크스·프로이트 같은 이들의 사상이 고스란히 반영돼 있었다. 삶을 다소 유물론적 시각에서 바라보는 이들의 사상에서는 갈등이 진보를 이루기 위한 숨은 동력으로 간주됐다." (ibid. 16-17)

57. 다음을 참조. George James, *Stolen Legacy* (San Francisco, 1976). 이 책에는 유럽의 철학 및 창의적 사상의 발상지가 원래 아프리카라는 주장이 담겨 있다.

58. S. Amin, *Eurocentrism* (London, 1989); V. Lambropoulos, *The Rise of Eurocentrism: anatomy of interpretation* (London, 1993).

59. Jacques Ellul, *Trahison de l'occident* (Paris, 1975), 217.

60. Edward Said, *Orientalism* (London, 1978).

61. W. H. McNeil은 *History of Western Civilization: A Handbook* (아래의 주 64 참조)에서, '서구 문명Western Civilization' 대신 '서유럽 문명Civilization of Western Europe' '유럽 문명European Civilization' '우리 문명our civilization' '유럽 역사European History' 같은 말도 곧잘 사용한다. McNeil은 서구 문명이 크게 둘로 나뉜다고 본다. 이른바 '고전기 문명Classical Civilization'과, 기원후 900년경 이후 나타난 '유럽 문명European Civilization'의 둘로 나뉜다는 것인데, 후자는 '서구 기독교왕국Western Christendom'과도 일맥상통하는 말이다(v-vii, 243-8).

62. Maurice Keen, *The Pelican History of Mediaeval Europe* (London, 1969), 9.

63. Ibid. 12.

64. William H. McNeill, *History of Western Civilization: A Handbook*, 6th edn. (Chicago, 1986), 672. 1st edn, 1949—*University of Chicago Readings in Western Civilization*(총 9권) 시리즈의 하나다.

65. J. Mortimer Adler, 'Great Books, Past and Present', *Reforming Education: The Opening of the American Mind*, ed. G. van Doren (New York, 1988), 318-50; 또한 다음을 참조. Harold Bloom, *The Western*

Canon: *The Books and School of the Ages* (New York, 1994).

66. J. Plamenatz, 'Two Types of Nationalism', E. Kamenka (ed.), *Nationalism: The Nature and Evolution of an Idea* (New York, 1976), 23-36.

67. Ibid. 29-30.

68. Eric Hobsbawm, 'The Return of Mitteleuropa', *Guardian*, 11 Oct. 1991. [빈의 세계]

69. Halford Mackinder, *Democratic Ideas and Reality* (London, 1919), 그리고 특히 'The Round World and the Winning of the Peace', *Foreign Affairs*, 21 (1943), 595-605. 다음을 참조. 제10장 주 73.

70. 플라메나츠(위의 주 66 참조)만 이런 주장을 펼친 것은 아니었다. 제10장 주 23 참조.

71. 다음을 참조. 'The Stanford Mind', *Wall Street Journal*, 22 Dec. 1989. 그리고 'Stanford's Image', *San Jose Mercury News*, 17 Mar. 1991. 또한 다음을 참조. 'Travels with Rigoberta: Multiculturalism at Stanford,' Dinesh D'Souza, *Illiberal Education: The Plolitics of Race and Sex on Campus* (New York, 1991)의 59-93.

72. 다음을 참조. Allan Bloom, *The Closing of the American Mind* (New York, 1987).

73. Stanford University, General European Program, 1987-8: 'Europe I' (Prof. J. Brown), 'Europe II' (Prof. J. Diefendorf), 'Europe III' (Prof. J. J. Sheehan).

74. 다음에 의해 인용돼 있음. George Gordon, 'The Land Where You Can't Tell Wrong from Rights', *Daily Mail*, 21, June, 1991.

75. Allan Bloom, *The Closing of the American Mind*, op. cit.

76. D'Souza, *Illeberal Education*, op. cit.

77. Adler, *Reforming Education*, op. cit.

78. *West-Ostlicher Divan*(1815)에 들어 있는 시, 'Talismane'. *Goethe: Selected Verse*, ed. David Luke (London, 1964), 233

79. A. J. P. Taylor, *English History, 1914-45* (Oxford, 1965).

80. 휴 게이츠켈이 1962년 하원에서 한 말을 키스 로빈스Keith Robbins가 인용. 아래 주 98 참조. 1992년 테빗Tebbitt경이 '영국 의회 1000년의 역사'를 논하면서, 게이츠켈의 실수를 바로잡음. 그 내용을 데이비드 캐너딘David Cannadine 교수가

1994년 6월 30일 런던대학에서 열린 Anglo-American Historical Conference에서 인용.

81. University of London: School of History and Institute of Historical Research, *Syllabus and Courses, 1992-3* (The White Pamphlet) (London, 1992).

82. Jonathan Israel, 'History in the Making', *Independent*, 28 Dec. 1992. 또한 다음을 참조. Conrad Russell, 'John Bull's Other Nations', *TLS*, 12 Mar. 1993.

83. David Cannadine, 'British; Past, Present, and Future', *Past and Present*, 116 (Aug. 1987), 180. 이와 관련한 반대 의견들은 119권에 실려 있음(May 1989).

84. 다음을 참조. BBC *Newsnight*, Sept. 1991, 'J. R. Tolkien's Heritage' 관련 보도. 또한 H. Carpenter, *J. R. R. Tolkien: A Biography* (London, 1992).

85. 1992년도 상황. 1993~1994년 무렵까지만 해도, 옥스퍼드대학 영어영문학과 우등 과정Honours School of English Language and Literature에는 두 가지 상이한 강좌 코스가 개설돼 있었는데 그중 하나가 〈영어 및 초기 영문학 특강Special Course in English Language and Early English Literature〉이었다. 당시엔 영어 학부 우등코스와 예비시험을 준비하는 학생은 모두 〈고대 영문학Old English Literature〉과 〈고대 영어 번역Old English Translation〉 수업에 리포트를 제출해야만 했다. *University of Oxford Examination Decrees and Regulations*, Oxford 1993, 31-3, 71-2, 177-87. 또 "근대사 학부 시험에는 다음의 세 가지 내용 즉 1) 잉글랜드 역사 [···] 2) 일정 기간의 일반사 [···] 3) 특수한 역사학 주제[···]가 반드시 포함돼야만 한다"는 규칙도 마련돼 있었다. 다만 비영어권 필독 문헌에 대한 지식을 보유해야 한다는 요건은 이 무렵 수업요람에서 이미 빠져 있는 상태였다(ibid, 49, 257 ff.).

86. Jean-François Baque. 'Car chaque enfant meurt à son rang: le patriotisme en chantant', *Historama*, 89 (July, 1991), 64-6.

87. V. Ogilvie, 'Teaching Without Nationalistic Bias', *The Times*, 7, June, 1947; G. M. Trevelyan, 'Bias in History', *History*, 32/115 (1947), 1-15; Paul Kennedy, 'The Decline of Nationalistic History in the West, 1900-70', *Journal of Contemporary History* (1973), 77-99.

88. Tadeusz Korzon, *Historya Nowożytna, Tom I do 1648 roku* (Cracow, 1889), 1-2.

89. 코르존의 이 책을 계기로 해서 현대사를 네 시기(i 르네상스 시대, ii 종교개혁 시대 1517~1648, iii 권력분립 시대 1648~1789, iv 혁명 시대 1789~1815)로 나누어 다루는 역사책 시리즈가 기획됐다. 코르존 자신의 판단에 따르면, *historiya najnowsza*(최근 역사Contemporary History)는 1815년에서 시작되는 근대사를 주로 다룬 책이다. 1815년 이후로, 역사학자의 할 일이란 그저 훗날의 분석을 위해 사료를 부지런히 모아두는 것으로 충분하다는 게 그의 지론이었다(pp. 2-4).

90. 이 분야에서는 브라운슈바이크에 소재한 게오르크에케르트연구소의 특별한 공로를 인정하지 않을 수 없는바, 연구소는 역사교수에서 민족적 편향성 없애려 했던 전전戰前 계획을 되살리려는 유네스코의 시도를 구체화했다. 다음을 참조. *George Eckert Institute for International Textbook Research: An Outline of the Institute's Development, Tasks and Perspectives* (Braunschweig, 1947); 또한 주 107 참조.

91. K. V. Bazilevich *et al.*, *A History of the USSR* (3 vols, Moscow, 1947-8).

92. 예를 들어, GCE〔교육자격검정시험〕A-레벨 역사과목A-Level History(1992) 대상의 옥스퍼드 교수요목Oxford Syllabus에 따르면, 응시자들은 반드시 7개 '개요Outline' 리포트 및 목록 7개 '특별Specia' 리포트 목록에서 2개를 택해야 했다. '개요 리포트'는 1066~1273년, 1603~1715년, 1895~1964년과 같은 식으로 일정 기간을 다루되, 거기서 다시 '영국British'과 '일반General' 영역(사실 이것은 잉글랜드와 서유럽에 러시아를 더한 것이었다)으로 세분된다. 리포트마다 '농민반란The Peasants' Revolt' '삼십년전쟁The Thirty Years War' 같은 '미리 지정된 주제Nominated Topics'가 반드시 하나씩 포함돼야 한다. 특별 리포트에서는 '잉글랜드의 튜더왕조 초기 통치: 1509~1553Government in Early Tudor England, 1509-53'나 '나치즘과 제3제국: 1919~1945Nazism and the Third Reich, 1919-45'과 같은 주제들을 논하면 된다. University of Oxford Delegacy of Local Examinations, *General Certificate of Education 1992: Regulations and Syllabuses* (Oxford, 1990), 49-72.

93. D. Iredale, *Discovering Local History* (Aylesbury, 1977); C. Phythian Adams, *Rethinking English Local History* (Leicester, 1987); 또한 E. Hinrichs, *Regionalitaet: der 'kleine Raum' also Problem der internationaler Schulbuchforschung*(Frankfurt, 1990).

94. 다음을 참조. M. G. S. Hodgson and E. Burke (eds.), *Re-thinking World History: Essays on Europe, Islam, and World History* (Cambridge, 1993).

95. Élie Halévy, *L'Histoire du peuple anglais au XIXème siècle* (1913-26), trans. as *History of the English People in the Nineteenth Century* (6 vols, London, 1949-52); Denis Mack Smith, *Italy: A Modern History* (1959)', trans. as *Storia d'Italia dal 1861 al 1958* (2 vols, Milan, 1966); Hugh Kearney, *The British Isles: a history of four nations* (Cambridge, 1989).

96. Christopher Dawson, *The Making of Europe* (London, 1932). 또한 다음을 참조. C. Scott, *A Historian and His world: A Life of Christopher Dawson, 1889-1970* (London, 1984).

97. Richard Coudenhouve-Kalergi, *Pan-Europa* (Vienna, 1924; New York, 1926); Pierre Renouvin, *L'Idée de fédération européene dans la pensée politique du XIXe siècle* (Oxford, 1949); Salvador de Madariaga, *L'Esprit de l'Europe* (Brussels, 1952); R. Albrecht-Carrié, *The Unity of Europe: a historical survey* (London, 1966).

98. Keith Robbins, 'National Identity and History: Past, Present, and Future', *History*, 75/245 (Oct. 1990), 369-87, 1990년 4월 〔영국 잉글랜드〕 첼트넘에서 열린 역사학회컨퍼런스Historical Association Conference의 회장단 연설 내용.

99. Jenny Wormald, 'The Creation of Britain: Multiple Kingdoms or Core and Colonies?', *TRHS*, 6th ser., iii (1993), 194.

100. Norman Davies, 'Stalin's History Lesson', *Spectator*, 6, Aug. 1988.

101. 브레즈네프가 1981년 11월 23일 서독 바드 고데스베르크에서 행한 연설.

102. M. Gorbachev, *Perestroika: New Thinking for Our Country and the World* (London, 1987), 191-5: "우리는 유럽인이다"(p. 191); "그러나 집은 한 군데여도, 가족이 제각기 다 방을 따로 쓰고 출입구도 제각기 다 다른 데 있는 그런 관계다"(p. 195).

103. 다음을 참조. G. W. Blackburn, *Education in the Third Reich* (Albany, New York, 1985).

104. 이것은 후일 론호Lonrho 기업 회장이자 《옵서버Observer》지 소유주가 되는 타이니 롤런드Tiny Rowland가 겪은 운명이기도 했다. 그는 1941년 "영국인 태생으로 파시즘에 경도돼 있다"는 법령(Section 18B of the Act) 내용을 근거로 경찰에 체포돼 억류당하는 신세가 됐다. 'All Well That Ends Well', *Observer*, 23 May 1993.

105. Norman Stone, 'The Evil Empire: Heroes and Villains', *Sunday TIme*, 1 Sept. 1991.

106. David Cesarani, *Justice Delayed* (London, 1992).

107. *Against Bias and Prejudice: The Council of Europe's Work on History Teaching and History Textbooks* (Council of Europe Report, Strasbourg, 1986).

108. Margaret Shennan, op. cit. 53, 특히 'Europe and the Time Dimension' 및 'Europe's Cultural Identity' 제하의 장章들.

109. Jean-Baptiste Duroselle, *Europe: A History of Its Peoples* (London, 1991), 'Epilogue', 411-15.

110. 다음을 참조. Adam Zamoyski, 'An Historic Case of Euro-fudge', *Sunday Telegraph*, 6 Nov. 1988. J. Nicholas, 'Half-truths about Half of Europe', *Guardian*, 25 Oct. 1991.

111. 'Quand un livre sacndalise la Grèce', *Libre Belgique*, 26 Apr. 1990; 'La prima Storia Europea offende tutti i 12', *La Stampa*, 4 Nov. 1990; C. M. Woodhouse, *Kathimerini*(Athens), 3 June 1990.

112. 학술위원 M. V. Sakellariou가 유럽의회 그리스 의원들에게 보낸 편지, 1990년 3월 18일.

113. *Kathimerini*, 30 Sept. 1990.

114. Jacques Montaville *et al. Historie de l'Europe* (Paris, 1992). 다음을 참조. Julian Nundy, 'History Leaves Britain Behind', *Independent on Sunday*, 3 June 1990.

115. Benedikt Anderson, *Imagined Communities: Reflections on the Origin and Spread of Nationalism*, 2nd edn, (London, 1991); 다음에 의해 인용돼 있음. G. Varouxakis가 *UCL History Newsletter*, 8 (Dec. 1991), 22-4.

116. Prof. Marc Raeff, 'What Is European History?', *History Today*, 36 (Jan, 1986), 46-50.

117. Prof. Marc Ferro. ibid.

118. Dr. Eva Haraszti, ibid.

119. Prof. Immanuel Wallerstein. ibid.

120. A. J. P. Taylor. ibid.

/제1장/

1. Charles Louis de Secondat, Baron de Montesquieu, *Considérations sur les causes de la grandeur des Romains* (1734); 또한 'On the Difference of Men in Different Climates', *De l'Esprit des lois* (1748), trans. as *The Spirit of Laws* (London, 1878) xiv. 2.

2. P. Vidal de la Blache, *Principes de géographie humaine*, ed. E. de Martonne (Paris, 1921), trans. as, *Principles of Human Geography* (London, 1926); 또한 *La Personnalité géographique de la France*. 이 글은 그의 *Tableau de la géographie de la France*[영어 번역본(Manchester, 1941)]의 서문에 실려 있다.; F. Braudel, *L'Identité de la France* (Paris, 1985). 몽테스키외는 다음과 같은 글을 쓰기도 했다. "[영국이란] 나라에서는 날씨가 심신의 기운을 너무 빠지게 해서, 여기 사람들은 만사가 다 귀찮고 싫게만 느껴진다. 심지어 삶 자체까지도." (《법의 정신De l'esprit des loi》).

3. Luigi Luca Cavalli-Sforza, *Scientific American* (1991). 다음의 기사로 실림. S. Connor, 'On the Origin of Speeches', *Independent on Sunday*, 10 Nov. 1991.

4. Dr Steve Jones, BBC Reith Lectures 1991. 다음으로 출간. *The Language of the Genes: Biology, History and the Evolutionary Future* (London, 1993).

5. 서론, 주 42, 43, 68 참조; 또한 J. Szucs, 'Three Historical Regions of Europe', *Történelmi Szemle*(Budapest), 24 (1981), 313-69. 다음으로 출간. *Les Trois Europes* (Paris, 1985); H. C. Meyer, *Mitteleuropa in German Thought and Action, 1815-45* (The Hague, 1955); O. Halecki, *The Borderlands of European Civilization* (New York, 1952).

6. 다음을 참조. Braudel, *La Méditerranée* (다음을 참조. 서론 주 16).

7. Robert Fox, *The Inner Sea: The Mediterranean and Its People* (London, 1991).

8. 다음을 참조. David Kirby, *Northern Europe in the Early Modern Period* (London, 1990); 또한

J. Fitzmaurice, *The Baltic:A Regional Future?* (London, 1992).

9. Neil Ascherson, *Black Sea*, 267 (London and New York, 1995).

10. Ellsworth Huntington, *Civilization and Climate* (1915; 3rd edn, New Haven, Conn., 1924); Ellsworth Huntington, *The Mainsprings of Civilization* (New York, 1945).

11. Arnold J. Toynbee, *A Study of History* (1934), 요약본 (London, 1960), 151

12. Michael Anderson, *The Birth of Europe*, op. cit. 97.

13. C. Stringer and R. Grun, 'New Light on Our Shadowy Ancestors', *Independent on Sunday*, 1 Sept. 1991.

14. W. J. Perry, *The Growth of Civilization* (London, 1925), 34.

15. Barry Cunliffe, 'Aegean Civilization and Barbarian Europe', *The Roots of European Civilization* (Chicago, 1987), 5-15; 또한 J. Howell, 'The Lake Villages of France', ibid. 42-53.

16. 다음을 참조. Gerald S. Hawkins, *Stonehenge Decoded* (London, 1970).

17. Colin Renfrew, *Archaeology and Language: The Puzzle of Indo-European Origins* (London, 1987).

18. Marija Gimbutas, in G. Cardona *et al.* (eds.), *Indo-European and Indo-Europeans* (Philadelphia, 1970), 54; 다음에 의해 인용돼 있음. Renfrew, *Archaeology and Language 17*.

19. Jones가 제시한 의견, *The Language of the Genes*.

20. 유럽의 고유명사학에 대해서는 다음을 참조. G. Semerano, *Le origini della cultura europea:rivelazioni della linguistica storica* (Florence, 1984).

기원전 1628년, 크노소스, 크레타

21. Jacquetta Hawkes, 'The Grace of Life', *The Dawn of the Gods* (London, 1968), 73-156, 이 책에서는 '미노아인 삶 특유의 여성적 기질'과 후대인 '아카이아인 특유의 남성적 기질'이 뚜렷한 대비를 보인다.

22. Sir Arthur Evans, *The Palace of Minos:A Comparative Account of the Early Cretan Civilization* (4 vols, London, 1921-36), i 17. 또한 다음을 참조. S. Horwitz, *Find of a Lifetime* (London, 1981) 및 A. C. Brown, *Arthur Evans and the Palace of Minos*

(Oxford, 1981).

23. 1979년 발견된 아네모스필리아Anemospelia의 희생제의에 대해서는 다음을 참조. Peter warren, 'The Minoans and Their Gods', Barry Cunliffe, *Origins*, op. cit., 30-41.

24. Gerald Cadogan, 'A Theory That Could Change History', *Financial Times*, 9 Sept. 1989.

/제2장/

1. Eliza Marian Butler, 'The Myth of Laocoön', *The Tyranny of Greece over Germany* (Cambridge, 1935), 43-8.

2. *The Oxford Book of English Verse* (1939), 632, 614, 608.

3. Maurice Bowra, *Ancient Greek Literature* (Oxford, 1933), 9; Walter Savage Landor, 같은 책에서 인용; J. C. Stobart, *The Glory That Was Greece:A Survey of Hellenic Culture and Civilization* (1911; rev. edn. London, 1933), introduction.

4. Gilbert Murray, *The Legacy of Greece* (Oxford, 1922), Introduction.

5. *Aeschylus, The Persians*, D. Grene and R. Lattimore (eds.) *Complete Greek Tragedies* (Chicago, 1959), i. 232-3.

6. George Grote, *History of Greece* (London, 1907), xii. 303.

7. Jules Michelet, *Histoire Romaine* (1834), bk. ii.

8. Rainer Maria Rilke, 'Die Sonette an Orpheus'. *The Penguin Book of German Verse*, ed. L. Forster (London, 1957), 403-4.

9. Bernard Williams, 다음에 의해 인용돼 있음, Oliver Taplin, *Greek Fire* (London, 1989) 170.

10. Sappho, 같은 책에서 인용, 141.1

11. Glycon, trans. Peter Jay; 다음을 참조. *The Greek Anthology:A Selection in Translation*, ed. Jay (London, 1990).

12. Simonides, 'On the Spartans at Thermopylae', 이를 번역해놓은 글은 이루 헤아릴 수 없이 많다. Earl of Cromer, *Paraphrases and Translations from the Greek* (London, 1903), 33번.

13. 각각 올리버 태플린Oliver Taplin, 조지 스타이너George Steiner, 프리드리히 니체가 한 말.

Friedrich Nietzsche *The Birth of Tragedy* (1872): 다음에서 인용돼 있음. Taplin, 'Outstaring the Gorgon', *Greek Fire*, 36-61.

14. *Antigone*, 332 ff., Sophocles, *The Theban Plays*, trans. E. F. Watling. (London, 1947), 135-6.

15. Sir Ernst Gombrich, *The Story of Art* (Oxford, 1952).

16. Ibid. *passim*.

17. K. J. Dover, *Greek Homosexuality* (London, 1978).

18. David M. Halperin, 'Sex Before Sexuality: Pederasty, Politics, and Power in Classical Athens', M. B. Duberman *et al.* (eds.), *Hidden from History: Reclaiming the Gay and Lesbian Past* (New York, 1989; London, 1991), 37-53.

19. John Boswell, 'Revolutions, Universals, and Sexual Categories', *ibid*, 17-36.

20. Thucydides, 'Pericles' Funeral Speech', *The Peloponnesian War*, trans. Rex Warner (London, 1954), ii. 4.

21. Dithyramboi, Fragment 76, *The Works of Pindar*, ed. L. R. Famell (London, 1932) iii. 171.

시라쿠사, 시칠리아, 제141회 올림피아드 1년째 되는 해

22. M. Finley, 'Five Tyrants'. in *Ancient Sicily: To the Arab Conquest*, vol. i of a *History of Sicily* written with D. Mack Smith (1968), 요약판 C. Duggan (London, 1986).

23. Livy, *History of Rome*, xxiv. 34 (Loeb Library).

24. 이후 ibid.

25. Plutarch, *Marcellus*, xv (after Loeb).

26. ibid. 19 3.

27. Ch. M. Danov, 'The Celtic Invasion and Rule in Thrace in the Light of Some New Evidence', *Studia Celtica*, 10/11 (1975-6), 29-40.

/제3장/

1. Cato, *De Re Rustica*, 1.

2. 이 말을 인용한 인물로는 가경자 비드와, 에드워드 기번이 가장 대표적이다. *Decline and Fall of the Roman Empire*, ch. 17.

3. Reginald Blomfield, in R. W. Livingstone (ed), *The Legacy of Greece* (Oxford, 1924), 406.

4. Thomas Babington Macaulay, 'Horatius', *The Lays of Ancient Rome* (1842); W. H. Henley (ed.), *Lyra Heroica* (London, 1921), 147-63.

5. Appian, *Romaika*, bk. 132, 다음에 의해 인용돼 있음, B. H. Warmington, *Carthage* (London, 1964), 260.

6. Rudyard Kipling, 'A Song to Mithras' (Hymn of the XXX Legion, AD. C.350), *The Definitive Verse of Rudyard Kipling* (London, 1940; repr. 1989), 523-4.

7. *Aeneid*, vi. 851-3.

8. W. De Burgh, *Legacy of the Ancient World* (London, 1936), ch. ii, 'The Reception of Roman Law'.

9. Gibbon, *Decline and Fall*, ch. 9.

10. Virgil, *Georgics*, ii. 490; iii. 284; *Eclogues*, xi. 32; i. 66; *Aeneid*, i. 362.

11. Gilbert Highet, 'Vergil', *Poets in a Landscape* (London, 1959), 55-81 참조.

12. Horace, *Odes*, ii. 3; *Ars Poetica*, 139; *Epistles*, 11, 2, 45; *Odes*, xxx. 1

13. Ovid, *Ars Amatorica*, ii. 107

14. Theodor Mommsen, *The History of Rome*, 영어판 (London, 1890), iv. 90.

15. Ronald Syme, *The Roman Revolution* (Oxford, 1939), vii .

16. Ibid, 11.

17. Ibid, 201.

18. Suetonius, *The Twelve Caesars* trans. Robert Graves. (London, 1957), 아우구스투스 관련 부분, 51-108.

19. Ibid, 149-79.

20. Ibid, 209.

21. Ibid, 223.

22. Ibid, 285.

23. Gibbon, *Decline and Fall*, ch. 3.

24. Ibid.

25. J. B. Bury, *A History of the Roman Empire from Its Foundation to the Death of Marcus Aurelius* (London, 1908), 438-48을 개작.

26. *The Meditations of the Emperor Marcus Aurelius Antonius*, trans. Robert Graves (London, 1955), iii. 21.

27. Ibid. vi. 50, 48.

28. Gibbon, *Decline and Fall*, ch. 10.

29. Ibid. ch. 15.

30. G. Vermes, *Jesus and the World of Judaism* (London, 1983); D. Flusser, *Judaism and the Origins of Christianity* (Jerusalem, 1988); M. Baigent and R. Leigh, *The Dead Sea Scrolls Deception* (London, 1991)

31. 이 도해를 싣는 데 도움을 준 미국 일리노이주 글렌코의 AI-Shaldom Reformed Synagogue에 감사를 전한다.

32. Irenaeus, *Adversus Heraeses*, Ⅲ. iii. 1-2, 다음에 인용돼 있음. J.-B. Duroselle이, *Histoire du catholicisme* (Paris, 1949), 8.

33. Gibbon, *Decline and Fall*, ch. 16.

34. C. P. S. Clarke, *A Short History of the Christian Church* (London, 1929), 69; 또한 J. F. Bethune-Baker, *An Introduction to the Early History of Christian Doctrine* (London, 1903). 사실, 니케아신경에는 두 가지 형식이 있다. 325년 니케아에서 발표된 것이 짤막한 형식을 취하고 있고, 381년 교무총회에서 입안된 이른바 니케아-콘스탄티노폴리스신경은 보다 긴 형식을 취하고 있다. World Council of Churches, *Confessing One Faith...: the Nicene-Constantinopolitan Creed* (Geneva, 1991).

보스포루스해협 AUC(로마건국원년) 1079년 11월 4일

35. Jacob Burckhardt, *The Age of Constantine the Great*(1852), M. Hadas (New York, 1949), 343-53.

36. Eusebius of Caesarea (c.260-340), *Vita Constantini*, 다음에의해 인용돼 있음, Burckhardt, *Constantine the Great*, 231. *The Essential Eusebius*, trans. Colm Luibhaid (New York, 1966)도 함께 참조.

37. Gibbon, *Decline and Fall*, chs. 14, 16.

/제4장/

1. Mortimer Wheeler, *Rome Beyond the Imperial Frontiers* (London, 1954) 참조.

2. Salvian of Marseilles, c. 440, 다음에 의해 인용돼 있음, Jacques Le Goff, *Mediaeval Civilization, 400-1500* (Oxford, 1988).

3. Simeon Potter, *Language in the Modern World*
(London, 1960), ch 7, 'The Indo-European Family'. Harold Goad. *Language and History* (London, 1958)도 함께 참조.

4. G. Labuda, *Źródła, sagi, i legendi do najdawniejszych dziejów Polski* (Warsaw, 1961)에는 앨프레드대왕, 고트족-훈족 간 전쟁,《원방여행자》《롤랑의 노래》와 관련한 연구들이 들어 있다. J. Otto Maenchen-Helfen, *The World of the Huns* (Berkeley, Calif., 1973)도 함께 참조.

5. Gibbon, *Decline and Fall*, ch. 42. 4600여 호 촌락과 관련해 기번은 "밀라노 소재 도서관에 소장돼 있던 매우 진기한 한 필사본 난년"의 내용을 인용한다(n. 11). 아울러 "기장panicum milium"과 관련해 그는 주석에 이렇게 쓰기도 했다. "오늘날에는 농산물이 넉넉하다 보니 기장은 영웅들의 먹거리는커녕 새 모이밖에 되지 않고 있다"(n. 12).

6. Ibid. ch. 30.

7. Ferdinand Lot, *La Fin du monde antique et le début du Moyen Âge* (Paris, 1951), 3. 'Le Régime des castes', 115 ff.도 함께 참조.

8. Charles Oman, *The Dark Ages, AD 476-918* (6th edn., London, 1919), 29.

9. Lot, *La Fin du monde antique*, 311.

10. Oman, *The Dark Ages*, 207.

11. Dimitri Obolensky, *The Byzantine Commonwealth: Eastern Europe, 500-1453* (London, 1971) 참조.

12. *Koran*, sura 5, verse 3.

13. Steven Runciman, *A History of the Crusades* (Cambridge, 1953), i, 3.

14. *Shorter Encyclopedia of Islam*, ed, H. A. R. Gibb & J. H. Kramers (London, 1961), 16, 491.

15. Gibbon, *Decline and Fall*, ch. 35.

16. *Chanson de Roland*, cxlix. 2000-9; *The Song of Roland: The Oxford Text*, trans. Roy Owen (London, 1972), 76.

17. Henri Pirenne, *Mediaeval Cities: Their Origins and the Revival of Trade* (Princeton, NJ, 1925), 27. 그의 *Mahomet and Charlemagne* (London, 1939)도 함께 참조.

18. Gibbon, *Decline and Fall*, ch. 23.

19. *Historiae Ecclesiaticae Francorum*, ii. 27, trans. J. H. Robinson in *Readings in European History*, i (Boston, 1904), 51.

20. Bede, *A History of the English Church and People*, trans. Leo Shirley-Price (London, 1955) i, 27, p. 76

21. Ibid. i. 30, pp. 86-7.

몬스요비스, 페나인알프스, 기원후 753년 11월 25일경

22. C. Bayet, 'Remarques sur le caractère et les conséquences du voyage d'Étienne III en France', *Revue historique*, 20 (1882), 88-105.

23. J. N. D. Kelly, *The Oxford Dictionary of Popes* (Oxford, 1988), 91-2.

24. Abbé L. Duchesne (ed.) *Le Liber Pontificalis: texte, introduction et commentaire* (Paris, 1884), 440 ff.; *Étude sur le Liber Pontificalis* (Paris, 1877).

25. J. M. Wallace-Hadrill (ed.), *The Fourth Book of the Chronicle of Fredegar with Continuations* (London, 1960).

26. *Liber Pontificalis*, 447.

27. Ibid.

28. *The Fourth Book of the Chronicle of Fredegar*, 104.

29. Ibid. 109.

/제5장/

1. Thomas Hobbes, *Leviathan*, 4, 47.

2. 다음에 의해 인용돼 있음. Donald Bullough, *The Age of Charlemagne* (London, 1965), 13

3. Ibid. ch. 4, 'A Court of Scholars and the Revival of Learning'.

4. Oman, op. cit. 382.

5. Shakespeare, *Macbeth*, v. v. 19-28.

6. F. L. Ganshof, *Qu'est-ce que la féodalité?* (Brussels, 1944); trans. Feudalism. (London, 1952), xx.

7. Hugh Trevor-Roper, *The Rise of Christian Europe* (London, 1966). 96.

8. Lynn White, Jr., *Mediaeval Technology and Social Change* (Oxford, 1961), 14-28.

9. 9세기의 일이다. 이 임명식은 12세기에 묘사됐다. *Jean Bodel Chanson des Saisnes*; 다음에 의해 인용돼 있음. Ganshof, *Feudalism*, 126; Jacques Le Goff, 'The Symbolic Ritual of Vassalage', in *Time, Work, and Culture in the Middle Ages* (Chicago, 1980), 237-87 참조.

10. C. Seignobos, *The Rise of European Civilization* (London, 1939), 128.

11. N. Brussel, *L'Usage général des fiefs en France* (1727), I. 3.; J. H. Robinson, *Readings in European History* (Boston, 1904), I. 178.

12. Eric Fromm, *The Fear of Freedom* (London, 1942), 34.

13. Marc Bloch, 'Les Deux âges féodaux', in *La Société féodlae: la formation des liens de dépendance* (Paris, 1949), 95-7.

14. P. Skwarczyński, 'The Problem of Feudalism in Poland', *Slavonic and East European Review*, 34 (1956), 292-310.

15. F. Tout, *The Empire and the Papacy*, 918-1273 (London, 1921).

16. C. W. Previté-Orton, *Shorter Cambridge Mediaeval History* (Cambridge, 1952), i. 368.

17. Liutprand, *Antapadoseos*, vi, in *Monumenta Germaniae Historiae*, Robinson, *Readings in European History*, i. 340-3.

18. Zbingniew Dobrzyński, *Obrządek, Słowiański w dawnej Polsce* (3 vols, Warsaw, 1989) 참조.

19. *Relacja Ibrahim Ibn Jakuba z podróży do krajów słowiańskich w przekładzie AI Bekriego*, ed. T. Kowalski (Cracow, 1946); Davies가 *God's Playground*, i, 3.

20. Otto Hoetzsch, *The Evolution of Russia* (London, 1966), 17 참조.

21. *The Rubáiyát of Omar Khayyám*, trans. Edward Fitzgerald (1859; ed, G. F. Maine, London, 1954), 4행시, 1, 11, 49.

22. H. F. B. Lynch, *Armenia: travels and studies*, 2 vols. (London, 1901, repr. 1990); 또한 M. Chahin, *The Kingdom of Armenia* (London, 1987).

23. Shota Rustaveli, M. J. Wardrop trans. as *The Man in the Panther Skin* (London, 1912). 그루지야(조지아)에 대해서는 W. E. D. Allen, *A History of the Georgian People... to the Russian Conquest* (London, 1932); D. M. Lang, *The Last Years of the Georgia Monarchy*, 1652-1832 (London, 1957); 그리고 R. G. Suny, *The Making of the Georgian Nation* (London, 1988).

24. Henri Pirenne, *Economic and Social History of Mediaeval Europe* (New York, 1956), 51.

25. J. -B. Duroselle, *Histoire du catholicisme*, 55.

26. From *The Confession of Golias* composed by Hugh, a follower of Archbishop Reinald of Cologne and known as 'the Archpoet'; text in M. Manitius, *Die Gedichte des Archpoeta* (Munich, 1913), 24-9; 다음에 의해 인용돼 있음. Charles Homer Haskins, *The Renaissance of the Twelfth Century* (Cambridge, Mass.,1927), 182.

27. Bernard de Ventadour, R. Pernoud, *Aliénor d'Aquitaine* (Paris, 1965), trans. Peter Wiles, *Eleanour of Aquitaine* (London, 1967), 102.

28. Jean, Sire de Joinville, *Livre des saintes paroles et bons faits de notre roi, Saint Louis*, A. Lagarde and L. Michard, *Le Moyen Âge* (Paris, 1962), 123-32.

29. Gibbon, *Decline and Fall*, ch. 48.

30. Jacques Le Goff, *La Civilisation médiévale de l'Occident* (Paris, 1965), 98.

31. Norman Cohn, *The Pursuit of the Millennium* (London, 1970), 61, 64.

32. Jonathan Riley-Smith, *The Feudal Nobility and the Kingdom of Jerusalem*, 1174-1277 (London, 1973).

33. Ernle Bradford, *The Great Betrayal: Constantinople 1204* (London, 1967).

34. *The Oxford Book of Prayer*, ed. G. Appleton (Oxford, 1985), no. 217.

35. Edmund Holmes, *The Albigensian or Catharist Heresy* (London, 1925); *The Holy Heretics: The Story of the Albigensian Crusade* (London, 1948)로 재판. J. Madaule, *The Albigensian Crusade* (London, 1967); Z. Oldenbourg, *Massacre at Montségur* (London, 1961)도 함께 참조.

36. Eric Christiansen, *The Northern Crusades: The Baltic and the Catholic Frontier*, 1100-1525 (London, 1980), 53.

37. Ibid. 92

38. Ibid. 85.

39. *The Travels of Marco Polo the Venetian*, introduction by John Masefield (London, 1908), 413.

40. White, *Mediaeval Technology and Social Change*, 40.

41. Georges Duby, *The Early Growth of the European Economy: Warriors and Peasants from the Seventh to the Twelfth Century* (London, 1974).

42. Jean Gimpel, *The Mediaeval Machine: The Industrial Revolution of the Middle Ages* (London, 1977), 100.

[There was a charioteer's strike in Rome under Nero. [네로 代에에 로마에서 잔차병들의 파업이 있었다.]

스히담, 홀란트백국, 1262년 12월 5일

43. J. G. Kruisheer (ed.), *Oorkondenboek van Holland en Zeeland tot 1299* (Maastricht,1992), iii, 1305.

44. Ibid. 1528.

45. W. G. Brill (ed.), *Rijmkronik van Melis Stoke* (Utrecht, 1885), 55-6.

46. N. Denholm-Young, *Richard of Cornwall* (Oxford, 1947) 침조.

47. T. Wright (ed.), *The Political Songs of England from the Reign of King John to that of Edward II* (London, 1839), 69.

48. Ibid. 59-63.

49. P. A. Meilink (ed.), *Het Archief van de Abdji van Egmond* (The Hague, 1951), ii, 'Regestenlijst 889-1436', no. 83 (1265) 13 July.

50. Lord Bryce, *The Holy Roman Empire* (London, 1875), 213.

51. W. G. Heeres *et al.* (eds.) *From Dunkirk to Danzig: Shipping and Trade in the North Sea and the Baltic*, 1350-1850 (Hilversum,1988).

52. G. J. Renier, *The Criterion of Dutch Narionhood: An Inaugural Lecture at University College, London, 4 June 1945* (London, 1946), 16-17.

/제6장/

1. Johan Huizinga, *The Waning of the Middle Ages* (London, 1924; 1955), 30.

2. Ibid. 10.

3. Ibid. 26.

4. 'The Advent of the New Form', ibid. 334.

5. R. Lodge, *The Close of the Middle Ages* (London, 1920), 496.

6. Steven Runciman, 'The Rising Sultanate', *The Fall of Constantinople, 1453*, (Cambridge, 1965), 31.

7. Richard Pipes, *Russia under the Old Regime* (London, 1975), 62.

8. Gabriel Jackson, *The Making of Mediaeval Spain* (London, 1972).

9. Bryce, op. cit. 238.

10. Dante Alighieri, *Inferno*, vi. 49-50, 74-5.

11. Simonde de Sismondi, *Histoire des républiques italiennes du Moyen Âge* (Geneva, 1807-8), iii. 129.

12. Petrarch, 'Di pensier in pensier', in *The Penguin Book of Italian Verse*, ed. George Kay (London, 1958), 116.

13. Dante Alighieri, *Paradiso*, xxvii. 22-7, 55-60 .

14. Robert Burns, 'Scots wha hae' (Bruce Before Bannockburn), *Poems and Songs of Robert Burns*, ed, J. Barke (London, 1955), 629.

15. Declaration of Arbroath, 1320년 4월 6일 자, English translation: G. F. Maine, *A Book of Scotland* (London, 1950), 81-2. 스코틀랜드의 역사에 대해서는, J. D. Mackie, *A History of Scotland* (2nd. edn, London, 1978); W. Moffat, A. M. Gray, *A History of Scotland* (Oxford, 1989) 참조.

16. Philip Ziegler, *The Black Death* (London, 1970), 66.

17. W. Rees, 'The Black Death as Recorded in English Manorial Documents', *Proceedings of the Royal Society of Medicine*, xvi. 2, 4; Ziegler, *The Black Death*, 197.

18. P. D. A. Harvey, *A Mediaeval Oxfordshire Village: Cuxham* (Oxford, 1965), 135.

19. Ziegler, *The Black Death*, 239.

20. H. Pirenne, *Economic and Social History of Mediaeval Europe* (London, 1936), 200.

21. George Holmes, *Europe: Hierarchy and Revolt, 1320-1450* (London, 1975), 131-2.

22. R. B. Dobson, *The Peasants' Revolt of 1381* (London, 1983) 참조.

23. Charles d'Orléans, 'En regardant vers le pais de France', *Oxford Book of French Verse* (Oxford, 1957), 30-1.

24. Shakespeare, *King Richard the Second*, II. i. 40-50.

25. D. Keys, 'Very Civil War and Unbloody Battles', *Independent*, 23. Dec. 1989 참조.

26. Richard Vaughan, *Valois Burgundy* (London, 1975), 129, 175, 191-3.

27. Ibid. 169-70. 1793년에 파괴돼 정신병원부서로 바뀜.

28. Michał Giedroyć, 'The Arrival of Christianity in Lithuania, i: Early Contacts (Thirteenth Century)';

'ii: Baptism and Survival (1341-87)'. *Oxford Slavonic Papers*, xviii (1985), 1-30; xix (1986), 34-57.

29. P. Rabikauskas, 'La cristianizzione della Samogizia, 1413-17', *La cristianizzione della Lituania: colloquio internazionale di storia ecclesiastica* (1987) (Rome, 1989).

30. V. H. H. Green, *Mediaeval Civilisation in Western Europe* (London, 1971), 4.

31. Green. op. cit. 98-9.

32. From H. von Treitschke, *History of Germany* (1879), ii; J. Sheehan, *German Liberalism in the Nineteenth Century* (London, 1982), 37.

33. Huizinga, *The Waning of the Middle Ages*, 248.

34. Friedrich Heer, *Mittelalter* (1961) trans. as *The Mediaeval World: Europe from 1100-1350* (London, 1962), 251-3.

35. Steven Runciman, *The Fall of Constantinople: 1453* (Cambridge, 1965), 131.

36. Ibid. 37.

37. Gibbon, *Decline and Fall*, ch. 68.

38. Felipe Fernández-Armesto, 'Spain Repays Its Debt to the Jews', *European*, 19-25 Mar. 1992.

39. Emma Klein, 'The Sultan Who saved the Sephardim', ibid.

40. 콜럼버스의 일반적 관념에 대해서는 다음을 참조. J. H. Parry, *The Age of Reconnaissance: Discovery, Exploration and Settlement, 1450-1650* (London, 1963).

1493년 1월 6일 공현절公現節, 모스크바 크렘린

41. *The Orthodox Liturgy, being the Divine Liturgy of S. John Chrysostom and S. Basil the Great according to the use of the Church of Russia*, trans. P. Thompson *et al.* (London, 1939). 성경을 제외한 모든 인용은 이 책을 근거로 했다.

42. 고대 교회슬라브어는 'Ierod Tsѓ'와 'Tsѓ Iudeiskyi'라는 용어를 사용한다. *Gospoda Nashego Iesusa Khrista Novyi Zavyet na Slavyanskom i Ruskom Yazykakh* (슬라브어와 러시아어로 된 우리 주 예수 그리스도의 신약성경), 병렬 텍스트parallel texts (St Petersburg, 1823), 23.

43. Dimitri Strémooukhoff, 'Moscow the Third Rome: Sources of the Doctrine', *Speculum* (Jan, 1953),

84-101; repr. in M. Cherniavsky, *The Structure of Russian History: Interpretative Essays* (New York, 1970), 108-25x.

44. J. L. I. Fennell, *Ivan the Great of Moscow* (London, 1961) 참조.

45. R. G. Howes, *Testaments of the Grand Princes of Moscow* (Ithaca, NY, 1967), 267-98.

46. Fennell, *Ivan the Great*, op. cit. 122 .

47. Strémoukhoff, 'Moscow the Third Rome', *passim*.

48. Ibid. 113, esp. n. 46

49. 'Testament of Ivan Ⅲ', in Howes, *Testaments*. G. Vernadsky, *Russia at the Dawn of the Modern Age* (vol. iv of G. Vernadsky와 M. Karpovich, *History of Russia*), (New Haven, Conn., 1959), ch. 3도 함께 참조.

50. Fennell, *Ivan the Great*, 146.

51. Strémoukhoff, 'Moscow the Third Rome'. 115.

52. Ibid. *passim*.

53. Dimitri Obolensky, 'Russia's Byzantine Heritage', *Oxford Slavonic Papers*, i (1950), 37-63.

54. Fennell, *Ivan the Great*.

55. Vernadsky, *Russia at the Dawn of the Modern Age*, ch.3.

56. Fennell, *Ivan the Great*, preface, v ff.

57. Dimitri Obolensky, 'Italy, Mount Athos and Muscovy: The Three Worlds of Maximos the Greek' (Raleigh Lecture, 1981), *Proceedings of the British Academy*, lvii (1981); repr. in *Six Byzantine Portraits* (Oxford, 1988), 201-19.

58. Ibid. 160.

59. Élie Dennisoff, *Maxime le Grec et l'Occident* (Paris, 1942), 423 .

/제7장/

1. 다음을 참조. Keith Thomas, *Religion and the Decline of Magic: Studies in Popular Beliefs in Sixteenth and Seventeenth Century England* (London, 1971).

2. Herbert Weisinger, 'The Attack on the Renaissance in Theology Today', *Studies in the Renaissance*, 2 (1955), 176-89.

3. 다음을 참조. Jacob Burckhardt, *The Culture of the Renaissance in Italy* (London, 1878).

4. Bert S. Hall (ed.) *On Pre-modern Technology and Science* (Los Angeles, 1976).

5. Walter Pater, *The Renaissance* (1873; repr. New York, 1959), 72.

6. Johan Huizinga, *Eramus of Rotterdam: with a selection from his letters* (London, 1952).

7. Erasmus, 신약성경 서문 (1516). *Prefaces to the Fathers, the New Testament, and On Study*, facsimile edn. (Menton, 1970); H. P. Smith, *Erasmus: A Study of His Life and Place in History* (New York, 1923).

8. Erasmus, *In Praise of Folly*, trans. and ed. Betty Radice, in *Collected Works* (Toronto, 1974-), 27. 2, 120 ff.

9. Ibid. 148.

10. *Adagia*, ibid. 31-4; 또한 다음을 참조. *Erasmus, Proverbs or Adages ... Englished by R. Taverner*, facsimile edn. (Gainsville, Fla., 1956).

11. Étienne Gilson (1937), Reinhold Niebuhr (1941) and Nicholas Berdyaev (1931), 다음에 의해 인용돼 있음, Weisinger, 'The Attack on the Renaissance' 176 ff. W. K. Ferguson, *The Renaissance in Historical Thought* (Boston, 1948)도 함께 참조.

12. Michelangelo Buonarroti, in G. Kay (ed), *The Penguin Book of Italian Verse* (London, 1958), 172-3.

13. Leopold von Ranke, *The History of the Popes, their Church and State, and especially of their conflicts with Protestantism* (1834-6), trans. E. Foster (London, 1847), i. 38.

14. 샤를 드렐링쿠르Charles Drelincourt(1669년 몰); 다음에 의해 인용돼 있음. Albert-Marie Schmidt, *Jean Calvin et la tradition calvinienne* (Paris, 1957), 169.

15. 교황 그레고리오 15세, 1622; 다음에 의해 인용돼 있음. John Padberg, 'The Jesuit Question', *Tablet*, 22 Sept. 1990.

16. 다음에 의해 인용돼 있음. Fisher, *A History of Europe*.

17. Ranke, *History of the Popes*, i, 266.

18. Herbert Butterfield, in *The Origins of Modern Science, 1300-1800* (London, 1947).

19. Ibid. *The Whig Interpretation of History* (1931)에서 정치적 역사서술의 목적론적 경향을 그처럼

훌륭하게 드러냈던 역사학자가 '과학의 발전에서 전략적 노선'을 주장한 것은 기이한 일이다.

20. P. M. Harman, *The Scientific Revolution* (Lancaster, 1983).

21. 다음에 의해 인용돼 있음. A. W. Crosby, Jr., *The Columbian Exchange: Biological and Cultural Consequences of 1492* (Westport, Conn., 1972), 11.

22. Ibid.

23. 다음을 참조. Ibid.; 또한 다음을 참조. Kirkpatrick Sale, *The Conquest of Paradise* (New York, 1991).

24. 다음을 참조. J. Larner, 'The Certainty of Columbus', *History*, 73/237 (1988), 3-23는 역사서술의 변화 양상을 압축적으로 요약한다; 또한 Garry Wills, 'Man of the Year', *New York Review of Books*, 22 Nov. 1991.

25. 'Where Did Columbus Discover America?', *National Geographic Magazine*, 170/5 (Nov. 1986), 566A와 지도.

26. Yen Chung-ping, in *Historical Research* (Beijing) (1977), 다음에 의해 인용돼 있음, Larner, 'The Certainty of Columbus'; 또한 Simon Wiesenthal, *Sails of Hope* (New York, 1973).

27. J. Manzano, *Colon y su segreto: el Predescubrimiento* (Madrid, 1982).

28. David Henige, *In Search of Columbus: The Sources for the first Voyage* (Tucson, Ariz., 1991).

29. 다음을 참조. J. A. Levensen (ed.) *Circa 1492: Art in the Age of Exploration* (워싱턴DC 국립미술관 전시회 목록) (New Haven, Conn., 1992).

30. Jacques Attali, *1492* (Paris, 1991), pt. i: Inventer l'Europe', 15 ff.

31. 다음을 참조. Eugenio Garin (ed.), *Renaissance Characters* (Chicago, 1991).

32. Martin Goncalvez de Cellerigo, *Memorial de la politica necessaria* (1600); 다음에 의해 인용돼 있음. H. Kamen, *The Iron Century: Social Change in Europe, 1550-1660* (London, 1976), 79.

33. 다음을 참조. J. H. Hexter. 'Storm over the Gentry', in *Reappraisals in History* (Chicago, 1979), 117-62.

34. Kamen, *The Iron Century*, 89-135.

35. Dr Robert Frost에게 특별한 감사를 전한다. M. Roberts, 'The Military Revolution, 1550-1660,' M. Roberts (ed.), *Essays in Swedish History* (London,

1967), 195-225; 또한 G. Parker, 'The Military Revolution: A Myth?', in *Spain and the Netherlands, 1559-1659: Ten Studies* (London, 1989).

36. 다음을 참조. J. H. Shennan, *Government and Society in France, 1461-1660* (London, 1968).

37. Hobbes, *Leviathan* (1651), ed. J. Plamenatz (London, 1962), 143.

38. Thomas Mun, *Englands Treasure by Foreign Trade* (1622); 다음에 의해 인용돼 있음. Charles Wilson, *Mercantilism* (London, 1958), 11-12.

39. 다음의 표현. H. Wiesflecker, *Maximilian I: die Fundamente des habsburgischen Weltreiches* (Vienna, 1991).

40. Otto von Habsburg, *Charles V* (Paris, 1967; London, 1970), xii.

41. 다음을 참조. R. J. W. Evans, *The Making of the Habsburg Monarchy, 1550-1700: An Interpretation* (Oxford, 1979); 또한 R. J. W. Evans, 'The Imperial Vision', G. Parker (ed) *The Thirty Years War* (New York, 1987), 83 ff.; R. J. W. Evans, 'Culture and Anarchy in the Empire, 1540-1680', *Central European History*, 18 (1985), 14-30.

42. R. J. W. Evans *Rudolf II and His World: A Study in Intellectual History* (Oxford, 1973); 또한 Robert Grudin, 'Rudolf II of Prague and Cornelius Drebbel: Shakespearean archetypes?' *Huntington Library Quarterly*, 54/3 (1991), 181-205.

43. J. H. Elliot, *Imperial Spain, 1469-1716* (London, 1963), 13.

44. Ibid. 14.

45. Ibid. 249.

46. J. Ortega y Gasset, 다음에 의해 인용돼 있음, Elliot, *Imperial Spain*, 249.

47. Geoffrey Parker, *The Army of Flanders and the Spanish Road, 1567-1659* (Cambridge, 1972).

48. Paul Kennedy, *The Rise and Fall of the Great Powers: Economic Change and Military Conflict, 1500-2000* (New York, 1988), 61.

49. 다음에 의해 인용돼 있음. J. Huizinga, 'The Spirit of the Netherlands', P. Geyl (ed), *Dutch Civilisation in the Seventeenth Century and other essays* (London, 1968), 101.

50. 다음을 참조. Charles Wilson, *The Dutch Republic and the Civilisation of the Seventeenth Century*

(London, 1968).

51. S. R. Gardiner, *History of the Great Civil War, 1642-49* (London, 1886-9), I, 168.

52. Conrad Russell, 'The Slumbering Hatreds of the English', *Independent*, 18 Aug. 1992. 다음을 참조. Conrad Russell, *The Causes of the English Civil War* (London, 1990).

53. Sigismund Herberstein (1581), 다음에 의해 인용돼 있음, R. Pipes, *Russia under the Old Regime*, 85.

54. C. Veronica Wedgwood, *The Thirty Years War* (London, 1957), 460.

55. C. R. Friedrichs, 'The War and German Society', Parker (ed.) *The Thirty Years War*, 208-15.

56. Wedgwood, *The Thirty Years War*, 440.

로마, 1667년 2월 19일

57. Timothy Kitao, *Circle and Oval in the Square of St Peter's: Bernini's Art of Planning* (New York, 1974), 'The Last Revision', 49-52; 또한 figs. 67-74.

58. 다음을 참조. Torgil Magnuson, *Rome in the Age of Bernini* (Stockholm, 1982).

59. Ibid. i. 360

60. 다음을 참조. Oreste Ferrari, *Bernini* (Florence 1991).

61. Filippo Baldinucci, *Vita del Cavaliere Gio. Lorenzo Bernino* (Florence 1682), trans. C. Enggass as *The Life of Bernini* (University Park, Penn., 1966), 80, 74; 베르니니의 생애와 관련 있는 모든 인용 및 일화에 대한 출처.

62. John Milton, *Paradise Lost*, BK. I, II. 1-6, in *The Poetical Works of John Milton* (Oxford, 1952), 1.5.

/제8장/

1. *Shorter Oxford English Dictionary*, 다음에 의해 인용돼 있음, J. Lively, *The Enlightenment* (London, 1966), ii.

2. Alexander Pope, *An Essay on Criticism*, ii. 162-5; *An Essay on Man, I. X. 9-14; The Poetical Works*, ed. H. F. Cary (London, n.d.), 53, 224.

3. 다음을 참조. Wyn Griffith, 'The Growth of Radicalism', *The Welsh* (London, 1950), 20-43.

4. *Essay on Man*, ii. 1; *Poetical Works*, 225.

5. Dryden, *Absalom and Achitophel* (1681), i. 45-8.

6. 다음에 의해 인용돼 있음. Bronowski, *The Ascent of Man*, 226.

7. Ibid. 236.

8. 'Voltaire's Deism', Lively, *The Enlightenment*, 43-5.

9. *L'Esprit des Lois*, XI, vi.

10. Anne Robert Jacques Turgot, 'Discours aux Sorbonniques', in *Œuvres de Turgot*, ed. G. Schelle (Paris, 1913), i. 205, 215-16. D. Dakin, *Turgot and the Ancien Regime in France* (New York, 1972)도 함께 참조.

11. Voltaire, 'Stances à Mme Lullin, de Genève' (1773), in *Contes en vers et poésies diverses* (Paris, 1936), 163-4.

12. Voltaire's 'Declaration' of 1778, text in app. 497, Complete Works (Oxford, 1987-), 다음에 의해 인용돼 있음, R. Pomeau (ed.), *Voltaire en son temps* (Oxford, 1994), v, 'La Fin'.

13. 볼테르에 대한 루소의 혐오감. 다음을 참조. 1760년 6월 17일의 볼테르 편지. Voltaire, *Correspondence and Related Documents* (Oxford, 1968-77), cv, no. D8986.

14. 다음에 의해 인용돼 있음. James Bowen, *A History of Western Education* (London, 1981), iii, 182,

15. 다음을 참조. Norman Davies, 'The Cultural Imperative', in *Heart of Europe*, 262-8; Daniel Beauvois, *Lumières et société en Europe de l'est: l'université de Vilna et les écoles polonaises de l'empire russe* (Paris, 1977); Daniel Beauvois, *Szkolnictwo polskie na ziemiach litewskoruskich, 1803-32* (Lublin, 1991); 낭만주의 세대에 대해서는 다음을 참조. C. Miłosz, *History of Polish Literature* (2nd edn., Berkeley, 1969), chapter vii, 'Romanticism', 195-280.

16. Isaiah Berlin, *Vico and Herder: Two Studies in the History of Ideas* (London, 1976), xxvi.

17. Berlin, in *The Magus of the North: J. G. Hamann and the Origins of Modern Irrationalism* (London, 1993); 다음에 의해 인용돼 있음. M. Rosen, 'The first Romantic?' *TLS*, 8 Oct. 1993.

18. Bertrand Russell, *History of Western Philosophy* (London, 1946), 702.

19. Simon Schama, *Dead Certainties (Unwarranted*

Speculations) (London, 1991).

20. 다음에 의해 인용돼 있음. H. Méthivier, *Le Siècle de Louis XIV* (Paris, 1950), 63.

21. R. Hubret, 다음에 의해 인용돼 있음, Méthivier, *Louis, XIV* 112.

22. 다음과 비교. R. Briggs, op. cit. 220과 Méthivier, *Louis* XIV, 95.

23. 'The Vicar of Bray' (18세기 초반), Ernest Newton, *The Community Song Book* (London, 1927), 24-5. 이 노래는 크롬웰 시대부터 조지 1세 시대까지 직위를 유지한 목사 사이먼 시먼즈Simon Symonds의 인생에 영감을 받아 만든 것이다.

24. 다음을 참조. Jonathan Israel (ed), *The Anglo-Dutch Moment: Essays on the Glorious Revolution and Its World Impact* (Cambridge, 1991).

25. Neal Ascherson, 'The Spectre of Popular Sovereignty Looms over Greater England', *Independent on Sunday*, 18 Nov. 1990.

26. 다음을 참조. Linda Colley, *Britons: Forging the Nation, 1707-1837* (New Haven, Conn 1992); 또한 Colin Kidd, *Subverting Scotland's Past: Scottish Whig Historians and the Creation of and Anglo-British Identity, 1689-c. 1830* (Cambridge, 1993).

27. *Listy do Marysieńki*, ed. L. Kukulski (Warsaw, 1973) ii. 214-19, trans. B. Mazur; 다음에 의해 인용돼 있음. Davies, *God's Playground* i. 484-6. Davies, *Sobieski's Legacy* (M. B. Grabowski의 강연, 1984) (London, 1985)도 함께 참조.

28. J. T. A. Alexander, *Catherine the Great: Life and Legend* (Oxford, 1983), 329.

29. Isabel de Madariaga, *Russia in the Age of Catherine the Great* (London, 1981), 587-8.

30. Pipe, *Russia Under the Old Regime* 112-38.

31. Ibid. 115

32. 다음에 의해 인용돼 있음. Davies, *Sobieski's Legacy; passim.*

33. 다음을 참조. E. Rzadknowska (ed.) *Voltaire et Rousseau en France et en Pologne* (Warsaw, 1982).

1787년 10월 29일 월요일 저녁, 프라하

34. *Recollections of Wilhelm Kühe*, 다음에 의해 인용돼 있음, J. Rushton, *W. A. Mozart, Don Giovanni* (Cambridge, 1981), 124-5.

35. Ludwig von Kőchel, *Chronologisch-thematisches*

Verzeichnis samtlicher Tonwerke Wolfgong Amadé Mozarts (Salzburg, 1862), 591 [K. 527].

36. Rushton, *Mozart*, 67.

37. 다음을 참조. Jonathan Miller (ed.) *The Don Giovanni Book: Myths of Seduction and Betrayal* (London, 1990).

38. After Rushton, *Mozart*, 47.

39. Kőchel 591, 527/Ouverture.

40. Kőchel 592, 527/7.

41. Kőchel 593, 527/20.

42. Kőchel 594, 527/26.

43. Kőchel 593, 527/22.

44. H. C. Robbins (ed.), *The Mozart Compendium* (London, 1990), 299.

45. Emily Anderson (ed.) *The Letters of Mozart and His Family*, rev. edn. (London, 1985), no. 550, 모차르트가 폰 야킨von Jacquin 남작에게, pp. 911-12.

46. Robbins, *Mozart Compendium*, 303-4.

47. Ibid. 304.

48. 다음을 참조. Andrew Steptoe, *The Mozart-Da Ponte Operas: The Cultural and Musical Background to 'Le Nozze di Figaro', 'Don Giovanni', and 'Così fan tutte'* (Oxford, 1983). 만년에 다 폰테는 뉴욕으로 이주했으며 콜롬비아대학 이탈리아 문학교수가 됐다.

49. Eduard Morike. *Mozart auf der Reise nach Prag*, introd. by M. B. Benn (London, 1970); 또한 *Mozart's Journey to Prague*, trans. L. von Loewenstein-Wertheim (London, 1957).

50. Jaroslav Seifert, 'Na Bertramce', from the Collection, *Halleyova Kometa* (Prague, 1967), 82-7 (trans. R. Pynsent).

51. Joseph II's 'Journal of a Journey across Bohemia' (1771), 다음에 의해 인용돼 있음, E. Wangermann, *The Austrian Achivement 1700-1800* (London, 1973).

52. Roy Porter, 'Libertinism and Promiscuity', Miller, *The Don Giovanni Book*, 1-19

53. Giacomo Cassanva, *The History of My Life* (1826), trans. W. R. Trast (London, 1967), 71; 다음에 의해 인용돼 있음. Steptoe, *The Mozart-Da Ponte Operas*, 207.

54. 다음을 참조. J. Bouissonouse, *Condorcet: le*

philosophe dans la révolution (Paris, 1962).

55. *Memoirs of Madame de la Tour du Pin*, ed. abridged, and trans. Felice Harcourt (London, 1985), 94-5.

/제9장/

1. Mirabeau 25 Aug. 1790, 다음에 의해 인용돼 있음. Albert Sorel, *L'Europe et la révolution française* (Paris, 1885), i, 554. 다음을 참조. Norman Hampson, *The First European Revolution, 1776-1815* (London, 1969).

2. Wordsworth, *Prelude*, xi. 108; Burke, *Reflections*; 1792년 발미전투에서 괴테의 언급(괴테는 카를 빌헬름 페르디난트 폰 브라운슈바이크 공작 휘하의 프로이센 참모로 종군從軍했다).

3. Thomas Carlyle, *The French Revolution* (1837), ed. A. R. H. Hall (London, 1930), 205.

4. J. Michelet, *History of the French Revolution*, ed. G. Wright (Chicago, 1967), 17.

5. Sorel, *L'Europe et la révolution française*, i. 1V.

6. Thomas Jefferson, 독립선언서의 첫 번째 초안, 1775. 다음과 비교. the final text, *In Congress, July 4 1776, the unanimous declaration of the thirteen united states of America* (facsimile, Washington. DC, 1960).

7. S. T. Coleridge, 'The Rime of the Ancient Mariner' (1797), 139-42, *Complete Poetical Works*, ed. E. H. Coleridge (Oxford, 1912), 191

8. William Blake, 'The Rose', *Poetical Works*, ed. J. Sampason (Oxford, 1905), 123

9. Russell, *History of Western Philosophy*, 705

10. F. Claudon, *Encyclopédie du romontisme* (Paris, 1980), 48.

11. Alexis de Tocqueville, *The Ancien Régime and the French Revolution* (London, 1966), pt. iii, ch. 6, 196; 또한 Whtiney Pope, *Alexis de Tocqueville: His Social and Political Theory* (London, 1983).

12. de Tocqueville, *L'Ancien Régime et la révolution française* (1856) (Paris, 1953), pt. ii, ch. I, 223-4.

13. R. D. Harris, *Necker: Reform Statesman and the Ancien Regime* (San Francisco, 1979). 다음을 참조. Norman Hampson, 'Update: The French Revolution', *History* (1989), 10-12.

14. C. E. Labrousse, *Esquisse du moubement des prix et des revenus en France au XVIIIème siècle* (Paris, 1937).

15. G. Lefebvre, *Quatre Vingt-Neuf* (1939), trans. as *The Coming of the French Revolution* (Princeton, NJ, 1947); *La Rèvolution française* (1958), trans. as *The French Revolution from the Origins to 1793* (London, 1962); Alfred Cobban, *The Social Interpretation of the French Revolution* (Cambridge, 1964).

16. Ibid. 173.

17. Albert Soboul, *Les Sans-culottes parisiens en l'an II* (Paris, 1962), 1.

18. 다음을 참조. M. Browers, 'Can We Stop the French Revolution?', *History*, 76/246 (1991), 56-73; 또한 Conor Cruise O'Brien, 'The Decline and Fall of the French Revolution', *New York Review of Books*, 15 Feb. 1990, 다음의 리뷰, F. Furet and M. Ozouf, *A Critical Dictionary of the French Revolution* (Cambridge, Mass.,1990).

19. Simon Schama, *Citizens: A Chronicle of the French Revolution* (London, 1989).

20. 다음을 참조. T. C. W. Blanning, *The Origins of the French Revolutionary Wars* (London, 1986).

21. R. Avezou, *Petite histoire du Dauphiné* (Grenoble, 1946), 85.

22. Abbé Emmanuel de Sieyès (1748-1836), *Qu'est-ce que le Tiers État?* (Jan. 1789).

23. Caryle, op. cit,,

24. Ibid. 29.

25. G. Lefebvre, *La Grande Peur de 1789* (1932); trans. as *The Great Fear of 1789: Rural Panic in Revolutionary France* (New York, 1973).

26. 출처 불분명.

27. Edmund Burke, *An Appeal from the New to the Old Whigs* (London, 1791), 127-8; 다음 노먼 데이비스의 "appendix"로 출판된 텍스트. Norman Davies, 'The Languor of so Remote an Interest: British Attitudes to Poland, 1772-1832', *Oxford Slavonic Papers* (new series), 16 (1983), 79-90

28. 다음을 참조. R. B. Rose, *The Making of the Sans-culottes: Democratic Ideas and Institutions in Paris*, 1789-92 (Manchester, 1983).

29. 다음을 참조. Gwyn Lewis, *The Second Vendée: The Continuity of Counter-Revolution in the Department of the Gard*, 1789-1815 (Oxford, 1978).

30. C. Dufresne, 'La Virée de Galerne', *Historama*, 20 (1991), 56 ff.

31. 다음을 참조. J. de Viguerie, *Christianisme et Revolution* (Paris, 1986); G. Babeuf, *La Guerre de Vendée et le système de dépopulation* (Paris, 1987); S. Reynald, *Le Génocide franco-français* (Paris, 1986), 그리고 *Juifs et vendéens: d'un génocide à l'autre: la manipulation de la mémoire* (Paris, 1991); J. C. Martion, *Les Guerres de Vendée au Musée d'Histoire de Cholet* (Cholet, 1990); 또한 *Une guerre interminable: la Vendée deux cents ans après* (Nates, 1985); Charles Tilly, *The Vendèe* (London, 1964).

32. 다음을 참조. D. Sutherland, *The Chouans: The Social Origins of Popular Counter-Revolution in Upper Brittany* (Oxford, 1992). [게릴라]

33. E. Blum (ed.) *La Déclaration des droits de l'homme et du citoyen* (Paris, 1902), 3-8; trans. J. H. Stewart. *A Documentary Survey of the French Revolution* (New York, 1951), 113-15.

34. 다음에 의해 인용돼 있음. Geoffrey Best, 'The French Revolution and Human Righs', G. Best (ed.), *The Permanet Revolution* (London, 1988), 105.

35. de Madariaga, *Russia in the Age of Catherine the Great*, 420-1, 423, 451.

36. 다음에 의해 인용돼 있음. Davies. *God's Playground*, i, 542.

37. André Barbier, 'L'Idole' (1831)으로부터; 다음에 의해 인용돼 있음. P. Gehl, *Napoleon For and Agains*, rev. edn. (London, 1964), 31.

38. After J. M. Thompson (ed.) *Napoleon's Letters* (Oxford, 1934), no. 87.

39. J. C. Herald, *The Mind of Napoleon: a selection from his written and spoken words* (New York, 1955), no. 64.

40. 다음에 의해 인용돼 있음. Milan Hauner, 'Německá střední Europa?' (A German Central Europe?) *Lidové noviny* (Prague), 30 Oct. 1993.

41. Daniel Beauvois, *Société et lumières à l'Europe de l'est: l'université de Vilna et les écoles polonaises de l'empire russe* (Paris, 1977), 또한 W. H. Zawadzki, *A Man of Honour: Prince Adam Czartoryski as Statesman of Russia and Poland 1801-30* (Oxford, 1993).

42. J. Miller, 'California's Tsarist Colony', *History Today*, 42 (Jan. 1992), 23-8; K. T. Khlebnikov, *Colonical Russian America: Khlebnikov's Reports, 1817-32* (Portland, Oreg., 1976); P. A. Tikhmenev, *The History of the Russian American Company* (Seattle, 1978).

43. Sorel, op. cit i, 1.

1814년 4월 20일 수요일, 퐁텐블로

44. 'Fanfare de l'Empéreur'; Henri Lachouque, *Napoléon et la Garde Impériale* (1957), trans. A. S. Brown as *Anatomy of Glory* (London, 1978), 795.

45. Ibid. 712-15.

46. Armand, Marquis de Caulaincourt, *Mémoires* (1933) (아래의 주 53 참조); 다음에 의해 인용돼 있음. D. Chandler, *The Campaigns of Napoleon* (London, 1967), 1003.

47. Herald, *Mind of Napoleon*, no. 176.

48. Lachouque, op. cit.
그론냐르grognards(불평자들grumblers)는 제국친위대 제1척탄보병연대의 별칭이었다.

49. R. F. Delderfield, *Imperial Sunset: The Fall of Napoleon, 1813-4* (London, 1969), 219.

50. Ibid. 245.

51. Louis Cohen, *Napoleonic Anecdotes* (London, 1925), no. 209.

52. J. M. Thompson (ed.), *Napoleon's Letters*, op. cit.

53. Lachouque, *The Campaigns et la Garde Impériale*, 415.

54. Chandler, *The Campaings of Napoleon*, 1002.

55. 다음에 의해 인용돼 있음. Felix Markham, *Napoleon and the Awakening of Europe* (New York, 1965), 127.

56. Ibid. 127.

57. Caulaincourt, *Mémoires*, English trans. (London, 1935).

58. Delderfield, *Imperial Sunset*.

59. Charles de la Roncière (ed.), *The Letters of Napoleon to Marie-Louise* (London, 1935), 265.

60. Ibid. 266.

61. Louis Cohen, *Napoleonic Anecdotes*, no. 143.

/제10장/

1. 다음에 의해 인용돼 있음. A. J. P. Taylor, 'Bismarck: Man of German Destiny', *Europe: Grandeur and Decline* (London, 1967), 80.

2. 1845년 12월 24일에 죽은 윌리엄 피커링William Pickering과 리처드 에드거Richard Edger의 묘비; 사우스포치의 엘리대성당Ely Cathedral.

3. A. Palmer, *Metternich* (London, 1972), 15: 'Revolution became for him the supreme bogey.' 또한 다음을 참조. L. B. Namier, 'Metternich', *Vanished Supremacies: Essays on European History, 1812-1918* (London, 1958).

4. Eric Hobsbawm, *Industry and Empire* (London, 1969), 21-2.

5. 다음을 참조. Roman Szporluk, *Communism and Nationalism: Karl Marx versus Friedrich List* (Oxford, 1989).

6. 다음을 참조. E. L. Jones, *The European Miracle: Environments, Economics, and Geopolitics in the History of Europe and Asia* (Cambridge, 1981).

7. 다음을 참조. Peter Laslett, 'The History of the Family', an introduction to *Household and Family in Past Times* (Cambridge, 1972), 1-89; 르 플레에 대해서는 ibid. 16-23.

8. B. Disraeli, *Sybil, or the Two Nations* (1845) (London, 1925) 67.

9. Norman Stone, 'The Great Depression', in *Europe Transformed: 1878-1919* (London, 1982), 20-42.

10. John Keats, 'La Belle Dame Sans Merci', *The Oxford Book of English Verse* (1939), no. 640

11. Alphonse de Lamartine, 'Le Lac', *The Oxford Book of French Verse* (1907), no. 236.

12. Giacomo Leopardi, 'Canto notturno di un pastore errante dell'Asia', *The Penguin Book of Italian Verse* (London, 1958), 279-85.

13. Joseph von Eichendorff, 'Das Zerbrechenen Ringlein' (The Broken Ring), L. Reiners (ed.), *Der ewige Brunnen*, Beck Verlag, 1992.

14. Juliusz Słowacki, 'Beniowski', 노먼 데이비스가 *Hear of Europe* (Oxford, 1984), 243에 있는 것보다 더 정확하게 번역. 리투아니아 빌뉴스 소재 라소스묘지Rasos Cemetery의 유제프 피우수트스키 무덤에 쓰여 있는 것이다.

15. A. Pushkin, 'The Bronze Horseman (1833)'의 프롤로그, *The Penguin Book of Russian Verse*, ed. D. Obolensky (London, 1962), 111-15. 푸시킨의 말은 추방당한 아담 베르나르트 미츠키에비치Adam Bernard Mickiewicz(폴란드 시인)의 시구詩句를 반영하는데, 그는 '하나의 코트 속에서under one coat' 표트르 대제 조각상(청동기마상) 앞에 선 적이 있다. 다음을 참조. A. Mickiewicz, 'Pomnik Piotra Wielkiego', from 'Dziadów Części III Ustęp', *Wybór Pism* (Warsaw, 1950), 308-9.

16. Chorus Mysticus, *Faust*, pt. ii, 12, 104-end; *Goethe: Selected Verse*, ed. David Luke (London, 1964), 355.

17. 다음을 참조. Maria Korzeniewicz, *Od ludowości ironicznej do ludowości mistycznej: przemiany postaw estetycznych Słowackiego* (Wrocław, 1981) 참조.

18. de Nerval, 'Les Cydalises'의 시작 행行, *Oxford Book of French Verse*, no. 276. 다음을 참조. R. Sabatier, *La Poésie du XIXe siècle, i: Les Romantismes* (Paris, 1977), 221-52.

19. 다음에 의해 인용돼 있음. B. Russell, 764-5.

20. 다음을 참조. B. A. Gerrish, *A Prince of the Church: Schleiermacher and the beginnings of modern theology* (London, 1984); K. W. Clements, *Friedrich Schleiermacher: Pioneer of Modern Theology* (London, 1987).

21. 다음을 참조. James Sheehan, *German Liberalism in the Nineteenth Century* (London, 1978).

22. 다음을 참조. D. Blachbourn and G. Eley, *The Peculiarities of German History: Bourgeois Society and Politics in Nineteenth Century Germany* (Oxford, 1984); 또한 다음을 참조. Madeleine Hurd, 'Sweden and the German Sonderweg'(1992년 5월 27~20일 시카고의 8th International Conference of Europeanists에 제출된 논문).

23. 이러한 정의는 Anthony D. Smith, *Theories of Nationalism* (London, 1971)에서 선호한 의미와 크게 다르지 않다. 책에서 국가민족주의state nationalism 지지자들은 '방계傍系의 귀족 종족lateral aristocratic ethnos'과 연관돼 있다. 또한 다음을 참조. Hans Kohn, *Nationalism: Its Meaning and History* (Princeton, NJ, 1965); Louis Snyder, *The Dynamics of Nationalism* (New York, 1964),

and *Varieties of Nationalism: A Comparative Study* (New York, 1976); Elie Kedourie, *Nationalism* (London, 1989); A. D. Smith (ed.), *Ethnicity and Nationalism* (Leiden, 1992). (아래의 주 31 참조).

24. N. Gardels, 'Two Concepts of Nationalism: An Interview with Isaiah Berlin', *New York Review of Books*, 21 Nov. 1991.

25. Ernest Renan, from *Qu'est-ce qu'une nation? Conférence faite en Sorbonne le 11 mars 1882, Œuvres complètes* (Paris, 1947), i. 887-906

26. 다음을 참조. Hugh Seton-Watson, *States and Nations: An Enquiry into the Origins of Nations and the Politics of Nationalism* (London, 1977).

27. J. F. Palmer, 'The Saxon Invasion and Its Influence on Our Character as a Race', *Transactions of the Royal Historical Society*, N. S., ii (1885), 173-96.

28. H. S. Chamberlain, *Die Grundlagen des neunzehnten Jahrhunderts* (1899), 다음에 의해 인용돼 있음, W. and A. Durant, 'Race and History', *The Lessons of History* (New York, 1968), 26-7.

29. 다음을 참조. H. Paszkiewicz, *The Origins of Russia* (Rome, 1954); 또한 'Are the Russians Really Slavs?' *Antemurale*, 2 (Rome, 1955).

30. F. M. Dostoevsky, *The Diary of a Writer*, trans. B. Basol (London, 1949), 565-6. 632.

31. Eric Hobsbawm, *Nations and Nationalism since 1780* (Cambridge, 1990), 14.

32. Timothy D. Snyder, 'Kazimierz Kelles-Krauz: a political and intellectual biography', D. Phil. thesis, Oxford University, 1995.

33. 1992년 5월 3일 옥스퍼드 세인트앤서니칼리지에서 'Empire and Nation in Russian History'를 알려준 Geoffrey Hosking 교수에게 감사를 전한다.

34. 다음을 참조. Louis L. Snyder, *The New Nationalism* (New York, 1968), 55 (또한 다음을 참조. Introduction, n. 66); Yael Tamir, *Liberal Nationalism* (Princeton, NJ, 1993) 참조.

35. Kacimierz Brodziński, 다음에 의해 인용·번역돼 있음, Norman Davies, *Hear of Europe*, 202.

36. 에두아르트 프란츠 조제프 그라프 폰 타페Eduard Franz Joseph Graf von Taaffe(1833~1895), 타페는 수수께끼의 답을 찾지 못했을뿐더러 수수께끼를 찾으려고도 하지 않았다.; C. A. Macartney, *The*

Habsburg Empire, 1790-1918 (London, 1969).

37. Bonar Law, 1912. *Encyclopaedia Britannica*, 11th edn (New York, 1911), 554; R. Kee, *The Green Flag: a history of Irish Nationalism* (London, 1972).

38. C. M. Grieve (Hugh MacDiarmid), 'A drunk man looks at the thistle' (1926), 'The annals of the five senses' (1930), in *Collected Poems* (London, 1978); T. Nairn, *The Break-up of Britain: crisis and neonationalism*, 2nd edn. (London, 1981); *The Enchanted Glass: Britain and its monarchy* (London, 1988). 또한 다음을 참조. N. MacCormick (ed.), *The Scottish Debate: essays on Scottish Nationalism* (Oxford, 1970); G. Bryan, *Scottish Nationalism: an annotated bibliography* (Westport, Conn., 1984).

39. Renan, 1882 (위의 주 25 참조).

40. 다음을 참조. Isaiah Berlin, *Karl Marx: His Life and Environment*, 4th edn. (Oxford, 1978); Angus Walker, *Marx: His Theory and Its Context*, 2nd edn (London, 1989).

41. A. J. P. Taylor, introduction, *The Communist Manifesto*, trans. S. Moore (Harmondsworth, 1967).

42. 다음에 의해 인용돼 있음. Tibor Szamuely, *The Russian Tradition* (London, 1974), 292. 다음을 참조. Deborah Hardy, *Petr Tkachev: The Critic as Jacobin* (Seattle, 1977).

43. 레셰크 코와코프스키 교수는 자신이 그 진술을 너무 자주 해서 자신이 정확하게 어디서 그것을 썼는지 잊어버렸다고 보고한다. 다음을 참조. Leszek Kołakowski, *The Main Currents of Marxism: Its Origins, Growth, and Dissolution* (Oxford, 1978).

44. Robert Conquest, introduction to Szamuely, *The Russian Tradition*, ix.

45. 다음을 참조. G. Woodcock, *Anarchism: A History of Libertarian Ideas and Movements* (London, 1963), 'The Family Tree', 35-55.

46. Percy Bysshe Shelley, *Prometheus Unbound* (1819), III. iii. 131-5, 154, 157-61

47. Peter Marshall, *Demanding the Impossible: A History of Anarchism* (London, 1991).

48. A. J. P. Taylor, 'The Wild Ones', *Observer*, 25 Oct. 196, 다음의 리뷰, James Joll, *The Anarchists* (London, 1964).

49. Taylor, 'Bismarck', 90.

50. 다음을 참조. F. Malino and D. Sorkin, *Jews in a Changing Europe, 1570-1870* (Oxford, 1990); P. Johnson, *A History of the Jews* (London, 1987).

51. 다음에 의해 인용돼 있음. C. Jelen, *Le Point* (Paris), 1, 163 (1994), 45.

52. 다음을 참조. Heinz-Dietrich Loewe, *The Tsars and the Jews: Reform, Reaction, and Antisemitism in Imperial Russia, 1772-1917* (Chur, 1993); F. Raphel, *The Necessity of Antisemitism* (Southampton, 1989); R. Wistrich, *Anti-zionism and Antisemitism in the Contemporary World* (Basingstoke, 1990); Douglas Johnson, *The Dreyfus Affair* (London, 1966); N. Cohn, *Warrant for Genocide: The Myth of the Jewish World-Conspiracy and the Protocols of the Elders of Zion* (London, 1967) 참조.

53. *Encyclopaedia Britannica*, xxviii. 989.

54. Issac Deutscher, *The Non-Jewish Jew and other essays* (London, 1968).

55. J. Wertheimer, *Unwelcome Strangers: East European Jews in Imperial Germany, 1890-1914* (Oxford, 1987); S. E. Ashheim, *Brothers and Strangers: The East European Jew in German and German Jewish consciousness, 1800-1923* (Madison, Wis., 1988).

56. *Hundert Jahre Jahrhundertwende* (Berlin, 1988), 155.

57. Herbert Read, in *Art Now* (1933), 다음에 의해 인용돼 있음, *The Oxford Compaion to English Literature*, ed. Margaret Drabble (1985), 658.

58. 다음을 참조. J. P. Stern, *A Study of Nietzsche* (Cambridge, 1979); S. Aschheim, *The Nietzsche Legacy in Germany* (Oxford, 1992).

59. 다음을 참조. Ben Macintyre, *Forgotten Fatherland: The Search of Elizabeth Nietzsche* (London, 1992).

60. John Carey, *The Intellectuals and the Masses* (London, 1992), 4. 다음을 참조. 'Extreme Prejudice', *Sunday Times, Books* 28 June 1992, 8-9.

61. 다음에 의해 인용돼 있음. Carey, *The Intellectuals and the Masses*, 12.

62. Michael Coren, 'And the Inferior Swarms Will Have to Die', *Independent*, 2 Jan. 1993; Michael Coren, *The Invisible Man: The Life and Liberties of H. G. Wells* (London, 1993)의 전단지. *Anticipations*는 *The Oxford Companion to English Literature* 중 웰스에 대한 소개 부분에서 언급되지 않는다.

63. Carey, *The Intellectuals and the Masses*, 21.

64. J. Miller, *Freud: The Man, His World, and His Influence* (London, 1972) 참조.

65. Baudelaire, sonnet 'Correspondences', *Oxford Book of French Verse*, 305.

66. Verlaine, 'Chanson d'automne'. ibid. no. 345.

67. Rimbaud, from 'Voyelles', ibid. no. 362.

68. Max Nordau, *Degeneration* (1892-3), 다음에 의해 인용돼 있음, R. C. Mowat, *Decline and Renewal: Europe Ancient and Modern* (Oxford, 1991), 12-13.

69. 다음에 의해 인용돼 있음. Michael Howard, *The Franco-Prussian War: The German Invasion of France, 1870-1* (London, 1962), 208. 폰 몰트케는 "우리는 그들을 쥐덫에 가두었다"라고 말하기를 좋아했다.; ibid. 207.

70. Ewa M. Thompson, 'Russophilia', in *Chronicles* (Oct. 1994), 32-5.

71. 1878년 Jas. MacDermott에 의해 대중화된, G. W. Hunt의 뮤직홀 노래music hall song; *The Concise Oxford Dictionary of Quotations* (Oxford, 1964), 112.

72. 다음을 참조. Michael Howard, *War in European History* (Oxford, 1976), 97-106.

73. Halford Mackinder, *Democratic Ideas and Reality* (1919), 다음에 의해 인용돼 있음, C. Kruszewski, 'The Geographical Pivot of History', *Foreign Affairs* (Apr. 1954), 2-16; 'The Geographical Pivot of History' (25 Jan. 1904), *Geographical Journal* (Apr. 1904), 421-44 (repr. London, 1969). 다음을 참조 B. B. Bluet, *Halford Mackinder: a biography* (College Station, TX, 1987).

74. H. von Moltke, *Gesammelte Schriften und Denkwurdigkeiten* (Berlin, 1892), v. 194.

75. 다음에 의해 인용돼 있음. Michael Howard, 'A Thirty Years' War: Two World Wars in Historical Perspective', *Transactions of the Royal Historical Society*, 6th Ser., 3, (1993), 171. 다음과 비교. 아돌프 히틀러가 1935년 5월 21일 독일 제국의회의사당 앞에서 한 말. "유럽에서 전쟁의 횃불을 켜는 자는 혼돈밖에 바랄 것이 없다."

76. Joachim Remak, *Sarajevo: The Story of a Political Murder* (London, 1959); L. Popelka, *Heeres-gesichtliches Museum* (Vinenna, 1988), 50-1.

1914년 8월 3일 월요일, 런던 SW1 영국 정부 외무부.

77. D. C. Browning (ed.), *Everyman's Dictionary of Quotations and Proverbs* (London, 1951), no. 1792; *The Concise Oxford Dictionary of Quotations*, 113; A. and V. Palmer, *Quotations in History: A Dicionary of Historical Quotations* (Hassocks, 1976), 97.

78. Viscount Grey of Fallodon, *Twenty-five Years, 1892-1916* (London, 1925), ii, 10, 20.

79. Keith Robbins, *Sir Edward Grey: A Biography of Lord Grey of Fallodon* (London, 1971).

80. 다음을 참조. B. Jelavich, *Russia's Balkan Entanglements, 1800-1914* (Cambridge, 1991), 특히 248-75. 차르의 8월 3일 선언은 세르비아에 대한 러시아의 외교적 의무에 대해 언급하지 않고 슬라브족의 공통 '신앙' '혈통' '역사적 전통'에 대해 언급했다.; ibid. 275.

81. 다음을 참조. G. M. Trevelyan, *Grey of Fallodon* (London, 1937).

82. 다음을 참조. Sidney Buxton, *Edward Grey: Bird Lover and Fisherman* (London, 1933).

83. 8 Dec. 1919, Harvard Union; Viscount Grey, *Recreation* (London, 1920).

84. Grey, *Twenty-five Years*, i. 121.

85. 'Chronicle' in *The Annual Register, 1914* (London, 1915

86. W. S. Churchill, *World Crisis*, 다음에 의해 인용돼 있음, Trevelyan, *Grey of Fallodon*, 200-4.

87. *Manchester Guardian*, 4 Aug. 1914.

88. David Lloyd George, *War Memoirs*, 다음에 의해 인용돼 있음, Trevelyan, *Grey of Fallodon*, 69, 254.

89. 다음을 참조. Hermann Lutz, *Lord Grey und der Weltkrieg*, trans. as *Lord Grey and the World War* (London, 1926), 특히 193-4.

90. Grey, *Twenty-five Years*, i, 57.

91. Robbins, *Sir Edward Grey*, 290.

92. Grey, *Twenty-five Years*, ii, 10-18.

93. Martin Gilbert, *Winston S. Churchill*, iii, (1914-1916) (London, 1971), 3. Aug. 1914.

94. J. Spender and C. Asquith, *The Life of Lord Asquith and Oxford* (London, 1932), ii. 93.

95. B. Connell, 'Prince Louis of Battenberg', in *Manifest Destiny* (London, 1953), 44-5. [고타]

96. Gilbert, *Churchill*, iii, ch. 1, 'A Really Happy Man', 25-6.

97. Ibid.

98. Ibid. 30, 4 Aug. 1914.

99. Ibid. 31.

100. Lutz, *Lord Grey and the World War*, 156.

101. 다음을 참조. K. H. Jarausch, *The Enigmatic Chancellor: Bethmann Hollweg and the Hubris of Imperial Germany* (New Haven, Conn., 1972).

102. Ibid. 70.

103. K. H. Jarausch, 'The Illusion of Limited War: Bethmann Hollweg's Calculated Risk, July 1914', *Central European History* (Atlanta), 2 (1969), 48-78.

104. Jarausch, *Enigmatic Chancellor*, 149.

105. 15 Nov. 1913, 베트만이 황태자에게 한 말, 다음에 의해 인용돼 있음, Jarausch, 'The Illusion of Limited War'.

106. 8 July 1914, ibid.

107. Jarausch, *Enigmatic Chancellor*.

108. Prince Bernhard von Bülow, *Memoirs, iii: 1909-19* (London, 1932), 161—호의적인 증인이 아니다.

109. L. Cecil, *Albert Ballin: Business and Politics in Imperial Germany, 1888-1918* (Princeton, NJ, 1967), 122 ff.

110. Von Bülow, *Memoirs*, iii, 159-60.

111. *Encyclopaedia Britannica*, 12th edn. (London, 1922), xxx. 453-4.

112. 다음에 의해 인용돼 있음. Jarausch, 'The Illusion of Limited War'.

113. Ibid. 54.

114. Ibid. 58.

115. Ibid. 75-6.

116. 27 July 1914, ibid

117. A. and V. Palmer, *Quotations in History*, 1751번.

118. Fritz Fischer, *Griff nach der Weltmacht* (1969), trans, as *War of Illusions: German Policies from 1911 to 1914* (London, 1972). 7월 29~30일의 중요한 일련의 사건에 대해서는 다음을 참조. 492-8.

119. Von Bülow, *Memoirs*, 3장. 163.

120. Fischer, *War of Illusions*, 511.

121. Palmer, *Quotations in History*, no. 1752

122. Jarausch, 'The Illusion of Limited War', 71 ff.

123. "종이 쪼가리"라는 문구는 같은 날 독일 의회 연설에서 확인된 벨기에의 중립성에 대한 베트만 홀베크의 감정과 확실하게 일치한다. 하지만 그가

특정한 형태의 단어를 사용한 최초 문서의 출처는
4일 뒤 작성된 영국 대사의 보고서로 보인다.
이로부터 그것은 모든 표준 참조 작업에 채택됐다.
'Sir Edward Grey to Sir E. Goschen', London, 8
August 1914, HMSO, *Collected Diplomatic
Documents Relating to the Outbreak of the European
War* (London, 1915), no. 160, p. 111; 1914년 8월
4일 독일 제국의회의사당 앞에서 독일제국 총리의
연설, ibid. 436-9; Palmer, *Quotations in History*,
18; *Everyman's Dictionary of Quotations* (London,
1951), no. 215.

124. Marcel Proust, *Correspondence*, ed. P. Kolb, iii
(1914) (Paris, 1985), no. 16.

125. *The Letters of Virginia Woolf* (London, 1976), ii.
no. 708.

126. C. Hassall, *Rupert Brooke: A Biography* (London,
1964), 454-5.

127. *The Letters of D. H. Lawrence*, ed. J. T. Boulton
(Cambridge, 1981), ii, no. 851, 레이디 신시아
아스퀴스Lady Cynthia Asquith에게, 30 Jan. 1915.

128. *The Letters of Thomas Mann, 1899-1955*, ed. R and
C. Winston (London, 1970), i. 69-70.
하인리히만Heinrich Mann에게, 7 Aug. 1914.

129. Count Carlo Sforza, 'Tisza, the Magyar', in
Makers of Modern Europe (London, 1930), 65.

130. D. A. Prater, *European of Yesterday: A Biography of
Stefan Zweig* (Oxford, 1972).

131. Ibid.

132. 다음을 참조. Issac Deutscher, *The Prophet Armed:
Trotsky 1879-1921* (Oxford, 1954).

133. Robert Service, *Lenin: A Political Life*, 2nd edn.
(Basingstoke, 1991), ii, ch. 2, 'Storms before
Storm'.

134. 다음에 의해 인용돼 있음. A. Solzhenitsyn, *August
1914* (London, 1971), 59 ff.

135. F. A, Golder, *Documents of Russian History* (New
York, 1927), 3-23; 다음에 의해 인용돼 있음.
R. Pipes, *The Russian Revolution, 1899-1919*
(London, 1990), 211.

136. R. Rolland, *Journal des années de guerre, 1914-19*,
ed. M. R. Rolland (Paris, 1952).

137. Michael Davie, *The Titanic: the full story of a disaster*
(London, 1986); G. J. Marcus, *The Maiden Voyage:
a complete and documentary history of the Titanic*

disaster (London, 1988); A. Rostron, *The Loss of the
Titanic* (Westbury, 1991).

138. A. J. P. Taylor, 'The Outbreak of the First World
War', in *Englishmen and Others* (London, 1956).

139. Taylor, 다음에 의해 인용돼 있음, Paul Kennedy,
'Profound Forces in History', in C. J. Wrigley
(ed.), *Warfare, Diplomacy and Politics: Essays in
Honour of A. J. P. Taylor* (London, 1986)에 인용돼
있음, 다음에서 축약, *History Today*, 36 (Mar.
1986), 11.

140. Taylor, 'The Outbreak of the First World War':
Struggle for Mastery in Europe (Oxford, 1954),
chapter xxii.

141. Taylor, 다음에 의해 인용돼 있음, 'Profound
Forces in History' (History Today), 12.

/제11장/

1. Anna Akhmatova (1889-1966), *Selected Poems*,
trans, and introd. S. Kunitz with M. Hayward
(London, 1989), no. 16, 'Chem khuzhe etot vyek
pryedshetvuyushikh?' (1919), 70.

2. 다음을 참조. Norman Stone, *The Eastern Front*
(London, 1975); 또한 A. Clark, *Suicide of the
Empires: The Battles on the Eastern Fron, 1914-18*
(London, 1971).

3. K. Rosen-Zawadzki, 'Karta Buduszczej Jewropy',
Studia z dziejów ZSRR i Srodkowej Europy (Wrocław,
1972), viii. 141-5, 지도와 함께.

4. R. Pipes, *The Russian Revolution, 1899-1919*
(London, 1990), 419.

5. J. and J. Bogle, *A Heart of Europe: The Lives of Emperor
Charles and Empress Zita of Austria-Hungary*
(Leominster, 1990), chs. 7, 8.

6. Pipes, *The Russian Revolution*, 492.

7. Ibid. 553.

8. RAF Casualty Reports, 1-10 Sept. 1918, Public
Record Office, London—Air 1/858/204/5/418
(opened 1969).

9. 다음을 참조. Adolf Juzwenko, *Polska a 'Biała' Rosja*,
Wrocław 1973 (with French summaries).

10. 다음을 참조. David Footman, *The Civil War in
Russia* (London, 1961) 참조. 소련 역사의

인구통계학에 대해서는 아래 주 35 참조.

11. 다음을 참조. R. L. Tokes, *Bela Kun and the Hungarian Soviet Republic, 1918-19* (New York, 1967); I. Volges, *Hungary in Revolution, 1918-19: Nine Essays* (Lincoln, Nebr., 1971).

12. 다음을 참조. Norman Davies, 'The Missing Revolutionary War', *Soviet Studies*, 27/2 (1975), 178-95; 또한 *White Eagle, Red Star: The Polish-Soviet War, 1919-20* (London, 1972).

13. Lord D'Abernon, *The Eighteenth Decisive Battle of World History* (London, 1931), 8-9.

14. 다음을 참조. P. B. Kinross, *Ataturk: The Birth of a Nation* (London, 1964); Alan Palmer, *Kemal Ataturk* (London, 1991); M. Llewellyn-Smith, *The Ionian Vision: Greece in Asia Minor, 1919-22* (London, 1973); M. Houspain, *Smyrna 1922: The Destruction of a City* (London, 1972).

15. 다음을 참조. Walter Lacqueur (ed.) *Fascism: A Reader's Guide* (Berkeley, Calif., 1976).

16. 다음을 참조. Hannah Arendt, *The Origins of Totalitarianism* (London, 1986), 다음으로 처음 출간, *The Burden of our Time* (1951); 또한 Leonard Shapiro, *Totalitarianism* (London, 1972).

17. 다음을 참조. Carl Friedrich, 'The Unique Character of Totalitarian Society', in *Totalitarianism* (Cambridge, Mass., 1954); 또한 C. Friedrich *et al.*, *Totalitarianism in Perspective: Three Views* (New York, 1969).

18. Vyacheslav Molotov, 6 Nov. 1939, 그리고 Hermann Göring, 9 Apr. 1933.

19. Hugh Seton-Watson, in *The Imeprialist Revolutionaries* (London, 1961).

20. Denis Mack Smith, 'The March on Rome', *Mussolini* (London, 1981), 52 ff.; 또한 다음을 참조. Adrian Lyttleton, *The Seizure of Power: Fascism in Italy, 1919-29* (London, 1987).

21. Mack Smith, 'The March on Rome', 240은 "무솔리니를 [히틀러가] 정말 좋아했던 몇 안 되는 사람 중 한 명"으로 묘사한다.

22. 다음에 의해 인용돼 있음. R. Albrecht-Carrié, *The Unity of Europe: An Historical Survey* (London, 1966), 223-4.

23. 프랑스어에서 재번역; *Dictionnaire Quillet* (Paris, 1935), i. 602.

24. P. Hollander, *Political Pilgrims: Travels of Western Intellectuals to the Soviet Union, China and Cuba, 1928-78* (New York, 1981); 또한 S. Margulies, *The Pilgrimage to Russia: The Soviet Union and the Treatment of Foreigners, 1924-37* (Madison, 1965).

25. Michael Holroyd, 'Fellow Traveller', 다음에서 발췌, *George Bernard Shaw: A Biography* (London, 1991); *Sunday Times*, 15 Sept. 1991.

26. 다음을 참조. P. Slater, *The Origins and Influence of the Frankfurt School* (London, 1977).

27. 다음을 참조. *Europa, Europa: das Jahrhundert der avantgarde in Mittel-und Osteuropa*, 다음의 전시, Kunst-und Ausstellungshalle der Bundesrepublik Deutschlands, 27 May-16 Oct. 1994, directed by Ryszard Stanisiawski and Christoph Brockhaus; catalogue (Bonn, 1994), 4 vols.

28. S. O'Faolain, *Constance Markievicz* (London, 1934); 또한 Anne Haverty, *Constance Markievicz: An Independet Life* (London, 1988).

29. Shelia Fitzpatrick, *The Russian Revolution, 1917-32* (Oxford, 1982).

30. Col. Robbins, 1918, 다음에 의해 인용돼 있음, Issac Deutscher, *The Prophet Armed: Trotsky 1879-1921* (Oxford, 1954); 또한 A. J. P. Taylor, in *Englishmen and Others* (London, 1956), 135.

31. L. B. Trotsky, *Stalin: An Appraisal of the Man and Hist Infulence* (1941; new edn. London, 1968).

32. 1936년; 다음에 의해 인용돼 있음. John Maynard, 'The Two Disciplines', in The *Russian Peasant and Other Studies* (London, 1942).

33. 다음을 참조. Alec Nove, *Was Stalin Really Necessary? Some Problems of Soviet Political Economy* (London, 1964); 또한 J. Arch Getty, *The Origins of the Great Purges: The Soviet Communist Party Reconsidered* (Cambridge, 1988).

34. 알렉세이 니콜라예비치 톨스토이; 다음에 의해 인용돼 있음. Trotsky, *Stalin*, op. cit.

35. 수십 년 동안 많은 역사학자는 스탈린의 희생자를 "수백 명" 또는 "수천 명"으로 간주했지만, 솔제니친과 같은 다른 사람들은 "수천만 명"이라고 말했다. 소련 붕괴 이후 가장 높은 추정지가 입증됐다. 다음을 참조. R. Conquest, *The Great Terror: A Re-assessment* (London, 1992); 또한 반半회개적

'수정주의자들revisionists'에 대한 R. Conquest의 리뷰 (J. Arch Getty and R. T. Manning (eds.), *Stalinist Terror: New Perspectives* (Cambridge, 1993)), in *TLS*, Feb. 1994. 그러나 정확한 통계 분석은 이루어지지 않고 있다. 예컨대 1941~1945년의 약 2700만 명의 '인구학적 격차the demographic gap'를 기초로 한 연구들은 나치에 의해 살해된 소련 시민과 소련 정권 자체에 의해 살해된 소련 시민을 구분하지 않는다. 국적에 따른 소련에서의 사망에 대한 적절한 분석은 나오지 않았다. 다음을 참조. Norman Davies, 'Neither Twenty Million, nor Russians, nor War Deaths' *Independent*, 29 Dec. 1987; 또한 M. Ellman, 'On Sources: A Note', *Soviet Studies*, 44/5 (1992), 913-15.

36. 다음에 의해 인용돼 있음. A. J. P. Taylor, 'Hitler's "Seizure of Power"', in *Englishmen and Others*, 139-53.

37. Alan Bullock, *Hitler: A Study in Tyranny*, rev. edn. (London, 1964), 773.

38. Ian Kershaw, *The Nazi Dictatorship: Problems and Perspectives of Interpretation*, 2nd edn. (London, 1989), 42-60. 또한 다음을 참조. Tim Mason, 'The Primacy of Politics: Politics and Economics in National Socialist Germany', in H. A, Turner (ed.), *Nazism and The Third Reich* (New York, 1972), 175-200.

39. Adolf Hitler, *Mein Kampf*, trans. R. Manheim (London, 1969), introd. by D. C. Watt, ch.11 'Nation and Race'.

40. Ibid. 260.

41. Ibid. 587.

42. Ibid. 598.

43. Ibid.

44. 다음에 의해 인용돼 있음. D. Thompson, *Europe since Napoleon* (London, 1966), 72.

45. George Watson, 'Hitler's Marxism', in *The Idea of Liberalism: Studies for a New Map of Politics* (London, 1985), 110-25.

46. 다음을 참조. R. Grunberger, *A Social History of the Third Reich* (London, 1971); 또한 T. Childers, *The Nazi Voter: The Social Foundatiosn of Fascism in Germany* (London, 1983).

47. 다음을 참조. Kershaw, *The Nazi Dictatorship*,

18-41.

48. 다음과 비교. Celia Heller, *On the Edge of Destruction* (New York, 1977), with L. Dobroszycki and B. Kirschenblatt-Gimblett (eds.) *Image Before my Eyes: A Photographic History of Jewish Life in Poland, 1864-1939* (New York, 1977-8). 훌륭한 시대물에 대해서는 다음을 참조. Lewis Namier, 'The Jews in the Modern World' (1934), *In the Margin of History* (London, 1940).

49. Lewis Namier, 'Yugoslavia', in *Facing East* (London, 1947), 66-82, 레베카 웨스트Rebecca West의 멋진 여행기인 *Black Lamb and Grey Falcon* (London, 1942)에 대한 리뷰.

50. Arthur Koestler, *Spanish Testament* (London, 1937); 또한 다음을 참조. Arthur Koestler, *Darkness at Noon* (London, 1968).

51. 다음을 참조. D. W. Pike, *In the Service of Stalin: The Spanish Communists in Exile, 1939-45* (Oxford, 1993).

52. Hugh Thomas는 약 20만 명의 군 사망자와 약 24만 5000명의 정치적 억압의 희생자를 포함한 50만 명의 수치를 조심스레 제시했다. Hugh Thomas, *The Spanish Civil War*, 3rd edn. (London, 1977), 270, 925-7.

53. Geza Jeszenszky, Foreign Minister of Hungary, 'The Lessons of Appeasement: Central Europe between NATO and Russia', lecture at SSEES, University of London, 6 Dec. 1993.

54. Keith Feiling, *A Life of Neville Chamberlain* (London, 1946), 367.

55. 다음을 참조. M. Gilbert, *Winston Spencer Churchill, v: 1922-39* (London, 1976), chs. 47, 48, 'The Worst of Both Worlds' and 'A Defeat without a War'.

56. After H. C. Hillman, *The Comparative Strength of the Great Powers* (London, 1939). 또한 다음을 참조. Paul Kennedy, 'The Politics of Appeasement', in *The Realities behind Diplomacy: Background Influences on British External Policy, 1865-1980* (London, 1985).

57. 필연적으로 사변적인 주제와 관련한 지적인 논의에 대해서는 다음을 참조. Ernst Topitsch, *Stalin's War: A Radical New Theory of the Origins of the Second World War* (1985), trnas. A. and B. E. Taylor

(London, 1987).

58. 이 잘못된 정보는 많은 서구 교과서에서 실렸다. 예를 들어, M. L. R. Issac, *A History of Europe, 1870-1950* (London, 1960), 241에서는 폴란드인들이 "독일의 자랑스러운 동맹"이라고 묘사된다.

59. 다음을 참조. Norman Davies, *Hear of Europe: A Short History of Poland* (Oxford, 1984), 'The Military Tradition', 239-43.

60. 다음에 의해 인용돼 있음. Bullock, *Hitler*, 527.

61. *Nazi-Soviet Relations, 1939-41: Documents from the Archives of the German Foreign Office*, ed. R. J. Sonntag and J. S. Beddi (Washington, DC, 1948), 78.

62. 리벤트로프·몰로토프와 스탈린 사이의 메모랜덤, 23-4 Aug. 1939, *Nazi-Soviet Relations*, 74.

63. US Chief of Counsel for Prosecution of Axis Criminality, *Nazi Conspiracy and Aggression*, vi (Washington, DC, 1948), 390-2, 뉘른베르크재판소에서 나우요크스 자신의 증언 녹취록을 인용.

64. 제2차 세계대전에 대한 최신 백과사전적 정보는 다음을 참조. Ian Dear and M. R. D. Foot *et al* (eds.), *The Oxford Companion to the Second World War* (1995).

65. Alvin D. Coxx, *Norman-han: Japan against Russia, 1939* (Stanford, Calif., 1985).

66. 다음을 참조. A. Read and D. Fisher, *The Deadly Embrace: Hitler, Stalin and the Nazi-Soviet Pact, 1939-41* (London, 1988).

67. 16 June 1941; *The Goebbels Diaries*, ed. F. Taylor (London, 1982), 414.

68. 다음을 참조. Victor Suvorov, *Icebreaker: Who Started the Second World War?* (London, 1990).

69. R. C. Raack, 'Stalin's Plans for World War Two', *Journal of Contemporary History*, 26 (1991), 215-27.

70. *Goebbels Diaries*, 16.

71. J. Wnuk, *Losy dzieci polskich w okresie okupacji hitlerowskiej* (Warsaw, 1980); 또한 다음을 참조. C. Henry and M. Hillel, *Au nom de la race* (Paris, 1974), trans. as *Children of the SS* (London, 1976); Richard Lukas, *Did the Children Cry? Hitler's War against Jewish and Polish Children, 1939-45* (New York, 1994).

72. Jan T. Gross, *Polish Society under German Occupation, 1939-44* (Princeton, NJ, 1979); RIchard Lukas, *The Forgotten Holocaust: The Poles under German Occupation* (Frankfurt, 1965). 나치가 점령 폴란드에서 설치한 게토에 대해서는 다음을 참조. L. Wells, *The Janowska Road* (London, 1966); L. Dobroszycki (ed), *The Chronicle of the Łódź Ghetto* (New Haven, Conn., 1984); A. Lewin, *A Cup of Tears: A Diary of the Warsaw Ghetto* (Oxford, 1988); A. Tory, *Surviving the Holocaust: The Kovno Ghetto Diary* (New York, 1990).

73. Norman Davies and Antony Polonsky, *The Jews in Eastern Poland and the Soviet Union, 1939-45* (London, 1991), introd. 또한 다음을 참조, J. T. Gross, *Revolution from Abroad: The Soviet Conquest of Poland's Western Ukraine and Western Byelorussia* (Princeton, NJ, 1988); Keith Sword, *The Soviet Takeover of the Polish Eastern Provinces, 1939-41* (Basingstoke, 1991); Irena and J. T. Gross, *War Through Children's Eyes: The Soviet Occupation of Poland and the Deportations, 1939-41* (Stanford, Calif., 1981); 그리고 Anon. [Zoe Zajdlerowa], *The Dark Side of the Moon* (preface by T. S. Eliot) (London, 1946).

74. 1939년 9월 30일. 다음을 참조. Ewa M. Thompson, 'Nationalist Propaganda in the Soviet Russian Press, 1939-41', *Slavic Review*, 50/2 (1991), 385-99.

75. J. Garliński, *Intercept: The Enigma War* (London, 1979); 또한 R. Wojtak, 'The Origins of the Ultra-secret Code in Poland, 1937-38', *Polish Reveiw*, 23/3 (1978).

76. 다음을 참조. Suvorov, *Icebreaker*: op. cit.. 예를 들어, 소련 공군의 상당 부분은 공격받기 쉬운 전방에 배치됐다.

77. Alan Bullock, 'Hitler and the Holocaust', lecture, Lagan Hall, University of London, 14 July 1993.

78. 괴링이 라인하르트 하이드리히Reinhard Heydrich에게. 1941년 7월 31일. 다음의 텍스트. R. Hilberg, *The Destruction of the European Jews* (London, 1961), 262.

79. *The Diary of Anne Frank: The Critical Edition* (London, 1989).

80. R. Hillberg *et al.* (eds.), *The Diary of Adam*

Czerniakow, 1939–42 (New York, 1979).

81. After Rudolf Hoess, *Commandant of Auschwitz: The Autobiography of Rudolf Hoess* (London, 1959), 144–57.

82. 다음이 눈에 띈다. Primo Levi, *If This Is a Man* (1956), *The Truce* (1963), *If Not Now, When?*. Jerzy Kosiński, *The Painted Bird* (1966), *The Devil Tree* (1973); Leon Uris, *Mila 18* (1961), *QB VII* (1971).

83. 다음을 참조. Hanna Kral, *Zdążyć przed Panem Bogiem: rozmowy z Markiem Edelmanem*, trans. as *Shielding the Flame* (New York, 1986) 참조; 다음에 의한 리뷰. Norman Davies, *New York Reivew of Books*, 20 Nov. 1986; 또한 'Poles and Jews: An Exchange' Ibid. 9 Apr. 1987.

84. Isaak Shahak, 'The Life of Death: An Exchange', *New York Reivew of Books*, 29 Jan. 1987, 45–50.

85. 다음을 참조. M. Edelman, *The Ghetto Fights* (New York, 1946); Y. Zuckerman, *A Surplus of Memory: A Chronicle of the Warsaw Ghetto Rising* (New York, 1993).

86. From 'Campo di Fiori', Warsaw 1943; Czesław Miłosz, *Collected Poems, 1931–87* (London, 1988).

87. Jan Błoński of the Jagiellonian University, Cracow, 'The Poor Poles look at the Ghetto', *Polin*, ii (1987), 321 ff., 다음에 처음으로 번역돼 기사로 실림. *Tygodnik Powszechny*(Cracow), 11 January 1987.

88. Irene Tomaszewski an T. Werbowski, *Żegota: the rescue of Jews in wartime Poland* (Montreal, 1994); T. Prekerowa, *Konspiracyjna Rada Pomocy Żydom w Warszawie, 1942-45* (Warsaw, 1983); W. Bartoszewski and Z. Lewin (eds.), *Righteous among Nations: How Poles Helped the Jews, 1939-45* (London, 1959); 또한 K. Iranek-Osmecki, *He Who Saves One Life* (New York, 1971).

89. 다음을 참조. Bruno Szatyn, *A Private War: Surviving in Poland on False Papers, 1941-45* (Detroit, 1985); N. Tec, *When Light Pierced the Darkness: Christian Rescue of Jews in Nazi-occupied Poland* (New York, 1985); Thomas Keneally, *Schindler's Ark* (London, 1982); 또한 방송국 채널4Channel 4 Television (런던, 1991)가 녹화한 아그니에슈카 홀란트Agnieszka Holland(폴란드 영화·텔레비전 감독)의 영화 〈유로파, 유로파Europa, Europa〉(1990)에 묘사된 솔로몬 페렐Solomon

Perel의 실화도 있다.

90. 다음을 참조. Istvan Deak in 'Who Saved Jews? An Exchange', *New York Review of Books*, 25 Apr. 1991, 60-2, 이전 논의의 연속은 다음에서 시작한다. Istvan Deak, 'The Incomprehensible Holocaust', ibid. 28 Sept. 1985.

91. S. Friedlander, *Pius XII and the Third Reich* (London, 1966); J. D. Holmes, *Pius XII, Hitler and the Jews* (London, 1982); R. G. Weisbord, *The Chief Rabbi, the Pope, and the Holocaust* (London, 1992).

92. Jakub Lestchinsky는 595만 7000명이라는 높은 추정치와 510만 명이라는 낮은 추정치를 제시했다. *The Destruction of the European Jews*, rev. edn. (New York, 1985), 767, 670. *Encyclopaedia of the Holocaust*, ed. I. Gutman (New York, 1990)의 상세한 appendix에서는 최소 추정치 559만 6000명, 최대 추정치 586만 명을 제시한다. iv. 1797-1802. 이로부터 중간 추정치는 572만 8000명으로 추산된다. 확실한 수치는 있을 수 없다. 하지만 유사한 방법을 사용하는 다양한 역사학자들은 유사한 결론을 도출한다(부록 1668쪽 참조).

93. 소련 내의 전시 초과사망excess death은 현재 2600만~2700만 명으로 추산된다. 다음을 참조. S. Maksudov, 'Losses Suffered by the Population of the USSR, 1918-58', R. Medvedyev (ed.), *The Samizdat Register II* (London, 1981). 1990년에 등장한 2700만 명 이상의 수치는 전시 사망자가 아니라 아직 태어나지 않은 양차 대전 사이 세대를 포함한 인구통계학적 손실 예측과 연관돼 있는 것으로 보인다.
그러나 이러한 수치의 분류는 매우 문제가 많다. 전쟁 중 민간인 사상자가 가장 많이 발생한 곳은 나치와 소련이 가장 치열하게 경쟁한 지역인 우크라이나, 벨라루스, 폴란드 동부일 것이라는 합리적 추정이 가능하다. 위의 주 35 참조. 영토territory, 연대표chronology, 사망원인causes of death에 대한 모호한 정의에도 유의해야 한다. 다음을 참조. M. Ellmann, S. Maksudov, 'Soviet deaths in the Great Patriotic War: a note', *Europe-Asia Studies*, vol. 46, no, 4 (1994), 671-80.

94. Jean Paul II, *Maximilien Kolbe: Patron de notre siècle difficile* (Paris, 1982); W. Herbstrath and B. Bonowitz, *Edith Stein: A Biography* (London, 1985);

W. T. Batroszewski, *The Convent at Auschwitz* (London, 1990)

95. 다음을 참조. Józef Garliński, *Fighting Auschwitz: The Resistance Movement in the Concentration Camp* (London, 1970); 또한 M. R. D. Foot, *Six Faces of Courage* (London, 1978), 105-19. 필레츠키는 1948년 5월 25일 공산당보안국에 의해 처형됐다. 50년 동안 억눌려 있던 그의 설명은 다음으로 출판됐다. *Raport Witolda*, ed. A. Cyra (Warsaw, 1991). 폴란드 공산당 프로파간다 기관은 아우슈비츠 내부의 저항은 전후戰後 총리 유제프 치란키에비치Józef Cyrankiewicz에 의해 운영됐다고 잘못 명시했다.

96. Józef Karski, 'The Tragedy of Szmul Zygelbojm', *Poland*, May 1987,43-50, extracts from *Story of a Secret State* (Boston, 1944); David Engel, *In the Shadow of Auschwitz: The Polish Government in Exile in London and the Jews, 1939-42* (London, 1987).

97. 다음을 참조. D. S. Wyman, *The Abandonment of the Jews: America and the Holocaust, 1941-45* (New York, 1984); 또한 R. Bolchover, *British Jewry and the Holocaust* (Cambridge, 1993).

98. M. Gilbert, *Auschwitz and the Allies* (London, 1981).

99. Lucy S. Dawidowicz, 'The fate of the Jews under National Socialism was unique'; 'The Jews: A Special Case', in *The Holocaust and the Historians* (Cambridge, Mass., 1981), 11V. 홀로코스트의 독특한 성격에 대한 논의는 역사적 사건 자체보다는 모든 형태의 비교에 반대하는 사람들의 동기에 초점을 맞춘다. 예를 들어, Sir Isaiah Berlin에 따르면, "현상의 유일함을 따진다면 […] 우리는 그것을 어떤 방식으로든 유사한 다른 사건들과 비교하기 전에 그 유일함을 성급하게 결론지어선 안 된다. 이것이 바로 홀로코스트에 일어나는 일이다. […] 그것은 명백히 정치적 동기를 가지고 있다." G. Thomas (ed.), *The Unresolved Past: a Debate in German History*, chaired and introduced by Ralf Dahrendorf (London, 1990), 18-19.

100. 로자 룩셈부르크Rosa Luxemburg는 세기의 전환기에 반유대주의와 관련해 "당신은 왜 유대인에게 특별한 슬픔을 갖는가? 나는 푸투마요Putumayo의 비참한 인디언 희생자들을 안타깝게 생각한다"라고 말했다. 다음에 의해 인용돼 있음. Dawidowicz, 'The Jews: A Special Case', 4.

101. 다음을 참조. I. Abrahamson (ed.), *Against Silence: The Voice and Vision of Elie Wiesel* (New York, 1985).

102. Lucy Dawidowicz, *The War Against the Jews, 1933-45* (London, 1975).

103. R. Hilberg, *The Destruction of the European Jews*.

104. Yehudah Bauer, *The Holocaust in Historical Perspective* (London, 1978). 다음에서 드러난 것이다. Raul Hilberg,. *Perpetrators, Victims, Bystanders: The Jewish Catastrophe, 1939-45* (London, 1992).

105. Martin Gilbert, *The Holocaust: The Jewish Tragedy* (London, 1986).

106. L. Dawidowicz, 'The Curious Case of Marek Edelman', *Commentary* (New York), 83/3 (March 1987), 66-9. 다음을 참조. M. Edelman, *The Ghetto Fights* (New York, 1946), 바르샤바게토봉기Warsaw Ghetto Uprising의 마지막 생존 지도자에 의한 비非시온주의자적 견해.

107. Arnold J. Meyer, *Why Did the Heavens Not Darken? The 'Final Solution' in History* (London, 1988).

108. Lukas, *The Forgotten Holocaust*: 또한 R. C. Lukas (ed.), *Out of the Inferno: Poles Remember the Holocaust* (Lexington, Ky., 1980).

109. Arthur R. Butz, *The Hoax of the Twentieth Century* (Richmond, Va., 1976), 또한 P. Rassinier, *The Holocaust Story and the Lies of Ulysses* (Costa Mesa, Calif., 1978); 또한 다음을 참조. Noam Chomsky, 'All Denials of Free Speech Undercut a Democratic Society', *Journal of Historical Review, 7/1* (1986), 123-7; 또한 Noam Chomsky, 'Thought Control in the USA', *Index on Censorchip, 7* (1986), 2-23와 후속 투고.

110. Paul Findley (ed.), *They Dare to Speak Out: People and Institutions Confront Israel's Lobby* (Westport, Conn., 1985).

111. C, Lanzmann, *Shoah: An Oral History of the Holocaust* (The Complete Text of the Film) (New York, 1985): 다음의 수많은 리뷰. T. Garton Ash, 'The Life of Death', *New York Review of Books*, 19 Dec. 1985; J. Karski, 'Shoah (Zaglada)', *Kultura* (Nov. 1985), 121-4; J. Turowicz, 'Shoah w

polskich oczach', *Tygodnik powszechny* (Cracow), 10 Nov. 1985; P. Coates, 'A Ghetto in Babel', *Encounter*, 49/1 (1987); *Polish Americans Reflect on Shoah* (Chicago, 1986).

112. Rafał Scharf, 'In Anger and in Sorrw', *Polin:A Journal of Polish-Jewish Studies*, 1 (1986), 270.

113. Władysław Anders, *An Army in Exile: The Story of the Polish Second Corps* (London, 1947; repr. Nashville, 1981).

114. '1941년 8월 14일 공개된 대서양헌장Atlantic Charter으로 알려진 원칙 선언'; J. A. S. Grenville, *The Major International Treaties, 1914-73: A History and Guide with Texts* (London, 1974), 198-9.

115. 1945년 6월 18~21일. *Trial of the Organisers, Leaders, and Members of the Polish Diversionist Organisation, Moscow* (London, 1945). 다음을 참조. Z. Stypułkowski, *Invitation to Moscow* (New York, 1962).

116. Gilbert, *Churchill*, vii: *1941-5* (London, 1986), 991-3.

117. A. Solzhenitsyn, *Prussian Nights: A Narrative Poem*, trand. R. Conquest (London, 1977), 특히 41-3, 49-53.

118. S. E. Ambrose, *Pegasus Bridge: 6 June 1944* (London, 1984). At midnight on 5/6 June, 페가수스다리는 두 명의 폴란드 징집병이 보호했으며 그중 이등병 Vern Bonck는 베누빌의 사창가를 향했다고 보고됐다. '옥스퍼드셔 및 버킹엄셔 경보병Ox and Bucks'는 다음 달 백파이프연주자들을 선두에 세운 로바트 경Lord Lovat(제 15대, 사이먼 프레이저Simon Fraser)에 의해 구출됐다.

119. Peter Hoffmann, *The History of German Resistance, 1933-45* (London, 1988); T. Prittie, *Germans Against Hitler* (London, 1964); F. R. Nicosia (ed.), *Germans against Nazism* (New York, 1990); D. C. Large, *Contending with Hitler: Varieties of German Resistance* (Cambridge, 1991).

120. 알베르트 슈페어Albert Speer에게. 1945년 3월 19일; Bullock, *Hitler*, 774

121. Ibid. 794-5.

122. Wisława Szymborska, stanzas from 'Koniec i początek' ("끝과 시작"), 영어 번역으로 출판될 예정이다. 다음에 의해 발표됐다. Stanislaw

Baranczak, in 'The Most Pressing Questions are Naive Ones', Conference on Contemporary Polish Literature, SSEES, University of London, 22-5 Mar. 1993.

1945년 10월 19일, 뉘른베르크

123. 이 부분의 초기 폴란드어 버전은 *Gazeta Wyborcza* (Warsaw), 3-4 Apr. 1993에 'Prawda ujawniona, I prawda ukryta'(드러난 진실과 숨겨진 진실)라는 훌륭한 제명하에 실렸다.

124. Airey Neave, *Nuremburg: A Personal Record* (London, 1978), 73-85. 삭가는 1979년에 하원의사당 주차장에서 아일랜드 테러범이 설치한 폭탄에 의해 사망했다.

125. Ibid. 26.

126. International Military Tribunal, Nuremberg, *The Trial of German Major War Criminals: Documents and Proceedings*, ed. L. D. Egbert (Nuremberg, 1947-9), vols.i- xlii.

127. International Military Tribunal, Nuremberg, *Speeches of the Chief Prosecutors* (London, 1946).

128. *Manchester Guardian*, 23 Mar. 1946, *The Times*, 8 May 1946; 다음에 의해 인용돼 있음. A. and J. Tusa, *The Nuremberg Trial* (London, 1983), *passim*.

129. 다음에 의해 인용돼 있음. Neave, *Nurmeberg*, 331.

130. M. Bloch, *Ribbentrop* (London, 1992), 454 .

131. Tusa and Tusa, *The Nuremberg Trial*, 472.

132. 다음을 참조. R. K. Woetzel, *The Nuremberg Trials in International Law* (New York, 1962).

133. 다음을 참조. R. A. Kirk, *The Political Principles of R. A. Taft* (New York, 1967).

134. H. K. Thompson and H. Strutz (eds.), *Doenitz at Nuremberg: A Reappraisal* (Torrance, Calif., 1983).

135. Neave, *Nuremberg*, 26.

136. Lewis Namier, *Manchester Guardian*, 119 Oct. 1945; 다음에 의해 인용돼 있음. Tusa and Tusa, *The Nuremberg Trial*, *passim*.

137. Ibid. 미국 번역가에 따르면, 비신스키의 정확한 뜻은 "피고인들을 위해 건배를 제안합니다. 그들의 길이 법원에서 무덤으로 곧장 이어지기를 바랍니다"라고 한다. Telford Taylor, *Anatomy of the Nuremberg Trials: A Personal Memoir* (London, 1993), 211.

/제12장/

1. 요한 바오로 2세의 특히 좋아하는 비유. 일례로, Pope John Paul II, *Euntes in mundum* (1988), 키이우루스(크이우 루시, 키예프 루스)의 새천년이 시작되는 시기에 대한 것이다.

2. 다음을 참조. Keith Sword *et al*, *The Formation of the Polish Community in Great Britain, 1939-50* (London, 1989).

3. Nikolai Tolstory, *Victims of Yalta* (London, 1977).

4. James Bacque, *Others Losses: An Investigation into the Mass Deaths of German prisoners...* (New York, 1989), 다음에서 맹렬히 논쟁된다. G. Bischoff and S. Ambrose (eds.), *Eisenhower and the German POWs: Facts Against Falsehod* (Baton Rouge, La., 1993), reviewed in *History, 79/255* (1994), 186.

5. Krystyna Kersten, 'The Transfer of the German Population from Poland, 1945-7', *Acta Poloniae Historica*, 10 (1964), 27-47; Alfred M. De Zayas, *Nemesis at Potsdam: The Anglo-Americans and the Explusion of the Germans*, rev. edn. (London, 1979), and *The German Expellees: Victims in War and Peace* (London, 1993); John Sack, *An Eye for an Eye: The Untold Story of Jewish revenge on Germans, 1945* (New York, 1993).

6. 다음을 참조. Kazimierz Moczarski, *Rozmowy z katem* (1974), trans. as *Conversations with and Executioner* (London, 1978).

7. Arthur Bliss Lane, *I Saw Poland Betrayed* (New York, 1947); Stanisław Mikołayczyk, *The Rape of Poland: The Pattern of Soviet Domination* (London, 1949); Jan Ciechanowski, *Defeat in Victory* (London, 1968). 키엘체포그롬에 대해서는 T. Wiącek, *Kulisy I tajemnice pogromu kieleckiego 1946r* (Cracow, 1992).

8. George Kennan, *Foreign Affairs* (July 1947). 'X'라는 가명을 사용.

9. Gilbert, *Churchill*, viii. 200.

10. Ibid.

11. *The Times*, 6 Mar. 1947.

12. Gilbert, *Churchill*, viii. 265-7.

13. Ibid. 267.

14. Ibid. 355. 헤이그회의Hague Congress에서의 언급에 대해서는 다음을 참조. Anthony Sampson, *The New Europeans: A Guide to the Workings, Institutions, and Character of Contemporary Western Europe* (London, 1968), 4-5.

15. Neal Ascherson, 'The Special Relationship that will Survive all Tiffs', *Independent on Sunday*, 21 Feb. 1993.

16. K. D. Bracher, *Die deutscher Diktatur* (1969), trans. as *The German Dictatorship* (Harmondsworth, 1970).

17. Anthony Sampson, *The Essential Anatomy of Britain: Democracy in Crisis* (London, 1992).

18. After Walter Laqeur, *Europe since Hitler* (London, 1967), 194.

19. Dr Otto von Habsburg, *The Economist*'s Charles Stransky Memorial Lecture, London 20 Sept. 1993

20. 'The Last Testament', in Strobe Talbot (ed.), *Krushchev Remembers* (Boston, 1974), 284.

21. 다음을 참조. Laqueur, *Europe since Hitler*, 'The Soviet Economy', 231 ff.

22. 다음에 의해 인용돼 있음. Geoffrey Hosking, *A History of the Soviet Union* (London, 1985), 405.

23. Irina Ratushinskaya, *Grey Is the Colour of Hope*, trans. A. Kojevnikov (London, 1989), 229.

24. Michael Bourdeaux, *The Role of Religion in the Fall of Soviet Communism* (London, 1992).

25. Adam Ważyk, 'Poemat dla dorosłych' ("어른들을 위한 시詩"), *Nowa Kultur* (Warsaw), 21 Aug. 1955; 다음에 의해 인용돼 있음. Davies, *God's Playground*, ii. 582-3.

26. 프라하의봄에 대해서는 다음을 참조. H. Gordon Skilling, *Czechoslovakia's Interrupted Revolution*, (Princeton, NJ, 1976).

27. Col. Ryszard Kukliński: 다음에 보도. *Washington Post*, 27 Sept. 1992; *Gazeta Wyborcza*, 28 Sept. 1992.

28. 체코슬로바키아 전 폴리트뷰로(정치국) 위원 카렐 카플란Karel Kaplan이 *Panorama* (May 1977)에서 알린 대로다.: 다음을 참조. 'Stalin's Secret Council of War', *The Times*, 6 May 1977; 또한 'Secrets from the Prague Spring', *Time*, 9 May 1977.

29. George Ball, 'JFK's Big Moment', *New York Review of Books*, 13 Feb. 1992.

30. L. Kołakowski, 'Tezy o nadziei i beznadziejności', *Kultura* (Paris), June 1971, trans. as 'Hope and

Hopelessness' *Survey*, 17/3(80) (Summer 1971), 37-52.

31. Jacques Rupnik, *The Other Europe* (London, 1988), 15.

32. *The Treaty on European Union: including the protocols and final act with declarations, Maastricht 7 February 1992* (London, 1992); 다음에 발표. *Sunday Times*, London, 11 Oct. 1992.

33. Slavenka Drakulic, *How We Survived Communism and Almost Laughed* (London, 1992); Janine Wedel, *The Private Poland* (New York, 1986).

34. Stanisław Lem, in Stanisław Barańczak (ed.), *Breathing Under Water and other East European essays* (Cambridge, Mass., 1992), 1-6.

35. Timothy Garton Ash, *We the People: The Revolutions of 89 witnessed in Warsaw, Budapest, Berlin and Prague* (Cambridge, 1990), 78. 또한 다음을 참조. David Selbourne, *The Death of the Dark Hero: Eatern Europe, 1987-90* (London, 1990).

36. 슈타이어마르크주 주지사에게; Dr Otto von Habsburg, Charles Stransky Lecture, *Passim*.

37. Timothy Garton Ash, *In Europe's Name: Germany and the Divided Continent* (London, 1993), 385.

38. 다음을 참조. E. and J. Winiecki, *The Structural Legacy of the Soviet-type Economies* (London, 1992).

39. Arpad Goncz, 다음에 의해 인용돼 있음, Garton Ash, op. cit., 60.

40. Cornor Cruise O'Brien, 'A Grave marked Maastricht', *The Times*, 30 Apr. 1992.

41. Gyorgi Konrad, in *Antipolitics* (London, 1982).

42. Francis Fukuyama, 'The End of History?' *The National Interest* (1989); 또한 'The End of History Is Still Nigh', *Independent*, 3 Mar. 1992.

43. Zbigniew Brzeziński가 1992년 2월 볼로냐에서 한 발언; 또한 J. Moskwa, 'Brzeziński o trzech Europach', *Nowy świat*, 3 Mar. 1992.

44. 캘리포니아대학버클리캠퍼스 켄 조위트Ken Jowitt 교수가 1992년 4월 2~4일 예일대 국제안보회의International Security Conference에서 말한 내용.

1992년 2월 14일 서머타운

45. *Independent*, 14 Feb. 1992; *Guardian*, 14 Feb. 1992; *El Pais*, 13 Feb. 1992; *Le Monde*, 13 Feb. 1992; De Telegraaf, 13 Feb. 1992; *Suddeutsche Zeitung, 13 Feb. 1992; Gazeta yborcza*, 12 Feb. 1992; *The Oxford Times*, 14 Feb. 1992.

46. *Corriere della Sera*, 13 Feb. 1992.

47. *Daily Mail*, 13 Feb. 1992.

48. *Le Monde*, 14 Feb. 1992.

49. *European*, 13-19 Feb. 1992.

50. *The Times*, 14 Feb. 1992.

51. Alan Hamilton, 'Scots Recall an Ancient Act of Treachery', *The Times*, 14 Feb. 1992, 16; *Die Zeit*, 7 Feb. 1992, Reiner Luyken, 'Schotten, erhebt euch! Reisst der Nationalismus nun auch Grossbritannien in Stücke?'

52. *Polska tak, ale jaka?* ("폴란드, 그래 좋다. 그런데 어떤 종류의 폴란드 말인가?")는 19세기 곧 폴란드가 망했을 때부터의 부가어구tag다. 이제는 러시아 차례다.

53. (Eternal wanderer of the unmoving azure, | I miss Europe with its ancient ramparts). Arthur Rimbaud, 'Le Bateau ivre', in *Poésies: Une saison en enfer; Illuminations* (Paris, 1973), 97.

|캡슐 미주|

[가가우즈 GAGAUZ] **1.** 다음을 참조. W. Zajączkowski, *Język i floklor u Gagauzów w Bułagarii* (Cracow, 1966). **2.** 다음을 참조. H. T. Norris, *Islam in the Balkans: religion and society between Europe and the Arab world* (London, 1993). **3.** T. J. Winnifrith, 'The Pomaks', *Shattered Eagles, Balkan Fragments* (London, 1995), 82-98. **4.** R. J. Donie, J. V. A. Fine, *Bosina and Hercegovina: a tradition betrayed* (London, 1994).

[가토파르도(표범) GATTOPARDO] **1.** Giuseppe Tomasi di Lampedusa, *IL Gattopardo* (Milan, 1958); trans. Archibald Colquhoun, *The Leopard* (London, 1960), 11. **2.** Ibid. 29. **3.** Ibid., 223.

[겁쟁이 COWARD] **1.** 'Campaign to Pardon Troops Hits Setback', The *Independent*, 6 Aug. 1993. 또한 다음을 참조. J. Putkowski and J. Sykes, *Shot at Dawn* (London, 1989). **2.** 'Deserters', *Oxford Companion to the Second World War* (Oxford, 1995).

[게누크 GENUG] **1.** After G. Brandreth, *Famous Last Words and Tombstone Humor* (New York, 1989).

[게릴라 GUERRILLA] **1.** Robert Moss, *Urban Guerrillas: the new face of political terrorism* (London, 1972). **2.** A. Racineux, 'Les Chouans: une armée de l'ombre', *Historama*, no. 89. July 1989, 12-19.

[게장 GESANG] **1.** Martin Luther, 'Ein' feste Burg ist unser Gott', in *Der ewige Brunnen: ein Handbuch deutsher Dichtung* (Munich, 1979), 971; 또한 다음을 참조. F. Blume. *Protestant Church Music: a history* (London, 1975). **2.** 다음에 의한 번역. Thomas Carlyle, *The English Hymnal with Tunes* (Oxford, 1933), no. 362. **3.** Thrasybilos Georgiades, 'The German Language and Music', *Music and Language:*

The Rise of Western Music as Exemplified in Settings of the Mass (Cambridge, 1982), 49-58. **4.** 'Tallis', Canon', 토머스 탤리스의 멜로디 축약, 토머스 레이븐스크로프트Thomas Ravenscroft의 *Psalter* (1621)로부터, 토머스 켄Thomas Ken (1637~1710)의 가사. 다음을 참조. M. Baughen (ed.), *Hymns of Today's Church* (London, 1982), no. 274. 또한 다음을 참조. E. H. Fellowes, *English Cathedral Music* (London, 5th edn, 1969).

[게토 GHETTO] **1.** 'Ghetto', *Encyclopaedia Judaica* (Jerusalem, 1970), vii. 542-6. **2.** Gershon Hundert, *Jews in a Polish Private Town: The Case of Eighteenth Century Opatów* (Baltimore, 1992).

[계시록 APOCALYPSE] **1.** Rev. 21: 4-6.

[고딕 GOTHIC] **1.** J. Ruskin, *The Nature of Gothic* (1892; repr. Portland, Oreg., 1975), 5. **2.** 다음을 참조. A. Saint, 'Building in the Holy Town', *TLS*, 9-15 Mar. 1990, 다음의 리뷰, A. Erlande-Brandenburg, *La Cathédrale* (Paris) and R. Recht (ed), *Les Bâtisseurs des cathédrales gothiques* (Strasburg, 1989).

[고리대금업 USURY] **1.** 다음을 참조. J. Shatzmiller, *Shylock Reconsidered: Jews, Moneylending and Medieval Society* (Berkeley, Calif., 1989)., 다음의 리뷰, *New York Review of Books*, 36/21-2 (18 Jan. 1990). **2.** K. B. McFarlane, 'Loans to the Lacastrian Kings: The Problem of Inducement', *Cambridge Historical Journal*, 9 (1947-9), 57-68.

[고슈 GAUCHE] **1.** 다음을 참조. J. van Clove, R. E. Frederick, *The Phiposophy of Right and Left: incongruent counterparts and the nature of space* (London, 1991). **2.** N. Nugent, 'The European Parliament', *The*

Governmetn and Politics of the European Community (3rd edn.) (London, 1994).

[고타 GOTHA] 1. E. Scheeben, *Ernst II: Herzog von Sachsen-Coburg und Gotha* (Frankfurt, 1987); J. Van der Kirstie, *Dearest Affie: Alfred, Duke of Edinburgh and Duke of Saxe-Coburg and Gotha, 1840-1900* (Gloucester, 1984). 2. R. R. James, *Albert, Prince Consor: A Biography* (London, 1985); S. Weintraub, *Victoria: A Biography of a Queen* (London, 1988); T. Aranson, *Heart of a Queen: Queen Victoria's Romantic Attachment* (London, 1991). 3. A. S. Gould Lee, *The Royal House of Greece* (London, 1948). 4. Brian Connell, *Manifest Destiny: A Study in Five Profiles of ... the Mountbatten Family* (London, 1953); M. Kerr, *Admiral Louis of Battenberg* (London, 1934); R. Hough, *Louis and Victoria* (London, 1974). 5. *Polski Słownik Biograficzny* (Wrocław 1960-1), ix, 'Hauke'. 6. Anthony, Lord Lambron, *The Mountbattens* (London, 1989). 7. Richard Tomlinson, 'Trying to be Useful', the *Independent on Sunday*, 19 June 1994; 다음으로부터 발췌. *Divine Right: The Inglorious Survival of British Royalty* (London, 1994).

[고타르 GOTTHARD] 1. Ian Robertson, *Switzerland*, Blue Guide (London, 1989), 230, 304-5. 2. 수보로프 기념비. 개인 방문.

[곤살베스 GONCALVEZ] 1. B. Davidson, *Black Mother* (Boston, 1961); rev. edn. *The African Salve Trade* (Boston, 1980), 53-4. 2. Ibid. 55. 3. Ibid. 67-9, 101-3. 4. Ibid. 163. 5. 'How Many?', ibid. 95-101.

[교서요목 SYLLABUS] 1. 다음을 기반으로 한다. *New Catholic Encyclopedia* (Washington, DC,, 1967), xiii. 854-6. 2. 사회주의, 아나키즘, 테러리즘, 로마카톨릭주의를 밀접하게 연관시킨 도스토옙스키의 정치적 관점에 대해서는 [인퀴시티오]를 참조.

[구상 DESSEIN] 1. C. Pfister, 'Les "CEconomies Royales" de Sully et le grand dessein de Henri IV', *Revue historique*, 56 (1894), 304-39. 2. D. J. Buisseret, *Sully and the Growth of Centralised Government in France, 1598-1610* (London, 1968). 3. 다음을 참조. F. H. Hinsley, *Power and the Pursuit of Peace* (Cambridge, 1967), 24 ff.

[구스스텝 GOOSE-STEP] 1. 다음을 참조. P. J. Haythornthwaite, *Frederick the Great's Army* (London, 1991); 또한 Gordon Craig, *The Politics of the Prussian Army, 1640-1945* (Oxford, 1955).

[국가 STATE] 1. 다음을 참조. Rein Taagepera, 'Growth and Decline of Empires since 600 AD' (unpublished paper, University of California at Irvine). 2. Nobert Elias, *Uber den Prozess der Zivilisation* (Basle, 1939), ii. 3. Charles Tilly, *Coercion, Capital and European States, AD 990-1990* (Oxford, 1990). 4. Paul Kennedy, *The Rise and Fall of Great Powers: Economic Change and Military Conflict, 1500-2000* (London, 1988). 5. Richelieu, *Testament politique*, 다음에 의해 인용돼 있음, J. H. Shennan, *The Origins of the Modern European State, 1450-1725* (London, 1974).

[그레코 GRECO] 1. David Holton (ed.), *Literature and Society in Renaissance Crete* (Cambridge, 1991); A. Embiricos, *La Renaissance Crétoise*, 2 vols. (Paris, 1960-7). 2. C. T. Dimaras, *A History of Modern Greek Literature* (London, 1972).

[그로센메어 GROSSENMEER] 1. Peter Laslett, 'Family and Hoshehold as Work Group and Kin Group: Areas of Traditional Europe Compared', R. Wall *et al.* (eds.) *Family Forms in Historic Europe* (Cambridge, 1983), 513-63. 2. Peter Laslett, 'Introduction: The History of the Family', Laslett and Richard Wall (eds.), *Household and Family in Past Time: Comparative Studies in Size and Structure of the Domestic Group over the Last THree Centuries* (Cambridge, 1972). 3. J. Valynseele, *La Généalogie: histoire et pratique* (Paris, 1991). 또한 다음을 참조. Genealogical Society of the Church of Jesus Christ of Latter-day Saints, *Finding Aids to the Microfilmed Manuscript Collection ...* (Salt Lake City, 1978-83).

[그릴렌슈타인 GRILLENSTEIN] 1. R. Sieder and M. Mitterauer, 'The Reconstruction of the Family Life Course: Theoretical Problems and Empirical Results', R. Wall *et al.* (eds.), *Family Forms in Historic Europe* (Cambridge, 1983), 309-45.

[금서목록 INDEX] 1. N. Parsons, *The Books of Literary Lists* (London, 1985), 207-13. 2. 다음을 참조. J. Vernaud and A. Bennett, *An Index to INDEX ON CESORSHIP, 1972-88* (London, 1989). 3. *New Catholic Encyclopedia* (Washington, DC,, 1967).

[기근 FAMINE] 1. Cecil Woodham-Smith, *The Great Hunger: Ireland 1845-49* (London, 1962), 91. 2. Ibid. 19. 3. Roy Foster, *Modern Ireland: 1600-1972* (London, 1988), 325. 4. 다음에 의해 인용돼 있음. A. Nikiforuk, 'The Irish Famine', *The Fourth Horseman* (London, 1991), 123. 5. Lady Wilde, 'The Exodus', C. Morash (ed.), *The Hungry Voice: Poetry of the Irish Famine* (Dublin, 1989), 219; S. Cronin, *Irish Nationalism: a history of its roots and ideology* (New York, 1980).

[기요탱 GUILLOTIN] 1. Martin Manser, *Dictionary of Eponyms* (London, 1988), 120.

[노르게 NORGE] 1. 다음을 참조. G. Opstad *et al*, *Norway* (London, 1991).

[노멘 NOMEN] 1. James Gow, *A Companion to School Classics* (London, 1888), 166 ff. 2. Neal Ascherson, 'Do me a favour, forget my name...', the *Independent on Sunday*, 4 Sept. 1994. 3. 다음을 참조. *Pamiętniki Filipka*, ed. W. Zambrzycki (Warsaw, 1957), 115 ff.; 다음에 의해 인용돼 있음. Norman Davies, *Heart of Europe*, 245-7.

[노미스마 NOMISMA] 1. E. Junge, *World Coin Encyclopaedia* (London, 1984), 15. 2. Jean Babelon, *La Numismatique antique* (Paris, 1949).

[노벨 NOBEL] 1. E. Bergengen, *Alfred Nobel: the Man and his Work* (London, 1962); N. K. Stahle, *Alfred Nobel and the Nobel Prizes* (Stockholm, 1986).

[노브고로드 NOVGOROD] 1. F. M. Thompson, *Novgorod the Great: Excavations at the Mediaeval City* (London, 1967), 58. 또한 다음을 참조. M. Brisbane (ed.), *The Arcaeology of Novogorod, Russia: Recent Results from the Town and Its Hinterland* (Lincoln, 1992). 2. Ibid. 63. 3. 노브고로드의 파괴와 6만 명의 시민 학살 사건에 대해서는 다음을 참조. I. Grey, *Ivan the Terrible* (London, 1964), 178-82.

[노스트라다무스 NOSTRADAMUS] 1. Nostradamus, Prophecies i. 35. 다음을 참조. E. Cheetham, *The Prophecies of Nostradamus* (London, 1973) 참조. 2. Prophecies x. 39. 3. Ibid. i. 3. 4. Ibid. i. 63.

[누아야드 NOYADES] 1. 다음을 참조. J. Brooman, *The Reign of Terror in France: Jean-Baptiste Carrier and the Drownings at Nantes* (York, 1986). 2. 다음을 참조. Jan Karski, *The Secret State* (London, 1944). 3. R. Hilberg, 'Origins of the Killing Centers', *The Destruction of the European Jews* (New York, 1985), 221-38. 4. J. C. Pressac, *Auschwitz: Technique and Operation of the Gas Chambers* (New York, 1989). 5. 다음으로부터 의역. *International Military Tribunal* (Nuremberg, 1946), viii. 324-9. 6. Lyubo Bohan, 'Jasenovac and the Manipulation of History', *East European Politics and Societies*, 4 (1990), 580-93.

[니벨룽 NIBELUNG] 1. W, Huber, *Auf der Suche nach den Nibelungen* (Gütersloh, 1981), 20. 2. H. and M. Garland, *The Oxford Companion to German Literature*, 2nd edn. (Oxford, 1986), 664-7.

[니코폴리스 NIKOPOLIS] 1. 다음을 참조. Barbara Tuchman, *A Distant Mirror: The Calamitous Fourteenth Century* (London, 1978).

[다누비우스 DANUVIUS] 1. 다음을 참조. C. Magris, *Danube: a sentimental journey from the source to the sea* (London, 1989). 2. Dimitrie Radu, *Pasarile din Delta Dunarii* (Birds of the Danube Delta) (Bucharest, 1979). 3. 다음을 참조. A. Demangeon, L. Febvres, *Le Rhin: problèmes d'histoire et d'économie* (Paris, 1935).

[다샤 DASA] 1. John D. Barrow, *Pi in the Sky: Counting, Thinking and Being* (Oxford, 1992), 60-3.
2. C. Kephart, *Sanskrit: its origin, composition and diffusion* (Strasburg, VA, 1949); 또한 K. Srinivasachari, *Learn Sanskrit in Thirty Days* (Madras, 1987). 3. 다음을 참조. G. Flegg, *Numbers: Their History and Meaning* (London, 1983); A. Lillo, *The Ancient Greek Numeral System* (Bonn, 1990).

[단네브로 DANNEBROG] 1. B. Rying, *Denmark: History* (Copenhagen, 1988), 39.

[달러 DOLLAR] 1. 다음을 참조. D. R. Cooper, *Coins and Minting* (Princes Risborough, 1983), 10-16.
2. J. Hans, *Maria-Teresien Taler: zwei Jahrhunderte* (Leiden, 1961)

[데모스 DEMOS] 1. Peter France, *Greek as a Treat*, programme 3, BBC Radio 4, 12 May 1993. 2. 다음을 참조. R. K. Sinclair, *Democracy and Participation in Athens* (Cambridge, 1988), 그리고 E. M. Wood, *Peasant-Citizen and Slave* (London, 1988), 다음의 리뷰, P. Cartledge, 'The First Popular Government', *TLS*, 6-12 Jan. 1989. 3. T. G. Masaryk, inaugural address, 23 Dec. 1918.

[데비아티오 DEVIATIO] 1. Thomas Szasz, *The Manufacture of Madness: A Comparative Study of the Inquisition and the Mental Health Movement* (London, 1971). 2. P. Reddaway (ed.), *Uncensored Russia: The Human Rights Movement in the Soviet Union* (London, 1977); S. Bloch, *Russia's Political Hospitals: The Abuse of Psychiatry in the Soviet Union* (London, 1977); S. Bloch and P. Reddaway, *Soviet Psychiatric Abuse: The Shadow over World Psychiatry* (Boulder, Colo., 1985); Vladimir Bukovsky, *To Build a Castle: My Life as a Dissenter* (London, 1978).

[된호프 DÖNHOFF] 1. 다음을 참조. Roman Aftanazy, *Dzieje rezydencji na dawnych kresach Rzeczpospolitej* (폴란드-리투아니아 연방의 구 국경지대에 있는 대저택의 역사) (11 vols, Wrocław, 1991), 일러스트.
2. Marion Dönhoff, *Kindheit in Ostpreussen* (Berlin, 1988); trans. as *Before the Storm: Memoirs of My Youth*

in Old Prussia (New York, 1990), 204.

[두오몽 DOUAUMONT] 1. *Voir et comprendre Verdun: Champ de bataille, environs* (Drancy, 1981); *Ouverture à la visite du champ de bataille* (Fleury-devant-Douaumont, n. d.). 다음을 참조. Alistair Horne, *The price of glory: Verdun 1916* (London, 1993).

[디르함 DIRHAM] 1. *The Risālah of Ibn Fadlān*, (trans. and introd. J. E. Mckeithen (Ph.D. thesis, Indiana Univ., 1979), 다음에 의해 인용돼 있음, T. S. Noonan, 'The Impact of the Silver Crisis in Islan upon Novgorod's Trade with the Baltic', *Oldenburg-Wolin-Staraja Ladoga-Novgorod-Kiev: Handel und Handlesverginbungen im südlichen und östlichen Ost-seeraum während des frühen Mittelalters* (Kiel, 1987), 411-47. 2. T. S. Noonan, 'Dirhams from Early Mediaeval Russia', *Journal of the Russian Numismatic Society* (USA), 17 (1984-5), 8-12.
3. M. Sternberger, *Die Schatzfunde Gotlands der Wikingerzeit* (Lund, 1947). 4. After I. Andersson, *History of Sweden* (London, 1962), 18. Andersson이 'Rus'를 'Swedes'로 번역한 것은 이 시기에 받아들여진다.

[디아볼로스 DIABOLOS] 1. N. Forsyth, *The Old Enemy: Satan and the Combat Myth* (Princeton, NJ, 1987); 다음에 의한 리뷰. G. Steiner, *TLS*, 1-7 Apr. 1988.

[딩 DING] 1. Kirsten Hastrup, *Culture and History in Mediaeval Iceland: An Anthropological Analysis of Structure and Change* (Oxford, 1985). 2. S. Lindal, 'Early Democratic Traditions', E. Allardt (ed.), *Nordic Democracy: Ideas, Issues and Institutions* (Copenhagen, 1981).

[랑에마르크 LANGEMARCK] 1. John Keegan, 'When the guns fell silent: the Belgian battlefield where the seeds of German revenge were sown', *Daily Telegraph*, 11 Nov. 1988. 그 무덤 한 곳에는 베트남전쟁 당시 미군 전사자 수와 비슷한 수의 남성들이 묻혀 있다.

[레베렌티아 REVERENTIA] 1. 다음을 참조. Peter Brown, *Relics and Social Status in the Age of Gregory of Tours*, Steton Lecture 1976 (Reading, 1977). 2. Partica Morison, 'An Exauistie Gothic Treasure Trove', *Financial Times*, 3 Sept. 1991.

[레스비아 LESBIA] 1. Judith C. Brown, *Immodest Acts: The Life of a Lesbian Nun in Renaissance Italy* (New York, 1985). 2. Lillian Faderman, *Sings: A Journal of Women in Culture and Society*, 12(3) (Spring, 1987), 576.

[레스폰사 RESPONSA] 1. Rabbi Ephraim Oshry, *Mi-Maamakkin*, 111. i. 11; Rabbi Dr H. J. Zimmels, *The Echo of the Nazi Holocaust in Rabbinic Literature* (London, 1975), pt. 3, 'An Anthology of Responsa', pp. 253-353, s. 24, 'Adoption'. 2. 이 의역된 예는 다음에서 가져온 것이다. H. J. Zimmels, *The Echo of the Nazi Holocaust*, 또는 1992년 4월 30일 런던대학 SSEES에서 랍비 Hugo Gryn가 발표한 'Religious Leadership during the Holocaust'. 3. *Oshry, Mi-Maamakkin*, 1. i. 4. *The Holocaust: The Victims Accuse. Documents and Testimony on Jewish War Criminals* (Brooklyn, NY,, 1977). "영적 음란물이 있다면 이것이 딱 맞춤할 것이다." (Hugo Gryn). 5. 다음을 참조. Pesach Scindler, *Hassidic Responses to the Holocaust in the Light of Hassidic Thought* (Hoboken, NJ. 1990). 6. Dr Milejkowski *et al.*, *Recherches cliniques sur la famine exécutées dans le ghetto de Varsovie* (Warsaw, 1946). 7. 랍비 Hugo Gryn으로부터의 편지, 1993년 12월 9일.

[레오나르도 LEONARDO] 1. D. Wallechinsky *et al The Books of Lists* (New York, 1977), C. M. Cox, *Genetic Studies of Geniuses* (Stanford, Calif., 1926). 2. Jean Mathé, *Leonardo's Inventions* (Geneva, 1980).

[레틀란트 LETTLAND] 1. A. Silgailis, *Latvian Legion* (San José, Calif., 1986). 2. After ibid. 245-50.

[렉스 LEX] 1. H. F. Jolowicz, *The Roman Foundations of Modern Law* (Oxford, 1957); A. D. E. Lewis (ed.), *The Roman Law Tradition* (Cambridge, 1994).

[렐락사티오 RELAXATIO] 1. Edward Whymper, *The Ascent of the Matterhorn* (1880) (reprinted London, 1987); *Scrambling Amongst the Alps,* 5th edn. 1890 (reprinted Exeter, 1986); 다음을 참조. P. Bernard, *The rush to the Alps: the Evolution of Vacationing in Switzerland* (Boulder, Colo., 1978). 2. J. Walvin, *The People's Game: a social history of British football* (London, 1975); B. Butelr, *The Football League, 1888-1988* (London, 1987). 3. J. Mercier, *Le Football* (Paris, 1971); P. Soar, M. Tyler, *The Story of Football* (Twickenham, 1986).

[레투바 LIETUVA] 1. H. H. Bender, *A Lithuanian Etymological Index* (Princeton, NJ., 1921), 5. 2. V. Ambrazas *et al.*, *Grammatyka litovskogo yazika* (Vilnius. 1985), 5. 3. 다음을 참조. J. Biddulph, *Lithuanian: A Beginning* (Pontypridd, 1991).

[로마니 ROMANY] 1. Jules Bloch, *Les Tsiganes* (Paris, 1969), 7-16. 프란체스코회 순례자는 1322년에 크레타섬의 칸디아 근처에서 십중팔구 집시로 추정되는 동굴 거주자들의 공동체를 보았다고 보고했다.; Ibid. 16. 2. 다음을 참조. Angus Fraser, *The Gypsie* (Oxford, 1992.; 또한 G. Puxon, *Roma Europe's Gypsies* (London, 1987). 3. Matthew Arnold, from 'The Scholar-Gipsy', *Oxford Books of English Verse, 1250-1918*, no. 760, p. 914

[로셀 LAUSSEL] 1. Monica Sjoo and Barbara Mor, *The Great Cosmic Mother: Rediscovering the Religion of the Earth* (San Francisco, 1987), 84. 석기시대 종교에 관해서는 다음을 참조. G. Rachel Levy, *The Gate of Horn* (London, 1948). 2. R. Graves, *The White Goddess: a Historical Grammer of Poetic Myth* (London, 1966); 또한 *The Greek Myths* (London, 1955), 2 vols. 3. Neal Ascherson, *Black Sea* (1995), 111-17. 4. W. I. Thompson, *The Time Falling Bodies Take to Light: Mythologies, Sexuality and the Origins of Culture* (New York, 1981), 102; 다음에 의해 인용돼 있음. Sjoo and Mor, op. cit. 79. 5. 다음을 참조. Riane Eisler, *The Chalice and the Blade: Our History, Our Future* (Centre for Partnership Studies, Pacific Grove, Ca.) (New York, 1988).

[로이즈 LLOYD'S] 1. A. Brown, *Hazard Unlimited: From Ships to Satellites: 300 Years of Lloyd's of London* (Colchester, 1987). 2. Edmund Halley, *Mortality in Pre-industrial Times: The Contemporary Verdict: Edmund Halley et al.*, J. H. Cassedy, ed. (Farnborough, 1973); 또한 R. Schofield *et al*, eds., *The Decline of Mortality in Europe* (Oxford, 1991).

[루그두눔 LUGDUNUM] 1. A. Pelletier, *Histoire de Lyon: Des origines à nos jours* (Roanne, 1990). 2. F. Braudel, *The Identity of France, i, History and Environment* (New York, 1988), 288-91. 3. Paul Vidal de la Blache, *Tableau de la géographie de la France*, pt. 1 of E. Lavisse, *Hisotoire de la France* (Paris, 1911), i. 8.

[루디 LUDI] 1. 다음을 참조. D. P. Mannix, *Those About to Die* (London, 1960). 2. Ibid. 29. 3. *English Prayer Book* (1662).

[루스 RUS'] 1. N. Freret, *Mémoire sur les origines des france* (Paris, 1714). 2. Omeljan Pritsak, *The Origins of Rus'* i (Cambridge, Mass., 1981), ch. 1. 3. Norman Golb and Omeljan Pritsak (eds.), *Khazarian Hebrew Documents of the Tenth Century* (Ithaca, NY,, 1982), ch. 1. 'T-S (Glass) 12.122—the Keivean Letter'.

[루즈 ROUGE] 1. E. J. Haeberle, 'Swastika, Pink Triangle and Yellow Star: The Destruction of Sexology and the Persecution of Homosexulas in Nazi Germany', M. Duberman *et al* (eds.), *Hidden from History* (London, 1991), 365-79.

[루피누스 RUFINUS] 1. Nicholas Barker, *The Oxford University Press and the Spread of Learning: An Illustrated History, 1478-1978* (Oxford, 1978), 2-4. 2. *Why We Are at War: Great Britain's Case, with an appendix of original documents*, by Members of the Oxford Faculty of Modern History (E. Barker, H. W. C. Davis, C. R. L. Fletcher, Arthur Hassall, L. G. Wickham Legg. F. Morgan) (Oxford, 1914); OUPOxford University Press 기록보관소에 기록된 대로, 그리고 H. Pogge von Strandmann 박사에게 감사를 전한다.

[릴리 LILI] 1. R. Lax and F. Smith, *Great song Thesaurus*, 2nd edn. (Oxford, 1985). 2. Hans Leip, 'Lili Marleen', *Der ewige Brunnen: ein Hausbuch deutscher Dichtung*, ed. L. Reiners (Munich, 1979), 502. 원 영문명은 'My Lili of the Lamp-light'이다. 다음을 참조. 'The Saga of Lilli Marlene'. 3. *Les Feuilles Mortes* (고엽Autumn Leaves); 자크 프레베르의 가사, 조제프 코스마의 음악, 조니 머서의 노래. 4. *Podmoskovnye Vechera* (Moscow Nights), c.1958; words by M. Matusovsky, music by V. Solovyov-Sedi; C. V. James (ed.), *Russian Song-Book* (Oxford, 1962), i. 31.

[마녀 HEXEN] 1. Hugh Trevor-Roper, *The European Witch-Craze of the Sixteenth and Seventeenth Century* (London, 1990), 84. 2. Ibdi. 3. *Księgi Miejskie Kaliskie* (1612), 다음에 의해 인용돼 있음, B. Baranowski, *Procesy czarownic w Polsce XXVII IXVIII wiekach* (Łódź, 1952). 최근 추산에 따르면 총 희생자 수는 약 5만 명이다.

[마술 MAGIC] 1. H. S. Cronin, 'The Twelve Conclusions of the Lollards', *Enlglish Historical Review, 22* (1907), 298, 다음에 의해 인용돼 있음, Keith Thomas, *Religion and the Decline of Magic* (London, 1971), 58. 2. Ibid. 485-90. 3. 다음을 참조. David Cannadine, *Rituals of Royalty: Power and Ceremonial in Traditional Societies* (Cambridge, 1987).

[마스턴 MARSTON] 1. Sir G. N. Clark, 'Marston', *The Victoria History of the County of Oxford*, v, ed. Mary D. Lobel (Oxford, 1957), 214-21. 2. Jennifer Sherwood and Nikolaus Pevsner, *The Buildings of England: Oxfordshire* (London, 1974), 699-700. 또한 다음을 참조. J. Sherwood and J. Piper, *A Guide to the Churches of Oxfordshire* (Oxford, 1989). 3. W. E. Tate, *The Parish Chest: A Study of the Records of Parochial Adiminstration in England* (Chichester, 1983). 4. 'Elegy in a Country Churchyard' (1750). 버킹엄셔 스토크 포지스에서 토머스 그레이Thomas Gray에 의한 글.

[마실리아 MASSILIA] 1. Marcel Pagnol, *Marius* (Paris, 1946). 11. vi. 2. J. -L. Bonillo, *Marseille: ville et port*

(Marseille, 1992).

[마케돈 MAKEDON] 1. M. Andronikos, *Verginia: The Royal Rombs* (Athens, 1984) 2. E. Kofos, 'National Heritage and National Identity in 19th and 20th Century Macedonia', *European History Quartely*, 19(2) (1989), 229-69. 3. 'Writers Campaign for Greek Scholar', the *Independent*, 13 May 1994.

[마트리모니오 MATRIMONIO] 1. D. B. Rheubottom, '"Sisters First": Betrothal Order and Age at Marriage in Mediaeval Ragusa', *Journal of Family History, 13* (1988), 359 ff. 2. F. W. Carter, *Dubrovnik (Ragusa): A Classic City-State* (London, 1972); Z. Zlatar, *Between the Double Eagle and the Crescent: The Republic of Ragusa and the Origins of the Eastern Question* (Boulder, Colo., 1992).
3. J. Haynal (1965); 다음에 의한 논의. P. Laslett, 'Family and Household as Work Group and Kin Group', P. Wall *et al.* (eds.), *Family Forms in Historic Europe* (Cambridge, 1983), 513-63.
4. 다음을 참조. D. Herlihy, *Mediaeval Households* (Cambridge, Mass., 1985). 5. 'When Beauty Is Destroyed, God suffers', *Financial Times*, 10 Feb. 1992.

[말레 MALET] 1. Godfrey LeMay, 'The Conspiracy of General Malet', P. Quennell (ed.), *Diversions of History* (London, 1954), 52-68.

[메노키 MENOCCHI] 1. 연옥에서 교만의 처마장식Cornice of Pride을 돌던 베르길리우스는 단테에게로 향한다. *O superbi crstiani!...*; *Purgatorio* x. 121-6. 2. Carlo Ginzburg, *The Cheese and the Worms: The Cosmos of a Sixteenth-Century Miller* (London, 1982), 57.

[메르칸테 MERCANTE] 1. Iris Margaret Origo, *The Merchant of Prato: Francesco di Marco Datini* (London, 1957), 336-8. 2. 다음을 참조. F. Bensa, *Francesco di Marco da Prato* (Milan, 1928). 3. 어음기한은 어음의 교부와 지급 사이의 관례적 기간을 의미했다. 피렌체와 바르셀로나 사이는 20일이었다.
4. File 1145; Origo, *The Merchant of Prato*, 146-7.

5. Francesco to Margherita, 5 Apr. 1395; File 1089; Origo, *The Merchant of Prato*, 136. 6. Fernand Braudel, *Afterthoughts on Material Civilisation and Capitalism* (Baltimore, 1979), 57. 7. Ibid. ch. 2, 'The Market Economy and Capitalism'.

[메스키타 MEZQUITA] 1. 다음을 참조. Rafael Castejón, *La Mezquita Aljama de Cordoba* (Madrid, n.d.). 2. Adam Hopkins, 'Of Castles and Casanets', *The independent on Sunday*, 16 May 1993.

[메이슨 MASON] 1. 다음을 참조. F. L. Pick and C. N. Knight, *A Pocket History of Freemasonr*, rev. edn. (London, 1992); Stephen Knight, *The Brotherhood: The Secret World of the Freemasons* (London, 1984); J. J. Robinson, *Born in Blood: The Lost Secrets of Freemasonry* (London, 1990). 2. Ibid. 45.
3. Knight, ch. 1, 2, 'Origins' and 'Metamorphosis', 15-24. 4. 다음을 참조. Margaret Jacob, *The Radical Enlightenment* (London, 1981).

[메트리카 METRYKA] 1. A. Tomczak, *Zarys dziejów archiwów polskich* (Toruń, 1982); R. C. Lewandowski, *Guide to the Polish Libraries and Archives* (Boulder, Colo., 1974). 2. Patricia Grimsted, *The Lithuanian Metrica in Moscow and Warsaw: Reconstructing the Archives of the Grand Duchy of Lithuania* (Cambridge, Mass., 1986); 또한 Patricia Grimsted, *Handbook of Archival Research in the USSR* (Washington, DC, 1989). 3. A. E. P. Zaelski, 'Some New Archival Sources for the Study of Recent Polish History', MA thesis (SSEES, University of London, 1994), 5-6.

[모레스 MORES] 1. Norbert Elias, *Über den Prozess der Zivilisation: soziogenetische und psychogenetische Untersuchungen* (Basle, 1939). i; trans. as *The History of Manners* (Oxford, 1978), 68 ff. 2. Ibid. ch. 2, vii, 'On Spitting'. 3. Ibid. 129. 4. Ibid. 85-162. 5. Ibid.

[모브 MAUVE] 1. *An Outline of the Chemistry and Technology of the Dyestuffs Industry* (ICI Dyestuffs Division) (London, 1968), 10. 2. Ibid. 7.
3. 'The Amazing Chemistry of Colour', *Crosslink*

(Newbury), vol. 2, no. 1 (1990), 4-6. **4.** *The Bayer Tapestry: An Unfolding History from 1863* (Newbury, n.d.); *100 Years Research and Progress: Bayer Pharma 1988* (Bayer AG) (Leverkusen, 1988), 4. **5.** D. W. F. Hardie and J. D. Pratt, *A History of the Modern British Chemical Industry* (Pergamon, Oxford, 1966), 68-70.

[모아르테 MOARTE] **1.** 다음을 참조. M. V. Riccardo, *Vampires Unearthed: The Vampire and Dracula Bibliography...* (New York, 1983). **2.** 1993년 6월 10일, 런던대학교 슬라브·동유럽대학교 SSES 에서 'Vampirism, the Cult of Death and Romanian Legionary Movement' 를 발표한 Rebecca Haynes에게 감사를 전한다. 다음을 참조. Z. Barbu, 'Rumaia', in S. J. Woolf (ed.), *European Fascism* (London, 1968), 146-66; 또한 C. Z. Codreanu, For *My Legionaries* (Madrid, 1977).

[몰도바 MOLDOVA] **1.** Aleksei Vasilev, *They are talking about us in Pravda* (1951), oil on cavas, 99 × 156 cm, in M. C. Down *et al*, *Soviet Socialist Realist Painting 1930s-1960s*, pl. 28. (다음의 카탈로그, 'Engineers of Human Souls', Oxford Museum of Modern Art, Jan.-Mar. 1992).

[몽타유 MONTAILLOU] **1.** E. Le Roy Ladurie, *Montailou: Cathars and Catholics in a French Village, 1294-1324*, trans. B. Bray (London, 1980), 276. **2.** Ibid. 212.

[무라노 MURANO] **1.** L. Zechin, *Vetro e vetrai di Murano: studi sulla storia del vetro* (Venice, 1987); M. Dekówna, *Szkłow w Europie wześnośredniowiecznej* (Wrocław, 1980).

[무시케 MOUSIKE] **1.** A. Isacs and E. Martin (eds.), *Dictionary of Music* (London, 1982) 247-8 (mode), 337-8 (scale).

[문둥이(나환자) LEPER] **1.** 다음에 의해 인용돼 있음. S. N. Brody, *The Disease of the Soul: Leprosy in Mediaeval Literature* (Ithaca, NY, 1974), 80-1. **2.** Ibid. 66-7. **3.** *Chronicle of Lanercost*, 다음에 의해 인용돼 있음. R. M. Clay, *Mediaeval Hospitals of England* (London,

1909), 56. **4.** Eilhart, L 4276-9, 다음에 의해 인용돼 있음, Brody, 180. **5.** James A. Michener, *Hawaii* (New York, 1959).

[미르 MIR] **1.** F. Sulimirski, *et al.*, *Slownik Geograficzny Królestwa Polskiego* (Warsaw, 1885), 485-8. **2.** 또한 다음을 참조. 'Mir' Roman Aftanazy, *Dzieje rezydencji na dawnych kresach Rzeczypospolity* (Warsaw, 1991). **3.** A. Mickiewicz, *Pan Tadeusz*, xii.

[미사 MISSA] **1.** Thrasybulos Georgiades, *Musik und Sprache* (1974), trans. as *Music and Language: The Rise of Western Music as Exemplified in Settings of the Mass* (Cambridge, 1982), 7. 또한 다음을 참조. J. Harper, *The Forms and Orders of the Western Liturgy from the Tenth to the Eighteenth Century* (Oxford, 1991). **2.** W. Melters, *Romanticism and the Twentieth Century (Man and His Music, pt, iv)*, rev. edn. (London, 1988), 1011.

[바르바로스 BARBAROS] **1.** Edith Hall, *Inventing the Barbarian: Greek Self-definition through Tragedy* (Oxford, 1989). **2.** Neal Ascherson, *Black Sea* (London & New York, 1995), 49.

[바세리아 BASERRIA] **1.** W. A. Douglass, 'The Basque Stem-Family Household: Myth or Reality?', *Journal of Family History*. 13(1) (1989), 75-89.

[바이올렛 VIOLETS] **1.** D. Ackerman, 'Smell', *A Natural History of the Senses* (London, 1990), 3-63. **2.** 다음을 참조. Alain Corbin, *The Foul and the Fragnat: Odours and the French Social Imagination* (Leamington Spa, 1986). **3.** S. Ferenczi, *Thalassa: A Theory of Genitality* (1938; repr. London, 1989).

[바타비아 BATAVIA] **1.** S. Schama, *The Embarrassment of Riches: An Interpretation of Dutch Culture in the Golden Age* (Fontana, London,, 1987), 15-24, 'The Mystery of the Drowning Cell', **2.** Ibid. 6. **3.** Ibid. 289.

[발레토 BALLETTO] **1.** Iain Fenlon, 'The origins of the seventeenth century staged ballo', I. Fenlon, T.

Carter (eds.), *Studies in Italian Opera, Song, and Dance, 1580-740* (Oxford, 1995); A. Bland, *A History of Ballet and Dance in the Western World* (London, 1976); A. Haskell, *Ballet Russe: the age of Diaghilev* (London, 1968).

[발텔리나 VALTELLINA] 1. 다음을 참조. Geoffrey Parker, *The Army of Flanders and the Spanish Road, 1567-1659* (Cambridge, 1972). 스푸르차트Sfurzat 와인에 대해서는 다음을 참조. G. Dalmass, 'The Wines of Italy', *The Great Book of wine* (Lausanne, 1970), 221.

[밤비니 BAMBINI] 1. M. Pollard, *Maria Montessori* (Watford, 1990), 35. 또한 다음을 참조. Rita Kramer, *Maria Montessori* (Oxford, 1978), 그리고 Jaems Bowen, *A History of Western Education*, iii: *The Modern West* (London, 1981), 394-402. 2. 진보적 교육의 전통에 대해서는 다음을 참조. *Friedrich Froebel: a selection of his writings* (Cambridge, 1967); G. L. Gutek, *Pestalozzi and Education* (New York, 1968); J. Piaget, *Science of Education and the Psychology of the Child*, trans. D. Coltman (New York, 1971).

[방당주 VENDANGE] 1. 다음을 참조. E. Le Roy Ladurie, *Histoire du climat depuis l'an mille* (Paris, 1967), trans. as *Times of Feast, Times of Famine: A History of Climate Since the Year 1000* (New York, 1971); H. Lamb, *Climate, History and the Modern World* (London, 1982); 또한 Sir Crispin Tickell, 'Climate and History', Radcliffe Lecture (Oxford, 1994). 2. Le Roy Ladurie, *Times of Feast, Times of Famine* ch. 2. 3. Ibid. ch. 3, 'Problems of the Little Ice Age'.

[방데미에르 VENDÉMIAIRE] 1. H. Morse Stephens, *Revolutionary Europe, 1789-1815* (London, 1936), app. vi: 'Concordance of Republican and Gregorian Calendars', 374-5.

[101예비경찰대대 BATT-101] 1. Christopher Browning, *Ordinary Men: Reserve Police Battalion 101 and the Final Solution in Poland* (New York, 1993); 다음에 의해 인용돼 있음. Alan Bullock, 'The Evil Dream', *TLS*, 5 Feb. 1993, 3. 2. 2. C. Perechodnik, *Czy ja jestem mordercą?* (Warsaw, 1993), ed. Paweł Szapiro(주와 해설 포함). 다음을 참조. Leszek Kołakowski, 'International Books of the Year', *TLS*, 3 Dec. 1993. 3. John Sack, *An Eye for and Eye: The Untold Story of Jewish Revenge Against Germans in 1945* (New York, 1993), 브랜다이스대학 동유럽유대인역사 교수 앤서니 폴론스키Anthony Polonsky에 의해 지지됨. 폴란드의 전후戰後 안전기획부UB 책임자인 공산당원 야쿠프 베르만Jakub Berman도 1981년 인터뷰에서 비슷한 증언을 했다. 다음을 참조. T. Torańska, *Oni: Stalin's Polish Puppets* (London, 1983).

[베르나데트 BERNADETTE] 1. R. Harris에게 특별히 감사를 전한다. R. Harris, 'Evidence and Devil's Evidence', 세미나 자료, University of Oxford Faculty of History, 24 May 1993. 또한 다음을 참조. R. Laurentin, *Lourdes: dossiers des documents authentiques* (Paris, 1957); F. Duhoureau, *Saint Bernadette of Lourdes: a saint of the Golden Legend* (London, 1934). 2. Eugene Weber, *Peasants into Frenchmen, the modernization of rural France, 1870-1914* (London, 1977). 3. Harris, 'Evidence and Devil's Evidence', *passim.*

[벤츠 BENZ] 1. *Deutshes Museum von Meisterwerken der Naturwissenschaft und Technik: Guide Through the Collections* (Munich, 1988), 92-3. 2. D. Cardwell, *The Fontana History of Technology* (London, 1994).

[벨라루스인민공화국 B.N.R.] 1. V. Kippel and Z. Kippel (eds), *Byelorussian Statehood: Reader and Bibliography* (New York, 1988). 2. Symon Kabysh, 'Genocide of the Byelorussians', *Genocide in the USSR: Studies in Group Destruction* (New York, 1958), 77-88. **[보르쿠타]** 3. Otto von Habsburg, Charles Stransky Memorial Lecture, London, 20 Sept. 1993.

[보고밀 BOGUMIL] 1. 다음을 참조. Steven Runciman, *The Mediaeval Manichee: A Study of the Christian Dualist Heresy* (Cambridge, 1947; repr. 1984). 2. Euthymius Zigaberius, *Dogmatic Panoply*, 다음에 의해 인용돼 있음, Runciman, 76. 3. 다음을 참조. V. H. H. Green, *Medieval Civilization in Western Europe*

(London, 1971), 179-80.

[보기 BOGEY] 1. R. G. L. Waite, 'Adolf Hitler's Guilt Feelings', *Journal of Interdisciplinary History*, 1 (1970-1), 229-49. 2. David Irving, *The Secret Diaries of Hitler's Doctor* (London, 1983) 3. 많은 이형異形이 있는 구전으로부터. 영국 특수작전집행부Special Operations Executive, SOE 교수 M. R. D. Foot은 이 불후의 짤막한 노래가 전시에 나온 것임을 확인해준다. 4. L. Bezymenski, *The Death of Adolf Hitler: Unknown Documents from the Soviet Archives* (New York, 1968). ('Bezymenski'은 십중팔구 '무명無名'을 뜻하는 러시아인의 필명일 것이다.) 5. Waite, 'Hitler's Guilt Feelings', 236 ff. 총통의 비정상적 해부학의 주제는 궁극적으로 1941년 아랍 국가들에서 SOE에 의해 시작된 비밀 역정보逆情報 작전disinformation campaign에서 비롯했을지도 모른다. *Independent*, 5/6 Sept. 1994. 6. After 'Fred Karno's Army', from Joan Littlewood, *Oh What a Lovely War!* (Theatre Workshop, London, 1976).

[보르쿠타 VORKUTA] 1. 다음을 참조. Paul Hollander, 'Soviet Terror, American Amenesia', *National Review*, 2 May 1944, 28-39. 2. J. Scholmer, *Vorkuta* (London, 1954); Edward Buca, *Vorkuta* (Constable, London, 1976); 또한 Bernard Grywacz, 다음에 의한 인터뷰, Caroline Moorhead, 'Out of the Darkness', *Independent Magazine*, 26 Jan. 1991.
3. Avraham Shifrin, *The First Guidebook to the Prisons and Conventntion Camps of the Soviet Union* (Seewis, GR, Switzerland, 1980), 2nd edn. (London, 1981); 보르쿠타에 대해서는 203-9. 다음을 참조. R. Conquest, *Kolyma: the Arctic Death Camps* (London, 1978). 4. Shifrin, op. cit. 31-5. 5. 개인적 방문, 1991년 10월. 6. '80,000 ghosts return to haunt Moscow', the *Independent*, 6 Sept. 1989.

[복서(권비拳匪) BOXER] 1. 다음을 참조. H. Keown-Boyd, *The First of Righteous Harmony: A History of the Boxer Uprising in China* (London, 1991); A. H. Smith, *China in Convulsion* (Edinburgh, 1901).

[봄 BAUME] 1. *Guide Michelin: Jura, Franche-Comté* (Paris, 1990), 56-7. 2. René Locatelli, Pierre Gresser et. al, *L'Abbaye de Baume-les-Messieurs* (Dole, 1978), 24-31. 3. Ibid. 234.

[부더 BUDA] 1. Martyn Rady, *Mediaeval Buda: a study of municipal Government and Jurisdiction* (Boulder, 1985). 2. Henry Bogdan, *Histoire de Hongrie* (Paris, 1966), 14. 3. Lovag Zsuzsa, *The Hungarian Crown and other regalia* (Hungarian National Museum), Budapest, 1986. 4. 'Inamissible. Not rare, 1649- . Not liable to be lost', *SOED*.

[부불리나 BOUBOULINA] 1. *The Great Greek Encyclopaedia*, 'PIROS' (Athens, c. 1980), 75.

[부차치 BUCZACZ] 1. Wincenty Urban, *Droga krzyżowa Archidiecezji Lwowskiej, 1939-45* (The Way of the Cross of the Archdiocese of Lwów) (Wrocław, 1983), 52-5. 2. 6만~8만이라는 수치는 다음에 의한 것이다. Jan T. Gross, *Polish Society Under German Occupation* (Princeton, NJ, 1979). 폴란드 반反국가범죄조사위원회는 30만~40만 명 사이 수치를 제시했다. 다음을 참조. M. Terles, *Ethnic Cleansing of Poles in Volhynia and Eastern Galicia* (Toronto, 1993), 32, 36. 우크라이나 대통령 레오니드 크라프추크Leonid Kravchuk가 "우크라이나 쇼비니스트들이 동부 국경 지대에서 약 50만 명의 폴란드인들을 살해했다"라고 시인했다는 주장(ibid. 70)은 입증되지 않았으며, 위조에서 비롯된 것으로 보인다. 3. Ryszard Torzecki, *Polacy i Ukraińcy: Sprawa ukraińska w czasie II Wojny Światowej na terenie II Rzeczypospolity* (Warsaw, 1993), 특히 ch.6, 'Wojenna tragedia', also Wiktor Poliszczuk, *Gorzka prawda: zbrodniczość OUN-UPA* (미출간 원고, Toronto, 1993).
4. Terles, *Ethnic Cleansing*, 16-17. 5. Z. Zieliński (ed.), *Życie religijne w Polsce pod okupacją, 1939-45* (Katowice, 1992), 500. 6. 다음을 참조. Norman Davies, 'Neither Twenty Million, Nor Russians, Nor War Dead', the Independent, 129 Dec. 1987.
7. Martin Gilbert, *Atlas of the Holocaust* (London, 1982), 82. 8. 'In Lieu of a Self-Portrait', Simon Wiesenthal, *Justice Not Revenge* (London, 1989); 또한 Alan Levy, *The Wiesenthal File* (London, 1993).

[브리 BRIE] 1. Patrick Ronce, *The French Cheese Book* (London, 1989), 299, 340. 2. Hugh Johnson, *World Atlas of Wine* (London, 1971), 60-1. Corton 또는 'Curtis Ottonis' 후대 황제의 이름을 따서 현대적 이름을 받았다. Otto I; *The Great Book of Wine* (Lausanne, 1970), 65-6. 3. Ronce, op. cit. 3-7.

[브리토 BRITO] 1. Bede, *History of the English Church and People*, i. 10. 2. 다음을 참조. B. R. Rees, *Pelagius: A Reluctant Heretic* (Woodbridge, 1988); St Prosper of Aquitaine, *The Call of All Nations* (Westminster, Md., 1952).

[블라니 BLARNEY] 1. 근대 아일랜드의 역사에 대해서는 다음을 참조. Roy F. Foster, *Modern Ireland 1600-1972* (London, 1988). 2. *Shorter Oxford English Dictionary*: 'blarney, sb 1819, a cajoling tongue and the art of flattery', hence v., 'to use flattering speech'.

[블라드 VLAD] 1. M. Cazacu, 'Il Potere, la Ferocitá, e le Leggende di Vlad, III, Conte Dracula', *Sotria* (Firenze), iii, no 15, 10-16; 또한 다음을 참조. C. Leatherdale, *The Origins of Dracula: the background to Bram Stoker's Gothic masterpiece* (London, 1987); A. Mackenzie, *A journey into the past of Transylvania* (London, 1990); S. Pascu, *A History of Transylvania* (Detroit, 1982). 2. John Foxe, *The New and complete Book of Martyrs, or an universal history of martydrom*, revised & corrected (London, 1811-7).

[블랙 아테나 BLACK ATHENA] 1. Martin Bernal, *Black Athena: The Afroasiatic Roots of Classical Civilization* (2 vols, London, 1987-91). 다음을 참조. M. Levine, 'The Challenge of Black Athena', *Arethusa* (Fall 1989); 또한 Jasper Griffin, *New York Review of Books*, 115 June 1989.

[비노 VINO] 1. J.-F. Gautier, *Histoire du Vin* (Paris, 1992). 또한 다음을 참조. H. Warner Allen, *A History of Wine* (London, 1961). 2. Gautier, op. cit. p. 99. 3. Hugh Johnson, *World Atlas of Wine* (London, 1971), 191.

[비문(명문) EPIGRAPH] 1. *CIL* xii, 7070; 다음에 의해 인용돼 있음. R. Bloch, *L'Épigraphie latine* (Paris, 1952), 59. 2. *CIL* vi. 701; 다음에 의해 인용돼 있음. Bloch, *L'Épigraphie latine*, 83. 3. *CIL* xiii. 3, fasc. 2, 10021; 다음에 의해 인용돼 있음. Bloch, *L'Épigraphie latine*, 102. 또한 다음을 참조. D. Feissel *et al.*, *Guide de l'épigraphiste* (Paris, 1986).

[비블리아 BIBLIA] 1. 다음의 항목들에서 편집. 'Bible', 'Codex', 'Ulfilas', etc. *New Catholic Encyclopedia* (Washington, DC, 1967), *The Oxford Dictionary of the Christian Church*, 그리고 F. L. Cross (Oxford, 1957)와 E. A. Livingstone, ed. *The Concise Oxford Dictionary of the Christian Church* (Oxford, 1977).

[빈의 세계 WIENER WELT] 1. Stephen Beller, *Vienna and the Jews 1867-1938: A Cultural History* (Cambridge, 1989), 특히 234-7. 2. Ibid. *passim* 3. Martin Freud, 'Who Was Freud?', J. Fraenkel (ed.), *The Jews of Austria: Essays on Their Life, History and Destruction* (London, 1967), 197-211. 4. Joseph Roth, 다음에 의해 인용돼 있음, R. S. Wistrich, *The Jews of Vienna in the Age of Franz-Joseph* (Oxford, 1990) 5. 랍비 Gűdemann가 Kamilla Theimer에게, 1907년 9월 19일, 다음에 의해 인용돼 있음, J. Fraenkel, 'The Chief Rabbi and the Visionary', Fraenkel, *The Jews of Austria*, 115-17.

[사니타스 SANITAS] 1. Dhiman Barus and Wm. Greenough III (eds.), *Cholera* (New York, 1992), ch. 1, 'The History of Cholera'. 2. A. Nikiforuk, op. cit. 154. 또한 다음을 참조. F. R. van Hartesfeld, *The Pandemic of Influenza, 1918-19* (Lampeter, 1992); R. Collier, *The Plague of the Spanish Lady* (New York, 1974).

[사라예보 SARAJEVO] 1. 다음에서 개작. 'A Letter from 1920' (*Pismo iz 1920g*) by Ivo Andrič, trans. Lenore Grenoble, *The Damned Yard and Other Stories*, ed. Celia Hawkesworth (London, 1992), 107-19. 2. Ibid. 7. 3. Francesca Wilson, *Aftermath* (London, 1947), 'Sarajevo'.

[사모스 SAMOS] 1. Guy de la Bédoyère, *Samian Ware*

(Princes Risborough, 1988). 2. J. Dechelette, *Les Vases céramiques ornées de la Gaule romaine* (Paris, 1904); H. B. Walters, *Catalogue of Roman Potter... in the British Museum* (London, 1905); M. Durand Lefebvre, *Marques de potiers gallo-romans trouvées à Paris* (Paris, 1963); J. A. Stansfield and Grace Simpson, *Central Gaulish Potters* (Oxford, 1958); A. C. Brown, *Catalogue of Italian Terra Sigillata in the Ashmolean Museum* (Oxford, 1968); P. Petru, *Rimska keramika v Slovenji* (Ljubljana, 1973).
3. Stansfield and Simpson, *Central Gaulish Potters*, chronological table, 170.

[사진 PHOTO] 1. Brain Coe, *The Birth of Photography: The Story of the Formative Years, 1800-1900* (London, 1976).

[샘파이어 SAMPHIRE] 1. Jane Renfrew, *Food and Cooking in Prehistoric Britain: History and Recipes* (London, 1985), 35, after R. Philips, *Wild Food* (London, 1983). 2. Ibid. 36, after Mrs Beeton. 3. Ibid. 38, after M. B. Stout, *The Shetland Cookery Book* (Lerwick, 1968).

[샤먼 SHAMAN] 1. Nevill Drury, *The Elements of Shamanism* (Longmead, Dorset, 1989).
2. Aleksander Nawrocki, *Szamanizm i Węgrzy* (Warsaw, 1988).

[샤스 CHASSE] 1. Gaston Phoebus, repr. as *The Hunting Book* (Geneva, 1978). 다음을 참조. *Musée International de la Chasse: Château de Gien, Summary of the Collection* (Gien, Loiret, n. d.).
2. Marcin Kromer, *Polonia* (1577), 다음에 의해 인용돼 있음, Norman Davies, *God's Playground* (Oxford, 1981), i. 249. 3. 다음을 참조. Raymond Carr, *English Fox-Hunting: A History* (London, 1986).

[샤티바 XATIVAH] 1. 다음을 참조. David Hunter, *Papermaking: The History and Technique of an Ancient Craft* (London, 1947); 또한 방대한 영어 요약본이 있는 J. Dąbrowski and J. Siniarska-Czaplicka, *Rękodzieło papiernicze* (The Papermaking Craft) (Warsaw, 1991).

[서사시 EPIC] 1. Stephanie Dalley, *Myths from Mesopotamia: The Creation, the Flood, Gilgamesh, and Others* (Oxford, 1989). 2. Homer, *Odyssey*, I. 1.
3. 다음을 참조. Stephanie West, *Assurbanipal's Classic*, 다음의 리뷰, Maureen G. Kovacs, *The Epic of Gilgamesh* (Stanford, Calif., 1989), *London Review of Books*, 8 Nov. 1990, 23-5.

[성모마리아(마돈나) MADONNA] 1. José Maria de Sagarra, *The Monserrat* (Barcelona, 1959). 2. S. Z. Jabłoński, *Jasna Góra: ośrodek kultu maryjnego* (Lubin, 1984); Z. Różanów *et al., The Cultural Heritage of Jasna Gora* (Warsaw, 1974). 3. J. Brun, *Rocamadour: historique, description, excursions* (Saint-Cere, Lot, 1927).
4. Guide Michelin, *Auvergne* (Clermont, 1980), 87.
5. Alex Boyd에게 감사를 전한다.
6. Marina Warner, *Alone of All Her Sex: The Myth and Cult of the Virgin Mary* (London, 1976).

[세균 MICROBE] 1. Z. Swięch, *Klątwy, Microby I Uczeni* (Warsaw, 1989).

[소나타 SONATA] 1. W. Mellers, *The Sonata Principle* (London, 1988), 655; W. S. Newman, *The Sonata in the Classic Era* (New York, 1972).

[소리 SOUND] 1. Robert Browning, 'How They Brought the Good News from Ghent to Aix', *Collected Works* (London, 1896), i. 250-1. 2. Brian Rust, *Discography of Historical Records on Cylinders and 78s* (London, 1979), 41. (11월 22일 에디슨의 윌리엄 이워트 글래드스턴William Ewart Gladstone[영국 총리]의 녹음이 먼저 있었을 가능성이 있다.)
3. 다음을 참조. *Revolutions in Sound: A Celebration of 100 years of the Gramophone* (영국도서관British Library 전시 및 카탈로그, London, 1988).
4. *Die Klangwelt Mozarts* (빈미술사박물관Kunsthistorisches Museum 전시, 1991-2). 5. 다음을 참조. Grace Koch, *International Association of Sound Archives (IASA), Directory of Member Archives*, 2nd edn. (Milton Keynes, 1982).
6. 다음에 의해 인용돼 있음. Rust, *Discography*, 277.

[소브키노 SOVKINO] **1.** N. Zorkaya, *An Illustrated History of Soviet Cinema* (New York, 1991).
2. 다음에 의해 인용돼 있음. R. Taylor, *The Politics of the Soviet Cinema, 1917-29* (Cambridge, 1979), 39.

[소키알리스 SOCIALIS] **1.** Nils Andrén, *Modern Swedish Government* (Stockholm, 1961).

[수사닌 SUSANIN] **1.** A. Loewenberg, *Annals of Opera, 1597-1940* (London, 1978), 784-6. **2.** S. Sadie (ed.), *The New Grove Dictionary of Opera* (London, 1992), ii. 1261-4.

[순 SUND] **1.** C. E. Hill. *Danish Sound Dues and Command of the Baltic* (Durham, NC, 1926).

[순결 CHASTITY] **1.** Rom. 7:22-4;8:6. **2.** 1 Cor. 7:9. **3.** Peter Brown, *The Body and Society: Men, Women, and Sexual Renunciation in Early Christianity* (New York, 1988), 446-7.

[슈앙 CHOUAN] **1.** E. Le Roy Ladurie, 'The "Event" and the "Long Term" in Social History: The Case of the Chouan Uprising'. 다음의 리뷰. P. Bois, *Paysans de l'ouest* (Paris, 1972), *The Territory of the Historian* (Chicago, 1979), 111-32.

[슈치퍼리아 SHQIPËRIA] **1.** S. Pollo, A. Puto, *The History of Albania* (London, 1981); Jame Pettifoŕ, *Albania* (London, 1994).

[스트라스부르크 STRASSBURG] **1.** 다음을 참조. G. Gardes, *La Marseillaise, ou les paradoxes de la gloire* (Lyons,, 1989); F. Robert, *La Marseillaise* (Paris, 1989).

[슐라흐타 SZLACHTA] **1.** Norman Davies, 'Szlachta: The Nobleman's Paradise', *God's Playground* (Oxford, 1981), vol. i, ch. 7. 또한 다음을 참조. A. Goodwin (ed.), *The European Nobility in the Eighteenth Century* (London, 1953): 또한 M. J. Bush, *Rich Noble, Poor Noble* (Manchester, 1988).

[스로노스 THRONOS] **1.** 다음을 참조. A. C. Mandel,

'The Seated Man: Homo Sedens', *Applied Ergonomics*, 12(1) (1981); 또한 별도로 발행되기도 했다(Copenhagen, 1981).

[스몰렌스크 SMOLENSK] **1.** Merle Fainsod, *How Russia Is Ruled: Smolensk under Soviet Rule* (Harvard, Mass., 1953). **2.** J. Arch Getty, *The Origins of the Great Purge: The Soviet Communist Party reconsidered, 1933-38* (Cambridge, 1988), 203. **3.** 다음을 참조. Jacek Kuroń, *Wiara i wina: do i od komunizmu* (Warsaw, 1990), 324-5. 저자는 연대운동의 주역으로 1960년대 공산주의 정권에 의해 수감됐는데, 당시 게슈타포 장교와 함께 감옥을 같이 썼다.
4. Norman Davies, 'The Misunderstood War', *New York Review of Books*, 9 June 1994. **5.** Gitta Sereny, 'Giving Germany Back Its Past', the *Independent on Sunday*, 15 May 1994.

[스콜라스티코스 SCHOLASTIKOS] **1.** *The Philogelos or Laughter-lover*, trans. by A. Eberhard (Berlin, 1869) and into Polish by J. Łanowski (Wrocław, 1965). **2.** 다음을 참조. S. West, 'More Very Old Chestnuts', *Omnibus*, 20 (Sept. 1990).

[스트라드 STRAD] **1.** D. Boyden, *The Hill Collection* (Ashmolean Museum) (Oxford, 1969), No 18, 'Le Messie'. **2.** W. E. Hills, *The Salabue Stradivari* (London, 1891).

[스파르타쿠스 SPARTACUS] **1.** R. Orena, *Rivolta e rivoluzione: il bellum di Spartaco* (Milan, 1984). **2.** W. D. Phillips, *Slavery from Roman Times to the Early Transatlantic Trade* (Manchester, 1985); C. W. W. Greenidge, *Slavery* (London, 1958). **3.** W. Z. Rubinsohn, *The Spartacus Uprising and Soviet Historical Writing* (Oxford, 1987).

[스파시텔 SPASIT'EL] **1.** Ryszard Kapuściński, 'The Temple and the Palace', *Imperium* (London, 1994), 95-108.

[슬라프코프 SLAVKOV] **1.** D. Chandler, *Austerlitz 1805: Battle of the Three Emperors* (London, 1990). **2.** Leo Tolstoy, *War and Peace*, trans. Rosemary

Edmonds (London, 1957), vol. I, book 1, ch. xiv, 317. **3.** John Keegan, *The Face of Battle* (London, 1978).

[슬레스비 SLESVIG] **1.** Bent Rying, *Denmark: History* (Copenhagen, 1981), ii. 332. **2.** 다음을 참조. W. Carr, *Schleswig-Holstein, 1815-48: A Study in National Conflict* (Manchester, 1963); *The Origins of the War of German Unification* (London, 1991).

[시럽 SYROP] **1.** 다음을 참조. R. H. Bainton, *The Hunted Heretic: The Life and Death of Michael Servetus* (Boston, 1953). **2.** J. Bossy, *Giordano Bruno and the Embassy Affair* (New Haven, Conn., 1992).

[시장 MARKET] **1.** 다음을 참조. R. J. Heilbroner, 'The Wonderful World of Adam Smith', *The Worldly Philosophers: The Lives, Times, and Ideas of the Great Economic Thinkers*, 6th edn. (London, 1991), 42-74. **2.** Adam Smith, *An Inquiry into the Nature and Causes of the Wealth of Nations* (1776).

[시필루스 SYPHILUS] **1.** 다음을 참조. Claude Quétel, *A History of Syphilis* (Cambridge, 1990). **2.** 다음에 의해 인용돼 있음. Nikiforuk, *The Fourth Horseman*, op. cit 91. **3.** L. Baumgartner and J. F. Fulton, *A Bibliography of the Poem 'Syphilis sive morbus Gallicus' by Girolamo and Fracastro of Verona* (London, 1935). 또한 G. Eatough, *Fracastro's Syphilis*, (Leeds, 1984).

[싱굴라리스 SINGULARIS] **1.** Montaigne, *Essais* (1580); 다음에 의해 인용돼 있음. Alain Laurent, *Histoire de l'individualisme* (Paris, 1993), 27. **2.** 다음을 참조. Colin Morris, *The Discovery of the Individual, 1050-1200* (London, 1972). **3.** Margaret Thatcher; 다음을 참조. *Margaret Thatcher in Her Own Words* (Harmondsworth, 1987). **4.** R. Hughes, *The Culture of Complaint: The Fraying of America* (London, 1993); 그리고 David Selbourne, *The Principle of Duty: An Essay on the Foundations of Civic Order* (London, 1994).

[아고바르 AGOBARD] **1.** Allen Cabaniss, 'Agobard of Lyons' P. Quennell (ed.), *Diversions in History* (London, 1954), 41-51. **2.** *Monumenta Germaniae Historica: Epistolae*, iii. 159; 다음에 의해 인용돼

있음. Christopher Dawson, *The Making of Europe* (London, 1932).

[아날 ANNALES] **1.** *Annales d'Histoire Économique et Sociale*, revue trimestrielle, tome premier, année 1929, No. 1 (Paris, 1929). **2.** 다음을 참조. P. Burke, *The French Historical Revolution and the 'Annales' School* (Cambridge, 1990). **3.** M. Aymar, 'L'Évolution de l'historiographie braudélienne', Lecture, 15 Nov. 1990, Maison Française, Oxford. **4.** *Annales*, 1 (1), 1-2.

[아델란테 ADELANTE] **1.** Huge Thomas, *The Spanish Civil War*, 3rd edn. (London, 1977), 452 ff. **2.** W. H. Auden, 'Spain 1937', 다음에 의해 인용돼 있음, Thomas, *The Spanish Civil War*, 460. **3.** 다음을 참조. F. Graham, *The Battle of Jarama, 1937: The Story of the British Battalion of the International Brigades* (Newcastle, 1987). **4.** Thomas, *The Spanish Civil War*, 853.

[아르키메데스 ARCHIMEDES] **1.** 다음을 참조. Heinrich Dorrie, *Triumph der Mathematik* (Wurzburg, 1965), trans. as *100 Great Problems of Elementary Mathematics: Their History and Solution* (New York, 1965), 1, 38, 56; 또한 T. L. Heath, 'Mathematics and Astronomy', G. Murry (ed), *The Legacy of Greece* (Oxford, 1921), 122-5; 또한 E. J. Dijksterhuis, *Archimedes* (Copenhagen, 1956).

[아리키아 ARICIA] **1.** James G. Frazer, *The Golden Bough: the Roots of Religion and Folklore* (First Edition), 2 vols. (London, 1890), i. 6. **2.** Ibid. i. 210. **3.** Ibid. i. 211-12. **4.** Ibid. ii. 370. **5.** Ibid. ii. 370. **6.** Ibid. ii. 370-1.

[아우슈비츠 AUSCHWITZ] **1.** US Defense Intelligence Agency, Strategic Bombing Survey, Record Group 373: Mission 60 PRS/462, Can D1508, exposure 3055, to Can D150, exposure 5020. 다음에 의해 인용돼 있음. Martin Gilbert, *Auschwitz and the Allies* (London, 1981), 216, 249. **2.** Ibid. fig. 28, 그리고 pp. 331-2. **3.** 다음을 참조. Jan Karski, *The Story of a*

Secret State (Londn, 1944); D. S. Wyman, *The Abandonment of the Jews: America and the Holocaust, 1941-45* (New York, 1984). **4.** Gilbert, *Auschwitz and the Allies*, ch. 21. 1942년 아우슈비츠 I에서 탈출한 비톨트 필레츠키는 아우슈비츠II-비르케나우에 대해서는 직접적 지식이 없었다(다음을 참조. Ch. 11, 95.). 1944년 5명의 유대인 탈출자는 슬로바키아로 간 후 경보를 울렸다. **5.** Ibid. 그리고 312 **6.** 다음을 참조. D. A. Brugioni and R. G. Poirer, *The Holocaust Revisited: A Retrospective of the Auschwitz-Birkenau Extermination Complex* (Washington, 1979). 다음을 참조. Gilbert, *Auschwitz and the Allies*, 249 n. **7.** Gilbert, *Auschwitz and the Allies*, 337. **8.** 다음을 참조. Ch. XI, note 29. 소련 영토에서 200만 명, 점령된 폴란드의 여러 나치 게토 및 수용소에서 200만 명 등 총 600만 명의 유대인이 학살된 것을 감안하면 아우슈비츠만으로는 400만 명이라는 수치에 이르기는 불가능하다. 아우슈비츠 전前 소장 루돌프 회스가 뉘른베르크재판소에 제출한 증언에 따르면 수용소에서 총 250만 명이 사망했다고 한다. **9.** 970년 전 수감자 Józef Garliński 박사는 수용소에서 200만 명의 사망자가 발생한 것으로 추정했다(다음을 참조. Chapter XI, n. 95). 1983년에 또 다른 전 수감자 프랑스 연구원 G. Wellers는 147만 1595명이라고 했다. 오시비엥침 주립박물관을 위해 준비된 Franciszek Piper 박사의 수치는 《뉴욕타임스》에 게재됐다. F. Piper, *Ilu Iudzi zginęło w KL Auschwitz? Liczba ofiar w świetle źródeł i badań, 1945-90* (Oświęcim, 1992).

[아이오나 IONA] **1.** Ellen Murray, *Peace and Adventure: The Story of Iona* (Glasgow, 1987). 또한 다음을 참조. T. O. Clancy, G. Marcus, *Iona: the Earliest Poetry of a Celtic Monastery* (Edinburgh, 1995).

[아쿠인쿰 AQUINCUM] **1.** T. Cornell and J. Matthews, *Atlas of the Roman World* (Oxford, 1982), 143. **2.** Klara Poczy, *Aquincum Polgarvarosa* (Budapest, n.d.).

[아퀼라 AQUILA] **1.** J. E. Cirlot, *Diccionario de simbolos tradicionales*, trans. as *A Dictionary of Symbols*, 2nd edn. (London, 1971), 91-3. **2.** Adrian Frutiger, *Sings and Symbols: Their Design and Meaning* (London,

1989), 247. **3.** W. Leaf and S. Purcell, *Heraldic Symbols: Islamic Insignia and Western Heraldry* (London, 1986), 70-1.

[아토스 ATHOS] **1.** Sotiris Kadas, *Mount Athos: An Illustrated Guide to the Monasteries and their History* (Athens, 1979). 또한 다음을 참조. P. Sherrard, *Athos: The Mountain of Silence* (Toronto, 1970). **2.** Father Maximos, *Human Rights on Mount Athos: An Appeal to the Civilised World* (Welshpool, 1990). **3.** Richard North, 'Doctrinal Divisions among the Monks of Athos', the *Independet*, 17 July 1990.

[안젤루스 ANGELUS] **1.** 프랑스 생트의 생피에르대성당 〔생트대성당〕 신도석의 기념 평판平板

[알코프리바스 ALCOFRIBAS] **1.** Lucien Febvre (1942), trans. as *The Problem of Unbelief in the Sixteenth Century: The Religion of Rabelais* (Cambridge, Mass., 1982). **2.** M. Bakhtin, *Rabelais and His World* (Cambridge, Mass., 1968).

[알트마르크트 ALTMARKT] **1.** *Jewish Encyclopedia* (New York, 1903), iv. 658와 참고문헌. **2.** Arthur Harris, *Bomber Offensive* (London, 1947); D. Saward, *Bomber Harris: the story of Marshal of the Royal Air Force, Sir Arthur Harris* (London, 1984). **3.** 다음을 참조. D. Irving, *The Destruction of Dresden*, rev. edn. (London, 1971); 또한 Gordon Musgrove, *Operation Gomorrah: the Hamburg Firestorm Raids* (London, 1981). **4.** Ibid. 195 ff. **5.** Ibid. 218-26. **6.** Norbert Burger, Lord Mayor of Cologne, 'The Memorial for Sir Arthur Harris: A Summary'; 'Bomber Harris: A Tactless Choice', *Financial Times*, 2-3 May 1992. **7.** *Suddeutsche Zeitung*, 23 November 1994, 다음에 보도된 바와 같다. *Daily Telegraph*, 24 November 1994.

[알피 ALPI] **1.** L. Pauli, *The Alps: Archaeology and Early History* (London, 1980). **2.** R. Blanchard, *Les Alpes et leur destin* (Paris, 1958); 또한 P. P. Viazzo, *Up and Communities: Environment, Population and Social Structure in the Alps since the Sixteenth Century* (Cambridge, 1989).

[압하지야 ABKHAZIA] **1.** Yutaka Akino, *The Last Scenario of Gamsakhurdia* (December 1993). Institue of East-West Studies (Prague, 1994); 또한 다음에 있는 Neal Ascherson의 기사를 참조, *Independent*, 17 July 1994. Neal Ascehrson, *Black Sea* (1995)은 압하지야에 대한 장章을 포함한다.

[약탈 LOOT] **1.** "나는 한때 두 개의 멋진 조각상을 가지고 있었는데, 여자 조각상과 청년 조각상 둘 다 너무 완벽해서 그들의 핏줄을 볼 수 있을 정도였다. 조각상들은 포로스Poros가 파괴됐을때 가져갔는데, 몇몇 병사가 조각상들을 아르고스에 있는 유럽인들에게 팔려고 하고 있었다. [⋯] 나는 군인들을 한쪽으로 데리고 가서는 얘기를 나누었다. '그들이 1만 탈러thaler를 준다손 해도, 조각상들을 우리 고국에서 나가게 해서는 안 된다. 그것이 우리가 싸운 이유다.'" After H. A. Lidderdales, ed, *The Memoirs of General Makriyannis* (Oxford, 1966). **2.** W. St, Clair, *Lord Elgin and the Marbles* (Oxford, 1967); C. Hitchens *et al.*, *The Elgin Marbles: should they be returend to Greece?* (London, 1987). **3.** Charles de Jaeger, *The Linz File: Hitler's Plunder of Europe's Art* (Toronto, 1981); Lynn Nicholas, *The Rape of Europe* (London, 1994). **4.** M. Bailey, 'Nazi Art Loot Discovered in Russia', *Observer*, 24 March 1991. **5.** Wm. H. Honan, 'New Facts and Lawsuits in the tale of art thefts from German Church', 'Stolen Treasure' and 'Inventory in Texas Case Turns up New Works', *New York Times*, 25 June, 30 June, 10 September 1990. **6.** E. Aleksandrov, Z. Stankov, *The international legal protection of cultural property* (Sofia, 1979); Australian Association of Humanities, *Who Owns the Past? a Symposium* (Melbourne, 1985); B. Walter, *Rueckfuehrung von Kulturgut in internationalen Recht* (Bremen, 1988); J. Greenfield, *The Return of Cultural Treasures* (Cambridge, 1989).

[에그나티아 EGNATIA] **1.** *The Oxford Dictionary of Byzantium* (Oxford, 1991), i. 679. 또한 다음을 참조. R. Chevallier, *Roman Roads* (Berkeley, Calif., 1976).

[에로스 EROS] **1.** K. L. von Pollnitz, *Le Saxe galante, or*

The Amorous Adventures of Augustus of Saxony ... translated by a Gentleman of Oxford (London, 1750). **2.** Norman Davies, *God's Playground: A History of Poland* (Oxford, 1981), i, 493-5. **3.** 케임브리지에서.

[에스티 EESTI] **1.** Charles Stransky Memorial Lecture, London, 120 Sept. 1993; 또한 Dr von Habsburg, 28 Sept. 1993의 편지. 또한 다음을 참조. E. Ustalu, *A History of the Estonian People* (London, 1952); R. Taagepera, *Estonia: Return to Independence* (Oxford, 1993).

[에이리크 EIRIK] **1.** 다음에 의해 인용돼 있음. Magnus Magnusson and H. Pálsson, *The Vinland Sagas* (London, 1965), 24-5. **2.** Helge Ingstad, *Westward to Vinland* (New York, 1969) 참조. **3.** S. E. Morison, *The European Discovery of America, I, The Northern Voyages*, AD 500-1600, ch. 3, 'The Norsemen and Vinland' (O.U.P.) (New York, 1971), 32-80. **4.** R. A. Skelton, T. E. Marston *et al.*, *The Vinland Map and the Tartar Relation* (New Haven, Conn., 1965). 또한 다음을 참조. J. H. Parry, 'The Vinland Story', in *Pespectives in American History*, I (1967), 417-33; M. A. Musmanno, *Columbus Was First* (New York, 1966). **5.** 다음의 번역 텍스트. Magnusson, *The Vinland Sagas*. **6.** Morison, *The European Discovery of America*, I, 61. **7.** 다음을 참조. On John Davys, R. Hakluyt's *Principal Navigations and Voyages... of the English nation*, A. S. Mott (ed.) (Oxford, 1929).

[AUC] **1.** J. J. Bond, 'The Roman Calendar', *A Handy-book of Rules and Tables for verifying dates with the Christian Era ...* (London, 1869), 1-6, 195-6 (repr. Llanerch, 1991).

[에코 ECO] **1.** Plato, *Critias*; 다음에 의해 인용돼 있음. Clive Ponting, *A Green History of the World* (London, 1991), 76-7. **2.** Genesis ix. 1-3: 하느님이 노아의 아들들에게 주신 약속; Psalm viii. 5-6; Psalm cxv: 16. **3.** Hazel Henderson, *Creating Alternative Futures* (1978), 다음에 의해 인용돼 있음, Ponting, 159. **4.** 다음을 참조. Sven Forshufvid, *Assassination at St.*

Helena (Vancouver, 1978); B. Weider and D. Hapgood, *The Murder of Napoleon* (London, 1982).

[에트루리아熱 ETRUSCHERIA] 1. 다음에 의해 인용돼 있음. M. Finley, 'The Etruscans and Early Rome', *Aspects of Antiquity* (London, 1968). 115.
2. 'The Etruscans and Europe', Galéries du Grand Palais, 15 Sept-14 Dec. 1992, *Le Petit journal des grandes expositions*, 237 (Paris, 1992). 3. D. H. Lawrence, *Etruscan Places* (1927), 다음에 의해 인용돼 있음, Finley, 'The Etruscans and Early Rome', 100.

[에프타니소스 HEPTANESOS] 1. W. H. Zawadzki, *Man of Honour: A. Czartoryski, Statesman of Russia and Poland* (Oxford, 1993). 2. 'Great Britain and the Ionian Islands, 1848-51: A Case of Bad Publicity', *European History Quarterly*, 17(2) (1987), 131-44

[에피데미아 EPIDEMIA] 1. 다음을 참조. C. D. Gordon, 'The Huns', *The Age of Attila* (Ann Arbor, Mich., 1966), 55-111. 2. A. Nikiforuk, *The Fourth Horseman* (London, 1991), ch 5, 'The Smallpox Conquest'. 3. Ibid. 14.

[엘드루프트 ELDLUFT] 1. 1992년 9월 26일 BBC Two에서 방영된 Open University 프로그램 'Oxygen'에 특별히 감사한다. 2. J. Bronowski, *The Ascent of Man* (London, 1970), 146-7의 일러스트.

[엘렉트론 ELEKTRON] 1. 다음을 참조. V. W. Hughes, H. L. Schultz, *Atomic and electron physics* (London, 1967); G. Leon, *The Story of Electricity* (New York, 1983).

[엘리멘타 ELEMENTA] 1. 다음을 참조. J. Hudson, *The History of Chemistry* (Basingstoke, 1992); W. H. Brock, *The Fontatna History of Chemistry* (London, 1992).

[엘자스 ELSASS] 1. F. L. 'Huillier, *Histoire de l'Alsace* (Paris, 1947); G. Livet, *L'Europe, l'Alsace, et la France* (Colmar, 1986). 2. E. Birke, *Silesia: A German Reion* (Munich, 1968); W. J. Rose, *The Drama of Upper Silesia: A Regional Study* (Battleborough, Vt., 1935);

K. Popiolek, *śląskie dzieje* (Warsaw, 1981); W. B. Goldstein, *Tausend Jahre Breslau* (Darmstadt, 1974). 3. Rose Bailly, *A City Fights for freedom: The Rising of Lwów, 1918-19* (London, 1958); West Ukrainian Press Agency, *The Problem of Eastern Galicia and The Eastern Galician Question* (Vienna, 1920); L. Podhorodecki, *Dzieje Kijowa* (Warsaw, 1982).

[엘시드 ELCID] 1. R. Fletcher, *The Quest for EL Cid* (Oxford, 1989); C. Smith, *The Making of the Poema de Mio Cid'* (Cambridge, 1983). 2. M. H. Keen, *The Outlaws of Mediaeval Legend* (London, 1961); J. C. Holt, *Robin Hood* (London, 1989); R. B. Dobson, and J. Taylor, *Rymes of Robyn Hood: An Introduction to the English Outlaw*, rev. edn. (London, 1989). 3. Juraj Janosik (c. 1688-1713). 다음을 참조. 'Legend Tatr', *Literatura polska: Przewodnik Encyklopedyczny* (Warsaw, 1984), 553.

[여성 FEMME] 1. 번역. *Wollstonecraft, Women, and the French Revolution*, 1992년 유니버시티칼리지런던의 전시회. 2. 다음을 참조. Sara E. Melzer and Leslie W. Rabind (eds.), *Rebel Daughters: Women and the French Revolution* (Oxford, 1992).

[연금술 ALCHEMIA] 1. R. J. W. Evans, 'Rudolph and the Occult Arts', in *Rudolph IIand His World: a Study in Intellectual History, 1576-1612* (Oxford, 1973), 196-242. 2. M. Rady, 'A Transylvanian Alchemist in London', *Slavonic and East European Review* Vol. 72, Iss. 1, (Jan 1, 1994). 3. Evans, op. cit. 199. 4. J. Bronowski, *The Ascent of Man* (London, 1970). 5. 다음을 참조. F. Sherwood Taylor, *The Alchemists* (London, 1952); J. Read, *Through Alchemy to Chemistry: a procession of ideas and personalities* (London, 1957). 6. William Shakespeare, *Sonnet 33*.

[오랑주 ORANGE(오라녀ORANJE, 오렌지)] 1. Françoise Gasparri, *La Principautè d'Orange au Moyen Âge* (Paris, 1985). 2. 다음을 참조. C. V. Wedgewood, *Wiliam the Silent* (London, 1944); Marion Grew, *The House of Orange* (London, 1947); H. H. Rowen, *The Princes of Orange: Stadholders in the Dutch Republic* (Cambridge, 1988). 3. 다음을 참조. C. Fitzgibbon,

Red Hand: The Ulster Colony (London, 1971); Tony Gray, *The Oragne Order* (London, 1972).

[오이디푸스 OEDIPUS] **1.** Betty Radice, *Who's who in the Ancient World: a Handbook to the Survivors of the Greek and Roman Classic*(London, 1973), 'Oedipus', 177-8.

[오일러 EULER] **1.** Petr Beckmann, *A History of PI* (New York, 1971), 147-57.

[오일렌부르크 EULENBURG] **1.** James D. Steakly, 'Iconography of a Scandal: Political Cartoons and the Eulenburg Affair in Wilhelmian Germany', M. B. Dubermann *et al.* (eds.), *Hidden from History: Reclaiming the Gay and Lesbian Past* (New York, 1989; London, 1991), 233-63. **2.** B. Inglis, *Roger Casement* (London, 1973); H. O. Mackey, *The Crime Against Europe: The Writings and Poetry of R. Casement* (Dublin, 1958); Richard Ellmann, *Oscar Wilde* (London, 1987). **3.** M. Baumont, *L'Affaire Eulenberg et les origines de la Guerre Mondiale* (Paris, 1933); 다음에 의해 인용돼 있음. Steakley, 'Iconography of a Scandal', 235. **4.** E. J. Haeberle, 'Swastika, Pink Triangle, and Yellow Star: the Destruction of Sexology and the Persecution of Homosexuals in Nazi Germany', Dubermann *et al.* (eds.), *Hidden from History*, 365-82.

[오페라 OPERA] **1.** *New Grove's Dictionary of Music and Musicians*, ed. Stanley Sadie (London, 1992), XII. 514-34. 또한 다음을 참조. R. Parke (ed.), *The Oxford Illustrated History of Opera* (Oxford, 1994).

[옥스팜 OXFAM] **1.** M. Black, *Oxfam: the first 50 years* (Oxford, 1992); F. Jean, *Life, Death, and Aid: the Médecin sans Frontières Report...* (London, 1993).

[옴팔로스 OMPHALOS] **1.** F. Poulsen, *Delphi* (London, 1920), 29. **2.** 다음을 참조. H. W. Parke, *The Greek Oracles* (London, 1967), 'Delphic Procedure', 72-81. **3.** H. W. Parke and D. E. W. Wormell, *The Delphic Oracle* (Oxford, 1956), Vol. ii, *The Oracular Responses*는 신탁의 알려진 모든 발언에 대한 철저하고 비판적인 연구를 포함하지만, 이는 그리스어에서 번역된 것은 아니다. **4.** Parke, *The Greek Oracles*, 34.

[우스코크 USKOK] **1.** Catherine Wendy Bracewell, *The Uskoks of Senj: pricacy, banditry, and holy war in the sixteenth century Adriatic* (Cornell, Ithaca, 1991).

[우크라이나 UKRAINA] **1.** Taras Shevchenko, *Zapovit'* (Testament, 1845), *Song out of Darkness*. 다음에 의한 시 선별 및 번역. Vera Rich (London, 1972), p. 85 (수정됨). 다음을 참조. D. Čyževsky, *A History of Ukrainian Literature* (Littleton, Colo., 1975); G. Grabowicz, *Toward a history of Ukrainian literature* (Cambridge, Mass., 1981). **2.** D. Doroshenko, *A Survey of Ukrainian History* (Winnipeg, 2nd edn. 1975); R. Szporluk, *Ukraine, a brief history* (Detroit, 1982); R. Magosci, *Ukraine: a historical atlas* (Toronto, 1985); O. Subtelny, *Ukraine: a history* (Toronto, 1988).

[우행愚行 FOLLY] **1.** Aleksander Bocheński, *Dzieje głupoty w Polsce* (repr. Warsaw, 1947). **2.** Adam Michnik, *Z dziejów honoru w Polsce: wypisy więzienne* (Paris, 1985). **3.** Barbara Tuchman, *The March of Folly: From Troy to Vietna* (London, 1984).

[운동선수 ATHLETES] **1.** 다음을 참조. M. I. Finely and H. W. Pleket, *The Olympic Games: The First Thousand Years* (London, 1976). **2.** 다음을 참조. H. A. Harris, *Greek Athletes and Athletics* (London, 1964). **3.** Pindar, Nemean 6.1-7. Trans. C. M. Bowra, 'Men and Gods', 네메아 경기의 남자 레슬링에서 우승한 아이기나의 알키미다스Alcimidas of Aegina를 기리는 송가; *Greek Literature: An Anthology*. chosen by Michael Grant (London, 1977), 104. **4.** 2 Tim. 4:7. **5.** A. Krawczuk, *Ostatnia Olimpiada* [The Last Olympiad], (Wrocław, 1976); R. D. Mandell, *The first modern Olympics* (Berkeley, 1976).

[원숭이 MONKEY] **1.** Wiliam Irvine, *Apes, Angels and Victorians: The Story of Darwin, Huxlev and Evolution* (New York, 1955), ch. i. **2.** F. Galton, *Hereditary Genius: an Inquiry into its laws and consequences*, repr. (London, 1892); 재판 1950), pp. 325 ff. **3.** Irvine,

280. **4.** D. W. Forrest, *Francis Galton: the Life and Work of a Victorian Genius* (London, 1974).

[위차쿠프 ŁYCZAKÓW] **1.** 다음을 참조. S. S. Nicieja, *Cmentarz Obrońców Lwowa* (Wrocław, 1990).

[유럽통화동맹 EMU] **1.** 다음을 참조. Stephen George, *Politics and Policy in the European Community* (Oxford, 1985), Ch 9, 'Economic and Monetary Union'.

[유전자 GENES] **1.** P. J. Bowles, *The Mndelian Revolution* (London, 1989); C. F. Meyer, *The Genesis of Genetics: The Growing Knowledge of Heredity Before and After Mendel* (Rome, 1953); G. Stern, *The Origin of Genetics: A Mendelian Source Book* (London, 1966). **2.** Zhores Medvedev, *The Rise and Fall of T. D. Lysenko* (1967; trans. New York, 1969); D. Joravsky, *The Lysenko Affair* (Cambridge, Mass., 1970). **3.** 다음을 참조. J. S. Huxley, *Soviet Genetics and World Science* (London, 1949).

[유토피아 UTOPIA] **1.** Sir Thomas More, *Utopia*, trans. Raphe Robynson, 1552 (Cambridge, 1879) (17th repr.,1952). **2.** 다음을 참조. Isaiah Berlin, *Against the Current: Essays in the History of Ideas* (Oxford, 1979); 또한 H. Hardy (ed), *The Crooked Timbers of Humanity: Essays in the History of Ideas* (London, 1991). **3.** Vercos, *Le Silence de la mer, et autres récits* (Paris, 1951), 19-43. **4.** K. Moczarski, *Bozmowy z katem*, trans. as *Conversations with an Executioner* (London, 1974).

[음유시인 BARD] **1.** *King Henry IV*, Part 2. IV. iii; *The Taming of the Shrew*, II. i. 다음을 참조. F. G. Stokes, *Who's Who in Shakespeare* (London, 1924), 124.

[음조 TONE] **1.** G. Perle, *Twelve-Tone Tonality* (London, 1977); M. Hyde, *Schoenberg's Twelve-Tone Tonality* (Ann Arbor, Mich., 1982); S. Milstein, *Schoenberg: Notes, Sets, Forms* (Cambridge, 1992). **2.** R. R. Reti, *Tonality, Atonality, Pantonality: A Study of Some Trends in Twentieth Century Music* (London, 1958). **3.** P. Griffiths, *Oliver Messiaen and the Music of Our Time* (London, 1985); B. M. Maciejewski, *H. M.*

Górecki: His Music and Our Times (London, 1994).

[E = mc²] **1.** 다음을 참조. J. Schwartz, *Einstein for Beginners* (Exeter, 1979), 2—인용문은 여러 가지 형태로 나타난다. 다음을 참조. M. White and J. Gribbin, *Einstein: A life in Science* (New York, 1993); 다음에 의한 리뷰. R. Dinnage, 'Man of Science Agog', *TLS*, 17 Dec. 1993.

[이콘 IKON] **1.** 다음을 참조. J. Baggley, *Doors of Perception: Icons and their spiritual significance* (London, 1987). **2.** 다음을 참조. N. P. Kondrakov, 'Iconography of the Boguroditsa', *The Russian Icon* (Oxford, 1927). **3.** G. Ramos-Poquí, *The Technique of Icon Painting* (Tunbridge Wells, 1990). **4.** Stefania Hnatenko, *Treasures of Early Ukrainian Art: Religious Art of the 16-18th Centuries* (Ukrainian Museum) (New York, 1959); S. Hordynsky, *The Ukrainian Ikon from XII to the XVIII centuries* (Toronto, 1973). **5.** Suzanne Marinet, *La Sainte-Face de Laon et son histoire* (Laon, 1988). **6.** Maxim Gorky, *Childhood* (Penguin Classics, London, 1966), 61-4.

[인상 IMPRESSION] **1.** Herman Wechsler, *Live of Famous French Painters* (New York, 1962), 103-8. **2.** Ibid. 16.

[인쇄 PRESS] **1.** S. H. Steinburg, *Five Hundred Years of Printing* (London, 1955), 23. **2.** Ibid. 177-8. **3.** 다음을 참조. Francis Robinson, *Technology and Religious Change: Islam and the Impact of Print*, 런던대학 로열홀로웨이 & 베드퍼드뉴칼리지 개강 강연, 1992년 3월 4일.

[인퀴시티오 INQUISITIO] **1.** 다음을 참조. F. E. Dostoyevsky, *The Brothers Karamazov* (1880) trans. D. Magarshack (Harmondsworth, 1958); *The Grand Inquisitor*, trans. S. Koteliansky. intro. by D. H. Lawrence (London, 1935). **2.** 다음을 참조. Eduard Wasiolek, *Dostoyevsky: the major fiction* (Boston, 1964); Juditch Gunn, *Dostoyevsky: dreamer and prophet* (Oxford, 1990); J. Frank, *Dostoyevsky* (Princeton, 1979-), 3 vols; W. J. Leatherbarrow, *Dostoyevsky: The Brothers Karamazov* (Cambridge,

1992). **3.** 다음에 의해 인용돼 있음. A. B. Gibson, *The Religion of Dostoyevsky* (London, 1973), 187. **4.** 다음에 의해 인용돼 있음. Gunn, op. cit. **5.** John 12: 24.

[인판타 INFANTA] **1.** 다음에 의해 인용돼 있음. Philippe Ariès, *Centuries of Childhood: A Social History of Family Life* (London, 1979), 15. **2.** Prado, Madrid: Coello, *The Infanta Isabella* (1579), Cat. 1137; Velasquez, *The Infanta Margherita of Austria* (1659), Cat. 1192. 다음을 참조. S. N. Orso, *Velazquez, los Barrachos, and Painting in the Court of Philip IV* (Cambridge, 1993). **3.** Ariès, *Centuries of Childhood*, ch. 5. 'From Immodesty to Innocence'.

[일리리아 ILLYRIA] **1.** 다음을 참조. D. Gelt, *The Slovenians from the Earliest Times* (Victoria, 1983); E. M. Despalatović, *L. Gaj and the Illyrian Movement* (New York, 1973); J. Punk *et al. A Brief History of Slovenia* (Ljubljana, 1994); S. Gazi, *A History of Croatia* (New York, 1973); R. W. Seton-Watson, *The Southern Slav Question and the Habsburg Monarchy* (New York, 1991); J. Pogonowski, *Iliryzm I Słowianszczyzna* (Lwów,, 1924).

[일리리쿰 ILLYRICUM] **1.** 다음을 참조. J. Wilkes, *The Illyrians* (Oxford, 1992); 또한 'The Provinces of the Empire', T. Cornell, J. Matthew, *Atlas of the Roman World* (Oxford, 1982), 118-66.

[자드루가 ZADRUGA] **1.** Maria Todorova, 'Myth-Making in Euroean Family History: The Zadruga Revisited', *East European Politics and Society*, 4(1) (1991), 30-69.

[자본주의적 농업 CAP-AG] **1.** R. Brenner, 'Agrarian Class Structure and Economic Development in Pre-industrial Europe', *Past and Present*, 70 (1976), 30-75. **2.** *Past and Present*, 78, 79, 85, 97 (1975-81). **3.** Immanuel Wallerstein, *The Modern World System: Capitalist Agriculture and the Origins of the European World-Economy* (New York, 1974). Mid-West Slavic Conference (c. 1992)에서 'Cord and Periphery: Eastern Europe'를 반표한 Martyn Rady에게 특별한

감사를 드린다. **4.** Wallerstein, *The Modern World-System*, 99. **5.** R. Brenner, 'The Origins of Capitalist Development: A Critique of Neo-Smithian Marxism', *New Left Review*, 104 (1977), 25-92. 또한 다음을 참조 R. A. Denemark and K. P. Thomas, 'The Brenner-Wallerstein Debate', *International Studies Quarterly*, 32 (1988), 47-65.

[자카르 JACQUARD] **1.** 다음을 참조. S. Augarten, *Bit by Bit: An illustrated History of Computers* (London, 1984).

[제노사이드 GENOCIDE] **1.** G. J. Libaridian, *A Crime of Silence: the Armenian Genocide* (London, 1985); D. M. Lang, *The Armenians: a people in exile* (London, 1981); C. J. Walker, *Armenia: survival of a nation* (London, 1990); S. L. Sonyel, *The Ottoman Armenians, victims of great power diplomacy* (London, 1987); R. Hovannisian (ed.), *The Armenian Genocide: history, politics, and ethics* (London, 1991); R. Melson, *Revolution and Genocide: on the origin of the Armenian genocide and of the Holocaust* (London, 1992). **2.** 독일 제독 빌헬름 카나리스Wilhelm Canaris의 1939년 8월 22일 메모, 다음에 의해 인용돼 있음, L. P. Lochner, *What about Germany?* (New York, 1942), 2. 이 구절은 때로 최종 해결책을 언급한 것처럼 잘못 인용되기도 한다. Mark Levene 박사에게 감사를 전한다. **3.** R. Lemki, *Axis Rule in Europe: Laws of Occupation, Analysis of Government, Proposals for Redress* (New York, 1944). 다음을 참조. 'Genocide', *Encyclopaedia Judaica* (Jerusalem, 1971), vol. 7, 410.

[제우스 ZEUS] **1.** M. J. Price, 'The Statue of Zeus at Olympia', P. Clayton and M. J. Price, *The Seven Wonders of the World* (London, 1988), 59-77.

[주님의 해 ANNO DOMINI] **1.** 'Dionysius Exiguus', *Encyclopaedia Britannica*, 11th edn. (1910-11), vii. 285. **2.** 'Calendar', ibid. iv. 987-1004. **3.** S. V. Utechin, *Everyman's Concise Encyclopaedia of Russia* (London, 1961), 85.

[즈간티야 GGANTIJA] 1. J. D. Evans, *Prehistoric Antiquities of the Maltese Islands* (London, 1971). 2. B. Blouet, *The Story of Malta*, 3rd edn. (London, 1981).

[증오 HATRED] 1. G. Bell, *Archbishop Davidson* (London, 1935), ii. 756-70. 2. K. Slack, *George Bell, 1883-1958* (London, 1972). 3. G. Bell, *The Church and Humanity* (London, 1946), ch. 22, 'God Above Nation', 201-10. 4. Ibid. 22-31. 5. Ibid. ch. 14, 'Obliteration Bombing'. 다음을 참조. M. Czesany, *Allierten Bombenterror: der Luftkrieg gegen die Zivilbevölkerung Europas, 19405* (Leoni, 1987). 6. D. Bonhoffer, *Letters and Papers from Prison*, E. Bethge, ed. (New York, 1967), 다음에 의해 인용돼 있음, Slack, *George Bell*, 97. 7. Bell, *The Church and Huamanity* ch. 19, 'Christianity and the European Heritage', 177-82.

[지대 RENTES] 1. E. Le Roy Ladurie, P. Couperie, *Annales*, July 1970, trans. as 'Changes in Parisian Rents', *The Territory of the Historian* (Chicago, 1979), 61-78.

[지진 QUAKE] 1. T. D. Kendrick, *The Lisbon Earthquake* (London, 1956); J. Noses, *O teramote de 1755: British Accounts* (Lisbon, 1990).

[진 JEAN] 1. 다음을 참조. Joanna Brogden, 'Strauss, Levi', *Fontana Biographical Companion to Modern Thought* (London, 1983), 734.

[채집수렵인 GAT-HUNTER] 1. Clive Gamble, 'Hunter-gatherers and the origin of states', J. A. Hall (ed.), *States in History* (Oxford, 1968); 또한 다음을 참조. R. B. Lee, I. De Vore (eds.), *Man the Hunter* (Chicago, 1968).

[처버 CSABA] 1. Arpad's Tale, 'The Skyway of the Warriors', after Kate Seredy, *The Good Master* (Budapest), trans. into Engloish (London, 1937), 92-6.

[체르노비츠 TSCHERNOWITZ] 1. Michael Ignatieff, 'The

Old Country', *New York Review of Books*, 15 Feb. 1990, reviewing Greogr von Rezzori, *The Snows of Yesteryear: Portraits for an Autobiography* (New York, 1989).

[체르노빌 CHERNOBYL] 1. *Słownik geograficzny Królewstwo Polskiego i innych krajów słowiańskich* ("폴란드 왕국 및 여러 슬라브 국가의 지리사전"), ed. F. Sulimierski, B. Chłebowski, W. Walewski (Warsaw, 1880), 'Czarnobyl', i. 750-4. 2. *The Great Soviet Encyclopaedia*, 3rd edn. (Moscow, 1978), vol. xxix, 'Chernobyl'. 3. Rev, 8:10, 11.

[추수 HARVEST] 1. Robert Conquest, *The Harvest of Sorrow: Soviet Collectivisation and the Terror Famine* (London, 1986), 3. 2. Ibid. ch. 16, 'The Death Roll'. 3. Vasily Grossman, *Forever Flowing* (New York, 1972), 다음에 의해 인용돼 있음, Conquest, *The Harvest of Sorrow*, 286. 4. S. J. Taylor, *Stalin's Apologist: Walter Duranty, the New York Times' Man in Moscow* (Oxford, 1990). 5. Conquest, *The Harvest of Sorrw*, ch. 17. 'The Record of the West'. 6. Ibid. 'Preface', 1.

[카드모스 CADMUS] 1. 다음을 참조. M. Bernal, *Cadmean Letters: The Transmission of the Alphabet to the Aegean Before 1400 BC* (Winona Lake, Minn., 1990).

[카리타스 CARITAS] 1. *Encyclopaedia Britannica*, 11th edn. (1912), vol. xiii, 593-4, under 'Drente'. 2. Ibid. vol. v, 876, 'Charity and Charities' 항목. 3. 다음을 참조. R. M. Clay, *The Mediaeval Hospitals of England* (London, 1909). 4. Michel Foucault, *Historie de la folie* (1961), *Histoire de la Sexualité* (1976), *Surveiller et punir* (1975), trans. as *Discipline and Punish: the birth of the prison* (Harmondsworth, 1991) 5. Foucault, *Discipline and Punish*, *Passim*.

[카발라 CABALA] 1, 다음을 참조. Bernhard Pick, *The Cabala: Its Influence on Judaism and Christianity* (La Salle, I II., 1913).

[카타콤 CATACOMB] 1. 다음을 참조. J. Stevenson, *The Catacombs: Rediscovered Monuments of Early*

Christianity (London, 1978).

[카틴 KATYŃ] **1.** NKVD to Comrade Stalin, March 1940, nr 794/5, Central Committee Archives of the CPSU. 옐친 대통령에 의해 해제되고, 다음 안에 발표된 문서. *Gazeta wyborcza* (Warsaw), nr 243 (1016), 15 Oct. 1992. **2.** 다음을 참조. J. T. Gross, *Polish Society under German Occupation, 1939-45* (Princeton, 1979); R. Lukas, *The Forgotten Holocaust* (Lexington, KY, 1986). **3.** 1941년 11월 14일 크렘린에서 스탈린과의 대화. S. Kot, *Conversations with the Kremlin and Despatches from Russia* (London, 1963), 112-43. **4.** 모스크바의 유죄 자백 이전의 사건을 요약한 상세한 연구들에는 다음이 포함된다. *The Crime of Katyń: Facts and Documents* (Polish Cultural Foundation, 1948), trans. (London, 1965); J. Mackiewicz, *The Katyn Wood Murders* (London, 1951); J. Czapaski, *The Inhuman Land* (London, 1951); J. K. Zawodny, *Death in the Forest: Crime without parallel* (London, 1971); *Despatches of Sir Owent O'Malley to the British Government* (London, 1972); M. Dąbrowski (ed.), *KATYN, 1940-1999: Documentary Exhibirion Commemorating the Fiftieth Anniversary* (Polish Institute and Sikorski Museum, London, 1990).
5. Philip C. Bell, 'The Katyn Graves Revealed' in *John Bull and the Bear: British Public Opinion, Foreign Policy and the USSR, 1941-5* (London, 1990). 다음을 참조. C. S. and S. A. Garrett, 'Death and Politics: The Katyn Forest Massacre and American Foreign Policy', *East European Quarterly*, 20/4, Jan. 1987, 429-46. **6.** *The Times*, 10 June 1995. **7.** Nicholas Bethell, 'The Cold Killers of Kalinin', the *Observer*, 6 Oct. 1991. 소련의 유죄 자백 이후 발표된 추가 연구에는 다음이 포함된다. Allen Paul, *Katyń: the Untold Story of Stalin's Polish Masaacre* (New York, 1991), and Vladimir Abarinov, *The Murders of Katyn*, trans. from the Russian (Hippocrene, New York, 1993). **8.** 다음의 합법적 출판물을 참조. J. ŁOJEK, *Dzieje sprawy Katynia* (Warsaw, 1983). **9.** *The Black Books of Polish Censorship* (1976년 폴란드의 국가 검열 지침) (London, 1977). **10** A. Moszyński (ed.), *Lista Katyńska* (카틴 리스트) (London, 1977). **11** 다음을 참조. Ewa Haraszti

Taylor, *A Life with Alan* (London, 1987), 221.

[칸타타 CANATA] **1.** W. G. Whittaker, *The Cantatas of J. S. Bach* (Oxford, 1959), 659-74.

[칸투스 CANTUS] **1.** 러시아어 기보법, 12~13세기; Armand Machabey, *La Notation musicale* (Paris, 1952). **2.** 〈성 요한 찬가Ut queant laxis〉는 그레고리오 성가의 《통합성가집Liber Usualis》과 현대의 편곡에 의한 것이다. 다음을 참조. Alec Harman, *Mediaeval and Early Renaissance Music* (Man and His Music, pt. 1) (London, 1988), 3 그리고 pl. iii. **3.** 다음을 참소. Deryck Cooke, *The Language of Music* (Oxford, 1959; paperback 1985).
4. J. Gayard, *La Méthode de Solesmes* (Paris, 1951).

[칼레발라 KALEVALA] **1.** M. A. Branch에게 특별한 감사를 전한다. 또한 ekamd를 참소. F. J. Oinas, *Studies in Finnic folklore: homage to the Kalevala* (Mäntä, 1985).

[케드로스 CEDROS] **1.** Russell Meiggs, *Trees and Timber in the Ancient Mediterranean World* (Oxford, 1982).

[케르소네소스 CHERSONESOS] **1.** 다음을 참조. M. Rostovtzeff, *Iranians and Greeks in South Russia* (Oxford, 1922). **2.** D. Obolensky, 'Crimea and the North before 1204', *Archeion Pontou 35* (1978), 123-33. **3.** G. A. Koshalenko *et. al.*, *Antichnye Gosudarstva Severnogo Prichernomorja* (Moscow, 1984); Alexander L. Mongait, *Archaeology in the USSR* (Moscow, 1955, London, 1961), ch. 6, 'Classical Cities on the North Coast of the Black Sea.' **4.** Neal Ascherson, *Black Sea* (London, 1995), 12-48. **5.** R. Conquest, *The Nation Killers: the Soviet Deportation of Nationalities*, (London, 1970).

[코 NEZ] **1.** Desmond Morris *et al., Gestures: Their Origins and Distribution*, 'The Nose Thumb' (London, 1979), a survey confined to Western Europe, 25-42. **2.** 다음을 참조. J. Bremmer and H. Roodenburg (eds.), *A Cultural History of Gesture* (Oxford, 1993).

[코나르미야(기병대) KONARMYA] **1.** I. Babel', *Konarmiya* (Moscow, 1928), 5. **2.** N. Davies, 'Izzak Babel''s "Konarmiya" Stories, and the Polish-Soviet War', *Modern Language Review,*67 (1972), 845-57. **3.** K. M. Murray, *Wings over Poland* (New York, 1932).

[코노피슈테 KONOPIŠTE] **1.** Count Carlo Sforza, 'The Man Who Might Have Saved Austria', *Makers of Modern Europe* (London, 1930), 32-43. **2.** Ibid. 27. **3.** Ibid. 20.

[코드피스 CODPIECE] **1.** Lois Banner, 'The Fashionable Sex, 1100-1600', *History Today*, 42(4) (1992). **2.** A. Junke and E. Stille, *Zur Geschichte der Unterwaesche, 1700-1960* (역사박물관 전시회 삽화 카탈로그) (Frankfurt, a. M., 1988).

[코르비나 CORVINA] **1.** C. Csapodi and K. Csapodi-Gárdonyi, *Bibiloteca Corviniana 1490-1990* (전시회 카탈로그) (Budapest, 1990); 다음에 의한 리뷰. H. R. Trevor-Roper, 'Reunion in Budapest', *New York Review of Books*, 19 July 1990.

[코르시카 CORSICA] **1.** Dorothy Carringron, *Napoleon and His Parents: On the Threshold of History* (London, 1988); *Granite Island: A Portrait of Corsica* (London, 1962); 또한 P. Arrighi, *Histoire de la Corse* (Paris, 1947); R. Ramsay, *The Corsican Time-Bomb* (NH, Manchester, 1983).

[코메니우스 COMENIUS] **1.** *Comenius, 1592-1670: European Reformer and Czech Patriot* (Oxford, Catalogue to an Exhibition at the Bodleian Library, 1992), notes by R. J. W. 또한 다음을 참조. Evans. M. Spinka, *The Incomparable Moravin* (Chicago, 1943). **2.** T. G. Masaryk, *Svetová revoluce, za války i ve válce, 1914-18* (Prague, 1925); trans. as *The Making of a State: Memories and Observations, 1914-18* (New York, 1969). **3.** J. A. Comenius, *The Great Didactic*, 2nd edn. (London, 1910), 66-9: 또한 다음을 참조. J. E. Sadler, *J. A. Comenius and the Concept of Universal Education* (London, 1966)

[코카시아 CAUCASIA] **1.** J. F. Blumenbach, *Collections suae cranorum diversarum gentium...* (Gőttingen, 1798-1828). **2.** Revd E. Cobham Brewer, *The Dictionary of Phrase and Fable* (1870; repr. New York, 1978). **3.** L. Poliakov, *The Aryan Myth: A History of Racist and Nationalist Ideas in Europe* (New York, 1974), 특히 233.ff.; J. Boissel, *Gobineau: Un Don Quichotte tragique* (Paris, 1981). **4.** 다음을 참조. Madison Grant, *The Passing of the Great Race* (New York, 1916). **5.** 주제에 대한 가장 최근의, 가장 유명하고 가장 우수한 조사에 대해서는 다음을 참조. Steven Jones, *The Language of the Genes: Biology, History, and the Evolutionary Future* (London, 1994). **6.** 다음을 참조. Ashley Montague, *Statement on Race: An Annotated Elaboration of ... the Statements on Race Issued by UNESCO* (New York, 1972).

[콘돔 CONDOM] **1.** Aetius, 다음에 의해 인용돼 있음, M. K. Hopkins, 'Contraception in the Roman Empire', *Comparative Studies in History and Society*, 8 (1965-6), 124-51. **2.** P. Ariès, 'Surles origines de la contraception en France', *Population*, 3 (1953); 다음을 참조. P. P. A. Biller, 'Birth Control in the West in the 13th and 14th Centuries', *Past and Present*, 94 (1982), 3-26. **3.** J. T. Noonan, *Contraception: A History of Its Treatment by Catholic Theologians and Casuists* (Cambridge, Mass., 1966). **4.** Deposition of Beatrice de Planissoles, 다음에 의해 인용돼 있음, E. Le Roy Laduire *Montaillou* (London, 1980), 172-3. **5.** 다음을 참조. A. McLaren, *Birth Control in Nineteenth Century Britain* (London, 1978). **6.** A. Nikiforuk, *The Fourth Horseman* (London, 1991), ch. 6. **7.** 다음의 발표 글. Christina Hardyment, 'Marie Stopes and Germaine Greer....', Alistair Horne Fellowship Symposium, St Antony's College, Oxford, June 1993. **8.** Ibid.

[콘스피로 CONSPIRO] **1.** S. Hutin, *Les Sociétés secrètes*, 11th edn. (Paris, 1993). 또한 다음을 참조. G. Falzone, *La Storia de la Mafia* (1973), tran. as *Histoire de la Mafia* (Paris, 1973); R. Catanzaro, *Men of Respect: a social history of the Sicilian Mafia* (New York, 1992).

[콘클라베 CONCLAVE] **1.** J. N. D. Kelly, *The Oxford*

Dictionary of Popes (Oxford, 1988), 327.

[콤포스텔라 COMPOSTELA] 1. 다음을 참조. B. Tate, *Guià del Camino de Santiago* (Santiago); W. Starkie, *The Road to Sanitago: pilgrims of St James* (London, 1957); H. Davies, *Holy days and holidays: the mediaeval pilgrimage to Compostela* (Lewisburg, PA, 1982); 또한 James Bentley, *The Way of St James: a pilgrimage to Santiago de Compostela* (London, 1992).

[콤푸타티오 COMPUTATIO] 1. 다음을 참조. J. B. Geisbeek, *Ancient Double-Entry Book-Keeping: Lucas Pacioli's Treatise* (Denver, 1914; repr. Osaka, 1975); R. G. Brown and K. S. Johnston, *Pacioli on Accounting* (New York, 1963). 2. 다음을 참조. P. L. McMickle and R. G. Vanger-meersch, *The Origins of a Great Profession: Catalogue to an Exhibition of Rare Accounting Books and Macuscripts from the Montgomery Collection* (Memphis, 1987). 3. M. F. Bywater and B. Yamey, *Historic Accounting Literature: A Companion Guide* (London, 1982).

[콩브레 COMBRAY] 1. 'Itinéraire proustien,' Syndicat d'Initiative, *Illiers-Combray* (Illiers-Combray, 1989). 다음을 참조. R. Hayman, *Proust: a biography* (London, 1990); L. Hodgson (ed.), *Marcel Proust: the critical heritage* (London, 1989); Sheila Stern, *Swann's Way* (Cambridge, 1989).

[크라바트 CRAVATE] 1. *Oxford English Dictionary* Compact Edition (1970), i. 1144. 2. É. Littré, *Dictionnaire de la langue française* (Paris, 1966), ii. 1094. 3. The *Independent*, 3 July 1991. 4. *Louis* XIV, 16. Littré, *Dictionnaire*. 5. R. Filipovic, *Englesko-Hrvatski ili Srpski Rjecnik*, 8th edn. (Zagreb, 1977); M. Benson, *An English-Serbocroatian Dictionary* (Cambridge, 1990). Filipovic favours *Kravata*, Beson *masna*.

[크랄 KRAL] 1. 다음을 참조. H. Spanke, *Deutsche und frazösische Dichtung des Mittelalters* (Stuttgart, 1943). 2. W. Kootz, *Frankfurt: City Guide* (Frankfurt, n. d.), 9-12.

[크룩스 CRUX] 1. A. Frutiger, *Der Mensch und Seine Zeichen* (Dreieich, 1989), trans. as *Signs and Symbols: Their Design and Meaning* (London, 1989), 276-7. 2. Frutiger, op. cit., 276-7. 3. 'Tamgas and Tribal Signs', in W. Leaf, S. Purcell, *Heraldic Symbols: Islamic Insignia and Western Heraldry* (London, 1986), 76-82. 4. Tadeusz Sulimirski, *The Sarmatians* (London, 1970), discussed by Ascherson, *Black Sea*, op. cit., 230-43. 5. Władysław T. Bartoszewski, *The Convent at Auschwitz* (London, 1990).

[킬홀 KEELHAUL] 1. Denis Hills, *Tyrants and Mountains: a Reckless Life* (London, 1992), 103-8. 2. Ibid. 120-4. 힐스는 리언 유리스Leon Uris'의 소설 〈엑소더스Exodus〉와 그 사건을 바탕으로 한 할리우드영화에서 배가 항해하는 것을 '멈춘' 사람으로 희화화됨으로써 보상을 받았다. 3. Ibid. 130. 4. Ibid. 136. 5. Ibid. 137-40. 6. 다음을 참조. Nicholas Bethell, *The Last Secret: Forcible Repatriation to Russia, 1944-47* (London, 1974); Nicholas Tolstory, *Victims of Yalta* (London, 1978); Nicholas Tolstory, *The Minister and the Massacres* (London, 1986). 7. A. Cowgill, T. Brimelow, C. Booker, *The Repatriation from Austria in 1945: the Report of an Enquiry*, 2 vols. (London, 1990); 다음에 의한 리뷰. J. Jolliffe, 'The Ribiera of Hades', *Spectator*, 19 Oct. 1990; D. Johnson, 'Macmillan: a vindication that came too late', *The Times*, 19 Oct. 1990; R. Harris, 'Here's a way out for every war criminal', *Sunday Times*, 21 Oct. 1990.

[타바드 TABARD] 1. Eric Delderfield, *Inns and Their Sings: Fact and Fiction* (Newton Abbot, 1975); 또한 Dominic Rotheroe, *London Inn Sings* (London, 1990).

[탁시스 TAXIS] 1. 다음을 참조. S. MacCormack, *Art and Ceremony in Late Antiquity* (Berkeley, Calif., 1981). 2. Leipzig Univ. Library 28. 3. 다음을 참조. J. P. Bury, 'The Ceremonial Book of Constantine Porphyrogennetos', *EHR* 22 (1907), 209-27; 또한 A. Vogt, *Constantin Porphygrogenète: le livre des cérémonies* (Paris, 1935-40). 4. 다음을 참조. D. M. Nicol, '*Kaiseralbung*: The Unction of Emperors in Late Byzantine Ritual', *Byzantine and Modern Greek*

Studies, 2 (1976), 37-52.

[탄소-14 C14] 1. H. Y. Gőksu *et al.* (eds.), *Scientific Dating Methods* (Luxembourg, 1991): 또한 S. Bowman, *Radiocarbon Dating* (London, 1990). 2. A. Gob, *Chronologie du mésolithique en Europe* (Liège, 1990), nos. 0217, 2279, 1816. 3. L. Picknett, C. Prince, *The Turin Shroud: the shocking truth revealed* (London, 1994); R. Hoare, *The Turin Shroud is genuine: the irrefutable evidence* (London, 1994).

[탐무즈 TAMMUZ] 1. M. Lambeth, *Discovering Corn Dollies* (Aylesbury, 1987). 또한 다음을 참조. 'Demeter and Proserpine' and 'Lityerses: The Death of the Corn-spirit', in James Frazer, *The Golden Bough* (London, 1890), ch. 3, sects. 8, 9. 2. 다음을 참조. D. Harris and G. C. Hillman, *Foraging and Framing: The Evolution of Pland Exploitation* (London, 1988); M. N. Cohen, *The Food Crisis in Prehistory: Overpopulation and the Origins of Agriculture* (New Haven, Conn, 1977); P. J. Ucko and G. W. Dimbleby, *The Domestication and Exploitation of Plants and Animals* (London, 1969). 3. J. Percival, *The Wheat Plant* (London, 1921).

[테렘 TEREM] 1. 다음을 참조. Nancy S. Kollmann, 'The Seclusion of Elite Muscovite Women', *Russian History*, 10 (1988), 170-87. 2. Augustin von Mayerburg, *Iter in Moscoviam...* (1661), 다음에 의해 인용돼 있음, Lindsey Hughes *Sophia: Regent of Russia, 1657-1704* (New Haven, Conn., 1990), 17. (Winner of the Heldt Prize for Women's Studies, 1992). 3. Ibid. 264-5. 이 호의적이지 않은 설명은 Foy de la Neuville, *Relation curieuse et nouvelle de Moscovie* (Paris, 1698)에 추가됐는데, 표트르 대제의 통치기에 아마도 적대적 편집자에 의해 추가됐을 것이다.

[테이코스 TEICHOS] 1. *Oxford Dictionary of Byzantium* (1991), i. 519-20; 다음을 참조. A. van Millingen, *Byzantine Constantinole: The Walls of the CIty and Adjoining Historical Sites* (London, 1899).

[테제 TAIZÉ] 1. J. L. Gonzalez Balado, *The Story of Taizé*, 3rd edn. (London, 1988); Rex Brice, *Brother Roger and his community* (London, 1978). 2. J. Playfoot (ed.), *Mother Theresa: My life for the poor* (Yarmouth, 1986); E. Egan, *Such a Vision of the Street* (London, 1985); P. Porter, *Mother Theresa: The Early Years* (London, 1986); N. Cahwla, *Mother Theresa* (London, 1992); Sue Shaw, *Mother Theresa* (London, 1993). 3. 다음을 참조. 'Aid to the Church in Need', *Mirror*, bi-monthly (Antwerp, 1992-).

[템푸스 TEMPUS] 1. E. Bruton, *The History of Clocks and Watches* (London, 1979), 34-5. 2. 다음을 참조. G. J. Whitrow, *Time in History: Views of Time from Prehistory to the Present Day* (Oxford, 1989).

[토르 TOR] 1. 다음을 참조. A. Reissner, *Berlin, 1675-1945: The Rise and Fall of a Metropolis* (London, 1984); A. Read, D. Fisher, *Berlin: the biography of a city* (London, 1994).

[토르멘타 TORMENTA] 1. Norbert Elias, *History of Manners*, 203-4. 2. After Michel Foucault, *Surveiller et punir: Naissance de la prison* (Paris, 1975), 9-11, 현대의 설명을 인용했다. 3. C. Phillipson, *Three Criminal Law Reformers: Beccaria, Bentham, Romilly* (London, 1923); *Cesare Beccaria and Modern Criminal Policy*, International Congress, 1988 (Milan, 1990); J. H. Langbein, *Torture and the Law of Proof: Europe and England in the Ancien Regime* (Chicago, 1977). 4. 다음을 참조. G. R. Scott, *A History of Torture* (London, 1994); J. H. Burgess and H. Danelius, *The UN Convention against Torture* (London, 1988).

[톨룬 TOLLUND] 1. Seamus Heaney, 'The Tollund Man', *New Selected Poems, 1966-87* (London, 1990), 31-2. 2. 'Iceman of the Alps comes in from the cold...', *Sunday Times*, 29 Sept. 1991; 또한 F. Spencer, *Piltdown: a scientific forgery* (London, 1990).

[투르(드 프랑스) TOUR] 1. Serge Douay, 'Tours et Détours du Tour de France', *Historama*, 89/July 1991, 58-63; 또한 다음을 참조. G. Watson,

The Tour de France and its heroes (London, 1990);
G. Nicholson, The Rise and Fall of the Tour de France
(London, 1991). 2. Independent, 27 July 1992.

[트리스탄 TRISTAN] 1. John Manchip White, 'Tristan
and Isolt', P. Quennell (ed.), Diversions in History
(London, 1954), 138-46. 2. Gabriel Bise, Tristan
and Isolde: From a Manuscipt of 'The Romance of Trista'
(15th century) (Fribourg-Geneva, 1978). 3. Poveste
Tryschane (1580), Raczyński Library, Poznań (MS
94); trans. Z. Kiple as The Byelorussian Tristan (New
York, 1988). 4. Morte D'Arthur, 다음에 의해 인용돼
있음, White, 'Tristan and Isolt', 146.
5. G. Phillips and M. Keaman, King Arthur: The True
Story (London, 1992). 6. 다음을 참조. G. Ashe, The
Quest for Arthur's Britain (London, 1968).
7. Tennyson, Idylls of the King, 'To the Queen', ll.
62-6; in R. W. Hill (ed.), Tennyson's Poetry (New
York, 1971), 431.

[파라온 FARAON] 1. The National Monument of the Santa
Cruz de Valle de los Caidos: a tourist guidebook (Madrid,
1961).

[파르나스 PARNASSE] 1. After Ronald Taylor, Franz
Liszt: Man and Musician (London, 1986), 46.

[파스카 PASCHA] 1. E. A. M. Fry, Almanacks for Students
of English History: being a series of 35 almanacks arranged
for every day upon which Easter can fall... 500-1751 AD (os),
1751-2000 AD (NS) (London, 1915). 2. C. Wesley,
'Chrsit the Lord is Risen Today', Hymns Ancient and
Modern, rev. edn. (London, 1950), 141.

[파우스투스 FAUSTUS] 1. Goethe, Faust, pt. ii, ll.
12,073-5. 2. The Oxford Companion to German
Literature, 173.

[파티마 FATIMA] 1. J. Delaney, A Woman Clothed in the
Sun (Dublin, 1991), 194. 또한 다음을 참조. M. De
la Sainte Trinité, The Third Secret of Fatima
(Chulmleigh, 1986). 2. 다음을 참조. T. Tindale-
Robertson, Fatima, Russia, and Pope John Paul II
(Chulmleigh, 1992). 3. 다음을 참조. M. Parham,

'With God on Our Side', Independent Magazine, 4
Dec. 1993; 또한 계간지 Medjugorje Messenger
(London, 1986~).

[파페사 PAPESSA] 1. J.N.D. Kelly, The Oxford
Dictionary of Popes (Oxford, 1988). appendix, 329-
30; 또한 J. Morris, Pope John-VIII—An English
Woman: Alias Pope Joan (London, 1985).

[파피루스 PAPYRUS] 1. 데르베니에 대해서는 다음을
참조. S. G. Kapsomenon, Gnomon, 35 (1963), 222-
3; Archaeoll. Deltion, 14 (1964), 17-25; 또한 Eric
Turner, Greek Papyri: An Introductionn (Oxford,
1980). 2. E. G. Turenr, Greek Papyri, an Introduction
(Oxford, 1968; repr. 1980); Greek Manuscripts of the
Ancient World (Oxford, 2nd edn. 1987).

[판타 PANTA] 1. 다음을 참조. Michele d'Avino, Pompeii
prohibited (Edizioni Procaccini, Naples, n.d.); M.
Grant et al, Erotic Art in Pompeii: the secret collections of
the National Museum of Naples (London, 1975).
2. 'Oh, [my] rampant son, how many women have
you fucked?' Corpus Inscription Latinarum (CIL) vol.
iv, 5213. 3. '[In case you hadn't noticed],
Ampliatus, Icarus is buggering you.' Ibid. 2375.
4. 'Restituta, drop your tunic', I beg you, [and] shou
[your] hairy pud', Ibid. 3951. 5. 'Weep girls, sod
[—] ... superb cunt, farewell... Ampliatus... so many
times... This also I fookie fookie ...', Ibid. 3932. 6.
'Thrust slowly' (with illustration), Ibid. 794. 7.
'Here Messius fucked nothing' Ibid. (from the
House of Amando).

[팔레오 PALAEO] 1. D. C. Greentham, Textual
Scholarship: An Introduction (London, 1992); B.
Bischoff, Latin Palaeography: Antiquity to the Middle
Ages (Cambridge, 1990); T. J. Brown,
A Palaeographer's Veiw: Selected Writings (London,
1993). 2. C. Hamilton, The Hitler Diaries: Fakes That
Fooled the World (Lexington, Ky., 1991).

[팔츠 PFALZ] 1. 다음을 참조. Leo Hugot, Aachen
Cathedral: A Guide (Aachen, 1988); Erich Stepheny,
Aachen Cathedral (Aachen, 1989).

[페로 FAROE] 1. L. K. Schei and G. Moberg, *The Faroe Islands* (London, 1991), ch. 5, 'Political Awakening'.

[페트로그라드 PETROGRAD] 1. R. J. Service, *Lenin: a political life* (London, 2nd edn, 1991). 2. 다음을 참조. Harrison Salisbury, *The 900 Days' Siege of Leningrad* (New York, 1969). 3. Ruth T. Kamińska, *Mink Coats and Barbed Wire* (London, 1979).

[포그롬 POGROM] 1. 'Pogrom', *Encyclopaedia Judaica* (Jerusalem, 1971), xiii. 694-702. 2. 다음을 참조. J. D. Clier, *Pogroms: Anti-Jewish Violence in Modern Russian History* (Cambridge, 1991); I. M. Aronson, *Troubled Waters: The Origins of the 1881 Anti-Jewish Pogroms in Russia* (Pittsburgh, 1990). 3. Norman Davies, 'Great Britain and the Polish Jews, 1918-20', *Journal of Contemporary History*, vol. viii/2, 1973, 119-42.

[포툠킨 POTEMKIN] 1. J. Dreifuss, *The Romance of Catherine and Potemkin* (London, 1938). 2. Anatoliy Golitsyn, *New Lies for Old: The Communist Strategy of Deception and Disinformation* (London, 1984), 412. 3. H. Marsahll, *Sergei Eisentein's 'Battleship Potemkin'* (New York, 1978).

[푸가초프 PUGACHEV] 1. 다음을 참조. Orlando Figes, *Peasant Russia, Civil War: the Volga Countryside in Revolution, 1917-21* (Oxford, 1989). 2. 다음을 참조. Paul Avrich, *Russian Rebels, 1600-1800* (New York, 1972); J. Y. Alexander, *Autocratic Government in a national crisis: the imepral Russian government and Pugachev's Revolt, 1773-75* (Bloomington, Ind., 1961); A. Bodger, *The Kazakhs and the Pugachev Uprising in Russia, 1773-4* (Bloomington, 1988). 3. E. Hobsbawm, *Primitive Rebels: studies in archaic forms of social movement* (Manchester, 1971); 또한 R. H. Hilton, *Bondmen made free: medieval peasant movements and the English rising of 1381* (London, 1973); D. Mitrany, *Marx against the Peasant* (Chapel Hill, 1951). 4. Theodore Shanin, *Peasants and peasant societies: selected readings* (Oxford, 2nd edn., 1987); *Defining peasants: essays concering rural societies* (Oxford, 1990). 5. *Journal of Peasant Studies*, 1., no.

1 (1973-4), 1-3. 6. E. LE Roy Ladurie (1969), trans. as *The French Peasantry, 1450-1660* (Aldershot, 1987). 7. Y. M. Berce, *Croquants et nu-pieds: les soulèvements pasyans en France du XVIème au XIXème siècle* (Paris, 1974). 8. R. Mousnier, *Peasant Uprisings in Seventeenth Century France, Russia and China* (London, 1971). 9 R. Pillorget, *Les mouvements Insurrectionnaires de Provence entre 1596 et 1795* (Paris, 1975). 10 L. Sciasica, *La Corda Pazza* (Turin, 1970), 390.

[푸타르크 FUTHARK] 1. 다음을 참조. R. A. Page, 'Rune-Masters and Skalds', in J. Campbell-Graham, *The Viking World* (London, 1989), 155-71. 2. N. Pennick, 'Figure and Sequence', in *Games of the Gods: The Origin of Board Games in Magic and Divination* (London, 1988), 75. 3. Tacitus, 다음에 의해 인용돼 있음, ibid. 91. 4. Pennick, *Games of the Gods*, 95-100: 또한 다음을 참조. R. A. S. Macalister, *The Secret Languages of Ireland* (Cambridge, 1987); D. McManus, *A Guide of Ogham* (1991, Maynooth); R. R. Brash and J. R. Allen, *Ogham Monuments in Wales* (Llanerch, 1992).

[프라도 PRADO] 1. F. J. Sanchez Canton, *The Prado* (London, 1959), 7. 2. 다음을 참조. *Treasures of a Polish King: Stainslaus August as Patron and Collector* (Catalogue to the Exhibition, Dulwich Picture Gallery, London, 1992).

[프로스티불라 PROSTIBULA] 1. J. Rossiaud, *La Prostitution Médiévale*, trans. as *Medieval Prostitution* (Oxford, 1988); L. L. Otis, *Prostitution in Mediaeval Society: The History of an Urban Institution in Languedoc* (Chicago, 1989). 2. L. Roper, *The Holy Household: Women and Morals in Reformation Augsburg* (Oxford, 1989).

[프로이데 FREUDE] 1. F. von Schiller, 'An die Freude', in L. Reiners (ed.), *Der ewige Brunnen* (Munich, 1992), 910 ff.; F. von Schiller, *Ode to Joy* (Paisley, 1987). 2. G. Grove, *Beethoven and his Nine Symphonies* (London, 1898), 326-7. 3. Ibid. 309-400; Ralph Hill (ed.), *The Symphony* (London,

1949), 113-17.

[프로파간다 PROPAGANDA] 1. J.-M. Domenach, *La Propagande Politique* (Paris, 1955), 55. 또한 다음을 참조. Z. Zeman, *Nazi Propaganda* (Oxford, 1973); F. C. Barghoorn, *Soviet Foreign Propaganda* (Princeton, 1964). 2. Stephen Koch, *Double Lives: Stalin, Willi Munzenberg and the Seduction of the Intellectuals* (New York, 1994), 12. 3. Sidney Hook, *Out of Step* (New York, 1987), 491-6, 다음에 의해 인용돼 있음, Koch, 77.

[플라겔라티오 FLAGELLATIO] 1. C. Bertelli, 'The Flagellation', in *Piero della Francesca* (New Haven, Conn, 1991), 115-26; C. Ginzburg, *The Enigma of Piero: The Baptism, the Arezzo Cycle: The Flagellation* (London, 1985); K. Clark, *Piero della Francesca* (London, 1969). 2. R. Wittkower and B. A. R. Carter, 'The Perspective of Piero della Francesca's "Flagellation"', *Journal of the Warburg and Courtauld Institutes*, 16 (1953), 292-302. 3. Bertelli, 'The Flagellation', 115-16. 4. John Pope-Hennessy, *The Piero della Francesca Trail* (23rd Walter Neurath Lecture) (London, 1993), 10; John Pope-Hennessy, 'Whose Flagellation?', *Apollo*, 124 (1986), 162-5. 5. Alison Cole, *Perspective* (London, 1992). 6. 다음을 참조. Michael Woods, *Perspectives in Art: A Drawing Tutor* (London, 1984). 7. Cole, *Perspective* 24. 8. J. Berger, *Ways of Seeing* (London, 1972); 또한 *The European Way of Seeing* (London, 1972).

[플라멩코 FLAMENCO] 1. Sra. Jozefina Del Carmen Boyd에게 감사하다. 2. 다음에 의해 인용돼 있음. James Woodall, *In Search of the Firedance: Spain through Flamenco* (London, 1992), 149.

[플로라 FLORA] 1. 다음을 참조. Monica Kippner, *The Quality of Mercy: Women at War, Serbia 1915-18* (Newton Abbot, 1980), 223. 2. Ibid. 34. 3. 다음을 참조. Julie Wheelright, *Amazons and Military Maidas* (London, 1989)의 플로라 샌더스에 대한 장章. 4. Kippner, *The Quality of Mercy*, 30.

[플로붐 PLOVUM] 1. Lynn White Jr., 'The Agricultural Revolution in the Early Middle Ages', *Mediaeval Technology and Social Change* (Oxford, 1962), 39-78, 그리고 최고의 사수.

[피에스타 FIESTA] 1. Federica de Cesco, *Viva Europa: Die Hundert schönsten Volksfeste* (Zurich, n.d.).

[피카로 PICARO] 1. Broinsław Geremek, *Świat Opery Żebraczej: obraz włóczęgów I nędzarzy w literaturach XV-XVII wieku* (거지 오페라의 세계: 15~17세기 문학의 부랑자와 거지) (Warsaw, 1989); *Proverty: A History* (Oxford, 1994). 2. Ewa M. Thomson, *Understanding Russia: The Holy Fool in Russian Literature* (London, 1987).

[필리베그 PHILIBEG] 1. Hugh Trevor-Roper, 'The Highland Tradition of Scotland', T. Ranger and E. Hobsbaw (eds.), *The Invention of Tradition* (Cambridge, 1983), 15-42. 2. 다음을 참조. Robert Bain, *The Clans and Tartans of Scotland*, 5th edn. (Glasgow, 1976), 164-5. 3. Ranger and Hobsbawm, *The Invention of Tradition*, 263-307.

[하자리아 KHAZARIA] 1. 다음에 의해 인용돼 있음. O. Pritsak, 'The Khazar Kingdom's Conversion to Judaism', *Harvard Ukrainian Studies*, 2 (1978), 271; 또한 in Prisak, *Studies in Mediaeval Eurasian History* (London, 1981). 2. Arthur Koestler, *The Thirteenth Tribe: The Khazar Empire and Its Heritage* (London, 1976).

[한자 HANSA] 1. T. Linder, *Die deutsche Hanse: ihre Geschichte*, 4th edn. (Leipzig, 1911); Hugo Yrwing, *Visby: hansestad pae Gotland* (Stockholm, 1986). 2. Fritz Grotemeyer, 'Warenzug hansischer Kaufleute' (1942), in *Die Hanse: Lebenswirklichkeit und Mythos, Ausstellungskatalog des Museums für Hamburgische Geschichte*, Bd 2 (Hamburg, 1989), 623; 또한 Carsten Prange, *Auf zur Reise durch Hamburgs Geschichte—A Journey through Hamburg's History* (Hamburg,, 1990).

[향신료 황소 SPICE-OX] 1. Marcel Détienne, *Les Jardins d'Adonis* (Paris. 1972), trans. as *The Gardens of Adonis*

(Hassocks, 1972), ch 4, 'The Spice Ox', 37-59.

[헤르만 HERMANN] **1.** 다음을 참조. George Mosse, *The Nationalisation of the Masses: political symbolism and mass movements in Germany* (Ithaca, 1991). **2.** 에버리스트위스의 리스 데이비스Rees Davies 교수는 다음과 같이 썼다. "[베드겔러트의] 이야기와 기념비는 1790년대의 것이다. […] '창조자inventor'는 이 지역으로 이주한 데이비드 프리처드David Pritchard였다—그는 의심할 여지 없이 와일드 웨일스Wild Wales의 이 지역에 더 많은 방문객을 유치하기를 원했다. 그는, 내가 생각하기에, 이 지역의 세리稅吏였던 듯싶다. 전형적인, 낭만주의적인, 오시안, 이올로 모르가눅Iolo Morganwg 유형의 이야기처럼 […]." ["오시안"은 3세기 무렵 켈트인의 전설적인 시인·영웅이다. "모르가눅"(1747~1826)은 웨일스의 골동학자, 음유시인, 수집가였다.]; 사신私信, 1994년 5월 16일.

[헤이나우 HEJNAŁ] **1.** 미술사학자 Jacek Woźniakowski 교수에게 감사를 전한다. **2.** Gaspard de Marval, *Le Guet de la cathédrale*, Postface by Oliver Freeman (Chapelle-sur-Moudon, 1992).

[호스바흐 HOSSBACH] **1.** 'The Hossbach Memorandum', in *Documents on German Foreign Policy 1918-45* (London, 1949), ser. D, i. 29-30. **2.** A. J. P. Taylor, *The Origins of the Second World War* (London, 1963), 168-72. **3.** T. W. Mason, in E. M. Roberson (ed.), *The Origins of the Second World War* (London, 1971), 114. 다음을 참조. F. H. Hinsley, *Power and the Pursuit of Peace: Theory and Practice in the History of Relations Between States* (Cambridge, 1963), 특히 328-34.

[홀리즘(전체론) HOLISM] **1.** *Das Buch von der Gebärung* (c. 1520), 3.3; in *Paracelsus: Essential Readings*, sel. and trans. Nicholas Godrick-Clarke (Wellingborough, 1990), 59.

[황무지 WASTE LAND] **1.** T. S. Eliot, *The Waste Land: A Facsimile and Transcript of the Original Drafts with the Annotations of Ezra Pound*, ed. Valerie Eliot (London,

1971), 5, 135, 145, 148, 1.

[흐로터 마르그트 GROTE MARKT] **1.** Jacques Darras, 1989 Reith Lectures, 1, 'The Time Traveller', from *Beyond the Tunnel of History* (BBC Radio 4), *Listener*, 23 Nov. 1989. **2.** Reith Lectures, 2, 'The Golden Fleece', *Listener*, 30 Nov. 1989.

[흘란바이르 LLANFAIR] **1.** Melville Richards, 'Ecclesisastical and Secular in Mediaeval Welsh Settlement', *Studia Celtica*, 3 (1968), 9-19. 웨일스 역사에 대해서는 다음을 참조. John Davies, *Hanes Cymru (1990)*, trans. as *A History of Wales* (London, 1993). **2.** Ward Lock's *North Wales* (Nothern Section), 14th edn. (London, n.d. c. 1948), 193. 이 이름은 3개의 진짜 웨일스 마을 이름을 결합·활용한다. LLANFAIR PWLLGWYNGYLL and LLANDYSILIO (Anglesey) and LLANDYSILIOGOGO (Cardiganshire). 1994년 5월 16일, 에버리스트위스의 리스 데이비스Rees Davies로부터의 편지.

[히스테리 HYSTERIA] **1.** 다음에 의해 인용돼 있음. Mary K. Lefkowitz, in 'The Wandering Womb', *Heroines and Hysterics* (London, 1981), 15-16. 또한 다음을 참조. L. Dean-Jones, *Women's Bodies in Classical Greek Science* (Oxford, 1994). **2.** Lefkowitz, 'The Wandering Womb', 12. **3.** E. Shorter, *A History of Women's Bodies* (London, 1982).

|캡슐 목록|

|지도 목록|

|도판 목록|

역사적 개요

■ 지질시대와 역사적 시간

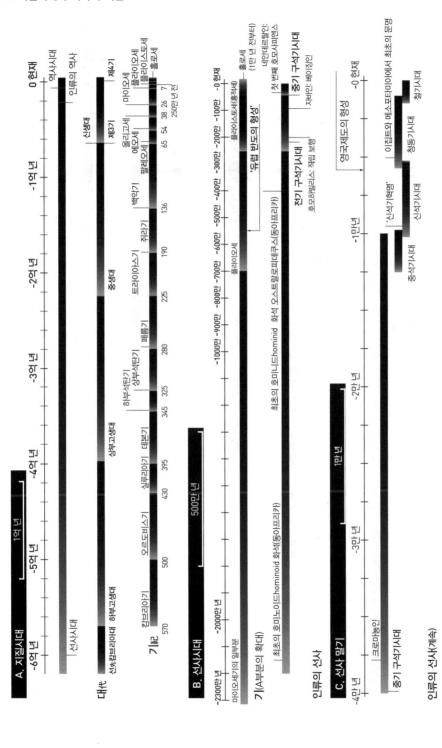

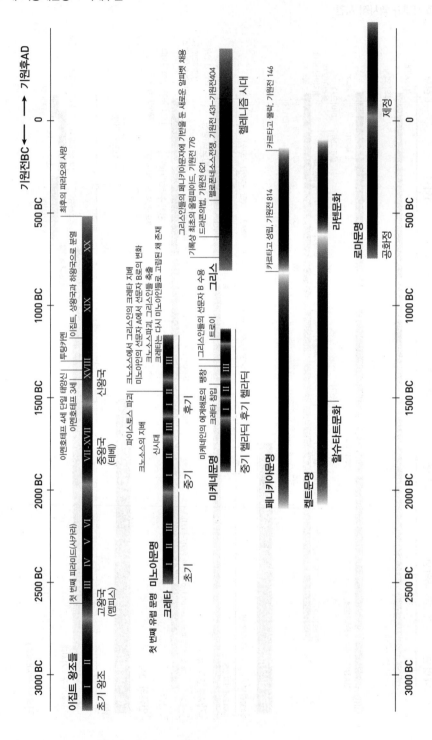

◙ 미노아문자

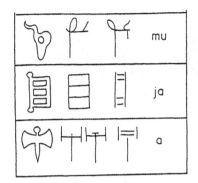

a. 에게해에서의 문자 발전(왼쪽에서 오른쪽으로):
신성문자, 선문자 A, 선문자 B, 소릿값

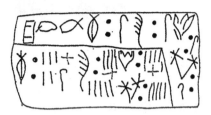

b. I 단계: 기원전 2000년경 이후의 '그림문자' 혹은 '신성문자':
크레타 파이스토스에서 출토된 신성문자 평판

J. Chadwick, *The Decipherment of Linear B*(Pelican),
1961

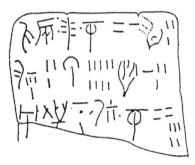

c. II/1 단계: 선문자 A(해독되지 않음), 기원전 1750년 이상:
아기아 트리아다에서 출토된 평판 114번

J. Chadwick, *The Decipherment of Linear B*
(Pelican), 1961

d. II/2 단계: 키프로스 음절문자(키프로스문자): 엔코미에서
출토된 점토판 파편, 기원전 1200년경

J. Chadwick, *Linear B and Related Scripts*
(London, British Museum Publications, 1987)

e. III 단계: 크레타섬과 그리스의 미케네문명 지역 모두에서 발견. 현대 일본어의 간지漢字와 가나假名처럼, 이
들 문자에도 그림문자와 음절문자가 뒤섞여 있다. 다음은 필로스에서 출토된 선형문자 B 평판의 내용으로,
그리스어 원문 음역과 번역을 함께 실었다.

*'Hiereia echei-que, euchetoi-que etonion echeen theon, ktoinoochons-de ktionaon kekeimenaon
onata echeen (Tossonde spermo) WHEAT 3-9-3.'*

"이곳은 여사제께서 보유한 곳으로 이 땅의 참주인은 신神임을 엄숙히 선언하는 바이나, 펼쳐진 땅에서 나
는 즐거움은 땅 주인의 것으로 한다. (그러니 많은 씨앗을 뿌려라.) 3 37/60 단위면적
Leonard Cottrell, *The Bull of Minos* (Athens, 1982)

유럽의 알파벳 비교표

히브리문자 (세로로 배열):
ℵ ℶ ℷ ℸ ... (히브리 문자 계열)

페니키아문자 (세로로 배열):
𐤀 𐤁 𐤂 𐤃 𐤄 𐤅 𐤆 𐤇 𐤈 𐤉 𐤊 𐤋 𐤌 𐤍 𐤎 𐤏 𐤐 𐤑 𐤒 𐤓 𐤔 𐤕

고대 그리스문자 이오니아문자	칼키디케문자	근대 그리스문자 (소문자)	명칭	제정 시기 라틴문자	키릴문자 글라골문자 (알파벳)	근대 (러시아문자)
A	A	α	알파	A		А
B	B	β	베타	B		Б
Γ	Γ	γ	감마	C		В
Δ	Δ	δ	델타	D		Г
E	E	ε	엡실론	E		Д
	F=w			F		
Z	Z	ζ	제타	G		
H	Θ	η	에타	H		
Θ	Θ	θ	세타			
I	I	ι	이오타	I		И
K	K	κ	카파	K		К
Λ	L	λ	람다	L		Л
M	M	μ	뮤	M		М
N	N	ν	뉴	N		Н
Ξ		ξ	크시			
O	O	ο	오미크론	O		О
Π	Γ	π	파이	P		П
	Q			Q		
P	P	ρ	로	R		Р
Σ	Σ	σ	시그마	S		С
T	T	τ	타우	T		Т
Y	Y	υ	입실론	V		У
Φ	Φ	φ	피			Ф
X	X	χ	키	X		Х
Ψ	Ψ	ψ	프시			
Ω		ω	오메가			З
				Y*		
				Z*		

하단 대조표:

글라골문자	러시아문자	글라골문자	러시아문자	글라골문자	러시아문자
Щ	Щ = shch	Ш	Ш = sh	Δ	Я = ya
Ч	Ц = ts	Ꙑ	Ы = i		Ь = 연음 표시
Ӝ	Ч = ch	Ю	Ю = yu	Ⰾ	Ъ = 경음 표시
					Ж = zh

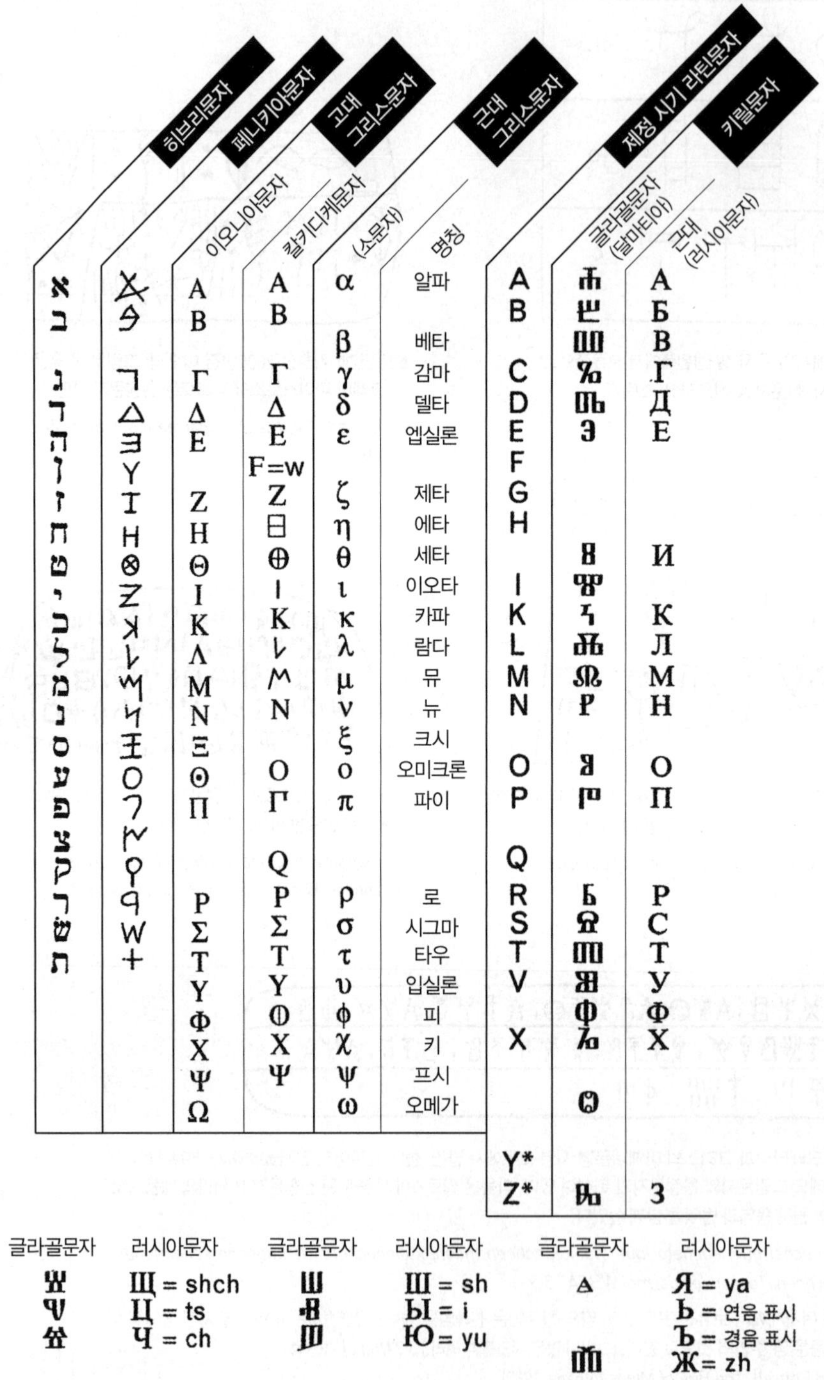

* 기원전 100년 이후 도입돼 외국어에만 적용됐다.
제정 시기 라틴문자에서는 I와 J, V와 U를 구분하지 않았다. W는 글자 자체가 없었다.

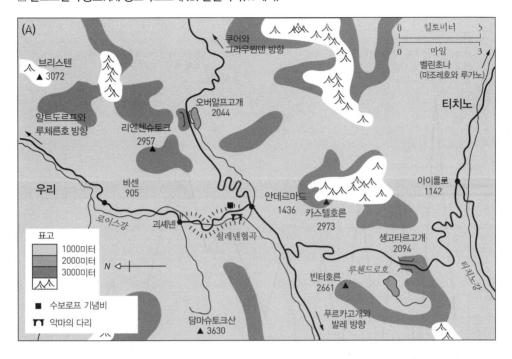

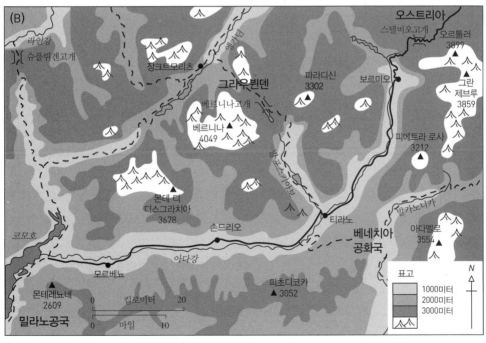

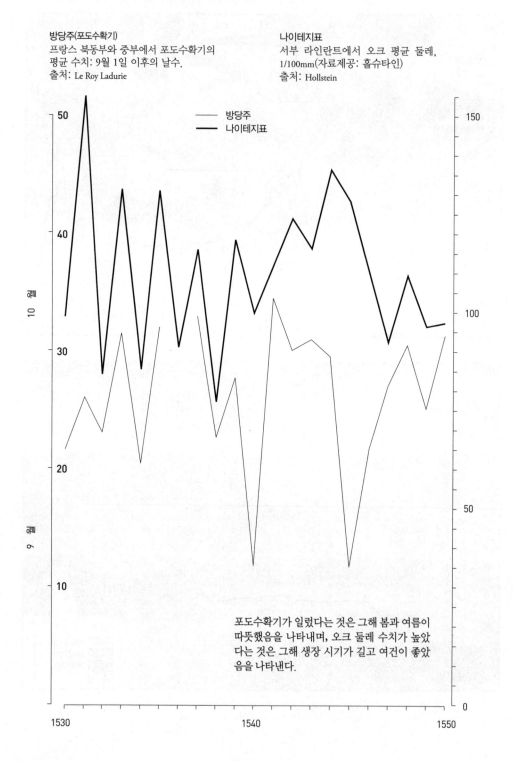

■ 생물계절학과 나이테지표: 역사기후학의 지표, 1530–1550

방당주(포도수확기)
프랑스 북동부와 중부에서 포도수확기의
평균 수치: 9월 1일 이후의 날수.
출처: Le Roy Ladurie

나이테지표
서부 라인란트에서 오크 평균 둘레,
1/100mm(자료제공: 홀슈타인)
출처: Hollstein

방당주
나이테지표

포도수확기가 일렀다는 것은 그해 봄과 여름이
따뜻했음을 나타내며, 오크 둘레 수치가 높았
다는 것은 그해 생장 시기가 길고 여건이 좋았
음을 나타낸다.

▣ 향신료 황소: 피타고라스의 음식분류

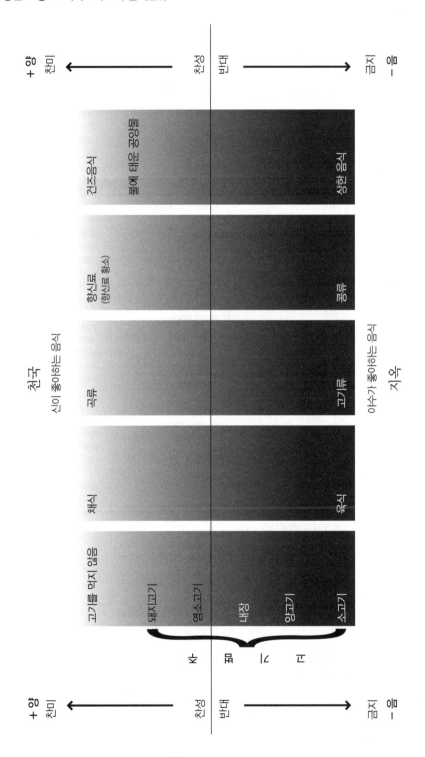

스페인(에스파냐)
마이나케*(말라가)
알로나에*
사군툼*
헤메레오스코페이온*
타라코*(타라고나)
엠포리아이(암푸리아스)
아프로디시아스*

프랑스
아가테*(아그데)
아베니오*(아비뇽)
마실리아*(마르세유)
올비아*
아테노폴리스*
안티폴리스*(앙티브)
니카에아*(니스)
헤르쿨리아 모노에시*(모나코)
알랄리아*(코르시카 내)

이탈리아
피테쿠사*(이스키아)
키메*
네아폴리스*(나폴리)
라우스 폼페이
포시도니아(A)
엘레아*
픽소스
테리나
히포니움(A)
메디나
레기움(A)
로크리(A)
스킬레티움(A)
크로톤(A)
시바리스(A)
메타폰툼
시리스
타라스**(타렌토)
히드룬툼
칼리폴리스
안코나(앙코나)

(시칠리아)
잔클레
파노르무스(팔레르모)
메사니아*(메시나)
리파라
낙소스

카타나(카타니아)
메가라 히블라이아(M)
시라쿠사(C)
카마리나(C)
겔라**
아크라가스**(아그리젠토)
히메라*
셀리누스(M)
릴리바에움

아드리아해 동부
트라기리움
에페티움
이사
파로스
리소스
에피담노스(C) (두레스)
아폴로니아(C)

그리스
코르키라(C) (코르푸)
레우카스(C)
암브라키아
멘데*
포티다이아(C)
올린토스
토로네*
아칸토스
스타기로스
암피폴리스
네아폴리스
크레니데스
타소스
아브데라
렘노스
키오스

터키(튀르키예)(유럽)
아이노스
카르디아
엘라이우스
마디토스
세스토스
트리스타시스
비산테
헤라이온*
페린토스*
셀림브리아(M)
비잔티온(M)(이스탄불)

불가리아
메셈브리아(M) (네세버르)
아폴로니아 폰티카*(소조폴)
오데소스*(바르나)

루마니아
크루니*
칼라티스*
토모이*(콘스탄차)
히스트리아*

몰도바
티라스*(벨고로드)

우크라이나
오피우사*
올비아*

(크름(크림)반도)
케르소네소스
테오도시아*
킴메리콘*
아크라*
님파이온*
티리타케*
판티카파이온*

러시아
타나이스*(아조프)
파나고리아*
헤르모나사*
고르기피아*
피티우스*

압하지야
디오스쿠리아스*(수후미)

조지아(그루지야)
구에노스*
파시스*(포티)
바티스 리멘*(바투미)

터키(튀르키예)(소아시아)
트라페주스*(트라브존)
케라수스*
코티오라*
아미소스*(삼순)
시노페*(시노프)

헤라클레아 폰티카(M)
칼케돈(M)
아스타코스(M)
키오스
키지코스*
아르타카
아비두스(M)
아수스
아타르네오스
키메
스미르나(이즈미르)
에페수스
밀레투스
할리카르나소스
파타라*
파셀리스*
시데*
코르케시움*
나기두스*
솔리*
키토루스*

키프로스
라페토스
살라미스
아마투스
쿠리움
파포스

이집트
밀레시오룸 카스텔룸(알렉산드리아)
나우크라티스

리비아
팔리우로스
아폴로니아**
키레네**
바르카**
타우키라**
에우헤스페리데스**

모시母市. 아카이아(A); 메가라(M); 코린트(C); 로크리스, 아테네, 칼키스, 에레트리아, (이오니아)*; 레스보스, 포카이아, 사모스, 밀레투스, 테라, 로도스**

▣ 로마 황제, 기원전 30∼기원후 1453

율리우스-클라우디우스왕조

31BC-AD 14	아우구스투스
14-37	티베리우스
37-41	칼리굴라
41-54	클라우디우스 1세
54-68	네로
68-69	갈바
69	오토
69	비텔리우스
69-79	베스파시아누스
79-81	티투스
81-96	도미디아누스
96-98	네르바
98-117	트라야누스
117-138	하드리아누스
138-161	안토니누스 피우스
161-180	마르쿠스 아우렐리우스*
161-169	루키우스 베루스*
180-192	콤모두스
193	페르티낙스
193	디디우스 율리아누스
193-211	셉티미우스 세베루스
211-217	카라칼라*
211-212	게타*
217-218	마크리누스
218-222	헬리오가발루스
222-235	세베루스 알렉산데르
235-238	막시미누스 트락스
238	고르디아누스 1세
238	고르디아누스 2세
238	발비누스*
238	푸피에누스*
238-244	고르디아누스 3세
244-249	필리푸스 아라부스
249-251	데키우스
251	호스틸리아누스
251-253	갈루스
253	아이밀리아누스
253-260	발레리아누스*
260-268	갈리에누스
268-270	클라우디우스 2세
270-275	아우렐리아누스
275-276	타키투스
276	플로리아누스
276-282	프로부스
282-283	카루스
283-285	카리누스*

283-284	누메리아누스*
284-305	디오클레티아누스*
286-305	막시미아누스*
305-306	콘스탄티우스 1세*
305-311	갈레리우스*
306-312	막센티우스
308-313	막시누스
308-324	리키니우스(E)
306-337	콘스탄티누스 1세
337-340	콘스탄티누스 2세
337-350	콘스탄스*
337-361	콘스탄티우스 2세*
361-363	율리아누스
363-364	요비아누스
364-375	발렌티니아누스 1세
364-378	발렌스(E)
375-392	발렌티니아누스 2세
375-383	그라티아누스*(W)
379-395	테오도시우스 1세
395-423	호노리우스*(W)
395-408	아르카디우스(E)
408-450	테오도시우스 2세
421	콘스탄티우스 3세*
425-455	발렌티니아누스 3세
450-457	마르키아누스(E)
455	페트로니우스(W)
455-456	아비투스(W)
457-461	마요리아누스(W)
457-474	레오 1세(E)
461-465	리비우스(W)
467-472	안테미우스(W)
472	올리브리우스(W)
473-474	글리케리우스(W)
474	레오 2세(E)
474-475	율리우스 네포스(W)
474-491	제노[제논](E)
475-476	로물루스 아우구스툴루스(W)
491-518	아나스타시우스 1세(W)
518-527	유스티누스 1세
527-565	유스티니아누스 1세
565-578	유스티누스 2세
578-582	티베리우스 2세
582-602	마우리키우스
602-610	포카스

헤라클리우스왕조

610-641	헤라클리우스 1세
641	콘스탄티누스 3세*
641	헤라클레오나스*
641-668	콘스탄스 2세
668-685	콘스탄티누스 4세
685-695	유스티니아누스 2세
695-698	레온티우스
698-705	티베리우스 3세
705-711	유스티니아누스 2세
711-713	필리피쿠스
713-715	아나스타시우스 2세
716-717	테오도시우스 3세

이사우리아왕조

717-741	레오 3세
741-775	콘스탄티누스 5세
775-780	레오 4세
780-797	콘스탄티누스 6세
797-802	이레네
802-811	니케포루스 1세
811	스타우라키우스
811-813	미카엘 1세
813-820	레오 5세
820-829	미카엘 2세
829-842	테오필루스
842-867	미카엘 3세

마케도니아왕조

867-886	바실리우스 1세
886-912	레오 6세
912-913	알렉산드로스
913-919	콘스탄티누스 7세
919-944	로마누스 1세
944-959	콘스탄티누스 7세
959-963	로마누스 2세
963-969	니케포루스 2세

969-976	요한네스 1세
976-1025	바실리우스 2세
1025-1028	콘스탄티누스 8세
1028-1034	로마누스 3세
1034-1041	미카엘 4세
1041-1042	미카엘 5세
1042	조에, 테오도라
1042-1055	콘스탄티누스 9세
1055-1056	테오도라
1056-1057	미카엘 6세
1057-1059	이사키오스 1세
1059-1067	콘스탄티누스 10세
1067-1068	미카엘 7세
1068-1071	로마누스 4세
1071-1078	미카엘 7세
1078-1081	니케포루스 3세

콤네누스왕조

1081-1118	알렉시우스 1세
1118-1143	요한네스 2세
1143-1180	마누엘 1세
1180-1183	알렉시우스 2세
1183-1185	안드로니쿠스 1세
1185-1195	이사키오스 2세
1195-1203	알렉시우스 3세
1203-1204	알렉시우스 4세
1204	알렉시우스 5세
1204-1222	테오도루스 1세
1222-1254	요하네스 3세
1254-1258	테오도루스 2세
1258	요한네스 4세

팔라이올로구스왕조

1258-1282	미카엘 8세
1282-1328	안드로니쿠스 2세
1328-1341	안드로니쿠스 3세
1341-1376,	요한네스 5세
1379-1391	
1376-1379	안드로니쿠스 4세
1390	요한네스 7세
1391-1425	마누엘 2세
1425-1448	요한네스 8세
1448-1453	콘스탄티누스 11세

* 공동황제; (W) 서로마〔서방〕 황제; (E) 동로마〔동방〕 황제

▣ 교황, 로마 총대주교 ([ ] 대립 교황)

1. 성 베드로 64년 또는 67년 순교
2. 성 리노 67~76
3. 성 아나클레토 76~88
4. 성 클레멘스 88~97
5. 성 에바리스토 97~105
6. 성 알렉산데르 1세 105~115
7. 성 식스토 1세 115~125
8. 성 텔레스포로 125~136
9. 성 히지노 136~140
10. 성 비오 1세 140~155

11. 성 아니체토 155~166
12. 성 소테로 166~175
13. 성 엘레우테리오 175~189
14. 성 빅토리오(빅토르) 1세 189~199
15. 성 제피리노 199~217
16. 성 갈리스토 1세 217~222
    [성 히폴리투스 1세 217~235]
17. 성 우르바노 1세 222~230
18. 성 폰시아노 230~235
19. 성 안테로 235~236
20. 성 파비아노 236~250

21. 성 고르넬리오 251~253
    [노바티아누스 251~258]
22. 성 루치오 1세 253~254
23. 성 스테파노 1세 254~257
24. 성 식스토 2세 257~258
25. 성 디오니시오 259~268
26. 성 펠릭스 1세 269~274
27. 성 에우티카아노 275~283
28. 성 카이오 283~296
29. 성 마르첼리노 296~304
30. 성 마르첼로 308~309

31. 성 에우세비오 309~309
32. 성 밀티아데스 311~314
33. 성 실베스테르 1세 314~335
34. 성 마르코 336~336
35. 성 율리오 1세 337~352
36. 리베리오 352~366
    [성 펠릭스 2세 335~365]
37. 성 다마소 1세 366~384
    [우르시누스 366~367]
38. 성 시리치오 384~399
39. 성 아나스타시오 1세 399~401
40. 성 인노첸시오 1세 401~417

41. 성 조시모 417~418
    [에우랄리우스 418~419]
42. 성 보니파시오 1세 418~422
43. 성 첼레스티노 1세 422~432
44. 성 식스토 3세 432~440
45. 성 레오 1세 440~461
46. 성 힐라리오 461~468
47. 성 심플리치오 468~483

48. 성 펠릭스 3세(2세) 483~492
49. 성 젤라시오 1세 492~496
50. 아나스타시오 2세 496~498

51. 성 심마쿠스 498~514
    [라우렌티우스 498~499; 501~516]
52. 성 호르미스다스 514~523
53. 성 요한 1세 523~526
54. 성 펠릭스 4세(3세) 526~530
    [디오스코루스 530]
55. 보니파시오 2세 530~532
56. 요한 2세 533~535
57. 성 아가피토 1세 535~536
58. 성 실베리오 536~537
59. 비질리오 537~555
60. 펠라지오 1세 556~561

61. 요한 3세 561~574
62. 베네딕토 1세 575~579
63. 펠라지오 2세 579~590
64. 성 그레고리오 1세 590~604
65. 사비니아노 604~606
66. 보니파시오 3세 607~607
67. 성 보니파시오 4세 608~615
68. 성 데우스데디트 615~618
69. 보니파시오 5세 619~625
70. 호노리오 1세 625~638

71. 세베리노 640~640
72. 요한 4세 640~642
73. 테오도로 1세 642~649
74. 성 마르티노 1세 649~655
75. 성 에우제니오 1세 654~657
76. 성 비탈리아노 657~672
77. 아데오다토 2세 672~676
78. 도노 676~678
79. 성 아가토 678~681
80. 성 레오 2세 682~683

81. 성 베네딕토 2세 684~685
82. 요한 5세 685~686
83. 코논 686~687
    [테오도루스 687]
    [파스칼리스 687]
84. 성 세르지오 1세 687~701
85. 요한 6세 701~705
86. 요한 7세 705~707
87. 시신니오 708~708
88. 콘스탄티노 708~715
89. 성 그레고리오 2세 715~731
90. 성 그레고리오 3세 731~741

91. 성 자카리아 741~752
92. 스테파노 2세(3세) 752~757
93. 성 바오로 1세 757~767
    [콘스탄티누스 757~758]

[필리포스 768]
94. 스테파노 3세(4세) 768~772
95. 하드리아노 1세 772~795
96. 성 레오 3세 795~816
97. 스테파노 4세(5세) 816~817
98. 성 파스칼 1세 817~824
99. 에우제니오 2세 824~827
100. 발렌티노 827~827

101. 그레고리오 4세 827~844
    [요한네스 844]
102. 세르지오 2세 844~847
103. 성 레오 4세 847~855
104. 베네딕토 3세 855~858
    [아나스타시우스 비블리오테카리우
    스 855]
105. 성 니콜라오 1세 858~867
106. 하드리아노 2세 867~872
107. 요한 8세 872~882
108. 마리노 1세 882~884
109. 성 하드리아노 3세 884~885
110. 스테파노 5세(6세) 885~891

111. 포르모소 891~896
112. 보니파시오 6세 896~896
113. 스테파노 6세(7세) 896~897
114. 로마노 897~897
115. 테오도로 2세 897~897
116. 요한 9세 898~900
117. 베네딕토 4세 900~903
118. 레오 5세 903~903
    [크리스토포루스 903~904]
119. 세르지오 3세 904~911
120. 아나스타시오 3세 911~913

121. 란도, 913~914
122. 요한 10세 914~928
123. 레오 6세 928~928
124. 스테파노 7세(8세) 928~931
125. 요한 11세 931~935
126. 레오 7세 936~939
127. 스테파노 8세(9세) 939~942
128. 마리노 2세 942~946
129. 아가피토 2세 946~955
130. 요한 12세 955~964

131. 레오 8세 963~965
    [베네딕투스 5세 964]
132. 베네딕토 5세 964~966
133. 요한 13세 965~972
134. 베네딕토 6세 973~974
    [보니파키우스 7세 974; 984~5]
135. 베네딕토 7세 974~983
136. 요한 14세 983~984
137. 요한 15세 985~996
138. 그레고리오 5세 996~999

[요한네스 16세 997~998]
139. 실베스테르 2세 999~1003
140. 요한 17세 1003~1003

141. 요한 18세 1004~1009
142. 세르지오 4세 1009~1012
143. 베네딕토 8세 1012~1024
    [그레고리우스 (6세) 1012]
144. 요한 19세 1024~1032
145. 베네딕토 9세 1032~1044
146. 실베스테르 3세 1045~1045
147. 베네딕토 9세 1045~1045
148. 그레고리오 6세 1045~1046
149. 클레멘스 2세 1046~1047
150. 베네딕토 9세 1047~1048

151. 다마소 2세 1048~1048
152. 성 레오 9세 1049~1054
153. 빅토리오 2세 1055~1057
154. 스테파노 9세(10세) 1057~1058
    [베네딕투스 10세 1058~1059]
155. 니콜라오 2세 1059~1061
156. 알렉산데르 2세 1061~1073
    [호노리우스(2세) 1061~1064]
157. 성 그레고리오 7세 1073~1085
    [클레멘스 3세 1080; 1084~1100]
158. 복자 빅토리오 3세 1086~1087
159. 복자 우르바노 2세 1088~1099
160. 파스칼 2세 1099~1118
    [테오데릭 1100~1101]
    [알베르트 또는 아달베르트, 1101]
    [실베스테르 4세 1105~1111]

161. 젤라시오 2세 1118~1119
    [그레고리우스 (8세) 1118~1121]
162. 갈리스토 2세 1119~1124
163. 호노리오 2세 1124~1130
    [켈레스티누스 (2세) 1124]
164. 인노첸시오 2세 1130~1143
    [아나클레투스 2세 1130~1138]
    [빅토르 4세, 1138]
165. 첼레스티노 2세 1143~1144
166. 루치오 2세 1144~1145
167. 복자 에우제니오 3세 1145~1153
168. 아나스타시오 4세 1153~1154
169. 하드리아노 4세 1154~1159
170. 알렉산데르 3세 1159~1181
    [빅토르 4세 1159~1164]
    [파스칼리스 3세 1164~1168]
    [칼리스투스 (3세) 1168~1178]
    [인노켄티우스 (3세), 1179~1180]

171. 루치오 3세 1181~1185
172. 우르바노 3세 1185~1187
173. 그레고리오 8세 1187~1187
174. 클레멘스 3세 1187~1191

175. 첼레스티노 3세 1191~1198
176. 인노첸시오 3세 1198~1216
177. 호노리오 3세 1216~1227
178. 그레고리오 9세 1227~1241
179. 첼레스티노 4세 1241~1241
180. 인노첸시오 4세 1243~1254

181. 알렉산데르 4세 1254~1261
182. 우르바노 4세 1261~1264
183. 클레멘스 4세 1265~1268
184. 복자 그레고리오 10세 1271~1276
185. 복자 인노첸시오 5세 1276~1276
186. 하드리아노 5세 1276~1276
187. 요한 21세 1276~1277
188. 니콜라오 3세 1277~1280
189. 마르티노 4세 1281~1285
190. 호노리오 4세 1285~1287

191. 니콜라오 4세 1288~1292
192. 성 첼레스티노 5세 1294~1294
193. 보니파시오 8세 1294~1303
194. 복자 베네딕토 11세 1303~1304
195. 클레멘스 5세 1305~1314
196. 요한 22세 1316~1334
    [니콜라우스 (5세) 1328~1330]
197. 베네딕토 12세 1334~1342
198. 클레멘스 6세 1342~1352
199. 인노첸시오 6세 1352~1362
200. 복자 우르바노 5세 1362~1370

201. 그레고리오 11세 1370~1378
202. 우르바노 6세 1378~1389
    [클레멘스 (7세) 1378~1394]
203. 보니파시오 9세 1389~1404
    [베네딕투스 (13세) 1394~1417]
204. 인노첸시오 7세 1404~1406
205. 그레고리오 12세 1406~1415
    [알렉산데르 5세 1409~1410]
    [요한네스 23세 1410~1415]
206. 마르티노 5세 1417~1431
    [클레멘스 (8세) 1423~1429]
    [베네딕투스 (14세) 1425]
207. 에우제니오 4세 1431~1447
    [펠릭스 5세 1439~1449]
208. 니콜라오 5세 1447~1455
209. 갈리스토 3세 1455~1458
210. 비오 2세 1458~1464

211. 바오로 2세 1464~1471
212. 식스토 4세 1471~1484
213. 인노첸시오 8세 1484~1492
214. 알렉산데르 6세 1492~1503
215. 비오 3세 1503~1503
216. 율리오 2세 1503~1513
217. 레오 10세 1513~1521
218. 하드리아노 6세 1522~1523

219. 클레멘스 7세 1523~1534
220. 바오로 3세 1534~1549

221. 율리오 3세 1550~1555
222. 마르첼로 2세 1555~1555
223. 바오로 4세 1555~1559
224. 비오 4세 1559~1565
225. 성 비오 5세 1566~1572
226. 그레고리오 13세 1572~1585
227 식스토 5세 1585~1590
228 우르바노 7세 1590~1590
229. 그레고리오 14세 1590~1591
230. 인노첸시오 9세 1591~1591

231. 클레멘스 8세 1592~1605
232. 레오 11세 1605~1605
233. 바오로 5세 1605~1621
234. 그레고리오 15세 1621~1623
235. 우르바노 8세 1623~1644
236. 인노첸시오 10세 1644~1655
237. 알렉산데르 7세 1655~1667
238. 클레멘스 9세 1667~1669
239. 클레멘스 10세 1670~1676
240. 복자 인노첸시오 11세 1676~1689

241. 알렉산데르 8세 1689~1691
242. 인노첸시오 12세 1691~1700
243. 클레멘스 11세 1700~1721
244. 인노첸시오 13세 1721~1724
245. 베네딕토 13세 1724~1730
246. 클레멘스 12세 1730~1740
247. 베네딕토 14세 1740~1758
248. 클레멘스 13세 1758~1769
249. 클레멘스 14세 1769~1774
250. 비오 6세 1775~1799

251. 비오 7세 1800~1823
252. 레오 12세 1823~1829
253. 비오 8세 1829~1830
254. 그레고리오 16세 1831~1846
255. 비오 9세 1846~1878
256. 레오 13세 1878~1903
257. 성 비오 10세 1903~1914
258. 베네딕토 15세 1914~1922
259. 비오 11세 1922~1939
260. 비오 12세 1939~1958

261. 요한 23세 1958~1963
262. 바오로 6세 1963~1978
263. 요한 바오로 1세, 1978~1978
264. 요한 바오로 2세 1978~2005
265. 베네딕토 16세 2005~2013
266. 프란치스코 2013~

[출처: 주교황청 대한민국대사관 자료실─교황 연내표 외]

/ 부록 / 역사적 개요 1567

IDALIAELVCOSVBIM
FLORIBVSETDVLCIAD
IAMQ·IBATDICTOPAR

a.

uiexistimantissiquideinppraece/
onsaliadupapeeiquamuisindom-
aeessecoeperuisiuepononppaeci/
cipsoquodindomuumdeductaest
puisponsaliiafactaquiamsententiw/

b.

nof & lætuur nof
æ peccatiof nʃu ln
sctnguiniɛ suo.'&lsft

c.

þuþbþoðon tac eadmuno æþeling. cal
æcpeæc·ypupða ægum· embebþun na
ðuþon·heapon·heapo linða· hamopala

d.

aďnunctac firmamenctum
iefdiæ cructac uacbum
&nox noctæ indicctæ scicncictm

e.

tibi cõmiffe. ad ccmplum iuftc fc-
uctritatis ct cozritttonis.·Scquiuntᷓ
ozõnes fine dominus cɪ fine ozonus.

f.

🄰 atalis bote' feu tyramnus
🄱 eʃpenc capucoznus iunce/
🄱 cruɥꝫ nium incredibili modo

g.

TAMENHAIKAΛΛΕΓΑΤΕΗΒΑΝΝΕΛΝΠΟΛΤΑΝΑΡΟΝΝΑΕΕΔΕ
ΟΤΚΙΟΓΚΟΠΓΟΡΕΓΟΝΑΞΓΚΙΜΠΤΡΟΓΔΕΝΟΛΛΟΕΜΜΕΓΟΕ
ΑΓΡΙΛΚΚΑΜΑΤΙΛΕΞΕΙΓΛΤΟΝΟΕΝΤΑΛΕΛΛΓΗΕΣΤΑΓΓΕΡΕΙΛΙ
ΧΛΡΛΛΒΑΡΕΙΑΓΛΛꝰΡΛΛΜΕΓΕΛΛΛΛΗΓΛΕΞΛΛΝΤΕ
ΜΗΚΕΤΙΜΕΛΛΕΤΕΓΓΙΝΓΤΕΜΕΝΤΕΤΡΛΟΝΙΠΓΛΛ
ΟΧΗΜΛΟΙΛΕΛΝΛΡΙΕΜΟΝΟΛ3ΟΝϞΟΡΕΙΤΕΠΛΠΗΝΛΕΓΠΜΠΡΑΤΕΛΕ.

h.

a. 로마자 대문자(베르길리우스, 기원후 4~5세기) *b.* 로마자 소문자, 언셜체가 섞인 형태(《학설휘찬》, 6~7세기) *c.* 롬바르드 혹은 베네벤토 문자 필기체(성구집聖句集〔또는 일과표〕icetionary, 몬테카시노, 1058~1087) *d.* 영어의 첨두형 인슐라insular체 (《앵글로색슨족연대기》, 1045년경) *e.* 카롤링거 소문자, 라틴문자(10세기) *f.* 《리테라 프락투라Littera fractura》, 고딕체(14세기) *g.* 고딕 로툰다rotunda체(둥근 고딕체) (호라티우스, 크레모나, 1391) *h.* 그리스어 파피루스(티모테우스, 《페르시아인》, 기원전 4세기)

EIΟΛΟΝΑΚΟΝΙΗ
ΗΟCΦΗCΙC ΝΥΝ
ΙΛΕΟΟCΕΘΕΤΟΤΑ
ΜΕΛΗΕΝΕΚΑCΤ
ΛΥΤΩΝΕΝΓΙΟCΩ
ΜΛΓΙΚΛΟΩCΗΟΘ
ΛΗCΕΝΕΙΛΕΗΝ

i.

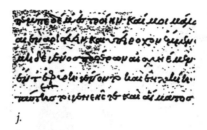

j.

Ⱇⱐ ⱕⱆ ⰾⰵⱃⰰ ⱃⰰⱍⱐⱎⰵⱃⱅ. Ⱎⰰ ⱃⰶⰵ ⱃⰰⰱ ⰾⰰⱅ
ⰵⰶⱐⰱⰰⰶⱆⰾⰰ ⰱⱃⰰⱎⰵⱃⱅⰾⰰ ⱃⰰⱐⰳⰵⱃⱅ ⱎⱃⰶⰵⱍⱐⱅ ⰿⱐⰵⰰⰵⰰ
ⱔ ⰳⱅⱃⰶⰰⱅ ⱄⱃⰰⰿⰰⱒ Ⱅⰶⰵⰵⰾⱍⱎ, ⰳⰰⰾⱅⱃⰰ ⱎⱅⰰⰵⰾⱅⰲⰵⱄ,
ⰵⱅ ⰵⱏⱏⰵⱍⰵⱕ ⱄⰰⱐ ⱄⰰⰵⱅ ⱆⱎⱎ, ⰵⱅⱃⰰⰱⱒ ⰱⱍⰵ ⱎⱃⱍⰵⱃⱕⰰ ⱕⰰⱕ

k.

Въ онⷪ҇. пришъдъ Іс҃ въ каперъкаоумъ.
припаде Ёмоу. сътъникъ . мола Ёго
и гла. Ги отрокъ ми лежитъ въ хра
минѣ. ослабенъ жиламн. лютⷷ

l.

Нкⷻо днⷮ матⷹ бжⷪ҇е гпⷭ҇нь :—

m.

n.

i. 그리스어 '성경 언설체'(1 Cor. 12; 《코덱스 시나이티쿠스Codex sinaiticus》("시나이 사본"이라고도 하며 가장 오래된 신약성경이다), 기원후 350년경; 출처 C. H. Roberts) j. 그리스어 필기체 소문자(《일리아스》 vi, BM Townley MS, 1255년경) k. 글라골 문자(키이우 미사전례서: 9세기. 7세기의 로마 전례를 번역) l. 불가리아 키릴문자(《Savina knjiga》, 11세기, 러시아 프스코프 소장) m. 세르비아 키릴문자(15세기 필사본, 베오그라드; 출처 R. Auty) n. 오스만제국 재상의 서체(포돌리아 지방 회계 내용, 17세기 후반; 출처 D. Kołodejczyk)

a. 쌍두 로마 독수리가 하나의 왕관을 쓴 형상으로, 동방(동로마)과 서방(서로마) 제국의 탄생을 상징한다(기원후 4세기 아테네 지역 비문에서 본뜸) b. 후기 비잔티움제국의 독수리, 모스크바 대공비大公妃 소피아 팔레올로기나의 왕좌 문양, 1470년경 c. 샤를마뉴의 독수리, 망토의 비단실 자수 문양(9세기; 출처 Frutiger) d. 러시아제국 소형 국장國章, 1914: 쌍두의 검은 독수리가 머리에는 관을 얹고 발로는 홀과 보주寶珠를 쥐고 있다. 한가운데 방패에는 도시 모스크바의 문장이 그려져 있고, 맨 위에는 로마노프황가의 관이 얹혀 있다. 독수리의 양 날개에는 당시 차르가 차지한 작위를 상징하는 문장들이 붙어 있다(문장 오른쪽: 카잔, 폴란드의 흰 독수리, 타우리다와 키이우, 노브고로드와 블라디미르. 문장 왼쪽: 아스트라한, 시베리아, 그루지야(조지아), 핀란드) e. 오스트리아제국 소형 국장, 1915; 쌍두 검은 독수리가 발에 검과 보주를 쥐고 있다. 한가운데는 붉은색-흰색-붉은색으로 이루어진 오스트리아의 방패이며, 문장 맨 위에는 합스부르크가 왕관이 얹혀 있다. f. 알바니아인민공화국 국장, 1944 g. 스페인왕국 국장, 1947; 검은 독수리가 카스티야·레온·아라곤·나바라 지역의 문장 네 개를 합친 뒤 그 위에 왕관을 올린 형태의 방패를 들고 있다. 발아래에서는 그라나다를 상징하는 석류와 한 묶음의 화살 다발이 독수리를 떠받치고 있으며, 맨 위에는 팔랑헤당의 슬로건인 "하나, 위대함, 자유UNA, LIBRE, GRANDE"의 문구가 얹혀 있다.

■ 십자가

첫 번째 줄(왼쪽에서 오른쪽으로): 크룩스 카피타타Crux capitata, 처형 십자가 또는 라틴 십자가; 크룩스 데
쿠사타Crux decussata, 혹은 성안드레아 십자가; 그리스 십자가; 성베드로 십자가; 추기경 십자가 또는 로렌
의 십자가; 템플기사단, 십자가 혹은 원반형 십자가

두 번째 줄: 교황 십자가; 삼지 십자가; 정교회 십자가; 예루살렘의 십자가; 게르만 십자가; 하트 모양 십자가

세 번째 줄: 십자군의 십자가; 감마 십자가; 검 십자가; 믿음의 닻 십자가; 닻 표시(그리스도의 십자가와 성
모마리아의 초승달을 합친 형태); 네 잎 클로버 모양 십자가

네 번째 줄: 카이 로Chi-Rho(X와 P 모양) 표시(그리스도를 뜻하는 모노그램); 성 요한 십자가 또는 몰타 십자가;
켈트 십자가(태양 안에 그리스도의 십자가가 들어간 형태); 알파 십자가; 오메가 십자가; 나뭇잎 모양 십자가

다섯 번째 줄: 부활 십자가; 변형된 몰타 십자가; 화살촉 모양 십자가; 독일기사단 십자가 혹은 철 십자
가; 폴란드 닻 십자가(폴란드어로 폴스카 발치Polska walczy, '폴란드의 투쟁'); 고대 북유럽풍 원형 십자가.

여섯 번째 줄: 이교도 태양 십자가; 고대 북유럽풍 번개 십자가; 시계 방향의 감마디온Gammadion, 필팟Fylfot
혹은 스바스티카Swastika라고 하며, 불운을 나타낸다; 반시계 방향의 스바스티카로 행운을 나타낸다.

(출처: Frutiger)

■ '명저기획The Great Book Scheme': 시카고학파가 선정한 서양문명에 관한 정전正典

〈명저, 과거와 현재Great Books, Past and Present〉에서 모티머 애들러Mortimer J. Adler가 제시한 저자 목록. G. van Doren (ed.), *Reforming Education: The Opening of the American Mind* (New York, 1988), 318-50.

호메로스	데카르트	조지 엘리엇	레닌
아이스킬로스	밀턴	H. 멜빌	W. 섬너
소포클레스	몰리에르	도스토옙스키	M. 베버
헤로도토스	파스칼	플로베르	R. H. 토니
에우리피데스	하위헌스	입센	T. 베블런
투키디데스	스피노자	톨스토이	J. M. 케인스
히포크라테스	로크	J. W. R. 데데킨트	
아리스토파네스	라신	M. 트웨인	**1945-1977**
플라톤	뉴턴	W. 제임스	A. 카뮈
아리스토텔레스	라이프니츠	니체	G. 오웰
에피쿠로스	디포	G. 칸토어	T. 핀천
에우클레이데스(유클리드)	스위프트	프로이트	솔제니친
아르키메데스	W. 콩그리브	D. 힐베르트	S. 벨로
아폴로니우스	버클리 주교		S. 베케트
키케로	몽테스키외	**1900-1945**	비트겐슈타인
루크레티우스	볼테르	G. B. 쇼	하이데거
베르길리우스	필딩	제임스 조이스	M. 부버
플루타르코스	존슨	프루스트	W. 하이젠베르크
타키투스	흄	T. 만	J. 모노
니코마코스	루소	조지프 콘래드	R. P. 파인만
에픽테토스	스턴	포크너	S. 호킹
프톨레마이오스	애덤 스미스	D. H. 로런스	A. 토인비
M. 아우렐리우스	칸트	T. S. 엘리엇	레비스트로스
갈레노스	기번	카프카	F. 브로델
성 아우구스티누스	J. 보즈웰	체호프	E. 르 루아 라뒤리
성 토마스 아퀴나스	라부아지에	오닐	
단테 알리기에리	괴테	헨리 제임스	
초서	돌턴	키플링	
마키아벨리	헤겔	J. 듀이	
에라스뮈스	제인 오스틴	A. N. 화이트헤드	
코페르니쿠스	폰 클라우제비츠	B. 러셀	
토머스 모어	스탕달	G 산타야나	
루터	쇼펜하우어	E. 길슨	
라블레	패러데이	J. -P. 사르트르	
칼뱅	C. 라이엘	J. 오르테가 이 가세트	
몽테뉴	A. 콩트	M. 플랑크	
W. 길버트	발자크	아인슈타인	
세르반테스	토크빌	N. 보어	
베이컨	J. S. 밀	E. 슈뢰딩거	
셰익스피어	다윈	J. H. 우저	
갈릴레오	디킨스	J. -H. 푸앵카레	
케플러	C. 버나드	T. 도브잔스키	
W. 하비	키르케고르	G. 소렐	
홉스	마르크스	트로츠키	

▣ 고대의 일리리쿰과 나폴레옹 시대의 일리리아 프로뱅스들

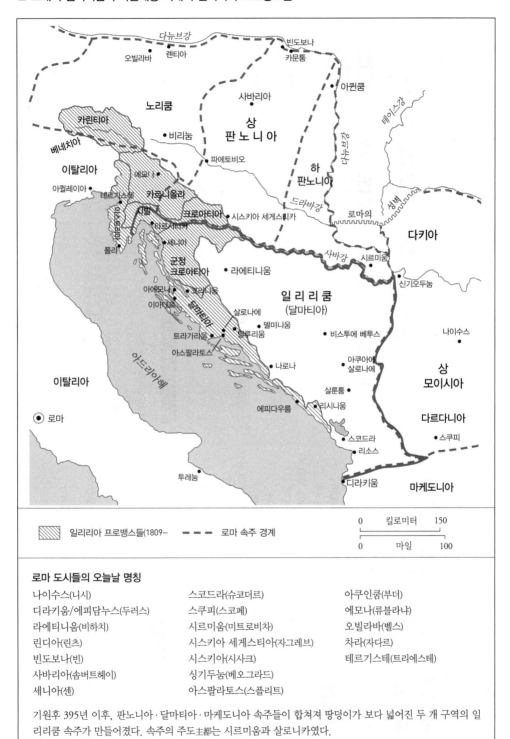

다뉴브강
오빌라바 · 렌티아 · 빈도보나
· 카눈툼
· 아퀸쿰
사바리아
노리쿰
카린티아
· 비리눔
상 판 노 니 아
베네치아
이탈리아
에모나
파에토비오
하 판노니아
아퀼레이아 ·
테르기스테
· 카르니올라
시벌
크로아티아 시스키아 세게스티카
로마의
드라바강
성벽
다키아
이스트리아
탈마티아
· 세니아
군정 크로아티아
라에티니움
폴라
사바강 · 시르미움
· 신기오두눔
아에모나 · 코라늄
이아데르
일 리 리 쿰
(달마티아)
달미티아
살로나에
· 델미니움
· 비스투에 베투스
· 나이수스
트라가리움 · 탈루리움
아스팔라토스 · 나로나
아쿠아에 살로나에
상 모이시아
아드리아해
이탈리아
살룬툼
· 리시니움
에피다우룸
다르다니아
· 로마
· 스코드라
· 스쿠피
리소스
투레눔
디라키움
마케도니아

일리리아 프로뱅스들(1809- ——— 로마 속주 경계

0   킬로미터   150
0   마일   100

로마 도시들의 오늘날 명칭

나이수스(니시)   스코드라(슈코더르)   아쿠인쿰(부더)
디라키움/에피담누스(두러스)   스쿠피(스코페)   에모나(류블라냐)
라에티니움(비하치)   시르미움(미트로비차)   오빌라바(벨스)
린디아(린츠)   시스키아 세게스티아(자그레브)   차라(자다르)
빈도보나(빈)   시스키아(시사크)   테르기스테(트리에스테)
사바리아(솜버트헤이)   싱기두눔(베오그라드)
세니아(센)   아스팔라토스(스플리트)

기원후 395년 이후, 판노니아 · 달마티아 · 마케도니아 속주들이 합쳐져 땅덩이가 보다 넓어진 두 개 구역의 일리리쿰 속주가 만들어졌다. 속주의 주도主都는 시르미움과 살로니카였다.

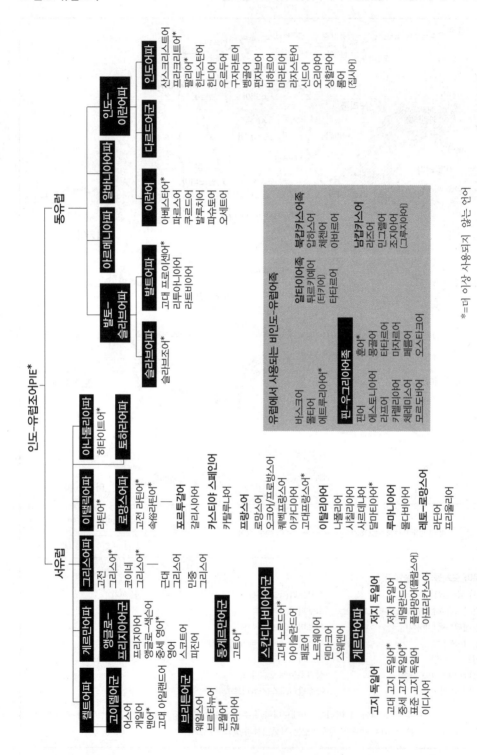

인도-유럽조어PIE*

서유럽 | 동유럽

동유럽

인도-이란어파 · 알바니아어파 · 아르메니아어 · 발트-슬라브어파

인도-이란어파
- 인도어파
  - 인도-아리안어군 (다르드어군)
- 이란어

인도어파
산스크리스트어
프라크리트어*
팔리어
힌두스탄어
힌디어
우르두어
구자라트어
뱅골어
펀자브어
비하르어
마라티어
라자스탄어
신드어
오리야어
싱할라어
롬어
(집사어)

다르드어군

이란어
아베스탄어*
파르스어
쿠르드어
발루치어
파슈토어
오세트어

발트어파
고대 프로이센어*
리투아니아어
라트비아어

슬라브어파
슬라브조어*

───

유럽에서 사용되는 비인도-유럽어족

핀-우그리아어족
핀어
에스토니아어
라포어
카렐리아어
체레미스어
모르드바어

훈어*
불가르어
타타르어
마자르어
페름어
오스타크어

알타이어족
튀르크계어
튀르키예어
타이가
타타르어

북캅카스어족
압하스어
체첸어
아바르어

남캅카스어족
라즈어
민그렐어
조지아어
(그루지아어)

바스크어
몰타어
에트루리아어*

───

서유럽

아나톨리아어파 · 토하라어파 · 그리스어파 · 이탈릭어파 · 로망스어파 · 켈트어파 · 게르만어파

아나톨리아어파
히타이트어*

토하라어파

그리스어파
고전 그리스어
코이네
그리스어
근대 그리스어
민중 그리스어

이탈릭어파
라틴어*

로망스어파
고전 라틴어*
속commonrinal 라틴어*

포르투갈어
갈리시아어

카스티야 스페인어
카탈루냐어

프랑스어
로망스어
오크어/프로방스어
케벡프랑스어
아카디어
고대프랑스어

이탈리아어
나폴리어
시칠리아어
사르디냐어
달마티아어*

루마니아어
몰다비아어

레토-로망스어
라딘어
프리울리어

켈트어파
- 고이델어군
- 브리튼어군

고이델어군
어스어
게일어
맨어*
고대 아일랜드어

브리튼어군
웨일스어
브르타뉴어
콘월어*
갈리아어

게르만어파

앵글로-프리지아어군
프리지아어
앵글로-색슨어
중세 영어
영어
스코트어
피진어

동게르만어군
고트어*

스칸디나비아어군
고대 노르드어*
아이슬란드어
페로어
노르웨이어
덴마크어
스웨덴어

게르만어파

고지 독일어 | 저지 독일어

고지 독일어
고대 고지 독일어*
중세 고지 독일어*
표준 고지 독일어
이디시어

저지 독일어
저지 독일어
네덜란드어
플라망어(플랑드르어)
아프리칸스어

*=더 이상 사용되지 않는 언어

■ 슬라브어파와 우랄어족 (출처: A. Nawrocki)

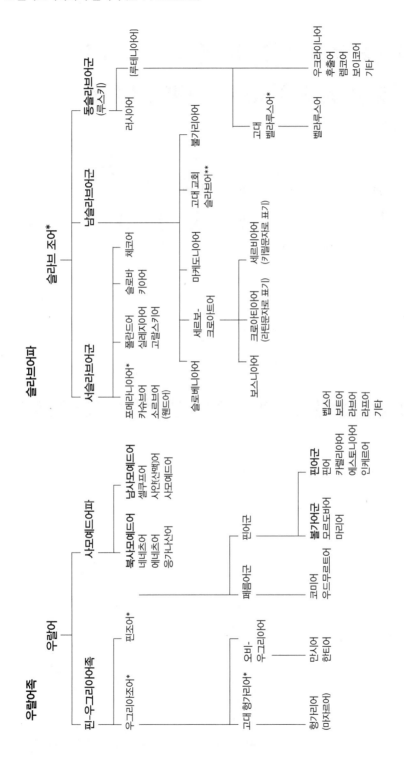

/ 부록 / 역사적 개요   1575

▣ 룬문자와 오검문자

1. 룬문자

ᚠᚢᚦᚨᚱᚲᚷᚺ(ᛉ)ᚾᛁᛃᛇᛈᛉᛊᛏ
ᛒᛖᛗᛚᛜᛞᛟᛠᚪᚫᚣᚥᚤᛡᛢᛣᛤᛥᛠ

a.

ᚠ	ᚢ	ᚦ	ᚨ	ᚱ	ᚲ	ᚺ	ᚾ	ᛁ
Fa	Ursache	Thor	Os	Rit	Ka	Hagal	Not	Is

ᛃ	ᛊ	ᛏ	ᛒ	ᛚ	ᛗ	ᛦ	ᛖ	ᚷ
Ar	Sig	Tyr	Bar	Laf	Man	Yr	Eh	Gibor

b.

a. 노섬브리아 지방에서 쓰인 막대기 모양의 룬문자 자모(기호) 33개. 잉글랜드에서 흔히 사용된 보다 초창기의 24개 막대기형 자모도 함께 포함돼 있다.

b. 아르마넨 룬문자 자모 18개. 가장 오래된 고대 게르만 룬문자 체제를 현대식으로 재구성한 형태다.

아래는 당시 룬문자가 가지고 있었을 것으로 추정되는 주술적 함의다. (출처: N. Pennick)

아르마넨 룬문자

수	문자	명칭	상징	함의
(1)	F	FA	소(가축)	부富
(2)	U	UR	원시시대황소	창조력
(3)	Th	THURS	가시나무	번개/갑작스러운 변화
(4)	A	OS	입	지혜
(5)	R	RAD/RIT	바퀴	여행
(6)	K	CEN/KA	관솔 횃불	불/재생
(7)	H	HAGAL	우박	지연
(8)	N	NOT/NYD	–	주의caution
(9)	I	IS	얼음	무력(관성)
(10)	Y	AR	뱀	필요악
(11)	S	SIG/SIGEL	햇살	빛/승리
(12)	T	TYR	화살촉	성공
(13)	B	BAR	자작나무	순수/부활
(14)	L	LAF	물	생명력
(15)	M	MAN	남자	인간
(16)	–	YR	주목朱木, 활	기술
(17)	Kh	EH	(거꾸로 된) 성배	죽음
(18)	G	GA/GIBOR	오딘의 창	축, 지주支柱

2. 오검문자

| B L F | S N H D T C | Q M G Ng ST R | A O U E | I | Ea Oi Ui Ia Ao |

c.

TdTE L K h C J
A B C D E F G H I K L F

J F E d S M N N
M N O Q P S T U Y A' I'

d.

c. 기본 아일랜드 오검문자 막대기형 자모
d. 아일랜드의 일명 '시인의 알파벳Bardic Alphabet'

아래는 당시 룬문자가 가지고 있었을 것으로 추정되는 주술적 함의다. (출처: N. Pennick)

아일랜드 오검문자 자모: 나무문자beithe-luis

문자	명칭	나무	명칭	새	색깔	달력 날짜
B	beithe	자작나무	besan	꿩	백색	12월 24일 – 1월 20일
L	luis	마가목	lacha	오리	연회색	1월 21일 – 2월 17일
N	nion	물푸레나무	naoscach	도요새	투명	2월 18일 – 3월 18일
F	fearn	오리나무	faoileán	갈매기	심홍색	3월 19일 – 4월 14일
S	saileach	버드나무	seabhac	매	불꽃색	4월 15일 – 5월 12일
H	(h)uath	산사나무	(h)adaig	밤까마귀	흙색	5월 13일 – 6월 9일
D	dair	오크나무	dreoilin	굴뚝새	흑색	6월 10일 – 7월 7일
T	tinne	호랑가시나무	truit	찌르레기	회색	7월 8일 – 8월 4일
C	coll	개암나무	corr	두루미	갈색	8월 5일– 9월 1일
M	muin	포도나무	meantán	박새	잡색	9월 2일 – 9월 29일
G	gort	담쟁이덩굴	géis	흑고니	청색	9월 30일 –10월 27일
Ng	(n)getal	금작화	(n)gé	거위	녹색	10월 28일 – 11월 25일
R	ruis	딱총나무	rocnat	떼까마귀	선홍색	11월 26일 – 12월 23일
A	ailme	소나무	airdhircleog	댕기물떼새	흑백 얼룩	동지 1
O	onn	가시금작화	odoroscrach	가마우지	회갈색	춘분
U	úr	헤더	uiseóg	종달새	송진색	하지
E	edad	포플러	ela	지저귀는 백조	적색	추분
I	iúr	주목	illait	새끼 수리새	백색	동지 2

B = 자작나무날/일요일   S = 버드나무날/월요일   T = 호랑가시나무날/화요일
N = 물푸레나무날/수요일   D = 오크나무날/목요일   Q = 사과나무날/금요일   F = 오리나무날/토요일

출처: C. J. Marstrander *et al.* (eds.), *Dictionary of the Irish Language* (Dublin, 1913-76), 4 vol.

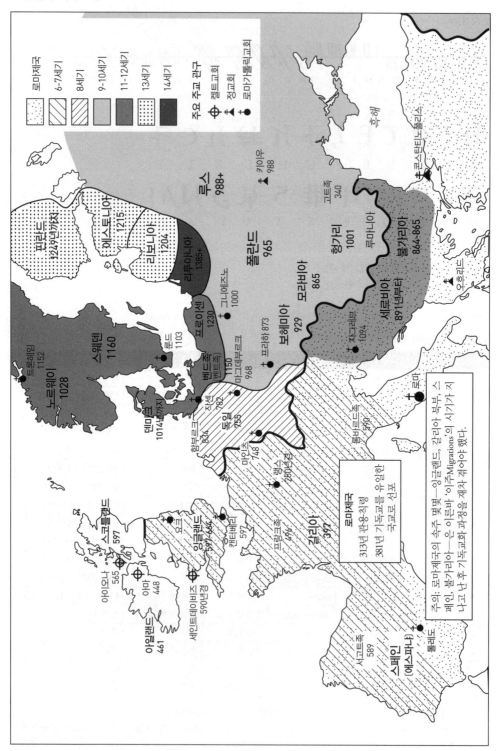

■ 비잔티움제국

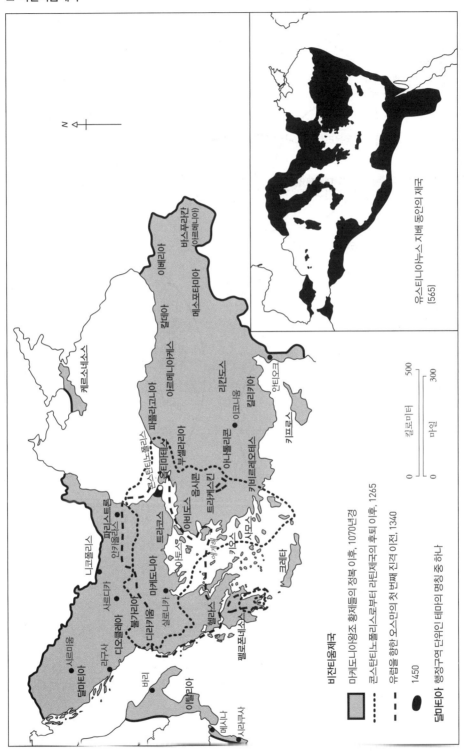

유스티니아누스 지배 동안의 제국
(565)

비잔티움제국

마케도니아왕조 황제들의 정복 이후, 1070년경

콘스탄티노폴리스로부터 라틴제국의 후퇴 이후, 1265

유럽을 향한 오스만의 첫 번째 진격 이전, 1340

1450

달마티아 행정구역 단위인 테마의 명칭 중 하나

안티오크

키프로스

에데사

케르소네소스

비스푸리칸 (아르메니아)

이베리아

메소포타미아

칼디아

아르메니아케온

에데사

파플라고니아

리칸도스

릭리키아

콘스탄티노폴리스

옵티마테스

부셀라리아

아나톨리콘

아나톨리콘

카파도키아

아브도스

용시콘

트라케시온

키비레오타이

나코폴리스

인키올리스

파리스트론

불가리아

디라키움

마케도니아

에포로스

아티스

키오스

사모스

헬라스

테살리
아

크레타

펠로폰네소스

니코폴리스

라구사

시르미아

디오클레아

달마티아

바리

칼라브리아

시라쿠사

메시나

킬로미터 500

마일 300

/ 부록 / 역사적 개요 1579

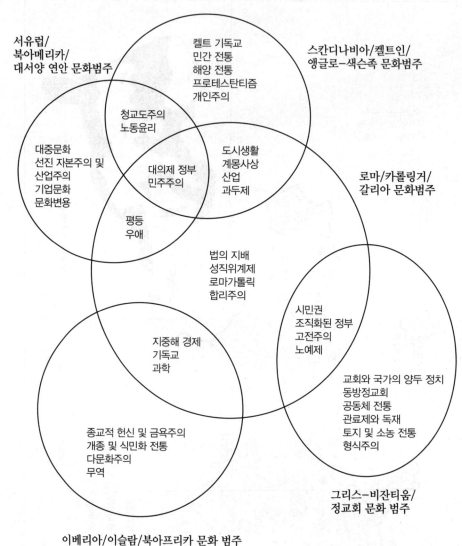

서유럽/
북아메리카/
대서양 연안 문화범주

켈트 기독교
민간 전통
해양 전통
프로테스탄티즘
개인주의

스칸디나비아/켈트인/
앵글로-색슨족 문화범주

청교도주의
노동윤리

대중문화
선진 자본주의 및
산업주의
기업문화
문화변용

대의제 정부
민주주의

도시생활
계몽사상
산업
과두제

로마/카롤링거/
갈리아 문화범주

평등
우애

법의 지배
성직위계제
로마가톨릭
합리주의

시민권
조직화된 정부
고전주의
노예제

지중해 경제
기독교
과학

교회와 국가의 양두 정치
동방정교회
공동체 전통
관료제와 독재
토지 및 소농 전통
형식주의

종교적 헌신 및 금욕주의
개종 및 식민화 전통
다문화주의
무역

그리스-비잔티움/
정교회 문화 범주

이베리아/이슬람/북아프리카 문화 범주

■ 프랑크제국, 800-877

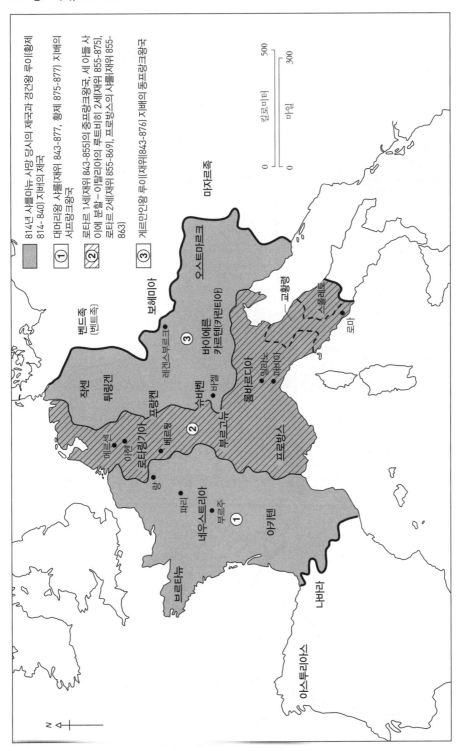

814년 샤를마뉴 사망 당시의 제국과 경건왕 루이(虔帝)
814- 840) 지배의 제국

① 대머리왕 샤를(禿帝 843-877, 황제 875-877) 지배의
서프랑크왕국

② 로타르 1세(재위 843-855)의 중프랑크왕국, 세 아들 사
이에 분할- 이탈리아의 루트비히 2세(재위 855-875),
로타르 2세(재위 855-869), 프로방스의 샤를(재위 855-
863)

③ 게르만인왕 루이(재위843-876) 지배의 동프랑크왕국

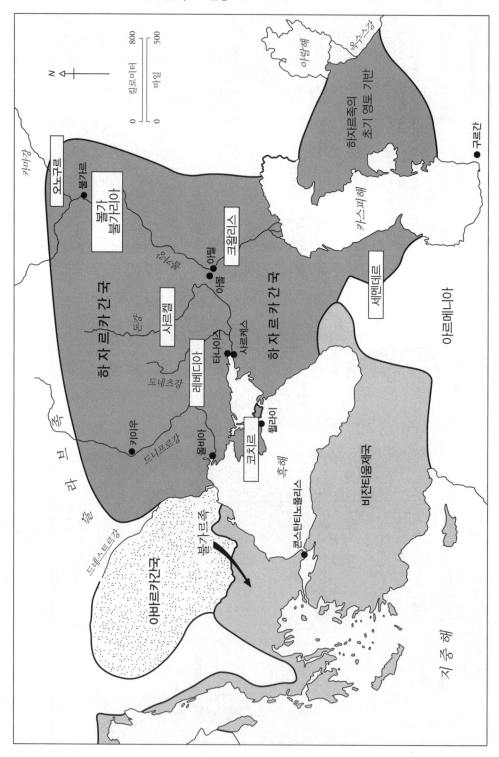

■ 이베리아반도의 기독교왕국 레콩키스타, 850〜1493

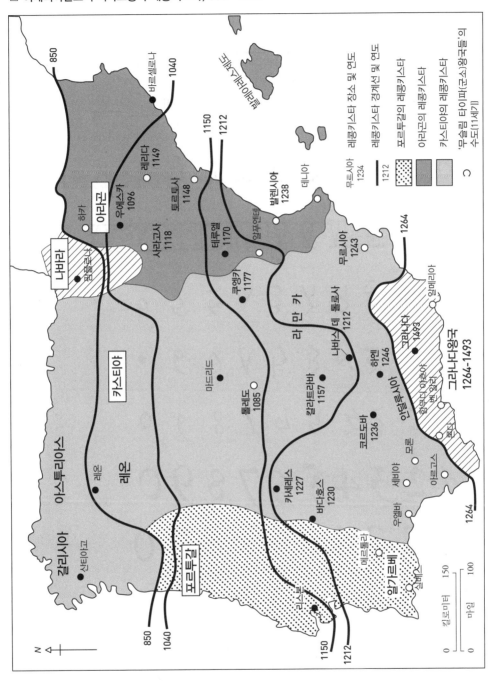

1. 숫자

	1	2	3	4	5	6	7	8	9	10	20	100
a.												
b.	α	β	γ	δ	ε	ς	ϛ	η	θ	ι	κ	ρ
c.	I	II	III	IV	V	VI	VII	VIII	IX	X	XX	C
d.												
e.												
f.												
g.	1	2	3	4	5	6	7	8	9	0		
h.	1	2	3	4	5	6	7	8	9	0		
i.	1	2	3	4	5	6	7	8	9	0		

a. 페니키아 숫자(기원전 제1천년기), 이집트 신성문자(히에로글리프) 숫자를 바탕으로 했으며 미노아 숫자 체계와 유사하다.   *b.* 그리스 숫자(기원전 350년부터), 문자 체계로도 기능했으며 히브리 숫자들과 긴밀한 대응 관계에 있었다.   *c.* 로마 숫자.   *d.* 북인도 숫자(산스크리트어 숫자, 기원후 제1천년기).   *e.* 동부 아라비아 숫자 (10세기).   *f.* 이베리아반도 아라비아 숫자(11세기).   *g.* 르네상스 시대 서체.   *h.* 근대 표준 인쇄 서체.   *i.* 현대의 7개 막대기로 이루어진 디지털 숫자. (출처: F. Cajori, A. Frutiger)

2. 표준 수학 기호의 기원 (출처: Cajor)

기호		연도	추정상의 최초 사용
L	제곱근	–	로마인
½	분수	1202	레오나르도 다 피사Leonardo da Pisa,《산반서算磐書, Liber abbaci》
%	퍼센트	1425	이탈리아에서 상업에 사용
+	플러스	1489	요하네스 비트만Johannes Widmann,《상업용 산수Behende und
–	마이너스	1489	hübsche Rechenung auff allen Kauffmanschafft》
$\tilde{p}$	플러스	1494	루카 파치올리Luca Pacioli,《산술, 기하, 비율과 비례 법칙에 관한 총론Summa de
$\tilde{m}$	마이너스	1494	arithmetica, geometria, proportioni et proportionalita》(베네치아)
M	곱셈	1544	미하엘 슈티펠Michael Stifel,《산술백과Arithmetica integra》(독일)
D	나눗셈		
=	등호	1557	로버트 레코드Robert Recorde,《제예諸藝의 기초The Grounde of Artes》(옥스퍼드)
●	소수	1585	시몬 스테빈Simon Stevin,《10분의 1에 관하여La thiende》(안트베르펜)
±	플러스/마이너스	1626	J. 지라르J. Girard(프랑스)
×	곱셈	1631	윌리엄 오트레드William Oughtred,《수학의 열쇠Clavis Mathematica》(런던)
::	비	1631	
∞	차	1631	
>	부등호(~가 ~보다 큰)	1631	토머스 해리엇Thomas Harriot,《해석술 연습Artis analyticae praxis》(런던)
<	부등호(~가 ~보다 작은)	1631	
x^2	거듭제곱	1634	피에르 에리곤Pierre Herigone,《수학 코스Cursus mathematicus》(파리)
∞	무한대	1655	존 윌리스John Wallis,《원뿔곡선De sectionibus conicis》(옥스퍼드)
~	닮은꼴	1655	
÷	나눗셈	1659	요한 하인리히 란Johann Heinrich Rahn,《대수학Teutsche Algebra》(뉘른베르크)
∴	그러므로	1659	
:	비율	1669	빈센트 윙Vincent Wing,《영국 천문학Astronomia britannica》(런던)
√	제곱근	1669	
π	파이(원주율)	1706	윌리엄 존스William Jones,《신新수학입문서Synopsis palmariorum matheseos》
( )	집합	1726	야코프 헤르만Jakob Hermann,《해설서Commentarii》(상트페테르부르크)
e	로그	1736	레온하르트 오일러Leonhard Euler,《역학Mechanica》
E	오일러 수	1736	
C	오일러의 상수	1736	레온하르트 오일러,《해설서Commentarii》(상트페테르부르크)
∫	인테그랄, 정수론	1750	레온하르트 오일러,《눔머리스 아미칼리부스De numeris amicalibus》
Σ	합	1755	레온하르트 오일러,《미분학개론Institutiones calculi differentialis》
≡	합동	1801	카를 F. 가우스Carl F. Gauss,《산술연구Disquisitiones arithmeticae》
∵	왜냐하면	1805	《젠틀맨스 매스매티컬 컴패니언Gentleman's Mathematical Companion》

■ 프랑스에서 왕령지의 확장, 1547년까지

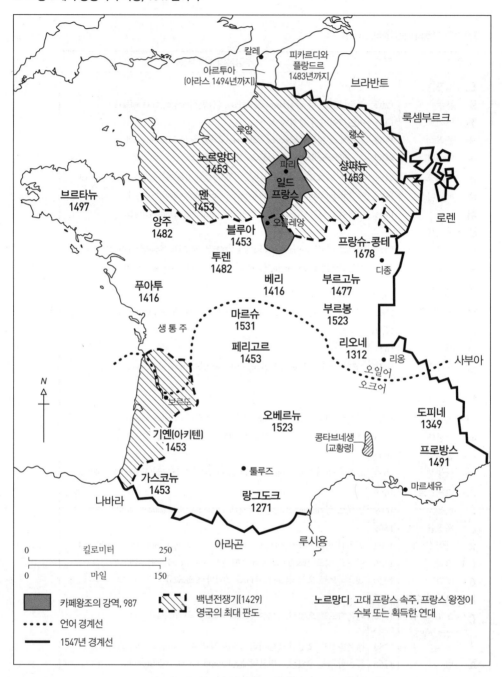

칼레

아르투아
(아라스 1494년까지)

피카르디와
플랑드르
1483년까지

브라반트

룩셈부르크

루앙

랭스

노르망디
1453

파리
일드
프랑스

샹파뉴
1453

브르타뉴
1497

멘
1453

오를레앙

앙주
1482

블루아
1453

로렌

프랑슈-콩테
1678

투렌
1482

푸아투
1416

베리
1416

부르고뉴
1477

디종

생 통 주

마르슈
1531

부르봉
1523

N

페리고르
1453

리오네
1312

리옹

사부아

오일어
오크어

보르도

오베르뉴
1523

도피네
1349

기옌(아키텐)
1453

콩타브네생
[교황령]

프로방스
1491

가스코뉴
1453

툴루즈

마르세유

나바라

랑그도크
1271

0   킬로미터   250

0   마일   150

아라곤

루시용

카페왕조의 강역, 987

백년전쟁기(1429)
영국의 최대 판도

노르망디 고대 프랑스 속주, 프랑스 왕정이
수복 또는 획득한 연대

•••• 언어 경계선

—— 1547년 경계선

■ 불가리아, 중세와 근·현대

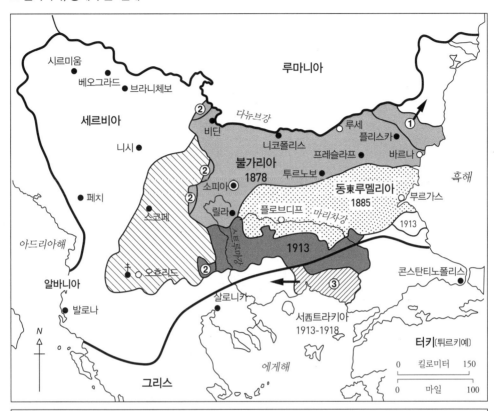

중세 관련

● 중세 도시
◎ 수도
✝ 불가리아 총대주교구
(1235)

◉ 플리스카(7세기)
◉ 프레슬라프(9-10세기)
◉ 투르노보(불가리아 제2제국 시기
의 1187년부터)

━━ 차르 시메온 시기(893-
927)의 불가리아 제1제
국 경계선

근·현대 관련

▨ 불가리아, 1878년 3월 산스테파노조약으로 '대불가리아'가 세워
졌으나 같은 해 7월 베를린회의로 세력이 위축됨

▨ 동루멜리아: 1885년 민족주의의 발흥으로 독립 주권을 가진
공국이 세워지면서 불가리아에 통합됨

▨ 남불가리아, 발칸전쟁(1912-1913)시기에 획득.

▨ 불가리아가 점령한 유고슬라비아 지역, 1941-1944

○ 근·현대 도시
◉ 수도

① 남南부 도브루자, 1913년 루마니아에 할양
(부쿠레슈티조약)

② 1919년 유고슬라비아로 양도된 지역

③ 서트라키아, 1913-1918, 1918년에 그리스
로 양도

카롤링거왕조
688년경-741, 샤를 마르텔, 프랑크왕국 궁재

741-768	피핀 3세, 네우스트리아의 궁재	741-754	카를로만, 아우스트라시아의 궁재

751년부터 프랑크왕국의 단신왕 피핀

768-814	샤를 대제(샤를마뉴)
814-840	루이 1세, 아키텐의 명랑왕*
843-855	로타르 1세, 이탈리아왕*
855-875	루트비히 2세, 이탈리아왕*

843-876	바이에른의 루트비히, 독일왕
876-882	루트비히 작센왕

843-877	대머리왕 샤를 2세, 네우스트리아왕*
877-879	루이 2세, 프랑스왕
879-882	루이 3세, 프랑스왕
882-884	카를로만, 프랑스왕

882-885	뚱보왕 샤를(카를 3세)*

891-894	스폴레토의 비도*
893-928	단순왕 샤를 3세, 프랑스왕
887-899	아르눌프, 독일왕*
896-899	스폴레토의 람베르트*
901-905	루트비히 3세, 프로방스왕*

프랑스왕국

928-954	해외왕 루이 4세, 프랑스왕
954-985	로타르, 프랑스왕
986-987	무위왕 루이 5세, 프랑스왕

작센왕조

919-936	매사냥꾼왕 하인리히 1세, 독일왕

신성로마제국

936(962)-973	오토 1세*, 대제
973-983	오토 2세*
983-1002	오토 3세*
1002-1024	하인리히 2세*

카페왕조

987-996	위그 카페
996-1031	경건왕 로베르 2세

잘리어(프랑코니아) 왕조

1024-1039	콘라트 2세*
1039-1056	하인리히 3세*
1056-1106	하인리히 4세*
1106-1125	하인리히 5세*
1125-1137	작센의 로타르 2세*

1031-1060	앙리 1세
1060-1108	필리프 1세

호엔슈타우펜왕조

1108-1137	뚱보왕 루이 6세
1138-1152	콘라트 3세
1152-1190	프리드리히 1세 바르바로사*
[1177-1180]	슈바벤의 루돌프]
[1081-1088]	룩셈부르크의 헤르만]
1137-1180	루이 7세
1190-1197	하인리히 6세*
1180-1223	존엄왕 필리프 2세
1198-1218	브라운슈바이크의 오토 4세*
[1198-1208]	호엔슈타우펜의 필리프]
1211-1250	프리드리히 2세*
1223-1226	루이 8세
[1246-1250]	튀링겐의 하인리히 라스페]
1226-1270	성왕 루이 9세
[1247-1256]	네덜란드의 빌럼]

프랑스왕국		신성로마제국	
		1250-1254	콘라트 4세
		[1257-1272	콘월의 리차드]
		[1257-1275	카스티야의 알폰소 10세]
1270-1285	용맹왕 필리프 3세	1273-1291	합스부르크의 루돌프 1세
1285-1314	미남왕 필리프 4세	1292-1298	나사우의 아돌프
		1298-1308	합스부르크의 알브레히트 1세
1314-1316	루이 10세	1308-1313	룩셈부르크의 하인리히 7세*
1316-1322	필리프 5세	1314-1347	비텔스바흐의 루트비히 4세*
			= 합스부르크의 마틸다와 결혼
발루아왕조		[1314-1330	합스부르크의 프리드리히 미남왕]
(1322-1328	샤를 4세)		
1328-1350	필리프 6세	1346-1378	룩셈부르크의 카를 4세*
1350-1364	선량왕 장 2세	[1349	슈바르츠부르크의 귄터]
1364-1380	현명왕 샤를 5세	1378-1400	룩셈부르크의 벤첼
1380-1422	단순왕 샤를 6세	1400-1410	팔라틴의 루퍼트
		1410-1437	룩셈부르크의 지기스문트*
1422-1461	친애왕 샤를 7세,	[1410-1411	모라비아의 욥스트]
1461-1483	루이 11세	**합스부르크왕조**	
1483-1498	샤를 8세	1438-1439	알브레히트 2세
1498-1515	루이 12세	1440-1493	프리드리히 3세
1515-1547	프랑수아 1세	1493-1519	막시밀리안 1세*
		1519-1556	카를 5세*
1547-1559	앙리 2세	1556-1564	페르디난트 1세*
1559-1560	프랑수아 2세	1564-1576	막시밀리안 2세*
1560-1574	샤를 9세	1576-1612	루돌프 2세*
1574-1589	앙리 3세		
		1612-1619	마티아스
부르봉왕조		1619-1637	페르디난트 2세*
1589-1610	앙리 4세	1637-1657	페르디난트 3세*
		1658-1705	레오폴트 1세*
1610-1643	루이 13세	1705-1711	요제프 1세*
		1711-1740	카를 6세*
1643-1715	루이 14세	1742-1745	바이에른의 카를 7세*
		1745-1765	로트링겐의 프란츠 1세*
1715-1774	루이 15세		= 합스부르크의
			마리아 테레지아와 결혼
1774-1793	루이 16세	1765-1790	요제프 2세*
1793-1795	루이 17세	1790-1792	레오폴트 2세*
		1792-1806	프란츠 2세*(프란츠 1세)
나폴레옹 제정			
1804-1815	나폴레옹 1세*	**오스트리아의 합스부르크 황제**	
		1804-1835	프란츠 1세*
부르봉의 복고왕조(왕정복고)		1835-1848	페르디난트 1세*
1815-1824	루이 18세	1848-1916	프란츠 요제프 1세*
1824-1830	샤를 10세		
1830-1848	루이-필리프 1세	1916-1918	카를 1세*
나폴레옹 복고제정(제정복고)		**호엔촐레른 독일 황제**	
1852-1870	나폴레옹 3세*	1871-1888	프로이센의 빌헬름 1세*
		1888	프리드리히 3세*
		1888-1918	빌헬름 2세*

▣ **유럽 대학의 설립, 1088~1912**　*과거 단체에 기원을 둔 대학　(연도)는 재설립된 경우

대학	연도	대학	연도	대학	연도	대학	연도
볼로냐	1088	페라라	1391	레이던	1572	제노바*	1812
파리	c. 1150	바르셀로나	1401(1450)	오비에도	1574 (1608)	헨트	1815
옥스퍼드	1167	뷔르츠부르크	1402	헬름슈테트	1575	리에주*	1815
살레르노*	1173	토리노	1404	빌뉴스	1578	바르샤바	1816
레조	1188	엑상프로방스	1409	알트도르프*	1578	본	1818
비첸차	1204	라이프치히	1409	에든버러	1582	상트	1819
케임브리지*	1209	세인트앤드루스	1411	그라츠	1586	페트르부르크	
살라망카	1218-19	로스토크	1419	더블린	1592	마드리드	1822
파도바	1222	돌	1422	칼리아리	1596	런던	1826
나폴리	1224	루뱅	1425	하르데르베이크	1600	뮌헨*	1826
베르첼리	1228	푸아티에	1431	기센	1607	취리히	1832
툴루즈	1229	캉	1432	흐로닝언	1614	더럼	1832
피아첸차	1248	보르도	1441	린텔른	1621	베른*	1834
바야돌리드	c. 1237	카타니아	1434-44	스트라스부르*	1621	브뤼셀*	1834
세비야	1254	바르셀로나	1450	잘츠부르크	1623	키이우	1834
아레초*	1255	글래스고	1451	타르투	1632	아테네	1837
몽펠리에*	1289	발랑스	1452	위트레흐트	1634	메시나	1838
리스본	1290	그라이프스발트	1456	사사리	1634	뮌스터*	1843
마체라타	13세기	프라이부르크	1457	페슈트(트르나바)	1635	퀸스 벨파스트	1850
레리다	1300	바젤	1459	너지솜버트		마르세유	1854
로마	1303	잉골슈타트	1459(1472)	아보(헬싱키)	1640	라시	1860
아비뇽	1303	낭트	1460	밤베르크	1648	부쿠레슈티	1864
오를레앙	1306	부르주	1463	더럼	1657 (1837)	오데사	1865
페루자	1308	브라티슬라바	1465	킬	1665	클루지	1872
코임브라	1308	(프레스부르크)		룬드	1666	체르노비츠	1875
트레비소	1318	제노바*	1471	인스브루크	1672	암스테르담	1877
카오르	1332	트리어	1452 (1473)	모데나*	1683	스톡홀름	1877
앙제	1337	사라고사	1474	브장송	1691	맨체스터	1880
그르노블	1339	마인츠	1476	할레	1693	버밍엄	1880
	(1400)	튀빙겐	1476	브로츠와프	1702	프라이부르크	1889
피사	1343	웁살라	1477	디종	1722	로잔*	1891
프라하	1347	코펜하겐	1475 (1479)	카메리노	1727	웨일스*	1893
페르피냥	1350	팔마	1483	괴팅겐	1733	콘스탄티노폴리스	1900
우에스카	1354	애버딘	1495	에를랑겐	1743	리즈*	1904
시에나*	1357	프랑크푸르트	1498	모스크바	1755	리버풀*	1904
파비아	1361	오데르		류블랴나	1774	소피아*	1904
크라쿠프	1364	알칼라	1499	자그레브*	1776	베오그라드*	1905
	(1400)	발렌시아	1500	팔레르모	1779	브리스톨	1909
빈	1365	비텐베르크	1502	렘베르크(르부프)	1784	데브레첸*	1912
오랑주	1365	아빌라	1504	하르코프	1804		
페치	1367	마르부르크	1527	카잔	1804		
(핀프키르헨)		그라나다	1531	릴	1808		
에르푸르트	1379	쾨니히스베르크	1544	리옹	1808		
하이델베르크	1385	예나	1558	렌	1808		
쾰른	1388	제네바	1559 (1876)	베를린	1810		
부더(오펜)	1389	올로모우츠	1570	크리스티아니아	1811		

출처: L. Jílek (ed.), *Historical Compendium of European Universities* (Geneva, 1983)

리투아니아는 몽골족 침략 이후로 키이우를 비롯한 루스 서부(루테니아) 전역을 흡수했지만, 1569년에 우크라이나 땅을 폴란드에 양도할 수밖에 없었다.

모스크바대공국은 리투아니아가 루스 서부(루테니아)를 정복한 이후 14세기부터 루스 동부권에 대한 패권을 장악하게 된다. 패권 확립의 첫 단계로 모스크바대공국은 일대의 공국들을 남김없이 정복한다는 계획을 세웠으며, 특히 노브고로드 공략에 공을 들였다.

라도가

노브고로드

프스코프

발트해

모스크바대공국으로

트베르   블라디미르   불가르

볼가강

빌뉴스

폴로츠크   모스크바

리투아니아로   라잔

민스크   스몰렌스크

바르샤바   노브고로드·세베르스키

크루스크   볼가강

투로프

폴란드로   우크라이나

돈강

루부프   키이우   페레야슬라우

할리치
(갈리치아)

드니프로강

폴란드왕국은 야기에우워왕가의 통치 동안 1385년부터 리투아니아와 동군연합(同君聯合)을 맺게 된다. 1569년에는 폴란드-리투아니아공화국(제치포스폴리타)을 형성시키면서 루스 땅 남부 일대(우크라이나)를 폴란드가 차지하기에 이른다.

키이우공국의 최대 판도
(10-13세기)

■ 중세 공국

✝ 정교회
관구장 교구

크름

흑해

모스크바대공국은 패권 확립 제2단계에서 루스 땅 전역을 정복하겠다는 야망을 드러낸다. 이 과정은 1667년(키이우 정복)부터 1945년(서우크라이나 정복)에 이르기까지 오랜 기간 줄기차게 지속됐다.

| 0 | 킬로미터 | 400 |
| 0 | 마일 | 250 |

▣ 시간 기록의 역사

다음은 1300년경 최초의 기계식 시계의 발명이 이루어진 이래로 시간기록의 정확도가 얼마나
향상됐는지 그 증가율을 나타낸 그래프다.

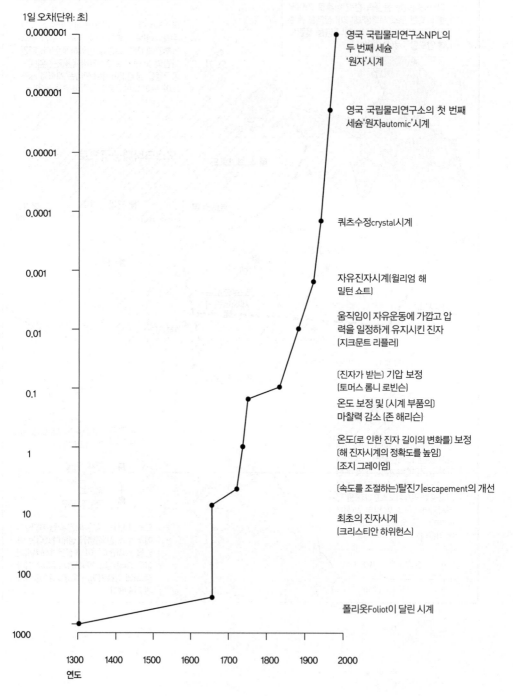

1일 오차(단위: 초)

- 영국 국립물리연구소NPL의 두 번째 세슘 '원자'시계
- 영국 국립물리연구소의 첫 번째 세슘'원자automic'시계
- 쿼츠수정crystal시계
- 자유진자시계(윌리엄 해밀턴 쇼트)
- 움직임이 자유운동에 가깝고 압력을 일정하게 유지시킨 진자(지크문트 리플러)
- (진자가 받는) 기압 보정(토머스 롬니 로빈슨)
- 온도 보정 및 (시계 부품의) 마찰력 감소 (존 해리슨)
- 온도(로 인한 진자 길이의 변화를) 보정(해 진자시계의 정확도를 높임)(조지 그레이엄)
- (속도를 조절하는)탈진기escapement의 개선
- 최초의 진자시계(크리스티안 하위헌스)
- 폴리옷Foliot이 달린 시계

연도

영국 런던 과학박물관Science Museum의 F. A. B. 워드F. A. B. Ward의 도표를 기반으로 함

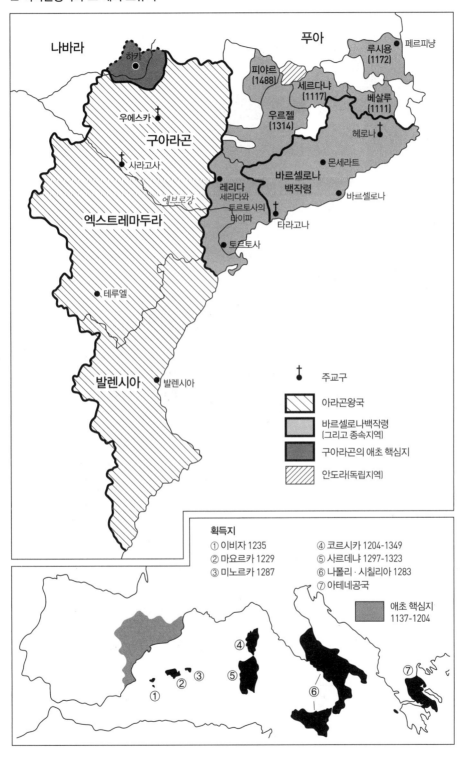

◼ 아라곤왕국과 그 해외 보유지

나바라

푸아

하카

루시용
(1172)

페르피냥

피야르
(1488)

세르다냐
(1117)

베살루
(1111)

우에스카 ✝

우르젤
(1314)

헤로나 ✝

구아라곤

사라고사 ✝

몬세라트

에브로강

바르셀로나
백작령

레리다
세리다와
토르토사의
바이파 ✝

바르셀로나

엑스트레마두라

타라고나

토르토사

테루엘

발렌시아
● 발렌시아

✝ 주교구

	아라곤왕국
	바르셀로나백작령 [그리고 종속지역]
	구아라곤의 애초 핵심지
	안도라(독립지역)

획득지

① 이비자 1235
② 마요르카 1229
③ 미노르카 1287
④ 코르시카 1204-1349
⑤ 사르데냐 1297-1323
⑥ 나폴리 · 시칠리아 1283
⑦ 아테네공국

애초 핵심지
1137-1204

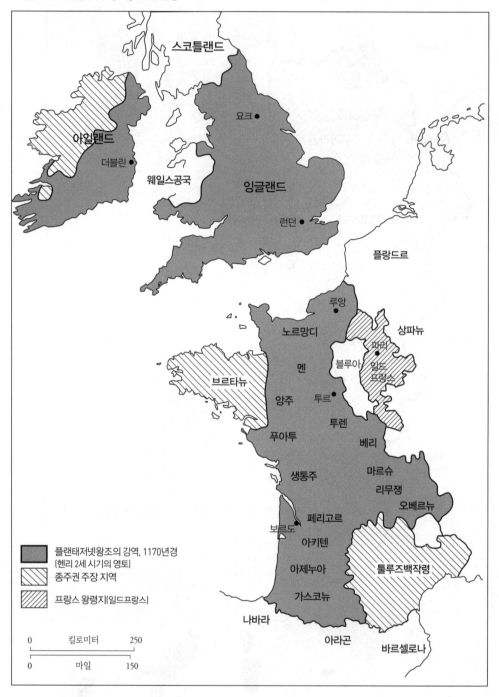

■ 플랜태저넷왕조의 강역, 1170년경

스코틀랜드

아일랜드

더블린 ●

웨일스공국

요크 ●

잉글랜드

런던 ●

플랑드르

루앙 ●

노르망디

상파뉴

파리 ●

블루아

일드프랑스

멘

브르타뉴

앙주

투르 ●

투렌

베리

푸아투

마르슈

생통주

리무쟁

오베르뉴

보르도 ●

페리고르

아키텐

툴루즈백작령

아제누아

가스코뉴

나바라

아라곤

바르셀로나

(진한 색)	플랜태저넷왕조의 강역, 1170년경 [헨리 2세 시기의 영토]
(빗금)	종주권 주장 지역
(빗금)	프랑스 왕령지(일드프랑스)

0 ────── 킬로미터 ────── 250

0 ────── 마일 ────── 150

■ 산티아고데콤포스텔라로 가는 길

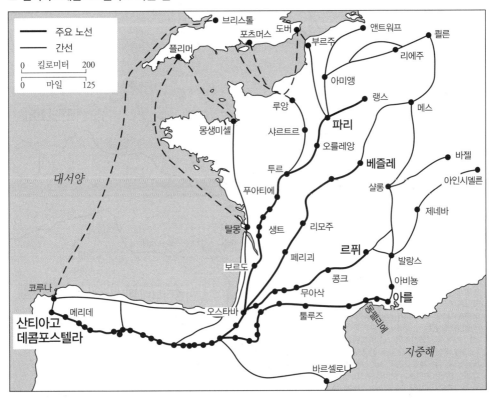

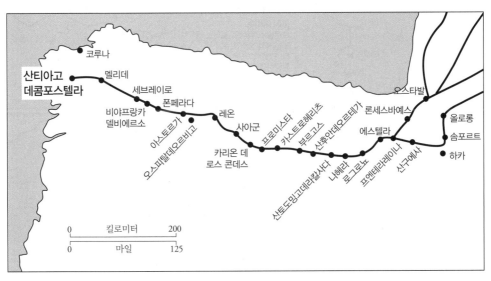

▣ 오랑주공국과 콩타브네생

랑그도크
랑그도크, 1271년 프랑스에 합병

도피네
도피네, 1349년 프랑스 왕국이 사들임

콩타 드 브나스크(브네생)
보클뤼즈평원을 중심으로 한 프로방스 백작의 봉토는 1229년에 교황에게 임대됐고, 1274년에 영구적으로 양도됐다. 이후 1791년까지 교황령의 일부였다. 주요 중심지는 '브나스크'이고 훗날 '카르팡트라'라고 불리는 곳이다.

몽드라공
(아를 대주교에게 속함)

오랑주공국과 주교구(1274-1713)
브네생에 둘러싸인 곳으로 원래 프로방스 백작의 봉토였으며, 주변 콩타(백작령)가 교황에게 양도된 1274년부터는 실질적으로 독립된 지역이었다. 이곳은 보(1173), 샬롱-아를레(1415), 나사우 가문의 소유가 됐다. 네덜란드의 총독, 오라녀-나사우 가문의 권리는 카토-캉브레지조약으로 확정됐다가, 1673년 루이 14세의 오랑주 점령으로 침해당했고, 위트레흐트조약으로 상실됐다. 1713년부터는 프랑스가 오랑주공국의 영토를 차지했으나 그 칭호는 윌리엄 3세의 후계자가 유지했다.

콩타 아비뇽
프로방스 백작의 소유로 훗날 브네생의 소유가 됐다. 1309-1376년 동안 교황령이었으며, 1348년 매매로 브네생에 추가됐다.

바로니 지방

솔 남작령

아프트 대관령

몽텔리마르
몽브리송
발루스
발레아스
피에르라테
에그강
우베즈강
지공다
수제트
봉방투 1551m
오랑주
콩타브네생
쿠르테송
카르팡트라
샤토뇌프 뒤-파프
브나스크
빌뇌브
네스크강
아비뇽
쿨롱강
카바용
보니유
보케르
타라스콩
퓌랑스강
프랑스 → ← 제국 (1481년까지)
아를
엑스
에그 모르트
카마르그

프로방스

프로방스백작령
주도는 엑스. 1481년 프랑스에 합병될 때까지 아를왕국과 신성로마제국의 일부였다. 이곳은 툴루즈 백작에서 바르셀로나 백작을 거쳐 결국에는 앙주 가문의 소유가 됐다. 르네 당주René d'Anjou(프로방스 백작, 1434-1480) 곧 '선량공 르네'는 프로방스의 황금시대를 이루었다. 1501년에는 엑스의회Parlement d'Aix가 만들어졌다. 1529년에는 빌레르-코트레칙령Edict of Villers-Cotterets으로 모든 사법·행정 절차가 프랑스어로만 시행됐다. 론 강변의 프로방스는 3개의 개별 행정구역—오랑주, 브네생, 아비뇽—으로 구성됐다.

지중해

킬로미터 0 ― 20
마일 0 ― 15

■ 베네치아공화국: (a) 베네치아의 테라피르마Terra Firma, (b) 베네치아제국

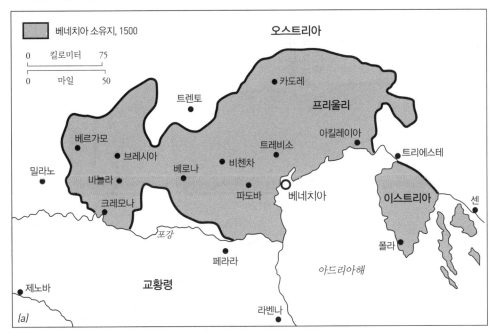

베네치아 소유지, 1500

0 킬로미터 75
0 마일 50

오스트리아

카도레

트렌토

프리울리

베르가모

브레시아

비첸차

트레비소

아킬레이아

트리에스테

밀라노

만토바

베로나

크레모나

파도바

베네치아

이스트리아

센

포강

페라라

아드리아해

제노바

교황령

폴라

라벤나

(a)

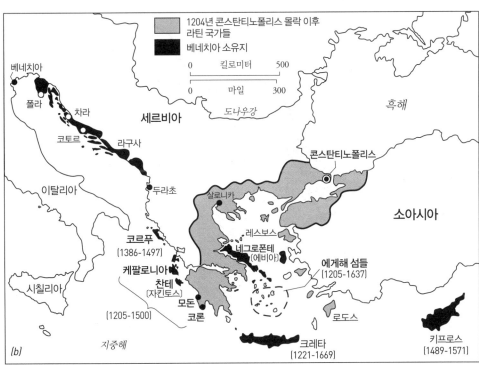

1204년 콘스탄티노폴리스 몰락 이후
라틴 국가들

베네치아 소유지

0 킬로미터 500
0 마일 300

베네치아

폴라

차라

세르비아

도나우강

흑해

코토르

라구사

이탈리아

두라초

콘스탄티노폴리스

살로니카

소아시아

레스보스

코르푸
(1386-1497)

네그로폰테
(에비아)

에게해 섬들
(1205-1637)

케팔로니아

찬테
(자킨토스)

시칠리아

모돈

(1205-1500)

코론

로도스

키프로스
(1489-1571)

(b)

지중해

크레타
(1221-1669)

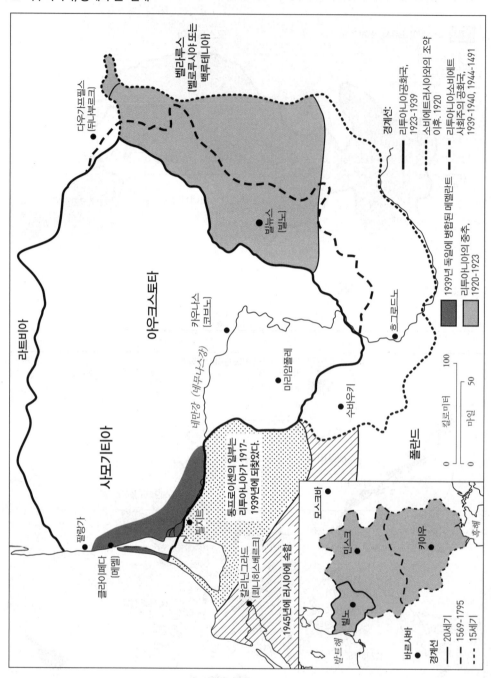

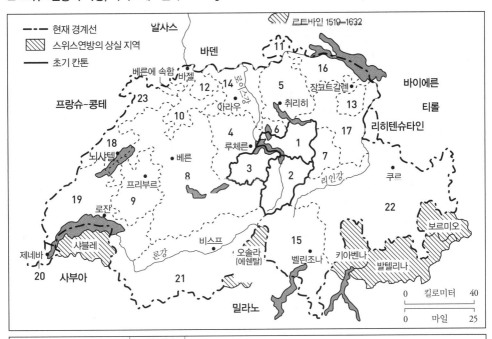

■ 스위스연방의 확장, 아이트게노센샤프트Eidgenossenschaft(서약동맹誓約同盟), 1291~1815 (단순화한 형태)

칸톤(주)	스위스연방 가입 연도	가입 이전의 상태
1 슈비츠* **	1291	자유민 조합
2 우리* **	1291	자유민 단체
3 운터발덴* **	1291	옵발덴과 니트발덴의 자유 공동체
4 루체른* (뤼세른)**	1332	도시: 합스부르크 소유
5 취리히*	1351	자유제국도시
6 추크*	1352	도시: 합스부르크 소유
7 글라루스*	1352	제킹겐수도원의 영지
8 베른*	1353	1191년 이후 자유제국도시
9 프리부르* (프라이부르크)**	1481	1178년 이후 사부아의 자유도시
10 졸로투른* (솔뢰르)	1481	자유제국도시: 1385년 이후 스위스동맹
11 샤프하우젠*	1501	자유제국도시: 1454년 이후 스위스동맹
12 바젤* (발)	1501	주교시市
13 아펜첼*	1513	1411년 이후 스위스보호령, 1452년 이후 스위스동맹
14 아르가우*	1803	1415년부터 종속 지역
15 티치노* (테신)	1803	1440년부터 종속 지역
16 투르가우*	1803	1460년부터 종속 지역
17 장크트갈렌*	1803	1451-1454년부터 수도원 국가에 연합
18 뇌샤텔(노이엔부르크)	1815	1406년부터 동맹국, 1701-1857년간 호엔홀레른 소유, 1536년부터 종속 지역
19 보* (바틀란트)	1815	1536년부터 종속 지역
20 주네브 (겐프, 제네바)	1815	주교후: 1536년 이후 스위스동맹 (레만의 프랑스현, 1803-1815)
21 발레 (발리스)**	1815	시온의 주교구: 1416-1417년 이후 스위스 동맹(심플론의 프랑스현, 1810-1815)
22 그라우뷘덴 (그리종)	1815	신의 가문 동맹League of God's House(Gotteshausbund)(1367) 오버분트Oberbund: 그라우어분트Grauer Bund(회색동맹)(1399) 10재판구동맹League of the Ten Jurisdictions(Zehngerichtenbund)(1436) 1497년 이후 리티아동맹이었고, 1797년 이후 치살피나공화국에 속함
23 쥐라*	1978	1579-1798년 동안 바젤주교구와 동맹: 이후 베른에 속함

* 헬베티아공화국의 칸톤, 1798-1803   ** 존더분트Sonderbund(분리동맹)의 칸톤, 1845-847

■ 중세 세르비아와 보스니아

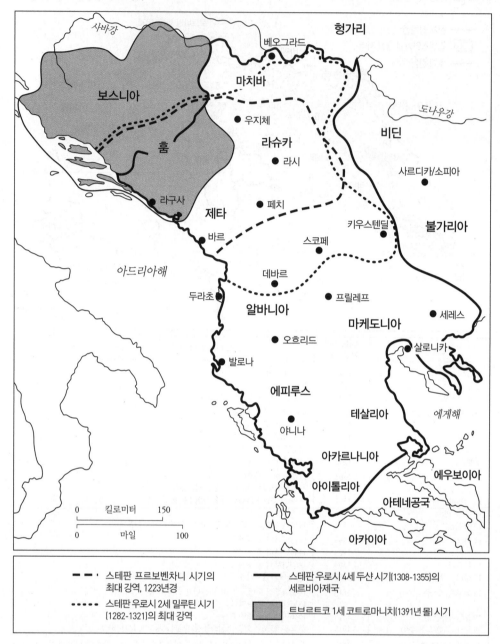

헝가리

사바강

보스니아

베오그라드

마치바

우지체

훔

라슈카

라시

비딘

도나우강

사르디카/소피아

제타

페치

라구사

키우스텐딜

불가리아

바르

스코페

아드리아해

데바르

두라초

프릴레프

알바니아

마케도니아

세레스

오흐리드

살로니카

발로나

에피루스

테살리아

에게해

야니나

아카르나니아

에우보이아

아이톨리아

아테네공국

아카이아

| 0 | 킬로미터 | 150 |
| 0 | 마일 | 100 |

– – – 스테판 프르보벤차니 시기의
최대 강역, 1223년경

······ 스테판 우로시 2세 밀루틴 시기
(1282-1321)의 최대 강역

──── 스테판 우로시 4세 두샨 시기(1308-1355)의
세르비아제국

▨ 트브르트코 1세 코트로마니치(1391년 몰) 시기

▣ 유럽에서 오스만제국의 성장, 1355~1683

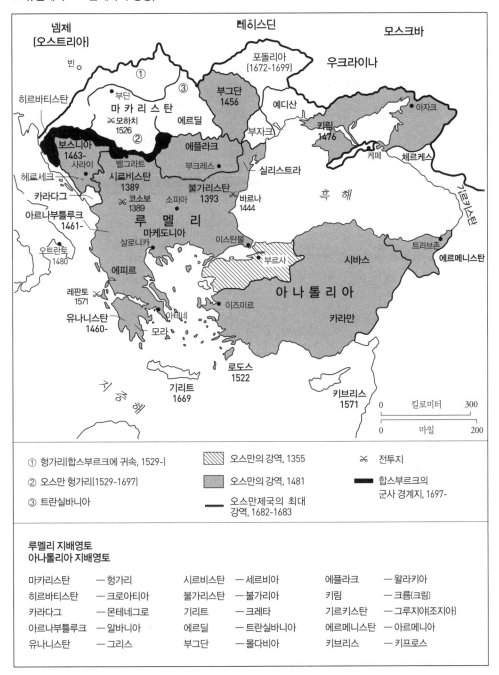

① 헝가리(합스부르크에 귀속, 1529-)
② 오스만 헝가리(1529-1697)
③ 트란실바니아

⬚ 오스만의 강역, 1355
⬛ 오스만의 강역, 1481
— 오스만제국의 최대 강역, 1682-1683

✄ 전투지
▬ 합스부르크의 군사 경계지, 1697-

루멜리 지배영토
아나톨리아 지배영토

마카리스탄	— 헝가리	시르비스탄	— 세르비아	에플라크	— 왈라키아
히르바티스탄	— 크로아티아	불가리스탄	— 불가리아	키림	— 크름(크림)
카라다그	— 몬테네그로	기리트	— 크레타	기르키스탄	— 그루지야(조지아)
아르나부틀루크	— 알바니아	에르딜	— 트란실바니아	에르메니스탄	— 아르메니아
유나니스탄	— 그리스	부그단	— 몰다비아	키브리스	— 키프로스

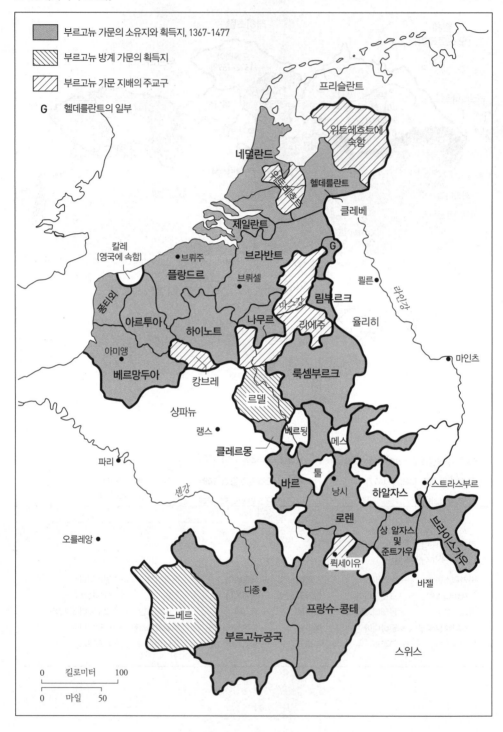

부르고뉴 가문의 소유지와 획득지, 1367-1477

부르고뉴 방계 가문의 획득지

부르고뉴 가문 지배의 주교구

G   헬데를란트의 일부

프리슬란트

위트레흐트에 속함

네덜란트

헬데를란트

클레베

제일란트

브라반트

칼레 (영국에 속함)

브뤼주

플랑드르

브뤼셀

G

림부르크

퀼른

라인강

아르투아

하이노트

나무르

라에주

율리히

아미앵

베르망두아

캉브레

룩셈부르크

마인츠

르델

샹파뉴

랭스

베르됭

메스

클레르몽

파리

바르

툴

낭시

하알자스

스트라스부르

오를레앙

센강

로렌

상 알자스 및 준트가우

브라이스기우

룩세이유

바젤

디종

느베르

프랑슈-콩테

부르고뉴공국

스위스

0   킬로미터   100

0   마일   50

▣ 중부유럽 왕조

신성로마제국	보헤미아	헝가리 ▼ 아르파드왕조	폴란드 ▼ 피아스트왕조
합스부르크의 루돌프*(1273-1291)	바츨라프 2세 (벤첼) 1278-1305 (벤체슬라스 벤첼)	언드라시 3세	
나사우의 아돌프 (1292-1298)			
알브레히트 1세 (1298-1308)	바츨라프 3세 1305-1306	바츨라프 3세 1301-1305	바츨라프 3세 1301-1305
	루돌프 1306-1307	비텔스바흐의 오토	
하인리히 7세* (1308-1313)	카린티아의 하인리히 1307-1310	앙주의 카로이 1세 1303-1342	
바이에른 비텔스바흐의 루트비히 4세* (1314-1347)	보헤미아의 안 1310-1346		브와디스와프 워키에테크 1320-1333 (브와디스와프 1세)
카를 4세* (1346-1378)	카를 1346-1378	앙주의 루아 1342-1382 (러요시 대왕)	카지미에시 3세 1333-1370 (카지미에시 대왕)
			앙주의 루이 1370-1382
바츨라프(벤첼)* (1378-1419)	바츨라프 4세 (1378-1419)	마리어 1382-1387	야드비가 1382-1386
(지기스문트** 1410-1419)		지그몬드 〔지기스문트〕 1387-1437	리투아니아의 야기에우워 1386-1433 (브와디스와프 2세)
지기스문트* (1419-1437)	지기스문트 (1419-1437)		
알브레히트 2세* (1438-1439)	알브레히트 1437-1439	알브레히트 1437-1439	바르나의 브와디스와프 3세 1433-1444
프리드리히 3세 (1440-1493)	라디슬라우스 포스투무스 1440-1457	브와디스와프 1440-1444	
		라디슬라우스 1445-1457	카지미에시 4세 야기엘론치크 1445-1492
(막시밀리안** 1486-1493)	포데브라트의 이르지 1458-1471	마티아스 코르비누스 〔마차시 1세〕 1458-1490	
	브와디스와프 야기엘론치크 1471-1516		
막시밀리안 1세 (1493-1519)		브와디스와프 야기엘론치크 〔울라슬로 2세〕 1490-1516	얀 1세 올브라흐트 1492-1501
			알렉산데르 1501-1506
(카를 5세 1516-**)			지그문트 1세 1506-1548
카를 5세 1519-1556	루드비크 1516-1526	루드비크 1516-1526	
		합스부르크의 페르디난트 1526-1556	

범례
- 합스부르크
- 프셰미실
- 비텔스바흐
- 룩셈부르크
- 앙주
- 야기에우워

* 신성로마제국 황제
** 로마 왕

▣ 1572년까지의 야기에우워왕조와 1572년 이후의 제치포스폴리타(공화국)

발트해

리보니아
(인플란티)
⑧

미타우 ·리가
⑦

모스크바

쾨니히스베르크

· 빌뉴스

단치히
⑥

①

⑨

브란덴부르크

②

바르샤바

리투아니아
대공국

· 키이우

살롱스크

보헤미아
(1453-1457,
1471-1526)
· 프라하

③

폴란드왕국

· 크라쿠프

우크라이나
(1569년부터 폴란드에 속함)

④

· 르부프

· 빈

스피시
1413-1769
· 부더

몰다비아
⑤

오스트리아

헝가리
(1440-1457, 1490-1526)

크름

흑해

0   킬로미터   300

오스만 제국

0   마일   200

아드리아해

■ 폴란드 혹은 폴란드-리투아니아의 봉토

━━━ 야기에우워왕조의 최대 강역, 1500년경

❶ 프로이센공국, 1525-1657

╍╍╍ 제치포스폴리타의 최대 강역, 1634-1635

❷ 마조프셰공국, 1351-1529

❸ 시에비에시, 크라쿠프 주교에게 속함

❹ 스피시의 13개 도시, 1413-1769

❺ 몰다비아, 1387-1497

❻ 렘보르크와 비투프, 1637-1657

❼ 쿠를란트와 세미갈리아, 1561-1773

❽ 리보니아(인플란티), 1561(1582)-1621(1660)

❾ 스몰렌스크, 세베르스크, 체르니고프, 1619-1667

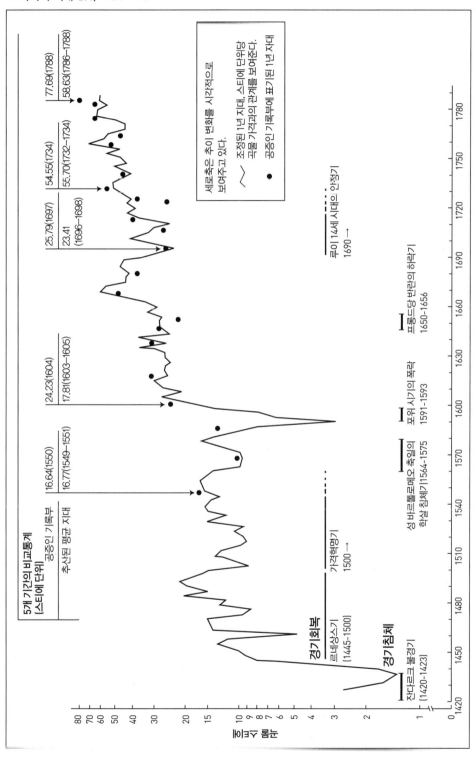

폴란드

피아스트왕조

9세기?	피아스트
965 이전-991	미에슈코 1세
992-1025	볼레스와프 1세(용감왕)*
1025-1037	미에슈코 2세*
1038-1058	카지미에시 1세(부흥왕)
1058-1079	볼레스와프 2세(관대왕)*
1079-1102	브와디스와프 헤르만
1102-1138	볼레스와프 3세(입이 삐뚤어진 왕)
1138-1146	브와디스와프 2세(망명왕)
1146-1173	마조비아의 볼레스와프 4세(곱슬머리왕)
1173-1177	미에슈코 3세
1177-1194	산도미에시의 카지미에시 2세(정의왕)
1194-1202	미에슈코 장자왕, 비엘코폴스카의 장자
1202-1227	산도미에시의 레셰크(백발왕)
1228-1231	비엘코폴스카의 브와디스와프 3세(세細발왕)
1231-1238	실롱스크의 헨리크 1세
1238-1241	실롱스크의 헨리크 2세
1241-1243	마조비에츠의 콘라트 1세
1243-1279	산도미에시의 볼레스와프 5세(순결왕)
1279-1288	레셰크 2세(흑왕)
1288-1290	실롱스크의 헨리크 4세(청렴왕)
1290-1300	비엘코폴스카의 프셰미실 1세
1300-1305	바츨라프 1세(보헤미아 왕)
1305-1306	바츨라프 2세(보헤미아 왕)
1306-1333	브와디스와프 1세(팔꿈치왕)
1333-1370	카지미에시 3세*(대왕)

앙주왕조

1370-1382	앙주의 루이(헝가리 왕)
1384-1386	앙주의 야드비가(헤드비그)*(1386-1399, 공동 군주)

야기에우워왕조

1386-1434	브와디스와프 2세 야기에우워*
1434-1444	바르나의 브와디스와프 3세*(헝가리 왕)
1444-1492	야기엘론치크의 카지미에시 4세*
1492-1501	얀 1세 올브라흐트*
1501-1506	알렉산데르*
1506-1548	지그문트 1세 스타리*
1548-1572	지그문트 2세 아우구스트*

제치포스폴리타의 선출왕

1573-1574	프랑스 발루아의 앙리(앙리 3세)*
1576-1586	트란실바니아의 스테판 바토리*
1587-1632	스웨덴의 지그문트 3세 바사*
1632-1648	바사 브와디스와프 4세*
1648-1668	얀 2세 카지미에시 바사*
1669-1673	미하우 코리부트 비시니오비에츠키*
1674-1696	얀 3세 소비에스키*
1697-1704	작센의 아우구스투스 2세 베틴*
1704-1710	스타니스와프 레슈친스키*
1710-1733	아우구스투스 2세 베틴
1733-1763	아우구스투스 3세 베틴
1764-1795	스타니스와프-아우구스트 포니아토프스키*

키이우 루스〔키예프 루스〕

류리크왕조

862년경-879	류리크, 노브고로드 공작〔공후〕
880-	올레크, 키이우 공작
912-945	이고리
945-969	올가, 성왕
969-980	스뱌토슬라프
980-1015	블라디미르(볼로디미르), 성자
1019-1054	야로슬라프 현명공
1113-1125	로스토프의 블라디미르 모노마흐
1155-1157	키이우의 유리 돌고루키
1157-1174	블라디미르와 수즈달의 안드레이 보골륩스키
1178-1202	세베르의 이고리
1240-1263	노브고로드와 블라디미르의 알렉산드르 넵스키
1235-1265	할리치의 다닐로 로마노비치

모스크바왕조

〔류리크〕 모스크바대공국

1325-1340	이반 1세
1359-1389	드미트리 돈스코이
1389-1425	바실리 1세
1425-1462	바실리 2세
1462-1505	이반 3세

'모스크바와 러시아 전체'의 차르

1493년부터	이반 3세(대제)
1505-1533	바실리 3세
1533-1584	이반 4세
1584-1598	표도르 1세
1598-1605	보리스 고두노프
1605	표도르 2세
1605-1606	드미트리 1세
1606-1610	바실리 4세
1608-1610	드미트리 2세

로마노프왕조

1613-1645	미하일 로마노프
1645-1676	알렉세이 미하일로비치
1676-1682	표도르 3세
1682-1689	이반 5세
1689-1725	표트르 1세(대제)

러시아 황제

1721년부터	표트르 1세(대제)
1725-1727	예카테리나 1세
1727-1730	표트르 2세
1730-1740	안나 이바노브나
1741-1761	옐리자베타 페트로브나
1761-1762	표트르 3세
1762-1796	예카테리나 2세(여제)
1796-1801	파벨 1세
1801-1825	알렉산드르 1세**
1825-1855	니콜라이 1세**
1855-1881	알렉산드르 2세**
1881-1894	알렉산드르 3세
1894-1917	니콜라이 2세(1918년 몰)

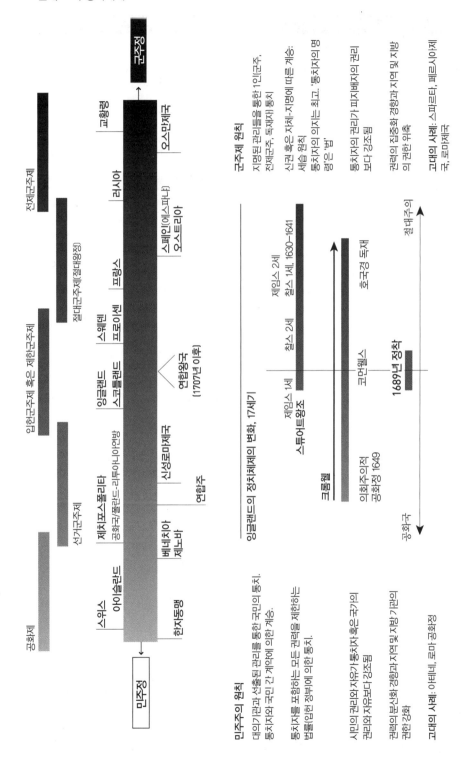

민주주의 원칙

대의기관과 선출된 관리들을 통한 국민의 통치.
통치자와 국민 간 계약에 의한 계승.

통치자를 포함하는 모든 권력을 제한하는
법률(입헌 정부)에 의한 통치.

시민의 권리와 자유가 통치자 혹은 국가의
권리와 자유보다 강조됨

권력의 분산화 경향과 지역 및 지방 기관의
권한 강화

고대의 사례: 아테네, 로마 공화정

군주제 원칙

지명된 관리들을 통한 1인(군주,
전제군주, 독재자) 통치

신권 혹은 지세-지명에 따른 계승:
세습 원칙

통치자의 의지는 최고. '통치자의 명
령'은 '법'

통치자의 권리가 피지배자의 권리
보다 강조됨

권력의 집중화 경향과 지역 및 지방
의 권한 위축

고대의 사례: 스파르타, 페르시아제
국, 로마제국

잉글랜드의 정치체제의 변화, 17세기

절대주의

군주정

공화국

■ 유럽의 전쟁, 1494〜1670

	주요 상대	주요 전투	평화조약
이탈리아 전쟁 **1494-1518** 프랑스가 7회 원정 1494–1498, 1499–1500, 1500–1501, 1502–1503, 1508–1510, 1511–1515, 1511–1515	샤를 8세부터 프랑수아 1세에 이르는 프랑스 왕위 계승자 대對 초기 베네치아 동맹에서 교황령 동맹에 이르는 연합	포르노보 1495 노바라 1500 가리랴노 1503 아냐델로 1509 라벤나 1512 마리냐노 1515	그라나다 1500 리옹 1504 누아용 1516 프라이부르크 1516 런던 1518
프랑스-제국 전쟁 **1512-1559** 이탈리아 전쟁에 이은 초기 5회 전쟁 1521–1525, 1526–1529, 1536–1538, 1542–1544, 1555–1559	프랑스 대 신성로마제국과 제국 의 동맹국	파비아 1525 로마 약탈 1527 아베르사 1528 토리노 1537	마드리드 1526 바르셀로나 1529 니스 1538 크레스피 1544 안드레 1546 카토-캉브레지1559
독일 종교전쟁	황제 대 슈말칼덴동맹의 프로테 탄트 군주들	뮐베르크 1547	프리트볼트 파사우 1551
프랑스 종교전쟁 **1562-1629** 낭트칙령으로 종결된 9회의 내 전과 이후 2회의 위그노 반란 1562–1563, 1567–1568, 1568–1570, 1572–1573, 1574–1576, 1577, 1580, 1587–1589, 1589–1598, 1622–1623, 1627–1629	프로테스탄트 위그노 대 가톨릭 동맹	드뢰 1562 생드니 1567 쟈르나크 1568 쿠트라 이브리 1590 파리 포위 1589–1593	앙부아즈 1563 롱쥐모 1568 생제르맹 1570 라로셸 1573 므시외 1576 베르주라크 1577 플렉스 1580 베르방 1598 몽펠리에 1622 알레 1629
스페인(에스파냐) 전쟁 **1502-1659** 나폴리 전쟁 1502–1503 북아프리카 1562–1563 네덜란드반란 1566–1648 '아마다', 1588 지중해 전쟁 플랑드르 전쟁 1598–1599 발텔리나 1622–1626 만투안 계승 1627–1631 [삼십년전쟁에 스페인 참가] 프랑스 전쟁 1648–1659	스페인 대 포르투갈 스페인 대 프랑스 스페인 대 바르바리 국가들 스페인 대 연합주 잉글랜드 스페인 대 오스만 스페인 대 프랑스 스페인 대 프랑스 스페인 대 프랑스 스페인 대 프랑스	(신세계의 분할) 테라노바, 가릴리아노 튀니스 하를럼 1572 안트베르펜 1576 레판토 1571 아미앵 파비아 1655 발랑시엔 1656	토르데시야스 1494 1609–1612 베스트팔렌 1648 몬손 1626 피레네 1659
삼십년전쟁 **1618-1648** 보헤미아 전쟁 1618–1623 덴마크 전쟁 1624–1629 [반환칙령 1629] 스웨덴 전쟁 1630–1635 프랑스 전쟁 1635–1648	제국 & 가톨릭 군주들 & 스페인 대 프로테스탄트 군주들 & 그 동 맹국(특히 덴마크, 스웨덴, 프랑스)	백白산 1620 루터 1626 브라이텐펠트 1631 뤼첸 1633 뇌르틀링겐 1634 비트슈토크 1635 로크루아 1643	뤼벡 1629 프라하 1635 베스트팔렌 1648

	주요 상대	주요 전투	평화조약
잉글랜드의 전쟁 튜더의 스코틀랜드 전쟁 1469–1502, 1511–1543	잉글랜드 대 스코틀랜드 (프랑스와 동맹)	플로든 1513 솔웨이 모스 1542	'영구평화' 1502 그리니치 1543
잉글랜드–프랑스 전쟁 1512–1518, 1522–1525, 1544–1546, 1557–1564, 1627–1630	잉글랜드 대 프랑스	스퍼스 1513	런던 1518 아르드르 1544 트루아 1564
스페인 전쟁 1564–1630 네덜란드의 군사행동 1585–1587	잉글랜드 대 스페인	쥐트펜 1587 무적함대 1588	
잉글랜드–아일랜드 전쟁 1598–1603, 1651–1654 '잉글랜드내전' 1642–1646	마운트조이 경의 원정대, 에식스 & 크롬웰 스코틀랜드 간섭 1644–1646, 1647–1651		
3회의 잉글랜드–네덜란드 전쟁 1652–1654, 1664–1667, 1672–1674	잉글랜드 대 연합주		브레다 1667 웨스트민스터 1674
스웨덴 전쟁 독립전쟁 1500–1523 5회의 덴마크 전쟁 1563–1570, 1611–1613, 1657–1660, 1675–1679	덴마크 대 스웨덴 & 노르웨이 스웨덴 대 덴마크		슈테틴 1570 크네레 1613 코펜하겐 1660 룬트 1679
2회의 러시아 전쟁 1560–1592, 1614–1617	스웨덴 대 모스크바	에슬로루아	스톨보바 1617
3회의 폴란드 전쟁 1598–1611, 1617–1629, 1655–1660	스웨덴 대 폴란드 왕조	키르홀름 1605	슈툼스도르프 1629
[삼십년전쟁에 스웨덴 참가 1630–1648]			올리바 1660
폴란드 전쟁 몰다비아 전쟁 1497–1499 6회의 러시아 전쟁 1500–1513, 1561–1569, 1577–1582, 1610–1619, 1632–1634, 1654–1667	폴란드–리투아니아 대 모스크바	스몰렌스크 1511 리보니아 프스코프 1582	자폴리아 1582 딜리노 1619 안드루소보 1667
스웨덴 전쟁 1598–1611, 1617–1629, 1655–1660	폴란드 왕조 대 스웨덴 왕조	체코라 1620	올리바 1660
2회의 오스만 전쟁 1620–1621, 1671–1676		호침 I 1621 호침 II 1672	부크자크치 1674 츠라우노 1676

주의: 폴란드, 스웨덴, 덴마크, 모스크바대공국이 복잡하게 엮인 1561–1592년의
리보니아 전쟁은 '제1차 북방전쟁'으로 간주해도 타당할 것이다.

	주요 상대	주요 전투	평화조약
오스만 전쟁 다뉴브 전쟁 1481–1512 3회의 헝가리 전쟁 1521–1547, 1551–1562, 1573–1581	대 합스부르크	모하치 1526 빈 1529 로드스 1522	
지중해 전쟁 & 베네치아 전쟁 1569–1572, 1648–1669	대 베네치아 & 가톨릭 국가들	말타 포위 1565 레판토 1571 크레타 포위1638–1669	

▣ 유럽 국가들의 등장과 몰락, 1493~1993

**1493년에 존재했던 국가의
주권 혹은 독립의 종료**

교황령 국가 1870
그루지야〔조지아〕, 왕국 1801
나바라, 왕국 1516
나폴리, 왕국 1860
리보니아 1561
리투아니아, 대공국 1569
모스크바, 대공국 1721
몰다비아, 공국 1859
밀라노, 공국 1535
베네치아, 공화국 1797
보헤미아, 왕국 1526
부르고뉴, 공국 1579
스코틀랜드, 왕국 1707
신성로마제국 1806
아라곤, 왕국 1516
아스트라한, 칸국 1556
아일랜드 1801
오스만제국 1920
왈라키아, 공국 1859

**1993년에 존재한 주권국가의
형성 시기**

잉글랜드, 왕국 1707
제노바, 공화국 1797
카스티야, 왕국 1516
카잔, 칸국 1552
콜마르연합 1523
크림〔크름〕, 칸국 1783
킵차크, 칸국 1502
튜턴 국가 1525
포르투갈, 왕국 1580
폴란드, 왕국 1569
프랑스, 왕국 1792
피렌체, 공화국 1532
헝가리, 왕국 1526
그루지야〔조지아〕, 공화국* 1918(1991)
그리스, 왕국 1829
-----, 공화국 1973
네덜란드, 왕국 1648
노르웨이, 왕국 1905
덴마크, 왕국 1523
독일, 연방공화국* 1949(1990)
라트비아, 공화국* 1918(1991)
러시아, 공화국* 1917(1991)
루마니아, 왕국 1877

-----, 공화국* 1947(1989)
룩셈부르크, 대공국 1890
리투아니아, 공화국* 1918(1991)
리히텐슈타인, 공국 1866
마케도니아, 공화국 1992
모나코, 공국 1297
몰도바, 공화국 1991
몰타, 공화국 1964
바티칸 국가〔시국〕 1929
벨기에, 왕국 1830
벨라루스, 공화국 1918(1991)
보스니아, 공화국 1992
불가리아, 왕국 1878
-----, 공화국 1946(1989)
산마리노, 공화국 1631
스웨덴, 왕국 1523
스위스, 연방 1648
스페인, 왕국 1516(1976)
슬로바키아, 공화국* 1939(1992)
슬로베니아, 공화국 1992
아르메니아, 공화국* 1918(1991)
아이슬란드, 공화국 1944
아일랜드, 자유국 1922
-----, 공화국 1949
아제르바이젠, 공화국 1918(1991)
안도라, 공국 1278
알바니아, 공화국 1913
에스토니아, 공화국* 1918(1991)
연합왕국〔영국〕 1707
오스트리아, 공화국 1918(1945)
우크라이나, 공화국* 1918(1991)
유고슬라비아, 연방공화국 1945
이탈리아, 왕국 1860
-----, 공화국 1946
체코, 공화국* 1992
크로아티아, 공화국 1941(1992)
키프로스, 공화국 1960
터키, 공화국 1923
포르투갈, 왕국 1640
-----, 공화국 1910
폴란드, 공화국* 1918(1989)
프랑스, 공화국 1792(1871)
핀란드, 공화국 1917
헝가리, 섭정국 1918
-----, 공화국* 1946(1989)

* 소비에트 지배 기간 동안 명목상의 주권만 갖고 있던 국가

◨ 르네상스기의 이탈리아

오스트리아

발레 그리종

사부아와
피에몬테

티롤

헝가리

밀라노
(스페인
령)

베네치아

베르가모
베로나
브레시아
파도바

크로아티아

토리노
몬페
라토

밀라노

크레모나
만토바

제노바

제노바

레조
모데나

페라라
F

P

B
볼로냐

M
Man

리미니

오스만제국

피렌체

루카
L

피사

피렌체
시에나

교황령

시에나

아드리아해

페루자

코르시카
(제노바)

아퀼라

로마

나폴리왕국
(스페인령)

바리

나폴리

타란토

사르데냐
(스페인령)

티레니아해

0   킬로미터   200
0   마일   150

메시나

팔레르모

시칠리아 왕국
(스페인령)

B	볼로냐
M	모데나
L	루카
P	파르마
F	페라라
Man	만토바

몰타
(1523년부터 성 요한 기사단에 속함)

■ 유럽의 합스부르크령, 1519년 이후

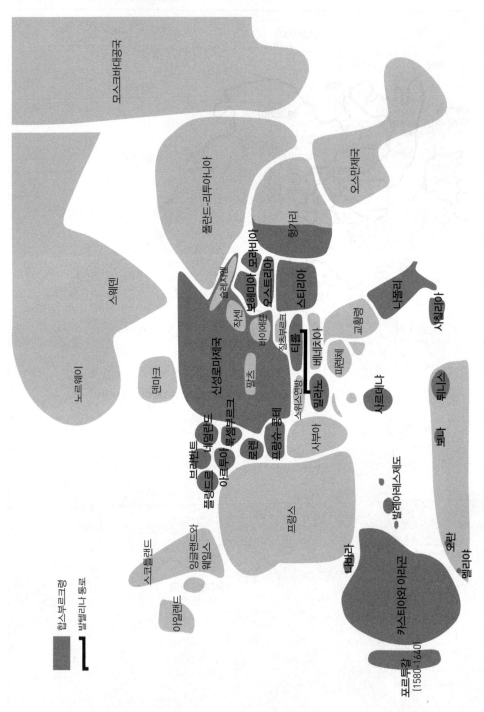

합스부르크령

발텔리나 통로

무스코바대공국

폴란드-리투아니아

오스만제국

스웨덴

헝가리

보헤미아 모라비아

오스트리아

스티리아

노르웨이

실레지엔

작센

교황령

나폴리

시칠리아

덴마크

바이에른

신성로마제국

팔츠

오스트리아

중앙오스트리아

티롤

베네치아

파르마

스위스연방

밀라노

사르데냐

튀니스

브라반트

플란데런

아르투아

룩셈부르크

로렌

프랑슈 콩테

사부아

사보이

코르시카

제노바

스코틀랜드

잉글랜드

웨일스

프랑스

나바라

밀레에레시제국

아일랜드

나바라

카스티야와 아라곤

포르투갈

(1580-1640)

시칠리아

▣ 16세기 스페인(에스파냐)에서의 가격혁명

1. 세비야 항구의 해운, 1506-1600

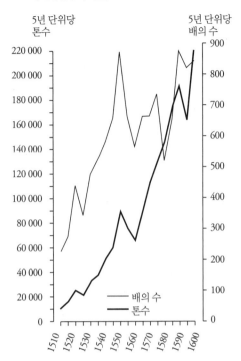

2. 스페인의 귀금속(금과 은) 수입, 1500-1600

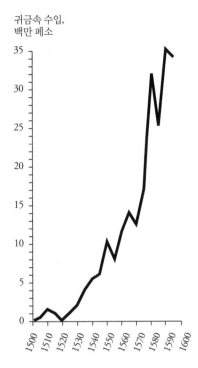

3. 물가, 1500-1600

1570-1580년을 100으로 상정한 물가지수

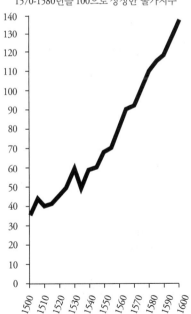

4. 그래프 1, 2, 3을 모아놓은 그래프

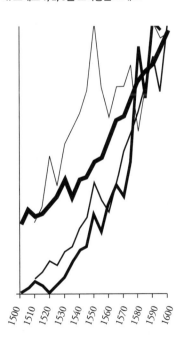

▣ 과학의 발견과 기술의 발명, 1526~1956 (선별)

과학의 발견

인물	장소, 연도	발견
P. A. 파라셀수스	바젤, 1526	질병이론
N. 코페르니쿠스	프롬보르크, 1543	지동설
W. 하비	런던, 1628	혈액순환
R. 데카르트	암스테르담, 1644	해석기하학
G. 라이프니츠	라이프치히, 1666	미분학
I. 뉴턴	케임브리지, 1666	중력의 법칙
A. 폰 할러	베른, 1757	신경학
H. 캐번디시	런던, 1766	수소
K. 셸레	웁살라, 1771	산소
S. 하네만	라이프치히, 1796	동종 요법
E. 제너	런던, 1796	종두
E.-L. 말뤼스	스트라스부르, 1808	편광
B. 쿠르투아	파리, 1811	요오드
A.-J. 프레스넬	프랑스, 1815	빛의 진동
J. J. 베르셀리우스	스톡홀름, 1818	원자량
H.-C. 외르스테드	코펜하겐, 1819	전자기학
G. 옴	쾰른, 1827	전기 저항
M. 패러데이	런던, 1831	전기 유도
J. 폰 리비히	기센, 1831	원소 분석
R. 브라운	런던, 1831	세포핵
F. 룽게	베를린, 1833	페놀 아닐린
R. A. 쾰리커	취리히, 1841	정자
C. J. 도플러	프라하, 1842	음향학
R. 레마크	베를린, 1852	세포 분열
W. 퍼킨	런던, 1856	아닐린 염료
C. 다윈	런던, 1859	진화론
G. R. 키르히호프	하이델베르크, 1859	스펙트럼 분석
I. 제멜바이스	부다페스트, 1861	무균법
G. 멘델	브르노, 1865	유전학
J. 리스터	글래스고, 1867	방부법
D. I. 멘델레예프	상트페테르부르크, 1869	주기율표
E. 피셔	뮌헨, 1875	하이드라진: 생화학
L. 파스퇴르	파리, 1881	세균학
R. 코흐	베를린, 1882	결핵 간균
H. 헤르츠	카를스루에, 1888	전자파
E. 폰 베링	베를린, 1892	디프테리아 혈청
H. 로런츠	레이던, 1895	전자론
W. 뢴트겐	뷔르츠부르크, 1895	엑스선
H. 베크렐	파리, 1896	우라늄 방사선
J. J. 톰프슨	케임브리지, 1897	엘렉트론
P. 퀴리와 M. 퀴리	파리, 1898	방사능
M. 플랑크	베를린, 1900	양자론
T. H. 보베리	뷔르츠부르크, 1904	염색체
A. 아인슈타인	취리히, 1905	상대성이론
H. K. 오네스	레이던, 1911	초전도성
E. 러더퍼드	맨체스터, 1911	원자구조
K. 푼크	크라쿠프, 1911	비타민
W. K. 하이젠베르크	코펜하겐, 1925	양자역학
A. 플레밍	런던, 1928	페니실린: 항생물질
O. 한	베를린, 1938	핵분열
H. C. 크릭과 D. W. 왓슨	런던, 1951	DNA 구조

기술의 발명

H. 리퍼세이	미들버그, 1608	망원경
Z. 얀센	암스테르담, 1609	현미경
E. 토리첼리	로마, 1643	수은 기압계
T. 세이버리	잉글랜드, 1698	증기 양수기
G. 파렌하이트	암스테르담, 1718	수은 온도계
제스로 툴	헝거퍼드, 1731	농기계
J. 와트	버밍엄, 1769	증기기관 냉각기
S. 크럼프턴	볼턴, 1779	뮬 방적기
J. 몽골피에 형제	아노네, 1783	열기구
C. 샤프	파리, 1791	무선 전신신호
A. 볼타	볼로냐, 1800	전지
J.-M. 자카르	리옹, 1804	자동기계
R. 라에네크	파리, 1816	청진기
C. 매킨토시	글래스고, 1823	방수천
G. 스티븐슨	스톡턴, 1825	여객용 철도
T. 텔퍼드	메나이해협, 1825	현수교
N. 니엡스	샬롱-쉬르-손, 1826	사진술
B. 푸르네롱	파리, 1827	터빈
C. 배비지	케임브리지, 1834	기계식 계산기
S. 바우어	킬, 1850	잠수함
L. 푸코	파리, 1852	자이로스코프[회전의]
H. 지파르	파리, 1852	증기기관 비행선
H. 베서머	세인트판크라스, 1857	용광로: 강철
J. 라이스	프리드리히스도르프, 1861	전화
A. 노벨	스톡홀름, 1867	다이너마이트
W. 폰 지멘스	베를린, 1867	다이너모
N. 오토	쾰른, 1876	내연기관
E. 베를리너	독일, 1877	마이크로폰
C. 폰 린데	뮌헨, 1877	냉장고
W. 폰 지멘스	베를린, 1879	전기기관차
H. S. 맥심	런던, 1883	기관총
G. 다임러	콘슈타트, 1884	가솔린 기관
다임러와 벤츠	만하임, 1885	자동차
R. 마네스만	뒤셀도르프, 1885	이음새 없는 관
H. 구드윈	런던, 1887	사진필름
C. 아데르	프랑스, 1890	비행기
W. 마이바흐	콘슈타트, 1892	카뷰레터
A. L. 뤼미에르	리옹, 1895	영화 촬영기
R. K. 디젤	베를린, 1895	디젤 기관
V. 폴센	코펜하겐, 1898	자기磁氣 녹음기
F. 체펠린	베를린, 1900	동력비행선
G. 마르코니	런던, 1901	라디오 송신기
K. E. 치올콥스키	모스크바, 1903	로켓공학
브레게-리셰	프랑스, 1907	헬리콥터
영국 육군	캉브레, 1915	탱크
J. 로지 베어드	런던, 1924	텔레비전
H. 가이거	킬, 1928	가이거 계수기
F. 휘틀	크랜웰, 1930	제트엔진
항공부Air Ministry	도버, 1940	레이더
윌크스와 렌윅	맨체스터, 1946	에드삭 컴퓨터
동력부Power Ministry	콜더 홀, 1956	원자력발전소

■ 교황청의 금서와 저자 목록, 1559~1952 (선별)

지정 연도	작가	작품
1559	P. 아벨라르	전 작품
	G. 보카치오	《데카메론Decameron》
	J. 칼뱅	전 작품
	단테	《제정론De Monarchia》
	D. 에라스뮈스	전 작품
1624	M. 루터	독일어 성경
1633	R. 데카르트	지정된 작품들
1645	T. 브라운	《의사의 종교Religio Medici》
	M. 몽테뉴	《에세Les Essais》
1700	J. 로크	《인간지성론An Essay Concerning Human Understanding》
1703	J. 라퐁텐	《콩트와 누벨Contes et nouvelles en vers》
1734	J. 스위프트	《통 이야기Tale of a Tub》
1738	E. 스베덴보리	《원리론Principia》
1752	볼테르	《철학서간Lettres philosophiques》
1755	S. 리처드슨	《파멜라Pamela; or, Virtue Rewarded》
1759	D. 디드로	《백과전서Encyclopédie》
1763	J.-J 루소	《에밀Émile》
1766	J.-J 루소	《사회계약론Du contrat social》
1783	E. 기번	《로마제국 쇠망사The History of the Decline and Fall of the Roman Empire》
1789	B. 파스칼	《시골 친구에게 부치는 편지Lettres provinciales》
1791	D. A. F. 드 사드	《쥐스틴Justine》 《쥘리에트Juliette》
1792	T. 페인	《인간의 권리Rights of Man》
1806	J.-J 루소	《쥘리 혹은 신新엘로이즈Julie ou la nouvelle Héloïse》
1819	L. 스턴	《풍류여정기A Sentimental Journey Through France and Italy》
1827	I. 칸트	《순수이성비판Kritik der reinen Vernunft》
1834	G. 카사노바	회고록
	V-M. 위고	《파리의 노트르담Notre-Dame de Paris》 《레미제라블Les Misérables》
1836	H. 하이네	《독일에 대해서De l'Allemagne》 《여행그림들Reisebilder》
1841	H. 발자크	전 작품
1836	A. 뒤마 퓌스	전 로맨스 작품
1864	G. 플로베르	《마담 보바리Madame Bovary》 《살람보Salammbô》
1894	E. 졸라	전 작품
1911	G. 단눈치오	지정된 작품들
1914	M. 마테를링크	전 작품
1922	A. 프랑스	전 작품
1937	C. 다윈	《종의 기원On the Origin of Species》
1939	스탕달	전 작품
1948	R. 데카르트	《제1철학에 관한 성찰Meditationes de prima philosophia》
1952	A. 지드	전 작품

출처: N. Parsons, *The Book of Literary Lists* (London,1985), 207-13; A. L. Haight, *Banned Books* (1955)

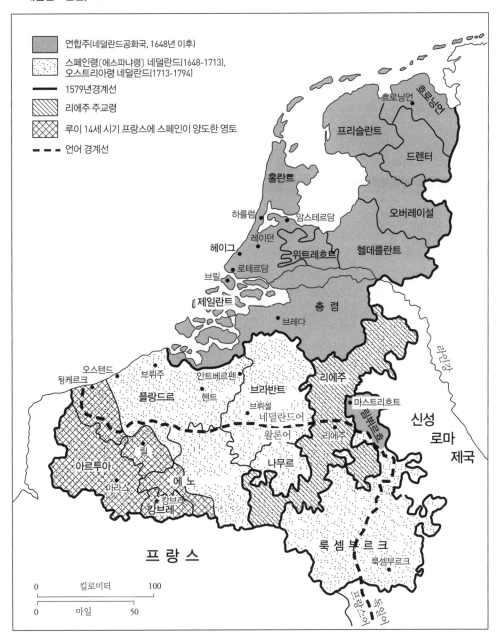

연합주(네덜란드공화국, 1648년 이후)

스페인령(에스파냐령) 네덜란드(1648-1713),
오스트리아령 네덜란드(1713-1794)

1579년경계선

리에주 주교령

루이 14세 시기 프랑스에 스페인이 양도한 영토

언어 경계선

흐로닝언

흐로닝언

프리슬란트

드렌터

홀란트

하를럼
암스테르담

레이던

헤이그

위트레흐트

오버레이설

로테르담

브릴

헬데를란트

제일란트

총 령

브레다

오스텐드
됭케르크

브뤼주

안트베르펜

리에주

플랑드르

헨트

브라반트

마스트리흐트

신성

브뤼셀
네덜란드어

로마

제국

왈론어

아르투아

릴

리에주

에 노

나무르

아라스

캉브레

라인강

뫼즈강

룩셈부르크

프 랑 스

룩셈부르크

| 0 | 킬로미터 | 100 |
| 0 | 마일 | 50 |

오주강

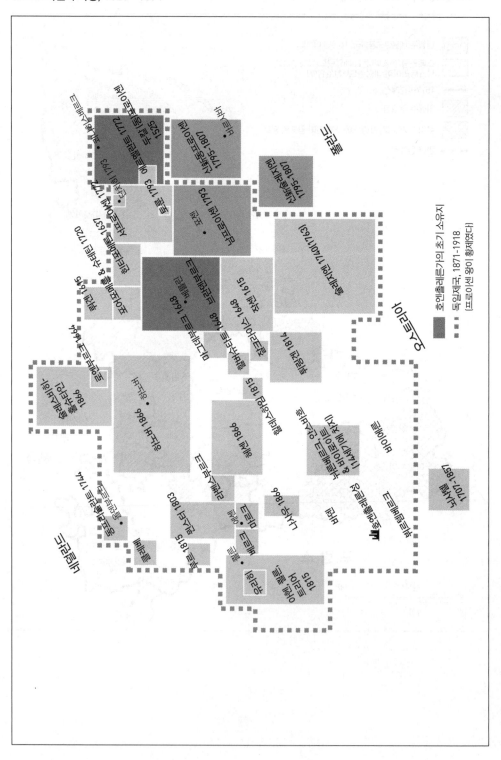

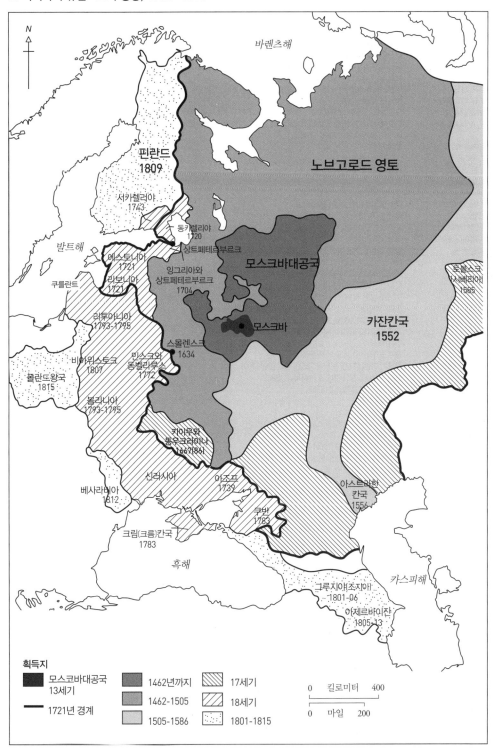

바렌츠해

핀란드
1809

노브고로드 영토

서카렐리야
1743

동카렐리야
1720

발트해

상트페테르부르크

모스크바대공국

에스토니아
1721

잉그리아와
상트페테르부르크
1704

토볼스크
(시베리아)
1585

리보니아
1721

쿠를란트

카잔칸국
1552

리투아니아
1793-1795

모스크바

비아위스토크
1807

민스크와
동벨라루스
1772

스몰렌스크
1634

폴란드왕국
1815

볼라니아
1793-1795

카이우와
동우크라이나
1667(86)

신러시아

아조프
1739

아스트라한
칸국
1556

베사라비아
1812

쿠반
1783

크림(크름)칸국
1783

흑해

그루지아(조지아)
1801-06

카스피해

아제르바이잔
1805-13

획득지

■ 모스크바대공국 13세기	▨ 1462년까지	▨ 17세기
─ 1721년 경계	▨ 1462-1505	▨ 18세기
	▨ 1505-1586	▨ 1801-1815

0 ─ 킬로미터 400

0 ─ 마일 200

▣ 그랜드오페라(대大가극)의 표준 연주곡목, 1609～1969(초연 연도)

C. 몬테베르디	오르페오(1607); 포페아의 대관식(1642)
J.-B. 륄리	프시케(1671); 알체스테(1674); 롤랑(1685)
A. 스카를라티	피로와 데메트리오(1694)
H. 퍼셀	디도와 아이네아스(1696)
G. F. 헨델	아그리피나(1709); 리날도(1709); 줄리오 체사레(1724); 로델린다(1725); 오를란도(1733); 알치나(1735); 베레니체(1737); 세르세(1738); 세멜레(1744)
J.-P. 라모	이폴리트와 아리시(1732); 우아한 인도의 나라들(1735); 카스토르와 폴룩스(1737)
G. B. 페르골레시	마님이 된 하녀(1733)
W. C. 글루크	오르페오와 에우리디체(1767); 알체스테(1767); 타우리스의 이피게네이아(1774)
W. A. 모차르트	이도메네오(1781); 후궁으로부터의 유괴(1782); 피가로의 결혼(1786); 돈 조반니(1787); 여자란 다 그래(1790); 마술피리(1791); 황제 티토의 자비(1791)
L. 케루비니	메데아(1797)
D. 치마로사	비밀결혼(1792)
L. 판 베토벤	피델리오(1814)
G. 로시니	알제리의 이탈리아 여인(1813); 세비야의 이발사(1816); 라 체네렌톨라(1817); 도둑까치 서곡(1817); 세미라미데(1823); 오리백작(1828); 윌리엄 텔(1829)
C.-M. 폰 베버	마탄의 사수(1821); 오베론(1826)
V. 벨리니	몽유병 여인(1831); 노르마(1831); 청교도(1835)
G. 도니체티	사랑의 묘약(1832); 람메르무어의 루치아(1835); 돈 파스콸레(1843)
H. 마이어베어	악마 로베르(1931); 위그노 교도들(1836); 아프리카의 여인(1864)
M. 글린카	황제에게 바친 목숨(이반 수사닌)(1836); 루슬란과 류드밀라(1842)
G. 베르디	나부코(1842); 롬바르디아인(1843); 맥베스(1847); 리골레토(1851); 일 트로바토레(1853); 라 트라비아타(1853); 시몬 보카네그라(1857); 가면무도회(1859); 운명의 힘(1862); 돈 카를로(1869); 아이다(1869); 오텔로(1887); 팔스타프(1893)
R. 바그	방황하는 네덜란드인(1843); 탄호이저(1845); 로엔그린(1850); 트리스탄과 이졸데(1865); 니벨룽겐의 반지-라인의 황금(1869); 발퀴레(1870); 지크프리트(1876); 신들의 황혼(1876); 마이스터징어(1868); 파르지팔(1882)
H. 베를리오즈	트로이사람들(1855); 베아트리스와 베네딕트(1862)
J. 오펜바흐	지옥의 오르페(1855); 파리인의 생활(1866); 호프만의 이야기(1881)
C. 구노	파우스트(1859); 미레유(1864); 로미오와 줄리엣(1867)
A. 토마	미뇽(1866)
G. 비제	진주조개잡이(1863); 카르멘(1875)
N. 림스키코르사코프	공포의 이반(1873); 눈처녀(1881); 금계金鷄(1907)
M. P. 무소륵스키	보리스 고두노프(1874); 호반시치나(1886)
J. 슈트라우스 2세	박쥐(1874); 집시 남작(1885)
E. 샤브리에	북극성(1877)
C. 생상스	삼손과 델릴라(1877)
P. I. 차이콥스키	예브게니 오네긴(1878); 스페이드의 여왕(1890); 이올란타(1891)
L. 들리브	라크메(1883)
C. 드뷔시	펠레아스와 멜리장드(1902)
J. 마스네	마농(1884); 베르테르(1892); 타이스(1894)
B. 스메타나	팔려간 신부(1886)
A. 보로딘	이고리 공(1890)
P. 마스카니	카발레리아 루스티카나(1890)
R. 레온카발로	팔리아치(1892)
G. 푸치니	라보엠(1895); 나비부인(1900); 토스카(1904); 투란도트(1926)
F. 칠레아	아드리아나 르쿠브리르(1902)
G. 샤르팡티에	루이스(1900)
L. 야나체크	예누파(1904); 영리한 새끼 암여우(1924); 카탸 카바노바(1921)
R. 슈트라우스	살로메(1905); 엘렉트라(1909); 장미의 기사(1911); 낙소스섬의 아리아드네(1912); 인테르메(1924); 아라벨라(1933); 카프리치오(1942)
B. 버르토크	푸른 수염 영주의 성(1911)
M. 드 파야	허무한 인생(1915)
M. 라벨	스페인의 한때(1911); 어린이와 마술(1925)
S. 프로코피예프	세 개의 오렌지에 대한 사랑(1919); 전쟁과 평화(1945)
P. 힌데미트	카르디야크(1926); 우주의 조화(1957)
A. 베르크	보체크(1925)
I. 스트라빈스키	오이디푸스왕(1927); 탕아의 편력(1951)
A. 쇤베르크	모세와 아론(1932)
D. 쇼스타코비치	므첸스크의 맥베스 부인(1936)
F. 풀랑크	티레시아스의 유방(1947); 카르멜회 수녀들의 대화(1957)
B. 브리튼	피터 그라임스(1945), 빌리 버드(1951); 나사의 회전(1954); 한여름밤의 꿈(1960); 베네치아에서의 죽음(1973)
W. 월턴	트로일로스와 크레시다(1954)
M. 티펫	한여름날의 결혼(1955); 프리아모스의 왕(1961)
K. 펜데레츠키	루덩의 악마(1969)

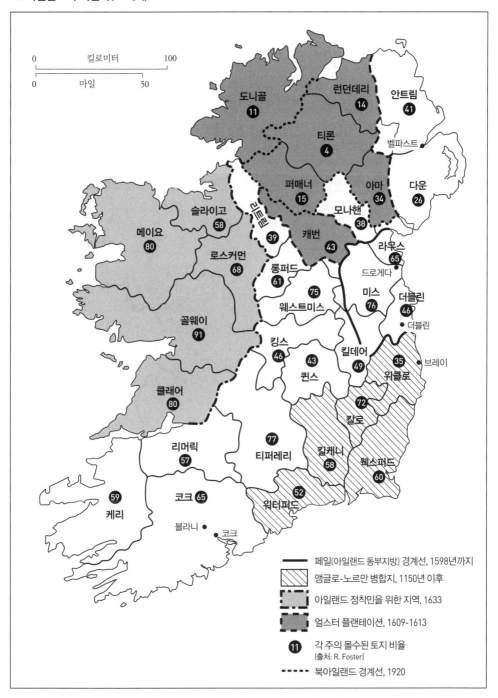

킬로미터
0 ——————— 100
0 ——————— 50
마일

도니골 **11**

런던데리 **14**

안트림 **41**

티론 **4**

벨파스트

퍼매너 **15**

아마 **34**

다운 **26**

모나핸 **38**

슬라이고 **58**

리틀핌

메이요 **80**

캐번 **43**

라우스 **65**

로스커먼 **68**

39

드로게다

롱퍼드 **61**

웨스트미스 **75**

미스 **76**

더블린 **46**

더블린

골웨이 **91**

킹스 **46**

퀸스 **43**

킬데어 **49**

위클로 **35**

브레이

클래어 **80**

티퍼레리 **77**

칼로 **72**

킬케니 **58**

웩스퍼드 **60**

리머릭 **57**

코크 **65**

워터퍼드 **52**

케리 **59**

블라니

코크

페일(아일랜드 동부지방) 경계선, 1598년까지

앵글로-노르만 병합지, 1150년 이후

아일랜드 정착민을 위한 지역, 1633

얼스터 플랜테이션, 1609-1613

11 각 주의 몰수된 토지 비율
(출처: R. Foster)

········ 북아일랜드 경계선, 1920

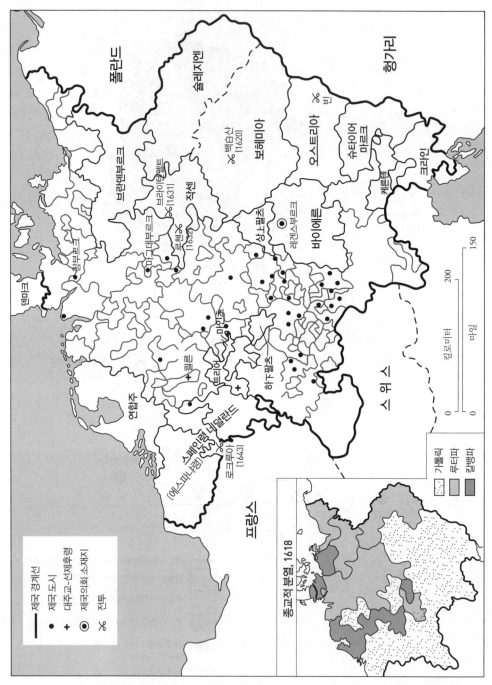

폴란드

슐레지엔

헝가리

브란덴부르크

보헤미아

오스트리아

슈타이어마르크

크라인

카른텐

백산 [1620]

뤼초 [1631]

라이프치히 [1632]

작센

마그데부르크

뤼첸

브레멘부르크

헤센

밤베르크

작센

상팔츠

레겐스부르크

바이에른

덴마크

스위스

쾰른

연합주

트리어

마인츠

팔츠

하下팔츠

스페인령 네덜란드

[에스파냐 나라]

로크르아 [1643]

프랑스

150

200

킬로미터

마일

0

0

종교적 분열, 1618

가톨릭
루터파
칼뱅파

제국 경계선
제국 도시
대주교·선제후령
제국의회 소재지
전투

■ 로렌과 알자스에서 프랑스-독일 국경

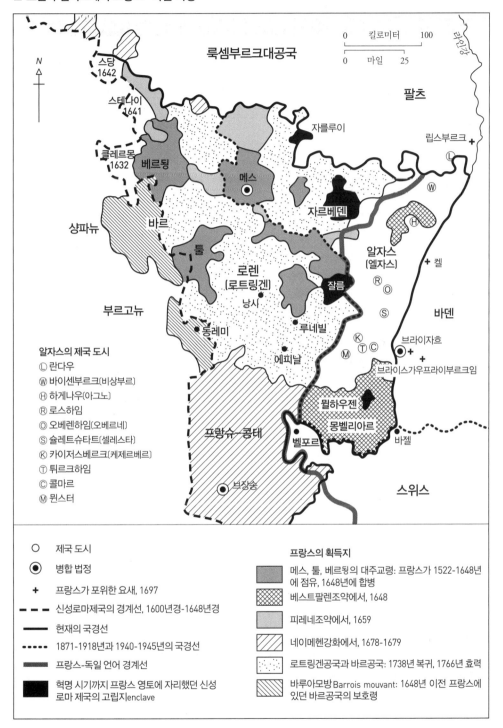

룩셈부르크대공국

팔츠

라인강

```
0        킬로미터      100
0        마일       25
```

N

스당
1642

스테나이
1641

클레르몽
1632

베르됭

바르

샹파뉴

툴

부르고뉴

동레미

알자스의 제국 도시
Ⓛ 란다우
Ⓦ 바이센부르크(비상부르)
Ⓗ 하게나우(아그노)
Ⓡ 로스하임
Ⓞ 오베렌하임(오베르네)
Ⓢ 슐레트슈타트(셀레스타)
Ⓚ 카이저스베르크(케제르베르)
Ⓣ 튀르크하임
Ⓒ 콜마르
Ⓜ 뮌스터

프랑슈-콩테

자를루이

립스부르크 ✛

Ⓛ

메스 ◉

자르베덴

Ⓦ

Ⓗ

알자스
(엘자스)

✛ 켈

로렌
(로트링겐)

낭시

루네빌

잘름

Ⓡ Ⓞ

Ⓢ

바덴

브라이자흐
◉ ✛
✛

브라이스가우프라이부르크임

Ⓚ Ⓣ Ⓒ
Ⓜ

에피날

뮐하우젠

몽벨리아르

벨포르 ◉

바젤

스위스

부장송 ◉

○   제국 도시

◉   병합 법정

✛   프랑스가 포위한 요새, 1697

– – –   신성로마제국의 경계선, 1600년경-1648년경

─────   현재의 국경선

••••••   1871-1918년과 1940-1945년의 국경선

━━━━   프랑스-독일 언어 경계선

■   혁명 시기까지 프랑스 영토에 자리했던 신성
         로마 제국의 고립지enclave

프랑스의 획득지

▨ 메스, 툴, 베르됭의 대주교령: 프랑스가 1522-1648년
  에 점유, 1648년에 합병

▨ 베스트팔렌조약에서, 1648

▨ 피레네조약에서, 1659

▨ 네이메헌강화에서, 1678-1679

⬚ 로트링겐공국과 바르공국: 1738년 복귀, 1766년 효력

▨ 바루아모방Barrois mouvant: 1648년 이전 프랑스에
  있던 바르공국의 보호령

	주요 상대	주요 전투	평화조약
제1차(또는 제2차) 북방전쟁 1655–1660	스웨덴, 브란덴부르크(1656-1657), 트란실바니아 대 폴란드-리투아니아, 러시아, 덴마크, 타타르, 신성로마제국, 브란덴부르크(1657-1660)	바르샤바 1655 쳉스토호바공성전 1655-1656 바르카 1656	로스킬데 1658 코펜하겐 1660 올리바 1660 카르디스 1661
제2차 네덜란드전쟁 1664–1667	잉글랜드 연합주, 프랑스	로스토프트 1665 다운스 1666 노스포어랜드 1666	브레다 1667
상속전쟁 1667–1668	프랑스, 포르투갈 대 스페인(에스파냐)	샤를루아 1667 릴 1667	엑스라샤펠 1668
제3차 네덜란드전쟁 1672–1679	프랑스, 잉글랜드(1672-1674), 스웨덴(1675-1679) 대 신성로마제국 황제, 연합주, 스페인, 브란덴부르크, 덴마크	세네프 1674 페르벨린 1675 스트롬볼리 1676	네이메헌 1679 퐁텐블로 1679
아우크스부르크 동맹전쟁 (구년전쟁) 1689–1697	프랑스, 사보이아(1696-1697), 제임스 2세 대 신성로마제국 황제, 연합주, 잉글랜드, 스페인, 사보이아(1695년까지), 브란덴부 르크, 바이에른	플뢰뤼스 1690 비치헤드 1690 라호그 1692	레이스베이크 1697
스페인 왕위계승전쟁 1701–1713	프랑스, 스페인, 바이에른 대 신성로마제국 황제, 연합주, 잉글랜드, 사보이아, 프로이센, 포르투갈	블레넘 1704 라미예 1706 오우데나르데 1708 말플라크 1709	위트레흐트 1713 라슈타트 1714
제3차 또는 '대북방전쟁' 1700–1721	스웨덴, 폴란드(1705-1709), 튀르크(1710-1711) 대 러시아, 프로이센(1715-1720), 덴마크(1700, 1709-1720), 작센(1700-1706, 1709-1720), 하노버(1715-1720)	나르바 1700 클리슈프 1702 폴타바 1709 슈트랄준트 1715	스톡홀름 1720 뉘스타드 1721
폴란드 왕위계승전쟁 1733–1735	작센, 오스트리아, 러시아 대 프랑스, 스페인, 사르데냐, 프로이센, 바이에른		토리노 1733 빈 1735
오스트리아 왕위계승전쟁 1740–1748	오스트리아, 영국, 네덜란드, 하노버, 작 센, 사르데냐 대 바이에른, 프로이센, 프랑스, 스페인, 제임스 3세	데팅겐 1743 퐁트누아 1745 호엔프리드베르크 1745	님펜부르크 1741 브레슬라우 1741 베를린 1742 보름스 1743 바르샤바 1745 엑스라샤펠 1748
칠년전쟁 1756–1763	작센, 오스트리아, 프랑스, 스웨덴, 러시 아(1762년까지) 대 프로이센, 영국, 하노버	그로스예거스도르프 1757 로스바흐 1757 조른도르프 1758 민덴 1759	웨스트민스터1756

	주요 상대	주요 전투	평화조약
칠년전쟁 **1756–1763**		쿠네스도르프 1759 레그니차 1760 토르가우 1760	스톡홀름 1757 파리 1763 후베르투스부르크 1763
미국독립전쟁 **1774–1783**	영국 대 미국, 프랑스, 스페인, '무장중립 동맹league of Armed Neutrality'	벙커힐 1775 새러토가 1777 플램버러 1779 케이프세인트빈센트 1780 요크타운 1781 메노르카 1782	 베르사유 1783
바이에른 **왕위계승전쟁** **1778–1779**	오스트리아 대 프로이센, 프랑스 '감자전쟁 Kartoffelkrieg, The Potato War'		 테셴 1779
유럽에서의 **오스만전쟁** **1671–1812**	포돌리아전쟁 1671-1676 대 폴란드-리투아니아 빈회전 1683 대 신성로마제국, 폴란드 신성동맹선생 1684-1699 대 신성로마제국, 폴란드, 베네치아, 1689년부터 러시아 몰다비아회전 1710-1711 대 러시아 세르비아전쟁 1714-1718 대 베네치아, 오스트리아 오스트리아-튀르크전쟁 1736-1739 대 오스트리아, 러시아 러시아-튀르크전쟁 1768-1774 대 러시아 크림(크름)전쟁 1778-1784 대 러시아, 1781년부터 오스트리아 러시아-튀르크전쟁 1787-1792 대 러시아 오스트리아-튀르크전쟁 1788-1791 대 오스트리아 러시아-튀르크전쟁 1806-1812 대 러시아	 빈공성전 부더 1686 베오그라드 1688 아조프 1696 프루트강 1711 페트로바라딘 1716 베오그라드 1717 아조프 1736 베오그라드 아케르만 1769 체스메 1770 오차코프 1788 베오그라드 1789	부차치 1672 주라브노 1676 카를로비츠 1699 프루트 1711 파사로비츠 1718 베오그라드 1739 쿠추크카이나르지 1774 콘스탄티노폴리스 1784 야시 1792 스비슈토프 1791 부쿠레슈티 1812
폴란드 **분할전쟁** **1768–1795**	바르연맹전쟁 1768-1772. 폴란드 연맹국 대 러시아, 프로이센, 오스트리아 제2차 분할전쟁 1792-1793 폴란드 대 러시아, 프로이센, 타르고비차연맹 폴란드민족봉기전쟁 1794-1795. 폴란드 반란군(타데우시 코시치우슈코) 대 러시아, 프로이센, 오스트리아	쳉스토호바 1771-1772 지엘렌체 1792 두비엔카 1792 라츠와비체 1794 미치에요비체 1794	 제1차 분할조약 1772 제2차 분할조약 1793 제3차 분할조약 1795

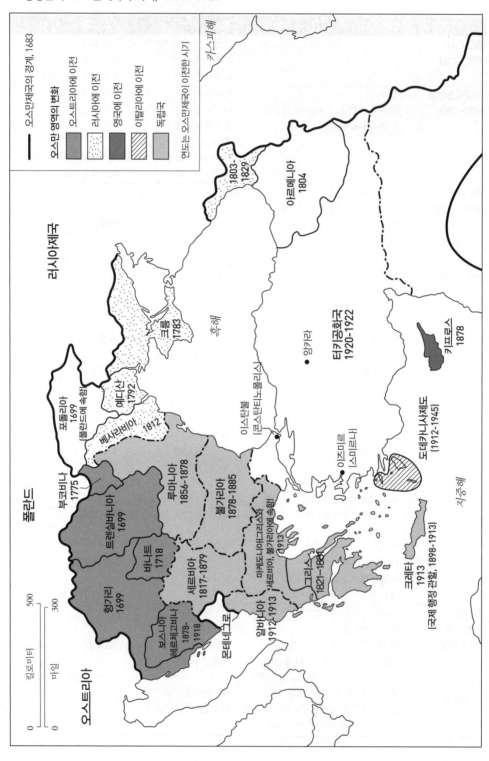

▣ 연합왕국의 형성, 1707~1922

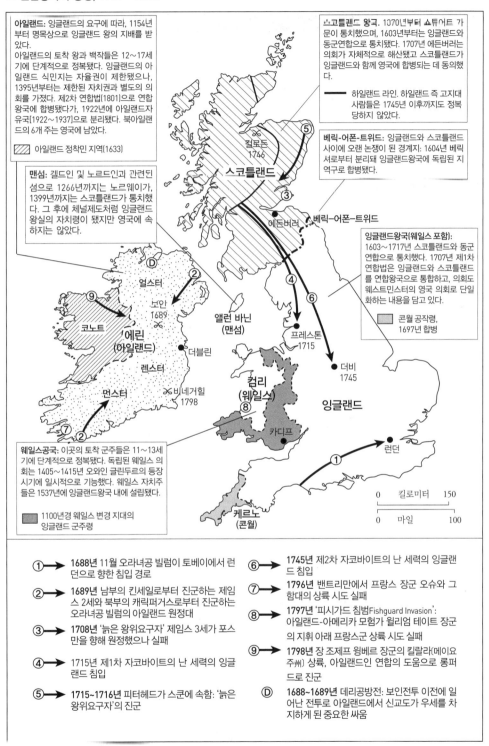

아일랜드: 잉글랜드의 요구에 따라, 1154년부터 명목상으로 잉글랜드 왕의 지배를 받았다.
아일랜드의 토착 왕과 백작들은 12~17세기에 단계적으로 정복됐다. 잉글랜드의 아일랜드 식민지는 자율권이 제한됐으나, 1395년부터는 제한된 자치권과 별도의 의회를 가졌다. 제2차 연합법(1801)으로 연합왕국에 합병됐다가, 1922년에 아일랜드자유국(1922~1937)으로 분리됐다. 북아일랜드의 6개 주는 영국에 남았다.

▨▨ 아일랜드 정착민 지역(1633)

맨섬: 겔드인 및 노르드인과 관련된 섬으로 1266년까지는 노르웨이가, 1399년까지는 스코틀랜드가 통치했다. 그 후에 체널제도처럼 잉글랜드 왕실의 자치령이 됐지만 영국에 속하지는 않았다.

스코틀랜드 왕국: 1070년부터 스튜어트 가문이 통치했으며, 1603년부터는 잉글랜드와 동군연합으로 통치됐다. 1707년 에든버러는 의회가 자체적으로 해산됐고 스코틀랜드가 잉글랜드와 함께 영국에 합병되는 데 동의했다.

── 하일랜드 라인. 하일랜드 즉 고지대 사람들은 1745년 이후까지도 정복당하지 않았다.

베릭-어폰-트위드: 잉글랜드와 스코틀랜드 사이에 오랜 논쟁이 된 경계지: 1604년 베릭셔로부터 분리돼 잉글랜드왕국에 독립된 지역구로 합병됐다.

잉글랜드왕국(웨일스 포함): 1603~1717년 스코틀랜드와 동군연합으로 통치했다. 1707년 제1차 연합법은 잉글랜드와 스코틀랜드를 연합왕국으로 통합하고, 의회도 웨스트민스터의 영국 의회로 단일화하는 내용을 담고 있다.

▨ 콘월 공작령, 1697년 합병

컬로든 1746
스코틀랜드
에든버러
베릭-어폰-트위드

웨일스공국: 이곳의 토착 군주들은 11~13세기에 단계적으로 정복됐다. 독립된 웨일스 의회는 1405~1415년 오와인 글린두르의 등장 시기에 일시적으로 기능했다. 웨일스 자치주들은 1537년에 잉글랜드왕국 내에 설립됐다.

▨ 1100년경 웨일스 변경 지대의 잉글랜드 군주령

얼스터
보인 1689 ✕
코노트
에린 (아일랜드)
더블린
렌스터
먼스터
✕비네거힐 1798
앨런 바닌 (맨섬)
프레스톤 1715
컬리 (웨일스)
카디프
더비 1745
잉글랜드
런던
케르노 (콘월)

0 ─── 킬로미터 ─── 150
0 ─── 마일 ─── 100

① ➤ **1688년** 11월 오라녀공 빌럼이 토베이에서 런던으로 향한 침입 경로

② ➤ **1689년** 남부의 킨세일로부터 진군하는 제임스 2세와 북부의 캐릭퍼거스로부터 진군하는 오라녀공 빌럼의 아일랜드 원정대

③ ➤ **1708년** '늙은 왕위요구자' 제임스 3세가 포스만을 향해 원정했으나 실패

④ ➤ **1715년** 제1차 자코바이트의 난 세력의 잉글랜드 침입

⑤ ➤ **1715~1716년** 피터헤드가 스쿤에 속함: '늙은 왕위요구자'의 진군

⑥ ➤ **1745년** 제2차 자코바이트의 난 세력의 잉글랜드 침입

⑦ ➤ **1796년** 밴트리만에서 프랑스 장군 오슈와 그 함대의 상륙 시도 실패

⑧ ➤ **1797년** '피시가드 침범Fishguard Invasion': 아일랜드-아메리카 모험가 윌리엄 테이트 장군의 지휘 아래 프랑스군 상륙 시도 실패

⑨ ➤ **1798년** 장 조제프 윙베르 장군의 킬랄라(메이요州) 상륙, 아일랜드인 연합의 도움으로 롱퍼드로 진군

Ⓓ **1688~1689년** 데리공방전: 보인전투 이전에 일어난 전투로 아일랜드에서 신교도가 우세를 차지하게 된 중요한 싸움

■ 프랑스혁명 시기 연표, 1789~1815

프랑스에서의 사건, 1789-1815		
1789	5월 5일	삼부회 소집
	6월 20일	테니스코트의 서약:
		국민의회
	7월 14일	바스티유 습격
	8월 4/5일	봉건질서 폐지
	8월 27일	인권선언 발표
1790	7월 12일	성직자 민사기본법
1791	6월 20일	루이 16세의 바렌 도주: 왕의 체포
	9월 3일	헌법: 입헌군주제
1792	4월 20일	오스트리아와의 전쟁 선포
	8월 10일	튈르리궁 습격
	9월 20일	국민공회: 공화국 선포
		군주제 폐지, 지롱드파의 권력 장악
1793	1월 21일	루이 16세 처형
	6월 2일	지롱드파의 몰락; '혁명정부' 구성
	7월	공안위원회; 공포정치 시작;
		혁명력 1년의 자코뱅 헌법;
		방데봉기에 대항한 전쟁
1794	7월 27/28	로베스피에르의 몰락(테르미도르 9일); '테르미도르 반동'
	9월	혁명재판소 폐지
1795	4월 5일	바젤조약
	8월 17일	혁명력 3년의 헌법; 총재정부
1796/7		상부 이탈리아 원정
1797	9월 4일	프뤽티도르 18일의 쿠데타;
		나폴레옹 보나파르트의 등장
	10월	벨기에 병합; 치살피나공화국
1798/9		이집트 원정
1799		제2차 대프랑스동맹
	11월 9일	브뤼메르 18일의 쿠데타; 총재정부 해체; 혁명력 8년의 보나파르트 헌법; 통령정부 구성; 나폴레옹, 제1 통령으로 선출
1801		교황과의 종교협약
	2월 9일	뤼네빌조약
1802	3월 27일	아미앵조약
	8월 2일	혁명력 10년의 헌법: 나폴레옹의 종신제 통령; 피에몬테 합병
1803		불로뉴에서 영국군의 전투
1804	3월 21일	나폴레옹법전(프랑스민법전) 반포
	12월 2일	혁명력 12년의 헌법: 프랑스 제국 창건
1805		나폴레옹, 이탈리아 왕
	8-12월	제3차 대프랑스동맹

프랑스전쟁, 1792-1815

1792-1797
제1차 대對프랑스동맹
• 1792년부터: 오스트리아, 프로이센(1795년 3월까지)
• 1793년부터: 영국, 네덜란드(1795년까지); 스페인(1795년 6월까지); 포르투갈, 나폴리, 사르데냐, 교황령(1796년까지)
주요 전투
발미(1792년 9월 20일); 네르빈덴(1793년 3월 18일); 로디(1796년 5월 10일)
조약
바젤(1795년 3월 5일)
캄포포르미오(1797년 10월 17일)

1799-1802
제2차 대프랑스동맹
영국, 오스트리아(1801년 2월 9일까지); 러시아(1799년 10월 22일까지); 터키, 나폴리, 포르투갈(1801년 6월까지)
주요 전투
피라미드(1798년 7월 21일); 아부키르(나일강전투)(1798년 8월 1일); 마렝고(1800년 6월 14일); 호엔린덴(1800년 12월 3일)
조약
루네빌(1801년 2월 9일)
아미앵(1802년 3월 27일)

1805
제3차 대프랑스동맹
영국, 오스트리아, 러시아, 프로이센, 나폴리, 스웨덴
주요 전투
울름(1805년 10월 20일); 트라팔가르(1805년 10월 21일); 아우스터리츠(1805년 12월 2일)
조약
쇤브룬(1805년 12월 12일)
프레스부르크(1805년 12월 26일)

1806		조제프 보나파르트(나폴레옹의 형), 나폴리 왕; 라인연방; 신성로마제국의 폐지
	9월	대프랑스동맹과의 전쟁
	11월	대륙 체제 선포
	11월 21일	베를린칙령: 대륙 체제 선포
1807		제롬 보나파르트, 베스트팔렌 왕; 바르샤바대공국 성립
	7월	틸지트조약: 프랑스-러시아 동의; 포르투갈 점령
1808	5월	바욘협의: 스페인의 재조직
	9월 27일	에어푸르트회의
	10월 14일까지	
1808/9		스페인 원정
1809		일리리아 지방 성립
		로마와 교황령 합병
	4월	제5차 대프랑스동맹
	10월 14일	쇤브룬조약
1810		홀란트와 북독일 합병
		베르나도테(칼 14세 요한), 스웨덴 왕세자
1812	6월 24일	러시아 원정; 나폴레옹의 '폴란드전쟁';
	12월까지	러시아에서 대군 패배
1813		독일 원정; '해방전쟁' 시작
1814	3월 31일	파리 항복
	4월 6일	나폴레옹의 첫 번째 퇴위: 엘바섬으로 유배
	4월 24일	루이 18세의 복고왕정
	5월 30일	제1차 파리조약: 1792년 국경선으로 복구
	6월 4일	왕의 선서로 입헌군주제로 복귀
	9월	빈회의 소집
1815	3월 6/7일	칸에 있는 나폴레옹 영토; '백일천하' 시작
	5-6월	벨기에 원정
	6월 9일	나폴레옹의 두 번째 퇴위: 세인트헬레나섬으로 유배
	6월 22일	빈회의의 최종 결의
	11월 20일	제2차 파리조약: 외국 점령, 배상

1806-1807
제4차 대프랑스동맹
영국, 프로이센, 러시아, 작센
주요 전투
예나, 아우어슈테트(1806년 10월 14일);
프로이센 아일라우(1807년 2월 8일)
프리틀란트(1807년 6월 14일)
조약
포젠(1806년 12월);
틸지트(1807년 7월 7-9일)

1808-1815
반도전쟁Penisular War

1809
제5차 대프랑스동맹
영국, 오스트리아
주요 전투
아스페른(1809년 5월 22일);
바그람(1809년 7월 5일)
조약
쇤브룬(1809년 10월 14일)

1812
러시아전쟁
주요 전투
스몰렌스크(1812년 8월 18일);
보로디노(1812년 9월 7일);
베레지나 횡단(1812년 11월 26-28일)

1813-1815
제6차 대프랑스동맹
러시아, 프로이센(1813년 3월부터), 영국(1813년 6월부터), 오스트리아(1813년 8월부터), 스웨덴, 스페인, 포르투갈
주요 전투
라이프치히(1813년 10월 16-19일);
토렌티노(1815년 5월 3일);
리니(1815년 6월 15일);
워털루(1815년 6월 18일)
조약
제1차 파리(1814년 5월 30일);
빈(1815년 6월 9일);
제2차 파리(1815년 11월 20일)

■ 프랑스혁명력, 1–8(1792~1800)

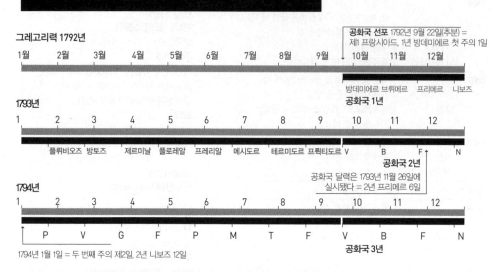

A. 그레고리력과 프랑스혁명력, 1792-1794 (1-3)

그레고리력 1792년

공화국 선포 1792년 9월 22일(추분) =
제1 프랑시아드, 1년 방데미에르 첫 주의 1일

1월 2월 3월 4월 5월 6월 7월 8월 9월 10월 11월 12월

방데미에르 브뤼메르 프리메르 니보즈
공화국 1년

1793년

1 2 3 4 5 6 7 8 9 10 11 12

플뤼비오즈 방토즈 제르미날 플로레알 프레리알 메시도르 테르미도르 프뤽티도르 V B F N
공화국 2년

공화국 달력은 1793년 11월 26일에
실시됐다 = 2년 프리메르 6일

1794년

1 2 3 4 5 6 7 8 9 10 11 12

P V G F P M T F V B F N
공화국 3년

1794년 1월 1일 = 두 번째 주의 제2일, 2년 니보즈 12일

B. 1794년 1월 / 2년 니보즈-플뤼비오즈

1794년

1 2 3 4 5 6 7 8 9 10 11 12 13 14 15 16 17 18 19 20 21 22 23 24 25 26 27 28 29 30 31 1 2 3

1월　　　　　　　　　　　　　　　　　　　　　　　　　　　　　　　2월

W Th F S Su M T W Th F S Su M T W Th F S Su M T W Th F S Su M T W Th F S Su M

20(제3 데카드)　　　　30(제1 데카드)　　　　10(제2 데카드)

니보즈　　　　　　　　　　　　플뤼비오즈

제2일 제3일 제4일 제5일 제6일 제7일 제8일 제9일 제10일 제1일 제2일 제3일 제4일 제5일 제6일 제7일 제8일 제9일 제10일 제1일 제2일 제3일 제4일 제5일 제6일 제7일 제8일 제9일 제10일 제1일 제2일 제3일 제4일 제5일

12일 (두 번째 주), 2년 (제1 프랑시아드)

C. 혁명력의 달별 명칭

1 Vendémiaire 방데르미에르(포도의 달)　　7 Germinal 제르미날(씨앗의 달)

2 Brumaire 브뤼메르(안개의 달)　　8 Floréal 플로레알(꽃의 달)

3 Frimaire 프리메르(서리의 달)　　9 Prairial 프레리알(건초의 달)

4 Nivôse 니보즈(눈의 달)　　10 Messidor 메시도르(수확의 달)

5 Pluviôse 플뤼비오즈(비의 달)　　11 Thermidor 테르미도르(열熱의 달)

6 Ventôse 방토즈(바람의 달)　　12 Fructidor 프뤽티도르(과실의 달)

출처: H. Morse Stephens, *Revolutionary Europe 1789-1815* (London, 1936), pp. 374-5, J. J. Bond, *A Handy-book of Rules and Tables*
(London, 1869), pp. 102-12.

| 1월 | 2월 | 3월 | 4월 | 5월 | 6월 | 7월 | 8월 | 9월 | 10월 | 11월 | 12월 |

1792년 ⓐ 1년
Ven Bru Fri Niv

ⓑ 1793년
1 2 3 4 5 6 7 8 9 10 11 12 2년
Plu Ven Ger Flo Pra Mes The Fru V B F N

1794년
1 2 3 4 5 6 7 ⓒ 8 9 10 11 12 3년
Plu Ven Ger Flo Pra Mes The Fru V B F N

1795년
1 2 3 4 ⓓ 5 6 7 8 9 10 ⓔ 11 12 4년
Plu Ven Ger Flo Pra Mes The Fru V B F N

1796년
1 2 3 4 5 6 7 8 9 10 11 12 5년
Plu Ven Ger Flo Pra Mes The Fru V B F N

1797년
1 2 3 4 5 6 7 8 9 ⓕ 10 11 12 6년
Plu Ven Ger Flo Pra Mes The Fru V B F N

1798년
1 2 3 4 5 6 7 8 9 10 11 12 7년
Plu Ven Ger Flo Pra Mes The Fru V B F N

1799년
1 2 3 4 5 ⓖ 6 7 8 9 10 11 12 8년
Plu Ven Ger Flo Pra Mes The Fru V B F N

	사건	혁명력	그레고리
a	공화국 선포	1년 방데미에르 1일	1792년 9월 22일
b	루이 16세의 처형	1년 플뤼비오즈 2일	1793년 1월 21일
c	로베스피에르의 몰락	2년 테르미도르 9일	1794년 7월 27일
d	공화국 3년 헌법	3년 제르미날 14일	1795년 4월 3일
e	방데미에르의 봉기	4년 방데미에르 13일	1795년 10월 5일
f	프뤽티도르의 폭동	5년 프뤽티도르 18일	1797년 9월 4일
g	보나파르트의 쿠데타	7년 프레리알 30일	1799년 6월 18일

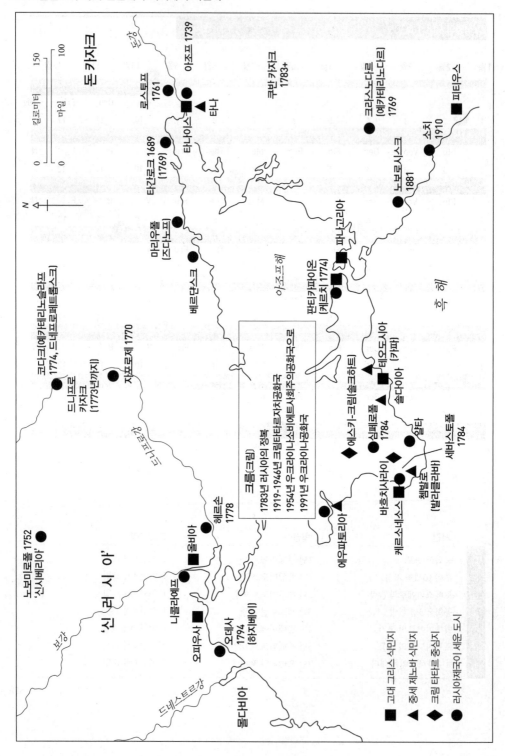

돈 카자크

150

100

킬로미터

마일

0   0

N

돈 강

아조프 1739

쿠반 카자크 1783+

크라스노다르 (예카테리노다르) 1769

소치 1910

피티운스

로스토프 1761

타간로크 1689 (1769)

타나이스

타나

노보로시스크 1881

마리우폴 (즈다노프)

베르단스크

파나고리아

크리보이로크

크로디(예카테리노슬라프) 1774, 드네프로페트롭스크)

자포로제 1770

드니프로 카자크 (1773년까지)

돈 강

판티카파이온 (케르치 1774)

테오도시아 (카파)

수다크

얄타

세바스토폴 1784

크림(크림)
1783년 러시아의 정복
1919-1946년 크림타타르자치공화국
1954년 우크라이나소비에트사회주의공화국으로
1991년 우크라이나공화국

에스키-크림(솔크하트)

심페로폴 1784

바흐치사라이

발락라바

케르소네소스

'신 러 시 아'

헤르손 1778

예우파토리아

흑 해

아조프 해

드니프로 강

노보미로폴 1752 '신세르비아'

니콜라예프

올비아

우만

오데사 1794 (하지베이)

부크 강

드네스트르 강

몰다비아

고대 그리스 식민지

중세 제노바 식민지

크림 타타르 중심지

러시아제국의 세운 도시

1632   유럽: 하나의 역사

■ 프랑스제국, 1812

덴마크

북해

그레이트브리튼연합왕국

프로이센

라인동맹

오스트리아

PI

이탈리아왕국

파리

프 랑 스
제 국

N

스페인
(에스파냐)

코르시카

엘바왕국

나폴리왕국

아작시오

0   킬로미터   400
0   마일   250

| ▦ 프랑스제국, 1812 | ▨ 대對프랑스동맹 지역 | 엘바섬은 1814년 나폴레옹에게 주어졌다 |
| 프랑스의 보호를 받는 국가 | 보나파르트 가문이 지배한 왕국 | |

▨ 1814-1815년에 상실한 지역

1 부슈 드 렐브(함부르크)
2 부슈 뒤 베제르(브레멘)
3 엠스 오리앙탈
4 엠스 쉬페리외르(오스나브뤼크)
5 엠스 옥시당탈
6 프리즈
7 부슈 드 리젤
8 리프
9 이젤 쉬페리외르
10 쥐데르제(악스테르담)
11 부슈 뒤 랭

12 부슈 드 라 뫼즈
13 뢰르(아헨)
14 랭-에-모젤(코블렌츠)
15 몽-토네르(마인츠)
16 부슈 드 레스코
17 뫼즈-앵페리외르(마스트리흐트)
18 우르트(리에주)
19 되-네트(안트베르펜)
20 딜(브뤼셀)
21 상브르-에-뫼즈(나뮈르)
22 포레(룩셈부르크)

23 자르(트리어)
24 에스코(헨트)
25 제마프(몽스)
26 리(부르주)
27 레만(제네바)
28 심플롱
29 몽블랑(샹베리)
30 두아르(아오스타)
31 세시아(베르첼리)
32 포(토리노)
33 시티느(쿠네오)

34 알프마리팀
35 마렝고
36 몬테노테
37 젠느(제노바)
38 타로(파르마)
39 아펜닌(라스페치아)
40 메디테라네
41 아르노(피렌체)
42 옴브로네(시에나)
43 트라시메노(스폴레토)
44 티브르(로마)
45 일리키아 지방들

▣ 그릴렌슈타인: 한 오스트레일리아 농부 가정의 생활과정, 1810~1842

주요 기호

61	
62	수 기둥 = 나이

61 가장

61 이전 가장

61	
62	역할을 담당하는 새로운 인물

D 사망

M 결혼

↑ 분가

가구 인원과 그 거주인

직조인과 그 가족들

기타

1세대

2세대

3세대

이전 주인은 은퇴해 재혼해서 집을 떠난다

독신 여성; 3명의 혼외자

▣ 근대화: 형성 과정

(산업혁명)

1. 과학적이고 기계화한 농업
2. 노동 이동: 엔클로저, 농노 해방
3. 새로운 동력원; 석탄, 증기, 가스, 석유, 전기
4. 동력 기계
5. 중공업: 광업과 제철업
6. 공장과 공장지대
7. 운송의 발달 : 운하, 도로, 철도, 항공
8. 통신: 우편, 전신, 전화, 라디오
9. 자본 투자: 주식회시, 트러스트, 카르텔
10. 국내시장의 확대: 신산업, 국내 상거래

11. 해외무역: 수입과 수출, 식민지
12. 국가 정부의 정책
13. 인구: 급속한 인구 증가와 그 결과
14. 화폐경제: 임금, 가격, 세금, 지폐
15. 마케팅 기술: 광고, 상점, 상품판매
16. 과학과 기술: 연구와 발전
17. 금융 서비스: 채권, 저축은행, 보험
18. 도량형의 통일
19. 도시화: 도시계획, 공공서비스
20. 신사회계급: 중간계급, 하녀, '노동자'

21. 가족 구조의 변화: '핵가족'
22. 여성: 의존과 종속
23. 이주: 지방, 지역, 국가 간 이주
24. 공중보건: 전염병, 위생, 의료 서비스
25. 빈곤: 실업, 부랑, 구빈원, 슬럼
26. 착취: 아동노동, 여성노동, 노동 착취 공장
27. 조직화된 범죄: 경찰, 탐정, 사회 저변의 범죄
28. 민간 자선단체
29. 교육: 기초교육, 기술교육, 과학교육, 실무교육,
    여성교육
30. 문자해독률[리터러시] 증가와 대중문화

31. 여가: 체계화된 휴양과 스포츠
32. 청소년 운동
33. 종교적 성향: 근본주의, 금주운동, 노동자 교회
34. 사회과학: 경제학, 인류학, 민족지학 등
35. 집산주의: 산업과 도시심리학

36. 소비주의
37. 계급의식
38. 민족의식
39. 정치의식

40. 선거권 확대: 보통선거, 여성 참정권론자
41. 정당과 유권자
42. 국가 주도의 복지: 연금, 사회보험, 원호
43. 정교한 사회 법률
44. 공무의 확대: 국가 관료제
45. 지방정부의 재조직
46. 정치단체와 압력단체: 노동조합
47. 제국주의
48. 총력전: 징병대, 기계화된 교전, 후방

▣ 유럽의 인구통계학, 1800~1914

1. 유럽의 국가별 인구

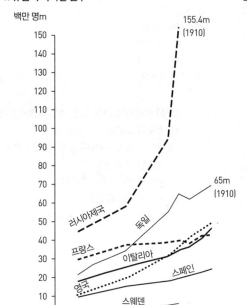

2. 유럽의 인구(유럽 대륙의 러시아 포함)

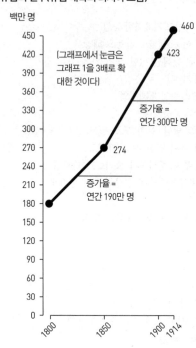

3. 주요 도시의 인구

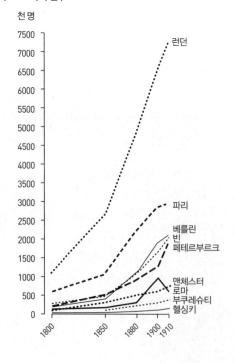

4. 유럽으로부터의 이민자 수

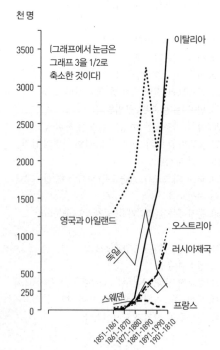

▣ 자유화 지표, 1791~1948

국가	국가 헌법		남성보통선거권	여성 참정권	유대인 해방 *
프랑스	1791	1852	1848	1944	1791
	1830	1875	1852		
	1848	1946	1870		
폴란드	1791	1921	1918	1919	(1809)
	1815				1921
스웨덴	1809		1909	1919	1838
					1870
스페인	1812		1890		
노르웨이	1814		1898	1912	1851
네덜란드	1814		1896	1946	1796
포르투갈	1821		1910		
벨기에	1831		1893	1948	1831
그리스	1844			1952	1830
	1864				
스위스	1848		1848	1971	1866
			1874		
이탈리아	1861			n.a.	1945
피에몬테/샤르데나	1848		1912	—	1870
오스트리아	1849			1907	—
헝가리	1867		1907	— n.a.	1867
덴마크	1849		1915		1814
					1849
프로이센	1850		1850	n.a.	1812
독일제국	1871		1871	1919	1871
루마니아	1864		n.a.	n.a.	1919-1923
오스만제국	1876		1908	1934	
영국	—		1884	1928	1871
아일랜드	1922		1922	1922	—
유고슬라비아	1921		1921	1946	—

n. a. 이용할 수 없음 — 적용할 수 없음 * 유대인의 시민권에 대한 모든 제한의 제거

■ 산업화 지표, 1800~1914

석탄 생산량 (■ = 10,000,000메트릭톤)

	오스트리아	프랑스	독일	영국	스웨덴	이탈리아	러시아제국
1815	95,000	882,000	1,300,000	16,200,000	—	—	—
1850	877,000	4,434,000	5,100,000	50,200,000	26,000	34,000	300,000
1875	4,471,000	16,957,000	47,800,000	135,400,000	64,000	117,000	1,700,000
1900	10,990,000	33,404,000	142,650,000	228,800,000	252,000	480,000	16,160,000
1913	16,460,000	40,844,000	277,330,000	292,000,000	364,000	701,000	36,050,000

선철 생산량 (■ = 1,000,000메트릭톤)

	오스트리아	프랑스	독일	영국	스웨덴	이탈리아	러시아제국
1815	—	—	—	310,000	—	—	123,000
1850	155,000	406,000	210,000	2,285,000	142,000	—	228,000
1875	303,000	1,448,000	1,759,000	6,467,000	351,000	28,000	428,000
1900	1,000,000	2,714,000	7,550,000	9,104,000	526,000	24,000	2,937,000
1913	1,758,000	5,207,000	16,761,000	10,425,000	730,000	427,000	4,641,000

철도 길이 (■ = 2000킬로미터)

	오스트리아	프랑스	독일	영국	스웨덴	이탈리아	러시아제국
1835	—	141	6	544	—	—	—
1855	1588	5037	7826	11,744	—	1207	1049
1875	10,331	19,357	27,970	23,365	3679	8018	19,029
1895	16,420	36,240	46,500	28,986	9756	15,970	37,058
1905	21,002	39,607	56,739	31,456	12,647	17,078	61,085

농업: 피고용인 수 (■ = 2,000,000명)

	오스트리아	프랑스	독일	영국	스웨덴	이탈리아	러시아제국	유럽 총계
1840	7,500,000	6,940,000	6,400,000	3,400,000	550,000	3,600,000	15,000,000	50,430,000
1890	10,680,000	6,450,000	8,120,000	2,460,000	850,000	5,390,000	22,700,000	66,320,000

농업: 생산가치 (■ = 100,000,000파운드(£))

	오스트리아	프랑스	독일	영국	스웨덴	이탈리아	러시아제국	유럽 총계
1840	205,000,000	269,000,000	170,000,000	218,000,000	16,000,000	114,000,000	248,000,000	1,544,000,000파운드
1890	331,000,000	460,000,000	424,000,000	251,000,000	49,000,000	204,000,000	563,000,000	2,845,000,000파운드

■ **캅카스(코카서스): 민족지학과 러시아의 팽창**

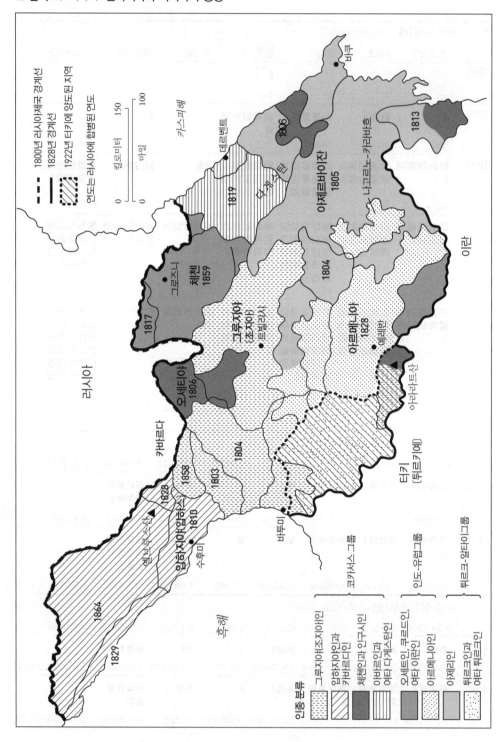

■ 독일: 연방과 제국, 1815~1918

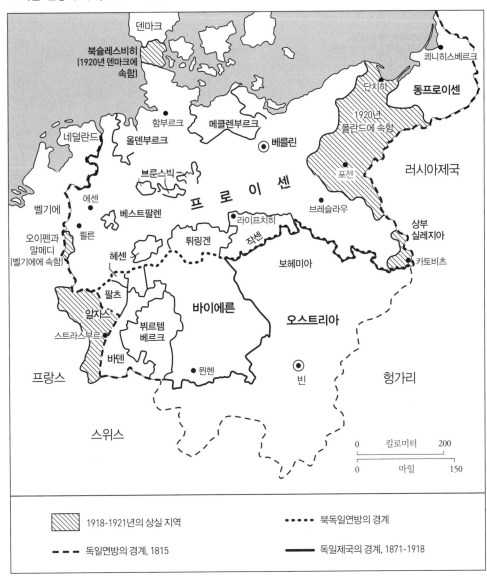

덴마크

북슐레스비히
(1920년 덴마크에
속함)

쾨니히스베르크

동프로이센

함부르크

메클렌부르크

베를린

단치히

1920년
폴란드에 속함

포젠

러시아제국

네덜란드

올덴부르크

프 로 이 센

벨기에

에센

베스트팔렌

브룬스빅

라이프치히

브레슬라우

상부
실레지아

오이펜과
말메디
(벨기에에 속함)

퀼른

헤센

튀링겐

작센

카토비츠

팔츠

알자스

스트라스부르

바덴

뷔르템
베르크

바이에른

보헤미아

오스트리아

카토비츠

프랑스

뮌헨

빈

헝가리

스위스

0   킬로미터   200

0   마일   150

▨ 1918-1921년의 상실 지역	••••• 북독일연방의 경계
--- 독일연방의 경계, 1815	━━ 독일제국의 경계, 1871-1918

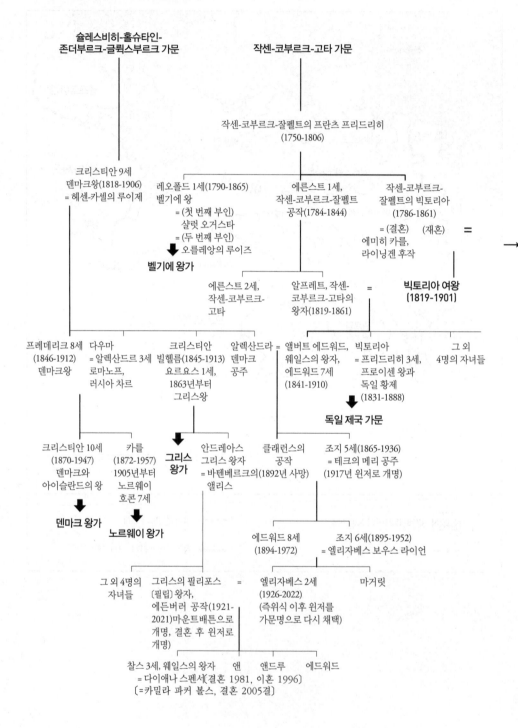

■ 빅토리아 여왕(1819~1901)과 가계도

슐레스비히-홀슈타인-
존더부르크-글뤽스부르크 가문

작센-코부르크-고타 가문

작센-코부르크-잘펠트의 프란츠 프리드리히
(1750-1806)

크리스티안 9세
덴마크왕(1818-1906)
= 헤센-카셀의 루이제

레오폴드 1세(1790-1865)
벨기에 왕
= (첫 번째 부인)
샬럿 오거스타
= (두 번째 부인)
오를레앙의 루이즈

에른스트 1세,
작센-코부르크-잘펠트
공작(1784-1844)

작센-코부르크-
잘펠트의 빅토리아
(1786-1861)
= (결혼)   (재혼)
에미히 카를,
라이닝겐 후작

벨기에 왕가

에른스트 2세,
작센-코부르크-
고타

알프레트, 작센-
코부르크-고타의
왕자(1819-1861)

빅토리아 여왕
(1819-1901)

프레데리크 8세
(1846-1912)
덴마크왕

다우마
= 알렉산드르 3세
로마노프,
러시아 차르

크리스티안
빌헬름(1845-1913)
요르요스 1세,
1863년부터
그리스왕

알렉산드라
덴마크
공주

앨버트 에드워드,
웨일스의 왕자,
에드워드 7세
(1841-1910)

빅토리아
= 프리드리히 3세,
프로이센 왕과
독일 황제
(1831-1888)

그 외
4명의 자녀들

독일 제국 가문

크리스티안 10세
(1870-1947)
덴마크와
아이슬란드의 왕

카를
(1872-1957)
1905년부터
노르웨이
호콘 7세

그리스
왕가

안드레아스
그리스 왕자
= 바텐베르크의(1892년 사망)
앨리스

클래런스의
공작

조지 5세(1865-1936)
= 테크의 메리 공주
(1917년 윈저로 개명)

덴마크 왕가

노르웨이 왕가

에드워드 8세
(1894-1972)

조지 6세(1895-1952)
= 엘리자베스 보우스 라이언

그 외 4명의
자녀들

그리스의 필리포스
(필립) 왕자,
에든버러 공작(1921-
2021)마운트배튼으로
개명, 결혼 후 윈저로
개명)

=

엘리자베스 2세
(1926-2022)
(즉위식 이후 윈저를
가문명으로 다시 채택)

마거릿

찰스 3세, 웨일스의 왕자   앤   앤드루   에드워드
= 다이애나 스펜서(결혼 1981, 이혼 1996)
(=카밀라 파커 볼스, 결혼 2005결)

〔2022년 9월 8일 엘리자베스의 서거 이후 찰스 3세가 영국 국왕에 공식 즉위 했다.〕

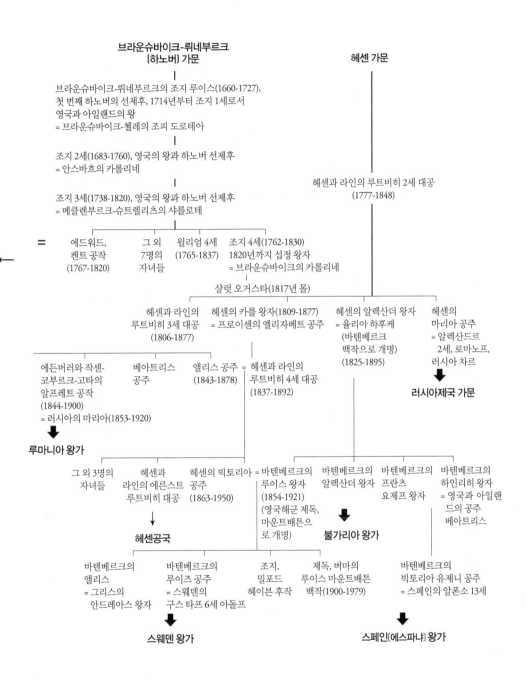

브라운슈바이크-뤼네부르크
(하노버) 가문

헤센 가문

브라운슈바이크-뤼네부르크의 조지 루이스(1660-1727),
첫 번째 하노버의 선제후, 1714년부터 조지 1세로서
영국과 아일랜드의 왕
= 브라운슈바이크-쳴레의 조피 도로테아

조지 2세(1683-1760), 영국의 왕과 하노버 선제후
= 안스바흐의 카롤리네

헤센과 라인의 루트비히 2세 대공
(1777-1848)

조지 3세(1738-1820), 영국의 왕과 하노버 선제후
= 메클렌부르크-슈트렐리츠의 샤를로테

=

에드워드,
켄트 공작
(1767-1820)

그 외
7명의
자녀들

윌리엄 4세
(1765-1837)

조지 4세(1762-1830)
1820년까지 섭정 왕자
= 브라운슈바이크의 카롤리네

샤럿 오거스타(1817년 몰)

헤센과 라인의
루트비히 3세 대공
(1806-1877)

헤센의 카를 왕자(1809-1877)
= 프로이센의 엘리자베트 공주

헤센의 알렉산더 왕자
= 율리아 하우케
(바텐베르크
백작으로 개명)
(1825-1895)

헤센의
마리아 공주
= 알렉산드르
2세, 로마노프,
러시아 차르

↓

러시아제국 가문

에든버러와 작센-
코부르크-고타의
알프레트 공작
(1844-1900)
= 러시아의 마리아(1853-1920)

베아트리스
공주

앨리스 공주
(1843-1878)

= 헤센과 라인의
루트비히 4세 대공
(1837-1892)

↓

루마니아 왕가

그 외 3명의
자녀들

헤센과
라인의 에른스트
루트비히 대공

헤센의 빅토리아
공주
(1863-1950)

= 바텐베르크의
루이스 왕자
(1854-1921)
(영국해군 제독,
마운트배튼으
로 개명)

바텐베르크의
알렉산더 왕자

바텐베르크의
프란츠
요제프 왕자

바텐베르크의
하인리히 왕자
= 영국과 아일랜
드의 공주
베아트리스

↓

헤센공국

↓

불가리아 왕가

바텐베르크의
앨리스
= 그리스의
안드레아스 왕자

바텐베르크의
루이즈 공주
= 스웨덴의
구스 타프 6세 아돌프

조지,
밀포드
헤이븐 후작

제독, 버마의
루이스 마운트배튼
백작(1900-1979)

바텐베르크의
빅토리아 유제니 공주
= 스페인의 알폰소 13세

↓

스웨덴 왕가

↓

스페인(에스파냐) 왕가

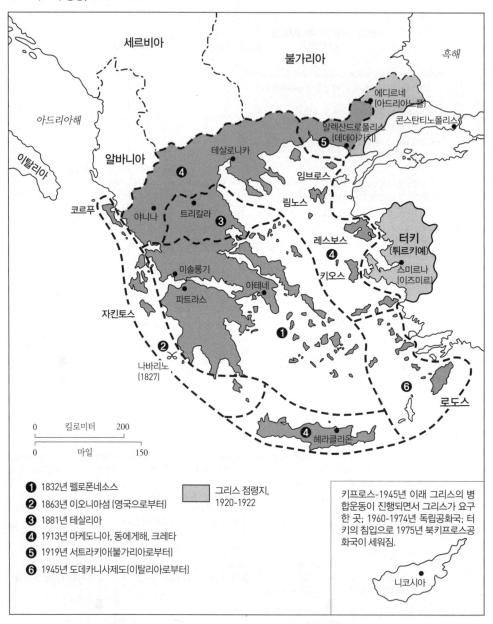

① 1832년 펠로폰네소스
② 1863년 이오니아섬 (영국으로부터)
③ 1881년 테살리아
④ 1913년 마케도니아, 동에게해, 크레타
⑤ 1919년 서트라키아 (불가리아로부터)
⑥ 1945년 도데카니사제도 (이탈리아로부터)

그리스 점령지, 1920-1922

키프로스-1945년 이래 그리스의 병합운동이 진행되면서 그리스가 요구한 곳; 1960-1974년 독립공화국; 터키의 침입으로 1975년 북키프로스공화국이 세워짐.

니코시아

■ 민족운동의 전개: 1846~1849년의 혁명들

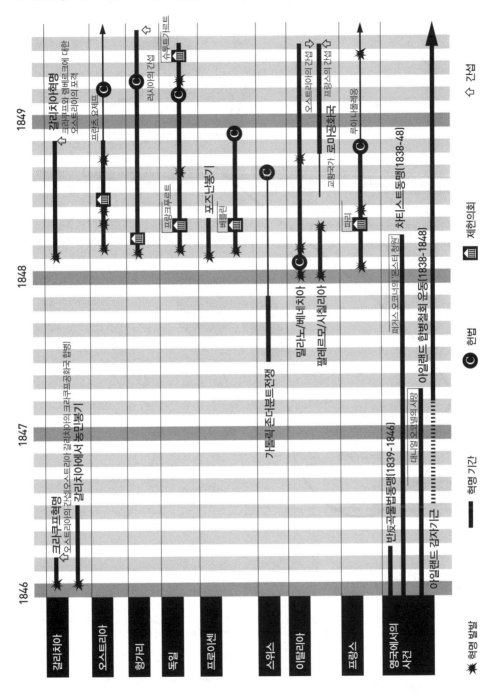

▣ 이탈리아의 통일, 1859~1870

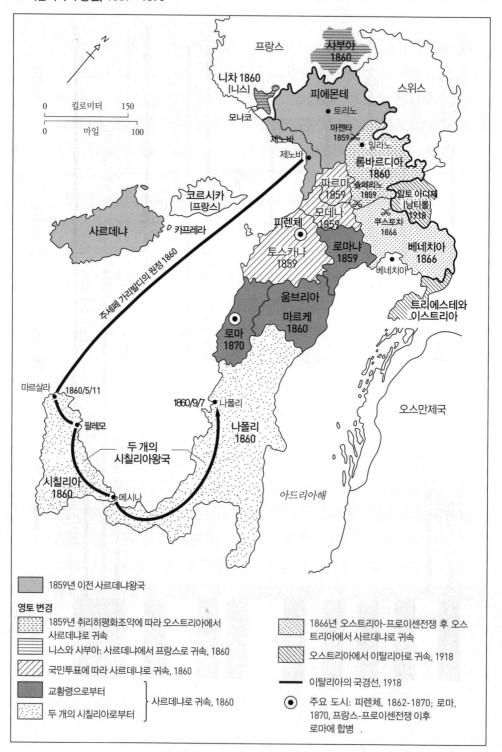

프랑스

사부아
1860

스위스

니차 1860
(니스)

피에몬테
● 토리노

모나코

제노바
제노바

마젠타
1859

밀라노

롬바르디아
1860

코르시카
(프랑스)

사르데냐

카프레라

파르마
1859

솔페리노
1859

알토 아디제
(남티롤)
1918

모데나
1859

쿠스토차
1866

주세페 가리발디의 원정 1860

피렌체

토스카나
1859

로마냐
1859

베네치아
1860

베네치아

움브리아
마르케
1860

트리에스테와
이스트리아

로마
1870

마르살라   1860/5/11

팔레모

1860/9/7 나폴리

나폴리
1860

오스만제국

두 개의
시칠리아왕국

시칠리아
1860   메시나

아드리아해

1859년 이전 사르데냐왕국

영토 변경

1859년 취리히평화조약에 따라 오스트리아에서
사르데냐로 귀속

니스와 사부아: 사르데냐에서 프랑스로 귀속, 1860

국민투표에 따라 사르데냐로 귀속, 1860

교황령으로부터

두 개의 시칠리아로부터

사르데냐로 귀속, 1860

1866년 오스트리아-프로이센전쟁 후 오스
트리아에서 사르데냐로 귀속

오스트리아에서 이탈리아로 귀속, 1918

이탈리아의 국경선, 1918

◉ 주요 도시: 피렌체, 1862-1870; 로마,
1870, 프랑스-프로이센전쟁 이후
로마에 합병 .

▣ 슐레스비히와 홀슈타인

슐레스비히/슬레스비: 덴마크인과 독일인이 혼재해 살던 지방이다. 1815-1864년에는 덴마크가 이곳과 홀슈타인을 지배했다. 중심 도시는 플렌스부르크다.

홀슈타인: 신성로마제국의 공국. 1400년부터 덴마크가 지배한 곳으로, 덴마크가 1815-1864에 슐레스비히와 함께 지배했다. 중심 도시는 킬이다. 슐레스비히와 홀슈타인은 1864년 프로이센에 정복돼, 1867년까지 프로이센과 오스트리아의 공동 통치를 받았다. 1945년부터는 슐레스비히-홀슈타인주로서 독일연방공화국에 속했다.

주민투표 지역(1920) 75퍼센트의 지지로 북슐레스비히(남유틀란트)는 덴마크에 속하게 되었다. 플렌스부르크를 포함하는 남부지대에서는 81퍼센트가 독일을 선택했다.

— 1920년 이후 국경선

헬골란트: 1807-1890년 영국이 통치한 곳이다. 1892년에 프로이센의 슐레스비히-홀슈타인 지방에 통합됐다.

올보르

윌란 (유틀란트)

카테가트해협

코펜하겐

에스비에르

오덴세

셸란 (질랜드)

핀

남윌란 (북슐레스비)

도펠

존더부르크

플렌스부르크 글뤽스부르크

슐레스비히

슐레스비히

롤란

렌츠부르크

킬

헬골란트

홀슈타인

메클렌부르크

뤼베크

0   킬로미터   150

쿡스하펜

0   마일   25

함부르크

■ 루마니아의 성장, 1861~1945

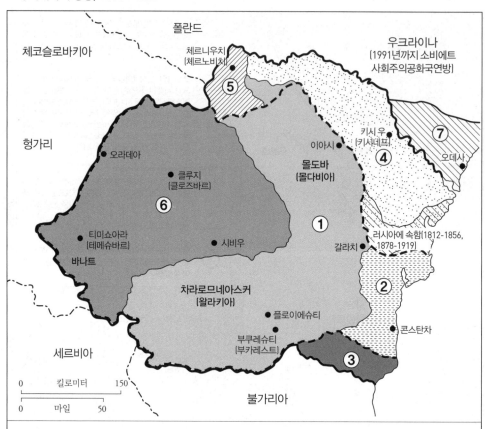

폴란드

체코슬로바키아

우크라이나
(1991년까지 소비에트
사회주의공화국연방)

체르니우치
[체르노비치]

⑤

헝가리

오라데아

클루지
[클로즈바르]

⑥

이아시

키시우
[키셔네프]

④

오데사

⑦

몰도바
(몰다비아)

티미쇼아라
[테메슈바르]

시비우

러시아에 속함(1812-1856,
1878-1919)

바나트

갈라치

②

①

차라로므네아스커
[왈라키아]

플로이에슈티

부쿠레슈티
[부카레스트]

콘스탄차

세르비아

③

0   킬로미터   150

0   마일   50

불가리아

① 1861년 차라 로므네아스커(루마니아국)
  [왈라키아와 몰다비아]

② 1878년 도브로제아(도브루자)

③ 1913년 남南도브로제아, 불가리아로부터 얻음,
  1945년 상실

④ 1918년 바사라비아(베사라비아), 1944년 상실

⑤ 1919년 부코비나, 1944년 상실

⑥ 1920년 트란실바니아, 헝가리로부터 얻음

⑦ 트란스니스트리아: 루마니아의 점령, 1941-1944

──── 1920년의 경계선   ─ ─ ─ 현재의 경계선

베사라비아: 현재는 몰도바다. 1812-1917년에는 러
시아제국에; 1940-1941년과 1944-1991년에는 몰
다비아소비에트사회주의 공화국에; 1918-1940년과
1940-1941년에는 루마니아에 속했으며, 1991년에
독립했다.

부코비나: 1918년까지 오스트리아에 속했으며,
1918-1919년과 1940-1941년에는 우크라이나에,
1919-1940년에는 루마니아에 속했다가, 1944년부
터는 다시 우크라이나에 속했다.

■ 이중 군주국: 오스트리아-헝가리왕국의 여러 민족, 1867~1918

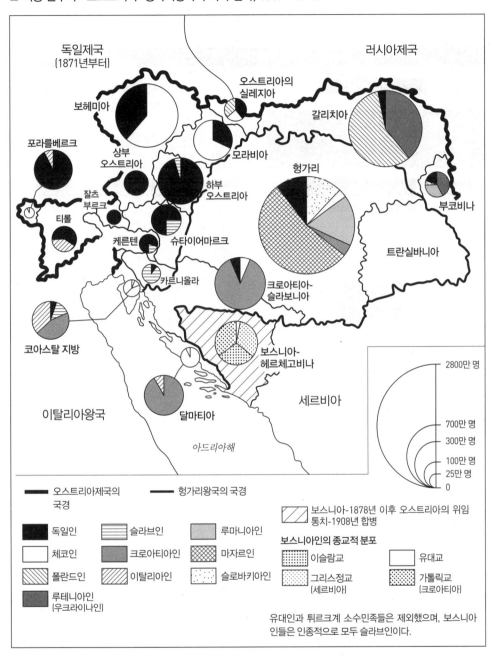

독일제국
(1871년부터)

러시아제국

보헤미아

오스트리아의
실레지아

갈리치아

포라를베르크

상부
오스트리아

모라비아

헝가리

부코비나

잘츠
부르크

하부
오스트리아

티롤

케른텐

슈타이어마르크

트란실바니아

카르니올라

크로아티아-
슬라보니아

코아스탈 지방

보스니아-
헤르체고비나

세르비아

이탈리아왕국

달마티아

아드리아해

2800만 명

700만 명

300만 명

100만 명
25만 명
0

━━ 오스트리아제국의
국경

━━ 헝가리왕국의 국경

보스니아-1878년 이후 오스트리아의 위임
통치-1908년 합병

독일인

슬라브인

루마니아인

보스니아인의 종교적 분포

체코인

크로아티아인

마자르인

이슬람교

유대교

폴란드인

이탈리아인

슬로바키아인

그리스정교
(세르비아)

가톨릭교
(크로아티아)

루테니아인
(우크라이나인)

유대인과 튀르크계 소수민족들은 제외했으며, 보스니아
인들은 인종적으로 모두 슬라브인이다.

▣ 사회주의 계보

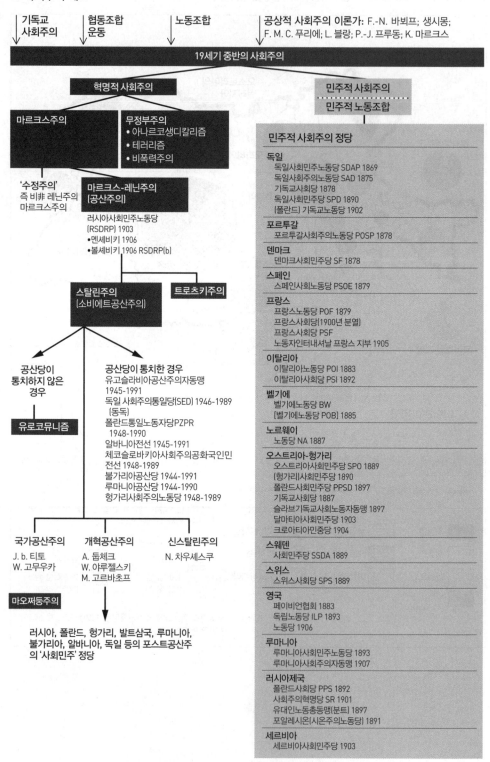

기독교
사회주의

협동조합
운동

노동조합

공상적 사회주의 이론가: F.-N. 바뵈프; 생시몽;
F. M. C. 푸리에; L. 블랑; P.-J. 프루동; K. 마르크스

19세기 중반의 사회주의

혁명적 사회주의

민주적 사회주의
민주적 노동조합

마르크스주의

무정부주의
• 아나르코생디칼리즘
• 테러리즘
• 비폭력주의

'수정주의'
즉 비非 레닌주의
마르크스주의

마르크스-레닌주의
(공산주의)

러시아사회민주노동당
(RSDRP) 1903
• 멘셰비키 1906
• 볼셰비키 1906 RSDRP(b)

스탈린주의
(소비에트공산주의)

트로츠키주의

공산당이
통치하지 않은
경우

유로코뮤니즘

공산당이 통치한 경우
유고슬라비아공산주의자동맹
1945-1991
독일 사회주의통일당(SED) 1946-1989
(동독)
폴란드통일노동자당PZPR
1948-1990
알바니아전선 1945-1991
체코슬로바키아사회주의공화국인민
전선 1948-1989
불가리아공산당 1944-1991
루마니아공산당 1944-1990
헝가리사회주의노동당 1948-1989

국가공산주의
J. b. 티토
W. 고무우카

마오쩌둥주의

개혁공산주의
A. 둡체크
W. 야루젤스키
M. 고르바초프

신스탈린주의
N. 차우셰스쿠

러시아, 폴란드, 헝가리, 발트삼국, 루마니아,
불가리아, 알바니아, 독일 등의 포스트공산주
의 '사회민주' 정당

민주적 사회주의 정당

독일
독일사회민주노동당 SDAP 1869
독일사회주의노동당 SAD 1875
기독교사회당 1878
독일사회민주당 SPD 1890
[폴란드] 기독교노동당 1902

포르투갈
포르투갈사회주의노동당 POSP 1878

덴마크
덴마크사회민주당 SF 1878

스페인
스페인사회노동당 PSOE 1879

프랑스
프랑스노동당 POF 1879
프랑스사회당(1900년 분열)
프랑스사회당 PSF
노동자인터내셔날 프랑스 지부 1905

이탈리아
이탈리아노동당 POI 1883
이탈리아사회당 PSI 1892

벨기에
벨기에노동당 BW
[벨기에노동당 POB] 1885

노르웨이
노동당 NA 1887

오스트리아-헝가리
오스트리아사회민주당 SPO 1889
[헝가리사회민주당 1890]
폴란드사회민주당 PPSD 1897
기독교사회당 1887
슬라브기독교사회노동자동맹 1897
달마티아사회민주당 1903
크로아티아민중당 1904

스웨덴
사회민주당 SSDA 1889

스위스
스위스사회당 SPS 1889

영국
페이비언협회 1883
독립노동당 ILP 1893
노동당 1906

루마니아
루마니아사회민주노동당 1893
루마니아사회주의자동맹 1907

러시아제국
폴란드사회당 PPS 1892
사회주의혁명당 SR 1901
유대인노동총동맹(분트) 1897
포알레시온(시온주의노동당) 1891

세르비아
세르비아사회민주당 1903

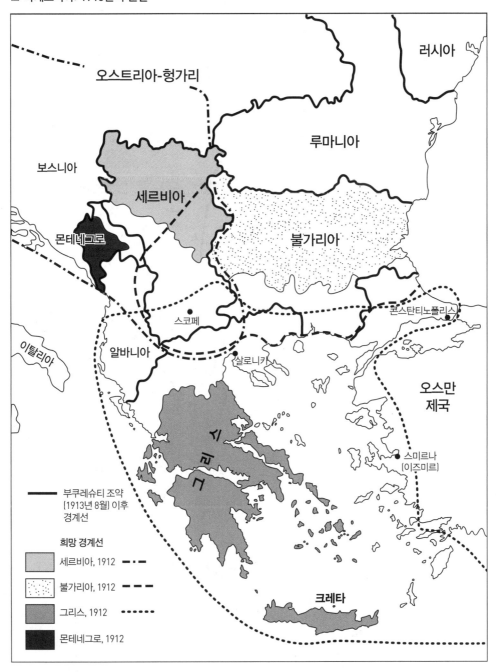

■ 대大알바니아

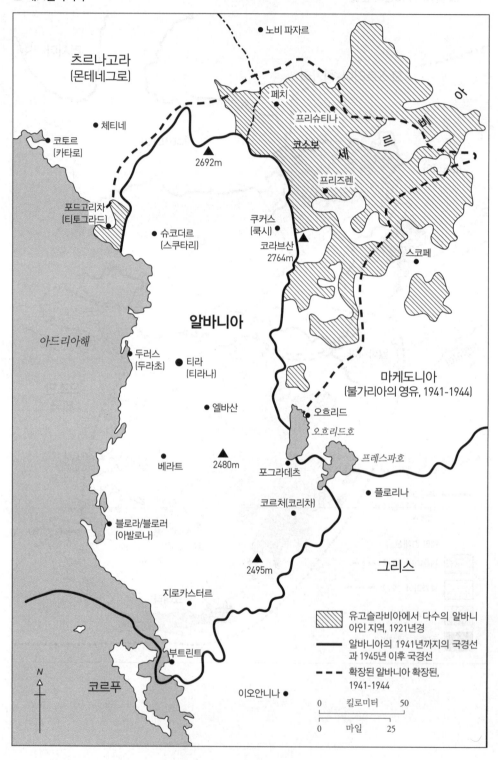

츠르나고라
(몬테네그로)

노비 파자르

페치

프리슈티나

코소보

세

르

비

아

● 체티네

코토르
(카타로)

● 슈코더르
(스쿠타리)

2692m

프리즈렌

쿠커스
(쿡시)

코라브산
2764m

스코페

포드고리차
(티토그라드)

아드리아해

두러스
(두라초)

● 티라
(티라나)

알바니아

● 엘바산

마케도니아
(불가리아의 영유, 1941-1944)

오흐리드

오흐리드호

● 베라트

2480m

포그라데츠

프레스파호

코르처(코리챠)

플로리나

블로라/블로러
(아발로나)

2495m

그리스

지로카스터르

유고슬라비아에서 다수의 알바니
아인 지역, 1921년경

알바니아의 1941년까지의 국경선
과 1945년 이후 국경선

확장된 알바니아 확장된,
1941-1944

부트린트

코르푸

이오안니나

0   킬로미터   50

0   마일   25

N

■ 러시아제국 내 유대인 집단거주구역, 1917년까지

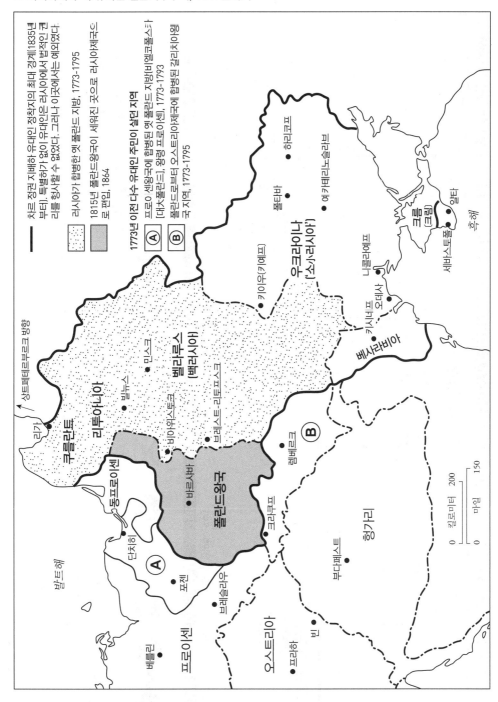

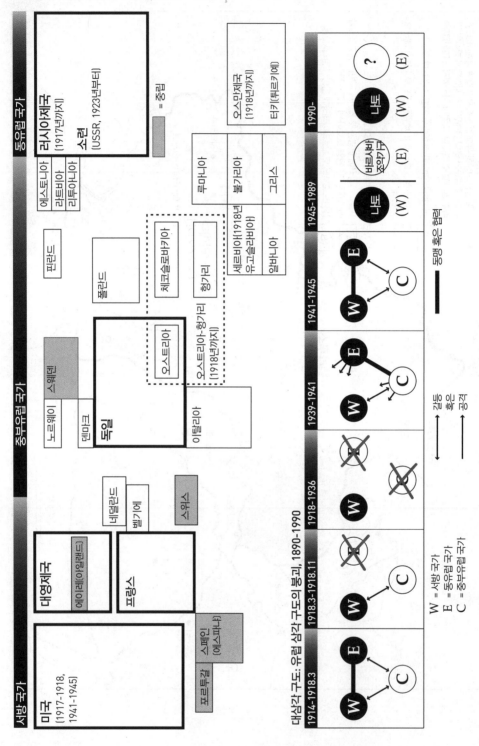

대삼각 구도: 유럽 삼각 구도의 붕괴, 1890-1990

◉ 이탈리아–슬라브 경계선, 1939~1992

a)

오스트리아

필라흐
(벨랴크)

클라겐푸르트
(첼로베츠)

타르비시오
(트르비츠)

예세니체

트리글라브

N

이탈리아

슬로베니아

류블랴나
(라이바흐)

우디네
(비뎀)

고리치아

몽팔코네
(트르지치)

포스토이나
(포스투미아)

트리에스테
(트르스트)

피란
(피라노)

크로아티아

모토분
(몬토나)

리예카(피우메)

포레치
(파렌초)

━ ━ ━ 1939년 9월 1일의 이탈리아-유고
슬라비아 경계선

━━━ 1947년 이탈리아 평화조약 이후
의 국경선

········ 슬로베니아와 크로아티아의 현재
국경선

▨ 1945-1947년 트리에스테 자유지
대

크르크
(베글리아)

0   킬로미터   80

풀라
(폴라)

츠레스
(케르소)

a) 이탈리아 북동부
국경선,1939-1992

이탈리아

류블랴나

자그레브

b)

피우메

크로아티아

세르비아

▨ 2차 세계대전 동안 이
탈리아가 점령한 지역

▨ 1941-1945년 이탈리
아에 합병된 지역

자다르

몬테네그로

코소보

두브로브니크

아드리아해

0   킬로미터   150

코토르(카타로)

알바니아

b) 이탈리아 점령지,
1939-1944

■ 유럽에서 소련 영토의 팽창, 1917~1945

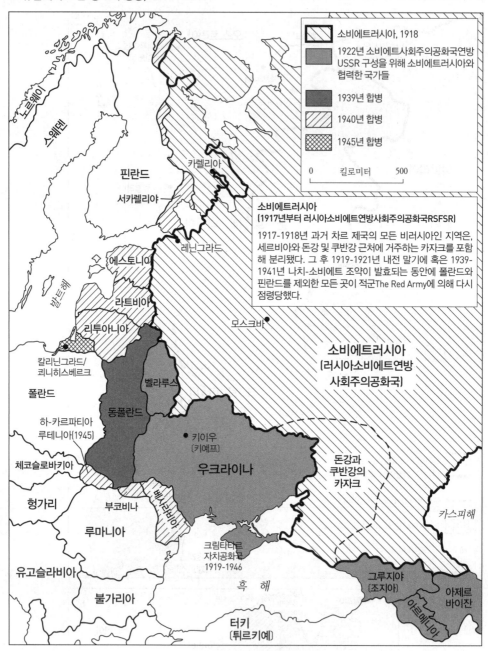

소비에트러시아, 1918

1922년 소비에트사회주의공화국연방 USSR 구성을 위해 소비에트러시아와 협력한 국가들

1939년 합병

1940년 합병

1945년 합병

0 킬로미터 500

소비에트러시아
(1917년부터 러시아소비에트연방사회주의공화국RSFSR)

1917-1918년 과거 차르 제국의 모든 비러시아인 지역은, 세르비아와 돈강 및 쿠반강 근처에 거주하는 카자크를 포함해 분리됐다. 그 후 1919-1921년 내전 말기에 혹은 1939-1941년 나치-소비에트 조약이 발효되는 동안에 폴란드와 핀란드를 제외한 모든 곳이 적군The Red Army에 의해 다시 점령당했다.

노르웨이

스웨덴

핀란드

카렐리야

서카렐리야

레닌그라드

에스토니아

발트해

라트비아

리투아니아

칼리닌그라드/쾨니히스베르크

폴란드

벨라루스

동폴란드

하-카르파티아 루테니아(1945)

체코슬로바키아

헝가리

부코비나

베사라비아

루마니아

유고슬라비아

불가리아

모스크바

키이우〔키예프〕

우크라이나

크림타타르 자치공화국 1919-1946

흑 해

터키〔튀르키예〕

소비에트러시아 (러시아소비에트연방 사회주의공화국)

돈강과 쿠반강의 카자크

카스피해

그루지야〔조지아〕

아르메니아

아제르바이잔

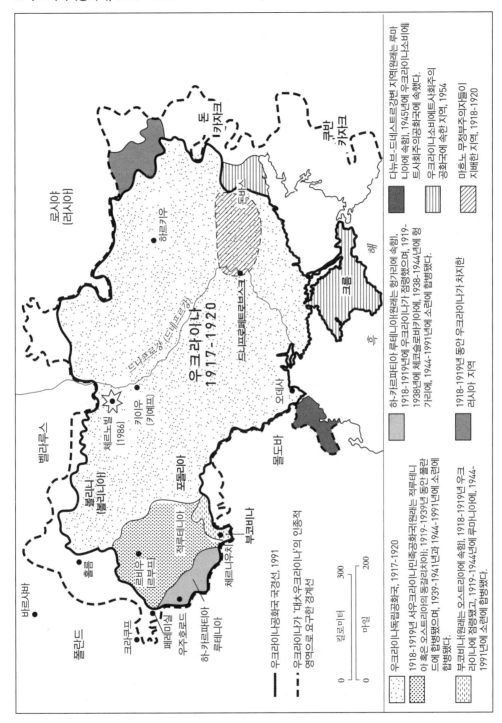

■ 폴란드, 1921~1945

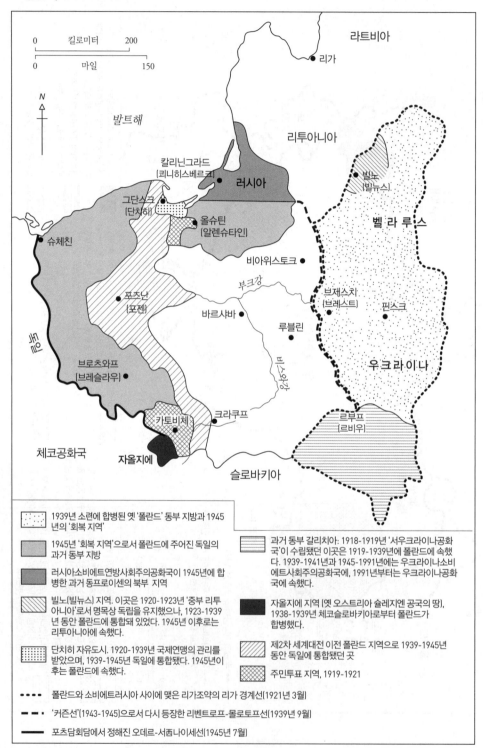

라트비아

리가

발트해

리투아니아

칼리닌그라드
[쾨니히스베르크]

러시아

빌노
[빌뉴스]

그단스크
[단치히]

벨라루스

올슈틴
[알렌슈타인]

슈체친

비아위스토크

부크강

브제스치
[브레스트]

핀스크

포즈난
[포젠]

바르샤바

루블린

우크라이나

브로츠와프
[브레슬라우]

비스와강

카토비체

크라쿠프

르부프
[르비우]

자올지에

체코공화국

슬로바키아

독일

0   킬로미터   200
0   마일   150

N

1939년 소련에 합병된 옛 '폴란드' 동부 지방과 1945
년의 '회복 지역'

1945년 '회복 지역'으로서 폴란드에 주어진 독일의
과거 동부 지방

러시아소비에트연방사회주의공화국이 1945년에 합
병한 과거 동프로이센의 북부 지역

빌노[빌뉴스] 지역. 이곳은 1920-1923년 '중부 리투
아니아'로서 명목상 독립을 유지했으나, 1923-1939
년 동안 폴란드에 통합돼 있었다. 1945년 이후로는
리투아니아에 속했다.

단치히 자유도시. 1920-1939년 국제연맹의 관리를
받았으며, 1939-1945년 독일에 통합됐다. 1945년이
후는 폴란드에 속했다.

과거 동부 갈리치아: 1918-1919년 '서우크라이나공화
국'이 수립됐던 이곳은 1919-1939년에 폴란드에 속했
다. 1939-1941년과 1945-1991년에는 우크라이나소비
에트사회주의공화국에, 1991년부터는 우크라이나공화
국에 속했다.

자올지에 지역 (옛 오스트리아 슐레지엔 공국의 땅),
1938-1939년 체코슬로바키아로부터 폴란드가
합병했다.

제2차 세계대전 이전 폴란드 지역으로 1939-1945년
동안 독일에 통합됐던 곳

주민투표 지역, 1919-1921

•••• 폴란드와 소비에트러시아 사이에 맺은 리가조약의 리가 경계선(1921년 3월)

━ ━ '커즌선'(1943-1945)으로서 다시 등장한 리벤트로프-몰로토프선(1939년 9월)

━━ 포츠담회담에서 정해진 오데르-서(西)나이세선(1945년 7월)

■ 체코슬로바키아, 1918~1992

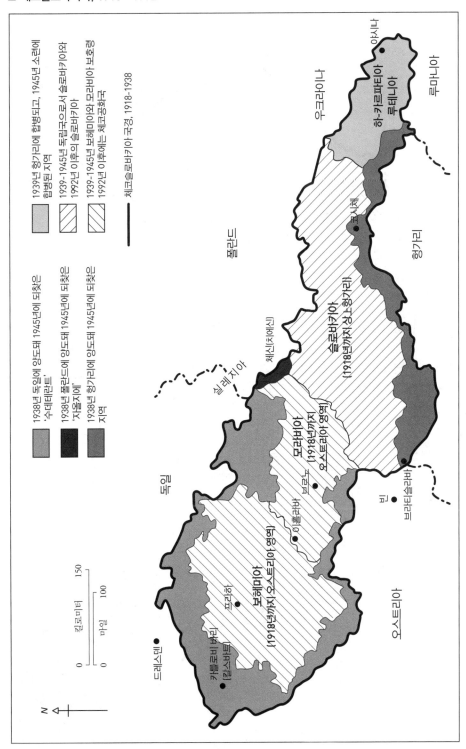

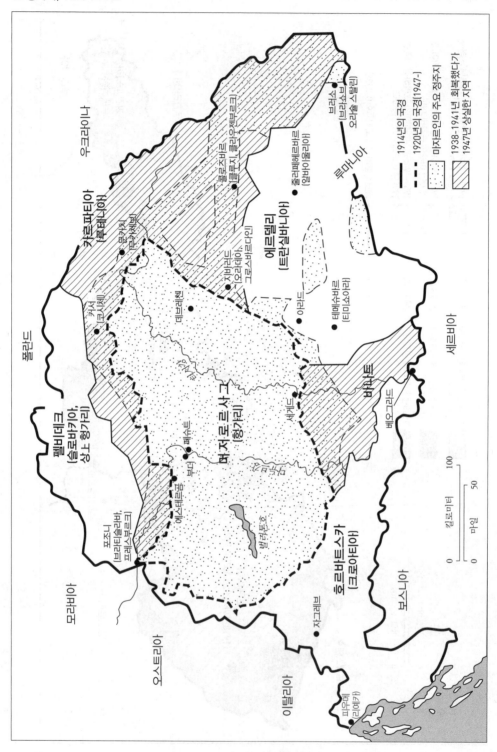

■ 세르비아의 성장(1817~1913)과 유고슬라비아의 성장(1918~1945)

오스트리아

헝가리

루마니아

류블랴나

슬로베니아

이탈리아

트리에스테

자그레브

크로아티아

리예카(피우메)

슬라보니아

보이보디나

크라이나

불가리아

비하치

바냐루카

베오그라드

1817

보스니아-
헤르체고비나

투즐라

1833

딜마티아

스플리트

사라예보

노비파자르

니시

세르비아

1878

모스타르

몬테네그로

아드리아해

코소보

두브로브니크

1913

포드고리차

스코페

알바니아

마케도니아

그리스

1918년 오스트리아로부터 얻은 영토

1918년 헝가리로부터 얻은 영토

1919년 불가리아로부터 얻은 영토

1920년 유고슬라비아 국경

세르비아 경계선(1913)

0   킬로미터   200

0   마일   100

1918년 10월, '세르비아왕국'은 '세르비아, 크로아티아, 슬로베니아 왕국'으로 확대됐다. 1931년에는 '유고슬라비아 왕국'으로 국
가명을 바꾸었다. 1941-1944년 주변국들에 의해 와해되고 점령당한 이 나라는 1945년 11월, 세르비아, 크로아티아, 슬로베니아,
보스니아와 헤르체고비나, 마케도니아로 구성된 '유고슬라비아연방인민공화국'으로 재탄생됐다. 세르비아에는 두 개의 자치 구역
이 있었다―보이보디나와 코소보. 유고슬라비아연방은 1992년에 세르비아와 몬테네그로만 남기고 한 번 더 해체돼, 구유고슬라
비아공화국 지역들은 독립을 선언했다.

▣ 양차 대전 사이 유럽의 독재 체제, 1917~1939

	기 간	독재자	
소비에트러시아 와 소련USSR	1917. 10. 25 [1917. 11. 7]-1991	레닌(1924년까지) 스탈린 '보즈드(지도자)' (1953년까지)	볼셰비키 쿠데타, 전체주의자, 공산주의자/ 일당국가, 테러
헝가리	1919. 3. 21-1919. 9 1919-1944	벨러 쿤 미클로시 호르티	소비에트 공산주의 공화국. 테러 파시스트형 독재. 테러
이탈리아	1922. 10. 28-1943	베니토 무솔리니	파시스트 장악: 입헌군주제가 '조합국가 corporate state'로 대체. 1926년 모든 반대당 해산
불가리아	1923. 6. 8/9-1944	알렉산다르 찬코프	군사 쿠데타: 독재 체제, 반대파의 해체: 1934년부터 보리스 3세의 국왕 독재
스페인 〔에스파냐〕	1923. 9. 23-1930. 1. 30	미겔 프리모 데 리베라 장군	알폰소 13세 동의하의 권위적 체제, 군사지 도 체제: 헌법 정지
터키〔튀르키예〕	1923. 10. 29-1938	무스타파 케말 파샤	개인 독재(국부), 일당 민족국가
알바니아	1925. 1-1940	아메드 조구〔조구1세〕 (1928년부터 왕)	권위주의 체제, 제1대 대통령
폴란드	1926. 5. 12-1939	유제프 피우수트스키 원수	군사 쿠데타: 좌익 군사체제: '사나차Sanacja' 독재, 의회 뒤에서 조종
포르투갈	1926. 5. 28-1975 1932년부터	마누엘 드 올리베이라 안토니우 드 올리베이라 살 라자르	권위적 체제, 의회해산, 헌법 정지
유고슬라비아	1929. 1-1941	알렉산다르 1세 왕	쿠데타: 왕의 독재
라투아니아	1929. 9. 19-1940	안타나스 스메토나	일당 독재
루마니아	1930. 6. 9-1941	카롤 2세 왕	쿠데타, 왕의 독재
독일	1933. 1. 30-1945	아돌프 히틀러, '퓌러(총통)'	나치의 선거 승리: '비상 대권'을 통해 도입 된 일당 국가. 테러.
오스트리아	1933. 3-1937	엥겔베르트 돌푸스	준파시스트 '조국전선'의 독재, 비상칙령을 통한 지배
에스토니아	1934. 3. 12-1940	콘스탄틴 패츠	권위적 체제, 비상 국가체제, 칙령에 따른 지배, 의회 해산
라트비아	1934. 5. 15-1940	카를리스 울마니스	권위적 체제, 민족 단일정부, 의회 해산
그리스	1935. 10-1941	요르요스 콘딜리스 장군 요안니스 메탁사스 장군	권위적 군사-왕정체제, 의회 해산
스페인 〔에스파냐〕	1936. 9-1975	프란시스코 프랑코 장군, '카우디요(총통)'	군부 파시즘: 전체주의 테러

■ 공산주의 '당–국가'의 이원적 체제

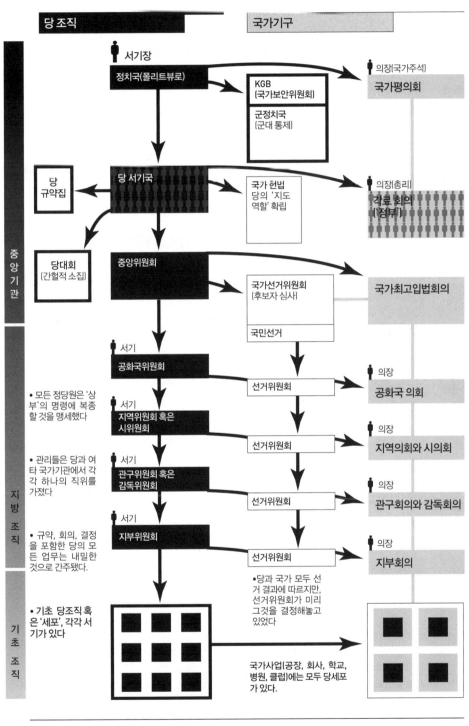

▣ 양차 대전 사이 불가침조약 그리고/또는 중립조약, 1925~1939

1925년	소련-터키(튀르키예)	파리, 1925년 12월 17일, 1929년과 1931년 갱신
1926년	소련-독일	베를린, 1926년 4월 24일, 1931년 갱신
	소련-아프가니스탄	파그만, 1926년 8월 31일, 1931년 갱신
	소련-리투아니아	모스크바, 1926년 9월 28일
1927년	소련-라트비아	리가, 1927년 3월 9일 조인
	소련-페르시아	모스크바, 1927년 10월 1일
1928년	그리스-루마니아	제네바, 1928년 3월 21일
	이탈리아-터키	로마, 1928년 5월 30일
	그리스-이탈리아	로마, 1928년 9월 23일
1929년	그리스-유고슬라비아	베오그라드, 1929년 3월 27일
1930년	그리스-터키	앙카라, 1930년 10월 30일
1932년	소련-핀란드	모스크바, 1932년 1월 21일
	소련-폴란드	모스크바, 1932년 1월 25일 조인, 1932년 7월 25일 승인
		1934년 5월 5일 갱신
	소련-라트비아	리가, 1932년 2월 5일
	소련-에스토니아	모스크바, 1932년 5월 4일
	소련-프랑스	파리, 1932년 11월 29일
1933년	소련-이탈리아	로마, 1933년 9월 2일
	루마니아-터키	앙카라, 1933년 10월 17일
	터키-유고슬라비아	베오그라드, 1933년 11월 27일
1934년	독일-폴란드	베를린, 1934년 1월 26일
1939년	포르투갈-에스파냐	마드리드, 1939년 3월 18일
	독일-소련	모스크바, 1939년 8월 23일

일반협정

1925년	**로카르노조약** 1925년 10월 16일 (1) 프랑스-독일 및 벨기에-독일 국경선 보장 (2) 독일, 프랑스, 벨기에, 체코슬로바키아, 폴란드 사이의 중재 (3) 프랑스, 체코슬로바키아, 폴란드의 상호 안전 보장
1928년	**국가정책 도구로서의 전쟁 폐지를 위한 조약**(켈로그-브리앙조약) 파리, 1928년 8월 27일. 라트비아, 루마니아, 소련, 아프가니스탄, 에스토니아, 터키, 페르시아, 폴란드 서명 **국제분쟁의 평화적 해결을 위한 일반협정:** 국제연맹 총회 제네바, 1928년 9월 26일
1933년	**침략 규정에 대한 런던합의:** 7월 3일, 라트비아, 루마니아, 소련, 아프가니스탄, 에스토니아, 터키, 페르시아, 폴란드 7월 4일, 리투아니아, 소련 7월 5일, 그리스, 루마니아, 소련, 유고슬라비아, 터키(1933년 7월 23일 핀란드 참가)
1934년	**발칸 상호보장 협정** 아테네, 1934년 2월 9일. 그리스, 루마니아, 유고슬라비아, 터키 서명

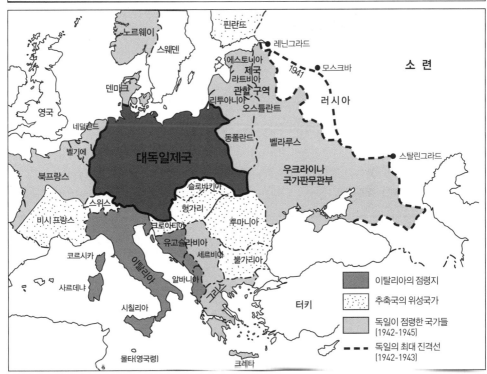

■ 스페인내전, 1936~1939

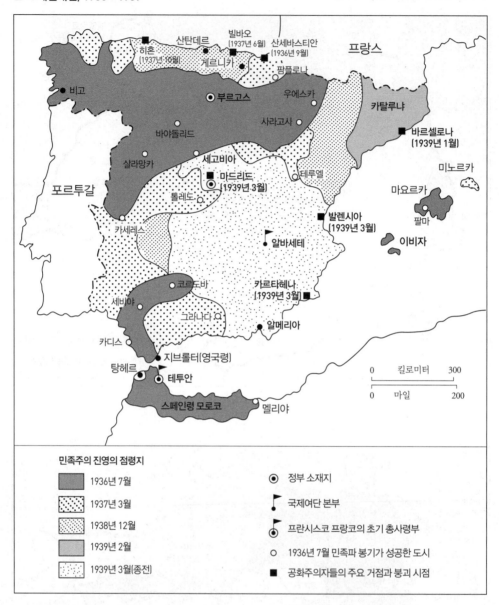

프랑스

히혼
(1937년 10월)
산탄데르
빌바오
(1937년 6월)
산세바스티안
(1936년 9월)
게르니카
팜플로나
비고
부르고스
우에스카
카탈루냐
사라고사
바야돌리드
바르셀로나
(1939년 1월)
살라망카
세고비아
미노르카
포르투갈
마드리드
(1939년 3월)
테루엘
마요르카
톨레도
팔마
카세레스
발렌시아
(1939년 3월)
이비자
알바세테
코르도바
카르타헤나
(1939년 3월)
세비야
그라나다
알메리아
카디스
지브롤터(영국령)
탕헤르
테투안
스페인령 모로코
멜리야

0 ──── 킬로미터 ──── 300
0 ──── 마일 ──── 200

민족주의 진영의 점령지

■ 1936년 7월	◉ 정부 소재지
▦ 1937년 3월	⚑ 국제여단 본부
▦ 1938년 12월	⚑ 프란시스코 프랑코의 초기 총사령부
▦ 1939년 2월	○ 1936년 7월 민족파 봉기가 성공한 도시
▦ 1939년 3월(종전)	■ 공화주의자들의 주요 거점과 붕괴 시점

■ 스페인 국제여단, 1936~1939

결성 시기	단 번호	여단명	대대	초기 주요 구성
1936년 10월	11	한스 바임러 (훗날 텔만)	1 에드가 앙드레 2 파리코뮌 (훗날 제14여단으로 바뀜) 3 돔브로프스키(제12여단으로 바뀜)	독일인 프랑스-벨기에인 폴란드인
1936년 11월	12	가리발디	1 텔만(제11여단으로 바뀜) 2 가리발디 3 앙드레 마르티	독일인 이탈리아인 프랑스-벨기에인
1936년 12월	13	—	1 루이스 미셸(제14여단으로 바뀜) 2 차파에프(제129여단으로 바뀜) 3 앙리 뷔유맹(제14여단으로 바뀜) 4 미츠키에비치(팔라폭스)	프랑스-벨기에인 발칸인 프랑스인
1936년 12월	14	마르세예즈	1 9개국 대대(제11여단으로 바뀜) 2 도밍고 헤르미날 3 앙리 바르뷔스 4 피에르 브라셰	 스페인 아나키스트 프랑스인 프랑스인
1937년 12월	15	링컨-워싱턴	1 디미트로프(제129여단으로 바뀜) 2 영국인 대대 3 링컨, 워싱턴 4 2월 6일 대대(제14여단으로 바뀜)	 영국인 미국인 프랑스인
1937년 6/7월	'150'	—	1 라코시 2 ——— (제13여단으로 바뀜)	헝가리인
	'129'	—	1 마사리크 2 다야코비치 3 디미트로프	체코슬로바키아인 불가리아인 유고슬라비아인/ 알바니아인
		(제86 여단에 배치)	모란디 대령 여단	혼성

■ 유럽에서의 추정 희생자 수, 1914~1945

1. 제1차 세계대전 동안 군 사망자
(국가별) (미국은 미 포함)

연합국

러시아제국	1,700,000
프랑스	1,357,800
영국	908,371
이탈리아	650,000
루마니아	325,706
세르비아	70,000
벨기에	13,716
포르투갈	7,222
그리스	5,000
몬테네그로	3,000
소계	**5,040,815**

동맹국

독일	1,773,700
오스트리아-헝가리	1,200,000
터키(튀르키예)	325,000
불가리아	87,500
소계	**3,386,200**

총계(추산)	**8,427,015**

2. 제2차 세계대전 동안 군 사망자
(국가별) (미국은 미 포함)

연합국

소련	* 8-9,000,000
유고슬라비아	305,000
영국	264,443
프랑스	213,324
폴란드	123,178
그리스	88,300
벨기에	12,000
체코슬로바키아	10,000
네덜란드	7,900
노르웨이	3,000
덴마크	1,800
소계	**10,026,945**

추축국

독일	3,500,000
루마니아	300,000
이탈리아	242,232
헝가리	200,000
핀란드	82,000
불가리아	10,000
소계	**4,335,232**

총계(추산)	**14,362,177**

* 이 수치에는 나치 점령 동안 혹은 소련 송환 과정에서 사망한 소비에트 전쟁포로 300만-400만 명이 포함돼 있다.

3. 제2차 세계대전 동안 민간인 사망자
(국가별)

	최소	최대
연합국		
소련	** 16,000,000	19,000,000
폴란드	*** 5,675,000	7,000,000
유고슬라비아	1,200,000	
프랑스	350,000	
그리스	325,000	
체코슬로바키아	215,000	
네덜란드	200,000	
영국	92,673	
벨기에	76,000	
노르웨이	7,000	
덴마크	2,000	
추축국		
독일	780,000	
헝가리	290,000	
루마니아	200,000	
이탈리아	152,941	
불가리아	10,000	
핀란드	2,000	
총계(추산)	**27,077,614**	

** 이 엄청난 수치는 전후 인구 감소를 고려한 것이다. 기록된 사망자 수를 근거한 것은 아니며, 표 5에 있는 몇몇 범주의 사망자들이 포함돼 있다. 희생자 일부는 독일의 점령으로 인해 사망했다. 민족별로는 밝혀지지 않아서 우크라이나인, 벨라루스인, 러시아인, 폴란드인, 발트인, 유대인의 대규모 희생이 확인된 곳조차 그 희생자 수는 공식적으로 밝혀진 바 없다.

*** 이 낮은 수치에는 1939년 소비에트 시민이 된 폴란드 시민은 포함되지 않았다.

4. 홀로코스트: 나치에 의한 계획된 유대인 제노사이드 1935-1945
(출신국별로 추정된 최소치와 최대치)

	최소	최대
폴란드	2,350,000	3,000,000
소련	1,500,000	2,000,000
독일 & 오스트리아	218,000	240,000
헝가리	200,000	300,000
루마니아	200,000	300,000
네덜란드	104,000	110,000
체코슬로바키아	90,000	95,000
프랑스	60,000	65,000
그리스	57,000	60,000
유고슬라비아	55,000	60,000
벨기에	25,000	28,000
이탈리아	8,500	9,500
룩셈부르크	2,800	3,000
노르웨이	700	1,000
덴마크	100 이하	
총계(추산)	**4,871,000**	**6,271,500**
평균		**약 5,571,300**

5. 1917-1953년 동안 소비에트러시아와 소비에트연방에서 사망한 사람들의 범주와 수

(1939-1945년의 전사자 제외)

(출처 R. Medvedev, R. Conquest)

	최소	최대
내전과 볼가 지역의 기아, 1918-1922	3,000,000	5,000,000
정치적 탄압, 1920년대	수만 명	
1929년 이후 강제적 집단화와 '반反부농운동'	10,000,000	14,000,000
우크라이나 테러와 기아, 1932-1933	6,000,000	7,000,000
대공포Great Terror(1934-1939)와 숙청	1,000,000	
굴라크로의 이송, 1937년까지	10,000,000	
총살과 처형, 1937-1939	1,000,000	
동부 폴란드와 발트국가, 루마니아로부터 이송, 1939-1940	2,000,000	
외국인 전쟁포로: 폴란드인, 핀란드인, 독일인, 루마니아인, 일본인	1,000,000	
굴라크로의 이송, 1939-1945	7,000,000	
강제이주된 민족: 볼가 지역의 독일인, 체첸인, 인구시인, 크름반도의 타타르인 등	1,000,000	
제2차 세계대전 이후 본국 송환과정에서의 희생자와 난민	5,000,000	6,000,000

총계(중앙값)   약 5,400만 명

주의: 일부 범주는 중복된 경우도 있음

6. 유럽의 사망자 범주(1914-1945)

♦ = 백만 명

제2차 세계대전 동안 유럽의 민간인 사망자	♦♦♦♦♦♦♦♦♦♦♦♦♦♦♦♦♦♦♦♦♦♦♦♦♦♦♦♦♦♦♦♦♦♦♦
제2차 세계대전 동안 소비에트 민간인 사망자	♦♦♦♦♦♦♦♦♦♦♦♦♦♦♦♦♦♦♦♦♦♦♦♦♦♦♦♦
소비에트 굴라크 희생자	♦♦♦♦♦♦♦♦♦♦♦♦♦♦♦♦♦♦♦♦
제2차 세계대전 전사자	♦♦♦♦♦♦♦♦♦♦♦♦♦♦
집단화와 반反부농운동의 희생자	♦♦♦♦♦♦♦♦♦♦♦♦♦
제1차 세계대전 전사자	♦♦♦♦♦♦♦♦♦
러시아내전 희생자	♦♦♦♦♦♦♦♦
우크라이나 테러와 기아	♦♦♦♦♦♦♦
유대인 홀로코스트	♦♦♦♦♦♦
폴란드 희생자, 1939-1945	♦♦♦♦♦♦
제2차 세계대전 동안 미국과 영국의 사망자	♦

제1차 세계대전 동안 유럽의 민간인 사망자 ♦♦♦♦♦
(주로 오스트리아의 갈리치아, 러시아의 폴란드, 세르비아, 벨기에, 북부 프랑스)

주의: 제1차 세계대전의 군 사망자와 유대인에 대한 홀로코스트를 제외한다면 이런 추정치는 만족할 만하게 조사되거나 구체화시킬 수 없다. 이 수치들은 희생자 규모를 알아보는 지표로 사용될 수 있을 뿐이다.

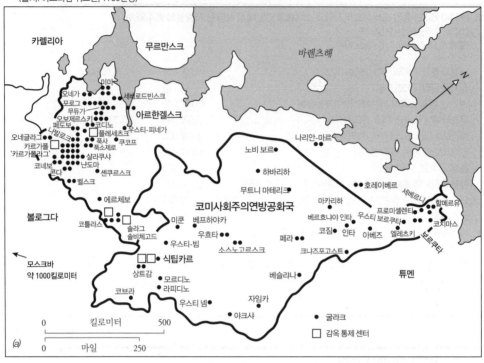

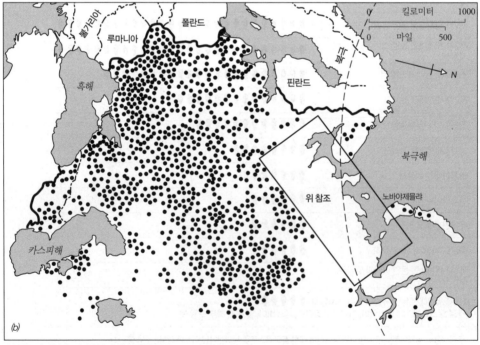

(a) 북극의 러시아   *(b)* 유럽 내의 소련 일부분

■ 발트해 연안 국가들, 1993

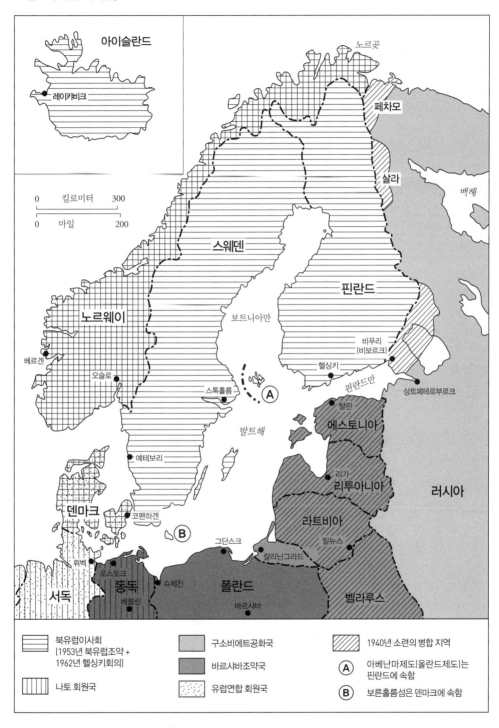

아이슬란드

레이캬비크

노르곶

페차모

살라

배해

0 킬로미터 300
0 마일 200

스웨덴

핀란드

노르웨이

보트니아만

비푸리
(비보르크)

베르겐

오슬로

헬싱키

핀란드만

상트페테르부르크

스톡홀름

Ⓐ

탈린

에스토니아

러시아

발트해

예테보리

리가

린투아니아

라트비아

덴마크

코펜하겐

빌뉴스

Ⓑ

그단스크

뤼벡

칼리닌그라드

로스토크

벨라루스

동독

슈체친

폴란드

서독

베를린

바르샤바

북유럽이사회 (1953년 북유럽조약 + 1962년 헬싱키회의)	구소비에트공화국	1940년 소련의 병합 지역
나토 회원국	바르샤바조약국	Ⓐ 아베난마제도(올란드제도)는 핀란드에 속함
	유럽연합 회원국	Ⓑ 보른홀름섬은 덴마크에 속함

옮긴이의 글

 세태世態가 빨리도 변한다는 말이 요즘 한국 사회만큼 실감 나는 데도 없지 않을까 합니다. 한 세대는커녕 십 년, 혹은 불과 몇 년 새에도 눈을 들어 주변을 보면 어느덧 일상의 풍경이 달라져 있습니다. 역사를 아는 일만 해도 그렇습니다. 지금 아이들은 역사 공부를 한다고 하면 한눈에 들어오는 그림과 말들이 들어찬 만화책을 펼치는가 하면, 책은 아예 제쳐두고 컴퓨터 모니터나 휴대전화를 켜고 동영상을 재생하는 모습을 흔히 볼 수 있습니다. 여기서 또 얼마쯤 시간이 흐르면 역사 공부를 한다고 책을 펼쳐들면 그걸 오히려 신기하게 바라보는 사람들이 흔해질지도 모릅니다.

 노먼 데이비스의 《유럽: 하나의 역사》는 이런 풍경에 썩 어울리는 책은 아닙니다. 우선 방대한 시공간을 다루느라 분량부터 압도적인 데다, 유럽 구석구석을 고루 다루겠다는 저자의 치열한 노력이 더해져 그 내용을 이해하기도 쉽지 않기 때문에, 유럽의 역사가 무언지 얼른 알려는 사람이 손쉽게 집어들 만한 책은 아닙니다. 하지만 무언가 전달되는 일이 꼭 빨라야 하거나 화려해야 할 필요는 없습니다. 아득히 오랜 세월 전 사람들이 돌이며 바위 또는 나무에 새긴 그림과 기호들에서도 이따금 생동하듯 무언가가 전해지듯, 이 묵직한 책도 다른 매체로는 담아지지 않는 무언가를 담아 전하는 묘미가 있습니다. 저자가 예리한 지성과 펜 끝으로 때로는 통렬하고, 때로는 위트 있게, 때로는 박진감 넘치고 우아하게 적어 내려간 이 글을 끝까지 읽어 내려가 마침내 마지막 페이지를 덮을 즈음, 독자 여러분의 머릿속에 어떤 생동하는 이미지가 떠오른다면 그것이 바로 이 책이 지닌 묘미일 것입니다. 역사하기를 검은 고양이 찾기로 비유하는 이 유쾌한 역사학자의 펜 끝을 따라 독자 여러분이 역사책 읽기의 즐거움을 함께 맛보는 시간을 가진다면 이 긴 책을 한글로 옮긴 이로서 더없이 기쁠 것 같습니다.

 책이 나오기까지 무척 오랜 시간이 걸렸습니다. 책이 무사히 나올 수 있도록 부족한 원고를 각고의 정성을 다해 손봐주신 좌세훈 편집자 님과, 곁에 있다는 이유만으로 애꿎게 화풀이를 당해야 했던 가족들과, 작업을 끝내기까지의 그 오랜 시간을 끝까지 인내하며 기다려주신 예경 출판사에 이 지면을 빌려 진심 어린 감사를 전합니다.

옮긴이 왕수민

2023년 5월 15일

찾아보기(선별)

유럽
하나의 역사

지은이	노먼 데이비스
옮긴이	왕수민
감수	박흥식
발행인	한병화
편집	좌세훈 이기흥
디자인	김인숙

초판 1쇄 인쇄 2023년 05월 30일
초판 1쇄 발행 2023년 06월 15일

발행처 도서출판 예경
등록 2021년 5월 27일(제2021-000105호)
주소 경기도 고양시 덕양구 동송로 70 힐스테이트 103동 2804호
전화 02)396-3040~2 **팩스** 02)396-3044
전자우편 webmaster@yekyong.com
홈페이지 www.yekyong.com

ISBN 979-11-978285-2-2 (03920)